D1673232

Droemer
Knaur®

Diether Krywalski

Knaurs Lexikon der Weltliteratur

Autoren · Werke · Sachbegriffe

Aktualisiert und neu bearbeitet

Droemer Knaur

Die Deutsche Bibliothek – CIP Einheitsaufnahme
Knaurs Lexikon der Weltliteratur:
Autoren, Werke, Sachbegriffe
aktualisiert und neu bearbeitet / Diether Krywalski.
München: Droemer Knaur 1992
ISBN 3-426-26625-3
NE: Krywalski, Diether [Hrsg.]

Für Hinweise auf Veränderungen und Ergänzungen ist die Redaktion dankbar.
Zuschriften an Droemer Knaur Verlag, Postfach 80 04 80, 8000 München 80
Umschlaggestaltung: Agentur ZERO, München
Texterfassung und Filmbelichtung: Appl, Wemding
Umbruch: Ventura Publisher im Verlag
Druck und Bindung: Graphische Betriebe J. Ebner Ulm
Printed in Germany
ISBN 3-426-26625-3

5 4 3 2 1

Inhalt

Vorwort zur 2. und 3. Auflage

Für die neubearbeitete Auflage von KNAURS LEXIKON DER WELTLITERATUR habe ich dankbar alle Anregungen und Kritiken berücksichtigt, die mir seit 1979 zugegangen sind. Ihren unmittelbaren Niederschlag fanden diese Hinweise in einer stärkeren Konzentration auf Autoren fiktionaler Texte, die über die jeweiligen literarischen Trends hinaus Beachtung finden und für das geistig-kulturelle Leben repräsentativ erscheinen. Um diesem Schwerpunkt gerecht zu werden, wurden mehr als 150 Autoren neu aufgenommen und die vorhandenen Artikel – besonders die über zeitgenössische Schriftsteller – bearbeitet und aktualisiert.

In der modernen Literaturlandschaft, in der unter Einsatz aller Werbemittel ständig neue Autoren zu weltliterarischen Sensationen hochgejubelt werden, während andererseits bewährte Gegenwartsautoren für immer der Vergessenheit anheimfallen, weil sie nicht mehr zeitgerecht vermarktet werden können – häufig ist eine Auswahlausgabe nach einer Preisverleihung oder nach dem Tode des betreffenden Dichters die letzte Zuwendung seitens des Literaturbetriebs, der ihn so noch einmal einer breiten Öffentlichkeit in Erinnerung bringen will –, in einer Literaturlandschaft, die sich in erster Linie an Novitäten und Tagesbestsellern orientiert, ist es nicht leicht, bedeutende Autoren von Eintagsfliegen zu unterscheiden. Deshalb wird mancher Leser und Benutzer den einen oder anderen ihm vertrauten Autor vermissen und Schrifsteller aufgeführt finden, die er selbst vielleicht für überflüssig hält.

Ich habe – geleitet durch eigene Erfahrung und literaturwissenschaftliche Arbeit und durch den Rat von Fachkollegen und Freunden – in diesem Lexikon versucht, eine vernünftige und ausgewogene Auswahl zu erarbeiten, wobei zahlreiche ältere Dichter aufgenommen worden sind, da der Band zum einen dem Literaturfreund zu allen Epochen der Literatur eine erste Information bieten soll, zum anderen für mich die Einsicht bestimmend ist, daß die Gegenwartsliteratur – wie unser gesamtes Wissen – einem Zwerg gleicht, der auf den Schultern eines Riesen steht. Wir sehen weiter und mehr als frühere Generationen, aber wir bauen mit allem Wissen und Können, mit allen literarischen Stoffen und Gattungen, mit unserer Sprache auf der Vergangenheit auf.

Die wissenschaftliche Diskussion um den Unterschied von moderner, zeitgenössischer und Gegenwartsliteratur wurde bei den Texten ebensowenig berücksichtigt wie die Probleme der Sprachtheorie, die zunehmend auch auf die Literatur und deren Rezeption zu wirken beginnen. Diese Auslassungen seien mit der Begründung entschuldigt, daß das Lexikon erste Informationen für interessierte Laien, für Literaturfreunde und heranwachsende Literaturliebhaber, für Schüler bereitstellen möchte.

Mein Dank für Hilfe bei der Erarbeitung dieser Auflage gilt Frau Anni Fraas, ihren Mitarbeitern im Sortiment und ganz besonders Herrn M. Liebtrau, die in selbstloser Aufgeschlossenheit dem fragenden Kunden jede Unterstützung gewährten und so an dem Lexikon in vielfacher Weise Anteil nahmen.

Ohne die Hilfe meiner Frau, die mit mir bibliographierte, redigierte, korrigierte und recherchierte, läge der Band nicht vor. Sie teilt nicht nur das Schicksal von Frauen, deren Männer schreiben, sie wirkt selbst mit – so ist das Lexikon eigentlich nicht mein, sondern unser gemeinsames Werk.

Geretsried, 1. Juli 1992

Dr. Diether Krywalski

Grundfragen der Literaturwissenschaft
Autoren, Werke, Sachbegriffe

Ein Lexikon, das in kurzer Form dem interessierten Benutzer und Literaturliebhaber Auskunft über Autoren und deren Werke sowie über die wichtigsten Fachbegriffe gibt, erfüllt ein allgemeines Bedürfnis nach einer ersten, sicher rudimentären und stark verkürzten Information. Es verleitet aber auch dazu, Literatur vornehmlich unter biographischen Aspekten zu sehen. Diese Sichtweise ist jedoch keineswegs mit den Methoden der Literaturwissenschaft identisch, auch wenn bis heute in weiten Kreisen der Leser, aber auch in der Schule und der feuilletonischen Publizistik, die Biographie eines Autors als Voraussetzung zum Verständnis seines Werkes gesehen wird. Dies war keineswegs immer so! Über Jahrtausende wurde Literatur mündlich überliefert – die Autoren hielten sich an vorgegebene Formen, sogenannte Gattungen, und traten als Individuen hinter dem Werk zurück. Mythen, Sagen, Geschichte und Lebenslehre sind nicht literarische Werke eines einzelnen – vielmehr steht der einzelne in einem umfassenden geistig-religiös-kulturellem Zusammenhang, den er als Autor mündlich oder schriftlich tradiert. Eine individuelle Gestaltung dieser Tradition wäre als Verstoß gegen die Ordnung, die sakral-kultisch geheiligt war, empfunden und mit harten Sanktionen bestraft worden. Erst ein »neuzeitlicher« Individualismus, der auch ein Zeichen dafür ist, daß tradierte Ordnungen nicht mehr allgemein anerkannt werden, wendet sich mit dem Wunsch nach einmaliger literarischer Gestaltung eines Werkes auch dessen individuellem Schöpfer – dem Autor – zu. In Griechenland erfolgte diese Wendung früher – etwa um 550 v. Chr. – als bei den Römern – etwa 200 v. Chr. – oder den germanischen Völkern – etwa 1200 n. Chr. Immer ist jedoch diese Entdeckung des individuellen Autors verbunden mit der Auflösung, dem Ende einer mythisch-religiös bestimmten, alle Lebensbereiche integrierenden Kultur. Wenn wir die Individualisierung der Kultur beispielhaft am späten Mittelalter verdeutlichen, so darf nicht der Eindruck entstehen, als sei dieser Umbruch ein singuläres Phänomen; jede Hochkultur hat einen vergleichbaren Prozeß durchlaufen.

In der abendländisch-christlichen Welt bestimmt die religiöse Ordnung das allgemeine Seinsverständnis bis in das hohe Mittelalter. Erst mit dem Beginn religiöser Reformbewegungen, mit der philosophischen Wendung vom Allgemeinen zum Besonderen, mit der Einsicht, daß Gott nicht notwendig nur diese eine Welt schaffen konnte, mit dem Aufstieg weltlicher Kulturträger wie Rittertum und Bürgertum vollzog sich auch eine Wendung in der Literatur.

War Dichtung bisher im weitesten Sinne sakral bestimmt, d.h. sie stand in einem Zusammenhang mit der Kirche und ihrem Lehrauftrag, so traten nun neue gesellschaftliche Gruppen auf, die Literatur zur Repräsentation und zur Unterhaltung, zum Vollzug von Lebensformen und zur Belehrung forderten. Diese Literatur – schriftlich und mündlich – wurde für Auftraggeber produziert, und der Auftraggeber gewann Ansehen dadurch, daß er besonders bekannte Künstler engagierte, die individuelle Werke, d.h. Werke, die sich durch ihre Gestaltung von der Tradition abhoben, schufen. Bis heute ist – wenn auch historisch nicht bewußt – Originalität und Kreativität eine Forderung an den Künstler, nur mit dem Unterschied, daß das heutige Publikum die Tradition nicht kennt und Kunst daher nicht als Element des individuellen Anspruchs gegen verbindliche Traditionen versteht, sondern als wechselnde Mode.

Das neue Kunstverständnis, das sich im späten Mittelalter und in der frühen Neuzeit durchzusetzen begann, stellte den Künstler und sein Werk in den Mittelpunkt der Kunstdiskussion. Hatte der anonyme Künstler der früheren Zeit die religiöse Ordnung bestätigt und bestärkt, so wurde der Künstler der Neuzeit zum Künder individueller Freiheit – nicht zufällig erwartete man, daß er in seinem Leben auch dieses Freiheitsstreben verwirklichte. Man muß sich nur gängige Urteile der Literaturgeschichte vor Augen halten, um diese Feststellung zu verstehen: In Deutschland erscheinen bis heute Epochen wie das Mittelalter, die Aufklärung oder das Biedermeier als merkwürdig fremd, während individuelle Aufbruchsituationen (Sturm und Drang, Romantik, Expressionismus, um nur drei Beispiele zu nennen) besondere Zuwendung genießen. Typologisch erreicht diese Wertung ihren merkwürdig vorurteilsbestimmten Ausdruck, wenn Goethe, dessen Dichten die höchste Entfaltung des Individuums gestaltet, als Fürstenknecht – Schiller, der Wallensteins Scheitern als Verbrechen gegen die Ordnung deutet, als Freiheitsdichter, einseitig verstanden werden. Diese – sehr problematischen – Urteile entstammen einer Literaturgeschichtsschreibung, die sich aus romantischen Anfängen im 19. Jahrhundert entfaltete und im biographischen Positivismus einen Höhepunkt fand. Die literarischen Positivisten (Wilhelm Scherer [1841–1886], in der Nachfolge von Henry Thomas Buckle [1821–1862], Hippolyte Taine [1828–1893], Auguste Comte [1798–1857]) machten das naturwissenschaftliche Kausalitätsprinzip zur Grundlage literarischer Analysen und reduzierten ein Kunstwerk auf die natürlichen Anlagen und Lebensbedingungen des Autors; sie gingen davon aus, daß Leben und Werk eines Autors eine notwendige Einheit darstellen.

Die Erforschung der Lebensumstände eines Autors wird in diesem methodischen Ansatz zur Voraussetzung des Werkverständnisses, wobei der ästhetische Wert immer eng an die Biographie und Genese gebunden bleibt. Dieser historische Ansatz führt um die Jahrhundertwende zu einer Stoffhuberei unbeschreiblichen Ausmaßes – die Literaturgeschichte sammelt jedes biographische Detail, ordnet Stoffe und Motive und strebte danach, für jedes Werk einen gültigen, gesicherten Text zu erarbeiten. Daß ein literarisches Werk auch das Produkt eines historischen Prozesses ist und sich in seiner Gestaltung wandelt, war dem Positivismus ein fremder, unwissenschaftlicher Gedanke.

1906 erfuhr die Literaturgeschichtsschreibung durch Wilhelm Diltheys (1833–1911) Buch »Das Erlebnis und die Dichtung« eine epochale Wendung. Dilthey sah in der »Poesie (die) Darstellung und (den) Ausdruck des Lebens ... Die Endlichkeit des Daseins erweckt in mir die Sehnsucht nach einem Dauernden ... Ihr (die Dichtung) Gegenstand ist nicht die Wirklichkeit ... sondern die in den Lebensbezügen auftretende Beschaffenheit meiner Selbst und der Dinge ...« Dilthey will das Typische erfassen und weist etwa im Zusammenhang mit der Autobiographie darauf hin, daß im Rückblick ein Leben nicht als Kausalitätskette, sondern nur als Einheit verstanden werden kann. Das Erlebnis prägt das Individuum, doch Bedeutung erhält das Erlebnis erst aus der Rückschau. Da das Leben nicht abgeschlossen ist, ist verstehende Rückschau immer neu zu vollziehen – d. h. Leben und Text stehen in einem hermeneutischen Verhältnis: Das eigene Leben wird zum Bezugspunkt des Verstehens eines Textes, und mit dem sich stets wandelnden Leben ändert sich auch das Verstehen. Dichtung wird so bei Dilthey zur Lebensdeutung und »der Poet ein Seher, der den Sinn des Lebens erschaut«. Die Dichterbiographie wird für die geisteswissenschaftliche Betrachtungsweise Diltheys zur vorbildlichen Lebensform; der Dichter erscheint als Mensch mit besonderen Fähigkeiten, der die Welt deutet und als Führer gestaltet. Dilthey und seine Nachfolger – Rudolf Unger (1876–1942), Hermann August Korff (1882–1963), Fritz Strich (1882–1963), Paul Kluckhohn (1886–1957) – haben im Kern keinen Unterschied zwischen religiöser, philosophischer und dichterischer Lebensdeutung gemacht; sie setzten beim Leser die Qualität der literarischen Lebensdeutung voraus, denn nur diese Qualität schafft den Zugang zur Dichtung und zum Dichter. Gegenüber dem Positivismus erweitert die geisteswissenschaftliche Methode den Blick auf das dichterische Werk als Einheit und integriert historische und philosophische Betrachtungsweisen. Die geisteswissenschaftliche Methode wurde zuletzt ideologisch pervertiert, ohne daß die führenden Wissenschaftler diese Barbarisierung aufhalten konnten. Während die Nationalsozialisten die biologisch-rassenmäßige »Reinheit« von Künstler und Publikum zur Voraussetzung eines Verstehensprozesses erhoben, machten Sozialisten eine gemeinsame proletarisch-ökumenische Basis zur Grundlage einer Literaturproduktion, die den ideologischen Überbau revolutionär beseitigen sollte. Beide Betrachtungsweisen sind heute nur noch von historischem Interesse; dabei ist durchaus bedeutungsvoll zu sehen, daß Autoren, die in den beiden totalitären Regimen biographisch nicht den ideologischen Erwartungen entsprachen, verfolgt, exiliert, ja sogar getötet wurden.

Literaturwissenschaftliche Methodenlehre wurde hier zur Legitimation von Verbrechern – individuelle Literatur und Kunst als Ausdruck der Freiheit, wie sie sich am Beginn der Neuzeit gegen eine übermächtige Tradition verstand, wurde ideologisch negiert. Freiheit als Wert durfte nicht gestaltet werden.

Nach dem Zusammenbruch des Nationalsozialismus geriet in Deutschland die geisteswissenschaftliche Methode mit der werkimmanenten Interpretation in eine Krise: Jetzt suchte man jedes Werk aus sich zu verstehen und weitgehend aus dem historisch biographischen Zusammenhang zu lösen. Der Dichter – von Nationalsozialisten zum geistigen Führer stilisiert – geriet vielfach aus dem Blick; gegen Vorbilder und Führer war man mißtrauisch geworden. In Frankreich setzte sich der Existentialismus in der Nachfolge der Résistance und in den englischsprachigen Ländern eine psychologische Literaturbetrachtung durch. Innerhalb der letzten Jahre haben zwei Methoden besondere Bedeutung erlangt: In der Nachfolge von Roman Jakobsen (1896–1982), Jan Mukařowsky (1891–1975) und Ferdinand de Saussure (1857–1913) entwickelten moderne Forscher – vornehmlich zu nennen ist hier Umberto →Eco – einen semiologischen Strukturalismus, der jedes historische Werk als Ausdruck zwischen den Zeichenelementen eines Systems versteht. »Was als Struktur eines Objekts beschrieben wird, ist das Ergebnis einer Interaktion zwischen dem Objekt und den rekonstruierenden Operationen eines epistemischen Subjekts«, schreibt Piaget 1968 und fährt fort: »Jeder Wandel ist Wandel zwischen Systemen und läßt sich als System beschreiben«. Die Biographie des Autors wird im Strukturalismus zu einem invarianten Element, d. h. zu einem Element des Systems, in dem ein Text steht, das nur sehr langsam durch neue positive Erkenntnise Änderungen erfährt. Als Element des Systems gehört jedoch die Kenntnis der Biographie eines Autors zu den Voraussetzungen einer adäquaten Systembeschreibung. In der Anwendung von Überlegungen, die der späte Ludwig Wittgenstein in seinen »Philosophischen Untersuchungen« vorgestellt hat und die das Verstehen einer Sprache, einer Aussage, einer Formel, eines Zeichens und eines literarischen Werkes an die Beherrschung des »Sprachspiels« binden, wendet sich Hans Robert Jauß (1974) vom literarischen Werk ab und dem aufnehmenden (rezipierenden) Publikum zu und fordert methodisch an Stelle der Werkästhetik eine Produktionsästhetik des Publikums. In diesem Modell tritt die Beziehung von literarischem Werk und Publikum in den Mittelpunkt des Interesses. Das literarische Werk tritt in den Erwartungshorizont des Lesens und wird in dem Maße aktualisiert und rezipiert, in dem es diesem Erwartungshorizont entspricht. Mit diesem rezeptionsästhetischen Ansatz hat sich die Literaturgeschichtsschreibung weit von ihren positivistischen Anfängen entfernt.

Hugo Kuhn hat 1974 in einem grundlegenden Aufsatz zur Methodenlehre darauf verwiesen, daß die Auseinandersetzung mit dem literarischen Werk immer von den Texten auszugehen hat, wobei die Beschreibung der Texte hinsichtlich der Überlieferung, der Sprache und des Autors ebenso eine Verstehensvoraussetzung ist wie die Erfassung der Typologien von Stoff, Form und Aussage. Die Kenntnis des Autors ist für sich keine Notwendigkeit – wenn diese Kenntnis dazu dient, ein Werk besser zu verstehen, sich in einen produktiven Rezeptionsprozeß einzulassen und die Struktur einer Kultur zu erfassen, dann hat auch die biographische Methode über positivistische Positionen hinaus Gewicht und Erkenntniswert.

Aafjes, Bertus, eigtl. *Lambertus Jacobus Johannes A.* (*12. 5. 1914 Amsterdam). – Niederl. Lyriker und Schriftsteller, der zunächst Theologie, dann in Löwen und Rom Archäologie studierte. Mit dem Reisebericht *Een voetreis naar Rome* (1946) hatte er großen Zuspruch. Eine formstrenge, von der dt. Romantik beeinflußte Lyrik steht neben zahlreichen Reisebeschreibungen, wie *Abend am Nil* (1952, dt. 1961), und Erzählungen, etwa *Richter Ookas Fälle. Japanische Kriminalfälle aus dem 18. Jahrhundert.*

Aal, Johannes (*um 1500 Bremgarten/Aargau, †28. 5. 1551 Solothurn). – Als kath. Geistlicher floh er vor der Reformation nach Freiburg i. Br., kehrte aber in die Schweiz zurück und wurde 1544 Propst in Solothurn. Mit der *Tragoedia Johannis des Täufers* (1549) nahm er die Tradition des mittelalterl. geistl. Spiels wieder auf, wobei er starke antireformator. Akzente setzte.

Aasen, Ivar Andrea (*5. 8. 1813 Ørsta/Sunnmøre, †23. 9. 1896 Oslo). – Norweg. Dichter, wurde als Sprachwissenschaftler bekannt; auf seinen Reisen durch seine Heimat erforschte er die unterschiedl. Mundarten und schuf als künstl. Sprache das sog. Landsmål, das heute meist Nynorsk gen. wird. Den Sprachenstreit, den er damit entfachte, konnten die Norweger erst 1907 beilegen, indem sie die traditionelle Landessprache, die starke dän. Einflüsse hat, als Riksmål (auch Bokmål) gleichberechtigt neben Landsmål stellten. Aus nationalist. Gesinnung schuf A. alle seine Schriften in der von ihm geschaffenen Sprache, die heute in Norwegen von einer Minderheit gesprochen wird.

Abälard, Peter, auch *Petrus Abaelardus, Abélard* (*1079 Le Pallet bei Nantes, †21. 4. 1142 Kloster Saint-Marcel bei Chalon-sur-Saône). – A. war einer der bedeutendsten franz. Philosophen und Theologen der sog. Frühscholastik, der durch seine Liebesgeschichte mit Héloïse Aufsehen und Ärgernis erregte. Als Schüler Wilhelms von Champeaux und Roscelins wurde er bald Lehrer in Melun, Corbeil und zuletzt in Paris. Philosophisch begründete er eine intellektuelle Dialektik, die er dazu nützte, zwischen dem herrschenden Universalismus und dem modernen Nominalismus eine Möglichkeit der Lösung des Universalienstreites anzubieten. Sein Sermonismus, auch Konzeptualismus gen., wirkte auch auf seine Ethik, in der er eine absolute Willensfreiheit lehrte. Damit geriet er jedoch in Gegensatz zu Bernhard von Clairvaux und der herrschenden Lehre. Seine wichtigsten Werke *Sic et non* und die *Historia calamitatum mearum* (1133–1136) legen die dialekt. Methode dar und zeigen an seiner eigenen Lebensgeschichte den Entwurf einer neuen Wertordnung.

Abbé Prévost → Prévost

Abd al-Hakk (Abdülhak) Hāmid, eigtl. *A. H. Tarhan* (*2. 2. 1852 Istanbul, †12. 4. 1937 ebd.). – Türk. Dichter, wurde als Sohn eines hohen Staatsbeamten, der im diplomat. Dienst stand, rasch zu einem anerkannten Dramatiker. Durch seine glänzenden Kenntnisse der engl. und franz. Literatur und Kultur wurde er zum entscheidenden Anreger der modernen türk. Dichtung und zum ersten Reformdichter der Epoche. Seine belehrenden Werke wie *Macerayi Aşk* (1872), *Sahra* (1879) oder *Ruhlar* (1919) wirkten stark auf seine Zeitgenossen.

Abe, Kōbō (*7. 3. 1924 Tokio). – Japan. Schriftsteller, studierte Medizin und veröffentlichte seit 1948 Erzählungen und Theaterstücke; stand vorübergehend der kommunist. Partei nahe und gehört zu den bedeutendsten Persönlichkeiten der japan. Avantgarde. Er setzte sich intensiv mit der europ. Existenzphilosophie auseinander und begründete die Rezeption Kafkas in Japan. Internationale Anerkennung fand sein Roman *Die Frau in den Dünen* (1962, dt. 1967), in dem er die Persönlichkeitsveränderung in der modernen Welt gestaltete. Auch in der Dramentrilogie *Der Mann, der zum Stock wurde* (1969, dt. 1969) und in dem Roman *Die Arche Sakuramura* (1984) gestaltet A. Identitätskrisen und Fragen der bedrohten Welt der Gegenwart. In Dtld. fand auch der Roman *Die vierte Zwischeneiszeit* (1959, dt. 1982) große Beachtung, da die Welt hier nicht nur realistisch, sondern metaphorisch-allegorisch gestaltet wird und so der Leser auch emotional gefesselt wird.

Abel, Kaspar (*14. 7. 1676 Hindenburg/Altmark, †11. 1. 1763 Westdorf/Aschersleben). – A. war als evangel. Geistlicher Rektor in Helmstedt und Halberstadt und machte sich lit. als Satiriker und Historiker einen Namen. Seine Gedichte, die er teilweise in Plattdeutsch schrieb, erschienen 1714 unter dem Titel *Auserlesene satirische Gedichte;* daneben übersetzte er die Satiren Boileaus und Werke von Vergil, Horaz und Ovids *Heroiden* (1704).

Abell, Kjeld (*25. 8. 1901 Ripen, †5. 3. 1961 Kopenhagen). – Dän. Schriftsteller, studierte Politik und Kunst und arbeitete danach einige Zeit in Paris als Bühnenbildner. Sein Schaffen galt ausschließl. dem Theater, dem er eine polit. und menschenbildende Funktion zuwies. Großen Erfolg hatte er mit *Melodien, der blev væk* (1935); in Dtld. wurde er mit dem

Schauspiel *Anna Sophie Hedvig* (1939) bekannt, das 1956 in Dt. erstaufgeführt wurde.

Abellio, Raymond, eigtl. *Georges Raymond Alexis Soulès* (*11.11. 1907 Toulouse). – Franz. Schriftsteller, studierter Ingenieur, stand dem Sozialismus nahe und veröffentlichte nach 1945 zahlreiche Werke, die unter dem Einfluß der Katharer, der jüdischen Esoterik und der Philosophie Husserls stehen. Besondere Beachtung fanden seine Romane *Selig die Friedfertigen* (1946), in dem er die Weltsicht der franz. Intellektuellen vor dem Krieg beschreibt, und *Die Augen von Ezechiel sind offen* (1949, dt. 1951), in dem er sich mit mittelalterl. Geheimlehren auseinandersetzt und eine neue Gnosis als Wissenschaft, die alle Disziplinen vereinigt, fordert. Theoretisch hat er diese Gedanken auch im Essay *Die Bibel – ein verschlüsseltes Dokument* (1949) vorgetragen. Später setzte sich A. vornehmlich mit strukturalen und esoter. Fragen auseinander.

Aben Esra, auch *Abraham ben Meir, Ibn Esra, Abraham Iudaeus* (*1092/93 Toledo [?], †23.1. 1167 Calahorra [?]). – A. war Dichter und Bibelforscher aus span.-jüd. Tradition und durchwanderte in seinem Leben Spanien, Nordafrika, Italien und den Süden Frankreichs. Auf die Zeitgenossen und Nachfahren wirkten in erster Linie seine Bibelkommentare und die Übernahme arab. Philosophie und Literatur in den roman. Kulturkreis. Besonders bekannt wurde A. auch durch seine virtuose Vagantendichtung.

About, Edmond (*14.2. 1828 Dieuze, †16.1. 1885 Paris). – Franz. Schriftsteller, studierte an der Ecole normale supérieure und wurde 1884 in die Académie Française berufen. Sein lit. Werk umfaßt eine Fülle von Romantypen: Reiseroman, phantastischer Roman und Sittenroman. Mit *Le roman d'un brave homme* (1880) hatte er großen Erfolg. Seine Novellen, die stark an den Stil Mérimées erinnern, z.B. *Les mariages de Paris* (1856, dt. 1886), waren Bestseller der Zeit.

Abowian, Chatschatur (*1805 [?] Kanaker, †14.4. 1848 [?] bei Eriwan verschollen). – Der Armenier studierte in Dorpat bei Parrot, lehrte vorübergehend in Tiflis und reformierte das Bildungswesen seiner Heimat. Gleichzeitig wurde er zum Begründer der armen. Moderne. Er steht unter dem Einfluß der dt. Romantik und dem des beginnenden Realismus. Sein Hauptwerk ist der Geschichtsroman *Die Wunden Armeniens* (1858).

Abraham a Sancta Clara, eigtl. *Johann Ulrich Megerle* (*2.7. 1644 Kreenheinstetten/Baden, †1.12. 1709 Wien). – A. besuchte das Jesuitengymnasium in Ingolstadt, trat dann in den Orden der Augustiner-Barfüßer (Mariabrunn bei Wien) ein und wurde nach dem Studium in Prag und Italien 1668 zum Priester geweiht. 1677 wurde er kaiserl. Hofprediger in Wien und Prior des Konvents. Bis heute gilt er als sprachgewaltigster Barockprediger, dessen Wirkung sowohl auf seinem großen Wissen als auch auf seiner bilderreichen Sprache beruhte. Seine satir. Zeitschilderungen machen seine Predigten zu lit. und histor. Dokumenten. Unter dem Eindruck der Pest (1679) und der Türkengefahr verfaßte er die Bußpredigten *Merks Wien* (1680) und *Auf, auf ihr Christen* (1683). Sein Hauptwerk, sprühend von Geist und Satire, ist *Judas der Ertzschelm* (1686–95), in dem er Predigtlegenden als Sammlung zusammenstellte.

Abrahams, Peter (*19.3. 1919 Vrededorp/Johannesburg). – Der südafrikan. Romancier arbeitete vorübergehend in England und gab als Journalist in Jamaika den »West Indian Economist« heraus. In zahlreichen Romanen hat er die polit. Probleme Südafrikas dargestellt, z.B. in *Reiter der Nacht* (1948, dt. 1957), *Schwarzer Mann im weißen Dschungel* (1946, dt. 1961) und *Wilder Weg* (1951, dt. 1952). 1954 erschien die engagierte Autobiographie *Tell freedom* (dt. 1956 u.d.T. ... *dort, wo die weißen Schatten fallen*).

Abramow, Fjodor Alexandrowitsch (*29.2. 1920, Werkola/Archangelsk, †14.5. 1983 Leningrad). – Sowjetruss. Schriftsteller, aktives Mitglied der KPdSU und Dozent für sowjet. Literatur; begründete gegen die Literaturdoktrin des sozialist. Realismus, der das Landleben stets in ansprechenden und erhebenden Bildern vorstellte, die moderne russische Dorfliteratur. Er zeigt in seinen Romanen *Brüder und Schwestern* (1959, dt. 1976), *Zwei Winter und drei Sommer* (1969, dt. 1976), *Wege und Kreuzwege* (1973, dt. 1976), *Das Haus* (russ. und dt. 1980) und in Erz. *Ein Tag im »Neuen Leben«* (russ. u. dt. 1963) die Schönheit der nordruss. Landschaft und das harte Leben der Landbevölkerung, deren sittliche Werte durch Traditionen bestimmt werden. Diese Romane und Erzählungen wurden rasch als Kritik an den realen Zuständen verstanden. 1975 wurde A. der Staatspreis der UdSSR verliehen.

Abrogans, das älteste bekannte Literaturdenkmal in dt. Sprache aus der Zeit Karls des Großen. Der A. ist eine Synonymensammlung, die nach dem ersten Stichwort gen. wird. Im Auftrag des Bischofs Arbeo von Freising wurde sie in der Domschule etwa 765/770 geschrieben. Heute liegt die Handschrift in der Bayerischen Staatsbibliothek.

Abu Firas, al-Hamdani (*932 Mesopotamien, †968 Hims). – Arab. Dichter, Vetter des in Aleppo regierenden Emirs, geriet im Kampf gegen Byzanz in Gefangenschaft. Hier entstanden die ersten seiner Werke, die unersetzl. zum Verständnis seiner Zeit sind; besonders die in Konstantinopel gedichteten *Elegien*, die 1959/60 als *Diwan* auswahlweise ins Dt. übersetzt wurden, sind von großer Meisterschaft und histor. Bedeutung.

Abu Tammam, auch *Habib ibn Aus* (*um 805 Dschasim/Syrien, †um 846 Mosul/Irak). – Arab. Dichter. angebl. Sohn eines christl. Syrers, lebte an verschiedenen Höfen in Ägypten und Mesopotamien. Seinen Ruhm begründete er nicht so sehr durch seine eigenen Lob- und Schmähgedichte und durch seine Liebeslyrik als vielmehr durch vier große Anthologien arab. Dichtung; die bekannteste, *Hamasa*, wurde 1846 von Fr. Rückert ins Dt. übertragen.

Accius, Lucius (*um 170 v. Chr. Pisaurum/Umbrien, †um 86 v. Chr.). – Röm. Dichter, der sich in Rom als Dramatiker einen Namen machte. Er verfaßte insbesondere nach griech. Vorbild Tragödien, von denen außer den Titeln nur kurze Fragmente erhalten sind (etwa 700 Verse von 35 Stücken). Auch die heroische Frühgeschichte Roms stellte er dramatisiert in zwei *Fabulae praetextae* dar. Seine *Didascalia* gibt einen wertvollen Überblick über die gesamte Geschichte der antiken Literatur.

Acevedo Díaz, Eduardo (*24.4. 1851 Montevideo, †18.6. 1921 Buenos Aires). – Uruguay. Schriftsteller, der in seinen Romanen neben histor. Themen mit Vorliebe das zeitgenöss. Leben der Gauchos lit. gestaltete. Zu seinen Hauptwerken zählen die Romantrilogie *Himno de sangre* (1888), die Erzählung *Ismael* (1888) und der Roman *Brenda* (1884).

Achàd Ha'am »Einer aus dem Volke«, eigtl. *Ascher Ginzberg* (*5.8. 1856 Skwira/Ukraine, †2.1. 1927 Tel Aviv). – Jüdischer Schriftsteller, wurde nach dem Philosophiestudium Redakteur und Herausgeber in Odessa, London und Tel Aviv. Von seinen zahlreichen Aufsätzen, Reden und brillanten Essays wurde *Am Scheideweg* (1895) ins Dt. übersetzt. Der darin vertretene Zionismus fordert einen jüd. Staat zur Pflege des jüd. Kulturerbes. Die Gesammelten Werke wurden 1956 von L. Roth herausgegeben.

Achard, Marcel (*5.7. 1899 Sainte-Foy-lès-Lyon, †4.9. 1974 Paris). – Der franz. Dramatiker studierte in Lyon und Paris, wo er 1924 mit dem Stück *Voulez-vous jouer avec moâ?* seine Laufbahn als humorvoll geistreicher Bühnenautor begründete. Seit 1959 Mitglied der Académie Française. A. zählt zu den meistgespielten Autoren des Boulevardtheaters; seine bekannteste Komödie ist *Jean de la lune* (1929); daneben verfaßte er auch Drehbücher wie u. a. *Mam'zelle Nitouche*. Seine letzten Komödien erschienen in den sechziger Jahren *L'amour est difficile* (1960), *L'amour ne paie pas* (1962), *Turlututu* (1962), *Machin-Chouette* (1964) und *Gugusse* (1968). Eine Gesamtausgabe seiner Komödien fehlt.

Achebe, Chinua (*15.11. 1930 Ogidi/Nigeria). – Nigerian. Schriftsteller, arbeitete nach dem Pädagogikstudium beim Rundfunk, setzte sich für die Unterstützung Biafras ein, gab Zeitschriften heraus und war an verschiedenen Hochschulen als Gastprofessor tätig. In Dtld. fanden seine engagierten Schriften, z. B. *Das Engagement und der afrikanische Schriftsteller* (1980), *Der Schriftsteller als Lehrer* (1980), *Ein Mann des Volkes* (1981), Beachtung, ebenso die Romane, wie etwa *Obi* (1963), *Der Pfeil Gottes* (1965, dt. 1975), *Anthills of the Savannah* (1987) und Erz. wie *Sugar Baby* (1979) u. a.

Achil(l)eus Tatios, lebte im 2. Jh. n. Chr. in Alexandria. Der griech. Schriftsteller wurde bekannt als Verfasser des weitläufig angelegten Liebes- und Abenteuerromans *Die Abenteuer von Leukippe und Kleitophon*. Die dt. Übersetzung des in Byzanz viel gelesenen Werks erfolgte 1802 durch F. Ast und G. Guldenapfel.

Achleitner, Friedrich (*23.5. 1930 Schalchen/Oberösterr.). – Österreich. Schriftsteller, arbeitete zunächst als Bühnenbildner und Architekt und ist seit 1963 als Hochschullehrer in Wien tätig. A. zählt zur Wiener Gruppe und entwickelte die »Architekturkritik« des Feuilletons; sein Werk ist auf eine konkret-visuelle Wirkung hin angelegt. A. veröffentlichte hervorragende Dialektgedichte u. a. *hosn rosn baa* (1959), *der rote reiter* (1967) und *prosa, konstellationen, montagen, dialektgedichte, studien* (1970), *Kaas* (1991); 1973 erschien sein *quadrat-roman* und 1977 die krit. Analyse des Salzburger Raumes *Die Ware Landschaft*. Einen *Führer zur Österreichischen Architektur im 20. Jahrhundert* veröffentlichte er in drei Bdn. 1980 f. Die Architekturkritik *Nieder mit Fischer von Glach* (1986) entwirft eine Ästhetik des Bauens, ohne modischen oder ideolog. Gedanken.

Achmadulina, Bella, eigtl. *Isabella Achatonovna* (*10.4. 1937 Moskau). – Russ. Schriftstellerin, deren Vorfahren aus Italien und von Tataren abstammten, war in erster Ehe mit dem Lyriker Jewtuschenko, in zweiter Ehe mit dem Drehbuchautor Juri Nagibin verheiratet. A. veröffentlichte Gedichte *Struna* (1962), *Oznob* (1968), *Stichi* (1975) und *Šveza* (1977) sowie die Sammlung von Gedichten und Essays *Sny o Gruzii* (1979). A. gestaltet in empfindsam lyrischer Sprache alltägliche Erfahrungen und versucht besonders, die Kultur Transkaukasiens in ihrer Heimat verständlich zu machen; daneben gestaltet sie in ihrer Lyrik auch Fragen der Gegenwart und experimentiert mit tradierten lyrischen Formen.

Achmatowa, Anna Andrejewna, auch *A. A. Gorenko* (*23.6. 1889 b. Odessa, †5.3. 1966 Moskau). – Russ. Dichterin, studierte Rechtswissenschaft in Kiew und Petersburg, war von 1910 bis 1918 mit dem Dichter Dumilev verheiratet und lebte vorwiegend in Leningrad. A., die insbesondere Puschkin verehrte, war ein führendes Mitglied der Akmeisten, die sich neuklassisch gegen den myst. Symbolismus wandten und gilt heute als die größte russ. Lyrikerin. Ihre tief empfundenen und klaren Verse stehen unter der Thematik einer leidvollen Liebe; später beschäftigte sich A. auch mit polit. und relig. Inhalten. Die sowjet. Kritik tadelte ihr unzeitgemäßes Schaffen. Bekannt wurden die Gedichtbände *Večer* (1912), *Belaja staja* (1917), *Anno Domini MCMXXI* (1922), *Iva* (1940); als dt. Ausgaben erschienen *Das Echo tönt* (1946), *Ein nie dagewesener Herbst* (1967), *Im Spiegelland* (1982), *Vor den Fenstern Frost* (dt. 1988) und die Auswahl *Gedichte* (1988).

Achterberg, Gerrit (*20.5. 1905 Langbroek, †17.1. 1962 Oud-Leusden). – Niederl. Lyriker, dessen Gedichte in ihrer mag.

beschwörenden Sprache an den Surrealismus erinnern. Das beherrschende Thema seiner Lyrik ist die Wiedervereinigung mit der toten Geliebten durch die Kraft des Wortes. Als Hauptwerk gelten *Cryptogamen* (1946), *Hoonte* (1949), *Spel van der wilde jacht* (1957) und *Oude Cryptogamen* (1951). 1963 erschien eine niederl. Gesamtausgabe seiner Gedichte.

Achternbusch, Herbert (*23.11. 1938 München). – Dt. Schriftsteller und ausgebildeter akadem. Maler, begann mit harmlosen Gedankenspielen; bald forderte er heftigen Widerspruch umd emotionale Anerkennung heraus und wurde mit seinen Texten, die meist für Theater, Film oder Fernsehen geschrieben sind, zu einem der umstrittensten Gegenwartsautoren. Besonders *Servus Bayern* (1977), *Der Komantsche* (1979), *Der Neger Erwin* (1981) riefen Kritik hervor; sein Film *Das Gespenst* (1983) hatte in Deutschland, Österreich und der Schweiz gerichtliche Folgen, da sich Bürger in ihrem religiösen Verständnis verletzt fühlten. Dennoch haben zahlreiche Werke auch in die Spielpläne der Staatstheater Aufnahme gefunden, z.B. *Plattling* (1982), *Mein Herbert* (1983), *Gust* (1984), *Weg* (1985). Mit zahlreichen Filmen und Hörspielen ist A. heute einer der meistgespielten Autoren. Seine Romane wie *Der Tag wird kommen* (1973), *Land in Sicht* (1977) fanden keine so weite Verbreitung, da sich A. vornehmlich an ein optisch/akustisch rezipierendes Publikum wendet. Für den Film *Das letzte Loch* (1982) erhielt er zahlreiche Auszeichnungen, u.a. auch den Bundesfilmpreis. *Das Ambacher Exil* (1987) zeigt autobiograph. Züge und enthält wie *Breitenbach* (1986), *Die blaue Blume* (1987), *MIXWIX* (1990) Romanentwürfe, Gedichte und Prosa des ungemein produktiven Autors. In das Gesamtwerk führt der Reader *Wohin?* (1988) ein.

Adam de la Hal(l)e, *Der Bucklige von Arras* (* um 1238 Arras, †1287/88 Neapel). – Altfranz. Dichter, der in Paris studierte und sich als Spielmannsdichter einen Namen machte. 1282 holte ihn Karl von Anjou an seinen südital. Hof. A. dichtete in den lit. Formen des Rondeaus, Chansons und der Motette; ebenso verfaßte er Balladen, sog. Diskussionslieder (»jeux partis«) sowie lyr.-weltl. Spiele. *Le jeu de Robin et de Marion* (nach 1283) ist eine dramatisierte Pastourelle und stellt ein bäuerl. Liebespaar dem Werben eines höf.-gekünstelten Ritters gegenüber. Das Mädchen zieht den einfachen Mann vor. Sein *Jeu de la feuillée* (= *Spiel von der Laube,* 1262) erörtert in iron.-satir. Weise die Verhinderung seines Planes, die Familie und die Freunde seiner Heimatstadt zu verlassen.

Adam von St. Viktor, gen. *Le Breton* (*um 1112 in der Bretagne, †18.7. 1192 [?] Paris). – Mittelalterl. Dichter und Komponist, der um 1130 als Kanoniker der Abtei St. Viktor nachgewiesen ist. Neben theolog. Schriften in lat. Sprache stammen aus seiner Hand rhythm. gereimte Sequenzen für die lat. Kirchenliturgie, u.a. *Cyma vetus* und *Heri mundus exsultavit*.

Adam, Paul, Ps. *Plowert* (*7.12. 1862 Paris, †1.1. 1920 ebda.)

– Franz. Schriftsteller, der 1885 mit seinem naturalist. Roman *Chair molle* bekannt wurde. Sein späteres Werk steht im Zeichen des Symbolismus, z.B. die Romane *Soi* (1886) und *Etre* (1888). Darüber hinaus zeichnet sich A. vor allem durch zeitgeschichtl. Romane, die soziale Themen aufgreifen, aus, z.B. *Le temps et al vie* (ab 1899), *Le trust* (1910).

Adama van Scheltema, Carel Steven (*26.2. 1877 Amsterdam, †6.5. 1924 Bergen/Holland). – Der Niederländer studierte Medizin, war dann Schauspieler, arbeitete bei einem Kunsthändler und machte sich schließlich als Lyriker einen Namen. Er verfaßte in erster Linie Sonette *Een weg van verzen* (1900). Später mehr und mehr von der Idee des Sozialismus beeindruckt, wollte A. durch eine antinaturalist. Kunstauffassung, niedergelegt in *De grondslagen eener nieuwe poezie* (1907), eine neue, vom Volk getragene Kunstrichtung begründen.

Adamov, Arthur (*23.8. 1908 Kislovotsk/Kaukasus, †15.3. 1970 Paris). – Franz. Dramatiker russ. Herkunft, der seit 1914 in Dtld., der Schweiz und ab 1924 hauptsächl. in Frankreich lebte, trat erst seit der Pariser Theatersaison 1950/51 mit Dramen hervor, in denen existentielle Probleme des modernen Menschen eindringl. Gestalt annehmen. Die Personen werden wie Puppen geführt; der Symbolkraft einer bis zum äußersten vereinfachten »visuellen« Szene vermag sich der Zuschauer nicht zu entziehen. A. begründete zusammen mit Beckett und Ionesco das »Anti-Theater«. Seine bekanntesten Werke sind u.a. *Die Invasion* (1949, dt. 1952), *Ping-Pong* (1955), *Paolo Paoli* (1957, dt. 1959); *Der Appell* (dt. 1951) und *L'aveu* (1946) hatten erst Ende der fünfziger Jahre Erfolg. Mit *Off limits* (1969) und *Si l'été revenait* (1970) machte er zuletzt Furore. Die Theaterstücke A.s erschienen 1953 bis 1968 in franz. Sprache in einer Sammelausgabe in vier Bdn.

Adamowitsch, Georgi Wiktorowitsch (*7.4. 1894 Moskau, †21.2. 1972 Nizza). – Der russ. Kritiker und Lyriker emigrierte 1923 nach Paris und zählte dort zu den ersten Vertretern der russ. Exilliteratur. In seiner Heimat war A. Anhänger der Akmeisten um N. Gumiljow. Der Essayist A. gilt als einer der bedeutendsten Interpreten der russ. Literatur. Seine Hauptwerke sind u.a. die Gedichte *Oblaka* (1916), *Na zapade* (1939), *Russkie poety* (1939), *L'autre patrie* (1947) und die Essays *Odinočestvo i svoboda* (1954).

Addison, Joseph (*1.5. 1672 Wilston b. Amesbury, †17.6. 1719 London). – Engl. Schriftsteller, der nach einem Studium der Theologie und Altphilologie in Oxford lehrte und daneben bedeutende polit. Ämter innehatte. Er schrieb für die bekannten Wochenschriften »The Tatler«, »The Spectator« und »The Guardian«. Sein gepflegter und wohlwollend iron. Stil gilt bis heute als vorbildlich für den engl. Essay. Als Kenner der antiken Literatur verfaßte er 1713 das heroische Trauerspiel *Cato*. Dieses Musterdrama in franz.-klassizist. Form wirkte vor allem auf die dt. Aufklärung und direkt auf Gottscheds *Der* *sterbende Cato.* Weitere bedeutende Werke A.s sind *Rosamund* (1707) und *The Drummer* (1716).

Adenet le Roi (* um 1240 in Brabant, † um 1300). – Altfranz. Dichter, der sich am Hof von Brabant und am Königshof von Paris aufhielt. Mit Herzog Heinrich III. nahm A. am letzten Kreuzzug 1270 teil. Als »König (= roi) der Spielleute« konnte er es unternehmen, drei ältere Chansons de geste zu späthöf. Werken umzudichten: *Les enfances Ogier, Berte aus grans piés, Buevon de Conmarchis.* A. ist auch der Verfasser des umfangreichen Romans *Cléomadès* in 18000 Achtsilbern, der 1923 dt. in den Franz. Volksmärchen erschien.

Adivar, Halide Edib, Ps. *Halide Salih* (* 1884 Istanbul, † 9.1. 1964 ebda.). – Türk. Schriftstellerin, die sich als Mitglied der pantürk. Bewegung am Aufstand in Anatolien, dem Freiheitskampf unter Atatürk, beteiligte. Die so gemachten Erfahrungen greifen ihre lebensnahen Romane *Das neue Turan* (1912, dt. 1916) und *Das Flammenhemd* (1922, dt. 1923) auf. Aus der Zeit ihres Exils in England (1923–1938) stammen ihre bedeutendsten Werke, u. a. *Memoirs* (1926), *The Turkish Ordeal* (1928), *Sinekli Bakkal* (1936) und *Inside Asia* (1937). Nach der Rückkehr in ihre Heimat schrieb sie zahlreiche Werke und ihre *Memoiren* (1963).

Adler, Hans G. (* 2.7. 1910 Prag, † 21.8. 1988 London). – Dt. Schriftsteller, studierte in Prag, arbeitete zunächst als Lehrer und war von 1941 bis 1945 in den Konzentrationslagern Theresienstadt und Auschwitz. 1945 kehrte A. nach Prag zurück, emigrierte aber bereits 1947 nach London, wo er sich als freier Schriftsteller niederließ. Neben kleineren Prosawerken, Parabeln und Skizzen schrieb er vor allem als distanzierter Erzähler des zeitgenöss. Schicksals der Juden seine Werke, u. a. *Theresienstadt 1941–1945* (1955), *Der verwaltete Mensch* (1974), *Studien zur Deportation der Juden aus Deutschland* (1974), *Die Freiheit des Menschen* (1976), *Die unsichtbare Wand* (1989).

Adonias Filho, eigtl. *Adonias Aguiar jr.* (* 27.11. 1915 Sao Joao/Bahia). – Brasilian. Schriftsteller, stammt aus einer reichen Großgrundbesitzerfamilie, studierte in Rio de Janeiro und übersetzte G. Sand und J. Wassermann in das Portugiesische. Er begründete die staatliche Förderung des Theaterwesens und der Bibliotheken in Brasilien, wurde Direktor der Nationalbibliothek und Mitglied der Akademie der Wissenschaften. A. schrieb zahlreiche Romane, etwa die Kakaotrilogie *Die Diener des Todes* (1946), *Lazarus' Erinnerungen* (1952) und *Corpo vivo* (1962), die 1969 in dt. Übersetzung erschienen, *Das Fort* (1965, dt. 1969) und *Die Alten* (1975); in diesen Werken gestaltet er in sehr vielfältigen Erzählformen, die eine stilistische Fülle an Rückblenden, inneren Monologen und Parallelhandlungen aufweisen, eine Welt, in der nur Gewalt und Sexualität herrschen; da es ihm jedoch nicht um eine ethische Kritik an der Gesellschaft geht – seine Brutalitäten

und sexuellen Szenen haben nur provokativ ästhet. Charakter – fand er bei der engagierten Literatur wenig Anklang.

Adorno, Theodor (* 11.9. 1903 Frankfurt/M., † 6.8. 1969 Visp/Schweiz). – Dt. Philosoph, Soziologe und Musiktheoretiker, wirkte mit seinen Schriften nachhaltig auf die Gestaltung des »Dr. Faustus« von Th. Mann. Grundlegend für die Literaturtheorie unseres Jh.s waren seine ästhet. Schriften, in denen er jegliche Psychologisierung der Kunst ablehnt und eine begrifflich exakte Auseinandersetzung mit dem Kunstwerk fordert, da nur so das Bewußtsein des Menschen durch die Kunst verändert werden könne. Indem das Kunstwerk den Menschen vor existentielle Fragen stellt, fordert es eine log. Lösung, die notwendig auf den »Wahrheitsgehalt« des Kunstwerks abzielt. Jede Kunst, auch die Literatur, ist ein Abbild der gesellschaftl. Verhältnisse, die im Kunstwerk erkannt werden können. Als profilierter Vertreter der sog. »Frankfurter Schule« war er in den 60er Jahren intensiv am Positivismusstreit beteiligt, wobei er gegen den Positivismus eine »negative Dialektik« stellte. Für die Literaturtheorie wurden aus seinem umfangreichen Schaffen bes. wichtig die Arbeiten *Noten zur Literatur* (1958), *Ästhetische Theorie* (posth. 1970).

Ady, Endre (* 22.11. 1877 Ermindszent, † 27.1. 1919 Budapest). – Ungar. Lyriker, Erzähler und Publizist. Aus dem Kleinadel stammend, studierte A. Jura in Debreczen und war ab 1899 Redakteur in Großwardein. Nach zwei Reisen durch Frankreich gelang ihm 1906 der Durchbruch mit Gedichtsammlungen, die stilist. wie themat. westeurop.-urbane Strömungen mit der ungar. Tradition verbanden. Er demaskierte die bürgerl. heile Welt, stellte in einer leidenschaftl. mitreißenden Sprache die Frage nach Gott, dem Sinn der Liebe und des Todes und rief nach der nationalen Revolution. Dt. liegt u. a. vor *Auf neuen Gewässern* (1921), *Auf dem Flammenwagen der Lieder* (1926), *Zu Gottes linker Hand* (1941).

Aelfric, gen. *Grammaticus* (* um 955, † um 1022). – Angelsächs. Mönch, Prosaist und Übersetzer, Abt von Eynshan bei Oxford, verfaßte theolog. Traktate, Heiligenleben und Bibelparaphrasen sowie eine lat. Grammatik, deren Vokabular das erste lat.-engl. Wörterbuch darstellt. Sein Werk gilt als ein Höhepunkt der altengl. Literatur, da A. in seinen Übersetzungen (Beda Venerabilis, Alkuin) wie in seinen eigenen Schriften einen vollendeten Prosastil entwickelt hat.

Aelianus, Claudius (* um 170 Praeneste b. Rom, † um 235). – Röm. Schriftsteller der griech. Sprache, der u. d. T. *Vermischte Geschichten* ein umfangreiches naturkundl. Werk, welches nur z. T. erhalten blieb, verfaßte. Sein Werk *Über die Natur der Tiere* (17 Bücher) gewann für die Forschung vor allem wegen der zahlreichen Quellenhinweise Bedeutung.

Aeneas Silvius → Piccolomini, Enea Silvio

Äschylos → Aischylos

Äsopos → Aisopos

Afanasjew, Alexandr Nikolajewitsch (*23.7. 1826 Bogučar/Voronež, †5.10. 1871 Moskau). – Russ. Folklorist und Ethnograph, der v. a. als Sammler russ. Volksmärchen Eingang in die Literatur fand. Bis in unsere Zeit beruft sich die Märchenforschung auf seine wiss. Arbeit. In Dt. liegen vor *Russische Märchen* (1906), *Der Feuervogel. Märchen aus dem alten Rußland* (1960).

Afranius, Lucius (2. Hälfte des 2. Jh.s v. Chr.). – Röm. Dramatiker, über dessen Herkunft und Leben wir nichts wissen. Sein Name ist vor allem mit Komödien verbunden, in denen A., im Gegensatz zu Plautus und Terentius, die griech. Vorlagen bearbeiteten (Fabulae palliatae), ital. Komödenstoffe (Fabulae togatae) aufgegriffen hat.

Afzelius, Arvid August (*6.5. 1785 Fjällakra/Västergötland, †25.9. 1871 Enköping). – Schwed. Folklorist und Dichter. Zusammen mit E. G. Geijer gab A. die kulturhistor. wertvolle Sammlung altschwed. Volkslieder *Svenska folkvisor från forntiden* heraus (1814–1816). Eine dt. Auswahl erschien jeweils 1830 und 1857. Daneben veröffentlichte er auch eigene Dichtungen und Übersetzungen sowie schwed. Balladen *Svenska folkets sagohävder* (1839–1870).

Agathias, gen. *Scholasticus* (*um 536 Myrina/Kleinasien, †um 582 Konstantinopel). – Byzantin. Dichter und Geschichtsschreiber, der nach seinem Studium in Alexandria den Anwaltsberuf ausübte. Neben Gedichten und Epigrammen ist sein Name v. a. mit einer Fortführung des Geschichtswerks von Prokop, durch eine Geschichte der Regierungszeit Justinians, verbunden. Die einzige vorhandene engl. Ausgabe seines griech. geschriebenen Werkes erschien 1975.

Agathon (*um 446 v. Chr. Athen, †405/400 v. Chr. Makedonien). – Griech. Tragödiendichter, der ab 407 am makedonischen Königshof in Pella lebte, wo er den Meister der griech. Tragödie Euripides kennenlernte. 416 v. Chr. errang A. mit seiner ersten Tragödie den Preis der Lenäen. Sein Freund Platon soll diesen Triumph im *Symposion* beschrieben haben. Obwohl von A.s Tragödien nur Bruchstücke überliefert sind, kennt man den klaren Stil und die hohe rhetor. Qualität in seinen Werken. Sie unterscheiden sich dadurch von älteren Tragödien, daß Handlungen und Personen keinem Mythos entnommen sind und die Chorlieder den Inhalt des Stückes nicht direkt aufgreifen.

Agnon, Samuel Josef, eigtl. *Czaczkes* (*17.7. 1888 Buczacz/Galizien, †17.2. 1970 Rehovot bei Tel Aviv). – Hebräischer Schriftsteller, der ab 1907 in Palästina lebte, zeitweise auch in Berlin. A. schrieb zunächst jidd., dann nur noch in hebräischer Sprache. 1966 erhielt den Nobelpreis. A. veröffentlichte 1908 seine erste Erzählung *Agunot*, die später in Dt. u. d. T. *Verlassene Frauen* erschien. Am bekanntesten wurde sein Roman *Und das Krumme wird gerade* (1912, dt. 1918). Weitere Werke u. a. *Nur wie ein Gast zur Nacht* (1940, dt.

1964). *Im Herzen der Meere* (1935, dt. 1966). *Eine einfache Geschichte* (1935, dt. 1967) und *Der Treueschwur* (dt. 1974). A. wurde auch als folklorist. Erzähler und Übersetzer bekannt.

Agoult, Marie Gräfin d', geb. de Flavigny, Ps. *Daniel Stern* (*31.12. 1805 Frankfurt/Main, †5.3. 1876 Paris).– Franz. Schriftstellerin, Tochter eines emigrierten franz. Offiziers, die sich 1835 von ihrem Mann trennte, unterhielt einen schöngeistigen Salon. Ihr Liebesverhältnis mit F. Liszt wurde zum Thema ihres sentimentalen Liebesromans *Nélida* (1846). Nach 1848 bearbeitete sie mehr polit.-histor. Stoffe *Histoire de la révolution de 1848* (1851–1853).

Agricola, Johannes, eigtl. *J. Schnitter* (*20.4. 1494 Eisleben, †22.9. 1566 Berlin). – A. war evangel. Theologe und Mitreformator Luthers, Dozent in Wittenberg und ab 1540 Hofprediger in Berlin. Als Gründer der Sekte der Antinomisten geriet er in Streit mit Luther und Melanchthon. 1537 veröffentlichte A. anonym die *Tragedia Johannis Huss,* erregte mit seiner Verehrung des böhm. Reformators den Ärger Luthers. A. verfaßte außerdem Lieder und übersetzte Terenz, trat jedoch vor allem als Sammler dt. Sprichwörter hervor *Dre hundert Gemener Sprickwörde* (1528).

Agustini, Delmira (*24.10. 1886 Montevideo, †6.7. 1914 ebd.). – Uruguay. Lyrikerin, die bereits in ihrer Jugend Gedichte veröffentlichte. A. trat im span. Sprachraum durch ihren Mut zu erot. Gedichten und ihre unkonventionelle Bildersprache hervor, z.B. in *Cantos de la mañana* (1910), *Los cálices vacíos* (1913). 1971 erschien eine span. Gesamtausgabe ihrer Gedichte.

Ahlgren, Ernst, eigtl. *Viktoria Maria Benediktsson,* geb. Bruzelius (*6.3. 1850 Hof Domme/Schonen, †21.7. 1888 Kopenhagen). – Schwed. Schriftstellerin, floh aus ihrem Elternhaus und begann nach einer unglücklichen Ehe zu schreiben. Krankheit und eine unerfüllt gebliebene Liebe führten schließlich zum Selbstmord. A. verfaßte vier beinahe naturalist. Bauernnovellen und die Eheromane *Geld* (1885, dt. 1890) und *Frau Marianne* (1887, dt. 1897). In Zusammenarbeit mit Axel Lundegard entstanden zwei weniger bedeutsame Dramen.

Ahlsen, Leopold, eigtl. *Helmut Abzmann* (*12.1. 1927 München). – Dt. Dramatiker und Hörspielautor, der nach dem Zweiten Weltkrieg Germanistik, Theaterwissenschaft und Geschichte studierte und zunächst als Schauspieler und Regisseur arbeitete. Ab 1949 war A. beim Bayer. Rundfunk als Hörspiellektor tätig, seit 1960 ist er freier Schriftsteller. Seine Dramen *Philemon und Baukis* (1956), *Sie werden sterben, Sire* (1964), *Der arme Mann Luther* (1965), *Fettaugen* (1969), *Leben und Tod des Jörg Stupina* (1976) u. a. zeigen Menschen in ausweglosen Grenzsituationen. Später ist A. auch durch straff gegliederte, handlungsbetonte Romane hervorgetreten, u.a. *Vom Webstuhl zur Weltmacht* (1983), *Die Wiesingers* (1984).

Aho, Juhani, eigtl. *Johan Brofeldt* (*11.9. 1861 Lapinlahti/Kuopio, †8.8. 1921 Helsinki). – Finn. Schriftsteller, der sich nach seinem Studium in Helsinki an der Bewegung »Junges Finnland« beteiligte und deren Zeitung »Päivalethi« mitbegründete; machte sich als Autor v. a. durch seine Romane und Dramen einen Namen. Außerdem schrieb er Reisebücher und Memoiren. Er gilt als Schlüsselfigur des finn. Realismus und als Meister der Beschreibung nord. Landschaften, die durch lyrische Grundstimmungen geprägt sind. Die bekanntesten Romane sind *Ellis Jugend* (1885, dt. 1899), *Ellis Ehe* (1893, dt. 1896), *Panu* (1897, dt. 1899) und *Schweres Blut* (dt. 1920).

Ahrenberg, Jac, eigtl. *Johan Jacob* (*30.4. 1847 Wiborg, †10.10. 1914 Helsinki). – Finn. Schriftsteller, schrieb in schwed. Sprache, studierte in Stockholm, war Staatsarchitekt und Architekturmaler. Er verfaßte Novellen, Romane, Erzählungen, Reiseschilderungen und Memoiren. Seine bekanntesten Romane sind *Der Stockjunker* (1892, dt. 1895) und *Rojalister och patrioter. En sommersaga från 1788* (1901). Besonders geschätzt werden seine Schilderungen aus Karelien u. a. *Från Karelen* (1893).

Aichinger, Ilse (*1.11. 1921 Wien). – Österr. Erzählerin und Hörspielautorin, wurde von den Nationalsozialisten verfolgt, studierte nach 1945 einige Semester Medizin, brach das Studium ab und arbeitete in einem Verlag, weil sie ihren Roman *Die größere Hoffnung* (1948) vollenden wollte. Darin erzählt sie, abgehoben von allen zeitlichen Bezügen, von der Hoffnung und Verzweiflung eines verfolgten Mädchens mit den Stilmitteln des Absurden, wie sie von Beckett und Ionesco entwickelt worden waren. 1953 heiratete sie den Schriftsteller Günter Eich. Sie zählt zu den herausragenden Vertreterinnen der dt. Nachkriegsliteratur, gehörte der »Gruppe 47« an, erhielt zahlreiche Auszeichnungen und ist Mitglied der Deutschen Akademie für Sprache und Dichtung. In den Erzählungen *Rede unter dem Galgen* (1952; in der Bundesrepublik u. d. T.: *Der Gefesselte;* 1953) und *Spiegelgeschichte* (1954) war sie noch dem Surrealismus verbunden, wandte sich aber bald Problemen der Sprachgestaltung und Sprachreflexion zu, wie diese besonders in Österreich Tradition haben, u. a. *Wo ich wohne* (1963), *Schlechte Wörter* (1976), *Meine Sprache und ich* (1978); daneben entstanden literaturästhetische Arbeiten *Kleist, Moos, Fasane* (1987). Von ihren Hörspielen haben bes. *Knöpfe* (1953; als Drama 1957), das die Lebensbedingungen in einer Knopffabrik schildert, die so eintönig sind, daß die Arbeiterinnen selbst zu Knöpfen werden, *Besuch im Pfarrhaus* (1961) und *Auckland* (1969) großen Erfolg gehabt. Als Lyrikerin hat A. mit dem Band *Verschenkter Rat* (1978) neue sprachliche Gestaltungsweisen aufgezeigt. 1986 erschien eine Werkausgabe.

Aigi, Gennadi (*21.8. 1934 Schajmursshino). – Russ. Schriftsteller, der auch in der tschuwaschischen Sprache schreibt, studierte Pädagogik und Literatur und war dann in einem Museum tätig, da seine anspruchsvolle, metaphorisch reiche und tiefsinnige Lyrik bis 1987 in der UdSSR nicht erscheinen durfte. Seine Gedichte *Stichi* erschienen daher 1975 in München und u. d. T. *Der vermerkte Winter* (1982) in Paris. In Deutschland wurden seine Gedichte vornehmlich durch die Übersetzungen des Friedenspreisträgers K. Dedecius bekannt, so v. a. *Beginn der Lichtung* (1971). Seine letzte Gedichtausgabe *Polja-Dvojniki* (1987) fand in der ehem. Sowjetunion große Beachtung. Aigi trat auch als Übersetzer aus dem Polnischen und Französischen in das Tschuwaschische hervor. A. ist ein Hauptvertreter der russ. Avantgarde, aber auch einer der bedeutendsten Vermittler lit. Traditionen.

Aiken, Conrad (Potter) (*5.8. 1889 Savannah Georgia, †17.8. 1973 ebd.). – Amerikan. Schriftsteller, der zusammen mit T. S. Eliot und V. W. Brooks in Harvard studierte, häufig Europa bereiste und sich vor allem in England aufhielt. Führender Mitarbeiter der Zeitschrift »The Dial«. Für seine Gedichte wurde ihm 1939 der Pulitzerpreis verliehen. Seine Lyrik steht unter dem Einfluß der Imagisten. Bekannt wurde vor allem der Band *Collected Poems* (1953). Seine Romane und Kurzgeschichten werden nur von einem begrenzten Leserkreis geschätzt, z. B. *Costumes by Eros* (1928), *Great Circle* (1933), *King Coffin* (1935), *Tote reden nicht vom Wetter* (dt. 1986), *Die Nacht vor der Prohibition* (dt. 1987).

Aimeric de Peguilhan, auch *de Pegailhan* (*Ende des 12. Jh.s Toulouse, †um 1228 an unbekanntem Ort). – Provenzal. Troubadour, der aus seiner Heimat – Haute Garonne – flüchten mußte und an verschiedenen Fürstenhöfen in Italien und Katalonien lebte. Er verfaßte über 40 Liebeslieder, vollkommene Sirventes-Gedichte sowie Planhs (Klagelieder) über den Tod seiner Herren. Von der Kirche wurde A. als Ketzer verurteilt.

Ainsworth, William Harrison (*4.2. 1805 Manchester, †3.1. 1882 Reigate). – Engl. Schriftsteller, dessen lit. Talent W. Scott anläßl. seines Erstlingsromans *Sir John Chiverton* (1826) entdeckte. A. war die zentrale Gestalt eines Londoner lit. Salons. Er verfaßte zahlreiche Verbrecher- und Schauerromane unter dem Einfluß von A. Dumas und V. Hugo; seine beliebtesten Romane waren *Rookwood* (1834), *Jack Sheppard* (1839) und *Windsor Castle* (1843).

Ai Qing, eigtl. *Jang Haicheng* (*27.3. 1910 Zhejiang). – Chines. Lyriker, stammt aus bürgerl. Kreisen und wurde nach einem Studienaufenthalt in Paris wegen staatsfeindlichem Verhalten zu einer mehrjährigen Haftstrafe verurteilt. Im Gefängnis begann er unter dem Pseudonym zu schreiben; nach der Entlassung wurde er Lehrer, Redakteur und im kommunist. China Funktionär. 1956 wurde er wegen nichtsozialist. Verhaltens aus der Partei ausgeschlossen und 17 Jahre in die Verbannung geschickt. Seine Gedichte, die in größerer Zahl bisher nur ins Engl. übertragen sind *Ai Qing Selected Poems* (1982) zeigen autobiographische Züge und erzählen von der Armut und Not der chines. Landbevölkerung. Immer wieder versuchte A. den objektiven Wahrheitsanspruch, die persönliche Welterfahrung und die marxist. Lehre in Einklang zu bringen. Seine frühen Werke werden in China als wichtige Beiträge zur modernen Literatur geschätzt.

Aischines, auch *Äschines* (* um 389 v. Chr. Athen, † um 315 v. Chr. Rhodos). – Griech. Redner, der, als Gesandter nach Makedonien geschickt, dort die Politik Athens vertreten sollte, jedoch zur makedon. Partei überwechselte und diese nun in Athen, vor allem gegen Demosthenes, vertrat. 334 schloß er zusammen mit anderen Gesandten einen für Athen schmähl. Frieden mit dem König von Makedonien. Dafür wegen Hochverrat vor Gericht gestellt, verteidigte er sich mit der Rede *Kata Timarchou*. Zwei weitere Reden sind von ihm erhalten *Über die Truggesandtschaft* und *Über den Kranz gegen Ktesiphon*. A. starb im Exil auf Rhodos.

Aischylos, auch *Äschylos* (* um 525 v. Chr. Eleusis bei Athen, † 456/55 v. Chr. Gela/Sizilien). – Griech. Tragödiendichter, der am Hof in Syrakus seine ersten Tragödien aufgeführt haben soll. A. gilt als der eigentliche Schöpfer der lit. Gattung Tragödie. Vor ihm gab es lediglich das Spiel am Feste des Gottes Dionysos, das aus einem Wechselgespräch zwischen einem Schauspieler und dem Chor bestand. A. führte den zweiten Schauspieler ein und weitete damit den dramat. Dialog aus; darüber hinaus schuf er die Tetralogie, d. h. die Verbindung von drei Tragödien und einem Satyrspiel. Der Dichter soll 90 Stücke verfaßt haben, von denen 7 Dramen vollständig erhalten sind: *Perser* (472), *Sieben gegen Theben* (467), *Hiketiden* (um 463), die *Trilogie Orestie* (458) und *Prometheus*. Bereits in der Antike hoch geschätzt, stellen seine Werke den Menschen in einer vollendet-erhabenen Sprache dar, unter der gerechten Allmacht der Götter stehend.

Aisopos, auch *Äsop*, lebte um die Mitte des 6. Jh.s v. Chr. in Thrakien. Legendärer griech. Fabeldichter, der angeblich Sklave auf Samos war und nach seiner Freilassung zu großem Ruhm gelangte. Als Gesandter des Königs Kroisos soll er in Delphi durch Hinabstürzen von einem Felsen getötet worden sein. Seine Tierfabeln sind bereits gegen Ende des 5. Jh.s v. Chr. bekannt und lösen eine lange lit. Tradition aus, ohne daß wir sie in ihrer Urfassung kennen. Durch ausdrucksstarke Szenen aus der Tierwelt bringen die Fabeln allgemeine Lebensweisheiten zur Darstellung. Die zusammenfassend moralisierenden Sätze stammen von späteren Bearbeitern. Als erster sammelte Demetrios von Phaleron (um 300 v. Chr.) die Fabeln. Ferner gibt es eine griech. Versbearbeitung von Babrios (2. Jh. n. Chr.) und lat. Sammlungen von Phaedrus, Avianus und Romulus.

Aist →Dietmar von Aist.

Aistis, Jonas, eigtl. *Kossu-Aleksandravičius* (* 7.7. 1904

Kampiskés, † 13.6. 1973 Washington). – Litau. Lyriker, der nach einem Studium in Kaunas und Frankreich in die USA emigrierte; hier wurde er Dozent an einem lit. College. Selbst deutlich von Baudelaire inspiriert, wurde A. zum Wegbereiter der gegenstandslosen litau. Lyrik.

Aitmatow, Tschingis (* 12. 12. 1928 Seker). – Kirgis. Schriftsteller, stammt aus einer überzeugt kommunist. Familie, die jedoch unter dem stalinist. Terror leiden mußte. Nach dem Tode Stalins wurde A. bald zu einem der bedeutendsten und anerkannten russ. Autoren; seine Dichtung wurde 1963 durch den Leninpreis kanonisiert. A. macht in seinen Werken, etwa in den Erzn. und Novellen *Dshamilja* (1960, dt. 1962), *Wirf die Fesseln ab, Gulsary* (1966, dt. 1967), *Der weiße Dampfer* (1970, dt. 1972), *Der Junge und das Meer* (1977, dt. 1978) und den Romanen *Ein Tag länger als ein Leben* (1980, dt. 1981), *Der Richtblock* (russ. u. dt. 1987), den Unterschied zwischen den asiat. und europ. Kulturen deutlich und zeigt, in welcher Weise der Marxismus eine dialekt. Einheit ermöglicht. In den jüngsten Arbeiten wendet er sich bewußt alten Mythen zu und zeigt, daß die Religion als polit. Kraft den Ideologien überlegen ist, *Begegnung am Fudschijama* (dt. 1991). Bis heute hat A. im lit. Leben der GUS einen zentralen Platz, da er auch als Redakteur bei bekannten Zeitschriften tätig ist. Außerdem ist er Botschafter in Luxemburg.

Aken, Piet van, eigtl. *Petrus Camille* (* 15. 2. 1920 Terhagen). – Fläm. Schriftsteller, der in seinen Romanen und Novellen das Leben der Arbeiter seiner Heimat aufgrund genauer Beobachtungen dokumentiert. Seine Hauptwerke sind *Het hart en de klok* (1944), *Alleen de doden ontkomen* (1946), *Das Begehren* (1952, dt. 1958), *Klinkaart* (1954, dt. 1960), *De nikkers* (1959), *De jaager, niet de prooi* (1964) und *Slapende honden* (1966).

Akutagawa, Ryûnosuke (* 1. 3. 1892 Tokio, † 24. 7. 1927 ebd.). – Japan. Novellist, der nach einem Studium der Anglistik als Lehrer und Mitarbeiter an Zeitungen arbeitete. In seinen zahlreichen Novellen läßt A. mit Vorliebe Ereignisse des japan. Mittelalters aufleben. Anstelle eines idealist. Humanismus faszinierte ihn die Verbindung von radikalem Realismus und fanat. Dämonie. In Dt. liegt eine Novellenauswahl *Der Chrysanthemenball* (1959) vor.

Alain, Emile A. Chartier (* 3. 3. 1868 Mortagne-au-Perche/Orne, † 2. 6. 1951 Le Vésinet/Yvelines). – Franz. Philosoph und Aphoristiker, Gymnasiallehrer und Mitarbeiter an zahlreichen Zeitungen. A. ist als Meister des Essays berühmt geworden, vor allem durch die ab 1906 veröffentlichte *Propos*. Als polit. engagierter Rationalist und Pazifist hatte er eine große ideelle Wirkung auf zahlreiche junge Autoren. Unter seinen Werken sind besonders zu erwähnen *Über die Erziehung* (dt. 1964) und *Die Pflicht, glücklich zu sein* (dt. 1960).

Alain de Lille, auch *Alanus ab Insulis* (* um 1118 Lille, † um

1202/03 Cîteaux/Côte d'Or). – Franz. Zisterzienser und Scholastiker, der in seinem theolog. Werk *De arte et articulis fidei catholicae* und in seinem allegor. *Anticlaudianus* (gegen 1183) und *De planctu naturae* (zwischen 1160 und 1170) das gesamte damalige Wissen zusammenfaßte. Theologie, antike Mythologie, die Übersetzungen des Aristoteles und arabisch-jüdischer Autoren versuchte der »doctor universalis« zu einer Einheit zusammenzuführen. A. schrieb noch ausschließlich in lat. Sprache.

Alain-Fournier, eigtl. *Henri-Alban Fournier* (* 3. 10. 1886 La Chapelle d'Angillon, 22. 9. 1914, gefallen bei St.-Rémy). – Franz. Romancier und Literaturkritiker, befreundet mit J. Rivière, mit dem er einen wertvollen Briefwechsel führte, gehörte in den Wirkungskreis der Symbolisten. Der einzige vollendete Roman *Le grand Meaulnes* (1913, dt. u. d. T. *Der große Kamerad*, 1930) wurde erst in den zwanziger Jahren als Entdeckung des Traumhaft-Poetischen in der alltäglichen Realität verstanden und übte einen großen Einfluß auf den modernen franz. Roman aus. Ein weiteres Romanfragment *Colombe Blanchet* (1922) erschien 1965 dt. u. d. T. *Jugendbildnis*.

Alamanni, Luigi (* 3. 10. 1495 Florenz, † 18. 4. 1556 Amboise). – Italien. Dichter, Zeitgenosse Machiavellis, mußte wegen polit. Intrigen Florenz verlassen und nach Frankreich auswandern. Der Hauptteil seiner Werke entstand in Paris. Berühmt wurde seine Nachahmung der Georgica Vergils, das Lehrgedicht über den Ackerbau *Della Coltivazione* (1546). Ferner verfaßte A. die Heldengedichte *Girone il Cortese* (1548) und *Avarchide* (hg. 1570) sowie die im Stil Petrarcas gestalteten *Opere toscane* (1532).

Alarcón y Ariza, Pedro Antonio de (* 10. 3. 1833 Guadix/Andalusien, † 10. 7. 1891 Valdemoro/Madrid). – Span. Schriftsteller, Journalist und Politiker, der zunächst revolutionären Ideen anhing und mit seinen Gesinnungsgenossen die Zeitschrift »El Látigo« leitete; später wechselte er auf die konservative Seite über und bekleidete schließlich wichtige Staatsämter. Schlagartig wurde A. berühmt durch seinen vielgelesenen Bericht über den span. Marokkofeldzug *Diario de un testigo de la guerra de África* (1859). Neben Reisebüchern und Romanen, z. B. *Der Nagel* (dt. 1975), gilt die lebensnahe und humorvolle Erzählung *Der Dreispitz* (1874, dt. 1886) als sein Meisterwerk, der lehrhafte Roman *Der Skandal* (1875, dt. 1959) als sein bekanntestes Buch.

Albee, Edward Franklin (* 12. 3. 1928 Washington). – Amerikan. Dramatiker, als Adoptivsohn eines Theatermanagers begegnete er schon als Kind der Welt des Theaters. Bereits sein erstes Drama *The Zoo Story* (1958, dt. 1962) wurde zu einem großen Bühnenerfolg. Weltweiten Ruhm erlangte sein Schauspiel *Wer hat Angst vor Virginia Woolf?* (1962, dt. 1963), die psycholog. scharfsinnige Analyse einer gescheiterten Ehe. 1967 erhielt er den Pulitzerpreis für *A Delicate Balance* Dra-

ma; 1975 für seine Briefe *These Cape*. A. legt in seinen Dramen die inhaltl. Erstarrung bürgerl. Verhaltensklischees frei; stilist. sind sie an O'Neill orientiert, teilweise auch vom Absurden Theater beeinflußt. Weitere wichtige Werke sind *Alles im Garten* (1968, dt. 1970), *Alles vorbei* (1971, dt. 1973), *Die Dame von Dingsville* (1980, dt. 1982), *Der Mann, der 3 Arme hatte* (1983, dt. 1984). A. bearbeitete zahlreiche Prosatexte für die Bühne.

Albéric de Besançon, oder *Pisançon*. Altfranz. Dichter, der um 1120 den ältesten franz. »Alexanderroman« in (franko-)-provenzal. Mundart verfaßte. In der lit. Form der chansons de geste (achtsilbige, gleichreimende Laissen) erzählt das Werk die Herkunft und Taten Alexanders des Großen. Erhalten sind nur die ersten 105 Zeilen des Eingangs. Hauptquellen Albérics sind *Epitome Julii Valerii* aus dem 9. Jh. und die *Historia de preliis* des Archipresbyters Leo aus dem 10. Jh. Die von A. vorgenommene Verbindung eines geschichtl.-nationalheld. Themas mit legendären Stoffen aus der antiken Literatur förderte das Entstehen des altfranz.-höf. Romans.

Albert, Heinrich (* 8. 7. 1604 Lobenstein/Gera, † 6. 10. 1651 Königsberg). – A. studierte Jura und Musik und war ab 1630 Organist an der Domkirche von Königsberg. A. zählt zu den ersten Vertretern der dt. Liedkunst im 17. Jh. Der Text des Liedes *Anke von Tharau* soll von A. stammen. Seine Gedichte lassen Beziehungen zu dem Kreis um die Königsberger Dichter Simon Dach erkennen.

Albertazzi, Adolfo (* 8. 9. 1865 Bologna, † 9. 5. 1924 ebd.) – Ital. Schriftsteller, Professor in Bologna und Literaturkritiker. Als Schüler Carduccis schuf A. mit seinen Erzählungen und Romanen den Boden für die ital. Moderne, etwa mit *L'Ave* (1896), *Novelle umoristiche* (1900), *Ora e sempre* (1899), *Il diavolo nell'ampolla* (1918) und *Top* (1922).

Alberti, Konrad, auch *Sittenfeld* (* 9. 7. 1862 Breslau, † 24. 6. 1918 Berlin). – Dt. Schriftsteller, der nach einem Studium der Literaturgeschichte als Schauspieler, Redakteur der »Berliner Morgenpost«, Kritiker sowie als Roman- und Bühnenautor arbeitete. Durch sein Werk wurde A. zu einem der Vorkämpfer der naturalist. Kunstauffassung. Er war Mitbegründer der »Deutschen Bühne«. Sein Hauptwerk *Der Kampf ums Dasein*, eine Romanserie in sechs Bänden 1888–1895, steht unter dem Einfluß des Darwinismus.

Alberti, Leon Battista (* 14. 2. 1404 Genua, † zwischen dem 19. und 25. 4. 1472 Rom). – Ital. Humanist, Archäologe, Architekt und Maler, der, aus einer florentin. Familie stammend, das Ideal des allseitig gebildeten Menschen repräsentierte. Neben einer lat. Komödie *Philodoxeos* (1426) und Abhandlungen über Architektur *De re aedificatoria* (1485) und Malerei verfaßte A. moralphilosoph. Dialoge; der bedeutendste *Della famiglia* (dt. *Über das Hauswesen*).

Alberti, Rafael (* 16. 12. 1902 Puerto de Santa María). – Span.

Lyriker, zunächst kubist. Maler, Mitglied der span. KP, nach dem Bürgerkrieg im Exil in Argentinien; heute lebt er in Italien. Sein Werk war von der Bewegung des Neopopularismo gekennzeichnet. Später verfolgte er deutl. surrealist. Tendenzen und steht heute im Zeichen sozialrevolutionärer Ideen. In Dt. erschienen u. a. *Zu Lande, zu Wasser* (1925, dt. 1960), *Stimme aus Nesselerde und Gitarre* (dt. Auswahl 1959), *Blühender Klee* (1950, dt. 1958), *Der verlorene Hain* (dt. 1976), *Über die Engel* (1981), *Zwischen Nelke und Schwert* (dt. 1986). 1985 erschienen seine *Erinnerungen*.

Albertinus, Aegidius (*um 1560 Deventer/Holland, †9.3. 1620 München). – Dt. Schriftsteller, Sekretär und Bibliothekar des Kurfürsten Maximilian I. von Bayern, schrieb in oberdt. Dialekt *Luzifers Königreich und Seelengejaidt.* Er versuchte darin eine Verbindung zwischen Mittelalter, Humanismus und Reformation. Kulturhistor. Bedeutung errang seine Übersetzung des Schelmenromans von M. Alemán *Der Landstörzer Guzmán von Alfarache oder Picaro genannt* (1615).

Alberus, Erasmus (*um 1500 Buchenbrücken/Hessen, †5.5. 1553 Neubrandenburg). – Dt. Dichter und Schüler Luthers, war Hofprediger in Berlin von 1539 bis 1540, dann Generalsuperintendent. A. verfaßte als Reformator der ersten Generation zahlreiche Flugschriften, Kirchenlieder sowie die bedeutende Sammlung gereimter Fabeln *Das buch von der Tugent und Weißheit nemlich 49 Fabeln* (1550).

Albrecht von Eyb (*14.8. 1420 Schloß Sommersdorf/Ansbach, †24.7. 1475 Eichstätt). – Dt. Schriftsteller, studierte in Erfurt und Italien Rechtswissenschaften und war schließl. Domherr in Eichstätt. Als Dichter und Übersetzer zählt er zu den bedeutendsten Vertretern des Frühhumanismus in Dtld. A. schrieb ein *Ehebüchlein* (1472) und einen *Spiegel der Sitten* (1511) mit hervorragenden Übersetzungen von Werken des Plautus.

Albrecht von Halberstadt (*um 1180 Halberstadt, †nach 1251 Stift Jechaburg/Sondershausen). – Mhd. Dichter, der um 1215 im Kloster Jechaburg die *Metamorphosen* Ovids in thüringische Mundart umdichtete. Von dem Werk ist außer zwei Bruchstücken nur die Neufassung durch Jörg Wickram aus dem Jahre 1545 erhalten.

Albrecht von Johan(n)sdorf (lebte um 1200). – Bayer. Minnesänger, der unter dem Einfluß Heinrichs von Morungen Lieder in leichtem Stil verfaßte. Wahrscheinlich als Ministerialer bei Bischof Wolfger von Passau. Seine Teilnahme am Kreuzzug von 1197 ist ungeklärt. A. trug wesentlich zur Weiterentwicklung der Minnesangtradition bei.

Albrecht von Scharfenberg (lebte in der 2. Hälfte des 13. Jh.s). – Mhd. Dichter, von dem vermutl. die zwei um 1280 entstandenen Versepen *Merlin* (in der Tradition des altfranz. Gralsromans) und der ebenfalls in die Artusdichtung gehörende *Seifrid de Ardemont* stammen. Beide Werke sind nur auszugs-

weise in der Bearbeitung Ulrich Füeterers überliefert. Ob A. außerdem mit Albrecht, dem Verfasser des *Jüngeren Titurel,* identisch ist, ist ungewiß.

Alcázar, Balthasar del (*1530 Sevilla, †16.1. 1606 Ronda). – Span. Dichter adeliger Herkunft, dessen Werke wegen ihrer volkstüml. Sprache weite Verbreitung fanden. Neben lebensfrohen Liedern schuf A. vor allem iron.-satir. Gedichte.

Alcipe, eigtl. *Leonore de Almeida, Marquesa de Alorna* (*31.10. 1750 Lissabon, †11.10. 1839 ebd.). – Portugies. Dichterin, verband in ihrem Werk klassizist. Formstrenge mit romant. Stimmungen. Das Humanitätsideal der Aufklärung vertretend und mit Mme. de Staël befreundet, konnte A. der portugies. Literatur bedeutende Impulse geben. Sie übersetzte außerdem Pope, Thomson, Goethe und Young.

Alcoforado, Mariana (*22.4. 1640 Beja Alentejo, †28.7. 1723 ebd.). – Portugies. Nonne im Kloster Conceição, die als Verfasserin von fünf leidenschaftl. Liebesbriefen, die zu den berühmtesten der Weltliteratur gehören, angesehen wird. Die Briefe, angeblich an Noël Bouton de Chamilly geschrieben, erschienen zuerst in der bekannten franz. Fassung *Lettres portugaises* (1669). Eine niederl. Ausgabe 1669 nennt Soror Mariana als Verfasserin und Joseph Gabriel de Guilleragues als Übersetzer; letzterer gilt heute als der eigtl. Autor. Das Werk hatte einen entscheidenden Einfluß auf den gesamten franz. Briefroman. Die dt. Übertragung stammt von R. M. Rilke *Portugiesische Briefe* (1913).

Alcott, Louisa May (*29.11. 1832 Germantown/USA, †6.3. 1888 Boston). – Der amerikan. Schriftstellerin gelang es in ihren vielgelesenen Erzählungen, das amerikan. Familienleben lebensnah und dennoch distanziert darzustellen. Ihre Hauptwerke sind *Vier Schwestern* (1868, dt. 1940), *Kleines Volk* (1871, dt. 1947), und *An Old Fashioned Girl* (1870).

Aldanow, Mark, eigtl. *Mark Alexandrowitsch Landau* (*26.10. 1886 Kiew, †25.2. 1957 Nizza). – Russ. Schriftsteller, der 1919 nach Paris emigrierte und ab 1941 in den USA lebte. Seine histor. Romane fanden große Beachtung, so z. B. *Der Denker* (dt. 1925 bis 1929), *Der Schlüssel* (dt. 1930), *Das Rätsel Tolstoi* (dt. 1928). Bekannt ist auch seine Essaysammlung *Zeitgenossen* (dt. 1929).

Aldhelm von Malmesbury (*um 640 in Wessex, †25.5. 709 Doulting). – Angelsächs. Schriftsteller und Gelehrter in Malmesbury und Canterbury und erster Bischof von Sherborne, Verfasser kulturhistor. wertvoller Schriften. Neben seiner Arbeit als Gelehrter widmete er sich der Christianisierung und gründete mehrere Klöster und Kirchen. Seine Hauptschriften *De virginitate* und *Ad acircium* sind lat. geschrieben, doch verfaßte er bereits Schriften in der angelsächs. Volkssprache.

Aldington, Richard (*8.7. 1892 Portsmouth, †27.7. 1962 Sury-en-Vaux). – Engl. Romancier, Lyriker und Kritiker, der sich zur Dichtergruppe der Imagisten zählte; war Kenner und Verehrer der antiken Mythologie. Unter dem Eindruck des Ersten Weltkrieges schrieb A. mehrere Romane, die die Weltordnung seiner Zeitgenossen radikal in Frage stellten und in denen er sich zu einem freien, sinnenfreudigen Leben bekennt. Von seinen Hauptwerken sind zu erwähnen *Heldentod* (1929, dt. 1930), *Der Himmel selbst* (dt. 1946). Neben Gedichten sind vor allem seine Biographien bekannt. *Als Casanova liebte* (1946, dt. 1948), *Der Fall T. E. Lawrence* (dt. 1955).

Aldrich, Thomas Bailey (*11.11. 1836 Portsmouth, †19.3. 1907 Boston). – Amerikan. Schriftsteller und Journalist, in dessen stilist. vollendeter Lyrik der Einfluß Longfellows erkennbar ist: *The Bells* (1855), *Cloth of Gold* (1874). Ferner ist A. bekannt geworden durch verspielte Erzählungen und mehrere Romane, wie z. B. *The Story of a Bad Boy* (1870), *Marjorie Daw and Other People* (1873).

Alecsandri, Vasile (*2.8. 1821 Bacău, †3.9. 1890 Mirceşti). – Rumän. Dichter, der in Paris studiert hatte, nahm an der Revolution 1848 teil. Später wurde er hoher Beamter im rumän. Außenministerium. Bekannt zunächst als Sammler und Nachahmer der rumän. Volksdichtung. Seine eigenen volkstüml. und nationalgesinnten Gedichte fanden großen Anklang. Als Direktor des Nationaltheaters in Jassy verfaßte A. vor allem Lustspiele. An Frankreich orientiert, ist A. ein führender Repräsentant des lat. Kulturbewußtseins der Rumänen. Seine Werke sind u. a. *Poezii populare ale Rumânilor* (1886), *Boieri şi ciocio* (1872), *Ovid* (dt. 1886).

Alegría Brazán, Ciro (*4.11. 1909 Quilca/Huamachuco, †17.2. 1967 Lima). – Peruan. Schriftsteller, der als Reporter die konkreten Bedürfnisse des einfachen Volkes kannte. Aus polit. Gründen war A. wiederholt im Gefängnis. 1934 emigrierte er nach Chile. Seine Romane erzählen vom leidvollen Dasein der Landbewohner und Indios: *Hirten, Herde, Hunde* (1939, dt. 1957), *Taita Rumi* (1941, dt. 1945), *Die goldene Schlange* (dt. 1971). Außerdem ist A. Verfasser von Kinder- und Kurzgeschichten sowie Drehbüchern.

Aleixandre, Vicente (*26.4. 1898 Sevilla, †14.12. 1984 Madrid). – Span. Dichter, war mit García Lorca und Gullién befreundet und wurde Mitglied der span. Ständekammer und der span. Akademie. Als Lyriker vertritt A. den »vers libre« in Verbindung mit einer surrealist.-visionären Kunstrichtung. Als Hauptwerke gelten heute *La destrucción o el amor* (1935), *Sombra del paraíso* (1944), *Nacimiento último* (1953), *En un vasto dominio* (1962) und *Poemas de la consumación* (1968). Dt. Gedichte erschienen 1963 u. d. T. *Nackt wie der glühende Stein* und 1978 *Die Zerstörung oder die Liebe*. 1977 erhielt A. den Nobelpreis.

Alemán, Mateo (getauft 28.9. 1547, †nach 1614 in Mexiko). – Span. Schriftsteller, der auf Grund seines eigenen sehr bewegten Lebens zum Schöpfer des weltberühmten und in vielen Sprachen übersetzten Schelmenromans *Vida del pícaro Guz-*

mán de Alfarache (1599–1604) wurde (dt. von A. Albertinus 1615). In der Ich-Form erzählt darin der Held seinen Weg durch alle Höhen und Tiefen eines Vagabundendaseins. Die Handlung wird häufig durch moral. Reflexionen, Legenden und philosoph. Traktate von pessimist. Grundstimmung unterbrochen. Das Werk galt als Maßstab seiner Gattung und wurde in Frankreich ebenso wie in Deutschland (u. a. durch Grimmelshausen) nachgeahmt.

Alencar, José Martiniano de, Pseudonym Sênio (*1.5. 1829 Mecejana/Ceará, †12.12. 1877 Rio de Janeiro). – Brasilian. Dichter, Journalist und Advokat, schließlich Justizminister, verfaßte Romane, Novellen und Dramen, die die Geschehnisse der Kolonialzeit romantisiert darstellen. Damit wurde A. zum Mitbegründer einer eigenständigen brasilian. Prosa, die sich in seinen Hauptwerken *O Guarani* (1857), *Iracema* (1865), *O gaúcho* (1870) und *Senhora* (1875) darstellte.

Alexander, Meister, genannt »*der wilde A.*« (lebte in der 2. Hälfte des 13. Jh.s). – Der mhd. Dichter, der Minnelieder, Sprüche sowie geistl. Gedichte verfaßte, ist seiner Mundart nach Alemanne gewesen. Er beherrschte bereits viele Kunstformen und verstand es, zahlreiche lit. Bilder und Gleichnisse einzusetzen.

Alexanderroman, ein griech. Volksbuch der Taten Alexanders des Großen, das bereits im 2. Jh. v. Chr. nachgewiesen ist. Geschichte, Sage und Legende miteinander vermischend, hat sich dieses Werk über ganz Europa und Vorderasien verbreitet. Wir kennen nur spätere griech. Fassungen sowie die lat. Bearbeitung des Julius Valerius (um 300). Der A. war im Mittelalter im gesamten Abendland außerordentl. beliebt. Bedeutend sind die Übertragungen ins Altfranz. durch Albéric de Besançon sowie die ins Mhd. durch Lamprecht (um 1130).

Alexandre de Bernai, oder *A. de Paris*. – Der altfranz. Dichter, der vermutlich aus Bernai (Bernay) stammte, lebte in der 2. Hälfte des 12. Jh.s A. gilt als der Hauptverfasser des mehr als 20 000 Verse umfassenden *Roman d'Alexandre*. Der in diesem Werk gebrauchte 12silbige Vers wird seither »Alexandriner« genannt. Neuerdings wird A. nicht mehr als Verfasser des Romans *Athis et Prophilias* angesehen.

Alexandrescu, Grigore (*6.3. 1810 Tirgoviste, †7.12. 1885 Bukarest). – Der rumän. Dichter und Politiker, der 1859 Erziehungsminister war, zeichnete sich als hervorragender Kenner der klass. und franz. Literatur aus, die er auch seinen Landsleuten in vielen Übersetzungen vorstellte. Als Lyriker verfaßte A. romant.-patriot. Verse und sozialkrit. Satiren, z. B. *Das Jahr 1840*. Bedeutend sind auch seine volkstüml. *Episteln, Satiren, Fabeln*, die 1957 in einer dt. Auswahl erschienen.

Alexis, Paul, Ps. *Trublot* (*16.6. 1847 Aix-en-Provence, †28.7. 1901 Triel-sur-Seine). Franz. Schriftsteller, der unter dem Einfluß seines Freundes E. Zola naturalist. Novellen und Romane verfaßte, arbeitete mit an der Novellensammlung *Les* *soirées de Médan* (hg. v. Zola, *Abende in Médan*, dt. 1890). Dokumentar. Wert besitzt seine biograph. Skizze *Emile Zola, notes d'un ami …* (1882). A. ist auch der Verfasser des Charakterromans *Monsieur Betsy* (zusammen mit O. Méténier, 1890) und der Werke *Après la bataille* (1880) und *Le besoin d'aimer* (1885).

Alexis, Willibald, eigtl. *Häring, Wilhelm* (* 29. 6. 1798 Breslau, † 16. 12. 1871 Arnstadt). – Dt. Schriftsteller, der einer franz. Familie entstammte, nahm 1815 an den Freiheitskriegen teil. Nach einem Studium der Rechtswissenschaft arbeitete er als Redakteur beim »Berliner Konversationsblatt«. Orientiert am Werk Tiecks und Scotts, schrieb er Romane und einige hervorragende Novellen, die wesentl. zum Übergang von der jungdt. zur realist. Erzählform beigetragen haben. Seine Hauptwerke sind u. a. *Cabanis* (1832), *Der Roland von Berlin* (1840), *Die Hosen des Herrn von Bredow* (1846), *Ruhe ist die erste Bürgerpflicht* (1852 und 1868).

Alexiuslied (Vie de Saint Alexis). – Altfranz. Dichtung aus dem 11. Jh., die von einem normannischen Geistlichen verfaßt wurde. Sie erzählt in fünfzeiligen Strophen das Leben des heiligen Alexius. Als eines der frühesten erhaltenen Denkmäler der europ. volkssprach. Literatur ist dieses Werk kulturhistor. und lit. von hohem Wert.

Alfieri, Vittorio Graf (* 16. 1. 1749 Asti, † 8. 10. 1803 Florenz). – Ital. Dichter, der sich auf Grund seiner Herkunft und durch weite Reisen in Europa eine umfassende Bildung aneignen konnte. A. lebte mit seiner Geliebten, Luisa Stolberg Gräfin von Albany, in den Kulturzentren Europas, v. a. in Florenz. A.s Lyrik besteht in erster Linie aus Liebesgedichten. Seine 22 Tragödien, nach den Regeln der klass. Poetik verfaßt, sind von ungebrochener Leidenschaft und nationalheld. Pathos erfüllt. Neben *Filippo* (dt. 1877) und *Virginia* (dt. 1922) wird *Saul* (1782) als seine bedeutendste Tragödie angesehen. Seine gegen Frankreich gerichteten *17 Satiren* (1777–97) sowie die eigene Lebensgeschichte *Vita* (1803) kennzeichnen A. als einen Meister der Prosa wie der Versdichtung.

Alfons X., der Weise (* 23. 11. 1221 Toledo, † 4. 4. 1284 Sevilla). – A. war König von Kastilien und León (seit 1252), Dichter und Gelehrter, Enkel Philipps von Schwaben und wurde 1257 auch zum dt. König gewählt, obwohl er niemals in Dtld. gewesen war. A. gilt als großer Reformator von Kunst und Wissenschaft, etwa durch die Gründung der Universität Salamanca, und gab durch seine Aufgeschlossenheit, auch gegenüber dem arab. und jüd. Kulturkreis, den Anstoß zu vielen universalen jurist., histor. und mathemat.-astronom. Werken. Dabei überwachte er konsequent die sprachliche Form und ermöglichte die Entfaltung einer kastilian. Prosaliteratur und Geschichtsschreibung, z. B. der *Crónica general, General estoria*. Seine eigenen Gedichte *Cantigas de Santa Maria* sind in galizischer Spache abgefaßt.

Alfred der Große (* 848/849 Wantage/Berkshire, † 28. [26.?] 10. 899 (901?]). – A. war seit 871 angelsächs. König, dabei Gelehrter und Autor, der sich nach der Vertreibung der Dänen um die Entwicklung einer volkssprachl. Kultur verdient gemacht hat. Er ließ die alte Rechtsprechung kodifizieren und übertrug selbst lat. Werke ins Altengl., z. B. *De consolatione philosophiae* des Boethius, die *Cura pastoralis* Gregors d. Großen und die *Historia ecclesiastica* des Beda Venerabilis. An seinem Hof förderte er Arbeiten zur altengl. Geographie und Geschichtsschreibung, z. B. der *Anglo-Saxon-Chronicle*. Alfred d. Große ist als Begründer der altengl. Prosa in die Literaturgeschichte eingegangen.

Algarotti, Francesco (* 11. 12. 1712 Venedig, † 3. 5. 1764 Pisa). – Ital. Schriftsteller und Gelehrter, der im Sinne der Aufklärung Essays, Dialoge und Briefe über Kunst und Wissenschaft verfaßte. Im Anschluß an eine Reise nach Petersburg entstand sein bekanntestes Werk *Lettere sulla Russia* (1733). Befreundet mit Voltaire, lebte A. 1740 bis 1753 am Hofe Friedrichs d. Großen, der ihn in den Adelsstand erhob. Ein Dokument der Verbindung von Wissenschaft und Dichtung ist sein Werk *Newtonianismo per le dame* (1735).

Algren, Nelson (* 28. 3. 1909 Detroit, † 9. 5. 1981 Hackensack/New Jersey). – Amerikan. Autor, führte nach dem Studium ein unstetes Leben, schrieb erste Kurzgeschichten im Gefängnis (*Somebody in Boots*, 1935), nahm als Sanitäter am 2. Weltkrieg teil und bereiste später Asien und Europa. Seine engagierten und inhaltlich wenig anspruchsvollen Texte fanden v. a. in den polit. unruhigen Jahren der Entstehungszeit Zuspruch, z. B. *Der Mann mit dem goldenen Arm* (1949, dt. 1952; neu 1966), *Wildnis des Lebens* (1956, dt. 1959), *Im Neon-Dschungel* (1947, dt. 1964), *Calhoun* (dt. 1981).

Alighieri → Dante Alighieri

Alkaios (* um 620 v. Chr. Mytilene/Lesbos, † um 580 v. Chr.). – Griech. Dichter, der als Adeliger an den Kämpfen zwischen Aristokratie und dem inzwischen aufbegehrenden Volk beteiligt war und deswegen verbannt wurde. Neben polit. Kampfgesängen (*Stasiotika*) dichtete A. Götterhymnen, Liebes- und Trinklieder in äolischem Dialekt und erreichte hierin neben Sappho eine überragende Vollendung. Die nach ihm benannte alkaiische Strophe umfaßt in der Regel vier Zeilen. Sie wurde vor allem von Horaz nachgebildet. Erhalten sind nur Fragmente seiner Lieder.

Alkidamas. – Der griech. Rhetor und Sophist, ein Schüler des Gorgias, lebte im 5./4. Jh. v. Chr. in Athen. A. verteidigte die Kunst der improvisierten Rede gegen Isokrates, der geschriebene Vorlagen empfahl. Sein Hauptwerk *Museion* ist verlorengegangen. Erhalten ist sein Traktat *Über die Verfassung der Schreibreden oder Von Sophisten*. Nietzsche setzte sich 1870 mit diesem Werk auseinander.

Alkman (* 2. Hälfte des 7. Jh.s v. Chr. in Sardes, † in Sparta). –

Griech. Lyriker, der das Bürgerrecht in Sparta besaß. Mit seinen Liebesliedern und Parthenien schuf A. die dorische Chorlyrik. Das wichtigste Fragment ist ein *Parthenion* (Lied für einen Mädchenchor). Der alkman. Vers und die alkman. Strophe sind nach seiner Liedform benannt.

Alkmar, Hinrek van → Reinaerde

Alkuin (Alcuinus) (* um 735 Northumbria, † 19. 5. 804 Tours). – Angelsächs. Gelehrter am Hofe Karls d. Großen, der als Haupt der »Hofakademie« eine führende Rolle in der sog. Karolingischen Renaissance spielte. Er beauftragte Klöster, allen voran St. Martin in Tours, durch eine Reform des Schulwesens und einen Ausbau der Bibliotheken das lat. Kulturerbe zu pflegen und neu zu beleben. Außer vielen lat. Lehrschriften aus dem Bereich der »septem artes liberales« verfaßte A. vor allem theolog. Werke *De fide sanctae et individuae Trinitatis.* Außerdem ist er der Autor von zahlreichen erhaltenen lat. Fabeln, Elegien, Oden und Briefen an Karl d. Großen.

Allen, Woody, eigtl. *Allen Stewart Konigsberg* (*1.12. 1925 Flatbush/New York). – Amerikan. Schriftsteller, Schauspieler und Regisseur, stammt aus einer jüdischen Familie und verdiente sich sein Studium bereits als Schreiber von kurzen Szenen für bekannte Schauspieler. Über das Fernsehen gewann A. große Beliebtheit; seine Stücke, die meist auch verfilmt wurden, verbinden sentimentale Szenen mit Klamauk, absurden Tiefsinn mit liebenswerter Unbeholfenheit, anspruchsvolle Dialoge und oberflächlich kitschige Aussagen; diese Mischung fand ein internationales Publikum. Besonders bekannt wurden die Stücke *Was gibt's Neues, Pussy* (1964, dt. 1965), *Vorsicht Trinkwasser* (1966), *Mach's noch einmal, Sam* (1969, dt. 1971), *Woody, der Unglückliche* (1969, dt. 1975), *Der Stadtneurotiker* (1977), *Innenleben* (1978), *A Midsummer Night's Sex Comedy nach Shakespeare* (1982), *Hannah und ihre Schwestern* (1985, dt. 1986). A. hat mit seinen Stücken, in denen er das neurotisierende Leben in der amerikan. Großstadt gestaltet, eine neue lit. Gestaltungsform entwickelt.

Allen, Hervey (* 8.12. 1889 Pittsburgh, † 28. 12. 1949 Miami). – Amerikan. Schriftsteller, der als Invalide aus dem 1. Weltkrieg zurückkehrte und in Charleston die »Poetry Society of South Carolina« gründete. A. schrieb vor allem histor. Romane aus der amerikan. Geschichte, z. B. *Oberst Franklin* (1937, dt. 1937), eine Monographie über E. A. Poe *The life and times of E. A. Poe* (1927) und mehrere Bände Lyrik. Seine Hauptwerke sind u. a. *Antonio Adverso* (1933, dt. 1937), *Die Enterbten* (1950, dt. 1951) und die bereits früher erschienenen Romane *Der Wald und das Fort* (1943, dt. 1944) und *Dem Morgen entgegen* (1948, dt. 1949).

Allende, Isabel (* 2.8. 1942 Santiago). – Chilen. Romanautorin, Nichte des früheren Präsidenten Salvador Allende, arbeitete beim Fernsehen und emigrierte nach dem Tode ihres Onkels 1973 nach Venezuela, wo sie bis 1988 lebte. Mit ihrem Roman *Das Geisterhaus* (1982, dt. 1984) wurde sie rasch international berühmt; sie erzählt in diesem umfangreichen Werk die Geschichte einer chilen. Familie bis zum Staatsstreich Pinochets. *Von Liebe und Schatten* (1984, dt. 1986) bildet in gewisser Weise eine Fortsetzung, in der die Liebe zweier Menschen während der Diktatur gestaltet wird. Die spannende Handlung greift Ereignisse aus den Jahren der Diktatur auf und stellt in den Vordergrund die Forderung nach allgemeiner Solidarität mit den Verfolgten und Unterdrückten. Der Roman *Eva Luna* (1987) zeigt autobiograph. Züge und emanzipator. Gedanken.

Allert-Wybranietz, Kristiane (* 6.11. 1955 Rehren/Weserbergland). – Dt. Lyrikerin, arbeitete als Sekretärin und nach dem großen Erfolg ihrer Gedichte als freie Autorin. A. schreibt Texte zu alltägl. Situationen, wobei sie sich geschickt der prägenden Sprache der Werbung, der Politik und des alltägl. Umgangs bedient. Obwohl immer wieder an dem ästhet. Wert der Gedichte wie *Liebe Grüße* (1982), *Wenn's doch nur so einfach wär* (1984), *Du sprichst von Nähe* (1986), *Dem Leben auf der Spur* (1987) gezweifelt wird, erfreuen sie sich steigender Beliebtheit. Die Gedichtbände von A. erreichten die höchsten Auflagen in der Gegenwartsliteratur in Dtld.

Allingham, William (* 19.3. 1824 Ballyshannon/Irland, † 8. 11. 1889 Hampstead). – Irischer Dichter, stand Rosetti und damit der Gruppe der Präraffaeliten nahe. Seine tiefempfundenen Gedichte schildern das Schicksal irischer Pächter *Day and Night Songs* (1854), *Laurence Bloomfield in Ireland* (1864).

Allmers, Hermann (* 11.2. 1821 Rechtenfleth/Bremen, † 9.3. 1902 ebd.). – Ein Heimatdichter und Landwirt, von dem Impulse für die Pflege des Brauchtums ausgingen. Neben dem *Marschenbuch* (1858) verfaßte A. Reisebücher, folklorist. Studien sowie am klass. Ideal orientierte Epen und Dramen wie *Dichtungen* (1860) und *Römische Schlendertage* (1869). 1882 hatte er mit der Erzählung *Hauptmann Böse* einen durchschlagenden Erfolg.

Almqvist, Carl Jonas Love (* 28.11. 1793 Stockholm, † 25. 9. 1866 Bremen). – Schwed. Dichter, der in der Nachfolge Rousseaus ein naturverbundenes Leben in Värmland zu führen versuchte; später war er Lehrer in Stockholm, wurde wegen seines Reformeifers jedoch entlassen. Nachdem er eines Mordes verdächtigt wurde, wanderte A. 1851 nach Amerika aus. Nach seiner Rückkehr lebte er ab 1865 in Bremen. A. gilt als der führende Autor der schwed. Spätromantik, dessen bedeutendste Novellen, Romane, lyrische und dramatische Werke in dem Band *Törnrosens bok* (1832–1851) gesammelt sind. Die Rahmenerzählung *Das Jagdschloß* (1832, dt. 1925) verbindet phantast. Dramen wie *Ramido Marinesco* (1834, dt. 1913), provozierende Erzählungen wie die Ehegeschichte *Es geht an*

(1838, dt. 1846) mit dem empfindsamen Briefroman *Amorina* (1839).

Alonso, Dámaso (*22.10.1898 Madrid, †25.1.1990 ebd.). – Der span. Dichter und Romanist war mit Menéndez Pidal befreundet und Präsident der span. Akademie. A. trat durch seine krit. Arbeiten vor allem über Góngora hervor. Sein eigenes lyr. Werk trägt in der Form surrealist. Züge, ist im »atonalen« Rhythmus abgefaßt und inhaltl. ein leidenschaftl. Zeugnis tiefster Religiosität, v.a. *Söhne des Zorns* (1944, dt. 1954). In Spanien hat A. große Bedeutung als Herausgeber der Sammlung *Biblioteca románica hispánica.*

Alphen, Hieronymus van (*8.8.1746 Gouda, †2.4.1803 Den Haag). – Niederl. Dichter, Jurist und Wissenschaftler, übersetzte Klopstock und Wieland, bearbeitete Riedels Kunsttheorie und verfaßte für seine eigenen Kinder sein Hauptwerk, die phantast. *Kleinen Gedichte für Kinder des zarteren Alters* (1778–82, dt. 1830).

Altenberg, Peter, eigtl. *Richard Engländer* (*9.3.1859 Wien, †8.1.1919 ebd.). – Der österr. Schriftsteller studierte die Rechte und lebte als Buchhändler und Bohemien. A. verfaßte vor allem kulturkrit. Prosaskizzen sowie realist. und stimmungsreiche Szenen aus dem Leben der Großstadt. Seine Hauptwerke sind u.a. *Wie ich es sehe* (1896), *Was der Tag mir zuträgt* (1900), *Bilderbögen des kleinen Lebens* (1909), *Semmering* (1912), *Vita ipsa* (1918), *Mein Lebensabend* (1919). Eine Gesamtausgabe in fünf Bdn. erschien 1987f.

Altendorf, Wolfgang (*23.3.1921 Mainz). – Dt. Dramatiker, Lyriker und Erzähler, seit 1950 freier Schriftsteller. Als humorist. Erzähler und Lyriker bekannt, schuf A. ein vielgestaltiges Werk, das von der Darstellung konkreter Lebenssituationen zu dramat. zugespitzten Problemen von existentieller Tragweite reicht. Seine Hauptwerke sind *Der arme Mensch* (Dr. 1952), *Die Feuer verlöschen* (Dr. 1953), *Leichtbau* (Ged. 1956), *Der Transport* (R. 1959), *Hauptquartier* (Bericht 1964), *Haus am Hang* (1965), *Vom Koch, der sich selbst zubereitete* (Erz. 1973). 1971 erschien eine erste Sammlung seiner bisherigen lit. Arbeiten, 1981 der Essay *Autor, das ungeliebte Kind,* 1985 *Bauernpassion.* Das Gesamtwerk umfaßt über 50 Titel.

Altes Testament ist der hebräische Teil der Bibel (vom griech. ta biblia = die Bücher), das Pendant dazu ist das griech. Neue Testament. Das AT ist die Sammlung der »Heiligen Schriften« des jüd. Volkes, in denen der Bund Jahwes mit seinem Volk und damit die gläubige Geschichte des Volkes Israel lit. Gestalt angenommen hat. Für die gläubigen Juden und Christen (zusammen mit dem NT) werden diese Texte insofern zum »Wort Gottes«, als sie die Existenz Gottes und seine fortwährende Treue, d.h. den »Bund Jahwes mit seinem Volk« bekunden. Die Entstehungsgeschichte des AT reicht bis in den Ursprung des jüd. Volkes (Ende des 2. Jahrtausends v. Chr.) zurück. Die letzten Bücher wurden dagegen erst im 2. Jh. n. Chr. niederge-

schrieben. Bis auf einige aramäische und griech. Einschübe ist das AT in hebräischer Sprache abgefaßt. Vom 5. bis zum 2. Jh. v. Chr. legte die jüd. Gemeinde im wesentl. den Kanon (die Liste der anerkannten Schriften) fest. Das AT gliedert sich nach dem jüd. Kanon in drei Teile: das »Gesetz« (Thora), die »Propheten« und die »Schriften«. Das Gesetz umfaßt die *Fünf Bücher Mose (Pentateuch),* d.h. die Bücher *Genesis* (Schöpfungsgeschichte), *Exodus, Leviticus, Numeri, Deuteronomium,* also die Beschreibung der Entstehung, der ersten Gesetzgebung und der Heilsgeschichte des Volkes Israel (Auszug aus Ägypten unter der Führung Mose). Die verschiedenen Quellen, vor allem der »Jahwist« und der »Elohist« (nach dem unterschiedl. Namen für Gott) zeugen von unterschiedl. Kulturtraditionen. Die Bücher der Propheten umfassen die Geschichten der ersten Führergestalten und Könige des Volkes Israel: *Josua, Richter, Samuel, Könige,* danach die Bücher der sog. »großen Propheten« *Isaias, Jeremias* und *Ezechiel* wie die 12 Bücher der »kleinen Propheten« *Osee, Joel, Amos, Abdias, Jonas, Michäas, Nahum, Habakuk, Sophonias, Aggäus, Zacharias* und *Malachias.* Die Schriften enthalten die Psalmen (150 Hymnen, Dank- und Bittgebete), das Buch *Job (Hiob),* ein lit. Höhepkt. jüd. Dichtung, die *Sprüche Salomos,* das Buch *Ruth,* das »Hohe Lied«, ein tiefbewegtes Brautlied, dessen elementare Bilder auf die gesamte Liebeslyrik wirkten, dann die *Prediger,* die *Klagelieder* und schließl. die Bücher *Esther, Daniel, Esra, Nehemia* sowie zwei Bücher der *Chronik.* Der deuterokanon. Teil, von Luther »Apokryphen« genannt, enthält die Bücher *Tobias, Judith,* der *Weisheit (Salomos), Jesus Sirach, Baruch,* die zwei Bücher *Makkabäer* und Zusätze zum Buch *Esther* wie zum Buch *Daniel.* Die Schriften des AT wurden mehrfach überarbeitet. Seit dem 7. Jh. n. Chr. überwachen die Schriftgelehrten (Masoreten) den genauen hebräischen Wortlaut. Wichtigste Übersetzungen sind die griech. *Septuaginta,* die lat. *Vulgata* seit dem 2. Jh., die got. *Wulfilabibel* um 370 und die *Lutherbibel* 1523 bis 1534.

Althaus, Peter Paul (*28.7.1892 Münster/Westfalen, †16.9.1965 München). – Dt. Lyriker, studierte Philologie, war Schauspieler und Mitarbeiter beim Rundfunk. Neben Übersetzungen (Voltaire, altruss. Kirchenlieder) gab A. mehrere, in ihrem heiter verspielten Tonfall an Morgenstern erinnernde Gedichtbände heraus, u.a. *In der Traumstadt* (1951), *Dr. Enzian* (1952), *Wir sanften Irren* (1956), *Seelenwandertouren* (1961). Dazu schrieb er zahlreiche Kabarettexte.

Altolaguirre, *Manuel* (*29.6.1905 Málaga, †26.7.1959 Burgos). – Span. Dichter, war Jurist und Verleger in Madrid, Paris und London. Inspiriert v.a. von Jiménez und Salina schuf er eine Lyrik, die durch einen erkennbaren Hang zur Romantik gekennzeichnet ist. Seine Hauptwerke sind u.a. *Las islas invitadas* (1926), *Un día* (1931), *La lenta libertad* (1933), *Últimos poemas* (1959).

Altswert, Meister. – Elsäss. Dichter aus der zweiten Hälfte des 14. Jh.s, der vier erhaltene minneallegor. Gedichte verfaßt hat: *Altswert* (= *Das alte Schwert*), *Der Kittel*, *Der Tugenden Schatz* und *Der Spiegel*. Es handelt sich bei allen diesen Werken um didaktisch aufbereitete und durch viele Allegorien erläuterte Minnelehren.

Alvares de Azevedo, Manuel António (* 12. 9. 1831 São Paulo, † 25. 4. 1852 Rio de Janeiro). – Brasilian. Dichter, studierte Jura und starb jung an Lungentuberkulose. Der hochbegabte und belesene Autor war beeinflußt von Byron, Musset und Heine. Seine empfindsamen und poetisch Gedichte führten in die brasilian. Lit. die Poesie des romant. Lebensgefühls (mal du siècle) ein. Sein Hauptwerk ist *A lira dos Vinte Años* (1853).

Álvarez de Cienfuegos, Nicasio (* 14. 12. 1764 Madrid, † 30. 6. 1809 Orthez/Frankreich). – Span. Dichter, studierte in Salamanca, war mit Meléndez, Valdés und Quintana befreundet und starb im Exil. Sein lyr. Werk entsprach zunächst rein span. Stilformen, entwickelte sich aber später zu einem Vorläufer der Romantik. A. war auch als Autor klassizist. Dramen bekannt, z. B. *Zoraida* (o. J.).

Álvarez Quintero, Serafín (* 26. 3. 1871 Utrera/Sevilla, † 12. 4. 1938 Madrid) und **A. Q.** Joaquin (* 20. 1. 1873 Utrera, † 14. 6. 1944 Madrid). – Span. Dramatiker, die als Brüder gemeinsam etwa 200 überaus beliebte und phantasiereiche Bühnenstücke, vor allem Komödien, Sainetes und Zarzuelas schufen; Themen mit Vorliebe aus der Welt Andalusiens, z. B. *El ojito derecho* (1897), *El amor que pasa* (1904), *Las de Caín* (1808), *Mariquilla Terremoto* (1930), *El rinconcito* (1932).

Alvaro, Corrado (* 15. 4. 1895 San Luca/Kalabrien, † 11. 6. 1956 Rom). – Ital. Schriftsteller, war Redakteur bei bedeutenden ital. Zeitungen. Als Lyriker bereits bekannt (*Poesie grigioverdi*, 1917), erntete A. v. a. Erfolg als Erzähler des Lebens seiner Heimat durch seinen Band *Die Hirten von Aspromonte* (1930, dt. 1942). Geschätzt werden auch seine symbolhaft verdichteten Landschaftsbilder aus Italien im *Italienischen Reisebuch* (1933, dt. 1956) sowie seine Aufzeichnungen aus den Jahren 1927 bis 1947 *Quasi una vita* (1950). Weitere Werke von hoher Qualität sind *L'uomo è forte* (1938) und *L'eta breve* (1946).

Alverdes, Paul (* 6. 5. 1897 Straßburg, † 28. 2. 1979 München). – Dt. Schriftsteller; studierte in München, wo er sich 1922 auch als freier Schriftsteller niederließ. Zusammen mit K. B. von Mechow gab er 1934 bis 1943 die Zeitschrift »Das Innere Reich« heraus. Neben lyr. und dramat. Werken machte sich A. einen Namen vor allem durch kurze Erzählungen, auch Fabeln und Kindermärchen. Die autobiograph. Kriegserzählung *Die Pfeiferstube* (1929) stellte endgültig seinen lit. Rang heraus. Sein Schaffen steht dem Stifters nahe. Als seine wichtigsten Werke seien genannt *Reinhold oder Die Verwandelten* (1931), *Grimbarts Haus* (1949), *Die Grotte der Egeria* (1950),

List gegen List (1963), *Vom Schlaraffenland* (1965). Beliebt seine Fabelsammlung *Rabe, Fuchs und Löwe* (1962).

Alxinger, Johann Baptist Edler v. (* 24. 1. 1755 Wien, † 1. 5. 1797 ebd.). – Österr. Dichter, studierte in seiner Heimatstadt Jura und wurde als Freimaurer ein bedeutender Repräsentant der Aufklärung in Österreich. A. gab die »Österreichische Monatsschrift« heraus und war Hoftheatersekretär. Neben Gedichten verfaßte er in direkter Nachahmung Wielands die Ritterepen *Doolin von Maynz* (1787) und *Blioberis* (1791) sowie das Trauerspiel *Eduard der Dritte* (1784).

Amadisroman. – Berühmter späthöf. Ritterroman, wahrscheinl. in Portugal während des 1. Drittels des 14. Jh.s entstanden. Um 1492 überarbeitete Rodrígues de Montalvo die überlieferten drei Bücher und fügte zwei weitere hinzu. In dieser Gestalt 1508 in Spanien veröffentlicht, wurde der A. in viele Sprachen übersetzt und bis auf 24 Bde. ausgeweitet. Die erste dt. Ausgabe erschien 1569. Im Mittelpunkt der scheinbar endlosen und wenig gegliederten Abenteuerhandlung steht die überidealisierte Gestalt des Ritters Amadis de Gaula. Der Einfluß der altfranz. Artusepik ist deutl., doch bleibt der A. nur eine oberfläch. verspielte Nachahmung des hochhöf. Romans. (→ Chrétien de Troyes.)

Amado, Jorge (* 10. 8. 1912 Itabuna/Bahia). – Brasilian. Schriftsteller, arbeitete auch als Journalist und mußte aus politischen Gründen mehrfach ins Gefängnis. A. vertritt in seinen realist.-sozialkrit. Romanen v. a. die Rechte der bildungs- und besitzlosen Neger; in letzter Zeit schrieb er weitgehend anspruchslose Unterhaltungslit. Bes. bekannt wurden aus seinem umfassenden Werk *Jubiaba* (1935, dt. 1950), *Herren des Strandes* (1937, dt. 1951), *Nächte in Bahia* (1965, dt. 1965), *Dona Flor und ihre zwei Ehemänner* (1966, dt. 1968), *Viva Teresa* (dt. 1975), *Die Geheimnisse des Mulatten Pedro* (dt. 1978), *Die drei Tode des Jochen Wasserbrüller* (dt. 1984), *Die Auswanderer von Sao Francisco* (dt. 1985), *Tocaia Grande* (dt. 1987), *Die Abenteuer des Kapitans Vasco Moscosos* (dt. 1990). *Gabriela* (1958, dt. 1963) errang als Bestseller Weltruhm und wurde mehrmals verfilmt. Das Gesamtwerk A.s erschien in Brasilien in mehrbändigen Ausgaben.

Amalrik, Andrei Alexejewitsch (* 1938 Moskau, † 12. 11. 1980 Guadalajara/Spanien). – Russ. Historiker, Journalist und Bühnenautor, mußte 1963 seine Lehrtätigkeit an der Universität Moskau aufgeben, wurde nach Sibirien verbannt; 1970 zu drei Jahren Arbeitslager verurteilt; 1976 Emigration. Sein Bühnenwerk zeigt Bezüge zu Gogol. Auf dt. erschienen seine gegen die UdSSR gerichteten Schriften *Kann die Sowjetunion das Jahr 1984 erleben?* (1970), *Unfreiwillige Reise nach Sibirien* (1970), *Erinnerungen an meine Kindheit* (1976), *Die Sowjetunion und der Westen in einem Boot* (1978).

Amann, Jürg (* 2. 7. 1947 Winterthur). – Schweizer. Autor, wandte sich nach seiner Promotion bei Emil Staiger über Franz

Kafka immer wieder anspruchsvollen Dichtern zu: *Das Symbol Kafka. Eine Studie über den Künstler* (1974), *Hardenberg. Romantische Erzählung nach dem Nachlaß des Novalis* (1978), *Verirren oder das plötzliche Schweigen des Robert Walser* (1978). Mit seinen Prosaarbeiten und Erzn., z.B. *Die Baumschule. Berichte aus dem Réduit* (1982), *Patagonien* (1985), *Fort. Eine Brieferzählung* (1987), *Tod Weidigs* (1989), fand er ebenso Beachtung wie als Dramaturg des Züricher Schauspielhauses und als Literaturkritiker. Seine Theaterstücke, z.B. *Die Korrektur* (1980), *Die deutsche Nacht* (1982), und Hörspiele, z.B. *Büchners Lenz* (1983), *Nachgerufen. Acht Monologe* (1983), brachten ihm öffentliche Anerkennung ein; er erhielt wichtige Literaturpreise wie den Conrad-Ferdinand-Meyer-Preis 1983.

Amanshauser, Gerhard (*2.1. 1928 Salzburg). – Österr. Autor, der nach dem Studium der Germanistik und Anglistik bereits in den fünfziger Jahren am geistigen Leben seiner Heimat aktiv gestaltend Anteil nahm und mit Erzählungen, z.B. *Der Deserteur* (1970), Essays, Parodien, z.B. *Ärgernisse eines Zauberers* (1973), *Als Barbar im Prater* (1979), dem Fernsehfilm *Schloß mit späten Gästen* (1982) und *Gedichte(n)* (1986) über Österreich hinaus bekannt wurde. Eine kritische Auseinandersetzung mit der westlichen Kultur und den eigenen Vorurteilen bringen die chinesischen Impressionen *Der Ohne-Namen-See* (1988).

Ambesser, Axel von, eigtl. *A. v. Oesterreich* (*22.6. 1910 Hamburg, †6.9. 1988 München). – Dt. Dramatiker, der ab 1930 auch als Regisseur und Schauspieler in seiner Heimatstadt wirkte, lebte ab 1945 in München. A. ist Verfasser erfolgreicher Lustspiele, auch Film- und Rundfunkautor. Bes. bekannt wurden von seinen zahlreichen Werken *Wie führe ich eine Ehe?* (1940), *Das Abgründige in Herrn Gerstenberg* (1946), *Frauen ohne Männer* (1951), *Mirakel im Müll* (1960), *Max Mahnke als Mensch* (1971). 1985 erschien seine humorvolle und für die Theatergeschichte interessante Autobiographie *Nimm einen Namen mit A.*

Ambler, Eric (*28.6. 1909 London). – Engl. Schriftsteller, schrieb nach dem Ingenieurstudium Theaterstücke und Drehbücher und verfaßte zahlreiche Kabarettexte. Berühmt wurde er als Autor spannender Kriminal- und Spionageromane, die, in alltäglichem Milieu spielend, zeigen, wie sich die Intrigen der Politik auf das Leben auswirken. A. gehört zu den wichtigsten Autoren dieses Genres. Bes. bekannt in Dtld. wurden: *Die Stunde des Spions* (1938, dt. 1963), *Die Maske des Dimitrios* (1939, dt. 1950), *Waffenschmuggel* (1960, dt. 1963), *Topkapi* (1962, dt. 1969), *Der Levantiner* (1972, dt. 1973), *Doktor Frigo* (1974, dt. 1975), *Bitte keine Rosen mehr* (1977, dt. 1978). Die Autobiographie *Ambler by Ambler* (dt. 1986) zeigt, in welch starkem Maße das lit. Werk eine Auseinandersetzung mit der komplexen Realität darstellt.

Ambrosius (*um 339 Trier, †4.4. 397 Mailand). – Lat. Kirchenvater, der nach seiner Ausbildung in Rom als kaiserl. Statthalter den Streit zwischen Arianern und Katholiken anläßl. der Bischofswahl in Mailand schlichten wollte; wurde dabei selbst zum Bischof geweiht, noch ehe er getauft war. Als Bischof von Mailand wurde A. zu einem der größten Prediger, theolog. Lehrer und gleichzeitig zum Schöpfer des lat. Kirchenliedes mit seinen liturg. *Hymnen.* Sein Werk *De officiis ministrorum* (383, dt. *Über die Pflichten der Kleriker*) ist nach dem klass. Vorbild *De officiis* von Cicero verfaßt. Neben dogmat. Werken *De fide libri V* (378–380) haben vor allem seine *Kommentare zur Heiligen Schrift* Bedeutung erlangt, u.a. *Hexaemeron libri VI* (nach 386) und die *Expositio Evangelii secundum Lucan* (386/87).

Amenope, auch *Amen-em-ope.* Der ägypt. Weisheitslehrer und Beamte lebte zwischen 1200 und 1000 v. Chr. *Das Weisheitsbuch des Amenope* gliedert sich in 30 Kapitel mit vierzeiligen gereimten Strophen und ist angeblich für seinen jüngsten Sohn geschrieben. Einige seiner darin ausgesprochenen Lehren sind bisweilen wörtlich in die Sprüche Salomonis eingegangen.

Amenophis IV., auch *Achenaten,* fälschl. *Echnaton* (*1364, †1347 v. Chr.). – Ägypt. König, der im Verlauf einer religiösen Reform die vielen Götter gegen den einen Sonnengott – Aton – zu ersetzen versuchte. In seinem neuen Residenzort El-Amarna/Mittelägypten wurde in mehreren Fassungen ein *Sonnengesang* aufgefunden, der als Kultlied vom König selbst stammen könnte. Darin zeigt sich eine interessante Verwandtschaft des Liedes mit dem 104. Psalm des *Alten Testaments.*

Amery, Carl, eigtl. *Christian Anton Mayer* (*19.4. 1922 München). – Dt. Schriftsteller und Publizist, Autor zeitkrit. und engagierter Romane, Hörspiele und Essays, die kulturelle und gesellschaftspolit. Themen aus dem Blickwinkel eines krit. Linkskatholiken behandeln. In den letzten Jahren setzte er sich auch für Ökologie und Friedenspolitik ein. Hauptwerke des Autors, der auch der »Gruppe 47« angehörte und 1975–77 Vorsitzender des Verbandes der Schriftsteller war, sind u.a. *Der Wettbewerb* (1954), *Die große deutsche Tour* (1958), *Die Kapitulation oder der deutsche Katholizismus heute* (1963), *Der Tag eines Löwen* (1965), *Ich stehe zur Verfügung* (1967), *Das Ende der Vorsehung* (1973), *Der Untergang der Stadt Passau* (1975), *Energiepolitik ohne Basis* (1978), *Leb wohl, geliebtes Volk der Bayern* (1980), *Chesterton oder der Kampf gegen die Kälte* (1981), *Die Wallfahrer* (1986), *Das Königsprojekt* (1987), *Das Geheimnis der Krypta* (1990).

Amery, Jean (*31.10. 1912 Wien, †17.10. 1978 Salzburg). – Der gebürtige österr. Schriftsteller und Essayist emigrierte 1938 nach Belgien, nahm am Widerstand teil und wurde 1943 im KZ interniert. Seit 1945 lebte A. als freier Schriftsteller in Brüssel und war Mitarbeiter bei zahlreichen großen dt. Zeitschriften und Sendern. In seinen brillanten Essays nahm er zu wesentlichen Problemen des Zeitgeschehens Stellung. Er versuchte 1974 den Essay stilistisch mit dem Roman in *Lefeu oder Abbruch* zu verbinden. Bes. wichtige Arbeiten sind u. a. *Geburt der Gegenwart* (1963), *Jenseits von Schuld und Sühne* (1966), *Über das Altern* (1968), *Widersprüche* (1971), *Hand an sich legen – Diskurs über den Freitod* (1976), *Charles Bovary, Landarzt* (1978) sowie die meisterhafte Autobiographie *Unmeisterliche Wanderjahre* (1971).

Amfiteatrow, Alexandr Walentinowitsch (* 14. 12. 1862 Kaluga, †26.2. 1938 Levanto/Italien). – Russ. Schriftsteller, der vor allem für Zeitschriften und Feuilletons u. a. über die Zarenfamilie (*Gospoda Obmanovy*, 1901) schrieb, wurde deshalb nach Sibirien verbannt. 1905 wurde er begnadigt und ging nach Paris; 1916 kehrte er nach Rußland zurück. 1922 erfolgte eine erneute Emigration. A. verfaßte u. a. Gedichte, Dramen und leicht lesbare Erzählungen.

Amias, Edmondo de →De Amicis, Edmondo

Amichai, Jehuda (* 3.5. 1924 Würzburg). – Israel. Lyriker, wuchs in Dtld. auf und emigrierte mit seinen Eltern 1936. Lit. steht er unter dem Einfluß von Rilke und Auden, persönlich hat die Teilnahme am II. Weltkrieg auf seine Weltsicht großen Einfluß gewonnen. Seine Gedichte sind in sehr persönl. Sprache gestaltet, wobei er mit traditionellen Bildern und Metaphern auf die Zeitereignisse reagiert. Immer wieder setzt er sich mit dem Krieg in Israel auseinander. Seine Gedichtsammlung *Shirim 1948–1962* (1963) fand große Beachtung. Er erhielt 1982 den Israel-Preis für Literatur. Eine dt. Ausgabe *Ausgewählte Gedichte* erschien 1987.

Amiel, Henri-Frédéric (* 27. 9. 1821 Genf, †11. 5. 1881 ebd.). – Schweizer Schriftsteller, Professor für Philosophie und Ästhetik. Seine Gedichte sind Ausdruck einer ihn belastenden Schwermut, *Il penseroso* (1858), *La part du rêve* (1863). Beachtung fanden seine posthum veröffentlichten *Tagebücher* (dt. 1905), eine ungeschminkte Darlegung seiner seelischen Verfassung, welche die psychologisierende Literatur neu inspirierte. A. ist der Autor des Nationalliedes der welschen Schweiz.

Amis, Kingsley (* 16.4. 1922 London). – Engl. Schriftsteller, wurde in Oxford erzogen und ist seit 1948 Lektor für engl. Literatur; heute lebt A. in den USA. Weltweiten Ruhm erlangte er durch seinen in viele Sprachen übersetzten Roman *Glück für Jim* (1954, dt. 1957). Neben weiteren Romanen wie *My Enemy's Enemy* (1962), *I Want It Now* (1968), *Die Falle am Fluß* (1973, dt. 1974), *Die Augen des Basilisken* (dt. 1984) und Gedichten verfaßte A. vielbeachtete Essays über den klass. Jazz und Science-fiction-Literatur, z. B. *Oberst Sun: Ein James-Bond-Abenteuer* (1968). In Dtld. ist A. ein vielgelesener Schulautor.

Ammers-Küller, Jo(hanna) van (* 13.8. 1884 Delft, †23.1.

1966 Bakel/Neubrabant). – Niederl. Schriftstellerin, stammt aus einer ursprüngl. dt. Familie, arbeitete als Übersetzerin und verfaßte selbst mehrere erfolgreiche histor. Romane und Frauenromane, u. a. *Die Frauen der Coornvelts* (1925, dt. 1926), *Der Apfel und Eva* (dt. 1932), *Tanz um die Guillotine* (dt. 1936), *Die Treue der Tavelincks* (dt. 1938). Neu aufgelegt wurden *Die drei Goldtöchter* (1958) und *Diana* (1960). A.s Dramen sind von geringerer Bedeutung.

Ammianus Marcellinus (* um 330 n. Chr. Antiochia/Syrien, †um 395). – A. war röm. Geschichtsschreiber und Offizier des röm. Heeres und schrieb die Fortsetzung des Geschichtswerkes von Tacitus *Historiae*. Seine Bde., die *Res gestae*, behandeln den Zeitraum von 353 bis 378. Dieses letzte große Geschichtswerk der Antike ist in einem künstl. stilisierten Latein geschrieben. A.s Muttersprache war Griechisch.

Amyot, Jacques (* 30. 10. 1513 Melun, †6. 2. 1593 Auxerre). – Franz. Humanist, war Professor für Anthropologie und Bischof von Auxerre. Franz I. betraute ihn mit der Übersetzung des biograph. Sammelwerks von Plutarch *Vies des hommes illustres* (1559) sowie der *Moralia Œvres morales* (1572). Neben diesen in ganz Europa als vorbildl. anerkannten Übertragungen übersetzte A. auch Heliodors *Histoire éthiopiques* (1547) und *Daphnis et Chloé* (1559) von Longos. A.s Arbeiten wurden zu wertvollen Quellenvorlagen für Autoren wie Corneille und Shakespeare.

Anakreon (* um 580 v. Chr. Theos/Ionien, †nach 495 v. Chr.). – Griech. Lyriker, der sich nach seiner Flucht vor den Persern an fürstl. Höfen u. a. bei Polykrates von Samos und Hipparchos von Athen aufhielt, schrieb Gedichte, für die ein festliches Gelage jeweils den Rahmen bildet. Seine Lieder feiern die Freude und den Genuß des Augenblicks. Wein, schöne Knaben und Frauen sind die Themen seiner Hymnen, Elegien und Epigramme, die er im ion. Dialekt, nicht jedoch im sog. anakreontischen Versmaß verfaßte. Nur drei seiner graziösen Lieder sind vollständig erhalten. Die Anakreontiker, seine späteren Nachahmer, erreichten nicht das Vorbild, nehmen aber dennoch einen wesentl. Rang innerhalb der europ. Dichtung ein, z. B. Ronsard, Hagedorn, Uz, Gleim, Götz, Jacobi, auch Lessing und der frühe Goethe.

Anders, Günther, eigtl. *Günther Stern* (* 12. 7. 1902 Breslau). – Dt. Journalist, Philosoph und Pazifist, studierte bei Cassirer, stand Heidegger nahe und promovierte 1923 bei Husserl. Nach ersten philosophischen Arbeiten mußte er 1933 emigrieren, schrieb Gedichte und lehrte Ästhetik an der New School für Social Research. Nach seiner Rückkehr nach Europa 1950 fanden seine Arbeiten einen großen Leserkreis, z. B. *Besuch im Hades. Auschwitz und Breslau 1966. Nach »Holocaust«* *1978* (1979), *Die Schrift an der Wand. Tagebücher 1941–1966* (1967), *Ketzereien* (1982), *Hiroshima ist überall* (1982), *Mensch ohne Welt* (1984), *Tagebücher und Gedichte* (1985),

Lieben gestern, Notizen zur Geschichte des Fühlens (1986). Einen guten Überblick über das Gesamtwerk des engagierten Atomgegners und Antifaschisten gibt *Das Günther Anders Lesebuch* (1984). A. wurde durch zahlreiche Preise geehrt und ist Mitglied der Akademie der Künste in Berlin.

Andersch, Alfred (*4.2. 1914 München, †21.2. 1980 Berzona). – Dt. Schriftsteller, kam 1933 ins Konzentrationslager Dachau, war danach Soldat, bis er 1944 desertierte. Nach dem Krieg gab A. die Schriften »Der Ruf« und »Texte und Zeichen« heraus. Mitglied der »Gruppe 47«. Ein zentrales Thema seiner Romane und Hörspiele ist die Freiheitssehnsucht des Menschen. Berühmt wurde A. durch die Romane *Die Kirschen der Freiheit* (1952) und *Sansibar oder der letzte Grund* (1957). Neben Hörspielen wie *Fahrerflucht* (1957), *Wanderungen im Norden* (1962) und *Aus einem römischen Winter* (1966) fand sein Roman *Efraim* (1967) große Anerkennung. A. schreibt stilist. vorzügl., gleichzeitig aber zeitgenöss.-krit. Prosa; unter seinen weiteren Werken fanden *Die Rote* (1960), *Ein Liebhaber des Halbschattens* (1963), *Winterspelt* (1974) große Beachtung. Eine Sammlung seiner Gedichte und Nachdichtungen aus den Jahren 1946 bis 1977 erschien u. d. T. *empört euch, der himmel ist blau* (1977). 1965 leitete er eine Filmexpedition in Nordeuropa und schrieb die Landschaftsbücher *Hohe Breiten* und *Wanderungen im Norden*. Seine letzten Werke sind politisch engagiert, wenn auch nicht ohne Subjektivität, z. B. *Der Vater eines Mörders* (1980). 1986 erschien posth. *Erinnerte Gestalten. Frühe Erzählungen.* A. erhielt internationale Auszeichnungen – etwa 1958 den Deutschen Kritikerpreis oder 1975 den Literaturpreis der Bayerischen Akademie der Schönen Künste. 1979 erschien eine Studienausgabe in 15 Bdn.

Andersen, Benny (*7.11. 1929 Kopenhagen). – Dän. Erzähler und Lyriker, arbeitete zunächst in einem Werbeunternehmen, später als Orchester- und Barpianist. Sein lit. Werk beschreibt v. a. komische Lebenssituationen und umfaßt neben bisweilen absurd-realist. Erzählungen humorvolle Gedichte. Bekannt wurden v. a. *Den musikalske al* (1960), *Puderne* (Erz. 1965), *Her i reservatet* (Ged. 1971), *Svantes viser* (Ged. 1972), *Puppenspielbuch* (dt. 1975), *Das Leben ist schmal und hoch* (dt. 1977).

Andersen, Hans Christian (*2.4. 1805 Odense, †4.8. 1875 Kopenhagen). – Als Sohn eines Schuhmachers erhielt der Däne A. nur eine unregelmäßige Schulbildung, kam jedoch durch glückl. Umstände an das königl. Theater in Stockholm. Nach einer Europareise fand sein Roman *Der Improvisator* (1835, dt. 1909) Anerkennung. Weltweiten Ruhm erlangte A. durch die *Märchen und Erzählungen für Kinder*, die dt. 1839 erstmals gesammelt erschienen. Den Stoff für seine 168 Märchen, die bereits in über 80 Sprachen übersetzt sind, nahm A. aus dt., dän. und griech. Quellen, Volkssagen und Legenden;

vieles jedoch entstammt seiner eigenen sensibel-romant. Phantasie, die dennoch den Raum der realen Wirklichkeit nie ganz vergißt. An sich für Kinder geschrieben, eröffnet sich der oft iron.-humorvolle Sinn seiner Märchen erst den Erwachsenen. Neben seiner Vorliebe für die derberen Volksmärchen zeigt sich bei A. eine maler.-zarte Zuneigung zum Detail. Weitere bekannte Werke aus seinem umfangreichen lit. Schaffen sind u. a. *Nur ein Spielmann* (1837, dt. 1875), *Das Märchen meines Lebens* (1845/46, dän. 1855), *Bilderbuch ohne Bilder* (1840, dt. 1875).

Andersen-Nexø, Martin (*26.6. 1869 Kopenhagen, †1.6. 1954 Dresden). – Dän. Arbeiterdichter, stammte aus einfachsten Verhältnissen, ging als Kommunist nach Deutschland und floh wieder vor dem Nationalsozialismus nach Schweden und in die Sowjetunion, um sich schließl. in Dresden niederzulassen. Unter der Wirkung des Symbolismus stehend, prägt dennoch sein Klassenbewußtsein die Sprache seiner ersten Romane, z.B. *Pelle der Eroberer* (1906–1910, dt. 1912), *Stine Menschenkind* (1917–1921, dt. 1918–1923). Zu seinen bedeutendsten Werken zählen ferner die Romane *Im Gottesland* (1929, dt. 1929), *Morten der Rote* (1945–47, dt. 1950) und dessen Fortsetzung *Die verlorene Generation* (1948, dt. 1950), die trotz ihres agitator. Inhalts Zeugnisse tiefer Menschlichkeit sind.

Anderson, Maxwell (*15.12. 1888 Atlantic/Penns., †28.2. 1959 Stamford/Conn.). – Amerikan. Dramatiker, war als Journalist und Lehrer tätig und schrieb in erster Linie sozialkrit. Versdramen, Komödien und Singspiele, in denen er histor. und zeitgenöss. Stoffe aufgreift. Für die polit. Satire *Both Your Houses* (1933) erhielt er den Pulitzerpreis. Sein bekanntestes Drama wurde *Johanna aus Lothringen* (1947, dt. 1953), doch auch andere Dramen sind sehr beliebt, z. B. *Rivalen* (1924, dt. von C. Zuckmayer 1929), *Knickerbockers* (1938, dt. 1948), *Maria von Schottland* (1933, dt. 1947), *Wintertag* (1935, dt. 1954).

Anderson, Sherwood (*13.9. 1876 Camden/Ohio, †8.3. 1941 Colón/Panama). – Amerikan. Erzähler, stammte aus Schottland und führte ein unstetes Wanderleben. Aufsehen erregte sein Buch *Winesburg, Ohio* (1919, dt. 1958), eine Sammlung von Kurzgeschichten, in denen er das Recht auf freie Sexualität gegen die gesellschaftl. Konventionen verteidigt. Auch sein weiteres Werk ruft nach einer Befreiung des Menschen aus den Zwängen der Großstadt, einer lebensfeindl. Technik und einem verlorenen Sittengesetz, z. B. *Dunkles Lachen* (1925, dt. 1966), *Kleinstadt in Amerika* (1940, dt. 1956), *Das Ei triumphiert* (1926).

Andrade, Carlos Drummond de (*22.9. 1902 Itabira/Minas Gerais, †17.8. 1987 Rio de Janeiro). – Brasilian. Lyriker, studierte Pharmazie und trat dann in den öffentlichen Dienst; 1934–45 war er hoher Beamter im Kulturministerium, begründete die Zeitschrift *A Revista* als Organ des brasilian. Modernismus und arbeitete an kommunist. Publikationen mit. A. veröffentlichte zahlreiche Gedichtbände, u. a. *Alguma Poesia* (1930), *Brejo das Almas* (1934), *Sentimento do Mundo* (1940), *A Rosa do Povo* (1945), in denen er in unkonventionellen Gestaltungsweisen Gefühle und Empfindungen zu vermitteln suchte. Dabei nimmt er das persönliche Ich immer zugunsten des Kollektiven zurück; diese Tendenz bleibt auch in seinen späten Texten erhalten, die nicht politische Probleme, sondern ästhetische Fragen gestalten. Eine Auswahl seiner Gedichte erschien dt. 1981. In Brasilien hat A. auch als Übersetzer von Mauriac, Laclos, Balzac, Maeterlinck und Proust großes Ansehen gewonnen.

Andrade, Mário Raul de Morais (*9.10. 1893 São Paulo, †25.2. 1945 ebd.). – Brasilian. Dichter, war Professor für Philosophie und Kunstgeschichte. Neben literaturwissenschaftlichen Veröffentlichungen wurde A. durch seine Gedichtbände *Há uma gôta de sangue em cada poema* (1917), *Paulicéia desvairada* (1922), seine Erzählungen und Romane, u. a. *Amar, Verbo Intransitivo* (1927), *Macunaíma* (1928, dt. 1982), zu einem der frühesten Wegbereiter des brasilian. Modernismo. A. schrieb auch bedeutende Essays über die brasilian. Musik.

Andrade, Olegario Víctor (*7.3.1841 Gualeguaychú, †20.10. 1882 Buenos Aires). – Argentin. Dichter, Journalist, Professor und Politiker, verbrachte einige Jahre im Exil. A. wurde durch sein Gedicht *La Atlántida* (1881) berühmt. Seine großen Oden zeichnet ein patriot.-pathet. Ton aus, der das Vorbild Victor Hugos nicht verleugnen kann, u. a. *San Martín, El nido de cóndores.* Dt. erschien 1910 eine Auswahl u. d. T. *Prometheus.*

Andrea da Berberino (*um 1370 Berberino/Valdelsa, †zwischen 14.8. 1431 und 31.5. 1433 Florenz). – A. war ein ital. Dichter und fahrender Sänger aus Florenz, der franz. Ritterromane ins Italienische übersetzte und selbst vortrug. Besondere Anerkennung erntete er mit *Guerrin meschino* (1473) und *I reali di Francia* (1491), eine Sammlung von Motiven aus der Karlslegende. Beide Werke erschienen erst posthum.

Andrea da Bergamo, eigtl. *Nelli, Pietro* (*1511[?] Siena). – Ital. Dichter und Satiriker, steht mit seinen geistreich-witzigen Versen zwischen der volkstüml. Burleske und der Gelehrtendichtung. Ziel seiner Angriffe waren vor allem das Rechtswesen, die Geistlichkeit sowie die span. Herren in Italien. Bekannt wurden seine Schriften *Satire alla carlona* (ab 1546), *Sette libri di satire* (1560), *Sonetti ed epigrammi* (1572).

Andreä, Johann Valentin (*17.8. 1586 Herrenberg/Böblingen, †27.6. 1654 Stuttgart). – Der Theologe und Schriftsteller war Hofprediger in Stuttgart, Generalsuperintendent von Bebenhausen und ein Reformator, der sich vor allem der tätigen Nächstenliebe widmete. Als Schriftsteller schreibt er lehrhaft

didakt. Werke, z. B. *Christliches Gemäl* (1612), *Christenburg* (1626), in denen auch sein Hang zur Mystik deutlich wird.

Andreas Capellanus, auch *André le Chapelin.* Der nordfranz. Geistliche lebte um 1200 am Hof der Gräfin Marie de Champagne, in deren Auftrag er sein Werk *De amore libri tres* (1174/1186) verfaßte. Dieses schon im Mittelalter weithin bekannte Buch über die Regeln der Minne spielt in der Form von Gerichtssitzungen die Minnerechte und -pflichten durch. Das Werk hatte einen großen Einfluß auf die späthöf. Literatur.

Andreas-Salomé, Lou, Pseudonym *Henry Lou* (*12.2. 1861 Petersburg, †5.2. 1937 Göttingen). – Dt. Schriftstellerin, die einer hugenott. Familie entstammte; studierte in Zürich Theologie, wo sie zum Freundeskreis um Nietzsche zählte. Als Freundin Rilkes fuhr sie mit dem Dichter zweimal nach Rußland. Verheiratet mit F. C. Andreas, lebte seit 1903 in Göttingen und erhielt ab 1911 durch Adler und Freud eine Ausbildung als Psychoanalytikerin. Durch ihren engen Kontakt mit Freud angeregt, verfaßte sie zahlreiche Essays über psycholog. Probleme, die auch ihre Romane bestimmen, u. a. *Das Haus* (1921), *Rodinka* (1923). Daneben entstanden Essays wie *H. Ibsens Frauengestalten* (1892) oder *Mein Dank an Freud* (1931). 1952 erschien der vielbeachtete *Briefwechsel mit Rilke*, 1982 *Erinnerungen. Letzte Jahre.*

Andreini, Giambattista (*9.2. 1578 Florenz, †7. od. 8.6. 1654 Reggio/Emilia). – Ital. Schauspieler, war Dramatiker und Theaterdirektor und gastierte an verschiedenen Höfen Europas. Als Verfasser von Komödien bevorzugt A. moral. Themen, z. B. *La Veneziana* (1619), oder religiöse Stoffe, z. B. *Adamo* (1913), *La Maddalena lasciva e penitente* (1610).

Andrejew, Leonid Nikolajewitsch (*9.8. 1871 Orel, †12.9. 1919 Mustamäggi/Finnland). – Russ. Erzähler, Dramatiker, Rechtsanwalt und Journalist, verfiel nach dem Mißlingen der Revolution von 1905, an der er als Bolschewist teilgenommen hatte, sowie dem frühen Tod seiner Frau in eine depressive Gemütsstimmung. Er schloß sich den Konservativen an und flüchtete 1917 nach Finnland. Zum Freundeskreis Tschechows und Gorkis gehörend, steht sein Prosawerk zunächst in der realist. Tradition, neigt aber später einem z. T. überhöhten Symbolismus zu. A.s Erzählungen und Dramen stellen die Ratlosigkeit des Menschen und seine Unergründbarkeit dar, wobei in der Gestaltung deutl. Einflüsse Maeterlincks zu spüren sind. Seine Hauptwerke, die bis heute weiter wirken, sind u. a. *die Geschichte von den sieben Gehenkten* (1908, dt. 1909), *Ekaterina Ivanovna* (1912, dt. 1914), *Das Joch des Krieges* (1915, dt. 1918), *Tagebuch des Satans* (1921, dt. 1921). 1974 erschien eine Auswahl seiner Erzählungen neu.

Andres, Stefan (*26.6. 1906 Breitwies/Trier, †29.6. 1970 Rom). – Der dt. Erzähler studierte Theologie, Philosophie, Kunstgeschichte und Germanistik, ging 1937 ins Exil nach Positano bei Salerno und lebte nach 1950 in Unken am Rhein und in Rom. A. ist ein lebensnaher und phantasiereicher Erzähler, dessen Werk echte Lebensfreude zeigt. Gleichzeitig stellt er auf dem Hintergrund des Christentums die Fragen nach der menschl. Schuld. Seine Hauptwerke sind v. a. *Wir sind Utopia* (Erz. 1943), *Die Sintflut* (1949–1959), *Der Granatapfel* (1950), *Die Reise nach Portiuncula* (1954), *Positano* (1958), *Der Knabe im Brunnen* (1961), *Die Dumme* (1969), *Das Fest der Fischer* (1973).

Andrés i Estelles, Vincent (*4. 9. 1924 Burjassot/Valencia). – Katalan. Schriftsteller, der sich ganz aus der Tradition seiner Heimat versteht und die Grundfragen von Liebe und Tod (»la mort« und »l'amor«) immer wieder neu gestaltet. In den Jahren der katalan. Unruhen fand sein Werk große Verbreitung im Untergrund; A. schrieb zahlreiche Gedichte und Prosatexte, die vielfältige Einflüsse franz., lateinamerikan., ital. und span. Literatur zeigen; besonders die Gedichte verraten ein hohes Maß an Sprachbeherrschung und literaturtheoret. Wissen. A. gestaltet vornehmlich das alltägliche Leben in Katalonien. Eine Werkausgabe erschien katalan. in den Jahren 1972 bis 1986; dt. liegen seine Texte in vereinzelten Übersetzungen vor.

Andrian-Werbung, Leopold Freiherr von (*9. 5. 1875 Berlin, †19. 11. 1951 Fribourg/Schweiz). – Österr. Diplomat und Dichter, war lange Zeit Generalintendant der Wiener Hoftheater. Er unterhielt Beziehungen zum Kreis um Stefan George, in dessen »Blättern für die Kunst« seine Jugendgedichte erstmals erschienen. Neben stilreinen Dichtungen, z. B. *Frühe Gedichte* (neu 1972), verfaßte A. auch Erzählungen, u. a. *Der Garten der Erkenntnis* (1895), und zahlreiche Essays.

Andrić, Ivo (*9. 10. 1892 Dolac/Bosnien, †13. 3. 1975 Belgrad). – Serbokroat. Schriftsteller und Essayist, war in seiner Jugend Mitglied der national engagierten Bewegung »Junges Bosnien«. Machte sich einen Namen als Meister der breit angelegten, farbenfreudigen Erzählung. Seine Romane lassen die Geschichte seiner Heimat in einer konkret-farbigen Vielfalt neu aufleben, so v. a. in *Die Brücke über die Drina* (1945, dt. 1953) und *Wesire und Konsuln* (1945, dt. 1961). A. wurde 1961 mit dem Nobelpreis ausgezeichnet und lebte dann als freier Schriftsteller in Belgrad und Agram. Weitere bedeutende Werke sind u. a. *Der verdammte Hof* (1954, dt. 1957), *Das Fräulein* (1945, dt. 1958), *Die Geliebte des Veli Pascha* (dt. 1960), *Der Elefant des Wesirs* (dt. 1962). Sämtl. Erzählungen des Dichters erschienen dt. 1962–64 in drei Bdn.

Andrzejewski, Jerzy (*19. 8. 1909 Warschau, †19. 4. 1983 ebd.). – Poln. Schriftsteller, war nach dem 2. Weltkrieg führendes Mitglied des poln. Schriftstellerverbandes. A. stellt in seinen Erzählungen, z. B. *Der goldene Fuchs* (dt. 1979), Kriegserlebnisse und v. a. die Problematik des Neubeginns und der Neuorientierung nach dem Krieg dar; hatte zeitweise in Polen Publikationsverbot. Aufsehen erregte sein Roman *Asche und Diamant* (1948, dt. 1961). Außerdem beschäftigt sich sein Werk intensiv mit dem trag. Schicksal der Juden, z. B. in *Die Karwoche* (1945, dt. 1964), *Appellation* (1968, dt. 1968). Hinzu kommen weniger bekannte Schriften wie *Aufstand im Warschauer Getto* (dt. 1953), *Finsternis bedeckt die Erde* (1957, dt. 1962), *Jetzt kommt über dich das Ende* (dt. 1977).

Angelus Silesius, eigtl. *Johannes Scheffler* (*25. 12. 1624 Breslau, †9. 7. 1677 ebd.). – S. war einer der bedeutendsten dt. Lieddichter und Epigrammatiker des kath. Barock; er stammte aus einer protestant. Familie, studierte in Straßburg, Leiden und Padua. Nach zahlreichen Bildungsreisen wurde er Leibarzt des Herzogs zu Oels und trat 1653 zur kath. Kirche über. Ab 1654 war er Hofakademikus Kaiser Ferdinands III.; 1661 wurde er Franziskaner. Als sein Hauptwerk gelten die *Geistreichen Sinn- und Schlußreime* (1657 und 1675), die in erweiterter Fassung unter dem Titel *Cherubinischer Wandersmann* erschienen. Es sind dies epigrammat. Kurzgedichte in Alexandrinerreimpaaren, die in den Wirkungskreis der böhm. und span. Mystiker gehören. Die prägnanten und gekonnten Zweizeiler stehen in ihrer Abfolge nicht in einem direkten Zusammenhang, sind aber alle durch das eine Thema der myst. Einswerdung mit Gott miteinander verbunden. Neben Kirchenliedern, die noch heute gesungen werden, verfaßte A. mehrere Streitschriften gegen die Lutheraner. Weitere Werke, die lange nachwirkten, sind *Heilige Seelenlust oder geistl. Hirtenlieder* (1657), *Sinnl. Beschreibung der vier letzten Dinge* (1675).

Angilbert (*um 745, †18. 2. 814 St. Riquier/Picardie). – Der fränkische Hofdichter war Laienabt von Centula und verbrachte den größten Teil seines Lebens am Hofe Karls d. Großen. Als Schüler Alkuins verfaßte Angilbert lateinische Briefe, Gedichte und einige Prosaschriften. Das Preislied *Carolus Magnus et Leo Papa* (um 800) stammt wahrscheinl. von ihm. Er war der Vater zweier Söhne von Berta, der Tochter Karls d. Großen.

Anker, Nini, geb. Roll (*3. 5. 1873 Molde, †19. 5. 1942 Asker). – Norweg. Schriftstellerin, war die Tochter eines hohen Staatsbeamten. In ihren Romanen, Novellen und Dramen stellt sie mit Vorliebe das Scheitern von Frauen aus gehobenem Stand dar, da deren Erziehung lebensfremd war. Ihre erfolgreichen Werke sind u. a. *Benedicte Stendal* (1909), *Det svake kjön* (1915), *Liv und ich* (1927, dt. 1929).

Anker Larsen, Johannes (*18. 9. 1874 Heminge/Langeland, †12. 2. 1957 Kopenhagen). – Dän. Schriftsteller und Journalist, war Dramaturg am Königl. Theater in Kopenhagen. Seine Romane, Novellen und Komödien vereinigen Heimatdichtung und religiösen Symbolismus, der sich an Kierkegaard und Grönbech orientiert. Seine Hauptwerke, die auch im Ausland gelesen wurden, sind u. a. *Der Stein der Weisen* (R. 1923, dt. 1924), *Olsens Torheit* (R. 1941, dt. 1943), *Liebe* (E. 1946, dt. 1946), *Die Gemeinde, die in den Himmel wächst* (1928, dt.

1928). Das letztgenannte Werk gewann erst spät allgemeine Beachtung.

Annenski, Innokentij Fjodorowitsch (* 20.8. 1856 Omsk, † 30.11. 1909 Petersburg). – Russ. Dichter, war als Lehrer ein bedeutender Übersetzer des Euripides, Baudelaires, Verlaines und Mallarmés. Neben Tragödien nach antikem Vorbild verfaßte A. schwermütige Gedichte im Stil des Symbolismus, die in ihren Wortspielen an die Akmeisten und Futuristen erinnern. In Dt. erschien 1909 *Spiegelungen,* eine Sammlung von Gedichten.

Annolied. – Nach dem *Georgslied* die älteste, einzeln überlieferte Legende der mhd. Dichtung. Es erzählt in Reimpaaren (878 Verse) die Menschheitsgeschichte und anschließend das Wirken des Bischofs Anno von Köln (1010 bis 1075). Der Text wurde wohl kurz nach dem Tod des Bischofs von einem Kleriker im Kloster Siegburg verfaßt. In seiner Darstellung der Reichsgeschichte als Heilsgeschichte ist das A. ein Vorläufer der Epik des 12. Jh. und diente als Quelle für die *Kaiserchronik.* Bekannt ist uns der Text nur durch einen Druck, den Martin Opitz 1639 herstellte.

Annunzio, Gabriele D' → D'Annunzio. Gabriele

Anouilh, Jean (* 23. 6. 1910 Bordeaux, † 3. 10. 1987 Lausanne). – Franz. Dramatiker, wichtigster lit. Vertreter der Generation zwischen den beiden Weltkriegen, der nach dem Studium der Rechtswissenschaft zunächst als Redakteur arbeitete; ließ sich 1932 als freier Schriftsteller nieder und schrieb, orientiert an Giraudoux, Claudel, Pirandello und Shaw, dramat. klar gegliederte Stücke, deren Humor und scharfsinnige Ironie bis zum pessimist. Nihilismus reichen. Seinen Ruhm begründete A. zunächst durch seine phantasiereichen und humorvollen »pièces roses«, u. a. *Ball der Diebe* (1932, dt. 1938), *Das Rendezvous von Senlis* (1937, dt. 1947). Eine Stimmung der Ausweglosigkeit zeichnet seine Tragödien, die »pièces noires«, u. a. *Einladung ins Schloß* (1947, dt. 1948), *Medea* (1946, dt. 1948), *Der Reisende ohne Gepäck* (1936, dt. 1946) und vor allem *Antigone* (1943, dt. 1946) sowie das weltbekannte Stück *Beckett oder die Ehre Gottes* (1959, dt. 1960). Vor die letzte Schaffensphase treten die »pièces costamées«, z. B. *Jeanne oder die Lerche* (1953). Zur polit. Satire werden bisweilen seine »pièces grinçantes«, wie *Der arme Bitos oder das Diner der Köpfe* (1956, dt. 1959) gezählt. Die späteren Dramen, wie *Die Verhaftung* (dt. 1976) und *Liebe Vögel* wurden weniger beachtet. Als Fernsehfilm wurde 1977 *Könige sterben einsam* bekannt. Seine Dramen liegen in hervorragender Übersetzung vor.

Anselm von Canterbury, hl. (* 1033 Aosta, † 21.4. 1109 Canterbury). – Engl. Gelehrter und Schriftsteller, war ab 1060 Benediktiner im Kloster Bec, später Abt und ab 1093 Erzbischof von Canterbury. Als Vertreter der augustin.-neuplaton. Philosophie trat A. vor allem mit seinem »ontologischen Gottesbeweis« hervor und löste damit den Universalienstreit aus, der davon ausgeht, daß für den Universalisten die Realität in den Begriffen liegt. Je allgemeiner die Begriffe daher sind, desto mehr haben sie Anteil an Realität und Sein. Demgegenüber lehrten die Nominalisten, daß die allgemeinen Begriffe nur Worte seien. Das berühmteste seiner philosoph.-theolog. Werke ist die Abhandlung *Cur Deus Homo* (= *Warum Gott Mensch geworden ist*). Seine Texte über die Jungfrau Maria inspirierten die mittelalterl. Lyrik.

An-Ski, S., eigtl. *Salomo Sanwel Rappoport* (* 1863 Witebsk, † 8.11. 1920 Warschau). – Der jidd. Schriftsteller nahm bereits früh Verbindung zu russ. Sozialrevolutionären auf. Er emigrierte 1894 und war ab 1905 wieder in Rußland, ab 1918 lebte er in Polen. A. gilt als Hauptvertreter der romant. jidd. Dichtung. Noch heute findet seine dramatisierte chassid. Legende *Der Dybbuk* (1916, dt. 1921) eine breite Leserschaft. Er trat auch als Autor von Erzählungen und mit seinen Memoiren hervor.

Antar-Roman. – Arab. Volksbuch aus dem 12. Jh. Das Buch ist ein Heldenroman über die Taten des vorislam. Dichters, Liebenden und Kriegers Antar ibn Shaddâd (um 526–615). Das 32bändige Werk beinhaltet zahlreiche Gedichteinlagen (ca. 10 000 Verse) und stammt in der uns erhaltenen Form aus der Zeit der Kreuzzüge.

Anthologia Latina. – Eine lat. Gedichtsammlung, die um 532 n. Chr. in Afrika zusammengestellt und durch den franz. Philologen C. Salmasius bekannt wurde. Die Sammlung faßt nicht nur einzelne Gedichte, sondern auch ganze Bücher älterer und zeitgenöss. Dichter zu einem Werk zusammen, das weniger lit. wertvoll ist, als vielmehr einen interessanten Überblick über die verschiedenen poet. Formen der damaligen Literaten (Grammatiker) gibt. Die A. L. enthält Werke von Florentinus *(Panegyricus auf Thrasamund),* Felix *(Epigramme),* Luxorius *(Jugendgedichte, Coronatus, Cato, Octavian)* u. a.

Anthologia Palatina, auch *Anthologia Graeca* genannt. Sammlung griechischer Epigramme, die um 930 n.Chr. von Konstantinos Kephalas in Byzanz zusammengestellt wurde. Benannt ist das Werk nach der einzigen, 1606 entdeckten Handschrift aus der Palatinischen Bibliothek in Heidelberg. Die Anthologia Palatina ging aus einer Sammlung klass. Dichter hervor, die Meleagros von Gadara (Palästina) um 80 v. Chr. zu einem »Blumenkranz« (stephanos) zusammenstellte und die 40 n. Chr. durch Philoppos von Thessalonike, später (um 550) durch Agathias ausgeweitet wurde. Die uns erhaltenen 15 Bücher sind kultur- und sprachhistorisch von einmaligem Wert.

Antimachos (* um 444 v. Chr. in Kolophon). – Griech. Dichter, begründete die Gelehrtendichtung. In seinem Epos *Thebais* versuchte A. in der Nachfolge der Erzählform des Homer, neue Stilformen zu entwickeln. Die mythologisierende Elegie auf den Tod seiner Geliebten *Lydia* fand große Bewunderung, aber auch Zurückweisung, in erster Linie durch Kallimachos. Von dem Werk sind nur Fragmente erhalten.

Antipatros von Sidon. Griech. Dichter, lebte im 2. Jh. v. Chr. und wirkte sehr stark auf die röm. Literatur. Cicero und Q. Lutatius Catulus ahmten seinen Stil nach. Sein Werk zeigt deutl. Züge der klass. Rhetorik. In der *Anthologia Palatina* sind *75 Epigramme* von A. enthalten.

Antiphanes (*um 408/405 v.Chr., †um 334/331 v.Chr.). – Griech. Komödiendichter, soll zwischen 260 und 365 Stücke verfaßt haben, von denen 134 Titel erhalten sind. Neben mytholog. Themen besteht sein Werk aus zahlreichen Parodien auf trag. Stoffe, vor allem auf die Tragödien des Sophokles und Euripides. A. ist ein typ. Vertreter der mittleren attischen Komödie.

Antiphon (*um 480 v.Chr. Rhamnus, †411 v.Chr. Athen). – Griech. Redner, war Mitglied der Oligarchenregierung der »Vierhundert« und wurde nach deren Sturz hingerichtet. Von Platon wird A. als ein bedeutender Lehrer der Rhetorik bezeichnet; erhalten sind uns 15 Musterreden, drei davon in seinem eigenen Mordprozeß von A. selbst gehalten. Unklar ist, ob es nicht noch einen Sophisten desselben Namens gab, der einen Teil der A. zugeschriebenen Werke verfaßt hat.

Anton Ulrich, Herzog von Braunschweig-Wolfenbüttel (*4.10. 1633 Hitzacker, 27.3. 1714 Salzdahlum). – Der dt. Dichter wurde nach einer allseitigen Ausbildung und weiten Bildungsreisen ein vollendeter Barockfürst, der mit Künstlern der Zeit und dem Philosophen Leibniz in Verbindung stand. Neben lutheran. *Kirchenliedern,* Oden und Singspielen über bibl. Themen verfaßte A. die beiden Staatsromane *Die Durchleuchtige Syrerinn Aramena* (1669–1673) und *Octavia, Römische Geschichte* (1677–1707).

Antonelli, Luigi (*22.1. 1882 Atri/Teramo, †21.11. 1942 Pescara). – Italien. Dichter, studierte Medizin und Philologie und trat als Verfasser von traumhaften und phantast. Lustspielen, die deutl. Beziehung zu Pirandello aufweisen, hervor, z.B. mit *La fiaba dei tre maghi* (1920), *La rosa dei venti* (1929). Außerdem schrieb A. Erzählungen, u.a. *Il pipistrello e la bambola* (1919), *Primavera in collina* (1929).

Antonides van der Goes, Joannes, eigtl. *Jan A. v.d. Goes* (*3.5. 1647 Goes, †18.9. 1684 Rotterdam). – Niederl. Dichter, war Apotheker und Arzt und mit Vondel befreundet. Er verfaßte patriot. Dramen und Gedichte, wurde jedoch v.a. bekannt durch sein Epos *De Ystroom* (1671), ein Lobgedicht auf die Stadt Amsterdam.

Antonios Diogenes. – Der griech. Dichter lebte im 2. Jh. n. Chr. und erwarb sich als Verfasser des Romans *Unglaubliche Geschichten über Thule in 24 Bänden* großen Ruhm. Das Werk, angefüllt mit erot. und myth.-romant. Elementen, erzählt die Geschichte einer Reise nach Thule und auf den Mond. Eine

der Einfügungen ist die Liebesgeschichte zwischen dem Helden Deinias und Derkyllis.

Anwarī, Auhado'd-Din Mohammad (*Badané bei Meihané, †1189 Balch/Afghanistan). – Pers. Dichter, seine Philosophie war von Avicenna beeinflußt. A. galt als hochgebildeter Astronom, Mathematiker und Logiker. Er war Hofdichter des Seldschukensultans Sandjar und Autor von patriot. Elegien und scharfen Satiren gegen polit. Umstände seiner Zeit. A. beherrschte alle rhetor. Register der pers. Panegyrik. 1850 erschien ein *Diwan* mit 10 000 Versen.

Anzengruber, Ludwig, Ps. *Ludwig Gruber* (*29.11. 1839 Wien, †10.12. 1889 ebd.). – Österr. Dramatiker und Erzähler, entstammte einer Bauernfamilie, wurde vorübergehend Schauspieler bei einer Wandertruppe, dann Redakteur der »Heimat« und des »Figaro« in Wien. A.s Werk zählt zur liberalen Heimatdichtung der Kulturkampfzeit. Sein Volksstück *Der Pfarrer von Kirchfeld* (1871), das ihn weit über Österreich hinaus bekannt machte, weist entsprechende antiklerikale Tendenzen auf. Seine Dramen *Der Meineidbauer* (1871), *Der Kreuzelschreiber* (1872), *Der G'wissenswurm* (1874), *Das Vierte Gebot* (1878) werden wegen ihrer genauen Darstellung der menschl. Psyche heute noch aufgeführt. Angeregt durch Rosegger, verfaßte A. auch Romane, die, wie seine Dramen, lebensnah sind und bereits den modernen Dorfroman ankündigen, so u.a. *Der Schandfleck* (1877), *Der Sternsteinhof* (1885) und *Unter schwerer Anklage* (1976 posth.). Aus den Erzählungen ragen besonders hervor *Feldrain und Waldweg* (1882) und *Die Kameradin* (1883).

Apel, Paul (*2.8. 1872 Berlin, †9.10. 1946 ebd.). – Der dt. Schriftsteller studierte Philosophie und lebte in Zürich, Köln und Berlin. Nach philosoph. Werken machte sich A. einen Namen v.a. durch seine phantasiereichen Dramen *Hans Sonnenstößers Höllenfahrt* (1911), *Gertrud* (1913) und *Hansjörgs Erwachen* (1918). *Der goldene Dolch* (1944) erzielte im Krieg lediglich einen Achtungserfolg.

Apitz, Bruno (*28.4. 1900 Leipzig, †7.4. 1979 Berlin). – Sohn eines Arbeiters, selbst zunächst Handwerker, dann Antiquariatsgehilfe, Schauspieler. Als Sozialist, Kommunist mehrmals inhaftiert, zuletzt KZ Buchenwald. Nach 1945 in Leipzig Journalist, Intendant, Dramaturg, ab 1955 in Ost-Berlin freier Schriftsteller. A. schreibt aus der Sicht eines Sozialisten und NS-Verfolgten Romane über die Zeit des Nationalsozialismus und des Widerstandes. Bekannt ist besonders sein Roman über das KZ Buchenwald *Nackt unter Wölfen* (1958), der die Rettung eines Kindes schildert und in 28 Sprachen übersetzt wurde.

Apollinaire, Guillaume, eigtl. *Wilhelm Apollinaris v. Kostrowitzki* (*26.8. 1880 Rom, †9.11. 1918 Paris). – Franz. Dichter poln. Herkunft, lebte ab 1898 in Paris, arbeitete zwischendurch nur kurze Zeit als Hauslehrer in Deutschland, nahm als Freiwilliger für Frankreich am Weltkrieg teil und kehrte 1916 schwer verwundet nach Paris zurück. Mit den Malern Dufy, Braque, Matisse u. a. befreundet, leitet A. für die Literatur eine bildhaft-entdinglichte »Antitradition futuriste« ein. Seine ersten Gedichte erinnern zunächst an die Symbolisten, später führte A. jedoch in seinen *Calligrammes* (1918) die Texte in Bewegungen, Linien und bildhafte Formen über. Von seiner Zeit nicht verstanden, gab A. jedoch durch seine verspielten Assoziationen und einfachste Metaphern Anstöße vor allem für die Surrealisten und Dadaisten. Als das bedeutendste seiner Werke gilt *Alcools* (1913, dt. 1976), eine Vers- und Prosalyrik mit zahlreichen Brüchen, Verfremdungen und experimentell-kunstvollen Wortverbindungen. Die Traumwelt des Absurden wurde damit in die Literatur eingeführt. Bekannt sind u. a. das Bühnenwerk *Les mamelles de Tirésias* (1917) sowie der Roman *Der gemordete Dichter* (1916, dt. 1967). Daneben schrieb A. auch pornograph. Schriften wie z. B. *Elftausend Ruten* (dt. 1970). Das große Gesamtwerk des Dichters liegt in Frankreich in mehreren Ausgaben vor. In Dt. erschienen die *Poetischen Werke* 1969 gleichzeitig mit einer Auswahl.

Apollinaris, auch *Apollinarios* (* um 310, † um 390). – Griech. Theologe und Schriftsteller, war Bischof von Laodicea/Syrien. Seine Schriften wurden, als er der Irrlehre angeklagt wurde, vernichtet. A. verfaßte neben theolog. Abhandlungen Komödien, Tragödien und Oden nach antikem Vorbild. Vollständig erhalten ist nur eine vorzügl. Übertragung der *Psalmen* in griech. Hexameter.

Apollodoros von Athen (* um 180 v. Chr., † um 120/110? v. Chr. Athen). – Der griech. Gelehrte war Schüler des Philosophen Diogenes von Babylon und des Grammatikers Aristarchos. Er lebte ab 145 in Pergamon. A. schrieb einen Kommentar in 12 Büchern über Homers Schiffskatalog. Seine *Chronika* in jamb. Trimetern wurde in der Antike als bedeutendste und führende histor. Quelle angesehen, von dieser wie den 24 Bänden *Über Götter*, einem religionsgeschichtlich-mytholog. Sammelwerk, sind nur Fragmente erhalten. Die seinen Namen tragende *Bibliotheke*, ein Sagen- und Mythenhandbuch, stammt frühestens aus dem 1. Jh. n. Chr.

Apollonios von Rhodos (* um 295 v. Chr. Alexandria, † um 215 v. Chr. ebd.?). – Griech. Epiker und Gelehrter, hielt sich am Hof der Ptolemäer auf, verlor jedoch die Gunst seines Lehrers Kallimachos und zog sich schließlich auf die Insel Rhodos zurück. Von seinen Epen ist uns allein sein Hauptwerk, die *Argonautika*, in vier Büchern erhalten. Sein homer. Stil wurde von den Römern Valerius Flaccus und Varro Atacinus nachgebildet; als sein bedeutendster Schüler jedoch gilt Vergil. Die dt. Ausgabe der Argonauten übersetzte Tassilo v. Scheffer 1940.

Apollonios-Roman, ein lat. Volksbuch aus dem 6. Jh., *Historia Apollonii regis Tyri,* das nach einer griech. Vorlage, die vermutl. aus dem 2. Jh. n. Chr. stammt, geschaffen wurde und die Abenteuer des von seiner Gattin und seiner Tochter getrennten Apollonios erzählt. Der A. zählt zu den Lieblingsbüchern des Mittelalters. Bearbeitungen finden sich in den *Gesta Romanorum,* im *Pantheon* Gottfrieds von Viterbo; Übertragungen ins Dt. schufen Heinrich von Neustadt um 1300 und M. Steinhöwel (1461) *Histori des Küniges Apollonij.*

Appelfeld, Aharon (* 16. 2. 1932 Czernowitz/Rumänien). – Jüd. Schriftsteller, war als Kind im KZ, wurde jedoch durch eine Flucht befreit, kam 1946 nach Palästina, wo er studierte und seit 1959 publizierte. Heute gilt A. als ein führender israel. Literaturhistoriker; als Autor gestaltet er immer wieder die furchtbaren Erlebnisse während der Nazizeit, wobei sein Stil nicht durch realistische Spiegelung, sondern durch Metaphern und Allegorien gekennzeichnet ist. Die Novelle *Badenheim 1939* (1975, dt. 1982) gestaltet ergreifend die Vernichtung der Juden an einem Beispiel, wobei er auch die Selbsttäuschung der Juden, die immer wieder hofften, sich mit den Nazis arrangieren zu können, als Illusion entlarvt. Auch der Roman *Zur gleichen Zeit* (1985) und die Kurzgeschichten *Rauch* (1962) sowie die Prosa *Zeit der Wunder* (1978, dt. 1984) setzt sich mit der Ermordung der Juden auseinander. Als Verfasser einer israel. Literaturgeschichte versucht A. die Eigenständigkeit der israel. Literatur zu begründen.

Appendix Vergiliana, eine Sammlung lat. Gedichte, als deren Autor früher Vergil galt. Tatsächlich stammen höchstens einige wenige Gedichte von Vergil. Die Sammlung besteht vor allem aus Epen und Gedichten, die meist in Hexametern abgefaßt sind und in der Mehrzahl gegen Ende des 1. Jh.s n. Chr. entstanden sein dürften. Die bedeutenderen Gedichte der Sammlung sind *Culex, Aetna, Ciris, Catalepton, Copa, Moretum, Dirae, Lydia.*

Appianos, auch *Appian.* Griech. Geschichtsschreiber, lebte im 2. Jh. n. Chr., stammte vermutl. aus Alexandria und wirkte wahrscheinl. als kaiserl. Statthalter in Ägypten. A. verfaßte um 160 ein Geschichtswerk in griech. Sprache, das in 24 Büchern die Geschichte Roms von den myth. Anfängen wie der *Aeneassage* bis ins 2. Jh. hinein darstellt. Erhalten sind die Bücher 6–8, 11–17 sowie Teile von 4 und 9, die die Kriege gegen Spanien, gegen Hannibal in Afrika, Syrien, gegen Mithradates und die Bürgerkriege behandeln.

Apuchtin, Alexei Nikolajewitsch (* 15. 11. 1841 Bolchov/Orel, † 17. 8. 1893 Petersburg). – Russ. Dichter, von adeliger Herkunft, schrieb graziös-schwermütige *Gedichte* unter dem Einfluß von Turgenjew. Einige dieser Texte wurden von Tschaikowski vertont. In Dtld. wurde sein Prosawerk *Das Tagebuch des Pawlik Dolskij* (1903) bekannt.

Apuleius, Lucius (?) (* um 124 n. Chr. Madaura/Nordafrika, † um 180). – A. lebte als Student der Grammatik und Rhetorik in Karthago und Athen, war viel auf Reisen und wirkte als

Wanderredner und Zelebrator des Kaiserkults. Sein Hauptwerk *Metamorphosen* wird unter dem Titel *Der goldene Esel*
noch heute gelesen; es enthält die Geschichte des Lucius, der,
in einen Esel verwandelt, ein seltsames Schicksal durchmacht.
Von den zahlreichen eingelegten Novellen ist das tiefgründige
Märchen *Amor und Psyche* am berühmtesten und hat spätere
Autoren, u. a. La Fontaine, zu Nachdichtungen angeregt. Darüber hinaus schrieb A. auch rhetor. und philosoph. Schriften.

Aragon, Louis (* 3. 10. 1897 Paris, †24. 12. 1982 ebd.). – Franz.
Lyriker, Romancier und Essayist und Prof. an der Sorbonne,
gab zusammen mit Breton und Soupault die Zeitschrift »Literature« heraus und gilt neben P. Éluard als Begründer des
Surrealismus. Nach seinem Eintritt in die kommunist. Partei
1927 vertrat A. auch als Autor einen sozialist. Realismus. Als
polit. engagierter Schriftsteller nahm er am Spanischen Bürgerkrieg teil und kämpfte im 2. Weltkrieg im Widerstand; 1957
wurde er mit dem Lenin-Friedenspreis ausgezeichnet. Aus
seiner surrealist.-dadaist. Phase sind vor allem der Gedichtband *Feu de joie* (1920) und der Roman *Pariser Landleben*
(1926, dt. 1969) bekannt geblieben. Sein umfangreiches späteres Werk kennzeichnet deutl. ein sozialpolit. Interesse, u. a.
Die wirkliche Welt (Tetralogie 1934–1944, dt. 1948), *Die
Kommunisten* (1946, dt. Auswahl 1953 ff.). Als Höhepunkt
seines Romanwerkes gelten der histor. Roman *Die Karwoche*
(1958, dt. 1961) und *Theater* (dt. 1977); die bekanntesten
Gedichtbände sind *Elsa* (1959) und *La Diane française*
(1945). In Dtld. wurden in den vergangenen Jahren bes. geschätzt *Libertinaoe, die Ausschweifung* (dt. 1973), *Henry
Matisse* (dt. 1975), *Die Abenteuer des Telemach* (1980) und
Das Wahr-Lügen (1983). Sein Gesamtwerk liegt in franz.
Sprache in 36 Bänden vor.

Arany, János (* 2. 3. 1817 Nagyszalonta, †22. 10. 1882 Budapest). – Der ungar. Dichter stammte aus dem Kleinadel, wurde
Lehrer und lebte abgeschlossen von seiner Umwelt in Debrecen. Als sein Meisterwerk gilt das Epos *Toldi* (1846, dt. 1855),
die Geschichte des nationalen Volkshelden, nach Vorlagen
der Historiendichtung aus dem 16. Jh. in einer flüssig-klaren
Sprache geschrieben. Die Trilogie, zusammen mit *Toldis
Abend* und *Toldis Liebe,* wurde zu einem Hauptwerk des
ungar. Realismus. A.s Balladen zeichnen sich durch eine tiefe
psycholog. Sensibilität aus, z. B. *König Budas Tod* (1863, dt.
1879); seine gesammelten Balladen erschienen dt. 1886. In
seiner Alterslyrik wurde A. zum Wegbereiter des europ. Symbolismus.

Arator (* um 490 Ligurien, †um die Mitte d. 6. Jh. Oriondo/Li-
gurien). – Der lat. Epiker, der als Geistlicher die Apostelgeschichte in Hexametern nacherzählte *(De actibus apostolorum libri II),* widmete 544 sein Werk dem Papst und trug es
auch unter großem Beifall öffentl. vor. Seine mytholog. Gedichte gingen verloren.

Aratos (* um 315 v. Chr. Soloi/Kilikien, †240/239 v. Chr. Makedonien). – Griech. Dichter, zählte sich in Athen zur philosoph. Schule der Stoa und lebte später an fürstl. Höfen; er
wurde von dem Makedonierkönig Antigonos Gonatas und
Antichos I. in Syrien sehr geschätzt. Im gesamten Altertum galt
sein Werk *Phainomena (Sternbilder und Wetterzeichen,* dt.
1958) als astronom. Autorität. Das Werk stellt den wiss. Stoff
in gekonnter und flüssiger Form in 1154 Hexametern dar. Von
Cicero, Germanicus und Avienus wurde der Text ins Lateinische übersetzt.

Araújo Pôrto Alegre, Manuel de, Baron von Santo Angelo
(* 29. 11. 1806 Rio Pardo/Rio Grande do Sul, †29. 12. 1879
Lissabon). – Der brasilian. Dichter, Architekt und Maler weilte
häufig in Europa und war hier Professor und Generalkonsul.
Neben erfolgreichen, jedoch meist unveröffentl. Dramen
machte den Autor vor allem sein nationalheldisches Epos
Colombo (1866) berühmt. Ebenfalls romant. geprägt sind seine Gedichte und Naturschilderungen *Brasilianas,* die 1863 in
Wien erschienen.

Arbaud, Joseph d', eigtl. *Darbaud* (* 6. 10. 1874 Meyrar-
gues/Camargue, †2. 3. 1950 Aix-en-Provence). – Provenzal.
Schriftsteller, Sohn der Dichterin Azalais Darbaud, lebte nach
dem Studium der Rechte als Rinderhirte in der Camargue, um
sich schließl. vollends der provenzal. Dichtung zu widmen.
Von Mistral unterstützt gab A. die Zeitschrift »Le Feu« heraus.
Seine Hauptwerke u. a. *Lou lausié d'Arle* (1913), *Pan im
Vaccarès* (1924, dt. 1954) oder *Espelisoun de l'autunado*
(1952) haben heute einen exklusiven Leserkreis gefunden.

Arbes, Jakub (* 12. 6. 1840 Prag, †8. 4. 1914 ebd.). – Tschech.
Dichter, führte nach europ. Vorbild den sozialen Roman in die
tschech. Literatur ein. Seine Vorliebe für gesellschaftl. Szenen
aus dem Prager Milieu zeigt eine Tendenz zum Ausgefallenen
und Bizarren; so reichen seine Werke bis zum Schauerroman.
J. Neruda nannte die Erzählform »Romanetto«. Arbes, dessen
Werke nicht ins Dt. übertragen sind, ist auch Autor krit. Essays
über die tschech. Geschichte und Literatur.

Arbusow, Alexei Nikolajewitsch (* 26. 5. 1908 Moskau,
†20. April 1986 ebd.). – Russ. Dramatiker, studierte an der
Leningrader Theaterschule. Seine Dramen *Der Weite Weg*
(1935, dt. 1959), *Tanja* (1938, dt. 1946), *Irkutsker Geschichte*
(1960, dt. 1960), *Leningrader Romanze* (dt. 1966), *Altmodische Komödie* (dt. 1975), *Die Wahl* (dt. 1976) entwickeln
episch angelegte Handlungen und stellen mit Vorliebe das
Leben der sowjet. Jugend in der Aufbauphase dar. A. erwarb
sich seine Theaterpraxis auch in einem Fronttheater; seine
Spätwerke setzen sich mit Problemen des Alterns, aber auch
mit der dt. Belagerung von Leningrad auseinander. Auch als
Erzähler machte sich A. einen Namen mit *Verschlungene
Wege* (1954). Seine gesammelten Dramen erschienen 1972 in
einer dt. Ausgabe.

Arbuthnot, John (*29.4. 1667 Bervie, †27.2. 1735 London). – Schott. Schriftsteller und Arzt, war Lehrer der Mathematik und Leibarzt der Königin Anna. A. pflegte enge Beziehungen zu Swift, Pope, Gay und Congreve. Unter seinen zahlreichen Schriften sind die polit. Satiren *The Art of Political Lying* (1712) und die 1727 in Alexander Popes »Miscellanies« gedruckte Schrift *The History of John Bull* (1712 erstmals u. d. T. *Law is a Bottomless Pitt*) sowie die *Memoirs of Martinus Scriblerus* (1741) besonders hervorzuheben.

Archilochos von Paros (*um 700 v. Chr. Paros, †um 645 v. Chr.). – Der griech. Lyriker ist wahrscheinl. auf Paros geboren und im Krieg gegen Naxos gefallen. Als Sohn eines Adeligen und einer Sklavin revoltierte A. gegen herkömml. Ideale des Adels wie Heldenmut und Rittertum. Mit seinen Spottliedern schuf er die neue lit. Gattung des »Jambos«, d. h. ein jamb. Versmaß in der Versform der »Epodoi«, bei denen auf jeden Langvers ein Kurzvers folgt. Durch seine Schilderung der Sonnenfinsternis vom 6.4. 648 besitzen wir das erste gesicherte Datum der Geschichte der griech. Literatur. A. ist auch als Dichter sinnl. Liebeslieder berühmt geworden.

Archipoeta (= Erzpoet) (*um 1130/40). – Die Herkunft des mittelalt. Dichters, der zu den berühmtesten Vaganten zählt, ist unbekannt. Sicher war er Theologe, der in der klass. Literatur bestens bewandert war. Aufgrund seiner lyr. Gedichte voller Lebensfreude, die in einfachem Latein abgefaßt sind, wird er häufig als der bedeutendste lat. Dichter seiner Epoche angesehen. Erhalten sind 10 Bettel- und Zechlieder sowie ein Preislied auf Friedrich Barbarossa. Berühmt geworden sind v. a. seine Vagantenbeichte *Estuans intrinsecus* und das möglicherweise von ihm stammende Lied *Meum est propositum in taberna mori* sowie das dem Kanzler Rainald von Dassel zugedachte Gedicht *Archicancellarie vir discrete mentis*.

Arcipreste de Hita, eigtl. *Juan Ruiz* (*um 1283 Alcalá de Henares, †um 1350). – Über den span. Dichter des Mittelalters ist wenig bekannt, wahrscheinlich war er Priester und kann als führender Repräsentant der span. Literatur seiner Zeit gelten. Seine themenreiche Versdichtung, die mehr als 1700 vierzeilige Strophen umfaßt *(Libro de buen amor)*, entstand zwischen 1330 und 1343. Eine dt. Auswahl erschien 1960 u. d. T. *Aus dem Buch der guten Liebe*. Das Werk zeichnet ein lebensfrohes und originelles Bild der Zeit. Innerhalb des Textes wechseln häufig die lit. Gattungen der Allegorien, Liebesnovellen, Exempla sowie geistl. und weltl. Lieder.

Arcipreste de Talavera, eigtl. *Martínez de Toledo, Alfonso* (*1398[?] Toledo, †um 1470 ebda. [?]). – Der mittelalterl. span. Schriftsteller schrieb unter Anlehnung an Boccaccio die weithin bekannte Satire gegen die Frauen *Corbacho o Reprobación del amor mundano* (1436, gedruckt 1495). Das volkstüml. lebendige Werk hat einen besonderen kulturgeschichtl. Wert.

Arcos, René (*16.11. 1880 Clichy/Paris, †16.7. 1959 Neilly-sur-Seine). – Franz. Dichter, der zusammen mit Duhamel und Vildrac die Gruppe »Abbaye de Créteil« gründete und neben R. Rolland Herausgeber der Zeitschrift »Europe« war. A. behandelt in subtil-ästhet. Werken kulturgeschichtl. und philosoph. Themen in freiem Versmaß, z. B. *L'âme essentielle* (1903), *La tragédie des espaces* (1906), *Ce qui naît* (1910), *Le sang des autres* (1918), *Le Mal* (1918), *Autrui* (Roman 1926). A. war ein leidenschaftl. Gegner des Krieges und ein Verfechter eines geeinten Europas. Als dt. Ausgaben liegen u. a. vor *Das Gemeinsame* (dt. 1921), *Medardus* (dt. 1930), *Denen, die ich nicht kenne* (dt. 1929) sowie die frühen Schriften wie *Das Blut der anderen* (dt. 1919) und *Abendland* (dt. 1920).

Arden, John (*26.10. 1930 Barnsley/Yorkshire). – Engl. Dramatiker, der als Autor von betont naturalist. Stücken bekannt wurde. A. stellt das Handeln des einzelnen in vielfachen Gegebenheiten in allgemeine Zusammenhänge, ohne daß er für die komplexen Problemsituationen eindeutige Lösungen anbietet. Seine Hauptwerke sind bis heute *Der Packesel* (Dr. 1963, dt. 1964), *Armstrong sagt der Welt Lebwohl* (1965, dt. 1967), *When is a Door not a Door* (Dr. 1967), *The Hero rises up* (Dr. 1969), *The Island of the Mighty* (Dr. 1972). Gemeinsam mit seiner Frau schrieb A. Stücke über die brit. Geschichte, die sich großer Beliebtheit erfreuen: *Der glückliche Hafen* (1964, dt. 1970), *Das Erbe von Ballygombeen* (1973, dt. 1976). In dem 26stündigen Politdrama *Non-Stop Connolly Show* (1978) erzählt er die Lebensgeschichte des irischen Freiheitshelden.

Arendt, Erich (*15.4. 1903 Neuruppin, †25.9. 1984 Berlin/Ost). – Der dt. Lyriker und Übersetzer war in mehreren Berufen tätig und trat 1926 der kommunist. Partei bei, arbeitete als Lehrer und veröffentlichte Gedichte in Waldens *Sturm*. Nach der Teilnahme am Spanischen Bürgerkrieg emigrierte er 1933 und lebte seit 1950 in Ost-Berlin; A. war Mitglied des PEN-Zentrums der DDR und der Akademie der Künste. Neben seiner bildreichen Lyrik, die v. a. Szenen aus den zahlreichen Ländern seines Exils schildert, wurde A. durch hervorragende Übersetzungen aus der span. und lateinamerikan. Gegenwartsliteratur bekannt; er übertrug v. a. die Werke Nerudas, Aleixandres und R. Albertis. Er erhielt Preise in der DDR und der Bundesrepublik. Unter seinen Arbeiten sind bes. zu erwähnen *Der große Gesang* (1953), *Gesang der sieben Inseln* (1957), *Über Asche und Zeit* (1957), *Flug-Oden* (1959), *Ägais* (1967), *Starrend von Zeit und Helle* (1981). Bereits 1968 erschien eine erste Sammlung seiner Gedichte u. d. T. *Aus fünf Jahrzehnten*.

Arène, Paul Auguste (*26.6. 1843 Sisteron, †18.12. 1896 Antibes). – Der franz. Schriftsteller stammte aus einfachen Familienverhältnissen und widmete sich nach seinem ersten Theatererfolg in Paris (*Pierrot héritier*, 1866) ganz der Literatur. A. ist auch der von Daudet namentl. nicht genannte Mitautor der *Lettres de mon moulin*. Sein eigenes Gesamtwerk – Gedichte, Novellen, Erzählungen und Romane – verstand A. als Lobpreis auf die Provence; in diesem Sinne war er eng mit Mistral und Aubanel verbunden. Unter seinen Werken sind besonders zu erwähnen *Jean des figues* (R. 1870), *La chèvre d'or* (1889), *Domnine* (R. 1894). Sein Gesamtwerk erschien 1900.

Aretino, Pietro (*20.4. 1492 Arezzo, †21.10. 1556 Venedig). – Der ital. Dichter war der Sohn einer Dirne; selbst bezeichnete er sich jedoch immer als adelig. In Rom war er durch seine Spottschriften, Epigramme und Satiren auf Persönlichkeiten seiner Zeit ebenso beachtet wie gefürchtet. Ariost bezeichnete ihn als die »Geißel der Fürsten«. Aus Rom vertrieben, trat er in den Dienst des Condottiere Giovanni de'Medici. Als sein hervorragendstes Werk gilt die Tragödie *L'Orazia* (1546); wie diese sind auch seine *Lettere* (1537–57) von großem kulturgeschichtl. Interesse. Großen Erfolg hatte er auch mit den Komödien *La cortigiana* (1526), *Lo ipocrito* (1542), *La talanta* (1542) und *Il filosofo* (1546).

Argensola, Bartolomé Juan Leonardo de (*26.8. 1562 Barbastro, †4.2. 1631 Saragossa). – Span. Dichter, war Hofkaplan Marias von Österreich, der Witwe Maximilians II., und Historiograph von Aragonien. In dieser Funktion verfaßte er die *Historia de la conquista de las Islas Molucas* (1609) sowie eine Fortsetzung der *Anales de Aragón* von Zurita (1630). Seine Lyrik orientierte sich am klass. Stil und Ideal, vor allem an Horaz, den er auch übersetzte. Seine poet. Dichtungen *Rimas* (1634) tragen stark lehrhafte Züge.

Argüedas, Alcides (*15.7. 1879 La Paz, †6.5. 1946 Santiago de Chile). – Der bolivian. Dichter, Jurist und Diplomat war u. a. in Paris, London und Madrid tätig. Neben Essays *Pueblo enfermo* (1909), histor. Studien *Historia general de Bolivia* (1920–1926) gilt als sein bedeutendstes Werk der krit. engagierte Roman *Raza de bronce* (1919), der von der Unterdrükkung und Erniedrigung der Indianer handelt. Weitere bedeutende Werke sind *Vida criolla* (1905), *Los caudillos bárbaros* (1929), *La danza de las sombras* (1934).

Argyll, John Douglas Sutherland Campbell, Herzog von (*6.8. 1845 London, †2.5. 1914 Kent House/Wight). – Der engl. Schriftsteller und Politiker war Schwiegersohn der Königin Viktoria. A. ist der Autor kulturgeschichtl. informativer Werke, u. a. *Canadian Pictures* (1885), *Lord Palmerston* (1891), *Pages from the past* (1907).

Ari Thorgilsson (*1067, †1148). – Isländ. Geschichtsschreiber, entstammte einem bedeutenden Geschlecht und war an der Klosterschule Haukadal erzogen worden. Sein *Islendingabók* legte die Grundlage für eine zusammenhängende Geschichtsschreibung in der Volkssprache. Notwendigerweise muß sich A. häufig auf mündl. Überlieferungen und Quellen stützen. Das Werk ist uns nur in einer um 1136 entstandenen Zweitfassung erhalten.

Arion von Methymna/Lesbos. A. lebte im 7. Jh. v. Chr. am Hofe des Tyrannen Periandros von Korinth. Von seinen *Dithyramboi*, Kultliedern für den Gott Dionysos, die eine Mythenerzählung einschließen, ist keines der erhaltenen Fragmente echt. Diese Kunstform, die von Satyrchören aufgeführt wurde, ist bedeutsam für das spätere Chorlied in den Tragödien. Herodot erzählt von A., daß ihn musikliebende Delphine aus der Gewalt von Seeräubern befreit und auf ihrem Rücken ans Land getragen haben sollen.

Ariosto, Ludovico (Ariost) (*8.9. 1474 Reggio Emilia, †6.7. 1533 Ferrara). – Ital. Dichter aus adeliger Familie, studierte zunächst Jura, wandte sich aber bald humanist. Studien und der Dichtung zu. Als Sekretär des Kardinals Ippolito d'Este schrieb A. zahlreiche lat. und ital. *Gedichte* sowie Lustspiele nach klass. Vorbild, u. a. *La Cassaria* (1508), *I suppositi* (1509). Sein Hauptwerk ist das Epos *Orlando furioso* (1516, dt. *Der rasende Roland*, 1631), das an *Orlando inamorato* von Boiardo anschließt. Das in hervorragenden Stanzen geschriebene Werk umfaßt 40 Gesänge und wurde später um weitere sechs erweitert (1532). Das Gedicht erzählt unter Einschluß zahlreicher Fabeln, Teilen der Artussage und antiken Erzählungen in einer langen Reihung abenteuerl. Episoden vom übersteigerten Liebesdienst des Ritters Roland. A. führte durch dieses elegante Werk die ital. Renaissance zu einer ihrer Höhepunkte. Als Leiter des Hoftheaters von Ferrara seit 1524 verfaßte A. noch fünf Komödien, u. a. *La Lena* (1529). Bekannt ist auch seine Schrift *La satire* (1534; dt. 1904).

Arishima, Takeo (*4.3. 1878 Tokio, †9.6. 1923 Karuisawa). – Der japan. Schriftsteller aus adeliger Familie wurde Christ, reiste nach Europa und Amerika und wirkte hier als Dozent für Englisch und Ethik. In seinen Romanen vertrat A. einen christl. Humanismus, der von einer hohen Verantwortung für den Nächsten durchdrungen ist. Zu nennen sind aus dem Gesamtwerk *Aru onna* (R. 1911–1913), *Meinen Kleinen* (1918, dt. 1948), *Umare'izuru nayami* (R. 1918). 1924 erschien eine Gesamtausgabe der Werke.

Aristainetos. Griech. Schriftsteller aus dem 5. Jh. n. Chr., ist uns in seinem Lebenslauf nicht greifbar. Er schrieb in zwei Büchern *Erotische Briefe* (dt. 1951), die eine Sammlung von Motiven klass. Liebesdichtung enthalten. In seinem Streben nach stilist. Vollendung übernahm A. Satzformulierungen von Platon, Lukian u. a. Insofern ist sein Werk von einem ebenso lit. wie kunsthistor. Wert.

Aristeas. Der fingierte Verfasser des A.-Briefes, eines Dokuments aus dem 1. Jh. v. Chr., in dem sich der Verfasser fälschl. rühmt, als Zeuge an der Entstehung der *Septuaginta*, der griech. Übersetzung des *Alten Testaments*, beteiligt gewesen zu sein. Der Autor gibt sich als Kommandant der Leibwache des Ptolemaios Philadelphos II. in Alexandria aus und betont die kulturelle Rolle des Judentums.

Arist(e)ides von Milet. Griech. Erzähler, lebte um 100 v. Chr. und wurde durch seine Sammlung von erot.-frivolen Novellen, den *Milesischen Geschichten* berühmt. A. schuf mit diesem Werk eine neue Stilrichtung in der Liebesdichtung. Von L. Cornelius Sisenna wurde A. ins Lat. übersetzt.

Arist(e)ides, Publius Aelius (* 117 [129?] n. Chr. Adrianutherai/Mysien, † 189 n. Chr.). – Der griech. Rhetor bereiste als Kunstredner die gesamte antike Welt und unterhielt Beziehungen zu den Kaisern Marc Aurel und Commodus. Mit Vorliebe weilte A. in Smyrna, dessen Wiederaufbau er nach dem Erdbeben von 178 durch seine Marc Aurel gewidmete Trauerrede erreicht haben soll. Von A. sind 55 vorbildliche *Reden* in att. Stil erhalten.

Aristophanes (* um 445 v. Chr. Kydathen, † um 385 v. Chr. Athen). – Der griech. Komödiendichter A. ist der einzige Vertreter der sog. »alten Komödie«; von seinem Werk, das 40 Stücke umfaßte, sind 11 Komödien deswegen erhalten geblieben, weil sie die Attizisten als Quellen für das reine Attisch angesehen haben. Von den späteren Komödienformen unterscheiden sich die Werke des A. durch die eindrucksvoll verkleideten Chöre, derben Witz und die drast. Verspottung von bekannten Persönlichkeiten, u. a. von Sokrates, Kleon, Euripides. Die Kritik und der scharfe Witz seiner Stücke treffen die brüchig gewordene Staatsordnung und das Verhalten seiner Zeitgenossen ebenso wie den Götterglauben. Gleichzeitig vertritt A. in seinen Werken die Traditionen und die Ordnung des »Alten Athen«. Die erhaltenen Stücke stammen aus drei verschiedenen Schaffensperioden. I. 425–421: *Die Acharner, Die Ritter, Die Wolken* mit Sokrates als Hauptfigur, *Die Wespen, Der Frieden;* II. 414–405: *Die Vögel, Die Frauen am Thesmophorienfest, Die Frösche,* eine Darstellung des Dichterwettstreits zwischen Aischylos und Euripides in der Unterwelt; die Komödie *Lysistrata* (411) blieb bis in die Gegenwart beliebt und wurde häufig umgestaltet. III. 389–388: *Die Volksversammlung der Frauen, Der Reichtum.* Letzteres Stück deutet bereits die »mittlere Komödie« an. Eine dt. Ausgabe *Sämtliche Komödien* erschien 1968.

Aristoteles (* 384 v. Chr. Stagira/Makedonien, † 322 Chalkis/Euböa). – Griech. Philosoph, war Sohn eines makedon. Arztes und kam mit 18 Jahren nach Athen, wo er sich der Akademie Platons anschloß. Nach dessen Tod ging er 347 v. Chr. nach Kleinasien und wurde dort von Philipp von Makedonien 343 v. Chr. zum Erzieher Alexanders des Großen ernannt; wieder in Athen baute A. im Lykeion die Philosophenschule der Peripatetiker auf. Nach dem Tod Alexanders (323) mußte A. wegen der makedonenfeindl. Haltung Athens aus der Stadt fliehen, wobei ihn der Tod ereilte. Neben Platon stand A. unter den Philosophen des Altertums in höchstem Ansehen, während des Mittelalters kam ihm der oberste Rang zu, da Platon bis ins 12. Jh. hinein fast vergessen war. Das umfassende Werk des A. kann in zwei Teile gegliedert werden: einerseits die Dialoge, die für das allgemeine Publikum bestimmt waren und sich durch eine hohe stilist. Qualität auszeichnen, andererseits die philosoph. Lehrschriften, deren Hauptaugenmerk auf der log.-sachl. konsequenten Argumentation liegt. Die ersteren werden exoterische, die letzteren esoterische Schriften genannt. Neben wenigen Fragmenten aus den Dialogen sind uns vor allem die Lehrschriften erhalten, überliefert in oft kunstlosen Schulbuchfassungen. Sie stellen die maßgebenden Werke für die lat. und mittelalterl. Wissenschaft dar und sind u. a. durch den Bibliotheksnachlaß Sullas erhalten, der nach der Eroberung von Athen 84 v. Chr. zahlreiche bis dahin unbekannte Schriften von A. nach Rom brachte. Zu den für die gesamte abendländ. Philosophie grundlegenden Werken zählen die Bücher *Organon* über die Gesetze der Logik, *Physik,* eine auf Stoff, Form, Bewegung und Ziel gegründete Naturlehre, und die *Metaphysik,* eine krit. Auseinandersetzung mit der Ideenlehre Platons, der im übrigen für das Gesamtwerk von A. die Rolle eines anregenden Gegenparts übernimmt. Neben Schriften zur Ethik, etwa die *Nikomachische Ethik,* zur Staatstheorie und Rhetorik galt vor allem die *Poetik* des A. bis in die Neuzeit hinein als Maßstab für die gesamte abendländ. Dichtung. Neben zahlreichen Einzelausgaben ist die dt. Gesamtausgabe der Schriften von Bedeutung. Sie erscheint seit 1950 und ist bis heute noch nicht abgeschlossen.

Arland, Marcel (* 5. 7. 1899 Varennes/Haute-Marne, † 12. 1. 1986 Saint-Sauveur-sur-Ecole). – Franz. Schriftsteller, Philologe und Mitherausgeber der Zeitschrift »Nouvelle Revue Française«, wurde durch seinen Roman *Heilige Ordnung* (1929, dt. 1932), für den er 1929 den Prix Goncourt erhielt, berühmt. In ihm stellt A. mit psycholog. Feingefühl und in markanten Bildern die gesellschaftl. Veränderungen der Zeit nach dem 1. Weltkrieg dar. Neben diesem Werk wurden bes. die Novellen *Nachtwache* (1935, dt. 1938) und *A perdre haleine* (1960) sowie *Le grand pardon* (1965) bekannt. A. trat auch mit zahlreichen Aufsätzen als feinsinniger Essayist hervor.

Armbruster, Johann → Hausenstein, Wilhelm

Arnarson, Örn, eigtl. *Magnús Stefánsson* (* 12. 12. 1884 Kvertkártunga, † 25. 7. 1924 Hafnerfjördur). – Der isländ. Dichter stammte aus ländl. Verhältnissen und verfaßte stilist. hervorragende Gedichte in einer romant. Grundstimmung, die bereits bewußt gestaltet und eingesetzt wird. Seine Hauptwerke sind die Gedichtsammlungen *Illgresí* (1924) und *Rímur of Oddi sterka* (1938).

Arnau, Frank (* 9. 3. 1894 Wien, † 11. 2. 1976 München). – Der österr. Journalist und Schriftsteller trat zunächst mit Komödien hervor, mußte 1933 aus Deutschland emigrieren und verbrachte die Jahre 1939 bis 1945 in Brasilien. Nach seiner Rückkehr lebte er in München und wirkte als Präsident der Deutschen Liga für Menschenrechte. Unter seinen zahlreichen Schriften verdienen bes. die Kriminalromane *Die Maske mit dem Silberstreifen* (1944) und *Nur tote Zeugen schweigen* (1959) Erwähnung. Auch seine Romane *Der geschlossene Ring* (1928), *Lautlos wie sein Schatten* (1932) und kenntnisreiche Sachbücher wie *Das Auge des Gesetzes* (1962), *Warum Menschen Menschen töten* (1963), *Kunst der Fälscher, Kunst der Kunst* (1967), *Rauschgift* (1967), *Tatmotiv Leidenschaft* (1971) fanden große Beachtung. Bes. Bedeutung hat seine Autobiographie *Gelebt, geliebt, gehaßt* (1972) und die Arbeit über Brasilien *Brasilien – der verchromte Urwald* (1960), die einen Einblick in die Probleme der Entwicklungspolitik gestattet.

Arnaud, Georges, eigtl. *Henri Girard* (*16.7. 1917 Montpellier/Frankreich, †14.3. 1987 Barcelona). – Franz. Schriftsteller, hatte eigtl. nur mit einem R., *Lohn der Angst* (1950, dt. 1953), einen Welterfolg. Durch die Verfilmung des spannenden Buches, das von einem Nitroglycerin-Transport, von der Angst der Fahrer und ihrem individuell schreckl. Tod erzählt, schuf A. Voraussetzung für die Gattung der Abenteuerfilme, die kammerspielartig von wenigen Personen gespielt werden.

Arnaut, Daniel. Der provenzal. Troubadour aus der 2. Hälfte des 12.Jh.s und dem Anfang des 13.Jh.s stammt nach alten Überlieferungen aus Ribérac. Er lebte am Hof Richards I. v. England und in Südfrankreich und gilt als der bedeutendste Vertreter des »trobar clus«, einer ausgesprochen künstl.-verschlungenen Dichtweise, die ein hohes sprachl. Können voraussetzte. Alle 18 von ihm erhaltenen *Kanzonen* sind Minnelieder. A. schuf die Gedichtform der Sestine. Seine Verse wurden von Dante und Petrarca stark beachtet.

Arnaut de Mareuil. Provenzal. Troubadour, wurde in der 2. Hälfte des 12. Jh. im Périgord geboren und war, neben Daniel Arnaut als »der Kleinere« bezeichnet, einer der führenden Minnedichter Frankreichs. Er hielt sich an den Höfen von Aragon, Montpellier und Béziers (?) auf und richtete viele seiner Lieder an die Gräfin Azalaïs. Seine melod. und galanten Verse besingen die Geliebte und umgeben sie häufig mit traumhaft-freien Bildsymbolen. Durch seine »ensenhamenz« verband er die Minnelyrik mit didakt. Hinweisen auf die Normen höf. Verhaltens.

Arnd(t), Johann (*27.12. 1555 Edderitz/Anhalt, †11.5. 1621 Celle). – Der dt. Schriftsteller war nach seinem Studium in Wittenberg und Basel zunächst Pfarrer in Quedlinburg und Braunschweig, dann Generalsuperintendent. In seinen vielgelesenen Werken zeigt sich A. als einer der bedeutendsten Erbauungsschriftsteller der Reformation mit einem ausgeprägten Hang zur Mystik, z.B. mit *Vier Bücher vom wahren*

Christentum (1606–1609), *Paradiesgärtlein aller christlichen Tugenden* (Ged. 1612) und *Postille* (Schriften 1615).

Arndt, Ernst Moritz (*26.12. 1769 Groß Schoritz/Rügen, †29.1. 1860 Bonn). – Dt. Dichter und Politiker, stammte aus einer kleinbürgerlichen Familie – sein Vater war noch Leibeigener gewesen –, studierte Theologie und Geschichte in Greifswald und Jena, wurde Hauslehrer und Professor in Greifswald, von wo er 1806 wegen seiner Flugschrift *Geist der Zeit* vor Napoleon nach Stockholm fliehen mußte. Ab 1812 war er Privatsekretär des Freiherrn vom Stein in Petersburg. Seine kämpfer. *Lieder für Teutsche* (1813) riefen zum nationalen Bekenntnis und patriot. Engagement auf; sie wurden zu den Gesängen gegen Napoleon, so u. a. *Der Gott, der Eisen wachsen ließ, Was blasen die Trompeten?, Was ist des Teutschen Vaterland?* 1818 wurde A. Professor für neuere Geschichte in Bonn, wegen Teilnahme an der Burschenschaftsbewegung jedoch 1820 vom Amt suspendiert, 1840 rehabilitiert und 1848/49 Mitglied der dt. Nationalversammlung in Frankfurt. Aus seinen zahlreichen Werken seien genannt *Fragmente über Menschenbildung* (1805–1819), *Märchen und Jugenderinnerungen* (1818 bis 1843), *Geistliche Lieder* (1855), *Spät erblüht* (1889). Die Gesamtausgabe seiner Werke wurde niemals vollständig abgeschlossen. Heute ist der nationale Dichter mehr von histor. als lit. Interesse.

Arniches y Barrera, Carlos (*11.10. 1866 Alicante, †16.4. 1943 Madrid). – Der span. Dichter war zunächst Redakteur, wurde dann aber bes. als Bühnenautor bekannt. Sein überaus umfangreiches Werk steht in der dramaturg. Tradition von Ramón de la Cruz. A. schrieb – oft in Zusammenarbeit mit anderen Autoren – über 200 Volksstücke und Komödien wie *El santo de la Isidra* (1898), *Alma de Dios* (1908) und Sittenkomödien *La señorita de Trévelez* (1916), die den traditionellen Formen der span. Bühnenkunst (Sainetes u.a.) entsprechen.

Arnim, Achim von, eigtl. *Ludwig Joachim v. A.* (*26.1. 1781 Berlin, †21.1. 1831 Wiepersdorf). – A. stammte aus märk. Adel und studierte Rechts- und Naturwissenschaften. Nach mehreren Bildungsreisen wandte er sich endgültig der Literatur zu. Ab 1801 eng befreundet mit C. Brentano, gab er mit ihm zusammen 1806 bis 1808 die Volksliedersammlung *Des Knaben Wunderhorn* heraus, etwa 600 in romant. Weise bearbeitete Volkslieder. In Heidelberg veröffentlichte er 1808 die *Zeitung für Einsiedler*, deren einzigen Jahrgang er 1808 auch unter dem Titel »Trösteinsamkeit« veröffentlichte, und bildete so einen Mittelpunkt der Heidelberger Romantik. In dieser Zeit wurde A. Mitglied der »Christlichdeutschen Tischgesellschaft«. 1813 heiratete er Bettina Brentano, nahm 1813 am Freiheitskrieg teil und lebte daraufhin zurückgezogen auf seinem Gut Wiepersdorf. In den eigenen Werken von A. gelangen bisweilen die romant. Entwürfe nicht zur klaren lit. Gestalt, doch gilt A. als ein bedeutender Anreger der Romantik und als Schöpfer des dichter.-histor. Romans in *Die Kronenwächter* (1817–1854). Weitere bedeutende Werke sind *Armuth, Reichthum, Schuld und Buße der Gräfin Dolores* (1810), *Der Wintergarten* (Erz. 1806), *Isabella von Ägypten und vier Novellen* (1812), *Der tolle Invalide auf dem Fort Ratonneau* (1818), *Die Gleichen* (Dr. 1819), *Die Majoratsherren* (Erz. 1822). Eine Ausgabe sämtlicher Werke erschien zuletzt 1962–1965.

Arnim, Bettina von, eigtl. *Anna Elisabeth von A.*, geb. Brentano (*4.4. 1785 Frankfurt/Main, †20.1. 1859 Berlin). – Die dt. Literatin war die Schwester des Dichters C. v. Brentano und die Enkelin der Sophie de la Roche. Sie war mit Frau Rat Goethe befreundet und machte nach ihrer Heirat mit Achim v. A. (1811) ihr Haus zu einem Treffpunkt der Autoren F. H. Jacobi, Tieck, Schleiermacher, der Brüder Grimm und Humboldt. Mehrmals begegnete sie Goethe, dem sie höchste Anerkennung erwies, bis dieser 1811 Christiane Vulpius heiratete. In ihren Werken zeigt sich die leidenschaftl. Endgültigkeit des romant. Selbstgefühls. In ihren späteren Briefromanen vertrat A. ein deutl. soziales Engagement, v. a. sprach sie sich für die Emanzipation der Frau aus. Aus ihren Werken sind zu erwähnen *Goethes Briefwechsel mit einem Kinde* (1835), *Die Günderode* (Br. 1840), *Dies Buch gehört dem König* (Br. 1843), *Clemens Brentanos Frühlingskranz* (Br. 1844), *Gespräche mit Dämonen. Des Königsbuchs 2. Band* (Dial. 1852).

Arnobius. Lat. Rhetor, lebte um 300 n. Chr. und stammte wahrscheinl. aus Sicca Veneria in Afrika. A. schrieb nach seiner Bekehrung zum Christentum die religionsgeschichtl. bedeutende Schrift *Adversus nationes* (dt. 1842), eine stilist. übertriebene Sammlung von Göttermythen in 7 Büchern zur Widerlegung des Heidentums.

Arnold, Gottfried (*5.9. 1666 Annaberg/Erzgebirge, †30.5. 1714 Perleberg). – Der dt. Dichter und Theologe wurde nach seinem Studium in Wittenberg Hofprediger und königl.-preuß. Historiograph. A. verfaßte vor allem Kirchenlieder, *Poetische Lob- und Liebessprüche* (1700), von denen besonders *Durchbrecher aller Bande* bekannt wurde. In den zahlreichen myst. Bildern der Lieder kündigt sich bereits der Pietismus an. Außerdem trat A. als bedeutender Kriegsgeschichtsschreiber hervor. *Unparteiische Kirchen- und Ketzerhistorie* (1699–1715) und *Historie und Beschreibung der mystischen Theologie* (1700).

Arnold, Johann Georg Daniel (*18.2. 1780 Straßburg, †18.2. 1829 ebd.). – Dt. Jurist und Dichter, studierte in Göttingen und war anschließend Professor in Koblenz und Straßburg. Neben jurist. Werken *Elementa juris civilis Justinianei* (1812) schrieb A. das erfolgreiche Lustspiel *Der Pfingstmontag* (1816) in elsäss. Dialekt, das neben klass. Werken der Hochsprache bestehen konnte.

Arnold, Matthew (*24.12. 1822 Laleham, †15.4. 1888 Liverpool). – Der engl. Dichter und Kritiker gilt als bedeutender Reformer des engl. Schulwesens. A. trat vor allem durch seine *Essays in Criticism* (1865, 1888) und *Culture and Anarchy* (1869) als lit. orientierter Kulturkritiker hervor. Seine Gedichtbände *The Strayed Reveller* (1849) und *Empedocles on Etna* (1852) sind vom antiken und klass. Ideal inspiriert.

Arnoux, Alexandre Paul (*27.2. 1884 Digne, †6.1. 1973 Paris). – Der franz. Dichter war seit 1947 Mitglied der Académie Goncourt. Durch seine vor Witz und Humor sprühenden Verse wurde A. zu einem brillanten Vertreter der »poésie fantaisiste«. Seine bedeutendsten Werke sind *La belle et la bête* (R. 1913), *Huon de Bordeaux* (Dr. 1922). Der vielseitige Autor von Gedichten, Romanen, Novellen und Dramen wandte sich in seinen Essays auch zeitgenöss. Problemen zu und arbeitete außerdem als Übersetzer und Drehbuchautor. Unter seinen zahlreichen Schriften ragen besonders hervor *Le chiffre* (1926), *Le rossignol napolitain* (R. 1937), *L'amour des trois oranges* (1947), *Le siège de Syracuse* (R. 1962), *Flamenca* (R. 1965).

Arolas, Juan (*20.6. 1805 Barcelona, †23.11. 1849 ebd.). – Der span. Dichter und Theologe war Mitglied des Piaristenordens. Seine romant.-leidenschaftl. Gedichte sind vom Zwiespalt zwischen einer erot. Phantasie und religiösen Normen geprägt und bezeugen die hohe Wortkunst des Dichters. Neben zahlreichen Werken wie *Poesías amoriles y amatorias* (1823), *Poesíes caballerescas y orientales* (1840) und *Cartas amatorias* (1843) übersetzte er Chateaubriand. A. starb in geistiger Umnachtung.

Arp, Hans (*16.9. 1886 Straßburg, †7.6. 1966 Basel). – Dt. Maler, Bildhauer und Dichter, erhielt seine künstler. Ausbildung in Weimar, Straßburg und Paris. 1912 trat er dem »Blauen Reiter« bei, 1916 gründete er in Zürich den dadaist. Künstlerkreis »Cabaret Voltaire« und lebte ab 1926 hauptsächl. in Meudon. Parallel zur gegenstandslosen Kunst entwickelte A. das absolut keiner Aussage verpflichtete Lautgedicht in Form rein assoziativer Folgen von Laut- und Wortsymbolen. A. wird als der »Klassiker der Dadaisten« angesehen, der bis an die Grenze des sprachl. Wortspiels gegangen ist und insofern einen großen Einfluß auf die moderne dt. Lyrik ausgeübt hat. Seine Hauptwerke sind *Der vogel selbdritt* (1920), *Die wolkenpumpe* (1920), *Auf einem Bein* (1955), *Mondsand* (1959), *Sinnende Flammen* (1961), *Logbuch des Traumkapitäns* (1965) und *Skulpturen 1957–1968* (1968).

Arpino, Giovanni (*27.1. 1927 Pola). – Ital. Schriftsteller, studierte in Turin und wurde Mitarbeiter verschiedener Zeitungen. Berühmt wurde er durch seinen Roman *Im Schatten der Hügel* (1964, dt. 1966), für den er 1964 mit dem »Premio Strega« ausgezeichnet wurde. In seinen Erinnerungen an die Nachkriegszeit setzte sich A. mit Zeitproblemen auseinander.

A. schrieb auch Gedichte und Kinderbücher, z. B. *Bruno und Schräubchen* (1973).

Arrabal, Fernando (*11.8. 1932 Melilla/Span.-Marokko). – Span. Schriftsteller, ging nach erfolglosen Versuchen 1955 von Madrid nach Paris und wurde dort zu einem der bedeutendsten Vertreter des Absurden Theaters. Wie die meisten seiner Dramen schreibt A. auch seine Romane franz., während er seine Gedichte span. formuliert. Der Stoff zu mehreren Stücken stammt aus der jüngsten span. Geschichte, vor allem der des Bürgerkriegs und seiner Folgezeit: *Los dos verdugos* (1956), *Baal Babylone* (R. 1959). Mit Vorliebe bringen seine Werke ferner eine Welt monströser Träume und Phantasmagorien zur Darstellung: *Arrabal celebrando la ceremonia de la confusión* (1966). Weitere Werke, die besonderes Aufsehen erregten, sind u. a. *Guernica* (dt. 1963), *Gebet* (dt. 1963), *Garten der Lüste* (1969, dt. 1969), *Der Architekt und der Kaiser von Assyrien* (1971), *Auf dem Seil* (1975, dt. 1976), *Der Turm von Babel* (1976, dt. 1977), *Klau mir eine kleine Milliarde* (1977), *Es lebe der Tod* (1982), *Und sie legen den Blumen Handschellen an* (dt. 1984), *Hohe Türme trifft der Blitz* (dt. 1986), *Die rote Jungfrau* (dt. 1990).

Arrebo, Anders Christensen (*2. 1. 1587 Ærøskøbing, †12. 3. 1637 Vordingborg/Seeland). – Dän. Dichter, wurde mit 31 Jahren Bischof von Trondheim, später wegen seiner lockeren Sitten zum Pfarrer degradiert. Sein bedeutendstes Werk ist die Übersetzung der alttestamentl. Psalmen unter Verwendung der neuen Silbenzählung. Sein *Hexaemeron* (1661) zählt zu den typ. Werken der dän. Renaissanceliteratur.

Arreola, Juan José (*21.9. 1918 Ciudad Guzmán/Mexiko). – Mexikan. Schriftsteller, wurde von Pierre Renoir und Louis Barrault in Paris als Schauspieler ausgebildet und gründete in Mexiko die lit. Reihe *Los presentes*, mit der er die modernen Autoren fördern wollte. A. ist stark durch den europ. Existentialismus geprägt; so gestaltet er immer wieder die Einsamkeit des modernen Menschen, der erst durch sein Handeln ein werthaltiges Individuum wird. Aus der existentialist. Grundhaltung entsteht auch sein distanzierend iron. Humor, mit dem er das alltägl. Leben in Mexiko vorführt. Die Texte des Autors sind in zahlreichen Sammlungen enthalten; seine meisterhafte Stilistik, die mühelos unterschiedliche lit. Formen und Figuren verbindet, sein Zweifel an der modernen Welt des Fortschritts und seine religiöse Verbundenheit mit der Tradition geben seinem Werk eine ganz typische Prägung. Leider existieren bisher nur span. Ausgaben, wie *Confabulario total* (1961), *Inventario* (1976), *Confabulario personal* (1979).

Arrianos Flavios, auch *Flavius Arrianus* (*um 95 n. Chr. Nikomedia, †um 175 n. Chr. Athen). – Griech. Schriftsteller, war Schüler des Epiktet und wurde nach einer steilen polit. Laufbahn als Bürger Athens Statthalter in Kappadozien. Hier wurde er, befreundet mit Lukian, zum Literaten. Als Anhänger der ungekünstelten Sprache Xenophons verfaßte A. seine berühmte *Anabasis* (dt. 1950), die in 7 Büchern den Indienfeldzug Alexanders schildert. Erhalten ist außerdem sein Buch über die Jagd *Kynegetikos*. Unter seinen philosoph. Schriften werden v. a. seine Aufzeichnungen der Vorträge Epiktets geschätzt.

Arriaza y Superviela, Juan Bautista de (*27.2. 1770 Madrid, †22.1. 1837 ebd.). – Span. Dichter, war Diplomat in London und Paris und schrieb v. a. national gestimmte Hymnen *Los defensores de la patria, Himno de la victoria, El dos de mayo de* (1808); auch Elegien, Epigramme und ebenso scharfzüngige wie sinnl. Gedichte stammen aus seiner Feder. Sein Gesamtwerk ist einer noch klassizist. Romantik zuzuordnen.

Artaud, Antonin (*4.9. 1896 Marseille, †4.3. 1948 Ivry-sur-Seine). – Franz. Schriftsteller, wurde auch als Schauspieler und Theaterregisseur bekannt. Seine lit. Laufbahn begann A. mit seinen *Sonnets mystiques* (1913); großes Aufsehen erweckte dann sein *Manifeste du théatre de la cruauté* (1935), das besonders von den Nachkriegsdramatikern stark beachtet wurde. Nach 1937 wurde A. geisteskrank und verfaßte nur noch Bruchstücke von Gedichten und Essays, z. B. 1947 *Van Gogh, der Selbstmörder durch die Gesellschaft* (dt. 1977). Posthum erschienen 1980 *Briefe aus Rodez/Postsurrealistische Schriften*.

Artemidoros, auch *Artemidor*, aus Ephesus. Griech. Schriftsteller, war in Lydien geboren und schuf in der 2. Hälfte des 2. Jh.s Bücher über die Künste des Handlesens und der Vogelschau. Auch sein Traumdeutungsbuch *Oneirokritika* in fünf Teilen ist von kulturgeschichtl. Bedeutung.

Artmann, H(ans) C(arl) Ps. Hansen (*12.6. 1921 Wien). – Österr. Dichter, studierte vergleichende Sprachwissenschaften, lebte als freier Schriftsteller in Berlin, Wien und Malmö. A. erregte durch seine Wiener Dialektgedichte *med ana schwoazzn dintn* (1958) Aufsehen. Bis in diese Zeit war er die zentrale Gestalt der avantgardistischen »Wiener Gruppe«, die in zahlreichen Gemeinschaftsarbeiten frei von jedem Inhalt oder gesellschaftl. Engagement alle denkbaren Spielformen dichterischen Sprechens auszuloten versuchte; persönl. lehnt er grundsätzlich jede Gruppenzugehörigkeit ab. Neben seiner Lyrik schrieb A. Prosastücke und Theaterwerke, die sämtliche Lebensformen poetisieren und verschiedene lit. Traditionen (Barock, Kinderreime, Triviales etc.) rezipieren und aktivieren. Aus seinem umfangreichen Œuvre ist zu nennen *hosn rosn baa* (Ged. 1958), *das suchen nach dem gestrigen tag* (1964), *Grünverschlossene Botschaft* (1967), *90 träume* (1967), *die fahrt zur insel nantucket* (1969), *Das im Wald verlorene Totem* (1970), *Unter der Bedeckung eines Hutes* (1974), *Die Jagd nach Dr. D.* (1977), *Im Schatten der Burenwurst. Skizzen aus Wien* (1986). Von seinen Übertragungen (E. Lear, Linné, Goldoni, Shakespeare, Molière, Quevedo) sind die

Übersetzungen Villons ins Österreichische und die kongeniale Übertragung Bellmanns *Der Lieb zu gefallen* (1976) zu erwähnen. Als Werkausgaben liegen *ein lilienweißer brief aus lincolnshire* (Ged. 1969), *The Best of H. C. A.* (1970), *Grammatik der Rosen* (3 Bde. Prosa 1979), *wer dichten kann ist dichtersmann* (1986) vor. 1988 erschienen *gedichte von der wollust des dichters in worte gefaßt*, 1989 *Grünverschlossene Botschaft*. *90 Träume* (Gedichte) und *H. C. Artmann & Makoto Ooka & Oskar Pastior & Shuntaro Tenikawa Vier Scharniere mit Zunge. Renshi-Kettendichtung*, 1991 *POEtarium*.

Asadī, Adū Mansūr Alī Ibn Ahmad (*um 1012 Tus/Ostiran, †um 1080). – Pers. Dichter, der aus dem transkaukas. Nachdaschwan stammte und gegen Ende seines Lebens in Ani lebte; er schrieb das erste pers. »Wörterbuch«, das jedes Wort mit Zitaten aus der älteren pers. Literatur vergleicht. Ebenso wertvoll ist sein Epos *Garshāsp-Nāme* (1064–1066), das zu den letzten Zeugnissen historischer Epen der persischen Literatur zählt.

Asbjørnsen, Peter Christen (*15.1. 1812 Oslo, †6.1. 1885 ebd.). – Norweg. Volkskundler und Schriftsteller. Mit seinem Freund J. Moe, dem Bischof von Kristiansand, schrieb er erstmalig Volksmärchen auf und gab diese 1841–1844 u. d. T. *Norske Folkeeventyr* heraus, wobei die beiden Autoren bewußt Landsmål und Riksmål miteinander mischten. Alleine gab A. 1845–1848 die *Norwegischen Volks- und Waldgeistersagen* heraus, die in dt. Auswahl 1881 erschienen.

Asch, Schalom (*1.1. 1880 Kutno/Polen, †10.7. 1957 London). – Jidd. Schriftsteller, ging mit 19 Jahren nach Warschau, lebte von 1906–10 in Palästina, dann in den USA, in England und kehrte danach wieder nach Israel zurück. A. schrieb in hebräischer, dann jidd., seltener auch in dt. und engl. Sprache und zählt zu den führenden Autoren der neueren jidd. Literatur. Zunächst schilderte A. das bereits vom Untergang gekennzeichnete Milieu des Ostjudentums in seiner Romantrilogie *Vor der Sintflut* (dt. 1929 f.) und wurde durch seine sozialen Dramen und Komödien *Der Gott der Rache* (dt. 1908) allgemein bekannt. In seinem Spätwerk wandte er sich wiederholt den Themen des frühen Christentums zu: *Paulus* (1943), *Der Nazarener* (dt. 1950). Über die erwähnten Titel hinaus trugen zahlreiche Schriften zu seiner Bekanntheit bei, etwa *Der Trost des Volkes* (dt. 1934), *Der Apostel* (dt. 1946), *Reise durch die Nacht* (dt. 1955), *Der Prophet* (dt. 1956), *MOSES »Der Gott hat gegeben«* (dt. 1986).

Aschkenasi, Jakob ben Isaak (*um 1550 Janow/Böhmen, †1628 Prag). – Der jidd. Schriftsteller, der in Böhmen und Dtld. lebte, gestaltete aus dem Stoff der Talmudlegenden dt.-jüd. Erzählungen. Sein bedeutendstes Werk *Zeena ureena (Sie gehen aus und schauen*, 1590) ist eine vor allem an die Frauen gerichtete Übersetzung und vereinfachende Paraphrase der Bibel. Sein weniger bekannter Roman *Meilitz Yoscher* erschien 1699 (posth.).

Asimow, Isaac (*2.1. 1920 Petrovsk/UdSSR, †6.4. 1992 New York). – Der in Rußland geborene amerikan. Schriftsteller kam schon als Kind in die USA und studierte in Boston. Aufgrund umfangreicher Fachkenntnisse konnte er seine Robotergeschichten zu einer eigenen lit. Form innerhalb der Science-fiction-Literatur entwickeln. Später veröffentlichte A. vor allem populärwiss. Sachbücher, z. B. *Pebble in the Sky* (1950), *Der Mann von drüben* (1954, dt. 1957), *Träger des Lebens* (1959, dt. 1963), *Die nächste Welt* (dt. 1972), *Drehmomente* (1975), *Die nackte Sonne* (1976), *Der Tausendjahresplan* (1978), *Die Apokalypsen der Menschheit* (1982), *Die exakten Geheimnisse unserer Welt* (1985 f.). 1979 veröffentlichte A. seine Autobiographie; zahlreiche Titel liegen als Taschenbücher vor.

Arzybaschew, Michail Petrowitsch (*24.10. 1878 Achtyrka/Char'kov, †3.3. 1927 Warschau). – Russ. Schriftsteller, der v. a. durch seinen erot. Roman *Sanin* (1907, dt. 1909) weltbekannt wurde. A. zeigt in seinen Romanen und Schauspielen eine erot., pessimist. und gegenmoral. Grundhaltung. Er emigrierte nach der Revolution von 1917 nach Polen. Dort schrieb er u. a. die Erzählungen *Dikie* (1923) und *Djavol* (1925).

Asklepiades von Samos. Griech. Dichter des 3. Jh.s v. Chr., stammte aus Samos und lebte u. a. in Alexandria. Erhalten sind von ihm 40 Epigramme, die in einer ungekünstelten klaren Sprache eine lebensfrohe Sinnlichkeit ausdrücken. Nach ihm ist der asklepiadeische Vers benannt, den u. a. Horaz und Seneca verwenden.

Asklund, Lars Erik Josef (*20.6. 1908 Stockholm). – Schwed. Erzähler, Bote und Buchhalter, schrieb zunächst sozialkrit., doch anspruchslose Romane aus dem Leben der Arbeiterjugend. Später verfaßte er als Prosalyrik Skizzen über Stockholm und die Schären sowie Texte zu Bildbänden und Kinderbücher. Unter seinen vielen Werken ragen hervor *Bara en början* (1929), *Stad i Norden* (1941), *Drakens gränd* (1965) und *En kille fran Hornstull* (1968).

Asmodi, Herbert (*30.3. 1923 Heilbronn). – A. lebt seit 1952 als freier Schriftsteller. Er verfaßt in erster Linie dramat. Werke, die sich krit. mit der Situation der Nachkriegszeit wie mit Fragen der Gegenwart auseinandersetzen. Bekannt wurde er als Autor zahlreicher Fernsehspiele. Als seine Hauptwerke kann man nennen *Pardon wird nicht gegeben* (1958), *Nachsaison* (1959, neu 1977), *Die Menschenfresser* (1961), *Stirb und werde* (1967), *Nasrin oder die Kunst zu träumen* (1972), *Landleben. Drei Erzählungen* (1990), *Dichtung und Wahrheit oder Der Pestalozzi-Preis* (Rede 1968) und die Gedichte *Jokers Farewell* (1977). Unter den Kinderbüchern ist *Anna und der wilde Friederich* (1988) zu erwähnen.

Asnyk, Adam (*11.9. 1838 Kalisch, †2.8. 1897 Krakau). –

Poln. Dichter, studierte u. a. in Heidelberg Medizin und Philosophie und wirkte dann als Redakteur und Politiker. Lit. machte er sich v. a. durch seine Lyrik einen Namen. Diese stellten eine Übergang von der Romantik zum Symbolismus und sprachl. und rhythm. Meisterwerke dar. Eine Gedichtauswahl in dt. Sprache erschien 1887.

Aspazija, eigtl. *Elza Rozenberga* (*16.3. 1868 Mitau, †5.11. 1943 Dubulti). – Lett. Dichterin und polit. engagierte Journalistin, lebte mit ihrem Gatten lange Zeit im Schweizer Exil. Ihre Bedeutung liegt in ihrem Einfluß auf die Weiterentwicklung des lett. Theaters. Ihre Lyrik kennzeichnet ein symbolistischer Formenreichtum, verbunden mit einem intensiven sozialen Engagement. Aus dem Gesamtwerk sind zu nennen u. a. *Die Vestalin* (1892), *Die verlorenen Rechte* (1892), *Aspazija* (1923), *Reise einer Seele* (1933).

Assejew, Nikolai Nikolajewitsch (*27.6. 1889 Lgow, †16.7. 1963 Moskau). – Russ. Dichter, war mit Majakowski befreundet und gehörte zur Gruppe der Futuristen; als Repräsentant der »Linken lit. Front« verfaßte A. nachrevolutionäre Propagandagedichte in einem lyr.-romant. Stil, in denen er u. a. die Bedrohung der Ideale der Revolution aufzeigt. Eine gewisse Bekanntheit erlangten die Lyriksammlungen *Bomba* (1921), *Raznoletie* (1950), *Sobraniesod* (1963). Dt. erschien eine Auswahl *Gedichte und Poeme* 1967.

Asselijn, Thomas (*um 1620 Dieppe, †Juli 1701 Amsterdam). – Niederl. Dramatiker, aus einer franz. Familie stammend, verfaßte histor. Trauerspiele. Seinen lit. Ruf verdankt er jedoch seinen volkstüml. und gleichzeitig gesellschaftskrit. Lustspielen, von denen besonders *Jan Klaasz of gewaande dienstmaagt* (1682) zu einem großen Bühnenerfolg wurde.

Astel, Arnfried (*9.2.1933 München). – Dt. Autor, verlebte seine Jugend in der DDR und in Franken, studierte in Heidelberg und Freiburg Biologie und Literaturwissenschaft, gab 1959 die »Lyrischen Hefte« heraus; seit 1967 mit Unterbrechung Leiter der Literaturabteilung des Saarländischen Rundfunks. Seine Gedichte zeigen in kurzen, einprägsamen Versen Widersprüche im politischen Leben und machen deutlich, in welcher Weise sich Wörter in Redensarten verselbständigen und das Denken pervertieren. Bekannt wurden u. a. die Gedichtbände *Kläranlage* (1970), *Zwischen den Stühlen sitzt der Liberale auf seinem Sessel. Epigramme und Arbeitsgerichtsurteile* (1974), *Alle Epigramme. Neues & Altes vom Rechtsstaat & von mir* (1979), *Die Amsel fliegt auf. Neue Gedichte* (1982). A. ist Mitglied des PEN-Zentrums der Bundesrepublik und gab 1977 mit H. Böll und F. J. Degenhardt das Lesebuch *Strafjustiz* heraus.

Asturias, Miguel Angel (*19.10. 1899 Guatemala, †6.9. 1974 Madrid). – Guatemaltek. Schriftsteller, studierte Rechtswissenschaft und Volkskunde und war bis 1945 im diplomat. Dienst. Zunächst erregte A. Aufsehen mit seinen Übersetzun-

gen von *Legenden der Maya-Indianer* (1930; dt. *Legenden aus Guatemala*, 1960); die Kultur und die Mythen der Indios bilden auch den Gegenstand seines Romanwerkes, betrachtet unter der sozialpolit. Problematik einer Auseinandersetzung mit imperialist. und diktator. Wirtschafts- und Staatsformen, z. B. *Der Herr Präsident* (1946, dt. 1957), *Die Maismänner* (1949, dt. 1956), *Bananentrilogie* (1967), *Sturm* (dt. 1967), *Der grüne Papst* (dt. 1968), *Die Augen der Begrabenen* (dt. 1969), *Don Niño oder die Geographie der Träume* (dt. 1969), *Drei von vier Sonnen* (posth. dt. 1991). Daneben veröffentlichte A. Gedichtbände und Dramen. 1966 erhielt er den Lenin-Friedenspreis, 1967 den Nobelpreis.

Aśvaghosa (Aschwaghoscha). – Der ind. Dichter lebte um 100 n. Chr. als Zeitgenosse des Herrschers Kaniska und schrieb das poet.-kunstreiche Epos *Buddha-carita*, das in 28 Gesängen (13 sind erhalten) das Leben Buddhas erzählt. Zu den bedeutendsten Werken der klass. Sanskritdichtung zählt sein Epos *Saundarnanda-Kāvya*, die Erzählung von der Liebe Sundarīs zum schönen Nanda, die, dem buddhist. Ideal gemäß, zur endgültigen Weltentsagung führt. Zusammen mit einigen Dramenfragmenten wurden die Texte 1911 von H. Lüders in Ostturkestan als Palmblatthandschriften entdeckt. Ob A. der Verfasser eines Lehrbuches über den Mahajanaglauben ist, bleibt zweifelhaft.

Ataby, Cyrus (*6.9. 1929 Sadabad/Teheran). – Iran. Schriftsteller, der in Deutschland aufwuchs und später sowohl in Europa als auch im Iran lebte; seit der Revolution von 1978 in England und der Bundesrepublik ansässig. Er übersetzte persische Lyrik, z. B. *Gesänge von Morgen. Neue iranische Lyrik* (1968), *Hafis: »Liebesgedichte«* (1980), *Omar Chajjams: Wie Wasser strömen wir* (1984), veröffentlichte eigene Lyrik und Prosa, z. B. *An diesem Tag lasen wir keine Zeile mehr* (1974), *Die Leidenschaft der Neugierde* (1981), *Stadtplan von Samarkand* (1983), *Prosperos Tagebuch* (1985), *Die Linien des Lebens* (dt. 1986), *Drei Sätze* (dt. 1991 G.).

Athenaios. Der griech. Grammatiker des 3. Jh.s n. Chr. stammte aus Naukratis in Ägypten und wurde durch sein Werk *Deipnosophistai* (= *Gelehrtengastmahl*) bekannt. Von den ursprünglich 30 Büchern sind etwa 15 erhalten. Die darin beschriebene Gesprächsrunde von 29 Gelehrten gibt eine vielfältige Auskunft über Form und Fragen der antiken Philosophie und Literatur. Eine dt. Ausgabe erschien 1965/66.

Athis und Prophilias, kleineres, in Fragmenten erhaltenes Ritterepos eines unbekannten, vermutl. hess. Dichters, das um 1215 entstanden sein dürfte. Der Inhalt verweist auf einen oriental. Ursprung und wurde nach der franz. Quelle *Estoire d'Athènes* erzählt; die Geschichte handelt von einer Freundschaftsprobe: A. überläßt dem verliebten Freund P. seine eigene Geliebte. Dieses Motiv findet sich außerdem in der *Disciplina Clericalis* des Petrus Alphonsi, in Boccaccios

Decamerone wie in *Tausendundeinenacht*. Der gepflegte Stil des Werkes deutet auf die Schule um Veldeke.

Attār, Farīdo'd-Din (* 1119 [?] oder 1136 [?] Naischbur, †um 1220 ebda.). – Der pers. Dichter und Mystiker eignete sich durch viele Reisen ein umfassendes Wissen an. Sicher stammen von ihm 12 Bücher mit 45 000 Versen und ein Prosabuch. Äußerst wertvoll sind seine Lebensbeschreibungen alter Mystiker in der *Tadhkiratu'l-Auliyā* (herausgegeben 1905 bis 1907). Sein berühmtestes Werk ist das allegor. Lehrgedicht *Mantego't-Teir* (= *Die Sprache der Vögel*, herausgegeben 1857), das in 4500 Versen die 7 Stufen des Weges zu Gott schildert. Sein *Pand-Nāme* (= *Ratgeber*, herausgegeben 1871) ist eine Sammlung moral. Sprüche. Als ein Jugendwerk gilt der weltl. Liebes- und Abenteuerroman *Chosrau ŏ gol*.

Atterbom, Per Daniel Amadeus (* 19. 1. 1790 Åsbo/Östergötland, †21. 7. 1855 Stockholm). – Schwed. Dichter und Literaturhistoriker, studierte in Uppsala und bereiste in den Jahren 1817 bis 1819 Deutschland und Italien, wo er die bedeutenden Romantiker, u.a. Schelling, kennenlernte. Zurückgekehrt, wurde er Erzieher des Kronprinzen Oskar, Professor in Uppsala und ab 1839 Mitglied der Schwedischen Akademie. A. gründete die Monatsschrift »Phosphoros« (1810–1813) und den Almanach »Poetisk kalender« (1812–1822), in denen sich die schwed. Hochromantik darstellt. A. zeigte sich als Schöpfer beseelter Gedichte, z. B. *Lyriska dikter* (1863), und farbenreicher Landschaftsschilderungen wie als idealist. Naturphilosoph. Allgemeine Anerkennung gewann er mit dem lyr. Zyklus *Blommorna* (1812). Als ein Hauptwerk der schwed. Romantik gilt sein phantast. Märchenspiel *Insel der Glückseligkeit* (1831, dt. 1833). Ähnlich wie bei Tieck verkörpert für A. die Insel die romant. Sehnsucht nach Schönheit. Von großem Gewicht ist sein literaturhistor. Werk *Svenska siare och skalder* (1841–1845), aus dem Auszüge u. d.T. *Studien* in Dt. erschienen.

Atticus, Titus Pomponius (* 110 v. Chr., †32 v. Chr. Rom). – Der röm. Schriftsteller, der von 79 bis 65 in Athen lebte, führte daher den Beinamen *der Athener*. Sein gesamtes eigenes Werk, u. a. der *Liber annalis*, ist zum größten Teil verloren. Bedeutsam sind die Briefe seines Freundes Cicero, *Epistulae ad Atticum*, veröffentlicht in 16 Bänden durch Cornelius Nepos, die auch den Staatsmann Cicero von einer sonst unbekannten persönlichen Seite zeigen.

Atwood, Margret (* 18. 11. 1939 Ottawa). – Kanad. Schriftstellerin, Tochter eines Biologen, der in der kanad. Wildnis forschte, studierte an der Harvard-Universität in Cambridge/Massachusetts, arbeitete als Fernsehredakteurin, Cartoonistin, als aktive Gewerkschafterin und als Vertreterin der Gefangenenhilfsorganisation Amnesty International. In zahlreichen Romanen, etwa *Die eßbare Frau* (1969, dt. 1985), *Der lange Traum* (1972, dt. 1979), *Verletzungen* (1981, dt. 1982), *Der*

Report der Magd (1985, dt. 1987), Erzählungen und Kurzgeschichten, z. B. *Tips für die Wildnis. Short Stories* (dt. 1991), gestaltet sie das gegenwärtige Leben, zeigt immer wieder, daß sich hinter den modernen Zerrbildern eine allgemeine humane Aufgabe stellt, und tritt mutig und nachhaltig für die Emanzipation der Frau ein, da sie davon überzeugt ist, daß sich auch der Mann nur in einer befreiten Welt entfalten kann. Die Romane *Die Unmöglichkeit der Nähe* (1979, dt. 1980) und *Katzenauge* (1989, dt. 1990) fanden allgemein große Beachtung und Verbreitung. A. gilt heute als die bedeutendste kanad. Erzählerin.

Aub, Max (* 2. 6. 1903 Paris, †23. 7. 1972 Mexico-City). – Span. Schriftsteller, stammte aus einer dt.-franz. Familie und lebte seit 1942 in Mexiko. Die Zeit vor dem Bürgerkrieg in Spanien, der Bürgerkrieg, seine Jahre in franz. und alger. Gefängnissen sind das Thema seiner Erzählungen und Romane, u.a. *Campo cerrado* (1943), *Campo abierto* (1951), *Campo de sangre* (1945), *Meines Vaters Sohn* (dt. 1965), *Der Aasgeier* (dt. 1966), *Transito* (span. und dt. 1973), *Vivo. Eine Liebesgeschichte in 21 Kapiteln* (posth. dt. 1991). Als ausgezeichneter Stilist ist A. auch Autor von formvollendeten Gedichten *Poemas cotidianos* (1925), Dramen *El rapto de Europa* (1946), *Deseada* (1954) und literaturkrit. Essays *La poesía española contemporanea* (1954).

Aubanel, Théodore (* 26. 3. 1829 Avignon, †31. 10. 1886 ebd.). – Der neuprovenzal. Dichter zählt neben Roumanille und Mistral zu den Begründern der provenzal. Erneuerungsbewegung »Félibrige«. Bekannt wurde er durch seinen provenzal. Gedichtband *Der halbgeöffnete Granatapfel* (1860, dt. 1910). Als sein bestes lyr. Werk gilt allgemein der Band *Li fiho d'Avignoun* (1885), eine Sammlung schwermütiger, sensualist. Liebeslieder. Sein einziges Drama *Lou pan dou pecat* (1882) behandelt einen Ehebruch. Posthum erschienen die unvollendeten Stücke *Lou Raubatori* und *Lou Pastre*.

Aubignac, François Hédelin, Abbé d' (* 4. 8. 1604 Paris, †27. 7. 1676 Nemours/Seine-et-Marne). – Franz. Schriftsteller, schrieb neben weniger bekannten Tragödien 1657 die weithin geschätzte Abhandlung *La pratique du théâtre*. Sie stellt die maßgebl. klass. Interpretation der aristotel. Poetiklehre von den drei Einheiten dar.

Aubigné, Théodore Agrippa d' (* 8. 2. 1552 Saint-Maury/Pons, †29. 4. 1630 Genf). – Franz. Schriftsteller, studierte in Genf und Paris und trat als gläubiger Kalvinist in den Dienst Heinrichs von Navarra. Da er nach dessen Tod bedroht wurde, ging A. 1620 nach Genf. Seine Liebesgedichte *Le printemps* (1570) waren noch dem glättenden Stil der Pléiade verbunden. Die blutigen Greuel der Hugenottenkriege bilden das Thema seiner sieben polem. Gesänge *Les tragiques* (1616) wie seiner *Histoire universelle* (1616–1620). Nach dem Übertritt Heinrichs IV. zum Katholizismus entstanden die schwermütig-satir. Zwiegespräche *Baron de Fœneste* (1617, dt. 1907) sowie *La confession catholique du sieur de Sancy* (herausgegeben 1660). Seine 1620 verfaßte Autobiographie *Sa vie à ses enfants* erschien 1729 (dt. *Lebensbeschreibung*, 1911).

Aucassin et Nicolette. Die altfranz. Liebeserzählung eines unbekannten Verfassers ist in pikard. Mundart geschrieben. Einziges Dokument für eine »chante-fable«, eine Singmäre, bei der in den Prosatext lyr. Liedstrophen und ep. Verspassagen eingefügt sind. Die Geschichte erzählt die Trennung und das Zusammenfinden des Liebespaares A. und N. nach langen Irrfahrten. In der Motivfolge zeigt sich der byzantin. und spätgriech. Einfluß, etwa wie bei Apollonios von Tyros. Das Werk wurde mehrfach mit dem Titel *Aucassin und Nicolette* ins Dt. übertragen (zuletzt 1957).

Auden, Wystan Hugh (*21. 2. 1907 York, †29. 9. 1973 Wien). – Der engl. Dichter studierte in Oxford und hielt sich wiederholt in Dtld. auf. 1935 heiratete er Erika Mann, die Tochter Th. Manns, war dann Lehrer in England, nahm auf republikan. Seite am Span. Bürgerkrieg teil, ging 1939 in die USA, wo er sich mehr und mehr von kommunist. Idealen löste und zusammen mit A. Huxley, Ch. Isherwood u. a. einer »mystischen« Dichtervereinigung angehörte, die sich mit fernöstl. Religionen beschäftigte. Ab 1956 war A. Professor für Literatur in Oxford und erhielt für seine lit. Verdienste 1948 den Pulitzerpreis. Seine frühen Gedichtbände wenden sich gegen alles Bürgerliche, *Poems* (1930), *Spain* (1937), später zeigte sich seine myst. Neigung in den Gedichten *Another Time* (1940), *Hier und jetzt* (1944, dt. 1961), wie in seiner schwermütigen Prosa- und Versdichtung *Zeitalter der Angst* (1947, dt. 1951), die als eines seiner Meisterwerke angesehen wird. In seiner Lyrik zeigt sich A. ausgesprochen experimentierfreudig, wobei seine Verse von der zyn. Parodie bis zur zarten Lyrik reichen. A. verfaßte auch expressionist. Versdramen und philosoph. Essays, z. B. *Shakespeare* (dt. 1964) oder *Des Färbers Hand* (dt. 1965). Indirekten Weltruhm erlangte er als Verfasser des Librettos *The Rake's Progress* (1951, dt. 1962 *Der Wüstling*), das er mit Ch. Kallmann schrieb und das Igor Strawinski vertonte. In Dt. liegen außerdem zwei zweisprachige Ausgaben der Gedichte aus den Jahren 1956 und 1973 vor und die Übersetzung *Wie es mir schien* (1977). 1988 erschicnen die *Kirchstädter Gedichte* (1958–1973).

Audiberti, Jacques (*25. 3. 1899 Antibes, †10. 7. 1965 Paris). – Franz. Schriftsteller, war als Journalist zunächst Mitarbeiter an verschiedenen Zeitschriften, zuerst an »Le Petit Parisien«, dann an »La Nouvelle Revue«; kam über seine Freunde Apollinaire und Fargue zur Literatur. Der unorthodoxe Avantgardist verfaßte Gedichtbände, Prosawerke, Dramen, Hörspiele und Drehbücher. Als gewandter Formulierer, der unter dem Einfluß des Symbolismus stand, sucht er in seinen Werken die Grenzen sprachl. Wortkunst. Die Lyrik berücksichtigt weder Logik noch Syntax und setzt sich mit Liebe und Tod wie mit Fragen der modernen menschl. Existenz auseinander: *L'empire de la trappe* (1930), *Race des hommes* (1937), *Des tonnes de semence* (1941). Zu seinen bedeutendsten Romanen zählen *Abraxas* (1938), *Talent* (1947), *Le maître de Milan* (1950), *Die Gräber schließen schlecht* (1963, dt. 1964) und *Infanticide préconisé* (1958). Als Dramatiker war A. am erfolgreichsten. Für die Bühne schuf A. surrealist. und burleske Stücke wie *Quoat-Quoat* (1946, dt. 1954), *Die Frauen des Ochsen* (1948, dt. 1948), *Das schwarze Fest* (1948, dt. 1960) und *Pucelle* (1950), eine weitere Version des Stoffes der Jungfrau von Orléans, und *La fourni dans le corps* (engl. u. dt. 1961). Sein Werk erschien in einer Ausgabe *Théâtre* 1948–1962 von 5 Bdn.

Aue, Hartmann von → Hartmann von Aue

Auerbach, Berthold, eigtl. *Moses Baruch Auerbacher, Ps. Theobald Chauber* (*28. 2. 1812 Nordstetten/Horb, †8. 2. 1882 Cannes). – Dt. Erzähler, studierte Rechtswissenschaften und Philosophie und hing in seiner Jugend radikalliberalen Ideen an, war Mitarbeiter an Lewalds Zeitschrift »Europa« und lebte schließl. als freier Schriftsteller in Weimar, Leipzig, Dresden, Berlin, Breslau und Wien. A. war sicher einer der populärsten Autoren seiner Zeit und stand in enger Bekanntschaft zu dem Jungdeutschen Gutzkow. In seinen ersten Romanen *Spinoza* (1837), *Dichter und Kaufmann* (1840) zeigte sich in A. der liberale Vorkämpfer eines jüd. Kulturbewußtseins. Bekannt jedoch wurde A. durch seine *Schwarzwälder Dorfgeschichten* (1843–1854), eine Verbindung von realist.-idyll. Heimatbildern und liberaler Volksaufklärung. Sein *Volkskalender* (1858–1868) wie seine Romane *Barfüßele* (1856), *Das Landhaus am Rhein* (1869) werden bis heute gelesen. Neben weiteren Prosaerzählungen verfaßte A. 1850 das Trauerspiel *Andree Hofer* und übersetzte 1841 die Werke Spinozas in 5 Bdn.

Auersperg, Anton Alexander Graf von → Grün, Anastasius

Augier, Guillaume Victor Emile (*17. 9. 1820 Valence/Drôme, †25. 10. 1889 Croissy). – Franz. Dramatiker und Bibliothekar des Duc d'Aumale, seit 1854 Mitglied der Académie Française. Während des 2. Kaiserreiches begründete A. zusammen mit Dumas dem Jüngeren das realist. Drama, die Comédie de mœurs. Zunächst bearbeitete er antike Themen: *Der Schierlingssaft* (1844, dt. 1884), entschied sich später jedoch für die krit. Gesellschafts- und Charakterkomödie im Sinne Molières *Un homme de bien* (1845), *Der Schwiegersohn des Herrn Poirier* (1854, dt. 1881), *Haus Fourchambault* (1878, dt. 1878), *Eine Demimonde-Heirat* (1855, dt. 1879), *Reichtum* (1855, dt. 1892). A. trat in seinem rationalen Werk stets für die Emanzipation der Frau ein. Seine gesamten Theaterstücke erschienen 1889 in 7 Bdn.

Augustin, Ernst (*31. 10. 1927 Hirschberg/Schlesien). – Dt.

Schriftsteller, praktiziert in München als Arzt, war lange in Pakistan und Afghanistan. Stark von Kafka beeinflußt. Er verfaßte die beiden irrealist. Romane *Der Kopf* (1962), dessen Handlung zwischen zwei verschiedenen Wirklichkeitsräumen hin und her pendelt, und *Das Badehaus* (1963), eine Hochstaplergeschichte. Angeregt durch die Erfolge dieser Romane schrieb A. in den folgenden Jahren *Mamma* (1970), *Raumlicht: Der Fall der Evelyne B.* (1976), *Eastend* (1982), *Der amerikanische Traum* (1989), *Mahmud der Schlächter oder der feine Weg* (1992).

Augustinus, Aurelius (* 13. 11. 354 Tagaste, † 28. 8. 430 Hippo Regius). – Lat. Kirchenvater. Als Sohn eines heidn. Kleinbauern und der Christin Monica erhielt A. eine hervorragende Ausbildung. Als Rhetoriklehrer nach Mailand berufen, eröffnete ihm Ambrosius den Geist des Christentums und taufte A., der daraufhin nach Afrika ging, wo er zum Priester und 396 zum Bischof von Hippo Regius geweiht wurde. In einer Zeit voller Unruhen und selbst durch innere Glaubenskämpfe aufgewühlt, entwickelte A. eine schriftsteller. Tätigkeit, die die gesamte europ. Theologie der späteren Jahrhunderte entscheidend geprägt hat. Sein Werk gilt als das Verbindungsglied zwischen der griech.-lat. Antike und dem Christentum; in meisterhaftem Latein geschrieben, zeugen seine Schriften von einer profunden Kenntnis der klass. Literatur, Philosophie und anderer Wissensgebiete (Rhetorik, Musik). Zu seinen wichtigsten philosoph.-theolog. Schriften sind zu rechnen die 22 Bücher *De civitate Dei* (dt. *Der Gottesstaat*), die grundlegend für die Reichsidee des Mittelalters wurden, die Abhandlung über den dreieinigen Gott *De trinitate*, die bibl. begründete christl. Bildungslehre *De doctrina christiana* und die *Confessiones*, die in einer heute noch bewegenden Sprache existentiale Fragen eines gläubigen Lebens und seiner fortwährenden Bedrohtheit schildern. Als hervorragender Kenner der klass. Literatur und Exeget schuf A. mit seinen *Kommentaren zur Bibel* eine bis heute gültige exeget. Grundlage. Für die gesamte folgende Theologie gab A. vor allem durch seine Gnadenlehre eine maßgebl. Orientierung. M. Luther berief sich in seiner reformator. Lehre auf A. Bereits vorher hatten die Schriften von A. vor allem die wissenschaftl. Diskussion an den neu entstandenen Schulen und Universitäten Europas wesentl. beeinflußt (vor allem die Schule von Chartres und die Viktoriner). Aus dem Riesenwerk des Kirchenvaters sind als wichtige Werke noch zu nennen *De spiritu et litera* (412; *Über Geist und Buchstabe*), *Soliloquia* (386/87; *Selbstgespräche*), *De catechizandis rudibus* (400; *Über die Unterweisung der noch nicht Getauften*), *De natura et gratia* (415; *Natur und Gnade*).

Augustiny, Waldemar (* 19. 5. 1897 Schleswig, † 26. 1. 1979 Worpswede). – Dt. Schriftsteller, studierte Germanistik und Kunstgeschichte in Hamburg und Berlin und lebte seit 1932 in Worpswede bei Bremen. Er wurde als Erzähler, Biograph und Romancier bekannt, dessen Werke vornehml. das Leben im norddt. Raum schildern, z. B. *Die Fischer von Jarsholm* (1934), *Die Tochter Tromsees* (1938), *Die große Flut* (1943), *Albert Schweitzer und Du* (1954), *Paula Modersohn-Becker* (1958), *Die Frauen von La Rochelle* (1959), *Elise und Christine* (1971), *Niedersachsen* (1976), *Rudolf Alexander Schröder, Tagenbaren und Weltbürger* (1978).

Aulnoy, Marie-Catherine Baronne d', geb. Jumel de Barneville (* um 1650 Barneville-la-Bertran, † 14. 1. 1705 Paris). – Franz. Schriftstellerin, heiratete mit 15 Jahren den um 30 Jahre älteren Baron d'A. und hielt sich wiederholt in England und Spanien auf. Weniger ihre Memoiren, Novellen und Romane begründeten ihren lit. Ruf als vielmehr ihr Kunstmärchen *Les illustres fées* (1698) und ihre Kindermärchen, mit denen sie den Rang Perraults erreicht und diese Gattung neben den Volksmärchen in die franz. Literatur brachte.

Auseklis, eigtl. *Mikelis Krogzemis, Krogzemju Mikus* (* 18. 9. 1850 Ungurpils/Lettland, † 6. 2. 1879 Petersburg). – Lett. Lyriker und Lehrer, übersiedelte 1874 nach Petersburg. Lit. Bedeutung hat er als Begründer der lett. Ballade, die in pathet.-patriot. Stil unter dem Einfluß Schillers entstand. Mit den Balladen *Beverinas dziedonis* wurde er zum Vater der Romantik in der lett. Literatur.

Ausländer, Rose, eigtl. Rosalie Scherzer, (* 11. 5. 1901 Czernowitz/Bukowina, † 3. 1. 1988 Düsseldorf). – Dt. jüdische Lyrikerin, verließ nach dem Abitur Europa, lebte bis 1931 in Amerika, kehrte zu ihrer Mutter zurück und erlebte die Verfolgung durch die Nationalsozialisten im Getto von Czernowitz und in Kellerverstecken. Nach dem Krieg wieder in Amerika, kehrte sie 1964 zunächst nach Österreich, dann in die Bundesrepublik zurück. Ihre Lyrik, die sich durch präzise Sprache und assoziative Satzketten auszeichnet, ist geprägt durch das persönliche Erleben von Verfolgung und Exil und durch den Einfluß Paul Celans; wehmütig spricht sie ihre Sehnsucht nach Geborgenheit und verlorener Kindheit aus. Die Gedichte gehören zur bedeutendsten Lyrik der Gegenwart in dt. Sprache, z. B. *36 Gerechte* (1967), *Gesammelte Gedichte* (1977), *Mutterland* (1978), *Südlich wartet ein wärmeres Land* (1982), *Ich spiele noch* (1987), *Der Traum hat offene Augen* (1987) – unveröffentlichte Gedichte 1965 bis 1978, *Jeder Tropfen ein Tag, Gedichte aus dem Nachlaß* (1990). Zahlreiche Gedichte, aber auch Aufsätze über Spinoza, Platon und Freud gingen in den Kriegswirren verloren. Ihr Werk erfuhr durch zahlreiche hohe Ehrungen internationale Anerkennung. Die *Gesammelten Werke* erscheinen in 7 Bdn.

Ausonius, Decimus Magnus (* um 310 Bordeaux, † nach 393 ebd.). – Lat. Dichter und Lehrer der Rhetorik in Bordeaux, war Erzieher des Kaisers Gratian, der ihm die Würde eines Konsuls verlieh. Seine Schriften sind v. a. von kulturhistor. Interesse:

Neben einem Briefwechsel mit bedeutenden Zeitgenossen stammten von A. die Lieder auf die Alemannensklavin *Bissula* sowie *Mosella*, die Schilderung einer Moselfahrt vom Rhein bis nach Trier, verfaßt in ausgesprochen formgewandten Hexametern.

Austen, Jane (* 16.12. 1775 Steventon/Hampshire, † 18.7. 1817 Winchester). – Engl. Schriftstellerin, starb früh an Tuberkulose und wurde erst nach ihrem Tod berühmt. In *Sense and Sensibility* (1811) parodierte sie die romant. Liebesdichtung, in ihren späteren Romanen den Schauerroman, *Stolz and Vorurteil* (1813, dt. 1948), *Emma* (1816, dt. 1961), *Die Abtei von Northanger* (1818, dt. 1948), *Mansfield Park* (1814, dt. 1968). Im Widerspruch zur zeitgenöss. empfindsamen Literatur schildert A. in konkreter Lebensnähe und formaler Ausgeglichenheit das alltägl. Leben auf dem Lande sowie die zufriedene Sattheit des Bürgertums und des Kleinadels. Erst im 20. Jh. wurde A. als hervorragende Vertreterin des späten engl. Gesellschaftsromans des 18. Jh.s verstanden, z. B. *Die Watsons* (neu dt. 1980), *Sanditon* (neu dt. 1982).

Austin, Mary (* 9.9. 1868 Carlinville/USA, † 13.8. 1934 Santa Fé). – Amerikan. Schriftstellerin, erforschte als Lehrerin in den Wüstenregionen Kaliforniens und New Mexicos die Gebräuche und Erzählungen der Indianer. Ihre Erzählungen, Romane und Essays sprechen von einer myst. Verbindung mit dem ursprüngl. einfachen Leben in den Wüsten des Südwestens. A. verteidigt den Wert dieses Daseins gegen das technisierte Leben in der Großstadt. In allen ihren Werken ist dieses Thema zu spüren, u. a. in *The Land of Little Rain* (1903), *One Smoke Stories* (1934); weitaus bedeutender sind jedoch das Drama *The Arrow Maker* (1911) und der Roman *The Ford* (1917). Ihre Werke sind bis heute noch nicht ins Dt. übersetzt worden.

Austin, William (* 2.3. 1778 Lunenburg/USA, † 27.6. 1841 Charlestown). – Amerikan. Schriftsteller, wirkte als Lehrer und Geistlicher. Aus seinem Erzählwerk wurde vor allem die an Irving orientierte Erzählung *Peter Rugg, the Missing Man* (1824) bekannt, die Geschichte eines Heimatlosen, der dazu verdammt ist, endlos in der Fremde umherzuirren. Von Bedeutung ist außerdem sein Essay *Letters from London* (1804).

Ava, Frau, erste dt. dem Namen nach bekannte Dichterin, vermutl. identisch mit einer am 7.2. 1127 bei Melk/Donau verstorbenen Klausnerin. Von ihren zwei geistlichen Söhnen beraten, schrieb A. in einfachem Stil und noch nicht reimenden, meist assonierenden Versen eine Heilsgeschichte, mit den Teilen *Johannes d. Täufer, Das Leben Jesu, Das Jüngste Gericht, Von den sieben Gaben des Hl. Geistes, Der Antichrist*. Das Werk ist ein Dokument für die nicht-gelehrte Dichtung des 12. Jh.s und eine kulturhistor. bedeutsame Äußerung einfacher Laienfrömmigkeit. Ihre Texte zeigen erste ungekünstelte Züge in der dt. Dichtung. Die Dichtungen der Frau A. wurden 1966 zuletzt herausgegeben.

Avancini, Nikolaus, auch *Avancinus* (* 1.12. 1611 Brez/Trient, † 6.12. 1686 Rom). – Österreichischer Dramatiker und Lyriker, stammte aus einer Südtiroler Adelsfamilie, wurde Jesuit und Berater des Ordensgenerals in Rom. A. ist bekannt als der Begründer der »*Ludi Caesarei*« am Wiener Hof. Nach dem Vorbild von Horaz verfaßte A. Staatsdramen zum Lobpreis des Kaiserhauses. Etwa 30 dieser lateinisch abgefaßten Stücke sind uns erhalten; sie sind auf eine imposante Bühnenwirkung hin angelegt und begründeten das große barocke Festspiel. Das berühmteste, *Pietas victrix*, wurde 1659 vor Leopold I. unter Einsatz einer ausgeklügelten Bühnentechnik aufgeführt.

Avenarius, Ferdinand (* 20.12. 1856 Berlin, † 22.9. 1923 Kampen/Sylt). – Dt. Schriftsteller, Neffe Richard Wagners, studierte Kunst- und Literaturgeschichte und bereiste häufig Italien. 1887 gründete A. in Dresden die Halbmonatsschrift »Der Kunstwart« und 1903 den »Dürerbund«, mit dem A. einen starken Einfluß auf das allgemeine Kulturleben gewann. A. verstand sich als Kulturpädagoge, Schriftsteller und Vorbereiter der Heimatkunst sowie als Verfechter der Kunsttheorien Mörikes, Kellers und Hebbels. Anfängl. war sein Schaffen auch stark von Heine beeinflußt. In seinem eigenen lyr. Werk trat A. v. a. als vaterländ.-konservativer Balladendichter hervor: *Wandern und Werden* (1880), *Lebe!* (1893), *Balladenbuch* (1907). Neben einem *Hausbuch der deutschen Lyrik* (1902) verfaßte A. auch Dramen, z. B. *Faust* (1919) und *Baal* (1920).

Avianus, lat. Fabeldichter, der um 400 n. Chr. lebte und 42 von Babrios übernommene Fabeln in lat. Distichen übertrug. In seinem kunstvollen Stil unterscheidet sich A. deutl. von der einfachen Sprache des Phaedrus. Zusammen mit Phaedrus vermittelte A. die Fabeln des Äsop der lat. Literatur, über die sie v. a. auf die mittelalterl. Schuldichtung einen großen Einfluß gewannen.

Avicebron, eigtl. Salomo ben Jahuda ibn Gabirol, auch *Avencebrol*, arab. *Abu-Ajub Sulaiman Ibn Djabirul* (* um 1020 Malaga, † um 1070 Valencia). – Span.-jüd. Dichter und Philosoph, schrieb seine philosoph. Schriften vornehml. arab., seine Dichtungen hebräisch. Letztere umfassen Hymnen, Klagelieder, Gebete und Bußgesänge, die z. T. in die jüd. Liturgie Eingang gefunden haben. Von höchster Dichtkunst zeugt v. a. sein Hymnus *Keter malchut* (= *Königskrone*), in dem theosoph.-neuplaton. Wissen mit gläubigen Versen zu einem Loblied Gottes vereint sind. Neben vielfältigen Versdichtungen und zwei bedeutenden philosoph. Schriften von A. erhalten: *Das Buch von der Veredlung der Eigenschaften*, in der hebrä. Fassung des Jahuda Ibn Tibbon (1167), und sein Hauptwerk *Mekor Chaim* (= *Lebensquell*), in der lat. Fassung *Fons vitae* oder *De materia universali*. Die neuplaton.-pantheist. Philosophie hatte im Mittelalter für den franziskan. Platonismus, etwa bei Duns Scotus, grundlegende Bedeutung und wirkte bis in die Renaissance. Wegen eines Streites um seine Metaphysik verließ A. 1045 Saragossa und lehrte um 1048/49 in Granada.

Avicenna, eigtl. *Ibn Sīnā, Abū 'Ali al-Husain* (* 980 Afschana/Buchara, † Juli 1037 Hamadan). – Pers.-arab. Philosoph und Mediziner, lebte nach dem Studium der Rechte, Philosophie und Naturwissenschaften an verschiedenen Höfen. Selbst ein Vermittler europ. Gedankengutes an den Orient, schuf A. durch sein umfangreiches, teils in arab., teils in pers. Sprache abgefaßtes Werk die Grundlage für die abendländ. Rezeption griech.-oriental. Wissens. Sein 18bändiges philosoph. Sammelwerk *Kitāb asch Shifā* (= *Buch der Genesung der Seele*) stellt eine neuplaton. Interpretation der aristotel. Schriften auf dem Gebiet der Logik, Physik, Mathematik und Metaphysik dar. Sein Kanon der Medizin *Qanun fi t-tibb* war über Jahrhunderte hinweg das maßgebl. Lehrbuch der abendländ. Medizin. A. verfaßte außerdem *Gedichte* und myst. *Meditationen.*

Awertschenko, Arkadi Timofejewitsch (* 6.3. 1881 Sewastopol, † 13.3. 1925 Prag). – Russ. Satiriker und Humorist, gründete die humorist. Zeitschrift »Satirikon« in Petersburg, die er auch zeitweise herausgab. 1922 emigrierte A. nach Paris, wo er unter westl. Einfluß sarkast. Parodien gegen das sowjet. System verfaßte. Seine Hauptwerke sind u.a. die *Grotesken* (dt. 1914), *Was für Lumpen sind doch die Männer* (dt. 1937), *Die Frauen sind auch keine Engel* (dt. 1955), *Der gesunde Menschenverstand* (dt. 1949).

Awesta (Avesta). –Das altpers. Religionswerk wurde nicht vor 150 v. Chr. von avest. Stämmen niedergeschrieben. Zunächst wurden die von den Anhängern des Parsismus als heilig verehrten Texte nur mündl. überliefert, wobei die ältesten von Zarathustra selbst stammen sollen. Ähnlich den ind. Weden enthält das A. Gebete, Hymnen, Mythen und religiöse Vorschriften verschiedener Herkunft; auch das Alter der einzelnen Abschnitte ist sehr unterschiedlich. Da man später die alte Sprache nicht mehr entziffern konnte, verfaßte man einen mittelpers. Kommentar, genannt *Zend.* Beide Schriften wurden oft zum *Zend-A.* zusammengenommen. Das A. besitzt 4 Teile: 1. *Yasna,* die ältesten Gebete, 2. *Vispered,* eine Opferliturgie, 3. *Vendidad,* rituelle Vorschriften, und 4. *Yasht,* Hymnen an die einzelnen Gottheiten. Daneben ist eine *Chordé A.* überliefert, ein summar. Auszug aus dem Gesamtwerk, der als Gebetbuch für Laien gedacht war. Eine dt. Ausgabe *Die Bücher der Parsen* erschien 1910.

Awoonor, Kofi (* 13.3. 1935 Wheta/Ghana). – Englischsprachiger ghanaischer Schriftsteller, studierte in Afrika und Europa Literaturwissenschaft und ist heute Direktor des literaturwissenschaftl. Instituts der Universität Cape Coast. A. gilt als einer der bedeutendsten afrikan. Autoren; er übertrug Formen der mündlichen Dichtung der Ewesprache ins Englische und bildete unter dem Einfluß dieser mündlichen Poesie seine eigene Dichtung, die in zahlreichen Gedichtbänden, z. B. *Rediscovery* (1964), *Ride Me, Memory* (1973), *The House by the Sea* (1978), vorliegt. Auch mit politischen Studien trat A. an die Öffentlichkeit: *The Ghana Revolution* (1984). Die jüngsten Jahre verbrachte A. im diplomat. Dienst, z. B. als Botschafter in Brasilien. Dt. Ausgaben seiner Gedichte liegen nicht vor.

Awwakum, Petrowitsch (* um 1621 Grigorowo/Nischni, † 14.4. 1682 Pustozersk). – Russ. Pope und Schriftsteller, war Oberhaupt der Altgläubigen und wurde als Häretiker verbannt und schließl. verbrannt. Unter seinen vor allem religiösen Schriften ist bes. seine Autobiographie (1672) hervorzuheben: *Das Leben des Protopopen A.* (1672, dt. 1930 und 1965), in der sich in einer volkstüml.-bilderreichen Sprache der Urtyp des russ. Märtyrers zeigt.

Axakow, Konstantin Sergejewitsch (* 29.3. 1817 Aksakovo/Orenburg, † 19.7. 1860 Sakinthos). – Der russ. Schriftsteller wurde nach einem Studium der Literatur in Moskau als Übersetzer von Goethe und Schiller bekannt. Zunächst dem Kreis der Hegelianer angehörend, gelangte A. durch Chomjakov unter den Einfluß der Slawophilen. Als Literaturkritiker lehnte A. westeuropäische Vorbilder ab. Gegenüber dem zarist. Zentralismus stellte A. in seinen Werken die frühe russ. Lebensform der Dorfgemeinschaft (= Mir) heraus.

Axakow, Sergej Timofejewitsch (* 1. 10. 1791 Ufa, † 12.5. 1859 Moskau). – Russ. Schriftsteller, entstammte dem Landadel und wurde Beamter in Petersburg und Moskau. A. war mit Gogol befreundet und Mitglied der Anarchisten. Einen Namen in der Literatur machte sich A. durch seine *Familienchronik* (1856, dt. 1912), eine kulturhistor. bedeutsame Schilderung des Lebens im patriarchal. Rußland des 18. Jh.s, deren Fortsetzung *Kinderjahre Bagrovs des Enkels* (1858, dt. 1912 und 1978 u. d. T. *Bagrovs Kinderjahre)* erschien.

Axjonow, Wassili Pawlowitsch (* 20.8. 1932 Kasanj). – Russ. Schriftsteller, der Medizin studierte und 1959 durch eine Erzählung über das Leben der Halbstarken *Stiljaga* bekannt wurde. Gegen bürgerl. Spießertum versuchte A. als erster die deftig-saloppe Sprache der Jugend in die Literatur einzuführen. A. war Mitherausgeber der Z. *Jugend* und *Metropol.* Emigrierte in die USA. Seine Hauptwerke wurden *Fahrkarte zu den Sternen* (R. 1961, dt. 1962), *Apfelsinen aus Marokko* (Erz. 1963), *Es ist Zeit, mein Freund, es ist Zeit* (R. 1964, dt. 1967), *Der Genosse mit der schönen Uniform* (dt. 1966), *Die Liebe zur Elektrizität* (dt. 1973), *Der rosa Eisberg oder Auf der Suche nach der Gattung* (1978, dt. 1981 Roman) *Die Insel Krim* (1981, dt. 1986), *Sag Rosine* (1979, dt. 1990). Dt. erschien 1978 die Sammlung von Erz. *Eine Million Trennungen.*

Aymé, Marcel (* 28.3. 1902 Joigny/Yonne, † 14.10. 1967 Paris). – Franz. Schriftsteller, war nach dem Studium der Medizin in verschiedenen Berufen tätig. Nach zunächst mehr psychologisierenden Romanen wurde A. durch die herausfordernde

Direktheit und phantast. Farben seiner späteren Romane, die in der großen franz. Tradition (Rabelais, Balzac) der »Contes Drôlaliques« stehen, weltweit berühmt, z.B. mit *Die grüne Stute* (1933, dt. 1953), einer vorzügl. Sittensatire auf das bäuerl. Leben. Wie in seinen Bühnenwerken zeigt sich A. u.a. in seinem Novellenband *Der Mann, der durch die Wand gehen konnte* (1943, dt. 1948) als sensibler und gleichzeitig unverblümt lebensnaher Erzähler mit einer Vorliebe für skurrile Komik. Aus seinen zahlreichen Werken, die auch Tiergeschichten für Kinder enthalten, seien hier als Auswahl genannt *Der schöne Wahn* (1949), *Die Mondvögel* (1955, dt. 1959), *Die vier Wahrheiten* (1955, dt. 1960), *Der Elephant und der Hund* (dt. 1963), *Der Esel und das Pferd* (dt. 1976).

Ayrenhoff, Cornelius Hermann von (*28.5. 1733 Wien, †15.8. 1819 ebd). – Österr. Dramatiker, war Offizier und ab 1794 Feldmarschall-Leutnant; nach klassizist. Vorbildern, z.B. Racine, Boileau, den er auch übersetzte, Gottsched, verfaßte A. eine Reihe von beliebten Komödien und Tragödien. A. war ein Vertreter des sog. josefin. Rationalismus in Österreich und ein heftiger Gegner des Sturm und Drang und der Weimarer Klassiker. Seine Literaturkomödie *Die gelehrte Frau* (1775) parodierte Shakespeare und den jungen Goethe. Seine Werke *Aurelius* (1766), *Hermann und Thusnelde* (1768), *Der Postzug* (1769), *Die Liebe in Pannonien* (1777) waren große Erfolge.

Ayrer, Jakob (*um 1543 Nürnberg, †26.3. 1605 ebd.). – Bedeutender Dramatiker des 16.Jh.s nach H.Sachs, lebte von 1570 bis 1593 in Bamberg, dann als Notar in Nürnberg. Von A. sind 69 Tragödien, Komödien, Fastnachtsspiele und Singspiele erhalten, durch die er die Nürnberger Spieltradition des Hans Sachs fortzuführen versuchte. Die Spiele greifen Inhalte der röm. Geschichte, der Heldensagen, Volksbücher und der Bibel auf. Die zuweilen derben Stücke sind in Knittelversen abgefaßt und entstanden mit unter dem Einfluß der engl. Komödianten, die seit 1593 in Nürnberg auftraten. A.s Singspiele – Liedstrophen auf bekannte Volksweisen zur Unterhaltung zwischen den Akten – finden noch heute Beachtung. 66 seiner Stücke wurden 1618 im *Opus Theatricum* zusammen-

gefaßt. Die letzte Ausgabe stammt von A.v. Keller aus dem Jahr 1865.

Azaña y Díaz, Manuel (*10.1. 1880 Alcalá de Henares, †4.11. 1940 Montauban). – Span. Schriftsteller und Republikaner, war 1936 bis 1939 Präsident der Republik und lebte dann im Exil in Frankreich. Lit. machte er sich einen Namen mit Romanen und Essays, v.a. *El jardin de los frailes* (1927), *Plumas y palabras* (1930) und *La invención del Quijote* (1934).

Azorín, eigtl. *José Martínez Ruiz* (*8.6. 1873 Monóvar/Alicante, †2.3. 1967 Madrid). – Span. Schriftsteller, studierte Jura, wurde Abgeordneter und Mitglied der Spanischen Akademie und verlebte die Jahre 1936 bis 1939 in Frankreich. Er schuf ein umfangreiches journalist., essayist. und erzähler. Werk, das für das kulturelle Bewußtsein Spaniens von großer Bedeutung ist. In schlichter Sprache zeichnet A. ein feinsinnig-genaues Bild vom Leben in den Dörfern und Kleinstädten Kastiliens, z.B. in *Auf den Spuren Don Quijotes* (1905, dt. 1923), *El alma castellana* (1900), *España, hombres y paisajes* (1909), *Castilla* (1912), *Clásicos y modernos* (1913), *Bekenntnisse eines kleinen Philosophen* (dt. 1962). Neben phantasiereichen Dramen schrieb A. bedeutende Romane, wie *Don Juan* (1922), *Doña Ines* (1925). Eine Gesamtausgabe seiner Werke in 9 Bänden erschien in Spanien in den Jahren 1947 bis 1954.

Azuela, Mariano (*1.1. 1873 Lagos de Moreno, †1.3. 1952 Mexiko). – Mexikan. Schriftsteller und Armenarzt, lebte wegen seiner politischen Einstellung zeitweilig im amerikanischen Exil. Literarisch trat A., der auch Bühnenwerke schrieb, vor allem mit seinen Romanen hervor. Sein berühmtestes Werk *Die Rotte* entstand 1915 (dt. 1930). A. schildert darin den grausamen Verlauf des Bürgerkriegs aus einer Art Vogelperspektive, um damit um so rigoroser die Ereignisse in ihrer blutigen Sinnlosigkeit darstellen zu können. Weitere Werke, die durchaus vergleichbare Themen behandeln, sind *Mala yerba* (1909), *Los caciques* (1917), *La malhora* (1923), *La luciérnaga* (1932). Eine Gesamtausgabe erschien 1958 bis 1960.

B

Baal Schemtov, eigtl. *Israel ben Elieser* (*um 1700 Okop/Ukraine, †22.5. 1760 Medschibosch). – Jüd. Wanderprediger und Begründer des religiösen Chassidismus, kämpfte für eine myst.-ekstat. Erneuerung der Religion. Von ihm selbst existieren kaum Aufzeichnungen. Seine Predigten und Legenden wurden von seinen Anhängern schriftl. festgehalten. Martin Buber hat zahlreiche seiner Werke übersetzt, u.a. *Die Legende des Baalschem* (1907).

Baar, Jindřich, Šimon (*7.2. 1869 Klenči, †24.10. 1925 ebd.). – Tschech. Dichter, aus einer alten Bauernfamilie stammend und von Beruf Pfarrer, zeichnet in seinen Romanen und Erzählungen in realist. Weise das Leben der Bauern und Geistlichen auf dem Lande, die um ihre ererbten Rechte kämpfen. Eine Gesamtausgabe seines Werkes *Sebrané spisy* erschien 1923–24. Der Roman *Jan Cimbura* (1908) erschien 1941 in dt. Übersetzung.

Babel, Issaak Jemmanuilowitsch (*13.7. 1894 Odessa, †17.3. 1941?). – Russ. Schriftsteller, stammte aus einer jüd. Kaufmannsfamilie. Literar. trat er schon mit einundzwanzig Jahren an die Öffentlichkeit. Bekannt wurde er 1923 durch seine im Krieg gegen Polen gesammelten Erzählungen *Konarmija* (dt. *Budjonnyis Reiterarmee* 1960). Er starb in einem Gefangenenlager zur Zeit der Stalin-Ära. Seine lit. Vorbilder waren Flaubert und Maupassant. B.s Stil ist natural. und zugleich lyr.-empfindsam. Als Übersetzungen liegen u.a. vor *Sonnenuntergang* (dt. 1962), *Ein Abend bei der Kaiserin* (dt. 1969), *Tagebuch 1920* (1990).

Babits, Mihály (*26.11. 1883 Szegszárd, †14.8. 1941 Budapest). – Ungar. Dichter, war u.a. als Studienrat, Kritiker, Redakteur und Übersetzer (Dante, Goethe, Shakespeare) tätig. In den 30er Jahren beeinflußte er das lit. Leben Ungarns sehr stark. Seine Lyrik, die sich bewußt gegen den Kollektivismus wendet, besitzt gedankl. und formale Strenge. Viele seiner Romane wurden ins Deutsche übersetzt, z.B. *Der Storchkalif* (1916, dt. 1919), *Das Kartenhaus* (1923, dt. 1926), *Söhne des Todes* (dt. 1927).

Bacchelli, Riccardo (*19.4. 1891 Bologna, †8.10. 1985 Monza). – Ital. Schriftsteller, war nach dem 1. Weltkrieg als Kritiker und Journalist tätig. 1919–23 bedeutendes Mitglied des »Ronda-Dichterkreises«, einer Bewegung, die eine Erneuerung der Literatur zu klassischer Strenge anstrebte. Von seinen Romanen, u.a. *L'Afrodite* (1969), *Du bist mein Vater nicht mehr* (1959, dt. 1961), *Die Mühle am Po* (1938–40, dt. 1952 v. Stefan Andres), ist *Der Teufel auf dem Pontelungo* (dt. 1972), der das Leben Bakunins erzählt, sein bekanntester. Posth. erschien dt. *Der Komet* (1990).

Bacchylides (*um 505 v. Chr., †450 v. Chr.). – Griech. Lyriker, Neffe des Dichters Semonides. Sein Leben ist biograph. nicht gesichert, man nimmt jedoch an, daß er sich am Hofe des Hieron von Syrakus aufhielt. Er schrieb Lieder für öffentl. Anlässe, wobei er sich inhaltl. und formal an Pindar und Homer anlehnte. Sechs seiner Dithyramben und 14 Epinikien sind erhalten.

Bachmann, Ingeborg (*25.6. 1926 Klagenfurt, †16.10. 1973 Rom). – Österr. Dichterin, arbeitete nach ihrem Studium der Philosophie und der Promotion über Heidegger (1950) als Redakteurin beim Österr. Rundfunk. Seit 1953 war sie als freie Schriftstellerin tätig. Sie wurde mit zahlreichen Literaturpreisen ausgezeichnet und gehörte der »Gruppe 47« an. Die Gedichtbände *Die gestundete Zeit* (1953) und *Anrufung des Großen Bären* (1956) reflektieren die Einsamkeit des modernen Menschen; sprachl. gesuchte Passagen stehen dabei neben gefälligen Wortfolgen. In dem Hörspiel *Der gute Gott von Manhattan* (1958) experimentierte sie mit lyr. Formen. 1955 erschien die erste Hörspielsammlung u. d. T. *Zikaden*. Daneben veröffentlichte sie u.a. den Roman *Malina* (1971) und die Erzählungen *Simultan* (1972) und *Gier* (1973). Großen Erfolg hatte sie auch mit den Libretti für die Opern *Der Prinz von Homburg* (1960) und *Der junge Lord* (1965), die sie für den Komponisten H.W. Henze schrieb. 1978 erschien eine *Gesamtausgabe* in vier Bdn.

Bacon, Francis, Baron Verulam, Viscount St. Albans (*22.1. 1561 London, †9.4. 1626 Highgate b. London). – Engl. Philosoph, Politiker und Schriftsteller, wurde 1617 Lordkanzler unter König Jakob I., jedoch bald darauf wegen eines Bestechungsskandals abgesetzt. Er zog sich danach nach Gorhambury zurück und betrieb philosoph. und literar. Studien. Eine polit. Rehabilitierung durch König Karl I. lehnte er ab. Die Bedeutung B.s beruht auf der Begründung der modernen Erfahrungsphilosophie, des Empirismus, v.a. niedergelegt in der Schrift *The Advancement of Learning* (1605). Das Mittel zur Erkenntnis ist die Induktion. In seinen Werken besticht er durch seinen einfachen, prägnanten Stil. Von seinen Schriften wurden veröffentlicht u.a. *The Essays or Counsels, civil and moral* (1597–1625, dt. 1927) und, nach seinem Tod, das Fragment einer didaktischen Romanze *New Atlantis* (1660).

Bächler, Wolfgang, *Ps. Wolfgang Born* (*22.3. 1925 Augsburg). – Dt. Schriftsteller, studierte in München Literatur- und Theaterwissenschaft und Kunstgeschichte, Mitglied der »Gruppe 47«, spielte in Filmen von Faßbinder und Schlöndorff. Seine Lyrik steht in der Nachfolge Gottfried Benns und ist gekennzeichnet durch abstrakte, oft paradoxe Wortkombinationen. B. schreibt viele zeitbezogene Gedichte, aber auch Prosa, wie z. B. *Traumprotokolle* (1972), in welchen er assoziativ gesellschaftliche Probleme reflektiert, *Stadtbesetzung* (1979), *Nachtleben* (1982), *Einer, der auszog, sich köpfen zu lassen* (1990). Von seinen Gedichten sind bis jetzt u. a. erschienen: *Die Zisterne* (1950), *Lichtwechsel I und II* (1955, 1960), *Türklingel* (1962), *Türen aus Rauch* (1963), *Die Erde bebt noch. Frühe Lyrik* (1982).

Baekelmans, Lode (*26.1. 1879 Antwerpen, †11.5. 1965 ebd.). – Belg. Schriftsteller, war in seiner frühen Schaffensphase vom Naturalismus, später vom Realismus beeinflußt. Seine Werke, deren bekanntestes der Roman *Tille* (1912) ist, schildern meist das Leben der unteren Schichten, geprägt vom Hafenmilieu Antwerpens. Weitere Veröffentlichungen sind die Dramen *Europa-Hotel* (1922), *De blauw Schuyte* (1924), der Roman *Robinson* (1949) und die Erzählung *Carabas* (1950).

Baermann-Steiner, Franz (*12.10. 1909 Prag, †27.11. 1952 Oxford). – Österr. Lyriker, verließ im Dritten Reich seine Heimat und trat 1939 eine Dozentenstelle in Oxford an. Seine Gedichte wurden in Auswahl mit den Titeln *Unruhe ohne Uhr* (1954) und *Eroberungen* (1964) veröffentlicht.

Bäuerle, Adolf, eigtl. *Johann Andreas B.* (*9.4. 1786 Wien, †19.9. 1859 Basel). – Der Österreicher B. war Journalist und Sekretär des Wiener Leopoldstädter Theaters (1809–28). Als Vorläufer Raimunds schrieb er Zauber- und Lustspiele, u. a. *Der Fiaker als Marquis* (1816), *Die falsche Primadonna* (1818) und *Lindane* (1824), die er in der Sammlung *Komisches Theater* (1820–26) veröffentlichte. B. ist der Begründer der typ. Wiener Bühnenfigur des »Staberl«, die Vorbild für die Hauptrollen in den Stücken Raimunds und Nestroys wurde. Seine vom Wiener Milieu geprägten Stücke zeichnen sich durch Witz aus, gleiten jedoch oft ins Seichte ab. B ist der Verfasser des Lieds *Kommt a Vogerl geflogen*.

Bäumer, Gertrud (*12.9. 1873 Hohenlimburg, Westf., †25.3. 1954 Bethel b. Bielefeld). – B.s Tätigkeiten als Journalistin, Leiterin des Sozialpädagogischen Instituts Hamburg und Abgeordnete des Reichstags dienten dem Ziel der Emanzipation der Frau, wobei sie viele Jahre in der Frauenbewegung eine wirksame Rolle spielte. In diesem Sinn ergab sich auch eine enge Zusammenarbeit mit Helene Lange und F. Naumann. In ihren Romanen beschreibt sie meist histor. Persönlichkeiten, wobei sie im Unterschied zu Ricarda Huch besonders auf mittelalterl. Themen zurückgreift. B. schrieb u. a. mit Helene Lange ein *Handbuch der Frauenbewegung* (1901–1906), die Biographien *Die Macht der Liebe* (1942), *Frau Rath Goethe*

(1949), *Ricarda Huch* (1949) und den Roman *Der Berg des Königs* (1938). Ihr bekanntester Roman ist *Adelheid, Mutter der Königreiche* (1936). 1956 erschienen ihre Briefe *Des Lebens wie der Liebe Band*.

Baggesen, Jens (*15.2. 1764 Korsør/Seeland, †3.10. 1826 Hamburg). – Dän. Dichter, schrieb in dän. und dt. Sprache. Seine Erzählungen *Comiske Fortællinger* (1785; dt. *Comische Erzählungen*, 1792) wurden mit einem Reisestipendium ausgezeichnet, was ihm u. a. die Bekanntschaft mit Klopstock, Schiller, Voß und Wieland ermöglichte. Der Reisebericht *Das Labyrinth oder Reise durch Deutschland und die Schweiz* (1792 ff., dt. 1893 ff.) wurde viel gelesen und ist heute ein wichtiges zeithistor. Dokument. Seine Werke sind u. a. die Gedichte *Heideblumen* (1808), *Der Himmelruf an die Griechen* (1826) und das komische Epos *Adam und Eva* (1826), dessen Witz und Ironie den Einfluß Wielands und Voltaires zeigen.

Bahr, Hermann (*19.7. 1863 Linz, †15.1. 1934 München). – Österr. Schriftsteller, war u. a. als Journalist, Lektor und Regisseur bei Max Reinhardt in Berlin tätig. B. war offen für fast alle zeitgenöss. Richtungen in der Literatur und experimentierte mit allen Stilarten. In seinen Werken finden Elemente des Naturalismus ebenso ihren Niederschlag wie Formen des Symbolismus; in den Theaterstücken wirken bes. expressionistische Ausdrucksweisen. Er trat auch als Förderer v. a. des naturalist. und – in etwas geringerem Maße – des expressionist. Theaters auf. Als Verfasser zahlreicher witziger Theaterstücke, die sich meist mit der inneren Freiheit des Menschen und seiner Beziehung zum Du befassen, sah er sich in der Nachfolge Bauernfelds. Neben den Dramen *Die Mutter* (1891), *Das Tschaperl* (1898) und den Komödien *Der Meister* (1904), *Ringelspiel* (1907) ist das Lustspiel *Das Konzert* (1909) sein bekanntestes Werk. Seine Romane *Theater* (1897), *Himmelfahrt* (1916) und *Die Rotte Korahs* (1919) verraten Menschenkenntnis und die Befähigung zur krit. Durchleuchtung gesellschaftl. Zustände.

Baierl, Helmut (*23.12. 1926 Rumburg/Tschechoslowakei). – Dt. Schriftsteller, studierte Slawistik und besuchte das Literaturinstitut in Leipzig. Bis 1967 arbeitete er als Dramaturg des (Ost-)»Berliner Ensembles«. Seine Dramen, u. a. *Frau Flinz* (1961), *Johanna von Döbeln* (1969), *Schlag 13* (1971), *Die Lachtaube* (1974), *Kirschenpflücken* (1979), schildern den sozialist. Alltag in der DDR und erinnern stark an die Lehrstücke Bertolt Brechts. Daneben veröffentlichte B. die Prosa *Die Köpfe oder Das noch kleinere Organon* (1974).

Bākī, Mahmud 'Abd al- (*1526 Istanbul, †7.4. 1600 ebd.). – Der türk. Dichter wurde schon zu seinen Lebzeiten sehr geschätzt. In seinem wichtigsten Werk, dem *Divan* (dt. 1825), besingt er den Tod des Sultans Suleiman II. Seine formvollendete Dichtung ist geprägt von der Freude am Leben.

Bakker, Piet, eigtl. *Pieter Oege, Ps. Ypsilon* (*10.8. 1897 Rotterdam, †1.4. 1960 Amsterdam). – Niederl. Schriftsteller, dessen volkstüml. Erzählungen, z.B. *Vrouw aan boord* (1938), und Romane, z.B. *Ciske de rat* (1941, dt. 1946) und *Ciske groeit op* (1943), schildern in humorvoller Weise das Leben der Seeleute unter Darstellung der sozialen Aspekte aus der Perspektive des Knaben Ciske.

Baklanow, Grigori (*11.9. 1923 Woronesch). – Russ. Schriftsteller, meldete sich im 2. Weltkrieg freiwillig zur Armee und studierte danach Literatur. In seinen Erzählungen, u.a. *Ein Fußbreit Erde* (1959, dt. 1960 u. 1964), *Die Toten schämen sich nicht* (1961, dt. 1962), *Wovon der Mensch lebt* (1977), und seinem Roman *Ijul '41* (1965) versucht er die Kriegsproblematik zu bewältigen. Allgemeine Beachtung fand der Roman *Freunde* (1976, dt. 1978), in dem er unterschiedliche künstlerische und gesellschaftl. Auffassungen miteinander konfrontiert. Seit 1987 Leiter der Redaktion der Zeitschrift *Snamja* und Verfechter des Reformkurses.

Bakunin, Michail (*18.5. 1814 Prjamuchino, †1.7. 1876 Bern). – Russ. Revolutionär, lebte seit 1841 in Westeuropa, wo er Kontakte zu Karl Marx und Proudhon hatte. Nach seiner Auslieferung an Rußland gelang es ihm, nach England zu fliehen. Seine Hauptwerke sind *L'empire knouto-germanique et la révolution sociale* (1871), *Staat und Anarchie* (1873) und *Die Bekämpfung des Zarismus* (1925).

Balassi, Bálint, Baron (*9.10. 1554 Zólyom-vára/Ungarn, †26.5. 1594 Esztergom). – Ungar. Dichter, starb nach einem wechselvollen Leben als Soldat bei der Belagerung Esztergoms. Er befaßte sich in seinen klangvollen Gedichten mit dem Soldatenleben und mit religiösen und patriot. Themen. Seine Werke sind u.a. *Istenes énekek* (1576), *Összes müvei, II* (1551–55) und *Összes versei és szép magyar komédiája* (1561).

Balchin, Nigel, Ps. *Mark Spade* (*3.12. 1908 Potterne, †17.5. 1970 London). – Engl. Romanautor und Essayist, studierte Naturwissenschaften und Psychologie; lebte zuletzt als freier Schriftsteller. Seine im Stil an Hemingway erinnernden Romane, u.a. *Das kleine Hinterzimmer* (1943, dt. 1947), *Es fing so harmlos an* (1966, dt. 1969) und *Könige des Weltraums* (1967, dt. 1969) sind sprachl. brillant und wurden z.T. verfilmt. In dem Essayband *The Anatomy of Villainy* (1950) untersucht er das Phänomen des Bösen.

Balde, Jakob (*4.1. 1605 Ensisheim/Elsaß, †9.8. 1668 Neuburg a.d. Donau). – Dt. Schriftsteller, Theologe und Gelehrter, daneben Tätigkeiten als Professor der Rhetorik, Hofprediger und Prinzenerzieher. Seine barocken Werke in neulat. Sprache, die sich formal an Horaz anlehnen, sind lit. sehr bedeutend, während die Gedichte in dt. Sprache wenig Gewicht haben, außer etwa *Agathyrsus*. B., von dem u.a. Gryphius und Herder beeinflußt wurden, ist der Verfasser des Jesuitendramas

Jephtias (1654). Sein Werk erschien 1729 in einer Gesamtausgabe unter dem Titel *Opera poetica omnia.*

Baldini, Antonio (*10.10. 1889 Rom, †6.11. 1962 ebd.). – Ital. Schriftsteller, war nach dem Studium der Literatur als Mitarbeiter bei zahlreichen Zeitungen tätig. In dem Roman *Nostro purgatorio* (1918) verarbeitet er seine Erfahrungen während des 1. Weltkriegs. Charakterist. für seine Erzählweise ist der anmutige, geistreiche Stil, in dem z.B. auch der Roman *Michelaccio* (1924) gehalten ist. Seine Werke wurden nicht übersetzt. 1965 erschien posth. *Un sogno dentro l'altro.* Als Herausgeber ital. Werke war er hoch geschätzt.

Baldwin, James (*2.8. 1924 New York, †1.12. 1987 St- Paul de Vence/Frankreich). – Der farbige amerikan. Schriftsteller jüdischen Glaubens ist ein prominenter Verfechter der Rassenintegration. Großes Aufsehen erregte er mit *Gehe hin und verkünde es vom Berge* (1953, dt. 1966). Neben seinen Romanen, z.B. *Giovannis Zimmer* (dt. 1963), *Sag mir, wie lange ist der Zug schon fort* (1968, dt. 1969), *Eine andere Welt* (1962, dt. 1977), *Zum Greifen nah* (dt. 1981), in denen er zahlreiche persönl. Erlebnisse verarbeitet, stehen Dramen, wie z.B. *Blues für Mister Charlie* (1964, dt. 1971), *Sie nannten ihn Malcol X* (1972, dt. 1974), *Beale Street Blues* (dt. 1974) und bedeutende polit. Essays, z.B. *Schwarz und Weiß* (1961, dt. 1963), *Rassenkampf – Klassenkampf* (1972, dt. 1973), *Teufelswerk* (1976, dt. 1977), *Das Gesicht der Macht bleibt weiß* (dt. 1986).

Bale, John (*21.11. 1495 Cove, †Nov. 1563 Canterbury). – Engl. Theaterdichter, zunächst Karmelitermönch, trat zum protest. Glauben über und wurde, nachdem er mehrmals hatte fliehen müssen, Domherr unter Elisabeth I. Er verfaßte zahlreiche Mysterienspiele, die in der Sammlung *Dramatic Writings* (hg. 1907) erschienen. Seine eigtl. Bedeutung beruht auf dem Drama *King John* (1548), das den Übergang vom Moralitäten- zum Historiendrama darstellt. B. tritt dabei, wie auch in seinen polem. Schriften, als scharfer Gegner der kath. Kirche auf.

Ball, Hugo (*22.2. 1886 Pirmasens, †14.9. 1927 Sant' Abbondio/Tessin). – Dt. Dichter, war nach dem Studium der Philosophie und Soziologie und einer Regieausbildung bei Max Reinhardt in Berlin u.a. Dramaturg an den Kammerspielen München und Journalist in Bern, wo er unter dem Einfluß Bakunins stand und als vorzüglicher Essayist und scharfer Zeitkritiker an die Öffentlichkeit trat. Er war einer der Gründer des Dadaismus und schrieb Lautgedichte, die er persönl. rezitierte. Freundschaftl. Umgang pflegte er mit der Gruppe »Blauer Reiter« und mit Hermann Hesse, über den er eine Biographie schrieb (1927). Die bekanntesten Werke sind u.a. die Romane *Flametti oder vom Dandyismus der Armen* (1918), *Tenderenda der Phantast* (hg. 1967) und die Essays *Zur Kritik der deutschen Intelligenz* (1919 u. 1970).

Balzac, Honoré de (* 20. 5. 1799 Tours, † 18. 8. 1850 Paris). – Franz. Romancier, studierte zunächst Jura und schrieb nach dem Abbruch seines Studiums Trivialromane ohne lit. Bedeutung. Nachdem er viele Jahre von seiner bedeutend älteren Geliebten beeinflußt worden war, heiratete er kurz vor seinem Tode die poln. Gräfin Eva Hanska-Rzewuska. Mit rastloser Energie schrieb der unter finanziellen Schwierigkeiten leidende B. noch eine große Anzahl von Romanen, die zu dem unvollendet gebliebenen Zyklus *La comédie humaine* (= *Die menschliche Komödie;* 1829–54) gehören. Die wichtigsten seiner stark typisierten Protagonisten, z. B. der geizige Grandet, der ehrgeizige Rastignac oder der Verbrecher Vautrin, kommen dabei in mehreren Romanen vor, die u. a. unter den Titeln *Eugénie Grandet* (1833, dt. 1835 u. 1845), *Vater Goriot* (1834/35, dt. 1835), *Die Lilie im Tal* (1835, dt. 1845), *Verlorene Illusionen* (1837–43, dt. 1845 u. 1909) und *Glanz und Elend der Kurtisanen* (1839–47, dt. 1909) erschienen. Während seine Zeitgenossen der lit. Romantik huldigten, beschrieb der von Walter Scott beeinflußte B. unter genauer Beachtung des Milieus den Aufstieg und Fall einzelner Mitglieder der nachnapoleon. Gesellschaft und wurde damit der Begründer des soziolog. Realismus. Weitere Werke sind die nach der Art Rabelais' verfaßten grotesken Schwänke *Tolldreiste Geschichten* (1832–53, dt. 1928). Aus dem umfangreichen Werk sind nur die wichtigsten Titel aufgeführt – eine Vollständigkeit würde jeden Rahmen sprengen. Gesamtausgaben liegen heute in allen Kultursprachen vor.

Balzac, Jean-Louis, Guez de (* 1597 Angoulême, † 18. 2. 1654 Balzac/Charente). – Franz. Schriftsteller, schon zu seinen Lebzeiten als Politiker und Schriftsteller anerkannt; war Wegbereiter der franz. Klassik und gehörte zu den ersten Mitgliedern der Académie Française. Neben seinen philosoph. Essays, z. B. *Socrate Chrétien* (1652) und *Aristippe ou de la cour* (1658, dt. 1662), machten ihn vor allem seine stilist. hervorragenden Briefe an bekannte Persönlichkeiten, *Lettres* (1624 ff. neu 1873), und *Premières Lettres* (1618 bis 1637, neu 1933), bekannt, die sich an der Sprache der lat. Klassiker orientieren.

Bamm, Peter, eigtl. *Curt Emmrich* (* 20. 10. 1897 Hochneukirch/Sachsen, † 30. 3. 1975 Zürich). – Dt. Schriftsteller, eigentlich Chirurg und Sinologe, begann er seine lit. Karriere als talentierter Feuilletonist. Eine Auswahl seiner Feuilletons und Kriegserinnerungen erschien 1935 unter dem Titel *Die kleine Weltlaterne.* Daneben schrieb er Biographien, z. B. *Alexander oder Die Verwandlung der Welt* (1965), Reiseberichte, u. a. *An den Küsten des Lichts* (1961), Berichte, u. a. *Die unsichtbare Flagge* (1952), Bildbände, u. a. *Welten des Glaubens* (1959), Essays, u. a. *Adam und der Affe* (1969), und Erinnerungen, u. a. *Eines Menschen Zeit* (1972). Sein eleganter Stil, in dem auch die Feuilletons *Am Rande der Schöpfung* (1974) geschrieben sind, zeichnet sich durch eine klare, allgemeinver-

ständliche Sprache aus. Sein bekanntestes Werk wurde *Frühe Stätten der Christenheit* (1955).

Bāna (7. Jh. n. Chr.). – Ind. Dichter, stammte aus einer reichen Brahmanenfamilie und lebte am Hofe des Kaisers von Kanauj, dessen Leben er in dem nur zum Teil erhaltenen histor. Roman *Harṣa-carita* beschreibt. Sein Sohn vervollständigte sein zweites Hauptwerk, den Liebesroman *Kādambari* (herausgegeben 1883, neu 1968; engl. 1896, neu 1968).

Bances, Candamo Francisco Antonio de (* 26. 4. 1662 Sabugi/Asturien, † 8. 9. 1704 Lezuza/Albacete). – Span. Lyriker und Dramatiker, erfreute sich am Hofe Karls II. großer Anerkennung. Er war der letzte Nachfolger Calderons und lit. stark von ihm beeinflußt. Sein Werk umfaßt u. a. die Komödien *El esclavo en grillos de oro, La piedra filosofal* und die allegor. Sakramentsspiele *El gran químico del mundo* und *El primer duelo del mundo.* Seine anspruchsvolle Lyrik orientiert sich am Vorbild Góngoras.

Bandeira, Manuel Carneiro de Sousa (* 19. 4. 1886 Recife, † 13. 10. 1968 Rio de Janeiro). – Brasilian. Lyriker, studierte zunächst Architektur und lehrte dann als Universitätsprofessor in Rio. Als Mittler zwischen moderner und traditionsgebundener Dichtung und Überwinder des Symbolismus übt er eine nachhaltige Wirkung auf die zeitgenöss. Dichtung aus. Die wichtigsten seiner formal abwechslungsreichen und anspruchsvollen Gedichte sind *Carnaval* (1919), *Poesias* (1924), *Poesias completas* (1940 u. 1951) und *Poesia e Prosa* (1958).

Bang, Herman (* 20. 4. 1857 Adserballe/Insel Alsen, † 29. 1. 1912 Ogden/USA). – Dän. Schriftsteller, führte ein wechselvolles Leben und starb schließl. völlig vereinsamt in Amerika. Mit dem Novellenband *Am Wege* (1886, dt. 1898) leitete er den lit. Impressionismus in Dänemark ein. Sein Frühwerk, z. B. der Roman *Hoffnungslose Geschlechter* (1880, dt. 1900), steht unter dem Einfluß von Zola, Ibsen und Darwin. Seine wichtigsten Werke sind darüber hinaus die Novellensammlungen *Exzentr. Novellen* (1885, dt. 1905), *Sœlsomme Fortællinger* (1907) und die autobiograph. Romane *Mikaël* (1904, dt. 1906) und *De uden Fædreland* (1905, dt. 1912), in denen er sich mit dem Problem der Homosexualität befaßt. Der Stil seiner Erzählungen *Ved vejen, En dejlig dag* und *Irene Holm* wurde für seine Zeitgenossen Vorbild und Maßstab.

Banville, Théodore de (* 14. 3. 1823 Moulins/Allier, † 13. 3. 1891 Paris). – Franz. Dichter, Meister der formvollendeten Lyrik, gehörte zur Gruppe der Parnassiens. Schon früher hatte er, beeinflußt von Victor Hugo und Théophile Gautier, romant. Gedichte geschrieben. Neben den Gedichten *Les cariatides* (1842), *Les stalactides* (1846), *Sonnailles et clochettes* (1891) und den Erzählungen *Esquisses parisiennes* (1859) und *Contés héroïques* (1884) verdient auch seine lit. Abhandlung *Petit traité de poésie française* (1871) erwähnt zu werden.

Barańczak, Stanislaw (* 13. 11. 1946 Posen). – Poln. Schriftsteller, studierte Polonistik, arbeitete als Redakteur und beteiligte sich intensiv an der Diskussion über den ideologischen Sinn der Literatur, die in Polen in den ausgehenden 60er Jahren geführt wurde. B. propagierte eine Lyrik, die sich neuer Stilmittel bedient und nicht die tradierten Formen fortsetzen soll. Dabei fordert er stets die Beachtung der kollektiven Interessen und tritt für eine Darstellung ein, die die Schrecken der Realität nicht verhüllt. In seinem Werk *Triptychon aus Beton, Erschöpfung und Schweiß* (1980) weist er auf die moralischen Defizite der Zeit hin. Theoret. hat er sich in den Schriften *Die Mißtrauischen und die Hochnäsigen* (1971) und *Ironie und Harmonie* (1973) mit der zeitgenöss. Sprache und Literatur auseinandergesetzt.

Barathašvili, Nikolos (* 27. 12. 1817 Tiflis, † 21. 10. 1845 Gandža). – Georg. Romantiker, war Neffe des Dichters Orbeliani. Er befreite die georg. Literatur von ihrer Isolation und machte sie europ. Einflüssen zugänglich. Die wichtigsten seiner Gedichte, die an die Weltschmerzstimmung Byrons anklingen, sind *Bedi k'art'lisa* (1839) und *Der Renner* (1842, dt. 1946). Seit 1968 liegen sie auch unter dem Titel *Gedichte* in Dt. vor.

Baratynski, Jewgeni Abramowitsch (* 2. 3. 1800 Wjaschlo/Gouv. Tambow, † 11. 7. 1844 Neapel). – Russischer Gutsbesitzerssohn, verließ mit 25 Jahren die Militärlaufbahn und zog sich auf seine Güter zurück. Seine frühen Gedichte handeln in melodischen Versen von anakreont. Lebensgenuß, während sein Spätwerk, z. B. die Gedichte *Sobranie stichotvorenij* (1835) und *Sumerki* (1842), von pessimistischer Distanz zur Welt gezeichnet ist. B.s Dichtung wurde von Puschkin und den Leitgedanken der französischen Aufklärung beeinflußt. *Ausgewählte Gedichte* liegen seit 1948 in deutscher Sprache vor.

Barbey d'Aurevilly, Jules-Amédée (* 2. 11. 1808 Saint-Sauveur-le-Vicomte/Manche, † 23. 4. 1889 Paris). – Franz. Dichter, stammte aus normann. Adel und war ein temperamentvoller Verfechter des Katholizismus und des Monarchismus, lebte aber zugleich wie ein Dandy. Sein Werk stand zwischen der Romantik und dem Realismus und ist von Balzac, Byron und Walter Scott beeinflußt. Seine Romane, u. a. *Eine alte Geliebte* (1851, dt. 1904), *L'ensorcelée* (1854, dt. 1900), *Ein verheirateter Priester* (1881, dt. 1968), und Novellen, z. B. *Die Teuflischen* (1874, dt. 1904 u. 1964), schildern in einer dynam., bilderreichen Sprache Menschen, die von der Herrschaft des Bösen umgeben sind. Barbeys Katholizismus beeinflußte u. a. Bernanos und Mauriac.

Barbour (Barber), John (* um 1316, † 13. 3. 1395 Aberdeen). – Schott. Dichter und Erzdiakon von Aberdeen, schrieb um 1375 das patriot. Heldenepos *The Bruce* (hg. 1909 u. 1960), das den Kampf der Schotten um ihre Unabhängigkeit von England verherrlicht. B. war darüber hinaus auch als Übersetzer tätig.

Barbu, Eugen (* 20. 2. 1924 Bukarest). – Rumän. Schriftsteller, arbeitete nach dem Abbruch seines Studiums der Rechte und der Philosophie u. a. als Polizist, Fußballspieler, Journalist und Redakteur. Er zeichnet sich durch geschickte erzähler. Begabung aus, mit der er das Leben der unteren Schichten beschreibt, so in den ausgewählten Erzählungen *Die Flucht der Todgeweihten* (dt. 1963) und dem Roman *Principele* (1969). Der Roman *Teufelsgrube* (1957 u. 1963, dt. 1966) ist der erste Roman eines Zyklus über das Arbeiterleben.

Barbusse, Henri (* 17. 5. 1873 Asnières/Seine, † 30. 8. 1935 Moskau). – Franz. Sozialist und Preisträger des Prix Goncourt (1914), ist der Gründer der Antikriegsbewegung »Clarté«. Ab 1923 war er kommunist. Propagandist und starb hochangesehen in Moskau. Seine polit. Überzeugung spiegelt sich in seinem Werk wider, wie z. B. in dem oft übersetzten Roman *Das Feuer* (1916, dt. 1918), in dem er in drast. Weise die Unmenschlichkeit des Krieges anprangert. Mit diesem Werk gewann er großen Einfluß auf die Kriegsliteratur. Weitere Prosawerke sind u. a. *Die Kette* (1925, dt. 1926) und *Elevation* (1926, dt. 1930).

Barclay, Alexander (* um 1475 Schottland, † 8. 6. 1552 Croydon). – Der engl. Geistliche beschäftigte sich auf zahlreichen Reisen mit dem europ. Humanismus. Er schuf in den fünf *Eclogues* (1515–21 u. 1961) die erste engl. geistl. Dichtung. Sein wichtigstes Werk ist eine freie, an engl. Verhältnisse angepaßte Übersetzung des *Narrenschiffs* von Sebastian Brant (1494), die er 1509, wahrscheinl. nach einem lat. Text, anfertigte.

Barclay, John, Ps. *Euphormio* (* 28. 1. 1582 Pont à Mousson/Lothringen, † 12. 8. 1621 Rom). – Der neulateinische Dichter, der sich als Weltbürger verstand, lebte in England, Frankreich und Italien. Sein wichtigstes Werk, der Roman *Argenis* (1621 u. 1904; dt. von Martin Opitz, 1644), erinnert an die *Utopia* des Thomas Morus und beschreibt unter Vorwegnahme der späteren Gattung des Sittenromans die zeitgenöss. Verhältnisse in Frankreich. An den Satiriker Petronius lehnt sich der jesuitenfeindl. Roman *Satyricon* (1603–07, dt. 1901) an.

Baretti, Giuseppe Marc' Antonio, Ps. *Aristarco Scannabue* (* 24. 4. 1719 Turin, † 5. 5. 1789 London). – Ital. Dichter, ist der Verfasser eines ital.-engl. Lexikons, das er in London herausgab. Seine Rückkehr nach Italien schilderte er in den *Lettere familiari* (1762 u. 1936, dt. 1772), die ihn, wie auch seine von ihm herausgegebene Zeitschrift »Frustra letteraria« (1763–65 u. 1933), wegen der Schärfe ihrer Kritik in polit. Schwierigkeiten brachten. Als engagierter Gegner des zeitgenöss. theoret. Akademismus und Vorläufer der modernen Literaturkritik verteidigte er in seinem *Discours sur Shakespeare et sur* *monsieur de Voltaire* den lebensnahen engl. Dichter gegen den akadem.-klass. Voltaire.

Baring, Maurice (*27.4. 1874 London, †14.12. 1945 Beaufort Castle/Schottland). – Engl. Schriftsteller, bereiste als Diplomat und Journalist den Fernen und Nahen Osten. Sein Roman *Dead Letters* (1910) und die *Diminutive Dramas* (1910, dt. 1925) zeichnen sich durch ihren trockenen Humor aus. Neben Romanen wie *The Lonely Lady of Dulwich* (1934) und *Darby and Joan* (1935) schrieb er Gedichte, u. a. *Selected Poems* (1930), romant. Versdramen und Essays, wie *Punch and Judy Show* (1924). Seine Werke geben einen vorzüglichen Einblick in das Leben des gebildeten Bürgertums seiner Heimat.

Barlaam und Josaphat. – Der Verfasser dieses Buches ist wahrscheinl. der Mönch Johannes von Damaskos. Das Werk schildert, wie J., der Sohn eines ind. Königs, durch den christl. Einsiedler B. bekehrt wird und fortan ein asket. Leben als wunderwirkender Eremit führt. Die Dichtung ist eine christl. Bearbeitung der Legende vom Leben des jungen Buddha und liegt in einer Ausgabe von 1884 in Athen und einer dt. Übersetzung von 1847 vor.

Barlach, Ernst (*2.1. 1870 Wedel/Holst., †24.10. 1938 Rostock). – B. war gleichermaßen bedeutend als Bildhauer, Graphiker und Dichter. 1906 erkannte er auf einer Rußlandreise seinen künstler. Standort, der ab 1933 zu einer Verfemung seiner von der östl. Kultur geprägten Werke führte. Seine ausgeprägte Individualität erschwerte den Zugang zu B.s Dichtung, deren expressionistische Bilderfolgen ohne traditionellen Handlungsaufbau jeder kausalen Folge widersprechen. Seine Dramen *Der tote Tag* (1912), *Der arme Vetter* (1918), *Der Findling* (1922), *Die Sündflut* (1924), *Der blaue Boll* (1926) und *Die gute Zeit* (1929) sind lockere Bildfolgen, die bis zu *Die Sündflut* formal und stilistisch noch dem Expressionismus zugehören, charakterisiert durch eine myst.-ekstat. Sprache, die reich an Bildern ist. Sie behandeln u. a. die Einsamkeit des modernen Menschen. Im Monolog stellt der von Dostojewski und Meister Eckhart beeinflußte Dichter Seelenprozesse des Individuums dar, im Dialog das Bemühen um sprachliche Kommunikation. Diese Elemente sind auch in seinen Aufzeichnungen, die den Charakter von Tagebüchern haben, zu erkennen. B.s gleichnishafte Romane *Der gestohlene Mond* (hg. 1948) und *Seespeck* (hg. 1948) sind fragmentar. geblieben.

Barnes, Djuna (*12.6. 1892 Cornwall-on-the-Hudson/New York, †18.6. 1982 New York). – Amerikan. Schriftstellerin, befreundet mit G. Stein, behandelt in ihren bildhaften, nicht jedermann zugängl. Werken das Problem der menschl. Kontaktunfähigkeit. Mit Problemen der Frauenrechte setzte sie sich in *Solange es Frauen gibt, wie sollte da etwas vor die Hunde gehen* (dt. 1991) auseinander. Bisher erschienen dt. u. a. die Kurzgeschichten *Eine Nacht mit den Pferden* (1929,

dt. 1961), *Paprika Johnson und andere Stories* (dt. 1989), die Erzählungen *Spillway* (1962), das Drama *Antiphon* (1958, dt. 1972) und die Romane *Nachtgewächs* (1936, hg. von T. S. Eliot 1937, dt. 1959), *Ryder* (dt. 1986) und *Paris, Joyce, Paris* (dt. 1988). Werkausgabe *Selected Works* (1962).

Barnet, Miguel (*28.1. 1940 La Habana/Cuba). – Cuban. Dichter, trat bisher mit einer wissenschaftlichen Arbeit über afrikan. Religionen, mehreren Gedichtbänden, dem Roman *Sie träumten alle von Cuba* (dt. 1981) über Probleme eines Auswanderers und den Fabeln *Die stummen Hunde* (dt. 1985) an die Öffentlichkeit. Große Beachtung fand der auf Tonband aufgenommene Lebensbericht eines entflohenen Negersklaven auf Cuba (1966, dt. 1976 u. d. T. *Der Cimarrón*). *Ein Cubaner in New York* (1984, dt. 1990) erzählt vom Leben der Exilcubaner in den USA.

Baroja y Nessi, Pío (*28.12. 1872 San Sebastián, †30.10. 1956 Madrid). – B. ist einer der bedeutendsten span. Romanciers der Moderne. Sein Stil ist schmucklos und eigenwillig, seine Protagonisten bewegen sich meist am Rande der Gesellschaft. Die Trilogie *La lucha por la vida* (1904, dt. 1948) zeigt eine pessimist., an Anarchismus grenzende Lebenseinstellung. Sein Hauptwerk, die Romanfolge *Memorias de un hombre de acción* (1913–35), befaßt sich mit polit. Kämpfen des 19. Jh.s Weitere Werke sind u. a. die ausgezeichneten Essays *Divagaciones apasionadas* (1924) und das Prosawerk *Las veladas del chalet gris* (1952).

Barrès, Maurice (*22.9. 1862 Charmes-sur-Moselle/Lothr., †4.12. 1923 Neuilly-sur-Seine b. Paris). – Franz. Autor und Politiker, war mit France, Mallarmé und Hugo bekannt und wurde 1906 in die Académie Française aufgenommen. Von Stendhal beeinflußt, stellt er in seinem frühen, zur Dekadenz gehörenden Roman *Le culte du moi* (1888–91) sein Ich in den Mittelpunkt und erhebt den Egoismus zur Methode. Mit seinem bekanntesten Roman *La colline inspirée* (1913) beeinflußte er Gide und Maurice nachhaltig. Der einflußreiche Literat war Chauvinist und Antisemit (er engagierte sich exponiert im Dreyfusprozeß) und veröffentlichte u. a. auch die Erzählung *Le mystère en pleine lumière* (1926) und *Mes Cahiers*, die 1963 in einer Auswahl erschienen. Sein strenger, gleichzeitig aber brillanter Stil wirkte auch auf Malraux und Montherlant.

Barret Browning, Elizabeth → Browning, Elizabeth Barrett

Barrie, Sir James Matthew (*9.5. 1860 Kirriemuir/Schottl., †19.6. 1937 London). – Schott. Romancier und Bühnendichter, 1930 Kanzler der Universität Edinburgh. In seinen frühen Erzählungen *Auld Licht Idylls* (1888) und *A Window in Thrums* (1889, dt. 1899) zeigt sich der Einfluß der Kail-Yard-School, einer Gruppe sentimentaler schott. Heimatdichter, den B. jedoch durch seinen Humor abschwächt. Am bekanntesten wurde er mit dem Märchenspiel *Peter Pan* (1904, dt.

1911) und der Erzählung *Peter Pan im Waldpark* (1906, dt. 1911), die eine von grotesken Elementen durchsetzte, zwischen Traum und Realität schwebende Stimmung schaffen. Daneben schrieb er u. a. das Drama *Zurück zur Natur* (1902, dt. 1956) und den Roman *Der kleine Pastor* (1891, dt. 1899).

Barrili, Anton Giulio (*14.12. 1836 Savona, †15.8. 1908 Carcare/Savona). – Der zu Beginn des 20. Jh.s viel gelesene ital. Erzähler war u. a. auch der offizielle Sprecher Garibaldis. Seine zahlreichen Romane und Erinnerungen, wie *Capitan Dodero* (1865), *Con Garibaldi alle porte di Roma* (1895) und *Raggio di dio* (1899) gehören der Richtung des romant.-bürgerl. Romans an und sind teilweise von histor. Interesse.

Barrios, Eduardo (*25.10. 1884 Valparaíso/Chile, †13.9. 1963 Santiago de Chile). – Chilen. Schriftsteller, machte nach einer wechselvollen Jugendzeit eine erfolgreiche Karriere, widmete sich aber schließlich doch nur noch der Literatur. Seine Romane, z. B. *Der Huaso* (1948, dt. 1961), *Los hombres del hombre* (1957), und Dramen *Comedias originales* (1913) und *Vivir* (1916) zeichnen sich durch psycholog. Scharfsinn und gelungene Charakterschilderungen aus. In seinem Werk zeigen sich Elemente psycholog. und sozialer Charakteranalyse und bilden den Höhepunkt des chilen. Modernismo.

Barros, João de (*1496 Viseu [oder Ribeira de Litém], †20.10. 1570 Pombal). – Portugies. Historiograph, Schriftsteller und angesehener Staatsbeamter, war ein wichtiger Vertreter der Renaissance. Sein umfangreiches Werk umfaßt Schriften im Stil eines Fürstenspiegels, wie *Panegírico da Infanta D. Maria* (1545), den Ritterroman *Cronica do Imperador Clarimundo* (1522 u. 1843) und das bedeutende humanist. Kolloquium *Rópica Pnefma* (1532, hg. 1952 ff.). Daneben arbeitete er an einer umfangreichen portugies. Kolonialgeschichte mit dem Titel *Asia* (1552–63; posth. 1615 u. 1777–78, 1945–46, dt. 1821).

Barth, Emil (*6.7. 1900 Haan b. Düsseldorf, †14.7. 1958 Düsseldorf). – B.s klass.-strenge Werke erinnern zum Teil an den feierl.-pathet. Stil Klopstocks und Hölderlins. Sie befassen sich mit zeitlosen, teilweise aber auch aktuellen Themen. Die Romane *Der Wandelstern* (1939) und *Enkel des Odysseus* (1951) sind von Carossa beeinflußt. Weitere Werke sind die Gedichte *Totenfeier* (1928), *Xantener Hymnen* (1948), *Tigermuschel* (1956) und *Meerzauber* (hg. 1961).

Barth, John (Simmons) (*27.5. 1930 Cambridge/Maryland). – Amerikan. Schriftsteller und Dozent. Begann nach dem Ende des Studiums zu schreiben: 1956 erschien sein erster Roman *The floating Opera*. In Deutschland wurde er mit dem Titel *Der Tabakhändler* (1970) bekannt. Er arbeitet als Dozent für engl. und amerikan. Literatur in Buffalo und veröffentlichte Erzn. *Ambrose im Juxhaus* (1958, dt. 1972), Romane *Ich bin Jack Horner, glaube ich* (1958, dt. 1983), *Sabbatical: A Romance* (1982) und Essays *The Friday Book* (1984).

Barthel, Max (*17.11. 1895 Dresden-Loschwitz, †17.6. 1975 Waldbröl). – B. stammte aus einfachen Verhältnissen und war in seiner Jugend Pazifist und Kommunist. Seine Romane, u. a. *Das Land auf den Bergen* (1939 und *Das Haus an der Landstraße* (1942), nähern sich der Heimatdichtung. Weitere Werke sind die Gedichte *Arbeiterseele* (1927), *Sonne, Mond und Sterne* (1933) und *Danksagung* (1938).

Barthes, Roland (*12.11. 1915 Bayonne, †26.3. 1980 Paris). – Franz. Prof. für Literaturwissenschaft, Linguistik und Soziologie; Anhänger des Strukturalismus. Literatur ist dabei für ihn nicht eindeutig interpretierbar, sondern bietet die Möglichkeit zu verschiedenen Auslegungen. Er verfaßte u. a. die Essays *Sur Racine* (1963), *Le plaisir du texte* (1973, dt. 1974), *Un regard politique sur le signe* (1974) und *Mythen des Alltags* (1957, dt. 1964), *Begebenheiten* (1987), dt. 1988 posth.).

Bartolini, Luigi (*8.2. 1892 Cupramontana-Ancona, †16.5. 1963 Rom). – Ital. Schriftsteller und Kupferstecher, war Mitglied bei zahlreichen Zeitungen und ein angriffslustiger Kunst- und Literaturtheoretiker. Sein Stil ist realist. und eigenwillig. Der Roman *Fahrraddiebe* (1946, dt. 1952) ist sein bekanntestes Werk und wurde verfilmt. Daneben schrieb er die Gedichte *Pianete* (1953), *Il mazzetto* (1959) und die Erzählungen *Frauen* (1954, dt. 1957) und *Racconti scabrosi* (1963).

Bartsch, Kurt (*10.7. 1937 Berlin). – Dt. Schriftsteller, besuchte das Literaturinstitut; ohne Abschluß wandte er sich der Literatur und bildenden Kunst zu, schrieb in der Nachfolge Brechts sog. »Songspiele«, in denen er zeigte, wie sich auch im Sozialismus Verhaltensweisen des bürgerlichen Kapitalismus erhalten. B. arbeitet heute in der Bundesrepublik, obwohl seine Thematik und Literaturauffassung mehr den Fragestellungen und Bedürfnissen einer sozialistischen Literatur entsprechen, z. B. in den Songspielen *Der Bauch und andere Songspiele* (1977), der Parodie *Die Hölderlinie* (1983), dem Roman *Wadzeck* (1980), den Lyrikbänden *Zugluft* (1968), *Kaderakte* (1979) und der märchenhaften Geschichte *Weihnacht ist und Wotan reitet* (1985).

Bashô, eigtl. *Matsuo Munefusa Basho* (*1644 Ueno/Iga, †12.10. 1694 Osaka). – Japan. Dichter, Sohn eines niederen Samurai, lernte von zahlreichen Dichtern die Kunst der zeitgenöss. Haikai-Dichtung (Kettengedicht), bis er seine eigene Ausdrucksweise (shôfu) fand. B.s Gedichte, wie die Haikai-Sammlungen *Sarumino* (1691, dt. 1955), *Zoku Sarumino* (1698), *Hundertelf Haiku* (dt. 1986) und stilist. hervorragende Reisebeschreibungen, u. a. *Kashimakikô*, dt. *Nippon 2* (1687, dt. 1936), und *Sarashinakikô* (1688, dt. 1956), gehören zu den größten Dichtungen der japan. Literatur. Die Thematik seiner Werke, die durch die Philosophie des Laotse und den Zen-Buddhismus beeinflußt sind, kreist um das Allgemeine, Überzeitliche, um das Unwandelbare im Wandelbaren.

Basil, Otto, Ps. *Markus Hörmann* (*24.12. 1901 Wien,

† 19./20.2.1983 Wien). – Österr. Dramaturg am Wiener Volkstheater und Redakteur, gab 1945–48 die avantgardistische Zeitschrift »Plan« heraus. Als Lyriker und Erzähler steht er zwischen dem Expressionismus und dem Surrealismus. Seine Gedichte, wie *Sonette an einen Freund* (1925) und *Apokalyptischer Vers* (1948), sind inhaltl. und formal anspruchsvoll, seine feinfühligen Übersetzungen aus dem Franz. stilistisch vollkommen. Daneben veröffentlichte er die Romane *Der Umkreis* (1933), *Wenn das der Führer wüßte* (1966) und die Biographien *Georg Trakl* (1965) und *Johann Nestroy* (1967). 1973 erschien eine Auswahl seiner Werke u. d. T. *Die lyrischen Kostüme*, 1981 die Theaterkritiken *Lob und Tadel 1947–1966*.

Basile, Giovanni Battista (Giambattista) (* 1575 b. Neapel, † 23.2. 1632 Giugliano b. Neapel). – Von den Werken des ital. Schriftstellers haben nur die im neapolitan. Dialekt verfaßten Märchen *Lo Cunto de li Cunti* (1634, hg. u. d. T. *Pentamerone* 1674 u. 1927, dt. 1846 u. 1923) überlebt, in denen er bekannte Geschichten, wie die vom Aschenbrödel, vom gestiefelten Kater usw. verwendet. Als erster europ. Märchenerzähler gab er somit Anregungen für die Brüder Grimm.

Basileios d. Große (* um 330 n. Chr. Kaisareia/Kappadokien, † 1.1. 379 n. Chr. ebd.). – Griech. Kirchenlehrer, studierte Rhetorik in Konstantinopel und Athen und wurde später Bischof von Kaisareia, wo er ein Haus für Sieche und Arme einrichtete. Seine überlieferten Schriften, Predigten und Briefe (hg. 1926–39 u. 1957–66, dt. 1973 f.), von denen nicht alle echt sind, richten sich gegen den Arianismus. Am berühmtesten sind seine Bibelkommentare zum göttl. Schöpfungsakt, die in dem Buch *Das Sechstagewerk* (dt. 1950) veröffentlicht sind.

Bassani, Giorgio (* 4.3. 1916 Bologna). – Ital. Autor, arbeitete als Gymnasiallehrer und Redakteur. B. ist neben P. Levi und N. Ginzburg der Dichter, der das Schicksal der ital. Juden während des Faschismus am eindringlichsten schildert. Stil und Gestaltung seiner Romane, z. B. *Ein Arzt aus Ferrara* (1958, dt. 1960), *Der Reiher* (1968, dt. 1970), und Erz. *Der Geruch von Heu* (1972, dt. 1974), *Die Brille mit dem Goldrand* (dt. 1985) erinnern an H. James. Seine Lyrik und die Romane aus seiner engeren Heimat wurden im Ausland weniger beachtet.

Bataille, Georges (* 10.9. 1897 Billom/Puy-de-Dôme, † 9.7. 1962 Paris). – Franz. Schriftsteller, arbeitete als Bibliothekar und Archivar und veröffentlichte in mehreren Zeitschriften lit., soziolog. und polit. Inhalts. Vom Surrealismus und von der Philosophie Nietzsches beeinflußt und als Anhänger myst. und vitalist. Ideen, schrieb er Romane, u. a. *Le coupable* (1944), *Abbé C.* (1950, dt. 1966), Essays, z. B. *Der hl. Eros* (1957, dt. 1963; 1981 neu dt. u. d. T. *Die Tränen des Eros*), *Sur Nietzsche* (1945), *Die Literatur und das Böse* (1987), sowie eine Biographie *Gilles de Rais* (1965, dt. 1968).

Bates, Herbert Ernest, Ps. *Flying Officer X* (* 16.5. 1905 Rushden/Northampton, † 29.1. 1974 Canterbury). – Engl. Journalist und Schriftsteller, schrieb schon mit 20 Jahren seinen ersten Roman *The Two Sisters* (1926). Seine Werke, u. a. *In Frankreich notgelandet* (1944, dt. 1945), *Rückkehr ins Leben* (1947, dt. 1948), *Flucht* (1949, dt. 1950); *Der schlaflose Mond* (1956, dt. 1956) und *Wo Milch und Whisky fließen* (dt. 1977), gestalten meist Themen aus dem Krieg und dem engl. Landleben oder spielen in exot. Umgebung. B.s Vorbilder waren Čechov und Maupassant.

Batjuschkow, Konstantin Nikolajewitsch (* 29.5. 1787 Wologda/Rußland, † 19.7. 1855 ebd.). – Russ. Lyriker, gehörte dem Schriftstellerkreis »Arsamas« an und war mit Puschkin befreundet. Während einer diplomat. Mission in Italien kam seine ererbte, unheilbare Geisteskrankheit zum Ausbruch. Vorbilder für seine anakreont. Gedichte waren Tibull, Tasso und Petrarca. Seine Gedichte, die eine Erneuerung und Bereicherung der russ. Literatursprache darstellen, liegen gesammelt u. d. T. *Polnoe sobranie stichotvorenij* (hg. 1964) vor.

Baudelaire, Charles (* 9.4. 1821 Paris, † 31.8. 1867 ebd.). – Franz. Lyriker, studierte Rechtswissenschaft und unternahm dann eine lange Reise zu den Inseln Mauritius und Île de la Réunion. Danach lebte der verschwender. Exzentriker und Dandy in Paris, wo er Kontakt mit Balzac, Gautier, St. Beuve, Nerval und Delacroix, den er sehr bewunderte, pflegte. 1857 veröffentlichte er die mehrfach übersetzten Gedichte *Les fleurs du mal* (*Die Blumen des Bösen*, dt. von Stefan George 1901; 1947 u. 1975), die wegen der Gefährdung der Sittlichkeit verboten wurden. Sie sind ein Exempel architekton. Strenge und stilist. Einfachheit. Als B. 1845/46 als Kunstkritiker auftrat, wurde er 1857 unter Hinweis auf seine Gedichte verurteilt. Der Symbolist und Surrealist, der zur Gruppe der Parnassiens gehört, war ein Liebhaber des Ausgefallenen, des Morbiden, der Sünde und des Todes. In den formal strengen Gedichten malt er in einer mag.-beschwörenden Sprache eindrucksvolle Bilder der schönen und für ihn zugleich häßlichen Großstadt. B. war von entscheidendem Einfluß u. a. auf Verlaine, Rimbaud, Mallarmé, Valéry, D'Annunzio und Swinburne. In den Aufsätzen *Curiosités esthétiques*, *L'art romantique* (1869, hg. 1962; dt. *Aufsätze*, 1960) entwickelt er als begabter Kunstkritiker, der auch auf Stefan George, Rainer Maria Rilke und Ezra Pound wirkte, seine anspruchsvolle poetische Konzeption. Weitere Werke sind *Les paradies artificiels* (1860, dt. 1972), *Nouvelles fleurs du mal* (1861), *Kleine Prosagedichte* (1869, dt. 1920 u. 1974) und *Ecrits intimes* (hg. von J. P. Sartre, 1946). 1975 f. erschien eine deutsche Ausgabe seiner *Sämtl. Werke u. Briefe*.

Baudissin, Wolf Heinrich Graf von (* 30.1. 1789 Kopenhagen, † 4.4. 1878 Dresden). – Dän.-dt. Autor, ließ sich nach zahlreichen Reisen 1827 in Dresden nieder, wo er mit Tieck befreundet war. Mit dessen Tochter Dorothea übersetzte er 13 Dramen

Shakespeares für die Schlegel-Tiecksche Sammlung. Weitere Übersetzungen sind u. a. *Vier historische Schauspiele Shakespeares* (1836), *Iwein* von Hartmann von Aue (1945), *Sämtliche Lustspiele* von Molière (1865–67) und *Italienisches Theater* (Gozzi, Goldoni; 1877). In vielen kleinen literaturtheoret. Werken begründete er die Rezeption ausländ. Literaturen und wurde so zu einem entscheidenden Anreger der vergleichenden Literaturwissenschaft.

Bauer, Josef Martin (* 11. 3. 1901 Taufkirchen a. d. Vils, † 16. 3. 1970 Dorfen/Obb.). – Der ursprüngl. zum Priester bestimmte Bäckersohn lebte ab 1935 als freier Schriftsteller. B. war Soldat in beiden Weltkriegen. Er stand dem Realismus nahe, was vor allem bei der Gestaltung der bayer. bäuerl. Welt des Voralpenlandes deutlich wird. Von seinen Romanen *Das Haus am Fohlenmarkt* (1936) und *Kleine Liebeslust oder Die schönen Torheiten* (1967) ist *So weit die Füße tragen* (1955) der bekannteste. Aufsehen und Anerkennung fand auch seine Auseinandersetzung mit der Gestalt des Kardinals Faulhaber in *Kranich mit dem Stein* (1958). Daneben schrieb B. u. a. Erzählungen wie *Mensch an der Wand* (1962), ausgezeichnete Hörspiele, u. a. *Die Leute von Oberwasser* (1952), und das Fernsehspiel *Die Reise nach Steiermark* (posth. 1971).

Bauer, Walter (* 4. 11. 1904 Merseburg, † 23. 12. 1976 Toronto). – Dt. Schriftsteller, wanderte nach einem abwechslungsreichen Leben als Redakteur, Schriftsteller und Lehrer nach Kanada aus und arbeitete sich hier vom Schriftsteller zum Hochschullehrer empor. Seine lit. Werke stehen sprachl. dem Expressionismus nahe. Inhaltl. sucht er, etwa mit den Gedichten *Kameraden, zu euch spreche ich* (1929), *Mein kleines blaues Oktavheft* (1953), *Fragment vom Hahnenschrei* (1966) und den Romanen *Das Herz der Erde* (1963), *Der Lichtstrahl* (1937), für die Welt der Arbeiter Verständnis zu gewinnen. Bes. Anerkennung fanden neben Hörspielen, Kinderbüchern etc. seine autobiograph. Schriften wie *Die langen Reisen* (1956), *Fremd in Toronto* (1936), *Die Kinder und die Armen* (1969), *Geburt des Poeten* (posth. 1980).

Bauer, Wolfgang (* 18. 3. 1941 Graz). – Österr. Dichter und Dramatiker, gehörte nach seinem Studium dem Grazer »Forum Stadtpark« und trat bereits früh mit sehr stark experimentellen lyr. und dramat. Arbeiten an die Öffentlichkeit. Bes. seine Dramen fanden rasche Anerkennung, da sie durch die Mischung unterschiedlichster Stilmittel, die von dem würdevollen Pathos zur Klamotte, vom sprachl. Slang zur rhythmisierten Prosa, von zarten Liebesszenen bis zu Perversionen, die Problematik des modernen Menschen, bes. der Jugend aufzeigen, die an keine Ideale gebunden, nur noch dem Genuß und der Langeweile lebt, aus denen sie einzig noch Brutalität herausheben kann. Die Stücke spielen meist in der Atmosphäre von Beatschuppen und sind stark von Horvath und E. Bond beeinflußt. Beachtl. Wirkung auf das moderne Theater, den

Film (z. B. *In Zeiten wie diesen*, 1984) und das Hörspiel gingen aus v. a. durch *Mikro Dramen* (1964), *Katharina Doppelkopf* (1967), *Romeo und Julia* (1969), *Drei Stücke: Magic Afternoon – Change – Party for six* (1969), *Drei Stücke: Gespenster – Silvester – Film und Frau* (1974), *Herr Faust spielt Roulette* (1986), das Fernsehspiel *Die Edegger Familie* und den Roman *Der Fieberkopf* (1967). 1978 erschien eine erste Sammelausgabe u. d. T. *Die Sumpftänzer. Dramen, Prosa, Lyrik aus zwei Jahrzehnten*, 1981 der Sammelband *Das Herz*, 1985 die Ged. *Das stille Schilf*, 1986 der II. Bd. der Werkausgabe mit den Schauspielen 1967–1973.

Bauernfeld, Eduard von (* 13. 1. 1802 Wien, † 9. 8. 1890 ebd.). – Der mit Grillparzer, Lenau, von Schwind und Franz Schubert befreundete österr. Dramatiker symphatisierte mit der Revolution von 1848, mit der er sich kritisch in dem Drama *Die Republik der Thiere* (1848) auseinandersetzte, und wurde 1849 aus dem Staatsdienst entlassen. Er war produktiver Verfasser zahlreicher amüsanter, bühnenwirksamer Salonstücke im Stil der franz. Komödie, wie *Leichtsinn aus Liebe* (1831), *Bürgerlich und romantisch* (1835), *Großjährig* (1846), *Die reiche Erbin* (1876) und *Die Verlassenen* (1878). Als einer der ersten freien Schriftsteller im modernen Sinn, lebte er von den Erfolgen seiner Lustspiele, die für das österr. Biedermeier typ. sind. Auch als Lyriker, Kritiker, Epigrammatiker und Erzähler erfolgreich, wurde er 1872 geadelt.

Baum, Vicki (* 24. 1. 1888 Wien, † 29. 8. 1960 Hollywood). – Österr. Schrifstellerin, studierte am Konservatorium in Wien und ging 1916 als Harfenistin nach Darmstadt. 1931, anläßl. der Verfilmung ihres Romans *Menschen im Hotel* (1931), verlegte sie ihren Wohnsitz nach Hollywood. Im 3. Reich waren ihre Schriften verboten. Ihre Romane und Novellen gewinnen Spannung und Unterhaltungselemente durch die detaillierte Milieukenntnis, z. B. *Frühe Schatten* (1919), *Welt ohne Sünde* (1922), *Miniaturen* (1926), *Hotel Shanghai* (1939), *Vor Rehen wird gewarnt* (1952), *Die goldenen Schuhe* (1958), und *Verpfändetes Leben* (posth. 1963). Viele erschienen in Illustrierten im Erstdruck. Die Thematik ihrer Romane kreist um Probleme des modernen Lebens, die auf der Grundlage von Menschlichkeit gelöst werden.

Baumann, Hans (* 22. 4. 1914 Amberg, † 7. 11. 1988 Murnau). – Dt. Schriftsteller, studierte Pädagogik und war lange Zeit als Lehrer tätig. Als junger Mann schrieb er zahlreiche Lieder und Dramen für die Hitler-Jugend, wobei bes. das Weihnachtslied *Hohe Nacht der klaren Sterne* sehr beliebt wurde, obwohl es inhaltlich verworren ist; weltbekannt wurde das Nazilied »*Es zittern die morschen Knochen*«. Nach dem Krieg schrieb B. vornehmlich Jugendbücher, in denen er intensive Belehrung mit unterhaltsam-romanhafter Gestaltung verband, z. B. *Der Sohn des Columbus* (1951), *Steppensöhne* (1954), *Die Welt der Pharaonen* (1959), 1958 wählten ihn die Amerikaner zum besten Jugendbuchautor. B. übersetzte auch Romane aus dem Russischen.

Baumgart, Reinhard (* 7. 7. 1929 Breslau-Lissa). – Dt. Schriftsteller, wurde nach dem Studium der Geschichte und Literatur Lektor in München und ist heute freier Schriftsteller und Literaturkritiker. Sein erster Roman *Der Löwengarten* (1961) ist in einem anmutigen, eingängigen Stil geschrieben und beschreibt auf iron. Weise Leute aus dem Film- und Zeitschriftenmilieu. Daneben verfaßte er die Romane über die NS-Zeit *Hausmusik* (1962) und *Richard Wagner. Wahnfried. Bilder einer Ehe* (1985), die Erzählung *Panzerkreuzer Potjomkin* (1967), zahlreiche Essays, z. B. *Aussichten des Romans* (1968), *Die verdrängte Phantasie* (1974), *Das Ironische und die Ironie in den Werken Thomas Manns* (1974), *Glücksgeist und Jammerseele* (1986), *Selbstvergessenheit. Drei Wege zum Werk: Thomas Mann, Franz Kafka, Bertolt Brecht* (1989) und Fernsehspiele, z. B. *Jettchen Geberts Geschichte* (1979).

Bayer, Hans → Troll, Thaddäus

Bayer, Konrad (* 17. 12. 1932 Wien, 10. 10. 1964 Schloß Hagenberg/Niederösterr.). – Avantgardist. österr. Künstler, war u. a. Mitarbeiter bei lit. Kabaretts, Redakteur der Zeitschrift »edition 62« und Veranstalter von Kunstausstellungen und Happenings. Er starb durch Selbstmord. Seine Werke, wie *Der Stein der Weisen* (1963), *Der Kopf des Vitus Behring* (1965), *Der sechste Sinn* (hg. 1966) und *Die Boxer* (hg. 1971), tragen surrealist. und stark experimentelle Züge, wobei er aufzeigt, daß die Sprache die Realität nur zum Schein wiedergibt.

Baykurt, Fakir (* 1929 Akçaköy/Anatolien). – Türk. Schriftsteller, der einer Bauernfamilie entstammt, dann als Lehrer und Beamter tätig war und 1979 in die Bundesrepublik zog. Mit seinen Romanen, u. a. *Die Rache der Schlangen* (1959, dt. 1980), *Mutter Irazca und ihre Kinder* (1961, dt. 1981), *Das Epos von Kara Ahmet Destani* (1977. dt. 1983), und Erzählungen schuf er eine türkische Dorfliteratur, die nicht sentimental verhüllt, sondern die Probleme und Konflikte im Lande deutlich macht. Die drast. Darstellungen führten in der Türkei zu heftigen Auseinandersetzungen und Publikationsverboten. In Kinderbüchern gestaltet B. ebenfalls die sozialen Probleme der dörfl. Gemeinschaften.

Bayle, Pierre (* 18. 11. 1647 Le Carla/Grafschaft Foix, † 28. 12. 1706 Rotterdam). – Franz. Schriftsteller, Sohn eines kalvinist. Pfarrers, trat 1669 zur kath. Kirche über, wandte sich danach jedoch 1670 wiederum dem Protestantismus zu. Er war der Gründer der Zeitschrift »Nouvelles de la République des lettres« (1684–87), die starke Wirkung auf die Enzyklopädie ausübte, und der Verfasser des bekannten *Dictionnaire historique et critique* (1695–97; dt. von Gottsched 1741–44), in dem er den geistigen und polit. Konservatismus des 17. Jh.s anprangert und sich in damals revolutionärer Weise für die neuen

Ideale des Rationalismus und der Toleranz einsetzt. Damit beeinflußte er u. a. auch Voltaire.

Bayr, Rudolf (* 22. 5. 1919 Linz, † Okt. 1990 Salzburg). – Österr. Schriftsteller, war 1948–51 der Herausgeber des »Wiener Literatur-Echos« und Leiter der Literaturabteilung von Radio Salzburg. Sein Interesse galt vor allem der Antike, deren Stoffe er auf der Bühne wieder neu gestaltete. Er verfaßte u. a. die Gedichte *Wolkenfisch* (1964), die Erzählungen *Die Schattenuhr* (1976), *Anfangsschwierigkeiten einer Kur* (1973), *Der Betrachter* (1978), *Ein Loch im Lehm* (1981), *Die Eiben von Sammezzano* (1984), *Flugsand und Schlaf* (1988) und die *Essays über Dichtung* (1947). Bekannt ist er bes. als Nachdichter der Dramen von Sophokles, z. B. *König Ödipus* (1960), *Antigone* (1960), *Elektra* (1963) und *Delphischer Apollon* (1966).

Bazin, Hervé (* 17. 4. 1911 Angers). – Franz. Schriftsteller, ist seit 1973 Präsident der Académie Goncourt. Seine frühen Romane, wie *Viper im Würgegriff* (1947, dt. 1956), stehen im Zeichen der gegen ihr bürgerl. Elternhaus revoltierenden Jugend. Seine späteren Werke, außer *Und brannte zu Asche* (1954, dt. 1961), sind gemäßigter. Weitere Romane sind *La tête contre les murs* (dt. 1950), *Lève-toi et marche* (1953), *Glück auf dem Vulkan* (1970, dt. 1971), *Le cri de la chouette* (1972) und *Familie Rezeau* (dt. 1981); sie zeichnen sich durch flüssige Sprache und virtuos-elegante Gestaltung aus.

Bazin, René, Ps. B. Seigny (* 20. 12. 1853 Angers, † 20. 7. 1932 Paris). – Franz. Schriftsteller, Verfasser der Erzählungen *Les Italiens d'aujourd'hui* (1894) und *Terre d'Espagne* (1896), wurde 1903 Mitglied der Académie Française. Seine patriot. Romane, u. a. *Landflucht* (1899, dt. 1901), *Die Oberle* (1901, dt. 1904) und *Magnificat* (1932, dt. 1947), spielen meist im heimatl. Familienmilieu und sind in einem realist. Stil geschrieben.

Beardsley, Aubrey Vincent (* 24. 8. 1872 Brighton, † 16. 3. 1898 Mentone). – Der engl. Zeichner, Schriftsteller, Herausgeber und Illustrator der Zeitschriften »The Yellow Book« (1894–97) und »The Savoy« (1896) war ein engagierter Anhänger der »l'art pour l'art«-Bewegung. Er starb mit 26 Jahren an Tuberkulose. B. schrieb die Gedichte *Under the Hill* (dt. 1909 u. 1965) und schuf die Illustrationen zu der Komödie *Salome* des mit ihm befreundeten Oscar Wilde.

Beaumarchais, Pierre Augustin Caron de (* 24. 1. 1732 Paris, † 18. 5. 1799 ebd.). – Franz. Schriftsteller, war gelernter Uhrmacher und hatte als Harfenlehrer der Töchter Ludwigs XV. Zugang zum Hof. Er besaß Abenteuergeist und führte ein turbulentes Leben. Seine Dramen *Eugénie* (1767) und *Les deux amis* (1777) sind heute vergessen. Bleibenden Ruhm haben ihm jedoch *Der Barbier von Sevilla* (1775, dt. 1907) und *Der tolle Tag oder Figaros Hochzeit* (1784, dt. 1906) eingebracht, in denen ein Bedienter die Hauptrolle spielt. Die

Stücke sind reich an Witz und ziehen die Adelsgesellschaft in satir. intellektueller Weise ins Lächerliche. Obwohl sie sofort für sechs Jahre von der Zensur verboten wurden, trugen sie dazu bei, daß die gärende polit. Situation dieser Zeit sich schließl. in der Revolution entlud. Sie sind die Handlungsgrundlage der Opern *Der Barbier von Sevilla* von Rossini (1816) und der *Hochzeit des Figaro* von Mozart (1786).

Beauvoir, Simone de (*9.1. 1908 Paris, †14.4. 1986 ebd.). – Franz. Schriftstellerin und Lebensgefährtin J. P. Sartres, 1931 bis 1943 Lehrerin in verschiedenen Städten Frankreichs, erhielt 1954 für den Roman *Die Mandarins von Paris* (1954, dt. 1955) den Prix Goncourt. Das Buch wurde wie auch der Roman *Das andere Geschlecht* (1949, dt. 1951) wegen seiner freizügigen Gesinnung von der kath. Kirche verboten. 1970/71 gab die linksradikale Zeitschrift »L'idiot international« beide Romane heraus. Weitere Werke der existentialist., für die radikale Emanzipation der Frau kämpfenden Schriftstellerin, die durchgehend Kritik am herrschenden Bürgertum übte, sind u. a. *Memoiren einer Tochter aus gutem Hause* (1958, dt. 1960) und die Autobiographien *Der Lauf der Dinge* (1963, dt. 1966), der Essay *Das Alter* (1970, dt. 1972), *Alles in allem* (1972, dt. 1974). Lit. von Interesse sind der komplexe Roman in Erz. *Marcelle, Chantal, Lisa . . .* (dt. 1981) und *Die Zeremonie des Abschieds* (dt. 1983). Bes. relevant sind die autobiogr. Schriften, z. B. *Auge um Auge, Artikel zu Politik, Moral und Literatur 1945 bis 1955* (dt. posth. 1987), und Reiseberichte.

Bebel, Heinrich (*1472 Ingstetten/Württ., †1518 Tübingen). – Dt. Dichter; einer der gelehrtesten Humanisten seiner Zeit. 1501 verlieh ihm Maximilian I. den Ehrentitel eines poeta laureatus. B. verfaßte neben poet. und rhetor. Schriften Satiren, wie *Triumphus Veneris* (1509), und kurze, iron. Schwänke, wie *Von argen Weibern und gewitzten Tölpeln* (dt. 1972), in denen er der schlagfertigen Sprache des Volkes literar. Schliff zu verleihen wußte.

Becher, Johannes Robert (*22.5. 1891 München, †11.10. 1958 Berlin). – Dt. Lyriker, Erzähler und Dramatiker, lebte 1935–45 in der UdSSR. In der DDR war er 1954 Minister für Kultur. In seiner frühen Phase schrieb er expressionistische Gedichte wie in dem Bd. *Verfall und Triumph* (1914; der auch Prosateile enthält), in denen er den Niedergang des Bürgertums und die internationale Herrschaft des Proletariats feiert. Bedeutende und wichtige expressionistische Gedichte sind *An Europa* (1916), *Verbrüderung und Maschinenrhythmen* (1926). Wortfetzen und abgehackte Satzteile bewirken dabei eine ekstatische Stimmung, die in seinem Spätwerk dem sozialen Realismus, der sozialistischen Zweckdichtung, weicht. Weitere Werke sind u. a. die Gedichte *Päan gegen die Zeit* (1918), die Auswahlbände *Wir, unsere Zeit, das 20. Jahrhundert* (1956), *Du bist für alle Zeit geliebt* (1960), das Drama *Winterschlacht* (1953) und die Essays *Über Literatur und Kunst* (hg. 1962).

Becher, Ulrich (*2.1. 1910 Berlin, †15.4. 1990 Basel). – Dt. Schriftsteller, heiratete nach Jurastudium die Tochter Roda Rodas und wanderte nach Brasilien und den USA aus; 1948 kehrte er nach Europa zurück. Seine Erzählungen *Das Herz des Hais* (1960), *Der schwarze Hut* (1972), *Vom Unzulänglichen der Wirklichkeit. 10 nicht so nette Geschichten* (1980) und Romane, z. B. *Murmeljagd* (1969), *Williams' Ex-Casino* (1973), *Das Profil* (1963; neu 1984), sind voll abenteuerl., an Hemingway erinnernder Spannung und Lebendigkeit. Daneben schrieb er auch die Dramen *Der Bockerer* (1946), *Samba* (1950) und die Komödie *Biene, gib mir Honig* (1974), die durch Film und Fernsehen Verbreitung fanden. Seine Gedichte *Brasilianischer Romanzero* (1950) und *Franz Patenkindt. Romanze von einem deutschen Patenkind des François Vinon in fünfzehn Bänkelsängen* (1980) zeigen persönl. Erleben.

Bechstein, Ludwig (*24.11. 1801 Weimar, †14.5. 1860 Meiningen). – B. war Bibliothekar und Hofrat. Er hat vor allem als Sammler heimatl. Märchen Bedeutung erlangt, die er u. d. T. *Märchenbilder und Erzählungen* (1829) und *Deutsches Märchenbuch* (1845) veröffentlichte. Sie liegen heute in der Sammlung *Sämtliche Märchen* (1965) vor. B.s eigene, umfangreiche Dichtung ist ohne lit. Bedeutung.

Becker, Jürgen (*10.7. 1932 Köln). – Dt. Kritiker, Schriftsteller und Rundfunkautor, gehört zur »Gruppe 47«. B. sucht in seiner offenen, subjektiven und experimentellen Prosa, z. B. *Ränder* (1968), *Umgebungen* (1970), *Erzählen bis Ostende* (1981), *Die Abwesenden* (1982), *Felder* (1988), nach neuen lit. Formen und beschreibt mit diesen die begrenzte Erfahrbarkeit der Realität. Daneben verfaßte er Hörspiele und Dramen wie *Die Wirklichkeit der Landkartenzeichen* (1971) und die Gedichte *Das Ende der Landschaftsmalerei* (1974), *Erzähl mir nichts vom Krieg* (1977), *Fenster und Stimmen, Gedichte und Bilder* (1982), *Odenthals Küste* (1986), *Das Gedicht von der wiedervereinigten Landschaft* (1988), *Das englische Fenster* (1990). Mit Rango Bohne, der die Zeichnungen anfertigte, veröffentlichte B. 19 Prosastücke *Frauen mit dem Rücken zum Betrachter* (1989). B. ist stark von der amerikan. Lit. beeinflußt und setzt sich mit der Fotografie als Medium der Realitätswiedergabe auseinander.

Becker, Jurek (*30.9. 1937 Lodz/Polen). – Dt. Schriftsteller, bis zum Kriegsende im Getto und in Konzentrationslagern aufgewachsen, studierte Philosophie und lebte als SED-Mitglied in Ost-Berlin. 1976 aus der Partei wegen seines Protestes gegen die Exilierung Biermanns ausgeschlossen, hielt er sich ab 1977 mit Genehmigung der DDR in der Bundesrepublik auf. B. trat früh mit Kabarettexten, Filmdrehbüchern, Fernsehspielen, aber auch mit Erzählungen und Romanen an die

Öffentlichkeit. In den Romanen *Jakob der Lügner* (1969), *Irreführung der Behörden* (1973), *Der Boxer* (1976), *Aller Welt Freund* (1982) und *Bronsteins Kinder* (1986) sind persönliche Erfahrungen der Kindheit und des Lebens in der DDR verarbeitet, wobei die Stimmung der Darstellung zunehmend pessimistischer wurde; so wurde der Roman *Schlaflose Tage* (1978) zu einer Darstellung des enttäuschenden Alltagslebens. Von den zahlreichen Filmen und Fernsehstücken gewann bes. die Serie *Liebling – Kreuzberg* (1985) bei einem breiten Publikum große Beachtung. In den Frankfurter Vorlesungen *Warnung vor dem Schriftsteller* (1990) entwickelt B. seine Ästhetik und seine Auffassung vom Schriftsteller.

Beckett, Samuel (* 13. 4. 1906 Dublin, † 22. 12. 1989 Paris). – Ir. Dramatiker und Erzähler, der 1969 den Nobelpreis erhielt, war mit James Joyce befreundet und übersetzte dessen Werke ins Französische. B. hält sich oft in Frankreich auf und dichtet meist in franz. Sprache, wie z. B. auch in seinem ersten Roman *Molloy* (1951, dt. 1955), der als innerer Monolog eines entpersönlichten Ichs gestaltet ist. Ähnl. verfährt er auch in den Romanen *Malone stirbt* (1951, dt. 1958), *Der Namenlose* (1953, dt. 1959) und *Mercier et Camier* (1970, dt. 1972), dem letzten Teil der Trilogie. In seinem bekanntesten Drama *Warten auf Godot* (1953, dt. 1953) demonstrieren die zwei clownartigen Protagonisten auf tragikomische Weise die Sinnlosigkeit und Absurdität des menschl. Daseins. In dem Drama *Endspiel* (1956, dt. 1957) ist der Nihilismus des Autors in seiner ganzen Konsequenz dargestellt. Die Sprache ist wie der Stil abstrakt, sehr einfach, fast bilderlos, ohne Pathos, doch mit Humor. Die Personen stehen kontaktlos, ohne Beziehung nebeneinander und sind so aufeinander angewiesen, da sie sich in der gleichen Situation befinden. Weitere Werke sind die Essays *Proust* (1931, dt. 1960), die Gedichte *Poems in English* (1961), das Spiel *Das letzte Band* (1959, dt. 1960) und das für die moderne Dramatik entscheidende Drama *Glückliche Tage* (engl. u. dt. 1961) sowie *Not I* (1972); weniger wichtig sind die Erzählung *Der Verwaiser* (1970, dt. 1971) und der Roman *Watt* (1953, dt. 1970). 1977 erschienen dt. in einer Sammelausgabe *Geistertrio; Nur noch Gewölk; Not I*, 1978 *Um abermals zu enden und anderes Durchgefallenes.* Das Gesamtwerk liegt dt. in mehreren Ausgaben vor; *Mehr Prügel als Flügel* (1934) erschien dt. erst 1989. Posth. erschien zweisprachig *Worstward Ho/Aufs Schlimmste zu* (1989), *Die Welt und die Hose* (1990).

Becque, Henri François (* 9. 4. 1837 Paris, † 12. 5. 1899 ebd.). – Der naturalist. franz. Dramatiker und Lyriker wurde durch seine Dramen *Les corbeaux* (1882), das zu einem Theaterskandal führte, und *Die Pariserin* (1885, dt. 1895) bekannt. B. ist einer der bedeutendsten Dramatiker der 2. Hälfte des 19. Jh.s und gilt als Vorkämpfer des naturalist. Theaters. Er kritisiert die Fehler und Laster seiner Zeitgenossen und ent-

larvt ihre Wohlanständigkeit als Schein. B. schrieb auch die Dramen *L'enfant prodigue* (1868), *Les honnêtes femmes* (1880), die Gedichte *Notes d'album* (hg. 1926) und die brillanten Essays *Querelles littéraires* (1890).

Beda, gen. B. Venerabilis (* 673/4 Northumbrien, † 26. 5. 735 Jarrow). – Angelsächs. Theologe, Verfasser der *Historia Ecclesiastica Gentis Anglorum* (731, dt. 1866), die noch heute einen wichtigen Beitrag zur angelsächs. Geschichte darstellt. B. legte Wert auf eine sorgfältige, wissenschaftl. Arbeitsweise, so auch in seinen Abhandlungen zur Zeitrechnung *De Temporibus* und *De Temporum Ratione*. Der weltoffene Gelehrte schrieb in lat. Sprache. Sein Stil ist knapp und sachl. Sein Werk liegt in einer Gesamtausgabe vor (hg. 1843 ff.).

Beer, Johann, Ps. *Jan Rebhu* (* 28. 2. 1655 St. Georgen/Attergau, † 6. 8. 1700 Weißenfels). – Der dt. Barockdichter studierte in Leipzig Theologie und wurde später Konzertmeister am Hofe des Herzogs von Weißenfels. Er verfaßte barocke Schelmen- und Ritterromane wie *Der Symplicianische Welt-Kukker* (1677–79), *Der neu-ausgefertigte Jungfer-Hobel* (1681 u. 1968), *Teutsche Winternächte* (1682 u. 1943), *Die kurtzweiligen Sommer-Täge* (1683 u. 1958) und *Der kurzweilige Bruder Blaumantel* (1700). Sie sind volkstümlicher als die seines Zeitgenossen Grimmelshausen, ohne didakt. Intention und zeugen von erzähler. Begabung und Freude am Fabulieren. Der bekannteste Roman blieb bis heute *Der Berühmte Narren-Spital* (1681).

Beerbohm, Sir Max (* 24. 8. 1872 London, † 20. 5. 1956 Rapallo). – B. gehörte zum Wilde-Beardsley-Kreis und war Schriftsteller, Kritiker und Karikaturist. Der Roman *Zuleika Dobson* (1911, neu 1987), die Kurzgeschichten *Seven Men* (1919) und die Essays *Der zärtliche Betrüger* (1897. dt. 1957) und *A Christmas Garland* (1912) ironisieren mit großem Einfallsreichtum und Witz das zeitgenöss. Kulturleben. 1989 erschien eine Auswahl der Essays und Erzählungen *Dandys & Dandys*.

Beer-Hofmann, Richard (* 11. 7. 1866 Rodaun b. Wien, † 26. 9. 1945 New York). – Der mit Hofmannsthal und Schnitzler befreundete österr. Dichter des Spätimpressionismus und der Neuromantik wanderte 1939 in die USA aus. Er gehörte zu den bedeutendsten Dichtern seiner Epoche. Seine Dramen wie die unvollendete Trilogie *Die Historie vom König David* (1918 bis 36) und *Jaákobs Traum* (1918) beschäftigen sich mit dem Schicksal des jüd. Volkes und versuchen dem Leben durch die Religion einen neuen Sinn zu verleihen. B. ist ein Dichter von großem formalem Können und geistigem Reichtum. Er schrieb u. a. auch die Gedichte *Schlaflied für Mirjam* (1919) und Erzählungen wie *Der Tod Georgs* (1900), bei der er bereits das Stilmittel des inneren Monologs verwendet.

Begović, Milan. Ps. *Xeres de la Maraja und Stanko Dušić* (* 19. 1. 1876 Vrlika/Kroatien, † 13. 5. 1948 Zagreb). – Kroat. Lyriker, arbeitete als Dramaturg in Wien und Zagreb. Seine

Gedichte *Knjiga Boccadoro* (1900) machten ihn zu einem der wichtigsten Vertreter der kroat. Moderne. Seine Dramen, z. B. *Herzen im Sturm* (1934, dt. 1940), sind von Ibsen und Pirandello beeinflußt und basieren auf den psycholog. Erkenntnissen Sigmund Freuds. B. schrieb auch Romane, wie *Sablasti u dvorcu* (hg. 1952).

Behaim, (auch *Beheim*), Michael (* 27. 9. 1416 Sulzbach/Württ., † 1474 ebd.). – B. diente als Soldat bei verschiedenen Fürsten und wurde später Schultheiß von Sulzbach, wo man ihn ermordete. Als Meistersinger schrieb er volkstüml. Lieder, zu denen er wertvolle Melodien komponierte. Seine Werke sind u. a. das *Buch von den Wienern* (1462, hg. 1843), *Zehn Meisterlieder* (hg. 1908) und *Die Gedichte* (hg. 1968–72).

Behan, Brendan (* 9. 2. 1923 Dublin, † 20. 3. 1964 ebd.). – Irischer Dramatiker und Erzähler, verbrachte wegen seiner Mitgliedschaft in der ir. Aufstandsbewegung IRA 8 Jahre im Gefängnis. Seine Dramen wie *Der Mann von morgen früh* (1956, dt. 1962), *Die Geisel* (1958, dt. 1962) und *Ein Gutshaus in Irland* (1957, dt. 1962) spielen meist im asozialen Milieu und kritisieren die Fehler der heutigen Gesellschaft im modernen Irland. B. schrieb auch die Autobiographien *Borstal Boy* (1958, dt. 1963) und *Confessions of an Irish Rebel* (1965).

Beheim-Schwarzbach, Martin (* 27. 4. 1900 London, † 7. 5. 1985 Hamburg). – Als Mensch wie auch als Erzähler vielseitig, lebte der dt. Erzähler B. abwechselnd in London und Hamburg. Sein erzähler. Talent entwickelte sich ohne moderne lit. Einflüsse zu einer staunenswerten Vielfalt. Seine teils märchenhaft-myst., teils realist. Werke sind u. a. die Romane *Die Michaelskinder* (1930), der überaus erfolgreiche Schelmenroman *Der Unheilige oder die diebischen Freuden des Herrn von Bißwange-Haschezeck* (1948), *Die Insel Matupi* (1955), *Der Mitwisser* (1961) und die Erzählungen und Novellen *Die Runen Gottes* (1927), *Das Gnadengesuch* (1960), *Die Fußspur* (1971) und *Das Mirakel* (1980). Er schrieb auch Gedichte wie *Die Krypta* (1935), *Der Liebestrank* (1975) und die Essays *Von den Büchern* (1946). Mit vorzüglichen Übersetzungen bereicherte er die dt. und engl. Literatur.

Behn, Aphra, geb. Johnson (* 1640 Wye/Engl., † 16. 4. 1689 London). – Engl. Schriftstellerin, verlebte ihre Jugend in Westindien und wurde, nachdem ihr holländ. Ehemann gestorben war, mit 26 Jahren Geheimagentin Charles' II. Ihre Dramen, u. a. *The Forced Marriage* (1671), *The Debauchee* (1677) und *The Emperor of the Moon* (1687), sind großenteils nach franz. und engl. Vorlagen geschrieben und zeichnen ein Bild von der sinnesfrohen Epoche der Restauration. In ihrem Roman *Oroonoko* (1688, dt. 1966) tritt sie schon vor der entsprechenden Rousseauschen Konzeption vom ›edlen Wilden‹ gegen die Sklaverei ein.

Behrmann, Samuel Nathaniel (* 9. 6. 1893 Worcester/Massachusetts, † 9. 9. 1973 New York). – Amerik. Kritiker und Drehbuchautor, schrieb Gesellschaftskomödien wie *The Second Man* (1928), *Amphitryon 38* (1937, nach J. Giraudoux), *Jacobowsky und der Oberst* (mit F. Werfel 1944, dt. 1960), *Jane* (1952, nach W. S. Maugham; dt. 1953) und *But for Whom Charlie* (1964). Er verfaßte auch den Roman *The Burning Glass* (1968).

Bei Dao auch Shi Mo, *eigtl. Zhao Zhenkai* (* 2. 8. 1949 Peking). – Chines. Schriftsteller, stammt aus der bürgerl. Mittelschicht, arbeitete am Bau und gab die Zeitschrift *Jintian* mit heraus. B. bereiste mehrere Länder Europas und kam hier unter den Einfluß hermeneutischer Dichtungen, deren Stil er nach China übertrug und so die Moderne begründete. Die Gedichte des Autors streben nach Einsicht in einfache Wahrheiten, ohne auf die verordnete Wahrheit des Sozialismus zu achten. Die Gedichtbände *Nachrichten von der Hauptstadt der Sonne* (1985) und *Ausgewählte Lyrik des Bei Dao* (1986) machen die Texte auch in Dtld. bekannt. Während die kommunist. Partei Chinas B. immer wieder verfolgt, wird er als Autor im Westen sehr geschätzt.

Belinski, Wissarion Grigorjewitsch (* 11. 6. 1811 Sveaborg, † 7. 6. 1848 Petersburg). – Russ. Literaturtheoretiker, war der Begründer der soziolog. Literaturkritik und wirkte damit bis ins 20. Jh. Er gehörte der Gruppe um Stankevitsch und Bakunin an. 1834 veröffentlichte er die Abhandlung *Literaturnye mečtanija*. Bekannt wegen seiner heftigen, leidenschaftl. Sprache ist sein Abschiedsbrief an Gogol von 1847, in dem er sich von ihm lossagt. Sein Werk liegt in einer Gesamtausgabe vor (1953–59) und wurde teilweise ins Deutsche übersetzt (1948 und 1955).

Bellamy, Edward (* 26. 3. 1850 Chicopee Falls/Mass., † 22. 5. 1898 ebd.). – Amerik. Schriftsteller, skizziert in seinem berühmten utop. Roman *Ein Rückblick aus dem Jahre 2000 auf das Jahr 1887* (1888 u. 1967, dt. 1890 u. 1949) eine neue, bessere Sozialordnung, die dem einzelnen materielle Sicherheit verbürgt. Die Fortsetzung des Bestsellers war der mehr theoretisierende Roman *Equality* (1897, dt. 1898).

Bellamy, Jakobus, Ps. *Zelanduns* (* 12. 11. 1757 Vlissingen, † 11. 3. 1786 Utrecht). – Niederl. Dichter, schließt sich mit seinen *Vaderlandsche gezangen* (1782f.) der patriot., gegen Oranien gerichteten Bewegung an. Seine von der dt. Anakreontik beeinflußte Lyrik ist ungekünstelt und meist ohne Reime. Weitere Werke sind die Gedichte *Gezangen mijner jeugd* (1782), *Gezangen* (1785) und die Verserzählung *Roosje* (1784, dt. 1834).

Belli, Giuseppe Gioacchino (* 10. 9. 1791 Rom, † 21. 12. 1863 ebd.). – Ital. Volksdichter, hatte ein bewegtes Leben, das er trotz seiner antiklerikalen Einstellung in päpstl. Diensten beschloß. Er schrieb eine große Anzahl von Sonetten, meist in der Mundart Roms, mit dem Titel *I sonetti romaneschi* (1865/66), in denen er den Niedergang der Moral bei Adel und Geistlichkeit anprangert.

Bellman, Carl Mikael (*4.2. 1740 Stockholm, †11.2. 1795 ebd.). – Schwed. Dichter, Hofsekretär bei Gustav III. Wegen seiner Verschwendungssucht war er oft in finanziellen Schwierigkeiten. Seine sehr bekannten Lieder und Gedichte huldigen dem anakreont. Lebensgenuß und zeichnen impressionistische Landschaftsbilder, aber auch Szenen aus dem Leben und Treiben des Volkes. Der Zyklus *Baccanaliska ordenskapitlet* besteht aus Trinkliedern, in denen gleichzeitig die Ritterorden verspottet werden. Hauptwerke B.s sind die Zyklen *Fredmans episteln* (1790 u. 1920, deutsch 1909) und *Fredmans sånger* (1791). Er trug seine Lieder, zu denen er auch die Musik komponierte, meist selbst vor und hatte großen Erfolg damit. In Schweden gilt er bis heute als der Nationaldichter. Eine vorzügliche Übersetzung schuf neben Zuckmayer auch H. C. Artmann.

Bello, Andrés (*29.11. 1781 Caracas/Venezuela, †15.10. 1865 Santiago de Chile). – Venezolan. Schriftsteller und Politiker, machte Chile zu seiner Wahlheimat und wurde dort eine einflußreiche Persönlichkeit im Kulturleben. Seine beiden Hauptwerke sind die romant. Dichtungen *Alocución a la poesía* (1823) und *Silva a la agricultura en la zona tórrida* (1827). Daneben arbeitete B. auch als Pädagoge, Philosoph und vor allem als Übersetzer von Plautus, Lord Byron, Victor Hugo und Teilen des Nibelungenlieds.

Belloc, Hilaire Joseph Peter (*27.7. 1870 St.-Cloud bei Paris, †16.7. 1953 Guildford/Surrey). – Engl. Politiker und Schriftsteller engl.-franz. Abstammung. 1906 wurde der streitbare Liberale Parlamentsmitglied. 1910 legte er sein Mandat nieder. Die lyr.-zarten Gedichte *Verses and Sonetts* (1895) zeigen in späteren Texten auch seine witzig-iron. Darstellungskunst. Bekannt wurde er durch lustige Kinderbücher wie *Immoral Alphabet* (1899), die wegen ihres ausgeprägt satir. Charakters auch Erwachsene ansprechen. Weitere Werke sind u. a. die brillanten Essays *On Nothing* (1908), *On Everything* (1909) und der Roman *Millionär wider Willen* (1925, dt. 1927). Außerdem schrieb B. zahlreiche Reiseberichte und Biographien.

Bellow, Saul (*10.7. 1915 Lachine/Quebec). – Der von Dostojewski beeinflußte, bedeutende amerikan. Schriftsteller schreibt gleichnishafte Romane über aktuelle Probleme der Juden, wie z. B. *Die Abenteuer des Augie March* (1953, dt. 1956), *Der Regenkönig* (1959, dt. 1960) und *Herzog* (1964, dt. 1965), in denen er sich mit der geistigen Tradition des Judentums auseinandersetzt. B. behandelt seine Themen in brillanter, eigenständiger Weise, ohne sich an vergangenen oder bestehenden Normen zu orientieren. 1976 erhielt er für seine lit. Arbeiten den Nobelpreis. Als bedeutendster Roman wird

Humboldts Vermächtnis (dt. 1977) von der Literaturkritik gewürdigt, für den er 1976 den Pulitzerpreis erhielt. Weitere Werke sind *Mosby's Memoiren* (1968, dt. 1973), *Nach Jerusalem und zurück* (dt. 1977), die Romane *Mr. Sammler's Planet* (1963, dt. 1971), *Der Dezember des Dekans* (dt. 1982), *Mehr sterben an gebrochenem Herzen* (1987), die Novelle *Ein Diebstahl* (dt. 1991).

Belyi, Andrei, eigtl. *Boris Nikolajewitsch Bugajew* (*26.10. 1880 Moskau, †8.1. 1934 ebd.). – Russ. Schriftsteller, schloß sich, angeregt von Balmont und Brjusov, den russ. Symbolisten an. In seinen Gedichten, z. B. *Zoloto v lazuri* (1904) und *Urna* (1909), experimentiert er mit lyr. Formen. Der Optimismus seiner frühen Phase weicht später einer düsteren, zur Mystik neigenden Haltung. Seine Prosa ist künstler. wertvoller als seine Lyrik und erinnert an Gogol und James Joyce. B. schrieb u. a. die Romane *Die silberne Taube* (1909, dt. 1961), *Petersburg* (1916, dt. 1959), und *Moskva* (1926). 1971 erschienen die lyr. Prosastücke *Četyre sinfonii*.

Bembo, Pietro (*20.5. 1470 Venedig, †18.1. 1547 Rom). – Ital. Humanist, hatte als Erneuerer der ital. Sprache große Bedeutung; war zuletzt Kardinal in Rom. Nach dem Vorbild Petrarcas schrieb er Gedichte, wie *Rime* (1530) und *Carmina* (1533). An Boccaccio lehnt sich sein Erzählwerk an. B. ist u. a. auch der Verfasser der *Gli Asolani* (*Dialoge über die Liebe*, 1505). 1960 erschienen seine *Prose e rime*.

Benavente, Jacinto (*12.8. 1866 Madrid, †14.7. 1954 ebd.). – Der überaus fruchtbare und berühmte span. Dramatiker der Jahrhundertwende erhielt 1922 den Nobelpreis. Seine geistreichen, iron. Komödien, in denen er die Fehler und Schwächen der zeitgenöss. Gesellschaft ins Lächerliche zieht, bereiteten der Popularität der damaligen Melodramen ein rasches Ende. Seine Stücke sind kein plattes Abbild der Realität, sondern spielen meist in der fiktiven Stadt Moraleda, wie z. B. die Komödien *La gobernadora* (1901) und *Pepa Doncel* (1928). Die gelungensten Werke sind *Der tugendhafte Glücksritter* (1907, dt. 1917) und *Die frohe Stadt des Leichtsinns* (1916, dt. 1919). 1961 erschienen drei Einakter unter dem Titel »Kleine Ursachen...«

Benda, Julien (*26.12. 1867 Paris, †7.6. 1956 Fontenay-aux-Roses b. Paris). – Franz. Schriftsteller und Philosoph, war ein Gegner der vitalist.-intuitionist. Philosophie Bergsons. Er und die Mehrzahl der zeitgenöss. Schriftsteller (R. Roland, P. Claudel, M. Barrós) verfochten die Idee des reinen Intellektualismus. B. verwies dabei auf die Antike und die franz. Klassik und kritisierte in scharfer Form Schriftsteller wie Claudel, Maurras u. a. Er veröffentlichte zahlreiche Essays und philosph. Abhandlungen, wie *Belphégor* (1919), *La trahison des clercs* (1927, dt. 1948), *Précision* (1937), und die Romane *L'ordination* (1912) und *Les amorandes* (1922). 1952 erschienen seine Memoiren *Souvenirs d'infratombe*.

Bender, Hans (*1.7. 1919 Mühlhausen/Kraichgau). – Dt. Erzähler und Lyriker, wurde nach vierjähriger Kriegsgefangenschaft in Rußland Feuilletonchef der »Deutschen Zeitung«, Chefredakteur des »magnum« und Herausgeber der »akzente«. Seine Gedichte wie *Fremde soll vorüber sein* (1951) sind ohne Pathos. Seine Erzählungen, z.B. *Die Wölfe und die Tauben* (1957), *Die halbe Sonne* (1968), *Bruderherz* (1987), und Romane, z.B. *Wunschkost* (1959), bestechen durch ihre knappe, sachl. Form. Zusammen mit Michael Krüger veröffentlichte er die Aufsätze *Was alles hat Platz in einem Gedicht?* (1977). Besonderes Ansehen erwarb sich B. als Herausgeber, z.B. *Widerspiel. Deutsche Lyrik seit 1945* (1961). *Das Inselbuch vom Alter* (1976), *In diesem Lande leben wir. Deutsche Gedichte der Gegenwart* (1979), *Deutsche Erzähler 1920 bis 1960* (1985). Eine Auswahl aus autobiogr. Texten bietet die Sammlung *Postkarten aus Rom* (1989).

Benedetti, Mario (*14.9. 1920 Paso de los Toros/Uruguay). – Uruguay. Schriftsteller, arbeitete lange Jahre als Angestellter und schrieb nebenbei Kritiken und Beiträge für lit. Zeitschriften. 1967 wurde er Mitarbeiter des Kulturinstituts in Havanna, mußte jedoch nach dem Putsch in seiner Heimat von 1973 bis 1985 ins span. Exil gehen. Bekannt wurden die Erzählungen *Esta mañana* (1949) und die Romane *Die Gnadenfrist* (1960, dt. 1984), *Frühling im Schatten* (1982, dt. 1986). Während in den frühen Werken die psycholog. Elemente in den Vordergrund traten, wenden sich die späteren Texte mehr politischen und sozialen Fragen zu. Das Milieu der Handlung zeigt oft autobiograph. Erfahrungen. B. trat auch als Lyriker hervor mit *Verteidigung der Freude* (1985).

Benediktsson, Einar (*31.10. 1865 Ellidavatn, †12.1. 1940 Herdísarvík). – Isländ. Dichter, hatte als Impressionist und Neuromantiker eine große Bedeutung für die Bewegung des »art pur«. Er belebte die rímur-Dichtung neu und beschrieb in patriot. Gedichten die Schönheit seines Landes. Seine wichtigsten Werke sind die Gedichte *Hafblik* (1906), *Vogar* (1921), *Hvammar* (1930) und die Gedichte und Erzählungen *Sögur og kvœdi* (1897).

Benedix, Lena →Christ, Lena

Benét, Stephen Vincent (*22.7. 1898 Bethlehem/Pennsylvania, †13.3. 1943 New York). – Der amerikan. Dichter wurde zweimal mit dem Pulitzerpreis ausgezeichnet. Seine bekanntesten Werke sind der Balladenkranz *Er war ein Stein* (1928, dt. 1964) und die Gedichte *Western Star* (1943), die, wie auch seine übrige Dichtung, patriot.-histor. Themen behandeln. B. schrieb u.a. auch das Drama *They Burned the Books* (1942) und die Erzählungen *The last Circle* (1946). Auch in seinen Kurzgeschichten gestaltete er häufig Stoffe aus der Geschichte der USA.

Ben-gavriêl, Moscheh Ya'akov, eigtl. *Eugen Hoeflich* (*15.9. 1891 Wien, †17.9. 1965 Jerusalem). – Israel. Schriftsteller österr. Herkunft. Sein erzähler. Talent zeigt sich bei den fesselnden Romanen wie *Das anstößige Leben des großen Osman* (1956) und *Kamele trinken auch aus trüben Brunnen* (1965) sowie Novellen (*Ein Löwe hat den Mond verschluckt,* 1965). Bekannt ist auch sein Roman *Das Haus in der Karpfengasse* (1963), mit dem er einem großen Publikum bekannt wurde.

Bengtsson, Frans Gunnar (*4.10. 1894 Tossjö/Kristianstad, †19.12. 1954 Stockholm). – Schwed. Dichter, besticht durch seine formschönen Gedichte wie *Tärningskast* (1923), *Inför kvinnan ställd* (hg. 1964) und eigenständige Essays, u.a. *De långhåriga merovingerna* (1933). Besondere Erwähnung verdient auch die Biographie *Karl XII.* (1935f., dt. 1957) und der humorvolle, volkstüml. Wikingerroman *Die Abenteuer des Röde Orm* (1941–45, dt. 1951).

Benjamin, Walter, Ps. u.a. *Detlef Holz, C.Conrad* (*15.7. 1892 Berlin, †26.[27?]9. 1940 Port Bou/Spanien). – Seit 1933 lebte der Deutsche B. als Literaturkritiker und freier Schriftsteller in Paris. Angst vor der Auslieferung an die Gestapo trieb ihn 1940 zum Selbstmord. Er verfaßte gesellschafts- und kunstkritische Abhandlungen, wie z.B. *Goethes Wahlverwandtschaften* (1922), *Ursprung des deutschen Trauerspiels* (1928), *Das Kunstwerk im Zeitalter seiner technischen Reproduzierbarkeit* (1936) und die Aphorismen *Einbahnstraße* (1928) sowie die nach 1930 entstandenen autobiograph. Prosastücke *Berliner Kindheit um Neunzehnhundert* (1950). B. beschäftigte sich intensiv mit dem Marxismus. Er war mit Ernst Bloch befreundet und gilt heute als einer der grundlegenden marxistischen Literaturtheoretiker. Für die Generation der 60er und 70er Jahre wurde er zu einem der einflußreichsten Denker. Seine *Gesammelten Schriften* erschienen seit 1972 unter Mitwirkung von T. W. Adorno und G. Scholem.

Ben Jonson →Jonson, Ben

Benn, Gottfried (*2.5. 1886 Mansfeld/Westpriegnitz, †7.7. 1956 Berlin). – Der Pastorssohn mußte zunächst Theologie und Philosophie studieren, bevor er sich der Medizin zuwenden konnte. In den frühexpressionist. Gedichten *Morgue* (1912) und *Söhne* (1913) setzt er sich vom herkömmlichen Lyrikverständnis ab und behandelt mit schockierender Drastik und medizin. Offenheit Themen menschl. Krankheit und Verwesung. Die Gedichtsammlung *Fleisch* (1917), die Novellen *Gehirne* (1916) und das Drama *Der Vermessungsdirigent* (1919) bilden den Abschluß dieser Phase, die zahlreiche spätere Dichter beeinflußt hat. Die Essays *Nach dem Nihilismus* (1932) zeigen ihn kurzfristig als geistigen Sympathisanten des Nationalsozialismus. Die Essays *Der neue Staat und die Intellektuellen* (1933) und *Kunst und Macht* (1934) erläutern seine kunsttheoret. Haltung gegenüber anderen Dichtern, wie Nietzsche, Heinrich Mann und Stefan George. 1938 von den Nationalsozialisten mit Schreibverbot belegt, zog er sich in die

»innere Emigration« zurück. (Der Begriff »innere Emigration« taucht erstmals bei Benn auf.) Nach dem 2. Weltkrieg fand er zu einer neuen Form der Lyrik. Die Sammlung *Statische Gedichte* (1948) beschäftigt sich in kühl reflektierender Sprache und strenger Formvollendung mit dem Thema Kunst und Künstlertum. Für P. Hindemith schrieb er den Oratorientext *Das Unaufhörliche* (1931). B.s Erzählungen wie *Der Ptolemäer* (1948) schildern in nebeneinandergestellten Monologen und wechselnder Perspektive die Beziehungslosigkeit des modernen Menschen. Wichtige geschichtliche und literaturtheoretische Zeugnisse sind die Autobiographie *Doppelleben* (1950) und der Essay *Probleme der Lyrik* (1951). Posthum 1977 erschienen seine *Briefe an F. W. Oelze* (1977). B.s Werke, die z. T. heftig umstritten waren, gehören zu den bedeutendsten lit. Leistungen unseres Jh.s und liegen in mehreren Ausgaben vor.

Bennett, Arnold (*27. 5. 1867 Shelton/Staffordshire, †27. 3. 1931 London). – Englischer Dramatiker und Erzähler, schrieb seine Romane wie *Konstanze und Sophie oder Die alten Damen* (1908, dt. 1932), *Die Laster der kleinen Leute* (1923, dt. 1929) und die Trilogie *Die Familie Clayhanger* (1910, dt. 1930), die sich durch viel Liebe zum Detail auszeichnen, in der Nachfolge Fieldings. Er orientierte sich dabei an der Erzählweise Fieldings, Maupassants und Zolas. Er verfaßte auch gefällige Unterhaltungsromane wie *Das Grandhotel Babylon* (1902, dt. 1914), *Wie lebt man von 24 Stunden am Tag* (dt. 1988).

Benoît de Sainte-More. Der altfranz. Dichter des 12. Jh.s stammte wahrscheinl. aus Sainte-Maure/Touraine. Er schrieb die Reimchronik *Chronique des Ducs de Normandie* und das älteste Trojaepos des Mittelalters *Roman de Troie*, das später mehrmals bearbeitet wurde. Er stützte sich dabei auf die spätlatein. Quellen von Dares und Dictys, paßte diese jedoch der ritterl.-höf. Gesellschaft des 12. Jh.s an.

Bense, Max (*7. 12. 1910 Straßburg, †29. 4. 1990 Stuttgart). – Dt. Mathematiker und Philosoph, wandte naturwissenschaftliche Methoden auf die Literaturtheorie an und entwickelte auf dieser Grundlage eine quantifizierende »technologische« und »materiale« Ästhetik, wobei er Texte als Zeichensystemekybernetisch definiert sieht, z. B. *Aesthetica* (1965), *Die Unwahrscheinlichkeit des Ästhetischen und die semiotische Konzeption der Kunst* (1979). Den neuen Textbegriff wandte er in eigenen literarischen Werken an, z. B. *Entwurf einer Rheinlandschaft* (1962), *Die präzisen Vergnügen* (1964), *Die Zerstörung des Durstes durch Wasser* (1967), *Nur Glas ist wie Glas* (1970), *Kosmos Atheos* (1985), *Der Mann, an den ich denke. Ein Fragment* (1991) und wirkte nachhaltig auf die Autoren der sog. »konkreten Poesie« (F. Mon, H. Heißenbüttel, E. Gomringer).

Benrath, Henry, eigtl. *Albert Henry Rausch* (*5.5. 1882 Friedberg/Hessen, †11. 10. 1949 Magreglio b. Como). – Dt. Lyriker und Erzähler, der sich anfangs an der formvollendeten Lyrik Platens und Georges orientierte, schrieb u. a. die Gedichte *Der Traum der Treue* (1907), *Erinnerungen an die Erde* (1953) und *Liebe* (1955). Seinen größten Erfolg erzielte er mit dem gesellschaftskrit. Roman *Ball auf Schloß Kobolnow* (1932) und Romanen über Frauengestalten wie *Die Kaiserin Konstanze* (1935).

Benson, Edward Frederic (*24. 7. 1867 Wellington College/Berkshire, †29. 2. 1940 London). – Engl. Schriftsteller, schrieb Unterhaltungsromane wie *Mammon & Co* (1900, dt. 1905) und *Trouble for Lucia* (1939). Der Schlüsselroman *Dodo* (1893, dt. 1895) handelt von Persönlichkeiten aus dem Londoner Gesellschaftsleben und machte ihn mit einem Schlag berühmt.

Beowulf. – Das altengl. Heldenepos ist die erste vollständig erhaltene altgerman. Dichtung. Es ist wahrscheinl. im 10. Jh. entstanden und schildert das Leben des heldenhaften Gautenfürsten B., der als junger Mann sein Land von dem Meerungeheuer Grendel und dessen Mutter befreit. Nach seiner glanzvollen Regierungszeit stirbt er bei dem Kampf mit einem Drachen. Das Epos endet mit einer Totenklage und der Würdigung des Fürsten. Es liegt in mehreren Ausgaben vor (1920 u. 1961, neu-engl. 1950 u. 1968, dt. 1859 u. 1958).

Béranger, Pierre-Jean de (*19. 8. 1780 Paris, †16. 7. 1857 ebd.). – Franz. Lyriker, stammte aus einfachen Verhältnissen und war ein Schützling Lucien Bonapartes. Große Beliebtheit bei seinen Lesern errang er mit seinen frechen, polit. Chansons, die ihm allerdings zwei Gefängnisstrafen einbrachten. Als Gegner der Restauration und Verehrer Napoleons arbeitete er an der Entstehung der Napoleonlegende mit. Er schrieb 5 Liedersammlungen (1815 bis 1833) und eine Autobiographie m. d. T. *Ma biographie* (1857). Seine gesammelten Werke wurden 1859 u. 1959 ins Dt. übersetzt.

Berens-Totenohl, Josefa (*30. 3. 1891 Grevenstein/Sauerland, †6. 9. 1969 Meschede). – Die dt. Dichterin war ab 1914 als Lehrerin tätig und lebte seit der erfolgreichen Aufnahme ihrer ersten Romane, wie *Der Femhof* (1934), *Frau Magdlene* (1935) und *Der Fels* (1943), als freie Schriftstellerin. Ihre Romane und die Gedichte *Das schlafende Brot* (1936) schildern das Schicksal sauerländ. Bauernfamilien, oft über mehrere Generationen hinweg, im Edda- und Sagastil. Weitere Werke sind die Novelle *Das Gesicht* (1955) und der Roman *Die heimliche Schuld* (1960).

Berent, Waclaw, Ps. *Waclaw Rawicz* (*28. 9. 1873 Warschau, †22. 11. 1940 ebd.). – Poln. Romancier, von Nietzsche und Flaubert beeinflußt. Schon in seinen frühen Romanen wie *Edelfäule* (1903, dt. 1908) kritisiert er die dekadente Gesellschaft der Jahrhundertwende. Seine Werke sind anspruchsvoll in ihrer ästhet. und intellektuellen Zielsetzung. Nach dem

Ersten Weltkrieg schrieb er u.a. den histor. Roman *Żywe kamienie* (1918). Weitere Romane sind *Nurt* (1934–39) und *Zmierzch wodzów* (1939).

Berg, Bengt Magnus Kristoffer (*9.1.1885 Kalmar/Schweden, †31.7.1967 Bokenâs b. Halltorp). – Der Schwede Berg war Ornithologe und Schriftsteller. 1935 wurde er Ehrendoktor der Universität Bonn. Seine frühen Werke wie *Der Seefall* (1910, dt. 1911) sind rein lit. Art. Bekannt wurde er durch seine Bücher über Vögel, wobei er auch als Fotograf ausgezeichnete Arbeiten erbrachte. Seine wichtigsten Werke sind *Mein Freund der Regenpfeifer* (1917, dt. 1925), *Mit den Zugvögeln nach Afrika* (1922, dt. 1924), *Die Liebesgeschichte einer Wildgans* (dt. 1930) und *Meine Abenteuer unter den Tieren* (dt. 1955).

Bergengruen, Werner (*16.9.1892 Riga, †4.9.1964 Baden-Baden). – B. nahm am 1. Weltkrieg und an den Baltikums-kämpfen teil. 1936 trat er zum kath. Glauben über. Seine Werke haben meist religiösen Gehalt und schildern den Menschen in extremen Situationen. Sie sind streng komponiert und phantasievoll, ohne dabei an Realistik einzubüßen. Am bekanntesten sind die Romane *Der Großtyrann und das Gericht* (1935), *Am Himmel wie auf Erden* (1940), die sich aus christlichem Bewußtsein gegen den Totalitarismus des III. Reiches wenden, die Trilogie *Der letzte Rittmeister* (1952), *Die Rittmeisterin* (1954), *Der dritte Kranz* (1962), die Novelle *Der spanische Rosenstock* (1941), die Erzählungen *Die drei Falken* (1937), *Das Feuerzeichen* (1949), *Räuberwunder* (1964) und die Gedichte *Dies irae* (1945), *Die heile Welt* (1950) und *Herbstlicher Aufbruch* (1965).

Berger, Thomas (*20.7.1927 Cincinnati/Ohio). – Amerikan. Schriftsteller, studierte in Cincinnati und an der Columbia-Universität, arbeitete als Bibliothekar und nahm in den Jahren 1943 bis 1945 in Europa am Krieg teil. In diesen Jahren schuf er die Gestalt des Carlo Reinhart, die Krieg und Nachkrieg durchlebt und parodistisch die Zeitereignisse verdeutlicht. Bes. der »American Dream«, der Glaube an die Vorbildlichkeit der amerikan. Lebensführung, wird von B. immer wieder verspottet. Die Romane *Verrückt in Berlin* (1958), *Der verliebte Reinhart* (1962), *Lebenswichtige Teile* (1970), *Reinharts Frauen* (1981) wurden rasch zu Bestsellern und in viele Sprachen übertragen. Die Satire *Der letzte Held* (1964, dt. 1980) wurde als Westernparodie weltberühmt. B. hat auch andere lit. Gattungen parodiert und zahlreiche Leser für sein umfangreiches Werk gewonnen.

Bergerac, Savinien Cyrano de (*6.3.1619 Paris, †28.7.1655 ebd.). – Franz. Schriftsteller, stammte aus amtsadeliger Familie und war zusammen mit Molière der Schüler Gassendis. Neben der Tragödie *La mort d'Agrippine* (1653) und der Komödie *Le pédant joué* (1654) schrieb er auch eine physikal. Abhandlung. Am wichtigsten sind seine Romane *Reise in die Sonne* (1662,

dt. 1909) und *Mondstaaten und Sonnenreiche* (hg. 1656, dt. 1913), die der satir. Kritik an zeitgenöss. Zuständen eine utop. Maske überziehen und so den kirchl. und staatl. Autoritäten keine Gelegenheit boten, sich dagegen zu wehren. B. wurde damit zu einem Vorläufer der franz. Aufklärung und beeinflußte Voltaire, Swift und Molière.

Bergman, Bo Hjalmar (*6.10.1869 Stockholm, †17.11.1967 ebd.). – Die Lyrik des schwed. Dichters lebt aus der Spannung zwischen resignierender Melancholie und aggressiver Leidenschaftlichkeit. Während seine frühe Phase von Pessimismus gekennzeichnet ist, findet er später zu einer lebensbejahenden Haltung, die er mit viel Pathos und Engagement für Ästhetik und Menschenwürde vertritt. Er schrieb u.a. die Gedichte *Elden* (1917), *Gamla gudar* (1939), *Makter* (1962), *Äventyret* (1969), die Novellen *Epiloger* (1946), *Inför rätta* (1965) und die Essays *Predikare* (1967).

Bergman, Hjalmar Fredrik Elgérus (*19.9.1883 Örebro/Schweden, †1.1.1931 Berlin). – Schwed. Dichter, sucht stets die Macht des Zerfalls und die Sinnlosigkeit und Grausamkeit des Lebens zu gestalten. Während das Frühwerk neben dunklen Zügen (*Komedier i Bergslagen*, 1914) auch groteske Elemente zeigt, sind seine späten Schriften durch melancholische Resignation charakterisiert. Trotzdem strahlt seine Dichtung Wärme und Humor aus. B. schrieb u.a. die Romane *Amouren* (1910, dt. 1912), *Testament Sr. Gnaden* (1910, dt. 1912), *Skandal in Wadköping* (1919, dt. 1969) und das Lustspiel *Der Nobelpreis* (1925, dt. 1940).

Bergson, Henri (*18.10.1859 Paris, †4.1.1941 ebd.). – Franz. Philosoph und Essayist, wurde 1914 in die Académie Française aufgenommen und erhielt 1927 den Nobelpreis für Literatur. Entgegen der zeitgenöss. Psychologie, die den Menschen als ein determiniertes, nach bestimmten Mechanismen konzipiertes Wesen begriff, interpretierte er ihn als vitalist.-intuitives Wesen. Zu seinen wichtigsten Werken, die besonders die philosoph.-literar. Bewegung des Existentialismus beeinflußten, gehörten *Zeit und Freiheit* (1889, dt. 1911), *Materie und Gedächtnis* (1896, dt. 1907), *Das Lachen* (1900, dt. 1914) und *Schöpferische Entwicklung* (1907, dt. 1912).

Bernadin de Saint-Pierre, Jacques Henri (*19.1.1737 Le Havre, †21.1.1814 Eragny b. Paris). – Franz. Schriftsteller, der berufl. als Ingenieur ausgedehnte Reisen nach Malta, Rußland, Polen und auf die Insel Mauritius unternahm. 1803 wurde er Mitglied der Académie Française. Bezügl. seiner Naturauffassung ist er als Vorläufer Chateaubriands und Lamartines zu sehen. Beeinflußt durch seinen Freund Rousseau, schrieb er seine *Betrachtungen über die Natur* (1788, dt. 1796). Die in diesem Werk enthaltene Erzählung *Paul und Virginie* verschafften B. lit. Ruhm. B. schrieb Studien, Erzählungen und Reiseberichte, in denen besonders die Schilderung exot. Landschaften beeindrucken. Weitere Beispiele aus dem lit. Schaffen

B.s sind *Les harmonies de la nature* (1815), die Erzählung *Die indianische Strohhütte* (1719, dt. 1804) und der Reisebericht *Voyage à l'Isle de France* (1773).

Bernanos, Georges (*20.2. 1888 Paris, †5.7. 1948 Neuilly-sur-Seine). – Franz. Dichter, lebte nach dem Erfolg seines Romans *Die Sonne Satans* (1926, dt. 1927) als freier Schriftsteller. Er verhalf dem theolog. Roman zu neuer Beliebtheit und wurde zum Vertreter des »Renouveau Catholique«. Im Mittelpunkt steht dabei der Kampf zwischen dem Guten und dem Bösen, das nicht nur, wie in seinem Erstlingswerk, durch das Erscheinen des Teufels Gestalt annehmen, sondern auch durch menschl. Fehler, z.B. Gleichgültigkeit, wie in dem Roman *Die tote Gemeinde* (1943, dt. 1946 u. 1973), vertreten werden kann. Verglichen mit Mauriac schreibt B. weniger realist. Seine bekanntesten Werke sind *Tagebuch eines Landpfarrers* (1936, dt. 1936) und *Die begnadete Angst* (1949, dt. 1951). Daneben schrieb er leidenschaftl. polit.-religiöse Essays wie *Die großen Friedhöfe unter dem Mond* (1938, dt. 1959) und *Europäer, wenn ihr wüßtet* (1961, dt. 1962). Eine erste Gesamtausgabe erschien 1950 in 6 Bdn.

Bernard, Tristan, eigtl. *Paul Bernard* (*7.9. 1866 Besançon, †7.12. 1947 Paris). – Franz. Dramatiker und Erzähler, war als geistreicher Plauderer eine beliebte Erscheinung im Pariser Gesellschaftsleben. Seine witzig-iron. R. wie *Ein Musterjüngling* (1899, dt. 1902), *Jagdbares Wild* (1908, dt. 1910), *Paris secret* (1933) und die Anekdoten *Klage einer Gattin* (hg. 1966, dt. 1967) erfreuten sich zu seinen Lebzeiten großer Beliebtheit. Am bekanntesten sind seine Komödien *L'Anglais tel qu'on le parle* (1899), *Triplepatte* (1905) und *Le petit café* (1911).

Bernardes, Diogo, auch: *Bernardes Pimenta* (*um 1530 Ponte da Barca, †um 1595). – Portugies. Dichter an der Schwelle vom Mittelalter zur Renaissance, stark von Petrarca und Tasso beeinflußt. Seine Gedichte *Várias Rimas ao Bom Jesus e á Virginem gloriosa sua mãe e a santos particulares* (1594), *O Lima* (1596) und *Rimas Várias, Flores do Lima* (1596) besingen als Sonette, Episteln, Kantonen, Idyllen und Elegien meist heimatl. Gefilde und zeugen von geistiger Eigenständigkeit. Nach Camões ist B. der wichtigste portugies. Vertreter der Schäferdichtung.

Bernari, Carlo, eigtl. *Carlo Bernard* (*13.10. 1909 Neapel). – Ital. Schriftsteller, hatte in Paris Umgang mit André Breton, dem Anhänger des Surrealismus und Dadaismus. Seine frühen Romane wie *Tre operai* (1934), *Quasi un secolo* (1940) und *Speranzella* (1949, dt. 1962) zeigen ihn als neurealist., sozial engagierten Erzähler. In seinen späteren Werken wie *Der Vesuv raucht nicht mehr* (1952, dt. 1956), *Das lichte Morgen* (1957, dt. 1960) und *Un foro nel parabrezza* (1971) wird die rauhe Wirklichkeit meist poet. überhöht.

Bernart de Ventadour, auch *B. von Ventadorn* (*um 1125 Schloß Ventadorn/Corrèze, †um 1195). – Der Provenzale B.

war der Sohn niederer Bediensteter auf Schloß V. und wurde vom Gemahl Agnès de Montluçons zum provenzal. Minnesänger erzogen. Am berühmtesten sind die Minnelieder an Eleonore von Poitou, der er nach der Ernennung ihres Gemahls Heinrich II. zum König nach England folgte. Seine Lieder beschreiben in einer ausdrucksvollen, gleichzeitig aber vergeistigten Sprache Gefühle, die die Liebe hervorruft. Sie liegen in Ausgaben von 1915, 1963 und 1966 vor.

Bernhard von Clairvaux (*1090 Schloß Fontaines b. Dijon, †20.8. 1153 Clairvaux). – Der aus einem hohen burgund. Adelsgeschlecht stammende B. wurde 1115 Abt des Klosters Citeaux, das er, wie viele andere, gegründet hatte. Er war einer der wichtigsten Mystiker des Mittelalters und verhalf dem Zisterzienserorden zu großem Ansehen. Seine Schüler, u.a. auch Papst Eugen III., fesselte er mit seiner hervorragenden Redekunst, die ihm den Beinamen *Der honigfließende Lehrer* einbrachte. Mit seiner myst.-ekstat. Religionsauffassung, deren Grundlagen Liebe und Demut sind, war er ein Gegner Abälards. Seine in lit. Latein verfaßten Abhandlungen, u.a. *De gradibus humilitatis* (um 1125) und *De consideratione* (1149-52), liegen in einer Gesamtausgabe vor (1667 u. 1839/40, dt. 1934ff.). B. wurde 1174 heiliggesprochen.

Bernhard, Thomas (*10.2. 1931 Kloster Heerlen/Maastricht, †12.2. 1989 Gmunden). – Österr. Schriftsteller, studierte Musik. In seinen frühen, an Trakl erinnernden Gedichten wie *Auf der Erde und in der Hölle* (1957), *In hora mortis* (1958), *Unter dem Eisen des Mondes* (1958), *Die Irren, Die Häftlinge* (1962; neu 1989) schildert er in einer dynam., bildhaften Sprache sein Leiden an der Welt. Auch seine Erzähl. *Amras* (1964), *Ungemach* (1968), *Der Kulturkritiker* (1974) kreisen um melanchol. Themen wie Krankheit und Verfall, wobei er immer wieder gegen die Alltagsdummheit rebelliert. Seine Landsleute fühlten sich durch seine Schriften oft provoziert. B. verfügte testament. ein Verbot der Aufführung und Drucklegung seiner Werke in Österreich. B. schrieb auch Dramen, z.B. *Ein Fest für Boris* (1970), *Der Ignorant und der Wahnsinnige* (1972), *Der Präsident* (1975), *Immanuel Kant* (1978), *Vor dem Ruhestand. Eine Komödie von deutscher Seele* (1979) *Heldenplatz* (1988), die Romane *Frost* (1963), *Verstörung* (1967), *Das Kalkwerk* (1970), *Korrektur* (1976) und die Erinnerungen *Der Keller – Eine Entziehung* (1977), *Der Atem* (1978), *Die Kälte – Eine Isolation* (1984). Seine Prosa ist charakterisiert durch stete Selbstreflexion bis hin zur Verachtung und Aggressivität gegen die Umwelt, z.B. *Die Billigesser* (1980), *Wittgensteins Neffe* (1983), *Holzfällen* (1984), *Alte Meister* (1985), *Einfach kompliziert* (1986), *Auslöschung* (1986), *In der Höhe, Rettungsversuch, Unsinn* (1989); posthum erschienen die Prosa *Ereignisse* (1991) und *Interviews* (1991), drei Dramolette *Claus Peymann kauft sich eine Hose und geht mit mir essen* (1990) und *Gesammelte Gedichte* (1991).

Berthold von Regensburg (*um 1210 Regensburg, †14.12. 1272 ebd.). – B. studierte Theologie in Magdeburg und zog danach als Wanderprediger durch Deutschland, die Schweiz, Österreich und Ungarn. Sein volkstüml., packender Redestil verschaffte ihm eine große Zuhörerschaft. Er geißelt in seinen Predigten, die seine Zuhörer aus dem Gedächtnis nachgeschrieben haben, die Laster seiner Zeit, ohne dabei auf hochgestellte Persönlichkeiten Rücksicht zu nehmen. Seine Reden liegen u.a. in der Ausgabe *Deutsche Predigten, Gruppe Z* (1968) vor.

Bertram, Ernst (*27.7. 1884 Elberfeld, †2.5. 1957 Köln). – B. war bis 1946 Prof. für neuere dt. Literatur in Köln. Neben seinen wiss. Arbeiten schrieb er Gedichte, wie *Wartburg* (1933) und *Die Fenster von Chartres* (1940), deren strenger Aufbau den Einfluß Georges verrät. Hervorragend ist seine Aphorismendichtung, z.B. *Moselvilla* (1951). Posthum erschienen die Essays *Möglichkeiten* (1958) und *Dichtung als Zeugnis* (1967).

Bertran(d) de Born, Vicomte d'Hautefort (*um 1140, †vor 1215 Kloster Dalon). – Der streitbare provenzal. Troubadour dichtete vor allem polit. Lieder, in denen er Stellung zu zeitgenössischen polit. Problemen nimmt. So ergreift er bei dem Zwist zwischen König Heinrich von England und dessen Söhnen für den jungen Heinrich Partei. Die daraus entstandene Legende beschreibt Uhland in seiner Ballade *Bertrand de Born.* B. beschloß sein Leben als Zisterziensermönch in Dalon. Seine Lieder liegen in Ausgaben von 1879, 1913 und 1932 vor.

Bertrand, Aloysius, eigtl. *Jacques-Louis-Napoléon* (*20.4. 1807 Céva/Piemont, †29.4. 1841 Paris). – Franz.-ital. Schriftsteller, mit seinem Gedicht *Junker Voland. Phantasien in der Art von Rembrandt und Callot* (1842 u. 1962, dt. 1911) führte er das Prosagedicht in Frankreich ein; Hexen und Kobolde schaffen darin eine phantast. Traumwelt voll mittelalterl. Mystik. Von B. ließen sich u.a. Baudelaire, Mallarmé und Maurice Ravel inspirieren.

Bessenyei, György (*1747 Bercel/Ungarn, †24.2. 1811 Pusztakovácsi). – Ungar. Dichter, trat aus der Kgl. Leibgarde aus, lebte in völliger Abgeschiedenheit auf seinen Gütern und öffnete sein Land dem geistigen Einfluß der franz. Aufklärung. Neben Tragödien wie *Agis* (1772) und Lustspielen, z.B. *A philosophus* (1777), schrieb er philosoph. und ästhet. Abhandlungen. Sein utop.-satir. Roman *Die Amerikaner* (1774, ungar. 1776) ist dem Geist Voltaires verpflichtet.

Beti, Mongo, eigtl. *Alexandre Biyidi,* Ps. *Eza Boto* (*30.6. 1932 M'Balmayo/Südkamerun). – Afrikan. Schriftsteller, studierte in Frankreich Literaturwissenschaft. Seine in franz. Sprache geschriebenen Romane wie *Die grausame Stadt* (1954, dt. 1963), *Tam-Tam für den König* (1958, dt. 1959), *Remember Ruben* (1974), *Der arme Christ von Bomba* (dt.

1982) schildern in humorvoller und satir. Weise das Leben der Afrikaner vor dem Hintergrund ihrer kolonialen Vergangenheit. B. ist ein Gegner des Kolonialismus und der europ. Missionsarbeit.

Betti, Ugo (*4.2. 1892 Camerino/Italien, †9.6. 1953 Rom). – Nach Pirandello ist B. der wichtigste moderne ital. Dramatiker, dessen Werke starke Einflüsse des Existentialismus zeigen. Seine im Aufbau an Prozesse (Untersuchung, Erhebung der Anklage, Sühne) erinnernden Dramen, u.a. *La patrona* (1927), *Korruption im Justizpalast* (1944, dt. 1956), *Die Ziegeninsel* (1950, dt. 1954) und *Die Flüchtende* (1953, dt. 1956), zeigen den Menschen in selbstverschuldeten Situationen, aus denen ihn die Religion herausführen kann. Auch als Übersetzer klass. Lyrik (Catull) ist B. hervorgetreten.

Bettinelli, Saverio (*18.7. 1718 Mantua, †13.9. 1808 ebd.). – Italien. Dichter, war Jesuit und lehrte Rhetorik, bevor er, nachdem der Jesuitenorden 1773 aufgelöst worden war, Literaturkritiker und Mitglied der »Arcadia« wurde. In seinen *Lettere virgiliane* (1757 u. 1930), die einen Literaturstreit auslösten, den er in den *Dodici lettere inglese* (1767) weiterführte, kritisiert er u.a. Dichtern auch Dante und beeinflußte hierin u.a. Voltaire. Bekannt wurde er auch durch seine *Kulturgeschichte Italiens* (1775).

Bevk, France (*17.9. 1890 Zakojca, †17.9. 1970 Ljubljana. – Slowen. Dichter, seine frühen Gedichte, u.a. *Pesmi* (1921), weisen Züge der Neuromantik und des Symbolismus auf. Seine späteren Romane wie *Kaplan Martin Čedermac* (1938) schildern in realist. und psycholog. einfühlsamer Weise völk. Probleme der Slowenen in Italien. Die Erzählungen *Die Kinder auf der Hutweide* wurden 1965 ins Deutsche übersetzt.

Bezruč, Petr, eigtl. *Vladimír Vašek* (*15.9. 1867 Troppau, †17.2. 1958 Kostelec na Hané). – Tschech. Schriftsteller, dessen Vater, der Philologe Antonín Vašek, die Unechtheit der Königinhofer Handschrift nachgewiesen hatte. B., der sein Studium aus finanziellen Gründen aufgeben mußte, wurde Postbeamter. Mit seinen pathet., sozialkrit. Gedichten über die tschech. Arbeiter und Bauern m.d.T. *Schlesische Lieder* (1909, dt. 1910 u. 1963) wurde er zu einem Anreger der *proletarischen Poesie* der 20er Jahre. Seine Gedichte schwanken stets zwischen Agitation und Resignation.

Bhagawadgītā (= Der Gesang des Erhabenen). – Das ind. religiös-philosoph. Lehrgedicht schildert, wie sich der Held Arjuna weigert, gegen die mit ihm verwandten Kauravas zu kämpfen. Daraufhin erscheint ihm der Gott Krsna und überzeugt ihn davon, daß Pflichterfüllung und Distanz dem Irdischen gegenüber über den subjektiven Gefühlen stehen. Die Handlung der B. befindet sich im 6. Buch des *Mahābhārata,* unmittelbar vor dem Kampf zwischen den Pāndavas und Kauravas. Sie dient nur als Vorwand für ausgedehnte philosoph. Erörterungen, mit denen man sich noch heute in den philosoph. und theolog. Schulen Indiens befaßt. Die B. liegt in einer dt. Übersetzung von 1965 vor.

Bhartrihari (ind. Dichter aus dem 7. Jh. n. Chr.). – Über B.s Leben gibt es keine absolut zuverlässigen Angaben. Ebenso halten ihn einige Gelehrte nicht für den Autor der drei widerspruchsvollen *Zenturien* über die Liebe, die Lebensklugheit und die Weltentsagung, die das Leben des Menschen in drei Teile teilen: sinnlicher Lebensgenuß, kluges Verhalten der Welt gegenüber und Entsagung durch absolute Askese. Das Werk wurde 1833 und 1948 herausgegeben und 1835 und 1870 bis 73 ins Dt. übersetzt.

Bialik, Chajim Nachman (*9. 1. 1873 Rady/Wolynien, †4. 7. 1934 Wien). – Isr. Dichter, lebte seit 1923 als Lehrer in Palästina und widmete sich dort der Pflege klass. jüd. Schrifttums, dem er zu einer Wiedergeburt verhalf. Mit seinen Essays, Erzählungen, Legenden-, Sagen- und Märchensammlungen, in denen er den Geist der Aufklärung mit rationalem Talmudismus und Überlieferungen jüd. Mystik verbindet, bemühte er sich um eine Erneuerung der hebr. Sprache. Seine Hauptwerke sind das *Buch der Legende* (1908 zus. mit Rawnitzki), *Ausgewählte Gedichte* (dt. 1911) und *Gedichte* (dt. 1920) sowie seine *Essays* (dt. 1925). B. ist die zentrale Gestalt der Erneuerung der hebr. Literatur im 20. Jh.

Bian Zhilin (*8. 12. 1910 Haimen/Jiangtsu). – Chines. Lyriker, der bes. durch seine Übertragungen aus westeurop. Literatur bekannt wurde. B. stammt aus bürgerl. Verhältnissen und gestaltet in seinen Gedichten Stimmungen und menschliche Erfahrungen ohne politische Dimension. Die kommunist. Literaturkritik hat ihn heftig getadelt. Im Westen sind seine Gedichte nur in einzelnen Anthologien enthalten.

Bibbiena, Bernardo Dovizi da (*4. 8. 1470 Bibbiena, †9. 11. 1520 Rom). – Ital. Schriftsteller, arbeitete als Sekretär und Botschafter für die Medici, wurde 1513 Kardinal in Rom und hatte u. a. Umgang mit Bembo und Castiglione. Seine zahlreichen Briefe sind von histor. Interesse. Sein wichtigstes Werk ist die spritzige Komödie *Calandria* (1513, dt. 1903), die eine eigenständige, vom Geist der Renaissance durchdrungene Bearbeitung eines Plautus-Themas ist.

Bibel → Altes Testament → Neues Testament

Bichsel, Peter (*24. 3. 1935 Luzern). – Schweizer Dichter, ist Volksschullehrer und wurde durch seine anmutigen Miniaturen *Eigentlich möchte Frau Blum den Milchmann kennenlernen* (1964) bekannt. Sein Roman *Die Jahreszeiten* (1967) wurde mit dem Preis der »Gruppe 47« ausgezeichnet. B. besticht durch seine genauen Detailschilderungen und seinen hintergründigen Humor. Weitere Veröffentl. sind die Erzählungen *Stockwerke* (1974), *Der Bussard* (1985), die Reden *Schulmeistereien* (1985), die Essays *Des Schweizers Schweiz* (1969) und seine hervorragenden *Kindergeschichten* (1969). 1979 erschienen *Geschichten zur falschen Zeit*, 1986, *Irgend-*

wo *anderswo. Kolumnen 1980–1985*, 1990. *Im Gegenteil. Kolumnen 1986–1990:* B. erhielt 1986 den Johann-Peter-Hebel-Preis.

Bidermann, Jakob (*1578 Ehingen b. Ulm, †20. 8. 1639 Rom). – Als Verfasser von neulat. Jesuitendramen beeinflußte B. in starkem Maße die Weiterentwicklung des Barockdramas. Seine Stücke behandeln meist die Thematik von Sein und Schein und wirken mit ihren vom Burlesken über das Komische zum Ernsten wechselnden Szenen farbig und dynamisch. Im Mittelpunkt steht die Darstellung der sinnl. Lebensfreude, hinter der sich jedoch eine jenseitsorientierte Grundtendenz verbirgt. B. schrieb u. a. die Komödien *Macarius* (1613), *Josephus* (1615), Epigramme und Lieder. Seine unvergängl. Tragödie *Cenodoxus* (1602) handelt, ähnlich der Faust- und Jedermann-Motivik, vom eitlen Streben des Menschen nach ird. Werten.

Bieler, Manfred (*3. 7. 1934 Zerbst/Anhalt). – Dt. Schriftsteller, nahm 1967 die tschech. Staatsbürgerschaft an und flüchtete 1968 in die Bundesrepublik, da er in der DDR wegen seiner Haltung in der Frage um Biermann gerügt wurde. In seinen satir. und parodist. Werken beschäftigt er sich mit Themen wie dem geteilten Deutschland. Er schrieb u. a. die Parodien *Der Schuß auf die Kanzel* (1958), *Walhalla* (1988), *Still wie die Nacht. Memoiren eines Kindes* (1989), die Hörspiele *Nachtwache* (1963), *Das provisorische Leben* (1971), *Der Hausaufsatz* (1974), Kinderbücher und die Romane *Bonifaz oder Der Matrose in der Flasche* (1963), *Der Mädchenkrieg* (1975), *Der Kanal* (1978) und *Der Bär* (1983).

Bienek, Horst (*7. 5. 1930 Gleiwitz/Schlesien, †7. 12. 1990 München). – Dt. Schriftsteller, 1951 bis 1955 in Sibirien inhaftiert; seit 1956 lebte er als Rundfunkredakteur und freier Schriftsteller in der Bundesrepublik. Die Thematik seiner Werke, die von Pound und Brecht beeinflußt und in einer kühlen, disziplinierten Sprache geschrieben sind, kreist um die innere und äußere Selbstbehauptung des Menschen. B. schrieb u. a. die Erzählungen *Nachtstücke* (1969), den Roman *Die Zelle* (1968) und die Gedichte *Was war, was ist* (1966), *Die Kindheit danach* (1974) und *Gleiwitzer Kindheit* (1976). 1972 erschienen die Essays *Solschenizyn und andere.* Ähnlich wie Joseph Roth und Günter Grass wendet er sich in seinen Romanen *Die erste Polka* (1975), in dem er den Überfall auf den Sender Gleiwitz beschreibt, *Septemberlicht* (1977), *Zeit ohne Glocken* (1979), *Erde und Feuer* (1982), *Birken und Hochöfen. Eine Kindheit in Oberschlesien* (1990) der Darstellung verlorener Landschaften zu, die »erinnernd in Besitz genommen« werden. B. gab auch Gedichte heraus und veröffentlichte lit. *Werkstattgespräche* (1962); er erhielt zahlreiche internationale Preise. Die lit. Porträts *Der Blinde in der Bibliothek* und die Aufzeichnungen *Beschreibung einer Provinz* erschienen 1986, die Münchner Poetik-Vorlesungen *Das allmähli-*

che Ersticken von Schreien (1987). Posth. erschienen der Essay *Die langsame Heimkehr des Doktor Schiwago* (1991) und die Gedichte *Die Zeit, der Fluß, der Wind* (1991), *Wer antwortet wem?* (1991).

Bierbaum, Otto Julius, Ps. *Martin Möbius* (*28.6.1865 Grünberg/Schlesien, †1.2.1910 Kötzschenbroda/Dresden). – Der vielseitige dt. Schriftsteller und Kritiker war u.a. auch Redakteur und Hg. der Zeitschrift »Die freie Bühne«, »Die Insel« und des »Modernen Musenalmanachs« (1891–1894). In seinen Gedichten versucht er sich vom Minnesang über die Anakreontik bis zur Romantik in einer großen Zahl verschiedener Stile. Er schrieb u.a. die Gedichte *Erlebte Gedichte* (1892), *Nemt, Frouwe disen Kranz* (1894) und die Romane *Pankrazius Grauner* (1895), *Prinz Kuckuck* (1906–07) und *Stilpe* (1897), mit dem er den Anstoß zur Gründung des Kabaretts das »Überbrettl« gab.

Bierce, Ambrose (*24.6.1842 Meigs County/Ohio, †11.1.1914 Ojinaga/Mexiko). – Amerikan. Schriftsteller, arbeitete als Journalist, nahm am Bürgerkrieg teil und gilt – wie Poe – als Begründer der Kurzgeschichte, die in ironischer Distanz von Schrecken und Mord berichtet, wobei der typische offene Schluß der Story den Leser als Erkennenden in die Textgenese einbezieht, z.B. *Mein Lieblingsmord und andere Erzählungen* (dt. 1963), *Die Spottdrossel* (dt. 1963) und *Wörterbuch des Teufels* (dt. 1964).

Biermann, Wolf (*15.11.1936 Hamburg). – Dt. Liedermacher, Sohn eines kommunist. Arbeiters, der 1943 in Auschwitz ermordet wurde. 1953 ging B. freiwillig in die DDR, wo er Wirtschaft, Philosophie und Mathematik studierte und beim Berliner Brecht-Ensemble mitwirkte. 1963 wurde er aus der SED ausgeschlossen; 1965 wurden seine Texte in der DDR verboten. 1976 anläßlich eines Konzerts in der Bundesrepublik wies die Regierung der DDR den Regimekritiker aus. In seinen Gedichten und polit. Liedern, zu denen er sich selbst auf der Gitarre begleitet, kritisiert er in manchmal satir., stets sehr offener und direkter Weise den Kapitalismus und den Kommunismus. Sie erschienen u.d.T. *Die Drahtharfe* (1965), *Mit Marx- und Engelszungen* (1968), *Für meine Genossen* (1973), *Deutschland. Ein Wintermärchen* (1973), *Loblieder und Haßgesänge* (1977), *Nachlaß I* (1977), *Der Friedensclown* (1977), *Eins in die Fresse mein Herzblatt* (1980), *Wir müssen vor Hoffnung verrückt sein* (1983), *Affenfels und Barrikade* (1986), *Klartexte im Getümmel. 13 Jahre im Westen. Von der Ausbürgerung bis zur November-Revolution* (1990). 1991 erschien die Gesamtausgabe *Alte Lieder*.

Biernath, Horst (*8.7.1905 Lyck/Ostpreußen, †17.3.1978 Trostberg). – Der dt. Schriftsteller studierte in Königsberg, Wien und München Germanistik und Geschichte und lebte ab 1928 in München, wo er den »Tukan-Kreis« mitbegründete. Seine humorvollen Romane, die zu einem großen Teil verfilmt

wurden, so u.a. *Die Leute mit dem Sonnenstich, Die drei Hellwangkinder, Vater sein dagegen sehr, Ein Haus geteilt durch acht* (1964), *Grün wie ein Augapfel* (1964), sowie die beiden Erinnerungsbände *Fröhliche Wiederkehr oder kein Garten Eden* (1973) und *Abschied und Wiedersehen* (1975) fanden einen breiten Leserkreis. Wenige Wochen vor seinem Tod vollendete er seinen letzten Roman *Die Glut und die Asche*, der posth. 1978 erschien.

Bilac, Olavo Braz Martins dos Guimarães (*16.12.1865 Rio de Janeiro, †28.12.1918 ebd.). – Brasilian. Lyriker, trug entscheidend zur Entstehung des brasilian. Nationalgefühls bei. Seine Liebesgedichte *Poesias* (1888 u. 1902) leben aus der Spannung zwischen Sinnlichem und Geistigem. Die Sonette *Tarde* (1919) stellen den inhaltl. und formalen Höhepunkt seiner Dichtung dar. B. wurde zum Vorbild für viele brasilian. und portugies. Dichter.

Bilderdijk, Willem (*7.9.1756 Amsterdam, †18.12.1831 Haarlem). – Die Gedichte des niederl. Dichters wie *Elius* (1785), *De ziekte der geleerden* (1807), *De ondergang der eerste wareld* (1820) und die Tragödie *Floris V* (1808) orientieren sich an der griech. und franz. Klassik, wobei jedoch das Gefühl als Erkenntnismöglichkeit nicht nur anerkannt, sondern gefordert wird. Der konservativ eingestellte Dichter war ein Gegner des zeitgenöss. Gedankenguts der Aufklärung.

Billinger, Richard (*20.7.1890 St. Marienkirchen/Oberösterreich, †7.6.1965 Linz). – Der österr. Schriftsteller fühlte sich zur Natur und dem volkstüml. Leben hingezogen, wodurch barocke, aber auch irrational völkische Gedanken in seine Dramen, Erzählungen und Gedichte eindringen konnten. Seine Dramen, u.a. *Rauhnacht* (1931), *Der Zentaur* (1948), *Das Augsburger Jahrtausendspiel* (1955) und *Bauernpassion* (1960), stehen in der Nachfolge des österr. Barockspiels und spielen meist im Bauernmilieu. B.s Sprache ist urwüchsig und manchmal von barocker Überladenheit.

Binding, Rudolf G(eorg) (*13.8.1867 Basel, †4.8.1938 Starnberg). – Dt. nachklassizist. Dichter in der Nachfolge C.F. Meyers. Ohne sich von zeitgenöss. Strömungen beeinflussen zu lassen, in strenger zuchtvoller Sprache, die Ausdruck einer weltoffenen Geistigkeit ist, schrieb er seine Novellen wie *Der Opfergang* (1912), *Unsterblichkeit* (1922), *Moselfahrt aus Liebeskummer* (1932) und *Wir fordern Reims zur Übergabe auf* (1935), die um die Themen Liebe und Natur, Krieg und Ehre kreisen. 1951 erschien *Das Märchen vom Walfisch* und 1952 *Die Geschichte vom Zopf in Rothenburg.*

Bingel, Horst (*6.10.1933 Korbach/Hessen). – Der Herausgeber, Kritiker und freie Schriftsteller gründete 1965 das Frankfurter Forum für Literatur und war 1974 bis 1975 Vorsitzender des Verbandes freier Schriftsteller. Seine Gedichte, u.a. *Kleiner Napoleon* (1956), *Wir suchen Hitler* (1965), *Lied für Zement* (1975) und die Erzählungen *Elefantisches* (1963) und

Herr Sylvester wohnt unter dem Dach (1967) öffnen dem Leser den Zugang zu einer skurrilen Phantasiewelt und zeichnen sich durch einen witzig-iron. Lapidarstil aus. In seinen jüngsten Werken versteht sich B. mehr und mehr als Gesellschaftskritiker, der ein neues Bewußtsein schaffen will.

Bin Gorion, Micha Josef, eigtl. *M. J. Berdyczewski* (*7.8. 1865 Medschibosch/Ukraine, †18.11. 1921 Berlin). – Der hebr. Schriftsteller erlangte als Sammler jüd. Märchen Bedeutung. Seine wichtigsten Veröffentlichungen sind u. a. *Die Sagen der Juden* (dt. 1913-26), *Der Born Judas* (dt. 1916–22) und *Sinai und Garizim* (dt. 1926).

Bioy Casares, Adolfo (*15.9. 1914 Buenos Aires). – Argentin. Schriftsteller, stammt aus einer Großgrundbesitzerfamilie, brach sein Studium der Literatur ab und gab mit seinem Freund J. L. Borges zahlreiche Gedichtsammlungen und Erzählungen heraus. Von seinen frühen Werken hat B. sich heute distanziert. Die späteren Romane *Morels Erfindung* (1940, dt. 1965), *Fluchtplan* (1945, dt. 1977), *Schlaf in der Sonne* (1973, dt. 1976), *Tagebuch des Schweinekriegs* (1969, dt. 1978), *Der Traum der Helden* (1954, dt. 1977) verbinden Science-fiction mit realer Großstadtwelt und erzählen von Helden, die in der modernen Welt nicht bestehen können. Besonders die psycholog. spannende Handlungsführung brachte dem Autor eine große Leserschaft.

Birch-Pfeiffer, Charlotte (*23.6. 1800 Stuttgart, †25.8. 1868 Berlin). – Dt. Autorin, war Schauspielerin und heiratete 1825 den dän. Schriftsteller Birch, mit dem sie viele Reisen unternahm. Bekannt wurde sie durch ihre sentimentalen Bühnenstücke, für die sie populäre Romane als Vorlage verwendete, wie *Hinko* (1829, nach L. Storchs *Freiknecht*), *Pfeffer-Rösl* (1833, nach G. Dörings *Sonnenberg*), *Der Glöckner von Notre-Dame* (1837, nach V. Hugo), *Dorf und Stadt* (1847, nach B. Auerbachs *Die Frau Professor*), *Die Waise von Lowood* (1855, nach Ch. Brontës *Jane Eyre*) und *Die Grille* (1857, nach G. Sands *Petite Fadette*). H. Heine hat die qualitative Wertlosigkeit ihrer Literatur in dem Gedicht *Deutschland – Ein Wintermärchen* schonungslos verspottet.

Birck, Sixt, auch *Sixt Birk*, Ps. *Xystus Betulius* (*24.2. 1501 Augsburg, †19.6. 1554 ebd.). – B. verfaßte geistl. Lieder und Schuldramen, die er später ins Lateinische übersetzte. Die Themen seiner Stücke, z. B. *Susanna* (1532, lat. 1537), *Judith* (1532, lat. 1539) und *Sapientia Salomonis* (lat. 1539), stammen meist aus der Bibel. B., der mit seinen Werken belehrend wirken wollte, steht am Übergang vom Mittelalter zum Humanismus.

Birken, Sigmund von, eigtl. *Betulius* (*5.5. 1626 Wildenstein bei Eger, †12.6. 1681 Nürnberg). – B. war Prinzenerzieher in Wolfenbüttel und schrieb aufwendige Barockstücke, in denen er Adelsgeschlechter und polit. Ereignisse verherrlicht, wie z. B. das Festspiel *Teutscher Kriegs Ab- und Friedens Einzug* (1650) und die histor. Dichtung *Hochfürstlicher Brandenburgischer Ulysses* (1669). Daneben verfaßte er auch anmutige Schäfergedichte. Bekannt wurde die Sammlung *Pegnesis oder der Pegnitz Blumgenoß* (1673 ff.). Als Oberhirte des »Pegnes. Blumenordens« wurde er zum Vermittler norddt. protestant. und süddt. kath. Barockliteratur.

Birkenfeld, Günther (*9.3. 1901 Cottbus, †22.8. 1966 Berlin). – B. war u. a. Generalsekretär des Reichsverbandes dt. Schriftsteller und Mitbegründer des Kampfbundes gegen Unmenschlichkeit (1945). In seinem Roman *Dritter Hof links* (1929) befaßt er sich mit sozialen Problemen. Weitere Romane sind *Augustus* (1934, 1962 u. d. T. *Die Ohnmacht der Mächtigen*) und *Wolke, Orkan und Staub* (1955).

Bischoff, Friedrich, bis 1933 Fritz Walter B. (*26.1. 1896 Neumarkt/Schlesien, †21.5. 1976 Großweier/Baden). – B. war 1925–33 Intendant des Breslauer Rundfunks und 1946–65 Leiter des Südwestfunks Baden-Baden. Er hatte entscheidenden Anteil an der Entstehung und Entwicklung des lit. Hörspiels. Seine Erzählungen wie *Rübezahls Grab* (1937), *Himmel und Hölle* (1938), *Rosenzauber* (1964) und Gedichte, z. B. *Gottwanderer* (1921), *Schlesischer Psalter* (1936) und *Erde sei uns wohlgesinnt* (1955), weisen myst.-romant. Lebenseinstellung auf, die die Welt als materielle Erscheinungsform übersinnl., irrationaler Kräfte deutet.

Bitow, Andrej Georgijewitsch (*27.5. 1937 Leningrad). – Russ. Schriftsteller, Sohn eines Architekten, studierte Geologie und ließ sich nach einigen Berufsjahren in Moskau als Schriftsteller nieder. Orientiert an Proust und Gide sucht B. in seinen ersten Werken, die in der Zeit nach Stalins Tod erschienen, mit Stil-, Bild- und Sprachmitteln die russ. Literatur zu erneuern. B. schrieb zahlreiche Romane *Der große Luftballon* (1961, dt. 1979), *Das Puschkinhaus* (1978, dt. 1983) u. a., Erzählungen, Essays und Skizzen. Zentrales Thema aller Arbeiten ist die Spiegelung der Erfahrungen in den Charakteren seiner Gestalten. Die starke Konzentration auf die Psychologie seiner Protagonisten hat ihm auch die Kritik der Partei eingetragen. So konnten einige Werke bis zur Auflösung der Sowjetunion nur im Ausland erscheinen.

Björling, Gunnar Olof (*31.5. 1887 Helsingfors, †11.7. 1960 ebd.). – Finn. Lyriker, schrieb in finn. und schwed. Sprache. Er suchte nach modernen Ausdrucksformen und schreckte auch vor disharmonischen Effekten nicht zurück. Seine nicht jedem zugängl. Gedichte wie *Kiri-ra!* (1930), *O finns en dag* (1944), *Hund skenar glad* (1959) handeln meist von der Endlosigkeit der Entwicklung der Welt und der Forderung, diese Welt zu bestehen.

Bjørnson, Bjørnstjerne (*8.12. 1832 Kvikne/Østerdalen, †26.4. 1910 Paris). – Norweg. Dichter, Theaterkritiker und Herausgeber zahlreicher Zeitschriften, war u. a. auch Kämpfer für die Volkshochschulbewegung. 1903 erhielt er als erster

Skandinavier den Nobelpreis. Populär wurde er durch seine Heimatdichtung wie die Erzählungen *Synnöve Solbakken* (1857, dt. 1861), *Arne* (1858, dt. 1860) und seine an die Sagas angelehnten Epen, z. B. *Arnljot Gelline* (1875, dt. 1904). Seine Dramen leiteten eine Erneuerung des norweg. Theaters ein. Noch heute spielt man seine psycholog. interessanten Stücke *Über die Kraft* (1883–95, dt. 1886/1896) und *Paul Lange und Tora Parsberg* (1898, dt. 1899). Mit Ibsen gehört B. zu den führenden norweg. Dramatikern der Jahrhundertwende. Als Verfechter der nationalen Eigenständigkeit Norwegens verfaßte er auch den Text für die Nationalhymne *Ja, vi elsker dette landet.*

Blaga, Lucian (* 9. 5. 1895 Lancrăm/Siebenbürgen, † 6. 4. 1961 Cluj). – Rumän. Dichter, Professor für Philosphie in Cluj. Seine bilderreiche, jenseitsorientierte Lyrik ist der künstl. Ausdruck seiner myst.-philosoph. Anschauungen. Er schrieb die Gedichte *Poemele luminii* (1919), *Laudă somnuli* (1929) und *Poezii* (hg. 1943 u. 1963), die in einer Auswahl ins Dt. übersetzt wurden (1967).

Blais, Marie-Claire (* 5. 10. 1939 Québec). – Frankokanad. Autorin, gehört zur Avantgarde der Literatur in Kanada. In zahlreichen Dramen und Romanen, z. B. *Schwarze Winter* (1965, dt. 1966), gestaltet sie Brutalitäten und sexuelle Abnormitäten und zeigt, wie unter dem Druck psychischer Belastungen grundlegende Ordnungsformen wie Familie oder Freundschaft zerbrechen. Ihr Werk wurde mit dem Prix Médicis 1966 ausgezeichnet, findet aber im konservativen Publikum heftige Kritiker.

Blake, William (* 28. 9. 1757 London, † 12. 7. 1827 ebd.). – Engl. Dichter und Kupferstecher, illustrierte u. a. Werke von Dante, Vergil und Chaucer. Seine Gedichte wie *Poetical Sketches* (1783), *Songs of Innocence* (1789) und *Songs of Experience* (1794) nähern sich anfangs der Volksliedlyrik und unterliegen später dem Einfluß der Mystiker Swedenborg und Böhme. Die Symbolik seiner zum Irrationalen tendierenden, visionären Werke ist schwer aufzulösen, da er eine eigene Mythologie zu gestalten suchte, und wurde erst durch Swinburne und Yeats hinreichend erklärt. Die späten Epen *The Book of Los* (1795), *The Book of Ahaania* (1795) und *Milton* (1804) lehnen sich an die Miltons an. Im Zentrum seines Dichtens steht die Suche nach einer harmonischen Weltordnung, die er gegen die negativen Anlagen im Menschen auf dem Wege myst. Vereinigung zu erlangen sucht. Seine lit.-histor. Einordung ist bis heute umstritten.

Blanco Fombona, Rufino (* 17. 6. 1874 Caracas, † 16. 10. 1944 Buenos Aires). – Der venezolan. Schriftsteller führte ein wechselvolles Leben. Zuletzt war er als Diplomat tätig. Seine Gedichte wie *Trovadores y trovas* (1899) und *Cantos de la prisión y del destierro* (1911) gehören zur Richtung des Modernismus. Als Erzähler wandelte er sich zum Naturalisten. Er schrieb u. a. die Erzählungen *Cuentos americanos* (1904 u. 1913) und die Romane *El hombre de hierro* (1907) und *El secreto de la felicidad* (1933). Wichtig ist auch sein Aufsatz *El modernismo* (1929).

Blasco Ibáñez, Vicente (* 29. 1. 1867 Valencia, † 28. 1. 1928 Menton/Frankreich). – B., der als Republikaner polit. verfolgt wurde, ist einer der bedeutendsten span. Romanciers. Besonders hervorzuheben sind seine frühen, von Zola beeinflußten Romane und Erzählungen, wie *Arroz y tartana* (1894), *La barraca* (1898) und *Der Eindringling* (1904, dt. 1910), in denen er mit großer Lebendigkeit seine Heimat schildert. Später wandte er sich bewußt antiklerikal-geschichtl. und politischen Problemen zu. Seine Romane erfreuen sich größter Beliebtheit und wurden teilweise verfilmt.

Blatter, Silvio (* 25. 1. 1946 Bremgarten/Schweiz). – Schweizer Autor, arbeitete nach einer pädagogischen Ausbildung als Arbeiter und studierte vorübergehend Germanistik; danach Funkregie. Er erhielt zahlreiche Schweizer Stipendien, so daß er im Ausland Erfahrungen sammeln konnte. Seine Erzählungen *Schaltfehler* (1972), *Nur der König trägt Bart* (1973), *Love Me Tender* (1980) sowie die Romane *Mary Long* (1973), *Zunehmendes Heimweh* (1978), *Die Schneefalle* (1981), *Das blaue Haus* (1990) zeigen ebenso wie die Hörspiele *Alle Fragen dieser Welt* (1975) oder *Bologna kann warten* (1981) und die Gedichte *Mit jedem Schlag der Uhr* (1984) die starke Heimatverbundenheit des Autors, der Heimat nicht als Gegebenheit, sondern als literarische Utopie, die auch in den Städten zu realisieren ist, definiert. 1988 schloß er die Trilogie *Zunehmendes Heimweh* (1978), *Kein schöner Land* (1983) mit *Das sanfte Gesetz* (1988) ab.

Blažková, Jaroslava (* 15. 11. 1933 Großmeseritsch/Südmähren). – Tschech. Schriftstellerin, emigrierte, als sie in Preßburg als Redakteurin arbeitete. Bekannt wurde sie durch ihre realist. Jugendbücher wie ein *Feuerwerk für den Großvater* (1962, dt. 1964) und die Novelle *Nylonmond* (1961, dt. 1962). Daneben veröffentlichte sie die Erzählungen *Jahniatko a grandi* (1964) und den Roman *Môj skvelý brat Robinson* (1967).

Blei, Franz (* 18. 1. 1871 Wien, † 10. 7. 1942 Westbury/New York). – Der österr. Schriftsteller gab zahlreiche lit. Zeitschriften heraus, u. a. »Hyperion« (m. C. Sternheim 1908–09). Er übersetzte Claudel und Gide und förderte Broch und Musil. *Das große Bestiarium der modernen Literatur,* das er 1920 unter dem Pseudonym *Peregrinus Steinhövel* herausgab, ist eine satir. Darstellung der Literaten seiner Zeit. B. schrieb auch die Komödie *Thea* (1895) und die Autobiographie *Erzählung eines Lebens* (1930). Seine eigentliche Bedeutung liegt jedoch in seiner Eigenschaft als Förderer von Künstlern und als Kritiker, wovon seine zahlreichen Essays, u. a. *Zeitgenössische Bildnisse* (1940), Zeugnis geben.

Bleibtreu, Karl (* 13. 1. 1859 Berlin, † 30. 1. 1928 Locarno). –

Dt. Schriftsteller und Literaturtheoretiker, war Mitbegründer der »Deutschen Bühne« in Berlin und ein Wegbereiter des Naturalismus. Seine Schrift *Revolution der Literatur* (1886) propagierte ein Zusammenwirken von Dichtkunst und Politik und wurde zum Programm der Frühnaturalisten. Seine eigenen lit. Werke, wie die Novellen *Schlechte Gesellschaft* (1885) und die Romane *Größenwahn* (1888) und *Weltbrand* (1912), sind sozialkrit. orientiert und bedienen sich einer an Zola erinnernden Drastik der Darstellung, formal gesehen jedoch sind sie weniger interessant. B. schrieb auch zahlreiche Schlachtenschilderungen und histor. Dramen.

Blicher, Steen Steensen (*11.10. 1782 Vium/Jütland, †26.3. 1848 Spentrup b. Randers). – Dän. Dichter, war Studienrat und Pfarrer und wurde wegen Trunksucht vom Dienst suspendiert. 1807–09 übersetzte er Ossian, an den seine ersten eigenen Gedichte erinnern. Später schrieb er selbst Gedichte voller Melancholie, aber auch Humor, wie *Sneklokken* (1826) und *Trœkfuglene* (1838). Am wichtigsten sind jedoch seine volkstüml. jütländ. Erzählungen, wie *Die Strickstube* (1842, dt. Auswahl 1928), und die Tagebuchnovelle *Brudstykker af en landsbydegns dagbog* (1824), in die er auch heimatl. Volkssagen aufgenommen hat.

Blixen, Karen Christence, Ps. *Tania B., Karen B.-Finekke* (*17.4. 1885 Rungstedlund b. Kopenhagen, †7.9. 1962 ebd). – Die dänische Schriftstellerin B. wurde mit *Sieben phantastische Geschichten* (engl. 1934, dän. 1935, dt. 1937) und ihren Erinnerungen *Afrika, dunkel lockende Welt* (1937, dt. 1938) bekannt. Ihr umfangreiches, stilvolles Werk zeugt von großer Freude am Erzählen. Weitere Werke sind u. a. die Novellen *Widerhall* (1957, dt. 1959), *Schicksalsanekdoten* (1955, dt. 1960) und die Erinnerungen *Schatten wandern übers Gras* (1960, dt. 1961). 1986 erlebte ihr Afrikabuch eine neue Rezeption, da es die Vorlage zu dem preisgekrönten Film *Jenseits von Afrika* bildete. Eine Vermarktung ihres Lebens in *Tania Blixen* folgte durch Frans Lasson und Clarie Selborn bereits 1987, gleichzeitig wurde die Erzählung *Ehrengard* neu aufgelegt und von Frans Lasson die *Briefe aus Afrika 1914–1931* herausgegeben; 1990 folgte dt. *Die Rache der Engel*, 1991 dt. *Mottos meines Lebens. Betrachtungen aus drei Jahrzehnten.*

Bloch, Ernst (*8.7. 1885 Ludwigshafen, †4.8. 1977 Tübingen). – B. gehört zu den bedeutendsten Philosophen des zwanzigsten Jh. Sein Werk ist durch gedankl. Tiefe, marxist. Theorie und sprachl. Schönheit gleichermaßen gekennzeichnet. Nach seiner Exilierung während des Dritten Reiches wurde er Professor für Philosophie in Leipzig, doch war er den dogmat. Marxisten in seinem systemat. Denken zu überlegen, so daß er 1957 zwangsemeritiert wurde und 1961 in die Bundesrepublik emigrierte, wo er bald an der Universität Tübingen einen bedeutenden Ruf erwarb und auf die Gegenwartsphilosophie entscheidenden Einfluß gewann. Ausgehend von Aristoteles, Hegel und der jüd.-christl. Erlösungslehre lehrte er die Überwindung der gesellschaftl. Grundprobleme und weist in seinem auf die Zukunft bezogenen Werk das Bild einer kosm. Einheit der vollendeten Menschen auf. 1967 wurde seine Tätigkeit mit dem Friedenspreis des Dt. Buchhandels ausgezeichnet. Seine Hauptwerke sind heute greifbar u. d. T. *Geist der Utopie* (1918), *Thomas Münzer als Theologe der Revolution* (1922), *Durch die Wüste* (1923), *Spuren* (1930), *Erbschaft dieser Zeit* (1935), *Subjekt-Objekt. Erläuterungen zu Hegel* (1951), *Das Prinzip Hoffnung* (1954–1959), *Naturrecht und menschliche Würde* (1961), *Philosophische Grundfragen I* (1961), *Verfremdungen* (1962/64 in 2 Bdn.), *Tübinger Einleitung in die Philosophie* (1963/64), *C. Thomasius, ein deutscher Gelehrter ohne Misere* (1967), *Atheismus und Christentum* (1968), *Widerstand und Friede* (1968), *Philosophische Aufsätze zur objektiven Phantasie* (1969), *K. Marx und die Menschlichkeit* (1969), *Politische Messungen* (1970), *Über Methode und System bei Hegel* (1970), *Pädagogica* (1971), *Im Christentum steckt die Revolte* (1971), *Vorlesungen zur Philosophie der Renaissance* (1972), *Das Materialismusproblem, seine Geschichte und Substanz* (1972), *Das antizipierte Bewußtsein* (1972), *Zur Philosophie der Musik* (1974), *Ästhetik ohne Illusion* (1974). Die Gesamtausgabe seiner Werke erschien 1959ff. in 16 Bdn.

Blok, Alexandr Alexandrovitsch (*16.11. 1880 Petersburg, †7.8. 1921 ebd.). – B. ist einer der bedeutendsten russ. Vertreter des Symbolismus. In dem Zyklus *Die Verse von einer schönen Dame* legt er dem Eros eine religiös-myst. Bedeutung bei. An Brjusov und Dostojewski erinnern seine bilderreichen Großstadtgedichte, in denen er neue formale Möglichkeiten entdeckt. Sehr bekannt ist sein Epos *Die Zwölf* (1918, dt. von P. Celan 1958), in dem er die Geschehnisse während der Revolution religiös überhöht und interessante Klangeffekte schafft. Daneben schrieb er die neuromant. Dramen *Die Unbekannte* (1906, dt. 1946), *Rose und Kreuz* (1912, dt. 1922) und Essays wie *Der Untergang der Humanität* (1919, dt. 1922) und *Gedichte* (dt. 1989). Auch als Übersetzer von Byron, Jacobson, Heine und Grillparzer gewann er Einfluß auf die russ. Literatur.

Blomberg, Erik Axel (*17.8. 1894 Stockholm, †8.4. 1965 Izmir). – Der schwed. Lyriker schrieb teils formal strenge Gedankenlyrik, teils liedhafte, einfache Gedichte, die den gläubigen Menschen in einer Welt der Bedrohung und des Verbrechens zeigen, wie *Jorden* (1920), *Den fångne guden* (1927) und *Nattens ögon* (1943). Er hat auch als Autor von Essays wie *Tidens romantik* (1931) und *Vem äventyrar friheten?* (1962) Bedeutung. Seine Übersetzungen aus dem Franz., Dt., Engl., Amerikan., Pers. und Chines. öffnen der schwed. Lyrik neue Gestaltungsweisen.

Bloy, Léon Marie (*11.7. 1846 Périgueux/Frankreich, †3.11.

1917 Bourgla-Reine b. Paris). – Franz. Schriftsteller, befreundet mit Bourget, Huysmans, Ronault. B. war Autodidakt und ging 1864 nach Paris, wo er unter dem Einfluß Barbey d'Aurevillys zur Literatur fand. Er war fanat. Napoleonanhänger und kritisierte die Geistlichkeit und das reiche Bürgertum. Später wurde er überzeugter Vertreter der »Renouveau catholique«. Die wichtigsten seiner zahlreichen, ursprüngl. wenig erfolgreichen Werke sind die Romane *Der Verzweifelte* (1886, dt. 1954), *Die Armut und die Gier* (1897, dt. 1950), das Tagebuch *Die heilsame Verfolgung* (1896–1900, 1904, dt. 1958) und das Prosawerk *Dans les ténèbres* (1918).

Blumauer, Aloys Ps. *Obermayer u. Auer* (*21. 12. 1755 Steyr, †16. 3. 1798 Wien). – B. war der Herausgeber des »Wiener Musenalmanachs« (1781–94). Er schrieb ein Epos, das die Aeneis travestiert, das jedoch nicht das iron. Talent seines Zeitgenossen Wieland gleichkommt. Daneben verfaßte er auch die *Freymaurergedichte* (1786).

Blunck, Hans Friedrich (*3. 9. 1888 Altona, †25. 4. 1961 Hamburg). – B. holte sich auf zahlreichen Reisen Anregungen für seine Reiseberichte. Er schrieb Märchen, z. B. *Märchen von der Niederelbe* (1923), Schwänke und Romane wie *König Geiserich* (1936) und *Die Sardens und die Besessene* (1952). Als niederdt. Heimatdichter, der im Dritten Reich zeitweise überschätzt wurde, regte er eine Erneuerung des Sagastils an.

Blunden, Edmund Charles (*2. 11. 1896 Yalding/Kent, †20. 1. 1974 Suffolk). – Engl. Schriftsteller und Professor für Poetik, schrieb Kriegstagebücher wie *Undertones of War* (1928) und Gedichte, die die Graumsamkeit des Krieges anprangern wie *After the Bombing* (1949). Wichtiger jedoch ist seine ergreifende Heimatdichtung, z. B. die Gedichte *Shepherd* (1922) und *Shells by a Stream* (1944). Daneben verfaßte er Dichterbiogr. und literaturwissenschaft. Arbeiten, z. B. *J. Keats* (1950), *Poems of Many Years* (1957) und *A Hong Kong House* (G. 1962). 1950 und 1957 erschienen Auswahlausgaben.

Blyton, Enid, Ps. *Mary Pollock* (*11. 8. 1896 Beckenham, Kent, †28. 11. 1968 London). – Engl. Schriftstellerin, ist eine der populärsten zeitgenöss. Kinder- und Jugendbuchautorinnen. Ihre Bücher wurden in 63 Sprachen übersetzt und in einer Auflagenhöhe von 60 Millionen gedruckt. Sie schrieb u. a. die Serien über die *Fünf Freunde* und *Hanni und Nanni*.

Bobrowski, Johannes (*9. 4. 1917 Tilsit, †2. 9. 1965 Berlin). – Dt. Dichter poln. Herkunft, beschreibt in seinen Werken meist den Typ des ernsten ostpreußischen Menschen, der sich im Spannungsfeld slaw. und dt. Mentalität und Kultur befindet. Anfangs verfaßte er Gedichte wie *Sarmatische Zeit* (1961) und *Schattenland Ströme* (1962). Am bekanntesten sind seine Romane *Levins Mühle* (1964) und *Litauische Claviere* (1966); der letztere schildert die gespannten Beziehungen zwischen dt. und litau. Menschen und beschreibt gleichzeitig die Lebensgeschichte des litau. Dichters Donelaitis. Bobrowski ist

auch der Autor der Erzählungen *Mäusefest* (1965), *Der Mahner* (hg. 1967), *Lipmanns Leib* (hg. 1973), der Gedichte *Wetterzeichen* (1966) und *Im Windgesträuch* (hg. 1970); eine Auswahl *Ja, ich spreche gegen den Wind* (1978). Eine vierbändige Ausgabe *Gesammelte Werke* erschien 1987.

Boccaccio, Giovanni (*1313 Paris [oder Certaldo], †21. 12. 1375 Certaldo b. Florenz). – Zwischen 1348 und 1353 schrieb der Italiener B. die berühmte Novellensammlung *Decamerone* (gedruckt 1470, dt. 1472/73 und 1974), mit der er die Novelle in Italien als Kunstgattung etablierte. Sie besteht aus 100 teils lustigen, teils traurigen Erzählungen, die von einer Rahmenhandlung zusammengehalten werden und einen interessanten Einblick in das Leben des 14. Jh. verschaffen. B.s eleganter Stil, der von zarten Andeutungen bis zu derber Offenheit alle Erzählweisen umfaßt, wurde vorbildl. für die nachfolgende ital. Prosadichtung und wirkte beispielhaft auf die bürgerliche Prosadichtung der folgenden Jahre. Mit seinen Erzählungen schuf B. das Modell der Novelle, das für die Gattungsdefinition bis heute gültig geblieben ist. In seiner Nachfolge stehen so berühmte Werke wie Goethes *Unterhaltungen deutscher Ausgewanderter*. Mana d'Aquino, die angebl. seine Geliebte war und die man als »Fiammetta« feierte, regte ihn zu seinen Jugendromanen *Filocolo* (1336–40, 1938) und *Filostrato* (1338, 1937; dt. 1884) an. B verfaßte auch das erste Schäfergedicht der Renaissance *Ninfale fiesolano* (1341/42, 1938).

Bodenstedt, Friedrich Martin von (*22. 4. 1819 Peine/Hannover, †18. 4. 1892 Wiesbaden). – B. wurde von König Maximilian II. als Prof. für Philologie in München geadelt. Seine Gedichte sind anmutig-witzig, manchmal auch lehrhaft. Am bekanntesten wurden die oriental. gefärbten *Lieder des Mirza Schaffy* (1851), die man bis 1874 für Übersetzungen hielt. Seine Dramen, z. B. *Demetrius* (1856), sind ohne Bedeutung, während seine Übersetzungen (u. a. Puschkin, Turgenjew, Hafes, Shakespeare) und Reiseberichte bleibenden Wert haben.

Bodmer, Johann Jakob (*19. 7. 1698 Greifensee b. Zürich, †2. 1. 1783 Gut Schöneberg b. Zürich). – Schweizer Dichter, spielte als Kritiker und Ästhet eine bedeutende Rolle in der literaturtheoret. Auseinandersetzung des 18. Jh. Zusammen mit Breitinger wandte er sich gegen den an der franz. Klassik orientierten Gottsched, der die Dichtkunst durch ein festes Regelschema zu bestimmen suchte, und betonte, angeregt durch Milton, die Gültigkeit des Wunderbaren in der Literatur und die Notwendigkeit der schöpfer. Phantasie des Dichters. Zusammen mit Breitinger begründete er die moral. Wochenschrift »Discourse der Mahlern« (1721–23). Seine bekannteste Arbeit ist die *Critische Abhandlung von dem Wunderbaren in der Poesie* (1740). Seine Dramen, z. B. *Ulysses* (1760), sind ohne Bedeutung.

Böhme, Jakob (*1575 Altseidenberg/Lausitz, †17. 11. 1924 Görlitz). – B. stammte aus einfachen Verhältnissen und lebte seit 1599 als Schuhmacher in Görlitz. Im autodidakt. Studium eignete er sich theolog. und philosoph. Kenntnisse an und veröffentlichte 1612 die Schrift *Aurora oder Morgenröte im Aufgang*, die ein Schreibverbot nach sich zog. Trotzdem veröffentlichte er noch 21 weitere Schriften, darunter *Beschreibung der drei Prinzipien göttlichen Wesens* (1618/19), *Mysterium magnum* (1623) und *Der Weg zu Christo* (1624). Danach mußte er nach Dresden fliehen. Die Werke des Mystikers und Theosophen haben als zentrales Thema den Antagonismus von Gut und Böse, der für B. ein grundsätzl. Gegensatz ist und sogar in Gott selbst existiert. Sein visionär-myst. Werk wirkte besonders auf den Barock und die Romantik.

Böll, Heinrich (*21.12. 1917 Köln, †16.7. 1985 Langenbroich/Eifel). – Dt. Schriftsteller, aus einfachen Verhältnissen stammend und von 1939–1945 Soldat, studierte nach dem Krieg Germanistik und lebte seit 1951 als freier Schriftsteller. 1971–74 war er Präsident des internationalen PEN-Clubs. 1972 erhielt er den Nobelpreis für Literatur. Seine ersten Werke, wie die Erzählungen *Der Zug war pünktlich* (1949), *Wanderer, kommst du nach Spa ...* (1951), *Das Brot der frühen Jahre* (1955) und der Roman *Haus ohne Hüter* (1954), handeln vom Krieg und der Nachkriegszeit. Später kritisierte er menschl. und soziale Probleme in der nur nach materiellem Wohlstand strebenden Zeit des wirtschaftl. Wiederaufbaus, wie z. B. in den Satiren *Dr. Murkes gesammeltes Schweigen* (1958) und in dem Roman *Billard um halb zehn* (1959). Gegen die Scheinheiligkeit der Gesellschaft auch im Bereich des Katholizismus richtet sich sein Roman *Ansichten eines Clowns* (1963). B.s Stil ist prägnant und treffsicher, was die iron., manchmal auch sarkast. Kritik an der zeitgenöss. Wirklichkeit anbelangt. Das trifft auch für die Erzählungen *Entfernung von der Truppe* (1964) und *Ende einer Dienstfahrt* (1966) zu. B. versuchte sich auch als Dramatiker und schrieb u. a. die Stücke *Ein Schluck Erde* (1962) und *Aussatz* (1969). Bedeutender sind jedoch seine Hörspiele, wie *Zum Tee bei Dr. Borsig* (1955). Der Reisebericht *Irisches Tagebuch* (1957) stellt dem industrialisierten Deutschland das idyll., naturhafte Irland als Vorbild gegenüber. Seine neueren Werke sind die Romane *Gruppenbild mit Dame* (1971), der eine multiperspektiv., gebrochene Erzählstruktur aufweist, *Fürsorgliche Belagerung* (1979), *Frauen mit Flußlandschaft* (1985) über die Stellung der Frau in der Bundeshauptstadt, die Erz. *Die verlorene Ehre der Katharina Blum* (1974), die auch verfilmt wurde, die *Frankfurter Vorlesung* (1966) und die polit. Aufsätze *Einmischung unerwünscht. Schriften zur Zeit 1973–1976* (1977). 1978 erschien eine Gesamtausgabe in 10 Bdn.; auch Auswahlausgaben. Posth. veröffentlichte Lew Kopelew die Gedichte *Wir kommen weither* (1987), und Heinrich Vormweg eine Sammlung von Reiseberichten *Rom auf den ersten Blick. Reisen – Städte – Landschaften* (1987). B. hat

als engagierter Demokrat auch zahlreiche polit. Schriften herausgegeben.

Bölsche, Wilhelm (*2.1. 1861 Köln, †31.8. 1939 Oberschreiberhau/Schlesien). – Dt. Autor, Gründer der »Freien Volksbühne«. In seinem Essay *Die naturwissenschaftlichen Grundlagen der Poesie* (1887) tritt er für die Anwendung naturwissenschaftl. Methoden bei der Interpretation von Literatur ein. Das bekannte Werk *Das Liebesleben in der Natur* (1900–1903) ist eine Verteidigung der natürl. Liebe. B.s Romane wie *Paulus* (1885) und *Die Mittagsgöttin* (1891) zeichnen sich durch gelungene Naturbeschreibungen aus.

Böni, Franz (*17.6. 1952 Winterthur). – Schweiz. Autor, arbeitete zunächst als kaufmännischer Angesteller. Anerkennungs- und Förderungspreise für seine Erzählungen, z. B. *Ein Wanderer im Alpenregen* (1979), *Hospiz* (1980), *Der Knochensammler* (1980), *Alle Züge fahren nach Salem* (1984) und Romane, z. B. *Schlatt* (1979), *Die Wanderarbeiter* (1981), ermöglichten ihm Studienaufenthalte in Spanien, in der Toskana, in Israel und West-Berlin. In Amerika entstanden die Aufzeichnungen *Das Zentrum der Welt* (1987). B. schreibt in unmittelbar ansprechender Sprache, gestaltet jedoch durchgehend die grundlegende Erfahrung der modernen Dichtung, daß Realitäten sprachlich nicht zu vermitteln sind. Eine Sammlung von Erz.en bietet *Ende aller Tage* (1989).

Börne, Ludwig, eigtl. *Löb Baruch* (*6.5. 1786 Frankfurt/M., †12.2. 1837 Paris). – Dt. Dichter, Vorkämpfer für geistige und soziale Freiheit, gehörte zum »Jungen Deutschland«, war Jude und trat 1818 zum Protestantismus über. Seine journalist. Begabung, die auch vor Polemik nicht zurückschreckte, war wichtig für die Weiterentwicklung des Feuilletons und der krit. Prosa. Die *Briefe aus Paris* (1832–34) befürworten unter dem Eindruck der Julirevolution den polit. Umsturz in Deutschland. Für B. waren polit. Forderungen wichtiger als ästhet. Qualität; diese Position brachte ihn zeitweise in Gegensatz zu H. Heine.

Boethius, Anicius Manlius Severinus (*um 480 Rom, †524 Pavia). – Röm. Philosoph, Schriftsteller und Staatsmann, klagte sich selbst des Hochverrats an und wurde 524 hingerichtet. Während seines Aufenthalts im Kerker schrieb er das berühmte Werk *Trost der Philosophie* (523/24, hg. 1934 u. 1963, dt. 1949). Es besteht aus einem platon. Dialog zwischen der personifizierten Philosophie und B. selbst. Die Essenz dieses Werks ist ein aus stoischen und christl. Gedanken gemischtes, unbegrenztes Vertrauen in Gott. Mit B., der auch Aristoteles übersetzte und kommentierte und theolog. Traktate schrieb, erlebte die lat. Literatur ihren letzten Höhepunkt.

Böttiger, Carl Vilhelm (*15.5. 1807 Västerås, †22.12. 1878 Uppsala). – Schwed. Lyriker und Literaturwissenschaftler, verfaßte in jungen Jahren romant.-sentimentale und patriot. Gedichte, wie *Ungdomsminnen från sångens stunder* (1830).

Später gelangte er zu einer realist., eigenständigen Kunst. Wichtig sind seine Memoiren *Självbiografiska anteckningar* (1881, hg. 1929) und sprachwissenschaftl. Arbeiten sowie die Übersetzungen von Dante und Tasso.

Boie, Heinrich Christian (* 19. 7. 1744 Meldorf/Dithmarschen, † 3. 3. 1806 ebd.). – Dt. Dichter, war mit zahlreichen Vertretern des »Göttinger Hainbundes«, u. a. mit Bürger und Voß, befreundet. 1771–75 gab er den ersten dt. Musenalmanach und 1776–88 die Zeitschrift »Deutsches Museum« heraus. B. leistete Hervorragendes als lit. Anreger und Übersetzer. Seine Gedichte sind nicht sehr bedeutend.

Boileau-Despréaux, Nicolas (* 1. 11. 1636 Paris, † 13. 3. 1711 ebd.). – Franz. Schriftsteller und Kritiker, war mit Molière, Racine und La Fontaine befreundet und wurde 1683 Mitglied der Académie Française. Schon seine frühen, damals sehr beliebten Werke, z. B. die *Satires XII* (1666–1711, dt. 1890), verhöhnen minderwertige Autoren wie Mlle. de Scudéry und verwenden Stilmittel des Horaz und Juvenal. Mit seinem Lehrgedicht *Die Dichtkunst* (1674, hg. 1946, dt. 1745 u. 1968), das grundlegend für die franz. Klassik war, wurde er zur unumschränkten Autorität im zeitgenöss. Literaturbetrieb. B. fordert darin, daß die Form eines poet. Kunstwerks Klarheit, Maß und Folgerichtigkeit aufweisen müsse und sich an den tradierten Vorbildern zu orientieren habe. Bewußt schließt B. seine Argumentation an Horaz' *Ars poetica* an.

Bojer, Johan (* 6. 3. 1872 Orkdalsøra/Drontheim, † 3. 7. 1959 Oslo). – Norweg. Schriftsteller, von Hamsun und den franz. Naturalisten beeinflußt. In seinen Romanen, u. a. *Ein Mann des Volkes* (1896, dt. 1915), *Die Lofotfischer* (1921, dt. 1923), *Volk am Meer* (1929, dt. 1930), und Erzählungen wie *Die Schuld der Kirsten Fjelken* (1948, dt. 1950) schildert er in schlichter Sprache meist Probleme der Norweger, die stets im Kampf gegen eine sie bedrohende Natur leben müssen.

Bolt, Robert Oxton (* 15. 8. 1924 Sale/Manchester). – Engl. Dramatiker und Filmautor, studierte Pädagogik und arbeitete zunächst im Schuldienst. Seine eher konservativ gebauten Theaterstücke wie *Blühende Kirschen* (engl. u. dt. 1958), *Thomas Morus* (1960, dt. 1962) und *Jacko Jack* (1964, dt. 1967) wurden große Erfolge; er wandte sich auch der Filmindustrie zu und schrieb Drehbücher für bekannte Filme, z. B. *Lawrence von Arabien* (1962), *Doktor Schiwago* (1966). In *Vivat! Vivat Regina* (1971) gestaltet er eine moderne Fassung des Konfliktes zwischen Königin Elisabeth I. von England und Maria Stuart.

Bond, Edward (* 18. 7. 1934 London). – Engl. Dramatiker, schrieb die Stücke *Die Hochzeit des Papstes* (1962, dt. 1971), *Gerettet* (1966, dt. 1967), *Trauer zu früh* (1968, dt. 1969) und *Schmaler Weg in den tiefen Norden* (1968, dt. 1969). Die Thematik seines Werks kreist um die Kontaktlosigkeit und Einsamkeit des modernen Menschen, der sich durch Brutali-

tät, Terror und Heuchelei Zugang zum Mitmenschen schaffen will. Dabei zeigt er in grotesken, makabren Szenen, z. B. Königin Victoria als Lesbierin mit der Mystikerin Florence Nightingale in *Early Morning* (1968), Steinigung eines Babys in *Saved* (1966) oder dem Mißbrauch der Macht in *Lear* (1971, dt. 1972), die Verlorenheit und Bedrohtheit des Menschen in der gegenwärtigen Gesellschaft. Seine neuesten Stücke sind *Die See* (1973, dt. 1973), *Bingo* (1974, dt. 1975), *Der Irre* (1976), *Die Frau* (1978, dt. 1979). Gesammelte Stücke in 2 Bdn. erschienen dt. 1985.

Boner, Ulrich. – Der Dominikanermönch lebte zwischen 1324 und 1349 in Bern, was urkundl. erwiesen ist. Um 1350 verfaßte er 100 Fabeln, die auf lat. Vorbilder zurückgehen. Ihre handschriftl. Abschriften waren u. d. T. *Der Edelstein* bekannt. 1461 wurden sie zum erstenmal gedruckt.

Bongs, Rudolf (* 5. 6. 1907 Düsseldorf, † 20. 11. 1981 ebd.). – B. studierte Germanistik und nahm 1971 eine Dozentenstelle in Amhurst/Mass. an. Seine Gedichte wie *Flug durch die Nacht* (1951), *Rechenschaft* (1964) und *A bis plus minus Zett* (1973) beschäftigen sich meist mit der Problematik des Krieges und der Nachkriegszeit. In seinen Romanen, z. B. *Das Londoner Manuskript* (1969), *Ein amerikanisches Mädchen* (1980) und Erzählungen wie *Urteil über einen gemeinen Soldaten* (1966) zeigt sich der Einfluß Kleists und André Gides.

Bonnefoy, Yves (* 24. 6. 1923 Tours). – Franz. Schriftsteller, kam während des Studiums der Mathematik, Kunstgeschichte und Philosophie mit der surreal. Szene in Kontakt, war Mitbegründer der Zeitschrift *La Révolution. La nuit,* wandte sich aber nach 1947 der ital. Kunst zu und trat als Übersetzer von Shakespeare hervor. B. lehrte an mehreren franz. Hochschulen, seit 1982 am Collège de France. Als Lyriker steht B. in der Tradition von Mallarmé und Valéry; wie diese gestaltet er immer wieder das Todeserleben des Individuums. Seine metaphernreiche Sprache, seine vollendeten Reime und seine genauen Formulierungen machen seine Gedichte zu bedeutenden Zeugnissen der Gegenwartsliteratur, z. B. *Herrschaft des Gestern: Wüste* (1958, dt. 1961), *Pierre écrite* (1959), *Dans le leurre du seul* (1975). B. veröffentlichte auch Erzählungen. Dt. Übersetzungen gibt es nur von einzelnen Texten.

Bonsels, Waldemar (* 21. 2. 1880 Ahrensburg b. Hamburg, † 31. 7. 1952 Ambach b. Starnberg). – Der Neuromantiker B. schrieb Romane, u. a. *Himmelsvolk* (1915), *Indienfahrt* (1916) und *Mario. Ein Leben im Walde* (1939), die ihn als romant.-empfindsamen Dichter, der in Harmonie mit der Natur lebt, zeigen. Sein größter Erfolg war der märchenhafte Roman *Die Biene Maja und ihre Abenteuer* (1912). Die späteren Romane, z. B. *Mortimer. Der Getriebene der dunklen Pflicht* (1946) und *Dositos* (1949), neigen zur Weltanschauungsdichtung, wobei er eine sehr persönliche Naturmystik vertritt.

Bontempelli, Massimo (*12.5. 1878 Como, †21.7. 1960 Rom). – Ital. Dichter, dessen frühes Werk klassizist. Züge trägt. Später wurde er von Pirandello beeinflußt und wandte sich nach einer futurist. Phase dem Realismus zu, wobei die Werke ihren Reiz dadurch gewinnen, daß es B. immer gelingt, die Handlung in mehreren Ebenen zu gestalten. Der Roman *Der Sohn zweier Mütter* (1929, dt. 1930) behandelt Identitätsprobleme. *Die Familie des Fabro* (1932, dt. 1941) erinnert an *Michael Kohlhaas* von Kleist. Weitere Werke sind die Erzählungen *Die Frau meiner Träume* (1925, dt. 1925) und *Fahrt der Europa* (1941, dt. 1950).

Boon, Louis Paul (*15.3. 1912 Aalst, †10.5. 1979 Erembodegen). – Fläm. Dichter, arbeitete als Maler und Journalist, wobei er ein starkes soziales Engagement bewies. Seine wichtigsten Schriften, die Spannung mit gesellschaftlicher Anklage und einem verächtlichen, satirischen Ton verbinden, wurden auch in Dtld. bekannt, z. B. *Eine Straße in Ter-Muren* (R. 1953, dt. 1970), *Menuett* (dt. 1977); seine Parodien auf Märchen, z. B. *Der Paradiesvogel* (1958), zeigen die Gattung in einer neuen ästhetischen Wertung.

Borchardt, Rudolf (*9.6. 1877 Königsberg, †10.1. 1945 Trins/Tirol). – Der mit Hofmannsthal befreundete dt. Schriftsteller stand zuerst dem Kreis um George nahe. Seine melod. Gedichte wie *Jugendgedichte* (1913), *Die Schöpfung aus Liebe* (1923) und *Jamben* (1966) sind formal abwechslungsreich und gedankl. anspruchsvoll. Hervorragend sind seine Prosawerke, z. B. die *Rede über Hofmannsthal* (1905), *Der leidenschaftliche Gärtner* (1938; neu 1987), die Erzählung *Das hoffnungslose Geschlecht* (1929) und der Roman *Vereinigung durch den Feind hindurch* (1937). Seine *Gesammelten Erzählungen* erschienen 1977.

Borchers, Elisabeth (*27.2. 1926 Homberg/Niederrhein). – Dt. Autorin, studierte in Frankreich und den Vereinigten Staaten und empfing entscheidende Anregungen an der Hochschule für Gestaltung in Ulm. Als Lektorin bedeutender Verlage, Mitglied der Akademie der Wissenschaften und Literatur in Mainz und des PEN-Clubs gewann sie exakte Kenntnisse des geistigen Lebens der Gegenwart. In ihren Gedichten, z. B. *Der Tisch, an dem wir sitzen* (1967), Hörspielen (z. B. *Feierabend,* 1965; *Ist die Stadt denn verschlossen,* 1967), *Wer lebt* (1986), Erzählungen (*Eine glückliche Familie,* 1970), bes. aber in vorzügl. Kinderbüchern wie *Das alte Auto* (1965), *Und oben schwimmt die Sonne davon* (1965), *Heute wünsche ich mir ein Nilpferd* (1975), *Der König der Tiere und seine Freunde* (1981) gelingt ihr eine faszinierende Kunstsprache, die bei den Lesern große Anerkennung fand.

Borchert, Wolfgang (*20.5. 1921 Hamburg, †20.11. 1947 Basel). – Der bedeutendste dt. Nachkriegsdichter starb schon in jungen Jahren an den Folgen einer Krankheit, die er sich im Krieg zugezogen hatte. Großen Erfolg hatte sein Drama *Drau-*ßen vor der Tür (1947), in dem er in erschütternder Weise die psych. Probleme der jungen, aus dem Krieg heimkehrenden Soldaten behandelt. Seine Gedichte *Laterne, Nacht und Sterne* (1946) sind schwermütig. Die Erzählungen und Kurzgeschichten, die diese Gattung in den folgenden Jahren nachhaltig beeinflußten, *An diesem Dienstag* (1947), *Die Hundeblume* (1947) und *Die traurigen Geranien* (hg. 1962) sind dynam. und spannend geschrieben. B.s gesamtes Werk zeigt sich mit dem Elend und der Trostlosigkeit der Zeit unmittelbar nach Kriegsende. Damit ist er einer der wichtigsten Vertreter der »Trümmerliteratur«.

Bordewijk, Ferdinand, Ps. *Ton Ven* (*10.10. 1884 Amsterdam/Holland, †29.4. 1965 Den Haag). – Niederl. Schriftsteller, von E. T. A. Hoffmann, Poe und Zola beeinflußt; keiner lit. Richtung zuzuordnen. Die Romane *Bint* (1934), *Büro Rechtsanwalt Stroomkoning* (1928, dt. 1939) und *De Golbertons* (1965) sind stilist. und inhaltl. anspruchsvoll und spielen zum Teil in einer myst. Traumwelt.

Borgen, Johan (*28.5. 1902 Oslo, †16.10. 1979 Hvaler). – Norweg. Schriftsteller, schrieb anfangs amüsante Feuilletons und wandte sich später dem Roman zu. In seinen Werken *Ingen sommar* (schwedisch 1944), *Far, mor och vi* (1947) und *Lillelord* (1955) behandelt er hauptsächlich die menschl. Einsamkeit, wobei der Grundton jedoch optimist. ist. Neuere Veröffentlichungen B.s sind der Roman *Ingen står ensam* (1944) und die Novelle *Træer alene i skogen* (1969).

Borges, Jorge Luis (*24.8. 1899 Buenos Aires, †14.6. 1986 Genf). – Bedeutendster argentin. Schriftsteller der Moderne. Seine Erzählungen *Der schwarze Spiegel* (1935, dt. 1961), *Labyrinthe* (dt. 1956) und Essays, z. B. *Das Eine und die Vielen* (1925, dt. 1966), sind auch im Ausland bekannt. B. entdeckte hinter schlichten Dingen und der Armut der Vorstädte eine versteckte Schönheit, die er, ein Meister des Details, in ausdrucksvoller Weise zu schildern weiß. Dt. erschienen 1963 *Ausgewählte Gedichte*, 1971 *Sämtliche Erzählungen*, 1973 die späte Erzählung *Die Bibliothek von Babel* und *Das Sandbuch* (1977). Posth. erschienen dt. die Gedichte *Mond gegenüber* (1992). Für das argentin. Kulturleben wurden seine Übersetzungen von Kafka, Faulkner, V. Wolf, Gide und Michaux von großer Bedeutung. Eine dt. Gesamtausgabe in 9 Bdn. erschien 1980f.; 1982 erschienen *Ausgewählte Essays* und 1986 das Lesebuch *Die zwei Labyrinthe*. Die Gespräche über Bücher *Lesen ist Denken mit fremdem Gehirn* (1990) fassen posthum die lit. Erfahrungen B.s zusammen.

Borgese, Giuseppe Antonio (*12.11. 1882 Polizzi Generosa bei Palermo, †4.12. 1962 Fiesole). – Ital. Schriftsteller, dessen Romane *Rubé* (1921, dt. 1928) und *I vivi e morti* (1923) sich gegen den dekadenten D'Annunzio richten. Zusammen mit Thomas Mann, mit dessen jüngster Tochter er verheiratet war, schrieb er den Roman *The City of Man* (1940). B. hat vor allem als Kritiker und Verfasser von literaturwissenschaftl. Arbeiten wie *Da Dante a Th. Mann* (1958) Bedeutung.

Born, Nicolas (* 31. 12. 1937 Duisburg, † 7. 12. 1979 Hamburg). – Dt. Schriftsteller und Kritiker, ursprünglich Chemograph. B. war geprägt durch den neuen Realismus der »Kölner Gruppe«, die Erfahrungen nur nennt und jede Deutung, die notwendiger Teil der Sprache ist, zu vermeiden sucht. In seinen Hörspielen *Schnee* (1966), *Zerstörung eines Hauses* (1969), *Übungen in einer Fremdsprache* (1971) und Gedichten wie *Marktlage* (1967) und *Das Auge des Entdeckers* (1972) behandelte er meist Themen aus dem Alltagsleben, zeigte aber immer wieder die Verlorenheit des Menschen in der »gedeuteten Welt«. 1976 veröffentlichte er den Roman *Die erdabgewandte Seite der Geschichte*, 1979 *Die Fälschung*, 1983 (posth.) *Täterskizzen*, wobei immer das Problem der Selbstfindung im Zentrum der Gestaltung steht. Eine Sammlung der Gedichte aus den Jahren 1968–78 erschien 1978. B. war vielfacher Preisträger und lehrte moderne Literatur an verschiedenen Hochschulen.

Borowski, Tadeusz (* 12. 11. 1922 Žitomir/Ukraine, † 3. 7. 1951 Warschau, Selbstmord). – Poln. Dichter, verbrachte 2 Jahre in den KZs von Auschwitz und Dachau und war zuletzt Korrespondent in Berlin. Die Thematik seines Werkes kreist um die im Krieg verübten Verbrechen. B. schrieb u. a. die Gedichte *Gdziekolwiek ziemia* (1942) und die Erzählungen *Pożegnanie z Maria* (1948) und *Die steinerne Welt* (1948, dt. 1959), die alle die Schrecken des Lagerlebens bedrückend gestalten.

Bosch, Manfred (* 16. 10. 1947 Bad Rürrheim/Schwarzwald). – Dt. Schriftsteller, studierte Soziologie und gab die Autorenzeitung »Publikation« mit heraus; heute Mitarbeiter bei zahlreichen Zeitschriften und Verlagen, Editor der alemannischen Zeitschrift »Allmende«. Er trat früh mit mundartlichen und heimatgeschichtlichen Arbeiten hervor und erhielt zahlreiche Anerkennungen. Neben politischen Textausgaben und Aufsätzen stehen die Mundartgedichte *Uf den Dag wart i* (1976), *Ihr sind mir e schäne Gesellschaft. Neueste alemannische Gedichte* (1980), *Wa sollet au d Leit denke. Letzte alemannische Gedichte* (1983), theoretische Arbeiten zur Volksliteratur und Auseinandersetzungen mit der Zeitgeschichte wie *Wir trugen die Last bis sie zerbrach. Frieda und Emil Faller. Ein deutscher Briefwechsel 1933–1938* (1983) und *Als die Freiheit unterging* (1985).

Bosetzky, Horst Otto Oskar, Pseudonym *-ky* (* 1. 2. 1938 Berlin). – Dt. Autor, ausgebildeter Industriekaufmann und studierter Soziologe, Psychologe und Volkswirt, arbeitete für die Verwaltungsreform in Bremen und seit 1973 als Professor an der Fachhochschule für Verwaltung in Berlin. B. schrieb unter dem Pseudonym -ky zahlreiche Kriminalromane, die allgemein große Beachtung fanden; so wurde er 1980 für die beste deutschsprachige Kriminalveröffentlichung ausgezeichnet. 1981 ließ er sein Pseudonym in einer Fernsehsendung fallen. Das Gesamtwerk des Autors umfaßt über 100 wissenschaftliche und belletristische Titel; in der Öffentlichkeit wurde er bekannt durch *Der Mörder stirbt im Hafen* (1963), *Der Satan zahlt mit Diamanten* (1966), *Der Mann, der Mörder machte* (1967), *Zu einem Mord gehören zwei* (1971), *Einer will's gewesen sein* (1978), *Kein Reihenhaus für Robin Hood* (1979), *Aus der Traum* (1984), *Friedrich der Große rettet Oberkommissar Mannhardt* (1985). Zahlreiche Texte zeigen starkes gesellschaftskritisches Engagement. B. trat auch als gefragter Hörspiel- und Fernsehautor an die Öffentlichkeit (z. B. *Haftentschädigung für Harry*, Hörspiel 1982; *Alle, nur nicht Niebergall!*, Hörspiel 1985; *Sand im Getriebe* und *Die Klette*, beides Fernsehspiele 1986).

Boswell, James (* 18. 10. 1740 Edinburgh, † 19. 5. 1795 London). – Schott. Biograph und Schriftsteller, der vergebl. versuchte, Politiker zu werden. Große Bedeutung hatte für ihn die Freundschaft mit dem Schriftsteller Johnson. Er schrieb dessen Biographie *The Life of Samuel Johnson* (1791–99, hg. 1934 bis 50, dt. Ausw. 1951), die als die beste in engl. Sprache gilt. Die Entdeckung seines Tagebuchs *London Journal* (hg. 1950 von der Universität Yale, dt. 1953) hat das negative Bild, das die Öffentlichkeit lange Zeit von ihm hatte, korrigiert.

Botto, Ján (* 25. 1. 1829 Vyšný Skalník/Slowakei, † 28. 4. 1881 Banská/Bystrica). – Der von Štúr beeinflußte slowak. Romantiker schrieb heimatverbundene, patriot. Lyrik. Besonders seine Balladen sind erwähnenswert. Sein bedeutendstes Werk ist das Epos von dem guten, hilfreichen Räuber Jánošik m. d. T. *Smrt' Jánošikova* (1862), dessen trag. Tod er in ergreifender Weise schildert. B.s Gesamtwerk erschien 1955.

Boudjedra, Rachid (* 5. 9. 1941 Aïn Beïda/Algerien). – Alger. Autor, der sich als Kommunist im alger. Widerstand engagierte, die arab. Sprache aus nationaler Überzeugung erlernte und in seinen Werken seit 1982 verwendet. Seine frühen Romane, z. B. *Die ideale Topographie für eine offenkundige Aggression* (1975, dt. 1978), *Der Pokalsieger* (1981, dt. 1985), *Die 1001 Jahre Sehnsucht* (1979, dt. 1982) stehen unter dem Einfluß des Nouveau Roman, wirken durch schockierende Stilistik und Bilder und eine breite Erzählfreude. Die letzten arabischen Romane, z. B. *Die Schleifung* (1982), stellen B. in die Reihe der Autoren, die eine neue orientalisch-arab. Literatur begründen.

Boulanger, Daniel (* 1922 Compiègne). – Franz. Romanschriftsteller, ist ein Vertreter des »nouveau roman«. Seine Werke, die voller Phantasie sind, gehören zur lit. Avantgarde. B. schrieb u. a. die Romane *L'ombre* (1958, dt. 1960), *Le téméraire* (1962, dt. 1963) und die Novellen *Mémoires de la ville* (1970). 1974 erschien sein Werk *Fouette Cocher*.

Bourget, Paul (*2.9. 1852 Amiens, †25.12. 1935 Paris). – Franz. Romancier und Essayist, wurde 1894 in die Académie Française aufgenommen. Er war zu seinen Lebzeiten sehr bekannt. Im Gegensatz zu Zola glaubte er den Menschen nicht nur durch das ihn umgebende Milieu determiniert, sondern versuchte komplizierte Seelenvorgänge zu schildern. In seinen späten Jahren nahm er eine polit. und weltanschaul. konservative Haltung ein. Seine wichtigsten Romane sind u. a. *Eine Liebestragödie* (1886, dt. 1899), *Der Schüler* (1889, dt. 1892), *Des Todes Sinn* (1915, dt. 1916) und *Das Mädchen von heute* (1924, dt. 1925).

Boursault, Edme (* Oktober 1638 Mussy-l'Evêque/Burgund, †15.9. 1701 Paris). – Die Dramen des franz. Schriftstellers waren bei seinen Zeitgenossen äußerst beliebt. Sie stellen eine Vorstufe zu der späteren Gattung des weinerlichen Lustspiels dar. Neben den Komödien *Le Mercure galant* (1679) und *Esope à la cour* (1701, dt. 1725) schrieb er das polem. gegen Molière gerichtete Stück *Le portrait du peintre* (1663), mit dem er sich viele Feinde schuf. Von bleibendem Wert sind die Briefe an seine Geliebte *Lettres à Babet* (1886, dt. 1919 u. 1958).

Bousquet, Joë (*19.3. 1897 Narbonne, †30.9. 1950 Carcassonne). – Franz. Schriftsteller, war seit 1918 auf Grund einer Kriegsverletzung gelähmt. Seine Werke sind von der dt. Romantik beeinflußt und neigen zum Mystischen und Symbolhaften, was sich bis zu surrealist. Anklängen steigert. Seine wichtigsten Romane sind *Traduit du silence* (1941), *Le meneur de lune* (1946) und *La tisane de sarments* (1946).

Bowen, Elizabeth Dorothea Cole (*7.6. 1899 Dublin, †22.2. 1973 London). – Die von Virginia Woolf und Henry James beeinflußte Schriftstellerin beschreibt mit psycholog. Einfühlungsvermögen meist Jugendliche oder Frauen aus bürgerl. Milieu. Einen besonderen Stellenwert haben dabei ihre Schilderungen von Räumen, deren jeweilige Atmosphäre den Fortgang der Handlung signalisiert. Ihre wichtigsten Romane sind u. a. *Gen Norden* (1932, dt. 1948), *Der Tod des Herzens* (1938, dt. 1949), *Eine Welt der Liebe* (1955, dt. 1958) und der Bestseller *Seine einzige Tochter* (1968, dt. 1973).

Boye, Karin Maria (*26.10. 1900 Göteborg, †24.4. 1941 Alingsås). – Sensible schwed. Lyrikerin, starb durch Selbstmord. Ihre frühen Gedichte wie *Moln* (1922) und *Gömda land* (1924) sind von klass. Regelmäßigkeit und Klarheit, während die späteren zum Surrealismus neigen. Ausgewählte Lyrikbeispiele erschienen 1963 u. d. T. *Brennendes Silber*. B., die sich intensiv mit allen geistigen Strömungen auseinandersetzte, schrieb u. a. auch die Romane *Krisis* (1934, dt. 1949) und *Kallocain* (1940, dt. 1947).

Braak, Menno ter (*26.1. 1902 Eibergen, †14.5. 1940 Den Haag). – Niederl. Schriftsteller und Kritiker, war Mitherausgeber der Zeitschrift »Forum«. Der Einmarsch der dt. Truppen

veranlaßte ihn zum Selbstmord. In seinen Essays, z. B. *Afscheid van Domineesland* (1931) und *Démasqué der schonheid* (1932), setzt er sich mit zeitgenöss. und eth. Problemen auseinander. Sein Menschenbild ist von der Philosophie Nietzsches geprägt. Er schrieb auch die Romane *Hampton Court* (1931) und *Dr. Dumay verliest* (1933).

Bracco, Roberto (*21.9. 1862 Neapel, †20.4. 1943 Sorrent). – Ital. Schriftsteller und Literaturkritiker, seine Dramen, u. a. *Non fare ad altri* (1887), *Una donna* (1892), *Don Pietro Caruso* (1895), *Il piccolo santo* (1910) und *I pazzi* (1922), sind von Ibsen und Maeterlinck beeinflußt und zeichnen sich durch ihre spritzigen Dialoge und ihre realist., psycholog. fundierte Darstellungsweise aus.

Brachvogel, Albert Emil (*29.4. 1824 Breslau, †27.11. 1878 Berlin). – B. war u. a. Schauspieler und Graveur. Ab 1856 lebte er als freier Schriftsteller. Sein bekanntestes Werk ist der Roman *Friedemann Bach* (1856). Auch als Verfasser von Dramen, z. B. *Narziß* (1857) und *Der Usurpator* (1860), war er erfolgreich. Seine Werke sind phantasievoll und unterhaltsam, lit. gesehen jedoch wenig anspruchsvoll.

Bradbury, Ray, eigtl. *Raymond Douglas B.* (*22.8. 1920 Waukegan/Illinois). – Amerikan. Schriftsteller, schreibt seit 1938 Science-fiction-Stories, Drehbücher, Fernsehszenen und Hörspiele; immer versucht er in seinen Stücken die Menschen zu erschrecken und Spannung zu erzeugen. In Deutschland wurde der Roman *Die Mars-Chroniken* (1950, dt. 1972) bekannt. Große Wirkung erreichte er mit dem utopischen Roman *Fahrenheit 451* (1953, dt. 1956), in dem er die Vision einer zukünftigen Welt ohne Phantasie, Bücher und Kultur schildert. Der Text wurde auch dramatisiert und verfilmt. Die Erzn. *Der illustrierte Mann* (1951, dt. 1962) erreichten die Wirkung der anderen Werke nicht.

Bräker, Ulrich (*22.12. 1735 Näbis im Toggenburg/Schweiz, †11.9. 1798 Wattwil/Sankt Gallen). – Schweizer Dichter, stammte aus armseligen Verhältnissen und eignete sich als Autodidakt eine ausgezeichnete lit. Bildung an. Erwähnenswert sind seine Schriften über Shakespeare, wie *Etwas über W. Shakespeares Schauspiele* (hg. 1942). Die *Lebensgeschichte und natürl. Ebentheuer des Armen Mannes im Tockenburg* (1789), nach der er seinen Beinamen erhielt, ist eine z. T. mundartl., in ihrer Schlichtheit und Menschlichkeit ergreifende Darstellung seines Lebens und seiner Gedanken.

Bräunig, Werner (*12.5. 1934 Chemnitz, †14.8. 1976 Halle). – Dt. Schriftsteller der DDR, stammte aus einer Arbeiterfamilie, war zunächst Hilfsarbeiter, dann in verschiedenen Berufen tätig, bis er im Zuge des Bitterfelder Programms als Arbeiter zum Schriftsteller wurde, am J. R. Becher-Literaturinstitut seine Ausbildung fand und hier als Lehrer wirkte. In seinen Erzählungen (z. B. *Waffenbrüder*, 1959; *Gewöhnliche Leute*, 1968; *Die einfachste Sache der Welt*, 1970) suchte er der

Forderung der Staatspartei zu entsprechen, eine Arbeiterliteratur von Arbeitern geschrieben zu verwirklichen.

Brambach, Rainer (*12.1. 1917 Basel, †14.8. 1983 ebd.). – Schweizer Autor, dessen Lyrik sich durch schlichte Sprache und präzise Beobachtung alltäglicher Ereignisse auszeichnet, z.B. *Ich fand keinen Namen dafür* (1969), *Auch im April* (1983). Auch seine Erzählungen sind durch diese auf kleine Ereignisse zentrierte Gestaltung gekennzeichnet, z.B. *Für sechs Tassen Kaffee* (1972). 1990 erschien das Gesamtwerk u.d.T. *Heiterkeit im Garten*.

Brandes, Georg, eigtl. *Morris Cohen* (*4.2. 1842 Kopenhagen, †19.2. 1927 ebd.). – Dän. Kritiker und Literaturwissenschaftler, war ein Gegner des Idealismus und propagierte den Realismus und Naturalismus in Skandinavien, wodurch er mit den konservativen und kirchl. Kräften seines Landes in Konflikt geriet. Nach ihm wurde die antiklerikale kulturelle Bewegung des Brandesianismus benannt. B. schrieb zahlreiche ausgezeichnete Monographien wie *Shakespeare* (1895), *Voltaire* (1916), *C. Julius Caesar* (1918) und Reiseberichte.

Brandstaetter, Roman (*3.1. 1906 Tarnów b. Krakau). – Poln. Dramatiker, war 1946 Kulturattaché in Rom und arbeitet seit 1948 als freier Schriftsteller. Er schrieb u.a. die Dramen *Die Leute vom toten Weinberg* (1950, dt. 1958), *Das Schweigen* (1957, dt. 1958) und *Der Tag des Zorns* (1962, dt. 1964). Seine Werke behandeln histor. und auch aktuelle Themen und stehen in der Tradition der christl. Dichtung, z.B. *Assisi war ein neuer Anfang* (dt. 1982), *Die Bibel im Gepäck* (dt. 1983), *Sehr kurze Geschichten* (dt. 1984).

Brandstetter, Alois (*5.12. 1938 Pichl/Oberösterreich). – Österr. Schriftsteller, Prof. für Germanistik an der Universität Klagenfurt, wurde mit der Schrift *Prosaauflösung* (1971) habilitiert, schreibt unterhaltsam-satirische Erzählungen, z.B. *Vom Schnee der vergangenen Jahre* (1979), und Romane, z.B. *Zu Lasten der Briefträger* (1974), *Die Mühle* (1981), *Die Abtei* (1984), *Die Burg* (1986), in denen ein Erzähler über allgemeine Mißstände reflektiert. Daneben ist er auch als Hg. unterhaltsamer Texte und als Essayist *Kleine Menschenkunde* (1987), *So wahr ich Feuerbach heiße* (1988), *Romulus und Wörthersee* (1989), *Stadt, Land, Fluß. Ein poetisches Wörterbuch* (1990), *Vom Manne aus Eicha* (1991) hervorgetreten.

Brandys, Kazimierz (*27.10. 1916 Lodz/Polen). – Die Romane des poln. Publizisten und Redakteurs der Zeitschrift »Nowa Kultura« *Miasto niepokonane* (1946) und *Miedzy wojnami* (1947–51) spielen auf Kriegsschauplätzen in Europa und Asien. Daneben schrieb er auch die Erzählungen *Die Kunst, geliebt zu werden* (dt. 1968), *Die sehr alten Beiden* (dt. 1971), *Der Einfall* (1974), *Unwirklichkeit* (1978), *Rondo* (dt. 1988). 1979 Veröffentlichungsverbot.

Branner, Hans Christian (*23.6. 1903 Ordrup bei Kopenhagen, †24.4. 1966 Kopenhagen). Dänischer Schriftsteller, von Virginia Woolf beeinflußt, hatte in seiner wechselvollen Jugendzeit vergeblich versucht, Schauspieler zu werden. Seine Werke, z.B. die an Ibsen orientierten Schauspiele *Thermopylae* (1958, dt. 1959), *Die Geschwister* (1952, dt. 1952), und Romane, wie *Ein Dutzend Menschen* (1936, dt. 1936) und *Der Reiter* (1949, dt. 1951), fanden sofort Anklang. Sie schildern die Einsamkeit und Angst des modernen Menschen. Der Roman *Die Geschichte von Borge* (1942, dt. 1948) zeigt sein Talent, die Welt des Kindes zu erfassen und überzeugend darzustellen.

Brant, Sebastian (*1458 Straßburg, †10.5. 1521 ebd.). – B. studierte Jura und wurde unter Kaiser Maximilian I. kaiserl. Rat und Pfalzgraf. Seine Dichtung steht zwischen Mittelalter und Humanismus und spiegelt seine fromme, kaisertreue Haltung wider. Sein Hauptwerk ist die lit. wie auch geschichtl. wichtige Satire *Das Narrenschiff* (1494 u. 1958, nhd. 1944), die menschliche Fehler und Laster verspottet. Auf Grund ihres volkstümlichen Charakters hatte sie in ganz Europa Erfolg und war der Ausgan gspunkt der späteren Schelmenromane. B. ist auch der Autor von Spruchsammlungen sowie religiösen und polit. Gedichten.

Brantôme, Pierre de Bourdeille, Seigneur de (*um 1540 im Périgord, †15.7. 1614 Brantôme). – Franz. Schriftsteller, führte ein wechselvolles Leben als Soldat und Höfling. Seine Memoiren, u.a. *Das Leben der galanten Damen* (hg. 1665, dt. 1905) und *Vies des hommes illustres et des grands capitaines français* (hg. 1665), gewähren interessante Einblicke in das Leben des zeitgenöss. Frankreich.

Brasch, Thomas (*19.2. 1945 Westow/England). – Dt. Schriftsteller, Sohn eines hohen SED-Funktionärs, wurde wegen seiner »existentialistischen« und subjektiven Einstellung aus dem Journalistenverband ausgeschlossen und von der Hochschule exmatrikuliert; Gefängnishaft, als er sich gegen den Einmarsch in die Tschechoslowakei 1968 aussprach. Er lebte mit Genehmigung der DDR in Berlin (West), wo er durch seine extravaganten und anarchischen »Selbstinszenierungen« *Kargo 32. Versuch auf einem untergehenden Schiff aus der eigenen Haut zu kommen* (1977) ebenso wie durch aktuelle Hörspiele, z.B. *Lieber Georg. Ein Kunst-Eis-Läufer Drama aus dem Vorkrieg* (1980) über Georg Heyms Stellung in der politischen Welt, aufgefallen ist. Auch als Lyriker, Herausgeber und Filmautor ist B. hervorgetreten; 1987 erhielt er den Kleist-Preis.

Braun, Felix (*4.11. 1885 Wien, †30.11. 1973 Klosterneuburg b. Wien). – Der mit Hofmannsthal befreundete Schriftsteller und Professor für Literatur behandelt in seinen wehmütig-heiteren Romanen wie *Agnes Altkirchner* (1927) die Zeit der untergehenden Donaumonarchie. Seine Essays, z.B. *Anrufe des Geistes* (1965), zeigen ihn als Bewahrer des humanist.-christl. Kulturgutes.

Braun, Matthias (*4.1.1933 Köln). – Dt. Autor, trat früh mit Dramen und lyr. Werken hervor, die sprachl. verhalten in eigenwilligen Bildern einen starken ästhet. Reiz ausüben. Während die frühen Bühnenwerke (*Ein Haus unter der Sonne*, 1954; *Die Frau des Generals*, 1954) noch starke Einflüsse Brechts erkennen lassen, löst er sich bald unter dem Eindruck griech. Dichtung, die er ins Dt. übersetzte (*Die Troerinnen*, *Medea*, beide 1959; *Die Perser*, 1961) von diesem Vorbild und fand mit Komödien (z.B. *Unkenpfuhl*, 1962) eigene Gestaltungsweisen, die auch in den Geschichtsdramen (etwa *Elisabeth Tudor*, 1972) erkennbar sind.

Braun, Volker (*7.5.1939 Dresden). – B. studierte 1960 bis 1965 Philosophie in Leipzig und war danach Assistent beim »Berliner Ensemble«, anschließend beim Deutschen Theater in Berlin. Seine systemkonformen Dramen wie *Kipper Paul Bauch* (1966) und Gedichte, z.B. *Provokation für mich* (1965), *Kriegserklärung* (1967), *Gegen die symmetrische Welt* (1974), erinnern in ihrem aggressiven Jargon an Brecht und Majakovskij. Die späteren Gedichte *Langsamer knirschender Morgen* (1987) sind formal strenger und setzen sich literar. verfremdet mit der Gegenwart auseinander, z.B. *Der Stoff zum Leben* (1990). 1977 fanden seine *Unvollendete Geschichte*, 1985 sein *Hinze-Kunze-Roman* Beachtung. Mit *Verheerende Folgen mangelnden Anscheins innerbetrieblicher Demokratie* (1988) wandte sich B. wieder früheren polit.-gesellschaftl. Problemen zu. Sprachlich setzt die Beschreibung eines Abbruchs *Bodenloser Satz* (1990) einen neuen Akzent.

Brechbühl, Beat (*28.7.1939 Opplingen/Bern). – Schweizer Schriftsteller; stammt aus einfachen Verhältnissen und lernte als Drucker, später als Hersteller das Verlagswesen genau kennen. Seine Gedichte, die häufig Vers und Prosa mischen, fanden rasch weite Verbreitung und liegen in einer großen Anzahl von Sammlungen vor (z.B.: *Spiele um Pan*, 1962; *Auf der Suche nach den Enden des Regenbogens*, 1970; *Die Schrittmacher*, 1974). Als Kriminalautor (*Nora und der Kümmerer*, 1974) gelang ihm die Ästhetisierung der Gattung. Auch als Romancier (*Kneuss*, 1970; *Mörmann und die Ängste des Genies*, 1976), Hörspiel- und Kinderbuchautor (*Schnüff, Herr Knopf und andere Freunde*, 1977; *Schnüff, Maria, 10 Paar Bratwürste*, 1982) fand B. Anerkennung.

Brecht, Bert(olt) (*10.2.1898 Augsburg, †14.8.1956 Berlin). – B. begann in München Medizin und Literatur zu studieren, wurde zeitweise Theaterkritiker und Dramaturg. Seit 1924 lebte er als freier Schriftsteller und Regisseur in Berlin und wandte sich dem Marxismus zu. 1933 emigriert, ging er, da ihm die Westalliierten die Einreise verweigerten, 1948 nach Ost-Berlin, wo er mit seiner Frau Helene Weigel das berühmte »Berliner Ensemble« gründete. Seine frühen Dramen wie *Baal* (1922), *Im Dickicht der Städte* (1924), *Mann ist Mann* (1927) und die *Dreigroschenoper* (1928, nach J. Gay) schildern den aggressiven, kraftvollen Typ des Kapitalisten, der sich an den Freuden des sinnl. Lebens berauscht. Die Lehrstücke, u.a. *Die Maßnahme* (1931), *Der Jasager* (1930), *Der Neinsager* (1930) und *Die Mutter* (1933), zeigen B. als engagierten Kommunisten, der sich aber keiner offiziellen Partei-Ideologie anpassen ließ. Höhepunkt seiner Laufbahn als Dramatiker sind die Stücke *Die hl. Johanna der Schlachthöfe* (1932), *Mutter Courage und ihre Kinder* (1939, hg. 1949), *Herr Puntila und sein Knecht Matti* (1940/41, hg. 1950), *Der gute Mensch von Sezuan* (1938–42, hg. 1953), *Leben des Galilei* (1943) und *Der kaukasische Kreidekreis* (1944/45, hg. 1953), die sich mit der Stellung des Individuums innerhalb der menschl. Gemeinschaft befassen. In der theoret. Schrift *Kleines Organon für das Theater* (1946) entwickelt B. die Theorie des »epischen Theaters« und legt dar, daß das Theater nicht dem Kunstgenuß einer privilegierten Schicht, sondern der Bewußtmachung gesellschaftl. Zusammenhänge dienen solle, was mit Hilfe des sog. Verfremdungseffekts zu erreichen sucht. B.s Sprache ist stilisiert einfach und in ihrer Mischung aus lutherdeutschen, süddeutschen und anderen Einflüssen äußerst einprägsam. Er schrieb auch Gedichte (*Hauspostille* 1927); am berühmtesten wurden Erzählungen wie *die Kalendergeschichten* (1949), *Geschichten vom Herrn Keuner* (hg. 1958) und die Dialoge *Flüchtlingsgespräche* (hg. 1961), die wichtiger sind als der Roman *Die Geschäfte des Herrn Julius Caesar* (1957). 1967 erschienen die gesammelten Werke in 8 Bdn., 1974 das *Arbeitsjournal 1938–1955*.

Bredel, Willi (*2.5.1901 Hamburg, †27.10.1964 Ost-Berlin). – B. lebte seit 1949 in Ost-Berlin und war Chefredakteur der Zeitschrift »Neue Deutsche Literatur« und Mitglied des ZK der SED. Seine polit. engagierten Romane wie *Rosenhofstraße* (1931), *Die Prüfung* (1934), *Verwandte und Bekannte* (1943 bis 53) und *Ein neues Kapitel* (1956–64) behandeln Themen aus dem Krieg und der sozialist. Arbeiterwelt.

Brehm, Bruno (*23.7.1892 Laibach, †5.6.1974 Alt-Aussee/Steiermark). – B. schrieb histor.-polit. Romane wie *Apis und Este* (1931), *Das war das Ende* (1932), *Weder Kaiser noch König* (1933) und *Die Throne stürzen* (1951), die das Ende der Donaumonarchie behandeln. Der Roman *Das zwölfjährige Reich* (1960–61) ist eine umstrittene Auseinandersetzung mit dem Nationalsozialismus. Daneben verfaßte er gefällige Unterhaltungsromane und Erzählungen.

Breitbach, Joseph, Ps. *J. S. Saleck* (*20.9.1903 Koblenz, †9.5.1980 München). – Dt. Schriftsteller und Journalist, lebte seit 1929 in Frankreich, wo er sich für die dt.-franz. Verständigung einsetzte. Der Roman *Bericht über Bruno* (1962) handelt vom polit. Machtkampf, so wie er sich hinter den Kulissen abspielt. Weitere Werke sind die Erzählungen *Rot gegen Rot* (1929), *Die Rabenschlacht* (1973) und das Romanfragment *Clemens*

(1963). Anerkennung fand auch das Lustspiel *Das Jubiläum* (1960), das zarte Charakteristik mit traditionellen Lustspielelementen verbindet und eine typ. Schilderung der Kleinbürgerwelt bietet. Der Roman *Das blaue Bidet* (1978) zeigt ihn als glänzenden Stilisten; gleichzeitig erschienen der Roman *Das blaue Licht oder das eigentliche Leben und Feuilletons zur Literatur und Politik.*

Breitinger, Johann Jakob (* 1.3. 1701 Zürich, †13.12. 1776 ebd.). – Schweizer Schriftsteller, war Professor für hebr. und griech. Sprachen. Zusammen mit seinem Freund Bodmer wandte er sich in seiner *Crit. Dichtkunst* (1740) gegen die allzu nüchternen Regeln des Literaturpapstes Gottsched, wobei er betonte, daß ein Dichter Phantasie haben müsse und mit seinen Werken mehr bewirken sollte, als bloß zu unterhalten und zu belehren. Ebenfalls mit Bodmer, dem er als Theoretiker überlegen war, gab er die moral. Wochenschrift »Discourse der Mahlern« (1721–23) heraus. Er edierte Werke von mhd. Autoren und Opitz.

Bremer, Claus (* 11.7. 1924 Hamburg). – Dt. Schriftsteller, ließ sich als Schauspieler ausbilden und erwarb als Dramaturg durch Bearbeitung antiker Tragödien ebenso Ansehen wie mit seinen Übersetzungen von Theaterstücken Ionescos und Audibertis. Starke Anregungen empfing er für seine Schriften über moderne Lit. (z. B. *Das aktuelle Theater,* 1966; *Thema Theater,* 1969; *Farbe bekennen. Mein Weg durch die konkrete Poesie,* 1983), aber auch für Gedichte (*Ideogramme,* 1964; *Anlässe,* 1970; *Man trägt keine Mützen nach Athen,* 1984), Dramen (*Hände weg von meiner Frau,* 1967) und Hörspiele (*Hier wird Geld verdient,* 1977) von zeitgenöss. Autoren und seinem Aufenthalt an der Hochschule für Gestaltung in Ulm.

Brentano, Clemens, Ps. *Maria* (* 8.9. 1778 Ehrenbreitstein, †28.7. 1842 Aschaffenburg). – Brentano war der Sohn der Jugendfreundin Goethes, Maximiliane von La Roche, und des ital. Kaufmanns B. Er war einer der bedeutendsten Vertreter der Hoch- und Spätromantik und hatte mit vielen zeitgenöss. Dichtern Umgang. Zusammen mit seinem Freund und Schwager Achim v. Arnim gab er die bekannte Volksliedersammlung *Des Knaben Wunderhorn* (1806–08) heraus. Bedeutend sind B.s melod. formvollendete Gedichte, Volkslieder und geistl. Lieder. Seine Dramen, z. B. das geistreiche Lustspiel *Ponce de Leon* (1804) und die Tragödie *Die Gründung Prags* (1815), stehen unter dem Einfluß Shakespeares und Calderóns. Der Roman *Godwi* (1801) trägt alle typ. romant. Züge und ist nur äußerlich abgeschlossen; von der Erzählstruktur her blieb er ein Fragment. Die Novelle *Geschichte vom braven Kasperl und dem schönen Annerl* (1838) und die märchenhafte Erzählung *Gockel, Hinkel und Gakeleia* (1838) sind Meisterwerke roman. Prosa. B. führte das Leben eines romant. zerrissenen, zwischen extremen Positionen schwankenden Menschen. So verbrachte er 5 Jahre bei der stigmatisierten Klosterschwester Anna Katharina Emmerick. Unter diesem Eindruck stehend, schrieb er *Die Romanzen vom Rosenkranz* (erste vollst. Ausgabe 1912).

Breton, André (* 18.2. 1896 Tinchebray/Orne, †28.9. 1966 Paris). – Franz. Schriftsteller, war zunächst ein Vertreter des Dadaismus und wurde später die zentrale Figur des Surrealismus, den er in seinen berühmten Programmschriften *Manifeste du surréalisme* (1924) und *Second manifeste du surréalisme* (1930) propagierte. Seine Werke, u. a. die bilderreichen Gedichte *Mont de piété* (1919), *L'air et l'eau* (1934), *Arcane 17* (1945), *Fata Morgana* (1940), behandeln meist okkulte Themen und beschäftigen sich mit der Welt des Traumes und der Visionen. Surrealismus, Psychoanalyse und pers. Bekenntnis durchdringen sich in seinem besten Roman *Nadja* (1928, dt. 1960), mit dem er stark auf die Zeitgenossen wirkte.

Breytenbach, Breyten (* 16.9. 1939 Bonnievale/Südafrika). – Südafrikan. Schriftsteller, burischer Herkunft, studierte vorübergehend Kunst und emigrierte nach Paris, wo er als Maler erste Erfolge hatte. Ein kurzer Besuch in seiner Heimat wurde zum Anlaß für den Roman *Augenblicke im Paradies* (1980, dt. 1983), in dem er die Wiederbegegnung mit der Landschaft seiner Kindheit gestaltete. Bei einer illegalen Reise in Südafrika wurde er verhaftet und von 1977–82 inhaftiert. Seine Gedichte gestalten ebenfalls sein sehr persönliches Heimaterleben, werden aber nach der Verhaftung noch experimenteller strukturiert und inhaltlich von den Gedanken des Entstehens und Vergehens geprägt: *Blues auf dem sinkenden Schiff* (1972, dt. 1977), *In Afrika sind sogar die Fliegen glücklich: Ausgewählte Gedichte* (1978). In zunehmendem Maße wirken auf seine Literatur die Dichtung des franz. Impressionismus, lateinamerikanischen und asiat. Vorbilder. Mit surrealist. Gestaltungen wirkte B. auf die südafrikan. Literatur. In den jüngsten Romanen schlägt sich diese Beeinflussung ebenso nieder wie die erniedrigenden Gefängniserlebnisse: *Mouroir: Spiegelungen eines Romans* (1984, dt. 1987), *Wahre Bekenntnisse eines Albino-Terroristen* (1984). Auch als Essayist trat B. hervor: *Schlußakte Südafrika* (1985, dt. 1986).

Breza, Tadeusz (* 31.12. 1905 Siekierzyńce/Polen, †19.5. 1970 Warschau). – Poln. Schriftsteller, schildert in seinen Romanen die polit. und sozialen Verhältnisse in Polen vor und nach dem Krieg. Seine wichtigsten Werke sind die Romane *Das Gastmahl des Balthasar* (1952, dt. 1955), *Audienz in Rom* (1960, dt. 1962) und die Autobiographie *Das eherne Tor* (1960, dt. 1962).

Bridges, Robert Seymour (* 23.10. 1844 Walmer/Kent, †21.4. 1930 Chilswell b. Oxford). – Engl. Schriftsteller, dessen wichtigstes Werk als letzter Vertreter der viktorian.-klassizist. Literatur das rhythm. eigenwillige Epos *The Testament of Beauty* (1929) ist. Seine poet., gleichzeitig aber auch ausgefallenen Dramen wie *The Return of Ulysses* (1890) behandeln meist antike Stoffe, wobei er sich einer anspruchsvollen Ästhetik verpflichtet weiß, z. .B. *Eros and Psyche* (1885).

Bridie, James, eigtl. *Osborne Henry Mavor* (* 3. 1. 1888 Glasgow, †29. 1. 1951 Edinburgh). – Schott. Arzt und Dramatiker, war der Gründer des »Glasgow Citizens' Theatre«. Seine von Shaw beeinflußten, erfolgreichen Theaterstücke, z. B. *The-Anatomist* (1931), *Tobias und der Engel* (1931, dt. 1946), *Daphne Laureola* (1949, dt. 1950) und *Meeting at the Night* (1956), stimmen den Zuschauer nachdenklich, ohne dabei auf die Komik und Ironie zu verzichten.

Brink, André Philippus (* 29. 5. 1935 Vrede/Oranjefreistaat). – Südafrikan. Schriftsteller, trat nach dem Studium der Literaturwissenschaft als Romancier und Dramatiker hervor und arbeitet als Dozent für niederl. und afrikan. Literatur. Während seines Studiums in Frankreich kam er stark unter den Einfluß Sartres und der franz. Existentialisten, er wandte sich aber auch den Nouveau Roman und der experimentellen Literatur zu. Seine Romane *Brautschatz für das Leben* (1962), *Nicolette und der Botschafter* (1963, dt. 1966), *Stimmen im Wind* (1975, dt. 1981), *Weiße Zeit der Dürre* (1982, dt. 1984), *Die Nilpferdpeitsche* (1982, dt. 1985) erwarben internationale Anerkennung und setzen sich immer wieder auch mit den Fragen der Apartheid auseinander. Als Dramatiker hatte B. mit *Der Koffer* (1962), *Die Rebellen* (1970), Erfolg. Als Essayist bestimmt er nachhaltig das Literaturgeschehen in Südafrika.

Brinkmann, Rolf Dieter (* 16. 4. 1940 Vechta, †23. 4. 1975 London). – Dt. Schriftsteller, lebte nach Buchhandelslehre und Pädagogikstudium in Köln und galt rasch als führender Vertreter der Moderne, der v. a. in der Lyrik unterschiedlichste Traditionen, v. a. Elemente des amerik. Lebens wie Jazzmusik, Comics und Spots artifiziell montierte, z. B. *Was fraglich ist wofür* (1967), *Gras* (1970). In seinen ep. Werken ist der Einfluß des franz. nouveau roman deutl., etwa *Raupenbahn* (1966), *Keiner weiß mehr* (1968). Sein erster Gedichtband *Ihr nennt es Sprache* (1962) wurde 1979 wiederentdeckt, sein Tagebuch *Erkundigungen für die Präzisierung des Gefühls für einen Aufstand* erschien posthum 1987. *Schnitte* (posth. 1988) ist ein Faksimile des letzten Tagebuchs, das 1973 beendet wurde.

Bristow, Gwen (* 16. 9. 1903 Marion/South Carolina, †3. 10. 1980 Kalifornien). – Weltberühmte amerikan. Schriftstellerin, schrieb zusammen mit ihrem Mann Bruce Manning Kriminalromane wie *Der unsichtbare Gastgeber* (1956, dt. 1957). Ihre eigenen Werke, z. B. *Tiefer Süden* (1937, dt. 1939), *Die noble Straße* (1938, dt. 1950), *Kalifornische Sinfonie* (1950, dt. 1951) und *Alles Gold der Erde* (1969, dt. 1970), sind sehr populär und behandeln amerikan. Familienschicksale.

Britting, Georg (* 17. 2. 1891 Regensburg, †27. 4. 1964 München). – Der mehrfach ausgezeichnete, sehr erfolgreiche Schriftsteller ist der Verfasser des bizarren Romans *Lebenslauf*

eines dicken Mannes, der Hamlet hieß (1932), in dem er die bekannte Shakespeare-Gestalt grotesk verfremdet. Sein Stil ist diszipliniert und ahmt die Natürlichkeit der gesprochenen Sprache nach. Er schrieb u. a. auch die Erzählungen *Der verlachte Hiob* (1921), *Das gerettete Bild* (1938), *Der Eisläufer* (1948), *Afrikanische Elegie* (1953) und die Gedichte, vor allem Naturlyrik, *Der irdische Tag* (1935), *Lob des Weines* (1944) und *Der unverstörte Kalender* (1965), von denen die frühen Arbeiten der Freude am Leben und an der Natur Ausdruck verleihen. Eine Gesamtausgabe in 6 Einzelbänden erschien 1957–1961, eine kommentierte Ausgabe *Sämtliche Werke* in fünf Bänden 1987 f.

Broch, Hermann (* 1. 11. 1886 Wien, †30. 5. 1951 New Haven/Conn.). – Die Werke des österr. Schriftstellers waren bahnbrechend für die moderne Literatur. B. verwendet darin neue Stilarten, z. B. den inneren Monolog und wechselnde, dem jeweiligen Gegenstand angepaßte Ausdrucksweisen. Die Handlung seiner Romane, wie *Die unbekannte Größe* (1933), *Die Schlafwandler* (1931/32), *Die Schuldlosen* (1950) und *Der Versucher* (1953), weist eine meist lockere Komposition auf und wird z. T. durch eingeschobene Essays unterbrochen. Sein wichtigster Roman *Der Tod des Vergil* (1947) beschäftigt sich in Gedanken, Visionen und Träumen mit einer zu Ende gehenden Epoche. Darüber hinaus entwickelte B. in zahlreichen Essays seine kunsttheoret. Gedanken und schrieb anspruchsvolle Arbeiten über die Kultur seiner Zeit (*Hofmannsthal und seine Zeit,* posth. 1974) und zahlreiche kultur- und geistesgeschichtl. Briefe (z. B. *Briefe über Deutschland 1945–1949,* posth. 1986). Seit 1976 erscheint eine kommentierte Werkausgabe in 16 Bdn.

Brock, Bazon (* 2. 6. 1936 Stolp/Pommern). – Dt. Schriftsteller und engagierter Kulturkritiker, studierte bei Adorno, Horkheimer, Carlo Schmid; nach mehreren Jahren Tätigkeit bei Rundfunk und Theater wurde er als Begründer der sog. Wegwerfpoesie Professor für nichtnormative Ästhetik in Hamburg. Bereits seine Antrittsvorlesung *Der künstlerische Avantgardist als gesellschaftlicher Reaktionär* (1964) und seine rasch folgenden Schriften, Manifeste und Happenings zeigen ihn als Anreger lit. Bewegungen mit dem Ziel, eine neue Ästhetik zu begründen. Dabei geht er von der These aus, daß eine Gesellschaftsveränderung auch als ästhetisches Ereignis sich zu den neuen sozialist. Herrschaftsstrukturen bekennen muß. Beachtung fanden bes. die Gedichte *Kotflügel/Kotflügel* (1957), *Das Erschrecken am Es* (1960), die Essays und Manifeste *Wollt ihr das totale Leben?* (1964), *Bitte um glückliche Bomben auf die deutsche Pissoirlandschaft* (1964), *Literaturbleche* (1964), *Was heute läuft* (1968), *Bazon Brock, was machen Sie jetzt so* (1969), die Hörspiele *Grundgeräusche und ein Hörraum* (1969), *Triumphe des Willens* (1972) und Film-Lehr-Theater-Stücke wie *Theater der Position. Eine drama-*

tische Illustrierte (1966), *Unterstzuoberst* (1969), *Wirklichkeit in Bildwelten heute* (1973). Auf der documenta in Kassel war er über Jahre eine zentrale Gestalt. Seine *Ästhetik als Vermittlung* (1977) ist wegen ihres Umfangs, der in keinem Verhältnis zur Aussage steht, ein problemat. Werk, doch übt es auf das Kunstverständnis der Avantgarde einen gewissen Einfluß aus; vgl. *Avantgarde ist nur das, was zwingt, neue Traditionen aufzubauen* (1985).

Brockes, Barthold Hinrich (*22.9. 1680 Hamburg, †16.1. 1747 ebd.). – Brockes war Senator und Amtmann und gründete die »Teutschübende Gesellschaft« (1714; ab 1716 »Patriotische Gesellschaft«). Seine frühen Gedichte gehören zur Richtung des Manierismus, während er später, beeinflußt von Pope und Thomson, zu formaler Schlichtheit gelangt. Die lehrhafte, vom Nützlichkeitsgedanken durchdrungene Versdichtung *Irdisches Vergnügen in Gott* (1721–48) basiert auf der religiösphilosoph. Grundlage der Theodizee Leibniz'. Daneben schrieb er das Oratorium *Der für die Sünden der Welt gemarterte und sterbende Jesus* (1712), das von Händel vertont wurde. Mit B., der zwischen Barock und Aufklärung steht, beginnt die Darstellung des Naturgefühls in der Dichtung. J. S. Bach verwendete Texte B.' für die Johannespassion.

Brod, Max (*27.5. 1884 Prag, †20.12. 1968 Tel Aviv). – Jüd. Schriftsteller, war überzeugter Zionist, Kulturphilosoph und von Beruf Jurist; 1939 emigrierte er nach Palästina. Er war mit Werfel und Kafka befreundet, dessen Werk er herausgab und kommentierte. Seine umfangreiche Prosadichtung greift auf österr. Tradition zurück. Bes. sind zu nennen die Romane *Tycho Brahes Weg zu Gott* (1916), *Die Frau, die nicht enttäuscht* (1933), *Der Meister* (1952), *Armer Cicero* (1955), die Monographien *H. Heine* (1934), *Franz Kafka* (1937) und die Essays *Das Unzerstörbare* (1968). Seine Themen kreisen u. a. um die Geschichte, die Religion und die Liebe.

Brodsky, Joseph Alexandrowitsch (*24.5. 1940 Leningrad). – Russ. Autor, arbeitete als Übersetzer und schrieb Gedichte, die in der UdSSR nicht veröffentlicht werden durften. Da er keiner regelmäßigen Arbeit nachging, wurde er wegen »Parasitentums« angeklagt und 1972 exiliert. In Amerika lehrt B. heute Literaturwissenschaft, schreibt russ. Gedichte und erhielt 1987 den Nobelpreis. Die Gedichte B.s sind religiös geprägt, wobei er sich stilistisch an tradierte Formen (Elegie) hält. Inhaltlich sind die Texte schwer zu verstehen, da die komplexen Gedanken auch in sehr eigenwilligen Metaphern vorgestellt werden. Immer wieder zeigen die Gedichte die Anrufung eines Gottes, der in der zerstörten Welt nicht mehr erfahrbar ist. B. verbindet in seinen Gedichten russ. Traditionen und westliche Kultur. Durch den Nobelpreis und Gorbatschows Politik wurde B. auch einem breiteren Publikum bekannt. In Dtld. liegen wichtige Ausgaben vor, etwa *Römische Elegien* (1982, dt. 1985), *Einem alten Architekten in Rom* (Auswahl 1978), *Erinnerungen an Leningrad* (1987). Mit dem Prosadrama *Marmor* (1984, dt. 1988) und den Essays *Flucht aus Byzanz* (1988) trat B. auch mit anderen Gattungen an die Öffentlichkeit.

Bródy, Sándor (*12.4. 1863 Eger, †12.8. 1924 Budapest). – Ungar. Schriftsteller, war ein Vertreter des Naturalismus und wirkte an verschiedenen Zeitungen mit. Er beschrieb Alltagsszenen aus Budapest und übte in engagierter, oft sehr subjektiver Weise Kritik an zeitgenöss. Mißständen. Er schrieb u. a. die Dramen *Die Lehrerin* (1908, dt. 1909), *A medikus* (1911) und die Romane *Ein ärztlicher Faust* (1888, dt. 1893), *Die Tote* (1893, dt. 1895) und *Der Held des Tages* (1902, dt. 1913).

Brofeldt, Johan, Ps. *Aho, Juhani* (*11.9. 1861 Lapinlakti/Finnland, †8.8. 1921 Helsinki). – Finn. Erzähler, bedeutendster Realist, war von Ibsen, Tolstoj und Maupassant beeinflußt und schrieb Geschichten über seine Heimat, deren Landschaft er romant.-stimmungsvoll schildert. Im Laufe seines Lebens vollzog B. eine Wandlung vom Naturalismus zum Impressionismus. Die Romane *Ellis Jugend* (1885, dt. 1899) und *Ellis Ehe* (1893, dt. 1896) schildern das freudlose Dasein einer Frau. *Paun* (1897, dt. 1899 –) ist ein kulturhistor. Roman über das christl.-heidn. Finnland des 16. Jh.s.

Bromfield, Louis (*27.12. 1896 Mansfield/Ohio, †18.3. 1956 Columbus). – Amerikan. Schriftsteller, studierte Landwirtschaft, Literatur und Philosophie. Er nahm auf der Seite der Franzosen am 1. Weltkrieg teil und war danach als Journalist und freier Schriftsteller tätig. Seine spannenden und erfolgreichen Gesellschaftsromane (1927 Pulitzerpreis für *Früher Herbst*, 1926, dt. 1932) spiegeln seinen kosmopolit. Charakter wider und handeln mit Vorliebe von spektakulären Ereignissen. Am erfolgreichsten war sein Roman über Indien *Der große Regen* (1937, dt. 1939). Weitere Werke sind *Das Leben der Lily Shane* (1924, dt. 1954), *Die Besessenen* (1925, dt. 1957), *Welch eine Frau* (1927, dt. 1954), *Traum in Louisiana* (1941, dt. 1943) und *Jedem das Seine* (dt. 1955).

Broniewski, Wladyslaw (*17.2. 1898 Plock/Polen, †10.2. 1962 Warschau). – Polnischer engagierter Kommunist, war ein Mitglied der Dichtergruppe »Skamander«. Seine Gedichte wurden von Majakovskij und den Futuristen beeinflußt. Neben seiner kraftvollen, polit.-revolutionären Lyrik stehen empfindsame Liebesgedichte. B. schrieb u. a. das Epos *Pariser Kommune* (1929, dt. 1955) und die Gedichte *Hoffnung*, die 1953 deutsch in einer Auswahl erschienen.

Bronnen, Arnolt, eigentlich *Arnold Bronner*, Ps. *A. H. Schelle-Noetzel* (*19.8. 1895 Wien, †12.10. 1959 Berlin). – B. wandelte sich von einem Anhänger des Linksradikalismus zu einem Vertreter der äußersten Rechten. Er gehörte mit Brecht und Bruckner zur Bühnenavantgarde im Berlin der 20er Jahre und verursachte durch die freizügige Gestaltung erot. Themen zahlreiche Theaterskandale. Die Sprache seiner zwischen Expressionismus und Neonaturalismus stehenden Dramen ist explosiv und ekstatisch. Die wichtigsten Werke sind *Vatermord* (1920), *Die Geburt der Jugend* (1922), *Die Exzesse* (1923), *Septembernovelle* (1923), *Anarchie in Sillian* (1924) und *Ostpolzug* (1926), *O. S.* (1929). B.s Prosa, z. B. der Roman *Aisopos* (1956), ist gemäßigter. Histor. aufschlußreich sind seine Memoiren *Tage mit B. Brecht* (1960) und *Begegnungen mit Schauspielern* (1967).

Brontë, Charlotte, Ps. *Currer Bell* ((*21.4. 1816 Thornton/Yorkshire, †31.3. 1855 Haworth/Yorkshire). – Die engl. Dichterin arbeitete als Internatslehrerin und Gouvernante und schrieb erfolgreiche Romane, von denen der z. T. autobiograph. Liebesroman *Jane Eyre* (1847, dt. 1850) sie berühmt machte. Weitere bemerkenswerte Veröffentlichungen sind die Romane *Shirley* (1849, dt. 1850) und *Villette* (engl. u. dt. 1853) sowie die 1845 erschienene Gedichtsammlung *Poems by Currer, Ellis and Acton Bell*, die neben eigenen Beiträgen Gedichte ihrer Schwestern enthält. Ihre Schwester **Anne Brontë,** Ps. *Acton Bell* (*17.1. 1820 Thornton/Yorkshire, †28.5. 1849 Scarborough/Yorkshire), schrieb außer Gedichten Romane, u. a. *Agnes Grey* (1847). Die Schwester **Emily Jane B.,** Ps. *Ellis Bell* (*20.8. 1818 Thornton/Yorkshire, †19.12. 1848 Haworth/Yorkshire) verfaßte neben Gedichten als Hauptwerk den Roman *Wuthering Heights* (1847, dt. 1851, 1962 u. d. T. *Die Sturmhöhe*). Dieser Roman ist bemerkenswert wegen der psycholog. Charakteranalyse und der gekonnten Beschreibung der Landschaft Yorkshires und gilt als ein bes. wertvolles lit. Werk der Epoche.

Browning, Elizabeth Barrett (*6.3. 1806 Coxhoe Hall/Durham, †29.6. 1861 Florenz). – Engl. Dichterin, führte wegen ihrer Rückgratverletzung ein einsames Leben, das sich erst 1846 durch die Heirat mit dem Dichter Robert B., mit dem sie vor ihrem Vater nach Italien floh, änderte. Am besten sind ihre frühen Gedichte *Battle of Marathon* (1820), die formschönen, leidenschaftl. *Sonette aus dem Portugiesischen* (1847, dt. 1903 u. 1908 v. R. M. Rilke). *The Cry of the Children* (1841) schildert in ergreifender Weise, doch leider qualitativ nicht einheitlich, soziale Mißstände in Italien. Zu ihren Lebzeiten war die etwas schwerfällige Dichtung *Aurora Leigh* (1857, dt. 1907) besonders beliebt.

Browning, Robert (*7.5. 1812 Camberwell b. London, †12.12. 1889 Venedig). – Der engl. Dichter war mit Elizabeth Barrett B. verheiratet. Seine frühen Werke, z. B. die Bekenntnisdichtung *Pauline* (1833), waren von Shelley beeinflußt. Sein umfangreiches, schwer zugängl. Werk hatte wenig Erfolg. Seine bedeutendsten Bühnenwerke erschienen 1941–1946 u. d. T. *Bells and Pomegranates*. Die Sammlung enthält u. a. *Pippa geht vorüber* (1841, dt. 1903), das G. Hauptmann zu seinem Stück *Und Pippa tanzt* (1906) anregte.

Brückner, Christine, geb. Emde (*10.12. 1921 Waldeck). – Dt. Autorin, deren Romane häufig um Liebes- und Eheprobleme

kreisen; zeichnet sich durch stilistische Brillanz und empfindsame Gestaltung aus. Ihre wichtigsten Werke sind u. a. *Das glückliche Buch der a. p.* (1970), *Wie Sommer und Winter* (1971), *Überlebensgeschichten* (1973), *Die Mädchen aus meiner Klasse* (1975), *Ein Bruder für Memoko* (1977), *Jauche und Levkojen* (1978). *Erfahren und Erwandert* (mit O. H. Kühner; 1979), *Nirgendwo ist Poenichen* (1979), *Wenn du geredet hättest, Desdemona. Ungehaltene Reden ungehaltener Frauen* (1983), *Die Quindts* (1985), *Deine Bilder – Meine Worte* (mit. O. H. Kühner; 1987), *Die letzte Strophe* (1989), *Die Stunde des Rebhuhns* (1991). Autobiographische Texte enthält der Band *Hat der Mensch Wurzeln?* (1988).

Bruckner, Ferdinand, eigtl. *Theodor Tagger* (*26.8. 1891 Wien, †5.12. 1958 Berlin). – B. war der Gründer des Renaissance-Theaters Berlin (1923–28) und hatte schon in jungen Jahren mit seinen expressionist., bühnenwirksamen Stücken aufsehenerregende Erfolge. Er gilt als wichtiger Vertreter der neuen Sachlichkeit. Die Thematik seiner Stücke, die sich der neuen techn. Effekte wie Simultanbühne und Montage bedienen, kreist um zeitgenöss. Probleme. B. schrieb auch histor. Dramen und zuletzt strenge Versdramen. In dem Schauspiel *Simon Bolivar* (1945) wendet er sich unter dem Kriegseindruck ethischen Problemen zu. Die wichtigsten Stücke sind u. a. *Krankheit der Jugend* (1929), *Der Verbrecher* (1929), *Elisabeth von England* (1930), *Die Rassen* (1934), *Der Tod einer Puppe* (1956) und *Das irdene Wägelchen* (1957).

Brunk, Sigrid (*14.9. 1937 Braunschweig). – Dt. Autorin, wurde nach ihrem Studium der Malerei intensiv durch Max Brod gefördert und wandte sich vornehmlich Fragen der Frau in der Gesellschaft zu, z. B. in den Romanen *Ledig, ein Kind* (1972), *Das Nest* (1975), *Der Magier* (1979). Ihre Kurzerzählungen erschienen 1981 u. d. T. *Flammen*. Mit Fernsehspielen erreichte sie ein breiteres Publikum.

Bruno, Giordano, eigtl. *Filippo* (*1548 Nola, †17.2. 1600 Rom). – Der ital. Naturphilosoph war von dem selbständigen Denken der Renaissance geprägt und emanzipierte sich von kirchl. Dogmen. Wegen seiner damals ketzer. Lehre, die die Welt in Monaden einteilt und im Menschen ein gottähnl., wenn auch untergeordnetes Wesen sieht, fiel er der Inquisition zum Opfer und wurde in Rom auf dem Scheiterhaufen verbrannt. Seine moral. und philosoph. Dialoge, z. B. *Dell' infinito, universo e mondi* (1584), *Das Aschermittwochsmahl* (1584, dt. 1969) und *Degli eroici fuori* (1585), sind, wie auch der Rest seines Werkes, in einer dunklen, bildhaften Sprache geschrieben. In der Komödie *Il candelaio* (Paris 1582 u. 1909) zieht er den zeitgenöss. Aberglauben ins Lächerliche. B. wirkte stark auf Goethe, Spinoza, Leibniz und Schelling. Der nationale Dichter Kolbenheyer hat seine Biographie geschrieben.

Bruyn, Günter de (*1.11. 1926 Berlin). – Dt. Schriftsteller aus der ehem. DDR, wurde nach Krieg und Gefangenschaft Bibliothekar und lebt heute als freier Autor in Berlin. In seinen Erz. wie *Wiedersehen an der Spree* (1960), *Ein schwarzer, abgrundtiefer See* (1962) und Romanen, z. B. *Der Hohlweg* (1963), *Buridans Esel* (1968), *Preisverleihung* (1973), *Neue Herrlichkeit* (1984) erweist er sich als charakterist. Vertreter des sozialist. Realismus, dessen Werke stets autobiograph. Züge tragen und das Leben in der ehem. DDR problematisiert gestalten. Seine Deutung des Werkes Jean Pauls (*Das Leben des Jean Paul Friedrich Richter*, 1975) fand auch in der Bundesrepublik Dtld. Beachtung, ebenso die Erz. *Märkische Forschungen* (1979) und *Babylon* (1980). B. gab zahlreiche Dichtungen des 18./19. Jh.s neu heraus. Mit der Vergangenheit in der DDR setzte er sich in *Jubelschreie, Trauergesänge – Deutsche Befindlichkeiten* (1991) auseinander. Autobiographisches und Literaturkritisches bietet *Zwischenbilanz* (1991).

Bryant, William (* 3. 11. 1794 Cummington/Massachusetts, † 12. 6. 1878 New York). – Amerik. Schriftsteller, war der Herausgeber der Zeitung »Evening Post«. Seine Gedichte, die lyr. Zartheit mit strenger Religiosität verknüpfen, machten ihn berühmt. Die Elegie *Thanatopsis* (1811) beschäftigt sich mit dem Phänomen des Todes und der Vergänglichkeit. *A Forest Hymn* (1860) ist eine Naturschilderung in Blankversen. B. übersetzte auch die *Ilias* (1870) und die *Odyssee* (1871 f.) des Homer.

Buber, Martin (* 8. 2. 1878 Wien, † 13. 6. 1965 Jerusalem). – Jüd. Religionsphilosoph, vorübergehend Prof. für Allg. Religionswissenschaft und Sozialphilosophie, stammte aus einer galiz. Gelehrtenfamilie. Er war ein Anhänger des Zionismus, hatte mit seinen Schriften jedoch auch auf Nichtjuden großen Einfluß. Seine Interpretationen und Nachdichtungen machten den Chassidismus in Westeuropa bekannt. Zusammen mit F. Rosenzweig übersetzte er das *Alte Testament* (*Die Schrift*, 1925–38 u. 1954–62). Seine große Sprachbegabung wird auch an dem Roman *Gog und Magog* (1949) offenbar. 1953 erhielt er den Friedenspreis des Dt. Buchhandels. Weitere Werke sind u. a. *Die Legende des Baalschem* (1908), *Ich und Du* (1923), *Die Erzählungen der Chassidim* (1950), *Die Schriften über das dialogische Prinzip* (1954) und das Mysterienspiel *Elija* (1963). 1972–1975 erschien sein *Briefwechsel aus sieben Jahrzehnten.*

Buch, Hans Christoph (* 14. 4. 1944 Wetzlar). – Dt. Schriftsteller, studierte Germanistik und Slawistik und lehrte an den Universitäten Bremen und San Diego/USA. Bereits als Schüler schrieb er die ersten Erzählungen, z. B. *Kleines Glück* oder *Der Dicke* (beide 1963), und las auf der Tagung der »Gruppe 47« vor. Er bereiste die Sowjetunion, die Vereinigten Staaten, Kanada, Mexiko, Brasilien und wurde durch die Studentenbewegung so nachhaltig beeinflußt, daß ihn die Frage nach dem Sinn der Literatur auch noch heute als freier Schriftsteller

beschäftigt. So traten bald neben die literar. Arbeiten wie *Aus der Neuen Welt* (1975), *Zuwalds Beschwerden* (1980), *Jammerschoner* (1982), *Die Hochzeit von Port-au-Prince* (1984), *Haiti Cherie* (1990), ein romanartiges Werk, zunehmend theoretische Essays, z. B. *Für eine neue Literatur – gegen den spätbürgerlichen Literaturbetrieb* (1972), *Die Literatur nach dem Tod der Literatur* (1975), *Vaterland, Muttersprache* (1980), *Waldspaziergang* (1987). Der *Bericht aus dem Inneren der Unruhe* (1979; neu 1984) schildert die Auseinandersetzung um die Wiederaufbereitungsanlage in Gorleben.

Buchanan, George (* Februar 1506 Killearn/Stirlingshire, † 29. 9. 1582 Edinburgh). – Schott. Dichter, Anhänger der Reformation. Seine Satiren über die Schwächen und Fehler des Klerus *Somnium and Franciscanus* (1537/38) zogen die Aufmerksamkeit der Inquisition auf sich. B. schrieb auch den histor. Essay *Detectio Mariae Reginae* (1571), übersetzte Euripides (1544) und war u. a. auch der Lehrer Montaignes.

Buchholtz, Andreas Heinrich (* 25. 11. 1607 Schöningen b. Braunschweig, † 20. 5. 1671 Braunschweig). – B. war Lehrer für Theologie und Philosophie und schrieb geistliche Lyrik, z. B. *Geistliche Teutsche Poemata* (1651), und umfangreiche, heroisch-galante Romane mit religiös-moral. Erbauungstendenz wie *Des Christlichen Teutschen Groß-Fürsten Herkules Und Der böhmischen Königlichen Fräulein Valiska Wunder-Geschichte* (1659/60), die sich mit klarem Aufbau gegen die allgemein beliebte Amadis-Literatur wandten.

Buck, Pearl S(ydenstricker), Ps. *John Sedges* (* 26. 6. 1892 Hillsboro/West Virginia, † 6. 3. 1973 Danby/Vermont). – Amerikan. Schriftstellerin, verlebte als Tochter eines Missionars einen großen Teil ihres Lebens in China. In ihren überaus zahlreichen Romanen behandelt sie meist Rassenprobleme und wirbt um Verständnis für andere Kulturen. Ihr Roman *Die gute Erde* (1931, dt. 1933) wurde 1932 mit dem Pulitzerpreis, 1938 mit dem Nobelpreis ausgezeichnet. *All Men Are Brothers* (1933) ist die Übersetzung eines chines. Schelmenromans aus dem 13. Jh. Ihre populärsten Romane sind u. a. *Ostwind – Westwind* (1930, dt. 1934), *Land der Hoffnung, Land der Trauer* (1939, dt. 1940), *Die Frauen des Hauses Wu* (1946, dt. 1948), *Lebendiger Bambus* (1963, dt. 1964) und *Wo die Sonne aufgeht* (1968, dt. 1969). Die zahlreichen Romane (weit über 50 Titel) wurden in alle Weltsprachen übertragen.

Budak, Mile (* 30. 8. 1889 Sveti Rok/Lika, † 7. 7. 1945 Belgrad). – Kroat. Schriftsteller, war Jurist und Politiker, setzte sich für ein selbständiges Kroatien ein. Enger Mitarbeiter Pavelićs; wurde von Kommunisten ermordet. Sein Roman *Herdfeuer* (1938, dt. 1943) ist eine eindringliche Heimatdichtung über die Bauern. B. schrieb u. a. auch *Novellen* (dt. 1942) und den Roman *Na vulkanima* (1941). Als Lyriker trat er mit zart-empfindsamen Versen an die Öffentlichkeit.

Büchner, Georg (* 17. 10. 1813 Goddelau b. Darmstadt, † 19. 2.

1837 Zürich). – Mit der Gründung der geheimen »Gesellschaft für Menschenrechte« und der Verteilung der sozialist. Flugschrift *Der Hessische Landbote* (1834; hg. von H. M. Enzensberger 1965) hoffte B. einen Beitrag zur Abschaffung der sozialen und gesellschaftl. Mißstände in Hessen zu leisten. Wegen seiner Kampfschrift mußte er nach Straßburg fliehen und war danach als Privatdozent für Anatomie in Zürich tätig. Seine Dramen, die formal teilweise an den Sturm und Drang erinnern, weisen in ihrer Thematik auf den Naturalismus und Expressionismus. B., der mit 23 Jahren an Typhus starb, hinterließ das Drama *Dantons Tod* (1835), das Dramenfragment *Woyzeck* (1836), das Alban Berg als Vorlage für seine Oper *Wozzeck* verwendete, und das Novellenfragment *Lenz* (1836), das in psycholog. sachl. und gleichzeitig poet. Weise einen Ausschnitt aus dem Leben des schizophrenen Sturm-und-Drang-Dichters gibt. B.s Werk, das bereits Elemente des Expressionismus vorwegnimmt, wurde erst im 20. Jh. gewürdigt. Auch sein Lustspiel der Langeweile *Leonce und Lena* (hg. 1842) und die Übersetzungen V. Hugos wurden von Zeitgenossen nicht beachtet.

Bürger, Gottfried August (* 31. 12. 1747 Molmerswende/Harz, † 8. 6. 1794 Göttingen). – Der Dichter des Sturm und Drang war mit Hölty und Voß befreundet und hatte Verbindung zu den Mitgliedern des »Göttinger Hain«. Seine Kunstballaden, z. B. *Der wilde Jäger, Das Lied vom braven Mann* und die bekannte *Lenore,* stellten in der damaligen Zeit eine lit. Neuerung dar. Die *Molly-Lieder,* die er über seine von ihm leidenschaftl. geliebte zweite Frau schrieb, sind ein Bekenntnis seiner sinnl. Besessenheit. B. übersetzte und erweiterte auch die Münchhausen-Erzählungen von R. E. Raspe (1786). Schiller tadelte in seiner klassischen Phase B.s allzu subjektive Dichtung.

Bukowski, Charles (* 16. 6. 1920 Andernach). – Amerikan. Schriftsteller aus dt.-jüd. Familie, die ab 1922 in den Armensiedlungen ostamerikan. Städte lebte. B. suchte früh Anschluß an die europ.-amerikan. Kultur zu erlangen, las viel und versuchte ein Jurastudium, das er nicht vollendete, da ihn seine Außenseiterexistenz als Mitglied von Jugendbanden, Gelegenheitsarbeiter und Rauschgiftkenner hinderte. Vorübergehend inhaftiert, lebte er auch zeitweise in einer psychiatrischen Klinik. Seine Erzählungen, u. a. *Fuck Machine* (1972, dt. 1977), Romane, wie *Der Mann mit der Ledertasche* (1974, dt. 1974), *Das Schlimmste kommt noch oder Fast eine Jugend* (1982, dt. 1983), *Das Liebesleben der Hyäne* (1982, dt. 1984), sowie die Gedichte, u. a. *Western Avenue* (1979), *Nicht mit sechzig, Honey* (1986), *Die letzte Generation. Gedichte 1981–1984* (dt. 1988), *Roter Mercedes. Gedichte 1984–1986* (dt. 1989) gestalten in einer derben, unmittelbaren und häufig obszön unflätigen Sprache und Bilderwelt das Leben, die Empfindungen und Erlebnisse der Menschen in der Elends-

welt amerikan. Städte. In den 70er und 80er Jahren wurde B. in Europa für die junge Generation eine Kultgestalt.

Bulatović, Miodrag (* 20. 2. 1930 Okladi/Montenegro, † 14. 3. 1991 Igalo). – Montenegrin. Schriftsteller, studierte Slawistik und trat mit Erzählungen und Romanen an die Öffentlichkeit, die gegen den sozialist. Realismus das persönliche Erleben des Menschen stellen und Freude und Leid sehr individuell gestalten. Da er stets die Existenzängste des Individuums zeigte und sich an biblische Themen hielt, wurde er von der offiziellen Kunstpolitik ausgegrenzt. Besonders die Novellen *Diavoli dolaze* (1955, dt. in mehreren Anthologien), *Wolf und Glocke* (1958, dt. 1962) sowie die Romane *Der rote Hahn fliegt himmelwärts* (1959, dt. 1960), *Der Held auf dem Rücken des Esels* (1964, dt. 1965), *Der Krieg war besser* (1968), *Die Daumenlosen* (1975) zeigen starke Einflüsse der Volksdichtung, aber auch die Vorbildwirkung von Beckett, der auf die Theaterstücke von B. stark wirkte, *Godot ist gekommen* (1965, dt. 1966).

Bulgakow, Michail Afanasjewitsch (* 14. 5. 1891 Kiew, † 10. 3. 1940 Moskau). – Russ. Schriftsteller und Arzt, ließ sich bald als freier Autor nieder. Seine Erlebnisse während der russ. Revolution beschrieb er in dem Roman *Die weiße Garde* (1925, dt. 1928). Die darin enthaltene objektive Darstellung der Ereignisse sowie von ihm s. Z. verfaßten satir. Beschreibungen der sowjet. Wirklichkeit führten zur Ächtung B.s durch das damals herrschende Regime. 1953 wurde er rehabilitiert. B. schrieb Dramen über die Gestalten Puschkins, Molières und Don Quijotes und dramatisierte die *Toten Seelen* Gogols, von dem er stark beeinflußt war. Zu den Werken B.s gehören weiter u. a. das Drama *Die Flucht* (1927), der *Theaterroman* (1965, dt. 1969, auch u. d. T. *Aufzeichnungen eines Toten*) sowie die Erzählung *Hundeherz* (dt. 1968). Als bedeutendster Roman wird allgemein *Der Meister und Margarita* (1968 russ. u. dt.) angesehen. Eine Auswahl aus dem Werk erschien 1991 u. d. T. *Die Treppe ins Paradies.*

Bulwer-Lytton, Edward George Earl Lytton (* 25. 5. 1803 London, † 18. 1. 1873 Torquay). – Engl. Romancier und Politiker, trat bereits 1816 mit eigenen Gedichten an die Öffentlichkeit, doch erwarb er sich Ansehen als liberaler, später konservativer Politiker und 1858 als Kolonialminister. Sein lit. Werk, das alle Gattungen umfaßt und häufig sehr triviale Gestaltungen aufweist, wurde von den Zeitgenossen sehr geschätzt, ist jedoch heute bis auf den Roman *Die letzten Tage von Pompeji* (engl. u. dt. 1834) in dem er den Untergang der ital. Stadt beim Ausbruch des Vesuvs realist. schildert (mehrfach verfilmt), und die Kriminalromane *Pelham* (1828, dt. 1904) und *Paul Clifford* (1830) vergessen. R. Wagner griff mit dem Text seiner frühen Oper *Rienzi* auf den gleichnamigen Roman B.s aus dem Jahr 1835 zurück.

Bunin, Ivan Aleksejewitsch (* 22. 10. 1870 Woronesch, † 8. 11.

1953 Paris). – Gebildeter, weitgereister russ. Dichter, gilt als bedeutendster Vertreter der russ. Exilliteratur, 1933 erhielt er den Nobelpreis. Seine Novellen wie *Die Grammatik der Liebe* (1915, dt. 1935), *Der Herr aus San Francisco* (1916, dt. 1922) und *Ein letztes Wiedersehen* (dt. 1964) sind von Flaubert, Puschkin und Turgenjew beeinflußt. Seine Gedichte sind verhaltener als seine z.T. überschwengl. Prosa. Er ist auch der Verfasser des bekannten Romans über den Untergang einer Adelsfamilie *Suchodol* (1912, dt. 1966), in dem er symbolist. Stilelemente verwendete.

Burckhardt, Carl Jakob (* 10. 9. 1891 Basel, †3. 3. 1974 Genf). – Schweizer Kulturphilosoph und Politiker, war u. a. Professor für Geschichte, Gesandter in Paris und Präsident des Internationalen Roten Kreuzes. Seine Werke sind brillant geschrieben und zeugen von einem umfassend gebildeten, humanistischen Geist. 1954 wurden seine bedeutenden humanitären Leistungen mit dem Friedenspreis des Deutschen Buchhandels gewürdigt. Er schrieb u. a. die Biographien *Maria Theresia* (1932), *Richelieu* (1935 bis 1967), die Erzählungen *Wolfsjagd* (1970), die *Erinnerungen an Hofmannsthal* (1943) und die Essays *Gespräche in Peking* (1942), *Bilder aus der Vergangenheit* (1956), *Musik* (1969) und *Memorabilien. Erinnerungen und Begegnungen* (1977). Eine Ausgabe seiner *Briefe* erschien posthum 1987.

Burckhardt, Jakob (* 25. 5. 1818 Basel, †8. 8. 1897 ebd.). – Schweizer Gelehrter, war Professor für Kunst- und Kulturgeschichte und der Begründer der systemat. Kunstwissenschaft. Dabei beschäftigte er sich besonders mit der italien. Renaissance und schrieb darüber die Werke *Der Cicerone* (1855) und *Die Kultur der Renaissance in Italien* (1860). Die *Weltgeschichtlichen Betrachtungen* (1905) setzen sich für eine polit. ungebundene Geschichtsschreibung ein. Weitere seiner Werke, von denen auch Nietzsche beeinflußt wurde, sind *Die Zeit Konstantins des Großen* (1853) und *Griechische Kulturgeschichte* (1898–1902).

Burger, Hermann (* 10. 7. 1942 Burg/Aargau, †28. 2. 1989 Brunegg). – Schweizer Schriftsteller und Hochschullehrer für dt. Literatur, arbeitet daneben als Feuilletonredakteur. Seine Lyrik, z. B. *Rauchsignale* (1967), *Kirchberger Idyllen* (1980), ist formal streng und setzt sich ebenso wie die Prosa *Brock* (1970), *Diabelli* (1979), *Ein Mann aus Wörtern* (1983) mit der steten Todesbedrohung des Menschen auseinander. Sein Roman *Schilten. Schulbericht zuhanden der Inspektorenkonferenz* (1967) ist ein beklemmender Monolog des Lehrers Schilten, der die Schüler in Friedhofskunde unterrichtet und so die allgemeine Vergänglichkeit an allen Dingen erfährt. 1986 erschienen die Frankfurter Poetik-Vorlesung *Die allmähliche Verfertigung der Idee vom Schreiben* und der Erzählband *Blankenburg;* 1987 Erzn. u. Essays u. d. T. *Als Autor auf der Stör*, 1988 die Erz. *Der Schuß auf die Kanzel.* Die

Romantetralogie *Brenner* wurde nicht vollendet; 1989 erschien der erste Bd. *Brunsleben.*

Burgess, Anthony, eigtl. *John Anthony (Burgess) Wilson* (* 25. 2. 1917). Brit. Romanschriftsteller und Kritiker. Nach seiner Universitätsausbildung und der Militärzeit wurde B. 1940 Universitätslektor; 1946–48 war er im Erziehungsministerium tätig, und von 1948–54 als Bildungsbeauftragter bei den Streitkräften in Malaya und Brunei. 1954 kehrte er als Dozent an die Universität zurück und war 1970–71 ordentl. Professor. B. hat eine ganze Anzahl von Romanen geschrieben, von denen *Clockwork Orange* ihn weltweit bekannt gemacht hat und auch als Film (von Stanley Kubrick) ein Erfolg war. Bekannt wurden in Dtld. auch *Erlöse uns Lynx* (1986), *Rom im Regen* (1987), *Ein-Hand-Klatschen* (1981), *Der Mann am Klavier* (1989), *Enderby* (1991). B. hat sich in den letzten Jahren vermehrt dem Fernsehen und dem Film als Autor zugewendet.

Burns, Robert (* 25. 1. 1759 Alloway b. Ayr, †21. 7. 1796 Dumfries). – Schott. Dichter, die Veröffentlichung seiner ersten Gedichte (1786) war für ihn, der unter wirtschaftl. Schwierigkeiten litt, ein Erfolg. B. schrieb Natur- und Liebeslyrik und patriot. Lieder, wie *Auld Lang Syne, John Anderson, My Heart's in the Highlands* und *The Melodies of Scotland,* die zu schott. Volksliedern wurden (dt. 1865), und die Verssatire *Tam O'Shanter* (1790). Er war ein Vorläufer der Romantik und wurde gerne von Scott, Byron, Goethe und Herder gelesen.

Burroughs, William S. (* 5. 2. 1914 St. Louis/Missouri). – Amerikan. Schriftsteller und Kultfigur. B., der aus einer reichen Industriellenfamilie stammt, studierte zunächst in Harvard und Wien (engl. Literatur, Ethnologie, Archäologie und Medizin), bevor er sich als Barmixer, Privatdetektiv, Farmer und Reporter durchschlug. 1943 ging er durch New York City, wo er Allen Ginsberg und Jack Kerouac kennenlernte, deren Lebensweise und lit. Entwicklung er entscheidend beeinflußte. Nach dem Tod seiner Frau wurde B. hochgradig drogenabhängig und reiste nach Südamerika und Europa, bevor er sich in Tanger niederließ. In dieser Zeit entstanden unzählige Notizen, die er nach der erfolgreichen Beendigung einer Entziehungskur zur Grundlage seines ersten Romans machte: *Junkie* 1953 war ein alle Konventionen sprengender Bericht seiner Drogenerfahrungen und wurde sofort ein Kultbuch; 1959 folgte *Naked Lunch,* 1961 *Soft Machine; Nova Express* 1964 wurde nach dem Erscheinen zunächst verboten. Die *Städte der Roten Nacht* 1983, *Dead Roads* 1983 und *Wild Boys, Western Lands* (1987, dt. 1988) folgten erst zwanzig Jahre später, haben aber kaum etwas vom experimentellen Rigorismus der Frühzeit verloren. Die jüngsten Bücher *Queer* 1985 (das bisher unveröffentlichte Erstlingswerk) und *Adding Machine* 1985 tragen autobiographische Züge. B. führte mit den Cut-Ups die Technik der Collage in die Literatur ein. Seine

Bücher schockierten inhaltlich und formal die etablierte Gesellschaft, trafen aber das Lebensgefühl der Hippie- und Beatnik-Generation. B. gilt heute als bedeutendster Schriftsteller der Gegenwart. Er ist Mitglied der American Academy and Institute of Arts and Letters und hat die Entwicklung der Rock-Musik nachhaltig beeinflußt (Lou Reed, Genesis, Laurie Anderson).

Burte, Hermann, eigtl. *H. Strübe* (*15.2. 1879 Maulburg b. Lörrach, †12.3. 1960 Lörrach/Baden). – B. war von Nietzsche beeinflußt und schrieb völk. Dramen im Stil des Frühexpressionismus und den antisemitischen Weltanschauungsroman *Wiltfeber, der ewig Deutsche* (1912). Am wertvollsten sind seine Natur- und Liebesgedichte, z. B. *Patricia* (1910), *Madlee* (1923) und *Stirn unter den Sternen* (1957), die stilist. sehr abwechslungsreich sind, und seine Übersetzungen franz. Lyrik, bes. der Gedichte Voltaires.

Busch, Wilhelm (*15.4.1832 Wiedensahl b. Stadthagen, †9.1. 1908 Mechtshausen/Harz). – Dt. Dichter und Maler, studierte Maschinenbau und Malerei. 1859–71 war er Mitarbeiter bei den »Fliegenden Blättern« und dem »Münchner Bilderbogen«. Er ist der volkstümlichste dt. Humorist. Geprägt vom Pessimismus Schopenhauers, verspottet er in seinen eingängigen Knittelreimversen die zeitgenöss. Welt und besonders das Spießbürgertum. Mit treffsicherem Witz und satirischer Schärfe schuf er unnachahml. kom. Figuren, die weltweit bekannt sind. Seine wichtigsten Werke sind *Max und Moritz* (1865), *Der heilige Antonius von Padua* (1870), *Die fromme Helene* (1872), *Herr und Frau Knopp* (1876), *Fips der Affe* (1879), *Plisch und Plum* (1882), *Maler Klecksel* (1884) und die Gedichte *Sein und Schein* (1909). Neben Gedankenlyrik schrieb er auch kom. Heldengedichte. Heute liegen zahlreiche Gesamt- und Auswahlausgaben vor.

Busta, Christine, eigtl. *Ch. Dimt* (*23.4. 1915 Wien, †3.12. 1987 ebd.). – B. studierte Germanistik und Anglistik und wurde danach Bibliothekarin. Ihre Gedichte klingen volksliedhaft, sind im Ton jedoch verhalten. Während sie sich in ihrer früheren Phase an traditionellen Formen orientierte, fand sie später zu einer eigenständigeren Schreibweise. Ihre Themen kreisen um die Natur, die Religion und menschl. Leid. Sie schrieb u. a. die Gedichte *Der Regenbaum* (1951), *Lampe und Delphin* (1955), *Die Sternenmühle* (1959), *Unterwegs zu älteren Feuern* (1965), *Salzgärten* (1975), *Wenn du das Wappen der Liebe malst* (1981), die Erz. *Das andere Schaf* (1959) und die Sammlung *Inmitten aller Vergänglichkeit* (1985).

Butor, Michel (*14.9.1926 Mons-en-Barœul b. Lille). – Franz. Schriftsteller, von Proust, Faulkner und Joyce beeinflußt; wichtiger Vertreter des »nouveau roman«. In seinen R.en versucht er einen dem heutigen Bewußtseins- und Erlebnisstand des Menschen angemessenen Erzählstil zu finden. Sein bekanntestes Werk ist die R. *Paris–Rom oder die Modifika-*

tion (1957, dt. 1958), der eine interessante zeitl. und räuml. Strukturierung aufweist. Weitere Romane sind u. a. *Passage de Milan* (1954, dt. 1967), *Der Zeitplan* (1956, dt. 1960), *Stufen* (1960, dt. 1964), *Bildnis des Künstlers als junger Affe* (1967, dt. 1967), *Fenster auf die Innere Passage* (franz. u. dt. 1987). B. schrieb auch die *Essays zur modernen Literatur und Musik* (dt. 1972), und *Kreuzfahrten durch die moderne Literatur* (1984). In den letzten Jahren wurde er auch in Dtld. intensiver gelesen.

Buzzati, Dino (*16.10. 1906 Belluno, †28.1. 1972 Mailand). – Ital. Journalist und Schriftsteller, mehrfach ausgezeichnet. Sein frühes Werk wie der Roman *Die Männer vom Gravetal* (1933, dt. 1936) ist realist., während er später, beeinflußt von Kafka und Maeterlinck, surrealist. schreibt, so in dem Roman *Das Geheimnis des Alten Waldes* (1935, dt. 1948). In seinem bedeutendsten Werk *Die Festung* (1940, dt. 1954) spielt, wie bei Kafka, die Angst eine beherrschende Rolle. Weitere Werke sind u. a. die Erzählungen *Des Schicksals roter Faden* (1954, dt. 1955), *Der Hund, der Gott gesehen hatte* (dt. 1956) und das Drama *Das Haus der sieben Stockwerke* (dt. 1954).

Bykow, Vasil, Wladimirowitsch (*19.6. 1924 Bytschki/Witebsk). – Russ. Schriftsteller, schrieb weißrussisch und übertrug seine eigenen Werke in die Hochsprache. Nach der Teilnahme am II. Weltkrieg trat er mit zahlreichen Romanen *Die dritte Leuchtkugel* (1962, dt. 1964), *Die Toten haben keine Schmerzen* (1966, dt. 1967), *Die Schlinge* (1970, dt. 1972), *Der Obelisk* (1970, dt. 1977), *Zeichen des Unheils* (1984, dt. 1987) und Erzählungen hervor, in welchen er das Leben einfacher Menschen erzählt und dabei immer auf den prägenden Einfluß des Krieges eingeht. Da er auch persönliches Leid seiner Gestalten vorführt, wurde er von der sowjetischen Kulturpolitik, die dem sozialist. Realismus verpflichtet war, häufig angegriffen und in seinem Werk behindert.

Byron, George Gordon Noël Lord (*22.1. 1788 London, †19.4. 1824 Missolunghi/Griechenland). – Skandalumwitterter, exzentrischer engl. Dichter, verließ nach polit. und gesellschaftl. Mißerfolgen seine Heimat. In der Schweiz lernte er Shelley kennen. Er starb während der griech. Freiheitskämpfe, an denen er engagiert teilnehmen wollte. Der melanchol.-iron. Ton seines Hauptwerks *Don Juan* (1818–24) fand im 19.Jh. zahlreiche Nachahmer. Er war bes. bei den dt. Romantikern beliebt, die die Dichtung *Mazeppa* (1818) und das Drama *Manfred* (1817) als vorbildlich priesen. B. schrieb seine Werke in einem anmutigen Stil und versah sie oft mit grotesken und satan. Einschlägen. Die wichtigsten sind u. a. die Verserzählung *Ritter Harolds Pilgerfahrt* (1812ff., dt. 1936), die oriental. Dichtungen *Der Gjaur* (1813, dt. 1820), *Der Korsar* (1814, dt. 1852) und die Gedichte *Lara* (1816). Der Romantiker B. wurde von Goethe sehr geschätzt. Sein umfangreiches Werk liegt in zahlreichen Ausgaben vor.

Cabell, James Branch (* 14. 4. 1879 Richmond/USA, †5. 5. 1958 ebd.) – Amerikan. Schriftsteller, ist von Poe, Rabelais und der mittelalterl. franz. Dichtung beeinflußt. Er schreibt iron. und distanziert sich von der alltägl. Welt, indem er seine Romane oft in dem imaginären mittelalterl. Königreich Poictesme spielen läßt. Seine bekanntesten Werke sind die Romane *Jürgen* (1919, dt. 1928), *Smirt* (1934), *Hamlet had an Uncle* (1940) und die Essays *Let me Lie* (1947), die wegen der erot. Motive in den zwanziger Jahren Interesse fanden.

Cabet, Etienne (*1. 1. 1788 Dijon, †9. 11. 1856 Saint Louis/Missouri). – Der franz. Publizist war ein Anhänger des utop. Kommunismus, den er ab 1848 ohne Erfolg in den USA verkündete. Seine Ideen legte er in dem utop. Roman *Reise nach Ikarien* (1842, dt. 1894) dar.

Cabral de Melo Neto Jaão (*9. 1. 1920 Recife). – Brasilian. Lyriker, versucht in seinen Gedichten wie *Der Hund ohne Federn* (1950, dt. 1970) und *A Educação Pela Pedra* (1966), vom Modernismus herkommend, neue Ausdrucksformen zu finden. Er beschäftigt sich auch mit Kunstkritik, so in dem Prosawerk *Joan Miro* (1950), und zeigt wirklichkeitsnah das Elend der Bewohner des Nordostens, z. B. *Tod und Leben des Severino* (dt. 1985). Spätere Werke sind weniger konstruktiv als ästhetisch verspielt, z. B. *Museum* (1975), *Die Schule der Messer* (1980). 1968 erschien eine port. Gesamtausgabe.

Cadalso (Cadahalso) y Vázquez, José (*8. 10. 1741 Cádiz, †27. 2. 1782 Gibraltar). – Span. Dichter, seine klassizist. Werke beeinflußten die Dichter der Schule von Salamanca und besonders seinen Freund Meléndez Valdéz. Mit der Tragödie *Sancho García* (1771) führte er die strengen, klass. Regeln des franz. Dramas in Spanien ein. Ähnl. wie Montesquieu in den *Lettres persanes* (1721) kritisiert er in den satir. *Cartas marruecas* (1793 u. 1966) Mißstände in Spanien. Sicher ist C. die interessanteste lit. Gestalt seines Jh.s in Spanien, da er sich lit. noch ganz dem Klassizismus verbunden fühlt, obwohl immer wieder bereits romant. Elemente durchbrechen.

Caedmon. – Der angelsächs. Mönch lebte im 7. Jh. n. Chr. und ist der erste Dichter Englands, der mit Namen bekannt ist. In der *Historia Ecclesiastica Gentis Anglorum* (731) beschreibt Beda, wie C. als Hirten im Traum die Dichterbegabung gegeben wurde und er daraufhin durch die Äbtissin Hild von Whitby ins Kloster kam. Dort schrieb er Bibelparaphrasen in angelsächsischer Sprache. Als einziges Werk C.s ist ein Preislied auf Gott, den Schöpfer der Welt, erhalten.

Caesar, Gaius Julius (* 13. 7. 100 v. Chr. Rom, † 15. 3. 44 v. Chr. ebd.) – Röm. Schriftsteller, Feldherr und Staatsmann, eroberte 58–51 Gallien und vergrößerte dadurch das Röm. Weltreich bis an den Rhein. In den histor. interessanten 7 Büchern *De Bello Gallico* schildert er seine Taten als Feldherr, wobei er es versteht, im Ton nüchterner Berichterstattung seine Leistungen ins rechte Licht zu rücken. In *De Bello Civili* behandelt er die Ereignisse der Jahre 49/48. Anfang 44 wurde er Diktator auf Lebenszeit, nachdem er zuvor seinen Rivalen Pompeius besiegt hatte. C. Cassius und M. Brutus, die um die republikan. Staatsform bangten, ermordeten ihn 44 v. Chr. in der Kurie. C.s Reden, die leider verloren sind, sollen nach dem Urteil der Zeitgenossen denen Ciceros fast gleichgekommen sein. Die faszinierende Persönlichkeit des Politikers regte viele Dichter, u. a. Shakespeare, dazu an, sie in ihren Werken darzustellen.

Caesarius von Heisterbach (* um 1180 Köln, † nach 1240 Kloster Heisterbach bei Königswinter). – Dt. Historiker und Epiker, war Zisterziensermönch, Novizenmeister und Prior in Heisterbach. C. gehört mit seinen theolog. Schriften und Predigten, der Vita des Erzbischofs Engelbert von Köln, einer Lebensgeschichte der hl. Elisabeth von Thüringen und dem *Catalogus archiepiscoporum Coloniensium*, einer Darstellung der Bischöfe Kölns von 1167 bis 1238, zu den bedeutendsten mittellat. Autoren der Epoche. Im *Dialogus magnus visionum atque miraculorum* und den *Libri VIII miraculorum* (nur 2 Bde. vollendet 1225 f.) greift er Themen auf, die für die Bildung der Novizinnen von Bedeutung waren.

Caillavet, Gaston Armand de (* 13. 3. 1869 Paris, † 14. 1. 1915 Essendiéras/Dordogne). – Franz. Schriftsteller, mit Proust befreundet, schrieb Literatur- und Zeitsatiren, Opernlibretti, Ballettkomödien und gefällige, witzige Boulevardkomödien, die sehr bühnenwirksam sind und bis heute erfolgreich gespielt werden. Die wichtigsten, u. a. *Le roi* (1908), *Primerose* (1911) und *L'habit vert* (1913), verfaßte er seit 1910 in Partnerschaft mit Robert de Flers. Außerdem war der erfolgreiche Autor Journalist und Redakteur des »Figaro«.

Cain, James Mallahan (*1. 7. 1892 Annapolis/Maryland, †27. 10. 1977 College Park/USA). – Amerikan. Erzähler und Journalist, kämpfte während des Ersten Weltkriegs auf franz. Seite. In seinen naturalist. Romanen schildert er auf psycholog. überzeugende Weise Menschen, die von ihren Trieben beherrscht werden. Die wichtigsten Romane sind u. a. *Die Rechnung ohne den Wirt* (1934, dt. 1950), *Die andere Macht* (1942, dt. 1959) und *Butterfly* (1947, dt. 1971). Nach 1948 schrieb C., der auch als Drehbuchautor für Hollywood tätig war, nur noch lit. anspruchslose Werke.

Calderón de la Barca, Pedro (*17.1. 1600 Madrid, †25.5. 1681 ebd.). – Span. Dramatiker, war Hofkaplan Philipps IV. und der Freund Lope de Vegas. Schon als Kind zeigte er geniale Anlagen. Von seinem vom Katholizismus geprägten Werk sind ca. 120 weltl. und 80 geistl. Spiele erhalten. Bereits 1623 trat er mit dem ersten Werk *Amor, honor y poder* mit großem Erfolg an die Öffentlichkeit und erhielt bald hohe Ehrungen. Die sakralen Dramen stellen einen geistigen und formalen Höhepunkt in der Barockdichtung dar. C. schrieb u.a. die Jugenddramen *El purgatorio de San Patricio* und *La devoción de la cruz*, in denen die Personen sehr individuell gestaltet sind, und *El mágico prodigioso*. In den Eifersuchtsdramen, u.a. *El médico de su honra*, gibt er eine verstandesmäßige Rechtfertigung der Leidenschaft. Am berühmtesten sind die philosoph. Dramen, z.B. *El mágico prodigioso*, das gerne als span. Faustdichtung interpretiert wird, *Der Richter von Zalamea* und *La vida es sueño*, das auf Grillparzers *Der Traum ein Leben* (1840) wirkte. Bei der großen Zahl der Werke sind die Entstehungsjahre meist nur indirekt zu erschließen. Eine Chronologie gibt es bis heute nicht. Gattungsmäßig reichen sie vom einfachen Lustspiel über Spielformen der Commedia dell'arte bis zu höfischen Prunkspielen, geistigen Auseinandersetzungen mit dem Zeitgeschehen und Mysterienspielen. Nachdem C. im 18. Jh. nicht mehr beachtet worden war, verhalfen ihm Herder und Schlegel zu neuem Ansehen. Heute liegen die Werke übersetzt in allen Kultursprachen vor.

Caldwell, Erskine (Preston) (*17.12. 1903 Coweta Country/Georgia, †11.4. 1987 Paradise Valley/Arizona). – Amerikan. Schriftsteller, hatte schon mit seinen ersten Werken Erfolg. Mit schonungsloser realist. Grausamkeit beschreibt er das Elend und die moral. Verkommenheit der weißen und schwarzen Bevölkerung in den Südstaaten der USA. Seine wichtigsten Romane sind u.a. *Gottes kleiner Acker* (1933, dt. 1948), *Der Wanderprediger* (1935, dt. 1954) und *Die Tabakstraße* (1932, dt. 1948), dessen Bühnenfassung die längste Laufzeit eines Stückes am Broadway zu verzeichnen hatte. Daneben schrieb er vielbeachtete Kurzgeschichten, die erstmals 1953 in einer Gesamtausgabe erschienen; 1984 eine Auswahl u.d.T. *Wo die Mädchen anders waren.*

Caldwell, (Janet) Taylor, eigtl. *J.Miriam Reback,* Ps. *Max Reiner* (*7.9. 1900 Prestwich b. Manchester/England, †30.8. 1985 Greenwich/Conn.). – Amerikan. Schriftstellerin, hatte engl. Eltern. In ihrem erfolgreichen Roman *Einst wird kommen der Tag* (1938, dt. 1939) beschreibt sie die Geschichte einer Einwandererfamilie. Weitere Romane, in denen sie die Entwicklung der USA darstellt, sind *Diese Seite der Unschuld* (1946, dt. 1947), *Alle Tage meines Lebens* (1958, dt. 1958), der Bestseller *Melissa* (1948, dt. 1950), *Doctor Ferrier* (dt.

1976), *Die Armaghs* (1971, dt. 1972), *Ewigkeit will meine Liebe* (1973, dt. 1974), *Wolf unter Schafen* (dt. 1976), *Das Ende aller Unschuld* (1976, dt. 1977), *Atlantis-Saga* (1978, dt. 1979), *Die andere Seite von Eden* (dt. 1982). Posth. erschien dt. *Geliebter und berühmter Arzt* (1987), der Lebensroman des Evangelisten Lukas als Sittenschilderung ohne theolog. Anspruch.

Calvin, Jean, eigtl. *Cauvin* (*10.7. 1509 Noyon/Picardie, †27.5. 1564 Genf). – Der franz. Reformator studierte in Orléans und Bourges Rechte und beschäftigte sich daneben intensiv mit der Bibel. Da er Anhänger des Protestantismus wurde, mußte er 1535 aus Frankreich fliehen und konnte sich 1541 in Genf niederlassen. Sein Hauptwerk *Christianae religionis institutio* (1536) ist eine Darlegung der strengen, an die Prädestination des Menschen glaubenden reformator. Lehre. Die auf C. zurückgehende protestant. Glaubensrichtung C.ismus erlangte in Westeuropa und Nordamerika großen religiösen und vor allem wirtschaftl. Einfluß. C.s Prosawerke, z.B. *Traicté des reliques* (1543), *Traicté des scandales* (1550) und *De la prédestination éternelle*, sind von nüchternem, gedankl. präzisem Stil, der vorbildl. für die protestant. Predigtform wurde. Es ist die überragende schriftsteller. Leistung C.s, daß er das erste Werk theolog. Inhalts in franz. Sprache geschrieben hat bzw. seine religionsphilosoph. Arbeit *Christianae religionis institutio* (1536) selbst in der Volkssprache publizierte: *Institution de la religion chrétienne* (1541). Darüber hinaus führte er – wiederum z.T. franz. – einen weitgespannten Briefwechsel im Dienst der Reformation.

Calvino, Italo (*15.10. 1923 Santiago de las Vegas/Kuba, †19.9. 1985 Siena). – Ital. Schriftsteller, verlebte seine Kindheit in San Remo. Er war lange Zeit Mitglied der KP und gab die Literaturzeitschrift »Menabo« heraus. Der Roman *Wo Spinnen ihre Nester bauen* (1947, dt. 1965) zeigt ihn als neorealist. Erzähler mit polit. Engagement. In den späteren Romanen, z.B. *Der geteilte Visconte* (1952, dt. 1957) und *Der Baron auf den Bäumen* (1957, dt. 1960), erfolgte eine Wendung zum Märchenhaften und Phantast. Neueste Werke sind die Erzählungen *Die argentinische Ameise* (dt. 1972), *Die unsichtbaren Städte* (dt. 1977), *Das Schloß, darin sich Schicksale kreuzen* (1978). Mit *Wenn ein Reisender in einer Winternacht* (1979, dt. 1983) entfaltete er eine vieldimensionale Erzähltechnik, die experimentelle Formen aufgreift und vollendet. Die gesammelten Erzn. erschienen dt. 1986 u.d.T. *Abenteuer eines Lesers,* seine letzten Erzn. 1987 *Unter der Jaguar-Sonne,* 1989 *Cosmo-Comics,* posth. wurden 1991 die Harvard-Vorlesungen *Sechs Vorschläge für das nächste Jahrtausend* ediert.

Camões, Luís Vaz de (*Dezember 1524 oder Januar 1525 Lissabon [oder Coimbra], †10.6. 1580 Lissabon). – Bedeutender port. Dichter, dessen unruhiges Leben ihn nach Goa,

Macao und Persien führte. Im Kampf vor Ceuta verlor er sein rechtes Auge. Das Renaissanceepos *Die Lusiaden* (1572, dt. 1806), ein formvollendetes Sprachkunstwerk, verherrlicht in 10 spannungsreichen und dynam. Gesängen die Eroberungen port. Seefahrer, besonders Vasco da Gamas, und vergleicht sie mit den antiken Heldentaten von Aeneas und Odysseus. Noch wertvoller ist C.' formenreiche Lyrik (z. B. *Redondilha*). Die drei Komödien *Anfitriões* (vor 1549), *El-rei seleuco* (nach 1544) und *Filodemo* (1544–46) sind demgegenüber weniger anspruchsvoll.

Campana, Dino (*20. 8. 1885 Maradi/Toskana, †1. 3. 1932 Castel Pulci b. Florenz). – Ital. Lyriker, lebte seit 1920 in einer Nervenheilanstalt. Seine Gedichte sind von Nietzsche und Rimbaud beeinflußt und dienten den modernen Lyrikern Ungaretti und Montale als Vorbild. Sie erschienen 1914 u. d. T. *Canti orfici* und 1962 in einer Gesamtausgabe (dt. 1991 *Orphische Gesänge*). Sie kreisen oft um erot. Themen und geben eindrucksvolle Landschaftsbilder wieder. Erst nach seinem Tode erregten seine Gedichte Aufmerksamkeit.

Campanella, Tommaso (*5. 9. 1568 Stilo/Kalabrien, †21. 5. 1639 Paris). – Ital. Philosoph, kam mit der kath. Kirche in Konflikt, da er ein Anhänger seines Lehrers Telesio von Cosenza und Galileo Galileis war. Nach zahlreichen Verhaftungen fand er erst in Paris unter der Protektion Ludwigs XIII. und Richelieus Ruhe. Hier hatte er Kontakt zu Gassendi, Descartes und Hobbes. In seinem utop.-sozialist. Hauptwerk *Der Sonnenstaat* (1623, dt. 1900) stellt er einen Staat dar, an dessen Spitze Priesterphilosophen stehen. Er schrieb auch die gefühlsbetonten, schwer zu interpretierenden Gedichte *Poesie* (1622).

Campbell, Joseph, Ps. *Ultach* (*1879 Belfast, †13. 7. 1944 Lackan/Wicklow). – Ir. Dichter, dessen Dramen ein wichtiger Beitrag zur Erneuerung des irischen Theaters waren. Neben Theaterstücken wie *Judgement* (1912) schrieb er auch volksliedhafte Gedichte, z. B. *Rushlight* (1906), *The Mountainy Singer* (1909), *Irishry* (1913) und *The Earth of Cualann* (1917). In seinen skizzenhaften Prosawerken beschreibt er das Leben in Irland.

Campbell, (Ignatius) Roy (Dunnachie) (*2. 10. 1901 Durban/Südafrika, †22. 4. 1957 b. Setúbal/Portugal). – Der engl.-südafrikan. Dichter, dessen Vorfahren Schotten und Iren gewesen waren, lebte aus polit. Gründen seit 1928 in Spanien, wo er auf seiten Francos am Bürgerkrieg teilnahm, danach in Südfrankreich, England und Portugal arbeitete, u. a. als Stierkämpfer, Rundfunkansager und freier Schriftsteller. Seine Gedichte wie *Flowering Reeds* (1933), *The Flaming Terrapin* (1924) und *Flowering Rifle* (1939) sind voller exot. Farbenfülle und weisen romant. Merkmale auf. Seine Autobiographie *Ritter ohne Furcht und Tadel* (1951, dt. 1953) dient vor allem seiner Verherrlichung.

Campbell, Thomas (*27. 7. 1777 Glasgow, †15. 6. 1844 Boulogne). – Der schott. Dichter studierte in Göttingen griech. Literatur. In seinem Lehrgedicht *Die Freuden der Hoffnung* (1799, dt. 1838), das ihn bekannt machte, verherrlicht er das Ideal der Freiheit. Er schrieb auch romant. Balladen und Verserzählungen und patriot. Gedichte. Die wichtigsten sind u. a. *Gertrude of Wyoming* (1809), *Theodoric* (1824) und *Pilgrim of Glencoe* (1842).

Camphuysen, Didericus (Dirk Rafaelszoon) (*1586 Gorkum, †19. 7. 1627 Dokkum). – Niederl. Dichter und Theologe, war gegen jegl. konfessionelle Gemeinschaft und erhob die Vernunft zum obersten Prinzip in Glaubensdingen. Seine Anschauungen sind auch in seinen erfolgreichen Gedichten *Stichtelijke rijmen* (1624) zu erkennen. Auf Drängen seiner Freunde übersetzte C. die Psalmen und gab sie u. d. T. *Uytbreiding over de psalmen* (1630) heraus.

Campion, Thomas (*12. 2. 1567 London, †1. 3. 1619 ebd.). – Engl. Dichter, komponierte meist zu seinen gefälligen Gedichten in engl. und lat. Sprache selbst die Musik. Sie erschienen u. d. T. *Poemata* (1595), *Ayres* (1601–1617) und *Songs of Mourning* (1613). Die Essays *Observations in the Art of English Poesie* (1602) zeigen ihn als Literaturkritiker. C. war gegen gereimte Gedichte und wurde deswegen von Samuel Daniel in *A Defence of Rhyme* (1602) bekämpft.

Camus, Albert (*7. 11. 1913 Mondovi/Algerien, †4. 1. 1960 b. Villeblevin/Yonne). – Franz. Dichter und Philosoph, gehörte der Widerstandsbewegung an, studierte Philosophie in Algier, promovierte, wurde Schauspieler und Bühnenautor und war Mitbegründer und Leitartikler der Zeitung »Combat«, zuletzt Verlagsleiter bei Gallimard. 1957 erhielt er den Nobelpreis. Ähnlich wie Sartre sieht er die menschl. Existenz als absurd an, fordert jedoch im Gegensatz zu diesem, daß der Mensch, obwohl er die Sinnlosigkeit des Lebens rational erkennt, auf seine persönl. Art nach einem geistig-sinnl. Glück streben sollte. Diese Philosophie des Absurden liegt seinem ganzen Werk zugrunde. Seine philosoph. Konzeption ist in dem Essay *Der Mythos von Sisyphos* (1942, dt. 1950) dargelegt. Der Roman *Der Fremde* (1942, dt. 1948) schildert einen unsteten, ziellosen Menschen, der sich angesichts des Todes seiner selbst bewußt wird. Die Essays *Lettres à un ami allemand* (1944) und *Der Mensch in der Revolte* (1951, dt. 1953) sind der theoret. Ausdruck des Kampfes gegen die Absurdheit des Lebens. Auf künstler. Weise wird dieses Problem in dem Roman *Die Pest* (1947, dt. 1948) verarbeitet. Weitere Werke sind die Romane *Der Fall* (1956, dt. 1957), *L'exil et le royaume* (1957, dt. 1958), *Der glückliche Tod* (hg. 1971, dt. 1972), die Dramen *Die Gerechten* (1950, dt. 1950), *Die Besessenen* (nach Dostojewski, 1959, dt. 1959) und die Essays *Fragen der Zeit* (dt. 1977) sowie die Tagebücher Carnets (1962ff., dt. 1963ff.). C., der zu den führenden Existentialisten gehörte, hatte auf das geistige Leben nach dem 2. Weltkrieg einen tiefgehenden Einfluß.

Canetti, Elias (*25.7. 1905 Rustschuk/Bulgarien). – Dt. Schriftsteller, stammt aus einer span.-jüd. Familie und lebte u.a. in Wien, Frankfurt und London; 1981 erhielt C. den Nobelpreis. Seine anspruchsvollen Texte, die den Einfluß von K. Kraus zeigen, zeichnen sich durch große sprachl. Schärfe aus. Seine wichtigsten Werke sind die Dramen *Hochzeit* (1932), *Die Befristeten* (1956), die Romane *Die Blendung* (1936) und *Der Ohrenzeuge* (1974) und die Essays *Die gerettete Zunge* (1977). 1960 erschien seine philosoph. Schrift *Masse und Macht*. Während die fiktionalen Texte neue Formen des Erzählens begründen, sind die autobiogr. Arbeiten wichtige Dokumente zum Verständnis der Zeitgeschichte, z.B. *Der Überlebende* (1975), *Die Fackel im Ohr* (1980), *Das Augenspiel* (1985), *Das Geheimherz der Uhr. Aufzeichnungen 1973–1985* (1987).

Canfield, Dorothy, eigtl. *Dorothea Frances C.*, verh. Fischer (*17.2. 1879 Lawrence/Kansas, †9.11. 1958 Vermont). – Amerikan. Schriftstellerin, deren pädagog. Essays wie *A Montessori Mother* (1912) den Einfluß der italien. Pädagogin zeigen. Sie schrieb u.a. auch die Romane *Die schwingende Saite* (1915, dt. 1948), *The Deepening Stream* (1930) und *Seasoned Timber* (1939).

Cankar, Ivan (*10.5. 1876 Vrhnika b. Ljubljana, †11.12. 1918 Ljubljana). – Slowen. Dichter, lebte als freier Schriftsteller zunächst in Wien, danach überwiegend in Ljubljana. Während seine Versdichtungen und seine dramat. Arbeiten keine besondere Bedeutung erwirkten, entwickelte er in seinen Erzählungen und Romanen einen neuen slowen. Prosastil und gilt aus diesem Grund als einer der bedeutendsten slowen. Dichter. In seiner Prosadichtung behandelt C. die leidvolle Beziehung der Menschen zu ihrer Umwelt, z.B. *Der Knecht Jernej* (1907, dt. 1929). Als Beispiel für sein dramat. Schaffen mag die Komödie *Spuk im Florianertal* (1908, dt. 1953) gelten.

Cantemir, Dimitrie, Fürst der Moldau (*26.10. 1673 Fălciu/Rumänien, †21.8. 1723 Dimitrovka/Rußland). – Rumän. Humanist, mußte in seiner Jugend als Geisel in Konstantinopel leben, wo er eine erstklassige Erziehung erhielt; so beherrschte er 14 Sprachen. 1710 wurde er Fürst der Moldau, mußte aber bald wegen der Türken nach Rußland fliehen, wo er sich bei seinem Freund, dem Zaren Peter dem Großen, aufhielt. Er schrieb den satir. verschlüsselten, ersten rumän. Sittenroman *Istoria ieroglifică* (1715). Darüber hinaus schrieb er geschichtl. und geograph. Abhandlungen und übersetzte den Koran ins Russ. und Latein.

Cantù, Cesare (*5.12. 1804 Brivio/Como, †11.4. 1895 Mailand). – Während seiner polit. Haft unter den Österreichern schrieb der Italiener C. den Roman *Margherita Pusterla* (1838, dt. 1841). Als Historiker gab er eine 35 Bände umfas-

sende *Allgemeine Weltgeschichte* (1838–46, dt. 1858–69) heraus, die einen religiös-moralischen Grundton aufweist. C.s Werk ist von Manzoni beeinflußt.

Čapek, Josef (*25.3. 1887 Hronov/Tschechoslowakei, †April 1945 KZ Bergen-Belsen). – Tschech. Maler, Graphiker und Schriftsteller, war der ältere Bruder Karel Č.s. Neben Kinder- und Jugendbüchern, z.B. *Geschichte vom Hündchen und Kätzchen* (1929, dt. 1958), schrieb er expressionist. Werke wie den Roman *Schatten der Farne* (1930, dt. 1930). Zusammen mit seinem Bruder veröffentlichte er Dramen und Erzählungen des Neuklassizismus, die er selbst illustrierte.

Čapek, Karel (*9.1. 1890 Kleinschwadowitz, †25.12. 1938 Prag). – Tschech. Schriftsteller, schrieb zunächst mit seinem älteren Bruder Josef Č. neuklassizist. Dramen und Erzählungen. Nach der Beschäftigung mit metaphys. Problemen, so in den Erzählungen *Gottesmarter* (1917, dt. 1918), wandte er sich konkreten, alltägl. Themen zu und beschrieb in humorvoller und anschaul. Weise die Welt der kleinen Leute. Am bedeutendsten sind seine utop. Romane wie *Das Absolutum oder Die Gottesfabrik* (1922, dt. 1924; 1981 u.d.T. *Die Fabrik des Absoluten*), *Die große Versuchung* (dt. 1949), *Der Krieg mit den Molchen* (1936, dt. 1937) und das Drama *R.U.R.* (1920, dt. 1922).

Capote, Truman (*30.9. 1925 New Orleans, †25.8. 1984 Los Angeles). – Amerikan. Schriftsteller, beschreibt in seinen von Faulkner und Joyce beeinflußten Werken meist exzentr. Menschen aus dem exot. Süden der USA, wie in den Romanen *Die Grasharfe* (1951, dt. 1952), *Andere Stimmen, andere Stuben* (1948, dt. 1950) und *Frühstück bei Tiffany* (1958, dt. 1959). Journalist. Talent beweist er in den Essays *The Muses Are Heard* (1957, dt. 1961). Am bekanntesten ist seine aufsehenerregende Dokumentation über einen Mordfall in Kansas m.d.T. *Kaltblütig* (1966, dt. 1966). In Dtld. wurden seine Storys und Porträts *Wenn die Hunde bellen* (1974) und die Auswahl *Musik für Chamäleons und andere Erzählungen* (1981) sowie *Ich bin schwul. Ich bin süchtig. Ich bin ein Genie* (dt. 1986) viel gelesen. 1987 erschien aus dem Nachlaß der unvollendete Roman *Erhörte Gebete*.

Capuana, Luigi (*27.5. 1839 Mineo b. Catania, †28.11. 1915 Catania). – Italien. Schriftsteller, war Professor für Ästhetik und Stilistik. Mit seinen von Zola, Balzac und Dostojewski beeinflußten Romanen wie *Rassegnazione* (1907) und *Der Marchese von Roccaverdina* (1901, dt. 1967) ist er einer der ersten Naturalisten in Italien.

Caragiale, Ion Luca (*29.1. 1852 Haimanale/Rumänien, †9.6. 1912 Berlin). – Rumän. Schriftsteller, bedeutendster Dramatiker Rumäniens; führte ein wechselvolles Leben. 1904 ging ins Exil nach Berlin. In seinen Komödien *Eine stürmische Nacht* (1878, dt. 1956) und *Ein verlorener Liebesbrief* (1884, dt. 1942) verspottet er mit beißender Ironie menschl.

Fehler und Schwächen. Seine Erzählungen wie *Eine Osterkerze* (1889, dt. 1892) und *Sünder* (dt. 1896) sind von russ. Gefühlstiefe und weisen märchenhafte, oriental. Elemente auf.

Caragiale, Mateiu (* 25.3. 1885 Bukarest, † 17.1. 1936 ebd.) – Rumän. Schriftsteller und Maler, war der Sohn des Dichters Ion Luca C. Er schrieb Gedichte und stilist. hervorragende Romane, z.B. *Die Ritter vom Alten Hof* (1929, dt. 1963) und *Remember* (1924), die in fiktiven, zauberhaften Welten spielen.

Carco, Francis, eigtl. *François Carcopino-Tusoli* (* 3.7. 1886 Nouméa/Neukaledonien, † 26.5. 1958 Paris). – Franz. Schriftsteller, hatte kors. Eltern. Seine Gedichte *La bohème et mon cœur* (1912) erinnern an Baudelaire, Verlaine und Villon. Bekannt sind seine humorvoll distanzierten Milieuschilderungen der Pariser Halbwelt, z.B. in den Romanen *An Straßenecken* (1919, dt. 1952), *Rue Pigalle* (1927) und Künstlerbiographien, u.a. *Verlaine* (1939) und *Utrillo* (1956, dt. 1958).

Cardarelli, Vincenzo, eigtl. *Nazarero* (* 1.5. 1887 Corneto Tarquinia/Viterbo, † 15.6. 1959 Rom). – Ital. Schriftsteller, gründete 1919 die Zeitschrift »La Ronda«, die nach dem Vorbild Leopardis eine klass. einfache Literatur ohne neoromant. Züge forderte, und gab 1949 f. die Zeitschrift »La Fierra Letteraria« heraus. Seine Gedichte und Prosawerke, z.B. *Viaggi nel tempo* (1920) und *Il sole a picco* (1929), entsprechen diesem Ideal. Mit seinem Programm beeinflußte C. viele ital. Dichter in der Zeit zwischen den beiden Weltkriegen.

Cardenal, Ernesto (* 20.1. 1925 Granada/Nicaragua). – Nicaraguan. Schriftsteller, studierte in Managua, Mexiko und New York Literatur und wurde 1949 mit der Arbeit *Sehnsucht und Sprache in der neuen Lyrik Nicaraguas* promoviert. Gleichzeitig erschienen die ersten lit. Aufsätze (etwa *Die Stunde Null*). 1954 an der April-Rebellion gegen Somoza beteiligt, entging er knapp der Ermordung. 1957 Eintritt in das Kloster Gethsemani, Studium der Theologie und Priesterweihe (1965). C. gründete in Solentiname ein Kloster als Begegnungsstätte mit den Ärmsten. Hier entstanden auch seine wichtigsten Werke wie die Gedichte *Für die Indianer Amerikas* (1970, dt. 1973), *Orakel über Managua* (1973, dt. 1974) und die Prosa *In Kuba. Ein Reisebericht* (1972), *Das Evangelium der Bauern von Solentiname* (1976), *Eine Handvoll schöner Gedanken* (dt. 1985). 1977 exiliert, wurde er zu einem wichtigen Sprecher der »Sandinistischen Befreiungsfront Nicaraguas«, während Solentiname von Truppen Somozas zerstört wurde. Nach dem Sturz des Somoza-Regimes 1979 Kulturminister; 1980 Friedenspreis des Deutschen Buchhandels. Im selben Jahr erschienen eine Gesamtausgabe seiner Werke in dt. Sprache und eine zweisprachige Auswahlausgabe seiner Gedichte.

Carducci, Giosue, Ps. *Enotrio Romano* (* 27.7. 1835 Val di Castello/Toskana, † 16.2. 1907 Bologna). – Ital. Lyriker und Literaturhistoriker, wurde 1890 Senator und erhielt 1906 den Nobelpreis. Er war ein bekannter Redner und veröffentlichte schon in jungen Jahren seine Gedichte u.d.T. *Rime* (1857). Seine pathet.-patriot., an der antiken Klassik orientierte Dichtung verherrlicht die antiken Helden Italiens wie in den berühmten *Odi barbare* (1877–89, dt. 1913). Die Gedichte *Inno a Satana* (1863) zeugen von seiner antiklerikalen, neuheidnischen Einstellung. Weitere Gedichte sind u.a. *Juvenilia* (1857), *Levia Gravia* (1868) und *Ça ira* (1883, dt. 1893). 1939 bis 1941 erschien sein Gesamtwerk in 30 Bdn.

Carlyle, Thomas (* 4.12. 1795 Ecclefechan/Dumfries, † 4.2. 1881 London). – Schott. Essayist, Historiker und Philosoph, hatte enge Beziehungen zur dt. Literatur, besonders zu Goethes *Wilhelm Meister,* dessen Weltanschauung er in seinem Werk *Der geflickte Flickschneider* (1834, dt. 1882) übernimmt. Die Vorträge *Über Helden, Heldenverehrung und das Heldentümliche in der Geschichte* (1841, dt. 1853) zeigen ihn als Gegner der Demokratie und Verfechter der aristokrat. Staatsform. C., der von Herder, Schiller, Jean Paul und Novalis beeinflußt war und mit Goethe korrespondierte (*Correspondence with Goethe,* 1887, dt. 1913), verfaßte zahlreiche Arbeiten über die dt. Literatur und die Biographien *Goethe* (dt. 1912) und *Friedrich der Große* (1858–65, dt. 1859–69). Seine Bedeutung als polit. Reformator (*Oliver Cromwell's Letters and Speeches* [1845]) und zeitkrit. Denker wird von seiner Eigenschaft als Mittler zwischen engl. und dt. Gedankengut übertroffen.

Carmen Sylva, eigtl. *Elisabeth von Rumänien* (* 29.12. 1843 Schloß Monrepos/Neuwied, † 2.3. 1916 Bukarest). – Rumän. Dichterin, war mit Karl von Hohenzollern verheiratet, der 1881 König von Rumänien wurde. Von ihren phantasievollen Erzählungen und Märchen wie *Ein Gebet* (1882), *Die Hexe* (1882) und *Märchen einer Königin* (1901) sind diejenigen am bekanntesten, die sich an traditionelle rumän. Motive anlehnen. C. schrieb auch schwermütige, von Impressionismus und Neuromantik geprägte Gedichte wie *Meine Ruh* (1884), *Meerlieder* (1891) und *Unter der Blume* (1903). 1908 erschien ihre für das Geistesleben interessante Autobiographie *Mein Penatenwinkel.*

Carmina burana (= Lieder aus Beuren). Mit diesem Namen werden 250 mlat. und 55 dt. und dt.-lat. Gedichte bezeichnet, die 1803 im Kloster Benediktbeuern gefunden wurden. Sie stammen aus der Zeit nach 1230 und stellen die umfangreichste Sammlung anonymer mittelalterl. Vagantenlyrik dar. Satir. polem. Lieder über die Verkommenheit der Geistlichkeit und reizvolle Liebes- und Trinklieder, in denen sich antike und mittelalterl. Elemente vermischen, stehen dabei neben dem Benediktbeurer Weihnachts- und Osterspiel. Durch die Vertonung eines Teiles der Sammlung durch Carl Orff (1937) erlangten sie auch im 20. Jh. Popularität. 1974 erschien eine Neuausgabe aller Texte mit Übersetzung.

Carner, Josep (*5.2. 1884 Barcelona, †4.6. 1970 Brüssel). – Katalan. Lyriker, mehrfach ausgezeichnet, der wichtigste Vertreter des Modernismus in seiner Heimat, der auch Einflüsse des Symbolismus aufnahm. Seine bekanntesten Gedichte, von denen sich die frühen an hellenist. und engl. Vorbilder anlehnen, sind u. a. *Els fruits saborosos* (1906), *El verger de les Galaníes* (1911), *Nubí* (1941) und *Arbres* (1954). 1968 erschien eine Gesamtausgabe, die auch seine Übersetzungen Molières und Shakespeares enthält.

Carossa, Hans (*15.12. 1878 Bad Tölz/Obb., †12.9. 1956 Rittsteig/Passau). Der dt. Dichter war Arzt. Seine Werke sind anfangs von George, Dehmel und Rilke, später von Goethe und Stifter beeinflußt. Sie sind stilist. diszipliniert und unterliegen keinen lit. Modeströmungen. In ihrer Thematik kreisen sie um die göttl. Harmonie, die letztl. auch der chaot. fehlerhaften Welt zugrunde liegt. Am bekanntesten sind u. a. die formvollendeten Gedichte *Stella mystica* (1907), *Stern über der Lichtung* (1946), die Romane *Der Arzt Gion* (1931), *Geheimnisse des reifen Lebens* (1936) und seine Kriegstagebücher, die von der inneren Überwindung des Krieges handeln. Posthum erschienen die Erzählung *Der Zauberer* (1960) und die *Tagebücher 1910–1918* (1986).

Carpelan, Bo (*25.10. 1926 Helsinki). – Finn. Schriftsteller, der seine Werke meist schwed. schreibt, studierte in Helsinki und lehrte an der Universität Literaturwissenschaft. Als Lyriker *73 dikter* (1966), *Gården* (1969), *Dagen vänder* (1983) verbindet er moderne Gestaltungsweisen mit symbolistischen und impressionistischen Formen und Bildern. Immer wieder haben seine Gedichte die menschlichen Grunderfahrungen von Liebe, Einsamkeit und Tod zum Inhalt. Zahlreiche Dramen und Hörspiele sowie seine Romane *Rösterna i den sena timmen* (1968), *Din gestalt bakom dörren* (1975) machen ihn zum bedeutendsten finnland-schwedischen Dichter, dessen Werk durch den Literaturpreis des Nordischen Rates 1977 geehrt wurde, der jedoch in Deutschland noch kaum rezipiert wurde.

Carpentier, Alejo (*26.12. 1904 Havanna, †25.4. 1980 Paris). – Kubanischer Schriftsteller, stammt aus einer französisch-russischen Familie. Seine frühen Werke orientieren sich am französischen Surrealismus, während die späteren im Zeichen des mag. Realismus stehen, der in Amerika viele Anhänger fand. C. schrieb u. a. die Romane *Das Reich von dieser Welt* (1949, dt. 1964), *Die Flucht nach Manoa* (1953, dt. 1958), *Finale auf Kuba* (1956, dt. 1960), *Explosion in der Kathedrale* (1962, dt. 1964), *Staatsraison* (dt. 1976) und *La consegratión de la primarera* (1978). 1977 erschien ein dt. Auswahlband *Krieg der Zeit*; 1979 die Romane *Die Harfe und der Schatten* und *Die verlorenen Spuren*, posthum 1989 *Die Methode der Macht*.

Carrere Moreno, Emilio (*18.12. 1881 Madrid, †30.4. 1947 ebd.) – Span. Schriftsteller, war neben seiner Tätigkeit als Chronist von Madrid Mitarbeiter bei Zeitungen und Zeitschriften. Seine frühen Gedichte sind von Daríos beeinflußt, während die späteren, die meist Szenen aus dem Leben des Volkes in Madrid beschreiben, eigenständig sind und nur Anklänge an die Bilder Rimbauds und Verlaines zeigen. Die wichtigsten sind u. a. *El caballero de la muerte* (1909), *Del amor, del dolor y del misterio* (1915) und *La cancíon de las horas* (1923). Das Gesamtwerk erschien 1919–1923 in 15 Bdn.

Carroll, Lewis, eigtl. *Charles Lutwidge Dodgson* (*27.1. 1832 Daresbury/Cheshire, †14.1. 1898 Guildford). – Engl. Schriftsteller, schrieb neben seiner Tätigkeit als Dozent in Oxford humorvolle, phantasiereiche Dichtungen wie *Alice im Wunderland* (1862, dt. 1869), *Alice im Spiegelreich* (1871, dt. 1923; bekannter u. d. T. *Alice hinter dem Spiegel*, dt. 1963 v. Chr. Enzensberger) und *Die Jagd nach dem Schnark – Agonie in acht Krämpfen* (1876, dt. 1968), die eigtl. für Kinder bestimmt waren, aber auch Erwachsene faszinieren. 1977 erschien dt. *Geschichten mit Knoten*.

Carroll, Paul Vincent (*10.7. 1900 Blackrock/Louth, †20.10. 1968 Bromley/Kent). – Ir. Dramatiker, gründete zusammen mit J. Bridie das »Glasgow-Citizens' Theatre«. Das bekannteste seiner von Yeats und Ibsen beeinflußten Stücke ist *Quell unter Steinen* (1937, dt. 1951). Daneben schrieb er u. a. die Dramen *Die ewige Torheit* (1945, dt. 1951). *Der Teufel kam aus Dublin* (1952, dt. 1962) und *Die widerspenstige Heilige* (1955; dt. 1957). Sie behandeln meist aktuelle Probleme und weisen einen zum Grotesken tendierenden Humor auf.

Cary (Arthur) Joyce (Lunel) (*7.12. 1888 Londonderry/Irland, †29.3. 1957 Oxford). – Anglo-ir. Schriftsteller, dessen Werke einen trag. Grundton besitzen, der von Humor und z. T. unnachahml. Komik überdeckt wird. Von seinen Romanen, u. a. *Aissa gerettet* (1932, dt. 1955), *Vielgeliebter Charly* (1940, dt. 1962), *Banges Glück* (1949, dt. 1952) und *Spiel ohne Ehre* (1955, dt. 1957), ist die Trilogie *Frau Mondays Verwandlung* (1941, dt. 1948), *Im Schatten des Lebens* (1942, dt. 1949) und *Des Pudels Kern* (1944, dt. 1949) am bekanntesten.

Casanova, Giovanni Giacomo, Chevalier de Seingalt (*2.4. 1725 Venedig, †4.6. 1798 Schloß Dux/Böhmen). – Ital. Dichter, studierte Jura und Theologie in Padua und wurde in Venedig wegen seiner atheistischen Äußerungen in den Bleikammern gefangengesetzt. Nach der Flucht und einem bewegten Leben wurde er 1785 bei dem Grafen Waldstein in Dux Bibliothekar und schrieb dort in franz. Sprache seine kulturhistor. interessanten Memoiren (hg. 1826–38 u. 1960–62, dt. 1964–67), die wegen der darin erzählten zahlreichen Liebesabenteuer sehr populär wurden. C., der mit Voltaire, Haller und Friedrich d. Gr. Umgang pflegte, schrieb auch den utop. Roman *Eduard und Elisabeth oder Die Reise in das Innere* *des Erdballs* (1787, dt. 1968/69) und ist damit ein Vorläufer von J. Verne und H. G. Wells.

Casona, Alejandro, eigtl. *A. Rodríguez Alvarez* (* 23. 3. 1903 Besullo/Asturien, † 17. 9. 1965 Madrid). – Span. Dramatiker, ist für das zeitgenöss. Theater von großer Bedeutung. Die Figuren seiner lyr.-poet. und zugleich humorvollen Stücke leben meist in einem phantast.-realist. Zwischenbereich. Bekannt wurde er in Buenos Aires durch sein vorzügliches Kindertheater. Die wichtigsten Dramen sind *Prohibido suicidarse en primavera* (1937), *Frau im Morgengrauen* (1944, dt. 1949), *Bäume sterben aufrecht* (1949, dt. 1950) und *Ines de Castro* (1955, dt. 1956). 1954 bis 1959 erschien eine erste Gesamtausgabe in zwei Bänden.

Cassiodor, Flavius Magnus Aurelius (* um 490 Scylaceum/Kalabrien, † um 580 Vivarium, Kalabrien). – Röm. Schriftsteller, Konsul und Beamter unter Theoderich d. Gr., in dessen Auftrag er eine *Geschichte der Goten* schrieb, die nur in der Bearbeitung des Prokop erhalten ist. 550 gründete er das Kloster Vivarium und gab den Benediktinermönchen den Auftrag, die lit. Überlieferung zu pflegen. Durch ihn wurde der Orden zum Vermittler antiken Geistes an das Mittelalter. Er selbst schrieb eine Sammlung von Regierungsbestimmungen, ein Handbuch antiker Gelehrsamkeit, eine Kirchengeschichte, Bibelexegesen und eine Übersetzung der jüd. Geschichte des Josephus. Ausgabe: *Magni Aurelii Cassiodori Senatus, viri patricii, et vivariensis abbatis opera omnia* (1865 in 2 Bdn.).

Cassou, Jean, Ps. *Jean Noir* (* 9. 7. 1897 Deusto/Bilbao, † 15. 1. 1986 Paris). – Franz. Schriftsteller, ist der Sohn einer Spanierin und wurde über die Mutter stark von der span. Lyrik beeinflußt. Sein Interesse gilt vor allem der span. Kunst. Als Professor für Kunstsoziologie und Konservator und Direktor des Musée d'Art Moderne in Paris verfaßte er zahlreiche kunsttheoret. Arbeiten, z. B. *Panorama de la littérature espagnole contemporaine* (1929), *Le Greco* (1931) und *Picasso* (1937, dt. 1952), und schrieb daneben phantast., zum Surrealist. tendierende Romane und Erzählungen wie *Das Schloß Esterhazy* (1926, dt. 1927) und *Alterlose Kinder* (1946, dt. 1948), Das lyr. Werk erschien 1971 in 2 Bdn.

Castaneda, Carlos (* 25. 12. 1931 oder 1935 São Paulo/Brasilien). – Brasilian. Schriftsteller, der über sein Leben keine Informationen gibt, lernte möglicherweise im mexikan. Urwald bei einem »Zauberer« und studierte dann Anthropologie. Diese Wissenschaft lehrt er heute in den USA (Los Angeles). Seine esoterischen Erfahrungen, die er möglicherweise bei Eingeborenen machte, wurden die Grundlage seiner Romane, in denen er sachlich und ohne persönliches Engagement Wirklichkeiten gestaltet, die dem täglichen Erleben des Europäers nicht zugänglich sind. Seine wissenschaftliche Dissertation *Die Lehren des Don Juan. Ein Yaqui-Weg des Wissens* (1970, dt. 1972) und die Romane *Eine andere Wirklichkeit* (1971, dt.

1973), *Die Reise nach Ixtlan* (1972, dt. 1975), *Die Kunst des Pirschens* (1981) stellen die Welterfahrung anderer Kulturen gegen das einheitliche Erleben der westl. Kulturen.

Castelo Branco, Camilo, seit 1885 Visconde de Correia Botelho (* 16. 3. 1825 Lissabon, † 1. 6. 1890 São Miguel de Seïde/Minho). – Der portugies. Schriftsteller führte ein wechselvolles Leben. Aus Kummer über die Geisteskrankheit seines Sohnes und den Verlust des eigenen Augenlichts beging er Selbstmord. Neben romant. Gedichten und Schauerromanen ohne lit. Wert schrieb er pessimist. Romane, deren Tragik er künstler. überzeugend zu gestalten wußte. Die wichtigsten sind *Amor de perdição* (1862, dt. 1988 *Das Verhängnis der Liebe*). Ersterscheinung in Dtld.: Absolutheit der Liebe, *Amor de salvação* (1864), *Eusébio Macário* (1879) und *A brasileira de Prazins* (1882).

Castiglione, Baldassare Graf (* 6. 12. 1478 Casatico/Mantua, † 7. 2. 1529 Toledo/Spanien). – Italien. Schriftsteller und Diplomat, war mit Raffael, Bembo und Giulio Romano befreundet. Sein wichtigstes Werk *Der Höfling* (1528, dt. 1565) ist eine humanist. belehrende Dichtung über das Betragen eines vollendeten Hofmannes und bildet in seiner eth. Zielsetzung einen Gegensatz zu den amoral. Anschauungen Aretinos und Machiavellis. C. schrieb auch Gedichte im Renaissancestil und Elegien. Histor. interessant sind seine *Briefe* (hg. 1769 bis 1771) an berühmte Zeitgenossen.

Castillo, Michel del (* 3. 8. 1933 Madrid). – Spanischer Autor, dessen Kindheit vom Bürgerkrieg und seiner Internierung in einem deutschen KZ geprägt wurde. Die Romane *Elegie der Nacht* (1953, dt. 1958) und *Der Plakatkleber* (1958, dt. 1961) schildern in erschütternder Weise, jedoch ohne Polemik, menschliche Schicksale vor dem Hintergrund jener Zeit. Weitere Romane sind *Die Gitarre* (1957, dt. 1960), *Der Tod der Gabrielle Russier* (1970, dt. 1971) und *Le vent de la mort* (1972).

Castro, José Maria Ferreira de (* 24. 5. 1898 Salgueiros/Port., † 26. 6. 1974 Porto). – Portugies. Schriftsteller, der lange Jahre in Südamerika lebte, schildert in seinen ersten Romanen, z. B. *Die Auswanderer* (1928, dt. 1953) und *Die Kautschukzapfer* (1930, dt. 1933), auf ergreifende Weise das Leben der Menschen vor dem Hintergrund der exotischen Landschaft Brasiliens. Weitere Romane sind *Karge Erde* (1934, dt. 1955), *Wolle und Schnee* (1947, dt. 1954) und *O Instinto Supremo* (1968).

Castro Alves, Antônio de (* 14. 3. 1847 Muritiba/Brasilien, † 6. 7. 1871 Salvador). – Brasilian. Dichter, fortschrittl. gesinnt und polit. engagiert; starb an Lungentuberkulose. Er war der letzte Vertreter des Romantismo in Brasilien. Bis heute gilt er in seiner Heimat als Begründer der modernen brasilian. Lyrik und polit. als Vorkämpfer der Sklavenbefreiung. Seine Gedichte, u. a. *Espumos flutuantes* (1870), *Vozes de Africa* (1880) und *Os escravos* (1883), sind voll patriot. Gefühls und sprachen in ihrer Leidenschaftlichkeit besonders die Jugend an.

Castro e Almeida, Eugénio de (*4.3. 1869 Coimbra, †17.8. 1944 ebd.). – Portugies. Schriftsteller, war Diplomat, Professor für franz. Literatur und Mitbegründer der internationalen Zeitschrift »Arte«. Angeregt durch Verlaine, Régnier und Barrès, führte er den Symbolismus in Portugal ein. Seine anfangs sprachl. exklusiven Gedichte weisen später eine klass. Formstrenge auf und nähern sich der heimatl.-patriot. Dichtung. Die wichtigsten sind *Canções de Abril* (1884), *Horas tristes* (1888), *Oaristos* (1890), *Depois da ceifa* (1901) und *Últimos Versos* (1938). Daneben verfaßte er auch lyr. Dramen und übersetzte Werke Goethes.

Cather, Willa Sibert (*7.12. 1873 Winchester/Virginia, †24.4. 1947 New York). – Amerikan. Schriftstellerin, beschreibt in ihren realist. und psycholog. einfühlsamen Romanen meist Einwandererprobleme aus dem Westen. Die wichtigsten ihrer wehmütigen, der Pionierzeit des jungen Amerikas nachtrauernden Werke sind u. a. *Traum vergangener Zeit* (1912, dt. 1964), *Neue Erde* (1913, dt. 1946) und *Der Tod kommt zum Erzbischof* (1927, dt. 1940). 1923 erhielt sie für *Einer von uns* (1922, dt. 1930) den Pulitzerpreis. Ihr Werk liegt dt. in zahlreichen Einzelausgaben vor.

Cato, Marcus Porcius, gen. *Maior* oder *Censorius* (*234 v. Chr., Tusculum, †149 v. Chr.). – Röm. Politiker, erwarb sich in den Punischen Kriegen und der Schlacht bei den Thermopylen große Verdienste. Als traditionsbewußter Konsul und Zensor war er ein Gegner der Scipionen und der verfeinerten griechischen Kultur. Sein histor. Werk, die *Origines* (hg. 1914 u. 1967), die nur teilweise erhalten sind, behandeln den Zeitraum von der Königsherrschaft bis 149 v. Chr. In der Schrift *De agricultura* (hg. 1895 u. 1962, dt. 1963) beschäftigt er sich mit Fragen des Ackerbaus, der Heilkunde und des richtigen religiösen Verhaltens. C., von dem man nach seinem Tode eine Spruchsammlung anlegte, war Vorbild für Cicero und Sallust.

Catullus, Gaius Valerius (*um 84 v. Chr., Verona, †um 54 v. Chr. Rom). – Röm. Lyriker, stammte aus einer einflußreichen Familie. Seine Lieder über die berühmt-berüchtigte Lesbia sind Ausdruck einer hoffnungslosen Leidenschaft. Daneben schrieb er Trinklieder und satir. Gedichte, in denen er die polit. Zustände in Rom anprangert. C.s eleganter Stil ist rhetor. nicht so überladen wie die griech. Dichtung. Seine Dichtung wirkte auf Lessing und Mörike und noch im 20. Jh. auf Ezra Pound und Thornton Wilder und wurde von Carl Orff z. T. vertont. C.' Lieder, von denen 116 überliefert sind, liegen in einer Ausgabe von 1950 und einer Übersetzung von Max Brod (1914) vor.

Cavalcanti, Guido (*nach 1255 Florenz, †27. [28.?] 8. 1300 ebd.). – Ital. Dichter, stammte aus einer angesehenen Florentiner Familie und war mit Dante befreundet und begründete

den »Dolce stil nuovo«. Die Kanzone *Perch'io non spero di tornar giammai* (1300), die er während seiner Verbannung in Sarazana schrieb, wo er an Malaria starb, richtet sich an seine Geliebte Mandetta. Das schwierige Gedicht *Donna mi priega, perch'io voglia dire* handelt von der Natur und der Liebe, die C. nicht als sinnl. Erfüllung, sondern als ritterl. höf. Verehrung einer Dame begreift. Neben Dante, dem er seine *Vita Nuova* widmete, gilt er als bedeutendster Dichter der Epoche. Seine Gedichte liegen u. a. in Ausgaben von 1902 und 1932 und in einer dt. Übersetzung von 1922 vor.

Čavčavadze, Elias (*27. 10. 1837 Kvareli, †30. 8. 1907 Tsitsamuri). – Georg. Dichter, studierte als Sohn eines Fürsten Jura in Petersburg und wurde als Redakteur mit radikalen Ansichten nach und nach mit hohen polit. Ämtern ausgezeichnet. Er setzte sich für den nationalen Befreiungskampf ein und wurde schließl. von der zarist. Polizei ermordet. Als Vertreter des krit. Realismus bemühte er sich um eine neue georg. Literatursprache. C. war der Mittelpunkt des kulturellen Lebens seiner Heimat, wobei sich in seinen Werken bereits deutl. sozialist. Tendenzen erkennen lassen, etwa in *Mutter und Sohn* (1860), *Der Räuber Kako* (1860), *Die Witwe Otharann* (1887).

Cayrol, Jean (*6.6. 1911 Bordeaux). – Franz. Schriftsteller, Lyriker und Erzähler, wurde wegen seiner Tätigkeit bei der Résistance 1942–45 im KZ Mauthausen interniert. Seine bekanntesten Romane, die die Beziehungslosigkeit des Menschen zu seiner Umwelt behandeln, sind *Im Bereich einer Nacht* (1954, dt. 1961, neu 1986), *Der Umzug* (1956, dt. 1958), *Die Fremdkörper* (1959, dt. 1959) und *Die kalte Sonne* (1963, dt. 1965). C., der sich vorwiegend mit christl.-metaphys. Themen beschäftigt, schrieb auch Gedichte, die auf Rimbaud zurückweisen, und die Essays *Lectures* (1974).

Céard, Henri (*18. 11. 1851 Bercy/Paris, †24. 8. 1924 Paris). – Franz. Schriftsteller, Journalist und Kritiker, mit Zola befreundet. Er bemüht sich in seinen frühen Werken wie die Erzählungen *Les soirées de Médan* (1880) um eine minuziöse Wiedergabe der Wirklichkeit, so wie sie die Naturalisten anstrebten. Er gehörte zum Kreis von Medan mit Zola, den Goncourts und Daudet und ließ alle naturalist. Dramen seit 1889 im Théâtre-Libre von Antoine aufführen. Großen Erfolg hatte C., der 1918 in die Académie Goncourt aufgenommen wurde, mit seinen Dramen *René Mauperin* (1888) und *Les résignés* (1889).

Cecchi, Emilio, Ps. *Il tarlo* (*14.7. 1884 Florenz, †5.9. 1966 Rom). – Ital. Schriftsteller, lebte als Professor für Literatur in Berkeley/USA. Er war einer der Gründer der Zeitschrift »La Ronda« (1919), Mitarbeiter der »La Voce« und des »Corriere de la sera« und trat für eine klass.-strenge Literatur ein. Am wertvollsten sind seine Gedichte, u. a. *Pesci rossi* (1920), *Corse al trotto* (1936), und stilvollen Essays wie *Ritratti e profili* (1957). Daneben verfaßte er auch Reiseberichte und literaturwissenschaftl. Arbeiten. 1973 erschien die dt. Auswahl *Goldfische*.

Cecchi, Giovan(ni) Maria (* 15. 3. 1518 Florenz, † 28. 10. 1587 Gangalandi). – Ital. Schriftsteller, war eine angesehene, einflußreiche Persönlichkeit. Seine Bedeutung als Dramatiker liegt darin, daß er dem geistl. Spiel weltl. Elemente hinzufügte und die Farce literarisierte. Seine Werke erschienen in einer Auswahl unter dem Titel *Commedie* (1865) und *Drammi spirituali* (1889–1901).

Čech, Svatopluk (* 21. 2. 1846 Ostředek/Beneschau, † 23. 2. 1908 Prag). – Der tschech. Dichter, Jurist und Redakteur ist der bekannteste Vertreter der nationalen, slaw. Dichtervereinigung »Ruch«. Am populärsten sind u. a. die Verserzählung *Im Schatten der Linde* (1879, dt. 1897), das Märchen *Himmelsschlüssel* (1883, dt. 1892) und die Gedichte *Lieder des Sklaven* (1895, dt. 1934). Č. schuf auch die Figur des Prager Spießbürgers M. Brouček.

Cela, Camilo José (* 11. 5. 1916 Iria/Flavia). – Span. Schriftsteller, stammt aus Galizien, studierte Jura und ist seit 1957 Mitglied der Span. Akademie. 1989 erhielt er den Nobelpreis. Als Romanautor war er bes. erfolgreich; verbindet die Tradition des Picarischen Romans mit Erzählelementen des Naturalismus in den Romanen *Nuevas andanzas y desventuras de Lazarillo de Tormes* (1944), *La colmena* (1951); internationale Beachtung fanden die Romane *La familia de Pascual Duarte* (1942), *Mazurka für zwei Tote* (dt. 1991). Daneben schrieb er Gedichte *Pisando la dudosa luz del día* (1945), Erzählungen *Esas nubes que pasan* (1945), *Historias de España* (1958), Reiseberichte *Del Miño al Bidasoa* (1952), Essays und autobiograph. Schriften. Das Gesamtwerk erschien 1973–84 in 16 Bdn.

Čelakovský, František Ladislav (* 7. 3. 1799 Strakonice/Tschechoslowakei, † 5. 8. 1852 Prag). – Tschech. Dichter und Philologe, folgte dem Beispiel Herders, sammelte slaw. Volkslieder und Redeweisen. Neben Schäferidyllen, Epigrammen und lit. Satiren schrieb er auch Liebesgedichte. Die Sammlungen *Widerhall russischer Lieder* (1829, dt. 1833) und *Widerhall tschechischer Lieder* (1839, dt. 1919) sind seine wichtigsten Veröffentlichungen. Außerdem übersetzte er Herder, Goethe und Scott und öffnete so der tschech. Literatur den Zugang zur europ. Klassik und Romantik.

Celan, Paul, eigtl. *Paul Anczel* (* 23. 11. 1920 Czernowitz/Bukowina, † 26. 4. 1970 Paris). – C. war der Sohn deutschsprachiger Eltern und lebte seit 1948 in Paris, wo er Selbstmord beging. Seine klangl. sehr ausgeprägten, abstrakten Gedichte weisen eine eigenwillige Bild- und Farbsymbolik auf und sind vom Symbolismus und Surrealismus beeinflußt. 1960 erhielt er für seine Gedichte den Büchner-Preis der Dt. Akademie. Die bekanntesten sind *Der Sand aus den Urnen* (1949), *Mohn und Gedächtnis* (1952), *Von Schwelle zu Schwelle* (1955),

Sprachgitter (1959), *Die Niemandsrose* (1963), *Atemwende* (1967) und *Fadensonnen* (1968). Posth. erschienen die Gedichte *Eingedunkelt* (1991). Daneben war C. ein ausgezeichneter Übersetzer von u. a. Cocteau, Rimbaud, Valéry und Shakespeare.

Céline, Louis-Ferdinand, eigtl. *Louis Destouches* (* 27. 5. 1894 Asnières, † 2. 7. 1961 Meudon/Paris). – Franz. Schriftsteller, war Arzt in einem Armenviertel der Pariser Vorstadt und arbeitete im 2. Weltkrieg mit den Deutschen zusammen. Seine zeitkrit. Werke huldigen einem radikalen Pessimismus, sind Dokumente der Hoffnungslosigkeit und des absoluten Nihilismus und stellen vorwiegend grausame, ekelerregende Dinge dar. Ihre Offenheit übersteigt die drastische Darstellungsweise der Naturalisten. Am bekanntesten sind u. a. die Romane *Reise ans Ende der Nacht* (1932, dt. 1933), *Tod auf Borg* (1936, dt. 1937), *Norden* (1960, dt. 1969) und *Rigodon* (posth. 1969).

Cellini, Benvenuto (* 1. 11. 1500 Florenz, † 14. 2. 1571 ebd.). – Ital. Dichter, war ein berühmter Goldschmied und Bildhauer und arbeitete für Herzöge, Könige und Papst Clemens VII., wobei er als selbstbewußter Renaissancemensch auftrat. Sein abenteuerl. Leben schildert er in dem lebendig erzählten Buch *Vita* (hg. 1728), das jedoch nicht frei von Übertreibungen ist. Es wurde durch Goethes Übersetzung (1796 ff.) in Deutschland bekannt.

Celtis, Konrad, eigtl. *Bickel oder Pickel* (* 1. 2. 1459 Wipfeld b. Schweinfurt, † 4. 2. 1508 Wien). – Dt. Schriftsteller, war ein erfolgreicher Humanist und Professor für Rhetorik und Poetik. Nach italien. Vorbild richtete er zahlreiche gelehrte Gesellschaften ein. Seine von Horaz und Ovid beeinflußten neulat. Gedichte wie *Quattuor libri amorum* (1502, hg. 1934) besingen die sinnl. Freuden der Liebe. Für den Hof in Wien dichtete er prunkvolle Festspiele, die zur Verherrlichung des Kaisers dienten. Große Bedeutung hat er als Förderer des Griechisch- und Lateinstudiums und als Herausgeber der *Germania* des Tacitus (1500) und der Dramen der Hrotsvith von Gandersheim.

Cendrars, Blaise, eigtl. *Frédéric Sauser-Hall* (* 1. 9. 1887 La Chaux-de-Fonds/Schweiz, † 21. 1. 1961 Paris). – Franz. Dichter, führte in seiner Jugend ein abenteuerl. Leben, das sich in seinem Werk widerspiegelt. Seine eigenwilligen Gedichte, auf die sein Freund G. Apollinaire starken Einfluß hatte, wie *Poèmes élastiques* (1919) und *Du monde entier au cœur du monde* (1957) sind meist in freien Rhythmen geschrieben und weisen abrupte Stimmungswechsel auf. Neben Autobiographien und Essays, z. B. *Die fabelhafte Geschichte des Generals Johann August Suter* (dt. zuletzt 1987), schrieb er auch den Roman *Madame Thérèse* (1956, dt. 1962) und das Prosawerk *Wind der Welt* (dt. 1960). C. wirkte sehr stark auf die avantgardist. Literatur.

Ceram, C. W., eigtl. *Kurt W. Marek* (* 20. 1. 1915 Berlin,

† 12.4. 1972 Hamburg). – Dt. Sachbuchautor, war Mitarbeiter bei zahlreichen Zeitungen und Zeitschriften und lebte seit 1953 in den USA. Er ist der Verfasser des archäolog. Romans *Götter, Gräber und Gelehrte* (1949). Weitere Werke sind *Enge Schlucht und schwarzer Berg* (1955), *Eine Archäologie des Kinos* (1965) und *Der erste Amerikaner* (1971).

Ceretheli, Akaki Rostomovič (*21.6. 1840 Schwitori, †8.2. 1915 ebd.). – C. ist zu seiner Zeit neben Čavčadze einer der bedeutendsten Literaten Georgiens gewesen. Obwohl er als Lyriker, Dramatiker und Epiker gleichermaßen beliebt war, fanden besonders seine Gedichte großen Anklang. Melod. Sprachgewandtheit, realist. Stil und sozialist. Gesinnung kennzeichnen seine Werke, die teilweise in der Sammlung *Neue georgische Dichter* (1946) in dt. Sprache erschienen sind.

Cervantes Saavedra, Miguel de (*29.9. 1547 Alcalá de Menares, †23.4. 1616 Madrid). – Span. Dichter, stammte aus einer einfachen Familie und führte ein abenteuerl. Leben als Soldat und Seefahrer. 1575 geriet er unter alger. Piraten und mußte 1580 aus seiner Gefangenschaft losgekauft werden. Sein Hauptwerk ist der berühmte Roman *Der sinnreiche Junker Don Quijote von der Mancha* (1605–15 u. 1960, dt. 1621). Hauptperson sind der tragikom., verarmte Adlige Don Quijote, der sich einbildet, ein Ritter aus einer längst vergangenen Zeit zu sein, und sein nüchtern-realistischer Diener Sancho Pansa. Der Roman, der ursprüngl. als Satire auf die trivialen Ritterromane gedacht war, übersteigt dieses Ziel und ist ein Exempel menschl. Verhaltensweisen. Erstmals wird in der neuzeitl. Dichtung die personale Tragik eines Menschen sichtbar, der in einer Welt der Vorstellung die Wirklichkeit nicht erkennen kann. Hier nimmt C. ein Problem dichter. auf, das die abendl. Philosophie der Neuzeit durchziehen wird. Besonderen lit. Wert haben seine *Musternovellen* (1613, dt. 1868), die auf die Ausbildung der Gattung im 19. Jh. sehr große Wirkung hatten.

Césaire, Aimé (*25.6. 1913 Basse-Pointe/Martinique). – Afrokarib. Schriftsteller, studierte in Paris Literaturwissenschaft, war befreundet mit Breton und wurde später Abgeordneter in der Franz. Nationalversammlung. Seine vom neuerstandenen Selbstbewußtsein der schwarzen Rasse geprägten Werke üben eine starke Wirkung auf die moderne Negerlyrik und den franz. Surrealismus aus. Seine Lyrik, ohne Bindung an traditionelle Versformen, entfaltet eine große sprachl. Freiheit, etwa in den Gedichten *Sonnendolche* (dt. 1956), *An Afrika* (dt. 1968), *Gedichte* (dt. 1987). Besonders in seinen Dramen, *Und die Hunde schwiegen* (1946, dt. 1956), *Ein Sturm* (dt. 1970) und *Im Kongo* (1966, dt. 1966), wendet sich C. gegen die weiße Kolonialherrschaft.

Cesbron, Gilbert-Pierre François (*13.1. 1913 Paris, †12.8. 1979 ebd.). – Franz. Schriftsteller, wurde durch seinen Roman über einen Arbeiterpriester *Die Heiligen gehen in die Hölle*

(1952, dt. 1953) bekannt. Weitere seiner zeitkrit., reportageähnl. Romane, die neben sozialen Problemen häufig Fragen der Jugendkriminalität aufgreifen, sind *Wie verlorene Hunde* (1954, dt. 1954), *Es ist später als du denkst* (1958, dt. 1959), *Der Spiegel der Heiligkeit* (1959, dt. 1961) und *Winterpaläste des Glücks* (1966, dt. 1968). C. schrieb auch Essays wie *Ce que je crois* (1970).

Céspedes, Alba de (*11.3. 1911 Rom). – Ital. Schriftstellerin, gründete die Zeitschrift »Mercurio« (1944). Ihre psycholog. einfühlsamen Erzählungen und Romane behandeln in gefälligem Stil Probleme der Frau in der heutigen Gesellschaft. Die bekanntesten sind *Der Ruf ans andere Ufer* (1938, dt. 1938), *Flucht* (1941, dt. 1947), *Das verbotene Tagebuch* (1952, dt. 1955), *Die Reue* (1963, dt. 1965) und *La bambolona* (1967, dt. 1970).

Chadsopus Kostas, Pseudonym *Petros Wasilikes* (*um 1868 Agrinion, †12.8. 1920 Brindisi/Italien). – Griech. Schriftsteller, war Advokat. Seine frühen Werke nähern sich der Volksdichtung. Später wandte er sich dem Symbolismus zu. Neben seinen melod. Gedichten sind auch seine Übersetzungen Goethes, Grillparzers und Hofmannsthals zu erwähnen.

Chamfort, Nicolas de, eigtl. *Sébastien Roch* (*6.4. 1741 b. Clermont, †13.4. 1794 Paris). – Franz. Schriftsteller, der die Wertschätzung des franz. Königs genoß, war Hauslehrer und Sekretär und wurde 1781 Mitglied der Académie Française. Seine *Maximes et pensées, caractères et anecdotes* (hg. 1803, dt. 1938), die nach seinem Freitod erschienen, machten ihn berühmt. Er prangert darin mit großer Offenheit und Treffsicherheit die Fehler seiner Zeit an. Bis heute gilt der konsequente Moralist als einer der bedeutendsten Autoren zeitgenöss. Maximen. Erfolg hatte er auch mit seinen Dramen, z.B. *Mustapha et Zéangir* (1776). Daneben verfaßte er Gedichte und literaturkrit. Arbeiten.

Chamisso, Adelbert von, eigtl. *Louis Charles Adelaide de Ch. de Boncourt* (*30.1. 1781 Schloß Boncourt/Champagne, †21.8. 1838 Berlin). – Dt. Dichter und Offizierssohn, stammte aus lothring. Adel und floh mit seiner Familie vor der Revolution nach Deutschland. Er war Mitherausgeber des »Grünen Musenalmanachs« (1804–06) und kannte Arnim, Brentano, Uhland, Kleist und Mme. de Staël, bei der er einige Zeit lebte. Während der Freiheitskriege entstand sein berühmtes Werk *Peter Schlemihls wundersame Geschichte* (1814), dessen romant.-geheimnisvolle Elemente Anlaß zu den verschiedensten Interpretationen gaben. C. steht als Lyriker und Erzähler zwischen Spätromantik und Frührealisten. Während seine Dichtung themat. der Romantik zuzuordnen ist, gehört sie stilist. gesehen schon dem Realismus an. Mit *Bemerkungen und Ansichten auf einer Entdeckungsreise* (1821) begründet er die wissenschaftl. Reiselit. Seine Gedichte sind gefühlvoll mit einer Neigung zum Sentimentalen und ahmen zum Teil den volkstüml. Ton Bérangers nach. Der Gedichtzyklus *Frauenliebe und -leben* (1831) wurde 1840 v. R. Schumann vertont. Am bekanntesten sind die Balladen *Das Riesenspielzeug* und *Die Sonne bringt es an den Tag.*

Chamson, André (* 6.6. 1900 Nîmes, † 8.11. 1983 Paris). – Franz. Schriftsteller, seit 1945 Direktor des »Petit Palaise« des Louvre, wurde 1956 in die Académie Française aufgenommen und war 1956 bis 1959 Präsident des internationalen PEN-Clubs. In der Chronik *Fragments d'un liber veritatis* (1946) berichtet er über seine Zeit als Soldat im 2. Weltkrieg. Ein vorzügliches Bild des nichtnational-sozialist. Dtld. zeichnet er in dem Bericht *Tyrol en cordée avec la jeunesse allemande* (1930).
Neben zeitgenöss. geschichtl. Themen behandelt er in seinen Romanen auch Probleme der Bauern in den Cevennen, wobei er ein echtes, natürliches Gefühl für das einfache Volk entwickelte, z. B. in . . . *der nicht mit den anderen ging* (1925, dt. 1949), *Das Verbrechen der Gerechten* (1928, dt. 1934). Sein bekanntester Roman, *Blüte unterm Schnee* (1951, dt. 1953), handelt von der Jugend Europas kurz nach dem 2. Weltkrieg. Die letzten Romane *Comme une pierre qui tombe* (1964), *La petite Odyssée* (1965), *La superbe* (1967) fanden im Ausland weniger Beachtung.

Chandler, Raymond Thornton (* 23.7. 1888 Chicago, † 26.3. 1959 La Jolla/Kalifornien). – Amerikan. Kriminalautor, nahm aktiv am Ersten Weltkrieg teil, arbeitete vorübergehend als Kaufmann und wurde 1929 freier Schriftsteller. Seine Kriminalromane, z. B. *Der tiefe Schlaf* (1939, dt. 1956), *Das hohe Fenster* (1942, dt. 1956), *Die kleine Schwester* (1949, dt. 1956), *Der lange Abschied* (1954, dt. 1956), *Spiel im Dunkel* (engl. u. dt. 1958), zeichnen sich sprachl. durch Humor, inhaltl. durch große Spannung aus, da der Detektiv Marlowe Abenteuer besteht, die immer psycholog. motiviert werden. Große Erfolge hatte er auch mit seinen Drehbüchern zu seinen Romanen in Hollywood.

Chanson de Roland → Rolandslied

Chapelain, Jean (* 4. 12. 1595 Paris, † 22.2. 1674 ebd.). – Franz. Kritiker und Schriftsteller, war mit Richelieu und Colbert befreundet. Er war Mitbegründer der Académie Française und regte die Herausgabe des Wörterbuchs an. Sein Epos *La pucelle d'Orléans* (1656f. u. 1682) weckte in Boileau Rivalitätsgefühle, die dieser hinter beißendem Spott zu verbergen suchte. C., der sich in der Nachfolge Malherbes auch theoret. mit der Dichtkunst beschäftigte, schrieb Gedichte, die sehr viel Anklang fanden, und übersetzte Marinos *Adonis* (1623), zu dem er eine berühmte Vorrede verfaßte.

Chapman, George (* 1559 [?] b. Hitchin/Hertford, † 12.5. 1634 London). – Engl. Lyriker und Dramatiker, mußte wegen seiner satir. Komödie *Eastward Hoe* (1605 mit B. Jonson u. Marston), in der er James I. verspottet, ins Gefängnis. C.s Tragödien zeigen eine Vorliebe für das Schauerliche. Die bekannteste ist *Bussy d'Ambrois* (1607 u. 1963). Am wertvollsten sind seine Übersetzungen des Homer: *Iliad* (1611) und *Odyssey* (1616). Geistig stoischem Gedankengut nahestehend, dürfte er auch auf Shakespeare gewirkt haben.

Chappaz, Maurice (* 21. 12. 1916 Martigny). – Franz.-schweizer. Schriftsteller und Übersetzer (Vergil, Theokrit), lebt bewußt einfach im Bergbauerngebiet der Rhône und schreibt in feierlich-rühmendem Stil vom Leben in den Bergen, aber auch über die Prägung des modernen Menschen durch die Technik. In Deutschland wurde er bes. durch *Die Walliser* (1965, dt. 1968) bekannt, gewann aber auch Aufmerksamkeit durch die Romane wie *Rinder, Kinder und Propheten* (dt. 1976), *Haute Route* (dt. 1984) und z. B. lit. Essays, *Die Walliser. Dichtung und Wahrheit* (dt. 1982).

Char, René (* 14.6. 1907 L'Isle-sur-Sorgue/Provence, † 19.2. 1988 Paris). – Franz. Lyriker, wurde stark durch Breton, Aragon, Éluard und die Surrealisten beeinflußt und schloß während des 2. Weltkrieges enge Freundschaft mit Camus. Persönl.. lebte C. stets zurückgezogen und schrieb auch seine Texte für ein anspruchsvolles Publikum, das die Verbindung von Natur- und Gedankenlyrik nachvollziehen konnte. Immer wieder greift er Themen und Bilder, Metaphern und Sprache seiner provençalischen Heimat auf. Als überzeugter Widerstandskämpfer fand er moral. und philosoph. Begründungen seines Handelns aus der antiken Philosophie, aber auch aus dem Existentialismus. Seine Gedichte sind nur teilweise ins Dt. übersetzt; so erschien 1959–68 eine Werkausgabe. Daneben liegen vor *Gedichte und Schriften zur bildenden Kunst* (1963), *Rückkehr Stromauf* (1984), *Vertrauen zum Wind* (1984), *Draußen die Nacht wird regiert* (1986). Seine Aufzeichnungen aus dem Widerstand erschienen dt. u. d. T. *Hypnos* (1958). Posth. erschienen dt. *Die Bibliothek in Flammen und andere Gedichte* (1991), *Schattenharmonie – Prosa und Poesie* (1991).

Charles-Roux, Edmonde (* 17.4. 1920 Neuilly-sur-Seine). – Franz. Schriftsteller, war 1954–66 Chefredakteurin der Zeitschrift »Vogue«. Ihr sentimentaler Liebesroman *Palermo vergessen. . .* (1966, dt. 1967) trägt autobiograph. Züge und wurde mit dem Prix Goncourt ausgezeichnet. 1971 veröffentlichte sie ihren zweiten Roman *Elle, Adrienne* (dt. 1972). 1976 erschien dt. ihr neuester Roman *Chanel.*

Chartier, Alain (* um 1385 Bayeux, † zwischen 1430 und 1446). – Altfranz. Dichter, war Sekretär König Karls VI. und Karls VII. Die Verserzählung *La belle dame sans merci* (1426 u. 1949) machte ihn berühmt. Sie wurde oft nachgeahmt und in zahlreiche Sprachen übersetzt. C.s Werk ist geprägt von dem zeitgenöss. Pessimismus und der Sorge um die polit. Zukunft Frankreichs. Sein eleganter Stil ist an Cicero und Seneca geschult. Weitere wichtige Werke sind u. a. *Livre des quatre* *dames* (1416), *Le quadrilogue invectif* (1422) und *Traité de l'espérance* (1428).

Chateaubriand, François René, Vicomte de (*4.9. 1768 Château de Combourg/Saint-Malo, †4.7. 1848 Paris). – Franz. Schriftsteller, stammte aus einer sehr alten Adelsfamilie. Er verlebte eine freudlose Jugendzeit in der Bretagne. Sein polit. Engagement ließ ihn an den Kämpfen des Emigrantenheeres teilnehmen. 1823 wurde er Außenminister. C.s frühromant. Dichtung lebt von der Spannung zwischen Gefühl und Geist; er ist der entscheidende und führende sowie einflußreiche franz. Frühromantiker und gleichzeitig anerkannter Politiker. Der Essay *Genius des Christentums* (1802, dt. 1803/04) richtet sich gegen den rationalist. Geist der Aufklärung und betont emotionale Werte. Die darin eingeschobenen Novellen *René* und *Atala* erinnern an den gefühlvollen Typ des *Werther* und stellen den ersten lit. Ausdruck der Weltschmerzstimmung in Frankreich dar. Die Memoiren *Denkwürdigkeiten nach dem Tode* (1849f., dt. 1849) geben interessante Aufschlüsse über die damalige Zeit, sind jedoch als Autobiographie nicht absolut zuverlässig. Auch seine exot. und phantasievollen Reiseberichte sind mehr Dichtung als Dokumentation. Weitere Romane sind u. a. *Die Märtyrer* (1808, dt. 1811), *Die Natchez* (1826, dt. 1827/28) und *Tagebuch einer Reise von Paris nach Jerusalem* (1811, dt. 1812).

Chatterton, Thomas (*20.11. 1752 Bristol, †24.8. 1770 London). – Engl. Dichter, verehrte die mittelalterl. Dichtung so sehr, daß er Gedichte mittelalterl. Stils schrieb und sie als Werke eines von ihm erfundenen alten Dichters veröffentlichte. Als man sie als Fälschung erkannt hatte, beging er aus Gram darüber Selbstmord. Daß er Phantasie und mit 17 Jahren schon poet. Eigenständigkeit besessen hatte, entdeckte man erst nach seinem Tode. Seine Gedichte *Poems supposed to have been written at Bristol by. Th. Rowley and others in the 15th Century* wurden 1777 herausgegeben und 1840 übersetzt. C.s romant. Charakter wurde später in zahlreichen Dichtungen verherrlicht (Keats, Penzoldt, H. H. Jahnn).

Chaucer, Geoffrey (*1340 [?] London, †25.10. 1400 ebd.). – Engl. Dichter, lebte am Hof Richards II., in dessen diplomat. Diensten er stand. In Italien lernte er Petrarca und Boccaccio kennen. Obwohl er Franz. wie seine Muttersprache beherrschte, schrieb er seine Werke in mittelengl. Sprache. Am bekanntesten sind die unvollendet gebliebenen *Canterbury Tales* (vielleicht schon vor 1385–1400, hg. 1915, dt. 1866 u. 1971, meist u. d. T. *Canterbury-Geschichten*). Trotz der Anlehnung an Boccaccio und an franz. Quellen stellen sie ein eigenständiges Werk dar. Es handelt sich dabei um eine Beschreibung und psycholog. gelungene Charakterisierung von Personen, die sich auf einer Pilgerfahrt befinden. Sie stammen aus allen sozialen Schichten und geben in ihrem bunten Treiben einen interessanten Einblick in die mittelalterl. Welt. C. schrieb auch

die Dichtung *House of Fame* (1381), *The Parlement of Foules* (1382), *The Legend of Good Women* (zwischen 1372 u. 1387) und zwei gelehrte Schriften über Astronomie. Besondere Bedeutung kommt ihm als Übersetzer zu, da er mit der Übertragung des *Roman de la rose* und der philosoph. Schrift des Boethius England für Einflüsse der kontinentalen Kultur öffnete.

Cheever, John (*27.5. 1912 Quincy/Massachusetts, †18.6. 1982 Ossining/New York). – Amerikan. Schriftsteller, war vorübergehend Lehrer, lebte dann als freier Schriftsteller von seinen Romanen und Kurzgeschichten, die mit vorsichtiger Distanz das Leben des amerikan. Mittelstandes kritisieren, im Kern jedoch dieses Leben als einzig menschenwürdig erachten. Die moralisierenden Tendenzen seiner Romane fanden beim Publikum ebenso Zustimmung wie die stete Betonung der glücklichen Existenz in einer demokrat. Welt. Von den zahlreichen Romanen, die weltweit verbreitet sind, *Die lieben Wapshots* (1957, dt. 1958), *Die schlimmen Wapshots* (1964, dt. 1966), *Die Bürger von Bullet Park* (1969, dt. 1972) hat nur *Falconer* (1977, dt. 1978) literarischen Wert. Seine Kurzgeschichten, die in zahlreichen Ausgaben ediert wurden, haben auf die Entwicklung der Gattung großen Einfluß ausgeübt. Bes. bekannt wurden *Das ungeheure Radio, Der Einbrecher von Shady Hill* und *Der Schwimmer*.

Chénier, André (*30.10. 1762 Galata/Konstantinopel, †25.7. 1794 Paris). – C., der Sohn eines franz. Konsuls und einer Griechin, war Offizier und Botschaftssekretär in England. Kurz vor dem Ende der Robespierreschen Schreckensherrschaft wurde er als Monarchist hingerichtet. C. ist der bedeutendste franz. Lyriker des 18. Jh.s Die Erstausgabe seiner Werke 1819 war eine Sensation für die jungen Romantiker. Seine Elegien, Oden und Hymnen (*Idylles, Bucoliques*) zeigen gewisse griech.-allegor. Einflüsse, sind eigenständig, manchmal auch gewagt, und voller Gefühl (*Elégies, L'Hermes, L'Amerique*) und Natürlichkeit. Zu seinen Lebzeiten erschienen *Hymne à la France* und *Le jeu de Paume*. Während der Kerkerhaft schrieb er die *Jamben* (dt. 1946), die ein erschütterndes Zeugnis der polit. Umstände abgeben, und das bekannte Gedicht *La jeune captive*. C. befreite die franz. Dichtung von der Strenge des klass. Einflusses, obwohl er sehr viel Wert auf formale Vollendung legte. Damit war er ein Vorläufer der Parnassiens.

Cheraskow, Michail Matwejewitsch (*5.11. 1733 Perejaslaw/Poltawa, †9.10. 1807 Moskau). – Russ. Dichter, die Werke gehören noch zur Klassik, weisen aber schon Einflüsse der Empfindsamkeit auf. Am wichtigsten ist das von Vergil und Tasso beeinflußte Epos *Rossijada* (1779). In C.s Romantrilogie findet man freimaurer. Gedankengut. Ins Dt. übertragen wurde von seinen zahlreichen Werken nur *Das blühende Rom* (1768, dt. 1782).

Cherbuliez, Victor, Ps. *G. Valbert* (*19.7. 1829 Genf, †2.7. 1899 Combes-la-Ville/Frankreich). – Franz.-schweizer. Schriftsteller, von G. Sand beeinflußt, Mitglied der Académie Française und Vertreter des idealist.-aristokrat. Romans; verfaßte gefällige Familienromane wie *Der Graf Kostia* (1863, dt. um 1889), *Isabella oder der Roman einer rechtschaffenen Frau* (1866, dt. 1867) und *Ladislas Bolski* (1869, dt. 1872). Daneben veröffentlichte er archäolog. und kunstkrit. Arbeiten.

Chesterfield, Philip Dormer Stanhope 4. Earl of (*22.9. 1694 London, †24.3. 1773 ebd.). – Engl. Schriftsteller und Staatsmann, war mit einer natürl. Tochter König Georgs II. verheiratet. Bekannt sind seine weltklugen, geistvollen Briefe an seinen Sohn Philip Dormer Stanhope, in denen er ihm Ratschläge für das berufl. und gesellschaftl. Leben erteilt. Sie wurden 1774 u. d. T. *Letters to His Son* veröffentlicht.

Chesterton, Gilbert Keith (*29.5. 1874 London, †14.6. 1936 Beaconsfield). – Der vielseitige engl. Schriftsteller ist der Erfinder der Figur des Pater Brown, der Kriminalfälle auf eigenwillige und verblüffende Weise aufklärt. C.s Erzählungen wie *Priester und Detektiv* (1911, dt. 1920) gehören zur gehobenen Kriminalliteratur. Bes. bekannt wurde der Roman *Der Mann, der Donnerstag war* (1908, dt. 1910). Mit seinen witzigen, oft auch paradoxen Formulierungen ist er das kath. Pendant zu Shaw. Sein Werk *What's Wrong with the World* (1911) zeigt sein sozialpolit. Engagement. Besonders wertvoll sind seine Gedichte, wie *The Ballad of the White Horse* (1911), und seine lit. und sozialkrit. Essays.

Chevallier, Gabriel (*3.5. 1895 Lyon, †5.4. 1969 Cannes). – Franz. Schriftsteller, war auch als Zeichner und Journalist tätig. Der Roman *Clarisse Vernon* (1933), in dem er das Leben in Lyon beschreibt, machte ihn bekannt. Sein bestes Werk ist der viel gelesene satir. Roman *Clochemerle* (1934, dt. 1959). Weitere Werke sind u. a. *Flegeljahre in Sainte-Colline* (1937, dt. 1959) und *Liebeskarussell* (1968, dt. 1969).

Chiarelli, Luigi (*7.1. 1884 Trani/Bari, †20.12. 1947 Rom). – Ital. Theaterkritiker und Schriftsteller, hatte mit seinem grotesken Drama *La maschera e il volto* (1916), in dem er veraltete gesellschaftl. Gewohnheiten verspottet, einen großen Erfolg. Seine weiteren Dramen, die jedoch der Qualität seines ersten Stückes nicht gleichkommen, sind u. a. *La morte degli amanti* (1921) und *Pulcinella* (1939). Mit seinen Komödien war C. ein Vorläufer des Absurden Theaters.

Chiavacci, Vinzenz (*15.6. 1847 Wien, †2.2. 1916 ebd.). – Österr. Schriftsteller, war u. a. als Redakteur bei der Zeitung »Neues Wiener Tageblatt« beschäftigt. Er war mit Anzengruber befreundet und schrieb humorvolle Skizzen und Possen, in denen er in treffender Weise das Wiener Milieu wiedergibt. Am bekanntesten sind die Posse *Frau Sopherl vom Naschmarkt* (1890) und die Skizze *Wiener Typen* (1894).

Chiesa, Francesco (*5.7. 1871 Sagno/Tessin), †13.6. 1973 Lugano). – Die frühen Werke des ital. schreibenden Dichters der Schweiz, z. B. die Sonette *Calliope* (1907, dt. 1959), sind von Carducci beeinflußt und gehören zur belehrenden Dichtung. Später schrieb C. heimatverbundene, von tiefer Religiosität gekennzeichnete Erzählungen im Stil Gotthelfs, u. a. *Schicksal auf schmalen Wegen* (1941, dt. 1949) und Romane wie *Sant' Amarillide* (1938, dt. 1939).

Chlebnikow, Welemir, eigtl. *Wiktor Wladimirowitsch* (*28.10. 1885 Tundutovo/Astrachan, †18.6. 1922 Santalowo/Nowgorod). – Russ. Lyriker, gelangte über den Symbolismus zum Futurismus, wobei er Einflüsse von Burjak und Marinetti empfing. Anders als in seinen Prosawerken verwendet er in seinen Gedichten Laute und sprachl. Kombinationen, die neue Bedeutungen vermitteln sollen, die jedoch die Grenzen des Verstehbaren sprengen. Er beeinflußte zahlreiche Schriftsteller, wie Tichonow und Pasternak. 1972 erschien eine zweibändige dt. Auswahl seiner Werke.

Chlędowski, Kazimierz, Ritter von (*23.2. 1843 Lubatówa/Galizien, †26.3. 1920 Wien). – Poln. Schriftsteller und Kulturhistoriker, wurde 1899 Minister für Galizien in Wien. Er schrieb zahlreiche Romane und kulturhistor. Arbeiten über Italien. Interessant sind auch seine Tagebücher. Die wichtigsten Werke sind *Siena* (dt. 1905), *Der Hof von Ferrara* (dt. 1910) und *Neapolitanische Kulturbilder* (1918). In den letzten Jahren wurden zahlreiche Schriften neu aufgelegt.

Chocano, José Santos (*15.5. 1875 Lima, †13.12. 1934 Santiago de Chile). – Peruan. Dichter, führte ein unruhiges, wechselvolles Leben. Nach einer frühen, von Victor Hugo beeinflußten Phase, in der er die leidenschaftl. revolutionären Gedichte *En la aldea* (1895) und *Iras santas* (1895) schrieb, wandte er sich, angeregt durch W. Whitman, der Heimatdichtung zu. Von den Gedichten *Primicias de oro de Indias* (1934) und *Poemas del amor doliente* (1937) sind *Alma América* (1906) die besten. 1956 erschien eine Gesamtausgabe.

Chodassewitsch, Wladislaw Felizianowitsch (*29.5. 1886 Moskau, †14.6. 1939 Billancourt/Paris). – Russ. Lyriker, hatte einen poln. Vater und eine jüd. Mutter. 1922 wanderte er nach Paris aus. Seine Gedichte stehen unter dem Einfluß der Symbolisten und behandeln das Problem von Freiheit und Notwendigkeit. Die späten beziehen sich indirekt auf zeitgenöss. polit. Ereignisse und machten C. zu einem bedeutenden Dichter der Emigration. Sie erschienen u. a. unter dem Titel *Molodost'* (1908), *Ščastlivyj domik* (1914) und *Evropejskaja noč* (1927). Als Literaturkritiker war C. allgemein geschätzt.

Choirilos von Samos. – Griech. Epiker des 5. Jh.s v. Chr., lebte zuletzt am Hof des Königs Archelaos von Makedonien. Sein wichtigstes Werk ist das Epos über die Perserkriege *Persika* (oder *Persëis*, hg. 1877), das an die Geschichtsdichtung Herodots erinnert. Mit C. ging das Zeitalter der von Homer beeinflußten ep. Dichtung zu Ende.

Chotjewitz, Peter O(tto) (* 14. 6. 1934 Berlin). – Dt. Schriftsteller, arbeitete zunächst als Maler, studierte dann Philosophie und Jura und war 1967/68 Stipendiat der Villa Massimo in Rom. Verteidigte RAF-Mitglieder, z. B. Andreas Baader, ist Mitglied des PEN-Zentrums und des VS. In seinen Erzählungen und Romanen zeichnet er satir. das Leben des Berliner Kleinbürgertums; daneben stehen Hörspiele, Gedichte, Dokumentationen und Übersetzungen aus dem Italienischen. Beachtung fand der Pop-Roman *Die Insel. Erzählungen auf dem Bärenauge* (1968), in dem das Leben in der polit. Insel Berlin für den Literaten Rottenkopf zu einem Symbol der Existenz am Rande des Untergangs wird, und die Erzählungen *Vom Leben und Lernen* (1969), *Abschied von Michalik* (1969), *Die Trauer im Auge des Ochsen* (1972), *Reden ist töricht, schweigen auch* (1974), *Die Briganten* (1976), *Der dreißigjährige Friede* (1977), *Die Herren des Morgengrauens* (1978), *Die mit Tränen säen* (1980 mit R. Ch. Häfner), *Mein Mann ist verhindert* (1985). 1987 legte er die Romanstudien *Tod durch Leere* vor.

Chrestien de Troyes, (* vor 1150, † vor 1190). – Altfranz. Dichter, stammte wahrscheinl. aus Troyes. Er ist der bedeutendste Vertreter der höf. Versepik des Mittelalters. Durch eine Verknüpfung von breton. Sagengut und provenzal. Minnedienst schuf er die Idealfigur des Königs Artus. C. schrieb die Romane *Erec et Enide* (um 1165), *Cligès* (um 1164–70), *Lancelot* (um 1170) und *Yvain* (um 1175), die später auch von anderen Autoren, u. a. von Wolfram von Eschenbach und Hartmann von Aue, bearbeitet wurden. Der Roman *Perceval* (vor 1190) ist, obwohl unvollendet geblieben, sein bedeutendstes Werk und weist durch die Aufnahme christl. Elemente über das ritterl. Weltbild hinaus.

Christ, Lena, eigtl. *Lena Benedix,* geb. Christ (* 30. 10. 1881 Glonn/Obb., † 30. 6. 1920 München). – C. stammte aus einfachen Verhältnissen und verlebte bei ihren verständnislosen Eltern eine traurige Kindheit und Jugendzeit. Angeregt durch ihren Mann, der ebenfalls Schriftsteller war, schrieb sie die heimatverbundenen Romane *Mathias Bichler* (1914), *Die Rumplhanni* (1916), *Madame Bäurin* (1920), die Erzählungen *Lausdirndlgeschichten* (1913), *Unsere Bayern anno 14/15* (1914 f.) und *Bauern* (1914), in denen sie die Situation einfacher Leute zwischen sozialem Aufstieg und Verproletarisierung schildert. Ihre Autobiographie *Erinnerungen einer Überflüssigen* (1912) vermittelt ein interessantes, in seiner nüchtern-realist. Darstellungsweise ergreifendes Bild der damaligen Zeit. Eine Ausgabe *Sämtliche Werke in drei Bänden* erschien 1988 f.

Christaller, Helene, geb. Heyer (* 31. 1. 1872 Darmstadt, † 24. 5. 1953 Jugenheim). – Dt. Autorin, schrieb Unterhaltungsromane mit sozialkrit. und religiösen Einschlägen, in denen sie Frauen- und Eheprobleme behandelt. Die wichtigsten sind *Magda* (1905), *Gottfried Erdmann und seine Frau* (1907), *Heilige Liebe* (1911) und *Christine* (1942). Gelungene Darstellungen der Schwarzwaldatmosphäre finden sich in den Erzählungen *Meine Waldhäuser* (1906).

Christen, Ada, eigtl. *Christiane von Breden,* geb. Friderik (* 6. 3. 1844 Wien, † 19. 5. 1901 ebd.). – Österr. Schriftstellerin, war bis zu ihrer Hochzeit Schauspielerin. Sie war mit vielen Schriftstellern, u. a. Anzengruber, bekannt. Ihre Gedichte, in denen sie in schonungslos offener Weise soziale und erot. Themen behandelt, hatten eine starke Wirkung auf den frühen Naturalismus. Sie erschienen u. d. T. *Lieder einer Verlorenen* (1868), *Aus der Asche* (1870), *Schatten* (1872) und *Aus der Tiefe* (1878). Ihre späten Romane stehen im Zeichen des Impressionismus, z. B. *Jungfer Mutter* (1892).

Christie, Agatha, Ps. *Mary Westmacott,* geb. Miller (* 15. 9. 1890 Torquay, † 12. 1. 1976 Wallingford). – Engl. Kriminalschriftstellerin, ihre spannenden Romane erreichten eine Auflage von über 200 Millionen. C. ist die Erfinderin der bekannten Detektivfiguren Hercule Poirot und Miss Marple, die die komplizierten Kriminalfälle stets humorvoll und rational lösen. Das Theaterstück *Zeugin der Anklage* (1954, dt. 1959) wurde verfilmt. Eine ungewöhnlich lange Spielzeit erreichte ihr Kriminalstück *Die Mausefalle* (1956, dt. 1956). Einige ihrer bekanntesten Romane sind *Das fehlende Glied in der Kette* (1920, dt. 1959), *Der Mord auf dem Golfplatz* (1923, dt. 1927), *Roger Ackroyd und sein Mörder* (1926, dt. 1928), *Mord im Pfarrhaus* (1930, dt. 1952), *Dreizehn bei Tisch* (1933, dt. 1934), *Letztes Weekend* (1939, dt. 1944), *Morphium* (1940, dt. 1943) und *Das Schicksal in Person* (1971, dt. 1972). 1974 erschienen die Erzählungen *Villa Nachtigall* in Deutsch. Ihre über 70 Kriminalromane wurden in alle europäischen Sprachen übersetzt.

Christine de Pisan (* um 1365 Venedig, † nach 1429 Poissy [?]). – Franz. Dichterin, war die Tochter eines Astrologen am Hof Karls V. Mit 25 Jahren wurde sie Witwe und dichtete von da an für Ludwig von Orléans und Philipp den Kühnen, um für sich und ihre Kinder den Lebensunterhalt zu bestreiten. Ihre Gedichte wie *Epistre au dieu d'Amours* (1399) und *La Pastoure* (1403) sind, wie die Werke ihres Vorbilds Deschamps, ganz im höf.-prunkvollen Stil des 14. Jh.s gehalten. Am individuellsten ist ihr Werk *Dit de la Rose* (1402), in dem sie sich für eine eth. Aufwertung der Rolle der Frau einsetzt. Histor. wertvoll ist ihre Biographie über König Karl V.

Christov, Kiril (* 29. 6. 1875 Stara Zagora/Bulgarien, † 7. 11. 1944 Sofia). – Bulg. Dichter, hielt sich lange in Westeuropa auf, wo er Gedichte wie *Morski Soneti* (1896) schrieb. Seine Lyrik ist eigenständig, zeigt jedoch Anklänge an den Impressionismus und an epikureisches Gedankengut. Seine Romane, z. B. *Bojan Magesnikŭt* (1905), und Dramen wie *Majstor i djavol* (1939) zeugen von psycholog. Einfühlungsvermögen. C. war auch ein hervorragender Übersetzer (u. a. Puschkin, Dante, Goethe u. Shakespeare).

Churchill, Caryl (* 3. 9. 1938 London). – Engl. Dramatikerin, trat mit Hörspielen, Fernsehspielen aber auch mit Bühnenstücken für das Royal Court Theatre an die Öffentlichkeit und fand allgemein große Beachtung und Anerkennung. Ihre Theaterstücke sind dadurch gekennzeichnet, daß sie die Realität der Bühne als eigenständig interpretiert, d. h. es gibt für sie keinen Zusammenhang von Bühnenzeit und realer Zeit, von Bühnenlogik und Bühnenkausalität und Wirklichkeit. Die frühen Komödien zeigen emanzipatorische Züge und unterhalten durch sexuellen Witz *Der siebte Himmel* (1979, dt. 1982). Fragen des Feminismus stehen im Mittelpunkt von *Top Girls* (1982, dt. 1983), die Welt des Kapitals und Managements stellt sie in dem Musical *Ernstes Geld* (1987) auf die Bühne. C. gehört zu den anerkanntesten Unterhaltungsautorinnen in England.

Churchill, Charles (* Februar 1731 Westminster, †4. 11. 1764 Boulogne). – Engl. Geistlicher, wurde durch seine scharfe Schauspielersatire *Rosciad* (1761) berühmt. C.s Kritik machte auch vor bekannten Persönlichkeiten nicht halt. Weitere seiner meist satir. Stücke sind *Prophecy in Famine* (1763) und *Ghosts* (1762), in dem er den Dichter Johanson verspottet.

Churchill, Winston (* 10. 11. 1871 St. Louis, † 12. 3. 1947 Winter Park/Florida). – Amerikan. Schriftsteller, hatte mit seinen Romanen wie *Richard Carvel* (1899), *The Crisis* (1901), *The Inside of a Cup* (1913) und *The Dwelling-Place of Light* (1917) sehr viel Erfolg. Er behandelt darin Themen aus der Geschichte Amerikas, aber auch aktuelle Probleme.

Churchill, Sir Winston Leonard Spencer (* 30. 11. 1874 Blenheim Palace, †24. 1. 1965 London). – Der engl. Staatsmann war ein Urenkel Marlboroughs. 1940–45 und 1951–55 war er Premierminister. Er verfaßte u. a. die Biographien seines Vaters *Lord Randolph Churchill* (1906), des Herzogs *Marlborough* (1933–38, dt. 1968 f.) und histor. Werke über die beiden Weltkriege, z. B. *Der Zweite Weltkrieg* (1948–53, dt. 1950–54) und *Geschichte* (engl. u. dt. 1956–1958). Er war auch als Rundfunkredner bekannt und veröffentlichte polit. Studien, z. B. *Liberalism and the Social Problem* (1909). 1953 erhielt er den Nobelpreis für Literatur.

Cibber, Colley (* 6. 11. 1671 London, † 12. 12. 1757 ebd.). – Engl. Schriftsteller, war Schauspieler und verfaßte auch Dramen wie *Love's Last Shift* (1696) und *The Provok's Husband* (1728), die zwar bühnentechnisch wirksam, lit. jedoch unbedeutend sind. C. mußte deshalb den beißenden Hohn anderer Dichter wie Johnson, Pope und Fielding erdulden.

Cicero, Marcus Tullius (* 3. 1. 106 v. Chr. Arpinum, †7. 12. 43 v. Chr. Caieta). – Röm. Redner, Schriftsteller und Philosoph, stammte aus einer wohlhabenden Adelsfamilie und erhielt eine ausgezeichnete Bildung. Im Prozeß gegen den sizilian. Statt-

halter Verres erwarb er sich nationale Verdienste und war von da an einer der ersten Redner Roms. Seine kunstvolle Sprache ist rhetor. sehr ausgefeilt und zeichnet sich durch lange, elegant komponierte Satzbogen aus. In der Rede *In Catilinam* (63 v. Chr.) beschreibt er sein Vorgehen gegen den Staatsfeind Catilina. Trotz seines Ansehens gelang es ihm nicht, sich gegen den mächtigeren Caesar durchzusetzen. Als er wegen seiner gegen Antonius gerichteten Reden *Philippicae* (44/43) fliehen mußte, wurde er ermordet. C.s Bedeutung liegt nicht nur darin, daß er lat. Prosa zu ihrer höchsten Vollendung verhalf, sondern auch in seiner Eigenschaft als Übermittler der griech. Philosophie, die er u. a. in den Schriften *De re publica* (51), *De legibus* (nach 51?), *De finibus bonorum et malorum* (45) und *Tusculanae disputationes* (45) beschreibt.

Cid, Poema del (auch *Cantar de Mío Cid*), ist das älteste Heldenepos der span. Dichtung. Es ist um 1140 entstanden und beschreibt das Leben des königstreuen Vasallen Rodrigo Díaz de Vivar (1043–1099). In drei Abschnitten schildert es, wie Rodrigo Krieg gegen die Mauren führt, was ihm den ehrenvollen Namen Cid (= Herr) einbrachte, und wie er die Ehre seiner Töchter verteidigt und sich zuletzt des uneingeschränkten Wohlwollens des Königs erfreuen darf. Neben feierl. und pathet. Stellen, die zur Verklärung des ruhmreichen Kriegers dienen, wird C. jedoch auch als Mensch und treusorgender Familienvater geschildert. Direkte Rede und Dialogform lockern dabei das Erzählgefüge auf und tragen zur realist. Wirkung des Dargestellten bei. Das Epos ist in Alexandrinern geschrieben und weist unregelmäßige Langzeilen auf, die durch Assonanzen zusammengehalten werden. Es inspirierte zahlreiche Dichter, u. a. Corneille, Lope da Vega und Herder, zu Nachdichtungen.

Cinna, Gaius Helvius. – Röm. Dichter, lebte im 1. Jh. v. Chr. und starb vermutlich 44 v. Chr. als Volkstribun. In dem nicht erhaltenen Gedicht *Zmyrna*, an dem er 9 Jahre lang arbeitete, befaßt er sich mit dem Problem des Inzests, wobei er sich an den bekannten griech. Dichter Parthenios anlehnt. An Kallimachos orientiert ist sein *Epigramm*, das vollständig überliefert ist.

Claes, Ernest André Jozef, Ps. *G. van Hasselt* (* 24. 10. 1885 Zighem/Belgien, †2. 9. 1968 Ukkel). – Fläm. Schriftsteller, studierte Germanistik und wurde dann Buchhändler und später Beamter. Er setzte sich für die Erhaltung des Flämischen ein und beschreibt in seinen Werken auf humorvolle Weise Szenen aus dem Leben in der Kleinstadt und auf dem Dorf. Am populärsten sind die Romane und Erzählungen *Flachskopf* (1920, dt. 1930), *Bruder Jakobus* (1933, dt. 1935), *Jerom und Benjamien* (1946, dt. 1961) und *Das Leben und der Tod des Victalis van Gille* (1951; dt. 1953). Mit C. erreicht die niederländ. Novellistik einen Höhepunkt.

Clark, John Pepper (* 6. 4. 1935 Kiagbodo/Nigeria). – Nigerian. Schriftsteller, schreibt englisch und arbeitet als Dozent für Englisch an der Universität Lagos. Seine Dramen, vornehmlich die Texte, die sich mit einer Sage der Ijaw auseinandersetzen, behandeln das Leben in Nigeria, die täglichen Erfahrungen und Gefährdungen *Ozidi* (1966), *The Ozidi Saga* (1975). Auch die Gedichte *A Reed in the Tide* (1965), *A Decade of Tongues* (1981) erzählen vom Leben der einfachen Menschen; lediglich das Theaterstück *America, Their America* (1964) reflektiert den Aufenthalt des Autors in den USA.

Clarke, Austin (*9.5. 1896 Dublin, †20.3. 1974 ebd.). – Ir. Schriftsteller, nach seinem Studium vier Jahre Dozent für engl. Literatur. Er war an der Gründung der »Irish Academy of Letters« beteiligt und rief die »Irish Lyric Theatre Company« ins Leben. Inspiriert durch die gäl. Dichtung schrieb er Gedichte wie *The Vengeance of Fionn* (1917), *Night and Morning* (1938), *Tiresias: A Poem* (1972), Versdramen, z. B. *The Flame* (1930), und Erzählungen, die voller Humor sind. Die Gedichte erschienen 1974 in einer Gesamtausgabe.

Claudel, Paul (*6.8. 1868 Villeneuve-sur-Fère/Aisne, †23.2. 1955 Paris). – Franz. Dichter, bedeutender Vertreter des »Renouveau catholique«. War als Diplomat u. a. in Amerika, China und Japan tätig. Seine Erfahrungen aus dieser Zeit machte er der Öffentlichkeit mit der Schrift *Aus der Erkenntnis des Ostens* (1900, dt. 1914) zugängl. Er ließ sich von Rimbaud und den Symbolisten inspirieren, schrieb jedoch völlig eigenständige Werke, die im Zeichen eines rigorosen Katholizismus stehen. Seine Dramen, z. B. *Verkündigung* (1912, dt. 1912), *Der seidene Schuh* (1929, dt. 1939), *Das harte Brot* (1918, dt. 1926) und *Johanna auf dem Scheiterhaufen* (1938, dt. 1938), streben nach der Darstellung des menschl. Seins in seiner Totalität und stellen mit ihren reimlosen Versen und freien Rhythmen eine moderne Form des christl. Welttheaters dar. Die Sprache ähnelt der der Bibel und reicht von pathet. und leidenschaftl. Ausbrüchen bis zum schlichten Gebetsstil. Daneben schrieb er die metr. eigenwilligen Gedichte *Fünf große Oden* (1910, dt. 1938). Bekannt ist auch C.s Briefwechsel mit A. Gide, den er mit Ausdauer und Hartnäckigkeit zum Glauben bekehren wollte. C.s Werk ist noch heute umstritten. Offizielle Anerkennung wurde C. erst 1946 mit der Aufnahme in die Académie Française zuteil.

Claudianus, Claudius. – Letzter lat. Dichter, lebte um 400 n. Chr. C. stammte vielleicht aus Alexandria und schrieb formvollendet, doch ohne künstler. Anspruch in jeder Gattung, z. B. Panegyriken, Hochzeitsgedichte, mytholog. Epen etc. Seine Bedeutung liegt nicht in der mühelosen Beherrschung der Stilmittel, dies ist eine typ. Erscheinung der Spätzeit, sondern in den zahlreichen verbürgten histor. Nachrichten, die er in seinen Texten wiedergibt. 1892 erschienen seine Schriften in den Monumenta Germaniae historica.

Claudius, Eduard, eigtl. *Eduard Schmidt*, Ps. *Edy Brendt* (*29.7. 1911 Buer/Gelsenkirchen, †13.12. 1976 Potsdam). – Dt. Schriftsteller, war Maurer und interessierte sich schon als Jugendlicher für Politik. 1947 ging er in die DDR, die er 1959–61 als Botschafter in Hanoi vertrat. Am gelungensten ist sein realist. Roman über den Bürgerkrieg in Spanien *Grüne Oliven und nackte Berge* (1945). In den späteren Werken wie in *Salz der Erde* (1948), *Früchte der harten Zeit* (1953), *Wintermärchen auf Rügen* (1965) und in der Autobiogr. *Ruhelose Jahre* (1968) beschäftigt er sich mit der aktuellen sozialist. Wirklichkeit.

Claudius, Hermann (*19. oder 24.10. 1878 Langenfelde b. Altona, †8.9. 1980 Hamburg). – Dt. Autor, ist der Urenkel von M. Claudius. Während er in jungen Jahren leidenschaftl., sozial engagierte Großstadtgedichte schrieb, gelangte er später zu einem natürl.-einfachen Stil. Neben heiter-verträumten und religiösen Gedichten in Plattdeutsch schrieb er auch Märchen, Biographien, Dramen und Hörspiele. Am bekanntesten sind die Gedichte *Lieder der Unruh* (1920), *Daß dein Herz fest sei* (1935), *Ulenbütteler Idylle* (1948) und *Töricht und weise* (1968) und die Erzählungen *Wie ich den lieben Gott suchte* (1935), *Mein Vater Emil* (1938) und *Meine Laterna magica* (1973). Eine erste Gesamtausgabe erschien 1957 in 2 Bdn.

Claudius, Matthias, Ps. *Asmus, Wandsbeker Bote* (*15.8. 1740 Reinfeld/Holstein, †21.1. 1815 Hamburg). – Dt. Dichter, studierte Jura und Theologie und war 1768–70 Mitarbeiter bei der »Hamburgischen Neuen Zeitung«. 1770–75 gab er den »Wandsbecker Bothen« heraus, eine Zeitschrift, die sowohl unterhaltend als auch belehrend wirken wollte und ein Vorläufer der späteren Volkskalender, Landboten usw. war. Ab 1777 lebte C., der u. a. zu Voß, Herder, Hamann und Lavater Kontakt hatte, als freier Schriftsteller. Am bekanntesten sind seine Gedichte und Lieder wie *Der Mond ist aufgegangen, Rheinweinlied, Der Tod und das Mädchen*, deren schlichter und inniger Ton die Menschen auch heute noch anspricht. Daneben schrieb er Fabeln, Briefe und Besprechungen. Seine Werke liegen u. a. in Ausgaben von 1924 und 1968 vor.

Clauren, Heinrich, eigtl. *Karl Gottlieb Samuel Hen* (*20.3. 1771 Dobrilugk/Niederlausitz, †2.8. 1854 Berlin). – Schlesischer Autor, studierte Jura in Leipzig und Göttingen. Er war ein vielgelesener Unterhaltungsschriftsteller, dessen Romane wie *Mimili* (1816) und Dramen genau auf die pseudoromant. und sentimentalen Bedürfnisse der breiten Masse seiner Zeit abgestimmt waren.

Claus, Hugo (*5.4. 1929 Brügge). – Belg. Schriftsteller, schreibt niederländisch, arbeitet als Autor, Maler, Regisseur in den Großstädten Europas und schrieb zahlreiche Werke, die breite Aufnahme fanden. 1955 fielen seine Gedichte, die in experimenteller Form unterschiedliche lit. Traditionen verbanden, auf *Die Gedichte aus Oostakker*. Auch die Erzählungen wie *Die Verwunderung* (1962, dt. 1979) und das Theaterstück

Die Reise nach England (1955, dt. 1960) zeigen ihn als erfolgreichen Autor, der dem Geschmack des Publikums zu entsprechen weiß. Als Übersetzer hat er an der Rezeption von Georg Büchner in Belgien großen Anteil.

Claussen, Sophus (*12.9. 1865 Helletoft/Insel Langeland, †11.4. 1931 Gentofte/Kopenhagen). – Der dän. Schriftsteller gehörte dem neuromant. Kreis um J. Jørgenson an, einer Gegenbewegung zum Brandesianismus. Seine symbolist. Gedichte wie *Danske vers* (1912), *Fabler* (1917) und *Heroica* (1925) erinnern an Rimbaud und Verlaine. Bekannt sind vor allem C.s Reiseberichte wie *Antonius i Paris* (1896) und *Valfart* (1896).

Clavel, Bernard Charles Henri (*29.5. 1923 Lons-le-Saunier/Burgund). – Franz. Schriftsteller, in verschiedenen Berufen tätig, nach 1939 Mitglied der Résistance. Seine Romane schildern in klarer Sprache Menschen und Schicksale seiner Heimat und tragen oft autobiograph. Züge. Die wichtigsten sind u.a. *Tochter des Stroms* (1957, dt. 1959), *Das offene Haus* (1958, dt. 1961) und *Les fruits de l'hiver* (1968), ein Teil eines Romanzyklus, der mit dem Prix Goncourt ausgezeichnet wurde. 1978 erschien dt. *Nacht über Malataverne*.

Clavell, James (*10.10. 1924 Australien). C. ist nach eigenen Worten »ein halbirischer Engländer, in Australien geboren, Bürger der Vereinigten Staaten mit Wohnsitz in Kalifornien und Kanada oder sonstwo«. 1954 begann er zu schreiben. Sein erster Roman *King Rat* (1962, dt. 1964 und 1977 u. d. T. *Rattenkönig*) wurde in zahlreiche Sprachen übersetzt und erregte allgemeines Aufsehen. C. stellt in dem Werk Erlebnisse in einem japanischen Kriegsgefangenenlager in Singapur dar. Mit *Tai-Pan* (1966, dt. 1967) und *Noble House Hongkong* (dt. 1982) gelangen ihm glänzende große Romane über Leben und Geschichte des Fernen Ostens. *Shogun* (dt. 1976) schildert die Samurai-Herrschaft des 17. Jh.s in Japan an der Wende zur Neuzeit. *Wirbelsturm* (dt. 1987) erzählt eine spannende Handlung auf dem Hintergrund des Iran der Mullahs. Die Romane wurden erfolgreich verfilmt. 1984 erschien dt. *Plumps-O-moto. Ein Märchen.*

Cleaver, Eldrige (*1935 Wabbaseka/Ark.). – Amerikan. Schriftsteller, wuchs heran in den Gettos kaliforn. Städte, wurde Anhänger von Malcolm X. und Informationschef der Black Panther Party. Der Negerführer, der die Jahre 1954–66 überwiegend im Zuchthaus verbrachte, erhielt 1968 einen Lehrauftrag der Universität Berkeley; der zuständige Gouverneur verhinderte jedoch die endgültige Berufung. C. entzog sich einer erneuten Verhaftung durch Flucht in den Untergrund. Im Zuchthaus schrieb C. den stark beachteten Bericht *Seele auf Eis* (1968, dt. 1970), später veröffentlichte er *Nach dem Gefängnis* (dt. 1970) und *Gespräche in Algier* (mit L. Lockwood; dt. 1971).

Cleland, John (*1709, †23.1. 1789 London). – Engl. Schriftsteller, war engl. Konsul in Smyrna. Er schrieb zahlreiche Dramen und Romane. Großes Aufsehen erregte sein Roman *Memoirs of a Woman of Pleasure or, Fanny Hill* (1749). Wegen seines pornograph. Inhalts wurde die Verbreitung dieses Buches schon zur Zeit seines Erscheinens unterdrückt, und noch in den 60er Jahren des 20. Jh.s wurden Neuausgaben immer wieder beschlagnahmt. In Dtld. erschien es 1963.

Clemens, Samuel Langhorne → Mark Twain

Clemens, Titus Flavius Alexandrius. – Erster christl. Philosoph, 2. Jh. n. Chr. C. stammte wahrscheinl. aus Athen und ließ sich nach ausgedehnten Bildungsreisen in Alexandria nieder. Bei der Christenverfolgung mußte er seine Heimat verlassen. Unter seinen erhaltenen Schriften sind von Bedeutung eine Ermahnung der Griechen, von ihrem unsinnigen Götterkult abzulassen, die sog. *Zeugstücke*, eine recht schillernde christl. Glaubenslehre und eine Predigt über den Reichtum. Da er der antiken Philosophie eng verbunden war, suchte er die Christen im Geiste antiker Gelehrsamkeit zu bilden. Auf die weitere Kirchengeschichte hat er keinerlei Einfluß.

Cloete, (Edward Fairly) Stuart (*23.7. 1897 Paris, †20.3. 1976 Kapstadt). – Die Eltern des südafrikan. Schriftstellers waren Engländer. C.s erfolgreiche Romane, z. B. *Afrikanische Ballade* (1953, dt. 1954), *Mamba* (1956, dt. 1958), *Fetzen des Ruhms* (1963, dt. 1965), *Congo Song* (1974), handeln meist vom Leben der Buren. Der bekannteste ist *Wandernde Wagen* (1937, dt. 1938). Er erzählt die Geschichte einer weißen Siedlergruppe des beginnenden 19. Jh.s, ihren Auszug aus Kapland und die Zerstörung ihrer Siedlung durch die Eingeborenen. C. gelang es mit seinen Werken vorzüglich, die Zeitgeschichte der Burenkriege wahrheitsgetreu und spannend zu erzählen. Bekannt wurden auch die Kurzgesch. *The company with the heart of gold* (1973) und die Autobiogr. *Der Spieler* (1973).

Cocteau, Jean (*5.7. 1889 Maisons-Laffitte/Paris, †11.10. 1963 Milly-la-Forêt/Paris). – Franz. Schriftsteller und Regisseur, stammte aus wohlhabenden Verhältnissen und wurde zunächst Zeichner und Journalist. Er pflegte mit zahlreichen Persönlichkeiten des kulturellen Lebens Umgang, z. B. mit Rilke, Proust, Gide, Strawinski, Picasso und Edith Piaf. Seinem brillanten und auch extravaganten Wesen verdanken Dadaismus und Surrealismus entscheidende Impulse. C.s Gedichte wie *Discours du grand sommeil* (1922), *Cri écrit* (1925), *Allégories* (1941) und *Le requiem* (1962) gehören formal zur »poésie pure«, inhaltl. jedoch sind sie meist mehrdeutig, mit einer Tendenz zum Surrealist. Von seinen Romanen sind *Der große Sprung* (1923, dt. 1956) und *Kinder der Nacht* (1929, dt. 1953) wohl am bekanntesten. Dem Beispiel Anouilhs und Giraudoux' folgend, gestaltete er antike Stoffe auf moderne Weise, wie in den Dramen *Orpheus* (1927, dt. 1951) und *Die Höllenmaschine* (1934, dt. 1951). Von seinen Filmen sind *Le sang d'un poète* (1932), *La belle et la bête*

(1946) und *Orphée* (1950) am populärsten. 1955 wurde der vielseitige und experimentierfreudige Künstler in die Académie Française aufgenommen.

Coelho Neto, Henrique Maximiano da Fonseca (* 21. 2. 1864 Caxias/Maranhão, † 28. 11. 1934 Rio de Janeiro). – Brasilian. Schriftsteller, war Abgeordneter und Professor. Seine Romane sind realist., weisen jedoch auch phantast. und symbolist. Züge auf. Sie schildern den harten Lebenskampf der Menschen Brasiliens vor dem Hintergrund der Urwaldlandschaft. Die bekanntesten sind *Praga* (1894), *Sertão* (1896) und *Banzo* (1913).

Coetzee, John (Marie) (* 9. 2. 1940 Kapstadt). – Südafrikan. Schriftsteller, Dozent für engl. Literatur an der Universität Kapstadt, beschreibt in seinen Romanen die Wirkung autoritärer Systeme auf den einzelnen Menschen, wobei es ihm vornehmlich nicht um konkrete politische Probleme geht. C. zeigt in seinen Romanen *Im Herzen des Landes* (1977, dt. 1987), *Warten auf die Barbaren* (1980, dt. 1984), *Leben und Zeit des Michael K.* (1983, dt. 1985), wie sich Menschen unter Bedrohungen verhalten und verdeutlicht, daß jede Gewalt gegen die Würde des Menschen gerichtet ist. Seine Darstellungen gewinnen Anschaulichkeit durch die surrealen Stilelemente, durch Parabeln und Situationen, die an Erzählungen Kafkas erinnern.

Cohen, Albert (* 16. 8. 1895 Korfu, † 7. 10. 1981 Genf). – Franz. Schriftsteller, lebt in Genf, wo er beim Völkerbund und den Vereinten Nationen tätig war. Neben Dramen wie *Ezéchiel* (1956) schrieb er vor allem Romane, z. B. *Drei Masken* (dt. 1932), *Mangeclous* (1938) und *Belle du seigneur* (1968), für den er den Preis der Académie Française erhielt.

Cohen, Leonard (* 21. 9. 1934 Montreal). – Kanad. Schriftsteller aus jüdischer Familie, trat bes. als Sänger und Komponist hervor. Seine Lyrik *Das Lieblingsspiel* (1963, dt. 1972), *Blumen für Hitler* (1964, dt. 1971), *Die Energie von Sklaven* (1972, dt. 1977), *Letzte Prüfung* (1978, dt. 1982), *Book of Mercy* (1984) steht unter dem Einfluß von Keats, Baudelaire, Lawrence und Genet. Er steigert die Selbsterfahrung bis zur Selbstvernichtung und wurde so zum Idol der sog. Beatgeneration. Sein weltberühmter Roman *Beautiful Losers* (1966, dt. 1970 u. d. T. *Schöne Verlierer*) gestaltet diesen Genuß der Selbstzerstörung in sexuellen Ekstasen. Auf den modernen Roman in Kanada hat er mit diesem Roman großen Einfluß gewonnen, da er die Geschichte des Landes in der Person eines Indianermädchens einzufangen sucht.

Coleridge, Samuel Taylor (* 21. 10. 1772 Ottery St. Mary/Devonshire, † 25. 7. 1834 London). – Engl. Dichter, war der Sohn eines Geistlichen. Gemeinsam mit seinem Freund, dem Dichter Wordsworth, veröffentlichte er die *Lyrical Ballads* (1798), die den Beginn der engl. Romantik markieren. Die bekannteste Ballade daraus ist *The Ancient Mariner*. Sie besticht durch

ihre melod., suggestive Sprache und durch unheiml. Bilder. C. schätzte besonders die dt. Dichtung und Philosophie, wie sie u. a. durch Kant, Schelling, Schiller, Bürger und Tieck vertreten wurde. Nach einer schweren Krankheit zog er sich nach Grasmere zurück und gründete die philosoph. Zeitschrift »The Friend« (1809–10). Neben Dramen wie *Remorse* (1813) veröffentlichte er auch philosoph., theolog. und literaturtheoret. Essays.

Colerus, Egmont von C. zu Geldern (* 12. 5. 1888 Linz, † 8. 4. 1939 Wien). – Die Romane des österr. Schriftstellers behandeln sowohl aktuelle als auch histor. Themen und wenden sich oft dem Problem des Erotischen zu. Zu den bekanntesten zählen *Antarktis* (1920), *Zwei Welten* (1926), *Die neue Rasse* (1928) und *Leibniz* (1934). Daneben schrieb er auch Dramen und leichtverständl., unterhaltsame Einführungen in die Mathematik wie *Vom Einmaleins zum Integral* (1934) und *Vom Punkt zur 4. Dimension* (1935).

Colette, Sidonie-Gabrielle (* 28. 1. 1873 Saint-Sauveur-en-Puisaye/Yonne, † 3. 8. 1954 Paris). – Franz. Schriftstellerin, Sängerin und Tänzerin, lebte nach ihrer Scheidung von dem Schriftsteller Henry Gauthier-Villars (Ps. *Willy*), der sie zu ihren ersten lit. Versuchen, den *Claudine*-Romanen, angeregt hatte, in Paris. Ihre stilist. ausgefeilten Romane handeln von den kleinen Freuden des Lebens, von der Natur, den Tieren und der menschl. Gefühlswelt. Die bekanntesten, teilweise autobiograph. Werke sind u. a. *Mein Elternhaus* (1922, dt. 1929), *Komödianten* (1913, dt. 1931), *Mitsou* (1919, dt. 1927, *Chéri* (1920, dt. 1927) und *Gigi* (1945, dt. 1959). C. wurde 1935 in die Académie Belge und 1944 in die Académie Goncourt aufgenommen. Ihr Gesamtwerk erschien 1950 ff. in 15 Bdn.

Collins, William (* 25. 12. 1721 Chichester, † 12. 6. 1759 ebd.). – Die Werke des engl. Dichters, u. a. *Oriental Eclogues* (1742), *Odes on Several Descriptive and Allegorical Subjects* (1747) und *An Ode on the Popular Superstitions of the Highlands of Scotland* (1788), zeichnen sich durch Klangschönheit und vollendete Form aus. C., der ein Vorläufer der Romantik war, wurde erst nach seinem Tod als Dichter anerkannt.

Colonna, Vittoria (* 1492 Marino/Rom, † 25. 2. 1547 Rom). – Ital. Dichterin, stammte aus einem alten röm. Adelsgeschlecht. Nach dem Tod ihres Gatten zog sie sich zeitweise in ein Kloster zurück und verbrachte die letzten 3 Jahre ihres Lebens als zentrale Figur eines Künstlerkreises in Rom, wo sie u. a. mit Galeazzo di Tarsia und Michelangelo Buonarroti befreundet war, der sie in seinen Gedichten zu einem weibl. Ideal stilisierte. C. schrieb Sonette im Renaissancestil Petrarcas, in denen sie den Verlust ihres geliebten Gatten beklagt. Daneben kreisen ihre Themen auch um Religion und Philosophie. Ihre Gedichte liegen in einer Ausgabe u. d. T. *Rime* (1538) vor.

Colum, Padraic (McCormac) (* 8. 12. 1881 Lonford/Irland, † 11. 1. 1972 Enfield/USA). – Irischer Dichter, ist zum Kreis der modernen irischen Literaten wie Yeats, Synge und Lady Gregory zu rechnen. Bekannt wurde er durch sein Drama *The Land* (1905). Seine klangschönen Gedichte, z. B. *The Story of Lowry Maen* (1937), *Arthur Griffith* (1959) und *Images of Departure* (1969), zeichnen sich durch eine klare Sprache aus.

Comenius, Johann Amos, eigtl. *Jan Amos Komenský* (* 28. 3. 1592 Nivnice/Südmähren, † 15. 11. 1670 Amsterdam). – Tschech. Theologe und Pädagoge, wurde 1648 Bischof der Böhm. Brüdergemeine. Nach dem Westfälischen Frieden mußte er das Land verlassen. Neben philosoph. und philolog. Schriften veröffentlichte er pädagog. Werke, die die allgemeine Schulpflicht, Anschauungsunterricht und die Gleichberechtigung von Natur- und Geisteswissenschaften fordern. Sie wurden oftmals übersetzt und bewirkten auf Grund ihrer überzeitl. Gültigkeit, daß C. über die Landesgrenzen hinaus berühmt wurde. Die wichtigsten Werke sind u. a. *Das Labyrinth der Welt und Paradies des Herzens* (1631, dt. 1908), *Informatorium der Mutterschule* (1633, hg. 1858 u. 1962), *Große Didaktik* (1657, dt. 1960) und *Pampaedia* (hg. u. dt. 1960).

Comfort, Alex(ander) (* 10. 2. 1920 London). – Engl. Schriftsteller, Arzt und Psychologe, seine bilderreichen Gedichte wie *France and other Poems* (1941) und *Haste to the Wedding* (1962) sind von Rilke beeinflußt. An Camus erinnern seine sozialkrit. Romane, die sich gegen den Kommunismus wie auch Kapitalismus richten, z. B. *The Powerhouse* (1944) und *Come out to Play* (1961). Dt. erschienen 1976 *Freude am Sex* und *Noch mehr Freude am Sex* (1978). Seine Ansichten über Sexualpädagogik sind heftig umstritten.

Comisso, Giovanni (* 3. 10. 1895 Treviso, † 21. 1. 1969 ebd.). – Ital. Schriftsteller, seine frühen Gedichte erinnern an den gekünstelten Stil D'Annunzios. Am wertvollsten sind seine Erzählungen und Romane, bes. die, in denen er das Meer beschreibt. Bes. wichtig sind u. a. *Gente di mare* (1928), *I due compagni* (1936) und *Il sereno dopo la nebbia* (hg. 1974).

Commynes, Philippe de, auch *Commines* und *Cominäus* (* um 1477 Schloß Commynes/Flandern, † 18. 10. 1511 Schloß Argenton). – Franz. Geschichtsschreiber, war Berater Karls des Kühnen und Ludwigs XI. Überliefert sind von ihm einige *Briefe* und seine histor. interessanten *Memoiren* (dt. 1952), die die Zeit von 1464 bis 1498 behandeln. C. schildert darin wichtige Staatsmänner und erklärt das Zustandekommen von Ereignissen durch die Charakteranlage des jeweiligen Politikers, z. B. *Chronique de Louis XI. et de Charles VIII.* (1524, hg. 1901 bis 1905).

Compton-Burnett, Dame Ivy (* 5. 6. 1884 Pinner/Middlesex, † 27. 8. 1969 London). – Engl. Autorin, beschreibt in ihren Romanen die engl. Gesellschaft aus der Zeit vor dem Ersten Weltkrieg. Das Hauptgewicht liegt dabei auf der Darstellung von problemat. zwischenmenschl. Beziehungen, die nicht auktorial beschrieben, sondern durch den stilisierten Dialog

geschildert werden. Die wichtigsten Romane sind u. a. *Men and Wives* (1931), *The Present and the Past* (1953) und *Eine Familie und ihr Vermögen* (1959, dt. 1966). (Posth. erschien 1970 *The Last and the First*, dt. *Diener und Bediente* [1988], *Ein Gott und seine Gaben* [dt. 1989]).

Conchon, Georges (* 9. 5. 1925 Saint-Avit/Puy-de-Dôme, † 29. 7. 1990 Paris). – Franz. Schriftsteller, studierte Philosophie und Literatur und war u. a. als Journalist und Parlamentssekretär in Paris tätig. Seine realist. Romane kreisen um aktuelle Probleme wie die soziale Ungerechtigkeit und Rassendiskriminierung. Die bekanntesten sind *Wilde Zustände* (1964, dt. 1965), *Asche des Sieges* (1959, dt. 1961) und *L'apprenti gaucher* (1967).

Conrad, Joseph, eigtl. *Józef Teodor Konrad Korzeniowski* (* 3. 12. 1857 Berdiczew/Ukraine, † 3. 8. 1924 Bishopsbourne/Kent). – Engl. Schriftsteller, Eltern stammten aus Polen und starben nach dem mißglückten Aufstand von 1863. Obwohl Englisch zeitlebens eine Fremdsprache für ihn war, bemühte sich C. unaufhörlich um stilist. Vollendung, so daß die Qualität seiner Prosa mit der von V. Hugo und G. Flaubert verglichen werden darf. Seine Romane spielen meist im exot., abenteuerl. Milieu. Sie sind stimmungsvoll und vermitteln dem Leser das Gefühl für die Weite des Meeres und die Kraft der Natur. Die bekanntesten sind *Lord Jim* (1900, dt. 1934), *Der Geheimagent* (1907, dt. 1927), *Mit den Augen des Westens* (1911, dt. 1913), *Der Freibeuter* (1923, dt. 1931) und *Taifun. Zwischen Land und See* (1978). Eine dt. Übersetzung des vielfältigen Gesamtwerks erschien 1962.

Conrad, Michael Georg (* 5. 4. 1846 Gnodstadt/Franken, † 20. 12. 1927 München). – Dt. Schriftsteller, war Gründer und Herausgeber der wichtigen frühnaturalist. Zeitschrift »Die Gesellschaft«. Mit seinen bewußt verwirrend aufgebauten Romanen wie *Die klugen Jungfrauen* (1889) versucht er ein getreues Abbild der chaot. Wirklichkeit zu vermitteln und wurde damit zum Wegbereiter des dt. Naturalismus. Erwähnenswert sind besonders seine Essays über Zola wie *Von Emile Zola bis Gerhart Hauptmann* (1902).

Conradi, Hermann (* 12. 7. 1862 Jeßnitz/Anhalt, † 8. 3. 1890 Würzburg). – Dt. Autor, studierte Philosophie, Philologie und Ökonomie. Sein erster Roman *Adam Mensch* (1889) zog ein Gerichtsverfahren nach sich, in dem er der Sittenlosigkeit angeklagt wurde. In seiner Gefühlsbetontheit und Zerrissenheit verkörpert C. den Typ des Stürmers und Drängers. Von seiner Erzähltechnik und seinem sozialen Engagement her war er ein Wegbereiter des Naturalismus, stand dazu stark unter dem Einfluß von Zola, Dostojewski und Nietzsche. Weitere Werke sind die Gedichte *Lieder eines Sünders* (1887), die Erzählungen *Brutalitäten* (1886) und der Roman *Phrasen* (1887).

Conscience, Hendrik (* 3. 12. 1812 Antwerpen, † 10. 9. 1883

Brüssel). – Flämischer Schriftsteller, engagierter Kämpfer in der fläm. Sprachbewegung. Berühmt wurde er durch seinen Roman *Der Löwe von Flandern* (1838, dt. 1916), der das fläm. Volk in seinem Nationalbewußtsein stärkte. Als erster Vertreter der fläm. Romantik verfaßte er historische Romane wie *Jacob von Artevelde* (1849, dt. 1954) und *Der Bauernkrieg* (1853, dt. 1853). Am wertvollsten sind seine idyll. Beschreibungen der flandr. Heimat und ihrer Menschen, z. B. *Siska van Roosemael* (1844), *Rikke-tikke-tak* (1851) und *Der arme Edelmann* (1851, dt. 1851).

Constant, Benjamin, eigtl. *Henri B. Constant de Rebecque* (*25. 10. 1767 Lausanne, †8. 12. 1830 Paris). – Die Eltern des franz. Schriftstellers waren Schweizer Hugenotten. C. war ein begeisterter Anhänger der Revolution und lebte seit 1796 in Paris, wo er 1799 einen Sitz im Tribunal innehatte. Sein berühmtester Roman *Adolphe* (1816, dt. 1898) ist eine dichterischen Beschreibung und Analyse seiner Beziehung zu Mme. de Staël, In *Cécile* (hg. 1951, dt. 1955) schildert er mit einer psycholog. Genauigkeit, die auch vor Selbstentblößung nicht zurückschreckt, sein zwiespältiges Verhältnis zu der franz. Dichterin und Charlotte von Hardenberg, die später seine Frau wurde. Damit nahm C. die Form des psychologischen Romans des 19. Jh.s vorweg. Stilist. sind seine Werke der Klassik zuzuordnen. 1971 f. erschien eine dt. Ausgabe seiner Werke in 4 Bdn.

Cooper, James Fenimore (*15. 9. 1789 Burlington/New Jersey, †14. 9. 1851 Cooperstown). – Amerikan. Schriftsteller, war Gutsbesitzer und Unternehmer, lebte sieben Jahre in Europa, wo er sein Land als Konsul vertrat. Bekannt wurde er durch die Figur des Lederstrumpf, die in ihrer Integrität die Idealgestalt des amerikan. Pioniers verkörpert. Das populärste Werk aus dieser Serie ist *Der Letzte der Mohikaner* (1826, dt. 1926, bekannter unter dem späteren Titel *Der letzte Mohikaner*). Daneben verfaßte er Romane über die See und wurde somit ein Vorläufer H. Melvilles und J. Conrads. Weitere Werke sind *Der Spion* (1821, dt. 1824), *Die Prärie* (1827, dt. 1827), *Der Wildtöter* (1841, dt. 1841), *Der Pfadfinder* (1840, dt. 1841) und *Der rote Freibeuter* (1827, dt. 1828). Trotz gelegentl. formaler Schwächen verkörpert C. den ersten wichtigen Vertreter der amerikan. Romankunst. Von historischem Interesse sind seine *Erinnerungen aus Europa* (1936, dt. 1937) und seine Essays.

Coover, Robert Lowell (*4. 2. 1932 Charles City/Iowa). – Amerikan. Schriftsteller wurde bereits für seinen ersten Roman *The Origin of the Brunists* (1966) mit dem Faulknerpreis ausgezeichnet. C. gilt neben Pynchon und Nabokov als ein Begründer der Postmoderne. In seinen Romanen *Die öffentliche Verbrennung* (1977, dt. 1983), *Geralds Party* (1986, dt. 1987) mischt er mythische und ideologische Vorstellungen mit historischen Ereignissen und Brauchtum, wobei auch das Ab-

stoßende und Schockierende bewußt als Stilmittel verwendet wird. Da er in seinen Romanen bewußt an der schönen Welt der amerikan. Vorstellungen Kritik übt, wurde er auch angegriffen und mußte sich gegen Unterstellungen wehren.

Ćopić, Branko (*1. 1. 1915 Hašani, †26. 3. 1984 Belgrad). – Serb. Schriftsteller, verfaßte Romane über den bosn. Befreiungskampf wie *Die ungewöhnlichen Abenteuer des Nikola Bursac* (1955, dt. 1961), *Freunde, Feinde und Verräter* (1952, dt. 1964), *Sei nicht traurig, eherner Wachtposten* (1958, dt. 1969), *Die Kühnen von Bihać* (1975). Daneben schrieb er auch lyr. Dichtungen über das harte Leben der Bauern Bosniens.

Corbière, Tristan, eigtl. *Edouard-Joachim C.* (*18. 7. 1845 Schloß Coatcongar/Bretagne, †1. 3. 1875 Morlaix). – Franz. Schriftsteller, wurde 1883 von Verlaine entdeckt und regte durch seine F. Villon verwandte Lyrik zahlreiche Dichter an. In seinen Gedichten revoltiert er gegen überkommene Traditionen und versteigt sich in radikalen Ausbrüchen bis zur Gotteslästerung. Am bekanntesten sind *Les amours jaunes* (1873) und *Choix de poèmes* (hg. 1949).

Cordes, Alexandra, eigtl. *Ursula Horbach* (*16. 11. 1935 Bonn, †27. 10. 1986 Chateauneuf-du-Pape/Frankreich). – Dt. Unterhaltungsschriftstellerin, schrieb über 60 Romane und erreichte eine Gesamtauflage von mehreren Millionen. Bes. bekannt wurden *Frag nie nach dem Ende* (1978), *Liebe kennt keine Jahre* (1980), *Die Lady* (1986). C. wurde von ihrem Mann getötet, der sich anschließend erschoß.

Corneille, Pierre (*6. 6. 1606 Rouen, †1. 10. 1684 Paris). – Franz. Dramatiker, stammte aus einer Juristenfamilie norm ann. Herkunft. Seine frühen Komödien, z. B. *Mélite* (1629), *L'illusion comique* (1639) und *Der Lügner* (1644, dt. 1762), bringen Eifersuchtskonflikte auf die Bühne. Mit C. nimmt die Zeit der franz. Klassik ihren Anfang (1636!). Seine bekanntesten Stücke sind *Querelle du Cid* (1637 u. 1647), das von der Académie Française verurteilt wurde, *Horace* (1641), *Cinna* (1643) und *Polyeucte* (1643). C. beachtet die Regel von den drei Einheiten und stellt heroische Menschen im Konflikt zwischen Pflicht und Neigung dar in dem festen Glauben an die absolute Macht des menschl. Willens und der Vernunft. Die Sprache ist dabei von einer erhabenen, pathet. Feierlichkeit. Ziel der Darstellung ist es nicht, ein Individuum zu zeigen, sondern einen held. Menschentyp, der durch den Prozeß seiner Selbstüberwindung beim Publikum Bewunderung erregt. Seine späten Werke sind, ähnlich wie die frühen Stücke, von barocker Unregelmäßigkeit. C. fertigte auch eine hervorragende Übersetzung der *Imitatio Christi* von Thomas a Kempis an und schrieb poet. Abhandlungen. Seit 1647 war er Mitglied der Académie Française. In Dt. liegen seine Dramen in vielen Ausgaben vor.

Cortázar, Julio (*26. 8. 1914 Brüssel, †12. 2. 1984 Paris). –

Argentin. Schriftsteller, arbeitete zunächst als Lehrer und Hochschuldozent; als Peron in Argentinien an die Macht kam, verließ C. den Staatsdienst und wirkte als Übersetzer, wobei er Defoe, Poe, Gide u. a. in seiner Heimat bekannt machte. 1951 ging er nach Paris und veröffentlichte Essays, Erzählungen *Passatwinde* (dt. 1987), *Unzeiten* (dt. 1990) und auch Romane wie *Die Gewinner* (1960, dt. 1966), *Rayuela, Himmel-und-Hölle* (1963, dt. 1980), *Album für Manuel* (1973, dt. 1976); *Ein gewisser Lukas* (dt. 1987) zeigt autobiographische Züge. In den frühen Werken stand er dem Surrealismus nahe, wandte sich dann aber zunehmend realist. und polit. Motiven zu, wobei er als überzeugter Sozialist für Nicaragua und Kuba Partei ergriff. Immer sind seine Werke jedoch von Versöhnungswillen und einem tiefgründig spontanen Humor gekennzeichnet, der dem Leser auch erleichtert, die komplexe Struktur der Romane zu genießen.

Cortês, Alfredo (* 29. 7. 1880 Estremoz/Portugal, † 7. 4. 1946 Oliveira de Azeméis). – Portugies. Dichter, schrieb erfolgreiche Dramen, die z. T. burlesk und volkstüml. sind oder mit zyn. Schärfe Gesellschaftskritik üben. Die wichtigsten sind *Zilda* (1921), *O Lódo* (1923), *Domus* (1931), *Saias* (1938) und *Lá-lás* (1944).

Corti, Egon Cäsar Conte C. alle Catene (* 2. 4. 1886 Agram, † 17. 9. 1953 Klagenfurt). – Der deutschsprachige Dichter stammte aus lombardischem Adel und wurde durch seine Biographien histor. Persönlichkeiten bekannt. Sie sind in einem flüssigen, leicht zu lesenden Stil gehalten. Die wichtigsten sind *Alexander von Battenberg* (1920), *Das Haus Rothschild* (1927/28), *Elisabeth, die seltsame Frau* (1934) und *Ludwig I. von Bayern* (1937). Daneben schrieb er histor. Anekdoten und histor. Schriften. Ein Meister der kleinen Form, hatte er mit seinem großangelegten Roman über das Haus Habsburg wenig Erfolg.

Costa i Llobera, Miguel (* 4. 2. 1854 Pollensa/Mallorca, † 16. 10. 1922 Palma de Mallorca). – Der katalan. Dichter war Kanonikus in Palma. Sein Werk verrät den Einfluß der antiken klass. Literatur und strahlt Heiterkeit und Harmonie aus. Es wirkte stark auf die nachfolgende katalan. Dichtung. C.s berühmtestes Gedicht ist *Lo pi de Formentor.* Daneben schrieb er u. a. die Gedichte *Poesies* (1885), *Del agre de la terra* (1897) und *Horacianes* (1906) und trat als Übersetzer des Prudentius hervor.

Coster, Charles Théodore Henri de (* 20. 8. 1827 München, † 7. 5. 1879 Ixelles). – Der belg. Dichter studierte Jura und Literatur. 1856–64 war er Mitherausgeber der Zeitung »Uylenspiegel«. In seinen Werken, die erst nach seinem Tode geschätzt wurden, bearbeitet er alte Themen aus der flandr. Erzähltradition auf moderne Weise. In seiner bekanntesten Dichtung *La légende d'Ulenspiegel* (1868, dt. 1926) schildert er hinter der derb-fröhl. Figur des Spaßmachers Eulenspiegel

den Kampf der Niederlande gegen die span. Okkupation. Das Epos ist in altertüml., kraftvoller und bilderreicher Sprache geschrieben. C. beeinflußte nicht nur die erzählende, sondern auch die dramat. Literatur Belgiens. Weitere Werke sind *Vlämische Legenden* (1858, dt. 1919). *Brabanter Geschichten* (1861, dt. 1917), der Roman *Hochzeitsreise* (1870, dt. 1916) und das Drama *Stéphanie* (1927).

Couperus, Louis Marie Anne (* 10. 6. 1863 Den Haag, † 16. 7. 1923 De Steeg b. Arnhem). – Niederl. Romancier, studierte Literatur und unternahm danach zahlreiche ausgedehnte Reisen. In seinen Romanen wie *Schicksal* (1890, dt. 1892) und *Iskander* (1920, dt. 1925) beschreibt er meist schwache und dekadente Charaktere. Seine Werke sind stilist. ausgefeilt, wenn auch teilweise überladen. C. schrieb auch die Gedichte *Een lent van vaerzen* (1884) und Reiseberichte.

Courths-Mahler, Hedwig, geb. Mahler, Ps. *Relham, Hedwig Brand* (* 18. 2. 1867 Nebra in Thüringen, † 26. 11. 1950 Rottach-Egern/Obb.). – Dt. Autorin, begann mit 17 Jahren leichte, unterhaltende Romane zu schreiben, die sehr populär wurden (Gesamtauflage über 30 Mill.; 207 Romane). Sie verwendet dabei meist das gleiche Handlungsschema, z. B. den sozialen Aufstieg eines armen, tugendsamen Mädchens, wobei die Personen ihrer Romane eine einseitige, in Gut und Böse geteilte Charakterzeichnung aufweisen. Die bekanntesten sind *Ich will* (1916), *Meine Käthe* (1917), *Der Scheingemahl* (1919), *Eine ungeliebte Frau* (1918) und *Die schöne Unbekannte* (1918). Gegenwärtig werden ihre Romane als Zeitdokumente geschätzt.

Coward, Sir Noël (Pierce) (* 16. 12. 1899 Teddington/England, † 26. 3. 1973 Jamaika). – Coward war Schauspieler, Dramatiker und Musicalkomponist. Seine satir. Stücke, in denen die Schwächen der heutigen Gesellschaft verspottet werden, hatten großen Erfolg. Die bekanntesten Komödien sind *Gefallene Engel* (1925, dt. 1926), *Intimitäten* (1930, dt. 1931), *Geisterkomödie* (1941, dt. 1949), *Quadrille* (1952, dt. 1953), und *Akt mit Geige* (1956, dt. 1958). Daneben schrieb C. auch Tragödien, Erzählungen und Gedichte und arbeitete für den Film.

Cozzens, James Gould (* 19. 8. 1903 Chicago, † 9. 8. 1978 Florida). – Amerikan. Schriftsteller, verfaßte anspruchsvolle Gesellschaftsromane, die meist im angelsächs. Raum der USA spielen und Menschen in extremen Situationen schildern. Seine Gestalten sind Realisten, die in einer unerfaßbaren Wirklichkeit sich stets ihre persönl. Freiheit bewahren wollen. Seine bekanntesten Werke sind u. a. *Ein Schiff geht unter* (1931, dt. 1933), *Die Gerechten und die Ungerechten* (1942, dt. 1946), *Von Liebe beherrscht* (1958, dt. 1959) und *Morning, Noon and Night* (1968). 1949 erhielt er den Pulitzerpreis für *Guard of Honor.*

Crabbe, Georg (* 24. 12. 1754 Aldeburgh/Suffolk, † 3. 2. 1832

Trowbridge/Wiltshire). – Engl. Dichter, stammte aus armen Verhältnissen. Er war von Beruf Pfarrer. Seine Werke schildern in realist. Weise das Leben der kleinen Leute. Sie stehen in der Tradition Popes und gehören formal gesehen noch zur Klassik. Die bekanntesten seiner Versdichtungen sind *The Village* (1783), *The Borough* (1810, wurde die Vorlage zu B. Brittens Oper *Peter Grimes*) und *Tales of the Hall* (1819).

Craddock, Charles Egbert, eigtl. *Mary Noailles Murfree* (*24. 1. 1850 Murfreesboro/Tennessee, †31. 7. 1922 ebd.). – Amerikan. Schriftstellerin, war zeitlebens gelähmt. Ihre Romane wie *The Frontiersman* (1904) behandeln die Geschichte der Südstaaten, ihre Kurzgeschichten, z. B. *In the Tennessee Mountains* (1884), beschreiben das Leben der Leute in den Bergen. C. schrieb als erste im einheim. Dialekt.

Cramer, Heinz Tilden von (*12. 7. 1924 Stettin). – Dt. Schriftsteller, nach Studium der Musik Kritiker, Dramaturg und Funkregisseur. Seit 1953 lebt er als freier Schriftsteller und schrieb die Libretti für die Opern *Die Flut* (Musik: B. Blacher, 1947), *Der Prozeß* (mit B. Blacher, Musik: G. v. Einem, 1953) und *König Hirsch* (Musik: H. W. Henze, 1956). Seine Romane, z. B. *San Silverio* (1955) und *Der Paralleldenker* (1968), haben satir. Charakter und geißeln Fehler der heutigen Gesellschaft. In jüngster Zeit schrieb C., der nebenbei als Übersetzer aus dem Ital. tätig ist, auch Science-fiction-Romane.

Cramer, Johann Andreas (*27. 1. 1723 Jöhstadt/Erzgebirge, †12. 6. 1788 Kiel). – Dt. Schriftsteller, studierte in Leipzig und war Mitarbeiter bei den »Bremer Beiträgen«. 1774 wurde er Professor für Theologie in Kiel. Er war mit Klopstock und Gellert befreundet, dessen erster Biograph er wurde, und schrieb geistl. Oden und Lieder. 1758–61 gab er die moral. Wochenschrift »Der Nordische Aufseher« heraus.

Crane, Hart (Harold) (*21. 7. 1899 Garretsville/Ohio, †27. 4. 1932 Golf von Mexiko). – Amerikan. Lyriker, starb durch Selbstmord. Seine ersten Gedichte, z. B. *White Buildings* (1926, dt. 1960), sind dunkel und themat. uneinheitl. Sie verraten den Einfluß Poes, Eliots und Rimbauds und durchbrechen die Logik der Sprache um der »Logik der Metapher« willen. Das myst. Gedicht *The Bridge* (1930) verherrlicht Amerika und ist bes. wegen seines von Jazz und indian. Musik beeinflußten Rhythmus interessant.

Crane, Stephen (*1. 11. 1871 Newark/New Jersey, †5. 6. 1900 Badenweiler). – Amerikan. Erzähler, führte zeitweise ein unstetes Leben und wurde später Korrespondent in Texas und Mexiko. Er starb an Tbc während eines Kuraufenthalts in Dtld. Seine naturalist. Erzählungen und Romane wie *Maggie, das Straßenkind* (1892, dt. 1897) und *Das Blutmal* (1895, dt. 1954) sind in einem lebendigen und kraftvollen Stil geschrieben und schildern einmal das Leben der Außenseiter in der amerikan. Wohlstandsgesellschaft oder die Angst und Not eines jungen Soldaten im Bürgerkrieg. Mit den Kurzgeschich-

ten, die bereits zum Impressionismus neigen, *Im Rettungsboot* (1898, dt. 1948), *Das Monstrum* (1899, dt. 1962) und *Das blaue Hotel* (dt. 1964) wurde er zu einem Vorläufer Hemingways.

Crébillon (fils), Claude Prosper Jolyot de (*14. 2. 1707 Paris, †12. 4. 1777 ebd.). – Franz. Romanschriftsteller, schildert in erot. Romanen das zügellose Leben der zeitgenöss. Gesellschaft. Sie sind geistvoll geschrieben und zeugen von einer Neigung zum Zynischen. Auf Grund ihres Stils und ihrer ausgezeichneten Beobachtungsgabe wirkten sie auf Voltaire. Die wichtigsten sind u. a. *Tanzai und Neadarne oder Der Schaumlöffel* (1733, dt. 1926), *Das Sofa* (1745, dt. 1904), *Die Verführung* (1755, dt. 1948) und *Das Spiel des Zufalls am Kaminfeuer* (1763, dt. 1905). Seine zeithistorisch wertvollen *Lettres de la Marquise de M*** au comte de R**** wurden erst 1970 herausgegeben.

Crébillon (père), Prosper Jolyot de Sieur de Crais-Billon (*13. 2. 1674 Dijon, †17. 6. 1762 Paris). – Franz. Dramatiker, zu Lebzeiten sehr angesehen, hatte seit 1718 in Molière den gefährlichsten Rivalen. 1734 wurde er in die Académie Française aufgenommen. Seine Tragödien stellen meist grauenerregende Ereignisse aus der Antike dar, was ihm den Beinamen »le Terrible« einbrachte. Die Handlung seiner Stücke weist jedoch keine trag. Verwicklung auf. Die Sprache ist pathet. und plump. Die bekanntesten Tragödien sind *Idoménée* (1705, dt. 1752), *Orest und Elektra* (1709, dt. 1774), *Xerxes* (1714) und *Catilina* (1748, dt. von Lessing 1749).

Creutz, Gustav Philip Graf (*Mai 1731 Anjala/Finnland, †30. 10. 1785 Stockholm). – Schwed. Lyriker, war u. a. Gesandter in Madrid und Kanzler der Universität Uppsala. Seine formal anspruchsvollen und melod. Gedichte beschreiben die Landschaft oder besingen die Liebe in Rokokomanier. Sein Hirtenidyll *Atis och Camilla* (1761) und die Versdichtung *Daphne* (1762) wurden noch lange gelesen.

Crevel, René (*10. 8. 1900 Paris, †18. 6. 1935 ebd.). – Franz. Schriftsteller, bildete mit R. Vitrac und M. Arland einen eigenen surrealist. Zirkel und schloß sich später der Gruppe um André Breton an. In seinen Romanen kritisiert er die bürgerl. Gesellschaft und den Faschismus. Er starb durch Selbstmord, da er es nicht ertragen konnte, daß seine Freunde den Surrealismus dem Kommunismus vorzogen. Seine wichtigsten Romane sind u. a. *Der schwierige Tod* (1926, dt. 1930), *Êtes-vous fou?* (1929) und *Les pieds dans le plat* (1933).

Crichton, Michael, Ps. *Jeffery Hudson, John Lange, Michael Douglas* (*23. 10. 1942 Chicago). – Amerikan. Autor, war zunächst Arzt, lebt jetzt als freier Schriftsteller. In seinen Werken verwendet er Erzähltechniken des Kriminalromans und der Science-fiction, wobei er dem Leser ironisch die Erlösung von allem Leid durch die Wissenschaft vorführt. Er schrieb u. a. die Romane *Die Intrige* (1968, dt. 1970), *Notauf-*

nahme (1970, dt. 1972), *Endstation* (1972, dt. 1973), *Der Eisenbahnraub* (1973, dt. 1976) und *The Andromeda Strain* (1969, dt. 1969), durch den er populär wurde. C. schrieb auch Sachbücher über Computer.

Croce, Benedetto (*25.2. 1866 Pescasserolo, †20.11. 1952 Neapel). – Ital. Philosoph, Historiker und Politiker, war 1920/21 Minister für Erziehung und veröffentlichte 1925 ein Manifest gegen den Faschismus. Erst am Ende des 2. Weltkriegs übernahm er wieder die Präsidentschaft der Liberalen Partei Italiens. Mit seinen Gedanken überwindet er den Positivismus, dem er eine gestufte, geistig geschaffene Realität entgegenstellt, in der die Begriffe durch Intuition entstehen und jede Moral eine Folge sozialer und ökonomischer Strukturen ist. Damit klammert Croce jegliche Transzendenz aus seinem Denken aus und erklärt, daß Freiheit nur geistig zu verwirklichen sei; die höchste Stufe der Freiheit ist dabei die histor. Betrachtung der Entfaltung des Geistes. In seiner Ästhetik erkennt C. im Kunstwerk die Vereinigung von Ausdruck und Form, wobei er diesen Gedanken des dt. Idealismus in seiner Zeitschrift »La Critica« (seit 1903) immer wieder zu verdeutlichen sucht. In Anerkennung der allgemeinen Achtung der Menschenwürde in seinem lit. Werk, das hohen qualitativen Anforderungen entspricht, wurde er 1949–52 zum Präsidenten des Internationalen PEN-Clubs gewählt. Seine Schriften liegen in ital. Gesamtausgaben und zahlreichen Übersetzungen vor. Für die Literatur sind von bes. Bedeutung z. B. *Grundriß der Ästhetik* (1902, dt. 1913), *Poesie und Nichtpoesie* (dt. 1925), *Goethe* (italien. und dt. 1949) und der *Briefwechsel mit K. Vossler* (dt. 1955).

Crommelynck, Fernand (*12.11. 1888 Paris, †17.3. 1970 Saint-Germain-en-Laye b. Paris). – Der belg. Dramatiker war der Sohn eines Schauspielers und übernahm mit 14 Jahren selbst schon Theaterrollen. Seine Farce *Der Hahnrei* (1921, dt. 1922) machte ihn bekannt. Sie behandelt das Eifersuchtsmotiv, jedoch nicht auf kom., sondern poet.-lyr. Weise. Weitere seiner später mehr sozialkrit. Dramen sind *Der Maskenschnitzer* (1908, dt. 1920), *Le marchand de regrets* (1913) und *Chaud et froid* (1941) und der vielgelesene Roman *Là est la question* (1947).

Cronin, Archibald Joseph (*19.7. 1896 Cardos/Schottland, †6.1. 1981 Baugny-sur-Clarens/Montreux). – Schott. Romancier, stammte aus einfachen Verhältnissen, war zunächst Arzt und lebte ab 1931 als freier Schriftsteller. Nach einem mehrjährigen Aufenthalt in den USA zog er in die Schweiz. Seine Romane spielen meist im Ärztemilieu. Sie zeichnen sich durch gute Charakterdarstellung aus, gleiten jedoch z. T. ins Sentimentale ab. Wegen ihrer spannenden Darstellung und vielfältigen Handlung erfreuten sie sich großer Beliebtheit. Die bekanntesten sind *Der Tyrann* (1931, dt. 1938), *Die Zitadelle* (1937, dt. 1938), *Schlüssel zum Königreich* (1941, dt. 1942),

Später Sieg (1956, dt. 1961), *Ein Professor aus Heidelberg* (dt. 1971) und der sozialkrit., in der Tradition Zolas stehende Roman *Die Sterne blicken herab* (1935, dt. 1935).

Crottet, Robert (*23.11. 1908). – Franz. Dramatiker, die Eltern stammten aus der Schweiz und Rußland, lebte in mehreren Ländern Europas und hält sich jedes Jahr einige Zeit bei den Lappen auf, von denen seine Erzählungen *Nordlicht* (dt. 1963) und *Verzauberte Wälder* – Legenden und Erzählungen aus Lappland – (dt. 1981) handeln. Bekannt sind das Tagebuch einer Katze *Negri* (1954, dt. 1954) und der Roman *Heute in 14 Tagen* (1957, dt. 1957), der eine Parodie auf die Kriminalliteratur darstellt; zuletzt erschienen die Romane *Mein Freund Maouno* (1979), *Alexander und Jörg* (1979).

Crotus Rubeanus, eigtl. *Johann Jäger,* Ps. *Venator, Venatius* (*um 1480 Dornheim/Thüringen, †um 1545 Halberstadt). – Dt. Humanist, pflegte Umgang mit Mutianus Rufius, U. v. Hutten und Luther. Seine anfängl. Begeisterung für die Reformation verlor sich allmähl., so daß er 1530 zum Katholizismus zurückkehrte. Er ist der Hauptverfasser des 1. Teils der *Epistulae obscurorum virorum,* der bedeutendsten Satire des dt. Humanismus, an der auch U. v. Hutten mitarbeitete.

Csokor, Franz Theodor (*6.9. 1885 Wien, †5.1. 1969 ebd.). – Dt. Dramatiker, war Dramaturg und Regisseur in Wien. Im Dritten Reich ging er ins Exil und kehrte danach in seine Heimat zurück. Bekannt sind vor allem seine Dramen wie *Die rote Straße* (1918), *Ballade von der Stadt* (1928), *3. November 1918* (1936), *Gottes General* (1939). In seinen letzten Werken treten expressionist. Elemente zurück. Dafür knüpft er an histor. Traditionen Österreichs an und sucht auf der Bühne eine übernationale Humanität zu realisieren, z. B. in *Olymp und Golgatha* (1954) oder *Das Zeichen an der Wand* (1962).

Cube, Helmut von (*31.12. 1907 Stuttgart, †29.9. 1979 München). – C. studierte Germanistik und arbeitete als Kritiker und Feuilletonist. Seine Werke sind sprachl. ausgefeilt, amüsant und z. T. leicht surrealist. Bis jetzt erschienen u. a. *Tierskizzenbüchlein* (1935), *Pilzsammelsurium* (1960), die Gedichte *Bestiarium humanum* (mit L. M. Beck, 1948), *Reisen auf dem Atlas* (1950), *Mürßl-Gedichte* (1967) und die Erzählungen *Mein Leben bei den Trollen* (1961).

Cumberland, Richard (*19.2. 1732 Cambridge, †7.5. 1811 Tunbridge Wells). – Engl. Schriftsteller, Sohn des Bischofs von Kilmore. Als bedeutendster engl. Vertreter des weinerl. Lustspiels schrieb er sentimentale Stücke wie *The Brothers* (1770), *West Indian* (1771, dt. 1772) und *The Wheel of Fortune* (1795). Sein Roman *Henry* (1795) lehnt sich stark an Fielding an. Sheridan verspottete ihn wegen seiner zahlreichen Plagiate und Nachdichtungen.

Cummings, E(dward) E(stlin) (*14.10. 1894 Cambridge/USA, †3.9. 1962 North Conway). – Amerikan. Schriftsteller, wurde durch seine Autobiographie *Der endlose Raum* (1922, dt. 1954) bekannt, in der er seine Gefangenschaft in einem KZ in Frankreich schildert und Unterdrückung, Krieg und Brutalität schonungslos anprangert. In seinen Gedichten wie *Tulips and Chimneys* (1923), *Is 5* (1926), *Vi Va* (1931), und *1 X 1* (1944) experimentiert er mit der Grammatik, der Interpunktion und Orthographie, um dem Leser einen spontaneren Zugang zur Sprache zu ermöglichen.

Curel, François Vicomte de (* 10. 6. 1854 Metz, †26. 4. 1928 Paris). – Der franz. Schriftsteller stammte aus einer reichen lothring. Adelsfamilie. Neben Romanen schrieb er vor allem Ideendramen, die sich mit sozialen, psycholog. und weltanschaul. Problemen befassen. 1919 wurde er Mitglied der Académie Française. Seine bekanntesten Werke sind *Sauvé des eaux* (1889), *La nouvelle idole* (1899), *L'âme en folie* (1920) und *Terre inhumaine* (1922).

Curtius, Quintus Rufus. – Röm. Geschichtsschreiber aus dem 1. Jh. nach Chr. Über sein Leben gibt es keine verläßlichen Nachrichten. In seiner Lebensgeschichte Alexanders d. Gr. *Historiae Alexandri Magni Macedonis* (10 Bücher, von denen nur die letzten acht erhalten sind) erzählt er unter Verwendung griech. Quellen, bes. Kleitarchos, spannend und abwechslungsreich mit stilist. Anspruch das Leben des Makedonierkönigs. Da er sich stellenweise recht weit von den Quellen entfernt, wird der Übergang zur neuen lit. Gattung des Geschichtsromans, den er im strengen Sinne begründete, sichtbar.

Cvetajeva, Marina Ivanovna (*26. 9. 1892 Moskau, †31. 8. 1941 Kazan). – Russ. Schriftstellerin, studierte in Prag und Paris und ging 1922 in die Emigration. Nach ihrer Rückkehr in die UdSSR beging sie Selbstmord. Anfangs stark von der dt. idealist. Dichtung, aber auch von Puschkin und Rimbaud geprägt, verfaßte sie viele melod. Gedichte. Trotz stilist. Experimente ist eine Verbindung zu Rilke und Bely unverkennbar. Ihre *Gedichte,* in einer Auswahl 1968 dt. übersetzt, stehen neben dramat. und ep. Werken, die noch nicht ins Dt. übertragen wurden.

Cynewulf (um 750). – Über das Leben des angelsächs. Dichters existieren keine biograph. Angaben. Man hält ihn für den Autor der Dichtungen *Juliana, The Ascension* (im Exeter--Book), *The Fata Apostolorum* und *Elene* (im Vercelli-Book). Die Werke weisen lat. Einflüsse auf, sind aber trotzdem eigenständig. Sie vereinigen die Tradition des Volksepos mit dem Geist des Christentums.

Cyrano de Bergerac → Bergerac

Czajakowski, Michal (* 1804 Halczyniec/Ukraine, †4. 1. 1886 Parchimov/Černikov). – Poln. Schriftsteller, emigrierte nach Frankreich und danach in die Türkei, wo er sich dem Islam zuwandte. Nach seiner Rückkehr nach Rußland trat er wieder in die griech.-orthodox. Kirche ein. Seine Romane und Erzählungen spielen im Kosakenmilieu und zeugen von dem leidenschaftl. Patriotismus des Autors. Die bekanntesten sind *Wernyhora* (1838, dt. 1841), *Der Kosakenhetman* (1841, dt. 1843) und *Kirdschali* (1839, dt. 1843).

Czechowski, Heinz (*7. 2. 1935 Dresden). – Dt. Schriftsteller, studierte am Leipziger Literaturinstitut; als Lektor und Dramaturg tätig. Seine Lyrik, die stark von Huchel und Arendt beeinflußt ist, war anfänglich zu stark an lit. Vorbildern orientiert, doch gelang ihm im Laufe der Zeit eine Verknappung der Sprachbilder. Die Gedichte sind weltanschaulich geprägt, z. B. *Wasserfahrt* (1967), *Was mich betrifft* (1981), *An Freund und Feind* (1983); in den jüngsten Gedichten wird auch Resignation und Selbstzweifel spürbar *Ich und die Folgen* (1987), *Mein Venedig. Gedichte und andere Prosa* (1989) seine Essays setzen sich mit zeitgenöss. Dichtung und Landschaftsliteratur auseinander. C. machte sich auch als Herausgeber (Hölderlin) und Übersetzer (Miezelaitis, Lermontov) einen Namen.

Czepko, Daniel von (Reigersfeld) (*23. 9. 1605 Koischwitz/Liegnitz, †8. 9. 1660 Wohlau). – Dt. Barockdichter, stammte aus einer Pastorenfamilie und studierte Jura und Medizin. Seine von Opitz beeinflußten Werke sind trotz ihrer Zugehörigkeit zum Barock frei von Schwulst und Überladenheit. C. schrieb Gedichte, Epigramme, Dramen und Psalmenparaphrasen, die jedoch nur in handgeschriebenen Exemplaren im Umlauf waren. Sie liegen in den Ausgaben *Geistliche Schriften* (1930 u. 1963) und *Weltliche Dichtungen* (1932 u. 1963) vor.

Czibulka, Alfons Freiherr von (*28. 6. 1888 Schloß Radborsch/Böhmen, †22. 10. 1969 München). – Der österr. Schriftsteller wohnte seit 1918 in München. Mit seinen unterhaltsamen Romanen, Biographien und Erzählungen glückten ihm heitere und humorvolle Schilderungen aus der Welt der Donaumonarchie. Die bekanntesten sind *Prinz Eugen* (1927), *Der Münzturm* (1936), *Der Kerzlmacher von St. Stephan* (1937), *Das Abschiedskonzert* (1944), *Reich mir die Hand, mein Leben* (1956), *Der Tanz ums Leben* (1958), *Mozart in Wien* (1962) und *Maria Drei Eichen* (1963).

Dabit, Eugène (*21.9. 1898 Paris, †21.8. 1936 Sewastopol).
– Franz. Erzähler, Sohn einer Arbeiterfamilie, arbeitet zunächst als Handwerker, bildet sich in Abendschulen und verdient seinen Lebensunterhalt erst nach Erscheinen seines Erfolgsromans *L'hôtel du Nord* (1929, dt. 1931) als freier Schriftsteller. Der Autor schreibt dann für verschiedene Zeitschriften und unternimmt zahlreiche Auslandsreisen. Sein Hauptwerk und seine späteren Veröffentlichungen (z. B. der Roman *Le mal de vivre*, 1937, die Essays *Les maîtres de la peinture espagnole*, 1937, und sein Tagebuch *Journal intime 1928–36*, 1939) enthalten realist. und anteilnahmsvolle Schilderungen aus dem Leben des einfachen Volkes. Obwohl die realist. und nicht idealisierende, die unteren sozialen Schichten sowohl beschreibende als auch ansprechende Darstellungsweise D.s charakterist. ist für die Literaturrichtung des Populismus, wehrte der Schriftsteller sich dagegen, als engagierter Populist verstanden zu werden.

Dabrowska, Maria (*6.10. 1892 Russów/Kalisch, †19.5. 1965 Warschau). – Poln. Schriftstellerin, zählt zu den führenden Persönlichkeiten in der poln. Literatur des 20. Jh.s. Sie steht in der Tradition des realist. Romans ihres Landes, ist wegen ihrer darsteller. Eigenart gleichwohl keiner lit. Richtung zuzuordnen. Über die Grenzen Polens hinaus bekannt wurde sie mit dem bedeutenden Generationsroman *Tage und Nächte* (4 Bde. 1932–1936, dt. 1938–1957), dem Roman *Die Landlosen* (1925, dt. 1937) und der Erzählung *Der dritte Herbst* (1955, dt. 1961).

Dach, Simon (*29.7. 1605 Memel, †15.4. 1659 Königsberg). – In Königsberg wurde der dt. Dichter D. 1639 an die Universität zum Prof. der Poesie berufen. Als Mitglied des Dichterkreises »Musikalische Kürbishütte« verfaßte er zahlreiche lat. und dt., größtenteils von Heinrich Albert, mit dem D. seit 1630 zusammenarbeitete, vertonte Gelegenheitsgedichte. 1645 wurde sein Singspiel *Prussarchia* aufgeführt. Unter den Dichtern seiner Zeit fand D. in seinen Liedern den zartesten und schlichtesten Ton. Er spricht in ihnen seine persönl. Gefühle und lebendige Stimmungen aus und setzt sich damit von den Gesetzen der Poetik, die noch Opitz als verbindl. vorgeschrieben hatte, ab. Auch wenn er in seinen Tauf-, Hochzeits- und Grabgedichten nicht ganz auf den überkommenen Wort- und Formelschatz verzichtet, so gibt er in ihnen doch seinem eigenen Empfinden, seiner Anteilnahme und seinem Mitgefühl lebendigen Ausdruck. Seine Gedichte erschienen erstmals gesammelt 1661 u. d. T. *Chur-Brandenburgische Rose.* Auch 1936–1938 erschien eine Ausgabe der Gedichte.

Däubler, Theodor (*17.8. 1876 Triest, †13.6. 1934 St. Blasien/Schwarzwald). – Ab 1898 bereiste der dt. Dichter ganz Europa und den Orient. Er war ein Sprachschöpfer von Rang, dessen Spektrum von zarter, traumversunkener Lyrik bis zu den schwer zugängl. Monumentalschöpfungen wie *Das Nordlicht* (1910) reicht. Daneben findet man südl. Landschaftsschilderungen von starker Einprägsamkeit. Seine Dichtung zeichnet sich durch große Klangfülle, visionäre Bildkraft, Musikalität und Gedankentiefe aus, die allerdings von Banalität abgelöst werden kann, z. B. in *Attische Sonette* (1924). Ein Teil seiner Gedichte wird bis heute als bedeutend anerkannt, u. a. *Hesperien* (1915) und *Der sternhelle Weg* (1915). Eine Auswahl enthält die Sammlung *Im Kampf um die moderne Kunst und andere Schriften* (1988).

Dagerman, Stig, eigtl. *Jansson* (*5.10. 1923 Älvkarleby/Uppsala, †4.11. 1954 Danderyd/Stockholm). – Schwed. Erzähler und Dramatiker, war nach dem Studium der Kunst- und Literaturgeschichte als Journalist und Kulturredakteur tätig. Von H. Bergman, Kafka und Faulkner beeinflußt, ist der Themenkomplex menschl. Angst und Schuld wichtigster Darstellungsgegenstand seiner Werke, von denen die Novellen *Spiele der Nacht* (1947, dt. 1961) und die Romane *Schwedische Hochzeitsnacht* (1949, dt. 1965), *Die Insel der Verdammten* (dt. 1987) auch bei uns interessierte Aufnahme fanden.

Dahl, Roald (*13.9. 1916 Llandaff/Südwales, †23.11. 1990 Oxford). – Engl. Autor, trat als Drehbuchschreiber und Journalist hervor, gewann allgemeine Anerkennung jedoch als Kurzgeschichtenautor. In den kurzen, spannenden Erzählungen geht er von alltäglichen Situationen aus, in die plötzlich beängstigende und schockierende Handlungen einbrechen. Besonders bekannt wurden *Küßchen, Küßchen* (1959, dt. 1966), *Kuschelmuschel* (1974, dt. 1975), *Ich sehe was, was du nicht siehst* (1977, dt. 1980). Das Buch *Sophiechen und der Riese* wurde 1985 mit dem Deutschen Jugendliteraturpreis ausgezeichnet.

Dahlgren, Carl Frederik (*20.6. 1791 Stensbruk/Östergötland, †2.5. 1844 Stockholm). – Schwed. Dichter, seit 1815 in Stockholm als Pfarrer tätig. Als Lustspieldichter und Satiriker gehört er der schwed. Romantik an und schreibt im Stil des lit. Biedermeier. Mit seiner Komödie *Ulla Windblads död* (1821) fand er breite Anerkennung.

Dahn, Felix (*9.2. 1834 Hamburg, †3.1. 1912 Breslau). – Dt.

Schriftsteller und Gelehrter, 1863 Professor für dt. Recht, Völkerrecht und Rechtsphilosophie in Würzburg, 1872 in Königsberg, ab 1888 in Breslau. Sowohl in seinen Gedichten, Balladen und Dramen, mehr noch aber in seinen zahlreichen histor. und Professorenromanen verherrlicht er die altdt. Vergangenheit, um eine Steigerung des Nationalgefühls bis zum patriot. Pathos zu erreichen. Sein dichter. Werk ist gekennzeichnet durch große Gelehrsamkeit und Detailkenntnis, jedoch ohne gestalter. Kraft und Tiefe. Sein größter Erfolg wurde der Roman *Ein Kampf um Rom* (1876), der im Gegensatz zu dem übrigen umfangreichen Schaffen D.s auf lit. und wissenschaftl. Gebiet bis heute nicht vergessen ist.

Daisne, Johan, eigtl. *Herman Thiery* (* 2. 9. 1912 Gent, † 9. 8. 1978 Brüssel). – Fläm. Schriftsteller, sein Werk umfaßt Lyrik, Epik und Drama, wobei nur seinen mag.-realist. Romanen der große Erfolg beschieden ist. Sein Roman *Der Mann, der sein Haar kurz schneiden ließ* (1948, dt. 1959) wurde wegen seiner formalen Virtuosität und psycholog. tiefsinnigen Darstellung auch im Ausland stark beachtet. Diesen Erfolg erreichte er mit *Montmirail* (1964, dt. 1965) nicht.

Dalberg, Wolfgang Heribert Reichsfreiherr von (* 13. 11. 1750 Schloß Herrnsheim b. Worms, † 27. 9. 1806 Mannheim). – D. war Intendant, später künstler. Leiter des Nationaltheaters Mannheim. In dieser Zeit gewann er theatergeschichtl. Bedeutung, indem er mit dazu beitrug, anstelle der Wandertruppen das stehende Theater als Bildungsstätte zu etablieren. Er berief Iffland als Charakterdarsteller an seine Bühne, besorgte die Uraufführung der *Räuber*, die Erstaufführung des *Fiesco* und nahm schließl. Schiller für ein Jahr als Theaterdichter unter Vertrag. Als Autor eigener Bühnenstücke ist er ohne Bedeutung geblieben und nur von histor. Interesse, etwa mit *Kora* (1780), *Elektra* (1780), *Der weibliche Ehescheue* (1787), *Montesquieu* (1787).

Dalimilchronik. Anfang des 14. Jh.s entstandene älteste tschech. Reimchronik mit unbekanntem Verfasser, die sich großer Beliebtheit erfreute und im 14. und 15. Jh. auch ins Dt. übersetzt wurde. Sie ist von einem starken Nationalbewußtsein geprägt, mit dem sie tschech. Eigenart und Tradition gegen alles Fremde, vor allem die Vorrechte der Deutschen, zu verteidigen sucht.

Dalin, Olof von, eigtl. *Dahlin* (* 29. 8. 1708 Vinberg/Holland, † 12. 8. 1763 Drottningholm). – Schwed. Dichter, durch ihn wurde – nach engl. Vorbild – die moralische Wochenschrift in Schweden eingeführt. Seine *Geschichte Schwedens* (1747 bis 1762), erstmals in der Volkssprache verfaßt, wurde vorbildl. für die schwed. Geschichtsschreibung überhaupt. Er regte die Erneuerung der schwed. Sprache an und führte erstmals aufklärer. Gedankengut in Schweden ein. Von seinem eigenen dichter. Werk, das nur geringe Originalität aufweist, gingen keine schöpfer. Impulse aus.

Dana, Richard (* 1. 8. 1815 Cambridge/Massachusetts, † 6. 1. 1882 Rom). – Amerikan. Schriftsteller, fuhr nach dem Studium in Harvard als Matrose zur See und brachte seine Erlebnisse in den berühmten Roman *Two Years Before the Mast* (1840; dt. *Zwei Jahre vorm Mast* 1987) ein, der die ganze nachfolgende Literatur dieser Art stark beeinflußte. Seinen übrigen Werken *The Seaman's Friend* (1841), *To Cuba and Back* (1859), *Speeches in Stirring Times* (1910) blieb der Erfolg versagt.

Danella, Utta, Ps. *Sylvia Groth* (* Berlin). – Seit ihrem ersten Roman *Alle Sterne vom Himmel* (1956) veröffentlichte sie mehr als ein Dutzend weiterer Familien- und Gesellschaftsromane: *Stella Termogen oder die Versuchungen der Jahre* (1960), *Der Maulbeerbaum* (1964), *Jovana* (1969), *Niemandsland* (1970), *Der blaue Vogel* (1973), *Der dunkle Strom* (1977), *Der Schatten des Adlers* (1981), *Jacobs Frauen* (1983), *Das Hotel im Park* (1989), *Meine Freundin Elaine* (1991). 1985 schrieb sie *Begegnungen mit Musik. Betrachtungen.*

Daniel-Rops, eigtl. *Jean Charles Henri Petiot* (* 19. 1. 1901 Épinal, † 27. 7. 1965 Chambéry). – Franz. Schriftsteller, befaßte sich als Vertreter des »Renouveau catholique« in seinen Romanen, Erzählungen, Essays, Heiligenbiographien und histor. Werken vor allem mit den Problemen des zeitgenöss. Nihilismus und dem kath. Glauben als einem möglichen Weg menschl. Erlösung. 1946 erhielt er den großen Literaturpreis der Académie Française. Mit den Romanen *Tod, wo ist dein Sieg?* (1934, dt. 1935) und *Das flammende Schwert* (1939, dt. 1948) wurde er auch bei uns bekannt. Als Historiker machte er sich mit *Geschichte des Gottesvolkes* (1943, dt. 1950), *Jesus, Der Heiland in seiner Zeit* (1946, dt. 1950), mit seiner *Kirchengeschichte* (1948 ff., dt. 1952 ff.) und der Edition der apokryphen Evangelien einen Namen.

Danielsson, Gudmundur (* 4. 10. 1910 Guttormshagi). – Isländ. Dichter, sein Werk umfaßt außer Gedichten, Kurzgeschichten, Reiseberichten, Memoiren und kleineren Prosastücken zahlreiche Romane, von denen einzig *An den Ufern des Ochsenflusses* (1940, dt. 1940) über die Grenzen seines Landes hinaus bekannt wurde. Lit. wird er als der nationalen Romantik nahestehend eingestuft, wobei die Wertung seines Romanschaffens noch nicht abgeschlossen ist.

D'Annunzio, Gabriele (* 12. 3. 1863 Francavilla a Mare b. Pescara, † 1. 3. 1938 Cargnacco b. Gardone/Gardasee). – 1879 bereits veröffentlichte der ital. Dichter seine ersten Gedichte. Ab 1881 war er journalist., ab 1897 polit. tätig. Er ist Hauptrepräsentant der symbol.-dekadenten Richtung seiner Zeit, der sich von der bürgerl. Moral gänzl. lossagte und Renaissance und Griechentum verherrlichte. Lit. beeinflußt ist er von Zola und Maupassant, Dostojewski, Swinburne und Keats, wie auch Nietzsche und R. Wagner nachhaltig auf ihn einwirkten.

Seine Gedichte, Dramen, z. B. *Sogno di un mattino di prima-vera* (1897), *Francesca da Rimini* (1902), *La nave* (1907), *Le martyre de S. Sébastian* (1911), *La pisanelle* (1913), Romane und Novellen, z. B. *Terra Vergine* (1882), *Il piacere* (1888), *L'innocente* (1892), *Trionfo della morte* (1894), *Il fuoco* (1900), *Forse che si, forse che no* (1909), sind gekennzeichnet durch Ästhetizismus, Sinnenhaftigkeit und Erotik, wobei er durch seine Sprachvirtuosität zu den formenreichsten Lyrikern Italiens zählt, z. B. *Primo vere* (1879), *Isaotta Guttadau-ro* (1886), *L'Isotteo* (1888), *La chimera* (1890), *Elegie Roma-ne* (1891), *Gli inni sacri della guerra giusta* (1914–1918). Eine Auswahl seiner Gedichte übersetzte 1929 Stefan George. Sein Einfluß auf die ital. Literatur kann als außerordentl. groß bezeichnet werden. Das Gesamtwerk erschien von 1927 bis 1938 in 49 Bänden und ist zum großen Teil auch ins Dt. übersetzt.

Dantas, Júlio (* 19. 5. 1876 Lagos, † 25. 5. 1962 Lissabon). – Portugies. Schriftsteller, führte als Arzt, Außen- und Unterrichtsminister, Präsident der Akademie der Wissenschaften in Lissabon, Lyriker und Dramatiker ein seinen vielseitigen Interessen gemäßes Leben. Sein erstes naturalist. Drama *A Severa* (1901) stand noch unter dem Einfluß von Eça de Queiros, dessen Wirkung bald zurücktrat. Welterfolg errang er mit dem Einakter in Alexandrinern *Das Nachtmahl der Kardinäle* (1902, dt. 1904), während seine übrigen späteren Dramen, zumal seine Gedichte und Sonette, nur in Portugal Anklang fanden.

Dante, Alighieri (* zwischen 18. 5. und 17. 6. 1265 Florenz, † 14. 9. 1321 Ravenna). – Ital. Dichter, studierte Philosophie und Theologie, nahm seit 1289 aktiv am polit. Leben teil, wurde 1302 zunächst nur für zwei Jahre aus seiner Vaterstadt verbannt und schließl. geächtet und zum Tode verurteilt. D. führte danach ein ruheloses Wanderleben und verbrachte seine letzten Jahre in Verona und Ravenna. D. ist der bedeutendste Dichter Italiens. Sein umfangreiches, teils in ital., teils in lat. Sprache geschriebenes Werk umfaßt einmal seine Liebespoesie *Vita nuova* (um 1293, dt. 1897), in der er seine Jugendliebe zu Beatrice schildert, und allegor. Gedichte gelehrten Inhalts. Mit philosoph., moral., polit. u. a. Fragen befaßte er sich in seinen wissenschaftl. Abhandlungen und Traktaten. Sein Hauptwerk ist die *Divina Commedia (Die Göttliche Komödie)*, die Dante um 1307 zu schreiben begann und wohl erst in seinem Todesjahr beendete. Das Werk ist in drei Hauptteile *(Inferno, Purgatorio, Paradiso)* gegliedert und umfaßt 100 Gesänge mit rund 40 000 Versen. Die beiden wichtigsten Handschriften stammen aus dem 14. Jh. Aus Dantes Zeit oder aus seiner Hand unmittelbar ist nichts erhalten. Die *Commedia* ist in toskan. Mundart gedichtet und war grundlegend für die Entwicklung der italien. Schriftsprache. In ihr wird die Wanderung der Seele von der Sünde zum ewigen Heil darge-stellt, wobei sich Dante von allen seiner *Commedia* vorausgehenden Jenseitsdichtungen abhebt und in diesem Kunstwerk das ganze Mittelalter enzyklopäd. erfaßt. Sie ist in alle Weltsprachen übersetzt und noch heute ein in seiner Tiefe nicht auslotbares Werk.

Da Ponte, Lorenzo, eigtl. *Emanuele Conegliano* (* 10. 3. 1749 Ceneda/Vittorio Veneto, † 17. 8. 1838 New York). – Italien. Opernlibrettist, wegen seines anstößigen Lebenswandels und seiner Spottgedichte wurde er 1779 aus Venedig verbannt. Er unterhielt Freundschaft mit G. Casanova. 1781–1791 war er am ital. Theater in Wien, 1793–1805 als Agent, Theaterdirektor, Buchhändler und Verleger in London tätig. Ab 1805 hielt er sich in den Vereinigten Staaten als Geschäftsmann, Lehrer und Professor für italien. Literatur auf. Er verfaßte eine große Anzahl von Opern-Librettis insbes. für die Opera buffa, u. a. für Salieri, Martin y Soler, Weigl und Mozart, die meist Überarbeitungen älterer Texte darstellen, z. B. für Mozart *Figaros Hochzeit* (1786, dt. 1940), *Don Giovanni* (1787, dt. 1905), *Cosi fan tutte* (1790, dt. 1940).

Dares, Phrygius, Pseudonym für den unbekannten Verfasser einer lat. *Historia de excidio Troiae* aus dem 5. Jh. n. Chr., die für sämtliche mittelalterl. Darstellungen des Trojanischen Krieges als Vorbild und Quelle diente. Sie gibt sich selbst fälschlicherweise als Übersetzung des Augenzeugenberichtes des Dares aus, des in der Ilias genannten Hephaistospriesters in Troja.

Darío, Rubén, eigtl. *Félix Rubén García Sarmiento* (* 18. 1. 1867 Metapa, † 6. 12. 1916 Léon). – Nicaraguan. Lyriker, war Zollbeamter, Korrespondent, Konsul und Friedenspropagandist in Amerika. Vor allem seine zwischen 1888 und 1905 entstandenen Gedichte zeichnet eine hohe Sensibilität für Rhythmus und Metrik, Klangfülle und Metaphernreichtum aus. Obwohl von den franz. Symbolisten beeinflußt, findet er mehr und mehr seine persönl., von Regeln und Vorbildern unabhängige Ausdrucksform. So wird seine Lyrik bahnbrechend für neue dichter. Formen und D. zum unbestrittenen Haupt des span. Modernismus, der einen entscheidenden Einfluß auf die gesamte span. und südamerikan. Lyrik des 20. Jh.s ausübte, z. B. mit seinem Hauptwerk *Cantos de vida y espe-ranza* (1905). Sein 22 Bände umfassendes Werk ist leider nur in der Originalsprache zugänglich.

Darwiš, Mahmūd (* 1942 al-Barweh/Palästina). – Bedeutendster palästinens. Schriftsteller, lebte lange im Untergrund und dann als Kommunist in Israel, wurde von der Sowjetunion ausgezeichnet und mußte aus Israel emigrieren. In seinen Werken, wie *Tagebuch der alltäglichen Traurigkeit* (1973, dt. 1978) und in zahlreichen Gedichten fordert er eine Änderung des Bewußtseins. In der Gedichtauswahl *Ein Liebender aus Palästina* (1979) läßt sich nachvollziehen, wie die engagierte Lyrik zunehmend in einen politisch reflektierten Ton weicht;

dabei treten ästhet. Elemente immer stärker in das Zentrum der Gedichte.

Dasgupta, Alokeranjan (* 6. 10. 1933 Kalkutta). – Ind. Schriftsteller und Gelehrter, schreibt vornehmlich bengalisch und lehrt seit 1972 in Dtld. In seiner frühen Lyrik verbindet er christliche Motive mit der Weltanschauung der Hindus. Zahlreiche literaturtheoret. Arbeiten und Übersetzungen aus dem Deutschen (Goethe, Heine, Hölderlin, Brecht) und dem Bengalischen (Tagore) machten ihn zu einem bedeutenden Vermittler zwischen zwei Kulturen. Zahlreiche Preise, z. B. 1985 Goethe-Medaille. Seine Gedichte liegen auch in dt. Ausgaben vor: *Kalkuttazyklus* (1975), *Terrakotta eines Schlafes* (1979).

Dass, Petter (* 1647 Nord-Herøy, †August 1707 Alstahaug/Nordlands fylke). – Norweg. Dichter, berühmteste lit. Gestalt seiner Heimat im 17. Jh. Er fand mit seinem Hauptwerk *Nordlands Trompet* (1739/hg. 1927, dt. 1897) bei seinen Zeitgenossen große Beachtung, da er das Leben der Fischer und Bauern vielfältig darzustellen verstand. Daneben schrieb er ep., lyr. und religiöse Gedichte.

Daudet, Alphonse (* 13. 5. 1840 Nîmes, †16. 12. 1897 Paris). – Franz. Schriftsteller, gehört zu den im Frankreich des 19. Jh.s seltenen humorist. Erzählern und wurde weit über die Landesgrenzen hinaus bekannt. In seinen *Les lettres de mon moulin* (1869) skizziert er anmutige Stimmungsbilder der Provence, in der Romantrilogie des *Tartarin de Tarascon* (1872), *Tartarin sur les Alpes* (1885, 1890) charakterisiert und verspottet er in heiterer Art das franz. Kleinbürgertum. In seinen großen Romanen *Numa Roumestan* (1881), *L'immortel* (1888) zeigt er sich vor allem von den Brüdern Goncourt, von Zola und Flaubert beeinflußt. Seine Stoffe entnimmt er dem zeitgenöss. Leben, wobei er sein Augenmerk mehr auf die Charakterstudie über handelnde Personen als auf die naturgetreue Schilderung ihres bürgerl. Milieus richtet. Seine *Gesammelten Werke*, die auch Theaterstücke und Autobiographisches enthalten, kamen 1928 in dt. Sprache heraus, 1959 seine *Meistererzählungen*.

Daudet, Léon (* 16. 11. 1867 Paris, †30. 6. 1942 Saint-Rémy). – Franz. Schriftsteller, Sohn des Alphonse D. Von histor. Interesse sind die autobiograph. Schriften mit ihrer Porträtierung zahlreicher Zeitgenossen und auch seine Essays. 1900 wurde er Mitglied der Académie Goncourt und schrieb nun einige Romane, z. B. *Les deux étreintes* (1909), *L'Hécatombe* (1923), die sein soziales und psychoanalyt. Interesse aufzeigen, und polit. Pamphlete von polem. Schärfe und Radikalität.

Dauthendey, Maximilian (* 25. 7. 1867 Würzburg, †29. 8. 1918 Malang/Java). – Von allen Ländern, die der dt. Dichter bereiste, hinterließ Ostasien mit seiner Lebensweise und Kunstauffassung bei ihm die tiefsten Eindrücke, was sich aus seinem Werk herauslesen läßt. D. ist ein Lyriker von hochgradiger Sensibilität für das Sinnenhafte und das Schöne. Durch seine virtuose Sprachbegabung war es ihm mögl., seine Impressionen in Wortkunstwerke umzusetzen. Anfangs noch von Dehmel und George beeinflußt, schrieb er später eine impressionist., rhythmisierte bzw. lyr. Prosa von exot. Zauber, die sich großer Beliebtheit erfreute. Während seine Novellen *Lingam* (1909), *Die acht Gesichter am Biwasee* (1911) und Gedichte wie *Lusamgärtlein* (1909) noch heute zu den impressionist. Meisterwerken zählen, blieb er als Bühnendichter unbedeutend.

Davenant, Sir William (* Februar 1606 Oxford, †7. 4. 1668 London). – Engl. Dichter und Dramatiker, angebl. unehel. oder Patensohn Shakespeares. Als Leiter zweier Theatergesellschaften und Gründer einer Schauspielschule erwarb er sich Verdienste um das engl. Theater. Mit seinen eigenen 25 Dramen ist er ein Vorläufer des hero. Dramas von Dryden, doch lit. bedeutsam wurde er ledigl. durch seine Musiktragödie *The Siege of Rhodes* (1656), mit der er die engl. Oper begründete.

Davičo, Oskar (* 18. 1. 1909 Šabac). – Serb. Dichter und Gymnasiallehrer, 1932 wegen seiner Mitgliedschaft in der kommunist. Partei zu fünf Jahren Gefängnis verurteilt. In Dtld. wurde er durch seinen 1958 veröffentlichten Roman *Die Libelle* (1952) und seine 1965 erschienenen *Gedichte* bekannt. Umgekehrt ist seine Übersetzung von Thomas Manns *Buddenbrooks* für den Ausbau der dt.-serb. Kulturbeziehung von Wichtigkeit. 1979 erschienen seine *Gesammelten Werke* (serb.).

David von Augsburg (* um 1200 Augsburg [?], †15. 11. 1272 ebd.). – D. war Mitglied der Franziskaner, Lehrer und Reisebegleiter des Berthold von Regensburg. Er trat als Prediger, als Verfasser einer Anzahl dt., vorwiegend aber lat. Traktate über religiös.-sittl., gottgefällige Lebensführung und durch sein lat. abgefaßtes Hauptwerk *De exterioris et interioris hominis compositione* (1899 hg., dt. 1902) hervor. Dieses in mehr als 370 Handschriften verbreitete Werk war über Jahrhunderte hinweg ein Handbuch klösterl. Lebens, wie seine zur Mystik neigenden Schriften überhaupt eine starke Ausstrahlung hatten.

Davidson, John (* 11. 4. 1857 Barrhead/Renfrewshire, †23. 3. 1909 Penzance). – Erfolg errang der schott. Dichter vor allem als Balladendichter mit *Ballads and Songs* (1894) und mit seinen Gedichten *Fleet Street Eclogues* (1893–1896), während er mit seinen Dramen nicht die gleiche Anerkennung fand. In seinen leidenschaftl. *Testaments* (1901–1908) bekennt er sich zum Übermenschentum im Sinne Nietzsches und entwirft eine nicht klar durchschaubare Kosmogonie.

Davies, William Henry (* 20. 4. 1871 Newport/Wales, †26. 9. 1940 Nailsworth/Gloucestershire). – Engl. Dichter, lebte von 1893–1901 als vagabundierender Gelegenheitsarbeiter und Cowboy in Amerika und begann nach seiner Rückkehr nach England zu schreiben. Lit. Bedeutung gewann er durch die

Erneuerung des schlichten Liedes im Volksliedcharakter, in dem er die Schönheit der Natur und seine Verbundenheit mit ihr besingt. Zu seinen Entdeckern zählt G. B. Shaw. In seiner *Autobiography of a Super-Tramp* (1908) gibt er eine realist. Schilderung seines Vagabundenlebens und ausgezeichnete Charakterdarstellungen von Menschen, die ihm unterwegs begegnet waren. D. veröffentlichte zahlreiche Gedichte, z. B. *The Soul's Destroyer* (1905) und *Nature Poems* (1908), einen Roman *Weak Woman* (1911) und das Libretto zu *True Travellers: a Tramp's Opera* (1923).

Davies, (William) Robertson (* 28. 8. 1913 Thamesville/Ontario). – Kanad. Schriftsteller, Schauspieler und Journalist, gewann einen großen Leserkreis durch zahlreiche Erzählungen und Kurzgeschichten, auch Dramatiker und vielseitiger Romanautor. Seine gesellschaftskrit. Intentionen richten sich gegen den Provinzialismus, wie er sich zunehmend in der Informationsgesellschaft auch in Kanada ausbreitete. Zahlreiche Werke wurden über Film und Fernsehen weit verbreitet. Besonders bekannt wurden die Dramen *Eros at Breakfast* (1949), *Question Time* (1975) und die Romane *Sturmbewegt* (1951), *Glanz und Schwäche* (1958, dt. 1960), *Der Fünfte im Spiel* (1970, dt. 1980), *Rebellische Engel* (1981, dt. 1987).

De Amicis, Edmondo (* 21. 10. 1846 Oneglia/Ligurien, † 11. 3. 1908 Bordighera). – Ital. Autor, veröffentliche 1868 als erstes Werk *La vita militare* (dt. 1886). Seine früh durch Reisebeschreibungen in verschiedenen Zeitungen erworbene Popularität konnte er noch durch seine mit pädagog. Absicht geschriebenen Jugendbücher steigern, die jedoch schöpfer. Phantasie vermissen lassen (*Gli amici*, 1882, dt. 1889, *Il cuore*, 1886, dt. 1889, *Il romanzo di un maestro*, 1890, *Ricordi di infanzia e di scuola*, 1901). Daneben trat er als anerkannter Sprachforscher an die Öffentlichkeit (*L'idioma gentile*, 1905).

Debeljanov, Dimičo (* 28. 3. 1887 Koprivštiça, † 2. 10. 1916 Demir Chisar). – Der bulgar. Lyriker (z. B. *Stichove*, 1920, *Stichotvorenija*, 1957 posth.) war seit 1906 publizist. tätig und gab 1910 eine der wichtigsten Anthologien Bulgariens mit heraus (*Nasăta poesia ot Vasov nasam*, 1910). Seine eigene autobiograph. durchsetzte Dichtung weist Wesensmerkmale der Romantik, zunehmend aber die des Symbolismus auf, den er als Stilrichtung durch hervorragende Übersetzungen aus dem Französischen auch in Bulgarien bekannt machte.

De Crescenzo, Luciano (* 1928 Neapel). – Ital. Schriftsteller, studierte Elektronik und Informatik, arbeitete zwei Jahrzehnte in einer führenden Position bei einem Informatikkonzern und trat dann mit unterhaltsamer Darstellung philosph. Fragen an die Öffentlichkeit. Diese Werke wurden rasch zu internationalen Bestsellern, da sie gründliche Kenntnis antiker Philosophie mit humorvoller Zeitkritik verbinden. Bes. bekannt wurden *Also sprach Bellavista* (dt. 1977), *Geschichte der griechischen Philosophie. Die Vorsokratiker* (1983), *Oi dialogoi.*

Von der Kunst, miteinander zu reden (dt. 1987). In den *dialogoi* verbindet er erfundene Dialoge Platons mit mytholog. Erzählungen aus dem antiken und gegenwärtigen Alltag. Auch die Romane *Zio Cardellino. Der Onkel mit dem Vogel* (dt. 1988), *Helena, Helena, amore mio* (dt. 1991) fanden großen Anklang.

Dedekind, Friedrich (* um 1525 Neustadt am Rübenberge, † 27. 2. 1598 Lüneburg). – Sein Hauptwerk ist die in lat. Distichen abgefaßte Satire *Grobianus* (1549, dt. 1551), die als iron. Anleitung zu unflätigem Benehmen bei Tisch und in Gesellschaft einen großen Leserkreis fand und nach der 1551 von Kaspar Scheidt vorgenommenen dt. Versbearbeitung und Erweiterung durch D. (*Grobianus et Grobiana*, 1554) sehr volkstüml. und in viele Sprachen übersetzt wurde. Mit seinen die Gegenreformation bekämpfenden Dramen (z. B. *Der christliche Ritter*, 1576, und *Papista conversus*, 1596) fand er keine Resonanz.

Deeping, Warwick (* 28. 5. 1877 Southend/Essex, † 20. 4. 1950 Weybridge/Surrey). – Engl. Schriftsteller, schrieb nach seiner Teilnahme am 1. Weltkrieg den Roman *Hauptmann Sorrell und sein Sohn* (1925, dt. 1927), mit dem er in ganz Europa Beachtung fand. Danach schrieb er mehr als 60 vielgelesene und übersetzte Unterhaltungsromane, die jedoch vorwiegend der Trivialliteratur zuzurechnen sind, so *In den Fängen der Nacht* (dt. 1961).

Defoe, Daniel, eigtl. Foe (* 1660 London, † 26. 4. 1731 ebd.). – Engl. Schriftsteller. D. gab seinen anfänglichen Beruf als Kaufmann auf, um mit zahlreichen Artikeln und Flugschriften auf das polit., wirtschaftl. und religiöse Leben seiner Heimat Einfluß zu nehmen, was ihn schließl. an den Pranger und ins Gefängnis brachte. Erst im Alter von 60 Jahren schrieb er seinen ersten Roman, der seinen Namen bis heute populär erhielt: *The Life and Strange Surprizing Adventures of Robinson Crusoe* (1719, dt. 1720 u. d. T. *Das Leben und die ganz ungemeinen Begebenheiten des berühmten Engländers, Mr. Robinson Crusoe*, 1966 u. d. T. *Robinson Crusoe*). Ihm folgten weitere Abenteuer- und Schelmenromane, z. B. *Moll Flanders* (1722, dt. 1723), die jedoch nicht nur geschrieben wurden, um den Leser auf spannende Weise zu unterhalten, sondern auch, um ihn zu belehren und ihm einen Wertmaßstab für moral. Verhalten zu geben. *A Journal of the Plague Year* (1722, dt. 1925) gibt einen dokumentar. belegten und ergreifenden Bericht über das Pestjahr 1665 in London. 1724–1726 verfaßte er einen detaillierten *Reiseführer durch ganz Großbritannien*. Sein Gesamtwerk umfaßt rund 250 Werke, von denen nur ein geringer Teil, vornehmlich aus dem Romanschaffen, ins Dt. übersetzt wurde.

Degener, Volker W. (* 12. 6. 1941 Berlin). – Dt. Schriftsteller, Lehrer an einer Polizeischule und Leiter einer Polizeidienststelle in Bochum, zuletzt Pressesprecher einer Polizeibehörde,

Mitglied der Europäischen Autorenvereinigung »Die Kogge« und des Friedrich-Bödecker-Kreises, gegen die Stimmen der Linken Vorsitzender des VS in Nordrhein-Westfalen, Mitglied im Programmbeirat des WDR. Für sein lit. Werk, das neben seinen berufl. und polit. Funktionen entstand, erhielt er Förderpreise. D. schreibt Kinderbücher, z.B. *Jens geht nicht verloren* (1973), *Geht's uns was an?* (1981), Jugendbücher, z.B. *Mit Blaulicht und Martinshorn* (1981), *Katrin, fünfzehn: ». . . und eigentlich gehör ich mir«* (1985), Romane wie *Du Rollmops* (1972) und *Heimsuchung* (1976) sowie vereinzelt Erzählungen und Lyrik. Seine Texte sprechen den Leser unmittelbar an, weil sie häufig umgangssprachl. Elemente als Stilmittel verwenden.

Degenhardt, Franz Josef (* 3. 12. 1931 Schwelm/Westf.). – Dt. Protestsänger, seit 1969 Rechtsanwalt in Hamburg. Anfangs schrieb er gesellschaftskrit., doch an keine Ideologie gebundene Chansons und Bänkellieder *Spiel nicht mit den Schmuddelkindern* (1967), Balladen, Chansons, Grotesken, Lieder. Seit 1968 verschärfte sich der Ton seiner Lieder zu agitator. Protest gegen die kapitalist. Wirtschafts- und Gesellschaftsordnung, womit er vor allem unter der Jugend Anhänger fand: *Im Jahr der Schweine* (Chansons 1970) und *Laßt nicht die roten Hähne flattern* (1974). Nach den Unruhezeiten zu Beginn der 70er Jahre wandte sich D. wieder »schönen« Texten zu und kritisierte diejenigen, die nichts gelernt hatten, z.B. *Wildledermantel* (1977), *Der Wind hat sich gedreht im Lande* (1980). Die Romane *Zündschnüre* (1973), *Brandstellen* (1975), *Der Liedermacher* (1982) oder *Die Abholzung* (1985) setzen sich mit polit. Gegenwartsfragen auseinander.

Dehmel, Richard (* 18. 11. 1863 Wendisch-Hermsdorf im Spreewald, † 8. 2. 1920 Blankenese/Hamburg). – Seinen lit. Standort gibt der dt. Dichter selbst zwischen Nietzsche und Liliencron an, ohne daß ihm die erstrebte Loslösung vom Naturalismus je ganz geglückt wäre. Mit seiner ekstat. Sprachkunst und seinem gedankl. Pathos deutete er den Expressionismus voraus. Bevorzugtes Thema seiner Dichtung ist die Macht des Eros bis hin zum religiösen, myst. Erlebnis und der Gegensatz von Trieb und Vernunft. Sein Hauptwerk ist der Romanzenzyklus *Zwei Menschen* (1903). Literaturgeschichtl. bedeutsam ist er jedoch durch seine Lyrik *Erlösungen* (1891), *Weib und Welt* (1896), *Die Verwandlungen der Venus* (1907), *Schöne, wilde Welt* (1913), die einen starken Einfluß auf die zeitgenöss. Lyrik ausübte. Sein sprachl. Spannungsbogen reicht hierbei von liedhafter Schlichtheit bis zu ekstat. Ergriffenheit. Darüber hinaus schrieb er weltanschaul. aufschlußreiche Dramen (z.B. *Der Mitmensch*, 1895), Erzählungen, Essays und ein Kriegstagebuch (*Zwischen Volk und Menschheit*, 1919).

Deichsel, Wolfgang (* 20. 3. 1939 Wiesbaden). – Dt. Dramatiker, seine in hess. Mundart verfaßten Volksstücke suchen die auf das Kleinbürgertum wirkenden gesellschaftl. Zwänge zu entlarven und das Ausmaß des hierdurch verursachten Fehlverhaltens offenzulegen. Zur Dramatisierung seiner Stoffe greift D. zu drast. und grotesken Sprachmitteln. Hierin ist sein Sprachstil dem Schwank und der Posse verwandt: *Frankenstein I* (1970 und 1978), *Zelle des Schreckens* (1974), *Loch im Kopf* (1977), *Zappzarapp. Die Panik des Clowns hinterm Vorhang* (1984). D. übersetzte auch Molière.

Deicke, Günther (* 21. 10. 1922 Hildburghausen). – Dt. Schriftsteller, arbeitete nach dem Krieg als Redakteur und galt mit seinen bildstarken Liebes- und Landschaftsgedichten (etwa *Liebe in unseren Tagen*, 1954; *Du und Dein Land und die Liebe*, 1960; *Ortsbestimmung*, 1972), die bewußt in der lit. Tradition stehen, als profilierter Lyriker der DDR. Als Hg. von Gedichtsammlungen und mit Hör- und Fernsehspielen wurde er bekannt.

Deinhardstein, Johann Ludwig, Ps. *Dr. Römer* (* 21. 6. 1794 Wien, † 12. 7. 1859 ebd.). – Österr. Lyriker, Erzähler, Dramatiker und Hauptbegründer des sog. Künstlerdramas, hatte mit dem Drama *Hans Sachs* (1829) und dem Lustspiel *Garrick in Bristol* (1832) größeren Erfolg. Verdienste erwarb er sich als stellvertretender Direktor um das Wiener Burgtheater, das er zu einer international bekannten Bühne machte (1832–1841). 1829–1849 Herausgeber der »Jahrbücher der Literatur«.

Dekker, Thomas (* 1572 London, † 25. 8.[?] 1632 ebd.). – Der engl. Dramatiker lieferte ein vielseitiges Bühnenschaffen von der Tragödie bis zur Posse und vom Volksstück bis zur Satire sowie zahlreiche Prosaschriften, in denen er mit Witz und Humor das Alltagsleben der Kleinbürger zur Shakespearezeit ironisiert. Die Mitarbeit an 44 weiteren Stücken ist nicht restlos geklärt. Sein bedeutendstes Drama *The Honest Whore* (1604–1630) gilt als Vorläufer des bürgerl. Trauerspiels.

De La Mare, Walter John, Ps. *Walter Ramal* (* 25. 4. 1873 Charlton/Kent, † 22. 6. 1956 London). – Der engl. Autor schrieb Gedichte, Erzählungen, z.B. *Seltsame Geschichten* (dt. 1962), Kurzgeschichten, Essays, einige Romane und zauberhafte Dichtungen für Kinder. Seine Sprache ist von eindringl. Anschaulichkeit, in die er seine eigene, von schöpfer. Imagination getragene Mythologie einkleidet, mit der er eine Welt des Wunderbaren mit dem Alltäglichen zu verknüpfen versucht. Der Dichter steht der Romantik und Mystik nahe. Beispiele seines Schaffens sind die *Songs of Childhood* (1902), die Gedichte *Stuff and Nonsense* (1927), der Roman *Memoirs of a Midget* (1921).

Delaney, Shelagh (* 25. 11. 1939 Saleford/Lancashire). – Engl. Schriftstellerin, aus irischer Arbeiterfamilie, arbeitete als ungelernte Arbeiterin, da ohne Schulabschluß. Mit dem Theaterstück *Bitterer Honig* (1958, dt. 1959) brachte sie gegen das anspruchslose Unterhaltungstheater in England soziale Probleme auf die Bühne, gestaltet aus der Sicht der vorgefertigten

Moral englischer Bürger die Frage nach dem Recht des Individuums in der Arbeitergesellschaft. Die sozialkrit. Haltung brachte ihr den Ruf ein, eine Hauptvertreterin der Gruppe der sog. »zornigen jungen Leute« zu sein; häufig wurde sie als »Angry Young Woman« charakterisiert. Ihre späteren Theaterstücke und Erzählungen, wie *Wodka und kleine Goldstükke* (1963, dt. 1966), konnten den Erfolg nicht wiederholen.

Delavrancea, Barbu, eigtl. *Barbu Stefănescu* (* 11. 4. 1858 Delea Nouă v. Bukarest, † 11. 5. 1918 Jassy). – Rumän. Schriftsteller, schrieb neben romant. Dramen meisterhafte Novellen *Novellen und Erzählungen* (dt. 1955), in denen er sich als subtiler Kenner der menschl. Psyche erweist. Seine Beobachtungsgabe machte ihn auch zu einem hervorragenden Landschaftsbeschreiber, der eine realist. Erzählweise anstrebte, ohne auf romant. Einflüsse ganz zu verzichten.

Delblanc, Sven (Axel Herman) (* 26. 5. 1931 Swan River/Kanada). – Schwed. Schriftsteller, studierte Literaturwissenschaft in Uppsala und setzte sich intensiv mit der Philosophie Nietzsches auseinander. Sein lit. Werk umfaßt Hörspiele, Romane und Gedichte, wobei er sich immer mit der Frage des Lebenssinnes des Einzelnen in der anonymen Gesellschaft auseinandersetzt, die jeden Individualismus zerstört. Sein Werk erhielt zahlreiche internationale Anerkennungen. In Dtld. wurden bes. bekannt die Romane *Waldstein* (1963, dt. 1981), *Speranza* (1980, dt. 1982), *Kastraten* (1975, dt. 1983), *Jerusalems Nacht* (dt. 1989) sowie die Theaterstücke *Der arme Richard* (1978) und *Senecas Tod* (1982).

Deledda, Grazia (* 28. 9. 1871 Nuoro/Sardinien, † 15. 8. 1936 Rom). – Ital. Autorin. D. begann, vielseitig belesen und autodidakt. gebildet, bereits mit 15 Jahren zu schreiben und erhielt in Würdigung ihres Gesamtwerkes 1926 den Nobelpreis für Literatur. In ihren Erzählungen und Romanen schildert sie in einer leidenschaftl. und dramat. Sprache mit großem psycholog. Feingefühl Leben und Brauchtum des sardischen Volkes sowie die Natur und Landschaft ihrer Heimat. Zu ihren Hauptwerken zählen die Romane *Fior de Sardegna* (1892), *Elias Portolù* (1903, dt. 1906) und *La Madre* (1920, dt. 1922). Die Romane der letzten Lebensjahre zeigen ital. Lebensverhältnisse, z. B. *Il Dio dei viventi* (1922). Dt. erschien 1989 *Die offene Tür und andere sardische Novellen* und *Marianna Sirca*.

Delibes, Miguel (* 17. 10. 1920 Valladolid). – Span. Schriftsteller, Prof. für Nationalökonomie, Karikaturist und Herausgeber lit. Zeitschriften, hatte mit seinem Roman *Der Schatten der Zypresse* (1947, dt. 1948) einen so großen Erfolg, daß er als ein Autor gelten darf, der dem span. Roman nach dem Bürgerkrieg wieder internationale Bedeutung gab. Seine Romane zeigen illusionslos die spanische Gegenwart, das rückständige Leben auf dem Lande und in kleinen Städten, die Vorurteile der ungebildeten und gebildeten Menschen; ein bes. auffallendes Stilmittel ist der distanzierende Humor der Darstellung,

die den Leser nicht nur zum Erleben, sondern vornehmlich zum Reflektieren einlädt. In Deutschland wurden viele Werke bekannt, etwa *Und zur Erinnerung Sommersprossen* (1950, dt. 1960), *Tagebuch eines Jägers* (1955, dt. 1964), *Das rote Blatt* (1959, dt. 1988), *Fünf Stunden mit Mario* (1966, dt. 1976), *Die heiligen Narren* (1982, dt. 1987).

Delius, Friedrich Christian (* 13. 2. 1943 Rom). – Dt. Schriftsteller, in Hessen aufgewachsen, studierte deutsche Philologie, lebte in Holland und war Lektor bei Wagenbach und im Rotbuch Verlag; Mitglied des PEN-Zentrums; erhielt zahlreiche Preise und Stipendien, z. B. Villa-Massimo (1971/72). Seine Lyrik *Kerbholz* (1965) greift noch Spannungen zwischen dem Individuum und der Gesellschaft auf, während die späteren Gedichte *Wenn wir, bei Rot* (1969), *Ein Bankier auf der Flucht* (1975), *Die unsichtbaren Blitze* (1981) und die Prosa *Unsere Siemens-Welt* (1972), *Ein Held der inneren Sicherheit* (1981), *Adenauerplatz* (1984) aggresssiv gegen die bürgerliche Gesellschaft gerichtet sind und unterstellte Ausbeutungen herausarbeiten. Mehrfach waren seine Texte Anlaß gerichtlicher Auseinandersetzungen. Literar. Anerkennung fand *Mogadischu Fensterplatz* (1987), da er sich in diesem R. von der polit. Einseitigkeit löst und eine differenzierte Darstellung gestaltet. 1989 erschien die Sammlung *Japanische Rolltreppen. Tanka-Gedichte,* 1991 die Erz. *Die Birnen von Ribbeck.*

Della Casa, Giovanni (* 28. 6. 1503 La Casa del Mugello, † 14. 11. 1556 Montepulciano). – Ital. Dichter, war Nuntius in Venedig, 1554 Erzbischof von Benevent, schließl. Staatssekretär des Papstes Paul IV. Seine Prosa – berühmt der *Galateo* (hg. 1910), eine Anweisung für gute Manieren und Anstand – und seine Gedichte (hg. 1944 u. d. T. *Rime*), mit denen er dem Stil Petrarcas sehr gekonnt nacheiferte, schrieb er in ital. und lat. Sprache.

Della Porta, Giambattista (* zwischen 3. 10. und 15. 11. 1535 Neapel, † 4. 2. 1615 ebd.). – Ital. Autor. D. war Physiker mit lebhaftem Interesse an den magischen Künsten, das ihn beinahe der Inquisition ausgeliefert hätte. Von den 29 ihm zugeschriebenen Komödien sind nur 14 erhalten, die meist lat. Vorlagen nachgebildet sind, z. B. *La Cintia* (1601), *I due fratelli rivali* (1601) u. a.

Della Valle, Federico (* um 1560 Asti, † 1628 Mailand). – Ital. Dichter. D. schrieb vor allem Tragödien, z. B. *Judith* (1628) und *Esther* (1628), denen ein bibl. Stoff zugrunde liegt und die sich in ihrer formalen Gestaltung bewußt von den Übertreibungen und Verzerrungen des barocken Sprachstils abheben. Diese poet. Originalität und seine meisterl. Sprachbehandlung machten ihn zu einem der bedeutendsten Tragödiendichter, die Italien je hervorgebracht hat.

Deloney, Thomas (* um 1543, † 1600 Norwich). – Engl. Dichter, schuf zahlreiche volkstüml. Balladen zu bekannten Melodien, später widmete er sich beinahe ausschließl. dem Schreiben von fiktiven Romanen und Erzählungen, in denen er als erster Charakter, Milieu und Lebensumstände in realist. Weise schilderte. Zu seinen Hauptwerken zählen *Jack of Newberrie* (1597), *The Gentle Craft* (1597–1598) und *Thomas of Reading* (1600). Eine dt. Übersetzung liegt vor in *Tage des alten England* (1928).

Delwig, Anton Antonovitsch (*17.8. 1798 Moskau, †26.1. 1831 Petersburg). – Russ. Lyriker, dessen Gesamtwerk nur zwei Gedichtbände (*Stichotvorenija* [1951], *Polnoe sobranie stichotvorenij* [1959]) umfaßt, in denen sein Formenreichtum und seine hervorragende Verstechnik evident werden. Er ist der Anakreontik des 18. Jh.s und der Romantik seiner Zeit verpflichtet und wurde durch seine Nachahmung russ. Volkslieder bekannt, die teilweise vertont wurden.

Demedts, André, Ps. *Koen Lisarde* (*8.8. 1906 Sint Baafs Vijve/Westflandern). – Fläm. Autor, 1949 Leiter des westfläm. Rundfunks und Fernsehens, außerdem Mitarbeiter bei diversen Zeitschriften. In allen lit. Gattungen versiert, errang er die größten Erfolge mit seinen psycholog. feinfühligen Romanen wie *Die Ruhelosen* (1939, dt. 1942), *Die Herren von Schoendaele* (1947 bis 1951, dt. 1957), *Die Freiheit und das Recht* (1959, dt. 1960) und *Eine Nußschale voll Hoffnung* (1961, dt. 1962).

Demeter, Dimitrija (*21.7. 1811 Zagreb, †24.6. 1872 ebd.). – Kroat. Autor, verfaßte außer Opernlibretti und Theaterkritiken mehrere Dramen im Geiste des Illyrismus (z.B. *Ljubav i dužnost* [1838], *Zorislava* [1838], *Teuta* [1844]), denen jedoch kein bleibender Erfolg beschieden war. Dennoch gehört er zu den Begründern des kroat. Nationaltheaters und trug durch Übersetzungen von Kotzebue, Sheridan, Goethe, Nestroy und Sardou zu dessen Repertoireerweiterung bei.

Deml, Jakub (*20.8. 1878 Tasov, †10.2. 1961 Trebič). – Tschech. Dichter, seine Lyrik wie Prosa sind von religiösen Motiven, myst. Naturschilderungen und einer sehr eigenwilligen Freiheitsidee durchdrungen. Er ist beeinflußt von der »katholischen Moderne« eines Léon Bloy und dem Symbolismus von O. Březina. Er gilt als Vorläufer des tschech. Surrealismus, wengleich er mit seiner Dichtung nur wenig Anklang fand. D.s Hauptwerk ist die Lyrik und Prosaveröffentlichung *Šlépěje*, die ab 1917 erschien.

Demosthenes (*384 v.Chr. bei Athen, †322 v.Chr. Kalaureia). – Berühmt wurde der griech. Redner durch seine ab 355/54 gehaltenen polit. Reden, so die *I. Staatsrede*, die *Philippischen Reden*, die *Olynthischen Reden*, die Rede *Über den Frieden*, *Vom Kranze* u.a. Sie fanden bereits in der Antike und lange über diese Zeit hinaus weite Verbreitung, gehörten zum unabdingbaren Grundbestand jeder rhetor. Ausbildung und sicherten ihm bald den Ruf, »der Redner« schlechthin zu sein.

Denck, Hans (*um 1495 Habach/Oberfranken, †15. [?] 11.

1527 Basel). – Schüler des Erasmus. Zusammen mit Ludwig Hätzer, dem Führer der Taufgesinnten, zu denen er sich ebenfalls bekannte, übersetzte er 1527 die Propheten (sog. »Wormser Propheten«) aus dem Urtext ins Deutsche, wobei ihre Sprachleistung selbst von Luther gewürdigt wurde, der sie bis in seine letzten Lebensjahre einer intensiven Analyse unterzog. Als D.s Hauptwerk gilt die Übersetzung und Kommentierung des Propheten *Micha* (hg. 1532).

Denham, Sir John (*1615 Dublin, †10.3. 1669 London). – Der engl. Dichter gilt als Wegbereiter des engl. Klassizismus, obwohl er als Verfasser einer histor. Tragödie, einer *Aeneis*-Paraphrase und mehrerer Satiren über eine Mittelmäßigkeit nie hinausgekommen ist. Einzig mit seinem Hauptwerk *Cooper's Hill* (1642), in dem er erstmals Landschaftsbeschreibung und moralisierende Gedankendichtung miteinander verquickt, beeinflußte er zahlreiche andere Gedichte dieser Art im 18. Jh.

De Quincey, Thomas (*15.8. 1785 Greenhouse/Manchester, †8.12. 1859 Edinburgh). – Engl. Dichter und Kritiker, fasziniert in einer autobiograph. Skizze (*Confessions of an English Opium-Eater*, 1821, dt. 1886 u.d.T. *Bekenntnisse eines Opiumessers*) und mit seinen zahlreichen Essays durch eine geschliffene Sprachkunst und hochgradige Sensibilität, die ihn zum Vorläufer der Literatur des Fin de siècle machten. Weitere bekannte Werke D.s sind die Essays *On Murder considered as One of the Fine Arts* (1827–39, dt. 1913 u.d.T. *Der Mord als eine Schöne Kunst betrachtet*), *Über das Klopfen an der Pforte in Shakespeares Macbeth* (dt. 1986) und der Roman *Klosterheim or the Masque* (1832).

Dermoût, Maria, eigtl. *Helena Anthonia Maria Elisabeth Dermoût-Ingerman* (*15.6. 1888 Pekalongan/Java, †27.6. 1962 Den Haag). – Niederl. Erzählerin, schildert in ihren Romanen und Erzählungen ihre Erlebnisse und Erfahrungen auf Java, Celebes und den Molukken. Dt. erschienen die Romane *Erst gestern noch* (1951, dt. 1957) und *Die Harfe Amoret* (1955, dt. 1958).

Derschawin, Gawrila Romanowitsch (*14.7. 1743 ehem. Gouv. Kazan, †21.7. 1816 Zvanka/ehem. Gouv. Novgorod). – D. gilt als der bedeutendste russ. Dichter des 18. Jh.s, der in seine Lyrik (*Ody, perevedennye i sočinennye pri gore Citalagae*, 1776) den ganzen Wortreichtum des Kirchenslawischen und Russischen ins Umgangssprachliche einbringt, wodurch seine Sprache eine unerhörte Lebendigkeit, Farbfülle und Bildkraft erhielt. Angeregt wurde er u.a. durch die dt. Barockdichter Haller und Klopstock, während von ihm wiederum Puschkin und Majakowski beeinflußt wurden. Neben vielen anderen seiner Gedichte ist die Ode *Bog* (1784, dt. 1845) berühmt geworden. 1793 erschien eine Auswahl seiner Gedichte in Dt.

Déry, Tibor (*18.10. 1894 Budapest, †18.8. 1977 ebd.). – Ungar. Schriftsteller, trat als Sohn einer jüd. Großbürgerfamilie 1919 der kommunist. Partei bei. Er überstand Flucht, Exil, Rückkehr und Gefängnis- bzw. Zuchthausstrafen unter verschiedenen Regimen. In den Anfängen seines dichter. Schaffens dem Naturalismus bzw. Surrealismus zugeneigt, erwarb er sich seinen Rang in der europ. Literatur mit den Romanen und Erzählungen seiner mittleren und späten Jahre wie *Der unvollendete Satz* (1947, dt. 1952), *Rechenschaft* (1962, dt. 1964) und *Lieber Schwiegervater* (1973, dt. 1976). D. zeichnete eine spröde Liebe zum Menschen aus, für die er den Tonfall der bitteren Sanftheit und heiteren Hoffnungslosigkeit wählte, dem das Leben fragwürdig, ja ekelerregend schien und der doch durchdrungen war von einer skept. Weltverliebtheit.

Desai, Anita (* 24. 6. 1937 Mussoorie). – Ind. Schriftstellerin, die in engl. Sprache das Leben der Frauen, die eine englisch-akademische Ausbildung erfahren haben und in dem stark traditionell geprägten Indien leben müssen, gestaltet. D. begründete mit ihren Romanen eine Form des krit. Gesellschaftsromans, die bis dahin in Indien unbekannt war. Von ihren Romanen fanden einige auch großes Interesse in Europa, etwa *Das Rufen des Pfaus* (1963), *Berg im Feuer* (1977, dt. 1986), *Der Hüter der wahren Freundschaft* (1984, dt. 1987).

Desbordes-Valmore, Marceline, geb. Desbordes (* 20. 6. 1786 Douai/französisches Flandern, † 23. 7. 1859 Paris). – Franz. Dichterin, ist, von wenigen Romanen abgesehen, ausschließl. Lyrikerin in der Tradition Lamartines, die eine angemessene Würdigung ihres Werkes erst nach ihrem Tode durch Sainte-Beuve und die Romantiker und Symbolisten erfuhr. Ihre sehr persönl. gehaltenen, empfindsamen und tief ergreifenden Gedichte wie *Elégies et romances* (1818), *Les pleurs* (1833) und *Pauvres fleurs* (1839) sprechen ihr Erleben als Frau und Mutter aus, wobei die ihr eigentüml. Vermischung von Wirklichkeit und Traum bereits den Symbolismus vorausahnen läßt.

Descartes, René, lat. *Renatus Cartesius* (* 31. 3. 1596 La Haye/Touraine, † 11. 2. 1650 Stockholm). – Franz. Philosoph, begründete nach intensiven Studien der scholast. und humanist. Lehren und vielen Reisen, die ihn mit den europ. Geistesströmungen in Verbindung brachten, den neuzeitl. Rationalismus. Ausgehend von dem Grundsatz, daß der Mensch sich nur als denkendes Sein erfährt (Cogito ergo sum), begründet D. die systemat. Erkenntnislehre aus der reinen Vernunft in den grundlegenden Schriften *Discours de la méthode . . .* (1637), *Meditationes de prima philosophia* (1641) und *Principia philosophiae* (1644). Im Zentrum seines Denkens steht die Annahme der eingeborenen Ideen, die nicht aus der Erfahrung stammen können, da sie diese überschreiten und eine absolute Wirklichkeit fordern; es sind dies die Gottesidee, das Denken (res cogitans) und der Raum (res extensa). Für D. ist der Gottesgedanke als Gedanke bereits Beweis für das göttliche Sein, das im Gegensatz zu den beiden anderen Substanzen

ungeschaffen ex se ist. Alle anderen Substanzen sind mechanistisch und gegenüber der ungeschaffenen Substanz trotz Entstehen und Vergehen unveränderbar. D.' Philosophie hat auf das gesamte Denken der Neuzeit bis in die Gegenwart gewirkt. Indem er als erster die Philosophie wieder streng von der Theologie trennte, schuf er die Voraussetzungen für die moderne Naturwissenschaft und Technik. Die franz. Gesamtausgabe erschien 1824 bis 1826 in 11 Bdn.

Descaves, Lucien (* 18. 3. 1861 Paris, † 6. 9. 1949 ebd.). – Franz. Erzähler und Kritiker, befreundet mit E. de Goncourt, A. Daudet, J.-K. Huysmans und E. Zola. D. wurde 1900 Mitglied der Académie Goncourt, 1944 ihr Präsident. In seinem vielseitigen, von scharfer Beobachtungsgabe gekennzeichneten dramat. und erzähler. Werk bevorzugte er soziale und moral. Themen, wobei seine Sympathie und sein Interesse dem einfachen Volke galt. Beispiele seines umfangreichen Schaffens sind die Erzählung *Le calvaire d'Héloïse Pajadou* (1882), das Drama *La clairière* (1900) und die Autobiographie *Souvenirs d'un ours* (1946).

Deschamps, Emile (* 20. 2. 1791 Bourges, † 22. 4. 1871 Versailles). – Franz. Schriftsteller, begründete 1824 zusammen mit V. Hugo die Zeitschrift »La muse française« und war einer der ersten Anhänger der romant. Bewegung. Sein Gesamtwerk enthält Gedichte, ein Drama, Novellen, ein Libretto, Erzählungen und Übersetzungen dt. (u. a. Goethe und Schiller) und span. Autoren. Beispiele aus seinen Veröffentlichungen sind die *Ode patriotique* (1812) und das Drama *Le tour de faveur* (1818).

Deschamps, Eustache, genannt *Morel* (* um 1346 Vertus/Champagne, † um 1406). – Franz. Dichter, dessen reiches Werk zahlreiche Balladen, Rondeaux und Virelais, Liebes- und Gelegenheitsgedichte und die älteste Poetik, die Frankreich aufzuweisen hat, umfaßt. Er gilt als der bedeutendste franz. Dichter des 14. Jh.s, der die höf. Dichtung noch einmal zu Glanz führte, gleichzeitig aber mit neuen Formen die Konventionen sprengte und spätere Entwicklungen vorwegnahm. D. schrieb u. a. das Drama *Dit des quatre offices de l'ostel du roi* (1360) und die Poetik *Art de dictier et de fere chançons* (1392).

Deschner, Karlheinz (* 23. 5. 1924 Bamberg). – Publizität gewann D. mit seinen krit., teilweise auch polemisierenden Streitschriften zur Literatur wie *Kitsch, Konvention und Kunst* (1957) und *Talente, Dichter, Dilettanten* (1964). Provokativ bis zum Skandal wirkten seine Kirchengeschichte *Abermals krähte der Hahn* (1962) sowie seine Schriften *Mit Gott und den Faschisten* (1965), *Kirche des Un-Heils* (1974), *Ein Jahrhundert Heilsgeschichte. Die Politik der Päpste im Zeitalter der Weltkriege* (1982/83) u. a., wobei die sachlich iron. Argumentation zunehmend hämische Züge annimmt. Die Romane *die nacht steht um mein haus* (1956; bearb.

1963) und *Florenz ohne Sonne* (1958; bearb. 1973) fanden kaum Beachtung. 1989/90 erscheint in drei Bdn. die aufsehenerregende Kirchengeschichte *Kriminalgeschichte des Christentums.*

Desnos, Robert (*4.7. 1900 Alençon, †8.6. 1945 KZ Theresienstadt). – Der franz. Lyriker gehört zu den frühesten Repräsentanten des Surrealismus und zugleich zu seinen Vollendern. Während der dt. Besetzung schrieb er aufrüttelnde Gedichte aus dem Widerstand in Argot und gab noch als KZ-Häftling seiner Hoffnung auf eine von der Liebe zum Menschen bestimmte Gerechtigkeit dichter. Ausdruck. Eine dt. Übersetzung liegt von seinen frühen Gedichten *Die Abenteuer des Freibeuters Sanglot* (1927, dt. 1973) vor.

Despériers, Bonaventure, Ps. *Sarcomoros* (*um 1510 Arnayle-Duc/Burgund, †1543/44 Südwestfrankreich). – Franz. Schriftsteller, gehörte dem Humanistenkreis um Marguerite de Valois an und schrieb unterhaltsame, äußerst originelle Erzählungen, mit denen er ein Sittenbild seiner Zeit skizzierte. Mit seinen sich gegen jeden Dogmatismus wendenden vier Dialogen *Cymbalum mundi* handelte er sich die Gegnerschaft von Katholiken und Protestanten zugleich ein. Daneben übersetzte er Plato und Horaz und in Zusammenarbeit mit Olivetan auch die Bibel (1535).

Destouches, Philippe (*22.8. 1680 Tours, †4.7. 1754 Fortoiseau/Seine-et-Marne). – Franz. Dramatiker, verfaßte etwa 25, teilweise auch in Dtld. verbreitete Charakterkomödien, die in der für die Aufklärungszeit typ. Absicht eines moralisierenden und belehrenden Einflusses auf das Publikum geschrieben waren, so etwa *Der Ruhmredige* (1732, dt. 1745), und *Der Verschwender* (1736, dt. 1742). Diese Lustspiele initiierten die ersten Anfänge der bürgerl. Dichtung im 18. Jh. und wurden in Dtld. von Lessing anerkannt.

Deus Ramos, João de (*5.3. 1830 São Bartolomeu de Messines/Algarve, †11.1. 1896 Lissabon). – Vielseitigster und sprachbegabtester portugies. Lyriker des 19. Jh.s, dessen Werk außer Gedichten (*Flores do Campo* [1869], *Ramo de Flores* [1870], *Campo de Flores* [1893]) auch Fabeln, Epigramme und Satiren umfaßt. Er distanzierte sich von der formstrengen romant. Bewegung seiner lit. Zeitgenossen und pflegte im Gegensatz dazu einen einfachen und natürl. Sprachstil bei großer Virtuosität der Form. Für den Unterricht entwickelte er eine neue Form des Lesens mit den Gedichten *Folhas soltas* (1875). Sein Werk liegt in Dt. bisher nicht vor.

Deyssel, Lodewijk, eigtl. *Karel Johann Lodewijk Alberdingk Thijm* (*22.9. 1864 Hilversum, †26.1. 1952 Haarlem). – Niederl. Schriftsteller, Mitbegründer und Mitarbeiter bei mehreren niederl. Zeitschriften und einer der führenden Köpfe der »Achtziger Bewegung«. D. übte durch seine Literaturkritiken einen maßgebl. Einfluß auf die zeitgenöss. Literatur Hollands aus. D. schrieb selbst zahlreiche Romane, z.B. *De kleine*

republiek (1889), und Studien wie die *Rembrandtstudies* (1906).

Dias, Antônio Goncalves (*10.8. 1823 Boa Vista bei Caxias/Maranhão, †3.11. 1864 Guimarães/Maranhão). – Brasilian. Dichter, gilt in seiner Heimat als der bedeutendste romant. Lyriker und ist Vertreter des Indianismus, dem er in einigen seiner Werke in einfühlender und verdeutlichender Weise Ausdruck verschaffte. Kulturgeschichtl. von Interesse ist, daß D. als Indianer in Europa studierte und den europ. Humanismus nach Amerika brachte. Als Prof. für Lat. und Brasilian. verband er beide Traditionen. Während er in Südamerika eine große Popularität erreichte, blieb sie ihm im Ausland versagt. Bedeutend sind die Lyrikbände *Primeiros Cantos* (1846), *Segundos Cantos e Sextilhas de Frei Antão* (1848), *Últimos Cantos* (1851) und das Epos *Os Timbiras* (1857) als Dokumente der Verschmelzung indian. Mentalität mit europ. Kultur.

Días Rodríguez, Manuel (*Februar 1871 Caracas, †1927 New York). – Venezolan. Autor, gehört als Verfasser von Erzählungen, Reiseberichten und philosoph. Essays zu den namhaftesten Vertretern des Modernismus Venezuelas. Zunächst europ. orientiert, wandte er sich vorübergehend dem Ästhetizismus zu, um später in seinen Stoffen und Motiven dem ländl. Leben Venezuelas und der Schilderung seiner Landschaften in seinem Werk breiten Raum zu geben.

Dib, Mohammed (*21.7. 1920 Tlemcen). – Der alger. Schriftsteller wurde einer breiteren Öffentlichkeit durch seine Romantrilogie *Algérie* (1952–1957) bekannt, in der er das Schicksal seiner Heimat unter dem franz. Kolonialismus beschreibt. Sie wurde in Deutschland unter den Titeln *Das große Haus* (1956), *Der Brand* (1956) und *Der Webstuhl* (1959) veröffentlicht. Als Lyriker gehört er der symbolist.-surrealist. Richtung an, z.B. *Formulaires* (1970). Die jüngsten Romane beschreiben die sozialen Strukturen in der nachkolonialen Zeit, etwa *Dieu en Barbarie* (1970), und philosoph. Fragen *Les terrasses d'Orsol* (1985).

Dick, Uwe (*21.12. 1942 Schongau am Lech). – Lokalredakteur, danach freier Schriftsteller, vor allem mit Lyrik wie *Tag und Tod* (1971), *Janusaugen* (1974) und als Autor des Prosamärchens *König Tauwim* (1969) und der *Sauwaldprosa* (1976, erweitert 1987). D. arbeitet auch an dramat. Stücken und versucht seit 1969, sein Werk, in dem er »Gegenwelten zur Konsumdiktatur und Fertigteilsprache des industriellen Zeitalters« entwirft, als Selbstverleger und Rezitator durchzusetzen. Seine jüngsten Dichtungen sind die *Ansichtskarten aus Wales* (1978), *Im Namen des Baumes* (1984), *Monolog eines Radfahrers* (1985), *Theriak. 13 Fügungen* (1986), *Das niemals vertagte Leben. 13 Widmungen* (1991).

Dickens, Charles, Ps. *Boz* (*7.2. 1812 Landport b. Portsmouth, †9.6. 1870 Gadshill). – Engl. Erzähler, veröffentlichte

1836 unter seinem Pseudonym sein erstes Buch *Sketches by Boz* (dt. *Londoner Skizzen*, 1839), das ein großer Erfolg wurde. Populär wurde er durch die *Pickwick Papers* (1837, dt. *Die Pickwickier*, 1837/38), denen so bekannte Romane wie *Oliver Twist* (1838, dt. 1839), *Nicholas Nickleby* (1838/39, dt. 1838 bis 1840), *Barnaby Rudge* (1841, dt. 1852), *A Christmas Carol* (1843, dt. u. d. T. *Der Weihnachtsabend*, 1844) und *Martin Chuzzlewit* (1843/44 engl. u. dt.) folgten. In seinen mittleren Lebensjahren verfaßte er den Roman *David Copperfield* (1850), in den autobiograph. Material einging, und danach seine großen Spätromane *Little Dorrit* (1855 ff., dt. 1856 f.), *A Tale of Two Cities* (1859, dt. 1859/60), *Great Expectations* (1860/61, dt. 1862) und *Our Mutual Friend* (1865, 1867, seit 1952 u. d. T. *Unser gemeinsamer Freund*). Er wurde zum Begründer des sozialen Romans, der durch das Aufzeigen sozialer Mißstände in der mittleren und unteren Bevölkerungsschicht Londons Anstoß zu mehreren Sozialreformen gab. Das hervorstechendste Merkmal seiner Dichtung ist die Liebe zum Humor, der bis zur Groteske gesteigert werden kann, seine nie nachlassende Phantasie, die ihn in ihrer Eigenart bis heute unvergeßl. Gestalten hervorbringen ließ. Er gehörte zu den berühmtesten Dichtern seiner Zeit und hat bis heute nichts an Wertschätzung eingebüßt. Seine Werke wurden in alle Weltsprachen übersetzt und liegen in zahlreichen Gesamtausgaben vor. D.' Romane und Erzählungen erschienen größtenteils zuerst in Zeitungen. Die obengenannten Erscheinungsdaten beziehen sich auf die Buchausgaben.

Dickinson, Emily (* 10. 12. 1830 Amherst/Mass., † 15. 5. 1886 ebd.). – Das umfangreiche, rund 1200 Gedichte umfassende Werk der amerikan. Lyrikerin wurde erst nach ihrem Tode veröffentlicht und mit der von ihrem Dichterkollegen Conrad Aiken 1924 vorgenommenen Auswahl zugänglich gemacht: *Der Engel in Grau* (1956). 1959 und 1970 folgten je eine Gedichtauswahl auch für das dt. Lesepublikum, die die Erlebnisweite dieser Dichterin erkennen lassen und sie als eine der genialsten Lyrikerinnen Amerikas ausweisen. Entsprechend der Gegensätzlichkeit ihrer Themen ist ihre Ausdrucksweise antithet., iron., paradox, teilweise von Humor und subtilem Witz überspielt, einprägsam durch die Kühnheit und Vielfalt der Metaphern.

Diderot, Denis (* 5. 10. 1713 Langres, † 30. 7. 1784 Paris). – Der franz. Schriftsteller gehört zu den genialsten Gestalten seiner Zeit, der sich das gesamte Wissen seiner Zeit erarbeitet hatte, u. a. mit der ihn bis 1766 beschäftigenden Übersetzung, Erweiterung und selbständigen Bearbeitung der engl. *Enzyklopädie* von E. Chambers (bis Band VIII zusammen mit D'Alembert) zu einer 28 Bände umfassenden franz. Monumentalenzyklopädie. Während dieser Zeit und danach veröffentlichte er philosoph. Schriften, in denen er sich zu einer mehr atheist.-materialist. begründeten Weltanschauung bekannte (*Lettre*

sur les aveugles, 1749), entwickelte eine Theorie der Schauspielkunst (*Paradoxe sur le comédien*, 1830) und legte seine Ansichten zur Dichtkunst und Malerei in mehreren kunsttheoret. Abhandlungen dar. Er schrieb bürgerl. Rührstücke, das erst seit 1821 durch Rückübersetzung der von Goethe 1805 vorgenommenen dt. Übersetzung bekannte Werk *Le neveu de Rameau* (1760–1772?), und seinen bedeutendsten und berühmtesten Roman *Jacques le fataliste* (1796). Neben seiner Aufgeschlossenheit und immensen Aufnahmebereitschaft gehört er aber auch zu den großen Anregern seiner Zeit, dessen Denkanstöße das festgefahrene Ideengut der Aufklärung aufbrachen (z. B. starker Einfluß auf Lessing) und weit ins 19. Jh. nachwirkten. In Dt. liegt sein erzähler. Gesamtwerk in vier Bdn., 1966/67, vor.

Dietmar von Aist, frühhöf. österr. Minnesänger, der von 1139 bis 1171 urkundl. bezeugt ist. Die unter seinem Namen tradierte Liedersammlung gehört zur ältesten dt. Liebeslyrik, die vom höf. Minnesang deutl. abzugrenzen ist, auch wenn die Frage der Zuordnung und Echtheit bisher nicht restlos geklärt werden konnte. Auf ihn gehen die sog. Natureingang und die ersten dt. Tagelieder zurück. Er weist Formenreichtum, rhythm. Beweglichkeit und musikal. Empfinden auf.

Dietzenschmidt, Anton, eigtl. *Schmidt* (* 21. 12. 1893 Teplitz-Schönau, † 17. 1. 1955 Eßlingen/N.). – In seinen ersten Dramen und Erzählungen nach Inhalt und Sprachstil noch dem Expressionismus nahestehend, wandte sich der sudetendt. Schriftsteller später zunehmend religiösen Themen zu. Seine Legenden- und Laienspiele wie auch sein Volksstück *Vom lieben Augustin* (1925) und sein Festspiel *Hodie scietis, quia veniet Dominus* (1934) sind heute beinahe vergessen.

Diggelmann, Walter-Matthias (* 5. 7. 1927 Mönchaltdorf/Zürich, † 29. 11. 1979 Zürich). – Während seiner ersten Schaffensperiode bis ca. 1963 schrieb der schweiz. Autor außer Romanen und Erzählungen auch Dramen und Jugendbücher. Ab 1964 widmete er sich intensiv der Abfassung von Hör- und Fernsehspielen. Als Autor machte er zuletzt mit seinem Roman *Der Reiche stirbt* (1977) von sich reden, ist einer breiteren Öffentlichkeit aber bereits seit seinem Roman *Freispruch für Isidor Ruge* (1967) und *Die Vergnügungsfahrt* (1969) bekannt.

Di Giacomo, Salvatore (* 12. 3. 1860 Neapel, † 4. 4. 1934 ebd.). – Bedeutender ital. Mundartdichter, begründete eine Schule von Dialektdichtern und machte das neapolitan. Volkslied auch im Ausland berühmt. Die Veröffentlichung von Novellen, Dramen und kulturgeschichtl. Schriften machte ihn nicht in gleicher Weise populär wie seine vielfach auch vertonten Gedichte. Inhaltl. und stilist. ist er vom franz. Naturalismus beeinflußt.

Diktonius, Elmer Rafael (* 20. 1. 1896 Helsinki, † 23. 9. 1961 ebd.). – Finn. Dichter, Mitbegründer des skandinav. Modernismus, in seinen frühen Gedichten, Erzählungen und Aphorismen stark linksorientiert. Sein späteres Werk wird von seiner Umorientierung zum meditativen und einsichtsvollen Betrachten geprägt. Der Roman *Janne Kubik* (1932) und die Novellensammlung *Medborgare i republiken Finland* (1935 bis 1940) stellen Höhepunkte dieser Schaffensperiode dar.

DingLing (Ting Ling), eigtl. *Jiang Bing-zhi* (*12.10. 1904/05/07 Liling/Honan, †25.2. 1986 Beijing). – Chines. Autorin, trat als Feministin und linkssozialist. Schriftstellerin bereits während ihres Studiums in Schanghai und Peking hervor, obwohl sie einer bürgerl. Familie entstammte. Nach den ersten lit. Erfolgen mit den Kurzgeschichten *Das Tagebuch der Sophia* (1927), trat sie der kommunist. Partei bei und floh aus der Haft zu Mao Zedong, wurde jedoch von der Partei 1942 geächtet, da sie die Unabhängigkeit der Kunst gegenüber der Politik durchsetzen wollte. Mußte in Fabriken und in der Landwirtschaft arbeiten und wurde erneut anerkannt mit ihrem Roman *Die Sonne scheint über dem Sangkan-Fluß* (1948, dt. 1951). Vorübergehend war sie Vizepräsidentin des chines. Schriftstellerverbandes und Herausgeberin der Zeitschrift *When I Pao*; erhielt 1951 den Stalinpreis, doch wurde sie als Anhängerin des rechten Flügels der Partei 1957 nach Nordchina verbannt, ihre Bücher verboten und sie zeitweise inhaftiert. Nach dem Sturz der sog. »Viererbande« wurde sie 1979 wieder anerkannt und wiederum zur Vizepräsidentin des chines. Schriftstellerverbandes bestimmt.

Dingelstedt, Franz Freiherr von (*30.6. 1814 Halsdorf/Kassel, †15.5. 1881 Wien). – In seiner Eigenschaft als Dramaturg und Theaterleiter in München, Weimar und Wien bemühte er sich um eine größere öffentl. Anerkennung Grillparzers und Hebbels und widmete sich mit großer Sorgfalt der Übersetzung und Bearbeitung Shakespeares, dessen Verständnis er bes. fördern wollte. In seinen *Liedern eines kosmopolitischen Nachtwächters* (1841) zeigt er sich als Meister der polit. Satire und Lyrik. Seine an den Jungdeutschen orientierte revolutionäre Sozialkritik in polit. Lyrik und Satire schlägt in den späteren Dramen, Novellen und Erzählungen in liberale Bürgerlichkeit um, z. B. *Novellenbuch* (1856), *Die Amazone* (Roman 1868).

Dio Cassius (* um 150 n. Chr. Nikoia/Bithynien, †235 n. Chr. Rom). – Röm. Beamter, wurde berühmt durch seine griech. geschriebene Geschichte Roms, die in 80 Büchern den Zeitraum von der Gründung der Stadt bis zu seinem Konsulat unter Severus Alexander erzählt. Das Werk ist leider nur für die Zeit 69 v. Chr. bis 46 n. Chr. vollständig überliefert, während der Rest in Fragmenten bzw. Abschriften vorliegt. Obwohl er sich stark an Livius und Tacitus orientiert und als einseitiger polit. Verfechter des Kaisertums auftritt, ist sein stilist. sehr traditionelles Werk zum Verstädnis der Zeit von Bedeutung.

Diodoros. Der griech. Historiker des 1. Jh.s v. Chr. stammte aus Agyrion/Sizilien. 60–30 v. Chr. verfaßte er eine nur fragmentar. überlieferte *Bibliotheke* in 40 Büchern, die einen Überblick über den geschichtl. Gesamtablauf von den Anfängen der Welt bis zur Eroberung Britanniens durch Caesar (54 v. Chr.) gibt. Sein Wert liegt in der Kompilation sonst verlorener Quellen (Ephoros, Timaios u. a.), die in ihrer ursprüngl. Textgestalt kaum verändert sind.

Dionysios Areopagita. Der apokryphe christl. Schriftsteller des 5./6. Jh.s, auch *Pseudo-D. A.* genannt, schrieb vier Bücher über die göttl. Namen, die himml. und kirchl. Hierarchie und die myst. Theologie sowie 10 verschieden adressierte Briefe in griech. Sprache. Sein vom Neuplatonismus beeinflußtes Werk wurde im 9. Jh. von Johannes Scotus ins Lateinische übersetzt und befruchtete so Scholastik und Mystik. Mit dem in der paulin. Apostelgeschichte erwähnten Konvertiten und ersten Bischof Athens ist er nicht ident., auch nicht mit dem Märtyrer von Paris.

Dionysios von Halikarnassos. Der griech. Rhetor und Geschichtsschreiber des 1. Jh.s v. Chr. verfaßte in 22jähriger Arbeit in Rom sein nur unvollständig erhaltenes Hauptwerk *Antiquitates Romanae*, das die Geschichte Roms in 20 Büchern bis zum 1. Punischen Krieg (264 v. Chr.) aufzeigt. Seine stilkrit. Schriften, z. B. die über Demosthenes, dokumentieren seine große rhetor. Gewandtheit und Sprachbeherrschung. Zusammen mit Caecilius von Kalakte war er Führer einer lit. Gruppe, die dem sog. Attizismus als Stilideal anhing.

Disraeli, Benjamin, Earl of Beaconsfield (*21.12. 1804 London, †19.4. 1881 ebd.). – Engl. Schriftsteller und Politiker, hatte jüd.-ital. Vorfahren. D. veröffentlichte bereits 1826 seinen publikumswirksamen Erstlingsroman *Vivian Grey*, dem noch mehrere romant.-realist. Gesellschaftsromane folgten wie *Contarini Fleming* (1832, dt. 1909), *Der tolle Lord* (1837, dt. 1930), *Coningsby* (1844, dt. 1845), *Sybil* (1845, dt. 1846) und *Tancred* (1847, dt. 1936). Sein Romanschaffen stand stets in engem Zusammenhang mit seiner polit. Tätigkeit; es behandelt engagiert und schonungslos offen soziale und polit. Themen. Der etwas schwerfällige Stil wird durch Humor ausgeglichen. Ohne einflußreiche Beziehungen wurde er 1876 geadelt und brachte es 1867/68 und 1874–1880 bis zum Premierminister und vertrauten Berater der Königin Viktoria. Er gilt als Begründer des brit. Imperialismus.

Dittberner, Hugo (*16.11. 1944 Gieboldehausen/Niedersachsen). – Dt. Schriftsteller, verlebte seine Jugend im Internat und studierte dann Germanistik. D. bereiste England und China und war Stipendiat der Villa Massimo. In seinen Romanen setzt er sich mit den Internatsjahren auseinander, die er als eine »synthetische Jugend« empfindet, und zeigt die provinzielle Gefährdung des Menschen in zahlreichen Details, z. B. *Das Internat* (1974). Die letzten Romane *Jacobs Sieg* (1979), *Roman einer Dämmerung* (1985), *Geschichte einiger*

Leser (1990) wirken etwas unausgewogen, da die Handlungsmomente im Verhältnis zur Ausführung zu wenig aussagekräftig sind. Seine kunstvolle Lyrik zeigt Bilder aus dem täglichen Leben, ohne dabei den Anspruch auf Reflexion des Gesellschaftlichen zu erheben, z. B. *Der Biß ins Gras* (1976), *Ruhe hinter Gardinen* (1980). D. hat auch Erzn. und Drehbücher für Fernsehfilme geschrieben.

Ditzen, Rudolf →Fallada, Hans

Djebar, Assia (* 4. 8. 1936 Cherchell/Algerien). Alger. Schriftstellerin, schreibt französisch, studierte in Frankreich und arbeitete als Journalistin im Algerienkrieg, der sie weltanschaulich prägte. Ihre emanzipator. Romane *La soif* (1957), *Les impatients* (1958), *Femmes d'Alger dans leur appartement* (1980), *Ombre sultane* (1987), zeigen Frauen, die ihre persönl. Entscheidungen in einer von Männern bestimmten Welt selbständig treffen. Starken Einfluß auf ihr Schaffen hatte F. Sagan und der Nouveau Roman.

Djilas, Milovan (*12.6. 1911 Polja/Montenegro). – Serb. Schriftsteller, aktiver Kommunist und Berater Titos, wurde 1954–66 als Staatsfeind inhaftiert. Berühmt wurde er mit *Die neue Klasse* (1957, dt. 1958) und *Gespräche mit Stalin* (engl. u. dt. 1962); in diesen Werken zeigt er, daß der Stalinismus keineswegs ein sozialist. System ist, sondern als Diktatur bewertet werden muß. Auch als Romanautor trat D. hervor *Verlorene Schlacht* (1970, dt. 1971); in dem R. schildert er wirklichkeitsnah den Kampf serbischer Bauern gegen die Türken.

Dmitrijew, Iwan Ivanovitsch (* 22.9. 1760 Bogorodskoje/Simbirsk, † 15. 10. 1837 Moskau). – Russ. Schriftsteller. D. trat 1795 mit seinem ersten Gedichtband *(I moi bezdelki)* an die Öffentlichkeit, dem später Satiren und Fabeln folgten, in denen er sich als Anhänger des Sentimentalismus und Gegner des Klassizismus zu erkennen gab. Literarhist. bedeutsam ist sein Versuch, erstmals Elemente der Volksdichtung mit der höheren Poesie zu einer Formeinheit zu verschmelzen.

Dobraczyński, Jan (* 20.4. 1910 Warschau). – Der in seiner Heimat sehr erfolgreiche und auch im Ausland bekannte poln. Autor verwendet in seinem Werk, das außer einigen Essays und autobiograph. Schriften fast ausschließl. Romane umfaßt, vornehmlich bibl. und histor. Stoffe, in die er seine dem Katholizismus zugeneigte Gläubigkeit einbringen kann. An dt. Übersetzungen liegen u. a. vor *Die Kirche von Chocholow* (1954, dt. 1961), *Gib mir deine Sorgen* (1952, dt. 1955), *Der fünfte Akt* (1962, dt. 1964) und *Die Überflüssigen* (1964, dt. 1969). In den letzten Jahren erschien dt. *Maximilian Kolbe* (1977), *. . . nimm das Kind und seine Mutter. Ein Joseph-Roman* (1978), *Das heilige Schwert. Ein Paulus-Roman* (1956; neubearb. 1986).

Doctorow, E. L. (*6.1. 1931 New York). – Der amerikan. Schriftsteller arbeitete als Verlagslektor, Journalist und Dozent für Literaturgeschichte. Er schrieb vier Romane, von denen *Das Buch Daniel* (1971, dt. 1974) bisher im In- und Ausland am meisten Aufsehen erregte. Nach Maßgabe amerikan. Kritiker rückte er damit in die erste Reihe zeitgenöss. Autoren auf, dem es wie selten zuvor gelungen sei, die für den einzelnen Bürger vielfältigen Folgen der Politik bewußt zu machen. Auch seine jüngsten Publikationen *Ragtime* (1976), *Die Sterntaucher* (1982), *Das Leben der Dichter* (1985), *Weltausstellung* (1987) liegen in dt. Übersetzung vor.

Doderer, Heimito von (*5.9. 1896 Weidlingau b.Wien, †23. 12. 1966 Wien). – D. gehört zu den bedeutendsten österr. Erzählern des 20. Jh.s. Seine auch international anerkannten Hauptwerke sind die Romane *Die Strudlhofstiege* (1951), *Die Dämonen* (1956), *Die Merowinger* (1962). Hier wie in den anderen Romanen strebt er – bei aller Meisterschaft der Komposition – nicht mehr die Einheitlichkeit des Kunstwerks an, sondern löst es auf in Episoden, Assoziationen, Reflexionen und Kommentar, wobei er ein vom Humor bis zum Sarkasmus reichendes Sprachinstrumentarium beherrscht. Die vom Naturalismus gesetzten Grenzen überschreitet er durch die Einbeziehung des Dämonischen und Unergründbaren im individuellen und gesellschaft. Bereich. Seine Lyrik trägt stark autobiograph. Züge (*Ein Weg im Dunkeln*, 1957), wie er auch in seinen Essays (*Grundlagen und Funktion des Romans*, 1959) teilweise zum Interpreten seines eigenen Werkes wird. Seine Neigung zu sprachl. Prägnanz und Dichte kommt bes. in seinen Novellen, Kurzgeschichten, Anekdoten und Epigrammen zur Geltung, z.B. *Meine neunzehn Lebensläufe* (1966), *Der Grenzwald* (Fragm. posthum 1967).

Döblin, Alfred, Ps. *Linke Poot* (* 10.8. 1878 Stettin, †26.6. 1957 Emmendingen b. Freiburg). – Mit seinem Frühwerk, den Erzählungen *Die Ermordung einer Butterblume* (1913) und den Romanen *Die drei Sprünge des Wang-lun* (1915), *Berge, Meere und Giganten* (1924), gehörte er zu den bedeutendsten Gestalten des dt. Expressionismus, dessen Zeitschrift »Der Sturm« er 1910 mitbegründete. In einer späteren Schaffensperiode fand er zu einer mehr sachlichen und realist. Erzählweise, die nach seiner Konversion von 1940 zunehmend von seiner kathol. Weltanschauung beeinflußt wurde. Bis in die Zeit seines Spätwerkes experimentierte er mit den Formmöglichkeiten modernen Erzählens und wurde unter dem Einfluß von Joyce und Dos Passos zum großen Inspirator einer Erneuerung des deutschen Romans. Sein berühmtestes und zugleich bedeutendstes Werk wurde der expressionist. Großstadtroman *Berlin Alexanderplatz* (1929), doch auch in seinen übrigen Romanen, Erzählungen, Dramen und Essays erweist er sich als phantasiebegabter Sprachkünstler von enormer Aussagekraft und krit. Intellekt, wenngleich sein Spätwerk, verglichen mit den frühen Arbeiten, qualitativ etwas abfällt, z. B. *Hamlet oder die lange Nacht nimmt ein Ende* (1956). Die *Ausgewählten*

Erzählungen erschienen 1971; eine *Auswahlausgabe* in 13 Bdn. liegt seit 1960ff. vor. 1978 fanden seine romanhaften Erinnerungen *1918* (1948–50) begeisterte Aufnahme bei den Lesern; die *Schriften zu Leben und Werk* (1986) sind eine wichtige Quelle zum Verständnis Döblins und seiner Lebenszeit.

Döhl, Reinhard (* 1.9.1934 Wattenscheid). – Dt. Schriftsteller und Philologe, lehrte nach dem Studium an der Technischen Universität Stuttgart und wurde rasch als Vertreter der sog. Konkreten Dichtung und *missa profana u.a.* (1962), *Das Buch Es Anna* (1966), *man* (1968) bekannt. In den letzten Jahren trat er auch mit eigenen Zeichnungen an die Öffentlichkeit und versuchte neue Formen der lit. Gestaltung in Hörexperimenten zu realisieren.

Dörfler, Peter (* 29.4. 1878 Unter-Germaringen b. Kaufbeuren, † 10.11. 1955 München). – Dt. Schriftsteller, schrieb zahlreiche Erzählungen und Romane, Dramen und Volksstücke, Hagio- und Biographien, histor. und archäolog. Abhandlungen. Ihren reinsten Ausdruck findet die Erzählbegabung dieses Volksschriftstellers in seinen mit dem bodenständigen Brauchtum verwurzelten Heimatromanen und den Kalendererzählungen. In abgeschwächter Form kommt sie auch in den großen histor. Romanen zur Geltung, in denen sich konservativer Katholizismus, tiefe Frömmigkeit, Humor und eine bejahende realist. Lebenseinstellung verbinden. Zu seinen Hauptwerken werden *Judith Finsterwalderin* (1916), *Apollonia-Trilogie* (1930–1932), *Allgäu-Trilogie* (1934–1936), *Die Wessobrunner* (1941) und die Biographien von *Don Bosco* (1930) und *Severin* (1947) gerechnet.

Domenchina, Juan (* 18.5. 1898 Madrid, † 1959 [?] Mexiko). – Obwohl der span. Dichter zwei Romane *La túnica de Neso* (1929) und *Dédalo* (1932) und krit. Essays verfaßte, blieb er doch ein Leben lang der Lyrik als bevorzugter Gattung zugewandt. Sein Werk steht unter dem Einfluß J. R. Jiménez', Valérys und der span. Klassiker und kann der »Poésie pure« zugerechnet werden. Beispiele seines lyr. Schaffens sind *Del poema eterno* (1917) und *El extrañado* (1958).

Domin, Hilde (* 27.7. 1912 Köln). – Die dt. Schriftstellerin lebte über zwanzig Jahre im Exil und kehrte erst 1954 nach Dtld. zurück. Die Veröffentlichung ihrer ersten Gedichtbände *Nur eine Rose als Stütze* (1959) und *Rückkehr der Schiffe* (1961) brachte ihr die Anerkennung der Kritik und die Bewunderung der Leserschaft ein. Ihre sehr persönl. Lyrik ist von zarter Empfindsamkeit, von Schwermut und Skepsis überschattet und doch offen für das Schöne und Heitere, das sich ihr darbietet. Ihre Sprache ist einfach und klar und gerade in dieser Beschränkung von besonderer Eindringlichkeit. *Gesammelte Gedichte* erschienen 1987. Außer Essays verfaßte sie u. a. den autobiograph. Roman *Das zweite Paradies* (1968) und ist auch als Herausgeberin und Übersetzerin tätig. 1971

veröffentlichte sie die Erz. *Die andalusische Katze*, 1974 autobiograph. Skizzen *Von der Natur nicht vorgesehen.* Ihr lit.-krit. Essay *Wozu Lyrik heute. Dichtung und Leser in der gesteuerten Gesellschaft* liegt in mehreren bearbeiteten Auflagen vor. Eine Sammlung ihrer Texte erschien 1982 u. d. T. *Aber die Hoffnung.*

Dominik, Hans (* 15.11. 1872 Zwickau, † 9.12. 1945 Berlin). – D. studierte Maschinenbau und Elektrotechnik. Er verfaßte populärwissenschaftl. Bücher wie *Im Wunderland der Technik* (1922), *Kautschuk* (1930), *Atomgewicht 500* (1935), ferner techn. Zukunftsromane, in denen die Möglichkeiten der modernen Physik und Chemie in fiktiver Weise vorgespielt werden, ohne dabei einen krit. Bezug zu der umgebenden Wirklichkeit herzustellen, sowie Jugendbücher des gleichen Genres. Er zeigte sich hier als typ. Epigone J. Vernes, nur mit dem Unterschied, daß er mit gewissen techn. Kenntnissen zu imponieren verstand. Sein vielfach von Klischees befangenes Werk erreichte eine Gesamtauflage von mehr als 2,5 Millionen.

Donatus, Aelius. Der römische Grammatiker um 350 n. Chr. war Lehrer des hl. Hieronymus, Verfasser von zwei lat. Grammatiken, *Ars minor* und *Ars major,* und Kommentator des Terenz und Vergil. Die beiden Grammatiken wurden im Unterricht des Mittelalters viel verwendet und im 15. Jh. als eines der ersten Bücher gedruckt. Sie gehören heute zu den gefragtesten Raritäten des frühen Buchdrucks.

Donnay, Charles-Maurice (* 12.10. 1859 Paris, † 31.3. 1945 ebd.). – Franz. Dramatiker, schrieb vorwiegend Komödien für das Boulevardtheater, aber auch Dramen, in denen er sich mit Zeitproblemen auseinandersetzte. Sein Hauptwerk ist das 1895 erschienene Drama *Amants* (dt. 1906). 1907 wurde er Mitglied der Académie Française. Aus seiner Feder stammen ferner Texte für musikal. Werke, eine Biographie über A. de Musset (1926), autobiograph. Schriften und Stücke, die er in Autorengemeinschaft mit L. Descaves, J. Lematre, H. Duvernois und A. Rivoire anfertigte.

Donne, John (* 22.1.[?] 1572 London, † 31.3. 1631 ebd.). – Der engl. Dichter und Geistliche gehörte zu den bedeutendsten Predigern des 17. Jh.s, während er als metaphys. Lyriker (sog. »metaphysical poetry«) erst in unserem Jh. die ihm gebührende Beachtung fand. Schon seine frühe Liebeslyrik, aber auch seine religiöse, meditierende und satir. Dichtung ist gekennzeichnet von seiner tiefen Zerrissenheit und gleichzeitigen Sehnsucht nach Harmonie und Bewältigung des diesseitigen Chaos in einer jenseitigen, die Zweifel versöhnenden Welt. Sprachl. äußert sich diese Grundgestimmtheit in D.s Vorliebe für das Paradox, die Asymmetrie und Dissonanz in seinen Bildern. Beispiele für das Schaffen D.s sind *An Anatomy of the World* (1611), *The Sermons* (hg. 1952–62). In den vergangenen Jahren erschienen einige Ausgaben, die die modern.

engl. Dichtung stark beeinflußten, z. B. *Songs and Sonnets* (hg. 1959), *The Divine Poems* (hg. 1952) und eine dt. Auswahl *Metaphysische Dichtungen* (1961).

Donoso, José (*5.10. 1925 Santiago de Chile). – Chilen. Schriftsteller aus bürgerl. Familie, studierte Anglistik und lehrte an Universitäten in Chile und den USA. Nach langer Emigration kehrte er erst 1981 wieder nach Chile zurück. In seinen Romanen schildert er das Zusammenbrechen alter Ordnungen in der Gegenwart und greift dabei – bes. in den jüngsten Werken – auf eine krit. Betrachtung der chilen. Geschichte zurück. Bekannt wurden auch in Deutschland *Ort ohne Grenzen* (1966, dt. 1976), *Der obszöne Vogel der Nacht* (1970, dt. 1975), *Das Landhaus* (1978, dt. 1986), *Die Toteninsel* (1986, dt. 1987), *Die Marquesita* (dt. 1991).

Doolittle, Hilda, genannt *H.D.* (*10.9. 1886 Bethlehem/Pennsylvania, †27.9. 1961 Zürich). – Amerikan. Lyrikerin, Hauptvertreterin des Imagismus, dessen neues Formstreben sie in ihre Lyrik umsetzt. Charakteristisch für sie ist das differenzierte rhythm. Empfinden und die große Treffsicherheit im sprachl. Ausdruck. Das in ihren frühen Gedichten wie *Sea Garden* (1916) spürbare Zurückhalten persönl. Gefühle schwächt sich in ihren späteren Gedichten *Helen in Egypt* (1961), *HERmione* (dt. posth. 1987) ab. Ihre Hingabe an das Schöne machte sie auch zu einer Verehrerin griech. Kunst und Literatur, was sich in ihrer *Euripides*-Übersetzung manifestiert. Als Romanschriftstellerin, Essayistin und Dramatikerin erreichte sie nicht das gleiche Format wie als Lyrikerin.

Dor, Milo, eigtl. *Milutin Doroslovac* (*7.3. 1923 Budapest). – Der in Belgrad aufgewachsene deutschsprachige Autor serb. Herkunft wurde mit seinen realist. Zeitromanen und Erzählungen *Tote auf Urlaub* (1952), *Nichts als Erinnerung* (1959; 1973 als Fernsehspiel), *Salto mortale* (1960), *Alle meine Brüder* (1978), *Der letzte Sonntag. Sarajewo-Attentat* (1982) bekannt und machte sich auch als Dramatiker sowie als Film- und Hörspielautor einen Namen, z. B. *Der Tote vom Pont Neuf* (Fernsehspiel 1973).

Dorgelès, Roland, eigtl. *R. Lécavelé* (*15.6. 1886 Amiens, †18.3. 1973 Paris). – Franz. Schriftsteller, sein erfolgreichstes Buch ist *Les croix de bois* (1919, dt. 1930), in dem er die Greuel des Ersten Weltkrieges schildert. Von seinen Erinnerungen, Essays und Reiseberichten, vor allem über Ostasien, abgesehen, machen den weitaus größten Teil seines Werkes seine humorvollen, von Melancholie übertönten Bücher über das Künstlerleben am Montmartre aus, an dem er vor dem Krieg durch seine Verbindung zu Picasso, Utrillo u. a. selbst teilgenommen hatte.

Dorst, Tankred (*19.12. 1925 Oberlind b. Sonneberg/Thüringen). – Dt. Schriftsteller. Die ersten Stücke verfaßte D. für ein Studenten-Marionettentheater in München. 1962 Aufenthalt in der Villa Massimo, Rom, wo er die Arbeit an seinem bisher erfolgreichsten Theaterstück *Toller* (1968) begann. Bald zeigte sich bei D. eine gewisse Nähe zum iron. grotesken Realismus Dürrenmatts. Es folgten nach mehreren TV-Produktionen das Drama *Eiszeit* (1973) über die polit. Naivität Hamsuns, die Komödie *Auf dem Chimborazo* (1975) und *Dorothea Merz* (1976). In *Villa* (1980) zeigt er, daß es nach dem Kriegsende keinen neuen Anfang gab. 1980 veröffentlichte er das Schauspiel *Merlin oder Das wüste Land,* in dem achtstündig die Utopie der Artussage von den Nachfolgegenerationen reflektiert wird. 1986 erschienen *Grindkopf* sowie die Fortsetzung einer Werkausgabe, 1986 das Theaterstück *Ich, Feuerbach,* das viel gespielt wurde, 1990 das Drama *Karlos.* Daneben trat er auch als Übersetzer von Molière und O'Casey hervor und schrieb Libretti für Killmayer und Bialas, z. B. *Die Geschichte von Aucassin und Nicolette.* Eine Werkausgabe liegt vor. D. ist Mitglied zahlreicher Gesellschaften (z. B. Deutsche Akademie der Darstellenden Künste; Deutsche Akademie für Sprache und Dichtung; PEN-Zentrum) und Träger zahlreicher Auszeichnungen.

Dos Passos, John (*14.1. 1896 Chicago, †28.9. 1970 Baltimore). – Amerikan. Romancier, erlebte die Schrecknisse des Ersten Weltkriegs als Sanitätsfreiwilliger in Frankreich und Italien und stand zunächst unter dem Einfluß linksradikaler Ideen. Mit seinem Essay *The ground we stand on* (1941) bekannte er sich jedoch zur westl. Demokratie amerikan. Prägung. Hatte er bereits mit seinen Kriegsromanen beachtl. Erfolge erringen können, so machte ihn sein Buch *Manhattan Transfer* (1925, dt. 1927), das heute zu den bedeutendsten Werken der amerikan. Literatur gehört, weltberühmt. Mit den in seiner Prosa neuangewandten Darstellungstechniken, z. B. der Montage und Einblendung, beeinflußte er nicht nur das Romanschaffen in Amerika (Th. Wolfe, Faulkner), sondern auch in Europa und hier besonders nachhaltig das von Sartre und Döblin. In dt. Übersetzung liegen u. a. vor *Drei Soldaten* (1921, dt. 1922), *Orient Express* (1927), *Der 42. Breitengrad* (engl. u. dt. 1930), *Auf den Trümmern* (1932), *Die Hochfinanz* (1936, dt. 1962), *Das hohe Ziel* (1949, dt. 1950), *Wilsons verlorener Friede* (1962, dt. 1964), *Drei Soldaten* (1987).

Dossi, Carlo, eigtl. *Carlo Alberto Pisani-Dossi* (*27.3. 1849 Zeněvedro/Pavia, †16.11. 1910 Cardina/Como). – Ital. Autor, wurde bekannt durch seine beiden autobiograph. gefärbten Romane *L'altrieri* (1868) und *Vita di Alberto Pisani* (1870). Außer Gesellschaftssatiren, Erzählungen und Essays schrieb er noch den fiktiven Roman *La colonia felice* (1874), in dem er die einer Gruppe von Deportierten bleibenden Möglichkeiten, eine neue Gemeinschaft zu konstituieren, untersucht.

Dostojewski, Fjodor Michailowitsch (*11.11. 1821 Moskau, †9.2. 1881 Petersburg). – Russ. Dichter, einer der bedeutendsten Romanschriftsteller der Weltliteratur. D. errang bereits mit seinem Erstlingswerk, dem 1846 veröffentlichten Briefroman

Arme Leute, einen beachtl. Erfolg. Er gehörte zu den Anhängern des Utopisten und Sozialisten Petraschewski und wurde deswegen zu vier Jahren Zwangsarbeit in Sibirien verurteilt (1850–1854). Die *Aufzeichnungen aus einem toten Hause* (1861/62) legen Zeugnis von dieser Leidenszeit ab, die in ihm die Hinwendung zum Christentum und die Abkehr vom atheist. Sozialismus bewirkte. Bis 1871 lebte er aufgrund seiner Spielleidenschaft in ständigen Geldnöten, die sich erst mit seinem wachsenden Ruhm besserten. In diese Zeit fällt seine Schaffensperiode mit den großen Romanen *Schuld und Sühne* (1866), *Der Spieler* (1868), *Der Idiot* (1868) und *Die Dämonen* (1872), denen sich in seinen letzten Lebensjahren die Romane *Der Jüngling* (1875) und *Die Brüder Karamasow* (1879/80) anreihten. Am nachhaltigsten wurde sein Frühwerk von Gogol beeinflußt, doch empfing er bedeutsame Anregungen auch durch Schiller, Balzac, Hugo, Sand, Voltaire, Cervantes und Puschkin. Seine späteren Werke sind themat. durch seine ideolog. Umkehr bestimmt und unterliegen auch formal dem neuen Gestaltungswillen ihres Autors. Seine lit. Auseinandersetzung mit dem Atheismus und Sozialismus, mit der religiösen Frage und dem Problem der geistigen Freiheit, gepaart mit seinen durchgreifenden stilist. Neuerungen, hatte tiefgreifende Auswirkungen nicht nur auf die russ. Literatur (Gorki u. a.), sondern auch auf die europ. Dichtung, Philosophie und Theologie des 19., mehr noch des 20. Jh.s. Sämtl. Erzählungen und Romane liegen in der von A. Luther besorgten Übersetzung von 1927 ff. vor.

D'Otremont, Stanislas (*8. 8. 1898 Boussu-lez-Mons, †4. 10. 1969 Brüssel). – Belg. Romancier, war von Beruf Rechtsanwalt und begründete mehrere lit. und wissenschaftl. Zeitschriften. Als Autor trat er mit psycholog. Liebes- und Eheromanen wie *Thomas Quercy* (1953, dt. 1956), *Liebe ohne Liebe* (1955, dt. 1958) und *La Polonaise* (1957, dt. 1958) hervor.

Douglas, George, Ps. *Normyx* (*8.12. 1868 Tilquhillie/Schottland, †9.2. 1952 Capri). – Das Gesamtwerk des schott. Autors stellt eine Mischung aus naturwissenschaftl. Arbeiten, kulturkrit. Aufsätzen und Essays, Reisebüchern, Romanen und Kurzgeschichten dar. Der große Erfolg gelang ihm allerdings nur mit seinem ersten Roman *Sirokko* (1917, dt. 1937), in dem er sich kritisch und scharf ironisch mit den gesellschaftl. Verhältnissen einer mediterranen Insel auseinandersetzt.

Dourado, (Valdomiro Freitas) Autran (*18. 1. 1926 Patos/Minas Gerais). – Brasilian. Schriftsteller, Jurist und Berater des Präsidenten Kubitschek, dann freier Schriftsteller. Gehört zur Gruppe 56, die in Brasilien, vornehmlich unter dem Einfluß des Nouveau Roman, die Moderne begründete. D. gestaltet in seinen Romanen, wie *Die Brandung* (1961, dt. 1964), *Oper der Toten* (1967, dt. 1986), das Milieu Brasiliens, ohne dabei in einen platten Realismus zu verfallen. Innere Monologe und innere Handlung stehen im Vordergrund; die jüngsten Romane wenden sich auch gesellschaftskrit. politischen Fragen zu.

Doutiné, Heike (*3.8. 1945 Zeulenroda/Thüringen). – Dt. Dichterin, 1972/1973 Stipendiatin der Villa Massimo, Rom. Sie veröffentlichte bisher Gedichte und Prosa *In tiefer Trauer* (1965), *Das Herz auf der Lanze* (1967), die Romane *Wanke nicht, mein Vaterland* (1970), *Berta* (1974), *Wir Zwei* (1976), *Die Meute* (1979), *Der Hit* (1982), *Die Tage des Mondes* (1991) sowie die Erzählungen *Deutscher Alltag* (1972). Ihren krit. Skeptizismus kleidet sie in bewährte, konventionelle Formen ein, wobei ihre Sprache von einer großen Bildkraft und der Neigung zur Reflexion geprägt ist.

Dowson, Ernest (*2.8. 1867 Belmont Hill/Kent, †23.2. 1900 Catford). – Engl. Dichter, gewann Bedeutung durch seine an der franz. Klassik und den Symbolisten geschulte Lyrik, die ihn zu einem typ. Vertreter der engl. Dekadenzlyrik machte, z. B. *Decorations* (1899). Seinen Romanen und Kurzgeschichten wie seinem Drama kann nicht der gleiche Rang wie seiner Lyrik zugesprochen werden. Seine *Poetical works* (1934) wurden erst nach seinem Tode herausgegeben.

Doyle, Sir Arthur Conan (*22.5. 1859 Edinburgh, †7.7. 1930 Crowborough/Sussex). – Der engl. Romancier schuf die weltberühmt gewordene Figur des Sherlock Holmes und hat mit seinen äußerst beliebten, vielfach auch verfilmten Detektivgeschichten den modernen Detektivroman entscheidend beeinflußt, u.a. *The Adventures of Sherlock Holmes* (1891f. in 12 Bdn., dt. 1902–1904 *Sherlock Holmes' Abenteuer*) oder *Der Hund von Baskerville* (1902, dt. 1905); 1987 zum 100jährigen Jubiläum seiner Romanfigur Sherlock Holmes erschienen dt. *Späte Rache* und *Sherlock Holmes' Buch der Fälle* als Sonderausgaben. Seine Geschichts- und Gesellschaftsromane konnten nicht annähernd den gleichen Erfolg verbuchen, wie auch seine Schriften über den Spiritismus nur einen kleinen Leserkreis ansprachen.

Drabble, Margaret (*5.6. 1939 Sheffield/Yorkshire). – Engl. Schriftstellerin, entstammt der bürgerl. Mittelschicht und wendet sich in ihren Romanen und Erzählungen in der Nachfolge des Realismus gegen Darstellungen innerer Vorgänge, wie sie bei V. Woolfe und J. Joyce die Moderne begründeten. D. zeigt, wie emanzipierte Frauen in der gegenwärtigen Welt scheitern; dabei verwendet sie als Stilmittel Ironie und intellektuell kritische Distanz zu ihren Protagonisten. Die Romane stellen an Leser wenig Ansprüche und fanden daher weite Verbreitung, z. B. *Der Mühlstein* (1965, dt. 1987), *Gold unterm Sand* (1975, dt. 1978), *Portrait einer Tüchtigen* (1980, dt. 1982).

Drach, Albert (*17.12. 1902 Wien). – Österr. Schriftsteller, Büchner-Preis 1988. Als Jude der nationalsozial. Verfolgung ausgesetzt, emigrierte er 1938 nach Frankreich, wurde mehrfach verhaftet, konnte der Auslieferung aber entkommen. Er schrieb Romane (*Protokoll gegen Zwetschkenbaum*, 1964;

Z. Z.' *das ist die Zwischenzeit*, 1990) und Erzählungen, in denen er Amtsdeutsch und Kanzleistil parodiert. In seinen von 1964–1971 erschienenen achtbändigen Gesammelten Werken sind außerdem seine Dramen im Stile des Wiener Volkstheaters, seine autobiographischen Schriften (*Unsentimentale Reise*, 1966; neu 1988) und seine Gedichte (*Kinder der Träume*, 1919) enthalten. 1974 erschien sein Buch *In Sachen de Sade*. Eine Werkausgabe liegt in 8 Bdn. vor.

Drachmann, Holger (* 9. 10. 1846 Kopenhagen, † 14. 1. 1908 Hornbæk/Seeland). – Dän. Lyriker, wurde zum Erneuerer der Gattung in Dänemark. D. läßt einen ausgeprägten Sinn für Musikalität und Rhythmus erkennen, ist zwar der Tradition verpflichtet, übersteigt sie jedoch in seiner Originalität, z. B. *Digte* (1872), *Doempede melodier* (1875), *Sange vet havet* (1877), *Ranker og Roser* (1879), *Ungdomi i Digt og sang* (1879), *Gamle guder og nye* (1881), *Broget iøv* (1901). Neben der Frau als Zentralfigur gehen in sein Werk, das alle Gattungen umfaßt, vor allem die auf ausgedehnten Reisen empfangenen Stimmungsbilder des Meeres ein. Beispiele seines Schaffens sind u. v. a. der Roman *Forskrevet* (1890) und der Roman *Renœssance* (1894).

Dranmor, eigtl. *Ludwig Ferdinand Schmid* (* 22. 7. 1823 Muri/Bern, † 17. 3. 1888 Bern). – Schweizer Schriftsteller. D.s Gesamtwerk, das *Poetische Fragmente* (1860), das Gedicht *Kaiser Maximilian* (1868) und die Dichtung *Requiem* (1869) enthält, spricht in abgewandelter Form und sich ändernden Bildern das immer gleiche Thema der Sehnsucht und Ausgesetzheit des Heimatlosen an.

Drda, Jan (* 4. 4. 1915 Příbram, † 28. 11. 1970 Prag). – Der tschech. Schriftsteller schildert in seinem Werk in humorvoller Weise die Nöte und Sorgen der Arbeiterschicht und des Kleinbürgertums, wobei er gerne phantast. und realist. Begebenheiten verschmilzt, z. B. in seinem Roman *Das Städtchen Gotteshand* (1940, dt. 1950). Der tschech. Widerstand und die Ereignisse in Prag im Mai 1945 werden in dem Erzählband *Die stumme Barrikade* (1946, dt. 1951) dargestellt. Außerdem veröffentlichte er Dramen, Feuilletons und ein Märchenspiel und gab 1958 tschechische Märchen heraus.

Dreiser, Theodore (* 27. 8. 1871 Terre Haute, Ind., † 28. 12. 1945 Hollywood). – Amerikan. Schriftsteller, gehört dem amerikan. Realismus an und gilt als Wegbereiter des modernen amerikan. Romans. Den Höhepunkt seines lit. Schaffens erreichte er mit *An American Tragedy* (1925, dt. 1927 u. d. T. *Eine amerikanische Tragödie*), in der er sich mit dem bestehenden Wertsystem der modernen amerikan. Gesellschaft auseinandersetzt. Wenn er auch nicht zu den virtuosen Sprachkünstlern zählt, so gehört er doch zu den bedeutendsten Schriftstellern seiner Zeit, da er wie kaum ein anderer Einfühlungsvermögen, krit. Verständnis und Weitblick genug besaß, die Auswirkungen der modernen Massengesellschaft auf den

einzelnen, seine Gefährdung, seine Ohnmacht, aber auch seine Chance zu erkennen und darzustellen. Zahlreiche Romane wurden ins Dt. übersetzt, u. a. *Der Titan* (1914, dt. 1928), *Die Frau* (1929, dt. 1930), *Solon der Quäker* (auch *Das Bollwerk*, 1946, dt. 1948), *Der Unentwegte* (1947, dt. 1953).

Drewitz, Ingeborg (* 10. 1. 1923 Berlin, † 26. 11. 1986 ebd.). – Dt. Schriftstellerin, arbeitete zunächst in einem Betrieb, studierte dann Germanistik, Geschichte und Philosophie und profilierte sich als sozialkritische Autorin, deren polit. Engagement als Mitglied (zeitweise als Berliner Vorsitzende) des Schutzverbandes dt. Schriftsteller und Gewerkschaftsfunktionärin deutlich wurde, wobei sie einmal aktiv für die innerdt. Entspannung eintrat, zum anderen in Portugal den PEN-Club gründete und Vorlesungen über dt. Literatur hielt. Für ihr gesellschaftliches Engagement und für ihre Werke erhielt sie zahlreiche Preise (z. B. Gerrit-Engelke-Literaturpreis) und Anerkennungen (u. a. Bundesverdienstkreuz 1973). In ihrem lit. Werk gestaltet sie die Verlassenheit des modernen Menschen und sein Unvermögen, auf den Mitmenschen einzugehen, sowie die Problematik, die Individualität im genormten Leben zu bewahren. Dabei stehen in ihrem Werk Probleme der Frau im Mittelpunkt. Bes. bekannt wurden die Dramen *Unio mystica – ein Spiel* (1949), *Alle Tore waren bewacht* (1955), Hörspiele *Das Labyrinth* (1962), *Der Mann im Eis* (1976), Erzählungen *Und hatte keinen Menschen* (1955), *Im Zeichen der Wölfe* (1962), *Der eine, der andere* (1976) und Romane *Das Karussell* (1969), *Oktoberlicht* (1969), *Bettina von Arnim* (1969), *Wer verteidigt Katrin Lambert?* (1974), *Das Hochhaus* (1975), *Gestern war heute* (1978), *Eis auf der Elbe* (1982), *Eingeschlossen* (1986). Als Autorin lit. krit. Arbeiten und als Herausgeberin genießt sie allgemeine Anerkennung, z. B. *Die zerstörte Kontinuität – Exilliteratur und Literatur des Widerstandes* (1981); Beachtung fand die autobiogr. Prosa *Hinterm Fenster der Stadt* (1985).

Dreyer, Max (* 25. 9. 1862 Rostock, † 27. 11. 1946 Göhren auf Rügen). – D. debütierte erfolgreich mit naturalist. beeinflußten Dramen, unter denen *Der Probekandidat* (1899) als zeitkrit. Satire bes. herausragt. Später schrieb er bevorzugt heitere, leichte Stücke, die ihm zu Lebzeiten einen dauerhaften Erfolg beschieden. Auch in seinen Romanen, Novellen und plattdt. Gedichten kommt seine humorvolle Grundhaltung zur Geltung. Weniger ein Meister der Charakterisierung, zeigte er sich als hervorragender Routinier in der formalen Gestaltung seiner Werke. Von seinen Dramen wurden häufig gespielt u. a. *Drei* (1894), *In Behandlung* (1897), *Liebesträume* (1898), *Die Siebzehnjährigen* (1904).

Drieu la Rochelle, Pierre (* 3. 1. 1893 Paris, † 16. 3. 1945 ebd.). – Die innere Entwicklung des franz. Schriftstellers, die maßgebl. durch seine Erlebnisse als Soldat im 1. Weltkrieg und durch die in dieser Zeit zu verzeichnende Auflösung tragfähiger Werte beeinflußt wurde, die ihn schließl. zum faschist. Kollaborateur und in verzweifelter Ernüchterung zum Selbstmörder machte, spiegelt sich in seinen Romanen, z. B. in *L'homme couvert de femmes* (1925, dt. 1972), *Das Irrlicht* (1931, dt. 1968), *Die Unzulänglichen* (1939, dt. 1966), Gedichten, Novellen und Essays wider.

Drinkwater, John (*1.6. 1882 Leytonstone/Essex, †25.3. 1937 London). – Nachdem der engl. Dramatiker und Lyriker zunächst vor allem lyr. Gedichte in Anlehnung an den Präraffaelismus geschrieben hatte, beschäftigte er sich später mit dem Drama. Auf sprachl. an Swinburne geschulte Versdramen folgten histor. Prosadramen, von denen vor allem *Abraham Lincoln* (1918), *Mary Stuart* (1921) und *Oliver Cromwell* (1922) zu erwähnen sind. Als Spielleiter und Begründer des »Birmingham Repertory Theatre« gewann er für die engl. Theatergeschichte unseres Jh.s große Bedeutung.

Droste-Hülshoff, Annette Freiin von (*10.1. 1797 in der Wasserburg Hülshoff b. Münster, †24.5. 1848 Meersburg am Bodensee). – D.-H., anfangs beeinflußt von Scott und Byron, gehört zu den größten Lyrikerinnen, die der dt. Sprachraum aufzuweisen hat. Aus ihrer frühen Jugend stammen dramat. Versuche, ein Romanfragment, vier Versepen und der erste Teil des Gedichtzyklus *Das geistliche Jahr* (1820), der 1839 vollendet wurde. Nach dem ersten Band von 1838 wurde 1844 eine Gesamtausgabe ihrer Gedichte herausgegeben; 1842 folgten ihre berühmte Novelle *Die Judenbuche* und als weiteres gewichtiges Prosawerk 1845 ihre *Bilder aus Westfalen*. Als besondere Eigenart D.-H.s wird hierbei immer wieder ihre intensive Naturverbundenheit gewertet, die ihre schönste dichter. Ausformung in den *Heidebildern* fand. In einer völlig anderen Weise spricht diese zum Innenraum gewordene Heimatlandschaft aus einem Teil ihrer Balladen, in denen Natur als Einbruch des Dämonischen, Magischen und Unheimlichen in die vom Menschen geordnete Welt empfunden wird. Dabei ist ihre Sprache von visionärer Bildkraft und schwermütiger Herbheit, in die auch die religiöse Thematik der kath. Künstlerin eingekleidet ist.

Drozdowski, Bogdan (*20.11. 1931 Kosowo Poleskie). – Poln. Autor, Journalist und Kulturkritiker, versucht in zahlreichen Arbeiten mit gesellschaftlichem Engagement neue Wege der ästhetischen Gestaltung zu gehen. In Deutschland fanden bisher nur die Gedichte *Mein Polen* (1957) und *Widerstand* (1978) sowie die Romane *Unternehmen: Flucht in die Sonne* (dt. 1964), *Arnhem – dunkles Licht* (dt. 1968) und *Altes Silber* (dt. 1973) Beachtung, obwohl die Kenntnis von D.s Werken zum Verständnis der poln. Gegenwartsliteratur wichtig ist.

Drummond, William Henry (*13.4. 1854 Mohill Leitrim/Irland, †6.4. 1907 Cobalt, Ontario). – Irisch.-kanad. Dichter, veröffentlichte ab 1897 mehrere Gedichtbände, z. B. *The Habitant* (1897), *The Great Fight* (1908). Die Motive und Bilder für sein Werk entnahm er großenteils dem Leben und Brauchtum der franz.-kanad. Bauern, wobei seine Sprache von volkstüml. Einfachheit blieb. Seine gesammelten Gedichte wurden 1912 herausgegeben.

Dryden, John (*9.8. 1631 Aldwincle/Northamptonshire, †1.5. 1700 London). – Engl. Dichter, erhielt seine Ausbildung an der Westminster School und der Universität von Cambridge, wurde 1657 Mitglied der Royal Society und 1668 als »poet laureate« und »Historiographer Royal« ausgezeichnet. 1683, während der Revolution, wurden ihm die Titel wieder genommen. D. war der bedeutendste engl. Schriftsteller seiner Zeit, der in seinen zahlreichen Werken unterschiedlichste religiöse und polit. Positionen vertrat; so verherrlichte er in seinem Gedicht *Heroique Stanzas* (1659) den Republikaner Cromwell, während er 1660 mit *Astraea Redux* König Charles II. feierte. In seiner Dichtung *A Layman's Religion* (1682) plädierte er zugunsten der anglikan. Kirche, mit *The Hind and the Panther* (1687) für den Katholizismus, zu dem er inzwischen übergetreten war. Neben seinen engagierten Gedichten schrieb D. viele Bühnenstücke, so u. v. a. die Tragikomödie *The Rival Ladies* (1664), das Lustspiel *Marriage à la Mode* (1673), das Drama *All for Love* (1678) sowie Essays, z. B. *An Essay of Dramatic Poesie* (1668), und scharfzüngige Satiren wie *Absalom and Achitophel* (1681).

Dschami, Maulana Nuroddin Abdorrahman, auch *Ǧâmi* (*7.11. 1414 Chargerd bei Dscham [Chorâsan], †9.11. 1492 Herat). – Der pers. Dichter lebte am Ende der klass. Periode der pers. Lit. als Gelehrter am Hof von Herat. Sein umfangreiches und vielseitiges lit. Werk, zu dem neben zahlreichen gelehrten Abhandlungen über verschiedenste Themenbereiche Lebensbeschreibungen, Prosadichtungen (z. B. *Bahâristân*, dt. u. d. T. *Der Frühlingsgarten*), Romanzen (u. a. *Joseph und Suleïcha*) sowie drei z. T. ins Dt. übersetzte Diwane gehören, verschaffte ihm großes Ansehen.

Dsjubin, Eduard, Ps. *Bagrickij Eduard Georgievič* (*4.11. 1895 Odessa, †16.2. 1934 Kuncevo b. Moskau). – Die Lyrik des russ. Dichters umfaßt vorrevolutionäre Gedichte; seine während des Bürgerkrieges entstandenen Gedichte *Till Eulenspiegel* (1923) und die mit der Revolution und dem Kommunismus sympathisierenden Gedichte stammen vorwiegend aus den Jahren 1926–1932. D. schuf ausgezeichnete Übersetzungen von Byron, Coleridge und W. Scott. Seit 1971 liegt eine deutsche Gedichtauswahl unter dem Titel *Vom Schwarzbrot und der Treue der Frau* vor.

Du Bellay, Joachim (*1522 Liré/Anjou, †1.1. 1560 Paris). – Franz. Dichter, gehört neben Ronsard zu den maßgeblichen Repräsentanten der sog. Pléiade, deren Programmschrift *Défense et illustration de la langue française* (1549, dt. 1920) er verfaßte und mit der er sich für eine volkssprachl. franz. Dichtung nach klass. Vorbild einsetzte. Neben seinen Oden und Hymnen gewann er vor allem mit seinen meisterhaften Sonetten (er schrieb 1550 mit *L'Olive* den ersten franz. Sonettzyklus) Einfluß, der nicht auf Frankreich beschränkt blieb, sondern z. B. auch auf Opitz weiterwirkte. Aus dem Lat. übersetzte er Teile der *Aeneis*.

Du Bos, Charles (*27.10. 1882 Paris, †5.8. 1939 La Celle-Saint-Cloud). – Der franz. Schriftsteller wird in Frankreich noch heute als einer der besten und ästhet. empfindsamsten Kenner der europäischen Literatur geschätzt, als der er sich mit seinen Schriften *Approximations* (1922–1937), *Qu'est-ce que la littérature?* (1938, dt. 1949) und *Commentaires* (1946) zu erkennen gab. Bei seiner Werkanalyse war er method. nicht starr festgelegt, sondern ließ sich auch von seiner Intuition leiten.

Ducamp, Maxime (*8.2. 1822 Paris, †8.2. 1894 Baden-Baden). – Der franz. Schriftsteller publizierte mehrere Reiseberichte, eine Autobiographie, für die Geschichte der Sozialpolitik bedeutsame Darstellungen etwa über die Pariser Kommune (1877) und literarhistor. interessante Erinnerungen an Flaubert, Baudelaire, Nerval und Gautier. Im Vorwort seiner 1855 erschienenen Lyriksammlung *Les chants modernes* distanzierte er sich vom L'art-pour-l'art-Standpunkt und griff in ihr Themen der modernen Poesie aus Naturwissenschaft und Technik auf.

Dučić, Jovan (*5.2. 1874 Trebinje, †7.4. 1943 Gary, USA). – Serb. Dichter, steht in seiner Stimmungslyrik unter dem Einfluß Ilićs, näherte sich später den franz. Parnassiens und Symbolisten, mit denen er die Musikalität und den Bilderreichtum der Sprache, die Strenge der Form und die emotionale Distanziertheit gemeinsam hat. Damit sind auch die Hauptmerkmale seiner Lyrik, seiner Reisebriefe und Essays umschrieben. Als dt. Übersetzung liegen *Die blauen Legenden* (1948) vor.

Dudinzew, Wladimir Dmitrijewitsch (*29.7. 1918 Kupjansk/Ukraine). – Russ. Erzähler, wurde bekannt durch seinen Roman *Der Mensch lebt nicht vom Brot allein* (1956, dt. 1957), in dem er die privilegierte gesellschaftl. Oberschicht der unteren Schicht des einfachen Volkes gegenüberstellt und die Mißstände in der herrschenden Bürokratie anprangert. Wegen seiner polit. brisanten Aussage wurde er in der Sowjetunion heftig kritisiert und im Westen mehr beachtet, als ihm lit. zusteht. Künstler. höher einzuschätzen von ihm sind *Ein Neujahrsmärchen* (dt. 1960), *Die weißen Gewänder* (dt. 1989).

Dürrenmatt, Friedrich (*5.1. 1921 Konolfingen b. Bern, †14.12. 1990 Neuenburg/Schweiz) – Als Erzähler, Theaterkritiker der »Weltwoche«, Hörspielautor und Dramatiker gehört D. heute zu den bekanntesten und erfolgreichsten zeitgenöss. Schriftstellern; wurde mehrfach international ausgezeichnet, zuletzt 1986 mit dem Büchner-Preis. D. war Mitglied des PEN-Zentrums. Ausgehend von Aristophanes, Nestroy, Wedekind und dem Expressionismus schuf D. eine ihm spezifi-

sche Form der Komödie, die dadurch charakterisiert ist, daß die Wirklichkeit im Paradoxen erscheint und die zufällige schlimmstmögliche Wendung an die Stelle der klass. Peripetie tritt. Mit seiner »trag. Komödie« *Der Besuch der alten Dame* (1956) errang er Weltruhm. Auch mit seinen übrigen Komödien, in denen er sich als Moralist mit ausgeprägtem Hang zur Groteske und schockierenden Verfremdung erweist, fand er eine interessierte bis begeisterte Aufnahme in der Öffentlichkeit, z. B. mit den Werken *Die Ehe des Herrn Mississippi* (1952), *Ein Engel kommt nach Babylon* (1954), *Romulus der Große* (1958), *Die Physiker* (1962), *Der Meteor* (1966), *Die Frist* (1977). Die meisten Stücke liegen in mehreren Fassungen vor. Wie in seinen Bühnenstücken, deren jüngstes *(Achterloo)* 1983 uraufgeführt wurde, hält er auch in seinen Erzählungen *Die Panne* (1956), *Der Sturz* (1971) und den Romanen *Der Richter und sein Henker* (1952), *Der Verdacht* (1953), *Grieche sucht Griechin* (1955) und in jüngster Zeit *Justiz* (1985), *Der Auftrag* (1986), *Durcheinandertal* (1990), *Midas oder die schwarze Leinwand* (1991) unserer Zeit den Spiegel ihrer Selbsttäuschung und Doppelzüngigkeit vor. Von großem Interesse sind auch die Prosaentwürfe zu den Dramen, die er z. T. in *Stoffe I–III (Der Winterkrieg in Tibet; Mondfinsternis; Der Rebell;* alle 1981) veröffentlicht hat. Mit Charlotte Kerr veröffentlichte er 1987 eine neue Fassung von *Achterloo* u. d. T. *Rollenspiele. Protokoll einer fiktiven Inszenierung und Achterloo III*, die von den Autoren vielfach vorgelesen wurde und die theoretische Unmöglichkeit des Theaters in der Postmoderne zeigt. 1990 erschienen die letzten Teile der Stoffe (IV bis IX) u. d. T. *Turmbau*. In zahlreichen literaturtheoret. Schriften *Theater – Schriften und Reden* (1966–1972, hier sind die wichtigen Reden *Theaterprobleme* [1955] und *Friedrich Schiller* [1960] enthalten), *Versuche. Neue Essays aus den Jahren 1969 bis 1987* (1988) hat er seinen Standort als Autor definiert, seine polit. Haltung in der 1976 erschienenen Publikation *Zusammenhänge. Essay über Israel. Eine Konzeption*. D. hat auch praktische Theaterarbeit geleistet und zahlreiche Texte illustriert. Eine Werkausgabe in 30 Bdn. erschien 1980; eine Fortsetzung folgt.

Duhamel, Georges, Ps. *Denis Thévenin* (*30.6. 1884 Paris, †13.4. 1966 Valmondois). – Seinen Ruf, ein europ. Schriftsteller von Rang zu sein, erwarb sich der Franzose nicht nur mit seinen größtenteils auch ins Dt. übersetzten Romanen, Erzählungen, Dramen und Gedichten, sondern in besonderer Weise durch seine kulturkrit. Schriften und Abhandlungen. In Abkehr von der Ästhetik des Unanimismus und seinem 1925 selbst erhobenen Postulat nach zeitbezogenem Schreiben, wandte er sich später dem Neuhumanismus und der Verteidigung individueller Werte zu. Dabei interessierte ihn die Frage nach der Moral des Menschen weit mehr als die Frage nach seiner Geschichtlichkeit. Aus der Fülle seiner Werke seien das

Drama *Das Licht* (1911, dt. 1921), die Romane *Vie et aventures de Salavatin* (1920–1932), *Die Chronik der Pasquier* (1952–1955) und die Essays *Besitz der Welt* (dt. 1921) und *Spiegel der Zukunft* (dt. 1931) erwähnt.

Dumas, Alexandre d. Ältere, genannt *D. père* (*24.7. 1802 Villers-Cottérets, †5.12. 1870 Puy b. Dieppe). – Mit *Henry III et sa cour* (1829) schrieb der franz. Schriftsteller das erste romant. Drama in Frankreich, das ihn mit einem Schlag berühmt machte. Auch seine weiteren Stücke wie *Antony* (1831) lösten beim Publikum begeisterte Zustimmung aus. Große Resonanz fand er ferner mit seinen über 300 Romanen, von denen *Die drei Musketiere* (1844, dt. 1949) und *Der Graf von Monte Christo* (1845/46; dt. 1846) seine größten Erfolge wurden und bis heute unvergessen sind. Mit seiner lebendigen, kraftvollen, spannungsreichen Erzählweise entsprach er ganz dem Geschmacksideal seines Massenpublikums, während psycholog. Feinsinnigkeit und abstrakte Intellektualität nicht seinem Romantypus entsprachen. Seine Gesammelten Werke liegen in 301 Bänden (1846–1876) vor.

Dumas, Alexandre der Jüngere, genannt *D. fils* (*27.7. 1824 Paris, †27.11. 1895 Marly-le Roi b. Paris). – Franz. Schriftsteller, unehelicher Sohn von Alexandre D. d. Ä. Der Roman *La Dame aux Camélias* (*Die Kameliendame*, 1848, dt. 1946), dessen Dramatisierung (1852, dt. 1875) ihn in Europa berühmt machte und der seinen Namen in unserem Jh. durch die Verfilmung um die ganze Welt trug, ist in seiner romant. Fatalität dennoch nicht typisch für D. als Dramatiker und Romancier. Ihm, dem Begründer des modernen Gesellschaftsromans, ging es vielmehr um den Abbau diskriminierender Verhaltensweisen gegenüber gesellschaftl. Außenseitern und um die Proklamation sozialer Reformen. Um seine Thesen dem Publikum unmißverständlich vortragen zu können, bediente er sich häufig des die Tendenz seiner Stücke unterstreichenden »raisonneurs« oder des polem. Vorworts. Beispiele für das von D. vertretene Anliegen sind u. v. a. das Drama *Le fils naturel* (1858, dt. um 1880) und die Essays *La question du divorce* (1880).

Du Maurier, Daphne (*13.5. 1907 London, †19.4. 1989 Cornwall). – Mit ihren Romanen, die in herkömmlicher Technik, aber einem ausgesuchten Sinn für Spannung und Abenteuer geschrieben sind, reihte die engl. Autorin Erfolg an Erfolg. International bekannt wurden, auch durch ihre Verfilmungen, u. a. *Rebecca* (1938, dt. 1940), *Des Königs General* (1946, dt. 1947), *Meine Cousine Rachel* (1951, dt. 1952), *Mary Anne* (1954, dt. 1954), *Die standhafte Lady* (1972, dt. 1973). Lit. am höchsten eingestuft wird *The Progress of Julius* (1933, dt. u. d. T. *Karriere* 1951), während die wenigen Dramen und Schauspiele, die sie verfaßte, nur geringes Interesse weckten. Auch ihre Erzählungen wie *Küß mich noch einmal, Fremder* (1952, dt. 1954) oder *Spätestens in Venedig* (1971,

dt. 1971, später u. d. T. *Wenn die Gondeln Trauer tragen* verfilmt) reichen nicht an die Erfolge ihrer Romane heran, die in zahlreiche Sprachen übersetzt wurden. In Dtld. wurden u. a. bes. bekannt *Kehrt wieder, die ich liebe* (1937, dt. 1954), *Die Erben von Clonmere* (1943, dt. 1944), *Die Glasbläser* (engl. u. dt. 1963), *Ein Tropfen Zeit* (1969, dt. 1970), *Wachstumsschmerzen* (1977, dt. 1978), *Ein wilderes Meer* (dt. 1982).

Dumitriu, Petru (*8.5. 1924 Baziaş). – Rumän. Schriftsteller, studierte auch im Westen und wurde nach 1945 zum anerkannten Regimeautor, der den Sozialistischen Realismus in vorbildlicher Weise gestaltete. Bes. der Roman *Weg ohne Staub* (1954) leugnet die Unmenschlichkeit des Stalinismus und glorifiziert den Staatsterror. Eine Wende zeichnet sich in der Trilogie *Die Bojaren* (1950/60, dt. 1960/62; *Der Familienschmuck; Saat und Ernte; Freuden der Jugend*) ab, doch bleibt D. auch hier dem Sozialistischen Realismus verhaftet, auch wenn seine Darstellung vom Untergang einer Bauernfamilie individuelle Elemente aufzuweisen scheint. 1960 ging D. in die Bundesrepublik Deutschland und schrieb politische Romane, die sich durch stärkere individuelle Elemente auszeichnen *Der Mann mit den grauen Augen* (1968, dt. 1970), *Die Freiheit* (1983), *Mein Mitmensch, mein Bruder* (1983). D. publiziert seine Werke gleichzeitig franz. und dt.; sie sind zunehmend durch die Zuwendung zu religiösen Problemen gekennzeichnet.

Dunbar, Paul Laurence (*27.6. 1872 Dayton, Ohio, †9.2. 1906 ebd.). – Amerikan. Dichter, gehört zu den wenigen bedeutenden schwarzen Dichtern, die Nordamerika hervorgebracht hat. In seinen Balladen und heiteren Gedichten, aber auch in seinem erzähler. Werk, mit denen er beim weißen Publikum großen Anklang fand, nahm er Mundart und Brauchtum der Schwarzen, die Rhythmik ihrer Lieder und folklorist. Elemente auf. Beispiele aus seinem Werk sind der Roman *The Uncalled* (1898) und die *Complete Poems* (1913).

Dunsany, Edward (*24.7. 1878 London, †25.10. 1957 ebd.). – Bekannt wurde der irische Schriftsteller durch seine von Yeats beeinflußten Theaterstücke und Kurzdramen, seine Romane und Erzählungen, die auch dt. vorliegen: *Das Fenster zur anderen Welt* (1971) und *Smetters erzählt Mordgeschichten* (1972). Seine Lyrik fand nur geringe Beachtung. In der Stoffbehandlung folgt er einem strengen Realismus, der in Verbindung mit seinem Reichtum an Phantasie und Einbildungskraft äußerst skurrile und groteske Wirkungen hervorbringen kann.

Duras, Marguerite (*4.4. 1914 Giadinh/Indochina). – Franz. Schriftstellerin, schrieb zahlreiche Romane, Bühnenstücke und Filmdrehbücher, von denen *Hiroshima, mon amour* in der Verfilmung von Alain Resnais (1959) weltberühmt wurde. Ihre frühe Schaffensperiode ist vom amerikan. Realismus beeinflußt, während sie sich in ihren späteren Romanen dem

»Nouveau Roman« zuwendet. Seit der Mairevolte 1968 versteht sie sich als »poète engagé«. Ihre Romane und Erz. *Ein ruhiges Leben* (1944, dt. 1962), *Die Pferdchen von Tarquinia* (1953, dt. 1960), *Moderato cantabile* (1958, dt. 1959), *Der Schmerz* (dt. 1986), *Vera Baxter oder Die Stände des Atlantiks* (1986), *Abahn Sabana David* (dt. 1986), *Aurelia Steiner* (dt. 1989), *Der Matrose von Gibraltar* (dt. 1989) fanden auch in Dtld. eine günstige Aufnahme. 1986 erschienen dt. die *Gespräche* mit Xavèr Gauthier und der Roman *Heiße Küste*, 1987 *Blaue Augen, schwarzes Haar*, 1988 *Emily L.* und *Das tägliche Leben. Marguerite Duras im Gespräch mit Jérôme Beaujour.*

Durbridge, Francis (*25.11. 1912 Hall). – Engl. Kriminalautor, dessen spannende Romane weite Verbreitung fanden und auch als Fernsehspiele die Zuschauer in ihren Bann zogen. Bes. bekannt wurden die in über 20 Ländern ausgestrahlten Serienkrimis mit den Helden Tim Frazer und Paul Temple. Lit. hatte er bes. Erfolg mit *Es ist soweit* (1959, dt. 1961), *Das Halstuch* (1960, dt. 1962), *Die Schuhe* (1965, dt. 1967), *Meine Frau Melissa* (1967, dt. 1968), *Der Schlüssel* (dt. 1974), *Das Kennwort* (dt. 1977), *Kommt Zeit, kommt Mord* (dt. 1977) u. a. m.

Durrell, Lawrence (*27.2. 1912 Julundur/Indien, †7.11. 1990 Sommières). – Anglo-ir. Schriftsteller. D.s Werk weist einen großen Formenreichtum auf, der vom Roman, einer melodiösen Lyrik, kraftvollen Balladen, Versdramen, Essays, Reiseberichten aus dem mediterranen Raum bis hin zu satir. Skizzen alles einschließt. Themat. ist es weniger komplex angelegt, sondern umkreist im wesentl. nur die eine Frage nach dem Sinn des Lebens und der Identitätsfindung des modernen Menschen. Sein Hauptwerk ist die artist. famose, sprachl. wie kompositor. höchst faszinierende Tetralogie *Alexandria-Quartett* (1957–1960, dt. 1958–1961), während seine jüngst erschienene romaneske Teufelsbeschwörung *Monsieur oder der Fürst der Finsternis* (1974, dt. 1977) und die Romane *Livia* (1978, dt. 1980), *Constance* (1982, dt. 1984) und *Sebastian oder die Gewalt der Leidenschaften* (dt. 1986) zu seinen amüsantesten Büchern gehören und D.s. *Avignon-Quartett* bilden. Heiter besinnlich ist auch der späte Roman *Fünfauge oder Was der Frauenmörder erzählt* (1985, dt. 1989).

Du Toit, Jacob, Ps. *Totius* (*21.2. 1877 Paarl, †1.7. 1953 Potchefstroom). – Afrikaans Lyriker, der in seinem Denken und seinem Leben von der Lehre des Calvinismus bestimmt war, wurde zu einer der wichtigsten Gestalten der I. Afrikaans-Bewegung. Selbst Pfarrer und Professor für evangel. Theologie, glaubte er die Welt und den Einzelnen ganz dem Willen Gottes unterstellt. Seine von christl. Motiven und Symbolen durchwirkte Dichtung kulminiert in der Übersetzung der Bibel ins Afrikaans. Beispiele seiner Lyrik sind u. a. die Gedichte *By die Monument* (1908) und *Skemering* (1948).

Duun, Olav (*21.11. 1876 Fosnes a.d. Insel Jøa b. Namdalen/Nord-Trøndelag, †13.9. 1939 Botne b. Holmestrand/Tønsberg). – Norweg. Erzähler, mit der Geschlechtersaga *Juvikfolke* (1918–1923) gelang ihm der internationale Durchbruch. Sie gehört zu den größten Werken norweg. Erzählkunst überhaupt. Große Beachtung fand außerdem die *Ragnhild*-Trilogie (1948), die, wie auch seine anderen Romane und Erzählungen, im Stil der isländ. Sagas und der altnorweg. Königsgeschichten in Landsmål, der geschichtl. gewachsenen Volkssprache geschrieben ist.

Dwinger, Edwin Erich (*23.4. 1898 Kiel, †17.12. 1981 Gmund/Tegernsee). – Seine vor allem in der Zeit des Nationalsozialismus äußerst erfolgreichen Bücher beruhen themat. auf seinem Erleben des Ersten Weltkrieges, der russ. Kriegsgefangenschaft, Revolution und des span. Bürgerkriegs. Hierbei ragen besonders *Die deutsche Passion: Die Armee hinter Stacheldraht* (1929), die noch heute gelesen wird, und *Die letzten Reiter* (1935) heraus, während seine nach dem Zusammenbruch des Dritten Reiches veröffentlichten Bücher mit stark antibolschewist. Tendenz wie *Wenn die Dämme brechen* (1950) oder *Die verlorenen Söhne* (1956) weniger Beachtung fanden.

Dygat, Stanislaw (*5.12. 1914 Warschau, †29.1. 1978 ebd.). – Allgemeine Anerkennung wurde dem poln. Schriftsteller für seine Romane *Jezioro Bodeńskie* (1946), *Verwehte Träume* (1957, dt. 1962) und *Ich kann Jowitas Augen nicht vergessen* (1965, dt. 1967) zuteil, während seine Erzähl. bisher nur einem kleinen Leserkreis bekannt geworden sind. Hauptthema dieser in einem satir.-iron. und humorvollen Grundton gehaltenen Arbeiten ist die im Bürgertum feststellbare Diskrepanz zwischen Wunschvorstellung und Realität und die Abkehr der jungen Intelligenz von der bourgeoisen Vergangenheit.

Dyk, Viktor (*31.12. 1877 Šopka b. Melnék, †15.5. 1931 Lopud/Jugoslawien). – Tschech. Autor, versuchte sowohl in seiner Lyrik als auch in seinen Verserzählungen, Prosawerken und Dramen der Dekadenz und dem lethargischen Opportunismus seiner Zeit entgegenzuwirken und die nationalen Kräfte zu aktivieren. Dabei ist seine Sprache oftmals von beißender Ironie und sarkast. Polemik durchsetzt. Zu seinen Hauptwerken gehört der Roman *Konec Hackenschmiduv* (1904). Ins Dt. übersetzt wurde seine Verserzählung *Die Geliebte von sieben Räubern* (1906, dt. 1955).

Dylan, Bob, eigtl. *Robert Zimmermann* (*24.5. 1941 Duluth/Minn.). – Amerikan Lyriker, der in seinen längst berühmt gewordenen Songs, die im amerikan. Volkslied und Blues verwurzelt sind, gegen Rassenverfolgung und Völkerhaß und für Frieden und soziale Gerechtigkeit eintritt, so in *Blowin' in the wind, Don't think twice* oder *You're no good*. An Veröffentlichungen liegen vor *Tarantula* (1966) und *Writings & Drawings by Bob Dylan* (1973).

Ebernand von Erfurt (* Anfang des 13. Jh.s). – Der mhd. Dichter schrieb die Verslegende *Kaiser und Kaiserin*, die das Leben Kaiser Heinrichs II. und dessen Frau Kunigunde verherrlicht, die 1201 heiliggesprochen wurden. E. lehnt sich stark an lat. Vorbilder an.

Ebner, Christine (* 26. 3. 1277 Nürnberg, † 27. 12. 1356 Engeltal/Nürnberg). – Dt. Mystikerin. E. stammte aus einer Patrizierfamilie. Sie trat in den Dominikanerorden ein und wurde 1345 Priorin des Klosters Engeltal. Von ihr existieren schriftl. Aufzeichnungen ihrer Visionen. Vermutl. ist sie auch die Verfasserin des *Büchleins von der Gnaden Überlast* (vor 1346), in dem visionäre Erlebnisse anderer Nonnen beschrieben werden.

Ebner, Jeannie, verh. Allinger (* 17. 11. 1918 Sydney/Australien). – Die österr. Schriftstellerin lebt seit ihrer Jugend in Wien. Ihre frühen Werke tendieren zum Surrealen und erinnern an Kafka. Später schrieb sie liedhafte, romant. Prosa, in der sich Traum und Wirklichkeit vermischen und romantische Elemente anklingen. Am bekanntesten sind die Gedichte *Gesang an Heute* (1952), *Gedichte* (1965), *Sag ich* (1978) und die Romane *Sie warten auf Antwort* (1954), *Die Wildnis früher Sommer* (1958) und *Figuren in Schwarz und Weiß* (1964). 1975 erschienen die Erzählungen *Protokoll aus einem Zwischenreich*, 1979 *Erfrorene Rosen*, 1984 *Der Königstiger*.

Ebner-Eschenbach, Marie Freifrau von, geb. Gräfin Dubsky (* 13. 9. 1830 Schloß Zdislawitz/Mähren, † 12. 3. 1916 Wien). – Dt. Dichterin, stammte aus einer tschech. Adelsfamilie. Nach einigen unbedeutenden Versuchen auf dem Gebiet des Dramas wandte sie sich, beeinflußt durch Turgenjew, der realist. Erzählung zu und wurde bald zur allgemein anerkannten bedeutendsten dt. Erzählerin des 19. Jh.s, die in enger geistiger Nähe und pers. Kontakt zu Devrient, Laube, Hebbel, Grillparzer, F. v. Saar und E. v. Handel-Mazzetti stand. Mit psycholog. Einfühlungsvermögen beschreibt sie Szenen aus der vornehmen Wiener Gesellschaft und dem Leben der kleinen Leute auf dem Lande. Die Schärfe ihrer Beobachtungen wird dabei von verhaltenem Humor gemildert. Am berühmtesten sind die Erzählungen *Lotti, die Uhrmacherin* und *Krambambuli*, die in den Ausgaben *Neue Erzählungen* (1881) und *Dorf- und Schloßgeschichten* (1883) enthalten sind. Weitere Werke sind *Božena* (1876), *Das Gemeindekind* (1887), *Glaubenslos?* (1893) und *Aus Spätherbsttagen* (1901).

Eça de Queirós, José Maria (* 25. 11. 1846 Póvoa de Varzim, † 16. 8. 1900 Paris). – Bedeutendster portugies. Erzähler des 19. Jh.s. E. gründete die Zeitschrift »Revista de Portugal« (1889–1892), gab die Monatsschrift »As Farpas« (1870) heraus (gemeinsam mit Ramalho Ortigaõ) und nahm mit seinen Veröffentlichungen entscheidenden Einfluß auf die Entwicklung einer modernen portugies. Sprache. Nach anfangs romant. Werken kam er über den Naturalismus zum realist. Gesellschaftsroman, dessen Stilelemente er stets verfeinerte, um so über eine einfache Schilderung der Wirklichkeit hinweg im Sprachkunstwerk eine artistische, alles Gefühlvolle abwehrende Realität zu schaffen. Seine Romane sind in hohem Maße kunstvoll und von feiner Ironie durchzogen. Die bekanntesten sind u. a. *Das Verbrechen des Paters Amaro* (1876, dt. 1930, neu 1989), *Eine wie tausend* (1878, dt. 1889), *Der Vetter Basilio* (1878, dt. 1959), *Stadt und Gebirge* (1901, dt. 1903 u. 1961) und *Die Hauptstadt* (1925, dt. 1959). 1988 erschien dt. *Treulose Romane,* 1989 *Alves & Co.*

Echegaray y Eizaguirre, José (* 19. 4. 1832 Madrid, † 14. 9. 1916 ebd.). – Span. Dramatiker, hatte bask. Vorfahren. Für seine erfolgreichen und anspruchsvollen Dramen, die stark unter dem Einfluß des Naturalismus, bes. von Sudermann, Strindberg und Björnson, standen und dem modernen span. Theater Weltgeltung brachten, erhielt er 1904 mit F. Mistral den Nobelpreis für Literatur. Er schrieb über sechzig Dramen, die Phantasie und innere Dynamik besitzen und alte Traditionen des früheren span. Theaters wieder aktualisierten. Dazu gelang es ihm, auch die Möglichkeiten moderner Technik effektvoll in seine Stücke einzubeziehen. Später wurde E. wegen der Überladenheit und Wirklichkeitsferne seiner Stücke stark kritisiert. Die bekanntesten sind u. a. *Die Frau des Rächers* (1874, dt. 1883), *Galeotto* (1881, dt. 1901), *Im Schoß des Todes* (1879, dt. 1883), *Wahnsinn oder Heiligkeit* (1877, dt. 1887) und *Mariana* (1892). Erst die Abwendung vom Naturalismus unter Benavente brachte eine allgemeine Abwendung von seinen Stücken.

Eckenlied (oder Ecken-Ausfahrt). Das mhd. Heldenlied entstammt dem Umkreis der Dietrichsage. Der um 1250 am Rhein verfaßte Text stützt sich auf eine Urfassung, die um 1200 in Tirol entstanden war. Er handelt von dem Kampf Dietrichs mit Ecke, bei dem dieser unterliegt, und den nachfolgenden Abenteuern Dietrichs. Die kunstvolle Sprache weist Einflüsse aus der höf. Dichtung auf.

Eckermann, Joh. Peter (* 21. 9. 1792 Winsen/Luhe, † 3. 12. 1854 Weimar). – E. war der Sohn eines Hausierers, dem es mit

25 Jahren gelang, die versäumte Schulbildung nachzuholen. Danach studierte er Literatur und Ästhetik und wurde von Goethe als Sekretär angestellt, nachdem er diesem seine *Beyträge zur Poesie* (1823) vorgelegt hatte. Daneben war er auch Prinzenerzieher und herzogl. Bibliothekar in Weimar. Seine Bedeutung für die Lit. liegt darin, daß er 1823–32 Goethes Gespräche schriftl. festhielt.

Eckhart, gen. *Meister E.* (* um 1260 Hochheim/Gotha, † 30. 4. 1328 Avignon). – Die Vorfahren des bekannten dt. Mystikers und Predigers waren thüring. Adelige. E. lebte hauptsächl. in Straßburg, wo er Professor der Theologie war. 1327 mußte er seine myst. Lehre in Avignon verteidigen, von der 1329 28 Lehrsätze verurteilt wurden. Sie beschäftigt sich vor allem mit der Vereinigung der menschl. Seele mit Gott, die nach E. nicht durch Ekstase, sondern durch Spekulation in der Art des Neuplatonismus und der Scholastik erreicht werden soll. E. ging davon aus, daß Gott in die Seele des Menschen eindringen kann, wenn sich der Mensch von allen Äußerlichkeiten befreit. Um das Problem der Einigung von Gott und Seele kreisen in immer neuen Formulierungen seine dt. *Predigten* (hg. 1857), die nur in Nachschriften seiner Hörer überliefert sind. Seine Sprache hat mit ihren volkssprachlichen Wortneuschöpfungen die dt. Begriffssprache geschaffen und damit dem Dt. die Möglichkeit gegeben, auch philosoph.-abstrakte Sachverhalte auszudrücken. Außerdem schrieb er lat. Kommentare und Traktate, z. B. das teilweise erhaltene *Opus tripartitum*.

Eco, Umberto (* 5. 1. 1932 Alessandria/Piemont). – Ital. Philosoph und Schriftsteller, lehrt an der Universität Bologna und gilt heute als führender Semiotiker, der in zahlreichen wissenschaftlichen Schriften die Lehre von den Zeichen zu einer eigenen Disziplin weiterentwickelt hat, z. B. *Einführung in die Semiotik* (1968, dt. 1972), *Zeichen. Einführung in einen Begriff und seine Geschichte* (1973, dt. 1977), *Semiotik. Entwurf einer Theorie der Zeichen* (1976, dt. 1987), *Semiotik und Philosophie der Sprache* (1984, dt. 1985). Weltruhm erwarb er mit seinem Bestseller *Der Name der Rose* (1980, dt. 1982), in dem er auf der Grundlage der spätmittelalterlichen Welt in der Form eines Kriminalromans eine Anwendung der Zeichentheorie schrieb. 1983 (dt. 1984) veröffentlichte er eine *Nachschrift zum »Namen der Rose«,* in der er die Entstehungsgeschichte und Deutungsansätze des Romans vortrug. In *Das offene Kunstwerk* (dt. 1978) entwickelt er eine semiotische Ästhetik und mit Thomas A. Sebeok in *Der Zirkel oder Im Zeichen der Drei* (dt. 1985) eine Einführung in die Logik des Kriminalromans. Als kenntnisreicher Mediävist trat er mit *Auf dem Wege zu einem Neuen Mittelalter* (1989) und *Kunst und Schönheit im Mittelalter* (1987, dt. 1991) hervor. Eine Auswahl der Essays des einflußreichen Autors ist 1985 dt. u. d. T. *Über Gott und die Welt* veröffentlicht worden; kürzere Texte enthalten die Sammlungen *Lector in fabula* (1987),

Über Spiegel und andere Phänomene (1985, dt. 1988), *Platon im Stripteaselokal* (1963, dt. 1990). 1989, dt. 1990 erschien der Roman *Das Foucaultsche Pendel,* in dem sich Eco mit Esoterik, Geheimlehren und Magie auseinandersetzt. Da Eco gegenwärtig viel gelesen wird, werden auch frühe, recht zeitbezogene und auch altertümlich wirkende Texte neu ediert, z. B. das mit Eugenio Carni 1966 geschriebene Kinderbuch *Die Bombe und der General.*

Edda. Mit diesem Namen werden zwei altnord. Dichtungen bezeichnet, die *Snorra-Edda* des Snorri Sturluson (1179 bis 1241) und die ältere *Saemundar- oder Liederedda.* Ursprüngl. galt der Name E. nur für das erstere, das jüngere der beiden Werke. Im 17. Jh. jedoch ordneten isländ. Wissenschaftler auch die ältere Dichtung irrtümlich unter dem Oberbegriff E. ein. Die eigtl. *Snorra-Edda* ist durch Handschriften aus dem 13. und 14. Jh. überliefert. Sie enthält Anweisungen für Dichter, genannt Skalden, und macht diese mit den gebräuchl. poet. Umschreibungen, den sog. Kenningar, bekannt. Die sog. *Saemundar-Edda,* erhalten in einem Exemplar aus dem 13. Jh., enthält ungefähr 30 Lieder, die meist aus der Wikingerzeit stammen. Die ältere Edda läßt sich in drei Abschnitte gliedern: 1. Götterdichtung (z. B. *Völuspá, Skirnismál*), 2. Spruchdichtung (z. B. *Hávamál, Loddfafnismál, Rúnatal Odins*), 3. Heldendichtung (z. B. *Brot of Sigurdarkvidu, Atlamál, Helreid Brynhildar, Reginsmál, Fafnismál*). Die Lieder überliefern z. T. Vorformen und Frühstufen unserer Heldensagen und sind für die Kenntnis germanischer Mythologie unentbehrliche Zeugnisse.

Edgeworth, Maria (* 1. 1. 1767 Black Bourton/Reading, † 22. 5. 1849 Edgeworthtown/Irland). – Irische Erzählerin, Tochter des Schriftstellers und engl. Parlamentsmitgliedes Richard Lovell; schrieb mit ihm zusammen die pädagog. Abhandlung *Practical Education* (1798), die Einflüsse Rousseaus aufweist. Nachdem sie zunächst realist. Kinder- und Jugendbücher verfaßt hatte, schildert sie in ihren späteren Romanen wie *Meine hochgeborene Gesellschaft* (1800 u. 1965, dt. 1957), *The Absentee* (1812), *Ormond* (1817), *Helen* (1834) das Leben der ir. Adligen auf dem Lande. Ihre Werke haben einen stark didaktischen Ton, der die Zeitgenossen keineswegs störte. Scott fühlte sich durch die Romane der E. zu seinen Waverley-Romanen inspiriert.

Edschmid, Kasimir, bis 1947 *Eduard Schmid* (* 5. 10. 1890 Darmstadt, † 31. 8. 1966 Vulpra/Engadin). – Der dt. Dichter studierte Romanistik und war danach bei zahlreichen Zeitschriften tätig. 1918–22 gab er die »Tribüne für Kunst und Zeit« heraus. Während des Dritten Reiches hatte er Rede- und Schreibverbot. 1950–57 bekleidete er Ämter des PEN-Zentrums der Bundesrepublik und der Deutschen Akademie für Sprache und Dichtung. Er war eine bekannte Persönlichkeit des dt. Expressionismus, auf den schon seine frühen Novellen hindeuten. Dem übersteigerten, ekstat. Stil dieser lit. Richtung sollte seiner Meinung nach auch das reale Leben entsprechen. Diese ekstatische Sprache forderte er nicht nur für die Literatur (z. B. *Die sechs Mündungen* [1915], *Das rasende Leben* [1916], *Timur* [1916]), sondern auch in seinen kunsttheoretischen Manifesten (*Über den Expressionismus und die neue Dichtung* [1919]) und als Lebenspraxis. Nach der expressionistischen Phase wandte er sich in sachlichem Stil einer neuen distanzierten Erzähltechnik zu. Bekannt wurden hier die Biographien wie *Lord Byron* (1928), *Georg Büchner* (1966) und *Bolivar* (1965). Seine interessanten Reiseberichte, z. B. *Vom Bodensee zur Nordsee* (1963), behandeln auch die Kultur und die Geschichte des jeweiligen Landes. E.s bekannteste Romane sind u. a. *Der Engel mit dem Spleen* (1923), der noch stark expressionist. Züge trägt, *Der Liebesengel* (1937), *Pourtalès Abenteuer* (1947), und *Whisky für Algerien?* (1964).

Eeden, Frederik Willem van (* 3. 4. 1860 Haarlem, † 16. 6. 1932 Bussum). – Der niederl. Dichter setzte sich aktiv gegen soziale Unterdrückung ein und gab als junger Mann die Zeitschrift »De Nieuwe Gids« heraus. Sein bekanntester Roman *Der kleine Johannes* (1887–1906, dt. 1891–1906) handelt vom Heranwachsen eines jungen Menschen und der Forderung einer neuen gesellschaftl. Ordnung. Dasselbe Thema einer neuen Wertorientierung hatte er bereits 1900 in dem Roman *Wie Stürme segnen* (dt. 1907) behandelt. E. konvertierte 1922 und versuchte eine christliche Deutung, wie in *Het lied van schijn en wezen* (1895–1922). Bekannt sind weiterhin die Romane *Johannes der Wanderer* (1892, dt. 1908) und *Die Nachtbraut* (niederl. u. dt. 1909), die noch der »Gruppe der Achtziger« nahestehen. Im Alter erwarb sich E. mit Legenden und der Übersetzung Tagores Ansehen.

Eekhoud, Georges (*27. 5. 1854 Antwerpen, †28. 5. 1927 Brüssel). – Belg. Schriftsteller, 1895 rief er die avantgardist. Zeitschrift »Le coq rouge« ins Leben und gehörte 1881–1893 zur Jeune-Belgique-Bewegung. In seinen Werken prangert er die engen Schranken des bürgerl. Lebens an und verherrlicht Außenseiter der Gesellschaft und das natürliche Landleben, in dem er sein Ideal einer freien Existenz verwirklicht sieht. Seine Sprache ist emotional und dynam. Wichtig u. a. seine Romane *Kees Doorik* (1883, dt. 1893), *Escal-Vigor* (1899, dt. 1903) und die Erzählungen *Kermesses* (1884), *Nouvelles kermesses* (1887) und *Dernières kermesses* (1920).

Egge, Peter Andrias (*1. 4. 1869 Drontheim, †15. 7. 1959 Oslo). – Norweg. Dichter, 1888 war er der Herausgeber der Zeitschrift »Den Nye Tid«. In jungen Jahren stand er unter dem Einfluß J. P. Jacobsons, wie sein Roman *Alume* (1891) zeigt, den er mit Hilfe Mamsins publizierte. E. beschreibt das Leben der naturverbundenen Bevölkerung Norwegens und zeigt großes Einfühlungsvermögen bei der Darstellung von Charakteren und seel. Konflikten. Bekannt sind weiterhin die Romane

Gammelholm (1899, dt. 1901), *Die Fessel* (1908, dt. 1909), *Bernt Lein* (1927, dt. 1942) und *Der Mensch Ada Graner* (1945, dt. 1950). Dt. liegen nur einige Übersetzungen vor.

Eggebrecht, Axel (* 10. 1. 1899 Leipzig, †14. 7. 1991 Hamburg). – Dt. Schriftsteller, vorübergehend dem Kommunismus zugewandt. Seit 1925 arbeitete er als Regieassistent und freier Schriftsteller und Mitarbeiter der »Weltbühne« in Berlin, bis ihm 1933 vom N. S.-Regime Schreibverbot erteilt wurde. Seine eigtl. lit. Entfaltung vollzog sich erst nach dem Zweiten Weltkrieg: Aufbau des NWDR, Herausgabe der »Nordwestdeutschen Hefte« und Neuorganisation des deutschen PEN-Zentrums. Seine Erzählungen, immer Ausdruck seiner humanitären Gesinnung, fanden breite Anerkennung; daneben wirkte er als Kritiker, Essayist, Fernseh- und Hörspielautor. Aus seinem umfangreichen Werk sind bes. zu erwähnen die Essays *Katzen* (1927), *Junge Mädchen* (1932), *Weltliteratur* (1948), *Volk ans Gewehr* (1959), *Epochen der Weltliteratur* (1969), *Bangemachen gilt nicht* (1969) und der Roman *Leben einer Prinzessin* (1929), der 1968 in einer neuen Fassung erschien, sowie die histor. Betrachtung *Der halbe Weg, Zwischenbilanz einer Epoche* (1975). E. war Träger internationaler Auszeichnungen, z. B. Gerrit-Engelke-Literaturpreis.

Eggerath, Werner (*16. 3. 1900 Elberfeld, †16. 6. 1977 Berlin/Ost). – Der dt. Arbeiterdichter trat 1924 in die Kommunistische Partei ein und verbrachte die Jahre des Dritten Reichs im Zuchthaus. Nach 1945 übernahm er in der DDR führende polit. Aufgaben. Bes. bekannt wurden der Roman *Kein Tropfen ist umsonst vergossen* (1969) und die Berichte *Nur ein Mensch* (1947), *10000 Kilometer durch das Sowjetland* (1946) und *Quo vadis, Germania?* (1965).

Egill Skallagrímsson (um 900, †um 982). – Unser heutiges Wissen über das Leben des isländ. Skalden, eines Meisters der altisländ. Skaldendichtung, beruht auf der histor. fragwürdigen, lit. unübertroffenen *Egils saga* aus dem 13. Jh. E., der neben dem bis dahin allein übl. Stabreim zum erstenmal den Endreim anwandte, gilt als der Verfasser des Preisliedes *Hofudlausn*, das ihm das Leben gerettet haben soll, sowie der Lieder *Arinbjarnarkvida* und *Sonatorrek*.

Eguren, José María (*8. 7. 1882 Lima, †19. 2. 1942 ebd.). – Peruan. Lyriker. Seine Gedichte sind von der span. und dt. Klassik und dem franz. Symbolismus geprägt und zeugen von großem formalen Können. Zu den wichtigsten gehören *Simbólicas* (1911), *La canción de las figuras* (1916), *Sombra* (1920) und *Poesías* (1929). Als Literaturtheoretiker, der dem »Creacionismo« zugehörte, veröffentlichte er den Essay *Motivos estéticos: notas sobre el arte y la naturaleza* (posth. 1959).

Ehrenburg, Ilja Grigorjewitsch (*27. 1. 1891 Kiew, †31. 8. 1967 Moskau). – Russ. Schriftsteller aus einer bürgerl., jüd. Fam., schloß sich schon früh der revolutionären Bewegung an und mußte 1908 nach Paris flüchten. 1917 kehrte er nach Rußland zurück, ging aber 1921 wegen Differenzen mit den Bolschewisten noch einmal ins Ausland. Ab 1930 lebte er ständig in Rußland, wo er u. a. für die »Pravda« schrieb und Abgeordneter des Obersten Sowjet war. Die Greueltaten der sowjet. Eroberer wurden von ihm als Ruhmestaten gepriesen. Der Titel seiner regimekrit. Erzählung *Ottepel* (1954–56, dt. *Tauwetter*, 1957) wurde zur Bezeichnung für die polit. und kulturelle Epoche nach Stalins Tod. E.s Werk zeigt Einflüsse der europ. Literatur und des Journalismus. Als beste Romane des in Rußland sehr beliebten und auch im Ausland geschätzten Autors gelten *Leto 1925 goda* (1926) und *Die ungewöhnlichen Abenteuer des Julio Jurenito* (1922, dt. 1923 u. 1967). Weitere Veröffentlichungen aus dem umfangreichen Schaffen E.s sind – als Beispiel für seinen Beitrag zum sozialist. Realismus – der Roman *Ohne Atempause* (1935, dt. 1936) sowie der polit. tendenziöse Roman *Der Fall von Paris* (1941, dt. 1945). E., der in seinen frühen Jahren auch Gedichte verfaßte und Essays (*Über die Arbeit des Schriftstellers*, 1954) schrieb, veröffentlichte seine Autobiographie u. d. T. *Menschen, Jahre, Leben* (1961–63, dt. 1962). Seine kunsttheoretische Schrift *Und sie bewegt sich doch* (1921, dt. 1986), die noch keine chauvinistischen Züge zeigt, fand in Dtld. 1986f. große Beachtung, weniger der posth. nachgereichte R. *Das bewegte Leben des Lasik Roitschwantz* (1988).

Ehrenstein, Albert (*23.12. 1886 Wien, †8.4. 1950 New York). – Der österr. Schriftsteller wanderte 1941 nach New York aus. Seine expressionist. Gedichte zeigen formale und sprachl. Eigenständigkeit. Sie beklagen die Situation des modernen Ichs, die Kommunikationslosigkeit, die Anonymität der Großstädte und den Krieg. Ab 1923 lehnte er sich in seinem Denken an asiat. Philosophien an und übersetzte zahlreiche Texte aus dem Chinesischen. Seine wichtigsten Werke sind u. a. die Gedichte *Die weiße Zeit* (1914), *Der Mensch schreit* (1916), *Briefe an Gott* (1922), *Wie bin ich vorgespannt dem Kohlenwagen meiner Trauer* (1977) und die Erzählungen *Tubutsch* (1911) und *Ritter des Todes* (1926). 1961 erschien eine Sammlung *Ausgewählte Aufsätze* und die Auswahl *Gedichte und Prosa*.

Eich, Günter (*1.2. 1907 Lebus/Oder, †20.12. 1972 Salzburg). – Dt. Lyriker und Hörspielautor, studierte Jura und Sinologie und war mit der Schriftstellerin Ilse Aichinger verheiratet. Er wurde mit dem Preis der Gruppe 47 und dem Georg-Büchner-Preis ausgezeichnet. Während er anfangs eine sehr eigenwillige Naturlyrik schrieb, fand er nach dem Krieg zu einem neuen, eigenständigen, nüchternen und prägnanten Stil. Die Gedichte *Abgelegene Gehöfte* (1948) reflektieren die Nachkriegszeit und die Beziehungslosigkeit des modernen Menschen. Mit *Zu den Akten* (1964) und *Anlässe und Steingärten* (1966) verliert E.s Sprache an Bildhaftigkeit und wird

formelhaft und lakonisch. Zuletzt ist sie ironisch verfremdet, hintergründig und reich an Wortspielen, die bis zu Nonsens-Gedichten führen, wie in den Ausgaben *Nach Seumes Papieren* (1972) und *Gedichte* (hg. 1973). Neben Gedichten und Kurzprosa wie *Der Stelzengänger* (1954) und *Maulwürfe* (1968) liegt E.s Bedeutung hauptsächlich auf dem Gebiet des Hörspiels. Die Thematik kreist um die Spannung zwischen Traum und Wirklichkeit, wobei die reale Welt in Frage gestellt wird. Seine Werke schrecken den Menschen in seiner Selbstzufriedenheit auf. Die bekanntesten Hörspiele sind u. a. *Träume* (1950), *Die andere und ich* (1952), *Geh nicht nach El Kuwehd* (1953), *Die Mädchen aus Viterbo* (1958), *Festianus, Märtyrer* (1959) und *Die Brandung von Setúbal* (1957). Die gesammelten Werke erschienen 1974 in 4 Bdn.

Eichendorff, Joseph Freiherr von (*10.3. 1788 Schloß Lubowitz/Oberschlesien, †26.11. 1857 Neiße). – E. stammte aus einer preuß. Adelsfamilie, studierte Jura und Philosophie in Halle und Heidelberg, war mit Arnim, Brentano und Holtei sowie mit Friedrich und Dorothea Schlegel befreundet. E.s Rang als einer der bedeutendsten Vertreter der dt. Romantik beruht auf seinen kunstvoll schlichten, volksliedhaften lyr. Gedichten, die nicht nur seine Beziehung zur Natur, seine Erinnerungen an die Kindheit in dem von Wäldern umrauschten Schloß Lubowitz, sondern auch die ihm eigene Harmonie zwischen Poesie und Religion ausdrücken. Oft sind E.s Gedichte in Erzählungen eingefügt, die ihrerseits einen stark lyrischen Charakter haben. Seine Dramen, mit Ausnahme des Lustspiels *Die Freier* (1833), fanden wenig Beachtung. Großen Erfolg hatte er mit seinem Roman *Ahnung und Gegenwart* (1815), seinen Novellen, z. B. *Das Marmorbild* (1819) und *Aus dem Leben eines Taugenichts* (1826); diese Erzählung wurde weithin zum Beispiel romant. Erzählkunst, da in ihr alle romant. Stilelemente vereinigt sind. Sie hat bis heute nichts von ihrem Zauber eingebüßt. 1837 veröffentlichte er eine Sammlung *Gedichte*. Im Alter verfaßte E. hauptsächl. lit.-hist. Schriften und Übersetzungen. Es ist die tiefe Tragik E.s, daß er als wohl freiheitlichster Romantiker sein Leben als preuß. Beamter verleben mußte.

Eichrodt, Ludwig, Ps. *Rudolf Rodt* (*2.2. 1827 Durlach bei Karlsruhe, †2.2. 1892 Lahr). – E. war Richter und schrieb humorvolle und freche Gedichte mit mundartl. und satir. Einschlägen. Die wichtigsten sind *Gedichte in allerlei Humoren* (1853), *Rheinschwäbische Gedichte* (1869) und *Lyrischer Kehraus* (1869). Nach seinen *Gedichten des schwäbischen Schullehrers Gottlieb Biedermeier und seines Freundes Horatius Treuherz* wurde die lit. Epoche des Biedermeier benannt.

Eike von Repgow (*um 1180/90, †nach 1233). – Mit E., der freier Vasall des Grafen Hoyer war, nahm die mittelniederdt. Prosaliteratur ihren Anfang. Sein *Sachsenspiegel* (um 1221 bis

1235, hg. 1935, nhd. 1936–39) war die wichtigste Grundlage für die mittelalterl. Rechtsprechung und diente als Vorbild für den *Deutschenspiegel* (um 1260) und den *Schwabenspiegel* (um 1270). Seine *Sächsische Weltchronik* (nach 1225) ist das erste dt. Geschichtswerk in Prosa. Es beschreibt den Zeitraum von der Schöpfung bis zur dt. Geschichte und wurde stilist. vom höf. Roman des Mittelalters beeinflußt.

Eilhart von Oberg(e). Der mhd. Dichter lebte in der 2. Hälfte des 12. Jh.s. Er stammte aus einem Ministerialengeschlecht, das im Dorf Oberg b. Braunschweig lebte. Er ist der Verfasser der ältesten dt. Nachdichtung der franz. Tristansage, *Tristrant und Isalde*, die Gottfried von Straßburg und Hans Sachs als Vorbild diente. Der Stil des Epos ist vorhöf. und weist sowohl Einflüsse der alten, volkstüml. als auch der zeitgenöss. Literatur auf. Der Text ist nur teilweise erhalten und liegt u. a. in Ausgaben von 1877 und 1973 vor.

Einarsson, Indriði (*30.4. 1851 Húsabakki/Island, †31.3. 1939 Reykjavík). – Isländ. Dramatiker, schrieb spätromant., an Shakespeare, Schiller und Ibsen orientierte Dramen, mit denen er das isländ. Theater erneuerte und ihm zu mehr Eigenständigkeit verhalf. Die wichtigsten sind *Skipið sekkur* (1902), *Die Neujahrsnacht* (1872, dt. 1910) und *Schwert und Krummstab* (1899, dt. 1900). Er übersetzte auch Shakespeare ins Isländ.

Einhard (*um 770 Maingau, †14.3. 840 Seligenstadt). – E. stammte aus einem fränk. Adelsgeschlecht, war der Berater Karls d. Großen, Abt mehrerer Klöster und Diplomat. Seine *Vita Caroli magni* (um 830, hg. 1927, dt. 1920) ist eine Chronik über Karl d. Großen. Sie stellt die erste Herrscherbiographie des Mittelalters dar und ist, histor. zuverlässig, nach dem Vorbild Suetons gearbeitet.

Eisendle, Helmut (*12.1. 1939 Graz). – Österr. Schriftsteller, promovierter Psychologe, sucht in seinen Texten Literatur und Wissenschaft zu verbinden und zeigt, in der österr. Tradition stehend, daß die Sprache nicht in der Lage ist, die Realität zu fassen und daher immer auf das Regellose, Anarchische verweist. Bekannt wurden seine Prosaerzählungen *Der Irrgarten von Versailles* (1975), *Jenseits der Vernunft* (1976), *Das schweigende Monster* (1981), *Die Frau an der Grenze* (1984), *Block oder die Melancholie* (1991) und der Roman über Hysterie und das Dilemma der Psychologie, mehr zu wissen als das Unterbewußte *Oh Hannah* (1988), sowie die Dramen *Salongespräch* (1974), *Der Umstimmer* (1976), *Billard. Eine Groteske für zwei Personen* (1984). Von den theoretischen Arbeiten ist *Ich über mich und keinen anderen* (1981) eine gute Einführung in sein Werk. Gesammelt liegen die Essays der Jahre 1979 bis 1989 vor *Beiläufige Gedanken über Etwas* (1989).

Eisenreich, Herbert (*7.2. 1925 Linz, †6.6. 1986 Wien). – Österr. Schriftsteller und Journalist, wurde mit zahlreichen Preisen (z. B. Prix d'Italia, 1957; Georg-Mackensen-Preis, 1971) geehrt. Anknüpfend an die österr. Moderne, bes. Heimito v. Doderer, gestaltet er in seinen zahlreichen Erzählungen die private Welt des Menschen, die durch gesellschaftl. und technische Zwänge bedroht wird. Auch in seinen Hörspielen, Essays und Kurzgeschichten wird dieses Grunderlebnis deutl. Bes. bekannt wurden die Erzählungen *Böse, schöne Welt* (1957), *Der Urgroßvater* (1964), *Sozusagen Liebesgeschichten* (1965), *Die Freunde meiner Frau* (1968), *Die blaue Distel der Romantik* (1976), *Die abgelegte Zeit* (1985), *Der alte Adam* (1985). Eine Auswahl der Erzählungen erschien u. d. T. *Ein schöner Sieg.* Anerkennung fanden u. a. auch das Hörspiel über das Wirtschaftswunder *Wovon wir leben und woran wir sterben* (1960) und die Gedichte aus den Jahren 1952 bis 1964 *Verlorene Funde* (1976).

Ekelöf, Bengt Gunnar (*15.9. 1907 Stockholm, †16.3. 1968 Sigtuna). – Schwed. Lyriker und Kritiker, zunächst vom franz. Surrealismus, später von T. S. Eliot beeinflußt. Seine Gedichte wie *Dedikation* (1934) weisen eine starke Affinität zur Musik auf. Die späteren, von der ind. Mystik beeinflußten Werke sind vergeistigt und esoter. Nur dem Ich erkennt er Wahrheit und Wirklichkeit zu, die es gegen eine trügerische Welt, in der der Tod das einzig Reale ist, zu behaupten gilt. Weiter veröffentlicht wurden u. a. die Gedichte *Sent på jorden* (1932), *Köp den blindes sång* (1938), *En Mölnaelegi* (1961) und die Autobiographie *En självbiografi* (1971). Eine dt. Ausgabe erschien 1962 u. d. T. *Poesie.* Als Übersetzer von T. S. Eliot und Baudelaire wurde er in weiten Kreisen bekannt.

Ekelund, (Otto) Vilhelm (*14.10. 1880 Stehag/Schweden, †3.9. 1949 Saltsjöbaden/Stockholm). – Schwed. Lyriker und Kulturkritiker mit bed. Einfluß auf die moderne schwed. Literatur. Er war ein Verehrer der Antike und bewunderte die hero. Geisteshaltung und klass. Schönheit ihrer Menschen. Vom Symbolismus herkommend, schrieb er zunächst Liebesgedichte von übersteigertem Gefühlsausdruck, später Werke voller Harmonie und Ausgeglichenheit. Neben Gedichten wie *Melodier i skymning* (1902) und *Candidum* (1905) veröffentlichte er auch zahlreiche Essays, z. B. *Metron* (1918) und *Concordia animi* (1942), und übersetzte griech. Dichtungen. Seine *Gedichte* erschienen 1951, seine *Prosa* 1952 und seine *Briefe* 1953.

Ekkehart I. (*um 900 oder 910 b. St. Gallen, †14.1. 973 St. Gallen). – Der Schweizer stammte aus einer angesehenen aleman. Familie, war Mönch in St. Gallen und schrieb geistl. Lieder und Sequenzen in Latein. Ob er auch der Autor des Epos *Waltharius manu fortis* ist, wird von der Forschung bezweifelt.

Ekkehart IV. (*um 980 Elsaß [?], †21.10. um 1060 St. Gallen). – Der Philologe und Dichter war der Lieblingsschüler Notkers d. Dt. und leitete die Klosterschule in St. Gallen, wo er die

Chronik *Casus St. Galli* weiterführte, ohne jedoch auf histor. Genauigkeit zu achten. Seine Gedichte *Liber benedictionum* (um 1030) haben exemplar. Charakter und waren für den Unterricht in der Schule bestimmt.

Ekwensi, Cyprian (Odiatu Duaka) (*26.11. 1921 Minna/Nordnigeria). – Nigerianischer Dichter, studierte in Ibadan und London und wurde danach Dozent für Naturwissenschaften und Englisch in Lagos. In seinen Romanen und Erzählungen beschreibt er Szenen aus der Hauptstadt und dem Leben der Stämme im Norden des Landes. U. a. veröffentlichte er die Romane *People of the City* (1954), *Burning Grass* (1962), *Jagua Nana* (1961, dt. 1987) und die Erzählungen *Lokotown* (1966) und *Juju Rock* (1966). Einzelne Texte sind in der Sammlung *Moderne Erzähler der Welt: Nigeria* (1973) enthalten.

Eliade, Mircea (*9.3. 1907 Bukarest, †22.4. 1986 Chicago). – Rumän. Schriftsteller und Philosoph, mußte 1938 aus polit. Gründen ins Gefängnis und ging anschließend als Professor für Religionswissenschaften nach Chicago. Neben philosoph. Abhandlungen und theolog. Studien veröffentlichte er Romane. Sie sind verwandt mit denen Hamsuns und Dostojewskis, jedoch weniger anspruchsvoll; in den existentiellen Fragestellungen sind seine Themen von Gide und Sartre beeinflußt, wenn er auch stets um eine religiöse Lösung der Konflikte bemüht ist. Die wichtigsten Werke sind u. a. *Das Mädchen Maitreyi* (1933, dt. 1948), *Andronic und die Schlange* (1938, dt. 1949) und *Pe Strada Mântuleasa* (1967, dt. 1972). 1976 erschien dt. die Erzählung *Die Pelerine,* 1977 folgten *Die drei Grazien,* 1980 *Neunzehn Rosen. Die Erinnerungen 1907–1937* erschienen dt. 1987. Die *Geschichte der religiösen Ideen* erschien posth. in 3 Bdn.

Elin Pelin, eigtl. *Dimitar Iwanow* (*18.7. 1878 Bajlovo/Sofia, †3.12. 1949 Sofia). – Bulgar. Schriftsteller, war u. a. Lehrer, Bibliothekar und Herausgeber der Zeitschriften »Slunčogled« und »Razzivagor«. Seine bekannten realist. Erzählungen und Romane sind von Turgenjew beeinflußt und beschreiben das Leben der Bauern und die kümmerliche Existenz der Dorflehrer, die ihr Leben zwischen aufgeklärtem Intellektualismus und unwürdigen Lebensumständen fristen müssen. Die wichtigsten Werke sind u. a. *Die Geraks* (1930, dt. 1952), *Jan Bibian* (1933, dt. 1961), *Begegnung* (1937, dt. 1952) und *Die Liebe aber ist das Größte* (1936, dt. 1956); 1959 erschien dt. die Erz. *Die Versuchung,* 1963 *Die Windmühle.* Als Übersetzer Poes öffnete er die bulgar. Literatur entscheidenden lit. Einflüssen.

Eliot, George, eigtl. *Mary Ann Evans* (*22.11. 1819 Arbury Farm/Warwickshire, †22.12. 1880 London). – Engl. Schriftstellerin, war 1851–53 Herausgeberin der »Westminster Review«. Sie kannte Carlyle, Chapman und Spencer und wurde unter dem Einfluß S. Hennetts Freidenkerin; ihre Werke zeigen stark moralisierende Züge. Die wichtigsten ihrer psycholog. überzeugenden und spannenden Romane aus dem provinziellen Milieu der Kleinstädte Mittelenglands sind *Adam Brede* (1859, dt. 1887), *Die Mühle am Fluß* (1860, dt. 1889), *Silas Marner* (1861, dt. 1863) und *Middlemarch* (1871f., dt. 1962).

Eliot, Thomas Stearns (*26.9. 1888 St. Louis/Missouri, †4.1. 1965 London). – Bed., mehrfach ausgezeichneter engl. Dichter, stammte aus einer streng puritan. anglo-amerikan. Familie. Er nahm 1927 neben seiner amerikan. die engl. Staatsbürgerschaft an, war u. a. Professor für Literatur in Harvard, Mitherausgeber des »Egoist« und gründete die Zeitschrift »Criterion« (1922–39). Bald wurde er gefördert durch E. Pound, der Mittelpunkt der jungen Literaten. 1948 erhielt er den Nobelpreis für Literatur und bald zahlreiche bedeutende Ehrungen (Order of Merit; Pour le mérite; 23facher Ehrendoktor). Sein lit. Werk, das von Vergil, Dante und Shakespeare beeinflußt ist, steht im Zeichen des christl. Humanismus. Die abstrakten und esoter. Dichtungen *Das wüste Land* (1922, dt. 1957), mit dem er 1922 seinen lit. Ruhm begründete, und *Vier Quartette* (1944, dt. 1951) greifen existentielle Probleme des Menschen auf, bemühen sich um eine Sinngebung für das menschl. Sein. E. hielt sich fern von zeitgenöss. Strömungen wie dem Realismus und Naturalismus, seine Dramen beleben dagegen die griechische und mittelalterl. Versdichtung neu. Im Auftrag der Kirche schrieb er das moderne Mysterienspiel *Mord im Dom* (1935, dt. 1946). Hervorragend sind auch seine Essays, in denen er sich mit der Literatur des 19. Jh.s auseinandersetzt. Weitere seiner wichtigsten Werke sind die Dramen *Der Familientag* (1939, dt. 1947), *Die Cocktailparty* (1949, dt. 1950), *Der Privatsekretär* (1953, dt. 1954), *Ein verdienter Staatsmann* (1959, dt. 1959) und die Essays *Dialogue on Dramatic Poetry* (1928) und *On Poetry and Poets* (1957, dt. 1959). Eine dt. Ausgabe seiner Werke erschien 1967 bis 1972 in 4 Bdn.; seine Dramen 1974 in einem Bd.

Elisabeth Charlotte von der Pfalz, genannt *Liselotte von der Pfalz* (*27.5. 1652 Heidelberg, †8.12. 1722 Saint-Cloud b. Paris). – Tochter des pfälz. Kurfürsten Karl Ludwig, mußte aus pol. Gründen den Bruder König Ludwigs XIV. heiraten. Obwohl sie intensiv am Hofleben in Frankreich teilnahm, bewahrte sie ihre Liebe zur pfälz. Heimat und der dt. Muttersprache. Dies zeigt sich in ihren *Briefen* (hg. 1867–82 u. 1966), in denen sie das Leben am franz. Hof beschreibt und über das schwere Schicksal der Pfalz klagt, die Ludwig XIV. verwüsten ließ. Die Briefe (zahlreiche Ausgaben) sind wegen der natürlichen Sprache ein wichtiges Literatur-, wegen des detailliert geschilderten Hoflebens ein unersetzliches Kulturdokument.

Elliott, Ebenezer (*17.3. 1781 Masborough/Yorkshire, †1.12. 1849 Great Haughton). – Engl. Dichter, wurde durch seine Gedichte *Corn Law Rhymes* (1831) bekannt, in denen er die Korngesetze, die die unteren Klassen ins Elend stürzten, anprangert. Er verfaßte auch hervorragende lyr. Landschaftsschilderungen und die polit. Dichtung *The Battle*.

Ellison, Ralph (Waldo) (*1.3. 1914 Oklahoma City). – Farbiger amerikan. Schriftsteller, setzt sich in seinen Werken für die Gleichberechtigung und Emanzipation der Schwarzen ein. Sein Roman *Unsichtbar* (1952, dt. 1954) schildert das Problem der Rassenunterschiede und gilt als gelungenste Beschreibung des Seelenlebens der Schwarzen. 1965 wurde es von 200 Kulturkritikern und Schriftstellern als bedeutendste Neuerscheinung nach 1945 bezeichnet. E. publizierte auch zahlrciche Essays, z.B. *Shadow and Act* (1964), *Going to the Territory* (1986).

Elskamp, Max (*5.5. 1862 Antwerpen, †10.12. 1931 ebd.). – Belg. Dichter, lebte in Holland und schrieb lyr.-zarte, unkomplizierte Gedichte über das Leben der einfachen Leute. Sie wirkten besonders auf Péguy, Claudel und Apollinaire und lehnen sich formal an den franz. Symbolismus an. Die wichtigsten sind *Dominicales* (1892) und *La louange de la vie* (1898). 1967 erschien in Französ. eine Gesamtausgabe, die auch seine Autobiographie *Remembrances* (1924) enthält.

Elsner, Gisela (*2.3. 1937 Nürnberg). – Freie Schriftstellerin, Mitglied der »Gruppe 47«. Bekannt wurde E. durch ihre provokative Erzählfolge *Die Riesenzwerge* (1964). E.s zentrales Thema ist die bürgerl. Gesellschaft, die sie erbarmungslos verurteilt und in z.T. grotesk übertriebener Weise darstellt. Sie veröffentlichte außerdem die Romane *Der Nachwuchs* (1968), *Das Berührungsverbot* (1970), *Der Punktsieg* (1977), *Abseits* (1982), *Die Zähmung* (1984), *Das Windei* (1987), *Fliegeralarm* (1989), das Hörspiel *Der Knopf* (1965) und die Erzählungen *Herr Leiselheimer und weitere Versuche, die Wirklichkeit zu bewältigen* (1973), *Die Zerreißprobe* (1980). 1987 erhielt sie den Gerrit Engelke-Literaturpreis.

Elsschot, Willem, eigtl. *Alfons Jozef de Ridder* (*7.5. 1882 Antwerpen, †31.5. 1960 ebd.). – Belg. Autor, gilt mit seinen naturalist. Romanen als der Vollender der fläm. Volksdichtung. Sein Stil ist unpathet. und humorvoll und läßt hinter zyn. und bitteren Formulierungen echtes Mitgefühl für die Probleme der einfachen Leute erkennen. Außerdem trat er als Mitarbeiter der Zeitschrift »De Boomgaard«, als Lyriker und Literaturwissenschaftler hervor. Am bekanntesten sind seine Romane *Lijmen* (1924), *Kaas* (1933, dt. 1952), *Tschip* (1934, dt. 1936) und die Erzählung *Het tankship* (1942). Das Gesamtwerk erschien in der Originalsprache 1957.

Elster, Kristian, der Jüngere (*17.3. 1881 Drontheim, †16.11. 1947 Oslo). – Norweg. Schriftsteller, Sohn des Erzählers Kristian Mandrup E. In seinen geistig anspruchsvollen Werken reflektiert er über die unterschiedl. Lebenseinstellung des wirklichkeitsfremden Ästheten und des aktiven, engagierten Menschen. Daneben trat er als Essayist, Literaturgeschichtsschreiber und Jugendbuchautor hervor. Am bekanntesten sind

u.a. die Romane *Das Amtsgerichtshaus am Fjord* (1919, dt. 1929), *Drei Jungen auf einer Insel* (1921, dt. 1932) und *Jon Mar und die Juristen* (1930, dt. 1938).

Elster, Kristian Mandrup (*4.3. 1841 Overhalla, †11.4. 1881 Drontheim). – Norweg. Erzähler, Vater von Kristian E. d.J. In seinen Werken behandelt E. soziale Probleme, wobei er stilistisch zwischen Realismus und Naturalismus steht. Er errang erst posthum mit seinem Roman *Gefährliche Leute* (1881, dt. 1882) dichter. Anerkennung. Die früheren Erzählungen *Ein Kreuzgang* (1871, dt. 1893) und *Ein Zugvogel* (1881, dt. 1899) waren nur einem kleinen Leserkreis vertraut. 1910 erschien eine dt. Ausgabe seiner Erzählungen.

Eluard, Paul, eigtl. *Eugène Grindel* (*14.12. 1895 Saint-Denis/Paris, †18.11. 1952 Charenton-le-Pont/Paris). – Franz. Dichter, war neben André Breton einer der bekanntesten Surrealisten. Mitglied der Widerstandsbewegung und Mitarbeiter der antifaschist. Zeitschrift »Les lettres françaises«. In seinen Gedichten, die urspr. Dadaismus nahestanden, wird in klarer und treffender Sprache sein unverbildetes Verhältnis zur Natur und dem Menschen deutl. In enger geistiger Verbindung zu Picasso stehend, wendet sich seine ganze Lyrik ausschließlich der Thematik der menschl. Liebe zu. So die Gedichte *Hauptstadt der Schmerzen* (1926, dt. 1959), *L'amour, la poésie* (1929), *La vie immédiate* (1932) und *La rose publique* (1934). Später wandte E. sich polit. Themen zu wie in *Le livre ouvert* (1940), *Poésie et vérité* (1942) und *Politische Gedichte* (1948, dt. 1949), die er im kommunist. Auftrag schrieb. In Dtld. liegen gegenwärtig mehrere übersetzte Auswahlausgaben vor, z.B. *Liebesbriefe an Gala (1924–1948)* (dt. 1987).

Elytis, Odysseas, eigtl. *Alepudelis* (*2.11. 1911 Heraklion/Kreta). – Neugriech. Lyriker, mit G. Seferis ein wichtiger Gegenwartsdichter Griechenlands, der neben Elementen des Surrealismus in seinen Werken immer tiefe Naturverbundenheit und vielfältige Bilder und Metaphern erleben läßt. Während er in Griechenland auch durch seine Übersetzungen der Werke Brechts großes Ansehen genießt, wurde er in Deutschland erst 1979 durch die Verleihung des Nobelpreises, der ihm »für seine Poesie, die, in der griechischen Tradition fußend, mit sinnlicher Vitalität und intellektuellem Scharfblick den Kampf eines modernen Menschen für Freiheit und Kreativität gestaltet« verliehen wurde, vorübergehend zu einem Modedichter. Seine Gedichte *Körper des Sommers* (dt. 1980), *Sonne die Allmächtige* (dt. 1971), *Das L der Liebe* (dt. 1972), *Maria Nepheli* (1978), *Neue Gedichte* (1984) sowie die Prosa *Offene Karten* (dt. 1974) werden von Literaturliebhabern und -kennern sehr geschätzt.

Emerson, Ralph Waldo (*25.5. 1803 Boston, †27.4. 1882 Concord/Mass.). – Amerikan. Schriftsteller und Pastor, war der Gründer des Transzendentalisten-Klubs und Mitarbeiter der Zeitschrift »The Dial«. In seinen Essays, z.B. *Gesellschaft* *und Einsamkeit* (1870, dt. 1875), kritisierte er den zeitgenöss. amerikan. Rationalismus und setzte sich für eine neue Geisteshaltung ein, einer Symbiose aus Platonismus, Puritanismus und dt. Idealismus. Daneben schrieb er auch symbolist. Gedichte, u. a. *Poems* (1847) und *May-Day* (1867). Er regte Whitman zum Schreiben an und beeinflußte auch Nietzsche. Sein Werk fand zu seinen Lebzeiten nicht die gebührende Beachtung. 1905 erschienen die *Gesammelten Werke* in dt. Übersetzung in 5 Bdn.

Emin, Fodor Aleksandrowitsch (*1735 Ukraine [?], †29. 4. 1770 Petersburg). – Russ. Schriftsteller, übersetzte zahlreiche westeuropäische Romane. Seine eigenen Werke lehnen sich stark an die franz. Literatur an, wie z. B. sein Briefroman *Pisma Ernesta i Doravry* (1766), der von Rousseaus *Nouvelle Héloïse* beeinflußt ist und den ersten empfindsamen Roman der russ. Literatur darstellt.

Eminescu, Mihai, eigtl. *Mihail Eminovici* (*15. 1. 1850 Ipoteşti/Botoşani, †15. 6. 1889 Bukarest). – Rumän. Dichter, wichtigste lit. Persönlichkeit seines Landes im 19. Jh. Seine von der dt. Philosophie und Literatur geprägten Werke stellen den Anfang der modernen rumän. Literatursprache dar. Sie sind geistig anspruchsvoll und weisen einen vom Schopenhauerschen Pessimismus geprägten Gedankenreichtum auf. Besonders Kant, Goethe, Novalis, Jean Paul und in erster Linie Schiller hatten entscheidenden Einfluß auf sein Schaffen. Der idealist. Grundsatz der Unerkennbarkeit der Welt und der Glaube und die Hoffnung auf eine Lösung aller Konflikte im Sinne der ind. Nirwanaphilosophie, die er über Schopenhauer kennenlernte, geben seinen Gedichten, die in einer sprachl. wohlklingenden Sprache geschrieben sind, den geistigen Grund. Seine klangvollen und melanchol. Gedichte liegen in Dt. u. d. T. *Der Abendstern* (1893 u. 1964), *Gedichte und Novellen* (1913) und *Gedichte* (1931 f.) vor.

Emmanuel, Pierre, eigtl. *Noël Mathieu* (*3. 5. 1916 Gan b. Pau/Pyrenäen, †22. 9. 1984 Paris). – Die Gedichte des franz. Lyrikers erinnern an Baudelaire und Mallarmé. Sie sind realist. und in ihrem Bilderreichtum gleichzeitig myst.-barock. Besonders zu erwähnen sind seine Widerstandsgedichte *La liberté guide nos pas* (1945). Weitere Titel sind *Jour de colère* (1942), *Le poète fou* (1944) und *Tristesse ô ma patrie* (1946). Von Interesse ist seine Autobiographie (1970), die als zeitgeschichtl. Dokument wertvoll ist. Zuletzt erschienen 1970 die Gedichte *Jakob*. Von 1969 bis 1971 war E. Präsident des Internationalen PEN-Clubs.

Empedokles (*um 492 v. Chr. Akragas/Sizilien, †um 432 v. Chr.). – Der griech. Philosoph zog als Arzt und Prediger durch das Land und sammelte eine große Anhängerschaft. Obwohl er aus einer Familie der Oberschicht stammte, trug er aktiv zum Sturz der aristokrat. Regierung bei. E. lehrte, daß die Elemente unveränderlich ewig seien und die Natur aus deren Mischung bestehe. Teilweise erhalten sind seine Lehrgedichte *Peri physeos* (Über die Natur) und *Katharmoi* (Reinigungslehren), die einen Einblick in die vorsokrat. Philosophie geben.

Empson, William (*27. 9. 1906 Yokefleet Hall, Howdon/Yorkshire, †15. 4. 1984 London). – Engl. Lyriker, dessen esoter. Werke schwer zu deuten sind, da sie paradoxe und rätselhafte Elemente aufweisen. E., der sich durch den Buddhismus und die Relativitätstheorie inspirieren ließ, war für die jüngeren Dichter ein wichtiges Vorbild. Er schrieb u. a. die Gedichte *Poems* (1935), *Collected Poems* (1955) und die Sprachstudie *The Structure of Complex Words* (1951).

Ende, Michael Andreas Helmuth (*12. 11. 1929 Garmisch-Partenkirchen). – Dt. Kinder- und Jugendbuchautor, begann früh zu schreiben, besuchte eine Schauspielschule und war Mitarbeiter bei Kabarett und Rundfunk. Der literarische Durchbruch gelang ihm mit *Jim Knopf und Lukas, der Lokomotivführer* (1960), einem Jugendbuch, für das er 1961 den Deutschen Jugendbuchpreis erhielt, da es eine neue phantastische Welt gestaltete und dem traditionellen Jugendbuch neue Wege wies. Mit zahlreichen Jugendbüchern wie *Jim Knopf und die wilde 13* (1962), *Das Lumpenkasperle* (1975) und *Lirum, larum, Willi warum* (1978) schuf er sich eine begeisterte Lesergemeinde. Internationalen Rang und weltliterarische Qualität erreichen *Momo* (1973), die Geschichte eines kleinen Mädchens, das mutig gegen die Welt derer steht, die den Menschen die Zeit wegnehmen, und der ungemein phantastische, traumhaft bilderreiche Roman *Die unendliche Geschichte* (1979), der rasch zum Bestseller wurde (verfilmt). *Die unendliche Geschichte* führt (wie Tolkien oder Zimmer Bradley) in eine Fantasy-Realität, in ein magisches Traumreich jenseits des Alltags. Von den Theaterstücken, deren Handlung meist von Traummotiven überwuchert wird, hat sich *Das Gaukler-Märchen* (1980/82) durchgesetzt. Traummotive enthalten auch die Mitternachtslieder und Balladen *Trödelmarkt der Träume* (1986). Die späteren Erzählungen wie *Die Schattennähmaschine* (1982), *Der Spiegel im Spiegel* (1984, *Ophelias Schattentheater* (1988), *Lenchens Geheimnis* (1991 mit J. Čapek) haben den Erfolg der Hauptwerke nicht mehr erreicht. Für die Oper schrieb er das Libretto *Gogolori* (1984).

Endler, Adolf (*20. 9. 1930 Düsseldorf). – Dt. Schriftsteller, studierte nach seiner Umsiedlung in die DDR am Leipziger Literaturinstitut und machte sich als Lyriker, Herausgeber von Anthologien und Verfasser von Reportagen einen Namen. Bes. bekannt wurden die Gedichte *Weg in die Wische* (1960), *Erwacht ohne Furcht* (1960), *Die Kinder der Nibelungen* (1964), *Das Sandkorn* (1974), *Nackt mit Brille* (1979), *Verwirrte klare Botschaften* (1979) und die Prosa *Neue Nachrichten von NEBBICH* (1980), *Nadelkissen-Texte* (1980), *Ohne Nennung von Gründen* (1985), *Schichtenflotz. Papiere aus dem Seesack eines Hundertjährigen* (1987), *Vorbildlich*

Schleimlösend. Prenzlauer Wendekreis (1990), *Den Tiger reiten* (1990). E. ist auch als Übersetzer georg. und armen. Werke hervorgetreten.

Endō, Shūsaku (*27.3. 1923 Tokio). – Japan. Schriftsteller, konvertierte früh zum kath. Glauben und studierte Romanistik. E. leitete das bedeutendste Amateurtheater in Japan und hat damit großen Einfluß auf das kulturelle Leben. Bereits in jungen Jahren schwer und häufig erkrankt, erfuhr E. persönlich die Gebrechlichkeit und Gefährdung des Lebens. Diese Grunderfahrung fand in seinen zahlreichen Romanen ihren Niederschlag, wobei die Auseinandersetzung mit der christl. Religion ihn zu einem bedeutenden Vermittler zwischen europ. und ostasiat. Kultur macht. Aus dem umfangreichen Werk wurden in Deutschland bekannt die Romane *Meer und Gist* (1957, dt. 1976), *Schweigen* (1966, dt. 1977), *Samurai* (1980). E. schrieb auch Dramen und literaturtheoret. Arbeiten.

Endrikat, Fred (*7.6. 1890 Nakel a.d. Netze, †12.8. 1942 München). – Verfasser von Brettl-Liedern und spött., treffsicheren Texten für das Kabarett. Am wichtigsten sind u.a. die Gedichte *Die lustige Arche* (1935), *Liederliches und Lyrisches* (1940), *Höchst weltliche Sündenfibel* (1940) und *Der fröhliche Diogenes* (1942).

Engelke, Gerrit (*21.10. 1890 Hannover, †13.10. 1918 b. Cambrai). – Dt. Schriftsteller, stammte aus dem Arbeitermilieu und war Autodidakt. Er erreichte schon in jungen Jahren dichter. Vollendung. Seine von W. Whitman und R. Dehmel beeinflußten expressionist. Gedichte handeln von der Welt des Arbeiters und der Großstadt, die E. harmon. in eine kosm. Weltordnung eingliedert. Die Sprache ist oft hymnisch bis ekstatisch. Daneben schrieb er auch Liebesgedichte und Epigramme. Die wichtigsten sind *Rhythmus des neuen Europa* (1921), *Briefe der Liebe* (1926) und *Gesang der Welt* (1927).

Engelmann, Bernt (*20.1. 1921 Berlin). – Der dt. Journalist arbeitete auch für das Fernsehen und war 1977–83 Vorsitzender des Bundesverbandes freier Schriftsteller. Bekannt wurde er durch seine dezidierte polit. Haltung und die gesellschaftskrit. Bücher wie *Meine Freunde – die Millionäre* (1966) und *Die Macht am Rhein* (1968). Weitere Veröffentlichungen sind u.a. *Wir Untertanen. Ein deutsches Antigeschichtsbuch* (1974), *Einig gegen Recht und Freiheit* (1975), *Trotz alledem, Deutsche Radikale 1777–1977* (1977), *Schwarzbuch. Strauß, Kohl & Co* (1976; neu bearb. 1980), *Hotel Bilderberg* (1977), *Preußen. Land der unbegrenzten Möglichkeiten* (1979), *Die unfreiwillige Reise des Putti Eichelbaum* (1986). 1981 unternahm er mit dem DDR-Autor H. Kant einen Friedens»Appell der Schriftsteller Europas« und organisierte 1982 in Den Haag das »Internationale Schriftstellertreffen für den Frieden«. Sein lit. Werk umfaßt weit über 50 Titel; zuletzt fanden die recht aggressiven Texte *Die Laufmasche* (1980) und *Wir sind wieder wer* (1981) Beachtung. In jüngster Zeit veröffentlichte E.

vornehmlich Dokumentationen und Reportagen *Wir haben den Kopf noch fest auf dem Hals* (1987).

Engels, Friedrich (*28.9. 1820 Barmen, †5.8. 1895 London). – Der dt. Philosoph stammte aus einer wohlhabenden bürgerl. Familie und wurde bald Mitarbeiter von Karl Marx, dessen Werk er maßgebl. beeinflußte. Im Gegensatz zum orthodoxen Marxismus gestand er wohl zu, daß die Kunst auf der ökonomischen Basis beruhe, daß aber andererseits auch die Kunst auf die ökonomischen Verhältnisse einwirke. Damit wurde E. zum Begründer des später sog. Soz. Realismus, der davon ausgeht, daß in der Kunst bereits eine klassenlose Gesellschaft antizipiert werden solle, um so den Weg zur Weltrevolution nicht nur auf der Grundlage ökonomischer Prozesse zu gehen, sondern die Menschen auch über die Kunst auf die neue Gesellschaft vorzubereiten. Zahlreiche moderne sozialist. Literaturtheoretiker knüpfen an die philosoph. Grundsätze E.s an. Als Hauptwerke, die für die lit. Entwicklung von Bedeutung sind, müssen genannt werden u.a. Mitarbeit am *Kommunistischen Manifest* (1848), *Ludwig Feuerbach und der Ausgang der klassischen deutschen Philosophie* (1888), *Der Ursprung der Familie, des Privateigentums und des Staates* (1884).

Engström, Albert (Laurentius Johannes) (*12.5. 1869 Lönneberga/Kalmar, †16.11. 1940 Stockholm). – Schwed. Zeichner und Schriftsteller, gründete die Zeitschrift »Strix« und wurde 1922 Mitglied der schwed. Akademie. Bekannt sind auch seine Künstlerbiographien, z.B. *Anders Zorn* (1928), und seine geistige Auseinandersetzung mit Strindberg in *August Strindberg och jag* (1923). Seine Gesamtausgabe erschien 1941 in 28 Bdn. Dt. liegt eine Auswahl *Gestalten* in 2 Bdn. aus dem Jahr 1925 vor. Er schuf treffende Karikaturen von Menschentypen aus den verschiedensten gesellschaftl. Schichten. Auch seine humorvollen Novellen wie *Adel, präster, smugglare, bonder* (1923) enthalten gelungene Schilderungen der Menschen seiner Heimat.

Ennius, Quintus (*239 v. Chr. Rudiae/Kalabrien, †169 v. Chr. Rom). – Röm. Dichter, gilt als der Begründer des lit. Latein, das er durch viele Neubildungen bereicherte. Sein wichtigstes Werk, *Annales*, ist ein histor. Epos. Es behandelt die Geschichte Roms bis zum 2. Punischen Krieg. Daneben machte er durch seine Nachdichtungen griech. Tragödien wie *Hecuba* und *Iphigenie* die Literatur Griechenlands in Italien populär. Die Dichtung *Euhemerus* ist das erste lat. Prosawerk. Erst Virgil verdrängte E. in seiner Bedeutung als Nationaldichter.

Enquist, Per Olov (*23.9. 1934 Bureå/Schweden). – Schwed. Schriftsteller und Kritiker, studierte in Uppsala und arbeitete als Journalist. Seine frühen Werke fanden nicht die ungeteilte Zustimmung des Publikums, da er formal zu stark experimentierte. Später wandte er sich dokumentar. und realist. Schreibweisen zu und zeigte, wie schwierig es ist, in der Literatur

Realitäten darzustellen. Große Anerkennung fand seine Dramentrilogie *Die Nacht der Tribaden* (1975, dt. 1976), *Verdunklung* (1980, dt. 1981), *Aus dem Leben der Regenwürmer* (1981, dt. 1982) und die Romane *Der fünfte Winter des Magnetiseurs* (1964, dt. 1966), *Die Ausgelieferten* (1968, dt. 1969), *Der Auszug der Musikanten* (1978, dt. 1982). International wurden die Romane *Der Sekundant* (1971, dt. 1979) und *Gestürzter Engel* (1985, dt. 1987) beachtet, da sie sich in sehr anspruchsvoller und ansprechender Weise mit dem Problem der dokumentarischen Wahrheit auseinandersetzen.

Enzensberger, Christian (*24.12.1931 Nürnberg). – E. wirkte als Hochschullehrer in München und trat als Übersetzer und Essayist hervor. Bekannt wurden neben seinen Übertragungen von Lewis Carrol und Edward Bond die Essays *Größerer Versuch über den Schmutz* (1968), *Viktorianische Lyrik* (1969) und *Literatur und Interesse. Eine politische Ästhetik mit zwei Beispielen aus der englischen Literatur* (1977). 1987 fand der autobiograph. Roman *Wer ist was* wegen der sprachl. Brillanz und ironischen Gestaltung große Beachtung.

Enzensberger, Hans Magnus (*11.11.1929 Kaufbeuren im Allgäu). – Dt. Lyriker und Essayist, war u.a. als Rundfunkredakteur, Gastdozent für Poetik und Verlagslektor tätig. In der Gruppe 47 gehörte er zu den führenden Gestalten. Während seine frühen Arbeiten noch stark der lit. Tradition verhaftet blieben, wandelte er sich im Laufe der Jahre zu einem extremen Verfechter linkspolit. orientierter Positionen. In seinen Gedichten behandelt er aktuelle polit. und gesellschaftl. Themen, prangert die polit. Mißstände und die Oberflächlichkeit der Menschen an. Durch Montage und Verwendung von Redensarten und Werbeslogans erzielt er kunstvolle formale Wirkungen. Die Gedichte *Verteidigung der Wölfe* (1957) erinnern an den frühen Brecht. Daneben schrieb er auch lyr.-zarte Gedichte und wandte sich später in distanziertem sprachl. Ausdruck den Dinggedichten zu. Eine starke Wirkung auf die Intellektuellen erzielt er mit dem von ihm herausgegebenen »Kursbuch«, das zunehmend Tendenzen aufweist, die heutige Gesellschaft unter dem Einfluß eines extremen Marxismus in Frage zu stellen. Weitere Beispiele für das lit. Schaffen E.s sind die Hörspiele *Nacht über Dublin* (1961), *Rachels Lied* (1969), die Gedichte *Blindenschrift* (1964), *Mausoleum* (1975), *Die Furie des Verschwindens* (1980), der Roman *Der kurze Sommer der Anarchie* (1972) und das Drama *Das Verhör von Habana* (1970). Seine linksintellektuellen Essays, etwa *Palaver* (1968), stießen auch auf harte Kritik. 1978 erschien seine Komödie *Der Untergang der Titanic.* E. gilt heute international als ein führender Dichter dt. Lit., für den Politik und Literatur, Gesellschaftspolitik und Kultur eine unlösbare Einheit bilden, z.B. *Politische Brosamen* (1982 u. 1984), *Ach Europa! Wahrnehmungen in sieben Ländern* (1987), *Mittelmaß und Wahn. Gesammelte Zerstreuungen* (1988), *Zukunftsmusik* (Ged. 1991), *Der fliegende Robert. Gedichte, Szenen, Essays* (1989), *Diderot und das dunkle Ei. Eine Mystifikation* (1990). Seit 1985 Herausgeber der Reihe »Die andere Bibliothek«.

Epikuros (*341 v.Chr. Samos, †270 v.Chr. Athen). – Griech. Philosoph, gründete eigene Schulen in Mytilene, Lampsakos und Athen. Zentrales Thema seiner Philosophie ist das menschl. Trachten nach Glück (= Eudämonie). Dieses höchste Gut des Menschen wird nach E. nicht nur durch die Erfüllung der sinnl. Wünsche erreicht, sondern auch durch die Fähigkeit des Menschen, sich von materiellen Dingen zu distanzieren und wechselnde Verhältnisse so zu ertragen, daß sogar das Leid noch freudig genossen werden kann. Von seinem umfangreichen Werk sind nur 2 Sammlungen mit Sprüchen und Briefen erhalten. E. beeinflußte die röm. Kultur, besonders Lukrez und Horaz.

Epistolae obscurorum virorum (= Dunkelmännerbriefe). Hinter diesem Namen verbirgt sich die bedeutendste Satire des dt. Humanismus. Die Verfasser der fiktiven Briefe geben sich als Gegner des Humanismus aus, tatsächl. jedoch wurden die Texte von u.a. Crotus Rubeaus, Ulrich von Hutten und N. Gerbel geschrieben. In persifliertem Latein wird dabei die mittelalterl. Scholastik lächerl. gemacht und die dumme Überheblichkeit der angebl. Schreiber entlarvt.

Erasmus von Rotterdam, Desiderius, eigtl. *Gerard Gerards* (*28.10.1469 [?] Rotterdam, †12.7.1536 Basel). – E. war die zentrale Figur des dt. Humanismus und des Geisteslebens seiner Zeit. Während eines Aufenthaltes in England wurde er durch Th. Morus zum Studium des Griechischen angeregt. In dieser Zeit verfaßte er die Schrift *Enchiridion militis christiani* (1503), in der er Regeln für eine christl. Lebensweise aufstellt, und gab die Schriften der Kirchenväter und das NT in Griech. und Lat. heraus. Mit diesen Ausgaben begründete E. die moderne Textkritik als philolog. Wissenschaft und schuf die Voraussetzung für die zahlreichen Bibelübersetzungen des 16.Jh.s in die Volkssprachen. Nachdem er anfängl. für die Reformation eingetreten war, löste seine Schrift über die Willensfreiheit *De libero arbitrio* seinen Bruch mit Luther aus. Neben Ausgaben antiker Klassiker, philolog. Schriften und Dialogen ist bes. seine weltberühmte Satire *Lob der Torheit* (1511, dt. 1534) zu nennen, in der er die Rückständigkeit kirchl. Lehren verspottet. Mit seiner Kritik an der Kirche bemühte sich um ein humanes, von aller äußeren Machtentfaltung freies Christentum. Seine internationale Stellung im Geistesleben der Zeit lassen seine ca. 3000 Briefe an bedeutende Persönlichkeiten erkennen. In E. tritt uns im ausgehenden Mittelalter der erste moderne Mensch entgegen, dessen Individualismus Dokument neuzeitlicher Geistigkeit ist. Seine Schriften liegen heute in Gesamt- und Auswahlausgaben vor.

Eratosthenes von Kyrene (*um 295 v.Chr. Kyrene, †um 215

v. Chr.). – Griechischer Gelehrter, leitete die berühmte Bibliothek von Alexandria. Er beschäftigte sich mit Naturwissenschaften und berechnete als erster den Erdumfang. Der größte Teil seiner Schriften ist nicht überliefert. Von seinen Dichtungen, die sich stark an Kallimachos anlehnen, sind drei Werke bekannt: Das Lehrgedicht *Hermes*, die Elegie *Erigone* und das Epyllion *Hesiodos*.

Erben, Karel Jaromír (* 7. 11. 1811 Miletín, † 21. 11. 1870 Prag). – Tschech. Dichter, gab nach dem Vorbild Čelakowskys und der dt. Romantiker slaw. Volkslieder, Märchen und alttschech. Texte (z. B. Hus und die Regesta diplomatica) heraus. Bekannt ist seine Balladen- und Legendensammlung *Blumenstrauß* (1853, dt. 1900), die den Höhepunkt der tschech. Romantik bildet, wobei Einflüsse Herders, Goethes und Bürgers deutl. zu erkennen sind. Als Vorläufer des Panslawismus – ihm selbst waren panslawistische Gedanken fern – übersetzte er das *Igorlied* und die *Nestorchronik*. Sein lit. Werk orientiert sich an Herder, Goethe und Bürger.

Erckmann-Chatrian. Mit diesem Namen bezeichnet man die zwei französischen Schriftsteller Erckmann, Emile (* 20. 5. 1822 Pfalzburg/Elsaß, † 14. 3. 1899 Lunéville) und Chatrian, Alexandre (* 18. 12. 1826 Aberschweiler, † 3. 9. 1890 Villemomble/Paris). – Sie schrieben zusammen humorvolle Romane und Erzählungen über das elsäss. Volk zur Zeit der Napoleon. Kriege. Die bekanntesten, die sie auch für die Bühne bearbeiteten, sind *Der berühmte Doktor Mathäus* (1859, dt. 1897), *Contes de la montagne* (1860), *Madame Thérèse* (1863, dt. 1953), *Freund Fritz* (1864, dt. 1920) und *Contes et romans alsaciens illustrés* (1876). 1882 erschien eine dt. Auswahl in 12 Bdn.

Erinna von Telos. Griech. Dichterin, lebte im 4. Jh. v. Chr. Sie ist die Verfasserin des Epyllions *Die Spindel*, in dem sie den Verlust ihrer Freundin Baukis beklagt. Ihre Lyrik ist zart und weist ep. Elemente auf. Der größte Teil ihres Werks ist verlorengegangen.

Erlingsson, Thorsteinn (* 27. 9. 1858 Storamörk/Island, † 28. 9. 1914 Reykjavík). – Isländ. Autor, war u. a. Lehrer und Journalist. Seine sprachl. und formal vollendeten Gedichte stehen zwischen Romantik und Realismus. Neben zarter Natur- und Liebeslyrik schrieb er auch sozialkrit. und satir. Gedichte. Die wichtigsten sind *Pyrnar* (1897) und *Eidurinn* (1913). Auch die Erzählung *Málleysingjar* (1928) fand bei Islandkennern viel Beachtung.

Ernst, Otto, eigtl. *Otto Ernst Schmidt* (* 7. 10. 1862 Ottensen in Holstein, † 5. 3. 1926 Groß-Flottbek/Hamburg). – Ernsts Dramen spielen in der kleinbürgerl. Welt. Sie sind bühnenwirksam, können jedoch keinen lit. Anspruch erheben. Am bekanntesten ist das Stück *Flachsmann als Erzieher* (1901). Daneben schrieb E. u. a. auch die humorist. Erzählungen *Appelschnut* (1907), *Heidede!* (1923) und den autobiograph.

Roman *Asmus Sempers Jugendland* (1905). Sein Gesamtwerk erschien 1922 in 12 Bdn.

Ernst, Paul (* 7. 3. 1866 Elbingerode/Harz, † 13. 5. 1933 St. Georgen/Steiermark). – Dt. Schriftsteller aus einfachen Verhältnissen, sein Drama *Lumpenbagasch* (1898) zeigt ihn als Anhänger des Naturalismus. Nach einer kurzen neuromant. Phase wandte er sich der klass. Formkunst zu, die er zu neuem Leben erwecken wollte. Diesem Ziel widmet er sich in den Essays *Der Weg zur Form* (1906) und *Der Zusammenbruch des Idealismus* (1919). Während seine Dramen, mit Ausnahme des Lustspiels *Der Hulla* (1906), wenig Beachtung fanden, ist E. als Meister der streng komponierten Novelle bekannt. Die wichtigsten sind u. a. *Die Prinzessin des Ostens* (1903), *Der Tod des Cosimo* (1912), *Komödiantengeschichten* (1920) und *Spitzbubengeschichten* (1920). Im Alter schrieb er auch spannende Unterhaltungsromane wie *Der Schatz im Morgenbrotstal* (1926) oder *Das Glück von Lauthental* (1933). Mit dem monumentalen Epos *Das Kaiserbuch* (3 Bde. 1922 bis 1928) versuchte er eine, leider recht langatmige, Darstellung der mittelalterlichen Kaiserzeit. Die zahlreichen Tragödien und Komödien, die ihre Stoffe aus der Geschichte nehmen, sind nicht bühnenwirksam und daher heute vergessen. Die Bedeutung des Dichters liegt in dem Versuch, klass. Elemente neu zu beleben. Man kann ihn daher mit gewissen Einschränkungen als Repräsentanten der sog. »konservativen Revolution« bezeichnen. Sein Gesamtwerk erschien in 21 Bdn. 1927 bis 1941.

Erschow, Petr Pawlowitsch (* 6. 3. 1815 Besrukowo/Westsibirien, † 30. 8. 1869 Tobolsk). – Der russ. Märchendichter war Lehrer und Gymnasialdirektor in Tobolsk. Er wurde bekannt mit den Märchen um *Gorbunok, das Wunderpferd* (1834, dt. 1953), die auch bei Puschkin Anerkennung fanden. E. verwendet die Sprache des Volkes und bezieht Motive des Volksmärchens, volkstüml. Humor und Satire ein. Er schrieb auch Lyrik, die weniger bekannt wurde.

Ertel, Aleksandr (* 19. 7. 1855 Ksisowo b. Woronesch, † 20. 2. 1908 Twer). – Russ. Schriftsteller, war Gutsverwalter und mußte wegen seiner revolutionären Gesinnung zeitweise ins Gefängnis. In seinen Werken beschreibt er das Leben auf dem Dorf und die Beziehungen zwischen der Intelligenz und den Bauern. Der Roman *Gardeniny, ich dvornja, priverženzy i vragi* (1889), in dem die Dialoge in der Sprache des Volkes verfaßt sind, wurde besonders viel gelesen.

Eschstruth, Nataly (* 17. 5. 1860 Hofgeismar, † 1. 12. 1939 Schwerin). – E. war die Frau eines Offiziers, schrieb zunächst Lustspiele und später anspruchslose Unterhaltungsromane wie *Gänseliesel* (1886) und *Hofluft* (1889), die jedoch ein breites Publikum fanden.

Espina y Taglé, Concha (* 15. 4. 1877 Mazcuerras/Santander, † 19. 5. 1955 Madrid). – Span. Schriftstellerin, stammte aus einer wohlhabenden Familie. Sie lebte zeitweise in Chile und war bei zahlreichen südamerikan. und span. Zeitungen tätig. Ihre realist. und sozial engagierten Werke sind sehr bekannt. Die wichtigsten Romane, die in viele Sprachen übertragen wurden, sind u. a. *Die Sphinx der Maragatos* (1914, dt. 1924), *Das Metall der Toten* (1920, dt. 1922), *Das Mädchen aus der Mühle* (1921, dt. 1943) und *Una novela de amor* (1953). 1942 erschien eine dt. Ausgabe u. d. T. *Sechs Novellen*. Ihr Gesamtwerk liegt in einer spanischen Ausgabe in 2 Bdn. vor.

Espinel, Vicente (* etwa 1550 Ronda/Málaga, †4. 2. 1624 Madrid). – Span. Schriftsteller, führte ein wechselvolles und abenteuerl. Leben, bevor er 1599 Kaplan und Kapellmeister bei einem Bischof wurde. Er ist der Erfinder der Dezimen-Strophe, die nach ihm den Namen Espinela erhielt. Neben Gedichten wie *Rimas* (1591) schrieb er den Schelmenroman *Abenteuer des Knappen Marcos de Obregón* (1618, dt. 1827), der ihn berühmt machte. Die darin geschilderten Abenteuer haben autobiographischen Charakter und sollen der Belehrung des Lesers dienen. Der Franzose Alain-René Lesage ließ sich durch dieses Werk zu seinem wichtigsten Roman *Gil Blas* (1715 bis 1735) inspirieren.

Espronceda y Delgado, José de (*25. 3. 1808 Almendralejo/Badajoz, †23. 5. 1842 Madrid). – Span. Dichter, Gegner polit. Unterdrückung, nahm an den Freiheitskämpfen in Frankreich und Spanien teil. E. verkörperte den Typ des romant. zerrissenen, von Byronschem Weltschmerz erfüllten Menschen, der an der Unvereinbarkeit von Ideal und Wirklichkeit leidet. Seine wichtigsten Arbeiten sind sein Roman *Don Sancho Saldaña o ...* (1834), die Verserzählung *El estudiante de Salamanca* (1839) und das Versepos *El diablo mundo* (1841). Seine *Gesammelten Werke* erschienen 1954.

Essig, Hermann (*28. 8. 1878 Truchtelfingen/Württ., †20. 6. 1918 Berlin-Lichterfelde). – E. war mit H. Walden befreundet und arbeitete für die Zeitschrift »Der Sturm«. Gelungen sind seine satir. Dramen, die von Wedekind beeinflußt sind, in denen er die Schwächen der kleinstädt. Gesellschaft entlarvt und verspottet, ohne dabei eine versöhnliche Lösung aller Konflikte aus dem Auge zu verlieren. So mischen sich Satire und Sentiment, groteske Desillusionierung und kleinbürgerliche Harmonisierung in seinem Werk, wie z. B. *Überteufel* (1912) und *Des Kaisers Soldaten* (1915). E. schrieb auch einen Roman *Der Taifun* (1919).

Estaunié, Edouard (*4. 2. 1862 Dijon, †3. 4. 1942 Paris). – Franz. Schriftsteller, war Ingenieur und Mitarbeiter bei zahlreichen Zeitschriften. Sein autobiographischer Roman *L'empreinte* (1895) kritisiert die Erziehungsmethoden der Jesuiten. In *Le ferment* (1899) beschäftigt er sich mit Fragen der modernen Massenkultur. Die späteren Romane wie *Das geheime Leben* (1908, dt. 1938), *Segen der Liebe* (1921, dt. 1936), *Schwester Therese* (1921, dt. 1937) und *Der Fall Clapain*

(1932, dt. 1938) schildern meist einfache Menschen und das Geheimnis ihrer unauffälligen Existenz, wobei er oft Elemente des Kriminalromans zur Charakteristik der Personen verwendet.

Estébanez Calderón Serafin, Ps. *El Solitario* (* 27. 12. 1799 Málaga, †5. 2. 1867 Madrid). – Span. Schriftsteller, war Rechtsanwalt und Politiker. Als bekannte Persönlichkeit hatte er großen Einfluß auf das zeitgenöss. kulturelle Leben. Populär sind seine *Escenas andaluzas* (1847), in denen er das Leben des andalus. Volkes beschreibt und sich einer sorgfältigen und prägnanten, aber auch lebendigen Sprache bedient. Weitere Werke sind die Gedichte *Poesías* (1831) und der Roman *Los tesoros de la Alhambra* (1831).

Esterházy, Peter (* 14. 4. 1950 Budapest). – Ungar. Autor, studierte Mathematik und fand mit seinen lit. Arbeiten rasch Anerkennung. In Ungarn gilt er als wesentlicher Anreger der Moderne, die sich erst nach polit. Reformen durchsetzen konnte. E. gestaltet in seinen Werken einen bewußten hermeneut. Erkenntnisprozeß, indem er das Interesse des Lesers auf einzelne Aussagen, Sätze und Formulierungen konzentriert, die dann in anderen Zusammenhängen neue Inhalte assoziieren. Als Element der Postmoderne verwendet E. auch Zitate und Gedanken anderer Autoren, die er durch veränderten Kontext in den Erkenntnisprozeß einbezieht. Die stete Veränderung der Zusammenhänge übt auf den Leser einen hohen ästhetischen Reiz aus. Bekannt in Deutschland wurden die Romane *Die Hilfsverben des Herzens* (ung. und dt. 1985), *Kleine ungarische Pornographie* (1984, dt. 1987) und Erzählungen *Wer haftet für die Sicherheit der Lady* (1982, dt. 1986), *Fuhrleute* (1983, dt. 1988).

Etherege (Etheredge), Sir George (*um 1635 Bermuda [?], †Jan./Febr. 1691 Paris). – Der engl. Dichter ist einer der Begründer der Sittenkomödie (comedy of manners). Seine Stücke, die unter der Einwirkung von Molière stehen, sind unterhaltsam und auf eine geistreiche Art frivol. Der Wechsel von ernsten und komischen Partien wird dabei durch die Verwendung von Vers und Prosa markiert. Die bekanntesten Stücke sind *The Comical Revenge, or: Love in a Tub* (1664), *She Wou'd if she Cou'd* (1668) und *The Man of Mode, or Sir Fopling Flutter* (1676). E.s geistreiche Briefe sind von kulturhistorischem Interesse.

Ettlinger, Karl, Ps. u. a. *Karlchen, Helios, Bim* (*22. 1. 1882 Frankfurt a. M., †8. 5. 1946 Berlin). – E. war Redakteur der Zeitschrift »Jugend«. Er verfaßte witzige, parodist. Gedichte und Humoresken wie *In Freiheit dressiert* (1908) und *Mister Galgenstrick* (1915), Lustspiele, Plaudereien und Novellen. Daneben verfertigte er in gereimten Versen Nachdichtungen von Juvenal und Martial. Als Auswahlausgaben erschienen *Karlchen-Album* (1923) und *Der ewige Lausbub* (1931).

Eucken, Rudolf (*5. 1. 1846 Aurich/Friesland, †15. 9. 1926

Jena). – Dt. Philosoph, forderte im Anschluß an den Idealismus einen sog. idealistischen Aktivismus, der die Trennung von Realität und erstrebter Idealität überwindet und damit dem entmenschlichten Kulturbetrieb wieder vertiefte humane Kräfte gibt. In seiner Gedankenwelt erscheint der Gottesgedanke konsequent als letzte Lösung von allen beschränkten Lebenserfahrungen zu einer umgreifenden Weltbejahung. Die etwas verworrene Philosophie hat auf die Zeitgenossen einen großen Eindruck hinterlassen; wegen seiner hervorragenden stilist. Darstellungen etwa in *Der Wahrheitsgehalt der Religion* (1901), aber auch in seinen Hauptwerken wie *Die Einheit des Geisteslebens in Bewußtsein und Tat der Menschheit* (1888), *Der Kampf um einen geistigen Lebensinhalt* (1896), und *Sinn und Wert des Lebens* (1908) wurde ihm 1908 der Literaturnobelpreis verliehen.

Eulenberg, Herbert (*25. 1. 1876 Köln-Mühlheim, †4. 9. 1949 Kaiserswerth). – E.s neuromant. Dramen wie *Anna Walewska* (1899), *Belinde* (1913) und *Zeitwende* (1914) sind äußerst gefühlsbetont und subjektiv, und trotz ihrer prunkvollen Rhetorik fanden sie Zuspruch beim Publikum. E. läßt seiner Phantasie dabei freien Raum, so daß es seinen Werken an dramat. Geschlossenheit mangelt. Die sprachliche und metaphorische Überladung führte bald dazu, daß der Handlungsverlauf der Stücke vom Publikum nicht mehr nachvollzogen werden konnte. Deshalb sind heute nur noch seine Biographien berühmter Persönlichkeiten wie *Schubert und die Frauen* (1928) und *H. Heine* (1947) bekannt.

Euphorion von Chalkis (*um 276 v. Chr. Chalkis). – Griech. Dichter, leitete die Bibliothek von Antiochia am Orontes. Er ist als Verfasser von Kleinepen bekannt, in denen er Themen aus der Mythologie behandelt. Daneben schrieb er auch gelehrte Abhandlungen.

Eupolis, (*446 v. Chr., †nach 412 v. Chr.). – Griech. Komödiendichter, Freund des Aristophanes, mit dem er sich jedoch später wegen eines Plagiatstreites entzweite. Von seinen Werken, die nur zum Teil erhalten sind, ist die Komödie *Demen* (412) die bekannteste. Sie reflektiert die polit. unbefriedigende Gegenwart, die die glorreiche Vergangenheit, dargestellt durch bekannte Persönlichkeiten wie Solon und Perikles, gegenübergestellt wird.

Euripides (*um 480 v. Chr. Attika oder Salamis, †406 v. Chr. Makedonien). – Griech. Tragödiendichter, seine Dramen wurden von seinen Zeitgenossen abgelehnt, da E. seine Helden mit ihren Gefühlen und Seelenregungen darstellte und nicht zu archetyp. Idealfiguren stilisierte. Als von E. eingerichtete formale Neuerung ist der Prolog zu nennen, der die Zuschauer in die Handlung eines Stückes einführt. Die Lösung der Konflikte erfolgt meist nicht aus dem dramat. Geschehnisablauf, sondern von außen mit Hilfe eines deus ex machina. Damit ist die erhabene Wucht der klass. Tragödie einer rationalen Gei-

steshaltung gewichen. E. beendet somit auch den klass. Kult der Dionysien. Man nimmt an, daß E. 92 Dramen verfaßt hat, von denen das Satyrspiel *Kyklops* und 17 Tragödien, *Alkestis, Medeia, Andromache, Helena, Iphigenie auf Tauris, Herakliden, Hippolytos, Hiketiden, Herakles, Elektra, Ion, Phoinissen, Orest, Bakchen, Iphigenie in Aulis, Hypsipyle, Rhesos* erhalten sind. Die Datierung der einzelnen Werke ist heute noch sehr umstritten. Seine künstler. und weltanschaul. Fortschrittlichkeit – so verselbständigen sich die Chorlieder gegenüber der klass. Tragödie und die Zahl der Schauspieler wird vermehrt – bewirkte, daß E. wenig Anerkennung zuteil wurde und er sich sogar wegen Gottlosigkeit vor dem Gericht verantworten mußte.

Eusebios von Caesarea (*um 260, †um 340). – Griech. Kirchenschriftsteller, Schüler des Pamphilos. 313 wurde er Bischof von Caesarea. Er ist der Verfasser der ersten Geschichte des Christentums. Daneben schrieb er eine *Chronik der Weltgeschichte*, die in einer lat. Übersetzung des Hieronymus vorliegt, und wichtige apologet. und exeget. Abhandlungen.

Eutropius Flavius. – Röm. Historiker, lebte im 4. Jh. n. Chr. Er verfaßte eine Geschichte Roms von den Ursprüngen bis zum Jahre 364 n. Chr. u. d. T. *Breviarium ab urbe condita* (Abriß der röm. Geschichte), wobei er sich an Livius und Sueton orientiert. Auf E.s Werk stützen sich besonders die Historiker des Mittelalters.

Evans, Caradoc, eigtl. *David E.* (*31. 12. 1878 Llanfihangelar-Arth/Wales, †11. 1. 1945 b. Aberystwyth). – Engl. Autor, Journalist und freier Schriftsteller. Seine Kurzgeschichten wie *My People* (1915) und *Capel Sion* (1916) beschreiben in satir. und oft zyn. Weise meist Szenen aus dem heimatl. Bauernleben. Wegen der Schärfe ihrer Darstellung riefen sie zahlreiche Proteste hervor. E. schrieb auch Romane wie *Morgan Bible* (1943).

Evliya, Çelebi (*25. 3. 1611 Istanbul, †1682 Temmuz). – Türk. Schriftsteller, lebte u. a. am Hofe des Sultans Murad IV. und lernte auf seinen ausgedehnten Reisen das gesamte Osman. Reich kennen. Seine Erfahrungen schildert er in dem 10 Bände umfassenden Werk *Seyahatname* (hg. 1898–1938, dt. Auswahl: *Im Reiche des goldenen Apfels*, 1957), das von großem histor. und völkerkundl. Interesse ist.

Ewald, Johannes (*18. 11. 1743 Kopenhagen, †17. 3. 1781 ebd.). – Dän. Autor, Sohn eines pietist. Pfarrers. Seiner unglückl. und unsteten Veranlassung folgend, verfiel er im Verlaufe seines Lebens mehr und mehr dem Trunk. E.s Dichtung ist gefühlsbetont, formal undiszipliniert. Unter dem Einfluß Klopstocks, Shakespeares und Ossians entstanden die nord. Heldentragödien *Rolf Krage* (1770, dt. 1772) und *Balders Tod* (1773, dt. 1780). Aus seinem Singspiel *Die Fischer* (1779, dt. 1786) stammt die dän. Königshymne. Posthum fand man seine autobiograph. Erinnerungen, die sowohl sprachl. als auch inhaltl. bedeutend sind. E.s vollkommenstes Werk ist *Ode til sjaelen*, ein pietist. Bittgebet.

Eyck, Pieter Nikolaas van (* 1.10. 1887 Breukelen/Holland, †10.4. 1954 Wassenaar). – Niederl. Dichter, war Professor für Literatur in Leiden. Seine Gedichte sind zunächst vom Pessimismus gekennzeichnet. Später preisen sie die Schönheit der Welt, die als Offenbarung Gottes verstanden wird. Die wichtigsten sind *De getooide doolhof* (1909), *Inkeer* (1922) und *Gedichten* (1946). E. trat auch als Übersetzer Mallarmés an die Öffentlichkeit.

Eyth, Max (seit 1896) von (* 6.5. 1836 Kirchheim unter Teck, †25.8. 1906 Ulm). – E. studierte Philologie, später Maschinenbau und Mechanik und unternahm zahlr. Reisen. Seine Werke wie die Autobiographie *Wanderbuch eines Ingenieurs* (1871 bis 1884) und die Romane *Der Kampf um die Cheopspyramide* (1902) und *Der Schneider von Ulm* (1906) sind fortschrittsoptimist. und führen die Welt der Technik in die Literatur ein.

Ezera, Regina (* 20.12. 1930 Riga). – Lett. Schriftstellerin, stammt aus der bürgerl. Mittelschicht, studierte Journalismus und erhielt 1972 den lett. Staatspreis für ihre Romane und Erzählungen, in denen sie die kommunist. Werte über den Kapitalismus stellt und zeigt, daß sich moralisch nur das Kollektiv rechtfertigen läßt. Stilistisch wendet sie sich dem Detail zu und zeigt psychologische Vorgänge auf; in dieser Gestaltungsweise hält sie Abstand vom Sozialistischen Realismus. In Deutschland wurden vornehmlich die Novellen *Sehnsucht nach Schnee* (1973, dt. 1975) bekannt.

Ezzo. Der Priester und Kanoniker lebte im 11. Jh. in Bamberg. Er ist der Verfasser der *Cantilena de miraculis Christi* (hg. 1892 u. 1965, dt. 1964), des sogenannten *Ezzolieds*. Es entstand während eines Pilgerzugs des Bischofs von Bamberg und wurde noch im 12. Jh. häufig gesungen. Das Lied behandelt die neutestamentliche Heilsgeschichte und stellt die erste frühmittelhochdeutsche Dichtung dar. Die Sprache, in der das Lied geschrieben ist, ist feierlich und orientiert sich an dem Vorbild lateinischer Hymnen.

Fabbri, Diego (*2.7. 1911 Forlì, †14.8. 1980 Riccione). – Ital. Dramatiker, arbeitete nach Jurastudium als Schauspieler, Redakteur und als Leiter des vatikan. Filmbüros in Rom. Er schrieb neben Drehbüchern und Komödien v. a. kath./christl. geprägte Dramen, deren Hauptthema der Mensch und die Erlösung durch die Vorsehung ist. Seine bekanntesten Dramen sind *Prozeß Jesu* (1955, dt. 1957) und *Prozeß der Familie* (1953, dt. 1958). Spätere Dramen *Il confidente* (1964) oder *L'avvenimento* (1968) sind nicht übersetzt.

Fabius Pictor, Quintus. F. der in der 2. Hälfte des 3. Jh.s v. Chr. lebte, ist einer der bedeutendsten Historiker, der auch selbst als Senator eine gewichtige Rolle spielte. Er gilt als Begründer der polit. Jahrbücher (= Annalen) in der Geschichtsschreibung. Für die Griechen schrieb er in ihrer Sprache eine Geschichte Roms von der Gründung bis zum 2. Pun. Krieg, die über Polybios und Dionysios v. Halikarnass bis in die Renaissance wirkte, von der jedoch nur Fragmente erhalten sind.

Fabre, Ferdinand (*9.6. 1827 Bédarieux, †11.2. 1898 Paris). – Franz. Schriftsteller, lebte als Bibliothekskonservator und freier Schriftsteller. In seinen Romanen, die deutl. Züge des späten Realismus tragen, stellt er immer wieder die Problematik des Priesterdaseins dar. Das Leben der Cevennenbauern schildert er farbig und fröhl. In Dtld. wurden der Roman *Abbé Tigrane* (1873, dt. 1876) und seine Autobiographie *Ma vocation* (1889) bekannt.

Fabre d'Eglantine, eigtl. *Philippe-François-Nazaire Fabre* (*28.7. 1755 Carcassonne, †5.4. 1794 Paris). – Franz. Lustspieldichter, war Priester und Schauspieler und beteiligte sich aktiv am Geschehen der Franz. Revolution im »Club des cordeliers« und als Konventsabgeordneter. Wegen seiner Freundschaft mit Danton wurde er hingerichtet. Seine amüsanten Dramen waren seinerzeit sehr beliebt, seine Gedichte erhielten Preise. Sein bestes Stück – *Le Philinte de Molière* (1781) – steht in der Nachfolge Rousseaus. Die Komödie *Les précepteurs* (1800) wurde 1801 von Kotzebue ins Deutsche übersetzt. In Frankreich erschienen bis 1914 Auswahlausgaben seiner Werke.

Fabricius, Jan (*30.9. 1871 Assen, †23.11. 1964 Broadstone). – Der Niederländer ließ sich als Schriftsteller und Zeitungsmanager in den indon. Kolonien, später in Den Haag nieder. Seine bekanntesten Romane sind *Der Ring des Propheten* (1952), *Diana* (1954). Seine psycholog.-realist. Dramen verwerten indon. Erfahrungen. Heute noch gespielt wird *Der Rotkopf* (1916, dt. 1917). 1961 erschienen seine Memoiren *Uit mijn tijd.*

Fabricius, Johan (*24.8. 1899 Bandung/Java, †21.6. 1981 Glimmen). – Niederl. Schriftsteller, Sohn des Jan Fabricius, verbrachte seine Jugend in den indon. Kolonien und setzte seine Erlebnisse in spannende Jugendbücher und Erzählungen um. Die wichtigsten wurden auch ins Dt. übersetzt, z. B. *Kapitän Bontekoes Schiffsjungen* (1924, dt. 1938), *Marietta* (1931, dt. 1933), *Die heiligen Pferde* (1959, dt. 1961), *Meine Rosalia* (1961, dt. 1964). Seine letzten Romane liegen nur in der Originalsprache vor, z. B. *Weet je nog, Yoshi* (1966), *Witte broodsweken met mama* (1969).

Fadejew, Alexandr (*24.12. 1901 Kimry, †13.5. 1956 Moskau [durch Selbstmord]). – Russ. Schriftsteller, kämpfte nach der Revolution als Partisan gegen Weißrussen und Japaner und stellte diese Zeit überzeugend in seinen Romanen dar. Als Vorsitzender des Schriftstellerverbandes trat er für einen konsequenten sozialist. Realismus ein und galt bis zum Tode Stalins als Vorbild für die russ., chin. und DDR-Literatur. *Die Neunzehn* (1927, dt. 1947) zeigt in Stil und Personendarstellung Tolstojs Einfluß. In Dtld. wurde v. a. *Die junge Garde* (1946, dt. 1948) gelesen. Seine Gesamtausgabe erschien in der UdSSR 1959–61 in 5 Bdn.; eine dt. Auswahl liegt u. d. T. *Romane, Novellen, Erzählungen* (1970) vor.

Faecke, Peter (*3.11. 1940 Grunwald/Schlesien). – Dt. Schriftsteller, wurde 1945 aus seiner Heimat vertrieben, studierte Philosophie und Philologie und arbeitete beim Rundfunk. Während er in seinen frühen Werken die NS-Zeit aufzuarbeiten bemüht war (*Die Brandstifter*, 1963; *Der rote Milan*, 1965), entwickelte er mit dem Roman *Postversand* (1970) ein neues Genre, indem er versuchte, den Leser aktiv an der Handlungsgestaltung zu beteiligen. Die Texte, die ihm in diesem Zusammenhang zugingen, veröffentlichte er 1977 u. d. T. *Gemeinsam gegen den Abriß. Ein Lesebuch aus Arbeitersiedlungen und ihren Initiativen.* Von dem geplanten Zeitroman ist bisher nur der Band *Das unaufhaltsame Glück der Kowalskis* (1982) erschienen.

Faesi, Robert (*10.4. 1883 Zürich, †18.9. 1972 Zollikon). – Schweizer Autor, lehrte mehr als 30 Jahre in seiner Heimatstadt Zürich Literaturgeschichte. Daneben wurde er selbst lit. produktiv und schrieb Essays, Romane, Novellen, Idyllen, Hymnen, Scherzgedichte, Mysterienspiele. Er gestaltete v. a. Stoffe aus der Schweizer, bes. der Züricher Geschichte, z. B. *Zürcher Idylle* (1908), *Der brennende Busch* (1926). Von

Bedeutung ist die Romantrilogie *Die Stadt der Väter, Die Stadt der Freiheit, Die Stadt des Friedens* (1941/1944/1952). 1962 veröffentlichte er seinen *Briefwechsel mit Thomas Mann,* 1963 seine Autobiographie *Erlebnisse – Ergebnisse.*

Fagus, eigtl. *Georges Eugène Faillet* (*22.1. 1872 Brüssel, †9.11. 1933 Paris). – F. gehört zu den bedeutenden religiösen Dichtern Frankreichs, er sucht in kühner Sprache, die an myst. und mittelalterl. Vorbilder geschult ist, Probleme des Christseins lyr. zu gestalten. *Le sacre des innocents* (1927) war seinerzeit das berühmteste seiner Gedichte. Seine moralist. Essays fanden dagegen wenig Anklang. 1946 erschien eine gute Auswahl u. d. T. *Vers et prose.*

Faisi, auch *Faydi* oder *Feizi,* eigtl. *Abul-Geiz ben Mubarah Sheich* (*1547 Agra/Indien, †5.10. 1595 ebd.). – Der pers.-ind. Schriftsteller wurde Hofdichter und »Dichterkönig«. Als sprachkundiger Gelehrter (Sanskrit, Arab.) wirkte er als Hauslehrer am Hof und Gesandter, beschäftigte sich jedoch am liebsten mit seiner mehr als 4000 Hss. umfassenden Bibliothek. Außer dem Epos *Nal ŏ Daman* fanden seine Werke wenig Beachtung, da sie künstl. wirkten. Er bediente sich oft typ. pers. Formen, seine Gedichte beeinflußten die osman. Lyrik.

Faldbakken, Knut (*31.8. 1941 Hedmarken). – Norweg. Schriftsteller, studierte Psychologie in Oslo und arbeitete als Journalist in Paris, Österreich und Jugoslawien, dann Redakteur in Norwegen. In seinen Romanen verbindet er Elemente der psychoanalyt. Literatur, die in Norwegen traditionell gepflegt wurde, mit der Darstellung von zeitgenössischen Problemen, wobei ihn bes. Fragen des Alltags, aber auch sexuelle Abnormitäten in der alltägl. Welt künstler. herausforderten. Bekannt in Deutschland wurde er durch die Romane *Unjahre* (1974–1976, dt. 1983), *Der Schneeprinz* (1982, dt. 1986), *Pan in Oslo* (1986, dt. 1987).

Falk, Johannes Daniel (*28.10. 1768 Danzig, †14.2. 1826 Weimar). – Dt. Lyriker, schrieb unter dem Ps. *Joh. von Ostsee* zahlreiche Lieder und Gedichte (*O du fröhliche*). Als Beamter in Weimar gründete er ein Waisenhaus für verwahrloste Kinder. Seine *Schriften zur Pädagogik* vermitteln wichtige Informationen zum Menschenbild der Klassik. Erst 1932 wurden seine *Erinnerungen an Goethe* veröffentlicht, die allerdings nicht als ganz zuverlässig gelten.

Falkberget, Johan Petter, eigtl. *J. P. Lillebakken* (*30.9. 1879 Rugeldalen, †5.4. 1967 Røros). – Norweg. Schriftsteller, der in seinen Romanen und Erzählungen das Leben der Bergarbeiter und Bauern seiner norweg. Heimat manchmal romant., manchmal realist., immer aber aus christl.-sozialist. Sicht schildert, wobei er sich als glänzender Stilist erweist, dem es häufig gelingt, die Realität romant. zu verfremden. Übersetzt wurden die beiden Trilogien *Im Zeichen des Hammers* (1927–35, dt. 1938) und *Brot der Nacht/Die Pflugschar/Die Wege der*

Liebe (1940–52, dt. 1953–62). Eine norweg. Ausgabe seiner Werke erschien 1949 in 10 Bdn.

Falke, Gustav (*11.1. 1853 Lübeck, †8.2. 1916 Großborstel). – Norddt. Schriftsteller, Verfasser zahlreicher hervorragender spannender und abenteuerl. Jugendbücher, etwa *Das Büchlein Immergrün* (1905). Sein lyr. Werk orientiert sich sowohl am Volkslied wie auch an Liliencron, Meyer, Storm, Mörike. Bek. blieben die Novellen *Geelgösch* (1910), die Romane *Landen und Stranden* (1895), *Der Mann im Nebel* (1899), *Die Kinder aus Ohlsens Gang* (1908) und die Autobiographie *Die Stadt mit den goldenen Türmen* (1912). Die Gesamtausgabe mit den plattdt. Texten erschien 1912.

Falke, Konrad, eigtl. *Frey, Karl* (*19.3. 1880 Aarau, †30.4. 1942 Florida). – Schweizer Autor, stammte aus großbürgerl. Verhältnissen und lehrte in Zürich Literaturgeschichte. Er gab »Raschers Jahrbuch« (1910–1919) und mit Th. Mann die Zeitschrift »Maß und Wert« heraus. Sein eigenes Werk verbindet roman. Kultur mit Schweizer Bodenständigkeit. Bes. Bedeutung gewannen seine Dantebiographie (1922), die Romane *Der Kinderkreuzzug* (1924), *Jesus von Nazareth* (posth. 1950) sowie die Schrift *Machtwille und Menschenwürde* (1927).

Fallaci, Oriana (*29.6. 1930 Florenz). – Ital. Schriftstellerin, arbeitete nach dem Abitur als Journalistin in Vietnam, im Nahen Osten und in Südamerika und trat mit hervorragenden Interviews bedeutender Politiker an die Öffentlichkeit. In ihren zahlreichen Veröffentlichungen treten persönliche Erlebnisse und Erfahrungen in den Vordergrund, etwa in dem Kriegstagebuch aus Vietnam *Wir, Engel und Bestien* (1969, dt. 1970), in dem *Brief an ein nie geborenes Kind* (1975, dt. 1977) und in dem Bestsellerroman *Ein Mann* (1979, dt. 1980).

Fallada, Hans, eigtl. *Ditzen, Rudolf* (*21.7. 1893 Greifswald, †5.2. 1947 Berlin). – Dt. Schriftsteller aus einer preuß. Beamtenfamilie, widmete sich zunächst der Landwirtschaft und ging dann als Schriftsteller nach Berlin. Mit seinen überaus erfolgreichen Romanen, die typ. Ausdruck der Neuen Sachlichkeit sind, *Bauern, Bonzen und Bomben* (1931), *Kleiner Mann, was nun?* (1932), *Wer einmal aus dem Blechnapf frißt* (1932) und *Wolf unter Wölfen* (1937), war er weniger Sozialkritiker als mitleidvoller Verfechter der Rechte der Armen und ihrer sozialen und wirtschaftl. Probleme in der Nachkriegszeit. Dieser Aufgabe blieb er zeitlebens treu. Er verband den Stil der Reportage mit Humor und einfacher Darstellung, die jedoch nicht über seinen hohen lit. Anspruch hinwegtäuschen kann. Zu den meistgelesenen Werken gehören die Autobiographie *Damals bei uns daheim* (1941), *Heute bei uns zu Hause* (1943), und *Jeder stirbt für sich allein* (1947). Mit dem NS-Regime setzte er sich in *Im Namen des Volkes* (1946) und in seinen *Erinnerungen* (1941 und 1943) auseinander.

Fallmerayer, Jakob (*10.12. 1790 Tschötsch, †26.4. 1861

München). – Österr. Schriftsteller, unternahm weite Reisen, u.a. in den Orient, nach Südeuropa. Heute noch bedeutend sind seine brillant geschriebenen Reiseberichte, Feuilletons und Kulturschilderungen. Seine wichtigsten Werke beschäftigen sich v.a. mit griech. Geschichte. Seine Auseinandersetzung mit der griech. Kulturwelt führte ihn zu der Behauptung, daß die Griechen slaw. Abstammung seien und die künftige Geschichte durch die Slawen bestimmt werden würde; vgl. z.B. *Geschichte des Kaisertums von Trapezunt* (1827), *Geschichte der Halbinsel Morea während des Mittelalters* (1830/36), *Fragmente aus dem Orient* (1845), *Das albanesische Element in Griechenland* (1857 bis 1866).

Fangen, Ronald (*29.4. 1895 Kragerö, †22.5. 1946 Fornebu). – Norweg. Schriftsteller, seine Werke sind geprägt vom Geist, der ihn zum führenden Mitglied der »Oxfordgruppenbewegung« werden ließ; eine Marxismus und Materialismus ablehnende, vom Humanismus bestimmte moral.-christl. Haltung. Seine frühen Dramen tragen deutl. expressionist., die späteren eher realist. Züge. Am bekanntesten wurde das Drama *Syndefald* (1920), die Romane *Einkehr* (1931), *Der Mann, der die Gerechtigkeit liebte* (1934, dt. 1936), *En lysets engel* (1945) und *Presten* (1946). 1948 erschien eine norweg. Gesamtausgabe in 9 Bdn.

Fanon, Frantz (*20.7. 1925 Fort-de-France/Martinique, †Dez. 1961 New York). – Afro-amerikan. Autor, nach Medizinstudium in Paris Facharzt für Psychiatrie in Algier. Schon während seiner Studienzeit setzte sich F. als Mitglied der lit. Gruppe »Présence Africaine« für eine eigenständige und unabhängige afrikan. Lit., später in Algerien für die polit. Freiheit des Landes ein. Als Schriftsteller wurde er bekannt durch sein später berühmt gewordenes Buch *Die Verdammten der Erde* (1961, dt. 1962). Weiter veröffentlichte F., der enge Beziehungen zu Sartre unterhielt, *Peau noire, masques blancs* (1952) und *L'an V de la rèvolution algérienne* (1960).

Fargue, Léon Paul (*4.3. 1878 Paris, †25.11. 1947 ebd.). – Franz. Lyriker, sein Umgang mit vielen bedeutenden Malern, Komponisten und Schriftstellern machte ihn zum Chronisten und subtilen Schilderer der Pariser Künstlerszene. Mit A. Gide gab er 1912 die »Nouvelle Revue Française« heraus, stand in enger Verbindung mit Valéry und Mallarmé und wurde von Verlaine und Laforgue beeinflußt. Seine Verse verraten symbolist. Einfluß, enthalten aber auch surrealist. Elemente. Sie geben seine Eindrücke der Großstadt in lebendigen, treffenden Bildern, aber märchenhaft poet. verklärt wieder. Als Sammlungen erschienen: *Tancrède* (1911), *Pour la musique* (1914), *D'après Paris* (1932), *Le piéton de Paris* (1939), *Haute solitude* (1941) und seine Memoiren *Méandres* (1947). 1963 erschien eine Sammlung seiner Gedichte aus den Jahren 1895 bis 1930.

Farquhar, George (*1677 Londonderry, †29.4. 1707 London). – Anglo.-ir. Autor, zunächst Schauspieler in Dublin und London. Nachdem er unbeabsichtigt einen Kollegen fast getötet hatte, gab er diesen Beruf auf und schrieb selbst Komödien. Seine Lustspiele waren sehr erfolgreich in ihrer geistreichen, manchmal derben Komik und ihrer anschaul. Schilderung der Zeit. Z.B. *Das beständige Ehepaar* (1700, dt. 1839), *The Stage Coach* (1704), *The Recruiting Officer* (1706), *Stutzerlist* (1707, dt. 1839). Eine deutsche Ausgabe seiner Werke erschien 1839.

Farrell, James (*27.2. 1904 Chicago, †22.8. 1979 New York). – Amerikan. Autor, schildert in umfangreichen Romanen das prolet. Milieu der Großstadt, in dem er aufwuchs. Seine an Dreiser orientierte, realitätsgetreue, ungeschminkte Darstellungsweise entspricht dem »proletar. Naturalismus«, den er in seinen theoret. Schriften fordert. Die Romantrilogie *Studs Lonigan* (1935) gilt als sein bedeutendstes Werk, später folgten u.a. *Kein Stern geht verloren* (1938, dt. 1959), *An Omnibus of Short Stories* (1956), *The Silence of History* (1963), *Lonely for the Future* (1966), *Childhood Is Not Forever* (1969).

Farrère, Claude, eigtl. *Frédéric-Charles-Pierre-Edouard Bargone* (*27.4. 1876 Lyon, †21.6. 1917 Paris). – Franz. Autor, Mitglied der Académie Française, seine langjährigen Erfahrungen als Marineoffizier im Fernen Osten und die dort erworbenen Einblicke in die Vielfalt menschl. Charaktere und in unterschiedl. Kulturen fanden ihren Niederschlag in abenteuerl.-spannenden exot. Romanen wie *Opium* (1904, dt. 1911), *Kulturmenschen* (1906, dt. 1906), *Je suis marin* (1951), *Le juge assassin* (1954), die in der Nachfolge Pierre Lotis entstanden.

Faßbind, Franz (*7.3. 1919 Schwyz). – Schweizer Journalist, schrieb zahlreiche Gedichte und vielgelesene Romane wie *Zeitloses Leben* (1941), *Von aller Welt geehrt* (1948), *Der Mann* (1950), *Valentin* (1959), *Vorfälle* (1979). Bes. Beachtung fand sein ep. Oratorium *Atombombe, Ein gesprochenes Oratorium* (1945). In den letzten Jahren schrieb er zahlreiche Hör- und Fernsehspiele. 1977 erschienen 40 Gedichte u.d.T. *Stereotypien,* 1981 *Lieder aus meiner Schenke.*

Fassbinder, Rainer Werner (*31.5. 1946 Bad Wörishofen, †10.6. 1982 München). – Dt. Autor und Regisseur, widmete sich früh dem Film und Theater und setzte seine selbstgeschriebenen Texte sehr eigenwillig in Szene. In München begründete er das »antitheater«, in dem er die Probleme der Außenseiter unserer Gesellschaft jeweils aus mehreren Perspektiven darstellte. Seine bekanntesten Werke sind *Katzelmacher* (1968), *Anarchie in Bayern* (1969), *Blut am Halse der Katze* (1971), *Die bitteren Tränen der Petra Kant* (1971), *Das Kaffeehaus* (1969, 1974), *Bremer Freiheit* (1971), *Chinesisches Roulett* (1977). Bei der geplanten posth. Uraufführung von *Die Stadt, der Müll und der Tod* (1976) gab es 1985 heftige Proteste, so daß die Aufführung wegen des Vorwurfs des Antisemitismus zurückgezogen wurde. F. machte sich auch mit aufsehenerregenden Filmen einen Namen, etwa *Katzelmacher* (1969), *Händler der vier Jahreszeiten* (1972), *Angst essen Seele auf* (1973), *Effie Briest* (1974), *Berlin Alexanderplatz* (1980), *Querelle* (1982); *Die Ehe der Maria Braun* (1978) wurde ein internationaler Erfolg. 1987 f. erschien eine achtbändige Ausgabe *Die Kinofilme*.

Faulkner, William (*25.9. 1897 New Albany/Miss., †6.7. 1962 Oxford/Miss.). – Amerikan. Epiker, stammte aus der im Bürgerkrieg verarmten Pflanzeraristokratie der Südstaaten, blieb nach Studienaufenthalten in Oxford/England seiner Heimat treu. Er gilt als bedeutendster amerikan. Romancier unseres Jh.s 1949 erhielt er den Nobelpreis. Sein Werk setzt sich mit dem, was ihn geprägt hat, auseinander, mit den Anfängen, der Zerstörung und dem Niedergang der alten feudalen Kultur. Er interpretiert diese jedoch nur als besondere Ausprägung des immer gleichbleibenden Konflikts zwischen Chaos und Ordnung, zwischen den triebhaften Wünschen des einzelnen und den Forderungen der Gemeinschaft. Das Geschehen seiner Romane wird häufig von verschiedenen Erzählern berichtet und gedeutet. Er verbindet bildhafte Sprache mit treffendem, mundart. Ausdruck und grotesken, surreal. Elementen. 1955 erhielt er den Pulitzerpreis für *A Fable*, 1963 für *The Reivers*. Aus der Fülle seiner Werke seien nur genannt *Als ich im Sterben lag* (1930, dt. 1961), *Die Freistatt* (1931, dt. 1951), *Licht im August* (1932, dt. 1935), *Griff in den Staub* (1948, dt. 1951), *Requiem für eine Nonne* (1951, dt. 1956) und *Snopes Trilogie* (1940–1959, dt. 1957–60), deren fragmentarische Vorskizze aus den Jahren 1926/27 erst spät auftauchte und dt. 1987 u. d. T. *Vater Abraham* veröffentlicht wurde. Eine Gesamtausgabe erschien 1967 ff. in London.

Faustbuch, eigtl. *Historia v. D. Johann Fausten*. Das Werk erschien 1587 als Volksbuch eines unbekannten Verfassers. Es basiert auf wenigen histor. belegbaren Daten. Faust, der von 1480 bis 1540 lebte und als Quacksalber durch die Lande zog, wurde zum Inbegriff der Schwarzen Kunst. Das F. verbindet überlieferte Schwänke mit mittelalterl. Teufelsglauben und neuzeitl. Ideengut, wie z.B. dem, daß der Teufelspakt aus Erkenntnisdrang geschlossen wird. Helena, mit der Faust sich verheiratet, stellt den humanist. Bezug zur Antike her. Das F. fand seinerzeit großen Anklang. Der von Marlowe dramatisierte Stoff diente Goethe als Vorlage.

Favart, Charles Simon (*13.11. 1710 Paris, †12.5. 1792 Belleville). – Franz. Schriftsteller, schrieb zunächst kleine Stücke für die Pariser Jahrmarktbühnen und vollendete inhaltl. und formal die sog. Vaudeville-Spiele. Auf der Höhe seines Ruhms leitete er die 1713 gegründete Opéra comique und schrieb mit Hilfe seiner Frau zahlreiche sehr beliebte Schwänke und Lustspiele im operettenhaften Stil. Erfolgreichste, z.T. heute wieder entdeckte Werke waren *Das große Los* (1744, dt. 1774),

Bastien et Bastienne (1753, dt. 1764), *Lottchen am Hof* (1755, dt. 1769) und *Soliman der Zweyte* (1761, dt. 1769).

Fechter, Paul (*14.9. 1880 Elbing, †9.1. 1958 Berlin). – Dt. Schriftsteller und Gelehrter, veröffentlichte neben seiner Tätigkeit als Redakteur verschiedener Zeitungen, u.a. der »Voß'schen Zeitung« und des »Berliner Tagblatt«, Arbeiten über den Expressionismus, über Autoren wie Wedekind, Hauptmann, Barlach, schrieb eine *Geschichte der deutschen Literatur* (1941/1952) und eine histor. Darstellung *Das europäische Drama* (1956–1958). Sein vielseitiges erzähler. Werk umfaßt heimatgebundene Romane wie *Das wartende Land* (1931), *Die Gärten des Lebens* (1938), *Der Zauberer Gottes* (1940), Reiseberichte, Autobiographisches wie *Menschen und Zeiten* (1948) und *Menschen auf meinen Wegen* (1955).

Federer, Heinrich (*7.10. 1866 Brienz, †29.4. 1928 Zürich). – Schweizer Autor, sein Werk steht unter dem Einfluß der Dichtungen G. Kellers und J. Gotthelfs. Sein Gesamtwerk blieb religiös bestimmt. In Erzählungen, wie z.B. *Lachweiler Geschichten* (1911), und Romanen stellte er realist. und humorvoll-verstehend die heimatl. Welt der kleinen Bergbauern dar. Gern gelesen wurden *Das letzte Stündlein des Papstes* (1914), *Papst und Kaiser im Dorf* (1924), *Von Heiligen, Räubern und der Gerechtigkeit* (1929) und seine Gedichte *Ich lösche die Lampe* (posth. 1930).

Federspiel, Jürg(en) (*28.6. 1931 Zürich). – Schweizer Autor. Neben seiner Tätigkeit als Filmkritiker und Journalist ist er vor allem als Erzähler, aber auch als Reiseschriftsteller und Essayist hervorgetreten und durch Preise und Stipendien gefördert worden. Er schildert vorwiegend alltägl. Szenen aus dem bürgerl. Leben, hinter denen er das Absurde sichtbar werden läßt. Bekannt wurden bisher u.a. folgende Erzn. und Romane *Orangen und Tode* (1961), *Massaker im Mond* (1963), *Der Mann, der Glück brachte* (1966), *Museum des Hasses* (1969), *Die Märchentante* (1971), *Paratuga kehrt zurück* (1973), *Die Liebe ist eine Himmelsmacht* (1985), *Geographie der Lust* (1989), das Drama *Brüderlichkeit* (1977), Hörspiele u.a. *Kilroy was here* (1981) und Fernsehspiele.

Fedin, Konstantin Alexandrowitsch (*24.2. 1892 Saratow, †15.7. 1977 Moskau). – Der russ. Kaufmannssohn engagierte sich im lit. und polit. Leben seines Landes und gilt als einer der namhaftesten Romanciers, der die Tradition der großen russ. Romane des 19. Jh.s fortsetzte. In den Romanen *Städte und Jahre* (1924, dt. 1927) und *Die Brüder* (1928, dt. 1947) beschäftigte er sich mit den Auswirkungen der Revolution auf Kunst und Intelligenzschicht. In *Der Raub der Europa* (1933 bis 1935, dt. 1958) rechnete er, inzwischen Verfechter des Soz. Realismus, mit der kapital. Welt ab. Hervorragende spätere Werke sind *Frühe Freuden* (1945, dt. 1951), *Ein ungewöhnlicher Sommer* (1947/48, dt. 1950), *Die Flamme* (1961, dt. 1963). Eine dt. Gesamtausgabe erschien 1958–1963 in 10 Bdn.

Feith, Rhijnvis (*7.2.1753 Zwolle, †8.2.1824 ebd.). – Niederl. Autor, von Beruf Steuerbeamter. Er vertrat die europ. Strömung der Empfindsamkeit in Holland, eiferte Vorbildern wie Young, Ossian, Klopstock und Rousseau nach. Neben Lyrik und Trauerspielen verfaßte er u.a. Briefromane, von denen *Julia* (1783, dt. 1788) und *Ferdinand en Constantia* (1785) seinerzeit gern gelesen wurden. Unter dem rel. Einfluß Lavaters schrieb er die Erbauungsschrift *Dagboek mijner goede Werken* (1785). 1824–1826 erschienen seine gesammelten Werke in 19 Bdn.

Felder, Franz Michael (*13.5.1839 Schoppernau, †26.4.1869 Bregenz). – Österr. Erzähler, beschrieb seine heimatl.-ländl. Umwelt nach dem Vorbild Gotthelfs und Auerbachs in realist.-volkstüml. Dorfgeschichten. *Sonderlinge* (Erzählungen 1867); 1868 folgte der Roman *Reich und Arm*. Peter Rosegger, der ihn als Vorbild ansah, widmete ihm eine Biographie.

Feldmann, Wilhelm (*8.4.1868 Zbaraz, †25.10.1919 Krakau). – Poln. Schriftsteller von ursprüngl. chassid. Glauben, studierte in Heidelberg und Berlin und kämpfte dann als Politiker und Zeitungsredakteur für die Rechte der Juden in Polen. Neben seiner literaturhistor. Arbeit, die sich v.a. mit der Literatur des jungen Polen beschäftigt, verfaßte er Novellen, Erzählungen und Dramen. *Die poln. Literatur der Gegenwart* (1902, dt. 1925) ist sein gewichtigstes Werk. Daneben stehen bedeutende Schriften wie *Geschichte der politischen Ideen in Polen seit dessen Teilungen* (1914–1920, dt. 1917 ff.), *Polen. Wege zur polnischen Seele* (1917).

Felinski, Alojzy (*1771 Luck, †23.2.1820 Krzmieniec). – Poln. Dichter aus bürgerl. Hause, nahm aktiv am öffentl. Leben teil. Seine für damals typ. klass. Dramen sind bis auf *Barbara Radziwillówna* (1811) vergessen. Als Hymne gespielt wurde sein Gedicht *Boże coś Polskę*.

Fellini, Federico (*20.1.1920 Rimini). – Ital. Regisseur, der einerseits zum sozialkrit. Realismus, andererseits zur symbolhaften Gestaltung neigt. Mit seinen Filmen, zu denen er meist auch die Bücher schrieb, erlangte er Weltruhm, z.B. mit *La strada* (1954), *La dolce vita* (1959), *Roma* (1972), *Casanova* (1976), *Ginger und Fred* (1986), *Giuletta* (dt. 1989). Seine *Aufsätze und Notizen* erschienen 1974. In seinen Werken verarbeitete F. oft Autobiographisches.

Fels, Ludwig (*27.11.1946 Treuchtlingen). – Dt. Schriftsteller, Hilfsarbeiter, dann als freier Autor bewußt »Arbeiterdichter«. Gedichte, z.B. *Anläufe* (1973), *Zeitgedichte* (1979), *Der Anfang der Vergangenheit* (1984), *Blaue Allee, versprengte Tataren* (1988) und Prosa, z.B. *Die Sünden der Armut* (1975) oder *Kanakenfauna* (1982), zeigen häufig das Selbstmitleid des sozial nicht integrierten Unterschichtlers. Durchaus humorvoll ist sein Roman *Ein Unding der Liebe* (1981), in dem er, einem recht simplen Freudverständnis folgend, seine Protagonisten Liebesverlust durch Freßsucht kompensieren läßt.

Der R. *Rosen für Afrika* (1987) erzählt realistisch einen Lebensabschnitt des Gelegenheitsarbeiters Paul Valla vor dessen Zusammenbruch. Autobiographische Elemente gestaltet F. in *Der Himmel war eine große Gegenwart* (1990). F. schrieb auch dramat. Texte, z.B. *Der Affenmörder* (1985).

Fénelon, François de Salignac de la Mothe-F. (*6.8.1651 Schloß Fénelon/Périgord, †7.1.1715 Cambrai). – Franz. Schriftsteller, Vorläufer der Aufklärung; war Priester und Erzbischof und tat sich bei der Protestantenbekehrung hervor. Als Erzieher des seinerzeitigen Thronerben schrieb er den berühmten Bildungsroman *Les aventures de Télémaque* (1699), der wegen seiner Utopie vom idealen Staat, die von Ludwig XIV. als Kritik interpretiert wurde, bald verboten wurde, später jedoch in vielen Sprachen erschien. In *Traité de l'éducation des filles* (1687) hatte er schon vorher versucht, seine Erziehungsprinzipien darzustellen. Später wurde er Quietist und lebte in Ungnade in Cambrai. Als umfassend humanist. gebildeter Gelehrter veröffentlichte er auch Schriften zur Literatur, z.B. *Lettre à l'Académie* (1716), *Réflexions sur la Grammaire* (1717) und *Dialogue sur l'éloquence* (1718).

Fenoglio, Beppe (*1.3.1922 Alba/Cuneo, †18.2.1963 ebd.). – Ital. Schriftsteller, schilderte in realist. Romanen in ep. Breite Ereignisse aus der Zeitgeschichte des Faschismus, der Besetzung Italiens und in *Eine Privatsache* (1963, dt. 1968) das Leben der Partisanen in Piemont. Weiterhin bekannt wurden *La molora* (1954) und *Eine feine Methode* (1969, dt. 1971). In seinem Werk mischen sich Einwirkungen von Hemingway und Bilder der amerikan. Wildwestlit.

Ferber, Edna (*15.8.1887 Kalamazoo/Mich., †16.4.1968 New York). – Amerikan. Schriftstellerin, ließ in ihren Romanen die Vielfalt der amerikan. Landschaften und Kulturen im Laufe der Geschichte lebendig werden. In realist. Erzählweise beleuchtet sie krit. die sozialen Verhältnisse. Ihre Helden sind häufig Frauen, z.B. in *Das ist Fanny* (1917, dt. 1930), *The Girls* (1921, dt. 1928). 1925 erhielt sie den Pulitzerpreis für die Novelle *So Big*. Verfilmt wurde *Das Komödiantenschiff* (1926, dt. 1929), *Die großen Söhne* (1945, dt. 1950), *Der weiße Palast* (1958). Interessant ist ihre Autobiographie *Kind of Magic* (1963), in der sie ein schillerndes Bild des Lebens in den Südstaaten entwirft.

Ferdausi, Abul Quäsem Mansür ben Hassan (*um 941 Wäz/Mashad/Nordostiran, †1021 Tus). – Pers. Dichter, entstammte dem niederen Adel, brauchte 30 Jahre, um sein Lebenswerk, das persische *Buch der Könige*, *Šah-name*, ein Epos über die Geschichte Persiens von Anbeginn bis zum Ende der Sassaniden, zu vollenden. Er bot sein Werk verschiedenen Fürsten an, erhielt jedoch zu Lebzeiten nicht mehr die verdiente Anerkennung und starb in Armut. Heute gilt er als Nationaldichter Persiens.

Ferguson, Sir Samuel (*10.3.1810 Belfast, †9.8.1886 Dublin). – Ir. Schriftsteller, beschäftigte sich neben seiner Tätigkeit als Rechtsanwalt mit der Erforschung und Übersetzung alter ir.-kelt. Sagen, Balladen und Lieder und leitete damit die Renaissance des Gael. ein. Seine wichtigsten Gedichtsammlungen sind *Lays of the Deirdre* (1880), *Western Gael* (1865), *Poems* (1880). 1872 gab er das Epos *Congal*, 1887 alte kelt. Inschriften u. d. T. *Ogham Inscriptions in Ireland, Wales and Scotland* heraus.

Fergusson, Robert (*5. 9. 1750 Edinburgh, †17. 10. 1774 ebd.). – Schott. Lyriker, war von Beruf Schreiber und starb früh in geistiger Umnachtung. F. begann sehr bald, Szenen aus dem ihm vertrauten geselligen Leben seiner Heimatstadt anschaul. und mit viel Humor in satir. Versen darzustellen. Sie sind oft im Dialekt geschrieben. Burns bewunderte ihn als Vorbild. Seine Gedichte, ursprünglich für die Zeitung geschrieben, erschienen 1771, 1779 und 1782. F. schrieb u. a. das Drama *The Edinburgh Buck* (1777) und die Gedichte *Scots Poems* (hg. 1948).

Ferlinghetti, Lawrence (*24. 3. 1919 Yonkers/New York). – Amerikan. Lyriker, wuchs in Frankreich auf, wo er auch im II. Weltkrieg kämpfte. Nach 1951 wurde seine Buchhandlung in San Francisco und die von ihm gegründete und redigierte *City Light Press* zum Zentrum der Avantgarde und Treffpunkt der Beat Generation. Seine Lyrik zeigt polit. Engagement, formale Experimente und steht stark unter dem Einfluß von Ginsberg und Whitman. In seinen Gedichten wendet er sich gegen die modischen Tendenzen der Postmoderne, gegen das seichte Glücksleben der Amerikaner und gegen den Fortschrittsoptimismus. Seine Lesungen fanden große Anhängerschaften. In Deutschland wurden die Gedichte *Ein Coney Island des inneren Karussells* (1958, dt. 1962), *Ausgangspunkt San Francisco* (1961), *Nach dem Geschrei der Vögel* (1967, dt. 1980), *Who Are We Now?* (1976), *Landscapes of Living and Dying* (1979), *Over All Obscene Boundaries* (1984) bekannt. Seine Dramen *Unfair Arguments with Existence* (1963), *Routines* (1964) und der Roman *Sie* (1960, dt. 1963) wurden weniger beachtet.

Fernández, Lucas (*1474 Salamanca, †1542 ebd.). – Span. Schriftsteller, war Priester und lehrte Musik an der Universität seiner Heimatstadt. Er schrieb religiöse und weltl. Dramen, in denen geschliffene Dialoge und musikal. Partien einander ablösen. Eines seiner bedeutendsten rel. Dramen ist *Auto de la Pasión.* 1514 erschien eine Ausgabe seines *Farsas y églogas al modo y estilo pastoril.*

Fernández de Avellaneda, Alonso, ist das Ps. des unbekannten Verfassers einer 1614 erschienenen Fortsetzung des Don Quichotte, die aber an das Original kaum heranreicht. Trotz intensiver Forschung ist es bisher nicht gelungen, die Identität des Autors festzustellen.

Fernández de la Reguera, Ricardo (*27. 4. 1912 Barcenillas

de Cerezos/Santander). – Span. Schriftsteller, verlebte seine Kindheit in Chile, lehrte span. Sprache und Literatur an der Universität Barcelona und schrieb zahlreiche sehr realist. Romane, in denen er sich mit der span. Geschichte und Kultur auseinandersetzte. In Deutschland wurden bekannt *Schwarze Stiere meines Zorns* (1950, dt. 1958), *Wehrlos unter Waffen* (1954, dt. 1962), *Die Einfalt der Liebe* (1956, dt. 1959), *Das verlorene Paradies* (1955, dt. 1965). Außerdem trat F. mit zahlreichen wiss. Arbeiten und Essays an die Öffentlichkeit.

Fernández Flórez, Wenceslao (*1885 La Coruña/Galizien, †29. 4. 1964 Madrid). – Span. Schriftsteller, 1945 Mitglied der Span. Akademie. Seine Romane zeichnen ein realist.-humorvolles, manchmal leise iron. Bild der Gesellschaft. Folgende Werke fanden nicht nur in Spanien großen Anklang: *El secreto de Barba Azul* (1923), *Relato inmoral* (1927), *Una isla en al mar rojo* (1940), *El tore, el torero y el gato* (1946). 1949 erschienen die gesammelten Werke in 9 Bdn.

Ferrari, Paolo (*5. 4. 1822 Modena, †9. 3. 1889 Mailand). – Ital. Dramatiker und Komödiendichter in der Nachfolge Goldonis. Seine frühen Werke, oft im Dialekt geschrieben, sind volkstüml., die späteren verherrlichen programmat. das bürgerl. Familienleben im Gegensatz zum freien Dasein der Bohème, deren Darstellung damals das franz. Drama und damit auch das ital. Theater beherrschte. *Baltromeo Calzolano* (1847), *La satira e Parini* (1854), *Il duello* (1881) gehören zu seinen bedeutendsten Werken.

Ferreira, António (*1528 Lissabon, †29. 11. 1569 ebd.). – Portugies. Jurist, war im polit. Leben in leitender Stellung tätig. Die Literaturgeschichte schätzt in ihm den zweiten großen Schöpfer des klass. portugies. Stils humanist. Prägung neben seinem Lehrer Sá de Miranda. Sein lit. Schaffen umfaßt neben vielfältigen Versgattungen wie Sonetten, Oden (z. B. *Aos Reis Cristãos*), Elegien die erste portugies. Tragödie *Inêz de Castro* (1567) und die Komödien *Comédia do Cioso* (1622) und *Comédia do Bristo* (1622), die als Vorbilder die röm. Komödien des Plautus und Terenz erkennen lassen.

Ferreira de Castro, José →Castro, José Maria Ferreira de.

Fest, Joachim (*8. 12. 1926 Berlin). – Dt. Journalist und Historiker, war lange Zeit Chefredakteur des Norddt. Rundfunks und ist seit 1973 Mithg. der »Frankfurter Allgemeinen Zeitung«. Seine Werke zur Zeitgeschichte werden hohen wissenschaftl. Ansprüchen gerecht, sprechen aber dennoch ein breites Publikum an. Besonderes Aufsehen erregten *Das Gesicht des Dritten Reiches* (1963) und *Hitler – eine Biographie* (1973). Letzteres bot einen Dokumentarteil mit bis dahin unveröffentlichten Zeugnissen. F. wandte sich zunehmend allgemeinen histor. Problemen zu, so z. B. in *Aufgehobene Vergangenheit* (1981), *Die unwissenden Magier. Thomas und Heinrich Mann und die Politik* (1985), *Der tanzende Tod. Über Ursprung und Formen des Totentanzes . . .* (1986).

Feuchtersleben, Ernst, Freiherr von (*29.4.1806 Wien, †3.9. 1849 ebd.). – Österr. Schriftsteller, entstammte altem, hochangesehenem Adel und lebte nach ausgedehnten Studien als Arzt in Wien. Als Dozent an der Universität wurde er zu einem der Mitbegründer der Psychologie als Wissenschaft und machte Wien zum Zentrum der Forschung. Seine bedeutendsten Schriften – etwa *Zur Diätetik der Seele* (1838) oder *Ärzte und Publikum* (1848) – waren damals sehr umstritten, jedoch sehr erfolgreich. Das lit. Werk entstand unter starkem Einfluß seiner Freunde Grillparzer, Bauernfeld und Stifter. In didakt., manchmal volkstüml. Lyrik vertritt er das österr. Biedermeier. Seine bekanntesten Verse sind wohl *Es ist bestimmt in Gottes Rat.*

Feuchtwanger, Lion, Ps. *J. L. Wetcheek* (*7.7.1884 München, †21.12.1958 Los Angeles). – Der dt.-jüd. Schriftsteller unternahm als Theaterkritiker viele Reisen und mußte 1933 in die Emigration, die ihn über Frankreich und Rußland nach Kalifornien führte. Er gehörte zu den bedeutendsten Erzählern der ersten Hälfte des 20. Jh.s. Ihn interessierten v. a. histor. Stoffe, die er durch genaue psycholog. Analyse und polit.-zeitkrit. Bezug aktualisierte. Bekannt wurde er durch seinen Roman *Jud Süß* (1917), der während der NS-Zeit für die Zwecke der polit. Agitation verfilmt wurde. Sein Hauptwerk, unter dem Einfluß von Döblin und H. Mann stehend, ist die Romantrilogie *Der Wartesaal* (1930 bis 1936), die erst heute in ihrem Wert erkannt wird. Für die Theatergeschichte ist seine Zusammenarbeit mit Brecht bedeutsam, dessen ep. Theater F.s eigene Dramen mit ihrer pazifist.-sozialist. Thematik und ihren romanhaften Zügen nahestehen. 1978 erschien posthum der Roman *Narrenweisheit oder Tod und Verklärung des Jean-Jacques Rousseau.* Aus der großen Zahl seiner bed. Werke seien u. a. genannt die Dramen *Warren Hastings* (1916), *Die Kriegsgefangenen* (1919), *Thomas Wendt* (1920), *Der holländische Kaufmann* (1923), *Leben Edwards II. von England* (mit Brecht 1924), *Wahn oder der Teufel von Boston* (1948) und die Romane *Die häßliche Herzogin Margarete Maultasch* (1923), *Erfolg* (1930), *Der jüdische Krieg* (1932), *Die Söhne* (1935), *Simone* (1944), *Der Tag wird kommen* (1945), *Goya, Spanische Ballade* (1955). 1959 erschien eine Gesamtausgabe in 20 Bdn.

Feydeau, Georges (*8.12.1862 Paris, †5.6.1921 Rueil). – Franz. Dramatiker, schrieb sehr erfolgreiche und theaterwirksame Komödien mit straffer und präziser Handlungsführung. Aus der Fülle seiner Werke seien genannt: *Monsieur Chasse* (1892), *Champignol malgré lui* (1892), *La dame de chez Maxim's* (1899), *Occupe-toi d'Amélie* (1908), *On purge bébé* (1910).

Feylbrief, Jan Koos, eigtl. *Oudshoorn, Jan van* (*20.12.1876 Den Haag, †31.7.1951 ebd.). – Niederl. Schriftsteller, zählt lit.-hist. zu den Naturalisten und bereitete in seinen tief pessi-

mist., von Existenzangst und Einsamkeit erzählenden frühen Romanen, von denen *Willem Merten's Levensspiegel* (1914) der berühmteste war, den Expressionismus vor.

Fialho de Almeida, José Valentim (*7.5.1857 Vila de Frades/Südportugal, †4.3.1911 Kuba). – Portugies. Schriftsteller, beschrieb die Wirklichkeit mit naturalist. Genauigkeit und Schärfe und setzte sich für die Unterdrückten ein. Seine Erzählungen *O pais das uvas* (1883) gehören zu den besten der port. Lit. Neben Berichten und Kritiken für die Zeitung stehen die iron.-satir. Skizzen *Gatos* (1889–94).

Fichte, Hubert (*21.3.1935 Perleberg/Westpriegnitz, †8.3. 1986 Hamburg). – Dt. Schriftsteller, stellt in seinen Erzählungen und Romanen immer wieder die Situation des jugendl. Außenseiters dar. Detailgerechte Beschreibung der Rauschgift-Szene geht bei ihm ins Phantastische über, in die Darstellung eines durch Rauschgift erweiterten Bewußtseins. Wichtige Werke sind: *Der Aufbruch nach Turku* (1963), *Das Waisenhaus* (1965, neu 1977), *Die Palette* (1968), *Versuch über die Pubertät* (1974). Seine anthropolog. Studien in Bahia, Haiti und Trinidad zwischen 1971 und 1975 fanden lit. Gestaltung in *Wolli, Indienfahrer* (1978), *Lazarus und die Waschmaschine* (1985). F. bearbeitete auch Barocktexte, so 1978 Lohensteins *Agrippina*. Aus dem Nachlaß erschienen der Roman *Die Geschichte der Nana* (1990) und *Psyche. Glossen* (1990). Aus dem monumentalen Hauptwerk *Die Geschichte der Empfindsamkeit* liegen u. a. vor *Hotel Garni* (R. 1987), *Homosexualität und Literatur* (Ess. 1987), *Paralipomena I und II.: Das Haus der Mina in São Lùiz de Maranhão* (1989), *Der kleine Hauptbahnhof oder Lob des Strichs* (1988), *Der Platz der Gehenkten* (R. 1989), *Forschungsbericht* (R. 1989).

Fichte, Johann Gottlieb (*19.5.1762 Rammenau, †27.1.1814 Berlin). – Dt. Philosoph und erster Rektor der Universität Berlin. Stark von Kant beeinflußt, sucht er den Zwiespalt von Subjekt und Objekt aus dem Subjekt zu erklären, das in einem freien Akt dem »Ich« ein »Nicht-Ich« entgegensetzt. Dieses »Ich« ist für F. nicht nur absolute Wahrheit, sondern auch Postulat aller sittl. und moral. Normen. Damit kommt er notwendig zu der Feststellung, daß das Objekt nur ein Entwurf unseres Subjekts sei. Damit bestimmt das »Ich« die Welt und das Verständnis von der Welt, wobei es philosoph. nicht mögl. ist, log. auf das »Ich« zu schließen. Diese Weltsicht hat stark auf die dt. Nachklassik gewirkt, so etwa auf Kleist und Jean Paul. Gegen Fichtes absolutes »Ich« stellt Kleist das absolute Gefühl, während Jean Paul in seinen Romanen immer wieder das Problem der Persönlichkeitsspaltung aufgreift. Mit den *Reden an die deutsche Nation* (1807/08), die Fichte als Hochschulvorlesungen erstmals vortrug, wirkte er stark auf die Dichter der nationalen Befreiung im Kampf gegen Napoleon. Seine *Sittenlehre* (1798) und die *Einführung in die Wissen-*

schaftslehre (1804) haben auf die Romantik und die Lit. in der Nachfolge des dt. Idealismus starken Einfluß ausgeübt.

Ficker, Ludwig von (* 13. 4. 1880 München, † 20. 3. 1967 Mühlau/Innsbr.). – Dt. Dichter, war als Sohn des Historikers Julius v. F. bald Mittelpunkt des Münchner Kreises der Expressionisten und begründete 1910 die Zeitschrift »Der Brenner«, in der Trakl, Däubler, Else Lasker-Schüler u. a. veröffentlichten. Auch zu Karl Kraus unterhielt er lit. Beziehungen. Als Autor wurde er mit den Gedichten *Inbrunst des Sturms* (1895) und dem Drama *Sündenkinder* (1900) bekannt.

Field, Nathaniel (* 17. 10. 1587 London, † August 1619 ebd.). – Engl. Schauspieler, spielte mit seiner Truppe u. a. Ben Jonsons *Cynthia's Revels* und Werke von Beaumont/Fletcher. Er selbst schrieb Dramen wie *A Woman's Weathercocke* (1612), *Amends for Ladies* (1618), mit Massinger *The Fatal Dowry* (1632), die viel Sinn für Bühnenwirksamkeit beweisen.

Field, Rachel (* 19. 9. 1894 New York, † 15. 3. 1942 Beverly Hills/Kal.). – Amerikan. Schriftstellerin, arbeitete auch als Filmredakteurin. Ihre Kinderbücher wurden selbst von Erwachsenen gern gelesen, und ihre Unterhaltungsromane wie *Seit Menschengedenken* (1935, dt. 1948), *Hölle, wo ist dein Sieg* (1938, dt. 1939), *Als wär es heut* (1942, dt. 1942) und *Morgen wirst du vergessen* (1951, dt. 1951) fanden großen Anklang. Sie veröffentlichte auch Einakter.

Fielding, Henry (* 22. 4. 1707 Sharpham Park, † 8. 10. 1754 Lissabon). – Engl. Dichter, aus altem Adel, Erziehung in Eton, Theaterleiter und Richter. Sein lit. Ruhm geht weniger auf die früh entstandenen Komödien im Stil Molières und Congreves zurück als auf die folgenden großen Romane. 1740 (dt. 1802) erschien der kom. Roman *Joseph Andrews,* ursprünglich als Parodie auf Richardsons *Pamela,* den Inbegriff der Empfindsamkeit, gedacht. Die realist.-humorvoll gezeichnete Hauptfigur Parson Adams paßt genausowenig wie Don Quichotte in seine Umwelt. 1749 (dt. 1786) kam F.s bedeutendstes und umfangreichstes Werk, der Bildungs- und Sittenroman *Tom Jones,* die Geschichte eines Findlings, heraus. *Amelia* folgte 1752. 1755 wurde posth. das *Reisetagebuch nach Lissabon* herausgegeben. F.s Schaffen, das stark unter dem Einfluß Defoes und Richardsons steht, ist ein typ. Dokument der europ. Aufklärung. Seine persönl. Leistung war die Überwindung der lit. Empfindsamkeit und die Hinwendung zu einem humorvollen Realismus. Seine sämtl. Romane erschienen dt. 1965 f. in 4 Bdn.

Figueroa, Francisco de (* 1536 Alcalá de Henares, † um 1617 ebd.). – Span. Dichter, war in Italien aufgewachsen. F. schrieb seine Kanzonen, Sonette und Elegien in beiden Sprachen nach dem Vorbild Garcilasos und Petrarcas, an den er sich in Form und Thematik eng anlehnte. Sein Werk erschien 1626.

Filelfo, Franceso (* 25. 7. 1398 Tolentino, † 31. 7. 1481 Florenz). – Der ital. Humanist lehrte in verschiedenen ital. Städten und übersetzte griech. Hss. ins Latein. Er diente verschiedenen Herren, u. a. Visconti und Sforza, die er abwechselnd verherrlichte oder beschimpfte. *Sforziade* ist ein Loblied auf den Gönner, auf Pius II. schrieb er Satiren. Seine in geschliffenem Stil geschriebenen Reden, Briefe, Epigramme und Oden sind in lat. Sprache, weniges, u. a. Biographien, in ital. Sprache abgefaßt. Seine Hauptwerke sind neben der *Sforziade* das *Satyrarum hecatosticon* (1476) und die *Odae* (1497).

Filicaia, Vincenzo da (* 30. 12. 1642 Florenz, † 24. 9. 1707 ebd.). – Ital. Dichter, bekleidete nach lit. und jur. Studien hohe polit. Ämter. So war auch seine Lyrik von polit.-patriot. Gedankengut erfüllt. Neben einigen Reden und Briefen wurden v. a. seine engagierten 6 Sonette über die Fremdherrschaft in seiner Heimat, *Poesie toscane* (hg. 1707), und die *Canzoni* (1684), welche die Belagerung und Befreiung Wiens durch die Türken schilderten, berühmt.

Filimon, Nicolaie (* 6. 9. 1819 Bukarest, † 19. 3. 1865 ebd.). – Rumän. Schriftsteller, lit. Ruhm erlangte er v. a. mit dem Roman *Parvenüs der Schreibergilde* (1863, dt. 1958), der als erster moderner Roman satir. die Verhältnisse in der Walachei im frühen 19. Jh. und die rasche Orientierung der Rumänen nach Westen schildert.

Filip, Ota (* 9. 3. 1930 Mährisch-Ostrau). – Tschech. Schriftsteller, wurde 1960 aus der KP ausgeschlossen und zu Zwangsarbeit verurteilt. Seine Romane *Das Café an der Straße zum Friedhof* (tschech. und dt. 1968) und *Ein Narr für jede Stadt* (tschech. und dt. 1969) schildern die Willkür im Strafgefangenenlager. Nach erneuter Verurteilung emigrierte er 1974 in die Bundesrepublik und veröffentlichte dt. *Die Himmelfahrt des Lojzek Lapázek aus Schlesisch-Ostrau* (1973), *Zweikämpfe* (1975), *Maiandacht* (1977), *Wallenstein und Lucretia* (dt. 1978), *Großvater und die Kanone* (1981) u. a. Weltruhm erlangte er mit dem historischen Schelmenroman *Café Slavia* (1985).

Findeisen, Kurt Arnold, Ps. *Wendelin Dudelsack* (* 15. 10. 1883 Zwickau/Sachsen, † 17. 11. 1963 Dresden). – Dt. Schriftsteller, behandelte in Gedichten, Erzählungen, Theaterstücken und Hörspielen v. a. Themen aus seiner sächs. Heimat. Er schrieb mehrere volkstüml. Musikerromane wie *Der Davidsbündler* (1921–24) um Robert Schumann, *Lied des Schicksals* (1933) über J. Brahms und *Gottes Orgel* (1935) über Bach und Händel. Daneben publizierte er Erzählungen, wie *Schatten im Sonnenschein* (1960), *Abglanz des Lebens* (1963), die Autobiographie *Der Perlenwagen* (1962) und zahlreiche Gedichtbände.

Fink, Humbert (* 13. 8. 1933 Salerno/Italien). – Österr. Autor. Für seine Erzählungen und Gedichte bevorzugt er zeitbezogene und psychologische Themen. Bisher erschienen u. a. *Verse des Aquafredda* (1953), *Die engen Mauern* (1958), *Die Absage* (1960), *Stadtgeschichten* (1971), *Zornige Träume. Re-*

port über die Mittelmeer-Länder (1974), *Anatolische Elegie* (1977) und *Adriatische Ufer* (1978); 1980 erschienen die Reisebücher *Auf Pilgerstraßen durch Europa* und 1982 *Auf den Spuren großer Archäologen*, 1985 die Reportage *Land der Deutschen*. Bes. bekannt wurde die Biographie über *Franz von Assisi* (1981).

Finnsburglied. Nur wenige Teile des altengl. Heldenlieds sind bruchstückhaft erhalten. Es stammt aus dem 8. Jh. und ist im freien Zeilenstil geschrieben. In gedrängter Form, die Menschen nur grob als Typen zeichnend, wird berichtet, wie die alte Feindschaft zwischen Dänen und Friesen beim Besuch des Dänenkönigs Hnæf beim Friesenkönig Finn wieder aufflakkert. Die Dichtung wird durch eine Episode im *Beowulf* ergänzt.

Finžgar, Frančisek Saleški (*9. 2. 1871 Dosloviče, †2. 6. 1962 Ljubljana). – Der slowen. Schriftsteller war Pfarrer und schrieb aus der Sicht des engagierten Seelsorgers v. a. Novellen und Skizzen über das Bauerntum, etwa *Die Magd Anka* (1913, dt. 1959). Er erlangte Meisterschaft in seinen histor. Romanen, die oft Themen aus der byzant.-frühslaw. Kultur behandeln, wie z. B. *Unter freier Sonne* (1906, dt. 1907). Abgesehen von dem Volksstück *Der Wildschütz* (1902) ist sein lyr. und dramat. Werk weniger bedeutend. Seine letzte Arbeit ist die Betrachtung *Der Weg des Kreuzes* (dt. 1952). Sein Gesamtwerk erschien 1912–43 in 12 Bdn.

Firbank, Ronald (*4. 3. 1886 London, †21. 5. 1926 Rom). – Engl. Romancier, verbrachte einen großen Teil seines Lebens auf Reisen und hielt sich ansonsten in lit. Kreisen in Oxford und London auf. Zu seinen lit. Vorbildern zählen Wilde, Verlaine, Gautier. Seine Dichtung ist von seinem exklusiven exzentr. Dasein geprägt, der Schauplatz seiner Romane ist ein stilisiertes Phantasieland. Beispiele seines Schaffens sind *Vainglory* (1915), *Inclinations* (1916), *Santal* (1921), *The Flower Beneath the Foot* (1923), *Sorrow in Sunlight* (1924) und *The Artificial Princess* (1934).

Firenzuola, Agnolo, eigtl. *Michelangelo Girolamo Giovannini* (*28. 9. 1493 Florenz, †27. 6. 1543 Prato). – Ital. Dichter, Jurist und Priester, gilt als typ. Vertreter seiner Zeit. Sein bekanntestes Werk, die *Ragionamente d'Amore* (1518), in dem von jungen Edlen tagelang über die Liebe diskutiert wird, erinnert an das *Decamerone*. Bekannt wurden auch seine *Dialoge über die Schönheit der Frau* (1541). Daneben verfaßte er in klarer, eleganter Sprache wissenschaftl. Abhandlungen und Dramen, z. B. *La trinuzia* (1549), *I lucidi* (1549).

Firmicus Maternus, Julius. Der lat. Schriftsteller, der im 4. Jh. n. Chr. lebte und aus Syrakus stammte, schrieb um 335 die *Matheseos libri*, eine Verteidigung der Astrologie. 337 versuchte er, selbst kaum bekehrt, in seiner Schrift *De errore profanarum religionum* die Kaiser zur intensiveren Bekämpfung des Heidentums zu veranlassen.

Fischart, Johann, genannt *Mentzer* = Mainzer nach der Herkunft seines Vaters (*1546 Straßburg, †1590 Forbach). – Dt. Humanist, war ein für seine Zeit weitgereister Mann mit umfassender Bildung. Er beherrschte alte und neue Sprachen gleichermaßen und arbeitete als angesehener Jurist am Reichskammergericht. Seine Stärke liegt nicht in Phantasie und Erfindungsreichtum, denn er bearbeitete fast nur bekannte Werke und Stoffe, sondern im souveränen Jonglieren mit der Sprache. Seine satir. Arbeiten, oft gegen die Jesuiten, gegen den moral. Verfall und gegen die Laster der Zeit gerichtet, gelten als lit. Muster für die Gattung. Die wichtigsten Texte sind etwa *Aller Practick Großmutter* (1572), *Das Philosophisch Ehzuchtbüchlin* (1578), *Affentheurlich Naupengeheurliche Geschichtklitterung* (1582), *Binenkorb Des Heyl. Röm. Imenschwarms* (1579) und das *Jesuitenhütlein* (1580).

Fischer, Johann Georg von (*25. 10. 1816 Groß-Süßen, †4. 5. 1897 Stuttgart). – Schwäb. Autor, sein Leben lang seiner Heimat und seinem Lehrerberuf treu, war mit Mörike befreundet und schrieb neben nicht sehr erfolgreichen histor. Dramen, z. B. über *Friedrich II.* (1863), *Saul* (1862), *Florian Geyer* (1866), Naturlyrik im Stil der Schwäb. Schule. 1923 erschien noch einmal eine Auswahl seiner Gedichte.

Fischer, Otokar, Ps. *Otokar Frey* (*20. 5. 1883 Kolin, †12. 3. 1938 Prag). – Tschech. Wissenschaftler, lehrte dt. Literaturgeschichte in Prag und veröffentlichte ausgezeichnete Werke über Kleist, Nietzsche, Heine und über tschech. Literatur. Dem Theater fühlte er sich nicht nur als Kritiker und Dramaturg verbunden; er schrieb auch eigene Dramen, die, ebenso wie seine Lyrik, die Zerrissenheit des modernen Menschen, seine Sehnsucht und seine Träume schildern. Beispiele seines lit. Schaffens sind die Gedichte *Hlasy* (1923), das Drama *Otroci* (1925).

Fischer, Otto Peter Leck (*26. 3. 1904 Kopenhagen, †17. 6. 1956 Lyngby/Kopenhagen). – Dän. Kaufmannssohn, beschäftigte sich in seinen dramat. und erzählenden Werken mit dän. Zeitgeschichte. V. a. behandelte er die wirtschaftl. und sozialen Probleme des Kleinbürgertums zwischen 1920 und 1950, die er realist. und genau darstellt. Dabei erinnert Stil und zykl. Darstellungsweise an den Einfluß Falladas. Als Hauptwerke gelten seine Romane *Leif den Lykkelige* (1928, dt. 1929), *Eine Frau von 40 Jahren* (1940, dt. 1942) und die Dramen *Ausgangstag* (1954, dt. 1956) und *Brot der Macht* (1955, dt. 1957). Seine Werke sind nur z. T. ins Dt. übersetzt.

Fischer-Colbrie, Arthur (*25. 7. 1895 Linz, †30. 12. 1968 ebd.). – Österr. Schriftsteller, war von Beruf Soldat, Bank- und Staatsbeamter. Neben Essays, Dramen, Kritiken und Rundfunkbeiträgen schuf er ein umfangreiches lyr. Werk. Seine Verse sind sehr sorgfältig komponiert, haben eingängige, liedhafte Rhythmen und zeigen eine tiefe Naturverbundenheit. Die Sammlungen sind überschrieben: *Musik der Jahreszeiten*

(1928), *Die Wälder und die Sterne leuchten* (1939), *Der ewige Klang* (1945), *Orgel der Seele* (1953) und *Gleichenberger Elegien* (1962). Eine Auswahl *Farbenfuge* (1962) faßt die besten Texte zusammen.

Fishta, Gjergi, Ps. *Gegë, Toska, Sokoli, Criticus* etc. (*23.10. 1871 Fishta, †30.12. 1940 Shkodra). – Alban. Autor, polit. engagierter Lehrer und Pfarrer, machte sich besonders um die lit. und sprachl. Entwicklung und das Nationalbewußtsein Albaniens verdient. Er gilt als der bedeutendste alban. Dichter, der das gewaltige nationale Versepos *Die Laute des Hochlandes* (1905 ff., dt. 1958), das den jahrhundertelangen Freiheitskampf der Albanier schildert, schuf.

Fitzgerald, Edward (*31.3. 1809 Bradfield/Suffolk, †14.6. 1883 Merton Rectory/Norfolk). – Engl. Schriftsteller, befreundet mit Tennyson und Carlyle, galt als virtuoser Briefschreiber und erlangte seinen lit. Ruhm v. a. durch seine meisterhaften Übersetzungen und Bearbeitungen dramat. Werke von Calderon, Sophokles und Aischylos und des *Rubaijat* aus dem Pers.

Fitzgerald, Francis Scott Key (*24.9. 1896 St. Paul/Minnesota, †21.12. 1940 Hollywood). – Amerikan. Schriftsteller, sein Aufstieg begann 1920 mit *This Side of Paradise* (dt. 1988 u. d. T. *Diesseits vom Paradies*). 1922 folgten die *Tales of the Jazz Age*. Von da an war er der gefeierte Autor der Generation der lauten, unruhigen 20er Jahre, in denen glänzender Aufstieg und dramat. Niedergang einander abwechselten. Er stürzte sich selbst in dieses von Lebensgier und Raffsucht beherrschte Treiben und beschrieb zugleich mit schonungsloser Offenheit und Genauigkeit dessen Verlogenheit und Leere. In *Der große Gatsby* (1925, dt. 1953) charakterisiert er die trag. Figur eines Aufsteigers jener Zeit und die damalige Situation Amerikas, schwankend zwischend wirklichem Glück und Illusion. Von seinen späteren Werken wurden die Autobiographie *The Crack-Up* (1945), *Zärtlich ist die Nacht* (1934, dt. 1952) und *Der letzte Taikun* (1941, dt. 1962) bekannt. In dt. Übersetzung erschien 1954 die Auswahl *Die besten Stories*.

Flaischlen, Cäsar, Ps. *Cäsar Stuart, C. F. Stuart* (*12.5. 1864 Stuttgart, †16.10. 1920 Gundelsheim/Neckar). – Dt. Schriftsteller aus einer Offiziersfamilie, arbeitete als Buchhändler. Neben einer bedeutenden Herausgebertätigkeit – er legte die erste große Barockanthologie vor – schrieb er v. a. vom Naturalismus beeinflußte Gedichte – z. B. *Nachtschatten* (1884). Er handhabte souverän und mit feinem Sprachempfinden alle Register der Verskunst – Endreime, Reimlosigkeit, genaue Metrik unter dem Einfluß von Withman und A. Holz. Von 1895 bis 1900 gab er die Kunstzeitschrift »Pan« heraus. Seine Erzählungen und Dramen, die z. T. in schwäb. Mundart geschrieben sind, sind heute vergessen, waren aber bei den Zeitgenossen sehr geschätzt, etwa der Entwicklungsroman *Jost Seyfried* (1905) oder das Drama *Martin Lehnhardt* (1895), das stark unter der philosoph. Handlung leidet.

Flake, Otto, Ps. *Leo F. Kotta* (*29.10.1880 Metz, †10.11.1963 Baden-Baden). – Dt. Schriftsteller, erhielt seine Ausbildung im Elsaß und unternahm ausgedehnte Reisen durch Europa. Aus den Erfahrungen dieser Zeit heraus wurde er zum lit. Mittler zwischen Dtld. und Frankreich und wählte die Themen seiner Romane häufig aus dem kulturellen/polit. Bereich. Er trat v. a. als Verfasser von Gesellschafts- und Sittenromanen des gebildeten Bürgertums hervor. Als seine Hauptwerke gelten die Romane *Fortunat* (1946), *Die Sanduhr* (1950) und *Die Monthivermädchen* (1952). In den Biographien wie *Hortense* (1933) und *Große Damen des Barock* (1939) stellte er seine Fähigkeit, Frauen zu schildern, unter Beweis. Das breite Spektrum seines Schaffens wird durch zahlreiche essayist. und kulturkrit. Arbeiten abgerundet. In seinen letzten Lebensjahren veröffentlichte er die Autobiographie *Es wird Abend* (1960), die Essays *Der letzte Gott* (1961), *Die Verurteilung des Sokrates* (1971), die Romane *Spiel und Nachspiel* (1962) und die gesammelten Erzählungen *Finnische Nächte* (1966). Seine Werke erschienen als Gesamtausgabe 1973 f. in 5 Bdn.

Flaubert, Gustave (*12.12. 1821 Rouen, †8.5. 1880 Croisset/Rouen). – Der franz. Romancier wohnte während des größten Teils seines Lebens zurückgezogen in Croisset und schrieb dort in strenger Selbstdisziplin mit genau festgeleger tägl. Arbeitszeit. Seine Arbeitsweise spiegelt sich in der Sprachkunst seiner Werke: Er kämpfte um die vollendete Form, feilte und bearbeitete seine Sprache bis zur Perfektion, bis zur vollkommenen Objektivität. F. sorgte für den entscheidenden Durchbruch des Realismus in Frankreich, obwohl er selbst noch zwischen Romantik und Realismus hin und her pendelte – es wechseln im Lauf seines Schaffens romant. Werke, bilderreiche, überschwengl. Tableaus der Vergangenheit mit streng objektiven realist. Berichten ab. Sein wohl erfolgreichster Roman *Madame Bovary* (1857, dt. 1892) beschreibt eine Frau aus der Provinz, die nach einem Ehebruch am Konflikt zwischen ihren Gefühlen und dem Zwang der Umgebung zerbricht. Weitere sehr bedeutende Werke sind: *Lehrjahre des Herzens* (1870, dt. 1957), *Drei Erzählungen* (1877, dt. 1903), *Salammbô* (1862, dt. 1900), *Die Schule der Empfindsamkeit* (1869, dt. 1904), *Die Versuchung des hl. Antonius* (1874, dt. 1905), *Bouvard et Pécuchet* (1881, dt. 1964) sowie Briefsammlungen und Tagebücher. Die franz. Gesamtausgabe erschien 1926 bis 1933 in 22 Bdn., eine dt. erste Gesamtübersetzung 1907 bis 1909 in 10 Bdn. Heute gilt F. unbestritten als der bedeutendste Realist, dessen Wirkung auf die europ. Lit. bis in die Gegenwart nicht abgeklungen ist.

Fleck, Konrad. Der Alemanne F., Epigone Hartmann von Aues im 13. Jh., stammte aus bürgerl. Kreisen und lebte am Oberrhein. Rudolf v. Ems sah in ihm auch den Verfasser des *Clîes*, fest steht jedoch nur als Dichter des höf. Epos *Floire und Blanscheflur* (um 1220), das gefühlvoll die reine Liebe und

Treue zweier Kinder besingt. Darin sind byzant. und griech. Motive verarbeitet, die unmittelbare Quelle ist unbekannt. Das Epos ist in wenigen Hss. des 15. Jh.s überliefert, andere Werke F.s sind verloren.

Flecker, James Elroy (*5. 11. 1884 Lewisham, †3. 1. 1915 Davos). – Engl. Dichter, weilte nach dem Studium oriental. Sprachen als Diplomat in Beirut und Konstantinopel. Neben Lyrik veröffentlichte er die beiden Dramen *Hassan* (1919, dt. 1922) und *Don Juan* (1925, dt. 1925). Lit. ist er den Georgian Poets zuzurechnen. Seine romant. Verse sind nach franz. Vorbild streng gebaut und sehr melodiös. 1949 kamen seine *Collected Poems* heraus.

Fleißer, Marieluise, eigtl. *Haindl* (*23. 11. 1901 Ingolstadt, †2. 2. 1974 ebd.). – Dt. Schriftstellerin, studierte in München Theaterwissenschaften, stark von Brechts Theatertechnik beeinflußt. Dennoch blieben ihre Dramen und Erzählungen bis zur Wiederentdeckung der Komödie *Pioniere in Ingolstadt* (1928) und des Dramas *Fegefeuer in Ingolstadt* (1926) in den sechziger Jahren nahezu unbekannt. Erst dann wurde sie als Vorläuferin der Moderne und Vertreterin der Neuen Sachlichkeit gewürdigt. In volkstüml., knapper Sprache, oft in Mundart, schildert sie v. a. Szenen aus dem Kleinbürgermilieu ihrer bayer. Heimat. Mit großer Begeisterung wurden in den letzten Jahren auch folgende Dramen aufgenommen: *Mehlreisende Frieda Geier* (1931), *Der starke Stamm* (1946), *Karl Stuart* (1946). Auch als Erzählerin trat F. u. a. mit *Ein Pfund Orangen* (1929), *Andorranische Abenteuer* (1932), *Avantgarde* (1963) und *Abenteuer aus dem Englischen Garten* (1969) hervor. Ihr Gesamtwerk erschien 1972 in 3 Bdn.

Fleming, Jan (*28. 5. 1908 London, †12. 8. 1964 Canterbury). – Engl. Romanautor, der im 2. Weltkrieg beim Geheimdienst der brit. Marine tätig war. In seinen Romanen schildert er die Abenteuer des Spitzenagenten 007 James Bond, der von Frauen umschwärmt die gefährlichsten Aufträge an allen Schauplätzen der Welt mit techn. Mitteln, Mut und Einfallsreichtum zu lösen versteht. Die spannenden Erzählungen fanden beim Publikum großen Zuspruch und wurden auch zum größten Teil verfilmt. Die bekanntesten Romane sind *Casino Royale* (1953, dt. 1960), *Leben und Sterbenlassen* (1954, dt. 1961), *Moonraker* (1955, dt. 1967), *Diamantenfieber* (1956, dt. 1970), *Liebesgrüße aus Moskau* (1957, dt. 1961), *Dr. No* (1958, dt. 1965), *Goldfinger* (1959, dt. 1964), *Der Spion, der mich liebte* (1962, dt. 1966), *Du lebst nur zweimal* (1964, dt. 1966), *Der goldene Colt* (1965, dt. 1966) u. a. m.

Fleming, Paul (*5. 10. 1609 Hartenstein/Erzgebirge, †2. 4. 1640 Hamburg). – Der dt. Barockdichter entstammte einem luth. Pfarrhaus, war Arzt und unternahm als Junker und Truchseß weite Reisen nach Persien und Moskau. Als Mitglied der Leipziger Dichterschule empfing er nach dem Studium die barocke Dichterkrönung. In seinen vielfältigen Gedichten, die

er als Liebeslieder für seine Braut, als Trink- und Vaterlandslieder, als Gelegenheitsdichtungen und fromme geistl. Lieder – das bekannteste ist wohl *In allen meinen Taten* – schuf, zeigte er sich einmal als bedeutender Nachfolger Opitz', zum anderen als Sänger sinnl. Heiterkeit und Naturliebe. Er pflegte seinen sehr eigenen, unverwechselbaren Stil, ohne jedoch auf die zeittyp. strenge Form zu verzichten. Bes. Bedeutung haben die Sammlungen *Poetischer Gedichten... Prodromus* (1641) und *Teutsche Poemata* (1642).

Fleming, Peter (*31. 5. 1907 London, †18. 8. 1971 Black Mountain/Argyllshire). – Engl. Schriftsteller, wurde berühmt durch seine Berichte über die ausgedehnten Reisen, die er als Journalist und Auslandskorrespondent in fremde Kontinente, China, Japan usw., unternahm. Am 2. Weltkrieg nahm er aktiv teil und schilderte in *Invasion* (1940, dt. 1957) die Ereignisse aus engl. Sicht. Bekannt wurden weiter *Brasilianisches Abenteuer* (1933, dt. 1935), *News from Tartary* (1936), *Die Belagerung zu Peking* (1959, dt. 1961).

Fletcher, John (*Dez. 1579 Rye, †28. 8. 1625 London). – Engl. Schauspieldichter, wurde als Sohn eines hohen engl. Geistlichen geboren und fiel der Pest zum Opfer. 1610 kam er mit dem Schäferspiel *The Faithful Shepheardesse* heraus; die folgenden Werke schrieb er gemeinsam mit Beaumont. Nach dessen Tod arbeitete er mit anderen Autoren zusammen, möglicherweise mit Shakespeare in *Die beiden edlen Vettern* (1634, dt. 1890). Weitere Werke F.s sind die Komödien *Women Pleased* (?1620) und *A Wife for a Month* (1624).

Fletcher, John Gould (*3. 1. 1886 Little Rock/Ark., †10. 5. 1950 ebd.). – Amerikan. Schriftsteller, 1908–1933 in England. F. machte v. a. die Symbolisten in der angelsächs. Lit. bekannt. Seine sehr assoziative, von Klängen und Farben bestimmte Lyrik weist ihn als Vertreter der Imagisten aus. Daneben gibt es von ihm tief empfundene Schilderungen der heimatl. Landschaft. Bes. bekannt wurden die Gedichte *The Epic of Arkansas* (1936), *South Star* (1941), *The Burning Mountain* (1946) und die Autobiographie *Life is my song* (1937). Für die Ausgabe *Selected Poems* erhielt er 1939 den Pulitzerpreis.

Fleuron, Svend (*4. 1. 1874 Moen, †5. 4. 1966 Homlebœk/Öresund). – Der dän. Gutsbesitzerssohn verließ den Heeresdienst, um Jäger und Schriftsteller zu werden. Er gehört zu den besten Tier- und Naturschilderern, die didakt. wertvolle, einfühlsame, aber nicht vermenschlichende Berichte über die heimatl. Tierwelt schrieb. Seine umfangreiche Produktion wurde fast vollständig ins Dt. übersetzt, wo er sein Hauptpublikum fand und wo v. a. die Hundegeschichten *Schnipp Fidelius Adelzahn* (1917, dt. 1922) und *Flax Aedilius* (1929) sehr erfolgreich wurden. 1967 f. wurde eine dt. Gesamtausgabe *Das Leben der Tiere* in 3 Bdn. aufgelegt.

Flex, Walter (*6. 7. 1887 Eisenach, †16. 10. 1917 Ösel). – Dt. Dichter, galt der Jugendbewegung seiner Zeit als Vorbild und als Sprecher ihrer Erfahrungen. Nach einer Tätigkeit als Hauslehrer bei der Familie Bismarck ging er als Freiwilliger in den 1. Weltkrieg. Hier fand seine entscheidende Begegnung mit dem Wandervogelführer Ernst Wurche statt, dessen Wahlspruch »Rein bleiben und reif werden« ihn zu seinem Kriegsroman *Der Wanderer zwischen beiden Welten* (1917) anregte. Das Buch gewann nach 1918 einen ungeheuren Einfluß auf die enttäuschte Jugend. Nach 1945 wurde sein Werk lange als nationalistisch mißverstanden. Der epigonale Neuromantiker verfaßte weiter u. a. die Gedichte *Vom großen Abendmahl* (1915), die Tragödie *Klaus von Bismarck* (1913) sowie die Novellen *Wallensteins Antlitz* (1918).

Flint, Frank Stewart (* 19. 12. 1885 London, †28. 2. 1960 Berkshire). – Engl. Dichter, dessen schmales lyr. Werk nur drei Bde. umfaßt, die bis 1920 erschienen: *In the Net of the Stars* (1909), *Cadences* (1915), *Otherworld* (1920). Seine Verse sind freirhythm., sehr knapp formuliert und suchen die klass. Form. Lit. zählt er zu den Imagisten.

Floire et Blancheflor ist der Stoff einer alten arab. Sage, die v. a. im Mittelalter in ganz Europa bekannt war. Sie erzählt von der romant. Liebe und Treue zweier Kinder, des Sohnes eines Heidenkönigs und der Tochter einer christl. Gefangenen. Nach vielen Irrwegen und Beweisen der Treue werden die Liebenden schließlich vereinigt. Die älteste uns erhaltene Fassung ist eine altfranz. um 1160/70, eine dt. im *Trierer Floyris* um 1170, von Konrad Fleck um 1220, etwas später auch in niederländ., niederdt. und norweg. Sprache. 1499 entstand ein Volksbuch, das 1551 Hans Sachs zu einer Komödie anregte.

Flügel, Heinz (* 16. 3. 1907 São Paulo). – Dt. Schriftsteller, arbeitete als Lektor, Redakteur und Studienleiter. Das breite Spektrum seines lit. Schaffens ist von protestant.-christl. Engagement getragen, ohne gedankl. überladen zu sein. 1957 und 1965 erschienen Essaybände zu theolog. Themen. Daneben veröffentlichte er Hörspiele, Dramen, Essays und erzählende Prosa. 1967 kam das szenische Werk *An Gott gescheitert,* 1971 der Essay *Grenzüberschreitungen* heraus. Als weitere Arbeiten liegen vor *Un-Zeit-Genossen. Confessionen und Clownerien* (1973), *Wieder-Holungen* (1977), *Im Schatten des Babylonischen Turms* (1980), *Bekenntnisse zum Exodus* (1983).

Fo, Dario (* 24. 3. 1926 Sangiano/Varese). – Ital. Dramatiker, arbeitete auch als Regisseur und Schauspieler, trat früh als Laienschauspieler auf und schrieb für Laienbühnen seine ersten Stücke. 1969 gründete er das Theater *La commune* in Mailand, mit dem er Tourneen in Fabriken und auf öffentlichen Plätzen unternimmt und im Sinne des polit. Theaters unmittelbar auf die Zuschauer zu wirken versucht. Dabei steht er einmal unter dem Einfluß von E. Piscator, zum anderen aktiviert er Elemente der europ. Theatertradition vom Mysterienspiel bis zum Musical, vom Puppentheater und der Com-

media dell'arte bis zur Posse und entwickelt so Spielformen eines postmodernen Bühnengeschehens. In Deutschland wurden besonders bekannt *Mister buffo* (1969, dt. 1970), *Bezahlt wird nicht* (1974, dt. 1977), *Nur Kinder, Küche, Kirche* (1977, dt. 1979), *Isabella, drei Karavellen und ein Possenreißer* (1966, dt. 1986), *Einer für alle, alle für einen! Verzeihung, wer ist hier eigentlich der Boß?* (1972, dt. 1978); *Der Nackte und der Mann im Frack* (dt. 1987).

Fock, Gorch, eigtl. *Kinau, Hans* (* 22. 8. 1880 Finkenwerder, †31. 5. 1916 im Skagerrak). – Dt. Dichter, als Sohn eines Fischers von Kindheit an mit dem Meer vertraut. In seinem lyr., ep. und dramat. Werk kommt dies zum Ausdruck. Er bedient sich oft der plattdeutschen Mundart. Von seinen zahlreichen Veröffentlichungen wurde der Roman *Seefahrt ist not* (1913) sehr berühmt und wirkte bes. auf die junge Generation. 1911 und 1912 erschienen die Erzählungsbände *Schullengrieper und Tungenknieper* und *Hein Godenwind*, 1918 das Drama *Doggerbank*. 1917 gab er seine Tagebücher u. d. T. *Sterne überm Meer* heraus.

Fogazzaro, Antonio (* 25. 3. 1842 Vicenza, †7. 3. 1911 ebd.). – Ital. Schriftsteller, der auch Lyrik, Dramen und Novellen veröffentlichte, wurde v. a. durch seine Romane berühmt. In ihnen versucht er, seinen persönl. Konflikt zwischen dem orthodoxen Katholizismus und den modernen Lehren der Vernunft, des Darwinismus, Spiritismus und Realismus, zu überwinden und die gegensätzl. Pole zu verbinden. In *Kleine alte Welt* (1896, dt. 1903) ist ihm die Synthese am besten gelungen. Lit. Bedeutung hat sein Werk v. a. durch die wirklichkeitsnahe, humorvolle Darstellung des Provinzbürgertums erlangt, wobei er auch Elemente des aufkommenden Symbolismus verarbeitete. Die österr. Regierung in den ital. Provinzen beschreibt und charakterisiert er in *Piccolo mondo moderno* (1900, dt. 1903) und in *Il Santo* (1905, dt. 1906). Eine dt. Übersetzung seines Gesamtwerks erschien 1948ff.

Folengo, Teofilo (* 8. 11. 1496 Cipada/Mantua, †9. 12. 1544 Campese). – Ital. Schriftsteller, lebte zeitweise als Benediktinermönch. Seine lit. Bedeutung liegt in seinen meisterhaften Parodien der Ritterromane, z. B. in den Epen *Baldus* (1517) und *Zanitonella* (1519), in denen er ein Gemisch aus lat./ital./lombard. Elementen das sog. makkaron. Latein verwandte und mit denen er den Hang seiner Zeit, die Klassik zu imitieren, sowie die damalige Vorliebe für die Schäferidylle verspottete.

Folquet de Marseille (* um 1150 in Marseille [?], †1231 in Toulouse). – Der franz. Troubadour stammte aus einer wohlhabenden Kaufmannsfamilie und erwarb sich eine umfassende humanist./scholast. Bildung. Er lebte an verschiedenen Höfen und dichtete dort u. a. viele metaphernreiche und kunstvoll gebaute Minnelieder, gerichtet an die Frauen seiner Gönner. 14 Lieder sind erhalten, darunter zwei Kreuzzugslieder und ein

Klagelied auf den Herzog von Baux. Später wandte er sich dem Klosterleben und der Ketzerverfolgung zu.

Folz, Hans (*um 1450 Worms, †vor d. 16.9. 1515 Nürnberg). – F. ließ sich nach einem Wanderleben als Arzt bzw. Bader in Nürnberg nieder und wurde dort bald zu einem geachteten Meistersinger, der der Singschule v.a. durch die Erfindung zusätzl. Töne neuen Auftrieb gab. Seine zahlreichen kunstvollen Lieder, die hauptsächlich theologische Themen behandeln, druckte er selbst. Er bekämpfte die Zotigkeit des frühen Meistersangs und wurde neben Hans Sachs, der ihm auch entscheidende Anregungen verdankt, zu einem der bedeutendsten Meistersinger. In seinen mit sehr viel Sinn für Theater und Situationskomik geschriebenen Fastnachtsschwänken spiegelt sich satirisch das lebhafte Treiben einer reichen Patrizierstadt. Seine *Fastnachtsspiele* erschienen 1853 bis 1858 in 4 Bdn., seine Erzählungen 1855 und die *Reimpaarsprüche* 1962.

Fonseca, José Rubem (*11.5. 1925 Juiz de Fora/Brasilien). – Brasilian. Schriftsteller, studierte Jura und arbeitete als Direktor eines großen Elektrokonzerns in Rio de Janeiro, begann in den 60er Jahren Kurzgeschichten und Erzählungen zu schreiben und wurde zum Begründer einer sozialkrit. Prosa in seiner Heimat. Seine Stories erzählen von der Ausbeutung der Armen, von Brutalität und sexuellem Mißbrauch, von Gefühllosigkeit und Geldgier der Oberschichten. Seine Erzählungen machten im eigenen Land Probleme der kriminellen Randgruppen, der Drogenabhängigen und Prostituierten deutlich, wurden aber von der Oberschicht, die am lit. Leben in Südamerika nicht teilnimmt, abgelehnt und während der Militärdiktatur verboten. In Deutschland wurden einige Erzählungen wie *Die Gefangenen* (1963), *Exekutor* (1979, dt. 1984), *Der Fall Morel* (1973), *Bufo & Spallanzani* (1985, dt. 1987) bekannt.

Fontana, Gian (*16.11. 1897 Fidaz/Graubünden, †30.11. 1935 Flims). – Rätoroman. Schriftsteller, wirkte als Lehrer in seiner Heimat, die auch das Thema seiner Gedichte und Erzählungen blieb. 1931 erschien seine Gedichtsammlung *Poesias,* die sich durch Naturverbundenheit und Einfühlungsvermögen in feinste menschl. Regungen auszeichnet. In seinen Erzählungsbänden, z.B. in *A casa, per l'honur* (1922), *La parlera* (1923), *Nora* (1924), schilderte er Schicksale aus dem Leben der Graubündner Bergbauern. Dt. erschien 1943 die Erzählung *Der Präsident von Valdei* (1943). Eine Gesamtausgabe in 5 Bdn. liegt aus den Jahren 1940 bis 1943 vor.

Fontana, Oskar Maurus (*13.4. 1889 Wien, †4.5. 1969 ebd.). – Österr. Schriftsteller, hatte als Journalist und Theaterkritiker großen Einfluß auf das kulturelle Leben seines Landes. Sein Schaffen spiegelt die lit. Entwicklung seiner Zeit: Er begann als Verfasser neuromant.-express. Bühnenstücke, gab 1916 die express. Anthologie *Die Aussaat* heraus und schrieb später

realist. Romane wie *Der Weg durch den Berg* (1936), *Gefährlicher Sommer* (neu 1961). Bekannt wurde er als Biograph der Schauspieler *Albin Skoda* (1962) und *Hans Moser* (1965).

Fontane, Theodor (*30.12. 1819 Neuruppin, †20.9. 1898 Berlin). – Dt. Dichter, stammte aus einer Hugenottenfamilie und erlernte, dem Wunsch und Vorbild des Vaters entsprechend, den Apothekerberuf. Nach Lehrzeit und Auslandsreisen ließ er sich 1844 in Berlin nieder, wo er u.a. Redakteur der konservativen »Kreuzzeitung« wurde und sich ganz dem Schreiben zuwandte. F. ist neben G. Keller der bedeutendste Romancier im ausgehenden 19. Jh., dessen Einfluß auf die europ. Lit. bis heute wirksam ist. In Dtld. stehen bes. Th. Mann, G. Hauptmann und die Zeitgenossen S. Lenz, R. Walser und G. Grass unter seiner Vorbildwirkung. Neben spannenden und sprachgewaltigen Balladen – etwa *Die Brücke am Tay, John Maynard* –, die häufig Gestalten aus der engl./schott. Geschichte darstellen *(Archibald Douglas),* stehen v.a. im Alter, Erzählungen und Romane, die die Kunst des poet. verklärten Realismus zu höchster Vollendung führen. Seine schlichte, unprätentiöse Wirklichkeitsdarstellung ist ganz am Diesseits orientiert und ohne jedes Pathos, dabei sprachl. vollkommen. Niemals sind es die lebensstarken Menschen, die er zu seinen Helden wählt, sondern die Schwachen, Kranken, wobei die Charakteristik durch Dingsymbole und Gespräche bes. eindringl. wird. In allen Werken hat die Natur nicht nur die Funktion der Kulisse, sondern ist selbständiges Handlungselement. Seine Romane und Novellen, wie z.B. *Vor dem Sturm* (1878), *Grete Minde* (1880), *L'Adultera* (1882), *Schach von Wuthenow* (1883), *Unterm Birnbaum* (1885), *Irrungen, Wirrungen* (1888), *Stine* (1890), *Unwiederbringlich* (1891), *Frau Jenny Treibel* (1892) *Effi Briest* (1895), *Die Poggenpuhls* (1896) und *Der Stechlin* (1899) sind wie die *Wanderungen durch die Mark Brandenburg* (1862–1882) Werke weltlit. Ranges. Der alte F., der als Theater- und Literaturkritiker der »Vossischen Zeitung« (seit 1889) hohes Ansehen genoß, ebnete dem Naturalismus den Weg auf die Bühne. Seine sämtlichen Werke erschienen 1961 bis 1970 in 39 Bdn. In den letzten Jahren ist das Werk F.s erneut von der Literaturwissenschaft und dem Publikum entdeckt worden.

Fontenelle, Bernard de Bovier de (*11.2. 1657 Rouen, †9.1. 1757 Paris). – Der umfassend gebildete franz. Gelehrte wurde zum Wegbereiter der Aufklärung, der die modernsten wissenschaftl. Erkenntnisse aller Disziplinen, ob theolog./philosoph. oder naturwissenschaftl. in gefälliger, leicht verständl. Sprache den gebildeten Kreisen der Pariser Salons erläuterte und nahebrachte. 1691 wurde er Mitglied der Académie Française. Von Bedeutung ist z.B. die Schrift zur Verteidigung Galileis und Kopernikus' *Entretiens sur la pluralité des mondes* (1686, dt. v. Gottsched 1727) und die Abhandlung *Digression sur les anciens et les modernes* (1688). Sein Gesamtwerk erschien

1790 in 8 Bdn., die dt. Übersetzung und Erstausgabe besorgte J. Chr. Gottsched 1751.

Fonwisin, Denis Iwanowitsch (* 14. 4. 1745 Moskau, † 12. 12. 1792 Petersburg). – Der russ. Dramatiker, der lange am Hofe Katharinas II. lebte, hatte mit seinen klassizist. gebauten Komödien, die mit satir. Mitteln Mißstände bes. in den oberen Schichten aufdeckten, großen Erfolg. Die Komödie *Der Landjunker* (1782, dt. 1889), die das Leben der Gutsbesitzer schildert, wird wegen ihrer treffenden Charakterdarstellung, insbes. der negativen Helden, mit ihrer Bühnenwirksamkeit bis heute gespielt. 1957 erschien eine dt. Auswahl u. d. T. *Der Landjunker und andere satirische Dichtungen.*

Ford, Ford Madox, eigtl. *Ford Hermann Madox Hueffer* (* 17. 12. 1873 Merton/Surrey, † 26. 6. 1939 Deauville). – Engl. Schriftsteller und Kritiker, pflegte lit. Beziehungen zu den bedeutendsten Literaten seiner Zeit, fungierte als Zeitschriftenhrsg. und verfaßte kenntnisreiche lit.-wiss. Schriften. Seinen Ruf als Romancier erlangte er nach etl. früheren Romanen mit dem vierteiligen *No More Parades* (1925), in dem Krieg und der Zerfall alter Ordnungen an der Geschichte einer Familie exemplifiziert werden. Sein früher Roman *Die allertraurigste Geschichte* (1915, dt. 1962) wurde in Dtld. stark beachtet.

Ford, John (* vor dem 17. 4. 1586 Islington/Devon, † um 1640). – Engl. Dichter, begann sein lit. Schaffen mit spätrenaissancehaften Elegien und Pamphleten und wurde als Dramatiker berühmt. Seine ersten Bühnenstücke entstanden in Zusammenarbeit mit anderen Autoren, seine späteren behandeln v. a. trag. endende Liebesgeschichten und psychopath. Fälle. Die berühmtesten sind wohl *Giovanni und Arabella* (1633, dt. 1918), *The broken heart* (1633) und *Perkin Warbeck* (1634, dt. 1904).

Forester, Cecil Scott (* 27. 8. 1899 Kairo, † 2. 4. 1966 Fullerton/Kalif.). – Engl. Romancier, Zeitungskorrespondent in Europa und Filmautor in Hollywood. Die Helden seiner spannenden und abenteurl. Romane aus dem Soldaten- und Seemannsmilieu sind Menschen, die sich in schwierigen Situationen bewähren. Seinen lit. Durchbruch erlebte er mit dem Kriminalroman *Zahlungsaufschub* (1926, dt. 1951). Seine erfolgreichsten Werke waren *Ein General* (1936, dt. 1937) und die *Hornblower-Trilogie* (1937 f., dt. 1938 f. und 1967), an der er sein ganzes Leben arbeitete. Darüber hinaus fand er Anerkennung mit *Das verlorene Paradies* (1940, dt. 1941), *Seeschlacht* (1941, dt. 1946), *Fähnrich zur See Hornblower* (engl. und dt. 1950), *Die letzte Fahrt der Bismarck* (1959, dt. 1960) und *Zapfenstreich* (1967, dt. 1968).

Forš, Olga Dmitrievna, Ps. *A. Terek* (* 28. 5. 1873 Festung Gunib/Daghestan, † 17. 7. 1961 Leningrad). – Russ. Autorin, arbeitete als Malerin und Zeichenlehrerin, was sich in der sorgfältigen Menschendarstellung ihrer Romane nieder-

schlägt. Lit. Bedeutung erlangte sie v. a. mit histor. Romanen, die das revolutionäre Element in der Geschichte herausstellen, z. B. die Trilogie *Die Kaiserin und der Rebell* (1934 ff., dt. 1957), *In Stein gehüllt* (1925, dt. 1926), dazu 1953 ein Roman über die Dekabristen.

Forster, Edward Morgan (* 1. 1. 1879 London, † 8. 6. 1970 Coventry). – Engl. Romancier, lehrte Lit. in Cambridge und reiste viel, u. a. nach Indien. Seinen Ruf als einer der namhaftesten Romanciers seiner Zeit sicherten ihm seine fünf Romane *Engel und Narren* (1905, dt. 1905), *The Longest Journey* (1907), *Zimmer mit Aussicht* (1908, dt. 1986), *Howards End* (1910, dt. 1949) und v. a. *Indien* (1924, dt. 1932), eine Beschreibung des Zusammenstoßes östl. und westl. Welten. Seine Werke zeichnen sich durch meisterhafte Gestaltung der Menschen und ihrer Beziehungen in einer Welt voller Widersprüche aus. Später veröffentlichte er außer zwei richtungweisenden Kurzgeschichtenbänden nur noch lit.-krit. Schriften, von denen *Aspekte des Romans* (1927, dt. 1949) für die Romantheorie von großer Bedeutung ist.

Forster, Johann Georg (* 27. 11. 1754 Nassenhuben/Danzig, † 10. 1. 1794 Paris). – Dt. Schriftsteller, begleitete seinen Vater, einen Naturforscher, bei Cooks Weltumsegelung und anderen Reisen. Er arbeitete als Prof. der Naturwissenschaften, als Bibliothekar und Diplomat und hielt sich viel im Ausland auf, als Anhänger der Franz. Revolution wiederholt in Paris. Lit. Ruhm erwarb er durch seine hervorragenden Reisebeschreibungen, etwa *Reise um die Welt* (1778/80), und Darstellungen histor. Landschaften, z. B. *Ansichten vom Niederrhein* (1791 ff.).

Forsyth, Frederick (* 25. 8. 1938 Kent). – Engl. Schriftsteller, war zunächst Pilot bei der Royal Air Force, dann Reporter in Paris, Brüssel, Madrid, Prag und in der Bundesrepublik Deutschland sowie in der DDR. Von 1967–69 arbeitete er als Journalist in Biafra, dann als freier Autor in England. F. schrieb zahlreiche spannende Thriller, in denen er materialreich und mit enormen Detailkenntnissen Unterhaltung und Information glänzend verbindet. Film und Fernsehen haben seine Werke über die Leserschaft hinaus populär gemacht. Bes. die Romane *Der Schakal* (1971, dt. 1972), *Die Akte Odessa* (1972, dt. 1973), *Die Hunde des Krieges* (1974, dt. 1975), *Des Teufels Alternative* (1979, dt. 1982), *Das vierte Protokoll* (engl. u. dt. 1984) und Erzählungen *Der Lotse* (engl. u. dt. 1975), *In Irland gibt es keine Schlangen* (engl. u. dt. 1982) fanden internationale Anerkennung.

Fort, Paul (* 1. 2. 1872 Reims, † 22. 4. 1960 Monthléry/Paris). – Franz. Dichter, verschaffte als Theatergründer und Zeitschriftenhrsg. dem Symbolismus Raum in der lit. Szene seiner Zeit. Bei seinen eigenen Versen ließ er sich v. a. von den formalen Experimenten des Symbolismus anregen und verwendete Assonanzen, rhythm. Prosa und Endreim nebeneinander. Themen dieser Balladen genannten, jedoch kaum in dieser Gattung unterzubringenden liedhaften Gedichte sind die heimatliche Landschaft und ihre Geschichte. Die *Ballades françaises* (1897–1940) besingen die franz. Provinzen und ihre Eigentümlichkeiten. Sein Drama *Louis XI., curieux hommes,* das er nach einer Romanvorlage 1922 schuf, fand wie seine übrigen Schauspiele wenig Zustimmung, da die lyr. Stimmung die Handlung stets überwuchert. Die gesamten Theaterstücke erschienen 1922/23 u. d. T. *Les chroniques de France.*

Forte, Dieter (* 14. 6. 1935 Düsseldorf). – Dt. Schriftsteller, Mitarbeiter bei Theater und Fernsehen, wurde bekannt durch das Drama *Martin Luther & Thomas Münzer oder die Einführung der Buchhaltung,* das den histor. Stoff aus marxist. Sicht behandelt. Fürsten, Päpste und Kleriker werden als Marionetten des Kapitalismus gezeigt. 1972 folgten *Der weiße Teufel,* die freie Bearbeitung eines blutrünstigen Dramas von Webster, und im gleichen Jahr die Neufassung des *Cenodoxus* von J. Bidermann. Die Theaterstücke *Jean Henry Dunant oder Die Einführung der Zivilisation* (1978), *Das Labyrinth der Träume oder Wie man den Kopf vom Körper trennt* (1983). Hörspiele und Filmtexte fanden weniger Anerkennung beim Publikum, da sie ästhetischen Reiz durch marxistische Belehrung ersetzten.

Foscolo, Ugo, eigtl. *Niccolò* (* 6. 2. 1778 Insel Zante, † 10. 9. 1827 Turnham Green/London). – Ital. Dichter, kämpfte zeitlebens, zuletzt im engl. Exil, für die nationale Einigung Italiens. Auch auf lit. Gebiet versuchte er, diese Idee zu verwirklichen, sowohl durch die Wahl patriot. Stoffe als auch mit der Forderung, die ital. Sprache und Tradition zu pflegen. Der Hymnus *Die Gräber* (1807, dt. 1880) und der Briefroman *Die letzten Briefe des Jacopo Ortis* (1802, dt. 1847) machten ihn berühmt. Seine Werke erschienen 1850 bis 1859 in 11 Bdn.

Foster, Stephen (* 4. 7. 1826 Pittsburgh, † 13. 1. 1864 New York). – Der Kaufmannssohn bereiste den amerikanischen Süden, starb arm und als Alkoholiker. Er dichtete und komponierte zahlreiche volkstüml. Lieder und Balladen, viele davon im Negerslang, die heute noch sehr beliebt und verbreitet sind. z. B. *O Susanna, Old folks at home, Campton Races, Swanee River, Old Black Joe.*

Foucault, Michel (* 15. 10. 1926 Poitiers, † 25. 6. 1984 Paris). – Franz. Philosoph, studierte Philosophie, Psychologie und Medizin, lehrte an zahlreichen franz. und europ. Hochschulen (Uppsala, Hamburg, Warschau, Tunis). Zuletzt Professor für Denksysteme am Collège de France in Paris. F. gilt heute als einer der bedeutendsten Vertreter des Strukturalismus, den er in zahlreichen hist. und system. Arbeiten analysierte. Er gewann mit diesen Arbeiten, unter denen bes. zu erwähnen sind *Wahnsinn und Gesellschaft* (1961, dt. 1969), *Die Ordnung der Dinge* (1966, dt. 1971), *Die Archäologie des Wissens* (1969, dt. 1971), *Sexualität und Wahrheit* (1976/84, dt.

1977/86), internationale Anerkennung und wirkte stark auf die Künste, aber auch auf die Kunstwissenschaften. Politisch linksstehend, setzte sich F. immer wieder für Minderheiten ein.

Fouqué, Friedrich Baron de La Motte, Ps. *Pellegrin* (* 12. 2. 1777 Brandenburg/Havel, † 23. 1. 1843 Berlin). – Dt. Dichter, stammte aus einer alten Hugenottenfamilie und kämpfte in den Freiheitskriegen gegen Napoleon. Er ist der Prototyp des Romantikers, der nahezu alle Phasen dieser vielfältigen Epoche durchlebte und mit seinem großen lit. Werk begleitete, wobei seine Bekanntschaft mit A. W. Schlegel und H. v. Kleist auf seine Dichtungen großen Einfluß hatte. Heute sind seine Schriften, in denen er die mittelalterl. Reichsherrlichkeit neu erstehen lassen wollte, fast vergessen, den Zeitgenossen galt er jedoch als Erneuerer einer kühnen Epoche der Vergangenheit. Weltlit. Qualität hat sein Kunstmärchen *Undine* (1811), das in alle Weltsprachen übersetzt wurde. Lortzing nahm den Stoff für eine der interessantesten Opern der Spätromantik. Bes. bekannt und beliebt bei den Zeitgenossen waren die Romane *Ritter Galmy* (1806), *Der Zauberring* (1813), *Abfall und Buße* (1844), die Dramen *Sigurd, der Drachentöter* (1808), *Der Held des Nordens* (1810), *Eginhard und Emma* (1811) sowie zahlreiche Erzählungen und Gedichte.

Frame, Janet (* 28. 8. 1924 Dunedin/Neuseeland). – Engl. Erzählerin, lebt nach langjährigem Aufenthalt auf den Balearen heute in England. Sie trat mit realist., poet. verklärten Kurzgeschichten und Romanen an die Öffentlichkeit, etwa mit *Die Lagune* (1951, dt. 1962), *Wenn Eulen schreien* (1957, dt. 1961), *See* (1960), *The reservoir, and other stories* (1966), *Daughter Buffalo* (1972), *Auf dem Maniototo* (1979, dt. 1986).

France, Anatole, eigtl. *Jacques-Anatole Thibault* (* 16. 4. 1844 Paris, † 12. 10. 1924 La Béchellerie/Tours). – Franz. Schriftsteller und Kulturkritiker, 1896 Mitglied der Académie Française. 1921 Nobelpreis. F. engagierte sich aktiv im polit. Leben seiner Zeit, er ergriff z. B. Partei in der Affäre Dreyfus, kämpfte in polem. Schriften für den Frieden und für die Republik. In der Tradition der franz. Aufklärung stehend, lehnte er alles Irrationale/Mystische, lit. Symbolismus und kirchliche Dogmen, Fanatismus oder Chauvinismus jeglicher Prägung ab. Neben lit.-krit. Schriften und Dramen wurde v. a. sein Romanwerk auch außerhalb Frankreichs sehr bekannt. Seine Stoffe wählte er aus Epochen des geistigen und polit. Umbruchs, z. B. *Thais* (1890, dt. 1906) spielte in der Spätantike. Ersten großen Erfolg hatte er mit dem Roman *Le crime de Sylvestre Bonnard* (1881, dt. 1885). Im *Leben der heiligen Johanna* (1908, dt. 1926) entkleidet er die histor. Figur des Mythos. Mit der Gestalt der Jeanne d'Arc setzte er sich auf der Grundlage zahlreicher Quellen und histor. Recherchen auseinander und geriet dabei in scharfen Gegensatz zur kirchl. Lehre. *Die Götter dürsten* (1912, dt. 1912) bringt eine Fülle abschreckender Greueltaten aus der Zeit der Franz. Revolution. *Die Insel der Pinguine* (1909) gibt eine sehr negative Darstellung der menschl. Evolution, die er als eine Kette von Anarchie und Tyrannis sieht. Sein Gesamtwerk, dessen Vielfalt alle lit. Gattungen umfaßt, erschien in dt. Übersetzung 1916–26 in 15 Bdn., 1971 wurden die meisterhaften *Erzählungen* neu aufgelegt. Die literaturkrit. Arbeiten F.s sind Meisterwerke der Essayistik.

Francesco da Barberino, (*1264 Barberino/Valdelsa, †1348 Florenz). – Ital. Dichter, arbeitete als Notar in Bologna und Florenz und verbrachte einige Jahre im Exil in Frankreich. Er schrieb neben Liebesgedichten in der Nachfolge Dantes v. a. Abhandlungen, z. B. *Documenti d'amore* (1314) und *Del reggimento e costumi di donna* (um 1314), die wertvolle Kenntnisse über die Sitten der damaligen Zeit, v. a. in bezug auf die Frauen, vermitteln.

Franchy, Franz Karl (*21.9. 1896 Bistritz/Siebenbürgen, †20.2. 1972 Wien). – Österr. Schriftsteller, war zunächst als Lehrer und Journalist tätig. Auf histor. und gegenwartsbezogene Themen, z. B. *Nero* (1922) und *Vroni Mareiter* (1938), folgten später Romane. *Die Brandgasse* (1964), die vom Schicksal der europ. Juden handelt, ist sein berühmtester Roman.

Franck, Sebastian (*20.1. 1499 Donauwörth, †1542 Basel). – Dt. Schriftsteller, sein Leben und Werk sind von kaum zu überbietender Vielfalt. Als kathol. Geistlicher konvertierte er zum Luthertum und übte das Amt eines Gemeindepredigers aus, dann überwarf er sich mit den Protestanten und trat verschiedenen Sekten bei. Er wurde aus Ulm und Straßburg ausgewiesen und ließ sich schließlich in Basel nieder. In diesen Jahren schrieb er eine Fülle von Werken, die von den Zeitgenossen wie von der Nachwelt geschätzt wurden. Besonders die Schriften *Von dem greuwlichen laster der trunckenhait* (1528), *Die Türkenchronik* (1530), die Übersetzung von Schriften des Erasmus von Rotterdam und *Die deutschen Sprichwörter* (1541) fanden weite Verbreitung. F. gehört zu den bedeutendsten Vertretern des Humanismus in Dtld.

Franc-Nohain, eigtl. *Maurice Etienne Legrand* (*25.10. 1872 Corbigny/Nièvre, †18.10. 1934 Paris). – Franz. Schriftsteller, von Beruf Anwalt. Sein vielfältiges lit. Werk umfaßt Bühnenstücke und Libretti – etwa zu Ravels Oper *Die spanische Stunde* (1911) –, den Roman *Couci-couça* (1923), *Fabeln* (1921, 1927) und brillant geschriebene Zeitungsartikel. V. a. war er jedoch der Meister kleiner lyr. Miniaturen, erschienen u. d. T. *Kiosque à musique* (1922), satir. Gedichte gegen das provinzielle Bürgertum.

Franco, Niccolò (*13.9. 1515 Benevento, †10.3. 1570 Rom). – Ital. Dichter, wegen Verleumdung hingerichtet. Nach einem Streit schrieb er die *Rime contro l'Aretino* gegen seinen früheren Freund Aretino. 1541 folgte *Priapea*, eine Sammlung von 200 obszönen Sonetten, die die Gemüter erregten. 1539

griff er in einer Schrift den Petrarkismus, dessen Einfluß er selbst unterlag, scharf an.

François, Marie-Luise von (*27.6. 1817 Herzberg/Sachsen, †25.9. 1893 Weißenfels). – Dt. Schriftstellerin aus einer Offiziersfamilie hugenott. Herkunft. In ihren Werken schlagen sich die relig. Haltung und das Pflichtgefühl nieder, aus denen heraus sie lange Jahre die kranken Eltern pflegte. Ihre histor. Romane, z. B. *Die letzte Reckenburgerin* (1871), zeichnen sich durch realist., treffende Menschendarstellung und mitleidsvolle Schilderung menschl. Elends aus. Ihr Briefwechsel mit C. F. Meyer und M. v. Ebner-Eschenbach wurde veröffentlicht.

Frank, Anne, eigtl. *Annelies Marie F.* (*12.6. 1929 Frankfurt, †März 1945 KZ Bergen-Belsen). – Die Tochter eines jüd. dt. Bankiers mußte mir ihrer Familie nach einigen Jahren Exil in Holland untertauchen, als das Land besetzt wurde. Von 1942 bis 1944 führte sie in ihrem Versteck in einem Hinterhaus in Amsterdam ein ausführl. *Tagebuch*, das weltweite Erschütterung auslöste. Sie beschreibt und kommentiert darin den Alltag der Eingeschlossenen, ihre kleinen Freuden und die ständige ungeheure Bedrohung und Angst, unter der sie lebten, mit Scharfblick und weit über ihr Alter hinausreichender menschl. Reife. 1961 erschien das Buch in dt. Sprache und wurde später auch verfilmt und als Bühnenstück bearbeitet.

Frank, Bruno (*13.6. 1887 Stuttgart, †20.6. 1945 Beverly Hills/Kalifornien). – Dt. Schriftsteller, empfing durch Rilkes Lyrik entscheidende Einflüsse, doch sein wahres Talent entfaltete er erst als Erzähler. So wurden seine spannenden, abenteuerl. Novellen und Romane, meist über histor. Persönlichkeiten, aber mit aktuellem Zeitbezug, etwa *Tage des Königs* (1924), *Trenck* (1925) und *Politische Novelle* (1928), als Bestseller in viele Sprachen übersetzt. Die Komödie *Sturm im Wasserglas* wird heute noch gespielt. 1933 mußte er wegen seiner europ. Gesinnung ins Exil. Der Roman *Der Reisepaß* (1937) und die Erzählung *16 000 Francs* (1940) zeichnen das Emigrantenschicksal. Sein letzter Roman *Die Tochter* (1943) wurde nicht beachtet. Eine Auswahl aus seinem Werk erschien 1957.

Frank, Leonhard (*4.9. 1882 Würzburg, †18.8. 1961 München). – Dt. Schriftsteller und Pazifist, dessen erster Roman *Die Räuberbande* (1914) große Beachtung fand. Sein Lebensweg ist gekennzeichnet durch die Kriege des 20. Jh.s, die ihn zu mehrmaliger Flucht und langen Exiljahren u. a. in der Schweiz und Kalifornien zwangen und erst als alten Mann nach München zurückkehren ließen. Seine Erzählungen wie etwa *Die Ursache* (1915), *Der Mensch ist gut* (1918), *Das Ochsenfurter Männerquartett* (1927), *Die Traumgefährten* (1936) und die *Deutsche Novelle* (1954) tragen wie seine bedeutende und für die Zeitgeschichte unentbehrl. Autobiographie *Links, wo das Herz ist* (1952) stets polit. Züge, die in stilist. expressiver Gestaltung und psychol. Vertiefung über reine Tendenzliteratur hinausführen.

Franke, Manfred (* 23. 4. 1930 Haan/Rheinland). – Dt. Autor, arbeitet als Rundfunkredakteur. In seinen Romanen und Erzählungen beschäftigt er sich v. a. mit den Erfahrungen des Dritten Reiches, die er z. T. dokumentiert, z. T. fiktiv als Exempel für Mord, Verfolgung und Ausgeliefertsein gestaltet. Bisher erschienen: *Ein Leben auf Probe* (1967, neu 1977), *Bis der Feind kommt* (1970), *Mordverläufe 9./10. XI. 1938* (1973), *Schlageter* (1980).

Frankfurter, Der. Ein dt. Mystiker, der Ende des 14. Jh.s in der Stadt Frankfurt lebte – möglicherweise Heinrich v. Bergen –, schrieb im Rahmen der Deutschordensdichtung unter starkem Einfluß der spekulativen Mystik Meister Eckharts und Taulers ein myst. Erbauungsbuch. Als Anleitung zum gottgefälligen Leben in Liebe und Ergebenheit wurde es im 15. Jh. viel gelesen und, nachdem Luther es 1516 u. d. T. *Eyn deutsch Theologia* hg. hatte, zu einem Bekenntnisbuch des Protestantismus über Jahrhunderte hinweg.

Frankfurter, Philipp, war ein Dichter des Spätmittelalters, der zwischen 1420 und 1490 in Wien lebte. In seiner rund 2000 Verse umfassenden, derb-kom. Schwanksammlung *Der Pfaffen Geschicht und Histori vom Kalenberg*, die 1473 zum ersten Mal gedruckt wurde, verspottet er die Dummheit der Bauern, die sich durch die Geistlichen übertölpeln lassen, polemisiert aber auch gleichzeitig gegen deren Verderbtheit und Sittenlosigkeit. Das Werk wurde viel gelesen und in andere Sprachen übersetzt.

Franklin, Benjamin (* 17. 1. 1706 Boston, † 17. 4. 1790 Philadelphia). – Amerikan. Staatsmann und Schriftsteller, der der Nachwelt v. a. als Erfinder des Blitzableiters bekannt ist, gab seinem Land in den für die Konstituierung der Nation so wichtigen Jahren entscheidende Impulse zur Weiterentwicklung auf polit., kulturellen, techn., naturwissenschaftl. Gebiet. Als gelernter Drucker gab er Zeitungen und Almanache heraus und wurde dann v. a. polit. aktiv und erfolgreich als Förderer der Unabhängigkeit, als Vermittler zwischen Frankreich und Amerika, und als Gouverneur. In seinem Hauptwerk, der *Autobiographie* (1791, dt. 1792), preist er, wenn auch in abgemilderter Form, die puritan. Tugenden Fleiß, Genügsamkeit, Selbstdisziplin, Gewissenhaftigkeit als Weg zum Erfolg, der jedem offensteht. Neben naturwissenschaftl. Arbeiten und polit. Essays benutzte er als lit. Ausdrucksmöglichkeit Satire, Fabel, Sprichwort, die er mit größtmöglicher Klarheit und Knappheit zu gestalten suchte.

Franz von Assisi, eigtl. *Giovanni Bernardone* (* 1182 Assisi, † 3. 10. 1226 ebd.). – F. erlebte nach einer sorglosen Jugend durch eine Vision eine Wandlung und widmete sich ab 1208 als Wanderprediger ganz der Nachfolge Christi. Seinen zahlreichen Jüngern vermittelte er seine Lebensregel und wurde zum, vom Papst bestätigten, Gründer des Franziskanerordens. Er predigte ein Leben in Armut und demütiger Buße, voll selbstloser Nächstenliebe, aber in gottgefälliger Fröhlichkeit. 1224 erhielt er bei einer abermaligen Vision die Wundmale des Gekreuzigten, 1228 wurde er heiliggesprochen. Außer einigen lat. *Predigten* ist von ihm *Il cantico delle creature,* der *Sonnengesang,* eine Paraphrase des 148. Psalms, erhalten, in dem alle Geschöpfe den Herrn preisen und der von tiefster Frömmigkeit und großer Liebe zur Natur kündet. Der *Sonnengesang* markiert in seiner schlichten, anschaul. und volkstüml. Sprache den Beginn einer eigenen ital. Dichtung ohne ausländ. Einfluß.

Franz von Sales, auch *François de Sales* (* 21. 8. 1567 Schloß Sales/Annecy, † 28. 12. 1622 Lyon). – Franz. Theologe und Schriftsteller, übte das Amt des Priesters und des Bischofs aus. 1610 stiftete er mit Jeanne de Chantal den Orden der Salesianerinnen, 1665 wurde er heiliggesprochen. Seine Predigten und Schriften hatten große Wirkung auf die Zeitgenossen, bes. auf die Reichen, die er mit seiner *Introduction à la vie dévote* (1608) (auch u. d. T. *Philothea*) für ein gottgefälliges Leben zu gewinnen verstand. Auch sein Traktat *Traité de l'amour de Dieu* (1616) über die ird. und die himml. Liebe fand weite Verbreitung.

Franzén, Frans Mikael (* 9. 2. 1772 Oulu, † 14. 8. 1847 Hörnosand). – Finn.-schwed. Dichter, Professor und Bibliothekar, später Bischof in Schweden. Seine Lyrik steht an der Wende vom Klassizismus zur Romantik. In seinen frühen, v. a. von Herder beeinflußten Gedichten schildert er die finn. Landschaft; später verfaßte er Gedankenlyrik und feierliche Kirchenlieder. 1793 erschien die Gedichtsammlung *Den gamla knekten,* 1797 das Epos *Sang öfver greve Gustaf Filip Creutz.*

Frapan-Akunian, Ilse, eigtl. *Elisa Therese Lerien* (* 3. 2. 1852 Hamburg, † 2. 12. 1908 Genf). – Dt. Schriftstellerin, war Lehrerin in Hamburg und studierte später bei Fr. Th. Vischer in Stuttgart. Für die Lit. sind ihre *Erinnerungen an Vischer* (1889) und ihre lit. Bindung an Th. Storm von Bedeutung. Sie selbst schrieb naturalist. Romane und Erzählungen, die vorwiegend soziale und psych. Probleme, u. a. der Frauenbewegung, behandeln, etwa *Hamburger Novellen* (1886), *Zwischen Elbe und Alster* (1890), *Schreie* (1901).

Frashëri, Naim Halid (* 25. 5. 1846 Frashër, † 20. 8. 1900 Stambul). – Der alban. Schriftsteller stammte aus vornehmer Familie und erwarb sich umfassende Kenntnisse der antiken, der pers. und zeitgenöss. franz. Literatur. Er förderte nicht nur als einflußreicher Beamter, als Übersetzer und Schulbuchautor die Unabhängigkeit seines Heimatlandes polit. und kulturell, sondern auch als national engagierter Dichter patriot. Verse und Epen aus der ruhmreichen alban. Vergangenheit. Beispiele seiner Arbeiten sind u. a. das Gedicht *Luletë e verësë* (1890), das Epos *Istori e Skenderbeut* (1898).

Frauenlob, eigtl. *Heinrich von Meißen* (*um 1250 Meißen, †29.11.1318 Mainz). – Der mhd. Lyriker erhielt seinen Dichternamen wegen eines Preisliedes auf Maria und der Verherrlichung der Frau in seinen Gedichten. Der Überlieferung nach wurde er von den Mainzer Frauen zu Grabe getragen. Ehe er dort ansässig wurde, lebte er als Sänger an vielen Höfen. Seine Lieder sind gekünstelt, übersteigert und überladen und oft unverständlich in ihrer Reflexivität, Gedankenschwere und in ihren rätselhaften Bildern. Eine neuhochdeutsche Übersetzung erschien 1951.

Fréchette, Louis-Honoré (*16.11.1839 Lévis/Quebec, †31.5.1908 Montréal). – Franz.-kanad. Dichter, war als Jurist, Journalist und Abgeordneter aktiv im öffentl. Leben tätig. Als erster von den Franzosen anerkannter kanad. Dichter schrieb er neben wenigen bedeutenden Dramen und Novellen v.a. Gedichte, etwa *Les oiseaux de neige* (1880) und *La légende d'un peuple* (1887), das die nationale Eigenständigkeit Kanadas behandelt.

Fredro, Aleksander Graf (*20.6.1793 Surochów/Jaroslaw, †15.7.1876 Lemberg). – Poln. Dichter, diente als Offizier in der napoleon. Armee. Nachdem er sich in Paris von Molière und franz. Theaterkunst hatte beeinflussen lassen, wurde er Polens erster namhafter Komödienschreiber. Seine Komödien, die stets aus der Perspektive des Aristokraten sprechen, legen mit Geist und Witz Schwächen der Gesellschaft bloß, etwa bei *Herr Geldhab* (1818, dt. 1956), *Damen und Husaren* (1825, dt. 1954), *Die Rache* (1834, dt. 1897).

Freidank, eigtl. *Frîgedank, Vrîdanc* (†1233 Abtei Kaisheim/Donauwörth). – Dt. Spruchdichter, war ein Zeitgenosse der höf. Klassiker im frühen 13.Jh., entstammte selbst jedoch dem bürgerl. Stand und lebte als Fahrender. 1228/29 nahm er am Kreuzzug teil und entwarf ein sehr realist., wenig christl. Bild der Streiter Gottes. Sehr beliebt und das ganze Mittelalter hindurch bekannt war seine Spruchsammlung *Bescheidenheit*, in der er eine eigenständige, nicht gebundene Gattung schuf. In kurzen Zwei- und Vierzeilern verarbeitete er Material aus der Bibel, aus lat. und dt. Spruchdichtung, Volksweisheiten und eigene Erkenntnisse. Eine erste Übersetzung erschien in Auswahl 1867; die vollst. Ausgabe 1872.

Freiligrath, Ferdinand (*17.6.1810 Detmold, †18.3.1876 Cannstatt). – F. gehörte zu seiner Zeit zu der kleinen Anzahl polit. Dichter in Dtld. Er arbeitete u.a. in verschiedenen kaufmänn. Berufen und übersetzte franz. und angelsächs. Dichter. Nach ersten erfolgreichen Gedichten und Balladen, die v.a. von C. Löwe vertont wurden, erhielt er eine königl. Pension, auf die er jedoch 1844, nach Veröffentlichung seiner polit. Gedichtsammlung *Glaubensbekenntnis* (1844) und inzwischen zum Sprachrohr der Liberalen geworden, so in dem Gedicht *Ça ira!*, verzichtete. In den folgenden Jahren mußte er mehrmals aus Dtld. fliehen, wurde sogar wegen des Gedich-tes *Die Toten an die Lebenden* (1848) verhaftet, dann jedoch freigesprochen. Neben weniger bekannter Anfangslyrik mit oriental.-abenteuerl. Stoffen sind seine revolutionär-polit., leidenschaftl. engagierten, parteiergreifenden Lieder über die Freiheitsbewegung und ihr Scheitern, die die Stimmung des polit. Vormärz exakt widerspiegeln, von lit. Bedeutung. Die erste Gesamtausgabe erschien 1870 in 6 Bdn.

Freneau, Philip (*2.1.1752 New York, †18.12.1832 New Jersey). – Amerikan. Schriftsteller hugenott. Abstammung, fuhr einige Jahre zur See und war dann als Journalist tätig. Er gilt als bedeutendster Dichter der frühen amerikan. Republik, der sein lit. Talent v.a. in den Dienst der wachsenden Unabhängigkeit stellte, z.B. mit der Satire *The British prison ship* (1781) gegen England, und in polit.-revolutionärer Lyrik, wie etwa *A poem on the rising glory of America* (1772). Daneben entstanden auch romant.-allegor. Dichtungen wie *The House of Night* (1774), Naturlyrik wie *The Wild Honeysuckle* (1786) ebenso wie moralist. Erzählgedichte und Essays typ. neuengl. Prägung.

Frenssen, Gustav (*19.10.1863 Barlt/Holstein, †11.4.1945 ebd.). – Dt. Schriftsteller, entstammte einer Handwerkerfamilie und studierte Theologie. Unter dem Einfluß nationalist. Zeittendenzen wandte er sich einem german.-völk. Schicksalsglauben zu. Mit seinen heute vergessenen Heimat- und Bildungsromanen *Die Sandgräfin* (1896), *Jörn Uhl* (1901), *Hilligenlei* (1906) erlebte er um die Jh.wende ungeheure Erfolge. Gelungen waren ihm darin die Schilderung typ. norddt. Mentalität und Lebensweise, die jedoch häufig sentimental verzerrt wird.

Freuchen, Lorentz Peter Elfred (*20.2.1886 Nyköbing/Falster, †3.9.1957 Elmendorf/Alaska). – Dän. Forscher und Naturkundler, nahm an vielen Expeditionen in die Arktis teil und verarbeitete seine Erlebnisse in spannenden und interessanten Romanen und Reiseberichten, die viel zum Verständnis der Eskimos beitrugen, etwa *Der Eskimo* (1927, dt. 1928), *Der Nordkaper* (1929, dt. 19131), *Das Leben geht weiter* (1938, dt. 1941), *Wandernder Wiking* (1954, dt. 1955), *Buch der sieben Meere* (1957, dt. 1958) und das Kinderbuch *Per, der junge Walfänger* (1959, dt. 1961). Seine Bücher wurden z.T. verfilmt.

Freud, Sigmund (*6.5.1856 Freiberg/Mähren, †23.9.1939 London). – Der österr. Nervenarzt und Professor aus Wien ist der Begründer der Psychoanalyse. Er stellte eine neue umwälzende Theorie über die Entstehung von Neurosen und der dabei wirksamen Rolle des Unbewußten auf und zeigte damit Wege zu ihrer Heilung. Religion, Ästhetik und Völkerkunde erhielten durch ihn neue, richtungweisende Impulse. Seine wichtigsten Werke, mit welchen er nachhaltig auf die Lit. bis in die Gegenwart wirkte, sind: *Die Traumdeutung* (1900), *Zur Psychopathologie des Alltagslebens* (1901), *Der Witz und* seine Beziehung zum Unbewußten (1905), *Drei Abhandlungen zur Sexualtheorie* (1905), *Totem und Tabu* (1913), *Jenseits des Lustprinzips* (1920), *Das Ich und das Es* (1923), *Das Unbehagen in der Kultur* (1930), *Vorlesung zur Einführung in die Psychoanalyse* (1917 und 1933). Freuds Schriften sind stilist. Meisterwerke, so daß sogar ein Literaturpreis für wissenschaftl. Prosa nach ihm benannt ist. Eine Studienausgabe in 10 Bdn. erschien 1970f.

Freumbichler, Johannes (*22.10. 1881 Henndorf/Salzburg, †11.2. 1949 Salzburg). – Österr. Schriftsteller aus bäuerl. Familie. Mit seinen realist. Romanen, die die bunte Vielfalt bäuerl. Lebens im Salzburger Land frisch und natürl. schildern, wurde er erfolgreich, v.a. mit *Philomena Ellenhub* (1937). Es folgten die Novellen *Geschichten aus dem Salzburgerischen* (1938), der Roman *Auszug und Heimkehr des Jodok Fink* (1942) und die Dialektgedichte *Rosmarin und Nelken* (1952).

Frey, Adolf (*18.2. 1855 Küttigen/Aarau, †12.2. 1920 Zürich). – Schweizer Schriftsteller, Professor für Lit.-geschichte. Neben seiner bedeutenden literaturhist. Arbeit schrieb er Dramen und Biographien, z.B. über *A. v. Haller* (1879), über *G. Keller* (1892) und *C.F. Meyer* (1899), mit dem er eng befreundet war. Bekannt wurde er durch seine z.T. in heimatl. Mundart geschriebene melodische Lyrik und realist. Romane aus der Schweizer Geschichte, z.B. *Die Jungen von Wattenwil* (1912) und *Bernhard Hirzel* (1918). Von lit.-histor. Bedeutung ist sein Briefwechsel mit Spitteler.

Frey, Alexander Moritz (*29.3. 1881 München, †24.1. 1957 Zürich). – Dt. Schriftsteller, wandte sich nach dem Studium der Philosophie und der Rechtswissenschaften der Literatur zu. Sein erzähl. Werk, das stark unter dem Einfluß Meyrinks steht und expressionist. Stilelemente mit surrealen Momenten verbindet, umfaßt Romane, Novellen, Märchen und phantast. Spukgeschichten, in denen sich hinter unheiml., übersinnl. und grotesken Elementen auch scharfe soziale und polit. Satire verbirgt, etwa in *Dunkle Gänge* (1913), *Solneman der Unsichtbare* (1914), *Spuk des Alltags* (1920), *Verteufeltes Theater* (1957).

Freyre, Gilberto de Melo (*15.3. 1900 Recife, †18.7. 1987 ebd.). – Brasilian. Soziologe, Professor für Soziologie in Recife, dann Abgeordneter und Vertreter Brasiliens in der UNO. Hier hat er mit zahlreichen Gutachten die Entwicklungspolitik der UNESCO nachhaltig bestimmt. Sein wissenschaftliches Werk ist sprachlich, inhaltlich und von der formalen Gestaltung her so gelungen, daß es weit über den Kreis der Fachdisziplin hinaus wirkte. In *Herrenhaus und Sklavenhütte* (1933, dt. 1982) analysierte F. nicht nur das brasilian. Leben, er gab auch entscheidende Anstöße zu dessen Umgestaltung. Die Rolle der brasilian. Frau steht in *Das Land in der Stadt* (1936, dt. 1982) im Mittelpunkt. Anknüpfend an die Gedanken von Comte zeigt er in *Ordnung und Fortschritt* (1959, dt. 1982) den Einbruch des Kapitalismus in die brasilian. Gesellschaft. Mit seinen Romanen war er weniger erfolgreich. Die Oberschicht Brasiliens hat sich mit seinen Analysen nicht identifizieren können und ihn daher beschuldigt, den Sozialismus zu verherrlichen.

Freytag, Gustav (*13.7. 1816 Kreuzburg/Schlesien, †30.4. 1895 Wiesbaden). – Dt. Schriftsteller und Historiker, lehrte einige Jahre Philologie, ehe er sich der Literatur im weitesten Sinne widmete. Neben seiner für die Dramentheorie bedeutsamen Arbeit *Die Technik des Dramas* (1863) begründete er mit eigenen Bühnenstücken – v.a. mit *Die Journalisten* (1854) – einen neuen Typ der zeitgeschichtl. Komödie. Das aufstrebende mittelständ. Bürgertum, dem er eine große Zukunft vorhersagte, vertrat er nicht nur als Abgeordneter, sondern schilderte es auch in Romanen, am eindrucksvollsten in dem Kaufmannsroman *Soll und Haben* (1854). Seine schlichte, humorvolle und lebendige, das tägl. Leben mit seinen Pflichten verklärende Darstellung des Kaufmannsstandes machte ihn zu einem der meistgelesenen Autoren seiner Zeit. Berühmt wurde später auch das überragende und kenntnisreiche Geschichtswerk *Bilder aus der deutschen Vergangenheit* (1859–1867) sowie der Professorenroman *Die Ahnen* (1873–1881). Freytag gehört zu den bedeutendsten Realisten seiner Zeit, die über die Literatur hinaus auf die völk.-histor. Bildung des dt. Bürgertums einen tiefen Einfluß gewannen. Sein Gesamtwerk erschien 1886 bis 1888 in 22 Bdn.

Fridegard, Jan Fridolf (*14.6. 1897 Enköpings-Näs, †8.9. 1968 Uppsala). – Schwed. Erzähler, stammte aus einer armen Landarbeiterfamilie und verarbeitete die Eindrücke seiner harten Kindheit und Jugend, langer Wanderjahre, Arbeitslosigkeit und Militärzeit in realist. Romanen und Novellen, die sich durch Klarheit und Schärfe von Beobachtung und Analyse auszeichnen, etwa in *Der Turmhahn* (1941, dt. 1950), *Svensk soldat* (1959).

Friðónsson, Guðundur (*24.10. 1869 Silalaekkur/Adaldalur, †24.6. 1944 Husavik). – Der isländ. Dichter, selbst Bauer wie sein Vater, verteidigte in seinen nationalromant. Romanen, Erzählungen und Gedichten die alte isländ. Bauerntradition u.a. gegen seinen Landsmann Laxness und schilderte liebevoll den harten Existenzkampf der isländ. Bauern gegen eine grausame Natur, z.B. in *Olöf i Asi* (1907), *Kveldgœ dur* (1923), *Kvœdi* (1925).

Fried, Erich (*6.5. 1921 Wien, †22.11. 1988 Baden-Baden). – Österr. Autor, emigrierte 1938 nach London. F. arbeitete in verschiedenen Berufen, ehe er sich beim BBC einen Namen machte und Mitglied der Gruppe 47 wurde. Nach stark archaisierender Anfangslyrik wandelte er sich bald zum polit. engagierten Lyriker, der v.a. in seinen *Warngedichten* (1963/64) deutlich den Einfluß Brechts zeigt und seine scharfsinnigen Analysen bestimmter Situationen und seine Anklagen gegen

Unterdrückung zunehmend direkter und pointierter formuliert (*Frühe Gedichte*, 1986). Eine Gedichtsammlung erschien 1987 u. d. T. *Vorübungen für Wunder*. Auch in Erzählungen und Hörspielen gestaltet er sozialist. Gedankengut. Neuere Werke sind v. a. *Überlegungen* (1964), *Kinder und Narren* (1965), *. . . und Vietnam und . . .* (1966), *Anfechtungen* (1967), *Zeitfragen* (1968), *Unter Nebenfeinden* (1970), *Die Freiheit, den Mund aufzumachen* (1972), *Gegengift* (1974), *So kam ich unter die Deutschen* (1977), *Die bunten Getüme* (1977), *100 Gedichte ohne Vaterland* (1978), *Reich der Steine* (1984), *In die Sinne einradiert* (1985), *Mitunter sogar Lachen. Zwischenfälle und Erinnerungen* (1986), sowie ausgezeichnete Übersetzungen Shakespeares und T. S. Eliots. 1987 erhielt F. den Büchner-Preis; gleichzeitig veröffentlichte er die Gedichte *Am Rande unserer Lebenszeit*, die Texte und Radierungen *Gegen das Vergessen* und *Nicht verdrängen, nicht gewöhnen.*

Friedell, Egon, eigtl. E. *Friedmann* (*21. 1. 1878 Wien, †16. 3. 1938 ebd.). – Österr. Schriftsteller, gehörte dem Wiener Kabarett »Fledermaus« an und war als Theaterkritiker, später auch als Schauspieler tätig. Seinen lit. Ruhm begründete er v. a. als Kunsthistoriker mit seiner *Kulturgeschichte der Neuzeit* (1927–32 in drei Bdn.) und der *Kulturgeschichte des Altertums* (1936 in zwei Bdn.), mit denen er Maßstäbe für die Kulturgeschichtsschreibung setzte. Er verfaßte außerdem Dramen und Essays und galt als ein Meister des Aphorismus, des geistreich-witzigen Aperçu und des Feuilletons. Dennoch fanden die lit. Arbeiten wenig Beachtung, außer dem Roman *Die Reise mit der Zeitmaschine* (1946) und dem Essayband *Das Altertum war nicht antik* (1950).

Friedenthal, Richard (*9. 6. 1896 München, †19. 10. 1979 Kiel). – Dt. Gelehrter und Schriftsteller, studierte Literaturwissenschaft, Kunstgeschichte und Philosophie und arbeitete danach als freier Schriftsteller, Lektor und Verlagsdirektor. In London, wohin er 1938 emigrierte, war er als BBC-Mitarbeiter tätig, nach 1945 wurde er Redakteur der »Neuen Rundschau«, Verlagsleiter und Präsident des PEN-Clubs. Außer durch Romane, Gedichte und Reisebeschreibungen und durch die Herausgabe des Nachlasses von St. Zweig wurde F. v. a. durch die Biographie *Goethe. Sein Leben und seine Zeit* (1963) bekannt. Hier wie in den vorausgegangenen Lebensbeschreibungen von *Händel* (1959), *Leonardo da Vinci* (1959) sowie der späteren Lutherbiographie (1967), der Lebensbeschreibung von Hus *Ketzer und Rebell* (1972) versuchte er, den wirklichen Charakter seiner Helden ohne histor. Verklärung zu erfassen. Posth. erschien die Biogr. *Karl Marx. Sein Leben und Werk* (1981). Weiter veröffentlichte F. Lyrik wie *Demeter* (1924), Novellen, z. B. *Maria Rebscheider* (1927), den Roman *Die Welt in der Nußschale* (1956), Reiseberichte *Die Party bei Herrn Tokaido* (1958). Schließl. arbeitete F. als Lexiko-graph und betreute 1930 bis 1936 als Direktor bei Knaur das berühmte *Knaur-Lexikon.*

Friedlaender, Salomo (*4. 5. 1871 Gollantsch/Prov. Posen, †9. 9. 1946 Paris). – Dt. Schriftsteller, studierte Medizin, Philologie und Philosophie und veröffentlichte philosoph. Werke, etwa *Die schöpferische Indifferenz* (1918). 1933 emigrierte er nach Paris. Lit. Ruhm erlangte er v. a. mit seinen z. T. satir. Grotesken, die das Absurde als möglich erscheinen lassen, etwa mit *Rosa, die schöne Schutzmannsfrau* (1913), *Die Bank der Spötter* (1919), *Ich möchte bellen* (1924), *Das Eisenbahnunglück oder der Anti-Freud* (1925), *Der lachende Hiob* (1935).

Friedrich II., der Große (*24. 1. 1712 Berlin, †17. 8. 1786 Potsdam). – Der preuß. König, der sich außer um staatspolit. Aufgaben auch um die Förderung von Wissenschaft und Kunst bemühte, verfaßte selbst u. a. die staatstheoret. und moralphilosoph. Schrift *Antimachiavell oder Kritischer Versuch über den »Fürsten« des Machiavell* (zunächst franz. 1740; dt. 1741 nicht von Friedrich II.) und die krit. Abhandlung *Über die deutsche Literatur* (franz. und dt. 1780).

Friedrich von Hausen (*um 1150 Hausen/Kreuznach, †6. 5. 1190 Philomelium/Kleinasien). – Der Kreuzfahrer von adeligem Stand gehört zu den bedeutendsten Minnesängern der vorklass. Zeit. Er hat der provenzal. Dichtung der Troubadours den Weg nach Dtld. geebnet und führte strenge Formkunst und eine nicht überhöhte, sondern angemessene Verehrung der Dame in die dt. Minnedichtung ein. Aus seinen Kreuzzugsliedern spricht tiefe religiöse Empfindung, die er noch über die weltl. Minne stellt.

Friel, Brian (*9. 1. 1929 County Tyrone). – Ir. Schriftsteller, studierte Theologie und Pädagogik und arbeitete bis 1960 als Lehrer. Seine Prosa ist durch unbeschwerten Humor und durch genaue Kenntnis der lokalen Ereignisse, die er in seine Werke aufnimmt, gekennzeichnet. Seine Dramen und Hörspiele fanden ein breites Publikum, da sie zum einen glänzend unterhalten, zum anderen durch Stilbrüche und Desillusionierungen den Zuschauer zum Nachdenken über seine eigene Situation bringen. Aus der Tradition Synges und O'Caseys entstand *Philadelphia, ich bin da!* (1965, dt. 1977) und *Ehrenbürger* (1974, dt. 1977). Mit der Eroberung Irlands durch die Briten und die Kulturzerstörung der gälischen Sprache setzt er sich in *Sprachstörungen* (1981, dt. 1982) auseinander. Seine Erzählungen und Theaterstücke liegen in zahlreichen Auswahlausgaben vor.

Fries, Fritz Rudolf (*19. 5. 1935 Bilbao). – Dt. Autor, studierte Philologie und wurde bald in der DDR mit seinen Erzählungen, die Elemente des Sozialist. Realismus mit humorvoller Gestaltung in der Nachfolge Jean Pauls verbinden und stets auf utop. Realisierung zielen, bekannt. Die Romane *Der Weg nach Oobliadooh* (1966), *Das Luft-Schiff. Biographische Nach-*

lässe zu den Fantasien meines Großvaters (1974), *Die Verbannung und der Sieg des Ritters Cid* (1979), *Die Väter im Kino* (1990) sowie die Erz. *Der Fernsehkrieg* (1969), Reisebücher wie *Erlebte Landschaft. Bilder aus Mecklenburg* (1979) und Gedichte *Herbsttage im Niederbarnim (1988)* fanden breite Beachtung. Neben Übersetzungen (Cervantes, Calderón etc.) schrieb er auch Hörspiele, z.B. *Der fliegende Mann* (1981), *Der Condor oder Das Weib trägt den Himmel nicht* (1983), und Texte zur Literatur *Bemerkungen anhand eines Fundes oder Das Mädchen aus der Flasche* (1987).

Frisch, Max (*15.5. 1911 Zürich, †4.4. 1991 Zürich). – Schweizer Dichter, studierte zunächst Germanistik, dann Architektur und war auch eine Zeit in diesem Beruf tätig. Der lit. Durchbruch gelang ihm 1945 mit dem Erzählband *Bin oder die Reise nach Peking* und dem Hör- und Schauspiel *Nun singen sie wieder* (1946), das die Schrecken des Krieges oratoriumshaft gestaltet. Aus der Fülle seiner Werke, die häufig um die Frage der Identität und der Schuld des Menschen kreisen, die private Existenz des einzelnen betonen und gleichzeitig krit. die Scheinhaftigkeit der bürgerl. Umwelt durchleuchten, erlangten einige große Beachtung, etwa die Romane *Stiller* (1954), *Homo Faber* (1957) und *Mein Name sei Gantenbein* (1964), in denen Ablehnung und Annahme des eigenen Ich Zentralthema ist; ferner die Dramen *Biedermann und die Brandstifter* (1958), *Biografie* (1967) und *Andorra* (1961), in welchen er das Thema des Vorurteils exemplifiziert. In den letzten Jahren veröffentlichte F. zahlreiche autobiograph. Arbeiten, oft in Form von *Tagebüchern* (1950 und 1972). Diesen Charakter haben auch die Erzählungen *Montauk* (1975), *Der Mensch erscheint im Holozän* (1979) und *Blaubart* (1982). Seine Werke liegen in zahlreichen Ausgaben vor, die auch die weniger bekannten Texte enthalten, z.B. *Die chinesische Mauer* (1947), *Graf Öderland* (1951), *Don Juan oder Die Liebe zur Geometrie* (1953) etc. 1978 erschienen *Drei szenische Bilder. Tryptichon*, die F. nicht zur Aufführung freigab. Unmittelbar mit der Politik der Schweiz setzt sich F. in *Schweiz ohne Armee? Ein Palaver* (1989), *Schweiz als Heimat?* (1990) auseinander. In Anerkennung der lit. Leistung und seines Strebens nach einer menschenwürdigen Welt wurde F. 1976 der Friedenspreis des Dt. Buchhandels verliehen.

Frischlin, Philipp Nikodemus (*22.9. 1547 Balingen, †29.11. 1590 Feste Hohenurach). – Dt. Gelehrter, stammte aus einem Pfarrhaus und studierte am Tübinger Stift, wo er 1568 selbst Prof. für Poetik und Geschichte wurde. Ab 1582 führte er ein unstetes Leben. Er gehörte zu den führenden dt. Humanisten, der neben zahlreichen lat. Gedichten bedeutende Satiren und Komödien schrieb. F. verband Elemente des moral. lat. Dramas und des derben dt. Volksstücks, Tragik und Komik miteinander, führte die Nebenhandlung, den Chor und glaubhafte psych. Motivierung der Personen ein. Sein Hauptwerk ist der

Julius Cäsar redivivus (1584); wichtig sind weiterhin die bibl. Dramen *Rebecca* (1576), *Susanna* (1578), histor. Dramen wie *Hildegardis magna* (1579) und *Frau Wendelgard* (1579). Sein Gesamtwerk erschien 1585 bis 1602 in 4 Bdn.

Frischmann, Dawid (*5.1. 1865 Zgierz/Polen, †4.8. 1922 Berlin). – Hebr. Schriftsteller, Mitarbeiter verschiedener jidd. und hebr. Zeitungen und Zeitschriften, trat als Übersetzer russ., engl. und skandinav. Klassiker hervor. F. fühlte sich in erster Linie als Europäer, v.a. in seinen Kritiken. Sein eigenes dicht. Schaffen umfaßt Erzählungen, Lyrik und Essays, deren vollendete Form und subtile psych. Darstellung Heines Einfluß verraten. Als Beispiele seien aus der Vielzahl der Schriften genannt: *Bejom hakippurim* (1880), *Othíot porchot* (1903).

Frischmuth, Barbara (*5.7. 1941 Altaussee/Salzkammergut). – Österr. Schriftstellerin, studierte Orientalistik und lebt heute in Wien. Ihr oft autobiograph. gefärbtes erzähl. Werk umfaßt Romane, Erzählungen und Kinderbücher, die den Stil jedoch eher verfremden und typ. österr. Motive parodieren. F. erhielt internationale Preise (z.B. Ida-Dehmel-Preis 1983). Aus der Vielzahl ihrer bedeutenden und für die moderne Lit. charakterist. Veröffentlichungen seien genannt: *Die Klosterschule* (1968), *Amoralische Kinderklapper* (1969), *Geschichten für Stanek* (1969), *Tage und Jahre* (1971), *Ida- und Ob* (1972), *Die Mystifikation der Sophie Silber* (1976), *Das Verschwinden des Schattens in der Sonne* (1973), *Haschen nach dem Wind* (1974), *Amy oder die Metamorphose* (1978), *Kay und die Liebe zu den Modellen* (1979), *Ferienfamilie* (1981), *Kopftänzer* (1984), *Herrin der Tiere* (1986), *Über die Verhältnisse* (1987), *Einander Kind* (1990), *»Wassermänner«* – *Lesestücke aus Seen, Wüsten und Wohnzimmern* (1991). F. schrieb auch Theatertexte und Hörspiele. Eine Sammlung der Erzählungen enthält der Band *Mörderische Märchen* (1989).

Fritz, Marianne (*14.12. 1948 Weiz/Österreich). – Österr. Schriftstellerin, setzte sich in *Die Schwerkraft der Verhältnisse* (1978) mit der Nachkriegsgeschichte Österreichs auseinander, wobei sie die Ereignisse in Anlehnung an den Medea-Mythos schildert. Während sie sich in *Das Kind der Gewalt und die Sterne der Romani* (1980) mit der bäuerlichen Geschichte ihrer Heimat im vergangenen Jahrhundert beschäftigt, plant sie einen Romanzyklus *Die Festung*, in dem sie die historischen Voraussetzungen der österreichischen Gegenwart gestalten will. An die spezifische Sprachphilosophie und das gebrochene Wirklichkeitsverständnis der österreichischen Geistesgeschichte knüpft sie mit *Dessen Sprache du nicht verstehst* (drei Bde. 1985) an.

Fritz, Walter Helmut (*26.8. 1929 Karlsruhe). – F. arbeitete nach dem Studium der Literatur als Studienrat, Dozent und freier Schriftsteller. Er übersetzte aus dem Franz., schrieb Kritiken, Hör- und Schauspiele und machte sich v.a. einen Namen mit schlichten, formstrengen Naturgedichten, später auch als Erzähler, der alltägl. banale Situationen knapp und treffend beschreibt. Bekannt wurden *Umwege* (1964), *Zwischenbemerkungen* (1965), *Abweichung* (1965), *Die Verwechslung* (1970), *Die Beschaffenheit solcher Tage* (1972), *Bevor uns Hören und Sehen vergeht* (R. 1975), *Schwierige Überfahrt* (G. 1976), *Sehnsucht* (Ged. 1978), *Wunschtraum, Alptraum* (Ged. 1979), *Werkzeuge der Freiheit* (Ged. 1983), *Cornelias Traum und andere Aufzeichnungen* (1985), *Immer einfacher, immer schwieriger. Gedichte und Prosagedichte 1983–1986* (1987), *Zeit des Sehens. Prosa* (1989).

Fröding, Gustaf (*22.8. 1860 Alster/Värmland, †8.2. 1911 Stockholm). – Schwed. Lyriker, verbrachte große Teile seines Lebens in Pflegeanstalten wegen einer Geisteskrankheit, die jedoch seine dichter. Schaffenskraft nicht beeinträchtigte, sondern bei ihm Ausdruck und Form von großartigen Visionen und Phantasien fand. Seine Lyrik wurde anfangs angeregt von der heimatl. Landschaft, später kleidete er histor. Stoffe und philosoph. Reflexionen in Verse, die voller Rhythmus und Musikalität und sprachl. vollendet sind. 1914, 1923 und 1936 erschienen sie in dt. Ausgaben.

Fröhlich, Hans Jürgen (*4.8. 1932 Hannover, †22.11. 1986 Dannenberg/München). – Dt. Komponist und Schriftsteller, fand Anerkennung mit seinen Romanen, z.B. *Aber egal!* (1963), *Engels Kopf* (1971), *Anhand meines Bruders. Ein Doppelportrait* (1974), *Mit Feuer und Flamme* (1982), deren Geschehen immer wieder durch Reflexionen und Stilbrüche, Kurzgeschichten und Hinweise abgebrochen und aus unterschiedlichen Perspektiven neu gestaltet wird. Seine Hörspiele und Studien zeigen nicht diese formale Virtuosität. Posth. erschien als Fragment *Das Haus der Väter* (1987).

Froissart, Jean (*1337 Valenciennes, †um 1410 Chimay). – Franz. Geschichtsschreiber und Dichter, verbrachte sein Leben auf Reisen und an verschiedenen Fürstenhöfen, um über Zeitereignisse berichten zu können. So entstand auch sein wichtigstes Werk, die sehr umfangreichen *Chroniques de France, d'Angleterre, d'Ecosse, d'Espagne, de Bretagne*, bei deren Abfassung er je nach seinem wirtschaftl. Interesse die Partei und seine Sicht von den Ereignissen wechselte. Sie ist dennoch von unschätzbarem kulturhistor. Wert und ein detailliertes und anschauliches Zeitgemälde.

Fromentin, Eugène (*24.10. 1820 La Rochelle, †27.8. 1876 Saint-Maurice/La Rochelle). – Franz. Maler und Schriftsteller, verfaßte neben einer wichtigen kunsthist. Abhandlung über holl. und fläm. Malerei (1876, dt. 1914) ausführl. und interessante Berichte über seine frühen Algerien- und Orientreisen, etwa *Un été dans le Sahara* (1857). Von seinen Romanen wurde *Dominique* (1863, dt. 1949) wegen seiner treffenden Charakterdarstellung und der Spiegelung seel. Stimmungen in der Natur bekannt.

Frost, Robert Lee (*26.3. 1874 San Francisco, †29.1. 1963 Boston). – Amerikan. Dichter, wurde nach entbehrungsreichen Jahren Prof. f. Literatur. Nach Veröffentlichung der mit Begeisterung aufgenommenen Gedichtbände *A Boy's Will* (1913) und *North of Boston* (1914) wurde er zu einem der erfolgreichsten Lyriker seines Landes. Seine Verse lehnen sich formal an die klass. Dichtung an und beschreiben von der Zivilisation unberührte Natur und ländl.-dörfl. Leben. Er erhielt mehrfach den Pulitzerpreis, so 1931 für *Collected Poems*, 1924 für *New Hampshire: A Poem with Notes and Grace Notes*, 1937 für *A Further Range* und 1943 für *A Witness Tree*. F. verfaßte auch Dramen, wie z.B. *A way out* (1927) und *A Masque of Mercy* (1947), die sich durch Spannung und Humor auszeichnen. Dt. Auswahlausgaben erschienen 1952 und 1963.

Frug, Simon Samuel (*15.11. 1859 Bobrowyj Kut/Cherson, †22.9. 1916 Petersburg). – Russ. Dichter, stammte aus jidd. Familie und beschrieb zuerst in russ., später auch in jidd. und hebr. Sprache die frühere Größe seines Volkes, ihre langen Leiden und ihre Erlösungssehnsucht in Balladen, Elegien und Satiren sowie in zionist. Schriften. Einige seiner Lieder wurden zu jüd. Volksliedern. Eine Gesamtausgabe der Gedichte und ep. Werke erschien 1912.

Fry, Christopher (*18.12. 1907 Bristol). – Engl. Dramatiker, zeigte schon früh eine Leidenschaft für das Theater und war abwechselnd als Lehrer, Schauspieler und Regisseur tätig. Daneben übersetzte er, u.a. Anouilh und Giraudoux, und verfaßte Drehbücher, z.B. *The Brontes of Haworth* (1973), fürs Fernsehen. Neben T. S. Eliot, dessen Einfluß v. a. in seinem Frühwerk zu spüren ist, ist er der bedeutendste Vertreter des poet.-neuromant. Dramas in England. Häufig benutzt er bibl. Stoffe, z.B. in *Der Erstgeborene* (1946, dt. 1952) und in dem Passionsspiel *Ein Schlaf Gefangener* (1951, dt. 1952). Von seinen Komödien wurden v. a. der Einakter *Ein Phönix zuviel* (1947, dt. 1954), in dem Leben und Liebe über Tragik und Tod siegen, *Die Dame ist nicht fürs Feuer* (1949, dt. 1950), *Venus im Licht* (1950, dt. 1951) und *Das Dunkel ist licht genug* (1954, dt. 1955) bekannt. Die Wirkung seiner Dramen beruht auch auf virtuosem Umgang mit der Sprache. Er benutzt rhythmisierte Prosa, Wortspiele, Mehrdeutigkeiten, Metaphorik und starke Bildlichkeit.

Fuchs, Gerd (*14.9. 1932 Nonnweiler/Saar). – Dt. Schriftsteller, in seinen Erzählungen schildert er die Loslösung des Individuums aus der bürgerl. Enge, z.B. in *Landru und andere Erzählungen* (1966), *Beringer und die lange Wut* (1973), *Stunde Null* (1981). Die Erz. *Ein Mann fürs Leben* (1978) wurde 1980 verfilmt; 1986 hatte er mit dem Roman *Schinderhannes* großen Erfolg, da er Moritat und Dokumente phantasievoll zu vereinen verstand.

Fuchs, Günter Bruno (*3.7. 1928 Berlin, †19.4. 1977 ebd.). – Dt. Schriftsteller, lebte nach Kriegsdienst und dem Besuch der

Kunstakademie als Graphiker und Schriftsteller in seiner Heimatstadt. Er schrieb neben Hörspielen, Kinderbüchern, Romanen, Essays und Großstadtlyrik v. a. auch witzige Montagen, Unsinnsgedichte und Chansons, hinter deren Phantasiereichtum und Lust am Spiel deutl. Zeitkritik zu spüren ist. Wichtige Werke sind: *Brevier eines Degenschluckers* (1960), *Trinkermeditationen* (1962), *Krümelnehmer oder 34 Kapitel aus dem Leben des Tierstimmenimitators Ewald K.* (1963), *Pennergesang* (1965), *Herrn Eules Kreuzberger Kneipentraum* (1966), *Bericht eines Bremer Stadtmusikanten* (1968), *Neue Fibelgeschichten* (1971), *Reiseplan für Westberliner anläßlich einer Reise nach Moskau und zurück* (1973), *Gesammelte Fibelgeschichten und letzte Gedichte: Erinnerung an Naumburg* (1978) und *Der Bahnwärter Sandomir* (1978). 1990 f. erschien eine Werkausgabe in drei Bänden.

Füetrer, Ulrich (* 1. Hälfte des 15. Jh.s Landshut, †vor 1502). – Bayr. Dichter, wurde durch das *Buch der Abenteuer,* das er für den bayr. Herzog Albrecht IV. schrieb, berühmt. Das Werk, das zwischen 1473 und 1478 entstand, faßt in der Rahmenerzählung des *Jüngeren Titurel* nahezu alle bekannten Erzählstoffe des späten Mittelalters, z. B. den *Trojanerkrieg* des Konrad v. Würzburg, die Grals- und Artusepen, zusammen. Für die Literaturforschung ist das Werk unentbehrlich. Große Verbreitung fand auch die *Bairische Chronik* (1478–81).

Fühmann, Franz (* 15. 1. 1922 Rochlitz/Riesengebirge, †8. 7. 1984 Berlin/Ost). – Dt. Autor der DDR, nahm als überzeugter Nationalsozialist freiwillig am Krieg teil und wurde in russ. Kriegsgefangenschaft zum Kommunisten. Er lebte als Schriftsteller und Kulturpolitiker in Ostberlin. Sein erzählerisches Talent entfaltete er v. a. in Novellen, Romanen, Biographien und Kinderbüchern. Nach märchenhaften Balladen, Novellen und dem Versepos *Die Fahrt nach Stalingrad* (1953) wurde v. a. die Erzählung *Das Judenauto* (1962) berühmt. 1965 erschien *König Ödipus,* ein Erzählungsband, 1968 das Kinderbuch *Das hölzerne Pferd.* 1971 folgte der *Jongleur im Kino* und 1973 das Tagebuch *22 Tage oder die Hälfte des Lebens,* das die Begegnung mit der Stadt Budapest, die zum Prüfstein der eigenen Persönlichkeitsentwicklung wird, schildert. 1977 fand die Erzählung *Bagatelle, rundum positiv* große Beachtung. Mit *Erfahrungen und Widersprüche* (1976) erwies sich F. als profunder Literaturtheoretiker, während die Erzählung *Barlach in Güstrow* (1977) allgemein zustimmende Aufnahme fand. Die autobiographischen Aufzeichnungen *Der Sturz des Engels* (1982) sind die beste Deutung der Wende vom Faschismus zum Marxismus bei deutschen Intellektuellen nach 1945 und gleichzeitig einer der besten lit. Essays über G. Trakl. F. schrieb auch parodistische Erzn. *Saiäns-Fiktschen* (1986) und Stücke für Kasperl-Theater *Schlipperdibix und klapperdibax* (1986). Ein Lesebuch der Schriften F.s erschien 1983 u. d. T. *Den Katzenartigen wollten wir verbren-*

nen. Posth. erschienen Texte und Dokumente aus dem Nachlaß *Im Berg* (1991).

Fuentes, Carlos (* 11. 11. 1928 Mexiko City). – Mexikan. Autor, Sohn eines Diplomaten, bekleidete hohe diplomat. und kulturpolit. Ämter. Seine Romane und Kurzgeschichten haben meist den Verfall der revolutionären Ideale in Mexiko zum Thema, etwa *Los dias enmascarados* (1954), *La región más transparente* (1958), *Nichts als das Leben* (1962, dt. 1964), *Hautwechsel* (1967, dt. 1969), *Terra Nostra* (1979), *Die Heredias* (dt. 1981), *Der alte Gringo* (dt. 1986), *Verbranntes Wasser* (dt. 1987), *Christoph »Ungeborn«* (1991). F. gilt als führender mexikan. Romancier der Gegenwart. F. ist auch als Essayist hervorgetreten *Von mir und anderen* (dt. 1989).

Füst, Milan (* 17. 7. 1888 Budapest, †27. 7. 1967 ebd.). – Ungar. Schriftsteller, wirkte als Prof. für Ästhetik und schrieb neben seinen zahlreichen kunsttheoret. Schriften Novellen, Dramen und Gedichte, deren rhythm. Aufbau kirchl. Liturgie nachempfunden ist. Von seinen Romanen wurde der psych. ausgezeichnete *Die Geschichte meiner Frau* (1942, dt. 1963) als bekanntestes Werk auch ins Dt. übersetzt.

Fugard, Harold Athol Lannigan (* 11. 6. 1932 Middelburg/Great Karoo in der Kapprovinz). – Südafrikan. Schriftsteller, wuchs in Port Elizabeth auf; starker Einfluß der burischen Tradition durch die Mutter. Während seiner Ausbildung zum Automechaniker war er als Schauspieler und Journalist tätig und erhielt ein Stipendium für die Universität Kapstadt, brach seine Studien jedoch ab, unternahm als Matrose eine Weltreise und erfuhr hier die Problematik des Rassismus. Nach Rückkehr in Port Elizabeth und Johannesburg als Redakteur, Schauspieler und Autor tätig; erster Erfolg seiner Stücke, z. B. *No-Good Friday* (1958), *Nongogo* (1959). Nach Londonaufenthalt kehrte er auf dem Höhepunkt der Rassenunruhen 1960 nach Südafrika zurück; schrieb den 1980 veröffentlichten Roman *Tsotsi* und zahlreiche Dramen, in denen er sich mit den Problemen des Rassismus auseinandersetzt, z. B. *The Blood Knot* (1961), *People are Living There* (1963), *Boesman and Lena* (1968). Obwohl F. 1969 in Südafrika zum Künstler des Jahres gewählt wurde, folgte nun eine künstlerisch wenig erfolgreiche Zeit, bis er mit *Statements after an Arrest under the Immorality Act* (1972), *Sizwe Bansi ist tot* (1972, dt. 1974), *Die Insel* (1973) große Erfolge auch im Ausland hatte. Für die Edinburger Festspiele schrieb er 1975 *Dimetos,* für den Film *The Guest.* Mit *Hello an Goodbye* (1961, vollendet 1976), *A Lesson from Aloes* (1978) und *The Road of Mecca* (1986) erwarb F., der sich auch als Schauspieler hervortat (z. B. in dem Film »Gandhi«), internationale Anerkennung.

Fukazawa, Shichirō (* 29. 1. 1914 Isawa-machi/Yamanashi, †18. 8. 1987 Shōbumachi/Saitama). – Japan. Schriftsteller, lebte bis zu seinem 40. Lebensjahr als Vagabund und begann nach dem II. Weltkrieg als Autor hervorzutreten. Die Erzählung *Schwierigkeiten beim Verständnis der Narayama-Lieder* (1956, dt. 1964) fand große Beachtung und wurde mehrfach mit Preisen ausgezeichnet. Die Erzählung spielt in einem japan. Bergdorf, wo die alten Menschen nach ihrem 70. Geburtstag ausgesetzt werden. Auch seine späteren Erzählungen, die nicht ins Deutsche übertragen sind, haben großen Einfluß auf die japan. Literatur ausgeübt. 1960 zog sich F. aus dem lit. Leben zurück und wurde Bauer.

Fuks, Ladislav (* 24. 9. 1923 Prag). – Der tschech. Schriftsteller wandte sich nach verschiedenen Studien ganz der Literatur zu. In seinem Anfangswerk *Herr Theodor Mundstock* (1963, dt. 1963) erlebt ein alternder Jude die dt. Besetzung und versucht, damit fertig zu werden. In *Variationen für eine dunkle Saite* (1966, dt. 1967) schildert F. seine Heimatstadt, wie er sie als Kind vor dem Krieg erlebte. Beachtung fand *Der Leichenverbrenner* (1967, dt. 1987) als Zeugnis der tschech. Gegenwartslit. nach 1968. In *Reise ins gelobte Land* (dt. 1990) erzählt Fuks von der Reise einer jüd. Gruppe auf der Donau ins Exil kurz vor Ausbruch des Zweiten Weltkriegs.

Fulda, Ludwig (* 15. 7. 1862 Frankfurt/Main, † 30. 3. 1939 Berlin). – Dt. Schriftsteller, anerkannter Übersetzer – Molière, Ibsens *Peer Gynt* (1913), Shakespeares *Sonette* (1913), span. Komödien (1926) – und Lustspielautor in Berlin. Zu seinen erfolgreichsten eigenen Werken, die Anklänge an den Naturalismus, später an die Neuromantik zeigen, zählen *Das Wunderkind* (1892) und der *Talisman* (1893). Als Verfolgter des Naziregimes nahm er sich das Leben.

Furius Bibaculus, Marcus (* 103 v. Chr. Cremona). – Der röm. Dichter war Meister in der Kunst der Spott- und Schimpfdichtung, die er über die Großen seiner Zeit, z. B. über Valerius Cato, aber auch über Cäsar, den er später – in den *Annales belli Gallici* – verherrlichte, verfaßte. Außerdem sind Epigramme und Lucubrationes (Nachtarbeiten) von ihm erhalten.

Furphy, Joseph (* 26. 9. 1843 Yarra Glen/Victoria, † 13. 9. 1912 Claremont/Westaustralien). – Austral. Dichter, Sohn eines irischen Einwanderers. Von seinem spät begonnenen lit. Werk, das auch Lyrik und Kurzgeschichten umfaßt, wurde hauptsächl. der Roman *Such is Life* (1903) bekannt, der die austral. Lebenswirklichkeit packend und wirklichkeitsgetreu schildert.

Furui, Yoshikichi (* 19. 11. 1937 Tokio). – Japan. Schriftsteller, studierte Germanistik und trat bereits als junger Mann als geschickter Übersetzer deutscher Literatur (Musil, Broch, Novalis) hervor. Seine Romane und Erzählungen, besonders *Ehebande* (1970, dt. 1981), fanden in Japan große Verbreitung; als Übersetzer wurde er mehrfach ausgezeichnet. Er gilt als der wichtigste Vermittler dt. Literatur in Japan.

Fussenegger, Gertrud (* 8. 5. 1912 Pilsen). – Österr. Dichterin, Studium der Geschichte, Philosophie und Kunstgeschichte. Ihr vielfältiges erzähler. Werk gestaltet Motive der Gegenwart und Vergangenheit, verbindet Realismus mit psychologischen Motiven und verliert nie das Einfache, Menschliche aus den Augen. F. wurde vielfach mit hohen Auszeichnungen geehrt, z. B. Adalbert-Stifter-Preis (1951 u. 1963). Zu den Meisterwerken novellist. Kunst gehören *Der Brautraub* (1939), *Böhmische Verzauberung* (1942), *Der Tabakgarten* (1961), *Kaiser, König, Kellerhals* (1981) und *Deutsche Erbsen aus dem Dreck* (1983). Nach dem erfolgreichen Roman *Das verschüttete Antlitz* (1957) versuchte sie in *Zeit des Raben, Zeit der Taube* (1960) Theologie und Naturwiss. durch zwei ihrer bedeutendsten Vertreter zu verbinden. In der Biographie *Maria Theresia* (1980; neu 1984) verbindet sie histor. Genauigkeit mit barock-spannender Darstellung. Als Historikerin zeichnete sie sich auch mit *Sie waren Zeitgenossen* (1984) aus. F. trat auch mit Essays, Bildbänden, Reden und Theaterstücken an die Öffentlichkeit; 1986 erschienen die Gesammelten Gedichte u. d. T. *Gegenruf,* 1987 die Erzählungen u. d. T. *Nur ein Regenbogen.*

G

Gabelentz, Georg H. C. von der (*1.3. 1868 Lemnitz/Thür., †16. 11. 1940 Münchenbernsdorf/Thür.). – Dt. Schriftsteller, war Jurist und bekleidete höhere militär. Ämter, bevor er von 1916 – 18 die stellvertr. Leitung des Sächs. Hoftheaters in Dresden übernahm. Er schrieb Erzählungen und Romane, die sich durch Phantasie und eine Vorliebe für phantast. und myst. Elemente auszeichneten. Die bekanntesten sind u.a. *Das Glück der Jahnings* (1905), *Das Auge des Schlafenden* (1910), *Masken Satans* (1925) und *Drei Nächte* (1935).

Gaboriau, Emile (*9.11. 1832 Saujon/Charente Inférieure, †28.9. 1873 Paris). – Franz. Kriminalschriftsteller, Vorläufer Conan Doyles, schuf mit seinem Detektiv Leqoc das Vorbild für die bekannte Figur des Sherlock Holmes. Seinen Ruhm begründete er mit *Die Affaire Lerouge* (1866, dt. 1887), wo er über einen sehr merkwürdigen Kriminalfall in Paris sachlich genau berichtete. Bereits der folgende Roman *Das Verbrechen von Orcival* (1867, dt. 1942) erschien als Vorabdruck in der Zeitschrift »Petit Journal« und steigerte deren Auflage auf 400 000 Exemplare (später u. d. T. *Das Phantom in der Oper*). Auch der Roman *Die tugendhafte Gräfin* (1873, dt. 1968) war ein Bestseller.

Gabriel y Galán, José Maria (*28.6. 1870 Frades de la Sierra/Salamanca, †6.1. 1905 Guijo de Granadilla/Cáceres). – Span. Lyriker, war zunächst Volksschullehrer und verwaltete nach der Heirat den Gutsbesitz seiner Frau. Seine Gedichte zeugen von enger Verbundenheit mit der kastilischen Heimat und deren einfacher Bevölkerung. Die wichtigsten sind u.a. *Castellanas* (1902), *Campesinas* (1904) und *Nuevas castellanas* (1905).

Gadda, Carlo Emilio (*14.11. 1893 Mailand, †22.5. 1973 Rom). – Ital. Schriftsteller, war von Beruf Ingenieur. In seinen Romanen beschreibt er mit großem Einfühlungsvermögen die komplexe Welt menschl. Gefühle außergewöhnl. menschl. Charaktere und zeichnet mit seinen Darstellungen ein iron. Bild der heutigen Gesellschaft. Sein Stil ist unpathet. und weist mit seinen dialektgefärbten, drast. Ausdrucksmitteln Züge des Neubarock auf. Die bekanntesten Romane sind u.a. *Il castello di Udine* (1934), *Die gräßliche Bescherung in der Via Merulana* (1957, dt. 1961), *Die Erkenntnis des Schmerzes* (1963, dt. 1964), *La meccanica* (1970), *Adalgisa* (dt. 1989). Postum erschien der Essay *Eros und Priapos* (1991) und die Briefe an Bonaventura Tecchi *An einen brüderlichen Freund* (dt. 1991).

Gaddis, William (29. 12. 1922 New York). – Amerikan. Schriftsteller, studierte in Harvard und lebte einige Jahre in Mittelamerika. In der Nachfolge Pynchons gilt G. heute als ein bedeutender moderner Autor, der jedoch wegen seiner anspruchsvollen Darstellungen beim Publikum wenig Anerkennung gefunden hat. Seine Romane *The Recognitions* (1955) und *JR* (1975) sind handlungsdicht und formal ansprechend. In *JR* wird die Erzählperspektive auf einen Dialog reduziert, in dem die menschl. Beziehungen zu reinen ökonom. Kontakten verkümmern. Im Roman *Die Erlöser* (1985, dt. 1988) greift G. Traditionen des Schauerromans auf und verbindet diese mit Zeit- und Kulturkritik postmoderner Gestaltung.

Gagern, Friedrich Freiherr von (*26.6. 1882 Schloß Mokritz/Krain, †14.11. 1947 Geigenberg/Niederösterr.). – Österr. Schriftsteller, seine Romane spielen in heimatl., aber auch exot. Milieu. Sie kreisen um den Konflikt zwischen Natur und Zivilisation. Daneben verfaßte G. auch Reise- und Tiergeschichten. Am bekanntesten sind u.a. *Der böse Geist* (1913), *Die Wundmale* (1919), *Das Grenzerbuch* (1927), *Der Jäger und sein Schatten* (1940) und *Grüne Chronik* (1948).

Gailit, August (*9.1. 1891 Sagnitz/Sangaste, †5.11. 1960 Örebro/Schweden). – Estn. Erzähler, war u.a. Journalist und Theaterintendant. Seine sprachl. individuellen Werke zeugen von großem Erzähltalent und weisen zunächst phantast. und romant., später jedoch realist. Züge auf. Am bekanntesten sind u.a. die Romane *Nippernaht und die Jahreszeiten* (1928, dt. 1931), *Das Lied der Freiheit* (1935, dt. 1938) und *Die Insel der Seehundjäger* (1938, dt. 1939). G. ist der international bekannteste Dichter Estlands.

Gaines, Ernest (*15.1. 1933 Oscar/Louisiana). – Am. Schriftsteller, stammt von Schwarzen ab und kam erst spät durch Zufall zu einer Hochschulausbildung; wurde Universitätsdozent für Literatur. G. veröffentlichte zahlreiche Erzählungen und Romane, die jedoch weitgehend nur in seiner Heimat bekannt wurden. In Deutschland erschien *Eine Zusammenkunft alter Männer* (1983, dt. 1987); verfilmt wurden *Jane Pittman* (1974) und *A Gathering* (1987). Alle Werke handeln vom Zusammenleben der Schwarzen und Weißen in den Südstaaten, von den Erzählungen, Traditionen und Mythen der Schwarzen, wobei sich der Stil an mündl. Erzählformen anlehnt.

Gaiser, Gerd (*15.9. 1908 Oberriexingen/Württemberg, †9.6. 1976 Reutlingen). – Dt. Schriftsteller, Sohn eines protestant. Pfarrers. G. wandte sich nach einem theolog. Studium der Malerei und der Kunstgeschichte zu und war ab 1962 als

Dozent an der Pädagog. Hochschule in Reutlingen tätig. Er veröffentlichte Gedichte wie *Reiter am Himmel* (1941) und Erzählungen, u. a. *Zwischenland* (1949), *Gib acht in Domokosch* (1959), *Gazelle grün* (1965), *Merkwürdiges Hammelessen* (1971) und *Alpha und Anna* (1976). Bekannt wurde er vor allem durch seine Romane wie *Eine Stimme hebt an* (1950), *Die sterbende Jagd* (1953) und *Schlußball* (1958). Er schildert darin alltägl. Menschen und behandelt aktuelle gesellschaftl. Themen, die er jedoch in überzeitl. Zusammenhänge einbettet. Seine späteren Werke tendieren zum Surrealistischen.

Gaidar, Arkadi Petrowitsch, eigtl. *A. P. Golikow* (*22. 1. 1904 Lgow/Rußland, †26. 10. 1941 Lepljawa). – Russ. Schriftsteller, fiel im 2. Weltkrieg. Er verfaßte Kinderbücher, wie z. B. die bekannte Erzählung *Timur und sein Trupp* (1939, dt. 1947). Weitere Werke sind *Ferne Länder* (1932, dt. 1951), *Tschak und Gek* (1939, dt. 1950) und die Autobiographie *Schule des Lebens* (1930, dt. 1951).

Galczyński, Konstanty Ildefons (*23. 1. 1905 Warschau, †6. 12. 1953 ebd.). – Poln. Dichter, verfaßte neben Stimmungslyrik auch pointierte kabarettist. Gedichte, die sich durch treffsicheren Witz und eine reiche Phantasie sowie z. T. durch groteske und surrealist. Züge auszeichnen. Am bekanntesten sind u. a. *Koniecświata* (1930) und *Zabawa Indowa* (1934). Daneben verfaßte er auch die Sammlung satir. Einminutenstücke *Die grüne Gans* (1968, dt. 1969).

Gale, Zona (*26. 8. 1874 Portage/Wisconsin, †27. 12. 1938 Chicago). – Amerikan. Schriftstellerin, in ihren Erzählungen wie *Friendship Village* (1908) kommt ihre enge Verbundenheit mit dem Leben in den amerikan. Kleinstädten und mit deren Bewohnern zum Ausdruck. Für die Bühnenfassung ihres Romans *Miss Lulu Bett* (R. 1920, Dr. 1921), in dem sie das Leben der Frauen im Mittelwesten Amerikas gestaltet, erhielt sie den Pulitzerpreis.

Galiani, Ferdinando (*2. 12. 1728 Chieti, †30. 10. 1787 Neapel). – Ital. Schriftsteller, behandelte in seinen vielseitigen Werken u. a. Themen aus der Nationalökonomie, der Philosophie und Literatur. Als Vertrauter und hoher Beamter des Königs von Neapel mußte er sich bes. mit ökonom. Fragen auseinandersetzen. Diese Beschäftigung fand ihren Niederschlag in der Abhandlung *Della moneta* (1751, hg. 1915), mit der er auch auf Karl Marx wirkte; er erläutert hier den subjektiven Wertbegriff des Geldes. Bekannt ist auch seine gelungene Buffo-Oper *Socrate imaginario* (1775; Musik von Paisiello).

Gallegos, Rómulo (*2. 8. 1884 Caracas, †5. 4. 1969 ebd.). – Venezolan. Schriftsteller, war u. a. Erziehungsminister und 1948 kurzfristig Präsident der venezolan. Republik. Nach seinem Sturz lebte er im Ausland. Die lit. Werke spielen im heimatl. Milieu und schildern den Gegensatz von Zivilisation und anarch. Willkür. Am bekanntesten sind u. a. *El último*

solar (1920), *La trepadora* (1925), *Doña Bárbara* (1929, dt. 1941) und *La brizna de paja en el viento* (1952), *El último patriota* (1957). In allen Werken zeigt er, wie der Mensch gegen eine überlegene Natur ankämpfen muß und nur durch diese Auseinandersetzung aus der Barbarei zur Zivilisation aufsteigen kann. Dt. erschien posth. *Canaíma* (1989). Seine gesammelten Werke erschienen 1959 in 10 Bdn.

Gallina, Giacinto (*31. 7. 1852 Venedig, †13. 2. 1897 ebd.). – Ital. Schriftsteller, leitete die Wanderbühne »Compagnia comica goldoniana«. Als Nachfolger Goldonis verfaßte er 32 volkstüml. Lustspiele im venezian. Dialekt. Die bekanntesten sind *Una famegia in rovina* (1872), *Serenissima* (1891) und *La famegia del santolo* (1892). Seine gesammelten Theaterstücke erschienen 1922 bis 1930 in 18 Bdn.

Galsworthy, John, Ps. *John Sinjohn* (*14. 8. 1867 Kingston Hill/Surrey, †31. 1. 1933 Hampstead). – Engl. Dichter, studierte in Oxford Jura, widmete sich berufl. jedoch fast ausschl. der Literatur. Er war Präsident des PEN-Clubs und erhielt 1932 den Nobelpreis für Literatur. Berühmt wurde er durch den Romanzyklus *Die Forsyte Saga* (1906–21, dt. 1925) mit seinen Fortsetzungen *Moderne Komödie* (1924–28, dt. 1929) und *Das Ende vom Lied* (1931–33, dt. 1937). Mit großem psycholog. Einfühlungsvermögen beschreibt er darin das Schicksal einer viktorian. Familie über mehrere Generationen hinweg, wobei sich seine Einstellung zu den dargestellten Charakteren und Gesellschaftsformen im Laufe der Romanfolge ändert. Seine zeitkrit. Dramen wirkten durch ihre komplizierten Gedanken und intellektuellen Handlungsabläufe sehr konstruiert und hatten daher keinen Bühnenerfolg. Von G.s umfangreichem Werk sind u. a. noch die Romane *Das Herrenhaus* (1907, dt. 1913), *Die dunkle Blume* (1913, dt. 1922), die Erzählungen *Viktorianische Miniaturen* (1935, dt. 1952) und die Dramen *Der Zigarettenkasten* (1906, dt. 1909) und *Justiz* (1910, dt. 1913) zu erwähnen. Seine Werke, die bis heute in zahlreichen Auflagen erschienen, kamen 1925 bis 1934 in einer dt. Gesamtausgabe heraus.

Galt, John (*2. 5. 1779 Irvine/Schottland, †11. 4. 1839 Greenock). – Schott. Autor, führte ein wechselvolles Leben. Er schrieb humorvolle, gleichzeitig aber auch erschütternd realist. Romane über das Leben in Schottland. Am bekanntesten sind u. a. *The Ayrshire Legatees* (1820), *The Last of the Lairds* (1826), die Erzählungen *Annals of the Parish* (1821 u. 1967) und die Biographie *Life of Byron* (1830).

Gálvez, Manuel (*18. 7. 1882 Parana, †14. 11. 1962 Buenos Aires). – Argentin. Schriftsteller und Soziologe, gründete die Zeitschrift »Ideas« und eine Niederlassung des PEN-Clubs in Buenos Aires. In seinen realist., in einfachem und klarem Stil gehaltenen Romanen beschreibt das Leben in den Städten Argentiniens. Daneben verfaßte er auch histor. Romane, etwa über den Krieg in Paraguay oder über die Diktatur Juan

Manuel Rosas. Die bekanntesten sind *Nacha Regules* (1919, dt. 1922), *Historia de arrabal* (1923), *Karawane der Sünder* (1930, dt. 1951) und die Trilogie *López* (1928/29, dt. 1946), *Escenas de la época de Rosas* (1931–1954), *Perdido en su noche* (1958) u. a.

Gálvez de Montalvo, Luis (*1549[?] Guadalajara, †1591[?] Palermo). – Der span. Dichter ist der Autor des stilist. und formal brillanten Schäferromans *El pastor de Filida* (1582 u. 1907). Daneben übersetzte er u. a. auch Tassos *Befreites Jerusalem.*

Gama, José Basilio da (*Dez. 1741 São José do Rio das Mortes/Minas Gerais, †31. 7. 1795 Lissabon). – Der brasilian. Dichter richtete in seinem Epos über den Indioaufstand *Uruguai* (1769) scharfe Angriffe gegen die Jesuiten. Das Werk ist in Blankversen geschrieben und weist eine große inhaltl. und formale Selbständigkeit auf. Weniger bedeutend ist die Dichtung *Quitubia* (1791). 1902 erschien eine Gesamtausgabe der Werke, die auch seine Übersetzung des *Mahomet* von Voltaire enthält.

Gambara, Veronica (*30. 6. 1485 Pratalboino/Brescia, †13. 6. 1550 Correggio). – Italien. Literatin, war die Regentin des seinerzeitigen ital. Kleinstaates Correggio. Ihre an Bembo und Petrarca orientierten Gedichte *Sonetti amorosi inediti o rari* (hg. 1890) sind klangvoll und stilist. sehr ausgefeilt. Kulturhistor. wertvoll sind ihre *Briefe* (hg. 1759).

Gan, Peter, eigtl. *Richard Moering* (*4. 2. 1894 Hamburg, †7. 3. 1974 ebd.). – Dt. Schriftsteller, emigrierte 1938 und kehrte 1958 nach Hamburg zurück. Seine graziösen Gedichte zeugen von skurrilem Humor, weisen jedoch auch tiefsinnige, hintergründige Beobachtungen auf. Die bekanntesten sind *Die Windrose* (1935), *Die Holunderflöte* (1949), *Schachmatt* (1957), *Die Neige* (1961), *Das alte Spiel* (1965) und *Soliloquia* (1970). Erwähnenswert sind auch die Essays und Übersetzungen.

Ganghofer, Ludwig Albert (*7. 7. 1855 Kaufbeuren, †24. 7. 1920 Tegernsee). – Bayer. Volksdichter, studierte Philosophie und Philologie, wurde 1881 Dramaturg am Ringtheater in Wien und 1886 Redakteur bei der Zeitung »Neues Wiener Tagblatt«. Ab 1895 lebte der mit Thoma und Anzengruber befreundete Schriftsteller in München und am Tegernsee. Hier schrieb er zahlreiche volkstüml. Unterhaltungsromane, die die Welt der Berge z. T. sentimental romantisiert und verklärt darstellen. Am bekanntesten sind aus seinem umfangreichen Gesamtwerk mit über 50 bekannten Titeln *Der Jäger von Fall* (1883), *Edelweißkönig* (1886), *Der Klosterjäger* (1892), *Die Martinsklause* (1894), *Schloß Hubertus* (1895), *Der laufende Berg* (1897), *Das Gotteslehen* (1899), *Der Dorfapostel* (1900), *Der Hohe Schein* (1904), *Der Mann im Salz* (1906) und *Der Ochsenkrieg* (1914). Daneben schrieb er auch bühnenwirksame Volksstücke wie *Der Herrgottschnitzer von*

Ammergau (mit H. Neuert; 1880), Gedichte und Erinnerungen (*Lebenslauf eines Optimisten,* 3 Bde. 1909–1911). Die *Gesammelten Schriften* erschienen zum ersten Mal 1906–1921 in 40 Bdn.

Ganivet, Angel (*13. 12. 1865 Granada, †29. 11. 1898 Riga). – Span. Schriftsteller, nahm sich während seiner Tätigkeit als Konsul in Riga das Leben. In seinen Essays wie *Spaniens Weltanschauung und Weltstellung* (1897, dt. 1921) untersucht er die Gründe für den geistigen, moral. und polit. Verfall Spaniens und übt an zeitgenöss. Verhältnissen Kritik. Weitere Werke sind das Drama *El escultore de su alma* (1906) und die Finnlandstudie *Cartas finlandesas* (1898). Anerkennung fand auch der Roman *La conquista del reino de Maya por el último conquistador español, Pío Cid* (1897).

Garay, János (*10. 10. 1812 Szekszárd, †5. 11. 1853 Pest). – Der ungar. Schriftsteller war u. a. als Redakteur bei der Zeitschrift »Regelo« und als Universitätsprofessor für Literatur tätig. Bekannt wurde er durch seine im Balladenstil geschriebenen kom. Epen wie *Csatár* (1834), *Szent László* (1851) und *Az obsitos* (1843); letzteres diente als Vorlage für die Oper *Háry János* von Kodály.

Garborg, Arne Evensen (*25. 1. 1851 Time/Jaeren, †14. 1. 1924 Asker/Oslo). – Norweg. Dichter, radikaler Verfechter des Naturalismus, dem er in seinen Romanen *Bauernstudenten* (1883, dt. 1902) und *Aus der Männerwelt* (1886, dt. 1888) huldigt. Dabei neigte er schon früh zu einer von mystischen Elementen bestimmten Weltanschauung, die mit dem Bauernroman *Frieden* (1892, dt. 1894) den strengen Naturalismus zu verdrängen begann. Die Verserzählung *Haugtussa* (1895) bringt die endgültige Zuwendung zur lyr. Sprache und die Aufnahme romant. Elemente in Sagen und Märchen. Im Alter wandte er sich religiösen Themen zu, so in dem autobiograph. Roman *Der verlorene Vater* (1899, dt. 1901) und in *Heimkomin Son* (1908). Daneben übersetzte er die *Odyssee* (1918) des Homer und verhalf dem Landsmål zu lit. Geltung.

Garção y Salema, Pedro António Correia (*29. 4. 1724 Lissabon, †10. 11. 1772 ebd.). – Portugiesischer Dichter, verfaßte das bekannte neoklassizist. Werk *Cantata de Dido,* dem das 4. Buch der *Aeneis* des Vergil als Vorlage diente. In seiner Bearbeitung ist der Stoff weniger streng und trag. überhöht dargestellt als bei dem lat. Dichter. Daneben schrieb er auch Oden und Satiren und war an der Gründung der »Arcádia Lusitana« beteiligt.

Garcia Calderón, Ventura (*23. 2. 1886 Paris, †28. 10. 1959 ebd.). – Peruan. Schriftsteller, auch Diplomat, Journalist und Literaturhistoriker. Seine Gedichte weisen ihn als Anhänger des Modernismus aus. Bekannt geworden ist er durch seine stilist. ausgezeichneten, spannenden Erzählungen wie *Peruanische Novellen* (1924, dt. 1926), *Das Weinen des Urwalds* (franz. 1926, dt. 1926) und *Traum in der Sierra* (1931, dt.

1936). 1951 erschien eine dt. Auswahl u.d.T. *Peruanische Gesichte.*

García de la Huerta, Vicente Antonio (*9.3. 1734 Zafra/Badajoz, †12.3. 1787 Madrid). – Span. Dichter, Bibliothekar und Mitglied der Span. Akademie. Seine formal strenge, sprachl. jedoch lebendig gestaltete Tragödie *La Raquel* (1778, hg. 1971) ist das bedeutendste span. Drama des 18.Jh.s Daneben verfaßte er Sonette und Elegien und gab eine Sammlung von Theaterstücken m.d.T. *Theatro Hespañol* in 16 Bdn. heraus.

García Lorca, Federico (*5.[15.?]6. 1898 Fuentevaqueros/Granada, †19.8. 1936 Viznar/Granada). – Span. Dichter, studierte Philosophie, Literatur und Jura. 1931 übernahm er die Leitung der Studentenbühne »La Barraca«. Während des Bürgerkrieges wurde er von den Falangisten umgebracht. Bekannt machten ihn seine *Zigeunerromanzen* (1928, dt. 1953), mit denen es ihm gelang, heimatl. Motive durch moderne Stilmittel darzustellen. G. ist die bedeutendste Persönlichkeit der modernen span. Lit. Seine Lyrik – zunächst unter dem Einfluß von Rubén, Darios und Jiménez stehend – macht ihn zum bekanntesten Dichter der »Generation von 1927«. Bald von allen Vorbildern befreit, findet er eine virtuos eigenwillige Sprache, die artifizielle Momente mit der Volksdichtung verbindet. In diesen Jahren entstanden auch seine vortrefflichen Kindergedichte. Seine poet. Dramen, die menschl. Probleme und Leidenschaften in dramaturg. brillanter Form zuspitzen, verhalfen dem span. Theater zu einer Erneuerung. Daneben verfaßte G. auch reizende Erzählungen. Aus der Fülle seines Schaffens seien nur einige Titel genannt, z. B. die Gedichte *Libro de poemas* (1921), *Canciones* (1927), *Poeta en Nueva York* (1940) und die Dramen *Mariana Pineda* (1928, dt. 1954), *Die wunderbare Schustersfrau* (1930, dt. 1954), *In seinem Garten liebt Don Perlimplin Belisa* (1933, dt. 1954), *Bluthochzeit* (1933, dt. 1952) und *Bernarda Albas Haus* (1936, dt. 1948). Die dramat. Dichtungen erschienen 1963 in einer dt. Gesamtausgabe.

García Márquez, Gabriel (*16.8. 1928 Aracataca). – Kolumbian. Schriftsteller, schrieb unterhaltsame Erzählungen, die meist sein Geburtsdorf zum Schauplatz haben, z. B. *Unter dem Stern des Bösen* (1962, dt. 1970), *Laubsturm* (1955, dt. 1975), Filmdrehbücher und Reportagen. Als bedeutendstes Werk gilt der linear gebaute Roman *Hundert Jahre Einsamkeit* (1967, dt. 1970), ein myth. Epos Kolumbiens voller sarkast. und phantast. Einfälle, für das er 1982 den Nobelpreis erhielt. Dt. erschien 1978 eine Sammelausgabe mit *Der Herbst des Patriarchen, Hundert Jahre Einsamkeit, Laubsturm, Das Leichenbegräbnis der großen Mama, Der Oberst hat niemand, der ihm schreibt.* Von den jüngeren Erzn. fanden *Chronik eines angekündigten Todes* (1981), *Bericht eines Schiffbrüchigen* (1982) und *Die Geiselnahme* (1982) und der Roman *Die Liebe in den Zeiten der Cholera* (1986) wegen der span-

nenden Darstellung große Beachtung. 1986 erschienen dt. die journalistischen Arbeiten aus den Jahren 1955–1959 u.d.T. *Zwischen Karibik und Moskau.* In *Das Abenteuer des Miguel Littín. Illegal in Chile* (dt. 1988) schildert G. ansprechend die Probleme des aus Chile exilierten Filmemachers Littín, ohne auf die psycholog. Fragen einzugehen. 1988 erschien dt. *Die unglaubliche und traurige Geschichte von der einfältigen Erendira . . .,* 1989 *Der General in seinem Labyrinth,* ein Roman über Simon Bolìvar.

Garcilaso de la Vega (*1503 Toledo, †14.10. 1536 Nizza). – Span. Dichter, stammte aus einer adligen Familie. Er lebte am Hof Karls V. und wurde im Krieg gegen Frankreich getötet. G. ist der Erfinder der Gedichtform der Lira, Verse mit 5, 7 oder 11 Silben, und der bedeutendste Lyriker der span. Renaissance. Seine Gedichte weisen Einflüsse der Antike (Vergil) und des Humanismus (Petrarca) auf. Das dichter. Werk ist relativ klein, doch hat es durch seine Musikalität und den Formenreichtum weit über seine Epoche gewirkt.

Gárdonyi, Géza (*3.8. 1863 Agárd/Ungarn, †30.10. 1922 Eger). – Ungar. Autor, war zunächst Dorfschullehrer, dann Journalist und lebte ab 1897 als freier Schriftsteller. Vom Realismus herkommend, wandte er sich der Geistesrichtung des Idealismus zu. Neben G.s volkstüml. Erzählungen sind besonders seine histor. Romane zu erwähnen. Am bekanntesten sind u. a. die Erzählungen *Die Lampe* (1894, dt. 1954) und die Romane *Die Sterne von Eger* (1901, dt. 1958), *Ich war den Hunnen untertan* (1902, dt. 1959) und *Mit der Nacht vertraut* (1916, dt. 1961). Das Gesamtwerk erschien 1926 bis 1928 in 41 Bdn.

Garland, Hamlin (*16.9. 1860 West Salem/Wisconsin, †4.3. 1940 Los Angeles). – Amerikan. Schriftsteller, zunächst Farmer in Dakota, übersiedelte später nach Chicago, wo er zum Mittelpunkt eines Schriftstellerkreises wurde, dem auch Fuller und Field angehörten. In seinen realist. Romanen und Erzählungen, die jedoch nicht frei von romant. Verklärung sind, beschreibt er das harte Leben der Menschen aus dem amerikan. Mittelwesten. G. ist einer der wenigen Vertreter des Naturalismus in den USA, den er theoret. in den Essays *Crumbling Idols* (1894) begründete. Seine Autobiographie *A Daughter of the Middle Border* (1921), Fortsetzung von *A son of the Middle Border* (1917), wurde mit dem Pulitzerpreis ausgezeichnet. Die gesammelten Werke erschienen 1970 in 45 Bdn.

Garnett, David (*9.3. 1892 Brighton, †12.2. 1981 Monteuq/Frankr.). – Engl. Schriftsteller und Kritiker, u. a. als Buchhändler und Verlagsleiter tätig. Seine im Krieg gewonnenen Erfahrungen als Flieger spiegeln sich in dem Tagebuch *A Rabbit in the Air* (1932) und den Essays *War in the Air* (1941) wider. Berühmt wurde er durch die satir. und grotesken Romane *Meine Frau, die Füchsin* (1922, dt. 1952), *Die Heu-*

schrecken kommen (1931, dt. 1933) und *Der Mann im Zoo* (1924, dt. 1952), in denen er die menschl. Gesellschaft der Tierwelt gegenüberstellt und kritisiert. In den letzten Jahren erschienen die Romane *Liebe – ganz irdisch* (1955, dt. 1957), *A Net for Venus* (1959), *Two by Two* (1963), *Ulterior Motives* (1966) und *Purl and Plain and Other Stories* (1973).

Garnier, Robert (*1545 La Ferté-Bernard/Maine, †20. 9. 1590 Le Mans). – G. ist der wichtigste franz. Dramatiker des 16. Jh.s. In seinem Werk vollzieht sich der Übergang von der Renaissance zur Klassik. Seine frühen Stücke wie *Hippolyte, fils de Thésée* (1573) und *Antigone* (1580 u. 1944) orientieren sich an der Antike, während die Handlung der späteren, z. B. *Bradamante* (1582), in der Zeit Karls des Großen spielt. Am bekanntesten ist das in seiner Tragik ergreifende bibl. Drama *Les Juives* (*Die Jüdinnen*, 1583 u. 1945, dt. 1922). Eine Gesamtausgabe erschien 1882–1884 in 4 Bdn.

Garrett, João Baptista da Silva Leitão de Almeida (*4. 2. 1799 Porto, †10. 12. 1854 Lissabon). – Portugies. Dichter und liberaler Politiker. Seine Dramen sind besonders von der engl. Literatur beeinflußt (Shakespeare, Byron, Scott). In den Jahren um 1828 setzte er sich intensiv mit der dt. Sprache auseinander und las bzw. übersetzte Herder, Schiller und Goethe. Mit seinen Dramen begründete er die portugies. Romantik. Das bedeutendste, *Frei Manuel Louís de Sousa* (1843, dt. 1844), stellt den Höhepunkt des europ. romant. Theaters dar. Weitere wichtige Werke sind u. a. das ep. Gedicht *Camens* (1825, dt. 1890), die Dramen *Lucrécia* (1819) und *Der Schwertfeger von Santarem* (1842, dt. 1900) und der Roman *Wanderungen in meinem Vaterlande* (1846, dt. 1905). Sein lyr. Werk, das in zahlreichen Auflagen erschien, ist heute in der 28 Bde. umfassenden Gesamtausgabe von 1904 bis 1914 am besten greifbar.

Garrick, David (*19. 2. 1717 Hereford, †20. 1. 1779 London). – Engl. Dichter, war ein berühmter, vielseitiger Schauspieler und besonders als psycholog. differenzierender Shakespeare-Interpret von großem Einfluß. Seine eigenen Bühnenstücke sind wirkungsvoll und weisen gefällige Liedeinlagen auf. Bekannt geworden sind von ihm *The Lying Valet* (1741, dt. 1791) und *The Clandestine Marriage* (1766, mit G. Colman). G. selbst spielte weit über 90 Rollen und schuf zahlreiche Inszenierungen.

Garschin, Wsewolod Michailowitsch (*14. 2. 1855 Prijatnaja Dolina/Artёmowsk, †5. 4. 1888 Petersburg). – Russ. Dichter, Vorläufer Tschechows, verwendet in seinen impressionist. Erzählungen bereits den inneren Monolog. Die Sprache seiner Werke ist individuell, die Form knapp und gedrängt. Am bekanntesten sind die Novellen *Vier Tage* (1877, dt. 1887), *Die Künstler* (1878), *Aus den Erinnerungen des Gemeinen Ivanov* (1883) und *Die rote Blume* (dt. 1887, neu 1989).

Garth, Sir Samuel (*1661 Bolam/Durham, †18. 1. 1719 Lon-

don). – Engl. Schriftsteller, war Arzt und Dichter. Am populärsten wurde seine Verserzählung *The Dispensary* (1699), in der er bei Verwendung zahlreicher polit. Anspielungen einen Streit zwischen Ärzten und Apothekern schildert; der große Erfolg des Werkes beruht auf den zahlreichen satir. Anspielungen. Daneben übersetzte er mit Addison und Pope Ovids Metamorphosen.

Gary, Romain, eigtl. *Romain Kacew,* auch *Kassef* (*8. 5. 1914 Wilna, †2. 12. 1980 Paris durch Freitod). – Franz. Schriftsteller, behandelte in seinen Romanen wie *General Nachtigall* (1945, dt. 1951), *Lady L.* (1959, dt. 1962) aktuelle, zeitkrit. Themen, wobei neben der polit. Entwicklung Polens nach dem 2. Weltkrieg erstmals die Ereignisse des Widerstands dargestellt werden. Der symbolist. Roman *Die Wurzeln des Himmels* (1956, dt. 1957), der für eine optimist., aktive Haltung zum Leben plädiert, wurde mit dem Prix Goncourt ausgezeichnet. 1970 erschien der Roman *Chien blanc* (*Der weiße Hund von Beverly Hills,* dt. 1972).

Gascar, Pierre, eigtl. *P. Fournier* (*13. 3. 1916 Paris). – Franz. Schriftsteller, verarbeitet in seinen Werken meist Erlebnisse aus seiner Kindheit und der Kriegsgefangenschaft in Deutschland. Er sieht das Leben illusionslos, mit einer Tendenz zum Pessimismus. Am bekanntesten sind u. a. die Novellen *Die Tiere* (1953, dt. 1956) und die Romane *Garten der Toten* (1953, dt. 1954), *Der Flüchtling* (1960, dt. 1962) und *Les charmes* (1965).

Gascoigne, George (*um 1525–30 Cardington/Bedfordshire, †7. 10. 1577 Stamford). – Engl. Dichter, Jurist und Parlamentarier. Lit. Bedeutung errang G., weil er eine Reihe neuer Gattungen in die engl. Lit. einführte, z. B. die Prosakomödie mit *Supposes* (1566), den lit.-krit. Essay mit *Certain Notes of Instruction concerning the Making of Verses* (1575) und die Prosaerzählung über das Alltagsleben der einfachen Bürger. Am wichtigsten sind u. a. das Drama *Jocasta* (1566) und die Satire *The Glasse of Government* (1575). Mit *The Spoyle of Antwerpe* (1577) bringt er das erste Beispiel der »Kriegsberichterstattung«.

Gaskell, Elizabeth Gleghorn, geb. Stevenson (*29. 9. 1810 London, †12. 11. 1865 Holyburn/Alton). – Engl. Autorin, war mit Charlotte Brontë befreundet, über die sie eine Biographie schrieb. In ihren Werken schildert sie, ausgestattet mit großer Beobachtungsgabe und sozialkritischem Engagement, Schicksale aus dem Arbeitermilieu, womit sie bei vielen auf Kritik, aber auch Bewunderung stieß, so z. B. bei Charles Dickens. Die bekanntesten Romane sind *Mary Barton* (1848), *Ruth* (1853), *Cranford* (1853, dt. 1950) und *Wives and Daughters* (1866).

Gatti, Angelo (*9. 1. 1875 Capua, †19. 6. 1948 Mailand). – Italien. Schriftsteller, seine Werke sind von Manzoni beeinflußt und beschäftigen sich mit den intellektuellen Problemen der Kriegsgenerationen. Neben den Erzählungen *La terra* (1939) und den Romanen *Il mercante di sole* (1942) und *L'ombra sulla terra* (1945) ist der Eheroman *Ilia und Albert* (1931, dt. 1937) am bekanntesten.

Gatti, Armand (*26.1. 1924 Monaco). – Franz. Dramatiker, Mitglied der Résistance. Seine Stücke weisen sozialkrit. und polit. Engagement auf. Sie bedienen sich moderner dramaturg. Mittel, wie z. B. Filmmontagen, Verfremdungen, Rückblenden und Simultanszenen, und spielen oft im Zwischenbereich von Traum und Wirklichkeit. Die bekanntesten sind u. a. *Der schwarze Fisch* (1957, dt. 1962), *Berichte von einem provisorischen Planeten* (1962, dt. 1966), *General Francos Leidenswege* (1968, dt. 1970), *Die Schlacht der sieben Tage und der sieben Nächte* (1966, dt. 1969), *V wie Vietnam* (1967, dt. 1969) und *Die Geburt* (1968, dt. 1970). 1970 erschien eine dt. Ausgabe seiner Theaterstücke.

Gaudy, Franz Freiherr von (*19.4. 1800 Frankfurt an der Oder, †5.2. 1840 Berlin). – Dt. Autor, mit Chamisso befreundet, schrieb spätromant. Werke, die schon Züge des Realismus aufweisen. Bekannt ist seine parodist. Humoreske *Aus dem Tagebuch eines wandernden Schneidergesellen* (1836), mit der er sich auf den *Taugenichts* von Eichendorff bezieht. Weitere Werke sind die Gedichte *Erato* (1829), *Lieder und Romanzen* (1837) und die Erzählungen *Novellen und Skizzen* (1849). Bei aller Originalität bleibt G. ein Epigone der Romantik, der wohl mit deren Sprache umzugehen weiß, aber keine originelle Schöpfung vollbringt. Als Übersetzer von Niemcewicz und Beranger hat er auf das Geistesleben stärker gewirkt als durch eigene Werke.

Gautier d'Arras (*1135, †1198). – Altfranz. Dichter, lebte am Hof Thibauts V. Mit seinen Romanen *Eracle* (nach 1146, hg. 1890) und *Ille et Galeron* (um 1170, hg. 1890) ist er der erste Vertreter des höf. Abenteuerromans. Im letzteren nimmt er ein Handlungselement aus *Eliduc*, einem Lais der Marie de France, auf.

Gautier, Théophile (*31.8. 1811 Tarbes, †23.10. 1872 Neuilly/Paris). – Franz. Dichter, zunächst Maler, wandte sich, angeregt durch Victor Hugo und die Romantik, der Literatur zu. Im Gedicht *Albertus* (1830 und 1833), das von Byron und Musset starke Impulse empfing, und dem Roman *Les Jeunes-France* (1833) verspottet er den Subjektivismus der Romantik, deren Gruselatmosphäre er in der sog. »Comédie de la mort« ursprüngl. nahegestanden war, und wird damit ein Vorläufer des l'art pour l'art des Parnasse. G. war u. a. mit Goncourt, Zola und Baudelaire, dessen Werke er als erster deutete, befreundet. Am bekanntesten sind seine formvollendeten, in ihrem Bilderreichtum an die Malerei erinnernden Gedichte *Emaillen und Kameen* (1852, dt. 1919). Daneben schrieb er auch Romane wie *Mademoiselle de Maupin* (1835, dt. 1913) und *Kapitän Fracasse* (1861–63, dt. 1925) und literaturkrit. Arbeiten, z. B.

Histoire du romantisme (1874). Sein Gesamtwerk erschien in dt. Übersetzung 1925 bis 1927 in 19 Bdn.

Gay, John (*30.6. 1685 Barnstaple, †4.12. 1732 London). – Engl. Schriftsteller, dessen Dramen wie *The Wife of Bath* (1713) und *The Distress'd Wife* (1743) sehr beliebt waren und ihm ein Vermögen einbrachten. G. ist der Erfinder der »ballad-opera«, einer Mischung aus Gesangs- und Prosastücken. Die bekannteste ist *The Beggar's Opera* (1728, hg. 1934 u. 1969; dt. von H. M. Enzensberger 1966), die zugleich polit. Satire und Parodie auf die italien. Oper ist und Bert Brecht als Vorlage zu seiner *Dreigroschenoper* diente. Die Fortsetzung *Polly* (1723) wurde wegen der deutl. polit. Anspielungen verboten. Er schrieb auch das Libretto zu Händels *Acis und Galatea* (1732), zahlreiche Parodien wie *The Shepherd's Week* (1714, hg. 1924) und formvollendete Fabeln nach dem Vorbild La Fontaines.

Geibel, Emanuel (*17.10. 1815 Lübeck, †6.4. 1884 ebd.). – Dt. Dichter, stammte aus einer Pfarrersfamilie. Nach Studium der Theologie und Philosophie war er u. a. Gymnasiallehrer und Professor für Literatur in München. Er kannte Chamisso, Eichendorff und Heyse und unterschied sich durch seine konservative Einstellung von den jungdeutschen Dichtern, die ihn stark anfeindeten. Seine Gedichte wie *Zeitstimmen* (1841), *Juniuslieder* (1848) und *Spätherbstblätter* (1877) orientieren sich formal an der Klassik. Vom Inhalt her sind sie der spätromant. Epigonendichtung zuzurechnen. Während seine nationalpathet. Lyrik schnell vergessen wurde, sind seine gefühlsbetonten, volksliedhaften Gedichte, z. B. *Der Mai ist gekommen,* noch heute bekannt. G.s schwerfällige Jambentragödien blieben ohne Erfolg. Bleibenden Wert jedoch haben seine Übersetzungen span. und franz. Gedichte und das Lustspiel *Meister Andrea* (1855). Die Gesamtausgabe erschien 1883 in 8 Bdn.

Geijer, Erik Gustav (*12.1. 1783 Ransäter/Värmland, †23.4. 1847 Stockholm). – Schwed. Dichter, Historiker und Komponist, war mit den Schriften Kants, Fichtes und Schellings vertraut, kannte die Werke Goethes und Schillers. Die schwed. Romantik erhielt durch ihn entscheidende Impulse. So begründete er nach einem Englandaufenthalt den idealist. Verein »Götiska förbundet« und gab die Zeitschrift »Iduna« heraus. Wichtig sind seine kurzen, formal einfachen Lieder von großem Inhaltsreichtum wie *Skaldestycken* (1835), zu denen er meist selbst die Melodie komponierte. Seine Geschichtswerke *Schwedens Urgeschichte* (1825, dt. 1926) und *Geschichte des schwedischen Volkes* (schwed. und dt. 1832 bis 1836) hatten großen Einfluß auf das polit. Freiheitsstreben der Nation. 1813 schuf er mit der Übersetzung des Macbeth die Voraussetzungen für eine schwed. Shakespeare-Rezeption.

Geijerstam, Gustav af (*5.1. 1858 Jönsarbo/Västmanland, †6.3. 1909 Stockholm). – Schwed. Dichter, zunächst ein Anhänger des Naturalismus, wandte sich jedoch bald, beeinflußt durch Dostojewski und Maeterlinck, der psychologisierenden Darstellungsweise zu, so in den Romanen *Frauenmacht* (1901, dt. 1904) und *Die Brüder Mörk* (1906, dt. 1908). Bekannt wurde er durch seine volkstüml. Lustspiele, die jedoch nur geringen lit. Wert besitzen. Die gesammelten Romane erschienen 1910 in dt. Übersetzung in einer Ausgabe von 5 Bdn.

Geiler von Kaisersberg, Johann (*16.3. 1445 Schaffhausen, †10.3. 1510 Straßburg). – Dt. Dichter und Frühhumanist, war Universitätsrektor und Prediger. Seine an der Scholastik orientierten Kanzelreden wenden sich gegen weltl. und kirchl. Mißstände seiner Zeit. Mit ihren Bildern, Gleichnissen, Anekdoten und z.T. drast. Formulierungen waren sie von großer Wirksamkeit. Am berühmtesten sind die Predigten über die einzelnen Narren aus dem *Narrenschiff* des S. Brant. Leider sind die Predigttexte nur in Mitschriften der Hörer erhalten.

Geissler, Christian (*25.12. 1928 Ahrensburg/Hamburg). – Dt. Autor, Kriegsteilnehmer, studierte vorübergehend ev. Theologie, Philosophie und Psychologie, dann Mitarbeiter beim Rundfunk und freier Schriftsteller. Bekannt wurde G. mit seinem Roman *Anfrage* (1960), der sich mit der polit. Vergangenheit Deutschlands befaßt. Weitere Werke sind die Romane *Brot mit der Feile* (1973), *Wird Zeit, daß wir leben* (1976; 1989 erweiterte Neuausgabe) und die Hörspiele *Ende der Anfrage* (1967) und *Jahrestag eines Mordes* (1968). G. schreibt auch Fernsehspiele. Seine Werke sind gesellschaftskrit. und in ihrer Engagiertheit manchmal aggressiv und leidenschaftlich, wobei weniger die Gestaltung als der Inhalt den Leser ansprechen soll, z.B. *kamalatta. romantisches fragment* (1988). G. gründete die Zs. »kürbiskern« mit, schied jedoch aus der Redaktion aus, als sich der kommunistische Flügel durchsetzte. Eine Sammelausgabe erschien 1978 u. d. T. *Die Plage gegen den Stein.*

Geißler, Horst Wolfram (*30.6. 1893 Wachwitz/Dresden, †19.4. 1983 München). – Dt. Dichter, schrieb sehr populäre Erzählungen und Romane in einem flüssigen, leicht lesbaren Stil. Zu den bekanntesten zählen *Der letzte Biedermeier* (1916), *Der ewige Hochzeiter* (1917), *Der liebe Augustin* (1921), *Die Dame mit dem Samtvisier* (1931), *Die Glasharmonika* (1936), *Der unheilige Florian* (1939), *Frau Mette* (1940), *Ein schwarzes und ein weißes* (1968), *Odysseus und Penelope* (1970) und *Der Geburtstag* (1973). Sie spielen meist in der Zeit des Rokoko, der Romantik und des Biedermeier. Daneben gilt G. als ein Kenner der europ. Literatur, dessen Arbeit über Goethe von tiefem Verständnis der Klassik zeugt. Seine Übertragung des Nibelungenliedes ist wenig gelungen.

Gellert, Christian Fürchtegott (*4.7. 1715 Hainichen, 13.12. 1769 Leipzig). – G. studierte in Leipzig Theologie und Philosophie und wurde dort 1745 Professor für Poesie, Beredsam-

keit und Moral. Er hatte Umgang mit Gottsched und war Mitarbeiter bei den »Bremer Beiträgen«. Mit seinen Werken, die auf gelungene Weise Unterhaltung und moral. Erziehung verbinden, war er der meistgelesene, wenn auch nicht der bedeutendste Autor der Aufklärung. In Anlehnung an die empfindsam-rührseligen Werke Richardsons schrieb er den ersten bürgerlichen Roman Deutschlands, *Das Leben der schwedischen Gräfin von G. . .* (1747/48). Daneben verfaßte er Lustspiele, *Fabeln und Erzählungen* (1746–48) und *Geistliche Oden und Lieder* (1757). Eine Gesamtausgabe des von Friedrich II. v. Preußen sehr geschätzten Dichters erschien 1769 bis 1774 in 10 Bdn.

Gelli, Giambattista (Giovan Battista) (*12.8. 1498 Florenz, †24.7. 1563 ebd.). – Italien. Dichter, war Mitglied der Akademie in Florenz, stand stilist. unter dem Einfluß Machiavellis und hielt Vorlesungen über Dante und Petrarca. Seine oft satir. Werke sind prägnant formuliert und zeugen von seiner Menschenkenntnis und philosoph. Begabung. G. ist u. a. der Verfasser der Schriften *Tutte le lezioni fatte nell'accademia fiorentina* (1551) und *Ragionamento intorno alla Circe* (1549). Der Einfluß klass. Vorbilder (Plutarch, Plautus) wird bes. in dem Dialog *Ragionamento interno alla lingua* (1551) deutlich, in dem er eine Sprachlehre für die höf. Zeitgenossen entwirft.

Gellius, Aulus (*um 130, †nach 170). – Röm. Schriftsteller, ist der Verfasser der Aufsatzsammlung *Noctes Atticae*, die Abhandlungen über Literatur, Philosophie und Wissenschaft enthält und wegen der umfangreichen Zitate aus verlorengegangenen antiken Werken äußerst wertvoll ist.

Gelsted, Einar Otto, eigtl. *Jeppesen* (*4.11. 1888 Middelfart/Fünen, †22.12. 1968 Kopenhagen). – Dän. Dichter, interessierte sich für den Expressionismus und die Psychoanalyse. Seine Gedichte orientieren sich formal an der antiken Dichtung Griechenlands. Die bekanntesten sind *De evige ting* (1920), *Sange under den kolde krig* (1952) und *Digte fra en solkyst* (1961). Daneben übersetzte G. auch Werke von u. a. Homer, Whitman und Brecht.

Gemmingen-Hornberg, Otto Heinrich Freiherr von (*8.11. 1755 Heilbronn, †15.3. 1836 Heidelberg). – Dt. Schriftsteller, war bad. Gesandter in Wien und wurde durch sein Theaterstück *Der teutsche Hausvater* (1780), eine Nachdichtung von Diderots *Le père de famille*, bekannt. Er führte damit das empfindsame Familiendrama in Deutschland ein und beeinflußte Schiller in dessen Drama *Kabale und Liebe* sowie Kotzebue und Iffland. Aus dem Englischen übersetzte er Milton und Shakespeare.

Genazino, Wilhelm (*22.1. 1943 Mannheim). – Dt. Schriftsteller, arbeitete nach dem Abitur als Redakteur u. a. bei der linkssatir. Monatsschrift »pardon«; gründete 1971 mit P. Knorr eine »Literatur-Coop«; heute freier Schriftsteller. Sein

Roman *Laslinstraße* (1965) fand keine allgemeine Zustimmung, da das Sujet noch zu pubertär angelegt war; mit der Romantrilogie *Abschaffel* (1977), in der er die Selbstentfremdung des Angestellten Abschaffel durch die fremdgesteuerte Arbeit darstellte, hatte er in den siebziger Jahren Erfolg, da das Thema in die modisch-politische Landschaft paßte. Die Romane und Erzählungen *Falsche Jahre* (1979), *Die Ausschweifung* (1981), *Der Fleck, die Jacke, die Zimmer, der Schmerz* (1989) und *Die Liebe zur Einfalt* (1990) wurden weniger beachtet; als Hörspielautor ist G. heute unbestritten, z. B. *Vaters Beerdigung* (1971), *Die Situationen des Mieters Eduard* (1973), *Die Wörtlichkeit der Sehnsucht* (1975), *»Schlorem« und »Zores«* (1976), *Programmvorschau* (1978), *Die Schönheit der Lügen* (1981). Mit Barbara Kisse veröffentlichte er 1990 *Vom Ufer aus*, eine Sammlung von Aphorismen, Gedanken, Wortspielen.

Genet, Jean (* 19. 12. 1910 Paris, † 15. 4. 1986 ebd.). – Franz. Dichter, stammt aus zerrütteten sozialen Verhältnissen. Nach einer entbehrungsreichen Kindheit führte er ein wechselvolles Leben, das ihn in viele europäische Länder führte. Da er sich zahlreicher Vergehen schuldig machte, wurde er zu lebenslangem Zuchthaus verurteilt, durch das Eingreifen Sartres, Cocteaus und Picassos jedoch begnadigt. Seine Werke handeln von ins Dämonische stilisierten Außenseitern der Gesellschaft und sind in einer dynamischen, bildkräftigen Sprache geschrieben, die auch vor Obszönitäten in der Art Villons nicht zurückschreckt. Diese alle Moral zersetzende und Schuld leugnende Grundhaltung ist nur verständlich als Selbstrechtfertigung des Autors, da ihn die Gesellschaft ausgestoßen hatte. Die sexuelle Offenheit dient ihm dazu, die falschen Verhaltensweisen zu demaskieren. Am bekanntesten sind u. a. die Romane *Notre-Dame-des-fleurs* (1944, dt. 1960), *Le miracle de la rose* (1946), *Tagebuch eines Diebes* (1946, dt. 1961), und die Dramen *Die Zofen* (1949, dt. 1957), *Unter Aufsicht* (1949, dt. 1957), *Der Balkon* (1956, dt. 1959) und *Wände überall* (1961, dt. 1961), *Die Mütter* (dt. 1961), *Der Seiltänzer* (dt. 1961), *Querelle* (1974), *Das Totenfest – Pompes funèbres* (1976). Postum erschien dt. *Ein verliebter Gefangener. Palästinensische Erinnerungen* (1988).

Gengenbach, Pamphilus (* um 1480 Basel, † 1525 ebd.). – G. war Buchdrucker, Dramatiker und Satiriker. Als Anhänger der Reformation druckte er Schriften und Flugblätter zum Religionsstreit. Bekannt wurde er durch seine allegor.-lehrhaften Fastnachtspiele wie *Die zehn Alter dieser Welt* (1515), *Der Nollhart* (1517) und *Disz ist die Gouchmait* (nhd. Buhler; 1516 und 1521). Ihre Handlung wurde dabei meist in einer Folge von szenischen Bildern dargestellt, zu denen der Text vorgetragen wurde. Daneben schrieb er auch Gedichte wie *Der welsch Fluß* (1513). 1514 veröffentlichte er die sozialpolit. Schrift *Der Bundschuh* und nahm mit seinen Werken sowohl auf die Bauernbewegung als auch auf den Meistersang nachhaltigen Einfluß.

Geoffrey of Monmouth (* um 1100 Monmouth, † 1154 Llandaff/Cardiff). – Engl.-walis. Bischof und Geschichtsschreiber, Verfasser der *Historia regum Britanniae* (vor 1139), die von Beda und Nennius beeinflußt ist. Sie vermischt histor. Tatsachen mit Elementen aus der Sage und formt erstmals die Figur des Königs Artus lit. aus, die bereits im Mabinogi des 11. Jh.s erwähnt worden war. Lit. wertvoller ist die Erzählung in Hexametern über den Zauberer Merlin *Vita Merlini*.

George, Stefan (* 12. 7. 1868 Rüdesheim/Bingen, † 4. 12. 1933 Minusio/Locarno). – Dt. Dichter, studierte Philosophie und Kunstgeschichte und bereiste zahlreiche Länder Europas. G. kannte u. a. Mallarmé, Verlaine und Hofmannsthal. Ab 1892 lebte er inmitten einer Gemeinschaft aus Gelehrten und Künstlern, die seiner Person und seinem Werk eine kult. Verehrung entgegenbrachten und für die er die »Blätter für die Kunst« (1892–1919) herausgab. Er hatte ebenfalls an den dt. Universitäten viele Anhänger und beeinflußte die Geisteswissenschaften in hohem Maße. Seine Kunstauffassung orientierte sich an Vorbildern aus der Antike und der Renaissance und huldigte dem Schönen und Heroischen. Als wichtigster Dichter der Neuromantik setzt er sich sprachl. und formal scharf vom Naturalismus ab und entspricht mit den sorgfältig ausgesuchten Worten und Bildern und der strengen Strophenform dem Prinzip des L'art pour l'art. Nach einer formalist. Periode, in der G. mit der Orthographie und Interpunktion experimentierte, entwickelte er sich über eine klass. Phase zu einem Propheten einer neuen, bildungsreligiösen Zeit, die dem Dichter als Seher und Weissager eine zentrale Stellung einräumt. Am bekanntesten ist sein Lyrikband *Das Jahr der Seele* (1897). Weitere Werke sind *Algabal* (1892), *Der Teppich des Lebens* (1900), *Der siebente Ring* (1907), *Der Stern des Bundes* (1914) und *Das neue Reich* (1928). Daneben war G. ein ausgezeichneter Übersetzer und Nachdichter von u. a. Dante, Shakespeare und Baudelaire. Eine Gesamtausgabe der Werke erschien 1927 bis 1934 in 18 Bdn.

Georgios Pisides. Der byzantin. Dichter und Diakon stammte aus Pisidia und lebte in der 1. Hälfte des 7. Jh.s n. Chr. An Aristoteles orientiert sich sein großes Lehrgedicht *Hexaemeron*, das die Entstehung der Welt beschreibt. In anderen Gedichten verherrlicht er die krieger. Taten des Kaisers Herakleios oder behandelt geistl. und weltl. Themen. Sein sprachl. und formales Können machen ihn zu dem bedeutendsten byzantin. Dichter der Profanliteratur.

Geraldus. G. war Geistlicher und lebte im 9./10. Jh. in Straßburg oder Eichstätt. Er schrieb den Prolog zum *Waltharilied*, dessen Verfasser nicht eindeutig feststeht.

Gerhard, Adele, geb. de Jonge (* 8. 6. 1868 Köln, † 10. 5. 1956 ebd.). – Dt. Autorin, ihre z. T. autobiograph. sozialkrit. Romane kreisen meist um die Emanzipation der Frau. Sprachl. zeigen sie eine Verwandtschaft mit dem Expressionismus. Am bekanntesten sind u. a. *Pilgerfahrt* (1902), *Die Geschichte der Antonie van Heese* (1906), *Via sacra* (1928) und die Autobiographie *Das Bild meines Lebens* (1948).

Gerhardt, Paul (*12. 3. 1607 Gräfenhainichen, †27. 5. 1676 Lübben/Spree). – Dt. Dichter, war luther. Pastor, wurde jedoch zeitweilig vom Amt suspendiert, da er der toleranten Kirchenpolitik des Großen Kurfürsten Friedrich Wilhelm von Brandenburg nicht zustimmen wollte. Neben Luther ist er der wichtigste Verfasser protestant. Kirchenlieder. Einige der bekanntesten sind *Nun ruhen alle Wälder* (1648), *Befiehl du deine Wege* (1656), *Geh aus, mein Herz* (1656) und *Die güldene Sonne* (1667). Sie sind z. T. nach dem Vorbild von Psalmen und mittelalterl. Hymnen entstanden. Daneben besingen sie die Natur, die dem Menschen zur Erbauung dient. Ihr Ton ist schlicht und zart und zeugt von einer innigen Verbundenheit mit Gott. Seine Gedichte erschienen als *Geistliche Andachten* (1666 f.) in 12 Bdn.

Gerho(c)h von Reichersberg (*1093 Polling/Obb., †27. 6. 1169 Reichersberg/Inn). – Dt. Dichter, Augustinermönch in Rottenbuch und Cham, von wo er 1126 vertrieben wurde. Ab 1132 lebte er in Reichersberg als Propst des Augustiner-Chorherrenstifts, das er durch seine Strenge und Weltfeindlichkeit zu einem »dt. Cluny« machte. Er nahm auf polem. Art zu zeitgenöss. Fragen in Politik und Religion Stellung und setzte sich für die innere Erneuerung der Kirche ein. Nach dem Investiturstreit bemühte er sich um eine Versöhnung zwischen Kaiser und Papst. Seine wichtigsten Werke sind der *Psalmenkommentar* (1137–67) und die Schrift *De investigatione Antichristi* (1161/62 u. 1875).

German, Juri Pawlowitsch (*4. 4. 1910 Riga, †16. 1. 1967 Leningrad). – Der russ. Schriftsteller machte sich durch seinen Roman *Naši snakomye* (= Unsere Bekannten; 1936) einen Namen. Er beschreibt darin den Alltag in der Sowjetunion, wobei er manchmal zu einer sentimentalen Darstellungsweise neigt. *Rossija molodaja* (1952) ist ein Roman über die Zeit Peters des Großen, der von der sowjet. Kritik sehr positiv aufgenommen wurde. In Dt. liegen *Schwert und Flamme* (russ. u. dt. 1952), *Die Sache, der du dienst* (1958, dt. 1961) und *Bis zur letzten Operation* (1959, dt. 1961) vor.

Gernhardt, Robert (*13. 12. 1937 Reval/Estland). – Dt. Schriftsteller, stammt aus einer Juristenfamilie, studierte nach der Vertreibung bildende Kunst und deutsche Philologie, arbeitete als Journalist und trat mit Ausstellungen und zahlreichen Veröffentlichungen hervor; die Gedichte *Wörtersee* (1981), *Körper in Cafés* (1987), *Reim und Zeit* (1990), seine *Gedanken zum Gedicht* (1990) fanden ebenso interessierte Aufnahme beim Publikum wie seine Romane und Erzählungen *Glück Glanz Ruhm. Erzählung Betrachtung Bericht* (1983),

Kippfigur (1986), *Lug und Trug* (1991) und Kinderbücher, die er meist mit seiner Frau gemeinsam herstellt und die mehrfach Preise erhielten, z. B. *Der Weg durch die Wand* (1983). G. trat besonders als Satiriker hervor, wobei neben polit. Texten *Wie Konrad Adenauer einem Wähler zu denken gab* (1965) auch Nonsens und fröhliche Albernheiten zu den Publikationen gehören *Das Buch Otto* (1984) u. a. G. arbeitet auch für Film und Fernsehen und schrieb Hörspiel- und Funktexte *Das Grüne im Ohr des Russen* (1971). 1990 veröffentlichte er eine Sammlung seiner Texte im Lesebuch *Achterbahn*.

Gerok, Friedrich Karl von (*30. 1. 1815 Vaihingen/Enz, †14. 1. 1890 Stuttgart). – Dt. Schriftsteller, schrieb geistl. Lieder wie *Palmblätter* (1857) und *Unter dem Abendstern* (1886). Sie zeugen von sprachl. und formaler Gewandtheit und kreisen um die Entfaltung eth. und moral. Werte.

Gerschom ben Jehuda, gen. *Meor ha-Gola* (*um 960 Metz, †1040 Mainz). – Jüd. Dichter und Schriftgelehrter, führte das Talmudstudium in Frankreich und Deutschland ein. Sein wichtigstes Werk ist ein Talmudkommentar. Daneben verfaßte er Hymnen und liturgische Dichtungen, die vom Leid des verfolgten jüd. Volkes handeln, wie *Sechor berit* (= Gedenke des Bundes; 1013), das anläßlich der erzwungenen Taufe seines Sohnes entstanden ist.

Gerstäcker, Friedrich (*10. 5. 1816 Hamburg, †31. 5. 1872 Braunschweig). – Dt. Schriftsteller, reiste 1837–43 aus Abenteuerlust durch die USA und später mehrere Male durch Südamerika. Seine z. T. autobiograph. Romane und Reisebeschreibungen schildern Erlebnisse aus dieser Zeit. Sie sind spannend geschrieben, sprachl. jedoch konventionell und ohne großen lit. Anspruch. Die bekanntesten sind *Die Regulatoren in Arkansas* (1845), *Die Flußpiraten des Mississippi* (1848), *Gold* (1858), *Unter den Penchuenchen* (1867) und *In Mexiko* (1871). 1978 wurde sein lange unbeachteter Bericht *Gamsjagd in Tyrol* (1875) neu aufgelegt. Das Gesamtwerk erschien 1937 in 18 Bdn.

Gerstenberg, Heinrich Wilhelm von, Ps. *Ohle Madsen* (*3. 1. 1737 Tondern in Schleswig, †1. 11. 1823 Altona). – Dt. Dichter, 1775–83 dän. Konsul in Lübeck, kannte zahlreiche Dichter, u. a. Gellert, Klopstock und Voß. Die frühen Gedichte, z. B. *Tändeleyen* (1756), sind im Stil der Anakreontik gehalten, von der er sich in den von ihm mitverfaßten *Briefen über die Merkwürdigkeiten der Literatur* (1766/67) später distanzierte. G.s Tragödie *Ugolino* (1768) stellt den Beginn der genial., kraftvollen, an Shakespeare anknüpfenden Dichtung des Sturm und Drang dar. Weitere Werke des eigenwilligen, unruhig und zwiespältig veranlagten Dichters sind die *Kriegslieder eines königlich dänischen Grenadiers* (1762) und das *Gedicht eines Skalden* (1766), mit dem die sog. Bardendichtung des 18. Jh.s angeregt wurde. Mit seinen literaturtheoret. Forderungen wurde G. zum Vorläufer des Sturm und Drang, da er gegen den franz. Klassizismus Originalität und Kraftmenschen im Sinne des Zeitverständnisses Shakespeares forderte.

Gervasius von Tilbury (* um 1150 Tilbury, † um 1235). – Der engl. Schriftsteller und Historiker soll ein Enkel Heinrichs II. von England gewesen sein. Er lebte an Königshöfen in Sizilien, Burgund und Arles, wo er Marschall wurde. Für Kaiser Otto IV. schrieb er ein geschichtl. und geograph. Werk m. d. T. *Otia imperialia* (um 1212), das den Kaiser durch eingestreute Märchen und Sagen unterhalten sollte. Nicht überliefert ist sein Anekdotenbuch *Liber facetiarum.*

Gervinus, Georg Gottfried (* 20. 5. 1805 Darmstadt, † 18. 3. 1871 Heidelberg). – Der nationalliberale Historiker, Politiker und Lit.-Historiker G. lehrte in Heidelberg und Göttingen, wurde 1837 wegen seiner polit. Aktivität amtsenthoben, gründete 1847 die »Deutsche Zeitung«. 1853 schließl. wurde er des Hochverrats beschuldigt, und die Lehrbefugnis wurde ihm endgültig entzogen. G. verfaßte eine *Geschichte der poetischen Nationalliteratur der Deutschen* (1835–40, später u. d. T. *Geschichte der dt. Dichtung),* eine Biographie von *Shakespeare* (1849/50) sowie eine *Geschichte des 19ten Jahrhunderts seit den Wiener Verträgen* (1855–66) und seine persönl. Lebensbeschreibung, die erst 1893 erschien.

Gesarsagen ist die Bezeichnung für ein tibet. Nationalepos, in dem **die** Kämpfe des Gesar (= Caesar) Chan gegen feindliche Völker geschildert werden. In die Erzählungen sind Legenden und buddhist. Gedanken eingestreut. Die Rahmenhandlung schildert, wie Buddha den Helden Gesar auf die Erde schickt, damit er den Frieden und die Gerechtigkeit wiederherstelle.

Geßner, Salomon (* 1. 4. 1730 Zürich, † 2. 3. 1788 ebd.). – Schweizer Dichter, war Kantonbeamter, Kupferstecher und Maler. Seine kunstvolle Dichtung greift auf antike Bukoliker, z. B. auf Theokrit, zurück und verarbeitet die zeitgenöss. Sehnsucht nach Harmonie und Zufriedenheit zu einer anmutigen, manchmal ins Weichliche gehenden Rokokoidylle. Die Werke des vielgelesenen, bes. in Frankreich beliebten Autors sind in rhythm. Prosa geschrieben und meist von ihm selbst illustriert. Die wichtigsten sind u. a. *Idyllen* (1756), der Roman *Daphnis* (1754), das Prosaepos *Der Tod Abels* (1758) und *Gedichte* (1762). 1777 erschienen seine Schriften in 2 Bdn.

Gesta Romanorum (= Taten der Römer) sind eine anonyme mittellat. Sammlung ep. Kurzprosa von einfachen Fabeln und Parabeln bis zu novellenartigen Texten, die wahrscheinl. aus England stammt. Sie waren bis ins 16. Jh. sehr populär und dienten zahlreichen Dichtern als Anregung für ihre eigenen Werke. Die Darstellung der röm. Kaisergeschichte ist dabei nur Vorwand für allegor.-moral. Belehrungen.

Gezelle, Guido Pierre Théodore Joseph (* 1. 5. 1830 Brügge, † 27. 11. 1899 ebd.). – Fläm. Dichter, Priester und Lehrer, gilt als der bedeutendste fläm. Lyriker des 18. Jh.s Seine Werke sind Ausdruck einer tiefen Religiosität und Liebe zu Flandern.

Er unterstützte mit ihnen die nationale Bewegung seiner Heimat. Sie sind in einer melod., stimmungsvollen Sprache gehalten und zeugen von großem formalen Können. Die wichtigsten sind u. a. *Kerkhofblommen* (1858), *Im Kranze der Gezeiten* (1893, dt. 1948) und *Rijmsnoer* (1897). Dt. Auswahlausgaben erschienen 1917 und 1938.

Ghalib, eigtl. *Asad-ul-lah Khān,* gen. *Mirzā Noshāh* (* 27. 12. 1797 Agra, † 15. 2. 1869 Delhi). – Ind. Dichter, stammte aus einer türk. Offiziersfamilie. Er interessierte sich besonders für pers. Literatur und schrieb seine Werke in Pers. und Urdu. Sein *Diwan* (1847) wird noch heute gelesen. Am wichtigsten sind seine Briefe, die die bis dahin konventionelle Urduliteratur erneuerten. In dt. Übersetzung erschien 1971 die Auswahl *Woge der Rose, Woge des Weins.*

Ghelderode, Michel de, Ps. *Ademar Martens* (* 3. 4. 1898 Elsene, † 1. 4. 1962 Brüssel). – Belg. Dichter, schrieb expressionist. und myth. Dramen, in denen er den Menschen in seinem Konflikt zwischen Gut und Böse und in seiner Sehnsucht nach Erlösung schildert, wobei er sich keiner religiös. Lehre verpflichtet. Sie erregten wegen ihrer krassen Darstellungsweise oft Anstoß. Die Sprache ist dynam. und von einer an Breughel und Bosch erinnernden farbigen Bildhaftigkeit. Die bekanntesten Dramen sind *La mort du docteur Faust* (1926), *Escorial* (1930, dt. 1963), *Ausgeburten der Hölle* (franz. u. dt. 1950), *Ein Abend des Erbarmens* (1955, dt. 1958) und *Gesang vom großen Makabren* (1936, dt. 1956). 1963 erschien in dt. Übersetzung eine Auswahl seiner Theaterstücke.

Ghéon, Henri, eigtl. *Henri-Léon Vangeon* (* 15. 3. 1875 Bray-sur-Seine, † 13. 6. 1944 Paris). – Franz. Dramatiker, war von Beruf Arzt. Er gründete die Schauspieltruppe »Compagnons de Notre-Dame« und schrieb religiös-symbolist. Dramen, die sich z. T. an mittelalterl. Legenden und Mysterienspiele anlehnen. Die bekanntesten sind u. a. *Die Wallfahrt nach Compostela* (1911, dt. 1931), *Der Arme unter der Treppe* (1920, dt. 1948), *Der Heilige und die Maschine* (1926, dt. 1927), *Judith* (1950) und *Oedipe* (1952). Seine Theatertheorie, die sowohl auf traditionelle liturg. Formen als auch auf volkstüml. Spiele zurückgreift, formulierte er in *L'art du théâtre* (1944).

Ghiraldo, Alberto (* 1875 Buenos Aires, † 23. 3. 1946 Santiago de Chile). – Argentin. Schriftsteller, dessen Gedichte wie *Fibras* (1895) und *Alas* (1906) zwischen Romantik und Modernismus stehen. Ab 1917 schrieb G. vor allem Romane, in denen sein sozialkrit. und polit. Engagement, das vom Sozialismus zur Anarchie führt, zum Ausdruck kommt, z. B. *Carne doliente* (1917), *Humano ardor* (1930), *La novela de la pampa* (1943).

Giacometti, Paolo (* 19. 3. 1816 Novi Ligure, † 31. 8. 1882 Gazzuolo). – Italien. Dramatiker, lebte bei Wandertruppen, für die er romant.-histor. Dramen schrieb wie *Torquato Tasso*

(1855) und *La morte civile* (1862). Sie tragen patriot. Züge und waren beim Publikum sehr beliebt. Als lit. Vorbilder für die 80 bühnenwirksamen Theaterstücke dienten G. die Dichter Angier und Sardou.

Giacomino da Verona. Der italien. Dichter war Franziskanermönch und lebte in der 2. Hälfte des 13. Jh.s. Er ist der Autor der religiösen Lehrdichtungen *De Jerusalem coelesti* und *De Babyloniae civitate infernali*, in denen er in lombard. Dialekt die Hölle und das Paradies beschreibt. Von dem gleichen Thema ließen sich nach ihm viele andere Dichter, u. a. auch Dante, inspirieren.

Giacomo, Salvatore di →Di Giacomo

Giacosa, Giuseppe (*21. 10. 1847 Colleretto Parella/Piemont, †1. 9. 1906 Mailand). – Ital. Dramatiker, war von Beruf Rechtsanwalt, arbeitete jedoch bald als Direktor der Zeitschrift »La lettura«. Als vielseitig begabter Bühnendichter behandelte er zeitgenöss. wie auch mittelalterl. Themen. Während er zunächst Idyllen schrieb, stellt das Drama *Tristi amori* (1888) den Beginn des von Ibsen beeinflußten, bürgerl.-realist. Theaters in Italien dar. Bekannt sind weiterhin die Stücke *La Dame de Challant* (franz. 1891, ital. 1898) und *Come le foglie* (1900). Daneben schrieb er auch zahlreiche Opernlibretti wie *Tosca* (1899), *La Bohème* (1896) und *Madame Butterfly* (1904) für Puccini. Heute wird G. allgemein als wirksamster ital. Dramatiker des ausgehenden 19. Jh.s bezeichnet. 1948 erschien eine Sammelausgabe in 2 Bdn.

Giannone, Pietro (*5. 3. 1792 Camposanto/Modena, †24. 12. 1872 Florenz). – Ital. Dichter, engagierter Patriot und Republikaner, mußte lange Zeit im Exil leben. Sein wichtigstes Werk ist die Dichtung in 15 Gesängen, *L'esule* (1829), in der er sein polit. Schicksal und die Taten des Geheimbundes Carbonari beschreibt.

Gibbon, Edward (*27. 4. 1737 Putney/Surrey, †16. 1. 1794 London). – Engl. Historiker und Schriftsteller, konvertierte mit 16 Jahren zum Katholizismus und wechselte später wieder zum Protestantismus über. Er bereiste die franz.-sprachigen Länder und lernte dabei Voltaire kennen. Bekannt ist er durch seine sprachl. und formal kunstvolle *Geschichte des Verfalls und Untergangs des Römischen Reiches* (1776–88, dt. 1797). Die antichristl. Haltung dieses Werks erregte jedoch heftige Kritik. Für Schiller dagegen entsprach es genau seiner Vorstellung von Universalgeschichte.

Gibson, Wilfrid Wilson (*2. 10. 1878 Hexham/Northumberland, †26. 5. 1962 Virginia Water/Surrey). – Engl. Dichter, war eine zentrale Figur der Georgian Poetry und ein Gegner der neuromant. Dichtung. In seinen Gedichten wie *Mountain Lovers* (1903), *Islands* (1932) und *The Outpost* (1944) schildert er das harte Leben einfacher Leute. Daneben schrieb er auch Dramen, z. B. *Within Four Walls* (1950).

Gide, André (*22. 11. 1869 Paris, †19. 2. 1951 ebd.). – G., einer der hervorragendsten franz. Schriftsteller seiner Zeit, wurde zu Hause streng puritan. erzogen. Nach einem für ihn enttäuschenden Rußlandaufenthalt wandte er sich 1936 vom Kommunismus ab, dem er sich vorübergehend zugewandt hatte. Er kannte u. a. Mallarmé, Oscar Wilde, Claudel, Rilke und Proust. 1947 erhielt er den Nobelpreis. Mit seinem unermüdl. nach Selbstverwirklichung strebenden Denken prägte er das geistige Leben des 20. Jh.s in entscheidendem Maße. Er plädierte für die Freiheit des Individuums, die ihm nur durch die Nichtanpassung an Institutionen wie Kirche, Ehe usw. realisierbar zu sein schien. G.s Werke zeichnen sich durch eine anspruchsvolle, dabei aber klare und nüchterne Sprache aus. Nach einer anfangs symbolist. und romantisierenden Phase entwickelte sich in ihm, unter dem Einfluß Nietzsches, ein sinnl.-ekstat. Lebensgefühl, wie es in den Romanen *Der Immoralist* (1902, dt. 1925) und *Die Verliese des Vatikan* (1914, dt. 1955) zum Ausdruck kommt. In seinem Roman *Die enge Pforte* (1909, dt. 1909) hingegen äußert sich G.s auch vorhandener Hang zur Askese. Besonders beachtenswert ist der Roman *Die Falschmünzer* (1925, dt. 1928), in dem G. selbst als Romanfigur auftritt. Der Roman gilt als zusammenfassende Darstellung seiner Weltanschauung. Bedeutend ist auch die mehrere Bände umfassende Autobiographie, u. a. die Teile *Stirb und werde* (1924, dt. 1948) und *So sei es oder Die Würfel sind gefallen* (1952, dt. 1953), deren Offenheit in der Schilderung sexueller Erlebnisse bahnbrechend war. In Sammelausgaben erschienen dt. *Sämtliche Erzählungen* (1965), *Reisen* (1966), *Theater* (1968), *Selbstzeugnis* (1969) und *Romane und lyrische Prosa* (1973). Als Übersetzer von Goethe, Shakespeare, Blake, Whitman und Puschkin stellte er seine Arbeit in weite Zusammenhänge und öffnete den Franzosen den Zugang zu grundlegenden Geistesströmungen der Zeit. Sein klass. Formalismus und brillanter Stil sind unerreicht und bis heute Vorbild in der franz. Dichtung. Sein Werk ist in alle Kultursprachen übersetzt. Seine Wirkung auf die abendländ. Kultur, bes. nach 1945, kann nicht übersehen werden.

Gijsen, Marnix, eigtl. *Jan-Albert Goris* (*20. 10. 1899 Antwerpen, †29. 9. 1984 Lubbeek). – Fläm. Dichter, ist Historiker und war als Professor an fläm. und amerikan. Universitäten tätig. Seine frühen Werke stehen im Zeichen des Expressionismus. Später werden sie intellektueller und tendieren dazu, Werte, die G. früher anerkannte, zynisch zu verneinen. Am bekanntesten sind die Gedichte *Het huis* (1925) und die Romane *Joachim von Babylon* (1948, dt. 1953), *An den Fleischtöpfen Ägyptens* (1952, dt. 1954) und *De afvallige* (1972).

Gilbert, William Schwenk Sir (*18. 11. 1836 London, †29. 5. 1911 Harrow Weald/Middlesex). – Engl. Schriftsteller, war Beamter im Kultusministerium und wurde 1907 in den Adelsstand erhoben. Er schrieb kom. und scherzhafte, ausgelassene Gedichte wie *Bab Ballads* (1869) und *More Bab Ballads*

(1873), die sehr beliebt waren. Die Libretti, die er für den Komponisten Sir Arthur Sullivan verfaßte, sind spritzig und äußerst geistreich. G.s Komödien, z. B. *The Happy Land* (1873), werden noch heute gespielt. Eine Gesamtausgabe seiner erfolgreichen Unterhaltungsstücke erschien erstmals 1876 bis 1911 in 4 Bdn.

Gilgamesch-Epos. Das von einem anonymen Verfasser geschaffene ep. Werk stammt aus dem 19./18. Jh. v. Chr. und ist die wichtigste Dichtung aus der Zeit vor Homer. Erhalten ist es in einer Fassung, die um 1200 v. Chr. auf 12 Tontafeln eingeritzt und in der Bibliothek des Assyrerkönigs Assurbanipal gefunden wurde. Es besingt die Taten des myth. Königs Gilgamesch von Uruk (Südbabylonien) und seinen Wunsch, nach einem abenteuerreichen Leben die Unsterblichkeit zu erlangen. Das Epos bricht abrupt an der Stelle ab, an der sein verstorbener Freund dem König erscheint und ihm das Geschick der Toten in der Unterwelt beschreibt. Die Dichtung, die auch in hethit. und churrit. Sprache gefunden wurde, war in ganz Vorderasien beliebt und wirkte stark auf die nachfolgende Literatur.

Gilm zu Rosenegg, Hermann von (*1.11. 1812 Innsbruck, †31. 5. 1864 Linz). – Österr. Schriftsteller, war Jurist im Staatsdienst. Er schrieb sentimentale, volksliedhafte Gedichte wie *Stell auf den Tisch die duftenden Reseden,* aber auch aggressive polit. Lyrik, die sich bes. gegen die Jesuiten richtete, z. B. *Tiroler Schützenleben* (1863), *Gedichte II* (1864). Daneben verfaßte er Dramen, geistvolle Essays und Theaterkritiken. Von seinen Zeitgenossen überschätzt und in den lit. Rang Goethes gehoben, ist er heute vergessen. Eine Gesamtausgabe der Gedichte erschien 1895.

Giménez Caballero, Ernesto, Ps. *Gecé, El Robinsón literario de España* (*2. 8. 1899 Madrid). – Span. Literat und Journalist. 1927 rief G. die »Gaceta Literaria« ins Leben, die die Literatur in Spanien stark beeinflußte. Er veröffentlichte Essays und vom Stil des Journalismus geprägte Romane wie *Yo, inspector de alcantarillas* (1928), *El belén de Salzillo en Murcia* (1934).

Ginsberg, Allen (*3.6. 1926 Paterson). – Amerikan. Lyriker, war eine zentrale Gestalt der »Beat Generation«, die gegen die konventionelle Kultur und Lebensführung revoltierte. Er ließ sich durch Mythen aus dem Fernen Osten anregen und versuchte, mit Hilfe von Drogen seine Persönlichkeitserfahrung zu erweitern. Seine Langzeilengedichte erinnern an Whitman. Der einprägsame, sich oft wiederholende Rhythmus mancher seiner Verse ist der Beat-Musik entlehnt. G. veröffentlichte u. a. die Gedichte *Das Geheul und andere Gedichte* (1956, dt. 1959), *Kaddish* (1960, dt. 1962), *T. V. Baby Poems* (1967), *Planet News* (1968, dt. 1969), *Indian Journals* (1970, dt. 1972), *The Fall of America* (1973, dt. 1975), *Gärten der Erinnerung* (dt. 1978), *Jukebox. Elegien. Gedichte aus einem Vierteljahrhundert* (dt. 1981).

Ginzburg, Natalia, geb. Levi (*14.7. 1916 Palermo, †7.10. 1991 Rom). – Die ital. Schriftstellerin und Journalistin stammt aus einer bürgerl. jüdischen Familie; sie war mit dem bekannten Slawisten G. verheiratet, der wegen seiner antifaschist. Haltung im Dritten Reich im Gefängnis »Regina Coeli« ums Leben kam. G. ist die überzeugendste Chronistin des Schicksals der Juden in Norditalien während des Faschismus. In ihren Romanen, z. B. *Alle unsere Jahre* (1952, dt. 1967), *Caro Michele* (1973, dt. 1974), *Die Stadt und das Haus* (dt. 1986) und der kleinen Prosa *Winter in den Abruzzen* (dt. 1988), behandelt sie auf der Folie von Alltagsproblemen die Ermordung ihrer jüd. Mitbürger. Viel Erfolg hatte auch ihre Autobiographie *Mein Familienlexikon* (1963, dt. 1965) und die Biographie *Anton Čechov. Ein Leben* (1990).

Ginzkey, Franz Karl (*8.9. 1871 Pola/Istrien, †11.4. 1963 Wien). – Österr. Dichter, stammte aus einer sudetendeutschen Familie. Er war Offizier und Mitglied des Staatsrats. Seine Werke gehören zur Neuromantik und behandeln Stoffe aus dem alten Österreich. Einige seiner bekanntesten Romane sind *Jakobus und die Frauen* (1908), *Der von der Vogelweide* (1912) und *Der Gaukler von Bologna* (1916). Seine Gedichte, wie *Das heimliche Läuten* (1906), *Sternengast* (1937) und *Seitensprung ins Wunderliche* (1953), drücken meist eine Sehnsucht nach Harmonie aus und sind von stiller, verhaltener Melancholie. Neben seinen Heimat- und Kinderbüchern hatte er mit seinen verhaltenen, niemals expressiv kräftigen, epigonal traumhaften Gedichten und Romanen eine große Lesergemeinde.

Giono, Jean (*30.3. 1895 Manosque/Basses Alpes, †9.10. 1970 ebd.). – Ital. Schriftsteller, in seinen Erzählungen verknüpft er antike Mythologie mit Gegebenheiten seiner provenzal. Heimat und verherrlicht das einfache und kreatürl. Leben ihrer Bevölkerung, wobei er einzelne Gestalten mythisch stilisiert. Später fand er zu einer nüchternen, psychologisierenden Erzählweise, deren stilist. Ausgestaltung sehr kunstvoll ist. Er schrieb u. a. die Romane *Der Hügel* (1928, dt. 1932), *Der Berg der Stummen* (1929, dt. 1951), *Bergschlacht* (1937, dt. 1939), *Der Husar auf dem Dach* (1951, dt. 1952), *L'Iris de Suse* (1970) und *Die Terrassen der Insel Elba,* eine Sammlung von Texten aus den Jahren 1962/63 (dt. 1987). Postum erschien dt. *Jean, der Träumer* (1991). In Frankreich erschien 1972 sein gesammeltes Romanwerk in 2 Bdn.

Giordani, Pietro (*1.1. 1774 Piacenza, †14.9. 1848 Parma). – Ital. Dichter, wegen seiner freiheitl. Einstellung des öfteren bestraft bzw. verfolgt. Er war u. a. mit Leopardi, Coletti und Niccolini befreundet und ist der wichtigste ital. Prosaschriftsteller vor Manzoni. Aufgrund seiner Verdienste um die Erneuerung des reinen ital. Stils gelangte er zu hohem Ansehen. Er veröffentlichte u. a. *Panegirico all' imperatore Napoleone* (1807), *Panegirico ad Antonio Canova* (1810), *Istruzione a* *un giovane italiano per l'arte di scrivere* (1821) und *Lettere* (1837). Sein Gesamtwerk erschien 1854–63 in 14 Bdn.

Gippius, Zinaida →Hippius, Zinaida

Giraldi, Giovanni Battista Cinzio (*1504 Ferrara, †30.12. 1573 ebd.). – Italien. Autor, Professor für Philosophie und Rhetorik, verfaßte 113 Novellen u.d.T. *Gli Hecatommithi* (1564, dt. Auswahl 1614), die an Boccaccio erinnern, ohne jedoch auch erot. Abenteuer zu enthalten. Shakespeare ließ sich durch die Erzählung *Il moro di Venezia* zu seinem *Othello* inspirieren. Daneben gilt G. als Erneuerer des klass. Theaters. In seiner Tragödie *Orbecche* (1541), die auf viele nachfolgende Autoren wirkte, stellte er eine Reihe grauenerregender Handlungen nebeneinander. Größere lit. Eigenständigkeit gegenüber dem Theater der Antike hat sein Drama *Arrenopia* (1583).

Giraldus Cambrensis, auch *Gerald of Wales*, eigtl. *Gerald de Barri* (*1146 [?] Manorbier Castle/Pembrokeshire, †1220 [?]). – Normann.-walis. Schriftsteller und Geistlicher, war ein angesehener Denker und Redner. Bedeutend sind vor allem seine geschichtl. und topograph. Werke über Irland und Wales u.d.T. *Itinerarium Cambriae* (1188) und *Topographia Hibernia* (1191). Daneben verfaßte er Schriften für den Unterricht, *Descriptio cuiusdam puellae*, Schäferpoesie, *De subito amore*, philosoph. Arbeiten wie *De mundi creatione* und einen Fürstenspiegel, *De principis instructione*. Seine Autobiographie, eines der frühesten Zeugnisse der Gattung, wurde 1937 ediert.

Girart de Roussillon ist ein altfranz. Epos aus dem 12.Jh. Es handelt von dem Zwist des Vasallen G. mit Karl Martell. G. wird dabei zum Helden stilisiert und trägt Züge des frommen Klostergründers Girart de Vienne (819–77) und des ungestümen Girart de Roussillon, der ein Waffenbruder Rolands war.

Giraud, Giovanni Graf (*28.10. 1776 Rom, †31.10. 1834 Neapel). – Ital. Dichter, schrieb publikumswirksame Lustspiele in der Art Goldonis, die sich durch ihre gelungene Situationskomik auszeichnen. Das bekannteste ist der *Hofmeister in 1000 Ängsten* (1807, dt. 1824). Seine Satiren wirkten auf Belli und Giusti.

Giraudoux, Jean, Ps. *Maurice Cordelier* (*29.10. 1882 Bellac/Haute Vienne, †31.1. 1944 Paris). – Franz. Dichter, war u.a. Prinzenerzieher beim Herzog von Sachsen-Meiningen, Lektor in Harvard und Diplomat. Als einer der wichtigsten franz. Dramatiker befreite er das Theater von dem zuvor herrschenden Boulevardstil und Pseudorealismus und wurde so zum Anreger für das gesamte moderne Theater. Die Sprache seiner Werke ist bewußt gesucht-artifiziell, dabei aber voller Esprit, Ironie und Phantasie. G. behandelt zeitgenöss. Probleme, die er oft vor einen antiken Hintergrund stellt wie in *Amphitryon 38* (1929, dt. 1931), *Kein Krieg in Troja* (1935, dt. 1936) und *Elektra* (1937, dt. 1959). Die Personen seiner Stük-

ke verkörpern keine Charaktere, sondern Typen. G.s späte Stücke sind von Pessimismus und Enttäuschung gekennzeichnet, während die frühen eine geistvolle und anmutige Mischung aus traumhafter Unwirklichkeit und realist. Gedankenschärfe aufweisen. Weitere wichtige Werke sind die Romane *Siegfried oder Die zwei Leben des Jacques Forestier* (1922, dt. 1962), *Bella* (1926, dt. 1927), *Eglantine* (1927, dt. 1954), Essays, Drehbücher und die Dramen *Judith* (1931, dt. 1951), *Impromptu* (1937, dt. 1956), *Die Irre von Chaillot* (1945, dt. 1950) und *Sodom und Gomorrha* (1943, dt. 1944). Eine franz. Gesamtausgabe erschien 1955 ff., in dt. Übersetzung liegen die Dramen in 2 Bdn. (1960) gesammelt vor.

Giraut de Borneil (Guiraut de Bornelh). – Der provenzal. Troubadour lebte im 12./13.Jh. Unter Richard Löwenherz nahm er am 3. Kreuzzug teil. Erhalten sind von ihm 80 Lieder, die auch nach seinem Tod noch sehr beliebt waren. Die meisten besingen die Liebe, einige sind Klagelieder. G., der u.a. auch von Dante sehr geschätzt wurde, besticht in seinem Spätwerk durch sprachl. und formale Schlichtheit.

Gironella, José Maria (*31.12. 1917 Darníus/Gerona). – Span. Schriftsteller, bedeutender Nachkriegsautor. In der Trilogie *Die Zypressen glauben an Gott* (1953, dt. 1957), *Reif auf Olivenblüten* (1961, dt. 1963) und *Ha estallado la paz* (1966) stellt er auf interessante und objektive Weise die Zeit des Span. Bürgerkriegs dar. Für den Roman *Der Mann Miguel Serra* (1947, dt. 1959) erhielt er den »Premio Nadal«. Ins Dt. wurden noch nicht alle Werke übertragen.

Giseke, Nikolaus Dietrich (*2.4. 1724 Nemescsó bei Güns/Ungarn, †23.2. 1765 Sondershausen). – Dt. Poet, Prediger, Erzieher und Mitarbeiter bei den »Bremer Beiträgen«. Seine geistl. Lieder, Oden und Fabeln sind in einer einfachen, innigen Sprache gehalten und von Hagedorn, Klopstock und Gellert beeinflußt. Er verfaßte u.a. die *Poetischen Werke* (hg. 1767), das Lehrgedicht *Das Glück der Liebe* (1769) und *Predigten* (hg. von J.A.Schlegel 1780).

Gissing, George Robert (*22.11. 1857 Wakefield, †28.12. 1903 St.-Juan-de-Luz/Pyrenäen). – Engl. Schriftsteller, schildert mit naturalist. Härte die Armut in Londoner Elendsvierteln und den zum Proletariat herabsinkenden Mittelstand. Am bekanntesten sind u.a. die Romane *Workers in the Dawn* (1880), *The Unclassed* (1884), *New Grub Street* (1891 u. 1968) und *Verandila* (1904). Sein Werk zeigt deutlich den Einfluß Dickens', wobei es ihm vorzügl. gelingt, die Verproletarisierung anschaulich ergreifend mit vorzüglichen Detailcharakteristiken darzustellen.

Giusti, Giuseppe (*13.5. 1809 Monsummano/Pistoia, †31.3. 1850 Florenz). – Italien. Autor, Advokat und Deputierter der toskan. Nationalkammer. Wegen seiner republikan. Einstellung war er zahlreichen polit. Pressionen ausgesetzt. Seine Dichtungen sind voller Ironie und Humor und geißeln auf satir. Weise die Unterdrückung durch die Österreicher. Am bekanntesten sind die Gedichte *Dies irae* (1835), eine Freudenhymne auf den Tod des österr. Kaisers, und *Scherzi* (1845, dt. v. P. Heyse 1875). Seine bekanntesten Werke zeigen neben traditionell humanist. Elementen eine starke Ablehnung aller dt. Einflüsse, wobei sich Stil und Ausdruck bis zu Tiraden des Hasses steigern können. Sein Gesamtwerk liegt in mehreren Ausgaben (1924, 1955) vor.

Giustiniani, Leonardo, auch *Giustinian, Zustinian* (* um 1388 Venedig, † 10. 11. 1446 ebd.). – G. war Dichter, Humanist und Staatsmann. Er schrieb volkstüml. Gedichte, die er selber vertonte und vortrug. Sie sind teilweise in venezian. Mundart verfaßt und erhielten nach ihm den Namen »giustiniani«.

Gjellerup, Karl Adolph (* 2. 6. 1857 Roholte/Seeland, † 11. 10. 1919 Klotzsche/Dresden). – Dän. Schriftsteller, studierte zunächst Theologie, wandelte sich jedoch bald zum Atheisten. Er kannte die Werke Darwins und Brandes', kam aber, angeregt durch Goethe und Schiller, vom Naturalismus ab. In seinen Romanen und Dramen verwendet er oft klass. Motive, wobei der Pessimismus Schopenhauers auf seine Weltanschauung nachhaltig wirkte. Auch Turgenjew und der Symbolismus haben seinen Stil geprägt. In seinen späteren Werken behandelt er wieder heimatl. Themen und versöhnt sich mit dem Christentum. G., der 1917 den Nobelpreis erhielt, schrieb u. a. die Romane *Ein Jünger der Germanen* (1882, dt. 1923), *Minna* (1889, dt. 1897), *Die Weltwanderer* (1910, dt. 1910), *Reif für das Leben* (1913, dt. 1916), *Die Gottesfreundin* (1916, dt. 1918), *Der goldene Zweig* (dän. und dt. 1917).

Gladkow, Fjodor Wassiljewitsch (* 21. 6. 1883 Tschernawka/Saratow, † 20. 12. 1958 Moskau). – Russischer Schriftsteller, war von Gorki beeinflußt. Am bekanntesten ist sein Roman *Zement* (1925, dt. 1927), in dem er Aufbau und Industrialisierung des sowjet. Staates beschreibt. Weitere Werke sind der Roman *Energie* (1932–38, dt. 1935) und die Autobiographie *Der Schnee schmilzt* (1949, dt. 1956).

Gläser (Glaeser), Ernst (* 29. 7. 1902 Butzbach, † 8. 2. 1963 Mainz). – Dt. Schriftsteller, u. a. Dramaturg am Neuen Theater in Frankfurt und Mitarbeiter bei verschiedenen Zeitungen. Bekannt wurde er mit seinem Roman *Jahrgang 1902* (1928), in dem er seine Generation und ihre Probleme darstellt. *Der letzte Zivilist* (1936) behandelt die letzten Jahre vor der Diktatur des Dritten Reiches. In *Glanz und Elend der Deutschen* (1960) wird auf krit. Weise die Zeit des Wirtschaftswunders beleuchtet. G. bemüht sich in seinen Werken um histor. Sachlichkeit, zeigt jedoch einen Hang zu Verallgemeinerungen.

Glasgow, Ellen, Ps. *Anderson Gholson* (* 22. 4. 1874 Richmond/USA, † 21. 11. 1945 ebd.). – Amerikan. Erzählerin, distanziert sich in ihren iron. und realist. Werken als erste Schriftstellerin vom sentimentalen Roman der amerikan. Südstaaten. Ihre von H. James beeinflußte Darstellungsweise be-

rücksichtigt auch die sozialen und polit. Verhältnisse Amerikas. In dem Roman *Barren Ground* (1925) beschreibt sie den Kampf einer Frau um die Erhaltung ihrer Farm. G. ist eine Meisterin der Gesellschaftssatire, wie die Romane *The Romantic Comedians* (1926) und *Bitte mich nicht* (1929, dt. 1930) zeigen. 1942 erhielt sie den Pulitzer-Preis für die Novelle *In This Our Life*, die dt. 1948 u. d. T. *So ist das Leben* als ihr letztes Werk erschienen. Ihr Gesamtwerk erschien 1938 in 12 Bdn.

Glaspell, Susan (* 1. 7. 1882 Davenport/Iowa, † 27. 7. 1948 Provincetown/Massachusetts). – Amerikan. Schriftstellerin, lebte mit ihrem Mann George Cram Cook in der Künstlergemeinschaft Cape Cod. 1915 gründete sie mit ihm die »Provincetown Players« und das »Playwright's Theatre« in New York. Sie schrieb Romane, z. B. *Treue* (1915, dt. 1947), und Dramen, u. a. *Alison's House* (1930), für das sie 1931 mit dem Pulitzer-Preis ausgezeichnet wurde.

Glassbrenner, Adolf, Ps. *Adolf Brennglas* (* 27. 3. 1810 Berlin, † 25. 9. 1876 ebd.). – Dt. Schriftsteller, seine Humoresken und Satiren besitzen Berliner Witz und Schlagfertigkeit. Sie sind in einer kecken, umgangssprachl. Form gehalten und greifen das Typische am Menschen heraus. Am bekanntesten sind *Berlin, wie es ist – und trinkt* (1832–50), *Leben und Treiben der feinen Welt* (1834), *Buntes Berlin* (1837–41) und das Epos *Neuer Reineke Fuchs* (1846). Nach 1945 erschienen u. a. die Auswahlausgaben *Amor als Ochse* (1960), *Berliner Leben* (1963) und *Der politisierende Eckensteher* (1969).

Gleim, Johann Wilhelm Ludwig (* 2. 4. 1719 Ermsleben/Halberstadt, † 18. 2. 1803 Halberstadt). – Dt. Dichter, studierte in Halle, wo er mit Uz und Götz den anakreont. Halleschen Dichterkreis ins Leben rief. Er schrieb *Fabeln* (1756/57), Oden und Balladen. Daneben verherrlichte er in klangvollen und anmutigen, wenn auch etwas oberflächlichen Liedern den Wein und die Liebe. Als »Papa Gleim« förderte er junge Dichter und war eine bekannte Gestalt der deutschen Aufklärung. Einige seiner wichtigsten Werke sind *Versuch in scherzhaften Liedern* (1744 f.), *Lieder nach dem Anakreon* (1766) und *Gedichte nach den Minnesingern* (1773). Die erste Gesamtausgabe seiner Werke erschien 1811–13 und 1844 in 8 Bdn.

Glišić, Milovan (* 6. 1. 1847 Gradac, † 20. 1. 1908 Dubrovnik). – Serb. Schriftsteller, stammte aus einer einfachen Bauernfamilie. Er war u. a. Dramaturg und Direktor der Nationalbibliothek. Seine realist. Erzählungen, die von Markovícs Anregungen erfuhren, beschreiben auf humorvolle Weise das Leben in den serb. Dörfern; damit wurde G. zum Begründer der serb. Dorfpoesie und Heimatdichtung. G. war auch ein ausgezeichneter Übersetzer der russ. Literatur. Einige seiner wichtigsten Novellen sind *Pripovetke* (1879–82) und *Prva brazda* (1891).

Glissant, Edouard (* 21. 9. 1928 Bezaudin/Martinique). –

Franz. Schriftsteller aus der Karibik, studierte in Paris Literatur, Philosophie, Völkerkunde und Geschichte, arbeitete für verschiedene kulturkrit. Zeitschriften und gründete 1965 das *Institut Martiniquais d'études*. G. forciert eine eigenständige Literatur Martiniques, die sich von den franz. Vorbildern befreien und eine Einheit von polit. Agitation und ästhet. Spiel bilden soll. 1981 veröffentlichte er sein lit. und polit. Programm *Le discours antillais*. In seinen Romanen *Sturzflut* (1958, dt. 1959), *Das vierte Jahrhundert* (1964), *Die Hütte des Aufsehers* (1981, dt. 1983) und Theaterstücken sucht er die histor. Tradition der Karibik, wie sie in mündl. Dichtung der Eingeborenen überliefert wird, gegen die Kolonialgeschichte zu betonen, wobei er sich aus seiner mytholog. Sicht auch gegen die moderne Geschichtswissenschaft und deren Methoden wendet.

Gmelin, Otto (* 17.9. 1886 Karlsruhe, †22.11. 1940 Bernberg/Köln). – Dt. Schriftsteller, in seinen Romanen und Erzählungen behandelt er meist die Zeit des Mittelalters und der Völkerwanderung, wie in *Das Angesicht des Kaisers* (1927), *Dschinghis Khan, der Herr der Erde* (1930) und *Konradin reitet* (1933). Bei zeitgenöss. Themen beweist G. großes psycholog. Einfühlungsvermögen. Er schrieb auch die Erzählungen *Der Homunkulus* (1923), *Ein Sommer mit Cordelia* (1932) und *Die Fahrt nach Montsalvatsch* (1939), in denen ihm vortreffliche Charakterstudien gelangen.

Gnaphaeus Guilhelmus, eigtl. *Willem de Volder* (* 1493 Den Haag, †29.9. 1568 Norden/Emden). – Der niederl. Humanist und Dramatiker mußte als Lutheraner nach Deutschland fliehen, wo er dann als Professor und Erzieher in Königsberg tätig war. Sein Drama *Acolastus* (1528, hg. 1891) ist ein Schuldrama, das das Motiv vom verlorenen Sohn behandelt. Seine zahlreichen Schriften liegen heute meist in wissenschaftl. Ausgaben vor, z. B. *Een trost ende spiegel der sieken* (ca. 1531) oder das Drama *Hypocrisis* (1544).

Goasses, Gerben, eigtl. *Teatse E. Holtrop* (* 27.12. 1865 Ijlst, †11.11. 1925 ebd.). – Westfries. Erzähler, war Lehrer und ein Mitinitiator der Jungfries. Bewegung, die die Heimatdichtung aus ihrer Isolation befreien wollte. Seine Novellen, z. B. *Twa Sisters* (1909) und *De man en de dea* (1921), bestechen durch ihre Charakterdarstellungen und Naturbeschreibungen.

Gobineau, Joseph-Arthur Comte de (* 14.7. 1816 Ville d'Avray/Paris, †13.10. 1882 Turin). – Franz. Schriftsteller, war Diplomat und Mitglied des Kreises um Richard Wagner. Er vertrat die These vom unterschiedl. Wert der verschiedenen menschl. Rassen und unterstellte besonders die Überlegenheit der arischen. G. beeinflußte u. a. Wagner, Nietzsche und die Theorien des Nationalsozialismus. Von ihm veröffentlicht wurden u. a. das *Essai sur l'inégalité des races humaines* (1853–55, dt. 1934), der Roman *Die Plejaden* (1874, dt. 1920 u. 1947) und die gelungenen Erzählungen *Reiseerlebnisse*

(1842, dt. 1945) und *Asiatische Novellen* (1876, dt. 1923). Sein Einfluß auf die polit. Lit. nationaler Richtung war sehr groß. Viele patriot. Werke des 20. Jh.s stehen unter seiner unmittelbaren Wirkung und haben auch für die allgemeinen polit. Zielsetzungen alldt. und antisemit. Parteien die ideolog. Grundlage gegeben. Seine Werke erschienen 1924 in einer Gesamtausgabe in 4 Bdn.

Godwin, William (* 3.3. 1756 Wisbech, †7.4. 1836 London). – Engl. Schriftsteller und Literaturtheoretiker, zentrale Gestalt der engl. Romantik, die u. a. auf Coleridge, Wordsworth und Shelley einwirkte. In der Schrift *An Enquiry Concerning Political Justice* (1793 u. 1970, dt. 1803) tritt er für polit. Freiheit ein. Seine Romane wie *Caleb Williams oder Die Dinge, wie sie sind* (1794, dt. 1931), *St. Leon* (1799) und *Fleetwood* (1805) zeugen von seinem sozialrevolutionären Engagement und verbinden Elemente des engl. Schauerromans mit denen einer psycholog. Analyse.

Goeckingk, Leopold Friedrich Günther (ab 1789) von (* 13.7. 1748 Gröningen/Halberstadt, † 18.2. 1828 Wartenberg/Schlesien). – Dt. Dichter, war Jurist und hatte Umgang mit Gleim und Jacobi. Seine Gedichte wie *Sinngedichte* (1772) und *Lieder zweier Liebenden* (1777 und 1920) stehen im Zeichen des Rokoko, weisen jedoch darüber hinaus eine außergewöhnl. Gefühlstiefe auf. Seine geistreichen Episteln und Epigramme verdienen besondere Erwähnung. G. stand der Dichtergruppe des Göttinger Hains nahe, ließ sich jedoch auch vom Sturm und Drang inspirieren. Für die Literaturgeschichte sind seine *Prosaischen Schriften* (1784) von Bedeutung.

Goering, Reinhard (* 23.6. 1887 Schloß Bieberstein/Fulda, †4.11. 1936 Flur Bucha/Jena). – Dt. Dichter, verbrachte wegen seines Tuberkuloseleidens 4 Jahre in Davos und starb durch Selbstmord. Seine expressionist. Dramen prangern die Absurdität des Krieges an und zeigen den Menschen in seinem Bemühen um die Überwindung eines sinnentleerten Schicksals. G.s knappe und klare Sprache neigt besonders in seinen späten Werken zu dem Stil der Neuen Sachlichkeit. Am wichtigsten sind seine Dramen *Seeschlacht* (1917), *Die Retter* (1919), *Der Zweite* (1919), *Scapa Flow* (1919), *Die Südpolexpedition des Kapitän Scott* (1930) und der Roman *Jung Schuk* (1913). 1961 erschien *Prosa, Dramen und Verse*. Die moderne Literaturgeschichtsschreibung sieht in G. einen typ. Repräsentanten des dt. Expressionismus, der über die Lit. auch auf polit. Meinungsbildung Einfluß nehmen wollte.

Görres, Johann Joseph von (* 25.1. 1776 Koblenz, †29.1. 1848 München). – Dt. Dichter, wurde nach seinem Studium der Naturwissenschaft und Medizin und nach einem vorübergehenden Aufenthalt in Frankreich zum führenden Vertreter der kathol. Romantik. Er löste sich von den polit. Vorstellungen seiner Jugend, in denen er sich für die Franz. Revolution und für die Errichtung einer Rheinischen Republik eingesetzt hatte.

In Heidelberg, wo er 1806 bis 1808 als Hochschullehrer tätig war, trat er in engen Kontakt mit dem romant. Kreis und schrieb mit Arnim und Brentano in der »Zeitung für Einsiedler«. Nach Koblenz zurückgekehrt, gab er den »Rheinischen Merkur« heraus und wirkte jetzt als Journalist gegen Napoleon. In diesen Jahren entstanden seine wichtigsten Veröffentlichungen, etwa *Der allgemeine Friede* (1798), *Die teutschen Volksbücher* (1807) – mit diesem Werk eröffnete er der Germanistik und Volkskunde bis in unsere Tage ein großes Forschungsgebiet –, *Mythengeschichte der asiatischen Welt* (1810 in 2 Bdn.). Wegen des Aufsatzes *Teutschland und die Revolution* (1819) wurde er von der Restauration verfolgt und mußte einige Jahre in der Schweiz und in Straßburg im Exil leben. Erst 1827 kehrte er nach München zurück, wo er bald zum Mittelpunkt einer Gruppe spätromant. Dichter wurde. Jetzt erschienen seine späten Hauptwerke, deren sprachl. Ausdruckskraft bis heute begeistern kann, etwa *Über Grundlage, Gliederung und Zeitenfolge der Weltgeschichte* (1830), *Die christliche Mystik* (1836 bis 1842 in 4 Bdn.). Die 1876 gegründete Görres-Gesellschaft ist heute die führende kathol. Vereinigung für Geschichtsforschung. Eine Auswahl in 2 Bdn. erschien 1979.

Goes, Albrecht (*22. 3. 1908 Langenbeutingen/Württ.). – G. stammt aus einer schwäb. Pastorenfamilie und war seit 1930 evang. Pfarrer. 1955 ließ er sich als freier Schriftsteller nieder. Seine Dichtung ist dem christl.-humanist. Erbe verpflichtet und steht in der Tradition von Klassik und Romantik. Ihr Stil ist einfach, z. T. volksliedhaft, und erinnert manchmal an Mörike. Seine realist. Darstellungsweise wird gemildert durch sein harmonist., auf Gott vertrauendes Weltbild, so z. B. in den Erzählungen *Unruhige Nacht* (1950) und *Das Brandopfer* (1954), in denen die grausame Wirklichkeit des Weltkriegs dargestellt ist. Bekannt sind weiterhin die Gedichte *Der Hirte* (1934), *Heimat ist gut* (1935), *Die Herberge* (1947), die Essays *Schwäbische Herzensreise* (1946), *Im Weitergehen* (1965), die Biographien *Mörike* (1938), *Goethes Mutter* (1960) und die Prosastücke *Dunkler Tag, heller Tag* (1973) und *Christtagswege* (1981). 1978 erschien *Lichtschatten du – Gedichte aus fünfzig Jahren*, 1986 *Erzählungen, Gedichte, Betrachtungen.*

Goetel, Ferdynand (*15. 5. 1890 Sucha/Galizien, †24. 11. 1960 London). – Poln. Schriftsteller, seit 1945 lebte er im Exil in London, da er als Gegner des Sozialismus galt. Seine Werke bestechen durch eine klare, einfache Erzählweise und spielen oft im exot. Milieu. G. schrieb u. a. die Erzählungen *Der Flüchtling von Taschkent* (1923, dt. 1927), *Menschheit* (1925, dt. 1931), den Roman *Von Tag zu Tag* (1926, dt. 1931) und die Memoiren *Patrzac wstecz* (hg. 1966).

Goethe, Johann Wolfgang (seit 1782) von (*28. 8. 1749 Frankfurt a. M., †22. 3. 1832 Weimar). – G. gilt als der bedeutendste und universalste dt. Dichter, der die Literatur lange über seinen Tod hinaus entscheidend beeinflußt hat. Er stammte aus einer gehobenen bürgerl. Familie und studierte zuerst in Leipzig Jura, wo er die Bekanntschaft Gellerts und Gottscheds machte. Aus diesen Jahren stammen die im Stil des Rokoko gehaltenen Lieder. Während der Zeit der Genesung von einer schweren Krankheit (1770/71) gelangte G. unter den pietist. und myst.-naturphilosoph. Einfluß Susanne von Klettenbergs, einer Freundin seiner Mutter. Zum Ende seiner Studienzeit in Straßburg ließ er sich von der Geistesrichtung des Sturm und Drang mitreißen und interessierte sich für die Werke Shakespeares. Hier verkehrte er u. a. mit Herder und Lenz, sammelte Volkslieder und beschäftigte sich mit der Gotik, über die er seinen Aufsatz *Von deutscher Baukunst* (1773) schrieb. Nach seiner frühen Liebe zu Kätchen Schönkopf in Leipzig und zu der Pfarrerstochter Friederike Brion in Sesenheim – in diesen Jahren hatte G. seinen persönl. lyr. Stil entwickelt, der Vorbild und Maßstab bis in die Gegenwart blieb – inspirierte ihn seine Leidenschaft zu Charlotte Buff in Wetzlar zu dem Roman *Die Leiden des jungen Werther* (1774 und 1787), der eine begeisterte Aufnahme fand und das Goethebild über lange Zeit hin mitprägte. Daneben entstanden das Sturm-und-Drang-Drama *Götz von Berlichingen* (1773), die Tragödie *Clavigo* (1774) und die *Wanderer-Lieder*. Ab 1775 lebte G. am Hofe des Herzogs Karl August von Weimar, von wo aus er u. a. Verbindung hatte mit Wieland und Charlotte von Stein. Hier widmete er sich dem lit. Schaffen sowie seinen wissenschaftl. Neigungen, z. B. der Entdeckung des Zwischenkieferknochens, der *Farbenlehre* (1810), und führte ein Ministeramt. Seine Tätigkeit dort wurde von der ersten (1786–88) und zweiten Italienreise (1790) unterbrochen, die G. wertvolle Impulse im Hinblick auf sein weiteres dichter. Wirken gaben (u. a. für *Iphigenie auf Tauris*, 1779 u. 1781; die *Römischen Elegien*, 1795) und die klassische Epoche einleiteten. In jenem Lebensabschnitt, in den auch die Freundschaft mit Schiller und die gemeinsame Arbeit mit diesem an den *Xenien* (1796) fiel, entstanden die berühmten Balladen wie *Der Zauberlehrling* (1797), die endgültige Fassung des Bildungsromans *Wilhelm Meister* (1795f.; 1821), die Novellen *Unterhaltungen deutscher Ausgewanderter* (1795) und das Versepos *Hermann und Dorothea* (1797). Daneben arbeitete G. an seinem berühmtesten Werk, dem Drama *Faust*, dessen ersten Teil er 1806 beendete. In diesem Jahr heiratete er Christiane Vulpius, mit der er einen Sohn mit Namen August hatte. Sein Alterswerk weist schon romant. Züge auf und beschäftigt sich mit psycholog. Fragen, so z. B. der Roman *Die Wahlverwandtschaften* (1809). Weitere wichtige Werke sind die Dramen *Egmont* (1788) und *Torquato Tasso* (1790), das Epos *Reineke Fuchs* (1794), die beispielhafte *Novelle* (1828), die Gedichte *Westöstlicher Diwan* (1819), die autobiograph. Schriften *Aus* *meinem Leben, Dichtung und Wahrheit* (1811–22) und zahlreiche Schriften zur Ästhetik und Literaturtheorie. Daneben schrieb G. eine Fülle bedeutender Briefe, die 1961 ff. zuletzt in 4 Bdn. erschienen. In den letzten Lebensjahren schrieb er den zweiten Teil der Faust-Dichtung. Sein Werk liegt heute in zahlreichen Gesamtausgaben vor.

Goetz, Curt (* 17. 11. 1888 Mainz, † 12. 9. 1960 Grabs/St. Gallen). – Dt. Schauspieler und Schriftsteller, lebte von 1939–45 in den USA. G. schrieb unterhaltsame Komödien, die sich durch treffsicheren Witz auszeichnen. Die bekanntesten sind u. a. *Ingeborg* (1921), *Hokuspokus* (1927), *Der Lügner und die Nonne* (1929), *Dr. med. Hiob Prätorius* (1934) und *Das Haus in Montevideo* (1953). Seine Romane wie *Die Tote von Beverly Hills* (1951) gehören meist der Kriminalliteratur an.

Götz, Johann Nikolaus (* 9. 7. 1721 Worms, † 4. 11. 1781 Winterburg/Bad Kreuznach). – Dt. Dichter, schloß sich bereits als Student der Theologie in Halle dem dortigen Dichterkreis an und wurde dann gemeinsam mit Uz und Gleim zum Begründer der anakreontischen Dichtung in Dtld. Nach einem unruhigen und lange Zeit ungesicherten Leben wurde er Superintendent von Winterburg, schrieb heitere, leichte und musikdurchdrungene Verse und übersetzte mit Uz den Pseudo-Anakreon. Von großem Einfluß auf die Zeitgenossen und die nachfolgenden Klassiker waren seine Gedichte *Versuch eines Wormsers in Gedichten* (1745), *Die Oden Anakreons in reimlosen Versen* (1746) und *Die Märcheninsel* (1773).

Goetz, Wolfgang (* 10. 11. 1885 Leipzig, † 3. 11. 1955 Berlin). – Dt. Schriftsteller, war u. a. Präsident der Gesellschaft für Theatergeschichte und Herausgeber der »Berliner Hefte für geistiges Leben« (1946–49). Seine histor. Dramen, z. B. *Neidhardt von Gneisenau* (1925) und *Der Ministerpräsident* (1936), zeichnen sich durch gelungene Dialoge und Charakterisierungen aus. Der Roman *Der Mönch von Heisterbach* ist eine Satire auf die zeitgenöss. Welt. Daneben schrieb G. Kritiken und Biographien wie *W. Krauss* (1954).

Goga, Oktavian (* 1. 4. 1881 Răşinari/Hermannstadt, † 7. 5. 1938 Ciucea). – Rumän. Dichter, Universitätsprofessor und Ministerpräsident. 1924 wurde er mit dem Nationalpreis für Literatur ausgezeichnet. Seine Dichtung weist nationales Pathos auf und besingt vorwiegend das heimatl. Siebenbürgen. Am wichtigsten sind u. a. die Gedichte *Ne cheamx pămîntne* (= *Uns ruft die Erde*, 1909), *Cîntece fără tară* (= *Lieder ohne Land*, 1916) und das Drama *Domnul notar* (= *Der Herr Notar*, 1914).

Gogol, Nikolai Wassiljewitsch (* 31. 3. 1809 Sorotschinzy/Gouvern. Poltawa, † 4. 3. 1852 Moskau). – Bedeutendster russ. Schriftsteller seiner Epoche, stammte aus der Ukraine und wurde zunächst Schauspieler und Lehrer. Obwohl er mit seiner an Molière erinnernden Komödie *Der Revisor* (1836) in Rußland einen großen Erfolg erzielte, ging der sensible Dichter ins Ausland, wo er bis 1848 lebte. Der zweite Teil seines Romans *Die toten Seelen* (1. Teil 1842, dt. 1846, 2. Teil 1855) ist nur teilweise erhalten, da G. das Manuskript vor seinem Tod vernichtete. Die Erzählungen *Abende auf dem Vorwerk bei Dikanka* (1831, dt. 1910) bestechen durch ihren originellen Stil und den großen Einfallsreichtum. Sie weisen die für Gogol typ., pessimist. Lebenseinstellung auf, die von einem zum Grotesken neigenden Humor überlagert ist. Weitere bedeutende Erzählungen sind *Arabesken* (1835), *Mirgorod* (1835, dt. 1910) und *Der Mantel* (1842, dt. 1883). G. beeinflußte die russ. Literatur nachhaltig und wirkte richtungweisend auf das Theater und die Erzählkunst in Europa. Seine Sprache ist individuell und weist zahlreiche Wortschöpfungen auf. G. verfaßte auch die Erzählungen *Die Nase* (1836, dt. 1921) und *Rom* (1842) und die Komödien *Die Brautschau* (1842, dt. 1920) und *Der Spieler* (1842, dt. 1923). Im Alter wandte er sich einer eth. Literaturauffassung zu, die er in der *Beichte des Autors* (1857 posth.) begründet. Eine dt. Gesamtausgabe seiner Werke erschien 1923 in 5 Bdn.

Gojawiczyńska, Pola, eigtl. *Apolonia G.* (* 1. 4. 1896 Warschau, † 29. 3. 1963 ebd.). – Poln. Schriftstellerin; ihre Romane schildern mit sozialkrit. Engagement das Leben der einfachen Leute in Großstadtvororten. Die bekanntesten sind u. a. *Dziewczęta z Nowolipek* (1935) und *Rajska jabłoń* (1937). Daneben schrieb sie Erzählungen wie *Krata* (1945) und *Z serca do serca* (1971). Eine Auswahl erschien 1956.

Goldfaden, Abraham (* 12. 7. 1840 Starakonstantinow/Ukraine, † 1. 9. 1908 New York). – Jidd. Schriftsteller, besuchte 1857–66 die Rabbinerschule und war danach als Lehrer, Schauspieler und Journalist tätig. Er rief das erste jidd. Theater Rumäniens ins Leben. Bekannt wurde er durch seine histor. Operetten und Dramen, in denen er auf kom. und manchmal etwas sentimentale Weise die Problematik des jüd. Charakters darstellt. Er schrieb u. a. die Volksstücke *Bobe mitn einikel* (1875), *Di kischufmacherin* (1878) und die Dramen *Bar Kochba* (1882) und *Hozmachs Kremel* (1897), die großen Erfolg beim zeitgenöss. Publikum hatten.

Golding, William (Gerald) (* 19. 9. 1911 St. Columb Minor/Cornwall). – Engl. Autor, studierte Anglistik und Naturwissenschaft; erhielt 1983 den Nobelpreis »für seine Romane, die mit Anschaulichkeit, realistischer Erzählkunst und der vieldeutigen Allgemeingültigkeit des Mythos die menschlichen Bedingungen in der heutigen Welt beleuchten«. Seine Romane wie *Herr der Fliegen* (1954, dt. 1956), *Die Erben* (1955, dt. 1964), *Der Turm der Kathedrale* (1964, dt. 1966) und *Der Sonderbotschafter* (1971, dt. 1974) kreisen in einer schlichten und bilderreichen Sprache um die menschl. Unvollkommenheit. Sprachlich und formal interessant sind die experimentellen Romane *Der Felsen des zweiten Todes* (1956, dt. 1960), *Das Feuer der Finsternis* (dt. 1980), *Äquatortaufe* (1980, dt.

1983), *Papier Männer* (1984), *Die Eingepferchten* (1987, dt. 1988). *Ein ägyptisches Tagebuch* (dt. 1987) erzählt von einer Kreuzfahrt in das Land der Jugendsehnsucht G.s, von den merkwürdigen Pannen und »liederlich-chaotischen« Verhältnissen.

Goldoni, Carlo (*25.2. 1707 Venedig, †6.2. 1793 Paris). – Italien. Dichter, wurde bei den Jesuiten erzogen und studierte Jura. Nach einer turbulenten Jugendzeit lebte er zeitweise bei einer Wandertruppe und 1744–48 als Advokat in Pisa. Wegen seiner lit. Meinungsverschiedenheiten mit Chiari und Gozzi ging er nach Paris, wo er der Leiter des »Théâtre des Italiens« wurde. Er lernte Voltaire und Diderot kennen und unterrichtete die Töchter Ludwigs XV. und XVI. Von seinen 150 Dramen sind die frühen in einem weinerlich-heroischen Stil gehalten. Seine Bedeutung liegt darin, daß er den gezierten Stil der »Commedia dell'arte« überwand. Er gestaltete die Figuren seiner Stücke auf psycholog. überzeugende Weise und stellte sie in eine lebendige und volkstüml. Umgebung. Im Mittelpunkt stehen dabei, wie bei Molière, menschl. Laster wie Heuchelei, Geiz und Menschenfeindlichkeit. Einige der bekanntesten Stücke sind *Das Kaffeehaus* (1743, dt. 1771), *Der Diener zweier Herren* (1753, dt. 1957), *Die neugierigen Frauen* (1753, dt. 1956), *Der Lügner* (1756, dt. 1767) und *Die vier Grobiane* (1762, dt. 1957). Die erste dt. Gesamtausgabe erschien 1767 bis 1777 in 11 Bdn.

Goldschmidt, Meir Aron (*26.10. 1819 Vordingborg/Seeland, †15.8. 1887 Frederiksberg). – Dän. Schriftsteller, Sohn eines jüd. Kaufmanns, der sich intensiv mit der Philosophie Kierkegaards auseinandersetzte. In seiner Zeitschrift »Corsaren« verspottete er auf satir. Weise geistige Autoritäten seiner Zeit. Er schrieb Romane, in denen er sich mit dem Antisemitismus und anderen Problemen auseinandersetzt. Die bekanntesten sind *Ein Jude* (1845, dt. 1856) und *Heimatlos* (1854–58, dt. 1857). Dieses Werk charakterisiert das Bürgertum seiner Zeit und verspottet satir. den vulgären Nationalliberalismus. Sein anspruchsvolles und stilist. hochwertiges Werk fand erst spät Anerkennung.

Goldsmith, Oliver (*10.11. 1728 Pallasmore/Longford, †4.4. 1774 London). – Ir. Dichter, gab die Zeitschrift »The Bee« heraus. G. erwarb lit. Anerkennung durch die Abhandlung *Enquiry into the Present State of Polite Learning in Europe* (1759), die den geistig-wiss. Verfall Europas darstellt. In diesen Jahren schrieb er den bekannten Roman *Der Landpfarrer von Wakefield* (1766, dt. 1841), der sich durch gelungene Charakterdarstellungen auszeichnet und von S. Johnson veröffentlicht wurde. Daneben verfaßte er Komödien wie *The Goodnatur'd Man* (1768) und *She Stoops to Conquer* (1773, dt. 1784), die noch heute gespielt werden. Weitere wichtige Werke sind die Gedichte *Das verlassene Dorf* (1770, dt. 1869), die humorvolle Dichtung über bekannte Zeitgenossen *Retalia-*

tion (1774) und der glänzende Essay *Der Weltbürger* (1760/61, dt. 1781). Eine erste vollständige Ausgabe seiner poet. Werke erschien 1906.

Goll, Claire, eigtl. *Clarisse Liliane*, geb. Aischmann (*29.10. 1890 Nürnberg, †30.5. 1977 Paris). – Dt.-franz. Schriftstellerin, war verheiratet mit Yvan Goll, mit dem sie z.T. auch gemeinsame Werke verfaßte. Sie schrieb surrealistische Gedichte wie *Versteinerte Tränen* (1952) und *Das tätowierte Herz* (1959) sowie Romane und Erzählungen. Zu ihren wichtigsten Werken zählen die Romane *Ein Mensch ertrinkt* (1931), *Arsenik* (1933) und die Erzählung *Der gestohlene Himmel* (1932). Neuere Werke sind die Autobiographien *Traumtänzerin* (1971) und *Ich verzeihe keinem* (1978).

Goll, Ernst (*14.3. 1887 Windischgrätz/Steiermark, †13.7. 1912 Graz). – Österr. Schriftsteller, steht mit seinen Gedichten dem frühen Expressionismus nahe. Da er zu Lebzeiten keine Anerkennung fand, nahm er sich aus Verzweiflung das Leben. Seine Gedichte, die in einer langen Tradition stehen und konservativ-traditionelle Themen mit moderner Formtechnik verbinden, erschienen u.d.T. *Im bitteren Menschenland* (1912) und *Gedichte* (posth. 1943).

Goll, Yvan, eigtl. *Isaac Lang*, Ps. *Iwan Lassang, Tristan Torsi, Johannes Thor, Tristan Thor* (*29.3. 1891 Saint-Dié, †27.2. 1950 Paris). – Franz.-dt. Dichter, stammte aus dem Elsaß. Er war mit Joyce, Stefan Zweig und dem Dadaisten Hans Arp befreundet. 1939 floh er nach Amerika, wo er 1943–46 die lit. Zeitschrift »Hémisphères« herausgab. Seine bildreiche Lyrik steht anfängl. zwischen Expressionismus und Surrealismus und wendet sich später der Sachlichkeit zu, ohne auf Symbolik und Metaphorik zu verzichten. Die bekanntesten Gedichte sind u.a. *Der Panamakanal* (1912), *Die Unterwelt* (1919), *Poèmes d'amour* (1925, mit Claire G.) und *Abendgesang* (1954). Daneben schrieb G. groteske und absurde Dramen wie *Methusalem oder Der ewige Bürger* (1922) und *Melusine* (1956). Seine Romane sind von zeitkritischem Inhalt, der satirisch verschlüsselt ist, gezeichnet, z.B. *Die Eurokokke* (1927), *Agnus Dei* (1929), *Sodom et Berlin* (1929). Eine Auswahl seiner Werke erschien 1956, eine vorläufige Gesamtausgabe 1960.

Golon, Anne, eigtl. *Simone Golonbinoff* (*19.12. 1927 Toulon). – Franz. Schriftstellerin, ist durch die Romanserie *Angélique* (1957 ff.; dt. 1958) bekannt, in der sie die Erlebnisse einer jungen Adligen aus dem 17. Jh. schildert und ein einprägsames Bild der zeitgenöss. franz. Wirklichkeit gibt.

Goltz, Bogumil (*20.3. 1801 Warschau, †12.11. 1870 Thorn). – Dt. Autor, lebte nach Studium als Landwirt und freier Schriftsteller. Seine originellen Prosawerke erinnern in ihrem Humor und ihrer Tendenz zu geistvollen paradoxen Formulierungen an Jean Paul. G. bevorzugte das Genremilieu und kritisierte das Massendasein des modernen Menschen, den er zu einer natürlichen Lebensform zurückführen wollte. Seine wichtigsten Werke sind u. a. *Buch der Kindheit* (1847), *Ein Jugendleben* (1852), *Exakte Menschenkenntnis* (1859–60) und *Die Weltklugheit und die Lebensweisheit* (1869).

Goltz, Joachim Freiherr von der (* 19. 3. 1892 Westerburg/Westerwald, † 1. 4. 1972 Oberasbach/Baden). – Dt. Schriftsteller, u. a. Jurist, Landwirt und Dramaturg am Stadttheater von Baden-Baden. Seine Dramen und Romane zeigen den Menschen meist in einer eth. Bewährungsprobe. Bekannt wurde G. durch die Kriegslyrik *Deutsche Sonette* (1916) und das Drama *Vater und Sohn* (1921), das von Friedrich dem Großen handelt. Weitere Werke sind die Romane *Der Baum von Cléry* (1934), *Der Steinbruch* (1938) und das Drama *Der Rattenfänger von Hameln* (1932). Bekannt wurde G. auch als Übersetzer und Autor von Kinderbüchern.

Goma, Paul (* 2. 10. 1935 Mana/Bessarabien). – Rumän. Schriftsteller, studierte Literaturwissenschaft, wurde jedoch als Regimegegner mehrfach für mehrere Jahre inhaftiert. 1971 veröffentlichte er seinen Roman *Ostinato,* den er im Gefängnis geschrieben hatte, in der Bundesrepublik Deutschland. Nach erneuter Internierung gelang ihm die Ausreise ins westliche Ausland. In allen seinen Werken steht die Politik im Vordergrund; privates und öffentliches Leben sind für ihn zwei Ausdrucksformen der jeweiligen Politik. Bekannt wurden die Erzählungen *Das Zimmer von nebenan* (1968), und die Romane *Die Tür* (1972), *Die rote Messe* (1984).

Gomberville, Marin de Roy Sieur du Parc et de (* 1600 Paris, † 14. 6. 1674 ebd.). – Franz. Schriftsteller, war durch Romane wie *Polexandre* (1637), *La Cythérée* (1640) und *La jeune Alcidiane* (1651) bekannt, in denen er Themen aus der mittelalterl. Ritterzeit in das 17. Jh. transponiert. Er verfaßte auch eine Sittenlehre und gehörte der Académie Française an.

Gombrowicz, Witold (* 4. 8. 1904 Maloszyce/Krakau, † 25. 7. 1969 St.-Paul-de-Vence). – Poln. Dichter, stammte aus einem Landadelsgeschlecht, war von Beruf Jurist und lebte seit 1939 in Argentinien, später in Berlin und Südfrankreich. Seine grotesken und phantast. Erzählungen zeugen von sprachl. Talent und Freude am Experimentieren. G., der ein Vertreter des poln. Existentialismus ist, ließ sich von Freud, Kafka und Proust anregen. Die wichtigsten seiner besonders in Frankreich und Deutschland beliebten Werke sind die Romane *Ferdydurke* (1938, dt. 1960), *Trans-Atlantik* (1953, dt. 1964), *Verführung* (1960, dt. 1963), *Indizien* (1965, dt. 1966), das Drama *Die Trauung* (1953, dt. 1964) und die Erzählungen *Die Ratte* (1937, dt. 1966). Von kulturgeschichtl. Bedeutung sind seine *Tagebücher* (1957–1966, dt. 1961 und 1972 und 1953 bis 1969, dt. 1988). Eine Gesamtausgabe erschien 1969 bis 1974 in 10 Bdn.

Gomes de Amorim, Francisco (* 13. 8. 1827 Averomar/Minho, † 4. 11. 1891 Lissabon). – Portugies. Dichter, wanderte mit 10 Jahren nach Brasilien aus. Durch Garrett angeregt, dessen Memoiren er veröffentlichte, fand er zur Literatur. Er schrieb u. a. Gedichte wie *Cantos Matutinos* (1858), Dramen, u. a. *Odio de Raça* (1854), und eindrucksvolle Romane über Brasilien, z. B. *Os Selvagens* (1852).

Gómez de Avellaneda, Gertrudis, Ps. *Peregrina* (* 23. 3. 1814 Puerto Príncipe/Kuba, † 1. 2. 1873 Madrid). – Span. Schriftstellerin, von den franz. Dichtern Hugo und Lamartine beeinflußt. G. schrieb empfindungsreiche, aber auch rhetor.-pathet. Gedichte im romant. Zeitgeschmack wie *Poesías líricas* (1841) und *Devocionario en prosa y verso* (1861). Daneben verfaßte sie auch Romane, die an George Sand erinnern, wie *Sab* (1841) und *Espatolino* (1844), und erfolgreiche romant. Dramen, z. B. *Leoncia* (1840).

Gómez de la Serna, Ramón (* 3. 7. 1888 Madrid, † 12. 1. 1963 Buenos Aires). – Span. Schriftsteller, gründete den bekannten Madrider Dichterkreis »Pombo«. G. war ein äußerst vielseitiger und produktiver Autor, der über 90 Werke publizierte. Bekannt sind vor allem seine geschliffenen Aphorismen *Greguerías* (1917, dt. 1958). Seine Romane wie *La viuda blanca y negra* (1918), *El torero Caracho* (1926, dt. 1928) und *Das Rosenschloß* (1923, dt. 1929) sind für ihn mehr Gelegenheit zu wortartistischen Spielen als Anlaß, aktuelle und weltanschaul. Probleme gedanklich zu durchdringen.

Gomringer, Eugen (* 20. 1. 1925 Cachuela Esperanza/Bolivien). – Dt. Schriftsteller, Studium der Kunstgeschichte in Bern und Rom, Mitbegründer der Zeitschrift »Spirale« und Hg. der Schriftenreihe »Konkrete Poesie«. Seine Gedichte gehören zur avantgardist. Richtung der »Konkreten Lyrik«, die durch Wortreihungen und -wiederholungen sowie durch Betonung des graph. Elements ein neues Sprachbewußtsein schaffen will. Seine artist. Werke schreibt er in dt., franz., span. und engl. Sprache. Die bekanntesten sind *konstellationen* (1953), *33 konstellationen* (1960) und *das stundenbuch* (1965). Daneben verfaßte G. die Monographien *Josef Albers* (1968) und *Camille Graeser* (1968) sowie den kulturhist. Essay *Gewebte Bilder. Tapisserien aus der Fränkischen Gobelinmanufaktur* (1985).

Goncourt, Edmond-Louis-Antoine Huot de (* 26. 5. 1822 Nancy, † 16. 7. 1896 Champrosay/Paris) und Jules Alfred Huot de (* 17. 12. 1830 Paris, † 20. 6. 1870 Auteuil/Paris). – Franz. Literaten, verfaßten gemeinsam Kunst- und Gesellschaftsstudien und Romane, die wegen ihrer naturalistisch exakten Milieubeschreibungen bekannt sind. In zahlreichen theoret. Schriften suchten sie eine philosoph. Grundlegung des Naturalismus, dessen Stilelemente sie in ihren Romanen realisierten. Die wichtigsten sind *Renée Mauperin* (1864, dt. 1900), *Manette Salomon* (1867), *Madame Gervaisais* (1869) und *Germinie Lacerteux* (1864, dt. 1928), in dem sie eine Analyse der Hysterie versuchten. Daneben schrieben sie auch die Biographien *Die Dubarry* (1860, dt. 1932) und *Frau von Pompadour* (1860, dt. 1922). Nach dem Tod seines jüngeren Bruders vollendete Edmond das gemeinsam begonnene *Journal* (1841 bis 1895 u. 1956; dt. Auswahl 1905), das von großem kulturhistor. Wert ist, und gründete die Académie Goncourt, die seit 1903 jedes Jahr einen Literaturpreis verleiht. Das Gesamtwerk erschien in Frankreich 1926 bis 1937 in 27 Bdn.

Góngora y Argote, Luis de (*11.7. 1561 Córdoba, †23.5. 1627 ebd.). – Span. Dichter, schrieb barocke, bilderreiche Werke, deren Sprache trotz aller Überladenheit ein hohes Maß an Vollkommenheit aufweist. Sie sind schwer zugänglich und begründeten die lit. Richtung des Gongorismus. Die wichtigsten Dichtungen sind *Die Soledades* (1613/14, hg. 1936, dt. 1934) und *Die Fabel von Polifemo und Galatea* (1612, hg. 1629, dt. 1930). Während sie im 18. Jh. verpönt waren, erhob das 20. Jh. sie zu neuem Ansehen. G.s frühere Romanzen wie *Angélica y Medoro* und *Servía en Orán al rey* sind in einem einfacheren, populären Stil gehalten.

Gontscharow, Iwan Alexandrowitsch (*18.6. 1812 Simbirsk, †27.9. 1891 Petersburg). – Russ. Schriftsteller, im Staatsdienst tätig. Er gehört zu den bedeutendsten Schriftstellern des russ. Realismus. Sein Roman *Oblomov* (1859, dt. 1869), der die Langeweile und die sinnlose Einsamkeit des Lebens zum Inhalt hat, erregte Aufsehen. Er besticht durch seine Charakterdarstellung, seine großartigen Traumbeschreibungen und den formalen Kunstgriff des Romans im Roman, wodurch sich zwei verschiedene Darstellungsebenen ergeben. Der thematische Vorläufer dieses Romans ist *Eine alltägliche Geschichte* (1847, dt. 1900). In *Die Schlucht* (1869, dt. 1912) steigert G. sein Grundthema zu einer nihilist. Weltsicht. Die Erzählung aus Sankt Petersburg im Jahre 1838 *Die schwere Not* erschien dt. erst 1991.

Gonzaga, Tomás António, Ps. *Dirceu* (*11.8. 1744 Porto, †1810 Moçambique). – Brasilian. Lyriker, aus polit. Gründen zu einer 10jährigen Verbannung nach Moçambique verurteilt. Seine berühmten Gedichte *Marília de Dirceu* (o. J.), die als Liebesdichtung in Portugal neben die Lyrik von Cames gestellt werden, richten sich an ein 16jähriges Mädchen. Sie bestechen durch ihre formale Vollendung und Gefühlstiefe. Wahrscheinlich verfaßte G. auch die Satire auf die brasilian. Kolonialpolitik *Cartas Chilenas* (1845) und schrieb mit *Direito Natural* die grundlegende Untersuchung des Naturrechts in der portugies. Aufklärung.

González Blanco, Andrès (*21.8. 1888 Cuenca, †21.10. 1924 Madrid). – Span. Schriftsteller, arbeitete bei wichtigen lit. Zeitschriften. Seine Gedichte lehnen sich an Rubén Darios an. Am bekanntesten sind seine Romane wie *Doña Violante* (1910), *Julieta rediviva* (1912) und *Alma de monja* (1924), die sich durch psycholog. Verständnis und Ideenreichtum auszeichnen. Durch seine Tätigkeit als Literaturtheoretiker vermittelte er in Spanien Kenntnisse über die portugies. Lit. und trat als Übersetzer von Emerson, Nietzsche, Renan und Carlyle hervor.

González Martínez, Enrique (*13.4. 1871 Guadalajara Jalisco, †19.2. 1952 Mexico City). – Mexikan. Autor, arbeitete zunächst als Arzt, war danach als Diplomat und freier Schriftsteller tätig. Er ist der letzte bedeutende Dichter des Modernismus. Seine nuancenreichen Gedichte behandeln meist philosoph. Probleme. Zu den wichtigsten zählen *El diluvio de fuego* (1938), *Babel* (1949), und *El nuevo Narciso* (1952).

González Prada, Manuel (*6.1. 1848 Lima, †22.7. 1918 ebd.). – Peruan. Schriftsteller, arbeitete nach Flucht aus dem Priesterseminar als Übersetzer. In seinen Werken greift er aufs heftigste Tradition und Religion an und setzt sich für die Rechte der Unterprivilegierten ein. G. erneuerte die span. Lyrik durch seine reimlosen und metrisch ausgefallenen G.e wie *Exoticas* (1911), *Baladas peruanas* (1915) und *Trozos de vida* (1918).

Gorbanewskaja, Natalia Jewgenjewa (*26.5. 1936 Moskau). – Russ. Dichterin, trat bald aktiv in die Bürgerrechtsbewegung ein und dokumentierte 1970 den Einfall der Sowjettruppen in die ČSFR. Nach Jahren der Inhaftierung wurde sie 1975 ausgesiedelt und lebt heute in Frankreich. Ihre vielbeachtete Lyrik stammt aus der Zeit des Widerstandes und der Gefangenschaft, wie z. B. *Ufer* (1973), *Regen, und Dürre, und neuer Regen* (1973), *Drei Hefte Gedichte* (1975). In den letzten Jahren ist in Dtld. keine Ausgabe ihrer Gedichte mehr erschienen.

Gorbatow, Boris Leontewitsch (*15.7. 1908 Petromar/Donezbecken, †20.1. 1954 Moskau). – Russ. Schriftsteller, im 2. Weltkrieg Korrespondent der »Prawda«. In seinen lit. Werken befaßt er sich mit Problemen von Arbeitern und einfachen Leuten. Bekannt ist vor allem seine an Gogol erinnernde Novelle *Die Unbeugsamen* (1943, dt. 1944). Daneben schrieb er die Romane *Meine Generation* (1933, dt. 1954), *Die Geburt auf dem Gurkenland* (1937/38, dt. 1952) und *Donbass* (1951, dt. 1953).

Gordimer, Nadine (*20.11. 1923 Springs/Südafrika). – Die anglo-afrikan. Schriftstellerin beschreibt in ihren Romanen meist Menschen in extremen Situationen, die eine Veränderung ihrer Lebensweise und Weltsicht bewirken. Hintergrund ist dabei das heimatliche Südafrika; Nobelpreis 1991. Ihre wichtigsten Romane sind *Entzauberung* (1953, dt. 1956 und 1978), *Sechs Fuß Erde* (1956, dt. 1959), *Fremdling unter Fremden* (1958, dt. 1962) und *Der Ehrengast* (1970, dt. 1986). 1977 erschien der Roman *Der Besitzer,* in dem sie das Leben der Armen in Südafrika beschreibt, 1981 *Burgers Tochter,* 1987 *Ein Spiel der Natur.* Mit Politik und Literatur setzt sie sich in *Leben im Interregnum* (dt. 1987) und *Die Geschichte meines Sohnes* (1990, dt. 1991) auseinander.

Gorenko, Anna → Achmatova, Anna Andreevna

Goris, Jan Albert → Gijsen, Marnix

Gorki, Maxim, eigtl. *Alexei Maximowitsch Peschkow* (* 28. 3. 1868 Nischni Nowgorod , † 18. 6. 1936 Moskau). – Bedeutender russ. Dichter des 20. Jh.s, wuchs früh verwaist bei seinen Großeltern auf, die ihm keine sehr gründl. Schulbildung gewährten, so daß er sich als junger Mann seinen Lebensunterhalt mit Gelegenheitsarbeiten verdienen mußte. Als Freund von Heimatlosen und Vagabunden lernte er die Not der Bevölkerung kennen, die dann zu einem zentralen Thema seiner großen lit. Werke werden sollte. Bereits 1892 erschienen seine ersten Werke, doch gelang ihm der eigentliche literarische Durchbruch erst mit seinem Roman *Foma Gordeev* (1899, dt. 1901). Um diese Zeit vollzieht G. auch seine Hinwendung zur politischen Literatur, wobei er, unter dem persönlichen Einfluß Lenins, die Gedanken der marxistischen Gesellschaftslehre übernimmt. Zahlreiche Romane, z. B. *Die Mutter* (1907, dt. 1946), *Ein Sommer* (1909) und Erzählungen wie *Drei Menschen* (1900, dt. 1902), sind Zeugnisse dieser Orientierung und gleichzeitig Dokumente der großen russischen Dichtung. Nach der Oktoberrevolution von 1917 wandte er sich als überzeugter Sozialist gegen die Terrorherrschaft, zog sich auch für viele Jahre aus Rußland zurück, weilte in zahlreichen Ländern Europas und kehrte erst später wieder in seine Heimat zurück. Die Welt der kleinen und armen Menschen Rußlands ist der Hintergrund seiner bedeutenden Lustspiele und Dramen, die durch eine vorzügl. Charaktergestaltung weltlit. Bedeutung gewinnen, etwa *Die Kleinbürger* (1901, dt. 1950), *Das Werk der Artamanovs* (1925, dt. 1927) und der Welterfolg *Nachtasyl* (1902, dt. 1950). Obwohl G. zu den wichtigsten Autoren der russ. Literatur gehörte, litt er immer darunter, daß er sein großes Vorbild Tschechow nicht erreichen konnte. Von großem Interesse sind auch seine *Erinnerungen an Tolstoi* (1919, dt. 1920) und seine Erinnerungen an die Kinderzeit und Jugend, etwa *Kindheit* (1913/1914, dt. 1917), *Unter fremden Menschen* (1914, dt. 1915), *Meine Universitäten* (1920, dt. 1923). Die Volksbildung förderte er durch Kinderbücher und Kinderbibliotheken, aus eigener Erfahrung wissend, daß die Bildung der Jugend zu den vordringlichsten Aufgaben gehört. Eine russische Gesamtausgabe seiner Werke erschien 1949 bis 1956 in 30 Bdn., eine deutschsprachige Gesamtausgabe 1951 ff. in 29 Bdn.

Górnicki, Lukasz (* 1527 Auschwitz, † 22. 7. 1603 Lipniki/Tykocin). – Der poln. Humanist studierte in Padua und lernte auf seinen Reisen in Italien die geistigen Strömungen der Zeit kennen, die er im Dienst des Bischofs von Krakau und als Sekretär Sigmund Augusts in Polen propagierte, wobei es ihm gelang, das poln. konservativ-mittelalterl. Staatsbewußtsein mit den humanist. Gedanken zu verbinden. Seine Übersetzung von Castigliones *Cortigiano* ist so auch das nachhaltigste Zeugnis des Frühhumanismus in Osteuropa. 1961 wurde sein Gesamtwerk in Polen in 2 Bdn. herausgegeben.

Gorodezki, Sergei Mitrofanowitsch (* 17. 1. 1884 Petersburg, † 8. 6. 1967 Moskau). – Russ. Lyriker, künstler. dem Symbolismus nahestehend. G. begründete 1912 gemeinsam mit Gumiljow den sog. Akmeismus und griff in seinen Gedichten Volkssagen und Mythen auf, mit denen er wiederum die sog. Bauerndichter nachhaltig beeinflußte. 1917 nahm er an der Revolution teil und schrieb seine späteren Gedichte ganz im Geiste der kommunist. Kunstauffassung. In den Jahren 1936 und 1964 erschienen Gesamtausgaben seiner Gedichte.

Gorter, Herman (* 26. 11. 1864 Wormerveer, † 15. 9. 1927 Brüssel). – Belg. Dichter, gab die sozialist. Zeitschriften »De Jonge Gids« und »De Nieuwe Tijd« mit heraus. Besonders aktiv wirkte er in seinen Jugendjahren als extremer Marxist, wandte sich aber dann einer Naturmystik zu, wobei er in seinem Hauptwerk – Sozialismus und Pantheismus verbindend – die Schönheit seiner Heimat zu gestalten suchte, v. a. in dem Versepos *Mei* (1889, dt. 1909). In späteren Jahren gewann die Philosophie Spinozas entscheidenden Einfluß auf sein Denken. Dies führte bei ihm zu einer Leugnung jegl. Individualismus. In *Pan* (1912), einem Epos mit über 12 000 Versen, versucht er zu zeigen, daß der Mensch nur in der Einheit mit der Natur überhaupt Glück erleben kann.

Goszczyński, Seweryn (* 4. 11. 1801 Iliinzy/Kiew, † 25. 2. 1876 Lemberg). – Poln.-russ. Dichter, mußte wegen seiner Beteiligung am Aufstand 1830/31 emigrieren. Bereits in seinen jungen Jahren galt er als führender Repräsentant der Ukrainischen Schule, einer Gruppe poln. Romantiker. Aus dieser Zeit stammt sein unter dem Einfluß Byrons geschriebener Roman *Das Schloß von Kaniow* (1828, dt. 1832). Im Exil veröffentlichte er sein Hauptwerk, den Roman *Król zamczyska* (1842), und eine poln. Übersetzung des *Ossian* (1838). Leider fehlt bis heute eine verläßliche Gesamtausgabe.

Gotsche, Otto (* 3. 7. 1904 Wolferode, † 17. 12. 1985 Berlin/Ost). – Dt. Schriftsteller, trat bereits früh der Kommunistischen Partei bei und kam nach 1933 ins KZ. Später wirkte er im Widerstand. Nach dem Krieg wurde er als Funktionär der SED mit Romanen (z. B. *Zwischen Nacht und Morgen*, 1955; *Die Fahne von Kriwoj Rog*, 1959; *Stärker als das Leben*, 1967; *Märzstürme – Die Jungen vom Berghof*, 1971) bekannt, die das Leben im Widerstand schildern. Auswahlausgaben, oft mit biograph. Zügen, erschienen u. d. T. *Sturmsirenen über Hamburg* (1973) und *Zeitvergleich* (1974).

Gotta, Salvatore (* 18. 5. 1887 Montalto Dora/Piemont, † 7. 6. 1980 Rapallo). – Italien. Journalist, der im bürgerl. Beruf lange als Jurist tätig war. G. machte sich mit histor. Romanen, Erzählungen und Kinderbüchern über seine Landesgrenzen hinaus einen Namen. Bes. seine psycholog. Beobachtungsgabe, die die Nöte der heranwachsenden Jugend sieht und gestaltet, fand allgemeine Anerkennung. In der mehrbändigen Familienchronik *La saga dei Vela* (1912 bis 1950 in 29 Bdn.) ist dieses Thema in vielfältiger Weise gestaltet. Dt. liegen aus diesem Werk vor: *Romantisches Vorspiel* (1957), *Die Vela-Saga* (1959), *Späte Heimkehr* (1962). Daneben schrieb er autobiograph. Skizzen und Romane wie *Il progresso si diverte* (1967), *L'indemoniata* (1969), *Addio, vecchio Piemonte* (1970) und *Il fiore di Matisse* (1971).

Gotter, Friedrich Wilhelm (*3.9. 1746 Gotha, †18.3. 1797 ebd.). – Dt. Schriftsteller, Archivar in Gotha und Legationssekretär in Wetzlar, wo er auch mit dem jungen Goethe zusammentraf. Als entschiedener Gegner des Sturm und Drang gehörte er zu der Gruppe früher empfindsamer Dichter, die 1769 mit Boie den »Göttinger Musenalmanach« begründeten. Nach einer ausgedehnten Reise durch Südfrankreich und in die Schweiz ließ er sich wieder in seiner Geburtsstadt nieder und trat mit einigen formstrengen Dramen, die stark unter franz. Einfluß stehen, hervor, wie etwa mit *Merope* (1774), *Orest und Elektra* (1774), *Medea* (1775), *Mariane* (1776), *Der Erbschleicher* (1789).

Gottfried von Neifen. Der schwäb. Minnesänger erscheint zwischen 1234 und 1255 in oberdeutschen Urkunden und stammt mit Sicherheit aus dem Geschlecht der Freiherrn von Neuffen bei Reutlingen. Häufig im Umkreis des unglückl. Königs Heinrich (VII.) nachgewiesen, ist N. der typ. Vertreter der formvollendeten Minnelyrik nachklass. Zeit, der ohne Schwierigkeiten alle Ausdrucksformen beherrscht, inhaltl. jedoch traditionellen Aussagen verhaftet bleibt. Für die nachfolgenden Generationen wird er zum vorbildl. Dichter, und auch die Meistersinger greifen immer wieder auf seine Texte zurück.

Gottfried von Straßburg (*2. Hälfte des 11. Jh.s, †um 1215). – G. stammte als einziger mhd. Klassiker nicht aus dem Adel, sondern aus dem Straßburger Stadtbürgertum, hatte sicherl. eine geistl. Ausbildung genossen und war möglicherweise selbst Geistlicher. Über sein Leben berichten keine verläßl. Quellen. Neben Hartmann von Aue und Wolfram von Eschenbach ist er der dritte große klass. mittelalterl. Epiker in Dtld., der mit seinem höf. Roman *Tristan und Isolde* die Minneidee vollendete und gleichzeitig darzustellen versuchte, daß Minne und gesellschaftl. Ordnung zwei gegeneinander stehende Kräfte sind. In Gottfrieds Minnedichtung tritt die Minne als Lebensmacht gegen die göttliche Ordnung. Sein Epos, das in diesem Sinne gegen die Zeit geschrieben ist, entstand anonym zwischen 1205 und 1215. Die Urheberschaft läßt sich jedoch aus zahlreichen Quellen zweifelsfrei nachweisen. Vordergründig inhaltl. folgt er in seiner Darstellung der Tristandichtung des Thomas von Bretagne. Die Sprachbeherrschung Gottfrieds ist vollkommen und wird in einer vergleichbaren Leichtigkeit erst wieder von Goethe erreicht.

Gotthelf, Jeremias, eigtl. *Albert Bitzius* (*4.10. 1797 Murten im Kanton Fribourg, †22.10. 1854 Lützelflüh/Bern). – Schweizer Dichter, dessen Kindheit und Jugend durch die Revolutionskriege nachhaltig beeinflußt wurden. G. studierte wie sein Vater Theologie in Bern und Göttingen, später auch Philosophie und Geschichte. Nach langen Jahren der Tätigkeit als Pfarrvikar in verschiedenen Schweizer Gemeinden wurde er Pfarrer in Lützelflüh. Hier, als gereifter Mann, begann er zu schreiben, ausschließl. in der Absicht, mit seinen Werken erzieher. auf seine Gemeinde zu wirken. Bald jedoch zeigte es sich, daß die Romane zu den bedeutendsten zeitlosen Dokumenten des Realismus werden sollten. Die bilderreiche Sprache und gestalter. Unmittelbarkeit wurden in der Schärfe von keinem Zeitgenossen erreicht. Mit *Wie Uli der Knecht glücklich wird* (1841) und *Uli der Pächter* (1849) schuf er vorbildl. Beispiele der Heimatdichtung. Daneben sind bes. zu erwähnen *Der Bauernspiegel* (1837), *Bilder und Sagen aus der Schweiz* (1842–1846 in 4 Bdn.), *Wie Anne Bäbi Jowäger haushaltet und wie es mit dem Doktern geht* (1843 f. in 2 Bdn.), *Zeitgeist und Berner Geist* (1852 in 2 Bdn.), *Erlebnisse eines Schuldenbauers* (1854). Mit der Novelle *Die schwarze Spinne* schuf er das Muster realist. Erzählkunst. Seine gesammelten Werke erschienen 1911 in 44 Bdn. Daneben gibt es zahlreiche Werkausgaben, deren Übersetzung der Schweizer Mundart nicht immer gelungen ist. Walter Muschg hat 1944 eine hervorragende Biographie des Dichters geschrieben.

Gottsched, Johann Christoph (*2.2. 1700 Judittenkirchen/Königsberg, †12.12. 1766 Leipzig). – Dt. Dichter, stammte aus einem evangel. Pfarrhaus, studierte Theologie, Philosophie und Philologie und wurde bald zum Repräsentanten der dt. Aufklärungsliteratur schlechthin. In Leipzig erhielt er 1730 seine erste Professur für Poesie, dann 1734 für Logik und Metaphysik und wurde 1739, weithin berühmt, verehrt und bekämpft, zum Rektor der Universität ernannt. Mit seiner Literaturtheorie, nach der ein sprachl. Kunstwerk in schöner Form gestaltet sein *und* belehren müsse, wurde er zum Spracherzieher und zum Hauptverfechter aufklärer. Gedanken in der dt. Dichtung. Er trat für einen allgemeinverständlichen Stil, eine an Vernunft gebundene Handlungsführung und die Orientierung an antiken bzw. franz. Vorbildern ein. Die Regellosigkeit suchte er durch die Aufstellung eines »poetolog. Regelsystems« zu überwinden, jegl. Gefühlsüberschwang in der Literatur lehnte er ab. So wandte er sich auch gegen die Stegreifspiele der wandernden Schauspielertruppen und verbrannte gemeinsam mit der Schauspielerin Karoline Neuber 1737 in einer öffentl. Demonstration den Hanswurst. Da er sich auch gegen Klopstock und die zeitgenöss. Shakespeare-Rezeption wandte, fand er zahlreiche Gegner, v. a. J. J. Bodmer und J. J. Breitinger. Bis heute wirkt der Spott nach, mit dem ihn Lessing im 17. Literaturbrief bedacht hat. Sicher ist es Gottscheds Verdienst, die dt. Literatur für die Übernahme philosph. Gedanken geöffnet zu haben, wenn er auch selbst in sehr humorloser Weise die besten Wirkungen vereitelte. Seine

Werke wirkten stark auf die Zeitgenossen und sind daher für die Literaturgeschichte von großer Bedeutung, z.B. *Redekunst* (1728), *Versuch einer Critischen Dichtkunst vor die Deutschen* (1730), *Sterbender Cato* (Drama 1732), *Deutsche Schaubühne* (1740 bis 1745 in 6 Bdn.), *Grundlegung einer deutschen Sprachkunst* (1748), *Nöthiger Vorrath zur Geschichte der deutschen dramatischen Dichtkunst* (1757 bis 1765 in 2 Bdn.). Leider gibt es keine verläßl. Gesamtausgabe; eine Auswahl erscheint seit 1968 in 14 Bdn.

Gottsched, Luise Adelgunde, genannt »*Die Gottschedin*« (*11.4. 1713 Danzig, †26.6. 1762 Leipzig). – Danziger Arzttochter, heiratete 1735 Joh.Chr. Gottsched und wurde zur großen Förderin und Propagandistin seiner Gedanken. Mit ihren Übersetzungen von Komödien Molières und Destouches' suchte sie ein aufgeklärtes Theater in Dtld. zu verwirklichen. Auch ihre eigenen Lustspiele, z.B. *Das Testament* (1745), deren derbe Komik oft nicht zum aufgeklärten Geist zu passen scheint, nehmen die Franzosen als Vorbild. Bekannt wurden auch ihre Übersetzungen von Popes *Der Lockenraub* (1744) und Addisons Beiträgen in den Zeitschriften »The Spectator« (1739–1743) und »The Guardian« (1745). Ihre Lustspiele erschienen 1908 f. in 2 Bdn.

Goudelin, Pierre (*1579 Toulouse, †10.9. 1649 ebd.). – Provenzal. Dichter, dessen Balladen, Elegien und Stanzen 1617 u.d.T. *Ramelet moundi* erschienen. In nordfranz. Dialekt schrieb er die Ode auf den Tod Heinrichs IV.

Gourmont, Rémy de (*4.4. 1858 Bazoches-en-Houlme/Orne, †27.9. 1915 Paris). – Franz. Schriftsteller, arbeitete lange Zeit in der Nationalbibliothek in Paris, bis er 1891 wegen eines Aufsatzes entlassen wurde. Völlig zurückgezogen lebend, körperlich durch eine schwere Krankheit entstellt, schrieb er Gedichte, Dramen und Essays, in denen er die Theorie des Symbolismus entwickelte. Von Bedeutung sind der Roman *Ein jungfräuliches Herz* (1907, dt. 1908), die Gedichte *Oraisons mauvaises* (1900), das Drama *Lilith* (1892) und die Aufsätze *L'esthétique de la langue française* (1899), *La culture des idées* (1900), *Die Physik der Liebe* (1903, dt. 1910).

Goyen, William (*24.4. 1915 Trinity/Texas, †30.8. 1983 Los Angeles). – Amerikan. Schriftsteller, studierte Literatur, nahm am Weltkrieg teil und bereiste danach ganz Europa, bis er sich in New York niederließ. In der amerikan. Gegenwartslit. nehmen seine Romane eine Ausnahmestellung ein, da sie nicht dem modernen Realismus zuneigen, sondern lyr. Sprache und Stimmung provozieren, in der sich Bilder einer vergangenen Welt in der Erinnerung spiegeln. Die meisten Werke zeigen dabei stark autobiograph. Elemente, wie z.B. *Haus aus Hauch* (1950, dt. 1952), *Im fernsten Land* (1955, dt. 1957), *The fair sister* (1963, dt. u.d.T. *Savatu*, 1964). Seine Erzählungen erschienen 1974 in Dt.

Goytisolo, Juan (*5.1. 1931 Barcelona). – Span. Schriftsteller,
seine ersten Romane zeichnen in schlichter Form die Erlebnisse und Erzählungen seiner Kindheit, z.B. in *Die Falschspieler* (1954, dt. 1958) oder in *Trauer im Paradies* (1955, dt. 1958). In seinen späteren Romanen und Essays stellt er, manchmal wegen der herrschenden Zensur verdeckt, krit. die Verhältnisse in seiner Heimat dar, z.B. in den Romanen *Strandgut* (1958, dt. 1965), *Sommer in Torremolinos* (1961, dt. 1963), *Das Fest der anderen* (1956, dt. 1960), *Rückforderung des Conde Don Julian* (1970, dt. 1976), *Personenbeschreibung* (dt. 1978; auch u.d.T. *Identitätszeichen*), *Johann ohne Land* (1975, dt. 1981), *Vom Schein des Feuers* (dt. 1987), *Landschaften nach der Schlacht* (dt. 1990). Von den zahlreichen Essays erschienen dt. u.a. *Spanische Gewissenserforschung* (1966), *Spanien und die Spanier* (1969), *Dissidenzen* (1984). Als Literaturtheoretiker erwies er sich mit dem Aufsatz *Problemas de la novela* (1969) und mit internationalen Gastprofessuren.

Goytisolo, Luis (*17.3. 1935 Barcelona). – Span. Schriftsteller, Bruder von Juan G., veröffentlichte seit 1955 in lit. Zeitschriften Erzählungen und wurde weit über seine Heimat hinaus mit dem Roman *Auf Wegen ohne Ziel* (1958, dt. 1960) bekannt, für den er den Preis der »Biblioteca Breve« erhielt. In sehr dichter. Sprache zeichnet er die polit. Zustände in Spanien und die passive Gleichgültigkeit der großen Masse der Bevölkerung. Seine späteren Schriften, etwa der Roman *Las mismas palabras* (1962) oder der Aufsatz *Ojos, circulos, búhos* (1970), konnten den früheren Erfolg nicht mehr erreichen. Veröffentlichte nach Verfolgung durch Franco nach dessen Tod u.a. die Tetralogie *Antagonia* (1975 bis 1979).

Gozzano, Guido (*19.12. 1883 Agliè Canavese/Turin, †9.8. 1916 ebd.). – Ital. Dichter, der wegen einer Lungenkrankheit seinen Beruf als Jurist niemals ausüben konnte, wurde unter dem Einfluß von D'Annunzio und Verlaine zum gewichtigsten Vertreter der »Gruppe Crepuscolari«. Bes. als Lyriker gelangen ihm faszinierende Bilder tiefer Trauer über ein Leben, das nie vollendet werden kann, z.B. in *La via del rifugio* (1907), *I colloqui* (1911) oder *I primi e gli ultimi colloqui* (1915). In seinen Novellen verbindet sich die schwermütige Stimmung mit einer Rückwendung in biedermeierl. Beschaulichkeit, etwa in *L'altare del passato* (1918), oder *L'ultima traccia* (1919). 1934 bis 1938 erschienen seine Werke u.d.T. *Opera omnia* in 5 Bdn.

Gozzi, Carlo Graf (*13.12. 1720 Venedig, †4.4. 1806 ebd.). – Ital. Dichter; mit seinem Bruder Gasparone gründete G. 1747 die »Accademia dei Granelleschi«, deren lit. und polit. Grundeinstellung gleichermaßen konservativ war. Hier konnte er als überzeugter Klassizist seine lit. Vorstellungen verwirklichen, deren wichtigster Beitrag sicher sein stetes Eintreten für die »Commedia dell'arte« war. Um sich an Goldoni zu rächen, schrieb er das Stück *L'amore delle tre melarance* (1761). Mit den Theaterstücken *Il corvo* (1761), *Fiabe* (1761–1765), *Il re* *cervo* (1762), *La Zobeide* (1763), *Turandot* (1764) und *Droghe d'amore* (1777) hatte er ungeheure Erfolge, während seine Erzählungen oder Romane, wie z. B. *La Marfisa bizzarra* (Epos 1774) kaum beachtet wurden. Für die Theatergeschichte stellt. G. international eine wichtige Persönlichkeit dar, die dem ital. Theater des 18. Jh.s bis in die Gegenwart Weltgeltung verschafft hat. Sein Gesamtwerk liegt in einer Ausgabe in 14 Bdn. (1801–1803) vor. Dt. erschienen die *Theatralischen Werke* 1777–1779 in 5 Bdn. Berühmt wurde seine *Turandot* durch die Bearbeitung Schillers (1802) und die Oper Puccinis.

Grabbe, Christian Dietrich (* 11. 12. 1801 Detmold, † 12. 9. 1836 ebd.). – Dt. Dichter, wuchs in bescheidenen Verhältnissen auf, wobei er in der Jugend tiefe Eindrücke durch die Tätigkeit seines Vaters als Direktor eines Zuchthauses empfing. Nach seinem Jurastudium kehrte er ins Elternhaus zurück und wurde zunehmend Alkoholiker. Diese Sucht und sein schlechtes Betragen führten dazu, daß er sowohl aus Frankfurt als auch aus Düsseldorf, wo er an Immermanns Bühne tätig werden wollte, wegziehen mußte. Als junger Mann ist er an Rückenmarksschwindsucht gestorben. Der geniale, in keine Zeitströmung einzuordnende Dichter begeisterte sich in seiner Jugend für den neuentdeckten Shakespeare und für den Sturm und Drang, wandte sich dann aber in seinen sehr bühnenwirksamen Theaterstücken realist. Elementen zu und wurde so mit Büchner zum Begründer und Vorläufer des modernen Theaters. Entgegen dem klass. Ideal, das das Handeln der Personen aus deren schicksalhaftem Charakter und deren Freiheit ableitet, stellt er die Personen seiner Stücke unter die Zwänge äußerer, oft nebensächl. Einflüsse. Da er in seinen Dramen bes. histor. Ereignisse als Vorlagen verwendet, wird er gleichzeitig zum Mitbegründer des histor. Dramas in Dtld., das sich nicht selbständig über den geschichtl. Stoff erhebt, sondern diesem auch in Einzelheiten verbunden bleibt. Bes. bekannt wurden die Dramen, die er unter dem Titel *Dramatische Dichtungen* 1827 in 2 Bdn. veröffentlichte; hierher gehören *Herzog Theodor von Gothland*; *Scherz, Satire, Ironie und tiefere Bedeutung* – ein Lustspiel, das in hinreißender Weise das geistige Leben seiner Zeit parodiert –, *Nanette und Marie, Marius und Sulla, Über die Shakespearomanie.* Auch die späteren Dramen gehören zu den besten Leistungen seiner Epoche, obwohl sie von den Zeitgenossen nicht gewürdigt wurden, etwa *Don Juan und Faust* (1829), *Die Hohenstaufen: Kaiser Friedrich Barbarossa* (1829), *Kaiser Heinrich der Sechste* (1830). Daneben traten zeitgeschichtl. Dramen wie *Napoleon oder die Hundert Tage* (1831), Geschichtsdramen wie *Hannibal* (1835), Märchenspiele wie *Aschenbrödel* (1835) und das nationale trag. Spiel *Die Hermannsschlacht* (1838). Grabbes patriot. Wirkung auf die Zeitgenossen war groß, doch wirkt sein gesamtes Werk erst heute auf das moderne Theater. Eine Gesamtausg. in 6 Bdn. erschien erstmals 1912, zuletzt 1960 ff.

Gracián y Morales, Balthasar (* 8. 1. 1601 Belmonte de Calatayud, † 6. 12. 1658 Tarazona). – Span. Schriftsteller, wurde 1619 Jesuit und verwaltete einflußreiche Ämter seines Ordens. Als er den philosph. Roman *El criticón* (1651, dt. 1957) veröffentlichte, kam es zu scharfen Reaktionen des Ordens, über die er sich jedoch hinwegsetzte und eine Fortsetzung erscheinen ließ. Daraufhin mußte er vorübergehend aus Spanien emigrieren. Auf die Geistesgeschichte wirkte seine Schrift *Agudeza y Arte de ingenio* (1648) sehr stark, da sie die damals populäre Modeströmung des Kultismus und Konzeptionismus, die er neben Quevedo überzeugt vertrat, verständlich darstellte. Ein typ. barockes Werk, das zwischen Diesseitsfreude und Daseinsflucht metaphernreich schwankt, ist das geistreiche *Oráculo manual y Arte de prudencia* (1647), das 1862 von Schopenhauer u. d. T. *Handorakel* ins Dt. übersetzt wurde.

Gracq, Julien, eigtl. *Louis Poirier* (* 27. 7. 1910 Saint-Florentle-Vieil/Loire). – Franz. Schriftsteller, Erzähler und Dramatiker in der Nachfolge der Surrealisten. In allen seinen Werken zeigt er unter dem Einfluß Bretons das Ausgeliefertsein des Menschen an ein willkürliches Schicksal. 1951 erhielt er für den Roman *Das Ufer der Syrten* (dt. 1952) den Prix Goncourt, den er jedoch ablehnte. Mit seinen Romanen *Auf Schloß Argol* (1938, dt. 1954) und *Un beau ténébreux* (1945), *La presqu'ile* (1970), *Die engen Wasser* (dt. 1986), seinen Gedichten und Essays wie *Die konsumierte Literatur* (1950, dt. 1965), *Entdeckungen* (1961, dt. 1965), *La forme d'une ville* (1985) wirkt er stark auf das moderne Geistesleben in Frankreich.

Gradnik, Alojz (* 3. 8. 1882 Medana/Görz, † 14. 7. 1967 Laibach). – Der slowen. Lyriker – Sohn eines Slowenen und einer Italienerin – wirkte als hoher Richter, wurde jedoch als Lyriker weltberühmt. Seine enge Verbundenheit zu Hofmannsthal und Dehmel stellte ihn in die Reihe der großen Sprachkünstler. Wie seine Vorbilder gestaltete er in seinen zahlreichen Gedichten – meist Sonette – Liebe und Tod, Wirklichkeit und Schein sprachl. verdichtet und ungemein ansprechend. Wohl wandte er sich nach dem Ersten Weltkrieg vorübergehend nationalchauvinist. Bewegungen zu, doch zog er sich rasch zurück, als er deren Geistlosigkeit erkannte. In Resignation und Zurückgezogenheit schrieb er meisterhafte Übersetzungen aus dem Italienischen, Englischen, Deutschen und Spanischen und erschloß damit der slowen. Literatur den europ. Hintergrund. Von seinen zahlreichen Gedichten liegt nur eine dt. Auswahlübersetzung aus dem Jahr 1962 u. d. T. *Eros-Thanatos* vor.

Graf, Oskar Maria (* 22. 7. 1894 Berg/Starnberg, † 28. 6. 1967 New York). – Dt. Schriftsteller, stammte aus einer Handwerkerfamilie, arbeitete in München als Gelegenheitsarbeiter, verweigerte Kriegsdienst im I. Weltkrieg und schloß sich der Rätebewegung an. 1933 wurde er exiliert und kam 1938 in die Vereinigten Staaten. Sein Talent entwickelte sich in der Darstellung bayr. Verhältnisse, wobei er ein oft schonungsloses Bild der Rückständigkeit der Menschen auf Grund ihrer Bindungen an religiöse oder volkstüml. Ideologien zeigte. Als Mundartdichter im besten Sinne des Wortes trat er mit Romanen und Erzählungen hervor. Zu den bekanntesten zählen *Das bayrische Dekameron* (1927), *Die Heimsuchung* (1928), *Kalendergeschichten* (1929), *Bolwieser* (1931), *Einer gegen alle* (1932), *Der harte Handel* (1935), *Der Abgrund* (1936), *Anton Sittinger* (1937), *Unruhe um einen Friedfertigen* (1947), *Die Eroberung der Welt* (1949), *Die Flucht ins Mittelmäßige* (1959), *Größtenteils schimpflich* (1962). Von besonderer Bedeutung sind seine autobiograph. Werke, die nicht nur zum Verständnis seiner Person notwendig sind, sondern hervorragende Charakteristiken von Zeitereignissen und Zeitgenossen enthalten, so z. B. *Wunderbare Menschen* (1927), *Wir sind Gefangene* (1927), *Dorfbanditen* (1932), *Gelächter von außen* (1966). Posth. besonders interessant *Reden und Aufsätze* (1989).

Grafigny, Françoise d'Issembourg d'Happoncourt de (* 13. 2. 1695 Nancy, † 12. 12. 1758 Paris). – Franz. Schriftstellerin, lebte am Hofe Leopolds I. und bei der Marquise du Châtelet in Cirey. Später ließ sie sich in Paris nieder und machte ihren Salon zum geistigen Treffpunkt der lit. Berühmtheiten ihrer Zeit. So waren Helvetius und der Physiokrat Turgot ständige Gäste des Kreises. Lit. trat sie mit dem Briefroman *Lettres d'une Péruvienne* bes. hervor. Daneben schrieb sie eine Reihe sehr zeitgebundener Werke, die als Gesamtausgabe 1788 in 4 Bdn. veröffentlicht wurden. In dt. Übersetzung erschien 1828 *Zilia, die Peruanerin.*

Graf Rudolf. Die Verserzählung vom Grafen Rudolf dürfte um 1170 in Thüringen entstanden sein und zeigt sowohl sprachl. als auch inhaltl. deutl. eine Zwischenstellung zwischen der frühmittelhochdt. Literatur und der höf. Klassik. Leider ist das interessante Werk, das im Zuge franz. Rezeptionen entstand, nur bruchstückhaft erhalten. Die Handlung, die vielfältig von Rudolfs Abenteuern auf dem Kreuzzug, seinen Kämpfen als Ritter und seiner Minne zu einer orientalischen Prinzessin erzählt, steht auch der Spielmannsdichtung nahe.

Grahame, Kenneth (* 8. 3. 1859 Edinburgh, † 6. 7. 1932 Pangbourne). – Schott. Schriftsteller, berühmt wurde er durch seine zahlreichen Kinderbücher, der Gattung lit. Qualität gaben. Bes. hervorzuheben sind etwa *The golden age* (1895), *Dream Days* (1898), *Die Leuchten um Meister Dachs* (1908, dt. 1952), *Wind in den Weiden* (1908, dt. 1952) und *Toad of Toadhall* (1930). Zahlreiche seiner nunmehr klass. Kinderbücher wurden verfilmt, auch auf der Bühne werden sie gespielt.

Granin, Daniil Alexandrowitsch, eigtl. *D. A. German* (* 1. 1. 1918 Volyn/Kursk). – Der russische Schriftsteller begann nach dem Zweiten Weltkrieg, Erzählungen und Romane zu schreiben, die zu den besten Werken russ. Prosa gehören. Ins Dt.

sind u. a. übertragen *Die Bahnbrecher* (1954, dt. 1956), *Die eigene Meinung* (1956, dt. 1957), *Zähmung des Himmels* (1962, dt. 1963, auch u. d. T. *Dem Gewitter entgegen*), *Der Namensvetter* (1975, dt. 1977), *Claudia Vidor* (1977), *Das Gemälde* (1980), *Der Genetiker* (1987, dt. 1988). Mit dem Reisebericht *Vier Wochen mit den Beinen nach oben* (1966, dt. 1971) erschloß er der sowjet. Literatur eine neue Darstellungsform. 1975 erschien eine dt. Auswahl von Novellen und Erzählungen u. d. T. *Der Platz für das Denkmal.* Heute wird er, auch wegen seiner spannenden Themen, die von der Arbeit der Wissenschaftler realist. erzählen, in der Sowjetunion sehr geschätzt und viel gelesen.

Granville-Barker, Harley (* 25. 11. 1877 London, † 31. 8. 1946 Paris). – Englischer Schriftsteller, trat bereits 1891 öffentlich als Schauspieler auf und leitete als Intendant von 1904 bis 1907 das Theater Gourt in London. Dabei wurde er gleichermaßen durch seine vorbildl. Shakespeare-Inszenierungen, die ganz im elisabethan. Stil gehalten waren, berühmt wie als vorzüglicher Shakespeare-Forscher, dessen theoret. und prakt. Beiträge zur Ästhetik des Theaters grundlegende Auswirkungen hatten. Außer mit Übersetzungen span. Autoren trat er auch selbst mit bühnenwirksamen Stücken hervor, wie z. B. mit *The Marrying of Anne Leete* (1901), *The Voysey Inheritance* (1905), *Waste* (1907), *The Madras House* (1910), *The Secret Life* (1923). Daneben setzte er sich in zahlreichen Schriften mit der Theorie des Theaters auseinander; bes. Bedeutung haben hier *A National Theatre* (1907), *On Dramatic Method* (1930) und *The Use of the Drama* (1945). Immer wieder sucht er in seinen Theaterstücken und auch seinen theoret. Schriften zu zeigen, wie der Einzelmensch heute der Gesellschaft als absoluter Macht ausgeliefert gegenübersteht. Die *Collected Plays* erschienen 1967 ff.

Gras, Felix (* 3. 5. 1844 Malemort-du-Comtat/Vaucluse, † 4. 3. 1901 Avignon). – Provenzal. Schriftsteller, der neben Mistral, Aubanel und Roumanille zu den hervorragenden Gestalten der neuprovenzal. Dichtergruppe »Félibre« gehörte. G. wirkte im bürgerl. Leben als Jurist in Avignon. Seine Gedichte, so z. B. *Lou roumancero prouvençau* (1887), seine Erzählungen wie *Li papalino* (1891), Romane wie *Li rouge dóu miejour* (1896) oder das Drama *L'eritage de l'ouncle Bagnou* (1911) wenden sich histor. Stoffen zu und erzählen aus enger Verbundenheit mit seiner Heimat die Geschichte der Kreuzzüge, der Albigenserkriege und, sehr spannend, die Geschichte der Entstehung der franz. Nationalhymne.

Grass, Günter (* 16. 10. 1927 Danzig). – Bedeutender dt. Dichter der Gegenwart. G. wuchs als Sohn einer poln.-dt. Familie in Danzig auf. 1949 begann er ein Studium der Bildhauerei an der Kunstakademie in Düsseldorf und ging dann 1953 an die Akademie der Bildenden Künste in Berlin. Im Anschluß an einen vorübergehenden Parisaufenthalt (1956–1960) ließ er sich schließlich in Berlin nieder. Dort, nach ersten wenig bekannten und im wesentl. nur von Kennern registrierten lit. Arbeiten wie *Die Vorzüge der Windhühner* (Gedichte und Prosa, 1956) oder die Dramen *Onkel, Onkel* (1957), *Die bösen Köche* (1957), *Noch zehn Minuten bis Buffalo* (1957), *Hochwasser* (1957), gelang ihm 1959 mit dem Zeit- und Schelmenroman *Die Blechtrommel* der lit. Durchbruch. In diesem sinnl.-erot., bürgerl. Ideologie und Marxismus verspottenden, an Ideen übersprudelnden Werk schildert er ein Stück Zeitgeschichte aus der Sicht eines das Wachstum verweigernden »Zwergmenschen«, aus dessen Perspektive sich die dämon. Züge des Dritten Reiches zur Farce wandeln. In späteren Jahren engagierte sich G. für die polit. Richtung der SPD als Volkspartei, veröffentlichte den Roman *Aus dem Tagebuch einer Schnecke* (1972) und trat in zahlreichen Veranstaltungen als Redner und Propagandist auf. Diese unmittelbare Berührung mit der Politik fand auch ihren Niederschlag in zahlr. Aufsätzen und Romanen wie *Hundejahre* (1963) und in der Novelle *Katz und Maus* (1961). Sein vorzügl. Drama *Die Plebejer proben den Aufstand* (1966), das die Berliner Ereignisse des 17. Juni 1953, gebrochen durch die Gestalt des Dichters B. Brecht und verfremdet durch Shakespeare, problematisierte, fand beim breiten Publikum nicht die erwartete Zustimmung. Der folgende Roman *Örtlich betäubt* (1969) wurde zwar Bestseller, erreichte die Qualität früherer Arbeiten jedoch nicht. Erst mit dem Roman *Der Butt* (1977) konnte G. wieder an seine früheren Leistungen anknüpfen. Die Form des Märchens benützend, beschreibt dieser Roman mit einem »realen« Rahmen die Menschheitsgeschichte und deutet sie als emanzipator. Vorgang, wobei das Widerspiel der Geschlechter zum zentralen Motiv wird. 1979 erschien die Erz. *Das Treffen in Telgte*, in der er – parodistisch und intellektuell verfremdet – das erste Treffen der »Gruppe 47« im Spiegel eines barocken Dichtertreffens am Ende des Dreißigjährigen Krieges gestaltet. Sowohl diese Erz. als auch der 1986 erschienene Roman *Die Rättin*, in dem er in einer visionären Endzeit, in der alle Zeit aufgehoben ist und in der sich fiktionale und historische Realitäten in der Reflexion und Assoziation des Autors verbinden, wurden Bestseller. Seine Eindrücke aus Kalkutta vermittelt das Tagebuch *Zunge zeigen* (1988). G. wurde für sein Werk mit zahlreichen Preisen geehrt. G. trat auch mit graph. Arbeiten an die Öffentlichkeit (vgl. Katalog zur Ausstellung in Kiel 1987), *Totes Holz* (1990). Mit polit. u. gesellschaftl. Fragen der dt. Einheit setzt er sich in *Deutscher Lastenausgleich* (1990), *Ein Schnäppchen namens DDR* (1990), der Poetikvorlesung *Schreiben nach Auschwitz* (1990) und *Unkenrufe* (1992) auseinander. Autobiogr. Material legt G. in dem Werkstattbericht *Vier Jahrzehnte* (1991) vor. Reden, Aufsätze und Gespräche aus den Jahren 1981 bis 1991 enthält der Band *Gegen die verstreichende Zeit* (1991).

Graßhoff, Fritz (* 9. 12. 1913 Quedlinburg). – Dt. Schriftsteller, stammt aus einer Seefahrerfamilie und arbeitete nach dem Abitur als Maler, ließ sich nach dem Krieg in der Bundesrepublik nieder und wanderte 1983 nach Kanada aus. Seine Lieder und Moritaten stehen in der Tradition von L. W. Mehring und J. Ringelnatz, ohne deren breite Wirkung erreicht zu haben. Während er anfänglich noch etwas sentimentale Gedichte reimte (*Das Heilighafener Sternsingerspiel*, 1946), trat er bald mit unterhaltsamen Seemannsstrophen an die Öffentlichkeit: *Halunkenpostille* (1947), *Graßhoffs unverblümtes Lieder- und Lästerbuch* (1965), *Ab mit ihr nach Tingeltangel* (1958). 1966 legte G. seine Übersetzung der Lieder des schwedischen Dichters Bellmann vor: *Durch alle Himmel, alle Gossen*; 1980 veröffentlichte er den Roman *Der blaue Heinrich*, der jedoch nicht an die Erfolge der Lieder anknüpfen konnte.

Gratzig, Paul (* 30. 11. 1935 Lindenhof/Lötzen-Polen). – Dt. Autor, Arbeiter, dann Pädagogikstudium und Lehrer. Als Student vom Literaturinstitut »Johannes R. Becher« entfernt; lebte als überzeugter Kommunist vorübergehend in der Bundesrepublik und trat unreflektiert für den Bitterfelder Weg ein; deshalb arbeitete er stets in Fabriken, um die realen Arbeitsverhältnisse zu erleben. G. arbeitet auch für das Berliner Brecht-Ensemble. In der DDR fiel er bes. mit der Erzählung *Transportpaule oder wie man über den Hund kommt* (1976) auf. Weniger Aufmerksamkeit gewannen *Kohlenkutte* (1982) und die Dramen, wie z. B. *Umwege – Bilder aus dem Leben des jungen Motorenschlossers Michael Runna* (1970), *Lisa* (1977).

Grau, Shirley Ann (* 8. 7. 1929 New Orleans). – Amerikan. Schriftstellerin, schreibt hauptsächl. Unterhaltungsliteratur und Jugendbücher, die sich im allgemeinen durch einen sehr einprägsamen, knappen und realist. Stil und eine exakte Sprache auszeichnen. 1965 erhielt sie den Pulitzer-Preis für *The Keepers of The House*. Bes. bekannt wurden bisher *Der schwarze Prinz* (1956, dt. 1958), *Harter blauer Himmel* (1958, dt. 1961), *Ein Mädchen aus New Orleans* (1961, dt. 1968), *Der Kondor* (dt. 1972), *Liebe hat viele Namen* (dt. 1978) und die Kurzgeschichten *The Wind Shifting West* (1974).

Grau, Delgado Jacinto (* 1877 Barcelona, † 14. 3. 1958 Buenos Aires). – Span. Dramatiker, war eine führende Gestalt des modernen Theaters seines Landes, obwohl er hier nur die lit. gebildete Oberschicht ansprechen konnte; im Ausland fand sein Werk weite Anerkennung und Verbreitung. Meist knüpft er an lit. Vorbilder der Klassik an. Nach dem Spanischen Bürgerkrieg mußte er seine Heimat verlassen und lebte im Exil. Bes. bekannt wurden seine oft auf mittelalterl. und bibl. Themen zurückgreifenden Stücke, etwa *Don Juan de Carillona* (1913), *Conde Alarcos* (1917), *El hijo pródigo* (1918). 1971 erschien eine Sammelausgabe u. d. T. *Teatro escogido*.

Graves, Robert, gen. *Robert von Ranke-Graves* (*26.7. 1895 Wimbledon/London, †7.12. 1985 Deya Mallorca). – Der weltbekannte engl. Schriftsteller – ein Enkel des Begründers der modernen Geschichtswissenschaft, Leopold v. R. – studierte in Oxford Philosophie und Geschichte, war im Ersten Weltkrieg Offizier in Frankreich und ab 1926 Professor für engl. Literatur an der Universität Kairo. Nach Jahren eines freien Schriftstellerlebens, in denen wichtige Werke entstanden, wurde er 1961 bis 1966 Professor in Oxford. Als Schriftsteller hatte G. mit dem histor. Roman *Ich, Claudius, Kaiser und Gott* (1934, dt. 1935) einen Welterfolg, nachdem er bereits mit der autobiograph. Erzählung *Strich drunter* (1929, dt. 1930) großes Aufsehen erregt hatte. Alle Werke, auch die Romane *Das goldene Vließ* (1944, dt. 1953) und *Nausikaa und ihre Freier* (1955, dt. 1956), zeichnen sich aus durch lebendige Darstellung, histor. Exaktheit und zahlreiche Gegenwartsbezüge.

Gravina, Gian Vincenzo, Ps. *Priscus Censorinus Photisticus, Bione Crateo, Quinto Settano* (*16.2. 1664 Roggiano/Cosenza, †6.1. 1718 Rom). – Ital. Dramatiker und Kritiker, Professor der Rechte in Rom und Mitbegründer der »Arcadia«, die er jedoch nach einem Zerwürfnis mit Crescimbeni verließ und eine eigene Akademie, »Querini«, gründete. Sein lit. Ziel war es, die Literatur aus der Regelhaftigkeit der Gattungen zu lösen und das Drama der Naturdarstellung und Naturempfindung zu öffnen. Dabei versuchte er, antike Vorbilder mit den Anfängen einer bürgerl. zeitgenöss. Empfindsamkeit zu verbinden. Mit diesen Bestrebungen setzte eine grundlegende Reform des italien. Theaters ein. Von allgemeiner literaturtheoret. Bedeutung wurden die Schriften *Discorso* (1692), *Della Ragion poetica* (1708 in 2 Bdn.), *Della divisione d'Arcadia* (2 Bde. 1712), *Della tragedia* (1715 in 2 Bdn.), die Tragödien *Palamede* (1712), *Andromeda* (1712), *Servio Tullio* (1712), *Papiniano* (1712), *Appio Claudio* (1712) sowie die Staatsschrift *Originum iuris civilis libri tres* (1708 bis 1713), die besonders auf Montesquieu wirkte.

Gray, Thomas (*26.12. 1716 London, †30.7. 1771 Cambridge). – Engl. Dichter, 1768 Professor für Literatur in Cambridge. In seinem lit. Werk ist er formal stark dem Klassizismus verpflichtet, während sich inhaltl. bereits über die Empfindsamkeit Züge des romant. Naturgefühls erkennen lassen. Sein Werk erreicht formale Geschlossenheit und begründet mit dem Gedicht *Elegie auf einem Dorfkirchhof* (1751. dt. 1785) die sog. Kirchhofspoesie, die in ganz Europa Nachahmung fand. In seinen letzten Lebensjahren trat G. auch als Übersetzer nord. und kelt. Poesie hervor. Bes. bekannt wurde in diesem Zusammenhang die Ode *Progress of Poesy* (1757). Seine Werke erschienen erstmals 1884 in einer Gesamtausgabe in 4 Bdn.

Grazzini, Antonio Francesco (*22.3. 1503 Florenz, †18.2. 1584 ebd.). – Der ital. Literat aus vornehmem Haus wurde unter dem Namen *Il lasca* Mitbegründer der »Accademia degli Umidi« und später der weltberühmten »Accademia della Crusca«, der ersten wissenschaftlichen Einrichtung zur Reinerhaltung und Pflege der Sprache. Seine eigenen Dichtungen, die stark unter dem Einfluß von Ariost und Berni stehen, zeigen eine gewisse, wenn auch humanist. verfremdete Volkstümlichkeit und lieben heitere und oft auch sehr gesellig-burleske Szenen. Sein Hauptwerk ist die Sammlung *Die Novellen der Nachtmahle* (1556, dt. 1909), eine Sammlung von Geschichten im Stil des Decamerone. Daneben schrieb er die Komödien *Strega* (1582), *Parentadi* (1582), einige Dramen und Epen. Im Dt. erschien 1962 eine Übersetzung u. d. T. *Lauten und Dolche.*

Gréban, Arnoul (*um 1420 Le Mans, †1471 ebd.). – Franz. Dichter, Kanonikus in Reims, gilt als bedeutendster Sprachkünstler des 15. Jh.s In seinem umfangreichen Mysterienspiel *Die Passion* (1452, dt. 1919) greift er auf die lange Tradition der geistlichen Spiele zurück, deutet die Handlung jedoch nach den für seine Epoche gültigen Lehrmeinungen der Kirche. Besonders die selbständigen Volksszenen, die ja zum traditionellen Bestand der Mysterienspiele gehören, geben einen vorzüglichen Einblick in die soziale Realität.

Green, Henry → Yorke, Henry Vincent

Green, Julien (*6.9. 1900 Paris). – Franz. Schriftsteller, wandte sich vorübergehend dem Katholizismus zu, doch distanzierte er sich unter dem Einfluß von Gide wieder vom Christentum und orientierte sich an modernist. Strömungen der Zeit, etwa dem mod. Buddhismus, um zuletzt wiederum Katholik zu werden. Während des Zweiten Weltkrieges unterstützte er aus Amerika den franz. Widerstand. Seine lit. Werke sind ein Spiegel seines inneren religiösen Ringens zwischen Jenseitssehnsucht und Daseinsbejahung, immer durchzogen von einer grundsätzl. Existentialangst, so z. B. die Schriften *Pamphlet gegen die Katholiken Frankreichs* (1924, dt. 1945), *Suite anglaise* (1927), *Paris* (dt. 1985) oder die Romane *Mont-Cinère* (1926, dt. 1928; neu 1987), *Adrienne Mesurat* (1927, dt. 1928), *Leviathan* (1929, dt. 1930), *Treibgut* (franz. u. dt. 1932), *Der Geisterseher* (franz. u. dt. 1934), *Moira* (1950, dt. 1952), *In den Augen der Gesellschaft* (1956, dt. 1962), *Bruder Franz* (dt. 1984), *Von fernen Ländern* (1988), Dramen wie *Der Mann, der aus der Fremde kommt* (franz. u. dt. 1953), *Die Feinde* (1954, dt. 1955), *Meine Städte. Ein Reisetagebuch 1920–1984* (1986), *Tagebücher 1926–1942* (dt. 1991), *Der andere Schlaf* (dt. 1988), *Englische Suite* (dt. 1989), eine Sammlung lit. Porträts als Einführung in die Literatur und die Autobiographien *Junge Jahre* (dt. 1986), *Jugend* (dt. 1987). Eine franz. Gesamtausgabe seiner Werke erschien 1954 ff. in 7 Bdn., 1972–1975 in 5 Bdn.

Greene, Graham (*2.10. 1904 Berkhamstead/Hertfordshire, †3.4. 1991 Vevey). – Engl. Romancier, der Neffe R. L. Stevensons. Nach seinem Studium in Oxford wirkte er als Journalist und bereiste Mexiko, das auf ihn einen so tiefen Eindruck machte, daß er es zum Schauplatz mehrerer seiner Romane erhob. Nach dem Militärdienst übernahm er die Leitung eines Verlages und konvertierte zur kathol. Kirche. G.s lit. Werk ist, deutl. abgrenzbar, in zwei Gruppen gegliedert: Unterhaltungsromane und ernste Romane. Seine Romane und autobiograph. Schriften faszinieren durch die Darstellung der Unsicherheit allen ird. Lebens einerseits und der völligen Abhängigkeit des Menschen von der göttl. Ordnung andererseits. Durch virtuose Sprachbeherrschung, straffe Handlungsführung und spannende Darstellungselemente wirken seine Romane unmittelbar auf jeden Leser. Als wichtigste Titel aus dem umfangreichen Werk sind zu nennen die Romane *Zwiespalt der Seele* (1929, dt. 1952), *Orientexpreß* (1932, dt. 1950), *Schlachtfeld des Lebens* (1934, dt. 1952), *Ein Sohn Englands* (1935, dt. 1952), *Am Abgrund des Lebens* (1938, dt. 1950), *Jagd im Nebel* (1939, dt. 1951), *Die Kraft und die Herrlichkeit* (1940, dt. 1948), *Zentrum des Schreckens* (1943, dt. 1952), *Das Herz aller Dinge* (1948, dt. 1949), *Der Ausgangspunkt* (engl. und dt. 1951), *Der dritte Mann* (engl. und dt. 1951), *Heirate nie in Monte Carlo* (engl. und dt. 1955), *Das Geheimnis* (engl. und dt. 1957), *Unser Mann in Havanna* (1958, dt. 1959), *Unter dem Garten* (engl. und dt. 1963), *Die Stunde der Komödianten* (engl. und dt. 1966), *Die Reisen mit meiner Tante* (1969, dt. 1970), *Der Honorarkonsul* (engl. und dt. 1973), *Der menschliche Faktor* (1977, dt. 1978), *Ein Mann mit vielen Namen* (dt. 1988), die Kurzgeschichten *Spiel im Dunkeln* (1947, dt. 1950), *Leihen Sie uns Ihren Mann* (engl. und dt. 1967), *Dr. Fischer aus Genf* (engl. und dt. 1980), die Autobiographien *Der Weg nach Afrika* (1936, dt. 1950), *Eine Art Leben* (1969, dt. 1970), *Ways of escape* (1980), die Biographien *Lord Rochester's Monkey* (1974) und das Kinderbuch *Die kleine Lok* (1947, dt. 1953). Seine gesammelten Essays erschienen 1974 dt.; eine engl. Gesamtausgabe in 6 Bdn. erschien 1962–1965.

Greene, Robert (* 8.7. 1558 Norwich, †3.9. 1592 London). – Engl. Dichter, unternahm zahlreiche Reisen durch Südeuropa und starb schließlich völlig verarmt. Sein vielfältiges lit. Werk umfaßt alle Gattungen, wobei er bes. mit den Komödien, die in der Tradition Marlowes stehen, erfolgreich war, z.B. mit *The Comical History of Alphonsus, King of Áragon* (1587), *Orlando Furioso* (1588), *The Scottish History of James IV.* (1590), *Friar Bacon and Friar Bungay* (1594), *The Looking Glasses for London and England* (1594). Seine Prosaschriften umfassen unter dem Einfluß Lylys stehende Liebesgeschichten, autobiographische Romane wie *Greene's Mourning Garment* (1590), *Greene's Groatsworth of Wit bought with a Million of Repentance* (1592) und Schelmenromane, in denen er das Leben der Londoner Bürger und Unterwelt wirklichkeitsnah darstellt, z.B. in *Defense of Conny-Catching* (1592),

oder *The Blacke Bookes Messenger* (1592). Sein Gesamtwerk erschien 1881 bis 1886 (Neuauflage 1964) in 15 Bdn.

Greflinger, Georg, Ps. *Seladon, Celadon* (* um 1620 bei Regensburg, †um 1677 Hamburg). – Dt. Barockschriftsteller, verlebte eine abenteuerliche Jugend, bis er über Frankfurt und Bremen nach Hamburg kam, wo er die letzten dreißig Jahre seines Lebens als Notar wirkte und die Zeitschrift »Nordischer Merkur« herausgab. Seine zahlreichen Gedichte und Lieder, die sich durch einen persönl. Stil und vollendete Form auszeichnen, fanden unter den Zeitgenossen hohe Anerkennung. Bes. bekannt wurden *Selandons Beständtige Liebe* (1644), *Deutscher Epigrammatum Erstes Hundert* (1645), *Seladons Weltliche Lieder* (1651), *Poetische Rosen und Dörner, Hülsen und Körner* ((1655). Daneben schrieb er auch dramat. und ep. Werke, die jedoch kaum Anerkennung fanden.

Gregh, Fernand (* 14.10. 1873 Paris, †5.1. 1960 ebd.). – Franz. Lyriker, wurde nach seinen frühen, aufsehenerregenden Gedichten 1953 Mitglied der Académie Française. G. begründete mit einem Manifest in der Zeitung »Le Figaro« die Kunstrichtung des »humanisme«, der sich bewußt gegen den Symbolismus wandte und der der Dichtung wieder zu einer realist., natürl. Sprache verhelfen wollte. Seine oft sehr melanchol. Gedichte sind stark von V. Hugo und Verlaine beeinflußt; über Hugo schrieb er (1954) eine Biographie. Von Interesse sind auch seine *Erinnerungen an Marcel Proust* (1958). Unter den Gedichtbänden sind bes. zu erwähnen etwa *La maison d'enfance* (1896), *La beauté de vivre* (1900), *Les clartés humaines* (1904), *Prélude féerique* (1908), *La couronne douloureuse* (1917), *Couleur de la vie* (1923), *La gloire du cœur* (1932), *Le mot du monde* (1957).

Gregor der Große (* um 540 Rom, †12.3. 604 ebd.). – Der kath. Kirchenschriftsteller und spätere Papst stammte aus einer angesehenen röm. Familie und erhielt eine vorbildl. Verwaltungsausbildung. Nach dem Tod seines Vaters stiftete er mit dem geerbten Vermögen Klöster und wurde 585 Abt und persönl. Berater des amtierenden Papstes. Als Papst gelang es ihm, die polit. Wirren in Italien, die in erster Linie durch den Einbruch der Langobarden entstanden waren, beizulegen. Von großer Bedeutung sind seine Kurienreform und seine Missionstätigkeit. Als Schriftsteller trat er mit der *Regula Pastoralis*, eine Anweisung zur Amtsführung geistl. Würdenträger, einer Exegese des Buches Hiob, *Moralia in Iob*, den *Homilien* sowie zahlreichen Wundergeschichten hervor.

Gregor von Nazianz, genannt *der Theologe* (* um 329 Arianz/Kappadokien, †390 ebd.). – Der hl. G. war der Sohn des Bischofs Gregor d. Älteren und studierte mit Basileios dem Großen Rhetorik in Athen. Ab 380 wirkte er als Patriarch von Konstantinopel, zog sich aber bald auf seine Güter zurück, um seinen lit. Neigungen zu leben. Von ihm stammen 45 Reden, zahlreiche Briefe, Gedichte und auch einige poet. Versuche.

Gregor von Tours, eigtl. *Georgius Florentinus* (*30.11. 538 Clermont-Ferrand, †17.11. 594 Tours). – Fränk. Geschichtsschreiber, stammte aus einer vornehmen galloroman. Familie und wurde 573 von König Sigibert zum Bischof ernannt. Als Bischof griff er auch in die innenpolit. Wirren der Merowingerdynastie ein und wurde deshalb von Chilperich schwer bekämpft. Sein Hauptwerk *Historiarum libri X* ist die wichtigste Geschichtsquelle über die Merowingerzeit und ein Musterbeispiel spannender Geschichtsschreibung. Das Werk wurde für das gesamte Mittelalter zum Vorbild.

Gregor, Joseph (*26.10. 1888 Tschernowitz/Bukowina, †12.10. 1960 Wien). – Österr. Literat und Dichter, nach Studium der Philosophie und Theaterwissenschaften arbeitete er an der Österreichischen Nationalbibliothek, deren Generaldirektor er zuletzt war und deren Theatersammlung von ihm aufgebaut wurde. Seit 1937 gab er die Zeitschrift »Theater der Welt« heraus, wurde nach 1945 Dozent an der Wiener Universität und Professor am Reinhardt-Seminar. Zu seinen Hauptwerken gehören das expressionist. Drama *Welt und Gott* (1923), die Opernlibretti *Daphne* (1938) und *Friedenstag* (1938) für Richard Strauss, dessen Biographie er 1939 schrieb und dessen Briefwechsel (1957) er herausgab.

Gregor-Dellin, Martin (*3.6. 1926 Naumburg/Saale, †23.6. 1988 München). – Dt. Schriftsteller, Verlagslektor, Rundfunkredakteur und freier Journalist, Mitglied der Dt. Akademie für Sprache und Dichtung, der Bayer. Akademie der Schönen Künste und Generalsekretär und Präsident des PEN-Zentrums in der Bundesrepublik Dtld.; wirkte vielfältig für Völkerverständigung. Das Grundthema seiner zahlreichen Romane und Hörspiele ist die Selbstzerstörung und Entfremdung des Menschen in totalitären Systemen. Bes. hervorzuheben sind die Romane *Jakob Haferglanz* (1963) – die Geschichte eines jüd. Knaben im Dritten Reich –, *Der Nullpunkt* (1959), *Der Kandelaber* (1962), *Einer* (1965), *Föhn* (1974), die Erzählungen *Cathérine* (1954), *Möglichkeiten einer Fahrt* (1964), *Aufbruch ins Ungewisse* (1969), *Unsichere Zeiten* (1969), *Schlabrendorff oder die Republik* (1982), die Hörspiele *Blumen oder keine* (1962), *Geordnete Verhältnisse* (1967) und die Arbeiten über Richard Wagner wie *Das kleine Richard-Wagner-Buch* (1969), *Wagner-Chronik* (1972), *Richard Wagner – Die Revolution als Oper* (1973), *Richard Wagner. Sein Leben, sein Werk, sein Jahrhundert* (1980) und *Richard Wagner. Eine Biographie in Bildern* (1982). Eine Meisterleistung ist die Biographie *Heinrich Schütz* (1984). 1976/77 gab er die *Tagebücher* der Cosima Wagner, 1968–80 die Werke und Briefe von Klaus Mann und Bruno Frank heraus (2 Bde.). G. trat auch als Übersetzer, Hörspielautor und Herausgeber von Anthologien hervor.

Gregorovius, Ferdinand Adolf, Ps. *F. Fuchsmund* (*19.1. 1821 Neidenburg/Ostpreußen, †1.5. 1891 München). – Dt. Schriftsteller, nach Studium der Theologie, Philosophie und Geschichte Journalist, verlebte zahlreiche Jahre seines Lebens in Italien. Ausgehend von der jungdt. Literatur wandte er sich zunehmend einer konservativen Haltung zu und schrieb zahlreiche Dramen, z. B. *Der Tod des Tiberius* (1851), und Romane, z. B. *Werdomar und Wladislaw* (1845), doch erwarb sich G. allgemeine Anerkennung erst durch seine vorzüglichen Schilderungen der Mittelmeerlandschaften. Zu den besten Arbeiten gehören hier *Corsica* (1854 in 2 Bdn.), *Wanderjahre in Italien* (1856 bis 1880 in 5 Bdn.), *Die Insel Capri* (1868), *Römische Tagebücher* (1892). Sein Hauptwerk *Geschichte der Stadt Rom im Mittelalter* (1859–1872) wurde 1978 neu aufgelegt.

Gregory, Lady Isabella Augusta (*5.3. 1852 in Roxborough/Galway, †22.5. 1932 Coole Park/Galway). – Anglo-irische Schriftstellerin, widmete sich nach dem Tode ihres Mannes ganz der sog. »Keltischen Renaissance«, wobei sie versuchte, auf der Grundlage der alten kelt. Traditionen ein modernes Theater zu schaffen. So schrieb sie für das von ihr und Yeats gegründete Dubliner »Abbey Theatre« zahlreiche Volksstücke, heitere Einakter mit treffender Situationskomik, und übersetzte Molière in die heimatl. Mundart, z. B. *The Kiltartan Molière* (1910). Von ihren Komödien, die 1962 erneut in einer Auswahl erschienen, sind zu erwähnen etwa *Spreading the News* (1906), *The White Cockade* (1905), *Hyacinth Halvey* (1906), *The Rising of the Moon* (1906), *Coole* (1932). Daneben schrieb sie auch Gedichte und eine Autobiographie, *Our Irish Theatre* (1914).

Greif, Martin, eigtl. *Friedrich Hermann Frey* (*18.6. 1839 Speyer, †1.4. 1911 Kufstein). – Dt. Dramatiker, zunächst Offizier in der bayrischen Armee, danach freier Schriftsteller. G. lebte hauptsächl. in München, wo er lit. eine Mittelstellung zwischen dem Ästhetizismus des Münchner Kreises und dem Realismus einnahm. Seine patriot. Geschichtsdramen hatten nur bedingt Erfolg, am meisten noch – wahrscheinlich aus lokalpatriot. Gründen – das Drama *Ludwig der Bayer* (1891). Aufsehen und Einfluß errang er mit seiner zarten und ansprechenden Naturlyrik, die einerseits auf Volksliedmotive, andererseits auf Vorbilder wie Mörike, Lenau und Rückert weist. Bes. bekannt wurde die Sammlung *Neue Lieder und Mären* (1911).

Greiffenberg, Catharina Regina von (*7.9. 1633 Schloß Seyssenegg/Amstetten, †10.4. 1694 Nürnberg). – Die dt. Barockdichterin, deren Werk auf mehrfache und vielfältige Weise der Mystik verbunden ist, gehörte als Obervorsitzende der »Lilienzunft« in Nürnberg zu Zesens »Tentschgesinnter Gesellschaft«. Mit ihren religiösen Gedichten suchte sie missionar. zu wirken; so war es ihr Wunsch, Kaiser Leopold I. zum Protestantismus zu bekehren. Tiefe Frömmigkeit und eine hinreißende Sprachbeherrschung sind Kennzeichen ihrer Sonette, die in zahlreichen Sammlungen enthalten sind, so etwa *Geistliche Sonette* (1662), *Sieges-Seule der Buße* (1672), *Nichts als Jesus* (1672).

Greiner, Peter (*20.4. 1939 Rudolstadt/Thüringen). – Dt. Schriftsteller, ging nach Schulbesuch in der DDR in die Bundesrepublik; hier Studium und seither Gelegenheitsarbeiter, erhielt als Dramatiker Stipendien, so daß er sich seiner lit. Arbeit intensiv widmen konnte. G. bearbeitete 1976 Wedekinds »Frühlingserwachen« u. d. T. *Gefege.* In seinen weiteren Stücken stellte er meist gesellschaftliche Aussteiger dar, deren artifizielles Verhalten bes. durch Sprachmontagen dargestellt wird. Von konservativen Publikumskreisen werden seine Stücke weitgehend abgelehnt, dennoch fanden *Kiez. Ein bürgerliches Trauerspiel um Ganovenehre und Ganovenkälte* (1974; verfilmt 1983), *Fast ein Prolet* (1978) und *Stillgelegt* (1982) Beachtung.

Greshoff, Jan, Ps. *Dirk Bouts, Joh. G. Brands, J. Janszen* (*15.12. 1888 Nieuw-Helvoet, †19.3. 1971 Kapstadt). – Niederl. Lyriker, wirkte als Journalist in New York und Kapstadt. Früh trat er mit zarten, oft auch sehr melancholischen *Gedichten* (1907–1934) hervor, die später einer humorvollen, iron., oft zyn. und aggressiven Darstellungsweise wichen. 1967 erschienen seine *Verzamelde Gedichten 1907–1967.* G. verfaßte auch zahlreiche Essays.

Gresset, Jean-Baptiste-Louis (*29.8. 1709 Amiens, †16.6. 1777 ebd.). – Franz. Lyriker und Dramatiker, trat bereits als junger Mann in den Jesuitenorden ein, wurde jedoch wegen seiner obszönen und frivolen Verse ausgeschlossen. Später war er Mitglied der Berliner Akademie Friedrichs II. und 1748 der Académie Française. Im Alter distanzierte er sich von seinen lit. Werken, vernichtete sie und wurde wieder in den Orden aufgenommen. Seine unterhaltsamen Komödien wie *Le bourgeois* (1747), *Les parvenus* (1747), *Le méchant* (1747), *L'école de l'amour-propre* (1751) sowie seine Gedichte *Vert vert* (1734), *La Chartreuse* (1735) sind heute nahezu vergessen, obgleich sie auf die Zeitgenossen großen Einfluß hatten. Eine Gesamtausgabe erschien 1811 in 3 Bdn.

Grevin, Jacques (*1538 Clermont-en-Beauvaisis, †5.11. 1570 Turin). – Der franz. Dichter nahm an den Religionskriegen aktiv teil und mußte nach England und in die Niederlande fliehen, wo er Leibarzt der Herzogin von Savoyen wurde. Sein lit. Werk steht stark unter dem Einfluß von Ronsard. Seine Bedeutung beruht darauf, daß er mit seiner Tragödie *Julius César* (1561) eine der ersten franz. Tragödien schuf, deren Form und Gestalt für ein Jahrhundert Vorbild für die europ. dramat. Dichtung werden sollte. Seine Lyrik fand nur bei den Zeitgenossen eine gewisse Beachtung. 1922 erschien in Frankreich eine Gesamtausgabe seiner Werke u. d. T. *Théâtre complet et poésies choisies.*

Grey, Zane (*31.1. 1873 Zanesville/Ohio, †23.10. 1939 Altadena/Kalifornien). – Amerikan. Dichter, Hauptvertreter des klass. Wildwestromans, wählte in seinen 54 Werken die Welt zwischen den Rocky Mountains und der Prärie des Mittelwestens zum Handlungsort spannender und oft auch sehr empfindsamer Romane. Sicher wirkt seine starke Kontrastierung von Guten und Bösen, Helden und Schurken heute etwas kraß, doch gelang es ihm, die histor. Wirklichkeit vorzüglich einzufangen. Zu den bedeutendsten seiner Werke zählen *Betty Zane* (1904, dt. 1928), *Männer der Grenze* (1906, dt. 1952), *Das Gesetz der Mormonen* (1912, dt. 1952), *Der eiserne Weg* (1918, dt. 1953), *Vollblut* (1928, dt. 1954) u. v. a.

Gribojedow, Alexandr Sergejewitsch (*15.1. 1795 Moskau, †11.2. 1829 Teheran). – Russ. Dramatiker, nach Jura- und Literaturstudium Beamter des Außenministeriums im Kaukasus und in Teheran, wo er ermordet wurde. Mit seiner Komödie *Geist bringt Kummer* (1833, dt. 1922) gelang ihm der Sprung zu lit. Weltruhm, indem er die Moskauer Gesellschaft in heftiger Form kritisierte. Neben Gogols *Revisor* ist das Werk G.s für die russ. Literatur von grundlegender Bedeutung, da es ihm gelingt, die klassizist. Theatertheorie mit zahlreichen volkstüml. Elementen zu verbinden. Die individuelle Charakteristik der Personen weist bereits auf Formen des realist. und naturalist. Theaters.

Grieg, Johan Nordahl Brun (*1.11. 1902 Bergen, †2.12. 1943 Berlin). – Norweg. Lyriker, dessen Gedichte *Rundt Kap det gode haab* (1922) große Anerkennung fanden. G. führte als junger Mann ein unstetes Leben, floh bei der dt. Invasion nach England und fiel im Luftkampf über Berlin. Sein lit. Werk, das inhaltl. größtenteils im Milieu der Seeleute angesiedelt ist, zeichnet mit tiefer Einfühlsamkeit Unruhe und Freiheitsliebe, Abenteuerlust und Nationalstolz einer jungen Generation. Ausgeprägt ist sein soziales Gefühl in dem hervorragenden Werk *Und das Schiff geht weiter* (1924, dt. 1927), ein Roman, der zu den besten Naturschilderungen des Nordens gehört. In Dtld. wurden auch einige Dramen bekannt, so z. B. *Unsere Ehre und unsere Macht* (1935, dt. 1950), *Die Niederlage* (1937, dt. 1947). Eine norweg. Gesamtausgabe in 7 Bdn. erschien 1947, eine Ausgabe der Dramen in dt. Sprache 1968.

Griffiths, Trevor (*4.4. 1935 Manchester). – Engl. Schriftsteller, arbeitete als Lehrer und Redakteur und fand als Dramatiker in den 70er Jahren Beachtung: *Roter Sonntag in Turin* (1970, dt. 1973), *Komiker* (1975, dt. 1978), *Vaterland* (1986, dt. 1988). G. vertritt eine ausgeprägt linke Position und zeigt in scharfen Dialogen unterschiedl. politische Positionen auf, wobei er eindringlich zeigt, wie stark Politik und Sexualität zusammenhängen.

Grigorjew, Apollon Alexandrowitsch (*22.7. 1822 Moskau, †7.10. 1864 Petersburg). – Russ. Schriftsteller, kam früh unter den philosoph. Einfluß Hegels und Schellings. Als hervorgender Kenner der dt. Literatur schuf er in russ. Sprache zahlreiche Übersetzungen dt. Autoren, die für die Kenntnis der dt. Dichtung in Rußland von großer Bedeutung wurden (z. B. Herder, Goethe, Schiller, Heine). Seine persönl. Lyrik verbindet empfindsame Züge mit einem strengen Rationalismus. Auch als Literaturkritiker schuf er sich in seiner Heimat Anerkennung.

Grigorowitsch, Dmitri Wassiljewitsch (*31. 3. 1822 Simbirsk, †3. 1. 1900 Petersburg). – Russ. Erzähler, erhielt seine Ausbildung an der Petersburger Militäringenieurschule gemeinsam mit Dostojewski. Danach besuchte er einige Jahre die Akademie der Schönen Künste und arbeitete 20 Jahre als Sekretär des Petersburger Kunstvereins. Seine ersten beiden Erzählungen *Derevnja* (1846) und *Anton Goremyka* (1847) machten ihn rasch bekannt und kennzeichnen ihn als einen typ. Vertreter der sog. Anklageliteratur, die in erster Linie sich gegen die Leibeigenschaft wandte. In späteren Erzählungen und Romanen schildert er eindringlich das Brauchtum seiner Heimat, etwa in *Die Fischer* (1852, dt. 1857), *Die Übergesiedelten* (1855, dt. 1859). Von großem histor. und literaturhistor. Interesse sind seine Memoiren, die er 1892 veröffentlichte.

Grillparzer, Franz (*15. 1. 1791 Wien, †21. 1. 1872 ebd.). – Der österr. Dichter, der zu den bedeutendsten Dramatikern der Weltliteratur gehört, mußte nach dem frühen Tod seines Vaters für seine Familie den Lebensunterhalt verdienen, wobei das Erleben von Not und Elend, Krankheit und Selbstmord zu seinen Erfahrungen gehörte. Ab 1813 arbeitete er im österr. Staatsdienst, zuletzt als Archivdirektor. Zusätzlich war er von seinem Gönner Graf Stadion 1818 zum Theaterdichter des Burgtheaters ernannt worden, nachdem er mit dem Drama *Die Ahnfrau* (1817) einen gewissen Erfolg errungen hatte. Auch die folgenden Tragödien, so *Sappho* (1819) und die Trilogie *Das goldene Vließ* (*Der Gastfreund – Die Argonauten – Medea*, 1822), *König Ottokars Glück und Ende* (1825) und *Ein treuer Diener seines Herrn* (1830), fanden allgemeine Beachtung, wenn auch die Zensur erhebl. Einwände erhob. Mit diesen Dramen wurde G. zum bedeutendsten Dramatiker Österreichs, der an die vielfältigen Traditionen unterschiedl. Spielformen, von der Commedia dell'arte bis zum Laientheater, von der kirchl. Liturgie bis zur antiken Tragödie, anknüpfte. In diesen Jahren reiste er durch Europa, weilte längere Zeit in Italien und traf mit Fouqué, Chamisso, Varnhagen, Goethe, Heine, Börne, Uhland und Schwab zusammen, die in ihm den bedeutenden Dichter ehrten. 1821 lernte er Katharina Fröhlich kennen, die er trotz lebenslanger Verlobung nicht heiratete. Sein selbstzerstör. Charakter führte auch dazu, daß er nach dem Mißerfolg seines großartigen Lustspiels *Weh dem, der lügt* (1840) kein weiteres Stück mehr veröffentlichte. Die meisten Werke wurden daher erst nach seinem Tode öffentl. bekannt. In seinem lit. Werk vereinigte G. selbständige Elemente der Klassik und des späteren Klassizismus, der barock-

volkstüml. Wiener Theatertradition, der Romantik und Einflüsse Shakespeares, Lope de Vegas und Calderons. Die Tragik seiner Gestalten liegt in dem Konflikt, in dieser Welt handeln zu müssen und gleichzeitig zu wissen, daß jegl. Handeln notwendig in Schuld führt. Ein völliges Sichergeben in die Weltordnung ist dem schuldbeladenen Menschen – so meint G. – nicht gegeben. Aus seinen späteren Jahren stammen die Meisterwerke *Des Meeres und der Liebe Wellen* (1840), *Der Traum ein Leben* (1840), *Libussa* (1872), *Ein Bruderzwist in Habsburg* (1872), *Die Jüdin von Toledo* (1873) sowie die weltberühmte meisterhafte Novelle *Der arme Spielmann* und die *Gedichte* (1872), darin v. a. die Liebesgedichte an Kathi Fröhlich. Die Gesamtausgabe der Werke Grillparzers erschien 1909 bis 1948 in 42 Bdn.

Grimm, Hans (*22. 3. 1875 Wiesbaden, †27. 9. 1959 Lippoldsberg). – Dt. Schriftsteller, lebte 13 Jahre als Kaufmann in Südafrika, studierte nach seiner Rückkehr in München Nationalökonomie und nahm als Freiwilliger am Ersten Weltkrieg teil. Mit seiner Sammlung *Südafrikanische Novellen* (1913), die in stilist. strenger Form Erlebnisse und Impressionen seiner Afrikajahre wiedergeben, begründete er die Gattung der Kolonialliteratur. Dabei erinnert die sprachl. und themat. Gestaltung manchmal an Kipling und den Sagastil des Nordens. Sein tendenziöser Roman *Volk ohne Raum* (1926) stellt ein völkisch-nationales Erziehungsideal heraus. Dem NS-Imperialismus diente dieser Titel als zugkräftiges Schlagwort.

Grimm, Jacob Ludwig Karl (*4. 1. 1785 Hanau, †20. 9. 1863 Berlin). – Der bedeutende dt. Forscher und Begründer der wiss. Germanistik studierte nach sorgenvoller Kindheit in Marburg Rechtswissenschaften, ging dann mit seinem Lehrer Savigny für ein Jahr nach Paris und wurde 1808 bis 1810 Privatbibliothekar des Königs Jérome in Kassel. 1829 erhielt er die Professur für dt. Altertumswissenschaft in Göttingen, wurde jedoch 1837 als Mitglied der sog. »Göttinger Sieben«, die gegen den Verfassungsbruch des Königs von Hannover protestiert hatten, des Landes verwiesen. Bereits 1840 berief ihn König Friedrich Wilhelm von Preußen an die Akademie der Wissenschaften in Berlin. G. wurde durch seine Forschungen zur dt. Philologie und Literaturgeschichte, seine *Deutsche Grammatik* (1819–1837), die *Deutschen Rechts- Alterthümer* (1828), die *Deutsche Mythologie* (1835), die *Geschichte der Deutschen Sprache* (1848 in 2 Bdn.) und die Begründung des *Deutschen Wörterbuchs* (1852 bis 1985 in 33 Bdn.) zum Vater der germ. Altertumswissenschaft und der Wissenschaft von der dt. Sprache und Literatur. Mit seinem Bruder Wilhelm G. gab er gemeinsam die *Kinder- und Hausmärchen* (1812 bis 1815 in 2 Bdn.) heraus. Die *Kleineren Schriften* sind heute in zahlreichen Ausgaben greifbar.

Grimm, Wilhelm Karl (*24. 2. 1786 Hanau, †16. 12. 1859 Berlin). – Dt. Gelehrter und Dichter, studierte mit seinem

Bruder Jacob Jura und war bis 1829 Bibliothekssekretär in Kassel, folgte dann seinem Bruder nach Göttingen und nach Berlin. Sein ganzes Leben wirkte, arbeitete und schrieb er mit seinem Bruder in einer innigen Gemeinschaft. Während Jacob G. der wissenschaftl. Geist war, wurde Wilhelm, trotz häufiger Erkrankung ein geselliger Mensch, als der eigtl. Sammler der *Kinder- und Hausmärchen* (1812–1815 in 2 Bdn.) bekannt. Außerdem veröffentlichte er *Altdänische Heldenlieder, Balladen und Märchen* (1811) und eine Reihe wichtiger Untersuchungen, z.B. *Über deutsche Runen* (1821), *Die deutsche Heldensage* (1829), *Zur Geschichte des Reims* (1852). Bekannt sind auch seine *Kleineren Schriften* (1881–1884 in 4 Bdn.).

Grimmelshausen, Hans Jakob Christoffel von, Ps. *German Schleifheim von Sulsfort, Samuel Greifenson von Hirschfeld* (* um 1622 Gelnhausen/Hessen, † 17. 8. 1676 Renchen/Kehl). – Bedeutender dt. Barockepiker, entstammte einer protestant. Handwerkerfamilie, wurde 1635 Soldat und diente bis zum Ende des Dreißigjährigen Krieges als Regimentssekretär. In diese Zeit dürfte auch seine Konversion zum Katholizismus fallen. Seit 1667 wird er als bischöfl. Straßburger Schultheiß in Renchen nachgewiesen, wo er neben seinem Amt eine Schankwirtschaft betrieb, um sich den Lebensunterhalt verdienen zu können. G. ist der bedeutendste dt. Erzähler der Barockzeit, der in seinem Hauptwerk *Der Abentheuerliche Simplicissimus Teutsch* (1667, später mehrfach erweitert) in Anlehnung an die volkstümlichen span. Schelmenromane, wie der *Lazarillo de Tormes* in der Ich-Form und derb-realist., die Schrecken und Wirren des Dreißigjährigen Krieges darstellt, bis sich die Titelgestalt zuletzt entschließt, ihr weiteres Leben als Einsiedler zu verbringen. Dieser Roman, der in gewisser Weise ein barocker *Parzival* ist, schildert eine Welt, deren innere Ordnung aus den Fugen geraten ist. Dadurch, daß G. niemals moralisiert, sondern stets distanziert, aber sehr genau berichtet, wird sein Werk auch für den modernen Leser zu einem Erlebnis. Auf der Grundlage dieses Riesenwerkes schrieb G. zahlreiche Sproßerzählungen, die an die Handlung anknüpfen, aber in sich selbständige Erzählungen bleiben, z.B. *Deß Weltberuffenen Simplicissimi Pralerey und Gepräng mit seinem Teutschen Michel* (1670), *Der seltsame Springinsfeld* (1670), *Trutz Simplex: Oder … Lebensbeschreibung der Ertzbetrügerin und Landstörtzerin Courage* (1670), *Das wunderbarliche Vogelnest* (1672), *Simplicissimi Galgen-Mannlin* (1673), *Verkehrte Welt* (1673). Keine dieser Erzählungen und auch nicht seine Gedichte erreichten die Bedeutung und Qualität seines Hauptwerkes, obwohl sie vielfach auf die Literatur späterer Jahre eingewirkt haben. Die gesammelten Werke erschienen 1683 f. in 3 Bdn.

Grin, Alexandre, eigtl. *Alexandr Stepanowitsch Grinewski* (* 23. 8. 1880 Slobodskoi, † 8. 7. 1932 Stary Krym). – Poln.

Dichter, bereiste als Matrose weite Gebiete unserer Erde und wurde rasch berühmt als Autor exot.-romant. Abenteuerromane und Märchen, die deutl. Einflüsse von Stevenson, E.T.A. Hoffmann und E.A. Poe zeigen. Auch in Dtld. erschienen *Das Purpursegel* (1924, dt. 1952), *Wogengleiter* (1926, dt. 1949). 1967 wurden seine *Erzählungen* herausgegeben.

Gringoire (Gringor), Pierre (* um 1475 Caen, † um 1538 Lothringen). – Franz. Schriftsteller, diente erst Ludwig XII., später Herzog Antoine von Lothringen. Als Theaterunternehmer und Mitglied der Pariser Narrenzunft »Enfants sans Souci« schrieb er neben zeitkrit. Gedichten, z.B. den *Folles entreprises* (1505), im Auftrag der Stadt für Zwecke der Repräsentation satir. Schauspiele. Bes. bekannt wurden das gegen die kathol. Kirche gerichtete, teils recht unflätige Stück *Jeu du prince des sots et de la mère – Sotte* (1511) und ein recht derbes Mysterienspiel. In Victor Hugos Roman »Notre-Dame de Paris« (1831) tritt G. handelnd auf. Eine Gesamtausgabe erschien 1858 bis 1877 in 2 Bdn.

Gripenberg, Bertel Johan Sebastian Baron von (* 10. 9. 1878 Petersburg, † 5. 5. 1947 Sävsjö/Schweden). – Finn. Lyriker, nahm am Freiheitskampf seines Landes teil und preist in seinen frühen Gedichten, formal vollendet, Lebensgenuß und Liebe. Bes. wirkungsvoll sind seine polit. Gedichte *Under fanan* (1923). Sein Spätwerk ist gekennzeichnet durch eine gewisse Resignation, da die Ideale seiner Jugend nicht verwirklicht wurden, z.B. *Gallergrinden* (1905), *Svarta Sonetter* (1908). Als dt. Übersetzungen bestehen zwei Ausgaben *Aus der Versdichtung Finnlands* (1928) und *Nordische Lyrik* (1947). Eine schwed. Gesamtausgabe erschien 1921 bis 1947 in 17 Bdn.

Gröndal, Benedikt Sveinbjarnarson (* 6. 10. 1826 Bessastadir, † 2. 8. 1907 Reykjavík). – Isländ. Dichter, studierte altnord. Philologie und erregte mit seinem Hauptwerk, der breit darstellenden Burleske *Heljarslódarorrusta* (1861), allgemein Aufsehen. Er schildert in der Form eines mittelalterl. Ritterromans die Schlacht von Solferino und gibt durch diese verfremdete Darstellung einen tiefen Eindruck vom Leid des modernen Krieges. Seine Lyrik gewann leider nicht die adäquate Anerkennung. Sein Gesamtwerk erschien 1948 bis 1954 in 5 Bdn.

Grogger, Paula (* 12. 7. 1892 Öblarn/Steiermark, † 31. 12. 1983 ebd.). – Österr. Schriftstellerin; ihre Werke, Gedichte und Erzählungen sind geprägt durch tiefe kathol. Religiosität und sprachl. Vielfalt, wobei sie meisterhaft barocke Elemente und Mundart zu mischen versteht. Ihr Hauptwerk *Das Grimmingtor* (1926) schildert als Chronik die napoleon. Zeit. Daneben stehen weitere bedeutende Erzählungen wie *Das Gleichnis von der Weberin* (1929), *Der Lobenstock* (1935), *Unser Herr Pfarrer* (1946), *Die Mutter* (1958), *Die Reise nach Salzburg* (1958) und Legenden, Dramen und Gedichte.

Grossmann, Wassili Semjonowitsch (*12.12. 1905 Berditschew/Ukraine, †14.9. 1964 Moskau). – Der ukrainische Schriftsteller nahm freiwillig am Zweiten Weltkrieg als Kriegsberichterstatter teil. In seiner Heimat, aber auch im Ausland, wurde er bald bekannt durch den Roman *Stürmische Jahre* (1934 bis 1940, dt. 1962), in dem er das Leben im kommunist. Untergrund beschrieb. Der Roman um die Schlacht von Stalingrad, *Wende an der Wolga* (1954, dt. 1958), wurde zunächst vom sowjet. Regime heftig kritisiert, erschien dann in etwas geänderter Fassung.

Groth, Klaus Johann (*24.4.1819 Heide/Holstein, †1.6.1899 Kiel). – Norddt. Dichter, erarbeitete sich eine gründl. autodidakt. Bildung und wirkte viele Jahre in Heide und auf Fehmarn als Lehrer. Hier entstanden auch die meisten seiner ansprechenden plattdt. Gedichte, unter welchen die Sammlung *Quickborn* (1852) weithin bekannt wurde. 1853 erarbeitete er mit K. Müllenhoff als Professor die Grundlagen einer plattdt. Grammatik. G. ist der bedeutendste niederdt. Lyriker und der Begründer der plattdt. Mundartdichtung. Die beiden Bände des *Quickborn* (1852 und 1871) zeichnen mit Liedern, Balladen und Erzählungen ein Bild seiner Heimat. Daneben fanden auch seine übrigen Veröffentlichungen allgemeine Anerkennung. Seine Lebenserinnerungen erschienen 1891, eine Gesamtausgabe seiner Werke in 8 Bdn. 1952 bis 1965.

Grubiński, Waclaw (*25.1. 1883 Warschau, †8.6. 1973 London). – Der poln. Schriftsteller emigrierte zu Beginn des Zweiten Weltkrieges nach England. In seinen Kurzgeschichten und Novellen, die stilist. stark unter dem Einfluß von Oscar Wilde stehen, zeichnet er ein unabhängiges und iron. Bild von den histor. Ereignissen seiner Zeit. Seine skurrile Darstellungsweise bevorzugte er auch in seinen Dramen, in denen er gerne ausweglose Konfliktsituationen auf die Bühne brachte. Leider erschien sein Werk bisher nur in poln. Sprache, wobei die Dramen *Lenin* (1921), *Lampa Aladyna* (1923), *Księżniczka żydowska* (1927) oder der Roman *Pani Sapowska* (1953) eine weitere Verbreitung verdient hätten.

Grübel, Johann Konrad (*3.6. 1736 Nürnberg, †8.3. 1809 ebd.). – Dt. Dichter, Bürgersohn aus wohlhabender Handwerkerfamilie, trat 1808 in den Blumenorden der Stadt Pegnitz ein und schuf mit seinen *Gedichten in Nürnberger Mundart* (1798–1812 in 4 Bdn.) sehr präzise, scharf beobachtete Bilder aus dem bürgerl. Leben seiner Zeit.

Grün, Anastasius, eigtl. *Anton Alexander Graf von Auersperg* (*11.4. 1806 Laibach, †12.9. 1876 Graz). – Österr. Dichter, eng befreundet mit Lenau, dessen Werke er später herausgab. Reiste 1830 nach Württemberg, um hier mit den Dichtern des Schwäbischen Romantischen Kreises zusammenzutreffen. 1848 wurde er liberaler Vertreter im Frankfurter Vorparlament, 1861 Mitglied des österr. Herrenhauses, 1868 Präsident der österr. Reichsratsdelegation. Das äußerl. erfolgreiche Leben spiegelt sich auch in seiner vielfältigen lyr. Dichtung, die sich, im polit. Vormärz wurzelnd, in den Gedichten *Spaziergänge eines Wiener Poeten* (1831) gegen Metternich wandte. Bald jedoch griff er Elemente der Romantik auf, die er teils ironisierte, teils ins Volkstüml. wandelte. Bes. bekannt sind seine Epen *Der letzte Ritter* (1830), *Schutt* (1835), *Nibelungen im Frack* (1843), *Der Pfaff vom Kahlenberg* (1850), die slowen. Übersetzungen *Volkslieder aus Krain* (1850) und die engl. Übertragung *Robin Hood* (1864). Zahlreiche seiner Gedichte wurden vertont. Sein Gesamtwerk erschien 1907 in 10 Bdn.

Grün, Max von der (*25.5. 1926 Bayreuth). – Dt. Schriftsteller, arbeitete nach dem Zweiten Weltkrieg zunächst als Maurer und Grubenarbeiter im Ruhrgebiet. Als Mitbegründer der »Gruppe 61« ließ er sich 1963 als freier Schriftsteller nieder und schildert in seinem polit. orientierten Werk spannend und ansprechend, häufig sehr stark engagiert das Leben der Arbeiter in der sie ausbeutenden kapitalist. Gesellschaft (Inhaber des Gerrit-Engelke-Literaturpreises). Bes. bekannt wurden seine Romane *Zwei Briefe an Pospischiel* (1968), *Stellenweise Glatteis* (1973), *Die Lawine* (1986), *Springflut* (1990), das Drama *Notstand* (1969), die Erzählungen *Urlaub am Plattensee* (1970), *Am Tresen gehn die Lichter aus* (1972), *Stenogramm* (1972), *Wenn der tote Rabe vom Baum fällt* (1977), *Späte Liebe* (1982), die Prosa *Menschen in Deutschland* (1973), *Ein Tag wie jeder andere* (1973), *Unterwegs in Deutschland* (1979), *Klassengespräche* (1981), *Auskunft für Leser* (1986) sowie die Fernsehspiele *Feierabend* (1968), *Schichtwechsel* (1968), *Aufstiegschancen* (1971) u. a. m.

Grundtvig, Nicolai Frederik Severin (*8.9. 1783 Udby/Seeland, †9.2. 1872 Kopenhagen). – Dän. Theologe, wirkte nach einigen Jahren Hauslehrertätigkeit als Pfarrer. Da er die Unbildung des Volkes immer wieder zum Gegenstand der Kritik an der Regierung nahm, mußte er sein Amt niederlegen. 1844 gründete er die erste Volkshochschule, die für die Volksbildung Bedeutung erhalten sollte, 1861 wurde er – mittlerweile wieder anerkannt – zum Bischof von Seeland geweiht. Als Volkserzieher und relig. Reformer – er schrieb allein 1500 religiöse Lieder – stellte er sein lit. Werk ganz in den Dienst seiner religiösen und polit. Aufgabe, z.B. die Schriften *Nordens Mythologi* (1808), *Optrin af Norners og Asers Kamp* (1811), *Bragesnak* (1844), *Kirkespejlet* (1871) und seine zahlreichen Gedichte. In dt. Übersetzung erschienen *Vom wahren Christentum* (1844), *Übersicht der Weltchronik* (1877) und *Schriften zur Volkserziehung und Volkheit* (1927 in 3 Bdn.).

Gruša, Jiří (*10.11. 1938 Pardubitz). – Tschech. Dichter, Unterzeichner der Charta 77, Dissident; 1991 Botschafter der ČSFR in Deutschland; trat als Übersetzer von Kafka und Rilke hervor und schrieb traditionelle Lyrik, die sich nicht in die sozialist. Ästhetik fügte. Im Ausland fehlten Übersetzungen seiner Gedichte bis 1990 weitgehend. Bekannt wurden *Der Tornister* (1962), *Die helle Frist* (1964), *Mimner oder Das Tier der Trauer* (dt. 1986), *Der Babylonwald* (dt. 1991).

Gryphius, Andreas, eigtl. *Andreas Greif* (*2.10. 1616 Glogau/Schlesien, †16.7. 1664 ebd.). – Dt. Dichter, erlebte schon in jungen Jahren den Tod seines Vaters und die Leiden des Dreißigjährigen Krieges. Dennoch unternahm er zahlreiche Studienreisen und hielt sich bes. lange in den Niederlanden auf, wo er als Astronom wirkte und Sprachen studierte. 1637 war er bereits zum Dichter gekrönt worden und lehrte an der Universität Leyden. Anschließend bereiste er Frankreich und Italien. Nach Glogau zurückgekehrt, wurde er unter dem Namen *Der Unsterbliche* Mitglied der »Fruchtbringenden Gesellschaft«. G. ist der bedeutendste Dichter des dt. Hochbarock, der in seinen Gedichten und Dramen meist unter Verwendung des Alexandriners und der Sonettform, dem lit. Topos, daß alles Leben vergänglich sei, in immer neuer, hinreißender Form Ausdruck verlieh. Aufgrund seiner breiten Bildung gelang es ihm, unterschiedlichste Traditionen in sein Werk aufzunehmen, etwa Einflüsse des antiken und niederländ. Dramas, des Jesuitentheaters und der Wanderbühnen der engl. Komödianten. Seine Märtyrertragödien stehen in der christl. Tradition, werden jedoch durch den philosoph. Stoizismus zu einem typ. Zeitbild. In seinen Komödien treten nur Personen niederen Standes als Handlungsträger auf. Aus seinem umfangreichen Werk seien besonders genannt die Gedichte *Son- undt Feyrtags-Sonnete* (1639), *Teutsche Reim-Gedichte* (1650), *Freuden- und Trauer-Spiele auch Oden und Sonnette* (1663), *Teutsche Gedichte* (1698), die Tragödien *Leo Arminius* (1650), *Catharina von Georgien* (1657), *Beständige Mutter* (1657), *Cardenio und Celinde* (1657) und die Schauspiele und Komödien *Absurdia Comica oder Herr Peter Squentz* (1658), *Die gelibte Dornrose* (1661), *Horribilicribrifax* (1663) u. a. m. Eine Gesamtausgabe seiner Werke erschien u. d. T. *Lustspiele, Trauerspiele, Lyrische Gedichte* 1878 bis 1884 in 3 Bdn. Die krit. Gesamtausgabe erscheint seit 1963 in 10 Bdn.

Guardini, Romano (*17.2. 1885 Verona, †1.10. 1967 München). – Dt. Theologe aus ital. Familie, studierte in Freiburg und wirkte als Hochschullehrer in Breslau, Berlin, Tübingen und München. Im Dritten Reich hatte er Lehrverbot. G. schrieb zahlreiche und wichtige, auch für Laien zugängliche theologische Schriften, z. B. *Der Herr* (1937), *Die Macht* (1951), geschichtsphilosophische Werke wie *Das Ende der Neuzeit* (1950) und literaturwiss. Interpretationen Dostojewskis, Rilkes, Hölderlins u. a., wobei er mit der Lehre vom Gegensatz (1925 veröffentlichte er sein philosophisches Hauptwerk *Der Gegensatz*) zu zeigen versuchte, in welcher Weise Theologie und Kunst Alternativen zum täglichen Leben sind. Ein internationales Publikum erreichte er mit seinen Vorlesungen und Predigten v. a. in München. 1952 erhielt er den Friedenspreis des Dt. Buchhandels.

Guareschi, Giovannino (*1.5. 1908 Fontanelle di Rocca Bianca/Parma, †22.7. 1968 Cervia). – Ital. Schriftsteller, arbeitete als Journalist, Redakteur und Karikaturist bei mehreren Zeitungen. Öffentl. Aufsehen erregte er 1954, als er gefälschte Briefe de Gasperis, die er selbst für echt hielt, veröffentlichte und dafür eine Freiheitsstrafe erhielt. Zum wohl populärsten Schriftsteller Italiens nach 1945 wurde G. u. a. durch seinen weltbekannten Roman *Don Camillo und Peppone* (1948, dt. 1950). In ihm übt er treffsicher und in der Form eines modernen Schelmenromans iron. Kritik an dem polit. verworrenen Leben seiner Heimat. Die späteren Romane erreichten den Erfolg dieses Werkes nicht mehr. In Dt. sind erschienen u. a. *Don Camillo und seine Herde* (ital. und dt. 1953), *Bleib in deinem D-Zug* (1954, dt. 1955), *Genosse Don Camillo* (1963, dt. 1964), *Mein häuslicher Zirkus* (1968, dt. 1969) und *Don Camillo und die Rothaarige* (1968, dt. 1969).

Gu︠d︡mundsson, Kristman (*23.10. 1902 Thverfell/Borgarfjörd︠ur, †20.11. 1983 Reykjavik). – Isländ. Schriftsteller. Seine vielgelesenen Romane aus seiner isländ. Heimat zeichnen ein deprimierendes, zum Pessimismus neigendes Bild des Menschen, der, seinen Trieben unterworfen, notwendig haltlos und seelisch krank werden muß. Nur *Das Brautkleid* (1927, dt. 1930) zeigt eine weltoffene, heitere Stimmung. Seine spannenden und auch tiefsinnigen Werke wurden nahezu in alle Weltsprachen übersetzt. Zu den bedeutendsten gehören die Romane *Morgen des Lebens* (1929, dt. 1934), *Die blaue Küste* (1931, dt. 1958), *Das neue Land* (1932, dt. 1936), *Vorfrühling* (1933, dt. 1935), *Helle Nächte* (1934, dt. 1950), *Kinder der Erde* (1935, dt. 1937), *Die Lampe* (1936, dt. 1940) und die nicht übersetzten Romane *Armann og Vildis* (1963), *Skammdegi* (1966) sowie die Erinnerungen *Dægrín blá* (1960) und *Loginn hvíti* (1961).

Güiraldes, Ricardo (*13.2. 1886 Buenos Aires, †8.10. 1927 Paris). – Argentin. Dichter, begründete 1924 mit Jorge Luis Borges die avantgardist. Literaturzeitschrift »Proa«, für die er auch einige Gedichte schrieb. Internationales Ansehen erwarb er sich jedoch mit seinem Roman *Das Buch vom Gaucho Sombra* (1926, dt. 1934), das mit stark autobiograph. Elementen das Leben der Gauchos erzählt und die Schönheit der heimatl. Pampa beschreibt. Seine übrigen Romane wie *Raucho* (1917), *Rosaura* (1922), *Xaimaca* (1923) fanden ebenso wie seine Gedichte nur in seiner Heimat Verbreitung.

Günderode, Karoline von, Ps. *Tian* (*11.2. 1780 Karlsruhe, †26.7. 1806 Winkel/Rhein). – Dt. Schriftstellerin, lebte 1797 bis 1799 in einem evangel. Damenstift in Frankfurt. Aus unglückl. Liebe zu dem Mythologen F. Creuzer nahm sie sich 1806 das Leben. G. war befreundet mit Clemens und Bettina Brentano und schrieb zahlreiche empfindsame Gedichte, die der Romantik sehr nahe standen. Bekannt und viel gelesen wurden *Gedichte und Phantasien* (1804) und *Melete von Ion* (1806), da sie gewissen exaltierten Zügen der Zeit entgegenkamen. 1979 veröffentlichte Christa Wolf eine Auswahl u. d. T. *Der Schatten eines Traumes.*

Günther, Agnes (* 21. 7. 1863 Stuttgart, † 16. 2. 1911 Marburg). – Die dt. Dichterin, die früh einem Lungenleiden erlag, schrieb mit ihrem zweibändigen Roman *Die Heilige und ihr Narr* (1913) ein recht gefühlvolles, oft ins Sentimental-Kitschige abgleitendes Riesenwerk, das Wachträume und gängige Formeln der Volksdichtung verband und beim zeitgenöss. weibl. Publikum große Begeisterung auslöste. Ihre Erzählung *Von der Hexe, die eine Heilige war* (1913) und der genannte Roman sind nur noch von histor. Interesse.

Günther, Herbert (* 26. 3. 1906 Berlin, † 19. 3. 1978 München). – Dt. Schriftsteller und Journalist, wurde mit seiner Anthologie *Berlin schreibt* (1930) bekannt, in der er das vielfältige lit. Leben der dt. Hauptstadt in den zwanziger Jahren dokumentierte. Nach dem Zweiten Weltkrieg trat er mit einigen Kurzgeschichten, Gedichten, z. B. *Fuge* (1969), und klugen Essays hervor. Während er mit den Erzählungen *Glückliche Reisen* (1939), *Magisches Schicksal* (1942), *Onkel Philipp schweigt* (1978) und dem Jugendroman *Unter Freunden* (1976) ein breites Publikum ansprach, fanden seine feinsinnigen Biographien *J. Ringelnatz* (1964), *J. W. Goethe* (1966) und die lit. Essays *Akkorde der Palette* (1972), *Deutsche Dichter erleben Paris* (1979) hauptsächlich bei Kennern große Zustimmung.

Günther, Johann Christian (* 8. 4. 1695 Striegau/Schlesien, † 15. 3. 1723 Jena). – Dt. Dichter, studierte Medizin in Wittenberg und Leipzig und führte ein ausschweifendes Studentenleben. In dieser Zeit entstand das berühmte Studentenlied *Brüder, laßt uns lustig sein* ... Sein Vater entzog ihm jede Unterstützung, so daß sich G. zeitlebens mit Gelegenheitsdichtungen durchschlagen mußte. Auch von dem Kurfürsten August dem Starken als Hofdichter abgewiesen, starb er völlig verarmt. In der dt. Literaturgeschichte nimmt G. eine Sonderstellung ein, da er sich, z. T. noch barocken Formen zugewandt, aus allen formalen Fesseln zu befreien sucht und bereits in aufklär. Texten Töne der Empfindsamkeit und des Sturm und Drang anklingen läßt. Die Vielfalt seiner Aussagemöglichkeiten ist bis heute kaum erreicht; er schrieb heroische Oden und zarte Liebesgedichte, Auftragslyrik und Verse, die in eigener, nicht der Zeit entsprechender Form das eigene Schicksal beklagen. Bis heute sind die Tragödie *Die von Theodosio bereute Eifersucht* (1715) und seine Gedichte *Deutsche und lateinische Gedichte* (1724 bis 1735 in 4 Bdn.) von hohem literaturhistor. Interesse und sprechen vielfach auch noch den modernen Leser an. Eine Gesamtausgabe erschien 1964 in 6 Bdn.

Guenther, Johannes von (* 26. 5. 1886 Mitau, Kurland, † 28. 5. 1973 München). – Dt.-balt. Dichter, lebte seit 1914 in Deutschland. G. trat lit. mit Romanen und Bearbeitungen von älteren Dramen und Lustspielen der Weltliteratur an die Öffentlichkeit, wie z. B. mit *Don Gil mit den grünen Hosen* (1918) nach Tirso de Molina. Neben zahlreichen Gedichten, z. B. *Schatten und Helle* (1906), *Fahrt nach Thule* (1916), *Der weiße Vogel* (1920), *Nachmittag* (1948), hatte er bes. mit seinen Romanen *Marinian sucht den Teufel* (1916), *Cagliostro* (1927), *Rasputin* (1939), den Studien *Von Rußland will ich erzählen* (1968) und den Erinnerungen *Ein Leben im Ostwind* (1969) beachtliche Erfolge. Allgemeine Anerkennung fand G. als Übersetzer und Nachdichter der klass. russ. Literatur (Puschkin, Tschechow, Turgenjew u. v. a.)

Guérin, Maurice de (* 5. 8. 1810 Schloß Le Cayla/Tarn, † 19. 7. 1839 ebd.). – Franz. Schriftsteller, stand in seiner Jugend unter dem beherrschenden Einfluß seiner Schwester, die ihm auch zum lit. Durchbruch verhalf. Aus diesem Einfluß konnte er sich erst durch seine Bekanntschaft mit Lamennais lösen. Als er, frühvollendet, an Schwindsucht starb, hinterließ er eine Reihe meisterhafter Prosagedichte, die in Form antiker Mythen von der Spannung zwischen Pantheismus und tiefem Pessimismus getragen werden. Die formale Schönheit der Sammlung *Le centaure* (1840) regte den dt. Lyriker R. M. Rilke zu einer meisterhaften Nachdichtung an (1911). Weiterhin sind von auffallender Schönheit *Reliquiae* (1840), *Journal, lettres et poèmes* (1842), *La bacchante* (1861, dt. 1922). Sein Tagebuch *Le cahier vert* (1921) gibt Aufschluß über seine Arbeitsweise, die in steter Naturverbundenheit stand. Das Gesamtwerk erschien in einer franz. Ausgabe 1947 in 2 Bdn.

Guerra Junqueiro, Abílio Manuel de (* 17. 9. 1850 Freixo de Espada, † 7. 7. 1923 Lissabon). – Portugies. Dichter, trat in erster Linie mit lyr. Texten an die Öffentlichkeit. Nach einer vorübergehenden Tätigkeit als portugies. Gesandter in der Schweiz zog er sich in die Einsamkeit zurück und widmete sich ausschließlich der Literatur. Seine Lyrik, die zwischen Romantik und Realismus steht, gehört zu den bedeutendsten lit. Zeugnissen portugies. Sprache im vergangenen Jh. Vollendetes Sprachgefühl verbindet die romant. Elemente der Ironie und des Patriotismus; in späteren Gedichten finden sich auch pantheistische Elemente. Starken Einfluß gewannen als Vorbilder V. Hugo, Proudhon und Michelet. Bekannt wurden v. a. das Don-Juan-Epos *A Morte de D. João* (1874) und die Gedichte *A Velhice do Padre Eterno* (1885), *Os Simples* (1892) und *Oração à Luz* (1904).

Guerrazzi, Francesco Domenico (* 12. 8. 1804 Livorno, † 23. 9. 1873 Cecina). – Ital. Erzähler, mußte wegen seiner polit. Tätigkeiten wiederholt seine Heimat verlassen oder Gefängnisstrafen abbüßen. Vorübergehend wirkte er in der Toscana als Leiter einer Revolutionsregierung und ab 1859 als Abgeordneter. Mit Mazzini gründete er 1829 die Zeitschrift »L'Indicatore livornese«. Sein lit. Schaffen orientierte sich an der franz. Romantik, wobei er in seinen histor. Romanen zu extremen Übertreibungen neigt. Dennoch kamen sie dem zeitgenöss. Geschmack sehr entgegen und wurden zu einem erhebl. Teil in alle europ. Sprachen übertragen. Immer sind diese Romane vom polit. Gedankengut seiner Zeit erfüllt. Bes. bekannt wurden *Die Schlacht von Benevent* (1827 in 4 Bdn., dt. 1853) und *Beatrice Cenci* (1854, dt. 1858).

Guerrini, Olindo, Ps. *Lorenzo Stecchetti* (* 4. 10. 1845 Forlì, † 21. 10. 1916 Bologna). – Ital. Schriftsteller, war in Bologna und Genua als Bibliothekar tätig, führte unter dem Einfluß von Baudelaire, den franz. Naturalisten und der Parnassiens den sog. Verismus in die italien. Lyrik ein und wandte sich polem. gegen die Romantik. Ein typ. Zeugnis dieses Stils sind die Gedichte *Postuma. Canzoniere* (1877), aber auch die Gedichtbände *Polemica* (1878), *Nova Polemica* (1878), *Conti popolari romagnoli* (1880), *Rime* (1897) und *Sonetti romagnoli* (1920). Seine Romane und Dramen blieben unbeachtet.

Guesmer, Carl (* 14. 5. 1929 Kirch-Grambow/Mecklenburg). – Dt. Dichter, seit 1951 als Bibliothekar in Marburg tätig, ist als Lyriker zarter impressionist. Gedichte, deren Stil und formale Gestaltung manchmal an Loerke erinnern, hervorgetreten. Seine Themen kreisen in einer spröden, an Metaphern reichen Sprache um Abschied, Trauer und Vergänglichkeit. Bes. bekannt wurden die Sammlungen *Frühling des Augenblicks* (1954), *Ereignis und Einsamkeit* (1955), *Von Minuten beschattet* (1957), *Alltag in Zirrusschrift* (1960), *Zeitverwehung* (1965), *Dächerherbst* (1970), *Abziehendes Tief* (1974), *Zur Ferne aufspielen* (1985) und die Prosa *Geschehen und Landschaft* (1967).

Gütersloh, Albert Paris von, eigtl. *Albert Conrad Kiehtreiber* (* 5. 2. 1887 Wien, † 16. 5. 1973 Baden/Wien). – Österr. Schriftsteller, anfängl. Expressionist, wandte er sich zunehmend einer philosoph. Grundhaltung zu, in der er christl. Traditionen mit heidn. Elementen zu verbinden suchte. Seine Werke zeigen in der stilist. Vielfalt und dem gekonnten formalen Ausdruck viele ansprechende Züge. R. Musil, H. v. Hofmannsthal und H. Bahr haben auf sein Schaffen entscheidenden Einfluß ausgeübt. Mit F. Blei gab er 1918/19 die expressionist. Zeitschrift »Die Rettung« heraus. Zu erwähnen sind die Romane *Die tanzende Törin* (1910), *Der Lügner unter Bürgern* (1922), *Eine sagenhafte Figur* (1946), *Sonne und Mond* (1962), *Die Fabel von der Freundschaft* (1969), die Erzählungen *Die Vision vom Alten und vom Neuen* (1921), *Die Fabeln vom Eros* (1947), *Laßt uns den Menschen machen* (1962), die Gedichte *Musik zu einem Lebenslauf* (1957), *Treppe ohne Haus* (1975) und die Essays *E. Schiele* (1911), *Zur Situation der modernen Kunst* (1963) und *Miniaturen der Schöpfung* (1970).

Guevara, Antonio de (* um 1480 Asturias de Santillana, † 3. 4. 1545 Mondoñedo). – Span. Adeliger, wirkte mit seinen stark moralphilosoph. Schriften auf die Zeitgenossen in ganz Europa und bereitete in seiner Heimat der geistigen Bewegung des Konzeptismus den Weg. Nach dem Tode der Königin Isabella trat er in den Franziskanerorden ein, wurde Reisebegleiter und Chronist Karls V. und 1528 Bischof von Guadix, später von Mondoñedo. Sein Roman *Libro áureo del emperador Marco Aurelio* (1529) wurde als Entwurf vom Bild eines idealen Herrschers zu einem Bestseller der europ. Literatur seiner Zeit. Mit dem Werk *Menosprecio de corte y alabanza de aldea* (1539) leitete er die lit. Gattung ein, die im Zeitalter des Humanismus im Stil antiker Vorbilder das zurückgezogene Leben auf dem Land pries.

Guggenheim, Kurt (* 14. 1. 1896 Oberenstringen/Zürich, † 5. 12. 1983 Zürich). – Schweizer Schriftsteller, Antiquar. Seine vielgelesenen Romane zeichnen in einfacher Sprache das bürgerl. Leben in seiner Heimat, wobei er manchmal auch zeigt, daß der Mensch dieser Gesellschaft entfliehen muß, um bestehen zu können. Aus seinem umfassenden Werk sollen nur die wichtigsten Titel genannt werden, etwa die Romane *Entfesselung* (1935), *Riedland* (1938), *Wilder Urlaub* (1941), *Die heimliche Reise* (1945), *Wir waren unser vier* (1949), *Alles in allem* (1952 bis 1955 in 4 Bdn.), *Der goldene Würfel* (1967), *Minute des Lebens* (1969), *Gerufen und nicht gerufen* (1973), *Das Zusammensetzspiel* (1977), die Erzählung *Nachher* (1974), *Der labyrinthische Spazierweg* (1975), die Autobiographie *Salz des Meeres, Salz der Tränen* (1964) sowie das vorzügliche Buch über Gottfried Keller *Das Ende von Seldwyla* (1965).

Guidi, Alessandro (* 14. 6. 1650 Pavia, † 13. 6. 1712 Frascati). – Ital. Dichter, lebte im Gefolge der kath. Königin Christine von Schweden in Rom und trat später in den Dienst des Kardinals Albani. Als Mitglied der Accademia dell' Arcadia wurde er bes. als Lyriker berühmt, wobei seine Gedichte, die die freie Kanzone verwenden, *Poesie lirichi* (1671) und *Rime* (1701), allgemeine Anerkennung fanden. 1780 erschienen sie in einer ersten Gesamtausgabe u. d. T. *Poesie.* Seine Dramen *Amalasunta in Italia* (1681), *Dafne* (1689) und *Endimione* (1692) blieben weitgehend unbekannt.

Guido delle Colonne (* um 1210 Messina [?], † nach 1287). – Der italien. Dichter wirkte als Richter in Messina und versuchte in seinen Werken als typ. Repräsentant der sizilian. Schule die Minnelyrik der Provenzalen nachzuahmen. Nach dem Vorbild des *Roman de Troie* des Benoît de Sainte-Maure schrieb er die *Historia destructionis Troiae (Geschichte der Zerstörung Trojas)*, die im ausgehenden Mittelalter zu den berühmtesten Büchern in ganz Europa gezählt wurde.

Guillaume de Machaut (* um 1300 Machaut/Ardennen, † Mai 1377 Reims). – Franz. Theologe und Dichter, war Kaplan und

Sekretär Johanns von Luxemburg und verbrachte seine letzten Lebensjahre als Domherr zu Reims. Berühmt wurden seine Gedichte, die alle zeitgenöss. Gattungen umfassen und in denen er immer wieder zeigt, daß er bei der Gestaltung keinerlei formale Schwierigkeiten kennt. Die Melodien sind z. T. erhalten und gehören zu den wichtigsten musikal. Zeugnissen der Zeit. Bes. berühmt wurde sein Versroman *Livre dou Voir Dit* (um 1363), der in Form eines Briefwechsels zwischen einem alternden Priester und einer jungen Frau das Ideal der Weltentsagung preist.

Guillén, Jorge (* 18. 1. 1893 Valladolid, †6. 2. 1984 Málaga). – Span. Dichter, Lektor für Spanisch an der Sorbonne, danach Lehrstuhl für span. Literatur an der Universität Sevilla. 1938 ließ er sich in Amerika nieder. G. gehört zu den bedeutendsten modernen Lyrikern der »poésie pure«. Erstmals wurde der *Cántico* 1928 veröffentlicht, doch sind mittlerweile zahlreiche erweiterte Neuauflagen erschienen. Die letzte umfaßt 334 Gedichte in fünf Abteilungen *(Al aire de tu vuelo – Las horas situadas – El pájaro en la mano – Aquí mismo – Pleno ser)*. Der *Cántico*, in direkter Lebensbejahung den Dingen dieser Welt zugewandt, wurde von Jiménez, Valéry und Mallarmé beeinflußt und von Valéry und Claudel übersetzt. Daneben stehen noch zahlreiche andere Gedichtbände wie *Huerto de Melibea* (1954), *Mare magnum* (1957), *Viviendo y otros poemas* (1958), die Anthologie *Historia natural* (1960) und der Essay *Lenguaje y poesia* (1962). Dt. erschienen die Gedichtbände *Berufung zum Sein* (1963), *Ausgewählte Gedichte* (1974).

Guillén, Nicolás (* 10. 7. 1902 Camagüey/Kuba, †16. 7. 1989 Havanna). – Kuban. Dichter afrikan.-europ. Herkunft, nahm aktiv am Spanischen Bürgerkrieg teil und wurde als engagierter Anhänger Castros Kulturbotschafter in zahlreichen Ländern. Seine Gedichte, die sehr stark an den Volksliedton erinnern, greifen in span. Sprache Elemente der Volksdichtung der ehemaligen afrikanischen Sklaven auf und wenden sich als polit. Dichtung gegen die Ausbeutung und Unterdrückung der Schwarzen Mittelamerikas. Bes. bekannt wurden neben der ersten Ausgabe der *Gesammelten Gedichte* (1947) die übersetzten Gedichte u. d. T. *Bitter schmeckt das Zuckerrohr* (1952) und die letzten Sammlungen *Antología mayor* (1964), *Poemas del zoo* (1967), *Gedichte* (dt. 1982) sowie die Prosa *Estampa de Lino Doň* (1944), *Prosa de prisa* (1962) und die dt. Auswahl *Bezahlt mich nicht, daß ich singe* (1961).

Guilloux, Louis (* 15. 1. 1899 Saint-Brieuc, †14. 10. 1980 ebd.). – Franz. Schriftsteller, überzeugter Sozialist. Nach dem Ersten Weltkrieg lebte er in Paris und begleitete A. Gide 1936 auf seine Reise in die Sowjetunion. Seine Romane sind stets von einer überzeugten humanen Grundauffassung getragen, wobei er die Dummheit und Verführbarkeit der Masse darzustellen versucht. Bes. bekannt wurde sein Roman *Le sang noir*

(1935), in dem er die letzten Stunden eines heruntergekommenen, geistig.-moral. verschlampten Philosophen darstellt. Daneben fanden aber auch die Romane *Histoires de brigands* (1936), *Le pain des rêves* (1942), *Absent de Paris* (1952), *Les batailles perdues* (1960) sowie die Autobiographie *Le jeu de patience* (1949) allgemeine Beachtung.

Guimarães Rosa, João (*27. 6. 1908 Cordisburgo, †20. 11. 1967 Rio de Janeiro). – Brasilian. Autor und Arzt, trat 1934 in den diplomatischen Dienst und lebte lange Jahre in Bogotá und Hamburg. Heute gilt er als einer der bedeutendsten Erzähler der brasilian. Literatur in unserem Jh., sein Hauptwerk *Grande Sertão* (1956, dt. 1964) wird als Nationalepos gefeiert. In dem breit angelegten Roman erzählt er vom geheimnisvollen, unbekannten und stillen Brasilien, vom Leben in den Steppen- und Waldgebieten im Inneren und von der Erlebnistiefe einfacher Menschen. Auch seine übrigen Werke, in erster Linie Erzählungen, fanden interessierte Aufnahme, z. B. *Sagarana* (1946), *Corps de ballet* (dt. 1966), *Das dritte Ufer des Flusses* (1962, dt. 1968) und *Tutaméia. Terceiras Estórias* (1967).

Guimerà, Angel (* 6. 5. 1849 Santa Cruz de Tenerife, †18. 7. 1924 Barcelona). – Katalan. Schriftsteller, Dramatiker und Kaufmann, arbeitete im Weingeschäft seines Vaters, wandte sich aber nach dessen Tod ausschließl. der Literatur zu. G.s gesamtes Schaffen ist stark polit. geprägt, wobei er mit großem Engagement für die Unabhängigkeit Kataloniens eintrat. Als führender Mitarbeiter der Zeitschrift »La Renaixensa« fand er in ganz Spanien hohe Anerkennung. Lit. empfing er entscheidende Einflüsse durch die dt. Naturalisten, bes. Sudermann und G. Hauptmann. In ihrer Nachfolge muß man sein Theaterschaffen, mit dem er das moderne katalan. Theater begründete, sehen, wobei die Tragödien als Musterbeispiele hervorragen. Als bes. typisch seien genannt: *Gala Placídia* (1879), *Judith de Welp* (1883), *Mar i cel* (1888), *La boja* (1890), *L'ánima morta* (1892), *Maria Rosa* (1895), *La festa del blat* (1896), *Mossén Janot* (1898), *La filla del mar* (1899), *La pecadora* (1902). Weltberühmt wurde er durch die Tragödie *Terra Baixa* (1897), die d'Albert als Textbuch für seine Oper *Tiefland* benützte. Eine Gesamtausgabe seiner Werke erschien 1924 bis 1930 in 5 Bdn.

Guinizelli, Guido (* um 1240 Bologna, †1276 Monselice). – Ital. Dichter, stammte aus einer adligen ghibellin. Familie, studierte Jura und trat sein ganzes Leben für die ghibellin. Politik ein, so daß er 1274 in die Verbannung gehen mußte. Als Dichter kommt ihm bes. Bedeutung zu, da er den sog. »Dolce stil nuovo«, eine perfekte, kunstvolle und sehr komplizierte Gestaltungsweise lit. Texte begründete, die bald zur allgemein gültigen Mode wurde. Die 7 erhaltenen Sonette und 5 Kanzonen verbinden mit diesem äußeren neuen Stil eine Rückwendung zu antiken Vorbildern, etwa zur platon. Liebesidee und zum überlieferten Minnesang. Eine dt. Übersetzung liegt in der Ausgabe *Frühe italienische Dichtung* (1922) vor.

Guiot de Provins. Altfranz. Dichter, lebte an der Wende vom 12. zum 13. Jh. G. war Mönch in Clairvaux und später in Cluny, traf auf dem Mainzer Hoffest mit Barbarossa zusammen und hinterließ ein leider nur sehr fragmentar. Werk von 5 höf. Kanzonen und eine um 1210 geschriebene Satire auf die verschiedenen gesellschaftl. Gruppen, die unter dem irreführenden Namen *Bible* überliefert ist.

Guitry, Sacha, eigtl. *Alexandre Pierre Georges G.* (*21. 5. 1885 Petersburg, †24. 7. 1957 Paris). – Franz. Dramatiker und Schauspieler, errang gleich mit dem ersten größeren Werk *Nono* (1905) einen beachtl. Erfolg. Bald wurden seine Stücke zu Kassenschlagern der Boulevardtheater, er selbst wurde in Anerkennung seiner lit. Verdienste zum Kommandeur der Ehrenlegion ernannt und in die Académie Goncourt aufgenommen. Seine 130 Stücke sind Musterbeispiele für den »esprit parisien«. Mit leichter Ironie, einer gewissen Frivolität und einer immer treffenden Situationskomik versteht er es, den Zuschauer vorzüglich zu unterhalten. Aus der Fülle seiner Spiele seien nur einige typ. Beispiele genannt, etwa *Le veilleur de nuit* (1911), *Debureau* (1918), *Pasteur* (1919), *Ich liebe dich* (1921, dt. 1928), *L'amour masqué* (1923), *Le blanc et le noir* (1925, dt. 1926), *Mozart* (1926), *Désiré* (1928), *Wenn ich mich recht erinnere* (1935, dt. 1939), *Du und die anderen Frauen* (1947, dt. 1962), *Une folie* (1953), *Châteaux en Espagne* (1955). Das Gesamtwerk erschien 1950 in franz. Sprache in 12 Bdn.

Gulbranssen, Trygve (*15. 6. 1894 Oslo, †10. 10. 1962 Gut Hoboe/Eidsberg). – Norweg. Dichter, Sohn eines Baumeisters, stammte aus ländl. Verhältnissen und war später Direktor einer Tabakfabrik. 1942 zog er sich auf sein Gut Hoboe zurück, um nur als freier Schriftsteller zu arbeiten. Mit seiner Romantrilogie über ein altes Bauerngeschlecht *Und ewig singen die Wälder* (1933, dt. 1935) – der zweite und dritte Teil erschienen dt. u. d. T. *Das Erbe von Björndal* (1935, dt. 1936) – erzielte er einen sensationellen Welterfolg, der sich durchaus mit den Erfolgen anderer Werke nord. Erzählkunst vergleichen lassen kann.

Gulden, Alfred (*25. 1. 1944 Saarlouis). – Vielseitiger saarländ. Autor, studierte Theaterwissenschaft, arbeitete als Regisseur für das Theater und das Fernsehen. Neben Mundartstücken wie *Naatschicht* (1979) und *Bruch* (1984) stehen postmoderne Heimatromane, z. B. *Die Leidinger Hochzeit* (1984), *Ohnehaus* (1991), Mundartlyrik, z. B. *Da eewich Widdaschpruch* (1978) und Kinderbücher, z. B. *Palaawa: Dòò saat da Schwaan zum Hächt* (1982).

Gullberg, Hjalmar Robert (*30. 5. 1898 Malmö, †19. 7. 1961 Stockholm). – Schwed. Lyriker, Pflegekind aus einer Arbeiterfamilie, 1936–50 Leiter der Literaturabteilung des Schwedischen Rundfunks. Seine stimmungsvollen und sehr bilderreichen Gedichte enthalten vielfältige Paradoxien. Durch die Verbindung von Erhabenem und Banalem, Apokalyptischem und Idyllischem und auf der Grundlage einer sehr persönl. christl. Religiosität, die myst. Züge aufweist, entfaltet er sprachl. intensive Wortgebilde. Von seinen vielen Gedichtbänden gibt es im Dt. leider nur eine Auswahlausgabe u. d. T. *Gedichte* (1959). Eine umfassende schwed. Ausgabe in 4 Bdn. erschien 1948 u. d. T. *Samlade dikter*.

Gullvaag, Olav (*31. 12. 1885 Drontheim, †25. 9. 1961 Hvalstad/Oslo). – Norweg. Dichter, arbeitete vorübergehend als Kunstmaler und wurde dann Redakteur verschiedener sozialist. Zeitungen. Seine episch breit gestalteten Romane, die den Einfluß Hamsuns deutl. erkennen lassen, erzählen vom Leben der norweg. Menschen im 18. Jh. Bes. bekannt wurden *Es begann in einer Mittsommernacht* (1937, dt. 1939), *Im Licht der Gnade* (1939, dt. 1952), *Der Halbmondbläser* (1941, dt. 1957), *Die Sigurdsaga* (1947, dt. 1959), *Kain, der Schuhmacher* (1951, dt. 1952) und *Ein altes Lied klingt aus* (1953, dt. 1954). Seine Gedichte und Dramen waren nur in seiner Heimat erfolgreich. Von Bedeutung sind noch seine Lebensgeschichte des hl. Olav und zahlreiche Übersetzungen dt. Lyrik.

Gumiljow, Nikolai Stepanowitsch (*15. 4. 1886 Kronstadt, †24. 8. 1921 Petrograd). – Russ. Lyriker, studierte in Paris und Petersburg, unternahm Reisen durch Europa und Afrika und begründete zusammen mit Freunden die Zeitschrift »Apollon«. Im Zuge der revolutionären Säuberungen wurde er 1921 als Konterrevolutionär hingerichtet. G. ist einer der bedeutendsten russ. Lyriker des frühen 20. Jh.s. Er verarbeitet in seinen Werken heroische Themen aus Sage und Geschichte, beschreibt Entdecker und Eroberer und verwertet Motive aus Volksmärchen. G. bewältigt exot. Impressionen auf meisterl. Weise, indem er sie konkret und real darzustellen versteht. Die von seinen Gedichten vermittelte romant. Stimmung, seine gekonnte Verstechnik und die verwendeten Themen haben ihm starken Einfluß beim Publikum verschafft. Seine Übersetzungen von Coleridge, Th. Gautier und zahlreicher franz. Volkslieder übten intensive Wirkung auf die Lyrik Rußlands aus. Eine Gesamtausgabe erschien 1947 in 4 Bdn. Als Beispiele des lit. Schaffens von G. sind hervorzuheben die Gedichte *Žemčuga* (1910) und *Čuzoe nebo* (1912) sowie das Essay *Pis'ma o russkoj poèzii* (1923) und die posthum 1952 veröffentlichte Tragödie *Otravlennaja tunika*.

Gumppenberg, Hanns Freiherr von, Ps. *Jodok* und *Immanuel Tiefbohrer* (*4. 12. 1866 Landshut, †29. 3. 1928 München). – G. studierte in München Literatur und Philosophie und wirkte dann als freier Schriftsteller und Redakteur verschiedener Zeitungen; allgemein bekannt wurde er als Mitbegründer und Mitglied des Kabaretts »Die 11 Scharfrichter«. Bes. sind hervorzuheben die Dramen *Thorwald* (1888), *Der Messias*

(1891), *Alles und Nichts* (1894), *Der erste Hofnarr* (1899), *Die Verdammten* (1901), *König Heinrich I.* (1904), *Die Einzige* (1905), die Sammlung vorzügl. Parodien *Das teutsche Dichterroß* (1901) sowie die Gedichte *Aus meinem lyrischen Tagebuch* (1906), *Schauen und Sinnen* (1913). Seine Autobiographie *Lebenserinnerungen* (1930) ist ein lebendiges Zeugnis der Zeit der Jahrhundertwende.

Gunadhya. Der ind. Dichter des 3. vorchristl. Jh.s gilt als Verfasser einer großen Sammlung von Fabeln, Märchen und Legenden, die etwa 100 000 Strophen ausgemacht haben müssen, die im Original jedoch nicht erhalten sind. Da sich jedoch zahlreiche Dichter auf sein Werk *Brhatkathā* berufen, ist seine Verfasserschaft außer Zweifel. Seine Wirkung auf die spätere ind. Literatur ist nicht zu überschätzen.

Gundulić, Ivan, italien. *Giovanni Gondola* (*8.1. 1589 Dubrovnik, 8.12. 1638 ebd.). – Südslaw.-dalmat. Dichter, hatte hohe polit. Funktionen in Ragusa inne und gilt heute als der bedeutendste Barockdichter seines Volkes. Unter dem starken Einfluß der Werke Tassos schrieb er zehn Dramen, deren manierist. Stil dem Zeitgeschmack sehr entgegenkam, so z. B. *Prozerpina, Arijadna, Dijana, Armida* (alle vor 1620). Beachtung fanden auch im Ausland das religiöse Epos *Suze sina razmetnoga* (1622), in dem er die Thematik der bibl. Erzählung vom verlorenen Sohn aufgreift, das Schäferspiel *Dubravka* (1628) und das Heldenepos *Osman* (vor 1638).

Gunn, Neil Miller (*8.11. 1891 Dun beath Caithness, †15.1. 1973 Inverness). – Schott. Romancier, bildete sich als Autodidakt zu einem guten Kenner der europ. Literatur. In seinen vielgelesenen und in zahlreiche Sprachen übersetzten Romanen schildert er das Leben der Menschen in Schottland. Sein bekanntester Roman *Das verlorene Leben* (1934, dt. 1937) schildert Begebenheiten aus dem schott. Hochland zur Zeit der Napoleon. Kriege. In Dtld. wurden auch die Romane *Frühflut* (1931, dt. 1938), *Felsen der Herrschaft* (1944, dt. 1949), *Das Glück am Ende der Welt* (1951, dt. 1955) von zahlreichen Lesern geschätzt. Seine Autobiographie *The Atom of Delight* (1956) zeichnet ein treffl. Bild der ersten Jahrhunderthälfte in Schottland.

Gunnarsson, Gunnar (*18.5. 1889 Valpjófsstaður, †21.11. 1975 Reykjavík). – Isländ. Schriftsteller, stammt aus einer alten Bauernfamilie, studierte unter großen persönl. Belastungen in Dänemark und Heidelberg und kehrte 1939 promoviert in seine Heimat zurück. Sicher ist G. heute neben Laxness der international am meisten anerkannte nord. Autor, der in seinem reichen, alle lit. Gattungen umspannenden Werk immer wieder postuliert, daß die skandinav. Länder sich als kulturelle und polit. Einheit sehen und verstehen. In Dtld. wurden u. a. die zyklischen Romane *Die Leute auf Borg* (1914, dt. 1927), *Der Geächtete* (1916, dt. 1928), *Die Eidbrüder* (1918, dt. 1934), *Der Haß des Pall Einarsson* (1920, dt. 1921), *Schiffe*

am Himmel (1925, dt. 1928), *Der unerfahrene Reisende* (1927, dt. 1931), *Schwarze Schwingen* (1929, dt. 1930), *Im Zeichen Jörds* (1933, dt. 1935), *Der graue Mann* (1936, dt. 1937), *Die Eindalssaga* (1952, dt. 1959), die Erzählungen *Das Geheimnis der hellen Nacht* (1932, dt. 1935), *Das Haus der Blinden* (1933, dt. 1935), *Advent im Hochgebirge* (isländ. und dt. 1937), *Von Trylle Oalde und dem Hasen Lampe* (isländ. und dt. 1939) sowie das histor. Werk *Island, die Sagainsel* (1935, dt. 1936) sehr geschätzt. Außerdem erschienen in dt. Übersetzung die meisterhaften Erzählungen *Der Königssohn* (1932), *Die goldene Gegenwart* (1934), *Der brennende Stein* (1936), *Einsamer Reiter* (1940), *Die dunklen Berge* (1949) und *Kinder, Schelme und Käuze* (1952). Eine isländ. Gesamtausgabe erschien 1960 bis 1963 in 19 Bdn.

Gurk, Paul, Ps. *Franz Grau* (*26.4. 1880 Frankfurt an der Oder, †12.8. 1953 Berlin). – Dt. Schriftsteller. Sein umfangreiches Werk wurde von seinen Mitbürgern kaum beachtet. Heute erkennt man, daß sein Großstadtroman *Berlin* (1934) zu den besten zeitkrit. Arbeiten gehört. Daneben schrieb er Dramen wie *Thomas Münzer* (1922), *Bruder Franziskus* (1923), *Wallenstein und Ferdinand II.* (1927), *Magister Tinius* (1946), die sich wegen ihrer wenig strukturierten Handlung auf den Bühnen nicht durchsetzen konnten. Seine Romane *Die Wege des teelschen Hans* (1922), *Meister Eckehart* (1925), *Palang* (1930), *Judas* (1931), *Wendezeiten* (1940f. in 3 Bdn.), *Iskander* (1944) sind dann gelungen, wenn sie sich kleinen spannenden Details zuwenden. So ist auch sein Kriminalroman *Tresoreinbruch* (1935) von der Struktur das beste Werk.

Gustafsson, Lars E. E. (*17.5. 1936 Västerås). – Schwed. Autor, promovierte mit einer Arbeit über die Sprachanalytik Wittgensteins. Die Auseinandersetzung mit Wittgensteins Philosophie ist bestimmend für alle Schriften G.s, der zunächst als Kritiker, später als Chefredakteur der Zeitschrift »Bonniers Litterära Magasin« arbeitete. In seinen Gedichten und Romanen, die stets vom Menschen als einem zur Sprache befähigten Wesen ausgehen, setzt er sich mit den philosoph. Grundfragen Identität, Zeit und Objekt auseinander. Sein bekanntester Roman wurde *Der eigentliche Bericht über Herrn Alexander* (1966), doch stehen daneben weitere bemerkenswerte Romane, so u. a. *Vägvila* (1957), *Poeten Brumbergs sista dagar och död* (1959), *Följeslagarna* (1962), *Herr Gustafsson selbst* (1971, dt. 1972), *Wollsachen* (1973, dt. 1974) und der mit J. Myrdal gemeinsam geschriebene Roman *Die unnötige Gegenwart* (1974, dt. 1975). Von den Gedichten wurde die Sammlung *En resa till jordens medelpunkt* (1966) bekannt, die dt. u. d. T. *Die Maschinen* (1967) als Auswahl erschien. Nur schwed. liegen vor *Wright uppsöker Kitty Hawk* (1968) und *Varma rum och kalla* (1972). Als Essayist trat er mit *The Public Dialogue in Sweden* (1964) und *Komentarer* (1972) hervor. Eine gute dt. Auswahl aus seinem Werk bietet der Bd.

eine Insel in der Nähe von Magora (1973). In letzter Zeit erschienen u. a. in Dt. die Romane *Das Familientreffen* (1976), *Sigismund. Aus den Erinnerungen eines Barockfürsten* (1977), *Der Tod eines Bienenzüchters* (1978) und *Bernhard Foys dritte Rochade* (1986) sowie die Erz. *Die Tennisspieler* (1979), *Erzählungen von glücklichen Menschen* (1981), *Die Kunst, den November zu überstehen, und andere Geschichten* (1988), *Nachmittag eines Fliesenlegers* (dt. 1991), Gedichte und Essays *Sprache und Lüge* (1978, dt. 1980), *Eine Liebe zur Sache* (1983), *Die Bilder an der Mauer der Sonnenstadt* (1987).

Guth, Paul (*5. 3. 1910 Ossun/Hautes Pyrénées). – Franz. Schriftsteller, Journalist bes. für »La Gazette des Lettres«. Neben seinen unter dem Titel *Quarante contre un* veröffentlichten Interviews mit bekannten Autoren hatte er bes. mit den heiteren und unterhaltsamen Romanen *Mémoires d'un naif* (1953) und seiner Erzählung *Jeanne la mince* (1960) Erfolg. In dt. Übersetzung liegen vor die Romane *Erdgeschoß, Hofseite links* (1957, dt. 1958), *Zweck späterer Heirat* (1958, dt. 1959), *Nur wer die Liebe kennt* (1959, dt. 1960) und die Biographie *Mazarin* (1972, dt. 1973).

Guttenbrunner, Michael (*7.9. 1919 Althofen/Kärnten). – Österr. Schriftsteller, nahm nach einer entbehrungsreichen Jugend am Widerstand gegen Hitler teil, so daß er mehrmals als polit. Verfolgter gefangengenommen wurde. Lit. trat er mit einfachen, sehr sensiblen und symbolkräftigen Gedichten an die Öffentlichkeit. Manche Züge zeigen deutl. eine Nachfolge der Traklschen Lyrik auf, etwa in *Schwarze Ruten* (1947), *Opferholz* (1954), *Ungereimte Gedichte* (1959), *Die lange Zeit* (1965), *Der Abstieg* (1975), *Gesang der Schiffe* (1980). Auch seine Prosa *Spuren und Überbleibsel* (1948) und die Erz. *Im Machtgehege* (1976) fanden Beachtung.

Gutzkow, Karl Ferdinand (*17.3. 1811 Berlin, †16.12. 1878 Sachsenhausen/Frankfurt). – Dt. Schriftsteller, studierte in Berlin Theologie und Philosophie und wandte sich, beeindruckt von den Ereignissen der franz. Juli-Revolution von 1830, mit seinen Schriften der Politik zu. Als Vertreter des sog. »Jungen Deutschland« wurde er von der Metternichschen Reaktion verfolgt und lebte mehrere Jahre im Ausland, immer für Pressefreiheit, Meinungsfreiheit und Demokratie eintretend. Mit seinem Roman *Wally, die Zweiflerin* (1835) löste er einen offenen Konflikt aus und wurde wegen Gotteslästerung und Veröffentlichung unzüchtiger Schriften mit Gefängnis bestraft. Anschließend schrieb er zahlreiche histor. Dramen wie *Nero* (1835), *König Saul* (1839), *Richard Savage* (1839), *Die Schule der Reichen* (1841) und sarkast. Lustspiele wie *Zopf und Schwert* (1844) oder *Das Urbild des Tartüffe* (1844). Seine sehr umfangreichen Romane greifen zeitgenöss. Probleme auf und sind heute für den Historiker als Dokumente zum Verständnis der polit. Literatur des vergangenen Jh.s von entscheidendem Gewicht. Hervorgehoben seien auch die Romane *Blasedow und seine Söhne* (1828 in 3 Bdn.), *Die Ritter vom Geiste* (1850 f. in 10 Bdn.), *Der Zauberer von Rom* (1859 bis 1861 in 9 Bdn.), *Die Söhne Pestalozzis* (1870 in 3 Bdn.), *Die neuen Serapionsbrüder* (1877 in 3 Bdn.). Sein Gesamtwerk erschien 1873 bis 1876 in 12 Bdn. Heute ist G. weniger als bedeutender Dichter denn als wichtiger Vorkämpfer der Literaturfreiheit von Bedeutung.

Gyllensten, Lars Johan Wictor (*12.11. 1921 Stockholm). – Schwed. Schriftsteller, seit 1966 Mitglied der Schwedischen Akademie der Wissenschaften. Seine Romane, die sich einerseits durch eine virtuose Formtechnik, zum anderen durch mehrschichtig strukturierte Handlungsführung auszeichnen, zeigen sehr grundsätzliche menschl. Probleme in unterschiedl. Brechungen auf. Leider sind die Texte noch kaum im Ausland bekannt, doch muß bes. auf die Romane *Det blå skeppet* (1950), *Barnabok* (1952), *Senila* (1956), *Senatorn* (1958), *Sokrates död* (1960), *Desperados* (1962, dt. 1965), *Kains Memoarer?* (1963, dt. 1968), *Juvenilia* (1965), *Palatset i Parken* (1970), und Essays *Nihilistikt credo* (1964), *Lotus i Hades* (1966), *Mänskan djuren all naturen* (1971), *Grottan i öknen* (1973) hingewiesen werden.

Gyöngyösi, István (*1629 Radvánc, †24.7. 1704 Roznyó). – Ungar. Dichter, lebte als Jurist und Hofdichter in Adelsfamilien und war wegen seiner vielfältigen und ansprechenden Gedichte allgemein sehr geschätzt. Seine detaillierten Darstellungen des höfischen Lebens nach lateinischen Vorbildern wirkten noch lange nach seinem Tode weiter.

Haanpää, Pentti (* 14.10. 1905 Pulkkila, †30.9. 1955 Piippola). – Der finn. Erzähler schilderte mit genauer Beobachtungsgabe und Ironie das Leben der »kleinen Leute«, der Waldarbeiter, Landstreicher, Müßiggänger. Er verband volkstüml. Elemente der Darstellung mit einer materialist. und sozialist. Grundhaltung. Erst spät wurde H. durch seine Novellensammlung *Heta-Rahko korkeassa iässä* (1947) und die Romane *Der Einfall des Gouverneurs* (1949, dt. 1965) und *Sadon tapaus* (1956) bekannt.

Haasse, Hella, eigtl. *Héléne Serafia van Lelyveld-Haasse* (* 2.2. 1918 Batavia). – Niederl. Schriftstellerin, lebte bis 1938 auf Java, studierte in Amsterdam Nordistik und besuchte eine Schauspielschule; ihr Werk ist durch ihre Kindheitserfahrungen sprachlich und stilistisch ebenso geprägt wie durch feminist. Gedanken, die sie in Holland kennenlernte. Ihre Romane *Wald der Erwartung* (1954, dt. 1957), *Die scharlachrote Stadt* (1954, dt. 1955), *Die Eingeweihten* (1957, dt. 1961) zeigen auch histor. Elemente, die sie in die vielfältige Darstellung einbezieht. H. strebt weniger danach, Persönlichkeiten zu gestalten als Beziehungen zwischen Menschen deutlich zu machen. Sie ist auch als Essayistin hervorgetreten.

Haavikko, Paavo Juhani (*25.1. 1931 Helsinki). – Finn. Schriftsteller, gilt heute mit seinem lit. Werk, das alle Gattungen umfaßt und für das er mehrfach ausgezeichnet wurde, als bedeutendster Autor Finnlands. Mit seiner Lyrik suchte er bereits 1951 einen eigenständigen Anschluß an die Moderne; seine Dramen und Hörspiele *Münchhausen* (1960, dt. 1965), *König Harald* (1974–78, dt. 1982), *Der König geht nach Frankreich* (1974, dt. 1984) sowie der Roman *Eisenzeit* (1982, dt. 1983), der als Fernsehfilm preisgekrönt wurde, zeigen histor. Ereignisse, ohne historisierend zu wirken. Die Geschichte ist für sie ein zeitenthobener Raum, in dem sich Vorbildhandlungen myth. Art vollziehen. Mit dieser Art der Darstellung bezieht sich H. auf das Kalevala-Epos.

Habberton, John (*24.2. 1842 Brooklyn, †24.2. 1921 Glen Ridge). – Amerikan. Schriftsteller, schlug sich als Drucker, Soldat und Mitarbeiter der New Yorker Zeitung »Herald« und der Zeitschrift »Collier's Weekly« durch. Als Schriftsteller war er mit *Helenes Kinderchen* (1876, dt. 1885) und *Anderer Leute Kinder* (1877, dt. 1886) erfolgreich. Seine Biographie *G. Washington* (1884) fand wenig Beachtung.

Habe, Hans, eigtl. *János Békessy* (* 12.2. 1911 Budapest, †29.9. 1977 Locarno). – Ungar.-österr. Schriftsteller, stammte aus der Familie eines berühmten Zeitungsverlegers. Mit 18 Jahren wurde er Journalist und 1935 Korrespondent des »Prager Tagblatts«. 1939 meldete er sich zur franz., dann zur amerikan. Armee. Nach 1945 arbeitete er im Auftrag der Alliierten am Aufbau des dt. Pressewesens und wurde Chefredakteur der »Neuen Zeitung« in München. Als mutiger, stets für den Rechtsstaat eintretender, bewußt konservativer Journalist hat er den Aufbau des dt. Zeitungswesens nach 1945 im freiheitl. Sinne grundlegend geprägt. H. schrieb vielgelesene Romane wie *Drei über die Grenze* (1936), *Ob tausend fallen* (1943), *Off limits* (1955), *Ilona* (1960), *Die Tarnowska* (1962), *Die Mission* (1965), *Christoph und sein Vater* (1966), *Das Netz* (1969), *Palazzo* (1975); ferner engagierte *Zeitglossen* (gesammelt 1977), Reportagen wie *Der Tod in Texas* (1964) und *Wie einst David* (1971) sowie die schonungslose Autobiographie *Ich stelle mich* (1954).

Habeck, Fritz (* 8.9. 1916 Neulengbach/Österreich). – Österr. Autor, kehrte nach Jurastudium und Krieg nach Wien zurück und war in verschiedenen Berufen tätig. Er schrieb v.a. histor. und zeitkrit. Romane, deren knapper, sachl. Prosastil von Hemingway beeinflußt ist, z.B. *Der Scholar vom linken Galgen* (1941), *Das zerbrochene Dreieck* (1953), *Der Ritt auf dem Tiger* (1958), *Die Stadt der grauen Gesichter* (1961), daneben Dramen, Hörspiele, Jugendbücher und die Biographie *François Villon* (1969). Der R. *Wind von Südost* (1979) gestaltet den Untergang einer Bürgerfamilie nach 1945 unter Verwendung lit. Motive der Nibelungensage, des Hamlet u. a. m.

Haber, Heinz (* 15.5. 1913 Mannheim, †13.2. 1990 Hamburg). – Dt. Physiker, Astronom und Publizist, war 1946–58 mit Forschungs- u. Lehraufträgen für die amerikan. Luftwaffe tätig. Danach produzierte er für das amerikan. und dt. Fernsehen populärwiss. Reihen. In allgemeinverständl. Weise erläutert Prof. H. auch als Autor zahlreicher Sachbücher, u.a. *Unser blauer Planet* (1965), *Der Stoff der Schöpfung* (1967), *Der offene Himmel* (1968), *Stirbt unser blauer Planet?* (1973), *Gefangen in Raum und Zeit* (1977), *Wenn unser Planet zürnt* (1986), naturwiss. Themen.

Hackländer, Friedrich Wilhelm von (*1.11. 1816 Burtscheid/Aachen, †6.7. 1877 Leoni/Starnberger See). – Dt. Schriftsteller, wurde nach freiwilligem Militärdienst Kaufmann und schrieb Lustspiele und Romane, die vornehmlich im militär. Milieu handeln und mit denen er die derbe Unterhaltungsliteratur der Kasernenkultur begründet. 1842 reiste er in den Orient, berichtete vom Feldzug gegen Piemont, begründete die Zeitschrift *Hausblätter* und wirkte als Direktor der königl. Bauten und Gärten in Stuttgart. 1961 in den Adelsstand erhoben. Bekannt wurden die Erzählungen *Bilder aus dem Soldatenleben im Frieden* (1841), *Wachstubenabenteuer* (1845), *Namenlose Geschichten* (1851), die Lustspiele *Der geheime Agent* (1851), *Magnetische Kuren* (1853), die Romane *Handel und Wandel* (1850), *Eugen Stillfried* (1852), *Fürst und Kavalier* (1865), *Der letzte Bombardier* (1870), *Sturmvogel* (1871) und die Autobiographie *Der Roman meines Lebens* (1878). Die Werke sind meist mehrbändig breit angelegt und trotz psycholog. Einfühlungsvermögens nur noch als Zeitdokument von Interesse.

Hacks, Peter (* 21. 3. 1928 Breslau). – Dt. Schriftsteller, zog nach einem Soziologie-, Philosophie- und Literaturstudium in München 1955 in die DDR, arbeitete beim Brecht-Ensemble in Ost-Berlin und lebt seit 1963 als freier Schriftsteller. In Anlehnung an Brecht benützt H. in den Komödien *Eröffnung des indischen Zeitalters* (1955), *Das Volksbuch vom Herzog Ernst* (1955), *Die Schlacht bei Lobositz* (1956), *Der Müller von Sanssouci* (1958), *Margarete in Aix* (1969), *Ein Gespräch im Hause Stein* (1977) u. a. historische Stoffe und verstärkt deren gesellschaftskrit. Aspekte. In den Komödien *Die Sorgen und Macht* (1962), *Moritz Tassow* (entstanden 1962; uraufgeführt 1965) und zahlreichen Bearbeitungen klass. Vorlagen wie *Amphitryon* (1970), *Omphale* (1970), *Der Frieden* (1963) übt H. durch Witz, Persiflage und Parodie Kritik an falschem Heldentum und gesellschaftl. Widersprüchen. Mit zeitkrit. Stücken stieß H. auf offiziellen Widerspruch, z. B. *Adam und Eva* (1973). Auch die Gedichte wie *Die Katze wäscht den Omnibus* (1973), *Das Pflaumenhuhn* (1975), Kinderbücher, etwa *Das Windloch* (1972), *Der Bär auf dem Försterball* (1972), *Kathrinchen ging spazieren* (1973), *Liebkind im Vogelnest* (1987) und theoretische Arbeiten, *Die Maßgaben der Kunst* (1977), *Essais* (1983) fanden in weiten Kreisen des Publikums Beachtung. Seine Texte liegen in zahlreichen Sammelausgaben vor.

Hadewijch, (* um 1200, † um 1260). – Die größte fläm. Mystikerin des Mittelalters stammte vermutl. aus adeliger Familie aus Antwerpen. Sie gehört zur relig. Frauenbewegung Brabants und drückt in visionären *Mengeldichten*, 45 strophischen *Gedichten* und lit. *Briefen* eine ekstat. Gottesliebe aus, die auf Vernunft, Tugend und Nächstenliebe beruht. Der Einfluß der provenzal. Minnedichtung auf ihre geistl. Minnelieder ist deutlich erkennbar.

Hadlaub, Johannes († an einem 16. März vor 1340 Zürich). – Schweizer Minnesänger, gehörte zum Kreis des Patriziers Manesse und war vielleicht an der Entstehung von dessen Liederhandschrift beteiligt, in der von ihm 54 Lieder überliefert sind. Minneklagen, Lieder der niederen Minne, Leiche, Herbst- u.

Tagelieder zeigen den starken Einfluß Neidharts und Steinmars. Neu ist der Typ des Erzählliedes. G. Keller schildert sein Leben in der Novelle *Hadlaub* (1878).

Hädecke, Wolfgang (* 2. 9. 1929 Weißenfels/Saale). – Dt. Schriftsteller, kam vor 1961 aus der DDR. Schon dort war er als Lyriker hervorgetreten. Aufsehen erregte sein Gedichtband *Leuchtspur im Schnee* (1963), dem *Uns stehn die Fragen auf* (1958) und das Drama *Die Brüder* (1960) vorausgegangen waren. Die Essays, wie auch der utop. Roman *Die Leute von Gomorrha* (1977), konzentrieren sich auf Umweltprobleme; 1986 erschien *Heinrich Heine. Eine Biographie*.

Haensel, Carl (* 12. 11. 1889 Frankfurt/M., † 25. 4. 1968 Winterthur). – Dt. Autor, wurde durch sein Tagebuch, das er als Verteidiger bei den Nürnberger Prozessen abfaßte, über seine fachjurist. Veröffentlichungen hinaus auch als Schriftsteller bekannt (*Das Gericht vertagt sich;* 1950). Vor dem Krieg erschien in vielen Auflagen sein packender Bergroman *Der Kampf ums Matterhorn* (1928), der eine Reihe von Tatsachenromanen und Biographien einleitete: *Das war Münchhausen* (1933), *Professoren* (1957), *Kennwort Opernball* (1953) und *Die Zeugin in den Wolken* (1964).

Härtling, Peter (* 13. 11. 1933 Chemnitz). – Dt. Schriftsteller, kam 1945 nach Nürtingen, wo er, wie später in Köln, Feuilletonredakteur war. 1962–70 gab er die Zeitschrift »Der Monat« heraus. 1967–73 leitete er einen Verlag; 1987 erhielt er den Hölderlinpreis der Stadt Bad Homburg. Als Lyriker vereinigt er phantast. und absurde Elemente in *Poeme und Songs* (1953), *Yamins Stationen* (1955), *Spielgeist Spiegelgeist* (1962), *Anreden* (1977), *Vorwarnung* (1983), *Mörsinger Pappel* (1987). Eine gesellschaftskrit. Sicht der Vergangenheit drücken die Romane *Das Familienfest* (1969), *Zwettl* (1973) und *Felix Guttmann* (1983) aus, eine Hinwendung zur sensiblen Dichterexistenz erfolgt in *Niembsch oder der Stillstand* (1964), *Hölderlin* (1976) und *Waiblingers Augen* (1987). Anerkennung fanden auch seine Romane *Oma* (1975) und *Hubert oder die Rückkehr nach Casablanca* (1978). Persönl. Vergangenheit erzählt er z. T. in *Nachgetragene Liebe* (1980). Auch als Autor vorzügl. Kinderbücher wird er sehr geschätzt, etwa *Und das ist die ganze Familie* (1970), *Das war der Hirbel* (1973), *Jakob hinter der blauen Tür* (1983), *Krücke* (1986), *Ben liebt Anna, Theo haut ab, Fränze* (1989), *Mit Clara sind wir sechs* (1991). H. trat auch mit theoretischen Arbeiten zur Lit. und als Herausgeber (Lenau, Flake) hervor. Eine Auswahl *Auskunft für Leser* erschien 1988; *Der Wanderer* (1988) ist ein autobiographischer Versuch; *Herzwand. Mein Roman* (1990) setzt sich mit den psych. Erfahrungen des Autors auseinander. Aufsätze, Reden und Gespräche enthält die Sammlung *Zwischen Untergang und Aufbruch* (1990).

Hafes (Hafiz), Schamsoddin Mohammad (* 1325 [1320?] Schiras, † 1390 ebd.). – Pers. Dichter, mit ihm erreichte die

pers. Literatur einen Höhepunkt. Der Lehrer einer Koran-
akademie feierte in fast 600 Gedichten (v. a. Ghaselen) Liebe,
Wein, Schönheit der Natur, Religion, den Fürsten und die
Dichtung. Eng vertraut mit islam. Mystik und der Variabilität
arab. und pers. Sprache, vermittelt sein Werk in formaler
Vollendung Heiterkeit und Leichtigkeit der Stimmung. H.
verband religiöse Symbole und drast. Anschaulichkeit zu einem Werk, das für unterschiedl. Auslegung offen ist. Erst nach
seinem Tod wurden seine Gedichte in einem *Diwan* gesammelt, im 19. Jh. wurden sie auch in Europa durch Goethe
(Westöstlicher Diwan) sowie durch die Übersetzungen von
Rückert bekannt gemacht.

Haffner, Sebastian (* 16. 12. 1907 Berlin). – Dt. Journalist,
verbrachte die Kriegsjahre im Exil und wurde später Mitarbeiter bedeutender dt. Zeitschriften und Zeitungen (»Stern«,
»Welt«). Seine lit. Arbeiten setzen sich in engagierter Weise
mit Problemen der Zeitgeschichte auseinander, z. B. *Winston
Churchill* (1965), *Die verratene Revolution* (1969), *Der
Selbstmord des Deutschen Reichs* (1970), *Preußen ohne
Legende* (1978), *Die Deutsche Revolution 1918/19* (1979),
Überlegungen eines Wechselwählers (1980). Für den Bestseller *Anmerkungen zu Hitler* (1978), eine vielseitige Auseinandersetzung mit dem Diktator und seinem Regime, erhielt H.
den Heine-Preis. 1985 veröffentlichte er 36 Essays *Zur Zeitgeschichte,* die häufig originelle und neue Perspektiven aufzeigen.

Hafner, Philipp (* 27. 9. 1731 Wien, † 30. 7. 1764 ebd.). – Österr.
Dichter, wandte sich früh dem Theater zu. Als Schauspieler
und Komödienautor reformierte er das Stegreifstück durch
dramat. Ideen der Aufklärung. Im Lustspiel *Die bürgerliche
Dame* (1763) läßt er typenhafte Figuren auftreten, vermischt
die Handlung aber mit Elementen des bürgerl. Trauerspiels
und der Charakterkomödie. Damit wurde er zum Vater des
Wiener Volksstücks (Raimund, Nestroy), in dem sich populäre
Elemente, Komik, Sentimentalität und Realismus verbinden.
Die Komödie *Megaera* (1764) steht in der Tradition des Wiener Zauberlustspiels.

Hafstein, Hannes (* 4. 12. 1861 Möðhruvellir, † 13. 12. 1922
Reykjavík). – Isländ. Dichter, bcendete als erster einheim.
Ministerpräsident Islands Isolation und führte es zum Anschluß an das moderne Europa. Er übersetzte Werke von
Goethe, Ibsen und Heine und schrieb selbst formal vollendete
lyrische Gedichte, z. B. *Kvæðabók* (1916). Literaturtheoret.
vertrat er den Realismus, da dieser ihm zeitgemäßer schien als
die engen nationalstaatl. Gedanken der Romantik.

Hagedorn, Friedrich von (* 23. 4. 1708 Hamburg, † 28. 10.
1754 ebd.). – Dt. Dichter, lernte in London die Werke von
Pope, Prior und Gay kennen. Nach seiner Rückkehr führte er
in Hamburg ein materiell gesichertes Leben und verfaßte Gedichte und Fabeln im Geschmack der franz. Klassik und nach
dem Vorbild von Horaz. Spielerische Anmut der Sprache und
heiterer Lebensgenuß äußern sich in vielen Gelegenheitsgedichten und Epigrammen und lassen H. zum ersten Vertreter
der dt. Anakreontik werden. Sein *Versuch in poetischen Fabeln und Erzählungen* (1738) und die *Moralischen Gedichte*
(1750) zeigen ein unerschütterl. Vertrauen in die Ideen der
Aufklärung. In den Epigrammen neigt er zu einer gewissen
lehrhaften Haltung. Auf die Zeitgenossen bis Lessing und
Goethe hat er großen Einfluß gehabt.

Hagelstange, Rudolf (* 14. 1. 1912 Nordhausen, † 5. 8. 1984
Hanau). – Dt. Schriftsteller, nach Studium und Tätigkeit in
einer Feuilletonredaktion gelang ihm noch in der Kriegszeit
der heiml. Druck seiner Gedichtsammlung *Venezianisches
Credo* (1945), die nach dem Krieg Aufsehen erregte. Das
Schicksal des Kriegs ist auch das Thema der *Ballade vom
verschütteten Leben* (1952). Mit ausgeprägtem Bewußtsein
für die traditionellen Formen bemüht sich H., die zerstörte
Welt aus christl.-humanist. Verantwortungsbewußtsein zu erneuern. Hierfür sind Gedichte wie *Meersburger Elegie* (1950),
Zwischen Stern und Staub (1953), *Lied der Jahre* (1961), *Der
Krak in Prag* (1969), *Gast der Elemente* (1972) ebenso Zeugnis wie der beispielhafte Roman *Spielball der Götter* (1959)
und die Erzählungen *Balthasar* (1951), *Wo bleibst du, Trost?*
(1958) und *Viel Vergnügen* (1960). Auch Reiseberichte über
die USA, z. B. *How do you like America?* (1959), Rußland
und Italien sowie die gesellschaftskrit. Romane *Altherrensom-
mer* (1969), *Der General und das Kind* (1974), Erzählungen,
z. B. *Venus im Mars* (1974), *Reisewetter* (1975), und Feuilletons rückten den Autor in den Gesichtskreis seiner Generation. 1977 erschienen seine heiteren Skizzen *Tränen gelacht,*
eine Neuauflage des heiteren Werks *Der schielende Löwe* und
Die Puppen in der Puppe, 1978 der Roman *Der große Filou.
Die Abenteuer des Ithakers Odysseus* sowie *Und es geschah
zur Nacht. Mein Weihnachtsbuch* (1978). Die Traumerzäh-
lung *Der sächsische Großvater* (1979) gestaltet poet. die Auseinandersetzung mit der jüngsten Vergangenheit. 1981 erschienen *Die letzten Nächte* und *Das Haus oder Balsers
Aufstieg.* Als Vorsitzender des Bundesverbandes Dt. Schriftsteller erwarb sich H. auch Verdienste um die soziale Sicherheit der Autoren.

Hagen, Victor v. (* 1908 St. Louis, † 8. 3. 1985 Montegon-
zi/Arezzo). – Amerikan. Autor, Sohn dt. Einwanderer. Bereits
früh entschloß er sich, die rätselvollen altamerikan. Kulturen
zu seiner Lebensaufgabe zu machen; er zählte zu den besten
Kennern des präkolumbian. Amerika. Die Erkenntnisse vieler
ausgedehnter Forschungsreisen und archäolog. Expeditionen
bilden die Grundlage für eine Reihe faszinierender kulturgeschichtl. Werke wie etwa *Sonnenkönigreiche* (1962), *Der Ruf
der Neuen Welt* (1970), *Auf der Suche nach dem goldenen
Mann. Die Geschichte von El Dorado* (1977).

Haggard, Sir Henry Rider (*22.6.1856 Bradenham Hall/Norfolk, †14.5.1925 London). – Engl. Schriftsteller, Landwirtschaftsexperte bei der Kolonialverwaltung in Afrika. Seine Erfahrung mit Land und Leuten bildet die Grundlage für geheimnisvolle Abenteuerromane, deren bekanntester *König Salomons Schatzkammer* (1885, dt. 1885, 1954 u. d. T. *Die Schätze des Königs Salomo*) auch in Dtld. weite Verbreitung fand.

Hahn, Ulla (*30.4.1945 Brachthausen/Sauerland). – Dt. Schriftstellerin, arbeitete neben ihrem Studium als Journalistin, dann Lehrbeauftragte und Redakteurin. Für ihre Lyrik, in der sie Lebensfragen des modernen Menschen gestaltet, z. B. *Herz über Kopf* (1981), erhielt sie den Leonce-und-Lena-Preis und das Stipendium der Villa Massimo sowie die Roswitha-Gedenkmedaille der Stadt Gandersheim (1986). In letzter Zeit trat sie mit Gedichten *Spielende* (1983), *Freudenfeuer* (1985), *Unerhörte Nähe* (1988) und als Herausgeberin hervor: *Stefan Hermlin* (1980), *Gertrud Kolmar* (1983). Beachtung fand der Roman *Ein Mann im Haus* (1991), obwohl er qualitativ die Lyrik der Künstlerin nicht erreicht.

Hahn-Hahn, Ida Gräfin von (*22.6.1805 Lupendorf, †12.1.1880 Mainz). – Mecklenburg. Schriftstellerin, begründete den dt. Frauenroman. Beeinflußt von G. Sand, vertrat sie in *Gräfin Faustine* (1841) mit schwärmerischen Zielen und schablonenhafter Technik die Frauenemanzipation. Ihre Aufzeichnungen *Meine Reise in England* wurden 1981 erneut herausgegeben und fanden als histor. Schilderung Beachtung. Die Autorin selbst konvertierte 1850 zum kath. Glauben. Ihre späten Werke – Romane und Gedichte – sind ohne lit. Bedeutung, obgleich sie viel gelesen wurden.

Haikal, Muhammad Husain (*20.8.1888 Kairo, †8.12.1956 ebd.). – Ägypt. Dichter, lebte im Zwiespalt zwischen europ. Fortschrittsglauben und arab. Tradition. Polit. Tätigkeit führte ihn zu hohen Ämtern. Eine lit. Pionierarbeit war *Zainab* (1914), der erste ägypt. Roman in moderner arab. Schriftsprache, dem, weniger bedeutend, der Roman *Waladí* (1931), als Reisebeschreibung angelegt, folgte. Zweifel an der Wirksamkeit europ. Rationalität, aber auch der Versuch, deren wiss. Standard auf die arab. Welt zu übertragen, schlugen sich nieder in *Das Leben Mohammeds* (1935).

Hailey, Arthur (*5.4.1920 Luton). – Engl. Erfolgsautor, lebt seit 1947 in Kanada und wendet sich der Gesellschaft der Mittelklasse und des Jet-sets zu. In präziser Beschreibung techn. Vorgänge und gesellschaftl. Rituale verbindet er Elemente des Sachbuchs mit Techniken des Abenteuerromans, z. B. *Letzte Diagnose* (1959, dt. 1960), *Auf höchster Ebene* (1962, dt. 1971), *Hotel* (1965, dt. 1966), *Airport* (1968), *Räder* (1971, dt. 1972). *Die Bankiers* (dt. 1976), *Hochspannung* (1979), *Bittere Medizin* (dt. 1984), *Reporter* (dt. 1990).

Haimonskinder. Die vier Söhne des Grafen Aymon de Dordogne gaben einem altfranz. Heldenepos (*Les quatre fils Aymon;* 12. Jh.) den Namen. Es berichtet von der Auflehnung der vier Brüder gegen Karl den Großen. Als Volksbuch war der Stoff durch die Übersetzung aus dem Niederl. durch Paul van der Alst (1604) auch in Dtld. verbreitet. Er wurde bis ins 18. und 19. Jh. bearbeitet: L. Tieck (1796), K. Simrock (1845) und G. Schwab (1859).

Hajaschi, Fumiko, eigtl. *Miyata F.* (*31.12.1904 Schimonoseki, †28.6.1951 Tokio). – Japan. Erzählerin, Tochter einer Geisha, schrieb seit ihrer Kindheit Gedichte und Kindergeschichten. Autobiograph. Züge haben die realist. Romane über das Leben der Arbeiterfrauen *Horoki* (1930) und *Seihin-nosho* (1931). Der Roman *Shitamadin* (1948) schildert das Elend der Nachkriegszeit.

Hakel, Hermann (*12.8.1911 Wien, †25.12.1987 ebd.). – Österr. Schriftsteller, mußte 1939 nach Mailand emigrieren, war 1940–44 in ital. KZs interniert und ging 1945 für zwei Jahre nach Israel. 1948–51 gab er die Zeitschr. »Lynkeus« heraus und war 1948 bis 1950 Vorsitzender des Österr. PEN-Clubs. Seine Lyrik *Und Bild wird Wort* (1947), *An Bord der Erde* (1948), *Ein Totentanz* (1950), *Hier und dort* (1955) behandelt das Thema der Emigration zugleich realist. und beschwörend visionär, wobei Einflüsse Kafkas spürbar sind.

Halas, František (*3.10.1901 Brünn, †27.10.1949 Prag). – Der tschech. Autodidakt arbeitete lange in einem Verlag. In den frühen Gedichten *Sepie* (1927) und *Tvář* (1930) herrschen Motive des Todes, der Angst und eine dunkle Metaphorik vor. In dt. Sprache erschien 1936 der Gedichtband *Alte Frauen*. Später nahm H. soziale Themen auf und ging während des Kriegs in den kommunist. Widerstand. Aufsehen erregte 1952 seine Absage an das tschech. kommunist. Regime. Eine Auswahl enthalten die zweisprachige Gedichtausgabe *Poesie* (1965) und die Sammlung *Der Hahn verscheucht die Finsternis* (1970).

Halbe, Max (*4.10.1865 Güttland/Danzig, †30.11.1944 Burg/Neuötting). – Dt. Dichter, Sohn eines westpreuß. Gutsbesitzers, studierte in München und lebte 1888 bis 1894 als freier Schriftsteller in Berlin, wobei die Freundschaften mit Wedekind, Hartleben, Keyserling und Thoma aus der Münchener Zeit erhalten blieben. Seine lit. Anfänge verliefen in der Bahn des Naturalismus. Das Pubertätsdrama *Jugend* (1893) über die Konflikte junger Menschen vor dem Hintergrund von relig. Fanatismus und Problemen des dt.-poln. Grenzlands war lange ein Erfolgsstück. Relativ erfolgreich waren noch seine realist. Heimatstücke aus dem Weichselland wie *Mutter Erde* (1897) und *Der Strom* (1904). Seit 1895 wohnte der Dichter in München und war Mittelpunkt Schwabinger Künstlerkreise, die er in den Erinnerungen *Jahrhundertwende* (1935) beschrieben hat. Neben den genannten Werken waren bes. erfolgreich die Schauspiele *Freie Liebe* (1890), *Eisgang* (1892),

Der Amerikafahrer (1894), *Lebenswende* (1896), *Der Erobe-rer* (1899), *Das tausendjährige Reich* (1900), *Haus Rosenha-gen* (1901), *Die Insel der Seligen* (1906), *Der Ring des Gauk-lers* (1911), *Kikeriki* (1921), *Heinrich von Plauen* (1933), *Die Elixiere des Glücks* (1936), *Kaiser Friedrich II.* (1940) sowie die Novellen und Erzählungen *Frau Meseck* (1897), *Der Ring des Lebens* (1909). *Der Frühlingsgarten* (1922).

Halbertsma, Eeltje Hiddes (* 8. 10. 1797 Grouw, † 22. 3. 1858 ebd.). – Fries. Schriftsteller, lebte in seiner Heimatstadt als Arzt. Seit seinem Studium verfaßte er unter dem Eindruck der Romantik Gedichte im Volksliedton und übersetzte Hölty und Hebel. Seine Dichtungen *Rimen en Teeltsjes*, 1871 zusammen mit denen seines Bruders Justus H. herausgegeben, sind heute noch das meistgelesene fries. Volksbuch.

Halbertsma, Justus (Joost) Hiddes (* 23. 10. 1789 Grouw, † 27. 2. 1869 Deventer). – Fries. Autor, Bruder von Eeltje H., war Pfarrer und Philologe. Seine Gedichte übernehmen Stoffe aus der Volksdichtung. Diese wirkt auch in seine Übersetzung des Matthäusevangeliums (*Het Evangelie van Mattheus*, 1858) hinein. Bahnbrechend war seine Arbeit als Sprachrefor-mer, Lexikograph, Biograph und Volkskundler.

Hale, Edward Everett (* 3. 4. 1822 Boston, † 10. 6. 1909 Rox-bury). – Amerikan. Schriftsteller und unitar. Geistlicher, schrieb 70 Jahre lang Artikel, Erzählungen, Polemiken und Predigten für amerikan. Zeitschriften. Sein realist. Stil war bei den Farbigen, für die er Bildungsmöglichkeiten organisierte, sehr beliebt. Die Erzählung *Der Mann ohne Vaterland* (1863, dt. 1958) erschien im »Atlantic Monthly« und rief zum Patrio-tismus im Bürgerkrieg auf. Daneben schrieb er Kurzgeschich-ten sowie die beachtl. Autobiographie *A New England Boy-hood* (1893).

Hálek, Vítězslav (* 5. 4. 1835 Dolínek, † 8. 10. 1874 Prag). – Tschech. Dichter, gab eine geistl. Laufbahn auf und wurde Lyriker, Dramatiker und Publizist. Zusammen mit J. Neruda erneuerte er die tschech. Dichtung. Die Sammlungen *Abend-lieder* (1858, dt. 1874) und *Vpřírodě* (1872–1874) enthalten seine schönsten Liebeslieder und Naturskizzen, die deutl. an Byron erinnern. Seine realist. Novellen wie *Fuhrmann Poldi* (1873, dt. 1964) spielen im dörfl. Milieu.

Halévy, Ludovic (* 1. 1. 1834 Paris, † 8. 5. 1908 ebd). – Franz. Schriftsteller, typ. Autor des Boulevardtheaters. Mit H. Meil-hac verwandelte er die alten Vaudevilles in die Operette und schrieb gemeinsam mit ihm die Textbücher für die Offenbach-Operetten *Die schöne Helena* (1855, dt. 1945), *Pariser Leben* (1866, dt. 1927), *Die Großherzogin von Gerolstein* (1867, dt. 1926) sowie die Komödie *Frou-Frou* (1870, dt. 1875) und das Libretto zur Oper *Carmen* (1875, dt. 1949).

Haley, Alex (* 11. 8. 1922 Ithaca/New York, † 10. 2. 1992 Se-attle). – Amerikan. Schriftsteller farbiger Abstammung, arbei-tete bei der Küstenwache und schrieb Kurzgeschichten für Zeitschriften. Nach der Lebensgeschichte des schwarzen Po-litikers Malcolm Little recherchierte er die Herkunft der eige-nen Familie aus Afrika und schrieb den Familienroman *Roots* (1976, dt. 1977), der rasch zu einem internationalen Bestseller wurde. Bes. das Leben der Afrikaner und ihre Geschichte werden in diesem Werk eindringlich und spannend vorgestellt. 1977 erhielt H. den Pulitzerpreis.

Haliburton, Thomas Chandler (* 17. 12. 1796 Windsor, † 27. 8. 1865 London). – Kanad. Erzähler, ursprüngl. liberal, über-nahm H. später konservative Ansichten. Die Gestalt des Uhr-machers S. Slick wird in seinem Werk zum Ausdruck polit. Grundauffassungen und Lehren; *The Clockmaker, or the Say-ings and Doings of Samuel Slick of Slicksville* (1836) enthal-ten scharfe satir. Dialoge. Viele Wendungen fanden als Sprich-wörter Eingang in die engl. Umgangssprache und Literatur. Weiter folgten *The Attaché, or Sam Slick in England* (1843 f.) und *Sam Slick's Wise Saws* (1853).

Halit Ziya Usakhgil (* 1866 Istanbul, † 27. 3. 1945 ebd.). – Türk. Schriftsteller, Prof. für Literatur und Privatsekretär des Sultans. Sein bekanntester Roman *Verbotene Liebe* (1900) über das Leben der hauptstädt. Oberschicht lehnt sich an franz. Realisten an. H. wurde zum Schöpfer der neutürk. Literatur.

Hall, James (* 19. 8. 1793 Philadelphia, † 5. 7. 1868 Love-land/Ohio). – Amerikan. Schriftsteller, einer der ersten Auto-ren des Westens. Als Soldat, Anwalt und Bankier tätig, gab er das Jahrbuch *Western Souvenir* (1828) heraus und schrieb Kurzgeschichten und *Sketches of History; Life and Manners of the West* (1834) vom Leben der franz. Siedler. Die besten Erzählungen enthalten *Legends of the West* (1832) und *Tales of the Border* (1835).

Hall, James Norman (* 22. 4. 1887 Colfax/Iowa, † 5. 7. 1951 Papeete/Tahiti). – Amerikan. Autor, lernte als Pilot Charles Nordhoff kennen, mit dem er 1920 nach Tahiti zog, wo sie gemeinsam die berühmte Abenteuertrilogie über das Schiff Bounty schrieben: *Mutiny on the Bounty* (1932), *Men Against the Sea* (1933) und *Pitcairn's Island* (1934). In Dtld. erschien die Trilogie in 2 Bdn. 1935–36 u. d. T. *Schiff ohne Hafen* und *Meer ohne Grenzen*. Außerdem war er mit *Der Hurrican* (1936, dt. 1937), *Der dunkle Strom* (1938, dt. 1939) und der Autobiographie *My Island Home* (1952) sehr erfolg-reich.

Hall, Willis (* 6. 4. 1929 Leeds). – Engl. Autor, schrieb seit 1958 zusammen mit Keith Waterhouse eine Reihe von populären Bühnenstücken, Hör- und Fernsehspielen, u. a. *Lügner Billy* (1960, dt. 1968), *Henry Hollins geht in die Luft* (dt. 1985). Vor allem sein Antikriegsstück *Das Ende vom Lied* (1959, dt. 1960) ist auch in Dtld. bekannt geworden.

Haller, Albrecht von (* 16. 10. 1708 Bern, † 12. 12. 1777 ebd.). – Die Literatur nahm im Leben des Schweizer Arztes und

Naturwissenschaftlers nur eine untergeordnete Rolle ein. In der kurzen Zeit von sieben Jahren bis zu seiner Berufung als Prof. nach Göttingen entstanden die meisten seiner Gedichte. 1732 erschien der *Versuch schweizerischer Gedichte*, im Abstand von zwei Jahren folgten Lehrgedichte wie *Über den Ursprung des Übels* und *Unvollkommenes Gedicht über die Ewigkeit*. Mit den *Alpen* (entstanden 1729, Erstausgabe 1732 in *Versuch schweizerischer Gedichte*) schuf H. im Anschluß an eine Gebirgsreise die Gattung der beschreibenden Landschaftspoesie aus erzieher. Absicht. Diese prägt auch die Staatsromane *Usong* (1771), *Alfred, König der Angelsachsen* (1773), *Fabius und Cato* (1774), in dem er verschiedene polit. Systeme analysiert. Von liter. und kunsthistor. Interesse sind sein *Tagebuch* (1787) und *Albrecht von H.'s Tagebücher seiner Reisen nach Dtld., Holland und England 1723–1727* (hg. 1883).

Hallmann, Johann Christian (*1640 Breslau, †1704 ebd.). – Dt. Dichter, lebte als Anwalt in Breslau, konvertierte zum Katholizismus und wandte sich dem Theater zu, wo er Wandertruppen vorstand. Volkstüml. Effekte, aber auch Elemente des Jesuitendramas und des ital. Musiktheaters finden sich in den Dramen *Theodoricus* (1666), *Marianne* (1670), *Sophia* (1671) sowie in Festspielen und Opern. Gesammelt erschienen seine *Trauer-, Freuden- und Schäffer-Spiele* 1672.

Hallström, Per August Leonard (*29.9. 1866 Stockholm, †18.2. 1960 ebd.). – Schwed. Schriftsteller, reiste nach Studium an der TH in Stockholm in die USA und arbeitete später in der schwed. Telegrafendirektion. Er war Theaterkritiker, Sekretär der Schwed. Akademie und Vorstand des Nobelpreisausschusses. Anfangs, unter dem Einfluß der engl. Romantik, erscheinen die Novellensammlungen *Verirrte Vögel* (1894, dt. 1904), *Purpur* (1895, darin *Falke*), *Ein geheimes Idyll* (1900, dt. 1904), *Die rote Rose* (1912, dt. 1919), *Das ewig Männliche* (1924) und *Das Wrack* (1924). Mit Melancholie und Pessimismus ist die Veränderung des bäuerl. Lebens in *Der tote Fall* (1902, dt. 1905) u. a. Romanen beschrieben. Übers. wurde auch der Essay *Der Volksfeind* (1915, dt. 1916).

Halm, Friedrich, eigtl. *Eligius Franz-Joseph Freiherr von Münch-Bellinghausen* (*2.4. 1806 Krakau, †22.5. 1871 Wien). – Österr. Dichter, Sohn eines hohen Richters, machte im Staatsdienst Karriere bis zum Intendanten der Hofbühnen. Sein lit. Schaffen steht ganz im Schatten der Weimarer und österr. Klassik. Perfekte äußere Form, konservative Haltung und Nachahmung der Tradition brachten seinen Dramen *Griseldis* (1837), *Der Sohn der Wildnis* (1843) und *Der Fechter von Ravenna* (1856) nur bei den Zeitgenossen Erfolg. Bedeutender sind realist. Novellen, u. a. *Die Freundinnen*, und Gedichte.

Hamann, Johann Georg (*27.8. 1730 Königsberg, †21.6. 1788 Münster). – Dt. Dichter, Unzufriedenheit mit dem Rationalismus bestimmt Leben und Werk des »Magus des Nordens«. Er kam, aus dem Kleinbürgertum stammend, nach jurist. u. theol. Studien nach London (1758) und hatte ein Erweckungserlebnis, das ihn zu intensiven Bibelstudien und irrationalist. Vorstellungen führte. In den tiefsinnigen, aber durch ihren dunklen, orakelhaften Stil schwer verständl. *Sokratischen Denkwürdigkeiten* (1759) und den *Kreuzzügen des Philologen* (1762) und in anderen Schriften übte er großen Einfluß auf den Sturm und Drang, Herder, Lenz, Goethe sowie auf die Romantik aus. H. suchte eine umfass. relig. Erneuerung des Lebens durch das göttl. Wort, verstand Dichtung nicht als Handwerk nach Regeln, sondern als Ausdruck des ganzen Menschen und seiner Gefühle in Gleichnissen und Bildern.

Hamburger, Michael (*22.3. 1924 Berlin). – Engl. Schriftsteller, stammt aus Deutschland und lehrte Germanistik in London. H. trat mit eigenen Gedichten an die Öffentlichkeit, gewann jedoch allgemeine Beachtung als Übersetzer und Literaturwissenschaftler *Wahrheit und Poesie* (1969, dt. 1985). Seine Hölderlinübersetzungen vermittelten die Kenntnis dieses Dichters in den angelsächsischen Raum.

Hamerling, Robert, eigtl. *Rupert Johann H.* (*24.3. 1830 Kirchberg/Niederösterr., †13.7. 1889 Graz). – Österr. Schriftsteller, schloß sich 1848 der revolutionären »Akademischen Legion« an. Nach dem Fehlschlag der Revolution verfaßte er Werke, die epigonenhaft Stoffe der Weltliteratur vereinigen. Die Wirkung der Gedichte *Venus im Exil* (1858), *Ein Schwanenlied der Romantik* (1862) und seiner Versepen *Ahasverus in Rom* (1865) und *Homunculus* (1888) beruhte seinerzeit auf farbenprächtigem Sensualismus und pomphafter Rhetorik der Sprache. Auch die Romane, z. B. *Aspasia* (3 Bde. 1876), zeigen übertriebene Rhetorik und professorale Bildung und sind ein typ. Zeugnis des Zeitgeschmacks.

Hamilton, Antoine, Comte d' (*um 1646 Roscrea, Irland, †21.4. 1720 Saint-Germain-en-Laye). – Ir. Autor, ab 1651 in Frankreich. Von dort kehrte er nur für kurze Zeit zurück. In franz. Sprache schrieb er, z. T. nach dem Diktat seines Bruders, in lebendigem, amüsantem Stil die *Memoiren des Grafen Gramont* (1713, dt. 1853) über Eindrücke an engl. und franz. Adelshöfen. Auch seine oriental. Märchen *Contes de féerie* (1715, dt. 1760) und Gedichte hatten große Wirkung, u. a. auf Voltaire.

Hammarsköld, Lorenzo, eigtl. *Lars H.* (*7.4. 1785 Tuna, †15.10. 1827 Stockholm). – Schwed. Autor, Beamter der königlichen Bibliothek. Beeindruckt von der dt. Philosophie, bereitete er den Boden für die schwed. Romantik mit der Abhandlung *Försök till en kritik öfver F. Schiller* (1808). Seine Schrift *Svenska vitterheten* (1818–19) ist die erste schwed. Literaturgeschichte. Sie steckt wie seine humorist. Schriften (1822) voller Polemik gegen die Gegner der Romantik.

Hammel, Claus (*4.12. 1932 Parchim/Mecklenburg). – Dt. Autor, begann seine kulturpolit. Tätigkeit 1954 in der Volkskunst, später war er Redakteur der Zeitschrift »Neue dt. Literatur«. H. bearbeitete lit. Vorlagen, zunächst *Straßenecke* (1958) von H. H. Jahnn, danach *Frau Jenny Treibel* (1964) nach Fontane. Das zeitkrit. Stück *Achterbahn* (1964) handelt von der Republikflucht, *Ein Yankee an König Artus' Hof* (1967) vom Vietnamkrieg. Die Komödie *Morgen kommt der Schornsteinfeger* (1968) kehrt zu Problemen der DDR zurück, *Le Faiseur* (1970) ist ein antiwestl. Stück in histor. Verkleidung. 1974 erschien die Komödie *Rom oder die Zweite Erschaffung der Welt.*

Hammenhög, Waldemar (*18.4. 1902 Stockholm, †1.11. 1972 ebd.). – Schwed. Schriftsteller, arbeitete als Kontorist und Kaffeehausmusiker. Sein Roman *Esther och Albert* (1930) zeugt von illusionsfreiem Realismus und sozialkrit. christl. Engagement. *Petterson & Bendel* (R. 1931, dt. 1935) schildert drastisch die Affären zweier Geschäftemacher und war wie *Lindberg* (1934) und *Torken* (1951), die Geschichte eines Alkoholikers, ein Publikumserfolg. Die Romane *Omne animal* (1952), *I en svensk sovstad* (1954) wurden wie seine Autobiographie *Lallo* (1970) und *Herr Anderson med ett s* (1971) in Schweden sehr beliebt.

Hammerstein-Equord, Hans Freiherr von (*5.10. 1881 Schloß Sitzenthal/Niederösterr., †9.8. 1947 Gut Pernleben b. Micheldorf/Oberösterr.). – Österr. Autor, hoher Beamter im Justizministerium. 1944/45 verbrachte H. im KZ Mauthausen. Romantische Naturdichtungen sind der Roman *Wald* (1937), die Gedichte *Zwischen Traum und Tagen* (1919) und das *Tagebuch der Natur* (1920), H. schrieb auch histor. Romane, z. B. *Ritter, Tod und Teufel* (1921) und *Die gelbe Mauer* (1936), die Geschichte eines Kriegsheimkehrers.

Hammett, Dashiell (*27.5. 1894 St. Mary's County, †10.1. 1961 New York). – Amerikan. Schriftsteller, arbeitete u. a. als Detektiv der Agentur Pinkerton und begründete die »harte Schule« des Kriminalromans. Dynamik, realist. Sprache und echte Charaktere prägen die Romane *Der Malteser Falke* (1930, dt. 1951), *Der gläserne Schlüssel* (1931, dt. 1953) und *Der dünne Mann* (1932, dt. 1952), die auch verfilmt zu Klassikern der Gattung wurden. Die Kurzgeschichten *Zickzack* (dt. 1961), *Hokuspokus* (dt. 1962) und *Fliegenpapier* (dt. 1965) sind Meisterstücke ihrer Gattung. Posth. erschienen die Stories *Der schwarze Hut* (1990).

Hamp, Pierre, eigtl. *Henri Bourillon* (*23.4. 1876 Nizza, †19.11. 1962 Le Vésinet/Paris). – Franz. Autor, lernte im Berufsleben die realist. Arbeitswelt kennen; diese Kenntnis charakterisiert die Romane, Dramen und Essays H.s. Sie sind in den Reihen *La peine des hommes* (27 Bde. 1908–57), *Théâtre* (2 Bde. 1927) und *Enquêtes* (5 Bde. 1937–47) gesammelt.

Hamsun, Knut, eigtl. *K. Pedersen* (*4.8. 1859 Lom, †19.2.

1952 Nørholm). – Norweg. Dichter, Sohn eines armen Schneiders, mußte sich als Gelegenheitsarbeiter durchschlagen und war auch lange Zeit als Schriftsteller erfolglos. 1882–84 und 1886–88 reiste er in die USA, von wo er voll Haß auf die moderne, seelenlose, technisierte Kultur zurückkehrte. Der autobiogr. Roman *Hunger* (1890, dt. 1891) machte H. berühmt. Kontakte mit Gauguin, Strindberg, Boyer führten den Norweger ins lit. Leben ein. In seinen Romanen bricht die städt. Zivilisation ein in eine Welt mythischer Naturnähe. 1920 erhielt H. den Nobelpreis für den Roman *Segen der Erde* (1917, dt. 1918), der, wie *Mysterien* (1892, dt. 1894) u. *Pan* (1894, dt. 1895), auch in Dtld. Bewunderer fand. Seine deutschfreundliche Haltung im Zweiten Weltkrieg, die auf sein Mißverständnis des nationalsozialistischen Blut-und-Boden-Mythos zurückzuführen war, brachte H. die Ächtung seines Volkes ein. Die Autobiographie *Auf überwachsenen Pfaden* (1949, dt. 1950) legt über ein reiches Lebenswerk Rechenschaft ab, dem auch 6 Dramen und große Lyrik angehören. In Dtld. wurden bes. die Romane *Victoria* (1898, dt. 1899), *Kämpfende Kräfte* (1905), *Gedämpftes Saitenspiel* (1909, dt. 1910), *Die Weiber am Brunnen* (1920, dt. 1921), *Das letzte Kapitel* (1923, dt. 1924), *August Weltumsegler* (1930) und *Der Ring schließt sich* (1936) berühmt. 1977 erschien eine dt. Gesamtausgabe. Das Erzählwerk des norweg. Dichters gehört zu den bedeutendsten lit. Leistungen unseres Jh.s und hat in vielfacher Weise die moderne Lit. beeinflußt.

Hamsun, Marie (*19.11. 1881 Elverum, †5.8. 1969 Nørholm). – Die mit Knut H. verheiratete Lehrerin und Schauspielerin wurde mit den Kinderbüchern über die *Langerud-Kinder* (5 Bde., 1924–1932, dt. 1928–1958) bekannt. Mit den Büchern über ihre Ehe und die Zeit der Verfolgung, *Der Regenbogen* (1953, dt. 1954) und *Die letzten Jahre mit Knut H.* (1959, dt. 1961), löste sie eine Hamsun-Renaissance aus.

Handel-Mazzetti, Enrica von (*10.1. 1871 Wien, †8.4. 1955 Linz). – Österr. Schriftstellerin, Tochter eines kath. Offiziers und einer ev. Adeligen aus Ungarn, gestaltete im Geist des wiederentdeckten Barock den Kampf zwischen Reformation und Katholizismus. Diesem Thema ist ein Zyklus histor. Romane mit *Meinrad Helmpergers denkwürdiges Jahr* (1900), *Jesse und Maria* (1906), *Die arme Margaret* (1910) und die Trilogie *Stephana Schwertner* (1912–14) verpflichtet. In neuere Zeit verweist die Tragödie *Karl Sand* (1924–26). Antithetische Charaktere, mundartl. getönte Sprache und relig. Engagement wirkten erneuernd auf die kath. Dichtung Österreichs.

Handke, Peter (*6.12. 1942 Griffen/Kärnten). – Österr. Dichter, gewann im Jahre 1966 durch eine vehemente Attacke auf die »Gruppe 47« Publizität, der im selben Jahr seine provozierenden Sprechstücke *Weissagung, Selbstbezichtigung* und *Publikumsbeschimpfung* folgten, die sich gegen die Funktionsweisen des traditionellen Theaters wenden und Sprachkritik in der Tradition der österr. Philosophie (Hofmannsthal, Wittgenstein, Popper) zeigen. Kritik an Sprach- und Bewußtseinsklischees ist Thema in dem pantomim. Spiel *Kaspar* (1968), in *Das Mündel will Vormund sein* (1969) und in *Quodlibet* (1970). Versuche mit sinnentleerten Sprachformeln enthalten die frühen Romane *Die Hornissen* (1966) und *Der Hausierer* (1967) und die Texte *Die Innenwelt der Außenwelt der Innenwelt* (1970), während *Die Angst des Tormanns beim Elfmeter* (1970), *Der kurze Brief zum langen Abschied* (1972) und *Wunschloses Glück* (1972) die erzählte Geschichte in den Vordergrund stellen. Das subjektive Erleben einer entfremdeten Umwelt verstärkt sich in den Gedichten *Als Wünschen noch geholfen hat* (1974), *Das Ende des Flanierens* (1977), *Gedicht an die Trauer* (1986), *Gedichte* (1987), in dem Schauspiel *Das Spiel vom Fragen oder die Reise zum Sonorenland* (1989), in den Erzn. *Falsche Bewegung* (1975), *Die linkshändige Frau* (1976), *Langsame Heimkehr* (1979), *Die Lehre der Sainte-Victoire* (1980), *Der Chinese des Schmerzes* (1983). H. schrieb zahlreiche Essays, Tagebücher wie *Das Gewicht der Welt* (1977), *Versuch über die Müdigkeit* (1989), *Versuch über die Jukebox* (1990), *Noch einmal für Thukydides* (1990), *Langsam im Schatten* (1990), *Versuch über den geglückten Tag* (1991). Übersetzungen und Theaterstücke wie zuletzt *Über die Dörfer* (1982), *Die Stunde da wir nichts voneinander wußten* (1992).

Hanka, Václav (* 10. 6. 1791 Hořiněves, † 12. 1. 1861 Prag). – Tschech. Schriftsteller, pflegte in Anlehnung an Ideen der Romantik das tschech. Volkslied und schrieb selbst Gedichte im Volksliedton. Er wurde berühmt durch seine mit J. Linda und V. A. Swoboda vorgenommenen Fälschungen der *Königinhofer Handschrift* (1817) und der *Grünberger Handschrift* (1818), die die Existenz einer alten tschech. Heldenepik vortäuschten.

Hansberry, Lorraine (* 19. 5. 1930 Chicago, † 12. 1. 1965 New York). – Amerikan. Bühnenautorin, setzte sich für die Befreiung der Farbigen aus den Gettos von Chicago ein und erreichte als erste Farbige die Aufführung eines eigenen Stücks, *A Raisin in the Sun* (1959), am Broadway. Aus dem Nachlaß kommen die Szenen *To Be Young, Gifted and Black* (1969) und *Les Blancs* (1970) sowie das Drama *The Sign in Sidney Brustein's Window* (1965)

Hansen, Jap Peter (* 8. 7. 1767 Westerland, † 9. 8. 1855 Keitum). – Dt. Autor, Seemann u. Lehrer, begründete die nordfries. Dichtung. Gedichte, Erzählungen wie *Di lekelk Stjüürman* (1822) und das durch Molières *L'Avare* angeregte Lustspiel *Di Gitshals of di Söl'ring Piȡersdai* (1809) spielen auf der Insel Sylt.

Hansen, Lars (* 8. 1. 1869 Molde, † 20. 7. 1944 Bergen). – Norweg. Schriftsteller, fand als Fischer und Robbenfänger im Nordmeer und auf Spitzbergen den Stoff zu seinen Abenteu-

ergeschichten *Die weiße Hölle* (1926, dt. 1928) und *In Schnee und Nordlicht* (1936, dt. 1938).

Hansen, Martin Alfred (* 20. 8. 1909 Strøby auf Seeland, † 27. 6. 1955 Kopenhagen). – Der dän. Volksschullehrer wandte sich erst 1945 ganz der Literatur zu, wobei in seinem Werk die Einflüsse Kierkegaards und Jensens deutl. zu erkennen sind. In *Nu opgiver han* (R. 1935) beschrieb er die zerstörenden Auswirkungen der Weltwirtschaftskrise auf das bäuerl. Leben. In dt. Übers. liegen sein Roman *Der Lügner* (1950, dt. 1952) und die Novellenauswahl *Die Osterglocke* (1953) vor.

Hansjakob, Heinrich, Ps. *Hans am See* (* 19. 8. 1837 Hanslach/Kinzig, † 23. 6. 1916 ebd.). – Der württemberg. Pfarrer war ein streitbarer Vertreter des polit. Katholizismus im Kulturkampf. Über seine Inhaftierung berichtet die Autobiographie *Auf der Festung* (1870). Als Volksschriftsteller verfaßte er viele Reiseschilderungen und Erzählungen aus dem Schwarzwälder Bauernleben, u. a. *Wilde Kirschen* (1888), *Bauernblut* (1896) und *Waldleute* (1897).

Hansson, Ola (* 12. 11. 1860 Hönsinge/Schonen, † 26. 9. 1925 Istanbul). – Schwed. Dichter, trat mit den Gedichtbänden *Dikter* (1884) und *Notturno* (1885) hervor und erregte mit den psycholog. Novellen *Sensitiva amorosa* (1887) Aufsehen. H. ging, durch die verständnislose Kritik in seiner Heimat Schweden entmutigt, freiwillig ins Exil und schrieb in dän., dt. u. franz. Sprache. Durch Nietzsche wurde er zum Gegner des Naturalismus. Die Annäherung an die kath. Kirche beschreibt *Der Weg zum Leben* (R. 1896, dt. 1896). In der Gedichtsammlung *Nya visor* (1907) kehrt er zu nord. Naturstimmungen zurück. Seine gesammelten Schriften erschienen 1919–22 in 17 Bdn.

Han Yü (* 768 Nanyang, † 824 Changan). – Der »Fürst der Literatur« genannte chines. Dichter hatte wegen seines klaren, nicht an rhythm. Regeln gebundenen Prosastils zunächst Schwierigkeiten, Beamter zu werden; er brachte es gleichwohl zu höchsten Ehren. Die Sprache seiner Essays galt bis ins 20. Jh. hinein als vorbildlich. Diese Essays liegen in der franz. *Anthologie raisonnée de la littérature chinoise* (1948) vor, die Lyrik wurde 1952 ins Dt. übersetzt.

Happel, Eberhard Werner (* 12. 8. 1647 Kirchhain/Hessen, † 15. 5. 1690 Hamburg). – Dt. spätbarocker Dichter, verfaßte Jahr für Jahr histor. Unterhaltungsromane im Stil der Zeit, in denen er aktuelle Ereignisse, Anekdoten u. geograph. Wissen zu exot. Liebes- u. Heldengeschichten ausgestaltete. Sie erschienen anfangs in größeren Abständen, etwa *Der asiat. Onogambo* (1673), *Der Insulanische Mandorell* (1682), *Der Italienische Spinelli* (1685), dann jährlich: *Der Spanische Quintana* (4 Folgen, ab 1686), *Der Academische Roman* (1690), einer der wichtigsten Studentenromane.

Hardekopf, Ferdinand, Ps. *Stefan Wronski* (* 15. 12. 1876 Varel/Oldenburg, † 24. 3. 1954 Zürich). – Dt. Schriftsteller, gehörte zu den Mitarbeitern der Zeitschrift »Die Aktion« und war mit F. Pfemfert und R. Schickelé eng befreundet. 1910–16 und 1921–22 entstanden in Berlin die meisten seiner Essays u. Ged., die zu den wichtigsten Dokumenten des frühen Expressionismus gehören: *Der Abend* (1913), *Lesestücke* (1916), *Privatgedichte* (1921). Lange Aufenthalte in Frankreich brachten Übersetzungen von Mérimée, Gide, Cocteau, Malraux u. a. Seine *Gesammelten Dichtungen* erschienen 1963.

Harden, Maximilian, eigtl. *M. Felix Ernst Witkowski* (*20. 10. 1861 Berlin, †30. 10. 1927 Montana/Wallis). – Dt. Schauspieler, Übersetzer und polit. Journalist der Zeitschrift »Die Gegenwart«; gründete 1892 die Wochenschrift »Die Zukunft«, in der er scharfe Angriffe gegen die wilhelminische Politik führte. Er war Mitbegründer der »Freien Bühne« und seit 1905 Berater von M. Reinhardt. Seine polit. Auseinandersetzungen waren hart und oft emotional. Während des Ersten Weltkriegs wurde er zum entschiedenen Pazifisten, zum Vertreter der Arbeiterrechte u. später zum Gegner der Nationalsozialisten. 1922 überlebte er ein Attentat, stellte aber »Die Zukunft« 1923 ein und zog sich aus dem öffentl. Leben zurück. In Dtld. trat er für den Naturalismus, Ibsen, Strindberg und Maeterlinck ein und erregte heftiges Aufsehen mit seinen geistreich-aggressiven Essays.

Hardenberg, Georg Friedrich Philipp Freiherr von →Novalis.

Hardt, Ernst, Ps. *Ernst Stöckhardt* (*9. 5. 1876 Graudenz/Westpreußen, †3. 1. 1947 Ichenhausen/Schwaben). – Dt. Schriftsteller, Kritiker und Übersetzer, 1919 bis 1924 Intendant des Weimarer Nationaltheaters und danach bis 1933 Leiter des Westdt. Rundfunks. H. stand dem franz. Symbolismus und dem George-Kreis nahe u. veröffentlichte neuromant. Gedichte in den »Blättern für die Kunst«. Sie erschienen 1904 gesammelt unter dem Titel *Aus den Tagen des Knaben*. Auch die Novellen, z. B. *An den Toren des Lebens* (1904), sind vom Jugendstil beeinflußt. Seinen größten Erfolg auf der Bühne hatte H. mit dem Versdrama *Tantris der Narr* (1907).

Hardy, Alexandre (*um 1570 Paris, †um 1632 ebd.). – Der Bühnendichter im Sold der »Comédiens du Roy« beherrschte zwischen 1600–30 das franz. Theaterleben. Von mutmaßl. 600 Stücken haben sich nur 34 Tragödien, Komödien und Pastoralen mit Stoffen aus der antiken Mythologie erhalten. Die Gestaltung der Hybris eines Helden, der stoischen Haltung von Leidenden wie in *Alexanders Tod* (1624) und von standhaften Charakteren wie in *Corinna* (1628) und *Alceste* sind wesentl. Errungenschaften seines Bühnenwerks. Beim Publikum waren bes. die Tragikomödien und die antikisierenden Schäferdichtungen beliebt.

Hardy, Thomas (*2. 6. 1840 Upper Bockhampton, †11. 1. 1928 Max Gate). – Engl. Schriftsteller des Wessex, des düsteren Südwestenglands; beobachtete mit Anteilnahme und Humor das Leben auf dem Lande. Tief beeindruckt von griech. Dich-

tungen, übertrug er deren Thematik vom Kampf gegen das Schicksal auf Landschaft und Personen seiner Heimat, so in *Die Liebe der Fancy Day* (R. 1872, dt. 1949), *Die Rückkehr* (R. 1878, dt. 1955) und in seinem berühmten Werk *Tess von d'Urbervilles* (R. 1891, dt. 1925). *The Dynasts* (3 Bde. 1903 bis 1908) enthält in einer Mischung aus epischen und dramat. Elementen die Geschichte der Napoleon. Kriege. Große Wirkung ging von den Romanen *A Pair of Blue Eyes* (1873) und *The Trumpet-Major* (1880) aus. Seit 1896 entstanden 8 Bde. Gedichte.

Hare, David (*5. 6. 1947 Bexhill/Sussex). – Engl. Dramatiker, arbeitete früh für den Film und schrieb zahlreiche Drehbücher für bedeutende Produktionen. 1968 gründete er das *Portable Theatre*, spielte dann aber auch am königl. Theater und wurde zu der zentralen Gestalt des polit. Theaters in England. Seine Stücke wie *Eine Stadt wird vernommen* (1974, dt. 1975), *Eine Weltkarte* (1983, dt. 1987), *Prawda* (1985, dt. 1986) setzen sich mit zeitgenöss. Themen auseinander. Die Mischung aus Zeitkritik und spannender Handlung brachte ihm allgemeine Anerkennung ein. Sein Werk umfaßt weit über 20 Titel.

Harig, Ludwig, (*18. 7. 1927 Sulzbach/Saar). – Dt. Autor, kritisiert in meist witziger Weise vorgefundene Sprachformeln und Klischees. Durch kleine Veränderungen, durch Collagen, Montagen, Zitate u. Wiederholungen stellt er gewohnte Sprachmuster in Frage. Daraus entstehende »Irritationen« durchziehen seine Prosa, z. B. *Zustand und Veränderungen* (1963), *Reise nach Bordeaux* (1965), *Sprechstunden für deutsch-französische Verständigung* (1971), *Die Laren der Villa Massimo – Ein römisches Tagebuch* (1987), die Lyrik *Pfaffenweiler Blei* (1980) und die Sammlung *Netzer kam aus der Tiefe des Raumes* (1974 mit D. Kühn). Aufsehen und Anerkennung fanden 1978 *Rousseau. Der Roman vom Ursprung der Natur im Gehirn von Ludwig Harig*, 1981 *Heilige Kühe der Deutschen*, 1983 *Trierer Spaziergänge*, 1986 *Ordnung ist das ganze Leben*, *Weh dem, der aus der Reihe tanzt* (1990).

Haringer, Johann Jakob, eigtl. *Johann Franz H.* (*16. 3. 1898 Dresden, †3. 4. 1948 Zürich). – Dt. Schriftsteller, emigrierte 1930 nach Salzburg, 1938 in die Schweiz, wo er in größter Armut lebte. Die Lyrik des expressionist. Einzelgängers *Hain des Vergessens* (1919), *Das Fenster* (1946) und *Lieder eines Lumpen* (hg. 1962) durchziehen Visionen des Weltschmerzes und der Verzweiflung. Die Prosa umfaßt *Abendbergwerk* (1920), *Weihnacht im Armenhaus* (1925), Übersetzungen von Epikur (hg. 1948), franz. und chin. Literatur und *Essays* (1929). 1988 erschien eine Auswahl *Über des Herzens verbrannte Mühle tröstet ein Vers*.

Hariri, Al, Abu Muhammad (*1054 Basra, †1122 ebd.). – Arab. Dichter, verfaßte 50 Makamen über die Verwandlungen des Abu Said aus Sarudsch, die Streiche eines bettelnden

Literaten, die als ein Kunststück der arab. Reimprosa gelten. Der Text wurde im 17. Jh. in Europa bekannt und durch F. Rückert (1826 u. 1836) ins Dt. übertragen.

Harris, Frank, eigtl. *James Thomas H.* (*14. 2. 1856 Galway/Irland, †26. 8. 1931 Nizza). – Engl. Schriftsteller, wanderte mit 15 Jahren in die USA aus. Nach London zurückgekehrt, gab er ab 1882 Zeitschriften heraus. H. ist weniger durch seinen Anarchistenroman *The Bomb* (1908) als durch Biographien über *Shakespeare* (1908), *Oscar Wilde* (1916) und *Bernard Shaw* (1931) bekannt. 1923–26 erschien seine Autobiographie *Mein Leben und Lieben* (dt. 1926–1930).

Harris, Joel Chandler (*9. 12. 1848 Eatonton, †3. 7. 1908 Atlanta). – Amerikan. Journalist, schrieb Kurzgeschichten für Zeitungen der Südstaaten. Er ist der Schöpfer der amerikan. Dialektliteratur und erfand die Figur des Uncle Remus. Der alte und weise Neger erzählt Tiergeschichten, die seine Philosophie enthalten. In der volkstüml. Sammlung *Uncle Remus, His Songs and His Sayings* (1880, Forts. bis 1907) hielt H. Geschichten und Sprache der Neger lebendig.

Harsányi, Zsolt von (*27. 1. 1887 Krompa, †29. 11. 1943 Budapest). – Der ungar. Schriftsteller, Journalist, Kritiker und Feuilletonist fand mit romanhaften Biographien der ungar. Nationalhelden *Sándor Petöfi* (1932), *Imre Madách* (1932) und *Miklós Zrinyi* (1933) schnell ein großes Publikum. Seine Hauptwerke *Ungarische Rhapsodie* (1935, dt. 1961), *Zum Herrschen geboren* (1936, dt. 1951), *Und sie bewegt sich doch* (1937, dt. 1962) und *Das herrliche Leben* (1940, dt. 1961) sind Liszt, Corvinus, Galilei und Rubens gewidmet. Auch die nichtbiograph. Romane fanden viel Zuspruch, z. B. *Ohne Liebe ist ein Handkuß gemein* (1924, dt. 1950), *Mit den Augen einer Frau* (1938, dt. 1949), *Whisky-Soda* (1941, dt. 1949) und *Der goldene Apfel* (1942, dt. 1955).

Harscha, auch *Harschawardhana* (*606, †647). – Vom nordind. König H. berichtet die Biographie seines Hofdichters Bana. H. ist der letzte große Förderer des Buddhismus in Indien und soll drei Dramen in Sanskrit verfaßt haben: die Komödien *Ratnāvalī* (*Die Perlenschnur*; dt. 1928) und *Priyadarśika*, benannt nach den Titelheldinnen, und das Drama *Nāgānanda* (*Die Wonne der Schlangendämonen*).

Harsdörffer, Georg Philipp (*1. 11. 1607 Nürnberg, †17. 9. 1658 ebd.). – Der Nürnberger Patrizier machte umfangreiche Reisen und Studien in ganz Europa und wurde nach seiner Rückkehr Mitglied des Stadtgerichts (1637). Seine weitläufige lit. Produktion steht ganz im Rahmen der Sprachgesellschaften. 1642 ist H. Mitglied der »Fruchtbringenden Gesellschaft«, 1643 der »Teutschgesinnten Genossenschaft«, und 1644 stiftete er mit J. Klaj den »Pegnesischen Blumenorden«, als dessen Vorsitzender er den Namen Strefon trägt. Seine Lyrik ist voll kunstfertiger Rhetorik und Klangmalerei. Sein *Poetischer Trichter* (1647–53) wurde zum Handbuch der Barockdichter.

Didaktischen Zweck hatten auch die *Frauenzimmer Gesprechsspiele* (8 Bde. 1641–49). H. gehört zu den bedeutendsten lit. Persönlichkeiten des Barock, der neben einer vielfältigen eigenen Dichtung, wie *Pegnesisches Schäfergedicht* (m. Klaj 1645), *Hertzbewegliche Sonntagsandachten* (1649 bis 1651), *Hundert Andachtsgemälde* (1656), bes. als Organisator hervortrat und die Schäferdichtung zur Vollendung führte. Seine Wirkung reicht bis zur Anakreontik.

Hart, Heinrich (*30. 12. 1855 Wesel, †11. 6. 1906 Tecklenburg/Westf.). – Dt. Autor, lebte seit dem Herbst 1877 in Berlin, wo er mit seinem Bruder Julius 1878–79 die »Deutschen Monatsblätter« und 1879–82 den »Dt. Literaturkalender« herausgab. Mit den »Kritischen Waffengängen« (1882–84) wurden sie zu geistigen Wegbereitern des Naturalismus, den sie mit der Gründung des Vereins »Durch« (1886) und der »Freien Bühne« in Berlin zu etablieren halfen. In Theaterkritiken und persönl. Kontakten wirkten sie für eine naturalist. Ästhetik. H.s eigene lit. Werke sind unbedeutend. Starkes Pathos bestimmte die Gedichte *Weltpfingsten* (1872), das Drama *Sedan* (1882) und das unvollendete Versepos *Lied der Menschheit* (1888–96).

Hart, Julius (*9. 4. 1859 Münster, †7. 7. 1930 Berlin). – Dt. Schriftsteller, zählte mit seinem Bruder Heinrich zu den Vorkämpfern des Naturalismus und war Mitglied des Friedrichshagener Dichterkreises. Nach dem Tod seines Bruders wandte er sich pantheist. Ideen zu und gründete die »Neue Gemeinschaft«. Religionsphilos. Abhandlungen wie *Der neue Gott* (1899) und *Die neue Welterkenntnis* (1902) standen im Zentrum seiner Schriften; er fand damit wenig Verständnis, auch nicht mit seinen Gedichtbänden *Sansara* (1879), *Homo sum* (1890) und *Triumph des Lebens* (1898).

Hart, Maarten't (*25. 11. 1944 Maasluis). – Niederl. Schriftsteller, studierte Biologie und trat als Verhaltensforscher hervor. Forschungsergebnisse stellt er in seinen Romanen dar, die Menschen unter äußeren Zwängen zeigen; eindringl. gestaltet H. seel. Konflikte, die durch sexuelle Hemmungen entstanden sind: *Ein Schwarm Regenbrachvögel* (1978, dt. 1988). Mit seinem stark deterministischen Weltbild fand er nicht die ungeteilte Zustimmung des Publikums, obwohl deutlich wird, daß er sehr stark in der niederl. Erzähltradition steht.

Harte, (Francis) Bret(t) (*25. 8. 1836 Albany, †5. 5. 1902 Camberley). – Amerikan. Schriftsteller, zog mit 15 Jahren ins noch unwirtl. Kalifornien und arbeitete seit 1874 bei Zeitschriften des Westens. 1878 Konsul in Dtld. und England. Mit der Kurzgeschichte *Das Glück von Roaring Camp* (1868, dt. 1870) wurde er der Dichter des kaliforn. Goldrauschs. Es folgten *Die Ausgestoßenen von Poker Flat* (1869, dt. 1870) und das satir. Dialektgedicht *The Heathen Chinee* (1870). H. schuf in der populären Form der Kurzgeschichte den Mythos vom »edlen Bösewicht« des Wilden Westens.

Hartlaub, Felix (*17.6. 1913 Bremen, vermißt April 1945 Berlin). – Dt. Schriftsteller, Sohn des Kunsthistorikers Gustav Friedrich H., wurde 1940 eingezogen und kam als Archivar nach Paris, 1942 als Sachbearbeiter der Abt. Kriegstagebuch zum Oberkommando der Wehrmacht nach Berlin. Seine Erzählungen, Dramen, Skizzen und Tagebücher, hg. von seiner Schwester Geno H. (2 Bde. 1955), bestechen durch objektive Darstellung. Sie sind zugleich ein Dokument der geistigen Auseinandersetzung mit dem nationalsozialist. Staat: *Im Sperrkreis, Aufzeichnungen aus dem Zweiten Weltkrieg* (1950).

Hartlaub, Geno(veva) (*7.6. 1915 Mannheim). – Dt. Dichterin, Schwester von Felix H., war nach dem Krieg Lektorin der Zeitschrift »Die Wandlung«, danach Redakteurin; Präsidiumsmitglied des PEN-Zentrums und Mitglied der Deutschen Akademie für Sprache und Dichtung. Einflüsse von Hofmannsthal und ein Aufenthalt in Italien prägen die frühen Werke der Erzählerin *Die Entführung* (1941) und *Die Tauben von San Marco* (1953). Mit psycholog. Interesse werden Geschwisterliebe in *Der Mond hat Durst* (1963), Krieg und Widerstand in *Gefangene der Nacht* (1961) und Mythos in *Nicht jeder ist Odysseus* (1967) mit präziser und stilisierter Sprache gestaltet. 1972 erschien der Roman *Lokaltermin Feenteich*, 1982 *Das Gör*, 1985 *Muriel*, daneben schrieb sie eine Fülle von Essays, Hörspielen und Übersetzungen. Anklang fand der autobiographische Band *Wer die Erde küßt. Orte, Menschen, Jahre* (1975); Neuausgabe u. d. T. *Sprung über den Schatten* (1984).

Hartleben, Otto Erich, Ps. *Henrik Ipse, Otto Erich* (*3.6. 1864 Clausthal, †11.2. 1905 Salò/Gardasee). – Dt. Autor, als Mitglied eines naturalist. Zirkels lernte H. in Berlin A. Strindberg, R. Dehmel und die Brüder Hart kennen und geriet bald unter den nachhaltigen Einfluß Maupassants, etwa mit der Erz. *Die Geschichte vom abgerissenen Knopfe* (1891) oder der sozialkrit. Komödie *Hanna Jagert* (1893 in Berlin uraufgeführt). Aus gesundheitl. Gründen zog H. 1901 nach Salò, wo seine Villa zum Mittelpunkt einer Dichterakademie werden sollte. Sein lyr. Talent brachte formstrenge und musikal. Gedichte hervor: *Meine Verse* (1895) und *Der Halkyonier* (1904). Erfolg hatte auch sein Offiziersdrama *Rosenmontag* (1900).

Hartley, Leslie Poles (*30.12. 1895 Fletton Tower, †13.12. 1972 London). – Engl. Schriftsteller, sammelte seine phantast. und makabren Kurzgeschichten u. d. T. *Night Fears* (1924). Nach dem Vorbild von Henry James schrieb er den Roman *Simonetta Perkins* (1925), dem die Trilogie *Das Goldregenhaus* (1944, dt. 1948), *Der sechste Himmel* (1946, dt. 1948), *Eustace und Hilda* (1947, dt. 1949) folgte. In der Zeit des Kriegs spielt sein geschlossenster Roman *Das Boot* (1949, dt. 1961). Sein umfangreiches Werk liegt nur z. T. dt. vor, u. a. *Der*

Zoll des Glücks (1953, dt. 1956), *Botschaft für Lady Franklin* (1957, dt. 1958).

Hartlieb, Johannes (*Anf. 15. Jh. Neuburg/Donau, †1468 München). – Dt. Dichter, Leibarzt der Herzöge Albrecht III. und Sigismund von Bayern, heiratete die Tochter der Agnes Bernauer. Sein umfassendes Wissen machte ihn zu einem Vorläufer des Humanismus. Aus dem Lat. übersetzte, kompilierte und bearbeitete er Autoren wie Ammianus Cappellanus, Albertus Magnus und Caesarius von Heisterbach sowie *Das Buch von dem großen Alexander*, das rasch zum Volksbuch wurde, da es dem Zeitgeschmack entsprach, und astrolog. Werke.

Hartmann von Aue (*um 1165, †um 1215). – Alemann.-dt. Minnesänger, über sein Leben ist wenig bekannt. Evtl. nahm er zwischen 1189 u. 1198 an einem Kreuzzug teil *(Kreuzlieder)*. Eine Minnelehre gibt das *Büchlein* (um 1180) als Streitgespräch zwischen Seele und Leib. H.s größte literar. Leistung ist die Übertragung der franz. Artus-Epik, *Erec* (um 1185) und *Iwein* (um 1202), ins Mhd. Damit wurde er zum Schöpfer des dt. höf. Romans, der gesellschaftskrit. Züge enthält. Geistl. Thematik bestimmt die Legenden *Der arme Heinrich* (1195?) und *Gregorius* (um 1188). H. ist neben Wolfram von Eschenbach und Gottfried von Straßburg der dritte große Epiker des dt. Mittelalters. Seine Kunst wurde schon von den Zeitgenossen gerühmt.

Hartmann, Moritz (*15.10. 1821 Dušnik/Böhmen, †13.5. 1872 Wien). – Österr. Schriftsteller aus jüd. Familie, wich vor der Zensur nach Paris aus, wo er mit Heine zusammentraf. 1848 wurde er Mitglied des Frankfurter Parlaments und kehrte 1868 als Feuilletonredakteur der »Neuen Freien Presse« nach Wien zurück. In Lyrik und Satire griff er die polit. Zustände an, etwa *Kelch und Schwert* (1845), *Reimchronik des Pfaffen Maurizius* (1849). Auch die Novellen *Erzählungen eines Unstäten* (2 Bde. 1858) haben polit. Inhalt. Die Romane *Der Krieg um den Wald* (1850) und *Die Diamanten der Baronin* (1868) wurden wenig beachtet.

Hartog, Jan de (*22.4. 1914 Haarlem). – Niederl. Autor, verfaßte unter dem Ps. *F. R. Eckmar* Detektivgeschichten. Auf einen Schlag berühmt wurde er mit dem Roman *Hollands Glorie* (1940, dt. 1947; 1943 u. d. T. *Jan Wandelaar*) über die Hochseeschlepperei und der Komödie *Das Himmelbett* (1951, dt. 1953), die in 17 Sprachen auf die Bühne kam. Seit 1945 lebt H. in den USA und schreibt in Englisch. Christl. und pazifist. Gedanken prägen die Indonesientrilogie *Gottes Trabanten* (1947–49, dt. 1952 bis 1953). Der Seekrieg ist Thema der sog. *Geleitzugkantate* (3 Bde. 1950–52, dt. 1951–53). Zuletzt entstanden die Romane *Der Künstler* (1963, dt. 1973), *Das friedfertige Königreich* (1972, dt. 1973).

Hartung, Hugo (*17.9. 1902 Netzschkau/Vogtland, †2.5. 1972 München). – Dt. Journalist, Schauspieler und Rundfunkredakteur, lebte seit 1945 in Berlin. *Der Himmel war unten* (1951) erzählt den Untergang Breslaus. Verfilmt wurden *Ich denke oft an Piroschka* (1954) und der satir. Roman *Wir Wunderkinder* (1957). Zahlreiche Hörspiele und Unterhaltungsromane, z. B. *Timpe gegen alle* (1962), *Ihr Mann ist tot und läßt Sie grüßen* (1965) und die Skizzen *Deutschland, deine Schlesier* (1970), zeigen auch humorvolle Züge. Erinnerungsbücher sind *Die stillen Abenteuer* (1963) und *Kindheit ist kein Kinderspiel* (1968).

Hartzenbusch, Juan Eugenio (*6. 9. 1806 Madrid, †2. 8. 1880 ebd.). – Span. Gelehrter, sein Vater war ein eingewanderter dt. Kunsttischler. Die Lektüre der span. Klassiker bewog den Sohn, sich als Schriftsteller der Literatur zuzuwenden. Er trat in die Redaktion der »Gaceta de Madrid« ein und schrieb v. a. histor. Dramen. 1837 wurde *Die Liebenden von Teruel* (1837, dt. 1853), eines der besten Stücke der span. Romantik, aufgeführt, 1838 *Doña Mencia*. Bereits 1847 in die Span. Akademie berufen, trat er mit 69 romant. Dramen an die Öffentlichkeit und schuf damit das typ. romant. Theater Spaniens. Er übersetzte Lessing und Schiller, die nach span. Verständnis romant. Dichter sind.

Hasdeu, Bogdan Petriceicu (*16. 2. 1838 Criştineşti/Bessarabien, †25. 8. 1907 Câmpina). – Rumän. Autor, erforschte die rumän. Sprache und Geschichte, sammelte altslaw. und rumän. Texte, die u. d. T. *Histor. Archiv Rumäniens* (4 Bde. 1865–67) erschienen. Das Wörterbuch *Etymologicum magnum Romaniae* (1886–98) blieb Fragment. Als Dichter ist H. durch spätromant. Romane, Gedichte und Dramen bekannt.

Hašek, Jaroslav (*24. 4. 1883 Prag, †3. 1. 1923 Lipnice). – Tschech. Dichter, schrieb schon mit 17 Jahren Satiren für Zeitungen. Vor dem Ersten Weltkrieg veröffentlichte er die Gedichte *Stimmen im Mai* (1903) und gab anarchist. Zeitschriften mit sarkast. Angriffen auf Ideologien und Funktionäre heraus. Einen Beitrag zur Weltliteratur lieferte H. mit der Figur des Schwejk, der zum Symbol des antiösterr. Kampfes und zum Helden des gewaltlosen Widerstands wurde. In 4 Bdn. erzählte H. *Die Abenteuer des braven Soldaten Schwejk während des Weltkrieges* (unvollendet 1920–23, dt. 1926–27), sein Freund K. Vaněk schrieb eine Fortsetzung (2 Bde. 1923–24, dt. 1926–27). H.s Werk wurde mehrfach dramatisiert (B. Brecht) und verfilmt.

Hasenclever, Walter (*8. 7. 1890 Aachen, †21. 6. 1940 Les Milles/Frankreich). – Dt. Dichter, meldete sich 1914 als Kriegsfreiwilliger und wurde nach schwerer Verwundung zum Pazifisten. Befreundet war er mit den Expressionisten K. Pinthus und F. Werfel. Ab 1933 folgte ein unruhiges Leben im Exil in Cagnes bei Nizza. Beim Anmarsch der dt. Truppen interniert, beging H. Selbstmord. Das Drama *Der Sohn* (1914) wurde mit seiner plakativen und militanten Sprache und den zeitgeschichtl. Problemen in ekstat. Gestaltung zum Manifest der expressionist. Literatur. Antikriegsstücke sind *Der Retter* (1915) und *Antigone* (1917). In den zwanziger Jahren wandte sich H. von der Politik ab. Es entstanden die Komödien *Ein besserer Herr* (1927), *Ehen werden im Himmel geschlossen* (1929), *Napoleon greift ein* (1930) sowie das *Spiel vom Sterben des Lügenbarons Münchhausen* (1934).

Hassan Ibn Thabit (*um 590 [?] Medina, †674). – Der arab. Hofdichter verteidigte in einfachen Gedichten den soeben aufgekommenen islam. Glauben und nahm in satir. Versen den Propheten Mohammed gegen Feinde in Schutz. Sein *Diwan*, der 1953 ins Dt. übersetzt wurde, ist auch eine wichtige histor. Quelle.

Hātefi, Abdollāh (*1521). – Ostiran. Dichter, gehörte dem Herater Dichterkreis an und war mit dem berühmten Dschami (1414–92) verwandt. Nach dem Vorbild von Nezami (1140 bis 1209) schrieb er ein Epos über die Kriegszüge des mongol. Welteroberers Timur (1370–1405) nach Bagdad, Kleinasien, Ägypten und Indien. Das Werk mit dem Titel *Timur-nāme* besteht aus 4500 Doppelversen.

Hatim At Tai lebte in der 2. Hälfte des 6. Jh.s und gilt als Beispiel für einen immer siegreichen, großmütigen und sprichwörtl. reichen vorislam. Adligen. Als Dichter preist H. in vielen Versen Toleranz und Nächstenliebe; sein *Diwan* ist nur teilweise überliefert; ein Teil der Gedichte ist vermutl. apokryph. H. ging als Held in die arab., pers. und ind. Literatur ein.

Hauch, Carsten (*12. 5. 1790 Halden/Norwegen, †4. 3. 1872 Rom). – Dän. Dichter, Sohn eines dän. Beamten in Norwegen, kam 1846 als Literaturprof. nach Kiel und 1858 als Theaterdirektor nach Kopenhagen. Seine Romane *Der Goldmacher* (1836, dt. 1837), *Eine polnische Familie* (1839, dt. 1842) und *Das Schloß am Rhein* (1845, dt. 1851) sind in der Manier W. Scotts verfaßt. Zum Besten zählen die volksliedhaften *Gedichte* und die *Oden* nach antiken Vorbildern, wobei der Einfluß des romant. Philosophen Schelling bes. in der Lyrik deutlich wird.

Hauff, Wilhelm (*29. 11. 1802 Stuttgart, †19. 11. 1827 ebd.). – Dt. Dichter, nahm nach dem Besuch des theol. Seminars in Blaubeuren und des Tübinger Stifts eine Stelle als Hauslehrer an, um dem Pfarrerberuf zu entgehen. 1824 gab er *Kriegs- u. Volkslieder* heraus, 1825 die Novelle *Othello*, die *Mitteilungen aus den Memoiren des Satans* und die Satire *Der Mann im Mond*. Im Gefolge von W. Scott wurde der histor. Roman *Lichtenstein* (3 Bde. 1826) ein überwältigender Erfolg. Im Januar 1827 übernahm H. für kurze Zeit die Leitung von Cottas »Morgenblatt«. Die Novellen, die an E. T. A. Hoffmann und Tieck anknüpfen, z. B. *Die Sängerin, Phantasien im Bremer Ratskeller* und *Die Bettlerin am Pont des Arts* (alle 1827), haben dem Dichter der Schwäb. Romantik zu dauerndem Ruhm verholfen, desgleichen die Märchen, wie *Der kleine Muck, Saids Schicksale, Kalif Storch, Das kalte Herz* etc., die er in Almanachen (1827–1828) und Rahmenerzählungen nach dem Vorbild Chaucers oder Boccaccios, wie *Das Wirtshaus im Spessart*, sammelte. Die Novelle *Jud Süß* (1827) hat in der Nachwelt große Diskussionen hervorgerufen. Seine Lyrik wirkte stark auf die Zeitgenossen, z. B. *Morgenrot, Morgenrot, leuchtest mir zum frühen Tod*, zeigt jedoch peinliche formale Schwächen.

Haufs, Rolf (* 31. 12. 1935 Düsseldorf). – Dt. Schriftsteller und Rundfunkredakteur, trat ab 1965 mit dezidiert polit. Lyrik auf. Angriffe gegen die Konsumgesellschaft bestimmen die Bände *Die Straße nach Kohlhasenbrück* (1962), *Sonntage in Moabit* (1964) und *Vorstadtbeichte* (1967), satir.-humorist. »Genre«-Bilder aus Berlin. H. verfaßte auch die Erzählung *Das Dorf S.* (1968), den Prosaband *Linkshänder* (1970) sowie Hörspiele und Kinderbücher. 1976 erschien der Gedichtband *Die Geschwindigkeit eines einzigen Tages*, 1986 *Felderland*, 1990 *Allerweltsfieber*. Die Kinderbücher *Herr Hut* (1971), *Pandas große Entdeckung* (1977) und *Ob ihr's glaubt oder nicht* (1980) erreichen die Qualität der Gedichte nicht. Große Beachtung fand die Prosa »Selbst-Bild« (1988), die in kurzen Texten »Schreckensbilder des Alltags« (Hüfner) entwirft.

Haug, Friedrich (* 9. 3. 1761 Niederstotzingen, † 30. 1. 1829 Stuttgart). – Dt. Schriftsteller, Mitschüler F. Schillers auf der Karlsschule, übernahm 1783 einen Kabinettsposten und wurde 1816 Bibliotheksrat. 1807–17 gab er Cottas »Morgenblatt« heraus. Mehr als durch seine *Fabeln und Erzählungen* wurde H. durch scharfe *Epigramme* bekannt, die unter dem Ps. *F. Hophtalmos* erschienen (1806).

Haukland, Andreas (* 10. 10. 1873 Vefsen/Mosjøen, † 6. 10. 1933 Capri). – Norweg. Schriftsteller, ist in seinen lyrischen Naturschilderungen und in der handfesten Erotik seiner Romane stark von Hamsun beeinflußt, z. B. in *Öl-Jörgen* (R. 4 Bde. 1902 bis 1905, dt. 1928). Das Leben der Wikinger und der vorchristl. Zeit erzählen *Orms Söhne* (1912, dt. 1913) und *Flut und Ebbe* (1929, dt. 1930).

Haulleville, Eric de (* 13. 9. 1900 Etterbeek, † 21. 3. 1941 St. Paul de Vence). – Belg. Dichter, gab 1923 die Verse *Dénouement* im Stile Baudelaires heraus. *Le genre épique* (1928), ein Werk mit lyr., phantast. und kurzen szen. Teilen, entstand aus dem Lebensgefühl eines Poeten der Avantgarde. Im Stil des Surrealismus ist *Voyage aux îles Galapagos* (1934) »montiert«. Symbolismus und Surrealismus verbinden sich in der Lyrik *L'anneau des années* (1941), die von den Zeitgenossen nicht mehr gewürdigt wurden, da beide Stilrichtungen bereits antiquiert wirkten.

Hauptmann, Carl (* 11. 5. 1858 Bad Salzbrunn/Schles., † 4. 2. 1921 Schreiberhau). – Dem älteren Bruder von Gerhart H. war eine glänzende wiss. Laufbahn vorgezeichnet. Er folgte jedoch lit. Neigungen und begann mit naturalist. Dramen: *Marianne* (1894), *Waldleute* (1896) und *Ephraims Breite* (1900). Über

die schles. Mystik öffnete er sich impressionist. und symbolist. Strömungen (*Die Bergschmiede*, 1902); er näherte sich dem Expressionismus mit den Dramen *Krieg* (1914) und *Aus dem großen Krieg* (1915). Erfolg hatten H.s Erzählungen *Aus Hütten am Hange* (1902), der Frauenroman *Mathilde* (1902) und der Künstlerroman *Einhart, der Lächler* (1907).

Hauptmann, Gerhart (* 15. 11. 1862 Ober-Salzbrunn, † 6. 6. 1946 Agnetendorf/Schlesien). – H. war Sohn eines Gastwirts und brach aus wirtschaftl. Gründen seinen Realschulbesuch ab, arbeitete vorübergehend in der Landwirtschaft, studierte bis 1885 Bildhauerei, Kunst und Geschichte und unternahm einige Reisen. Der lit. Durchbruch gelang ihm mit den Dramen *Vor Sonnenaufgang* (1889), *Die Weber* (1892) und der berühmten Novelle *Bahnwärter Thiel* (1892); er wurde bald zum führenden Naturalisten, dessen Werke nicht nur Anerkennung, sondern auch heftige, z. T. polit. Kritik fanden. In den folgenden Jahren erschienen *Fuhrmann Henschel* (1899), *Rose Bernd* (1903). Mit *Hanneles Himmelfahrt* (1896), dem Geschichtsdrama *Florian Geyer* (1896) und der *Versunkenen Glocke* (1897) vollzog H. eine Wendung zur Neuromantik. Bereits vorher mit dem *Biberpelz* (1893) und nun mit *Der rote Hahn* (1901) und *Schluck und Jau* (1900) wies er sich als begabter Komödienautor aus. In den folgenden Jahren wurde er mit *Und Pippa tanzt* (1906), *Griechischer Frühling* (1908), *Die Ratten* (1911) und dem Roman *Der Narr in Christo Emanuel Quint* (1910) zum anerkannten sozialkrit. Dichter der Kaiserzeit. In der Weimarer Republik galt Hauptmann, der 1912 den Nobelpreis erhalten hatte, als bedeutender geistiger Repräsentant Deutschlands, obwohl er sich nicht mit der freiheitlichen Demokratie identifizieren konnte. Seine Werke in diesen Jahren tragen einen polit. abwehrenden Charakter, wie etwa *Vor Sonnenuntergang* (1932). Nach der Machtergreifung Hitlers bekannte er sich zum Nationalsozialismus, gründete in Agnetendorf ein Hauptmannarchiv und förderte wissenschaftliche Studien über sein Leben und Werk. Im Krieg entstand die Atriden-Tetralogie *Iphigenie in Delphi* (1941), *Iphigenie in Aulis* (1944), *Elektra* (posth. 1948) und *Agamemnons Tod* (posth. 1948), die epigonale Züge aufweist und an die Bedeutung der früheren Dramen nicht heranreicht. 1962–73 erschienen seine *Sämtlichen Werke* in 11 Bdn.

Hausenstein, Wilhelm, Ps. *Johann Armbruster* (* 17. 6. 1882 Hornberg/Calw, † 3. 6. 1957 München). – Dt. Schriftsteller, als Mitarbeiter der »Frankfurter Zeitung« (1917–43). 1944 mit Publikationsverbot belegt, zählt H. zu den Dichtern der sog. »Inneren Emigration«. 1950 wurde er Generalkonsul und später Botschafter in Paris. Er verfaßte zahlreiche Kunst- und Reisebücher, u. a. *Vom Geist des Barock* (1920), *Das Land der Griechen* (1934), *Fra Angelico* (1923), *Giotto* (1923), und *Rembrandt* (1926). Die Erz. *Das Gastgeschenk* (1928) und *Buch einer Kindheit* (1936) vergegenwärtigen die Welt der bürgerl. Bildungsideale ebenso wie die Memoiren *Lux perpetua* (1947) und *Pariser Erinnerungen* (1961).

Hauser, Heinrich (*27.8. 1901 Berlin, †25.3. 1955 Dießen/Ammersee). – Berliner Arztsohn, nach Rückkehr aus der Emigration (1948) wurde er Chefredakteur der Illustrierten »Stern«. Von eigenem Erleben erzählen die Romane *Brackwasser* (1928), *Donner überm Meer* (1929) und *Notre-Dame von den Wogen* (1937) sowie die Reiseberichte. Die Faszination angesichts der modernen Technik wird in seinen realist. Romanen *Die Flucht des Ingenieurs* (1937), *Nitschewo Armada* (1949) und *Gigant Hirn* (1958) gestaltet.

Haushofer, Albrecht, Ps. *Jürgen Werdenfels* (*7.1. 1903 München, †23.4. 1945 Berlin-Moabit). – Dt. Dichter, strebte zunächst den Beruf seines Vaters, des Geopolitikers Karl H., an. Bis 1941 war er Berater im Auswärtigen Amt. Im Zusammenhang mit der Verschwörung des 20. Juli wurde er verhaftet und von der Gestapo ermordet. Seit 1920 war H. im privaten Kreis als Lyriker bekannt, v. a. durch *Richtfeuer* (1932) und *Gastgeschenk* (1938). In den klassizist. Dramen *Scipio* (1934), *Sulla* (1938) und *Augustus* (1939) übte er in verschlüsselter Form Kritik am Nationalsozialismus. Die formstrengen *Moabiter Sonette* (1946), die während der Haftzeit entstanden sind, zählen zur bedeutendsten Dichtung des dt. Widerstands.

Haushofer, Marlen (*11.4. 1920 Frauenstein/Österr., †21.3. 1970 Wien). – Österr. Autorin, gestaltete empfindsame Frauenschicksale und Vereinsamung in der Gegenwart. Während die Hörspiele und Jugendbücher weniger beachtet blieben, erfahren die Erzählungen, z. B. *Die Vergißmeinnichtquelle* (1956), *Schreckliche Treue* (1968), *Bartls Abenteuer* (1988) und die Romane *Eine Handvoll Leben* (1955), *Himmel, der nirgendwo endet* (1966), *Die Mansarde* (1969), *Die Tapetentür* (1957, neu 1986) heute eine zunehmend interessierte Rezeption beim Publikum; *Schreckliche Treue: Gesammelte Erzählungen* (posth. 1986).

Hausmann, Manfred (*10.9. 1898 Kassel, †6.8. 1986 Bremen). – Dt. Dichter, nach dem Krieg Schriftleiter beim »Bremer Weser-Kurier«. Seine lit. Tätigkeit stand lange im Zeichen einer romant. Schwärmerei für Vagabundentum und Natur. Die Gedichte *Jahreszeiten* (1924) und die Romane *Salut gen Himmel* (1929), *Abel mit der Mundharmonika* (1932) sind geprägt von Abenteuersehnsucht. Durch das Kriegserlebnis, durch Einflüsse Kierkegaards und K. Barths entwickelte H. einen radikalen christl. Existentialismus. Im Roman *Abschied von der Jugend* (1937) ist bereits die Wende angekündigt, die den Dichter sowohl zum relig. Spiel, z. B. *Das Worpsweder Hirtenspiel* (1946) und *Der Fischbecker Wandteppich* (1955), als auch zur relig. Lyrik (*Kreise um eine Mitte*, 1973) und zur Predigt (*Nüchternheit*, 1975) führte. Weite Verbreitung fand auch die Erz. *Martin* (1949), die von *Bis nördlich von Jan Mayen* (1978) nicht mehr erreicht wurde. Bes. Anerkennung

erwarb sich H. mit seinen stilist. vollendeten Übersetzungen aus dem Griech., Japan., und Chines.

Hausmann, Raoul (*12.7. 1886 Wien, †1.2. 1971 Limoges). – Dt. Dichter, wichtigster Anreger des Dada und mit Grosz, Mehring, Herzfelde u. a. Begründer einer modernen Literatur, die sowohl künstler. als auch gesellschaftl. Zielen verpflichtet ist. Große Wirkung seiner Schriften und Manifeste, z. B. *Hurra, Hurra, Hurra* (1921), in den 20er Jahren. Emigration 1933; nach 1945 weitgehend zu Unrecht vergessen, weil seine späteren Werke und Dokumentationen keine so große Beachtung mehr fanden. 1982 erschienen zwei Bde. *Texte bis 1933*, die zu den wichtigsten Zeugnissen moderner Kunst und Poesie gehören. H. war u. a. auch Maler und Photograph.

Havel, Václav (*5.10. 1936 Prag). – Tschech. Dramatiker, studierte Wirtschaft, arbeitete an verschiedenen Theatern in Prag, erhielt 1969 Publikationsverbot und wurde der profilierteste Sprecher der »Charta 77«. 1979 verhaftet und verurteilt, 1983 vorübergehend in den Westen abgeschoben. H. ist Inhaber hoher Auszeichnungen; er wurde durch *Das Gartenfest* (1963, dt. 1967) in Westeuropa mit einem Schlag bekannt. In diesem wie in den folgenden Stücken *Die Benachrichtigung* (1965), *Erschwerte Möglichkeit der Konzentration* (1968) und *Die Retter* (1974) werden Techniken des absurden Theaters aufgegriffen, um die sinnentleerte Mechanik menschl. Beziehungen in einer bürokratisierten Gesellschaft aufzuzeigen. In Dtld. wurde H. durch zahlreiche Theaterstücke bekannt, z. B. die *Vanek-Trilogie* (*Audienz*, 1975, dt. 1976; *Vernissage*, 1975, dt. 1976; *Protest*, 1976, dt. 1979), *Das Berghotel* (1981), *Sila bezsilných* (1986), Beachtung fanden auch Essays wie *Versuch, in der Wahrheit zu leben* (dt. 1980) und das biogr. interessante Gespräch mit Karel Hvížďala *Fernverhör* (1987). 1989 erhielt H. den Friedenspreis des dt. Buchhandels, 1990 wurde H. Präsident der ČSFR. Seine Reden und Essays liegen gesammelt vor *Im Anfang war das Wort* (1990), *Angst vor der Freiheit* (1990).

Haverschmidt, François, Ps. *Piet Paaltjens* (*14.2. 1835 Leeuwarden, †19.1. 1894 Schiedam). – Niederl. Schriftsteller, den Depressionen zum Selbstmord führten. Lyrik, deren Grundstimmung romant. Weltschmerz ist, die aber auch Momente der Selbstironie, des Humors und der Satire enthält, veröffentlichte er unter seinem Pseudonym in der schmalen Sammlung *Snikken en grimlachjes* (1867). Seine Prosa *Familie en kennissen* (1876) wurde wenig beachtet.

Hawkes, John (*17.8. 1925 Stamford/Connecticut). – Amerikan. Schriftsteller, war während des Zweiten Weltkriegs in Europa und verarbeitet mit surrealen und postmodernen Stilmitteln seine Kriegserfahrungen. Im Mittelpunkt seiner Romane stehen nicht Handlungen, sondern brutale und sexuelle Traumphantasien, in denen er den Schrecken der Kriegserfahrungen abreagiert: *Der Kannibale* (1949, dt. 1989), *Il Gufo –*

Der Henker von Sasso Fetore (1954, dt. 1988), *Die Leimrute* (1961, dt. 1964), *Die zweite Haut* (1964, dt. 1971), *Abenteuer unter den Pelzhändlern in Alaska* (1985, dt. 1988), *Whistlejacket* (dt. 1990). Sein Publikum begeistert H. durch die irrealist. Gestaltung; in den letzten Werken zeichnet sich jedoch ein neuer realistischer Zug ab.

Hawthorne, Nathaniel (*3.7. 1804 Salem/Mass., †18. od. 19.5. 1864 Plymouth/N. H.). – Amerikan. Schriftsteller, studierte zusammen mit Longfellow, zunächst Journalist und Zollbeamter, 1853 bis 1857 amerikan. Konsul in Liverpool. Seinen ersten Roman *Fanshawe* sowie erste Erzählungen veröffentlichte H. 1828 noch anonym, da diese Arbeiten von nur begrenzter lit. Qualität waren. Berühmt wurde er durch seinen histor. Roman *Der scharlachrote Buchstabe* (1850, dt. 1851), in dem er das Schuldbewußtsein der freudlos lebenden Puritaner Neuenglands und die Folgen ihrer psycholog. Lage meisterhaft analysierte. Mit ähnl. Themenstellungen befassen sich auch die Romane *Das Haus der sieben Giebel* (1851, dt. 1851), *Blithedale* (1852, dt. 1852) und *Der Marmorfaun 1* (1860, dt. 1862). Die amerikan. Werkausgabe von 1900 umfaßt 22 Bde.

Háy, Gyula (Julius) (*5.5. 1900 Abony bei Pest, †7.5. 1975 Intragna/Tessin). – Ungar. Dramatiker, ging nach dem Scheitern der Räterepublik (1918) ins Exil nach Dtld., 1933 in die Schweiz, 1935 in die Sowjetunion. 1956 gehörte er zu den geist. Vorbereitern des Aufstands. 1959 wurde er aus der Haft entlassen und konnte 1965 auswandern. Die Macht und ihre Korrumpierbarkeit sind das Grundthema seiner Dramen. In den dreißiger Jahren gewann er in Dtld. Anerkennung mit *Das neue Paradies* (1938) und *Gott, Kaiser und Bauer,* ein Stück über das Konstanzer Konzil (1935). Mit *Gáspár Varrós Recht* (1945), *Gerichtstag* (1946), *Begegnung* (1953), *Das Pferd* (1964), *Der Barbar* (1966) und *Der Großinquisitor* (1968) konnte er an die Erfolge der Vorkriegszeit anknüpfen.

Hay, John (*8.10. 1838 Salem/Indiana, †1.7. 1905 Newbury). – Amerikan. Schriftsteller, war Botschafter in Paris, Wien und Madrid und ab 1895 Außenminister. Nach seiner Rückkehr aus Europa wandte sich H. der Literatur zu. Seine humorvollen *Pike County Ballads* (1871) über den amerikan. Westen machten ihn bekannt. Span. Eindrücke enthalten die *Castilian Days* (1871). Mit J. G. Nicolay schrieb er ein Werk über *A. Lincoln* (10 Bde. 1890).

Hazlitt, William (*10.4. 1778 Maidstone/Kent, †18.9. 1830 London). – Engl. Schriftsteller, Sohn eines reisenden unitar. Predigers. Die Freundschaft mit den romant. Dichtern Shelley und Keats regte ihn zu den Essays *On the English Poets* (1818) und *On the English Comic Writers* (1819) an. Zum Dichter wurde H. durch die unglückliche Liebe zur Tochter eines Londoner Aristokraten, der er das *Liber Amoris or The New Pygmalion* (1823) gewidmet hat.

Heaney, Seamus (*13.4. 1939 Mossbawn/Derry). – Ir. Lyriker aus kath. Familie, gestaltet in seinen Gedichten die heimatl. Landschaft, nimmt aber auch politische Fragen wie die Freiheit der Dichtung oder die Anschläge in Irland zum Inhalt der Gedichte, die in der englischsprachigen Welt hohe Anerkennung finden *Death of Naturalist* (1966), *Wintering Out* (1972), *North* (1975), *Station Island* (1984), *Die Hagebuttenlaterne* (1987, dt. 1990).

Hearn, Lafcadio (*27.6. 1850 auf Lefkas/Griechenland, †26.9. 1904 Tokio). – Engl.-amerikan. Schriftsteller, wanderte mit 19 Jahren aus Griechenland in die USA aus. Er übersetzte T. Gautier und G. Flaubert ins Englische. 1885 veröffentlichte er Sprichwörter der franz. sprechenden Neger der USA, 1887 chines. Legenden u. d. T. *Some Chinese Ghosts.* 1890 ging er für »Harper's Magazine« nach Japan. Fasziniert blieb er im Lande und wurde 1896 Prof. in Tokio. In den Büchern *Izumo, Blicke in das unbekannte Japan* (2 Bde. 1894, dt. 1907–08), *Exotics and Retrospective* (1898) u. a. vermittelte er dem Westen Eindrücke aus japan. Brauchtum, Religion und Literatur. Drei seiner Gespenstergeschichten wurden in den Film »Kwaidan« (1965) aufgenommen. Dt. erschien eine Auswahl aus seinen Schriften 1920 f.

Hebbel, Christian Friedrich (*18.3. 1813 Wesselburen, †13.12. 1863 Wien). – Dt. Dichter, Sohn eines armen Maurers, erlebte einige harte Jahre als Schreiber bei einem Kirchspielvogt, versuchte autodidakt. die entgangene Bildung nachzuholen. Seine Geliebte Elise Lensing sorgte für den Lebensunterhalt. Große Fußwanderungen führten ihn nach Heidelberg, München und zurück nach Hamburg. Seine *Tagebücher* halten diese Erlebnisse fest. Im Dez. 1845 kam H. nach Wien, er durch die Ehe mit der Schauspielerin Christine Enghaus, die vielen seiner Dramen zum Erfolg verhalf, Melancholie und materielle Not aus seinem Leben verdrängte. Seine Dramen zeigen das Individuum in der Auseinandersetzung zwischen eigenem Willen und allg. Weltordnung. Die Kämpfe gegen das Schicksal, bei denen der einzelne unterliegen muß (sog. Pantragismus), kennen weder moral. Schuld noch Erlösung. In seiner Weltanschauung findet man starke Einflüsse der Philosophie, bes. Hegels und Schopenhauers. In den histor. Dramen *Judith* (1840) und *Genoveva* (1843), die ihm auch die ersten Erfolge brachten, wird der Kampf der Geschlechter gestaltet; in die erstickende Atmosphäre des Kleinbürgertums dringt H. mit dem bürgerl. Drama *Maria Magdalena* (1844). Er kehrt mit den Tragödien *Herodes und Mariamne* (1848), *Agnes Bernauer* (1848) und *Gyges und sein Ring* (1856) zu histor. bzw. frühgeschichtl. Stoffen zurück. In heroisch-düstere Zeiten führt die Dramatisierung der Nibelungensage in einer Trilogie (1861). H. gilt bis heute als bedeutendster Dramatiker des Poet. Realismus. Seine Gedichte und ep. Dichtungen haben nur vereinzelt hohe lit. Qualität. Mit den theoret. Schriften begründete H. eine lit. Form der Selbstinterpretation, die große Nachwirkung fand (etwa bei Shaw, Brecht u. a.); von bes. Beispielhaftigkeit ist der Aufsatz *Mein Wort über das Drama* (1843). Zahlreiche Gesamtausgaben seiner Werke liegen vor.

Hebel, Johann Peter (* 10. 5. 1760 Basel, †22. 9. 1826 Schwetzingen). – Alemann. Theologe und Lehrer, war seit 1808 Direktor des Karlsruher Gymnasiums, daneben Subdiakon der Hofkirche, Mitglied des Konsistoriums und seit 1819 Prälat der evang. Landeskirche in Baden. Mit den *Alemannischen Gedichten* (1803 und 1820), die aus der Sehnsucht des in der Stadt einsam lebenden H. nach der Landschaft seiner Heimat entstanden, führte er die alemann. Mundart in die Literatur ein. Einzelne Gedichte wie *Wiese* oder *Wächterruf* wurden volkstümlich. Ab 1808 gab H. den Kalender *Der Rheinländische Hausfreund* heraus. In Kalendergeschichten u. Anekdoten, 1811 im *Schatzkästlein des Rheinischen Hausfreundes* gesammelt, erzählte H. in hochdt. volkstüml. schlichter und humorvoller Sprache. Geschichten wie *Zundelheiner und Zundelfrieder, Kannitverstan* und *Unverhofftes Wiedersehen* findet man auch heute noch in fast allen Schullesebüchern. Der Philosoph Heidegger hat Hebels lit. Bedeutung kongenial dargestellt.

Hèbert, Anne (* 1. 8. 1916 Ste-Catherine-de-Fossambault/Quèbec). – Frankokanadische Schriftstellerin, trat mit Gedichten und Romanen wie *Die Verrückten von Bassan* (1982) an die Öffentlichkeit und wurde wegen ihrer vorbildlichen Darstellung von Frauenproblemen mehrfach ausgezeichnet. In Dtld. fand die Kriminalgeschichte *Kamouraska* (1970, dt. 1972) große Beachtung, da sich in diesem Text symbolist. und surrealist. Stilformen durchdringen und eine psycholog. Deutung des Geschehens nahelegen. Die Romane *Les enfants du Sabbat* (1975), *Hèloise* (1981) und das Drama *Le temps sauvage* (1966), in dem die Auseinandersetzung eines jungen Mädchens mit der religiösen Welt und der Zusammenbruch traditioneller Werte gestaltet wird, fanden vornehmlich in Frankreich Anerkennung.

Heckmann, Herbert (* 25. 9. 1930 Frankfurt/M.) – Dt. Autor, seine Erzählungen, gesammelt in *Das Porträt* (1958) und *Schwarze Geschichten* (1964), spielen in surrealist. und iron. Weise mit verschiedenen Wirklichkeitsebenen. Später treten parabelhafte Züge in den Vordergrund, z. B. *Ein Bauer wechselt seine Kleidung und verliert sein Leben* (1980), *Die Blechbüchse* (1985). *Benjamin und seine Väter* (1961) nimmt humorvoll die Tradition des Bildungsromans auf. Ihm folgte *Der große Knockout in sieben Runden* (1972). H. verfaßte auch Kinderbücher, z. B. *Knolle auf der Litfaßsäule* (1977), *Stehauf-Geschichten* (1985).

Hedaje, Sadegh (* 17. 2. 1903 Teheran, †9. 4. 1951 Paris). – Bedeutendster Vertreter der pers. Dichtung im 20. Jh., kam in Europa in Kontakt mit der modernen Literatur. Nach seiner Rückkehr veröffentlichte er Kurzgeschichten und Dramen. Im pessimist. Stil Kafkas, den er übersetzte, ist *Die blinde Eule* (R. 1936, dt. 1960) geschrieben. Das polit. Leben ist Hintergrund der Sammlungen *Das Wasser des Lebens* (1944, dt. 1960) und *Welengārī* (1944, dt. in Ausz. 1960).

Hedberg, Carl Olof (* 31. 5. 1899 Norrköping, †21. 9. 1974 Tveggesjö). – Schwed. Erzähler, stark vom franz. Naturalismus (La Rochefoucauld, A. France) beeindruckt, verarbeitete in seinem Werk auch psychol. u. medizin. Themen. Satir. Angriffe auf die schwed. Wohlstandsgesellschaft, v. a. die bürgerliche Mittelklasse, kennzeichnen die Romane *Darf ich um die Rechnung bitten* (1932, dt. 1946), die Trilogie *Karsten Kirsewetter* (1937–39, dt. 1943), *Tack och farväl* (1973) und *Tänk att ha hela livet framför sej* (1974).

Hedberg, Tor Harald (* 23. 3. 1862 Stockholm, †13. 7. 1931 ebd.). – Schwed. Dichter u. Kritiker, begann mit naturalist. Erzählungen, denen die psycholog. Romane *Judas* (1886, dt. 1887) und *Versöhnt* (1888, dt. 1898) folgten. Auf dem Gebiet des Dramas wandte er sich bes. der Historie zu u. schrieb Trauerspiele, z. B. *Johan Ulfstjerna* (1907), aber auch Lustspiele wie *Rembrandts son* (1927). Seine *Lyrik*, gesammelt 1903, 1910, 1922, ist symbol. Problemdichtung in klassizist. Stil.

Hedenvind-Eriksson, Gustav (* 17. 5. 1880 Gubhögen, †17. 4. 1967 Stockholm). – Nordschwed. Schriftsteller, verließ 16jährig das Elternhaus und wurde ein Pionier der Arbeiterdichtung mit den Romanen *Branden* (1911) und *Ur en fallen skog* (1910). Im Alter wandte H. sich Sagenstoffen zu, z. B. mit *Sagofolket som kom bort* (1946). Große Beachtung fanden seine Memoiren *Gudaträtan och proletärdiktaren* (1960).

Heemskerck, Johan van (* 1597 Amsterdam, †27. 2. 1656 ebd.). – Niederl. Schriftsteller, Justitiar der Ostind. (Handels-)Gesellschaft. Unter dem Titel *Pub, Ovidii Nasonis minnekunst, minnedichten ende mengel-dichten* (1622) veröffentlichte er Übersetzungen, Bearbeitungen u. eigene Gedichte. Seine *Batavische Arcadia* (1637) gilt als erster niederl. Schäferroman.

Heer, Gottlieb Heinrich (* 2. 2. 1903 Ronchi dei Legionari/Italien, †23. 10. 1967 Scherzingen). – Schweizer Autor, war, wie sein Onkel Jakob Christoph H., ein Heimatschriftsteller. In den Novellen *Der Getreue* (1927) und *Fest in Gründen* (1939) sowie in den Romanen *Thomas Plattner* (1937), *Verlorene Söhne* (1951) und *Spuk in der Wolfsschlucht* (1953) gestaltete er Stoffe aus seiner heimatl. Geschichte.

Heermann, Johannes (* 11. 10. 1585 Raudten/Schlesien, †27. 2. 1647 Lissa/Posen). – Während des Dreißigjähr. Kriegs zog sich der schles. Pfarrer nach Polen zurück und lebte als Schriftsteller. Latein. Gedichte brachten ihm 1608 die Ehre eines Poeta laureatus. In volkstüml., nach den Regeln von Opitz verfaßten Kirchenliedern, die im *Gebettbuch* (1609) gesammelt sind, tritt die Passions- u. Jesusmystik stark hervor. Das Lied *Herzliebster Jesu, was hast du verbrochen* wird noch heute gesungen.

Heever, Toon van den, eigtl. *Frans P. van den H.* (*29.11. 1894 Heidelberg/Transvaal, †29.1. 1956 Bloemfontein). – Südafrikan. Rechtsanwalt, schuf in der Sprache Afrikaans einen immer wieder ergänzten Gedichtband *Vir Eugéne en ander gedigte* (1919, 1931, 1939). Seine Lyrik bricht unter dem Einfluß Heines mit den Inhalten der bäuerl.-puritan. Tradition und ist von ungewöhnl. formaler Meisterschaft, die sich satir. und iron. bis zum Zynismus steigert. *Garben aus der Erbpacht des Spatenbauern* (1948) enthält Kurzgeschichten, Skizzen aus der Kindheit und Märchen.

Hegel, Georg Wilhelm Friedrich (*27.8. 1770 Stuttgart, †14.11. 1831 Berlin). – Dt. Philosoph, war nach dem Studium am Tübinger Stift Prof. in Jena, Heidelberg und Berlin. Wie kein Philosoph in der Nachfolge Kants hat H. auf Kultur-, Geistes- und Wirtschaftsleben gewirkt. So berufen sich sowohl die Marxisten als auch die Vertreter eines bürokrat. technokrat. Staatssystems auf seine Gedanken. H. suchte in seiner Philosophie das Absolute im reinen Denkvollzug sichtbar zu machen. Dabei galt ihm die Vernunft als oberstes Prinzip, deren dialekt. Organisation er in seinen Hauptwerken *Phänomenologie des Geistes* (1807), *Logik* (1812 bis 1816) und seiner Vorlesung *Zur Philosophie der Geschichte* (mehrfach nach 1818 gehalten) nachzuweisen suchte. Er geht in der idealist. Nachfolge Kants von der Erkenntnis aus, daß das Sein vom erkennenden Subjekt abhängig ist. Ausgehend von der Feststellung, daß nur Vernünftiges erkannt werden kann, postulierte Hegel eine vernünftige Weltordnung und Geschichte, die er log. und histor. zu begründen trachtete. Der Staat ist nach seiner Definition der »erscheinende Gott«. Mit seinem Werk hat H. auch die Lit. stark beeinflußt, da seine Gedanken von der vernünftigen Staatsordnung und einer absoluten Moral und Ästhetik immer wieder Anlaß zu lit. Kontroversen bildeten, die bis in die Gegenwart anhalten. Bes. die Dichter des Jungen Deutschland, des poet. Realismus und der Jahrhundertwende sowie der Neuen Sachlichkeit und der Literatur nach 1945 in beiden Teilen Dtld.s zeigen unmittelbare Einflüsse seines Denkens.

Hegeler, Wilhelm (*25.2. 1870 Varel/Oldenburg, †8.10. 1943 Irschenhausen). – Dt. Schriftsteller, stand dem Kreis um G. Hauptmann nahe und begann mit naturalist. Romanen wie *Mutter Bertha* (1893), *Sonnige Tage* (1898). Problemen der Berufswelt ging er in *Ingenieur Horstmann* (1900) nach. Weltanschaul. geprägt sind die Romane *Pastor Klinghammer* (1903), *Der verschüttete Mensch* (1923) und *Der Zinsgroschen* (1929). Nach der *Übersiedlung nach Weimar* (1906) wandte sich der Autor mehr und mehr der Unterhaltungsliteratur zu.

Hegner, Johann Ulrich (*7.2. 1759 Winterthur, †3.1. 1840 ebd.). – Schweizer Autor, war der erste bed. Volksschriftsteller. Nach dem satir. Roman *Die Molkenkur* (1812) veröffentlichte er die Erzählungen *Saly's Revolutionstage* (1814), *Suschen's Hochzeit* (2 Bde. 1819) und eine Biographie über *Hans Holbein d. J.* (1827).

Heiberg, Gunnar (*18.11. 1857 Christiania [Oslo], †22.2. 1929 Oslo). – Norweg. Schriftsteller, leitete 1884 bis 1885 die Nationale Bühne in Bergen. Als Dramatiker trat er zuerst mit *Tante Ulrike* (1884, dt. 1911) hervor. Mit dem Stück *König Midas* (1890, dt. 1890) griff er die Gesellschaft stark an. Einen Skandal erregte *Der Balkon* (1894, dt. 1894) wegen seines erot. Inhalts. Das soziale Drama *Das Große Los* (1895, dt. 1896) und das polit. Stück *Die Tragödie der Liebe* (1904, dt. 1906) demonstrieren H.s republikan. Standpunkt in zugespitzten Dialogen und lyr. Szenen. Als Essayist erweist er sich als vorzügl. Literaturkenner und Stilist.

Heiberg, Hermann (*17.11. 1840 Schleswig, †16.2. 1910 ebd.). – Dt. Schriftsteller, fand lit. Beachtung mit den Plaudereien der *Herzogin von Seeland* (1881). In die Nähe des Naturalismus gehört sein Roman *Apotheker Heinrich* (1885). Es folgten die Romane und Novellen *Der Januskopf* (1887), *Graf Jarl* (1895) und *Norddeutsche Menschen* (1898). Die Autobiographie *Streifzüge ins Leben* (1909) schloß das Werk ab.

Heiberg, Johan Ludwig (*14.12. 1791 Kopenhagen, †25.8. 1860 Bonderup). – Dän. Dichter, brach mit der Marionettenkomödie *Don Juan* (1814) nach Molière mit der Romantik und leitete in Dänemark die Epoche des Vaudeville-Theaters ein, das er in Paris kennengelernt hatte. Im Rahmen dieser Gattung schuf er u. a. die burleske Komödie die *Weihnachtsspäße und Neujahrspossen* (1816), das Singspiel *Der Rezensent und das Tier* (1826) und die Satire auf die Kindererziehung, *Aprilnarren* (1826). Mit dem Festspiel *Der Elfenhügel* (1828, dt. 1849) gelang ihm der Durchbruch auf dem kgl. Theater. H. förderte auch Søren Kierkegaard und H. C. Andersen.

Heidegger, Martin (*26.9. 1889 Meßkirch, †26.5. 1976 Freiburg). – Dt. Philosoph, entwickelte in der Nachfolge seines Lehrers E. Husserl beginnend mit *Sein und Zeit* (1927) eine Existentialontologie, die den Menschen nicht als reine Personalität, sondern Potentialität (Heidegger sagt »Geworfenheit«) erfaßt. Durch den erfahrbaren Tod ist der Mensch als einziges Wesen um Umwelt besorgt und mitmenschlich fürsorgend. Dasein ist für den seine Existenz erfahrenden Menschen, der stets vor der Frage steht, warum er ist, als Existential Angst und Sorge. Sorge als stets vorhandene, jedem Handeln vorausgehende Daseinsbedingung begründet das menschl. Sein als Sein zum Tode. Heideggers Denken hat auf die Literatur in zweifacher Weise entscheidende Wirkungen ausgeübt. Zum einen hat er in einer Fülle von Aufsätzen und Reden, gesammelt in

z. B. *Holzwege* (1950), *Erläuterungen zu Hölderlins Dichtung* (1951), *Vorträge und Aufsätze* (1954) und *Nietzsche* (2 Bde. 1960), selbst meisterhafte Interpretationen dt. und abendländ. Dichtung geschaffen und etwa in *Der Feldweg* (1953) sich als großer Dichter erwiesen, zum anderen hat er – auch mit seiner sehr präzisen und eigenwilligen Sprache – nachhaltig auf die dt. Dichtung bes. in den ersten Jahrzehnten nach dem Zweiten Weltkrieg gewirkt.

Heidenreich, Gert (* 30. 3. 1944 Eberswalde). – Dt. Schriftsteller, setzt sich bes. mit der Frage der Wirkung von Schuld aus der Vergangenheit auf die Gegenwart auseinander, wobei er die Schuldfähigkeit als grundlegend menschl. Kategorie gestaltet. Bes. bekannt wurden die Gedichte *Eisenväter* (1987), die Erzählung *Die Gnade der späten Geburt* (1986), die Theaterstücke *Der Wetterpilot* (1984), *Strafmündig* (1984) sowie die Romane *Die Steinesammlerin* (1984), *Belial oder die Stille* (1990).

Heidenstam, Carl Gustav Verner von (* 6. 7. 1859 Olshammar, †20. 5. 1940 Övralid). – Schwed. Dichter, Nobelpreisträger von 1916, seine Freundschaft mit A. Strindberg zerbrach an H.s Gegnerschaft zum Naturalismus. Schon mit der ersten Sammlung *Wallfahrt und Wanderjahre* (1888) und der Schrift *Renässans* (1889) ließ er den Naturalismus der zeitgenöss. schwed. Lyrik hinter sich. Der Bildungsroman *Hans Alienus* (2 Bde. 1892, dt. 1911) enthält viele phantast. Elemente. In die nationale Geschichte weisen die Romane *Karl der Zwölfte und seine Krieger* (2 Bde. 1897, dt. 1898), *Der Stamm der Folkunger* (1906–09), *Folke Filbyter* (1909), *Die Erben von Bjälbo* (1907, dt. 1910). Klassizist. ist die Alterslyrik *Nya dikter* (1915) und *Sista dikter* (1942). Seine Memoiren *Als die Kastanien blühten* (1941, dt. 1948) sind kulturgeschichtl. interessant.

Heiduczek, Werner (* 24. 11. 1926 Hindenburg). – Dt. Autor, 1961–1964 Dozent am Herder-Institut in Leipzig, danach freier Schriftsteller. H. begann mit dem Kinderbuch *Jule findet Freunde* (1958); die Erzählung über die Nachkriegszeit *Matthes und der Bürgermeister* (1961) folgte. Die dt. Teilung behandeln die Novelle *Die Brüder* (1968) und der Roman *Abschied von den Engeln* (1968) recht schematisch. Eine krit. Geschichte aus dem Alltag der DDR ist *Mark Aurel* (1971). 1974 schrieb H. die Erzählung *Die seltsamen Abenteuer des Parzival,* 1982 den Roman *Tod am Meer.*

Heijermans, Herman, Ps. *Iwan Jelakowitsch, Koos Habbema* (* 3. 12. 1864 Rotterdam, † 22. 11. 1924 Zandvoort). – Niederl. Dramatiker und Erzähler, bekämpfte in seinen naturalist. Werken die Heuchelei der bürgerl. Gesellschaft. Sein unter dem Pseudonym Koos Habbema veröffentl. Roman *Kamertjeszonde* (1897) greift die bürgerl. Sexualmoral an. H. schrieb auch die Dramen *Ahasverus* (1893, dt. 1904), *Das siebte Gebot* (1899, dt. 1903), *Allerseelen* (1905, dt. 1906) und die

polit. Stücke *Die Hoffnung auf Segen* (1901, dt. 1901) und *Glückauf* (1911, dt. 1912). H. gilt als bedeutender Dramatiker der Niederlande, dessen Naturalismus stets sozialist. Züge trägt, und wurde zu einem wichtigen Anreger der modernen Arbeiterdichtung.

Heilborn, Ernst (* 10. 6. 1867 Berlin, † 16. 5. 1942 ebd.). – Dt. Schriftsteller, gab über 20 Jahre, bis 1933, die Zeitschrift »Literarisches Echo« (ab 1924 »Die Literatur«) heraus und war seit 1901 Theaterkritiker der »Frankfurter Zeitung«. Daneben schuf er mit den Romanen *Kleefeld* (1900), *Der Samariter* (1901), *Josua Kersten* (1908), *Die steile Stufe* (1910) und *Tor und Törin* (1927) realist. Darstellungen des Berliner Bürgertums. Eine Monographie über *Novalis* (1901) war der Auftakt zu literaturgeschichtl. Arbeiten, die in den zwei Bänden *Zwischen den Revolutionen* (1927–29) gesammelt sind.

Heimeran, Ernst (* 19. 6. 1902 Helmbrechts/Oberfr., †31. 5. 1955 Starnberg). – Dt. Schriftsteller, 1922 gründete er den Ernst Heimeran Verlag, der zunächst antike Autoren herausgab, später auch die liter. Richtung des Gründers verfolgte, der zahlreiche heiter-liebenswürdige Bücher mit Themen aus Haus und Familie schrieb, u. a. *Die lieben Verwandten* (1936), *Das stillvergnügte Streichquartett* (1936 m. B. Aulich), *Der Vater und sein erstes Kind* (1938), *Grundstück gesucht* (1946), *Lehrer, die wir hatten* (1954) und die Autobiographie *Büchermachen* (4. Auflage 1972).

Hein, Christoph (* 8. 4. 1944 Heinzendorf). – Dt. Schriftsteller, durfte als Sohn eines Pastors nicht im sozialistischen Staat studieren; besuchte Gymnasium in West-Berlin und wurde dann zum Studium der Logik in Berlin und Leipzig zugelassen. Seine Arbeiten wurden in der DDR und Bundesrepublik ausgezeichnet; bes. zu erwähnen sind die Sammlung *Cromwell und andere Stücke* (1981), *Die wahre Geschichte des Ah Q. Stücke und Essays* (1984), in denen er die Welt der Angestellten vorführt, die den Fortschritt durch ihre Verhaltensweise verhindern, der Roman *Der Tangospieler* (1989) und die Erz. *Das Wildpferd unterm Kachelofen. Ein schönes dickes Buch von Jakob Borg und seinen Freunden* (1986). Für Theater in der DDR schrieb er zahlreiche Stücke, z. B. *Lassalle* (1980), *Der neue Menoza oder Geschichte des kumbanischen Prinzen Tandi* (1982), *Schlötel oder Was soll's?* (Stücke und Essays 1986), *Die Ritter der Tafelrunde* (1989). Seine Reden und Aufsätze erschienen u. d. T. *Die fünfte Grundrechenart* (1990)

Hein, Manfred Peter (* 25. 5. 1931 Darkehmen/Ostpr.). – Dt. Lyriker, lebt seit 1958 in Finnland und Berlin. Seine Gedichte, gesammelt in *Taggefälle* (1962), *Ohne Geleit* (1966), *Gegenzeichnung* (1973), *Zwischen Winter und Winter* (1987), sind scharf konturiert und verbinden in knapper Sprache Natur und Mythos. H. übersetzte auch finn. Lyrik (1962) und die Erzählung von *Antti Hyry* (1965) ins Deutsche.

Heine, Heinrich (* 13. 12. 1797 Düsseldorf, † 17. 2. 1856 Paris). – H. stammte aus einer jüd. Kaufmannsfamilie, wurde zunächst auch selbst Kaufmann und studierte danach Jura in Bonn, Göttingen und Berlin. 1825 trat er zum Christentum (Protestantismus) über, 1824 war er mit Goethe zusammengetroffen. 1831 ging er als Zeitungskorrespondent nach Paris und blieb bis zu seinem Tod in Frankreich. 1835 wurden seine Schriften in Dtld. verboten. Sein Ruhm beruht auf seiner Prosa, in erster Linie jedoch auf der Qualität seines lyr. Schaffens. Für dieses ist charakterist. seine iron. Distanz zu den behandelten Themen (Grundthemen: enttäuschte Liebe, Todessehnsucht), sein von der Romantik übernommener, aber iron. gebrochener schlichter Volksliedton und die von ihm angewandte moderne und allgemeinverständl. Sprache. Seine ersten *Gedichte* erschienen 1822, mit seiner 1827 veröffentlichten Liedersammlung *Buch der Lieder* hatte er außerordentl. Erfolg. In den *Neuen Gedichten*, die H. 1844 herausbrachte, reflektierte er vornehmlich gesellschaftl. Zustände und Ereignisse seiner Zeit. Zahlreiche Lieder H.s wurden von Schubert und Schumann vertont. Große Anerkennung brachten ihm auch seine in Prosa verfaßten, unterhaltsamen, aber zugleich krit., teilweise polem. Reiseberichte. Sie erschienen von 1826 bis 1831 in der Sammlung *Reisebilder*. Als bekannteste Einzelbeschreibungen im Rahmen dieser Veröffentlichungen können der Bericht *Die Bäder von Lucca* (mit der berühmten Polemik gegen den Grafen von Platen) und die *Harzreise* (1826) angeführt werden. Besonders nach seiner Emigration nach Frankreich verfaßte H. zahlreiche zeit- und gesellschaftskrit. Schriften, die er in 4 Bänden unter dem Titel *Der Salon* zwischen 1834 und 1840 herausgab. Über sein Deutschlandbild referierte er dabei in dem Beitrag *Zur Geschichte der Religion und Philosophie in Deutschland.* Die Judenverfolgung im Mittelalter behandelte er, ebenfalls im Rahmen des *Salon*, in der Novelle *Der Rabbi von Bacherach* (1840). 1844 setzte er sich in seinem satir. Versepos *Deutschland, ein Wintermärchen* speziell mit den von ihm krit. beobachteten und beurteilten damaligen Zuständen in Deutschland auseinander. Diese Arbeit erschien innerhalb seines lyr. Werkes in dem Band *Neue Gedichte*. Heute gilt H. als der entscheidende Anreger der modernen Lyrik bis Brecht und bis herauf zur Gegenwart, da er zahlreiche Stilelemente – etwa Verfremdungen, iron. Zeitkritik etc. – vorwegnahm. Seine Balladen haben sich bis heute als allgemeines Bildungsgut erhalten (z. B. *Belsazar*). Zahlreiche Lieder, etwa *Ich weiß nicht, was soll es bedeuten,* wurden zu Volksliedern, obwohl er sie selbst als Parodien auf die Romantik geschrieben hatte. Sprachl. Faszination, Bilderreichtum und stilist. Brillanz zeigen auch die Gedichte *Romanzero* (1851), in »Die elegante Welt« veröffentlicht, und das kom. Versepos *Atta Troll* (erschienen 1843). Seine theoret. Schriften *Die romantische Schule* (1836) oder *Über Ludwig*

Börne (1840) begründeten die krit.-reflektierende Literaturwissenschaft.

Heinrich, Jutta (*4. 4. 1940 Berlin). – Dt. Schriftstellerin, stammt aus großbürgerlicher Familie, übte zahlreiche Berufe aus, dann Studium der Sozialpädagogik und Germanistik. Stipendien ermöglichten ihr eine kontinuierliche lit. Arbeit, in der sie sich zum einen mit Problemen der Frauenemanzipation, zum anderen mit Fragen nach der politischen Endzeit auseinandersetzt. Sie fand bei Leserinnen der »Frauenoffensive« großen Zuspruch. Zu erwähnen sind etwa die Romane *Das Geschlecht der Gedanken* (1977), *Mit meinem Mörder Zeit bin ich allein* (1981) sowie die Texte *Haus-Ordnung* (In: Frauen, die pfeifen; 1978), *Endlich. Ausschnitt aus dem Roman »Ein Huhn ist kein Vogel, eine Frau ist kein Mensch«* (1980), *Die Geschlechtlichkeit der Badehauben* (1985), *Kein Erbarmen mit der Wirklichkeit* (1985). H. schreibt auch Hörspiele und Filmtexte.

Heinrich, Willi (*9. 8. 1920 Heidelberg). – Dt. Romancier. Kriegserlebnisse bilden die Grundlage der kraß realist. Romane *Das geduldige Fleisch* (1955) und *Der goldene Tisch* (1956), während *Die Gezeichneten* (1958) und *Gottes zweite Garnitur* (1962) Heimkehrerschicksale schildern. Eingängige Unterhaltungslit. sind seine späteren Romane, u. a. *Geometrie einer Ehe* (1967), *Schmetterlinge weinen nicht* (1969), *Liebe und was sonst noch zählt* (1974), *Ein Mann ist immer unterwegs* (1977), *Allein gegen Palermo* (1981), *Vermögen vorhanden* (1982), *Die Verführung* (1986), *Zeit der Nymphen* (1987).

Heinrich der Glîchezaere, (12. Jh.). – Irrtüml. Name für einen anonymen Elsässer Dichter Heinrich, der um 1190 das Tierepos *Reinhart Fuchs* schrieb, von dem nur Bruchstücke und eine Bearbeitung des 13. Jh.s überliefert sind. Eine Vorform ist der franz. *Roman de Renart.* Krankheit u. Heilung des Löwen werden zum Anlaß für Spott auf die höf. Gesellschaft und deren Minnedienst. H. schilderte mit volkstüml. Mitteln der Satire erstmals die Feindschaft von Fuchs und Wolf.

Heinrich VI. (* 1165 Nymwegen, † 28. 9. 1197 Messina). – Die Lieder des Staufenkaisers gehören in die Frühzeit des Minnesangs. Sehr wahrscheinlich schrieb er sie mit 20 Jahren nach seiner Schwertleite. Die Lieder Heinrichs, Wechsel, Tagelied und Kanzone, stehen zusammen mit dem Bild, das den Kaiser im Ornat und mit dem Spruchband des Sängers darstellt, am Anfang der sog. *Manessischen (Heidelberger) Liederhandschrift.*

Heinrich der Teichner (* um 1310, † um 1377). – Der fahrende Dichter aus Österreich war Meister der lehrhaften Dichtung. In erzählten Gesprächen, in die viele unhöf. und volksnahe Elemente eingegangen sind, wurde er zum späten Verklärer des Rittertums. Von seinen zwischen 1350 und 1377 entstandenen *Reimreden,* die stark auf die bürgerl. Spruchdichtung wirkten, sind 700 überliefert.

Heinrich Julius, Herzog von Braunschweig-Wolfenbüttel (* 15. 10. 1564 Schloß Hessen in Braunschweig, † 30. 7. 1613 Prag). – Der Herzog regierte seit 1589 in Wolfenbüttel. Engl. Komödianten rief er 1592 an seinen Hof und behielt bis 1598 Th. Sackville als Leiter einer Truppe. Er schrieb selbst barocke Komödien, *Von einem Fleischhawer* (1593) und *Von einem Weibe* (1593), und die Tragödien *Von einem ungeratenen Sohn* (1594) und *Von einer Ehebrecherin* (1594) u. a.

Heinrich von Meißen → Frauenlob

Heinrich von Melk (* um 1160). – Das Rätsel um die Person des mhd. Dichters ist nicht geklärt. Vermutl. handelt es sich um einen adeligen Laienbruder des österr. Klosters Melk. In anklagendem Predigtstil bekämpft er den sittl. Verfall aller Stände. Im Stil des *Memento mori* verketzert er im Gedicht *Von des tôdes gehugde* auch die höf. Minnedichtung. Ob er das iron. Gedicht vom *Priesterleben* geschrieben hat, ist zweifelhaft.

Heinrich von Morungen (* um 1155, † 1222 Leipzig). – Der mhd. Dichter aus Thüringen stand im Dienst des Markgrafen Dietrich von Meißen. Nach provenzal. und antiken Vorbildern entstanden seit 1180 seine Lieder. Seine Thematik gehört zum hohen Minnesang; Frauendienste ohne Hoffnung auf Belohnung. Auch Motive des Marienkults treten auf. Später erscheint die Minne als todbringende Gewalt. H. starb im Leipziger Thomaskloster. Seine Dichtung ist in der sog. *Manessischen Handschrift* enthalten.

Heinrich von Ofterdingen. Von dem sagenhaften Minnesänger ist uns kein Werk erhalten. Nach der um 1255 entstandenen Spruchdichtung *Der Sängerkrieg auf der Wartburg* unterlag er Walther v. d. Vogelweide bei einem Wettbewerb. Novalis machte ihn zum Helden eines romantischen Romans (1802).

Heinrich von Veldeke (* Mitte 12. Jh., † Anfang 13. Jh.). – Der Ministeriale der Herren von Loen (Maastricht) verfaßte im Dialekt seiner limburg. Heimat um 1170 bis 1180 Minnelieder, die bereits Einflüsse der franz. Trouvèreslyrik zeigen, und die Verslegende *Servatius* (vor 1170). Ein epochemachendes Werk ist das höf. Epos *Eneide* (um 1170), eine der ersten mittelalterl. Darstellungen der antiken Äneas-Sage, die heilsgeschichtl. uminterpretiert wird. Neu ist zu dieser Zeit für die mhd. Literatur der Reimpaarvers, der ausschließl. Gebrauch des reinen Reims und der Übergang zur dialektfreien Hochsprache.

Heinse, Johann Jakob Wilhelm, auch *Heintze* (* 15. [16.?] 2. 1746 Langewiesen/Thüringen, † 22. 6. 1803 Aschaffenburg). – Dt. Dichter, Sohn eines Stadtschreibers, lebte bis 1774 in Halberstadt im Kreis um den Dichter Gleim. Auf dessen Empfehlung wurde er Redakteur der Zeitschrift »Iris«. Im Künstlerroman *Ardinghello* (2 Bde. 1787), der literaturgeschichtl. dem Sturm und Drang zugehört, forderte er völlige Freiheit des Individuums und der Gefühle bis hin zu naturhafter Sinnlichkeit und leidenschaftl. Genußstreben. Wichtig sind außerdem der Roman *Hildegard von Hohenthal* (1795/96) und Übersetzungen von Petronius (1773), Tasso (1781) und Ariost (1782–83).

Heinsius, Daniel (* 9. 1. [6.?] 1580 Gent, † 25. 2. 1655 Leiden). – Niederl. Dichter, wurde nach griech. und lat. Studien an die Universität Leiden (1605) berufen. Seine eigenen neulat. Gedichte sind im Stil des Petrarkismus, der in ganz Europa Mode war, geschrieben. Durch seine niederl. Dichtungen, z. B. *Lofsanck von Jésus Christus* (1616, dt. 1621) und *Nederduytsche Poëmata* (1616), trug er zur Aufwertung der Nationalsprachen bei. Außerdem schrieb er mit *Auriacus sive libertas saucia* (1602) nicht nur eine Tragödie, die sich streng an die Regeln der antiken Poetik hielt, sondern griff erstmals ein zeitgeschichtl. Thema – den letzten Tag des Herzogs v. Oranien – auf der Bühne auf.

Heinsius, Nicolaas (* 1656 Den Haag, † 1718 Culemborg). – Niederl. Schriftsteller, Enkel von Daniel H., zeitweise Leibarzt der schwed. Königin Christina in Rom und des brandenburg. Kurfürsten in Kleve. Mit *Den vermakelijken avanturier* (1695, dt. 1714) führte er die Gattung des span. Schelmenromans in Mitteleuropa ein. Nach franz. Vorbild schrieb er den Roman *Don Clarazel de Gontarnos ofte den buitensporigen dolenden Ridder* (1697).

Heinzelin von Konstanz (* um 1300). – Der Küchenmeister des Konstanzer Domherrn Albrecht V. von Hohenberg verfaßte um 1320 die Streitgespräche in Versen *Von dem Ritter und von dem Pfaffen* und *Von den zwei Sanct Johansen*, die deutl. den Einfluß Konrads v. Würzburg zeigen. Im ersten Ged. streiten zwei Frauen um die Vorzüge des jeweiligen Liebhabers und im zweiten um den Rang des bibl. Täufers bzw. des Evangelisten.

Heise, Hans-Jürgen (* 6. 7. 1930 Bublitz/Pommern). – Dt. Lyriker und Übersetzer, stichwortartig knappe Formulierungen, auch im Naturgedicht, zeichnen seine lyr. Sammlungen aus: *Vorboten einer neuen Steppe* (1961), *Wegloser Traum* (1964), *Beschlagener Rückspiegel* (1965), *Worte aus der Zentrifuge* (1966), *Ein bewohnbares Haus* (1968), *Küstenwind* (1969), *Uhrenvergleich* (1971), *Untersee* (1973), *Der Phantasie Segel setzen* (1983), *Der große Irrtum des Mondes* (1988). Pointierte Kurzprosa sind die Parabeln *Drehtür* (1972). Seine Essays sind gesammelt in *Formprobleme und Substanzfragen der Dichtung* (1972), *Das Profil und die Maske* (1974), *Natur als Erlebnisraum der Dichtung* (1981) u. a. H. erhielt zahlreiche Preise und trat auch als Übersetzer (T. S. Eliot, A. MacLeish) hervor.

Heiseler, Bernt von (* 14. 6. 1907 Brannenburg/Inn, † 24. 8. 1969 Degerndorf/Inn). – Dt. Dichter. Protestant.-humanist. Erbe bildet den Hintergrund des lit. Werks des Sohns von

Henry v. H. Die Komödien *Das laute Geheimnis* (1931), *Des Königs Schatten* (1936), *Till Eulenspiegel und die Wahrheit* (1961) greifen Gestalten und Stoffe der Weltliteratur auf, ebenso die histor. Dramen *Schill* (1937), *Cäsar* (1942) und die *Hohenstaufentrilogie* (1948). Sie stehen in der Tradition von Neuromantik und Klassizismus. Religiöse Laienspiele sind das *Stephanusspiel* (1947) und *Das Haller Spiel von der Passion* (1954).

Heiseler, Henry von (*23. 1. 1875 Petersburg, †25. 11. 1928 Vorderleiten/Rosenheim). – Der Dichter aus dt.-russ. Familie kam 1898 nach München, schloß sich dem George-Kreis an und wurde Mitarbeiter der »Blätter für die Kunst«. Seine Lyrik (*Einzelreden*, 1933), anfangs unter dem Einfluß von George, wandte sich immer mehr religiösen Themen zu, z. B. in *Die drei Engel* (1926). Seine Dramen in klass.-schlichter Form behandeln russ. Stoffe: *Peter und Alexej* (1912), *Die magische Laterne* (1919), *Grischa* (1919), *Die Kinder Godunoffs* (1938). Anerkennung fanden die Erz. *Der Begleiter* (1919) und die meisterhaften Übertragungen russ. Dichter (z. B. Puschkin, Leskow, Tolstoi) ins Dt.

Heißenbüttel, Helmut (*21. 6. 1921 Rüstringen/Wilhelmshaven). – Dt. Schriftsteller, studierte nach schwerer Kriegsverwundung Architektur, Kunstgeschichte und Germanistik. 1959 wurde er Rundfunkredakteur in Stuttgart; 1963 war er Gastdozent für Poetik in Frankfurt. H. erhielt hohe Auszeichnungen (1969 Büchner-Preis) und ist Mitglied des PEN-Zentrums, der Deutschen Akademie f. Sprache und Dichtung in Darmstadt und der Akademie d. Wissenschaften in Mainz. Mit den ersten Veröffentlichungen *Kombinationen* (1954) und *Topographien* (1956) zählt er zu den entschiedensten Vertretern der experimentellen Poesie. Die Aufhebung der Gesetze von Syntax, Grammatik, Vers und Metrum ist ins Extrem fortgeführt in den *Textbüchern* (11 Bände, 1960–87), z. B.: *von Liebeskunst* 1986; *in gereinigter Sprache* 1987. Grundlage ist eine Theorie der »absoluten Poesie«. Die Bände *Gelegenheitsgedichte* und *Klappentexte* (1973) und *Das Durchhauen des Kohlhaupts* (1974) zeigen den poet. Neuansatz. Die Romancollagen *Projekt Nr. I D'Alembert's Ende* (1970) reflektieren sprachkrit. die Situation des modernen Schriftstellers. 1978 erschien das lit.-krit. »Projekt« *Eichendorffs Untergang und andere Märchen.* H. wendet den Versuch, nur das sprachlich auszusagen, was sagbar ist, auch auf histor. Aussagen an, z. B. *Wenn Adolf Hitler den Krieg nicht gewonnen hätte* (1979), bleibt aber meist fiktional in seinen ep. *(Die goldene Kuppel des Comes Arbogast,* 1979) u. lyr. Texten *(Das Ende der Alternative,* 1980); *Fünf Kommentare und sechs Gedichte,* 1987. Zuletzt zahlreiche poetolog. Werke, z. B. *Von der Lehrbarkeit des Poetischen oder jeder kann Gedichte schreiben* (1981), *Heute kann jeder nur auf eigene Faust schreiben* (1984), und Hörspiele. Die Erz. *Franz Ottokar Murbekapsels*

Glück und Ende erschien 1983 in der DDR, 1985 in der Bundesrepublik. Einen Überblick über H.s Werk vermittelt das Lesebuch *Den Blick öffnen auf das, was offen bleibt* (1986).

Heliand. Mit einer Fassung der *Genesis* bildet der *Heliand* den überlieferten Rest der altsächs. Bibelepik. Der Titel stammt von J. A. Schmeller, dem Hg. der ersten wiss. Textausgabe (1830). Der Verf., vermutl. ein gebildeter Geistlicher aus dem Kloster Fulda, schrieb um 830 mit Hilfe lat. Kommentare die Erzählungen vom Leben Jesu. In 6000 Langzeilen mit Stabreim wurde der Stoff für die Lebenswelt der Sachsen anschaulich gemacht. Auftraggeber war Kaiser Ludwig der Fromme.

Heliodoros von Emesa. Syr. Schriftsteller, verfaßte zwischen 225 und 250 n. Chr. in griech. Sprache den umfangreichsten und meistgelesenen Roman der Antike, die *Aithiopika.* Er schildert die Verwicklungen der Liebesgeschichte zwischen der äthiop. Königstochter Chariclea und dem Thessalier Theagenes bis zum glücklichen Ende. H. übte im 17./18. Jh. großen Einfluß auf den Barockroman aus.

Hellaakoski, Aaro Anttí (*22.6. 1893 Oulu, †23.11. 1952 Helsinki). – Finn. Lyriker, gab 1916 die Gedichte *Runoja* heraus, die, wie *Elegiasta oodin* (1921) und *Jääpeili* (1928), von naturwiss. Denken und expressionist. Kunst beeinflußt sind. Nach längerer Pause lieferte H. mit *Uusi runo* (1943) und *Huojuvat keulat* (1946) den wichtigsten Beitrag zur modernen finn. Lyrik.

Hellens, Franz, eigtl. *Frédéric van Ermenghem* (*8.9. 1881 Brüssel, †20. 1. 1972 ebd.). – Belg. Schriftsteller, Bibliothekar in Brüssel, gründete die avantgardist. Zeitschrift »Disque vert« (1922), die zum Sammelpunkt des Surrealismus wurde. H. selbst begann mit symbolist. Gedichten (1920) und analysierte in den Erzählungen und Romanen *Bass-Bassina-Boulou* (1922, dt. 1923), *Réalités fantastiques* (1922, dt. 1923) und *Entre toutes les femmes* (1960) die Welt des Traumes. Die *Derniers poèmes* erschienen 1971.

Heller, Andrè (*22. 3. 1946 Wien). – Österr. Schriftsteller und Unterhaltungskünstler, stammt aus einer jüd. Familie und sollte zunächst bei den Jesuiten Theologie studieren. 1968 trat er mit ersten eigenen Liedern an die Öffentlichkeit und faszinierte in den folgenden Jahren durch zahlreiche Formen der Aktionskunst. So arrangierte er zirkusartige Veranstaltungen mit poet. Darbietungen und große Feuerwerke über Lissabon und Berlin. Seine Gedichte *Padamme* (1967), *Die Sprache der Salamander* (1981) und der Roman *Schattentaucher* (1987) verbinden biograph. Elemente mit Traum- und Wunschvorstellungen, Kritik an der Wiener Kultur und eine prall barocke Sprachkultur. H. gehört heute zu den einflußreichsten Persönlichkeiten der sog. Kulturszene.

Heller, Joseph (*1.5. 1923 Brooklyn). – Amerikan. Bomberpilot und Dozent, lieferte Werbetexte für die Magazine »Time« und »Look«. *Der IKS-Haken* (1961, dt. 1964) gilt als bed.

Werk der Protestliteratur, in welchem der Krieg der amerikan. Luftwaffe mit dem Verfall der Gesellschaft in den fünfziger Jahren in Beziehung gebracht wird. H. verwendet dabei Mittel der »Black comedy« und des absurden Theaters. In *Wir bombardieren Regensburg* (1967, dt. 1969) prangerte er die Passivität von Schauspielern und Zuschauern an. 1974 erschien *Was geschah mit Slocum* (dt. 1975), 1978 (dt. 1980) der Roman *Gut wie Geld*. Autobiographisches enthält *Überhaupt nicht komisch* (1986).

Hellman, Lillian (*20.5. 1905 New Orleans, †30.6. 1984 Vineyard Haven/USA). – Amerikan. Autorin, gewinnt den charakteristischen Ton ihrer bühnenwirksamen Stücke aus der Anklage von Ungerechtigkeit, Ausbeutung und Egoismus. Mißtrauen gegen Wortreichtum, Gefühl und Illusion bestimmen *The Children's Hour* (1934), *The Little Foxes* (1934), *Autumn Garden* (1951) und *Zerbrochenes Spielzeug* (1960, dt. 1962). Ihre Erinnerungen, die einen Einblick in das Theaterleben und ihr persönl. Schaffen geben, erschienen 1969 *(An Unfinished Woman)* und 1974 *(Pentimento*, dt. 1989).

Helmers, Jan Frederik (*7.3. 1767 Amsterdam, †26.2. 1813 ebd.). – Niederl. Poet, seine Vaterlandsbegeisterung kommt in dem stark rhetor. Gedicht *Die Hollandsche natie* (1812) zum Ausdruck und verursachte die Verfolgung durch die napoleon. Zensur; H. wurde gefangengenommen und kam auf dem Weg nach Paris um. 3 Bde. *Gedichte* wurden aus dem Nachlaß (1815–1823) herausgegeben.

Helwig, Werner, Ps. *Einar Halvid* (*14.1. 1905 Berlin, †4.2. 1985 Thonnex bei Genf). – Dt. Autor, kam aus der Jugendbewegung und ging 1933 nach Griechenland und Italien ins Exil. Zivilisationskritik und polit. Kritik mischen sich in seinen Werken, in denen er auch Reiseerlebnisse verarbeitete, so in *Raubfischer in Hellas* (1939) und *Reise ohne Heimkehr* (1953). Zahlreiche Novellen und die Romane *Das Steppenverhör* (1957), *Lapplandstory* (1961), *Das Paradies der Hölle* (1965) sowie seine Umdichtungen fernöstl. Lyrik sind die lit. Ergebnisse seines Abenteuerlebens. 1973 veröffentlichte er seine beeindruckende Autobiographie *Capri – magische Insel*. 1977 erschien *Parabel vom gestörten Kristall*.

Hematschandra (*1088 Dhundhuka, †1173 Anhilvad). – Ind. Mönch, schrieb neben Wörterbüchern und metr. Lehrbüchern eine Grammatik der Sprachen Sanskrit und Pankrit. Das um 1163 entstandene *Leben des Kumarapala* beschreibt die Geschichte der Fürsten von Gujarat. Die *Geschichte der 63 Großen* (ca. 1160–1172) kodifiziert die Heiligen-, Mythen- u. Heroenwelt der Dschaina-Religion in 31 000 Doppelversen (Ausw. 1908); das *Lehrbuch des religiösen Strebens* (um 1160) zählt Pflichten von Laien und Mönchen auf.

Hemeldonck, Emiel van, Ps. *Paul van der Venen* (*29.11. 1897 Zwijndrecht, †13.1. 1981 Arendonk). – Der fläm. Schriftsteller und Hofbeamte schildert die Welt des Antwerpener Hafens und seine Kampener Heimat mit psycholog. Geschick und stilist. Schärfe in seinen Romanen *Das Dorf in der Heide* (1938, dt. 1952), *Das Mädchen Maria* (1944, dt. 1948) und *Der kleine Kaiser* (1943, dt. 1950). Psycholog. Studien sind *Trösterin der Betrübten* (1956, dt. 1958) und *Hier zijn mijn handen* (1959). 1965 erschien der Roman *Ebbe en vloed*.

Hemingway, Ernest (*21.7. 1899 Oak Park/Ill., †2.7. 1961 Ketchum/Idaho). – Amerikan. Dichter, Meister der Kurzgeschichte (z. B. *Der Killer;* 1927, dt. 1958) und realist. Erzähler mit einer Nähe zum Symbolismus, erhielt 1954 den Nobelpreis. Er war zuerst Reporter des »Kansas City Star«. Den Ersten Weltkrieg erlebte er in Italien. Seine Eindrücke verdichteten sich zu dem Roman *In einem anderen Land* (1929, dt. 1930). Dieses Werk und die Impressionen aus dem span. Stierkampf, *Fiesta* (1926, dt. 1928), machten ihn zum Sprecher der »verlorenen Generation« (»Lost generation«). Schonungslosen Realismus, Liebesidyllik, Krieg und einen provokanten Männlichkeitskult zeigen auch die Werke über den Span. Bürgerkrieg *Wem die Stunde schlägt* (1940, dt. 1941) und *Die fünfte Kolonne* (1938, dt. 1950). Zwischen den Kriegen ging H. der Fischerei und der Großwildjagd nach, wovon er in Kurzgeschichten wie *Die grünen Hügel Afrikas* (1934, dt. 1935) und *Schnee auf dem Kilimandscharo* (1948, dt. 1949) erzählt. In Kuba schrieb H. seinen parabelhaften Roman *Der alte Mann und das Meer* (engl. u. dt. 1952), für den er 1953 den Pulitzer-Preis erhielt. Nach der Vertreibung durch Castro (1960) aus Kuba setzte H. aufgrund von phys. Beschwerden und Depressionen seinem Leben selbst ein Ende. Posth. erschienen die Autobiographie *Paris – ein Fest fürs Leben* (1964, dt. 1965) und der Roman *Island in the Stream* (1970).

Hemmer, Jarl (*18.9. 1893 Vaasa, †6.12. 1944 Borgå). – Der finn. Schriftsteller, der in schwed. Sprache schrieb, beging nach dem Zusammenbruch seines Landes Selbstmord. Die Lyriksammlungen *Rösterna* (1914) und *Pelaren* (1916) drücken noch eine ursprüngl. Lebensfreude aus. Zwischen Hoffnung und Depression schwanken seine späteren, spätromant. Gedichte. Philos. Studien über das Leiden, das er, wie seine eigene Schwermut, im Geist des kath. Glaubens zu überwinden suchte, spiegeln die Gedichte von *Över dunklet* (1919). Aus seiner Prosa ist der Roman *Die Morgengabe* (1934, dt. 1937) übersetzt. Eine Ausgabe der Werke erschien 1945/46 in 4 Bdn.

Hémon, Louis (*12.10. 1880 Brest, †8.7. 1913 Chapleau). – Franz. Erzähler, wanderte 1911 nach Kanada aus. Als Hofknecht und Holzfäller lebend, schrieb er in der Freizeit den Roman *Maria Chapdelaine* (hg. 1914, dt. 1923), mit dem er bekannt wurde. Er schilderte anschaul., aber idealisiert den Kampf der franz. Kolonisten gegen die unwirtl. Natur in Quebec und schuf das Modell einer kanad. Regionalliteratur. Weitere Werke sind die Romane *Colin-Maillard* (1924), *Der Bo-*

xer und die Lady (1925, dt. 1927), *Monsieur Ripois Londoner Nächte* (1926, dt. 1958) und die Erzählung *Jahrmarkt der Wahrheiten* (1923, dt. 1925).

Henckell, Karl Friedrich (*17.4. 1864 Hannover, †30.7. 1929 Lindau). – Dt. Schriftsteller, kam in Zürich mit G. M. Conrad, G. Hauptmann und F. Wedekind in Kontakt. 1885 gab er mit W. Arent die Lyriksammlung *Moderne Dichtercharaktere* heraus. In seinem lyr. Werk und in theoret. Schriften suchte H. eine Synthese von Naturalismus und sozialist. Ideen. Pathet. Freiheitsrhetorik und proletar. Anklage kennzeichnen die *Gedichte der Strophen* (1887), *Amselrufe* (1888) und *Trutznachtigall* (1891). Spätere Natur- und Stimmungslyrik fand wenig Resonanz. Die *Gesammelten Werke* erschienen 1923 (5 Bde.) in 2. Aufl.

Henningsen, Agnes (*18.11. 1868 Skovsbo, †21.4. 1962 Kopenhagen). – Dän. Schriftstellerin, verkehrte um 1900 in den tonangebenden lit. Kreisen Kopenhagens. In ihren Gesellschaftsdramen und über 20 Romanen stehen Frauen im Mittelpunkt, deren Leben mit psycholog. Interesse beschrieben wird. Ins Dt. übersetzt sind *Polens Töchter* (1901, dt. 1904), *Die vielgeliebte Eva* (1911, dt. 1911), *Die große Liebe* (1917, dt. 1919) und die Trilogie *Die Jahreszeiten der Liebe* (1927 bis 1930).

Henrici, Christian Friedrich, Ps. *Picander* (*14.1. 1700 Stolpen, †10.5. 1764 Leipzig). – Dt. Dichter, eigtl. Postkommissar u. Steuereinnehmer, gilt als Hauptvertreter der sächs. Komödie vor Gottsched. Derber Humor und schonungslose Satire kennzeichnen die Stücke *Der Academische Schlendrian, Der Ertzt-Säuffer* und *Die Weiber-Probe* (alle 1726). H. verfaßte auch Kirchenlieder und den Text zu J. S. Bachs Matthäuspassion (1729).

Henriot, Emile, eigtl. *E. Maigrot* (*3.3. 1889 Paris, †14.4. 1961 ebd.). – Franz. Dichter, veröffentlichte mit 17 Jahren die *Poèmes à Sylvie.* Sein Roman *Carnet d'un dragon dans les tranchées* (1918) ist eine realist. Schilderung des Weltkriegs. 1919 erschien *Valentin,* der psycholog. Roman einer Dreierbeziehung, und 1924 *Aricie Brun,* ein minuziöses Abbild der bürgerl. Familie im 19. Jh.

Henry, O., eigtl. *William Sydney Porter* (*11.9. 1862 Greensboro/USA, †5.6. 1910 New York). – Amerikan. Schriftsteller, schuf sich in Texas eine bescheidene Existenz als Verleger und Bankleiter. Der Veruntreuung angeklagt, kam er nach der Rückkehr aus Honduras für 3 Jahre in Haft. Dort schrieb er erstmals ernsthaft Geschichten. Nach 1901 wurden seine unter einem Pseudonym publizierten 600 Kurzgeschichten schnell bekannt. Seine Zeitschriften-Geschichte wurde zur ernst zu nehmenden lit. Gattung. 13 Sammlungen enthalten Darstellungen von Durchschnittsmenschen, meist aus dem New Yorker Leben. Dt. Auswahlbände sind *Rollende Steine setzen kein Moos an* (1966), *Glück, Geld und Gauner* (1967).

Übersetzt ist auch sein Roman *Kohlköpfe und Könige* (1904, dt. 1955).

Henryson, Robert, auch *Henderson* (*um 1430, †1506). – Schott. Dichter, angebl. Lehrer in Dunfermline. Seine 13 Tierfabeln im Stil Äsops umfassen über 400 Stanzen. Den frisch erzählten humorist. Skizzen aus dem schott. Landleben geht eine moral. Anweisung voraus. *The Testament of Cresseid* ergänzt Chaucers *Troilus und Cressida* mit einem neuen trag. Schluß, und mit *Robene and Makyne* (gedr. 1724) führte H. die Pastorale ein.

Henscheid, (Hans-) Eckhardt (*14.9. 1941 Amberg). – Dt. Autor, studierte in München und gründete mit Freunden die satir. Zeitschrift »Titanic«, in der er zahlreiche Texte veröffentlichte. Er trat mit engagierten Essays, *Sudelblätter* (1987), musiktheoretischen Aufsätzen und Prosa hervor, wobei besonders die Romane *Die Vollidioten* (1973), *Geht in Ordnung – sowieso – genau* (1977) und *Die Mätresse des Bischofs* (1978), die als *Trilogie des laufenden Schwachsinns* bekannt wurden, Beachtung fanden. H. verwendet Stilmittel der realistischen Erzählkunst und naturalist.-sensualist. Beobachtung und entfaltet aus deren Widerspruch spannende und groteske Vorgänge, die sich als Gesellschaftskritik verstehen. Daneben entstanden Romane und Erzählungen wie *Beim Fressen beim Fernsehen fällt der Vater dem Kartoffel aus dem Maul* (1981), *Rossmann, Rossmann . . .* (1982), *Dolce Madonna Bionda* (1983), Märchen *Die drei Müllersöhne* (1989), Fernseh- und Hörspiele, die sich wie seine Sammlung *Unser Goethe* (1982) häufig mit der Weimarer Klassik auseinandersetzten. H. ist ein Meister satir. Kleinkunst und anekdotischer Parodie *Wie Max Horkheimer einmal sogar Adorno hereinlegte* (1983), *Erledigte Fälle* (1986), *TV-Zombies* (1987), *Standardsituationen* (1988), *Was ist eigentlich Herr Engholm für einer?* (1989), *Lang lebe Erzbischof Paul Casimir Marcinkus!* (1990), *Wie man eine Dame versäumt* (1990).

Hensel, Luise (*30.3. 1798 Linum, †18.12. 1876 Paderborn). – Dt. Schriftstellerin, brandenburg. Pfarrerstochter, konvertierte (1818) zum kath. Glauben. Sie bewog auch den Dichter C. Brentano zur relig. Umkehr. Als Gesellschafterin, Krankenpflegerin und Erzieherin lebte sie im Rheinland und trat 1874 ins Kloster ein. Im Stil der Spätromantik schrieb sie gemütvolle geistl. Lieder im Volkston, u. a. *Müde bin ich, geh' zur Ruh'.* Sie veröffentlichte 1858 *Gedichte,* 1869 *Lieder.*

Henz, Rudolf, Ps. *H. Miles* (*10.5. 1897 Göpfritz a. d. Wild/Niederösterr., †12.2. 1987 Wien). – Österr. Schriftsteller, nach der Matura Kriegsteilnahme im 1. Weltkrieg, studierte Germanistik und Kunstgeschichte, promovierte mit einer bis heute wiss. anerkannten Arbeit über Jean Paul. Aufbau der »Christlichen Volkshochschule« in Österreich und Begründung des Schulfunks. Während der NS-Zeit Restaurator; veröffentlichte Romane wie *Der Kurier des Kaisers* (1941), *Ein*

Bauer greift an die Sterne (1943) und *Die Geprüften* (neu 1985). Nach 1945 Präsident der Österr. Kulturvereinigung, Programmdirektor beim Rundfunk, ab 1955 Aufbau des Fernsehens und Herausgeber der Zs. »Wort in der Zeit«, ab 1960 »Literatur und Kritik« sowie Mitherausgeber der Reihe »Dichtung der Gegenwart«. Träger des Österr. Staatspreises, des Literaturpreises der Stadt Wien und des Ehrenringes der Stadt Wien. Als betont christl. Dichter hat sich H. bes. mit dem Gegensatz von Stadt und Land, der Frage nach dem Sinn des Lebens und des Krieges und mit Zeitproblemen beschäftigt. Daneben stehen Gedichte, etwa *Wort in der Zeit. Gedichte aus zwei Jahrzehnten* (1956), *Dennoch Brüder: eine Vision* (1981), Dramen und Mysterienspiele, z. B. *Erscheinung des Herrn* (1942), Essays, Fernsehspiele. Eine Auswahl aus dem Gesamtwerk erschien 1957 u. d. T. *Zwischen den Zeiten*.

Herakleitos (Heraklit) von Ephesos (*um 550, †um 480 v. Chr.). – Vom Werk des griech. Philosophen aus kgl. Geschlecht sind nur Fragmente erhalten. Es besteht aus aphorist. zugespitzten Sätzen, die schon in der Antike als »dunkel« bezeichnet wurden, er selbst wurde auch »Der Dunkle« genannt. Platon umschreibt die Hauptidee des H. mit den Worten »panta rhei« = »alles fließt«. Andere Sätze wie »Der Krieg ist der Vater aller Dinge« und »Niemand kann zweimal in denselben Fluß steigen« sind lit. Gemeingut geworden.

Herben, Jan (*7.5. 1857 Brumovice, †24.12. 1936 Paris). – Tschech. Erzähler und Publizist, enger Mitarbeiter von T. G. Masaryk. Kleine Skizzen aus dem Volksleben sind in *Moravské obrázky* (1889) und *Slovacké děti* (1890) enthalten. *Hostišev* (2 Bde. 1907–33) enthält Bilder und Reflexionen aus dem Gebiet von Tabor. Dem Präsidenten Masaryk widmete H. eine *Biographie* (3 Bde. 1910–27).

Herbert, George (*3.4. 1593 Montgomery Castle/Wales, †1.3. 1633 Bemerton/Salisbury). – Der engl. Dichter der »metaphysical school« zog sich 1630 als Priester aufs Land zurück. Seine Dichtung erschien erst nach dem Tod u. d. T. *The Temple: Sacred Poems and Private Ejaculations*. Sie ist wegen ihrer metr. Vielseitigkeit berühmt. Für 169 Gedichte gibt es 140 Strophenformen. Die ausschließl. religiöse Thematik wurde zum Vorbild der anglikan. geistl. Lyrik. H. hatte einen starken Einfluß auf die engl. Romantik, bes. auf Coleridge.

Herbert, Zbigniew (*29.10. 1924 Lemberg). – Poln. Schriftsteller, 1970 Prof. für europ. Literatur in Los Angeles, Mitglied der Bayer. Akademie d. Schönen Künste und der Akademie der Künste in Berlin, wurde durch zahlreiche Preise geehrt (z. B. Petrarca-Preis 1979). In seinen *Gedichten* (dt. Ausw. 1964) mischen sich westl. und östl. Einflüsse in klaren Metaphern und trockenem Pathos, gepaart mit der ausgefeilten Technik des Understatements. H.s Gedichte stehen in der christl. Tradition und orientieren sich an überlieferten Wertvorstellungen. Übersetzt sind die Dramen *Die Höhle des Phi-*

losophen (1963), *Das andere Zimmer* (1966), die Gedichtbde. *Inschrift* (1967), *Im Vaterland der Mythen. Essays, Gedichte, Spiele* (dt. 1975), die Prosa *Ein Barbar in einem Garten* (1962, dt. 1965–70), die Gedichte *Herr Cogito* (1985), *Das Land, nach dem ich mich sehne, Lyrik und Prosa* (dt. 1987) und *Bericht aus einer belagerten Stadt* (1983, dt. 1985) sowie mehrere Reiseberichte und literaturtheoret. Arbeiten, z. B. *Unheroisches Thema* (1979).

Herburger, Günter (*6.4. 1932 Isny/Allgäu). – Dt. Autor, wurde nach Philosophie- und Sanskritstudium, zahlreichen Reisen und verschiedenen Berufen als Schriftsteller durch den zeitkrit. Prosabd. *Eine gleichmäßige Landschaft* (1964) bekannt. Die Spannung zwischen den Zwängen einer Konsumgesellschaft und dem sich befreienden Individuum kennzeichnet die Dramen *Tanker* (1966), *Blick aus dem Paradies* (1981), die Gedichte *Ventile* (1966), *Das brennende Haus* (1990), die Romane *Die Messe* (1969), *Jesus in Osaka* (1970), *Die Augen der Kämpfer* (1980–83 in 2 Bdn.), *Das Flackern des Feuers im Land* (1983), *Capri* (1984), *Lauf und Wahn* (1988), *Thuja* (1991) sowie die Erzählung *Die Eroberung der Zitadelle* (1972). Bes. seine Hörspiele und Kinderbücher *Birne kann alles* (1971), *Birne brennt durch* (1975) sowie der Roman *Flug ins Herz* und die Gedichte *Ziele* (1977), *Das Lager* (1984), *Kinderreich Passmoré* (1986) weisen H. als vielseitigen und beliebten Gegenwartsautor aus. H. hat auch Drehbücher für zahlreiche Filme geschrieben. H. erhielt den Gerrit-Engelke-Literaturpreis.

Herculano de Carvalho e Araújo, Alexandre (*28.3. 1810 Lissabon, †13.9. 1877 Santarem). – Portugies. Schriftsteller, ging wegen der absoluten Herrschaft Dom Miguels nach Frankreich und England ins Exil. Er führte als Hauptvertreter der portugies. Literatur im 19. Jh. romant., liberale und soziale Ideen ein. 1837 zurückgekehrt, wurde er Hg. der Zeitschrift »O Panorama« und betreute als Mitglied der Akademie der Wissenschaften die *Portugaliae Monumenta Historica*. Seine Erzählung *Lendas e Narrativas* (1851) und seine ehrgeizige *História de Portugal* (4 Bde. 1846–53) zeigen den Einfluß von W. Scott. Kampf gegen Absolutismus und Klerikalismus prägt sein Werk über die *Inquisition in Portugal* (1854 bis 1859). H. ist der typ. Nationalromantiker Portugals, der mit seinen histor. Arbeiten eine eigene nationale Tradition begründen will und sich bewußt an patriot. Strömungen des Auslands orientiert.

Herczeg, Ferenc, eigtl. *Franz Herzog* (*22.9. 1863 Versecz, †24.2. 1954 Budapest). – Ungar. Erzähler und Dramatiker, gründete mit der Zeitschr. »Új Idök« (1895) das Sprachrohr des konservativen Bürgertums. Seine frühen Romane enthalten sozialkrit., humorist. u. iron. Elemente, z. B. *Die Töchter der Frau Gyurkovics* (1893, dt. 1896); spätere spielen in histor. Zeit, wie *Das Tor des Lebens* (1919, dt. 1947), *Im Banne der*

Pußta (1902, dt. 1910) und *Rákóczi, der Rebell* (1936, dt. 1937).

Herder, Johann Gottfried von (* 25. 8. 1744 Mohrungen/Ostpreußen, † 18. 12. 1803 Weimar). – H. studierte seit 1762 Theologie, Literatur und Philosophie in Königsberg und kam mit Kant und Hamann in Berührung. In Riga veröffentlichte er seine Fragmente *Über die neuere deutsche Literatur* (1766 bis 1767) und die *Kritischen Wälder* (1769). Eine Seereise, die er in einem *Journal* (1769) festhält, und der Aufenthalt in Straßburg (1770), wo er mit Goethe zusammentrifft, veranlassen seine Wendung zum Sturm und Drang. 1771 wird er als Prediger nach Bückeburg, 1776 als Generalsuperintendent nach Weimar berufen. H. zählt zu den großen Anregern der dt. Literatur- und Geistesgeschichte. Er wies Goethe auf Shakespeare, Ossian und die Volksdichtung hin. Streng unterschied er zwischen Kunst- u. Naturpoesie, die der ursprüngl. Empfindung der Völker und nicht einer Regelpoetik entspringe. In *Von deutscher Art und Kunst* (1773), *Abhandlung über den Ursprung der Sprache* (1772) und *Über Ossian und die Lieder alter Völker* sind diese Gedanken niedergelegt. H. sammelte Liedertexte, für die er den Begriff »*Volkslieder*« (veröffentl. 1778–79) einführte *(Stimmen der Völker)*, und wurde damit zum Anreger der Romantik. Bed. ist auch seine Übernahme der span. Romanzenform in der Übersetzung des *Cid* (1803). Mit seinen *Ideen zur Philosophie der Geschichte der Menschheit* (1784–1791 in 4 Bdn.) schuf er das grundlegende geschichtsphilosoph. Werk der Epoche. Das Gesamtwerk erschien 1805–20 in 45 Bdn.

Heredia (Hérédia), José Maria de (* 22. 11. 1842 La Fortuna-Cafayère/Kuba, † 3. 10. 1905 Bourdonnet). – Kuban. Autor, Sohn eines span. Plantagenbesitzers und einer franz. Mutter, sah Frankreich als seine eigtl. Heimat an. Mit Leconte de Lisle befreundet und Schüler Théophile Gautiers, gilt er als wichtigster Vertreter der jüngeren Parnassiens. Sein berühmtes Werk *Les trophées* (1893) sind 120 Sonette über Antike und Renaissance, Landschaftsbilder, Vasen, Münzen und Bucheinbände, deren künstler. Gestaltung und sprachl. Exaktheit den Leser begeistern und die zugleich ein wichtiges Geschichtswerk und Zeitdokument sind. Eine dt. Auswahl der Sonette ersch. 1906.

Heredia y Campuzano, José Maria de (* 31. 12. 1803 Santiago de Cuba, † 7. 5. 1839 Toluca de Lerdo/Mexiko). – Kuban. Autor, wurde 1823 wegen seiner Teilnahme an einer Verschwörung gegen die span. Herrschaft aus Kuba verbannt. Seine der Form nach klass. *Poesías* (1825) sind voll tiefer Melancholie, Leidenschaft und romant. Naturbilder. Beeindruckend sind die Gedichte *En el teocalli de Cholula* über eine mexikan. Pyramide und *El Niagara*. Bes. Beachtung verdient H. als Übersetzer von Ossian, Chateaubriand, Byron und Lamartine.

Hergesheimer, Joseph (* 15. 2. 1880 Philadelphia, † 25. 4. 1954 Sea Isle City). – Amerikan. Autor, erwarb durch seine Romane über die amerikan. Oberschicht wie *Die drei schwarzen Pennys* (1917, dt. 1931), *Kap Java* (1919, dt. 1927) und *Linda Condon* (1919) Anerkennung. Seine besten Erzählungen erschienen in der Sammlung *Happy End* (1919). H. schrieb daneben Unterhaltungsromane mit simplen Liebesgeschichten aus der vornehmen Gesellschaft, nämlich *Aphrodite* (1922, dt. 1928), *Der bunte Shawl* (1922 dt. 1928), *Tampico* (1926, dt. 1927) und *Das Pariser Abendkleid* (1930, dt. 1931).

Herhaus, Ernst, Ps. *Clemens Fettmilch, Eugenio Benedetti* (* 6. 2. 1932 Ründeroth/Köln). – Dt. Schriftsteller, sein Auftreten fiel mit dem Höhepunkt der APO-Bewegung zusammen. *Die homburgische Hochzeit* (1967) benützt wie der *Roman eines Bürgers* (1968) und *Eiszeit* (1970) Muster des Schelmenromans, um spätkapitalist. Werte und Verhaltensweisen zu kritisieren. Obwohl H. immer die Wirklichkeit zu gestalten sucht, verbirgt er seine Kritik hinter skurrilen Bildern und Vorstellungen, die die Realität satir. verfremden. Diese Absicht steckt auch im *Kinderbuch für kommende Revolutionäre* (1970) und im Essay *Notizen während der Abschaffung des Denkens* (1970). Diesem Stil blieben auch *Siegfried* (1972), *Kapitulation, Aufgang einer Krankheit* (1977), *Der zerbrochene Schlaf* (1978), *Der Wolfsmantel* (1983) verpflichtet.

Hériat, Philippe, eigtl. *Raymond Gérard Payelle* (* 15. 9. 1898 Paris, † 10. 10. 1971 ebd.). – Der franz. Romancier zeigt Gesellschaftsprobleme verschiedener Bereiche auf: Geschwisterliebe in *L'innocent* (1931), Homosexualität in *La main tendue* (1933), Prostitution in *La foire aux garçons* (1934). Sein Drama *Belle de jour* (1950) wurde 1967 von L. Buñuel verfilmt. 1949 wurde er in die Académie Goncourt berufen; seine Theaterstücke liegen in einer ersten Sammelausgabe (1959–69) in 3 Bdn. vor.

Herling-Grudzinski, Gustaw (* 20. 5. 1919 Kielce). – Der poln. Schriftsteller war aktives Mitglied des Widerstandes gegen Hitler-Deutschland und kämpfte in Italien; in Rom, London und Neapel arbeitete er nach dem Krieg als Journalist und trat in enge Beziehung zur Pariser Zeitschrift »Kultura«. Als Hauptvertreter der poln. Emigrationsliteratur veröffentlichte er in zahlreichen europ. Sprachen; dt. erschienen die Prosa *Welt ohne Erbarmen* (1953) und die Erz. *Der Turm und die Insel* (1966).

Hermànez, Felisberto (* 1902 Montevideo, † 13. 1. 1964 ebd.). – Uruguay. Schriftsteller, studierte Musik und stand lit. unter dem Einfluß von Marcel Proust, von dem er die Art der Weltsicht übernommen hat. Nicht Gegenstände treten uns in seinen Erzählungen entgegen, sondern Erinnerungen, die mit diesen Gegenständen verbunden sind. Mit dieser Gestaltungsweise wurde H. zum Begründer einer modernen uruguay. Literatur. Seine Wirkung setzte nach dem II. Weltkrieg ein, obwohl er bereits früher wichtige Texte veröffentlicht hatte.

Bes. bekannt wurden *Nadie encendîa las lámparas* (1925), *Libro sin tapas* (1929), *Las hortensias* (1949), *La casa inundata* (1961).

Hermann, Georg, eigtl. *Georg Borchardt* (*7.10. 1871 Berlin, †19.11. 1943 Auschwitz). – Dt. Autor, Sohn eines jüd. Kaufmanns, lebte nach 1933 bis zur Deportation ins KZ in Holland. In den Romanen *Jettchen Gebert* (1906) und *Henriette Jacobi* (1908) bevorzugt H. biedermeierl. Bilder aus dem Leben der jüd. Familien Berlins, in *Grenadier Wordelmann* (1930) solche aus dem friderizian. Preußen. Eine *Werkauswahl* erschien 1963–70.

Hermann von Reichenau, auch *Hermannus Contractus, Hermann der Lahme* (*18.7. 1013 Saulgau, †24.9. 1054 Reichenau). – Der schwäb. Grafensohn war von Geburt an lahm und trat 1020 ins Kloster Reichenau ein, wo er als Lehrer wirkte. Seine *Weltchronik* von Christi Geburt bis 1054 wurde von seinem Schüler Berthold bis 1080 fortgesetzt. H. schrieb auch geistl. Lieder, musikal., astronom. und mathemat. Werke in lat. Sprache.

Hermann von Salzburg (um 1400). – Der Geistliche, auch *Johann von S.* und *Mönch von S.* gen., vielleicht der Prior des Benediktinerstifts in Salzburg (1424), schrieb im Umkreis des Erzbischofs Pilgrim (†1396) in Anlehnung an lat. Hymnen 40 erhaltene geistl. und 60 weltl. Lieder in dt. Sprache. Zahlreiche Texte zusammen mit den dazu geschaffenen Melodien sind als wertvolle Überlieferung erhalten geblieben.

Hermans, Willem Frederik (*1.9. 1921 Amsterdam). – Der niederl. Schriftsteller trat mit den Gedichten *Horror coeli* (1946) hervor. Seine Prosa provoziert durch die Entlarvung des äußeren Scheins, Aufzeigen der menschl. Einsamkeit, Angriff auf polit. u. religiöse Normen: *Ik heb altijd gelijk* (1951), *De donkere kamer van Damocles* (1958), *Nie mehr schlafen* (1966, dt. 1982), *Van Wittgenstein tot Weinreb* (1970), *Unter Professoren* (1975, dt. 1986), *Boze brieven van Bijkaart* (1977), *Ik draak geen helm mit vederbos* (1979) und das Drama *King Kong* (1972), das auch verfilmt wurde.

Hermant, Abel (*3.2. 1862 Paris, †29.9. 1950 Chantilly). – Der franz. Schriftsteller verursachte einen Skandal mit dem antimilitarist. Roman *Le cavalier Miserey* (1887). Danach allgemein anerkannt und 1927 bis 1945 Mitglied der Académie Française, lieferte er impressionist. Skizzen der kosmopolit., aristokrat. Gesellschaft in den *Mémoires pour servir à l'histoire de la société* (20 Bde. 1895 bis 1927) und *Le cycle de Lord Chelsea* (4 Bde. 1923). Mit *Beiträgen zur franz. Grammatik* (1932) löste H. heftige Polemiken aus. Obwohl H. häufig angegriffen wurde, gilt er doch unbestritten als vorzügl. Darsteller der franz. Gesellschaft, wobei der iron. Stil und die reservierte Grundhaltung seinem Werk einen bes. Reiz geben.

Hermlin, Stephan, eigtl. *Rudolf Leder* (*13.4. 1915 Chemnitz). – Dt. Dichter, kam 1933 zum kommunist. Widerstand,

emigrierte 1936 nach Spanien und nahm am Bürgerkrieg teil, später an der franz. Résistance. 1947 übersiedelte er in die DDR. H.s Lyrik hat surrealist. u. symbolist. Züge. Die strenge Form der *12 Balladen* (1945) und der *22 Balladen* (1947), ihre verschlüsselten Metaphern und ihre stimmungsvollen südl. Schauplätze stehen in der Tradition der modernen westeuropäischen Lyrik. *Versuche einer neuen Sprache mit Stalin* (1949) und das *Mansfelder Oratorium* (1951) gehören zu seinen schwächsten Schriften. Noch im Exil entstanden die Novelle *Der Leutnant Yorck von Wartenburg* (1946) sowie *Reise eines Malers in Paris* (1947) mit halluzinator. u. surrealen Effekten, die die Zeit der Verfolgung beschreiben, in die auch *Die Zeit der Gemeinsamkeit* (1949) und *Corneliusbrücke* (1968) verweisen. Neuere Veröffentlichungen trugen H. in der DDR erneut den Vorwurf ein, daß sein prätentiöser Stil nicht den Regeln des sozialist. Realismus entspreche, z. B. *Die erste Reihe* (1975), *Abendlicht* (1979), *Lebensfrist* (1980). Auf seine Einladung hin fand 1982 das erste Berliner Autorentreffen aus Ost und West für den Frieden statt; diese Veranstaltung ermöglichte ihm und anderen propagandistisch eine Annäherung an die DDR. H. trat auch als anerkannter Herausgeber hervor, z. B. *Deutsches Lesebuch* (1976).

Hernández, Miguel (*30.10. 1910 Orihuela, †28.3. 1942 Alicante). – Span. Autor, war in Madrid mit P. Neruda und V. Aleixandre befreundet. Wegen Teilnahme am Bürgerkrieg auf republikan. Seite wurde er zum Tode verurteilt und starb im Gefängnis. Seine Lyrik blieb, fern allen Moden, in der span. Tradition und übte durch vollendete Form und ausdrucksstarke Bilder großen Einfluß auf die zeitgenöss. Dichtung aus. Ins Dt. wurde die Auswahl *Der Ölbaum schmeckt nach Zeit* (1972) übersetzt.

Herodotos (*nach 490 Halikarnassos, †nach 430 v. Chr. Athen). – Der griech. Historiker (»Vater der Geschichtsschreibung«) unternahm Reisen nach Äthiopien, Mesopotamien und zu den Skythen. Später lebte er als Freund von Perikles und Sophokles in Athen. Mit Betonung des Gegensatzes Asien – Europa schrieb H. seine *Histories apodexis*, eine Universalgesch. des östl. Mittelmeeres von 700 bis 478 v. Chr. mit einer Fülle von Episoden, ergänzt durch ethnograph. und geograph. Berichte, Reflexionen und Reden. Durchaus nicht unkrit. gegenüber dem eigenen Volk, bemüht sich H., die Überlegenheit des griech. Freiheitsgedankens zu demonstrieren. Zahlreiche Übersetzungen liegen in allen Kultursprachen vor.

Herrand von Wildonie (2. Hälfte des 13. Jh.s). – Der zwischen 1248 und 1278 nachgewiesene mhd. Dichter aus dem steir. Dienstadel ist der Schwiegersohn Ulrichs von Lichtenstein. Unter dem Namen von Wildonie sind in der sog. *Manessischen Handschrift* 3 Minnelieder überliefert; der Stricker hat 4 kurze Verserzählungen aufgenommen, z. B. *Der nackte Kaiser* (ca. 1257).

Herrera, Fernando de (* um 1534 Sevilla, † 1597 ebd.). – Span. Dichter, *El Divino* gen., ist der bedeutendste Petrarkist, der deutl. unter dem Einfluß neuplaton. Gedanken und des *Cortegiano* von Castiglione steht. Auf seinen Pfründen führte er, fern vom Hof, ein ganz der Dichtung gewidmetes Leben. Seine Dichterschule in Sevilla war bemüht, sich mit brillanten Versformen und geistvollem Ton von der Umgangssprache abzuheben. Die nuancenreichen Sonette, Kanzonen und Oden sind in der Ausgabe der *Poesías* (1941) gesammelt.

Herrick, Robert (get. 24. 8. 1591 London, begr. 15. 10. 1674 Dean Prior). – Der engl. Geistliche kam in den Londoner Zirkel von Ben Johnson. 1527 erhielt er die Pfarrei, in der er bis zu seinem Tod verblieb. Als Lyriker verfaßte er im anakreont. Stil von Catull und Horaz Episteln, Eklogen, Trink- und Liebeslieder. Der Bd. *Hesperides* (1647) vereinigt ca. 1400 Gedichte, die Freiligrath (1846) übersetzte.

Herrmann-Neiße, Max, eigtl. *M. Herrmann* (* 23. 5. 1886 Neiße/Schlesien, † 8. 4. 1941 London). – Dt. Schriftsteller, sozial engagierter Lyriker des Expressionismus, war Mitarbeiter der Zeitschriften »Pan«, »Die Weißen Blätter« und »Aktion«. Literar. Kreise Berlins skizzierte er in *Porträte des Provinz-Theaters* (1913) und *Sie und die Stadt* (1914). 1933 emigrierte er nach London. H.s Lyrik *Ein kleines Leben* (1906), *Empörung, Andacht, Ewigkeit* (1917), *Die Preisgabe* (1919) und *Einsame Stimme* (1924) sind Aufrufe zu Menschheitsverbrüderung und Solidarität, geschrieben in einer schwermütigen, melod. Sprache.

Hersey, John Richard (* 17. 6. 1914 Tientsin/China). – Amerikan. Autor, sammelte als Kriegsberichterstatter Material für die Sachbücher *Men on Baatan* (1942) und *Into the Valley* (1943). Berichte sind auch *Hiroshima* (1946, dt. 1947) und *Zwischenfall im Motel* (1968, dt. 1970). In seinem ersten Roman *Eine Glocke für Adamo* (1944, dt. 1945; 1945 erhielt er für dieses Werk den Pulitzer-Preis) dokumentiert H. die Besetzung Italiens, in *Die Mauer* (1950, dt. 1960) den Aufstand in Warschauer Getto. Bes. Beachtung fanden *Die Treibjagd* (1953, dt. 1956) und *Verdammt sind wir alle* (1959, dt. 1960). 1972f. schrieb er *Die Verschwörung der Dichter* (dt. 1974), *Der Präsident* (1975), *Der Wall* (1982) u. a.

Hertz, Benedykt (* 7. 6. 1872 Warschau, † 31. 10. 1952 Podkowa Leśna). – Der poln. Dichter aus dem Kreis der »neuen Poesie« von Moda Polska erneuerte die Tierfabel. In *Bajki* (1903) und *Bajki i satyry* (1911) stellte er mit allegor. Geschichten soziale und polit. Gegensätze, nach 1918 Auswüchse der Bürokratie dar. Dt. Übersetzungen stammen aus dem Jahr 1953.

Herwegh, Georg (* 31. 5. 1817 Stuttgart, † 7. 4. 1875 Lichtenthal/Baden-Baden). – Der schwäb. Gastwirtssohn studierte Theologie und wurde 1836 Mitarbeiter der Zeitschrift »Europa«. Wegen der Teilnahme am bad. Aufstand (1848) mußte er fliehen und konnte erst 1866 zurückkehren. H. wurde mit den polem. *Gedichten eines Lebendigen* (2 Bde. 1841–43) der polit.-revolutionäre Dichter des »Vormärz«. Pathos, Wortspiele, Sarkasmen und perfekte Beherrschung der Rhetorik wie der Volkssprache machten ihn zum lit. Wegbereiter der dt. Revolution. H. schrieb auch für F. Lassalles Arbeiterverein 1863 die Hymne *Mann der Arbeit, aufgewacht!*

Herwig, Franz (* 20. 3. 1880 Magdeburg, † 15. 8. 1931 Weimar). – Dt. Schriftsteller, schrieb zuerst Romane aus der mittelalterl., poln. u. preuß. Geschichte. Nach 1918 wandte er sich unter Einfluß von C. Sonnenschein sozialen Themen zu und stellte in den realist. Romanen *Die Eingeengten* (1926) und *Hoffnung auf Licht* (1929) das Berliner Proletariat dar. Kath. Ausrichtung bestimmte die Dramen, Weihnachts- u. Passionsspiele. *Bischof Ketteler* widmete er eine Biographie (1930).

Herzen (Gerzen), Alexander Iwanovitsch, Ps. *Iskander* (* 6. 4. 1812 Moskau, † 21. 1. 1870 Paris). – Der russ. Schriftsteller und Publizist wollte in Moskau liberale westl. Gedanken verbreiten. Wegen seiner radikalen Ansichten wurde er verbannt und ging 1847 nach Westeuropa, wo er mit Führern der sozialrevolutionären Bewegung in Verbindung stand und in London die russ. Zeitschr. »Kolokol« (1857–67) herausgab. Bedeutung erlangten der Roman *Wer ist schuld?* (1847, dt. 1851) und seine *Erinnerungen* (4 Bde. 1861–70, dt. 1907), die ein wichtiges zeitgenöss. Dokument der Jahre 1812–68 sind.

Herzfelde, Wieland, eigtl. *Wieland Herzfeld* (* 11. 4. 1896 Weggis/Schweiz, † 23. 11. 1988 Berlin). – Dt. Schriftsteller und Verleger, studierte Germanistik in Berlin und gab mit George Grosz die Zeitschrift *Neue Jugend* heraus, in der er sich engagiert gegen den Krieg wandte. Aus dem Militär unehrenhaft entlassen, übernahm er die Leitung des Malik-Verlages, trat der Kommunistischen Partei bei und verhalf linken Autoren zum Durchbruch (U. Sinclair, R. Huelsenbeck). H. publizierte auch sowjet. Autoren und emigrierte im Dritten Reich über die Tschechoslowakei nach Nordamerika. Nach 1949 arbeitete er als Verlagsleiter in Ostberlin und als Professor für Literatur in Leipzig. Als überzeugter Kommunist schuf er theoret. Arbeiten zum Sozialist. Realismus *Gesellschaft, Künstler und Kommunismus* (1921), aber auch Erzählungen *Immergrün* (1949) und Gedichte *Sulamith* (1917), *Im Gehen geschrieben* (1959), *Blau und Rot* (1971).

Herzl, Theodor (* 2. 5. 1860 Budapest, † 3. 7. 1904 Edlach/Niederösterr.). – Österr. Schriftsteller, in Paris beeindruckte ihn die Affäre Dreyfus nachhaltig. 1895 wurde er Feuilletonredakteur der »Neuen Freien Presse« in Wien. Als Begründer des Zionismus, dessen theoret. Rechtfertigung er mit dem Buch *Der Judenstaat* (1896) lieferte, war er für die Schaffung eines jüd. Staates in Palästina tätig. Zionist. Geist prägte auch den Roman *Altneuland* (1902), das für Tel Aviv steht, und das Drama *Das neue Getto* (1898). Berühmt sind die feuilletonist.

Salonskizzen, gesammelt im *Buch der Narrheit* (1888). Im Laufe der Jahre gelang es ihm, zahlreiche Anhänger auch in hohen polit. Ämtern zu gewinnen. Seine Dramen und ep. Dichtungen waren nur Zeiterfolge.

Herzmanovsky-Orlando, Fritz Ritter von (*30.4. 1877 Wien, †27.5. 1954 Schloß Rametz/Meran). – Österr. Dichter, gab wegen eines Lungenleidens seinen Beruf als Architekt auf und lebte ganz seinen künstler. Neigungen. Als Graphiker und Dichter bezog er seine Stoffe aus der Welt der k. u. k. Monarchie und verarbeitete sie mit skurrilem Humor und phantast.-grotesken Einfällen. Zu Lebzeiten erschien nur der Roman *Der Gaulschreck im Rosennetz* (1928). Die *Gesammelten Werke* (4 Bde. 1957–63, 2 Bde. 1971, Zeichnungen 1965) mit dem Roman *Maskenspiel der Genien,* parodist. Dramen, Pantomimen und Balletten gab F. Torberg heraus.

Herzog, Rudolf (*6.12. 1869 Barmen, †3.2. 1943 Rheinbreitbach). – Der Zeitungsredakteur in Hamburg und Berlin war ein erfolgreicher Volks- und Unterhaltungsschriftsteller der Jahrhundertwende. In Drama und Roman verherrlichte er dt. Tüchtigkeit, dt. Wesen, nationale Gesinnung und wurde so zum Repräsentanten des wilhelmin. Großbürgertums, v. a. mit den Romanen *Der Graf von Gleichen* (1901), *Die Wiskottens* (1905), *Hanseaten* (1909) und *Die Stoltenkamp und ihre Frauen* (1917). Die *Gesammelten Werke* (1921–25) füllen 18 Bde.

Herzog, Wilhelm, Ps. *Jean Sorel* (*12.1. 1884 Berlin, †18.4. 1960 München). – H. gründete mit P. Cassirer die lit. Zeitschr. »Pan« und gab die Hefte »März« und »Forum«, 1919 die sozialist. Zeitung »Die Republik« heraus, aber auch die Werke H. v. Kleists (1908–11) und Übersetzungen von R. Rolland. 1929 emigrierte er. H. verfaßte die histor.-polit. Revue *Rund um den Staatsanwalt* (1928) und schrieb zusammen mit H. J. Rehfisch das sehr bühnenwirksame Drama *Die Affäre Dreyfus* (1929), das von den Nationalsozialisten verboten wurde, da es die Unschuld des jüd. Offiziers Dreyfus sehr eindrucksvoll bewies.

Herzog Ernst. Grundlage des beliebten mittelalterl. Stoffs ist der Kampf Herzog Ernsts II. von Schwaben gegen seinen Stiefvater Konrad II. (1030), eingewoben darin die Empörung Liudolfs gegen seinen Vater Otto I. Daran knüpfen sich märchenhafte oriental. Abenteuer. Das ursprüngl. um 1170 von einem mittelfränk. Dichter verfaßte Epos ist nur in Bruchstücken erhalten. Bearbeitungen folgten um 1220 in Rheinfranken, 1280 durch Ulrich von Eschenbach, zu Anfang des 14. Jh.s in einem Strophenlied, 1206 durch Odo von Magdeburg in lat. Hexametern, zu Ende des 13.Jh.s in lat. Prosa und in deren Übersetzung zu einem dt. Prosaroman zu Anfang des 15.Jh.s.

Hesiodos (um 700 v. Chr.). – Der griech. Dichter stammte aus Böotien. Er soll von den Musen als Hirte von der Herde weg zum Dichter berufen worden sein. Meist lebte er in Askra am Helikon. Zwei Epen sind von ihm erhalten: Die ältere *Theogonie* berichtet von der Erschaffung der Welt, erzählt die Geschichte der Götter und bringt Ordnung in die schillernde homer. Geisterwelt. Bei H. steht Zeus im Mittelpunkt. Das Ep. *Werke und Tage* hat persönlicheren Charakter und will durch zwei Mythen die Notwendigkeit von Gerechtigkeit und von harter Arbeit aufzeigen: die Geschichte der Pandora und der Verfall des Goldenen zum Eisernen Zeitalter der Gegenwart. Da H. auch direkte Anweisungen zu einem arbeitsamen Leben gibt, wird er zum ersten Lehrdichter der abendländ. Literatur.

Hesse, Hermann, Ps. *Emil Sinclair* (*2.7. 1877 Calw, †9.8. 1962 Montagnola). – Dt. Dichter, brach aus der vorgezeichneten theol. Laufbahn aus. Uhrmacher- und Buchhändlerlehre folgten, ebenso erste eigene Veröffentlichungen und Reisen nach Italien und Indien. 1912 zog H. in die Schweiz. Der Erzähler und Lyriker, der 1946 den Nobelpreis und 1955 den Friedenspreis des Dt. Buchhandels erhielt, verband die Themen Ausbruch aus der Zivilisation, Selbstverwirklichung und östl. Mystik zu einem eigentüml. Werk. Die verheerenden Wirkungen des strengen Schulreglements schildert *Unterm Rad* (1905). *Peter Camenzind* (1904) ist der Roman eines Vagabundenlebens. Probleme des Künstlers und der Ehe enthalten *Gertrud* (1910) und *Roßhalde* (1914). 1915 erschien die bedeutendste der frühen Erzählungen, *Knulp,* die zu den Werken der mittleren Schaffenszeit überleitet. Den Weg aus der Nervenkrise durch die Psychoanalyse zeigt der Roman *Demian* (1919). Die Indienreise reflektiert *Siddharta* (1922) nach der Biographie des jungen Buddha. Den Zwiespalt zwischen rebell. innerer und bürgerl. äußerer Welt spricht der *Steppenwolf* (1927) aus. In der Welt des Mittelalters prallen in *Narziß und Goldmund* (1930) asket. Glaube und intuitives Künstlertum aufeinander. Alle Motive kehren wieder im *Glasperlenspiel* (1943), der Verbindung von Bildungsroman und östl. Weisheit im Bild einer utop. geist. Ordnung. Dieser letzte große Roman zeichnet kulturkrit. ein faszinierendes Bild abendländ. Geistigkeit. Daneben schrieb H. zahlreiche kleinere Erzählungen, Skizzen und Aufsätze. Seine Lyrik, deren unverwechselbarer Ton tief in der klass.-romant. Tradition verwurzelt ist, zeigt nahezu vollkommene sprachl. Meisterschaft. Heute ist sein Werk in alle Kultursprachen übersetzt.

Hesse, Max René (17.7. 1885 Wittlich, †15.12. 1952 Buenos Aires). – Der dt. Schriftsteller lebte als Arzt in Argentinien, als Großwildjäger in Afrika und als Korrespondent in Wien und Madrid. Seine Romane *Partenau* (1929), mit dem er seinen lit. Ruhm begründete, *Morath schlägt sich durch* (1933), *Morath verwirklicht einen Traum* (1935) und *Der unzulängliche Idealist* (1935), die in Dtld. von den Nationalsozialisten verboten wurden, sind, wie die Trilogie *Dietrich Kattenburg* (1937 bis 1943), Entwicklungs- und Gesellschaftsromane, die den Kampf junger Menschen gegen den geistigen Verfall der

Großstadtgesellschaft mit stilist. Geschick spannend darstellen.

Hessus, Helius Eobanus, eigtl. *Eoban Koch* (* 6. 1. 1488 Halgehausen/Frankenberg/Hessen, † 4. 10. 1540 Marburg/Lahn). – Der Prof. des Erfurter Humanistenkreises und bedeutendste neulat. Lyriker seiner Zeit verfaßte Eklogen, Heroiden nach Ovids Vorbild und zahlr. Gelegenheitsgedichte auf Persönlichkeiten wie Hutten und Dürer. Die *Ilias* übersetzte er in lat. Sprache. Seine *Opera* erschienen 1539.

Hey, Richard (* 15. 5. 1926 Bonn). – Dt. Dramatiker, begann mit der Farce *Revolutionäre* (1954), ihr folgte das Drama *Thymian und Drachentod* (1955), ein Stück über den Ost-West-Konflikt. Wichtig ist der Beitrag zum experimentellen Hörspiel mit *Nachtprogramm* (1964), *Szenen um Elsbet* (1969) und *Rosie* (1969). Seit 1973 schreibt H. auch Erzn. und Romane wie *Ein Mord am Lietzensee* (1973), *Feuer unter den Füßen* (1981), *Im Jahre 95 nach Hiroshima* (1983), *Ein vollkommener Liebhaber* (1990). 1976 erschien eine erste Sammelausgabe *Das Ende des friedlichen Lebens der Else Reber – Schau- und Hörstücke*.

Heyer, Georgette (* 16. 8. 1902 Wimbledon, † 5. 7. 1974 London). – Engl. Erzählerin, schrieb zahlr. Unterhaltungsromane, vorwiegend mit geschichtl. Hintergrund, und humorvolle Krimis. Ins Dt. übersetzt wurden u. a. *Die Jungfernfalle* (1935, dt. 1935), *Mord vor dem Dinner* (1941, dt. 1961), *Frühlingsluft* (1956, dt. 1957), *Verführung zur Ehe* (1968, dt. 1969), *Mädchen ohne Mitgift* (1970, dt. 1971) und *Lady of Quality* (1972, dt. 1973).

Heyerdahl, Thor (* 16. 10. 1914 Larvik). – Norweg. Anthropologe und Forscher, versuchte mit Experimenten die Bedeutung der Schiffahrt bei den Völkerwanderungsbeweg. der Frühzeit zu beweisen. Über seine abenteuerl. Fahrten auf selbstgebauten Flößen über die Ozeane schrieb er die fundierten und spannenden Expeditionsberichte und Sachbücher *Kon-Tiki* (1948, dt. 1949), *Aku-Aku* (1957, dt. 1957), *Die Ra-Expeditionen* (1971), *Fatu Hiva* (1974), *Zwischen den Kontinenten* (1975), *Tigris* (dt. 1979), *Wege übers Meer* (dt. 1980).

Heyking, Elisabeth Freifrau von (* 10. 12. 1861 Karlsruhe, † 5. 1. 1925 Berlin). – Dt. Schriftstellerin, Enkelin B. und A. v. Arnims, war mit dem Diplomaten Edmund Freiherr von H. verheiratet, den sie auf dessen Reisen nach Amerika, Indien, Ägypten, China und auf den Balkan begleitete. Ihr Briefroman *Briefe, die ihn nicht erreichten* (1903) war ein Welterfolg. Auch in *Der Tag Anderer* (1905), *Ille mihi* (2 Bde. 1912) und *Das vollkommene Glück* (1920) entfaltete H. das Bild einer internat. diplomat. Gesellschaft in exot. Ländern.

Heym, Georg (* 30. 10. 1887 Hirschberg/Schlesien, † 16. 1. 1912 Berlin). – Dt. Dichter, stieß als Student in Berlin zum »Neopathetischen Cabaret«, wo er seine Gedichte vortrug. 1911 promovierte er zum Dr. jur. Zusammen mit seinem Freund Ernst Balcke ertrank er beim Eislauf auf der Havel. H. zählt zu den bedeutenden sog. »Großstadtlyrikern« des frühen Expressionismus. Der *ewige Tag* (1911) und *Umbra vitae* (1912) zeigen Einflüsse des franz. Symbolismus, aber auch von Hölderlin u. St. George. Bei äußerster Formstrenge, z. B. in den Sonetten, verfügte H. über eine gewaltige Ausdruckskraft. In »schwarzen Visionen« hält er Chaos, Grauen und Verfall der Großstadt, der Technik und des Krieges fest. Landschaftsgedichte zeigen das Bedrohliche in der Natur. Die Sinnlosigkeit des Lebens in einer den Massen und auch der Technik verfallenen Welt ist auch das Problem seiner erzählenden Dichtung, so in *Der Dieb* (1913). Die erste Ausgabe seiner Gedichte besorgte 1922 K. Pinthus. *Dichtungen und Schriften* sind gesammelt (6 Bde. 1960–68).

Heym, Stefan, eigtl. *Hellmuth Fliegel* (* 10. 4. 1913 Chemnitz). – Dt. Schriftsteller, fand früh zur Arbeiterbewegung. 1933 emigrierte er in die Tschechoslowakei. Als amerikan. Soldat gründete er 1945 »Die Neue Zeitung« in München, 1952 übersiedelte er in die DDR. Die meisten seiner Romane schrieb H. zunächst in engl. Sprache, z. B. über seine Kriegs- und Nachkriegserlebnisse in *Der Fall Glasenapp* (1942, dt. 1958). Mit *Kreuzfahrer von heute* (1948, dt. 1950) erzielte er einen Welterfolg. Soziale Spannungen der USA sind Thema in *Goldsborough* (1953, dt. 1954), Historisches in *Die Papiere des Andreas Lenz* (1963, dt. 1963), *Lassalle* (1968, dt. 1969) und die *Schmähschrift* (1970, dt. 1970) über D. Defoe folgten. Mit dem *König-David-Bericht* (1972) zeigt H. die Geschichtsfälschung einer fiktiven autoritären Bürokratie. *5 Tage im Juni* (R. 1974) konfrontiert mit der Geschichte der DDR. Das Jugendbuch *Cymbelinchen* (1977) und der Roman *Bitterer Lorbeer* (1978) wurden von sozialist. Lesern sehr beachtet. 1979 erschien *Collin*, ein Roman, der sich wie *Ahasver* (1981) nicht streng an die polit. Richtlinien hielt. Auch *Schwarzenberg* (1984) zeigt eine eigenständige Stellung gegenüber der Historie, auch wenn er sich hier dem Sozialismus wieder nähert. 1984 erschien auch eine Ausgabe der Erzählungen, 1988 die Memoiren *Nachruf*. Ferner *Reden an den Feind* (1989). Nach der Vereinigung Deutschlands gestaltete er die jüngste Vergangenheit in sieben Geschichten *Auf Sand gebaut* (1990). Die Prosa *Der bittere Lorbeer* (1989) und Gespräche und Essays *Einmischung* (1990) zeigen seine Distanz zum SED-Staat.

Heymel, Alfred Walter von (* 6. 3. 1878 Dresden, † 26. 11. 1914 Berlin). – Dt. Schriftsteller, Adoptivsohn eines reichen Kaufmanns, gründete zusammen mit seinem Vetter R. A. Schröder und O. J. Bierbaum nach engl. Vorbild die Zeitschrift »Die Insel« (1899). Mit hohen Honoraren und vorbildl. Ausstattung wurde sie zum Sammelpunkt der lit. Moderne. H.s eigene Produkte, Lyrik, Epik u. Drama, sind nicht sehr bedeutend; *Gesammelte Gedichte* wurden 1914 herausgegeben.

Heynicke, Kurt (*20.9. 1891 Liegnitz/Schlesien, †18.3. 1985 Merzhausen). – Dt. Autor, nach dem Ersten Weltkrieg Dramaturg in Düsseldorf, schrieb Drehbücher. Der Expressionist zählte zum Kreis von H. Waldens Zeitschrift »Der Sturm« und K. Pinthus' Anthologie *Menschheitsdämmerung*. Nach der Veröffentlichung der Gedichtbände *Rings fallen Sterne* (1917), *Gottes Geigen* (1918) und *Das namenlose Angesicht* (1918) wandte er sich dem Drama, Unterhaltungsromanen und v. a. dem Hörspiel zu, z. B. *Sturm im Blut* (Erz. 1925), *Rosen blühen auch im Herbst* (R. 1942), *Der Hellseher* (1951) u. a. m. Zuletzt erschienen die Gedichte *Am Anfang stehen die Träume* (1978). Seine lyr. Werke erschienen seit 1980 in mehreren Bdn.

Heyse, Paul (*15.3. 1830 Berlin, †2.4. 1914 München). – Dt. Dichter, 1848 in den Dichterkreis »Tunnel über der Spree« eingeführt. Nach einem Romanistik- und Kunststudium lebte H. als Privatgelehrter in Berlin. 1854 kam er auf Einladung König Maximilians II. nach München und wurde mit Geibel Haupt des Münchner lit. und schöngeistigen Kreises. Vom Bürgertum geschätzt, vom Naturalismus verspottet, erhielt er 1910 als erster Deutscher den Nobelpreis. Die Masse epigonal-klassizist. Lyrik, Dramatik, z. B. *Don Juans Ende* (1883), und Epik, z. B. der Zeitroman in drei Bdn. *Kinder der Welt* (1873), ist heute vergessen. Seine rund 120 Novellen, zu deren Poetik er die Falkentheorie beisteuerte, führen in eine ästhetisierende Scheinwelt. Nur wenige wie *L'Arrabiata* (1855) und *Andrea Delfin* (1862) sind noch lebendig. H.s immenser Sprachbegabung verdanken wir Übersetzungen aus dem Ital., z. B. Alfieri, Manzoni, Leopardi. Seine Werke liegen in 38 Bdn. (1871 bis 1914) vor.

Heyward, DuBose (*31.8. 1885 Charleston, †16.6. 1940 Tyron). – Amerikan. Autor, 1922 veröffentlichte er die *Carolina Chansons. Porgy* (1925), ein Roman über die Sklaven in den amerikan. Südstaaten, war ein riesiger Erfolg. Mit seiner Frau Dorothy erarbeitete H. 1927 eine Bühnenfassung. Das Libretto *Porgy and Bess* (1935, dt. 1945) verfaßte er mit Ina Gershwin. Mit der Musik von George Gershwin wurde es ein amerikan. Klassiker.

Heywood, John (*1497 [?], †1580 [?] Mecheln/Niederl.). – Engl. Hofmusiker, gehörte zu den »wits« am Hof König Heinrichs VIII. 1564 emigrierte er in die Niederlande. Seine Schauspiele und Interludien, z. B. *Witty and Witless* (um 1521), *The Play of the Weather* (1533) und *The Play of Love* (1534), leiten zum Schauspiel der Renaissance über. Die Stärken sind Situationskomik, witzige Charaktere und scharfsinnige Dialoge. H. veröffentlichte auch über 600 Epigramme und Sprichwörter.

Hichens, Robert Smythe (*14.11. 1864 Speldhurst/Kent, †20.7. 1950 Zürich). – Engl. Schriftsteller, verspottete mit dem satirischen Kurzroman *The Green Carnation* (1894) O. Wilde und lenkte die Aufmerksamkeit auf sich. Mit flüssig geschrie-benen und exot. Romanen wie *Der Garten Allahs* (1904, dt. 1929) und *Bella Donna* (1909), die auch dramatisiert und verfilmt wurden, sowie mit *Wege im Zwielicht* (1913, dt. 1935) und *The Bacchante and the Nun* (1927, dt. 1928) erzielte er große Erfolge.

Hidalgo, José Luis (*10.10. 1919 Torres/Santander, †3.2. 1947 Madrid). – Span. Lyriker, studierte nach dem Bürgerkrieg Kunst in Valencia. Frühe Gedichtbände *Raiz* (1944) und *Los animales* (1945) sind von R. Alberti, G. Lorca und V. Aleixandre beeinflußt. Das posth. erschienene Buch *Los muertos* (1947) gibt sich Stimmungen der Trauer und des religiösen Zweifels hin.

Hieronymus Sophronius Eusebius (* um 347 Stridon/Dalmatien, †30.9. 419 oder 420 Bethlehem). – Der latein. Kirchenvater wurde vom Grammatiker Donat in Rom unterrichtet und lernte durch ihn auch die klass. Autoren Cicero, Horaz, Vergil und Sueton kennen, die seinen Stil nachhaltig beeinflußt haben. 374 zog er sich nach der Taufe in die syr. Wüste zurück und lernte Hebräisch. Nach 379 wurde er Priester und 382 von Papst Damasus beauftragt, den Text der Bibel zu revidieren. Ab 384 lebte H. in Bethlehem und widmete sich ganz seiner lit. Arbeit. Diese umfaßte zunächst Revision und Übersetzung der Bibel aus dem Urtext ins Latein., die sog. *Vulgata*. Weitere Werke sind Kommentare zum AT und NT, Predigten und Polemiken in den theolog. Auseinandersetzungen der Zeit. H. verfaßte auch die erste christl. Literaturgeschichte *De viris illustribus*, in die er 135 Autoren aufnahm, und führte die *Weltchronik* des Eusebius bis 378 n. Chr. fort.

Highsmith, Patricia, Ps. *Claire Morgan* (*19.1. 1921 Fort Worth/Texas). – Amerikan. Autorin, schrieb zunächst Kinderbücher und Kurzgeschichten. Ihr erster Kriminalroman *Alibi für zwei* (1950, dt. 1967) wurde von A. Hitchcock verfilmt. Die von H. praktizierte Verlangsamung der äußeren Handlung und Verdeutlichung der psycholog. Vorgänge beim Ablauf eines Verbrechens führt weg von trad. Mustern des Genres. Übersetzt wurden u. a. *Nur die Sonne war Zeuge* (1955, dt. 1961), *Tod im Dreieck* (1958, dt. 1969), *Ripley Underground* (1970, dt. 1972), *A Dog's Ransom* (1972, dt. 1974), *Ediths Tagebuch* (dt. 1978), *Leise, leise im Wind* (dt. 1979), *Der Junge, der Ripley folgte* (1980), *Elsies Lebenslust* (dt. 1986), *Geschichten von natürlichen und unnatürlichen Katastrophen* (dt. 1988). Bereits 1976 erschien auf dt. die Sammlung der Erz. *Als die Flotte im Hafen lag*.

Higutschi, Itschijo, eigtl. *H. Natsuko* (*25.3. 1872 Tokio, †23.11. 1896 ebd.). – Japan. Autorin, Tochter eines Beamten, schilderte in den Novellen *Die Liebe der kleinen Midori* (1895, dt. 1968), und *Ware kare* (1896) originell und in Fortsetzung des klass. Prosastils Probleme der Frauen und Liebenden.

Hikmet, Nazim, auch *Nâzm Hikmet Ran* (*20.1. 1902 Saloniki, †3.6. 1963 Moskau). – Der türk. Arztsohn schloß sich der illegalen kommunist. Partei an. Wegen seiner Agitation verbrachte er insgesamt 15 Jahre im Gefängnis. H. lernte in den zwanziger Jahren den russ. Expressionismus und den Dadaismus kennen. Seine Werke, die Einflüsse Majakowskis zeigen, brachten eine radikale Erneuerung der türk. Lyrik und Dramatik. Sie sind seit 1972 wieder verboten. Ins Dt. übersetzt wurden die Gedichtbde. *Türkische Telegramme* (1932, dt. 1956), *Gedichte* (dt. 1959), *Und im Licht mein Herz* (1970, dt. 1971), *Die Luft ist schwer wie Blei* (dt. 1988), *Eine Reise ohne Rückkehr* (dt. 1989) und die Schauspiele *Von allen vergessen* (1935, dt. 1960) und *Josef im Ägyptenland* (1948, dt. 1962).

Hilbert, Jaroslav (* 19. 1. 1871 Laun, † 10. 5. 1936 Prag). – Der tschech. Dramatiker und Kritiker der Zeitschrift »Venkov« (1906) besuchte 1919 die tschech. Legion in Sibirien. Sein Drama *Die Schuld* wurde 1895 im Prager Nationaltheater aufgeführt und war zugleich ein Sieg des Naturalismus und eine Hommage an Ibsen. Spätere Werke, *Pěst* (1898), *Druhý břeh* (1924) und *Blíženci* (1931), behandeln religiöse und moral. Konflikte, *Falkenštejn* (1903) und *Kolumbus* (1915) histor. Stoffe und *Michael* (1935) den Gegensatz Adel – Großbürgertum.

Hilbig, Wolfgang (* 31. 8. 1941 Meuselwitz/Leipzig). – Dt. Schriftsteller, wuchs bei einem analphabetischen Großvater auf, nach einer Lehre als Bohrwerkdreher in der Volksarmee. Proletar. Abstammung und polit. Einstellung führen zur Förderung durch den SED-Staat in zahlreichen Seminaren und Fortbildungen. Daneben arbeitet H. in verschiedenen Berufen – vornehmlich als Heizer und tritt mit ersten Texten hervor; 1979 wegen Auslandsveröffentlichungen und Devisenvergehen kurzfristig inhaftiert, emigrierte in den Westen, kehrte jedoch nach der Wende nach Leipzig zurück. Beachtung fanden die Gedichte *abwesenheit* (1979), *die versprengung* (1986), die Erz.n und R.e *Unterm Neomond* (1982), *Der Brief. Drei Erzählungen* (1985), *Die Territorien der Seele* (1986), *Eine Übertragung* (1989), *Über den Tonfall – Drei Prosastücke* (1990), *Alte Abdeckerei* (1991). H. wurde durch mehrfache Preise, u. a. Brüder-Grimm-Preis (1983), ausgezeichnet.

Hildebrandslied (810–820 n. Chr.). – Das H., einziges ahd. Beispiel eines german. Heldenliedes, gehört zum Sagenkreis um Dietrich von Bern (= Ostgotenkönig Theoderich) und schildert den trag. Kampf zwischen Vater Hildebrand und Sohn Hadubrand, die sich, ohne sich zu erkennen, in feindl. Heeren und im Zweikampf gegenüberstehen. Eine oberdt. Fassung wurde um 810 von zwei Mönchen in Fulda für das niederdt. Sprach- und Missionsgebiet umgearbeitet und auf die Deckblätter eines Kodex in 68 Langzeilen mit Stabreimen niedergeschrieben. Obwohl die Dichtung fragmentarisch ist, kann vermutet werden, daß die Geschichte einen trag. Ausgang nimmt. Das H. ist der einzig erhaltene Rest der ahd. Heldenepik. Das *Jüngere H.* ist in zwei Fassungen des 16. Jh.s überliefert und schließt mit dem gegenseitigen Erkennen und Versöhnen der Kämpfer.

Hildegard von Bingen (* 1098 Bermersheim/Alzey [?], † 17. 9. 1179 Kloster Rupertsberg/Bingen). – Dt. Mystikerin, trat in das Kloster Disibodenberg ein und fiel bald durch ihre Visionen auf. 1141–53 schrieb sie mit Unterstützung der Nonne Richardis und des Mönchs Volmar visionäre Gespräche mit Christus in Form einer myst. Glaubenslehre in lat. Sprache nieder, den *Liber Scivias* (»Wisse die Wege!«). Dramat. Sprache u. Prophezeiungen erregten großes Aufsehen. H. verfaßte auch die myst. Werke *Liber vitae meritorum* (1158–63) und *Liber divinorum operum* (1163–70), Teile einer Autobiographie, eine Rupertsvita, 70 geistl. Lieder und naturwiss. u. homilet. Schriften.

Hildesheimer, Wolfgang (* 9. 12. 1916 Hamburg, † 21. 8. 1991 Poschiavo/Graubünden). – Dt. Schriftsteller, emigrierte 1933 nach Palästina, war nach dem Krieg Dolmetscher bei den Nürnberger Prozessen und wurde bald Mitglied der »Gruppe 47«. Aus frühen feuilletonist. leichten Erzählungen *Lieblose Legenden* (1952) und dem Roman *Paradies der falschen Vögel* (1953) kamen manche Themen für Hörspiele, z. B. *Das Opfer Helena* (1955), *Herrn Walsers Raben* (1960), *Der Hauskauf* (1974), und Theaterstücke. 1965 setzte H. seine Prosa mit *Tynset*, 1973 mit *Masante* fort. Monolog. sind die Stücke *Der Drachenthron* (1955), eine Variante der Turandot-Fabel, (Hörspiel: *Prinzessin Turandot*, 1954) und die *4 Spiele, in denen es dunkel wird* (1958). Absurdes Theater sind *Verspätung* (1961), das *Nachtstück* (1963) und die Historie *Mary Stuart* (1971). Zahlreiche Aufsätze widmete H. dem Schaffen Mozarts. Die kenntnisreiche und faszinierende Biographie des Komponisten veröffentlichte er 1977 u. d. T. *Mozart;* daneben stehen weitere wichtige Publikationen über Komponisten, wie etwa die Reden *Warum weinte Mozart?* (1981) oder *Der ferne Bach* (1985). Eindrucksvoll ist die autobiographische Arbeit *Zeiten in Cornwall* (1971). Besondere Beachtung fand die 1981 erschienene Biographie eines erfundenen engl. Landadeligen, *Marbot*, in dessen fingierten Lebenszeugnissen H. das moderne Kunstwerk reflektierte. Mit *Max oder über den Stand der Dinge* (1983), einer Erz., die einen Beitrag zur Festschrift für Max Frisch erweiterte, gab H. seine lit. Tätigkeit auf (eine *Nachlese* erschien 1987), um sich ganz der bildenden Kunst zu widmen, z. B. *In Erwartung der Nacht. 32 Collagen* ... (1986). 1989 veröffentlichte er jedoch wieder; *Klage und Anklage;* posth. erschienen *Rede an die Jugend* (1991) und die Glossen *Mit dem Bausch dem Bogen* (1991). H. war Träger zahlreicher Anerkennungen, Preise und Ehrungen, z. B. Ehrendoktor und Schweizer Ehrenbürger; *Gesammelte Werke* (1991) liegen in sieben Bdn. vor.

Hillard, Gustav, eigtl. *G. Steinbömer* (*24. 2. 1881 Rotterdam, †3. 7. 1972 Lübeck). – Dt. Autor, dem preuß. Hof verbunden, wurde Dramaturg am Dt. Theater in Berlin. Seine Erzählungen und Romane berichten in kultivierter und konservativer Einstellung, die sich auch in vielen Essays ausdrückt, aus der Welt vor 1914. Die Romane *Spiel mit der Wirklichkeit* (1938), *Brand im Dornenstrauch* (1948), *Kaisers Geburtstag* (1959), die Erinnerungen *Herren und Narren der Welt* und die Schriften *Wert der Dauer* (1961) und *Recht auf Vergangenheit* (1966) bilden das Hauptwerk.

Hille, Peter (*11. 9. 1854 Erwitzen/Westf., †7. 5. 1904 Großlichterfelde/Berlin). – Dt. Schriftsteller, Freund der Brüder Hart. Sein unruhiger Geist, reich an poet. Einfällen, machte ihn zum Meister der ep. und lyr. Kleinformen. Von großen Ambitionen zeugen der Roman *Die Sozialisten* (1886) und das einzige zu Lebzeiten veröffentlichte Drama *Des Platonikers Sohn* (1896). Die Gesammelten Werke erschienen 1904/1905 in 4 Bdn.

Hiller, Kurt (*17. 8. 1885 Berlin, †1. 10. 1972 Hamburg). – Dt. polit. Schriftsteller, propagierte einen Sozialismus eigener Art. Mit Literatur, Manifesten, Aufrufen, Pamphleten und Reden wollte er in das polit. Geschehen eingreifen. H. gab die Zeitschr. »Ziel« (1916–24) heraus und wirkte bei der expressionist. Bewegung mit. Sein Eintreten für einen radikalen Pazifismus und für den Sozialismus brachte ihm 1933 die Verfolgung durch den NS-Staat ein. Eine provokator. und schlagkräftige Sprache bestimmte die Schriften *Die Weisheit der Langeweile* (1913), *Geist werde Herr* (1920), *Profile* (1938), *Köpfe und Töpfe* (1950), *Hirn- und Haßgedichte* (1957) und die Erinnerungen *Leben gegen die Zeit* (2 Bde. 1969–73).

Hilsenrath, Edgar (*2. 4. 1926 Leipzig). – Dt. Schriftsteller aus orthodox. jüdischer Familie, wurde 1938 von der Familie zur Sicherheit nach Rumänien gebracht und kam nach der Eroberung durch die Nationalsozialisten ins Getto. Nach dem Krieg Emigration nach Palästina und USA; 1975 Rückkehr nach Deutschland. In seinen umstrittenen und schonungslosen Texten stellt er dar, daß sich das Verhalten der Juden auch nach der Grausamkeit der Faschisten richten mußte, wobei Entmenschlichung und Sadismus auf beiden Seiten das Leben bestimmten. Bes. mit *Nacht* (1964) und *Der Nazi & der Friseur* (1977) hat er zu heftigen Kontroversen beigetragen, wobei sich v. a. die jüdische Bevölkerung beleidigt fühlte. Die neueren Werke *Bronskys Geständnis* (1980) und *Zibulsky oder Antenne im Bauch* (1983) fanden keinen so großen Widerhall; der lit. Neuansatz, den H. mit *Das Märchen vom letzten Gedanken* (1989) vollzog, hob die Auseinandersetzung um Massenmorde in Armenien und Nazideutschland auf eine neue erzählerisch intellektuelle Ebene. Für das beachtenswerte Werk erhielt H. den Alfred-Döblin-Preis (1989).

Hilton, James, Ps. *Glen Trevor* (*9. 9. 1900 Leigh, †20. 12. 1954 Long Beach). – Engl. Autor, veröffentlichte als Schüler den Roman *Catherine Herself* (1920). Mit *Leb wohl, Mr. Chips* (1934, dt. 1936) wurde er zum bekannten Unterhaltungsschriftsteller, der das Leben der engl. Mittelschicht mit psycholog. Geschick und geistreichem Humor beschrieb. Ins Dt. übersetzt wurden die Romane *Irgendwo in Tibet* (1933, dt. 1937), aus dem der Begriff Shangri-la stammt, *Gefundene Jahre* (1941, dt. 1947), *Seltsam wie die Wahrheit* (1947, dt. 1948), *Jahr um Jahr* (1953, dt. 1954) u. a.

Hinrichs, August (*18. 4. 1879 Oldenburg, †20. 6. 1956 ebd.). – Westfäl. Erzähler und Dramatiker, verfaßte viele realist. Volksstücke aus dem Dorfleben mit herzhaftem Humor und klarer Handlung in hoch- und niederdt. Sprache, die heute noch beliebt sind, so z. B. *Krach um Jolanthe* (1930), *Wenn der Hahn kreiht* (1932), *För de Katt* (1938), *Siebzehn und zwei* (1955). Bekannt sind auch seine Erz. und Romane. Eine Auswahl erschien 1959 u. d. T. *Schwarzbrot*.

Hippel, Theodor Gottlieb von (*31. 1. 1741 Gerdauen/Ostpreußen, †23. 4. 1796 Königsberg). – Dt. Schriftsteller, durchlief eine Verwaltungskarriere bis zum Bürgermeister von Königsberg, Kriegsrat und Polizeipräsidenten und gehörte zum Freundeskreis von I. Kant. Seine Werke erschienen anonym. Sie sind geprägt vom Geist der Aufklärung und von der engl. empfindsam-humorist. Literatur, wobei manche Stilelemente bereits auf Jean Paul weisen. Bekannt wurden v. a. der satir. Roman *Lebensläufe nach aufsteigender Linie* (3 Bde. 1778 bis 1781) und der Roman *Kreuz- und Querzüge des Ritters A bis Z* (2 Bde. 1793–94), ferner das Lustspiel *Der Mann nach der Uhr* (1765), *Geistliche Lieder* (1772) und popularphilosoph. Schriften.

Hippius, Zinaida, Ps. *Anton Krajnij* (*20. 11. 1869 Belev/Tula, †9. 9. 1945 Paris). – Die russ. Schriftstellerin war seit 1889 mit dem symbolist. Dichter D. Mereschkowski verheiratet und verhalf dem Symbolismus in Rußland zur Anerkennung. 1919 emigrierte sie nach Paris. Ihre intellektuelle Sprache bevorzugt eine klare Form. Düstere Stimmung und Vereinsamung kennzeichnen die *Sammlungen* (1904, 1910, 1918). An den Stil Dostojewskis nähern sich die sozialen Romane, z. B. *Des Teufels Puppe* (1911, dt. 1912) und *Roman-Carevic* (1913).

Hippolyt (*2. Hälfte 2. Jh., †um 235 n. Chr.). – Röm. Kirchenschriftsteller, Schüler des gelehrten Bischofs Irenäus von Lyon, schrieb eine große Zahl von Werken in griech. Sprache. 217 zum Gegenpapst erhoben, wurde er nach Sardinien verbannt. Seine exeget. und polem. Schriften, u. a. die *Apostolische Überlieferung* und eine *Ägyptische Kirchenordnung*, sind nur teilweise erhalten, z. B. in Form der 1842 auf Athos entdeckten *Philosophumena*.

Hipponax (6. Jh. v. Chr. Ephesos). – Griech. Dichter, floh vor den Tyrannen Athenagoras und Komas um 542 nach Klazo-

menai. In bitterster Armut verdiente er mit Spott- und Bettel-
gedichten und mit Klatsch vermischten Fabeln seinen Lebensunterhalt. Sein Stilprinzip, der Hink-Jambus, machte die Verse
im Altertum populär. Er wurde von Catull nachgeahmt.

Hirche, Peter (*2.6. 1923 Görlitz/Schlesien). – H. gehört zu
den profiliertesten dt. Hörspielautoren. Mit den dramaturg.
Mitteln des Funks, Musik, Collage und Montage, bearbeitete
er Themen der Weltkriegszeit und der Gegenwart unter krit.
Perspektive. Für *Die Heimkehr* erhielt er den Preis des ital.
Rundfunks, für *Triumph in tausend Jahren* (1956) den G.-
Hauptmann-Preis (1956) und für das experimentelle Stück
Miserere über das Leben in einem Mietshaus den »Preis der
Kriegsblinden« (1965). Viel beachtet wurden auch *Die Krank-
heit und die Arznei* (1967) und *Nähe des Todes* (erstmals 1957
als Hörspiel). Sein letztes Fernsehspiel *Verlorenes Leben* wur-
de 1976 gesendet.

Hirschfeld, Georg (*11.2. 1873 Berlin, †17.1. 1942 München). – Dt. Schriftsteller, stand als Dramatiker dem Naturalismus sehr nahe und wurde von G. Hauptmann und Th. Fontane hoch geschätzt. Die Stücke *Zu Hause* (1896), *Die Mütter*
(1896) und *Agnes Jordan* (1897) handeln im Berliner Milieu.
Später wechselte er über zu Volksstücken und Komödien:
Pauline (1899), *Der junge Goldner* (1901), *Pension Zweifel*
(1913), *Nachwelt* (1914) und *Die Hände der Thea Grüner*
(1918) sind psycholog. motivierte Unterhaltungsromane.

Hlasko, Marek (*14.1. 1934 Warschau, †14.6. 1969 Wiesba-
den). – Der poln. Schriftsteller hatte seit 1954 mit seinen
Erzählungen großen Erfolg. 1958 kehrte er nach heftigen Angriffen durch das poln. Regime nicht mehr nach Polen zurück.
Die Erzählungen und Romane rebellieren gegen Konventionen und Bevormundungen von Staat und Ideologie, so z.B.
Der achte Tag der Woche (1958, neu 1978), *Der Nächste ins
Paradies* (1960, dt. 1960), *Peitsche deines Zorns* (1963). Mit
Alle hatten sich abgewandt (1964, dt. 1965) näherte er sich
besonders dem Stil E. Hemingways, von dem sein Schaffen
auch sonst stark beeinflußt war. Zuletzt erschien *Folge ihm
durchs Tal* (R. 1970).

Hobart, Alice Tisdale (*28.1. 1882 Lockport, †14.3. 1967
Oakland). – Amerikan. Autorin, lebte von 1908 an fast 20 Jahre
in China und begann während der Chines. Revolution, ihre
Romane zu schreiben, zunächst über den kulturellen Gegen-
satz zwischen Ost und West in *Petroleum für die Lampen
Chinas* (1933, dt. 1935) und *Das Haus der heilenden Hände*
(1936, dt. 1946). In die USA zurückgekehrt, bevorzugte sie
Gesellschafts- u. Familienromane wie *Im Zeichen der Schlan-
ge* (1951, dt. 1953), *Einer blieb zurück* (1955, dt. 1957) und
The Innocent Dreamers (1963).

Hobbes, Thomas (*5.4. 1588 Westport/Malmesbury, †4.12.
1679 Hardwick). – Engl. Philosoph, studierte in seiner Jugend
Theologie, später Mathematik und stand mit bedeutenden
Persönlichkeiten aus Literatur und Politik in enger Verbindung. Seine Wirkung beruht weniger auf seinen erkenntnis-
theoretischen Schriften, in welchen er den Empirismus Bacons
zu einem System entwickelte, sondern auf seiner Staatstheorie
Leviathan (1651, dt. vielfach übersetzt, zuletzt 1977). Ausgehend von der Erkenntnis, daß der Mensch im Naturzustand
jedem anderen feindlich sei, begründet er den Staat als Ver-
tragssystem und als naturrechtliche Staatsform die absolute
Monarchie.

Hochhuth, Rolf (*1.4. 1931 Eschwege). – Dt. Schriftsteller,
löste mit seinem »Christlichen Trauerspiel« in Vers und Prosa
Der Stellvertreter (1963; über Papst Pius XII.) den größten
Skandal der dt. Nachkriegslit. aus, da er dem Papst vorhielt, er
habe zur Vernichtung der Juden im Dritten Reich wissentlich
geschwiegen. Moral. Rigorismus und der Einsatz fiktiver Figuren in einem dokumentar. Szenarium bestimmen auch *Soldaten, Nekrolog auf Genf* (1967). In *Guerillas* (1970) sind
dokumentar. Teile nur Rahmen für das Spiel über einen fiktiven Staatsstreich in den USA. Die ernste Komödie *Die Heb-
amme* (1972) zielte auf die Schattenseite des Wirtschaftswunders. Vordergründig ist das Thema Frauenemanzipation in
Lysistrate und die Nato (1974) behandelt. 1977 erregte er mit
dem Drama über E. Hemingway *Tod eines Jägers* großes Aufsehen, ohne die lit. Qualität früherer Arbeiten zu erreichen.
Juristen (1979), *Ärztinnen* (1980), *Verspieltes Land* (1988),
Unbefleckte Empfängnis (1988), *Sommer 14. Ein Totentanz*
(1989), greifen populäre Probleme auf, sind dramaturg. jedoch
ohne großen Reiz, so daß den Essays, z.B. *Räuber-Reden*
(1982), *War hier Europa?* (1987) mehr Beachtung geschenkt
wird. Als populärer Historiker erwies er sich mit einem *Vorwort* zu den Tagebüchern Joseph Goebbels' (1977) und mit
*Täter und Denker. Profile und Probleme von Cäsar bis
Jünger* (1987). 1985 trat H. als Erzähler mit *Atlantik-Novelle,*
1987 mit dem Roman *Alan Turing* hervor.

Hochwälder, Fritz (*28.5. 1911 Wien, †20.10. 1986 Zürich).
– Österr. Dramatiker, flüchtete 1938 in die Schweiz und lebte
in Zürich. Frühe, dem Expressionismus nahestehende Stücke
sind *Jehr* (1933) und *Liebe in Florenz* (1936), die stark von
G. Kaiser beeinflußt sind, mit dem ihn auch später eine tiefe
Freundschaft verband. Bald kehrte H. jedoch wieder zu den
klass. Regeln des Theaters zurück, die er mit den Spielformen
des Wiener Volksstücks realisierte. Histor. Stoffe haben bei
ihm parabelhafte Funktion. Zeitprobleme erscheinen in einer
entrückten, aber aktualisierten Welt, so in Südamerika *Das
heilige Experiment* (1943), im dt. Mittelalter *Meier Helmbrecht* (1946). Weitere Stücke sind *Der Unschuldige* (1949),
Der öffentliche Ankläger (1954), *Die Herberge* (1956), *Der
Himbeerpflücker* (1964) und *Der Befehl* (1967). 1959–1964
erschien eine erste Ausg. der Dramen in zwei Bdn., 1975 folgte
eine neue Auswahl; gleichzeitig veröffentlichte er das klass.

strukturierte Schauspiel *Lazaretti oder Der Säbeltiger.* 1980 folgten die autobiogr. Skizzen *Im Wechsel der Zeiten.*

Hoddis, Jakob van, eigtl. *Hans Davidsohn* (*16.5. 1887 Berlin, †30.4. 1942 Koblenz). – Dt. Schriftsteller, als Student zählte er 1909 zu den Gründern des expressionist. »Neuen Clubs« und des »Neopathet. Cabarets« in Berlin. Ab 1912 wurde er geisteskrank und starb schließlich bei der Deportation. Seine schwermütigen Gedichte enthalten Motive der Großstadt, der Katastrophe sowie vom *Weltende* (1918) und wurden z.T. von K. Pinthus in die Gedichtsammlung *Menschheitsdämmerung* (1920) aufgenommen. Eine Auswahl *Dichtungen und Briefe* erschien 1987.

Hodgson, Ralph (*9.9. 1871 Darlington, †3.11. 1962 Minerva/Ohio). – Engl. Lyriker, ließ sich 1938 auf einer Farm im amerikan. Mittelwesten nieder. Sein kleines Werk, *The Last Blackbird* (1913), *The Ball* (1913), *Eve* (1913) und *The Song of Honor* (1913), drückt in liedhaften Versen Mitleid mit der gequälten Natur und die Entfremdung des modernen Menschen von der Tierwelt aus. Die späte Lyrik ist weniger bedeutend, etwa *Silver Wedding* (1941) oder *The Muse and the Mastiff* (1943).

Hoeck, Theobald (*10.8. 1573 Limbach/Pfalz, †nach 1618). – Der humanist. gebildete Pfälzer wurde in Prag wegen seines Eintretens für die evangel. Union angeklagt. Der Prager Aufstand von 1618 rettete ihn. Das neuerweckte Kunstbedürfnis seiner Zeit versuchte er in den Gedichten *Schönes Blumenfeld* (1601) mit sittl. u. patriot. Geist zu verbinden. Rohe Metrik, volkstüml. Redewendungen und biedermänn. Moral konstrastieren oft mit der angestrebten eleganten Form der weltl. Lyrik.

Högberg, Olof (*27.9. 1855 Högsjö/Schweden, †12.10. 1932 Njurunda). – Schwed. Autor, nimmt mit dem monumentalen Roman *De stora vreden* (3 Bde. 1906) einen wichtigen Platz in der schwed. Literatur ein. Mit Phantasie, Einbeziehung der Historie, mit Sagen und Erzählungen des Nordlandes und Verwendung von Archaismen und Provinzialismen entsteht ein Gemälde vom Bauernleben seiner Heimat, das jedoch wegen der stilist. Eigenarten nur schwer verständlich ist. Seine Erzählungen und Romane sind wichtige Zeugnisse für das Leben im hohen Norden.

Hoel, Sigurd (*14.12. 1890 Nord-Odal, †14.10. 1960 Oslo). – Norweg. Schriftsteller, lebte von 1943 bis 1945 als Widerstandskämpfer in Schweden. Starken Einfluß von S.Freud zeigen seine erot.-satir. Romane wie *Sünder am Meer* (1927, dt. 1932), *Ein Tag im Oktober* (1931, dt. 1932) und *Sesam, Sesam* (1938), sowie aus der Zeit der dt. Besatzung *Begegnung am Meilenstein* (1947, dt. 1971).

Hölderlin, Johann Christian Friedrich (*20.3. 1770 Lauffen am Neckar, †7.6. 1843 Tübingen). – H. wuchs im schwäb. Nürtingen auf. Zum protestant. Geistlichen vorgesehen, kam H. in die Eliteschule Maulbronn, danach bis 1793 in das Tübinger Stift, zusammen mit Hegel und Schelling. Er ging jedoch nicht in den Kirchendienst, sondern wurde durch Schillers Vermittlung Hofmeister in Thüringen und trat mit Goethe und Fichte in Verbindung, die in Jena lebten. Armut zwang H., eine Hauslehrerstelle im Haus des Frankfurter Bankiers Gontard anzunehmen. Zu dessen Frau Susette – in H.s Dichtung erscheint sie als Diotima – entwickelte sich ein Liebesverhältnis. Nach der Aufdeckung dieser Beziehung (1798) nahm H. eine Stelle in Bordeaux an. Aufgrund der Nachricht von Susettes Tod (1802) kehrte er körperl. krank und geistesgestört zu Fuß nach Frankfurt zurück. Von dieser geist. Erkrankung erholte er sich nur scheinbar. Versuche in einem Amt als Bibliothekar in Homburg scheiterten. 1805 wurde er in Tübingen für geisteskrank erklärt und zu einem Tischler in Pflege gegeben. Der Briefroman *Hyperion* (2 Bde., 1797–1799) läßt vor dem Hintergrund des griech. Freiheitskampfes das Idealbild des alten Griechenlands als Goldenes Zeitalter der Harmonie zwischen Gott, Mensch und Natur erstehen. Bruchstück blieb die Tragödie *Der Tod des Empedokles.* Angesiedelt zwischen Begeisterung für die Franz. Revolution, Liebe zu Diotima, religiösem Gefühl und Faszination für die Götterwelt der Antike ist H.s Lyrik. Die frühen Elegien und Hymnen erschienen nur in Periodika, erstmals *Gedichte* (1826), die späten, mit deutl. Spuren des Wahnsinns, blieben zu seinen Lebzeiten unveröffentlicht. Die Entdeckung seiner Lyrik vor dem Ersten Weltkrieg wirkte auf die junge Generation faszinierend. Heute zählt seine Lyrik zu den bedeutendsten, tiefsten und schönsten Sprachkunstwerken. Als Übersetzer schuf er mit den Übertragungen der Lyrik Pindars, des *Ödipus* und der *Antigone* des Sophokles eigenständige Kunstwerke. Das Gesamtwerk ist seit 1943 ff. in der Stuttgarter Ausgabe von F.Beißner zugänglich, eine neue histor.-krit. Frankfurter Ausgabe erscheint seit 1975.

Höllerer, Walter (*19.12. 1922 Sulzbach-Rosenberg). – Dt. Schriftsteller, Prof. für dt. Lit. in Berlin, zählt zu den wichtigsten Organisatoren des lit. Lebens in der Bundesrepublik. 1954–67 gab er die Zeitschrift »Akzente« heraus, 1956 die Lyrikanthologie »Transit«, seit 1961 Herausgeber der Zs. »Sprache im technischen Zeitalter«. 1977 gründete er ein Archiv für moderne dt. Literatur; 1968–74 war er Präsident der Bayerischen Akademie d. Künste. Seine frühen Gedichte in *Der andere Gast* (1952) sind G.Benn, Rilke und Eich verpflichtet, später wandte er sich mit *Außerhalb der Saison* (1967) und *Systeme* (1969) experimentellen Formen zu. Der Roman *Elephantenuhr* (1973) erschien nach fast 20 jähr. Vorarbeit; 1978 folgte die Komödie *Alle Vögel alle.* Neben zahlreichen lit.-wiss. Essays und Analysen bes. zu Rilke und zur Lyriktheorie gibt H. auch lit. Dokumentationen heraus.

Hölty, Ludwig Christoph Heinrich (*21.12. 1748 Mariensee/Hannover), †1.9.1776 Hannover). – Dt. Dichter, das Theologiestudium in Göttingen brachte ihn 1769 in Kontakt mit G. A. Bürger und H. C. Boie. Zusammen mit ihnen gründete er den »Göttinger Hain«, einen patriot., an Klopstock orientierten lit. Zirkel. Im »Göttinger Musenalmanach« sind die meisten von H.s Gedichten veröffentlicht, gesammelt zuerst 1782 bis 1784. Sie nehmen Anregungen auf von Klopstock, engl. Balladen aus der Anakreontik und dem Minnesang. Ein eleg. Grundton ist häufig, ebenso eine schwärmer. Verehrung des Landlebens. Manche Verse wie *Üb' immer Treu und Redlichkeit* sind im Volk lebendig geblieben. Aus dem Engl. übertrug er die Werke Shaftesburys (1776). Eine erste Gesamtausgabe u. d. T. *Sämtlich hinterlaßne Gedichte* erschien 1782 bis 1784 in 2 Bdn.

Hölzer, Max (* 8. 9. 1915 Graz). – Österr. Schriftsteller, lebte in Spanien und Paris, wo er mit P. Celan befreundet war. Er übersetzte die franz. Symbolisten Bréton, Bataille u. a., deren Stil auch seine Lyrikbde. *Entstehung eines Sternbilds* (1958), *Der Doppelgänger* (1959), *Nigredo* (1962), *Gesicht ohne Gesicht* (1968) und *Mare occidentis – Das verborgene Licht – Chrysopöe* (1978) prägte.

Hoerner, Herbert von (* 9. 8. 1884 Gut Ihlen/Kurland, † Mai 1950 Torgau). – Balt. Dichter, kämpfte bis 1921 in der balt. Landwehr, danach lebte er als Zeichenlehrer in Görlitz. Er starb in russ. Haft. H. war ein Meister der dramat. pointierten Novelle: *Villa Gudrun* (1922), *Die Kutscherin des Zaren* (1936), *Die letzte Kugel* (1937), *Der große Baum* (1938) und *Die grüne Limonade* (1952).

Hoff, Kay, eigtl. *Adolf Max Hoff* (* 15.8. 1924 Neustadt/Holstein). – Dt. Schriftsteller, leitete 1970–73 das dt. Kulturzentrum in Tel Aviv. Bekannt wurden seine Gedichte *In Babel zu Haus* (1958), *Zeitzeichen* (1962), *Netzwerk* (1969), *Bestandsaufnahme* (1977), *Gegen den Stundenschlag* (1982), der Schelmenroman *Blödelstedt oder Würstchen bürgerlich* (1966), v. a. die Hörspiele *Die Chance* (1964), *Dissonanzen* (1965), *Konzert an 4 Telefonen* (1966), *Hörte ich recht* (1980). Seine Erz. und R. *Ohne Sicherheit* (1970), *Wir reisen nach Jerusalem* (1976) werden wie die Fernsehspiele und Funkfeatures, z. B. *Iyengar und die Illusion* (1981) sehr beachtet.

Hoffer, Klaus (* 27. 12. 1942 Graz). – Österr. Autor und Professor an einem Gymnasium, Generalsekretär der »Grazer Autorenversammlung«, trat bisher mit Beiträgen für Zeitschriften, einem komplexen Ansatz zu einem Erziehungsroman, der die Welt als Selbstdeutung des spekulierenden Subjekts erfaßt, mit Erzählungen, Übersetzungen und dem Hörspiel *Am Magnetberg* (1983) hervor. In der Sammelausgabe *Bei den Bieresch. Halbwegs. Der große Potlatsch* (1983) sind die wichtigsten poetischen Werke enthalten; darüber hinaus schrieb H. literaturwiss. Arbeiten wie *Methoden der Verwirrung – Betrachtungen zum Phantastischen bei Franz Kafka.*

Hoffmann, Ernst Theodor Amadeus (Wilhelm) (* 24. 1. 1776 Königsberg, † 25. 6. 1822 Berlin). – Dt. Dichter, zählt zu den bedeutendsten Erzählern der Romantik. Nach dem Zusammenbruch Preußens (1807) fand er als Theatermusikdirektor in Bamberg und (1813) als Kapellmeister in Leipzig u. Dresden eine Anstellung. 1816 wurde er Kammergerichtsrat in Berlin, wo er in Lutters Weinstube die Romantiker Devrient, Brentano, Chamisso u. a. um sich sammelte. Als Zeichner, Musiker, Komponist, Kritiker und Dichter verbindet H. eine phantasievolle Traumwelt mit der Tagesrealität des preuß. Beamten. Der Einbruch des Schauerl. u. Wunderbaren in eine realist. gezeichnete Umwelt ist typisch für seine Dichtung. 1809 entstand die Erzählung *Ritter Gluck*, enthalten in den *Phantasiestükken in Callot's Manier* (4 Bde., 1814–15). Zu dieser Sammlung gehörten auch das Märchen *Der goldne Topf* und *Don Juan.* Die Gattung des sog. trivialen Schauerromans wird von H. erhöht und im Rahmen seines Romans *Die Elixiere des Teufels* (1815) und der Sammlung *Nachtstücke* (1817) dargestellt; diese enthalten die Erzählungen *Der Sandmann* und *Das Majorat, Die Bergwerke zu Falun, Das Fräulein von Scudéry, Meister Martin der Küfner und seine Gesellen.* Seine Erlebnisse mit den Berliner Freunden regten ihn an zu der Rahmenerz. *Die Serapionsbrüder* (4 Bde., 1819–21). Schließlich schrieb H. die Kunstmärchen *Klein Zaches* (1819), *Prinzessin Brambilla* (1821) und *Meister Floh* (1822). Die *Lebensansichten des Katers Murr* (1820 bis 1822), in denen er in der Gestalt des Kapellmeisters Kreisler sich selbst gegenübertritt, setzen die romant. Welt des Künstlers in iron. Beziehung zu der des biedermeierl. Bürgers. Die erste vollständige Ausgabe erschien 1922 in 14 Bdn. H.s Wirkung auf die europ. Kultur (Balzac, Baudelaire, Byron, Scott, Poe, Dickens, Wagner, Wilde, Hofmannsthal) ist nicht abzuschätzen. Er prägte das internationale Bild der dt. Romantik und wurde in Offenbachs Oper *Hoffmanns Erzählungen* selbst zur Hauptgestalt.

Hoffmann, Heinrich (* 13. 6. 1809 Frankfurt/M., † 20. 9. 1894 ebd.). – Der Frankfurter Arzt, Direktor der städt. Irrenanstalt und Begründer der Jugendpsychiatrie wurde berühmt durch sein Kinderbuch *Struwwelpeter* (1847), das er mit eigenen Illustrationen versah. Später folgten *König Nußknacker und der arme Reinhold* (1851), die Memoiren *Struwwelpeter-Hoffmann erzählt sein Leben* (hg. 1926) und *Humoristische Studien* (1847).

Hoffmann, Ruth, auch *R. Scheye* (* 19. 7. 1893 Breslau, † 10. 5. 1974 Berlin). – Dt. Schriftstellerin, erhielt nach 1936 Publikationsverbot. Ihre schlichten, volkstüml. Gedichte *Dunkler Engel* (1946), Novellen *Meine Freunde aus Davids Geschlecht* (1947) und Romane *Pauline aus Kreuzberg* (1935), *Eine Liebende* (1971) handeln vom Leben der einfachen Leute ihrer schles. Heimat und von den jüd. Opfern.

Hoffmann (von Fallersleben), August Heinrich (*2.4. 1798 Fallersleben/Lüneburg, †19.1. 1874 Corvey/Weser). – Dt. Dichter, Prof. für dt. Sprache und Literatur in Breslau, ein typ. Vertreter des lit. Vormärz, wurde wegen der nationalliberalen Haltung seiner *Unpolitischen Lieder* (2 Bde., 1840–1841) seines Amtes enthoben und aus Preußen vertrieben. Im Exil auf Helgoland schrieb er 1841 das *Deutschlandlied*. 1848 wurde H. rehabilitiert und 1861 Bibliothekar auf Schloß Corvey. Neben polit. Liedern, die ihn als freiheitl. Patrioten des Vormärz ausweisen, dichtete er viele heitere u. sangbare Lieder, auch die Kinderlieder »*Alle Vögel sind schon da*« und »*Kuk-kuck*«. In seiner Forschertätigkeit entdeckte er die ahd. Evangelienharmonie Otfrids und das *Ludwigslied*.

Hofmann von Hofmannswaldau, Christian (*25.12. 1617 Breslau, †18.4. 1679 ebd.). – Dt. Dichter, Sohn eines Patriziers, war als Gesandter öfter am Wiener Hof und wurde 1667 Kaiserl. Rat. Der Dichter Opitz ermunterte den in der europ. Literatur belesenen H. zur Dichtung. Als Haupt der Zweiten Schles. Schule und Begründer des Marinismus in Dtld. kennzeichnen seine Lyrik und Epigramme Formenreichtum, aber auch übersteigerte Pathetik, entlegene Mctaphern und der Schwulst des Spätbarock. Von geistl. u. weltl. Liedern, Oden und galanten Briefen veröffentlichte H. nur eine Sammlung von Epigrammen (1663) und Übersetzungen sowie Gedichte (1673). Der Dichter B. Neukirch sammelte den Rest in einer umfassenden Anthologie (7 Bde., 1695–1729).

Hofmann, Gert (*29.1. 1932 Limbach-Oberfrohna/Sachsen). – Dt. Autor, studierte Philologie, Philosophie und Soziologie, lehrte an in- und ausländischen Hochschulen. In seinen Theaterstücken sucht er »unmittelbaren« Kontakt mit den Zuschauern, z.B. *Der Bürgermeister* (1963), *Bakunins Leiche* (1980); diese Technik wendete er auch in zahlreichen Hörspielen an, etwa *Bericht über die Pest in London* (1968), *Selbstgespräch eines alten Partisanen* (1979), *Unser Schlachthof* (1984). In Stücken und Hörspielen hat er sich mit dem Œuvre von Robert Walser auseinandergesetzt. Spannende und durch unterschiedliche Perspektiven gekennzeichnete Erzählungen sind u.a. *Die Denunziation* (1979), *Fuhlrotts Vergeßlichkeit* (1981), *Auf dem Turm* (1982), *Der Blindensturz* (1985), *Veilchenfeld* (1986), *Die Weltmaschine* (1986), *Tolstois Kopf* (1991). Auch die Romane *Unsere Vergeßlichkeit* (1987), *Vor der Regenzeit* (1988), *Der Kinoerzähler* (1990) zeigen diese Stilmittel und werden so zu einer faszinierenden Auseinandersetzung mit der Zeitgeschichte. Bes. seine Hörspiele fanden durch zahlreiche Preise Anerkennung.

Hofmannsthal, Hugo von, Ps. *Theophil Moren, Loris, Melikow* (*1.2. 1874 Wien, †15.7. 1929 Rodaun). – Österr. Dichter, Sohn eines Bankdirektors, fiel frühzeitig mit gelungenen Versen auf, die er unter dem Ps. *Loris* veröffentlichte. Er schloß sich der Gruppe Jung-Wiener Literaten an, die sich am franz. Symbolismus orientierte. Nachdem sich Aussichten auf eine akadem. Karriere nicht erfüllten, zog H. als Schriftsteller nach Rodaun bei Wien (1901). Parallel zum lyr. Frühwerk, das stilist. Nähe zu St. George aufweist, entstehen kleine Dramen im Stil Maeterlincks, so u.a. *Gestern* (1891), *Der Tod des Tizian* (1892), *Der Tor und der Tod* (1893), *Das kleine Welttheater* (1897). Die Krise der Neuromantik und des Ästhetizismus äußerte sich bei H. in einer Sprachkrise, die für die gesamte Generation bis zum Expressionismus charakterist. ist und deren lit. Ausdruck der Chandos-Brief (1902) und die Abwendung von der Lyrik sind. Die nun folgenden Dramen orientierten sich an klass., mittelalterl. u. barocken Vorbildern *Elektra* (1903), *Ödipus und die Sphinx* (1905), *Jedermann* (1911) und der Text zum *Rosenkavalier* (1911). In Zusammenarbeit mit dem Komponisten R. Strauss entstanden auch *Ariadne auf Naxos* (1912), *Die Frau ohne Schatten* (1919), *Die ägyptische Helena* (1928) und *Arabella* (1929). Die Komödien *Christinas Heimreise* (1910), *Der Schwierige* (1921) und *Der Unbestechliche* (1923) reflektieren den Werteverlust der aristokrat. Gesellschaft Österreichs. Den Versuch, ganz neue Maßstäbe zu finden, kennzeichnet H.s Spätwerk in der Nachfolge Calderons, *Der Turm* (1925). Ausdruck der Krise der abendländ. Kultur sind auch das erz. Werk, u.a. die Erzählungen *Reitergeschichte* (1899) und das *Märchen der 672. Nacht* (1920) sowie der Roman *Andreas* (1922) und viele Essays, die ihn als tiefen Kenner abendländ. Kultur ausweisen und bis heute höchsten lit. Rang behalten haben. Eine hist.-krit. Ausgabe erscheint. Die *Tagebücher und Briefe des Vaters an die Tochter* (1991) erschienen aus dem Nachlaß der Christiane von Hofmannsthal und geben einen vielfältigen Einblick in das Leben und Schaffen des Dichters.

Hogg, James (*9.12. 1770 Ettrick, †21.11. 1835 Altrive). – Schott. Dichter, genannt »Ettrick-Schäfer«, verbrachte seine Jugend in der Heide. Sein lit. Talent wurde von W. Scott entdeckt, dem er Material für seine Sammlung *Minstrelsy of the Scottish Border* lieferte. Von H.s umfangreichem Werk in Prosa u. Lyrik haben sich nur wenige Balladen aus der Verserz. *The Queen's Wake* (1813) lebendig erhalten.

Hohlbaum, Robert (*28.8. 1886 Jägerndorf/Schlesien, †4.2. 1955 Graz). – Österr. Schriftsteller, wurde 1913 Universitätsbibliothekar in Wien, 1937 Direktor der Stadtbibliothek Duisburg, schließlich übernahm er die Leitung der Thüringischen Landesbibliothek in Weimar. In zahlreichen Romanen, Trilogien, u.a. in *Österreicher* (1914), *Grenzland* (1921), *Frühlingssturm* (1924–26), *Volk und Mann* (1931–1935), *Zweikampf um Deutschland* (1936), *Das letzte Gefecht* (1943) und Novellen schrieb H. über hist.-polit. Themen aus dezidiert großdt. Sicht, trat für den Nationalsozialismus in Österreich ein und verfaßte Biographien über *Bruckner* (1950) und *Goethe* (1951).

Hohler, Franz (* 1.3. 1943 Biel/Schweiz). – Schweiz. Autor und Kabarettist, hatte 1965 mit seinem Programm *pizzicato* einen so großen Erfolg, daß er sein Philologiestudium abbrach und mit seinen Ein-Mann-Stücken in fast allen Kontinenten auftrat. H.s Texte, die meist von ihm selbst gespielt werden, zeichnen sich durch skurrile Hintersinnigkeit, sprachliche Doppeldeutigkeit und einen tiefen Sinn für Gebrechlichkeit und Fehlverhalten im Leben aus; nie wird er in seinen anspruchsvollen Texten vordergründig platt oder politisch. Neben dem Deutschen Kleinkunstpreis (1973) erhielt H. zahlreiche Anerkennungen, bes. auch für seine Kinderbücher. Neben den Soloprogrammen, z. B. *Doppelgriffe* (1970), *Schubert-Abend* (1979), schrieb er Hör- und Fernsehspiele, Übersetzungen (Molière), Theaterstücke, Erzählungen und Gedichte. Gegenwärtig hat sich H. aus der Öffentlichkeit zurückgezogen, um eine kreative Schaffenspause einzulegen; 1989 erschien die Prosa *Der neue Berg.*

Hohoff, Curt (* 18.3. 1913 Emden). – Dt. Schriftsteller, war nach dem Krieg Feuilletonchef des »Rhein. Merkur« u. der »Südt. Zeitung«. Seine Essays u. Kritiken gehen von einer dezidiert christl. Grundhaltung aus. Das Tagebuch über die russ. Kriegsgefangenschaft *Woina, Woina* (1951) läßt religiöse, die Erz. *Verbotene Stadt* (1958) utop. Elemente bes. hervortreten. H. schrieb auch bewußt traditionelle Romane wie *Die Nachtigall* (1977) und *Venus im September* (1984). Als Literaturhistoriker lieferte H. Arbeiten über *A. Stifter* (1949), *H. v. Kleist* (1958), *G. Gaiser* (1962), *J. M. R. Lenz* (1977) und die Bearbeitung der Literaturgeschichte von Soergel, *Dichtung und Dichter unserer Zeit* (2 Bde., 1961/62); 1982 erschienen die Erinnerungen aus den Jahren 1934–39 *Männer, Mädchen und Bücher.*

Hojeda, Fray Diego de (* 1570 [?] Sevilla, †24.10. 1615 Huánuco de los Caballeros/Peru). – Der humanistisch gebildete spanische Dichter wanderte gegen den Widerstand des Vaters nach Peru aus, wo er 1591 in den Dominikanerorden eintrat. 1611 wurde in Sevilla sein religiöses Epos *La Cristiada* gedruckt, eine Bearbeitung der Passionsgeschichte. Pathetische Sprache, Symbole und Visionen weisen das Werk dem Barock zu.

Holberg, Ludvig (* 3.12. 1684 Bergen/Norwegen, †28.1. 1754 Kopenhagen). – Der dän. Dichter und Gelehrte an der Universität Kopenhagen verfaßte eine *Geschichte Europas,* die für die moderne dän. Prosasprache vorbildlich wurde. Nach 1711 wandte er sich ganz der schönen Literatur zu. In Rom hatte er ital. Komödien kennengelernt, in Paris wohl die Stücke Molières. 1722–1727 verfaßte er für das dän. Nationaltheater 33 Komödien, die mit ihrem derb-realist. Stil und ihrer satir.-lehrhaften Tendenz auch in Dtld. große Beachtung fanden (Übers. 1743). Die Stücke *Der politische Kannegießer, Jean de France, Erasmus Montanus, Jeppe vom Berge* sind Vertreter der Typen- u. Standessatire, *Melampe* ist eine Parodie der Haupt- und Staatsaktionen.

Holeček, Josef (* 27.2. 1853 Stožice, †6.3. 1929 Prag). – Tschech. Dichter und Gelehrter, begeisterter Anhänger des Panslawismus. Schriften der Balkanvölker übersetzte er ins Tschechische und sammelte sie in *Srbská národné* (4 Bde., 1909–26). 1895 übersetzte er das finn. Nationalepos *Kalevala* (5 Bde.). In seinem Hauptwerk, dem Romanzyklus *Naši* (12 Bde., 1898–1931), entfaltete er eine Chronik vom Leben der südböhm. Bauern vor Beginn des Industriezeitalters. Die Verklärung der bäuerl.-christl. Vergangenheit stand ganz im Dienst einer konservativen Ideologie.

Holitscher, Arthur (* 22.8. 1869 Budapest, †14.10. 1941 Genf). – Österr. Schriftsteller, begann mit psycholog. Romanen *Der vergiftete Brunnen* (1900) und *Worauf wartest du?* (1910) und Novellen, die auf den Einfluß der franz. Symbolisten weisen. Beliebte Reisebücher über Amerika (1912) und Asien (1926) folgten. Nach dem Weltkrieg fand sein Bekenntnis zum Kommunismus Ausdruck in den Romanen *Bruder Wurm* (1918), *Es geschah in Moskau* (1929) und im Reisebericht *Drei Monate in Sowjetrußland* (1921).

Hollaender, Felix (* 1.11. 1867 Leobschütz/Schlesien, †29.5. 1931 Berlin). – Dt. Schriftsteller, 1908–1913 Dramaturg am Dt. Theater in Berlin, 1920 Nachfolger von M. Reinhardt am Großen Schauspielhaus. Zunächst schrieb er sozialkrit. Romane und Erzählungen im naturalist. Stil, z.B. *Jesus und Judas* (1891), *Sturmwind im Westen* (1896) und *Der Weg des Thomas Truck* (2 Bde., 1902), später nur noch spannende Unterhaltung, z.B. *Der Baumeister* (1904), *Der Tänzer* (1914) und *Das Schiff der Abenteuer* (1929).

Hollander, Walther von (* 29.1. 1892 Blankenburg/Harz, †30.9. 1973 Niendorf/Holstein). – Dt. Schriftsteller, lebte nach dem Ersten Weltkrieg als Lektor und Kritiker in München. Nach 1945 arbeitete er v.a. als Kolumnist und Funkschriftsteller. Seine Romane *Das fiebernde Haus* (1926), *Therese Larotta* (1939), *Es wächst schon Gras darüber* (1947), *Als wäre nichts geschehen* (1951) sind stilvolle Unterhaltung um die Themen Ehe und Familie, über die er auch Sachbücher verfaßte, z.B. *Das Leben zu zweien* (1940), *Psychologie der Ehefrau* (1962).

Holm, Korfiz (* 21.8. 1872 Riga, †5.8. 1942 München). – Dt. Schriftsteller, von 1898 bis 1900 Redakteur der satir.-lit. Zeitschrift »Simplicissimus«. 1980 wurde er Mitarbeiter, 1931 Teilhaber eines Literaturverlages und setzte sich für die moderne Literatur ein. Er selbst schrieb konventionelle, heitere Romane, so *Thomas Kerkhoven* (1906), *Die Tochter* (1911), *Herz ist Trumpf* (1917), Erzählungen, *Mesalliancen* (1901), *Die Sünden der Väter* (1905), und Lustspiele, *Hundstage* (1911), *Marys großes Herz* (1913).

Holmes, Oliver Wendell (* 29.8. 1809 Cambridge/USA,

†7.10.1894 Boston). – Amerikan. Schriftsteller und Naturwissenschaftler, wurde bekannt mit dem patriot. Gedicht *Old ironsides* (1836), mit dem er gegen die Verschrottung des amerikan. Kriegsschiffs Constitution protestierte. Seine medizin. Ansichten zeigte er in geistvollen und humorist. Unterhaltungen und ließ sie ab 1857 im »Atlantic Monthly« erscheinen, später auch in Buchform: *Der Tisch-Despot* (1858, dt. 1876), *Der Professor am Frühstückstische* (1860, dt. 1889).

Holmström, Arvid Ragnar, Ps. *Paul Michael Ingel* (*6.8.1894 Arnäs/Angermanland, †30.11.1966 Stockholm). – Schwed. Erzähler, wurde durch eigene Erfahrungen u. a. als Seemann und Sägewerksarbeiter zum Schreiben angeregt. Der Schifffahrtsroman *Die lange Reise* (1924) zeigt eine erfrischende und sachkundige Darstellung. Auch *Jonas Ödmarks historia* (1926, dt. 1933), *Das Dorf am Meer* (1936, dt. 1938) und *Oväder* (1940) sind frei von falscher Romantik.

Holstein, Ludvig Detlef (*3.12.1864 Langebaekgaard, †11.7. 1943 Kopenhagen). – Dän. Autor, Nachkomme aus dem dän. Hochadel, führte ein zurückgezogenes Leben, bis er 1925 mit der Schrift *Den grønne Mark* in Auseinandersetzung mit der Literatur der Zeit geriet. Die religiös getönte Dichtung holt Kraft aus der Natur. H.s Frühwerk *Digte* (1895) durchziehen viele melanchol. Bilder, auch *Løv Nye Digte* (1915), *Mos og Muld* (1917), *Hymner og Viser* (1922) und *Jehi* (1925) bestimmten Kontemplation und Pantheismus.

Holt, Victoria, eigtl. *Eleanor Alice Burford Hibbert*, Ps. *Jean Plaidy* (*1906 London). – Engl. Romanautorin, von der weit über 100 Werke erschienen sind. H. lebt zurückgezogen und meidet Kontakte mit der Außenwelt. Ihre Werke sind meist zyklisch angelegt und setzen sich mit der Geschichte ihrer Heimat und der ital. Renaissance auseinander, wobei sie sich als Meisterin der Charakterschilderung der handelnden Personen erweist. Bekannt wurden in Dtld. bes. *Mehr als Macht und Ehre* (1954, dt. 1974), *Herrin auf Mellyn* (engl. u. dt. 1961), *Das Schloß im Moor* (engl. u. dt. 1962), *Die siebente Jungfrau* (1965, dt. 1966), *Harriet sanfte Siegerin* (1966, dt. 1968), *Der Schloßherr* (1967, dt. 1969), *Die Königin gibt Rechenschaft* (1968, dt. 1970), *Treibsand* (1969, dt. 1974), *Die geheime Frau* (1970, dt. 1973), *In der Nacht des siebenten Mondes* (1973, dt. 1974), *Im Schatten des Luchses* (dt. 1975), *Die Rache der Pharaonen* (1977), *Der Fluch der Opale* (1978), *Der Teufel zu Pferde* (1978), *Meine Feindin, die Königin* (1979), *Die Ashington-Perlen* (1980), *Die Lady und der Dämon* (1984), *Lilith* (1991) u. a. m.

Holtei, Karl von (*24.1.1798 Breslau, †12.2.1880 ebd.). – Österr. Schriftsteller, lebte in Breslau und Dresden. Bekannt wurde er (1858) als Shakespeare-Rezitator. 1876 trat er ins Kloster der Barmherzigen Brüder in Breslau ein. H. zählt zu den erfolgreichen Vielschreibern. Volkstümlichkeit und Formenvielfalt machten seine Nachahmungen der franz. Vaude-

villes beliebt. Mit den *Schlesischen Gedichten* (1830) erweckte er die Mundartliteratur zu neuem Leben, als Erzähler nahm er die Stoffe aus dem Theaterleben, z. B. *Die Vagabunden* (4 Bde., 1852) und *Der letzte Komödiant* (3 Bde., 1863).

Holthusen, Hans Egon (*15.4.1913 Rendsburg). – Dt. Schriftsteller, kommt aus einem protestant. Pfarrhaus und nahm 1945 am Ende des Krieges am Widerstand der bayer. Freiheitsaktion teil. 1961–64 leitete er das Programm des Goethe-Instituts in New York. Sein Werk stand anfangs unter dem Eindruck des späten Rilke, v. a. mit den Sonetten *Klage um den Bruder* (1947). Mit *Hier in der Zeit* (1949) und *Labyrinthische Jahre* (1952) knüpfte er an T. S. Eliot an und schuf die ersten modernen Gedichte des Nachkriegsdtlds. H.s christl. Existentialismus prägt auch die Essaysammlung *Der unbehauste Mensch* (1951, erw. 1955), dessen Titel zum Schlagwort wurde. Der Roman *Das Schiff* (1956) fand wenig Zustimmung. Zuletzt trat er mit der Biographie *Eduard Mörike* (1971) und Essays hervor, z. B. *Plädoyer für den einzelnen* (1968), *Ein deutsches Problem* (1974), *Opus 19. Reden und Widerreden aus fünfundzwanzig Jahren* (1983).

Holz, Arno, Ps. *Bjarne P. Holmsen* (*26.4.1863 Rastenburg, †26.10.1929 Berlin). – Dt. Dichter, Sohn eines ostpreußischen Apothekers, kam 1875 nach Berlin. Seine Gedichte *Das Buch der Zeit* (1885) stehen noch unter dem Einfluß von Heine und Geibel. Unbehagen an Verskunst und Studium der Romane Zolas machen H. zusammen mit seinem Freund J. Schlaf zum Vertreter eines »konsequenten Naturalismus«. In *Die Kunst, ihr Wesen und ihre Gesetze* (1891) wurde die neue Theorie auf die mathemat. Formel: Kunst = Natur – x gebracht. Im Programm *Revolution der Lyrik* (1899) werden Reim, Vers, lyr. Stimmungen und Stilisierungen verworfen. Die Prosakunst des »Sekundenstils« schaffen beide mit den Skizzen *Papa Hamlet* (1889). Ein Panorama des kleinbürgerl. Alltags enthält das Drama *Die Familie Selicke* (1890). Zum Monumentalwerk wuchs die Lyrik des *Phantasus* (zuletzt 3 Bde., 1925); ein weiteres lit. krit. Werk ist *Die Blechschmiede* (1902). Reim und Verse verwerfend, gruppiert H. seine Zeilen aus Protest gegen jede Konvention symmetrisch um eine Mittelachse. In jüngerer Zeit erschien eine Ausgabe der *Werke* in 7 Bänden (1961–64).

Holzer, Rudolf (*28.7.1875 Wien, †17.7.1965 ebd.). – Österr. Schriftsteller, Nachkomme des Burgtheaterdirektors E. Bauernfeld, war nach 1945 bei der »Presse« und Präsident des Wiener Schriftstellervereins Concordia. Sein lit. Schaffen steht v. a. in der österr. Tradition des Feuilletons. Seine Hauptwerke sind die Dramen *Frühling* (1901), *Hans Kohlhase* (1905), *Unsterblicher Bauer* (1933) und *Der Himmel voller Geigen* (1948).

Homeros (8. Jh. v. Chr.). – Griech. Dichter. Der Name H. wurde schon in der Antike mit den Epen *Ilias* und *Odyssee* in

Verbindung gebracht. Diese haben einen enormen Einfluß auf die westl. Literatur von Vergil bis J. Joyce ausgeübt. Der Überlieferung nach lebte H. in Ionien, vielleicht in Smyrna oder auf Chios, wohin die Sprache verweist. Als Dichter der *Ilias*, vermutl. auch der *Odyssee*, stand er am Ende einer langen Tradition von Sängern und verarbeitete eine große Zahl von Heldenepen, die in Zusammenhang mit dem Trojan. Krieg standen. *Ilias* und die etwas jüngere *Odyssee* entstanden im 8. Jh. v. Chr., komponiert aus kürzeren Epen der mündl. Erzähltradition. Ausbildung zur Monumentalform – die *Ilias* besteht aus 16 000 Versen in Hexametern –, Komplexität der Metaphern und eine ausgesprochen poetische Sprache sind das Werk des Dichters, der an der Schwelle zur Schriftlichkeit steht. Die *Ilias* entfaltet in 24 Gesängen vom Zorn des Achill das heroische Ideal der griech. Frühzeit und das naiv-menschl. Treiben der Götterwelt. Die *Odyssee* schildert die Abenteuer des Helden Odysseus auf der Rückreise von Troja bis zu seiner Heimkehr nach Ithaka in einzelnen Stationen sowie die Rache an den Freiern seiner Frau Penelope. In beiden Epen zeigt sich die geniale Verbindung von ep. Tradition und individueller Formgebung, der Zusammenstoß von Mythologie, heroischer Sage und menschl. Anteilnahme, archaischem Sprachmaterial und grandioser Phantasie des Dichters.

Hood, Thomas (* 23. 5. 1799 London, † 3. 5. 1845 ebd.). – Engl. Schriftsteller, Hg. des »London Magazine«. H. veröffentlichte 1825 *Odes and Addresses to Great People*, die seinen Ruf als Humorist und Satiriker begründeten. Dieselbe techn. und sprachl. Brillanz bestimmen auch die sozialkrit. Gedichte, die, wie *The Song of the Shirt* (1827), Nachahmungen v. a. in Dtld. und Rußland hervorriefen.

Hooft, Pieter Corneliszoon (* 16. 3. 1581 Amsterdam, † 21. 5. 1647 Den Haag). – Der niederl. Dichter gehört zu den gelehrtesten Vertretern der holländ. Renaissance. Das vorzügl. Schäferspiel *Granida* (1605), das durch Guarinis »Il Pastor fido« angeregt wurde, vertritt eine klare Moral und pazifist. Tendenzen. H.s Ethik drückt sich in den Tragödien *Geeraerdt van Velsen* (1613) und *Baeto* (1626) im Stil Senecas aus. Nach dem Vorbild von Tacitus entstanden die *Neederlandsche Historien* (20 Bde., 1642–54), eine Chronik der Jahre 1555–85.

Hoornik, Eduard (* 9. 3. 1910 Den Haag, † 1. 3. 1970 Amsterdam). – Niederl. Schriftsteller, beeinflußte als Redakteur der Zeitschriften »Werk« (1939), »Criterium« und »De Gids« das lit. Leben seines Landes. Die anekdot. Ged. *Het keerpunt* (1936) stehen am Anfang, dann die erzähler. wie *Mattheus* (1938). Nach dem Krieg – H. war im KZ Buchenwald – wird das Todesmotiv zum Thema des Dr. *De bezoeker* (1912) und des R. *De overlevende* (1968). Eine Reise inspirierte zum Sonettenzyklus *Achter de bergen* (1955). In seinen letzten Lebensjahren entstanden Ged. und Ess., *Over en weer* (1962).

Hopkins, Gerard Manley (* 28. 4. 1844 Stratford, † 8. 6. 1889 Dublin). – Der originellste Dichter des viktorian. Englands wirkte als Jesuit in London, Schottland und Dublin. Unter dem Eindruck der walis. Dichtung nahm er 1875 frühere literar. Versuche wieder auf und schrieb relig. Sonette, darunter *The Windhover* und die »terrible sonetts« (1885), die jedoch erst 1918 als Zeugnisse tiefer Religiosität veröffentlicht wurden. Sein wichtigstes Gedicht *Der Schiffbruch der Deutschland* entstand 1875 in 35 Strophen (1918, dt. 1948). H. ist eines der größten sprachschöpfer. Genies seiner Zeit. Er, der von seinen Zeitgenossen nicht verstanden wurde, übte einen großen Einfluß auf die moderne Lyrik seit den 30er Jahren aus. In dt. Übersetzung liegen vor *Gedichte, Schriften, Briefe* (1954) und *Gedichte* (1973).

Hopkinson, Francis (* 2. 10. 1737 Philadelphia, † 9. 5. 1791 ebd.). – Amerikan. Schriftsteller, zählt zu den Vätern der Verfassung der USA. H. wurde auch als Maler und Komponist bekannt. 1762 veröffentlichte er *A Collection of Psalm Tunes* und Satiren auf die Engländer. Revolutionärer Geist schuf die Satiren *A Pretty Story* (1774) und *The Political Catechism* (1777) sowie die populäre Ballade *The Battle of the Kegs* (1778). H. entwarf auch die Flagge der USA.

Hora, Josef (* 8. 7. 1891 Dobříň, † 21. 6. 1945 Prag). – Tschech. Lyriker, verband das formale Erbe des Impressionismus und der Neuromantik mit marxistischen Ideen, v. a. in *Pracující den* (1920) und *Bouřlivé jaro* (1923). In den dreißiger Jahren bevorzugte H. metaphys. und meditative Inhalte, z. B. in *Dvě minuty ticha* (1934), und während der dt. Besatzung nationale Stoffe, z. B. in *Máchovské variace* (1936).

Horatius, Flaccus, Quintus (* 8. 12. 65 v. Chr. Venusia/Apulien, † 27. 11. 8 v. Chr. Rom). – Röm. Dichter, war der Sohn eines Freigelassenen und bildete sich in Rom und Athen, bis er im Bürgerkrieg der Cäsarmörder auf die Seite von Brutus trat. 39 kehrte er nach Rom zurück, erhielt einen Posten als Schreiber und im folgenden Jahr Zutritt zum Kreis des Maecenas, wo auch der Kaiser Augustus auf ihn aufmerksam wurde. Unter ihm wurde er zum röm. Staatsdichter, v. a. mit dem *Carmen saeculare* (17 v. Chr.), bewahrte aber seine Unabhängigkeit. Mit *Satiren (Sermones)* in Hexametern stellte H. griech. Vorbildern Gleichwertiges entgegen. Zur selben Zeit (30 v. Chr.) entstanden die 17 *Iambi (Epoden)*. In den berühmten *Oden (Carmina)* – 88 kleine Gedichte – (23 v. Chr.) besingt der Dichter Liebe, Wein, Natur u. Freundschaft. Von den lit. Briefen *(Epistulae)* ist die *Ars poetica* (19–18 v. Chr.) von enormer Bedeutung für die abendländ. Dichtungstheorie gewesen.

Horváth, Ödön von (* 9. 12. 1901 Fiume, † 1. 6. 1938 Paris). – Österr.-ungar. Dichter, Sohn eines Diplomaten aus dem ungar. Kleinadel, studierte in München, lebte seit 1923 am Staffelsee und emigrierte 1934 nach Wien, 1938 nach Paris, wo er bei einem Unfall ums Leben kam. H.s sozialkrit. motivierte Stücke

Geschichten aus dem Wienerwald (1931), *Italienische Nacht* (1931), *Glaube, Liebe, Hoffnung* (1932), *Kasimir und Karoline* (1934) knüpfen an das Wiener Volksstück an, verdichten jedoch deren gemütl. Atmosphäre zu bedrückenden Bildern eines Kleinbürgertums, dessen Moral käufl. ist und in der Verzweiflung und Machtlosigkeit faschistoide Züge zeigt. Verknappte Dialoge, stilisierte, klischeeartige Sprachformeln aus dem Leben der kleinen Leute und kolportagehafte Darstellung der Entfremdung der Menschen in einer technisierten Welt, z. B. in dem Drama *Die Bergbahn* (1928), machten ihn zum Erneuerer der »volkstüml.-engagierten« Dichtung. In den Romanen *Jugend ohne Gott* (1938) und *Ein Kind unserer Zeit* (1938) kommt Einsicht über die menschl. Schuld und das Wesen der Diktatur zum Ausdruck. Die Gesammelten Werke erschienen 1972 in 8 Bdn.

Housman, Laurence (* 18. 7. 1865 Bromsgrove, † 20. 2. 1959 Glastonbury). – Engl. Schriftsteller, Maler und Illustrator. Seine Theaterstücke gewannen ungeheure Popularität in den 20er Jahren, obwohl die Zensur viele Aufführungen verhinderte. Sie entwerfen ein satir. Bild von der 2. Hälfte des 19. Jh.s, v. a. in *Prunella* (1906), *Angels and Ministers* (1921), den *Kleinen Franziskusspielen* (2 Bde., 1922–31, dt. 1933) und dem berühmten Drama *Victoria Regina* (1939, dt. 1949).

Houville, Gérard d', eigtl. *Marie-Louise-Antoinette de Hérédia* (* 20. 12. 1875 Paris, † 6. 2. 1963 Suresnes). – Franz. Autorin, Tochter des franz. Parnaßdichters J. M. de Hérédia und Frau des Symbolisten Henri de Regnier. H. war Theaterkritikerin des »Figaro« und vereinte in Gedichten, die 1931 u. d. T. *Les poésies de Gérard d' Houville* erschienen, die klass. Formen des Vaters mit der Welt der Symbolisten. Mit P. Bourget, P. Benois und H. Duvenois schrieb sie *Le roman des quatre* (1923).

Howe, Edgar Watson (* 3. 5. 1853 Treaty, † 3. 10. 1937 Atchison/Kansas). – Amerikan. Autor, gab über 20 Jahre, bis 1933, sein »Howe's Monthly« heraus, in dem er seine oft bespöttelte Philosophie vom materiellen Erfolg durch harte Arbeit verbreitete. Bekannt ist *The Story of a Country Town* (R. 1883), ein frühes Beispiel des amerikan. Naturalismus. H. beschreibt das einfache Leben im amerikan. Mittelwesten.

Howells, William Dean (* 1. 3. 1837 Martins Ferry/Ohio, † 11. 5. 1920 New York). – Amerikan. Dichter, seine frühen Gedichte erschienen 1859 im »Atlantic Monthly«, das er nach seiner Zeit als Konsul in Venedig (1861–65) bis 1881 herausgab, später auch in »Harper's Monthly«. Nach den *Reiseskizzen* (1866) wurde er, befreundet mit Lowell, H. James, M. Twain, zum führenden Vertreter des amerikan. Realismus, der viele Themen behandelte: den amerikan. Westen, die Ostküste, den Einfluß der europ. Kultur, die sozialen Spannungen. In Dtld. bekannt sind die Romane *Voreilige Schlüsse* (1875, dt. 1876) und *Die große Versuchung* (1885, dt. 1958).

Hrabal, Bohumil (* 28. 3. 1914 Brünn). – Tschech. Erzähler, viele seiner populären Texte konnten erst Ende der sechziger Jahre erscheinen. Ähnlich wie bei J. Hašek mischen sich in H.s Erzählungen Komik, Anekdoten mit landumgangssprachlichen Wendungen mit einer trag. Grundstimmung. In Übersetzung liegen u. a. vor *Die Bafler* (1964, dt. 1966), *Tanzstunden für Erwachsene und Fortgeschrittene* (1964, dt. 1965), *Reise nach Sondervorschrift* (1965, dt. 1968), *Inserat auf ein Haus, in dem ich nicht mehr wohnen mag* (1966, dt. 1968), *Bambini di Praga* (1982), *Harlekins Millionen* (1984), *Sanfte Barbaren* (dt. 1986). *Ich habe den englischen König bedient* (dt. 1988). Als Auswahlausgaben erschienen dt. *Bohumil Hrabals Lesebuch* (1969), *Der Tod des Herrn Baltisberger* (1970) und *Moritaten und Legenden* (1973).

Hrabanus Maurus (* um 780 Mainz, † 4. 2. 856 Winkel/Rh.). – Der »praeceptor Germaniae« des Karoling. Zeitalters trat jung in das Kloster Fulda ein und studierte bei Alkuin in Tours. 822 wurde H. Abt und machte Fulda zum Bildungszentrum. Seine Schüler waren Walahfried Strabo, Otfried von Weißenburg und der Dichter des *Heliand* und des ahd. *Tatian.* 847 wurde H. Erzbischof von Mainz. Eine Fülle lat. Schriften behandeln Theologie und Artes liberales. H. sammelte das Wissen der Kirchenväter in Kommentaren, verfaßte dogmat. u. homilet. Traktate, auch enzyklopäd. Werke wie *De rerum naturis* (22 Bde., nach 842). Viele formvollendete lat. Gedichte und Hymnen, u. a. *Veni creator spiritus* und *Kreuzgedichte,* werden ihm zugeschrieben.

Hrotsvith von Gandersheim, fälschlich häufig *Roswitha* (* um 935, † nach 973). – Die niedersächs. Adlige wurde Nonne im Kloster G. bei Braunschweig. Dort verfaßte sie in den Jahren 960–973 ein umfangreiches dichterisches Werk. Mit 8 Verslegenden (u. a. *Theophilus, Das Leiden Gongolfs* und eine Fassung des Faust-Stoffs), zwei histor. Werken (*Gesta Oddonis I.* und die Gründungsgeschichte des Klosters in leonin. Hexametern) und Dramen (z. B. *Abraham, Pafnutius*) wurde sie zu einer der großen Gestalten der mittellat. Dichtung. Die Dramen orientieren sich formal an Terenz, dessen Werk Schullektüre war, rücken jedoch von der heidnischen »Unmoral« ab und setzen christl. Tugenden, Wunder u. Gnade an ihre Stelle. Über eine Aufführung der Dialoge ist nichts bekannt. C. Celtis entdeckte 1501 ihre Komödien neu. 1936 erschien eine dt. Übersetzung.

Hubalek, Claus (* 18. 3. 1926 Berlin). – Dt. Autor, war 1949–52 Dramaturg bei Brecht. In seinem Werk, das auch Hör- u. Fernsehspiele einschließt, greift H. Themen der Kriegs- u. Nachkriegszeit auf. Zunächst in der Komödie *Der Hauptmann und sein Held* (1954), dann in den Dramen *Die Festung* (1958), *Die Stunde der Antigone* (1961) und der Dramatisierung des Romans *Stalingrad* (1963) von Plivier. Eine Komödie über das geteilte Berlin, *Keine Fallen für Füchse* (1957), fand weniger Resonanz, ebenso wie seine Romane, z.B. *Die Ausweisung* (1962), und Fernsehspiele *In einem Garten in Aviamo* (1964) oder *Der 21. Juli* (1972).

Huch, Friedrich (*19.6. 1873 Braunschweig, †12.5. 1913 München). – Dt. Schriftsteller, Vetter von Ricarda H. Die satir. Romane von H., der mit St. George und Th. Mann befreundet war, schildert mit psycholog. Einfühlungsvermögen das Seelenleben der Kinder und das der dekadenten bürgerl. Gesellschaft. Die Hauptwerke sind *Peter Michel* (1901), *Geschwister* (1903), *Wandlungen* (1904), *Mao* (1907), *Pitt und Fox* (1909) und *Enzio* (1911). Seine Erzählungen erschienen 1914 (posth.).

Huch, Ricarda (*18.7. 1864 Braunschweig, †17.11. 1947 Schönberg/Taunus). – Dt. Dichterin, stammte aus einer niedersächs. Patrizierfamilie und promovierte 1892 als eine der ersten Frauen in Zürich. 1898 heiratete sie den Zahnarzt Ermanno Ceconi in Wien und lebte bis zur Jahrhundertwende in Triest. Nach ihrer Scheidung heiratete sie in München (1907) den Rechtsanwalt Richard H., ihren Vetter, von dem sie sich 1910 wieder trennte. In ihrem neuromant. Frühwerk von Lyrik und Prosa, das deutl. unter der Wirkung von G. Keller und C.F. Meyer steht, spiegeln sich Motive von Schönheit, Melancholie und Vergänglichkeit, bes. in den *Gedichten* (1891–94). H. beschreibt in dem teilweise autobiograph. Roman *Erinnerungen von Ludolf Ursleu dem Jüngeren* (R. 1893) die Zeit des Umbruchs für die damalige bürgerl. Familie und in *Aus der Triumphgasse* (1902) Erlebnisse aus ihrer Zeit in Triest. Ein Zyklus über Garibaldi (1906, 1907) blieb unvollendet. Mit Büchern über die Romantik (1899, 1903, 1908) verhalf sie dieser Epoche zu neuer Beachtung. Die Schrecken des Dreißigjährigen Krieges gestaltet sie in *Der große Krieg in Deutschland* (1912–14 in 3 Bdn.; 1937 u. d. T. *Der Dreißigjährige Krieg*). Unter dem Eindruck des Ersten Weltkriegs nahmen philos. u. relig. Themen, dargestellt an kraftvollen histor. Persönlichkeiten, großen Raum ein, z.B. in den Schriften *Luthers Glaube* (1916), *Michael Bakunin und die Anarchie* (1923) und *Freiherr vom Stein* (1925). 1933 aus der Akademie für Dichtung ausgeschlossen, entstand ihr Spätwerk in Zurückgezogenheit. Aus dieser Zeit sind bes. zu nennen die Essays *Quellen des Lebens* (1935), *Urphänomene* (1946), die Rede *Deutschland* (1947) und der posthum erschienene Bericht *Der lautlose Aufstand* (1953). Ihre Autobiographie *Frühling in der Schweiz* (1938), getragen von Wehmut und Hoffnung, ist ein erschütterndes Zeitdokument. Die Ausgabe der Gesammelten Werke (1966ff.) erschien in 10 Bänden.

Huch, Rudolf, Ps. A. *Schuster* (*28.2. 1862 in Porto Alegre/Brasilien, †12.1. 1943 Bad Harzburg). – Dt. Schriftsteller, älterer Bruder von Ricarda H., schloß sich als Erzähler und Essayist eng an die Tradition der Klassik an. In dem Essay *Mehr Goethe* (1899) wandte er sich gegen den Naturalismus.

Sein humorist.-satir. Erzählwerk und die Lustspiele zeigen die zerfallende Welt der Kleinstadt, z.b. die Romane *Aus dem Tagebuch eines Höhlenmolches* (1896), *Hans der Träumer* (1903), *Die Familie Hellmann* (1909) und die *Humoristischen Erzählungen* (1936).

Huchel, Peter (*3.4. 1903 Berlin-Lichterfelde, †30.4. 1981 Staufen/Baden). – Dt. Dichter, war Chefdramaturg und Sendeleiter beim Ostberliner Rundfunk, danach bis 1962 Chefredakteur der Zs. »Sinn und Form«. 1971 übersiedelte er in die Bundesrepublik und später nach Italien. Mit Lyrik trat H. schon 1925 hervor, wobei der Einfluß Loerkes und Lehmanns im Frühwerk deutlich ist. 1932 veröffentlichte er die Sammlung *Der Knabenteich*. Die Gedichte nach 1961 lassen hinter den Naturbildern polit. Elemente erkennen; Natur wird von H. historisch gedeutet, wobei die gesellschaftl. Spannungen auch durch die Natur gehen. Mit Recht kann man von einer realist. Naturlyrik sprechen: *Chausseen Chausseen* (1963), *Die Sternreuse* (1967), *Unterm Sternbild des Hercules* (1968), *Gezählte Tage* (1972) und *Die neunte Stunde* (1978). H. hat in der Frühzeit des Rundfunks zahlreiche Hörspiele geschrieben, z.B. *Dr. Faustens Pakt und Höllenfahrt* (1935), *Die Herbstkantate* (1935) u. a.

Huelsenbeck, Richard (*23.4. 1892 Frankenau/Hessen, †20.4. 1974 Minusio, Schweiz). – Dt. Autor, ging 1916 nach Zürich und gründete mit H. Ball, H. Arp, T. Tzara und M. Janco im Cabaret Voltaire den »Dadaismus«, eine Bewegung, die sowohl die traditionelle bürgerl. Kultur als auch den zeitgenöss. Expressionismus verspottete. 1936 ging H. in die USA und wirkte dort als Psychiater. Sein Werk enthält die Lyrik *Phantastische Gebete* (1916), *Schalaben, Schalomai, Schalamezomai* (1916), *New Yorker Kantaten* (1952), Reiseromane, die Erzählungen *Azteken oder Die Knallbude* (1918), *Verwandlungen* (1918) und die programmat. Schriften *En avant Dada* (1920), *Dada siegt* (1920).

Hürliman, Thomas (*21.12. 1950 Zug). – Schweizer Schriftsteller, studierte einige Jahre Philosophie und arbeitete dann als Dramaturg am Berliner Schiller-Theater. Seine Theaterstücke *Großvater und der Halbbruder* (1981), *Stichtag* (1984) sowie die Erzn. *Die Tessinerin* (1981), *Der Ball* (1986), *Das Gartenhaus* (1989) gestalten zeitgeschichtl. Themen, zeigen die Mitschuld der Schweizer Bürger an den Weltereignissen des 20. Jh.s und setzen sich immer wieder mit dem Tod in der Gegenwartsliteratur auseinander.

Hürnen Seyfried, Lied vom. – Das Heldenepos eines unbekannten Verfassers wurde im 15. Jh. aus mehreren uneinheitl. Vorlagen, die wohl im 13. Jh. stammten und im Umkreis des Nibelungenliedes angesiedelt sind, zusammengestellt. Es erzählt in 179 Strophen die Jugendgeschichte Siegfrieds in zwei sich widersprechenden Versionen und die Befreiung Kriemhilds aus dem Drachenstein. Das Original ist verloren, der Text nur in einem Nürnberger Druck (1527) und einem darauf basierenden *Volksbuch vom gehörnten Siegfried* (1726) erhalten.

Hüsch, Hanns Dieter (* 6. 5. 1925 Moers). – Dt. Texter, Kabarettist und Kinderbuchautor, trat nach dem Studium der Philosophie, Philologie und Theaterwissenschaft 1947/48 mit dem Studentenkabarett »Die Tolleranten« auf, gründete später ein eigenes Ensemble und wurde bald Partner der bedeutendsten kabarettistischen Schauspieler. H. wurde durch zahlreiche Preise, z. B. Deutscher Schallplattenpreis 1980 für *Das Lied vom runden Tisch,* geehrt, ist Ehrenbürger der Universität Mainz und Inhaber der Mainzer Gutenberg-Plakette. Seine Texte wenden sich gegen das bürgerlich-betuliche Verhalten, z. B. *Hagenbuch hat jetzt zugegeben* (1979), *Der Fall Hagenbuch* (1983), und gegen spießbürgerlichen Provinzialismus, z. B. *Das schwarze Schaf vom Niederrhein* (1982). Auch seine Kinderbücher, z. B. *Wölkchen* (1972), erfreuen sich großer Beliebtheit.

Hüttenegger, Bernhard (* 27. 8. 1948 Rottenmann/Steiermark). – Österr. Autor, Gymnasialprofessor, später freier Schriftsteller, erhielt für seine exakte, manchmal etwas zu stark poetisierte Prosa, in der er das Problem des Glücks als Utopie in der modernen Gesellschaft gestaltet, lokale Auszeichnungen. Bekannt wurden die Erzn. *Die sibirische Freundlichkeit* (1977), *Ein Tag ohne Geschichte* (1980) und die Romane *Reise über das Eis* (1982) und *Die sanften Wölfe* (1982). H. ist auch mit Hörspielen, z. B. *Atlantis* (1983), hervorgetreten.

Huggenberger, Alfred (* 26. 12. 1867 Bewangen/Winterthur, †14. 2. 1960 Gerlikon/Frauenfeld). – Schweiz. Dichter, lebte nach einer ärml. Jugend als Kleinbauer. Aus dem ländl. Umkreis kamen die schlichten *Lieder und Balladen* (1896) und die Gedichte *Hinterm Pflug* (1906) und *Stachelbeeri* (1927). Die realist. Erzählungen waren ebenso beliebt wie die Romane *Die Bauern vom Steig* (1913) und *Die Schicksalswiese* (1937). H. schrieb auch Historiendramen und Komödien. Mit den Gedichten *Abendwanderung* (1946) und der Erzählung *Der Ruf der Heimat* (1948) verstummte sein lit. Schaffen.

Hughes, James Langston (* 1. 2. 1902 Joplin/Missouri, †22. 5. 1967 New York). – Amerikan. Autor, zählt zu den bedeutenden farbigen Dichtern der USA. Aus der Zeit als Korrespondent in Rußland und Spanien (1937) stammen die Kurzgeschichten *The Ways of the White Folks* (1934) und die Autobiographie *Ich werfe meine Netze aus* (1940, dt. 1963). Die Lyrik vereint Rhythmen und Stimmungen des Jazz. Durch die spezif. Sprache (Dialekt von Harlem) richtet sich H. mit sozialist. Engagement an das Publikum. Dies gilt von den frühen Gedichten *The Weary Blues* (1926) bis zu den Geschichten *Lachen, um nicht zu weinen* (1952, dt. 1959). Der Roman *Simple spricht sich aus* (1950, dt. 1959) zeigt die Erfahrungen des Schwarzen Jesse B. Simple im weißen Ame-

rika. Daneben schrieb H. Dramen, Musicals und Libretti, u. a. für die Oper *Street Scene* von Kurt Weill.

Hughes, Richard Arthur Warren (* 19. 4. 1900 Weybridge/Surrey, †28. 4. 1976 Merioneth/Wales). – Engl. Autor, war mit A. Huxley und T. E. Lawrence befreundet. In Wales gründete er die Truppe der »Portmadoc Players«, schrieb Gedichte, Einakter, Märchen, z. B. *Das Walfischlein* (1931, dt. 1932), Kurzgeschichten und 1922 die ersten Hörspiele. Bekannt wurde der Roman *Ein Sturmwind auf Jamaika* (1929, dt. 1931), der eine realist. Kinderwelt zeigt, ebenso *Hurrikan im Karibischen Meer* (1938, dt. 1962). Teil einer Trilogie ist *Der Fuchs unterm Dach* (1961, dt. 1963), ein Roman über den Hitlerputsch von 1923. Sein Schauspiel *First Night of »Pygmalion«* (1970) und der Roman *The Wooden Shepherdess* (1972) liegen dt. nicht vor.

Hughes, Ted (Edward James) (* 17. 8. 1930 Mytholmroyd/Yorkshire). – Engl. Lyriker studierte Anthropologie in Cambridge und lebt in Südengland. Seine konservative Lyrik, in der er die Natur nicht als harmonische Ordnung, sondern als das Wirkungsfeld dynamischer und gewaltsamer Mächte zeigt, wurde heftig umstritten, 1985 jedoch durch den engl. Hof ausgezeichnet. Neben diesen Gedichten, wie z. B. *Krähe* (1972, dt. 1986), schrieb H. zahlreiche Kinderbücher *Der Eismann* (1968, dt. 1969), in denen er neben seiner Naturanschauung auch fernöstl. Ideen Raum gibt. In den letzten Jahren hat er in Gedichtzyklen *Remains of Elmet* (1979) die Umweltzerstörung in seiner Heimat gestaltet. Formal steht H. in der lyr. Tradition, inhaltlich hat er neue Aussagen und Themen für die Dichtung in England erschlossen.

Hugo, Victor Marie (* 26. 2. 1802 Besançon, †22. 5. 1885 Paris). – Franz. Dichter, Sohn eines napoleon. Generals, wandte sich nach dem Besuch des Pariser Polytechnikums ganz der Literatur zu. Mit *Odes et Ballades* (1822) gewann er die Unterstützung der Bourbonen. Mit der antiklassizistischen Zeitschr. »La Muse française« (1824) und dem Vorwort zum Drama *Cromwell* (1827) lieferte er das Programm der franz. Romantik. Als Abgeordneter und Präsidentschaftskandidat (1848) trat er für liberale Ideen ein. Unter Napoleon III. ging er ins Exil und schrieb mit *Les Châtiments* (1853) Kampflieder gegen den verhaßten Kaiser. H. zählt zu den volkstümlichsten franz. Dichtern und steht im Mittelpunkt aller lit. Anregungen. In Anlehnung an Shakespeare und die dt. Literatur schuf er in Drama, Lyrik und Erzählung die maßgebl. Werke der franz. Romantik in rhetor.-pathet. Stil, mit visionärer Phantasie und kühnen Metaphern entworfen, ein optimist. Bild der Menschheitsgeschichte in seinem Epos *Die Weltlegende* (3 Bde. 1859 bis 1883). Ins Mittelalter führt sein Roman *Der Glöckner von Notre-Dame* (1831), der noch heute als Vorbild für die Romanstruktur gilt. Mit *Les Misérables* (R. in 5 Bdn., 1845 bis 1862) wendet er sich dem Volk zu und schreibt ein spannendes

Werk, in dem er die Mißstände der Regierenden anprangert. *Hernani* (1830), *Der König amüsiert sich* (1832) und *Ruy Blas* (1838) wurden zu Vorbildern des romant. Dramas. Sein Alterswerk *La Légende des siècles* (1859–83), das aus vielfält. lit. Gattungen besteht, sucht die Menschheitsentwicklung im Sinne einer moral. und geistigen Fortschrittlichkeit zu deuten. Sämtl. Werke wurden übersetzt (21 Bde., 1839–42). Die franz. Gesamtausgabe (1885 bis 1897) umfaßt 43 Bde.

Hugo von Montfort. Der Bregenzer Adlige und Landvogt der Steiermark (1357–1423) zählt zu den letzten Vertretern des Minnesangs. Er setzt in seinen Liedern die Darstellung des Erlebten an die Stelle des konventionellen Minnedienstes und bezieht die Huldigung der Gattin in seine Dichtung ein. Seine Lieder in einer Heidelberger Hs. sind z. T. mit Melodien seines Knappen Hugo Mangolt überliefert.

Hugo von St. Victor (*1096 [?] vermutl. in Dtld., †11.2. 1141 in Paris). – Der scholast. Theologe trat um 1115 bei den Pariser Augustiner-Chorherren ein und wurde 1133 Prior. Als Universalgelehrter schrieb er über fast alle Wissensgebiete der Zeit. *Didascalicon* und *De sacramentis* führen in die »Artes liberales« und in die Theologie ein. Einflußreich waren auch die myst. Schriften, bes. *Soliloquium de arrha animae.*

Hugo von Trimberg (*1230 Wernde/Würzburg, †nach 1313 Bamberg [?]). – Rektor des Stifts St. Gangolf (seit 1260) bei Bamberg, war bürgerl. Herkunft. Neben lat. Werken für den Schulgebrauch verfaßte er ein Lehrgedicht von 24 600 Versen in nüchtern-moralisierendem Ton, *Der Renner*. In diesem Spiegel der christl.-bürgerl. Ethik übte er auch an der höf. Kultur heftige Kritik. Das Werk war als Hausbuch bis ins 16. Jh. verbreitet.

Huidobro, Vicente, eigtl. *V. García Huidobro Fernández* (*10.1. 1893 Santiago de Chile, †2.1. 1948 ebd.). – Chilen. Schriftsteller, lebte seit 1902 als engagierter Avantgardist in Paris in Freundschaft mit Apollinaire, ab 1918 in Madrid. Als Begründer des »Creacionismo« und Lyriker wirkte er als Neuerer auf die span. Dichtung, da er, stilist. durch die Franzosen angeregt, eine neue Metaphorik verwendete. Dies wurde ihm mögl., da er auch zahlreiche Schriften in Franz. geschrieben hatte. Seine *Poesie* liegt in einer zweisprach. Ausw. (1966) vor, ebenso seine *3 und 3 surrealen Geschichten* (1963). Das Gesamtwerk erschien in zwei Bdn. 1964.

Hulme, Thomas Ernest (*16.9. 1883 Endon/Staffordshire, †28.9. 1917 Nieuport/Belgien). – Engl. Dichter und Ästhetiker, gründete mit E. Pound und F. S. Flint die Bewegung des Imagismus, wandte sich auch gegen die Fortschrittsgläubigkeit der Frühromantik und die überladenen Bilder der Symbolisten. Damit wurde er zum Vorläufer der illusionslosen modernen Dichtung. Erst posthum erschienen seine Schriften *Speculations* (1924), *Notes on Language and Style* (1929) und *Further Speculations* (1955).

Humboldt, Alexander von (*14.9. 1769 Berlin, †6.5. 1859 ebd.). – Dt. Gelehrter, Bruder von Wilhelm von H. und Sohn eines preußischen Offiziers aus einem Hugenottengeschlecht, wandte sich zunächst der Botanik und der Geologie zu. Ab 1799 erforschte er in 4 Jahren den südamerikan. Kontinent und Mexiko. Geograph., botan., ethnograph. und magnet. Daten verarbeitete er nach der Rückkehr in Paris, zusammen mit vielen franz. Gelehrten. Der Expeditionsbericht in 30 Bdn. mit Karten und Illustrationen entstand 1805–1827. 1808 veröffentlichte er die grundlegende Abhandlung *Ansichten der Natur*, die für Biologie und Geographie wegweisend wurde. 1829 unternahm H., der in Berlin lebte, eine Reise nach Rußland. Danach arbeitete er 30 Jahre an einem ehrgeizigen wissenschaftl. Werk. In flüssigem, lit. Stil gab er 5 Bde. des *Kosmos* heraus, eine Grundlegung der Astronomie und der Naturwissenschaften. Das Werk trug wesentlich zur Popularisierung dieser Wissensgebiete bei und wurde in viele Sprachen übersetzt.

Humboldt, Wilhelm von (*22.6. 1767 Potsdam, †8.4. 1835 Tegel/Berlin). – Dt. Dichter und Gelehrter, Bruder von Alexander von H. Der von der Romantik inspirierte preuß. Staatsmann hatte mit der Formulierung seines Humanitätsideals großen Einfluß auf die dt. Bildungsgeschichte im 19. und 20. Jh. Philosoph., ästhet. u. sprachwiss. Tätigkeiten standen in Verbindung mit bedeutenden polit. Reformaufgaben. In der Zeit als Dozent in Jena (1794) stand er in engem Kontakt mit Goethe, Schiller und Schlegel, der über Jahre hinweg zu einer intensiven geistigen Auseinandersetzung (Briefe) führte. Ab 1819 trieb er rein wiss. Studien. 1836–40 verfaßte er eine Grammatik der Kawi-Sprache auf der Insel Java. Auf seinen sprachphilosoph. Einsichten baut die moderne Linguistik (Weisgerber, Sapir, Chomsky) auf. Nach H. hat jede Sprache »eine eigentüml. Weltansicht«. Formuliert ist dieser Gedanke in der Schrift *Über die Verschiedenheit des menschlichen Sprachbaues und ihren Einfluß auf die geistige Entwicklung des Menschengeschlechts* (1936). 1822 legte er seine Geschichtsphilosophie in der Arbeit *Über die Aufgabe des Geschichtsschreibers* nieder. H.s Gesammelte Schriften füllen 17 Bde. (1903–36, Nachdr. 1968).

Humo, Hamza (*30.12. 1895 Mostar, †19.1. 1970 Sarajewo). – Der bosn. Schriftsteller und Direktor der Gemäldesammlung in Sarajewo behandelt in seinen Gedichtbdn. *Grad rima i ritmova* (1942), *Trunkener Sommer* (1926, dt. 1961), *Pjesme* (1946), im Drama *Trimsvijeta* (1951) und in Erzählungen oft in idealisierter Weise das Leben der mohammedan. Kleinbürger Bosniens und die Auseinandersetzung der Mohammedaner mit dem Christentum.

Hunnius, Monika (*14.7. 1858 Narva, †31.12. 1934 Riga). – Die balt. Sängerin ist bekannt durch kulturgeschichtl. interessante Erinnerungen *Bilder aus der Zeit der Bolschewiken-*

herrschaft in Riga (1921), *Mein Onkel Hermann* (1922), *Mein Weg zur Kunst* (1925), *Baltische Häuser und Gestalten* (1926) sowie durch Erzählungen, aus denen eine streng christl. Haltung spricht.

Hurban, Jozef Miloslav (* 19. 3. 1817 Beckov, †21. 2. 1888 Hlboké). – Der slowak. Schriftsteller und evangel. Pfarrer war Herausgeber verschiedener Zeitschriften. 1848 nahm er am slowak. Aufstand teil. Neben theol. Hauptwerken verfaßte er patriot. Gedichte in tschech. und später in slowak. Sprache, auch histor. Novellen im Stil der Spätromantik, z. B. *Gottšalk* (1861) und *Olejkar* (1889).

Hurst, Fannie (* 18. 10. 1889 Hamilton/Ohio, †23. 2. 1968 New York). – Amerikan. Schriftstellerin, wandte sich mit den Romanen *Lummox* (1923), *Apassionata* (1925), *Five and Ten* (1929), *Back Streeet* (1930, verfilmt 1933), *Initiation of Life* (1933) und den Kurzgeschichten *Humoresque* (1919) vorwiegend an ein weibl. Publikum. Mit einfühlsam gezeichneten weibl. Helden hatte sie stets große Erfolge.

Hurtado de Mendoza, Diego (* 1503 Granada, †14. 8. 1575 Madrid). – Span. Schriftsteller. Adlige Abstammung und ein Studium in Granada und Salamanca prädestinierten zur Karriere als span. Botschafter in England, Venedig und Rom. Auf dem Konzil in Trient vertrat er Kaiser Karl V. Während der Verbannung nach Granada (1568–74) lebte H. ganz für die Dichtung und sammelte Handschriften. Seine Sonette, Kanzonen, Eklogen und Episteln folgten ital. Vorbildern. Die *Historia de la guerra de Granada* (1627, dt. 1831) behandelt den letzten Moriskenaufstand und zeigt seine überragenden Qualitäten als Historiker. Möglicherweise ist H. auch Verfasser des Schelmenromans *El Lazarillo de Tormes* (1554).

Hu Shih (* 17. 12. 1891 Schanghai, †24. 2. 1962 Taipeh). – Chines. Autor, Vater der lit. Revolution Chinas. H. wuchs unter streng orthodoxem und exklusivem konfuzian. Bildungseinfluß auf. 1917 kehrte er nach Studienaufenthalt in den USA nach China (Peking und Schanghai) zurück, wo er sich als Prof. für Philosophie für die Reform der chines. Schriftsprache einsetzte. Er propagierte eine leicht verständl., volkstüml. Literatur, wie er sie 1920 im Gedichtbd. *Buch der Experimente* vorstellte. In vielen Fragen setzte sich sein pragmat. Standpunkt Angriffen der Linken aus.

Hutten, Ulrich von (* 21. 4. 1488 Burg Steckelberg/Fulda, †29. 8. [9.?] 1523 Insel Ufenau). – Der Sohn aus altfränk. Rittergeschlecht sollte Geistlicher werden, brach aber 1505 aus dem Kloster Fulda aus und ging auf die Universitäten Köln, Erfurt und Frankfurt. Ein Vagantenleben führte ihn nach Padua und Bologna, wo er röm. Recht studierte. 1514 trat H. in den Dienst des Erzbischofs von Mainz. Berühmt wurden 5 lat. Reden im Stil Ciceros, die den Herzog Ulrich von Württemberg als einen Tyrannen anklagen. Ein witziger, Aufsehen erregender Angriff auf Mißstände der Kirche sind die *Epistolae ob-*scurorum virorum* (1515–17), an deren 2. Teil er mitarbeitete. 1517 wurde er von Kaiser Maximilian zum Poeta laureatus gekrönt. Aus patriot. Geist und humanist. Bildung entstanden lat. Dialoge, die er, um ihrer Wirkung beim Volke willen, z. T. ins Dt. übersetzte und im *Gesprächsbüchlein* (1521) zusammenstellte. Mit der Bannung Luthers, auf dessen Seite er sich stellte, und seiner Forderung nach Erneuerung des Kaisertums, Aufstand gegen Rom und Freiheit für den Ritterstand zog er sich machtvolle Feinde zu und mußte nach dem Zusammenbruch des Sickinger-Aufstands ins Schweizer Exil. C. F. Meyers Zyklus *Huttens letzte Tage* (1870) hat sein Andenken wieder erneuert.

Huxley, Aldous Leonard (* 26. 7. 1894 Godalming/Surrey, †22. 11. 1963 Hollywood). – Der aus einer berühmten Gelehrtenfamilie stammende H. wurde in Eton u. Oxford ausgebildet. Ein Medizinstudium mußte er wegen einer Augenkrankheit abbrechen. Seit 1937 lebte er als Erzähler und Essayist in Kalifornien. Er schrieb u. a. die Romane *The Defeat of Youth* (1918), *Limbo* (1920), *Crome Yellow* (1921), *Parallelen der Liebe* (1925, dt. 1929). Im Schlüsselroman *Kontrapunkt des Lebens* (1928, dt. 1930) entwarf H. ein groß angelegtes Bild der intellektuellen Kreise Londons während der zwanziger Jahre und hielt ihnen einen krit. Spiegel vor. Der utop. Roman *Schöne neue Welt* (1932, dt. 1953) karikiert die Wohlstandsgesellschaft eines zukünftigen, mechanisierten und totalitären Zeitalters und seine psycholog. Manipulation. Danach wandelte sich der Autor vom Satiriker zum Lebensreformer. Seine in den USA entstandenen Werke *Zeit muß enden* (1945, dt. 1950), *Die Teufel von Loudun* (1952, dt. 1955) und die Essays *Die Pforten der Wahrnehmung* (1954, dt. 1954), *Himmel und Hölle* (1956, dt. 1957) zeigen Einflüsse der fernöstlichen Mystik und Erfahrungen mit Drogen. Eine engl. Gesamtausgabe (1966) umfaßt 28 Bde.

Huydecoper, Balthazar (* 10. 4. 1695 Amsterdam, †23. 9. 1778 ebd.). – Der niederl. Schriftsteller bekleidete u. a. die Ämter eines Deichgrafen und Amsterdamer Schöffen. Er genoß als Kunstkenner hohes Ansehen und gründete 1766 die Gesellschaft »Nederlandse Letterkunde«, der er seine kostbaren Hs. schenkte. Er verfertigte neulat. klassizist. Dramen wie die Tragödien *Achilles* (1719) und *Arsaces* (1715) sowie Gelegenheitsgedichte. Wichtig ist seine niederl. Übersetzung des Horaz (1726–1737).

Huygens, Constantijn, Heer van Zuylichem (* 4. 9. 1596 Den Haag, †28. 3. 1687 ebd.). – Der niederl. Schriftsteller machte als Diplomat und Sekretär der Prinzen von Oranien Bekanntschaft mit führenden Geistern der Zeit: Bacon, Descartes, Heinsius, Vossius und Hooft. Seine von kalvinist. Geist zeugende Dichtung erfaßt in kurzen epigrammat. Strophen das Leben seiner Zeit. *Trijntje Cornelis* (1653) ist ein lebensnahes Lustspiel.

Huysmans, Joris-Karl, eigtl. *Charles-Marie-Georges H.* (*5.2. 1848 Paris, †12.5. 1907 ebd.). – Der franz. Schriftsteller stammte aus einer fläm. Malerfamilie und lebte als Beamter in Paris. Anfangs schrieb er als Naturalist im Stil Zolas, nahm aber mit dem Roman *Gegen den Strich* (1884, dt. 1921) alle Motive der Décadence und des Symbolismus auf und flüchtete in ein isoliertes Ästhetentum. Ein lit. Abgesang ist dazu *Là-bas* (R. 1891, dt. 1903), das in einen durch äußerste Detailbeschreibung verfeinerten schönheitstrunkenen Katholizismus mündet. 1892 trat H. zur kath. Kirche über, sieben Jahre darauf in ein Kloster ein. Die Erfahrungen dieser Jahre spiegelt der Roman *Die Kathedrale* (1898; dt. 1923; neu 1990). Das Gesamtwerk erschien 1928 bis 1934 in 23 Bdn.

Hyde, Douglas, Ps. *An Craobhin Aoibhinn* (*17.1. 1860 French Park/Roscommon, †12.7. 1949 Dublin). – Der ir. Dichter und Gelehrte gründete 1893 die »Gaelic League« zur Wiederbelebung der ir. Sprache, die 1922 neben der engl. anerkannt wurde. 1909 erhielt er einen Lehrstuhl in Dublin. Aus der wiss. Tätigkeit kommt die *Irische Literaturgeschichte* (1899). H. schrieb viele Werke in ir. Sprache u. machte durch Übersetzungen ir. Dichtungen einem internationalen Publikum zugänglich, z. B. *Medieval Tales from the Irish* (1899), *The Bursting of the Bubble and other Irish Plays* (1905) und *The Religious Songs of Connacht* (1906).

Hyry, Antti Kalevi (*20.10. 1931 Kuivaniemi/Nordösterbotten). – Finn. Schriftsteller, studierte Ingenieurswissenschaften und trat als Autor von Erzählungen und Hörspielen hervor. Die epischen Werke, vor allem die Tetralogie *Daheim* (1960, dt. 1980), *Die Volksschule* (1965), *Ein Vater und sein Sohn* (1971, dt. 1978) und *Die Brücke bewegt sich* (1975), zeigen das Leben in der Dorfgemeinschaft, das nachhaltig durch Tradition und Glauben bestimmt wird. Auch die *Erzählungen* (1962, dt. 1965) wenden sich dem Leben in einem überschaubaren Raum zu und lassen die Großstadt nur als Gefährdung erscheinen. H. steht in der Tradition des Nouveau Roman und des Impressionismus; stilist. gestaltet er genau unterschiedl. Eindrücke, die sich dann zu einem eigenständigen Bild der Wirklichkeit zusammenfinden.

Iacopone da Todi, eigtl. *Iacope dei Benedetti* oder *Jacobus Tuderdinus* oder *J. de Benedictis* (* um 1230 Todi, † 25. 12. 1306 San Lorenzo/Collazone). – Ital. Jurist, der nach dem Tode seiner Frau seinen Besitz verschenkte und in den Franziskanerorden eintrat. In seinen lit. Arbeiten wandte er sich gegen die Verweltlichung des Klerus und der Amtskirche und wurde bald als bedeutendster Dichter der relig. Lit. seiner Heimat anerkannt. Die letzte Ausgabe seiner Schrift *Le satire* erschien 1914. Die Auseinandersetzung mit der Kirche führte vorübergehend zu seiner Exkommunikation. Daneben verfaßte er Hymnen, Bußpredigten und Mariendichtungen. Möglicherweise stammt die berühmte, häufig vertonte Hymne *Stabat mater dolorosa* von ihm. Mit den Dialogen *Devozioni* begründete er eine neue Form des geistl. Spiels.

Iamblichos. – Griech. Dichter aus Syrien, lebte im 2. Jh. n. Chr. Er ist der Verfasser der 39 Bücher der *Babylonika*, eines Romans, der nur fragmentar. in den Exzerpten des Photios erhalten ist. Die Reste lassen jedoch eine hervorragende Stilistik erkennen, die auf die Zeitgenossen gewirkt haben muß.

Ibara Saikaku, eigtl. *Hirayama Togo* (* 1642 Osaka, † 10. 8. 1693 ebd.). – Japan. Kaufmann und Haiku-Dichter. Mit seiner erzählenden Prosa begründete er die Darstellung gesellschaftl. Verhältnisse, wirkte schulbildend und beeinflußte u. a. H. Higutschi. Bekannt wurde sein Roman *Fünf Geschichten von liebenden Frauen* (1686, dt. 1960).

Ibn al-Arabí, Muhij Ad Din (* 28. 7. 1165 Murcia, † 16. 1. 1240 Damaskus). – Der arab.-span. Dichter gehört zu den bedeutendsten Mystikern des Islam. Nach dem Studium und ausgedehnten Reisen lebte er in Damaskus und verband in seinem lit. Werk griech. und ind. Gattungen zu einem pantheist. System. Seine Gedichte (dt. Auswahl 1912) und sein Hauptwerk, die *Offenbarungen zu Mekka*, wirkten auch auf die abendländ. Mystik.

Ibn al-Chatíb Lisan ad Din Muhamad (* 1313 Loja/Granada, † 1374 Fas). – Span.-arab. Dichter, trat nach dem Studium in den span. Staatsdienst und wurde wegen religiöser Lehren verurteilt und schließl. heimtück. ermordet. Er schrieb lit.

Arbeiten über den Islam, über Geschichte und Geographie; von den Zeitgenossen wurde er sehr hoch geschätzt.

Ibn al-Mutass, Abu Al Abbas Abdallah (* 861 Bagdad, † Dezember 908 ebd.). – Arab. Dichter, Sohn des Kalifen al-Mutass. I. ließ sich nach intensiven und langen privaten Studien zum Gegenherrscher proklamieren und wurde ermordet. Sein Werk verbindet Tradition und moderne geistige Strömungen miteinander und erreichte mit dem *Lobgedicht auf Kalif al-Mutadid* weite Verbreitung. Seine Poetik fand allgemeine Anerkennung.

Ibn Chaldūn, Abd Ar Rahman (* 27. 5. 1332 Tunis, † 19. 3. 1406 Kairo). – Arab. Historiker, Politiker und Philosoph. I. begründete in der Einleitung seiner *Weltgeschichte* die Lehre vom zykl. Aufstieg und Untergang der Kulturen. Sein Einfluß auf die abendländ. Denker ist nicht eindeutig nachgewiesen. Eine dt. Auswahl erschien 1951.

Ibragimbekow, Maksud, eigtl. *Maksud Mamed Ibragim-ogly* (* 11. 5. 1935 Baku). – Russ. Autor, schreibt Kurzgeschichten und dramatische Texte, die sich an der realist. Tradition orientieren, etwa die Prosa *Soll er bei uns bleiben* (1974) oder das Drama *Geschichte aus dem Mesozoikum* (1974). In den Jahren nach 1974 erfolgten keine Übersetzungen ins Dt. mehr.

Ibrahim Sinasi (* 1826 Konstantinopel, † 13. 9. 1871 ebd.). – Türk. Dichter, trat nach seinem Studium in Paris für die Übernahme europ. Gedankenguts in seiner Heimat mit zahlreichen Schriften ein. Besondere Wirkung hatte er mit seiner Komödie *Dichterheirat* (dt. 1876), die in der Türkei eine neue Gattung begründete. Seine Übersetzungen franz. Werke wirkten nachhaltig auf die türk. Literatur.

Ibsen, Henrik, Ps. *Brynjolf Bjarme* (* 20. 3. 1828 Skien, † 23. 5. 1906 Kristiania/heute Oslo). – Norweg. Dichter, machte zunächst eine Apothekerlehre in Grimstad und studierte dann Medizin. Er wurde Mitherausgeber mehrerer Zeitungen und Theaterdirektor und verbrachte nach einem längeren Romaufenthalt etwa 20 Jahre in Deutschland. Zu Beginn seines Schaffens schrieb er revolutionäre Gedichte und das Drama *Catilina* (1850, dt. 1896). Die folgenden Dramen entstanden im Zusammenhang mit der nationalromant. Strömung und machten Ibsen weltweit bekannt, z. B. *Kronprätendenten* (1867, dt. 1881). Die bald entstehenden Ideendramen zeigen die Zuwendung zur europ. Klassik und die geistige Auseinandersetzung mit der Kultur Skandinaviens, z. B. *Brand* (1866, dt. 1892) und *Peer Gynt* (1867, dt. 1881), das von vielen Literaturhistorikern als nord. Faustdichtung bezeichnet wurde. Danach folgte die Phase der gesellschaftskrit. Dramen, in denen I. die Technik der antiken Tragödie mit Elementen des franz. Salonstücks verbindet. An Stoffen aus dem Alltag entwickelte er seine Hauptthemen, die Beziehungen des Individuums zur sozialen Umwelt, die durch Konvention verhinderte Selbstverwirklichung und vor allem die Situation der Frau in der Ehe und die

Brüchigkeit zwischenmenschl. Beziehungen. Sein Werk ebnete dem Naturalismus den Weg und beeinflußte nachhaltig das Drama der Folgezeit, so z. B. *Stützen der Gesellschaft* (1877, dt. 1878), *Nora oder Ein Puppenheim* (1879, dt. 1879), *Gespenster* (1881, dt. 1884), *Ein Volksfeind* (1882, dt. 1883), *Die Wildente* (1884, dt. 1887), *Rosmersholm* (1886, dt. 1887), *Die Frau am Meer* (1888, dt. 1889), *Baumeister Solness* (1892, dt. 1893), *John Gabriel Borkmann* (1896, dt. 1897) und *Wenn wir Toten erwachen* (1899, dt. 1900). I.s Werke erschienen in zahlreichen Gesamt- und Auswahlausgaben in aller Welt.

Ibykos (*6. Jh. v. Chr.). – Griech. Dichter, stammte aus Rhegion/Unteritalien. Als wandernder Sänger zog I. durch Unteritalien und Sizilien und ließ sich 540 bei dem Tyrannen Polykrates in Samos nieder. Er schrieb zunächst chorische Mythen nach dem Vorbild des Stesichoros, dann zunehmend äolische Lieder und Chorgesänge über Knabenliebe. Die hellenist. Sage von seiner Ermordung wurde von Schiller in der Ballade *Die Kraniche des Ibykus* gestaltet.

Icaza, Francisco Asís de (*2. 2. 1863 Mexiko, †27. 5. 1925 Madrid). – Mexikan. Lyriker, Botschafter in Spanien und Dtld. Bekannt wurden u. a. seine Gedichte *Eintagsfliegen* (1892), *Entfernungen* (1899), *Lied der Straße* (1905), *Liederbuch* (1922) und die Essays über Cervantes, Lope de Vega, Hebbel und Nietzsche. Das Gesamtwerk erschien in 5 Bdn.

Icaza, Jorge (*10. 7. 1902 Quito, †31. 5. 1978 ebd.). – Ecuadorian. Schriftsteller, Diplomat und Bibliotheksdirektor in Quito. I. schrieb zunächst, von Pirandello beeinflußt, Dramen, dann Erzählungen. Berühmt wurde er mit dem Roman *Huasipungo* (1934, dt. 1952), in dem er das Elend der Indianersklaven unter der Wirkung des lit. Modernismus wirklichkeitsgetreu schilderte. Die Erzählungen *Alte Geschichten* (dt. Sammelausgabe 1960) und der Roman *Caballero in geborgtem Frack* (1958, dt. 1965) wurden viel gelesen.

I-ching = Das Buch der Wandlungen. – Das chines. Werk stammt von einem anonymen Sammler, der Prophetien der Chou-Zeit zusammenstellte. Im 2. bzw. 1. Jh. v. Chr. wurden die Texte in den Kanon des Konfuzianismus übernommen. Die 10 Kapitel des sog. *Sihi* wurden irrtüml. auf Konfuzius selbst zurückgeführt.

Idrīs, Yūsuf (*19. 5. 1927 Al-Bairum/Unterägypten, †1. 8. 1991 London). – Ägypt. Schriftsteller, studierte Medizin, trat aber wiederholt polit. hervor und arbeitete zuletzt als Journalist. Als Autor von Kurzgeschichten machte er sich rasch einen Namen, etwa *Die billigsten Nächte* (1953, dt. 1977), wobei er soziales Engagement mit stilist. Können verbindet. In Ägypten hat er die Kurzgeschichte zur lit. Gattung vor allem über die Zeitung gemacht. Neben Kurzgeschichten schrieb I. auch Romane *Al-Harām* (1959), *Al-Ayb* (1962) und Dramen *Al-Farāfir* (1964), die im Ausland jedoch wenig beachtet wurden.

Iffland, August Wilhelm (*19. 4. 1759 Hannover, †22. 9. 1814 Berlin). – Dt. Schauspieler und Dramatiker, wirkte ab 1777 am Gothaer Hoftheater, seit 1779 am Nationaltheater Mannheim. Mit Ekhof und F. L. Schröder begründete er die moderne Ensemblebühne, schuf den vorbildl. Theaterstil der Zeit und verfaßte zahlreiche Schriften zur Theatertheorie, z. B. *Fragmente über Menschendarstellung auf deutschen Bühnen* (1785). Als Direktor des Königlich Preußischen Nationaltheaters (1796–1811) und Generaldirektor der Königl. Schauspiele in Berlin (seit 1811) machte er sich mit Aufführungen Shakespeares und Schillers einen Namen. In seinen eigenen Dramen wandte er sich dem bürgerl. Leben zu und hatte neben dem Publikumsliebling Kotzebue große Erfolge, da er mit gefühlvollen Stücken ein breites Publikum ansprach. Bes. bekannt wurden *Die Jäger* (1785), *Die Hagestolzen* (1794), *Der Spieler* (1798). Nach ihm ist der sog. Ifflandring benannt, der jeweils an den besten Schauspieler dt. Sprache vererbt werden soll. Gegenwärtig hat J. Meinrad den Ifflandring.

Iglesias, Ignacio, katalan. *Ignasi Iglesies* (*7. 8. 1871 San André de Palomar/Barcelona, †9. 10. 1928 Barcelona). – Katalan. Dramatiker, schuf unter der Wirkung Ibsens soziale Dramen, die das trostlose Leben des Proletariats zeigen. Seine Landsleute gaben ihm den Ehrennamen »poeta dels humils« (= Dichter der Armen). Seine Dramen *Herz des Volkes* (1897) und *Ewiges Meer* (1902) fanden ebenso Beachtung wie sein Tagebuch *Els emigrants* (1916) und seine Gedichte *Poesies* (1930).

Ignjatović, Jakov (*8. 12. 1822 Sankt Andrä/Ungarn, †5. 7. 1889 Neusatz). – Serb. Schriftsteller und Politiker, wandte sich nach Studium dem Journalismus zu. Nach ersten, von der Romantik beeinflußten Novellen verfaßte er realist. Romane, in denen er soziale Probleme gestaltete, z. B. *Alte und neue Meister* (1878, dt. 1883), *Die Dulderin* (serb. u. dt. 1888).

Igorlied, russ. *Slovo o polku Igoreve*. – Das anonyme I. ist das bedeutendste Heldenepos der frühen russ. Dichtung; in kunstvoller Sprache, die Einflüsse der Volksdichtung und nordischen sowie byzantin. Traditionen zeigt, erzählt es die Abenteuer und den tragischen Untergang des Fürsten Igor von Novgorod-Seversk, der mit seinen Kriegern in der Schlacht gegen die Polovezer geschlagen wird. Den Höhepunkt des Liedes bildet die Totenklage seiner Frau Jaroslavna.

Ihlenfeld, Kurt (*26. 5. 1901 Colmar, †25. 8. 1972 Berlin). – Dt. Schriftsteller, 1925–1945 evangel. Pfarrer, 1933 bis 1943 Hg. der Zeitschrift »Eckart«. Im sog. Eckartkreis sammelte er junge christl. Autoren zum inneren Widerstand gegen den NS-Staat. In allen seinen Werken, von denen seine Gedichte und seine Prosa Anerkennung und Aufmerksamkeit fanden, gestaltet er aus der christl. Verantwortung seine Themen, die von den Zeitgenossen während der NS-Diktatur als Dokumente des Widerstands geachtet und begeistert gelesen wurden. Nach dem Krieg erschienen zahlreiche Neubearbeitungen, doch hatte er nicht mehr den Erfolg, der ihm bis 1945 beschieden war. Bekannt sind die Erz. und R. *Der Schmerzensmann* (1949), *Wintergewitter* (1951), *Kommt wieder, Menschenkinder* (1954), *Der Kandidat* (1959), *Gregors vergebliche Reise* (1962), *Stadtmitte* (1964), *Noch spricht das Land* (1966). Seine letzten Arbeiten sind Essays wie *Loses Blatt Berlin* (1968) oder *Das Fest der Frauen* (1971).

Ikor, Roger (*28.5. 1912 Paris, †17.11. 1986 Paris). – Franz. Gymnasialprofessor und Schriftsteller, erhielt für den teils autobiograph. Roman *Die Söhne Abrahams* (1955, dt. 1957) 1955 den Prix Goncourt. I. stammte von Emigranten aus dem zarist. Rußland ab und gestaltet eindringl. das Leben einer exilierten jüd. Familie in Frankreich in der ersten Hälfte des 20. Jh.s Weiten Leserkreisen wurden die Romane *Der Mann, der den Wind sät* (1960, dt. 1963 u. d. T. *Das Dorf ohne Geld*), *Das Rauschen des Krieges* (1961, dt. 1969) und *Regen über dem Meer* (1962, dt. 1969) bekannt.

Illf, Illja, eigtl. *Ill'ja Arnol'dovič Fajnzil'berg* (*15.10. 1897 Odessa, †13.4. 1937 Moskau). – Sowjetruss. Schriftsteller. Den Schelmenroman *Zwölf Stühle* (1928, dt. 1930) und die Fortsetzung *Ein Millionär in Sowjetrußland* (1931, dt. 1932; 1946 u. d. T. *Das goldene Kalb*) schrieb er mit Eugen Petrow. In bestechender Weise ironisiert er das Leben der russ. Menschen nach der Revolution von 1917. Ebenfalls in Zusammenarbeit mit Petrow entstanden seine satir. Skizzen über eine Reise nach Amerika.

Illyés, Gyula (*2.11. 1902 Rácegrespuszta, †15.4. 1983 Budapest). – Ungar. Schriftsteller, trat während seines Studiums in Frankreich in freundschaftl. Beziehung zu Aragon, Eluard, Breton, Tzara und Babits, der sein Werk bes. beeinflußte. Starke Impulse empfing er hier auch von der Arbeiterschaft und dem Sozialismus. Seine Gedichte stehen anfangs unter der Wirkung der Zeitgenossen, doch findet er bald einen eigenen realist. Stil, z. B. mit *Poesie* (dt. 1968). Durch den Roman *Pußtavolk* (1936, dt. 1947) profilierte er sich als Vertreter der völk. Richtung in der ungar. Literatur. Diese Gruppe verstand die Reformen des Sozialismus als nationale Aufgabe. Die Dramen I.s gehören heute noch zum Repertoire des ungar. Theaters; auch als Übersetzer und Erzähler machte er sich einen Namen. Sein letztes Werk, *Die schönen alten Jahre* . . . (1975 in dt. Übersetzung), wurde wegen der autobiograph. Elemente beachtet.

Immanuel ben Salomo, gen. *Manoello Giudeo* oder *Immanuel Rodano* (*um 1270 Rom, †ca. 1330 Fermo). – Ital.-jüd. Dichter, Freund Dantes, schrieb unter dem Einfluß der hebr. Tradition und der Renaissance obszöne Erzählungen und Spottgedichte, worauf er aus der jüd. Gemeinde verstoßen wurde, obwohl er auch Kommentare zu den heiligen Schriften verfaßt hatte. Zu seinen Hauptwerken gehört eine ins Hebräische übertragene und umgestaltete Fassung von Dantes *Gött-*

licher Komödie u. d. T. *Tofet we-Eden* und sein *Machberot* (1491), das das soziale Leben in Italien aus der Sicht eines Juden schildert.

Immermann, Karl Leberecht (*24.4. 1796 Magdeburg, †25.8. 1840 Düsseldorf). – Dt. Schriftsteller, beteiligte sich nach dem Studium an den Befreiungskriegen, wurde 1817 preuß. Beamter und 1827 Richter in Düsseldorf. Hier gründete er einen Theaterverein. Sein lit. Werk zeigt Einflüsse der Klassik und Romantik, ohne jedoch einer Richtung zuzugehören. I. ist der Typ des Nachfahren, der ohne eigene Gestaltungskraft den Traditionen verhaftet bleibt. Dieses Gefühl prägte auch alle seine künstler. Aussagen, in denen er traditionelle Elemente mit dem aufkommenden poet. Realismus verbinden wollte. Wesentl. besser als in den Dramen *Cardenio und Celinde* (1826), *Das Trauerspiel in Tirol* (1828) und *Merlin* (1832) gelang ihm dies in dem satir. R. *Münchhausen* (1836–39) und dem Zeitroman *Die Epigonen* (1836), in dem die idyll. Dorferzählung *Der Oberhof*, die gattungsbildend wirkte, enthalten ist. In diesem Roman zeichnet er mit stilist. Meisterschaft das Ende der histor. gewachsenen Gesellschaft und gibt einer ganzen rückwärtsgewandten Epoche den Namen. Außerdem veröffentlichte er *Gedichte* (1822), das Epos *Tulifäntchen* (1830), die Satire *Der im Irrgarten der Metrik umhertaumelnde Kavalier* (1829) und die *Memorabilien* (1840 bis 1843).

Imperial, Micer Francisco (*um 1360 Genua, †1. Hälfte 15. Jh.). – Span. Dichter, gründete in Sevilla eine Dichterschule nach ital. Vorbild und förderte als erster die Rezeption Dantes in seiner Heimat. Sein eigenes Hauptwerk ist die Dichtung *Rede über die sieben Tugenden* (dt. hg. 1954).

Inber, Vera Michajlovna (*10.7. 1890 Odessa, †?.11. 1972 Moskau). – Sowjetruss. Autorin, stand ursprüngl. der Lyrik A. Achmatovas nahe und schrieb dann unter dem Einfluß der russ. Konstruktivisten. In Dtld. wurden das Tagebuch *Fast drei Jahre* (1945, dt. 1946), in dem sie den Kampf um Leningrad festhält, und der Roman *Der Platz an der Sonne* (1928, dt. 1929) bekannt. Ihre übrigen Werke liegen nicht in Übersetzungen vor.

Inge, William Motter (*3.5. 1913 Independence/Kansas, †10.6. 1973 Hollywood). – Amerikan. Dramatiker, Dozent für Dramaturgie und freier Autor. Seine erfolgreichen Dramen zeigen das Leben einfacher Bürger mit ihren Hoffnungen und Wünschen mit großem psycholog. Verständnis. Dt. erschienen u. a. *Komm wieder, kleine Sheba* (1950, dt. 1955), *Picnic* (1953, dt. 1954), für das er 1953 den Pulitzer-Preis erhielt, *Bus Stop* (1955), *Das Dunkel am Ende der Treppe* (1957, dt. 1958) und der Roman *Mein Sohn fährt so fabelhaft* (1971, dt. 1972).

Ingelow, Jean (*17.3. 1820 Boston/Lincolnshire, †20.7. 1897 London). – Engl. Dichterin, von den drei Sammlungen ihrer Gedichte (1871, 1876, 1885), die unter dem Einfluß Ruskins stehen, sind die Gedichte *Divided* und die frühen Arbeiten *The*

High Tide on the Coast of Lincolnshire, 1571 (1863), *A Story of Doom* (1867) bes. gelungen. Außerdem schrieb sie Kinderbücher wie *Mopsa the Fairy* (1869) und Romane wie *Sarah de Berenger* (1879).

Inglin, Meinrad (*28. 7. 1893 Schwyz, †4. 12. 1971 ebd.). – Schweizer. Autor, erwarb sich durch volksnahe realist. Romane und Erzählungen großes Ansehen. Seine Werke wurden vielfach ausgezeichnet. Immer neu gestaltet er den Widerspruch von Bauerntum und modernem Großstadtleben, z. B. in *Die Welt in Ingoldau* (1922), *Grand Hotel Excelsior* (1928), *Schweizerspiegel* (1938; neu 1976; 1987), *Die Lawine* (1947), *Werner Amberg* (1949), *Erlenbuel* (1965). Posthum erschienen 1973 die Essays *Notizen des Jägers;* eine Neuausgabe der Werke erschien 1987 ff.

Ingrisch, Lotte (*20. 7. 1930 Wien). – Österr. Schriftstellerin, veröffentlichte ihre ersten Romane unter einem Ps. und wurde erst bekannt, als sie für ihren Mann Gottfried von Einem Textbücher für Opern schrieb, die häufig von der Kirche beanstandet wurden: *Jesu Hochzeit* (1980). Ihre eigenen Theaterstücke stehen in der Tradition des österr. Volkstheaters und sind bes. Horvath verpflichtet; *Wiener Totentanz* (1969). I. trat auch mit autobiograph. Arbeiten und Sachliteratur an die Öffentlichkeit.

Innerhofer, Franz (*2.5. 1944 Krimml/Salzburg). – Österr. Autor, holte nach einer Schmiedelehre und dem Militärdienst die Matura nach und studierte Philologie; heute lebt er als freier Schriftsteller und Mitarbeiter verschiedener Betriebe. Sein Werk wurde früh durch Stipendien gefördert und zeigt vielfach autobiogr. Züge, die sich mit sprachlicher Exaktheit verbinden. Seine Romane *Schöne Tage* (1974; verfilmt 1982), *Schattseite* (1975), *Die großen Wörter* (1977) fanden ein ebenso aufnahmebereites Publikum wie seine Erz. *Der Emporkömmling* (1982).

Innes, Ralph Hammond (*15.7. 1913 Horsham/Sussex). – Engl. Romanautor, schrieb zahlreiche Abenteuergeschichten, die sich rasch großer Beliebtheit erfreuten und in zahlreiche Sprachen übersetzt wurden. In Deutschland wurden bes. bekannt *Die Todesmine* (1947, dt. 1970), *Das Schiff im Felsen* (1948, dt. 1955), *Der flammende Berg* (1950, dt. 1956), *Öl in den Rocky Mountains* (1952, dt. 1958), *Es begann in Tanger* (1954, dt. 1955), *Die weißen Wasser* (1965, dt. 1966), *Die Konquistadoren* (1969, dt. 1970), *Nordstern* (1974, dt. 1975); der Roman *Captain Cooks letzte Reise* (1979) wurde zu einem Bestseller.

Inoue, Yasushi (*6.5. 1907 Asakikawa, †29. 1. 1991 Tokio). – Japan. Schriftsteller, trat früh mit eigenen lit. Arbeiten hervor, Mitglied der Japan. Akademie d. Künste und Präsident des nationalen PEN-Zentrums. Welterfolg hatte er mit *Das Jagdgewehr* (1949, dt. 1964) und den Romanen *Die Eiswand* (1956, dt. 1968), *Der Stierkampf* (dt. 1971), *Eroberungszüge*

(1979), *Nachgelassene Schriften des Priesters Honkaku* (1981, dt. 1982), *Die Höhlen von Dun-huang* (dt. 1986) sowie der Erz. *Meine Mutter* (dt. 1987). Das Gesamtwerk umfaßt in der Ausgabe von 1972–75 in Japan. 36 Bde. Bes. Beachtung fand seine exakte Kenntnis der japan. Geschichte, die seinem Werk einen eigenen Reiz verleiht.

Ion von Chios (*um 490 v. Chr. Chios, †422 v. Chr.). – Griech. Dichter, zog bereits in seiner Jugend nach Athen und trat in enge Beziehung zu Aischylos, Kimon, Sophokles und Themistokles. Er schrieb außer Epik in jeder Gattung und wurde von den Zeitgenossen bes. als Tragiker verehrt. Von seinen 10 Trilogien und dem übrigen dramat. Werk sind nur Fragmente überliefert.

Ionesco, Eugène (*26.11. 1912 Slatina). – Rumän., mütterlicherseits franz. Dramatiker, wuchs in Paris auf, studierte in Bukarest und lehrte zunächst als Gymnasialprofessor. In dieser Zeit erwarb er sich bereits hohes Ansehen als Literatur- und Theaterkritiker, so daß er 1938 ein Stipendium zum Studium in Frankreich erhielt. Seither lebt er als überzeugter Franzose in seiner »Wahlheimat«. Sein lit. Werk eröffnete er mit rumän. und franz. Gedichten, die zunächst kaum beachtet wurden. Aufsehen erregte er dagegen mit seinem ersten Drama *Die kahle Sängerin* (1950, dt. 1959), das als »Anti-Drama« zu einem bedeutenden Zeugnis des Absurden Theaters wurde. In diesem und den folgenden Stücken gestaltete I. keine Handlung und ließ die Personen in keinerlei kommunikativen Kontakt kommen, so daß keine Realität erkennbar ist. In dem Stück *Die Nashörner* (1960) treten an die Stelle erlebbarer Wirklichkeiten nur Einbildungen. In *Der König stirbt* (1963, dt. 1964), seinem bedeutendsten Werk, demonstriert I. die Auflösung einer Person in einer sinnlos gewordenen Welt, in der keine Realität und keine Wertordnung mehr gelten. Dabei greift er auf die tradierte Problematik des Jedermannstoffs zurück, montiert jedoch Elemente der Geschichte als gleichzeitig nebeneinander. In der so entstehenden unhistor. Welt ist Leben und Sterben absurd (Wendt). I. reduziert die Sprache auf Assoziationen und Schlagwörter; an die Stelle der kommunikativen Funktion tritt der Schutz der Person in einer sprachl. Eigenwelt, die dem anderen unbegreifl. und unzugängl. ist. In Anerkennung seiner lit. Verdienste wurde I. in die Académie Française berufen. Aus seinem vielfältigen Werk wurden bes. bekannt die Dramen *La leçon* (1951, dt. 1954), *Die Stühle* (1952, dt. 1960), *Fußgänger der Luft* (1963, dt. 1964), *Hunger und Durst* (1964, dt. 1966), *Macbeth* (1973), *Welch gigantischer Schwindel* (1974), *Der Mann mit den Koffern* (1977, dt. 1979) sowie die essayist. Arbeiten *Discours de Salzburg* (1972, dt. 1976), *Mein Lesebuch* (1977), *Warum ich schreibe* (1977), *Gegengifte* (dt. 1979), *Erinnerungen – Letzte Begegnungen – Zeichnungen* (dt. 1988).

Iorga, Nicolae (*17. 6. 1871 Botosani/Moldau, †28. 11. 1940

Bukarest). – Rumän. Autor, studierte in Paris, Berlin und Leipzig, wurde 1894 Professor für Geschichte in Bukarest, Mitglied der rumän. Akademie der Wissenschaften und 1931/32 Ministerpräsident. Seine lit. Werke – Dramen, Gedichte und Essays zur Literatur – schrieb er z. T. in Dt. Als exponierter Nationalist und völk. Schriftsteller wurde er nach Kriegsbeginn ermordet. Aus seinem umfassenden Werk erschien 1965 eine Auswahl in 2 Bdn.

Iosif, Stefan Octavian (* 11. 10. 1875 Kronstadt, †22. 6. 1913 Bukarest). – Rumän. Lyriker, wurde wegen seiner Gedichte sowie als Vermittler und Übersetzer dt. (u. a. Heine, aber auch Goethe, Bürger, Hölderlin, Schiller, Lenau, Uhland), franz. und skandinav. Dichtung (mit D. Anghel übertrug er Ibsen und Verlaine) bekannt. Seine eigenen Gedichte sind nicht ins Dt. übertragen. Auf die geistige Entwicklung seiner Heimat hat er einen starken Einfluß ausgeübt.

Iqbal, Sir Mohammed (* 22. 2. 1873 Sialkot, †21. 4. 1938 Lahore). – Ind. Dichter, Rechtsanwalt, trat für die Selbständigkeit Pakistans ein. In seinem lit. Werk, das er in Pers. oder in Urdu schrieb, suchte er europ. Geistigkeit mit islam. Traditionen zu verbinden; dabei war es sein Hauptbestreben, den Islam zur alten Bedeutung zu führen. Dt. erschienen die Gedichte *Botschaft des Ostens* (1923, dt. 1967), *Persischer Psalter* (1927, dt. 1968) und *Das Buch der Ewigkeit* (1932, dt. 1957).

Iriarte, Tomás de (* 18. 9. 1750 Orotava/Teneriffa, † 17. 9. 1791 Madrid). – Span. Dichter, Neffe des berühmten Humanisten Juan de I., verfaßte seine lit. Arbeiten nach dem Vorbild des franz. Klassizismus, wurde bald zum Mittelpunkt der »Fonda de San Sebastian«, einer lit. Gemeinschaft in der Hauptstadt. Bes. Ruhm erwarb er sich mit dem Lehrgedicht *La música* (1799), das auch außerhalb Spaniens Anerkennung fand, mit den *Literarischen Fabeln* (1782, dt. 1884), einer Komödie und der Übersetzung von Horaz' *Ars poetica* (1777).

Irving, John (Winslow) (* 2. 3. 1942 Exeter/New Hampshire). – Amerikan. Schriftsteller, stammt aus einer gutbürgerlichen Familie und wurde von seinem Stiefvater lit. angeregt; studierte in Amerika und Wien. Seine Romane *Laßt die Bären los* (1969, dt. 1985), *Eine Mittelgewichts-Ehe* (1974, dt. 1986) zeigen groteske Situationen und charakterisieren das Verhalten von Ehepartnern in einer »absurd-normalen« Welt. Einen Welterfolg hatte I. mit *Garp und wie er die Welt sah* (1978, dt. 1979), in dem er eine triviale Handlung mit Sex und Brutalität, mit schwarzem Humor und Parodie auf das Bildungswesen und den Entwicklungsroman gestaltete. Die makaber-komischen Züge zeigt auch der Roman *Das Hotel New Hampshire* (1981, dt. 1984). Durch die groteske Vielfalt der Inhalte und Handlungselemente hat I. einen großen Leserkreis gewonnen.

Irving, Washington, Ps. *Geoffrey Crayon Diedrich Knickerbocker* (* 3. 4. 1783 New York, †28. 11. 1859 Tarrytown/New York). – Amerikan. Autor, Jurist und Diplomat, lebte lange Zeit in England und Spanien und bereiste als Diplomat weite Teile Europas. Lit. Erfolg erwarb er bereits mit *Eine Geschichte New Yorks* (1809, dt. 1829), als seine besten Werke gelten aber *Gottfried Crayons Skizzenbuch* (1820, dt. 1826) und die Biographie *Das Leben George Washingtons* (1855–1859 in 5 Bdn., dt. 1856–1859). Auch die übrigen Werke wurden in Europa mit großem Interesse aufgenommen, z. B. die Essays *Bracebridge Hall* (1822, dt. 1826), die *Erzählungen eines Reisenden* (1824, dt. 1825), *Die Geschichte des Lebens und die Reisen Christoph Columbus'* (1828, dt. 1829), *Eine Beschreibung der Eroberung Granadas* (1829, dt. 1836), *Die Alhambra* (1832 in 2 Bdn.) sowie die Biographie *Oliver Goldsmith* (1840, dt. 1858) und die histor. Arbeit *Mahomet und seine Nachfolger* (1849, dt. 1850). Eine dt. Gesamtausgabe erschien in den Jahren 1826 bis 1837 in 74 Bdn.

Isaacs, Jorge (* 10. 4. 1837 Cali, † 17. 4. 1895 Ibaqué/Tolima). – Kolumbian. Schriftsteller, wandte sich nach Medizinstudium der Politik zu und leitete die Zeitschrift »La Republica«. Seine polit. Laufbahn krönte er als Präsident von Antioquia. Der Roman *Maria* (1867) schildert unter der Wirkung der Romantik das ländl. Leben seiner Heimat und fand breite Anerkennung. 1920 erschien eine Gesamtausgabe seiner Gedichte.

Isherwood, Christopher William Bradshaw (* 26. 8. 1904 Disley/Cheshire, †4. 1. 1986 Santa Monica/Kalif.). – Engl.-amerikan. Schriftsteller, nach Studium in London und Berlin Lehrer. Über London ging er 1933 nach Amerika, wo er 1946 naturalisiert wurde. Hier arbeitete er für den Film, trat in Verbindung zu A. Huxley und schrieb mit A. Auden, der seine sozialist. Gedanken teilte, Versdramen. Zahlreiche gemeinsame Reisen folgten, z. B. nach Südamerika und Europa, die er in Reiseberichten beschrieben hat (etwa die Chinareise u. d. T. *Journey to a War*, 1938). Bekannt wurden die Romane *Leb wohl, Berlin* (1939, dt. 1949), eine Analyse des Berliner Lebens durch einen Amerikaner, der von der Atmosphäre der Stadt gleichzeitig fasziniert und abgestoßen wird (verfilmt: *I am a Camera*, 1952), *Tage ohne Morgen* (1962, dt. 1964) und *Der Einzelgänger* (1964, dt. 1965). Der Roman *A Meeting by the River* (1967) und die Biographie *Kathleen and Frank* folgten.

Isidor von Sevilla, Heiliger (* um 560 Cartagena, †4. 4. 636 Sevilla). – Lat. Kirchenlehrer und Schriftsteller, wurde um 600 Erzbischof von Sevilla. In seinen umfangreichen Schriften faßte er das Wissen der Spätantike zusammen und gab in den 20 Büchern *Etymologiae* (auch *Origines* genannt) eine enzyklopäd. Summe der wissenschaftl. Kenntnisse seiner Zeit. Er schrieb ferner eine *Geschichte der Goten*, bes. in Spanien, eine Zeitchronik *Chronica maiora* und eine Geschichte bedeutender Dichter *De viris illustribus*. Mit den *Sententiae* schließt er an Gedanken Gregors des Großen und Augustinus' an. Die Schriften I.s bestimmten das gesamte mittelalterl. Kultur- und Geistesleben und waren durch Jahrhunderte Lehrbücher in Klöstern und Hochschulen.

Isla y Rojo, José Francisco de, eigtl. *Isla de la Torre y Rojo,* Ps. *Francisco Lobón de Salazar* (* 24. 3. 1703 Vidanes/León, † 2. 11. 1781 Bologna). – Span. Jesuit, lebte nach der Vertreibung aus seiner Heimat in Italien. Allgemeine Anerkennung fand sein Roman *Geschichte des berühmten Predigers Bruder Gerundio von Campazas* (1758, dt. 1773), der weltlit. Bedeutung erlangte, jedoch von der Kirche verboten wurde. Als Übersetzer von Lesages *Gil Blas* wird er noch heute sehr geschätzt. Er öffnete mit diesem Werk der span. Literatur den Zugang zur franz. Dichtung, die in dieser Epoche allgemein als vorbildlich galt.

Iskander, Fasil, Abdulowitsch (* 6. 3. 1929 Suchumi). – Russ. Schriftsteller, studierte in Moskau Literatur und arbeitete an verschiedenen Orten der ehem. UdSSR als Journalist. Neben lebensfrohen frühen Gedichten stehen Erzählungen *Das Sternbild des Ziegentur* (1966, dt. 1968) und längere epische Texte *Tschik. Geschichten aus dem Kaukasus* (1970, dt. 1981), *Onkel Sandro aus Tschegem* (1973, dt. 1976), in denen er heiter-iron. das Landleben im Sozialismus vorführt. Dabei verwendet er Märchenmotive, Idylle und Pathos und zeigt fröhlich die Gebrechlichkeit einer geplanten Ordnung auf.

Ismailow, Aleksandr Jefimowitsch (* 25. 6. 1779 Petersburg, † 28. 1. 1831 ebd.). – Russ. Schriftsteller und Staatsbeamter, schrieb unter dem Einfluß Rousseaus und Scarrons den Bildungsroman *Jewgeni* (1799) und begründete die Gattung in der russ. Lit. Seine Fabeln und Aufsätze stehen deutl. unter der Vorbildwirkung der europ. Aufklärung, deren Gedankengut er in Rußland zu verbreiten suchte.

Isokrates (* 436 v. Chr. Athen, † 338 v. Chr. ebd.). – Griech. Redner, Sohn eines Handwerkers, erhielt v. a. von Gorgias eine gründl. Erziehung. Schon bald war I. als bedeutendster Redner anerkannt, der in seiner um 390 gegründeten Schule Rhetorik unter dem Einfluß der Sophisten als Voraussetzung und Grundlage aller Bildung lehrte. Dabei erstrebte er v. a. sprachl.-stilist. Verfeinerung. Unter dem vordergründigen Formalismus litt häufig der Inhalt seiner Aussagen. Die attische Prosa nahm seine Wortspiele, Metaphern und Argumentationsmethoden bald zum Vorbild. Von seinen Reden sind nur 21 erhalten. Die Echtheit der überlieferten 9 Briefe wird z. T. bezweifelt.

Issa, eigtl. *Kobayashi Nobuyuki* (* 5. 5. 1763 Kashiwabara, † 19. 11. 1827 ebd.). – Japan. Lyriker, trat auch mit kunstvoller Prosa an die Öffentlichkeit und gilt heute als einer der führenden Haiku-Dichter. Obwohl er sich in seinem Werk durchaus konservativ in die Tradition fügt, fallen seine eigenständigen Bilder und Metaphern auf. Bes. bekannt sind die Gedichte, die er in den Tagebuchaufzeichnungen festgehalten hat, *Oragaharu* (1852, dt. 1959).

Issakowski, Michail Wassiljewitsch (* 19. 1. 1900 Glotoka/Smolensk, † 20. 7. 1973 Moskau). – Sowjetruss. Dichter, gestaltet in seinen Gedichten das ländl. Leben und Ereignisse der Revolution. Seine Lieder und Gedichte, die durch sprachl. Vielfalt und rhythm. Gestaltung großen Eindruck erwecken, sind nur z. T. übersetzt.

Istrati, Panait (* 10. 8. 1884 Brăila, † 16. 4. 1935 Bukarest). – Rumän. Schriftsteller und Gewerkschaftsfunktionär. I. wandte sich nach einer Reise in die Sowjetunion vom orthodoxen Kommunismus ab. Er publizierte weitgehend in franz. Sprache. Seine Dichtung wurde bes. von R. Rolland gefördert. Dt. erschienen u. a. *Die Haiduken* (1925–1926, dt. 1929), *Die Disteln des Baragan* (franz. u. dt. 1928), *Drei Bücher über Sowjetrußland* (1929, dt. 1930) und *Freundschaft oder Ein Tabakladen* (1930, dt. 1932). Eine vorbildliche dt. Werkausgabe in 14 Bdn. erschien 1980 f. (?).

Italiaander, Rolf (* 20. 2. 1913 Leipzig). – Dt. Schriftsteller, Regisseur und Forschungsreisender, gehört zu den produktivsten Autoren unseres Jahrhunderts, dessen Bibliographie 1977 über 730 Titel unterschiedl. Gattung nennt. Im lit. Leben gewann er zusätzl. Bedeutung als Gründer des »Verband(es) deutschsprachiger Übersetzer literarischer und wissenschaftlicher Werke«, der »Freie(n) Akademie der Künste in Hamburg« (mit H. H. Jahnn) und der »Hamburger Bibliographien«. Aus seinem umfangreichen Werk seien stellvertretend gen. *Nordafrika heute* (1952), *Neue Kunst in Afrika* (1957), *Die Herausforderung des Islam* (1964), *Terra dolorosa – Wandlungen in Lateinamerika* (1969), *Anfang mit Zuversicht. Hamburger Kultur nach dem Kriege* (1984), die Gedichte *Hallelujas* (1970), *Lieben müssen* (1977). Große Bedeutung haben seine Memoiren *Akzente eines Lebens* (1970), in denen er meisterhafte Charakteristiken der bekanntesten Zeitgenossen des 20. Jh.s, mit welchen er zusammentraf, vorlegt. Daneben steht eine Fülle religionsphilosoph. Werke, die sein lit. Schaffen von Anfang an bestimmen. Zuletzt erschienen *wer seinen bruder nicht liebt* (1978), in dem er Begegnungen der Dritten Welt eindringlich gestaltet, *Afrika hat viele Gesichter* (1979) und *Gedankenaustausch* (1988), eine Kulturgeschichte.

Iulianus, Flavius Claudius (* 332 oder 331 n. Chr., † 26. 6. 363 n. Chr. Mesopotamien). – Röm. Philosoph und Feldherr, Neffe Kaiser Konstantins, wurde von seinen Soldaten in Gallien zum Kaiser ausgerufen. Da er die christl. Staatsreformen Konstantins zurücknahm und neuerlich Christenverfolgungen durchführte, erhielt er von der Geschichtsschreibung den Beinamen »der Abtrünnige« (= Apostata). Sein lit. Werk, vornehmlich Briefe, doch auch Satiren, Epigramme etc., ist griech. geschrieben und nur z. T. erhalten.

Iuvenalis *(Juvenalis),* Decimus Junius (* zwischen 58 und 67 n. Chr. Aquinum, † 130 n. Chr.). – Röm. Schriftsteller, über dessen Leben wenig Nachrichten erhalten sind. Wahrscheinl. erfuhr er seine Ausbildung als Redner in Rom, wo er zahlreiche Mäzene gefunden haben dürfte. 16 erhaltene Satiren wenden sich gegen den sittl. Verfall der röm. Kultur z. Z. des Domitian. In der Nachfolge des Isokrates suchte er mit raffinierten stilist. Mitteln, die manchmal aber recht unbeholfen eingesetzt werden, eine wirklichkeitsgetreue Darstellung. Seine Schriften waren im Mittelalter sehr beliebt und dienten noch lange bes. engl. Autoren als Vorbild.

Iwanow, Georgi Wladimirowitsch (*28.10. 1894 Kowno, †26.8.1958 Hyéres/Frankreich). – Russischer Lyriker, dessen rhythmische und musikalische Dichtung nach 1917 im Exil unter dem Einfluß A. Bloks entstand und große Anerkennung fand. Insbesondere seine Gedichtesammlung *Rozy* (1931) zeigen ihn als Meister der lyrischen Sprache. Später wandte er sich stark nihilistischen Gedanken zu. In Deutschland wurden die Sammlungen *Heidekraut* (1916) und *Stichi* (1958) bekannt.

Iwanow, Wjatscheslaw Iwanowitsch (*28.2. 1866 Moskau, †16.7.1949 Rom). – Russ. Dichter, unternahm nach seinem Studium der Archäologie zahlreiche Reisen und wurde bald zum Mittelpunkt eines Künstlerkreises. Nach 1917 floh er nach Italien und konvertierte zum Katholizismus. Neben theo-

ret. Schriften schuf er v.a. Gedichte, die stark unter dem Einfluß des Symbolismus stehen und eine sehr eigenwillige Sprache kultivieren, in die er neben Archaismen und kirchenslaw. Wendungen auch Elemente der Mythologie und des Christentums einbezieht. Als Hauptwerke gelten die Gedichte *Eros* (1907), *Cor ardens* (1909–1911) und *Svet vecernij* (1962). Bekannt wurden auch die Essays *Briefwechsel zwischen zwei Zimmerwinkeln* (gemeinsam mit M. Gerschenson 1920, dt. 1948), *Klüfte* (1918, dt. 1922), *Dostoevskij* (1929) und *Das alte Wahre* (1955).

Iwanow, Wsewolod Wjatscheslawowitsch (*24.2. 1895 Lebjaschje/Semipalatinsk, †15.8. 1963 Moskau). – Sowjetruss. Schriftsteller, stand in enger Verbindung zu Gorki und war Mitglied der »Serapionsbrüder«. Nachdem er mit seinen ersten Werken bei der sowjet. Presse Mißfallen erregt hatte, wandte er sich der offiziellen Kunstdoktrin des Sozialist. Realismus zu und gestaltete in ep. Breite Ereignisse der Revolution. Sprachl. von der Volkslit. beeinflußt, entwickelt er eine kunstvolle Erzähltechnik, die simultan verschiedene Ebenen nebeneinander entfaltet. Bes. bekannt wurden *Panzerzug 14–69* (1921, dt. 1955), *Die Rückkehr des Buddha* (1923, dt. 1962), *Alexander Parchomenko* (1939, dt. 1955). 1929 erschienen dt. Erzählungen u. d. T. *Der Buchstabe G.*

Jackson, Helen Maria Hunt (*15.10. 1830 Amherst/Massachusetts, †12.8. 1885 San Francisco). – Amerikan. Schriftstellerin, war in ihrer Jugend mit dem Dichter E. Dickinson eng verbunden und gewann, nachdem ihre frühen Gedichte kaum Beachtung fanden, mit der gesellschaftskrit. Arbeit *A Century of Dishonor* breite Anerkennung. In dieser Studie schildert sie offen und ohne Rücksichten die Vernichtung der Indianer und ruft zur Menschlichkeit und Achtung der Menschenwürde auf. Mit dem recht rührseligen Roman *Romana* (1884) sprach sie ein breites Publikum an. Heute ist ihr Werk vornehml. von histor. Interesse.

Jacob, Heinrich Eduard (*7.10. 1889 Berlin, †25.10. 1967 Salzburg). – Dt. Schriftsteller, lebte lange Zeit in Wien, schrieb Beiträge für das »Berliner Tageblatt«. In diesen Jahren entwickelte sich auch eine tiefe Freundschaft mit G. Heym, der nachhaltigen Einfluß auf sein Werk gewann. Vor der Schreckensherrschaft der Nationalsozialisten floh er nach Amerika. Sein vielfältiges Werk umfaßt zahlreiche Gattungen wie Lyrik, Novellen, Romane, etwa *Das Flötenkonzert der Vernunft* (1923), *Liebe in Üsküb* (1932), *Blut und Zelluloid* (posth. 1986), Dramen, wie *Beaumarchais und Sonnenfels* (1919), kulturhistor. Arbeiten und Lebensbeschreibungen berühmter Musiker, etwa *Mozart* (1955), *Mendelssohn* (1959).

Jacob, Max (*11.7. 1876 Quimper, †5.3. 1944 KZ Drancy b. Paris). – Franz. Autor, trat auch als bildender Künstler hervor. Seine Arbeiten wurden zunächst kaum beachtet, obwohl er von Picasso und Apollinaire gefördert wurde. Zuletzt konvertierte er und trat in das Kloster Saint-Benoit-sur-Loire ein. Mit seinen expressiven Gedichten wurde er nach dem Ersten Weltkrieg zum Hauptanreger des Surrealismus, wobei die Nachwirkungen seiner Gedichte auch noch in der Moderne deutl. Spuren zeigen. Bes. ber. wurden *Le laboratoire central* (1921), *Art poétique* (1922), *Meditations religieuses* (1945). In den 80er Jahren fand in Dtld. eine intensive Rezeption des Werkes statt: *Höllenvisionen* (dt. 1985), *Ratschläge für einen jungen Dichter* (1985), *Spiegel der Astrologie* (dt. 1986), *Das Geheimfach. Briefe mit Kommentar* (1987).

Jacobi, Friedrich Heinrich (*25.1. 1743 Düsseldorf, †10.3. 1819 München). – Dt. Dichter, Mitglied der Akademie in München. J. stand in Verbindung zu den geistigen Strömungen der Zeit, pflegte vielfältige Beziehungen zu den Weimarer Dichtern, wobei ihm Wieland und Herder näher standen als Goethe, dessen strenge Formgesinnung sich nicht in seine pietist. Gefühlswelt und Herzensfrömmigkeit einfügen konnte. Gerade mit dieser stark emotional geprägten Weltsicht wirkte er jedoch auf die Romantik und die Philosophie des späten 19. und 20. Jh.s, die sich bewußt gegen Systemzwänge des klass. Idealismus stellte (z. B. Nietzsche, Kierkegaard). Als Gelehrter wandte er sich gegen den zeitgenöss. Rationalismus und die Aufklärung (Kant, Lessing) und betonte, daß das Gefühl die wahre Natur des Menschen sei. Vom Publikum wurden bes. seine Briefromane *Woldemar* (1779) und *Eduard Allwill's Briefsammlung* (1792) mit großem Beifall aufgenommen, da sie in charakterist. Weise Anklänge an Goethes *Werther* und die Gedanken Rousseaus zeigen.

Jacobi, Johann Georg (*2.9. 1740 Düsseldorf, †4.1. 1814 Freiburg/Breisgau). – Dt. Dichter, Bruder von Friedrich J., Prof. der Philosophie und Ästhetik, einer wissenschaftl. Disziplin, die im Zeitalter der Aufklärung große Beachtung fand, da zahlreiche Dichter und das Publikum einen Regel- und Normenkanon zur Beurteilung von Kunstwerken mit Hilfe des Verstandes erstrebten. J. wandte sich jedoch wie sein Bruder mehr den aufklär. Tendenzen zu, andererseits wurde er bald zu einem typ. Repräsentanten der lit. Empfindsamkeit. Diese geistige Haltung wird in dem lit. Taschenbuch »Iris«, das er edierte, ebenso deutlich wie in seinem sehr persönl. Briefwechsel mit Gleim, einem typ. Vertreter des lit. Rokoko. Unter seiner Wirkung und unter starken Einflüssen bes. der engl. und franz. Literatur wurde J. ein führender Dichter der sog. Anakreontik, deren verspielte Lebensfreude, sprachl. Leichtigkeit und Rokokoidylle sowohl von der Aufklärung als auch vom Sturm und Drang angegriffen und verlacht wurden. Beim Publikum fanden jedoch seine Werke hohe Anerkennung und weite Verbreitung, etwa *Poetische Versuche* (1764), *Abschied an den Amor* (1769), *Die Sommerreise* (1770). Ein wesentl. Zug seiner Werke ist das neue Naturempfinden, an das eine Generation später die Romantik anknüpfte.

Jacobsen, Jens Peter (*7.4. 1847 Thisted, †30.4. 1885 ebd.). – Dän. Botaniker, setzte sich intensiv für die Verbreitung der Lehre Darwins ein, die er auch als polit. Doktrin zu deuten unternahm. Sein lit. Werk, zwei Romane, Erzählungen und Gedichte, fand beim Bürgertum des 19. Jh.s große Anerkennung; die eigentüml. Zwiespältigkeit seiner darwinist. Weltsicht und seiner Negierung der gesellschaftl. Aspekte – eigtl. ein innerer Widerspruch – geben dem Leser die Möglichkeit, sich mit den stilist. gelungenen Landschaftsdarstellungen und auch zur Sentimentalität neigenden Gefühlsbeschreibungen zu identifizieren, ohne gesellschaftl. Fragen der Zeit zur Kenntnis nehmen zu müssen. Bes. bekannt wurden *Frau Marie Grubbe* (1876, dt. 1878), *Niels Lyhne* (1880, dt. 1889), *Mogens* (1872, dt. 1891), *Die Pest in Bergamo* (1882, dt. 1883), *En cactus springer ud* (1869). Auf Rilke hat sein Werk einen nachhaltigen Einfluß ausgeübt.

Jacobsen, Jørgen-Frantz (* 29.11. 1900 Thórshavn/Färöer, † 24.3. 1938 Vejlefjord). – Dän. Autor, Redakteur bei der engagierten Zeitschrift »Politiken«, führte ein zurückgezogenes Leben. Erst die Veröffentlichung des Romans *Barbara und die Männer* (1939, dt. 1940) nach seinem Tod machte weite Kreise auf sein lit. Schaffen aufmerksam. Er gestaltet in dem Werk das Recht der Frau auf Eigenbestimmung ihrer Lebensweise, auch wenn sie damit gegen die überlieferten Moralvorstellungen verstößt. Der Roman begründet selbst eine breite lit. Gattung, die für die Emanzipation der Frau eintritt.

Jacobson, Dan (* 3.3. 1929 Johannesburg). – Südafrikan. Autor, schreibt englisch, arbeitet als freier Schriftsteller und lehrt auch am University College von London. Im Mittelpunkt seiner Erzählungen und Romane stehen Rassenprobleme, die er als Jude am eigenen Leib erfahren hat. Dabei greift er gerne auf biblische Vorbildhandlungen zurück: *Das Buch Thamar* (1970, dt. 1973), *Die Geschichte aller Geschichten: Das auserwählte Volk und sein Gott* (1982), die er sozialkrit. verdeutlicht. Von seinen zahlreichen Romanen gibt es nur wenige dt. Übersetzungen.

Jacobus de Voragine, auch *J. de Varagine, Jacopo da Varazze* (* um 1230 Viraggio b. Genua, † 14.7. 1298 Genua). – Ital. Dominikaner und Theologieprofessor, schuf mit seiner *Legenda aurea* eine Legendensammlung, die die Heiligenviten in der Folge des Kirchenjahres vorträgt und durch schlichte lat. Sprache charakterisiert ist. Das Buch wirkte auf das geistl. Leben und die Volksfrömmigkeit der folgenden Jahrhunderte nachhaltig und war die meistgelesene Sammlung dieser Art im Mittelalter. Auf zahlreiche geistl. und weltl. Dichtungen hat das Werk starken Einfluß ausgeübt. Eine erste dt. Übersetzung wurde bereits 1470 gedruckt; heute liegt sie in der glänzenden Übertragung von R. Benz (1917 ff.) vor. Daneben schrieb er *Chronicon Januense* (1292, neu hg. 1941) und die *Sermones de sanctis de tempore* (hg. 1484), die jedoch weitgehend nur von der geistl. Literatur beachtet wurden und heute nur für den Mediävisten von Interesse sind.

Jaeger, Frank (* 19.6. 1926 Kopenhagen-Fredriksberg). – Dän. Schriftsteller, Bibliothekar und Redakteur der »Heretica«, fand bald lit. Anerkennung mit seinem vielfältigen Werk, das zahlreiche Gattungen (Romane, Erzählungen, Dramen, Hörspiele, Essays, Gedichte) umfaßt, im Ausland bisher jedoch noch wenig Beachtung fand. Seine gelöst heitere Darstellungsweise, sein iron. geistvoller Stil und die Wirklichkeitsnähe der Themen werden allgemein geschätzt. In fremde Sprachen ist sein Werk bisher kaum übertragen, vielleicht deshalb, weil die stilist. Leichtigkeit nur kongenial in einer Nachdichtung zum Ausdruck kommen würde. Bes. bekannt wurden in Dänemark die Gedichte *Tyren* (1953), *Cinna* (1959), die Romane *Iners* (1950), *Hverdagshistorier* (1951), *Jomfruen fra Orléans* (1955) und die kurzen ep. Texte *Danskere* (1966), *Provinser* (1972).

Jaeger, Hans (* 2.9. 1854 Drammen, † 8.2. 1910 Oslo). – Norweg. Dichter, trat wiederholt für das Recht des Menschen auf freie Liebe ein und zeigte in seinem Werk, daß Promiskuität keineswegs amoralisch sei. Beim Arbeiter- und Bürgertum stießen seine Werke wie die Romane *Fra Kristiania-bohémen* (1885, dt. 1902) und *Kranke Liebe* (1893, dt. 1920) und das Drama *Olga* (1833, dt. 1920) auf heftige Ablehnung, fanden jedoch in hohen Auflagen weite Verbreitung, ein Zeichen dafür, daß der öffentl. Protest keineswegs mit den gelebten Wertvorstellungen übereinstimmte. Die zwiespältige Moral des ausgehenden 19. Jh.s wird in der Rezeption des Werkes von J. sichtbar.

Jaeger, Henry (eigtl. *Karl-Heinz*) (* 29.6. 1927 Frankfurt/M.). – Dt. Schriftsteller, wurde nach Rückkehr aus der Kriegsgefangenschaft mit zahlreichen Verbrechen straffällig und 1956 verurteilt. Beginn in der Haft, aus der er 1963 begnadigt wurde, auf Anregung des Pfarrers zu schreiben, wobei er sich vornehmlich der Problematik der Kriminalisierung zuwandte. Seine Romane, die vielfach auch verfilmt wurden, fanden nicht nur als Unterhaltungsliteratur Beachtung, z. B. *Die Festung* (1962), *Die Rebellion der Verlorenen* (1963), *Die bestrafte Zeit* (1966), *Das Freudenhaus* (1970), *Der Club* (1969), *Jakob auf der Leiter* (1973), *Der Tod eines Boxers* (1978), *Unter Anklage* (1978), *Ein Mann für eine Stunde* (1979), *Onkel Kalibans Erben* (1981), *Auch Mörder haben kleine Schwächen* (1983), *Amoklauf* (1984).

Jägersberg, Otto (* 19.5. 1942 Hiltrup). – Westfäl. Schriftsteller, steht in seinem vielfältigen Werk sowohl in der Tradition der Volkskunst als auch in Beziehung zu avantgardist. Techniken. Da er alle Stilmittel meisterhaft beherrscht und stets spannende Darstellung mit heiterer Grundstimmung verbindet, fand er eine große Leserschaft. Von seinen Werken (Romane, Dramen, Hörspiele, Fernsehspiele u. a.) wurden bes. beachtet *Weihrauch und Pumpernickel* (1964, Roman), *Cosa Nostra* (1971, Stücke), *Hehe, ihr Mädchen und Frauen* (Konsumkomödie, 1975), *Der industrialisierte Romantiker* (1976, Filmtext), *Seniorenschweiz* (1976, Filmtext), *Vier Lehrstücke unserer Zeit* (1978, Filmtext), *Land. Ein Lehrstück für Bauern und Leute, die nichts über die Lage auf dem Lande wissen* (1978), *Herr der Regeln* (1983, Roman), *Vom Handel mit Ideen* (1984), *Wein, Liebe, Vaterland* (Ged. 1985). Die Fernsehserie *Die Pawlaks* wurde 1982 von einem zahlreichen Publikum verfolgt.

Jaeggi, Urs (*23.6. 1931 Solothurn). – Schweizer. Schriftsteller, Prof. für Soziologie an der Freien Universität Berlin, trat mit gesellschaftlich scharfen Romanen und Erzählungen hervor, die zunächst die Untrennbarkeit von Realität und Fiktionalität zeigten, z. B. *Die Komplizen* (1964), dann aber immer stärker auf die gesellschaftlichen Determinanten des Handelns verwiesen, z. B. *Brandeis* (1978), *Grundrisse* (1981), oder die Welt eines Aussteigers darstellen, z. B. *Rimples* (1987), *Soulthorn* (1990). In zahlreichen theoretischen Arbeiten hat J. wichtige Fragen zur Gegenwartsliteratur erörtert, z. B. *Politische Literatur* (1973), *Was auf den Tisch kommt wird gegessen* (1981) u. a. J. erhielt zahlreiche Auszeichnungen und gilt heute als einer der besten Kenner des Zusammenhangs von Literatur und Gesellschaft. Autobiographische Aufzeichnungen veröffentlichte er 1984 u. d. T. *Versuch über den Verrat.*

Järnefelt, Arvid, Ps. *Hilja Kahila* (*16.11. 1861 Pulkowa, †27.12. 1932 Helsinki). – Finn. Dichter, lebte unter dem Vorbild der Lebensführung und Weltanschauung Tolstois als zurückgezogener Handwerker und veröffentlichte erste Erzählungen, die typ. Ausdruck dieser Daseinserfahrungen sind. In zunehmendem Maße wurde seine Erzähltechnik jedoch von den Strömungen des zeitgenöss. Realismus und der Stilistik artist. Gruppen um die Jahrhundertwende geprägt. Großen Anklang fanden die Romane *Die Lehre der Sklaven* (1902, dt. 1910) und *Innere Stimmen* (1904, dt. 1910).

Jahn, Janheinz (*23.7. 1918 Frankfurt/Main). – Dt. Schriftsteller und Dozent für neuafrikan. Lit. in Frankfurt/M., bester zeitgenöss. Kenner afrikan. Gegenwartskultur. J. zeigte in zahlreichen Veröffentlichungen Probleme und Lebensformen der Afrikaner in den unterschiedl. histor. Traditionen und gesellschaftl. Wirklichkeiten auf. Seine Übersetzungen moderner afrikan. Lit. (Senghor, Césaire) sind wie seine Interpretationen in vielen Anthologien enthalten. Bes. Beachtung fanden die Sammlung *Schwarzer Orpheus* (1954), die *Geschichte der neoafrikanischen Literatur* (1966) und *Muntu. Die neoafrikanische Kultur* (Neuausg. 1986).

Jahn, Moritz (*27.3. 1884 Lilienthal/Lkr. Osterholz, †19.1. 1979 Göttingen). – Niederdt. Autor, gestaltete in seinem Werk, das stark von den regionalen Volkstraditionen geprägt ist, in gelöst heiterer Weise das Leben von Sonderlingen, die an der Gesellschaft scheitern. Seine lit. Arbeiten umfassen Gedichte, Balladen und Märchen, die meist im Dialekt geschrieben sind und daher nur einem begrenzten Publikum unmittelbar zugänglich sind. Bekannt wurden *Frangula* (1933), *Ulenspegel un Jan Dood* (1933), *Im weiten Land* (1938), *De Moorfro* (1950), *Luzifer* (1956).

Jahnn, Hans Henny (*17.12. 1894 Hamburg-Stellingen, †29.11. 1959 Hamburg). – Dt. Dichter, Orgelreformer und Hormonforscher, ging 1915–18 als Kriegsgegner nach Norwegen und begründete nach seiner Rückkehr 1920 die »Glau-

bensgemeinde Ugrino«, die die Schöpfung von kanonisierten, zeitlos-gültigen Kunstwerken zum Ziel hatte. Von der Restauration der Arp-Schnitger-Orgel in der Jakobikirche zu Hamburg nahm die Orgelreform in den zwanziger Jahren ihren Ausgang. Angriffe gegen seine Orgelreform entzogen ihm die materielle Lebensgrundlage, so daß er 1934 auf Bornholm einen Bauernhof erwarb und ihn anfangs selbst bewirtschaftete. Nach mehreren Besuchen kehrte er 1950 endgültig nach Hamburg zurück. J. ist einer der bedeutendsten und zugleich verkanntesten Dichter unseres Jahrhunderts, der anfänglich von Rilke und Büchner beeinflußt wurde. Einige wenige Anregungen von Joyce bestimmten nur seinen Roman *Perrudja* (1929). Sein Orgelbau und sein dichterisches Werk werden von der Suche nach Proportionen und ewig gültigen Gesetzen beherrscht. In der Auseinandersetzung mit der Harmonik Hans Kaysers gestaltet J. die Ins-Fleisch-Geworfenheit des Menschen und dessen Suche nach einem gültigen Prinzip, dem verborgenen Gott. Seine barocke Sprachgewalt bannt das Wort zur magischen Beschwörung des Daseins. Neben zahlreichen orgelbauwissenschaftlichen Schriften wurde er durch seine Dramen *Pastor Ephraim Magnus* (1919, Kleistpreis), *Die Krönung Richards III.* (1921), *Straßenecke* (1931), *Armut, Reichtum, Mensch und Tier* (1948) und *Thomas Chatterton* (1955) bekannt. Weltweiten Ruhm aber brachten ihm die Romane *Perrudja* (1929), ein phantastisch-visionäres Weltgedicht, und die Trilogie *Fluß ohne Ufer* (1949ff.: I. *Das Holzschiff*, II. *Die Niederschrift des Gustav Anias Horn*, III. *Epilog*) und *Die Nacht aus Blei* (1956) ein. 1974 erschienen seine Werke und Tagebücher in sieben Bdn.; seit 1985 werden seine Werke als *Hamburger Ausgabe* in 11 Einzelbänden herausgegeben.

Jakob I., James I. (*Juli 1394 Dunfermline, †20.2. 1437 Perth). – Schott. König, lebte 1406–1425 in engl. Gefangenschaft und beschäftigte sich in diesen Jahren unter der Anleitung berühmter Lehrer mit geistigen und geistl. Fragen, so daß er bald eine der gebildetsten Herrscherpersönlichkeiten seiner Zeit wurde. Seiner Gemahlin Lady Jane Beaufort huldigte er in *The Kingis Quair* (1423/24), einem Gedicht, das deutl. die Wirkung des berühmtesten engl. Dichters des späten Mittelalters, Chaucers, erkennen läßt und starke Wirkung auf die Zeitgenossen und die Nachfolgegeneration (Henryson, Lindsay u. a.) ausübte. Die heimtückische Ermordung Jakobs I. gestaltete Rossetti in *The King's Tragedy* (1881).

Jakobs, Karl-Heinz (*20.4. 1929 Kiauken/Polen). – Dt. Schriftsteller, nach Kriegsteilnahme, verschiedenen Hilfsarbeiten und Studium am Leipziger Literaturinstitut überzeugter Vertreter des Bitterfelder Weges. Bereiste mehrfach die Sowjetunion und schrieb vortreffliche Reiseberichte: *Einmal Tschingis Khan sein. Ein anderer Versuch, Kirgisien zu erobern* (1964), *Tanja, Taschka und so weiter* (1975). Seine Romane

Beschreibung eines Sommers (1961), *Eine Pyramide für mich* (1971), *Die Interviewer* (1973) zeigen deutlich das Pathos der verordneten Parteiliteratur, auch wenn dieses durch einen etwas privaten Ton gemildert ist. Nach der Solidarisierung mit Biermann wurde er 1977 aus der SED und nach der Veröffentlichung des Romans *Wilhelmsburg* (1979), in dem er ein pessimistisches Bild der Zukunft entwirft, aus dem Schriftstellerverband der DDR ausgeschlossen. J.s Romane sind wenig abwechslungsreich und sprachlich nach vorgeprägten Mustern gestaltet; sie zeigen typische Merkmale der protegierten Literatur der DDR, auch wenn der Autor in der Bundesrepublik lebte.

Jakšič, Djura (*27. 7. 1832 Srpska Crnja, †16. 11. 1878 Belgrad). – Serb. Schriftsteller, stammte aus einer orthodoxen Pfarrersfamilie, studierte Malerei und verdiente sich zunächst als Kunstmaler seinen Lebensunterhalt. Große Anerkennung fanden seine romant. Lyrik und seine ep. und dramat. Werke, die im Geiste nationalromant. Strömungen zu einer völk. Einigung seines Heimatlandes aufriefen. Seine späten Werke wenden sich von den polit. Tagesfragen ab, gestalten unter dem Einfluß des poet. Realismus das Leben der Menschen in Serbien und erreichen in den genauen Landschaftsbeschreibungen künstler. Höhepunkte.

Jakubowitsch, Pjotr Filippowitsch (*3. 11. 1860 Issajewo/Nowgorod, †30. 3. 1911 Petersburg). – Adeliger russ. Schriftsteller, schloß sich früh der revolutionären Intelligenz an und wurde deshalb zu jahrelanger Verbannung in ein Arbeitslager Sibiriens verurteilt. Seine lit. Arbeiten, die er unter verschiedenen Tarnnamen publizierte, greifen meist soziale Probleme auf. Auf die lit. Entwicklung der russ. Dichtung hatte er nachhaltigen Einfluß mit seiner Übersetzung von Baudelaires *Blumen des Bösen.*

Jaloux, Edmond (*19. 6. 1878 Marseille, †22. 8. 1949 Lausanne). – Franz. Schriftsteller, Literaturtheoretiker und Mitglied der Académie Française, trat auch polit. (Außenminister) hervor und profilierte sich als entschiedener Gegner des plebejischen Nationalismus. Lit. dem Surrealismus verpflichtet, schrieb er Romane, deren exakte Sprache durch realist. Wirklichkeitsspiegelung und geistig-künstler. Vielfalt auf die Zeitgenossen nachhaltig wirkte, z. B. *Die Tiefen des Meeres* (1922, dt. 1928), *Dich hätte ich geliebt* (1922, dt. 1928). Als Kenner der europ. Literatur erwies er sich mit Biographien Goethes und Rilkes und literaturkrit. und literaturvergleichenden Essays.

Jamamoto, Yûzô (*27. 7. 1887 Präfektur Tochigi, †11. 1. 1974 Atami). – Japan. Germanist, hatte entscheidende Wirkung auf das moderne Theater in Japan, da er europ. Spielformen mit der Tradition des japan. Theaters verband. Auch seine Übersetzungen europ. Literatur und Literaturkritik wirkten formend auf das lit. Leben Japans in der Gegenwart. Dt. erschie-

nen das Drama *Yamahiko* (in: *Das junge Japan,* I, 1924) und der Roman *Die Wellen* (1938).

James, Henry (*15. 4. 1843 New York, †28. 2. 1916 London-Chelsea). – Amerikan. Dichter, empfing schon als Kind in der wohlhabenden und schöngeistigen Atmosphäre des Elternhauses entscheidende Eindrücke, die für sein ganzes lit. Schaffen bedeutsam werden sollten. Nach dem Studium bereiste er Europa, ließ sich in England nieder und wurde 1915 naturalisiert. Obwohl er mit Flaubert und Turgenjew in enger Verbindung stand, wandte er sich gegen den lit. Naturalismus und forderte eine Dichtung, in der alles äußere Geschehen im Spiegel des Bewußtseins gestaltet ist. Mit diesen Aufsätzen begründete er den inneren Monolog und den sog. psycholog. Roman, wobei als typ. Erzählhaltung auktoriale Sprache und steter Wechsel der Stilform der Darstellung bes. ästhet. Reize geben. In seinen früheren Romanen und Erzählungen wie *Die Amerikaner* (1877, dt. 1878), *Daisy Miller* (1879, dt. 1959) und *Das Bild einer Dame* (1881, dt. 1950) gestaltet er die Wirkung des unter alten Kulturtraditionen stehenden Europa auf das naive und simple Weltbild der Amerikaner. In *Die Europäer* (1878f., dt. 1970) zeigt er, wie das vielschichtige z. T. amoralische Leben der Europäer auf die schlichte Gemütsart der Amerikaner wirkt. Hier wie in allen seinen Werken erscheint die äußere Wirklichkeit dargestellt in der Erfahrung und im Bewußtsein des Romanhelden. Weniger Erfolg hatte er mit Sittenromanen, die stark dem Einfluß Balzacs verpflichtet sind, etwa *Die Damen aus Boston* (1886 in 3 Bdn., dt. 1964). Die Theaterstücke dieser Phase fanden keine Beachtung. In der Jahrhundertwende setzte eine neue Schaffensperiode ein, in der seine ep. Meisterwerke entstanden: *Die Botschafter* (1903, dt. 1963), *Die Flügel der Taube* (1902, dt. 1962) und *Die goldene Schale* (1904, dt. 1963). Am Ende seines Lebens schrieb J. zahlreiche lit. Essays. Heute liegen seine Schriften in allen Kultursprachen vor.

Jammes, Francis (*2. 12. 1868 Tournay/Hautes-Pyrénées, †1. 11. 1938 Hasparen/Basses-Pyrénées). – Franz. Dichter, stand in enger Beziehung zu A. Gide und P. Claudel, unter dessen Einfluß er zum Katholizismus konvertierte. Sein dichter. Schaffen zeigt in formal einfacher Gestaltung eine heiter-fröhl. Grundhaltung, die durch franziskan. Liebe zu allem Leben geprägt ist und sich keiner geistigen oder lit. Strömung der Zeit zuordnen läßt. Bekannt wurden die Gedichte *De l'angélus de l'aube à l'angélus du soir* (1898), *Die Gebete der Demut* (1911, dt. 1913), *Immer bis niemals* (1935), Novellen und Romane wie *Der Hasenroman* (1903), *Rosenkranzroman* (1916). Sein Gesamtwerk erschien 1913 bis 1926 in 5 Bdn. Seine Hauptwerke liegen in allen Kultursprachen vor.

Jandl, Ernst (*1. 8. 1925 Wien). – Österr. Schriftsteller und Gymnasiallehrer, gehört zu den bedeutendsten modernen deutschsprachigen Autoren, dessen experimentell-konkrete

Dichtung in eigentüml. Weise Sprache und Bilder verbindet und so Texte produziert, in denen sprachl. Aussage und metasprachl. Reflexion nicht zu trennen sind. J. selbst nennt seine Arbeiten »Sprechgedichte«, um sie von herkömml. Formen auch gattungsmäßig abzuheben. Bes. bekannt wurden etwa *Andere Augen* (1956), *Laut und Luise* (1966), *Sprechblasen* (1968), *serienfuss* (1974), *alle freut was alle freut* (1975), *die bearbeitung der mütze* (1978), *Falamaleikum* (1983), *idyllengedichte* (1989). Seine Technik der Textmontage wandte er auch auf das Hörspiel an, mit dessen Gattungsstrukturen er häufig experimentiert. Große Beachtung fand das Hörspiel *Fünf Mann Menschen* (1968 gemeinsam mit F. Mayröcker), aber auch *Das Röcheln der Mona Lisa* (1970), *Aus der Fremde* (1980) und Kinderbücher z. B. *OTTOS MOPS HOPST* (1988). J. übersetzte u. a. R. Creely, J. Cage, G. Stein und schrieb den Essay *die schöne kunst des schreibens* (1976).

Janevski, Slavko (* 11. 1. 1920 Skopje). – Makedon. Dichter, gilt heute als bedeutendster moderner Autor seiner Heimat. J. gestaltet in seinen Romanen das ländl. Leben und schließt damit an die Tradition der europ. Dorfgeschichten an. Seine Erzählungen und Gedichte schildern das einfache Leben, das in seiner Weltsicht die einzig unverdorbene Daseinsform ist. Charakterist. sind dt. *Das Dorf hinter den sieben Eschen* (1953), *Der Dickschädel* (1970).

Janicki, Klemens, latinisiert *Janicius* (* 17. 11. 1515 Januszkowo, † Ende 1542/Anfang 1543 Krakau). – Poln. Dichter, wurde nach seinem Studium in Posen bald zum führenden Vertreter der lat. Literatur des Humanismus in seiner Heimat. Große Anerkennung und weite Verbreitung fanden seine Elegien und Versviten berühmter poln. Persönlichkeiten des öffentl. Lebens. Von Papst Paul III. wurde er zum Dichter gekrönt.

Janker, Josef W. (* 7. 8. 1922 Wolfegg). – Dt. Schriftsteller, arbeitete nach einer Lehre, Kriegsdienst und Gefangenschaft in unterschiedlichen Berufen, begann 1957 mit den Veröffentlichungen, die ihm rasch große Anerkennung und zahlreiche Preise brachten. Sein Werk, das stets autobiograph. Züge trägt, erzählt stringent und anschaulich-bildhaft, bes. deutlich wird das in den Romanen *Zwischen zwei Feuern* (1960), *Der Umschuler* (1971) und Erzählungen *Mit dem Rücken zur Wand* (1964). Seit 1973 gibt J. mit Rupert Leser die Jahreshefte *Ansichten und Perspektiven* heraus, in denen er die Landschaft (Geschichte und Kultur) von Ravensburg und dem Bodenseegebiet beschreibend gestaltet.

Janosch, eigtl. Horst Eckert (* 11. 3. 1931 Hindenburg/Oberschlesien). – Dt. Schriftsteller, Maler und Kinderbuchautor, schuf mit seinen originellen Bildern und Texten eine neue Form liebevoll-phantastischer Bücher, die sich rasch großer Beliebtheit erfreuten. Zunächst trat J. als Romancier an die Öffentlichkeit, z. B. mit *Cholonek oder Der liebe Gott* (1971), *Sacharin im Salat* (1975), *Sandstrand* (1979), doch traten in

seinem Werk bald Illustrationen und selbstillustrierte Bilder- und Jugendbücher in den Vordergrund, z. B. *Das Auto hier heißt Ferdinand* (1964), *Onkel Poppoff kann auf Bäume fliegen* (1964), *Janosch erzählt Grimm's Märchen* (1972), *Der Mäusesheriff* (1969), *Oh, wie schön ist Panama* (1978), *David* (1991). Neben Kinderbüchern schreibt J. auch Romane, wobei besonders *Polski Blues* (1991), eine Liebeserklärung an seine polnische Heimat, bekannt wurde. Sein Gesamtwerk ist heute kaum mehr zu überschauen, da zahlreiche Illustrationen in unterschiedlichen Veröffentlichungen vorliegen.

Janson, Kristofer Nagel (* 5. 5. 1841 Bergen, † 17. 11. 1917 Kopenhagen). – Norweg. Schriftsteller und Theologe, gründete nach einem Amerikaaufenthalt in seiner Heimat, in der es damals bereits zahlreiche Sekten gab, die erste Unitariergemeinde. Sein lit. Werk, das stark von Bjørnson beeinflußt ist, steht im nationalen Sprachenstreit für das Landsmål, die histor. gewordene Sprache, ein. Neben den Gedichten *Digte* (1911) und einer Autobiographie *Hvad jeg har oplevet* (1914) schrieb er v. a. Erzählungen und Romane, wie *Fraa Bygdom* (1865), *Nordmœnd i Amerika* (1887).

Janus Pannonius, eigtl. *János Čsezmicki* (* 29. 8. 1434 Česmiča/Slawonien, † 27. 3. 1472 Medvedgrad/Agram). – Ungar. Humanist und Geistlicher, wirkte einflußreich bei Matthias Corvinus und als Bischof von Fünfkirchen, bis er, an einem staatsfeindl. Aufstand beteiligt, auf der Flucht starb. In seinem lit. Werk, das alle traditionellen Gattungen umfaßt (Epigramme, Eklogen, Hymnen etc.) wird seine Verbundenheit mit dem polit. Leben und seiner Heimat deutl. J. ist ein typ. Vertreter der humanist. Renaissance, die bereits erste nationalstaatl. Gedanken erkennen läßt.

Japiks, Gysbert (* 1603 Bolsward/Leeuwarden, † September 1666 ebd.). – Westfries. Dichter, war aktiv in der reformierten Gemeinde und verfaßte neben geistl. Liedern und Übersetzungen der Psalmen Gedichte über das karge Leben der Menschen seiner Heimat. Nach seinem Tod erschien die Sammlung *Friesche Rymlerye* (1668).

Jardiel Poncela, Enrique (* 15. 10. 1901 Madrid, † 18. 2. 1952 ebd.). – Span. Autor, hatte mit dem heiter-satir. Roman *Amor – ohne ›H‹* (1926) seinen ersten Erfolg. Weit über Spanien hinaus wurde er jedoch als Verfasser geistvoller Komödien bekannt, die er von einer eigenen Wandertruppe aufführen ließ. Diese Stücke sind sowohl sprachl. als auch theatertechn. Meisterwerke der Gattung, in der er in brillanter Weise alle Stilformen publikumswirksam zu nutzen versteht. Großen Erfolg hatte er mit *Margarita, Armando y su padre* (1931), *Sie haben die Augen einer ›femme fatale‹* (span. u. dt. 1933), *Los tigres escondidos en la alcoba* (1949), während seine Erzählungen und kurzen lit. Arbeiten wenig Beachtung fanden.

Jarnés Millán, Benjamin (* 7. 10. 1888 Codo/Zaragoza, † 11. 8. 1949 Madrid). – Span. Schriftsteller, Theologe und Philosoph, emigrierte nach dem Bürgerkrieg nach Mexiko. Mit seinem vielfält. lit. Werk gewann er großes Ansehen, wobei er zahlreiche neue Gestaltungsweisen mit traditionellen Formen zu verbinden wußte. Stark ist in seinem heute weitgehend vergessenen Werk der Einfluß des Philosophen Ortega y Gasset. Für die Geschichte der Rezeption europ. Literatur in seiner Heimat ist die Übersetzung Ben Jonsons von Bedeutung.

Jarrell, Randall (*6.5. 1914 Nashville/Tennessee, †14.10. 1965 b. Greensboro/N.C.). – Amerikan. Lyriker, wandte sich in ergreifenden Gedichten gegen den Krieg und das Leben in einer Gesellschaft, die jegliche Individualität vernichtet. Seine bedeutendsten Arbeiten sind die Gedichte *Little Friend* (1949), *Losses* (1948), *The Lost World* (1965), *The Animal Family* (1965) und Essays, die gesammelt u. d. T. *The Third Book of Criticism* (1969) vorliegen. Dt. erschienen nur wenige Texte, etwa *Dichtung in unserer Zeit* (1953).

Jarry, Alfred (*8.9. 1873 Laval/Bretagne, †1.11. 1907 Paris). – Franz. Dichter, arbeitete zunächst als Literaturkritiker und erregte mit seinem Theaterstück *König Ubu* (1896, dt. 1958) einen ungeheuren Skandal, da er von der traditionellen Handlungsführung abging und eine obszöne Sprache mit absurden Elementen ohne kausallog. Handlung mischte. Damit wurde J., der zusehends geistig und körperl. verfiel, zum Begründer des Absurden Theaters, das auf die gesamte Moderne nachhaltigen Einfluß gewann (etwa auf Breton, Ionesco u. a. m.). Sein Roman *Der Supermann* (1902, dt. 1969) ist das hervorstechende Dokument surrealist. Erzählkunst. Sein Gesamtwerk wird gegenwärtig neu erschlossen. Als dt. Auswahl erschien u. a. 1972 *Der Alte vom Berge*, 1985 der Roman *Tage und Nächte*.

Jasieński, Bruno (*17.7. 1901 Klimontowo, †16.1. 1939 b. Wladiwostok). – Poln. Schriftsteller, wahrscheinl. von stalinist. Kommunisten ermordet. Während er in seinem Frühwerk, das in Paris entstand, starke Einflüsse des Surrealismus und Futurismus erkennen läßt, wandte er sich nach der Revolution von 1917 zunehmend der Kunstdoktrin des Sozialistischen Realismus zu. Neben der frühen Lyrik, die bereits Züge der experimentellen Dichtung vorwegnimmt, wurde bes. sein Roman *Ich brenne Paris nieder* (1928, dt. 1934) bekannt.

Jaspers, Karl (*23.2. 1883 Oldenburg, †26.2. 1969 Basel). – Dt. Philosoph und Psychologe, wurde 1937 aus polit. Gründen von seinen Lehrverpflichtungen in Heidelberg entbunden und lehrte von 1948 bis zu seinem Tod an der Universität Basel. In seinem philosoph. Werk knüpft er zunächst an die Hermeneutik Diltheys an, begründet dann aber mit der Existenzphilosophie seit 1931 eine eigene philosoph. Weltsicht. Diese geht davon aus, daß das Individuum stets Teil einer Gesamtheit ist und in dem Maße individuiert, in dem es sich kommunikativ als Teil dieses Gesamt erfaßt und damit das Sein wertsetzend vollzieht. Nur in der Seinskommunikation kann das Individuum Werte in transzendenten Chiffren erfahren und realisieren.

J. wendet sich gegen die objektabhängige Subjektphilosophie des dt. Idealismus und gegen ihre pseudowissenschaftl. Nachfolger wie Marxismus, Psychologismus etc. In den letzten Lebensjahren trat J. mit engagierten polit. Schriften an die Öffentlichkeit. Sein gesamtes philosoph. Werk hat auf die Lit. nach 1945 starken Einfluß gehabt, als in der Krise tradierter Wertordnungen von J. die Erkenntnis der Existenzabhängigkeit aller Werte demonstriert wurde. Bes. bekannt wurden in diesem Zusammenhang die Schriften *Strindberg und van Gogh* (1922), *Die geistige Situation der Zeit* (1931), *Philosophie* (3 Bde. 1932), *Existenzphilosophie* (1938), *Nietzsche und das Christentum* (1946), *Vom Ursprung und Ziel der Geschichte* (1949), *Einführung in die Philosophie* (1950), *Die großen Philosophen* (Bd. I 1957), *Die Atombombe und die Zukunft der Menschheit* (1958), *Vernunft und Freiheit* (1959), *Der philosophische Glaube angesichts der Offenbarung* (1962), *Wohin treibt die Bundesrepublik?* (1966), *Provokationen* (1968). Bedeutung für Geschichte und Philosophie haben die *Notizen zu Martin Heidegger* (posth. 1978). Eine Gesamtausgabe liegt bisher nicht vor.

Jasykow, Nikolai Michailowitsch (*16.3. 1803 Simbirsk, †7.1. 1847 Moskau). – Russ. Dichter aus dem Kreis um Puschkin, übernahm Formen und Formspiele der europ. Anakreontik, deren leichte Stilistik er meisterhaft beherrschte. Auch mit seinen geistl. Gedichten und Balladen wirkte er nachhaltig auf die Sprachentwicklung in Rußland.

Jaufré Rudel, Seigneur de Blaya. Provenzal. Troubadour des 12. Jh., schrieb seine berühmten Gedichte, die auf die gesamte mittelalterl. Minnelyrik großen Einfluß hatten, in seiner Heimat, der Gironde. Bald wurde seine Person selbst zu einer Legendengestalt umstilisiert: Die Legende berichtet, daß er eine Pilgerfahrt zu seiner Dame nach Tripolis unternahm, um bei ihr zu sterben. Dieser Stoff drang bald als Erzählschema in zahlreiche Dichtungen ein; die Romantiker Heine, Uhland u. a. griffen ihn im 19. Jh. wieder auf, und Rostand schrieb 1895 das Drama *Die Prinzessin im Morgenland* (dt. 1905) über den Stoff.

Jáuregui, Juan Martinez de (*1583 Sevilla, †wahrscheinlich 11.1. 1641 Madrid). – Span. Dichter, wurde in Italien ein angesehener Maler, der berühmte Zeitgenossen, z. B. Cervantes, porträtierte. In seinem lit. Werk, das auch wichtige theoret. Schriften – etwa *Discurso poetico* (1624) – umfaßt, wandte er sich gegen den modischen Konzeptionismus, von dem er beeinflußt wurde. Berühmtheit erlangte er als Übersetzer von Tasso und Lukan und mit Gedichten, die sich stark an kult. Vorbilder anlehnen, etwa *Rimas* (1618), *Orfeo* (1624).

Javorow, Peju K., eigtl. *P. T. Kratscholow* (*13.1. 1877 Cirpan/Thrakien, †16.10. 1914 Sofia). – Bulgar. Schriftsteller, trat im Kampf gegen die Türken (1902) hervor und übernahm nach der Befreiung seiner Heimat exponierte kulturpolit. Aufgaben an der Nationalbibliothek und als Dramaturg des Nationaltheaters in Sofia. Unter Slavejkovs Einfluß wurde er zu einem führenden Repräsentanten der Moderne, der in der Lyrik Elemente des Symbolismus der Franzosen, im Drama Kammerspieltechniken und soziale Problematiken Strindbergs übernahm.

Jean d'Arras (*vor 1350, †nach 1394). – Franz. Schriftsteller. Sein Roman *Melusine* (um 1390) ist die erste abendländ. Gestaltung der Sage von der Nixe Melusine, die sich bald großer Beliebtheit erfreute und bis in die Romantik immer neue Bearbeitungen erfuhr (z. B. Fouqué: *Undine*).

Jean Paul, eigtl. *Johann Paul Friedrich Richter* (*21.3. 1763 Wunsiedel, †14.11. 1825 Bayreuth). – Dt. Dichter, Sohn eines Pfarrers. Materielle Not zwang ihn nach dem Tod seines Vaters zur Aufgabe des Theologie- und Philosophiestudiums. Er wurde Hauslehrer und gründete die Elementarschule in Schwarzenbach, die er bis 1794 leitete. Als freier Schriftsteller, der geistig weder der Klassik noch der Romantik zugeordnet werden kann, wurde er bald zum meistgelesenen Autor seiner Zeit und zum geistigen Repräsentanten einer eigenständigen Kultur, die sich in vielen Bereichen gegen den Zeitgeist stellte. Bald wurde er auch international anerkannt und erhielt zahlreiche Auszeichnungen. Über Kontakte zu Charlotte von Kalb kam er 1798 bis 1800 nach Weimar, wo er mit Goethe und Schiller zusammentraf, die beide seinen lit. Wert nicht erkannten. Zu Herder fand er bald sehr freundschaftl. Beziehungen. Mit seiner Darstellung des kleinbürgerl. Milieus und der feinfühligen psycholog. Gestaltung edler und hoher klass. Gestalten steht J. P. außerhalb der Strömung seiner Zeit, obwohl sein Werk mit lyr. Elementen, rhythmisierter Prosa, Traum, Reflexion, Ironie und Kontrastierung romant. Elemente zeigt und Züge der Dichtung späterer Epochen vorwegnimmt. Die skurrile Darstellung, die durch absurde Gedanken, zahlreiche Fußnoten und Sonderkapitel sowie stets wechselnde Erzählebenen charakterisiert ist, ist für seine Epoche unzeitgemäß und weist bereits auf unser Jahrhundert (etwa Arno Schmidt u. a.). Auch in seinen theoretischen Schriften weicht er inhaltlich und formal von den zeitgenöss. Strömungen ab. Während seine ersten Arbeiten kaum beachtet wurden, etwa die Skizzen *Grönländische Prozesse oder Satirische Skizzen* (1783f.) oder *Auswahl aus des Teufels Papieren* (1789), gelang ihm der Durchbruch mit dem Romanfragment *Die unsichtbare Loge* (1793), das im Anhang die weltberühmte Idylle *Leben des vergnügten Schulmeisterleins Wuz* (1790) als Kontrasterzählung enthält. Alle diese Schriften stehen deutl. unter dem Todeserlebnis des Dichters, der das Sterben als eine stete Gegenwart erlebte. Die Romane *Hesperus* (1795), *Blumen-, Frucht- und Dornenstücke oder Ehestand, Tod und Hochzeit des Armenadvokaten F. St. Siebenkäs* (1796), *Leben des Quintus Fixlein* (1796) begründeten seinen Weltruhm; in sei-

nem riesigen Roman *Titan* (1800–1803) wandte er sich gegen das kalte klass. Schönheitsideal und zeigte seine eigene Weltsicht, die vom Gegensatz zu Fichtes Philosophie bestimmt war. Die späteren lit. Werke fallen gegen diese früheren Dichtungen qualitativ ab, obwohl sie bis heute gerne gelesen werden, etwa *Flegeljahre* (1804), *Dr. Katzenbergers Badereise* (1809), *Des Feldpredigers Schmelzle Reise nach Flätz* (1809), *Leben Fibels* (1812). Mit *Der Komet* (1820–1822) konnte er wieder an seine früheren Dichtungen anschließen. In den Jahren nach 1800 wurde J. P. durch seine philosoph. und pädagog. Schriften zu einer Berühmtheit, etwa *Vorschule der Ästhetik* (1807) und *Levana oder Erziehungslehre* (1807). Aus heutiger Sicht erscheint J. P. als einer der bedeutendsten europ. Dichter überhaupt. Zahlreiche Gesamtausgaben liegen vor; die jüngste erschien in 10 Bänden 1960 ff.

Jefferies, Richard John (*6.11. 1848 Coate/Wiltshire, †14.8. 1887 Worthing/Sussex). – Engl. Journalist und Schriftsteller, gilt heute als der bedeutendste Naturschilderer der engl. Literatur. Vereinzelt neigen seine Texte, die auch pantheist. Gedankengut enthalten, zum Mystizismus, doch wirkt die exakte Darstellung dem Gefühl entgegen. Bekannt wurden *Zauber des Waldes* (2 Bde. 1881) und die Autobiographie *The Story of my Heart* (1883).

Jeffers, John Robinson (*10.1. 1887 Pittsburgh/Pennsylvania, †21.1. 1962 Carmel/Kalifornien). – Amerikan. Autor, lebte lange in Europa. J. zeigt in seinem lit. Werk, das das Leben des Menschen in einer feindl. Natur als absurdes Ereignis deutet, starke Wirkungen der Gedanken Nietzsches und Freuds sowie stete Hinwendung zu bibl. und antiken Stoffen. Neben seinen Übersetzungen der Dramen des Euripides verfaßte er Gedichte, z. B. *Californians* (1916), *The Double Axe* (1948), *The Beginning and the End* (1961). Seine Dramen erschienen 1960 in dt. Übersetzung.

Jehoschua, Abraham B. (*19.12. 1936 Jerusalem). – Hebr. Schriftsteller, stammt aus einer alten seraphischen Familie und lehrt heute an der Universität Haifa. Seine Kurzgeschichten und Erzählungen *Angesichts der Wälder* (1968, dt. 1982) setzen sich mit dem Leben in Israel auseinander und zeigen in unterschiedlicher Weise die polit., moral. und individuellen Kräfte, die das Leben bestimmen. Seine Romane *Der Liebhaber* (1980), *Späte Scheidung* (1982, dt. 1986) gestalten wie auch das Drama *Eine Nacht im Mai* (1969, dt. 1983) politische Fragen, vornehmlich die Reaktion der Familien auf die öffentliche Politik und den Sechs-Tage-Krieg von 1967.

Jelanow → Kozak, Juš

Jelinek, Elfriede (*20.10. 1946 Mürzzuschlag/Steiermark). – Österr. Schriftstellerin, studierte Musik, Kunstgeschichte und Theaterwissenschaft und trat mit Romanen an die Öffentlichkeit, in denen sie die Differenz von schablonenhaftem Glücksdenken in der Gesellschaft und privaten Erfahrungen parodistisch gestaltet. Bekannt wurden die Romane *Wir sind Lockvögel*, *Baby* (1970), in denen sich der Handlungszusammenhalt auflöst, *Michael*. *Ein Jugendbuch für die Infantilgesellschaft* (1972), *Die Liebhaberinnen* (1975), *Die Ausgesperrten* (1980), *Die Klavierspielerin* (1983). J. stellt immer wieder Frauenschicksale in einer Gesellschaft dar, die der Frau eine freie Persönlichkeitsbildung nicht ermöglicht, so in der Fortsetzung von Ibsens Nora *Was geschah, nachdem Nora ihren Mann verlassen hatte oder Stützen der Gesellschaft* (1979 Theaterstück), *Krankheit oder Moderne Frauen* (Dr. 1987), *Lust* (R. 1989), *Wolken. Heim* (Pr. 1990) und in *Clara S.* (1982) über das Schicksal Clara Schumanns. Bekannt wurde auch der Film *Die Ramsau im Dachstein* (1976) und die Prosa *Oh Wildnis, Oh Schutz vor ihr* (1985).

Jellicoe, Ann (* 15. 7. 1927 Middlesborough/Yorkshire). – Engl. Schriftstellerin, arbeitete als Regisseurin und als Schauspielerin; leitete den *Cockpit Theatre Club* in London und wurde Mitglied des königl. Hoftheaters. Ihre Dramen *Meine Mutter macht Mist mit mir* (1957, dt. 1970), *Was ist an Tolen so sexy* (1961, dt. 1963) verbinden handlungsarme, ritualisierte Spielformen mit Augenblickskomik und Kritik am männl. Herrschaftgebaren.

Jellinek, Oskar (* 22. 1. 1886 Brünn, † 12. 10. 1949 Los Angeles). – Österr. Schriftsteller und Dichter, floh 1938 in die USA. Sein lit. Werk umfaßt nahezu alle Gattungen, wobei bes. die Erzählungen große Beachtung fanden, da in ihnen am Beispiel seiner mährischen Landsleute grundsätzl. Lebensprobleme gestaltet werden, z. B. *Der Bauernrichter* (1925), *Das ganze Dorf war in Aufruhr* (1930), *Die Seherin von Daroschitz* (1933). 1950 erschien eine Gesamtausgabe seiner Novellen.

Jelusich, Mirko (* 12. 12. 1886 Semil/Nordböhmen, † 22. 6. 1969 Wien). – Österr. Autor, stammte von kroat. und sudetendt. Vorfahren. Während seine frühen lyr. Arbeiten, v. a. Gedichte und Dramen, weniger Beachtung fanden, gelang ihm der große Erfolg mit Geschichtsromanen, die sich großer Beliebtheit erfreuten, da er die geschichtl. Ereignisse nur zum Erzählanlaß nahm und den histor. Gestalten zeitgenöss. Handlungsmotive unterstellte, z. B. *Caesar* (1929), *Cromwell* (1933), *Talleyrand* (1954). Mit den Dramatisierungen seiner Romane fand er Anerkennung. Sein letzter Roman *Asa von Agder* (1965) erreichte frühere Erfolge nicht mehr.

Jens, Walter, Ps. *Walter Freiburger, Momos* (* 8. 3. 1923 Hamburg). – Dt. Schriftsteller, Professor für klass. Philologie und Rhetorik an der Universität Tübingen, Mitglied der »Gruppe 47«, seit 1976 Präsident des deutschen PEN-Clubs, Mitglied zahlreicher Akademien (z. B. Dt. Akademie f. Sprache u. Dichtung). Sein lit. Werk stand zunächst unter dem starken Einfluß Kafkas, doch suchte er bald neue lit. Gestaltungsweisen zu realisieren, in denen er lit. Tradition und wissenschaftl. Theorien zu sog. »intellektuellen« Romanen verband. Der bes. Reiz dieser Werke besteht in der brillanten Argumentation und rationalen, virtuosen Sprachtechnik, z. B. *Nein. Die Welt der Angeklagten* (1950), *Vergessene Gesichter* (1952), *Herr Meister. Dialog über einen Roman* (1963). Allgemein bekannt wurden seine Übersetzungen klass. Autoren, die Hör- und Fernsehspiele, etwa *Die rote Rosa* (1966), *Lessing und Heine* (1979), Essays wie *Statt einer Literaturgeschichte* (1957), *Die Götter sind sterblich* (1959), *Zur Antike* (1978). Auch als engagierter Publizist fand er mit *Die Verschwörung* (1974), *Der Ausbruch* (1975), *Der Fall Judas* (1975), *Republikanische Reden* (1976), *Geist und Macht in Deutschland* (1982) viele Leser. J. gilt als eine profilierte Gestalt des Kulturlebens der Gegenwart. Seine Geschichte der Universität Tübingen *Eine deutsche Universität* (1977) ist ein großartiges Zeugnis dt. Geistesgeschichte. Mit der Nachdichtung *Der Untergang* (1982) nach Euripides schuf er eine moderne Tragödie; in *Die Friedensfrau* (1986) aktualisierte er die Lysistrate des Aristophanes im Sinne der heutigen Friedensbewegung; in *Die Zeit ist erfüllt. Die Stunde ist da* (1990) publizierte er eine moderne Übersetzung des Markusevangeliums, in *Und ein Gebot ging aus* (1991) das Lukas-Evangelium. Zum Grimmjahr 1985 hielt er eine wegen ihrer rhetorischen Brillanz vielbeachtete Rede.

Jensen, Johannes Vilhelm (* 20. 1. 1873 Farsø, † 25. 11. 1950 Kopenhagen). – Dän. Schriftsteller und Arzt, lebte als Journalist in zahlreichen Staaten und schrieb mit seinen Berichten vorzügl. Beiträge zur Zeitgeschichte. 1896 veröffentlichte er den ersten Roman, *Danskere*, der Einflüsse des Symbolismus mit volksnaher Sprache zu einer eigenwilligen Gestaltung verbindet. Seine Lebensbejahung, die Gedanken des Darwinismus und die große Weltkenntnis zeigt der Romanzyklus *Die lange Reise* (1908–1922 in 6 Bdn., dt. 1915–1932). Die kurze Prosa, die zahlreiche Gattungen umfaßt, erschien 1907–1944 u. d. T. *Myter*. Auch mit den Gedichten, die unter dem Einfluß von Whitman und Kipling stehen, wirkte er, wie mit seinem gesamten Werk, das vollständig in dt. Übersetzung vorliegt, prägend auf die moderne Literatur. 1944 erhielt er den Nobelpreis für Literatur.

Jensen, Thit (* 19. 1. 1876 Farsø, † 14. 5. 1957 Kopenhagen). – Dän. Autorin, Schwester von Johannes Vilhelm J., suchte zunächst durch sozialpolit. Engagement für die Emanzipation der Frau zu wirken, z. B. mit *Den erotiske hamster* (1919), schrieb später v. a. histor. Romane: *Storken* (1929), *Valdemar Atterdag* (1940), *Den sidste valkyrie* (1954), *Gylden host* (1956).

Jentzsch, Bernd (* 27. 1. 1940 Plauen). – Dt. Schriftsteller, gab in der DDR die Reihe »Poesiealbum« heraus, in der er 1967–76 Lyrikbände internationaler Autoren und deutscher Dichter (Max Herrmann-Neiße; Barthold Hinrich Brockes u. a.) herausgab und so eine geistige Kontinuität des Kulturerbes sichern wollte. J. protestierte 1976 in einem offenen Brief an Erich Honecker gegen die Ausbürgerung Biermanns; emigrierte in die Schweiz. Während die Erzn. das Problem der Fiktionalität poetisch variieren, protestiert er in den Gedichten *Quartiermachen* (1978), *Irrwisch* (1985) offen gegen die politische Behinderung.

Jerome, Jerome Klapka (* 2. 5. 1859 Walsall/Stafford, † 14. 6. 1927 Northampton). – Engl. Erzähler und Dramatiker, begründete seinen Ruf als Humorist mit *Drei Männer in einem Boot* (1889, dt. 1897) und *Müßige Gedanken eines müßigen Kumpels* (1886, dt. 1893). 1892 gründete er mit anderen die Monatsschrift »The Idler« (dt. »Der Müßiggänger«). Erfolgreich waren auch das Drama *Der Fremde* (1910, dt. 1912) und der Roman *Anthony John* (1923, dt. 1924).

Jersild, Per Christian (* 14. 3. 1935 Katrineholm). – Schwed. Schriftsteller, seine vielgelesenen gesellschaftskrit. Romane führten in der Öffentlichkeit zu Kontroversen. J. ist Arzt und gestaltet zahlreiche Motive seiner Romane aus dieser Sicht. In Dtld. wurden bekannt *Die Schweinejagd* (1968), in der er von einem Beamten erzählt, der jeden Auftrag ausführt, *Wir sehen uns in Song My* (1970), die Geschichte vom Scheitern der Militärreformen in der Demokratie, *Die Insel der Kinder* (1976, dt. 1978) und *Das Haus zu Babel* (1978, dt. 1980). Mit dem Horrorroman *Eine lebende Seele* (1980), in dem J. von einem Gehirn erzählt, das lebendig in einem Labor aufbewahrt wird, gelang dem Autor ein Welterfolg.

Jessenin, Sergei Alexandrowitsch (* 3. 10. 1895 Konstantinowo, heute Jessenino/Gouv. Rjasan, † 25. 12. 1925 Leningrad). – Zahlreiche längere Reisen führten den sowjetruss. Lyriker u. a. in die USA. Er war mit Blok bekannt und nahm an den Treffen der Symbolisten teil. Enttäuscht von der Revolution, nahm er sich das Leben. Beeinflußt von Belyj, Blok und Kljuev, bestimmten Melancholie, naive Frömmigkeit, Vitalität und bildhafte, volkstüml. Sprache seine Lyrik. Dt. erschienen *Liebstes Land, das Herz träumt leise* (1958), *Gedichte* (1960) und *Trauer der Felder* (1970).

Jewett, Sarah Orne (* 3. 9. 1849 South Berwick/Maine, † 24. 6. 1909 ebd.). – Amerikan. Autorin, Hauptvertreterin der sog. »local-color«-Schule, stammte aus einer puritan. Kolonistenfamilie, stand mit den lit. Persönlichkeiten ihrer Zeit in regem Kontakt und gestaltete in knapper, stilist. exakter Weise in zahlreichen Kurzgeschichten das Ende der Romantik der Landnahmezeit. Mit den Kurzgeschichten wirkte sie als Vorbild auf zahlreiche Zeitgenossen, z. B. *Das Land der spitzen Tannen* (1896, dt. 1961), *Der weiße Reiher* (1886, dt. 1966).

Jewtuschenko, Jewgeni Alexandrowitsch (* 18. 7. 1933 Sima b. Irkutsk). – Russ. Lyriker, veröffentlichte schon 1949 seine ersten Gedichte. Bekannt wurde J. durch die Verserzählung *Stancija Zima* (1956). Diese Selbstdarstellung brachte ihm aber auch eine Maßregelung durch das Sowjetregime ein. Der

populäre Dichter konnte dennoch in den nachfolgenden Jahren zahlreiche ausgedehnte Reisen ins westl. Ausland unternehmen und seine Lyrik dort selbst vortragen. Weitere bekannte Gedichte J.s sind seine Kritik am Antisemitismus *Babij Jar* (1961) und seine lit. Reaktion auf die nachstalinist. Ära *Nasledniki Stalina* (1962), *Fuku* (dt. 1987). Ein Teil des lyr. Werkes von J. liegt in dt. Übersetzung vor, u. a. in den *Ausgewählten Gedichten* (1972); eine Erzählsammlung erschien 1985 u. d. T. *Wo die Beeren reifen*.

Jilemnický, Peter (* 18. 3. 1901 Geiersberg/Ostböhmen, † 19. 5. 1949 Moskau). – Slowak. Journalist, schrieb aktuelle Berichte und Romane über das Leben des slowak. Volkes aus der Sicht eines orthodoxen Marxisten, z. B. *Brachland* (1932, dt. 1935), *Ein Stück Zucker* (1934, dt. 1952), *Der Wind dreht sich* (1947, dt. 1951). Eine Gesamtausgabe erschien 1950 f.

Jiménez, Juan Ramón (* 24. 12. 1881 Moguer/Huelva, † 29. 5. 1958 San Juan/Puerto Rico). – Span. Dichter und Nobelpreisträger von 1956, stand mit der geistigen Elite Spaniens in enger Verbindung. Mit seinem vielfältigen Werk, das deutl. Einflüsse Azorins, Ortega y Gassets, Benaventes, Rubén Daríos und Gómez de la Sernas zeigt, ist er der führende Gestalter des Modernismo und wirkt als Vorbild für die span. Lyrik, bes. in Lateinamerika. Er lebte seit 1951 in Puerto Rico und begründete mit zart melod. Versen und der Hinwendung zur reinen Poesie eine neue lit. Tradition. Als bekannteste Texte gelten *Almas de violeta* (1900), *Ferne Gärten* (1904), *Melancoli* (1912), *Platero y yo* (1917). Eine dt. Ausw. ersch. 1958 u. d. T. *Herz, stirb und singe*.

Jirásek, Alois (* 23. 8. 1851 Hronow/Ostböhmen, † 12. 3. 1930 Prag). – Tschech. Historiker, vorübergehend polit. tätig. J. verfaßte Geschichtsromane in der Tradition des Professorenromans des 19. Jh.s. Heute werden die relativ wertlosen Werke staatl. gefördert, da sie nationales Gedankengut mit einer gehässigen Kirchenfeindschaft verbinden. Als typ. Beispiel wurde auch in Dtld. der Roman *Chodische Freiheitskämpfer* (1886, dt. 1904; neu 1952) bekannt. Seine Dramen blieben erfolglos.

Jirgal, Ernst (* 18. 1. 1905 Stockerau/Wien, † 17. 8. 1956 Wien). – Sehr vielseitiger österr. Schriftsteller, verfaßte einerseits Essays und krit. Schriften, andererseits Dramen, wie *Tantalus* (1946), und Erzählungen, z. B. *Erinnertes Jahr* (1947), v. a. aber zeitkrit. Gedichte, die sich wegen ihrer starken Intellektualität und verdichteten Aussage einer bequemen Betrachtung verschließen: *Landschaften* (1937), *Schlichte Kreise* (1955).

Jochumsson, Matthías (* 11. 11. 1835 Skógar, † 18. 11. 1920 Akureyri). – Isländ. Dichter, Theologe, Pfarrer und Journalist, gilt als der Begründer der modernen Lyrik seiner Heimat, wurde 1900 zum Dichter gekrönt. Seine Gedichte zeichnen sich durch virtuose, eindringl. Sprache aus, die deutl. der

Tradition nord. Dichtung, der geistl. Lyrik und nationalem Gedankengut verpflichtet ist. Er ist der Verfasser der isländ. Nationalhymne. Seine Theaterstücke sind sprachl. und gedankl. so überladen, daß sie auf der Bühne nur geringen Erfolg hatten.

Jodelle, Etienne, Sieur de (»Herr von«) Lymodin (* 1532 Paris, † Juli 1573 ebd.). – Franz. Dichter, genoß bereits mit 17 Jahren lit. Ruhm, stand in der Tradition Ronsards, gehörte zur Pleiade. Seine literaturhistor. Bedeutung liegt in den von ihm geschriebenen Renaissancedramen *Cléopâtre captive* (1552) und *Eugène* (1552), die die klass. franz. Tragödie begründeten. Die Forderung nach der Verwendung eines klass. Stoffes, der Einheit von Ort, Zeit und Handlung, die Durchführung in 3 Akten und die Reimform des Alexandriners blieben für zwei Jahrhunderte für das Theater verbindlich.

Jørgensen, Johannes, eigtl. *Jens J.* (* 6. 11. 1866 Svendborg/Fünen, † 29. 5. 1956 ebd.). – Dän. Zeitungsredakteur und Journalist, lebte lange Zeit in mehreren europ. Staaten. Von großer lit. Bedeutung ist die von ihm gegründete Zeitschrift Tårnet, die zum Sprachrohr des skandinav. Symbolismus wurde. In seinem Spätwerk wandte er sich religiösen Themen zu, die er, nachdem er zum Katholizismus konvertiert war, aus tiefem persönl. Erleben gestaltete. Bekannt wurden u. a. die Erzählungen *Das Reisebuch* (1895, dt. 1910), *Birgitta af Vadstena* (1941 bis 1947) und die Gedichte *Digte i Danmark* (1943).

Johannes Chrysostomos (* zwischen 344 und 354 Antiochia, † 14. 9. 407 bei Komana, heute Kayseri/Türkei). – Griech. Kirchenvater und bedeutender Prediger der Spätantike, der wegen seiner Sprachgewalt den Ehrennamen Chrysostomos (= Goldmund) erhielt. Obwohl er als Kirchenfürst und Patriarch von Konstantinopel aufgrund seiner asket. Forderungen zahlreiche Feinde hatte und sogar seines Amtes enthoben wurde, ist seine gewaltige Bedeutung für die Vermittlung antiker Kultur an das Christentum nicht zu unterschätzen. Außerdem sind seine Predigten hervorragende Geschichtsquellen. Berühmt und unersetzl. sind die erhaltenen 21 Predigten *De statuis* (sog. Säulenreden), sechs Bücher über das geistl. Amt und nahezu 250 Briefe.

Johannes von Neumarkt, Johann v. N. (* um 1310 Hohenmauth/Ostböhmen oder Neumarkt/Breslau, † 23./24. 12. 1380 Leitomischl). – Dt. Humanist, Briefschreiber und Begründer der Prager Kanzleisprache unter Kaiser Karl IV., wurde 1353 Bischof von Leitomischl, später von Olmütz und wirkte als Staatskanzler. Mit seiner Übersetzung der *Soliloquia animae ad Deum* (= Buch der Liebkosungen), einer Übertragung der Hieronymus-Vita für die Markgräfin von Mähren, und den Formelbüchern *Cancellaria* und *Summa cancellariae* wurde er zum Begründer der dt. Schriftsprache vor Luther. Typ. für seinen Sprachstil ist, daß er die dt. Spracheigentümlichkeit nicht beachtet, im Gegensatz zu Luther, sondern eine Literarisierung der Sprache im Geiste der lat. Grammatik und Rhetorik versuchte. In Verbindung mit Petrarca und Cola di Rienzo stehend, vermittelt er den Geist der ital. Frühhumanismus nach Dtld. Als Vorbild für Johannes von Tepl hat er große Bedeutung.

Johannes von Tepl, *J. von Saaz* (* um 1350 Sitbor, † ca. 1414 Prag). – Dt. Dichter, stammte aus dem spätmittelalterl. Bürgertum. J. studierte an der Universität Prag, erwarb die Magisterwürde, wurde Lehrer an der Lateinschule in Tepl, Rektor der Lateinschule in Saaz, Notar, Stadtschreiber und Gastwirt, um seinen Lebensunterhalt zu erwerben. Wie sein Lehrer Johannes von Neumarkt sammelte er Formelbücher. Vielleicht anläßl. des Todes seiner Frau schrieb er 1400 das *Streitgespräch zwischen dem Ackermann und dem Tod* und begründete damit die nhd. Dichtung. In diesem Streitgespräch geht es um die Rechtsordnung in einer Zeit, die durch polit. Wirren und geistesgeschichtl. Umbrüche im Glauben erschüttert ist. Der Tod rechtfertigt sein Tun als Werkzeug Gottes, doch tritt er aus seinem Recht, wenn er den Sinn des Daseins leugnet. Indem er sich in einer geschaffenen Welt als Prinzip des Nichts versteht, verliert er seinen Ort. Am Ende des Streitgesprächs fällt Gott als Richter das Urteil, in dem der Zwiespalt von irdischer Vergänglichkeit und Menschenwürde bestehenbleibt. Damit weist J. auf die Philosophie des Nikolaus Cusanus. Das Streitgespräch hatte in der dt. Literatur eine enorme Wirkung und wurde früh ins Tschechische übersetzt.

Johnson, Eyvind Olof Verner (* 29. 7. 1900 Svartbjörnsbyn/Norbotten, † 25. 8. 1976 Stockholm). – Schwed. Arbeiterdichter, empfing entscheidende Einflüsse durch die europ. Literaturen, die er als Diplomat in den Ursprungsländern studieren konnte. Bereits früh Mitglied der schwed. Akademie, wurde sein dichter. Werk 1974 mit dem Nobelpreis ausgezeichnet. Bes. Wirkung hatten Proust und Joyce auf seine Arbeiten, deren raffinierte Psychologie häufig auf autobiograph. Elemente zurückgreift. Weltweite Anerkennung fand er mit *Die Heimkehr des Odysseus* (1946, dt. 1948), *Eine große Zeit* (schwed. und dt. 1966), *Wolken über Metapont* (1957, dt. neu 1973), *Erzählungen* (schwed. und dt. 1974), *Reise ins Schweigen* (1968, dt. 1975) und *Notizen aus der Schweiz* (1976).

Johnson, James Weldon (* 17. 6. 1871 Jacksonville/Florida, † 26. 6. 1938 Dark Harbor/Maine). – Farbiger amerikan. Schriftsteller, wirkte in verschiedenen Berufen, zuletzt Diplomat in Südamerika. Große Beachtung fanden die mit seinem Bruder edierte Sammlung von Spirituals, der Roman *Der weiße Neger* (1912, dt. 1928) und die Gedichte *Gib mein Volk frei* (1927, dt. 1960).

Johnson, Samuel (* 8. 9. 1709 Lichfield, † 13. 12. 1784 London). – Engl. Schriftsteller, brach sein Studium aus finanzieller Not ab, arbeitete dann in vielen, meist gelehrten Berufen und stand mit den führenden Literaten der Zeit in regem Gedankenaustausch. Berühmt wurden seine *Biographischen und kritischen Nachrichten von englischen Dichtern* (1779 bis 1781, dt. 1781–1783), mit denen er die Literaturgeschichtsschreibung grundlegend förderte, und sein Werk *A Dictionary of the English Language* (1755). 1765 edierte er die Werke Shakespeares und leitete damit die europ. Shakespeare-Rezeption des 18. Jh.s ein, die in Dtld. über den Sturm und Drang und die Klassik bis in die Romantik wirkte. Als eigenständiger Dichter trat er mit der Satire *The Vanity of Human Wishes* (1749) und den Gedichten *London* (1738) hervor.

Johnson, Uwe (* 20. 7. 1934 Cammin/Pommern, †23./24. 2. 1984 Sheerness-on-Sea/Großbrit.). – Dt. Schriftsteller, studierte Germanistik in der DDR und emigrierte 1959 in die Bundesrepublik. Im Mittelpunkt seines lit. Schaffens steht die Teilung Deutschlands, deren Problematik er in eigenwilliger Sprache, die Einflüsse Faulkners und Joyces erkennen läßt, immer wieder neu gestaltet. Seine Sprache ist charakterisiert durch Montagen, inneren Monolog bis zur Zerstörung der Syntax und steten Wechsel der Erzählperspektive und -ebene. Große Anerkennung fand J., der auch zur »Gruppe 47« gehörte, u. a. mit *Mutmaßungen über Jakob* (1959), *Das dritte Buch über Achim* (1961), *Karsch und andere Prosa* (1964), *Zwei Ansichten* (1965), *Berliner Sachen* (1975), *Eine Reise nach Klagenfurt* (1974). *Jahrestage* (4 Bde. 1970–83) berichtet vom Prager Frühling und montiert Geschichte und Gegenwart, Weltpolitik und Erleben zu einer komplexen Darstellung. Zum Verständnis der Person und des Werkes sind die Frankfurter Vorlesungen *Begleitumstände* (1980) eine wichtige Quelle. Aus dem Nachlaß erschien 1985 der Roman *Ingrid Babendererde. Reifeprüfung 1953* (entstanden zwischen 1953 und 1956).

Johnston, William Denis, Ps. *S. W. Tocher* (* 18. 6. 1901 Dublin, † August 1984 ebd.). – Ir. Jurist, wurde Schauspieler und Theaterleiter, zuletzt Professor für Literatur in den USA. Seine expressionist. Dramen, etwa *The Old Lady says ›No‹* (1929), fanden große Anerkennung, während die frühen Stücke, die dem Impressionismus verpflichtet waren, sich nicht auf der Bühne halten konnten. Weltruhm erlangten die Dramen *Der Mond im gelben Fluß* (engl. und dt. 1931), *Eine Braut für das Einhorn* (1933, dt. 1935), *Der Blinde im Adamskostüm* (engl. und dt. 1938 mit E. Toller) und *The Dreaming Dust* (1940). Seine gesammelten Theaterstücke erschienen 1960; 1968 veröffentlichte er die Autobiographie *The Brazen Horn.*

Joho, Wolfgang (* 6. 3. 1908 Karlsruhe). – Dt. Schriftsteller, trat früh der kommunistischen Partei bei, wurde von den Nationalsozialisten verfolgt und nach dem Krieg in der DDR allgemein anerkannt. Hier gab er die Zeitschrift »Neue deutsche Literatur« heraus und wurde als Theoretiker und Romancier, z. B. *Der Weg aus der Einsamkeit* (1953), *Die Wendemarke*

(1957), *Abschied von Parler* (1972), *Der Sohn* (1974), ein Hauptvertreter des Sozialist. Realismus.

Johst, Hanns (* 8. 7. 1890 Seerhausen/Riesa, †23. 11. 1978 Ruhpolding). – Dt. Schriftsteller, arbeitete in dem traditionsreichen Pflegeheim Bethel, studierte, nahm am Ersten Weltkrieg teil und profilierte sich bald in der völkisch-nationalen Bewegung. Bereits 1916 war er mit dem expressionist. Drama *Der junge Mensch* weiten Kreisen aufgefallen. Es folgten *Der Einsame* (1917), *Der Anfang* (1917), *Der König* (1920) und *Thomas Paine* (1927). Mit *Schlageter* (1933) bekannte er sich voll zur Ideologie der Nationalsozialisten und wurde als preuß. Staatsrat 1935–1945 Präsident der Reichsschrifttumskammer und der Dt. Akademie der Dichtung. Hier war er für die einseitig nationale Tendenz der gesamten dt. Lit. in diesen Jahren ebenso mitverantwortlich wie für Berufsverbote. Nach dem Zusammenbruch des Dritten Reiches veröffentlichte er den Roman *Gesegnete Vergänglichkeit* (1955), der kaum beachtet wurde.

Jókai, Mór (* 18. 2. 1825 Komárom, †5. 5. 1904 Budapest). – Ungar. Schriftsteller, stammte aus altem Adel und wurde unter dem Einfluß der franz. Romantik zum Begründer einer ungar. Erzähltradition, die sich stark dem Realismus zuwandte und auch Elemente trivialer Gestaltungsweisen aufnahm. Bes. bekannt wurde *Türkenwelt in Ungarn* (1835, dt. 1855). Das umfangreiche Werk liegt in einer ungar. Gesamtausgabe und zahlreichen Übersetzungen vor.

Jokostra, Peter (* 5. 5. 1912 Dresden). – Dt. Autor, wirkte als Pädagoge in Ost-Berlin und emigrierte 1958 in die Bundesrepublik, wo er rasch als vielseitiger Literaturkritiker Anerkennung fand. Bes. seine genauen Kenntnisse des Lebens in der DDR machten seine Arbeiten allgemein interessant. Bekannt wurden die Gedichte *An der besonnten Mauer* (1958), *Hinab zu den Sternen* (1961), *Die gewendete Haut* (1966), *Als die Tuilerien brannten* (1970), *Das große Gelächter* (1974), *Feuerzonen* (1976) und Erinnerungen *Heimweh nach Masuren* (1982). Seine Autobiographie *Bobrowski und andere* (1967) gehört zu den wichtigsten Dokumenten über die DDR-Literatur.

Jones, James (* 6. 11. 1921 Robinson/Illinois, †9. 5. 1977 Southampton). – Amerikan. Erfolgsautor, fand in der ganzen westl. Welt begeisterte Anerkennung mit seinem Roman *Verdammt in alle Ewigkeit* (engl. und dt. 1951), in dem er im Stil des Neorealismus wirklichkeitsgetreu und z. T. abstoßend kraß die letzten Tage in einer amerikan. Kaserne in Pearl Harbor vor dem Luftüberfall der Japaner zu Beginn des Zweiten Weltkriegs darstellt. Der Roman fand auch als Film große Zustimmung und wurde durch seine offene Darstellung zu einem bedeutenden lit. Dokument, in dem die Sinnlosigkeit des Krieges nicht nur behauptet, sondern überzeugend dargestellt wird. In Dtld. wurden auch zahlreiche weitere Romane bekannt, u. a. *Die Entwurzelten* (1958, dt. 1959), *Die Pistole* (1958, dt. 1959), *Der tanzende Elefant* (1962, dt. 1963), *Das Messer* (1968, dt. 1971), *Mai in Paris* (1970, dt. 1971), *Das Sonnenparadies* (1973, dt. 1974) und *Im zweiten Weltkrieg* (1976, dt. 1977). 1979 erschien dt. der letzte Roman *Heimkehr der Verdammten.*

Jones, LeRoi *(Amiri Baraka)* (* 7. 10. 1934 Newark/New Jersey). – Afro-amerikan. Schriftsteller, studierte Literaturwissenschaft und gründete das *Black Arts Repertory Theatre* in Harlem, trat für die Black-Power-Bewegung ein und suchte auch die Eigenständigkeit der Black-Arts zu begründen. Nach seinem Übertritt zum Islam machte er sich für marxist. Positionen und eine panafrikan. Bewegung stark. Sein Werk, das alle Gattungen umfaßt, ist vornehmlich durch polit. Aktionismus geprägt und hat auf die emanzipator. Bewegungen auch in Europa Einfluß gewonnen. Bekannt wurden in Deutschland der Roman *Dantes System der Hölle* (1965, dt. 1966), die Gedichte *Vorwort zu einer zwanzigbändigen Selbstmordnotiz* (1961), einige dramatische und essayistische Arbeiten. Die Analyse der Black-Power-Bewegung führte J. dazu, auch in sehr intolerant-aggressiver Weise gegen die amerikan. Kultur vorzugehen, wobei er sprachlich Formen mündl. Erzählungen und einen artifiziellen, provokativen Kunstslang mischt.

Jones, Thomas Gwynn, Ps. *Rhufaw* (* 10. 10. 1871 Gwyndy Uchaf, † 7. 3. 1949 Aberystwyth). – Walis. Dichter und Professor für Literatur, verfaßte kunstvolle Gedichte, die Elemente der kelt. Dialektsprache aufnahmen, und sehr eigenwillige Prosa, in der er häufig auf Motive aus der Volkssage zurückgriff. Als glänzender Stilist erwarb er sich bes. Anerkennung mit seinen Übersetzungen ins Kymrische. Viel gelesen wurden die Romane *Marion* (1932), *Cymeriadau* (1933), *Y Dwymyn* (1944) und die Erzählung *Brithgofion* (1944). Fremdsprachige Übersetzungen liegen kaum vor, da der ästhet. Reiz der eigenwilligen Sprachmischung nicht nachgeahmt werden kann.

Jong, Adrianus Michael de (* 29. 3. 1888 Nieuw-Vossemeer, † 18. 10. 1943 Blaricum). – Niederl. Autor, trat als praktizierender Katholik hervor, der in seinem Werk Elemente der kath.-religiösen Tradition mit dem zeitgenöss. Gedankengut des Sozialismus verbinden wollte und in diesem Sinne den Gehalt der von ihm edierten Zeitschriften »Het Volk« und »Nu« prägte. In zunehmendem Maße wandte er sich dabei von der institutionalisierten Kirche ab und gestaltete in seinen Romanen sehr persönl. diesen eigenen Konflikt. In Dtld. wurden bekannt *Untergang* (1916, dt. 1921), *Herz in der Brandung* (1925–1928, dt. 1955), *Der krumme Lindert* (1930, dt. 1949), *Heller Klang aus dunkler Flöte* (1935–1938, dt. 1959).

Jong, Erica (* 26. 3. 1942 New York). – Amerikan. Schriftstellerin, studierte in New York und trat zunächst mit Gedichten an die Öffentlichkeit. Mit dem autobiograph. Roman *Angst vorm Fliegen* (1973, dt. 1976) fand sie allgemeine Anerkennung, da sie emanzipator. Gedanken mit sprachlichen Eigenheiten und einer offenen Darstellung sexueller Wünsche verband. Diese aggressive Form, weibl. Begierden auszusprechen, führte häufig zum Vorwurf der Pornographie, aber auch zu steigenden Umsätzen ihrer Bücher *Rette sich, wer kann* (1977, dt. 1978), *Fallschirme & Küsse* (1984, dt. 1985), *Fanny. Die wahre Geschichte der Fanny Hackabout-Jones* (engl. und dt. 1980).

Jonke, G(ert) F(riedrich) (* 8. 12. 1946 Klagenfurt). – Österr.-dt. Autor, lebt in der Bundesrepublik Deutschland und gilt als vielseitiger Lyriker und Meister der sprachl. Gestaltung, der humorvoll skurril mit zahlreichen Stilbrüchen, Verfremdungen und Dialektpassagen die Scheinwirklichkeit des Erlebens zeigt. Eine erste Auswahl der Gedichte, Erzählungen und dramat. Werke erschien 1973 u. d. T. *Im Inland und im Ausland auch.* Bes. beachtet wurden in der Folgezeit *Der ferne Klang* (1979), *Erwachen zum großen Schlafkrieg* (1982), *Der Kopf des Georg Friedrich Händel* (1988) und die »Theatersonate« *Sanftmut oder Der Ohrenmaschinist* (1990).

Jonson, Ben(jamin) (* 11. 6. 1573 Westminster, † 6. 8. 1637 ebd.). – Engl. Dichter, trat in die wandernde Schauspielgruppe Henslowe ein und war als Schauspieler geschätzt. Als Dichter wurde er zum entscheidenden Anreger und Gestalter des engl. Theaters vor Shakespeare. Zwar unterbrach er seine Tätigkeit bei der Bühne für einige Jahre, um als Erzieher zu wirken und in dieser Funktion bes. eine ausgedehnte Reise nach Frankreich zu unternehmen; jedoch fand gerade die Auseinandersetzung mit dem frühen klass. Theater Frankreichs in seinen Stücken ihren charakterist. Niederschlag. Als Bühnenautor wandte er sich allen Spielformen zu, wobei die sog. »comedy of humours«, die Charaktertypen mit höf. Maskeraden verband, etwa *Every man in his Humour* (1598), *Volpone oder der Fuchs* (1605, dt. 1612), *Der Alchemist* (1610, dt. 1836) und *Bartholomäusmarkt* (1614, dt. 1912), wegen des hintergründigen Humors und der oft derben Flegelhaftigkeit großen Zuspruch fanden. Sehr früh fand J. zu den entscheidenden lit. Persönlichkeiten der Zeit Zugang, wobei bes. seine Wirkung auf Shakespeare nicht zu unterschätzen ist. Sein Drama *Epicoene oder die schweigsame Frau* (1609) bearbeitete Stefan Zweig 1935 als Operntext für das gleichnamige Werk von Richard Strauss.

Josephson, Ragnar (* 8. 3. 1891 Stockholm, † 27. 3. 1966 Lund). – Schwed. Kunsthistoriker und Theaterleiter, trat mit einem vielfältigen Werk, in dem er sowohl geschichtl. als auch zeitgenöss. Themen aufgriff, an die Öffentlichkeit. Bes. Beachtung fanden seine Essays, in denen er sich mit kulturpolit. Fragen des schwed. Lebens in der ersten Hälfte des 20. Jh.s auseinandersetzte. Leider sind die Werke, die einen guten Einblick in schwed. Lebensverhältnisse geben, kaum im Ausland bekannt geworden. In Schweden fanden das Drama *Nyckelromanen* (1931), der Roman *Imperfektum* (1920), die Gedichte *Judiska dikter* (1916) und die Biographie *C. A. Ehrensvärd* (1963) bei konservativen Lesern sehr viel Beachtung.

Josephus, Flavius, eigtl. *Joseph ben Mathitjahn* (*37/38 n. Chr. Jerusalem, †ca. 100 n. Chr. Rom). – Jüd. Historiker und orthodoxer Pharisäer. J. geriet während der Kämpfe Kaiser Titus' im Heiligen Land in Gefangenschaft und erlebte selbst die Zerstörung des Salomonischen Tempels. In Rom wurde er bald als führender Kenner der jüd. Kultur und Geschichte respektiert, obwohl er sein Werk in griech. Sprache schrieb und deshalb nur einer kleinen gebildeten Schicht unmittelbar verständl. war. Während die 11 Bücher *Jüdische Archäologie* nicht immer zuverlässig sind, hat der siebenbändige *Jüdische Krieg* große Bedeutung, da er zum einen versucht, die Geschichte der Juden aus eigenem Erleben den Römern verständl. zu machen, zum anderen zahlreiche Hinweise auf Jesus bringt, die für die Frühgeschichte des Christentums unersetzl. Wert haben. Seine Autobiographie und andere Schriften sind nur in Bruchstücken erhalten.

Joshida Kenko oder *Kenko Hoshi*, eigtl. *Urabe Kaneyoshi* (*1283 Kyoto, †8. 4. 1350 ebd.). – Japan. Autor und Laientheologe, lebte als Samurai am Kaiserhof und zog sich, nachdem er in Ungnade gefallen war, zurück, um ganz der Meditation und buddhist. Lehre zu leben. In diesen Jahren verfaßte er die sog. *Tsurezuregusa* (dt. 1940), Gedanken und Notizen über das rechte Leben, die myst. Gedanken mit zeitgenöss. Rechtsvorstellungen verband. Die erhaltenen Aufzeichnungen sind Fragmente.

Joubert, Joseph (*7. 5. 1754 Montignac/Dordogne, †4. 5. 1824 Villeneuve-sur-Yonne). – Franz. Autor, trat bereits früh mit moralist. Essays hervor und erlangte nach 1778, als er an die Universität Paris berufen wurde, öffentl. Ämter und hatte Verbindung mit bed. Zeitgenossen wie Chateaubriand, Bonald oder Diderot. In seinen Schriften ist er dem Gedankengut der Aufklärung und der Enzyklopädisten tief verbunden, wurde jedoch zu Lebzeiten nicht sehr beachtet. Erst nach seinem Tod gab Chateaubriand seine Schriften u. d. T. *Pensées* heraus. Ihre Wirkung auf die franz. Lit. im 19. und 20. Jh. ist sehr groß.

Jouhandeau, Marcel, eigtl. *M. Provence* (*26. 7. 1888 Guéret/Creusel, †7. 4. 1979 Rueil-Malmaison/Paris). – Franz. Mathematiker und Schriftsteller, machte sich einen Namen als Autor des sog. »renouveau catholique«, einer lit.-philosoph. Strömung des 20. Jh.s, die sich um eine grundlegende Wandlung der kath. Religion im Sinne eines modernen Menschenbildes bemühte. In seinen vielschichtigen Werken gestaltet er meist das Leben einfacher Menschen aus der Provinz und zeigt, oft in selbstanklagender und demaskierender Weise, die brüchige bürgerl. Moral, aus der sich der Mensch durch Buße, Reue und Entziehung erlösen muß. In Dtld. wurden seine

Werke bes. nach dem Zweiten Weltkrieg bekannt, z. B. die Romane *Der junge Theophil* (1921, dt. 1957), *Die Princengrains* (1924, dt. 1966), *Herr Godeau* (1926, dt. 1966), *Der Heuchler oder Elise die Bilderstürmerin* (1950, dt. 1968), die Erzählungen *Elise erzählt* (1933, dt. 1968) und *Chaminadour* (3 Bde. 1934–1941; dt. Auswahl 1964). Mit seiner vierbändigen Autobiographie (1948–1958) schuf er ein wesentl. Werk zum Verständnis des franz. Katholizismus auch in seiner Beziehung zum Existentialismus. Mit der Abhandlung *Bausteine – Elemente einer Ethik* (1955, dt. 1958) wirkte er stark auf die kath. Literatur in Frankreich und Dtld.

Jouve, Pierre Jean (*11. 10. 1887 Arras, †8. 1. 1976 Paris). – Franz. Dichter, trat früh mit eigenwilliger Lyrik hervor und wandte sich vorübergehend nach seiner Konversion zum Katholizismus religiöser Dichtung zu. Die Gedichte dieser Phase sind geprägt durch das europ. Krisenerlebnis der Vorkriegsjahre, z. B. *Sueur de sang* (1933), oder sie gestalten unter starkem Einfluß der Psychoanalyse den Widerspruch von Weltfreude (Eros) und Zerstörung (Thanatos) mit dem Wunsch nach Erlösung, z. B. *Inventions* (1958), *Ténèbres* (1964). Auf die franz. Moderne hat er nachhaltig auch mit seinen Romanen, wie etwa *Paulina 1880* (franz. und dt. 1925), zahlreichen Übersetzungen und Musikkritiken gewirkt, die bis heute als Vorbilder anerkannt sind, etwa *Le Don Juan de Mozart* (1942) oder *La Musique* (in *Proses*, 1960). 1957 erschien eine dt. Auswahl seiner Gedichte.

Jovkov, Jordan (*9. 11. 1880 Žeravna b. Kotel, †15. 10. 1937 Plovdiv). – Bulgar. Schriftsteller, gilt gemeinsam mit Elin-Pelin als Begründer der modernen bulgar. Erzählkunst, in die er zahlreiche Elemente der europ. Romantik und des Realismus übernahm. Stoffl. ist er der Tradition der Dorfgeschichte verbunden, doch zeigt er immer wieder sehr exakt beobachtete Details, die er in der Zeit als junger Lehrer auf dem Lande festgehalten hat. Über seine Heimat hinaus wurden bekannt u. a. *Balkanlegenden* (1927, dt. 1959), das Lustspiel *Borjana* (1932, dt. 1943) und der Roman *Das Gut an der Grenze* (1934, dt. 1939).

Joyce, James Augustin Aloisius (*2. 2. 1882 Dathgar/Dublin, †13. 1. 1941 Zürich). – Ir. Romancier, begründete neben Musil und Broch den modernen Roman und gilt heute unbestritten als einer der bedeutendsten Dichter unseres Jahrhunderts. Nach einer intensiven und gründl. Schulbildung im Jesuitenkolleg studierte er 1898–1902 in Dublin Philosophie und Philologie, dann kurze Zeit in Paris Medizin. 1904 verließ er Irland und arbeitete als Schriftsteller und zeitweise als Lehrer in Triest, Paris und Zürich. In seinen letzten Lebensjahren, die er in Zürich verlebte, ließ sein Augenlicht bis zur Erblindung nach. Sein lit. Werk begann er als Lyriker mit den Gedichten *Kammermusik* (1907, dt. 1957), die bereits Elemente der späteren Texte erkennen lassen, doch bald tritt das erzählerische Moment in seinem Schaffen ganz in den Vordergrund. Früh verwendet er bereits das später virtuos beherrschte Stilmittel des inneren Monologs, etwa in den Kurzgeschichten *Dubliners* (1914, dt. 1928) oder dem teils autobiograph. Roman *Jugendbildnis* (1916, dt. 1926). Zum großen Anreger moderner Epik wird er mit *Ulysses*, einem Roman, an dem er sieben Jahre arbeitete und den er 1922 (dt. 1927, neu 1977) veröffentlichte. Das Werk fand nach dem Ersten Weltkrieg begeisterte Aufnahme und wirkte stil- und gattungsbildend. J. erzählt synchron das Leben zweier ir. Bürger (Odysseus = Leopold Blum; Telemachus = Stephen Dedalus) an einem Tag, wobei die äußeren Erlebnisse, Erfahrungen etc., immer im Spiegel des Bewußtseins gebrochen, völlig akausal in einem inneren Monolog erscheinen. Dabei zeigt Dedalus deutl. autobiograph. Elemente, die jedoch in der präzisen und auf das geringste Detail bezogenen Wirklichkeitsanalyse nicht biograph., sondern typolog. strukturell erscheinen; die Erzähltechnik wechselt stets Perspektive und Ebene, wobei die Handlung durch kurze Geschichten und Motive, die reihend verwendet werden, strukturiert wird. Auch der zweite große Roman J.s, *Finnegan's Wake* (1939), wirkt nachhaltig auf die moderne Lit., da hier neben die genannten Techniken bes. der Traum als Erlebnisweise des Unbewußten tritt. Die Werke des Dichters liegen heute in allen Weltsprachen vor.

Juana Inês de la Cruz, Sor, eigtl. *J. I. de Asbaje y Ramirez de Santillana* (* 12. 11. 1651 San Miguel de Nepantla, † 27. 4. 1695 Mexiko). – Mexikan. Dichterin, trat bereits als Kind in ihrer Heimat mit Gedichten hervor. In Mexiko lebte sie zunächst am Hof, zog sich aber bald in ein Kloster zurück. Hier lebte sie ganz ihrer Dichtung, wurde rasch weiten Kreisen bekannt und erhielt schon zu Lebzeiten den respektvollen Ehrennamen »Zehnte Muse«. Ihre individualist. Lyrik greift Elemente der Marienmystik auf. Auf ihren Stil hatten Góngora und Calderón nachhaltigen Einfluß. Bes. bekannt wurden die Verse *Sonetos* (hg. 1931) und *Neptuno alegórico* (1680). 1946 erschien dt. die zweisprachige Ausgabe des *Primero sueño*.

Juan de la Cruz, *Johannes vom Kreuz*, eigtl. *J. de Yepes y Alvarez*, gen. *Doctor Extatico* (* 24. 6. 1542 Fontiveros/Avila, † 14. 12. 1591 Ubeda/Jaén). – Span. Mystiker, reformierte mit der bedeutenden span. Mystikerin Theresia von Avila zahlreiche Orden und begründete die Klostergemeinschaft der unbeschuhten Karmeliter. Bald nach seinem Tode setzte eine große Verehrung ein, die in der Heiligsprechung von 1726 ihren Höhepunkt fand. Auf die geistliche Dichtung Spaniens wirkte er bes. mit dem *Cántico espiritual* (1576–1578), der bis in das 19. Jh. nachgedichtet wurde. Er vereinigte Themen des Hohen Liedes mit Elementen der Liebeslyrik und Marienmystik und hat die Volksfrömmigkeit der Zeit nachhaltig beeinflußt.

Juan Manuel, Infante Don (* 5. 5. 1282 Escalona/Toledo, † ca. 1348 Córdoba). – Span. Dichter aus dem Hochadel, erhielt eine umfassende Erziehung, die sich in seinem vielfältigen Werk, das Lyrik und Prosa umfaßt, spiegelt. Weltruhm erlangte er mit der Erzählung *Der Graf von Lucanor* (1335), die 1840 von Eichendorff ins Dt. übertragen wurde und starken Einfluß sowohl auf die Novellentheorie als auch auf die Erzählform der spätromant. und realist. Rahmenerzählung gewann. Auch im Humanismus und Barock wurde sein lit. Werk, das vielfältige span. Traditionen verbindet, als Vorbild geschätzt.

Juda Halevi, auch *J. ben Samuel,* arab. *Abdul Hasan* (* vor 1075 Tudela [?]/Nordspanien, † 1141 Ägypten). – Span.-jüd. Dichter und Theologe. Der Vermittler jüd.-arab. und christl. Kultur lebte als Arzt in Cordoba und Toledo und übertrug Elemente der arab. Dichtung in die jüd. Kult. Seine *Zionlieder* wurden von H. Heine u. d. T. *Hebräische Melodien* nachgedichtet. Seine Schrift *Al Chazari* gehört zu den frühesten Dokumenten, in denen die Religionen ohne Anspruch auf offenbarte Wahrheit miteinander verglichen werden.

Jünger, Ernst (* 29. 3. 1895 Heidelberg). – Dt. Dichter, Bruder von Friedr. Georg J., stammt aus einer wohlhabenden Bürgerfamilie, studierte nach Legionärsdienst und Teilnahme am Ersten Weltkrieg Biologie und Philosophie. Er gehört zu den interessantesten lit. Gestalten in Dtld., da sich in seiner geistigen Entwicklung und ungeheuren Wandlungsfähigkeit alle Spannungen und Krisen der dt. und europ. Geschichte des 20. Jh.s spiegeln. Bereits in seinen Tagebuchaufzeichnungen – diese Gattung bleibt für J. sein ganzes Leben die entscheidende Aussageform, da er in ihr reflektierend selbst gegenübertreten kann –, *In Stahlgewittern* (1920), *Das Wäldchen 125* (1925), tritt das zentrale Thema seines Werkes verdichtet in den Vordergrund: Nur in Extremsituationen kann der Mensch das Humanum erfahren (vgl. Heidegger), *Auf den Marmorklippen* (1939). Die simple Deutung nationalist. Zeitgenossen, die in Jüngers vielschichtigem und tief von Kulturbewußtsein gezeichnetem Werk eine Verherrlichung des Krieges sehen wollten, lehnte er stets angewidert als plebejisch ab. Bereits in *Afrikanische Spiele* (1936) verdichtet sich die Sprache zu einer leuchtenden Sachlichkeit, deren stilist. Vibration und inhaltl. Spannung intellektuell unerreicht ist. Immer deutlicher wird aber auch das zweite Thema seiner Weltsicht: Angesichts der Technik verliert das Leben alle menschl. Züge. Menschsein ist nur im Bestehen der steten Herausforderung vollziehbar. Diese Fragen beschäftigen ihn in seinen utop. Romanen, die häufig tagebuchartigen Charakter haben, während sich seine Tagebücher zu Utopien des Menschseins weiten, wie z. B. *Strahlungen* (1949), *Siebzig verweht* (1980; 1981). Weitere erzählende Texte sind u. a. *Der Weltstaat* (1960), *Subtile Jagden* (1967), *Sinn und Bedeutung* (1971), *Die Zwille* (1973), *Eine Begegnung* (1974), *Eumswil* (1977), *Aladins Problem* (neu 1985), der Kriminalroman *Eine gefährliche Begegnung* (1985), die autobiogr. Prosa *Zwei Mal Hal-*

ley (1987), *Die Schere* (1990), *Zeitsprünge. Träume* (1990). Daneben verfaßte er kulturkrit. Abhandlungen wie *Philemon und Baucis* (1974). J., der zu den bedeutendsten konservativen Dichtern Dtlds. im 20. Jh. gehört, hielt sich stets frei von Massenverehrung. Eine zehnbändige Ausgabe erschien 1960/65; eine Auswahlausgabe *Ausgewählte Erzählungen* erschien 1975 (neu 1985). Sämtliche Werke als Ausgabe letzter Hand werden seit 1978 publiziert.

Jünger, Friedrich Georg (* 1. 9. 1898 Hannover, †20. 7. 1977 Überlingen/Bodensee). – Dt. Dichter, Bruder von Ernst J., arbeitete als Jurist, später als freier Autor und stand wie sein Bruder bewußt in der konservativen geistigen Tradition. Früh wandte er sich der Lyrik zu, wobei er in den Werken Klopstocks, Hölderlins und Georges die formalen Vorbilder fand. Sein Werk, das von polit. Literaturkritikern z. T. abgelehnt wird, fand internat. höchste Anerkennung. Seine Gedichte wirken manchmal etwas epigonal. Bekannt wurden *Gedichte* (1934), *Der Taurus* (1937), *Die Perlenschnur* (1947), *Schwarzer Fluß und windweißer Wald* (1955). Seine ep. Texte, z. B. *Die Pfauen* (1952), *Kreuzwege* (1960), *Laura* (1970), zeigen sehr persönl. Elemente, wobei die sprachl. Meisterschaft sich in zunehmend verdichteter Hermetik zeigt. Als Essayist errang J. mit *Über die Perfektion der Technik* (1944) und *Sprache und Denken* (1962) großes Ansehen. In seinen letzten Lebensjahren wurde sein Werk wenig beachtet, da es nicht den mod. Trends der Zeit entgegenkam. 1979 erschien eine Gesamtausgabe und der nachgelassene Roman *Heinrich Marck.*

Jünger, Johann Friedrich (* 15. 2. 1759 Leipzig, †25. 2. 1797 Wien). – Dt. Dichter der Aufklärung, hatte mit seinen Lustspielen – sie erschienen gesammelt 1785–1789 u. d. T. *Lustspiele* –, etwa *Die Badekur* (1782), bei den Zeitgenossen großen Einfluß. Daneben war J. ein entscheidender Anreger der Schauspielkunst und wichtiger Vermittler der lit. Strömungen, da er sowohl über gute Beziehungen zu Theater und Verlagen als auch über zahlreiche Bekanntschaften in lit. Kreisen verfügte.

Julianus, Flavius Claudius →Iulianus Apostata.

Jung, Franz (* 26. 11. 1888 Neiße, †21. 1. 1963 Stuttgart). – Dt. Autor, einer der führenden und aktivsten Beiträger der expressionist. Zeitschrift »Die Aktion«. J. mußte nach 1933 als entarteter Künstler Dtld. verlassen und kehrte erst im hohen Alter aus dem Exil zurück. In seinem Werk ist die für zahlreiche Expressionisten typ. Wendung zum Sozialismus stark ausgeprägt, wobei seine sozialist. Ideen nicht theoret., sondern weitgehend aus persönl. Mitgefühl motiviert waren. Von seinen frühen Erzählungen ist heute nur noch *Opferung* (1916) bekannt. Zum Verständnis der expressionist. Generation ist seine Autobiographie *Der Weg nach unten* (1961) von Bedeutung. 1972–1973 erschien eine Auswahl u. d. T. *Die roten Jahre.*

Jungk, Robert, eigtl. *R. Braun* (* 1. 5. 1913 Berlin). – Dt. Futurologe, errang früh als Journalist beachtenswerte Erfolge. J. mußte während des Dritten Reiches Dtld. verlassen. In der Emigration schrieb er für die »Weltwoche« und den »Bund« und arbeitete als Autor und Regisseur bei Dokumentar- und Kulturfilmen. Nach der Rückkehr nach Dtld. widmete er sein ganzes Interesse der Zukunftsplanung und gilt heute, wenn auch von manchen Gruppen heftig attackiert, als profilierter Futurologe. Seine Schriften, etwa die Buchreihe *Modelle für eine neue Welt,* die er mit H. J. Mundt herausgibt, und zahlreiche Aufsätze greifen immer wieder auf dieses zentrale Thema unserer gegenwärtigen Existenz zurück. In Anerkennung seiner Verdienste wurde er 1965 Direktor des Instituts für Zukunftsfragen in Wien und 1968 Professor an der Technischen Universität Berlin. Aus seinem umfangreichen Gesamtwerk seien nur die wichtigsten Titel genannt, etwa *Die Zukunft hat schon begonnen* (1952), *Albert Schweitzer* (1956), *Heller als tausend Sonnen* (1956), *Strahlen aus der Asche* (1959), *Zeit der Experimente* (1964), *Die großen Maschinen* (1966), *Der Jahrtausend-Mensch* (1973), *Der Atomstaat. Vom Fortschritt in die Unmenschlichkeit* (1977), *Menschenleben* (1983), *Die große Maschine* (1986), *Und Wasser bricht den Stein* (1986). 1992 kandidierte J. für das Amt des österr. Bundespräsidenten.

Jungnickel, Max (* 27. 10. 1890 Saxdorf/Lkr. Bad Liebenwerda, †nach 1945, vermißt). – Dt. Schriftsteller, dessen Erzählwerk durch Liebe zum Detail und zarte, heitere und manchmal wehmütige Stimmungen charakterisiert ist. Es stellt sich damit ganz bewußt in die Tradition des lit. Biedermeier und der Spätromantik, wobei er auch Märchen und Märchenspiele neu belebt. Gern gelesen wurden *Der Himmelschneider* (1913 Bühnenfassung) und *Der Sturz aus dem Kalender* (1932). Seine Memoiren *Gesichter am Wege* (1937) zeichnen Begegnungen mit vielen Zeitgenossen nach, wurden aber, bedingt durch die nachfolg. histor. Ereignisse, nur kurze Zeit beachtet.

Jung-Stilling, Johann Heinrich, eigtl. *J. H. Jung* (* 12. 9. 1740 Grund/Lkr. Siegen, †2. 4. 1817 Karlsruhe). – Dt. Dichter, erwarb sich autodidakt. ein vielfältiges, oft recht krauses Wissen und kam durch intensive Medizinstudien bald zu großem Ruhm als Augenarzt und universaler Hochschullehrer. In Straßburg begegnete er als Student Herder und dem jungen Goethe, doch ließ er sich durch deren aufklärerische bzw. vom Sturm und Drang geprägte Dichtung kaum beeinflussen. Er begann bald darauf mit der Niederschrift des sechsbändigen Romans *Johann Heinrich Jung's, genannt Stilling, Lebensgeschichte* (1777–1816), die, als Autobiographie angelegt, auf Elemente des Sensualismus verweist und als bedeutendstes Zeugnis des lit. Pietismus gilt. Auf die Zeitgenossen (Klassiker und Romantiker) hat das Werk einen gewaltigen Einfluß ausgeübt.

Jurčič, Josip (*4.3. 1844 Muljava/Slowenien, †3.5. 1881 Laibach). – Slowen. Autor, lebte als Journalist und wandte sich bald gesellschaftskrit. Romanen zu, mit denen er in der slowen. Dichtung eine neue Gattung begründete. Indem er sich der überschaubaren Ordnung des Dorfes in seinen Werken zuwandte, gestaltete er eine Realität, die auch von einfachen, unverbildeten Lesern nachvollzogen werden konnte. In Dtld. wurde nach dem Zweiten Weltkrieg sein R. *Zigeuner, Janitscharen und Georg Kozjak* (1864, dt. 1957) erneut beachtet.

Juschkewitsch, Semjon Solomonowitsch (*7.12. 1868 Odessa, †12.2. 1927 Paris). – Russ. Schriftsteller, in seinen frühen Arbeiten stark von Gorki beeinflußt, wandte sich dann zunehmend vom revolutionären Gedankengut und von naturalist. Gestaltungsweisen ab und schilderte recht gefühlvoll das Leben der osteurop. Juden, wobei die Erzählungen auch vereinzelt satir. Stilelemente aufweisen. Dt. erschienen u.a. *Das*

Ghetto (russ. u. dt. 1903), *Der Hunger* (russ. u. dt. 1905), *Komödie der Ehe* (russ. u. dt. 1911). 1920 floh J. nach den revolutionären Ereignissen in seiner Heimat nach Frankreich.

Just, Béla (*15.1. 1906 Budapest, †7.7. 1954 Palma de Mallorca). – Ungar. Schriftsteller, arbeitete im Exil als Lehrer und Schulleiter. Seine Romane, die Gesellschaftskritik mit starken realist. Stilelementen vortragen, suchen immer wieder die Frage nach der Freiheit des Menschen in der modernen Welt zu gestalten. Da er interessante Themen aus der Zeitgeschichte seiner ungar. Heimat aufgriff, fand er auch in Dtld. bes. nach dem Aufstand von 1956 zahlreiche Leser, z.B. mit dem Priesterroman *An den Pforten der Hölle* (franz. und dt. 1951), *Viktor ging ohne Krawatte* (dt. 1956), einer glänzenden Ironisierung des sinnlosen Kampfes des Menschen gegen gesellschaftl. Vorurteile, und *Masken* (dt. 1958).

Juvenalis → Iuvenalis, Decimus Junius

K

Kaalund, Hans, Vilhelm (*27.6. 1818 Kopenhagen, †27.4. 1885 ebd.). – Dän. Dichter, arbeitete auch als bildender Künstler. K. stellt in der dän. Kunst die entscheidende Gestalt am Übergang von der Romantik zum Realismus dar. Starke Wirkung auf sein Werk ging von der dt. Kunsttradition aus; dies wird bes. in seiner romant. geprägten Lyrik deutlich. 1845 fanden *Fabler for Børn* (Tiergeschichten) in seiner Heimat große Beachtung. Sie wurden z.T. auch ins Dt. übersetzt.

Kabeš, Petr. (*21.6. 1941 Pardubitz). – Tschech. Dichter, arbeitete bis zum Prager Frühling bei der später verbotenen Zeitschrift »Sešity«, unterzeichnete die »Charta 77« und erhielt daraufhin Publikationsverbot. Seine Gedichte *Kurze Sommerprozesse* (1965) und *Die tote Saison* (1968) sind auch in Deutschland erschienen, während die weiteren Arbeiten nur in Privatdrucken zugänglich sind. K. gehört zu den bedeutendsten Lyrikern seines Landes.

Kabir (*um 1440 Benares, †1518 Maghar). – Ind. Dichter, verlebte seine Jugend als Findelkind in einer Handwerkerfamilie und wandte sich bereits früh religiösen Fragen zu. Als Lehrer der Panthis löste er sich von der traditionellen Wischnu-Verehrung und verfaßte zahlreiche geistl. Texte. Leider ist es heute kaum mögl., die unter seinem Namen überlieferten Texte auf ihre Echtheit zu prüfen. Wahrscheinl. stammen die Gedichte *Bījak* (Tagore übertrug 1915 ins Dt. *Hundert Gedichte Kabirs*) zum größten Teil von ihm.

Kaden-Bandrowski, Juljusz (*24.2. 1885 Rzeszów, †6.8. 1944 Warschau). – Poln. Schriftsteller, zunächst Musiker, wandte sich nach dem Ersten Weltkrieg dem Journalismus zu und wurde rasch zu einer zentralen Gestalt des geistigen Lebens des jungen poln. Staates. Als Generalsekretär der Akademie für Literatur und als polit. aktiver Mitarbeiter Pilsudskis gewann er mit seinen lit. Arbeiten, die starke expressionist. Einflüsse aufweisen, allgemeine Anerkennung, da er mit seinen Themen Probleme aus dem Leben der Zeitgenossen aufgriff. In Dtld. hatten seine beiden übersetzten Werke *Bündnis der Herzen* (1929) und *General Barcz* (1929) vorübergehend Erfolg.

Kästner, Erhart (*14.3. 1904 Augsburg, †3.2. 1974 Staufen/Breisgau). – Dt. Schriftsteller, zunächst Bibliothekar in Dresden, dann enge Beziehung zu Gerhart Hauptmann, für den er 1936 bis 1938 in Agnetendorf an der Gründung des Hauptmann-Archivs mitwirkte. Nach dem Zweiten Weltkrieg leitete er die berühmte Herzog-August-Bibliothek in Wolfenbüttel und schuf hier ein Zentrum der europ. philolog. Forschung, das heute Weltruhm genießt. In seinem lit. Werk ist er ein Gestalter des mediterranen Raumes, den er in zahlreichen Reisen kennengelernt hat. Viel beachtet wurden die ep. Schriften, die oft autobiograph. Elemente zeigen und Elemente des Tagebuchs, der Reisebeschreibung und Erzählung verbindet, z.B. *Kreta* (1946), *Das Zeltbuch von Tumilad* (1949), *Ölberge, Weinberge* (1953), *Die Stundentrommel vom hl. Berg Athos* (1956), *Die Lerchenschule* (1964), *Aufstand der Dinge* (1973), *Der Hund in der Sonne* (1975), *Griechische Inseln* (1975).

Kästner, Erich Ps. *Melchior Kurtz, Robert Neuner* (*23.2. 1899 Dresden, †29.7. 1974 München). – Dt. Dichter, ließ sich nach Wehrdienst und verschiedenen Berufen 1927 in Berlin als Schriftsteller nieder und wurde schon bald durch seine hervorragenden Kinderbücher berühmt, z.B. *Emil und die Detektive* (1929), *Pünktchen und Anton* (1930), *Das fliegende Klassenzimmer* (1933), *Emil und die drei Zwillinge* (1935), später durch *Das doppelte Lottchen* (1949), *Die Konferenz der Tiere* (1950), *Das Schwein beim Frisör* (1962) und *Der kleine Mann* (1963). Wegen seiner polit.-kabarettist. Texte hatte er im Dritten Reich Schreibverbot, obwohl die UFA zu ihrem Jubiläum das Buch für den Film *Münchhausen* von ihm schreiben ließ. Bereits vor 1933 mit satir. Texten gegen Militarismus, Faschismus, Spießbürgertum und Dummheit hervorgetreten, etwa in *Fabian* (1931), *Gesang zwischen den Stühlen* (1932), schrieb er 1935 mit der *Lyrischen Hausapotheke* auch einen unpolit. Gedichtband. Daneben entstanden zahlreiche Romane und Erzählungen, wie *Drei Männer im Schnee* (1934), *Die verschwundene Miniatur* (1936), *Der kleine Grenzverkehr* (1949), und weitere Gedichtbände, wie *Bei Durchsicht meiner Bücher* (1946), *Der tägliche Kram* (1948), *Die 13 Monate* (1955), und die Komödien *Das lebenslängliche Kind* (1934), *Zu treuen Händen* (1948), *Die Schule der Diktatoren* (1949). K. gehörte zu den Gründern des Nachkriegskabaretts »Die kleine Freiheit«, für das er zahlreiche Texte schrieb. In den letzten Jahren veröffentlichte er seine Erinnerungen *Als ich ein kleiner Junge war* (1957), Tagebücher *Notabene 45* (1961), Neuauflagen seiner Gedichte *Lärm im Spiegel* (1929, neu 1971) und *Der Zauberlehrling* (1974).

Kaffka, Margit (*10.6. 1880 Nagykároly, †1.12. 1918 Budapest). – Ungar. Dichterin, enge Verbindung zu E. Audy, der ihr lyr. Werk nachhaltig beeinflußte. Bald wandte sie sich jedoch von den poet.-lyr. Gestaltungen ab und schrieb Romane, in denen sie für die Emanzipation der Frau bes. in der durch starke Traditionen geprägten ungar. Gesellschaft eintrat. Ins Dt. wurde der Roman *Farben und Jahre* (1912, dt. 1958) übersetzt, doch fand er nur wenig Beachtung.

Kafka, Franz (*3.7. 1883 Prag, †3.6. 1924 Kierling/Wien). – Österr. Dichter, studierte in Prag Jura und promovierte zum Doktor der Rechte. Er praktizierte am Landes- und Strafgericht und arbeitete anschließend 14 Jahre für eine Versicherung. Daneben schrieb er Erzählungen, die nach seinem Tod, bes. nach dem Zweiten Weltkrieg, große Berühmtheit erlangten und heute zu den bedeutendsten lit. Werken unseres Jh.s zählen. Bereits 1917 erkrankte K. an Tuberkulose, mußte seinen Beruf aufgeben und lebte vorübergehend in Berlin, dann bis zu seinem Tod in Wien. In der Zeitschrift »Hyperion« hatte er bereits 1909 erste Skizzen veröffentlicht, doch erst die Erzählungen *Das Urteil* (1916), *Die Verwandlung* (1916), *Ein Landarzt* (1919), *In der Strafkolonie* (1919) und *Ein Hungerkünstler* (1924) wurden von einigen wenigen Zeitgenossen, bes. seinem Freund Max Brod, in ihrer Bedeutung erkannt. K.s privates Leben, das durch zahlreiche Schwicrigkeiten gekennzeichnet war – er war zweimal mit Félice Bauer verlobt (*Briefe an Félice,* hg. 1967) –, spiegelte sich auch in seiner Dichtung. Förderung und anregende Hilfe fand K. durch André Breton und durch die Gruppe »Minotaure«. K.s zentrales Thema ist der Mensch in seiner Vereinsamung und seiner persönl. Entfremdung, die ihn den Nächsten, die Gesellschaft und alle staatl. Institutionen sowie die Allmacht Gottes als unerkennbare, bedrohende Wirklichkeiten erfahren läßt. Der Mensch erfährt sich in einer ihn bedrohenden Welt notwendig als schuldig, ohne jemals zu erfahren, durch welche Handlung er Schuld auf sich geladen hat. Dieser Grundkonflikt des Menschen in einer entmenschlichten Welt wird von K. in visionäre Bilder umgesetzt, die z.T. Züge der Traumlandschaften Jean Pauls aufweisen. Auffallend ist, daß männl. Gestalten, wenn sie nicht selbst als Opfer erscheinen, zu Allegorien der Vernichtung werden. Seine Werke wurden in ihrem Wert von Camus und Sartre, engl. und amerikan. Autoren erkannt. Die Aufnahme in Dtld. vollzog sich über die Rezeption aus dem Ausland. Erst nach 1950 erschien die erste – öffentliche – dt. Ausgabe. Sein Freund, Biograph und oft angegriffener Hg. M. Brod publizierte die Romanfragmente *Der Prozeß* (1925), *Das Schloß* (1926; hierzu schuf er auch eine Bühnenbearbeitung), *Amerika* (1927), *Beim Bau der Chinesischen Mauer* (Erzählung 1931) und *Hochzeitsvorbereitungen auf dem Lande und andere Prosa aus dem Nachlaß* (1953), die der Dichter nach seinem Tode vernichtet wissen wollte. Die *Tagebücher* (entstanden 1910–23) erschienen fragmentar. 1937, vollständig 1951. Bes. die Aufzeichnungen von 1910–16 sind als Zeitdokumente von hohem Wert. *Gesammelte Werke* erschienen zuletzt 1976 in 7 Bdn.

Kagawa, Toyohiko (*10.7. 1888 Kobe, †23.4. 1960 Tokio). – Japan. Autor, konvertierte früh zum evangel. Christentum und publizierte nach dem Studium der Theologie zahlreiche lit. Arbeiten, mit deren Erlös er v.a. soziale Hilfen finanzierte. In allen Gattungen erfolgreich, fand in Dtld. die Übersetzung *Auflehnung und Opfer* (1929) breite Anerkennung.

Kahlau, Heinz (*6.2. 1931 Drewitz/Potsdam). – Dt. Schriftsteller und Arbeiter, Autodidakt, wurde durch den Einfluß Brechts sehr stark geprägt. Dies machte sich bes. in seinen Gedichten bemerkbar, z.B. *Hoffnung lebt in den Zweigen der Caiba* (1954), *Probe* (1956), *Du* (1971), *Flugbrett für Engel* (1974), *Wie fand der Fritz grad, krumm und spitz?* (1976), *Bögen* (1981), *Daß es dich gibt, macht mich heiter* (1983). Daneben trat er auch als Autor von Kinder-, Fernseh- und Hörspielen hervor, schrieb Übersetzungen (Bellman, Ady, Arghezi u.a.) und literaturtheoret. Schriften.

Kaikaus, Ebn Eskandar Ebn Ghabus (*1021 oder 1022, †1098 oder 1099). – Pers. Fürst, schrieb mit dem *Nasihatname* (auch u.d.T. *Ghabusname*) ein Werk, das die höf. Sitten charakterisiert und daher zu den wichtigsten kulturhistor. Dokumenten des Orients gehört. Dt. liegcn nur auszugsweise Übersetzungen vor, etwa Buch des Kabus (1811).

Kaikō, Ken, auch Kaikō, Takeshi (*30.12. 1930 Osaka). – Japan. Schriftsteller, studierte Jura und arbeitete für die Werbung. Aus dieser Tätigkeit gewann er die Grunderfahrung seiner lit. Werke, in denen er die Gefährdung des Individuums in der anonymen Gesellschaft gestaltet. Immer wieder beschreibt er das Elend des einzelnen, die sozialen Fragen und die Angst in den Kriegswirren, etwa *Japanische Dreigroschenoper* (1959, dt. 1967). K. schrieb auch zahlreiche Reportagen über den Vietnamkrieg.

Kaiser, Georg (*25.11. 1878 Magdeburg, †4.6. 1945 Ascona). – Dt. Dichter, arbeitete zunächst als gelernter Kaufmann in Argentinien, Spanien und Italien, begann jedoch bald unter dem Einfluß von Wedekind, Strindberg, Hofmannsthal und George ein sehr eigenständiges dramat. Werk zu veröffentlichen, das ihn als sog. »Denkspieler« bald zu einem führenden Repräsentanten des Expressionismus machte. Seine Theaterstücke, in denen einfache und normale Bürger meist in extremen Situationen gezeigt werden oder sich gegenüber beherrschenden Gegenspielern bewähren sollen, wirkten durch ihre stark verknappte Handlungsführung und expressive Sprachgestaltung, die von keinem Zeitgenossen erreicht wurde. Sein Drama *Die Bürger von Calais* (1914) wurde bald ein Welterfolg, da sich das Bürgertum hier nicht angegriffen fühlte. Die anderen Stücke mußten sich erst gegen den Willen der Zeitgenossen durchsetzen, da sie in der oft schonungslosen Reduzierung des Menschen auf seine Konflikte und in der Selbstbloßstellung des »Ecce homo«-Gestus einen Angriff auf das »gesunde« bürgerl. Selbstverständnis erblickten. Von den über

70 Dramen K.s liegt heute noch keine Gesamtausgabe vor; ledigl. eine Werkausgabe von 1971 in 6 Bdn. enthält die wichtigsten Stücke. Heute finden seine Werke allgemeine Beachtung; bes. berühmt sind die für den Expressionismus typ. Schauspiele *Von Morgens bis Mitternachts* (1916), *Gas I* (1918), *Gas II* (1920), *Kolportage* (1924), *Der Präsident* (1927), *Oktobertag* (1928), *Mississippi* (1930), Sein Spätwerk – *Der Gärtner von Toulouse* (1938), *Der Soldat Tanaka* (1940), *Die Spieldose* (1942) – sowie seine Romane und Erzählungen fanden nicht die Beachtung wie die frühen Dramen, da er hier weder mit den expressiven Stilmitteln so meisterhaft zu spielen verstand, noch allgemein interessierende Themen aufgriff. Im Dritten Reich verboten und 1938 exiliert, erfolgte in den fünfziger Jahren eine neue Rezeption, die stark auf das Gegenwartstheater Einfluß gewann.

Kaiser, Joachim (*18.12. 1928 Milken/Ostpreußen). – Dt. Schriftsteller, Prof. für Musikwissenschaft und bedeutender Kulturkritiker, war nach dem Studium der Literatur- und Musikwissenschaft bei führenden lit. und kulturellen Zeitschriften tätig, gehörte zur Gruppe 47, trat 1958 in die Redaktion der Süddeutschen Zeitung und wurde 1977 Professor in Stuttgart. Seine sprachlich sehr anspruchsvollen Kritiken und Essays wurden zu Vorbildern der Gattung. Als Buchautor trat er mit *Große Pianisten in unserer Zeit* (1965), *Beethovens 32 Klaviersonaten und ihre Interpreten* (1975), *Erlebte Musik* (1977), *Mein Name ist Sarastro* (1984) an die Öffentlichkeit.

Kaiserchronik. – Die K. entstand in der ersten Hälfte des 12. Jh.s als Gemeinschaftsarbeit Regensburger Geistlicher im Zuge der erneuten Zuwendung zur volkssprachl. Literatur. Falsch ist die bisher oft vertretene Ansicht, daß sich in dem Werk, das zahlreiche Legenden und Sagen verbindet und 17 284 Verse umfaßt, Einflüsse des Weltbildes des Augustinus und der Reform von Cluny finden. Die K. ist ein merkwürdig selbständiger Text, der die Geschichte des Reiches von den Römern bis zur Kreuzzugspredigt des Bernhard von Clairvaux erzählt. Zahlreiche spätere Fortsetzungen sind erhalten.

Kalenter, Ossip, Ps. f. *J. Burckhardt* (*15.11. 1900 Dresden, †14.1. 1976 Zürich). – Dt. Schriftsteller, schrieb ansprechende Lyrik, z.B. *Herbstliche Stanzen* (1923), *Das gereimte Jahr* (1953), und zahlreiche Erzählungen, wie *Soli für Füllfeder mit obligater Oboe* (1951), *Rendezvous um Mitternacht* (1958) u. a. K. lebte lange in Italien und emigrierte nach der Machtergreifung über Prag in die Schweiz.

Kalevala. – Finn. Nationalepos, wurde von Elias Lönnrot unter starkem Einfluß der europ. Romantik zusammengestellt. Es umfaßt 50 Gesänge (Runen) mit 22 295 Versen und schildert den Kampf der Völker Kalevalas und Pohjolas. Lönnrot sammelte die Lieder, die er um den Sänger Väinämöinen gruppiert, bei den zurückgezogen lebenden finn.-karel. Völkern an der Ostgrenze und publizierte den Text 1835. Die K. gibt einen Überblick über die Geschichte des finn. Volkes, wobei zahlreiche alte Zauberformeln und gnomische Texte Eingang fanden. Auch die lyr. Texte *Kanteletar* (1849), die Lönnrot auf die gleiche Weise zusammenstellte, hatten einen großen Einfluß auf die nationalstaatl. Bewegung Finnlands, da die finn. Literaturbetrachtung bald die *Kalevala* und die *Kanteletar* neben die bedeutendsten Zeugnisse der europ. Dichtung wie die Werke Homers, das Nibelungenlied oder den Ossian stellte. Eine dt. Ausgabe erschien 1967 u.d.T. *Kalevala. Das finnische Epos des Elias Lönnrot.*

Kalhana (*Anfang des 12. Jh.s, †um 1150). – Ind. Historiker. K. schuf mit dem Epos *Rājataran ginī* = Strom der Könige) auf der Grundlage von zahlreichen sagenhaften Überlieferungen und eigenen Erfahrungen eine wichtige Darstellung der Geschichte seines Landes in Sanskrit. Das Werk wurde mehrfach fortgesetzt und hat für die vergleichende Sprachwissenschaft, bes. die Indogermanistik, großen Wert. Als histor. Quelle kann es nur für die Lebenszeit des Verfassers verwendet werden.

Kālidāsa. (Ende 4. Jh./Anfang 5. Jh. n. Chr.). – Bedeutendster ind. Dichter der klass. Zeit. Über sein Leben ist kaum eine glaubwürdige Nachricht erhalten, so daß sich Sagen und Mythen um seine Person ranken. Als Meister der Form und Sprache schrieb er mit *Abhijñāna-śakuntalā* ein beispielhaftes Drama, das einen internationalen Märchenstoff (Heirat eines Königssohnes gegen den Willen seines Vaters mit einem einfachen Mädchen) gestaltet. Mit den Epen *Kumārasambhava* und *Raghuvamśa*, in denen er Stoffe aus der Mythologie aufgriff, wirkte er auf die Ausprägung der ind. Religiosität im 5. Jh. n. Chr. Das Gedicht *Meghadūta* scheint ohne histor. Vorbilder entstanden zu sein. Dt. Übersetzungen erschienen bes. im 19. Jh., als sich die Romantik der Erforschung der indogerm. Sprachen widmete.

Kallas, Aino Julia Maria (*2.8. 1878 Wyborg, †9.11. 1956 Helsinki). – Finn. Schriftstellerin, wurde in ihrer Heimat mit zarten Gedichten und autobiograph. Skizzen bekannt, ihren internationalen Ruf verdankt sie jedoch ihren ep. Werken, in denen sie den Kampf um die Freiheit Estlands eindrucksvoll gestaltete. In den dreißiger Jahren, als Dtld. polit. in enge Bindung zu Finnland trat, fanden die Romane auch außerhalb ihrer Heimat ein breites Publikum, z. B. *Fremdes Blut* (1921), *Sankt Thomasnacht* (1935) und die Erzählungen u. d. T. *Der tötende Eros* (1929).

Kallimachos (*zwischen 310 und 300 v. Chr. Kyrene, †ca. 240 v. Chr. Alexandria). – Bedeutendster hellenist. Dichter, Schüler des Hermokrates von Iasos und des Praxiphanes von Mytilene. Seine lit. Bedeutung liegt vor allem darin, daß er für die wichtige antike Bibliothek in Alexandria einen Katalog erstellte und sie damit für Jahrhunderte als Zentrum der Wissenschaft erschloß. Sein eigenes lit. Werk, 6 Hymnen und 63

Epigramme, ist Fragment eines größeren Œuvres. Leider sind seine *Aitia*, in denen er zahlreiche Sitten und Bräuche nach ihrer Entstehung erklärt, nur sehr bruchstückhaft überliefert; sie haben aber auf zahlreiche Dichter der Folgezeit, etwa Catull, starken Einfluß ausgeübt. Als typ. Vertreter der Spätzeit kennt er keinerlei formale Schwierigkeiten.

Kaltneker, Hans, eigtl. *K. von Wahlkampf,* Ps. *H. von Wahlkampf* (*2.2. 1895 Temesvar, †29.9. 1919 Gutenstein/Niederösterr.). – Österr. Schriftsteller, stammte aus einer alten Offiziersfamilie, wandte sich jedoch von der bürgerl.-konservativen Weltsicht ab und schrieb, aufgerüttelt durch die grauenhaften Erlebnisse des Ersten Weltkrieges, frühvollendete expressionist. Texte, Lyrik, Prosa, Dramen, in denen er gegen die allgemeine Weltzerstörung und den sinnlosen Menschenhaß eine umfassende Liebe stellte. Die eindrucksvollen Texte sind in den letzten Jahren wieder stärker beachtet worden. Viel diskutiert von den Zeitgenossen wurden z. B. *Die Opferung* (1918), *Das Bergwerk* (posthum 1921), *Die Schwester* (1924 posthum).

Kalvos, Andreas, eigtl. *A. Ioannidis* (*April 1792 Sakinthos, †3.11. 1869 Keddington/Louth). – Griech. Dichter, lebte in zahlreichen europ. Staaten und trat als Lyriker ganz bewußt für die nationalstaatl. Bewegung in seiner Heimat ein. Dabei verband er antike Gedanken mit dem Ideengut der polit. Romantik. Noch heute werden seine Oden in Griechenland als bedeutende Zeugnisse des neuerwachenden Kunst- und Nationalbewußtseins im 19. Jh. sehr geschätzt.

Kamasūtra. – Lehrbuch der Erotik, das im 3. Jh. möglicherweise von Mallanāga Vātsyāyana in Indien zusammengestellt wurde und als wichtiges Dokument des Sanskrit starken Einfluß auf die indogerman. Sprachwissenschaft gewann. Eine dt. Übersetzung erschien zuletzt 1959.

Kamban, Guðmundur, eigtl. *Jansson Hallgrimson* (*8.6. 1888 Alftanes/Reykjavík, †5.5. 1945 Kopenhagen). – Isländ. Schriftsteller, lebte in zahlreichen Großstädten meist als Reporter und Theaterautor und gestaltete in seinen Stücken sehr eindrucksvoll soziale und private Probleme der Bevölkerung Skandinaviens. Große Beachtung fanden die Dramen *Wir Mörder* (1920) und *Sterne der Wüste* (1929) und die Romane *Skabolt* (4 Bde. 1930–1934, dt. 1934–1943), *Das 1000. Geschlecht* (1933, dt. 1937), *Ich sehe ein schönes großes Land* (1936, dt. 1937).

Kamphoevener, Elsa Sophia Baronin von (*14.6. 1878 Hameln, †27.7. 1968 Traunstein). – Dt. Erzählerin, verbrachte ihre Jugend bei ihrem Vater, der in der Türkei die Armee neu aufbaute. Hier fand sie, bei zahlreichen Wanderungen, die sie unter abenteuerl. Bedingungen unternahm, Zugang zu türk. Märchen, die ihr bes. durch den Märchenerzähler Fehim Bey vermittelt wurden. Bald trat sie mit eigenständigen Romanen hervor, etwa *Der Smaragd des Scheichs* (1916), *Die Pharao-*

nin (1926), *Flammen über Bagdad* (1934). Weltruhm erlangte sie neben einigen Übersetzungen mit der Märchensammlung *An Nachtfeuern der Karawan-Serail* (1956 ff.) und der Autobiographie *Damals im Reiche der Osmanen* (1959).

Kant, Hermann (*14.6. 1926 Hamburg). – Dt. Schriftsteller der DDR, arbeitete als wiss. Assistent und Redakteur. Heute lebt er als freier Schriftsteller und gilt als wichtiger Vertreter der ehem. DDR-Literatur. Seine Werke beschäftigen sich meist mit dem Problem der Gegenwartsbewältigung und wurden in der DDR mehrfach ausgezeichnet. In der Erz. *Ein bißchen Südsee* (1962) schildert K. treffsicher das Leben der einfachen Leute, ohne dabei auf Humor und Ironie zu verzichten. Sein bekanntestes Werk ist der R. *Die Aula* (1966), von dem es auch eine Bühnenfassung gibt. Er handelt vom Leben der Studenten an einer Universität für Arbeiter und Bauern. Wie in vielen seiner Romane werden auch hier Erinnerungsbilder aus der Vergangenheit eingeblendet, die zum Verständnis der gegenwärtigen Situation beitragen sollen. Daneben erschienen u. a. die Romane *Das Impressum* (1974), *Eine Übertretung* (1967), *Der Aufenthalt* (1977, verfilmt 1983) und Erzn. *Anrede der Ärztin O. an den Staatsanwalt F. gelegentlich einer Untersuchung* (1978), *Der dritte Nagel* (1982), *Die Summe* (1988). In der Autobiographie *Abspann. Erinnerung an meine Gegenwart* (1991) schreibt K., ehem. Präsident des DDR-Schriftstellerverbandes, von seinen demokratischen Versuchen. Das Buch stieß bei ehemals verfolgten Autoren auf empörte Ablehnung.

Kant, Immanuel (*22.4. 1724 Königsberg, †12.2. 1804 ebd.). – Bedeutendster dt. Philosoph, war nach dem Studium der Naturwissenschaften, Mathematik und Philosophie ab 1756 an der Universität Königsberg erst als Privatdozent, dann als Professor für Logik und Metaphysik tätig, hielt jedoch auch vielbesuchte Vorlesungen über Geographie, obwohl er seine Heimatstadt in seinem ganzen Leben nicht verlassen hatte. Mit seiner Transzendentalphilosophie, niedergelegt in *Die Kritik der reinen Vernunft* (1781; stark geänderte Ausgabe 1787) und *Prolegomena zu einer jeden künftigen Metaphysik, die als Wissenschaft wird auftreten können* (1783), begründet er als Voraussetzung der Metaphysik die Erkenntnistheorie, die die Grenzen der Erkenntnis, die stets aus der Empirie folgt und transzendental mittels der reinen Anschauungsform (Raum und Zeit) und der apriorischen Grundlagen des Verstandes (Kategorien) sich vollzieht, beschrieben hat. In der *Kritik der praktischen Vernunft* (1788) begründet er eine Ethik jenseits aller tradierten religiösen und moralischen Normen, einzig auf der Grundlage der Vernunft, deren Entscheidung er zur »Richtschnur« des Handelns erhob (= kategorischer Imperativ). *Die Kritik der Urteilskraft* (1790) referiert eine kritisch-subjektive Ästhetik, nach der es das Schöne als das ohne Begriff allgemein Gefallende gibt und die Regeln der Kunst aus der teleolog. organisierten Natur abgeleitet werden. Da er in *Die Religion innerhalb der Grenzen der bloßen Vernunft* (1793) jeden Offenbarungsglauben verworfen hatte, wurde er 1794 in einer königl. Order ermahnt, nicht gegen die »Grundlehren der Heiligen Schrift und des Christentums« zu verstoßen. Seine Schrift *Zum ewigen Frieden* (1795) wurde auch von einem breiten Publikum gelesen, während die rein philosoph. Arbeiten zu hohe Ansprüche an den Laien stellen. Dennoch haben sie auf die Philosophie, die mit Kant ihre »kopernikanische Wende« vollzog, und Literatur nachhaltig gewirkt. So ist Schillers theoret. und spätes dramat. Schaffen ohne die Kenntnis der Kantschen Philosophie nicht verständl. Auch auf Schiller, Fichte, Hegel, Schelling, Schopenhauer, Nietzsche, Heidegger u. a. hatten die Schriften Kants grundlegenden Einfluß. Die *Gesammelten Schriften* erschienen 1900 bis 1955 in 23 Bdn. (ein Neudruck erfolgte 1968 ff.).

Kantemir, Antioch Dmitrjewitsch, Fürst (*21.9. 1709 Konstantinopel, †11.4. 1744 Paris). – Russ. Dichter, stammte aus einer rumän. Adelsfamilie. K. war als Diplomat in England und Frankreich tätig, wo er Kontakt zu Voltaire und Montesquieu hatte. Am bekanntesten sind seine neun Satiren, die sich im Sinne der Aufklärung gegen die Untugenden der Zeit, wie z. B. Bildungsfeindlichkeit und Standesdünkel, richten. K. lehnte sich formal an Horaz und Boileau an und beeinflußte die russ. Sprachentwicklung in entscheidendem Maße.

Kantorowicz, Alfred (*12.8. 1899 Berlin, †27.3. 1979 Hamburg). – Dt. Literaturwissenschaftler und Schriftsteller, arbeitete für mehrere Zeitschriften. 1933 exiliert, nahm er als Sozialist am Span. Bürgerkrieg teil, wirkte nach dem Zweiten Weltkrieg in der DDR und setzte sich 1957 in die Bundesrepublik ab. K. blieb stets der kommunist. Ideologie verbunden, wobei er sich jedoch nachdrückl. zur westeurop. philosoph. Tradition bekannte. Zum Verständnis der geistigen Situation Europas im 20. Jh. sind seine Arbeiten wertvolle Quellen, etwa *In unserem Lager ist Deutschland* (1936), *Spanisches Tagebuch* (1948, 1966 u. d. T. *Spanisches Kriegstagebuch*), *Exil in Frankreich* (1971), *Deutsches Tagebuch* (2 Bde. 1959, 1961), *Deutschland Ost und Deutschland West* (1971), *Der Ehrentag des deutschen Buches* (1973), *Die Geächteten der Republik* (1977). Daneben verfaßte er Erzählungen und Schauspiele, die jedoch den Rang der theoretischen Schriften nicht erreichten. Neben Lukács und H. Mayer war K. der bedeutendste Literaturtheoretiker des Sozialismus, der resignierend erkennen mußte, daß Humanität und Sozialismus unvereinbar sind.

Kappus, Franz Xaver, Ps. *Franz Xaver* (*17.5. 1883 Temesvar, †9.10. 1966 Berlin). – Österr. Schriftsteller, schrieb neben Komödien und Humoresken zahlreiche Unterhaltungsromane, wie *Der Hamlet von Laibach* (1931) und *Flammende Schatten* (1941). Sie spielen meist in der gehobenen Schicht.

Bekannt wurde K. daneben als Adressat von Rilkes *Briefen an einen jungen Dichter* (1929).

Karadžić, Vuk Stefanović (*26.10. 1787 Trschitz/Nordmähren, †26.1. 1864 Wien). – Serb. Philologe, stammte aus einfachen Verhältnissen. K. beeinflußte die serb. Schriftsprache in entscheidendem Maße und sammelte nach dem Vorbild der Romantiker Volkslieder, die in zahlreiche Sprachen übersetzt wurden. Daneben veröffentlichte er u. a. Märchen und eine Ausgabe des Neuen Testaments in serb. Sprache.

Karagatsis, Mitsos, eigtl. *D. Rodopulos* (*24.6. 1908 Athen, †14.9. 1960 ebd.). – Griech. Schriftsteller, beschäftigt sich in seinen Romanen, wie *Der Vogt von Kastropyrgos* (1943, dt. 1962) und *Die große Chimäre* (1953, dt. 1968), mit den Tiefen der menschl. Psyche, wobei der Sexualtrieb im Vordergrund steht. K.s Darstellungsweise ist von schonungsloser Offenheit, ohne dabei in platten Realismus zu verfallen.

Karamsin, Nikolai Michailowitsch (*12.12. 1766 Michailowka, †3.6. 1826 Petersburg). – Russ. Dichter, unternahm zahlreiche Reisen nach Westeuropa und war u. a. von Shakespeare, Rousseau, Klopstock und Lessing beeinflußt. Als bedeutendster Vertreter der Empfindsamkeit in Rußland überwand er den Klassizismus und beeinflußte die Entwicklung der Literatursprache in entscheidendem Maße. Großes Aufsehen erregte er bei seinen Zeitgenossen mit der Novelle *Die arme Lisa* (1792, dt. 1896), die von Goethes »Werthers Leiden« beeinflußt ist. Am bedeutendsten sind jedoch seine Briefe und Balladen, deren Form und Sprache als beispielhaft gelten. Daneben verfaßte er als erster eine wissenschaftl. anerkannte *Geschichte des russischen Reichs* (1816–29, dt. 1820–33).

Karaosmanoğlu, Yakup Kadri (*27.3. 1889 Kairo, †13.12. 1974 Ankara). – Türk. Schriftsteller, stammte aus einer Adelsfamilie. Er war u. a. als Journalist und Diplomat tätig. Seine Romane, wie *Flamme und Falter* (1922, dt. 1947) und *Der Fremdling* (1932, dt. 1939), haben das Wesen der menschl. Seele als zentrales Thema. K.s Werke, die von Ibsen und Proust beeinflußt sind, zeichnen sich durch ihre subtile Darstellungsweise aus.

Karaslavov, Georgi (*12.1. 1904 Debur/Plovdiv, †26.1. 1980 Sofia). – Bulgar. Schriftsteller, stellt in seinen Werken meist das Leben auf dem Dorf im Stil des Sozialistischen Realismus dar. Seine Romane, z. B. *Die Schwiegertochter* (1942, dt. 1954), *Stanka* (1958), und die Erz. *Der ungläubige Thomas* (1950, dt. 1956) zeichnen sich durch genaue Beobachtungen und realist. Darstellungsweise aus.

Karavelov, Ljuben (*17.11. 1834 Koprivštica. †21.1. 1879 Russe). – Bulgar. Schriftsteller, setzte sich für den Zusammenschluß der Balkanländer ein. Seine realist. Werke behandeln meist zeitgenöss. Ereignisse in Bulgarien und in der Türkei. Sie sind in einer einfachen, humorvollen Sprache verfaßt und liegen in einer serb. Gesamtausgabe (1886–1888) vor.

Karinthy, Frigyes (*24.6.1887 Budapest, †29.8.1938 Siófok). – Ungar. Journalist, bekannter Vertreter der humorist. und satir. Dichtung. Seine Dramen, Parodien und Gedichte richten sich meist gegen die Welt der Kleinbürger. Seine Vorbilder waren Swift, Voltaire und Freud. Er schrieb u. a. die Erzählungen *Bitte, Herr Professor* (1916, dt. 1926) und *Die Reise nach Faremido* (1916, dt. 1919). Daneben erschienen seine Werke in einer dt. Auswahl u. d. T. *Gespräche in der Badewanne* (1937).

Karlfeldt, Erik Axel (*20.7.1864 Karlbo/Dalarna, †8.4.1931 Stockholm). – Schwed. Dichter und Neuromantiker, stammte aus einer Bauernfamilie. Nach dem Studium war er u. a. Lehrer und wurde 1904 in die Schwed. Akademie aufgenommen. Kurz nach seinem Tod wurde er mit dem Nobelpreis geehrt. Seine Gedichte, wie *Fridolins Lieder* (1901, dt. 1944) und *Dalmålningar* (1901), verherrlichen das Leben der Bauern als romant. Einheit von Mensch und Natur. K., der ein Meister der stilist. Vielfalt war, verwendete neben der realist. und zugleich humorvollen Darstellungsweise in seinen Werken auch Ausdrücke aus dem Dialekt, der Bibel und der archaisierenden Sprache.

Karo, Joseph ben Ephraim (*1488 Toledo, †24.3. 1575 Safed/Palästina). – Jüd. Talmudgelehrter und Mystiker, nach wechselvoller Jugendzeit Oberrabbi in Safed. Seine Werke, wie *Beth Joseph,* in dem er Jakob Ben Aschers *Arbaâh Turim* kommentiert, und *Schulchan Aruch,* wirkten sowohl auf das religiöse als auch auf das zivile Leben der Juden gesetzgebend.

Karpenko-Karyj, Ivan Karpovyč, eigtl. *I. K. Tobilevyč* (*12.9. 1845 Arseniwka/Kriwograd, †15.9. 1907 Berlin). – Ukrain. Dramatiker, arbeitete lange bei der Polizei und mußte aus polit. Gründen in die Verbannung. K. erneuerte das bis dahin am Volkstümlichen orientierte ukrain. Drama. Seine Werke stehen in der Tradition des Realismus und stellen den Menschen demzufolge im Zusammenhang mit seinem Milieu und den sozialen Umständen dar. Am bekanntesten ist die Komödie *Chazjajin* (1900), die vom skrupellosen Vorgehen eines reichen Geschäftsmannes handelt.

Karpiński, Franciszek (*4.10. 1741 Holosków/Galizien, †16.9. 1825 Chorowszczyzna/Litauen). – Poln. Dichter aus verarmtem Adel, war zuletzt Gutspächter. Als wichtigster Repräsentant der poln. empfindsamen Dichtung schrieb K. idyll. Naturgedichte und Liebeslieder, die jedoch nicht ins Dt. übersetzt sind.

Karpowicz, Tymoteusz (*15.12. 1921 Zielona/Litauen). – Poln. Schriftsteller, widmet sich insbesondere der experimentellen Lyrik. K. legt dabei den Schwerpunkt auf die Mehrdeutigkeit und Vielschichtigkeit der Sprache, woraus der komplexe Gehalt seiner Gedichte resultiert. Bis jetzt erschienen u. a die Gedichte *Im Namen der Bedeutung* (poln. u. dt. 1962), *Schwieriger Wald* (poln. u. dt. 1964), *Ausgewählte Gedichte*

(1969), *Umgekehrtes Licht* (1972) und die Dramenauswahl *Wenn jemand anklopft* (1967).

Karsch(in), Anna Luise, geb. Dürbach (*1.12. 1722 bei Schwiebus, †12.10. 1791 Berlin). – Dt. Autorin, stammte aus armen Verhältnissen, war zweimal unglücklich verheiratet. Durch die Unterstützung des Barons von Kottwitz, Mendelssohns und Lessings konnte sie in Berlin ihre Bildung vervollständigen, wo sie dem lit. Kreis um Gleim und Ramler angehörte. Die Qualität ihrer Gedichte reicht jedoch nicht an die der griech. Dichterin Sappho heran, mit der sie ihre Freunde verglichen. Sie veröffentlichte u. a. *Auserlesene Gedichte* (hg. v. Gleim, 1764).

Karsunke, Yaak (*4.6. 1934 Berlin). – Dt. Schriftsteller, 1965 bis 1968 Chefredakteur der polit. Literaturzeitschrift »kürbiskern«, deren Mitbegründer er war. Seine Ged. wie *Kilroy & andere* (1967), *reden & ausreden* (1969), *auf die gefahr hin* (1982) weisen polit. Engagement auf. Daneben veröffentlichte K., der auch für Radio und Fernsehen schreibt, u. a. Dramen *Die Bauernoper* (1973), *Germinal* (1974) und die Prosa *Joseph Bachmann/Sonny Liston* (1974), *Die Guillotine umkreisen* (1984).

Karvaš, Peter (*25.4. 1920 Neusohl). – Slowak. Dramatiker; seine Werke, die aus der modernen Theaterdichtung nicht mehr wegzudenken sind, behandeln meist die Kriegs- und Nachkriegszeit, wie z. B. *Antigone und die anderen* (1962, dt. 1966), das in einem Konzentrationslager spielt. Das Drama *Mitternachtsmesse* (1959, dt. 1961) zeichnet ein Bild des slowak. Kleinbürgertums. K. schrieb außerdem Romane und Erzählungen, von denen es noch keine dt. Übersetzung gibt.

Kasack, Hermann (*24.7. 1896 Potsdam, †10.1. 1966 Stuttgart). – Dt. Schriftsteller, war Verlagsdirektor. Mitbegründer des PEN-Clubs und von 1953–1963 Direktor der Dt. Akademie für Sprache und Dichtung. Mit Oskar Loerke verband ihn eine lange Freundschaft. Seine geistige Haltung zeigt Einflüsse des Existentialismus, des Buddhismus und der Philosophie Schopenhauers. Am bekanntesten ist sein Roman *Die Stadt hinter dem Strom* (1947), der eine unter dem Einfluß der Kriegsereignisse sinnlos gewordene Welt zum Thema hat. Daneben stellt K. den Menschen auch in einer grotesken, von der Bürokratie verwalteten Welt dar, die an die alpdruckartigen Lebensbedingungen in Kafkas Romanen erinnert. Weitere wichtige Werke sind der Roman *Das große Netz* (1952), die Erzählung *Fälschungen* (1953), die Gedichte *Wasserzeichen* (1964) und die expressionist. Jugenddramen *Das schöne Fräulein* (1918) und *Vincent* (1924).

Kasakewitsch, Emmanuil Genrichowitsch (*24.2. 1913 Krenentschug, †22.9.1962 Moskau). – Russ. Schriftsteller, verfaßte seine Werke bis zum Zweiten Weltkrieg in jidd. Sprache. Bekannt wurde er durch seine Erz. *Stern* (1947, dt. 1965) und den Roman *Frühling an der Oder* (1949, dt. 1953). Während der Stalinära waren seine Romane sehr umstritten. Weitere Werke sind *Das Todesurteil* (1948, dt. 1965), *Das Haus am Platz* (1955, dt. 1957), *Das Herz des Freundes* (1953, dt. 1957) und *Das blaue Heft* (1961, dt. 1962).

Kasakow, Juri Pawlowitsch (* 8.8. 1927 Moskau). – Russ. Schriftsteller, studierte Musik und später Literatur. Er ist u. a. von Tschechow und Turgenjew beeinflußt und befaßt sich in seinen Werken oftmals mit Problemen der Moralphilosophie. Bis jetzt erschienen u. a. *Musik bei Nacht* (1959, dt. 1961), *Der Duft des Brotes* (1965), *Larifari u. a. Erzählungen* (1959, dt. neu 1971) und *Zwei im Zimmer* (1966, dt. 1969).

Kasantzakis, Nikos (* 18.2. 1883 Iraklion/Kreta, †26.10. 1957 Freiburg/Breisgau). – Neugriech. Dichter und Jurist, wurde unter Solfulis Minister. K.s Werk ist von alten Religionen wie dem Buddhismus beeinflußt. Daneben verdankt er Dichtern wie Homer, Dante, Goethe, Nietzsche und Shakespeare zahlreiche Anregungen. Neben Reiseberichten und Dramen veröffentlichte K. die Romane *Alexis Zorbas* (1946, dt. 1952), *Freiheit oder Tod* (1953, dt. 1954), *Griechische Passion* (griech. u. dt. 1952), *Die letzte Versuchung* (1955), *Mein Franz von Assisi* (1956), *Der Brudermörder* (1965, dt. 1969) und die Biographie *El Greco* (1961, dt. 1964–67).

Kaschnitz, Marie Luise, eigtl. *M. L. Freifrau von K.-Weinberg* (*31.1. 1901 Karlsruhe, †10.10. 1974 Rom). – Dt. Dichterin, arbeitete nach Buchhändlerlehre in einem Antiquariat in Rom. 1925 heiratete sie den Freiherrn G. v. K.-Weinberg und kehrte 1932 mit ihm nach Dtld. zurück. Zuletzt war sie als Gastdozentin für Poetik in Frankfurt tätig. Ihre Dichtung, die in einem sehr persönl. Verständnis der abendländ.-christl. Tradition begründet ist, weist eine anspruchsvolle sprachl. und formale Gestaltungsweise auf. Einige wichtige Werke sind die Romane *Elissa* (1937), *Gustave Courbet* (1949, 1967 u. d. T. *Die Wahrheit, nicht der Traum*), die Erzählungen und das Märchen *Das dicke Kind* (1952), *Lange Schatten* (1960), *Eisbären* (1972) und *Der alte Garten* (1975). Daneben schrieb sie auch Essays, z. B. *Griechische Mythen* (1943, neu 1973) und *Zwischen Immer und Nie* (1971), und Hörspiele, z. B. *Gespräche im All* (1971). Bekannt sind auch ihre Gedichte, z. B. *Zukunftsmusik* (1950), *Dein Schweigen – meine Stimme* (1962), *Kein Zauberspruch* (1972) und *Gesang vom Menschenleben* (1974). Posthum erschienen 1980 die Ballade *Die drei Wanderer* in einer bibliophilen Ausgabe und 1983 die Erzn. *Eines Mittags, Mitte Juni.*

Kasia. – Byzantin. Kirchendichterin, lebte um 810 in einem Kloster, das sie selbst gegründet hatte. Ihre Epigramme, Sentenzen und Gedichte werden noch heute beachtet und bilden einen wichtigen Bestandteil der byzant. Dichtung und Liturgie. Von ihr stammt auch einer der beeindruckendsten Gesänge der Ostkirche, das *Idiomelon auf den Mittwoch der Karwoche.*

Kasprowicz, Jan (* 12. 12. 1860 Szymborze/Hohensalza, † 1. 8. 1926 Harenda/Tatra). – Poln. Dichter aus armen Verhältnissen. Sein Werk, das als das bedeutendste in der zeitgenöss. Lyrik gilt, war vom Naturalismus und Symbolismus geprägt, bevor er zu seiner eigenen Aussage fand, die von Menschlichkeit und Schlichtheit geprägt ist. Er schrieb u. a. die Gedichte *Mein Abendlied* (1902, dt. 1905), *Hymnen* (1914) und *Vom heldenhaften Pferd und vom einstürzenden Haus* (1906, dt. 1922). Daneben ist K. auch als brillanter Übersetzer von griech., dt. und engl. Dichtern bekannt.

Kassák, Lajos (*21.3. 1887 Neuhäusel/Westslowak., †22.7. 1967 Budapest). – Ungar. Dichter, mußte sich seine Ausbildung selber erwerben. Bekannt wurde er als Hg. lit. Zeitschriften, die dem Expressionismus zum Durchbruch verhalfen. Seine Gedichte weisen verhaltenes Pathos auf. K., der ein Befürworter des Marxismus war, schrieb auch Erzählungen und Romane (z. B. *Angyalföld*), die seine polit. Einstellung widerspiegeln.

Kassner, Rudolf (*11.9. 1873 Großpawlowitz/Südmähren, †1.4. 1959 Siders/Wallis). – Österr. Philosoph und Schriftsteller, unternahm zahlreiche weite Reisen, obwohl er von Kindheit an teilweise gelähmt war. K. war u. a. als Übersetzer von Plato, Gogol, Tolstoi, Dostojewski und Gide tätig und beeinflußte viele zeitgenöss. Dichter. Als wichtiger österr. Kulturphilosoph war er ein Anreger Hofmannsthals, Rilkes, Wildes und Valérys. Sein Weltbild, das entscheidend von Nietzsche und Kierkegaard geprägt war, sah in der Evolution der Menschheit eine Parallele zur Entwicklung des Individuums vom Raum- zum Zeiterlebnis. K.s Essays, Aphorismen und Erzählungen zeugen von einem universalen Wissen. Einige seiner wichtigsten Werke sind *Zahl und Gesicht* (1919), *Die Grundlagen der Physiognomik* (1922), *Das physiognomische Weltbild* (1930), *Das inwendige Reich* (1953) und *Der goldene Drachen* (1957). Posthum erschienen *Gesammelte Erinnerungen 1926–1956* und *Rilke* (1977).

Katajew, Walentin Petrowitsch (*28. 1. 1897 Odessa, †12. 4. 1986 Peredelkino/Moskau). – Russ. Autor, seit 1922 als freier Schriftsteller tätig. Von 1955 bis 1962 war er Chefredakteur der Literaturzeitschrift »Junosti«. Seine Werke behandeln meist zeitgenöss. Probleme, wie z. B. der Roman *Die Defraudanten* (1927, dt. 1928) und die Komödie *Die Quadratur des Kreises* (1928, dt. 1930). Die Romane *Ninotschka* (1943, dt. 1946), *Der Sohn des Regiments* (1945, dt. 1953) und *In den Katakomben von Odessa* (1949, dt. 1955) zeigen K.s mit der Parteipolitik konforme Haltung. Weitere Werke sind die Romane *Vor den Toren der Stadt* (1956, dt. 1957), *Winterwind* (1960, dt. 1961), *Schalmei und Krüglein* (1977), *Der Friedhof von Skuljany* (1975), *Meine Brillantenkrone* (1979) und die Autobiographie *Das Gras des Vergessens* (1967, dt. 1968).

Katharina II. (Ekaterina), gen. *die Große*, geb. Sophie Auguste

Prinzessin von Anhalt-Zerbst (*2.5. 1729 Stettin, †17.11. 1796 Zarskoje Selo/heute Puškin). – Die Gemahlin des Zaren Peter II. wurde 1762 Kaiserin. Sie stand mit Voltaire, Diderot und Grimm in Briefwechsel und schrieb Komödien und Satiren, die jedoch ohne großen lit. Wert sind. Ihre eigtl. Bedeutung liegt darin, daß sie das lit. Leben in Rußland förderte.

Katharina von Siena, ital. *Caterina da Siena*, eigtl. *C. Benincasa* (*25.3. 1347 Siena, †29.4. 1380 Rom). – Ital. Mystikerin, trat 1364 in den Orden der Bußschwestern des hl. Dominikus ein. Ihr asket. Leben, ihre Hingabe bei der Krankenpflege und die Tatsache, daß sie stigmatisiert war, machten sie schon zu Lebzeiten berühmt. Sie schrieb 388 Briefe, in denen sie in einem schlichten und präzisen Stil die jenseitige Welt als die wirkliche Heimat des Menschen preist. Ihr berühmtes myst. Werk *Libro della divina providenza* (1378) enthält Aufzeichnungen von Gesprächen einer Seele mit Gott.

Katz, Richard (*21.10. 1888 Prag, †8.11. 1968 Muralto). – Dt. Journalist, Korrespondent in Ostasien und Australien. Neben Reiseberichten, Essays und Romanen veröffentlichte er auch Jugendbücher. Einige seiner vielgelesenen Werke sind *Mein Inselbuch* (1950), *Wandernde Welt* (1950) und *Steckenpferde* (1967).

Kauffmann, Fritz Alexander (*26.6. 1891 Denkendorf/Lkr. Esslingen, †19.5. 1945 Uhingen). – Dt. Schriftsteller, Lehrer für Englisch, Französisch und Kunstgeschichte. Ab 1933 widmete er sich nur noch der Literatur. Am bekanntesten ist seine Kindheitsbeschreibung *Leonhard* (1956), die in ihrer sprachl. Brillanz an Proust erinnert. Daneben verfaßte er Monographien und kunsttheoret. Werke wie *Die Woge des Hokusai* (1938).

Kaufman, George Simon (*16.11. 1889 Pittsburg, †2.6. 1961 New York). – Amerikan. Dramatiker, übte zahlreiche Berufe aus, bevor er Journalist wurde. Ab 1918 schrieb er, meist zusammen mit anderen Autoren, beliebte Musicals und gesellschaftssatir. Theaterstücke, z.B. *Dinner at eight* (K./Ferber, 1932), *Stage Door You can't take it with you* (K./Hart/Gershwin, 1936) und *Silk stockings* (1955). 1932 und 1937 erhielt K. den Pulitzer-Preis.

Kavanagh, Patrick (*21.10. 1905 Iniskean/Monaghan, †30.11. 1967 Dublin). – Ir. Schriftsteller, verbrachte seine Kindheit auf einem Bauernhof und war später als Journalist und Dozent in Dublin tätig. Die Werke des Autors zeugen von einer starken Verbundenheit mit seiner Heimat, der er jedoch mit iron. Distanz gegenübersteht. Am bekanntesten ist sein impressionist. Versepos *The Great Hunger* (1942). Weitere Gedichte sind *Nimbus* (1956) und *Eins und einst* (1960). Daneben schrieb er auch Romane wie *Tarry Flynn* (1949) und *A Happy Man* (1972).

Kawerin, Wenjamin Alexandrowitsch, eigtl. *W. A. Silber* (*19.(6.)4. 1902 Plesskau, †4.5. 1989 Moskau). – Russ.

Schriftsteller, wurde von Gorki unterstützt. Anfangs von E. T. A. Hoffmann (gehörte zur Gruppe der Serapionsbrüder), E. A. Poe und vor allem von Tynjanow beeinflußt, wandte er sich in seinen späteren Werken dem Realismus zu und verfaßte zahlreiche spannende Abenteuerromane. Hauptvertreter des »Tauwetters«. Einige seiner Werke erschienen dt. u. d. T. *Unbekannter Meister* (1931, dt. 1961), *Zwei Kapitäne* (1935 bis 1945, dt. 1946 f.; Stalinpreis), *Glückliche Jahre* (1953, dt. 1954), *Das Ende einer Bande* (1972), *Das doppelte Porträt* (1967, dt. 1973), *Vor dem Spiegel* (1974), *Die Erfüllung der Wünsche* (1973, dt. 1976), *Offenes Buch* (1974, dt. 1977), *Tanjas Jugend* (dt. 1978), *Die Rückkehr* (dt. 1978), *Die Chronik der Stadt Leipzig auf das Jahr 18..*(dt. 1983).

Kawabata, Yasunari (*11.6. 1899 Osaka, †16.4. 1972 Jokohama). – Japan. Schriftsteller, studierte Literatur und buddhist. Philosophie, 1948–1965 war er Präsident des japan. PEN-Clubs. Während er in seinen zunächst neuimpressionist. Werken auf konkrete Probleme einging, wandte er sich später der buddhist. Weltanschauung zu, die das Leben als ewig forttreibenden Strom begreift. K.s Romane sind inhaltl. und formal anspruchsvoll und erschienen u. d. T. *Tagebuch eines Sechzehnjährigen* (1925, dt. 1969), *Tausend Kraniche* (1949–51, dt. 1956), *Ein Kirschbaum im Winter* (1949–54, dt. 1969), *Seidensticker* (1960/61, dt. 1969), *Träume im Kristall* (1974), *Schönheit und Trauer* (posth. 1988). 1968 erhielt K. für seinen Liebesroman *Schneeland* (1947, dt. 1957) den Nobelpreis. Eine Auswahl der Erzn. erschien dt. 1990 u. d. T. *Handtellergeschichten*.

Kaye-Smith, Sheila (*4.2. 1887 Saint Leonard's-on-Sea, †14.1. 1956 Northiam/Sussex). – Engl. Schriftstellerin, konvertierte zum kath. Glauben. Am wertvollsten sind ihre Heimatromane, in denen sie nach dem Vorbild Th. Hardys Land und Leute plastisch darstellt. In Zusammenarbeit mit G. B. Stern verfaßte sie auch zwei Bücher über J. Austen. Ihre Romane erschienen u. d. Titeln *Stechginster von Sussex* (1916, dt. 1937), *Das Ende des Hauses Alard* (1923, dt. 1936), *Das Licht in der Dunkelheit* (1940, dt. 1947) und *Die tapfere Frau* (1945, dt. 1951).

Kayßler, Friedrich (*7.4. 1874 Neurode/Niederschlesien, †24.4. 1945 Klein-Machnow/Berlin). – Dt. Autor, studierte Philosophie, danach Schauspieler in Berlin. Sein vielseitiges Werk umfaßt Dramen, z.B. *Simplicius* (1905), Gedichte, wie *Zwischen Tal und Berg der Welle* (1917), Essays und Aphorismen. 1929 erschienen seine *Gesammelten Schriften* in 3 Bdn.

Kazan, Elia (*7.9. 1909 Istanbul). – Türk.-amerikan. Schriftsteller, studierte an der Theaterfakultät der Yale-Universität. Als guter Regisseur verhalf er Stücken von Thornton Wilder und Tennessee Williams zum Erfolg. Berühmt wurde er durch seine Tätigkeit in Hollywood, aus die Filme wie »Endstation

Sehnsucht«, »Die Faust im Nacken« und »Jenseits von Eden« hervorgingen. Auch als Romanautor hatte er großen Erfolg, wie die Romane *Amerika, Amerika* (1962, dt. 1963), *Das Arrangement* (1967, dt. 1968), *Dieses mörderische Leben* (dt. 1972), *Der Schlußakt* (1976), *Wege der Liebe* (1979), *Der Mann aus Anatolien* (1984) zeigen.

Kazinczy, Ferenc (*27.10. 1759 Érsemlyén, †23.8. 1831 Széphalom). – Ungar. Theologe und Jurist, mußte wegen der Jakobinerverschwörung Martinovics von 1794–1801 ins Gefängnis. K. gilt als der bedeutendste ungar. Vertreter der Sprachreinigung und war Mitherausgeber der lit. Zeitschrift »Magyar Muzeum«. Wertvoller als die eigenen Dichtungen sind seine Übersetzungen der Werke Goethes, Wielands, Shakespeares und Ossians.

Keats, John (*29. oder 31.10. 1795 London, †23.2. 1821 Rom). – Engl. Lyriker, erlitt zahlreiche Schicksalsschläge, die ihn gesundheitlich schwächten. Er hatte schon in seiner Jugend Umgang mit Shelley und Wordsworth. Mit zwanzig Jahren schrieb er das berühmte Sonett *Beim ersten Blick in Chapmans Homer-Übertragung*, das in visionärer Schau neue Welten heraufbeschwört. In dem Epos *Endymion* (1818) zeichnen sich die Ideale des Dichters ab: die Liebe zur antiken Mythologie und Kunst und die damit verbundene Forderung nach Schönheit und Wahrheit. Die Sprache K.s ist melodisch und bilderreich, wenn auch wegen ihrer eigenwilligen Aussageweise oft schwer verständlich. Bekannt sind weiterhin die *Ode auf eine griechische Urne* (1819) und das fragmentar. Epos *Hyperion* (1819). Ein Jahr nach seinem Tod starb auch Shelley, der ihm, als dem bedeutendsten Odendichter der engl. Romantik, in seiner Elegie »Adonais« huldigt.

Keller, Gottfried (*19.7. 1819 Zürich, †15.7. 1890 ebd.). – Schweizer Dichter, wurde 1834 nach dem frühen Tod des Vaters der Schule verwiesen. 1840–42 studierte er in München Malerei, wobei er unter großen finanziellen Schwierigkeiten zu leiden hatte. Begebenheiten aus dieser Zeit finden sich in seinem bekanntesten Werk, dem autobiograph. Bildungsroman *Der grüne Heinrich* (Erstfassung 1854/55, Zweitf. 1879/80). K. setzt darin die Tradition von Goethes »Wilhelm Meister« fort und wird damit zu einem der wichtigsten Autoren des bürgerl. Realismus. Der R. zeichnet sich durch seine plastische Erzählweise und die Liebe zum Detail aus, die Stimmung wechselt vom Heiteren zum Melancholischen und schlägt sogar in Tragik um. Ein breites Spektrum der Erzählkunst stellen K.s Novellen, z.B. *Die Leute von Seldwyla* (1856) dar. Der Dichter beschreibt darin das menschl. Leben in seiner Fülle von inneren und äußeren Begebenheiten. Von Heiterkeit und Lebensfreude sind die *Sieben Legenden* (1872) geprägt. Die Erzählung *Das Sinngedicht* (1881) hat ein Sprichwort zum Thema, das sich in vielfacher Weise als Lebensregel bestätigt. Weitere wichtige Werke sind *Die Züricher Novellen*

(1878; eigentl. 1877) mit der Erzählung *Das Fähnlein der Sieben Aufrechten*, der Erziehungsroman *Martin Salander* (1886) und *Gesammelte Gedichte* (1883).

Keller, Hans Peter (*11.3. 1915 Rosselerheide b. Neuss/Rhein, †11.5. 1989 Büttgen bei Düsseldorf). – Dt. Lyriker, Verlagsdirektor. K.s melanchol. Gedichte berühren oft mythische und magische Themen. Sie erschienen u.d.T. *Die schmale Furt* (1938), *Zelt am Strom* (1943), *Der Schierlingsbecher* (1947), *Auch Gold rostet* (1962), *Grundwasser* (1965), *Stichwörter Flickwörter* (1969) und *Extrakt um 18 Uhr* (1975), das auch Prosa beinhaltet.

Keller, Helen (*27.6. 1880 Tuscumbia/Alabama, †1.6. 1968 Westport/Connecticut). – Amerikan. Schriftstellerin, war von frühester Kindheit an blind und taubstumm. Durch die aufopfernden Bemühungen ihrer Lehrerin A. Sullivan Macy konnte sie die Schule und später das College besuchen. Ihre Werke, z.B. *Geschichte meines Lebens* (1903, dt. 1904), *Meine Welt* (engl. u. dt. 1908) und *Dunkelheit* (engl. u. dt. 1909), haben autobiograph. Charakter und brachten ihr zahlreiche Ehrendoktorate ein.

Keller, Paul (*6.7. 1873 Arnsdorf/Schweidnitz, †20.8. 1932 Breslau). – Dt. Schriftsteller aus einfachen Verhältnissen, Volksschullehrer. Am bekanntesten ist sein Roman *Ferien vom Ich* (1915). Darüber hinaus verfaßte er Heimatromane, wie *Die Heimat* (1903), *Stille Straßen* (1912), *Hubertus* (1918), *In fremden Spiegeln* (1920) und *Ulrichshof* (1929). Seine Werke sind konventionell geschrieben und neigen etwas zum Kitsch.

Keller, Paul Anton (*11.1. 1907 Radkersburg, †22.10. 1976 Hart). – Österr. Schriftsteller, Sohn eines Schauspielers. Seine Werke beschreiben das heimatl. Bauernmilieu und greifen oft übernatürl. Begebenheiten auf. K. schrieb Erzählungen und Gedichte, z.B. *Gesang vor den Toren der Welt* (1931), *Die Garbe fällt* (1941), *Der Mann im Moor* (1953), *Zum Sehen geboren* (1972), *Träume – Geschichte – Sterne* (1975), *Im Schatten des Kalifen* (1976), *Die Gespensterfalle* (1985).

Keller, Werner (*13.8. 1909 Gut Nutha bei Zerbst, †29.2. 1980 Ascona). – Dt. Schriftsteller, errang mit dem Sachbuch *Und die Bibel hat doch recht* (1956) einen beispiellosen Welterfolg (Übersetzungen in 17 Sprachen bei über 4 Mill. Gesamtauflage). K. sucht nachzuweisen, daß die Aussagen der Bibel mit den Erkenntnissen der Wissenschaft übereinstimmen. Die späteren Schriften wie z.B. *Und die Bibel hat doch recht – in Bildern* (1963), *Und wurden zerstreut in alle Völker* (1966), *Denn sie entzündeten das Licht* (1970), *Was gestern noch als Wunder galt* (1973) u.a. erreichten diese Publizität nicht mehr.

Kellermann, Bernhard (*4.3. 1879 Fürth, †17.10. 1951 Potsdam/Klein-Glienicke). – Dt. Schriftsteller, studierte Germanistik und Kunst und bereiste viele Länder. K. war u.a. Journalist und Volkskammerabgeordneter (1949). Sein impressionist. Frühwerk ist von Hamsun und Jakobsen beeinflußt und schildert meist schwache, dekadente Gestalten, wie z. B. *Jester und Li* (1904), *Das Meer* (1910). Bald jedoch wandte er sich utop. und zeitkrit. Romanen zu, z. B. *Der Tunnel* (1913), *Der 9. November* (1920), *Die Brüder Schellenberg* (1925), *Die Stadt Anatol* (1932), *Das blaue Band* (1938) und *Totentanz* (1948).

Kellgren, Johan Henric (* 1.12. 1751 Floby/Västergötland, †20.4. 1795 Stockholm). – Schwed. Dichter, nach Studium der Philosophie Hauslehrer und Dozent, später Hg. der Zeitung »Stockholmsposten«. Als wichtigster Vertreter der Aufklärung in Schweden verfaßte er Satiren, in denen er die Untugenden seiner Zeit wie Unbildung und Vorurteile kritisiert. Seine Werke zeichnen sich durch geistreichen Witz und eine anmutige Sprache aus. In Dt. liegen von K. nur die *Prosaschriften* (1801) vor.

Kemelman, Harry (* 24.11. 1908 Boston/Massachusetts). – Amerikan. Kriminalschriftsteller, in seinen Romanen löst ein gescheiter Rabbiner die schwierigsten Fälle, die sich meist innerhalb einer jüd. Kleinstadtgemeinde abspielen. Sie erschienen u. d. T. *Am Sonntag blieb der Rabbi weg* (1973), *Am Montag flog der Rabbi ab* (1974), *Am Dienstag sah der Rabbi rot* (1975) und *Am Mittwoch wird der Rabbi naß* (1977) u. a.

Kemp, Petrus Johannes (* 1.12. 1886 Maastricht, †21.7. 1967 ebd.). – Niederl. Fayencemaler, später Verwaltungsbeamter. Seine kleinen, stimmungsvollen Gedichte, wie *Phototropen en noctophilen* (1947), *Forensen voor Cythère* (1949) und *Ameritaat* (1959), sind durch ihre Farbsymbolik charakterisiert und zeichnen sich durch einen Reichtum an Phantasie und Assoziationen aus.

Kempff, Diana (* 11.6. 1945 Thurnau/Oberfranken). – Dt. Schriftstellerin, Tochter des Pianisten Wilhelm K., trat 1975 mit einer ersten Gedichtsammlung *Vor allem das Unnützliche* hervor und veröffentlichte dann autobiograph. Romane, *Fettfleck* (1979), und Prosa, die häufig mit Lyrik verbunden ist, *Hinter der Grenze* (1980), *Der vorsichtige Zusammenbruch* (1981), *Herzzeit* (1983), *Der Wanderer* (1985), *Das blaue Tor* (1989). 1985 erhielt sie den Münchener Förderpreis, 1986 den Kleist-Preis, eine Auszeichnung, die 1985 erstmals wieder seit 1932 verliehen wurde und zu den höchsten lit. Auszeichnungen in Dtld. gehört.

Kempner, Friederike (* 25.6. 1836 Opatow/Posen, †23.2. 1904 Friederikenhof/Reichthal). – Schles. Dichterin, engagierte sich für die sozial Schwachen und schrieb Dramen, Novellen und Gedichte, die wegen ihrer unbeabsichtigten komischen Wirkung bekannt wurden. Sie erschienen u. d. T. *Berenice* (1860), *Jahel* (1886) und *Novellen* (1861).

Kempowski, Walter (* 29.4. 1929 Rostock). – Dt. Schriftsteller, war von 1948–56 wegen Spionageverdacht in der DDR im Gefängnis, kam 1956 in die Bundesrepublik, wurde Lehrer und Mitglied des PEN-Zentrums. Sein Werk gibt eine bestechende Schilderung der sozialen Mittelschicht in der jüngsten Vergangenheit und Gegenwart. In *Block* (1969) beschreibt er die Zeit seiner Gefängnishaft. Daneben erschien ein autobiogr. Zyklus, zu dem die Romane *Tadellöser & Wolff* (1971), *Uns geht's ja noch gold* (1972), *Der Hahn im Nacken* (1973), *Immer so durchgemogelt* (1974), *Alle unter einem Hut* (1976) und *Wer will unter die Soldaten* (1977) gehören; verfilmt wurden sie eine beliebte Fernsehserie. 1978 veröffentlichte er die Erinnerungen *Aus großer Zeit*, 1979 und 1983 *Unser Herr Böckelmann* und *Herrn Böckelmanns schönste Tafelgeschichten*. Seine Hörspiele hatten ebensogroßen Erfolg wie die Romane; seine meist zeithistorischen Essays orientieren sich an eigenem Erleben. Mit der Problematik der Vernichtungslager setzte er sich in *Haben Sie davon gewußt? Deutsche Antworten* (1979) auseinander. 1988 setzte er sich in *Hundstage* mit biogr. Problemen auseinander; Tagebuchnotizen enthält *Sirius* (Hundsstern) (1990). In *Mark und Bein* (1992) gestaltet K. ironisch distanziert die Stimmung im Deutschland nach der Wiedervereinigung.

Kendall, Thomas Henry Clarence (* 18.4. 1839 Kirmington/Ullulla, †1.8. 1882 Redfern/Sydney). – Erster bedeutender austral. Dichter, führte unstetes Leben und starb als Alkoholiker. Am wertvollsten sind seine Naturgedichte, z. B. *Leaves from Australian Forests* (1869) und *Songs from the Mountains* (1880), in denen er die heimatl. Landschaft treffend beschreibt. Der Grundton seiner Dichtung ist schwermütig und unheilverkündend.

Keneally, Thomas (* 7.10. 1935 Sydney). – Austral. Schriftsteller, studierte Theologie und ließ sich, als seine Romane zu Bestsellern wurden, als freier Schriftsteller nieder. Unter dem Einfluß des Existentialismus stehend, gestaltet K. die Bedrohung des Individuums in einer anonym gewaltsamen Umwelt. Bes. Erfolg in angelsächs. Raum hatte er mit *Bring Larks and Heroes* (1967), *Three Cheers for the Paraclete* (1968), *Blood Red, Sister Rose* (1974), *Season in Purgatory* (1976), *The Cut-rate Kingdom* (1980). In Dtld. fand der Roman über die Vernichtung der Juden im Dritten Reich, *Schindlers Liste* (1982, dt. 1983), Verbreitung.

Kennedy, John Pendleton (* 25.10. 1795 Baltimore, †18.8. 1870 Newport). – Amerikan. Rechtsanwalt und Politiker, widmete sich ab 1853 vorwiegend der Literatur. In seinen Studien wie *Swallow Barn* (1832) schilderte er eindrucksvoll das Landleben in den Südstaaten. Mit *Horse-Shoe Robinson* (1835) schrieb er unter dem Einfluß Coopers den besten Roman über die Freiheitskämpfe der USA und beeinflußte damit zahlreiche Autoren, die diese lit. Gattung nachzuahmen versuchten. Seine *Gesammelten Werke* erschienen 1871 in 10 Bdn.

Kennedy, William (* 16.1. 1928 Albany/New York). – Amerikan. Schriftsteller, studierte Amerikanistik und arbeitete lange als Journalist und Redakteur; zuletzt freier Autor. Stark geprägt vom amerikan. Regionalismus, von Existentialismus und Zeitkritik erzählt K. von den Menschen in Albany, von ihren sozialen, politischen, individuellen Problemen, von Drogen und Kleinkriminalität in der Provinz. Einzelne Werke wurden auch in Deutschland bekannt und durch Verfilmungen einem breiten Publikum vorgestellt: *Der Lange* (1975, dt. 1985), *Billy Phelans höchster Einsatz* (1978, dt. 1985), *Wolfsmilch* (1983, dt. 1986).

Kern, Alfred (*22.7. 1919 Hattingen/Ruhr). – Franz. Schriftsteller, verbrachte Kindheit in Straßburg und studierte in Heidelberg Geisteswissenschaften. Heute ist er als Professor in Paris tätig. Seine Romane sind in einer poetischen Sprache verfaßt, die voller Symbole ist, und beschreiben den Menschen aus psycholog. Sicht. Dt. erschienen u. a. *Der Clown* (1957, dt. 1962), *Irdische Liebe* (1959, dt. 1960) und *Das zerbrechliche Glück* (1960, dt. 1964).

Kerner, Justinus Andreas Christian (*18.9. 1786 Ludwigsburg, †21.2. 1862 Weinsberg/Lkr. Heilbronn). – Dt. Schriftsteller, studierte nach einer Tuchmacherlehre in Tübingen Medizin, wo er mit L. Uhland, K. Mayer und G. Schwab befreundet war. Durch seine Initiative blieb die Burgruine Weibertreu b. Weinsberg erhalten. Sein Haus, das bekannte »Kernerhaus«, war ein beliebter Treffpunkt für Dichter, Fürsten u. a. wichtige Persönlichkeiten. Seine Patientin Friederike Hauffe wurde zur Hauptfigur seines Romans *Die Seherin von Prevorst* (1829). Mit seinen gefühlvollen Gedichten und Erzählungen ist K. der bedeutendste Spätromantiker der schwäb. Dichterschule. Sein wichtigstes Werk ist jedoch der satir. Roman *Reiseschatten* (1811). Daneben schrieb er auch die Autobiographie *Das Bilderbuch aus meiner Knabenzeit* (1849).

Kernstock, Ottokar (*25.7. 1848 Marburg/Slowenien, †4.11. 1928 Festenburg/Steiermark). – Österr. Dichter, nach Studium und Priesterweihe Bibliothekar und Vikar auf der Festenburg. Seine patriot. kitschigen Gedichte waren bei seinen Zeitgenossen sehr beliebt. Sie erschienen u. d. T. *Die wehrhafte Nachtigall* (1900), *Unter der Linde* (1905), *Turmschwalben* (1908), *Tageweisen* (1912), *Der redende Born* (1922). K. schrieb auch das Weihnachtsspiel *Christkindleins Trost* (1928) und die österr. Nationalhymne der Jahre 1934–1938.

Kerouac, Jack (*13.3. 1922 Lowell/Massachusetts, †21.10. 1969 St. Petersburg/Florida). – Amerikan. Schriftsteller, verdiente sich seinen Lebensunterhalt mit Gelegenheitsarbeit und war ständig auf Reisen durch die USA und Mexiko. Neben A. Ginsberg war er der Hauptvertreter der Beat-Generation, die für eine durch Sexualität, Musik und Rauschgift angeregte orgiastische Lebensweise plädierte. In Dt. erschienen *Gedichte* (1959) und die Romane *Gammler Zen und hohe Berge* (1958, dt. 1963), *Engel, Kif und neue Länder* (1965, dt. 1968),

Satori in Paris (1966, dt. 1968) und *Die Verblendung des Dulnoz* (1968, dt. 1969).

Kerr, Alfred, eigtl. *Kempner* (Namensänderung 1911), (*24.12. 1867 Breslau, †12.10. 1948 Hamburg). – Bedeutendster Kritiker in diesem Jahrhundert in Deutschland, promovierte über Brentanos »Godwi« und publizierte die Dissertation 1898 u. d. T. *Godwi. Ein Kapitel deutscher Romantik.* Aus der Romantik übernahm K. das Stilmittel der Ironie und führte diese konstitutiv in die eigentlich von ihm begründete Gattung der Kritik ein. Mitarbeiter zahlreicher Zeitschriften, z. B. »Magazin für Literatur«, »Neue Rundschau«, »Frankfurter Zeitung« und »Berliner Tageblatt«, wurde er auch heftig angegriffen, wobei die Fehde mit K. Kraus hohes Niveau hatte, während die sozialist. Literatur von ihm heftig attackiert wurde und ihn deshalb bes. nach 1945 verschwieg. Die Theaterkritiken *Die Welt im Drama* (5 Bde. 1917) sind eine lebendige Theatergeschichte, in der sich K. bes. für die Naturalisten (Hauptmann, Ibsen), aber auch für Shaw und die Expressionisten einsetzte. 1933 exiliert, kehrte K. erst 1948 zurück. Neben den Kritiken wurden bes. seine polit. Schriften wie *Was wird aus Deutschlands Theater?* (1932), *Die Diktatur des Hausknechts* (1934) bekannt. 1982 erschien endlich eine umfassende Ausgabe der Kritiken u. d. T. *Mit Schleuder und Harfe.* K. ist der einzige Literat, der argumentativ gegen das sog. epische Theater Position bezogen hat. K. schrieb auch Gedichte, die an Heine erinnern, z. B. *Die Harfe* (1917), und reizvolle Reiseberichte wie *Yankee-Land* (1925).

Kersnik, Janko (*4.9. 1852 Brdo, †28.7. 1897 Laibach). – Slowen. Erzähler, sein Vorbild waren die Romantiker und Jurtschitsch, dessen Qualität er jedoch nicht erreicht hat. Seine späteren Romane zeichnen sich durch eine genaue Beobachtungsgabe und treffende Gesellschaftsanalysen aus, z. B. *Ciklamen* (1883) und *Agitator* (1885).

Kessel, Joseph (*10.2. 1898 Clara/Argentinien, †23.7. 1979 Val d'Osief b. Paris). – Franz. Schriftsteller aus russ. Elternhaus. Nach dem Studium der Philosophie und der Medizin nahm er als Fliegeroffizier am Ersten Weltkrieg teil. Seitdem unternahm er zahlreiche Reisen und war als Journalist und freier Schriftsteller tätig. In seinen Romanen beschreibt er oft das Fliegermilieu während der beiden Weltkriege. Daneben veröffentlichte er auch Familien- und Gesellschaftsromane, wie *Die Schöne des Tages* (1929, dt. 1968), *Brunnen der Parzen* (1950, dt. 1961; neu 1981), *Die Liebenden vom Tajo* (1954, dt. 1970) und *Die Steppenreiter* (1967, dt. 1971).

Kesten, Hermann (*28.1. 1900 Nürnberg). – Dt. Schriftsteller, studierte u. a. Jura, Philosophie und Germanistik, war lit. Direktor des Kiepenheuer-Verlags. 1940 wanderte er nach New York aus, half vielen Autoren in der Emigration und lebt jetzt als freier Schriftsteller meist in Rom. Er empfing zahlreiche Auszeichnungen, z. B. Büchner-Preis (1974). Seine Erzählungen üben satir. Kritik an der Gesellschaft, womit sie an H. Mann erinnern. Sie sind in einem sachl. Stil verfaßt. In K.s Dramen finden sich Einflüsse der Burleske und der Tragödie. Einige wichtige Werke sind die Romane *Josef sucht die Freiheit* (1927), *Ferdinand und Isabella* (1936), *Die Kinder von Gernika* (1939), *Die Abenteuer eines Moralisten* (1961), *Ein Optimist* (1970), *Der Mohr von Kastilien* (1974). Daneben erschienen die Essays *Lauter Literaten* (1963) und die Gedichte *Ich bin, der ich bin* (1974).

Kette, Dragotin, Ps. *Siluška* (*19.1. 1876 Prem, †26.4. 1899 Laibach). – Slowen. Lyriker, fand nach volksliedhaften Anfängen zu früher dichter. Vollendung. Seine anfängl. heiteren, leichten Gedichte machten dabei allmähl. einer pantheist. Gedankenlyrik Platz. In Dt. erschien die Auswahl *Blätter aus der slowenischen Lyrik* (1933).

Keun, Irmgard (*6.2. 1910 Berlin, †5.5. 1982 Köln). – Dt. Schriftstellerin, zunächst Schauspielerin. Im Dritten Reich wanderte sie nach Holland aus, kehrte 1945 zurück und wurde lange nicht beachtet. In dieser Zeit schrieb sie *Ferdinand, der Mann mit dem freundlichen Herzen* (1950, Roman) und *Wenn alle gut wären* (1954, Satiren). Seit 1979 begann ihre Wiederentdeckung mit dem Erscheinen des Gesamtwerkes. Ihre Romane sind in einem leichten, flüssigen Stil geschrieben und erfreuen sich großer Beliebtheit. K. übt in ihnen auf humorvolle, z. T. auch ironisch-spitze Weise Kritik an zeitgenöss. Mißständen, z. B. in *Gilgi – eine von uns* (1931; neu 1979), *Das kunstseidene Mädchen* (1932; neu 1979), *Bilder und Gedichte aus der Emigration* (1947), *Blühende Neurosen* (1962), *Kinder aller Länder* (neu 1981), *D-Zug dritter Klasse* (neu 1983).

Keyes, Sidney Arthur Kilworth (*27.5. 1922 Dartfort/Kent, †29.4. 1943 bei Tunis). – Engl. Schriftsteller, Sohn eines Offiziers, starb 20jährig im Zweiten Weltkrieg. Seine große Begabung zeigt sich schon in seinen frühen Gedichten, z. B. *Eiserner Lorbeer* (engl. u. dt. 1942) und *The Foreign Gate*, das zum bekanntesten engl. Kriegsged. wurde. K., der u. a. von Yeats und Rilke beeinflußt war, beschreibt in seinen Werken auch die Schönheit der Natur, obwohl er gleichzeitig die Ausweglosigkeit der Kriegssituation empfand.

Keyserling, Eduard Graf von (*14./15.5. 1855 Schloß Paddern/Kurland, †29.9. 1918 München). – Dt. Dichter, studierte Jura, Philosophie und Kunstgeschichte und lebte danach in Italien und München, wo er am Rückenmark erkrankte und erblindete. Seine impressionist. Erzählungen und Romane weisen eine melanchol. Grundstimmung auf. Sie spielen im balt. Adelsmilieu und handeln meist von unglückl. Liebesbeziehungen. Zu seinen bekanntesten Werken, die eine starke zeitgenöss. Wirkung hatten, gehören die Erzählung *Beate und Mareile* (1903) und die Romane *Dumala* (1908) und *Feiertagskinder* (1919).

Kiaulehn, Walther, Ps. *Lehnau* (*4.7. 1900 Berlin, †7.12. 1968 München). – Dt. Autor, zunächst Elektromeister, dann Schauspieler, freier Schriftsteller, Journalist und Kritiker. Bekannt wurde er durch seine Essays *Lesebuch für Lächler* (1938) und *Berlin, Schicksal einer Weltstadt* (1958). Von kulturgeschichtl. Interesse ist das unterhaltsame Buch *Mein Freund der Verleger. E. Rowohlt und seine Zeit* (1967). Darüber hinaus hat K. als Kritiker das Theaterleben Münchens seit 1950 entscheidend mitgestaltet.

Kielland, Alexander Lange (*18.2. 1849 Stavanger, †6.4. 1906 Bergen). – Norweg. Jurist und Erzähler, Ziegeleibesitzer, später Bürgermeister und Bezirksamtmann. In seinen geistreichen, sprachl. geschliffenen Romanen greift er zeitgenöss. Mißstände jegl. Art auf, wobei er auch vor übertriebener Kritik nicht haltmacht. Dt. erschienen u. a. *Arbeiter* (norweg. und dt. 1881), *Schiffer Worse* (norweg. u. dt. 1882), *Gift* (norw. u. dt. 1883), *Johannisfest* (1886, dt. 1887) und *Rings um Napoleon* (norweg. u. dt. 1905).

Kieseritzky, Ingomar von (*21.2. 1944 Dresden). – Dt. Schriftsteller, arbeitete u. a. als Buchhändler. Seine surrealist. Romane und Erzählungen stellen Menschen in einer künstl. Traumwelt dar, in der jegl. sprachl. Verständigung sinnlos ist. Einige seiner heftig diskutierten Werke sind *Tief oben* (1970), *Das eine wie das andere* (1971), *Ossip und Sobolev oder Die Melancholie* (1968), *Trägheit oder Szenen aus der vita activa* (1978) und *Die ungeheuerliche Ohrfeige oder Szenen aus der Geschichte der Vernunft* (1981). Bes. Anerkennung fanden die Romane *Das Buch der Desaster* (1988), *Anatomie für Künstler* (1989), *Der Frauenplan* (1991). K. schrieb zahlreiche Hörspiele, die eine eigene, logisch konsequente, jedoch absurde Realität gestalten; mit Karin Belling-Krodt veröffentlichte er 1987 *Tristan und Isolde oder der zerstreute Diskurs*. 1973 erschien eine erste Sammlung aus seinem Werk u. d. T. *Liebespaare, Expertengespräche*.

Kikuchi, Kan (*26.12. 1888 Takamatsu/Kanagawa, †3.6. 1948 Tokio). – Japan. Dramatiker und Erzähler, Hg. der lit. Zeitschrift »Bungaj Shunju«. Während er zunächst von Shaw und Galsworthy beeinflußt war, fand er später zu einem eigenständigen Stil. Seine anspruchsvollen Werke schildern die Macht des Bösen, das jedoch zuletzt dem Guten unterliegt. Dt. erschienen *Vater kehrt zurück* (1917, dt. 1935) und *Jenseits von Liebe und Haß* (1919, dt. 1961).

Kilpi, Volter Adalbert, früher *V. V. Ericsson* (*12.12. 1874 Kustavi, †13.6. 1939 Turku). – Finn. Schriftsteller, Leiter der Bibliothek in Turku. Sein esoter. Frühwerk huldigt dem Ideal der Schönheit. Später nimmt K. auch realist. Handlungsfäden auf, die er jedoch in einer an Proust und Joyce erinnernden epischen Breite verarbeitet. In Dt. erschien die Erzählung *Parsifal* (1902, dt. 1937).

Kinau, Jakob (*28.8. 1884 Hamburg-Finkenwerder, †14.12.

1965). – Dt. Erzähler, von Beruf Kapitän, später Zollbeamter. In seinen Romanen beschreibt er die Welt der Matrosen, Fischer und Bauern Norddeutschlands, z. B. in *Die See ruft* (1924) und *Freibeuter* (1938). Daneben gab er die Werke seines Bruders Gorch Fock heraus und schrieb eine Biographie über ihn.

Kinau, Rudolf (* 23. 3. 1887 Hamburg-Finkenwerder, † 19. 11. 1975 ebd.). – Dt. Schriftsteller, jüngster Bruder des Gorch Fock, arbeitete als Fischer und Schreiber, bevor er freier Schriftsteller wurde. Die Hauptpersonen in seinen Werken sind meist Fischer, die er in einer schlichten, humorvollen Sprache schildert. Neben dem Hochdt. verwendet er auch Niederdt. Von ihm erschienen u. a. *Lanterne* (1920), *Sünnschien un gooden Wind!* (1953), *Rund und bunt* (1972) und *Senk di wat ut* (1973).

Kinck, Hans Ernst (* 11. 10. 1865 Öksfjord/Finnmark, † 13. 10. 1926 Oslo). – Norweg. Schriftsteller, nach Studium der Geschichte und der klass. und nord. Sprachen Lehrer, später Bibliothekar. K. lebte zeitweise in Paris und in Italien. Sein Hauptinteresse galt dem Wesen des nord. Menschen und der heimatl. Landschaft, für die die Technik eine Bedrohung darstellt. K.s Werke sind nicht leicht zu lesen, sein Stil leidet an Überladenheit. Dt. erschienen u. a. der Roman *Auswanderer* (1904, dt. 1906) und die Abhandlung *Machiavelli* (1916, dt. 1938).

King, Stephen (* 21. 9. 1947 Portland/Maine). – Amerikan. Schriftsteller, studierte Anglistik und Pädagogik, begann als Arbeitsloser zu schreiben. Die Verfilmung von *Carry* (1972, dt. 1983) brachte ihm einen so großen Erfolg, daß er sich nur noch als freier Autor für Horror- und Unterhaltungsliteratur betätigt. Immer wieder erzählt er vom Alltagsleben, in das plötzlich vernichtende Ereignisse einbrechen. Seine populäre Psychologisierung, die triviale Handlung und die vordergründigen Spannungselemente haben ihm ein breites Publikum gesichert. *Christine* (1983, dt. 1984), *Es* (engl. und dt. 1986), *Tommyknockers* (1987, dt. 1988) u. a.

Kipling, Joseph Rudyard (* 30. 12. 1865 Bombay, † 18. 1. 1936 London). – Engl. Dichter, Vater war Professor für Kunst in Bombay; wurde schon zu Lebzeiten mit hohen Auszeichnungen geehrt und erhielt 1907 den Nobelpreis. Als Befürworter des engl. Kolonialismus schildert er anschaulich und spannend die Taten seiner Landsleute im Ausland. Am eindrucksvollsten beschreibt er die exot. Welt in seinen Romanen *Das Dschungelbuch* (1894, dt. 1898), *Das neue Dschungelbuch* (1895, dt. 1899) und *Kim* (1901, dt. 1908). Er schuf darin die bekannte Figur des Mowgli und der Kimball O'Hara. Sein Erzähltalent offenbart sich auch in den Erzählungen, wie *Plain Tales from the Hills* (1888), *In Black and White* (1888) und *Wee Willie Winkie* (1888), die sich durch Wirklichkeitstreue und schillernde Buntheit auszeichnen. Daneben schrieb K.

auch Gedichte und eine Autobiographie m. d. T *Etwas über mich selbst* (1937, dt. 1938).

Kipphardt, Heinar (* 8. 3. 1922 Heidersdorf/Schlesien, † 18. 11. 1982 bei Erding/Obb.). – Dt. Dramatiker und Erzähler, gab seinen Beruf als Facharzt für Psychiatrie auf und war ab 1950 als Chefdramaturg am Dt. Theater in Ost-Berlin und am Schauspielhaus in Düsseldorf tätig. K. behandelt in seinen Werken aktuelle Probleme, so z. B. den Krieg und die Nachkriegszeit. Internationale Aufmerksamkeit erregte er mit seinem Dokumentarspiel *In der Sache J. Robert Oppenheimer* (1964), das die Auseinandersetzung eines Atomphysikers mit einer amerikan. Kommission schildert. Neben weiteren Dramen, wie *Joel Brand* (1965), *Die Soldaten* (1968) nach der gleichnamigen Vorlage von J. M. R. Lenz, *Sedanfeier. Montage aus Materialien des 70er Krieges* (1970) und *März, ein Künstlerleben* (1980), schrieb K. auch Gedichte, *Angelsbrukker Notizen* (1977), und Erzählungen, *Der Mann des Tages* (1977). Große Beachtung fanden die z. T. dokumentarischen Fernsehspiele *Der Hund des Generals* (1964), *Die Stühle des Herrn Szmil* (1978) und *Die Nacht, in der der Chef geschlachtet wurde* (1979). Sein Drama *Bruder Eichmann*, das 1983 posth. erschien, wurde ein wichtiger Text zur Vergangenheitsbewältigung.

Kirchhoff, Bodo (* 6. 7. 1948 Hamburg). – Dt. Schriftsteller, studierte Pädagogik und Psychologie, trat vornehmlich mit dramatischen Texten hervor, die an Thomas Bernhard, aber auch an Ausdrucksmitteln des absurden Theaters geschult sind, und zeigte dabei, wie sich Sprache und Verhalten wechselseitig bedingen, z. B. *Das Kind oder Die Vernichtung von Neuseeland* (1978), *Glücklich ist, wer vergißt* (1982). Von der Erzählprosa verdient neben *Zwiefalten* (1983) bes. *Die Einsamkeit der Haut* (1981), *Dame und Schwein* (1985), *Infante* (1990) Erwähnung, da hier ein eindrucksvolles Bild der Frankfurter Szene vermittelt wird. 1986 erschien die Novelle *Ohne Eifer, ohne Zorn*, 1987 die Erz. *Ferne Frauen*.

Kirk, Hans Rudolf (* 11. 1. 1898 Hadsund, † 16. 6. 1962 Kopenhagen). – Dän. Schriftsteller, als Jurist beim Magistrat tätig, später Mitarbeiter bei verschiedenen Zeitungen. Als überzeugter Marxist arbeitete er auch für das kommunist. Blatt »Land og folk«. Die Romane *Fiskerne* (1928) und *Die Taglöhner* (1936, dt. 1938) lassen seine politische Einstellung erkennen, ohne dabei jedoch auf künstler. Eigenständigkeit zu verzichten.

Kirsch, Rainer (* 17. 7. 1934 Döbeln/Sachsen). – Schriftsteller der ehem. DDR, nach dem Studium der Geschichte und Philosophie arbeitete K. in verschiedenen Betrieben und ließ sich 1965 als freier Schriftsteller nieder. In seiner Lyrik verbindet er traditionelle Formen der Volkskunst mit freier Rhythmik, wobei ihm zahlreiche geschickte Verfremdungen gelingen, z. B. *Gespräch mit dem Saurier* (mit S. Kirsch 1965), *Kunst* *in der Mark Brandenburg* (1988). Daneben wirkt er als Dramatiker, der auch in Hörspielen die Situation des Intellektuellen in Form von parabelhaften Darstellungen zu verdeutlichen sucht, z. B. *Heinrich Schlaghands Höllenfahrt* (1973), *Münchhausen* (1978). Außerdem schrieb K. Märchen, *Der Soldat und das Feuerzeug* (1967), Kinderbücher, wie *Vom Räuberchen, dem Rock und dem Ziegenbock* (1980), und Berichte, wie *Kopien nach Originalen. Vier Porträts aus der DDR* (1974), zahlreiche Übersetzungen (Rostand, Molière, Majakowski, Achmatowa, Shelley etc.) und Essays. Als Auswahl erschien 1978 *Auszog, das Fürchten zu lernen.*

Kirsch, Sarah, geb. Bernstein (*16.4. 1935 Limlingerode/Harz). – Dt. Schriftstellerin, studierte zunächst Biologie, dann Literatur in der DDR und lebt seit 1977 in West-Berlin, seit 1983 in Tielenhemme; K. ist Mitglied des PEN-Zentrums und Inhaberin zahlreicher Literaturpreise. Ihre Gedichte besitzen eine spielerische Leichtigkeit und zeigen romantische Stilelemente. Sie erschienen u. d. T. *Landaufenthalte* (1967). *Es war dieser merkwürdige Sommer* (1974), *Zaubersprüche* (1974), *Caroline am Wassertropfen* (1975), *Rückenwind* (1977), *Katzenkopfpflaster* (1978), *Wintergedichte* (1978), *Erdreich* (1982), *Katzenleben* (1984), *Hundert Gedichte* (1985). Daneben schrieb sie gesellschaftskrit. Erzählungen wie *Die Pantherfrau* (1973), die Dokumentation *Erklärung einiger Dinge* (1978), Kinderbücher, die Prosa *Irrstern* (1986), *Schwingrasen* (1991), die Chronik *Allerlei-Rauh* (1988), die Ged. *Schneewärme* (1989). Als Übersetzerin trat sie mit Erzn. *Am Grunde des Flusses* (1987) v. J. Kineald hervor. Gleichzeitig erschienen die biogr. Erzn. *Die ungeheueren berghohen Wellen auf See* (1987). Die Tagesnotizen *Spreu* (1991) fanden große Beachtung.

Kirschweng, Johannes (*19. 12. 1900 Wadgassen [Lkr. Saarlouis], †22. 8. 1951 Saarlouis). – Dt. Schriftsteller und Theologe, seine mit liebevollem Humor verfaßten Erzählungen machten ihn zum Heimatdichter des Saarlandes. Bekannt wurde er durch die Aufsätze *Das unverzagte Herz* (1947), aus denen sein unverrückbarer kathol. Glaube spricht. Weitere Werke sind die Gedichte *Spät in der Nacht* (1946), die histor. Romane *Das wachsende Reich* (1935), *Das Tor der Freude* (1940) und die Novellen *Zwischen Welt und Wäldern* (1933) und *Trost der Dinge* (1940).

Kirst, Hans Hellmut (*5.12. 1914 Osterode/Ostpreußen, †23.2. 1989 Bremen). – Dt. Autor, übte nach dem Krieg verschiedene Berufe, u. a. Redakteur des »Münchner Merkur« aus, bevor er freier Schriftsteller wurde. Großen Erfolg hatte er mit *08/15* (1954/55), einem realist. Kriegsroman, der auch verfilmt wurde. Seine Romane, die auch Kritik an Mißständen üben, dienen im Grunde der Unterhaltung. K. veröffentlichte u. a. *Keiner kommt davon* (1957), *Verdammt zum Erfolg* (1971), *Verurteilt zur Wahrheit* (1972), *Alles hat seinen Preis*

(1974), *Die Katzen von Caslano* (1977), *Generalsaffären* (1977), *Der Nachkriegssieger* (1979), *Blitzmädel* (1984).

Kiš, Danilo (*22. 2. 1935 Subotica, †15. 10. 1989 Paris). – Serb. Schriftsteller, Sohn eines jüd. Vaters und einer orthodoxen Mutter aus Montenegro, erlebte bereits als Kind die Verfolgung durch die verschiedenen Minderheiten auf dem Balkan, schrieb ungarisch seine ersten Gedichte über den Hunger, lebte dann in Paris und Belgrad und bezeichnete sich immer als jugoslaw. Autor serbokroat. Sprache. In seinen Werken, die stark autobiograph. Züge zeigen, gestaltet er seine Jugenderinnerungen, die Erfahrungen im Krieg und nimmt auch zu Problemen der Gegenwartspolitik Stellung, wobei er immer die Wirkung der Geschichte auf die Bestimmung des Menschen darzustellen sucht. Heute gilt er als einer der bedeutendsten Erzähler unseres Jh.s in Europa. Bes. die Roman-Trilogie *Frühe Leiden* (1963), *Garten, Asche* (1965, dt. 1968) und *Die Sanduhr* (1972), die 1990 dt. in einer Gesamtausgabe erschien, sowie der Roman *Die Mansarde* (1963, dt. 1990), und die Erzn. *Ein Grabmal für Boris Davidowitsch* (1976, dt. 1983), *Enzyklopädie der Toten* (1983, 1986) zeigen ironisch-realist. Gestaltung, tragische Handlungselemente und einen Stil, der sich an histor. Dokumenten und Fakten orientiert.

Kisch, Egon Erwin (*29.4. 1885 Prag, †31.3. 1948 ebd.). – Tschech. Journalist und Schriftsteller, führte aufgrund seiner marxist. Einstellung ein bewegtes Leben, wurde mehrmals verhaftet und des Landes verwiesen. Im Span. Bürgerkrieg kämpfte er auf kommunist. Seite und wanderte danach nach New York aus. Zwei Jahre vor seinem Tod kehrte er nach Prag zurück. Er schrieb spannende sachliche Reportagen in deutscher Sprache und schuf damit eine neue lit. Gattung. Er veröffentlichte u. a. *Der rasende Reporter* (1925), *Zaren, Popen, Bolschewiken* (1927), *China geheim* (1934), *Geschichten aus sieben Ghettos* (1934) und *Entdeckungen in Mexiko* (1945).

Kishon, Ephraim (*23. 8. 1924 Budapest). – Israel. Schriftsteller, studierte Kunstgeschichte und war danach in verschiedenen Berufen tätig, heute lebt er in Israel. Seine satir. Stücke und Erzählungen spielen meist im heimatl. Milieu und schildern alltägl. Begebenheiten, anhand derer K. mit beißender Ironie Schwächen der Bürokratie und der polit. Institutionen kritisiert. Die Werke des Satirikers, die z. T. von groteskem und bizarrem Humor sind, wurden in viele Sprachen übersetzt. Die Übertragungen ins Dt. stammen von F. Torberg. Bis jetzt erschienen u. a. *Drehn sie sich um, Frau Lot* (1962), *Arche Noah, Touristenklasse* (1963), *Wie unfair, David* (1967), *Der Blaumilchkanal* (1972), *Kein Öl, Moses?* (1974), *Es war die Lerche* (1977), *Um Haareslänge* (1977), *Mein Freund Jossele und andere Satiren* (1977), *Der quergestreifte Kaugummi* (1977), *Der Fuchs im Hühnerstall* (1977), *Der Hund, der Knöpfe fraß* (1978). 1985 schrieb er *Beinahe die Wahrheit,*

Die Geschichte meiner Geschichten, 1987 *Auch die Waschmaschine ist nur ein Mensch.*

Kivi, Aleksis, eigtl. *A. Stenvall* (*10.10. 1834 Nurmijärvi, †31.12. 1872 Tuusula). – Finn. Schriftsteller, stammte aus armen Verhältnissen, unter denen er sein ganzes Leben zu leiden hatte. K. studierte in Helsinki und lebte danach als freier Schriftsteller. 1870 erlitt er einen Nervenzusammenbruch, von dem er sich nicht mehr erholte. Sein Frühwerk steht im Zeichen der Romantik. Bald jedoch wandte sich K. dem Realismus zu, fand jedoch zu einer eigenständigen Aussageweise, die ihn zum größten finn. Dichter machte. Seine humorvollen und einfallsreichen Werke machten Wesen und Volkscharakter des finn. Volkes unsterblich. K. schrieb reimlose Gedichte und die ersten aufführbaren Dramen der finn. Literatur. Sein Hauptwerk, der Roman *Die sieben Brüder* (1864, dt. 1922), handelt von menschl. Selbstüberwindung.

Kiwus, Karin (*9.11. 1942 Berlin). – Dt. Autorin, studierte Publizistik, Germanistik und Politologie in Berlin, 1971–73 wiss. Assistentin an der Akademie der Künste in West-Berlin, dann Verlagslektorin und ab 1975 in der Abteilung Literatur der Akademie der Künste in Berlin tätig; 1978 Gastdozentur an der Universität of Texas, Austin. K. trat vornehml. als Herausgeberin und Lyrikerin hervor, wobei ihre Gedichte stets persönl. Erfahrungen in distanziert-witziger Sprache gestalten und dabei die jeweils einmalige Situation zu erfassen suchen. Bekannt wurden u. a. *Von beiden Seiten der Gegenwart* (1976), *Angenommen später* (1979), *39 Gedichte* (1981).

Kjaer, Nils (*11.11. 1870 Holmestrand, †9.2. 1924 Son). – Norweg. Dramatiker, schrieb neben Theaterstücken, die an Strindberg erinnern, auch geistreiche Komödien und gelungene Satiren, in denen er soziale Mißstände anprangert. Außerdem verfaßte er brillante Essays, z. B. *Capriccio* (1898, dt. 1910), und Reiseberichte. Dt. erschien das Drama *Der Tag der Rechenschaft* (1902, dt. 1909).

Kjellgren, Josef (*13.12. 1907 Mörkö/Södermanland, †8.4. 1948 Stockholm). – Schwed. Journalist und Schriftsteller, übte verschiedene Berufe aus und war Autodidakt. Als Sozialist verherrlicht K. in seinen Werken die Arbeit und die harte Männerwelt der Seeleute, die er in beeindruckender Weise darstellt. Einige seiner Romane erschienen u. d. T. *Smaragden* (1939), *Nu seglar jag* (1948) und *Abenteuer in den Schären* (1941/42, dt. 1957).

Klabund, eigtl. *Alfred Henschke* (*4.11. 1890 Crossen/Oder, †14.8. 1928 Davos). – Dt. Dichter, lebte nach dem Studium der Philosophie und Literatur als freier Schriftsteller in Berlin, München und der Schweiz. K., der mit G. Benn befreundet war, führte ein bewegtes Leben, obwohl er von Jugend an an einer Lungenkrankheit litt. Sein Werk weist sowohl impressionist. wie expressionist. Züge auf. Zentrales Thema ist die Erotik. Seine Sprache erinnert an Heine. K. schrieb gelungene

Komödien und Gedichte, die eine überraschende Vielfalt an Formen, Themen und Aussageweisen haben. Sie erschienen u. d. T. *Morgenrot! Klabund! Die Tage dämmern* (1913) und *Irene oder Die Gesinnung* (1917). Daneben verfaßte er hervorragende Nachdichtungen asiat. Gedichte, z. B. *Das Sinngedicht des persischen Zeltmachers* (1917) und *Die Geisha-O-sen* (1918). Weitere Gedichte sind *Die Himmelsleiter* (1916), *Dreiklang* (1920) und *Die Harfenjule* (1927). K.s Hauptwerk ist der Eulenspiegelroman *Bracke* (1918).

Klage. – Die mhd. Dichtung wurde Anfang des 13. Jh.s als Anhang des Nibelungenlieds in Bayern verfaßt. Von diesem unterscheidet sie sich in Form und Qualität. Thema ist die Klage um die Helden, die an Etzels Hof den Tod fanden. Die Hauptschuld für ihren Untergang trifft dabei nicht Kriemhild, sondern Hagen. Das Werk weist keine Strophen, sondern Paarreimverse auf. Es lehnt sich inhaltl. und sprachl. stark an das Nibelungenlied an.

Klaj, Johann, der Jüngere, auch *Clajus* (*1616 Meißen, †26.2. 1656 Kitzingen). – Dt. Barockdichter, war als Lehrer und Pastor tätig. Während seines Theologiestudiums in Leipzig und Wittenberg ließ er sich von A. Buchner auch in der Poetik unterweisen. Auf ihn und seinen Freund Harsdörffer geht die Gründung des »Pegnesischen Blumenordens« zurück, der die Schäferdichtung fördern sollte. K. schrieb geistl. Dramen, die als Sprechgesang in Kirchen verwendet wurden und eine Vorform des Oratoriums sind. Neben Kirchenliedern verfaßte er auch melodische und meisterhaft gestaltete Schäfergedichte. Seine wichtigsten Dichtungen sind *Auferstehung Jesu Christi* (1644), *Höllen- und Himmelfahrt Jesu Christi* (1644), *Engel- und Drachenstreit* (1645), *Lobrede der Teutschen Poeterey* (1645) und *Fortsetzung der Pegnitz-Schäferey* (1645).

Kldiaschwili, Dawid Samsonowitsch (*11.9. 1862 Simoneti/Kutaissi, †24.4. 1931 ebd.). – Sowjet.-georg. Schriftsteller, Offizier, unterstützte die Oktoberrevolution. In seinen realist. Erzählungen zeichnet er auf liebevoll-humorist. Weise ein Bild seiner adeligen Landsleute. Daneben schrieb er auch Lustspiele, die sehr viel Erfolg hatten. Seine Werke erschienen 1952 in einer Gesamtausgabe. Bis jetzt wurden sie noch nicht ins Dt. übersetzt.

Kleist, Ewald Christian von (*7.3. 1715 Zeblin/Pommern, †24.8. 1759 Frankfurt/Oder). – Dt. Dichter, studierte in Königsberg Philosophie, Jura und Mathematik. Danach wurde er preuß. Offizier und nahm an vielen Schlachten teil. Er kämpfte u. a. in Böhmen (1744/45) und warb in der Schweiz Soldaten für das preuß. Heer an. K. hatte Umgang mit zahlreichen zeitgenöss. Dichtern, wie z. B. Gleim, Nicolai, Bodmer, Breitinger und Lessing. Seine frühen Gedichte stehen im Zeichen des Rokoko. Später wandte er sich der Aufklärung zu und schrieb nach dem Vorbild von Klopstocks »Messias« das Lehrgedicht *Der Frühling* (1749), mit dem er große Aufmerksamkeit erregte. Daneben verfaßte er auch Oden und Gedichte, in denen er seine preuß. Heimat verherrlicht, z. B. *Ode an die Preußische Armee* (1757).

Kleist, Heinrich von (* 18. 10. 1777 Frankfurt/Oder, † 21. 11. 1811 Wannsee/Berlin). – Dt. Dichter, Sohn eines preuß. Majors, verwaiste früh und trat 1792 in das Potsdamer Garderegiment ein. 1799 studierte er Philosophie, Physik, Mathematik und Staatswissenschaften in Berlin. Mit seiner Stiefschwester Ulrike besuchte er 1801 Dresden, Leipzig, Straßburg und Paris. Seine 1800 geschlossene Verlobung mit Wilhelmine von Zenge scheiterte, weil er den Plan faßte, sich am Thuner See als Landwirt niederzulassen, um so das Rousseausche Natur- und Lebensideal zu verwirklichen. 1802/03 lebte er in Weimar, wo sich Wieland für ihn einsetzte. 1803 unternahm er eine zweite Reise nach Paris und in die Schweiz. Dort verbrannte er sein fast vollendetes Drama *Robert Guiskard* (das erhaltene Fragment hat er aus dem Gedächtnis neu geschrieben) und trat 1804 nach der Rückkehr von seiner zweiten Parisreise in den preuß. Staatsdienst. Nach seiner Verhaftung als vermeintl. Spion ging er nach Dresden, wo er mit Tieck bekannt wurde und mit A. H. Müller die Zeitschrift »Phöbus« gründete. Verzweifelt über den mangelnden Erfolg und die polit. Lage nahm er sich zusammen mit Henriette Vogel das Leben. Durch eine Fehlinterpretation Kants war er der Auffassung, nur das Gefühl biete einen absoluten Maßstab. In seinem Aufsatz *Über das Marionettentheater* (1810) hat Kleist in exakter Weise sein Grundproblem definiert und im Gleichnis beschrieben: Das Bewußtsein zerstört die reine Seele. Wenn nun das Gefühl als absoluter Maßstab gesetzt wird, scheidet jegliches Bewußtsein aus. Der so handelnde Mensch ist im Sinne Kleists schön und in seinen Handlungen wahr. Mit dieser Auffassung steht Kleist zwischen Klassik und Romantik. So konzentrieren sich auch die Dramen um den Konflikt zwischen diesem absoluten Gefühl und der äußeren Realität, z. B. *Penthesilea* (1808), *Das Käthchen von Heilbronn* (1810), *Prinz Friedrich von Homburg* (posthum 1821). Als Meister des Lustspiels zeigt er sich in *Der zerbrochene Krug* (1811) und in dem von Molière angeregten, aber verklärten und vertieften *Amphitryon* (1808). Einen weiteren Höhepunkt des Kleistschen Werks bilden die *Erzählungen* (1810/11), unter denen wiederum *Michael Kohlhaas, Die Marquise von O.* und *Das Erdbeben in Chili* herausragen. Als polit. Dramatiker trat Kleist mit der *Hermannsschlacht* in die Nähe der Romantik. Zahlreiche Gesamtausgaben in allen Kultursprachen zeugen von dem nachhaltigen Fortwirken Kleists in der Literatur- und Geistesgeschichte.

Klemm, Wilhelm, Ps. *Felix Brazil* (* 15. 5. 1881 Leipzig, † 23. 1. 1968 Wiesbaden). – Dt. Dichter, von Beruf Arzt. Ab 1919 war er im Buchhandel tätig, u. a. als Geschäftsführer des Kröner Verlags. Seine expressionist. Gedichte, wie *Gloria* (1915),

Aufforderung (1917), *Entfaltung* (1919) und *Die Satanspuppe* (1922), wenden sich gegen Krieg und soziale Ungerechtigkeit. Weniger gelungen sind seine späteren Gedichte, z. B. *Geflammte Ränder* (1964).

Klepper, Jochen (* 22. 3. 1903 Beuthen, † 11. 12. 1942 Berlin). – Dt. Dichter, studierte Theologie und war anschließend als Journalist tätig. Die Verfolgungen des Naziregimes trieben ihn, seine jüd. Frau und deren Tocher aus erster Ehe zum Selbstmord. Er schrieb feinfühlige Ged. und Erzn., die von der christl. Weltanschauung durchdrungen sind. Der Roman *Der Vater* (1937) handelt von König Friedrich Wilhelm I., der als von Gott eingesetzter irdischer Herrscher dargestellt ist. Neben weiteren R., z. B. *Der Kahn der fröhlichen Leute* (1933), sind besonders seine erschütternden Tagebuchaufzeichnungen *Unter dem Schatten deiner Flügel* (1956) zu erwähnen.

Klima, Ivan (* 14. 9. 1931 Prag). – Tschech. Schriftsteller, veröffentlichte 1960 Reportagen über die Slowakei, die ihm viel Anerkennung einbrachten. Zentrales Thema seines Werkes ist die Gesellschaftskritik; 1971 erhielt er Veröffentlichungsverbot. In Dt. erschienen das Drama *Ein Schloß* (1964, dt. 1965), das in der Nachfolge Kafkas steht, die Erzählungen *Liebende für einen Tag – Liebende für eine Nacht* (1971), *Ein Liebessommer* (1973), *Theaterstücke* (1971), *Machtspiele* (1977), *Der Gnadenrichter* (1979), *Meine fröhlichen Morgen* (1983), der Roman *Liebe und Müll* (dt. 1991).

Klingemann, Ernst August Friedrich (* 31. 8. 1777 Braunschweig, † 25. 1. 1831 ebd.). – Dt. Dichter, Direktor des Braunschweiger Theaters, an dem er die Erstaufführung von Goethes *Faust* leitete. K. verfaßte auch selbst Dramen, *Martin Luther* (1809) und *Faust* (1815), die jedoch ohne bleibende Wirkung waren.

Klinger, Friedrich Maximilian (* 17. 2. 1752 Frankfurt/Main, † 9. 3. 1831 Dorpat). – Dt. Dramatiker aus einer armen Familie. Während seines Studiums in Gießen lernte er Goethe kennen, der ihm später zu einer militär. Laufbahn verhalf. Zusammen mit J. M. R. Lenz war er der wichtigste Dramatiker des Sturm und Drang, dessen Name auf eines seiner Stücke zurückgeht (*Sturm und Drang*, 1776). In seinem Werk verherrlicht er Genialität und Kraft, gleichzeitig aber kritisiert er wie sein Vorbild Lenz gesellschaftl. und soziale Mißstände. Seine frühen Werke haben Goethes »Götz« zum Vorbild und beeinflußten mit ihrem locker gefügten Szenenablauf und der übersteigerten Sprache Schiller in seiner Sturm-und-Drang-Zeit. Später, z. B. in seinen Romanen *Fausts Leben, Taten und Höllenfahrt* (1791) und *Geschichte eines Deutschen der neuesten Zeit* (1798), fand K. zu einer distanzierteren Aussageweise. Seine bekanntesten Dramen sind u. a. *Otto* (1775), *Das leidende Weib* (1775), *Simsone Grisaldo* (1776) und *Die Zwillinge* (1776). Die *Gesammelten Werke* erschienen erstmals 1842 in 12 Bdn.

Klitgaard, Mogens (*23.8. 1906 Kopenhagen, †23.12. 1945 Århus). – Dän. Schriftsteller, wurde früh Waise, übte verschiedene Berufe aus. K. reiste viel und leistete aktiv Widerstand gegen den Nationalsozialismus, weshalb er 1943 nach Schweden emigrieren mußte. Zunächst schrieb er realist. Romane, denen später formal komplexere Werke folgten. Sie erschienen u. d. T. *Der sidder en mand i en sporvogn* (1937), *Gott mildert die Luft für die geschorenen Schafe* (1938, dt. 1950), *Ballade auf dem Neumarkt* (1940, dt. 1949) und *Die roten Federn* (1940, dt. 1951).

Klonowic, Sebastian Fabian, Ps. *Acernus* (*um 1545 Sulmirschütz, †29.8. 1602 Lublin). – Poln. Satiriker, Richter und Bürgermeister. K. ist der wichtigste Vertreter der zeitgenöss. deskriptiven Literatur. Seine in poln. und lat. Sprache verfaßten Werke beschreiben in der Art Ovids Sitten und Gebräuche der Polen, z. B. *Victoria deorum* (1587), oder landschaftl. und geograph. Gegebenheiten, z. B. *Roxolania* (1584, neu 1857).

Kloos, Willem Johan Theodoor (*6.5. 1859 Amsterdam, †31.3. 1938 Den Haag). – Niederl. Schriftsteller, Mitbegründer der Zeitschrift »De nieuwe Gids«. Als wichtige Persönlichkeit der Literaturbewegung der 80er Jahre trat er für eine ästhetische Dichtung ein, die der individuellen Ausdrucksweise freien Raum lassen sollte. Die Gedichte *Verzen* (1894, 1895, 1902, 1913) sind der Ausdruck seines überragenden formalen und sprachlichen Könnens.

Klopstock, Friedrich Gottlieb (*2.7. 1724 Quedlinburg, †14.3. 1803 Hamburg). – Dt. Dichter, stammte aus einer wohlhabenden Familie und studierte in Jena Theologie. Mit Bodmer befreundet, schrieb er für dessen »Bremer Beiträge«. Seinen Lebensunterhalt sicherte eine finanzielle Unterstützung des dän. Königs. K. befreite die Dichtung aus der Tradition des Rokoko, indem er der Darstellung von Gefühlen und Empfindungen freien Lauf bot, die manchmal sogar das Irrationale berührten. Damit wirkte er auf die vorangegangene rationalist. Epoche mit ihren erstarrten Formen revolutionär. Er hatte schon zu Lebzeiten großen Erfolg und zählte u.a. Goethe zu seinen Bewunderern. Seine Werke stellten auch sprachl. eine Neuerung dar, die in ihrer Bildhaftigkeit, ihrer ekstatischen Ausdrucksweise und den überraschenden Wortschöpfungen begründet liegt. Die Verwendung von Hexametern und freien Rhythmen ist ein weiteres Beispiel für K. geniale Eigenständigkeit. Am bekanntesten und von den Zeitgenossen viel gelesen war sein bibl. Epos *Der Messias* (1748 bis 1773). Es besingt in hymnischer, oft schwer zu verstehender Sprache das individuelle Gotteserlebnis des Dichters, der damit gleichzeitig zu einem prophet. Seher erhöht wird. Daneben sind seine *Oden und Elegien* (1771) zu erwähnen, denen bis Hölderlin keine Dichtung mehr gleichkommt, und die theoret. Schrift *Die Gelehrtenrepublik* (1774). Seine Dramen, z. B. *Hermanns Schlacht* (1769), sind dagegen unbedeutend.

Kluge, Alexander (*14.2. 1932 Halberstadt). – Dt. Schriftsteller, studierte Rechtswissenschaft, Geschichte und Kirchenmusik. Bekannt wurde er als Filmregisseur und Drehbuchautor von *Abschied von gestern* (1966) und *Die Artisten in der Zirkuskuppel – ratlos* (1968) u. a., für die er zahlreiche Preise erhielt: *Deutschland im Herbst* (1978 mit V. Schlöndorff und R.W. Fassbinder), *Der Kandidat* (1980). Seine anspruchsvollen Werke setzen sich in krit. Weise mit Gegenwart und jüngster Vergangenheit auseinander, z. B. der Stalingrad-Roman *Schlachtbeschreibung* (1964) und *Der Untergang der Sechsten Armee* (1966). Daneben erschienen von ihm die Prosawerke *Lernprozesse mit tödlichem Ausgang* (1973), *Gelegenheitsarbeit einer Sklavin* (1974), *Lebensläufe, Anwesenheitsliste für eine Beerdigung* (1974), *Neue Geschichten* (1977), *Geschichte und Eigensinn* (1981), *Die Macht der Gefühle* (1983), *Der Angriff der Gegenwart auf die übrige Zeit* (1985), *Theodor Fontane, Heinrich von Kleist und Anna Wilde. Zur Grammatik der Zeit* (1987).

Kluge, Kurt (*29.4. 1886 Leipzig, †26.7. 1940 Fort Eben-Emael/Lüttich). – Dt. Bildhauer und Erzgießer, zuletzt Prof. in Berlin. Erst später begann er Dramen, Gedichte, kunsttheoret. Abhandlungen und realist. Romane zu veröffentlichen, die an Jean Paul und Raabe erinnern. Sie zeugen vom Humor und Phantasiereichtum ihres Autors. Bekannt wurden *Der Glockengießer Christoph Mahr* (1934), *Die gefälschte Göttin* (1935), *Der Herr Kortüm* (1938) und *Nocturno* (1939).

Knebel, Karl Ludwig von (*30.11. 1744 Wallerstein/Lkr. Nördlingen, †23.2. 1834 Jena). – Dt. Schriftsteller, nach Jurastudium preuß. Offizier, später Hofmeister des Prinzen von Weimar. K. hatte Umgang mit Gleim, Ramler, Mendelssohn und Nicolai und arbeitete an der Zeitschrift »Die Horen« mit, dem Organ der Klassiker. Von kulturhistor. Bedeutung sind sein *Briefwechsel mit Goethe* (1851 in zwei Bdn.) und seine Schrift *Zur deutschen Literatur und Geschichte* (1858 in zwei Bdn.). Darüber hinaus veröffentlichte er Übersetzungen des Properz (1798) und des Lukrez (1821). Seine lyr. und epigrammat. Werke sind dagegen unbedeutend.

Knef, Hildegard (*28.12. 1925 Ulm). – Dt. Schauspielerin, Chansonsängerin und Autorin, begann ihre Karriere am Dt. Theater Berlin und wurde als Filmschauspielerin international bekannt. Nach ihrer Rückkehr aus Amerika wandte sie sich dem Chanson zu. Ihre Lieder stehen in der Tradition der Brechtschen Songs und zeichnen sich durch ihren trockenen Humor aus. Bekannt sind u. a. der *Heimweh-Blues* (1978) und die autobiograph. Romane *Der geschenkte Gaul* (1970), *Ich brauch' Tapetenwechsel* (1972), *Das Urteil oder der Gegenmensch* (1975) und *Romy* (1983).

Kneip, Jakob (*24.4. 1881 Morshausen [Lkr. St. Goar], †14.2. 1958 Mechernich/Lkr. Schleiden). – Dt. Autor, studierte Philologie und kam zum Lehrerberuf. Zusammen mit A. Paquet rief er den »Rheinischen Dichterbund« ins Leben. Aufmerksamkeit erregte er mit dem lustigen Roman *Hampit der Jäger* (1927), der im Hunsrück spielt. Daneben schrieb er volkstüml. Erzählungen und Gedichte, die meist im Arbeitermilieu spielen. Weitere Werke sind die Romane *Porta Nigra* (1932), *Frau Regine* (1942) und die *Gesammelten Gedichte* (1953).

Knigge, Adolph Freiherr von (* 16.10 1752 Schloß Bredenbeck/Hannover, † 6.5. 1796 Bremen). – Dt. Schriftsteller, nach Jurastudium als Assesor in der Kriegskammer Kassel. Später wurde er durch Goethes Vermittlung Kammerherr. Er war Freimaurer und gehörte den Illuminaten, einer aufklärer. Gruppierung, an. K. veröffentlichte ein Handbuch über Verhaltensregeln m. d. T. *Über den Umgang mit Menschen* (1788), den sog. *Knigge,* der heute nur noch als kulturhistor. Denkmal für die bürgerl. Lebensweise des 18. Jh.s interessant ist. Daneben schrieb er den Reiseroman *Die Reise nach Braunschweig* (1792) und die Autobiographie *Der Roman meines Lebens* (1781–1783). Unbedeutend sind seine nach franz. Vorbild angefertigten Dramen und Satiren. Sein Gesamtwerk erschien 1804–1806 in 12 Bdn.

Knittel, John, eigtl. *Hermann K.* (* 24.3. 1891 Dharwar/Indien, † 26.4. 1970 Maienfeld/Schweiz). – Schweizerischer Schriftsteller, Sohn eines Missionars. Zuletzt leitete er das Institute of Oriental Psychology. Neben seinen Dramen in engl. und dt. Sprache sind vor allem seine spannenden Romane bekannt, die wegen ihrer überzeugenden Charakterdarstellungen z. T. verfilmt wurden. K. veröffentlichte u. a. *Die Reisen des Aaron West* (1920, dt. 1922 u. 1949), *Der Weg durch die Nacht* (1924, dt. 1926), *Via mala* (1934, dt. 1937), *Terra magna* (1948), *Marietta* (1959), *Jean Michel* (1953) und *Arietta* (1959).

Knudsen, Jakob (* 14.9. 1858 Røding, † 21.1. 1917 Birkerød). – Dän. Theologe und freier Schriftsteller, behandelt in seinen Werken religiöse und erzieher. Fragen. K. betont das Recht des Menschen auf Freiheit in geistigen Dingen. Was den konkreten Alltag anbelangt, so plädiert er für eine autoritäre Erziehung zu Zucht und Ordnung. Seine Romane spielen meist in der jütländ. Heimat, z. B. *Der alte Pfarrer* (1899, dt. 1910), *Um des Lebens willen* (1905, dt. 1910) und *Fortschritt* (1907, dt. 1909). Am bekanntesten wurde sein Lutherroman *Angst und Mut* (1914, dt. 1914).

Kobell, Franz Ritter von (* 19.7. 1803 München, † 11.11. 1882 ebd.). – Bayer. Dichter und Mineraloge, war häufig auf Forschungsreisen unterwegs und begleitete König Maximilian auf seinen Jagden. K. erfand das Tiefdruckverfahren. Seine Gedichte, die er im pfälz. und bayer. Dialekt, aber auch in Hochdeutsch schrieb, zeugen von Heimat- und Naturverbundenheit. Neben Jagdgeschichten, z. B. *Wildanger* (1859), schrieb er auch Epen und volkstümliche Stücke. Am bekanntesten ist *Die G'schicht von' Brandner Kasper,* die in den *Schnada-*

hüpfln und *Gschichtln* (1872) enthalten ist. Darüber hinaus veröffentlichte er u. a. *Schnadahüpfln und Sprüchln* (1846) und *Erinnerungen in Gedichten und Liedern* (1882).

Kochanowski, Jan (* 1530 Sycyna/Radom, † 22.8. 1584 Lublin). – Poln. Dichter der Renaissance, studierte in Paris und Padua Geisteswissenschaften, wo er sich mit den Werken Ronsards und Petrarcas befaßte. Seine Dichtung wurde wegen ihrer sprachl. Vollkommenheit zum Vorbild für die Nachwelt. Neben geschliffenen Formulierungen von klass. Beispielhaftigkeit wird auch der Sprache des Volkes Rechnung getragen. Angeregt durch die ausländische Literatur, nahm K. als erster Dichter Polens erot. Themen in sein Werk auf, das jedoch trotz der humanist. Anregungen Nationaldichtung blieb. Neben seinen *Psalmendichtungen* (1578) sind besonders seine Klagelieder auf den Tod seiner kleinen Tochter (1580) zu erwähnen.

Kochanowski, Piotr (* 1566 Sycyna/Radom, † 1620 Krakau). – Poln. Schriftsteller, Neffe von Jan K. Er gehörte dem Malteserorden an und nahm an verschiedenen Schlachten in Italien teil. Nach seiner Rückkehr wurde er der Sekretär von König Sigmund. Als größter poln. Nachdichter und Übersetzer übertrug er Tassos Epos *Das befreite Jerusalem* (1618) und Ariosts *Orlando furioso* (1905). Durch ihn wurde die Stanze als ep. Strophenform in Polen beliebt.

Kôda, Rohan, eigtl. *K. Shigeyuki* (* 26.7. 1867 Tokio, † 30.7. 1947 Ishikawa). – Japan. Lyriker und Erzähler, stammte aus einer Samuraifamilie. K. war u. a. Journalist und Dozent an der Universität. Seine nach dem Vorbild Ihara Saikaku entstandenen histor. Erzählungen sind in einer archaisierenden Sprache verfaßt, weisen jedoch europ. Einflüsse auf. Dt. erschien *Die fünfstöckige Pagode* (1891, dt. 1961).

Kölcsey, Ferenc (* 8.8. 1790 Szödemeter, † 24.8. 1838 Cseke). – Ungar. Adeliger, der als Philosoph, Kritiker, Sprachforscher, Essayist und Redner Bedeutung errang. Sein gesamtes Werk steht im Zeichen eines fest verankerten Patriotismus, der auf die nachfolgenden Generationen eine bleibende Wirkung ausübte. K. war auch als Übersetzer der Ilias tätig. Eines seiner Gedichte wurde zur ungar. Nationalhymne.

Kölwel, Gottfried (* 16.10. 1889 Beratzhausen b. Regensburg, † 21.3. 1958 Gräfelfing). – Dt. Schriftsteller; Naturverbundenheit und Heimatliebe kennzeichnen seine Werke, deren Anliegen es war, die süddt. Atmosphäre einzufangen. Wie seine Vorbilder A. Stifter und G. Keller beschränkt sich K. darauf, die kleine, räumlich begrenzte Welt der Dörfer und Kleinstädte zu beschreiben. Neben Gedichten, wie *Gesänge gegen den Tod* (1914), und Erzählungen, z. B. *Als das Wunder noch lebte* (1960), verfaßte er auch volkstüml. Schauspiele. Besonders wertvoll sind seine autobiograph. Romane *Das Jahr der Kindheit* (1935, 1941 u. d. T. *Das glückselige Jahr*) und *Die schöne Welt.*

König, Alma Johanna, Ps. *Johannes Herdan* (*18.8. 1887 Prag, †1942 Minsk). – Österr. Dichterin, ihr Vater war jüd. Offizier; sie wurde in einem Konzentrationslager ermordet. K. schrieb formstrenge Gedichte, wie *Die Windsbraut* (1918), *Die Lieder der Fausta* (1922) und *Sonette für Jan* (1964). Ein breites Leserpublikum fanden ihre stimmungsvollen Romane, z. B. *Leidenschaft in Algier* (1931) und *Der jugendliche Gott* (1947).

König, Barbara (*9.10. 1925 Reichenberg). – Dt. Schriftstellerin, wurde nach dem Krieg aus dem Sudetenland vertrieben und ließ sich in München nieder, wo sie zunächst als Journalistin arbeitete und später Kontakt mit der »Gruppe 47« aufnahm. Bis jetzt erschienen von ihr u. a. Prosawerke *Das Kind und sein Schatten* (1958), *Kies* (1961), *Die Personenperson* (1965), *Schöner Tag, dieser 13.* (1973), *Der Beschenkte* (1980).

König, Johann Ulrich (*8.10. 1688 Esslingen/Neckar, †14.3. 1744 Dresden). – Dt. Dichter, studierte Jura und Theologie. Als Reisebegleiter eines Adeligen lernte er in Hamburg Brockes und Richey kennen und rief mit ihnen die »Teutschübende Gesellschaft« ins Leben. Später war er als Sekretär und Zeremonienmeister am Hof von Dresden tätig und verfaßte in dieser Eigenschaft Festgedichte und Singspiele, z. B. *Heinrich der Vogler* (1719) und *Theatralische, Geistliche, Vermischte und Galante Gedichte* (1713). Sie gehören inhaltlich und formal zum Spätbarock. Zuletzt war K. von der franz. Klassik beeinflußt.

König Rother. Mhd. Epos, entstanden um 1150, wahrscheinl. in Mittelfranken. Es handelt von den Taten K. R.s, eines unterital. Helden (wahrscheinl. gleichzusetzen mit Roger II. von Sizilien oder Heinrich VI.), der um die Tochter des Kaisers von Byzanz wirbt. Da Konstantin gegen die Heirat ist, entführt K. R. die Prinzessin. Sie wird jedoch von einem Beauftragten ihres Vaters wieder in die Heimat geholt. Durch einen Sieg K. R.s über die byzantin. Ritter kommt die Hochzeit schließl. doch zustande. Die in dem Werk enthaltenen komischen und possenhaften Stellen ordnen es der Spielmannsdichtung zu. Daneben sind auch Züge des höf. Romans zu finden.

Koeppen, Wolfgang (*23.6. 1906 Greifswald). – Dt. Schriftsteller, studierte Literaturgeschichte und Philosophie und war in verschiedenen Berufen tätig, u. a. als Journalist, Schauspieler, Dramaturg und Redakteur. K. unternahm zahlreiche weite Reisen und lebte zeitweise in Holland. Seine Romane sind meisterhaft gestaltet. K. ist ein Meister der Erzähltechniken, wobei er häufig auf das Mittel der Montage zurückgreift. Als überaus kritischer zeitgenöss. Autor war er zahlreichen Angriffen ausgesetzt. Neben Reiseberichten, wie *Nach Rußland und anderswohin* (1958), *Amerikafahrt* (1959), *Reisen nach Frankreich* (1961, neu 1979), *New York* (1977), veröffentlichte er auch Romane, z. B. *Die Mauer schwankt* (1935), *Tauben im Gras* (1951), *Das Treibhaus* (1953), *Der Tod in Rom* (1954), *In Staub mit allen Feinden Brandenburgs* (1976), *Jugend* (1976) und *Jakob Littners Aufzeichnungen aus einem Erdloch* sowie Aufsätze wie *Die elenden Skribenten* (1981). Zuletzt erschien der Roman *Es war einmal in Masuren*, eine Reflexion der eigenen Frühzeit (1991).

Köpf, Gerhard (*19.9. 1948 Pfronten/Allgäu). – Dt. Schriftsteller, stammt aus einfacher Beamtenfamilie, studierte Germanistik und lehrte nach seiner Promotion an verschiedenen Hochschulen; Prof. für Gegenwartsliteratur an der Gesamthochschule Duisburg. Das lit. Werk K.s verbindet autobiographische Elemente mit einer suggestiven Sprache, die den Leser zu phantast. Vorstellungen anregt. Zahlreiche Erzn. sind in Zeitschriften erschienen. Bes. Beachtung fanden die Romane *Interfern* (1983), *Die Strecke* (1985), *Die Erbengemeinschaft* (1987), *Eulensehen* (1989) und die Hörspiele *Der Wolkenschieber* (1983), *Fischwinter, Ein Spiel mit Dokumenten* (1984). Einzelne Werke wurden für Film und Fernsehen adaptiert. K. trat auch als Lyriker hervor und erhielt zahlreiche Literaturpreise, z. B. den Preis der Klagenfurter Jury (1983), Jean-Paul-Preis (1983). 1985 war K. Stipendiat der Villa Massimo.

Körner, Theodor (*23.9. 1791 Dresden, †26.8. 1813 Gadebusch). – Dt. Dichter, dessen Vater der mit Schiller befreundete Christian Gottfried K. war. Er hatte Umgang mit Humboldt, Schlegel und Eichendorff und war nach dem Studium der Philosophie, Geschichte und Naturwissenschaften kurze Zeit als Theaterdichter in Wien tätig. 1813 schloß er sich dem Freikorps Lützows an und fiel kurz darauf bei Gadebusch. Seine Lustspiele stehen in der Tradition Kotzebues und sind ohne großen lit. Anspruch. Daneben schrieb er auch schwerfällige Tragödien, die sich an den Werken Schillers orientieren. Bekannt wurde er durch seine vaterländ. Kriegsgedichte, in denen er die Befreiung Deutschlands von der napoleon. Herrschaft besingt. Am berühmtesten war *Lützows wilde Jagd* (1813). Die Begeisterung, die aus seinen Gedichten klingt, wirkte auch noch auf spätere nationalist. Gruppierungen. Weitere Werke sind das Drama *Sühne* (1812) und die Gedichte *Leyer und Schwerdt* (1814) und *Tagebuch und Kriegslieder aus dem Jahre 1813* (hg. 1893).

Körner, Wolfgang Hermann (*30.6. 1941 Sindelfingen). – Dt. Schriftsteller, studierte Ingenieurwissenschaften, trat zunächst mit Kurzgeschichten (*Normalfälle*, 1967) an die Öffentlichkeit. Große Anerkennung fanden seine exakten und differenzierten Romane, in denen er Elemente der Kriminalliteratur mit gesellschaftskrit. Aspekten verbindet, z. B. *Die Verschwörung von Berburg* (1971), *Katt im Glück* (1973), und Erzn. wie *Der Eremit* (1985), *Die Nilfahrt* (1984), *Das Weinschiff* (1987). Die Prosa *Die deutschen Träume Tractatus philosophicus Germanicus* (1990) ist eine Auseinandersetzung mit der widersprüchlichen deutschen Gegenwart und der öffentlichen Sprache. Auch seine Hörspiele (*Fünfsatzspiel*, 1971; *Dokumentation*, 1971) wurden interessiert aufgenommen.

Koestler, Arthur (*5.9. 1905 Budapest, †3.3. 1983 London; Freitod). – Dt.-engl. Schriftsteller aus einer jüd.-ungar. Familie. Nach dem Studium an der Technischen Hochschule Wien ging er nach Palästina, wo er als Auslandskorrepondent tätig war. Zahlreiche Reisen führten ihn in fast alle europ. Länder, so auch nach Spanien, wo er auf republikanischer Seite kämpfte und nur mit Mühe den Wirren des Bürgerkriegs entkam. Vorübergehend Mitglied der Kommunistischen Partei, trat er 1937 anläßlich der Moskauer Säuberungsprozesse aus, wandte sich zunehmend der Naturwissenschaft zu. Aufmerksamkeit erregte er mit Romanen, in denen er den Konflikt zwischen polit. Interessen und eth. Normen darstellt. Der bekannteste ist *Sonnenfinsternis* (1940, dt. 1948), der in 31 Sprachen übersetzt wurde. In Berichten und Sachbüchern setzt er sich mit der rein materialist. Diesseitsorientiertheit unserer Zeit auseinander, z. B. in *Von Heiligen und Automaten* (1960, dt. 1961). Weitere Werke sind *Der Yogi und der Kommissar* (1945, dt. 1950), *Gottes Thron steht leer* (engl. u. dt. 1951), *Der Krötenküsser* (1971, dt. 1972), *Die Herren Call-Girls* (1972, dt. 1973) und *Der dreizehnte Stamm* (1977). Daneben schrieb er Essays, wie *Diesseits von Gut und Böse* (1965), und die Autobiographie *Frühe Empörung und Abschaum der Erde* (1970).

Kohout, Pavel (*20.7. 1928 Prag). – Tschech. Schriftsteller, trat wiederholt polit. gegen den orthodoxen Kommunismus hervor. Er begann seine lit. Laufbahn mit polit. Gedichten und Liebeslyrik und schrieb dann vielbeachtete Hörspiele und Dramen. Da er zu den Initiatoren der »Charta 77« gehörte, wurde er 1978 zunächst für ein Jahr ins westl. Ausland abgeschoben. Aufmerksamkeit erregte er mit seinen Dramen, die nach bekannten Romanvorlagen entstanden. Anerkennung fanden u. a. *Josef Schwejk oder Sie haben uns also den Ferdinand erschlagen* (1963), *Roulette* (nach Andrejew, 1975), *Colas Breugnon oder Gott in Frankreich* (nach Rolland, 1978), *Amerika* (mit Ivan Klima nach Kafka, 1978), *Der Spieler* (nach Dostojewski, 1983), *1984 – Ein Alptraum* (nach Orwell, 1984), *Das große Ahornspiel* (nach Eliade, 1985). Berühmt wurde K. durch das Zirkusstück *August, August, August* (1967), doch auch andere Theaterstücke, z. B. *Play Macbeth* (1978), eine Einrichtung für das »Living Theatre«, *Der kleine August* (1982) oder *Erinnerung an die Biskaya* (1985), fanden großes Interesse. Seine Prosa *Reise um die Erde in 80 Tagen* (1970), *Weißbuch in Sachen Adam Juráček* (1970), *Die Henkerin* (1978), *Die Einfälle der heiligen Klara* (1980), seine Romane *Wo der Hund begraben liegt* (1987), *Tanz- und Liebesstunde* (dt. 1989), *Ende der großen Ferien* (1990), aber auch die Kinderbücher wie *Jolana und der Zauberer* (1980), *Unser Malfalter* (1982), *Puppenmenschen*

(1983) u. a. beeindruckten durch Phantasie, sprachliche Brillanz und gedankliche Schärfe.

Kojiki. – Das früheste lit. Werk Japans heißt auf Dt. »Bericht über alte Begebenheiten«. Es stammt von Ö-no-Yasumaro, der es auf Wunsch der Kaiserin Gemmyo 712 n. Chr. verfaßte. Der erste Teil enthält Sagen und Mythen, der zweite und dritte sind ein geschichtl. Dokument, das die einzelnen Herrscherfamilien bis 628 festhält. Das Werk wird durch 111 eingefügte Gesänge aufgelockert.

Kokinwakashu, auch *Kokinshu*. – Erste amtl. Gedichtsammlung Japans. Sie entstand 905–914 n. Chr. auf Befehl Kaiser Godaigos. Die ältesten der 1100 Gedichte stammen aus der Zeit um 760. Durch die Anordnung werden bereits Ansätze einer lit. Wertung sichtbar. Dem gleichen Zweck dient das chines. und japan. Vorwort, das unterschiedl. Gesichtspunkte herausstellt. Das Werk ist thematisch gegliedert in Jahreszeiten-, Liebes- und Abschiedsgedichte u. ä.

Kokoscha, Oskar (*1.3. 1886 Pöchlarn/Niederösterr., †22.2. 1980 Villeneuve). – Österr. Maler und Dichter, einer der bedeutendsten Vertreter des Expressionismus. K. stieß nach dem Besuch der Kunstgewerbeschule in Wien auf Ablehnung, deshalb zog er 1910 nach Berlin, später wieder über Wien nach Dresden und wanderte 1938 nach England aus. Zuletzt ließ er sich am Genfer See nieder. Seine Werke sind in der ekstat., kraftvoll-bildhaften Sprache des Expressionismus geschrieben. Von K. erschienen u. a. die Dramen *Der brennende Dornbusch* (1911), *Orpheus und Eurydike* (1919), *Mörder, Hoffnung der Frauen* (1916) und *Hiob* (1917). Später verfaßte er auch Essays, Erzählungen, z. B. *Spur im Treibsand* (1956), die Autobiographie *Mein Leben* (1971) und reimlose Gedichte. Die Briefe, die 1984 f. erschienen, sind ein wichtiges Zeitdokument.

Kolakowski, Leszek (*23.10. 1927 Radom). – Poln. Philosoph und Schriftsteller, 1958–1968 Professor an der Universität Warschau. Als nonkonformist. Marxist wurde K. 1966 aus der KP ausgeschlossen. Er ging daraufhin nach Kanada und Kalifornien und lehrt seit 1975 als Gastprofessor in Yale. Neben Essays und theoret. Schriften, in denen er sich mit dem sowjet. Marxismus auseinandersetzt, schrieb er auch Romane, in denen er das gleiche Thema poet. verschlüsselt behandelt. Mittelpunkt ist dabei der Mensch in seinem Verhältnis zu übergeordneten, diesseitigen und jenseitigen Mächten. 1977 wurde K. mit dem Friedenspreis des Dt. Buchhandels ausgezeichnet. Bis jetzt erschienen u. a. *Mensch ohne Alternative* (1960), *Traktat über die Sterblichkeit der Vernunft* (1967), *Geist und Ungeist christlicher Tradition* (1971), *Die Philosophie des Positivismus* (1971), *Die Gegenwärtigkeit des Mythos* (1973). *Marxismus und demokratischer Sozialismus* (1974), *Marxismus, Utopie und Anti-Utopie* (1974), *Eingang und Ausgang* (1977), *Die Hauptströmungen des Marxismus*

(1978), *Falls es keinen Gott gibt* (1982). Hervorragende Einführungen in seine Werke sind die Lesebücher *Leben trotz Geschichte* (1977) und *Narr und Priester* (1987). K. schrieb auch Romane, wie *Jael* (dt. 1986).

Kólas, Jakub, eigtl. *Konstantin Mickewitsch,* (*3.11. 1882 Akinčycy/Minsk, †13.8. 1956 Minsk). – Weißruss. Schriftsteller, seine Gedichte und Erzählungen sind stark von der Volkskunst beeinflußt. K. geriet später unter kommunist. Einfluß und übernahm Elemente des Sozialist. Realismus. Mit Kupala legte er als erster Texte in weißruss. Sprache vor, die durch ihn geprägt und literaturfähig wurde. Aus seinem umfangreichen Werk erschien dt. *Partisanen am Pripiat* (1947, dt. 1960).

Kolb, Annette, eigtl. *Anne Mathilde K.* (*2.2. 1870 München, †3.12. 1967 ebd.). – Süddt. Erzählerin, trat mit eigenwilligen Essays und Übersetzungen hervor. Mütterlicherseits franz. Herkunft, bemühte sie sich ihr ganzes Leben lang, auch in der Emigration nach 1933 in New York, um einen Ausgleich zwischen Dtld. und Frankreich, wobei zahlreiche autobiograph. Elemente in ihren Werken zu beobachten sind. In diesem Zusammenhang entstanden die Texte *Sieben Studien* (1906), *Dreizehn Briefe einer Deutsch-Französin* (1916), *Versuch über Briand* (1929). Bekannt wurden auch die Romane *Das Exemplar* (1913), *Daphne Herbst* (1928), *Die Erinnerungen* (1938/1960), die Studien *Festspieltage in Salzburg* (1937), *König Ludwig II. und Richard Wagner* (1947), *Blätter in den Wind* (1954), die Biographien *Mozart* (1937) und *Franz Schubert* (1941) und die Übersetzungen, etwa *Briefe der Catarina von Siena* (1906). Ihre Romane erschienen 1968 in einer Gesamtausgabe.

Kolbenheyer, Erwin Guido, Ps. *Sebastian Karst* (*30.12. 1878 Budapest, †12.2. 1962 München). – Dt. Schriftsteller und Philosoph, stammte aus einer ungar.-dt. Architektenfamilie. Sein lit. und phil. Werk, das durch eine extrem völkisch-rassische antisemitische und gemeinschaftszentrierte Weltsicht charakterisiert ist, wandte sich gegen jegliche Form der Liberalität und Demokratie und wurde von den Nationalsozialisten hoch geschätzt. Nach 1945 erhielt er vorübergehend Schreibverbot und wurde kaum mehr beachtet. Heute zeichnet sich eine gerechtere Beurteilung seines Gesamtwerkes ab. Seine Schrift *Die Bauhütte. Elemente einer Metaphysik der Gegenwart* (1925) ist zum Verständnis des Nationalsozialismus und der antiintellektuellen Haltung reaktionärer Kreise nach 1918 von großer Bedeutung. In seinen Gedichten greift er auf altertüml. Sprache und manchmal recht krause Metaphern zurück, etwa in *Vox humana* (1940). Sehr bekannt wurden die histor. Romane und Biographien, die durch eigenwillige Sprache und selbständige Deutung des Lebensschicksals gekennzeichnet sind, z.B. die Trilogie *Paracelsus* (1917 bis 1926), *Das Lächeln der Penaten* (1927), sein bester Roman, *Das gottgelobte Herz* (1938), die Dramen wie *Giordano*

Bruno (1903), *Heroische Leidenschaften* (1929) und die Autobiographie *Sebastian Karst über sein Leben und seine Zeit* (1957/58). Preisträger der Sudetendeutschen Landsmannschaft.

Kolbenhoff, Walter, eigtl. *W. Hoffmann* (*29.5. 1908 Berlin). – Dt. Schriftsteller bereiste große Teile Europas, Nordafrikas und des Vorderen Orients. K. wurde nach 1945 als Publizist mit zahlreichen aktuellen Essays, aber bes. mit Hörspielen und Romanen bekannt, in welchen er sozialkrit. und aktuelle Probleme gestaltete, z.B. *Untermenschen* (1933), *Heimkehr in die Fremde* (1949), *Die Kopfjäger* (1960), *Das Wochenende* (1970), *Schellingstraße 48* (1984). K. ist Mitglied des PEN-Zentrums und des VS.

Kollár, Jan (*29.7. 1793 Mošovce/Westslowakei, †24.1. 1852 Wien). – Slowak. evangel. Geistlicher, stand bereits während seines Studiums der polit. Romantik nahe und übertrug deren Gedankengut auf seine Heimat. Damit wurde er, obgleich er in seiner Weltsicht nicht polit., sondern histor. geprägt war, zum Begründer des Panslawismus. Seine Sonette *Tochter der Slava* (1824, erweitert 1832), Volksliedsammlungen nach dem Vorbild von Herder, Brentano und Arnim sowie die Untersuchung *Über die literarische Wechselseitigkeit zwischen den verschiedenen Stämmen und Mundarten der slawischen Nation* (1837) haben die völk. Bewegung Osteuropas bis in die Gegenwart geprägt.

Kolleritsch, Alfred (*16.2. 1931 Brunnsee/Steiermark). – Österr. Schriftsteller, wirkt nachhaltig auf das Kulturleben seiner Heimat, gibt seit 1960 die Zs. »manuskripte« mit heraus und ist seit 1968 Präsident der Grazer Künstlervereinigung »Forum Stadtpark«. Seine Texte sind stilistisch gekennzeichnet durch eine intensive Verbindung von sprachl. Artistik, Bildhaftigkeit und distanzierter Überlegung. Über Österreich hinaus bekannt wurden bes. die Gedichte *Einübung in das Vermeidbare* (1978), *Gedichte* (1986), *Gegenwert* (1991) und die Romane *Die grüne Seite* (1974), *Allemann* (1989) und die Briefe *Über das Kindsein* (1991).

Kolmar, Gertrud, eigtl. *G. Chodziesner* (*10.12. 1894 Berlin, †etwa 1943). – Dt. Dichterin, stammte aus einer jüd. Juristenfamilie aus Kolmar/Posen, lebte in Dijon und Berlin und wurde 1943 von den Nationalsozialisten in ein KZ verschleppt. Ihre Gedichte sind durch Elemente religiöser Lyrik und einen großen, doch stets strengen Formenreichtum geprägt. Inhaltl. wenden sie sich den Problemen der Vereinsamung und dem Wunsch nach Bindung und myst. Beziehung zum Mitmenschen zu. Noch im Dritten Reich konnten ihre *Preußischen Wappen* (1934) und *Die Frau und die Tiere* (1938) erscheinen. Das lyr. Werk wurde jedoch als Ganzes erst 1960 und 1965 publiziert. Von Gewicht sind auch die Erzählung *Eine Mutter* (1965) und ihre *Briefe an die Schwester Hilde,* die 1970 erschienen.

Komatsu, Sakyō. eigtl. *Komatsu Minoru,* (*18.1. 1931 Osaka). – Japan. Schriftsteller, studierte Romanistik und trat als Autor von Science-fiction-Geschichten hervor. So schrieb er eine Schöpfungs- und Menschheitsgeschichte in dieser Gattung und hatte besonderen Erfolg mit der Story *Wenn Japan versinkt* (1973, dt. 1979).

Komenský, Jan Amos → Comenius, J.A.

Kommerell, Max (*25.2. 1902 Münsingen, †25.7. 1944 Marburg/Lahn). – Dt. Germanist in Frankfurt/Main und Marburg. K. stand in enger Beziehung zum George-Kreis und wurde in seinem eigenen Werk durch Stefan George nachhaltig beeinflußt. Als sehr eigenwilliger Literaturtheoretiker, dessen wissenschaftl. Arbeiten höchsten ästhet. Ansprüchen genügen, prägte er eine ganze Generation dt. Philologen. Bes. bekannt wurden *Geist und Buchstabe der Dichtung* (1940) *Gedanken über Gedichte* (1943) und *Dichterische Welterfahrung* (posth. 1952). Seine eigenen künstler. Arbeiten veröffentlichte er in unterschiedl. Gattungen, wobei bes. der Einfluß Jean Pauls, dessen Biographie er 1933 publizierte, und Calderóns deutl. ist. Auch seine Übersetzungen wurden stilbildend. Bekannt sind bes. *Leichte Lieder* (1931), *Die Lebenszeiten* (1942) und *Mit gleichsam chinesischem Pinsel* (1946 posthum). 1973 erschien der von der Kritik stark beachtete Band *Gedichte, Gespräche, Erfahrungen.*

Kompert, Leopold (*15.5. 1822 Münchengrätz/Mittelböhmen, †23.11. 1886 Wien). – Österr. Autor, nach Studium in Prag und Wien kaiserl. Hofbeamter, arbeitete nach der Märzrevolution 1848 einige Jahre für die konservative Zeitschrift »Österreichischer Lloyd«. Bes. seine Darstellung der Lebensverhältnisse der Juden in der Donaumonarchie zeichnete sich durch lebhaften Realismus aus und ist bis heute ein wertvolles historisches Dokument. Hervorzuheben sind außerdem auch die Erzählungen *Geschichten aus dem Ghetto* (1848) und die Romane *Böhmische Juden* (1851) und *Zwischen Ruinen* (1875)

Konarski, Stanislaw Hieronym (*30.9. 1700 Zarczyce, †3.8. 1773 Warschau). – Poln. Schriftsteller und Piaristenmönch, gründete nach Reisen nach Rom und Paris, wo er das Gedankengut der europ. Aufklärung aufnahm, in Warschau das »Collegium nobilium«. Er führte darin Französisch als Unterrichtssprache ein und schrieb das Drama *Tragedia Epaminondy* (1756) in klassizist. Stil, den er sich durch die Übertragung der Werke Corneilles angeeignet hatte. Große Anerkennung fanden auch die staatsrechtl. Untersuchungen *Volumina Legum.*

Konfuzius, chines. *Kung Tzu,* eigtl. *Kung Chiu* (*um 551 v.Chr. Provinz Schantung, †ca. 479). – Chines. Philosoph, Sittenlehrer und Politiker, stammte aus adliger Familie und prägte mit seiner Lehre die chines. Staatsordnung bis in das 20.Jh. In seiner Lehre geht er davon aus, daß die Wirklichkeit durch Antithesen (Yin und Yang) gekennzeichnet ist und der

Mensch sich nur verwirklichen kann, wenn er diese Gegensätze im Tao (= der Weg) überwindet und vereinigt. Das Tao wird damit zum höchsten Seinsprinzip, das in einer vernünftigen Ordnung, die in den Tugenden Weisheit, Liebe, Gehorsam, Ehrfurcht und Mut sichtbar ist, erkannt werden kann. Sein moralphilosoph. Staatsbild geht von den Familienbeziehungen aus, d.h. der Staat muß als ordnender Kosmos wie die Familie hierarchisch organisiert werden, wobei die »Tugenden« als Garanten einer stabilen Weltordnung erfaßt werden. In einem so strukturierten kollektiven Gesellschaftssystem wird auch dem einzelnen, hier zeigt sich der Rationalismus der Lehre des K., das höchste Glück gewährt. Die Lehre ist nur in späteren Aufzeichnungen überliefert, dem sog. *Lunyü,* das seine Schüler aufgeschrieben haben. Unter seinem Namen sind auch zahlreiche ältere und jüngere Schriften, etwa das berühmte *I Ching,* tradiert.

Konjetzky, Klaus (*2.5. 1943 Wien). – Dt.-österr. Autor, setzt sich in seinen lit. Arbeiten, die mit zahlreichen Preisen ausgezeichnet wurden und von vielen Zeitgenossen, etwa M. Walser, sehr hoch geschätzt werden, für die Entwicklung einer zukünftigen »Massenliteratur« ein. Er ist Mitarbeiter bekannter Zeitschriften, etwa des »kürbiskern«, Hg. engagierter Dokumentationen, wie *Für wen schreibt der eigentlich* (1973) oder *Was interessiert mich Goethes Geliebte* (1977), Verfasser von Gedichten, die den Produktionsprozeß reflektieren *(Grenzlandschaften,* 1966; *Poem vom grünen Eck,* 1975), und Romanen, z.B. *Am anderen Ende des Tages* (1983).

Konopnicka, Maria, geb. *Wasilowska,* Ps. *Jan Sawa* (*23.5. 1842 Suwalki, †8.10. 1910 Lemberg). – Poln. Autorin, wurde aus Rußland vertrieben und unternahm ausgedehnte Reisen durch Europa. Bes. in Italien, aber auch durch die Romantik empfing sie starke Einflüsse, die sich in ihrer Lyrik, die gerne Themen aus dem ländl. Leben mit großem sozialen Engagement aufgriff, niederschlugen. Auch das eigene Emigrantenschicksal gestaltete sie häufig, ohne dabei in einen simplen Subjektivismus zu verfallen. In dt. Übertragung liegen einige ep. Werke vor, etwa *Marysia und die Zwerge* (1896, dt. 1949), *Geschichten aus Polen* (1897, dt. 1917) und die Auswahl *Leben und Leiden* (dt. 1904). Als bedeutendste poln. Lyrikerin wird K. bis heute viel gelesen.

Konrád, Görgy (*2.4. 1933 Berettyóujfalu). – Ungar. Schriftsteller jüd. Herkunft, studierte Soziologie und arbeitete in der Jugendbetreuung, dann bei der Stadtplanung. Er wurde als Autor rasch bekannt, da er intellektuellen Anspruch mit inhaltsstarker Darstellung und spannender Stilistik zu verbinden versteht und in seinen Romanen und Essays Fragen aufwirft, die sich mit der gegenwärtigen Gesellschaft in Ungarn auseinandersetzen. Die Romane *Der Besucher* (1970, dt. 1973), *Der Stadtgründer* (1975), *Das Geisterfest* (1986) konnten z.T. in Ungarn nur in gekürzter Fassung erscheinen; die Originalausgaben liegen dt. vor. Der Essay *Die Intelligenz auf dem Weg zur Klassenmacht* (1978) hat in der Auseinandersetzung um die Liberalisierung des Kommunismus eine große Rolle gespielt. 1991 erhielt er den Friedenspreis des Deutschen Buchhandels; gleichzeitig erschien der vielbeachtete Roman *Melinda und Dragoman* (1991), in dem er »Lebensläufe einiger Außenseiter« erzählt.

Konrad, Pfaffe, auch *K. der Pfaffe, K. von Regensburg.* – Mhd. Dichter (12. Jh.), Geistlicher in Regensburg, schuf mit dem *Rolandslied,* das er einer altfranz. Vorlage entnahm und erst ins Lateinische, dann ins Frühmhd. übertrug, ein erstes dt. weltl. Epos und ebnete der franz. Rezeption, die für das hohe Mittelalter charakterist. ist, den Weg in die dt. Dichtung. Inhaltl. zeigt er nicht die bunte Welt der Kreuzzüge wie die zeitgenöss. Spielmannsepen, sondern feiert Karl d. Großen als christl. Herrscher und Rolands Tod als christl. Martyrium des Ritters; damit wird das Ethos des Rittertums erstmals in einer dt. ep. Dichtung sichtbar. Gewisse Ähnlichkeiten mit der *Kaiserchronik* führten zu der falschen Annahme, daß K. auch Autor dieses Werkes sei.

Konrad von Ammenhausen. – Der mhd. Dichter lebte als Geistlicher zu Beginn des 14. Jh.s in der Schweiz und übersetzte das *Schachzabelbuch* des Jacobus de Cessolis etwa 1337. Mit diesem Werk begründete er eine Sachliteratur, die sich außerhalb der traditionellen Texte der Artes liberales bald großer Beliebtheit erfreute. Als Zeitdokument besitzt das *Schachzabelbuch* bis heute großen Wert.

Konrad von Fußesbrunnen. – Österr. Dichter, lebte um 1200 in der Gegend von Krems/Donau und schrieb nach apokryphen Quellen eine *Kindheit Jesu,* die stilist. auf zahlreiche Dichter, etwa Rudolf von Ems, großen Einfluß gewann. Sie ist aber auch ein Zeugnis dafür, daß zur Zeit der mhd. Klassik die geistl. Dichtung frühmhd. Prägung weiter gepflegt wurde.

Konrad von Heimesfurt. – Mhd. Dichter, lebte in der ersten Hälfte des 13. Jh.s und stammte aus Hainsfarth/Oettingen. Unter dem Einfluß Konrads von Fußesbrunnen pflegte er geistl. Dichtung, schrieb ein Gedicht über den Tod Mariens *Von unser vrouwen hinvart* und nach dem apokryphen Evangelium Nicodemi eine Passions- und Auferstehungsdichtung *Urstende.*

Konrad von Würzburg (*1220/30 Würzburg, †31.8. 1287 Basel). – Mhd. Dichter, stammte aus dem Bürgertum, lebte viele Jahre als Fahrender am Oberrhein, wo er starke Einflüsse durch die klare Stilistik Gottfrieds von Straßburg empfing, und ließ sich zuletzt in Basel nieder. Seine Dichtungen sind Auftragswerke, die er mit unvergleichl. stilist. Geschick anfertigte. Mit seinem strengen Formwillen und Traditionsbewußtsein wurde er zum gattungsmäßigen Begründer des Meistersangs, für den er Sprache und strukturell die Vorbilder schuf. Sein umfangreiches Werk umfaßt Wappendichtungen (diese Gat-

tung begründete er mit *Das Turnier von Nantheiz*), höf. Romane, wie *Engelhard* oder *Partonopier und Meliur,* Verserzählungen, wie *Der Schwanenritter, Daz Herzmaere* und *Der Welt Lohn,* und Geschichtsepen, wie *Der Trojanische Krieg.* Als Minnesänger vollendete er die klass. Formen und schrieb mit der Marienhymne *Die goldene Schmiede* ein vollendetes Gedicht, das auf die spätmittelalterl. Allegorien prägend wirkte. K. ist der bedeutendste Vermittler mhd. Literatur am Ende ihrer Blütezeit.

Konsalik, Heinz G(ünther), eigtl. *Heinz Günther* (*28.5. 1921 Köln). – Dt. Schriftsteller, nach Studium Kriegsberichterstatter, dann Journalist, Lektor und Redakteur, seit 1951 freier Schriftsteller. *Liebesspiel mit Jubilar* (1946) war sein erster Roman. Der Durchbruch gelang ihm mit *Arzt von Stalingrad* (1956). Weitere Werke waren *Strafbataillon 999* (1958), *Liebesnächte in der Taiga* (1964), *Agenten lieben gefährlich* (1970), *Ein Komet fällt vom Himmel* (1974), *Im Tal der bittersüßen Träume* (1975), *Die Erbin* (1979), *Eine angenehme Familie* (1980), *Sibirisches Roulette* (1987), *Das goldene Meer* (1987), *Der Jade-Pavillon* (1991), u.a. Gegenwärtig liegen über 100 Titel vor.

Konstantin VII., Porphyrogennetos (*905, †959). – Byzantin. Kaiser, verfaßte histor. Schriften, Briefe und liturg. Texte, förderte die Naturwissenschaften und pflegte antike Bildung. Durch Verbindung zum dt. Kaiserhaus gelangten zahlreiche byzantin. Einflüsse nach Europa, die sich sowohl in der sog. ottonischen Renaissance, etwa bei Liutbrant von Cremona, als auch in der bildenden Kunst niederschlugen. Als Herrscher ist K. bedeutungslos.

Konwicki, Tadeusz (*22. 6. 1926 Nowa Wilejka). – Poln. Schriftsteller, kämpfte im Untergrund gegen die dt. Herrschaft, arbeitete nach dem Krieg als Journalist, Regisseur und zuletzt als freier Schriftsteller. Bekannt wurden der autobiograph. Kriegsroman *Die neue Strecke* (1950, dt. 1951) und die stark dem Sozialist. Realismus verpflichteten Romane *Modernes Traumbuch* (1963, dt. 1964), *Auf der Spitze des Kulturpalastes* (1967, dt. 1973), *Kalender und Wasseruhr* (1976). *Der polnische Komplex* (1979), *Chronik der Liebesunfälle* (1980).

Kopelew, Lew Zinowewitsch (*9.4. 1912 Kiew). – Russ. Literaturwissenschaftler, studierte Deutsch, war im 2. Weltkrieg in der polit. Kriegsführung beschäftigt und wirkte an der Umerziehung dt. Gefangener mit. 1945 wegen polit. Unzuverlässigkeit zu Straflager verurteilt, traf er mit Solschenizyn zusammen und trat nach der Entlassung bes. für die Rezeption amerikan. und dt. Lit. in der UdSSR ein. Als er sich für Daniel und Sinjawski einsetzte, wurde er entlassen, erhielt Schreibverbot und emigrierte zuletzt in die Bundesrepublik. Bewunderung fand hier außer seinen polit. Arbeiten und den Enthüllungen über die Gewaltherrschaft der russ. Armee, z. B. *Und schuf mir* *einen Götzen* (1979), *Tröste meine Trauer* (1981), *Warum haben wir aufeinander geschossen?* (1981 mit H. Böll), *Kinder und Stiefkinder der Revolution* (1983), *Zeitgenossen, Meister, Freunde* (mit Raissa Orlowa, dt. 1989), bes. seine Heine-Biographie *Ein Dichter kam vom Rhein* (1981), da er mit diesem Werk neue Maßstäbe für diese Literaturgattung setzte.

Kopisch, August (*26.5. 1799 Breslau, †3.2. 1853 Berlin). – Dt. Dichter, lebte als Maler in Italien und entdeckte hier mit seinem Freund E. Fries 1826 auf Capri die weltberühmte Blaue Grotte. 1833 trat er in den preuß. Staatsdienst, verfaßte die Beschreibung *Die Königlichen Schlösser und Gärten zu Potsdam* (1854), übersetzte Dante (1842), schrieb Romane und Erzählungen, v.a. *Ein Carnevalsfest auf Ischia* (hg. 1856), und *Gedichte* (1836). In der Ausgabe *Allerlei Geister* (1848) veröffentlichte er auch die berühmten Balladen *Der Nöck, Der Mäuseturm* und *Die Heinzelmännchen zu Köln,* die bis heute gerne gelesen werden und häufig vertont wurden.

Kopit, Arthur L. (*10.5. 1937 New York). – Amerikan. Theaterdichter, trat bereits während seines Studiums mit absurden Stücken hervor, in denen er sehr geschickt sogar das absurde Theater parodierte. Bes. bekannt wurden *Nick im Verhör* (1958, dt. 1962), *Oh Vater, armer Vater, Mutter hängt dich in den Schrank, und ich bin ganz krank* (1960, dt. 1965), *The Day the Whores Came out to Play Tennis* (1965), *Oh Bill, Poor Bill* (1969) und *The Great White Myth* (1969), *Wings* (1978). In *Indians* (1968) schildert er das Leben und Verhalten der frühen amerikan. Siedler.

Kops, Bernard (*28.11. 1926 London). – Engl. Autor, brach Schulausbildung ab und lebte viele Jahre außerhalb der Gesellschaft, bis er als Schriftsteller Erfolg hatte und dann als Dramaturg ein bürgerl. Leben begann. Seine Gedichte, Dramen und Romane zeigen ein Bild des Lebens der jüd. Bevölkerung in den Städten Englands, erfahren in den Träumen eines jungen Mannes. Bekannt wurde die Prosa *The Hamlet of Stepney Green* (1959), *The Dream of Peter Mann* (1960), *The Passionate Post of Gloria Gaye* (1971), *Settle down Simon Katz* (1973) und die Gedichte *Shalom Bombs and Songs* (1970), *For the Record* (1971).

Koran, arab. *Al Kuran,* genannt ›*Al Kitab*‹, das Buch. Sammlung der Offenbarung, die Mohammed in der überlieferten Form in den Jahren 610–632 von Gott empfangen haben soll. Er ist in rhythmisierter, reimender Prosa geschrieben, in 114 Suren (= Kapitel) gegliedert und wirkt über Jahrhunderte prägend auf die arab. Kultur, Literatur, Sprache und Lebensformen, wobei von da auch große Einflüsse – etwa z.Z. der Kreuzzüge oder über die spätere Romantik – auf die dt. Literatur ausgingen. Eine erste lat. Übersetzung entstand 1143; 1243 erschien diese im Druck. Heute steht fest, daß der K. wohl im 7.Jh. entstanden sein dürfte, doch werden verschiedene

Schreiber angenommen, die unterschiedliche Traditionen, die eine Darstellung des Paradieses, Worte Allahs und liturg. Regeln und Lebenserfahrungen enthielten, zusammenfügten. Wahrscheinl. sammelte der erste Kalif Abu Bakr, Mohammeds Schwiegervater, die unterschiedl. Überlieferungen, doch dürfte eine erste Aufzeichnung nicht vor 650 erfolgt sein. Der K. ist nicht nur Offenbarung, sondern auch Gesetz des Islam, das dem Gläubigen fünf tägl. Gebete, die Spende von Almosen, das Fasten und die Reise nach Mekka verpflichtend vorschreibt.

Korczak, Janusz (*22.7. 1878 Warschau, †1942 Treblinka). – Poln. Arzt, Pädagoge und Schriftsteller, leitete ein Waisenhaus in Warschau und errichtete eine Ferienkolonie für Kinder. Von den Nationalsozialisten ermordet, wurde sein humanitäres Werk 1972 durch den Friedenspreis des Dt. Buchhandels gewürdigt. In den letzten Jahren erschienen erneut Übersetzungen seiner bedeutenden Schriften, z.B. *Das Recht des Kindes auf Achtung* (1973), *König Hänschen auf der einsamen Insel* (1973), *Wenn ich wieder klein bin* (1973) und *Wie man ein Kind lieben soll* (1977). Als Jugendbuch erschien 1984 *Wladek.*

Korinna aus Tanagra (ca. 500 bzw. 200 v. Chr.). – Griech. Dichterin, erwarb neben Sappho großen Ruhm, obwohl ihre Gedichte stilist. einfach sind und stoffl. bekannten Mythen und Sagen verpflichtet bleiben. Ob sie, wie die Sage erzählt, die Dichtung Pindars beeinflußt hat, bleibt unklar.

Kornfeld, Paul (*11.12. 1889 Prag, †ca. Jan. 1942 KZ Lodz). – Dt. Expressionist, arbeitete als Dramaturg bei Reinhardt, 1933 Emigration nach Prag, wurde 1941 von den Nationalsozialisten gefangen und ermordet. Mit dem Drama *Der beseelte und der psychologische Mensch* (1918) schuf er ein typ. Drama des Expressionismus, das alle sprachl. Mittel einsetzt, um die göttl. Natur des Menschen gegen ein mechanist.-naturalist. Weltbild aufzuzeigen. Dem Expressionismus war K. bes. in der Weise verpflichtet, daß er jegl. rationale Beweisführung ablehnte und allein das personale Bekenntnis gelten ließ. Weit bekannt wurden auch *Die Verführung* (1916), *Himmel und Hölle* (1919) und *Jud Süß* (1931), das J. Goebbels neben dem gleichnamigen Roman von Feuchtwanger für einen antisemit. Propagandafilm mißbrauchte.

Kornitschuk, Alexandr (*25.5. 1905 Chrystywiwka/Gouv. Kiew, †14.5. 1972 Kiew). – Russ. Autor, schrieb Erzählungen und Theaterstücke, die typ. Zeugnisse des Sozialist. Realismus sind und sich in einfacher Sprache bes. an die ungebildete Bevölkerung wenden. Das Drama *Der Chirurg* (1934, dt. 1947) gestaltet recht vordergründig das Verhältnis der Intellektuellen zum Staat und wurde z.Z. des Stalinismus sehr hoch geschätzt. Die letzte russ. Auswahl erschien 1956 in 3 Bdn.

Korolenko, Wladimir Galaktionowitsch (*27.7. 1853 Schitomir, †25.12. 1921 Poltawa). – Russ. Autor, trat bereits als Student polit. aktiv hervor und wurde zu Zwangsarbeit in

Sibirien verurteilt. Danach lebte er in Moskau, bereiste die Vereinigten Staaten und ließ sich dann in Poltava nieder. Er edierte die Zeitschrift »Russkoe bogatstvoe« und schrieb zahlreiche Erzählungen, in denen er ukrain. Volksgut weiterpflegte. K. ist der Typ des spätromant. volksverbundenen Schriftstellers. In seinem zykl. Erzählwerk sind häufig ethnograph. Züge bemerkbar, z. B. *Sibirische Geschichten* (1885, dt. 1888), *Der blinde Musiker* (1886, dt. 1892), *Der Wald rauscht* (1886, dt. 1891), *Die Geschichte meiner Zeitgenossen* (4 Bde. 1906–1922, dt. 1953). Eine Werkausgabe erschien 1930 in 24 Bdn.

Kortum, Karl Arnold (* 5. 7. 1745 Mülheim/Ruhr, † 15. 8. 1824 Bochum). – Dt. Schriftsteller und Arzt, stand in enger freundschaftl. Beziehung zu Wieland, der auf sein lit. Werk großen Einfluß hatte. Er trat auch mit Beiträgen in zahlreichen Zeitschriften hervor und beschäftigte sich intensiv mit Alchimie. Neben Märchen im Zeitstil und einigen Gedichten ist bes. die Parodie *Die Jobsiade* (1799), in der erstmals die bürgerl. Welt, ihre Bildungsvorstellungen und der lächerl. Heroismus verspottet werden, bekannt. W. Busch schuf später, angeregt durch dieses Werk, *Bilder zur Jobsiade*. Zum Verständnis seiner Zeit ist die *Lebensgeschichte, von ihm selbst erzählt* (posthum 1910) ein interessantes Dokument.

Korzeniowski, Jósef (* 19. 3. 1797 b. Brody/Galizien, † 17. 9. 1863 Dresden). – Poln. Dichter, machte sich in der Ukraine als Pädagoge einen Namen. K. steht lit. am Beginn des russ. Realismus, wobei er in seinen Theaterstücken und Romanen soziale Probleme aufgreift, weltanschaul. jedoch zu den ersten Vertretern des Positivismus zählt. Bes. bekannt wurden die Romane *Der Dorfadel* (1845, dt. 1875), *Der Spekulant* (1846, dt. 1888) – beide zeigen noch Einflüsse der Romantik –, und sein Hauptwerk *Die Verwandten* (1857, dt. 1880). Seine gesammelten Werke erschienen 1954 in 8 Bdn.

Korzeniowski, Józef Theodor Konrad → Conrad, Joseph.

Kosegarten, Gotthard Ludwig Theobul, Ps. *Tellow* (* 1. 2. 1758 Grevesmühlen/Rostock, † 26. 10. 1818 Greifswald). – Dt. Dichter, Hochschullehrer für Geschichte, dann für Theologie. K. wurde mit seinen Gedichten, Dramen, Romanen und Legenden, in denen er oft recht tränenreiche Elemente der Empfindsamkeit verbindet, zu einem der beliebtesten Schriftsteller seiner Zeit. Heute ist sein lit. Werk eine unersetzl. Quelle zum Studium des Zeitgeschmacks. Bes. beliebt waren die *Gesänge* (1776), *Gedichte* (1788), *Poesien* (1798–1802) und die Idyllen *Jucunde* (1803) und *Die Inselfahrt oder Aloysius und Agnes* (1804f.)

Kosinski, Jerzy, Ps. *Joseph Novak* (* 14. 6. 1933 Lodz, † 3. 5. 1991 New York). – Poln.-amerikan. Autor, studierte in den Vereinigten Staaten und ließ sich hier 1957 naturalisieren. Neben seiner Tätigkeit als Professor für engl. Literatur veröffentlichte er zahlreiche Arbeiten, in denen er die geistige Öde

des Lebens in der UdSSR darstellte. Bes. bekannt wurden *Homo sowjeticus* (1962), *Der bemalte Vogel* (engl. und dt. 1965), *Aus den Feuern* (1968, dt. 1970). Später parodierte er unter dem Einfluß Nabokovs die eintönige, geistlose Lebensweise der Durchschnittsamerikaner, z. B. *Chance* (1970, dt. 1972), *Der Teufelsbaum* (engl. u. dt. 1972), *Cockpit* (1978), *The Hermit* (1986).

Koskenniemi, Veikko Antero (* 8. 7. 1885 Oulu, † 4. 8. 1962 Turku). – Finn. Literaturtheoretiker, Übersetzer und Schriftsteller, Prof. für Literatur in Turku, 1941–1946 Vorsitzender des PEN-Clubs und des nationalen Schriftstellerverbandes. Sein lit. Werk umfaßt nahezu alle Gattungen. Bes. Beachtung fanden seine formstrenge Lyrik, etwa *Gedichte* (1906, dt. 1907), *Der junge Anssi* (1918, dt. 1937), und die Lebenserinnerungen *Gaben des Glücks* (1935, dt. 1938). Sein Gesamtwerk erschien finn. 1955 in 12 Bdn.

Kossak (-Szczucka), Zofia, auch *K.-Szatkowska* (* 8. 8. 1890 Skoworódki/Wolhynien, † 9. 4. 1968 Bielitz-Biala). – Poln. Autorin, kämpfte im Widerstand, wurde im KZ gefangengehalten und konnte vor ihrer Hinrichtung nach England fliehen. 1957 kehrte sie in ihre Heimat zurück. In ihren Romanen gestaltete sie Probleme der zeitgenöss. Gesellschaft, wobei sie sich der poln. Geschichte seit dem Mittelalter und der kath. Tradition verbunden fühlte. Konsequent fand sie daher auch im Geschichtsroman die ihr gemäße Gattung. Bekannt wurden *Frommer betrug* (1924, dt. 1947), *Die Walstatt von Liegnitz* (1930, dt. 1931), *Der Held ohne Waffe* (1937, dt. 1949) und *Der Bund* (1946, dt. 1959). Ihre Essays liegen in einer dt. Auswahl u. d. T. *Das Antlitz der Mutter* (1948) vor.

Kostić, Laza (* 31. 1. 1841 Kovilj, † 9. 12. 1910 Wien). – Serb. Romantiker, war in verschiedenen Staatsstellungen tätig und wirkte mit Übersetzungen Shakespeares und zahlreichen Dramen und lit. Essays nachhaltig auf die polit. romant. Literatur seiner Heimat. Ins Dt. sind seine Schriften nicht übertragen. Die Dramen erschienen 1922, die Gedichte 1941 in Gesamtausgaben und wirkten auf die nation. Erneuerung.

Kostomarow, Mykola Iwanowitsch, Ps. *Jeremija Halka* (* 16. 5. 1817 Jurassiwka, † 19. 4. 1885 Petersburg). – Ukrain. Autor, trat früh mit panslawist. Gedanken an die Öffentlichkeit und wurde nach abenteuerlichen Jugendjahren Prof. für Geschichte in Petersburg. Hier wandte er sich dem Positivismus zu und gewann mit seinen Gedichten, histor. Arbeiten und Theaterstücken Einfluß auf die nationalstaatl. Strömungen. In Dtld. wurde seine *Russische Geschichte in Biographien* (1875/76, dt. 1885) sehr beachtet. Das Originalwerk erschien in einer Gesamtausgabe in 21 Bdn. (1903–1906).

Kosztolányi, Dezö (* 29. 3. 1885 Szabadka, † 3. 11. 1936 Budapest). – Ungar. Schriftsteller, dichtete formvollendet in jeder Gattung, war Präsident des nationalen PEN-Clubs und stand unter dem Einfluß der franz. Impressionisten. Allgemeine Beachtung fanden die Novellen *Der schlechte Arzt* (1921, dt. 1929) und der Roman *Anna Edes* (1926, dt. 1929). 1913 erschien eine dt. Novellenauswahl u. d. T. *Die magische Laterne*.

Kotliarewski, Iwan Petrowitsch (* 9. 9. 1769 Poltawa, † 10. 11. 1838 ebd.). – Ukrain. Schriftsteller, parodierte (erstmals 1798, Gesamtausgabe 1842) die »Aeneis« des Vergil und machte die ukrain. Sprache literaturfähig. Seine Singspiele *Natalka-Poltavka* (1838) und *Moskal-Čarivnik* (1841) werden noch heute aufgeführt.

Kotzebue, August, ab 1785 von (* 3. 5. 1761 Weimar, † 23. 3. 1819 Mannheim). – Dt. Dramatiker, der meistgespielte Theaterdichter seiner Zeit. K. führte ein abwechslungsreiches Leben als russ. Beamter und Diplomat, wobei er es bis zum Leiter des dt. Theaters in Petersburg und Berater des Zaren brachte. Als polit. Journalist gab er die Zeitschrift »Der Freimütige« (1803–1807) heraus, in der er sich gegen Goethe und die Romantik wandte; später folgten die Zeitschriften gegen Napoleon »Die Biene« (1808–1810), »Die Grille« (1811–1812) und gegen die liberalen Burschenschaftler das »Literarische Wochenblatt« (1818). Als vermeintl. russ. Spion wurde er von dem patriot. Studenten K. L. Sand im Kreis der Familie getötet. K. verfaßte über 200 Theaterstücke, die auf allen Bühnen mit großem Erfolg gespielt wurden. Sie verbinden dramaturg. Geschick und genaue Kenntnis des Publikumsgeschmacks. Bes. bekannt und bis in die Gegenwart vom Volkstheater gespielt sind *Menschenhaß und Reue* (1789), *Die beiden Klingsberg* (1801) und *Die deutschen Kleinstädter* (1803). *Der Rehbock* (1815) wurde von Lortzing als Libreto zum »Wildschütz« verwendet.

Kozak, Juš, Ps. *Jelanov* (* 26. 6. 1892 Laibach, † 29. 8. 1964 ebd.). – Slowen. Autor, Lehrer und Redakteur, trat nach dem Zweiten Weltkrieg als Bühnenpraktiker und Intendant hervor. Bekannt sind seine Erzählungen, die stark durch autobiograph. Elemente, bes. seine Erlebnisse als Partisan, geprägt sind. Dt. Übersetzungen erschienen z. T. 1933 und 1940, doch erst 1959–1962 erschien eine umfassende slowen. Auswahl in 4 Bdn.

Kozjubinski, Michail Michailowitsch (* 17. 9. 1864 Winniza, † 25. 4. 1913 Tschernigow). – Ukrain. Schriftsteller, Statistiker bei der Landesverwaltung der Provinz Tschernihiv. K. begann mit realist. Erzählungen, in denen er das Leben der ukrain. Bauern schildert. Später wandte er sich unter dem Einfluß von Tschechow und Maupassant dem Impressionismus zu und erreichte hier seine höchste Vollendung in der Beschreibung von Natur und menschl. Gemütsverfassung. Aus dieser Zeit stammt der Roman *Fata Morgana* (1903–1910, dt. 1962), der von den Auswirkungen der Revolutionsideen auf die Bauernbevölkerung handelt.

Kracauer, Siegfried (* 8. 2. 1889 Frankfurt/Main, † 26. 11. 1966 New York). – Dt. Journalist, Soziologe und bis 1933 Mitarbeiter der »Frankfurter Zeitung«; als Jude exiliert, lebte vorübergehend in Paris, dann in New York. In dieser Zeit entstanden seine Essays zum Film, die er z. T. bereits engl. publizierte. Zu seinen wichtigsten Schriften gehören *Soziologie als Wissenschaft* (1922), *Von Caligari bis Hitler* (1947, dt. 1958), *Theorie des Films* (1960, dt. 1964), *Straßen in Berlin und anderswo* (1964). Seit 1971 erscheint eine auf 8 Bde. konzipierte Ausgabe, die neben dem Roman *Ginster* (1928) auch erstmals den Roman *Georg* (1934) enthält, in dem K. die gesellschaftl. Verhältnisse in Dtld. nach 1918 beschreibt. 1987 erschien die Sammlung *Straßen in Berlin und anderswo*.

Krämer, Karl Emerich, Ps. *George Forestier, Georg Jontza, André Fourban, Gerhard Rustesch* (* 31. 1. 1918 Düsseldorf, † 28. 2. 1987 Düsseldorf). – Dt. Schriftsteller, arbeitete als Lektor und gewann großes lit. Ansehen, als er unter dem Ps. G. Forestier Gedichte eines angebl. in Indochina vermißten Legionärs publizierte: *Ich schreibe mein Herz in den Staub der Straße* (1952), *Stark wie der Tod ist die Nacht der Liebe* (1954). Als sich die Entstehungsgeschichte der Gedichte als falsch erwies, wurde er von der getäuschten Kritik heftig geschmäht und jahrelang nicht beachtet, so daß seine späteren Arbeiten, etwa die Gedichte *Nur der Wind weiß meinen Namen* (1959), *Nachtgeländer* (1966) und *Als hätten meine Fingerspitzen Augen* (1973) kaum beachtet wurden. Außerdem verfaßte er Romane, Erzählungen und Heimatbücher und gab Bildbände heraus.

Krämer-Badoni, Rudolf (* 22. 12. 1913 Rüdesheim/Rhein, † 18. 9. 1989 Wiesbaden). – Dt. Journalist, erwarb mit dem Roman *In der großen Drift* (1949), in dem er das Leben Jugendlicher in der Kriegs- und Nachkriegswelt aus stark konservativer Sicht charakterisiert, allgemeines Ansehen. In seinen späteren Werken, z. B. *Der arme Reinhold* (1951), *Bewegliche Ziele* (1962), wandte er sich dem kleinbürgerl. Leben zu. Viel gelesen wurden die Essays *Vorsicht, gute Menschen von links* (1962), die Skizzen *Die Last, katholisch zu sein* (1967), *Deutschland, deine Hessen* (1968), *Anarchismus* (1970), *Gleichung mit einer Unbekannten* (1977) und die Erinnerungen *Zwischen allen Stühlen* (1985).

Kraft, Werner (* 4. 5. 1896 Braunschweig, † 15. 6. 1991 Jerusalem). – Dt. Schriftsteller, floh 1933 als Jude nach Palästina. K. trat mit sprachl. exakten, formstarken Gedichten, die den Einfluß von K. Kraus zeigen, an die Öffentlichkeit, z. B. *Wort aus der Leere* (1937), *Gedichte II* (1938), *Gedichte III* (1946), *Figur der Hoffnung* (1955). Auch als Literaturtheoretiker fand er Beachtung, z. B. mit *Rudolf Borchardt* (1961), *Gespräche mit Martin Buber* (1966) und *Carl Gustav Jochmann und sein Kreis* (1962). Der Roman *Der Wirrwarr* (1961), in dem er das hoffnungslose Schicksal der Jugend vor dem Zweiten Weltkrieg stilist. vielseitig in kafkaesker Manier schildert, ist ein wertvolles Zeitdokument, wie auch die jüngsten Arbeiten *Bewältigte Gegenwart* (1973), *Das Jahr des Neinsagens* (1974), *Eine Handvoll Wahrheit* (1977), *Heine der Dichter* (1983), *Goethe. Wiederholte Spiegelungen aus fünf Jahrzehnten* (1986), *Wahrheitsfetzen – Aufzeichnungen 1985 bis 1987* (1988).

Krag, Thomas Peter (* 28. 7. 1868 Kragerø, † 13. 3. 1913 Oslo). – Norweg. Romancier, begründete unter franz. Einfluß die neoromant. Dichtung Skandinaviens. In Dtld. wurden seine Romane, die patriot. Gedanken und Naturerfahrungen verbinden, gerne gelesen, etwa *Jon Gräff* (1891, dt. 1906), *Die eherne Schlange* (1895, dt. 1898), *Ada Wilde* (1896, dt. 1900), *Tuhal, der Friedlose* (1908, dt. 1910). Eine Gesamtausgabe erschien norweg. 1915–1917 in 9 Bdn.

Kralik, Richard, Ritter von Meyrswalden, Ps. *Roman* (* 1. 10. 1852 Eleonorenheim/Böhmerwald, † 5. 2. 1934 Wien). – Österr. Autor, reiste nach Studium nach Italien und Griechenland und konvertierte zum Katholizismus. Als konservativ.-kath. Denker gründete er den »Gralbund«. Er strebte im Geiste der Romantik nach einer lit. Erneuerung durch die Aufnahme antiker und volkstüml. Elemente und suchte nach dem Vorbild von R. Wagners *Parsifal* das Bühnenweihespiel als Gattung im Spielplan des Theaters zu verankern. Lit. bekannt wurde das Epos *Prinz Eugenius* (1896), die Dramen *Die Revolution* (1908), *Der heilige Gral* (1912) und die Geschichtswerke *Österreichische Geschichte* (1913) und *Allgemeine Geschichte der neuesten Zeit* (1914–1923 in 4 Bdn.). K. verfaßte auch Mysterienspiele, trat als Hg. hervor und schrieb mit seinen Memoiren *Tage und Werke* (1922) ein wichtiges Werk zum Verständnis der kulturpolit. Situation Österreichs nach der Jahrhundertwende.

Kramberg, Karl Heinz (* 1923 Dortmund). – Dt. Schriftsteller und Kulturkritiker, zu seinen Werken gehören Fernsehfilme, Gedichte und erzählende Prosa, z. B. *Der Clown. Marginalien zur Narretei* (o. J.), *Lieber in Lappland* (mit Maria K. 1972) und *Werters Freuden. Die Erziehung eines Epikureers* (1975), eines der bedeutendsten Bücher der letzten Jahre, und *Geständnisse eines Lesers* (1989) fassen Rezensionen aus 40 Jahren zusammen.

Kramp, Willy (* 18. 6. 1909 Mülhausen/Elsaß, † 19. 8. 1986 Schwerte-Villigst). – Dt. Autor, trat nach Rückkehr aus russ. Kriegsgefangenschaft mit Romanen an die Öffentlichkeit, die autobiograph. Elemente zeigen und Schicksal und Schuld des modernen Menschen aus religiöser Sicht gestalten. Bekannt wurden *Die Ewige Feindschaft* (1932), *Die Fischer von Lissau* (1939), *Die Jünglinge* (1943), *Die Prophezeiung* (1951), *Die Purpurwolke* (1953), *Herr Adamek und die Kinder der Welt* (1977) und *Zur Bewährung* (1978). Große Beachtung fanden die Essays *Über die Freude* (1968), *Lebenszeichen* (1978) und *Brüder und Knechte* (1984) und die Erzählungen

Gorgo oder die Waffenschule (1970) und *Was ein Mensch wert ist* (1972). Tiefe Religiosität und stete Auseinandersetzung mit dem Krieg als psychischer und physischer Bedrohung des Menschen sind für seine lit. Arbeiten charakteristisch. K. war Mitbegründer des Deutschen Evangelischen Kirchentages. 1984 erschien die Auswahl *Alle Kreatur*, 1985 die Gedichte *Ich habe gesehen*.

Kranewitter, Franz (* 18. 12. 1860 Nassereith/Tirol, † 4. 1. 1938 ebd.). – Österr. Schriftsteller, gab die »Tiroler Wochenschrift« heraus und war tragender Initiator der völk. Gruppe »Jung-Tirol«. In seinen lit. Arbeiten, die alle Gattungen umfassen, steht er in der Tradition der Klassik und zeigt sich von Schopenhauer beeinflußt, wendet sich aber durchwegs antiklerikalen nationalist. Ideen zu. Auf die Zeitgenossen hatten seine Gedichte *Lyrische Fresken* (1888), mehr noch die Schauspiele *Michel Gaißmayr* (1899), *Andre Hofer* (1904), *Die sieben Todsünden* (1910–1930), *Wieland der Schmied* (1910) und das Epos *Kulturkampf* (1890) starken Einfluß. Eine Gesamtausgabe erschien 1933.

Krasicki, Ignacy Graf von Siecin (* 3. 2. 1735 Dubiecko/Galizien, † 14. 3. 1801 Berlin). – Poln. Geistlicher, Fürstbischof von Ermland und Erzbischof von Gnesen. K. gilt als der Typ des intellektuellen Adeligen, dessen Wirkung auf die Aufklärung in Polen beispielhaft ist. Indem er das zeitgenöss. Gedankengut Englands und Frankreichs nach Polen brachte, vollzog er die Trennung von den traditionellen, dem Mittelalter verpflichteten Lebensformen. Große Wirkung hatten die Epen *Die Mäuseade* (1775, dt. 1790) und *Der Mönchskrieg* (1778, dt. 1870), der Roman *Der Herr Untertruchseß* (1778, dt. 1779) und *Fabeln* (1779, dt. 1913). Eine poln. Gesamtausgabe erschien 1829–1833 in 18 Bdn.

Krasiúski, Zygmunt Graf (* 19. 2. 1812 Paris, † 23. 2. 1859 ebd.). – Poln. Adliger, begründete mit Mickiewicz und Slowakki die poln. Romantik, die stark unter dem Einfluß der engl. Sensualisten und der dt. nationalstaatl. Bewegung stand, von der er auch das vielseitige Interesse für die nationale Vergangenheit empfing. 1832 entstand unter zahlreichen Einflüssen – etwa Goethes *Faust* – sein Hauptwerk *Ungöttliche Komödie* (dt. 1835). Aristokrat. und demokrat. Welt stehen in dem Geschichtswerk *Irydion* (1836, dt. 1846) einander gegenüber. Ab 1858 setzte sich K. mit Hegel und dem poln. Messianismus auseinander. Sein letztes Hauptwerk *Przedświt* (1843) ist eine Huldigung an seine Heimat. Von den Gedichten fanden *Morgenröte* (1841, dt. 1843) und *Versuchung* (1841, dt. 1881) breite Beachtung.

Kraszewski, Jósef Ignacy, Ps. *Bohdan Botestawita* (* 28. 7. 1812 Warschau, † 19. 3. 1887 Genf). – Poln. Autor, wurde wegen revolutionärer Agitation verurteilt, konnte jedoch entkommen und ließ sich in Sachsen nieder, wo er erneut verurteilt und gefangengesetzt wurde. K.s Schriften, die mehr als 600

Titel umfassen, sind bis heute noch nicht voll erforscht; sicher ist, daß kein anderer poln. Schriftsteller ein so riesiges Gesamtwerk hinterlassen hat. Seine Arbeit steht stark unter dem Einfluß dt. und engl. Literatur. In Dtld. wurden bes. bekannt *Jermola, der Töpfer* (1857, dt. 1877), *Der Spion* (1864, dt. 1864), *Hrabina Cosel* (1873, dt. 1952), *Morituri* (1874 f., dt. 1878), *Brühl* (1874, dt. 1952), *Aus dem Siebenjährigen Krieg* (1875, dt. 1953). Eine dt. Auswahl erschien 1880 ff. in 12 Bdn.

Kratinos (5. Jh. v. Chr.). – Griech. Autor, Hauptvertreter der frühen att. Komödie neben Aristophanes. K. wurde von den Zeitgenossen so hoch geschätzt, daß diese seine Komödie *Pytine* (423) dem Lustspiel *Die Wolken* von Aristophanes vorzogen. Leider sind von den namentl. bekannten 28 Stücken meist nur Fragmente überliefert. 8 Siege konnte er bei den Dionysien feiern.

Kraus, Karl (* 28. 4. 1874 Jitschin/Ostböhmen, † 12. 6. 1936 Wien). – Österr. Journalist und Satiriker aus einer wohlhabenden jüd. Familie; versuchte sich als Schauspieler und veröffentlichte in Zeitschriften. Seinen ungemein großen und gefürchteten lit. Ruhm begründete er 1899, als er als eigene Zeitschrift »Die Fackel« herausgab, für die berühmte Dichter Aufsätze schrieben, etwa Trakl, Werfel, Strindberg, H. Mann, Lasker-Schüler. Seit 1912 veröffentlichte er nur noch eigene Essays, Aphorismen und Gedichte. Im ganzen erschienen bis zum Tod des Autors 922 Hefte, deren Originalausgabe heute zu den begehrtesten bibliophilen Schriften gehört. Zentraler Angriffspunkt der literarischen Attacken, die K. mit geistreichem Witz, scharfer Polemik und unversöhnlicher Aggression gegen die menschliche Dummheit vortrug, waren v. a. die jüdische Presse in Österreich, der er nicht nur Ignoranz, sondern böswillige Volksverdummung unterstellte, die hohlen Konventionen bei Hof, im Militär und die Bürokratismus; es gelang ihm wiederholt meisterhaft, deren unsinnige Weltsicht bloßzulegen. Daneben bearbeitete er Dramen Shakespeares und Operetten Offenbachs und las an vielen Orten sendungsbewußt aus seinen Schriften. Bis heute blieben weiten Leserkreisen viele seiner Werke bekannt, insbesondere die Dramen *Die letzten Tage der Menschheit* (1919) und *Die dritte Walpurgisnacht* (1933, hg. 1952) und die Essays *Die Sprache* (1937 posthum), *Heine und die Folgen* (1910), *Literatur und Lüge* (1929). In den letzten Jahren fanden die Schriften zunehmend Beachtung. So erschienen mehrere Gesamtausgaben der »Fackel«, eines der wichtigsten kulturhistorischen Dokumente unseres Jh.s.

Krechel, Ursula (* 4. 12. 1947 Trier). – Dt. Schriftstellerin, studierte in Köln Germanistik, Kunstgeschichte und Theaterwissenschaft und setzte sich mit dem dt. Strafvollzug auseinander, indem sie mit jungen Untersuchungshäftlingen Theaterprojekte realisierte. Nach kurzen Tätigkeiten als Dramaturgin in Dortmund, ließ sie sich als freie Schriftstellerin nieder. Ihre

Werke stellen soziale Probleme der Zeit, aber auch Lebensfragen empfindsam dar. Sie trat mit Hörspielen, Dramen u. a. *Erika* (1974), Texten zur Emanzipationsbewegung *Selbsterfahrung und Fremdbestimmung. Berichte aus der Neuen Frauenbewegung* (1975, 1978), Romanen wie *Zweite Natur* (1981), *Die Freunde des Wetterleuchtens* (1990) und zahlreichen Gedichten *Nach Mainz* (1979), *Rohschnitt* (1983), *Vom Feuer lernen* (1985), *Kakaoblau* (1989) hervor, gab aber auch Lyrikanthologien und Jahrbücher der Lyrik heraus.

Kreisler, Georg (* 18. 7. 1922 Wien). – Österr. Kabarettist, bedeutendster Dichter der Kleinkunst und des sog. schwarzen Humors in seiner Heimat; empfing starke Anregungen in Hollywood und New York nach dem Zweiten Weltkrieg und griff, nach Europa zurückgekehrt, Traditionen des Wiener Volkstheaters (Raimund, Nestroy, Girardi) auf. Seine Lieder sind von unverwechselbarem Humor und teilweise von sehr distanzierter Ironie. Große Verbreitung, bes. auf Schallplatten, die Kreisler selbst bespielt, fanden *Der guate alte Franz, Sodom und Andorra* (1962). *Lieder zum Fürchten* (1964), *Nichtarische Arien, Polterabend* (1966), *Hölle auf Erden, Ein Glas Wasser* (1967), *Ich weiß nicht, was soll es bedeuten* (1973), *Ist Wien überflüssig? Satiren über die einzige Stadt, in der ich geboren bin* (1987), *Die alten bösen Lieder* (1989). u. a.

Krell, Max (* 24. 9. 1887 Hubertusburg, † 11. 6. 1962 Florenz). – Dt. Autor, verließ während des Dritten Reiches Dtld., da er dem Expressionismus nahestand und seine Schriften daher als entartet verboten waren. Obwohl auch seine Essays und Übersetzungen beachtet wurden, schätzte ihn das Publikum bes. als brillanten Erzähler, dessen Prosa weite Verbreitung fand, z. B. *Das Meer* (1919), *Entführung* (1920), *Der Spieler Cormick* (1922), *Die Tanzmarie* (1949), *Schauspieler des lieben Gottes* (1951). *Die Dame im Strohhut* (1952), *Das Haus der roten Krebse* (1962), *Schömberger Auslese* (1964).

Kretzer, Max (* 7. 6. 1854 Posen, † 15. 7. 1914 Berlin). – Dt. Schriftsteller, trat als Autor sozialist. Aufsätze und mit Romanen aus der Arbeiterwelt, der er selbst angehörte, hervor. In der Themenwahl und naturalist.-realist. Darstellung wurde er durch die großen Vorbilder der Dickens und Zola bestimmt, ohne ihren Stil jedoch nachzuahmen. Bekannt wurden die Prosa *Die beiden Genossen* (1880), *Meister Timpe* (1888), *Das Gesicht Christi* (1897), *Der Holzhändler* (1900), *Treibende Kräfte* (1903), *Der Mann ohne Gewissen* (1905), *Väter ihrer Söhne* (1907) und die Autobiographie *Berliner Erinnerungen* (1939).

Kreuder, Ernst (* 29. 8. 1903 Zeitz, † 24. 12. 1972 Darmstadt). – Dt. Autor, arbeitete für mehrere Zeitschriften und Zeitungen, u. a. »Die Frankfurter Zeitung« und den »Simplizissimus«. Lit. Anerkennung fanden seine Romane und Erzählungen, etwa *Die Gesellschaft vom Dachboden* (1946), *Die Unauffindbaren* (1948), *Herein ohne anzuklopfen* (1954), *Spur unterm*

Wasser (1963), *Tunnel zu vermieten* (1970). Posthum erschien der Roman *Der Mann im Bahnwärterhaus* (1973).

Kreutzwald, Friedrich Reinhold (*26. 12. 1803 Jöpere/Kreis Wierland, †25. 8. 1882 Dorpat). – Estn. Romantiker, förderte unter dem Einfluß der dt. Romantik das Volksbewußtsein der Esten und sammelte Zeugnisse früher Dichtung seines Volkes, wobei bes. seine Märchensammlung viel beachtet wurde. Nach dem Vorbild vergleichbarer Sammlungen, etwa der Kalevala, schuf er das Epos *Kalevipoeg* (1857 ff., dt. 1910), das zahlreiche histor. Traditionen aufgriff.

Krischnamischra (2. Hälfte des 11. Jh.s). – Ind. Dichter, über sein Leben sind nur spärliche, in den Bereich der Sage zurückreichende Nachrichten überliefert. Das erhaltene Drama *Mondaufgang der Erkenntnis* (1842) zeigt den Sieg des rechtgläubigen Wischnu Wedanta über die Irrlehren. Das Werk ist ein typ. Zeugnis der ind. Allegoriendichtung, deren Aussagen für den Europäer schwer zu entschlüsseln sind.

Kristensen, Erling (*9. 6. 1893 Holte Heide/Vendsyssel, †25. 6. 1961 Skagen). – Dän. Volksdichter, stammte aus ländl. Arbeiterfamilie und verhöhnt in seinen sarkast. Schriften die sentimentale Dorfliteratur und den Geschmack und das Verhalten der Bürger. Die nicht ins Dt. übertragenen Romane *Byen mellem to tarne* (1928), *Ler* (1930), *Drejers hotel* (1934), *Menneske mellem mennesker* (1936) und die *Gedichte* von 1963 wurden in Dänemark sehr bekannt.

Kriwet, Ferdinand (*1942 Düsseldorf). – Dt. Autor, beherrscht zahlreiche Kunsttechniken und versucht, in seinem lit. Werk Elemente der Malerei und Musik zu integrieren. Mit Textmontagen und Collagen erzielt er raffinierte ästhet. Reize, denen sich der Leser nur schwer entziehen kann. Bes. in avantgardist. Kreisen fanden u. a. *10 Sehtexte* (1962), *ONE TWO TWO* (Hörtexte 1968), *Campaign* und *Wahlkampf in den USA – Ein Mixed-Media-Buch* (1973) begeisterte Anerkennung.

Krleža, Miroslav (*7. 7. 1893 Zagreb, †29. 12. 1981 ebd.). – Kroat. Schriftsteller, überzeugter Sozialist, schuf mit einem vielfältigen lit. Werk, das streng nach den ästhet. Forderungen des Sozialist. Realismus gestaltet ist, Vorbilder für die zeitgenöss. Literatur. Im kulturpolit. Leben seiner Heimat spielte er nach 1918 eine wichtige Rolle; 1975 erhielt er den Österr. Staatspreis für Lit. Auf die marxist. orthodoxe Lit. in Deutschland wirkten die Übersetzungen seiner Werke *Tausendundein Tod* (1933, dt. 1966), *Ohne mich* (1938, dt. 1962), *Bankett in Blitwien* (1939, dt. 1964). Als dt. Teilausgaben erschienen *Requiem für Habsburg* (1968), *Europäisches Alphabet* (1964), *Politisches Alphabet* (1968), *Tagebuch* (1978), *Der kroatische Gott Mars* (Erz. 1984), *Eine Kindheit in Agram* (Erinnerungen 1986).

Kröger, Timm (*29. 11. 1844 Haale/Lkr. Rendsburg, †29. 3. 1918 Kiel). – Dt. Schriftsteller, lebte und arbeitete in seiner Jugend auf einem Bauernhof. Unter dem Einfluß Storms und

Liliencrons schuf er Erzählungen, die sich durch exakte Sprache, Kenntnis des ländl. Lebens und durch große Einfühlsamkeit auszeichnen. Mit Verständnis und Humor erzählt er vom Leben der einfachen Menschen; bis heute werden die Werke in seiner norddt. Heimat gerne gelesen; ledigl. die späten, etwas vom völk. Geist geprägten Texte sind überholt und vergessen. Anerkannt waren u. a. *Eine stille Welt* (1891), *Der Schulmeister von Handewitt* (1894), *Um den Wegzoll* (1905), *Mit dem Hammer* (1906), *Das Buch der guten Leute* (1908) *Die alte Truhe* (1908), *Des Reiches Kommen* (1909).

Kroetz, Franz Xaver (*25. 2. 1946 München). Bayer. Dramatiker, erwarb seine Bühnenerfahrung als Dramaturg, Regisseur und Schauspieler am Volkstheater Gmund, in Darmstadt und mit zahlreichen Stücken für die Heidelberger Bühnen. K. verbindet genaue Kenntnis der Volksmentalität mit naturalist. Stilelementen, die er jedoch stets ins Absurde verfremdet und damit zeigt, daß auch der einfache Mensch heute in einer informierten Welt keine sprachl. Bindung zum Mitmenschen finden kann. In einer Welt ohne Kommunikationsmöglichkeit vereinzelt jeder zum unverstandenen Außenseiter. K. verwendet in seinen Stücken Dialekt und gängige Sprachphrasen; die Handlung spielt in selbsterfahrenen ländl. Lebensformen und im ideolog. bedrohten Kleinbürgertum, z. B. *Wildwechsel* (1971), *Männersache* (1972), *Stallerhof* (1972), *Wunschkonzert* (1973), *Oberösterreich* (1974), *Dolomitenstadt Lienz* (1974), *Der stramme Max* (1980), *Gute Besserung* (1982), *Furcht und Hoffnung der BRD* (1984), *Bauern sterben* (1986), *Der Nusser* (1986), *Der Weihnachtstod* (1986). Daneben schrieb K. Prosa, wie *Chiemgauer-Geschichten* (1977), *Der Mondscheinknecht* (1981–83), Hör- und Fernsehspiele, wie *Kir Royal* (1986).

Krog, Helge (*9. 2. 1889 Oslo, †30. 7. 1962 ebd.). – Norweg. Literaturtheoretiker und Journalist, bestimmte mit seinen Essays in zahlreichen Zeitschriften nachhaltig das Theaterleben in Oslo und schrieb selbst Schauspiele, die stets moralisierende Züge aufwiesen und soziale Probleme gestalteten. Großen Erfolg hatten *Auf der Sonnenseite* (1927, dt. 1955), *Opbrudd* (1936), *Komm inn!* (1945). Eine Auswahl aus seinem literarkrit. Werk erschien 1970 u. d. T. *Artikler og essays*.

Krolow, Karl, Ps. *Karol Kröpcke* (*11. 3. 1915 Hannover). – Dt. Dichter, trat bereits früh mit Gedichten hervor, deren Naturgestaltung zunächst O. Loerke und B. Lehmann verpflichtet war, dann aber eigene Wege einschlug. K., der heute zu den bedeutendsten Lyrikern gehört und 1956 den Büchner-Preis erhielt, wandte sich zunehmend einer strengen rhythm. Form zu, wobei er surrealist. Bilder in sehr schlichten Strophen eindringl. gestaltete. Seine Vorlesungen, die er 1960/61 als Dozent für Poetik in Frankfurt/M. hielt, gehören zu den bedeutendsten theoret. Zeugnissen der modernen Lit. 1972 war K. Präsident der Dt. Akademie für Sprache und Dichtung in

Darmstadt. Die bekanntesten Ausgaben seiner Gedichte sind *Die Zeichen der Welt* (1959), *Unsichtbare Hände* (1962), *Landschaften für mich* (1966), *Zeitvergehen* (1972), *Miteinander* (1975), *Der Einfachheit halber* (1977), *Sterblich* (1980), *Schönen Dank und vorüber* (1984), *Als es soweit war* (1988). Daneben trat er als Übersetzer franz. und span. Gedichte hervor und schrieb Essays zur Gegenwartsdichtung, etwa *Aspekte zeitgenössischer deutscher Lyrik* (1961) oder *Ein Gedicht entsteht* (1973). Mit *Deutschland, Deine Niedersachsen* (1972) erwies er sich als humorvoller Erzähler, der zahlreiche volkskundl. und kulturelle Elemente neu zu deuten verstand. 1979 erschien die erste Erz. *Das andere Leben*, 1981 die Prosa *Im Gehen*, 1985 *Nachtleben oder Geschonte Kindheit*, 1987 *In Kupfer gestochen – Observationen*. K. hat zahlreiche Anthologien herausgegeben.

Kronauer, Brigitte, eigtl. *Brigitte Schreiber* (* 29. 12. 1940 Essen). – Dt. Schriftstellerin, studierte Pädagogik und veröffentlichte zunächst in alternativen Verlagen. Allgemeine Anerkennung fand ihr Roman *Frau Mühlenbeck im Gehäus* (1980), der eine erzählfreudige Protagonistin vorführt, die ihre Geborgenheit nur in der Sprache findet. Mit *Rita Münster* (1983) charakterisiert K. das Problem der Selbstfindung und Selbstverwirklichung der Frau, wobei sie Elemente des inneren Monologs zur ästhetischen Distanzierung nutzt. Für *Berittener Bogenschütze* (1986) wurde K. mehrfach ausgezeichnet. 1987 veröffentlichte sie ihre *Aufsätze zur Literatur*, die über ihre literar. Arbeiten wichtige Aussagen machen. 1990 erschien der R. *Die Frau in den Kissen*, 1992 die Erz. *Schnurrer*.

Kruczkowski, Leon (* 28. 6. 1900 Krakau, † 1. 8. 1962 Warschau). – Poln. Schriftsteller, trat nach 1945 polit. aktiv als Kulturminister und Vorsitzender des Schriftstellerverbandes hervor. K. gilt bis heute als beispielhafter Vertreter des Sozialist. Realismus. Im Mittelpunkt seiner Dramen steht stets das Problem des Verhältnisses von einzelnem und Sozialismus; die erkennende Unterordnung aller subjektiven Wünsche unter den kollektiven Willen ist für K. Voraussetzung einer gerechten gesellschaftl. Ordnung. Für seine Dramen, die z. T. auch in Dtld. bekannt wurden, erhielt K. zahlreiche Staatspreise. Am erfolgreichsten war das Drama *Die Sonnenbrucks* (1949, dt. 1951), doch auch *Rebell und Bauer* (1932, dt. 1952), *Pfauenfedern* (1935, dt. 1958) und *Der erste Tag der Freiheit* (1959, dt. 1967) fanden Beachtung. 1962 erschien eine poln. Gesamtausgabe seiner Dramen.

Krúdy, Gyula (* 21. 10. 1878 Nyiregyháza, † 12. 5. 1933 Budapest). – Ungar. Adeliger, arbeitete zunächst als Reporter und Journalist und entwickelte bald unter dem Einfluß Turgenjews und Dickens' einen sehr eigenwilligen Stil, in dem sich Elemente der romant. Erzähltradition mit Strukturen impressionist. Lyrik verbanden. Große internationale Anerkennung fand 1912 bis 1916 der *Szindbád-Zyklus* (dt. erschien der letzte Teil 1967 u. d. T. *Sindbad, Reisen im Diesseits und Jenseits*), der auch autobiograph. Züge trägt. Die Darstellung erot. Anekdoten, kleinstädt. Lebens und gesellschaftl. Außenseiter ist bes. in den Erzählungen *Die rote Postkutsche* (1914, dt. 1966) und *Az elet álom* (1931) gelungen.

Krüger, Bartholomäus (* um 1540 Sperenberg/Potsdam, † ca. 1597 Trebbin/Potsdam). – Dt. Dichter, lebte als Stadtschreiber in Trebbin und verfaßte zahlreiche Schuldramen und derbe Schwänke, die sowohl der reformator. Propaganda als auch der Tradition des Fastnachtsspiels verpflichtet waren. Weit bekannt wurden *Eine schöne und lustige neue Action von dem Anfang und Ende der Welt . . .* (1579), *Ein Neuwes Weltliches Spiel, Wie die Pewrischen Richter einen Landsknecht unschuldig hinrichten lassen . . .* (1579) und *Hans Clawert Werckliche Historien* (1587).

Krüger, Horst (* 17. 9. 1919 Magdeburg). – Dt. Schriftsteller, trat anfängl. mit Arbeiten für den Rundfunk an die Öffentlichkeit und wurde bald mit Essays und zeitkrit. Analysen bekannt, z. B. *Das zerbrochene Haus* (1966), *Stadtpläne* (1967), *Deutsche Augenblicke* (1969), *Zeitgelächter* (1973), *Ostwest-Passagen* (1975), *Der Kurfürstendamm* (1982), *Tiefer deutscher Traum. Reisen in die Vergangenheit* (1983), *Kennst du das Land* (1987), *Frühlingsreise* (1988).

Krüger, Michael (* 9. 12. 1943 Wittgendorf/Sachsen). – Dt. Schriftsteller, gelernter Verlagsbuchhändler, übernahm 1986 die Leitung eines großen deutschen Verlages, nachdem er bereits als Herausgeber der *Biblioteca Dracula* und als Geschäftsführer und Juror des Petrarca-Preises hervorgetreten war. Seit 1981 zeichnet K. verantwortlich für die Literaturzeitschrift *Akzente*. Lit. trat er mit Lyrik und Erzählungen an die Öffentlichkeit, wobei bes. *Warum Peking? Eine chinesische Geschichte* (1986), die Tagebuchgedichte *Idyllen und Illusionen* (1989), der Roman *Der Mann im Turm* (1991) und *Das Ende des Romans. Eine Novelle* (1991) Beachtung fanden.

Krüss, James, Ps. *Markus Polder, Felix Ritter* (* 31. 5. 1926 Helgoland). – Dt. Jugendbuchautor, wandte sich nach Pädagogikstudium der Literatur zu und wurde rasch einer der angesehensten Kinder- und Jugendbuchautoren. Seine Verse und Hörspiele wurden mit zahlreichen Preisen ausgezeichnet. Bes. bekannt sind *Der Leuchtturm auf den Hummerklippen* (1956), *Mein Urgroßvater und ich* (1959), *Der wohltemperierte Leierkasten* (1961), *Adler und Taube* (1963), *Die Geschichte vom großen A* (1963), *Friesische Gedichte* (1973), *Geschichten aus allen Winden* (1973), *Die Bremer Stadtmusikanten* (1974), *Die Geschichte vom Birnbaum* (1974), *Der fliegende Teppich* (1976), *Das kleine Mädchen und das blaue Pferd* (1977), *Mimo, die Häsin* (1977), *Alle Kinder dieser Erde* (1979), *Abschied von den Hummerklippen* (1985).

Krusenstjerna, Agnes von (* 9. 10. 1894 Växjö, † 10. 3. 1940

Stockholm). – Schwed. Dichterin, wandte sich gegen die adelige Lebensform, von der sie selbst in ihrer Jugend geprägt worden war. In ihrem Erzählwerk gestaltete sie Erziehungsfragen, bes. aber Naturidyllen. Große Beachtung in Skandinavien fand der Bildungsroman *Tony* (1922–1926). Leider sind ihre Arbeiten nicht ins Dt. übertragen. Ihre gesammelten Schriften erschienen 1946 in 19 Bdn.

Kschemendra (* um 1010 Kaschmir, † 1070 ebd.). – Ind. Adeliger, lernte bereits als Jugendlicher die gültigen Regeln der traditionellen Dichtung und verfaßte groß angelegte Dramen, Epen und religiöse Gedichte, die sich durch formale Vollendung auszeichnen. Entscheidend ist sein theoret. Einfluß auf die ind. Literatur, auf die er mit zahlreichen Arbeiten über verschiedene Fragen der Poetik nachhaltig wirkte. Der modernen ind. Kultur hat er mit den von ihm erarbeiteten Fassungen des *Bharatamandschari* und des *Ramajanamandschari* zahlreiche Anregungen gegeben; die nationalstaatl. Bewegung der Neuzeit in Indien sah in seinem Werk die Grundlage der geschichtl. Tradition.

Kuba, eigtl. *Kurt Barthel* (* 8. 6. 1914 Garnsdorf/Chemnitz, † 12. 11. 1967 Frankfurt/M.) – Sozialist. dt. Schriftsteller, stammte aus einfachen Verhältnissen, trat bereits früh mit agitator. Lyrik hervor. 1933 exiliert, wurde er nach dem Zweiten Weltkrieg mit seinen formal geschickten, doch inhaltl. seichten Dramen (*Klaus Störtebecker*, 1959), *Terra incognita*, 1964) und Gedichten (z. B. *Gedicht vom Menschen*, 1948; *Kantate auf Stalin*, 1949; *Brot und Wein*, 1961; *Wort auf Wort wächst das Lied*, 1969) als Freund Ulbrichts zum anerkannten Regimedichter in der DDR.

Kubin, Alfred (* 10. 4. 1877 Leitmeritz/Nordböhmen, † 20. 8. 1959 Landgut Zwickledt b. Wernstein/Inn). – Sudetendt.-österr. Künstler, studierte in Salzburg und München, bereiste West- und Südeuropa und lebte ab 1906 zurückgezogen auf seinem österr. Landgut. K. gehört zu den bedeutendsten Graphikern und Malern des 20. Jh.s., dessen Werke mit expressiven Stilmitteln das Grauen und die Gefährdung des Menschen in einer grotesk bedrohenden Welt gestalten. Vergleichbare Elemente finden sich in dem Roman *Die andere Seite* (1909) und den Erzählungen, wie *Der Guckkasten* (1925), *Abenteuer einer Zeichenfeder* (1941), den Essays und den Lebenserinnerungen *Dämonen und Nachtgesichter* (1959).

Kuby, Erich (* 28. 10. 1910 Baden-Baden). – Dt. Schriftsteller und Lektor, gab nach 1945 mit Andersch und Richter die Zeitschrift »Der Ruf« heraus und wurde bald ein begehrter Mitarbeiter von Zeitungen und Zeitschriften. Neben Kinderbüchern, Erzählungen und Dramen entstanden Hör- und Fernsehspiele. Viel beachtet wurden seine zeitkrit. Arbeiten, die häufig sehr kontroverse Diskussionen auslösten. Das Leben der bundesrepublikan. Wohlstandsgesellschaft hat er mehrfach stark überzeichnet dargestellt. Verbreitung fanden

etwa *Das Mädchen Rosemarie* (1958; auch verfilmt), *Ich, Weyer, Dekorateur der deutschen Gesellschaft* (1968), *Die deutsche Angst* (1969), *Mein Krieg* (1975), *Als Polen deutsch war. 1939–1945* (1986).

Kudrun (Gudrun). – Mhd. Epos, entstanden um 1230, doch nur in der Fassung des Ambraser Heldenbuchs aus dem frühen 16. Jh. überliefert. Das Epos reicht wie das Nibelungenlied in die german. Geschichte (wahrscheinl. an der Nord- bzw. Ostsee) zurück, doch erfuhr es seine Gestaltung, die sowohl sprachl. als auch im Aufbau das Nibelungenlied als Vorbild wählt, durch süddt. Geistliche und fahrende Spielleute, da zahlreiche Sagenelemente durch internationale Erzählschemata ersetzt wurden, z. B. Brautraub, Befreiung durch List, u. a. Als Vorstufe dient das nord. Hildelied, das um 2 Teile erweitert wurde. Im Gegensatz zum heroischen Untergang der Nibelungen endet das Kudrunepos nach Brautraub und bewährter Treue mit der Hochzeit der Liebenden. Wurde die K. im 19. Jh. gerne als Antikriemhild gedeutet, so ist heute die Erkenntnis allgemein, daß das Epos zur Erkenntnis der Volksdichtung von unschätzbarer Bedeutung ist.

Kügelgen, Wilhelm von (* 20. 11. 1802 Petersburg, † 25. 5. 1867 Ballenstedt). – Dt. Maler, erfreute sich großer Beliebtheit, porträtierte zahlreiche bedeutende Zeitgenossen (z. B. Goethe) und wurde zuletzt angesehener Hofbeamter in Sachsen/Anhalt. Auf die Lit. hat er weniger mit seinen Erzählungen und Dramen, die zu Recht bald vergessen wurden, als mit seinen Erinnerungen gewirkt. Das Werk *Jugenderinnerungen eines alten Mannes* (1870) erzählt vom Leben an dt. Höfen und wurde wegen seiner Altersweisheit zum Vorbild für die Memoirenlit. eines Jahrhunderts.

Kühn, August, eigtl. *Rainer Zwing* (* 25. 9. 1936 München). – Dt. Schriftsteller, ließ sich nach kurzer journalistischer Tätigkeit als freier Schriftsteller nieder und schildert in seinen Erzählungen und Dramen, die einem mod. Trend der Arbeiterliteratur entgegenkommen, sehr abwechslungsreich das Leben des Proletariats, das gegen die Industrie nicht aufkommen kann. Einen großen Erfolg hatte er mit *Westend-Geschichten – Biographisches aus einem Münchener Arbeiterviertel* (1972). Die Schauspiele *Der bayerische Aufstand* (1973) und *Zwei in einem Gewand oder die nicht mögliche Wandlung des Unternehmers und Menschen Hubmann* (1973) sowie der Betriebsroman *Eis am Stecken* (1974) errangen nur in einem engeren Leserkreis Achtungserfolge. *Zeit zum Aufstehen* (1975), die Chronik einer Münchener Arbeiterfamilie, kam auf die Bestsellerlisten. Der sog. Schelmenroman *Jahrgang 22* (1977) erzählt nach dem Vorbild Brechts und Hašeks, wie sich ein Prolet über die Zeit des Nationalsozialismus hinwegrettet; in *Fritz Wachsmuths Wunderjahre* (1978) versucht K. zu zeigen, daß der gleiche Protagonist auch die Demokratie überstehen kann. 1981 veröffentlichte K. *Die Vor-*

stadt, eine Familienchronik über acht Jahrhunderte, 1986 *Meine Mutter 1907.*

Kühn, Dieter (* 1. 2. 1935 Köln). – Dt. Schriftsteller; nach Studium längerer Amerikaaufenthalt. Seine kunstvolle Erzähltechnik, die auktoriale Stilelemente mit sehr gekonnten Montagen verbindet, fasziniert den Leser und bringt ihm nicht nur die Gestalten der Erzählungen, sondern das Werden der Erzählung selbst zum Bewußtsein. Seine Romane und Erzählungen gehören zu den interessantesten Werken der letzten Jahre, so z. B. *Ausflüge im Fesselballon* (1971), *Die Präsidentin – Roman eines Verbrechens* (1975), *Mit dem Zauberpferd nach London* (1974), *Festspiel für Rothäute* (1974), und die exzellenten histor. Romane *Ich, Wolkenstein* (1977) und *Herr Neidhart* (1981), denen 1973 die vorzügl. histor. Erzählung *N* (über Napoleon) vorausging. Mit dem Roman *Der Parzifal des Wolfram von Eschenbach*, in dem er das schwierige Epos 1986 übersetzte, und mit *Neidhart aus dem Reuenthal* (1988), eine Neubearbeitung des Neidhartbuches von 1981, schloß er die *Trilogie des Mittelalters* ab. 1991 publizierte er eine vortreffliche Übersetzung des Epos *Tristan und Isolde* des Gottfried von Straßburg und dessen Fortsetzer Ulrich von Türheim. Daneben schrieb er eine Reihe geistreicher Essays, wie *Musik und Gesellschaft* (1971), *Grenzen des Widerstands* (1972), *Unternehmen Rammbock, Planspielstudie zur Wirkung gesellschaftskritischer Literatur* (1974), *Luftkrieg als Abenteuer – Eine Kampfschrift* (1975). Mit den Biographien *Josefine. Aus den öffentlichen Biographien der Josefine Baker* (1976), *Beethoven und der schwarze Geiger* (1990), den *Goldberg-Variationen* (1976), dem Märchen *Der Herr der fliegenden Fische* (1979), den Gedichten *Schnee und Schwefel* (1982) und Theaterstücken, z. B. *Präparation eines Opfers* (1970), *Herbstmanöver* (1977), *Im Zielgebiet* (1982) sowie zahlreichen Hörspielen zeigte K. seine Vielfältigkeit als Autor.

Kühne, Gustav (* 27. 12. 1806 Magdeburg, † 22. 4. 1888 Dresden). – Dt. Schriftsteller; stand dem sog. Jungen Deutschland nahe, trat als engagierter Journalist in der von ihm edierten Zeitschrift »Europa« (1846–1859) an die Öffentlichkeit und forderte in seinem lit. Werk, das alle Gattungen umfaßt, nachdrückl. die bürgerl. Freiheiten. Für die histor. Auseinandersetzung mit der Epoche vor und nach der Revolution von 1848 sind seine Memoiren *Wittenberg und Rom* (1876) und *Mein Tagebuch in bewegter Zeit* (1863) von großer Bedeutung.

Kühnelt, Hans Friedrich (* 20. 3. 1918 Bozen). – Österr. Schriftsteller; trat als Schauspieler auf und fand erste lit. Anerkennung mit den Gedichten *Das Traumschiff* (1949). Weiten Kreisen wurde er durch seine bühnenwirksamen Theaterstücke bekannt, die einerseits lit. Traditionen fortsetzen, wie *Eusebius und die Nachtigall* (1959), zum anderen oft sarkast. Probleme der Gegenwart auf die Bühne bringen, z. B. *Ein Tag mit Edward* (1953), *Es ist später, als du denkst* (1957), *Straße*

ohne Ende (1963). Die Komödie *Geliebtes schwarzes Schaf* (1967) wurde auf zahlreichen Bühnen ein großer Erfolg.

Kükelhaus, Heinz (* 12. 2. 1902 Essen, † 3. 5. 1946 Bad Berka). – Dt. Schriftsteller, führte ein abenteuerl. Leben als Fremdenlegionär und trat für völk. Ostpolitik ein. Weniger die *Gedichte* (1948) als vielmehr die handlungsreichen, spannenden und teils autobiogr. Romane, wie *Erdenbruder auf Zickzackfahrt* (1931), *Armer Teufel* (1933), *Thomas der Perlenfischer* (1941) und *Weihnachtsbäume für Buffalo* (1943), fanden begeisterte Leser. Heute ist sein Werk weitgehend vergessen; für das national-völk. Literaturverständnis ist es charakteristisch.

Kürenberger, Der (Mitte 12. Jh.). – Dt. Liederdichter aus dem Donauraum. Erster namentl. bekannter dt. Minnesänger mit 15 erhaltenen kurzen Liedern in einer eigenständigen, der Nibelungenstrophe verwandten Langzeilenstrophe. K. kennt weder formale noch inhaltl. Anklänge an die zeitgleiche bedeutende Dichtung provenzal. Troubadours. Bei ihm stehen sich Ritter und Dame noch als gleichberechtigte Partner gegenüber. Typ. für seine Gedichte sind die sog. Frauenklage um den Geliebten, der in der Ferne weilt, und der sog. Wechsel, in dem Ritter und Dame abwechselnd von ihrer Liebe singen.

Kürnberger, Ferdinand (* 3. 7. 1821 Wien, † 14. 10. 1879 München). – Österr. Dichter, nahm wie R. Wagner 1848 in Dresden an der Revolution teil, kehrte jedoch später wieder in seine Heimat zurück. Bekannt wurden seine zeitkrit. Essays, in denen er mit bitterem Stil für die Verwirklichung der liberalen Grundrechte eintrat. Viel gelesen und heute als Zeitdokument von Bedeutung sind seine Romane *Der Amerikamüde* (1855), *Das Schloß der Frevel* (posthum 1904), das Drama *Catilina* und die Novellen, die 1861 f. in drei Bdn. erschienen.

Kugler, Franz Theodor, Ps. *Franz Theodor Erwin* (* 19. 1. 1808 Stettin, † 18. 3. 1858 Berlin). – Dt. Maler, Professor für Kunstgeschichte in Berlin, genoß bald auch in der Kulturverwaltung hohes Ansehen. Befreundet mit Th. Fontane, gab er mit diesem das Jahrbuch »Argo« heraus, veröffentlichte Gedichte, die bald volksliedartige Verbreitung fanden, z. B. *An der Saale hellem Strande*, und schrieb mit der *Geschichte Friedrichs des Großen* (1840) eine für den Zeitgeist typische Verherrlichung des Hohenzollernkönigs. Seine Schauspiele und Erzählungen hatten nur begrenzten Erfolg und sind heute vergessen.

Kuhlmann, Quirinus (* 25. 2. 1651 Breslau, † 4. 10. 1689 Moskau). – Dt. Dichter, Theologe und Theosoph, geriet nachhaltig unter den Einfluß der Mystik J. Böhmes. K. suchte sowohl den Sultan als auch die kath. Kirche für seine recht wirren religiösen Vorstellungen zu gewinnen und wurde schließlich in Moskau als Staatsfeind und Ketzer hingerichtet. Seine myst. Lieder sind von starker Bildhaftigkeit und haben auf die spätbarocke Dichtung, aber auch auf den Pietismus und die Empfindsamkeit eine nachhaltige Wirkung ausgeübt. Bes. bekannt wurden *Himmlische Liebes-Küsse* (1671), *Der Kühlpsalter* (1684 bis

1686), *Unsterbliche Sterblichkeit* (1668), *Lehrreiche Weiß-heit – Lehr – Hof- Tugend – Sonnenblumen Preißwürdigster Sprüche* . . . (1671), *Lehrreicher Geschicht-Herold* . . . (1673).

Kukučin, Martin, eigtl. *Matej Bencúr* (*17.5. 1860 Jasenová, †21.5. 1928 Lipik/Kroatien). – Slowak. Dramatiker und Erzähler, wirkte als Arzt in Südamerika und verfaßte Reisebeschreibungen sowie realistische Novellen und Geschichtsromane, in denen er das Leben der kroat. Landbevölkerung schildert. In Dtld. wurden nach dem Zweiten Weltkrieg *Jugendjahre* (1889, dt. 1960) und *Stilles Wasser* (1892, dt. 1959) bekannt. 1933 bis 1948 erschien eine Gesamtausgabe in 32 Bänden.

Kulka, Georg (*5.6. 1897 Weidling/Wien, †29.4. 1929 Wien). – Österr. Schriftsteller, trat nach dem Ersten Weltkrieg mit expressionist. Gedichten und Essays zur Nachkriegsgeschichte hervor. Bis heute wird sein Stil als typ. Beispiel österr. Frühavantgarde gedeutet. Anerkennung fanden *Der Stiefbruder* (1920). *Der Zustand Karl Kraus* (1920), *Requiem* (1921) und *Verlöbnis* (1921). Eine Auswahl aus seinem Werk erschien 1963 u. d. T. *Aufzeichnungen und Lyrik,* eine Werkausgabe 1987.

Kumran-Texte. – Texte, die 1947 westl. d. Toten Meeres gefunden wurden. Sie enthalten Aufzeichnungen einer bisher unbekannten jüd. Religionsgemeinschaft und dürften zwischen dem 2. Jh. v. Chr. und dem Jahre 70 n. Chr. entstanden sein. Die Texte zeigen die Vorgeschichte des Christentums aus einer neuen Perspektive. Diese hebr., aram. und griech. Aufzeichnungen überliefern auch Hymnen und Gesetzestexte. Da die Entzifferung und Deutung noch nicht ganz abgeschlossen ist, kann über die K. noch keine endgültige Aussage gemacht werden, doch steht unbestritten fest, daß dies die wichtigsten Zeugnisse der Religionsgeschichte sind, die im 20. Jh. gefunden wurden.

Kundera, Milan (*1.4. 1929 Brünn). – Tschech. Autor, Professor für Literatur, z. B. *Die Kunst des Romans* (1987), – emigrierte nach Frankreich. K. trat zunächst mit Gedichten an die Öffentlichkeit, fand dann allgemeine Beachtung mit seinen Essays und Romanen, die zeitkrit. Probleme des Sozialismus und der nationalen Unterdrückung behandeln, z. B. *Die Schlüsselbesitzer* (1962, dt. 1964), *Der Scherz* (1967, dt. 1968), *Das Leben ist anderswo* (1973, dt. 1974), *Abschiedswalzer* (1979, dt. 1989), *Die unerträgliche Leichtigkeit des Seins* (1984, dt. 1987). Elemente der Postmoderne zeigt der Roman *Die Unsterblichkeit* (frz. u. dt. 1990). Dt. Auswahlausgaben erschienen u. d. T. *Der Wind mit Namen Jaromir* (1961), *Die Tür* (1964), *Das Buch vom Lachen und Vergessen* (1980), *Das Buch der lächerlichen Liebe* (dt. 1986).

Kunert, Günter (*6.3. 1929 Berlin). – Dt. Schriftsteller, zunächst in Ost-Berlin, seit 1979 in der Bundesrepublik, trat mit den Gedichten *Wegschilder und Mauerinschriften* (1950), *Unter diesem Himmel* (1955) an die Öffentlichkeit, wobei er sich bes. mit dem Nationalsozialismus und dessen geistiger Erbschaft auseinandersetzte. Dieselben Themen griff er auch in seinen Erzählungen auf, etwa in *Erinnerungen an einen Planeten* (1963) und *Der ungebetene Gast* (1965). Wandte er sich in *Der ewige Detektiv* (1954) vorübergehend der Satire zu, so erreichte er mit den Erzn. *Die Beerdigung findet in aller Stille statt* (1968) und *Gast aus England* (1973) eine formale Meisterschaft, deren virtuose Sprachbeherrschung auch in den Gedichten *Verkündigung des Wetters* (1966), *Offener Ausgang* (1972), *Im weiteren Fortgang* (1974), *Unruhiger Schlaf* (1979), *Mondlichtlandschaft* (1991) sichtbar wird. Viel gelesen wurden auch die aufsehenerregenden Reiseberichte *Der andere Planet* (1975) und *Ein englisches Tagebuch* (1979), die Gedichte *Unterwegs nach Utopia* (1977), *Abtönungsverfahren* (1980) *Stilleben* (1983), *Berlin beizeiten* (1987) und die kleine Prosa u. d. T. *Camera obscura* (1978). Scharfe Analytik, erotische Provokation und Distanzierung vom Alltag der Bürger mit Betonung der intellektuellen und emotionalen Fähigkeiten des Menschen findet man in der Prosa *Kurze Beschreibung eines Momentes der Ewigkeit* (1980), *Verspätete Monologe* (1981), *Diesseits des Erinnerns* (1982), *Die letzten Indianer Europas* (1991), *Fremd daheim* (1990). 1988 erschien das Kinderbuch *ICH DU ER SIE ES.* K. hat auch Filmbücher geschrieben. Eine Auswahl seiner Werke erschien erstmals 1972 u. d. T. *Tagträume in Berlin und anderorts;* 1985 wurden die Frankfurter Vorlesungen von 1981 u. d. T. *Vor der Sintflut* veröffentlicht.

Kung Chi oder *Tzu Ssu* (*492, †431 v. Chr.). – Chines. Philosoph, der Sage nach der Enkel des Konfuzius. Möglicherweise schrieb er die philosoph.-moral. Schriften *Tahsüeh* (= große Lehre) und *Chungyung* (= das Maßvolle treffen), die zum Kanon der konfuzianischen Lehre gehören.

Kunze, Reiner (*16.8. 1933 Oelsnitz/Erzgebirge). – Dt. Dichter, stammt aus Arbeiterfamilie und wuchs in der DDR auf. K. erwarb sich mit Übersetzungen, Kinderbüchern und Gedichten weite Anerkennung, wurde vielfach ausgezeichnet und gilt als einer der bedeutendsten Lyriker der Gegenwart. In der DDR wurde er wegen seiner existentialistischen, von Camus beeinflußten Dichtung angefeindet und aus dem Schriftstellerverband ausgeschlossen; lebt seit 1977 in der Bundesrepublik. Bes. bekannt wurden die Gedichte und Prosa *Vögel über dem Tau* (1959), *Aber die Nachtigall jubelt* (1962), *Sensible Wege* (1969), *Zimmerlautstärke* (1972), *Das Kätzchen* (1979), *auf eigene hoffnung* (1981) *Eine stadtbekannte Geschichte* (1982), *eines jeden einzigen leben* (1986) u. a. 1976 erschien seine z. T. autobiograph. Arbeit *Die wunderbaren Jahre* (verfilmt 1979), für die er 1977 den Georg-Büchner-Preis der Deutschen Akademie für Sprache und Dichtung erhielt. Das

Kinder- und Märchenbuch *Der Löwe Leopold* (1987) fand rasch bei Literaturliebhabern großen Zuspruch. K. wurde auch als Übersetzer bekannt und trat als Essayist hervor *Das weiße Gedicht* (1989). Eine erste Auswahl erschien 1973 u. d. T. *Brief mit blauem Siegel.*

Kupala, Janka, eigtl. *Iwan Dominikowitsch Luzewitsch* (* 7. 7. 1882 Wjasynka/Minsk, † 28. 6. 1942 Moskau). – Weißruthen. Schriftsteller, in der Sowjetunion allgemein anerkannt und 1928 in die Akademie berufen. Mit seinen Übersetzungen aus dem Poln. und Ukrain., aber auch mit seinen volkstüml. Erzählungen begründete er die moderne weißruss. Literatur und Sprache. Bes. Schönheit zeigen seine Gedichte, in denen er volkstüml. rhetor. und musikal. Elemente genial verbindet. Seine Schriften, die in einer Auswahl von 1954 in 6 Bdn. vorliegen, sind nicht übersetzt.

Kuprin, Aleksandr Iwanowitsch (* 7. 9. 1870 Narowtschat/Penza, † 25. 8. 1938 Moskau). – Russ. Schriftsteller, floh 1917 als Offizier anläßlich der Revolution, kehrte jedoch ein Jahr vor seinem Tod in die Heimat zurück. In seinen Romanen, die stark von Gorki, Tolstoi und Tschechow geprägt sind, gestaltet er das Leben der Offiziere im zarist. Rußland, aber auch das Elend der ausgebeuteten Arbeiter; Mitleid und Verzweiflung sind Grundelemente seiner Weltsicht. Bekannt wurden vor dem Ersten Weltkrieg in Dtld. bes. *Das Duell* (russ. und dt. 1905), *Der Moloch* (1896, dt. 1907), *Die Gruft* (1909, dt. 1910), *Das Granatarmband* (russ. u. dt. 1911). Sein Gesamtwerk erschien russ. in mehreren Ausgaben; dt. liegen *Meistererzählungen* (1989) vor.

Kurz (bis 1848 *Kurtz*), Hermann (* 30. 11. 1813 Reutlingen, † 10. 10. 1873 Tübingen). – Dt. Dichter, Studium in Maulbronn und im berühmten Tübinger Stift. Als Vikar, später als Bibliothekar übersetzte er aus dem Engl., Ital. und Span. und übertrug daneben mhd. Texte. Auf sein eigenes lit. Werk gewannen die späten Romantiker Schwab, Kerner, Lenau, bes. aber Mörike, entscheidenden Einfluß. Mit dem Neuromantiker Heyse veröffentlichte er die Sammlung *Deutscher Novellenschatz* (1871 f.) und schrieb Romane, wie *Schillers Heimatjahre* (1843) und *Der Sonnenwirt* (1854). Zur beliebten Lektüre des Bürgertums wurden seine heimatverbundenen, stimmungsvollen Skizzen über Leben und Landschaft Schwabens. Die erste Werkausgabe erschien 1874 f. in 10 Bdn.

Kurz, Isolde (* 21. 12. 1853 Stuttgart, † 5. 4. 1944 Tübingen). – Dt. Schriftstellerin, Tochter von Hermann K., trat mit Übersetzungen hervor und zeigte in ihren vielfältigen Erzählungen formale Einflüsse C.F. Meyers und P. Heyses. Unter dem Vorbild des Werkes ihres Vaters wandte sie sich auch histor. und volkstüml. Stoffen und Gattungen wie etwa dem Märchen zu. Bekannt wurde bes. die Prosa *Florentiner Novellen* (1890), *Phantasien und Märchen* (1890), *Im Zeichen des Steinbocks* (1905), *Aus meinem Jugendland* (1918), *Nächte von Fondi*

(1922), *Der Caliban* (1925), *Der Ruf des Pan* (1928), *Vanadis* (1931), *Das Haus des Atreus* (1939). Die Wirkung ihrer Gedichte blieb gering.

Kurz (Kurtz), Joseph Felix Freiherr von, gen. *K.-Bernardon* (* 22. 2. 1717 Kempten, † 2. 2. 1784 Wien). – Österr. Volksschauspieler, schrieb Komödien, in deren Mittelpunkt die Gestalt des Bernardon steht. Wie die Zeitgenossen Stranitzky und Prehauser wurde er von der Zensur immer wieder verfolgt, so daß auch er einen doppelbödigen Stil entwickeln mußte, in dem Gebärden und Sprachspiele zur virtuosen Meisterschaft entwickelt wurden. Die von ihm geschaffenen Couplets wurden bald für die ganze Gattung typisch. Von seinen über 300 Lustspielen, einige sind nur in Fragmenten erhalten, wird *Die Hofmeisterin* (1764) bis in die Gegenwart gespielt.

Kusenberg, Kurt, Ps. *Hans Ohl, Simplex* (* 24. 6. 1904 Göteborg, † 3. 10. 1983 Hamburg). – Dt.-schwed. Schriftsteller und Publizist. Bekannt wurde K. mit sehr eigenwilligen Kurzgeschichten, die entweder in einer skurrilen Traumwirklichkeit spielen oder alltägl. Dinge und Verhaltensweisen grotesk überzeichnen und der Lächerlichkeit preisgeben. Bei aller Heiterkeit steht im Hintergrund dieser Erzählungen, deren Humor durchaus Züge der schwed. Literatur zeigt, das Wissen um die Gefährdung des Menschen in einer Gesellschaft, die nur durch eine oberflächliche und überholte Ordnung getragen wird. Bekannt wurden u.a. *Der blaue Traum* (1942), *Mal was anderes* (1954), *Im falschen Zug* (1960), *Zwischen oben und unten* (1964). Die *Gesammelten Erzählungen* erschienen 1968. K. erwarb sich auch mit Essays, Hörspielen, Übersetzungen, bes. mit Kritiken, ein großes Ansehen. Zu den neueren Texten gehört *Lob des Bettes. Eine klinophile Anthologie* (o. J.).

Kusmin, Michail Alexejewitsch (* 18. 10. 1875 Jaroslawl, † 3. 3. 1936 Leningrad). – Russ. Autor, vertonte nach dem Musikstudium eigene Gedichte, die er streng nach klass. bzw. antiken Vorbildern gestaltete und die verschiedenen Traditionen, etwa der Anakreontik, verpflichtet sind. Auch die Erzählungen weisen eine bewußt strenge formale Struktur auf. Bekannt wurden in Dtld. die Romane *Die Abenteuer des Aimé Lebœuf* (1907, dt. 1922) und *Das wundersame Leben des Josef Balsamo Grafen Cagliostro* (1910, dt. 1928; neu-1991).

Kusnezow, Anatoli Wassiljewitsch (* 18. 8. 1929 Kiew, † 13. 6. 1979 London). – Sowjetruss. Autor und wichtiger Vertreter des Sozialist. Realismus, arbeitete freiwillig in Sibirien. Die Erlebnisse dieser abenteuerl. Tätigkeit gestaltete er in dem vielbeachteten Roman *Im Gepäcknetz nach Sibirien* (1957, dt. 1958), für den er auch ein Stipendium für das Gorki-Literaturinstitut erhielt. Obwohl er in der Sowjetunion geachtet war, auch sein zweiter großer Roman *Babi Jar* (1966, dt. 1968) fand internationale Anerkennung, emigrierte er 1969 nach England.

Kvaran, Einar Hjörleifsson (* 6. 12. 1859 Vallanes, † 21. 3.

1938 Reykjavik). – Isländ. Volkswirt, publizierte in zahlreichen Zeitschriften und stand in der polit.-nationalen Gruppe »Verdandi« in zentraler Stellung. K. lebte vorübergehend in Kanada und schrieb bedeutende Erzählungen, in denen er Tradition und modernen Realismus zu einer neuen Ausdrucksform verbindet, die bis heute vorbildl. ist. Neben der Erzählung *Die Übermacht* (1908, dt. 1910) erschien 1938 in deutscher Sprache eine Auswahl aus seinem Werk u. d. T. *Isländische Erzählungen.*

Kyber, Manfred (*1.3. 1880 Riga, †10.3. 1933 Löwenstein/Heilbronn). – Dt. Erzähler, verfaßte Dramen und *Märchen* (1920), doch erwarb er sich allgemeine Anerkennung mit eigenwilligen Tiergeschichten, die den Einfluß der Anthroposophie R. Steiners deutl. zeigen, z. B. *Unter Tieren* (1912), *Neue Tiergeschichten* (1926), *Gesammelte Tiergeschichten* (1934). 1969 erschien als Auswahl das *Manfred-Kyber-Buch.*

Kyd *(Kid)* Thomas (* 6. 11. 1558 London, † Ende 1594 ebd.) – Englischer Dramatiker, der in enger Beziehung zu Marlowe stand. K. führte ein abenteuerliches Leben, wurde mehrfach verfolgt und starb nach einer Gefängnisstrafe. In seinem Werk zeigen sich neben traditionellen Elementen auch nachhaltige Einflüsse der Renaissance. Obwohl nicht für alle unter seinem Namen bekannt gewordenen Stücke seine Verfasserschaft gesichert ist, wirkte er sicher stark auf Shakespeare und gilt als sein bedeutendster Vorläufer. In *The Spanish Tragedy* (1594) entwickelte er die zeitgemäße Tragödienform, die auch in Deutschland über die englischen Komödianten Eingang fand. Wahrscheinlich schuf er auch Übersetzungen und schrieb möglicherweise eine verlorengegangene Hamletdichtung. Leider sind über sein Leben und Werk nur bruchstückhafte Nachrichten erhalten, so daß eine literarische Würdigung bis heute problematisch ist.

Labé, Louise, eigtl. *Charly*, genannt *La belle Cordière = die schöne Seilerin* (* um 1525 Parcieux/Lyon, †25. 4. 1566 ebd.). – Franz. Dichterin der Renaissance, entstammte einer wohlhabenden Bürgerfamilie, zog einige Jahre mit den Truppen des Königs durch das Land und heiratete später einen reichen Seilermeister. Bald wurde ihr Haus zum lit. Zentrum der Stadt, wobei sie selbst als Schriftstellerin hervortrat; so errang sie allgemeine Achtung durch *drei Elegien* und *24 Sonette*, die stark unter dem Einfluß Petrarcas stehen und bis in das 20. Jh. lit. wirksam blieben. R. M. Rilke hat sie 1917 ins Dt. übertragen. Ihre humanist. Bildung findet Niederschlag in ihren sämtl. 1555 von ihr selbst veröffentlichten Werken, besonders in ihrem Hauptwerk *Débat de folie et d'amour*, in dem die blinde Liebesleidenschaft als Sklavin der Dummheit dargestellt wird. An diesem Werk zeigt sich auch, daß die lit. Arbeiten der allegor. Darstellung der mittelalterl. Dichtung verpflichtet blieben. Eine dt. Ausgabe *Das lyrische Gesamtwerk* erschien 1957.

Labiche, Eugène-Marin (*5. 5. 1815 Paris, †23. 1. 1888 ebd.). – Der franz. Dramatiker stammte aus dem wohlhabenden Bürgertum und wurde bereits 1837 eine lit. Berühmtheit mit seinem Stück *La cuvette d'eau*. Obwohl er anfangs auch Romane schrieb, begründete er sein eigtl. Ansehen durch weit über 100 Theaterstücke, die sich z. T. bis heute auf den Bühnen Europas gehalten haben. In diesen Stücken verspottet er die konventionellen Verhaltensweisen des Bürgertums und manövriert die Personen seiner Handlungen in immer unmöglichere Situationen, die sie zum öffentl. Gespött werden lassen. Sein Hauptwerk *Der Florentinerhut* (1851, dt. 1956) wurde ein Welterfolg.

La Bruyère, Jean de (*16. 8. 1645 Paris, †10. 5. 1696 Versailles). – Der franz. Moralphilosoph und hohe Staatsbeamte gilt als einer der trefflichsten Kenner der franz. Aristokratie, deren Verhalten und Leben er in krit. Weise, sprachl. ungemein gewandt, darstellt. 1693 wurde er Mitglied der Académie Française. Sein Hauptwerk *Die Charaktere oder die Sitten im Zeitalter Ludwigs XIV.* (1669, dt. 1871) ist eine wichtige lit.

Quelle über das Leben am Hofe des Sonnenkönigs. Als tiefer Pessimist zeichnet L. das eth. Versagen des Menschen überhaupt und den moral. Niedergang aus der Kultur seiner Zeit und wird so zu einem Vorläufer der Aufklärung.

La Calprenède, Gautier de Coste, Sieur de (* 1609 oder 1614 Schloß Toulgouen-Périgord, †15. [?] 10. 1663 Le Grand-Andely). – Franz. Schriftsteller, wurde wegen seiner lit. Begabung am Hofe Ludwigs XIV. gerne gesehen und schrieb die in der Gesellschaft seiner Zeit sehr beachteten historischen Romane *Cassandre* (1642–1660, dt. 1685–1707) in 10 Bdn. und *Cléopâtre* (1647–1658, dt. 1700–1702) in 12 Bdn. Diese umfangreichen, für den heutigen Leser nur schwer zumutbaren sogenannten ›heroisch-galanten‹ Romane haben eigtl. keinen Inhalt, sondern leben von der Darstellung der zeitgenöss. Zustände und des Hofklatsches. Sie waren ebenso beliebt wie die Tragödien *La mort de Mithridate* (1635) oder *Le comte d'Essex* (1638).

La Chaussée, Nivelle de, Pierre Claude (* 1692 Paris, †14. 3. 1754 ebd.). – Franz. Dramatiker, ab 1736 Mitglied der Académie Française, hat für die Geschichte des abendländ. Theaters eine entscheidende Bedeutung, da er mit seinen Stücken die sog. ›Comédie larmoyante‹ als Vorläuferin des ›Bürgerlichen Trauerspiels‹ des 18. Jh.s begründete. Seine weinerl. und von einer kleinbürgerl., rührseligen Moral erfüllten Stücke haben auf die zeitgenöss. Dichtung großen Einfluß gehabt, sind aber heute fast vergessen. Als Hauptwerke kann man nennen *La fausse antipathie* (1733), *Die Schule der Freunde* (1737, dt. 1902) oder *Triumph der ehelichen Liebe* (1735). Das letzte Drama gewann durch die Übersetzung Pfeffels 1774 Wirkung auf die Empfindsamkeit in der zeitgenöss. dt. Literatur.

Lacis, Vilis (* 12. 5. 1904 Vecmilgravis/Riga, †6. 2. 1966 Riga). – Lett.-sowjet. Schriftsteller, verbrachte lange Jahre in Asien und arbeitete in zahlreichen Berufen, bevor er sich 1930 ganz der Literatur zuwandte und mit Erzählungen und Romanen allgemeine Anerkennung erfuhr. Die wichtigsten Werke sind *Vögel ohne Flügel* (1929–1931, dt. 1954), *Der Fischersohn* (1933, dt. 1953), *Die Sturmjahre* (1945–1948, dt. 1956–1957), *Zu neuen Ufern* (dt. 1954) und *Die verlorene Heimat* (1940 bis 1952, dt. 1955).

Laclos, Pierre Ambroise François Choderlos de (* 19. 10. 1741 Amiens, †5. 11. 1803 Tarent). – Franz. Schriftsteller, begann seine Laufbahn als Offizier, verlor jedoch seine Stellung, als er die Befestigungsanlagen Vaubans kritisierte. Seine eigtl. Zeit brach mit der Revolution an, als er auf seiten der Jakobiner für Robespierre polit. Reden schrieb. Nach der Revolution hielt er sich einige Jahre zurück, um unter Napoleon erneut Karriere zu machen, die ihn bis zur Stellung eines Generals führte. Sein lit. Werk, das Gedichte und Lehrbücher für den Krieg sowie pädagog. Schriften umfaßt, wurde berühmt durch den stellenweise recht obszönen Briefroman *Gefährliche Liebschaften*

(1782), der die gesellschaftl. Situation des ausgehenden 18. Jh.s vorzüglich schildert. Heinrich Mann hat das Werk 1922 ins Dt. übersetzt.

La Cour, Paul Arvid Dornonville de (* 9. 11. 1902 Rislev/Seeland, † 20. 9. 1956 Roskilde). – Dän. Lyriker und Literaturkritiker, machte sich auch als Übersetzer einen bedeutenden Namen. Während seines Aufenthalts in Paris geriet er stark unter die verschiedenen Strömungen der Jahrhundertwende, aus denen er sich erst spät mit einer selbständigen Naturlyrik zu lösen vermochte. Diese Gedichte, deren pantheistische Grundhaltung bald von sozialist. Elementen abgelöst wurde, dienen immer dem Zweck, Literatur als erkenntnisleitende Kunstform zu entwickeln. Für die Schriftsteller nach 1945 wurde er mit seiner Poetik *Fragmente eines Tagebuchs* (1948, dt. 1953) beispielhaft. 1957 erschien eine *Gedichtauswahl* in dt. Sprache.

Lacretelle, Jacques de (* 14. 7. 1888 Cormatin, † 2. 1. 1985 Paris). – Franz. Romancier, geriet während seines Studiums in Paris und Cambridge unter den Einfluß von Rivière und Gide, mit denen ihn bald eine enge Freundschaft verband. In der Nachfolge der großen Epiker Flaubert und Proust setzt er den psycholog. Roman fort und führt ihn zur Vollendung. Bis heute gilt sein Romanzyklus *Les Hauts-Points,* der in den Jahren 1932 bis 1936 in 4 Bdn. erschien, als ein Höhepunkt seines Schaffens. In diesem Riesenwerk schildert er den Verfall einer Familie durch drei Generationen und zeigt damit gewisse Parallelen zu Thomas Manns »Buddenbrooks«. Von den übrigen Werken liegen nicht immer Übersetzungen vor. Erwähnenswert sind die Romane *Silbermann* (1922, dt. 1924), *Kreuzweg der Ehe* (1929, dt. 1931) und der Essay *Michelangelo* (1961, dt. 1963), die jedoch sein Hauptwerk qualitativ nicht mehr erreichten.

Lactantius, Lucius Cae(ci)lius Firmianus (* um 250 n. Chr., † um 317 n. Chr.). – Spätröm. Kirchenschriftsteller, hatte als Apologet Bedeutung für die Entfaltung der jungen Kirche in Afrika. Als Schüler des Arnobius berief ihn Diokletian nach Nikomedia als Rhetoriklehrer, doch mußte er diese Stellung aufgeben, als er zum Christentum übertrat. L., der von den Zeitgenossen wegen seines hervorragenden Stils als christlicher Cicero gefeiert wurde, verteidigte in seinem siebenbändigen Werk *Divinae institutiones* das christl. Gedankengut. Von seinen übrigen, zahlreichen Schriften sind nicht einmal alle Titel bekannt.

La Farge, Oliver (Hazard Perry) (* 19. 12. 1901 New York, † 2. 8. 1963 Albuquerque). – Amerikan. Ethnologe und Schriftsteller, Nachfahre Franklins und Commodore Perrys und ab 1932 Präsident der »Association on American Indian Affairs«. Sein Eintreten für die Rechte der Indianer wurde auch zum Inhalt seiner Romane, Erzählungen und Kurzgeschichten, wie etwa *Der große Nachtgesang* (1929, dt. 1949), wofür er 1930

den Pulitzer-Preis erhielt, *Die letzte Flasche Whisky* (1957, dt. 1958) und *Die Welt der Indianer oder die Große Jagd* (1961).

La Fayette, Marie-Madeleine Gräfin von (* 18. [16.?] 3. 1634 Paris, † 25. 5. 1693 ebd.). – Franz. Schriftstellerin, unterhielt in Paris einen lit. Salon und pflegte Freundschaften u. a. zu La Rochefoucauld und Segrais, unter dessen Namen sie einen Teil ihres lit. Werkes veröffentlichte. Mit ihrem meisterhaften Roman *Die Prinzessin von Cleve* (1678, dt. 1790), in dem sie wahrscheinl. autobiograph. Elemente bei der Darstellung einer unglückl. liebenden Frau verarbeitete, begründete L. ihren lit. Ruhm und setzte an die Stelle des bis dahin gepflegten galanten Romans die Gattung des psycholog. Romans. Auch ihre weiteren Romane, z. B. *Die Prinzessin von Montpensier* (1662, dt. 1957), *Zaida* (1670/71, dt. 1790) und *La comtesse de Tende* (1724), befassen sich mit dem Thema der unerfüllten Liebe und spielen, ebenso wie das Hauptwerk, vor dem histor. Hintergrund der damaligen höfischen Gesellschaft.

La Fontaine, Jean de (* 8. 7. 1621 Château-Thierry, † 14. 4. 1695 Paris). – Franz. Dichter, studierte Theologie und Jura und arbeitete in zahlreichen Berufen, um sich zuletzt 1658 als Schriftsteller in Paris niederzulassen. Hier verband ihn eine enge Freundschaft mit Racine, Molière und Boileau, so daß er bald Eingang in die höchsten Kreise des lit. Lebens fand und 1684 Mitglied der Académie Française wurde. Außer mit seiner Nachdichtung des *Eunuchen* des Terenz erwarb er Weltruhm durch seine 245 Fabeln, die er teils gereimt, teils in variierenden Rhythmen und auch in Prosa in der Nachfolge und als Übersetzer Äsops, Phaedrus' und Babrios' schrieb. Diese Fabeln zeigen in idyll. Weise den Kampf ums Dasein, der ganz aus dem Zeitgeist verstanden und rational gedeutet wird. L., dessen epikureische Grundhaltung immer erkennbar ist, moralisierte in seinen Fabeln nicht. Beispiele seines lit. Schaffens sind u. v. a. der Versroman *Adonis* (1658), die *Contes et nouvelles en vers* (IV, 1665–1685) und der Roman *Les amours de Psyché et de Coupidon* (II, 1669, dt. 1966).

Laforet, Carmen (* 6. 9. 1921 Barcelona). – Span. Schriftstellerin, wandte sich früh dem Schreiben zu und errang mit ihrem ersten Roman *Nada* (1945, dt. 1948) den ersten Nadal-Preis. L. ist eine typ. Repräsentantin des Realismus, wie er bes. nach 1945 in der internationalen Literatur vorherrschte. Dies zeigt sich auch deutl. in den Romanen *Die Wandlung der Paulina Goya* (1955, dt. 1958) und *La niña* (1970) sowie in der Erzählung *25 Pesetas* (dt. 1961).

Laforgue, Jules (* 16. 8. 1860 Montevideo, † 20. 8. 1887 Paris). – Der frühvollendete franz. Dichter arbeitete in der Redaktion der »Gazette des Beaux Arts« (1881–1886) und am preuß. Hof. L.s Dichtungen entstanden unter den verschiedensten, teils widersprüchl. Einflüssen, die von Verlaines »verse libre« über die Symbolisten und die Dekadenz bis zu Schopenhauer und Eduard v. Hartmann reichen. Sein einziges Werk, das über die

Zeit hinaus Bedeutung behielt, sind die Erzählungen *Sagenhafte Sinnspiele* (1887, dt. 1905), die die absurden Grenzsituationen menschl. Existenz als Vorläufer der späteren Existenzphilosophie beschreiben. Diese Lebenshaltung hat bei T. S. Eliot einen nachhaltigen Eindruck hinterlassen. In Dtld. wurde bes. die von M. Brod herausgegebene Erzählung *Pierrot der Spaßvogel* (1909) bekannt.

Lagarde, Paul Anton de, eigtl. *P. A. Bötticher* (* 2. 11. 1827 Berlin, † 22. 12. 1891 Göttingen). – Dt. Schriftsteller, seit 1869 Prof. für oriental. Sprachen in Göttingen. Für die Lit. bedeutend durch seine patriot. *Deutschen Schriften* (1886) und *Gedichte* (1885). Die Gedichte erschienen 1897 in einer Sammelausgabe. L. ist der typ. Repräsentant des patriot. Bürgertums des ausgehenden 19. und frühen 20. Jh.s, dessen nationale Gesinnung und polit. Abstinenz für weite Kreise charakteristisch waren.

Lagerkvist, Pär Fabian (* 23. 5. 1891 Växjö, † 11. 7. 1974 Danderyd/Stockholm). – Schwed. Dichter, 1940 Mitglied der Schwedischen Akademie, 1951 Nobelpreis für Literatur für den Roman *Barabbas* (1950). Seine Dichtung ist eine stete Auseinandersetzung um den Sinn des Lebens in einer chaotischen Welt. Sein Stil, dessen Formstrenge an die Sagas seiner Heimat erinnert, neigt zu einer Verknappung der Vorgänge, so daß die entscheidenden Handlungselemente stark hervortreten. L. nahm in sein schriftsteller. Werk Elemente des Expressionismus auf und versuchte eine für Schweden einmalige Umgestaltung der Dichtkunst. Dabei griff er in der Thematik, die häufig das Leben und die Nöte der einfachen Menschen schildert, auf den späten Strindberg als Vorbild zurück. Für linksextreme Gedanken durchaus aufgeschlossen, veröffentlichte er seine expressionist. Gedichte *Angst* (1916) und wandte sich mit stark humanisierenden Dramen gegen den Nationalsozialismus, z. B. *Mannen utan själ* (1936). Seine späteren Dramen *Das Heilige Land* (1964, dt. 1965) und *Mariamne* (1967, dt. 1968) erreichten die frühere Qualität seiner Schriften nicht mehr.

Lagerlöf, Selma Ottilia Louisa (* 20. 11. 1858 Mårbakka/Värmland), † 16. 3. 1940 ebd.). – Weltberühmte schwed. Erzählerin, wuchs in Mårbacka auf, war Lehrerin in verschiedenen Orten Schwedens und unternahm weite Reisen u. a. in den Orient und nach Palästina. 1909 kaufte sie das verschuldete väterliche Gut Mårbacka zurück. Für ihre Werke erhielt sie bedeutende Ehrungen, 1909 den Nobelpreis und 1914 den Ruf an die Akademie. L. war von Kindheit an eng mit der Geschichte und dem Leben der reichen Gutsherren Värmlands vertraut. Besonders ihr erster lit. Erfolg *Gösta Berling* (1891, dt. 1896) zeichnet die Welt der Herrenhöfe, des Eisenhandels und der Holzwirtschaft in Värmland. Ihren Weltruhm schuf sie sich mit der Sammlung von Erzählungen, die unter dem Titel *Christuslegende* (schwed. und dt. 1904) erschienen, und

mit dem Roman *Die wunderbare Reise des kleinen Nils Holgerson mit den Wildgänsen* (1906, dt. 1907), in dem sie die Landschaften Schwedens vorstellt. Dieses Buch wurde in allen Weltsprachen ein enormer Erfolg. Auch die folgenden Romane, wie *Die Wunder des Antichrist* (1899), in dem sie einen humanen Sozialismus vertrat, zeigen eine meisterhafte realist. Erzähltechnik und tiefe menschl. Einfühlsamkeit. In ihrer Dichtung verbindet sich der typ. schwed. Humor mit einer Sehnsucht zum Idyll. Zu ihren den Menschen in seinem Streben nach Güte bestärkenden Schriften gehören weiter die Romane *Liljecronas Heimat* (schwed. u. dt. 1911), *Das Mädchen vom Moorhof* (schwed. u. dt. 1913), *Jans Heimweh* (1914, dt. 1915), *Trolle und Menschen* (schwed. u. dt. 1915 bis 1922 in 2 Bdn.), *Das heilige Leben* (1918, dt. 1919), *Anna, das Mädchen aus Dalarne* (1928, dt. 1929). Von großer Bedeutung und Gestaltungskraft sind ihre Memoiren *Mårbakka* (1922, dt. 1923) und *Aus meinen Kindertagen* (1930, dt. 1932). Ihr Gesamtwerk erschien in Dt. 1928 in 12 Bdn.

Lāhūtī, Abu'l-Qāsem (* 12. 10. 1887 Kermanschah/Westiran, † 16. 3. 1957 Moskau). – Bedeutendster pers. Dichter unseres Jh.s, mußte zahlreiche Werke im Exil schreiben. In der türk. Emigration gab er von 1911 bis 1921 die Zeitschrift »Pars« heraus, wandte sich aber nach 1945 von der Politik ab und schrieb Märchen wie *Die Glücksfee* (1948) und einen umfassenden *Diwan* (1946). Sein sprachl. vollendetes Werk wurde bereits 1949 ins Russische übertragen. L. gilt als ein bedeutender Vertreter sozialist. Literatur.

Lale(n)buch. Das L. gehört zu der beliebten Gattung der Narrenliteratur des späten Mittelalters und dürfte gegen Ende des 16. Jh.s im Elsaß als Kompilation verschiedener Vorlagen entstanden und gedruckt worden sein. Im L. sind eine Reihe bekannter Schwänke vereinigt, in welchen das Stadtleben verspottet wird. Das Volksbuch von den *Schiltbürgern* (1598) ist eine Bearbeitung des L.s, die jedoch größere Verbreitung als ihre Vorlage oder spätere Ausgaben, die unter den Titeln *Grillenvertreiber* (1603) oder *Hummelvertreiber* (1650) erschienen, erreichte.

Lalić, Mihailo (* 7. 10. 1914 Trepča). – Serb. Schriftsteller, kämpfte im 2. Weltkrieg als Partisan und begründete seinen lit. Ruf mit den Gedichten *Staze slobode* (1948). Als Redakteur entfaltete er sein erzähler. Talent und gilt heute als führender Epiker seines Landes. In seinen Werken stellt er gerne die Geschichte des Freiheitskampfes dar, wobei ihm die grundsätzl. Lebensfragen mehr gelten als gängige Ideologien, z. B. in *Der Berg der Klagen* (1962, dt. 1967), *Die Hochzeit* (dt. 1972), *Kriegsglück* (dt. 1973), *Die Geiseln* (dt. 1976), *Erster Schnee* (dt. 1977).

La Marche, Olivier de (* um 1422 Burgund, † 1. 2. 1502 Brüssel). – Franz.-burgund. Dichter, verbrachte sein Leben im Dienste des burgundischen Hofes, der im ausgehenden Mittelalter unter Karl dem Kühnen und Maria von Burgund das kulturelle Zentrum Europas bildete. Während er in Allegorien wie *Le chevalier délibéré* (1486) die Schwächen der höf. Gesellschaft sichtbar macht, zeigen seine *Memoiren* (1435 bis 1488) den humanist. Geist der Neuzeit. L. trat als erster Dichter für die Rechte der Frauen ein mit *Le triomphe des dames* (1492).

La Mare, Walter John de →De La Mare.

Lamartine, Alphonse de (*21.10. 1790 Mâcon, †1.3. 1869 Paris). – Der franz. Schriftsteller aus niederem Adel mußte die Offizierslaufbahn aufgeben und arbeitete in zahlreichen Berufen, bis er mit seinen Gedichten *Poetische Meditationen* (1820, dt. 1826) einen überwältigenden Erfolg hatte. Sie zeigen typ. Züge der Spätromantik und verklären seine Liebe zu Julie Charles. L. trat auch als liberal-christl. Politiker hervor, war Mitglied der Akademie, Abgeordneter und 1848 kurze Zeit Außenminister. Am Ende seines Lebens geriet er in starke materielle Bedrängnis und schrieb zahlreiche histor. Werke, um sich den Lebensunterhalt zu verdienen. Neben seiner bedeutenden Autobiographie *Geständnisse* (dt. 1848) sind bes. die *Reise in den Orient in den Jahren 1832 und 1833* (1835 franz. u. dt.) sowie seine *Geschichte der Girondisten* (franz. u. dt. 1847) erwähnenswert. Die dt. Gesamtausgabe besorgte G. Herwegh 1839 bis 1853 in 30 Bdn. Sie hat auf die nationale Bewegung in Dtld. einen nicht zu übersehenden Einfluß gehabt.

Lamb, Charles, Ps. *Elia* (*10.2. 1775 London, †27.12. 1834 Edmonton). – Engl. Schriftsteller, konnte wegen eines Gebrechens nicht Geistlicher werden, trat in den Dienst der Ostindischen Kompanie und lebte zurückgezogen als Pfleger seiner kranken Schwester. L. hat für die Literatur eine doppelte Bedeutung: Einmal schuf er den Essay, der in heiterer und unterhaltsamer Weise sich belehrend an den Leser wendet, zum anderen schrieb er mit seiner Schwester die berühmten *Tales from Shakespeare* (1807, dt. 1928), in denen er die Inhalte der Dramen des großen engl. Dramatikers in leicht verständlicher Form darbot. Dieses Buch galt in England lange als Jugendbuch und diente in Dtld. häufig zur Erlernung der engl. Sprache. Daneben sind seine *Adventures of Ulysses* (1808) und die *Poetry for Children* (1809 in 2 Bdn.) von lit. Interesse. Als Literaturkritiker machte er sich mit den 3 Bdn. *The Essays of Elia* einen Namen (1823–1833).

Lamennais, Hugues Félicité Robert de (*19.6. 1782 Saint-Malo, †27.2. 1854 Paris). – Franz. Schriftsteller, konvertierte zum Katholizismus und wurde Geistlicher; trat in seinem gesamten lit. Werk für eine strenge Trennung von Staat und Kirche ein. 1830 gründete er die Zeitschrift »L'avenir«, in der er das Prinzip der Religionsfreiheit sehr nachdrücklich vertrat. Gegen den Papst richtete er dann sein Hauptwerk *Worte eines Gläubigen* (1833, dt. 1834), das der Jungdeutsche L. Börne ins

Dt. übersetzte und in dem die Volkssouveränität aus der Kirchenlehre abgeleitet wurde. Auch die *Angelegenheiten Roms* (1836, dt. 1840) wenden sich gegen das Papsttum und fordern ein Leben nach dem Evangelium. In der Epoche der Religionskrise des vergangenen Jh.s fand L. mit seinen Schriften ein sehr breites und anhängl. Publikum. Bereits 1844–47 erschien die erste Gesamtausgabe in 11 Bdn.

Lamming, George (* 8.6. 1927 St. Michael/Barbados). – Westind. Schriftsteller, schreibt englisch, lebte mehrere Jahre in England und begann hier sein umfassendes Romanwerk zu schreiben. Bes. bekannt wurden in Deutschland *Mit dem Golfstrom* (1954, dt. 1956), *Zeit der Abenteuer* (1960, dt. 1962). Die Romane handeln meist in der Karibik und zeigen, daß sich in den Eingeborenenwelten kaum Demokratie praktizieren läßt. Die Gründe – koloniale Vergangenheit und mangelndes eigenes Kulturbewußtsein – werden von L. ausführlich dargestellt, wobei die Romane auch autobiograph. Elemente zeigen.

Lampe, Friedo (*4.12. 1899 Bremen, †2.5. 1945 Klein-Machnow/Berlin). – Dt. Erzähler, studierte Germanistik und Kunstgeschichte und arbeitete im Verlagswesen und als Bibliothekar. Seine Romane, die surreale Elemente mit einer liebenswürdigen romant. Heiterkeit verbinden, fanden bald ein großes Publikum, bes. *Am Rande der Nacht* (1934) oder *Septembergewitter* (1937). Auch die Erzählung *Von Tür zu Tür* (1945) und die Gedichte *Das dunkle Boot* (1936) wurden gerne gelesen. Sein Gesamtwerk erschien 1955.

Lampo, Hubert (* 1.9. 1920 Antwerpen). – Fläm. Schriftsteller, arbeitete als Lehrer, Journalist und Bibliothekar und entwikkelte den niederl. Magischen Realismus, mit dem er zahlreiche Leser fand. Der Magische Realismus kommt dem modernen Lebensgefühl entgegen, da versucht wird, auf der Grundlage von Parapsychologie und Tiefenpsychologie (Jung, Freud) die Erfahrungswirklichkeit als Durchgangsstadium zu einer heilen, harmonischen Welt zu deuten. Die häufig verwendeten bibl. Motive erleichtern dem Leser den emotionalen Zugang. Bes. bekannt wurde *Du komst van Joachim Stiller* (1960), *Das Gelöbnis an Rachel* (1952, dt. 1976), *Arthus und der Gral* (niederl. u. dt. 1985).

Lamprecht, *Pfaffe Lamprecht*. Der Pfaffe L. schrieb in der ersten Hälfte des 12. Jh.s in der Gegend um Köln bzw. Trier eine reimende Bearbeitung des Buches *Tobias* und einen *Alexander*-Roman. Dieser entstand nach dem Vorbild des Alberich von Besançon (1140–1150) und ist für die dt. Literaturgeschichte von großer Bedeutung, da hier erstmals ein rein weltl. Stoff, wenn auch unter geistl. Gesichtspunkten, als Dichtung vorgetragen wird. Indem L. auf das franz. Vorbild zurückgreift, eröffnet er die entscheidende lit. Rezeption der westeurop. Literatur, die zur ersten dt. Klassik führte.

Lamprecht von Regensburg. Der bayer. Franziskanermönch

lebte um 1215 und wurde bes. berühmt durch seine Übersetzung des Franziskuslebens des Thomas von Celano unter dem Titel *Sanct Francisken Leben*, in dem Elemente der zeitgenöss. Predigt spürbar sind. Nach seinem Klostereintritt wandte er sich dem myst. Thema der Seelenvereinigung mit Gott zu und schrieb ein Traktat *Filia Syon*, das ein bemerkenswertes Zeugnis für das Eindringen weltl. Allegorien in die geistl. Dichtung der Zeit ist.

Landauer, Gustav (*7.4. 1870 Karlsruhe, †2.5. 1919 München). – Dt. Schriftsteller, überzeugter Sozialist, schloß sich während der Münchener Räterepublik den Kommunisten an. Seine epischen Werke, z. B. der Roman *Der Todesprediger* (1893) oder die Novelle *Macht und Mächte* (1903), haben lediglich zeitbedingten Wert und sind eigtl. nur für den Historiker von Interesse. Der Sozialist. Realismus in der kommunist. Kunstideologie beruft sich noch heute auf L. als Vorbild. In den letzten Jahren wurden zahlreiche Schriften neu aufgelegt, z. B. *Aufruf zum Sozialismus* (1911, 1967), *Erkenntnis und Befreiung* (1976) sowie die Ausgaben *Der werdende Mensch* (1978) und *Beginnen – Aufsätze über Sozialismus* (1978).

Landgrebe, Erich (*18.1. 1908 Wien, †25.6. 1979 Elsbethen/Salzburg). – Österr. Schriftsteller, arbeitete nach Ausbildung an der Akademie für Angewandte Kunst in verschiedenen Berufen und ließ sich zuletzt als Maler und freier Schriftsteller nieder. Bereits vor der NS-Herrschaft ging er 1931 in die Vereinigten Staaten, kehrte nach dem Krieg nach Wien zurück und wirkte hier als Verleger. Berühmt wurden seine Malerromane *Ein Mann namens Vincent* (1957) und *Das ferne Land des Paul Gauguin* (1959), seine zahlreichen Erzählungen *Gebratene Äpfel* (1940), *Geschichten, Geschichten, Geschichten* (1965), seine Hörspiele und die vorzügliche Übersetzung von Harriet Beecher-Stowes Roman *Onkel Toms Hütte*. 1978 erschien der Roman *Rückkehr ins Paradies*.

Landino, Cristoforo (*1424 Florenz, †24.9. 1498 Pratovecchio). – Ital. Humanist, Professor für Rhetorik, gilt als der Vater der vergleichenden Literaturwissenschaft. Philosoph. diskutierte er intensiv das typ. spätmittelalterl. Problem, ob die aktive oder die beschauliche Lebensweise Gott wohlgefälliger sei. In seinen *Camaldolensischen Gesprächen* (um 1480) entschied er sich für die Vita contemplativa und sah in der Gottbetrachtung und Selbstversenkung das höchste Gut. Ganz dem mittelalterl. Geist zugewandt ist sein *Kommentar Dantes* (1481), der philologische Argumente zugunsten einer allegor. Deutung verdrängt. In den Gedichten *Xandra* sind neben Einflüssen klass. Traditionen auch Einflüsse Petrarcas zu beobachten.

Landolfi, Tommaso (*9.8. 1908 Pico/Frosinone, †8.7. 1979 Rom). – Ital. Erzähler, wegen seiner sprachl. und erzähler. Experimentierfreude bekannt. Exakt sind seine Darstellungen der menschl. Gefühlswelt, etwa in dem Roman *La pietra lunare* (1939; dt. *Der Mondstein* 1989). Sein riesiges Romanwerk, für das Puschkin und Gogol als Vorbilder herangezogen werden müssen, ist nicht vollständig ins Dt. übersetzt, so z. B. der für die moderne Dichtung wichtige Roman *Le Labrene* (1974). In dt. Übersetzung liegen *Erzählungen* (1966), *Cancroregina – Die Krebskönigin oder Eine seltsame Reise zum Mond* (1987), *Nachtschatten* (1987) und *Mailand gibt es nicht* (1989) vor.

Landor, Walter Savage (*30.1. 1775 Warwick, †17.9. 1864 Florenz). – Engl. Autor, war wegen seines ungezügelten Charakters in zahllose Streitigkeiten verwickelt und kämpfte als Führer einer privaten Söldnertruppe gegen Napoleon in Spanien. Dieses abenteuerl. Leben fand seinen Niederschlag in dem Buchdrama *Count Julian* (1812). Seit Beginn des 19. Jh.s lebte L. in Florenz; hier schrieb er die Prosadialoge *Erdachte Gespräche* (5 Bde., 1824–1829, dt. 1948), in denen er histor. Personen über lit. und polit. Fragen disputieren läßt und sie in der Diskussion vortreffl. charakterisiert. Seine *Poems* (1795)' und *Hellenics* (1847) zeigen ihn als Meister einer formstrengen Gestaltung, die in Dtld. bes. auf seinen Übersetzer Rudolf Borchardt gewirkt hat. Seine bedeutende Dichtung ist heute leider fast völlig vergessen.

Lang, Othmar Franz (* 8. 7. 1921 Wien). – Österr. Schriftsteller, wurde durch Jugendbücher und Hörspiele bekannt, für die er eine Reihe bedeutender Preise erhielt. Zu den weitverbreiteten Werken gehören die Romane *Vom Glück verfolgt* (1962), *Alle Schafe meiner Herde* (1964), *Rache für Königgrätz* (1966), *Sekt am Vormittag* (1967), *Das Haus auf der Brücke* (1974), *Kinder brauchen mehr als Brot* (1974), *Alle lieben Barbara* (1975), *Ferienfahrt ins Dackeldorf* (1977), *Ein Baum hat viele Blätter* (1983), *Angelo* (1986).

Lang, Roland (*2.4. 1942 Gablonz). – Dt. Schriftsteller, lernte als Graphiker in Karlsruhe und studierte Gebrauchsgraphik; seit 1962 arbeitete er in unterschiedl. Berufen, redigierte 1971 bis 1973 eine Studentenzeitschrift und war 1979 Stipendiat der Villa Massimo in Rom. Seine Prosa *Beliebige Personen* (1969), seine Romane u. a. *Ein Hai in der Suppe oder Das Glück des Philipp Ronge* (1975), *Die Mansarde* (1979), *Der Pfleger* (1980) und das Tagebuch *Zwölf Jahre später* (1981) sind als Zeugnisse der 70er Jahre interessant.

Lange, Antoni (*1861 Warschau, †17.3. 1929 ebd.). – Poln. Dichter, lebte ab 1890 als freier Autor in Warschau. Seine Rezeption der Symbolisten und Shelleys wirkte nachhaltig auf die poln. Literatur bis in die Gegenwart, auch seine Übersetzungen von Shakespeares *Was ihr wollt*, von Baudelaires *Fleurs du mal* und des *Mahābhārata* aus dem Sanskrit.

Lange, Hartmut (*31.3. 1937 Berlin). – Dt. Autor, war zunächst Arbeiter und studierte dann an der Filmhochschule in Babelsberg. Als Dramaturg am Deutschen Theater in Ost-Berlin schrieb er das Stück *Tod und Leben des Herrn Marski* (1965), floh jedoch vor dessen Uraufführung in den Westen. Heute freier Schriftsteller und Mitarbeiter der Schaubühne am Halleschen Ufer. L. ist Dramatiker in der Nachfolge B. Brechts. Seine *Senftenberger Erzählungen*, die 1967 sowohl als Theaterstück als auch als Hörspiel erschienen, nutzen eigene Erfahrungen als Arbeiter im Tagebau in Senftenberg. Großen Erfolg hatte er auch mit *Herakles* (1968), *Die Ermordung des Aias* (1973), *Frau von Kauenhofen* (1977), *Pfarrer Koldehoff* (1979), *Deutsche Empfindungen. Tagebuch eines Melancholikers* (1983), *Das Konzert* (1986), *Die Ermüdung* (1988), *Wattwanderung* (1990), *Die Reise nach Triest* (1991) und dem Kinderbuch *Rätselgeschichten* (1973).

Lange, Horst (*6.10. 1904 Liegnitz, †6.7. 1971 München). – Dt. Schriftsteller, Studium am Bauhaus in Weimar, dann der Germanistik; schrieb für die Zeitschrift »Die Kolonne« und arbeitete als freier Mitarbeiter bei Presse und Rundfunk. Starken Einfluß übte auf seine expressive Sprache die Lyrik Georg Heyms aus, von dem er auch die vielschichtige Gestaltung des Beziehungsverhältnisses von Mensch und Landschaft übernahm. Bekannt wurden vor allem die Romane *Schwarze Weide* (1937) und *Verlöschende Feuer* (1956), die meisterhafte Erzählung *Das Lied des Pirols* (1946) und die Gedichte *Aus dumpfen Fluten kam Gesang* (1958).

Lange, Samuel (*22.3. 1711 Halle/Saale, †25.6. 1781 Laublingen). – Dt. Theologe, Prediger in Laublingen, zuletzt Inspektor des Kirchenwesens seines Amtsbezirks. In der Literatur hat L. große Bedeutung durch seine Freundschaft mit I. J. Pyra, mit dem er in Halle die »Gesellschaft zur Förderung der deutschen Sprache, Poesie und Beredsamkeit« begründete und mit dem er die Gedichte *Thyrsis' und Damons freundschaftliche Lieder* schrieb, die Bodmer herausgegeben hat. Gemeinsam mit Pyra gegen die Aufklärungsgesinnung Gottscheds gerichtet, übersetzte er Horaz und schuf zahlreiche empfindsame und anakreont. Lieder sowie die für den Zeitgeist der Empfindsamkeit typ. Schrift *Betrachtungen über die sieben Worte des sterbenden Erlösers* (1757). Obwohl L. von den Aufklärern, auch von Lessing, immer wieder angegriffen wurde, hatte seine Dichtung entscheidenden Einfluß auf den Sturm und Drang und damit auf den jungen Goethe und Schiller.

Langendijk, Pieter (*25.7. 1683 Haarlem, †18.7. 1756 ebd.). – Niederl. Dramatiker, lernte das Malerhandwerk und trat bereits 1699 mit dem Lustspiel *Don Quichot* erfolgreich an die Öffentlichkeit. L. zeigt in seinen Lustspielen, die stark unter franz. Einfluß stehen, die typ. pädagog. Tendenzen seiner Zeit. Mit seinem Hauptwerk *Het wederzijdsch huwelijks bedrog* (1712) wirkte er stark auf die zeitgenössische Dichtung.

Langendonck, Prosper van (*15.3. 1862 Werchter/Brabant, †7.11. 1920 Brüssel). – Fläm. Autor, stand zunächst im öffentl. Dienst, gründete 1893 die Zeitschrift »Van Nu en Straks« und

arbeitete 1903 bis 1907 an der Zeitschrift »Vlaanderen« mit. L. gehört zu den bedeutendsten lyr. Begabungen unseres Jh.s. Bekannt wurden seine Gedichte *Het Werk* (1926) und sein Hauptwerk *Verzen*, das 1900 erstmals erschien und später wiederholt umgearbeitet wurde.

Langer, Anton (*12.1. 1824 Wien, †7.12. 1879 ebd.). – Populärer österr. Volksdichter. Während seine Lustspiele, wie etwa *Der Herr Gevatter von der Straße* (1876), heute weitgehend vergessen sind, haben die Romane in seiner Heimat ihr Publikum, das er mit seiner Mundartdichtung begeistert. Die wichtigsten Romane sind *Der letzte Fiaker* (1855 in 3 Bdn.), *Die Schweden vor Wien* (1862), *Frei bis zur Königsau* (1865 in 2 Bdn.), *Der Eingemauerte* (1871) und *Kaisersohn und Baderstochter* (1871). L. gilt bis heute als einer der bedeutendsten Autoren des histor. Romans in der Mundart.

Langer, František (*3.3. 1888 Prag, †2.8. 1965 ebd.). – Tschech. Erzähler und Dramatiker, wirkte als Direktor am »Theater auf den Weinbergen« und schrieb für seine eigene Bühne neuklassizist. Dramen, die häufig psycholog. Probleme aufgreifen. Während des Dritten Reiches emigrierte L. und stellte sich der tschech. Exilregierung zur Verfügung. Seine wichtigsten Theaterstücke sind *Periferie* (dt. 1925) und *Die Bekehrung des Fredy Pistora* (tschech. und dt. 1929). Aus seinem Erzählwerk sind hervorzuheben *Die Bruderschaft vom weißen Schlüssel* (1934, dt. 1949), der im Exil als engagierte Schrift entstandene Roman *Die Kinder und der Satan* (1946, dt. 1949) und die ins Dt. übersetzte Erzählungsausgabe *Ein Koffer aus Übersee* (1966).

Langewiesche, Marianne (*16.11. 1908 Ebenhausen/München, †4.9. 1979 ebd.). – Dt. Schriftstellerin, Tochter des bekannten Verlegers Wilhelm L.-Brandt. L. bereiste nahezu ganz Europa und schrieb als Journalistin zahlreiche Aufsätze. Lit. Anerkennung fand sie mit ihren histor. Romanen *Königin der Meere* (1940), die Geschichte Venedigs im 12. Jh. behandelnd, *Castell Bô* (1947) und *Die Bürger von Calais* (1949) und der Novelle *Der Garten des Vergessens* (1953). In den letzten Lebensjahren veröffentlichte sie Studien, wobei bes. *Spuren in der Wüste* (1970) und *Wann fing das Abendland zu denken an?* (1970) zu erwähnen sind.

Langgässer, Elisabeth (*23.2. 1899 Alzey, †25.7. 1950 Rheinzabern). – Dt. Dichterin, lebte viele Jahre in Berlin und stand dem Kreis um die Zeitschrift »Die Kolonne« nahe, bis sie im Dritten Reich als Halbjüdin Schreibverbot erhielt. Ihr lit. Werk steht in ständiger intensiver Auseinandersetzung mit der kath. Kirche und dem Christentum, wobei sie als symbol. Gestaltungskraft die Landschaft ihrer rhein. Heimat sieht. Ihre bilderreiche Sprache weist deutl. Anklänge an myst. Vorbilder auf. Der Einfluß und die Einwirkung des Raumes auf das seel. Verhalten des Menschen ist ein Grundthema ihres Schaffens, das alle lit. Gattungen umspannt. Bes. hervorzuheben sind die

Romane *Der Gang durch das Ried* (1936) und *Das unaus-
löschliche Siegel* (1946), die Erzählungen *Proserpina* (1932)
und *Triptychon des Teufels* (1932) sowie die Briefe . . . *soviel
berauschende Vergänglichkeit* (1954). Mit ihrem letzten Roman *Märkische Argonautenfahrt* (1950) und dem posth.
(1961) veröffentlichten Essayband *Das Christliche der christlichen Dichtung* erwies sich L. als eine der bedeutendsten lit.
Gestalten unseres Jh.s.

Langland (Langley), William (*1332 Shropshire [?], †1400 [?]
London). – Engl. Dichter und Geistlicher, über sein Leben ist
wenig bekannt. Wahrscheinlich wurde er in Malvern bei den
Benediktinern ausgebildet. Mit seinem *Piers plowman*, einer
spätmittelalterl. Ständedichtung, die vordergründig als typ.
Darstellung der Mißstände erscheint, in Wirklichkeit aber das
neue Verständnis des Menschen gegenüber der Wirklichkeit
gestaltet, wirkte er auf die gesamte abendländ. Literatur. In
Dtld. steht der *Ackermann von Böhmen* des Johannes von
Tepl deutl. unter seinem Einfluß.

Langmann, Philipp (*5.2. 1862 Brünn, †27.5. 1931 Wien). –
Mähr. Dichter, ließ sich zuletzt in Wien nieder, wo er in der
Tradition des Naturalismus und in der Nachfolge von Ludwig
Anzengruber und Gerhart Hauptmann vortreffliche Milieu-
darstellungen verfaßte. L. gehört zu den typ. österr. Dichtern,
die neben einer hohen sprachl. Sensibilität auch ein tiefes
Engagement für die sozial Schwachen auszeichnen, etwa in
dem Roman *Leben und Musik* (1904) und den Erzählungen
Arbeiterleben (1893) und *Ein fremder Mensch* (1914) sowie
in dem Drama *Herzmarke* (1901).

Langner, Ilse, eigtl. *Ilse Siebert* (*21.5. 1899 Breslau, †16.1.
1987 Darmstadt). – Dt. Schriftstellerin, bereiste große Teile der
Welt, wobei sie an zahlreichen Goethe-Instituten Vorlesungen
hielt. In dieser Zeit profilierte sie sich als sehr engagierte
Pazifistin, die ihre Gedanken in sozialkrit. Dramen niederlegte, z. B. in *Frau Emma kämpft im Hinterland* (1928), *Margarete* (1983). Sehr bald geriet L. auch unter die lit. Einfluß
Ricarda Huchs, von der sie in ihrer Grundhaltung bestärkt
wurde. So wendet sie sich in ihren letzten Romanen intensiv
gegen faschist. Diktaturen und die Manipulation der Macht
durch die Atomwaffen, etwa in *Sonntagsausflug nach Chartres* (1956), *Die Zyklopen* (1960). Auch die symbolist. Dramen
wie *Iphigenie kehrt heim* (1948) oder der Bericht *Ich lade Sie
ein nach Kyoto* . . . (1963) zeigen ihre verantwortungsbewußte
polit. Haltung. 1984 erschien das Tagebuch *1945. Flucht ohne
Ziel*.

Lanzelot. Der sog. *Prosa-Lanzelot* entstand in der ersten
Hälfte des 13. Jh.s und schildert die Liebe Lanzelots zur Gattin
des Königs Artus, Ginevra. Abgesehen davon, daß der Lanzelot der erste Prosaroman im Dt. ist, hat er lit. keineswegs die
geistige und künstler. Qualität der höf. Romane. Die Vorlage
des L. ist nicht bekannt, doch kann sie mit Sicherheit in

Frankreich gesucht werden. So ordnet sich auch dieses Werk
in die bedeutende Rezeption franz. Geistes im 12. und 13. Jh.
ein. Weitere Bearbeitungen des Stoffes sind uns von Chrestien
de Troyes und Ulrich von Zatzikhoven überliefert. Im 15. Jh.
bearbeitete der Polyhistor Ulrich Füetrer den L. und formte ihn
dabei in die berühmte Titurelstrophe um. Im Volksbuch fand
der Stoff noch in der frühen Neuzeit Verbreitung.

Lao-tse (Lao-tzu). Weltberühmter und bis heute wirksamer
chines. Philosoph, lebte vermutl. im 6. Jh. v. Chr. und schrieb
wahrscheinlich das Buch *Tao-tê-ching* (= *Buch vom Weg und
seiner Wirkung*). Lao, der Name bedeutet »Der Alte«, war
Einsiedler und wurde in der Legende mit nahezu göttl. Attributen versehen. Die Überlieferung über sein Leben ist sehr
jung, und über seine wirkliche Existenz können keinerlei
Aussagen gemacht werden. Das *Tao-tê-ching* entstand wahrscheinl. aus verschiedenen Traditionen im Laufe des 3. Jh.s als
Zusammenfassung verschiedener naturphilosoph. Grundlehren, denen allen gemeinsam ist, daß sie sich gegen die starren
Gesetzeslehren des Konfuzius wenden. Im Mittelpunkt des
Werkes steht die Lehre vom Tao, dem richtigen Weg, den der
Weise zu finden habe. Dabei ist jedoch auch er dem Weltgesetz
unterworfen, daß auch jedes Nichthandeln bereits ein Handeln ist. Nur der in sich absolut Ruhige, von dem keine
Wirkung ausgeht, hat das richtige Leben gefunden und das Tao
verwirklicht. Deshalb verwirft die im *Tao-tê-ching* gelehrte
Philosophie auch jegl. staatl. Handeln und jegl. aktive Religion; Ziel ist ein gewaltloses Leben, das in der myst. Versenkung im Tao (= Weg) endet.

Larbaud, Valéry (*29.8. 1881 Vichy, †2.2. 1957 ebd.). – Franz.
Schriftsteller, konnte durch eine beachtl. Erbschaft ein sorgen-
freies Leben führen, das er auf zahlreichen Reisen nach Dtld.,
Rußland und in die Türkei genoß. Daneben studierte er an der
Sorbonne und arbeitete als Journalist an verschiedenen Zeitschriften. Sein Hauptwerk ist die Autobiographie *A. O. Barna-
booth* (1913, dt. 1950), in der er seine Reisen auf sehr unterhaltsame Art darstellt. Sein Gesamtwerk erschien 1950–55 in
zehn Bdn. In Dtld. wirkten seine Schriften bes. in den 50er
Jahren.

Lardner, Ring(gold) W(ilmer) (*6.3. 1885 Niles, †25.9. 1933
East Hampton). – Amerikan. Journalist, war als Sportbericht-
erstatter eine nationale Berühmtheit. Daneben verfaßte er
zahlreiche leicht verständl. Kurzgeschichten in der Umgangssprache. Die satir. Milieuschilderung, die zahlreichen Texten
zugrunde liegt, fand auch bei Literaturkennern hohe Achtung.
Bes. populär sind *The Collected Short Stories* (1941) und der
Erzählband *Geschichten aus dem Jazz-Zeitalter*, der 1974 als
Auswahlausgabe auch dt. erschien.

La Roche, Sophie von (*6.12. 1731 Kaufbeuren, †18.2. 1807
Offenbach/Main). – Dt. Dichterin, stammte aus einer Arztfamilie und unterhielt in ihrer Jugend in Biberach zu dem Dichter

Wieland ein schwärmer. Verhältnis. Jahrzehnte später hat Wieland ihre Schriften aus dieser Zeit unter dem Titel *Melusinens Sommerabende* (1806) herausgegeben. Die Dichterin selbst wurde stark von der Philosophie der Aufklärung, von Rousseau und Richardson beeinflußt. Diese seltsame Mischung aus Rationalismus und Empfindsamkeit, Naturliebe und erster Romantik fand ihren lit. Ausdruck in dem Briefroman *Geschichte des Fräuleins von Sternheim* (1771) und in den *Moralischen Erzählungen* (1782–1784 in 2 Bdn.). Auch als Großmutter des Romantikers Clemens Brentano ist die L. in die Literaturgeschichte eingegangen.

La Rochefoucauld, François VI., Duc de la R., Prince of Marcillac (*15.12. 1613 Paris, †17.3. 1680 ebd.). – Franz. Schriftsteller, bereits mit 17 Jahren Obrist, war in zahlreiche polit. Auseinandersetzungen verwickelt und 1648 einer der Anführer im Aufruhr der Fronde. Für die Geschichte dieses Aufstandes sind seine *Mémoires* (1662) von unschätzbarem Wert. Als Philosoph und Menschenkenner wies er sich mit seinen *Betrachtungen oder moralische Sentenzen und Maximen* (1665, dt. 1906) aus.

Larra y Sánchez de Castro, Mariano José de (*24.3. 1809 Madrid, †13.2. 1837 ebd.). – Span. Schriftsteller, stammte aus einer bürgerl. Familie und wurde sehr jung in die polit. Auseinandersetzungen der Zeit verwickelt. Vorübergehend nach Frankreich emigriert, konnte er nach seiner Rückkehr in die Heimat studieren. Hier trat er mit stilist. hervorragenden Aufsätzen über polit. und lit. Probleme in zahlreichen Zeitschriften hervor und wurde zum führenden Kopf des Schriftstellerkreises um die Zeitschrift »El Parnasillo«. Seine Dramen (z. B. *Marcias,* 1834) sind schon von den Zeitgenossen nicht beachtet worden, während seine Aufsätze bis heute Neuauflagen in Spanien erleben (1950 erschienen die gesammelten Aufsätze). Sein Gesamtwerk wurde erstmals vollständig in 4 Bdn. 1960 herausgegeben.

Larreta, Enrique, eigtl. *E. Rodríguez Maza* (*4.3. 1875 Buenos Aires, †6.7. 1961 ebd.). – Argentin. Schriftsteller und gelernter Diplomat, steht mit seinem lit. Werk, das zu einem erhebl. Teil während seiner Tätigkeit im Ausland entstanden ist, in der Tradition der klassizist. Geisteshaltung. Seine Sprache ist durch Sachlichkeit und menschl. Wärme gekennzeichnet. Über seine Heimat hinaus wurde er mit Romanen und Erzählungen bekannt, z. B. mit *Versuchungen des Don Ramiro* (1908, dt. 1929), *Der Unglückselige* (1926, dt. 1942). Die Romane *Orillas del Ebro* (1949), *En la pampa* (1955) und das Drama *Clamor* (1960) sind nicht ins Dt. übersetzt.

Larsen, Gunnar (*5.2. 1900 Oslo, †5.11. 1958 ebd.). – Norweg. Journalist, wurde in seinem Werk durch den amerikan. psycholog. Roman beeinflußt. Er schrieb Reportagen unter dem stilist. und strukturellen Einfluß Hemingways. In seinen Romanen wurde er zum meisterhaften Darsteller der Lebens-

weise der Bürger Oslos. So sind die Romane *I sommer* (1932), *To mistenkelige personer* (1933) und *Sneen som falt i fjor* (1948) typ. für die norweg. Literatur unseres Jh.s.

Larsen, Karl Halfdan Eduard (*28.7. 1860 Rendsburg, †11.7. 1931 Kopenhagen). – Dän. Erzähler, stammte aus einer wohlhabenden Bürgerfamilie und unternahm zahlreiche Reisen. Den längsten Teil seines Lebens verbrachte er in Kopenhagen und stellte in seinen Prosawerken das Leben und Milieu der dän. Hauptstadt sehr genau und lebendig dar. Bes. bekannt wurden die Erzählungen *Dr. X* (1896, dt. 1898), *Was siehst du aber den Splitter* (1902, dt. 1903), *Die in die Fremde zogen* (dt. 1913).

Larsen, Thøger (*5.4. 1875 Tørring/Lemvig, †29.5. 1928 ebd.). – Dän. Lyriker und Epiker, lebte naturverbunden und wurde bald einer der anerkanntesten Heimatdichter seines Landes. Bes. die Landschaft um den Limfjord ist in seinen Gedichten zauberhaft eingefangen, z. B. in *Jord* (1904), *Dagene* (1905) oder *Söndergalm* (1926). In dem Roman *Frejas rok* (1928) versucht er, seine pseudophilosoph. Weltanschauung zur Darstellung zu bringen. Das Werk hatte deshalb lange nicht den Erfolg wie die Gedichte. Es ist aber interessant als Zeugnis einer kosm. Anthropologie, die bei einigen Sekten großen Anklang fand.

Larsson i By, Carl Filip (*25.7. 1877 By/Dalarna, †9.8. 1948 ebd.). – Der schwed. Bauernsohn bildete sich autodidakt. an der Volkshochschule und ließ sich dann als freier Schriftsteller in seiner Heimat nieder. Bald hatte er mit seinen Werken so große Anerkennung gefunden, daß er 1939 mit der Aufnahme in die Schwedische Akademie geehrt wurde. In seinen Gedichten wird das vielfältige Leben Dalarnas, der musischen Provinz Schwedens, lebendig, und in seinen Romanen gelingt ihm eine glänzende psycholog. Darstellung des heimatl. Milieus, etwa in *Kristi återkomst* (1924) oder *Den gamla goda tiden* (1941).

Laschetschnikow, Iwan Iwanowitsch (*25.9. 1792 Kolomna, †8.7. 1869 Moskau). – Der russ. Schriftsteller stammte aus einer bürgerl. Familie und kämpfte in den Befreiungskriegen gegen Napoleon. Später ließ er sich als freier Schriftsteller nieder, wobei er zahlreiche sehr detaillierte histor. Romane schrieb. Bes. bekannt wurden jene Werke, in denen auch gesamteurop. Probleme dargestellt wurden und die deshalb sehr bald Übersetzungen erfuhren, z. B. *Der Eispalast* (1835, dt. 1838), *Basurman* (1838), eine Darstellung des Lebens und der Zeit Iwans III., und *Die Eroberung Livlands* (1833, dt. 1854).

Lasker-Schüler, Else (*11.2. 1869 Elberfeld, †22.1. 1945 Jerusalem). – Dt. Dichterin, stammte aus einer wohlhabenden jüd. Bürgerfamilie und heiratete nach dem Scheitern ihrer ersten Ehe den Expressionisten Herwarth Walden, durch den sie mit allen führenden Dichtern des Expressionismus in Beziehung kam. Bes. P. Hille, T. Däubler, F. Marc, G. Trakl,

G. Benn, F. Werfel, R. Schickele und K. Kraus haben auf ihr Leben und ihre Dichtung entscheidenden Einfluß ausgeübt. L. ist zu den bedeutendsten lit. Kräften unseres Jh.s. zu zählen. 1933 mußte sie aus Deutschland fliehen und starb 1945 völlig vereinsamt und verarmt. Das lit. Werk L.s ist typ. für die Jahrhundertwende zwischen Neuromantik und Expressionismus, Impressionismus und Psychologismus. Sicher hat die Lyrik G. Benns auf ihr Schaffen den nachhaltigsten Einfluß gehabt. Aus der Fülle berühmter Dichtungen, die anfängl. noch lebensfroh das Dasein bejahen, bis sie später immer stärker unter dem Druck der Zeitereignisse in düstere Resignation münden, müssen die Gedichte *Styx* (1902), *Mein Wunder* (1911), *Hebräische Balladen* (1913), *Theben* (1923) und *Mein blaues Klavier* (1943) hervorgehoben werden. Ihr Roman *Mein Herz* (1912) ist ein typ. Zeugnis für den frühen Expressionismus, der sonst keine eigtl. Romane hervorgebracht hat. Mit dem Schauspiel *Die Wupper* (1909) begründete sie das expressionist. Theater und wirkt mit diesem Werk auf das Theaterschaffen bis in unsere Tage. Ihre Erzählung *Der Prinz von Theben* (1914) und die zahlreichen theoret. Schriften sind nicht nur bedeutende Zeitdokumente, sondern auch künstler. Leistungen von höchster Qualität. *Gesammelte Werke* erschienen 1959 bis 1962 in 3 Bdn.

Laßwitz, Kurd, Ps. *Velatus* (*20. 4. 1848 Breslau, †17. 10. 1910 Gotha). – Dt. Schriftsteller, studierte Naturwissenschaften und wurde Professor. Während seine Erzählungen und Romane, wie etwa *Auf zwei Planeten* (1897) oder *Aspira* (1905), bereits Elemente der Science-fiction in Anlehnung an Jules Verne enthalten, sucht er in seinen wissenschaftl. Werken im Geiste des Neukantianismus eine Erkenntnis der histor. Wechselbeziehungen von Naturwissenschaften und Philosophie. Kennzeichnend für diese Werke ist seine bedeutende Arbeit *Bilder aus der Zukunft* (1878, 2 Bde.).

Last, Jef, eigtl. *Josephus Carel Franciscus* (*2. 5. 1898 Den Haag, †15. 2. 1972 Laren). – Niederl. Schriftsteller, studierte Sinologie und führte ein abwechslungsreiches Leben, das ihn bis in hohe Staatsämter brachte; so war er z. B. Kultusminister im Kabinett Sukarnos und arbeitete als aktiver Kommunist in Moskau für den sowjet. Schriftstellerverband. Während seine frühen Schriften durch einen recht naiven und auch unkrit. Sozialismus gekennzeichnet sind, wandte er sich später, bes. unter dem Einfluß Gides und der frühen chines. Philosophie, in seinen ep. Werken weltanschaul. Problemen zu. Hier sind vor allem die Romane *De vligende Hollander* (1939) oder *Het eerste schip op de Newa* (1946, dt. 1947) zu nennen. Mit seiner Lyrik *Bakboordlichten* (1927) und seinem Drama *Djagaprana* (1954) fand er weniger Beachtung; sein Leben hat er in der *Autobiographie* (1973) geschildert.

La Taille, Jean de (*um 1535 Bondaroy, †um 1617 ebd.). – Franz. Dichter, stand stark unter dem Einfluß von Ronsard und kämpfte als Hugenotte in den Kriegen gegen Heinrich IV. Seinen lit. Ruhm begründete er durch seine großen Dramen, etwa *Saül le furieux* (1572), die typ. für die Renaissance in ganz Europa sind. Auch als Literaturtheoretiker ist L. von anerkannter Bedeutung, da er als einer der ersten Schriftsteller der Neuzeit im Gefolge der Poetik des Aristoteles die Einheit von Zeit und Ort der Handlung als Grundprinzip jedes Dramas fordert; seine wissenschaftl. Schrift *De l'art de la tragédie* (1572) hat auf Zeitgenossen und das spätere Barockdrama gewirkt.

Latini, Brunetto (*um 1220 Florenz, †1294/95 ebd.). – Der ital. Gelehrte und Politiker, der in Florenz entscheidenden Einfluß hatte, setzte sich für die Volksbildung ein und propagierte daher, daß auch wissenschaftl. Schrifttum in der Volkssprache geschrieben sein sollte. In seiner Enzyklopädie *Livres dou tresor* in franz. Sprache vertrat er diese Grundgedanken, die sich Jahrhunderte später im Werk Galileis verwirklichen sollten. Daneben verfaßte er eine vorzügliche Anleitung zur Rhetorik *Rettorica* (hg. 1915).

Latorre, Mariano (*4. 1. 1886 Cobquecura, †12. 11. 1955 Santiago de Chile). – Der chilen. Erzähler beschrieb lebendig und differenziert die Landschaft seiner Heimat und das Leben der einfachen Menschen. Über Chile hinaus wurden die Romane *Zurzulita* (1920) und *La Pasquera* (1942) bekannt. Mit den Erzählungen *Sus mejores cuentos* (1925) und *Chilenos del mar* (1929) zeigte er sich als geschickter Meister der kleinen Form, während seine *Literaturgeschichte Chiles* (1941) ihn als vortreffl. Essayisten ausweist.

La Tour du Pin, Patrice de (*16. 3. 1911 Paris, †28. 10. 1975 ebd.). – Franz. Dichter, trat bereits als junger Mann mit einer formstrengen Lyrik hervor, die, am Vorbild der Klassik geformt, der späten Mystik nahesteht. Bekannt wurden die Gedichtbände *La quête de joie* (1933) und *Une somme de poésie* (1946), die Trilogie *La Marseillaise* (1947) und *Le second jeu* (1959). Seine letzten sehr beachteten Arbeiten, in welchen theosophische Gedanken eine große Rolle spielen, sind *Petit théâtre crépusculaire* (1963), *Une lutte pour la vie* (1970), *Concert eucharistique* (1972).

Lattmann, Dieter (*15. 2. 1926 Potsdam). – Dt. Schriftsteller, arbeitete in zahlreichen Verlagen als Lektor, war vorübergehend freier Schriftsteller und 1968–1974 Präsident der »Bundesvereinigung deutscher Schriftsteller«, Präsidiumsmitglied des Goethe-Instituts bis 1985. In diesen Jahren entstanden die beachteten und für die moderne Literatur in der Bundesrepublik nicht uncharakterist. Romane, die gelegentlich in der Welt der Verlage spielen, die L. aus eigener Erfahrung genau kennt, etwa *Ein Mann mit Familie* (1962) oder *Schachpartie* (1968), in der er das Leben des Durchschnittsakademikers in Deutschland beschreibt. Neue gesellschaftliche Wertungen zeigt die Geschichte aus unserer Zeit *Die verwerfliche Alte* (1991).

Lattmann war Abgeordneter des Deutschen Bundestages. Als Literaturhistoriker profilierte er sich mit der Literaturgeschichte *Die Literatur der Bundesrepublik Deutschland*, die er 1971 herausgab. Beachtung fanden sein teils autobiographisches Buch *Die Einsamkeit des Politikers* (1977) und die Analyse *Die lieblose Republik* (1981). Gab Dokumentationen über *Ostermärsche* (1982) und die *Abrüstungspolitik der SPD* (1982) heraus. Der autobiogr. Roman *Die Brüder* (1985) fand auch im SED-Staat Zustimmung.

Laub, Gabriel (* 24. 10. 1928 Bochnia/Polen). – Dt. Schriftsteller, studierte in Prag Journalismus und arbeitete für verschiedene Zeitungen als Kritiker, Übersetzer und Berichterstatter. Bekannt wurden seine Aphorismen und Satiren, mit denen er 1967 hervortrat; als er sich im Prager Frühling engagierte, mußte er 1968 in die Bundesrepublik fliehen. Heute ist er Präsident des Exil-PEN-Clubs und Inhaber bedeutender Auszeichnungen. L. hat den Aphorismus in der Nachfolge Lichtenbergs wieder zu einem lit. Genre gemacht und gezeigt, daß sowohl Kunst als auch Philosophie Voraussetzungen einer pointierten Weltsicht sind. Die Sammlungen, u. a. *Verärgerte Logik* (1969), *Enthüllung des nackten Kaisers* (1970), *Wer denkt, ist ein Affe* (1972), *Denken erlaubt* (1977), *Der leicht gestörte Frieden* (1981), *Was tut man mit Witwen?* (1982), *Mein lieber Mensch* (1990), haben mehr Leser angesprochen als der Roman *Der Aufstand der Dicken* (1983). L. ist auch als Übersetzer (V. Havel) hervorgetreten.

Laube, Heinrich (* 18. 9. 1806 Sprottau/Schlesien, † 1. 8. 1884 Wien). – Dt. Dichter, Journalist und Theaterfachmann. L. stammte aus einfachen Verhältnissen, studierte Theologie und Literatur und wurde bald ein führender Kopf des sog. Jungen Deutschland, der ersten aktiven polit. Literaturgruppierung im 19. Jh. Als Redakteur der »Zeitung für die Elegante Welt« schrieb er einige zeitkrit. Beiträge und wurde deshalb von der Zensur mit Schreibverbot bestraft. Später wieder mit dem Staat arrangiert, übernahm er in Wien von 1849 bis 1867 die Intendanz des Burgtheaters, leitete danach das Leipziger und zuletzt das selbst gegründete Wiener Stadttheater. In seine Zeit als Direktor des Burgtheaters fallen entscheidende Erfolge und Aufführungen der Werke Hebbels. L. hat neben seinen bekannten und wirksamen journalist. Arbeiten auch eine Reihe von Dramen geschrieben, von denen *Die Karlsschüler* (1846), das Schillers Sturm-und-Drang-Jahre darstellt, *Graf Essex* (1856) und *Struensee* (1847), in dem er unmittelbar polit. Ereignisse aufgreift, lange auf den Bühnen gespielt wurden.

Lauckner, Rolf (* 15. 10. 1887 Königsberg, † 27. 4. 1954 Bayreuth). – Dt. Schriftsteller, Stiefsohn des Dichters Heinrich Sudermann. L. bereiste nach seinem Studium Südeuropa und übernahm 1919 die Herausgeberschaft der Zeitschrift »Über Land und Meer«, die deutl. nationale Tendenzen zeigte. Früh trat er mit zahlreichen Schauspielen an die Öffentlichkeit,

wobei die ersten Werke, wie z. B. *Der Sturz des Apostels Paulus* (1918), expressionist. Züge aufweisen. In Stuttgart arbeitete er nebenbei auch als Dramaturg, wobei sich seine Weltanschauung immer stärker dem Nationalsozialismus annäherte, dessen Geist er auch in dem Bühnenwerk *Der letzte Preuße* (1937) huldigte. Seine nach dem Krieg erschienenen Gedichte *Der Gang des Wächters* (1950) sind klass. Vorbildern verpflichtet, bleiben jedoch in Form und Aussage epigonal.

Lauremberg, Johann (* 26. 2. 1590 Rostock, † 28. 2. 1658 Sorø/Dänemark). – Dt. Gelehrter und Schriftsteller, Professor für Rhetorik in Rostock. 1623 wurde er in die dän. Ritterakademie berufen; hier hatte er die Gelegenheit, seine satir. Begabung voll zu entfalten. Mit seinen Schriften ist er ein entschiedener Gegner des zeitgenöss. Unwesens, die franz. Mode in allen Formen nachzuahmen. Bes. bekannt wurden seine *Veer Schertz-Gedichte in nedderdütsch gerimet* (1652).

Laurentius von Schnüffis oder *Schnifis*, eigtl. *Johann Martin* (* 24. 8. 1633 Schnifis/Vorarlberg, † 7. 1. 1702 Konstanz). – Österr. Dichter, führte ein abenteuerl. Leben als Schauspieler, Kapuzinermönch und Vertrauter des österr. Erzherzogs Ferdinand. Durch diesen kam er auch mit dem Kaiser Leopold I. in Kontakt, der ihn für seine Verdienste um die Volksdichtung zum Dichter krönte. Zeittyp. für die Barocklyrik sind seine Gedichtbände *Philotheus, oder . . .* (1665) und *Mirantische Wald-Schallmey* (1688).

Laurin, auch *Der Zwergkönig Laurin* oder auch *Der kleine Rosengarten* ist ein Heldenepos des Dietrichsagenkreises, das um 1250 volkstüml. Überlieferungen und Heimatsagen mit der Dietrichsage verbindet. Erzählt wird die Geschichte vom Einzug Dietrichs in das Reich des Zwergkönigs Laurin, in dem er zahlreiche Abenteuer zu bestehen hat. Im Gegensatz zur Heldenepik ist das Epos in Reimpaaren geschrieben. Seine literaturgeschichtl. Einordnung ist bis heute noch nicht gelungen. Wahrschein. ist ein bürgerl. Fahrender aus Tirol der Verfasser des Vorbildes, auf das sich die Überlieferung stützt.

Lautensack, Heinrich (* 15. 7. 1881 Vilshofen, † 10. 1. 1919 München). – Bayer. Schriftsteller, schrieb zahlreiche Theaterstücke und gab die Zeitschrift »Bücherei Maiandros« heraus. Bekannt wurde er durch seine vortrefflichen kabarettist. Texte und Lieder, in denen sich in erster Linie gegen die polit. Rolle der Kirche wendet. Aufsehen erregte er mit den Komödien *Der Hahnenkampf* (1908) und *Die Pfarrhauskomödie* (1911) und den Gedichten *Dokumente der Liebesraserei* (1910). Bis in unsere Tage erfreut sich L. einer großen Leserschaft. So erschien zuletzt 1966 eine sehr gute Auswahl aus seinem Werk u. d. T. *Das verstörte Fest*.

Lautréamont, Comte de, eigtl. *Isidore Lucien Ducasse* (* 4. 4. 1847 Montevideo, † 24. 11. 1870 Paris). – Der franz. Schriftsteller hinterließ nur ein Werk, *Les Chants de Maldoror*

(1868/69), und einige Gedichte, *Poésies* (1917), da er sehr jung starb. Sein lit. Schaffen wurde jedoch zum entscheidenden Anstoß für die surrealist. Literatur in unserem Jh., indem er irreale bzw. surreale Bilder der Realität anzunähern versuchte, und dies in einer neuen sprachl. Gestaltung. Er sprengte den Rahmen traditioneller Literatur und schuf bewußt eine eigene lit. Wirklichkeit, die mit der erlebbaren Realität nichts mehr gemein hat. Sein grundlegendes Werk wurde in den Jahren 1954 bis 1963 ins Dt. übersetzt und hat in den sechziger Jahren auf einige moderne Autoren in Dtld. nachhaltig gewirkt.

Lavant, Christine, eigtl. *Christine Habernig,* geb. Thonhauser (*4.7. 1915 Groß-Edling/Kärnten, †8.6. 1973 Wolfsberg/Kärnten). – Österr. Dichterin, stammte aus einfachsten Verhältnissen und erwarb sich bis zu ihrer Erblindung den Lebensunterhalt durch Stickereien. In ihrer Lyrik wendet sie sich an einfache Menschen, denen sie das Leid der Armen und Kinder vorstellt. Ihre Gedichte *Der Pfauenschrei* (1962) und *Hälfte des Herzens* (1966) zeigen sie als vorzügl. Kennerin menschl. Seelenlebens. Ihre autobiograph. Erzählung *Das Kind* (1948) und die Novellen *Das Krüglein* (1949) und *Baruscha* (1952) sind wichtige Zeugnisse der Volksdichtung unserer Zeit. 1978 erschienen nachgelassene Gedichte, Prosa und Briefe u. d. T. *Kunst wie meine ist nur verstümmeltes Leben.*

La Varende, Jean-Balthasar-Marie Mallard, Vicomte de (*22.5. 1887 Chamblac, 8.6. 1959 Paris). – Franz. Schriftsteller, lebte in der Normandie und schilderte in zahlreichen Romanen das rauhe und romant. Leben der Seefahrer. Für *Le centaure de Dieu* (1938, dt. u. d. T. *Der Himmelsreiter,* 1939) erhielt er den Preis der Académie Française. Wenige Jahre später wurde er wegen seiner lit. Verdienste in die Académie Goncourt berufen und damit als einer der hervorragenden Literaten Frankreichs anerkannt. In seinem letzten Roman *Le chevalier seul* (1957, dt. 1958) griff er auf den mittelalterl. Abenteuerroman zurück, dessen Minneproblematik er im Geiste unserer Zeit gestaltete.

Lavater, Johann Kaspar (*15.11. 1741 Zürich, †2.1. 1801 ebd.). – Schweiz. Dichter, studierte Theologie und geriet wegen einiger satir. Schriften in Streit mit der Aristokratie seiner Heimat. Mit H. Füßli und F. Heß unternahm er eine ausgedehnte Kavaliersreise, bei der er auch mit Klopstock und Goethe zusammentraf. Diese Begegnung wurde zum entscheidenden Anlaß für seine von den Zeitgenossen hoch geschätzte **Schrift** *Physiognomische Fragmente zur Beförderung der Menschenkenntnis und Menschenliebe,* die 1775 bis 1778 in 4 Bdn. erschien. L. ist ein typ. Vertreter der lit. Empfindsamkeit. Dabei ist es verständlich, daß seine ep. und dramat. Arbeiten nicht den Erfolg hatten wie seine zarte, das Gefühl ansprechende Lyrik, die meist geistl. Themen zum Inhalt nahm, etwa in *100 geistliche Lieder* (1776). Mit der Annähe-

rung an Klopstock verstand L. sein Dichtertum zunehmend als Sendung, wobei er auch gesellschaftl. Fragen in seine Werke einfließen ließ. In diesem Sinne wurde er, der an der Grenze zwischen Aufklärung und Sturm und Drang steht, zum Repräsentanten bürgerl. antirationaler Sensibilität. Eine Gesamtausgabe seiner Werke erschien 1834 bis 1838 in 6 Bdn.

Lavater-Sloman, Mary (*14.12. 1891 Hamburg, †5.12. 1980 Zürich). – Hamburger Dichterin, stammt aus einer Reederfamilie und führte ein ungemein abwechslungsreiches Leben in Dtld., Rußland und der Schweiz. In zahlreichen histor. Romanen schildert sie die Charaktere bedeutender Persönlichkeiten und versteht es, deren Handeln zu deuten, z. B. in *Der Schweizerkönig* (1935), *Die große Flut* (1943), *Jeanne d'Arc – Lilie von Frankreich* (1963), *Ein Schicksal. Das Leben der Königin Christine von Schweden* (1966), *Der vergessene Prinz* (1973), *Zwölf Blätter aus meiner Kinderstube* (1974), *Gefährte der Königin. Edward de Vere, Earl of Oxford* (1977).

Lawrence, D(avid) H(erbert) (*11.9. 1885 Eastwood, †2.3. 1930 Vence/Nizza). – Engl. Schriftsteller, mußte seinen Beruf (Lehramt) wegen einer Lungenkrankheit aufgeben. L. nahm anschließend an zahlreichen Expeditionen teil und unternahm auch viele selbständige Reisen, die ihren Ausdruck in seinem umfangreichen lit. Schaffen fanden. Bereits der erste Roman *Der weiße Pfau* (1911, dt. 1936) gestaltet das Problem des menschl. Lebens in einer bedrängenden zivilisierten Welt, die keine persönl. Freiheit ermöglicht. Sehr bald fordert er in seinen Schriften, unter dem Einfluß seines Freundes A. Huxley stehend, die volle Entfaltung der geist. und körperl. Möglichkeiten des Menschen, wobei die gesellschaftl. tabuisierte Sexualität als schöpfer. Triebkraft des Menschen von ihm in ernüchternder Offenheit dargestellt wird. 1920 wurde seine Erzählung *The Lost Girl* mit dem James-Tait-Black-Erinnerungspreis ausgezeichnet. Aus dem riesigen Werk des Dichters, dessen Gesamtausgabe 1954 ff. erschien und 24 Bde. umfaßt, sind die berühmten Romane *Söhne und Liebhaber* (1913, dt. 1925), *Lady Chatterley und ihr Liebhaber* (1928, dt. 1930), *Der Hengst St. Mawr* (1925, dt. 1931) und die Erzählung *Die Frau, die davonritt* (engl. u. dt. 1928) besonders herauszustellen; in Dt. erschien als letzte übersetzte Arbeit die Erzählung *Die blauen Mokassins* (1930).

Lawrence, Thomas E(dward) (*15.8. 1888 Tremadoc/Wales, †19.5. 1935 Bovington Camp). – Engl. Schriftsteller, war nach seinem Studium der Orientalistik und Archäologie in Oxford an zahlreichen Ausgrabungen in Syrien, Mesopotamien, Sinai und Ägypten beteiligt. L. arbeitete während des Ersten Weltkriegs beim brit. Geheimdienst, kämpfte anschließend auf seiten der Araber gegen die Türken und wurde als Vorkämpfer der arab. Unabhängigkeit zu einer gefeierten Persönlichkeit. Sein lit. Werk, das alle Phasen des abenteuerl. und vielfältigen Lebens widerspiegelt, liegt heute in nahezu allen Weltsprachen übersetzt vor. In Dtld. wurden bes. die Romane *Die sieben Säulen der Weisheit* (1926, dt. 1936), *Aufstand in der Wüste* (engl. u. dt. 1927) und *Unter dem Prägestock* (1955) bekannt. Seine autobiograph. Schriften *Glaube der Wüste* (1951) und *Mosaik meines Lebens* (1952) erlebten in der Bundesrepublik sehr hohe Auflagen, da in diesen Werken zahlreiche Probleme der Nachkriegszeit gestaltet erschienen.

Lawrenjow, Boris Andrejewitsch (* 17. 7. 1891 Cherson, † 7. 1. 1959 Moskau). – Sowjet. Schriftsteller, kämpfte in beiden Weltkriegen. Bereits 1913 mit *Gedichten* erfolgreich, wurde er nach den Wirren der Revolution einer der profiliertesten Vertreter des Sozialist. Realismus und der neuen Formen sozialist. Epik. Die von ihm gestalteten Personen sind wenig lebensvoll, dafür um so stärker als Repräsentanten eines polit. Systems zu verstehen. Die romant. und emotionalen Züge seines Werkes stehen in einer späten Rezeption der Romantik in der Sowjetunion. Bes. hervorzuheben sind aus seinen zahlreichen Schriften die Erzählungen *Der Einundvierzigste* (1926, dt. 1928 und 1960), *Wind kommt auf* (1960 als Auswahl aus seinen Novellen) und die Dramen *Die Bresche* (1928, dt. 1950), *Die Stimme Amerikas* (1949, dt. 1950).

Laxness, Halldór Kiljan, eigtl. *Gudhjonsson* (* 23. 4. 1902 Laxness/Reykjavik). – Isländ. Dichter aus einem alten Bauerngeschlecht, bereiste in seinem Leben fast ganz Europa und gilt heute als bedeutendster Autor seiner Heimat. Seine lit. Bedeutung wurde 1955 mit dem Nobelpreis anerkannt. Lit. und weltanschaul. vollzog er eine sehr eigenwillige Entwicklung. Zu Beginn seines Schaffens suchte er durch stetes Experimentieren mit der Sprache eine eigene Stilform zu entwickeln, wobei er gehaltl. durchaus dem sehr eigenartig ausgeprägten isländ. Katholizismus zuneigte. Später wandte er sich von der Kirche ab und öffnete sich sozialist. Ideen, wobei er in seinen Werken immer wieder das Problem von Ausbeutung und Ausbeuter gestaltete. Dies wird deutl. in dem Roman *Salka Valka* (1931–1932, dt. 1951), aber auch in den folgenden Romanen, wie *Der Freisasse* (1934, dt. 1936; 1962 u. d. T. *Selbständige Menschen* neu aufgelegt), *Das Fischkonzert* (1957, dt. 1961) und *Das wiedergefundene Paradies* (1960, dt. 1971). Weltruhm erlangte die Romantrilogie *Islandglocke* (1943–1946, dt. 1951). 1963 erschien eine isländ. Auswahlausgabe seiner Werke. Zum Spätwerk gehören die Romane *Kirchspielchronik* (1970, dt. 1976), *Siebenmeistergeschichte* (1978, dt. 1980), *Sein eigener Herr* (1982), *Am Gletscher* (dt. 1989) u. a.

Layamon, richtiger *Lazamon,* modernisiert Law(e)man (* um 1200 in Ernley/Worcester). – Angelsächs. Dichter und Übersetzer, war Geistlicher und schuf mit seiner Übersetzung des *Roman de Brut* von Wace das wichtigste Werk der engl. Literatur zwischen dem » Beowulf « und Chaucers » Canterbury Tales «. Die Darstellung der Geschichte Englands seit Brutus enthält zahllose märchenhafte Züge, wobei in die Erzählung

auch normann. Sagen wie die vom König Lear oder vom Artusritter Gawan Eingang fanden.

Laye, Camara (* 1. 1. 1928 Kurussa/Guinea, † 4. 2. 1980 Dakar). – Guinean. Schriftsteller, studierte in Frankreich und war in seiner Heimat im Staatsdienst beschäftigt. Lit. trat er mit einer Reihe von Romanen an die Öffentlichkeit, die von Publikum und Kritik sehr beachtet wurden, da er sich gegen jede Form des Kolonialismus wandte. Während sein erstes Werk *L'enfant noir* (1953, dt. 1954 u. d. T. *Einer aus Kurussa*) noch deutlich autobiograph. Züge trägt, sind seine späteren Romane stark vom Symbolismus gekennzeichnet, den er während seines Studiums in Europa kennenlernte. Hierher gehören etwa die ep. Werke *Le regard du roi* (1954) oder *Dramouss* (1966). L.s Werk zeigt eindringl. das Entstehen einer modernen afrikan. Kultur, die sich bewußt von westl. Einwirkungen zu lösen sucht.

Lazarillo de Tormes ist ein anonymer Roman (1554), der in Spanien den Schelmenroman begründet und Vorbild für diese Gattung auf der ganzen Welt wird. Während der kurze Roman, der im Original nur etwa 50 Seiten umfaßt, für die Zeitgenossen durchaus Gesellschaftskritik mit beißender Satire verband, wirkte er auf die Nachfolger bes. durch die einfache, aber allgemeinverständl. Sprache, durch die heiter-iron. Weltsicht und die glänzende Charakterisierung des Lebens des einfachen Volkes. Der Held des Romans begründet den Typus des » Picaro «, eines vom Schicksal zum Vagabunden geprägten Schelmes, der im Verlauf der Handlung mehreren Herren dient und deren Schwächen bloßstellt. Über Grimmelshausen wirkte der pikareske Roman bis zu Thomas Mann und Günter Grass.

Leacock, Stephen (Butler) (* 30. 12. 1869 Swanmoor/ Hampshire, † 28. 3. 1944 Toronto). – Kanad. Hochschullehrer und Humorist, schrieb neben zahlreichen anerkannten Nonsenserzählungen und humorvollen Kurzgeschichten, wie *Sunshine sketches of a little Town* (1912), kenntnisreiche Biographien, etwa *Mark Twain* (1932) oder *Charles Dickens* (1933), sowie die zeitgeschichtl. bedeutsame Autobiographie *The boy I left behind me* (1946), mit der er auch auf die zeitgenöss. Literatur entscheidend Einfluß gewann.

Lear, Edward (* 12. 5. 1812 London, † 30. 1. 1888 San Remo). – Engl. Zeichner und Schriftsteller, der Königin Viktoria im Zeichnen unterrichtete, machte sich lit. einen Namen durch seine heitere Nonsensdichtung, in der er skurrile Gedanken lustig-phantasievoll gestaltete. 1846 veröffentlichte er *The book of nonsense* und begründete damit die lit. Gattung des Limericks. Eine vollständige Ausgabe liegt erst seit 1947 u. d. T. *The complete nonsense* vor.

Léautaud, Paul, Ps. *Maurice Boissard* (* 18. 1. 1872 Paris, † 22. 2. 1956 Robinson). – Franz. Journalist, erlebte eine freudlose Kindheit und erlangte erst spät lit. Anerkennung als Mitarbeiter und Kritiker des » Mercure de France «, der » Nouvelle

Revue française« und der »Nouvelles littéraires«. U. d. T. *Le théâtre de Maurice Boissard* wurden seine Arbeiten in einer Buchausgabe 1926–1943 in 2 Bdn. publiziert. Neben diesen Essays schrieb L. auch Dramen und Erzählungen, die 1966 in einer dt. Auswahl veröffentlicht wurden.

Lebedew-Kumatsch, Wassili Iwanowitsch (* 8. 8. 1898 Moskau, †20. 2. 1949 ebd.). – Sowjet. Schriftsteller, wurde nach seinem Studium durch zahlreiche Zeitschriftenpublikationen bekannt, so z. B. im »Krokodil«. Der Lyriker trat mit sehr zarten Gedichten an die Öffentlichkeit; zahlreiche Texte wurden von A. V. Aleksandrow und I. O. Dunajewski vertont, wobei das Lied *Pesnja o rodine* zur inoffiziellen Nationalhymne wurde. Mit seinen Drehbüchern zu erfolgreichen Filmen wurde er einem breiten Publikum bekannt.

Leblanc, Maurice (* 11. 12. 1864 Rouen, †6. 11. 1941 Perpignan). – Der franz. Schriftsteller veröffentlichte früh Erzählungen und Romane, wobei ihn die Konflikte der handelnden Personen als psycholog. Fragen interessierten. Internationalen Ruf erwarb er sich mit seinen vorzüglichen Kriminalromanen, die er als eigene Gattung begründete, und der Gestalt des Arsène Lupin, der in vielen Romanen als Hauptfigur und damit als Identifikationsmöglichkeit für den Leser sehr beliebt ist. Die dt. Auswahlausgabe *Die Abenteuer des Arsène Lupin* enthält seine besten Geschichten.

Le Braz, Anatole, eigtl. *Jean François Marie Lebras* (* 2. 4. 1859 Saint-Servais/Côtes-du-Nord, †20. 3. 1926 Menton). – Franz. Schriftsteller und Gelehrter, zunächst Professor für Philosophie, dann für franz. Literatur. Sein Gesamtwerk beschäftigt sich unter verschiedenen Gesichtspunkten mit seiner breton. Heimat, deren Volkskunst er ebenso studierte wie die Volksweisheit, Philosophie und Musik. Von seinen Schriften sind in diesem Zusammenhang zu nennen: *Pâques d'Islande* (1897), *L'Ilienne* (1904) und *Contes du soleil et de la brume* (1905). In Dtld. wurde sein Werk bis heute nicht sehr bekannt, da geeignete Übersetzungen fehlen.

Lec, Stanislav Jerzy (* 6. 3. 1909 Lemberg, †7. 5. 1966 Warschau). – Poln. Schriftsteller, stammte aus einer orthodoxen jüd. Familie, studierte in Wien und Lemberg und trat bereits vor dem Zweiten Weltkrieg als Journalist hervor. Nach Konzentrationslager trat L. in den diplomat. Dienst und wirkte 1946 bis 1950 als Presseattaché in Wien, später in Israel und zuletzt wieder in seiner Heimat. Lit. machte er sich mit zeitkrit. Gedichten und Satiren sowie einigen beachtl. Erzählungen einen Namen, die vor allem die Erlebnisse des Krieges und der Gefangenschaft zu bewältigen suchen. Bekannt wurden auch seine Aphorismen und Epigramme, die ihn als scharfen Denker und spritzigen Stilisten ausweisen. Ins Dt. wurden eine Auswahl u. d. T. *Über Brücken schreiten* (1950) und die Aphorismen *Das große Buch der unfrisierten Gedanken* (1971) übertragen.

Le Carré, John, eigtl. *David J. Moore Cornwell* (* 19. 10. 1931 Poole/Dorset). – Engl. Schriftsteller, studierte in Bern und Oxford neuere Sprachen und trat nach kurzer Lehrtätigkeit in den diplomat. Dienst. Als Autor fand er in seiner Heimat ein breites Publikum, da seine spannenden Spionageromane nicht nur vordergründige Handlung bieten, sondern auch einen sehr genauen Einblick in die Arbeit der Geheimdienste ermöglichen. 1971 wandte er sich mit dem heiteren Werk *The Naive and Sentimental Lover* neuen Inhalten zu. In Dtld. wurden *Der Spion, der aus der Kälte kam* (1963, dt. 1964), *Der wachsame Träumer* (1971, dt. 1972), *Dame, König, As, Spion* (engl. und dt. 1974), *Agent in eigener Sache* (1979), *Die Libelle* (1986), *Ein blendender Spion* (dt. 1986), *Das Rußlandhaus* (1989), *Der heimliche Gefährte* (dt. 1991) große Erfolge.

Lechoń, Jan, eigtl. *Serafinowicz Leszek* (* 13. 3. 1899 Warschau, †8. 6. 1956 New York). – Poln. Dichter, trat bereits als junger Mann der Literatengruppe »Skamander« bei, deren Geist er bald vorbildl. repräsentierte. Nach einigen Jahren in Paris emigrierte er 1914 nach New York. Für seine Lyrik sind die vielfältigen Einflüsse der Jahrhundertwende von Bedeutung, die über den Klassizismus und die Neuromantik bis zum Expressionismus und Futurismus reichen. Seine artifizielle Sprachbeherrschung und stilist. Exklusivität machten ihn zu einer lit. überragenden Persönlichkeit; unter seinen Werken haben die Gedichtausgaben *Karmazynowy poemat* (1920), *Lutnia po Bekwarku* (1942), *Aria z kurantem* (1945) und *Mickiewicz* (1956) eine hervorragende lit. Stellung.

Le Clézio, Jean-Marie Gustave (* 13. 4. 1940 Nizza). – Franz. Dichter, bereiste Amerika und Ostasien und arbeitete bei verschiedenen franz. Verlagen als Lektor. Seine Romane und Erzählungen sind stilist. durch den strengen inneren Monolog gekennzeichnet; auf diese Weise gelingt ihm eine subjektive Relativierung des Erlebens, so daß der Leser immer in der Spannung zwischen Erlebniswirklichkeit und Bewußtseinswirklichkeit gehalten wird. Von seinen sprachl. bedeutenden Werken sind zu nennen *Das Protokoll* (1963, dt. 1965) – für diesen Roman erhielt er den Prix Renandot –, *Die Sintflut* (1968), *Terra amata* (1968, dt. 1970), *Der Krieg* (1970, dt. 1972), *Les géants* (1973), *Der Goldsucher* (dt. 1987), *Mondo* (Erzn. dt. 1988), *Der mexikanische Traum* (dt. 1989), *Wüste* (dt. 1989).

Leconte de Lisle, Charles Marie René (* 22. 10. 1818 Saint-Paul/Réunion, †18. 7. 1894 Voisins/Louveciennes). – Franz. Schriftsteller und Jurist, trat als Kaufmann bald in Beziehung zu lit. Gruppen und kam zunehmend unter den Einfluß des Sozialismus Fouriers. Als Mitarbeiter der Zeitschrift »La Phalange« zeigte er sich als engagierter Utopist, wandte sich aber nach einigen Enttäuschungen von der Politik ab und der Literatur zu. Hier wirkte er als formvollendeter Übersetzer griech. Literatur und als führender Geist der Dichtergruppe »Parnasse«, wobei seine sprachl. Meisterschaft zu einer kaum erreichbaren Formvollendung gesteigert wurde. Mit seinem betonten Rationalismus und seiner sprachl. Ausdruckskraft wurde er zum Gegenspieler der franz. Romantik. Bes. Beachtung fanden seine antichristl. Gedichte, z. B. *Poèmes barbares* (1862) und die Übersetzungen der *Ilias* (1866) und *Odyssee* (1867).

Ledeganck, Karel Lodewijk (* 9. 11. 1805 Eekloo, † 19. 3. 1847 Gent). – Fläm. Dichter, gilt als erster und bedeutendster Lyriker der Romantik in Flandern, der in seinen Gedichten die Atmosphäre in den Städten Gent, Brügge und Antwerpen zu gestalten suchte. Deutlich ist dabei der Einfluß Byrons und Lamartines, etwa in den Sammlungen *Bloemen mijner lente* (1839), *Die drie zusterseden* (1846) und *Verspreide en negelaten gedichten* (1852), zu erkennen.

Lederer, Joe (* 12. 9. 1907 Wien, † 30. 1. 1987 München). – Österr. Schriftstellerin, trat zunächst als Schauspielerin hervor, hatte dann aber nach Reisen durch Europa und China mit ihren lit. Arbeiten einen beachtenswerten Erfolg. Während der Herrschaft der Nationalsozialisten emigrierte sie nach London und schrieb vorzügliche Unterhaltungsliteratur und Jugendbücher, etwa *Fanfan in China* (1938, dt. 1958), *Letzter Frühling* (1955), *Unruhe des Herzens* (1956), *Sturz ins Dunkel* (1957), *Die törichte Jungfrau* (1960), *Von der Freundlichkeit der Menschen* (1964).

Ledig, Gert (* 4. 11. 1921 Leipzig). – Dt. Schriftsteller, nahm freiwillig am II. Weltkrieg teil und arbeitete nach 1945 in verschiedenen Berufen in München, bis er hier 1963 die Leitung eines Nachrichtenbüros übernahm. Als freier Schriftsteller machte er sich einen Namen mit Erzählungen, Dramen und Hörspielen, deren immer wieder neu gestaltetes Problem die Erlebnisse im Weltkrieg sind. Bes. bekannt wurden seine Romane *Die Stalinorgel* (1955), *Die Vergeltung* (1956), *Faustrecht* (1957) und das Hörspiel *Das Duell* (1958). In den letzten Jahren fanden die Romane *Unter den Apfelbäumen* (1976), *Von der Freundlichkeit der Menschen* (1978) und *Tödliche Leidenschaft. Sieben große Mordfälle* (1978) allgemeine Beachtung.

Lee, (Nelle) Harper (* 28. 4. 1926 Monroeville/Alabama). – Amerikan. Schriftstellerin, wurde durch ihren Roman *Wer die Nachtigall stört* (1961, dt. 1962) weiten Kreisen bekannt. Für ihre exakte Sprachbeherrschung und in Würdigung ihrer epischen Qualitäten wurde der Dichterin, deren Stil an Mark Twain erinnert, der Pulitzer-Preis verliehen.

Lee, Nathaniel (* um 1653 Hatfield/Hertfordshire, † 6. 5. 1692 London). – Engl. Schauspieler und Dramatiker, führte ein abenteuerl. Leben, verfiel früh dem Alkohol und starb in geistiger Umnachtung. Seine zahlreichen Dramen, die sich durch den schwülstigen und überladenen Zeitstil als typ. für

das 17. Jh. in England erweisen, sind bes. deswegen bekannt geworden, weil es ihm als einem der ersten Bühnendichter gelungen ist, wirklich glaubhafte Frauengestalten auf die Bühne zu stellen. Stilist. verwendete er wie seine Zeitgenossen den Blankvers, der bald in England und in der Klassik auch in Dtld. zum anerkannten Vers des Dramas wurde. Bes. erfolgreich waren seine Dramen *The Rival Queens* (1677), *Mithridates* (1678), *Theodosius* (1680), *Constantine the Great* (1684), *The Massacre of Paris* (1690).

Lee, Sophia (* 1750 London, † 13. 3. 1824 Clifton). – Engl. Dichterin, wurde durch ihre Schauspiele und Romane berühmt. In der Literaturgeschichte nimmt sie eine Sonderstellung ein, da sie mit ihrer Schwester die sog. ›short story‹ begründete, die eigtl. erst im 20. Jh. zu einer sehr verbreiteten Literaturgattung wurde. Ihr Hauptwerk ist die Sammlung *The Canterbury Tales* (1797–1805), in dem sie in Anlehnung an Chaucer dessen Erzählungen in kurzer, spannender Form wiedergibt. Ihre düsteren Dramen hatten einen gewissen Erfolg; ihre Oper *The Chapter of Accidents* (1780) wurde lange Zeit gespielt. Der Roman *The Recess* (1785) fand nur bei den Zeitgenossen Anerkennung.

Leeuw, Aart van der (* 23. 6. 1876 Delft, † 17. 4. 1931 Voorburg). – Niederl. Jurist, schrieb seine neuromant. Texte unter dem starken Einfluß Zolas, wobei er jedoch die harte Realität nicht ertragen konnte und deshalb mit seinen Figuren in eine imaginäre Märchenwirklichkeit entfloh. In Dtld. wurde er bes. durch seinen Roman *Ich und mein Spielmann* (1927, dt. 1937) bekannt; auch *Der kleine Rudolf* (1930, dt. 1942) fand Anerkennung, während seine Gedichte, die nur z. T. übersetzt worden sind, in Dtld. wenig auffielen. Posthum erschienen 1947 seine brillanten Essays.

Le Fort, Gertrud Freiin von (* 11. 10. 1876 Minden, † 1. 11. 1971 Oberstdorf). – Dt. Dichterin, entstammte einer emigrierten franz. Hugenottenfamilie und studierte bei E. Troeltsch in Heidelberg Theologie, Geschichte und Philosophie, weilte mehrere Jahre in Italien und konvertierte hier zum Katholizismus. Ab 1918 lebte die Dichterin in Bayern. Sie gehört zu den profiliertesten Gestalten der dt. Literatur unseres Jh.s; in ihren Werken verbindet sich tiefe Religiosität mit einem histor. erlebten Traditionsbewußtsein. Unter dem starken Einfluß Nietzsches entwickelte sie eine eigenwillig geprägte Sprache, deren Ausdrucksstärke und präzise Gestaltungskraft in unserem Zeitalter nur von wenigen Autoren erreicht wurde. Mit ihrem Roman *Das Schweißtuch der Veronika* (1928 bis 1946), der das histor. Schicksal Veronikas und Enzios darstellt, errang sie die Achtung und Anerkennung der lit. Welt. Bereits in diesem Roman sind alle Elemente ihres großartigen Schaffens vereinigt: Opferbereitschaft und Feindesliebe, Mitleid im Geiste Schopenhauers und der christl. Gesinnung, Bereitschaft zu Schuld und Sühne. Aus ihrem großen lit. Werk können hier nur die wichtigsten Titel genannt werden, wie etwa *Hymnen an die Kirche* (1924), *Der Papst aus dem Ghetto* (1930), *Die Letzte am Schafott* (1931), *Die Magdeburgische Hochzeit* (1938), *Das Gericht des Meeres* (1943), *Gelöschte Kerzen* (1953), *Die Frau des Pilatus* (1955). 1961f. erschien eine Gesamtausgabe ihres Werkes.

Le Goffic, Charles (*14.7. 1863 Lannion/Côtes-du-Nord, †12.2. 1932 ebd.). – Franz. Schriftsteller, als Begründer der Zeitschrift »Les Chroniques« und Verfasser kulturhistor. Arbeiten über die Bretagne wurde er seinen Zeitgenossen bekannt. 1930 wurde sein lit. Wirken durch die Berufung in die Académie Française gewürdigt. Ins Dt. wurden seine Werke nicht übertragen, doch gelten auch außerhalb Frankreichs *La Bretagne et les pays celtiques* (1902–1924 in 4 Bdn.) und *Saint-Georges et Nieuport* (1919) als seine wichtigsten Schriften.

Le Guin, Ursula K(roeber) (*21.10. 1929 Berkeley/Kalifornien). – Amerikan. Autorin, kam früh mit Anthropologie und der Philosophie des Lao-tse in Berührung, studierte Romanistik und lebte vorübergehend in Europa. Neben Kurzgeschichten, etwa *April in Paris* (1962, dt. 1980), *Das Hügelgrab* (1976, dt. 1978), *Der Tag vor der Revolution* (1974, dt. 1978), *Auge um Auge* (1983), *Kleingeld für die Überfahrt* (1981) und Gedichten trat sie besonders mit Science-fiction-Romanen hervor, etwa *Planet der Habenichtse* (1974, dt. 1976), *Winterplanet* (1969, dt. 1974) und *Malafrena* (1979, dt. 1984), mit welchen sie diese Gattung nachhaltig beeinflußte. Sie verbindet in ihrer Prosa eine genaue Kenntnis unterschiedlicher Mythen, treffende Charakterschilderungen und Distanz. Mehrfach ausgezeichnet wurde die Erdsee-Trilogie *A Wizard of Earthsea* (1968; dt. *Der Magier der Erdsee*, 1979), *The Tombs of Atuan* (1971, dt. *Die Gräber von Athuan*, 1978) und *The Farthest Shore* (1972, dt. *Das ferne Ufer*, 1979). Ihr Werk, zu dem auch Kurzgeschichten, ästhetische Schriften und kunsttheoretische Abhandlungen gehören, liegt dt. in zahlreichen Ausgaben vor.

Lehmann, Rosamond Nina (*13.7. 1903 London, †12.3. 1990 ebd.). – Engl. Romanautorin, trat mit aufsehenerregenden Romanen an die Öffentlichkeit. In ihren Werken gestaltet sie mit hohem Geschick das Ineinanderwirken der bewußten und unbewußten Kräfte des Menschen und entwirft so Charakterbilder von Figuren, deren Leben durch die Triebstruktur bestimmt ist. Bereits ihr erster Roman *Mädchen auf der Suche* (1927, dt. 1932) hatte wegen der vorzügl. Gestaltung der Charaktere großen Erfolg, den sie mit *Aufforderung zum Tanz* (1932, dt. 1938) noch übertraf. Auch in *Unersättliches Herz* (1944, dt. 1950) sind die Gestalten stark psychologisiert, doch tritt das Innenleben der Figuren hier zugunsten der Darstellung einer Geschichte, die als Familienchronik drei Generationen umfaßt, zurück. Auch die Kurzgeschichten und die Dramen

No More Music (1939) und *The Echoing Grove* (1953) fanden in England beifällige Aufnahme.

Lehmann, Wilhelm (*4.5. 1882 Puerto Cabello/Venezuela, †17.11. 1968 Eckernförde). – Dt. Lyriker, stammte aus einer wohlhabenden Kaufmannsfamilie und studierte Naturwissenschaften und Neuere Sprachen. 1923 erhielt er – gemeinsam mit Robert Musil – den Kleist-Preis. Während er in seinem breiten Erzählwerk, das Novellen, Erzählungen, Fabeln und Kurzgeschichten umfaßt, primär seine eigenen Erlebnisse in der Schule und dem engen Milieu der Kleinstadt darstellt, ist seine Lyrik gestaltl. und gehaltl. in eigenwilliger Ausprägung eine der bedeutendsten dichter. Leistungen dt. Sprache in unserem Jh. Im Mittelpunkt seines Welterlebens steht der Mensch, der dem Dasein scheiternd unterlegen ist, dies aber in Einklang mit der Natur in Ruhe und Gelassenheit erträgt. Aus der Fülle seiner Schriften seien als wichtige genannt etwa *Der Bilderstürmer* (1917), *Mühe des Anfangs* (1952) und *Meine Gedichtbücher* (1957). Nach dem Zweiten Weltkrieg gehörte L. zu den einflußreichsten Schriftstellern, obwohl seine Veröffentlichungen nicht mehr so zahlreich waren wie in früheren Jahren. Als letzte Werke erschienen die Gedichte *Abschiedslust* (1962) und *Sichtbare Zeit* (1967), die Erzählung *Dauer des Staunens* (1963), der Roman *Der Überläufer* (1964) und der vielbeachtete und zum Verständnis moderner Dichtung wichtige Essay *Kunst des Gedichts* (1961).

Lehtonen, Joel (*27.11. 1881 Sääminki, †20.11. 1934 Helsinki). – Der finn. Schriftsteller bereiste Italien, Frankreich und den Norden Afrikas und wurde in seinem Lebenswerk entscheidend durch die Philosophie Nietzsches und das epische Werk der nord. Dichter Knut Hamsun und Selma Lagerlöf beeinflußt, deren romant. und lebensbejahend starke Vitalität in seinem Hauptwerk *Putkinotko* (1919/20), das einen Tag aus dem Leben eines Schnapsschmugglers darstellt, sichtbar wird. Auch seine weiteren Werke, etwa *Rai Jekkerintytär* (1927) oder *Lintukotu* (1929) fanden, wie seine Gedichte *Markkinoilta* (1912), ein breites Publikum.

Leifhelm, Hans (*2.2. 1891 Mönchengladbach, †1.3. 1947 Riva/Gardasee). – Dt. Schriftsteller, nach zahlreichen Berufsansätzen wurde er Lektor und widmete sich in seiner freien Zeit seiner lyr. Arbeit. Dabei suchte er seine innige Naturverbundenheit gegen die zersetzende Zivilisation, wie er Technik und Moderne schlechthin verstand, zu stellen. Konservativ auch in seinen bedeutenden Erzählungen, ist Leifhelm der Prototyp des wehmütigen Epigonen, der in der eigenen Zeit nur Untergang und Ende sieht. Auch seine Übersetzungen aus dem Italienischen zeigen diese Geisteshaltung (*Liebesgesang* des Franz von Assisi). Typisch für ihn sind die Hauptwerke, etwa die Gedichte *Hahnenschrei* (1926), *Gesänge von der Erde* (1933), *Lob der Vergänglichkeit* (1949) oder die Erzählung *Steirische Bauern* (1935).

Leino, Eino, eigtl. *Armas Eino Leopold Lönnbohm* (*6.7. 1878 Paltamo, †10.1. 1926 Tuusula). – Der finn. Schriftsteller war zunächst Journalist und wandte sich später als freier Autor der Lyrik und Erzählkunst sowie der Übersetzung zu. Heute gilt L. als der bedeutendste finn. Dichter der Jahrhundertwende. Durch schwere persönl. Schicksalsschläge bedingt, versiegte seine lit. Kraft bald. Nahezu geistig umnachtet fand er den Tod. Aus seinem vielfältigen Werk ragen bes. hervor die zweibändige Gedichtsammlung *Helkavirsiä* (1903–1916) und seine Balladen und Geschichten, die er im Ton der »Kalevala« geschrieben hat, *Elämän koreus* (1916). Seine Memoiren *Elämän kuvakirja* (1925) sind zum Verständnis der geistigen Welt Finnlands um die Jahrhundertwende ein notwendiges Dokument. Seine Dramen in sehr lyr. Ton hatten kaum Erfolg. Ins Dt. wurden einzelne seiner Gedichte übersetzt und erschienen in Anthologien und vereinzelten Ausgaben, etwa *Finnland im Bilde seiner Dichtung* (1899), *Aus der Versdichtung Finnlands* (1918), *Gedichte aus Finnland* (1920) oder *Suomis Sang* (1921).

Leip, Hans (*22.9. 1893 Hamburg, †6.6. 1983 Fruthwilen/Schweiz). – Dt. Schriftsteller, nach einer vielfältigen Berufslaufbahn Redakteur und Grafiker beim »Simplicissimus«. Seine eigenen Erzählungen schildern das Leben der Seefahrt und waren während der Herrschaft der Nationalsozialisten immer gegen deren Ideologie gerichtet. Auch sein Hafenlied *Lili Marleen* ist im Grunde oppositionell. Nach 1945 trat er mit seinem *Lied vom Schutt* an die Öffentlichkeit. Seine zahlreichen Werke, von denen nur eine kleine Auswahl genannt werden kann, fanden weite Verbreitung, etwa die Erzählungen *Laternen, die sich spiegeln* (1923), *Die getreue Windsbraut* (1929), *Am Rande der See* (1967), die Gedichte *Die kleine Hafenorgel* (1937), *Drachenkalb, singe* (1949), *Garten überm Meer* (1968), die Romane *Godekes Knecht* (1925), *Bordbuch des Satans* (1959), *Aber die Liebe* (1969) und sein letzter Roman *Jan Himp und die Brise* (1974). Seine Memoiren *Die Taverne zum musischen Schellfisch* (1963) sind ein wichtiges Zeitdokument. *Das Tanzrad oder die Lust und Mühe eines Daseins* (1979) gehört zu den faszinierenden inneren Biographien der Moderne. Am übersichtlichsten ist sein Werk greifbar in der Auswahl *Hol über, Cherub,* die 1960 erschien.

Leipoldt, Christiaan Frederik Louis (*28.12. 1880 Worcester/Südafrika, †12.4. 1947 Kapstadt). – Südafrikan. Schriftsteller, stammte aus einem evangel. Pfarrhaus, wirkte als Arzt an zahlreichen Krankenhäusern in Europa, Amerika und Ostindien und wurde Redakteur der Zeitschrift »The Hospital«. L. gilt wegen seiner dramat. Fähigkeiten und zarten lyr. Sprache heute als der bedeutendste Autor des weißen Südafrikas. Besonders bekannt wurden neben seinen spannungsgeladenen Kriminalgeschichten die Dramen *Die Heks* (1923) und

Die laaste Aand (1930). Seine Gedichte wenden sich leidenschaftl. gegen den Burenkrieg.

Leitgeb, Josef (*17.8. 1897 Bischofshofen/Salzburg, †9.4. 1952 Innsbruck). – Österr. Lyriker und Erzähler, kam bald unter den für ihn entscheidenden lit. Einfluß Trakls und Rilkes, deren Formen er nachzuahmen suchte. Während er als Erzähler nur mit dem Roman *Kinderlegende* (1934) großen Erfolg hatte – sein letzter Roman *Das unversehrte Jahr* (1948) wurde in den Nachkriegswirren nicht seinem Wert entsprechend zur Kenntnis genommen –, ist er als Lyriker weithin geschätzt. Bes. anerkannt wurden beim Publikum die Sonette *Läuterungen* (1938), *Vita somnium breve* (1943) und *Lebenszeichen* (1951). Posthum erschienen die Erzählungen *Abschied und fernes Bild* (1959).

Leland, Charles Godfrey (*15.8. 1824 Philadelphia, †20.3. 1903 Florenz). – Amerikan. Übersetzer und Schriftsteller, gab vorübergehend die Zeitschrift »Vanity Fair« (1860f.) und »The Knickerbocker Magazine« (1861) heraus, bis er sich 1869 in Europa niederließ. Bekannt wurde er in Dtld. durch seine Studien über das Leben der Zigeuner und seine Übersetzung Heines ins Englische. Ein breites Leserpublikum fanden seine Gedichte, die in einem dt.-amerikan. Mischdialekt artifiziell geschrieben sind, etwa *Hans Breitmann's Ballads* (1914).

Lem, Stanislaw (*12.9. 1921 Lemberg). – Poln. Schriftsteller, arbeitete neben seinem Medizinstudium in verschiedenen Berufen und ließ sich zuletzt als freier Mitarbeiter der Zeitschrift »Zycie literackie« (= Lit. Leben) in der Nähe von Krakau nieder. Als Begründer der poln. Austronaut. Gesellschaft schrieb er eine Reihe von utopist. Zukunftsromanen und führte die Science-fiction-Literatur in seiner Heimat als anerkannte Literaturgattung ein, z.B. mit *Solaris* (1961; dt. 1972; auch verfilmt). Diese neuen Ausdrucksformen boten ihm die Möglichkeit, zeitkrit. und sozialkrit. Gedanken gegen den Polizeistaat zu stellen. Dt. erschienen u.a. *Der Planet des Todes* (1951, dt. 1961), *Gast im Weltraum* (1955, dt. 1961), *Die Irrungen des Dr. Stefan T.* (1955, dt. 1959), *Die Sterntagebücher des Raumfahrers Ijon Tychy* (1957, dt. 1961), *Der Unbesiegbare* (1964, dt. 1969), *Robotermärchen* (1965, dt. 1969), *Der Schnupfen* (1976, dt. 1977), *Wiederholung* (dt. 1979), *Der Mensch vom Mars* (dt. 1990) als Romane. Die Erzählungen *Die Jagd* (1968, dt. 1973), *Nacht und Schimmel* (1969, dt. 1972), *Die vollkommene Leere* (1971, dt. 1973) und *Die Maske* (1977) fanden begeisterte Aufnahme bei zahlreichen Lesern. Auch seine Memoiren *Das hohe Schloß* (1965, dt. 1974) und *Memoiren, gefunden in der Badewanne* (dt. 1979) sind wegen ihrer zeitgeschichtl. Perspektiven von Gewicht. L. trat auch als Autor wissenschaftlicher Werke hervor, z.B. *Summa technologae* (1965), die die Grundlage seiner futuristischen Texte bilden. Es liegen zahlreiche Auswahlbände vor, wobei bes. *Die phantastischen Erzählungen* (1980/81) eine gute Einführung bieten. L. wurde auch als Essayist bekannt, z. B. *Essays* (dt. 1981), *Provokationen* (1981), *Technologie und Ethik* (1990). 1991 erhielt L. den Kafka-Literaturpreis.

Lemaire de Belges, Jean (* 1473 Bavai/Avesnes, † um 1525). – Franz. Schriftsteller und Historiker, stand im Dienste verschiedener europ. Höfe und wirkte bes. für Margarete von Österreich, Anna von Bretagne und Ludwig XII. Durch seine Reisen nach Italien kam er mit der Renaissance in Berührung und vermittelte deren Gedankengut an die Höfe Mitteleuropas. Man sieht heute in L. den typ. Renaissancedichter, der z. T. noch mittelalterl. Gedanken verpflichtet ist, wegen seiner Hinwendung zu Antike und Humanismus aber bereits in die Neuzeit weist. Sowohl auf die Pléiade als auch auf Ronsard hat er mit seinen Hauptwerken Einfluß ausgeübt. Bes. hervorzuheben sind *Concorde des deux langages* (1511) und *Les Illustrations de Gaule et Singularités de Troye* (1510–1513), die mit *Epîtres de l'Amant vert* zu seinen bedeutendsten Werken zählen.

Lemnius, Simon, eigtl. *Simon Lemm-Margadant* (* 1511 Münstertal/Graubünden, † 24.11. 1550 Chur). – Schweizer Humanist und Dichter, studierte in Wittenberg bei Luther und Melanchthon, geriet dann aber mit Luther in Streit und wurde von ihm aus der Kirche ausgeschlossen. Sein weiteres Leben verbrachte er in Chur. Er schrieb zahlreiche Werke, die sich z. T. mit erheblicher satir. Schärfe gegen Luther wenden, z. B. *Monachopornomachia* (Mönchshurenkrieg, 1539). In seinem histor. Hauptwerk schildert er den Kampf der freiheitsliebenden Schweizer gegen die Unterdrückung durch die habsburgischen Kaiser Maximilian I.: *Libri IX de bello Suevico ab Helvetiis et Rhaetis adversus Maximilianum Caesarem gesto* (hg. 1874).

Lemonnier, Camille (* 24.3. 1844 Ixelles/Brüssel, † 13.6. 1913 ebd.). – Belg. Schriftsteller, unterstützte die Bewegung »Jeune-Belgique« und stellte in seinen erfolgreichen Romanen das ländl. Leben und die Landschaft in der Nachfolge der Realisten unter starkem Einfluß der stilist. Elemente und Grundanschauungen Zolas dar. Die Landschaftsbeschreibungen, die als Muster für zahlreiche Zeitgenossen galten, erschienen 1887 in dem Sammelband *La Belgique;* in seinen Romanen – etwa in *Der Wilderer* (1881, dt. 1910), *Der eiserne Moloch* (1886, dt. 1910), *Es geht Wind durch die Mühlen* (1901, dt. 1928) – zeigt er durchaus soziale Problematiken auf.

Lenau, Nikolaus, eigtl. *Nikolaus Franz Niembsch, Edler von Strehlenau* (* 13.8. 1802 Csatád/Banat, † 22.8. 1850 Oberdöbling/Wien). – Österr.-ungar. Dichter, typ. zerrissene Gestalt der Spätromantik, die mit dem eigenen Leben nicht fertig wird und sich in Weltschmerz und Sehnsucht flüchtet. Nach zahlreichen Studienversuchen in Wien, während deren er sich mit Grillparzer, Bauernfeld, Feuchtersleben, Grün und den Musikern Strauß Vater und Lanner anfreundete, ging er nach

Stuttgart und trat in Verbindung zur schwäbischen Romantik mit Schwab und Uhland. Anschließend emigrierte er nach Pennsylvanien und kehrte schließlich völlig verarmt nach Europa zurück. Ein unruhiges Leben führend, verlobte er sich mehrmals und fiel zuletzt in geistige Umnachtung. Die überzeitl. Gedichte stehen neben der Weltschmerzpoesie Leopardis und Byrons. Heimatlosigkeit und Fernweh, Sehnsucht und seelische Zerrissenheit sind die tragenden Elemente seiner Dichtung. Seine Gedichte *Der Postillon, Am Grabe Höltys* (1824) und *Die drei Zigeuner* gehören zu den schönsten lyr. Werken dt. Sprache. Er faßte sie selbst in Ausgaben zusammen, die u. d. T. *Schilflieder* (1832) und *Gedichte* (1837) erschienen. Die Epen *Savonarola* (1837), *Die Albigenser* (1842) und *Don Juan* (Fragment im Nachlaß) sind z. T. in das allgemeine Bildungsgut des Bürgertums eingegangen. Mit seinen Dramen, wie z. B. *Faust* (1836), hatte er wenig Erfolg. Seinen Nachlaß gab A. Grün heraus.

Lengyel, Menyhert (* 12. 1. 1880 Balmazújváros, † 26. 10. 1974 Budapest). – Der ungar. Journalist und Dramatiker weilte vorübergehend in London und den Vereinigten Staaten und schrieb zahlreiche Theaterstücke, die allgemein menschl. und soziale Probleme auf die Bühne bringen; diese Werke wurden in zahlreiche Kultursprachen übersetzt. Bes. Ruhm erwarb er durch das Libretto zu Bartóks Pantomime *Der wunderbare Mandarin* (1918) und die Dramen *Taifun* (1909) und *Das stille Haus* (1957).

Lennep, Jacob van (* 24.3. 1802 Amsterdam, † 25.8. 1868 Oosterbeek). – Der niederl. Schriftsteller machte im bürgerlichen Leben eine polit. Karriere, die ihn 1829 zum Amt des Reichsadvokaten und 1853 bis 1856 in die Zweite Abgeordnetenkammer brachte. Geistig steht L. bewußt in der konservativen Tradition der Aufklärung, wobei das dichter. Schaffen Scotts auf sein Werk Einfluß gewann. Von den Zeitgenossen wurden seine histor. Werke, z. B. *Nederlandsche legenden* (1828–1831), sehr geschätzt. Während seine Dramen heute weitgehend vergessen sind, erfreuen die Romane immer noch eine breite Leserschaft, z. B. *Der Pflegesohn* (1833, dt. 1835), *Die Rose von Dekama* (1836, dt. 1837), *Unsere Ahnen* (1838 bis 1844, dt. 1840ff.), *Die Abenteuer Ferdinand Huycks* (1840, dt. 1841) und *Hänschen Siebenstern* (1865, dt. 1867).

Lenngren, Anna Maria, geb. Malmstedt (* 18.6. 1754 Uppsala, † 8.3. 1817 Stockholm). – Schwed. Dichterin, trat als eine der vorzüglichsten künstler. Gestalten des 18./19. Jh.s an die Öffentlichkeit. Ihr lit. Salon wurde zum Zentrum der geistigen Auseinandersetzungen ihrer Zeit; sie selbst trat mit Satiren und Epigrammen, deren Stil in vielen Zügen an die Episteln Bellmanns erinnern, hervor. Die meisten ihrer Schriften erschienen anonym. Berühmt wurden sie durch *Skaldeförsök* (1819).

Lenormand, Henri René (* 3.5. 1882 Paris, † 18.2. 1951 ebd.). – Franz. Dramatiker, wurde mit seinen Theaterstücken innerhalb kurzer Zeit allgemein anerkannt. Sein Werk zeigt den Menschen schonungslos ausgeliefert an die Kräfte des Unbewußten, die sein Verhalten steuern und seinen Untergang herbeiführen. Freud, Strindberg und der ital. Dichter Pirandello haben auf seine Stücke nachhaltig gewirkt. Unter den zahlreichen Dramen sind bes. erwähnenswert *Im Schatten des Bösen* (1925, dt. 1930), *Asie* (1931) und *Une fille est une fille* (1949). Daneben schrieb er auch epische Texte, die jedoch kaum beachtet wurden. In Dt. erschienen seine Stücke 1930 u. d. T. *Theater* und die Novellen u. d. T. *Dissonanzen* (1928).

Lenz, Hermann (*26. 2. 1913 Stuttgart). – Dt. Schriftsteller, Studium der Germanistik, Archäologie und Kunstgeschichte, Inhaber zahlreicher Preise (z. B. Büchner-Preis 1978, 1991 Jean-Paul-Preis) u. Mitglied des PEN-Zentrums, der Deutschen und Bayerischen Akademie u. a. In seinem epischen Schaffen, das Romane und Erzählungen umfaßt, steht er stark unter dem Einfluß des sog. Magischen Realismus, der neben einer objektiven Wirklichkeit gleichberechtigt eine subjektive Erlebniswirklichkeit anerkennt, die alleine eine Realitätserfahrung ermöglicht. Typisch für sein Schaffen sind die Romane *Der russische Regenbogen* (1959), *Nachmittag einer Dame* (1961), *Der Kutscher und der Wappenmaler* (1972), *Die Augen eines Dieners* (1976), *Neue Zeit* (1975), *Andere Tage* (1978), *Tagebuch vom Überleben* (1978) und *Die Begegnung* (1979) und die Erzählungen *Das stille Haus* (1947), *Dame und Scharfrichter* (1973), *Der Tintenfisch in der Garage* (1977), *Spiegelhütte. Roman in drei Erzählungen* (1977), *Erinnerungen an Eduard* (1981), *Der Fremdling* (1983), *Der Wanderer* (1986), *Seltsamer Abschied* (1988), *Jung und Alt* (1989), *Schwarze Kutschen* (1990), *Hotel Memoria* (1990). L. übersetzte Irving und Trollope und schrieb Gedichte wie *Zeitlebens* (1981), *Rosen und Spatzen* (1991).

Lenz, Jakob Michael Reinhold (*12. 1. 1751 Seßwegen/Livland, †24. 5. 1792 Moskau). – Dt. Dichter, Hauptvertreter der Sturm-und-Drang-Poesie, studierte in Dorpat und wurde von Kant auf Rousseau aufmerksam gemacht, der auf sein Schaffen nachhaltigen Einfluß gewann. Als Hofmeister der Barone von Kleist hatte er Kontakt zu Goethe, Herder und Jung-Stilling in Straßburg und suchte auch am Weimarer Hof Anerkennung zu finden, wo er jedoch persönl. Abneigung hervorrief. Nach 1776 zog L. durch weite Teile Dtlds. und der Schweiz, traf hier mit Lavater zusammen und ging zuletzt nach Rußland, wo er verarmt und geistig umnachtet starb. Sein Schicksal hat Georg Büchner in einer faszinierenden Novelle verarbeitet. L. war neben dem jungen Goethe und dem jungen Schiller sowie Klinger der führende Repräsentant des Dramas des Sturm und Drang, das sich in erster Linie durch seinen völlig neuartigen Aufbau auszeichnet. Die Handlung wird nicht mehr in strenger kausaler Folge vorgetragen, sondern vollzieht sich in Bildern, die in losem Zusammenhang stehen. B. Brecht hat diese Tech-

nik für das Epische Theater übernommen. Im Zentrum des Geschehens stehen bei Lenz entweder Kraftnaturen, die sich über alle gesellschaftl. Ordnungen hinwegsetzen, oder leidende Menschen, die an ihrer Umwelt zerbrechen. Da er in seinen Dramen die gesellschaftl. Verhältnisse, die unmenschliche Art des Adels und der Offiziere bloßlegte, wurde er von der zeitgenöss. Gesellschaft abgelehnt. Seine Dramen, wie *Der Hofmeister* (1774), *Die Soldaten* (1776) u. a., wurden erst im 20. Jh. für die Bühne entdeckt und stellen heute wichtige Zeitdokumente dar. 1966 erschienen seine gesamten Schriften in einer zweibändigen Ausgabe.

Lenz, Siegfried (*17. 3. 1926 Lyck/Masuren). – Dt. Schriftsteller, wurde nach philosoph. und philolog. Studien Redakteur bei der Zeitung »Die Welt«, ließ sich aber bald als freier Autor nieder, da er mit seinen ep. Werken einen beispiellosen Erfolg hatte. L. ist Inhaber zahlreicher Literaturpreise u. trat engagiert für die Ostpolitik der SPD ein. Bereits sein erster Roman *Es waren Habichte in der Luft* (1951), der noch Elemente des Symbolismus aufweist und das Schicksal von Emigranten zum Inhalt hatte, zeigte ihn als Sprachkünstler. In seinen späteren Schriften wandte er sich einer realist. Darstellungsweise zu. L. versteht seinen lit. Auftrag als eine moral. Aufgabe. Immer wieder sucht er an seinen Gestalten zu zeigen, daß sich der Mensch nicht der Verantwortung gegenüber seinen Mitmenschen entziehen kann. 1963 erregte sein Roman *Stadtgespräche* allgemeines Aufsehen, da er ein Thema abhandelte, das Jahre später zu einem weltbewegenden Problem werden sollte: die Geiselnahme. *Die Deutschstunde* (1968) reflektiert in dem Aufsatz eines Schülers die Ereignisse am Ende des Dritten Reichs und stellt die grundsätzl. Frage nach der Möglichkeit einer Bewältigung der Vergangenheit. Darüber hinaus zeichnete sich L. durch eine Fülle heiterer und beklemmender Erzählungen aus, deren bedeutendste etwa *So zärtlich war Suleyken* (1955), *Lehmanns Erzählungen* (1964), *Der Geist der Mirabelle* (1975), *Ein Kriegsende* (1984), *Das serbische Mädchen* (1987) sind. Auch seine letzten Romane *Heimatmuseum* (1978), *Der Verlust* (1981) und *Exerzierplatz* (1985), für den er 1987 den Wilhelm-Raabe-Preis erhielt, *Die Klangprobe* (1990) gestalten u. a. das Leben in seiner masurischen Heimat. L. schrieb auch zahlreiche lit. und polit. Essays und erhielt 1988 den Friedenspreis des Deutschen Buchhandels.

León, Fray Luis de (*1527 Belmonte/Cuenca, †23. 8. 1591 Madrigal de las Altas Torres/Ávila). – Der span. Gelehrte war Prof. für Theologie an der Universität Salamanca. Mit seiner Lyrik und Prosa bildet er den Höhepunkt der Renaissanceliteratur in Spanien. Ihm gelang es, in strenger klassizist. Form antike Vorbilder mit christl. Weltsicht zu verbinden. In seinen Schriften und Traktaten findet sich das typ. Religionsverständnis seiner Epoche, etwa in *La perfecta casada* (1583) oder *Los nombres de Cristo* (1583).

León, Felipe, eigtl. *Léon Felipe Camino* (*11.4. 1884 Tábara/Zamora, †18.8. 1968 Mexico-City). – Span. Lyriker und Schauspieler, ursprüngl. Apotheker, lebte lange Jahre in Amerika und lehrte hier an zahlreichen Hochschulen. Sein Werk, das zwischen dem ausklingenden Modernismo und der sog. Generation von 1927 steht, zeigt in seinen Anfängen Einwirkungen Machados und Unamunos, während L. sich später von allen Einwirkungen zu befreien sucht und einen eigenen, sehr eleganten persönl. Stil findet. Besondere Aufmerksamkeit verdienen seine Gedichte *Versos y oraciones del caminante*, die 1920 bis 1930 in zwei Bdn. erschienen. Aus seinem späteren Werk seien genannt *Ganarás la luz* (1943) und *El ciervo* (1958).

Leonhard, Rudolf (*27.10. 1889 Lissa/Posen, †19.12. 1953 Berlin). – Dt. Schriftsteller, wandte sich nach dem Studium der Philologie der Rechtswissenschaft zu und trat während der Nachkriegswirren 1918/19 auf die Seite K. Liebknechts als führender sozialist. Autor hervor. Zahlreiche Aufsätze in der »Weltbühne« machten ihn zu einem angesehenen und polit. unbequemen Schriftsteller, der während des Dritten Reichs nach Frankreich emigrierte. Nach 1950 ließ sich L. in Ost-Berlin nieder. Sein umfangreiches Werk wurde 1955 in einer Auswahl *R. L. erzählt* zusammengefaßt. Von den zahlreichen Texten seien bes. erwähnt *Tragödie von Heute* (1927), der Roman *Beate und der große Pan* (1918), die Gedichte *Spartakussonette* (1922) und das Drama *Geiseln* (1947).

Leonhard, Wolfgang (*16.4. 1921 Wien). – Dt. Schriftsteller, Sohn Rudolf Leonhards, Professor für Geschichte. Während des Dritten Reiches emigrierte er in die Sowjetunion und wurde hier für eine spätere kommunist. Regierung in Dtld. ausgebildet. Nach der Rückkehr nach Ost-Berlin floh er in den Westen und gilt heute als einer der profundesten Kenner des Marxismus und der kommunist. Ideologie. Mit seinen Schriften *Die Revolution entläßt ihre Kinder* (1955) und *Die Dreispaltung des Marxismus* (1971) erregte er allgemeines Aufsehen. 1978 gab er mit seinem Werk *Eurokommunismus* eine krit. Analyse der europ. Situation.

Leonow, Leonid Maksimowitsch (*31.5. 1899 Moskau). – Russ. Dichter und Kulturfunktionär, erwarb sich die Anerkennung Gorkis und gilt heute in der Sowjetunion mit seinen realist. Darstellungen als führender Dichter. Sein Werk, in dem Einwirkungen von Gogol, Leskow und Remizow erkennbar sind, hat als zentrales Thema die Stellung und Haltung des Intellektuellen im sozialist. System, etwa in der Novelle *Konec melkogo čeloveka* (1924). 1929 Vorsitzender des russ. Schriftstellerverbandes, trat er für den Sozialist. Realismus als gültige Darstellungsform ein. Ins Dt. wurden nahezu alle Werke übersetzt; eine *Auswahlausgabe* in 7 Bdn. erschien 1955 bis 1970. Bes. hervorzuheben sind die Romane *Barsuki* (dt. 1926), *Das Werk im Urwald* (dt. 1949), *Der Weg zum Ozean* (1936, dt.

1966) und *Der russische Wald* (dt. 1979) und die Komödie *Der Besuch* (dt. 1969).

León y Román, Ricardo (*15.10. 1877 Barcelona, †16.12. 1943 Málaga). – Span. Schriftsteller, weilte während des Ersten Weltkrieges in Dtld., um über die Kriegsereignisse für die span. Presse zu berichten. Sein eigenes lit. Werk, das von einem starken Nationalbewußtsein getragen ist, begann er mit formstrenger Lyrik: *Lira de bronce* (1901), wandte sich später aber epischen Formen zu. Außer dem Roman *Herrenrasse* (dt. 1910) erschien sein Werk nur in seiner Muttersprache.

Leopardi, Giacomo Graf (*29.6. 1798 Recanati, †14.6. 1837 Neapel). – Ital. Lyriker, stammte aus einer alten, angesehenen Adelsfamilie, bildete sich als Autodidakt und erkrankte früh unheilbar. Von seinen Freunden gepflegt und unterstützt, schrieb er seine hinreißenden Gedichte, die, der ital. Romantik verpflichtet, einen Menschen zeigen, der, stets im Inneren zerrissen, auf der Flucht vor sich selbst ist. Heute sieht man allgemein in Leopardi den bedeutendsten italien. Lyriker seit Petrarca. Seine Gedichte, die mehrfach ins Dt. übertragen wurden, z.B. die *Gesänge* (1831, dt. 1837), und Schriften, wie *Gedanken* (1845, dt. 1922) und *Gedanken aus dem Zibaldone* (dt. Auswahl 1943), sind Meisterwerke der Weltliteratur. Eine Auswahl *Gedichte und Prosa* erschien dt. 1978.

Leopold, Carl Gustav von (*26.3. 1756 Stockholm, †9.11. 1829 ebd.). – Schwed. Dichter, wurde nach seinen Studien Mitglied der Schwed. Akademie und Günstling am Musenhof Gustavs III. Mit ihm drang auch der Geist der franz. Aufklärung und Voltaires nach Schweden, den er als königl. Bibliothekar und Sekretär pflegte und dem er in zahlreichen Satiren und Epigrammen künstler. Gestalt verlieh. In seinem Werk, das nahezu alle lit. Gattungen umfaßt, öffnete er die schwed. Kultur den europ. Einflüssen, ohne dabei seine typ. schwed. Haltung aufzugeben. Leider sind die wertvollen und kulturgeschichtl. bedeutsamen Schriften nicht ins Dt. übersetzt.

Leopold, Jan Hendrik (*11.5. 1865 's Hertogenbosch, †21.6. 1925 Rotterdam). – Niederl. Dichter, wurde mit seiner zarten Lyrik zum Exponenten des Symbolismus in seiner Heimat. Seine persönl. Einsamkeit und Verlassenheit spiegelt sich in unnachahml. Weise in seinen Werken, die immer den Menschen im Angesicht der Unendlichkeit unter dem Einfluß der Schriften Spinozas und Verlaines zu erfassen und zu verstehen suchen. Seine Gedichte *Verzen* (1913) und *Cheops* (1915) werden von Liebhabern hoch geschätzt.

Lera, Angel Maria de (*1912 Baides/Guadalajara, †23.7. 1984 Madrid). – Span. Dichter, führte ein abenteuerl. Jugendleben und fand erst Ruhe, als er mit seinem ersten Roman *Fanfaren der Angst* (1958, dt. 1960) einen lit. Erfolg erlebte. Bald trat er mit seinen Romanen auch gesellschaftskrit. auf, indem er die traditionellen Moralvorstellungen, die in seiner Heimat immer noch sehr wirksam sind, angriff. Bekannt wurden die Romane

Spanische Heirat (1959, dt. 1963) und *Glühender Mai* (1960, dt. 1961) auch im Ausland, während *Las últimas banderas* (1967), *Los fanáticos* (1969) und *Historia de un hombre qualquiera* (1973) bisher nur in Spanien erschienen.

Lerberghe, Charles van (*21.10. 1861 Ledeberg/Gent, †26.10. 1907 Brüssel). – Fläm. Schriftsteller, ließ sich nach zahlreichen Reisen in Bouillon nieder und wurde zu einem der ersten Repräsentanten des Symbolismus, wobei er alle Daseinsweisen zu gestalten suchte. Bekannt wurde er mit *La chanson d'Eve* (1904), in dem er den Lebens- und Leidensweg eines Mädchens, das zur Frau heranreift, darstellt, und dem Prosadrama *Les flaireurs* (1889). Seine Komödie *Pan* (1906) wurde noch beachtet, während die übrigen Lustspiele heute nahezu vergessen sind.

Lermontow, Michail Jurjewitsch (*15.10. 1814 Moskau, †27.7. 1841 Pjatigorsk). – Russ. Offizierssohn und Dichter, schrieb zwischen 1828 und 1832 300 Gedichte und drei Dramen unter dem Einfluß Byrons. Erst mit seinem Versepos *Chadži Abrek* (1835) gelang ihm der Durchbruch. Als er Puschkin in einem Gedicht feierte, wurde er bestraft und führte danach ein Außenseiterdasein. L. ist der entscheidende Romantiker der russ. Literatur, dessen Lyrik und Prosa alle Züge einer empfindsamen, weltschmerzgetragenen Haltung zeigen. Seine Hauptwerke erschienen in vielen Sprachen; so liegen u. a. dt. vor die Romane *Ein Held unserer Zeit* (1840, dt. 1906, neu 1989), *Der Dämon* (1841, dt. 1921), *Gedichte und Verserzählungen* (Auswahl 1950). Mit dem dt. geschriebenen Schauspiel *Menschen und Leidenschaften* (1830) blieb er ohne Erfolg. Seine Romane sind dadurch gekennzeichnet, daß im Mittelpunkt der Handlung immer eine Person steht, die in der Brechung zahlreicher in sich geschlossener Erzählungen erst als Charakter greifbar wird.

Lernet-Holenia, Alexander (*21.10. 1897 Wien, †3.7. 1976 ebd.). – Österr. Dichter, stammte aus einer Offiziersfamilie und ließ sich nach 1918 als freier Schriftsteller nieder. Er wirkte in zahlreichen öffentl. Ämtern und war 1969 bis 1972 Präsident des Österreichischen PEN-Clubs. Der vielseitige Schriftsteller, der sein Schaffen auf alle lit. Gattungen erweiterte, stellt meist das Leben im kaiserl. Österreich dar. Traditionsverbunden wie seine Inhalte sind auch die Formen seines Werkes. Bedeutsam sind unter den zahlreichen Schriften die Erzählungen *Der Herr von Paris* (1935) oder *Der 27. November* (1946) sowie die Romane *Die Standarte* (1934), *Mars im Widder* (1941). In seinem späten Werk sind Einflüsse Hölderlins und Rilkes spürbar, etwa in *Die Geheimnisse des Hauses Österreich* (1971), *Wendekreis der Galionen* (1972), *Beide Sizilien* (1973), *Die Beschwörung des Herrn* (1973).

Leroux, Étienne, eigtl. *Stephanus Petrus Daniel le Roux* (*13.6. 1922 Oudshoorn). – Südafrikan. Schriftsteller, erlangte als erster Autor, der Afrikaans schreibt, internationale Be-

achtung. Er vermittelte europ. Erzählformen und Gestaltungen der Moderne nach Afrika und machte die südafrikan. Gesellschaft mit dem Existentialismus, aber auch mit der Tiefenpsychologie vertraut. Bekannt wurden die Romane *De eerste lewe van Colet* (1955), *Hilaria* (1959), *Die Mugu* (1959), *Sewe dae by die Silbersteins* (1962), *Een vir Azazel* (1964), *Die derde oog* (1966), *18–24* (1967), *Isis Isis Isis* (1969), *Na'na* (1972), *Onse Hymie* (1982).

Lersch, Heinrich (*12.9. 1889 Mönchengladbach, †18.6. 1936 Remagen). – Dt. Schriftsteller, zog in seiner Jugend als Kesselschmied durch Europa und ließ sich 1925 nach seinen ersten lyr. Erfolgen als freier Autor nieder. L. gehört zu den problemat. Autoren unseres Jh.s. Einerseits war er überzeugter Nationalsozialist, wobei er dessen primitives Gedankengut nicht durchschaute, andererseits auch gläubiger Katholik, der sozialist. Gedanken mit der kirchl. Lehre zu verbinden suchte. So sind seine Werke immer aus der Sicht des Arbeiters geschrieben und zeigen stellenweise sogar klassenkämpferisches Ideengut. Bekannt wurden die Gedichte *Herz, aufglühe dein Blut* (1916), *Deutschland!* (1918), *Mensch im Eisen* (1925), *Stern und Amboß* (1927). Auch die Romane und Erzählungen *Hammerschläge* (1930), *Mut und Übermut* (1934), *Die Pioniere von Eilenburg* (1934) und *Im Pulsschlag der Maschinen* (1935) fanden ein breites Publikum. *Das dichterische Werk* erschien 1937 als Auswahlausgabe.

Lesage, Alain-René (*13.12. 1668 Sarzeau/Bretagne, †17.11. 1747 Boulogne-sur-Mer). – Franz. Schriftsteller und Rechtsgelehrter, begann seine lit. Laufbahn als Übersetzer span. Dramen, wobei er bald unter dem starken Einfluß Molières als selbständiger Autor von Sittensatiren hervortrat, die beim Publikum auf großes Interesse stießen. Bekannt wurden seine Stücke auch durch die Hinwendung zum einfachen Publikum; so schrieb er allein hundert Jahrmarktskomödien, die überall ohne feste Bühneneinrichtung gespielt werden konnten. Unter den zahlreichen Komödien ist bis heute *Turcaret* (1709) beliebt geblieben. Auch sein ep. Schaffen knüpft an die Sittensatire an. In Anlehnung an span. Vorbilder schrieb er den Roman *Gil Blas von Santillane* (1715–35, dt. 1774), der ihn zu weltlit. Ruhm führte, und die Satire *Der hinkende Teufel* (1707, dt. 1711). Dagegen war *Monsieur Robert Chevalier* (1732) nur ein beschränkter Erfolg beschieden.

Leskow, Nikolai Semjonowitsch, Ps. *M. Stebnizki* (*16.2. 1831 Gorochowo/Orel, †5.3. 1895 Petersburg). – Russ. Dichter, lernte auf zahlreichen Reisen ganz Rußland kennen und studierte dabei bes. die Lebensformen der einfachen Bürger und Bauern. Als er sich 1860 als freier Schriftsteller niederließ, geriet er bald in heftige Auseinandersetzungen mit den Liberalen, die sich durch seinen Schlüsselroman *Nekuda* (1864), in dem sie zahlreiche bekannte Zeitgenossen zu identifizieren glaubten, brüskiert fühlten. Vorübergehend trat L. in den

Staatsdienst, wurde sogar Minister. Danach lebte er nur noch seinen Schriften, die, immer stärker unter der Einwirkung L. Tolstois stehend, zu der entscheidenden und weltweit anerkannten russ. Prosa seiner Epoche wurden. Seine Romane entwickeln sich aus kleinen, häufig anekdot. Formen, die reihend zusammengefügt werden. Als Handlungsträger wählt L. in seinem vielfältigen ep. Werk Personen aller Stände und Schichten. Mit seinen Romanen *Bis aufs Meer* (1870) und *Die Klerisei* (1872, dt. 1920), Kurzgeschichten wie *Prividenie v inženernom zamke* und Erzählungen, wie *Lady Macbeth des Mzenster Umkreises* (1866, dt. 1904), *Der versiegelte Engel* (1873, dt. 1904), *Der verzauberte Pilger* (1874, dt. 1904), *Am Ende der Welt* (1876, dt. 1927), *Der ungetaufte Pope* (1877), *Der Gaukler Pamphalon* (1887, dt. 1927) und *Der Bösewicht von Askalon* (1889, dt. 1927) wirkte er auf die internationale Erzählkunst im 20. Jh.

Leśmian, Boleslaw, eigtl. *Boleslaw Lesman* (*12. 1. 1878 Warschau, †5. 11. 1937 ebd.). – Poln. Dichter, veröffentlichte seine ersten Gedichte nach einem Frankreichaufenthalt in den Zeitschriften »Zycie« und »Chimera«. Er wurde in seiner Heimat zum wirkungsvollen Vermittler symbolist. Stilmittel, die er grotesk in einer stark rhythmisierten Sprache gestaltete. Bald trat er auch als bedeutender Übersetzer oriental. Literatur und der Dichtung Poes auf. Seine visionären Bilder in den eigenen Schriften, die nicht ins Dt. übersetzt sind, erinnern vielfach an Kafka.

Lessing, Doris, geb. Doris May Tayler (*22. 10. 1919 Kermanshah/Persien). – Anglo-afrikan. Schriftstellerin, erlebte ein wechselvolles Schicksal, stand vorübergehend den Kommunisten nahe, dann Übersiedlung nach England (1949). L. stellte in ihrem lit. Werk die Probleme der Bevölkerungsmischung und der Minderheiten in Rhodesien dar. Die Rassenfrage, das zentrale Problem der afrikan. Innenpolitik, bildet den Hintergrund für ihr fünfbändiges Romanwerk *Kinder der Gewalt* (*Children of Violence,* 1952–69; dt. zuletzt 1983: *Eine richtige Ehe; Martha Quest; Landumschlossen; Sturmzeichen; Die viertorige Stadt*). Mit den Romanen *Afrikanische Tragödie* (1950, dt. 1953), *Der Sommer vor der Dunkelheit* (1973, dt. 1975), *Memoiren einer Überlebenden* (1974, dt. 1975), *Anweisungen für einen Abstieg zur Hölle* (dt. 1981), *Die Terroristen* (dt. 1986), *Das fünfte Kind* (dt. 1988) sowie den Erzählungen *Der Mann, der auf und davon ging* (dt. 1979), *Die Frau auf dem Dach* (dt. 1982) und *Die schwarze Madonna* (dt. 1985) fand sie auch im Ausland starke Beachtung. Der extraterrestrische Roman in 5 Bdn. *Conopus in Argos* (1983 bis 1985) mit den Teilen 1. *Shikasta,* 2. *Die Ehen zwischen Zonen Drei, Vier und Fünf,* 3. *Die sirianischen Versuche,* 4. *Die Entstehung des Repräsentanten von Planet 8,* 5. *Die sentimentalen Agenten im Reich von Volyen* ist ein Höhepunkt der Space-fiction-Literatur. Dt. erschien 1984 *Das Tagebuch der Jane Somers,* das L. zunächst unter Ps. veröffentlicht hatte, 1987 erschien der Bericht aus Afghanistan *Der Wind verweht unsere Worte.* Ihr Werk liegt dt. fast geschlossen vor.

Lessing, Gotthold Ephraim (*22. 1. 1729 Kamenz/Lausitz, †15. 2. 1781 Braunschweig). – Dt. Dichter, Hauptvertreter der Aufklärungsdichtung, die er im Gegensatz zu seinen Vorläufern, wie etwa Gottsched, gedanklich vertieft und lit. zur Vollendung führt, gilt als eine der bedeutendsten lit. Gestalten der dt. Literaturgeschichte. Als Sohn eines Geistlichen besuchte er die Fürstenschule St. Afra in Meißen und trat in enge geistige Verbindung zu J. E. Schlegel, Ch. F. Weiße und C. Mylius sowie zur Truppe der Neuberin. 1748 wurde L. freier Schriftsteller in Berlin, schrieb für die »Vossische Zeitung« zahlreiche Theaterrezensionen und gab die Beilage »Das Neueste aus dem Reiche des Witzes« heraus. 1754 erschienen seine ersten Theaterarbeiten in der von ihm betreuten »Theatralischen Bibliothek«, die ihn bald in ganz Dtld. bekannt machten. Als Literatureditor bewies er in der Herausgabe der »Briefe, die neueste Literatur betreffend« mit F. Nicolai und M. Mendelssohn eine solche Meisterschaft, daß er 1767 an das Deutsche Theater in Hamburg als Dramaturg berufen wurde. Später arbeitete er als Buchhändler, Bibliothekar und zuletzt nur noch als freier Schriftsteller. Seine Grundgedanken zur Aufklärung ziehen durch sein gesamtes lit. und literaturtheoret. Werk. Am deutlichsten sind sie in: *Ernst und Falk. Gespräche für Freimaurer* (1777) und in der programmat. Schrift *Die Erziehung des Menschengeschlechts* (1780) festgehalten. In beiden Schriften geht L. davon aus, daß die geoffenbarten Religionen nur Übergangsstadien zu einer weltumfassenden Vernunftreligion seien. Die Freimaurer als Vorläufer dieser Vernunftreligion vollziehen in diesem Sinne ein Opus supererogatum, d. h. ein Werk, das ihrer eigenen Zeit weit vorausliegt und das sie auch nicht erzwungen, sondern aus freier Erkenntnis des Vernünftigen vollziehen. Der meisterhaft deutl. Stil, der stets von iron. Geist und präziser Formulierung zeugt, hat L. sehr bald eine große und breite Wirkung ermöglicht. In Hamburg war er als Theaterkritiker tätig. Seine Kritiken, gesammelt in der sog. *Hamburgischen Dramaturgie* (1767 bis 1769), stellen die bedeutendste Theatertheorie des 18. Jh.s dar. L. blieb jedoch nicht bei der theoret. Auseinandersetzung stehen, sondern schuf mit *Miss Sara Sampson* (1755) das erste bürgerl. Trauerspiel, in dem die Träger der Handlung nicht mehr Adelspersonen, sondern Bürger waren, die bisher nur in Komödien auftreten durften. Mit *Emilia Galotti* (1772) begann er mit einer intensiven Gesellschaftskritik, wobei er Elemente des höf. Dramas und des bürgerl. Trauerspiels verband. Als Begründer des Charakterlustspiels mit *Minna von Barnhelm* (1767) schuf er eine Literaturgattung, die erst im späten 19. Jh. bei Hugo v. Hofmannsthal wieder vollendet aufgegriffen wurde. Als L. in der Auseinandersetzung mit dem Hauptpastor Goeze verboten wurde, über religiöse Inhalte zu schreiben, entwickelte er in dem Ideendrama *Nathan der Weise* (1779) eine Spielform, die für die ganze folgende Literatur beispielhaft bleiben sollte. Hier wurde das Theater zum Ort der geistigen Auseinandersetzung, zur Erziehungsstätte zu Humanität und Vernunft und zum Vorläufer und Wegbereiter der dt. Klassik. Sein gesamtes dramat. Schaffen hat bis heute in keinem Punkt an Leben und aktueller Wirksamkeit verloren. Großes Ansehen erwarb sich L. auch als Fabeldichter und Epigrammatiker. Mit seinem Aufsatz über Laokoon wurde er zum Begründer der formalen Ästhetik. Ohne die intensive Auseinandersetzung mit dem Werk Lessings ist ein Verständnis der dt. Literaturgeschichte kaum möglich. Das Gesamtwerk wurde in viele Sprachen übersetzt und liegt dt. in zahlreichen Ausgaben vor.

Lettau, Reinhard (*10.9. 1929 Erfurt). – Dt. Schriftsteller, lehrte am Smith College in Northampton und lebt seit 1965 als freier Schriftsteller. Als meisterhafter Erzähler von Kurzgeschichten, die in ihrer grotesken, oft auch skurril-humorvollen Art an die absurde Literatur erinnern, machte er sich rasch einen Namen. In zunehmendem Maße wurden seine Schriften, nachdem er 1967 eine *Dokumentation über die Gruppe 47* veröffentlicht hatte, polit. und polem., wobei er vor extremen Formulierungen nicht zurückschreckte. Bekannt wurden die Arbeiten *Täglicher Faschismus* (1971), deren Gedanken noch der Studentenunruhe der sechziger Jahre verbunden sind, und die Gedichte und Prosa *Immer kürzer werdende Geschichten* (1973), *Frühstücksgespräche in Miami* (1977), *Zerstreutes Hinausschauen* (1980), *Herr Strich schreitet zum Äußersten* (1982), *Zur Frage der Himmelsrichtungen* (1988).

Levertin, Oskar Ivar (*17.7. 1862 Gryt/Norrköping, †22.9. 1906 Stockholm). – Schwed. Schriftsteller und Literaturwissenschaftler, verbindet in seinen Schriften jüd. Geistigkeit mit dem jungen schwed. Nationalismus und einer überzeugten konservativen Geisteshaltung. Auf die Theatergeschichte nahm er großen Einfluß durch seine Kritiken in der Zeitung »Svenska Dagbladet«, während er in der Lyrik und Epik die Elemente des traditionellen Romantizismus mit der materialist. Weltanschauung des ausgehenden 19.Jh.s zu vereinigen sucht. Über Schweden hinaus bekannt wurden *Aus dem Tagebuch eines Herzens* (1899, dt. 1905) und *Die Magister von Ö.* (1900, dt. 1902).

Levi, Carlo (*29.11. 1902 Turin, †4.1. 1975 Rom). – Ital. Schriftsteller, war auch als Maler bekannt und geschätzt. Da er sich mit dem Faschismus Mussolinis nicht einlassen wollte, mußte er sich in ein einfaches Dorf zurückziehen. Atmosphäre und Milieu dieser kleinen Welt wurden zum Inhalt seines ersten Romans *Christus kam nur bis Eboli* (1945, dt. 1947), der ihm rasch Weltruhm einbrachte. Nach dem Krieg unternahm L. zahlreiche Reisen, die er in seinen Büchern beschrieb. Neben *La doppia notte dei tigli* (1959), in dem er sich krit. mit seinen Erfahrungen in Dtld. auseinandersetzt, stehen die Reiseberichte *Un volto che ci somiglia* (1960) und *Tutto il miele è finito* (1964, dt. 1965).

Levi, Paolo (*20.6. 1919 Genua). – Ital. Dramatiker, schrieb zunächst für Zeitungen und fand dann den Weg zur Bühne als Theoretiker und Theaterkritiker. Während der faschist. Herrschaft emigrierte er nach Brasilien. Seit 1949 lebt er wieder in Rom, wo er auch 1951 mit seinem ersten Bühnenwerk *Anna e il telefono* großen Erfolg hatte. Seither hat er zahlreiche Hörspiele und Komödien geschaffen, die beim Publikum auf große Zustimmung trafen. Bes. hervorzuheben sind *Der Weg ins Dunkel* (1952, dt. 1957), *Come per scherzo* (1955), *I Nemici* (1955), *Il Caso Pinedus* (1955) und *Indirizzo sconosciuto* (1965). Allen Stücken ist neben einer sehr eigenwilligen Gestaltung die Auseinandersetzung mit grundsätzl. menschl. Fragen gemeinsam.

Levi, Primo (*1919 Turin, †11.4. 1987 ebd. Selbstmord) – Ital. Autor, kämpfte als Jude im Widerstand, wurde nach Auschwitz gebracht und hier von den Sowjetrussen befreit. Nach der Rückkehr in seine Heimat wurde er zum Chronisten des Widerstandes und des Schicksals der ital. Juden mit *Atempause* (1963, dt. 1964) und *Wann, wenn nicht jetzt?* (1986). Fiktivphantastische Romane utopischen Inhalts schrieb er 1966 (dt. 1969) *Die Verdoppelung einer schönen Dame* und 1987 (dt.) *Das periodische System*. Posthum erschien 1988 *Die Untergegangenen und die Gerechten/Ist das ein Mensch?/Atempause* in einem Band und die Erzn. *Der Freund des Menschen* (dt. 1989). 1990 erschien als Vermächtnisbuch *Die Untergegangenen und Geretteten*.

Lévi-Strauss, Claude (*28.11. 1908 Brüssel). – Der franz. Ethnologe ist zwar im strengen Sinn kein Dichter bzw. Literat, hat jedoch mit seinem schriftsteller. Werk sehr stark auf die Literatur unseres Jh.s Einfluß genommen. Nach seinem Studium in Paris reiste er zu den Indianern Brasiliens und Nordamerikas, deren Leben er in *Traurige Tropen* (1955, dt. 1970) beschrieb. Mit *Les structures élémentaires de la parenté* (1949) bahnte er in Frankreich dem Strukturalismus den Weg. Neben seiner Tätigkeit als Hochschullehrer und Vorstand zahlreicher Forschungseinrichtungen widmete er sich immer wieder seinen philosoph. Grundgedanken, interpretierte *Les chats* von Baudelaire im Sinne des Strukturalismus und zeigte in seiner Erkenntnistheorie auf, daß das Denken eine Funktion der jeweiligen Kultur ist. Damit lehnt L. konsequent jegl. allgemeingültige Begriffsbildung ab. Aus der Fülle seiner Schriften haben für die Literatur bes. Bedeutung das Tagebuch *Strukturale Anthropologie* (1958, dt. 1967), die *Mythologiques* (1. *Das Rohe und das Gekochte*, 1964, dt. 1971; 2. *Vom Honig zur Asche*, 1966, dt. 1972; 3. *Der Ursprung der Tisch-*

sitten, 1968, dt. 1973; 4. *Der nackte Mensch*, 2 Bde. 1971, dt. 1975; 5. *Rasse und Geschichte*, 1970, dt. 1972), *Primitive und Zivilisierte* (1960, dt. 1972), *Die elementaren Strukturen der Verwandtschaft* (dt. 1981), *Blick aus der Ferne* (dt. 1985) und *Eingelöste Versprechen* (dt. 1985). Eine Autobiographie in Gesprächen veröffentlichte L.-St. mit Didier Eribon: *Das Nahe und das Ferne* (dt. 1989).

Levita, Elia, eigtl. *Elia Levi ben Ascher,* genannt *Bachur* (* 13. 2. 1469 Neustadt a. d. Aisch, † 28. 1. 1549 Venedig). – Jidd. Gelehrter, verbrachte den größten Teil seines Lebens in Italien als Hebräischlehrer. Für die Sprachwissenschaft ist er von grundlegender Bedeutung, da er das erste *jiddisch-hebräische Wörterbuch* schrieb und damit zeigte, daß das Jiddische ein dt. Dialekt ist. Leider sind seine eigenen Schriften – etwa das Epos *Bovo-Buch* (1540) oder *Paris un Viena* (hg. 1954) – nicht ins Dt. übersetzt.

Levstik, Fran (* 28. 9. 1831 Spodnje Retje, † 16. 11. 1887 Laibach). – Slowen. Dichter und Philologe, wurde wegen seiner ersten Gedichte aus dem Priesterseminar in Olmütz entlassen und mußte seinen Lebensunterhalt durch zahlreiche Gelegenheitsarbeiten verdienen, bis er als Hg. der satirischen Zeitschrift »Pavliha« eine gesicherte Existenz in Wien fand. Sein nun sehr rasch entstehendes lit. Werk umfaßt nahezu alle Gattungen von der Lyrik bis zur realist. Erzählung, wobei bes. seine Kinderbücher großen Erfolg hatten. Mit seiner theoret. Schrift *Die slovenische Sprache nach ihren Redeteilen* (1866) erweist er sich als vorzügl. Kenner dieser Sprache. In seinen Erzählungen und Dramen kämpft er als überzeugter Nationalist für die Rechte der Slowenen. In dem Maße, in dem sich diese Schriften politisierten, verloren sie an lit. Qualität.

Lewald, Fanny, eigtl. *Fanny Stahr* (* 24. 3. 1811 Königsberg, † 5. 8. 1899 Dresden). – Jüd. Schriftstellerin, bereiste Frankreich und Italien und trat für die Befreiung der Frau aus den Fesseln der Konvention ein. Diese liberale Haltung stellte ihr Werk in die Nähe der Bewegung des Jungen Deutschland, der ersten polit. Literaturbewegung seit der Aufklärung. Das umfangreiche Werk, das unter den Zeitgenossen eine breite Leserschaft fand, gestaltet in vielfacher Weise Menschen und Landschaft ihrer ostpreußischen Heimat. Bes. zu nennen sind: *Italienisches Bilderbuch* (1847, neu 1967), *Römisches Tagebuch* (1845–1846, neu 1927), die Romane *Diogena* (1847), *Prinz Louis Ferdinand* (3 Bde. 1849), *Von Geschlecht zu Geschlecht* (2 Bde. 1864–66), *Stella* (3 Bde. 1883) und *Die Familie Darner* (3 Bde. 1888). Bis heute gelten ihre *Erinnerungen aus dem Jahr 1848* (2 Bde. 1850; Auswahl 1969) und die Memoiren *Meine Lebensgeschichte* (1861–1863) als wertvolle Zeitdokumente.

Lewis, Alun (* 1. 7. 1915 Aberdare/Wales, † 5. 3. 1944 Arakan/Burma). – Anglowalis. Dichter, fiel im Zweiten Weltkrieg. Mit der Gedichtausgabe *Raider's Dawn* (1942) und den Kurz-

geschichten *The Last Inspection* (1942) sucht er seinen Kriegserfahrungen Ausdruck zu geben. Immer wieder zeigt er eindringl., wie der Krieg die moral. Existenz des Menschen zerstört und ihn aus den gewohnten Normen entläßt. In Dt. erschien 1966 eine Auswahl aus seinem Werk.

Lewis, C(live) S(taples) (* 29. 11. 1898 Belfast, † 24. 11. 1963 Oxford). – Engl. Schriftsteller und Literaturwissenschaftler, als Wissenschaftler zeichnete L. sich durch die Studie *The Allegory of Love* (1963), eine Untersuchung der höfischen Minneproblematik, aus. Als Schriftsteller, der den sog. Anglikanismus bes. nachdrückl. zu gestalten suchte, vertrat er unter dem Einfluß G. K. Chestertons einen christl. Humanismus, der in allen Werken, die vom Kinderbuch bis zur wissenschaftl. Arbeit reichen, zu erkennen ist. Bekannt wurde in seiner Heimat eine Reihe von gelungenen Verserzählungen nach mittelalterl. Vorbildern. Aus der Fülle seiner Schriften kann hier nur eine Auswahl genannt werden, z. B. *Dämonen im Angriff* (1942, dt. 1944, 1959 u. d. T. *Dienstanweisung für einen Unterteufel*), *Perelandra* (1943, dt. 1957), *Die böse Macht* (1945, dt. 1954), *Du selbst bist die Antwort* (1956, dt. 1958), *Über das Lesen von Büchern* (1961, dt. 1966), *Über die menschliche Trauer* (dt. 1967).

Lewis, Matthew Gregory, gen. *Monk Lewis* (* 9. 7. 1775 London, † 14. 5. 1818 auf See). – Der engl. Erzähler war vorübergehend Mitglied des Parlaments und nahm an den geistigen und polit. Auseinandersetzungen seiner Zeit lebhaften Anteil. So faszinierte ihn bei einem Deutschlandaufenthalt, bei dem er mit Goethe zusammentraf, die Faustdichtung, und in Ostindien setzte er sich mit Nachdruck für die Befreiung der Sklaven ein. Sein stark reizbares Gemüt wandte sich früh der Geistergeschichte zu; mit seinem dem Zeitgeist entsprechenden Gespenster- und Gruselroman *Der Mönch* (3 Bde. 1796, dt. 1797/98) erwarb er sich einen Namen in der Literatur, den er mit der Übersetzung von Schillers *Kabale und Liebe* (1797) auch als feinsinniger Übersetzer bestätigte. Literaturgeschichtl. wird L. gern als Übergangsgestalt zwischen dem dt. Sturm und Drang und der engl. Vorromantik gesehen; diese eigenartige Position wird lit. durch den Roman *Die blutige Gestalt mit Dolch und Lampe* (dt. 1799) bestätigt. Von großem histor. Wert ist seine Autobiographie *Journal of a West India Proprietor* (posth. 1834).

Lewis, (Harry) Sinclair (* 7. 2. 1885 Sauk Centre/Minnesota, † 10. 1. 1951 Rom). – Amerikan. Erzähler, reiste nach seinem Studium auf abenteuerl. Weise nach England und wurde Mitarbeiter der sozialist. »Helicon Home Colony«. 1926 lehnte er den Pulitzer-Preis ab, der ihm für seinen Roman *Dr. med. Arrowsmith* (engl. u. dt. 1925) zuerkannt worden war, empfing aber vier Jahre später für das vorzügl. Werk den Nobelpreis. Seinen lit. Ruhm begründete er mit *Main Street* (1920, dt. 1922) und *Babbitt* (1922, dt. 1925), Satiren auf das Kleinstadtleben. In seinen oft plakativen, stilist. breit ausladenden und doch im Detail sehr exakten Darstellungen wendet er sich zunehmend von der Schilderung des Lebens einzelner Personen ab, um polit. Literatur im Geiste eines überzeugten Antifaschismus zu schreiben. Wie bei vielen Schriftstellern verlor das lit. Werk in dem Maße an Qualität, in dem es sich ideologisierte. Zu seinen Hauptwerken zählen heute *Die Benzinstation* (1919, dt. 1927), *Elmer Gantry* (1927, dt. 1928), *Der Mann, der den Präsidenten kannte* (1928, dt. 1929), *Ann Vickers* (1933), *Das ist bei uns nicht möglich* (1935, dt. 1936), *Das Kunstwerk* (1934), *Die verlorenen Eltern* (1938, dt. 1939), *Wie ist die Welt so weit* (1951, dt. 1955) und *König sein dagegen sehr* (1956, dt. 1959). 1974 erschien eine dt. Ausgabe der *Gesammelten Erzählungen*.

Lewis, (Percy) Wyndham (*17.3. 1884 Maine/USA, †7.3. 1957 London). – Engl. Schriftsteller und Maler, gab verschiedene Zeitschriften heraus, wobei die mit E. Pound publizierte »Blast« bald internationale Anerkennung fand. In der Literaturgeschichte erlangte L. durch die Begründung des sog. Vorticismus Bedeutung, einer Literaturform, die essayist. Elemente in den traditionellen Roman einfügt. Unter dem starken Einfluß der Imaginisten löste L. jegliche Gattungsstruktur auf und schrieb unter der Einwirkung des europ. Kubismus und Futurismus, die er aus der Malerei in die Literatur übertrug, bedeutende Romane, wie etwa *Tarr* (1918), *The Human Age* (1928f.), *The Apes of God* (1930), *Self Condemned* (1954), *The Roaring Queen* (posth. 1973), sowie beachtenswerte Essays, etwa *Left Wings over Europe* (1936), *The Hitler Cult* (1939), *The Writer and the Absolute* (1952), *The Demon of Progress in the Arts* (1954), *Ezra Pound* (1958), die Kurzgeschichten *Unlucky for Pringle* (hg. 1973) und die bemerkenswerte Autobiographie *Blasting and Bombardiering* (1937). Dt. erschien 1988 *Rache für Liebe*.

Li, Ch'ang-chi'i (*13.7. 1376 Tschiang/Kiangsi, †17.3. 1452 ebd.). – Chines. Dichter, erwarb 1404 die erste Stufe der Mandarine, besuchte anschließend die Hanlin-Akademie und wurde zum Mandarin zweiter Stufe im Ritenministerium. Nach vorübergehender Verfolgung wurde er nochmals erhöht und blieb in der Gnade des Königs. Weltberühmt wurden seine 22 Novellen *Chienteng yü-hua* (= *Weitere Gespräche beim Putzen der Lampe*), in denen er spannende Passagen mit lyr. Elementen verbindet. Die Erzählung *Die goldene Truhe* liegt in einer dt. Übersetzung aus dem Jahre 1959 vor.

Libanios (*314 Antiochia, †um 393). – Griech. Gelehrter, galt als bedeutendster Rhetoriker seiner Epoche. Aus seiner 340 gegründeten Schule in Konstantinopel gingen so berühmte Persönlichkeiten wie die Kirchenväter Johannes Chrysostomos, Basileios der Große und Gregor von Nazianz hervor. Die Schriften des L. sind uns zum größten Teil erhalten; neben einer Sammlung von 143 Musteraufsätzen *Progymnasmata*

und 64 Reden sowie einer Vita des Demosthenes hinterließ er mit 1605 Briefen die größte und bedeutendste Briefsammlung der Antike.

Libedinski, Juri Nikolajewitsch (*10.12. 1898 Odessa, †24.11. 1959 Moskau). – Sowjet. Schriftsteller, zeichnete in seinem Werk das alltägl. Leben in der kommunist. Partei und in einem sozialist. Land. 1923 bis 1932 war er führendes Mitglied der Vereinigung proletarischer Schriftsteller und nahm in dieser Funktion entscheidenden Einfluß auf die lit. Produktion in der Sowjetunion. Der sog. Sozialistische Realismus ist mit von ihm geprägt worden. Seine Romane fanden auch im Ausland als typ. Zeugnisse sowjet. Literatur Beachtung, so etwa *Eine Woche* (1922, dt. 1928), *Kommissary* (1926), *Die Geburt eines Helden* (1930), *Berge und Menschen* (1948, dt. 1954), *Feuerschein* (1952, dt. 1956).

Lichnowsky, Mechtilde Fürstin von, geb. Gräfin von und zu Arco-Zinneberg (*8.3. 1879 Schloß Schönburg/Niederbayern, †4.6. 1958 London). – Österr. Schriftstellerin aus dem Geschlecht der Habsburger, unterhielt während ihres Londonaufenthaltes einen regen lit. Salon, der rasch zum Mittelpunkt des kulturellen Lebens wurde. Später lebte sie vorübergehend in Böhmen, an der Riviera und in München, um ab 1937 wieder nach London zurückzukehren. In ihren Romanen schildert sie mit einem Zug ins Wehmütige die aristokrat. Welt Altösterreichs, wobei sie jedoch, geschult an der Sprache K. Kraus', niemals in peinl. Sentimentalität abgleitet, sondern die rückblickende Enttäuschung artifiziell gestaltet. Mit einer vorzügl. Kenntnis und Einfühlsamkeit in die psych. Regungen der Menschen schrieb sie ihre Romane *Geburt* (1921) und *Das rosa Haus* (1936) sowie das Drama *Der Kinderfreund* (1918). Bekannt wurden auch der Essay *Worte über Worte* (1949) und die Auswahlausgaben *Zum Schauen bestellt* (1953) und *Heute und vorgestern* (1958).

Lichtenberg, Georg Christoph (*1.7. 1742 Oberramstadt/Darmstadt, †24.2. 1799 Göttingen). – Dt. Schriftsteller, gilt bis heute als Meister des lit. Aphorismus und ist in diesem Sinn ein Hauptvertreter der Aufklärung und ihrer ästhet. Grundauffassungen. Nach dem Studium wurde er Professor für Physik in Göttingen und entdeckte 1777 die sog. ›Lichtenbergschen elektr. Figuren‹. Bereits 1778 veröffentlichte er im »Göttinger Taschenkalender« eine Anzahl von meist aphorist. Beiträgen, die sich gegen jegl. Form des Irrationalismus wandten. Mit G. Forster begründete er 1780 das »Göttinger Magazin«, in dem er – im Alter sehr zurückgezogen lebend – in satir. witziger, höchst geistreicher Art in einem unnachahml. geschliffenen Stil die Modernismen der Zeit attackierte. Neben dieser aphoristischen Publikationsweise stehen als Hauptschriften *Ausführliche Erklärung der Hogarthischen Kupferstiche* (1794–1835 in 14 Bdn.) und *Über Physiognomik wider die Physiognomen* (1778).

Lichtenstein, Alfred (*23.8. 1889 Berlin, †25.9. 1914 Vermandevillers). – Dt. Schriftsteller, zählte zu den führenden Repräsentanten des Expressionismus. In der »Aktion« trat er mit Gedichten und Erzählungen hervor, die stark unter dem Einfluß J. Hoddis' standen und die den zerrissenen Menschen zu Beginn unseres Jahrhunderts angesichts einer ersten Weltkatastrophe zeigen. Er fiel als Freiwilliger kurz nach Kriegsbeginn. Seine lit. Arbeiten, wie das Kinderbuch *Die Geschichte des Onkel Krause* (1910), seine Gedichte *Dämmerung* (1913) und die posthum erschienenen *Gedichte und Geschichten* (1919), sind typ. Zeugnisse des frühen Expressionismus. Gesammelte Gedichte erschienen 1962.

Lidman, Sara Adela (*30.12. 1923 Jörn/Västerbotten). – Schwed. Schriftstellerin; die ausgebildete Schauspielerin trat 1955–63 als Mitglied der Literaturgruppe »De Nio« mit psycholog. Romanen, die das Problem der mitmenschl. Verantwortung gestalten, an die Öffentlichkeit. In ihren Werken, wie z.B. *Der Mensch ist so geschaffen* (1953, dt. 1955), *Ich und mein Sohn* (1961, dt. 1969), die deutl. unter dem Eindruck zahlreicher Reisen durch Afrika stehen, schildert sie mit persönl. Anteilnahme das Elend und Leid der Menschen. Ihre Reportage über den schwed. Bergbau *Gruva* (1968) greift soziale Probleme auf, die sie in dem Drama *Marta, Marta* (1970) und in der Erzählung *Fåglarna i Nam Dinh* (1973) weiter vertieft.

Lidman, (Carl Hindrik) Sven Rudolphsson (*30.6. 1882 Karlskrona, †14.2. 1960 Stockholm). – Schwed. Schriftsteller, wandte sich nach dem Studium der sog. »Pfingstbewegung« zu und trat als rel. Wanderprediger und Autor von Erbauungsschriften hervor. Seine radikalen Ansichten stießen bei der Sekte auf Widerstand, so daß er nach einigen Jahren wieder ausgeschlossen wurde. Seine Autobiographie *Blodsarv* (1937) gestaltet diese Erfahrungen in einer Sprache, die einmal durch expressive Rhythmik, zum anderen durch zarte Bilder und Symbole gekennzeichnet ist. So nähert er sich in seinem späteren Werk sehr stark symbolist. Einflüssen, die in erster Linie von Rimbaud ausgegangen sind. In diese Phase seines Schaffens gehören etwa die beiden Gedichtbände *Primavera* (1905) und *Oroligt var mitt hjarta* (1933). Zum persönl. und zeitgeschichtl. Verständnis sind seine Memoiren eine wahre Fundgrube: *Lågan och lindansaren* (1954) und *Vällust och vedergälling* (1957).

Lie, Jonas Leuritz Idemil (*6.11. 1833 Eiker/Modum, †5.7. 1908 Stavern). – Norweg. Schriftsteller, wollte zur See fahren, doch mußte er diesen Wunsch aufgeben, da er an einem Augenleiden litt. Björnstjerne Björnson hat ihn entscheidend geprägt. Seine Romane, die typ. Züge des skandinav. Realismus zeigen (Landschaftsschilderungen und Sagenwelt in *Der Geisterseher*, 1870, dt. 1876), der um die zweite Hälfte des vorigen Jh.s durch die Übernahme sozialer Elemente eine ganz eigene Literaturform wurde, schildern das Milieu der Seeleute und Arbeiter (*Der Lotse und sein Weib*, 1874, dt. 1889), setzen sich aber auch mit der Problematik der Ehe und Familie (*Die Familie auf G.*, 1883, dt. 1896) an der Wende zum Industriezeitalter auseinander (*Lebenslänglich verurteilt*, 1883, dt. 1884). Bes. bekannt wurden *Ein Mahlstrom* (1884, dt. 1888), *Eine Ehe* (1887, dt. 1925), *Böse Mächte* (1890, dt. 1901), *Troll* (2 Bde. 1891, dt. 1897), *Großvater* (1895, dt. 1896), *Aus Urgroßvaters Haus* (1896, dt. 1897), *Auf Irrwegen* (1899, dt. 1900), *Wenn der Vorhang fällt* (norweg. u. dt. 1901) und *Östlich von der Sonne, westlich vom Mond und hinter den Türmen von Babylon* (1905, dt. 1907).

Lienert, Meinrad (*21.5. 1865 Einsiedeln, †26.12. 1933 Küsnacht/Zürich). – Schweizer Dichter, nach Studium Redakteur bei schweiz. Zeitschriften, des »Einsiedler Anzeiger«, der Zürcher Tageszeitung »Die Limmat« sowie der »Zürcher Volkszeitung«. In seinen zahlreichen Erzählungen, Theaterstücken und Gedichten bleibt er dem Volksleben eng verbunden und schreibt in meisterhafter Weise treffsichere Dialektdichtung, die zu den kostbarsten lit. Zeugnissen der Schweiz gehört. Bekannt wurden die Gedichte *s'Schwäbelpfyffli* (1913 bis 1920), die Erzählungen *Flüehblüemli* (1891), *Bergdorfgeschichten* (1914), *Schweizer Sagen und Heldengeschichten* (1914), *Der doppelte Matthias und seine Töchter* (1929) und das Kinderbuch *Die Bergkirschen* (posthum 1937).

Lienhard, Friedrich (*4.10. 1865 Rothbach/Elsaß, †30.4. 1929 Eisenach). – Dt. Schriftsteller und nationaler Philosoph, gab 1920–29 die Zeitschrift »Der Türmer« heraus, die zu einem beliebten Publikumsorgan national gesinnter Künstler wurde. L. selbst verband seine nationale Gesinnung mit einer Liebe zur Heimat, so daß er mit seinen Heimatromanen, Heimatdramen und sehr völkischen Gedichten, in denen er die Vergangenheit – bes. das Mittelalter und die Reformationszeit – verherrlichend gestaltete, zu jener verhängnisvollen Literatur führte, die die zeitgenöss. Probleme nicht nur ausklammerte, sondern zu leugnen versuchte. Konsequent war deshalb auch seine Haltung gegen den Naturalismus, in dem er eine Verfallserscheinung sah. Seine Schriften haben, obwohl sie recht schemat. angelegt sind, auf das Bürgertum einen nachhaltigen Einfluß gewonnen. So steht L. in der Tradition Langbehns in enger Beziehung zur völk. Deutschkunde. Aus der Fülle des Gesamtwerkes wirkten, bes. auf die nationale Bewegung, die Dramen *Naphtali* (1888), *Till Eulenspiegel* (1896), *Gottfried von Straßburg* (1897), die Dramentrilogie *Wartburg* (1903 bis 1906), die Romane *Oberlin* (1910), *Der Spielmann* (1913) und *Meisters Vermächtnis* (1927), sowie die Essays *Neue Ideale* (1901) und *Die Meister der Menschheit* (1919–1921).

Ligne, Charles-Joseph Fürst von (*23.5. 1735 Brüssel, †13.12. 1814 Wien). – Belg. Schriftsteller, erwarb sich als General im Siebenjährigen Krieg und im Bayerischen Erbfolgekrieg großes

Ansehen und wurde Gesandter am russ. Hof, wo er wegen seiner geistvollen Art von Kaiserin Katharina sehr geschätzt wurde. Seine Schriften – Briefe und Aufsätze – sind ganz aus dem herrschenden Geist der Aufklärung geschrieben. Am Hof gewann er viele Bewunderer durch seine treffsicheren Charakteristiken Ludwigs XIV., Marie-Antoinettes, Napoleons u. v. a. m. Sein Hauptwerk *Mélanges litéraires, militaires et sentimentaires XXXIV* (1795 bis 1811) liegt nur im Original vor, während die *Briefe* 1912 in einer dt. Übersetzung erschienen.

Liiv, Juhan, eigtl. *Johannes* (*30.4. 1864 Kodavere, †1.12. 1913 Koosa). – Estn. Dichter und Journalist, zeigt sich in seinem literarischen Werk als empfindsamer Schriftsteller, der das menschliche Leid zu gestalten weiß. Bereits in jungen Jahren zeigte sich ein geistiger Verfall, der zuletzt dazu führte, daß der Dichter in völliger geistiger Umnachtung vegetierte. Bekannt über seine engere Heimat hinaus wurden die Prosaskizzen *Elu sügavusest* (1909) und die Gedichte *Luuletusest* (1909). Das Gesamtwerk erschien in 8 Bdn. 1912–33, eine Auswahl 1956.

Liliencron, Detlev von, eigtl. *Friedrich Adolf Axel Freiherr von L.* (*3.6. 1844 Kiel, †22.7. 1909 Alt-Rahlstedt). – Dt. Schriftsteller, Prototyp des Dichters der Jahrhundertwende, der eine eigene Gestaltungsweise entwickelt, die für die folgenden Generationen beispielhaft blieb. Seine lit. Laufbahn begann er nach Teilnahme an mehreren Feldzügen und einem Amerikaaufenthalt, wobei er durch Stipendien der Universität Kiel und des Kaisers finanziell völlig unabhängig war. Seine impressionist. Dichtung ist charakterisiert durch intensive Unmittelbarkeit, wobei erlebte Momente in die Texte einfließen, und kunstvoll gestaltete Sprache, deren Lautmalerei und Klangsymbolik bis heute unerreicht sind. In seinen ep. Werken wie in seinen Balladen gestaltete er Themen des Kriegslebens, der Natur und Liebe. Auf die artifizielle Gestaltung und inhaltl. Ausführung haben Storm und Turgenjew Einfluß gewonnen. Unter der Fülle seiner Werke seien genannt etwa die Erzählungen *Die Abenteuer des Majors Glöckchen* (1904) oder die frühere Novelle *Unter flatternden Fahnen* (1888), mit der er seinen Ruhm begründete. Auch die *Kriegsnovellen* (1895) sprechen den Leser an. Weltweit wurde jedoch L.s Ruhm durch seine zahllosen Gedichte, so z.B. *Adjutantenritte* (1883), *Der Haidegänger* (1890), *Neue Gedichte* (1893), *Bunte Beute* (1903), *Die Musik kommt* und *Gute Nacht* (1909). Während sein Epos *Poggfred* (1896) weniger gelungen ist, kommt seiner Autobiographie sowohl künstler. als auch als Zeitdokument große Bedeutung zu: *Leben und Lüge* (1908). Der Impressionist R. Dehmel besorgte die Gesamtausgabe der Werke L.s in 8 Bdn. 1911 f.

Liliev, Nikolai, eigtl. *N. Michailov Popivanov* (*26.5. 1885 Stara Zagora, †6.10. 1960 Sofia). – Bulgar. Schriftsteller und Literaturwissenschaftler, Direktor des Nationaltheaters in Sofia. Als Dichter hatte er in seiner Heimat entscheidende Wirkung durch Übernahme symbolist. Elemente. Daneben schrieb er krit. Essays und Monographien über bedeutende europ. Persönlichkeiten, wie etwa die dt. Klassiker, und übersetzte V. Hugo, Hofmannsthal, Klabund, Shakespeare, Ibsen und Tolstoi. Damit erschloß er der bulgar. Intelligenz die europ. Literatur und wirkte an der Ausbildung eines eigenen staatl. Nationalbewußtseins entscheidend mit.

Lillo, George (*4.2. 1693 London, †3.9. 1739 ebd.). – Engl. Dramatiker aus wohlhabendem Haus, wurde zum Begründer des sog. bürgerl. Trauerspiels in seiner Heimat, wobei seine Stücke nicht nur persönl. Seelenregungen aufgreifen, sondern auch für die polit. Emanzipation des Bürgertums kämpfen. Dennoch geht die Beliebtheit der Stücke nicht auf diesen hohen eth. Anspruch zurück, sondern auf die Zeitmode. Mit dem Schauspiel *The London Merchant* (1731) wirkte er sehr stark nach Frankreich und Dtld., wo Diderot und Lessing seine Gestaltungsweise übernahmen; so steht Lessings *Miss Sara Sampson* deutl. unter diesem Einfluß. Die Dramen *The Christian Hero* (1735) und *Fatal Curiosity* (1736) gelten bis heute als seine eigtl. Hauptwerke. Eine Ausgabe aller Theaterschriften erschien in dt. Übersetzung 1777 f. in 2 Bdn.

Lima, Jorge (Mateus) de (*23.4. 1895 União/Alagoas, †15.11. 1954 Rio de Janeiro). – Brasilian. vielseitiger Künstler und Arzt, trat lit. mit aufsehenerregender formstrenger Lyrik und zahlreichen Romanen an die Öffentlichkeit, die den sog. Modernismus mit dem Surrealismus zu vereinigen suchten. L. war bald die führende Gestalt in der nordbrasilian. Dichtung, die das Leben der verarmten Bauern und das von der Natur geplagte Volk schildert, ohne dabei polit. oder sozialkrit. zu sein. Während seine Romane im allgemeinen wenig Beachtung fanden, vielleicht mit Ausnahme von *O Colunga* (1935), werden die Gedichte heute allgemein sehr hoch geschätzt, da sie moderne Bilder mit formaler Strenge zu vereinigen verstehen, z.B. *XIV Alexandrinos* (1914), *Novos Poemas* (1929), *Tempo e Eternidade* (1935), *Invençao de Orfeu* (1952). Eine Gesamtausgabe seiner Gedichte erschien 1958.

Linati, Carlo (*25.4. 1878 Como, †11.12. 1949 Rebbio). – Der ital. Jurist ließ sich als freier Schriftsteller nieder und wirkte als Mitarbeiter zahlreicher namhafter Zeitschriften, wie »La Voce«, »La Ronda« oder »Il Convegno«. Seine grundsätzl. Bedeutung liegt einmal in seinem eigenen Schaffen, das sehr stark durch die enge Verbundenheit mit seiner Heimat geprägt ist. Hier müssen v. a. die Romane *Cristabella* (1909), *Duccio da Bontà* (1913), *Doni della terra* (1915) und *Due* (1928) genannt werden. Darüber hinaus erwies er sich als hervorragender Übersetzer engl. Literatur. Mit J. Joyce und E. Pound persönl. befreundet, übertrug er auch die Schriften von D. H. Lawrence. Im Zuge dieser Arbeiten entstanden eine Reihe theoret. Schriften und Essays, von denen *Passeggiate Lariane* (1939) und *Decadenza del vizio* (1942) weite Anerkennung fanden.

Lind, Jakov, eigtl. *J. Landwirt* (*10.2.1927 Wien). – Österr. Schriftsteller, während des Dritten Reiches als Jude auf der Flucht. Nach 1945 ging er für einige Jahre nach Israel, wirkte in verschiedenen Berufen und studierte daneben am Max-Reinhardt-Seminar in Wien, um anschließend als Journalist nach London zu gehen. Bereits in diesen frühen Jahren, aber auch später, entstanden seine Romane und Erzählungen, die das Absurde und Grauenvolle der gegenwärtigen Wirklichkeit gestalten; Einflüsse der Psychoanalyse sowie der Science-fiction-Literatur sind durchaus spürbar. Der Autor stieß bald zur »Gruppe 47« und wurde durch seine Romane *Landschaft in Beton* (1963), *Eine bessere Welt* (1966) und *Reisen zu den Enu* (1983), *Der Erfinder* (1987), seine Erzählungen *Eine Seele aus Holz* (1962) und *Der Ofen* (1973), Hörspiele wie *Anna Laub* (1965), *Die Heiden* (1965, auch als Drama), *Angst und Hunger, Die Auferstehung* (1985), den Reisebericht *Israel* (1971, dt. 1972) und die Autobiographien *Selbstporträt* (1969, dt. 1970) und *Nahaufnahme* (1972, dt. 1973) allgemein bekannt und geschätzt. Seit 1969 veröffentlicht er seine Arbeiten meist in engl. Sprache.

Linde, Otto zur (*26.4.1873 Essen, †16.2.1938 Berlin). – Dt. Schriftsteller und Popularphilosoph, gab mit R. Pannwitz die berühmte Zeitschrift »Charon« heraus, in der er sich bewußt gegen die realist. Gestaltungsweise des Naturalismus wandte und mit seinen Dichtungen eine irreale Phantasiewelt pantheist. Prägung als Realität gestaltete. Dabei versuchte er als »gläubiger Germane« eine Philosophie der nord. Mythe zu begründen und gestaltete seine Lyrik unter dem Einfluß des Expressionismus in starker Rhythmisierung. Seine Hauptwerke, wie *Gedichte, Märchen, Skizzen* (1901), *Die Kugel, eine Philosophie in Versen* (1909), *A. Holz und der Charon* (1911) und *Die Hölle oder Die neue Erde* (Fragment 1921 f.), fanden bei den völk. Lesern große Anerkennung. Sein Gesamtwerk erschien 1910 bis 1924 in 10 Bdn.

Lindegren, Johan Erik (*5.8.1910 Luleå, †31.5.1968 Stockholm). – Schwed. Lyriker, zentrale lit. Gestalt der jüngsten Vergangenheit Schwedens. Für seine hohen lit. Verdienste wurde L. 1962 in die Akademie berufen. Seine persönl. Leistung besteht darin, daß er der Literaturkritik in seiner Heimat einen eigenen lit. Wert zumaß und unter dem Eindruck von Eliot und Thomas seinen starken Pessimismus in formal strengen Gedichten surrealist. Prägung verbalisierte. Neben dem Libretto zur Oper *Aniara* wirkten seine Gedichtsammlungen *Posthum ungdom* (1935), *Mannen utan väg* (1942), *Sviter* (1947) und *Vinteroffer* (1954). Die letzte Ausgabe seiner Gedichte besorgte er 1962 selbst.

Lindemayr, Maurus, eigtl. *Kajetan Lindemayr* (*17.11.1723

Neukirchen/Oberösterreich, †19.7.1783 ebd.). – Österr. Dichter, Prior des Benediktinerstifts Lambach, ab 1760 Pfarrer in Neukirchen. Seine literaturgeschichtl. Bedeutung liegt in der Begründung der österr. Mundartdichtung. Bekannt über seine Zeit hinaus blieben *Der singende Büßer* (1768) und *Kurzweiliger Hochzeitsvertrag* (1770). Seine *Lustspiele und Gedichte in Oberösterreichischer Mundart* wurden 1930 als Sammelausgabe veröffentlicht.

Lindgren, Astrid Anna Emilia, geb. Ericson (*14.11.1907 Vimmerby). – Die schwed. Dichterin, die aus einer Bauernfamilie stammt, wurde durch ihre Kinderbücher weltberühmt. 1944 veröffentlichte sie ihr erstes Jugendbuch und einen Detektivroman, doch wurde sie zur international anerkannten Dichterin erst mit den zahlreichen Büchern über *Pipi Langstrumpf* (1945 f., dt. 1966 ff.). Pipi, die Heldin dieser Bücher, ist ein Mädchen, das in einer realist. Kinderwelt lebt, diese Wirklichkeit aber nur als Hintergrund für ihr phantast. Leben und ihre phantast. Streiche braucht. Der märchenhafte Ton und die spannende Darstellung verhalfen den Werken zu weltweiter Verbreitung. Bes. bekannt wurden auch die Geschichten vom *Michel aus Lönneberga* (seit 1963), den *Kindern von Bullerbü* (1960) und vom *Kalle Blomquist* (1953, dt. 1954). Die früher schon in Schweden geschätzten Bücher mit dem Helden *Rasmus* (1953 ff.) wurden nun auch in alle Weltsprachen übersetzt. Ihre letzten Schriften sind *Die Brüder Löwenherz* (1974), *Kinder aus der Krachmacherstraße* (Neubearbeitung 1974), *Das entschwundene Land* (1973, dt. 1977), *Klingt meine Linde* (dt. 1985), *Der Drache mit den roten Augen* (dt. 1986) u. a. Alle ihre Schriften sind in Serien erschienen. Zahlreiche Bücher wurden verfilmt. 1978 erhielt sie den Friedenspreis des Dt. Buchhandels.

Lindorm, (Gustav) Erik (*20.7.1889 Stockholm, †30.1.1941 ebd.). – Schwed. Schriftsteller, trat sehr früh auch polit. hervor, gründete dann aber die humorist. Zeitschrift »Naggen«, deren Redaktion er bis 1922 leitete und in der er den trockenen skandinav. Witz pflegte. Auch als Mitarbeiter der Zeitungen »Social-Demokraten« und »Svenska Dagbladet« trat er hervor, wobei seine Theaterkritiken allgemein auf großes Interesse stießen. Relativ bald verstummte jedoch das krit. Element in seinen Schriften und gab einem bürgerl. idyll. Dasein Raum, in dem die soziale Komponente nur noch als Kolorit verwendet wurde. Seine Lyrik sparte den gesellschaftl. Bezug schließlich vollkommen aus und gestaltete in nachromant. Anklängen Naturmotive, menschl. Leid und das immer wiederkehrende Thema der ird. Gebrechlichkeit. Seine Schriften sind nicht ins Dt. übertragen, obwohl die Gedichte *Min värld* (1918), *Domedagar* (1920) und *På marsch* (1934) weitere Verbreitung erfahren sollten.

Lindsay, (Nicholas) Vachel (*10.11.1879 Springfield, †5.12.1931 ebd.). – Amerikan. Schriftsteller, bereiste weite Teile

Amerikas und verkündete eine Botschaft der Schönheit, die er in der Schrift *Golden Book of Springfield* (1920) zusammenfaßte. Dabei verdiente er sich seinen Lebensunterhalt u. a. als Straßensänger oder Rezitator eigener Werke. Diese eigenen Gedichte, die sehr stark Einflüsse der Dichtung der nordamerikanischen schwarzen Sklaven zeigen, wurden von ihm illustriert. Erfolgreich war er mit den Gedichtbänden und Gedichten *General William Booth Enters Into Heaven* (1913), *The Congo* (1914), *The Chinese Nightingale* (1917), *The Golden Whales of California* (1920) und *Every Soul is a Circus* (1923). 1962 erschien die letzte größere Auswahlausgabe seiner Gedichte, die nicht ins Dt. übersetzt wurden.

Lindström, (Gustav Hilding) Sigfrid (* 19. 4. 1892 Lidhult, † 1. 5. 1950 Lund). – Schwed. Dichter, stammte aus einer Pfarrersfamilie und arbeitete nach seinem Studium beim »Lunds Dagbladet«. Hier veröffentlichte er auch seine ersten lit. anspruchsvollen Schriften, die in zuchtvoller Sprache und Form die Not der Armen aufzeigen und mit Mitleid, aber auch Ironie Teilnahme erwecken wollen. Seine bedeutenden Schriften, wie *Sagor och meditationer* (1922) und *De besegrade* (1927), sind leider nicht ins Dt. übertragen.

Linhartová, Věra (* 22. 3. 1938 Brünn). – Tschech. Dichterin, lebt heute in Frankreich und gestaltet in ihrer dramat. Prosa v. a. die Gefährdung des menschl. Daseins. Einem weiteren Publikum wurde sie mit *Geschichten ohne Zusammenhang* (1964, dt. 1965), *Mehrstimmige Zerstreuung* (1964, dt. 1967), *Diskurs über den Lift* (dt. 1967), *Haus weit* (dt. 1970), *Zehrbilder* (1987), *Kaskaden* (dt. 1989) bekannt. 1970 erschienen in Auswahl einige ihrer besten Arbeiten u. d. T. *Chimäre*.

Linke, Johannes (* 8. 1. 1900 Dresden, † Februar 1945). – Dt. Dichter, verfaßte ein umfangreiches und sehr gefühlsstarkes lit. Werk, das durch strenge Form und starke Verbundenheit mit der Natur und dem Landvolk geprägt ist. Beachtenswert sind seine Gedichte *Das festliche Jahr* (1928), die Romane *Ein Jahr rollt über das Gebirge* (1934), *Lohwasser* (1935) und die Erzählung *Die wachsende Reut* (1944).

Linklater, Eric (Robert Russell) (* 8. 3. 1899 Dounby/ Orkney-Inseln, † 7. 11. 1974 Aberdeen). – Schott. Erzähler, nach Studium und Teilnahme am Ersten Weltkrieg Redakteur der »Times of India« in Bombay und schließl. Rektor der Universität Aberdeen. Lit. trat er durch Gedichte hervor, die, sehr stark der Tradition verpflichtet, neue Gestaltungsweisen suchten. Sein lit. Werk umfaßt Romane wie *Der kleine Landurlaub* (1937, dt. 1959), *Aufruhr in Namua* (1954, dt. 1957), *Auf der Höhe der Zeit* (1958, dt. 1961) und seinen unerreichten, beispielgebenden pikaresken Schelmenroman *Juan in Amerika* (1931, dt. 1942). Mit dem autobiograph. Bericht *The Voyage of the Challenger* (1972) machte er erneut lit. von sich reden.

Linna, Väinö (* 20. 12. 1920 Urjala, † 21. 4. 1992 Kangasa-la/Tampere). – Finn. Dichter, erwarb sich sein umfangreiches Wissen als Autodidakt. Bereits in seinem ersten Roman zeigt er eine unvergleichliche Fähigkeit, das ursprüngl. Leben und die Lebensfreude des finn. Volkes darzustellen. Das populäre und in alle Weltsprachen übersetzte Werk *Kreuze in Karelien* (1954, dt. 1955) schildert auf realist. Weise die Schrecken des Krieges in Finnland. Auch mit seiner Romantrilogie *Täällä pohjantähden alla* (1959–1962) erlangte er allgemeine Anerkennung; in ihr schilderte er die Aufstände in Finnland im Jahre 1918. Seine Werke sprechen auch durch den weisen, humanen Humor, der eine große Volksverbundenheit zeigt, jeden Leser an.

Linnankoski, Johannes Vihtori, eigtl. *J. Vihtori Peltonen* (* 18. 10. 1869 Askola, † 10. 8. 1913 Helsinki). – Finn. Dichter, bäuerliche Abstammung, wurde Lehrer und Redakteur. Während seine Dramen weniger erfolgreich waren, fand sein Prosawerk großen Zuspruch, etwa *Das Lied von der glutroten Blume* (1905, dt. 1909) und *Die Flüchtlinge* (1908, dt. 1922).

Lins do Rêgo Cavalcanti, José (* 3. 6. 1901 Pilar/Paraíba, † 12. 9. 1957 Rio de Janeiro). – Der brasilian. Jurist aus wohlhabender Familie stellt in seinen stark autobiograph. Romanen das Leben der traditionsverbundenen reichen Weißen dar. So wurde sein Zyklus *Ciclo da cana de açuar* (1932–1943), in dem er die Rechte der Landbesitzer gegen die Industriellen verteidigt, sehr bekannt. Auch der Roman *Rhapsodie in Rot* (1953, dt. 1958) und zahlreiche Reiseberichte fanden eine breite Leserschaft.

Lin Yü-t'ang (* 10. 10. 1895 Amoy/Tschangtschou, † 26. 3. 1976 Hongkong). – Chines. Dichter, studierte in Amerika und Dtld. und ging dann als Professor für Englisch nach Peking. Lit. trat er mit Beiträgen in zahlreichen Zeitschriften an die Öffentlichkeit. Er versuchte in seinem Werk immer, die Tradition Chinas mit der heutigen Zeit zu verbinden. Bes. eindringlich ist dies in seinen Romanen gelungen. Zu nennen sind hier etwa *Peking, Augenblick und Ewigkeit* (dt. 1952), *Chinesenstadt* (dt. 1952) und die Autobiographie *Kontinente des Glaubens* (dt. 1961).

Lipinski-Gottersdorf, Hans (* 5. 2. 1920 Leschnitz/Schlesien). – Schles. Dichter, ließ sich nach dem Zweiten Weltkrieg in Köln-Höhenberg als freier Schriftsteller nieder. In seinem Werk schildert L. in enger Verbundenheit mit seiner schles. Heimat das Leben im ehemaligen dt. Osten in sehr farbenprächtiger, manchmal etwas sentimentaler Sprache. Zahlreiche Schriften fanden allgemeine Anerkennung, etwa die Romane *Fremde Gräser* (1955), *Finsternis über den Wassern* (1957), *Wenn es Herbst wird* (1961), *Die letzte Reise der Pamir* (1970) oder die Geschichten *Der Sprosser schlug am Pratwa-Bach* (1984). Von dem großangelegten Preußenroman *Die Prosna-Preußen* ist bisher nur das erste Buch *Das Dominium* (1968) erschienen.

Lippi, Lorenzo, Ps. *Perlone Zipoli* (*3.5.1606 Florenz, †15.4. 1665 ebd.). – Ital. Dichter und Maler, wirkte zunächst als Porträtmaler bei der Erzherzogin von Médici in Innsbruck, trat dann aber mit seinem flüssig geschriebenen, aber oberflächlichen Epos *Il Malmantile racquistato* (1676) hervor, in dem er das »Befreite Jerusalem« Tassos parodieren wollte, was ihm jedoch nur in einigen Wendungen gelang.

Lippl, Alois Johannes, Ps. *Brondel von Rosenhag* (*21.6. 1903 München, †8.10. 1957 Gräfelfing). – Bayer. Schriftsteller, lange Zeit Oberspielleiter des Bayerischen Rundfunks, arbeitete nach dem Krieg aktiv in der Jugendpflege. Als Intendant des Staatsschauspiels in München erwarb er sich von 1948–53 internationalen Ruf. Lit. stand er ursprünglich der Jugendbewegung nahe und schrieb zahlreiche Laienspiele, in denen zunehmend das volkstüml. bayer. Element in den Vordergrund trat. Er verfaßte anspruchsvolle und heiter-gelassene Märchen-, Volks- und Mysterienspiele, von denen heute noch eine ganze Anzahl zum festen Bestand zahlreicher Bühnen und des Fernsehens gehören, z. B. *Das Überlinger Münsterspiel* (1924), *Die Pfingstorgel* (1933), *Der Engel mit dem Saitenspiel* (1938). L. profilierte sich auch als vorzügl. Romancier mit *Saldenreuter Weihnacht* (1954) und *Der Weg ins Glück* (1956).

Liscow, Christian Ludwig (*26.4. 1701 Wittenburg/Mecklenburg, †30.10. 1760 Gut Berg b. Eilenburg/Sachsen). – Dt. Aufklärungsdichter, Sohn eines Pfarrers, studierte Theologie, Jura, Philosophie und Literatur und arbeitete als Sekretär im Staatsdienst Mecklenburgs. Lit. hat er als Satiriker große Bedeutung, da es ihm gelang, in stilist. vielfältiger Weise falsche Verhaltensweisen der Menschen als unvernünftig zu charakterisieren und damit dem Spott preiszugeben. Bekannt wurde die Schrift *Die Vortrefflichkeit und Nothwendigkeit der Elenden Skribenten gründlich erwiesen* (1734). 1739 ließ er eine *Sammlung satyrischer und ernsthafter Schriften* folgen.

Lispector, Clarice (*10.12. 1925 Čečelnik/Ukraine, †9.12. 1977 Rio de Janeiro). – Ukrain. Dichterin, verlebte ihre Jugend in Brasilien, war danach lange Jahre in Europa und lebte später in den Vereinigten Staaten. In ihren durch vielfache Eindrücke bestimmten Jugendjahren gewann sie ein für ihr lit. Schaffen bedeutsames Verhältnis zur Existentialphilosophie, die in der ersten Hälfte unseres Jh.s ihren Höhepunkt erreichte. In ihren anspruchsvollen, meist portugies. geschriebenen Werken, etwa *Der Apfel im Dunkeln* (1961, dt. 1964) und in der Erzählungssammlung *Die Nachahmung der Rose* (1966), sind philosoph. Gedankengänge hervorragend einbezogen. Leider fehlen Übersetzungen ihrer übrigen Schriften, wie des Romans *Uma Aprendizagem ou O livro dos Prazeres* (1969).

List, Rudolf (*11.10. 1901 Leoben/Steiermark). – Österr. Schriftsteller, Studium, bei mehreren Zeitungen tätig. Daneben entstand ein umfangreiches lit. Werk, das für die Epoche und die österr. Literatur unseres Jh.s typ. Züge trägt. Bes. sind zu erwähnen die *Gedichte* (1932), *Tor aus dem Dunkel* (1935), *Traumheller Tag* (1949), die *Gesammelten Gedichte* (1957) und die letzte Gedichtausgabe *Unter versehrten Sternen* (1965). Mit den Romanen *Der Knecht Michael* (1936) und *Der große Gesang* (1941), den Erzählungen *Kleine Bruckner-Novelle* (1933) und *Karl Postl-Sealsfield* (1943) sowie dem vorzügl. Essay *Kunst und Künstler in der Steiermark* (1967) kann L. heute als ein gewichtiger Vertreter der Volks- und Heimatdichtung bezeichnet werden.

Lista y Aragón, Alberto (*15.10. 1775 Sevilla, †5.10. 1848 ebd.). – Span. Schriftsteller und Gelehrter, Professor in Sevilla. Nebenbei veröffentlichte L. zarte lyr. Werke, die trotz gewisser klassizist. Schäferidyllen bereits den Ton der Romantik vorwegnehmen, die in ihrer Aussage wesentl. persönl. und dem religiösen Leben des Menschen offener gegenübersteht. Erwähnenswert sind die Gedichtsammlung *A la muerte de Jesús* und die *Gesamtausgabe* seiner Gedichte von 1837. Als literaturbewanderter Essayist trat er mit den Schriften *Lecciones de literatura dramática* (1833) und *Ensayos literarios y críticos* (1844) hervor.

Li T'ai-po, eigtl. *Li Po* (*701, †762 Nanking). – Chines. Lyriker, wurde bald zum bedeutendsten Dichter der Tangzeit und mit seinen Trinkliedern und handfesten Naturgedichten zum Vorbild einer ganzen lit. Tradition, die seinen Stil nachahmte. Im 20. Jh. gewannen seine Werke nachhaltigen Einfluß auf die dt. Dichtung durch die meisterhafte Übersetzung Klabunds.

Livius, Titus (*59 v. Chr. Padua, †17 n. Chr. ebd.). – Röm. Geschichtsschreiber, gehört zu den bedeutendsten Historiographen der Weltliteratur; leider ist über sein Leben und Schicksal kaum etwas bekannt. Vermutl. lebte er die längste Zeit seines Lebens in Rom und stand in enger Beziehung zur Aristokratie. Seine philosoph. Schriften, die wahrscheinl. der Stoa nahestanden, sind uns nicht erhalten. In seinem bunten Geschichtswerk *Ab urbe condita*, das 142 Bücher umfaßte, von denen uns 35 erhalten sind, führt er die antike Annalistik zu ihrem letzten Höhepunkt. In L.s' Lebenszeit fällt die Ablösung der alten Republik durch das Prinzipat. In seinem Werk gestaltet er die Bedeutung und Macht Roms als Mittelpunkt der damaligen Welt und sucht durch seine Darstellung in gleicher Weise durch Beispiele moral. zu belehren und zu informieren.

Livius Andronicus, Lucius (*um 284 v. Chr., †um 204 v. Chr.). – Röm. Schriftsteller, kam ursprüngl. als Sklave nach Rom und wurde nach seiner Freilassung einer der bedeutendsten Autoren seiner Zeit. Mit seiner Übersetzung der Homerischen *Odyssee* schuf er das grundlegende Schulbuch für den Lateinunterricht bis in das Mittelalter und begründete zugleich die »Kunst des Übersetzens« als eigenständige Literaturform.

Gleichzeitig wirkte er mit seinen Schriften auf die Theatertheorie. Heute sind die Arbeiten zum Theater greifbar in der Ausgabe *Scaenicae Romanorum poesis fragmenta,* die O. Ribbeck 1897/98 herausgegeben hat.

LiYü (*1611 Jukao/Kiangsu, †um 1680 Wu-chow). – Chines. Dramatiker, bereiste weite Teile Chinas und versuchte, das Volkstheater auch für die anspruchsvollere Gesellschaft interessant zu machen, wobei er sehr bühnenwirksam schwankhafte Züge mit erot. Elementen mischte. Seine zehn besten Dramen erschienen u. d. T. *Shihchung'ch'ü,* seine Novellen *Die dreizehnstöckige Pagode* (dt. 1940) und *Der Turm der fegenden Wolken* (dt. 1953) erfreuen sich in zahlreichen Ländern bis heute großer Beliebtheit.

Llewellyn, Richard, eigtl. *R. David Vivian Llewellyn Lloyd* (*8. 12. 1906 St. David's/Pembrokeshire, †30. 11. 1983 Dublin). – Walis. Dichter, arbeitete in seiner Jugend in verschiedenen Berufen und wandte sich dann in Italien der bildenden Kunst zu. Bald wurde er einer der führenden Drehbuchautoren und Begründer des modernen »Problemfilms«. Als Schriftsteller schildert er in erster Linie das Leben der walis. Bauern, ihr Brauchtum und ihre Sitten und ist daher, abgesehen von seinem Rang als glänzender Erzähler, auch für die Volkskunde von großer Bedeutung. Mit dem Roman *So grün war mein Tal* (1939, dt. 1940) errang er internationale Anerkennung, die er mit den späteren Werken, die qualitativ keineswegs zurückstehen, nicht mehr in dem Maße erwerben konnte, z. B. mit *Einsames Herz* (1943), *Die tapferen Frauen von Merthyn* (1955, dt. 1957), *Das neue Land der Hoffnung* (1959, dt. 1960), *Der Mann im Spiegel* (1961, dt. 1962), *Der Judastag* (1964, dt. 1966), *... und morgen blüht der Sand* (1973, dt. 1974), *A Hill of Many Dreams* (1974).

Llull, Ramón, auch *Raimundus Lullus* (*? 1235 Palma de Mallorca, †? 1316). – Katalan. Theologe, Philosoph und Dichter, war nach einer Christuserscheinung als Missionar in Nordafrika und im Orient sowie als Hochschullehrer in Paris tätig; unverbürgt ist, daß er von Mohammedanern gesteinigt worden ist. Auf lit. Gebiet gilt L. als Begründer der katalan. Prosa (er schrieb jedoch auch arab. und lat.) und Verfasser von Liebeslyrik, beeinflußt von der provenzal. Schule, sowie religiöser Dichtungen mit oft didakt. Tendenz. Aus dem unfamgreichen lit. Werk L.s ragen heraus der philosoph. Roman *Blanquerna* (1282–87, hg. 1882), enthaltend u. a. die Abhandlung *Das Buch vom Liebenden und Geliebten* (dt. 1969), sowie die religiöse Streitschrift *El libre dels Gentils e dels tres savis.* Weiter ist erwähnenswert die Schrift *Felix de les meravelles del món* (um 1289, dt. teilw. u. d. T. *Ein katalanisches Tierepos,* 1872, bzw. *Die treulose Füchsin,* 1953).

Lobeira (Loveira), Vasco (*um 1360 Elvas, †um 1403 ebd.). – Portugies. Dichter, schuf wahrscheinl. die Urfassung des Ritterromans *Amadís de Gaula,* der später zahlreiche Erweiterungen und Zusätze erfuhr. In der ursprüngl. Form wird die Abenteuerfahrt eines Minneritters beschrieben, der für seine Dame zahlreiche Abenteuer besteht. Von der höf. Romandichtung unterscheidet sich das Werk dadurch, daß die Ritterfahrt, die hier nicht im gattungstyp. doppelten Kursus verläuft, keinerlei eth. Qualitäten hat, sondern ausschl. der Unterhaltung dient. Der Roman, der ein breites Publikum seiner Zeit ansprach, wirkte auch auf Cervantes' »Don Quijote«, der jedoch das Rittertum als Lebensform bereits in Frage stellt und so zu einer grundsätzl. Dichtung über die Lebensweise des Menschen wird. Zahlreiche inhaltsüberladene Romane des Barock haben in *Amadís de Gaula* ihr Vorbild.

Lobsien, Wilhelm (*30. 9. 1872 Foldingbro/Schleswig, †26. 7. 1947 Niebüll). – Der norddt. Lehrer stellt in seinem Werk die Welt der Nordsee und Halligen, seinen alltägl. Lebensumkreis, in lebhaft-farbenreicher Sprache, unter dem Einfluß Storms und Liliencrons stehend, dar. Bis heute haben die Romane und Erzählungen *Pidder Lyng* (1910), *Der Halligpastor* (1914), *Halligleute* (1925), *Der Heimkehrer* (1941), *Wind und Woge* (1947) und *Koog und Kogge* (1950) über das literaturgeschichtl. Interesse hinaus einen eigenen Leserkreis behalten.

Lobwasser, Ambrosius (*4. 4. 1515 Schneeberg/Erzgebirge, †27. 11. 1585 Königsberg). – Magister der Jurisprudenz und dt. Dichter, war vorübergehend im meißischen Staatsdienst und dann Professor der Rechtswissenschaft in Königsberg. Seine geistl. Dichtung, die bes. in reformierten Kreisen breite Anerkennung fand, ist typ. für die Literatur seiner Epoche und für uns ein wichtiges Zeugnis vom Geist seiner Zeit. Als Hauptwerke sind zu nennen *Der Psalter des Königlichen Propheten Davids* (1573), *Tragödia von der Enthauptung Johannis, genannt Calumnia* (1583), *Teutsche Epigrammata* (1612) und die Übersetzung eines franz. Psalmenbuchs.

Lockhart, John Gibson (*14. 6. 1794 Cambusnethan/Lanarkshire, †25. 11. 1854 Abbotsford). – Schott. Romancier, Redakteur bzw. Hg. bei »Blackwood's Magazine« und »Quarterly Review«. In die engl. Kulturgeschichte ging er mit der hervorragenden Übersetzung der Vorlesungen A. W. Schlegels zur Literaturgeschichte ein, die diese Wissenschaft in seiner Heimat eigtl. erst richtig begründeten. Als Schriftsteller trat er mit Romanen hervor, z. B. mit *Peter's Letters to his Kinsfolk* (1819), die die Welt seiner Heimat und deren gesellschaftl. Leben aus einer gewissen Distanz darstellen. Als Biograph von Scott, der sein Schwiegervater war (*Life of Sir Walter Scott;* 1837 ff. in 7 Bdn.), und Napoleon (*The History of Napoleon Bonaparte,* 1829 in 3 Bdn.), wurde er sehr geschätzt.

Lodeizen, Johan August Frederik, auch *Hans L.* (*20. 7. 1924 Naarden, †26. 7. 1950 Lausanne). – Niederl. Dichter, knüpft in seinem lit. Werk bewußt an die Tradition der Romantik an und führt diese durch zahlreiche Verfremdungen zu den Anfängen experimenteller, konkreter und hermet. Literatur. Seine Assoziationen und Bilder sind keineswegs eindeutig interpretierbar; seine Sprache verzichtet auf den Reim und bevorzugt eine rhythmisierte Prosa. Leider blieb sein Werk fragmentar. Die Ausgaben *Het innerlijk behang* (1950) und *Nagelaten Werk* (1969) geben heute einen zusammenfassenden Überblick über sein Schaffen.

Lodemann, Jürgen (*28. 5. 1936 Essen). – Dt. Schriftsteller, arbeitet als Fernsehautor. Lit. erfolgreich war L. mit den Romanen *Anita Drögemöller und Die Ruhe an der Ruhr* (1975) und *Essen. Viehofer Platz* (1985), dem Reisetagebuch *Phantastisches Plastikland und Rollendes Einfamilienhaus* (1977) und der Prosa *Gebogene Spitzen. Auf den Spuren der Friedfertigkeit* (1986). Als Jugendbuchautor zeichnete er sich mit *Siegfried* (1986) aus.

Lodge, David (*28. 1. 1935 London). – Engl. Schriftsteller und Essayist, steht in der lit. Tradition des Realismus und wendet sich autobiogr. primär den sozialen Problemen in den kathol. Stadtrandgebieten zu. In Deutschland liegen nicht alle Werke (z. B. *The British Museum is falling down*, 1965; *Changing places: A Tale of two cambuses, Schnitzeljagd*, dt. 1986; *Adamstag*, 1988) in Übersetzungen vor, doch werden kurze Auszüge der Schriften vielfach in den Schulen gelesen.

Lodge, Thomas (*um 1558 Westham/London, †September 1625 London). – Engl. Dichter, schrieb als junger Mann Kritiken und Schauspiele, z. B. *The Wounds of Civil War* (1594), übersetzte Flavius Josephus (1602) und Seneca (1614) und schuf mit der Romanze *Rosalynde, Euphues' Golden Legacie* (1590) das Vorbild für Shakespeares *Wie es Euch gefällt.* Als Theatertheoretiker hat er auf sein Zeitalter entscheidenden Einfluß mit der Arbeit *A Defense of plays* (1580) ausgeübt, da sich in England zu dieser Zeit eine gewisse theaterfeindl. Haltung in der Gesellschaft durchzusetzen begann. Er starb in London an der Pest.

Lönnrot, Elias (*9. 4. 1802 Sammatti/Nyland, †19. 3. 1884 ebd.). – Finn. Gelehrter und Dichter, wurde nach entbehrungsreichen Studienjahren Professor für finn. Sprache und Literatur in Helsinki. Sein bes. Interesse galt den alten Liedern des Volkes, den sog. Runen, die er auf zahlreichen Reisen durch Finnland und Karelien sammelte und im Nationalepos *Kalevala* (1835) zusammenstellte. Daneben faßte er die eindrucksvollsten und zartesten lyrischen Runen in der sog. *Kanteletar* (1840) zusammen. Mit diesen beiden Werken begründete L. nicht nur eine Tradition finn. Nationalpoesie, sondern realisierte romant. Gedankengut in der Literaturforschung seines Landes.

Löns, Hermann (*29. 8. 1866 Kulm/Westpreußen, †26. 9. 1914 Reims). – Dt. Volksdichter, war nach dem Studium der Medizin bei zahlreichen Zeitschriften als Redakteur und Mitarbeiter tätig, so z. B. beim »Hannoverschen Anzeiger«, bei der »Zeitschrift Niedersachsen« und der »Hannoverschen Allge-

meinen Zeitung«. Vorübergehend lebte er auch in der Schweiz, doch gilt sein Dichten in erster Linie der Naturlandschaft der Lüneburger Heide und den Menschen in diesem Raum. Mit der Form der Volksdichtung, die in den Vordergrund das Leben der einfachen Bauern und Menschen Niedersachsens stellt, schuf er eine lit. Gattung, die bis heute traditionsbildend geblieben ist. Löns' Heimatromane und Gedichte, die vielfach vertont wurden, gehören zum festen Bestand der dt. Heimatliteratur und sprechen jede Leserschicht an. Aus seinem umfangreichen Werk, das 1960 in fünf Bdn. erschien, sind hervorzuheben die Gedichte und Balladen *Der kleine Rosengarten* (1911) sowie die Erzählungen, Tierbücher und Romane *Mein grünes Buch* (1901), *Mein braunes Buch* (1906), *Was da kreucht und fleucht* (1909), *Mümmelmann* (1909), *Dahinten in der Heide* (1910), *Der Werwolf* (1910), *Das zweite Gesicht* (1912) und *Die Häuser von Ohlenhof* (posthum 1917).

Loerke, Oskar (*13. 3. 1884 Jungen/Westpreußen, †24. 2. 1941 Berlin-Frohnau). – Dt. Dichter, stammte aus einer Bauernfamilie, studierte Philosophie, Literatur, Musik und Geschichte, lebte vorübergehend als freier Autor in Berlin und war dann 1917 bis 1941 Lektor eines Verlages. Neben der tägl. Redaktions- und Lektoratsarbeit, durch die er viele junge Autoren fördern konnte, entstand sein lit. Werk, das sehr stark durch seine Reisen nach Italien und Nordafrika geprägt ist. Als Literaturessayist arbeitete er auch für die »Neue Rundschau« und den »Berliner Börsencourier«. Für seine Verdienste um die dt. Dichtung erhielt er den Kleist-Preis. Loerke ist einer der bedeutendsten dt. Lyriker unseres Jh.s. Er versucht in seinen Gedichten die Bewahrung und Behauptung des Menschen angesichts der Zerstörung und Vergänglichkeit zu gestalten. Zu seinen lit. Zeitgenossen hatte er enge Beziehungen und stand im Mittelpunkt des kulturellen Lebens seiner Tage. Mit den Gedichtbänden *Die heimliche Stadt* (1921), *Atem der Erde* (1930), *Der längste Tag* (1930), *Pansmusik* (1929) und *Der Wald der Welt* (1936) hat er die moderne Lyrik bis in unsere Tage entscheidend beeinflußt. Seine epischen Werke, so die Erzählung *Das Goldbergwerk* (1919) oder der Roman *Der Oger* (1921), wurden nicht in dem breiten Maße wirksam. Von zeitgeschichtl. und literaturhistor. Interesse sind seine formvollendeten *Tagebücher 1903–1935* (hg. 1955).

Loest, Erich (*24. 2. 1926 Mittweida). – Dt. Schriftsteller, nahm am Krieg teil, arbeitete dann in unterschiedlichen Berufen und studierte am Leipziger Literaturinstitut. 1957–64 wegen »konterrevolutionärer Gruppenbildung« im Gefängnis, trat er 1979 aus dem Schriftstellerverband der DDR aus; lebt seit 1981 in der Bundesrepublik und arbeitet engagiert im Vorstand des VS. L.s Werk ist stark biographisch geprägt, z. B. *Jungen, die übrig bleiben* (1954) und *Der Abhang* (1968), wobei die allgemeine sozialist. Aufbruchseuphorie von einem typ. Vertreter der Kriegsgeneration nicht geteilt wird. Nach dem Zuchthausaufenthalt schrieb er Kriminalromane und Satiren auf Wildwestgeschichten, z. B. *Mit kleinstem Kaliber* (1973), *Swallow, mein wackerer Mustang* (1980). In den Romanen *Schattenboxen* (1973), *Es geht seinen Gang* (1978) und *Durch die Erde ein Riß. Ein Lebenslauf* (1981) setzt er sich mit dem Leben in der DDR auseinander. Mit dem Roman *Zwiebelmuster* (1984) sucht er sich aus dem eigenen Erleben zu lösen und zu einer objektiven Distanz zur DDR zu finden (vgl. auch *Bismarck ist wieder wer*, 1985). Die innerdt. Probleme gestaltet L. auch in dem Roman *Froschkonzert* (1987), der in einer bundesrepublikan. Kleinstadt handelt. Der Agentenroman *Fallhöhe* (1989) gewinnt Interesse weniger durch die Handlung als durch die ironischen Anspielungen auf bekannte DDR-Autoren. Über die Bespitzelung durch den Staatssicherheitsdienst der DDR berichtet L. spannend und umfassend *Die Stasi war mein Eckermann* (1991). Autobiogr. Aufzeichnungen sind veröffentlicht u. d. T. *Der Zorn des Schafes* (1990).

Loetscher, Hugo (* 22. 12. 1929 Zürich). – Schweiz. Journalist, Romancier und Dramatiker, studierte Politologie, Soziologie, Nationalökonomie und Literatur, war aktiv in der Studentenschaft tätig, unternahm Reisen nach Lateinamerika und Ostasien und arbeitete bei verschiedenen Zeitschriften mit. In seinen Romanen *Abwässer – ein Gutachten* (1963), *Die Kranzflechterin* (1964), *Der Immune* (1975), *Die Papiere des Immunen* (1986), *Flucht* (1990) setzt er sich mit den Lebensbedingungen in der Gegenwart auseinander, wobei – neben autobiogr. Zügen – auch deutliche Kritik an der Konsumhaltung geübt wird. Während die Dramen *Schichtwechsel* (1960) und *Schule der Kannibalen* (1968) wenig Erfolg hatten, zeichnen seine Reisebücher ein vielfältiges Bild fremder Länder: *Brasilien* (1972), *Spanien* (1972), *Die Welt ist groß und gehört den anderen* (1979), *Wunderwelt. Eine brasilianische Begegnung* (1979). Unterhaltsam, wenn auch verfremdet sind die jüngsten Arbeiten *Herbst in der großen Orange* (1982), *Der Waschküchenschlüssel und andere Helvetica* (1983), *Die Fliege und die Suppe und 33 andere Tiere in 33 anderen Situationen* (1989), *Lassen Sie mich, bevor ich weiter muß, von drei Frauen erzählen* (1990).

Logau, Friedrich Freiherr von (* Juni 1604 Brockut/Nimptsch, †24. 7. 1655 Liegnitz). – Dt. Barockdichter der schles. Schule, entstammte einem alten Adelsgeschlecht, studierte einige Zeit während der Wirren des Dreißigjährigen Krieges, arbeitete dann auf seinem Familienbesitz und wurde zuletzt Beamter des Herzogs Ludwig von Brieg. L. ist der berühmteste Epigrammatiker des dt. Barock; in seinen Sprüchen wandte er sich gegen Unsitte und Krieg, Eigensucht und Eitelkeit, soziales Elend und religiösen Dogmatismus. Unter dem Einfluß von J. Owen entstanden seine Hauptwerke, die als Sammelausga-

ben erschienen und noch heute ein beachtl. Publikum haben, wie etwa *Erstes Hundert Teutscher Reimen-Sprüche* (1638) oder *Teutscher Sinngedichte Drey Tausend* (1654, neu 1972).

Lohengrin. Der mhd. höfische Roman L. entstand im ausgehenden 13. Jh. als eine Sproßerzählung zu Wolframs *Parzival*. An dem Werk waren sicherlich zwei Autoren beteiligt, möglicherweise ein Fahrender bürgerl. Standes aus Thüringen, der stark didaktische Elemente in den Text brachte, und ein bayer. Ministeriale, der die Form der modifizierten Titurelstrophe und die höf. Elemente beigetragen haben dürfte. Für R. Wagner wurde dieser epigonale Roman die Quelle für seine Oper »Lohengrin«.

Lohenstein, Daniel Casper von, eigtl. *Daniel Casper* (* 25. 1. 1635 Nimptsch/Schlesien, †28. 4. 1683 Breslau). – Dt. Barockdichter, der an zahlreichen Hochschulen Rechtswissenschaften studierte und anschließend die Staaten Mitteleuropas bereiste, gehört zu den führenden Gestalten der sog. Zweiten Schlesischen Dichterschule. Während er ein Leben als Beamter in hohen Funktionen führte, entstand sein spätbarockes Werk, stark unter dem Einfluß der Antike und des Barockdichters Gryphius. Typ. für seine spätbarocke Gestaltungsweise ist das Aufschwellen der Form zu Riesenwerken, deren Sprache, im Stil der Zeit mit zahlreichen Manierismen überladen, ungemein aufgeputzt wirkt. Gleichzeitig ist die nationale Gesinnung, die sich nach dem Dreißigjährigen Krieg zu verbreiten begann, ein charakterist. Merkmal seines Schaffens, das in einem bis dahin ungekannten Maße alle Bildungsbereiche zu umfassen sucht. Mit dem Schlüsselroman *Arminius* (posthum 1689/90) und den Tragödien *Cleopatra* (1661), *Agrippina* (1665) und *Ibrahim Sultan* (1673) wurde er über seine Zeit hinaus berühmt und gilt als ein Hauptrepräsentant seiner Epoche. Seine zahlreichen Gedichte erschienen u. d. T. *Trauer- und Lustgedichte* (1680).

Lohmeier, Georg (* 9. 7. 1926 Loh/Oberbayern). – Royalist. bayer. Patriot und Schriftsteller. Wurde durch seine Histörchen bekannt, die auch als Fernsehfilme weite Verbreitung fanden, z. B. *Königlich Bayerisches Amtsgericht* (2 Bde. 1972/73), *Die Allerseelenmeß* (o. J.), *Der Weihnachter* (1972), *Bayerisches für Christenmenschen* (1984) und *Den Bayern aufs Maul gschaut* (1985). Als Historiker mit profunden Kenntnissen bayer. Geschichte zeigt sich L. in *Liberalitas Bavariae* (1972), *Joseph Baumgartner* (1974) und einer Ausgabe *Bayerische Barockprediger* (1974). Mit den *Geschichten für den Komödienstadl* (1974f.) trat er mit bühnenwirksamen Fernsehspielen hervor.

Lo-Johansson, Ivar (* 23. 2. 1901 Ösmo, †11. 4. 1990 Stockholm). – Schwed. Schriftsteller, Autodidakt; seine zahlreichen Reisen durch Europa finanzierte er durch vorzügliche Reisebeschreibungen, die zum Besten dieser Gattung gehören. Für sein soziales Engagement, seine Erzählungen und die genannten Reisebeschreibungen wurde er mit der Ehrendoktorwürde der Universität Uppsala ausgezeichnet. Sein Werk, das immer im Spannungsfeld zwischen Eigenverantwortung und Gesellschaft steht, wurde bekannt durch die Romane *Monna ist tot* (1932, dt. 1949), *Nur eine Mutter* (1939, dt. 1946), *Von Hof zu Hof* (1953, dt. 1959), *Der Mann ohne Namen* (1951, dt. 1964) und seine noch nicht übersetzten Schriften *Elektra, kvinna år 2070* (1967) und *Furstarna* (1974). Seit 1950 erscheint in Schweden eine Gesamtausgabe. In Dtld. prägte der R. *Kungsgatan* (dt. 1979) das Bild von der schwed. Gegenwartsliteratur.

Lomonossow, Michail Wassiljewitsch (* 19. 11. 1711 Cholmogory/Archangelsk, † 15. 4. 1765 Petersburg). – Russ. Schriftsteller, Wissenschaftler und Gelehrter, floh aus der Ärmlichkeit seiner Umgebung und studierte in Marburg und Freiburg Naturwissenschaften. Nach Rußland zurückgekehrt, wurde er 1745 Professor für Chemie und Mitglied der Akademie der Wissenschaften in Petersburg. Zehn Jahre später gründete er die Universität Moskau, die heute seinen Namen trägt, und führte die geograph. Wissenschaften als Disziplin an der Hochschule ein. Über diese Bedeutung als Begründer der russ. Wissenschaft hinaus wurde L. durch sein lit. Werk weit bekannt. Neben zwei Dramen und zahlreichen Reden auf zu ehrende Persönlichkeiten schuf er Versdichtungen, die die zu seiner Zeit modernen europ. Versformen in seine Heimat brachten. In Dt. sind seine wichtigsten Schriften heute in der Ausgabe *Ausgewählte Schriften* (2 Bde. 1961) greifbar.

London, Jack, eigtl. *John Griffith* (* 12. 1. 1876 San Francisco, † 22. 11. 1916 Glen Ellen/Kalifornien). – Amerikan. Schriftsteller, stammte aus ärml. Verhältnissen, finanzierte sein Studium durch zahlreiche Nebentätigkeiten und führte dann jahrelang ein Abenteurerleben, das ihn nach Japan und Sibirien brachte. 1897 nahm er am Klondike-Goldrausch teil und arbeitete anschließend als Kriegsberichterstatter im Russ.-Jap. Krieg, wobei er in Gefangenschaft geriet. Anschließend zog er Jahre durch die Welt, um sich zuletzt, dem Alkohol verfallen, auf seiner Farm in Kalifornien niederzulassen. Hier nahm er sich, seel. und körperl. zerstört, das Leben. Sein lit. Schaffen steht deutl. unter dem Einfluß von Stevenson und Kipling, Darwin, Spencer, Marx und Nietzsche. Neben den kleineren Formen – Tiergeschichten und Kurzgeschichten – begründete er seinen internationalen Ruhm mit seinen unübertroffenen Abenteuerromanen, die einerseits einer extremen Heldenverehrung huldigen, zum anderen in realist. Weise die Not der Armen schildern. Seine Werke wurden in alle Weltsprachen übersetzt. In Dtld. haben die Romane großen Anklang gefunden: *In den Wäldern des Nordens* (1902), *An der weißen Grenze* (1902), *Wolfsblut* (1906, dt. 1912), *Der Seewolf* (1904, dt. 1926), *Der Ruf der Wildnis* (1903, dt. 1907), *Lockruf des Goldes* (1910) und die Autobiographie *König Alkohol* (1913,

dt. 1925). Die dt. Gesamtausgabe erschien 1924 bis 1932 in 31 Bdn.

Longfellow, Henry Wadsworth (* 27. 2. 1807 Portland/Maine, † 24. 3. 1882 Cambridge/Mass.). – Amerikan. Schriftsteller, vorübergehend Professor in Harvard, wandte sich danach ausschl. seinem lit. Werk zu. Sicher ist L. kein unmittelbar selbstschöpfer. Autor, dennoch errang er zu seiner Zeit in Amerika eine unvergleichl. Popularität, da es ihm gelang, überlieferte Sagen, Märchen und Legenden, europ. Geschichte und Mythen der Indianer in seinem von der Romantik beeinflußten Werk zu verbinden. Seine Erzählungen haben ihm bis heute eine breite Leserschaft bewahrt. Bekannt blieben z. B. *Evangeline* (1847, dt. 1851), *Das Lied von Hiawatha* (1855, dt. 1856), die Gedichte *Voices of the Night* (1838), *Ballads and Other Poems* (1842) und *Ultima Thule* (1880), das Drama *The Golden Legend* (1851) und seine bedeutende Übertragung der *Divina Commedia* Dantes ins Englische. Eine deutsche Übersetzung aller seiner poetischen Werke erschien 1916 in 2 Bdn.

Longinos, Cassius (* um 213 n. Chr., † 273 n. Chr.). – Der griech. Philosoph aus der neuplaton. Schule widmete sich bes. sprachwissenschaftl. Problemen. Als Staatsmann versuchte er, auf der Grundlage der islam., christl. und jüd. Religion einen toleranten Staat zu schaffen, was ihm jedoch mißlang. Unter Aurelianus mußte er als Märtyrer sein Leben lassen. Leider sind von seinen lit. Werken nur Fragmente erhalten. Darunter finden sich ein *Kommentar zu Hephaistion,* ein *Brief* und *Bruchstücke einer Rhetorik.* Die literaturästhet. Schrift *Peri hypsus* (Über das Erhabene) wurde ihm lange Zeit zugeschrieben, stammt jedoch sicher von einem anderen Autor.

Longos. Der griech. Dichter stammte aus Lesbos und wurde im 3. Jh. n. Chr. durch seinen Roman *Daphnis und Chloë* berühmt. Dieses Werk bildet den Höhepunkt der antiken Schäferpoesie – es schildert das Schicksal zweier ausgesetzter Kinder aus reichem Hause – und wirkte bis ins Rokoko, auf Goethe und in der Gegenwart auf die Tondichtung Ravels.

Lope de Vega → *Vega Carpio, Lope de.*

Lopes, Fernão (* um 1380, † um 1460). – Portugies. Schriftsteller und Historiker, als Archivar und Notar Joãos I. genannt. Im Auftrag Duartes I. schrieb er die *Crónica de'l Rei D. Pedro,* mit der er zum Begründer der portugies. Historiographie wurde. Sein Werk ist heute noch von großem Interesse, da es sich von den übl. mittelalterl. Chroniken durch eine gekonnte stilist. Vielfalt abhebt.

Lópes, Henri (* 12. 9. 1937 Leopoldville/Kinshasa). – Kongoles. Schriftsteller, schreibt französisch, studierte in Frankreich und nahm hohe polit. Stellungen ein. Sein lit. Werk umfaßt Gedichte, Erzählungen *Tribaliques* (1971) und Romane *La nouvelle romance* (1976), *Die strafversetzte Revolution* (1977, dt. 1979), *Blutiger Ball* (1982, dt. 1984). L. wählt seine

Stoffe aus der postkolonialen Zeit und gestaltet sie in traditionell europ. Formen.

Lopes Vieira, Alfonso (* 26. 1. 1878 Leiria, † 25. 1. 1946 Lissabon). – Portugies. Dichter, studierte an der Universität Coimbra und bereiste anschließend Italien, die Schweiz, Afrika und Brasilien. Mit seinem stark von nationalstaatlichem Denken beeinflußten Werk versuchte er, die Reform Portugals im 20. Jh. vorzubereiten und eine geistige Erneuerung zu beschleunigen. Neben den polit. Schriften schrieb er auch zahlreiche Gedichte. Zum Verständnis der histor.-polit. Situation Portugals in der ersten Hälfte des 20. Jh.s ist sein Werk ein wichtiges Zeugnis.

López Albújar, Enrique (* 23. 11. 1872 Piura, † 6. 3. 1966 Lima). – Peruan. Dichter, trat in seinen Erzählungen und Kurzgeschichten für die Rechte der unterdrückten einheim. Bevölkerung ein, wobei er sich in einer realist. Darstellung auch sprachl. an die Ausdrucksweise der Indianer und Outsider anlehnt. Seine kulturhistor. interessanten Werke sind leider nur originalsprachl. vorhanden. Genannt seien die erfolgreichen Romane *Nuevos cuentos andinos* (1937) und *Las caridades de la señora Tordoya* (1955).

López de Ayala, Pero (* 1332 Vitoria, † 1407 Calahorra). – Span. Dichter, trat nach einer geistl. Ausbildung in den Hofdienst und wurde bald als bedeutendster kastilian. Dichter, Chronist und Übersetzer anerkannt, der einen nachhaltigen Einfluß auf die span. Humanisten seiner Zeit ausübte. Sein Geschichtswerk *Crónicas de los reyes de Castilla* steht als eine der wichtigsten Geschichtsdarstellungen des gesamten Mittelalters neben seinem bedeutenden *Rimado de Palacio* (um 1385), die 8200 Verse umfaßt. Außerdem übersetzte er Schriften Gregors d. Gr.

López de Ayala y Herrera, Adelardo (* 1. 5. 1828 Guadalcanal/Sevilla, † 30. 12. 1879 Madrid). – Span. Dichter, dessen lit. Werk deutl. unter dem Einfluß von Calderón und Alarcón steht. L. wurde rasch bekannt, wobei sich neben seinen Traktaten und Kritiken bes. die Komödien großer Beliebtheit erfreuten. Als Begründer und Wegbereiter der sog. »alta comedia« wurde er in seiner Heimat ein fester Begriff. Sein Werk wird heute noch viel gespielt und liegt in einer siebenbändigen *Gesamtausgabe* (1881–85) vor. Ins Dt. wurden seine Stücke nicht übertragen.

López de Úbeda, Francisco (* Ende 16. Jh., † Anfang 17. Jh.). – Span. Dichter, über sein Leben machen keinerlei Quellen Aussagen. L. wird der berühmte Schelmenroman *La pícara Justina* zugeschrieben, der erstmals die Abenteuer einer vagabundierenden Frau, die als Held und Pícaro im Mittelpunkt der Handlung steht, erzählt. Bereits 1626/27 erschien eine dt. Übersetzung u. d. T. *Die Landstörzerin Justina Dietzin Picara.*

López-Picó, Josep Maria (* 14. 10. 1886 Barcelona, † 24. 5. 1959 ebd.). – Katalan. Dichter, begründete die Literaturzeitschrift »La Revista« und schrieb Gedichte, deren formale Strenge und philosoph. Aussage sie der hermet. Literatur nahestellen. Die *Gesamtausgabe* seines bisher unübersetzten Werkes, das stark religiöse Elemente zeigt, erschien 1948f.

López Silva, José (* 4. 4. 1861 Madrid, † April 1925 Buenos Aires). – Span. Schriftsteller, arbeitete bei der Wochenzeitschrift »Madrid Cómico« und wurde bald als Dramatiker bekannt, der mit Arniches und Fernández Shaw das Leben der Bürger Madrids in sehr wirksamen Stücken auf die Bühne brachte. *Las bravías* (1896) und *La Revoltosa* (1897) hatten dabei den größten Erfolg.

López Velarde, Ramón (* 15. 4. 1888 Jerez/Zacatecas, † 19. 6. 1921 Mexiko). – Mexikan. Schriftsteller, seit 1914 Professor für Literatur in Mexiko-City. L. schrieb zahlreiche religiöse Gedichte, deren eindringliche Sensibilität durch den Einfluß L. Lugones verstärkt wurde. Die oft sehr übertreibenden Aussagen schwächen im allgemeinen die Wirksamkeit seiner formal gelungenen Gedichte, die stark unter dem Einfluß des Modernismo stehen, ab. Das bis heute unübersetzte Gesamtwerk erschien in zwei Ausgaben, *Obras Completas* (1944) und *Poesías Completas* (1953).

Lorca, Federico García, → *García Lorca, Federico.*

Lorenc, Kito (* 4. 3. 1938 Schleife/Kreis Weißwasser). – Dt. Lyriker, schrieb seine Gedichte ursprüngl. in sorb. Sprache und übersetzte auch zahlreiche sorb. Texte ins Dt. Seine dt. Gedichte sind gekennzeichnet durch eine enge Naturverbundenheit und einen großen Bilderreichtum, der oft durch humorvolle und verspielte Elemente an ästhet. Reiz gewinnt. Bes. hervorzuheben sind die Gedichtsammlungen *Struga, Bilder einer Landschaft* (1967) und *Flurbereinigung* (1973).

Lorenz, Konrad (* 7. 11. 1903 Wien, † 27. 2. 1989 Altenberg [bei Tulln]. – Der österr. Verhaltensforscher lehrte in Wien und Königsberg und war zuletzt Direktor des Max-Planck-Instituts für vergleichende Verhaltensforschung in Seewiesen. 1973 erhielt er für seine bedeutenden Arbeiten den Nobelpreis. L. wies sich jedoch nicht nur als international anerkannter Wissenschaftler aus, sondern verstand es auch vorzügl., seine Forschungsergebnisse einem breiten Publikum verständl. vorzustellen, wobei seine Bücher wegen der gestalt. Qualität und ästhet. Form lit. Bedeutung haben. Aus der Vielzahl seiner Veröffentlichungen seien hier genannt *Er redete mit dem Vieh, den Vögeln und den Fischen* (1949), *So kam der Mensch auf den Hund* (1950), *Das sogenannte Böse* (1963), *Über tierisches und menschliches Verhalten* (2 Bde. 1965/66), *Vom Weltbild des Verhaltensforschers* (1968), *Die Rückseite des Spiegels* (1973), *Die acht Todsünden der zivilisierten Menschheit* (1973), *Das Wirkungsgefüge der Natur und das Schicksal des Menschen* (1978), *Das Jahr der Graugans* (1979).

Loschütz, Gert (*9.10. 1946 Genthin/Mark Brandenburg). – Dt. Schriftsteller, studierte Geschichte, Philosophie und Soziologie, veröffentlichte vornehmlich Theaterstücke, aber auch Gedichte, Erzählungen und Hörspiele und erhielt 1973/74 ein Stipendium der Villa Massimo/Rom. Die Theaterstücke zeigen Züge des Neuen Realismus und setzten sich mit Sexualität und Brutalität in der gegenwärtigen Welt auseinander *Chicago spielen* (1977). Die Gedichte *Diese schöne Anstrengung* (1980) und Erzn. *Eine wahnsinnige Liebe* (1984), *Das Pfennig-Mal* (1986) fanden ebenso Beachtung wie die etwas einseitige Essayistik *Von deutscher Art* (1982) und der Roman *Flucht* (1990).

Lothar, Ernst, eigtl. *Ernst Müller* (*25.10. 1890 Brünn, †30.10. 1974 Wien). – Österr.-mähr. Dichter, 1925 bis 1933 Kritiker der »Neuen Freien Presse«. Als Regisseur am Burgtheater und Direktor des »Theaters an der Josephstadt« hatte er großen Einfluß auf das österr. Theaterleben. Nach dem Krieg errang er auch mit seinen Inszenierungen bei den Salzburger Festspielen große Beachtung. Lit. trat er mit zahlreichen Romanen hervor, die, ganz aus der geist. Tradition der Nachfolge Schnitzlers geschrieben, den typisch österr. Stil der Jahrhundertwende kultivieren. Hervorzuheben sind *Macht über alle Menschen* (1921–1924), *Der Engel mit der Posaune* (1946), *Unter anderer Sonne* (1961) und die Erinnerungen *Das Wunder des Überlebens* (1960).

Loti, Pierre, eigtl. *Julien Viaud* (*14.1. 1850 Rochefort, †10.6. 1923 Hendaye). – Franz. Erzähler, erlebte eine abwechslungsreiche Jugend, die ihn bis China führte. Diese Erlebnisse fanden ihren Niederschlag in seinen spannenden Reiseberichten, in denen er sowohl die jeweilige Landschaft als auch die gesellschaftl. Verhältnisse sehr eindrucksvoll schilderte. Sein gesamtes Werk, von dem bes. *Pêcheur d'Islande* (1886), *Der Spahi* (1891, dt. 1892), *Mein Bruder Yves* (1883, dt. 1901) und *Die Entzauberten* (1906, dt. 1908) zu erwähnen sind, ist getragen von dem Gedanken, daß das im Einklang mit der ursprüngl. Natur stehende Leben das beste Leben sei, z. B. *Im Zeichen der Sahara* (dt. 1922). Der Einfluß Rousseaus wird deutlich sichtbar. L. bereitet hiermit den exotischen Roman vor.

Lotichius, Petrus L. Secundus (*2.11. 1528 Niederzell/Hessen, †22.10. 1560 Heidelberg). – Dt. Humanist und Schriftsteller, studierte in Deutschland und Italien und wurde nach merkwürdigen Abenteuern zuletzt Professor für Medizin in Heidelberg. Lit. trat er mit sehr formstrengen und eindrucksvollen Gedichten, die unter dem Einfluß der Vorbilder Ovid, Vergil und Tasso stehen, hervor. Vom Publikum wurden auch seine *Elegien* (1551, dt. 1826) sehr bewundert.

Louvet de Couvray, Jean Baptiste (*12.6. 1760 Paris, †25.8. 1797 ebd.). – Franz. Romancier, stellt in seinem berühmten Roman *Les amours (aventures) de chevalier Faublas* (1781 bis 1790 in 19 Bdn.) die Gesellschaft vor der Französischen Revolution dar und gibt damit eines der eindringlichsten Dokumente zum Verständnis dieser Epoche. Da er selbst Mitglied des Konvents war, gewinnen seine Darstellungen auch als Zeugnis der polit. Wirklichkeit große Bedeutung.

Louw, Nicolaas Petrus van Wyk (*11.6. 1906 Sutherland/Kapland, †18.6. 1970 Johannesburg). – Afrikaans-Lyriker, war im bürgerl. Beruf Professor, Essayist und Literaturwissenschaftler in Amsterdam und später in seiner Heimat Johannesburg. Sein stark individualist. Werk sieht, ganz im Geiste der Nietzschenachfolge, im Künstler den einmaligen Verwirklicher der Idee, der sich sowohl gegen das Kollektiv als auch gegen einen fälschl. angenommenen Gott behaupten muß. Sein interessantes Werk ist nur in Afrikaans erschienen. Bes. seine letzten Schriften sind von großem Einfluß auf die zeitgenöss. Literatur seiner Heimat, etwa die Dramen *Di held* (1962) oder *Lewenslyn* (1962).

Louys, Pierre, eigtl. *Pierre-Félix Louys* (*10.12. 1870 Gent, †4.6. 1925 Paris). – Der franz. Schriftsteller war mit Mallarmé, Gide und Valéry befreundet und gründete 1890 die Zeitschrift »La Conque«. Unter dem starken Einfluß des Salons Hérédias schrieb er Romane, deren Sinnenfreude und Erotik auf die Zeitgenossen einen starken, befreienden Einfluß ausübten. Bes. sind hier hervorzuheben die Romane *Aphrodite* (1869, dt. 1897) und *Les aventures du roi Pausole* (1901). Die letzten Jahre seines Lebens arbeitete er primär als Wissenschaftler. Sein Gesamtwerk erschien 1929 bis 1931 in 13 Bdn.

Lovecraft, Howard Philipps (*20.8. 1890 Providence/Rhode Island, †15.3. 1937 ebd.). – Amerikan. Schriftsteller, trat bereits mit 16 Jahren mit einer naturwissenschafl. Arbeit an die Öffentlichkeit, die allgemein großes Interesse erregte. Unter seinen zahlreichen Erzählungen wurde bes. *Dagon* bekannt; diese Erzählung und viele ähnliche begründeten die Gattung phantasievoller Schreckensgeschichten, die bald auch als Vorlagen für Grusel- und Horrorfilme dienten. Zu seinen Lebzeiten wurden die Schriften weniger beachtet; heute sind sie verbreitet und erfreuen sich großer Beliebtheit. Auf die weitere Entwicklung der Gattung haben bes. *Die Ratten im Gemäuer* (1924, dt. 1968), *At the Mountains of Madness* (1966) und *The Lurker of the Threshold* (1968, dt. 1969) starken Einfluß ausgeübt.

Lowell, Amy (*9.2. 1874 Brookline/Mass., †12.5. 1925 ebd.). – Amerikan. Schriftstellerin, wurde bald zum Mittelpunkt eines anspruchsvollen, auch etwas exzentrischen lit. Salons und trat selbst mit Gedichten unter dem Einfluß der Imaginisten und mit Kritiken hervor. Ihre Gedichte wurden nicht ins Dt. übersetzt; sie sind in einer Gesamtausgabe von 1955 greifbar. L. ist weniger als originale Autorin von Bedeutung als vielmehr als Anregerin und Vermittlerin zahlreicher Gedanken und Strömungen. So stand E. Pound lange mit ihr in Verbindung. Für die Gedichte *What's O'Clock* erhielt sie 1926 den Pulitzer-Preis.

Lowell, James Russell (*22.2. 1819 Cambridge/Mass., †12.8. 1891 Elmwood/Cambridge). – Amerikanischer Schriftsteller, Hg. der Zeitschriften »The Pioneer« und »The Atlantic Monthly«. Während seine recht gefühlvollen, aber wenig gekonnten Gedichte heute vergessen sind, gelten seine Satiren *The Biglow Papers* (1848–1867) und seine meisterhaften Essays *Fireside Travels* (1864), *Among My Books* (1870f.), *Democracy and Other Addresses* (1887), *Political Essays* (1888) und *Anti-Slavery Papers* (1902) heute noch als Meisterwerke polit. Literatur.

Lowell, Robert (*1.3. 1917 Boston, †12.9. 1977 New York). – Amerikan. Schriftsteller und klass. Philologe, trat in den letzten Jahren als polit. engagierter Lyriker und Essayist hervor, wobei er seine lyr. Formen meist der Barockdichtung annähert, z. B. in *Land of Unlikeness* (1944) und *Imitations* (1961). Für die Gedichte *Lord Weary's Castle* (1947) und *The Dolphin* (1974) erhielt er zweimal den Pulitzer-Preis (*Gedichte,* dt. 1982). In Amerika hat er auf die zeitgenöss. Dichtung auch durch seine formvollendeten Übersetzungen der impressionist. Lyrik Rilkes und Baudelaires sowie der antiken Vorbilder Homer und Sappho gewirkt. Mit großem Engagement trat er auch in seinen autobiograph. *Life Studies* (1959) gegen den distanzierten Stil T. S. Eliots auf.

Lowry, Malcolm (*28.7. 1909 Merseyside, †27.6. 1957 London). – Engl. Schriftsteller aus bürgerl. Haus, bereiste weite Teile Europas, Asiens und Amerikas, ohne dabei das Gefühl der persönl. Vereinsamung zu verlieren. Unter diesem existentiellen Anspruch entstanden sein Roman *Unter dem Vulkan* (1947, dt. 1951 und 1963) und die Erzählung *Hör uns, o Herr, der Du im Himmel wohnst* (1955, dt. 1965). Seine Romane *Ultramarine* (1933) und *October Ferry to Gabriola* (1971) wurden noch nicht ins Dt. übertragen; 1987 erschienen dt. *Die letzte Adresse und Erzählungen aus dem Nachlaß.*

Loziński, Wladislaw, Ps. *W. Lubón* (*27.5. 1843 Opary, †20.5. 1913 Lemberg). – Poln. Schriftsteller, trat als glänzender Erzähler unter dem Einfluß antiker Vorbilder und als vorzüglicher Essayist an die Öffentlichkeit. In dt. Sprache liegen der Roman *Das Marienbild von Busowiska* (1892, dt. 1900) und der Essay *Polnisches Leben in vergangenen Zeiten* (1917, dt. 1918) vor. Mit seinen Schriften schuf L. eine poln. histor. Essayistik.

Lublinski, Samuel (*18.2. 1868 Johannisburg/Ostpreußen, †26.12. 1910 Weimar). – Dt. Schriftsteller, führte in seiner Jugend ein sehr abwechslungsreiches Leben und ging an verschiedenen Orten Europas lit. Berufen nach. Seine Dramen und Erzählungen, die stark gesellschaftskrit. Züge tragen und sich lit. am Vorbild Hebbels orientieren, sind der Milieutheorie des ausgehenden 19. Jh.s verbunden. So hat bes. der Natura-

lismus auf das Werk L.s nachhaltigen Einfluß ausgeübt, wenn dieser sich auch bewußt dagegen abzugrenzen suchte. Unter seinen zahlreichen Werken, in denen häufig histor. Elemente tragende Strukturen sind, müssen genannt werden die Tragödien *Der Imperator* (1901), *Elisabeth und Essex* (1903) und *Gunther und Brunhild* (1908). Als Essayist ist er bis heute unübertroffen mit *Jüdische Charaktere bei Grillparzer, Hebbel und Otto Ludwig* (1898), *Literatur und Gesellschaft* (1899 ff. in 4 Bdn.), *Vom unbekannten Gott* (1904), *Der Ausgang der Moderne* (1909) und *Der urchristliche Erdkreis und der Mythos* (2 Bde. 1910).

Lucanus, Marcus Annaeus (*3.11. 39 Córdoba, †30.4. 65 Rom). – Röm. Schriftsteller aus der Familie Senecas; wurde von dem Stoiker Cornutus erzogen und entwickelte sich bald zu einem der angesehensten Rhetoriker. Leider sind von seinem umfangreichen Werk, das sicher einen tiefen Einblick in die Hofhaltung Neros gewährt hätte, nur Fragmente erhalten. Als überzeugter Republikaner wandte er sich gegen die Kaiserherrschaft. Sein unvollständig erhaltenes Werk *Pharsalia (= Bellum civile)* schildert die Ereignisse des Bürgerkrieges aus der Sicht des Stoikers.

Lucilius, Gaius (*um 180 v. Chr. Suessa Aurunca/Campanien, †102 v. Chr. Neapel). – Der röm. Schriftsteller, der neben Ennius als Begründer der Satire angesehen wird, ordnete seine leider verlorenen satir. Schriften nach dem formalen Prinzip des Versmaßes. Seine Angriffe galten bes. den verfallenden Sitten der städt. Bevölkerung Roms.

Lucretius Carus, Titus *(Lukrez)* (*um 98 v. Chr., †10.10. 55 v. Chr.). – Röm. Schriftsteller, über dessen Leben es keine genauen Berichte gibt, doch scheint er den Zeitgenossen lit. ein Begriff gewesen zu sein. Cicero hat sein Lehrgedicht *De rerum natura,* eine Kosmologie im Geiste Epikurs, herausgegeben. Dieses Werk, in dem sich L. stets um natürl. Erklärungen bemüht und jeden Aberglauben ablehnt, hat auf die Natur- und Moralphilosophie der neuzeitl. Aufklärung einen nachhaltigen Einfluß ausgeübt. Sprachlich steht Vergil unter der Nachwirkung des L.

Ludolf von Sachsen (*um 1300, †10.4. 1377 Straßburg). – Dt. Mystiker, gehörte erst dem Dominikaner-, später dem Kartäuserorden an und wirkte mit seiner Schrift *Leben Jesu,* die Gedanken Epikurs in christl. Geist vorträgt, nachhaltig auf die Volksfrömmigkeit und Laienmystik des späten Mittelalters.

Ludus de Antichristo. Das Turnierspiel L. wurde nach der Vorlage des *Libellus de Antichristo* des Adso von Toul um 1160 im Kloster Tegernsee niedergeschrieben und zeigt in einer festlichen Turnierhandlung den Sieg des dt. Kaisers (Friedrich I. Barbarossa) über den Antichrist. Das Werk, das typ. für das stauf. Reichsbewußtsein des 12. Jh.s ist, wurde wahrscheinlich niemals aufgeführt.

Ludwig, Emil, ursprüngl. *Emil Cohn* (*25.1. 1881 Breslau,

†17.9. 1948 Moscia/Ascona). – Dt. Schriftsteller, trat 1902 vom Judentum zum Christentum über und lebte nach einigen Jahren mit unterschiedlichen Berufstätigkeiten als freier Autor in Italien und in den Vereinigten Staaten. Neben seinen Dramen und Essays sind v. a. die Romane von lit. Bedeutung, da es ihm in diesen Werken gelang, erstmals populäre Biographien histor. Persönlichkeiten an ein breites Publikum heranzutragen. Bekannt wurden bes. *Bismarck* (1926), *Goethe* (1920), *Roosevelt* (1938) und *Stalin* (1948).

Ludwig, Otto (* 12. 2. 1813 Eisfeld, † 25. 2. 1865 Dresden). – Dt. Schriftsteller, führte in Dresden ein sehr zurückgezogenes Leben und wurde als Theoretiker der Literaturgeschichte und des sog. »Poetischen Realismus« (der Begriff stammt von ihm) für die Wissenschaft von Bedeutung. Einer breiteren Öffentlichkeit ist er durch seine Novellen bekannt, die, an E. T. A. Hoffmann und dem späten Tieck geschult, romant. Elemente in den Realismus bringen. Mit den Dorfgeschichten begründete er eine eigene lit. Gattung, die für den Rückzug der Dichtung des 19. Jh.s in kleine, überschaubare Bereiche typ. ist. Viel gelesen wurden *Die Heiterethei* (1854), *Zwischen Himmel und Erde* (1856) und seine posthum (1871) veröffentlichten *Shakespeare-Studien.* Als Dramatiker war er nur mit *Der Erbförster* (1853) erfolgreich.

Ludwig, Paula (* 5. 1. 1900 Altenstadt/Vorarlberg, † 27. 1. 1974 Darmstadt). – Österr. Dichterin, führte ein unruhiges Leben zwischen ihrer Heimat, München, Berlin und, nach 1938, in der Emigration in Frankreich, Spanien, Portugal und Brasilien, bis sie 1953 wieder nach Dtld. zurückkehrte. Ihr lyr. Werk, das in einer Reihe ausdrucksstarker Gedichte vorliegt, etwa in den Bänden *Die selige Spur* (1919), *Der himmlische Spiegel* (1927), *Gedichte* (1958) und den Erinnerungen *Träume* (1962), verbindet einfühlsames Naturerleben mit expressionist. Darstellungsformen.

Ludwigslied. Das L. ist das einzige erhaltene ahd. Preislied. Der anonyme geistl. Verfasser preist in dem Gedicht den Sieg Ludwigs III. über die Normannen (881) und deutet alle Ereignisse des Kampfes als unmittelbares Eingreifen Gottes zur Hilfe des christl. Herrschers.

Lü Pu-wei (* 300 v. Chr. Yangchai/Honan, † 235 v. Chr. ebd.). – Chines. Schriftsteller und Philosoph, führte als hoher Politiker ein gefährl. Leben. Lit. bedeutsam wurde er durch seine Mitwirkung an der Enzyklopädie philosoph. Lehren, aus der *Frühling und Herbst des Herrn Lü* 1928 ins Dt. übertragen wurden.

Lützkendorf, Felix (* 2. 2. 1906 Leipzig, † 19. 11. 1990 München). – Dt. Schriftsteller, studierte in Leipzig und Wien Sport und Germanistik. Bereits 1932 erhielt er den Schiller-Preis, war dann Feuilletonredakteur der »Neuen Leipziger Zeitung« und der »Berliner Nachtausgabe« sowie Chefdramaturg der Berliner Volksbühne. Seit 1948 lebte L. als freier Schriftsteller in München. Bes. bekannt wurden seine Schauspiele *Grenze* (1932), *Opfergang* (1934), *Alpenzug* (1936), *Liebesbriefe* (1939), *Geliebte Söhne* (1944), *Wir armen Hunde* (1946), *Die Eisscholle* (1958), *Fahrt nach Abendsee* (1963), und *Dallas, 22. November* (1965) sowie die Romane *Märzwind* (1938), *Feuer und Asche* (1958), *Die Wundmale* (1962) und *Die schöne Gräfin Wedel* (1974) und die Gedichte *Wiedergeburt* (1943).

Luft, Friedrich (* 24. 8. 1911 Berlin, † 24. 12. 1990 ebd.). – Dt. Literatur- und Theaterkritiker, Essayist, Hörspiel- und Filmautor, begründete 1946 die wöchentl. Sendung »Stimme der Kritik« in Berlin, mit der er über 30 Jahre das geistig-kulturelle Leben Berlins und der Bundesrepublik Dtld. nachhaltig bestimmte. Als Lit.-Kritiker steht er in der Berliner Tradition (Polgar, Kerr); seine Arbeiten erschienen 1961 u. d. T. *Berliner Theater 1945–1961* (1965 erweitert u. d. T. *Stimme der Kritik. Berliner Theater seit 1945*). Daneben verfaßte er Essays, Kinderbücher wie *Puella auf der Insel* (1949), Monographien über *Chaplin* (1957) und *Gründgens* (1958) und zahlreiche Einführungsaufsätze zum modernen Theater.

Lugones Argüello, Leopold (* 13. 6. 1874 Villa María del Río Seco, † 19. 2. 1938 Buenos Aires). – Argentin. Dichter portugies. Herkunft, wurde nach seinen Studien in Coimbra Journalist in Argentinien. 1926 erhielt er den Argentin. Staatspreis für Literatur. Seine große Bedeutung für die lateinamerikan. Literatur liegt weniger in seiner Originalität, etwa den Gedichten *Las montañas de oro* (1897), *Los crepúsculos del jardín* (1905) und *El libro de las paisajes* (1917), dem Roman *El ángel de la sombra* (1926) oder den Novellen, in welchen er die Schönheit der argentin. Landschaft preisend beschrieb, sondern in seiner Vermittlerschaft europ. Anregungen. So wurden V. Hugo, E. A. Poe, J. Herrera y Reissig erst durch ihn in Südamerika bekannt und so eine Dichtung der Moderne möglich.

Lu Hsün, eigtl. *Chou Shu-jen* (* 25. 9. 1881 Shao-hsing/Tschekiang, † 19. 10. 1936 Schanghai). – Der chines. Dichter stammte aus einer alten, berühmten Mandarinfamilie und begründete 1917 die sog. »Literarische Revolution« in seiner Heimat. Dabei hält er sich formal an die traditionellen Darstellungsformen chines. Literatur, greift aber inhaltl. soziale Probleme auf und fordert zu krit. Stellungnahme heraus. Als Übersetzer öffnete er der europ. Lit. den Einfluß nach China. Aus seinem umfangreichen Werk, das sich bewußt gegen die Gesetzesstrenge des Konfuzianismus wendet, liegen in dt. Übersetzung die Novellen *Die Reise ist lang* (1955) und *Die Flucht auf den Mond* (1960) vor.

Luis de Granada, eigtl. *Luis (de) Sarriá* (* um 1505 Granada, † 31. 12. 1588 Lissabon). – Der span.-portugies. Schriftsteller und zeitweilige Ordensoffizial des Dominikanerordens in Portugal wurde mit seinen myst. Schriften zum Begründer der klass. span. Prosa, etwa mit *Libro de la oración y meditación* (1554) und *Memorial de la vida cristiana* (um 1557).

Lukács, Georg (*13.4. 1885 Budapest, †4.6. 1971 ebd.). – Ungar. Philosoph und Literaturwissenschaftler, trat unter dem Eindruck des Ersten Weltkrieges der Kommunistischen Partei bei, der er sein Leben lang nahestand, ohne jedoch immer den offiziellen Kurs zu vertreten. Unter dem Einfluß des Marxismus suchte er die sozialen Bedingungen der Kunst zu erschließen, z. B. in *Die Seele der Formen* (1911), *Die Theorie des Romans* (1916), *Goethe und seine Zeit* (1947), *Studien über den Realismus* (1946 bis 1949 in 5 Bdn.), *Literatursoziologie* (1961) und *Die Eigenart des Ästhetischen* (1963). Mit seiner Schrift *Geschichte und Klassenbewußtsein* (1923) wurde er zum bedeutendsten Literaturtheoretiker des Sozialismus und ist in seiner Wirkung bis heute nicht zu überschätzen.

Lukianos (*um 120 n. Chr. Samosata am Euphrat, †um 180 n. Chr. ebd.). – Syr. Literat, durchzog als Rhetoriker weite Gebiete des Orients und wandte sich in seinen satir. Schriften als reiner Rationalist gegen Religion und jegliche Form religiösen Verhaltens. Sein überaus geistreiches Gesamtwerk wurde in dt. Sprache letztmals 1954 herausgegeben.

Lunatscharski, Anatoli Wassiljewitsch (*24.11. 1875 Poltawa, †27.12. 1933 Mentone/Frankreich). – Russ. Schriftsteller, hatte gute Kontakte zu Lenin und setzte sich in der Emigration nachdrückl. für die Ziele der Revolution ein. Nach der Revolution war L. in Rußland bis 1929 Volkskommissar für das Bildungswesen. Für die Literatur war er als Theoretiker des Sozialistischen Realismus von Bedeutung, da er sich stets darum bemühte, eine proletar. Kunst zu schaffen. Seine Publikationen in der Zeitschrift »Literaturnye siluetki« wandten sich grundsätzl. gegen die bürgerl. Literatur.

Lunz, Lew Natanowitsch (*2.5. 1901 Petersburg, †8.5. 1924 Hamburg). – Russ.-jüd. Schriftsteller, hatte in Petersburg Romanistik studiert. L. wandte sich in seinem gesamten Schaffen westl. Vorbildern zu und öffnete so in seinem Werk europ. Stilelementen den Weg nach Rußland. Bekannt wurden die Tragödie *Vogelfrei* (1921) und das posthume Drama *Die Stadt der Wahrheit* (1924).

Luserke, Martin (*3.5. 1880 Berlin, †1.6. 1968 Meldorf). – Dt. Pädagoge und Schriftsteller, hat sich in der ersten Hälfte unseres Jh.s um die Landerziehungsheime als Stätten der Naturbegegnung für die Großstadtjugend sehr verdient gemacht. Lit. trat er mit zahlreichen Laienspielen hervor, wobei es ihm gelang, diese Spielform zu einer eigenen Kunstgattung zu entwickeln, die allgemeine, bes. auch pädagog. Anerkennung fand. In seinen ep. Werken beschrieb er die Geheimnisse des Meeres und wandte sich auch der heimatl. Sagendichtung zu. Seine Hauptwerke, z. B. *Seegeschichten* (1932) oder *Die hohe See* (1942), erlebten zahlreiche Auflagen.

Lustig, Arnošt (*21.12. 1926 Prag). – Tschech. Autor, verbrachte seine Jugend im Konzentrationslager und wurde anschließend Journalist und Mitarbeiter bei der staatl. Filmgesellschaft. Seine persönl. Leidenserfahrungen fanden in seinem Werk einen sehr persönl. Niederschlag, wobei es ihm meisterhaft gelang, die Verhaltensweisen verschiedener Menschen in extremen Situationen verständl. zu machen. In dt. Sprache erschienen der Erzählungsband *Diamanten der Nacht* (1958, dt. 1964) und *Die Ungeliebte* (1984), *Ein Gebet für Katharina Horovitzova* (dt. 1991).

Luther, Martin (*10.11. 1483 Eisleben, †18.2. 1546 ebd.). – Der dt. Reformator entstammte einem Bauerngeschlecht, sein Vater war als Grubenbesitzer zu einigem Wohlstand gekommen. Nachdem er einige Semester Jura studiert hatte, wandte sich L., angeregt durch ein erschütterndes Erlebnis während eines Gewitters, der Theologie zu und wurde Augustinereremit. Bald übernahm er in Wittenberg den Lehrstuhl für Moraltheologie, und nach seiner Promotion zum Dr. theol. wurde er als Nachfolger Staupitz' Professor für Exegetik. Er unternahm eine Studienreise nach Rom. In dieser Zeit wurde in Dtld. für den Ablaß gepredigt und für den Bau der Peterskirche in Rom gesammelt. L. wandte sich bereits während seiner Vorlesungen über den Römerbrief gegen den Ablaß und forderte die Kollegen und Studenten mit der Veröffentlichung von *95 Thesen* am 31.10. 1517 zu einer akadem. Disputation auf. Daß sich der Anschlag dieser Thesen in der Schloßkirche zu Wittenberg wirklich ereignet hat, ist heute widerlegt. Sicher ist, daß L. seine Thesen als Grundlage der Auseinandersetzung in der Universität vorlegte. In den folgenden Jahren nahm seine lit. Tätigkeit stark zu, wobei sich der polem. Ton steigerte. Bes. berühmt wurden seine Reformationsschriften *An den christlichen Adel deutscher Nation* (1520), *Von der babylonischen Gefangenschaft der Kirche* (1520) und *Von der Freiheit eines Christenmenschen* (1520). In letzteren präzisierte er einmal sein nominalist. Glaubensverständnis, zum anderen lieferte er die entscheidenden Argumente gegen den Ablaß. Als er sich in wissenschaftl. Disputationen der päpstl. Lehre nicht beugen wollte, wurde er 1521 mit dem Bann belegt und auf dem Reichstag zu Worms geächtet. Von hier aus brachte ihn sein Landesherr, Friedrich der Weise, auf die Wartburg, wo Luther in den folgenden Jahren die Übersetzung des *Neuen Testaments*, später auch des *Alten Testaments* anfertigte und mit dieser Übersetzung und dem von ihm verfaßten *Katechismus* die Grundlage für die neuhochdeutsche Schriftsprache legte. Auf L. geht auch eine Kirchenlieddichtung zurück, die der Gemeinde einen wesentl. größeren Anteil am Gottesdienst sicherte, als dies vorher der Fall war. Mit den Liedern *Ein feste Burg ist unser Gott* oder *Aus tiefer Not* schuf er eine volksfromme Lieddichtung, die auch bald von der kath. Kirche übernommen wurde.

Lux, Josef August (*8.4. 1871 Wien, †23.7. 1947 Salzburg). –

Österr. Dichter, war aktiv an der Gründung der sog. »Bildungs-schule« in Hellerau bei Dresden und der »Kralik-Gesellschaft« in Wien beteiligt. Lit. Bedeutung erwarb er sich als Leiter der »Lux-Spielleute Gottes«, die auf der Grundlage des zeitgenöss. Laienspiels die Tradition der Mysterienspiele zu erneuern versuchten. Seine bekanntesten Schriften sind die Romane *Grillparzers Liebesroman* (1912), *Lola Montez* (1912), *Franz Schuberts Lebenslied* (1914), *Das große Bauernsterben* (1915), *Der himmlische Harfner* (1925), *Beethovens unsterbliche Geliebte* (1926), *Franz Liszt* (1929), *Goethe* (1937) und *Es wird ein Wein sein* (1946), das Spiel *Der Spielmann Gottes* (1930) und die Gedichte *Wiener Sonette* (1900).

Lydgate, John (* um 1370 Lydgate/Suffolk, †1451 [?] Bury St. Edmunds/Suffolk). – Der engl. Benediktinermönch hatte in Paris, Padua und Oxford studiert und beeinflußte mit seinen zahlreichen Heiligenviten, Fabeln und Erzählungen, die sämtl. zur Gattung der Erbauungsliteratur gehören, die engl. Dichtung im 15. Jh. nachhaltig, wobei es ihm gelang, franz. Traditionen in die engl. Dichtung einzubringen. Seine Hauptwerke sind die Allegorien *The Temple of Glass* (um 1400) und *The Complaynt of the Black Knight*, das im Auftrag Heinrichs V. verfaßte Epos *The Troy Book* (1412–1420) und der Fürstenspiegel *The Storye of Thebes* (1420).

Lykophron. – Griech. Gelehrter, um 320 v. Chr. in Chalkis lebend, wurde von Ptolemaios II. Philadelphos beauftragt, die in der Bibliothek von Alexandria aufbewahrten Komödien zu katalogisieren und zu systematisieren. So wurde er zum besten Kenner dieser Gattung zur Zeit des Hellenismus. Leider sind sowohl sein theoret. Werk *Über die Komödie* wie auch seine namentl. genannten 20 Komödien verlorengegangen. Erhalten ist nur das dramat. Gedicht *Alexandra*, das in der Form einer kassandr. Prophetie über die Zukunft der Helden und Städte spricht.

Lykurg(os) (* um 390 v. Chr. Athen, † um 324 v. Chr. ebd.). – Der attische Tragiker stammte aus einer alten, angesehenen Familie und war in Athen als hoher Beamter Leiter der Finanzverwaltung. Gleichzeitig blieb er weltanschaul. ein überzeugter Anhänger der Dionysien, die in seiner Zeit bereits durch zahlreiche rationalist. Schulen in Frage gestellt wurden. Als Literaturwissenschaftler trat der konservative Denker mit der Ausgabe der Werke der großen Tragiker an die Öffentlichkeit, während er sich selbst einen Namen mit zahlreichen Reden machte, von denen 15 Gerichtsreden genannt sind, in denen er für Rechtsstaatlichkeit und Sittlichkeit eintritt. Leider ist uns nur eine Rede überliefert.

Lyly, John (* um 1553 Weald of Kent, †30. 11. 1606 London). – Engl. Dichter, studierte in Oxford und Cambridge, wurde Parlamentsmitglied und Autor der Hofbühne. Seine zahlreichen Komödien hatten mit ihren mytholog. Handlungselementen große Wirkung in England; so hat auch Shakespeare in seinen Komödien z. B. *Der Sturm*, Einflüsse Lylys übernommen. Für die epische Dichtung wurde sein Roman *Euphues, or the Anatomy of Wit* (1578) von Bedeutung.

Lynch, Benito (*25. 6. 1885 Buenos Aires, †23. 12. 1951 La Plata). – Argentinischer Schriftsteller irischer Herkunft, gestaltete in seinen Romanen, wie *Die Geier von La Florida* (1915, dt. 1935), das Leben der Hirten und die Romantik der Pampa.

Lyndsay (auch Lindsay), Sir David (* 1490 [?] Cupar/Fife, †1555 Edinburgh). – Engl. Satiriker, lebte am Hofe des Königs Jakob IV. und wandte sich mit seinen Schriften gegen die traditionelle Ständestruktur. Sein seinerzeit berühmtes Drama *Ane Pleasant Satyre of the Thrie Estaitis* (1540) wurde in den letzten Jahren mit großem Erfolg bei den Edinburger Festspielen wiederaufgeführt.

Lyngby-Jepsen, Hans (*1.4. 1920 Aalborg). – Dän. Autor, 1957 bis 1963 Vorsitzender des dän. Schriftstellerverbandes. L. schrieb zahlreiche Romane und Erzählungen über zeitgenöss. Probleme, wie etwa *Den blinde vei* (1946), *I kaerlighed* (1959), *Mellem venner* (1969), *Kaerligheden kom til byen* (1972).

Lysias (* um 445 v. Chr. Athen, † um 380 v. Chr. ebd.). – Attischer Rhetor, stammte aus einfachsten Verhältnissen und erhielt seine Ausbildung in Syrakus. In Athen wirkte er später als Rechtsgelehrter und schrieb zahlreiche Verteidigungsreden, die sich durch eine geschliffene Argumentation auszeichnen. Bes. die Rede *Für die Krüppel* ist unter seinen 34 erhaltenen Reden berühmt geworden.

M

Maass, Joachim (*11.9. 1901 Hamburg, †15.10. 1972 New York). – Dt. Lyriker und Erzähler, war Redakteur und freier Schriftsteller in Berlin und Hamburg, ehe er 1939 in die USA emigrierte. Sein psycholog. Scharfsinn und der iron.-elegante Stil lassen in seinen Romanen den Einfluß Dostojewskis bzw. Th. Manns erkennen, z.B. in seinem Hauptwerk *Der Fall Gouffé* (1952) oder in *Kleist, die Fackel Preußens* (1957; 1977 u.d.T. *Kleist, die Geschichte seines Lebens*) und in *Ein Testament* (1939). Als Lyriker wurde er 1925 mit dem Band *Johann Christian Günther* bekannt. Eine Auswahl erschien 1961 u.d.T. *Zwischen Tag und Traum.*

Mabinogi(on) (= Erzählung der Jugend eines Helden). Das älteste Beispiel kymr. Kunstprosa umfaßt im Kern die »Vier Zweige des M.«, altbrit. Sagen mit starken ir. Einflüssen. Der Name wurde später unrichtig auf 7 derartige Erzählungen übertragen, darunter die Artus-Sage. Das Werk, das neben phantast.-märchenhaften Elementen auch zahlreiche myth. enthält, wurde wohl um 1100 von Normannen aus mündl. Überlieferung walis. Barden zusammengestellt. Dt. von M. Buber 1922.

Macauley, Dame Rose (*1.8. 1881 Cambridge, †30.10. 1958 London). – Engl. Schriftstellerin, veröffentlichte eine Reihe literaturkrit. Aufsätze. Ihr Hauptwerk bilden jedoch die iron.-satir. Romane, in denen sie Mißstände v.a. der engl. Gesellschaft geißelt. In Dtld. wurde sie durch *Irrwege* (1926, dt. 1928) und *Tante Dot, das Kamel und ich* (1956, dt. 1958) bekannt.

Macaulay, Thomas Babington (*25.10. 1800 Rothley Temple, †28.12. 1859 Kensington/London). – Brit. Historiker, Politiker und Schriftsteller, war von 1830 an liberaler Abgeordneter, Regierungsbeamter und 1839–41 Kriegsminister. Frühen Ruhm erntete er mit einem Essay über *Milton* (1825). Seine im Geiste des Liberalismus geschriebene *Geschichte von England seit dem Regierungsantritt Jakobs II.* (engl. und dt. 1849–61) weist ihn als führenden Historiker des viktorian. England aus und ist zugleich ein lit. Meisterwerk mit brillanten Charakteristiken.

McCarthy, Mary Therese (*21.6. 1912 Seattle, †25.10. 1989 New York). – Amerikan. Schriftstellerin, Redakteurin und Kritikerin, später auch Lehrerin. In ihrem bekanntesten Roman *Die Clique* (1963, dt. 1964) übt sie in geschliffener, iron. Sprache scharfe Kritik an einer krankhaften Gesellschaft, bes. der USA. Polit. Engagement in liberal-sozialist. Sinn prägen auch den *Vietnam-Report* (engl. und dt. 1967) und *Medina. Die My-Lai-Prozesse* (engl. und dt. 1973). Bekannt wurden auch *Florenz/Venedig* (1973). *Ein Sohn der Neuen Welt* (1976), *Kannibalen und Missionare* (dt. 1980) und die Erinnerungen *Eine katholische Kindheit* (1981), *Was sich verändert, ist nur die Phantasie* (dt. 1989).

McCullers, Carson (*19.2. 1917 Columbus/Georgia, †29.9. 1967 Nyack/New York). – Amerikan. Schriftstellerin, schon der erste Roman *Das Herz ist ein einsamer Jäger* (1940, dt. 1950) sicherte ihr einen festen Platz in der modernen amerikan. Literatur. Mit großer psycholog. Charakterisierungskunst und klarer, zarter Sprache gestaltet sie ihre Hauptthemen, die Einsamkeit des Menschen und tiefe Leidenschaften, auch in *Spiegelbild im goldenen Auge* (1941, dt. 1966). 1974 erschien ihr Gesamtwerk (8 Bde.) in dt. Übersetzung.

MacDiarmid, Hugh, eigtl. *Christopher M. Grieve* (*11.8. 1892 Langholm/Dumfries, †10.9. 1978 Edinburgh). – Schott. Lyriker, Essayist und Satiriker, gilt als einer der bedeutendsten Erneuerer der schott. Literatur, bes. wegen der Mundartgedichte *Sangschaw* (1925). Seine Heimatliebe drückt der Mitbegründer der schott. Nationalpartei auch in den Lyrikbänden *Scots Unbound* (1932) und *Stony Limits* (1934) aus. Eine dt. Auswahl erschien u.d.T. *Ein Wind sprang auf* (1968).

MacDonagh, Thomas (*1878 Cloughjordan/Tipperary, †3.5. 1916 Dublin). – Ir. Dichter, kämpfte für die kulturelle und politische Eigenständigkeit Irlands (Teilnahme am Aufstand 1916, wobei er den Tod fand) und gehörte zur lit. Renaissancebewegung seines Landes. Die teils humorvollen Gedichtbände *Through the Ivory Gate* (1902) und *Lyrical Songs* (1910) lassen den Einfluß der »Metaphysicals« erkennen. 1917 erschien eine Gesamtausgabe.

McEwan, Ian (*21.6. 1948 Aldershot/Hampshire). – Engl. Schriftsteller, studierte Literatur und trat früh mit Kurzgeschichten hervor, deren erste Sammelausgabe 1976 ausgezeichnet wurde *Erste Liebe, letzte Riten* (1975, dt. 1980). In seinen Romanen *Der Zementgarten* (1978, dt. 1980), *Der Trost von Fremden* (1981, dt. 1983), seinem Oratorium *Oder müssen wir sterben* (1982, dt. 1984) und Erzn. zeichnet er eine Welt, in der sexuelle Gewalt und Trostlosigkeit die Menschen deformieren und seiner Würde berauben. Die schonungslose Darstellung gewinnt ihren ästhet. Reiz aus der unmittelbaren Konfrontation mit dem Leser, ohne daß der Autor auf Wirkungen achtet.

Macedo, Joaquim Manuel de (*24.6. 1820 Itaboraí, †11.4. 1882 Rio de Janeiro). – Brasilian. Arzt und Erzähler, schrieb die ersten typ. brasilian. Romane. Beeinflußt von der europ. Romantik, stellt er in einfacher, volkstüml. Sprache Themen aus dem zeitgenöss. Bürgertum dar, z. B. in *A Moreninha* (1844), *A baronesa do amor* (1876). Auch als Dramatiker wurde M. bekannt, z. B. mit *Teatro* (3 Bde., 1863). 1945 erschien eine dt. Auswahl aus seinem beliebten Romanwerk.

Macedonski, Alexandru (*14. 3. 1854 Craiova, †24. 11. 1920 Bukarest). – Rumän. Schriftsteller, erhielt während seines Aufenthalts in Paris 1884–1913 prägende Einflüsse aus der franzÖs. Literatur. Einen Teil seiner symbolist., bilderreichen Lyrik schrieb er franzÖs. Neben zart-lyr. Versen finden sich in dem von starken Kontrasten bestimmten Werk Texte von ungezügeltem Satanismus. Als Hauptwerke gelten *Poezii* (1882), *Bronzes* (1897), *Flori sacre* (1912) und *Cartea nestematelor* (1923). Sein Gesamtwerk erschien 1939 bis 1943 in 3 Bdn.

Mácha, Karel Hynek (*16. 11. 1810 Prag, †6. 11. 1836 Leitmeritz). – Tschech. Romantiker, wurde von den Zeitgenossen lange verkannt. Von Schiller, Novalis und bes. Byron beeinflußt, schrieb er schwermütige Lyrik und poet. Landschaftsschilderungen (dt.: *Ausgewählte Gedichte*, 1862). Sein Hauptwerk, die Vers-Erz. *Der Mai* (1836, dt. 1844) übte beträchtl. Wirkung auf die neuere tschech. Literatur aus. Der Roman *Zigeuner* (1836, dt. 1877) wurde als Zeugnis eigenständiger tschech. romant. Dichtung sehr geschätzt.

Machado de Assis, Joaquim Maria (*21. 6. 1839 Rio de Janeiro, †28. 9. 1908 ebd.). – Brasilian. Schriftsteller, zunächst Journalist, später hoher Ministerialbeamter. Einen Höhepunkt in der Literatur seines Landes bildet das Romanwerk, in dem M. gesellschaftl. Probleme mit psycholog. Exaktheit realist., oft iron. darstellt, z. B. *Die nachträglichen Memoiren des Bras Cubas* (1881, dt. 1950) und *Dom Casmurro* (1900, dt. 1951) und die Erzählungen wie *Der Irrenarzt* (1882, dt. 1953). 1964 erschien eine dt. Auswahl u. d. T. *Meistererzählungen*.

Machado y Ruiz, Antonio (*26. 7. 1875 Sevilla, †21. 2. 1939 Collioure/Frankr.). – Span. Dichter, verband starke Einflüsse aus der franz. Literatur mit der span. Tradition. Seine schlichte, verinnerlichte Natur- und Gedankenlyrik (*Gedichte*, span. und dt. 1964) zählt zu den wichtigsten Werken der neuen span. Literatur. Das einfache Leben in der kastil. Landschaft sowie das Gedenken an seine früh verstorbene Frau sind seine Hauptthemen.

Machado y Ruiz, Manuel (*29. 8. 1874 Sevilla, †19. 1. 1947 Madrid). – Span. Dichter, Bruder von Antonio M. Er schrieb nach ersten symbolist. Versuchen anmutige, formvollendete Gedichte, in denen er leidenschaftl. die Landschaft Andalusiens preist, z. B. *Los cantares* (1907), *Sevilla y otros poemas* (1920). Zusammen mit seinem Bruder Antonio verfaßte er weniger erfolgreiche lyr. Dramen. Sein Gesamtwerk erschien 1947 in 4 Bdn.

Machar, Josef Svatopluk (*29. 2. 1864 Kolin, †17. 3. 1942

Prag). – Tschech. Dichter, Bankbeamter, später Generalinspektor der Armee. Als Gegner der Neuromantik gelangte er bald von romant. Versuchen zu einem an Heine geschulten iron. Realismus, der seine krit.-satir. Werke bestimmt. Bekannt wurden die Gedichte *Confiteor* (1887–92), die Verserz. *Hier sollten Rosen blühen* (1894, dt. 1923) und der Versroman *Magdalena* (1894, dt. 1905). Später vertrat M. eine heidn.-antike Weltanschauung, etwa in den Epen *Im Strahl der hellen Sonne* (1906, dt. 1919), *Das Gift aus Judäa* (1906, dt. 1919), *Oni* (1921). Interessant sind seine Erinnerungen *5 Jahre Kasernenleben* (tschech. und dt. 1927)

Machfus →Mahfuz

Machiavelli, Niccolò (*3. 5. 1469 Florenz, †22. 6. 1527 ebd.). – Ital. Historiker und Schriftsteller, stand ab 1498 als Diplomat in florentin. Diensten, bis er 1512 unter dem Verdacht der Verschwörung gegen die Medici abgesetzt und verhaftet wurde. Nach der Aussöhnung mit den Medici wurden ihm von 1520 an wieder öffentl. Aufgaben übertragen. Von hohem lit. Rang ist seine Komödie *La mandragola* (1518–20, dt. 1904, neu 1946), die auch heute wegen des eigenständigen Stoffs und der eleganten Dialoge geschätzt wird. Noch größere Bedeutung kommt seinen histor. und polit. Schriften zu, v. a. *Der Fürst* (Originaltitel *Il Principe*, 1513, dt. 1804). Darin erhob M. die fürstl. Macht, die von allen eth. Normen gelöst und nur der polit. Zweckmäßigkeit verpflichtet ist, zum höchsten Wert staatl. Ordnung und beeinflußte damit entscheidend die Staatsphilosophie des 16., 17. und 18. Jh. s (Absolutismus). M. gilt als Vorläufer der modernen Geschichtsschreibung mit *Geschichte von Florenz* (1520–1525, dt. 1846, neu 1934) und als Begründer der Politikwissenschaft.

Mackay, John Henry (*6. 2. 1864 Greenock/Schottl., †21. 5. 1933 Berlin). – Dt. Schriftsteller brit. Herkunft, kam als Zweijähriger nach Dtld., lebte in verschiedenen Ländern Europas, ehe er sich 1892 in Berlin niederließ. In seinem Werk, das im Wilhelmin. Dtld. zum Teil verboten war, verbindet sich M. Stirners Anarchismus (Biographie *Max Stirner*, 1898) mit dem sozialen Anliegen der Naturalisten, z. B. in den Romanen *Die Anarchisten* (1891) und *Der Schwimmer* (1901), der Novelle *Staatsanwalt Sierlin* (1928) und der Szene *Ehe* (1930). Die *Gesammelten Werke* erschienen 1911 in 8 Bdn.

Mackenzie, Sir Compton, eigtl. *Edward Montague Compton M.* (*17. 1. 1883 West Hartlepool, †30. 11. 1972 Edinburgh). – Engl. Schriftsteller, wandte sich nach dem Studium der Geschichte und Rechtswissenschaft dem Theater und der Literatur zu. In seinen Romanen weist er mit traditionellem Realismus auf die Glaubenslosigkeit der modernen Welt hin, z. B. *Bananen, Frauen und Spione* (1933, dt. 1958). Bekannt wurden der humorist. Roman *Das Whisky-Schiff* (1947, dt. 1952), der auch verfilmt wurde, sowie die z. T. früheren Romane *Fast Leute vom Land* (1931, dt. 1956; u. d. T. *Ein Häuschen* *auf dem Lande*, 1967), *Der Herr im Hochmoor* (1941, dt. 1953) und *Herrlich und in Freuden* (1954, dt. 1959) Kurzgeschichten, Kinderbücher und die zehnbändige Autobiogr. *My Life and Times* (1963–71).

MacLean, Alistair, eigtl. *Ian Stuart* (* 21. 4. 1922 Glasgow, † 2. 2. 1987 München). – Schott. Romanschriftsteller, gehört zu den meistgelesenen Autoren der englischsprachigen Literatur. Die sprachl. und formal konventionellen Romane geben sich häufig als dokumentar. Reportagen und wurden wegen der spannend unterhaltenden Handlungen auch in Dtld. beliebt: z. B. *Die Männer der »Ulysses«* (1955, dt. 1956), *Die Kanonen von Navarone* (1957, dt. 1959), *Dem Sieger eine Handvoll Erde* (1973, dt. 1974), *Nevada Pass* (1974, dt. 1977), *Meerhexe* (dt. 1978), *Die Erpressung* (dt. 1984). Weltruhm erlangte er mit *Agenten sterben einsam* (1967, dt. 1968), *Der Traum vom Südland* (1972, dt. 1973), *Der Santorin-Schock* (dt. 1987).

MacLeish, Archibald (* 7. 5. 1892 Glencoe/Ill., † 20. 4. 1982 Boston). – Amerikan. Lyriker, Rechtsanwalt, seit 1949 Rhetorik-Professor in Harvard. Seine frühen Gedichte zeigen in ihrer skept. Schwermut den Einfluß E. Pounds und T. S. Eliots. Soziales Engagement drückt sich in dem Versepos *Conquistador* (1932, 1933 Pulitzer-Preis) aus. Als Dramatiker wurde er mit *Spiel um Job* (engl. und dt. 1958) bekannt. Eine Auswahl aus dem vielseitigen Werk bietet die dt. Band *Groß und tragisch ist unsere Geschichte* (1950). Die späten Dramen sind nicht übersetzt, z. B. *Herakles* (1967), *Scratch* (1971). Für das Drama *J. B.* (1958) und für *Collected Poems 1917–1952* (1953) erhielt er jeweils den Pulitzer-Preis.

MacLeod, Fiona, eigtl. *William Sharp* (* 12. 9. 1855 Paisley, † 14. 12. 1905 Maniaci/Sizilien). – Schott. Schriftsteller und Kritiker, schrieb nach einer Romreise 1890 eine Reihe von Romanen und Naturgedichten unter dem Einfluß von Macphersons Ossian-Dichtung. Die meist im schottischen Hochland spielenden Werke greifen auf keltische Mythen zurück und enthalten viele visionäre Elemente, so in *Das Reich der Träume* (1899, dt. 1922) und *Wind und Woge* (1902, dt. 1922).

Mac Neice, Louis (* 12. 9. 1907 Belfast, † 3. 9. 1963 London). – Engl. Dichter und Lektor für klass. Sprachen, veröffentlichte v. a. Gedichte und literaturkrit. Schriften. In seiner Lyrik vereinigt er Einflüsse W. H. Audens, der lat. Dichtung und des Jazz mit Elementen der Umgangssprache. Probleme der modernen Welt behandelt er iron.-satir., auch unter dem Ps. *Louis Malone*, z. B. in *Autumn Journal* (1939), *Ten Burnt Offerings* (1952), *Visitations* (1957). Von seinen Dramen wurde v. a. *The Dark Tower* (1946) bekannt.

Macourek, Miloš (* 2. 12. 1926 Kroměříž). – Tschech. Schriftsteller, studierte Musik und war zuletzt als Verlagslektor tätig. Alltägl. Vorgänge und Personen sind die Hauptthemen seiner poet., humorist. Erzählungen, die oft fabelartig verknappt und

symbol. verdichtet sind, z. B. *Vom blauen Topf, der gern Tomatensoße kochte* (1963, dt. 1967), *Die Märchenbraut/Der Zauberrabe* (dt. 1985). Bekannt wurden auch die Gedichte *Upadek* (1948) und das Schauspiel *Das Susannchenspiel* (tschech. und dt. 1967).

Macpherson, James (* 27. 10. 1736 Ruthven/Inverness, † 17. 2. 1796 Bellville/Inv.). – Schott. Lehrer und Dichter, durchwanderte das schott. Hochland und die Hebriden und verfaßte daraufhin die *Fragments of Ancient Poetry* (1760). Der große Erfolg dieser Gedichte führte M. dazu, sie zusammen mit *Fingal* (1762) und weiteren Texten als »Werke des Ossian«, eines gäl. Barden des 3. Jh.s, herauszugeben (1765, dt. 1768 f., neu 1924). Das von M. teilw. ins Gäl. übersetzte »Original« wurde erst 1895 als Fälschung erkannt. Der »Ossian« zählt zu den einflußreichsten Werken seiner Zeit, auf den sich die Dichter des dt. Sturm und Drang, v. a. Goethe, der Klassik und Romantik beriefen. Die teils auf alte Überlieferungen zurückgehenden, meist aber frei erfundenen Balladen regten auch Maler und Musiker des 19. Jh.s an.

Macrobius, Ambrosius Theodosius. Heidn. lat. Philosoph und Schriftsteller, lebte um 400 in Nordafrika und wurde 410 Prokonsul von Afrika. Er verfaßte einen kommentierenden Schlußteil zu Ciceros *De re publica*, in dem er seine neuplaton. Auffassungen ausdrückt. In der Form eines heiteren, geistreichen Gelehrtengesprächs über lit., polit. und philosoph. Themen stellt er in den 7 Büchern der *Saturnalia* die Summe seines Denkens vor.

Macropedius, Gregorius, eigtl. *Joris van Lang[h]veld[t]* (* um 1475 Gemert, † Juli 1558 s'Hertogenbosch). – Niederl. Humanist und Dramatiker, Mönch und Schulleiter in verschiedenen Orten Hollands. Seine neulat. Stücke behandeln teils bibl., teils schwankhafte Stoffe, z. B. das Jedermann-Drama *Hecastus* (1539, dt. Hans Sachs 1549) und *Josephus* (1544). M. schrieb auch geistl. Gesänge und Handbücher.

Madach, Imre (* 21. 1. 1823 Alsó-Sztregova, † 5. 10. 1864 Ballassagyarmat). – Ungar. Schriftsteller, bis 1848 Notar. Nach einer Haftstrafe wegen Unterstützung der Freiheitskämpfer schrieb er sein Hauptwerk, das Drama *Die Tragödie des Menschen* (1861, dt. 1865), in dem er in kunstvoller Sprache den Weg des Menschen von der Schöpfung bis zum Untergang der Welt darstellt. Das Werk steht Goethes Faust nahe und wird nicht zuletzt wegen seiner philosoph. Tiefe geschätzt.

Madariaga y Rojo, Salvador de (* 23. 7. 1886 la Coruña, † 14. 12. 1978 Locarno/Schweiz). – Span. Schriftsteller, Journalist, Diplomat und 1927 Hochschullehrer in Oxford. 1936 emigrierte der Franco-Gegner nach England. In seinen teils engl., span. und franzöś. verfaßten Romanen beschäftigt er sich mit der span. und lateinamerikan. Kulturgeschichte, z. B. in *Das Herz von Jade* (1942, dt. 1951), *Krieg im Blut* (1957, dt. 1958). Die Memoiren *Morgen ohne Mittag* (span. und dt.

1973) weisen ihn als exakten Historiker und liberalen Europäer aus. 1973 erhielt er den Karlspreis der Stadt Aachen.

Maerlant, Jacob van (*um 1235 bei Brügge, †um 1300 Damme). – Fläm. Dichter, lebte von 1258 bis 1266 als Küster in den Niederlanden, wo er entscheidende lit. Einflüsse aufnahm. Er verfaßte zunächst Ritterromane der französ. Tradition, z. B. *Alexanders geesten* (1257–60, hg. 1882), später Lehrgedichte für das Bürgertum. Darin setzt er sich engagiert mit sozialen und polit. Mißständen seiner Zeit auseinander, z. B. *Der kerken claghe.* Der gebildete Dichter schrieb auch Werke zur Naturwissenschaft und Geschichte, wie *Spieghel historiael* (1283–88).

Maeterlinck, Maurice Polydore Marie Bernard (*29. 8.1862 Gent,† 6.5. 1949 Orlamonde/Nizza). – Belg. Schriftsteller, unternahm in seiner Jugend viele Reisen und lebte von 1896 bis 1940 in Paris. Nach dem nordamerikan. Exil (1940–46) ließ er sich an der franz. Riviera nieder. M. wurde v. a. als symbolist. Dramatiker berühmt. In seinen lyr. Stücken stellt er den wehrlosen Menschen gegen das unerbittliche Schicksal. Weniger äußere Handlungen als schwermütige Stimmungen in zarter, assoziationsreicher Sprache bestimmen die sog. »statischen Dramen«, z. B. *Prinzessin Maleine* (1889, dt. 1892), *Die Blinden* (1891, dt. 1897). *Pelleas und Melisande* (1892, dt. 1897). Auch die späteren Märchendramen, etwa *L'oiseau bleu* (1909), wirken mehr durch die faszinierende Sprache als durch das einfache Motiv der Glückssuche. Die naturphilosoph. Schriften, z. B. *Das Leben der Ameisen* (1926, dt. 1930), zeigen den Einfluß von Novalis und Emerson. 1911 erhielt M. den Nobelpreis, 1947 war er Präsident des internationalen PEN-Clubs. Wie stark M. s Wirkung auf die dt. Literatur war, kann man daraus ersehen, daß bereits 1924 bis 1929 eine erste dt. Gesamtausgabe in 9 Bdn. erschien. Viel beachtet waren in Dtld. *Drei Alltagsdramen* (1901), *Drei mystische Spiele* (1904) und *Gedichte* (1906); 1983 erschien eine Ausgabe *Die frühen Stücke* in 2 Bdn.

Maeztu y Whitney, Ramiro de (*4. 5. 1875 Vitoria, †7. 11. 1936 Aravaca/Madrid). – Span. Essayist, arbeitete lange in England als Journalist, wo sein polit. Denken wichtige Einflüsse aufnahm. Er wurde im Span. Bürgerkrieg ermordet. Die Essays *La crisis del humanismo* (1919), *Don Quijote, Don Juan y la Celestina* (1926) und *Defensa de la Hispanidad* (1934) zeigen seine christl.-traditionalist. und monarchist. Grundeinstellung.

Mahabharata. Die 106 000 Doppelverse des altind. Epos wurden angebl. von Vyasa verfaßt, tatsächlich aber wohl nur von ihm zusammengetragen. Das Werk entstand nach dem 4. Jh. v. Chr. und vor dem 4. Jh. n. Chr. und erzählt in seiner Haupthandlung von der Feindschaft zweier verwandter Familien, die um die Königswürde kämpfen. Dazwischen finden sich zahlreiche jurist. und religiöse Exkurse. Die moral. Wir-

kung des M. läßt den Vergleich mit der Bibel zu. Dt. 1892–95, neu in Auszügen 1966.

Mahfuz, Nagib (*11. 12. 1911 Kairo). – Ägypt. Schriftsteller, Studium der Philosophie und Literatur, arbeitete als Beamter im Staatsdienst und schrieb zahlreiche histor., realist. und symbolist. Romane, in denen er eine eigenständige Erzähltechnik entwickelte und sich auf diese Weise von den europ. Vorbildern zu befreien suchte *Midaq-Gasse* (1947, dt. 1985), *Die Kinder unseres Viertels* (1959, dt. 1988), *Der Dieb und die Hunde* (1961, dt. 1980), *Das Hausboot am Nil* (1966, dt. 1982), *Die Moschee in der Gasse* (dt. 1989), *Miramar* (dt. 1989), *Die Spur* (dt. 1991). In Europa und Amerika nahezu unbekannt erhielt M. 1988 den Nobelpreis.

Maikow, Apollon Nikolajewitsch (*4. 6. 1821 Petersburg, †20. 3. 1897 Moskau). – Russ. Dichter, in seinem Werk verbindet sich klass.-lat. Einfluß mit den Puschkins, z. B. in *Die anakreontischen Gedichte* (1842, dt. 1901), die seine Vorliebe für »reine Poesie« zeigen. Auch in seinen Dramen, z. B. in *Drei Tode* (1852, dt. 1884), greift er auf die klass. Antike zurück. Neben Goethe und Heine übersetzte M. v. a. das *Igorlied.* Er stand später den sog. Slawophilen nahe.

Mailer, Norman (*31. 1. 1923 Long Branch/N. J.). – Amerikan. Schriftsteller und Journalist. M. nahm 1944 am Weltkrieg teil und schrieb daraufhin *Die Nackten und die Toten* (1948, dt. 1950). In diesem sehr erfolgreichen Roman führt er realist. Anklage gegen die Sinnlosigkeit des Krieges. Das Leben der Amerikaner stellte er in *Der Alptraum* (engl. und dt. 1965) dar. Ein engagierter Bericht über die Anti-Vietnam-Demonstration ist *Heere aus der Nacht* (engl. und dt. 1968), für den er 1969 den Pulitzer-Preis erhielt. Aufsehen erregte auch *Auf dem Mond ein Feuer* (1970, dt. 1971), *Gefangen im Sexus* (1971, dt. 1972; dt. 1981 neu u. d. T. *Marilyn M. Meine Autobiographie*). Der Roman *Gnadenlos. Das Lied vom Henker* (dt. 1979) wurde mit dem Pulitzer-Preis ausgezeichnet und fand internationale Beachtung; dt. erschienen u. a. *Frühe Nächte* (1983), *Harte Männer tanzen nicht* (1984), *Gespenster. Die geheimen Mächte* (1991). Mit *Advertisements for Myself* (1959) schuf M. eine Form des Essays, in dem er zu seinem eigenen Werk Stellung nahm; der Aufsatz *The White Negro* (zuerst 1957) gehört zu den besten dieser Arbeiten.

Maironis, eigtl. *Jonas Mačiulis* (*2. 11. 1862 Pasandravis/Raseiniai, †28. 6. 1932 Kaunas). – Litau. Dichter. Mit dem Epos *Jaunoji Lietura* (1907) wurde er zum Dichter der polit. und kulturellen Unabhängigkeit Litauens. Sein romant. Idealismus und die Reform der Verskunst beeinflußten die jüngere Dichtergeneration entscheidend. Hauptwerke sind ferner noch die Gedichte *Pavasario balsai* (1895) und die Dramen-Trilogie *Vytautas Karalius* (1922–29).

Mais, Roger (*11. 8. 1905 Kingston, †20. 6. 1955 Saint Andrew). – Jamaikan. Schriftsteller, dessen Themen das Leben in den Slums Jamaikas variieren. Die realist. Darstellung beein-flußte viele jüngere Autoren der angloamerikan. Literatur. Bekannt wurde M. v. a. durch die Romane *The Hills Were Joyful Altogether* (1953) und *Sie nannten ihn Bruder Mensch* (1954, dt. 1967; dt. neu 1981 u. d. T. *Bruder Mensch*).

Maistre Pierre Pathelin. Der Autor der um 1464 entstandenen franz. Komödie ist unbekannt. Die satir. Gaunerkomödie erzählt von einem betrüger. Advokaten, der schließlich der eigenen List zum Opfer fällt. Das sprachl. der derben Komik Villons nahestehende Werk gilt als bedeutendste Farce des franz. Mittelalters und als beste Komödie vor Molière und regte eine Reihe von Autoren zu Nachahmungen an.

Majakowski, Wladimir Wladimirowitsch (* 19. 7. 1893 Bagdadi/Georgien, †14. 4. 1930 Moskau). – Russ. Dichter und Dramatiker, besuchte zunächst die Moskauer Kunstschule, wandte sich aber bald der Literatur zu. Seine frühen Gedichte sind satir. Angriffe auf kleinbürgerl. Denken, die Kunstkonventionen und die staatl. Ordnung des vorrevolutionären Rußland, z. B. *Wolke in Hosen* (1915, dt. 1949). M. zählt zu den bedeutendsten Vertretern des russ. Futurismus. In kämpfer., auch formal revolutionären Versen propagierte er die kommunist. Bewegung, z. B. *Vladimir Il'ič Lenin* (1924, dt. 1940), trat für eine Erneuerung der Revolution ein und wendet sich in *1500000* gegen die Gedanken Wilsons. Seine vom Symbolismus geprägten »Poeme« zeichnen sich durch kühne rhetor. Figuren und überraschende Metaphorik aus. In den satir. Dramen *Die Wanze* (1928, dt. 1959) und *Das Schwitzbad* (1929, dt. 1960) kritisiert M. parodist. den kleingeistigen Bürokratismus der UdSSR. In Dtld. hatten einzelne Werke bes. Erfolg, z. B. *Linker Marsch* (1959), *Vers und Hammer* (1959) und seine *Gedichte* (1959). Eine dt. Ausgabe erschien 1967–74 unter dem Titel *V. M. Werke.*

Makanin, Wladimir Semjonowitsch (* 13. 3. 1937 Orsk/Ural). – Russ. Schriftsteller, studierte Mathematik und Filmtechnik, trat mit einer Reihe realist. Romane an die Öffentlichkeit. Er gestaltet nicht im Sinne des Sozialist. Realismus die Einzelereignisse als Teil eines histor. Vollzugs, sondern wendet sich Individuen am Rande der Gesellschaft zu. *Kljutscharjow und Alimuschkin* (1979, dt. 1985), *Alte Bücher* (1976, dt. 1979), *Wo der Himmel die Hügel berührt* (1984, dt. 1986). *Der Mann mit den zwei Gesichtern* (1978, dt. 1986) u. a.

Makarenko, Anton Semjonowitsch (* 13. 3. 1888 Belopolje, †1. 4. 1939 Moskau). – Russ. Pädagoge und Schriftsteller, gründete 1920 eine Arbeitskolonie zur Erziehung straffälliger Jugendlicher, später ein Kinderkollektiv, und entwickelte aus diesen Erfahrungen die Theorie von der Kollektiverziehung zu Leistungswettbewerb, Aktivismus und kollektivem Gehorsam. Seine Vorstellungen legte er in dem »pädagog. Poem« *Der Weg ins Leben* (1933–35, dt. 1950) sowie in dem Roman *Flaggen auf den Türmen* (1938, dt. 1952) dar.

Makuszyński, Kornel (* 8. 1. 1884 Stryj, †31. 7. 1953 Zakopane). – Poln. Schriftsteller und Kritiker, machte sich als virtuoser Lyriker einen Namen, z. B. mit *Polow gwiazd* (1908). In den 20er Jahren folgten sowohl humorist. als auch Kriegsdichtungen, z. B. *Narodziny serca* (1920), *Pieśń o ojczyznie* (1924). Neben einer Reihe von Jugendbüchern schrieb er optimist. Romane und Erzählungen wie *Smieszni ludzie* (1928). *Awantury arabskie* (1957). 1926 erhielt er den Staatspreis für Literatur.

Malamud, Bernard (* 26. 4. 1914 New York, †18. 3. 1986 ebd.). – Amerikan. Erzähler, gehört zu den bedeutendsten realist. Schriftstellern der USA und wird als Repräsentant der »neuen Generation« neben S. Bellow und J. D. Salinger gestellt. Die Personen seiner in der Tradition des 19. Jh.s stehenden, bes. von Dostojewski beeinflußten Romane gehören meist dem jüd.-amerikan. Kleinbürgertum an, z. B. in *Der Gehilfe* (1957, dt. 1961), *Die Mieter* (engl. und dt. 1973). In Dtld. wurden bes. die Erzählungen *Bilder einer Ausstellung* (1969, dt. 1975) bekannt. 1967 erhielt er für seine Novelle *The Fixer* den Pulitzer-Preis. Beachtung fanden auch *Das Zauberfaß* (1958, dt. 1962), *Schwarz ist meine Lieblingsfarbe* (1963, dt. 1972) und *Rembrandts Hut* (1973, dt. 1977).

Malaparte, Curzio, eigtl. *Kurt Erich Suckert* (* 9. 6. 1898 Prato, †19. 7. 1957 Rom). – Ital. Schriftsteller dt. Abstammung, war zunächst Faschist, stand später den Kommunisten nahe und wandte sich nach dem Zweiten Weltkrieg dem Katholizismus zu. Sensationserfolge erzielten seine schockierend offenen Kriegsromane *Kaputt* (1944, dt. 1951) und *Die Haut* (1949, dt. 1950). Treffsichere Beobachtungen kennzeichnen seine Prosa ebenso wie die Neigung zum Extremen (Grausamkeiten, Obszönitäten). Verhaltener ist seine späte Prosa, wie *Verdammte Toskaner* (1956, dt. 1957). *Verflixte Italiener* (1961, dt. 1962), *Die Wolga entspringt in Europa* (dt. posth. 1989).

Malczewski, Antoni (*3. 7. 1793 Knjaginin, †2. 5. 1826 Warschau). – Poln. Dichter und Ingenieur, hinterließ nur ein bedeutendes Werk, das Versepos *Maria* (1825, dt. 1845). Es spiegelt seine Freundschaft mit Byron ebenso wider wie nationale Eigenheiten. Wegen der psych. einfühlsamen Charakterisierungen, der virtuosen Sprache und der spannenden Thematik gehört es zu den Hauptwerken der »ukrain. Schule« der poln. Romantik.

Malerba, Luigi (* 11. 11. 1927 Berceto/Parma). – Ital. Schriftsteller, gab während seines Rechtsstudiums bereits erste Zeitschriften heraus und schrieb Drehbücher; wurde durch das Drehbuch *Donne e soldati* 1953 als Protagonist des Neorealismus international bekannt. 1963, im Jahr seines ersten Bucherfolges mit *Die Entdeckung des Alphabets* (dt. 1983), wurde er Mitbegründer der »Gruppe 63«, wollte aber bald auch den Neorealismus überwinden. In M.s Werk finden sich Spuren der Auseinandersetzung mit dem Nouveau roman. 1973 gründete er mit Freunden in Rom die ital. Schriftstellervereinigung »Cooperativa Scrittori«. Auf dt. wurden bes. einige Romane bekannt, etwa *Die Schlange* (1966, dt. 1969), *Salto mortale* (1968, dt. 1971), *Der Protagonist* (1973, dt. 1976) und die Erzn. *Geschichten vom Ufer des Tiber* (1975, dt. 1980), *Silberkopf* (dt. 1989), *Das griechische Feuer* (dt. 1991) u. a.

Malherbe, Daniel François (*28.5. 1881 Daljosafat, †12.4. 1969 Bloemfontein). – Afrikaans-Schriftsteller, begann mit Gedichten im Stil Liliencrons, z. B. *Karrooblommetjies* (1909). Berühmt wurde er mit den Romanen *Die Meulenaar* (1926) und *Hans die Skipper* (1929). Bibl. und histor. Stoffe sowie die Natur, v. a. die See, behandelt er auch in den späteren Romanen wie *Die profeet* (1937), *Spore van Vlieland* (1948) und *En die wawiele vol* (1959).

Malherbe, François de (*1555 Caen, †16.10. 1628 Paris). – Franz. Dichter und Literaturtheoretiker, stand anfangs unter dem Einfluß der »Pléiade«, entwickelte eine klassizist. Ästhetik mit strengen formalen Regeln, v. a. in *L'académie de l'art poétique* (1610) und *Commentaire sur Desportes* (hg. 1891). Damit wurde er zum bedeutendsten Sprachreformer seiner Zeit, der die Dichtung von der Vernunft geregelt wissen wollte und alle sprachl. Unreinheiten wie Archaismen oder Dialekte verbot. Auch der Reim durfte nur nach strengen Regeln verwendet werden. Seine Gedichte sind meist Huldigungslyrik an seine Gönner, z. B. *Les larmes de Saint-Pierre* (1587), *Ode au roi Henri le Grand* (1600), *Ode à Marie de Médicis* (1600), *Ode au roi Louis XIII allant châtier les Rochelois'* (1628).

Malik Muhammad Jāyasī (*1493 Jayas/Oudh., †1542[?] Amethi). – Ind. Dichter, verfaßte unter Verwendung pers. und ind. Elemente das Epos *Padamavata* (auch *Padmavati, Padumavati,* 1540, neu 1959), das als die beste myst. Erzählung Indiens gilt. Zugleich Liebeserzählung und Heldenepos, diente es M. zur Verbreitung des mohammedan. Glaubens in Indien.

Mallarmé, Stéphane (*18.3. 1842 Paris, †10.9. 1898 Valvins). – Franz. Dichter. Der Begründer und wichtigste Vertreter des Symbolismus schrieb zunächst sentimentale Lyrik unter dem Einfluß Baudelaires und Verlaines. Einen ersten Höhepunkt bildet die Dichtung *Der Nachmittag eines Fauns* (1876, dt. 1920). Die späte Lyrik ist von einer immer knapper und rätselhafter werdenden Sprache gekennzeichnet, durch die M. die alltägl. Dinge »entdinglichen« und der Sprachabnutzung entgegenwirken will. Der Hermetismus der modernen Lyrik geht wesentl. auf M.s intellektualisierte, zugleich aber musikal. Dichtung zurück. Entscheidenden Einfluß nahm er auf den erlesenen Dichterkreis (u. a. Verlaine, Valéry, Gide, St. George), der sich an den berühmten Dienstagen bei ihm traf. Hauptwerke: *Herodias* (1869, dt. 1957), *Ein Würfelspiel hebt den Zufall nicht auf* (1897/1914, dt. 1957), *Sämtl. Gedichte* (dt.

1957). Seine Gedichte wurden z. T. von R. v. Schaukal und St. George ins Dt. übertragen.

Mallea, Eduardo (*14.8. 1903 Bahia Blanca, †12.11. 1982 Buenos Aires). – Argentin. Schriftsteller, Journalist und Diplomat. Großen Erfolg hatte er bereits mit seinem ersten Werk *Cuentos para una inglesa desesperada* (1926). In den Romanen *Die Bucht des Schweigens* (1940, dt. 1968) und *Alles Gras verdorrt* (1941, dt. 1960) widmet er sich mit psycholog. Genauigkeit der argentin. Gesellschaft; dies gilt auch für die Essays *Historia de una pasión argentina* (1937). Eine dt. Auswahl der klaren, scharf analysierenden Erzählungen bietet *Beredsame Liebhaber* (1966).

Malmberg, Bertil Frans Harald (*13.8. 1889 Härnösand, †11.2. 1958 Stockholm). – Schwed. Erzähler, lebte 1917–26 in München, wo er Stefan George begegnete. Die frühe idealist. Dichtung in der Nachfolge Schillers wurde nach der Begegnung mit O. Spengler durch pessimist. Lyrik abgelöst. Seit 1940 schrieb M. surrealist. Gedichte, mit denen er jüngere Autoren nachhaltig prägte, z. B. *Men bortom marterpålarna* (1948), *Klaviatur* (1955). Erfolg hatte er auch mit den Erzählungen *Der kleine Åke und seine Welt* (1924, dt. 1927) und dem Drama *Die Exzellenz* (1942, dt. 1945). Von den nicht übersetzten Schriften verdient v. a. die Autobiographie *Förklädda memoarer* (1956) Beachtung.

Malmström, Bernhard Elis (*14.3. 1816 Tysslinge/Örebro, †21.6. 1865 Uppsala). – Schwed. Lyriker, 1843 Professor für Ästhetik. In seinen theoret. Schriften wandte sich der liberale Hegelianer gegen die Romantik und die Philosophie Schellings. Dennoch stehen seine Gedichte themat. der Romantik nahe, z. B. *Ariadne* (1838), *Fosterlandet* (1841). Eine Italienreise 1846/47 spiegelt sich in seinen schönen Gedichten *Dikter* (1847). Als Essayist wurde er mit theoret. Schriften über Shakespeare, Swift und Cervantes bekannt.

Malory, Sir Thomas (*um 1408 Warwick, †12.[?]3. 1471 London). – Engl. Dichter, faßt in seinem Prosawerk *Der Tod Arthurs* (1451–70, dt. 1918) die wichtigsten älteren Fassungen der Artussage, v. a. entsprechende franz. Versromane, zusammen, löst die Hauptfigur von religiösen Inhalten und stellt sie als moral. Vorbild dar. Das Werk ist der letzte Versuch, dem engl. Volk ein Nationalepos zu schaffen. Sein Einfluß ist bes. bei Spenser, Tennyson, Swinburne und T. S. Eliot nachzuweisen.

Malpass, Eric (*14.11. 1910 Derby). – Engl. Erzähler, schreibt seit 1937 für BBC und ließ sich 1966 als freier Schriftsteller nieder. Sehr erfolgreich wurden seine heiteren Romane über das Leben einer sympath. engl. Durchschnittsfamilie: *Morgens um sieben ist die Welt noch in Ordnung* (1965, dt. 1967), *Wenn süß das Mondlicht auf den Hügeln schläft* (engl. und dt. 1969), *Als Mutter streikte* (1970, dt. 1973), *Liebt ich am Himmel einen hellen Stern* (1973, dt. 1974), *Unglücklich sind* *wir nicht allein* (engl. und dt. 1975), *Schöne Zeit der jungen Liebe* (1978), *Und der Wind bringt den Regen* (1979), *Lampenschein und Sternenlicht* (1985), *Wenn der Tiger schlafen geht* (dt. 1989).

Malraux, André, eigtl. *A. Berger* (*3.11. 1901 Paris, †23.11. 1976 ebd.). – Franz. Politiker und Schriftsteller, studierte Sanskrit und Altertumswissenschaften, unternahm mehrere Reisen nach Ostasien und beteiligte sich 1926/27 an der chines. Revolution. Daraus gingen die erfolgreichen Romane *Eroberer* (1928, dt. 1929) und *So lebt der Mensch* (1933, dt. 1934) hervor, in denen er seinen frühen Existentialismus zum Ausdruck bringt. 1939 wandte er sich vom Kommunismus ab und war mehrfach Minister unter de Gaulle. Von Dostojewski, Nietzsche und Gide angeregt, gilt sein Interesse dem meist revolutionären Helden in den Zeiten blutigen Umsturzes, z. B. im Roman *Die Hoffnung* (1937, dt. 1954). Den skeptischen Humanisten zeigen die *Anti-Memoiren* (1967, dt. 1968) und die kunstvolle Autobiogr. *Lazare* (1974). Nach 1945 setzte sich M., der heute zu den bedeutenden Kunsttheoretikern unseres Jh.s zählt, v. a. mit kulturellen und polit. Problemen auseinander, z. B. *Goya* (1947, dt. 1957), *Psychologie der Kunst* (3 Bde. 1947–1950, dt. 1949–1951), *La métamorphose des dieux* (1957), *Le triangle noir* (1970), *Reden* (1971).

Malyschkin, Aleksandr Georgijewitsch (*21.3. 1892 Bogorodskoe, †3.8. 1938 Moskau). – Russ. Schriftsteller, nahm aktiv an der kommunist. Revolution teil. Das Bürgerkriegserlebnis prägt seine frühen symbolist. Romane, z. B. *Der Fall von Dairen* (russ. und dt. 1923). Spätere Romane gehören dem Sozialist. Realismus an und preisen das Kollektiv, das den individuellen Helden verdrängt, z. B. *Sewastopol* (1930, dt. 1967), *Der dreizehnte Winter* (1938, dt. 1951).

Mandelschtam, Osip Emiljewitsch (*15.1. 1891 Warschau, †27.12. 1938 Wladiwostok). – Russ. Dichter, schrieb in Gegnerschaft zum Symbolismus und zu verschwommener Mystik rhythm. vollendete, kraftvolle Lyrik, die bes. von der klass. Antike beeinflußt ist, z. B. *Kamen* (1913) und *Tristia* (1922); eine Auswahl daraus in *Gedichte* (dt. 1959). Der Rebell gegen stalinist. Unterdrückung veröffentlichte nach 1932 nichts mehr. Als Erzähler wurde er bekannt durch *Die ägyptische Briefmarke* (1928, dt. 1965). Seine autobiograph. Aufzeichnungen *Šum vremeni* (1925) schildern das Leben seiner Zeit. Posth. 1987 erschien *Mitternacht in Moskau. Gedichte 1930 bis 1934.*

Mander, Carel van (*Mai 1548 Meulebeke/Flandern, †2.9. 1606 Amsterdam). – Niederl. Maler und Schriftsteller, gründete nach ausgedehnten Studien in Italien in Haarlem eine Akademie, in der Frans Hals sein Schüler war. Sein bedeutendstes Werk ist *Das Malerbuch* (1604, dt. 1906), das nach einem kunsttheoret. Lehrgedicht zahlreiche Künstlerbiographien enthält, die noch heute als wichtige Quellen geschätzt werden.

M. schrieb daneben religiöse Lyrik in der Art der franz. Plejade und übersetzte Homer und Vergil.

Manderscheid, Roger (*1.3. 1933 Itzig/Luxemburg). – Luxemburger, deutschsprachiger Autor, hoher Beamter im Handels-, später im Kulturministerium, arbeitete auch als Zeichner und gründete den »Lochness-Verlag Luxemburger Autoren« und die »Letzeburger Konschtgewerkschaft«. Hinter der glatten, sprachlich ironisierenden äußeren Form seiner Gedichte, Erzählungen, z. B. *Der taube Johannes* (1963), Hör- und Fernsehspiele, z. B. *Die Glaswand* (1966) und *Schrott* (1978), und Theaterstücke, z. B. *Den Ubbu gët Kinnek* (1980), steht eine anspruchsvolle Kritik an der problemlosen Lebensform des gegenwärtigen Menschen. Wichtige Texte enthält die Sammlung *Leerläufe* (1978); sein Filmdrehbuch *Stille Tage in Luxemburg* (1973) fand große Beachtung.

Mandeville, Bernard de (*um 1670 Dordrecht, †21.1. 1733 Hackney/London). – Niederl.-engl. Arzt, Philosoph und Schriftsteller, sieht in seiner sozialkrit. Satire *Fabel von den Bienen* (1714–29, dt. 1761) im Egoismus den Grund für die Entwicklung der Zivilisation und für die Zerstörung des persönl. Glücks. Shaftesburys Philosophie bekämpfte er als moralisierende Heuchelei. M. sieht den Menschen als von Grund auf verderbt an, z. B. auch in *Search into the Nature of Society* (1723).

Manganelli, Giorgio (*22.11. 1922 Mailand, †28.5. 1990 Rom). – Ital. Schriftsteller, studierte Literatur, trat als Übersetzer hervor und war Mitglied der Gruppe 63. Heute gilt er als einer der führenden ital. Avantgardisten. Ausgehend von der modernen Sprachphilosophie und Semiotik bezweifelt er die erfahrbare Realität und zeigt, daß nur in der Sprache Wirklichkeiten erschaffen werden können. Immer wieder setzt er sich mit den Fragen der Sprachrealität auseinander. In Deutschland wurden u. a. bekannt *Niederauffahrt* (1964, dt. 1967), *Omegabet* (1969, dt. 1970), *Aus der Hölle* (1985, dt. 1986).

Manilius, Marcus (1. Jh. n. Chr.). – Röm. Schriftsteller, bekannt als Verfasser des Lehrgedichts *Astronomica* (dt. 1844 u. d. T. *Himmelskugel*). Bis heute ist der Einfluß des 2. und 3. Teils feststellbar, in denen M. den Tierkreiszeichen bestimmte Charaktere und Berufe zuordnet und damit für die Pseudowissenschaft der Astrologie weitere »Erkenntnisse« bietet. Das in Hexametern geschriebene Werk wird durch erzählende Episoden und feinsinnige Charakterstudien aufgelockert.

Mann, Erika (*9.11. 1905 München, †27.8. 1969 Zürich). – Dt. Schriftstellerin, Tochter von Thomas M., war bis 1933 Schauspielerin, emigrierte dann in die Schweiz und gründete das Kabarett »Die Pfeffermühle«, das sich scharf gegen den Nationalsozialismus wandte. 1935 heiratete sie W. H. Auden. Bekannt wurden die Kinderbücher *Stoffel fliegt übers Meer* (1932) und *Zauberonkel Muck* (1934). Mit dem nationalsozialist. Regime setzt sie sich in *Die Lichter gehen aus* (1940) auseinander; ihr Buch über »Die Erziehung der Jugend im Dritten Reich« – *Zehn Millionen Kinder* – erschien erstmals 1986 in Dtld. *Das letzte Jahr* (1956) ist eine Biographie ihres Vaters, dessen Nachlaß sie verwaltete.

Mann, Golo, eigtl. *Gottfried M.* (* 27.3. 1909 München). – Dt. Historiker und Publizist, emigrierte 1933 nach Promotion bei K. Jaspers mit seinem Vater Thomas M. in die USA, wo er zeitweise Geschichtsprofessor war. In Dtld. hatte er 1958–59 in Münster und 1960–64 in Stuttgart Gastprofessuren inne. M. lebt heute in der Schweiz. Er wurde erstmals mit der Monographie *Friedrich von Gentz* (1948) bekannt. Sehr erfolgreich war seine brillant geschriebene *Deutsche Geschichte des 19. und 20. Jahrhunderts* (1959). 1968 erhielt er den Büchner-, 1969 den Gottfried-Keller-, 1985 den Goethe-Preis. In *Wallenstein* (1971) gelingt ihm neben histor. Exaktheit auch die Darstellung menschl. Problematik (1978 vierteiliges Fernsehspiel). Das Werk wird als Meisterwerk neuerer Geschichtsschreibung betrachtet. Um ein breiteres Publikum bemüht sich M. in Zeitungsaufsätzen und als Hg. der *Propyläen Weltgeschichte.* Zahlreiche Arbeiten sind in der Auswahl *Geschichte und Geschichten* (1961) gesammelt; 1986 erschien die Autobiographie *Erinnerungen und Gedanken. Eine Jugend in Deutschland.*

Mann, Heinrich (* 27.3. 1871 Lübeck, † 12.3. 1950 Santa Monica/Los Angeles). – Dt. Schriftsteller, Bruder von Thomas M., lebte nach kurzer Tätigkeit im Buchhandels- und Verlagswesen als freier Schriftsteller. 1933 erhielt er Schreibverbot und emigrierte über die Tschechoslowakei, Frankreich, wo er acht Jahre lebte und eine vielfältige lit. Agitation gegen das NS-Regime führte, und Spanien in die USA. 1950 wurde er zum Präsidenten der Dt. Akademie der Künste gewählt, doch erreichte ihn die Nachricht nicht mehr. Vom Naturalismus ausgehend und unter dem Einfluß von Stendhal, Balzac und Zola, verfaßte er zeitkrit., satir. Romane, in denen er Militarismus und Untertanengeist anprangert und das Ende der wilhelmin. Bürgerkultur heraufbeschwört, z. B. *Professor Unrat* (1905, verfilmt als *Der blaue Engel*), *Der Untertan* (1914). Seine histor. Romane, z. B. *Die Jugend des Königs Henri Quatre* (1935), gelten bei sozialist. Theoretikern als Meisterwerke des Sozialist. Realismus. Als humanist. Demokraten zeigt ihn auch die Autobiogr. *Ein Zeitalter wird besichtigt* (1946). Sein Gesamtwerk erschien 1966 f. in 25 Bdn.

Mann, Klaus (* 18.11. 1906 München, † 22.5. 1949 Cannes). – Dt.-amerikan. Schriftsteller, Sohn von Thomas M., war als Theaterkritiker tätig und schrieb 1926 die bezaubernde *Kindheitsnovelle*, bevor er 1933 emigrierte. Mit der Emigrantenzeitschrift »Die Sammlung« versuchte er, den verschiedensten Stimmen der dt. Exilliteratur Gehör zu verschaffen. Seit 1936 lebte er in den USA und schrieb ab 1939 nur noch in engl. Sprache. Seine bedeutendsten Romane *Symphonie pathéti-*

que (1935), *Mephisto* (1936) und *Der Vulkan* (1939) behandeln das Problem des Künstlers in einer zerrissenen Welt. Der R. *Mephisto,* der als Schlüsselroman die Rolle des Schauspielers Gründgens im Dritten Reich beschreibt, erschien nach mehreren Verboten erstmals 1981 offiziell in Dtld. M. war später engagierter Europäer, wie z. B. die Autobiogr. *Der Wendepunkt* (1942, dt. 1952) zeigt. Posth. erschienen *Flucht in den Norden* (1977) und die literarischen Essays aus dem Exil *Das Innere Vaterland* (1986).

Mann, Thomas (* 6.6. 1875 Lübeck, † 12.8. 1955 Kilchberg/Zürich). – Dt. Dichter, entstammte einer großbürgerl. Kaufmannsfamilie. Nach kurzer journalist. Tätigkeit (Mitarbeit am »Simplicissimus«) lebte er als freier Schriftsteller in München. 1933 ging er nach Südfrankreich, lebte anschließend bis 1939 in der Schweiz, seit 1936 als tschechoslowakischer Staatsbürger, dann in den USA und kehrte 1952 nach Europa zurück. Der bedeutendste dt. Erzähler des 20. Jh.s knüpfte an die Tradition des realist. Romans an, dem er durch vielfache iron. Brechungen neue Ausdrucksmittel erschloß. Die Einflüsse Nietzsches, Schopenhauers und Wagners sind v. a. im Frühwerk erkennbar. M. fühlte sich dem Bürgertum zugehörig – vgl. den Essay *Betrachtungen eines Unpolitischen* (1918), dessen dekadente Brüchigkeit er dennoch treffsicher analysierte, z. B. in seinem ersten Roman *Buddenbrooks* (1901). Den Konflikt zwischen Bürgerlichkeit und Künstlertum behandelte M. in den Novellen *Tristan* (1903) und *Tonio Kröger* (1914) sowie in den Romanen *Lotte in Weimar* (1939) und *Doktor Faustus* (1947). Seine themat. Vielfalt reicht vom iron. Schelmenroman *Bekenntnisse des Hochstaplers Felix Krull* (1922, erweitert 1937 und 1954) über den philosoph. Zeitroman *Der Zauberberg* (1924) bis zum mytholog. Epos *Joseph und seine Brüder* (4 Bde. 1933–42) und zur Nachdichtung mittelalterl. Stoffe in *Der Erwählte* (1951). Die Novelle *Der Tod in Venedig* (1913) wurde auch als Film und als Oper (B. Britten) sehr erfolgreich. In zahlreichen meisterhaften Essays nahm er während der Zeit seiner Emigration zu Fragen der abendländ. Kultur Stellung. Besonders berühmt wurde seine Rede *Deutschland und die Deutschen* (1947). Seine lit. und kunstkrit. Essays sind zum Verständnis der dt. Lit. und Politik notwendige Zeugnisse und liegen wie die Erzählungen in zahlreichen Ausgaben vor. 1929 erhielt Th. M. den Nobelpreis für Literatur. *Gesammelte Werke* erschienen 1956–67 und 1974. Die grundlegende Stockholmer Gesamtausgabe (1938–56) umfaßt 14 Werke in 19 Bdn. Posth. erschienen die Tagebücher, z. B. für die Jahre 1944 bis 1946 (1987).

Manner, Eeva-Liisa, Ps. *Anna September* (* 5.12. 1921 Helsinki). – Finn. Lyrikerin, Natur und Kindheit sind ihre Hauptthemen. Die klangvollen Gedichte und Dramen lassen den Einfluß der chines. Philosophie erkennen, z. B. in *Tämä mat-*

ka (1956), *Niin vaihtuvat vuoden ajat* (1964), *Kirjoiettu kivi* (1966), *Fahrenheit 121* (1968), *Tote Wasser* (1977). In »Der Karlsruher Bote« (o.J.) wurde ihre dramat. Dichtung *Eros und Psyche* übersetzt. M. zählt zu den bedeutendsten modernen Lyrikern Finnlands. Anerkennung fanden ihre Übertragungen von Hesse, Kafka, Mörike und Shakespeare.

Manninen, Otto (* 13. 8. 1872 Kangasniemi, †5. 4. 1950 Helsinki). – Finn. Lyriker, beeinflußte die Literatur seines Landes durch Übersetzungen griech. und dt. Werke (Goethe, Heine) sowie mit seinen eigenen gedankl. wie stilist. stark komprimierten Gedichten. Im Frühwerk dominiert die musikal. symbolhafte Naturlyrik, z. B. in *Säkeita* (1905 und 1910), später folgten kunstvolle philosoph. Gedichte in knapper, klarer Sprache, z. B. *Matkamies* (1938, dt. Auswahl 1952) und *Muistojen tie* (1951).

Manrique, Gómez (* um 1412 Amusco, † um 1490 Toledo). – Span. Dichter, nahm mit dem Mysterienspiel *Representación del nacimiento de Nuestro Señor* (um 1467) wesentl. Einfluß auf die Entwicklung des span. Dramas. Daneben verfaßte er Liebesgedichte und heitere Lieder, die im *Cancionero de G. M.* (hg. 1885) gesammelt sind. Mit religiös-erzieher. Dichtungen steht M. in der Tradition der provenzal. didakt. Literatur.

Manrique, Jorge (* um 1440 Paredes de Nava, †27. 3. 1479 Schloß Carci-Muñoz bei Calatrava). – Der span. Dichter wurde durch das allegor. Gedicht auf den Tod seines Vaters *Coplas por la muerte de su padre Don Rodrigo* (1476, neu 1912) bekannt. Es faßt die Philosophie des europ. Mittelalters zusammen und steht mit der weltl. Bewertung des menschl. Lebens bereits an der Schwelle zur Renaissance. Daneben schrieb M. höf. Lyrik, die in den *Obras completas* (hg. 1942) gesammelt ist.

Mansfield, Katherine, eigtl. *Kathleen Beauchamp* (* 14. 10. 1888 Wellington/Neuseeland, †9. 1. 1923 Fontainebleau). – Engl. Schriftstellerin, ihre besten Werke sind die Kurzgeschichten, in denen sie immer wieder ihre glückl. Kindheit darstellt. Die schwermütige Sensibilität der Personendarstellung erinnert an ihr Vorbild Tschechow, z. B. in *Für 6 Pence Erziehung* (1920, dt. 1937), *Das Gartenfest* (1922, dt. 1928). Bedeutend sind ihre Briefe (hg. 1928, dt. 1970 u. d. T. *Eine Ehe in Briefen*). M.s Kurzgeschichten gehören zu den hervorragendsten Beispielen dieser Gattung im 20. Jh.

Manzoni, Alessandro (* 7. 3. 1785 Mailand, †22. 5. 1873 ebd.). – Ital. Dichter, widmete sich schon als Klosterschüler der Literatur. Später von freidenker. Gesinnung, kehrte er unter dem Einfluß seiner Frau Henriette Blondel zum Katholizismus zurück und schrieb die zart religiösen Gedichte *Heilige Hymnen* (1815–22, dt. 1889). Die beiden lyr. Trauerspiele aus der Geschichte Italiens *Der Graf von Carmagnola* (1820, dt. 1824) und *Adelchi* (1822, dt. 1827) lassen in der Abkehr von der klass. Form der franz. Tragödie den Einfluß Shakespeares

erkennen. Von großer Bedeutung für die Entwicklung der modernen ital. Prosa wurde der Roman *Die Verlobten* (1827, überarbeitet 1840–42, dt. 1827, neu 1989), in dem der wichtigste ital. Romantiker dem Nationalbewußtsein seines Volkes Ausdruck verleiht. Mit seiner Ode auf den Tod Napoleons *Il cinque maggio* (1821, dt. 1828 von Goethe u. d. T. *Der fünfte Mai*) wird er als bedeutendster zeitgenöss. Dichter in seiner Heimat anerkannt. In späteren Arbeiten trat er als Essayist und Sprachwissenschaftler hervor und schuf für die nationalstaatl. Einigungsbestrebungen der ital. Kleinstaaten die einheitl. Schriftsprache.

Mao Tse-tung (* 26. 12. 1893 Shao Shan/Hunan, †8. 9. 1976 Peking). – Der chines. Politiker arbeitete zunächst als Bibliothekshelfer, war dann Lehrer und gehörte zu den Gründern der chines. Kommunist. Partei. Er nahm in leitenden Positionen an der Bauernrevolution teil und wurde mit dem sog. »Langen Marsch«, den er anführte, berühmt. Vom Ende der dreißiger Jahre bis zu seinem Tod war er Parteivorsitzender, zeitweise auch Staatsoberhaupt. M. verfaßte die wichtigsten theoret. Grundlegungen des chines. Marxismus: *Über den Widerspruch* (1937, dt. 1968/69 in *Ausgewählte Werke*) und *Über die Praxis* (1937, dt. ebd.). Aggressiver, aber auch lebendiger und volkstümlicher sind die *Worte des Vorsitzenden Mao* (hg. 1964, dt. 1967), die eine nur noch mit der Bibel vergleichbare Verbreitung fanden. M. schrieb auch Gedichte in der klass. chines. Tradition. Dt. Auswahl: *37 Gedichte* (1967).

Mao Tun, eigtl. *Shen Yanbing* (* 4. 7. 1896 Qingzhen/Zhejiang, †27. 3. 1981 Peking). – Chines. Schriftsteller und Kulturpolitiker, wirkte zunächst als Verlagsangestellter und Herausgeber verschiedener Zeitschriften, dann aktiv in der Kommunistischen Partei, Kulturminister; während der Kulturrevolution entmachtet; wurde 1976 Vorsitzender des chinesischen Schriftstellerverbandes. MT ist für das Verständnis der modernen chinesischen Literatur von zentraler Bedeutung, da er moderne Ansätze mit traditionellen Stilformen und marxistischen Gedanken in komplexer Weise verbindet. Dt. wurden u. a. bekannt *Shanghai im Zwielicht* (1930, dt. 1938; neu 1983), *Regenbogen* (1930, dt. 1963), *Die ideale Frau* (1951, dt. 1980), *Der erste Morgen im Büro* (1939, dt. 1980), *Seidenraupen im Frühling* (dt. 1987).

Mapu, Abraham (* 10. 1. 1808 Williampol/Kaunas, †9. 10. 1867 Königsberg). – Hebräischer Lehrer und Schriftsteller, wurde mit seinem Hauptwerk *Thamar* (1853, dt. 1885) Begründer des hebr. Romans und zugleich zum Wegbereiter des Zionismus. Biblische Szenen schildert er in romant., von Dumas d. Ä. beeinflußten Stil. Gleiche Thematik weisen die Romane *Aschmat Schomron* (1865) und *Ajit Zawua* (1869) auf.

Maraini, Dacia (* 13. 11. 1936 Florenz). – Ital. Schriftstellerin,

Tochter eines Japanologen, war während des Zweiten Weltkriegs in Japan und arbeitete nach ihrem Studium in Italien als Redakteurin und Filmautorin. In ihren Romanen *Tage im August* (1962, dt. 1964), *Zeit des Unbehagens* (1962, dt. 1963), Erzählungen *Winterschlaf* (1968, dt. 1984), Theaterstücken, die z. T. auch verfilmt wurden *Die Geschichte der Piera* (1982, dt. 1983), *Der Junge Alberto* (1986, dt. 1987), und Gedichten *Crudelta all'aria aperta* (1966), *Dimenticato di dimenticare* (1982) setzt sie sich mit den unterschiedl. sozialen Anforderungen an Männer und Frauen auseinander, wobei sie Fragen der Erfahrungswelt und Wirklichkeit in ihren Werken reflektiert. Die Texte erfreuen sich großer Beliebtheit, da sie es glänzend versteht, die Leser durch Spannung und Humor zu fesseln.

Marcabru, auch *Marcabrun.* Über das Leben des provenzal. Troubadours des 12. Jh.s liegen kaum gesicherte Daten vor. Vermutl. ein Schüler Cercamons, lebte er an verschiedenen franz., span. und portugies. Höfen. 43 Lieder des Satirikers sind erhalten, in denen er zumeist die höf. Sittenlosigkeit aggressiv anprangert und die ritterl. Minne bekämpft. Sein scharfer Spott machte auch vor hohen Persönlichkeiten nicht halt und führte wahrscheinl. zu seiner Ermordung. M. verfaßte auch Kreuzzugslieder und eine Pastorelle. *Poésies complètes* (hg. 1909).

Marcel, Gabriel (* 7. 12. 1889 Paris, † 8. 10. 1973 ebd.). – Franz. Philosoph, Dramatiker und Essayist, u. a. von Charles du Bos, Mauriac, Jaspers und Heidegger beeinflußt, wurde religionslos erzogen und erst 1929 Katholik. Er gilt als der Gründer und bedeutendste Wortführer des christl. Existentialismus und wandte sich entschieden gegen Sartre und die dt. Existentialisten. Als Gründe für die Sinnlosigkeit des Lebens sieht M. den zunehmenden Materialismus und die Zerstörung der zwischenmenschl. Beziehungen an; vgl. z. B. *Metaphysisches Tagebuch* (1927, dt. 1955) und *Philosophie der Hoffnung* (1940, dt. 1949). Ausgehend von dem Gedanken, daß der Mensch ein körperl. Wesen ist, fordert er, daß dieser mit seinem Bewußtsein transzendierend zur Wahrheit kommen müsse. Dabei sind für M. die Probleme von Bedeutung, in die er als Mensch gestellt ist. Da das Sein ein Martyrium darstellt, will er durch Einsicht in dieses Martyrium den Menschen zur Selbsterkenntnis führen. Seine Dramen, die nachhaltig von Ibsen und Schnitzler beeinflußt sind, zeigen den modernen Menschen in einer heillosen Welt, die er durch seine metaphys. Existenz überwinden soll. Sie sind zwar ohne dramaturg. Brillanz, behandeln aber starke menschl. Konflikte, z. B. in *Ein Mann Gottes* (1925, dt. 1951), *Zerbrochene Welt* (1933, dt. 1953), *Schauspiele* (3 Bde. 1962 ff.).

March, Ausiàs (* 1397 Gandia, † 3. 3. 1459 Valencia). – Der katalan. Dichter schrieb von der Scholastik beeinflußte Lyrik mit religiösen Themen, aber auch Liebesgedichte von tiefer Sensibilität. Der Bilderreichtum und das Thema der Entsagung zeigen die Bedeutung Petrarcas und der ital. Dichtung für M., z. B. in *Cants de Mort, Cants d'Amor* und *Cants Morals.* Gesamtausgabe *Poesies* (1952).

March, William, eigtl. *W. Edward March Campbell* (* 18. 9. 1893 Mobile/Alabama, † 15. 5. 1954 New Orleans). – Amerikan. Erzähler, das Erlebnis des Ersten Weltkrieges bestimmt seine Werke ebenso wie das Leben in den amerikan. Südstaaten. Dies wird. z. B. in den Kurzgeschichten *Company K* (1933) und *Some Like them Short* (1939) und den Romanen *The Looking Glass* (1943) und *The Bad Seed* (1954) deutlich. Posthum erschienen 1960 *99 Fables.*

Marchwitza, Hans (* 25. 6. 1890 Scharley, † 17. 1. 1965 Ost-Berlin). – Dt. Schriftsteller, war bis 1910 Bergarbeiter und gehörte seit 1920 der KPD an. Nach kleinen Erzählungen entstand 1931 die Romanreportage über den Kapp-Putsch *Sturm auf Essen.* 1933 ging M. in die Schweiz und schrieb den Bergarbeiter-Roman *Die Kumiaks* (1934). Von 1941 bis 1946 lebte M. in den USA – vgl. die Reportage *In Amerika* (1961). Weitere Arbeiterromane sind *Die Heimkehr der Kumiaks* (1952), *Roheisen* (1955), *Die Kumiaks und ihre Kinder* (1959). Seine streng am Sozialist. Realismus orientierten Romane waren in den Ostblockstaaten als Beispiele eines prolet. Stils hoch geschätzt, zeigen aber wenig ästhet. Brillanz.

Marcinkevičius, Justinas Motejaus (* 30. 3. 1930 Prienai). – Litauisch-sowjet. Autor, sein Hauptthema ist die trag. Geschichte des litauischen Volkes. Das gilt v. a. für das Poem *Kraujas ir pelenai* (1960), das die Vernichtung eines Dorfes durch die dt. Besatzungstruppen schildert, aber auch für die Erzählungen und das Drama *Mindaugas* (1968). Ins Dt. übersetzt sind die Gedichte *Donelaitis* (1967) und *Auf der Erde geht ein Vogel* (1969), die sich durch volkstüml. Sprache und einfache Bilder auszeichnen.

Marcus Aurelius Antoninus (* 16. 4. 121 Rom, † 17. 3. 180 Vindobona [Wien]). – Der röm. Philosoph war von 161 bis zu seinem Tod röm. Kaiser. Ausgehend von der Rhetorik, lernte er bald die griech. Literatur kennen und wandte sich der stoischen Philosophie zu. Davon zeugen die Selbstbetrachtungen *Eis heauton* (dt. 1951 u. d. T. *Wege zu sich selbst*), die in griech. Sprache verfaßt sind.

Marcuse, Herbert (* 19. 7. 1898 Berlin, † 29. 7. 1979 Starnberg). – Dt.-amerikan. Philosoph und Soziologe, emigrierte 1938 und hatte verschiedene Lehrstühle an bekannten amerikan. Universitäten. Mit Adorno, Horkheimer u. a. gehört er zur sog. Frankfurter Schule und wirkte mit seiner Philosophie, die von Heidegger und Marx sowie von der Psychoanalyse Freuds herkommt, nachhaltig auf die Generation der sechziger Jahre. Ausgehend von der Erkenntnis, daß der technische Fortschritt den Menschen immer stärker unter den Zwang der Produktionsverhältnisse bringt, sucht er mit den Mitteln der Psychoanalyse zu zeigen, daß die Herrschaft des Kapitals nur durch eine Triebsublimierung ermöglicht wird. Deshalb rief er in zahlreichen Schriften dazu auf, das Triebleben zu befreien und so die herrschende Gesellschaft zu verändern. Auf die moderne Literatur hat er mit seinen theoret. Arbeiten einen starken Einfluß ausgeübt. Bes. Bedeutung gewannen u. a. *Kultur und Gesellschaft* (1955, dt. 1966), *Triebstruktur und Gesellschaft* (1955, dt. 1957), *Der eindimensionale Mensch* (1964, dt. 1967), *Psychoanalyse und Politik* (1968), *Ideen zu einer kritischen Theorie der Gesellschaft* (1969), *Die Permanenz der Kunst. Wider eine bestimmte marxistische Ästhetik* (1976) u. a. m.

Marcuse, Ludwig (* 8.2. 1894 Berlin, † 2.8. 1971 München). – Dt.-jüd. Schriftsteller, emigrierte 1933 in die USA und lebte ab 1963 in Bad Wiessee. Neben einzelnen Aufsätzen zur Literatur schrieb M. lit. Biographien, z. B. *Strindberg* (1924) und *Heinrich Heine* (1932). Auf H. Mann und Carl von Ossietzky zurückgehend, verteidigt er in allen Schriften das Recht des Individuums, z. B. in *Obszön. Die Geschichte einer Entrüstung* (1962), *Argumente und Rezepte* (1967), *Nachruf auf L. M.* (1969).

Marechal, Leopoldo (* 11.6. 1900 Buenos Aires, † 27.6. 1970 ebd.). – Argentin. Schriftsteller. Zunächst der sog. Ultraistengruppe zugehörig, wandte er sich bald religiösen Themen zu, die er in formvollendeten Gedichten behandelte. Der Roman *Adán Buenosayres* (1948) gehört zu den Hauptwerken der argentin. Erzählkunst. Auch die späteren Romane, etwa *El banquete de Severo Arcángelo* (1965), zahlreiche Gedichte und die Erzn. *La batalla de José Luna* (1970) und *Megafón o la guerra* (1970) fanden breite Anerkennung.

Margarete von Navarra oder *M. von Angoulême* (* 11. 4. 1492 Angoulême, † 21. 12. 1549 Odos/Hautes-Pyrénées). – Franz. Schriftstellerin und Herzogin, förderte an ihrem Hof in Nérac und Alençon Künstler und Wissenschaftler der franz. Frührenaissance sowie führende Protestanten. Das Hauptwerk der sehr gebildeten M. bildet *Das Heptameron* (1559, dt. 1909), eine Sammlung von Novellen, die nach dem Vorbild Boccaccios durch eine Rahmenhandlung verbunden sind. Neuplaton. Gedichte über irdische und religiöse Liebe sind *Les marguerites de la Marguerite des princesses* (1547). Daneben verfaßte sie allegor. Spiele.

Margueritte, Paul (* 1.2. 1860 Lagh'ouat/Algerien, † 30.12. 1918 Housségor/Landes). – Der franz. Schriftsteller schrieb realist. Romane, v. a. *La force des choses* (1891). Er unterstützte die Frauenbewegung mit *Femmes nouvelles* (1899), die er zusammen mit seinem Bruder Victor M. schrieb. Auch das Hauptwerk *Der große Krieg* (1898 bis 1904, dt. 1902 bis 1905), eine vierbändige Romanchronik des Deutsch-Französischen Krieges 1870/71, entstand aus der Zusammenarbeit mit seinem Bruder.

Margueritte, Victor (* 1.12. 1866 Blida, † 23.3. 1942 Monestier). – Franz. Schriftsteller, trat neben den mit seinem Bruder Paul M. geschriebenen Werken über den Krieg und über die Frauenemanzipation mit dem Roman *Die Junggesellin* (1922, dt. 1923) hervor. Die darin gezeigte extreme Form der Emanzipation führte zu einem Skandal. Mit Paul M. setzte er sich in den Romanen *Die zwei Leben* (1902, dt. 1926) und *Das Prisma* (1905, dt. 1927) für soziale Reformen ein. Gemeinsam mit seinem Bruder schrieb er das Kinderbuch *Poum, Aventures d'un petit garçon* (1897).

Marie de France (* um 1130, † um 1200). – Über das Leben der ältesten franz. Dichterin ist wenig bekannt. Am Hof Heinrichs II. von England schrieb sie Versnovellen, sog. Lais, v. a. *Bisclavret, Lanval, Chievrefueil* und *Eliduc*. Sie entstanden vor 1167, eine dt. Auswahl erschien 1921. Die Sammlung *Esope* enthält 120 Fabeln nach griech., lat. und german. Quellen (entstanden 1170–90, altfranz. und dt. hg. 1972). Sie schrieb ferner die Legende *L'Espurgatoire seint Patriz* (nach 1189, hg. 1938). *Poetische Erzählungen nach altbreton. Lies-Sagen* erschien 1862.

Marinetti, Filippo Tommaso (* 22. 12. 1876 Alexandria, † 2. 12. 1944 Bellagio). – Ital. Dichter, veröffentlichte 1909 im »Figaro« das 1. futurist. Manifest, das den lit. Futurismus begründete. M. fordert die Behandlung zeitgemäßer Stoffe und v. a. die Hereinnahme der modernen Technik in die Dichtung und bricht radikal und aggressiv mit allen Traditionen. Seine Vorstellungen verwirklichte er in dem Roman *Mafarka le futuriste* (franz. 1910) sowie in dem Drama *Tamburo di fuoco* (1932). Starken Einfluß auf den Futurismus übten seine theoret. Schriften aus, z. B. *Le futurisme* (1911) und *Futurisme e fascismo* (1924). In zahlreichen Gedichten hat er seine lit. Vorstellungen verwirklicht.

Marino, Giambattista, auch *G. Marini* (* 18. 10. 1569 Neapel, † 25. 3. 1625 ebd.). – Ital. Dichter, lebte nach unsteter Jugend an versch. ital. Höfen und von 1615 bis 1623 in Paris, wo er enge Beziehungen zu franz. Literatenkreisen unterhielt. Sein Hauptwerk *Adone* (1623 und 1922), ein Epos in 20 Gesängen, wurde von den Zeitgenossen begeistert aufgenommen und begründete den sog. Marinismus. Mctaphernreichtum, raffiniertes Formenspiel und sinnl. Vergnügungen kennzeichnen den bedeutendsten Dichter des ital. Barock, z. B. in *Der bethlehemitische Kindermord* (1623, dt. 1715) und in zahlreichen Gedichten wie *Lira* (1602–1621), *La galleria* (1620), *La sampogna* (1620) u. a.

Marivaux, Pierre Carlet de Chamblain de (* 4.2. 1688 Paris, † 12.2. 1763 ebd.). – Franz. Dichter, verkehrte in den gebildeten Salongesellschaften des Pariser Adels und wurde erst 1720 durch einen Bankrott zum Schreiben gezwungen. 1743 wurde er Mitglied der Académie Française. Seine formal konventionellen episod. Liebeskomödien beeinflußten die franz. und ital. Dramatik des 18. Jh. s. Die feinsinnigen Dialoge sind Meisterwerke der galanten Konversationskunst und der sprachl. Charakterisierung, z. B. in *Das Spiel von Liebe und Zufall* (1730, dt. 1747), *Die falschen Vertraulichkeiten* (1738, dt. 1756 und 1798), *Der Versuch* (1740, dt. 1783). Die realist. stilist. ebenso kultivierten Romane *Das Leben der Marianne* (1731–42, dt. 1764, neu 1968) und *Der Bauer im Glück* (1734/35, dt. 1747/48, neu 1968) zeichnen ein lebendiges Bild der Gesellschaft des 18. Jh. s.

Markham, Edwin (*23.4. 1852 Oregon, †7.3. 1940 New York). – Amerikan. Lyriker, war zunächst Farmer und Lehrer, ab 1901 freier Schriftsteller. Als humanist. Demokrat wendet er sich in seinen Gedichten leidenschaftl. gegen soziale Benachteiligungen. Weite Verbreitung fanden *The Man With the Hoe and Other Poems* (1899), aber auch *Gates of Paradise* (1920) und *The Star of Araby* (1937).

Marković, Svetozar (*9.9. 1846 Zaječar, †26.2. 1875 Triest). – Serb. Schriftsteller, wurde als Hg. der Zeitschrift »Radenik« zum Begründer des serb. Sozialismus. In seinen literaturkrit. Aufsätzen *Realnost u poeziji* (1870) bekämpft er den Einfluß der dt. Romantik und propagiert den Realismus der russ. Erzähler. Daneben schrieb M. v. a. polit. und wirtschaftstheoret. Aufsätze. Eine Auswahl liegt vor u. d. T. *Odabrani spisi* (1961).

Mark Twain, eigtl. *Samuel Langhorne Clemens* (*30.11. 1835 Florida/Mo., †21.4. 1910 Redding/Conn.). – Der berühmte amerikan. Schriftsteller war u. a. Drucker, Journalist, Lotse auf dem Mississippi und nahm am Sezessionskrieg teil, bevor er in Amerika durch die humorvollen und volkstüml. Skizzen *Jim Smileys berühmter Springfrosch* (1865, dt. 1874) bekannt und anerkannt wurde. Den internationalen Durchbruch erzielte M., der einerseits ein Vertreter des amerikan. »Western humour« war, andererseits Einflüsse der europ. Literatur aufnahm und verarbeitete, mit seinen Romanen *Die Abenteuer Tom Sawyers* (1876), *Die Abenteuer und Fahrten des Huckleberry Finn* (1884, dt. 1890) sowie dem Bericht *Leben auf dem Mississippi* (1883, dt. 1888). Diese teilweise autobiograph. Arbeiten M. s gehören zu den wichtigsten Werken der amerikan. Prosaliteratur am Ende des 19. Jh. s. Sein krit. Verhältnis zu Europa, das M. im Verlaufe mehrerer längerer Reisen kennengelernt hat, kommt in seinem Roman *Ein Yankee am Hofe des Königs Artus* (1889, dt. 1923) zum Ausdruck. In diesem Roman und zahlreichen Kurzgeschichten erwies er sich als profilierter Satiriker, dessen Ironie stets humorvoll-humane Züge trägt und nie verletzend wirkt. Neben seiner humorist. Veranlagung besaß M. – besonders nachdem er von harten Schicksalsschlägen im familiären und wirtschaftl. Bereich getroffen worden war – eine Neigung zum Pessimismus, die in seinem Spätwerk feststellbar ist. Obwohl zumindest das Hauptwerk M. s den Zuspruch eines großen –

vor allem jugendlichen – Leserkreises gefunden hat, sind die Persönlichkeit und z. T. auch die lit. Wert seines Schaffens nicht unumstritten.

Marlitt, E., eigtl. *Eugenie John* (*5.12. 1825 Arnstadt, †22.6. 1887 ebd.). – Dt. Romanautorin, mußte ihren Beruf als Sängerin aufgeben und lebte ab 1863 als freie Schriftstellerin. Sie veröffentlichte, zuerst in der Zeitschrift »Gartenlaube«, überaus erfolgreiche, stets zur Sentimentalität neigende Unterhaltungsromane, die wegen ihres sozialen Anliegens auch heute wieder geschätzt werden, z. B. *Goldelse* (1867), *Das Geheimnis der alten Mamsell* (1868), *Das Heideprinzeßchen* (1872), *Die Frau mit den Karfunkelsteinen* (1885). Die *Gesamten Romane und Novellen* (1888–1890) umfassen 10 Bde.

Marlowe, Christopher (*6.2. 1564 Canterbury, †30.5. 1593 Deptford/London). – Bedeutendster engl. Dramatiker vor Shakespeare, studierte trotz niederer Herkunft in Cambridge. Im Mittelpunkt seiner sehr erfolgreichen Dramen stehen übermenschl. starke, aber auch zügellose Helden, deren Charakter er in kräftiger, bilderreicher Sprache lebendig gestaltet. *Tamerlan der Große* (1587/88, dt. 1893) ist das erste engl. Blankversdrama, enthält aber auch dramat. Effekte des Volkstheaters sowie prunkvolle Tableaus. Den Wissensdrang und das Machtstreben des Renaissancemenschen stellt M. in *Die tragische Geschichte vom Leben und Tod des Doktor Faustus* dar (1604, dt. 1818, neu 1964). Zumindest mit *Der Jude von Malta* (1633, dt. 1831) beeinflußte er die Dramatik Shakespeares, *König Eduard der Zweite* (1594, dt. 1831, neu 1941) wurde von B. Brecht umgedichtet. Die Ges. Werke *The Works* (1930–33) erschienen in 6 Bdn.

Marmontel, Jean-François (*11.7. 1723 Bort/Corrèze, †31.12. 1799 Abbeville). – Franz. Schriftsteller, war königl. Geschichtsschreiber und Mitarbeiter der *Encyclopédie*. M. gehörte der franz. Aufklärung an und trat für religiöse und gesellschaftl. Toleranz ein, v. a. in dem philosoph. Roman *Belisar* (1766, dt. 1769) und in den Erzählungen *Moral* (1761/dt. 1762–70) und *Die Inkas* (1777, dt. 1783). Seine Memoiren *Leben und Denkwürdigkeiten* (1800–06, dt. 1819) sind ein wichtiges Zeugnis der Gesellschaft des 18. Jh. s.

Marner, Konrad der (†um 1279). – Der dt. Dichter des Mittelalters, ein fahrender Sänger aus Schwaben, zählt zu den Gründern des Meistersangs. M. berief sich auf Walther von der Vogelweide als seinen Lehrer und schrieb Minne-, Tanz- und Tagelieder sowie Sprüche über Politik, Religion u. a. m., Rätsel und Parabeln. Von bes. Auffälligkeit ist, daß M. als einziger Minnesänger auch lat. Gedichte verfaßte. Gesamtausgabe *Der Marner* (hg. 1876, neu 1965).

Marnix, Philips van (*1540 Brüssel, †15.12. 1598 Leiden). – Niederl. Schriftsteller und Politiker, studierte Theologie bei Calvin, dessen Religionsgemeinschaft er sich anschloß. In der Satire *Der Bienenkorb der hl. Römischen Kirche* (1569, dt.

1579 und 1733), die u. a. auch von Fischart ins Dt. übersetzt wurde, karikiert er polem. die kath. Dogmen, verteidigt die Bilderstürmer und unterstützt die holländ. Freiheitsbewegung. Neben einer bedeutenden Psalmenübersetzung ist er vielleicht auch der Dichter des Nationalliedes *Wilhelmus von Nassouwen*. Gesamtausgabe *Œuvres* (hg. 1857).

Maron, Monika (* 3. 6. 1941 Berlin). – Dt. Schriftstellerin, ab 1951 als Stieftochter eines hohen SED-Funktionärs und späteren DDR-Innenministers in Ost-Berlin, arbeitete in einem Betrieb, dann Studium der Theaterwissenschaft und Kunstgeschichte, trat als Journalistin hervor und publizierte in der Bundesrepublik, durfte seit 1988 im Ausland leben. Über ihren Roman *Flugasche* (1981) gibt auch der Briefwechsel mit Joseph von Westphalen Auskunft, der zum Anlaß von Auseinandersetzungen mit ihrem Ostberliner Verlag wurde. Bekannt wurden die Erzählungen *Das Mißverständnis. Vier Erzählungen und ein Stück* (1982), der Roman *Die Überläuferin* und das Theaterstück *Ada und Evald* (1983). M. galt als eine engagierte Autorin des realexistierenden Sozialismus; sie warnte immer wieder vor potentiellen Mitläufern der SED, die sich mit der Zeit zu Tätern entwickeln. Nach dem Zusammenbruch der DDR setzte sie sich engagiert mit den Kulturpolitikern des SED-Staates auseinander. 1990 veröffentlichte sie den kritischen Roman *Stille Zeile Sechs*.

Marot, Clément (* 23. 11. 1496 Cahors, † 10.[?] 9. 1544 Turin). – Franz. Schriftsteller, Hofdichter König Franz' I., wurde wegen protestant. Ansichten inhaftiert und lebte zeitweise unter dem Schutz Margaretes von Navarra. Er schrieb v. a. geistreiche *Epigramme* (dt. 1908) und Gedichte, bes. Sonette, die den Einfluß der ital. Renaissance zeigen, z. B. *L'adolescence clémentine* (1532). Die Satire *L'enfer* (1542) kritisiert das franz. Rechtswesen der Zeit.

Marotta, Giuseppe (* 5. 4. 1902 Neapel, † 10. 10. 1963 ebd.). – Ital. Schriftsteller und Journalist, seine Heimatstadt Neapel bildet das Hauptthema in den realist., oft mit groteskem Humor erzählten Romanen *Die Götter des Don Federico* (1952, dt. 1955), *Gruß an die Nacht* (1955, dt. 1957). Bekannt wurden auch die Erzählungen *Frauen in Mailand* (1963, dt. 1967).

Marquand, John Phillips (* 10. 11. 1893 Wilmington/USA, † 16. 7. 1960 Newbury/USA). – Amerikan. Erzähler und Journalist, schrieb liebenswerte Gesellschaftssatiren, die den Konformismus neuengl. Familien zum Gegenstand haben, z. B. *Der selige Mr. Apley* (engl. und dt. 1937, für diese Novelle erhielt er 1938 den Pulitzer-Preis), *Haus Wickford* (1939, dt. 1943), *H. M. Pulham* (1941, dt. 1942). Daneben verfaßte er viele Kriminalr.e, z. B. *Zwischenspiel in Tokio* (1957, dt. 1958).

Marryat, Frederick (* 10. 7. 1792 London, † 9. 8. 1848 Langham). – Der engl. Erzähler diente in der brit. Marine. Seine Romane über Seeabenteuer gestaltete er meist nach persönl.

Erlebnissen, z. B. in *Sigismund Rüstig* (1841, dt. 1843), das als Jugendbuch auch in Dtld. ein großer Erfolg wurde. Humor und lebendige Charakterisierungen zeigen den Einfluß Smollets, etwa in *Peter Simpel* (1834, dt. 1843) und *Der Fliegende Holländer* (1839, dt. 1843).

Marshall, Bruce (* 24. 6. 1899 Edinburgh). – Schott. Erzähler, schrieb nach der Konversion zum Katholizismus humorvoll unterhaltsame Romane um einfache Priestergestalten, die die Probleme der modernen Welt mit der Kraft des Glaubens überwinden, z. B. *Das Wunder des Malachias* (1931, dt. 1951), *Keiner kommt zu kurz* (1950, dt. 1952). Die prakt. Nächstenliebe seiner naiv-menschl. Helden gilt M. dabei mehr als Dogmen und missionar. Eifer. Großen Erfolg in Dtld. hatten die schlicht erzählten, oft iron. Romane *Du bist schön, meine Freundin* (engl. und dt. 1953). *Stundenlohn Gottes* (engl. und dt. 1958), *Der Bischof* (engl. und. dt. 1970), *Silvester in Edinburgh* (engl. und. dt. 1973), *Kätzchen und Katzen* (dt. 1975), *Geheime Operation Ischariot* (dt. 1976), *Gebet für eine Konkubine* (dt. 1976)., *Zu guter Letzt* (dt. 1981).

Marsman, Hendrik (* 30. 9. 1899 Zeist/Utrecht, † 21. 6. 1940 im Ärmelkanal). – Niederl. Dichter. Die Wirkung Nietzsches und des dt. Expressionismus sind wesentl. verantwortl. für sein ekstat. Bekenntnis zum Heidentum. Daneben bildet der Tod ein wichtiges Thema in den Gedichten *Paradise regained* (1927), *Tempel en kruis* (1940) sowie in den Romanen *De dood van Angèle Degroux* (1933) und *Heden ik, morgen gij* (1936).

Marston, John (* um 1575 Coventry [?], † 25. 6. 1634 London). – Engl. Dichter, schrieb neben grellen, sprachl. oft schwülstigen Rache- und Schauertragödien wie *Antonio's Revenge* (1602) und *Sophonisba* (1605) Gesellschaftssatiren, z. B. *The Scourge of Villanie* (1598) und die erot. Dichtung *The Metamorphosis of Pygmalion's Image* (1598). Zusammen mit Chapman und Ben Jonson verspottete er die Ritterkrönung König James I. in der berühmten Satire *Eastward ho!*

Martello, Pier Jacopo, auch *P. J. Martelli* (* 28. 4. 1665 Bologna, † 10. 5. 1727 ebd.). – Ital. Dichter und Professor, schrieb nach ersten Gedichten unter dem Einfluß Marinos eigenständige klassizist. Dramen im sog. martellian. Vers (»ital. Alexandriner«), u. a. die Komödie *Il Femia sentenziato* (1724) und die Tragödie *Alceste* (1707, hg. 1720). Feinsinniger Humor zeichnet sein Epos *Carlo Magno* (hg. 1891) aus.

Marti, Hugo, Ps. *Bepp* (* 23. 12. 1893 Basel, † 20. 4. 1937 Davos). – Schweizer Schriftsteller, schrieb, von L. Spitteler ausgehend, myth. Erzählungen und Romane, z. B. *Das Haus am Haff* (1922), *Ein Jahresring* (1925) und die Novellen *Rumänische Mädchen* (1928) und *Davoser Stundenbuch* (1934). Mit den Gedichten *Der Kelch* (1925) machte er sich einen Namen als sensibler Lyriker. Die Autobiographie *Eine Kindheit* (1929) ist ein lebendiges Zeugnis seiner lit. Ideale.

Martí, José (*28.1. 1853 Havanna, †19.5. 1895 Boca de Dos Ríos). – Kuban. Journalist und Schriftsteller, war einer der bedeutendsten Führer des kuban. Unabhängigkeitskampfes gegen die Spanier. Schlichte musikal. Gedichte behandeln persönl. Themen und Alltagserfahrungen, z. B. *Ismaelillo* (1882), *Versos sencillos* (1891). Ein Beispiel seines knappen Prosastils ist der Roman *Amistad funesta* (1885).

Marti, Kurt (*31.1. 1921 Bern). – Schweizer Pfarrer, schrieb Gedichte (*Boulevard Bikini*, 1959, *Gedichte am Rand*, 1963, *Undereinisch*, 1973, *Nancy Neujahr u. Co.*, 1976, *Mein barfüßig Lob*, 1987); die Gedichte sind z. B. in *Schon wieder heute* (1982) gesammelt und zeichnen sich durch witzige Wortspiele und gedankl. Provokationen aus. In den letzten Jahren erschienen v. a. Prosawerke, u. a. das »polit. Tagebuch« *Zum Beispiel: Bern 1972* (1973), in dem er sich engagiert für die Erhaltung des Liberalismus einsetzt, sowie die Erzählungen *Die Riesin* (1975) und *Dorfgeschichten* (1983). 1978 veröffentlichte er die Meditationen *Wort und Antwort*, denen die Gedichte *Leichenreden* vorangegangen waren (1976), 1982 Aufsätze und Notizen *Widerspruch für Gott und Menschen*, 1987 *Nachtgeschichten*, und *Ungrund, Liebe. Klagen, Wünsche, Lieder*, 1990 *Högerland*.

Martial d'Auvergne, auch *M. de Paris* (* um 1430 Paris, †13.5. 1508 ebd.). – Französischer Jurist und Schriftsteller, stellte in *Les arrêts d'amour* (ca. 1465) Liebesfälle in scherzhafter Prozeßform dar und beeinflußte damit La Fontaine. Die *Vigilles de Charles VII* (1477–83) sind eine Biographie in der Form eines Stundenbuchs mit 9 Psalmen und 9 Lektionen. M. schrieb daneben die allegorische Dichtung *Louange de la Vierge Marie* (1492).

Martialis, Marcus Valerius (*um 40 Bilbilis/Spanien, †um 104 ebd.). – Der röm. Schriftsteller lebte fast ausschließl. von Zuwendungen reicher Gönner. Er verfaßte eine große Anzahl von Epigrammen, deren pointierter satir. Witz u.a. Lessing, Goethe und Schiller beeinflußte. Die Thematik reicht von polit. Ereignissen über festl. Anlässe bis zu Gesellschafts- und Kulturkritik, z. B. mit *Liber spectaculorum* (um 80) und 12 Büchern *Epigrammata* (86–98, 102, dt. Übersetzung *Epigramme* 1957).

Martianus Capella. – Lat. Schriftsteller, stammte aus dem Karthago des 5. Jh. n. Chr.; von ihm ist nur ein Werk erhalten, das allegor.-enzyklopäd. *De nuptiis Mercurii et Philologiae* (vor 439, dt. unter dem lat. Titel 1925). Bei der Hochzeit Merkurs mit der Philologia werden als Geschenke allegor. Darstellungen der Sieben Freien Künste überreicht, die der Gegenstand der folgenden Abhandlung sind. Das Werk wurde von Notker Labeo ins Ahd. übersetzt und hatte auf die gesamte mittelalterl. Literatur große Wirkung.

Martin, Sir Theodore (*16.9. 1816 Edinburgh, †18.8. 1909 Bryntysilio/Wales). – Schott. Schriftsteller, verfaßte unter dem Ps. *Bon Gaultier* zusammen mit W. E. Aytoun die sehr populären, witzigen *Bon Gaultier Ballads* (1845). Mit der Biographie *The Life of His Royal Highness the Prince Consort* (1875–80) erwarb er sich die Wertschätzung Königin Victorias, über die er ebenfalls eine Biographie verfaßte: *Queen Victoria as I Knew Her* (1908).

Martin du Gard, Roger (*23.3. 1881 Neuilly-sur-Seine, †23.8. 1958 Bellême/Orne). – Der franz. Schriftsteller schrieb in der Tradition des franz. Realismus (Flaubert, Zola, Gide) Romane über die Krise des Bürgertums, z. B. *Jean Barois* (1913, dt. 1930). Für sein Hauptwerk, den achtteiligen Romanzyklus *Die Thibaults* (1922–40, dt. vollständig 1961), erhielt er 1937 den Nobelpreis. Mit nüchterner Kälte gibt M. eine skept., schwermütige Diagnose der Gesellschaft, v. a. auch in *Kleine Welt* (1933, dt. 1935). Aufschlußreich sind die Erinnerungen *Notes sur André Gide* (1951), die über das Leben Gides viele Aufschlüsse geben.

Martinez de la Rosa, Francisco (*10.3. 1787 Granada, †7.2. 1862 Madrid). – Span. Schriftsteller, Diplomat und Politiker in verschiedenen Positionen. Nach frühen Schäfergedichten schrieb M. klassizist. Tragödien wie *Moraima* (1818) und Komödien, z. B. *La nina en la casa y la madre en la máscara* (1821). Bedeutend sind die beiden Dramen *Aben Humeya* (1830) und *La conjuración de Venecia* (1834), mit denen er das romant. Drama in Spanien begründete, ferner ein Roman, *Dona Isabel de Solis* (1837–46).

Martínez de Toledo, Alfonso (*1398 [?] Toledo, †1470 [?] ebd.). – Span. Schriftsteller, Erzpriester von Talavera und Erzdechant von Toledo. Sein berühmtestes Werk ist der in kräftiger, volksnaher Sprache geschriebene Traktat *El corbacho o Reprobación del amor mundano* (1437, hg. 1498), eine auf Boccaccio zurückgehende Satire auf die Lasterhaftigkeit v. a. der Frauen. Daneben schrieb er Biographien, z. B. *Vida de San Ildefonso* (hg. 1943), und Prosastücke wie *Atalaya de las Crónicas* (1443–55).

Martini, Fausto Maria (*14.4. 1886 Rom, †13.4. 1931 ebd.). – Ital. Dichter, verfaßte nach ersten lyr. Gedichten in der Tradition des Symbolismus, wie *Le piccole morte* (1906) und *Poesie provinciali* (1910), v. a. Dramen in der Art Pirandellos, z. B. *Aprile* (1917), *Ridi, pagliaccio* (1919), *Il Giglio nero* (1921), *Il fiore sotto gli occhi* (1921), *L'altra Nanetta* (1923) und *Teatro breve* (1929). Seine Erzählprosa steht der Ästhetik D'Annunzios nahe, etwa die Novellen *La porta del paradiso* (1920). Außerdem war M. als Kritiker (*Cronache del teatro*, 1923–1928) sehr angesehen.

Martini, Ferdinando, Ps. *Fantasio* (*30.7. 1841 Florenz, †24.4. 1928 Monsummano Terme). – Ital. Schriftsteller, zunächst Journalist, dann Abgeordneter und Minister für die Kolonialgebiete. In all seinen Werken schildert er die bürgerl. Gesellschaft seiner Zeit, v. a. in den Komödien nach franz.

Vorbild *L'uomo propone e la donna dispone* (1862) und *Chi sa il gioco non l'insegni* (1871). Verständnisvolle Ironie bestimmt die Novelle *A Pieriposa* (1923). Bekannt ist M. auch als Gründer des »Giornale per i bambini« und Verfasser zahlreicher Bücher über seine Tätigkeit in Afrika, z. B. *Nell'Affrica italiana* (1891).

Martinson, Harry Edmund (*6.5. 1904 Jämshög/Blekinge, †11.2. 1978 Stockholm). – Schwed. Schriftsteller, fuhr nach schwerer Kindheit mit 16 Jahren zur See. 1929 heiratete er Moa M., die ihn entscheidend förderte. Er trat zunächst mit Lyrik hervor, z. B. *Nomad* (1931). In seinen vitalist., teils myst. Romanen, die seiner Lebensweise Ausdruck gaben – er hielt sich an keinerlei gesellschaftl. Norm und verbrachte den größten Teil seines Lebens als Landstreicher –, zeichnet er Wege und Abwege des Menschen auf der Suche nach Lebenserfüllung, z. B. in *Die Nesseln blühen* (1935, dt. 1967), *Der Weg nach Glockenreich* (1948, dt. 1953) und in dem Versepos *Aniara* (1956, dt. 1961), das die Geschichte eines verlorenen Raumschiffs als Symbol für die unrettbare Gesellschaft erzählt. Den Nobelpreis erhielt er 1974 zusammen mit E. Johnson. In den letzten Jahren veröffentlichte er zahlreiche Gedichte, die leider nicht ins Dt. übertragen sind.

Martinson, Moa, eigtl. *Helga Maria M.* (*2.11. 1890 Vårdnäs/Östergötland, †5.8. 1964 Södertälje). – Schwed. Schriftstellerin, 1929–40 verheiratet mit Harry M., lernte frühzeitig die Probleme der Landarbeiter und des städt. Proletariats kennen, für deren Lösung sie sich in ihren humor- und gefühlvollen Romanen engagiert einsetzt, v. a. in *Die Frauen von Kolmården* (1937, dt. 1942), *Der unsichtbare Liebhaber* (1943, dt. 1960), *Hemligheten* (1959). Sie schrieb ferner mehrere Autobiographien, deren bedeutendste *Mutter heiratet* (1936, dt. 1957) ist.

Martyn, Edward (*31.1. 1859 Tulira/Galway, †15.12. 1923 Dublin). – Ir. Dramatiker, schrieb unter dem Ps. *Sirius* teils realistische, teils märchenhafte Theaterstücke, in denen er auch anglo-ir. Dialekt verwendet. Mit *Heather Field* (1899) und *Maeve* (1900) wurde er zum Begründer des neuen ir. Dramas. Der Einfluß Ibsens und G. Moores wird auch in *The Dream Physician* (1914) und *The Privilege of Place* (1915) deutlich.

Marvell, Andrew (*31.3. 1621 Winestead/Yorkshire, †18.8. 1678 London). – Engl. Dichter, setzte sich für Cromwell ein, z. B. in *Horatian Ode upon Cromwell's Return from Ireland* (1650), und bes. für Milton, dessen Sekretär im Außenministerium er zeitweise war. Neben Liebeslyrik und Pastoralen schrieb er v. a. metaphernreiche Gedankenlyrik, die ihn zu einem der bedeutendsten Vertreter der »metaphysical poetry« werden ließ, v. a. mit *To his Coy Mistress* (1681). M. kämpfte als Satiriker für religiöse Toleranz. *Gedichte* erschienen engl. und dt. 1962.

Marx, Karl (*5.5. 1818 Trier, †14.3. 1883 London). – Dt. Philosoph, Begründer der marxist. Philosophie, die heute als Grundlage der sozialist. Staatstheorien gilt. Nach glänzendem Studienabschluß wandte sich Marx der Philosophie Feuerbachs und dem Positivismus Comtes zu und suchte den dt. Idealismus mit Hilfe des dialekt. Systems Hegels, das er in eine materialist. Weltanschauung umwandelte, zu zerstören. Seine Kritik richtete sich gegen die Mißstände der »bürgerlichen Gesellschaft«, die die Arbeiter im Elend verkommen ließ. Von hohem ethischen Verantwortungsbewußtsein getragen, suchte er deren Lage zu verbessern, indem er die Grundlagen der überkommen Kultur einer radikalen Kritik unterzog. Ausgehend von der Überzeugung, daß die Materie das Bewußtsein des Menschen bestimme, entwickelte er auf der Grundlage des Hegelschen dialekt. Prinzips seine Lehre vom dialektischen und historischen Materialismus. Die Kunst erscheint hier als Teil des Herrschaftssystems der jeweils regierenden Klasse, die die Normen der Kunst als moralischen Überbau auch für die Ausgebeuteten als absolute Werte propagiert. Erst wenn eine gerechte Güterverteilung durch den historischen Prozeß, der notwendigerweise zu einer klassenlosen Gesellschaft führen muß, erreicht ist, wird auch die Kunst nicht mehr als Mittel der Unterdrückung, sondern als Möglichkeit einer freien Entfaltung des Individuums möglich sein. M., der sein ganzes Leben in tiefer Armut – unterstützt von seinem Freund Engels – verbrachte, hat in zahlreichen Schriften zu zeigen versucht, wie der histor. Prozeß, der nur durch die Bildung von Kapital zu der Herrschaft des Besitzenden über den Ausgebeuteten wird, zwangsläufig in einem dialektischen Umschlag in die klassenlose Gesellschaft münden muß. Für die Literarerkenntnis haben seine Schriften nur sekundäre Bedeutung, regten jedoch zahlreiche Nachfolger dazu an, eine marxist. Literaturtheorie zu entwickeln. Seine Hauptwerke sind u. a. *Kritik der Hegelschen Rechtsphilosophie* (1844), *Die heilige Familie oder Kritik der Kritik* (mit Engels 1845), *Die deutsche Ideologie* (mit Engels und Heß 1845), *Das Elend der Philosophie* (1847), *Zur Kritik der politischen Ökonomie* (1859) und *Das Kapital* (3 Bde. 1867–1894).

Masefield, John (*1.6. 1878 Ledbury, †12.5. 1967 Abington). – Engl. Schriftsteller, war Schiffsjunge und lebte danach lange in New York als Journalist. Nach England zurückgekehrt, verband ihn eine Freundschaft mit Synge und Yeats. Wegen seines stets nach Verständlichkeit strebenden Stils wurde er zum modernen Klassiker der engl. volkstüml. Dichtung. Sehr populär wurden die *Salzwasserballaden* (1902, dt. 1951) sowie die Versepen *The Everlasting Mercy* (1911) und *Dauber* (1913). Später folgten mehrere Romane wie *Tee aus Futschau* (1933, dt. 1953) und *So Long to Learn* (1952), *Das Mitternachtsvolk* (dt. posth. 1989).

Masen, Jakob (*23.3. 1606 Dalen/Jülich, †27.9. 1681 Köln).

– Dt. Dichter, Jesuit und Rhetoriklehrer, verfaßte das Poetiklehrbuch *Palaestra eloquentiae ligatae* (1654–57). An die theoret. Erörterungen über verschiedene Gattungen schließen sich jeweils eigene Musterbeispiele an. Das Epos *Sarcotis* beeinflußte Milton. Die Komödie *Der Schmied als König* (dt. 1947) gilt als ein Höhepunkt des Jesuitendramas.

Mason, Alfred Edward Woodley (* 7. 5. 1865 London, † 22. 11. 1948 ebd.). – Der engl. Schriftsteller war zuerst Schauspieler, nach dem Erscheinen seines ersten Romans *A Romance of Westdale* (1895) lebte er als freier Autor. Er schrieb handlungsreiche, sehr populäre Romane wie *The House of the Arrow* (1924), *No Other Tiger* (1927), *Königsmark* (1938) und *The House in Lordship Lane* (1946).

Mason, Richard (* 16. 5. 1919 Hale/Cheshire). – Engl. Schriftsteller und Redakteur, schrieb vielgelesene Romane mit oft fernöstl. Schauplätzen; die er aus eigenem Erleben kennt, z. B. *. . .denn der Wind kann nicht lesen* (1947, dt. 1948), *Die Welt der Suzie Wong* (1957, dt. 1958), *Zweimal blüht der Fieberbaum* (engl. und dt. 1962), *Schatten über den blauen Bergen* (dt. 1975).

Massinger, Philip (getauft 24. 11. 1583 Salisbury, † 18. 3. 1640 London). – Engl. Dramatiker; von den zahlreichen Bühnenwerken sind nur noch 18 erhalten. Die frühen Stücke entstanden meist aus der Zusammenarbeit mit Fletcher und Dekker. Sowohl in den Tragödien *Der Herzog von Mailand* (1623, dt. 1836) und *Der römische Mime* (1629, dt. 1890) als auch in den teils von Ben Jonson beeinflußten Komödien *Eine neue Weise, alte Schulden zu bezahlen* (1633, dt. 1836) und *Die Bürgerfrau als Dame* (hg. 1658, dt. 1836) behandelt er Probleme seiner Zeit.

Masters, Edgar Lee (* 23. 8. 1869 Garnett/Kansas, † 5. 3. 1950 Philadelphia). – Amerikan. Schriftsteller, erzielte mit der »Epitaphen-Anthologie« *Die Toten von Spoon River* (1915, dt. 1924) einen sensationellen Erfolg. Danach schrieb er gesellschaftskrit. Romane wie *Domesday Book* (1920) und *The Tide of Time* (1937) sowie romant. pessimist. Lyrik, z. B. *Invisible Landscapes* (1935), *Illinois Poems* (1941). 1938 schrieb er als letztes ep. Werk eine Biographie Mark Twains.

Masters, John (* 26. 10. 1914 Kalkutta, † 7. 5. 1983 Albuquerque). – Engl.-ind. Schriftsteller, brit. Offizier, seit 1948 als Journalist und freier Schriftsteller in den USA. M. verfaßte unterhaltsame Abenteuerromane, deren Schauplatz meist Indien ist, z. B. *Dies ist die Nacht* (engl. u. dt. 1951), *Indische Abenteuer* (engl. u. dt. 1963), *The Ravi Lancers* (1972), *Thunder at Sunset* (1974).

Masuccio Salernitano, eigtl. *Tommaso de'Guardati* (* um 1420 Salerno, † um 1475 ebd.). – Ital. Schriftsteller, schrieb in der Nachfolge Boccaccios und mit ausdrückl. Bezug auf ihn 50 Novellen, die er mit einem Rahmen verband und unter dem Titel *Il Novellino* (hg. 1476, dt. 1918) veröffentlichte. Das Werk ist eine scharfe Satire auf unmoral. Lebensweisen, v. a. des Klerus.

Matthies, Frank-Wolf (* 4. 10. 1951 Berlin). – Dt. Schriftsteller, von den DDR-Behörden mehrfach verhaftet und in seiner literarischen Arbeit durch Beschlagnahme der Manuskripte und Bücher behindert, konnte 1981 nach West-Berlin emigrieren und erhielt das Stipendium der Villa Massimo (1983/84). Gegen die generellen Aussagen des Sozialismus stellt er die Gestaltung des Details; diese Ausdrucksweise gestattet ihm, auch nach der Umsiedlung weiter lit. tätig zu sein, auch wenn das Objekt seiner Auseinandersetzung nicht mehr täglich erlebt wird. Neben die Gedichte *Manchmal. Zuerst* (1980) und zahlreiche Prosatexte, die sich primär mit seiner Lebenssituation beschäftigen, treten zunehmend neue Töne in seine Lyrik, z. B. *Für Patricia im Winter* (1981), *Die Stadt* (1984), *Bellarmin und Howard Hughes* (beide 1984). Mit *Die Labyrinthe des Glücks oder Der Endzweck der Welt ist ein Buch* (1990) gestaltet er aus der Tradition Louis Borges eine lit. sprachkünstlerische Auseinandersetzung um den verendenden Sozialismus in der DDR.

Matthiesen, Hinrich (* 29. 1. 1928 Westerland/Sylt). – M. arbeitete als Lehrer in Chile und Mexiko, bekennt sich zur Unterhaltungsliteratur und sucht das belletrist. Element in seinen Büchern durch Spannung und Vitalität, prägnanten Stil und psycholog. Darstellungen zu bereichern. Dabei erzählt er stets von Menschen, die in Konfliktsituationen geraten und aus einem psychischen Ausnahmezustand agieren. Zahlreiche Romane standen auf den dt. Bestsellerlisten. Bes. bekannt wurden *Minou* (1969), *Blinde Schuld* (1970), *Tage, die aus dem Kalender fallen* (1972), *Der Skorpion* (1974), *Acapulco Royal* (1976), *Tombola* (1977), *Die Variante* (1978), *Mit dem Herzen einer Löwin* (1983), *Das Gift* (1986).

Maturin, Charles Robert (* 25. 9. 1780 Dublin, † 30. 10. 1824 ebd.). – Ir. Geistlicher und Schriftsteller, schrieb erfolgreiche Dramen, z. B. die Tragödie *Bertram* (1816), v. a. aber Schauerromane wie *The Fatal Revenge* (1807) und *The Milesian Chief* (1812). Einen Höhepunkt dieser damals äußerst beliebten Gattung bildet *Melmoth der Wanderer* (1820, dt. 1822), das den Faust-Stoff mit Motiven des Ewigen Juden verbindet.

Matusche, Alfred (* 8. 10. 1909 Leipzig, † 31. 7. 1973 Karl-Marx-Stadt, heute Chemnitz). – Dt. Dramatiker, lebte nach dem Krieg als freier Schriftsteller in Ost-Berlin und gestaltete in seinen Werken menschl. Erlebnisweisen aus der Sicht des Sozialismus, z. B. in *Die Dorfstraße* (1955), *Nacktes Gras* (1958), *Van Gogh* (1966), *Das Lied meines Lebens* (1969). 1971 erschien eine Gesamtausgabe seiner Dramen.

Matute, Ana María (* 26. 7. 1926 Barcelona). – Span. Schriftstellerin, benützt in ihrem Hauptwerk, der Romantrilogie *Los mercadores* mit den Teilen *Erste Erinnerungen* (1960, dt. 1965), *Nachts weinen die Soldaten* (1959, dt. 1965) und *Die*

Zeit verlieren (1967, dt. 1971), den Span. Bürgerkrieg als Hintergrund für die Darstellung menschl. Probleme. Die schmerzvolle Welt der Jugend schildert der metaphernreiche Roman *Fiesta en el Noroeste* (1952). Dt. liegen auch vor die Erzählung *Paulina* (1972) und die vorzügl. Kinderbücher *Die Kinder im Zahlenland* (1971) und *Juju und die fernen Inseln* (1975).

Maugham, William Somerset (* 25. 1. 1874 Paris, † 16. 12. 1965 Nizza). – Engl. Schriftsteller, wuchs in Frankreich auf, ging in Canterbury zur Schule und studierte in London und Heidelberg Medizin. Nach dem Erfolg des naturalist. Romans *Lisa von Lambeth* (1897, dt. 1953) lebte er als freier Schriftsteller, zuletzt bei Nizza. Seine Romane stehen in der Tradition des psycholog. Realismus, v. a. *Des Menschen Hörigkeit* (1915, dt. 1939), *Ein Stück Weges* (1932, dt. 1934), *Auf Messers Schneide* (1944, dt. 1946) und *Catilina* (1948, dt. 1949). Von O. Wilde beeinflußt sind die Ehekomödien *Finden Sie, daß Constanze sich richtig verhält?* (1926, dt. 1927) und *Für geleistete Dienste* (engl. und dt. 1932). Am bekanntesten wurde M. mit einer Reihe von Kurzgeschichten, in denen er einfache Menschen in problemat. Situationen zeigt, v. a. *Menschen der Südsee* (1921, dt. 1932), *Weltbürger* (1936, dt. 1948) und *Schein und Wirklichkeit* (1947, dt. 1959). Seine Autobiographie *Strictly Personal* (1941) hat hohes lit. Niveau. Eine Gesamtausgabe fehlt. Die *Gesammelten Erzählungen* liegen in einer vierbändigen dt. Übersetzung (1972) vor.

Maupassant, Guy de (* 5. 8. 1850 Schloß Miromesnil/Dieppe, † 7. 7. 1893 Passy/Paris). – Franz. Schriftsteller, arbeitete nach kurzem, nicht zu Ende geführtem Studium der Rechte als kleiner Beamter im Marine-, 1878–80 im Kultusministerium. In dieser Zeit begann er unter Anleitung Flauberts, dessen Einfluß in den frühen Novellen erkennbar ist, zu schreiben. Nach dem Erscheinen des ersten Novellenbandes *Fettklößchen* (1880, dt. 1927) lebte er als freier Schriftsteller. M. verfaßte ca. 260 Novellen, 6 Romane – wobei neben *Une vie* (1883) besonders *Bel ami* (1885) zu seinem unübertroffenen Hauptwerk wurde, das seinen Weltruhm bis heute mit begründete – und 3 Reisebücher und gehört zu den meistgelesenen Autoren Frankreichs. Im knappen, harten Stil des Naturalismus (M. gehörte zur Gruppe »Le groupe de Médan« um Zola) schildert er mit äußerstem Skeptizismus die verlogene Moral von Menschen, die zu Liebe und Freundschaft unfähig sind und nur nach triebhafter Erfüllung ihrer egoist. Bedürfnisse streben, v. a. in den Novellen *Familie Tellier und andere Erzählungen* (1881, dt. 1893), *Fräulein Fifi* (1882, dt. 1898) und in *Die Geschwister Rondoli* (1884, dt. 1892). Die späte Vorliebe für Schauergeschichten zeigt der Band *Der Horla und andere Geschichten* (1887, dt. 1893). Eine dt. Gesamtausgabe u. d. T. *Romane und Novellen* erschien 1922 bis 1924 in 12 Bdn.

Maurer, Georg (* 11. 3. 1907 Sächsisch Regen/Rumänien, † 4. 8. 1971 Leipzig). – DDR-Schriftsteller, war nach dem Krieg und der Kriegsgefangenschaft 1955–70 Professor am Institut für Literatur und Kritik in Leipzig und galt als einer der profiliertesten Vertreter des Sozialist. Realismus, wobei er in seiner Lyrik formal an Hölderlin und Rilke anknüpfte. Neben zahlreichen Gedichtbänden sind die Essays *Der Dichter und seine Zeit* (1956) und *Essays I* (1968) von Bedeutung.

Mauriac, Claude (* 25. 4. 1914 Paris). – Franz. Schriftsteller und Kritiker, Sohn von François Mauriac; wurde mit dem Essay *La littérature contemporaine* (1958) zum wichtigsten Theoretiker des »Nouveau roman«. Die darin propagierte überindividuelle Objektivität verwirklichte er in seinen eigenen Romanen *Ein Abendessen in der Stadt* (1959, dt. 1960), *Le temps immobile* (1974) und *Les espaces imaginaires* (1975).

Mauriac, François (* 11. 10. 1885 Bordeaux, † 1. 9. 1970 Paris). – Franz. Schriftsteller, einer der bedeutendsten kath. Romanciers und Kulturkritiker des 20. Jh. s. Nach ersten lyr. Gedichten, z. B. *Les mains jointes* (1909), widmete er sich v. a. erzählenden Werken und erreichte seinen ersten Erfolg mit dem Roman *Der Aussätzige und die Heilige* (1922, dt. 1928). Als strenger Verfechter der kath. Ethik schildert er existentielle Ängste und den Kampf des Menschen gegen Verstrickung in Unmoral und Triebhaftigkeit, z. B. in den Romanen *Die Einöde der Liebe* (1925, dt. 1927) und *Natterngezücht* (1932, dt. 1936). Weniger dogmatisch ist M. in den späten Romanen *Der Jüngling Alain* (frz. und dt. 1969) und *Maltaverne* (hg. 1972). Von großem Einfluß waren die Essays und journalist. Arbeiten des gaullist. Politikers, etwa *Mémoires intérieures* (1959), die Biographie *De Gaulle* (1964, dt. 1965) und *Die düsteren Jahre* (1967, dt. 1968). Weiterhin schrieb er wichtige Biographien über Ch. Baudelaire, J. Racine und B. Pascal. 1952 erhielt M. den Nobelpreis.

Maurier, Daphne du → Du Maurier

Maurina, Zenta (* 15. 12. 1897 Lejasciems/Lettland, † 25. 4. 1978 Bad Krozingen). – Lett. Schriftstellerin, wuchs dreisprachig auf, schrieb zuerst in lett., seit 1947 auch in dt. Sprache. Neben einfühlsamen Essays über Dichter, *Gestalten und Schicksale* (1949), veröffentlichte sie v. a. essayist.-aphorist. Werke über Güte, Freundlichkeit und menschl. Beziehungen, z. B. *Mosaik des Herzens* (lett. und dt. 1947), *Abenteuer des Menschseins* (1968) und *Der Weg vom Ich zum Du* (1974), ferner die Autobiographie mit den Teilen *Die weite Fahrt* (1951), *Denn das Wagnis ist schön* (1953) und *Die eisernen Riegel zerbrechen* (1957). Unter den Essays sind besonders gelungen *Begegnungen mit E. Ney* (1956), *Welteinheit und Aufgabe des Einzelnen* (1963), *Die Aufgabe des Dichters in unserer Zeit* (1965), *Porträts russischer Schriftsteller* (1968), *Kleines Orchester der Hoffnung* (1974).

Maurois, André, eigtl. *Emile Herzog* (*26.7. 1885 Elbeuf, †9.10. 1967 Paris). – Franz. Schriftsteller, war längere Zeit Lehrer am Hof in England, dann Offizier und Dolmetscher. 1938 wurde er Mitglied der Académie Française. Nach erzählenden Berichten aus dem Ersten Weltkrieg, *Das Schweigen des Obersten Bramble* (1918, dt. 1929) und *Die Gespräche des Doktors O'Grady* (1922, dt. 1930), verfaßte er Romanbiographien, mit denen er die pointierte »biographie romancée« begründete, v. a. *Ariel oder Das Leben Shelleys* (1921, dt. 1923), *Benjamin Disraeli* (1927, dt. 1928), *Dunkle Sehnsucht. Das Leben der George Sand* (1952, dt. 1953). *Auf den Spuren von Marcel Proust* (1947, dt. 1956), *Prometheus oder Das Leben von Balzac* (1965, dt. 1966). Seine Romane analysieren kenntnisreich und feinfühlig das franz. Großbürgertum, z. B. mit *Wandlungen der Liebe* (1928, dt. 1929), *Rosen im September* (franz. und dt. 1958).

Maurras, Charles (*20.4. 1868 Martigues/Bouches-du-Rhône, †16.11. 1952 Symphorien/Tours). – Franz. Politiker und Schriftsteller, gründete 1899 die royalist., antidemokrat. und antisemit. »Action Française« und war ein Befürworter des Pétain-Regimes. Neben polit.-philosoph. und literaturkrit. Essays schrieb er an den Formprinzipien der Klassik orientierte Gedichte, z. B. *La musique intérieure* (1925) und *La balance intérieure* (1952), und Erzählungen, z. B. *Contes philosophiques* (1928). Sein zeitgeschichtl. bedeutendes Werk liegt bisher noch in keiner Gesamtausgabe vor.

Mauthner, Fritz (*22.11. 1849 Hořitz/Böhmen, †29.6. 1923 Meersburg). – Österr. Schriftsteller und Sprachphilosoph, schrieb naturalist. Romane, wie *Der neue Ahasver* (1882), *Berlin W* (1886–90), *Der Geisterseher* (1894), sowie die sehr erfolgreichen Stilparodien *Nach berühmten Mustern* (1878). Überragenden Einfluß auf die dt. und österr. Literatur nach der Jahrhundertwende hatten die *Beiträge zu einer Kritik der Sprache* (1901/2). Danach verfaßte er philosoph. Arbeiten, v. a. *Der Atheismus und seine Geschichte im Abendlande* (1920–23). Anläßlich der starken Rezeption der Wiener Philosophie um die Jahrhundertwende erschien 1986 die Auswahl *Sprache und Leben.*

Mavor, Osborne Henry → Bridie, James

Maximilian I. (*22.3. 1459 Wiener Neustadt, †12.1. 1519 Wels). – Röm. König (seit 1486) und Kaiser (seit 1508), gen. »der letzte Ritter«; war ein Förderer der Künste und der humanist. Wissenschaften. M. war Mitverfasser der Prosabiographie seines Vaters Friedrich III., *Der Weiß Kunig* (1515, neu 1956), und v. a. des allegor. Versepos *Teuerdank* (1517, neu 1968), das von namhaften Renaissancekünstlern prächtig ausgestattet wurde. Es schildert den Kampf des gleichnamigen Ritters gegen Allegorien des Bösen.

Maximow, Wladimir Jemeljanowitsch, eigtl. *Lew Alexejewitsch Samsonow* (*9.12. 1932 Moskau). – Russ. Schriftsteller, entzog sich in der Jugend dem Zugriff des russ. Staates, wurde verurteilt und in psychiatr. Anstalten eingewiesen, als seine krit. Romane im Westen veröffentlicht wurden. 1974 emigrierte M. nach Frankreich, wo er die russ. Zeitung *Kontinent* edierte. Mit seinen Romanen *Die sieben Tage der Schöpfung* (1971, dt. 1972), *Die Quarantäne* (1973, dt. 1974), *Abschied von Nirgendwo* (1973, dt. 1976), *Die Ballade von Sawwa* (1975, dt. 1978), *Der Kelch des Zorns* (1982, dt. 1984), *Eine Arche für die nicht Geladenen* (1979, dt. 1980), *Der weiße Admiral* (1986) kritisiert er das ehem. sowjet. System und zeigt an autobiogr. Elementen die zerstörende Wirkung der Diktatur.

May, Karl, Ps. *Karl Hohenthal* (*25.2. 1842 Hohenstein-Ernstthal, †30.3. 1912 Radebeul). – Dt. Schriftsteller, nach entbehrungsreicher Jugend Lehrer und Redakteur. Auf erste Humoresken und Kolportageromane, wie z. B. *Das Waldröschen* (1882), folgten seine berühmten Abenteuerromane, die ihn zu einem der erfolgreichsten dt. Erzähler machten. Mit den exot. Schauplätzen (v. a. der »Wilde Westen« und der Vordere Orient), die er ohne eigene Kenntnis lebendig schilderte, sowie mit seinem Talent für spannenden dramaturg. Aufbau traf er genau den Geschmack eines breiten Publikums, wohl auch dank der einfach typisierten Helden und ihres Gerechtigkeitsstrebens. Am bekanntesten sind *Durch die Wüste* (1892), *Winnetou* (4 Bde. 1893–1910), *Old Surehand* (3 Bde. 1894 bis 1896) und *Satan und Ischariot* (1897). Zuletzt entstand der pazifist. Roman *Und Friede auf Erden* (1904). Sein Gesamtwerk umfaßt in der Ausgabe von 1961 ff. 70 Bde. bzw. Titel, die auch heute noch eine begeisterte Leserschaft haben.

Mayer, Hans (*19.3. 1907 Köln). – Dt. Soziologe und Literaturwissenschaftler, emigrierte 1933 und lebte von 1948 bis 1963 in Leipzig, dann in der Bundesrepublik. Er bemühte sich v. a. um die Förderung der neuen dt. Literatur. Seine Hauptwerke sind *Georg Büchner und seine Zeit* (1947), *Bertolt Brecht und die Tradition* (1961), *Goethe* (1973), *Außenseiter* (1975), *Ein Denkmal für Johannes Brahms* (1983), *Die umerzogene Literatur* (1988). Von M. liegt ein umfangreiches wiss. und essayist. Werk vor, das bislang in keiner Gesamtausgabe greifbar ist. 1978 erschien *Nach Jahr und Tag*, eine Auswahl seiner Reden, 1982 die Erinnerungen *Ein Deutscher auf Widerruf*, 1987 das Lesebuch *Augenblicke*, 1991 *Der Turm von Babel. Erinnerung an eine Deutsche Demokratische Republik.*

Mayröcker, Friederike (*20.12. 1924 Wien). – Österr. Schriftstellerin, begann mit metaphernreicher Prosa aus eigenem Erleben wie *Larifari* (1956), auf die surrealist. Texte folgten, z. B. *Minimonsters Traumlexikon* (1968). Spätere Texte stehen zwischen den traditionellen Gattungen, v. a. *Arie auf tönernen Füßen* (1972) und *In langsamen Blitzen* (1974). Als beste Werke gelten die Erzählungen *Je ein umwölkter Gipfel*

(1973), *Das Licht in der Landschaft* (1975), *Heiligenanstalt* (1978), *Die Abschiede* (1980), *Magische Blätter* (1983), *Stilleben* (1991) und die Prosa *Das Herzzerreißende der Dinge* (1985), *mein Herz mein Zimmer mein Name* (1988), *Magische Blätter II. Texte* (1987). Starken Einfluß auf die Autorin, die Mitglied der sog. »Wiener Gruppe« ist, hatten die konkrete Poesie und Max Bense; dies wird bes. in den Gedichten *Blaue Erleuchtungen* (1972), *Schwarze Romanzen* (1981), *Gut Nacht, guten Morgen* (1982), *Winterglück* (1986) sichtbar. M. schrieb auch Hörspiele.

Mechow, Karl Benno von (*24. 7. 1897 Bonn, †11. 9. 1960 Emmendingen). – Dt. Erzähler. Von 1934–44 war er Mithg. der oppositionellen Zeitschrift »Das Innere Reich«. Im Mittelpunkt seiner an das 19. Jh. anknüpfenden Romane steht der Mensch in seiner Landschaftsgebundenheit, so z. B. in *Vorsommer* (1933) und *Novelle auf Sizilien* (1941), ebenso in Erzn. wie *Glück und Glas* (1942) und *Auf dem Wege* (1956).

Mechtel, Angelika (*26. 8. 1943 Dresden). – Dt. Schriftstellerin und Redakteurin der Literaturzeitschrift »Aspekte«, aktiv im VS, Vizepräsidentin des PEN-Zentrums der Bundesrepublik, trat zunächst mit den Gedichten *Gegen Eis und Flut* (1963), *Lachschärpe* (1965) und *Himmelsvögel* (1986) hervor. In ihren Romanen analysiert sie die dt. Nachkriegsgesellschaft, z. B. in *Kaputte Spiele* (1970). Sie wendet sich gegen Medienmanipulation in *Friß, Vogel* (1972) und ergreift Partei für die Belange der Frauen in *Die Träume der Füchsin* (1975), *Wir sind arm – Wir sind reich* (1977), *Gott und die Liedermacherin* (1983) und setzt sich mit der Lebensgestaltung Krebskranker auseinander *Jeden Tag will ich leben* (1990). M. schrieb auch Kinderbücher, z. B. *Kitty und Kay* (1978) und *Maxi Möchtegern* (1980), und dokumentierte die Lebensumstände alternder Autoren und von Frauen und Müttern Strafgefangener.

Mechthild von Magdeburg (*um1210 in Niedersachsen, †1282/83 Helfta/Eisleben). – Dt. Mystikerin, lebte von Jugend an in klösterl. Zurückgezogenheit unter der Obhut des Dominikaners Heinrich von Halle, der ihre Texte u.d.T *Das fließende Licht der Gottheit* (um 1290, neu 1956) herausgab. Die schwärmer., bildstarken Verse und Prosatexte gehören zu den bedeutendsten Zeugnissen der dt. Mystik. M. schildert darin nicht nur ihre Visionen, sie übt auch Kritik an Kirche und Gesellschaft ihrer Zeit. Das ursprüngl. niederdt. Werk ist nur in lat. Übersetzungen und einer mhd. Übersetzung des Heinrich von Nördlingen (1345) erhalten.

Meckel, Christoph (*12. 6. 1935 Berlin). – Dt. Graphiker und Schriftsteller, Mitglied des PEN-Zentrums und der Dt. Akademie f. Sprache und Dichtung, Inhaber hoher internationaler Auszeichnungen, verfaßte surrealist., teils dem Expressionismus verpflichtete Gedichte wie *Tarnkappe* (1956), *Bei Lebzeiten zu singen* (1967), *Wenn es angeht* (1974). *Die Ballade*

des Thomas Balkon (1978), *Nachtessen* (1978), *Anzahlung auf ein Glas Wasser* (1987), *Das Buch Shiralle* (1989) sowie groteske Prosa mit zahlreichen Märchenelementen, die sich auch in seinem graph. Werk finden, v. a. *Im Land des Umbramauten* (1961), *Die Noticen des Feuerwerkers Christopher Magalan* (1966), *Der wahre Muftoni* (1982), *Ein roter Faden* (1983), *Die Gestalt am Ende des Grundstücks* (1983), und die Romane *Bockshorn* (1973), *Die Messingstadt* (1991). M. veröffentlichte Reden, Essays, Hörspiele und Kinderbücher, z. B. *PFERDEFUSS* (1988). 1989 veröffentliche M. *Erinnerungen an Johanna Bobrowski* und die Frankfurter Vorlesungen *Von den Luftgeschäften der Poesie*.

Medici, Lorenzo I de', gen. *Il Magnifico* (*1. 1. 1449 Florenz, †8. 4. 1492 ebd.). – Ital. Staatsmann und Dichter, war seit 1469 Oberhaupt der Republik Florenz, die er nach einer Verfassungsänderung mit fürstenähnlicher Macht leitete. Als typ. Renaissanceherrscher förderte er die Künste und Wissenschaften an seinem Hof. Er schrieb Liebesgedichte in der Nachfolge des neuplaton. Petrarkismus und des »dolce stil nuovo«, ferner das ep. Gedicht *La caccia col falcone*, die Versidylle *Ambra* (1554, dt. 1940), Balladen und das geistl. Drama *San Giovanni e San Paolo*. Eine dt. Gesamtausgabe liegt seit 1940 vor.

Medwall, Henry (†nach 1500). – Engl. Geistlicher und Dramatiker, schrieb das Moralitätenstück *Nature* (um 1495) und v. a. das erste engl. Drama mit ausschließl. weltl. Inhalt *Fulgens and Lucres* (um 1497). Das Stück, ein »Zwischenspiel« bei höf. Festlichkeiten, enthält keine allegor. Charaktere mehr und verwendet erstmals »high-comedy«-Szenen.

Meester, Eliza Johan de (*6. 2. 1860 Harderwijk, †16. 5. 1931 Utrecht). – Der niederl. Journalist und Schriftsteller schrieb, von Zola beeinflußt, naturalist., oft pessimist. Romane um Menschenliebe und Religiosität, z. B. *Geertje* (1906), *Carmen* (1915), *Walmende lampen* (1921), *Liefdetrouw* (1930).

Mehmet Emin Yurdakul (*15. 5. 1869 Beşiktaş/Türkei, †14. 1. 1944 Istanbul). – Türk. Dichter, war hoher Regierungsbeamter und Anhänger Atatürks. Der »Sänger des Türkentums« schrieb patriot. Gedichte in volkstüml. Sprache, mit denen er zum Entstehen des türk. Nationalismus beitrug, z. B. *Türkçe Şiirler* (1899), *Mustafa Kemal* (1928), *Ankara* (1939).

Mehmet Fuzuli, eigtl. M. Süleymanoglu (*um 1495 Hilla/Irak [?], †1556 Bagdad). – Der türk. Dichter schrieb osman.-türk., pers. und arab. Werke und zählt zu den bedeutendsten Mystikern der türk. Klassik, v. a. mit seinem *Divan* (hg. 1838/39, dt. 1913) und dem Versepos *Leyla und Megnun* (hg. 1848, dt. 1943). In beiden Werken steht die entrückte, unerfüllbare Liebe im Vordergrund.

Mehnert, Klaus (*10. 10. 1906 Moskau, †2. 1. 1984 Freudenstadt/Schwarzwald). – Dt. Politologe und Publizist, emigrierte 1936 in die USA und nach China, wo er Politikwissenschaften und Geschichte lehrte. Seit 1961 war er Professor in Aachen.

Er galt als einer der bedeutendsten westeurop. Kenner Chinas und der UdSSR und verfaßte außer zahlreichen Rundfunkkommentaren eine Reihe grundlegender Werke, wie *Der Sowjetmensch* (1958), *Peking und Moskau* (1962), *Peking und die Neue Linke* (1969), *China nach dem Sturm* (1971), *Kampf um Maos Erbe* (1977), *Maos Erben machen's anders* (1979), *Ein Deutscher in der Welt* (1981). Posth. 1986 erschienen Aufsätze über die Sowjetunion u.d.T. *Das zweite Volk meines Lebens.*

Mehring, Walter (*29.4. 1896 Berlin, †3.10. 1981 Zürich). – Dt. Schriftsteller, veröffentlichte schon als Student expressionist. Gedichte in der Zeitschrift »Der Sturm« und war an der dadaist. Bewegung beteiligt. In den zwanziger Jahren schrieb er meisterhafte polit. Chansons, v.a. *Das politische Cabaret* (1920) und *Das Ketzerbrevier* (1921), gegen Zeitmißstände und den nahenden Faschismus sowie das Drama *Der Kaufmann von Berlin* (1929). Nach dem Exil entstanden das Prosawerk *Verlorene Bibliothek* (1951) und die Gedichte und Liedtexte *Neues Ketzerbrevier* (1962) und *Kleines Lumpenbrevier* (1965). Eine Zusammenfassung bietet *Großes Ketzerbrevier* (1974), dem 1978 *In Menschenhaut, Aus Menschenhaut, Um Menschenhaut* als Reprint (1924) folgte. Seit 1981 erscheint eine Werkausgabe.

Mei, Lew Alexandrowitsch (*25.2. 1822 Moskau, †5.5. 1862 Petersburg). – Russ. Dichter, schrieb anakreont. Gedichte, *Stichotvorenija* (hg. 1951); in denen er dem griech.-klass. Ideal formal nacheiferte. Weite Verbreitung fanden die histor. Dramen *Carskaja nevesta* (1849) und *Pskovitjanka* (1860). M. übersetzte außerdem Goethe, Schiller, Heine u.a. ins Russische.

Meidner, Ludwig (*18.4. 1884 Bernstadt/Schlesien, †14.5. 1966 Darmstadt). – Dt. Maler und Schriftsteller, zählt zu den bedeutendsten Vertretern der expressionist. Kunst und mußte als »entarteter Künstler« Deutschland verlassen (1939–53). Er schrieb ekstat.-visionäre Dichtungen, z.B. *Im Nacken das Sternemeer* (1918), *Septemberschrei* (1920), *Gang in die Stille* (1929), später die abgeklärteren *Hymnen und Lästerungen* (1959).

Meier, Herbert (*29.8. 1928 Solothurn). – Schweizer Autor, Schauspieler und Dramaturg. In sparsamer, sensibler Sprache schrieb M. Romane wie *Verwandtschaften* (1963) und *Stiefelchen – ein Fall* (1970) sowie Dramen, z.B. *Die Barke von Gawdos* (1954), *Rabenspiele* (1970), *Stauffer-Bern* (1974), *Leben des Henri Dunant* (1975), ferner Gedichte, v.a. *Sequenzen* (1969).

Meilhac, Henri (*23.2. 1831 Paris, †6.7. 1897 ebd.). – Franz. Dramatiker, verfaßte zusammen mit Ludovic Halévy zahlreiche Vaudevilles und Lustspiele, z.B. *Les curieuses* (1865), *Frou-Frou* (1869, dt. 1875), *Mamsell Nitouche* (1886, dt. 1930) sowie berühmte Opern- und Operettenlibretti wie *Die*

schöne Helena (1864, dt. 1945), *Carmen* (1875, dt. 1945), *Manon* (1884), die bis heute publikumswirksam geblieben sind.

Meinhold, Wilhelm (*27.2. 1797 Netzelkow/Usedom, †30.11. 1851 Charlottenburg). Dt. Schriftsteller, evangel. Pfarrer, mußte sein Amt wegen seiner Hinwendung zum Katholizismus niederlegen. Der Roman *Maria Schweidler, die Bernsteinhexe* (1843) war lange als Chronik des 17. Jh.s angesehen. Dem histor. Realismus gehört auch sein zweiter Roman *Sidonia von Bork, die Klosterhexe* (1847) an.

Meireles, Cecília (*7.11. 1901 Rio de Janeiro, †9.11. 1964 ebd.). – Brasilian. Lyrikerin, ihre frühen Gedichte behandeln in philosoph. Weise das Thema der menschl. Schuld, z.B. in *Viagem* (1939), *Amor em Leonoreta* (1951). Stärker histor. orientiert sind die späteren lyr. Werke, wie *Romanceiro da inconfidência* (1953) und *Solombra* (1964).

Meisl, Karl (*30.6. 1775 Laibach, †8.10. 1853 Wien). – Österr. Dramatiker, schrieb etwa 200 Stücke, meist Volksstücke, die wegen ihrer realist. Charaktere und der krit. Wirklichkeitsnähe geschätzt wurden, z.B. *Der lustige Fritz* (1819), *Ein Tag in Wien* (1820), *Die Fee aus Frankreich* (1822), *Das Gespenst im Prater* (1825). Sie beeinflußten F. Raimund und deuten auf Nestroy hin. Ferner schrieb er humorvolle Parodien.

Meißner, Alfred von (*15.10. 1822 Teplitz, †29.5. 1885 Bregenz). – Österr. Schriftsteller, verfocht freiheitl.-demokrat. Ideen und stand dem »Jungen Deutschland« und insbes. H. Heine nahe. Er verfaßte zeitnahe Unterhaltungsromane, z.B. *Neuer Adel* (1861) und *Schwarzgelb* (1862–64), eine aufschlußreiche Biogr. über *Heinrich Heine* (1856) sowie die histor. bedeutsame Autobiogr. *Geschichte meines Lebens* (1884). Ferner verfaßte M. Gedichte und Novellen, die heute nur noch literaturgeschichtl. Bedeutung haben.

Meister, Ernst (*3.9. 1911 Hagen-Haspe, †15.6. 1979 ebd.). – Dt. Schriftsteller, schrieb v.a. chiffrierte Gedankenlyrik, z.B. *Ausstellung* (1932), *Unterm schwarzen Schafspelz* (1953), *Flut und Stein* (1962), *Sage vom Ganzen den Satz* (1972), die Erzählung *Der Bluthänfling* (1959), das Drama *Ein Haus für meine Kinder* (1966) und Hörspiele. Zuletzt erschienen die Gedichtbände *Zeichen um Zeichen* (1968), *Es kam die Nachricht* (1970), *Im Zwiespalt* (1976), *Wandloser Raum* (1979), *Das Leben ist länglich, dachte ich kürzlich* (1980). 1979 erhielt er posth. den Büchner-Preis.

Melanchthon, Philipp, eigtl. *Ph. Schwarzerd(t)* (*16.2. 1497 Bretten, †19.4. 1560 Wittenberg). – Dt. Humanist, nach umfassender Ausbildung, u.a. durch Erasmus v. Rotterdam, Professor an der Universität Wittenberg. Die Freundschaft mit Luther, an dessen Bibelübersetzung er maßgeblich beteiligt war, führte ihn zum Protestantismus. Er schuf die Grundlagen für das evangel. Bildungs- und Landeskirchensystem. Mit den Schriften *Loci communes rerum theologicarum* (1521), *Con-*

fessio Augustana (1530) und *Tractatus de potestate Papae* (1537) wurde er zum wichtigsten Systematiker des Luthertums. Die *Apologie der Augustana* (1531) stellt eine der bedeutendsten frühen Verteidigungsschriften des Protestantismus dar. M. bemühte sich später um eine Annäherung an die kath. Kirche, was ihm heftige Angriffe dogmatischer Lutheraner eintrug. Er schrieb ferner Kirchenlieder, hg. u. d. T. *Gedichte* (1862). Seine allgemeine Anerkennung fand in dem Ehrennamen »Praeceptor Germaniae« ihren Ausdruck. Ausgewählte Werke erschienen 1955 ff.

Melas, Spiros (* 13. 1. 1883 Naupaktos, † 2. 4. 1966 Athen). – Griech. Journalist und Schriftsteller, gehört zu den erfolgreichsten neueren Dramatikern Griechenlands. Seine realist. Stükke behandeln meist soziale Probleme in brillanten pointierten Dialogen, z. B. in *Ho Hyios tu Iskiu* (1908), *Papaphléssas* (1934), *Der König und der Hund* (1953, dt. 1960). M. schrieb außerdem Erzählungen, Essays und Biographien.

Meleagros, (* um 140 v. Chr. Gadara, † um 70. v. Chr. Kos). – Griech. Dichter, verfaßte zahlreiche formal und sprachl. wertvolle Epigramme, v. a. über die Liebe, u. d. T. *Stéphanos (= Kranz)*, in dem auch Texte anderer Autoren enthalten sind. Einige dieser Epigramme finden sich noch in der *Anthologia Palatina* des Konstantinos Kephalas.

Meléndez Valdés, Juan (* 11. 3. 1754 Ribera del Fresno, † 24. 5. 1817 Montpellier). – Span. Dichter, gründl. Kenner der europ. Literatur und Professor für Philologie. Wegen der Zusammenarbeit mit den Franzosen, die Spanien besetzt hielten, mußte er nach Frankreich emigrieren. Er schrieb zunächst bukol.-anakreont. Verse in klass. Formen, z. B. *Batilo* (1780), *Poesías* (1785), mit denen er zu einem der wichtigsten Vertreter der Schule von Salamanca wurde. Später folgten philosoph. Oden. Ges. Werke erschienen u. d. T. *Obras completas* (1942).

Melissus, Paulus → Schede, Paul

Mell, Max (* 10. 11. 1882 Marburg a. d. Drau, † 13. 12. 1971 Wien). – Österr. Schriftsteller, hatte bereits als Philologiestudent erste Erfolge mit seinen *Lateinischen Erzählungen* (1904). In den folgenden Novellenbänden in der Tradition des 19. Jh.s und unter dem Einfluß Hofmannsthals zeigt sich sein Sinn für legendenhafte volkstüml. Stoffe und Alltagsschicksale, z. B. bei *Barbara Naderers Viehstand* (1914), *Das Donauweibchen* (1938). Zum Erneuerer des religiösen Laienspiels wurde M. v. a. mit *Das Wiener Kripperl von 1919* (1921), *Das Apostelspiel* (1923). Später verfaßte M. Dramen: *Die Sieben gegen Theben* (1932), *Jeanne d'Arc* (1956), *Der Garten des Paracelsus* (1964). Eine Auswahl u. d. T. *Prosa, Dramen, Verse* erschien 1962 in 4 Bdn.

Melnikow, Pawel Iwanowitsch, Ps. *Andrej Pečerskij* (* 6. 11. 1819 Nischni Nowgorod, † 13. 2. 1883 ebd.). – Russ. Schriftsteller, seine volkskundl. Studien führten zu seinem Hauptwerk, den beiden Romanen *In den Wäldern* (1875, dt. 1878)

und *Na gorah* (1875–81), in denen er v. a. Leben und Kultur der Altgläubigen schildert. Eine dt. Auswahl seiner Erzählungen und Novellen erschien u. d. T. *Die alten Zeiten* (1962).

Melo, Francisco Manuel de (* 23. 11. 1608 Lissabon, † 13. 10. 1666 ebd.). – Der portugies. Geschichtsschreiber und Dichter führte ein abenteuerl. Leben als Soldat und Diplomat. Er verfaßte in span. und portugies. Sprache bedeutende histor. Werke, z. B. *Historia de los movimientos y separación de Cataluña* (1645). Seine Lyrik steht in der Tradition des Barockdichters Góngora, v. a. *Obras métricas* (1665). M. schrieb ferner Dramen, z. B. *Auto do fidalgo aprendiz* (1665), und die moralist.-zeitkrit. Dialoge *Apólogos dialogais* (hg. 1721).

Melville, Herman (* 1. 8. 1819 New York, † 28. 9. 1891 ebd.). – Amerikan. Erzähler, wurde nach entbehrungsreicher Jugend Matrose, v. a. auf mehreren Walfängern. Nach dem Erfolg der ersten Bücher über die Südsee, z. B. *Taipi* (engl. und dt. 1846), *Omu* (engl. und dt. 1847), *Redburns erste Reise* (1849, dt. 1850), lebte er als freier Schriftsteller und schrieb sein berühmtestes Werk, den Roman *Moby Dick oder Der weiße Wal* (1851, dt. 1927). Dieser bedeutendste symbolist. Roman der amerikan. Literatur schildert den Kampf des machtbesessenen und rachesüchtigen Menschen gegen die Gewalten und Geheimnisse der Natur. Erlebtes und Erfundenes vereinigen auch der Roman *Israel Potters Irrfahrten und Abenteuer* (1855, dt. 1956) und die berühmte trag. Erzählung *Billy Budd* (hg. 1924, dt. 1938). Von kulturhistorischer Bedeutung ist *Reisefresken dreier Brüder: Dichter, Maler, Müßiggänger. Tagebuch einer Reise nach Europa und in die Levante* (1856/57, dt. 1991).

Memmi, Albert (* 15. 12. 1920 Tunis). – Tunes. Schriftsteller, stammt aus kleinbürgerl. Verhältnissen, studierte in Paris und übernahm nach der Unabhängigkeit von Tunis die Forschungen zur maghrebinischen Literatursoziologie; *Der Kolonisator und der Kolonisierte* (1957, dt. 1980). In seinen Romanen *Agar* (1955), *Le scorpion ou La confession imaginaire* (1969), *Le désert* (1977) gestaltet er das Leben von Subkulturen und wendet so seine Einsichten aus der Forschung unmittelbar in erzählender Literatur an. Mit zahlreichen Essays und auch Gedichten bezog er als jüd. Autor bewußt Stellung; seine Haltung führte häufig zu Auseinandersetzungen.

Menandros *(Menander)* (* 342/341 v. Chr. Athen, † 291/290 ebd.). – Der griech. Dichter, wahrscheinl. Schüler von Theophrast, verfaßte über 100 Komödien, von denen die meisten allerdings nur dem Namen nach bekannt sind. Erhalten haben sich u. a. *Epitrepontes, Dyskolos* (griech. und dt. hg. 1960), *Sikyónioi* und *Der Schild oder die Erbtocher* (hg. 1971). M., der gegenüber Aristophanes als Begründer der Neuen Komödie gilt, bemüht sich v. a. um differenzierte Charakterisierung der Personen, auch in sprachl. Hinsicht. Für die Entwicklung der europ. Komödie wurden dramaturg. Mittel wichtig, wie z. B. Intrigen, Kindesaussetzungen und Wiedererkennen, Lauscherszenen, Verwechslungen und klärende Monologe etc., die die Handlungsführung abwechslungsreich und unterhaltend gestalten. Außerdem finden sich dialekt. Erörterungen von gegensätzl. Werten in den Dialogen. Dt. Gesamtausgabe: *Die Komödien und Fragmente* (1949).

Menčetić, Šiško (*27. 2. 1457 Ragusa, †26. 9. 1527 ebd.). – Ital. Dichter, schrieb, vom Petrarkismus beeinflußt, erot. Liebeslyrik, in der er die weltl. Liebe voller Sinnenfreude preist. Er zählt zu den wichtigsten Vertretern der kroat. Troubadourdichtung. Gesamtausgabe: *Stari pisci hrvatski* (1937).

Mencken, Henry Louis (*12. 9. 1880 Baltimore, †29. 1. 1956 ebd.). – Amerikan. Journalist und Schriftsteller, machte die amerikan. Kultur mit Shaw und Nietzsche bekannt: *G. B. Shaw – his Plays* (1905), *The Philosophy of Nietzsche* (1908). Einflußreich waren lange die kultur- und gesellschaftskrit. Essays *Prejudices* (1919–27), darunter v. a. *Das amerikanische Bekenntnis* (1920, dt. 1927), an dem auch G. J. Nathan mitgearbeitet hatte. Er verfaßte ein Werk über die amerikan. Sprache und später kleine Prosa: *A Carnival of Buncombe* (1956).

Mendele Moicher Sforim (= *M., der Buchverkäufer*), eigtl. *Schalom Jakob Abramowitsch* (2. 1. 1836 Kopyl/Minsk, †8. 12. 1917 Odessa). – Jidd. Erzähler, gilt als Begründer der jidd. Literatur in Osteuropa. Humorvoll und oft satir. schildert er das Leben der osteurop. Juden, z. B. in den Romanen *Der Wunschring* (1865, dt. 1925), *Fischke der Krumme* (1869, dt. 1918), *Die Mähre* (1873, dt. 1924) sowie der Novelle *Die Fahrten Benjamins des Dritten* (1878, dt. 1937). 1962 erschien eine dt. Auswahl in zwei Bdn.

Mendelssohn, Moses (*6. 9. 1729 Dessau, †4. 1. 1786 Berlin). – Dt.-jüd. Philosoph, studierte in seiner Jugend die Schriften von Ch. Wolff, W. Leibniz und des engl. Rationalismus. Als führender Denker der dt. Aufklärung regte er G. E. Lessing zu dem Drama »Nathan der Weise« an. Neben Werken zur Ästhetik, z. B. *Philosophische Schriften* (1761), und Theologie, z. B. *Phädon* (1767), schrieb er *Jerusalem oder Über religiöse Macht und Judentum* (1783). Dieses Werk stellt den jüd. Glauben als die Vernunftreligion der Aufklärung dar und trug zur Integration der Juden in das geistige Leben des 18. Jh.s bei. Bedeutsam sind Übersetzungen von Teilen des *AT* (1780–83).

Mendelssohn, Peter de (*1. 6. 1908 München, †10. 8. 1982 ebd.). – Dt. Journalist und Schriftsteller, kehrte nach dem Exil in Frankreich und England als brit. Pressechef nach Dtld. zurück und war von 1954 bis 1971 Londoner Korrespondent des Bayerischen Rundfunks. M. schrieb dokumentar. Werke, z. B. *Die Nürnberger Dokumente* (1947) und *Inselschicksal England* (1965), Biographien wie *Churchill* (1957) und *Der Zauberer* (1975 ff., über Th. Mann, ein mustergültiges Beispiel der Gattung) und Romane wie *Paris über mir* (1932), *Das Gedächtnis der Zeit* (1974).

Mendes Pinto, Fernão (*um 1510 Montemor-o-Velho, †8. 7. 1583 Pragal/Almada). – Portugies. Schriftsteller, seine 21 Jahre dauernden Reisen in Länder des Nahen und Fernen Ostens bilden den Hintergrund des erfolgreichen romanhaften Berichts *Abentheurliche Reise* (hg. 1614, dt. 1808/09, neu u. d. T. *Peregrinação*, 1960), eines der besten Werke der portugies. Literatur des 16. Jh.s.

Menippos. Der griech. Philosoph lebte im 3. vorchristl. Jh. Er war zunächst Sklave, kaufte sich später frei. Mit aggressivem Spott behandelte er die Unzulänglichkeit des Menschen und die Nichtigkeit der Welt in Vers und Prosa und bevorzugte die philosoph. Posse. Sein Einfluß zeigt sich bei M. T. Varros *Saturae Menippeae*, Senecas *Apocolocynthosis* und anderen röm. Philosophen.

Menzel, Wolfgang (*21. 6. 1798 Waldenburg/Schlesien, †23. 4. 1873 Stuttgart). – Der dt. Schriftsteller, Redakteur und Kritiker polemisierte in theoret. Schriften gegen Goethe und das Junge Deutschland, für dessen Verfolgung er verantwortl. war, z. B. in den Schriften *Die deutsche Literatur* (1828), *Deutsche Dichtung von der ältesten bis auf die neueste Zeit* (1858 f.). Er schrieb romant. Dramen wie *Rübezahl* (1829), *Narcissus* (1830), den Roman *Furore* (1851) und kleine Prosa (*Denkwürdigkeiten*, hg. 1877).

Mercier, Louis-Sébastian (*6. 6. 1740 Paris, †25. 4. 1814 ebd.). – Franz. Schriftsteller, nahm an der Franz. Revolution teil, deren Ziele er in dem utop. Roman *Das Jahr 2440* (1770, dt. 1772) gestaltet. Mit dem Essay *Neuer Versuch über die Schauspielkunst* (1773, dt. 1776) wandte er sich gegen das klass. Drama, wies auf Shakespeare hin und beeinflußte damit die Dichter des dt. Sturm und Drang. Neben aufklärerischen Dramen wie *Der Schubkarren des Essighändlers* (1775, dt. 1776) schrieb er kulturhistorische Werke, z. B. *Paris, ein Gemälde* (1781–1788, dt. 1783/84) und *Das neue Paris* (1797 f., dt. 1799).

Merck, Johann Heinrich (*11. 4. 1741 Darmstadt, †27. 6. 1791 ebd.). – Dt. Schriftsteller, förderte als Mitarbeiter an verschiedenen einflußreichen Zeitschriften die zeitgenöss. Literatur, insbes. Herder, Wieland, Goethe und die Dichter des Sturm und Drang. Von geringerer Bedeutung als seine krit. Anregungen sind M.s. eigene Werke, z. B. *Rhapsodie* (1773), *Paetus und Arria* (1775) und die Gedichte *Lindor* (1781), doch zeigt sich auch hier sein scharfer, oft iron. Verstand.

Meredith, George (*12. 2. 1828 Portsmouth, †18. 5. 1909 Boxhill/Surrey). – Engl. Dichter, gehört zu den bedeutendsten Romanciers des Viktorian. England, begann aber zunächst mit Natur- und Liebesgedichten, die einerseits von den Romantikern Shelley, Keats und Wordsworth beeinflußt sind, andererseits Gedanken der zeitgenöss. Naturwissenschaft aufnahmen, z. B. *Poems* (1851), *Modern love* (1862). Im Mittelpunkt seiner realist. Romane stehen detailliert analysierte Charaktere, die mit Normen und Konventionen der Gesellschaft in Konflikt geraten, z. B. *Richard Feverels Prüfung* (1859, dt. 1904), *Der Egoist* (1879, dt. 1905), *Diana vom Kreuzweg* (1885, dt. 1905), *The Amazing Marriage* (1895). Einige Essays wie *Ein Essay über die Komödie und den Nutzen des komischen Geistes* (1877, dt. 1910) wurden stark beachtet. Seine Romane erschienen 1904 bis 1908 in einer dt. Ausgabe in 4 Bdn.

Mereschkowski, Dimitri Sergejewitsch (*14.8. 1865 Petersburg, †9.12. 1941 Paris). – Russ. Schriftsteller, emigrierte nach der Oktoberrevolution und lebte ab 1920 in Paris. Unter dem Einfluß Baudelaires schrieb er anfangs symbolist. Gedichte, v. a. *Simvoly* (1892), mit denen er zum Begründer des russ. Symbolismus wurde. In seinem Hauptwerk, der Romantrilogie *Christ und Antichrist* (1895–1905, dt. 1903–05), zeigt er Menschen in Krisenzeiten der Geschichte, denen die Religion als einzige Zuflucht bleibt. Die europ. Geschichte als Entscheidung zwischen Christentum und Gottlosigkeit ist auch das Thema der Romane *Alexander I.* (1911, dt. 1913), *Der Messias* (russ. und dt. 1927), *Tod und Auferstehung* (russ. und dt. 1935). Ferner schrieb er bedeutende Biogr. (Leonardo da Vinci, Napoleon) und literaturkrit. Essays. Eine russ. Gesamtausgabe erschien 1973 in 23 Bdn.

Meri, Veijo (*31.12. 1928 Wyborg). – Finn. Erzähler, weist mit entlarvendem Humor die Sinnlosigkeit des Krieges nach, z. B. in den Romanen *Das Manilaseil* (1957, dt. 1964), der oft als der »finn. Schwejk« bezeichnet wird, *Der Wortbruch* (1961, dt. 1969, Neubearbeitung 1988), *Die Frau auf dem Spiegel* (1963, dt. 1967) und *Kersantin poika* (1971), und den Erzählungen *Der Töter* (finn. und dt. 1967). 1981 erschien eine Sammlung von Erzn. in dt. Sprache.

Mérimée, Prosper (*28.9. 1803 Paris, †23.9. 1870 Cannes). – Franz. Schriftsteller, unternahm zahlreiche Reisen nach Südeuropa. Nach romant. parodist. Dramen, die dt. u. d. T. *Das Theater der spanischen Schauspielerin Clara Gazul* (1845) erschienen, und histor. Romanen in der Nachfolge W. Scotts, z. B. *Die Bartholomäusnacht* (1829, dt. 1925), fand er die ihm gemäße Gattung in Novellen, die stilist. zwischen Romantik und Realismus stehen, z. B. *Mateo Falcone* (1829, dt. 1872), *Tamango* (1829, dt. 1923), *Die Venus von Ille* (1837, dt. 1911), *Lokis* (1869). Sie zeigen realist., oft objektiv-distanziert oder iron. charakterisierte Menschen in Gefühlskonflikten und bevorzugen phantast., gelegentl. exot. Hintergründe. Geschätzt werden ferner seine Übersetzungen von Puschkin, Gogol und Turgenjew sowie seine histor. aufschlußreichen Briefe. Dt. Gesamtausgabe zuletzt 1924–26, *Novellen* 1960.

Merker, Emil (*7.4. 1888 Mohr/Böhmen, †23.7. 1972 Ebratshofen/Lindau). – Dt. Schriftsteller; die sudetendt. Landschaft und das Leben einfacher Menschen bilden die Hauptthemen der Romane, die wesentl. von A. Stifter beeinflußt sind, z. B. *Der junge Lehrer Erwin Moser* (1930), *Die Kinder* (1933), *Der*

Weg der Anna Illing (1938), *Aufbrechende Welt* (1959). Ferner schuf M. naturverbundene Gedichte, z. B. *Das brennende Staunen* (1958), und Essays wie *Böhmisches Erzgebirge* (1965). Histor. und kulturpolit. aufschlußreich ist seine Biographie *Unterwegs* (1951).

Merle, Robert (*20.8. 1908 Tebessa/Algerien). – Franz. Schriftsteller und Anglistikprofessor, erhielt für den Kriegsroman *Wochenende in Zuitcoote* (1949, dt. 1950) den Prix Goncourt. Es folgten die Romane *Der Tod ist mein Beruf* (1953, dt. 1957), *Die Insel* (franz. und dt. 1964), *Hinter Glas* (1970, dt. 1972), *Die geschützten Männer* (1974, dt. 1976), *Paris ma bonne ville* (1980), *La pigue du jour* (1985) und *Madrapour* (1976), mehrere Dramen, z. B. *Sisyphus und der Tod* (1950, dt. 1957), und Science-fiction-Romane, u. a. *Malevil* (1972).

Merrill, James I. (*3.3. 1926 New York). – Amerikan. Schriftsteller; die Werke M. s. stehen deutl. unter dem Einfluß von T. Capote und W. Stevens, wie z. B. die Gedichte *The Country of a Thousand Years of Peace* (1959), *Water Street* (1962), *The Fire Screen* (1969) und *Braving the Elements* (1973) oder die Romane *Tanning Junior* (1957, dt. 1961) und *The (Diblos) Notebook* (1965). 1977 erhielt er für *Divine Comedies* den Pulitzer-Preis.

Merz, Carl, eigtl. *Carl Czell* (*30.1. 1901 Kronstadt/Siebenbürgen, †31.10. 1979 Kirchberg/Niederösterreich, Freitod). – Österr. Kabarettist, wurde durch seine Mitarbeit an Qualtingers *Der Herr Karl* (1962) weit über seine Heimat hinaus als scharfer Kritiker des morbiden, alles Tragische süßl. verkitschenden gemütl. Österreich bekannt und traf deshalb auch bei seinen Landsleuten auf harte Kritik. Viel gelesen wurde sein ep. Werk mit den Romanen *Traumwagen aus zweiter Hand* (1961) und *Der Opernnarr* (1973). Seine wirkl. Begabung liegt jedoch in der beißenden Satire, die er in Dramen wie *An der lauen Donau* (1962), Fernsehspielen wie *Passion eines Politikers* (1972) und Erzählungen wie *Jenseits von Gut und Krankenkasse* (1968) demonstrierte.

Mesrop, hl., eigtl. *Maschtoz* (*um 345 [?] Hatsek/Armenien, †19.2. 441 Etschmiadsin). – Armen. Mönch und Missionar, gilt als der Erfinder der armen. Schrift. Er gründete eine Übersetzerschule, die das »Goldene Zeitalter« der armen. Literatur einleitete. Von seinen Werken sind die *Predigten* (dt. 1872) erhalten.

Messenius, Johannes (*um 1579 Västra Stenby/Östergötland, †8.11. 1636 Uleåborg/Finnland). – Schwed. Schriftsteller, von Jesuiten erzogen, wurde Lehrer und Jurist und zu einem Gegner der Jesuiten. Er schrieb histor.-didakt. Dramen in Reimprosa wie *Disa* (1611) und *Svanhuita* (1612). Im Gefängnis, wo er wegen seiner Streitschriften gegen die Jesuiten bis zu seinem Tode saß, verfaßte er die Geschichte Skandinaviens *Scondia illustrata* (1700–05) in 15 Bdn.

Metalious, Grace (*8.9.1924 Manchester/New Hampshire, †25.2.1964 Boston). – Amerikan. Erzählerin. Bereits ihr erster Roman *Die Leute von Peyton Place* (1956, dt. 1958) wurde zu einem Bestseller. Ebenso wie *Rückkehr nach Peyton Place* (engl. und dt. 1960) und *Der enge weiße Kragen* (engl. und dt. 1961) ist er eine mit pikanten Skandalen gewürzte Darstellung des amerikan. Kleinstadtlebens.

Metastasio, Pietro, eigtl. *P. Antonio Domenico Bonaventura Trapassi* (*3.1.1698 Rom, †12.4.1782 Wien). – Ital. Dichter, begann mit Rokokogedichten und wurde 1718 Mitglied der Academia dell'Arcadia, 1730 Hofdichter in Wien. Seine bedeutendsten Leistungen bilden zahlreiche Melodramen in der Tradition der »tragédie classique«, mit denen er zur Reform der ital. Opernpraxis beitrug, z. B. *Didone abbandonata* (1724), das von Mozart vertonte *La clemenza di Tito* (ca. 1734) und *Attilio Regolo* (1740). Ferner schuf er mehrere Kantaten- und Oratorientexte. Als dt. Auswahl liegt vor die Sammlung *Dramen* (1910).

Methodios von Olympos (*um 230 Olympos, †311). – Griech. Kirchenschriftsteller und Heiliger, schrieb in Anlehnung an Platons »Gastmahl« das *Gastmahl der 10 Jungfrauen oder Über die Keuschheit* (dt. 1911), eine dialog. allegor. Bibeldeutung. Bedeutsam ist die Vermittlung zwischen der klass. griech. und der christl. Literatur. Die übrigen Werke sind nicht erhalten.

Meyer, Alfred Richard (*4.8.1882 Schwerin, †9.1.1956 Lübeck). – Dt. Verleger und Schriftsteller, gab Lyrik des frühen Expressionismus heraus. Unter dem Ps. *Munkepunke* schrieb er sprachl. gewandte, oft kabarettist.-witzige Gedichte, z. B. *Würzburg im Taumel* (1911), *Wenn nun wieder Frieden ist* (1948), und die Novelle *Flandrische Etappe* (1917) und übersetzte Verlaine und Ossian. Eine Auswahl seiner Werke erschien u. d. T. *Der große Munkepunke* (1924).

Meyer, Conrad Ferdinand (*11.10.1825 Zürich, †28.11.1898 Kilchberg/Zürich). – Schweizer Dichter, erhielt eine umfassende Bildung in dt. und franz. Sprache und entschied sich erst unter dem Eindruck der dt. Reichsgründung für die dt. Sprache. Er begann mit *Balladen* (1867) und Gedichten wie *Romanzen und Bilder* (1871), erreichte den Höhepunkt seines lyr. Schaffens aber erst mit den symbol. Gedichten wie *Der römische Brunnen* und *Zwei Segel* (hg. 1882 u. d. T. *Gedichte*). Seine größte Leistung liegt in den Novellen, in denen er v. a. Gestalten der Renaissance und der Bauernkriege mit feiner psycholog. Charakterisierungskunst beschreibt und die Handlung oft in meisterl. Rahmenerzählungen darstellt, z. B. *Das Amulett* (1873), *Der Schuß von der Kanzel* (1877), *Gustav Adolfs Page* (1882), *Die Leiden eines Knaben* (1883), *Die Hochzeit des Mönchs* (1884), *Die Richterin* (1885). Auch der Roman *Jürg Jenatsch* (1876) entspricht eher der Novellenform. Ferner verfaßte M. zwei Versepen, *Huttens letzte Tage*

(1871), *Engelberg* (1872). Die erste Ausgabe der *Gesammelten Werke* erschien 1925 in 14 Bdn.

Meyer, E. Y. (Peter) (*11.10.1946 Liestal/Schweiz). – Schweizer Schriftsteller, widmet sich nach vorübergehenden Geschichts- und Philosophiestudien und kurzer Lehrertätigkeit nur noch der Literatur. M. hat aufgrund seiner glänzenden Stilistik und überzeugenden Darstellungstechnik beim Publikum rasch Beachtung gefunden, wobei sich in seinen Texten unmittelbare Darstellung und Kritik in differenzierter Weise mischen. Bekannt wurden die Erzn. *Ein Reisender in Sachen Umsturz* (1972) und *Eine entfernte Ähnlichkeit* (1975) und die Romane *In Trubschachen* (1973) und *Die Rückfahrt* (1977); die Theaterstücke *Sundaymorning* (1981) und *Herabsetzung des Personalbestandes* (Fernsehen 1976) haben ein breites Publikum erreicht.

Meyrink, Gustav (*19.1.1868 Wien, †4.12.1932 Starnberg). – Dt. Schriftsteller, 1889 Mitbegründer eines Prager Bankhauses. 1901–09 Mitarbeit am »Simplicissimus« und an anderen Zeitschriften. Nach der 1913 erschienenen zeitkritisch-satirischen Novellensammlung *Des deutschen Spießers Wunderhorn* wurde er mit seinem Roman *Der Golem* (1915) schlagartig bekannt und berühmt. Es folgten dann die Romane *Das grüne Gesicht* (1916), *Walpurgisnacht* (1917) und *Der Engel vom westlichen Fenster* (1927). 1921 ff. Herausgabe der *Romane und Bücher der Magie*. Nachgelassenes und Verstreutes erschien unter dem Titel *Das Haus zur letzten Latern* (1973). In seinen Romanen gestaltet M. sein esoterisches Wissen, das er lebenslang aus europ. und asiat. Quellen zu erweitern suchte. Er hatte Kontakte zu Freimaurern und orientalischen Orden, zu Spiritisten und Okkultisten und war bewandert in allen weißen und schwarzen magischen Praktiken. Er steht in der Tradition einer schwarzen Romantik, die aber durch die eigene Erfahrung bestärkt oder kritisch zersetzt wird. Die Zeichnungen seines Freundes A. Kubin sind eine kongeniale graphische Entsprechung zu seinem lit. Werk.

Meysenbug, Malvida Freiin von (*28.10.1816 Kassel, †26.4.1903 Rom). – Dt. Schriftstellerin, unterstützte die Revolution von 1848 und mußte daher Dtld. verlassen. M. setzte sich für die sozialen Belange der Arbeiter und die polit. Rechte der Frauen ein. Als persönl. und Zeitdokument sind ihre Erinnerungen *Memoiren einer Idealistin* (1876) und *Der Lebensabend einer Idealistin* (1898) aufschlußreich. Daneben verfaßte sie Erzählungen, z. B. *Stimmungsbilder* (1879), und den Roman *Phädra* (1885).

Miaskowski, Kaspar Malcher (*um 1553 Smogorzewo, †22.4.1622 ebd.). – Poln. Dichter, begann erst spät mit Gedichten, die v. a. bibl. Themen behandeln und religiöse Betrachtungen sowie Naturschilderungen enthalten, z. B. *Łódź Opaleńska* (1608), *Pielgrzym Wielkanocny* (1612), *Zbiór rytmów* (1612), in denen sich auch satir. Angriffe auf Zeitmißstände finden.

Michaëlis, Karin (*20.3. 1872 Randers, †11.1. 1950 Kopenhagen). – Dän. Schriftstellerin, studierte Musik und Literatur und heiratete 1895 den dän. Dichter Sophus M. In ihren impulsiven Romanen engagiert sie sich für unterdrückte oder aus der Bahn geworfene Frauen, z. B. in *Das gefährliche Alter* (dän. und dt. 1910), *Vagabundin des Herzens* (1930, dt. 1932), *Nielsine, die Mutter* (1935, dt. 1936). Noch vor Joyce und Kafka verwendete sie den assoziativen inneren Monolog. Mit ihren Jungmädchenbüchern (*Bibi-Serie*) sprach sie viele Leser an. Die Autobiogr. *Die wunderbare Welt* (1950) ist von großem literaturhistor. Interesse.

Michaëlis, Sophus (*14.5. 1865 Odense, †28.1. 1932 Kopenhagen). – Dän. Schriftsteller. Beeinflußt von Ibsen, Maeterlinck und Nietzsche, schrieb M. neuromant. Gedichte, z. B. *Solblomster* (1893), den lyr. Roman *Æbelø* (1895, dt. 1900) und histor. Romane wie *Der ewige Schlaf* (dän. und dt. 1912) und *Hellenen und Barbaren* (1914, dt. 1920), ferner das Drama *Revolutionshochzeit* (1906, dt. 1909). Berühmt wurde M. auch als meisterhafter Übersetzer dt., franz. und portugies. Literatur.

Michailovski, Stojan (*7.1. 1856 Elena, †3.8. 1927 Sofia). – Bulgar. Schriftsteller, studierte in Paris Jura und Literaturwissenschaft und war dann Professor und Regierungsbeamter. Er gehörte der »Mazedon. Bewegung« an und schrieb kämpfer.-satir. Gedichte, z. B. *Novissima verba* (1898) und *Satiri* (1893), und Erzählungen wie *Ot razvala kŭm provala* (1902) und *Iztočni legendi* sowie polit. Aufsätze. Seine Werke erschienen in einer bulgar. Auswahl 1918–1943 in 5 Bdn.; dt. in einem Bd. 1960.

Michalkow, Sergei Wladimirowitsch (*12.3. 1913 Moskau). – Russ. Schriftsteller und hoher Beamter, verfaßte zunächst mehrere Kindergedichte und -romane, schrieb den Text der sowjet. Nationalhymne und v. a. satir. Fabeln über polit. Fragen, z. B. *Der Löwe und der Hase* (dt. 1954), *Ausgewählte Fabeln* (dt. 1955) und *Basni* (1957), sowie einige Dramen wie *Das rote Halstuch* (1947, dt. 1952) und *Il'ja Golovni und seine Wandlung* (1949, dt. 1950).

Michaux, Henri (*24.5. 1899 Namur, †19.10. 1984 Paris). – Franz. Autor wallon. Abstammung, studierte Medizin, wurde Maler, Zeichner, Matrose, dann Redakteur und schließl. Schriftsteller. M. gilt als bedeutendster Vertreter der Dichtung des Unbewußten. In seiner Lyrik gestaltete er das Zwischenreich von Traum und assoziativem Denken, das er zeitweise durch Drogen zu erweitern suchte, so z. B. *Plume und andere Gestalten* (1931, dt. 1960), *Voyage en Grande Garabagne* (1936), *Moments* (1973). Daneben schrieb er distanziert-iron. Reisebücher wie *Ecuador* (1929), *Un barbare en Asie* (1933, dt. 1991). In dt. Übersetzung liegen *Dichtungen* (1954), *Dichtungen, Schriften* (hg. v. P. Celan und K. Leonhard 1966–1971) in zwei Bdn., *Eckpfosten* (1982), *Unseliges Wunder.*

Das Meskalin (dt. 1986), *Bilder, Aquarelle, Zeichnungen, Gedichte, Aphorismen 1942–1984* (1988), *Reise nach Groß-Garabannien* (1989) u. a. vor.

Michel, Robert (*24.2. 1876 Chabeřice/Böhmen, †11.2. 1957 Wien). – Österr. Erzähler, war Soldat in Bosnien und 1918 Direktor des Wiener Burgtheaters. In realist., vom Expressionismus beeinflußten Romanen stellt er v. a. das oriental. geprägte Bosnien und seine böhm. Heimat dar, z. B. in *Der steinerne Mann* (1909), *Die Häuser an der Dzamija* (1915), *Die Burg der Frauen* (1934), *Die Wila* (1948). Ferner schrieb er Novellen und Dramen.

Michelangelo, eigtl. *Michelagniolo di Ludovico di Lionardo di Buonarotti* (*6.3. 1475 Caprese/Arezzo, †18.2. 1564 Rom). – Der geniale ital. Künstler schuf neben den berühmten Werken der Skulptur (z. B. in Florenz), der Malerei (Sixtin. Kapelle) und der Architektur (Florenz und Rom) auch Gedichte, meist Madrigale und Sonette im Stil des Petrarkismus und unter dem Einfluß Dantes. Sie entstanden nach 1534, wurden 1623 vollständig u. d. T. *Rime* hg. und mehrfach ins Dt. übersetzt, z. B. von R. M. Rilke (1927). Zuletzt erschienen *Briefe und Gedichte* (1946).

Michelsen, Hans Günter (*21.9. 1920 Hamburg). – Dt. Dramatiker, Dramaturg und Rundfunkautor. In knapper, verkürzter Sprache schreibt er Zeitstücke über die Dialektik von Gegenwart und Vergangenheit sowie über soziale Probleme, z. B. *Stienz* (1963), *Lappschiess* (1963), *Planspiel* (1970), *Sein Leben* (1977), *Kindergeburtstag* (1981), sowie Hörspiele, z. B. *Episode* (1964), *Himmelfahrt* (1973), *Alltag* (1979).

Michener, James Albert (*3.2. 1907 New York). – Amerikan. Autor, dessen Erlebnisse bei der Pazifikflotte im Zweiten Weltkrieg den Hintergrund der zahlreichen Werke bilden, die fast alle Bestseller wurden. Nach dem Erfolg der Erzählungen *Tales of the South Pacific* (1947, dt. 1951 u. d. T. *Die Südsee*), für die er 1948 den Pulitzer-Preis erhielt und die auch zu einem Musical verarbeitet wurden, schrieb er Romane, u. a. *Die Brücken von Tokori* (1953, dt. 1955), *Karawanen der Nacht* (1963, dt. 1969), *Die Quelle* (1965, dt. 1966), *Die Kinder von Torremolinos* (engl. und dt. 1971), *Colorado Saga* (engl. und dt. 1974), *Die Bucht* (1978, dt. 1979), *Die Brücke von Andau* (1983), *Verheißene Erde* (1984), *Texas* (1986), *Alaska* (1989).

Michiels, Ivo, eigtl. *Henri Ceuppens* (*18.1. 1923 Mortsel/Antwerpen). – Belg. Schriftsteller, stammt aus Flandern, trat als Dozent für Film und Filmästhetik hervor und gilt als wichtiger moderner Autor seiner Heimat. In seinen Romanen *Der Abschied* (1957, dt. 1968), *Das Buch Alfa* (1963, dt. 1965) u. a. setzt sich M. mit grundlegenden Lebensexistentialien auseinander, gestaltet aber auch eigene Erfahrungen, die er im Krieg gemacht hat. Der Gegensatz von Erfahrungen und Vorstellungen führt ihn zu der künstler. Gestaltung von Gegensätzen, deren Zusammentreffen als ästhet. Reiz erscheint.

Mickel, Karl (*12. 8. 1935 Dresden). – DDR-Arbeiterdichter, studierte Nationalökonomie und war Dozent für Wirtschaftsgeschichte und Mitarbeiter der Zf. »Junge Kunst« und des »Berliner Ensemble«. M. versteht sein sozialistisches Werk als dem nationalen Kulturerbe verpflichtet, wobei er sowohl auf Brecht als auch auf Majakowski, Klopstock, Schiller, Barockgedichte und antike Mythen zurückgreift, z. B. mit den Gedichten *Vita nova mea* (1967), *Eisenzeit* (1975), *Poesiealbum* (1981), *Mottek sagt* (1990). M. schrieb auch Libretti, z. B. *Einstein* (1974), und Theaterstücke und arbeitete an Sammelbänden mit, wobei er meist den Sozialismus und den techn. Fortschritt pries, *Gelehrtenrepublik* (1990). Sein erster R. *Lachmunds Freunde* (1991) erzählt von der Entwicklung von drei jungen Männern und dem Sieg der Praxis über die Theorie.

Mickiewicz, Adam Bernard (*24.12. 1798 Zaosie/Litauen, †26.11. 1855 Konstantinopel). – Poln. Dichter, wegen der Zugehörigkeit zum Geheimbund der Philomaten wurde er aus Litauen ausgewiesen, reiste durch Rußland und lebte seit 1829 v. a. in Italien, der Schweiz, Dtld. und Frankreich und nahm am Krimkrieg gegen Rußland teil. M. wandte sich früh gegen die klass. Literatur und verfaßte die romant. *Balladen und Romanzen* (1822, dt. 1874) mit einem programmat. Vorwort über die Romantik sowie *Gedichte* (1826, dt. 1836). Mit den Epen *Grażyna* (1823, dt. 1860) und *Konrad Wallenrod* (1828, dt. 1834) machte er sich zum Anwalt und geistigen Führer der poln. Nationalidee, ebenso mit dem vierteiligen Drama *Totenfeier* (1823–32, dt. 1887), das eine Reihe autobiogr. Elemente enthält. Seine patriot. Ansichten faßte er in der Schrift *Die Bücher der polnischen Nation und der polnischen Pilgerschaft* (1832, dt. 1833) zusammen. M. gilt als der größte romant. Dichter Polens, der auch die Volksdichtung neu belebte. Sein Gesamtwerk liegt in mehreren Ausgaben vor; dt. erschienen die *Poetischen Werke* erstmals 1882 bis 1887 gesammelt in 2 Bdn.

Miegel, Agnes (*9.3. 1879 Königsberg, †26.10. 1964 Bad Salzuflen). – Dt. Schriftstellerin; ihre ostpreuß. Heimat bildet den Hintergrund vieler ihrer lit. Arbeiten. M. begann ihr Schaffen mit Gedichten und Balladen, in denen bes. die herbe und eindringl. Form beeindruckt, mit der sie Stimmungen ausdrückt, z. B. in *Balladen und Lieder* (1907), einem Höhepunkt der dt. Balladendichtung, und *Gedichte und Spiele* (1920). Später folgten romant., schwermütige Erzählungen über Themen wie Natur und Heimat, Kindheit, Liebe und Tod, z. B. *Geschichten aus Altpreußen* (1926), *Die schöne Malone* (1926), *Noras Schicksal* (1936), *Katrinchen kommt nach Hause* (1937), *Mein Weihnachtsbuch* (1959) und *Heimkehr* (1962). Auch hier herrschen balladeske Elemente vor. Gelegentl. finden sich Züge der nationalist. Heimatkunst. Die Gesamtausgabe ihrer Werke erschien 1952 bis 1965 in 7 Bdn.; eine Auswahl folgte 1965.

Mihăescu, Gib (*23. 4. 1894 Drăgășani/Craiova, †19. 10. 1935 Bukarest). – Rumän. Schriftsteller, gilt als der Hauptvertreter des rumän. psycholog. Romans. Seine Werke zeichnen sich durch einfühlsame Charakteranalysen ebenso aus wie durch überraschende Handlungsführung, z. B. bei *Bratul Andromedei* (1930), *Rusoaica* (1933) und v. a. bei seinem Hauptwerk *Donna Alba* (1935) mit einer der großartigsten Frauengestalten der neueren Literatur.

Mikes, Kelemen (*Aug. 1690 Zágon, †2.10. 1761 Rodostó/Türkei). – Ungar. Schriftsteller, Schreiber bei Rákóczy Ferenc II., dem er in die Verbannung folgte. M. schrieb die Erinnerungen *Törökorszagi levelek* (hg. 1794), eine Sammlung von 207 fiktiven Briefen. Sie schildern die Flucht aus Ungarn und die Seereise nach der Türkei und enthalten polit. Betrachtungen, ergreifende Treuebekundungen an den ungar. Fürsten, aber auch Nacherzählungen zeitgenöss. Novellen und Anekdoten.

Mikszáth, Kálmán (*16. 1. 1847 Szklabonya, †28.5. 1910 Budapest). – Der ungar. Schriftsteller schrieb, von Anekdoten ausgehend, locker episod. gefügte Romane, die anfangs von Jókai, später eher von Dickens beeinflußt sind. Im Mittelpunkt stehen humorvoll gezeichnete, liebenswerte Sonderlinge. Skurrile Begebenheiten werden mit feinem Realismus erzählt, z. B. in *Sankt Peters Regenschirm* (1895, dt. 1898), *Sonderbare Ehe* (1900, dt. 1943), *Die Hochzeit des Herrn von Noszty* (1908, dt. 1953). Sein *Gesamtwerk* erschien 1899 in dt. Übersetzung; zusätzlich erschienen dt. *Die guten Hochländer* (1882); *Der alte Gauner* (1968) und *Der schwarze Hahn* (1968).

Miladinov, Dimitar (*1810 Struga, †25. 1. 1862 Konstantinopel). – Mazedon. Schriftsteller. Bemüht um die Unabhängigkeit Mazedoniens in kultureller und polit. Hinsicht, ordnete M. das Schulwesen neu und wurde zum Erzieher einer ganzen Dichtergeneration. Zusammen mit seinem Bruder Konstantin M. (1830–1862) sammelte er mazedon. Volkslieder: *Bulgarski narodni pesni* (1861). Die Sammlung, die auch Rätsel, Sprüche u. ä. enthält, befruchtete die bulgar.-mazedon. Freiheitsbewegung.

Milev, Geo, eigtl. *Georgi M. Kasabov* (*15.1. 1895 Radnevo/Stara-Zagora, †18.[?] 5. 1925 Sofia). – Bulgar. Dichter und Regisseur, begann als Übersetzer klass. Werke. Als engagierter Sozialist nahm er am kommunist. Septemberaufstand (1923) teil und schrieb danach das Poem *Septemvri* (1924). Außerdem verfaßte er Gedichte, z. B. *Ikonite pejat* (1922), und literaturkrit. Essays. Sein Gesamtwerk erschien 1947 ff.

Millay, Edna St. Vincent (*22.2. 1892 Rockland/Maine, †19. 10. 1950 Steepleton). – Amerikan. Autorin, schrieb neben Kurzgeschichten und zum Teil satir. Schauspielen v. a. persönl., oft ekstat. Lyrik, z. B. *Renascence* (1912), *Second April* (1921). Sie bevorzugte klass. Formen, insbes. das elisabethan.

Sonett, z. B. bei *The Buck in the Snow* (1928), *Collected Sonnets* (1941). Die späten Gedichte zeigen polit. Engagement, oft mit rhetor. Pathos, etwa *Make Bright the Arrows* (1940). Ihr umfangreiches Werk hat heute noch viele Leser. 1923 erhielt sie den Pulitzer-Preis.

Miller, Arthur (* 17. 10. 1915 New York). – Amerikan. Schriftsteller, in den 50er Jahren vorübergehend mit Marilyn Monroe verheiratet; zählt zu den bedeutendsten modernen Dramatikern der USA. Traditionellen Techniken ist er noch in dem sozialkrit. Problemstück *Alle meine Söhne* (1947, dt. 1948) verpflichtet, greift aber bald Elemente des ep. Theaters im Sinne Brechts und Wilders auf, z. B. in *Tod des Handlungsreisenden* (1949, dt. 1950), für das er 1949 den Pulitzer-Preis erhielt. Großen Erfolg hatte er auch mit dem histor. Drama *Hexenjagd* (1953, dt. 1954) mit Parallelen zu den Verfolgungen der McCarthy-Zeit; auch im *Blick von der Brücke* (1955, dt. 1962), *Zwischenfall in Vichy* (engl. und dt. 1965) und in *Die Erschaffung der Welt und andere Geschäfte* (1972, dt. 1974) zeigt er sich als virtuoser Theaterpraktiker und Zeitkritiker. M. schrieb ferner die Romane *Brennpunkt* (1945, dt. 1950), *Nicht gesellschaftsfähig* (engl. und dt. 1961); 1987 erschien die Autobiographie *Zeitkurven* in der Bundesrepublik vor der amerikan. Ausgabe.

Miller, Henry (* 26. 12. 1891 New York, † 7. 6. 1980 Pacific Palisades/Kalifornien). – Amerikan. Erzähler, verlebte eine abenteuerl. Jugend als Gelegenheitsarbeiter und hielt sich 1930–40 in Europa auf. In seinen stark autobiogr. geprägten Romanen vertritt er einen häufig anarch. Individualismus und setzt der steril-puritan. Bürgerlichkeit die Verherrlichung der Sexualität entgegen, wobei er vor Obszönitäten nicht zurückschreckt. Dabei findet er durchaus zu einer lyr., ekstat. Sprache mit surrealist. Elementen. Die bekanntesten Werke sind *Wendekreis des Krebses* (1934, dt. 1953), *Wendekreis des Steinbocks* (1939, dt. 1953), die Romantrilogie *The Rosy Crucifixion* mit den Teilen *Sexus* (1945, dt. 1970), *Plexus* (1949, dt. 1955) und *Nexus* (1957, dt. 1961), *Stille Tage in Clichy* (engl. und dt. 1968), *Insomnia oder die schönen Torheiten des Alters* (engl. und dt. 1975) und *Jugendfreunde* (1977). Eine dt. Ausgabe sämtl. Erzählungen erschien 1968, seine Liebesbriefe an Brenda Venus *Brenda, Liebste . . .* (1987).

Miller, Johann Martin (* 3. 12. 1750 Ulm, † 21. 6. 1814 ebd.). – Dt. Dichter, schloß sich schon als Theologiestudent in Göttingen dem Hainbund an. Der Richtung der Empfindsamkeit folgend und bes. von Goethes »Werther« beeinflußt, schrieb er sentimentale Briefromane mit moral. Anliegen wie *Beitrag zur Geschichte der Zärtlichkeit* (1776) und *Siegwart. Eine Klostergeschichte* (1776), ferner erfolgreiche volksliedhafte *Gedichte* (1783) und *Predigten* (1776–84).

Millin, Sarah Gertrude (* 19. 3. 1889 Barkly/Kimberley, † 6. 7. 1968 Johannesburg). – Südafrikan. Schriftstellerin litau. Abstammung, schrieb Romane in engl. Sprache. Kenntnisreich stellt sie in kühler, distanzierter Sprache Rassenprobleme dar, z. B. in *The Dark River* (1920), *Gottes Stiefkinder* (1924, dt. 1933), *Bucks Without Hair* (1941), *The Burning Man* (1952); außerdem verfaßte sie Essays über Südafrika, Tagebücher und Biogr., z. B. *Rhodes* (1933), *Smuts* (1936), *The People of South Africa* (1950). Große Beachtung fanden ihre letzten Romane *The Wizard Bird* (1962), *Goodby, Dear England* (1965) und *Der Handlungsreisende in Peking* (dt. 1985).

Milne, Alan Alexander (* 18. 1. 1882 London, † 31. 1. 1956 Hartfield/Sussex). – Engl. Schriftsteller, Mitherausgeber des »Punch«. M. schrieb humorist. Essays und witzige Lustspiele, vor allem aber zahlreiche erfolgreiche Kinderbücher, die z. T. auch in Dtld. bekannt und beliebt sind, so z. B. *Pu der Bär* (1926, dt. 1928) und *Wiedersehen mit Pu* (1928, dt. 1953).

Milosz, Czeslaw (* 30. 6. 1911 Seteiniai/Litauen). – Poln. Schriftsteller und Diplomat, emigrierte 1951 nach Frankreich und lebt heute in den USA; 1980 erhielt den Nobelpreis. M. schrieb die Romane *Tal der Issa* (1955, dt. 1963), *Das Gesicht der Zeit* (1959, dt. 1963), *Das Land Ulro* (dt. 1982), Gedichte, z. B. *Lied vom Weltende* (1953, dt. 1966), *Psalmenbuch* (dt. 1979), philosoph., lit. und polit. Essays, v. a. *Verführtes Denken* (poln. und dt. 1953), in dem er sich mit dem Kommunismus auseinandersetzte, *Geschichte der Polnischen Literatur* (dt. 1981) und die Autobiogr. *West- und östliches Gelände* (1969). 1979 erschien die Auswahl *Zeichen im Dunkel*, 1982 *Gedichte 1933–1981*.

Milosz, Oscar, eigtl. *O. Venceslas de Lubicz-M.* (* 28. 5. 1877 Čeréja/Kaunas, † 2. 3. 1939 Fontainebleau). – Franz. Schriftsteller litau. Herkunft, wurde v. a. als Verfasser myst.-religiöser Lyrik unter dem Einfluß P. Claudels bekannt, z. B. mit *Le poème des décadences* (1899), *Les éléments* (1910), *La confession de Lemuel* (1922). Er verfaßte ein Drama über den Don-Juan-Stoff *Miguel Mañara* (1913, dt. 1944) und litau. Erzählungen *Contes et fabliaux de la vieille Lithuanie* (1930).

Milton, John (* 9. 12. 1608 London, † 8. 11. 1674 ebd.). – Engl. Dichter, schrieb bereits während der Studienzeit in Cambridge lat. Gedichte. Er trat zum Protestantismus über und kämpfte an der Seite Cromwells gegen die Royalisten. Während des Cromwellschen Commonwealth war er Staatssekretär. Sein Hauptwerk und zugleich eines der größten Werke der engl. Literatur ist *Das verlorene Paradies* (1667, erweitert 1674, dt. 1682, dt. neu 1969), ein religiös-allegor. Epos in 10 (später 12) Gesängen über die Erschaffung des Menschen und den Sündenfall. Es beeinflußte wesentl. die engl. Romantik und regte Klopstock zum *Messias* an. M. bemüht sich darin um eine Vermittlung von puritan. mit Renaissancedenken. Er verfaßte ferner die Dichtungen *L'Allegro* (1632) und *Il Penseroso* (1632, dt. 1860), Maskenspiele, v. a. *Comus* (1634), und vorzügl. Gedichte, zum Teil Hymnen auf Cromwell, und Sonette, *Minor Poems* (1645), sowie polit. und religiöse Schriften. Eine dt. Gesamtausgabe erschien 1910.

Mimnermos von Kolophon (* um 650 v. Chr. vermutl. Kolophon, † 580 v. Chr.). – Griech. Dichter, galt bei den Alexandrinern, die er wesentl. beeinflußte, als der Begründer der erzählenden Elegie. Er schrieb eleg. Dichtungen über die Liebe, die Jugend und das Alter und nahm auch mytholog. Stoffe auf. 22 Fragmente sind erhalten: *Nano* (dt. 1782, neu 1961) und *Smyrneis* (dt. 1856/57), letzteres war ursprüngl. vielleicht Bestandteil von *Nanno*.

Minder, Robert (* 23. 8. 1902 Wasselnheim/Elsaß, † 10. 9. 1980 Cannes). – Der dt.-franz. Literaturwissenschaftler beschäftigte sich v. a. mit der dt. Literatur des 19. und 20. Jh. s. sowie mit den lit. Beziehungen zwischen Dtld. und Frankreich und schrieb auch literatursoziolog. Arbeiten, z. B. *Un poète romantique allemand, L. Tieck* (1936), *Kultur und Literatur in Deutschland und Frankreich* (1962), *Dichter in der Gesellschaft* (1966), *Rayonnement d'Albert Schweitzer* (1975).

Minot, Laurence (* 1300 [?], † 1352 [?]). – Engl. Dichter, über sein Leben ist nichts Gesichertes bekannt. M. schrieb patriot. Kriegsgedichte in nordengl. Dialekt mit End- und Stabreim. Sie preisen die Siege Eduards III. und seine Regierung und stellen den Höhepunkt der polit. Spielmannsdichtung dar. Die elf Gedichte entstanden 1333–1352 und wurden zuletzt 1915 u. d. T. *The poems of L. M.* herausgegeben.

Minucius Felix, Marcus. – Röm. Kirchenschriftsteller, lebte um 200 n. Chr. als Anwalt in Rom. Stilist. von Cicero beeinflußt, verfaßte er den Dialog *Octavius* (dt. zuletzt 1965), eine für gebildete Heiden gedachte Bekehrungsschrift. In einem Streitgespräch gelingt es einem Christen, die Vorurteile seines heidn. Freundes zu widerlegen und ihn zum Christentum zu bekehren. Eine dt. Übersetzung liegt vor im Bd. 13 der *Bibliothek der Kirchenväter* (1913).

Minulescu, Ion (* 18. 1. 1881 Bukarest, † 11. 4. 1944 ebd.). – Rumän. Schriftsteller, Publizist, Beamter und zeitweise Direktor des Nationaltheaters in Bukarest. Schon mit seinem ersten Gedichtband *Romante pentru mai târziu* (1908) wurde er zu einem führenden Vertreter des Symbolismus. Ges. Gedichte erschienen u. d. T. *Versuri* (1939). Er schrieb ferner Dramen, z. B. *Manechinul sentimental* (1927) und *Nevasta lui Mos Zaharia* (1937), und Novellen.

Miomandre, Francis de, eigtl. *François Durand* (* 22. 5. 1880 Tours, † 2. 8. 1959 Saint-Quay-Portrieux/Côtes-du-Nord). – Franz. Schriftsteller, schrieb die Gedichte *Les reflets et les souvenirs* (1904), v. a. aber phantasievolle Romane wie *Ecrit sur l'eau* (1908) und *Das Herz und der Chinese* (1914, dt. 1929) und anmutige Erzählungen, z. B. *Le cabinet chinois* (1936), *Direction Etoile* (1937).

Mira de Amescua, Antonio (* um 1574 Guadix/Granada,

† 8. 9. 1644 ebd.). – Span. Dramatiker, schrieb, beeinflußt von Góngora, geistl. Schauspiele in der Nachfolge Lope de Vegas. Er bevorzugte bibl. und histor. Themen und griff auch auf Sagenstoffe zurück, v. a. in *El esclavo del demonio* (1612), *La fénix de Salamanca* (um 1630), *La desgraciada Raquel* (hg. 1726) und *Obligar contra su sangre* (1638).

Mirbeau, Octave (* 16. 2. 1850 Tréviéres/Bayeux, † 16. 2. 1917 Paris). – Franz. Schriftsteller, in seinem sozialkrit., zunehmend antiklerikalen und antimilitarist. Werken neigt er gelegentl. zu Anarchismus und Sadismus. Er schrieb die naturalist. Romane *Ein Golgatha* (1886, dt. 1896), *Der Garten der Qualen* (1899, dt. 1902) und *Tagebuch einer Kammerzofe* (1900, dt. 1901), Novellen, z. B. *La vache tachetée* (1918), sowie die Dramen wie *Geschäft ist Geschäft* (franz. und dt. 1903) und *Le foyer* (1908).

Mirivilis, Stratis, eigtl. *S. Stamatopulos* (* 13. 7. 1892 Skamna/Lesbos, † 9. 7. 1969 Athen). – Griech. Erzähler, errang seinen ersten Erfolg mit dem Kriegsroman *I zoi en tafo* (1923). In späteren, von Nietzsche beeinflußten Romanen schildert er das Leben der griech. Bauern und Fischer und bemüht sich um eine Verbindung von heidn. Antike und Christentum, v. a. mit *Vasilis o arvanitis* (1943), *Die Madonna mit dem Fischleib* (1949, dt. 1955).

Miró Ferrer, Gabriel (* 28. 7. 1879 Alicante, † 27. 5. 1930 Madrid). – Span. Schriftsteller und Journalist, legte in symbolist., dem Impressionismus nahestehenden Romanen mehr Wert auf poet. Landschaftsschilderungen und subtile Charakterbilder als auf äußere Handlung, so z. B. in *Libro de Sigüenza* (1916), *Nuestro padre San Daniel* (1921), *El obispo leproso* (1926) und *Años y leguas* (1928). Die Passionsgeschichte gestaltet er in den Prosastücken *Figuras de la pasión del Señor* (1916/17).

Mishima, Yukio, eigtl. *Hiraoka Kimitake* (* 14. 1. 1925 Tokio, † 25. 11. 1970 ebd.). – Japan. Schriftsteller, machte sich nach dem Zweiten Weltkrieg zum Sprecher der jungen Generation, deren Heimatlosigkeit er zum Thema seiner experimentellen Romane machte; überzeugter Traditionalist, z. B. in *Geständnis einer Maske* (1949, dt. 1964), *Nach dem Bankett* (1960, dt. 1967), *Der Seemann, der die See verriet* (1963, dt. 1970). An klass. Vorbildern orientiert, schrieb er *Sechs moderne Nô-Spiele* (dt. 1962). In Dt. liegen *Ges. Erzählungen* (1971) vor. Zum Verständnis japan. Gesellschaft, Kultur und Geschichte ist *Zu einer Ethik der Tat – Einführung in das »Hagakure«, die große Samurai-Lehre des 18. Jahrhunderts* (dt. 1987).

Mistral, Frédéric (* 8. 9. 1830 Maillane/Arles, † 25. 3. 1914 ebd.). – Neuprovenzal. Dichter, wurde zum Führer der provenzal. Erneuerungsbewegung, die auch für polit. Autonomie eintrat. Durch seine Werke wurde das Provenzal. wieder eine Literatursprache. Das bedeutendste Werk ist das trag. Epos in

12 Gesängen *Mireia* (1859, dt. 1880). Er schrieb ferner *Lieder und Erzählungen* (1875, dt. 1910), zahlreiche Gedichte, das Drama *La rèino Jano* (1890) und ein provenzal. Wörterbuch. Eine dt. Auswahl erschien u. d. T. *Seele der Provence* (1959). 1904 erhielt M. den Nobelpreis.

Mistral, Gabriela, eigtl. *Lucila Godoy Alcayaga* (*7. 4. 1889 Vicuña/Chile, †10. 1. 1957 Hempstead/New York). – Chilen. Lyrikerin. Der Schmerz über den Tod des Verlobten regte sie zu ihren ersten leidenschaftl. Gedichten an, *Sonetos de la muerte* (1914). Die ins Geistige geläuterte Liebe ist auch das Thema der Lyrikbände *Desolación* (1922, dt. Auswahl u. d. T. *Spürst du meine Zärtlichkeit?*, 1960), *Ternura* (1924), *Tala* (1938). Später folgte abstrakte Reflexionslyrik, *Lagar* (1954). In Dt. liegen vor *Gedichte* (1958). 1945 erhielt M. den Nobelpreis.

Mitchell, Margaret (*8. 11. 1900 Atlanta/Georgia, †16. 8. 1949 ebd.). – Amerikan. Journalistin, schrieb nur einen Roman, *Vom Winde verweht* (1936, dt. 1937), für den sie 1937 den Pulitzer-Preis erhielt und der zum erfolgreichsten Buch der USA wurde. Der Bestseller behandelt die Zeit vom Ausbruch des Sezessionskriegs (1861) bis zur Neuordnung der polit. Verhältnisse durch die siegreichen Nordstaaten (1871) und kritisiert aus der Sicht des weißen Südstaatlers die rücksichtslose Machtpolitik der Sieger. 1992 wurde eine Fortsetzung *Scarlett,* die nach Marketingplanung geschrieben wurde, in zahlreichen Sprachen veröffentlicht.

Mitford, Mary Russell (*16. 12. 1787 Alresford/Hampshire, †10. 1. 1885 Swallowford). – Engl. Schriftstellerin, ihre wichtigsten Werke sind liebenswürdig-witzige Skizzen über das engl. Landleben, z. B. *Our Village* (1824–1832), bzw. über das Leben in einer Kleinstadt, *Belford Regis, or Sketches of a Country Town* (1835), die eher Stimmungsbilder als handlungsreiche Erzählungen sind. Ferner wurde eine Auswahl ihrer Briefe *Life in a Selection of Her Letters* (1870 und 1872) veröffentlicht.

Mitford, Nancy Freeman (*28. 11. 1904 London, †30. 6. 1973 Versailles). – Engl. Schriftstellerin, analysiert in ihren erfolgreichen Romanen mit großem Scharfblick die engl. Gesellschaft des 20. Jh. s, z. B. *Heimweh nach Liebe* (1945, dt. 1955), *Liebe eisgekühlt* (1949, dt. 1953), *Englische Liebschaften* (dt. 1988), *Liebe unter kaltem Himmel* (dt. 1990). Außerdem schrieb sie kenntnisreiche und einfühlsame Biographien wie *Friedrich der Große* (1970, dt. 1973). 1974 erschien als Sammelausgabe *The Best Novels.*

Mitterer, Erika (*30. 3. 1906 Wien). – Österr. Schriftstellerin. Stark von Rilke beeinflußt, mit dem sie lange einen *Briefwechsel in Gedichten* (hg. 1950) führte; verfaßte zarte lyr. Gedichte, z. B. *Dank des Lebens* (1930), *Klopfsignale* (1970), *Entsühnung des Kain* (1974), *Das verhüllte Kreuz* (1985), das hist. Drama *Charlotte Corday* (1932) und soziale Romane wie *Der*

Fürst der Welt (1940), *Die nackte Wahrheit* (1951) und *Tauschzentrale* (1958). Aus den letzten Jahren liegen vor der Roman *Alle unsere Spiele* (1977) und *Weihnacht der Einsamen. Erzählungen und Gedichte* (1978).

Mňačko, Ladislav (*29. 1. 1919 Vel'ké Klobúky). – Slowak. Autor, vertritt einen patriot., antistalinist. Kommunismus. Seit 1968 lebt er im Exil. Er bevorzugte lit. Reportagen, die sich krit. mit der polit. Situation seiner Heimat auseinandersetzen, z. B. *Der Rote Foltergarten* (1963, dt. 1964). Reportagehaft sind auch die Romane *Der Tod heißt Engelchen* (1959, dt. 1968), *Wie die Macht schmeckt* (1966, dt. 1967), *Einer wird überleben* (slowak. und dt. 1973). Aufsehen erregten der Protest gegen die sowjet. Intervention *Die siebente Nacht* (slowak. und dt. 1968) sowie *Hanoi Report. Vietnam leidet und siegt* (1972), die Satiren *Die Festrede* (1976) und *Jenseits von Intourist* (1979) und der Thriller *Der Gigant* (1978).

Moberg, (Carl Artur) Vilhelm (*20. 8. 1898 Algutsboda, †8. 8. 1973 Väddö). – Schwed. Erzähler, schrieb Romane über Leben und Gesellschaft seiner Heimat, v. a. die Trilogie mit den Teilen *Knut Torings Verwandlung* (1935, dt. 1936), *Schlaflos* (1937, dt. 1938) und *Giv oss jorden* (1939). Den Kampf gegen den Nationalsozialismus behandelt *Reit heute nacht!* (1941, dt. 1946). Die letzten Romane sind schwed. Auswanderern in die USA gewidmet, z. B. *Bauern ziehen übers Meer* (1949, dt. 1954), *Neue Heimat in fernem Land* (1952, dt. 1955), *Sista brevet till Sverige* (1959).

Mockel, Albert (*27. 12. 1866 Ougrée/Lüttich, †30. 1. 1945 Ixelles). – Belg. Schriftsteller, trat für den Symbolismus ein, v. a. mit der Zeitschrift *La Wallonie* (1886–93). Er schrieb symbolist. Gedichte: *Chantefable un peu naive* (1891) und *La flamme immortelle* (1924), die programmat. Schrift *Propos littéraires* (1894), ferner lit. Essays, die den Einfluß der Musik auf den Symbolismus zeigen.

Modiano, Patrick (*30. 7. 1945 Boulogne-Billancourt). – Franz. Schriftsteller, studierte in Paris und trat bereits früh mit einem aufsehenerregenden Roman *La Place de l'Étoile* (1968) hervor. 1978 erhielt er für *Die Gasse der dunklen Läden* (dt. 1979) den Prix Goncourt und wurde damit allgemein lit. anerkannt. In seinen Werken zeigt er das Erleben der Naziherrschaft aus der Perspektive eines Kindes und gestaltet immer wieder das Verhältnis zu seinem Vater, der unter der Besatzung zu leiden hatte. M. steht hinsichtlich der Gestaltungsmittel in der Tradition des Nouveau Roman, zeigt aber sprachlich deutliche Eigenständigkeiten, die seinem Stil einen besonderen ästhet. Reiz verleihen *Villa triste* (1975, dt. 1977), *Familienstammbuch* (1977, dt. 1981), *Sonntage im August* (1986, dt. 1989).

Moe, Jørgen Engebretsen (*22. 4. 1813 Ringerike, †22. 3. 1882 Kristiansand). – Norweg. Bischof und Volkskundler, gab, angeregt von der Sammlung der Brüder Grimm, norweg. Volksmärchen heraus: *Norske folkeeventyr* (1841–44, erweitert 1852 und 1871; zusammen mit P. Ch. Asbjørnsen). Er schrieb auch religiöse Gedichte, z. B. *At haenge paa Juletraect* (1855), und erfolgreiche Kindergeschichten. Seine Gesammelten Schriften erschienen 1924 in 2 Bdn.

Moeller van den Bruck, Arthur (*26.4. 1876 Solingen, †30.5. 1925 Berlin). – Dt. Autor, stark von dem Naturalisten H. Conradi, von Darwin, Nietzsche, Langbehn und H. St. Chamberlain beeinflußt, hatte Kontakt mit Barlach und Däubler. Nach 1918 führender »Jungkonservativer«, gegen die Weimarer Republik agitierend. Von seinen zahlreichen kulturkritischen Schriften hatte bes. *Das dritte Reich* (1923), in dem er eine Utopie des germanischen Reiches der Zukunft entwarf, großen Einfluß. M. wirkte stark auf die Nationalsozialisten, die den Titel seines Buches zum Namen ihres Staates machten. Im Gegensatz zu den Nationalsozialisten wandte er sich nicht gegen Rußland, das ihm durch seine Dostojewski-Rezeption vertraut schien, sondern gegen die individualistischen und liberalen Gedanken Westeuropas.

Möllhausen, Balduin (*27.1. 1825 Jesuitenhof/Bonn, †28.5. 1905 Berlin). – Dt. Schriftsteller, unternahm mehrere Expeditionen nach Nordamerika und in den Pazifik, über die er zahlreiche Berichte schrieb, z. B. das *Tagebuch einer Reise vom Mississippi nach den Küsten der Südsee* (1858). Seine 45 Romane, die von Cooper, Sealsfield und Gerstäcker beeinflußt sind, handeln meist von den nordamerikan. Indianern, u. a. *Der Halbindianer* (1861), *Das Mormonenmädchen* (1864), *Der Schatz von Quivira* (1880), *Der Vaquero* (1898). Ferner verfaßte er ca. 80 Novellen. Sein Gesamtwerk *Romane, Reisen und Abenteuer* erschien 1906 bis 1908 in 30 Bdn.

Mörike, Eduard (*8.9. 1804 Ludwigsburg, †4.6. 1875 Stuttgart). – Dt. Dichter, war bis 1843 Geistlicher in verschiedenen schwäb. Orten. Nach Pensionierung aus Gesundheitsgründen widmete er sich ganz der Dichtung, zeitweise auch als Literaturlehrer in Stuttgart. In seiner Lyrik, z. B. *Gedichte* (1838, erweitert 1848), berief er sich auf die klass. Antike, verarbeitete aber auch Einflüsse der Romantik und des Volkslieds. Schlichte, liebevoll-heitere, nicht selten aber auch schwermütige Verse verdichten Naturerfahrungen zu aussagekräftigen Bildern. Die Liebesgedichte *Peregrina* nahm M. in den Künstlerroman *Maler Nolten* (1832) auf. In diesem von Goethe beeinflußten Werk und in der meisterhaften Novelle *Mozart auf der Reise nach Prag* (1856), M.s qualitätvollstem Prosastück, zeigt sich deutl. die selbständige Stellung des Dichters zwischen Romantik und frühem Realismus. M. schrieb außerdem myth. Naturballaden, eleg. Versidyllen, z. B. *Idylle vom Bodensee* (1846), und Märchen wie *Das Stuttgarter Hutzelmännlein* (1853). *Sämtliche Werke* erschienen 1954, *Werke und Briefe* 1967 ff.

Mörne, Arvid (*6.5. 1876 Kuopio, †15.6. 1946 Grankulla/Helsinki). – Finn. Schriftsteller, schrieb schwed. und setzte sich bes. in seinen Romanen für die polit. und kulturelle Unabhängigkeit Finnlands ein, z. B. *Inför havets anlete* (1921), *Kristina Bjur* (1922, dt. 1949). Den anfängl. Idealismus und die spätere Resignation zeigen die Erzählungen, z. B. *Ett liv* (1925) und *Det fölorade landet* (1945), ebenso wie die zahlreichen Gedichte, v. a. *Skärgårdens vår* (1913), *Under vintergatan* (1934) und *Solbärgning* (1946). Eine Ausgabe der gesammelten Gedichte erschien schwed. 1918 in 8 Bdn.

Moeschlin, Felix (*31.7. 1882 Basel, †4.10. 1969 ebd.). – Schweiz. Schriftsteller, unternahm längere Reisen, bes. in die USA. Probleme der modernen Gesellschaft stehen im Mittelpunkt seiner Romane, z. B. *Der Amerika-Johann* (1912), *Wachtmeister Vögeli* (1922), *Wir durchbohren den Gotthard* (1947–49), *Morgen geht die Sonne auf* (1958). Er schrieb außerdem histor. Romane wie *Barbar und Römer* (1931), das Drama *Die Revolution des Herzens* (1925) und zuletzt die Erzählungen *Das Blumenwunder* (1960).

Möser, Justus (*14.12. 1720 Osnabrück, †8.1. 1794 ebd.). – Dt. Schriftsteller, Diplomat, v. a. in England, und Regierungsmitglied in Osnabrück. In seinen staatspolit. Schriften erweist er sich als krit., dabei aber humorvoller Moralist, z. B. in dem *Versuch einiger Gemälde von den Sitten unserer Zeit* (1747), und in *Patriotische Phantasien* (1774–78). Bedeutend ist die *Osnabrückische Geschichte* (1768). In Werken zur Ästhetik wandte er sich bald gegen Gottsched und bahnte dem Sturm und Drang den Weg, z. B. mit *Harlequin, oder Vertheidigung des Grotesk-Komischen* (1761) und *Über die deutsche Sprache und Litteratur* (1781). *Sämtliche Werke* erschienen 1943 ff.

Mofolo, Thomas (*vermutlich 22.12. 1876 Khojane/Lesotho, †8.9. 1948 Teyateyaneng). – Afrikan. Erzähler, schrieb in der Bantu-Sprache se-Sotho die ersten histor. Romane der afrikan. Literatur: *Pitseng* (1910), *Moeti oa Bochabela* (1912) und v. a. den in viele Sprachen übersetzten Roman *Chaka, der Zulu* (1925, dt. 1953). Sie sind geprägt von M.s christl. Erziehung.

Moliére, eigtl. *Jean-Baptiste Poquelin* (*15.1. 1622 Paris, †17.2. 1673 ebd.). – Franz. Dichter. M. wurde nach einer gründl. Schulbildung Mitglied der franz. Schauspieltruppe »Béjart«, die sich »L'Illustre Théâtre« nannte, 1665 hoftheaterähnl. Status erhielt und zur Keimzelle der Comédie Française wurde. M. bereiste mit dieser Truppe fast 12 Jahre lang die franz. Provinz, bes. Südfrankreich. Während dieser Zeit erhielt M. wichtige Kenntnisse über den Bühnenbetrieb und den Publikumsgeschmack. Seine ersten Farcen und Komödien, die noch in der Tradition der ital. Commedia dell'arte standen, wirkten durch Situationskomik, z. B. *Der Arzt wider Willen* (1667, dt. 1694) und *Scapins Streiche* (1671, dt. 1694). M. erfreute sich ab 1658, als die Truppe wieder in Paris war, fast ununterbrochen der Gunst Ludwigs XIV., in dessen Auftrag er zahlreiche Komödien und Schauspiele verfaßte. Seine größte lit. Leistung vollbrachte er mit seinen Charakterkomödien nach klass. Mustern, in die auch andere Arten der Komik organ. integriert sind, so v. a. *Der Misanthrop* (1667, dt. 1742), *Der Geizige* (1668, dt. 1670), *Tartuffe* (1669, dt. 1752) und *Der eingebildete Kranke* (1673, dt. 1694), der Komödie, die für die Beurteilung des Gesamtwerkes richtungweisend werden sollte. Allgemeinmenschl. Schwächen der meist stark typisierten Helden, die gegen Natur und Vernunft verstoßen, werden entlarvt und der Lächerlichkeit preisgegeben. M. gilt als Begründer der europ. Sittenkomödie (*Die Schule der Frauen*, 1663, dt. 1752; *Amphitryon*, 1668, dt. 1670) und heute als der Dramatiker, dessen Schaffen typ. für das 17. Jh. Frankreichs ist. Dt. liegt eine Gesamtausgabe der *Komödien* aus dem Jahr 1975 vor, die den Zugang zu dem weltlit. bedeutenden Dichter erleichtert.

Molin, Pelle (*8. 7. 1864 Multrå/Ångermanland, †26. 4. 1896 Bodø/Norwegen). – Schwed. Schriftsteller, beeinflußt von Bjørnson, Strindberg und Mark Twain, schrieb kürzere Prosa, mit der er die schwed. Wildmarkromantik auslöste. Die unberührte Natur und das einfache Leben sind seine Hauptthemen. Die Skizzen, Erzählungen und Novellen sind in den Bänden *Ådalens poesi* (1897) und *Från Ådal och Nordlandskunst* (1916) enthalten.

Molnár, Ferenc (*12. 1. 1878 Budapest, †1. 4. 1952 New York). – Ungar. Schriftsteller, Kriegsberichterstatter im Ersten Weltkrieg, emigrierte 1940 in die USA. Erste Erfolge erzielte er mit dem Jugendroman *Die Jungens der Paulstraße* (1907, dt. 1910), v. a. aber mit dem Lustspiel *Der Teufel* (1907, dt. 1908). Seine Schauspiele zeigen ihn als Meister des brillanten, witzigen Dialogs und einer effektvollen Dramaturgie, v. a. bei *Liliom* (1909, dt. 1912), *Fasching* (1916, dt. 1917), *Panoptikum* (1943, dt. 1944). Bes. *Liliom*, sein Hauptwerk, hat an Problematik und Bühnenwirksamkeit bis heute nichts verloren. Es ist ein großes Meisterwerk des österr. Theaters. Die Autobiographie *Gefährten im Exil* (1951, dt. 1953) ist ein bewegendes Zeugnis eines Emigrantenschicksals.

Molsner, Michael (*23. 4. 1939 Stuttgart). – Dt. Schriftsteller, trat mit gesellschaftskrit. Romanen und Erzählungen wie *Und dann hab ich geschossen* (1968), *Ich hab alles gesehen* (1976), *Das zweite Geständnis des Leo Koczyk* (1979), *Aufstieg eines Dealers* (1983) hervor; sie zeichnen sich durch spannende, an der Kriminalliteratur orientierte Handlungsführung aus und zeigen, wie der Mensch an der modernen Gesellschaft psychisch leidet. M. ist auch als Hörspielautor erfolgreich.

Molo, Walter von (*14. 6. 1880 Sternberg/Mähren, †27. 10. 1958 Hechendorf/Murnau). – Dt. Schriftsteller, zog sich im Dritten Reich auf sein Gut bei Murnau zurück. M. schrieb histor.-biograph. Romane wie *Klaus Tiedemann, der Kaufmann* (1908), *Der Schiller-Roman* (1912–16), *Fridericus*

(1918), *Mensch Luther* (1928) und *Geschichte einer Seele* (1938, über H. v. Kleist), die er später von expressivem Pathos zu reinigen suchte. Aufschlußreich sind seine Erinnerungen *Wo ich Frieden fand* (1959).

Momaday, N(avarre) Scott (*27. 2. 1934 Lawton/Oklahoma). – Amerikan. Schriftsteller indian. Abstammung, studierte Literaturwissenschaft und setzt sich für eine eigenständige indian. Literatur ein. In seinem Essay *The Man Made of Words* (1971) verweist er auf die mündlichen Erzähltraditionen und macht gleichzeitig deutlich, daß die für den durch den europ. Erzählstil geprägte Literatur nicht in der Lage ist, Perspektiven und sprachliche Formen der Indianer aufzunehmen. In dem Roman *Haus aus Dämmerung* (1968, dt. 1971) setzt er diese theoretischen Ansätze in Erzählformen um. Die neue Darstellungsweise brachte ihm hohe Anerkennung, z. B. den Pulitzer-Preis 1968. Seine späteren Romane haben den Erfolg des Erstlings nicht wiederholt.

Mombert, Alfred (*6. 2. 1872 Karlsruhe, †8. 4. 1942 Winterthur). – Dt. Schriftsteller, war Rechtsanwalt bis 1906. Obwohl jüd. Abstammung, lehnte er die Emigration ab und starb an den Folgen der KZ-Haft. Mit seinen ersten visionär-ekstat. Gedichten wurde er zum Wegbereiter des Expressionismus, z. B. mit *Tag und Nacht* (1894), *Die Schöpfung* (1897), *Die Blüte des Chaos* (1905). Als Hauptwerk gilt die myth. Dramentrilogie *Aeon* mit den Teilen *Aeon, der Weltgesuchte* (1907), *Aeon zwischen den Frauen* (1910) und *Aeon vor Syrakus* (1911). Die »kosm.« Metaphysik dieses Werks setzt sich fort in den Dichtungen *Der Held der Erde* (1919), *Atair* (1925) und *Sfaira der Alte* (1936–41). »Subjektive Mythen« sind auch die Dramen *Aiglas Herabkunft* (1929) und *Aiglas Tempel* (1931).

Mommsen, Theodor (*30. 11. 1817 Garding, †1. 11. 1903 Charlottenburg/Berlin). – Dt. Historiker, wurde 1848 Professor für röm. Recht, nahm an der Märzrevolution teil und wurde des Amts enthoben. Er lehrte dann in Zürich, Breslau und ab 1861 in Berlin röm. Geschichte. Als Abgeordneter im Preuß. Parlament und 1881–84 im Reichstag bezog er eine demokrat. Gegenposition zu Bismarck. Seine histor. Werke zeichnen sich ebenso durch klaren wissenschaftl. Stil wie durch polit. engagierte Wertungen aus, v. a. die *Römische Geschichte* (1854 bis 1856, fortgeführt 1885), für die er 1902 den Literatur-Nobelpreis erhielt, und die Werke *Römisches Staatsrecht* (1871–88) und *Römisches Strafrecht* (1899).

Mon, Franz, eigtl. F. Löffelholz (*6. 5. 1926 Frankfurt/Main). – Dt. Schriftsteller, gehört zu den wichtigsten Vertretern der »konkreten Poesie«, die er auch theoret. begründete, z. B. mit den Essays in dem Gedichtband *artikulationen* (1959), dem Manifest *zur poesie der fläche, texte in den zwischenräumen* (1966), *texte über texte* (1970) und *Meine fünfziger Jahre* (1980). Er schrieb ferner das Drama *Spiel Hölle* (1962), Hörspiele und den experimentellen Roman *herzzero* (1968); außerdem war er Mitherausgeber der Sammlungen *prinzip collage* (1968) und *antianthologie* (1974). 1978 erschien das bisher typischste Werk *hören und sehen vergehen oder In einen geschlossenen mund kommt keine fliege. ein stück für spieler, stimmen und geräusche;* 1981 folgte die Sammlung *fallen stellen.*

Monnier, Henri Bonaventure (*6.6. 1799 Paris, †3.1. 1877 ebd.). – Franz. Schriftsteller und Zeichner, übt in der mit gnadenlosem Realismus dargestellten Figur des Joseph Prudhomme scharfe Kritik an spießbürgerl. Denken, z.B. in den Dialogen *Scénes populaires dessinées à la plume* (1830), den Dramen *Grandeur et décadence de M. Joseph Prudhomme* (1852) und *Peintres et bourgeois* (1855) und dem Roman *Les mémoires de M. Joseph Prudhomme* (1857).

Monnier, Marc (*7.12. 1829 Florenz, †18.4. 1885 Genf). – Franz. Schriftsteller, hielt sich lange in Italien auf, wo er sich eingehend mit ital. Literatur und Geschichte beschäftigte. Er schrieb die Gedichte *Lycioles* (1853), *Neapolitanische Novellen* (1879, dt. 1946) sowie Komödien und Marionettenspiele in der Art C. Gozzis, wie *Théâtre des marionettes* (1871). Die ital. Einigungsbestrebungen unterstützte er mit Abhandlungen wie *L'Italie est-elle la terre des morts?* (1859) und *Garibaldi* (1861).

Monnier, Thyde, eigtl. *Mathilde M.* (*23.6. 1887 Marseille, †18.1. 1967 Nizza). – Franz. Schriftstellerin, Hauptthemen ihrer naturalist. Unterhaltungsromane sind einfache Menschen in provenzal. Umwelt. Am bekanntesten wurde die Familienchronik *Les Demichels* mit *Liebe – Brot der Armen* (1937, dt. 1939), *Nans der Hirt* (1942, dt. 1948), *Unser Fräulein Lehrerin* (1944, dt. 1961), *Die Familie Revest* (1945, dt. 1962), *Der unfruchtbare Feigenbaum* (1947, dt. 1965) und *Les forces vives* (1948) sowie *Die Schlucht* (1949). Daneben entstand ein vielfältiges Erzählwerk, das in zahlreiche Sprachen übersetzt wurde. In der gleichen unkomplizierten, realist. Sprache schrieb M. ihre Autobiogr. *Moi – Ein Leben aus vollem Herzen* (1949–55, dt. 1967).

Monroe, Harriet (*23.12. 1860 Chicago, †26.9. 1936 Arequipa/Peru). – Amerikan. Schriftstellerin, förderte die junge Literatur ihres Landes mit der von E. Pound unterstützten Zeitschrift »Poetry: A Magazine of Verse« (1912 ff.). Sie schrieb selbst zahlreiche Gedichte unter dem Einfluß Eliots und Lindsays, z.B. *Valeria* (1892), *Columban Ode* (1893), *You and I* (1914) und *The Difference* (1924). Ein aufschlußreiches Zeitdokument ist die Autobiographie *A Poet's Life* (hg. 1937).

Montaigne, Michel Eyquem de (*28.2. 1533 Schloß Montaigne/Dordogne, †13.9. 1592 ebd.). – Franz. Philosoph, humanist. erzogen, war Steuerrat, Parlamentsrat und 1582–86 Bürgermeister von Bordeaux. Sein Hauptwerk sind die *Essays* (1580, erweitert 1588, 1595, dt. 1753/54, neu 1963), die ersten

lit. Beispiele dieser Gattung. In lockerer, unsystemat. Form behandeln sie Fragen z.B. der Erziehung, Politik, Geschichte, Literatur und, im umfangreichsten Kapitel *Apologie des Raimond Sebond* (1580), der Religion. Gemäß dem Wahlspruch »Was weiß ich?« und seiner liberalen Grundhaltung enthielt sich M. jeder Dogmatik und strebt Erkenntnis durch wechselseitiges Beleuchten eines Problems an. M. wurde so zum Wegbereiter des Skeptizismus und beeinflußte über die Aufklärung, bes. über Montesquieu und Voltaire, das gesamte europ. Denken. Er steht in der Tradition der franz. Moralisten und Aufklärer von La Rochefoucauld über Voltaire bis Gide. M. schrieb ferner *Le livre de raison* (hg. 1948) und den Bericht *Reisen durch die Schweiz, Deutschland und Italien* (hg. 1774, dt. 1777–79).

Montale, Eugenio (*12.10. 1896 Genua, †12.9. 1981 Mailand). – Ital. Schriftsteller, schrieb skept.-melanchol. Reflexionslyrik, deren schwer zugängl. Symbolik in der Tradition des Hermetismus steht. Die Nähe zu T. S. Eliot zeigt sich v.a. in den frühen Gedichten *Ossi di seppia* (1925). Weitere Lyrikbände sind *Nach Finisterre* (1943, dt. 1965), *Diario del '71 e del '72* (1973). Eine dt. Auswahl erschien u.d.T. *Glorie des Mittags* (1960); posth. erschien eine Ausgabe *Gedichte 1920 bis 1954* (dt. und ital. 1987). Ferner liegen vor die Erzählungen *Die Straußenfeder* (1956, dt. 1971) und Essays *Satura/Diario* (1976). M. erhielt 1975 den Nobelpreis.

Montanus, Martin(us) (*nach 1530 Straßburg, †nach 1566). – Dt. Dichter, bearbeitete Novellen aus Boccaccios *Decamerone,* schrieb Volksschauspiele, z.B. *Von zweien Römern Tito Quinto Fuluio und Gisippo* (1565) und *Der untrew Knecht* (um 1566), ebenfalls nach Boccaccio, sowie zwei Schwankbücher *Wegkürtzer* (1557) und *Das Ander theyl der Gartengesellschaft* (um 1559); letzteres ist eine Fortsetzung von J. Freys *Gartengesellschaft.*

Montemayor, Jorge de (portugies.: *Montemôr*) (*1520 od. 24 Montemor-o-Velho/Coimbra, †26.2. 1561 Turin). – Portugies. Dichter, schuf mit dem span. Schäferroman *Diana* (1559, dt. 1619) eines der erfolgreichsten Bücher seiner Zeit und regte zahlreiche Schriftsteller in ganz Europa zu ähnl. Arbeiten an, z.B. Cervantes, Lope de Vega, Sidney, Opitz. Ital. Einflüsse greift M. in seinen ebenfalls span. geschriebenen Gedichten *Cancionero* (1554–58) auf, die teils weltl., teils religiöse Themen behandeln.

Monterroso, Augusto (*21.12. 1921 Guatemala-Stadt). – Guatemaltek. Schriftsteller, arbeitete sich aus einfachsten Verhältnissen empor, erwarb sich durch Privatlektüre eine umfassende Bildung und nahm aktiv am polit. Geschehen teil; 1944 mußte er emigrieren, kam aber 1945 bereits in den Botschaftsdienst. In seinen Werken, die 1959 als erste Gesamtausgabe erschienen, zeichnete er sich als glänzender Satiriker aus, der die polit. Verhältnisse der Zeit treffend charakterisierte. Auch die späteren Romane und Erzählungen *La oveja negra y demás fábulas* (1969), *La palabra mágica* (1983), *Las ilusiones perdidas – antalogía personal* (1985) zeichnen sich durch satirische Schärfe, sprachliche Brillanz und exakte Charakterisierung von Situationen aus.

Montesquieu, Charles-Louis de Secondat, Baron de la Brède et de M. (* 18. 1. 1689 Schloß La Brède /Bordeaux, † 10. 2. 1755 Paris). – Franz. Philosoph, Parlamentsrat und Senatspräsident. In dem fiktiven Briefwechsel *Persische Briefe* (1721, dt. 1760) übt er Kritik am Absolutismus Ludwigs XIV. und entwirft die Utopie einer Idealrepublik. Ansätze zu einer deskriptiven Geschichtsschreibung finden sich erstmals in Europa in den *Betrachtungen über die Ursachen der Größe und des Verfalls der Römer* (1734, dt. 1786). Sein auch lit. bedeutsames Hauptwerk *Vom Geist der Gesetze* (1748, dt. 1753) fordert im Anschluß an J. Locke die Gewaltenteilung (Legislative, Exekutive und Judikative) für demokrat. Verfassungsstaaten und beeinflußte damit v. a. die Theoretiker der Franz. Revolution. Ferner sind die Romane, z. B. *Der Tempel von Gnidus* (1725, dt. 1748), von Bedeutung. Die franz. Gesamtausgabe von 1875–79 umfaßt 7 Bde., die dt. Übersetzung 1799 8 Bde.

Montesquiou-Fezensac, Robert, Comte de (* 19. 3. 1855 Paris, † 11. 12. 1921 Mentone). – Franz. Lyriker, verkehrte in den lit. Salons von Paris, hatte zu Mallarmé und Huysmans Kontakt und darf als typ. Vertreter der franz. Décadence gelten. Er schrieb empfindsame symbolist. Gedichte im Stil Mallarmés, z. B. *Les chauves-souris* (1893), *Les hortensias bleus* (1896), *Les Paons* (1901), mehrere Essays und die Memoiren *Les pas effacés* (1922).

Montgomery, James (* 4. 11. 1771 Irvine/Ayrshire, † 30. 4. 1854 Sheffield). – Engl. Schriftsteller, schrieb eine Reihe teils autobiograph. Essays, z. B. *Prison Amusement* (1797), *The Wanderer of Switzerland* (1806). Viele seiner bedeutenderen Kirchenlieder sind noch heute Bestandteil des anglikan. Gesangbuchs. Sie sind enthalten in *Poetical Works* (1819). Er schrieb auch das Drama *The World before the Flood* (1812).

Montherlant, Henry Millon de, Comte de Gimart (* 21. 4. 1896 Neuilly-sur-Seine, † 21. 9. 1972 Paris). – Franz. Schriftsteller, war u. a. Soldat, Stierkämpfer und Journalist. In seinem Werk vertritt er einen aristokrat., individualist. Männlichkeitskult, der den Einfluß Nietzsches und D'Annunzios verrät. Die frühen Romane *La relève du matin* (1920), *Les olympiques* (1924) und *Die Tiermenschen* (1926, dt. 1929) verherrlichen den erzieher. Wert des harten Sports. Sein elitärer, alles Mittelmaß verabscheuender Zynismus zeigt sich bes. in dem Romanzyklus *Erbarmen mit den Frauen* (1936–39, dt. 1957). Stilist. ebenso meisterhaft sind die Dramen *Der Ordensmeister* (1947, dt. 1949), *Der Kardinal von Spanien* (franz. und dt. 1960), *Der Bürgerkrieg* (franz. und dt. 1965). Seine widersprüchl. Persönlichkeit spiegeln die Tagebücher *Geh, spiel mit*

diesem Staub (1958–64, dt. 1968) und *Tous feux éteints* (1975). Sein umfangreiches Werk liegt heute in Übersetzungen in alle Weltsprachen vor. Zuletzt wurde der Roman *Die Wüstenrose,* der in den dreißiger Jahren entstand, stark beachtet (1967, dt. 1977).

Monti, Vincenzo (* 19. 2. 1754 Alfonsine, † 13. 10. 1828 Mailand). – Ital. Dichter, Mitglied der röm. Accademia dell'Arcadia, ab 1806 ital. Hofgeschichtsschreiber, feierte aber dennoch den Sieg der Österreicher über das napoleon. Italien. Von Dante beeinflußt ist das Versepos *Bassvilliana* (1793), in dem er sich gegen die Franz. Revolution wendet. Später huldigte er indes Napoleon mit den Epen *Le Mascheroniana* (1800) und *Il bardo della selva nera* (1806). Neben neuklassizist. Gedichten, Liedern und Kantatentexten schrieb er v. a. in formaler Hinsicht bedeutende Tragödien wie *Aristodemus* (1786, dt. 1805) und *Cajus Gracchus* (1802, dt. 1974) und eine vorzügl. *Ilias*-Übersetzung (1810).

Moore, Brian (* 25. 8. 1921 Belfast/Nordirland). – Kanad. Schriftsteller ir. Herkunft, emigrierte nach Kanada und lebt heute in den USA. In seinen lit. Werken setzt er sich mit den gesellschaftlichen Problemen in Irland auseinander; *Die einsame Passion der Judith Hearne* (1955, dt. 1988), *Ein Sühnefest* (1957, dt. 1964) und Kanadas *Ein Optimist auf Seitenwegen* (1960, dt. 1963). In seinen späteren Romanen wird der Einfluß psycholog. Elemente stärker *Ich bin Mary Dunne* (1968, dt. 1970), *Schwarzrock* (1985, dt. 1987) u. a. In seinen Romanen gestaltet er auch anschaulich das Leben der nordamerikanischen Indianer. Seine Werke sind in zahlreichen Sprachen geschätzte Unterhaltungslektüre.

Moore, George Augustus (* 24. 2. 1852 Moore Hall/Mayo, † 21. 1. 1933 London). – Ir. Dichter, studierte in Paris; hier entstanden die ersten Gedichte, *Flowers of Passion* (1878) und *Pagan Poems* (1881). Aus Begeisterung für die kelt. Renaissancebewegung gründete er mit W. B. Yeats das »Irish Literary Theatre« und schrieb die Kurzgeschichten *The Untilled Field* (1903). Seine Romane stehen anfangs unter dem Einfluß des franz. Naturalismus, z. B. *A Modern Lover* (1883), *A Mummer's Wife* (1885), *Arbeite und bete* (1894, dt. 1904). Religiöse Themen behandeln die Romane *Irdische und himmlische Liebe* (2 Bde., 1898 und 1901, dt. 1905), *The Brook Kerith* (1916) und das Drama *Passing of the Essence* (1931). Aufschlußreich sind die Autobiographien *Confessions of a Young Man* (1888) und *Ave, Salve, Vale* (1911–13), die ein gutes Bild der Zeit von hohem künstler. Wert entwerfen. Eine *Gesamtausgabe* in 20 Bdn. erschien 1924 bis 1933.

Moore, Marianne Craig (* 15. 11. 1887 St. Louis, † 5. 2. 1972 New York). – Amerikan. Lyrikerin, schrieb strenge Reflexionsgedichte, z. B. *Observations* (1924), *What Are Years?* (1941), *Nevertheless* (1944), *O to Be a Dragon* (1959), *Tell Me, Tell Me* (1966). Die überraschenden, kräftigen Metaphern zeigen den Einfluß der Imagisten. 1954 erschien eine dt. Auswahl *Gedichte*, 1967 die Gesamtausgabe *Complete Poems*.

Moore, Thomas (*28.5. 1779 Dublin, †25.2. 1852 Sloperton Cottage/Wiltshire). – Ir. Dichter, begann mit den Gedichten *Poems by Thomas Little* (1801) und *Epistles, Odes and Other Poems* (1806). *Die Irischen Melodien* (1808–34, dt. 1877) und die Verserzählungen *Lalla Rukh* (1817, dt. 1822), darunter *Das Paradies und die Peri*, wurden v. a. von den dt. Spätromantikern hoch geschätzt. M. schrieb ferner Satiren, die Dichtung *The Love of the Angels* (1823), die Prosaromanze *The Epicurean* (1827) sowie die bedeutende Biographie *Life of Byron* (1830). Seine Werke erschienen 1839–43 in 5 Bdn. in dt. Übersetzung.

Móra, Ferenc (*19.7. 1879 Kiskúnfélegyháza, †8.2. 1934 Szegedin). – Ungar. Schriftsteller, Journalist und Museumsdirektor, seine besten Werke sind die Novellen und Erzählungen über das Landleben in seiner Heimat. Dt. erschienen sie in zwei Auswahlbänden: *Der Schwindelpeter* (1954) und *Der Wundermantel* (1957). Er schrieb auch die Romane *Lied von den Weizenfeldern* (1927, dt. 1936) und *Der einsame Kaiser* (1933, dt. 1942).

Morais, Francisco de (*um 1500 bei Lissabon, †1572 Évora). – Portugies. Dichter, schrieb den bedeutendsten Ritterroman Portugals, *Palmeirim da Inglaterra* (1544, erste erhaltene Ausgabe span. 1547). Er enthält neben phantast. Abenteuern auch histor. Episoden. Der Roman fand v. a. in Spanien begeisterte Aufnahme und wurde wiederholt imitiert und fortgesetzt. M. schrieb außerdem die *Diálogos* (posth. 1624).

Morand, Paul (*13.3. 1888 Paris, †23.7. 1976 ebd.). – Franz. Schriftsteller und Diplomat, veröffentlichte zuerst Gedichte, z. B. *Feuilles de température* (1920). Berühmt wurde er mit avantgardist. Romanen wie *Lewis und Irène* (franz. und dt. 1924) und *Der lebende Buddha* (1927, dt. 1928). Später schrieb er v. a. Erzählungen, z. B. *Fin de siècle* (1957) und *Les écarts amoureux* (1974), vorzügl. Reiseberichte, v. a. *Weite, weite Welt* (franz. und dt. 1926), und die Autobiographie *Bains de mer, bains de rêve* (1960). Posth. erschienen dt. die Novellensammlungen *Ouvert la nuit* (1922) und *Fermé la nuit* (1923) u. d. T. *Nachtbetrieb* (1989).

Morante, Elsa (*18.8. 1918 Rom, †25.11. 1985 ebd.). – Ital. Schriftstellerin, schrieb psycholog. Romane mit Märchen- und anderen phantast. Elementen, z. B. *Lüge und Zauberei* (1948, dt. 1968), *Arturos Insel* (1957, dt. 1959), *La storia* (1976), *Aracoeli oder die Reise nach Andalusien* (1984). Außerdem verfaßte sie die Novellen *Das heimliche Spiel* (1941, dt. 1966), *Der andalusische Schal* (dt. 1985), *La Storia* (dt. 1987) und die Geschichte *Il mondo salvato dei ragazzini e altri poemi* (1968). Posth. erschien 1990 dt. das *Traumtagebuch 1938*, 1991 *Für und wider die Atombombe und andere Essays*.

Moratin, Leandro Fernández de (*10.5. 1760 Madrid, †21.6.

1828 Paris). – Span. Dichter, studierte auf Reisen das europ. Theater und betrieb danach eine Reform der span. Bühne. 1817 floh er vor der Inquisition nach Frankreich. Unter dem Einfluß Molières schrieb er die wichtigsten neuklassizist. Komödien Spaniens wie *El viejo y la niña* (1790), *Das neue Lustspiel oder Das Caffeehaus* (1792, dt. 1800), *La mojigata* (1804), *El sí de las niñas* (1806). Die stilist. wie dramaturg. vorzügl. Stücke erschienen gesammelt u. d. T. *Teatro completo* (1945). M. verfaßte ferner die preisgekrönte Dichtung *La toma de Granada* (1779), Satiren und Sonette.

Moravia, Alberto, eigtl. *A. Pincherle* (*28.11. 1907 Rom, †26.9. 1990 ebd.). – Ital. Dichter, analysiert mit psycholog. Scharfblick und krit. Intellekt in realist. Romanen die moderne bürgerl. Gesellschaft und greift deren moral. Orientierungslosigkeit und Konformismus an, z. B. in *Die Gleichgültigen* (1929, dt. 1956), *Gefährliches Spiel* (1935, dt. 1951), *Der Konformist* (1951, dt. 1960), *La Noia* (1960, dt. 1961), *Die Reise nach Rom* (dt. 1989), *Neue römische Erzählungen* (dt. posth. 1991). Die Beziehung zwischen Mann und Frau ist ein zweites Hauptthema, das M. erot. freizügig behandelt, z. B. in den Romanen *Die Römerin* (1947, dt. 1959), *Cesira* (1957, dt. 1958), *Inzest* (ital. und dt. 1966), *Ich und er* (ital. und dt. 1971); *Der Zuschauer* (1985, dt. 1987) verbindet erot. Szenen mit der Gestaltung des Vater-Sohn-Konflikts. Er schrieb Erzählungen wie *Römische Erzählungen* (1954, dt. 1962), *Ein anderes Leben* (ital. und dt. 1974) und *Judith in Madrid* (1985, dt. 1984), Dramen, z. B. *Il dio Kurt* (1968), und zeitgeschichtl. Essays, z. B. *Die Streifen des Zebras. Afrikanische Impressionen.* 1979 erschien der Roman *Desideria*.

Morcinek, Gustaw (*25.8. 1891 Karwin, †20.12. 1963 Krakau). – Poln. Schriftsteller, wurde mit realist. Romanen über das Leben und die Arbeit der Bergarbeiter zu einem der erfolgreichsten modernen Autoren Polens, z. B. durch *Wyrabany chodnik* (1932), *Schacht Johanna* (1950, dt. 1953) und *Räuber, Rächer und Rebell* (1953, dt. 1955). Eine Auswahl seiner Erzählungen erschien dt. u. d. T. *Brand im wilden Schacht* (1962).

More, Henry (*12.10. 1614 Grantham/Lincolnshire, †1.9. 1687 Cambridge). – Engl. Geistlicher und Philosoph, wandte sich gegen den Primat von Rationalismus und Materialismus und entwickelte unter dem Einfluß u. a. der Kabbala und J. Böhmes eine platon. Mystik, z. B. in den Schriften *The Mystery of Godliness* (1660), *Enchiridion Ethicum* (1668) und *Enchiridion Metaphysicum* (1671). Er schrieb die Gedichte *Philosophical Poems* (1647).

More (Morus), Sir Thomas (*7.2. 1478 London, †7.7. 1535 ebd.). – Engl. Humanist, nach Theologie- und Jurastudium Richter und Parlamentsmitglied. Unter Heinrich VIII., dessen Antiprotestantismus er unterstützte, wurde er 1529 Lordkanzler. Da er sich jedoch weigerte, den König als Kirchenoberhaupt anzuerkennen, ließ Heinrich ihn enthaupten. 1935 wurde M. heiliggesprochen. Aus der Kritik an der Renaissance entwickelte er im Anschluß an Platon das Konzept eines idealen Staates ohne Privateigentum und mit gleichmäßig verteilten Pflichten der Bürger. Es ist niedergelegt in M.s Hauptwerk *De optimo statu rei publicae deque nova insula Utopia* (1516, dt. 1612, 1922 u. d. T. *Utopia*). Dieses Werk begründete die Tradition der utop. Literatur, wobei die Utopie eines Staates stets dazu dient, Kritik am eignen vorzutragen. Er schrieb ferner histor. Werke, z. B. *Historie of the Life and Death of Kyng Edward V., and of the Usurpation of Richard III.* (1514), das Trostbuch *A Dyalogue of coumfort agaynst tribulacion* (1533) und lat. Epigramme. Die gesammelten Werke erschienen 1963 ff. in der sog. *Yale Edition*.

Moréas, Jean, eigtl. *Ioannis Papadiamantopoulos* (* 15.4. 1856 Athen, †30.3. 1910 Paris). – Franz. Dichter griech. Herkunft, schrieb nach symbolist. Lyrik wie *Les syrtes* (1884) neoklassizist. Gedichte, in denen er antike Einflüsse mit denen der franz. Pléiade verband, v. a. *Les cantilènes* (1886), *Sylve et Sylves nouvelles* (1894/95) und *Les stances* (1899 bis 1901). Eine dt. Auswahl aus diesem Werk erschien 1948 u. d. T. *Gastmahl in Orplid*. Später entstanden Versdramen wie *Iphigénie* (1903), Erzählungen und Essays. In Dt. erschienen *Gedichte* (1947).

Moreno Villa, José (* 16.2. 1887 Málaga, †1955 Mexiko). – Span. Schriftsteller und Maler, gestaltet in anfangs vom Surrealismus beeinflußten Gedichten die Schönheiten seiner andalus. Heimat, z. B. in *Garba* (1913), *El pasajero* (1914), *Carambas* (1931), *Salón sin muros* (1936), *Noz en vuela a su cuna* (1961). Er schrieb außerdem die Erzählungen *Evoluciones* (1918), Dramen wie *La comedia de un timido* (1924), Essays und die Autobiographie *Vida en claro* (1944). Seine Werke sind nicht ins Dt. übersetzt.

Morgan, Charles Langbridge (* 22.1. 1894 Kent, †6.2. 1958 London). – Engl. Schriftsteller, hatte schon mit seinem ersten Roman *The Gunroom* (1919) großen Erfolg. Danach schrieb er v. a. psycholog.-philosoph. Romane in der Tradition des Neuplatonismus, die bes. in Dtld. und Frankreich sehr geschätzt wurden, z. B. *Das Bildnis* (1929, dt. 1936). *Der Quell* (1932, dt. 1933), in dem er seine Kriegserlebnisse verarbeitet, *Die Reise* (1940, dt. 1942), *Der Richter* (1947, dt. 1952), *Herausforderung an Venus* (engl. u. dt. 1957). Seine ästhet. Theorie legte er in zahlreichen Essays dar, v. a. in *Reflections in a Mirror* (1944–46). Von den Dramen war nur *Der leuchtende Strom* (1938, dt. 1952) erfolgreich.

Morgenstern, Christian (*6.5. 1871 München, †31.3. 1914 Meran). – Dt. Dichter, entstammte einer angesehenen Künstlerfamilie. Nach dem Studium der Rechte, der Volkswirtschaft, Philosophie und Kunstgeschichte war er Redakteur, seit 1894 freier Schriftsteller. Am bekanntesten wurde er durch die skur-

ril-phantast. Gedichtbände *Galgenlieder* (1905), *Palmström* (1910), *Palma Kunkel* (1916) und *Der Gingganz* (1919), die ihren Witz v. a. aus wörtl. verstandenen Metaphern, Klangspielen und grotesken, teils aber auch sprachkrit. Verzerrungen erhalten. Dichter sowohl des Dadaismus als auch der »Konkreten Poesie« beriefen sich auf M. Zu Unrecht weniger beachtet wurden die sensiblen philosoph.-religiösen Gedichte unter dem Einfluß Nietzsches, des Buddhismus und der Anthroposophie, z. B. *Ich und Du* (1911), *Wir fanden einen Pfad* (1914). Glänzende Aphorismen enthalten die *Epigramme und Sprüche* (1920). Heute wird deutl., daß M. ein entscheidender und grundlegender Vorläufer der modernen Poesie war. *Sämtliche Dichtungen* erschienen 1974 ff.

Morgner, Irmtraud (* 22.8. 1933 Chemnitz, †6.5. 1990 Berlin). – DDR-Autorin, arbeitete nach dem Studium der Deutschen Philologie bei der Zeitschrift »Neue Deutsche Literatur« und trat mit erzählenden Werken hervor, die den Realismusbegriff des Sozialismus zunächst unreflektiert übernahmen, dann aber in der Nachfolge der deutschen Erzähltradition – vornehmlich von Jean Paul – differenzierten. Der Roman *Rumba auf einen Herbst* (1965) durfte anfangs aus politischen Gründen nicht veröffentlicht werden. Während M. in *Die Hochzeit in Konstantinopel* (1968) die Ablehnung alles Intimen durch das totalitäre System des Sozialismus überwand, wandte sie sich mit den Romanen *Leben und Abenteuer der Trobadora Beatriz nach Zeugnissen ihrer Spielfrau Laura* (1974) und *Amanda* (1983) der Frauenemanzipation zu.

Mori, Ogai, eigtl. *Mori Rintaro* (* 19.1. 1862 Tsuwano/Schimane, †9.7. 1922 Tokio). – Japan. Schriftsteller, beeinflußte die Literatur seines Landes durch bedeutende Übersetzungen europ., bes. dt. Werke. Er selbst schrieb neuromant. Erzählungen, z. B. *Maihime* (1890), *Die Wildgans* (1911, dt. 1962) und *Der Untergang des Hauses Abe* (1914, dt. 1961), sowie Gedichte und Dramen, v. a. *Kamen* (1909), *Ikutagawa* (1910), die jedoch in Dtld. nicht ihrer Qualität entsprechend gewürdigt wurden. Die *Gesammelten Werke* erschienen 1929 f.

Móricz, Zsigmond (* 30. 6. 1879 Tiszacsécse, † 4. 9. 1942 Budapest). – Ungar. Schriftsteller, zeichnete in realist. Romanen, die gewisse Ähnlichkeiten mit den Werken Zolás zeigen, das Bild einer dem Untergang geweihten kleinbürgerl. Gesellschaft, z. B. in *Gold im Kote* (1910, dt. 1921), *Waisenmädchen* (1915, dt. 1923), *Eines Kindes Herz* (1922, dramatisiert 1928, dt. 1937), *Der glückliche Mensch* (1935, dt. 1955), *Sándor Rózsa* (1940–42). Von den histor. Romanen wurde bes. die Trilogie *Siebenbürgen* (1922–34) ein großer Erfolg. Eine dt. Auswahl seiner Erzählungen erschien 1954 u. d. T. *Der Mann mit den Hahnenfedern*. Viel beachtet wurde die Autobiographie *Der Roman meines Lebens* (ungar. und dt. 1939).

Moritz, Karl Philipp (* 15.9. 1756 Hameln, †26.6. 1793 Berlin). – Dt. Schriftsteller, studierte Theologie, war danach Lehrer und zuletzt Prof. für Altertumskunde in Berlin. Auf einer Italienreise machte er 1786 die Bekanntschaft Goethes, mit dem er auch später in Kontakt stand. Aus dem gegenseitigen Gedankenaustausch entstand der *Versuch einer deutschen Prosodie* (1786). Der autobiograph., psycholog. Roman *Anton Reiser* (1785–90) ist ein hervorragendes Zeugnis einer Jugend in der Epoche des Sturm und Drang und Vorläufer der späteren Entwicklungsromane. Als Zeugnis pietist. Erziehungsideale ist er von großem Wert. M. verfaßte ferner den allegor. Roman *Andreas Hartkopf* (1786) und mit *Blunt, oder Der Gast* (1781) das erste Schicksalsdrama. Er schrieb mehrere ästhet. Schriften, die jedoch wenig Wirkung zeitigten, und die Reiseberichte *Reisen eines Deutschen in England* (1783) und *Reisen eines Deutschen in Italien* (1792 f.).

Morris, William (* 24. 3. 1834 Walthamstow/London, † 3. 10. 1896 Hammersmith/London). – Engl. Architekt, Maler und Schriftsteller, bemühte sich als Kritiker der industriellen Massenproduktion um eine Neubelebung des Kunsthandwerks und der Buchkunst in der Nachfolge der Präraffaeliten. In diesem Sinne wurde er zu einem Erneuerer der Kunst um die Jahrhundertwende. Er schrieb mehrere Versepen nach antiken und mittelalterl. Vorbildern, z. B. *The Earthly Paradise* (1868 bis 1870) und *Sigurd the Volsung and the Fall of the Nibelungs* (1876), sozialist.-utop. Erzählungen wie *Eine königliche Lektion* (1888, dt. 1904) und *Kunde von Nirgendwo* (1891, dt. 1900) und die programmat. Schrift *The Decorative Arts* (1878).

Morris, Wright (* 6. 1. 1910 Central City/Nebraska). – Amerikan. Erzähler, schrieb, stilist. an E. Hemingway orientiert, satir. Romane über das Leben in den Städten der USA, z. B. *The Inhabitants* (1946), *Die gläserne Insel* (1953, dt. 1957), *Liebe unter Kannibalen* (1957, dt. 1959), *Die maßlose Zeit* (1954, dt. 1958), *Unterwegs nach Lone Tree* (1960, dt. 1963), *A Life* (1973). Die Kritik an der Lebensweise seiner Mitbürger äußert sich auch in dem Bericht *God's Country and My People* (1968).

Morrison, Toni, Ps. für Chloe A. Wofford (* 18. 2. 1931 Lorain/Ohio). – Amerikan. Schriftstellerin afrikan. Abstammung, zeigt in vielschichtiger Prosa, wie sich die gesellschaftlichen Normen in der Benachteiligung der schwarzen Bevölkerung, bes. in den Familienstrukturen, niederschlagen. *Sehr blaue Augen* (1970, dt. 1979), *Sula* (1973, dt. 1980), *Salomons Lied* (1977, dt. 1979), *Teerbaby* (1981, dt. 1983), *Beloved* (1987).

Morstin, Ludwik Hieronim (* 12. 12. 1886 Plawowice, † 12. 5. 1966 Warschau). – Poln. Dichter, verbindet in seinen Dramen die Themen antiker Schauspiele mit Einflüssen der Romantik und des Neoklassizismus, z. B. *Lilie* (1912), *Legenda o Królu* (1917) und *Wkraju Latynów* (1925). Daneben schrieb er subtile Reflexionslyrik, z. B. *Pieśni* (1907) und *Psalm ziemi* (1908). Eine Werkausgabe erschien 1956 bis 1967 in 4 Bdn.

Morsztyn, (Jan) Andrzej (* um 1613 bei Sandomierz, † 8. 1. 1693 Châteauvillain). – Poln. Lyriker, mußte unter dem Verdacht des Hochverrats 1683 nach Frankreich fliehen. Beeinflußt durch Marino, schrieb er teilweise erot. Barockgedichte, in denen er den Klerus scharf angreift, so v. a. *Lutnia* (1638–61) und *Kanikuta albo psia gwiazda* (1647). 1949 erschien die Auswahl *Wybór poezij*.

Mortimer, John Clifford (* 21. 4. 1923 Hampstead/London). – Engl. Schriftsteller, studierte Jura, Ehemann von P. R. Mortimer, schrieb zahlreiche Komödien, von denen *Wiedersehen mit Brideshead* (1945, dt. 1948) allgemeine Anerkennung fand und auch als Fernsehspiel verbreitet wurde. Die Theaterstücke, die sich mit Familienfragen und Ehemoral auseinandersetzen, zeigen gedankl. Tiefe und ernsthafte Auseinandersetzung mit Problemen; *Wie sagen wir es Caroline* (1958, dt. 1970), *Mittagspause* (1960, dt. 1961), *Komplizen* (engl. und dt. 1973).

Mortimer, Penelope Ruth (* 19. 9. 1918 Rhyl/Wales). – Engl. Schriftstellerin, verheiratet in zweiter Ehe mit J. C. Mortimer, arbeitete als Journalistin und schrieb zahlreiche Romane, in denen sie die Schwierigkeiten menschl. Beziehungen gestaltet, etwa *Kann man Jake lieben* (1962, dt. 1965). M. trat auch mit Biographien und autobiograph. Texten an die Öffentlichkeit. Ihre Werke fanden beim Publikum große Zustimmung, wobei die Mischung aus Humor, Problemgestaltung, Frauenemanzipation und Psychologie in erster Linie bei Leserinnen große Anhängerschaft fand.

Morweiser, Fanny (* 11. 3. 1940 Ludwigshafen). – Dt. Autorin, studierte an der Freien Kunstakademie in Mannheim und war in verschiedenen Berufen tätig. Literarisch trat sie vor allem mit Romanen und Erzählungen hervor, die sich einerseits durch eine sehr schematische Personencharakteristik, zum anderen durch eine große Phantasie, die jeden Bezug zur erfahrbaren Wirklichkeit verliert, auszeichnen. Bekannt wurden u. a. *La vie en rose. Ein romantischer Roman* (1973), *Indianer-Leo und andere Geschichten aus dem wilden Westdeutschland* (1977), *Ein Sommer in Davids Haus* (1978), *Die Kürbisdame. Eine Kleinstadt-Trilogie* (1980), *O. Rosa. Ein melancholischer Roman* (1983), *Ein Winter ohne Schnee* (1985), *Voodoo-Emmi* (1987), *Das Medium* (1991). Weniger Erfolg hatte sie mit dem Fernsehspiel *Das Frettchen* (1981).

Moscherosch, Johann Michael (* 5. 3. 1601 Willstädt/Kehl, † 4. 4. 1669 Worms). – Dt. Barockdichter, gilt als einer der bedeutendsten Satiriker seiner Zeit. Er unternahm mehrere Reisen in diplomat. Diensten und war danach Beamter. Seit 1645 gehörte er der »Fruchtbringenden Gesellschaft« an. Sein Hauptwerk ist die gegenhöf. Satire *Les Visiones de Don Francesco de Quevedo, Wunderbarliche und Wahrhaftige Gesichte Philanders von Sittewald* (1640), in der er die Oberflächlichkeit, Prunksucht und Torheit des Adels anprangert.

Außerdem schrieb er die lat. Epigramme *Sex centuriae epigrammatum* (1630), die teilweise ebenfalls satir. Erziehungsschrift *Insomnis cura parentum* (1643) und das Erbauungsbuch *De patientia* (1643).

Mosen, Julius (8.7. 1803 Marieney/Oelsnitz, †10.10. 1867 Oldenburg). – Dt. Schriftsteller und Dramaturg, schrieb, von L. Tieck und anderen Romantikern beeinflußt, volkstüml. Gedichte häufig balladenhaften Inhalts (*Andreas Hofer*). Es erschienen z. B. *Gedichte* (1836), die Versepen *Das Lied vom Ritter Wahn* (1831) und *Ahasver* (1838) sowie die Novellen *Bilder im Moose* (1846). Wenig selbständig sind die Dramen, z. B. *Der Sohn des Fürsten* (1855). M. ist ein typ. Dichter der Nachromantik, dessen Schaffen epigonal bleibt.

Moser, Friedrich Karl Freiherr von (* 18.12. 1723 Stuttgart, †11.11. 1798 Ludwigsburg). – Dt. Schriftsteller, Beamter und Minister in Hessen und Wien. Als streitbaren Kritiker höf. Zustände, bes. der fürstl. Überheblichkeit, zeigt ihn der Fürstenspiegel *Der Herr und der Diener, geschildert mit patriotischer Freiheit* (1759). Gegen das Hofbeamtentum ist die an Klopstocks Messias orientierte Erz. *Daniel in der Löwengrube* (1763) gerichtet. Ähnl. krit. sind die Schriften *Von dem deutschen Nationalgeist* (1766) und *Patriotisches Archiv von und für Deutschland* (1784–90), erschienen in 14 Bdn.

Mostar, Gerhart Herrmann, eigtl. *G. Herrmann* (* 8.9. 1901 Gerbitz/Bernburg, †8.9. 1973 München). – Dt. Schriftsteller, verfaßte zunächst die Romane *Der Aufruhr des schiefen Calm* (1929) und *Der schwarze Ritter* (1933, über K. Marx). Nach der Emigration (1933–45) wurde er durch sozialkrit. Prozeßberichte bekannt, z. B. *Im Namen des Gesetzes* (1950), *Liebe vor Gericht* (1961). Großen Erfolg hatten die heiteren Essays *Weltgeschichte – höchst privat* (1954), *Die Arche Mostar* (1959), *Liebe, Klatsch und Weltgeschichte* (1966) und die Gedichte *In diesem Sinn Ihr Herrmann Mostar* (1966).

Mottram, Ralph Hale (* 30.10. 1883 Norwich, †15.4. 1971 King's Lynn/Norfolk). – Engl. Schriftsteller, veröffentlichte zunächst unter dem Ps. *J. Marjoram* die Gedichte *Repose* (1906) und *New poems* (1909). Berühmt wurde er durch die Romantrilogie *Der spanische Pachthof* (1924–26, dt. 1929), eine Anklage gegen den Krieg. Die folgenden Romane sind bisher nicht ins Dt. übersetzt, z. B. *Bowler Hat* (1940), *Over the Wall* (1955), *To Hell with Crabb Robinson* (1962), *Maggie Mackenzie* (1965).

Mounier, Emmanuel (* 1.4. 1905 Grenoble, †22.3. 1950 Châtenay-Malabry). – Franz. Philosoph, gründete 1932 die Zeitschrift »Esprit«, in der er seine christl.-existentialist. Denkrichtung begründete. Er schrieb u.a. *Das personalistische Manifest* (franz. und dt. 1936), *Der Christ stellt sich* (dt. 1950), *Einführung in die Existenzphilosophien* (1947, dt. 1949), *Le personalisme* (1949). Die gesammelten Werke erschienen franz. 1962/63 in 4 Bdn.

Mphahlele, Es'kia (* 17.12. 1919 Marabastad/Pretoria). – Südafrikan. Schriftsteller, schreibt englisch, stammt aus einfachsten Verhältnissen, wurde Lehrer, mußte als Mitglied des Afrikanischen Nationalkongresses emigrieren und lehrt seit 1982 an der Universität von Johannesburg Afrikanische Literatur. In seinen Romanen *Pretoria, Zweite Avenue* (1961), *The Wanderers: A Novel of Africa* (1971), *Chirundu: Ein Roman aus Südafrika* (1979, dt. 1984) gestaltet er in spannenden Handlungen stets Autobiographisches. Seine literaturwissenschaftlichen Arbeiten setzen sich vornehml. mit der Literatur der Schwarzen in Südafrika auseinander und begründen die Afrikanische Literaturwissenschaft.

Mrožek, Slawomir (* 26.6. 1930 Borzeon/Krakau). – Poln. Dichter, lebt seit 1968 in Paris. Seine Dramen zeigen die staatl. und gesellschaftl. Unterdrückung des Menschen und führen die Befreiungsversuche in Anlehnung an das absurde Theater vor. M. ist heute der führende poln. Dramatiker, der sich jedoch auch mit brillanter, z. T. gesellschaftskrit. Prosa ausgewiesen hat. Die surrealist. Stücke stehen dem absurden Drama nahe, z. B. *Die Polizei* (1958, dt. 1961), *Auf hoher See* (1960, dt. 1963), *Striptease* (1961, dt. 1963), *Tango* (1964, dt. 1965), *Karol* (1961, dt. 1963), *Watzlaff* (1969, dt. 1970). Erfolgreich waren auch die Satiren *Der Elefant* (1957, dt. 1960) und *Hochzeit in Atomweiler* (1960, dt. 1961). In franz. Sprache schrieb M. das Drama *Les émigrés* (1974). 1980 f. erschien dt. eine Auswahl in 4 Bdn.

Mügge, Theodor (* 8.11. 1806 Berlin, †18.2. 1861 ebd.). – Dt. Schriftsteller, im Mittelpunkt seiner Werke stehen das Leben und die Landschaft Nordeuropas, z. B. in den *Novellen und Erzählungen* (1836), der Novellensammlung *Leben und Lieben in Norwegen* (1856) und den unterhaltsamen histor. Romanen wie *Der Vogt von Silt* (1836–45), *Afraja* (1854), *Der Prophet* (1860). M. verfaßte ferner mehrere Reiseberichte, z. B. *Streifzüge in Schleswig-Holstein* (1846). Die gesammelten Novellen erschienen in 15 Bdn. 1836 bis 1845, die gesammelten Romane in 33 Bdn. 1862–1867.

Mühl, Karl Otto (* 16.2. 1923 Nürnberg). – Dt. Schriftsteller, verfaßte zum Teil sehr erfolgreiche Theaterstücke über die Liebesunfähigkeit und Kontaktlosigkeit des modernen Menschen: *Rheinpromenade* (1973), *Rosenmontag* (1974), *Wanderlust* (1977), *Die Reise der alten Männer* (1980), *Kellermanns Prozeß* (1982). Der Roman *Siebenschläfer* (1975) ist eine krit. Auseinandersetzung mit den Jahren des sog. dt. Wirtschaftswunders. M. schrieb auch Fernseh- und Hörspiele.

Mühlberger, Josef (* 3.4. 1903 Trautenau/Böhmen, †2.7. 1985 Esslingen). – Dt. Schriftsteller, gestaltete v. a. Leben und Probleme seiner sudetendt. Heimat. Daneben spielt in seinen Werken das Kriegserlebnis eine bedeutende Rolle. Er schrieb die Erzählungen *Aus dem Riesengebirge* (1929), *Der Galgen im Weinberg* (1951), *Die Vertreibung* (1955), die Romane *Hus* *im Konzil* (1931), *Licht über den Bergen* (1956) und *Denkwürdigkeiten des aufrechten Demokraten Aloys Hasenörl* (1974) und zahlreiche Gedichte. Bekannt wurde er auch mit seinen Arbeiten, die sich um die Förderung der tschech.-dt. Beziehungen bemühen, z. B. *Zwei Völker in Böhmen* oder *Tschechische Literaturgeschichte* (1970). Als letzter Vertreter des Prager lit. Kreises erwies er sich 1980 mit *Bogumil.*

Mühsam, Erich (*6.4. 1878 Berlin, †11.7. 1934 KZ Oranienburg). – Dt. Schriftsteller, stand anfangs anarchist. Kreisen nahe; 1918 nahm er an der bayr. Revolution teil und war 1919 Mitglied des Zentralrats der Münchner Räterepublik. Er schrieb expressionist. Gedichte polit. Inhalts, teils kabarettist., teils mit revolutionärem Pathos, z. B. *Die Wüste* (1904), *Der Krater* (1909), *Brennende Erde* (1920), *Revolution* (1925), außerdem die Dramen *Die Hochstapler* (1906), *Judas* (1921) und *Staatsräson* (1928). Ein wichtiges Zeitdokument sind die Erinnerungen *Namen und Menschen* (hg. 1949). Eine Auswahl von Reden und Gedichten erschien 1977 u. d. T. *Fanal* und 1981 *Ich möchte Gott sein und Gebete hören.*

Müller, Friedrich, genannt *Maler Müller* (*13.1. 1749 Kreuznach, †23.4. 1825 Rom). – Dt. Dichter, wurde 1805 zum bayr. Hofmaler ernannt. Nach Rokokoidyllen im Stil Geßners und Klopstocks, z. B. *Die Schaaf-Schur* (1775), wandte er sich dem volksnahen Realismus des Sturm und Drang zu und schrieb *Balladen* (1776) und die Dramen *Fausts Leben dramatisiert* (1778) und *Niobe* (1778) sowie die Dichtung *Adams erstes Erwachen und erste seelige Nächte* (1778).

Müller, Harald Waldemar (*18.5. 1934 Memel). – Dt. Schriftsteller, sein Drama *Totenfloß* (1984) wurde nach der Katastrophe von Tschernobyl zum meistgespielten Theaterstück der Saison 1986/87. In dem Theaterstück schildert er die Flucht von vier Menschen auf einem Rheinfloß nach einem Atomunfall. In den anderen Dramen, die weniger beachtet wurden, setzt sich der Autor mit Randgruppen der Gesellschaft auseinander, z. B. *Großer Wolf* (1970), *Halbdeutsch* (1970), *Strandgut* (1974), *Stille Nacht* (1974), *Winterreise* (1975), *Frankfurter Kreuz* (1979), *Die Trasse* (1980), *Toller Bomberg* (1982), *Bolero* (1987).

Müller, Heiner (*9.1. 1929 Eppendorf/Flöha). – Dt. Schriftsteller, lebte seit 1959 in Ost-Berlin. Wesentl. von B. Brecht beeinflußt, schrieb er soziale Dramen und Bearbeitungen klass. Stoffe, z. B. *Der Lohndrücker* (1960), *Der Bau* (1965), *Philoktet* (1965), *Ödipus Tyrann* (1969), *Zement* (1974). Eine radikale Abrechnung mit der dt. Geschichte sind *Germania Tod in Berlin* (1977) und *Mauser* (1978). Eine Werkauswahl bieten *Geschichten aus der Produktion. Stücke, Prosa, Gedichte, Protokolle* (1974), *Herzstück* (1983), *Der Auftrag/Quartett* (1988). M. ist heute einer der bedeutendsten dt. Bühnenautoren, der auch vielfach die Theorie u. Dramaturgie der Gegenwart bestimmt hat. Für das Theater sind seine dt.

Bearbeitungen von Majakowski, Tschechow etc. von Bedeutung. Sie liegen in zwei Bdn. vor *Kopien I* und *Kopien II* (1989). Polit. motiviert sind die Gedichte *Ein Gespenst verläßt Europa* (1990) und die Interviews und Gespräche *Gesammelte Irrtümer.*

Müller, Herta (*17.8. 1953 Nitzkydorf/Rumänien). – Dt. Schriftstellerin aus Rumänien, war nach ihrem Studium der Germanistik und Romanistik als Lehrkraft tätig und trat 1984 mit *Niederungen* an die Öffentlichkeit. In diesem Werk setzte sie sich mit den Problemen der dt. Minderheiten in ihrer Heimat auseinander, wobei sie sich einer genauen Sprache und einer sachbezogenen Darstellung bediente und so auf ein emotional wenig betroffenes Publikum große Wirkung erzielte. Die Erzählungen *Der Mensch ist ein großer Fasan auf der Welt* (1986), *Barfüßiger Februar* (1987), *Reisende auf einem Bein* (1989) gestalten die Erlebnisse der Emigration. Die Vorlesungen ihrer Poetik-Gastdozentur von 1989 an der Universität Paderborn erschienen 1991 u. d. T. *Der Teufel sitzt im Spiegel. Wie Wahrnehmung sich erfindet.*

Müller, Wilhelm, genannt *Griechen-Müller* (*7.10. 1794 Dessau, †30.9. 1827 ebd.). – Dt. Lyriker, stand mit den bedeutendsten dt. Dichtern seiner Zeit in Verbindung. Die *Lieder der Griechen* (1821–24) sind Ausdruck seiner Begeisterung für den griech. Befreiungskampf. Viele seiner schlichten romant. Gedichte wurden zu Volksliedern, z. B. *Am Brunnen vor dem Tore, Das Wandern ist des Müllers Lust*, v. a. durch die Vertonungen Schuberts in der *Winterreise* und *Die schöne Müllerin. Gedichte* erschienen 1906.

Müller, Wolfgang, genannt *M. von Königswinter* (*15.3. 1816 Königswinter, †29.6. 1873 Bad Neuenahr). – Dt. Schriftsteller, stand den Dichtern des Jungen Dtld. nahe. 1848 gehörte er der Frankfurter Nationalversammlung an. Er schrieb das Epos *Rheinfahrt* (1846), die Erzählungen *Die Maikönigin* (1852), *Johann von Werth* (1856) und *Zum stillen Vergnügen* (1865), die lyr. und balladenhaften *Gedichte* (1847) sowie Dramen, die 1872 u. d. T. *Dramatische Werke* in 6 Bdn. erschienen.

Müller-Guttenbrunn, Adam (*22.10. 1852 Guttenbrunn/Rumänien, †5.1. 1923 Wien). – Österr. Schriftsteller, bemühte sich als Theaterdirektor und Essayist um die Erneuerung des Volkstheaters. Er schrieb auch die Romane *Die Dame in Weiß* (1907), *Die Glocken der Heimat* (1910), die Trilogie *Von Eugenius bis Josephus* mit den Teilen *Der große Schwabenzug* (1913), *Barmherziger Kaiser* (1916), *Joseph der Deutsche* (1917). Sein Hauptwerk ist die Romantrilogie über Lenau: *Sein Vaterhaus* (1919), *Dämonische Jahre* (1920) und *Auf der Höhe* (1921).

Müller-Marein, Joseph, auch Josef (*12.9. 1907 Marienheide, †17.10. 1981 Les Présneaux/Frkr.). – Dt. Journalist, 1956–68 Chefredakteur der Wochenzeitung »Die Zeit«. Er schrieb die Reportagen *Cavalcade 1946* (1947) und *Cavalcade 1947*

(1948), das Paris-Tagebuch *Die Bürger und ihr General* (1960), das *Tagebuch aus dem Westen* (1964) und *Wer zweimal in die Tüte bläst* (1967). Sehr erfolgreich waren die Groteske *Der Entenprozeß* (1961) und die heiteren Essays *Deutschland, deine Westfalen* (1972).

Müller-Partenkirchen, Fritz, auch *M.-Zürich* (* 24. 2. 1875 München, † 4. 2. 1942 Hundham/Miesbach). – Dt. Heimatschriftsteller, stellt in humorvollen Werken einerseits das bäuerl. Leben, andererseits das kaufmänn. Bürgertum dar, z. B. in den Romanen *Kramer & Friemann* (1920), *Das verkaufte Dorf* (1929), *Die Firma* (1935) und *Der Kaffeekönig* (1938) und in den Erzählungen *München* (1925), *Die Kopierpresse* (1925), *Cannero* (1930), *Gesang im Zuchthaus* (1933) und *Der Pflanzer* (1942).

Müller-Schlösser, Hans (* 14. 6. 1884 Düsseldorf, † 21. 3. 1956 ebd.). – Dt. Schriftsteller, wurde mit oft schwankhaft-derben Volksstücken berühmt, v. a. mit *Schneider Wibbel* (1914), *Eau de Cologne* (1920), *Der Rangierbahnhof* (1921) und *Der Sündenbock* (1947), die noch heute gespielt werden. Er schrieb ferner die Romane *Hopsa, der Floh* (1922), *Schneider Wibbels Tod und Auferstehung* (1938) und *Jan Krebsereuter* (1946) sowie die Erzählung *Das Zinnkännchen* (1941).

Müllner, (Amadeus Gottfried) Adolf (* 18. 10. 1774 Langendorf/Weißenfels, † 11. 6. 1829 Weißenfels). – Dt. Schriftsteller, von Fr. Schiller und v. a. Z. Werner beeinflußt, wurde M. zum Begründer der effektvollen Schicksalstragödien wie *Der 29. Februar* (1812), *Die Schuld* (1816), *König Yngurd* (1817). *Dramatische Werke* (1828–30) erschienen in 12 Bdn. Neben Romanen, z. B. *Der Incest* (1799), verfaßte er auch Theaterkritiken.

Münchhausen, Börries Freiherr von (* 20. 3. 1874 Hildesheim, † 16. 3. 1945 Windischleuba/Altenburg). – Dt. Dichter, ehem. Offizier, lebte von 1920 bis zu seinem Tod auf seinem Gut in Windischleuba. M. schrieb Balladen über Stoffe aus Heldensagen, Legenden und Märchen, aber auch der Gegenwart. Ausgehend von Fontane und Strachwitz, bemühte er sich um die Erneuerung dieser Gattung im 20. Jh. mit *Balladen* (1901) und *Das Balladenbuch* (1924). Ferner verfaßte er die Gedichte *Ritterliches Liederbuch* (1903), *Das Herz im Harnisch* (1911), *Idyllen und Lieder* (1928) und die Erzählungen *Fröhliche Woche mit Freunden* (1922), *Geschichten aus der Geschichte* (1934). Im Dritten Reich war er sehr geschätzt, obwohl er sich niemals mit dem Gedankengut der Nationalsozialisten einließ. Das dichterische Werk erschien 1950 in 2 Bdn.

Muir, Edwin (* 15. 5. 1887 Deerness/Orkney, † 3. 1. 1959 bei Cambridge). – Schott. Journalist, schrieb religiös-philosoph. Gedichte, z. B. *Variations on a Time Theme* (1934), *The Voyage* (1946), *One Foot in Eden* (1956), *Collected Poems* (1960), und schott. Heimatromane wie *The three Brothers*

(1931) und *Poor Tom* (1932). Von seinen zahlreichen literaturkrit. Arbeiten wird v. a. *The Structure of the Novel* (1928) geschätzt. Er beeinflußte die engl. Literatur mit Übersetzungen Kafkas und anderer dt. Autoren.

Mulisch, Harry (* 29. 7. 1927 Haarlem). – Niederl. Schriftsteller, stammt aus einer jüd. Familie, die zum größten Teil von den Nationalsozialisten ermordet wurde. Seine Romane *Das steinerne Brautbett* (1959, dt. 1960), *Die Strafsache 40/60* (1962, dt. 1963), *Zwei Frauen* (1975, dt. 1982), *Das Attentat* (1982), *Höchste Zeit* (1985, dt. 1987), *Augenstern* (1987, dt. 1989) u. a. setzen sich kritisch mit der jüngsten Vergangenheit auseinander, gestalten aber auch psycholog. Probleme und Fragen der Minderheiten oftmals in sehr direkter und schokkierender Weise.

Multatuli, eigtl. *Eduard Douwes Dekker* (* 2. 3. 1820 Amsterdam, † 19. 2. 1887 Nieder-Ingelheim/Rheinland). – Niederl. Schriftsteller, setzte sich als Verwaltungsbeamter in den südostasiat. Kolonien für die einheim. Bevölkerung ein, z. B. in dem Roman *Max Havelaar oder Die Holländer auf Java* (1860, dt. 1875). Das siebenbändige Sammelwerk *Ideën* (1862–77) enthält Essays, Skizzen, Erzählungen, Aphorismen und die fragmentar. Autobiographie *Die Abenteuer des kleinen Walter* (1890, dt. 1901). M. schrieb ferner *Minnebriefe* (1861, dt. 1900) und das Versdrama *Fürstenschule* (1872, dt. 1901).

Munday, Anthony (* 1553 London, † 10. 8. 1633 ebd.). – Engl. Dichter, übersetzte franz. Romane und schrieb Balladen, die nicht erhalten sind. Sehr populär waren die Volksstücke über den Robin-Hood-Stoff, *The Downfall of Robert, Earl of Huntingdon* (1601) und *The Death of Robert, Earl of Huntingdon* (1601), sowie die Komödie *John a Kent and John a Cumber* (1594). Die Mitautorschaft am Drama *König Heinrich VIII.* und *Sir Thomas More* (um 1600, dt. 1962) gilt heute als gesichert.

Mundstock, Karl (* 26. 3. 1915 Berlin). – Dt. Arbeiterdichter, wurde 1933 von den Nationalsozialisten verurteilt und wirkte während des Dritten Reichs in der Kommunistischen Partei im Untergrund. Heute lebt er als angesehener Erzähler in Berlin, wobei er in seinem umfangreichen Werk stets die Auseinandersetzung mit dem Gewaltregime zu gestalten sucht. Auch als Kinder- und Jugendschriftsteller hat er ein breites Publikum gewonnen. Aus der Fülle seiner Werke seien der Roman *Helle Nächte* (1952) und die Erzählungen *Bis zum letzten Mann* (1956), *Die Stunde des Dietrich Conradi* (1958) und *Sonne in der Mitternacht* (1959) genannt. Zuletzt sind die Gedichte *Frech und frei* (1970) erschienen.

Mundt, Theodor (* 19. 9. 1808 Potsdam, † 30. 11. 1861 Berlin). – Dt. Schriftsteller, gehörte dem Jungen Dtld. an und kämpfte als Redakteur mehrerer lit. Zeitschriften gegen die Zensur. 1848–50 lehrte er Geschichte und Literatur an der Universität

Breslau. Einflußreicher als seine Romane, z. B. *Das Duett* (1831), *Madonna* (1835), *Thomas Müntzer* (1841), *Graf Mirabeau* (1858), waren die Schriften zur Ästhetik und Literaturtheorie, v. a. *Kritische Wälder* (1833), *Die Kunst der deutschen Prosa* (1837), *Geschichte der Literatur der Gegenwart* (1842), *Ästhetik* (1845) und *Dramaturgie* (1848).

Mungard, Jens (* 9. 2. 1885 Keitum/Sylt, † 15. 2. 1940 KZ Sachsenhausen). – Nordfries. Bauer, trug mit mundartl. Gedichten, Erzählungen und Theaterstücken wesentl. zur Erhaltung des Sylter Dialekts bei. Landschaften und Menschen seiner Heimat sowie der Drang nach persönl. Freiheit stehen im Mittelpunkt seines Schaffens. Eine Auswahl erschien 1962 u. d. T. *Dit Leewent en broket Kraans.*

Munk, Kaj, eigtl. *Harald Leininger* (* 13. 1. 1898 Maribo/Lolland, † 4. 1. 1944 bei Silkeborg). – Dän. Geistlicher, zählt zu den bedeutendsten Dramatikern des 20. Jh.s Beeinflußt von Ibsen, Pirandello und Kierkegaard, schrieb er zunächst histor. Dramen wie *En idealist* (1928, über Herodes), *Cant* (1931, über Heinrich VIII.), dann sein Hauptwerk, das philosoph.-religiöse Stück *Ordet* (1932). Auf aktuelle Probleme, bes. den europ. Faschismus, beziehen sich *Sejren* (1936), *Han sidder ved smeltediglen* (1938), *Egelykke* (1940), *Niels Ebbesen* (1942, dt. 1944) und *Før Cannae* (1943). In dt. Übersetzung erschienen *Dänische Predigten* (1944), die Memoiren *Fragment eines Lebens* (1942, dt. 1944) und *Bekenntnisse zur Wahrheit* (1945). Die dän. Gesamtausgabe erschien 1948 f. in 9. Bdn.

Munro, Neil (* 3. 6. 1864 Inverary/Argyllshire, † 22. 12. 1930 Helensburgh/Dunbartonshire). – Schott. Schriftsteller. Unter dem Einfluß Ibsens und des Existentialismus stehend, schrieb M. histor. Romane, z. B. *John Splendid* (1898), *Gilian the Dreamer* (1899), *Children of Tempest* (1903), *The Vital Spark* (1906), *The New Road* (1914), Erzählungen und Kurzgeschichten teils in schott. Dialekt, z. B. *The Lost Pibroch* (1896), *Erchie* (1904), *The Daft Days* (1907), und die Gedichte *Bagpipe Ballads* (1917).

Munteanu, Francisc (* 9. 4. 1924 Vetel/Hunedoara). – Rumän. Erzähler, widmete sich in seinen Romanen meist sozialen Problemen der Gegenwart, die er lebensnah und realist. gestaltete, z. B. *Statuile nu rîd niciodata* (1957), *Fericitul negustor* (1957), *Terra di Siena* (1962). Ins Dt. übersetzt wurde *Der Himmel beginnt beim dritten Stockwerk und andere Erzählungen* (1958, dt. 1964).

Munthe, Axel Martin Fredrik (* 31. 10. 1857 Oskarsham/Kalmar, † 11. 2. 1949 Stockholm). – Schwed. Arzt, praktizierte ab 1880 in verschiedenen europ. Hauptstädten und erlebte den Ersten Weltkrieg als Lazarettarzt. Auf Capri erwarb er das ehemalige Kloster San Michele, wo er sich für mehrere Jahre niederließ. Seine humorvollen, farbigen Memoiren *Ein altes Buch von Menschen und Tieren* (1908, erweitert 1931, dt.

1934, 1951 u. d. T. *Seltsame Freunde*), *Red Cross and Iron Cross* (1916) und v. a. *Das Buch von San Michele* (1929, dt. 1931; nahezu in alle Weltsprachen übersetzt) sind geprägt von seiner eigenwilligen Persönlichkeit und waren sehr erfolgreich. M. schrieb außerdem kleine Skizzen: *Från Napoli* (1885), *Små skizzer* (1888) und *Bref och skizzer* (1909).

Murciano, Carlos (* 21. 11. 1931 Arcos de la Frontera/Cádiz). – Span. Lyriker und Erzähler, begründete die Literaturzeitschrift »Alarcón« und lebt seit 1950 in Madrid, wo er die meisten lyr. Arbeiten veröffentlichte, wie *Viento en la carne* (1955), *Una día más o menos* (1962), *Los años y las sombras* (1965) und *Este claro silencio* (1970). Seine Erzählung *Clave* (1972) fand allgemeine Beachtung.

Murdoch, Iris (* 15. 7. 1919 Dublin). – Anglo-ir. Schriftstellerin und Dozentin für Philosophie, widmete sich in teils grotesken, vom Existentialismus Sartres beeinflußten Romanen Gegenwartsproblemen gesellschaftlicher Außenseiter, z. B. in *Unter dem Netz* (1954, dt. 1957), *Flucht vor dem Zauberer* (1956, dt. 1964), *Die Wasser der Sünde* (1958, dt. 1962), *An Accidental Man* (1971), *Der schwarze Prinz* (engl. und dt. 1975), *Uhrwerk der Liebe* (1974, dt. 1977), *Das Meer, das Meer* (1978, dt. 1981), *Das italienische Mädchen* (dt. 1982), *The Good Apprentice* (1985), *The Book and the Brotherhood* (1987). Sie schrieb ferner die Studie *Sartre. Romantic Rationalist* (1953).

Murger, Henri (* 24. 3. 1822 Paris, † 28. 1. 1861 ebd.). – Franz. Schriftsteller, dessen realist. Roman *Pariser Zigeunerleben* (franz. u. dt. 1881, 1952 u. d. T. *Die Bohème. Pariser Künstlerroman*) ein Spiegel seines entbehrungsreichen Lebens ist und als Vorlage zu Puccinis Oper *La Bohème* berühmt wurde. Er schrieb die Erzählungen *Adeline Protat* (1853, dt. 1855) und *Les roueries d'une ingénue* (1874) sowie Gedichte im Stil Mussets, z. B. *Ballades et fantaisies* (1864), *Les nuits d'hiver* (1864).

Murn-Aleksandrov, Josip (* 4. 3. 1879 Ljubljana, † 18. 6. 1901 ebd.). – Slowen. Dichter, schrieb lyr. Gedichte, Balladen und Romanzen, *Pesmi i romance* (1903), die in düsteren Versen seine Existenzangst und tiefe Sehnsucht ausdrücken. 1954 erschienen die ges. Werke *Zbrano delo*. Dt. Übersetzungen finden sich in den Anthologien *Aus der neuen slovenischen Literatur* (1919, hg. von A. Funter) und *Blätter aus der slovenischen Lyrik* (1933, hg. von L. Novy).

Murner, Thomas (* 24. 12. 1475 Oberehnheim/Straßburg, † vor dem 23. 8. 1537 ebd.). – Elsäss. Dichter, wurde 1490 Franziskaner. M. war mehrere Jahre Universitätslehrer und seit 1525 Pfarrer. Mit *Narrenbeschwörung* (1512), *Schelmenzunft* (1512) und *Geuchmatt* (1519) wurde er zum bedeutendsten Satiriker des 16. Jh.s, der kirchl. und gesellschaftl. Mißstände mit scharfem Witz und in derber, volkstüml. Sprache geißelte. *Von dem großen Lutherischen Narren, wie ihn Dr. Murner* *beschworen hat* (1522) ist eine der wichtigsten antireformator. Streitschriften der Zeit. Neben den von S. Brant beeinflußten Satiren schrieb M. auch ernste humanist. Schriften, z. B. *Chartiludium logicae* (1507). *Deutsche Schriften* erschienen 1918–31 in 10 Bdn.

Murry, John Middleton (* 6. 8. 1889 Peckham/London, † 13. 3. 1957 Norfolk). – Engl. Kritiker und Essayist, schrieb, beeinflußt von seiner ersten Ehefrau K. Mansfield und von D. H. Lawrence, lit. Studien, z. B. *The Problem of Style* (1922), *Keats and Shakespeare* (1925), psycholog. einfühlsame Biographien wie *Son of Woman, the Story of D. H. Lawrence* (1931), *The Life of K. Mansfield* (1933), *The Mystery of Keats* (1949) und Essays, in denen er einen christl. fundierten Kommunismus propagiert, z. B. *The Necessity of Communism* (1932), *The Necessity of Pacifism* (1937) und *Christocracy* (1942).

Musäus, Johann Karl August (* 29. 3. 1735 Jena, † 28. 10. 1787 Weimar). – Dt. Schriftsteller, nach dem Studium der Theologie Pagenerzieher und Gymnasiallehrer. M. schrieb parodist. Romane, in denen er v. a. gegen lit. Modeerscheinungen ins Feld zog. Von Fielding beeinflußt ist die Richardson-Parodie *Grandison der Zweite* (1760–62), deren Neufassung *Der deutsche Grandison* (1781/82) die Robinson-Mode verspottet. Gegen Lavater ist der Roman *Physiognomische Reisen* (1778/79) gerichtet. Er sammelte Märchen und gab sie iron. bearbeitet u. d. T. *Volksmärchen der Deutschen* (1782–86) heraus. Dieses Werk hat seinen Namen bis heute zu einem lit. Begriff werden lassen, da diese Sammlung bereits Elemente romant. Dichtung vorwegnimmt. M. schrieb ferner das Operettenlibretto *Das Gärtnermädchen* (1771). Sehr einflußreich waren auch seine Rezensionen.

Musaios (5. oder 6. Jh. n. Chr.). – Unter dem Namen des griech. Dichters M. ist in der Form eines Epyllions (Kleinepos) eine Fabel über die romant. Liebe zwischen Hero und Leander überliefert. Der Stoff beruht auf einer alten Sage, die schon von Ovid behandelt und von M. unter dem Einfluß Nonnos' gestaltet worden ist.

Muschg, Adolf (* 13. 5. 1934 Zollikon). – Schweiz. Schriftsteller, seit 1970 Prof. f. Literatur in Zürich, polit. engagiert, vielfacher internationaler Preisträger und Akademiemitglied. Er trat mit iron., gelegentlich grotesk-kom. Romanen, z. B. *Im Sommer des Hasen* (1965), *Gegenzauber* (1967), *Albisser Grund* (1974), *Baiyun oder die Freundschaftsgesellschaft* (1980), *Leib und Leben* (1982), und Erzn., z. B. *Der Turmhahn und andere Liebesgeschichten* (1987), hervor. Neben Hör- und Fernsehspielen schrieb er die Dramen *Rumpelstilz. Ein kleinbürgerliches Trauerspiel* (1968), und *Mitgespielt* (1969), sowie die vielbeachtete Biographie *Gottfried Keller* (1977) und literaturtheoret. Aufsätze. 1990 erschienen die autobiogr. motivierten Schriften *Die Schweiz am Ende. Am Ende der Schweiz. Erinnerungen an mein Land vor 1991.*

Muschler, Reinhold Conrad (* 9. 8. 1882 Berlin, † 10. 12. 1957 ebd.). – Dt. Erzähler, war bis 1920 Botaniker, dann freier Schriftsteller. Seine oft pathet.-sentimentalen Unterhaltungsromane, mit lehrhaftem Ton durchsetzt, waren zum Teil sehr erfolgreich, z. B. *Bianca Maria* (1924), *Der Geiger* (1935), *Diana Beata* (1938), *Die am Rande leben* (1954), *Im Netz der Zeit* (1956). Er schrieb auch mehrere Novellen, z. B. *Die Unbekannte* (1934) und *Das Haus der Wünsche* (1948).

Musil, Robert (Edler von) (* 6. 11. 1880 Klagenfurt, † 15. 4. 1942 Genf). – Österr. Schriftsteller, besuchte die Offizierssschule und studierte Maschinenbau, später Psychologie, Philosophie und Mathematik. Bis 1922 war er Bibliothekar, Redakteur und Beamter, danach freier Schriftsteller und Theaterkritiker. 1938 emigrierte er in die Schweiz, wo er vereinsamt starb. Sein erstes erfolgreiches Werk war der Roman *Die Verwirrungen des Zöglings Törleß* (1906), in dem er die psych. Probleme pubertierender Jugendlicher mit analyt. Schärfe darstellt. Einer der wichtigsten Romane des 20. Jh.s ist *Der Mann ohne Eigenschaften* (1930–43), ein krit.-iron. Spiegel der untergehenden Donaumonarchie und ihrer dekadenten Gesellschaft. Sein Einfluß auf die Entwicklung des modernen Romans ist nur noch mit dem von J. Joyce zu vergleichen. M. schrieb ferner die psycholog. Novellen *Vereinigungen* (1911), *Die Portugiesin* (1923) und *Drei Frauen* (1924), die Dramen *Die Schwärmer* (1921) und *Vinzenz und die Freundin bedeutender Männer* (1924), Skizzen und Essays wie *Nachlaß zu Lebzeiten* (1936) sowie Reden, z. B. *Rede zur Rilke-Feier* (1927) und *Über die Dummheit* (1937). 1978 erschienen M. s *Gesammelte Werke* in 9 Bdn.

Muskatplüt (*Muskatbluet, Muskatblut*) (* vermutl. um 1375, † nach 1438). – Ostfränk. fahrender Dichter, knüpfte zum Teil noch an den Minnesang an, verwendet aber auch schon v. a. formale Elemente der Meistersinger. Neben Minneliedern schrieb er religiöse, von Scholastik und Mystik beeinflußte Lieder, didakt. Gedichte über das rechte Leben der Ritter und Fürsten sowie polit.-religiöse Spruchdichtung bes. gegen die Hussiten. Die Lieder und Sprüche sind in mehreren mittelalterl. Handschriften erhalten. 1852 erschienen *Die Lieder Muskatbluts* (hg. von E. von Groote).

Mussato, Albertino (* 1261 Padua, † 31. 5. 1329 Chioggia). – Ital. Schriftsteller, gilt als der bedeutendste Historiker Italiens im 14. Jh. und als Vorläufer des Humanismus. 1315 wurde er zum Dichter gekrönt. Er schrieb die Geschichtswerke *Historia Augusta Henrici VII Caesaris* (hg. 1636) mit dem Fragment *Ludovicus Bavarus* und als Fortsetzung *De rebus gestis Italicorum* (hg. 1903). Die lat. Tragödie *Ecerinis* (hg. 1636) stellt warnend die Herrschaft des Tyrannen Ezzelino da Romano dar.

Musset, Alfred de (* 11. 12. 1810 Paris, † 2. 5. 1857 ebd.). – Franz. Dichter, trat mit 18 Jahren dem romant. Zirkel »Cénacle« um V. Hugo bei und wurde zu einer gefeierten Figur der lit. Salons. Zu einem der bedeutendsten franz. Romantiker machten ihn die formal virtuosen musikal. Gedichte *Contes d'Espagne et d'Italie* (1830) und v. a. *Die Nächte* (1835–37, dt. 1920) sowie *Lettre a Lamartine* (1836) und *Le Souvenir* (1841). Seine gelegentl. nihilist. Weltschmerzstimmung (»mal du siècle«) drückt sich bes. im Versepos *Rolla* (1833, dt. 1883) aus. Die unglückl. Liebe zu G. Sand prägte seine Lyrik nach 1835 ebenso wie den Roman *Beichte eines Kindes seiner Zeit* (1836, dt. 1903). M. schrieb Novellen und Erzählungen, z. B. *Der Sohn des Tizian* (1838, dt. 1948), *Die Geschichte einer weißen Amsel* (1842, dt. 1918), *Mimi Pinson* (1846, dt. 1948) und *La Mouche* (1853), sowie Dramen wie *Die launische Marianne* (1833, dt. 1925), *André del Sarto* (1833, dt. 1947), *Spielt nicht mit der Liebe* (1834, dt. 1888) und *Der Leuchter* (1835, dt. 1848). *Gesammelte Werke* (1923) erschienen in 5 Bdn.

Mustapää, P. eigtl. *Martti Haavio* (*22. 1. 1899 Temmes, †4. 2. 1973 Helsinki). – Finn. Schriftsteller und Kenner des Brauchtums, schrieb, beeinflußt von Kipling, E. Pound und Brecht, iron., humorvoll-skept. Gedichte in reimlosen Versen, mit denen er die finn. Moderne anregte, z. B. *Laulu ihannista silmistä* (1925), *Jäähyväiset Arkadialle* (1945), *Kootut runot* (1948), *Linnustaja* (1952).

Myers, Leo(pold) Hamilton (*6. 9. 1881 Cambridge, †8. 4. 1944 London). – Engl. Schriftsteller; nach den Romanen *The Orissers* (1923) und *The Clio* (1925) wurde M. berühmt durch die moralphilosoph. Romantetralogie *The Near and the Far* (1929), *Prince Jali* (1931), *Rajah Amar* (1935) und *The Pool*

of Vishnu (1940), in der er die Utopie einer harmon. kommunist. Gesellschaftsordnung entwirft. Von der Tiefenpsychologie beeinflußt ist der Roman *Strange glory* (1938).

Myrdal, Jan (* 19. 7. 1927 Stockholm). – Schwed. Schriftsteller, gestaltet in seinen Romanen und Reisebüchern in satir. Form Eindrücke der polit. Gegenwart, wobei er schonungslos gegen das Unrecht in unserer Gesellschaft zu Felde zieht. Bekannt wurden in Dtld. *Kunst und Imperialismus am Beispiel Angkor* (1968, dt. 1973), *Die albanische Herausforderung* (1970, dt. 1971) sowie *Bericht aus einem chinesischen Dorf* (1963, dt. 1966). *Bekenntnisse eines unmutigen Europäers* (1964, dt. 1970), *China. Die Revolution geht weiter* (1970, dt. 1971), *Die Seidenstraße* (dt. 1981), *Indien wartet* (dt. 1986), *Wort und Absicht* (1986, dt. 1987), *Eine andere Welt* (R. dt. 1991). 1977 erschien dt. der Roman *Karriere* (1975), in dem er in sehr drast. Form die gesellschaftl. Situation seines Heimatlandes attackiert.

Myrdal, (Karl) Gunnar (*6. 12. 1898, †17. 5. 1987 Stockholm). – Schwed. Nationalökonom, wurde zuerst durch die Studie *An American Dilemma. The Negro Problem and Modern Democracy* (1944) berühmt. Er widmete sich v. a. Problemen der Entwicklungsländer und der Bekämpfung der Armut, z. B. in *Ökonomische Theorie und unterentwickelte Regionen* (1956, dt. 1959), *Asiatisches Drama. Eine Untersuchung über die Armut der Nationen* (1968, dt. 1973), *Politisches Manifest über die Armut in der Welt* (1970, dt. 1971), *Anstelle von Memoiren. Kritische Studien zur Ökonomie* (schwed. und dt. 1974). Zusammen mit seiner Frau Alva M. erhielt er 1970 den Friedenspreis des Dt. Buchhandels.

Nabl, Franz (* 16.7. 1883 Lautschin/Böhmen, †19.1. 1974 Graz). – Österr. Schriftsteller, studierte in Wien Jura, Germanistik und Philosophie und lebte zunächst als Redakteur, ab 1934 als freier Schriftsteller in Graz. Das erzähler. Werk des Dichters, das durch eine zarte Sprachgestaltung gekennzeichnet ist und das von einem klaren Realismus geprägt ist, steht in der Tradition Stifters und des Romans des 19. Jh.s. Die Romane und Novellen schildern aus humanem Geist individuelle und gesellschaftl. Krisen, z. B. *Ödhof* (1911), *Johannes Krantz* (1948). Bekannt wurden die Dramen *Schichtwechsel* (1929) und die autobiograph. Schriften *Der erloschene Stern* (1963) und *Vaterhaus* (1973).

Nabokov, Vladimir (* 23.4. 1899 Petersburg, †4.7. 1977 Montreux). – Russ. Dichter, entstammte einer großbürgerl. Familie, emigrierte 1919 und studierte in Cambridge Literatur. Anschließend lebte er in Berlin und Paris und ließ sich 1940 in den USA nieder, wo er Professor für russ. Literatur wurde. Nach ersten lyr. Gedichten fiel er bald durch Prosaschriften, die er unter dem Ps. *Sirin* publizierte, der Kritik auf, die bes. seine Sprachgestaltung und seine stilist. Artistik bewunderte. Seinen größten Erfolg hatte er 1955 mit dem brillanten, iron.-frivolen Roman *Lolita* (dt. 1959). Darüber hinaus wurde er auch bekannt durch *Gelächter im Dunkel* (1936, dt. 1960), *Das Leben des Sebastian Knight* (1941, dt. 1960), *Das Bastardzeichen* (1947, dt. 1962), *Pnin* (1957, dt. 1960) und *Frühling in Fialta* (1966, dt. 1969). In den letzten Jahren seines Lebens erschienen *Ada oder das Verlangen* (1969, dt. 1974), *Sieh doch die Harlekins* (1974, dt. 1979) und *Die Mutprobe* (dt. 1977). 1969 erschien eine erste dt. Sammlung der Erzählungen; posthum erschienen der Roman *Durchsichtige Dinge* (1980) und *Die Kunst des Lesens* (1983). *Gesammelte Werke* (1989 f.) sind in einer vorbildlichen Ausgabe von D. E. Zimmer ediert.

Nachbar, Herbert (* 12.2. 1930 Greifswald, †25.5. 1980 Berlin). – Dt. Autor, arbeitete nach abgebrochenem Studium für Zeitungen und Verlage und ließ sich 1957 als freier Schriftsteller nieder. Immer wieder gestaltete er das Leben der Ostseefischer, das ihm von seiner Jugend und aus dem Elternhaus vertraut war, und verband diese Welt mit den Erfahrungen aus der Zeit des Faschismus; zum anderen erweiterte er durch phantastische Erzählelemente das verengte Weltbild der DDR-Literatur, z. B. in den Romanen *Der Mond hat einen Hof* (1956), *Die Hochzeit von Länniken* (1960) und *Ein dunkler Stern* (1973) und in den Erzählungen *Die gestohlene Insel* (1958), *Pumpendings seltsame Reise* (1975), *Der Weg nach Samoa* (1976). 1970 gab er u. d. T. *Die Meisterjungfer* norwegische Märchen heraus. Posthum erschienen die Erzählungen *Helena und die Heimsuchung* (1981), *Die große Fahrt* (1982) und der Almanach *Zu Nachbar* (1983). 1987 dt. Erz. *Der Zauberer.*

Nachshabi (* Nachschab/Buchara, †1350 Badaun/Indien). – Turkmen. Schriftsteller, wanderte in der Zeit der Mongolenherrschaft nach Indien aus und wurde ein Jünger des Scheichs Farid. Sein bekanntestes Werk ist das *Tutiname* (= *Papageienbuch)* nach der Vorlage des Sanskritwerks *Schukasap tati*, einer Sammlung von Novellen, die in der vorliegenden Form um 1330 zusammengestellt worden sein dürfte. Sie sind, wie bei Novellensammlungen häufig, in eine Rahmenerzählung gebettet. Die metaphernreiche Sprache des Werkes wurde von den späteren Generationen kaum mehr verstanden; daher liegen zahlreiche vereinfachte Fassungen vor.

Nádas, Péter (* 14.10. 1942 Budapest). – Ungar. Schriftsteller, wurde früh ein bekannter Bildjournalist in Ungarn und trat 1967 mit dem ersten Roman *Biblia* hervor. Seine exakte Darstellungsweise, seine genaue Beobachtung und die Charakterisierung des ungar. Alltags machten N. rasch zu einem wichtigen Vertreter der neuen Literatur in Ungarn. Besonders mit *Ende eines Familienromans* (1977, dt. 1979) und *Buch der Erinnerung* (dt. 1991) erwarb N. internationale Beachtung.

Nadel, Arno (* 3.10. 1878 Wilna, †nach dem 12.3. 1943 Auschwitz). – Dt.-jüd. Dichter, war von Beruf Lehrer, Maler und Komponist und wurde wie seine Frau im Konzentrationslager ermordet. Sein philosoph.-religiöses, lyr. und dramat. Werk stand unter dem Einfluß der ostjüd. Mystik, z. B. *Um dieses alles* (Gedichte 1914) und *Adam* (Drama 1917). Seine Gedichte *Der Ton* (1921) wurden nur Kennern bekannt, von diesen aber sehr hoch geschätzt. 1959 erschienen nachgelassene und ausgewählte Gedichte: *Der weissagende Dionysos.*

Nadolny, Burkhard (* 15.10. 1905 St. Petersburg, †2.7. 1968 Chieming). – Dt. Schriftsteller, Sohn eines Diplomaten, studierte in der Schweiz, England und Deutschland Jura, Kunstgeschichte und Naturwissenschaften, bereiste Europa und den Nahen Osten und ließ sich nach vielfältiger kaufmännischer Berufstätigkeit am Chiemsee nieder. Seine Romane *Michael Vagrant* (1948), *Konzert für Fledermäuse* (1957), *Prinzessin Anthaja* (1959), seine Reisebeobachtungen *Thrake, eine Reise an den Küsten des Balkans* (1949), aber auch seine Hörspiele und Fernsehstücke fanden Anerkennung beim Publikum, da er Humor, Unterhaltung und anregende Spannung geschickt zu verbinden verstand.

Nadolny, Isabella (*26.5. 1917 München). – Dt. Schriftstellerin, verheiratet seit 1941 mit Burkhard N., schrieb seit 1951 Feuilletons, die 1958 gesammelt unter dem Titel *Liebenswertes an Männern* erschienen sind. Ihre Romane, Erzn. und Aufzeichnungen u.a. *Ein Baum wächst übers Dach* (1959), *Seehamer Tagebuch* (1961), *Vergangen wie ein Rauch* (1964), *Durch fremde Fenster* (1967), *Der schönste Tag* (1980), *Providence und zurück* (1988) fanden als anspruchsvoll unterhaltende Literatur einen beachtlichen Leserkreis.

Nadolny, Sten Rudolf Alexander (*29.7. 1923 Zehdenick/Havel). – Dt. Autor, studierte in Göttingen, Tübingen und Berlin Geschichte für das Lehramt an höheren Schulen; Promotion zum Dr. phil. N. setzte sich vornehmlich mit zeithistorischen Fragen auseinander und schrieb früh für das Feuilleton bekannter Zeitungen (*Wie ich mir die Hölle vorstelle,* 1951). Mit seinem Roman *Netzkarte* (1981), in dem er die Reisen eines Studienreferendars durch die Bundesrepublik als Anlaß der Zeitkritik nimmt, fand er rasch Anerkennung bei Kritikern und Lesern; der lit. Durchbruch gelang ihm dann mit dem Roman *Die Entdeckung der Langsamkeit* (1983), in dem er sich wieder epischer Tugenden annimmt, ausführlich erzählt und so ein Panorama des Zeitgeschehens reflektiert. Besonders eindrucksvoll sind in diesem Werk die vielfältigen Stilmittel, die den Leser immer wieder in neue Perspektiven versetzen. Ein stilistisches und erzählerisches Meisterwerk ist der Roman *Selim oder die Gabe der Rede* (1990). N. erhielt zahlreiche Anerkennungen (Ingeborg-Bachmann-Preis der Stadt Klagenfurt 1980; Hans-Fallada-Preis 1985; Premio Letterario Vallombrosa 1986) und hält sich vom literarischen Vereinsleben fern; seine Poetikvorlesung an der Universität München ist ein interessanter Beitrag zur Theorie der Moderne *Das Erzählen und die guten Absichten* (1990).

Naevius, Gnaeus (*ca. 270 v. Chr. Capua [?], †ca. 201 v. Chr. Utica). – Lat. Dichter, wurde bald nach seinem Tod als bedeutendster Dichter der Republik anerkannt. N., dessen Werke z.T. nur fragmentar. oder wie die Komödien (35 Stücke) nur dem Namen nach überliefert sind, verfaßte das Epos *Bellum Punicum* über den Ersten Punischen Krieg, an dem er selbst teilgenommen hatte, übernahm im Drama griech. Mythen und begründete mit den *fabulae praetextae* das histor. Drama.

Naidu, Sarojini (*13.2. 1879 Haiderabad, †3.3. 1949 Kakhnauti). – Indische Autorin, kämpfte für soziale und polit. Reformen, bes. für die ind. Frauen, und schloß sich der Bewegung Gandhis an; mehrmals wurde sie wegen ihrer Teilnahme an der ind. Freiheitsbewegung eingesperrt. Heute gilt sie als bedeutendste ind. Lyrikerin unseres Jh.s. Ihre Gedichtsammlungen, wie *The Bird of Time* (1912), *The Broken Wing* (1917)

und *The Feather of the Dawn* (posth. 1960), wurden in die meisten ind. Dialekte übersetzt sowie in fast alle europ. Sprachen übertragen.

Naipaul, Vidiadhar Surajprasad (*17.8. 1932 Trinidad). – Anglo-westind. Schriftsteller, Brahmane, lebt in England. N. schrieb für den Rundfunk und berichtete von großen Reisen. Die Themen seiner vor dem Hintergrund der karib. Inselwelt handelnden Romane entnimmt er dem Leben jener Menschen, die, wie er selbst, Nachkommen jener ind. Kontraktarbeiter sind, die zwischen 1893 und 1913 nach Trinidad gebracht wurden und hier ohne feste Wurzeln in einer profitorientierten Welt leben, so z.B. in *A House for Mr. Biswas* (1961), *Herr und Sklave* (1967, dt. 1974), *Sag mir, wer mein Feind ist* (1971, dt. 1973). Polit. engagierte er sich mit *Wahlkampf auf Karibisch* (1972) und *Guerillas* (1975, dt. 1976, neu 1989). Berühmt wurden *An der Biegung des Flusses* (1979, dt. 1980), *Eine islamische Reise* (1981, dt. 1982), *In den alten Sklavenstaaten. Eine Reise* (1989, dt. 1990).

Nalkowska, Zofia (*10.11. 1884 Warschau, †17.12. 1954 ebd.). – Poln. Schriftstellerin, stark polit. engagiert, Mitglied der Literaturakademie, Delegierte des PEN-Clubs und Abgeordnete des Sejm. N. begann ihr lit. Schaffen mit Gedichten, wandte sich jedoch bald dem Roman zu. Bes. durch das Kriegserlebnis erfuhr sie eine starke künstler. Entfaltung. In ihrem bedeutenden Roman *Die Schranke* (1935, dt. 1958) gestaltete sie beispielhaft die Unüberwindbarkeit gesellschaftl. Klassen in der kapitalist. Gesellschaft. Ihre Erzählungen *Medaillons* (1947) erschienen 1956 dt.

Namatianus, Claudius Rutilius. – Lat. Dichter des 4./5.Jh.s n.Chr., stammte möglicherweise aus einer edlen gall. Familie aus Toulouse, wurde Magister Officiorum und Stadtpräfekt von Rom. Nach der Zerstörung Südgalliens durch die Goten verließ er 416 Rom, um seine heimatl. Besitzungen vor dem Verfall zu retten. Diese Reise hielt er in der eleg., in Distichen geschriebenen Arbeit *De reditu suo*, die nur fragmentar. erhalten ist, fest. Sie gilt als ein besonders wertvolles kulturhistor. Zeugnis für das Leben in den röm. Provinzen am Ende der Antike.

Namik Kemal, Mehmet, gen. *Kemal Bey* (*21.12. 1840 Tekirdag, †2.12. 1888 auf Chios). – Türk. Dichter aus aristokrat. Familie, mußte wegen seiner liberalen Gesinnung nach London fliehen, wo er die Exilzeitung »Hürriyet« (= Freiheit) herausgab. Nach seiner Rückkehr in die Türkei schrieb er für verschiedene Zeitschriften. Seine polit. Überzeugung demonstrierte er auch in dem Drama *Heimat oder Silistra* (1873, dt. 1887); nach einer Gefängnisstrafe, die er für seine polit. Dichtung verbüßen mußte, ging er in die Verbannung nach Mytilene, wo er als Statthalter starb.

Naogeorg(us), Thomas, eigtl. *Thomas Kirchmair, Kirchmayer* oder *Kirchmeyer* (*1511 Hubelschmeiß/Straubing, †29.12.

1563 Wiesloch). – Bayer. Reformator und Humanist, evangel. Pfarrer in Sulza, Kahla und zuletzt in Wiesloch. Aus seiner begeisterten Anhängerschaft für Luther und dessen Lehre entstanden seine lat. Dramen, die überzeugt reformator. Tendenzen verkünden und sich gegen das Papsttum wenden, z. B. *Pammachius* (1538). Spätere Dramen haben bibl. Themen zum Inhalt, z. B. *Judas Iscariotes* (1552). Bekannt wurden sein *Carmen de bello Germanico* (1548) und die *Satyrarum libri quinque* (1555), die sich wie das Epos *Regnum papisticum* (1553, dt. 1555) gegen den päpstl. Herrschaftsanspruch wenden.

Naruszewicz, Adam Stanislaw (* 20. 10. 1733 Laniszyn/Pińsk, † 6.7. 1796 Janów/Bialystok). – Poln. Schriftsteller, war Professor für Poetik und wurde 1790 als Jesuit nach der Auflösung des Ordens Bischof von Luck. N. übersetzte Horaz und Anakreon, die auch starken Einfluß auf seine aufklärer. Gedichte ausübten, schrieb Idyllen und Fabeln im Stile La Fontaines und eine krit. *Geschichte Polens von der Christianisierung bis 1386.* N. gilt bis heute als Hauptvertreter der poln. Aufklärung.

Nascimento, Francisco Manuel do, Ps. *Filinto Elísio* (* 21. 12. 1734 Lissabon, † 25. 2. 1819 Paris). – Portugies. Literat, wurde Geistlicher und mußte wegen seiner liberalen Haltung nach Frankreich emigrieren. Als Lyriker verfaßte er Oden und Satiren, die stilist. zwischen Klassizismus und Romantik stehen. Außerdem übersetzte er u. a. La Fontaines Fabeln, Wielands *Oberon* und Chateaubriands *Märtyrer* und öffnete so der Aufklärung und Empfindsamkeit den Weg nach Portugal. Das Gesamtwerk erschien 1836 bis 1840 in 22 Bdn.

Nash, N. Richard, eigtl. *Nathan Richard Nusbaum* (* 7. 6. 1916 Philadelphia). – Amerikan. Schriftsteller, Professor für Theaterwissenschaften und Spielleiter an Studentenbühnen; außerdem schrieb er eine Reihe bekannter Drehbücher. Sein bekanntestes Stück, das in alle Kultursprachen übersetzt wurde, ist *Der Regenmacher* (1955), die Geschichte eines sympath. Schwindlers, dessen Erscheinen in das Leben einer amerikan. Farm Unruhe und Erschütterung bringt. Auch mit den Komödien *Girls of Summer* (1954) und *110 and the Shade* (1964) hatte er Erfolg. Sein Roman *Ostwind und Regen* erschien dt. 1978.

Nash, (Frederic) Ogden (* 19. 8. 1902 Rye, † 19. 3. 1971 New York). – Amerikan. Schriftsteller, arbeitete in einem Verlag und wurde Redakteur der Zeitschrift »The New Yorker«. Bekannt wurde er mit seinen von skurrilen Einfällen strotzenden Versen, bei denen er durch bewußt ungenaue Reime jene Überraschungseffekte erzielt, die ihn berühmt machten, etwa mit den unter dem dt. Titel *Ich bin leider hier auch fremd* (dt. 1969) erschienenen Gedichten. Die übrigen Gedichte sind wie seine Kinderbücher, z. B. *The Untold Adventures of Santa Claus* (1964), noch nicht übersetzt.

Nash (Nashe), Thomas (* Nov. 1567 Lowestoft/Suffolk, † um 1601 London). – Engl. Dichter, lebte nach seinem Studium in London, wo er mit Robert Greene persönl. bekannt und durch groteske, zeitkrit. Pamphlete zum bedeutendsten Satiriker seiner Zeit wurde. Neben diesen gegen die Puritaner gerichteten Schriften verfaßte er einen zu seiner Zeit wenig beachteten Schelmenroman *The Unfortunate Traveller, or the Life of Jack Wilton* (1594, dt. 1970) und eine satirische Komödie *Summer's Last Will and Testament* (1600), die großen Einfluß auf die Nachwelt hatten.

Naso, Eckart von (* 2. 6. 1888 Darmstadt, † 13. 11. 1976 Frankfurt/M.). – Dt. Dichter, 1918–45 Regisseur und Dramaturg am Staatl. Schauspielhaus Berlin, danach Chefdramaturg in Frankfurt und Stuttgart und ab 1957 freier Schriftsteller in München. N. begann sein lit. Schaffen als Dramatiker, war aber bes. erfolgreich und anerkannt mit seinen Novellen und biograph. Romanen über histor. Persönlichkeiten aus dem alten Preußen, Frankreich und der Antike, wie etwa *Seydlitz* (1932), *Preußische Legende* (1939), *Caroline Schlegel* (1969). Auch seine Autobiographien *Ich liebe das Leben* (1953) und *Glückes genug* (1963) werden als Zeitdokumente hoch geschätzt.

Nathansen, Henri (* 17. 7. 1868 Hjøring/Jütland, † 16. 2. 1944 Lund). – Dän. Schriftsteller, stammte aus einer begüterten jüd. Familie, lebte als Dramaturg und Theaterkritiker in Kopenhagen, bis er 1940 vor den Dt. nach Schweden floh, wo er 1944 Selbstmord beging. N. schrieb realist. Romane und Dramen über das Zusammenleben jüd. und dän. Menschen und deren unterschiedliche Lebensweisen, z. B. *Daniel Hertz* (1909), *Dr. Wahl* (1915). Mit *Jude oder Europäer?* (1931) verfaßte er bedeutendste Biographie G. Brandes'.

Natsume, Sōseki (* 5. 1. 1867 Tokio, † 9. 12. 1916 ebd.). – Japan. Schriftsteller, nach Aufenthalt in Europa Lektor an der Universität Tokio. Der Schriftsteller gilt als der bedeutendste Vertreter der jap. Romanliteratur seit dem Beginn der kulturellen Auseinandersetzungen mit dem Westen. Bereits in dem ersten Erfolgswerk *Ich bin eine Katze* (1905 f.) machte sich ein zunehmender Pessimismus bemerkbar, der durch alle späteren Schriften zieht. Der Roman *Kokoro* (1914) und die posth. erschienenen engl. Essays *Within my Glass Doors* (1928) prägten in England das Verständnis der japan. Kultur.

Nazor, Vladimir (* 30. 5. 1876 Postire/Insel Brač, † 19. 6. 1949 Zagreb). – Kroat. Schriftsteller, studierte in Graz Naturwissenschaften und kämpfte im Zweiten Weltkrieg auf der Seite Titos. Nach dem Krieg widmete er sich lit. Arbeiten, wobei die Geschichte und Kultur seiner Heimat im Mittelpunkt aller seiner Werke stehen, von denen bes. der Roman *Der Hirte Loda* (1938, dt. 1949) und das Epos *Ahasver* (1946) bekannt und allgemein anerkannt wurden.

Nebel, Gerhard (* 26. 9. 1903 Dessau, † 23. 9. 1974 Stuttgart).

Dt. Schriftsteller, studierte Altphilologie und Philosophie bei Heidegger und Jaspers, kämpfte im Zweiten Weltkrieg in Italien und ließ sich 1955 als freier Schriftsteller nieder. Wie der philosoph. Einfluß des Existentialismus, so prägte auch Ernst Jünger das Frühwerk des Schriftstellers. Bald jedoch vollzog er die Wandlung zu einem traditionsverbundenen Ästhetentum, das bes. in seinen Kriegstagebüchern deutl. Niederschlag fand: *Bei den nördlichen Hesperiden* (1948) und *Unter Partisanen und Kreuzfahrern* (1950). Seine späteren Arbeiten setzen sich kulturkrit. mit der abendländ. Geisteswelt auseinander, so *Pindar und die Delphik* (1961), *Zeit und Zeiten* (1965), *Die Geburt der Philosophie* (1965), *Sprung von des Tigers Rücken* (1970) und *Hamann* (1973).

Negri, Ada (*3.2. 1870 Lodi, †11.1. 1945 Mailand). – Ital. Dichterin, wuchs in einfachsten Verhältnissen auf und wurde als erste Frau 1940 in die Ital. Akademie berufen. Ihre ersten lit. Erfolge verdankt sie einer genauen Darstellung der Welt der Arbeiter, etwa in *Fatalità* (1892, dt. 1900). Das spätere Werk behandelt mehr persönliche Motive und ist durch ihre bewußte Hinwendung zum Katholizismus geprägt: *Frühdämmerung* (1921, dt. 1938). Ihre späten Gedichte *Vespertina* (1931), *Il dono* (1936) und *Fons amoris* (1945) sind wie die letzten Novellen noch nicht ins Dt. übersetzt.

Neidhart von Reuenthal. – Bayer. Minnesänger, aus einem Ministerialengeschlecht stammend, lebte in der ersten Hälfte des 13. Jh.s. Seine geistige Heimat wurde der Wiener Hof, wo er von Friedrich dem Streitbaren ein Lehen erhielt. N. führte als erster »dörperliche« Themen in den Minnesang ein und schuf so Lieder, die vom Kontrast zwischen der überlieferten höf. Sprache und Form und dem derben Inhalt leben. Die zahlreichen *Sommerlieder* und *Winterlieder* lassen den Niedergang der höf. Sitten sichtbar werden; Neidhart stellt sich aber als Ritter niemals auf die Stufe der Bauern.

Nekrasow, Nikolai Alexejewitsch (*4.12. 1821 Nemirow/Podolsk, †8.1. 1878 Petersburg). – Russ. Schriftsteller, besuchte gegen den Willen seines Vaters, eines Großgrundbesitzers, die Universität und mußte sich seinen Lebensunterhalt selbst mit lit. Arbeiten verdienen. Rasch wurde er mit dem Gedichtband *Mecty i zvuki* (1840) allgemein anerkannt und zählt heute mit seinen sozialpolit. Gedichten und dem unvollendeten Epos *Wer lebt glücklich in Rußland?* (1866–1870, dt. 1888) zu den bedeutendsten Vertretern der russ. polit. Literatur. 1967 erschien eine russ. Gesamtausgabe seiner Gedichte in 3 Bdn.

Nekrassow, Wiktor Platonowitsch (*17.6. 1911 Kiew, †3.9. 1987 Paris). – Russ. Schriftsteller, studierte Architektur und Theaterwissenschaft. Lit. bekannt wurde er mit dem Kriegsroman *In den Schützengräben Stalingrads* (1946, dt. 1948), in dem er seine eigenen Erlebnisse gestaltete, und bes. mit dem auch im Ausland erfolgreichen Heimkehrerroman *Ein Mann kehrt zurück* (1954, dt. 1957), der als wichtiges lit. Werk der

sog. »Tauwetterperiode« gilt. Als »Antikonformist« mußte N. emigrieren. 1964 erschien dt. sein Reisebericht *Auf beiden Seiten des Ozeans*, dem weitere Reisebeschreibungen folgten. Autobiograph. Züge zeigen *Aufzeichnungen eines Gaffers* (1976), *Ansichten und etwas mehr* (1980).

Nelli, Jacopo Angelo (*1673 Siena, †21.1. 1767 Castellina del Chianti). – Der ital. Priester stand im Dienst der Familie Strozzi und lebte lange Zeit in Florenz und Rom. Mit seinen Komödien, in denen er Formen der Commedia dell'arte und Molières miteinander verbindet – *La serva Padrona* (1731), *La suocera e la nuora* (1755) –, gilt er als Vorläufer Goldonis. Neben einer ital. Grammatik schrieb er auch eine Reihe von recht zeitbedingten Gedichten.

Němcová, Božena geb. Barbara Panklová (*4.2. 1820 Wien, †21.1. 1862 Prag). – Bedeutendste tschech. Dichterin zwischen Romantik und Realismus, kam in Prag zwischen 1842 und 1845 in literarische Kreise, lebte vorübergehend u.a. in Taus, wo sie im Geiste der Romantik tschech. und slowak. Märchen und Sagen sammelte und herausgab und sich für eine nationale Erziehung einsetzte. 1850 kehrte sie, nachdem die Ehe mit einem k.u.k. Beamten völlig zerrüttet war, mit vier Kindern nach Prag zurück und starb hier in Not und Elend. Ihre patriotisch-romantischen Gedichte, in denen sie Motive der gesammelten Märchen und Sagen gestaltete, sind schwülstig und heute vergessen. Ihren Ruhm begründete sie mit dem Roman *Babička* (1855; dt. 1924: *Großmutter*), in dem sie ein Lebensjahr der Großmutter im Spiegel des Brauchtums zeigt. Der Roman nimmt so Elemente der Romantik auf, gestaltet die Darstellung jedoch realistisch und sucht die sozialen Probleme der traditionellen und neuen Gesellschaft im Geiste einer umfassenden Humanität zu lösen; für das werdende Nationalbewußtsein der Tschechen war dieser Roman von großer Bedeutung. Ihre weiteren Romane, z.B. *Poharskávesnice* (1856) und *Pan učitel* (1860; dt. 1862: *Der Herr Lehrer*), und Erzählungen, wie *Karla* (1855), wurden im Ausland kaum bekannt.

Nemésio, Vitorino Mendes Pinheiro da Silva (*19.12. 1901 Praia da Vitória/Azoren, †20.2. 1978 Lissabon). – Portugies. Schriftsteller, seit 1939 Professor für roman. Sprachen in Lissabon. In seinen realist. Romanen und Erzählungen blieb er der Inselwelt der Azoren, seiner Heimat, verbunden. Sein Hauptwerk, der Roman *Mau tempo no Canal* (1944), geht über den sonstigen Nationalismus hinaus und stellt in dieser Hinsicht ein Sonderwerk dar. Seine zahlreichen Gedichte und sonstigen Arbeiten sind nicht ins Dt. übertragen.

Németh, László (*18.4. 1901 Nagybánya/Ungarn, †3.3. 1975 Budapest). – Ungar. Schriftsteller, vorübergehend Schularzt, nach dem Zweiten Weltkrieg freier Schriftsteller. Er war ein führender Kopf der Populisten, in deren Geist er bereits 1932 bis 1935 Beiträge für die Zeitschrift »A Tanu« (= »Der Zeuge«) verfaßte. Im Geist einer realitätsbezogenen Weltanschauung suchte er durch seine Aufsätze eine Brücke zwischen Bildung und deren Umsetzung ins Leben zu schlagen. Seinen Ruhm verdankt er jedoch seinen breitangelegten, streng gebauten Gesellschafts- und Familienromanen *Maske der Trauer* (1936, dt. 1970), *Wie der Stein fällt* (1947, dt. 1961), *Egetö Ester* (1957, dt. 1963), *Die Kraft des Erbarmens* (1965, dt. 1968). Eine dt. Übersetzung seiner Dramen erschien 1965.

Nennius, auch *Nemnius, Nynniaw.* – Der walis. Historiograph des 8./9. Jh.s bearbeitete um 826 nach einem unbekannten Original die *Historia Britonum,* die eine Fülle von Fakten und Daten überliefert, die von geringer hist. Bedeutung sind. Ledigl. die Schilderung des sagenumwobenen Königs Artus gewann im hohen Mittelalter große Wirkung, nachdem Geoffrey von Monmouth sie für seine Darstellung als Quelle benützte.

Nepos, Cornelius (*um 100 v. Chr., †um 25 v. Chr.). – Röm. Dichter, stammte aus Oberitalien, kam jedoch früh nach Rom und wurde dort mit Catull, Cicero und Atticus bekannt. Der größte Teil seines Werkes ist verloren und nur durch spätere Zitate belegt, etwa seine erot. Gedichte, ein chronologischer Abriß der Weltgeschichte, *Chronica,* und *De viris illustribus,* Biographien berühmter Männer, eine 16 Bücher umfassende Gegenüberstellung röm. und nichtröm. Persönlichkeiten.

Neruda, Jan (*9.7. 1834 Prag, †22.8. 1891 ebd.). – Tschech. Dichter und Journalist, ab 1860 Feuilletonist und Theaterkritiker der Zeitung »Národný listy«. Mit ca. 2000 Beiträgen gilt er als Begründer der tschech. Feuilletonistik und Essayistik. Seine Novellen und *Genrebilder* (1864, dt. 1883/84), die die Prager Atmosphäre humorvoll schildern, und z.B. die *Kleinseitner Geschichten* (1878, dt. 1955) zeigen Anfänge des tschech. Realismus. Neben diesen Prosawerken haben die *Freitagsgesänge* (1896, dt. 1913) große Ausstrahlung gehabt.

Neruda, Pablo, eigtl. *Neftalí Ricardo Reyes Basualto,* nannte sich nach *Jan Neruda* (*12.7. 1904 Parral, †23.9. 1973 Santiago de Chile). – Chilen. Dichter, schrieb bereits mit 15 Jahren seinen ersten Gedichtband. Nach dem Studium der Philosophie wurde er 1921 Professor in Santiago, führte aber dann als Diplomat und Abenteurer ein ruheloses Leben, bis er 1952 wieder in seine Heimat zurückkehrte. N. war einer der bedeutendsten zeitgenöss. Lyriker Südamerikas, der am Beginn seiner lit. Laufbahn dem Modernismus nahestand, z.B. in *Aufenthalt auf Erden* (1933–1947, dt. in Auswahl 1960), dann unter den Einfluß des Surrealismus geriet und sich nach dem Span. Bürgerkrieg dem Sozialist. Realismus zuwandte. Die kommunist. Grundhaltung schlägt sich in seinen polit. Gedichten nieder, z.B. in *España en el corazón* (1937), *Canto general* (1950, dt. u. d. T. *Der große Gesang,* 1953), *Die Trauben und der Wind* (1954, dt. 1955) u.v.a. Gedichtbänden, die bis in die siebziger Jahre publiziert wurden. 1963 erschien eine dt. Auswahl seiner Gedichte, die bei der sog.

außerparlamentar. Opposition großen Anklang fand. 1971 erhielt N. den Nobelpreis. Von großem Wert für die Zeitgeschichte, aber auch als lit. Zeugnis und Bekenntnis zur Freiheit des Wortes sind seine Memoiren *Ich bekenne, ich habe gelebt* (1974).

Nerval, Gérard de, eigtl. *Gérard Labrunie* (*22. [?] 5. 1808 Paris, †25. oder 26. 1. 1855 ebd.). – Franz. Dichter, hat umfangreiches Werk hinterlassen. N. führte ein ruheloses Leben, das ihn durch ganz Europa und bis in den Orient brachte. Seit 1841 verfiel er zunehmend einer geistigen Umnachtung, die zu seinem Selbstmord führte. Sein lit. Werk ist sehr schwer zu deuten. Die entscheidenden Einflüsse empfing er von Goethe, dessen Faust er zwischen 1828 und 1840 übersetzte, und von E. T. A. Hoffmann; in dessen Nachfolge wird er zum typ. Repräsentanten der »Nachtseiten der Romantik«. Von großer Bedeutung sind seine Novellen *Sylvia* (1853, dt. 1947) und *Der Fürst des Narren* (1888, dt. 1905) und die Sonette *Chimères* (1854), die ihn zum geistigen Ahnen der Surrealisten machten. Daneben übersetzte er Heine und Klopstock. In den letzten Jahren erschienen dt. die Auswahlausgaben *Töchter der Flamme* (1953) und *Aurelia* (1960) und die Werkausgabe *Reise in den Orient* (1986f.).

Nervo, Amado, eigtl. *Ruiz de Nervo* (*27.8. 1870 Tepic/Nayarit, †24.5. 1919 Montevideo). – Mexikan. Dichter. Nach einem Aufenthalt in Paris (1900), der ihn mit bedeutenden Intellektuellen in Verbindung brachte, ging er als Diplomat nach Südamerika. N. war zeitlebens hoch geschätzt; sein Werk, das dem Modernismo nahesteht, umfaßt alle lit. Gattungen und steht unter starkem Einfluß des franz. Symbolismus, des Buddhismus, Schopenhauers und Nietzsches. Seine religiös-myst. Liebeslyrik *Los jardines interiores* (1905) und *La amada inmóvil* wirkte nachhaltig auf seine Zeitgenossen. Dt. erschien eine Auswahl seiner Prosa 1922 u. d. T. *Erfüllung.* Das Gesamtwerk erschien 1920 bis 1938 in 30 Bdn.

Nestor (*1056 [?], †um 1114 [?] Kiew). – Russ. Mönch, trat um 1074 in das Kiewer Höhlenkloster ein und begründete die russ. Chronistik. Neben zwei *Heiligenviten* über den eigtl. Begründer des Klosters Feodori Petscherski und die Brüder Boris und Gleb, die ersten Heiligen der russ.-orthodoxen Kirche, wird ihm die sog. *Nestorchronik* zugeschrieben, die älteste ostslaw. Chronik, die, legendenhaft und mit zahlreichen Erzählungen durchdrungen, die Geschichte Rußlands bis 1110 erzählt. Die älteste Hs. entstand um das Jahr 1420.

Nestroy, Johann Nepomuk (*7.12. 1801 Wien, †25.5. 1862 Graz). – Österr. Volksdichter, trat seit 1822 als Opernsänger in Wien, Amsterdam, Brünn und Graz auf, wo er bes. durch die meisterhafte Gestaltung kom. Charakterrollen auffiel. Seit 1831 spielte er im »Theater an der Wien«, 1845 wechselte er in das »Theater in der Leopoldstadt«, das er in den Jahren 1854 bis 1860 leitete. N. wurde mit von ihm verfaßten Possen und

Singspielen zum erfolgreichsten Vertreter des Wiener Volkstheaters in der Biedermeierzeit. Während Raimund in Wien
das Zauber- und Feenspiel zu seinem Höhepunkt führte, ist N.
als heiter-satir. Dichter zu sehen, der mit scharfem Witz das
Leben und die polit. Probleme seiner Zeit auf die Bühne
brachte. So entstanden seine Stücke auch relativ unabhängig
von den lit. Strömungen und ließen den Schauspielern großen
Spielraum zu eigenem Improvisieren; nur so konnte die Zensur umgangen werden. Zu den heute noch auf zahlreichen
deutschsprachigen Bühnen gespielten Stücken gehören u. a.
*Der böse Geist Lumpazivagabundus oder Das liederliche
Kleeblatt* (1835), *Zu ebener Erde und im ersten Stock* (1838),
Der Talisman (1841), *Einen Jux will er sich machen* (1844),
Der Zerrissene (1845). Daneben schrieb er hinreißende Parodien auf Werke von Hebbel (*Judith und Holofernes*, 1849)
und Richard Wagner.

Neuber(in), Friederike Caroline, geb. Weißenborn (* 9. 3. 1697
Reichenbach/Vogtland, † 30. 11. 1760 Laubegast/Dresden). –
Dt. Schauspielerin, die ab 1725 eine eigene Truppe leitete und
in Leipzig mit großem Erfolg auftrat. Vorübergehend verband
sie sich mit dem geistigen Hauptrepräsentanten der dt. Aufklärungsliteratur, Gottsched, und versuchte, seine Grundgedanken einer Erneuerung der dt. Bühne nach klassizist. franz.
Vorbild zu verwirklichen. Deshalb verbannte sie alle volkstüml. Spielformen und verbrannte als symbol. Handlung 1737
den Hanswurst. Jedoch bereits mit der Burleske *Der allerkost-
barste Schatz* (1741) verspottete sie die Bemühungen Gottscheds öffentlich. 1743 kam es daher zum Bruch mit Gottsched, und nach einer mißglückten Tournee geriet ihre Gruppe
in finanzielle Schwierigkeiten, so daß die N. zuletzt völlig
verarmt starb. Neben Gelegenheitsgedichten und einigen
Schäferspielen schrieb die N. vor allem Vorspiele zu den von
ihrer Truppe aufgeführten Dramen, z. B. *Vorspiel, die Verbannung des Harlekins vom Theater behandelnd* (1737). Unter
ihren eigenen Stücken ist wohl *Das Schäferfest oder die
Herbstfreude* (1753) am besten gelungen.

Neues Testament. In der 2. Hälfte des 4. Jh.s. n. Chr. bildete
sich aus den zahlreichen schriftl., oft märchen- und legenden-
haften Berichten über das Leben und die Lehre Jesu (sie sind
in den sog. apokryphen Evangelien gesammelt) ein fester Kanon von 27 Schriften in der griechischen Umgangssprache
›Koine‹ heraus, der auf alttestamentlichem und hellenisti-
schem Gedankengut aufbaute und für alle folgenden Jahrhunderte als Kernbestand der christl. Religion verpflichtend galt.
Von der Struktur her lassen sich Geschichtsbücher (*Mat-
thäus-, Markus-, Lukas-* und *Johannesevangelium, Apostelgeschichte*), didaktische Schriften (Briefe der Apostel an einzelne Gemeinden) und die *Apokalypse des Johannes* als
Prophetie unterscheiden. Die im Kanon des NT vereinigten
Schriften sind alle erst nach dem Tod Christi entstanden; die

ältesten Zeugnisse dürften in das 1. Jh. n. Chr. zurückreichen
und im Laufe der Zeit nicht unerheblich umgestaltet worden
sein. Sie berichten vom Leben und der Lehre Jesu und der
Apostel und von der inneren Organisation der urchristl. Gemeinden. Für das Christentum gilt das NT als unmittelbare
Offenbarung Gottes, der durch seinen Sohn die Welt erlöst und
das Gottesreich als heilsgeschichtl. Ziel verheißt. Das NT hat
nicht nur die Lehren der christlichen Kirchen (Dogmatik)
nachhaltig beeinflußt, sondern auf die Ausbildung der gesamten abendländ. Kultur in Ethik, Recht, Kunst und Philosophie
den stärksten Einfluß ausgeübt.

Neumann, Alfred (* 15. 10. 1895 Lautschin/Westpreußen,
† 3. 10. 1952 Lugano). – Dt. Schriftsteller, entstammte wohlhabenden Verhältnissen, verlebte seine Kinderzeit in Berlin und
ging 1913 zum Studium nach München, wo er später Dramaturg und Lektor wurde. 1933 mußte er Dtld. verlassen, kehrte
nach langen und ruhelosen Emigrationsjahren als amerikan.
Staatsbürger 1949 nach Europa zurück und ließ sich als freier
Schriftsteller in Florenz nieder. Immer wieder gestaltete N. in
seinen Romanen das Problem der Macht und des Machtmiß-
brauchs, wobei er gerne histor. Stoffe aufgriff, um zu zeigen,
wie die Persönlichkeit des Menschen durch die mißbrauchte
Macht zerstört wird. Bes. bekannt wurden von seinen zahlreichen Werken *Der Teufel* (1926), *Der Pakt* (1949) und *Viele
heißen Kain* (1950).

Neumann, Robert (* 22. 5. 1897 Wien, † 3. 1. 1975 München).
– Österr.-dt. Autor, emigrierte 1934 nach England und wurde
1938 brit. Staatsbürger, lebte vorübergehend in Locarno, wo
er Vizepräsident des internationalen PEN-Clubs war, und
kehrte im Alter wieder nach Dtld. zurück. Der lit. Durchbruch
gelang ihm mit hervorragenden und unterhaltsamen Parodien
auf zeitgenöss. Autoren, *Mit fremden Federn* (1927), in denen
er sehr exakt die stilist. Eigenarten der jeweiligen Autoren
nachahmte. Bald entstanden seine spannenden Novellen und
zeitkrit. und histor. Romane, z. B. *Struensee* (1935), in denen
er ein Bild der Gesellschaft unseres Jh.s zeichnete, *Der Tatbe-
stand oder der gute Glaube der Deutschen* (1965), *Kinder
von Wien* (erstmals 1946, dann 1974) und *Oktoberreise mit
einer Geliebten* (1970). Seine histor. wertvollen Tagebücher
fanden nach 1970 ein breites Publikum. Mit *Deutschland,
Deine Österreicher* (1970) provozierte er in Österreich harte
Kritik, da der parodist. Ton, der auch in seinen letzten Werken
Ein unmöglicher Sohn (1970) und *2x2 = 5* (1974) ein stilist.
Hauptelement ist, nicht von allen Lesern gebilligt wurde.

Neumann, Stanislav Kostka (* 5. 6. 1875 Prag, † 28. 6. 1947
ebd.). – Der tschech. Dichter aus wohlhabender Familie wandte sich bereits früh radikal-sozialist. Ideen zu und trat nach
dem Ersten Weltkrieg als kommunist. Politiker hervor. Seit
1927 freier Schriftsteller, stand sein Frühwerk sehr stark unter
dem Einfluß von Max Stirner, während er sich später aus-

schließl. sozialist. Gedanken verpflichtet fühlte. Von großer Wirkung auf die Zeitgenossen war sein *Kriegstagebuch*, das mit seiner umfangreichen Lyrik und den essayist. Schriften 1948–56 in 25 Bdn. erschien.

Neumark, Georg (*6.3. 1621 Langensalza/Thüringen, †8.7. 1681 Weimar). – Dt. Schriftsteller, 1651 Bibliothekar in Weimar, wo er unter dem Namen »Der Sprossende« Mitglied der »Fruchtbringenden Gesellschaft« wurde und deren Geschichte schrieb. Der überwiegende Teil seiner Romane, Erzählungen und Gedichte ist lit. unbedeutend. Von einigem bleibenden Wert sind einzelne empfindsame geistl. Lieder, etwa *Wer nur den lieben Gott läßt walten*. Seine Gedichte, die von den Zeitgenossen sehr geschätzt wurden, erschienen in heute bibliophilen Ausgaben, z.B. *Poetisch und Musikalisch Lustwäldchen* (1652). Auf die Barocklyrik wirkte er mit seiner Poetik *Poetische Tafeln* (1667, neu 1971), in der er eine Lehre der Reimkunst vorträgt.

Neumarkt →Johannes von Neumarkt

Neutsch, Erik (*21.6. 1931 Schönbeck/Elbe). – Dt. Arbeitersohn, studierte in Leipzig und wurde Redakteur in Halle. 1964 errang er mit seinem Roman *Spur der Steine* einen aufsehenerregenden Erfolg, der wahrscheinl. auf die Grundtendenz zurückzuführen ist, das Recht des einzelnen über den Anspruch des Kollektivs zu stellen. Mit seinen letzten Romanen *Auf der Suche nach Gott* (1973) und *Der Friede im Osten* (1974) konnte er sein Hauptwerk qualitativ nicht mehr erreichen.

Neveux, Georges (*25.8. 1900 Poltawa/Rußland, †26.8. 1982 Paris). – Franz. Dramatiker, 1927 Sekretär von Louis Jouvet. Bereits mit seinem ersten surrealist. Gedicht *La beauté du diable* (1929) errang er hohes lit. Ansehen, wandte sich dann der Dramatik zu und schrieb zahlreiche sehr erfolgreiche Theaterstücke, die zu einem erheblichen Teil auch verfilmt wurden, etwa *Julia oder das Traumbuch* (1930, dt. 1956), die *Diebin von London* (1960), *Vidocq* (1967, dt. 1970), das als Fernsehserie bekannt wurde.

Nevil(l)e, Henry (*1620 Billingbear/Berkshire, †22.9. 1694 Wafield/Berkshire). – Engl. Erzähler, trat polit. als Gegner Cromwells hervor, der ihn 1654 wegen polit. Schriften aus London verbannte. Große Berühmtheit und Wirkung erlangte er durch seinen Roman *The Isle of Pines* (1668), eine typ. Robinsonade noch vor Defoe, deren dt. Ausgabe u.d.T. *Vorbild der Ersten Welt* (1668) großen Einfluß auf den dt. Barockdichter Grimmelshausen hatte. 1675 wurden durch N. die Schriften des ital. Staatsphilosophen Machiavelli in England bekannt.

Newman, John Henry (*21.2. 1801 London, †11.8. 1890 Edgebaston/Birmingham). – Engl. Philosoph und Dichter, studierte in Oxford Theologie und wurde anglikan. Geistlicher. Nach einem Rombesuch schloß er sich der sog. Oxforder Traktatgesellschaft an, die mit Nachdruck kath. Elemente in der anglikan. Kirche förderte. Bald kam es zu Spannungen mit der engl. Hochkirche; 1843 legte N. sein geistl. Amt nieder und konvertierte 1845 zum Katholizismus; 1879 wurde er Kardinal. Kirchenpolit. liegt seine Bedeutung in seiner bewußten Hinwendung zur sozialen Frage. Sein lit. Schaffen umfaßt tief-religiöse, sprachl. vollendete Predigten, einen Roman aus der Frühzeit des Christentums (*Callista* 1856; dt. 1856), eine dramat. Dichtung *Der Traum des Gerontius* (1866), die Autobiographie *Geschichte meiner religiösen Meinungen* (1864, dt. 1865; erste dt. Übersetzung u.d.T. *Apologie des Katholizismus*) und zahlreiche epische Werke. Ins Dt. übersetzt erschien eine Auswahl seiner Predigten 1949 bis 1958 in 11 Bdn. und eine Auswahl aus seinen Schriften 1951 bis 1969 in 8 Bdn.

Nezami, eigtl. *Nesamoddin Eljas Ebn Jusof* (*1141 Gandscha/Kirowabad, †12.3. 1209 ebd.). – Genialer und bedeutendster pers. Dichter, genoß eine umfassende Ausbildung, die in allen seinen Texten erkennbar ist. Mit seinen sprachl. einzigartigen epischen Gestaltungen verdrängte er das stoffüberladene Ritterepos und schuf mit seinem 20000 Verse umfassenden *Diwan* in Distichen ein vorbildl. lit. Werk. Daneben schrieb er das philosoph.-myst. Gedicht *Machsanolasrar* (um 1176), ein Liebesgedicht, das 1809 u.d. dt. T. *Schirin* erschien, einen Liebesroman und das romant.-phantast. Epos *Haft Peikar* (1198), das ihn zu internationalem Ruhm führte.

Nezval, Vitezslav (*26.5. 1900 Biskupovitsch/Trebitsch, †6.4. 1958 Prag). – Tschech. Schriftsteller, ließ sich nach dem Studium der Philosophie in Prag als freier Autor nieder und wurde nach 1945 Mitarbeiter des Informationsministeriums. Sein vielfältiges Werk, das Lyrik und Prosa, Dramen, Kinderbücher und zahlreiche geschliffene Essays umfaßt, neigt in seiner Frühzeit der »Poésie pure« zu; nach 1930 wandelte N. sich zum Hauptvertreter des Surrealismus seiner Heimat, 1945 trat er als überzeugter Nationalist hervor. In dt. Übersetzung liegen seine Gedichte *Ich singe den Frieden* (1951) und *Ausgewählte Gedichte* (1967) vor. Sein Gesamtwerk umfaßt 35 Bde.

Ngugi wa Thiong'o (*5.1. 1938 Kamirlthu/Zentralkenia). – Afrikan. Schriftsteller, besuchte mehrere Schulen, erwarb zahlreiche akademische Grade, lehrte an verschiedenen Hochschulen Englische Literatur; 1977 wegen subversiver Schriften verhaftet, doch 1982 amnestiert und nach London exiliert. N. erhielt für seine engagierten Schriften zahlreiche afrikan. Preise, bes. für das Theaterstück *Der schwarze Eremit* (1962, dt. 1973). Seine Werke erschienen dt. zumeist in der DDR und wurden z.T. von bedeutenden Autoren wie J. Schädlich übersetzt. Bekannt wurden u.a. *Morgen um diese Zeit. Spiele* (1970, dt. 1974), *Land der flammenden Blüten* (1977, dt. 1980), *Verborgene Schicksale* (1975, dt. 1982).

Nibelungenlied. Das N. wurde von einem geistl. Verfasser aus der Gegend um Passau um 1205 niedergeschrieben, wobei dieser die beiden Sagen vom starken Siegfried und seiner Werbung um Kriemhild und seiner Ermordung durch Hagen mit der Sage vom Burgundenuntergang verschmolz. Das mhd. Epos, das sicher das bedeutendste Heldengedicht in dt. Sprache ist und heute in der gesamten Kunst große Nachwirkungen zeigt, liegt in drei etwas voneinander abweichenden Fassungen vor. Die breite handschriftl. Überlieferung zeigt, daß das Gedicht auch im Mittelalter sehr beliebt war. In genialer Weise gelingt es dem Dichter, die unterschiedl. Überlieferungen durch die Gestalt der handlungtragenden Figur der Kriemhild zu verbinden. Das Epos hat neben seiner dichter. Qualität große Bedeutung als Zeugnis der Verbindung german.-heidn. mit christl. Elementen. So stehen die alten ethischen Normen von Ehre, Sippentreue und Schicksalsvollzug neben den neuen geistl. und höf. Elementen und Gestalten. Das N. ist in einer eigenen Strophenform mit vier paarweise gereimten Langzeilen, der sog. Nibelungenstrophe, geschrieben und wurde wahrscheinl. öffentl. vorgesungen. Die handschriftl. Überlieferungen stammen erst aus dem späten 13. Jh. Für zahlreiche Dichter, etwa Hebbel und Wagner, war das N. eine Quelle intensiver Auseinandersetzung. In der germanist. Forschung ist das N. heute immer noch das ›Königsproblem‹ (Kuhn).

Niccodemi, Dario (*27. 1. 1874 Livorno, †24. 9. 1934 Rom). – Ital. Schriftsteller, verbrachte seine Jugend in Argentinien und schrieb zwei Komödien in span. Sprache. 1900 ging er als Dramaturg nach Paris und veröffentlichte hier die Theaterstücke *La flamme* (1910) und *L'aigrette* (1912). 1921 trat er an die Spitze einer ital. Theatergruppe, für die er auch seine lit. wenig bedeutenden, dafür bühnenwirksamen Komödien bearbeitete, z. B. *Scampolo* (1916, dt. 1929), *Prete Pero* (1918), *Tageszeiten der Liebe* (1921, dt. 1940), *Il principe* (1929). Aufsehen erregten seine Memoiren *Tempo passato* (1928).

Nicolai, Christoph Friedrich (*18. 3. 1733 Berlin, †8. 1. 1811 ebd.). – Dt. Dichter, gehört zu den profiliertesten Autoren seines Jh.s. Er übernahm 1758 den Verlag und die Buchhandlung seines Vaters, die bald zum Zentrum des geistigen und lit. Lebens wurden. Seine eigenen Werke entstanden in enger freundschaftl. Verbindung mit Lessing und Mendelssohn, etwa *Bibliothek der schönen Wissenschaften* (1757 ff.) und *Briefe, die neueste Literatur betreffend* (1759–1765). Sicher war N. der bedeutendste Verleger der Aufklärungsliteratur in Dtld., doch geriet er bald in Gegensatz zu den Zeitgenossen, da er jegl. emotionale Dichtung ablehnte. Sein rationaler Geist wurde häufig verspottet, so von Goethe, Herder und Tieck. Dennoch wurde seine Bedeutung durch die Berufung in die Preuß. und Bayer. Akademie der Wissenschaften anerkannt. Sein eigenes Hauptwerk liegt vor in den Romanen *Das Leben und die Meinungen des Herrn Magister Sebaldus Nothanker* (1773–1776) und in dem Reisebericht in 12 Bdn. *Beschrei-*

bung einer Reise durch Deutschland und die Schweiz im Jahre 1781 (1783 bis 1796).

Nicolson, Sir Harold George (*21. 11. 1886 Teheran, †1. 5. 1968 Sissinghurst Castle/Kent). – Der brit. Diplomatensohn war selbst zwanzig Jahre im diplomat. Dienst, bis er sich 1929 als freier Schriftsteller und Journalist niederließ. 1953 wurde er für seine polit. und lit. Verdienste geadelt. Seine schriftsteller. Arbeiten zeigen die Vielfalt seiner Interessen und Erfahrungen. Neben einer *Geschichte der Diplomatie* (1939, dt. 1947) sowie polit. und histor. Studien schrieb er Biographien, z. B. *Byron: The Last Journey* (1924) und *King George V.: His Life and Reign* (1952, dt. 1954), den Roman *Die Herren der Welt privat* (1932, dt. 1933) und zahlreiche sehr interessante theoret. Schriften über das Schreiben von Biographien. Seine *Tagebücher und Briefe* erschienen posthum (dt. 1969).

Niebelschütz, Wolf von (*24. 1. 1913 Berlin, †22. 7. 1960 Düsseldorf). – Dt. Dichter, war bis zum Zweiten Weltkrieg als Kritiker für Kunst, Literatur und Theater tätig, nach 1945 arbeitete er als freier Schriftsteller. N. gehört zu der Gruppe dt. Dichter, die sich aus personaler und histor. Verantwortung der abendländ. Tradition verpflichtet wußten. In seinem Werk überwiegen stilist. die traditionellen Elemente, etwa in den Sonetten und Terzinen mit sprachl.-musikal. Vollkommenheit. Seine von Phantasie überschäumenden Romane sprengen niemals die äußere Form und wählen als Handlungszeit gerne die Welt des Mittelalters und des Barock, wie z. B. *Der blaue Kammerherr* (1949) und *Die Kinder der Finsternis* (1959). Seine traditionsbewußte Haltung, die vielfach an die sog. konservative Revolution der Jahrhundertwende erinnert, zeigt sich auch in dem kunsthandwerkl. Stil. Auch seine Reden und Essays *Freies Spiel des Geistes* (1961) und die *Gedichte und Dramen* (1962) bekennen sich zu dieser histor. verantwortungsvollen Haltung.

Niebergall, Ernst Elias, Ps. E. Steff (*13. 1. 1815 Darmstadt, †19. 4. 1843 ebd.). – Dt. Mundartdichter, war der Sohn eines armen Musikers, der unter sehr eingeschränkten Verhältnissen studierte und während dieser Zeit die Bekanntschaft und Freundschaft Georg Büchners erwarb. Mühsam verdiente er als Hauslehrer nach dem Studium seinen Lebensunterhalt, bis er sich durch hervorragende und milieugetreue Dialektpossen einen Namen machte. In diesen Stücken parodierte er das spießbürgerl. Verhalten des Kleinbürgertums und fand bald einen weiten Leserkreis. Bis heute ist sein Lustspiel *Datterich* (1841) ein großartiges Zeitdokument. Seine dramat. Werke erschienen 1894, seine Erzählungen 1896 in Gesamtausgaben.

Niemcewicz, Julian Ursyn (*16. 2. 1757 Skoki/Brest, †21. 5. 1841 Paris). – Poln. Schriftsteller, durchreiste fast ganz Europa und engagierte sich nach der Rückkehr in seine Heimat sehr stark polit. Als Revolutionsteilnehmer von 1794 kam er in Gefangenschaft nach Rußland, von wo er nach seiner Begnadigung emigrierte und wieder nach Polen ging. Nach der Revolution von 1831 mußte er erneut fliehen. Sein patriot.-polit. Gesamtwerk, das in erster Linie aus histor. Romanen und polit. tendenziösen Dramen besteht, ist heute nur noch für den Historiker von Interesse. Für die Literaturentwicklung in Polen hat er große Bedeutung durch die Schöpfung der ersten histor. Balladen. Sein Gesamtwerk, aus dem das Lustspiel *Die Heimkehr des Landboten* (1790, dt. 1792), *Levi und Sara* (R. 1821, dt. 1825) und das *Reisetagebuch von 1858* hervorstechen, erschien in einer poln. Gesamtausgabe in 12 Bdn.

Nietzsche, Friedrich (*15. 10. 1844 Röcken/Lützen, †25. 8. 1900 Weimar). – Dt. Philosoph und Dichter, gehört zu den einflußreichsten Persönlichkeiten des geistigen Lebens Europas im 19. und 20. Jh. Als Sohn eines Pfarrers ging er in Schulpforta ins Gymnasium und fiel früh durch seine lit. und philosoph. Begabung auf. Mit 14 Jahren schrieb er seine ersten Gedichte, studierte dann an verschiedenen Universitäten und wurde bereits 1869 in Basel Professor für klass. Philologie. Den Lehrstuhl gab er 1878 wegen seiner beginnenden Erkrankung auf und lebte von 1889 an, gepflegt von seiner Schwester, bis zu seinem Tode in geistiger Umnachtung. Ausbrechend aus der bürgerl. Enge seiner Herkunft, schuf er sich das Ideal des Übermenschen, der sich über die Sklavenmoral des Christentums erhebt und mit dem Edlen, Großen und Hohen lebt. 1872 erschien seine erste Arbeit *Die Geburt der Tragödie aus dem Geiste der Musik*, in der er R. Wagner als Erneuerer der griech. Tragödie feierte. Wissenschaftl. wurde die Arbeit überwiegend abgelehnt. In seinen *Unzeitgemäßen Betrachtungen* (1873 bis 1876) wandte er sich gegen den herrschenden Historismus und schuf eine Apotheose der Kunst R. Wagners, den er jedoch in *Die Fröhliche Wissenschaft* (1882, endgültig 1886) heftig angriff und mit *Götzendämmerung* (1889) als geistigen Verräter und Scharlatan zu entlarven suchte. Mit *Also sprach Zarathustra* (1883 f.) krönte er sein Werk, in dem er, von Schopenhauers Willenslehre beeinflußt und unter der Wirkung Darwins, die Zukunft des Übermenschen lehrte, der sich der nihilist. Erkenntnis, daß alles Sein in sinnlosem Kreislauf ewig wiederkehrt, gewachsen zeigt und so aus sich einen neuen Menschentyp gebiert: *Jenseits von Gut und Böse* (1886). Nietzsches Lehre hatte auf die Nachwelt ungeheuren Einfluß, der vom Faschismus bis zum Marxismus, von Schelers materialer Wertethik bis zum Existentialismus reicht. Ob diese Wirkung auf die philosoph. Lehre oder die sprachgewaltige Darstellung zurückgeht, ist bis heute umstritten. Sein Gesamtwerk liegt in zahlreichen Ausgaben vor.

Nijhoff, Martinus (*20. 4. 1894 Haag, †26. 1. 1953 ebd.). – Niederl. Lyriker und Dramatiker, Literaturberater der Regierung. In seinem anspruchsvollen lyr. Werk verbinden sich christl. und atheist. Momente, sachl. Realismus und Glaube an die zeitgenöss. Dekadenz, etwa in *Het uur U* (1937). Auch sein dramat. Schaffen läßt diese Elemente erkennen, etwa in dem Kirchspiel *Der Stern von Bethlehem* (1941) oder in *Het heilige Hout* (1950). 1954 erschien eine Gesamtausgabe seiner Werke in 3 Bdn.

Nikandros, (Nikander). – Griech. Dichter, Grammatiker, Arzt und Priester, lebte im 2. Jh. v. Chr. im Apollonheiligtum von Klaros, weilte längere Zeit in Ätolien und schrieb auf den letzten König von Pergamon eine Hymne. Von seinen zahlreichen Werken sind nur zwei in Hexametern geschriebene Lehrgedichte überliefert: *Theriaka*, ein medizin. Lehrbuch, das in 985 Versen Ratschläge für das Verhalten beim Biß giftiger Tiere gibt, und *Alexipharmaka*, eine Didaxe in 630 Versen über das Verhalten bei Vergiftungen durch Speisen. Seine Werke, die inhaltl. und stilist. auf Apollodor zurückgehen, sind insoweit zeittyp., als sie durch exzellente Rhetorik inhaltl. Schwächen zu überspielen versuchen.

Nikitin, Nikolai Nikolajewitsch (*8. 8. 1895 Petersburg, †26. 3. 1963 ebd.). – Russ. Erzähler, gehörte zum Kreis der ›Serapionsbrüder‹ und gestaltete in seinen epischen Werken' Erlebnisse und Ereignisse des Bürgerkriegs, etwa in den Romanen *Das Verbrechen des Kirik Rudenko* (1928) und *Spion* (1930). In den 30er Jahren wandte er sich dem Kommunismus zu und schrieb die folgenden Romane ganz nach den Forderungen des Sozialistischen Realismus, etwa *Nordlicht* (1955). Eine russ. Auswahl seiner Werke erschien 1959.

Nikolaos von Damaskos (*um 64 v. Chr.). – Griech. Schriftsteller, lebte sowohl am Hofe des Antonius und der Kleopatra als auch ab 14 v. Chr. am Hofe des Herodes. Im Auftrag des letzteren schrieb er ein Werk über seltene Sitten und Gebräuche. Daneben ist er der Verfasser einer Biographie des Augustus und einer Arbeit über die aristotel. Philosophie. Von seiner riesigen Weltgeschichte, die ursprüngl. 144 Bde. umfaßte, sind nur die Teile erhalten, die vom Ende der Großreiche des Orients bis zum Tod des Herodes im Jahre 4 v. Chr. berichten.

Nikolaus von Jeroschin. – Preuß. Chronist des Ritterordens, lebte wahrscheinl. in der ersten Hälfte des 14. Jh.s und stammte möglicherweise aus Jeroschin bei Johannisburg. N. war Kaplan des Ordens und wurde von den Hochmeistern Luder von Braunschweig und Dietrich von Aldenburg beauftragt, die von Peter von Dusburg geschriebene lat. Geschichte des Ordens *Cronica terre Prussie* (1326) zu übersetzen. Mit der ostmitteldt. *Kronike von Prûzinlant* (1340) in 27 000 Versen schrieb N. das beispielhafte Werk der Ordensdichtung und ein Muster spätmittelalterl. Chronistik.

Nilin, Pawel Filippowitsch (*16. 1. 1908 Irkutsk, †2. 10. 1981 Moskau). – Russ. Kriegsberichterstatter des Zweiten Weltkriegs; stilist. prägnante und sehr wirkungsvolle Romane, die Mißstände des sozialist. Systems beschreiben, z. B. *Der überflüssige Alte* (1937, dt. 1960), *Genosse Wenka* (1956, dt.

1959), *Über den Friedluf* (1962, dt. 1963). Neben diesen bedeutenden Romanen schuf er weniger beachtete Dramen und Filmdrehbücher.

Nilsson, Nils Fritiof, Ps. *F. Nilsson Piraten* (* 4. 12. 1895 Vollsjö/Schonen, †31. 1. 1972 Malmö). – Schwed. Schriftsteller, war hauptberufl. Rechtsanwalt. N. schrieb heitere Erzählungen und Schelmenstücke, die sich durch einen typ. schwed., bizarren und trocken-grotesken Humor auszeichnen und so das Leben und die Sprache seiner Landsleute meisterhaft charakterisieren. Im Alter neigte er zu gewissen pessimist. Zügen, die jedoch im Grunde die komischen Situationen seiner Werke noch praller machten, etwa bei *Vänner emellan* (1955), *Flickan med bibelspraken* (1959), *Medaljerna* (1973).

Nin, Anaïs (* 21. 2. 1903 Neuilly/Paris, † 14. 1. 1977 Los Angeles). – Amerikan. Schriftstellerin, stand bereits früh in Opposition zu den gesellschaftl. Verhältnissen und brach deshalb auch ihre Schulbildung freiwillig vorzeitig ab, arbeitete als Modell und Tänzerin und bildete sich autodidakt. weiter. Seit 1920 lebte sie zeitweise in Paris, ab 1900 auch in den USA, und war bald der Mittelpunkt eines vielseitigen Künstlerkreises, wobei sie durch die zahlreichen Begegnungen mit den verschiedensten Strömungen entscheidende Einflüsse erfuhr. Ihre Prosa zeigt sehr persönl. Züge in einer Sprache, die deutl. am Surrealismus und der Erzähltechnik von Joyce orientiert ist. Ihre Werke, die private Probleme, Vergessenheit des Individuums und Inzest als psychoanalyt. Erlösungsmöglichkeit gestalten, z. B. die Romane *The House of Incest* (1936), *Winter of Artifice* (1939), *Leitern ins Feuer* (1946, dt. 1980), *Children of the Albatros* (1947), *The Four-Chamberet Heart* (1950), *A Spy in the House of Love* (1954), *Solar Barque* (1958), *The Seduction of the Minotaur* (1961) und *Cities of the Interior* (5 Bde. 1966), druckte sie ursprüngl. in einer eigenen Werkstatt. Alle ihre Romane und Schriften ordnen sich zuletzt in den Zusammenhang ihrer Aufzeichnungen *Die Tagebücher der Anaïs Nin* (1966, erweitert 1971; dt. nach der Erstausgabe 1970, die sie bereits als Kind zu schreiben begann (Bd. I: 1931 bis 1934; Bd. II: 1934 bis 1939; Bd. III: 1939 bis 1944; Bd. IV: 1944 bis 1947). Diese Tagebücher sind kunst- und kulturgeschichtl. Dokumente von höchstem Wert, da sie zahlreiche Zusammenhänge im geistigen Leben des 20. Jh.s aufhellen. Intellektuelle Erotiker fanden an *Henry, June und ich* (dt. 1987) viel Gefallen; N. erzählt in dem intimen Tagebuch ihr sexuelles Verhältnis zu Henry Miller und dessen Frau June. Die Werke liegen in dt. Übersetzungen vor, z. B. *Das Delta der Venus, Die verborgenen Früchte, Djuna oder das Herz mit den vier Kammern.*

Ninoschwili, Egnate Fomitsch (* 18. 12. 1859 Č'oč'hat'i/Georgien, †12. 5. 1894 ebd.). – Georg. Schriftsteller, stammte aus sehr armen Verhältnissen und führte zunächst ein sehr unruhiges Leben als Arbeiter, Sekretär und Journalist. Seine lit.

Bedeutung liegt darin begründet, daß er der proletar. Literatur den Weg in seine georg. Heimat ebnete. Dabei tragen alle seine Schriften deutl. sehr persönl. Züge und schildern realist. und aggressiv die Not des Volkes und die feudale Macht der Kirche und der Grundbesitzer, z. B. *Aufstand in Gurien* (1888f.) und *Der Schreiber Mose* (1893).

Nithard (* 790, †844). – Fränk. Geschichtsschreiber, war ein Enkel Karls d. Großen und wurde früh Abt des berühmten Klosters Saint-Riquier. Nach Karls Tod stand er im Dienst Ludwigs d. Frommen und Karls d. Kahlen, für den er sein vierbändiges Geschichtswerk schrieb, in dem er die Kämpfe der Karolingernachfolge sehr anschaulich und genau darstellt. In seinem Geschichtswerk sind auch die Texte der sog. *Straßburger Eide* veröffentlicht, die er wahrscheinlich selbst verfaßt hat. Für die Erforschung der altfranz. Sprache ist die Eidesformel von unschätzbarem Wert.

Nizan, Paul (* 7. 2. 1905 Tours, † 23. 5. 1940 Dünkirchen). – Franz. Romancier, studierte an der École Normale Supérieure, lebte 1926/27 in Aden und trat vorübergehend der kommunist. Partei bei, die er jedoch nach Abschluß des Hitler-Stalin-Paktes mit tiefer Abscheu verließ. Lit. erregte er 1932 großes Aufsehen mit seinen Essays und Kampfschriften *Aden Arabie* (dt. 1960), die eine provokante Herausforderung des Kapitalismus darstellen. Auch die Essays *Les Chiens de garde* (1932, dt. 1969) stellten sich bewußt in die polit. Auseinandersetzung der Zeit. Seine eigtl. Hauptwerke wurden jedoch die Romane *Das Leben des Antoine B.* (1933, dt. 1974), *La Conspiration* (1938, dt. 1974) und die scharfsinnigen kulturkrit. Essays *Pour une nouvelle culture* (hg. 1971).

Nizon, Paul (* 19. 12. 1929 Bern). – Schweizer. Schriftsteller und Architekt, arbeitete zunächst in einem Museum, dann freier Schriftsteller und Dozent für Baukunst in Zürich; schreibt stilistisch vielfältige und anspruchsvolle Prosa, die seine persönliche Existenz reflektiert und sich unmittelbar auf die Lebensgestaltung des Autors auswirkt. Bes. bekannt und viel diskutiert wurden die Romane und Prosa *Die gleitenden Plätze* (1959), *Untertauchen, Protokoll einer Reise* (1972), *Stolz* (1975), *Das Jahr der Liebe* (1981), *Im Bauch des Wals. Caprichos* (1989). Immer wieder hat sich N. seit seiner Dissertation (1957) mit van Gogh auseinandergesetzt und zahlreiche Schriften zur Kunst veröffentlicht; bes. eindrucksvoll sind die Frankfurter Vorlesungen von 1984, die 1985 u. d. T. *Am Schreiben gehen* veröffentlicht wurden. Einen Überblick über sein Schaffen gibt das Lesebuch *Aber wo ist das Leben* (1983).

Njegos, Petar II. Petrovič (* 1. 11. 1813 Njeguši, † 19. 10. 1851 Cetinje). – Serb. Dichter, stammte aus einer angesehenen montenegr. Familie. Als Nachfolger seines Onkels auf dem Bischofsstuhl von Montenegro setzte er zahlreiche Gesellschaftsreformen durch. Lit. trat er mit epischen Werken hervor, deren lyr. Grundton ihnen einen bes. Reiz verleiht. In dem Epos *Bergkranz* (1847, dt. 1886 und 1963) feiert er den Volkskampf gegen die türk. Oberherrschaft. Sein Gesamtwerk erschien 1951 bis 1955 in 9 Bdn.

Nkosi, Lewis (* 5. 12. 1936 Durban). – Südafrikan. Schriftsteller, arbeitete als Journalist und wurde, als er sich gegen die Apartheid einsetzte, ausgebürgert. Studierte in den USA und lehrt heute Literatur in Warschau. N. wendet sich in seinen Hörspielen *We can't all be Martin Luther King* (1971), Essays *The Transplanted Heart* (1975), *Tasks and Masks* (1981), in autobiograph. Schriften und R. wie *Weiße Schatten* (1986, dt. 1987) gegen Rassismus und ungerechte Verfolgungen.

Noailles, Anna Elisabeth de Brancovan, Gräfin Mathieu de (* 15. 11. 1876 Paris, † 30. 4. 1933 ebd.). – Franz. Dichterin, die in ihrem Gesamtwerk der Spätromantik verpflichtet ist, schrieb in erster Linie Gedichte, die in sinnl. weltoffener Lebensbejahung alle Formen des Lebens und der Natur preisten. Bald jedoch erlebte sie als personales Schicksal den Einbruch der Vergänglichkeitserkenntnis. So sind ihre späteren Gedichte oft von einer bitteren Weltverachtung geprägt, so z. B. *L'honneur de souffrir* (1927). Der bedeutendste Gedichtzyklus *Les vivants et les morts* (1913) wurde wegen seiner betörenden Sprache von Rilke ins Dt. übersetzt. 1921 erhielt N. den großen Preis der Académie Française. Daneben verfaßte sie auch Novellen und Romane, wobei jedoch ihre Autobiographie *Le livre de ma vie* (1932) als Hauptwerk epischer Gestaltung bezeichnet werden muß. Posthum erschien 1962 das interessante Werk *Correspondence entre la comtesse de N. et Charles Louis Philippe*, das in Frankreich große lit. Beachtung fand.

Nodier, Charles (Emmanuel) (* 29. 4. 1780 Besançon, † 27. 1. 1844 Paris). – Franz. Schriftsteller, erlebte in seiner Kindheit und Jugend die revolutionären Ereignisse, die auf ihn einen nachhaltigen Eindruck machten. Nach anfängl. Tätigkeit als Bibliothekar begründete er das »Journal des Débats« und wurde 1823 Direktor der Arsenalbibliothek in Paris. Bald sammelte sich in dem von ihm begründeten romant. Zirkel »Cénacle« die lit. Elite der Hauptstadt; so wurde N. zum Begründer der franz. Romantik, bes. auch durch seine *Faust*übersetzung im Jahre 1828. Lit. wirkte er bes. auf V. Hugo, Vigny und Musset, auch seine Novellen sind für die Nachwelt von Interesse, etwa *Die Krümchen-Fee* (1832, dt. 1835); mit der Übersetzung Shakespeares (1801) leitete er die franz. Shakespeare-Rezeption ein, die auch in Dtld. ein typ. romant. Phänomen war. Seine Werke erschienen 1845 in einer dt. Übersetzung; 1948 erschien eine dt. Auswahl u. d. T. *Traum und Leben*.

Nöstlinger, Christine (* 13. 10. 1936 Wien). – Österr. Schriftstellerin, studierte Graphik und schrieb zahlreiche von ihr selbst gestaltete Jugend- und Kinderbücher, die allgemein Beachtung fanden, etwa *Die feuerrote Friederike* (1970), *Wir pfeifen auf den Gurkenkönig* (1972), *Maikäfer, flieg* (1973), *Ilse Jande, 14* (1974), *Das Austauschkind* (1982), *Der Neue Pinocchio* (1988), *Nagle einen Pudding an die Wand* (1991). Die Schriften wurden mit zahlr. hohen lit. Auszeichnungen geehrt und gelten als mustergültig für die moderne Jugendlit.

Noll, Dieter (* 31. 12. 1927 Riesa/Sachsen). – Dt. Schriftsteller, sein Werk ist gekennzeichnet durch einen fröhl. unbeschwerten Humor, der bes. seine Reportagen zu einer abwechslungsreichen Lektüre macht. Lit. Aufsehen erregte er mit den ersten beiden Bänden einer geplanten Romantrilogie *Die Abenteuer des Werner Holt* (1960; 1963), in die zahlreiche autobiograph. Züge eingegangen sind. Auch die Erzählung *Mutter der Tauben* sowie seine Essays fanden viel Anerkennung.

Noma, Hiroshi (* 23. 11. 1915 Kobe). – Japan. Schriftsteller, stammt aus einer buddhist. Priesterfamilie. Bald wandte er sich aus innerer Überzeugung dem Kommunismus zu und führte ein unruhiges Leben als Journalist und Reporter in zahlreichen asiat. Ländern. Heute ist er Dozent für franz. Literatur in Kioto und versucht in seinem lit. Werk eine Verknüpfung von marxist. und buddh. Weltsicht. Bekannt wurde v. a. sein Roman *Zone der Leere* (1952, dt. 1956), in dem er die menschenunwürdige Existenz im Militärdienst darstellt. 1953 erschien die letzte japan. Gesamtausgabe seiner Werke in drei Bdn. In den letzten Jahren sind nur vereinzelte Arbeiten von ihm erschienen.

Nonnenmann, Klaus (* 9. 8. 1922 Pforzheim). – Dt. Autor, studierte nach der Rückkehr aus der Kriegsgefangenschaft Philologie und ließ sich anschließend als freier Schriftsteller am Bodensee nieder. Er wurde rasch mit seinen heiteren und die Zeitereignisse humorvoll parodierenden Romanen und Novellen bekannt, die von einem breiten Leserpublikum sehr geschätzt werden, etwa die Romane *Die sieben Briefe des Doktor Wambach* (1959) und *Teddy Flesh oder die Belagerung von Sagunt* (1964; neu 1988) bzw. die Erzählungen *Vertraulicher Geschäftsbericht* (1961) und *Herbst* (1977).

Nonnos. – Griech. Dichter des 5. Jh. n. Chr., stammte aus Panopolis/Ägypten und wurde lit. berühmt durch seine epische Darstellung des Zuges des Dionysos nach Indien *Dionysiaka* und durch eine Versparaphrase des *Johannesevangeliums.*

Nooteboom, Cees (* 31. 7. 1933 Den Haag). – Niederl. Schriftsteller, erhielt eine strenge kath. Erziehung und begann früh in unterschiedl. Gattungen zu publizieren, wobei ihn vornehmlich die Fragen nach den Letzten Dingen und das Problem der Wahrheitserfahrung beschäftigen. Seine Gedichte *De doden zoeken een huis* (1956), *Gesloten gedichten* (1964), *Gemaakte gedichten* (1970), *Open als een schelp – dicht als een steen* (1978) sowie die Romane *Das Paradies ist nebenan* (1955, dt. 1958), *Rituale* (1980, dt. 1984), *In den niederländischen Bergen* (1984, dt. 1987), *Die folgende Geschichte* (dt. 1991) gestalten immer wieder den Versuch, eine erfahrbare und unstrukturierte Außenwelt erkennbar zu machen. N. ist heute ein anerkannter Dichter in den Niederlanden, der sich bewußt von ideolog. und polit. Vereinnahmungen freihält.

Nordal, Sigurður (* 14. 9. 1886 Eyolfstadir, † 1974). – Isländ. Dichter, 1918 bis 1951 Professor für altisländ. Literatur in Reykjavik, einer der profiliertesten Nordisten unseres Jh.s Als isländ. Botschafter vertrat er sein Land auch vorübergehend in Kopenhagen. Seine ungewöhnliche literarische Bedeutung beruht auf dem Umstand, daß er gleichermaßen hervorragender Wissenschaftler und anerkannter Schriftsteller war. Von seinen wiss. Werken sind in die allgemeine Diskussion eingegangen *Om Olaf den helliges saga* (1914), *Snorri Sturluson* (1920), *Völuspá* (1923), *Um íslenzkar forsögur* (1961), *Lif og daudi* (1966). Als Dichter trat er bes. mit dem Drama *Upstigning* (1946) und den Gedichten *Skottid á skugganum* (1960) hervor.

Nordau, Max, eigtl. *M. Simon Südfeld* (* 29. 7. 1849 Budapest, † 22. 1. 1923 Paris). – Der gebürtige ungar. Schriftsteller lebte vorübergehend in Österreich und ließ sich dann in Paris nieder. Hier begründete er mit Th. Herzl den Zionismus als polit. und weltanschaul. Bewegung, wobei sein rationales Gesamtwerk in Dramen und Romanen, wie etwa *Die Krankheit des Jahrhunderts* (2 Bde. 1889) und *Drohnenschlacht* (2 Bde. 1898), das polit. Gedankengut zu popularisieren versuchte. Er hatte damit wenig Erfolg; große Anerkennung fand N. mit seinem Essay *Der Sinn der Geschichte* (1909), in dem er sich als Kenner und Kritiker des Fin-de-siècle auswies.

Nordström, Clara Elisabeth (* 18. 1. 1886 Karlskrona, † 7. 2. 1962 Mindelheim/Bayern). – Schwed. Dichterin, heiratete den dt. Dichter Siegfried von Vegesack 1903 und lebte mit ihm in Dtld., zuletzt in Dießen am Ammersee. Niemals verlor N. jedoch die Bindung an ihre Heimat. In zahlreichen Romanen schilderte sie die Schönheit Schwedens und die Heiterkeit des nord. Lebens, etwa in *Frau Kajsa* (1935), *Lillemor* (1936), *Der Ruf der Heimat* (1938), *Der Findling von Sankt Erikshof* (1961), *Die höhere Liebe* (1963). Ihre Autobiographie von 1957 *Mein Leben* gibt einen tiefen Einblick in das Leben in Dtld., gesehen durch die Augen eines Fremden.

Nordström, Ludvig (* 25. 2. 1882 Härnösand, † 15. 4. 1942 Stockholm). – Schwed. Autor, schrieb lebensvolle Novellen, deren praller Humor und griffige Sinnlichkeit nur in Schweden als typ. Literaturmerkmal in dieser Form bekannt sind, so etwa *Bürger* (1909, dt. 1912). Im Gegensatz zu diesen lebensnahen Darstellungen hatte er mit den Romanen, die den techn. Fortschritt der Menschheit darstellen und in der Nähe des Sachbuchs anzusiedeln sind, wegen der utopist. Tendenzen wenig Erfolg, z. B. mit *Planeten Markatten* (1937). Allgemeine Beachtung fanden seine Reiseberichte, von denen *Jag reste ut som svensk* (1932) bes. hervorgehoben werden muß, und seine

Lebenserinnerungen *En dag av mitt liv* (1942). 1923 erschien eine Novellenauswahl in 6 Bdn.

Norén, Lars (* 9. 4. 1944 Stockholm). – Schwed. Schriftsteller, steht in der Tradition Strindbergs und gilt heute als ein wichtiger skandinav. Theaterdichter, der jedoch auch mit sprachl. differenzierter und an den Surrealismus erinnernder Weise an die Öffentlichkeit getreten ist. In seinem Roman *Die Bienenväter* (1970, dt. 1973) und den Theaterstücken *Dämonen* (schwed. u. dt. 1983), *Nachtwache* (1985), *Nacht, Mutter des Tages; Chaos ist nahe bei Gott* (1982, dt. 1987) zeigt er unter psycholog. Gesichtspunkten, wie der Mensch unter der alltägl. Bedrohung sein Leben verbringt und immer darauf bezogen bleibt, die Lebensbedingungen zu verändern. Die Stilmittel, etwa Bühnengags und Witze, dienen immer dazu, den Zuschauer und Leser zu eigenem Denken und Gestalten zu bringen.

Norris, Frank, eigtl. *Benjamin Franklin Norris* (* 5. 3. 1870 Chicago, † 25. 10. 1902 San Francisco). – Amerikan. Romancier, arbeitete zunächst als Journalist und Berichterstatter in Südafrika, Amerika und Kuba; zuletzt fand er eine feste Stellung als Lektor. Unter dem Einfluß der Realisten Kipling und London sowie Zolas wurde er zum Anreger des Naturalismus in Amerika. Sein lit. Werk fand große Verbreitung und wurde in alle Weltsprachen übersetzt. In Dt. liegen seine Werke unter verschiedenen Titeln vor, z. B. *Gier nach Gold* (1899, dt. 1937, 1965 unter dem Titel *Heilloses Gold*). In einer Romantrilogie, von der er nur noch die ersten beiden Bände vollenden konnte – *Die goldene Fracht* (1901, dt. 1939), *Die Getreidebörse* (1903, dt. 1912) –, versuchte er, die Selbstbewahrung des Menschen angesichts einer ständig wachsenden Technisierung darzustellen.

Norwid, Cyprian Kamil (* 24. 9. 1821 Laskowo-Gluchy/Warschau, † 23. 5. 1883 Paris). – Poln. Schriftsteller, studierte in Warschau und Florenz an der Akademie der Bildenden Künste und lebte, abgesehen von kurzen Unterbrechungen, seit 1848 in Paris in größter persönlicher und materieller Not. Von den Zeitgenossen nicht beachtet, arbeitete er, der letzte poln. Romantiker, bis zu seinem Tode im Armenhaus an seinen Schriften. N., der als Vorläufer des Symbolismus gilt und dessen Bedeutung erst spät erkannt wurde, suchte in seinen Romanen und Dramen die Kunst in verbindender Funktion zwischen der Welt der Arbeit und der Welt des Geistes darzustellen. Als bedeutend gilt vor allem sein 1847–66 entstandener Gedichtzyklus *Vade-mecum*. In Dt. erschien 1907 eine Auswahl aus seinem bis heute noch nicht krit. gesichteten Werk.

Nosaka, Akiyuki (* 10. 10. 1930 Kamakura). – Japan. Schriftsteller, schrieb zahlreiche unterhaltende Werke und mußte sich nach der Veröffentlichung einer Erzählung sogar wegen Pornographie verantworten. In zahlreichen Werken greift N. auf die Tradition erotischer Literatur zurück und verbindet diese mit Erfahrungen aus der Gegenwart. In Deutschland wurden bekannt *Japanische Freuden* (1963, dt. 1971).

Nossack, Hans Erich (*30.1. 1901 Hamburg, †2.11. 1977 ebd.). – Dt. Dichter, stammte aus einer wohlhabenden Hamburger Kaufmannsfamilie. N. trat 1933, nach Publikationsverbot, in die Firma des Vaters ein und ließ sich 1956 als freier Schriftsteller nieder. Sein frühes Schaffen ist kaum zugänglich, da es im Dritten Reich verboten war und in einer Bombennacht verbrannte. Nach dem Krieg stand N. sehr unter dem Einfluß des Existentialismus, wobei bes. Albert Camus nachhaltigen Einfluß auf sein Werk ausübte. Stilist. entwickelte N. jedoch sehr eigenständige Züge, indem er in äußerster sprachl. Verknappung distanziert und ohne emotionales Engagement die Selbstgefährdung des Großbürgertums gestaltet. Typ. für sein erzähler. Werk, in dem er die Verlorenheit und Bindungslosigkeit des Bürgers gestaltet, sind die R.e *Spätestens im November* (1955), *Spirale* (1959), *Der jüngere Bruder* (1958, erweitert 1973), *Nach dem letzten Aufstand* (1961), *Das kennt man* (1964), *Dem unbekannten Sieger* (1969), *Die gestohlene Melodie* (1972), *Bereitschaftsdienst* (1973), *Ein glücklicher Mensch* (1975) und *Interview mit dem Tode* (1975). 1976 erschien *Dieser Andere* mit Briefen, Gedichten und Prosa.

Notker I. Balbulus, auch *N. der Stammler* (*um 840 Jonschwil/St. Gallen, †6.4. 912 St. Gallen). – Alemann. Dichter, stammte aus einer sehr angesehenen Familie (Adel?) und trat bereits in jungen Jahren in das berühmte Benediktinerkloster St. Gallen ein, wo er als Bibliothekar und Lehrer wirkte. N.s Bedeutung für die Dichtung und Liturgie der Kirche ist nicht zu überschätzen. Indem er dem Jubilus des Alleluja einen Text unterlegte, schuf er die Sequenz, die bald im Gottesdienst ihren festen Platz hatte, darüber hinaus aber auch auf die gesamte lat. und volkssprachl. Dichtung des Mittelalters wirken sollte. So sind der Minnesang und die Leichdichtung bis hin zum Meistersang ohne die Kenntnis der Sequenz unverständlich. N. schrieb auch die anekdotenhafte Geschichte Karls d. Großen *Gesta Caroli Magni.*

Notker III. Labeo, auch *N. der Deutsche* (*um 950, †29.6. 1022 St. Gallen). – Dt. Übersetzer und Sprachschöpfer, war Benediktinermönch und Lehrer in St. Gallen und schrieb kommentierte Übersetzungen lat. Schultexte, wobei er sich einer dt.-lat. Mischsprache bediente. Sein Werk beweist, daß auch nach der karoling. Reform die Volkssprache in der Wissenschaft weitergepflegt wurde. Er übersetzte Boëthius und Aristoteles aus dem Lateinischen und versuchte bereits, eine gewisse Regelung der Orthographie zu erreichen. N. ist daher sowohl für die Geistes- als auch für die Sprachgeschichte von großem Interesse.

Nouveau, Germain Marie Bernard, Ps. *Humilis* (*31.7. 1851 Pourrières, †4.4. 1920 ebd.). – Franz. Lyriker, wirkte zunächst als Lehrer, lebte dann in den Künstlerquartieren von Paris, um ab 1891, nach zahlreichen Pilgerfahrten, als Eremit in seiner Heimat zu leben. In Paris stand er unter dem Einfluß von Rimbaud und Verlaine, die seine religiösen Gedichte prägten. Die Gedichtbände *Poèmes d'Humilis* (1910), *Valentines et autres vers* (1922) und *Le calepin du mendiant* (posthum 1949) wurden von ihm selbst illustriert. Eine Gesamtausgabe seiner Gedichte erschien 1970.

Novak, Helga, eigtl. *Karlsdottir* (*8.9. 1935 Berlin). – Dt. Autorin, arbeitete in zahlreichen Berufen, lebte lange auf Island und ließ sich nach dem Philosophiestudium als freie Schriftstellerin nieder. In iron. Sprachhaltung setzt sie sich mit der gesellschaftl. Realität auseinander. Bes. bekannt wurden die Gedichte *Ballade von der reisenden Anna* (1965), *Colloquium mit vier Häuten* (1967), gesammelt in *Grünheide Grünheide* (1980), *Legende Transsib* (1985) sowie *Märkische Feemorgana* (1989) und die Erzählungen *Aufenthalt in einem irren Haus* (1971) und *Palisaden* (1980), sowie Romane, z.B. *Die Eisheiligen* (1979), *Vogel Federlos* (1982).

Novalis, eigtl. *Georg Philipp Friedrich Freiherr von Hardenberg* (*2.5. 1772 Gut Oberwiederstedt/Mansfeld, †25.3. 1801 Weißenfels). – Dt. Dichter, stammte aus einer sächs. Adelsfamilie und stand in seiner Kindheit stark unter dem pietist. Einfluß seiner Mutter. Früh bezog er die Universität Jena und studierte bei Fichte, Schiller und Schlegel; sein Leben erfuhr 1797 die entscheidende Wende, als seine dreizehnjährige Braut Sophie von Kühn plötzlich verstarb. In den *Hymnen an die Nacht*, sechs religiösen Gedichten mit stark mystischem Gehalt, erhöht er Sophie zur ewigen Weisheit Sophia und gestaltet seine Sehnsucht nach einer vollkommenen Daseinsform. Äußerlich zunächst unbetroffen, setzte er an der Bergakademie in Freiberg sein Studium fort und wurde 1799 Salinenassessor und 1800 Amtmann. In diese Jahre fällt auch sein innerer Bruch mit der klass. Geistigkeit Schillers. In neuer, bisher ungehörter Sprache suchte er sein eigenes Sehnen und Erleben zu gestalten, wissend, daß eine vollkommene Darstellung ebenso unmöglich ist wie ein vollkommenes Leben. Programmatisch blieben seine weiteren Werke daher weitgehend Fragmente, ja, man kann sagen, daß er mit Fr. Schlegel zum Begründer des romant. Fragments wurde. Für die Frühromantik ist N. die typ. dichter. Persönlichkeit, die alle Wissenschaften und Künste zu einer einzigen Universalpoesie zu verbinden suchte. Das Symbol der Blauen Blume, die er im Romanfragment *Heinrich von Ofterdingen* (erschienen 1802) den jungen Helden im Traume finden läßt, ist Zeichen einer eigenständigen Wirklichkeit, die sich nur dem träumenden Dichter erschließt. Damit stellt sich aber der Roman *Heinrich von Ofterdingen* in Gegensatz zum klass. Bildungsroman, da nicht die Entwicklung des Menschen als höchstes Ziel erscheint, sondern das Sichverlieren in Sehnsucht, Traum und Tod. Auch die *Geistlichen Lieder*, wie z.B. *Wenn ich Ihn nur habe,* zeigen diese romant. Geisteshaltung. Typ. für Novalis sind auch die Fragmente *Die Lehrlinge zu Sais* (1798), in denen eine Glaubenslehre und ein Weg zur Einweihung in das Geheimnis der Natur angedeutet werden. Als polit. Dichter trat N. mit dem Aufsatz *Die Christenheit oder Europa* (1799) an die Öffentlichkeit; er strebt danach, die Einheit Europas im Sinne der mittelalterl. Christenheit zu restaurieren und polit. Wirklichkeit in religiöse Sehnsucht zu wenden. Von den neueren Ausgaben sind v. a. zu erwähnen *Werke, Briefe, Dokumente*, hg. v. E. Wasmuth, 1975; *Werke*, hg. v. G. Schulz, sowie die *Schriften, Aufgrund der Ausg. v. P. Kluckhohn u. R. Samuel* 1960–75.

Novellino oder *Le cento novelle antiche.* Diese ital. Novellensammlung des 13. Jh.s, die etwa mit den *Canterbury Tales* oder dem *Decamerone* verglichen werden kann, ist in zwei unterschiedl. Fassungen (100 bzw. 156 Novellen) überliefert. Die unbekannten Autoren aus der Toskana griffen bei den Erzählungen auf internationale Erzählstoffe zurück, die in der Bibel, in Sagen und Volksmärchen, aber auch in der zeitgenöss. Unterhaltungsliteratur ihre Wurzeln haben.

Novomeský, Laco (*27.12. 1904 Budapest, †4.9. 1976 Preßburg). – Slowak. Schriftsteller, wirkte zunächst als Lehrer und Redakteur der Zeitschrift »Rudé Právo« in Prag, ehe er sich ausschließl. der Poesie zuwandte. Seine frühen Gedichte sind noch durchaus der »Poésie pure« zuzurechnen, wobei stark surrealist. Elemente auffallen. 1930 vollzog er eine entscheidende Wendung zur politischen Lyrik, z. B. mit *Romboid* (1932), mit der er qualitativ die übliche engagierte Dichtung übertrifft. Sein umfangr. lyr. Gesamtwerk, das in zahlreichen Einzelausgaben vorliegt, wurde 1971, in einer Ausgabe vereinigt, publiziert.

Nowaczyński, Adolf, Ps. *Neuwert* und *Przyjaciel* (*9.1. 1876 Podgórze/Krakau, †3.7. 1944 Warschau). – Der poln. Dramatiker und Erzähler stammte aus dem konservativen kath. Adel. Es kam zum Bruch mit seiner Familie, als er deren bürgerl. Gesinnung in seinem Werk verspottete und sich zur Geisteshaltung des »Jungen Polen« bekannte. In den letzten Lebensjahren wandte er sich jedoch wieder den Idealen des Adels und Großbürgertums zu. Aus seinen vielfältigen Werken seien hier hervorgehoben das histor. Drama *Der Affenspiegel* (1902, dt. 1903) und die posth. erschienenen satir. Erz.n *Polnische Eulenspiegeleien* (dt. 1962) und *Der schwarze Kranz* (dt. 1972).

Nowakowski, Marek (*2.4. 1935 Warschau). – Poln. Schriftsteller, lebt als freier Autor in seiner Geburtsstadt, deren Leben und Schicksal zum Inhalt seiner Werke wurden, so in *Dieser alte Dieb* (1958), *Kopf* (1965, dt. 1967), *Die schrägen Fürsten* (1967), *Der Tod einer Schildkröte* (1974), *Fürst der Nacht* (1978), *Der Bessere* (1979). Eine polnische Auswahl aus seinen Erzn. erschien 1971, eine Auswahl seiner Satiren dt. 1983, *Karpfen für die Miliz.*

Nowakowski, Tadeusz (*8.11. 1918 Allenstein). – Poln. Erzähler, war während der nationalsozialist. Zeit im Konzentrationslager und gelangte nach dem Krieg über die USA nach München, wo er heute lebt. Geprägt durch die Kriegserlebnisse, schildert er in seinem epischen Werk realist. die Formen des dumm-ideolog. Hasses, der Menschen aus Menschenverachtung zum Mörder macht. Bes. hervorzuheben sind von seinen zahlreichen Arbeiten *Polonaise Allerheiligen* (1957, dt. 1960), *Die Radziwills* (dt. 1966) und die Darstellung der geistigen Welt der Emigranten in *Picknick der Freiheit* (1962).

Nowikow, Iwan Alexejewitsch (*13.1. 1877 Ilkowo/Orel, †10.1. 1959 Moskau). – Russ. Schriftsteller der vorrevolutionären Epoche, stammte aus dem Adel und zählt zu den Vertretern der sog. Adelsliteratur, wie sie v. a. durch Turgenjew vertreten wurde. Lit. Ansehen erwarb er mit dem Puschkin-Roman *Puschkin in der Verbannung* (dt. 1953) und mit einer hervorragenden Übersetzung des weltberühmten altruss. *Igorliedes.*

Nowikow-Priboi, Alexei Silytsch, Ps. *A. Satjorty* (*24.3. 1877 Matwejewskoje/Tambow, †29.4. 1944 Moskau). – Der russ. Bauernsohn arbeitete während seiner Jugendjahre als Matrose und kämpfte 1905 in der Seeschlacht von Tsushima. Die zahlreichen Abenteuer, die er im Verlaufe seiner Seefahrzeit erlebte, wurden zum Thema seiner Romane, die das Seemannsleben als neues Thema in die russ. Literatur einführten. Bes. bekannt wurde sein Roman *Tsushima* (1932, dt. 1954), aber auch *Zwei Seegeschichten* (dt. 1952), *Die salzige Taufe* (1929, dt. 1962) und *Abgezählt an den Fingern der Türme* (dt. 1971) fanden Beachtung und Anerkennung.

Nušić, Branislav, Ps. *Ben Akiba* (*8.10. 1864 Belgrad, †19.1. 1938 ebd.). – Serb. Schriftsteller, zunächst Jurist und Diplomat, wandte sich dann aber ausschl. der Journalistik, wobei er dem Feuilleton zur eigenen Literaturgattung verhalf, und dem Theater zu. Dabei gelang es ihm, histor. Stoffe so zu gestalten, daß ihr Zeitbezug in sehr heiterer Weise sichtbar wurde. Die Werke errangen daher beim breiten Publikum große Beliebtheit, auch deswegen, weil die Gesellschaftskomödie immer einen sozialpolit. Aspekt aufwies, so etwa in *Der Gespan von Semberia* (1900, dt. 1902). Auch seine Romane wurden gerne gelesen, z. B. *Der Knabe mit den 13 Vätern* (dt. 1902), oder die Erzählung *Die Hajduken* (1934, dt. 1965). Sein Gesamtwerk erschien 1966 ff. in 15 Bdn.

Nyirö, Jósef (*18.7. 1889 Székelyzsombor, †16.10. 1953 Madrid). – Der ungar. Priester trat 1919 aus der Kirche aus und lebte danach als Journalist und Bauer, 1944 floh er nach Spanien. In seinen Romanen *In Gottes Joch* (1930), *Die Totenpfähle* (1934, dt. 1941), *Die Schneeberge* (1936, dt. 1940) und *Denn keiner trägt das Leben allein* (1936, dt. 1941) schildert er das Leben der Szekler, einer Siebenbürger Volksgruppe.

Oates, Joyce Carol (* 16. 6. 1938 Lockport/New York). – Engl. Schriftstellerin, Universitätsdozentin. In ihren z. T. autobiograph. Erzählungen und Romanen beschreibt und kritisiert sie schonungslos die amerikan. Gesellschaft, etwa in den Romanen *Ein Garten irdischer Freuden* (1967, dt. 1970), *Belle Fleur* (dt. 1982), *Letzte Tage* (dt. 1986), *Die Schwestern von Bloodsmoor* (dt. 1987), *Das Rad der Liebe* (dt. 1988), *Wintersonnenwende* (dt. 1989), *Marya – Ein Leben* (dt. 1991) und in der Erz. *Grenzüberschreitungen* (dt. 1979).

Obaldia, René de (* 22. 10. 1918 Hongkong). – Franz. Schriftsteller, verfaßte zunächst unter dem Einfluß von Michaux Prosagedichte. Dann folgten surrealist. Romane, in denen er zu einem eigenen, witzig-sarkast. Stil fand. Dieser ist auch für sein umfassendes dramat. Werk bestimmend. Er wendet sich darin gegen Klischees der Trivialliteratur, z. B. in *Wind in den Zweigen des Sassafras* (dt. 1966) gegen Klischees der Westernliteratur. Für den Roman *Flucht nach Waterloo* (dt. 1968) erhielt er den Preis für schwarzen Humor.

Oberammergauer Passionsspiel. Das bekannteste bayer. Passionsspiel geht auf ein Gelübde der Gemeinde Oberammergau/Obb. im Pestjahr 1633 zurück und wurde 1634 erstmals, seit 1680 alle 10 Jahre, aufgeführt. Einheim. Laienspieler stellen die Leidensgeschichte Christi vom Einzug in Jerusalem bis zur Auferstehung dar. In das Geschehen sind passende Szenen aus dem AT und die Handlung erläuternde Chorgesänge eingebaut. Der älteste überlieferte Text wurde 1662 nach älteren Quellen geschrieben. Vielfach umgestaltet, bildete die Barockfassung von F. Rosner (1750) einen Höhepunkt. Nach wiederholter Umgestaltung (Daisenberger 1860) wurden zuletzt für die Aufführung 1970 judenfeindl. Textstellen gestrichen. Ein neuer Text wird gegenwärtig erarbeitet.

Obey, André (* 8. 5. 1892 Douai, † 11. 4. 1975 Montsoreau). – Franz. Dramatiker, arbeitete als Musik- und Theaterkritiker und wurde 1946 Administrator der Comédie Française. Unter dem Eindruck Claudels, Pirandellos und der griech. Tragödie schrieb er teils schwierige Stücke in gehobener Sprache, z. B. *Le viol de Lucrèce* (1931), *Noé* (1931). Zusammen mit Denis

Amiel setzte er sich aber auch für das moral. Lustspiel **ein.** Außer den frühen Werken fanden seine Theaterstücke und Romane, z. B. *Le joueur de triangle* (1928), wenig Beachtung.

Obradović, Dimitrije, gen. Dositej (* um 1742 Čakovo, † 28. 3. 1811 Belgrad). – Serb. Schriftsteller, stand im Freiheitskampf gegen die Türken (1804–16) auf serb. Seite und wurde im neuen Serbien erster Kultusminister. Die Gründung der ersten serb. Universität geht auf seine Anregung zurück. Seine moral.-philosoph. Schriften, z. B. *Ratschläge der gesunden Vernunft* (1784), in denen er Gedanken der Aufklärung verbreitete, und seine Autobiographie (*Život i priključenija*, 1783–1789) verfaßte er in serb. Volkssprache anstatt im alten Kirchenslawisch und begründete damit die neue serb. Literatursprache.

O'Brien, Edna (* 15. 12. 1930 Galway). – Ir. Romanautorin, studierte Pharmazie, heiratete den Schriftsteller E. Gebler und lebt heute in London. Ihre Werke bewegen sich um das Problem »Emanzipation der Frau«. O'B. zeigt offen und äußerst realist. die gesellschaftl. und seel. Schwierigkeiten, die mit Emanzipationsversuchen verbunden sind, etwa in *Das Mädchen mit den grünen Augen* (dt. 1972), *Plötzlich im schönsten Frieden* (dt. 1974), *Das Liebesobjekt* (dt. 1975), *Johnny, Ich kannte ihn kaum* (1978) und *Mrs. Reinhardt träumt von No. 10* (dt. 1979). Eine Sammlung von Erzn. erschien 1987 u. d. T. *Das Haus meiner Träume;* eine Sammlung *Durst und andere dringende Dinge* (dt. 1991) enthält »Geschichten und Stücke«.

O'Brien, Flann, eigtl. *Brian O'Nolan* (* 1911 Strabane/Country Tyrone, † 1. 4. 1966 Dublin). – Ir. Romancier, wirkte als Dozent und Journalist für irische und amerikan. Zeitungen in Dublin. Seine phantasiereichen Romane und die verschachtelte und umständl. Erzählweise rücken ihn in die Nähe von Beckett und Joyce. Beispiele seiner Erzählkunst sind *In Schwimmen-zwei-Vögel oder Sweeny auf den Bäumen* (dt. 1966; neu 1989), *Der dritte Polizist* (dt. 1975), *Das Barmen. Eine schlimme Geschichte über das harte Leben* (dt. 1977) und *Aus Dalkeys Archiven* (dt. 1979).

Obstfelder, Sigbjørn (* 21. 11. 1866 Stavanger/Norwegen, † 29. 7. 1900 Kopenhagen). – Norweg. Schriftsteller, scheiterte in den USA als Maschinentechniker, kehrte 1891 nach Norwegen zurück und begann zu schreiben. Angeregt von Whitman, schuf er sprachvollendete, stark rhythm. *Gedichte* (1893, dt. 1914), die ihn zum bedeutendsten Vertreter des Symbolismus in Norwegen machten. In seinen psycholog. Novellen und Dramen treten sich Lebensflucht und -angst gegenüber, z. B. in *Pilgerfahrten* (dt. 1905).

O'Casey, Sean (* 30. 3. 1880 Dublin, † 18. 9. 1964 Torquay). – Ir. Dichter, stammte aus einer kinderreichen Familie der Dubliner Elendsquartiere, besuchte nur wenige Jahre die Schule und schlug sich früh mit Gelegenheitsarbeiten durch. In der

Jugend engagierte er sich in der kommunist. Partei und der irischen Transportarbeitergewerkschaft. Im irischen Osteraufstand gegen England 1916 kam er knapp an einer Hinrichtung vorbei. Anschließend versuchte er, als Schriftsteller wirkungsvoller für den Kommunismus zu kämpfen. Er blieb in seinen naturalist. und expressionist. Dramen Sprecher der Armen der Dubliner Slums und stellte dem fanat. geführten Freiheitskampf das durch den Krieg angerichtete Leid gegenüber. Als 1929 sein Antikriegsstück *Der Preispokal* (1928, dt. 1952) in Dublin abgelehnt wurde, emigrierte er nach England. Er gilt als der wichtigste irische Dramatiker seiner Zeit, sein bekanntestes Drama ist *Juno und der Pfau* (1924, dt. 1953). Bekannt wurden in Deutschland u. a. *Süßes Erwachen* (1953), *Purpurstaub* (1940, dt. 1963) und *Der Stern wird rot* (1940, dt. 1968).

O'Connor, Flannery (*25.3. 1925 Savannah/Georgia, †3.8. 1964 Milledgeville/ebd.). – Amerikan. Erzählerin, veröffentlichte 1946 während ihres Studiums die ersten Kurzgeschichten in Zeitschriften. Ihre Romane und Erzählungen spielen im amerikanischen Süden und zeigen aus der Sicht einer unheilbar erkrankten Katholikin die Tragik menschl. Scheiterns und Fehlens. Eine Auswahl an Erzählungen bietet *Ein Kreis im Feuer* (dt. 1961). 1972 erschien dt. ihr Roman *Ein Herz aus Feuer.*

O'Connor, Frank, eigtl. *Michael John O'Donovan* (*17.9. 1903 Cork, †10.3. 1966 Dublin). – Südir. Schriftsteller, stammte aus armer, kath. Familie, war während des irischen Bürgerkriegs 1921/22 in der IRA tätig. Später war er u. a. Direktor des »Abby Theatre« in Dublin und Dozent in den USA. Seine meisterhaft erzählten Kurzgeschichten spiegeln die Eindrücke aus der Bürgerkriegszeit, *Guests of the Nation* (1931), das irische Alltagsleben und die Schönheit seiner Heimat, z. B. *Und freitags Fisch* (dt. 1958). Sie rücken ihn in die Nähe Tschechows. 1971 erschienen dt. *Ausgewählte Erzählungen,* 1977 *Gesammelte Erzählungen* in 6 Bdn.

Odets, Clifford (*18.7. 1906 Philadelphia, †14.8. 1963 Hollywood). – Amerikan. Schriftsteller, wirkte seit 1931 als Schauspieler und Dramatiker am New Yorker »Group Theatre«, später als Drehbuchautor in Hollywood. Mit seinen Stücken, die unter dem Einfluß des Expressionismus stehen, machte er sich zum Sprecher unterer Bevölkerungsschichten und übte scharfe Kritik an der kapitalist. Gesellschaft; zugleich zeichnete er treffend die Typen seines New Yorker Viertels Bronx. Herausragend sind seine Dramen *Die das Leben ehren* (1935, dt. 1947) und *Goldene Hände* (1950, dt. 1964) und das Drehbuch *Das Mädchen vom Lande* (1950, dt. 1951).

Odobescu, Alexandru (*23.6. 1834 Bukarest, †10.11. 1895 ebd.). – Rumän. Schriftsteller, studierte Literatur und Geschichte in Paris und übernahm nach langer Tätigkeit im höheren Staatsdienst eine Professur für Archäologie in Bukarest. Sein bedeutendster Beitrag zur rumän. Literatur ist das Werk *Pseudokyneghetikos* (1874), das vordergründig die Jagd, eigentlich aber sorgfältig Naturbeschreibungen und geistreiche Meditationen zum Inhalt hat. Bekannt wurde in Dtld. auch die Erzählung *Fürst Mihnea der Böse* (1857, dt. 1953). Dt. erschienen *Ausgewählte Schriften* 1960.

Odojewski, Wladimir Fjodorowitsch (*11.8. 1803 Moskau, †11.3. 1869 ebd.). – Russ. Fürst, bekleidete verschiedene höhere Staatsämter und war auch berühmter Musikkritiker. Er empfing starke Impulse von E. T. A. Hoffmann und Schelling. Indem er sich bemühte, die philosoph. und moral. Gedanken Schellings durch kurze, einfache Erzählungen dem Volk zu veranschaulichen, wurde er zum bedeutendsten Vertreter der philosoph. Romantik in Rußland. In *Ruskie Noči* (1844, dt. u. d. T. *Russische Nächte,* 1970) vereinigte er mehrere solcher Erzählungen in einer Rahmennovelle. 1924 erschien eine dt. Auswahl *Magische Novellen.*

Odojewski, Wlodzimierz (*14.6. 1930 Posen). – Poln. Prosaschriftsteller und Dramatiker, schrieb für Zeitungen und leitete einige Zeit die Literaturredaktion für den polnischen Rundfunk; heute lebt er im Ausland. Thema seiner sprachl. schwierigen und pessimist. Prosawerke ist der Mensch angesichts des Chaos und der unbewältigten Vergangenheit. Deutsch erschienen *Zwischenreich* (1959) und *Adieu an die Geborgenheit* (1966) sowie die *Gesammelten Einakter* (1964) und zuletzt der Roman *Katharina oder alles verwehen wird der Schnee* (1977).

Oehlenschläger, Adam Gottlob (*14.11. 1779 Vesterbro, †20.1. 1850 Kopenhagen). – Dän. Dichter dt. Abstammung, studierte Jura, Geschichte und Mythologie, war kurze Zeit Schauspieler, dann freier Schriftsteller. Entscheidend für ihn wurden die Vorlesungen Henrik Steffens' (1802), in denen er die dt. Romantik kennen- und schätzenlernte. 1805–09 bereiste er Dtld., Italien und Frankreich; in Dtld. begegnete er u. a. Goethe, Fichte, A. W. Schlegel, Tieck und E. T. A. Hoffmann. O. behandelte in seinen z. T. deutschsprachigen Gedichten, Dramen, Epen und Erzählungen meist frühnord. Stoffe und wurde deshalb 1829 zum »nord. Dichterkönig« ernannt. Von Tieck, Novalis und Steffens beeinflußt, fehlen bei ihm jedoch Fernweh und Vorliebe für die kathol. und mittelalterl. Welt. Als Hauptwerk gilt das Märchenspiel *Aladdin oder die Wunderlampe* (dt. 1808) nach einem Motiv aus *Tausendundeine Nacht,* das Vorbild für zahlreiche weitere Dichtungen der dän. Romantik wurde. Sein für die dän. Romantik charakterist. Werk erschien dt. 1839 in 21 Bdn. Neben den zahlreichen Gedichten sind bes. die Dramen *Baldur hin Gode* (1808), *Die Fischer* (1816), *Hugo von Rheinberg* (1819), *Königin Margarete* (1834), *Olaf der Heilige* (1838) und *Knut der Große* (1839) typisch.

Öe, Kenzaburō (*31.1. 1935 Ose/Shikoku). – Japan. Schriftsteller, der als Kind das Kriegsende miterlebte, dann in Tokyo

Literatur studierte und sich intensiv mit dem Existentialismus auseinandersetzte (z. B. Sartre). Er stellte sich früh gegen amerikan. Einfluß, bereiste China und kritisierte in seinen Schriften die Rüstungspolitik. In pazifist. Kreisen geschätzt, erscheinen in dt. seine Schriften in beiden dt. Staaten und sind für das Verständnis des Fernen Ostens von großer Bedeutung, z. B. *Der Fang* (1958, dt. 1964), *Eine persönliche Erfahrung* (1964, dt. 1971), *Der stumme Schrei* (1967, dt. 1980), *Greisenwoche* (dt. 1982). Ō. schrieb auch über die Schrecken von Hiroshima und gegen die Atombombe. Seine Werke und Essays liegen japan. in einer umfassenden Ausgabe vor.

Oelschlegel, Gerd (* 28. 10. 1926 Leipzig). – Dt. Autor, studierte an der Landeskunstschule Hamburg Bildhauerei; dann begann er zu schreiben. In vielen seiner naturalist. Dramen und Fernsehspiele wird die Handlung vom früheren geteilten Deutschland bestimmt, etwa in dem Drama *Romeo und Julia in Berlin* (1957) und dem Fernsehstück *Das Haus* (1965). Seine Kritik wendet sich bevorzugt gegen Behördenbürokratie und ein Denken in Vorurteilen.

O'Flaherty, Liam (* 19. 3. 1897 Aran Islands/Galway, †8. 9. 1984 Dublin). – Bedeutender ir. Erzähler, kämpfte im Bürgerkrieg für die IRA und stand dem Kommunismus nahe. 1930 bereiste er die UdSSR, war aber vom sowjet. System enttäuscht. Der Dichter, der ursprüngl. Priester werden wollte, wählte als Helden seiner Erzählungen und Romane Unterdrückte: Revolutionäre, herabgekommene Typen der Dubliner Unterwelt und die armen Bauern und Fischer der irischen Westküste. In zahlreichen Werken kehrt das Thema des irischen Freiheitskampfes wieder, so in dem erfolgreich verfilmten Roman *Die Nacht nach dem Verrat* (1926, dt. 1928). In Dtld. wurden bes. bekannt die Romane *Der Mörder* (1928, dt. 1929), *Verdammtes Gold* (1929, dt. 1931), *Die Bestie erwacht* (1929, dt. 1930), *Lügen über Rußland* (1931, dt. 1933) und *Das schwarze Tal* (1937, dt. 1952, dt. 1972 u. d. T. *Hungersnot*) und die Erzählungen *Irische Schattenbilder* (1949), *Das Zicklein der Wildgeiß* (1958), *Die Landung* (1959), *Der Stromer* (1965) und *Ein Topf voll Gold* (1971). Kurzgeschichten erschienen 1970 u. d. T. *Selected Short Stories* (1970).

Ognjow, Nikolai, eigtl. *Michail Grigorjewitsch Rosanow* (* 26. 6. 1888 Moskau, †22. 6. 1938 ebd.). – Russ. Schriftsteller, war Lehrer und leitete einige Zeit das Jugendreferat der russ. Zeitschrift »Oktober«. Sein dichter. Schaffen vor der Revolution stand unter dem Einfluß Andreevs und Sologubs. Bedeutend ist sein Roman *Das Tagebuch des Schülers Kostja Rjabzew* (1927, dt. 1928): In Form eines Schülertagebuchs stellte er darin die Lage an den russ. höheren Schulen nach der Revolution dar. Die Fortsetzung bildet *Kosta Rjabzew auf der Universität* (1928).

O'Hara, Frank (* 27. 6. 1926 Baltimore, †25. 7. 1966 Fire Island N. Y.). – Amerikan. Dichter, Museumsangestellter, Kunst-historiker und Journalist. O'H. zählt zu den Mitbegründern der Beatlyrik, die, wie der Gedichtband *Lunch Poems und andere Gedichte* (1964, dt. 1969) zeigt, den Alltag in kunstloser, ungezwungener Sprache besingt. Sein Einfluß auf die gegenwärtige Lyrik Amerikas ist entscheidend.

O'Hara, John (Henry) (* 31. 1. 1905 Pottsville/Pennsylvania, †11. 4. 1970 Princeton/New Jersey). – Amerikan. Schriftsteller, begann mit dem Roman *Treffpunkt in Samarra* (dt. 1950) 1934 seine Karriere als Bestsellerautor. Selbst Sohn eines Arztes und von Beruf Reporter, beschrieb er präzise und krit. das Leben der wohlhabenden oberen Schichten, das von gesellschaftl. Rücksichten bestimmt wird. Zu seinen bekanntesten Romanen zählen *Butterfield 8* (1935, dt. 1966), *Eine leidenschaftliche Frau* (1949, dt. 1965), *Stolz und Leid* (1955, dt. 1956), *Träume auf der Terrasse* (1958, dt. 1970), *Die Lockwoods* (1965, dt. 1967), *Danke für gar nichts* (1967, dt. 1969), *Diese zärtlichen wilden Jahre* (1969, dt. 1972) und *All die ungelebten Stunden* (1972, dt. 1973). Erfolgreich waren auch die Novellen und Kurzgeschichten *Pete küssen? – Ausgeschlossen!* (dt. 1968) und *Lunch am Samstag* (dt. 1971).

Okopenko, Andreas (* 15. 3. 1930 Kaschau/Ostslowakei). – Österr. Schriftsteller aus der Slowakei, bis 1967 Betriebsabrechner, dann freier Schriftsteller in Wien. In satir. Gedichten schilderte er das Alltagsleben in der Großstadt und schrieb Nonsenseverse, wie *Warum sind die Latrinen so traurig* (1969; Gesamtausgabe 1980). Experimentellen Charakter haben auch seine Romane u. Erzn., z. B. *Meteoriten* (1976) und *Warnung vor Ypsilon* (1974).

Okudschawa, Bulat Schalwowitsch (* 9. 5. 1924 Moskau). – Russ. Dichter, kämpfte freiwillig im Zweiten Weltkrieg und war danach als Landlehrer und Redakteur tätig. Durch seine selbst vertonten und zur Gitarre vorgetragenen Gedichte wurde er zum beliebten Chansonsänger in der Sowjetunion. Die Lieder handeln von Liebe, Krieg und Gesellschaft und vereinigen Züge des Zigeunerliedes, der Folklore und Ballade. Als Prosa erschienen *Mach's gut* (1961, dt. 1963), *Die Erlebnisse des Polizeiagenten Schipow bei der Verfolgung des Schriftstellers Tolstoi* (dt. 1974), *Die Reise der Dilettanten* (1976, dt. 1982), *Die Flucht* (dt. 1979).

Olbracht, Ivan (* 6. 1. 1882 Semily, †30. 12. 1952 Prag). – Tschech. Autor, war Redakteur sozialkrit. und kommunist. Zeitschriften in Wien und Prag, nach 1945 Mitglied des Zentralkomitees der KPČ und Mitarbeiter des Informationsministeriums. Seine Erzählungen und Romane – z. B. *Der Räuber Nikola Schuhaj* (dt. 1934) – behandeln gesellschaftl. Probleme aus sozialist. Sicht und gehören zu den ersten Dichtungen des Sozialistischen Realismus in der Tschechoslowakei. Ins Dt. übersetzt wurden u. a. *Im dunkelsten Kerker* (1916, dt. 1923), *Der Schauspieler J.* (1919, dt. 1958), *Es war einmal* (1927, dt. 1949), *Anna, ein Mädchen vom Lande* (1928, dt.

1951), *Der vergitterte Spiegel* (1930, dt. 1932). Sein Gesamtwerk erschien dt. 1951 f.

Olearius, Adam, eigtl. *Adam Oelschläger* (* um 1599 Aschersleben, †23. 2. 1671 Gottorp). – O., dessen Vater Schneider war, studierte Jura und brachte es zum Rat beim Herzog Friedrich III. von Holstein-Gottorp. Als Dolmetscher nahm er an dessen Gesandtschaften nach Rußland und Persien teil und schrieb seine Eindrücke in dem kulturgeschichtl. bedeutenden Werk *Offt begehrte Beschreibung Der Newen Orientalischen Reise* (1647) nieder. Er übersetzte als erster einen pers. Schriftsteller (Sa'di: *Persianischer Rosenthal*) ins Deutsche.

Olescha, Juri Karlowitsch, Ps. *Zubilo* (* 3. 3. 1899 Kirowograd, †10. 5. 1960 Moskau). – Russ. Schriftsteller, war Journalist der Eisenbahnerzeitung von Odessa, als er sich 1927 mit dem Roman *Neid* (dt. 1960) einen Namen machte. Hier – und ähnl. in allen weiteren Romanen und Dramen, zeigte er, wie altes, vorrevolutionäres Leben und Denken mit dem neuen, kommunist. zusammenprallen. In den dreißiger Jahren kritisiert, wurde er erst seit 1956 wieder aufgelegt.

Oliveira, Antonio Mariano Alberto de (* 28. 4. 1859 Palmital/Rio, †19. 1. 1937 Niterói). – O. war als Dozent für portugies. Literatur in Rio de Janeiro tätig. Er schrieb anfangs romant. Gedichte. Dann wurde er zu einem führenden Lyriker des brasilian. Parnaß, einer Gegenbewegung zur Romantik, die realist. und streng gebundene Lyrik hervorbrachte. Aus seinen stimmungsvollen Gedichten und Sonetten spricht pantheist. Naturbegeisterung.

Oliveira, Francisco Xavier de (* 21. 5. 1702 Lissabon, †18. 10. 1783 Hackney/England). – Portugies. Schriftsteller, führte als Botschaftssekretär in Wien ein bewegtes Leben, das zu seinem wirtschaftlichen Ruin führte. Er floh 1744 nach England, trat dort zum anglikan. Glauben über und wurde freier Schriftsteller. Die Ideen der Aufklärung und eine krit. Haltung gegenüber religiösen Fragen und der kathol. Kirche bestimmen den Inhalt seiner Briefe, Essays, Reisebeschreibungen und Memoiren, z. B. *Memórias das viagens* (1741).

Oliveira Martins, Joaquim Pedro de (* 30. 4. 1845 Lissabon, †24. 8. 1894 ebd.). – Portugies. Schriftsteller, einer der bedeutendsten Denker Portugals im 19. Jh., war Autodidakt. Neben seiner berufl. Tätigkeit (u. a. Bergwerksverwalter in Spanien) engagierte er sich beim Aufbau des portugies. Sozialismus, war Abgeordneter und gründete mit Antero de Quental mehrere fortschrittliche Zeitschriften. In zahlreichen Geschichtswerken und einem Roman – *Phoebus Moniz* (1867) – setzte er sich krit. mit der sozialen Vergangenheit seines Landes auseinander.

Olmedo, José Joaquin de (* 20. 3. 1780 Guayaquil, †19. 2. 1847 ebd.). – Ecuadorian. Schriftsteller, nahm am Unabhängigkeitskampf seines Landes teil, befand sich als Abgeordneter und Gesandter lange Zeit in Europa und bekleidete zurückkehrend

eine hohe polit. Stellung in Ecuador. Von griech. und lat. Lyrik beeinflußt, feierte er als erster namhafter Dichter seines Landes in begeisterten Oden die errungene Unabhängigkeit und die polit. Führer dieses Kampfes, z. B. Bolivar, *La victoria de Junin. Canto a Bolivar* (1824).

Olson, Charles (* 27. 12. 1910 Worcester/Mass., †10. 1. 1970 Gloucester/Mass.). – Amerikan. Dichter, Dozent für engl. Literatur, war zeitweise Mitherausgeber der Zeitschrift »Black Mountain Review«, die neueste Lyrik veröffentlichte. U. a. von Whitman angeregt, forderte er eine Lyrik, die allein durch den Rhythmus des Sprechens, Atmens und Hörens gegliedert ist. In seinen Hauptwerken, den Gedichten *In Cold Hell, In Thicket* (1953) und *The Maximus-Poems* (1960), verglich O. als Spezialist für Mayakultur die Kultur der Gegenwart mit den Kulturen der Vergangenheit. Eine dt. Übersetzung *Gedichte* erschien 1965.

Olsson, Hagar (* 16. 9. 1893 Kustavi, †1978). – Finn.-schwed. Autorin, zählt neben Södergran zu den Mitbegründern der modernen finnischen Literatur. Ihr krit. journalist. Engagement in sozialen Fragen stand stark im Vordergrund. Anfangs vom Expressionismus beeindruckt, erscheint in ihren späteren Werken – Romane, Dramen und Essays – eine myst. Naturverehrung, z. B. in *Sturm bricht an* (1930, dt. 1931) und *Der Holzschnitzer und der Tod* (1940, dt. 1942). Eine umfassende dt. Auswahl fehlt; auch ihr Hauptwerk *Chitambo* (1935) wurde nicht übertragen.

Omar Chaijam, eigtl. *Ghejasoddin Abol Fath* (* um 1045 Naischabur/Nordostiran, † um 1122 ebd.). – Pers. Dichter und Gelehrter, wurde berühmt, als er 1074–79 im Namen des Seldschukensultans an einer Kalenderreform mitwirkte. Als Professor der Mathematik, Physik, Astronomie und Philosophie lehrte er dann viele Jahre am Seldschukenhof. Seine *Robaejat* (= Vierzeiler), die im pers. Mittelalter als Sinnsprüche verwendet wurden, übersetzte 1859 E. Fitzgerald hervorragend ins Engl. und rief damit Begeisterung in Europa hervor. Aus ihnen sprechen eine modern anmutende skept. Lebenseinstellung, atheist. Gedanken und Hingabe an den Genuß.

Omre, Arthur, eigtl. *Ole A. Antonisen* (* 17. 12. 1887 Horten, †16. 8. 1967 Porsgrunn). – Norweg. Schriftsteller, Seemann, dann Journalist, führte ein unruhiges Wanderleben durch Amerika, Europa und Asien; 1932 kehrte er nach Norwegen zurück. In realitätsnahen, psycholog. Kriminalromanen und Novellen gestaltete O. die seel. Konflikte und Ängste von Verbrechern. Seine Werke, z. B. *Die Flucht* (1936, dt. 1953), *Intermezzo* (1939, dt. 1940) und *Die Männer im Fuchsbau* (dt. 1953), sind auch literar. wertvoll.

O'Neill, Eugene (* 16. 10. 1888 New York, †27. 11. 1953 Boston). – Amerikan. Dramatiker, Sohn eines irischen Schauspielers, der eine Wandertheatergruppe leitete, verbrachte seine Jugend in Hotels und Internatsschulen. Dem abgebrochenen Studium folgten einige Jahre unsteten Lebens als Goldgräber, Schauspieler, Matrose und Reporter. 1912/13 kam es während eines Aufenthalts in einem Lungensanatorium zur Wende: Von Strindberg beeindruckt, machte O'N. erste Versuche als Dramatiker und studierte nach seiner Genesung Dramaturgie an der Harvard-Universität. An Shaw, Strindberg, Nietzsche und vor allem an Ibsens tiefenpsychol. Gestaltung geschult, begründete O'N. mit seinem umfassenden dramat. Werk das moderne amerikan. Drama; 1936 erhielt er den Nobelpreis. Naturalismus, Expressionismus, symbolischer Realismus, aber auch eigenes Experimentieren bestimmen den Stil seiner Stücke. Inhaltl. kreisen sie um Verschuldung des Menschen durch Haß, Erfolgsgier, Eifersucht und mangelnden Glauben, um hoffnungslosen Untergang oder Leben im Verzicht auf Glück und in Hingabe an den göttl. Willen. Aus den verschiedenen Phasen seines Schaffens stehen als Beispiele: *Unterm Karibischen Mond* (1919, dt. 1924; Pulitzer-Preis 1920), *Kaiser Jones* (1921, dt. 1923), *Anna Christie* (1921, dt. 1923; Pulitzer-Preis 1922), *Der haarige Affe* (1922, dt. 1924), *Seltsames Zwischenspiel* (1928, dt. 1929; Pulitzer-Preis 1928), *Trauer muß Elektra tragen* (1931, dt. 1947), *O Wildnis* (1933, dt. 1949), *Jenseits vom Horizont* (1934, dt. 1952), *Ein Mond für die Beladenen* (1952, dt. 1954), *Eines langen Tages Reise in die Nacht* (engl. u. dt. 1956; Pulitzer-Preis 1957), *Fast ein Poet* (1957, dt. 1959), *Alle Reichtümer der Welt* (1964, dt. 1965). Eine dt. Übersetzung u. d. T. *Meisterdramen* erschien 1960 bis 1963 in 2 Bdn.

Ōoka, Makoto (*16.2. 1931 Mishima/Shizuoka). – Japan. Schriftsteller, stammt aus einem Elternhaus, in dem Dichtung sehr gepflegt wurde, studierte Literatur und trat früh lit. Bewegungen bei. Unter dem Einfluß des Surrealismus, aber auch japan. Überlieferungen, schrieb er formstrenge Gedichte, in denen sich allmähl. auch heiter-gelöste Passagen finden. Seine hohe Gelehrsamkeit wird sowohl im Anspruch der Gedichte als auch in seinen Literaturessays sichtbar.

Opatoschu, Joseph, eigtl. *J. Opatofski* (*1.1. 1887 Mlawa/Polen, †19.10. 1954 New York). – Poln. Dichter, schrieb seine Prosa in jidd. Sprache, ging 1907 in die USA, wo er zu den führenden Vertretern jidd.-amerikan. Dichtung zählte. In umfangreichen histor. Romanen stellte er realist. das Leben der poln. Juden dar. Daneben verfaßte er ca. 300 ausgezeichnete Erzählungen, z. B. *Lehrer* (1920), *A Roman funm Pferdegannef* (1913), *Der letzte Waldjude* (1928) und *Der letster Oifshtand* (1948).

Opitz, Martin (*23.12. 1597 Bunzlau, †20.8. 1639 Danzig). – Dt. Dichter und Literaturtheoretiker aus wohlhabender Bürgerfamilie, gelangte durch Studium, Bildungsreisen und dichter. Schaffen zu gesellschaftl. Aufstieg. Ab 1623 stand er als Rat, Sekretär und Diplomat im Herzogs- und Grafendienst, wurde 1625 von Kaiser Ferdinand II. zum Hofdichter gekrönt

und 1627 geadelt. 1636 ging er als Hofgeschichtsschreiber des poln. Königs nach Danzig, wo er an der Pest starb. Über seine Zeit hinaus bedeutend wurde O. mehr als Literaturtheoretiker denn als Dichter. Er bemühte sich, eine eigenständige dt. Dichtung nach klass. Vorbild zu schaffen, die der damals führenden franz. und ital. Dichtung ebenbürtig sein sollte. Während bis dahin die dt. Sprache als barbar. galt und für die Gebildeten in Latein geschrieben wurde, wertete O. nun die dt. Sprache als literaturfähig auf. In *Teutsche Poemata* (1624) und *Buch von der Deutschen Poeterey* (1624) entwarf er eine Verslehre, die für die dt. Sprache den natürl. Wechsel von unbetonten und betonten Silben vorsah, stellte feste Regeln für Roman und Drama auf und führte Kunstdrama, Schäferdichtung, Sonett, Ode und Epigramm in die dt. Dichtung ein. Seine eigenen Dichtungen, z. B. *Trost Gedichte in Widerwertigkeit Dess Krieges* (1633), und Übersetzungen ital. und franz. Werke, z. B. Sophokles' *Antigone*, stellten Muster dieser Formen dar. Von O. stammt der Text der ersten dt., von Schütz vertonten Oper *Daphne*. Viele seiner Gedichte werden noch heute sehr geschätzt. Das Gesamtwerk erschien 1968 ff. in 5 Bdn.

Oppeln-Bronikowski, Friedrich Freiherr von (*7.4. 1873 Kassel, †9.10. 1936 Berlin). – Dt. Offizier, mußte wegen eines Unfalls den Beruf aufgeben, studierte und wurde freier Schriftsteller. Im Ersten Weltkrieg gehörte er dem Generalstab an, danach dem Auswärtigen Amt. Die Themen seiner Novellen und Romane entstammen der preuß. Geschichte – z. B. *Abenteuer am Preußischen Hofe 1700 bis 1800* (1927) – und dem militär. Leben. Daneben schrieb er kulturgeschichtl. und biograph. Studien, z. B. *Der große König als erster Diener seines Staates* (1934), und übersetzte u. a. Stendhal, Friedrich d. Großen, de Coster und Maeterlinck.

Oppianos (*Ende des 2. Jh. n. Chr. Anazarbos/Kilikien). – Griech. Dichter, widmete den Kaisern Marc Aurel und Commodus das sprachl. gewandte epische Lehrgedicht *Halieutika* über Fischfang und Fische. Mit *Halieutika* überliefert wurde das Lehrgedicht *Kynegetika* (= Jagd), das wahrscheinl. von einem anderen O. aus dem syr. Apameia stammt.

Orbeliani, Fürst Sulchan-Saba (*24.10. 1658 Tandzia, †26.1. 1725 Moskau). – Georg. Dichter, war Ratgeber des georg. Königs Wachtang VI. und hielt sich als Diplomat in Persien, am Vatikan und am Hof Ludwigs XIV. auf; 1724 emigrierte er nach Moskau. Sein Hauptwerk ist das für die Erziehung des Thronfolgers verfaßte Buch *Die Weisheit der Lüge* (dt. 1878), eine Sammlung von Märchen, Fabeln, Parabeln und Anekdoten. Damit und mit seinem georg. Wörterbuch trug er wesentl. zur Bildung der neugeorg. Literatur- und Wissenschaftssprache bei.

Orczy, Emmuska Baroness (*23.9. 1865 Tarnaörs/Ungarn, †12.11. 1947 London). – Engl. Autorin, Tochter eines anerkannten ungar. Komponisten, lernte in der Jugend Wagner,

Gounod und Liszt kennen. Sie studierte Kunst in London und trat mit Kurzgeschichten in Zeitschriften an die Öffentlichkeit. Ihr Geschichts- und Abenteuerroman *Die scharlachrote Blume (The Scarlet Pimpernel*, dt. 1935) machte sie 1905 berühmt und regte sie zu Fortsetzungen und einer Reihe weiterer Abenteuer-, Kriminal- und Liebesromane an, die in viele Sprachen übersetzt und auch verfilmt wurden.

Orendel. Das mittelfränkische Spielmannsepos aus der Zeit um 1190 schildert, wie der Trierer Königssohn Orendel während seiner Brautfahrt ins Hl. Land den »grauen Rock« Christi im Bauch eines Wales findet und nach Trier bringt. Zeitgeschichtl. Ereignisse, fränk. Märchenmotive und Motive antiker Romane fließen mit ein. Das Epos wurde in einer 1870 verbrannten Handschrift (15. Jh.) und 2 Drucken (1512) überliefert.

Oriani, Alfredo (*27. 7. 1852 Faenza, †18. 10. 1909 Casola Valsenio/Ravenna. – Ital. Schriftsteller, lebte als wenig beachteter Schriftsteller auf seinem Familiensitz Casola Valsenio. Mit seinen geschichtl. und polit. Abhandlungen, in denen er sich zugunsten einer ital. Großmachtpolitik äußerte, zählt er zu den Wegbereitern des ital. Faschismus. Der Inhalt seiner Erzählungen, Romane, Gedichte und Dramen ist meist autobiograph. geprägt; *Die Empörung des Ideals* (1908, dt. 1930) wurde auch im Ausland sehr bekannt.

Oriente, Fernão Álvares do (*um 1540 Goa, †1595 Lissabon). – Portugies. Schriftsteller, befand sich viele Jahre als Soldat in Asien. Nach ital. Vorbild entstand sein Schäferroman *Lusitânia Transformada*, eine Sammlung von Schäfererzählungen und Gedichten, in die er Beschreibungen des Lebens in Indien, Japan und China flocht.

Origenes, gen. *Adamantios* (*um 185 Alexandria, †um 255 Tyrus [?]). – Der Kirchenschriftsteller, dessen Vater 202/03 als Märtyrer starb, studierte Theologie und lehrte an der Katechetenschule in Alexandria, ab 230 in Caesarea. Er war Schüler des Neuplatonikers Ammonios Sakkas; seine gründl. philosoph. und sprachwissenschaftl. Kenntnisse stellte er jedoch in den Dienst der Theologie. In einem von klass. Prosa beeinflußten Stil schrieb er exeget. Schriften zum AT und NT sowie dogmat. und apologet. Abhandlungen, z. B. *Peri archon (De principiis)*. Daneben bemühte er sich, einen möglichst korrekten Text des AT herzustellen: In der *Hexapla* führt er 6 verschiedene Überlieferungen und Übersetzungen nebeneinander auf. Sein Werk war von großem Einfluß auf die Theologie der ersten christl. Jahrhunderte, wurde später aber teils als ketzer. vernichtet, so daß nur mehr etwa ein Drittel erhalten ist.

Orkan, Wladyslaw, eigtl. *Franciszek Szmarciarz-Smreczyński* (*27. 11. 1876 Poreba/Wielka, †14. 5. 1930 Krakau). – Poln. Schriftsteller, stammte aus einer armen Bergbauernfamilie. Mit seinen Romanen, in denen er realist., z. T. im Goralen-

dialekt, das entbehrungsreiche Leben der Tatrabauern schilderte, wurde er neben Reymatt zum bedeutendsten Dichter des poln. Bauerntums. Sein Hauptwerk *Ehemals* (1912) wurde ins Dt. übersetzt.

Orosius (Paulus O.) (*um 390 Braga, †nach 418). – Lat. Geschichtsschreiber, begegnete 414 auf der Flucht vor den Vandalen in Afrika Augustinus und wurde von diesem aufgefordert, eine Weltgeschichte zu schreiben. Das lat. Werk *Historiarum adversus Paganos libri VII* stellt in 7 Büchern die Geschichte von Adam bis zum Jahr 417/18 dar. O. wandte sich darin gegen den Vorwurf der Heiden, daß das Christentum am Untergang des Röm. Reiches und anderen Krisenerscheinungen Schuld trage; diese seien vielmehr durch die sittl. Niedergang der heidn. Zeit verursacht worden. Das Werk, das im Mittelalter die Grundlage der christl. Geschichtsauffassung bildete, hat heute noch Bedeutung dadurch, daß in ihm wichtige verlorengegangene Quellen genannt werden.

Ors y Rovira, Eugenio d', Ps. *Xenius* (*28. 9. 1882 Barcelona, †25. 9. 1954 Madrid). – Span. Schriftsteller, Professor der Psychologie und Direktor der Kunstakademie in Barcelona. In katalan., span. und franz. Sprache schrieb er Romane, z. B. *La ben plantada* (1912), und besonders kunstkrit. Abhandlungen, die – belehrend und intellektuell – großen Einfluß auf das kulturelle Leben hatten. Bekannt sind seine Biographien *Cézanne* (1924), *Vida de Goya* (1929) und *Pablo Picasso* (1930). Sein katalan. Werk erschien 1950 ff. in einer vollständigen Ausgabe.

Ortega y Gasset, José (*9. 5. 1883 Madrid, †18. 10. 1955 ebd.). – Span. Philosoph, studierte in Madrid und an einigen dt. Universitäten. 1911–36 dozierte er an der Universität Madrid, gründete 1923 die fortschrittl. lit.-kulturelle Zeitschrift »*Revista de Occidente*« und war Führer einer republikan. gesinnten Intellektuellengruppe. Der Bürgerkrieg vertrieb ihn 1936 über Frankreich nach Argentinien; seit 1945 lebte er wieder in Spanien. O. war in erster Linie Philosoph, beeinflußt von Bergson, Nietzsche und Heidegger. Seine stilist. hervorragenden philosoph. und literaturkrit. Essays zählen zu den wertvollsten der span. Literatur. Er kritisierte in ihnen u. a. die veralteten Zustände in Spanien und verkündete seinen Glauben an die im Leben und Geschichte herrschende Vernunft. Als Beispiele seines lit. Schaffens seien genannt *Der Aufstand der Massen* (dt. 1931), *Um einen Goethe von innen bittend* (dt. 1934), *Über die Liebe* (dt. 1933), *Vom Menschen als utopisches Wesen* (1951). 1978 erschien eine dt. Gesamtausgabe.

Ortner, Eugen (*26. 11. 1890 Glaishammer/Nürnberg, †19. 3. 1947 Traunstein). – Dt. Schriftsteller, Kabarettist und Journalist. Ab 1928 als freier Schriftsteller in München, verfaßte er wirkungsvolle soziale Dramen und Volksstücke, die anfängl. den Einfluß Hauptmanns und Wedekinds zeigen – z. B. *Meier*

Helmbrecht (1928) –, sowie breitangelegte kulturgeschichtliche und biographische Romane und Essays: *Balthasar Neumann* (1937), *Ein Mann kuriert Europa* (1938) über den Pfarrer Kneipp, *Geschichte der Fugger* (1939/40, neu 1977 u.d.T. *Glück und Macht der Fugger*) und *G.Fr.Händel* (1942).

Ortnit. Das mittelhochdeutsche märchenhaft-abenteuerl. Heldenepos wurde um 1225 von einem ostfränk. Dichter in der Nibelungenstrophe geschrieben. Der Langobardenkönig Ortnit, Sohn des Zwergenkönigs Alberich, unternimmt eine Brautfahrt in den Orient, besteht viele Gefahren mit Hilfe des Vaters, findet aber schließl. im Drachenkampf den Untergang.

Orton, Joe, eigtl. *John Kingsley* (*1.1. 1933 Leicester, †9.8. 1967 London). – Engl. Schauspieler, wurde von einem Freund ermordet. O. trat in den 60er Jahren mit eigenen Stücken hervor, die wegen ihrer spannungsreichen Dialoge, des schwarzen Humors und der ungewöhnl. Thematik – Mord, Homosexualität, Sadismus – Aufmerksamkeit erregten, z.B. *Seid nett zu Mr. Sloane* (engl. u. dt. 1964), *Beute* (engl. und dt. 1967).

Orwell, George, eigtl. *Eric Blair* (*25.6. 1903 Motihari/Indien, †21.1. 1950 London). – Engl. Schriftsteller, Stipendiat am »Eton College«, verließ 1927 nach 5 Jahren Offiziersdienst die brit. Militärpolizei in Indien, da er Englands imperialist. Regierungsstil ablehnte. Er lebte in Paris und London als Vagabund, Tellerwäscher, Lehrer und freier Schriftsteller, nahm 1936 freiwillig am Spanischen Bürgerkrieg auf republikan. Seite teil, wurde verwundet und wirkte in den folgenden Jahren in London als Redakteur der linksorientierten »Tribune«, als Mitarbeiter des BBC und der »Times«. O., anfangs Kommunist, dann Sozialist, kämpfte gegen die Unterdrückung in faschist., kommunist. und imperialist. Staaten, etwa in seiner 1945 erschienenen Satire gegen die Diktatur *Farm der Tiere* (1945, dt. 1946). Als letztes Buch schrieb O. den utop. Roman *1984* (1949, dt. 1950), in dem er die drohende Gefahr einer bis ins letzte kontrollierten Gesellschaft zeichnete.

Orzechowski, Stanislaw, gen. *Orichovius* (*11.11. 1513 Przemyśl, †1566). – Poln. Schriftsteller, studierte u.a. drei Jahre in Wittenberg und wurde in der Begegnung mit Luther und Melanchthon Protestant. In Italien erhielt er anschließend eine rhetor. Ausbildung. Nach Polen zurückgekehrt, wandte er sich später aber entschieden gegen die Reformation. Seine in lat. und poln. Sprache abgefaßten Pamphlete und gewandte rhetor. Prosa machen ihn zum bedeutendsten poln. Publizisten des 16.Jh.

Osborn, Paul (*4.9. 1901 Evansville/Indiana). – Amerikan. Bühnenautor, errang nach seinem Studium mit den Komödien – z.B. *Familienleben* (1931, dt. 1949) und *Der Tod im Apfelbaum* (1938, dt. 1947) – Erfolge und führte mit besinnlichen Textstellen den Zuschauer zu eigenem Denken. Weiter schrieb

er Drehbücher wie *Mme. Curie* u. a. und dramatisierte Romane anderer Schriftsteller.

Osborne, John (*12.12. 1929 London). – Engl. Dramendichter, wuchs in engen familiären Verhältnissen auf, arbeitete als Journalist und Hauslehrer, dann als Schauspieler und Regisseur. Mit dem Erfolgsstück *Blick zurück im Zorn* (Erstdruck 1957, dt. 1958) führte er 1956 eine neue Thematik ins engl. Drama ein, die einer Gruppe engl. Schriftsteller, den »Zornigen jungen Männern« ihren Namen gab. O. beschreibt die Unzufriedenheit der jungen Gebildeten mit der Konsumgesellschaft, die den Menschen innerlich verarmen läßt. O.s Stücke greifen Konflikte des gegenwärtigen England auf, z.B. in *Richter in eigener Sache* (1965, dt. 1968) oder der Geschichte *Ein Patriot für mich* (1966, dt. 1968). Sein letztes bedeutendes Werk ist *The End of My Old Cigar* (1975). Nach längerem Schweigen erschien 1981 die Autobiographie *A Better Class of Person*, die formal und sprachl. an die frühen Werke anknüpft.

Ossiannilsson, Karl Gustav (*30.7. 1875 Lund, †14.3. 1970 Lindhem). – Schwed. Schriftsteller, anfangs Sozialist, distanzierte er sich von dieser polit. Richtung in dem Schlüsselroman *Der Barbarenwald* (1908, dt. 1911) und wandte sich nach der Beschäftigung mit Nietzsche dem Faschismus zu. Seine Lyrik verherrlicht den Tatmenschen; später schrieb er Unterhaltungsromane, die nicht übersetzt wurden.

Ossietzky, Carl von (*3.10. 1889 Hamburg, †4.5. 1938 Berlin). – Dt. Schriftsteller, leitete 1926–33 als Chefredakteur die Zeitschrift »Die Weltbühne« und engagierte sich in der »Deutschen Friedensgesellschaft«; 1931 wurde er als Landesverräter verurteilt, 1932 begnadigt; seit 1934 wurde er im KZ gefangengehalten, wo er schließlich umkam. 1936 erhielt er den Friedensnobelpreis. Das Buch *Rechenschaft* (1972) bietet eine Auswahl an Glossen, Essays und krit. Analysen des Zeitgeschehens, die O. 1913–33 in verschiedenen Zeitschriften veröffentlichte. Sie dokumentieren sein kämpfer. Engagement für Frieden, Demokratie, Toleranz und die Menschenrechte.

Ossorgin, Michail Andrejewitsch, eigtl. *M.A.Iljin* (*7.10. 1878 Perm, †27.11. 1942 Chabris/Frankreich). – Russ. Schriftsteller, wirkte in Rußland und – 1922 wegen seiner liberalen Einstellung ausgewiesen – in Paris als Journalist. Seine Romane und Erzählungen über die Revolutionen von 1905 und 1917, z.B. *Der Wolf kreist* (1928, dt. 1929), wurden im Ausland begeistert aufgenommen. O. verbindet Stilmittel Tschechows und Turgenjews mit modernen Elementen der Filmtechnik, bedient sich iron. und satir. Ausdrucksformen.

Ossowski, Leonie, eigtl. *Jolanthe Kurtz-Solowjew* (*15.8. 1925 Ober-Röhrsdorf/Niederschlesien). – Dt. Schriftstellerin, stammt aus einer alten Landadelsfamilie in Schlesien und arbeitete nach der Vertreibung in verschiedenen Berufen. Bereits früh mit Kurzgeschichten an die Öffentlichkeit getreten, gewann sie allg. Beachtung mit den R. *Weichelkirschen* (1976), *Wolfsbeeren* (1987), *Holunderzeit* (1991), in denen sie sich mit der Frage der Geschichte der dt.-poln. Beziehungen auseinandersetzt. Auch mit Jugendbüchern *Die große Flatter* (1977), *Wilhelm Meisters Abschied* (1981) hat sie diese Gedanken verbreitet und so einen wichtigen Beitrag zur Auseinandersetzung mit der jüngsten Vergangenheit geleistet.

Ostaijen, Paul André van (*22.2. 1896 Antwerpen, †17.3. 1928 Anthée/Ardennen). – Fläm. Dichter, kam 1918–20 in Berlin mit Künstlern des Expressionismus und Dada in Kontakt; seit 1925 war er Kunsthändler in Brüssel. Expressionist. national-fläm. Gedichten folgten äußerst klangvolle dadaist. und experimentelle Verse, mit denen er starken Einfluß auf die moderne fläm. Dichtung ausübte, z.B. *Poesie* (dt. 1966). Seine *Grotesken* (dt. 1967) stehen den Erzählungen Kafkas nahe.

Osterspiel von Muri. Das älteste ganz in dt. Sprache abgefaßte Spiel entstand um 1250 im Schweizer Aargau; es ist nur mehr bruchstückweise erhalten. In ihm verbinden sich Szenen aus der Liturgie des Osterevangeliums und Szenen weltl., z.T. kom. Inhalts. Versbau (vierhebige Reimpaare) und Ideenwelt zeigen den Einfluß des höf. Epos.

Ostrowski, Alexandr Nikolajewitsch (*12.4. 1823 Moskau, †14.6. 1886 Stschelykowo). – Russ. Dramatiker, ging nach abgebrochenem Jurastudium an die Kanzlei des Moskauer Handelsgerichts. 1849 eröffnete die Komödie *Es bleibt ja in der Familie* (dt. 1951) seinen Erfolg als Bühnenautor. Er wurde freier Schriftsteller, 1885 Leiter des Moskauer Kaiserlichen Theaters und der angegliederten Theaterschule. O. – Autor von ca. 45 Dramen und Komödien – zählt mit Gogol und Gribojedow zu den größten russ. Dramatikern und ist der Hauptvertreter des realist. russ. Dramas im 19. Jh. Seine Stücke bestehen teilweise nur aus locker aufeinanderfolgenden Szenen. Bühnenwirksamkeit wird durch die treffende Herausarbeitung der Charaktere und des Milieus erreicht. Ein Großteil der Dramen zeigt die Welt des vielschichtigen russ. Kaufmannsstandes, der von den wirtschaftl. und gesellschaftl. Umwälzungen Mitte des 19. Jh.s bes. betroffen wurde, so z.B. *Das Gewitter* (dt. 1911), und enthält Kritik an der kapitalist. Entwicklung Rußlands, z.B. *Tolles Geld* (dt. 1951) und *Wölfe und Schafe* (dt. 1951). Weniger bedeutend sind O.s geschichtl. Dramen. In Dtld. wurden bes. bekannt *Der Bankrott* (1850), *Eine Dummheit macht auch der Gescheiteste* (1868), *Der Wald* (1871), *Talente und Verehrer* (1881). Das Gesamtwerk liegt in 4 Bdn. vor.

Ostrowski, Nikolai Alexejewitsch (*29.9. 1904 Wilija, †22.12. 1936 Moskau). – Russ. Schriftsteller, Arbeitersohn, kämpfte 1919/20 in der Roten Armee. Aufgrund schwerer Verwundung wurde er 1924 gelähmt und schließlich blind. Als Kranker diktierte er den autobiograph. gefärbten Roman *Wie der Stahl gehärtet wurde* (1935, dt. 1954), der den Kampf eines

ukrain. Arbeitersohns für den Kommunismus darstellt und stilist. dem Sozialist. Realismus zuzurechnen ist.

Ostwald, Hans (*31.7. 1873 Berlin, †8.2. 1940 ebd.). – Dt. Schriftsteller, lernte als wandernder Handwerker die Welt der Vagabunden, Dirnen und Gauner kennen. Er beschrieb sie in seinen Romanen und Novellen und spiegelte ihre Sprache in dem Wörterbuch *Rinnsteinsprache* (1906) und seiner Sammlung *Lieder aus dem Rinnstein* (1903–08). Ferner veröffentlichte er eine *Kultur- und Sittengeschichte Berlins* (1910).

O'Sullivan, Seumas →*Starkey, James Sullivan*

Oswald von Wolkenstein (*2.5. 1377 [?] Schloß Schöneck/Pustertal, †2.8. 1445 Burg Hauenstein/Südtirol). – Österr. Minnesänger aus einem Südtiroler Rittergeschlecht, führte mit 10 Jahren ein abenteuerl. Leben in der Fremde, das ihn als Koch, Knecht und Spielmann u.a. nach Rußland, Schweden und Ungarn führte. Ab 1407 wieder in der Heimat, nahm er 1415 als Vertrauter Kaiser Sigismunds am Konzil von Konstanz teil und reiste als dessen Diplomat nach England, Portugal und Spanien. O. gilt als der bedeutendste dt. Dichter des späten Mittelalters. Obwohl er mit seinen Liebes-, Zech- und Tanzliedern noch Formen des höf. Minnesangs aufgriff, unterschieden sie sich von diesem durch Sinnlichkeit, Derbheit und die Gestaltung persönlicher Gefühle und Erlebnisse. In den Melodien stehen sie dem Meistersang und Volkslied nahe. O. schrieb auch polit. und geistl. Lyrik. Seine Werke erschienen in den letzten Jahren in zahlreichen Ausgaben.

Otfrid von Weißenburg (*um 800 Elsaß, †um 870 Weißenburg/Elsaß). – Elsässer Geistlicher, Schüler des Hrabanus Maurus in Fulda, war Mönch, Priester und Lehrer im Kloster Weißenburg. Er schuf mit seinem Ludwig dem Deutschen gewidmeten *Evangelienbuch*, auch *Krist* genannt, die erste bedeutende Reimdichtung in ahd. Sprache (836 bis 871 vollendet; hg. 1571, 1831, nhd. 1858); den Endreim entlehnte er aus der lat. Hymnendichtung. Das Werk schildert z.T. in hymn. Sprache Leben und Leiden Christi von der Geburt bis zur Himmelfahrt nach den Evangelien und Bibelkommentaren und enthält viele belehrende und erbaul. Einschübe.

Otloh von Sankt Emmeram (*um 1010 bei Tegernsee, †23.11. 1072 [?] Regensburg). – Otloh war Weltpriester bei Freising, wurde 1032 Mönch und lehrte in St. Emmeram in Regensburg. Nach einem Aufenthalt in Fulda entstand 1067 ein *Gebet*, das in der gekürzten dt. Fassung zu den ältesten dt. Gebeten zählt. In lat. Sprache schrieb er Hymnen, Heiligenlegenden und eine Autobiographie *Liber de temptationibus*.

Ott, Wolfgang (*23.6. 1923 Pforzheim). – Dt. Schriftsteller, ging im Zweiten Weltkrieg als 17jähriger zur Marine und wurde Offizier. Nach 1945 wirkte er als Journalist und freier Schriftsteller in Stuttgart und München. Seine Kriegserlebnisse, besonders den U-Boot-Krieg, schilderte er realist. und krit. in dem Roman *Haie und kleine Fische* (1956). Als weitere

Romane erschienen *Die Männer und die Seejungfrau* (1960), *Villa K.* (1962), *Ein Schloß in Preußen* (1981), *Die Grafen von Cronsberg* (1983) und *Der junge Cronsberg* (1984).

Otten, Karl (*29.7. 1889 Oberkrüchten b. Aachen, †20.3. 1963 Minusio/Locarno). – Dt. Schriftsteller, seit 1918 Redakteur und freier Schriftsteller in Wien und Berlin. 1933 emigrierte er nach England; 1944 erblindete er. In den frühen Jahren schrieb er expressionist. Gedichte (z.B. *Die Thronerhebung des Herzens,* 1918) und Erzählungen (z.B. *Ahnung und Aufbruch,* neu 1977, *Der Sprung aus dem Fenster,* 1918), u.a. für die »Aktion«, in denen er seine kommunist. Haltung zum Ausdruck brachte, später strenggebaute Gedankenlyrik. Seine z.T. autobiograph. Romane *Prüfung zur Reife* (1928) und *Wurzeln* (1963) behandeln das Thema des Sohn-Vater-Konfliktes. Als Hg. jüd. Dichtung und expressionist. Texte machte er sich einen Namen. Seine eigenen ep. Arbeiten sind heute von geringem Interesse – etwa: *Die Reise durch Albanien* (1912), *Lona* (1920), *Eine gewisse Victoria* (1930), *Der schwarze Napoleon* (1931), *Der unbekannte Zivilist* (1932), *Die Botschaft* (1957).

Ottlik, Géza (*9.5. 1912 Budapest). – Ungar. Schriftsteller, studierte Mathematik und Physik und trat mit Novellen, die er in Zeitschriften publizierte, an die Öffentlichkeit. Nach einer Tätigkeit am Theater, die ihm den Vorwurf einbrachte, nicht der offiziellen Literaturpolitik zu entsprechen, setzte er mit eigenen Veröffentlichungen aus und übersetzte Dickens, Zweig, Hemingway ins Ungarische. Mit dem Roman *Die Schule an der Grenze* (1959, dt. 1963) wurde er zum Vorbild der modernen ungar. Erzählliteratur.

Otto von Botenlauben, Graf von Henneberg (*um 1180, †1244 [?] Kloster Frauenrode/Bad Kissingen). – Dt. Minnesänger, Sohn des Grafen Poppo VI. von Henneberg, nahm 1197 am Kreuzzug teil und weilte bis 1220 in Palästina, wo er sich mit der Tochter des französ. Seneschalls vermählte. 1234 verkaufte er seine Güter und begab sich ins Kloster Frauenrode. Mit seinen einstrophigen Minne- und Tageliedern, Kreuzzugsliedern, einem Wechsel und einem Leich zählt er zu den höf. Minnesängern.

Otto von Freising (*um 1114/15, †22.9. 1158 Morimund/Langres). – Dt. Gelehrter, Politiker und Geistlicher, bedeutendster Geschichtsschreiber des Mittelalters. O. stammte aus der Ehe des Markgrafen Leopold III. von Österreich und der hl. Agnes, Tochter Kaiser Heinrichs IV. Er studierte bis 1133 in Paris, wurde Mönch im Zisterzienserkloster Morimund und 1138 Bischof von Freising. Polit. unterstützte er die Staufer und unternahm 1145 im Auftrag Konrads III. eine diplomat. Reise nach Rom. 1147–49 beteiligte er sich als Heerführer am 2. Kreuzzug. Zwischen 1143 und 1146 verfaßte er seine Weltchronik *Chronica sive historia de duabus civitatibus,* das größte geschichtsphilosoph. Werk des Mittelal-

ters. In Nachfolge des Augustinus faßt er darin die Geschichte als Kampf zwischen göttl. und weltl. Reich (Zwei-Reiche-Lehre) auf. Seine Biographie *Gesta Friderici I. imperatoris* (1157/58) huldigt den Staufern, speziell Friedrich I.

Otto, Herbert (*15.3. 1925 Breslau). – Dt. Autor, war 1944–49 in sowjet. Kriegsgefangenschaft, wurde danach Dramaturg und Verlagslektor; später freier Schriftsteller in der ehem. DDR. Sein erster Roman *Die Lüge* (1956) spiegelt die Erlebnisse der sowjet. Gefangenschaft, während *Republik der Leidenschaft* (1961), dem eine Kubareise vorausging, das neue kommunist. Kuba schildert. In der Bundesrepublik wurde O. durch den sozialkrit. Liebesroman *Zeit der Störche* (1966) bekannt.

Ottokar von Steiermark, eigtl. *Ottacher ouz der Geul* (*um 1265 Steiermark, †27.9. 1320 [?]). – Österr. Historiker aus ritterl. Ministerialengeschlecht, war einige Zeit Fahrender; seit 1304 hatte er seinen festen Sitz in der Steiermark. Er ist Autor einer nicht erhaltenen Kaiserchronik und einer *Steierischen Reimchronik,* die in nahezu 100 000 Versen im Stil des höf. Epos die Geschichte Österreichs von 1246–1409 und des Reiches ab 1250 darstellt.

Otto-Peters, Luise, geb. Otto (*26.3. 1819 Meißen, †13.3. 1895 Leipzig). – Dt. Frauenrechtlerin, stand an der Spitze der dt. Frauenbewegung im 19. Jh. O. kämpfte mit Gedichten, *Lieder eines deutschen Mädchens* (1847), und Romanen, *Schloß und Fabrik* (1846), für die demokrat. und sozialen Ziele der Revolution von 1848, gründete 1865 den »Allgemeinen Dt. Frauenverein« und engierte sich in Schriften für die Rechte der Frauen.

Otway, Thomas (*3.3. 1652 Trotton/Sussex, †14. [16.?] 4. 1685 London). – Engl. Schriftsteller, wurde nach abgebrochenem Theologiestudium Schauspieler und Dramatiker; wegen einer unglücklichen Liebe ging er vorübergehend zur Armee. O. gilt mit seinen wirkungsvollen, leidenschaftl. Blankverstragödien, die meist den Konflikt zwischen Liebe und Ehre behandeln, als der größte engl. Tragödiendichter seiner Zeit neben Dryden, z.B. mit *Don Carlos* (1676) und *Die Waise* (1680, dt. 1767). Anfangs an Racine orientiert, stehen seine späteren Stücke, z.B. *Das gerettete Venedig* (1682, dt. 1754), unter dem Einfluß Shakespeares. Von den Zeitgenossen wurden die Dramen sehr geschätzt, z.B. *Alcibiades* (1675), *The Rival Queens* (1677), *Titus and Berenice* (1676), *The Cheats of Scapin* (1677), *Friendship in Fashion* (1678), *History and Fall of C. Marius* (1679), *The Soldiers Fortune* (1680).

Ousmane, Sembène (*8.1. 1923 Ziguinchor/Senegal). – Afrikan. Schriftsteller, Sohn eines Fischers, besuchte zahlreiche Schulen ohne Abschluß und nahm am Krieg teil. Danach aktiv in Gewerkschaft und kommunistischer Partei, bereiste Europa, Kuba und die UdSSR und ließ sich nach dem Studium an der Hochschule für Film in Moskau als Schriftsteller in Dakar nieder; trennte sich von den Kommunisten. Von seinen engagierten Schriften sind einige in Dt. erschienen, z. B. *Meines Volkes schöne Heimat* (1957, dt. 1958), *Stromauf nach Santhiaba* (1957, dt. 1970), *Chala* (1973, dt. 1979). Seine international vielbeachteten Filme sind in der Bundesrepublik noch wenig bekannt.

Overhoff, Julius (*12. 8. 1898 Wien, †5. 8. 1977 Hambach/Neustadt a. d. Weinstraße). – Österr. Schriftsteller, seine Prosa, Gedichte und Essays lassen eine starke Einwirkung der Antike erkennen. Als neuere Werke erschienen *Das Haus im Ortlosen* (Erzählung 1960), *Die Herabkunft des Ganga* (Tagebuch 1964), *Rechenschaft eines Verantwortungsbewußten* (1969) und *Südsee – Eine Inselreise* (1978).

Ovidius Naso, Publius (*20. 3. 43 v. Chr. Sulmo, †um 18 n. Chr. Tomi/Konstanza). – Röm. Dichter, erhielt eine gute rhetor. Schulung in Rom und Athen, wechselte aber von der angestrebten polit. Laufbahn zur Dichtkunst über. Vermutl. moral. Einwände gegen seine Gedichte und Person veranlaßten Augustus, ihn 8 n. Chr. nach Tomi/Schwarzes Meer zu verbannen. Schöpferische Lebendigkeit und Beherrschung der Form und Rhetorik kennzeichnen sein Werk. In den frühen Werken besang er die Liebe, so in *Amores* (Liebeselegien), *Heroides* (Briefe mytholog. Frauen) und *Ars amatoria* (Liebeskunst), zuweilen in leichtfertigem Ton, der ihm Kritik einbrachte. Als bedeutendstes Werk gelten die in Hexametern abgefaßten 15 Bücher *Metamorphoses*, die nach griech. Vorbild 256 Verwandlungssagen erzählen. In den *Fasti* erklärte er Feste des römischen Kalenders. O., der letzte bedeutende röm. Elegiker, beeinflußte nachhaltig die spätere Elegie und Lyrik vom hohen Mittelalter bis zum Rokoko.

Owen, Wilfred Edward Salter (*18. 3. 1893 Ostwestry/Shropshire, †4. 11. 1918 Landrecies/Frankreich). – Engl. Dichter, während eines Hospitalaufenthalts im Ersten Weltkrieg von S. Sassoon zum Dichten angeregt. In seinen zunächst von der Romantik geprägten Gedichten erhob er Anklage gegen das sinnlose Sterben im Krieg. Wie Spender und Auden nach ihm, schreibt er oft in reimlosen Versen und verwendet die Alliteration. O. wirkt deutlich auf die jungen Lyriker der dreißiger und sechziger Jahre ein: *Poems* (hg. 1920). B. Britten verwendete in seinem *War Requiem* (1962) Texte von Owen. Bekannt wurden *The Collected Poems* (1963) als Gesamtausg.

Oxenstierna, Johan Gabriel Graf (*19. 7. 1750 Skenäs/Södermanland, †29. 7. 1818 Stockholm). – Schwed. Dichter und Staatsmann, schlug die polit. Laufbahn ein und wurde u. a. Reichsrat, Kanzleipräsident und Reichsmarschall. Er war Mitglied der Schwedischen Akademie. Inspiriert von Rousseau, Voltaire und Milton (er übersetzte Miltons *Paradise Lost* ins Schwed.), verfaßte er gefühlvolle Gedichte, Epigramme, Naturbeschreibungen und patriot. Schriften, die der schwed. Vorromantik zuzurechnen sind, z. B. *Dagens stunder* (1805).

Oz, Amos (*4. 5. 1939 Jerusalem). – Israel. Schriftsteller, lebte längere Zeit in einem Kibbuz, gestaltet in seinem erzähler. Werk Episoden aus der Geschichte und Gesellschaft Israels, z. B. *Mein Michael* (1968, dt. 1979), *Der perfekte Friede* (1982, dt. 1987), *Im Lande Israel* (1982, dt. 1984), *Eine Frau erkennen* (Roman 1989, dt. 1991). Seine eindringliche Sprache, die genaue Beobachtung, aber auch die spannenden Darstellungen haben O. zu einem der bedeutendsten Erzähler der Gegenwart gemacht.

P

Pa Chin, eigtl. *Li Fei-kan* (* 1904 [?] Tschengtu/Szetschuan). – Chines. Autor, schloß sich während seines Studiums in Nanking der revolutionären Bewegung in Shanghai an. Ab 1926 studierte er in Paris Biologie und Literatur und wirkte seit 1929 als Übersetzer, Schriftsteller und Verleger in China. Vom Anarchismus Bakunins und Kropotkins stark beeindruckt, schrieb er sozialkrit. Romane über den Aufstand der jungen Generation gegen die unzeitgemäße Großfamilie, z. B. *Das Haus des Mandarins* (1933, dt. 1959) sowie Kurz- und Kindergeschichten. P. übersetzte u. a. Puschkin, Turgenjew und Gorki ins Chinesische.

Pacuvius, Marcus (* 220 v. Chr. Brundisium, † vor 130 v. Chr. Tarentum). – Röm. Dichter, Neffe des Ennius, wurde von Cicero als bedeutendster röm. Tragiker gerühmt. Von 12 seiner Tragödien sind die Titel erhalten; Erfolg hatte er insbesondere mit *Teucer, Antiopa, Niptra* und das histor. Drama *Paulus.* P. behandelte darin unbekanntere Sagenstoffe und ging mit seinen gewagten Naturszenen und aufkärer. Warnungen im Stil des Euripides neue Wege. Er wurde auch als Satiriker bekannt.

Padilla, Heberto (* 20. 1. 1932 Puerta de Golpe). – Kuban. Schriftsteller, hatte wiederholt Schwierigkeiten mit dem Kommunismus, erhielt Berufsverbot und konnte 1981 in die USA emigrieren. Seine Gedichte *Außerhalb des Spiels* (1968, dt. 1971) wurden als zu individualist. von den kuban. Sozialisten abgelehnt, fanden jedoch international große Beachtung wie auch die im Exil entstandenen Gedichte und der Roman *In meinem Garten grasen die Helden* (1981, dt. 1985).

Page, Thomas Nelson (* 23. 4. 1853 Oakland/Plantation, † 1. 11. 1922 ebd.). – Amerikan. Rechtsanwalt, lebte seit 1893 als freier Schriftsteller und war von 1913–19 Botschafter in Italien. In stimmungsvollen, z. T. im Dialekt verfaßten Erzählungen und Romanen schildert er den amerikan. Süden, insbesondere seine nähere Heimat, in der Zeit vor dem Kriege. Ausgabe: *The Novels, Stories, Sketches and Poems* (18 Bde. 1906–1918).

Pagnol, Marcel (* 28. 2. 1895 Aubagne/Marseille, † 18. 4. 1974 Paris). – Franz. Dichter, seit 1922 Lehrer am Lycée Condorcet in Paris, schrieb in dieser Zeit seine ersten Dramen, z. B. *Catulle* (1922), *Les marchands de gloire* (1926) und *Jazz* (1927), und wirkte ab 1930 auch als Drehbuchautor und Filmregisseur. Ersten Ruhm erlangte er mit der sozialkrit. Komödie *Das große ABC* (dt. 1928), die zeigt, wie sich ein idealist. Lehrer in einer korrupten Welt zum gerissenen Geschäftsmann entwickelt. In seinem Hauptwerk, der Trilogie *Marius* (1929, dt. 1930), *Fanny* (1931, dt. 1932) und *César* (1931, dt. 1948), gelang ihm ein lebendiges Bild des Marseiller Hafenmilieus und seiner Menschentypen. Insgesamt zeichnet sich sein Werk durch treffende Charakterisierung und lebensnahe Dialoge aus. Weitere wichtige Werke sind die Dramen *Die Tochter des Brunnenmachers* (1941, dt. 1955) und *Judas* (1955), der Roman *Die Wasser der Hügel* (1963, dt. 1964) und die Autobiographien *Marcel. Eine Kindheit in der Provence* (dt. 1964). *Die eiserne Maske* (dt. 1966), *Die Zeit der Liebe. Kindheitserinnerungen* (dt. 1978).

Paissi, Chilendarski (* 1722 Eparchie Samokow, † 1798 [?]). – Bulgar. Schriftsteller, war Mönch im Chilendar-Kloster auf dem Berg Athos. Seine *Slawobulgarische Geschichte* ist in 40 Abschriften überliefert und begründete die neue bulgar. Literatur und ein bulgar. Nationalgefühl.

Pakkala, Teuvo, eigtl. *Theodor Oskar Frosterus* (* 9. 4. 1862 Oulu/Finnland, † 7. 5. 1925 Kuopio). – Finn. Journalist und Schriftsteller, schrieb unter dem Einfluß Ahos stimmungsvolle, exakt erzählte Geschichten, in denen stellenweise Humor und ein leicht satir. Ton zum Ausdruck kommen. Sie sind meist in seiner Heimatstadt Oulu und deren armem Randbezirk angesiedelt und zeigen den Alltag der Kinder und Jugendlichen, so z. B. in *Pieni elämänterina* (1913).

Palacio Valdés, Armando (* 4. 10. 1853 Entralgo/Asturien, † 3. 2. 1938 Madrid). – Span. Romancier, einer der Hauptvertreter des span. realist. Romans, war seit 1876 Hg. der »Revista Europea«, für die er lit. Beiträge schrieb. Seine Romane, meist in Asturien, Andalusien oder Madrid spielend, bieten farbige Sitten- und Charakterbilder. In Deutschland wurde er vor allem durch *Kapitän Ribots Freude* (1899, dt. 1944) und *Die Andalusierin* (1899, dt. 1955) bekannt. Sein Gesamtwerk liegt in 28 Bdn. (1901 bis 1932) vor.

Palamas, Kostis (* 13. 1. 1859 Patras, † 27. 2. 1943 Athen). – Neugriech. Schriftsteller, 1897–1927 Generalsekretär. 1897 bis 1927 Generalsekretär der Universität Athen und ab 1930 Präsident der Akademie der Wissenschaften. Mit seinen formstrengen, realist. Gedichten stand er an der Spitze der griech. Gegenbewegung zur Romantik und übte auch durch lit. Essays maßgebl. Einfluß aus. Zusammen mit Psycharis bemühte er sich, die Volkssprache zur Literatursprache zu machen. In Dt. sind Gedichte in der Anthologie *Neugriechische Lyriker* (1928) enthalten.

Palazzeschi, Aldo (* 2. 2. 1885 Florenz, † 17. 8. 1974 Rom). – Ital. Autor, begann seine lit. Tätigkeit mit von den Futuristen und Crepuscolari beeinflußten Gedichten, z. B. *L'incendiario* (1910), sein Erfolg beruht jedoch auf seinen teilweise phantast. und grotesken, immer jedenfalls psycholog. fundierten epischen Werken. Beispiele seines Roman- und Novellenschaffens sind *Il codice de Perelá* (1911, 1954 neu bearbeitet u. d. T. *Perelà, uomo di fumo), Der Doge* (dt. 1968), *Ungleiche Freunde* (dt. 1973), *Befragung der Contessa Maria* (dt. 1990).

Palma, Ricardo (* 7. 2. 1833 Lima, † 6. 10. 1919 ebd.). – Peruan. Dichter, war einige Zeit Gesandter in europ. Staaten und seit 1883 Direktor der Staatsbibliothek in Lima. In dem meisterhaften Prosawerk *Tradiciones peruanas* (1872–1918) gab er ein Gesamtbild der Geschichte Perus von den Inkas bis in die Gegenwart, illustriert durch Sagen, Sprichwörter, Lieder, Sittenbilder und Erzählungen.

Palmblad, Vilhelm Fredrik (* 16. 12. 1788 Skönberga/Östergötland, † 2. 9. 1852 Uppsala). – Schwed. Schriftsteller, leitete seit 1810 die Akademische Buchdruckerei in Uppsala und lehrte Geschichte und Griechisch an der Universität. Er stand an der Wiege der schwed. Romantik, indem er die jungen Romantiker durch Veröffentlichung ihrer Werke, Herausgabe ihrer Zeitschriften und Rezensionen förderte. Während seinen Novellen wenig Bedeutung zukommt, bezeugen seine späten Romane Humor, Realismus und geschichtl. Verständnis: *Aurora Königsmark und ihre Verwandten* (4 Bde. 1846–1849; dt. 1848 bis 1853).

Palmotić, Junije (* 1606 Ragusa, † 1657 ebd.). – Ital. Dichter, wuchs unter dem Einfluß der Jesuiten auf. Die Themen seiner barocken allegor.-mytholog. Dramen nahm er aus der Antike (Ovid, Vergil) und der ital. Romantik des 16. Jh. (Tasso, Ariost) und gestaltete sie in patriot. Sinne. Unter Anregung G. Vidas entstand sein christl. Epos *Kristijada* (1670 posthum).

Pálsson, Gestur (* 25. 9. 1852 Midhús, † 19. 8. 1891 Winnipeg). Bedeutender isländ. Erzähler des Realismus, besuchte als Bauernsohn die höhere Schule und war u. a. als Journalist und Schriftsteller in Reykjavik tätig. Seine sozialkrit. Erzählungen und Satiren wenden sich gegen die Mißstände in Island. Andere Erzählungen kreisen um die Themen Natur und das Verhältnis zwischen Mensch und Natur: *Drei Novellen vom Polarkreis* (1888, dt. 1896) mit der berühmten ersten isländ. Tiergeschichte *Skjoni* (1884), und der Auswahlausgabe *Grausame Geschicke* (1902).

Paludan, Jacob (* 7. 2. 1896 Kopenhagen, † 26. 9. 1975 ebd.). – Dän. Autor, war Apotheker und lebte ab 1921 als freier Schriftsteller und Literaturkritiker. Seine zeit- und kulturkrit. Romane und Novellen, sprachl. an Hamsun geschult, sind in der Zeit nach dem Ersten Weltkrieg angesiedelt. Von einer Amerikareise 1920 angeregt, kritisierte er in dem Roman *Die neue Welt* (1922, dt. 1923) den zunehmenden Einfluß Amerikas auf Europa. Spätere Romane, z. B. der Zyklus *Jørgen Stein* (1932 f., dt. 1940, mit *Gewitter von Süd* und *Unter dem Regenbogen),* tadeln den sittl. Verfall Dänemarks zwischen den Weltkriegen. Seine Erinnerungen erschienen 1974.

Paludan-Müller, Frederik (* 7. 2. 1809 Kerteminde/Fünen, † 28. 12. 1876 Kopenhagen). – Dän. Dichter, kam mit seinen schwermütigen Gedichten und Dramen im Stil Heines und Byrons rasch in Mode. Die spätere Dichtung nach einer seel. Krise zeigt ihn als christl. Moralisten, der die sittl. Schwäche seiner Zeit hart anprangerte, so auch in dem autobiograph. Stanzenepos *Adam Homo* (1841 bis 1848, dt. 1883), einem Hauptwerk der dän. Literatur. In Dtld. wurden außerdem bekannt *Die Tänzerin* (Ged. 1833, dt. 1835) und das *Amor und Psyche* (Drama 1834, dt. 1835).

Panduro, Leif (* 18. 4. 1923 Kopenhagen, † 18. 1. 1977 ebd.). – Dän. Schriftsteller, eigtl. Zahnarzt, wandte sich schließl. ganz der lit. Tätigkeit zu. Einen Namen machte er sich mit dem phantast. teils autobiograph. Roman *Echsentage* (1961, dt. 1964), dessen Held, ein Medizinstudent, in seine Kindheit zurücktaucht und sie nochmals erlebt. Neben weiteren Romanen (*Die verrückte Welt des Daniel Balck,* 1974; *Heuschnupfen,* 1975) schrieb P. Dramen, Drehbücher und Fernsehspiele.

Pandurović, Sima (* 15. 4. 1883 Belgrad, † 27. 8. 1960 ebd.). – Serb. Schriftsteller und Kulturkritiker, seine vollendet geformten, bildhaft-musikal. Gedichte drücken Schmerz über den Tod der Geliebten und die Vergänglichkeit des Lebens aus, während er in seinen lit. Essays ätzende Kritik übte. Mit Übersetzungen aus dem Engl. und Franz. gab er der serb. Lit. zahlreiche Anregungen. Eine dt. Übertragung seiner Werke liegt nicht vor.

Panfjorow, Fjodor Iwanowitsch (* 2. 10. 1896 Pawlowka, † 10. 9. 1960 Moskau). – Russ. Schriftsteller, wollte eigtl. Lehrer werden, begann aber 1920 zu schreiben, organisierte u. a. eine landwirtschaftl. Kommune und war mehrmals Deputierter des Obersten Sowjets. Nach Veröffentlichung von Schauspielen und Skizzen hatte er zunächst Erfolg mit den ersten zwei Bänden des Romans *Bruski* (1928–1937 in 4 Bdn.; I: *Die Genossenschaft der Habenichtse,* dt. 1928; II: *Die Kommune der Habenichtse,* dt. 1931) über die Zeit der Kollektivierung auf dem Land. Später wurden die Bücher wegen sprachl. Mängel von Gorki angegriffen. Dt. erschien 1953 der Roman *Wolgabauern,* der die beiden ersten Bde. von *Bruski* zusammenfaßt.

Panizza, Oskar (* 12. 11. 1853 Kissingen, † 30. 9. 1921 Bayreuth). – Dt. Schriftsteller, wirkte u. a. als Nervenarzt in München und starb in geistiger Umnachtung. P. wandte sich in seiner Dichtung mit ätzendem Spott gegen alle Institutionen und Bindungen, so in der Satire *Die unbefleckte Empfängnis der Päpste* (1893) gegen die Kirche. Daneben schrieb er, von

Poe und Heine angeregt, phantast. Erzählungen, romant. Gedichte und Dramen, die breite Aufmerksamkeit fanden, z.B. *Das Liebeskonzil* (1895) und *Visionen der Dämmerung* (1914) und kulturwiss. Schriften wie *Das Haberfeldtreiben im bairischen Gebirge* (1897). 1986 erschien eine Auswahl u.d.T. *Neues aus dem Hexenkessel der Wahnsinns-Fanatiker und andere Schriften.*

Pan Ku (* 32 Provinz Schensi, †92 Changan/Schensi). – Chines. Dichter, gehörte einer polit. einflußreichen chines. Familie an. In Nachfolge seines Vaters schrieb er an der Geschichte der westl. Han-Dynastie, die schließl. von seiner Schwester Pan Chao abgeschlossen wurde. Seine überladenen Prosagedichte über zwei chines. Städte und die Mitarbeit an der polit.-religiösen Enzyklopädie *Pohutung* brachten ihm lit. Anerkennung.

Pannwitz, Rudolf (*27.5. 1881 Crossen/Oder, †23.3. 1969 Astano b. Lugano). – Dt. Dichter, Erzieher bei dem Soziologen G. Simmel und dem Malerehepaar Lepsius und lebte dann zurückgezogen als Schriftsteller im Riesengebirge, auf der Insel Kolocep und seit 1948 in der Schweiz. Für das Werk des Dichters, Kulturphilosophen und-kritikers wurden Nietzsche und George bestimmend. In schwer verständl. Gedichten, z.B. *Wasser wird sich ballen* (1963), Epen und Dramen, z.B. *Prometheus* (1902), *Baldurs Tod* (1919), gestaltete er antike und german. Mythen und verkündete in seinen Essays, z.B. *Das Werk des Menschen* (1968), einen »neuen Menschen«. In Ablehnung des modernen Nihilismus entwickelte er eigene religiöse und metaphys. Vorstellungen. Aus seinem Werk sind bes. zu erwähnen die Schriften und Essays *Kultur, Kraft, Kunst* (1906). *Die Krisis der europäischen Kultur* (1917). *Deutschland und Europa* (1918). *Der Aufbau der Natur* (1961), *Der Gott der Lebenden* (1973).

Panowa, Wera Fjodorowna (*20.3. 1905 Rostow/Don, †6.3. 1973 Leningrad). – Russ. Dichterin, hatte 1946 ersten Erfolg mit der Novelle *Weggefährten* (dt. 1954), in der sie die Arbeit eines Sanitätszugs im Zweiten Weltkrieg beschrieb. Der gesellschaftskrit. Roman *Verhängnisvolle Wege* (1953, dt. 1957) aus der Welt mittlerer Parteifunktionäre brachte ihr zwar Kritik, dennoch wurde sie zweimal in den Vorstand des Schriftstellerverbandes gewählt. Ins Dt. übersetzt wurden *Helles Ufer* (1949, dt. 1951) *Kleiner Mann in großer Welt* (1955, dt. 1960), *Sentimentaler Roman* (1958, dt. 1960), *Leningrader Erzählungen* (1959, dt. 1962), *Abschied von den hellen Nächten* (1961, dt. 1962).

Pantschatantra. Das altindische fünfbändige Fabelbuch wurde um 300 vermutlich von dem Brahmanen Wischnuscharman zur Unterhaltung und politischen Erziehung junger Fürsten geschrieben. Seine aus Sprüchen und Fabeln aufgebauten Rahmenerzählungen sprechen verschiedene politische Themen an. Die Sammlung ist in 200 Versionen erhalten, deren älteste

aus dem 4. oder 5. Jh. stammt. Insgesamt in mehr als 60 Sprachen erschienen, gilt das Werk als das verbreitetste der ind. Literatur.

Panyassis von Halikarnassos (1. Hälfte 5. Jh. v.Chr. aus Halikarnassos). – Griech. Dichter, Onkel Herodots, starb im Kampf um die Freiheit Halikarnassos' gegen den Tyrannen Lygdamos. Nach einem Text von Kreophylos dichtete er das 14 Bücher umfassende Epos *Herakleia*. Sein zweites bedeutendes Werk, die *Ionika*, enthält Erzählungen über die Gründung der ion. Kolonien in Kleinasien in eleg. Versmaß.

Panzini, Alfredo (*31.12. 1863 Senigallia, †10.4. 1939 Rom). Ital. Schriftsteller, war Schüler Carduccis an der Universität Bologna. Seit 1929 gehörte er der Accademia d'Italia an. Die Stoffe seiner Erzählungen und Romane entnahm er häufig der Antike, z.B. für *Sokrates und Xanthippe* (dt. 1938), und gestaltete sie in einem iron.-skept., humorvollen Stil, der an L. Sterne erinnert. Während er vor dem Weltkrieg noch dem Positivismus nahestand *(Il libro dei morti,* 1893; *La Cagna nera,* 1986), wandte er sich später in heiterer Weise impressionist. Gestaltung zu *(La Laterna di Diogene,* 1917).

Paolieri, Ferdinando (*2.5. 1878 Florenz, †10.5. 1928 ebd.). – Ital. Schriftsteller, gründete 1913 mit Giulotti und Tozzi die ultrakath. Zeitschrift »La Torre«. Seine Erzählungen, vor allem seine *Novelle toscane* (1913), geben ein anschauliches Bild des Bauerntums in den Maremmen. Ferner schrieb er Volksstücke, z.B. *Convoldolo selvatico* (1928), *La mistica fiamma* (1926).

Papadat-Bengescu, Hortensia (*8.12. 1876 Ivesti/Tecuci, †5.3. 1955 Bukarest). – Rumän. Schriftstellerin, trat seit 1919 mit psycholog. Erzählungen und Romanen hervor, in denen sie meisterhaft seel. Vorgänge analysierte. Stilist. von Proust beeinflußt, gelten ihre Romane – z.B. *Bachkonzert* (1927, dt. 1967) – als Vorläufer des »Nouveau roman«.

Papini, Giovanni (*9.1. 1881 Florenz, †8.7. 1956 ebd.). – Ital. Schriftsteller, war Mitbegründer mehrerer fortschrittl. Zeitschriften, in denen er nacheinander futurist., pragmat. und nihilist. Ideen vertrat, bis er 1919 zum Katholizismus konvertierte. In seinem autobiograph. Roman *Ein fertiger Mensch* (1912, dt. 1925) gelingt es dem Helden nicht, eine Wertordnung zu gewinnen. Nach seiner Bekehrung schrieb er 1919 eine *Lebensgeschichte Christi* (1921, dt. 1924), die ihn weltbekannt machte, und zahlreiche weitere christl. Prosawerke, so *Der Teufel* (1953, dt. 1955) und *Weltgericht* (1955, dt. 1959).

Paprocki, Bartolomej Bartosz (*um 1543 Paprocka Wola/Plock, †27.12. 1614 Lemberg), – Poln. Adeliger, stand im Hofdienst verschiedener Senatoren und verbrachte viele Jahre als polit. Emigrant in Mähren, Böhmen und Schlesien. Nach dem Vorbild Rejs verfaßte er in poln. und tschech. Sprache Satiren, Beschreibungen und allegor. Fabeln über Menschen seiner Zeit. Als Hauptwerk gelten seine *Wappenbücher*, in die er Erzählungen und Betrachtungen als eigene Kapitel einstreut.

Paquet, Alfons (*26.1. 1881 Wiesbaden, †8.2. 1944 Frankfurt/M.). – Dt. Schriftsteller, bereiste nach dem Studium der Volkswirtschaft Sibirien, die USA und den Nahen Osten, war Journalist und freier Schriftsteller. Er schrieb hymn. expressionist. *Lieder und Gesänge* (1902), verfaßte anschaul. Reiseberichte, in denen genaue Beobachtung und soziales Bewußtsein zusammenwirken, und Romane, z.B. *Kamerad Fleming* (1911). Das bedeutendste seiner epischen Dramen ist das dokumentar. Stück *Fahnen* (1923). 1938 erschienen die Schriften *Amerika unter dem Regenbogen*.

Paracelsus, Philippus Aureolus, gen. *Theophrastus Bombastus von Hohenheim* (*10.11. 1493 Einsiedeln/Schweiz, †24.9. 1541 Salzburg). – Schwäb. Naturforscher und Philosoph, reiste nach Studien in Kärnten und Ferrara durch Europa und gewann bald große Anerkennung als Arzt. Nach dem Zusammentreffen mit Erasmus von Rotterdam wandte er sich, mittlerweile Stadtarzt in Basel, humanist. Studien zu, hielt Vorlesungen in dt. Sprache und mußte nach einem Zerwürfnis die Stadt verlassen. Ein unruhiges Leben führte ihn in die Hauptstädte Süddeutschlands, bis er sich zuletzt vornehmlich in Österreich aufhielt. Seine lit. Bedeutung liegt darin, daß er die dt. Sprache als Fachsprache der Medizin verwandte und so auf der Grundlage seiner »Pansophie« versuchte, Philosophie und Medizin volkssprachig in Einklang zu bringen. Seine zahlreichen Schriften über Arzneimittel und Wundbehandlung sind hier ebenso von Bedeutung wie seine philosophischen Traktate.

Páral, Vladimir (*10.8.1932 Prag). – Tschech. Schriftsteller, studierte Chemie und arbeitete als Redakteur in tschech. Kleinstädten. In seinen Romanen, die oft den Charakter von Kriminalromanen haben, zeigt er, wie sich auch im Sozialismus Karrieredenken und Sexismus durchsetzten, z.B. *Die Messe der erfüllten Wünsche* (1965, dt. 1966), *Privates Gewitter* (1966, dt. 1967), *Der junge Mann und der weiße Wal* (1973, dt. 1976), *Freude bis zum Morgengrauen* (1975, dt. 1979). Geschult an naturwissenschaftlicher Beobachtung, schreibt er eine exakte Sprache, wendet sich auch der Science-fiction-Literatur zu.

Parandowski, Jan (*11.5. 1895 Lemberg, †25./26.9. 1978 Warschau). – Poln. Schriftsteller, Lektor und Redakteur. 1945 wurde er Professor für antike Kultur an der Universität Lublin und Vorsitzender des poln. PEN-Zentrums. In seiner in klass. Stil erzählten Prosa wandte er sich oft geschichtl. und antiken Stoffen zu. Er schrieb Essays und Reiseskizzen, insbesondere über die Mittelmeer-Welt. Der Entwicklungsroman *Himmel in Flammen* (1936, dt. 1957) gibt ein Zeitbild Polens vor dem Ersten Weltkrieg. Dt. liegen außerdem vor die Erzählungen

Der olympische Diskus (1933, dt. 1958). *Drei Tierkreiszeichen* (1938, dt. 1962), *Mittelmeerstunde* (1949, dt. 1960) und *Die Sonnenuhr* (1952, dt. 1965).

Paravicino y Arteaga, Fray Hortensio Félix de (*1580 Madrid, †12.12. 1633 ebd.). – Span. Dichter ital. Herkunft, Freund El Grecos, war u. a. Provinzial des Trinitarierordens und erregte als Hofprediger Philipps III. und IV. Achtung und Aufmerksamkeit. Seine rhetor. aufgebauten, mit spitzfindigen Wortspielen durchsetzten Predigten stellen einen Höhepunkt barocker Predigtkunst dar; ebenso seine Lyrik, die stark unter dem Einfluß seines Freundes Gongora stand.

Pardo Bazán, Emilia (*16.9. 1851 La Coruña, †12.5. 1921 Madrid). – Span. Dichterin, lehrte seit 1916 roman. Literatur an der Universität Madrid. Ihre in ihrer galic. Heimat angesiedelten Romane zählen zu den bedeutendsten Werken des span. Naturalismus; der herbe, auf Genauigkeit zielende Stil ist an Zola geschult. Sie schrieb zuletzt auch psycholog. Romane wie *Um einen Königsthron* (1902, dt. 1903), ferner Erzählungen und literaturkrit. Studien. In Span. erschien 1909 ff. eine Gesamtausgabe in 46 Bdn.

Pareto, Vilfredo (*15.7.1848 Paris, †19.8. 1923 Céligny/Genf). – Ital. Wirtschaftswissenschaftler und Soziologe; nach seiner Theorie wird die Gesellschaft von Trieben und Leidenschaften, nicht von Ideen angetrieben. P. vertrat ferner die Auffassung vom »Kreislauf der Eliten« in der Geschichte (*Ausgewählte Schriften*, dt. 1976) und gilt als geistiger Mitbegründer des Faschismus.

Paretti, Sandra (*5.2. 1935 Regensburg). – Dt. Schriftstellerin, studierte Musik und Germanistik und promovierte 1960 an der Universität München mit einer Arbeit über *Das Kunstmärchen in der ersten Hälfte des 20. Jahrhunderts*. Anschließend arbeitete sie als Journalistin und Musikkritikerin bei der Münchener Abendzeitung. 1967 erschien ihr erster Roman *Rose und Schwert*, ihm folgten 1969 und 1971 zwei weitere Romane der Caroline-Trilogie (*Lerche und Löwe; Purpur und Diamant*). Seit 1969 lebt sie in der Schweiz und schreibt hist., aber auch sehr stark gegenwartsbezogene Romane, die großes Aufsehen erregten, wie etwa *Die Pächter der Erde* (1973). Internationale Anerkennung fand ihr Roman *Der Winter, der ein Sommer war* (1972), der auch verfilmt und als dreiteilige Fernsehserie ausgestrahlt wurde. Eine Steigerung bedeuteten *Der Wunschbaum* (1975), *Das Zauberschiff* (1977), *Maria Canossa* (1979), *Das Echo Deiner Stimme* (1980) *Paradiesmann* (1983), *Tara calese* (1988).

Parini, Giuseppe (*23.5. 1729 Bosisio/Brianza, †15.8. 1799 Mailand). – Ital. Dichter, Priester, Hofmeister und Professor für ital. Literatur in Mailand. P. forderte, angeregt von den Ideen der franz. Aufklärung, eine moral. und erzieher. wirkende Dichtung. Sein unvollständiges Hauptwerk *Der Tag* (dt. 1889), eine Satire auf das leere Leben des Mailänder Adels, sucht diese Zielsetzung im lit. Stil des Neuklassizismus zu verwirklichen.

Parise, Goffredo (*8.12. 1929 Vicenza, †31.8. 1986 Treviso). Ital. Schriftsteller, seine meisterhaft erzählten Romane tragen gesellschaftskrit. und satir. Züge, z.B. *Der Chef* (1965, dt. 1969). Der Roman *Die Gassenjungen von Vicenza* (1954, dt. 1959) spielt im faschist. Italien Ende der dreißiger Jahre. 1970 schrieb er *Il crematorio di Vienna.* Posth. 1988 gab Natalia Ginzburg die *Fibel der Gefühle* heraus; 1990 erschienen dt. die R.e *Der tote Knabe und die Kometen* und *Der Padrone.*

Park, Ruth (*24.8. 1921 Auckland/Neuseeland). – Austral. Romanschriftstellerin, mit dem Dichter D'Arcy Niland verheiratet. Ihre realist., teils humorvollen Romane spielen in den austral. Slums und in der kleinbürgerl. Schicht der Vorstädte. Dt. erschienen u.a. *Unter Sydneys großer Brücke* (1961) und *Meine strahlenden Tanten* (1960). Zuletzt erschienen in Deutschland *Sturm auf Paroa* (1973) und *Wombi, Lu und Maus* (1974).

Parker, Sir George Horatio Gilbert, Baronet (*23.11. 1862 Camden/Ontario, †6.9. 1932 London). – Anglokanad. Schriftsteller, Dozent und Mitherausgeber einer Zeitschrift, ging 1898 nach England. In seinen Romanen und Kurzgeschichten schildert er abwechslungsreich das Leben in Kanada; seine Werke wurden zu seiner Lebenszeit von einem großen Publikum sehr geschätzt, etwa *The Seats of the Mighty* (1896), *The Weavers* (1907), *The Judgement House* (1913), *You Never Know Your Luck* (1915).

Parmenides (*540, †470 v. Chr. Elea/Unteritalien). – Griech. Philosoph, war Schüler des Vorsokratikers Xenophanes. Seine Philosophie ist in einem fragmentar. erhaltenen Lehrgedicht überliefert, das schildert, wie P. von der Göttin Dike über das wahre Sein unterwiesen wird. Demnach gibt es nur ein unteilbares, ewiges Sein, das nicht durch die Sinne, sondern allein durch das Denken und die Sprache erkannt werden kann. P. beeinflußte Platon, Spinoza und den dt. Idealismus.

Parny, Evariste Désiré de Forges, Vicomte de (*6.2. 1753 Ile de la Réunion/Ind. Ozean, †5.12. 1814 Paris). – Franz. freier Schriftsteller, verfaßte nach dem Vorbild Geßners und antiker Elegiker leidenschaftl. Liebesgedichte voller Charme. Seine späte Lyrik nimmt mit ihrer Empfindsamkeit Züge der Romantik vorweg. P. beeinflußte Lamartine und Chateaubriand. *La guerre des Dieux anciens et modernes* (1799) war ein beliebtes Epos des ausgehenden Rokoko. Das Gesamtwerk erschien 1808 in 5 Bdn.

Parthenios (1.Jh. v.Chr. Nikaia). – Griech. Dichter, geriet während des 3. mithridat. Krieges in Sklaverei und kam nach Rom und später Neapel, wo er Lehrer Vergils wurde. Der in der Antike hochgeachtete Dichter schrieb eleg. Prosa, die nur in wenigen Fragmenten überliefert ist, so etwa seine *Erotika Pathemata,* eine Sammlung von 36 Liebesgeschichten.

Pascal, Blaise (*19.6. 1623 Clermont-Ferrand, †19.8. 1662 Paris). – Der franz. Religionsphilosoph, Mathematiker, Physiker und Schriftsteller zeigte eine frühe mathemat. Begabung. Mit 19 Jahren konstruierte er eine Rechenmaschine und fand 1647 das Gesetz der Torricell. Röhren und des Luftdrucks heraus. Gesundheitliche Gründe zwangen ihn zum Studienabbruch, dem 1651–54 ein mondänes Leben in freigeistigen aristokrat. Kreisen folgte. Durch einen Unfall 1654 aufgewühlt (niedergelegt im *Memorial,* 1654), zog er sich ins Kloster Port-Royal zurück, wo er ein asket., meditatives Leben führte und sich mathemat.-philosoph. Studien widmete. P., einer der bedeutendsten franz. Philosophen der Neuzeit, verband in seinem Werk Glauben, Logik und Genauigkeit des mathemat. Denkens. Als Anhänger des Jansenismus verteidigte er in der Schrift *Lettres à un Provincal* (1656/57) die jansenist. Lehre und wandte sich gegen die Kurie und Moral der Jesuiten. Sein unvollendetes Hauptwerk, die *Pensées sur la religion –* (1670), stellt eine Verteidigungsschrift des Christentums dar. P. versuchte darin, mit den Mitteln der Logik die Grenzen der Vernunft und die menschl. Unzulänglichkeit aufzuzeigen, um den Leser zu Askese und Glauben zu führen. Der Weg zur Erfahrung Gottes führt über das Herz. Ähnl. Gedanken finden sich in der Moderne bei Kierkegaard und Scheler.

Pascarella, Cesare (*27.4. 1858 Rom, †8.5. 1940 ebd.). – Bedeutender röm. Dialektdichter, der mit Carducci und D'Annunzio befreundet war, gab das Malen auf und wandte sich der Literatur zu. Er reiste viel, in späten Jahren wurde er taub und einsam. Er schrieb humorist. Gedichte im röm. Dialekt, so die Sonettzyklen *Villa Gloria* (1885) und *La scoperta de l'America* (1893), daneben aber auch Erzählungen in ital. Hochsprache, die gesammelt in der ital. Gesamtausgabe von 1955–60 erschienen.

Pascoães, Teixeira de → *Teixeira de Pascoães*

Pascoli, Giovanni (*31.12. 1855 San Mauro di Romagna, †6.4. 1912 Bologna). – P., bedeutendster ital. Lyriker nach Carducci und dessen Schüler, war Lehrer, Universitätsdozent und schließl. 1905 als Nachfolger Carduccis Professor für ital. Literatur in Bologna. In seinen zunehmend schwermütigen Gedichten besang er die kleinen und alltägl. Dinge in Natur und Leben: *Myricae* (1891), noch melancholischer in *Canti di Castelvecchio* (1903). Seine latein. Lieder und Übersetzungen klass. und moderner Dichter bezeugen eine meisterhafte dichter. Gestaltungskraft, z.B. *Carmi Latini* (1914 und 1930), *Odi e Inni* (1906), *Nuovi Poemetti* (1909).

Pasolini, Pier Paolo (5.3. 1922 Bologna, †2.11. 1975 Ostia). – Ital. Dichter, begann mit friaul. Dialektgedichten und schrieb dann realist. Romane, welche die Armut der proletar. Unterschichten schildern, so z.B. *Vita violenta* (1959, dt. 1963). Als Autor und Regisseur schuf er so bedeutende gesellschaftskrit., kath.-marxist. Filme wie *Mama Roma* (1962), *Das 1. Evange-*

lium – Matthäus (1964), *Teorema* (1968; als Roman 1968, dt. 1969), *Porcile* (1969), *Medea* (1969), *Decamerone* (1971), *Canterbury Tales* (1972), *1001 notti* (1974) und Dramen, z. B. *Affabulazione oder der Königsmord* (1971, dt. 1972). P. schrieb auch Gedichte u. Essays; posth. erschien 1988 der Reisebericht *Der Atem Indiens;* 1989 *Literatur und Leidenschaft. Über Bücher und Autoren* und die Gedichte *Die Nachtigall der katholischen Kirche,* 1991 die Briefe *Ich bin eine Kraft der Vergangenen,* 1989 *Ragazzi di vita.*

Passeroni, Gian Carlo (* 8. 3. 1713 Nizza, † 26. 12. 1803 Mailand). – Ital. Schriftsteller, war Geistlicher und stand als Hofmeister und Sekretär im Dienst des Nuntius Marchese Lucini. Sein dichter. Werk umfaßt Epigramme, Fabeln, Lyrik und als Hauptwerk das 88 776 Verse umfassende satir. Epos *Il Cicerone* (1755–1774), das er als längstes Epos der Welt plante. Ausgehend von der Biographie des röm. Redners Cicero, geißelte er darin die zeitgenöss. Moral und forderte zur Umkehr auf.

Passeur, Stève, eigtl. *Étienne Morin* (* 24. 9. 1899 Sédan, † 16. 10. 1966 Paris). – Franz. Bühnenautor, experimentierte mit neuen Ausdrucks- und Darstellungsmöglichkeiten und schuf harte Stücke voller Zynismus, z. B. *La maison ouverte* (1925) und *Pas encore* (1927). Bedeutung erreichen vor allem seine frühen Stücke. Später schrieb er, ohne viel Beachtung zu finden, z. B. *Le vin du souvenir* (1947).

Passional. Die Legendensammlung wurde um 1300 von einem unbekannten Geistlichen im Auftrag des »Deutschherrenorden« verfaßt. Er verwandte als Grundlage die *Legenda aurea* des Jacobus a Voragine und schrieb nach dem Vorbild Rudolfs von Ems in höf. Stil. Das Werk ist ein typ. Beispiel spätmittelalterl. geistl. Dichtung, in der die Stofffülle vor den Gehalt und die Gestaltung tritt.

Passos, John Dos → Dos Passos, John

Pasternak, Boris Leonidovitsch (* 10. 2. 1890 Moskau, † 30. 5. 1960 Peredelkino/Moskau). – Russ. Dichter, Sohn eines jüd. Malers und einer Pianistin, gelangte über die Musik zur Dichtung. Während seines Studiums in Moskau (1909–1913) schloß er sich einem Kreis gemäßigter Futuristen an und veröffentlichte erste Gedichte. Mit *Sestra moja žizn' (= Meine Schwester, das Leben)* wurde er 1922 berühmt; bald begegnete ihm aber neben Lob auch Kritik wegen mangelnden polit. Engagements. Er zog sich zurück und widmete sich Übersetzungen, u. a. der Werke Shakespeares, Goethes und Kleists. 1948–56 entstand der Roman *Doktor Schiwago* (dt. 1958), der in allen Kultursprachen erschien, in der Sowjetunion jedoch nicht erscheinen durfte. Für ihn erhielt P. 1958 den Nobelpreis, lehnte ihn aber unter sowjet. Druck ab. P.s Bedeutung ist in seiner Lyrik begründet, z. B. *Bescheidenheit und Kühnheit,* Auswahl 1959, und *Initialen der Leidenschaft* (1969), die durch ungewöhnl. Bilder, Kontrastwirkungen und hohe Mu-

sikalität gekennzeichnet ist. Seine Themen sind die Natur, die schöpfer. Kraft der Liebe und Kunst, zuletzt auch der Glaube. Diese Thematik bestimmt auch den Roman *Doktor Schiwago,* der schildert, wie ein russ. Dichter und Arzt zu Anfang des 20. Jh.s um innere Eigenständigkeit ringt. Später erschienen noch die Gedichte *Kogda razguljaetsja* (1959, dt. *Wenn es aufklart,* 1960).

Pastior, Oskar (* 20. 10. 1927 Hermannstadt/Rumänien). – Dt. Schriftsteller, als Schüler von den Sowjets zwangsdeportiert; nach der Rückkehr Hilfsarbeiter und Fernstudium zum Abitur, dann Germanistik in Bukarest; leitete von 1960–68 die deutschen Sendungen in Rumänien, emigrierte 1968 über Österreich in die Bundesrepublik. Neben zahlreichen Essays und Hörspielen ist bes. seine Lyrik von Bedeutung, in der er zu zeigen versucht, daß die sprachlichen Ausdrucksmöglichkeiten erst künstlerische Qualität erhalten, wenn sie von Grammatik und Sprachlogik befreit sind. P. gilt heute als wichtiger experimenteller Dichter, etwa mit *Vom Sichersten ins Tausendste* (1969), *Gedichtgedichte* (1973), *Der krimgotische Fächer* (1978), *sonetburger* (1983), *Anagrammgedichte* (1985), *Lesungen mit Tinnitus. Gedichte 1980 bis 1985* (1986), *Kopfnuß Januskopf. Gedichte in Palindromen* (1990). Daneben übersetzt er aus dem Rumänischen und schreibt Filmtexte.

Patchen, Kenneth (* 13. 12. 1911 Niles/Ohio, † 8. 1. 1972 Palo Alto/Kalifornien). – Amerikan. Schriftsteller, Arbeitersohn, war als 17jähriger in einem Stahlwerk tätig, studierte dann und ließ sich 1936 in New York nieder. Seine religiös-symbolist. Gedichte erinnern an Barocklyrik. Bekannt wurde er durch den grotesken Roman *Erinnerungen eines schüchternen Pornographen* (1945, dt. 1964) über den ungewollten sozialen Aufstieg eines Fabrikarbeiters. Die übrigen Werke liegen in einer Auswahl von 1970, 4 Bde., vor.

Pater, Walter Horatio (* 4. 8. 1839 Shadwell/London, † 30. 7. 1894 Oxford). – Engl. Schriftsteller, maßgebender Kunsthistoriker seiner Zeit. Aus dem Studium der Antike erwuchsen seine humanist. Ideen. In seinen Essays setzte er sich für die »L'art pour l'art«-Bewegung ein, doch ist sein lit. Werk nicht darauf beschränkt. Der histor. Roman *Marius der Epikureer* (1885, dt. 1908) entwirft ein Bild des Übergangs von der antiken zur christl. Kultur. Geschichtl. Persönlichkeiten schilderte er in *Imaginäre Porträts* (1887, dt. neu 1946).

Patkanjan, Rafael Gabrielowitsch (* 20. 11. 1830 Nor Nachitschewan, † 3. 9. 1892 ebd.). – Armen. Dichter, schilderte, ausgehend von der dt. Romantik, in patriot. Erzählungen, Epen und Gedichten die Unterdrückung des armen. Volkes durch die Türken. Seine späte Dichtung trägt satir. und belehrende Züge. Er führte in Ostarmenien die neuarmen. Sprache als Dichtersprache ein. Dt. erschienen 1886 *Drei Erzählungen.*

Patmore, Coventry Kersey Dighton (* 23. 7. 1823 Woodford/Essex, †26.11. 1896 Lymington). – Engl. Schriftsteller, Bibliothekar im Britischen Museum, stand den Präraffaeliten nahe. Liebe, Ehe und das einfache Leben sind die Hauptthemen der vierbändigen Dichtung *The Angel in the House* (1854–1862), die teils aus Prosa, teils aus religiöser oder pseudophilosoph. Lyrik besteht. Diese Thematik bestimmt auch P.s. Oden, *The Unknown Eros* (1877), die nach seiner Konversion zum kath. Glauben entstanden und den Glauben zu myst. Visionen steigerten. Eine dt. Auswahl der Gedichte erschien 1951.

Paton, Alan Stewart (* 11. 1. 1903 Pietermaritzburg/Südafrika, †12. 4. 1988 Durban/Südafrika). – Anglosüdafrikan. Schriftsteller, wirkte als Lehrer und Leiter einer Erziehungsanstalt für jugendl. Kriminelle. 1956 wurde er Präsident der südafrikan. Liberalen Partei. In seinen Romanen *Denn sie sollen getröstet werden* (1948, dt. 1949) und *Aber das Wort sagte ich nicht* (1953, dt. 1954) sowie im Erzählungsband *Und deinen Nächsten wie dich selbst* (engl. u. dt. 1960) griff er südafrikan. Rassenprobleme auf. Seine Werke erschienen in Dtld. in mehreren Auflagen.

Patrick, John, eigtl. *J. Patrick Goggan* (* 17. 5. 1905 Louisville/Kentucky). – Amerikan. Theaterautor, war nach dem Studium in Harvard für Rundfunk und Film tätig. Seit 1942 veröffentlichte P. Dramen. Für sein erfolgreichstes satir. Stück *Das kleine Teehaus unter dem Augustmond* (engl. u. dt. 1954) nach einem Roman von V. Sneider erhielt er 1954 den Pulitzer-Preis. Er kritisierte darin amerikan. Umerziehungsversuche in Japan nach 1945. Seine übrigen Arbeiten erreichten diesen Erfolg nicht.

Paul, Elliott Harold (* 13. 2. 1891 Malden/Mass., †7.4. 1958 New York). – Amerikan. Schriftsteller, u. a. Landvermesser, Journalist und Reporter in Paris, wurde während des Spanischen Bürgerkriegs Augenzeuge der Zerstörung Ibizas. Neben zahlreichen Romanen und Kriminalparodien schrieb er sechs Bände Memoiren, in denen sich eigenes Leben und Dichtung vermischen: In *Life and Death of a Spanish Town* (1937) schlugen sich seine Erlebnisse auf Ibiza nieder. Ferner u. a. *Die kleine Gasse* (1942, dt. 1944) und *Springtime in Paris* (1950).

Paulding, James Kirke (* 22. 8. 1778 Great Nine Partners/New York, †6. 4. 1860 Hyde Park/New York). – Erfolgreicher amerikan. Schriftsteller der jungen US-Republik, stieg aus einer Kaufmannsfamilie zum Marineminister auf. Sein Werk umfaßt Gedichte, Essays, Romane (*The Dutchman's Fireside*, 1813), Erzählungen (wie *John Bull in America*, 1825) und Dramen, in denen er seine patriot. Haltung und Kritik an der romant. Dichtung Scotts und Byrons zum Ausdruck brachte. Er selbst schrieb, an Goldsmith und Fielding geschult, in realist. Stil, z. B. den Roman *Wohlauf, nach Westen!* (1832, dt. 1837). Sein Werk, das die Ereignisse der Kolonisation schildert, liegt in einer Gesamtausgabe (1835–1837) in 14 Bdn. vor.

Paulhan, Jean (* 2. 12. 1884 Nîmes, †9. 10. 1968 Boissise-la-Bertrand). – Franz. Erzähler, übernahm nach Jahren der Lehrtätigkeit in Madagaskar und Paris 1925–40 eine Redaktionstätigkeit und ab 1953 die Chefredaktion der »Nouvelle Revue Française«. Im Zweiten Weltkrieg war er an der Gründung einer geheimen Widerstandszeitung beteiligt. Er schrieb sprachl. gewandte, intellektuelle Erzählungen, Aphorismen und krit. Essays über sprachtheoret. Probleme, z. B. *Schlüssel der Poesie* (1951, dt. 1969). 1945 erhielt er den Großen Literaturpreis und wurde 1963 Mitglied der Académie Française. Seine Schriften, nur z. T. ins Dt. übertragen, liegen franz. in 5 Bdn. (1966) vor.

Paulinus von Nola, Meropius Pontius Ancius (* um 353 Bordeaux, †22. 6. 431 Nola/Kampanien). – Der hl. P. wurde 390 Christ und brach seine erfolgreiche Laufbahn ab, um mit seiner Frau ein zurückgezogenes Leben in Nola zu führen. 409 wurde er zum Bischof von Nola geweiht. Er stand u. a. mit Augustinus und Hieronymus in Verbindung. Seine religiösen Gedichte, Hymnen und Sinnsprüche sind an römischen Klassikern orientiert. Sein Gesamtwerk *Opera omnia* liegt in einer Ausgabe von 1894 vor.

Paulsen, Rudolf, (* 18. 3. 1883 Berlin, †30. 3. 1966 ebd.). – Dt. Schriftsteller, gründete mit Otto zur Linde und Pannwitz die Dichtergruppe »Charon«. Seine gefühlvollen Erzählungen, in denen sich antike Philosophie, religiöse Verehrung des Alls und subjektive Empfindungen verbinden, rücken P. in die Nähe nationalsozialist. Denkens, etwa bei *Vergangenheit und Ahnung* (Gedichte 1942). Die letzten Werke *Träume des Tritonen* (1955) und *Schwarz und Weiß auf blauem Grunde* (1964) wurden wenig beachtet.

Paulus Diaconus (* um 720 Friaul, †13. 4. 799 Monte Cassino). – Langobard. Geschichtsschreiber, wuchs am Königshof in Pavia auf, lebte ab 780 als Mönch im Kloster Monte Cassino und verfaßte um 774 sein erstes Geschichtswerk *Historia Romana*. Während eines Aufenthalts am Hof Karls d. Großen 783–87 schrieb er eine Geschichte der Bischöfe von Metz. Als bedeutendstes Werk entstand nach 787 seine *Historia Langobardorum*, in der er die Geschichte der Langobarden aufgrund mündl. Überlieferungen und Sagen bis 744 aufzeichnete. Ferner verfaßte er eine Lebensbeschreibung Papst Gregors d. Großen, Gedichte u. a.

Pausanias (* um 110 n. Chr., †um 180 n. Chr.). – Griech. Historiker, stammte wahrscheinlich aus Magnesia/Kleinasien. Anläßlich eigener Reisen verfaßte P. zwischen 144 und 170 den Reisebericht *Perihegesis tes Hellados*, in dem er Landschaft, Menschen, Sitten, Geschichte und Sehenswürdigkeiten Griechenlands beschrieb. Das Werk, inhaltl. und stilist. an Herodot orientiert, hat geringen lit. Wert, stellt aber eine unschätzbare Quelle für die Erforschung des antiken Griechenlands und besonders seiner Religionsgeschichte dar.

Pausewang, Gudrun (*3.3. 1928 Wichstadtl/Ostböhmen). – Dt. Schriftstellerin, wirkte 1956–72 mit Unterbrechungen als Zeichenlehrerin in Chile, Venezuela und Kolumbien. Heute lebt sie in Hessen. Die meisten ihrer Romane spielen in Südamerika, so *Rio Amargo* (1959), *Plaza Fortuna* (1966), *Bolivianische Hochzeit* (1968), *Guadelupe* (1970), *Die Entführung der Döna Agatha* (1971) und *Die Freiheit des Ramon da Costa* (1981). Der phantast. Roman *Aufstieg und Untergang der Insel Delfina* (1973) stellt eine humorvolle Satire auf unser Leben dar. 1974 erschien der Roman *Und dann kommt Emilio* als Kinderbuch. Es folgten u.a. *Karneval und Karfreitag* (1976), *Wie gewaltig kommt der Fluß daher* (1978). *Ein wilder Winter für Räuber* (1986), *Die Wolke* (1988).

Paustowski, Konstantin Georgijewitsch (*31.5. 1892 Moskau, †14.7. 1968 ebd.). – Russ. Schriftsteller, war aktiv am Bürgerkrieg beteiligt und führte danach lange Jahre ein unruhiges Wanderleben. Seine Erlebnisse spiegeln sich in dem sechsbändigen Romanzyklus, den er 1947–63 veröffentlichte. Dt. erschien u.a. *Unruhige Jugend* (dt. 1962), *Die Zeit der großen Erwartungen* (dt. 1963). In weiteren Romanen, Erzählungen und Novellen, die zunehmend vom Realismus geprägt wurden, griff er zeitnahe Themen, wie landwirtschaftl. und industrieller Aufbau in der Sowjetunion, auf, z.B. in *Die Kolchis* (dt. 1946). In den letzten Jahren erschienen in dt. Übersetzung u.a. *Das Mädchen aus dem Norden* (1952), *Schwarze Netze* (1962), *Die Windrose* (1969), *Begegnungen mit Dichtern* (1970), *Erzählungen vom Leben* (1977).

Pavese, Cesare (*9.9. 1908 San Stefano Belbo, †27.8. 1950 Turin). – Ital. Schriftsteller, übersetzte u.a. Dos Passos, Steinbeck und Joyce. 1935 wegen seiner antifaschist. Haltung nach Kalabrien verbannt, kehrte er 1936 zurück und wirkte bis zum Tod als Lektor bei einem Verlag. Von modernen amerikan. Erzählern angeregt, schrieb er pessimist.-realist. Erzählungen und Kurzromane über die bäuerl. Welt Piemonts und die Stadt Turin. Einsamkeit, Angst, Trauer über die verlorene Kindheit und Naturverbundenheit dominieren, so auch in seinem bedeutendsten Roman *Junger Mond* (1950, dt. 1954). 1966 erschienen dt. seine *Erzählungen,* 1970 der Roman *Unter Bauern,* 1972 sein Tagebuch *Das Handwerk des Lebens,* 1989 *Gespräche mit Leuko.* Die ital. Gesamtausgabe in 16 Bdn. erschien 1968.

Pavlović, Miodrag (*28.11. 1928 Novi Sad). – Serb. Schriftsteller, arbeitete zunächst als Arzt, dann als Redakteur und freier Autor, trat als Dramatiker mit *Igre bezimenih* (1963), als Essayist und Übersetzer hervor. In seinen Werken sucht er eine Verbindung der europ. Moderne und traditionellen Literaturformen in seiner Heimat, wobei er sich konsequent gegen alle romantischen Gestaltungsweisen wendet. In Deutschland wurde er durch seine Lyrik bekannt *Von einem kleinen Volk* (1964, dt. 1970).

Pawlenko, Pjotr Andrejewitsch (*11.7. 1899 Petersburg, †16.6. 1951 Moskau). – Russ. Schriftsteller, seit 1919 Soldat der Roten Armee und 1924 Beauftragter der KP, der einige europ. Länder und den Nahen Osten bereiste. P. wurde 1937 mit dem Roman *Na Vostoke* berühmt, in dem er den sowjet. Aufbau in Sibirien schilderte. Die Thematik des Wiederaufbaus bestimmt auch seinen bedeutendsten Roman *Das Glück* (1947, dt. 1952), der offizielles Lob erhielt, da er den Kunstvorstellungen des Sozialismus voll entsprach. Das Gesamtwerk erschien 1953–55.

Pawlowa, Karolina Karlowna, geb. Janisch (*22.7. 1807 Jaroslawl, †14.12. 1893 Dresden). – Russ. Dichterin, stand lange Jahre mit Mickiewicz in Briefkontakt, schrieb als Tochter eines Professors dt. Abstammung anfangs auch in dt. und franzos. Sprache und übersetzte u.a. Tolstoi und Lermontow ins Dt. Ab etwa 1840 benutzte sie für ihre intimen eleg. Gedichte, die von Erinnerungen, Betrachtungen und polit. Inhalten bestimmt sind, die russ. Sprache. Eine Originalausgabe ihrer Gedichte erschien 1964.

Paysan, Cathérine (*27.5. 1928 Aulaines/Frankreich). – Franz. Autorin, hielt sich nach 1945 zwei Jahre in Speyer auf und war dann als Lehrerin in Paris tätig. Sie schrieb hauptsächl. Prosa, etwa den Roman *Ich heiße Jericho* (1964), in dem eine Ehe durch ländl. Ruhe gerettet wird. 1967 veröffentlichte sie mit *La musique du feu* sprachl. gut gestaltete Lyrik.

Paz, Octavio (*31.3. 1914 Mexico City). – Bedeutendster zeitgenöss. Lyriker Mexikos, kämpfte als Kommunist im Span. Bürgerkrieg mit und war später Botschafter in Frankreich, Japan, der Schweiz und Indien. 1984 Friedenspreis, Nobelpreis 1990. Er schrieb phantasievolle konkrete Gedichte (Gedichtauswahl: *Freiheit, die sich erfindet,* 1971) und Erzählungen. Leitbilder waren u.a. Neruda und Salina. 1974 erschien sein bedeutender Essay *Das Labyrinth der Einsamkeit,* 1977 eine Sammlung *Essays* in 2 Bdn. und im gleichen Jahr die Erz. *Der sprachkundige Affe,* 1990 die zweisprachige Gedichtausgabe *In mir der Baum,* 1991 dt. *Sor Juana Inés de la Cruz oder Die Fallstricke des Glaubens,* ein monumentales Epos auf eine der bedeutendsten Frauen Mexikos (1648–1694).

Pázmány, Péter (*4.10. 1570 Großwardein, †19.3. 1637 Preßburg). – Der ungar. Jesuit, Professor der Philosophie und Theologie in Graz, Primas von Ungarn und Kardinal stand mit seinen Streitschriften an der Spitze der ungar. Gegenreformation. Mit ihnen und seinen Predigten, Gebetbüchern und Übersetzungen trug er wesentl. zur Entwicklung der ungar. Literatursprache bei. Darüber hinaus übersetzte er Thomas a Kempis. Sein Gesamtwerk liegt in 15 Bdn. (1894–1911) vor.

Pea, Enrico (*29.10. 1881 Seravezza/Lucca, †11.8. 1958 Forte dei Marmi). – Ital. Schriftsteller, verdiente sich seinen Lebensunterhalt als Hirte und Schiffsjunge. Während des Ersten Weltkrieges kam er von einem langen Ägyptenaufenthalt nach

Italien zurück und wurde Journalist, Regisseur und Schauspieler. In seinen humorvollen, autobiograph. Erzählungen und Romanen charakterisierte er ausgezeichnet Menschen seiner Heimat, so in *Villa Beatrice* (1959).

Peacock, Thomas Love (* 18. 10. 1785 Weymouth, † 23. 1. 1866 Lower Halliford/Surrey). – Engl. Schriftsteller, langjähriger Direktor der East India Company, war eine der großen satir. Begabungen seiner Zeit. Berühmt wurde er v. a. durch die parodist. Romane *Nachtmahr-Abtei* (1818, dt. 1989) auf die engl. Romantik und *The Misfortunes of Elphin* (1823) auf den Versroman. Seine häufig dialog. Romane (sog. Konversationsromane) gehören bereits z. T. dem Realismus an und zeichnen sich durch sprachschöpfer. Einfälle und humorvolle Charakterzeichnung aus, z. B. *Crotchet Castle* (1831), *Gryll Grange* (1801).

Pearse, Padraic Henry (* 10. 11. 1879 Dublin, † 3. 5. 1916 ebd.). Ir. Schriftsteller, kämpfte für ein unabhängiges gäl. Irland und wurde als Befehlshaber der IRA und Präsident der provisor. Republik nach Mißlingen des Osteraufstandes 1916 hingerichtet. In patriot. Erzählungen, Essays und Gedichten beschrieb er die schlichte Welt der irischen Bevölkerung: *Political Writings and Speeches* (1922).

Peckham (Pecham), John (* um 1225 Sussex, † 8. 12. 1292 Mortlake). – Engl. Franziskanermönch und Schüler Bonaventuras, lehrte in Paris und Oxford, wurde 1275 zum engl. Provinzial des Franziskanerordens berufen, 1279 zum Erzbischof von Canterbury. Aus seinem sprachl. vollendeten Nachtigallengedicht *Philomena praevia* sprechen tiefes Empfinden und Gläubigkeit; es bezeugt P. als bedeutendsten engl. Lyriker des 13. Jh. Aus den übrigen Schriften seien erwähnt *De anima* (hg. 1919) und das Optiklehrbuch *Perspectiva communis*.

Pedersen, Christiern (* um 1480 Helsingör, † 16. 1. 1554 ebd.). Dän. Übersetzer, seine bedeutendste Leistung ist die Übertragung der Luther-Bibel ins Dän., 1550 unter dem Titel *Christian IIIs Bibel* veröffentlicht. Ähnl. wie Luther für die dt. Sprache begründete er damit die dän. Schriftsprache auf der Grundlage der seeländ. Mundart. Ferner schrieb P. eine vorreformator. *Postille* (= Predigtsammlung).

Pedretti, Erica (* 25. 2. 1930 Sternberg/Mähren). – Dt. Autorin, lebte nach der Vertreibung 1945 vorübergehend in der Schweiz, dann in den USA; kehrte 1952 in die Schweiz zurück. In ihrem erzählerischen Werk konfrontiert sie sprachlich und inhaltlich ihre persönlichen Erfahrungen mit dem Leben in der geordneten Schweiz. Die autobiogr. Texte reflektieren die Vergangenheit im Spiegel unterschiedlicher Sprachmuster. Bes. bekannt wurden die Romane *Harmloses bitte* (1970), *Heiliger Sebastian* (1973), *Veränderung oder Die Zertrümmerung von dem Kind Karl und anderen Personen* (1977), *Valerie oder Das unerzogene Auge* (1986). P. trat auch mit Hörspielen und Kinderbüchern hervor.

Pedro, Dom, Herzog von Coimbra, Infant von Portugal (* 9. 12. 1392 Lissabon, † 20. 5. 1449 Alfarrobeira). – Portugies. Dichter, Bruder Heinrichs des Seefahrers, erregte mit einer legendenumwobenen Europareise 1425–28 großes Aufsehen bei den Portugiesen und leitete mit seiner Cicero-Übersetzung den Humanismus in Portugal ein. Seneca lieferte die Vorlage zu seinem Traktat *Dos Beneficios* (1418).

Peele, George (* 1558 [?] London, † November 1596 [?] ebd.). Engl. Dramatiker, wandte sich nach dem Studium der Bühne zu und war wie R. Greene ein bedeutender und berüchtigter Vertreter der Londoner Bohème. Er verfaßte selbst zahlreiche Theaterstücke, die bei nicht immer fehlerfreiem Aufbau große sprachl. Musikalität aufweisen. Als bestes Werk gilt das satir. Lustspiel *The Old Wive's Tale* (1595), dessen Komik sich aus der Spannung zwischen Märchen und Wirklichkeit entwickelt. Auch sein Schäferspiel *The Arraignment of Paris* (1584), das sehr volkstüml. Schauspiel *Edward I.* (1593) und das noch dem Mittelalter verpflichtete Mysterienspiel *David and Bethsabe* (1599) fanden beim zeitgenöss. Publikum begeisterte Aufnahme.

Péguy, Charles, Ps. *Pierre Deloire, Pierre Baudouin* (* 7. 1. 1873 Orléans, † 5. 9. 1914 Plessis-l'Evêque/Villeroy). – Franz. Autor, Schüler Bergsons in Paris, dann Buchhändler, Publizist und Schriftsteller, leitete 1900 bis 1914 die einflußreichste literarisch-politische Zeitschrift Frankreichs »Cahiers de la quinzaine«. Anfangs Sozialist, dann überzeugter Katholik (1908), trug die neukath. Bewegung in Frankreich wesentl. mit. Sozialkrit. Pamphleten folgten ab 1910 Essays, in denen er heftig Kapitalismus und Demagogie kritisierte. Aus seinen pathet. Sonetten, Mysterien und Versdichtungen spricht tiefer Glaube. Die Gestalt der Jeanne d'Arc fesselte ihn seit 1897. In seinem 1909 fertiggestellten Werk *Mystère de la Charité de Jeanne d'Arc* (dt. *Das Mysterium der Erbarmung*, 1954) wurde sie zum Symbol eines Kampfes für Gerechtigkeit und Menschheitserlösung. Sein charakteristisches Werk ist *Clio*, in dem P. mit der Historia nach dem Muster mittelalterl. Streitgespräche über das zeitl. Glück disputiert.

Peire Cardenal (* um 1174, † um 1271). – Altprovenzal. Dichter, sang als Troubadour an den Höfen Südfrankreichs, vor allem am Hof Jakobs I. von Aragon. Aus seinen erhaltenen 70 Gedichten ist zu erkennen, daß er dem Dichter eine große sittl. Aufgabe in der Gesellschaft zumaß. Er wandte sich gegen die Sittenlosigkeit seiner Zeit und gegen die rücksichtslose Ketzerverfolgung und kritisierte die höf. Liebeslyrik.

Peire Vidal (* um 1175 Toulouse, † um 1210). – Altprovenzal. Troubadour, führte ein unruhiges Wanderleben, das ihn an Höfe in Frankreich, Spanien, Ungarn, Italien und während des 3. Kreuzzugs nach Palästina führte. Seine bildhaft-musikal. Lieder spiegeln sein abenteuerl. Leben, seine Liebeserlebnisse und seine Bindung zur Heimat.

Peixoto, Júlio Afrânio (*17.12. 1876 Lençóis/Baía, †12.1. 1947 Rio de Janeiro). – Brasilian. Dichter, lehrte an der Medizinischen Fakultät in Baía. Er begann mit symbolist. Lyrik und schrieb dann realist., teils sozialkrit. Romane, die in Baía angesiedelt sind. Als einflußreicher Literaturkritiker setzte er sich für eine Geschlossenheit der portugies.-brasilian. Kultur ein. Sein Gesamtwerk *Obras Completas* (1944) umfaßt 25 Bände.

Péladan, Joséphin (*28.3. 1859 Lyon, †27.1. 1918 Neuilly-sur-Seine). – Franz. Schriftsteller, für myst. und okkultist. Strömungen aufgeschlossen, schloß sich dem Rosenkreuzorden an und gründete selbst einen ähnl. Orden. In religionsphilosoph. und kunstkrit. Schriften sowie in Romanen bekämpfte er die Geistlosigkeit von Naturalismus und Positivismus und forderte eine neue Vergeistigung der Kunst. Nach Wagners Vorbild entstanden seine handlungsarmen Ideendramen, z. B. *Sémiramis* (dt. 1897). P. wirkte auf Claudel und Maurras und kommentierte und übersetzte das Werk Richard Wagners, das durch ihn eine erneute franz. Rezeption erfuhr.

Pellicer, Carlos (*4.11. 1899 Villa Hermosa, †Febr. 1977 Mexico City). – Mexikan. Lyriker, bereiste Europa und den Nahen Osten und war 1943/44 Staatsbeauftragter für die bildenden Künste in Mexico City. Er versuchte, neue Wege zu gehen, indem er Bilder und Farben in seine Dichtung einbezog und auf Sprechreim und Volkslied zurückgriff, z. B.: *Con palabras y fuego* (1963). Eine Gesamtausgabe erschien 1918 bis 1961 u. d. T. *Matecial poético.*

Pellico, Silvio (*25.6. 1789 Saluzzo, †31.1. 1854 Turin). – Ital. Dichter, gab 1818 bis 1819 die Zeitschrift »Il Conciliatore« heraus, die romant. und polit. Gedankengut der Zeit in ihren Beiträgen verband. Nach Anschluß an die Befreiungsbewegung der Carbonari wurde er gefangengenommen, zum Tode und anschließend zu zwanzigjähriger Festungshaft verurteilt. 1830 begnadigt, widmete er sich einem frommen und beschaulichen Leben. Wohl hatte er mit seinem Drama *Francesca da Rimini* (1815, dt. 1834) bei den Zeitgenossen großen Erfolg, doch wird heute nur noch die Beschreibung seiner Gefangenschaft in den Kasematten gelesen *Le mie prigioni* (1832, dt. 1855). Mit diesem Werk gelang es ihm, die Feindschaft der Italiener gegen die österr. Unterdrückung zu steigern.

Pemán y Pemartin, José María (*8.5. 1898 Cádiz, †19.7. 1981 ebd.). – Span. Schriftsteller, war mehrere Jahre Präsident der Spanischen Akademie und Kultusminister. Lit. Bedeutung erlangte er vor allem als Autor von Bühnenstücken, z. B. *La santa Virreina* (1939) oder mit *Der Stürmer Gottes* (1933, dt. 1951), die er teils in Versform schrieb. Die Stoffe entnahm er der span. Geschichte oder antiken Vorbildern (*Electra*, 1949) und gestaltete sie entsprechend seiner polit. und religiösen Überzeugung, so auch in dem Roman *El horizonte y la esperanza* (1970).

Penzoldt, Ernst (*14.6. 1892 Erlangen, †27.1. 1955 München). – Dt. Schriftsteller, wirkte als Bildhauer, Illustrator und Graphiker, später lebte er als freier Schriftsteller (schrieb den Roman *Der arme Chatterton*, 1928) und dramaturg. Berater des Residenztheaters in München. Einfallsreichtum, Humor und Ironie, schließl. seine Vorliebe fürs Verschrobene und Idyllische rücken ihn als Erzähler in die Nähe Jean Pauls, wie besonders seine besten Romane *Die Powenzbande* (1930) und *Squirrel* (1954, auch als Lustspiel) erkennen lassen. Spritzigcharmant sind seine Essays. Mit *Die Portugalesische Schlacht* (1930, als Drama 1931) und *Korporal Mombour* (1941) erwies er sich als Erzähler, Dramatiker und Filmautor.

Pepys, Samuel (*23.2. 1633 London, †26.5. 1703 Clapham). Engl. Schriftsteller, bekleidete verschiedene hohe Verwaltungsämter, vor allem in der königl. Flotte Englands. *Das Geheimtagebuch des Sir S. P. 1660 bis 1668* (hg. 1825, dt. 1931) zeichnet ein farbiges Bild der Kultur und Wissenschaft, des Hoflebens, der Pest und des Brandes von London, berichtet aber auch Intimstes aus seinem Leben und ist einzigartig in der Literatur.

Percy, Thomas (*13.4. 1729 Bridgnorth/Shropshire, †30.9. 1811 Dromore). – Engl. Schriftsteller und Gelehrter, Hofkaplan des Königs George III. und seit 1782 Bischof von Dromore in Irland. P. wurde bekannt als Hg. der *Reliques of Ancient English Poetry* (1765), einer Sammlung altengl. und altschott. Balladen und Lieder aus dem Mittelalter, die er in einer Manuskriptsammlung eines Berufssängers des 16. Jh.s fand. Ihre Natürlichkeit und dramat. Gestaltung beeinflußten Herder, Bürger, Goethe und die engl. Romantik.

Percy, Walker (*28.5. 1916 Birmingham/Alabama, †10.5. 1990 Covington/Louisiana). – Amerikan. Schriftsteller, studierte Medizin, wandte sich nach einer Erkrankung der Literatur und Philosophie zu, konvertierte zum Katholizismus und schrieb seine Werke aus einer existentialistischen Grundhaltung, die dazu führte, daß er die Gegenwart als einen Zeitraum der untergehenden Wertordnung erlebte. Seine Romane, die internationale Beachtung fanden und deutlich unter dem Einfluß von Bellow stehen, erschienen auch in Deutschland, z. B. *Der Kinogeher* (1962, dt. 1980), *Der Idiot des Südens* (1966, dt. 1985), *Liebe in Ruinen* (1971, dt. 1987), *Lancelot* (1977, dt. 1987), *Die Wiederkehr* (1980, dt. 1988), *Das Thanatos-Syndrom* (1987, dt. 1989).

Pereda y Sánchez de Porrúa, José María de (*6.2. 1833 Polanco/Santander, †2.3. 1906 ebd.). – Span. Schriftsteller, brach seine militärische Laufbahn ab und war 1871 Abgeordneter in den Cortes, dann freier Schriftsteller. Gleichbleibendes, gelegentl. eintönig wirkendes Thema seiner realist. Heimatromane sind Landschaft, Sitten und Leben der Bauern, Seeleute und Fischer in den Bergen von Santander, z. B. *Al primer vuelo* (1891). Auf die außerspan. Lit. haben die Romane kaum gewirkt. Die Gesamtausgabe erschien 1888 bis 1900 in 17 Bdn.

Perez, Jizchak Leib (*18.5. 1851 Zamośc/Lublin, †3.4. 1915 Warschau). – Jiddischer Schriftsteller und Sozialist, mußte 1889 seinen Rechtsanwaltsberuf aus polit. Gründen aufgeben und wurde Sekretär der jüd. Gemeinde in Warschau. Seine anfangs in poln. und hebräischer, bald aber in jidd. Sprache verfaßten Dramen, Gedichte und Novellen berichten über das Schicksal und Leben poln. Juden in Ghettos in Galizien. Eine dt. Auswahl bieten die Übersetzungen, z.B. *Volkstümliche Erzählungen* (1916). *Aus dieser und jener Welt* (1919), *Musikalische Novellen* (1920), *Drei Damen* (1920), *Erzählungen aus dem Ghetto* (1961), *Baal Schem als Ehestifter* (1969).

Pérez de Ayala, Ramón (*9.8. 1880 Oviedo, †5.8. 1962 Madrid). – Span. Autor, Schüler Clarins, arbeitete 1931 bis 1936 als Diplomat in England und rief 1936 mit Ortega y Gasset eine republikanische Partei ins Leben. Während des Span. Bürgerkriegs hielt er sich in Argentinien auf. Seine realist., später stark symbolhaften Romane vereinigen Humor, Satire und Betrachtungen über das Leben und die Menschen. In *A.M.D.G* (*Ad majorem Dei gloriam*, dt. 1912) setzte er sich krit. mit seiner Erziehung durch Jesuiten auseinander; in *Tiger Juan* (1926, 2 Bde., dt. 1959) griff er die Don-Juan-Problematik auf. P. ist einer der bedeutendsten span. Erzähler, dessen Stilsicherheit und abgeklärte Humanität mit stark individuellen Zügen auf die europ. Lit. großen Einfluß hatten.

Pérez de Hita, Ginés (*um 1544 vermutl. Mula/Murcia, †um 1619). – Span. Schriftsteller, erlangte Bedeutung durch seinen Roman *Guerras civiles de Granada* (2 Bde. 1595 u. 1619) über Glanz und Größe maurischer Herrschaft in Granada vor dessen Untergang. Im zweiten Band schildert er die Moriskenkriege, die er als Teilnehmer 1568 in den Alpujarras selbst miterlebt hatte.

Pérez Galdós, Benito (*10.5. 1843 Las Palmas/Kanarische Inseln, †4.1. 1920 Madrid). – Bedeutender span. Schriftsteller, Journalist und Abgeordneter, gilt als Begründer des modernen span. Romans. In der sechsundvierzigbändigen Romanserie *Episodios nacionales* (1873–1912) schildert er Gesellschaft und polit. Geschichte Spaniens im 19. Jh. Aus genauer Beobachtung und der Begegnung mit Menschen aller Gesellschaftsschichten entstanden seine weiteren Romane, wie *Miau* (1888, dt. 1960) und *Freund Manso* (1882, dt. 1894). In seinen frühen Werken setzte sich P. mit geistl. Problemen auseinander, während er sich später mit naturalist. Genauigkeit dem Leben der normalen Bürger zuwendet. Damit treten die naturalist. Elemente der Charakterisierung und der Milieuschilderung in den Vordergrund. Zuletzt sucht er in seinem Werk die naturalist. Weltauffassung geistig zu überwinden. Weniger bedeutend ist sein dramat. Werk.

Perinet, Joachim (*20.10. 1763 Wien, †9.2. 1816 ebd.). –

Österr. Volksdichter, lange Jahre Schauspieler, v.a. am »Leopoldstädter Theater« in Wien. Mit eigenen Lustspielen, Ritterdramen, Zauberpossen und Parodien wurde er zum erfolgreichen Bühnenautor. Zusammen mit dem Komponisten W. Müller arbeitete er auch Volksstücke des Dramatikers P. Hafner zu Singspielen um, von denen *Das Neusonntagskind* (1794) mit dem Lied *Wer niemals einen Rausch gehabt* am bekanntesten sein dürfte.

Perkonig, Josef Friedrich (*3.8. 1890 Ferlach/Kärnten, †8.2. 1959 Klagenfurt). – Österr. Schriftsteller, aktiver Teilnehmer der Kärntner Befreiungskämpfe gegen die Südslawen. Der Schwerpunkt seines dichter. Schaffens liegt in der Prosa, in der er realist. Menschen und Probleme des Grenz- und Berglandes Kärnten schilderte. Zu seinen späten Werken zählen der Roman *Patrioten* (1950) und der Novellenband *Ein Laib Brot, ein Krug Milch* (1960).

Perrault, Charles (*12.1. 1628 Paris, †16.5. 1703 ebd.). – Franz. Schriftsteller, war zur Zeit Colberts Oberaufseher der königl. Bauten. Er vertrat in der Académie Française als erster die Auffassung, daß die moderne Literatur bedeutender als die antike sei. Unter dem Namen seines Sohnes gab P. die *Contes de ma mère l'Oye* (1697) heraus, eine Sammlung iron. nacherzählter Volksmärchen, die weite Kreise auf das Volksmärchen aufmerksam machte und zu Nachgestaltungen in Kunstmärchen führte.

Perron, Charles Edgar du (*2.11. 1899 Meester Cornelis/Java, †14.5. 1940 Bergen/Nordholland). – Niederländ. Schriftsteller, wuchs in Java auf; ab 1921 war er in Belgien und Paris journalist. tätig. Er war Mitbegründer der Zeitschrift »Forum« und beteiligte sich an der von Kl. Mann herausgegebenen Exilzeitschrift »Die Sammlung«. In Lyrik und Prosa, z.B. *Het land van Herkomst* (Roman 1935), kommt seine individualist., antibürgerl. und antifaschist. Einstellung zum Ausdruck. Sein herber, strenger Stil wirkte stark auf die jungen Schriftsteller der dreißiger Jahre. Auch seine gesammelten Gedichte (1941) hatten auf die Lyrik der Zeit eine gewisse Wirkung.

Perse, Saint-John → *Saint-John Perse*

Persius Flaccus, Aulus (*4.12. 34 n. Chr. Volaterrae/Etrurien, †24.11. 62 bei Rom). – Röm. Satiriker aus dem Ritterstand. Flaccus hinterließ 6 Satiren in der Tradition des Lucilius und Horaz. Außerdem ist von ihm ein choriambisches Gedicht erhalten. Sein Werk, das moralische Tendenz zeigt, war besonders in der Antike und im Mittelalter beliebt.

Perutz, Leo (*2.11. 1884 Prag, †25.8. 1957 Bad Ischl). – Österr. Schriftsteller, studierte in Prag und ließ sich nach dem Ersten Weltkrieg in Wien nieder; 1938 ging er nach Tel Aviv. Seine Geschichts- und Abenteuerromane sind in schlichter Sprache, aber äußerst spannend und phantast.-unheiml. erzählt, etwa *Der Marques de Bolibar* (1920), *Der schwedische*

Reiter (1936), *Nachts unter der steinernen Brücke* (1953) oder *Der Judas des Leonardo* (1959). F. Torberg nannte P. eine Kreuzung aus Kafka und A. Christie. Nach längerer Vergessenheit wird heute sein Werk wieder gelesen, wobei bes. der *R. Sankt Petrischnee* (1987) und *Der Judas des Leonardo* (neu 1988) Beachtung fanden.

Perzyński, Włodzimierz (* 6. 7. 1877 Opoczno, † 21. 10. 1930 Warschau). – Poln. Dichter, dessen vielseitiges Werk Lyrik, Komödien und Prosa umfaßt; gibt in realist.-iron. Sittenbildern zahlreiche Darstellungen des Kleinbürgertums. Seine Komödien erreichen durch natürl. Gesprächsführung und treffende Charakterisierung Bühnenwirksamkeit, etwa *Lekarz milosci* (1928) und *Kleijnoty* (1930).

Pessanha, Camilo de Almeida (* 7. 9. 1867 Coimbra, † 1926 Macau/China). – Portugies. Lyriker, ging nach dem Jurastudium nach China und wurde dort Gymnasialprofessor. Der exot. Reiz des Orients verführte ihn zu unstetem Leben, vermutl. war er rauschgiftsüchtig. Seine äußerst empfindsamen, realitätsfernen, auf sprachl. Schönheit bedachten Gedichte, in denen der Symbolismus höchste Vollendung fand, lassen Einflüsse Verlaines, Mallarmés und Whitmans erkennen. Seine Gedichte erschienen 1965 in einer dt. Auswahl.

Pessoa, Fernando António Nogueira de Seabra (* 13. 6. 1888 Lissabon, † 30. 11. 1935 ebd.). – Portugies. Dichter, war nach Jugend und Studium in Südafrika u. a. als Handelskorrespondent und Mitarbeiter einer futurist., dann modernist. Zeitschrift in Portugal tätig. Thema seiner Gedichtsammlungen *Esoterische Gedichte Nensagem* (= *Botschaft*, dt. Auswahl 1965, neu 1989) ist die sagenhafte Vergangenheit Lusitaniens. Seine übrigen Gedichte und Oden, bes. bekannt *Maritima*, veröffentlichte er unter vier Namen in Zeitschriften, wobei unter jedem Namen ein Dichter mit eigener lit. Stilrichtung vorgestellt wurde. Das Gesamtwerk *Obras Completas* erschien in acht Bänden 1942–1956; seit 1986 wird sein Werk wegen der antiaufklärerischen Tendenz wieder sehr geschätzt und in dt. Ausgaben verbreitet *(Alberto Caeiro; Ein anarchistischer Bankier; Algebra der Geheimnisse)* und zweisprachig *Alvaro de Campos* (1987), *Faust. Eine subjektive Tragödie* (1990).

Pestalozzi, Johann Heinrich (* 12. 1. 1746 Zürich, † 17. 2. 1827 Brugg). – Schweiz. Pädagoge und Schriftsteller, dessen Vorfahren im 16. Jh. aus Italien ausgewandert waren, begründete 1775 die Erziehungsanstalt »Neuhof« für arme Kinder, die, wie auch spätere Versuche, Kinderheime zu gründen, aus finanziellen Gründen scheiterten. Erfolg hatte er mit den Erziehungsheimen in Burgdorf (1800–04) und Yverdon/Waadtland (1805 bis 1825), P.s. pädagog. Grundsätze, von Rousseau beeinflußt, fanden in ganz Europa Verbreitung. Grundlagen der Erziehung sollten Anschaulichkeit, Liebe zum Nächsten und Glauben an die eigenen Möglichkeiten, prakt. Arbeit und Gemein-

schaftsgefühl sein. Mit seinen realist., volkstüml. Romanen *Lienhard und Gertrud* (1781–87) und *Wie Gertrud ihre Kinder lehrt* (1801) versuchte er, diese Ideen dem Volk nahezubringen, dies auch mit Schriften wie z. B. *Meine Nachforschungen über den Gang der Natur in der Entwicklung des Menschengeschlechtes* (1797).

Peterich, Eckart (* 16. 12. 1900 Berlin, † 13. 4. 1968 Florenz). – Dt. Journalist und Korrespondent in mehreren europ. Hauptstädten, leitete 1959/60 die Deutschen Bibliotheken in Mailand und Rom und wurde 1962 Direktor am Goethe-Institut. Danach zog er sich als freier Schriftsteller zurück. In Gedichten (z. B. *Gedichte*, 1967), Dramen und Essays, wie *Die Götter und Helden der Griechen* (1938) und *Die Götter und Helden der Germanen* (1938), wandte er sich antiken und christl. Stoffen zu, z. B. in *Nausikaa* (Drama 1947), und spiegelte das kulturelle Leben Italiens, *Italien* (1958–1962 in 3 Bdn.). Seine Übersetzertätigkeit galt besonders Dante.

Peters, Friedrich Ernst (* 13. 8. 1890 Luhnstedt/Holstein, † 18. 2. 1962 Schleswig). – Dt. Schriftsteller, 1923 aus der Kriegsgefangenschaft heimgekehrt, wurde Lehrer für Taubstumme in Schleswig. Aus seinen Gedichten *(Bangen und Zuversicht*, 1947), Erzählungen und Essays sprechen Liebe zur Heimat und Natur und tiefe Besinnlichkeit, z. B. auch aus *Die dröge Trina* (1946), *Im Dienst der Form* (1947).

Petersen, Nils Johan (* 22. 1. 1897 Vamdrup/Jütland, † 9. 3. 1943 Laven). – Dän. Schriftsteller, Vetter von Kaj Munk, war als Journalist und Redaktionssekretär tätig, dann vagabundierte er durch Europa. Mit dem Roman *Die Sandalenmachergasse* (dt. 1933) wurde er 1931 weltbekannt. Er zeigt das Schicksal der christl. Gemeinde in Rom, durch moderne Slangausdrücke und Anachronismen stellte P. aber Verbindung zur Gegenwart her. Voller Gegensätze sind auch seine Novellen und Gedichte, die seine pazifist. und soziale Haltung zum Ausdruck bringen, *Verschüttete Milch* (1935). Die gesammelten Gedichte erschienen 1949, die dän. Gesamtausgabe seines Werkes kam 1962 in acht Bänden heraus.

Petöfi, Sándor, eigtl. S. *Petrovics* (* 1. 1. 1823 Kiskörös, † 31. 7. 1849 Segesvár). – Bedeutendster ungar. Lyriker, begann als Statist und Laufbursche eine Theaterlaufbahn. P. war einige Jahre Soldat und Wanderschauspieler, bis er sich 1844 in Pest als Übersetzer und Mitarbeiter einer lit. Zeitschrift niederließ. P.s. Dichtung ist von Anfang an Volksdichtung, in die Elemente des Volksliedes und volkstüml. Wendungen eingingen. In seinen frühen Gedichten besang er die Schönheit seiner ungar. Heimat; im Märchenepos *Held János* (dt. 1851) schilderte er volksmärchenhaft die Abenteuer eines Bauernburschen. Beeindruckt vom Bauernaufstand in Galizien 1846 und vom Studium der Franz. Revolution, nahm seine Lyrik mehr und mehr demokrat.-revolutionäre Züge an. 1848 gehörte er zu den Anführern der Revolution in Pest und rief mit seinen Gedichten *Auf Magyare, Schlachtenlied* u.a. zum Kampf gegen die habsburg. Unterdrückung Ungarns und die Leibeigenschaft auf. 1849 fiel P. im ungar. Unabhängigkeitskrieg gegen Habsburg.

Petrarca, Francesco (*20.7. 1304 Arezzo, †19.7. 1374 Arquà/Padua). – Ital. Humanist und Dichter, Sohn eines Notars, der 1302 mit Dante aus Florenz verbannt wurde. Der Sohn folgte ihm später nach Avignon, studierte Jura und erhielt 1326 die niederen Weihen. In Avignon begegnete er am 6.4. 1327 erstmals seiner Geliebten, die er als »Laura« in seinem dicht. Werk verewigt hat. 1330–47, im Dienst des Kardinals von Colonna, bereiste er Frankreich, Belgien, Dtld. und Italien, wo er sich in Rom intensiv mit der Antike beschäftigte. 1341 wurde er in Rom zum Dichter gekrönt. Ab 1353 war P. für acht Jahre Gesandter der Visconti in Mailand, dann lebte er in Venedig und Arquà. P. kommt zweifache Bedeutung zu: Durch das Studium der Antike und ihre Nachahmung in seinen lat. Werken begründete er den Humanismus – mit seinen im *Canzoniere* (1470) gesammelten ital. Sonetten und Kanzonen, in denen er die Liebe zu Laura und die Trauer um sie besingt, gilt er als größter ital. Lyriker. Seine Gedichte stehen zwar noch unter dem Einfluß der Troubadourlyrik und des »dolce stil nuovo«, sind aber bereits Ausdruck persönl. Erlebens und einer sinnl.-erot. Beziehung zur Geliebten und rücken P. in die Nähe der Renaissance. Sie waren mehrere Jh.e. Vorbild europ. Liebesdichtung (Petrarkismus). Zu seinen lat. Werken zählen das Epos *Africa* (1342), das den Sieg des älteren Scipio über Karthago feiert, das *Carmen bucolicum* (nach 1356) sowie bekenntnishafte moralphilosoph. Schriften und Briefe. Großen Anklang fand die Schrift *De remediis utrusque fortunae* (1354–66), in der er zum glückl. Leben im christl. Sinne anregte. Leider ist die Sammlung von Biographen berühmter Persönlichkeiten *De viris illustribus* nicht vollendet; sie zeigt jedoch deutl. das neue Persönlichkeitsideal der Renaissance.

Petrescu. Camil (*22.4. 1894 Bukarest, †14.5. 1957 ebd.). – Erfolgreicher rumän. Lyriker, Essayist, Romancier und Dramatiker, wirkte als Kritiker und begründete mehrere Zeitschriften. Vorübergehend leitete er das Bukarester Nationaltheater. Seine Werke entstanden unter dem Einfluß Stendhals und Prousts. Der Roman *Letzte Liebesnacht, erste Kriegsnacht* (dt. 1970) schildert und kritisiert den Ersten Weltkrieg; das Drama *Danton* (1931) gilt als bestes rumän. Geschichtsdrama. 1956 bis 1958 erschien der Roman *Ein Mensch unter Menschen.*

Petrescu, Cezar (*1.12. 1892 Cotnari, †9.3. 1961 Bukarest). – Rumän. Schriftsteller. Ehrgeizig wie Balzac, strebte er danach, ein Bild der rumän. Gesellschaft der vergangenen 100 Jahre zu zeichnen. Seine meist trag. Erzählungen und Romane – bedeutend sind *1907* (1937f.), *Umdüsterung* (1927, dt. 1957), *Schwarzes Gold* (1934, dt. 1944) sowie *Die Enkel des Horni-*

sten (1952, dt. 1965) – erfüllen diesen Anspruch nicht, zeigen P. aber als begabten Erzähler.

Petronius Arbiter, Gaius (†66 n. Chr. Cumae). – Röm. Schriftsteller, Prokonsul, dann Konsul von Bithynien, war als »Arbiter elegantiae« (Schiedsrichter des guten Geschmacks) einflußreich am Hof Neros. Von Mißgünstigen der Mitwirkung an einer Verschwörung angeklagt und in Gefahr, verurteilt zu werden, nahm er sich das Leben. P. ist vermutl. der Autor des in Fragmenten erhaltenen Romans *Satiricon,* der episodenhaft, in schonungslos offenen, z. T. obszönen Szenen die Sitten der Zeit Neros geißelt.

Petrow, Jewgeni Petrowitsch, eigtl. *J. P. Katajew* (*13.12. 1903 Odessa, †2.7. 1942 bei Sewastopol). – Russ. Schriftsteller, seit 1923 Journalist in Moskau, kam im Zweiten Weltkrieg als Kriegsberichterstatter ums Leben. In Zusammenarbeit mit Ilf verfaßte P. zwischen 1927 und 1937 die humorvoll-satir. Romane *Zwölf Stühle* (1928, dt. 1954) und *Das goldene Kalb* (1931, dt. 1946). Nach dem Tod Ilfs schrieb P. ein Lustspiel, Skizzen und Reportagen.

Petrus Alfonsi, ursprüngl. *Moïse Sephardi* (*um 1050 Aragonien). – Span. Rabbiner. Moïse Sephardi war Leibarzt von König Alfons I. von Aragonien. 1106 trat er zum Christentum über. Seine lit. Bedeutung gründet sich auf die *Disciplina clericalis,* die als älteste Novellensammlung des Mittelalters gilt. Sie enthält ca. 40 Lehrgespräche, in die Weisheiten arab. Philosophen und ind. Novellen einflossen. Bekannt wurde auch die apologet. Schrift *Dialogus contra Judaeos.*

Pétursson, Hallgrímur (*1614 Hólar, †27.10. 1674 Ferstikla). – Isländ. Dichter, lebte mehrere Jahre als Bauer und Fischer in Keflavik, ehe er seit 1644 als Pfarrer wirkte. Er verfaßte vor allem Kirchenlieder und belehrende geistl. Dichtungen. Seine tief empfundenen *Passíusálmar* werden heute noch gelesen. P. schrieb auch weltl. Gedichte und Prosa, aus denen Einfachheit, Ursprünglichkeit und gelegentl. echter Humor sprechen.

Petzold, Alfons (*24.9. 1882 Wien, †25.1. 1923 Kitzbühel/Tirol). – Österr. Arbeiterdichter, war zunächst Bauer und Fabrikarbeiter; an Lungentuberkulose erkrankt, mußte er sich früh mit schlechtbezahlten Tätigkeiten durchschlagen. Nach der Auseinandersetzung mit den Gedichten Heines und der Lyrik des lit. Vormärz schrieb er in einfacher und eindringl. Sprache Gedichte, die von sozialem Engagement, z.B. *Trotz alledem* (1910), dann zunehmend vom Glauben bestimmt waren, z.B. *Das Buch von Gott* (1920). Der autobiograph. Roman *Das rauhe Leben* (1920) greift mit seinen gesellschaftl. Bezügen weit über das persönl. Leben hinaus.

Peyrefitte, Roger (*17.8. 1907 Castres). – Franz. Schriftsteller, besuchte eine Jesuitenschule, studierte Philosophie und Politik und stand ab 1931 im diplomat. Dienst. P. erregte Aufsehen und Anstoß mit seinen meisterhaft erzählten Romanen, in denen er skandalöse Klatschgeschichten über den Vatikan, die

Diplomatie, die Homoerotik der ital. High-Society, über Freimaurer, Juden, Amerikaner u. a. brachte. Die Romane *Diplomaten* (1951, dt. 1952) und *Diplomatische Missionen* (1953, dt. 1954) enthüllen Geheimnisse aus der Diplomatie, während in *Die Schlüssel von St. Peter* (1955, dt. 1956) ein Kardinal sarkast. Erläuterungen über das »wahre« Wesen der Kirche gibt. *Paris ist eine Hure* (1970, dt. 1971) greift Mißstände in Frankreich an. *Manouche. Eine Frau in unserer Zeit* (1972, dt. 1973) behandelt ebenfalls aktuelle Problematik, ebenso wie die Romane *Die Kunst des Handelns oder das abenteuerliche Leben des Ferdinand Legros* (1977) und *Herzbube* (dt. 1979). 1985 erschien die bedeutende Biographie *Alexander der Große* in Dt.

Pfeffel, Gottlieb Konrad (*28.6. 1736 Kolmar, †1.5. 1809 ebd.). – Dt. Dichter, erblindete mit 21 Jahren, ist bekannt als Gründer eines akadem. Erziehungsinstituts für evangel. adelige Jugendliche in Kolmar (1773). Nach dem Vorbild Gellerts und franz. Dichter entstanden seine gesellschaftskrit. *Fabeln* (1783), die einen weiten Leserkreis fanden. P. schrieb auch belehrende kom. Erzählungen und Dramen; von seiner Lyrik wurde das Gedicht *Die Tabakspfeife* besonders bekannt.

Pfemfert, Franz (*20.11. 1879 Lötzen/Ostpreußen, †26.5. 1954 Mexico City). – Dt. Schriftsteller, gründete 1911 die sozialrevolutionäre Berliner Wochenschrift »Die Aktion«, die Sprachrohr expressionist. Literatur wurde. Bis 1932 ihr Hg. und Schriftleiter, emigrierte er 1933 in die Tschechoslowakei, 1941 nach Mexico City und führte dort ein Fotoatelier. Seine linksradikal geprägten Zeitungsartikel fanden um 1910 großen Anklang bei Gebildeten, die das Wilhelminische Reich ablehnten. Daneben gab er Sammlungen wie *Aktions-Lyrik* (1916), *Der rote Hahn* (1917–24) u. a. heraus. Wie das Werk *Meine Erinnerungen und Abrechnungen* (1951) zeigt, distanzierte er sich später vom Kommunismus.

Pfintzing (Pfinzing) Melchior (*25.11. 1481 Nürnberg, †24.11. 1535 Mainz). – Dt. Dichter, Propst in Nürnberg und Mainz, bearbeitete als Geheimschreiber Kaiser Maximilians I. dessen autobiograph. Epos *Teuerdank* und veröffentlichte es 1517 zusammen mit einem *Schlüssel*, in dem er die Allegorien erläuterte.

Phaedrus (*um 15 v. Chr. Makedonien, †um 50 n. Chr.). – Röm. Fabeldichter, wurde als Sklave nach Rom gebracht und unter Augustus freigelassen. Er verfaßte nach der Vorlage Aesops kurze Fabeln, besonders aus der Tierwelt, später schuf er auch eigenständige Fabeln mit zeitgenöss. Bezug. Fünf Bücher sind erhalten. P. führte die Fabel als Literaturgattung in Rom ein. Entscheidende Wirkung hatte er auf die europ. Fabeldichtung des 18. Jh.s (La Fontaine, Gellert, Lessing).

Pham van Ky (*10.7. 1916 Quintham/Vietnam). – Vietnames. Autor, studierte in Paris, schrieb wissenschaftl. Abhandlungen über asiat. Religionen und leitete Sendungen des franz. Rundfunks für Vietnam. Sein Roman *Die zornigen Augen* (1958, dt. 1960) schildert die Zeit des Opiumkrieges in China als Übergangszeit zu einer modernen, europ. geprägten Kultur. Als letztes Werk wurde der Roman *Des femmes assises ça et là* (1964) bekannt.

Pherekrates (2. Hälfte 5. Jh. v. Chr. Athen). – Griech. Komödiendichter, seine Stücke sind der alten Komödie zuzurechnen. Es sind 18 Titel erhalten, für welche die Autorschaft P.s jedoch nicht eindeutig erwiesen ist. In den Stücken *Korianno, Petale, Thalatta* sind die Hauptgestalten, Hetären, eigtl. typ. Gestalten der mittleren und neueren Komödie; hier wird die polit. Schmähung der alten Komödie durch die Gesellschaftskomödie abgelöst.

Philemon (*um 365 v. Chr. Syrakus, †um 263 v. Chr.). – Größter griech. Dichter der neuen Komödie nach Menander, lebte in Athen und später einige Zeit am Hof des Ptolemaios in Alexandria. Seine 97 Stücke zeigen wie die des Menander dramat. Können, Spannung und treffende Situationskomik, weisen aber eine belehrende Tendenz auf. Einige, etwa *Emporos, Thesauros* und *Phasma*, wurden von Plautus (in *Mercator, Trinummus* und *Mostellaria*) nachgedichtet.

Philetas von Kos (*vor 320 v. Chr. Kos, †vor 270 v. Chr.). – Griech. Dichter, war u. a. Lehrer von Ptolemaios II., Philadelphos und Theokrit. Liebeslieder, Epigramme und die Kleinepen *Hermes* und *Telephos* sind von ihm erhalten. Sein Wörterbuch *Atakta* bietet der Sprachforschung interessantes Material.

Philipp, Bruder (†1345). – Dt. Dichter, der aus den unteren Lahngegend stammte, wirkte als Kartäusermönch in Seitz b. Cilli/Steiermark. Von ihm stammt das volkstüml. Gedicht *Marienleben*, das er einer lat. Vorlage nachdichtete. Das Werk, das teils im Dialekt steht und über 10 000 Verse umfaßt, fand weite Verbreitung.

Philippe, Charles-Louis (*4.8. 1874 Cérilly/Allier, †21.12. 1909 Paris). – Franz. Schriftsteller, Sohn eines bedürftigen Schusters, wuchs in Not und Krankheit auf, besuchte einige Jahre das Lycée Moulins in Paris, nahm dann aber eine unbedeutende Stelle in der Pariser Stadtverwaltung an. Seine persönl. schmerzl. Erfahrungen schlugen sich in seinen Romanen nieder, in denen er in schlichter, gelegentl. humorvoller Sprache die Armut der unteren Bevölkerungsschichten in Paris und im Bourbonnais schilderte. Tolstoi und Dostojewski wirkten auf ihn; vom Naturalismus unterschied er sich durch seine menschl. Anteilnahme. Eindrucksvoll sind die Romane *Bubu* (1901, dt. 1920), *Vater Perdrix* (1903, dt. 1923) und *Charles Blanchard* (1922).

Phillips, David Graham (*31.10. 1867 Madison/Indiana, †24.1. 1911 New York). – Amerikan. Schriftsteller, verfaßte 1901–11 23 Romane, in denen er sich für die Emanzipation der Frau einsetzte und den Sittenverfall und die Bestechlichkeit in verschiedensten Lebensbereichen aufzeigte, z. B. *The Fashionable Adventures of Joshua Crag* (1909). Als bestes Werk gilt *Susan Lenox* (1917), die Geschichte eines Mädchens vom Lande, das der Prostitution verfällt.

Philon von Alexandria, genannt *Philo Judaeus* (*um 30 v. Chr. Alexandria, †um 45 n. Chr.). – Jüd. Adeliger, gehörte 39 n. Chr. einer jüd.-griech. Gesandtschaft nach Rom zur Beilegung eines Streites an *(Legatio ad Gaium).* Er war ein Kenner der griech. Philosophie, Literatur und Sprache. Platon und insbesondere die Stoa beeinflußten seine philosoph. und theolog. Schriften über die jüd. Religion, die er als Mysterienreligion auffaßte. P. schrieb auch Verteidigungsschriften zugunsten des Judentums.

Philostratos II., Flavius (*170 n. Chr. Lemnos, †um 245 n. Chr.). – Griech. Philosoph, gehörte nach längerem Athenaufenthalt dem Kreis um die »Philosophenkaiserin« Julia Domna in Rom an und wirkte als Erzieher. Er gab eine philosoph.-myst. Lebensbeschreibung des wunderwirkenden Apollonios von Tyana, verfaßte Sophistenbiographien und zeigte in dem Dialog *Heroikos* die homer. Helden als fortlebende Geister.

Photios (* um 820 Konstantinopel, † um 891). – Byzantin. Dichter, Kenner antiker Philosophie (Aristoteles) und Literatur, lehrte in Konstantinopel und war kaiserl. Staatssekretär. Zweimal für mehrere Jahre Patriarch von Konstantinopel, bereitete er das kirchl. Schisma vor *(Lógos peri tēs tu hagíu pneúmatos mystagōgías* ist die wichtigste Schrift gegen die röm. Kirche). Bedeutend ist sein Werk *Bibliothek,* in dem P. 280 wichtige, später verlorengegangene außerdichter. Bücher erläuterte und bewertete. Ferner schrieb er Predigten, Dichtungen und ein Lexikon über die Klassiker- und Bibelsprache. P. starb in der Verbannung.

Phrynichos (6./5. Jh. v. Chr. aus Athen). – Griech. Tragödiendichter, begründete zusammen mit Thespis die attische Tragödie. Er griff für seine Stücke zeitgeschichtl. und mytholog. Themen auf und führte angebl. als erster weibl. Bühnenrollen ein. U. a. schrieb er das aufsehenerregende Drama *Einnahme Milets,* das ihm eine Geldbuße einbrachte, und bearbeitete in den *Phoinissen* denselben Stoff wie Aischylos in den *Persern.*

Phrynichos (2. Hälfte 5. Jh. v. Chr.). – Griech. Komödiendichter, lebte zur Zeit des Aristophanes und stand mit diesem im Wettbewerb. In seinen *Musen* (407) stellte er den dichter. Wettstreit zwischen Sophokles und Euripides dar. Die *Einsamen* gelten als erste Charakterkomödie.

Physiologus. In dem volkstüml. allegor. Tierbuch in lat. Sprache aus Alexandria (4. Jh.) werden Tiere, auch Fabeltiere, wie Einhorn, Sirene, Phönix, beschrieben und ihre Eigenschaften christl. gedeutet. Das Werk ist in zahlreichen Versionen und Übersetzungen erhalten, die z. T. auch Pflanzen und Steine in die Schilderung einbeziehen. Ahd. sind zwei Prosa- und eine

Reimfassung erhalten. Der Ph. diente als zoolog. Lehrbuch und hatte auf die Kunst im ganzen Mittelalter großen Einfluß.

Picard, Edmond (*15. 12. 1836 Brüssel, †19. 2. 1924 Davesur-Meuse). – Belg. Schriftsteller, wirkte als Rechtsanwalt, lehrte an der Universität Brüssel und war Abgeordneter. Sein schriftstell. Werk umfaßt Romane, Dramen, Kritiken, jurist. Bücher und Memoiren. Als überzeugter Sozialist bestritt er eine Unabhängigkeit der Kunst, wie sie die Gruppe »Junges Belgien« propagierte, und stellte an die Kunst die Anforderung, der Gesellschaft zu dienen. P. übte um 1880 auf die belg. Literatur großen Einfluß aus. 1954 erschien eine Auswahl aus seinem Werk u. d. T. *Les meilleures pages.*

Picard, Jacob, Ps. *J. P. Wangen* (*11. 1. 1883 Wangen/Allgäu, †1. 10. 1967 Konstanz). – Dt. Schriftsteller, emigrierte 1940 als Jude in die USA. Nach längerem Aufenthalt in New York kehrte er nach Konstanz zurück. Seine Dichtung ist stark religiös geprägt. Während die frühen Gedichte expressionist. Züge tragen, schrieb P. später strengere, bisweilen pessimist. Lyrik wie *Der Uhrenschlag* (1961). Jüd. Leben in Süddeutschland beschreiben die Erzählungen *Der Gezeichnete* (1936), *Die alte Lehre* (1963).

Piccolomini, Alessandro (*13. 6. 1508 Siena, †12. 3. 1578 ebd.). – Ital. Humanist, lehrte u. a. Moralphilosophie in Padua, wirkte in Rom und Siena und stand Aretino und Speroni nahe. Sein Ziel war, die humanist. Studien unter das Volk zu bringen. Er gilt deshalb als bedeutendster Vertreter des »Vulgärhumanismus«. P. schuf das philosoph.- wissenschaftl. Werk *La Filosofia Naturale* und eine mit Kommentaren versehene Übersetzung der Poetik des Aristoteles. Der Dialog *La Raffaella* gibt Aufschluß über die Stellung der Frau zu seiner Zeit; eine pädagog. Abhandlung über die Erziehung *des Edelmanns in der Stadt* entstand nach der Vorlage Castigliones.

Piccolomini, Enea Silvio de (*18. 10. 1405 Corsignano/Pienza, †15. 8. 1464 Ancona). – Ital. Humanist, später Papst Pius II. P. stand nach dem Studium der Rechte zunächst als Sekretär im Dienst eines Kardinals, des Gegenpapstes Felix V., und der kaiserl. Kanzlei. 1444 wandte er sich von seinem weltzugewandten Leben ab, wurde Geistlicher, 3 Jahre später Bischof von Triest, 1456 Kardinal und schließlich 1458 Papst. Als humanist. gebildeter Dichter und Gelehrter hatte P. beträchtl. Wirkung auf den dt. Humanismus. 1442 wurde er von Kaiser Friedrich II. zum Dichter gekrönt. Er verfaßte Liebesgedichte, eine Komödie und die berühmte Novelle *De duobus amantibus historia* (1444). Von seinen histor.- geograph. Werken sind als geschichtl. Werk die *Commentarii rerum memorabilium quae temporibus suis contigerunt* hervorzuheben, in denen er selbstbewußt seine Leistungen als Papst hervorhob.

Pichette, Henri (*26. 1. 1924 Châteauroux). – Franz. Lyriker, war während des Zweiten Weltkriegs als Korrespondent in Dtld. und Österreich tätig. Orientiert an Rimbaud und Lautréamont, schrieb er bewegte surrealist. Gedichte, in denen er leidenschaftl. gegen Ungerechtigkeit und Leid in der Welt protestierte, z. B. *Dents de lait, dents de loup* (1962).

Pico della Mirandola, Giovanni (* 24. 2. 1463 Mirandola/Modena, † 17. 11. 1494 b. Florenz). – Ital. Humanist, dessen Denken das 16. Jh. erhebl. bestimmte; studierte Kirchenrecht, Literatur und Philosophie und erhielt von dem befreundeten Philosophen Marsilio Ficino Anregungen. Als er 1485–86 in Rom 900 theolog.-philosoph. Thesen zur Diskussion stellen wollte, wurde er von Papst Innozenz VIII. gebannt und festgenommen. Von Lorenzo de Medici befreit, konnte er unter dessen Schutz in Turin und Florenz wirken. Savonarolas Predigten bewirkten, daß er kurz vor dem Tod zum kath. Glauben zurückkehrte. Sein Ziel, platon. und aristotel. Philosophie mit christl. Glauben zu verbinden und dahinter die eine Wahrheit zu finden, legte er in der Abhandlung *De ente et uno* nieder. In der Rede *De hominis dignitate (Über die Würde des Menschen)* brachte er das Lebensgefühl der Renaissance einmalig zum Ausdruck. P. schrieb auch Sonette, die ebenfalls seine Philosophie wiedergeben.

Picón y Bouchet, Jacinto Octavio (* 8. 9. 1852 Madrid, † 18. 11. 1923 ebd.). – Span. Schriftsteller, Journalist, Kritiker und Mitarbeiter bedeutender lit. Zeitschriften. Er wurde 1900 in die Spanische Akademie aufgenommen. Dem Naturalismus einerseits, V. Hugo und Dumas andererseits nahestehend, gelangen ihm in seinen erot., antikirchl. Romanen, Novellen und Kurzgeschichten meisterhafte psycholog. Charakterdarstellungen und Milieubeschreibungen: *La honrada* (1890), *Dulce y sabrosa* (1891). Das Gesamtwerk erschien 1909 bis 1928 in 13 Bdn.

Pillat, Ion (* 31. 3. 1891 Bukarest, † 17. 4. 1945 ebd.). – Rumän. Lyriker, studierte in Paris Literatur und Jura. P. war Abgeordneter, Senator, vorübergehend Parlamentspräsident und leitete verschiedene kulturelle Zeitschriften. Für seine Gedichte wurde er mit dem rumän. Literaturpreis ausgezeichnet. Sie schildern idyll. Kindheit und Familie, Heimat und rumän. Volkstum. P. übersetzte auch Baudelaire, Eliot, Novalis, Rilke u. a. Die letzte dt. Gedichtauswahl erschien 1943.

Pillecyn, Filip de (* 25. 3. 1891 Hamme a. d. Durme, † 7. 8. 1962 Gent). – Fläm. Dichter, war 1914–25 journalist. tätig, dann promovierte er und wurde Lehrer. P. schrieb sentimentale, z. T. erot. Kurzromane und Erzählungen, von denen mehrere in dt. Sprache erschienen, so *Blaubart in Flandern* (1933, dt. 1933), *Der Soldat Johann* (1939, dt. 1943), *Menschen hinter dem Deich* (1949, dt. 1958), *Leda* (fläm. u. dt. 1950). Bes. gefiel in Dtld. die Erzählung *Das zweifache Leben* (1943).

Pilnjak, Boris Andrejewitsch, eigtl. *B. A. Wogau* (* 11. 10. 1894 Moschaisk, † 1938 [?]). – Russ. Schriftsteller, Sohn eines Wolgadeutschen. Zunächst allgemein anerkannt, geriet er seit 1927 ins polit. Schußfeld und wurde vermutl. 1938 in einem Lager

hingerichtet. 1922 erschien sein berühmter episod. Roman *Das nackte Jahr* (dt. 1964), in dem er als einer der ersten die Folgen der Revolution für das Volk beschrieb. Als er 1929 in der im Ausland veröffentlichten Erz. *Mahagoni* (1929, dt. 1962) seine Enttäuschung über die Zwangskollektivierung der Bauern äußerte, wurde er aus dem Schriftstellerverband ausgeschlossen. P.s Werk steht einmal unter dem Einfluß der Imaginisten, zum anderen zeigen sich auch Anlehnungen an Leskow, Gogol und Dostojewski. In Dtld. fanden bes. Beachtung *Maschinen und Wölfe* (1924, dt. 1946) und *Die Wolga fällt ins Kaspische Meer* (russ. u. dt. 1930), *Die Geschichte vom nichtausgelöschten Mond. Erzählungen 1915–1926* (1989).

Pindaros (Pindar) (* 518 oder 522 v. Chr. Kynoskephalai/Theben, † um 438 Argos). – Griech. Dichter, lebte längere Zeit im thebenfeindl. Athen und für ein Jahr in Sizilien; 475 nach Theben zurückgekehrt, wurde er wegen seiner guten Beziehung zu Tyrannenherrschern befehdet. Als Dichter und Komponist am Ende der archa. Zeit schuf er in dorischem Dialekt und schwierigem Versmaß lyr. Chorlieder, in denen Vers, Musik und Tanzbewegung zusammenwirkten: Siegeslieder (Epinikien), Trauergesänge, Götterhymnen, Dithyramben und Mädchenlieder. Die Musik ging verloren. Er pries in ihnen altaristokrat. Werte und überhöhte das Irdische in den Göttermythen, die sinngebend und normsetzend waren. Ledigl. die Epinikien, die von Chören für die Sieger der Olympischen, Pythischen, Nemeischen und Isthmischen Wettkämpfe gesungen wurden, sind fast ganz erhalten, die übrigen Lieder wurden in Fragmenten und Zitaten überliefert.

Pindemonte, Ippolito, Cavaliere (* 13. 11. 1753 Verona, † 18. 11. 1828 ebd.). – Ital. Dichter, lernte bei Torelli klass. Sprachen und unternahm weite Reisen. Klopstock, Ossian, Young und Gray hatten Einfluß auf sein Werk. Daneben bestimmte vor allem die Neigung für die Antike das dichter. Schaffen (neben Lyrik, Tragödien und Romanen). Von seinen Übersetzungen aus dem Griech. und Latein. ist die *Odyssee* besonders bekannt.

Pinero, Sir Arthur Wing (* 24. 5. 1855 Islington, † 23. 11. 1934 London). – Engl. Dramatiker, wandte sich nach Jurastudium der Bühne zu. Zuerst Schauspieler, wurde er bald Bühnenschriftsteller; sein erstes Stück fand begeisterte Aufnahme, er wirkte 30 Jahre erfolgreich in London. Anfangs schrieb er Komödien, z. B. *Dandy Dick* (1887), und Farcen, dann Gesellschaftsstücke, z. B. *Trelawny of the »Wells«* (1899), und Tragödien, die an Ibsen erinnern, aber einen sentimentalen Einschlag aufweisen. Sein erfolgreichstes Stück war *The Second Mrs. Tanqueray* (1893). Seine Theaterstücke erschienen in 29 Bänden 1892–1930.

Pinget, Robert (* 19. 7. 1919 Genf). – Franz. Schriftsteller und Rechtsanwalt, begann 1946 in Paris zu malen und fünf Jahre später sich lit. zu betätigen. Sein erster bedeutender Roman *Ohne Antwort* (1959, dt. 1960), der allein aus einem langen Brief eines verzweifelten wartenden Vaters an den Sohn besteht, zeigt in Form und Inhalt den Einfluß seines Freundes S. Beckett und läßt P. als Erzähler des »Nouveau roman« erkennen. Experimentell sind auch seine weiteren Romane, wenn in ihnen etwa die Verhörtechnik des Kriminalromans verwendet wird, um ein Geschehen zu rekonstruieren, so in *Inquisitorium* (1962, dt. 1965), *Das Tumbagebet* (1968, dt. 1970), *Apokryph* (1980, dt. 1982), *Was wissen Sie über Mortin?* (dt. 1982). P. schrieb auch Hörspiele und Dramen, z. B. *Ein seltsames Testament* (1981); 1986 erschien dt. die Prosa *Kurzschrift. Monsieur Traums Notizhefte*, in der er die Funktion moderner Lit. reflektiert. 1991 wurde das Bändchen zu einem Bestseller.

Pinski, David (* 5. 4. 1872 Mohilev, † 11. 8. 1959 Haifa). – Jidd. Schriftsteller, lebte von 1899 bis 1950 in den USA, wo er jidd. sozialist. Zeitschriften herausgab sowie zahlreiche Erzählungen veröffentlichte, in denen er Themen der jüdische Geschichte und Probleme der in die USA eingewanderten Juden behandelte. Von P.s. Dramen sind besonders erwähnenswert *Eisik Scheftel. Ein jüdisches Arbeiterdrama* (1899, dt. 1905) und *Der eibiker jid* (dt. *Der ewige Jude*; entstanden 1906, veröffentlicht 1939 innerhalb des Sammelbandes *Meschichim*). Eine Gesamtausgabe in 8 Bänden erschien 1918 bis 1920.

Pinter, Harold (* 10. 10. 1930 London). – Engl. Theaterdichter, Sohn eines jüd. Handwerkers, begann während seiner Schauspielertätigkeit (1950–60) zu schreiben und wurde dann freier Bühnenautor und Regisseur; heute Inhaber hoher internat. Auszeichnungen. In seinen Dramen, Hör- und Fernsehspielen versuchte er die Sinnlosigkeit des Alltags aufzuzeigen, so daß er zu den bedeutenden Vertretern des absurden Theaters gezählt wird. Kennzeichnend für seinen eigenwilligen Stil der ersten Jahre ist das plötzl. Hereinbrechen unheiml., zerstörender Gewalten in das scheinbar sichere Leben. Dieser Phase sind die Dramen *Die Geburtstagsfeier* (1960, dt. 1961) und *Der Hausmeister* (1959, dt. 1961) zuzurechnen, die P. internationale Anerkennung brachten. In den späteren, realistischeren Dramen treten Probleme der zwischenmenschl. Verständigung, der Einsamkeit und Angst vor dem Kontakt, vor allem am Beispiel der Sexualität, in den Vordergrund. Beispiele hierfür sind *Der Liebhaber* (dt. 1965), *Schweigen* (dt. 1969), *Niemandsland* (1975, dt. 1976), *Betrogen* (1978, dt. 1979) und *Das Treibhaus* (1980, dt. 1981). In Dtld. gibt es zahlreiche Auswahlausgaben.

Pinthus, Kurt (* 29. 4. 1886 Erfurt, † 11. 7. 1975 Marbach/Nekkar). – Dt. Schriftsteller, war nach dem Studium der Philosophie, Geschichte und Literaturgeschichte mehr als 10 Jahre Lektor in Berlin und Theater- und Filmkritiker für das »Berliner Tagblatt« und »8-Uhr-Abendblatt«. Zu Beginn des Dritten Reiches mit Schreibverbot belegt, ging er in die USA und war 1947–61 als Dozent für Theatergeschichte an der Columbia-Universität in Washington tätig. Sein 1914 veröffentlichter Aufsatz *Versuch eines zukünftigen Dramas* galt dem expressionist. Drama. 1920 gab er unter dem Titel *Menschheitsdämmerung* eine in vier Themenbereiche gegliederte Sammlung expressionist. Lyrik heraus, in die er u. a. Gedichte von Benn, Däubler, Goll, Heym, Lasker-Schüler, Stramm, Trakl und Werfel aufnahm und die bis heute die repräsentative Anthologie des Expressionismus geblieben ist. Nennenswert ist auch *Das Kinobuch* (1913), in dem er sich als einer der ersten dem noch in Kinderschuhen steckenden Film zuwandte.

Piontek, Heinz (* 15. 11. 1925 Kreuzburg/Oberschlesien). – Dt. Schriftsteller, studierte nach dem Krieg Germanistik, Kunstgeschichte und Philosophie und widmet sich seit 1948 ganz dem Schreiben. 1961 ließ er sich in München nieder, wo er als jüngstes Mitglied in die Akademie der Schönen Künste gewählt wurde; P. erhielt zahlreiche Preise und Auszeichnungen (z. B. Georg-Büchner-Preis 1976; Bundesverdienstkreuz). Seine ersten Gedichtbände, z. B. *Die Furt* (1952), enthalten hauptsächl. Naturgedichte in einfacher, stark verdichteter Sprache. In späteren Bänden, *Klartext* (1966) und *Tot oder lebendig* (1971), griff P. auch andere Themen auf, etwa existentielle Themen, die er aus christl. Sicht, aber mit Skepsis anging. Sie sind sprachl. genauer, gedankl. schärfer und pointierter gefaßt. Diese Merkmale kennzeichnen auch seine Erzählungen, wie *Kastanien aus dem Feuer* (1963), seine Essays, Reiseberichte, literaturkrit. Studien und die Romane *Die mittleren Jahre* (1967), der das Scheitern eines Mannes in Ehe, Beruf und Leben darstellt, und *Stunde der Überlebenden* (1990), der Autobiographisches enthält. P. verfaßte auch einige Hörspiele und übersetzte Keats. 1973 erschienen die Reisebilder *Helle Tage anderswo*, 1975 die *Gesammelten Gedichte*, 1977 die gesammelten Erzn. *Wintertage – Sommernächte*, 1978 die Prosasammlung *Träumen, Wachen, Widerstehen*, Gedichte, *Wie sich Musik durchschlug, Helldunkel* (1987), und Spiele u. d. T. *Dunkelkammerspiel*. Eine Gesamtausgabe in 6 Bdn. erschien 1981 bis 1985.

Piovene, Guido (* 27. 7. 1907 Vicenza, † 12. 11. 1974 London). – Ital. Schriftsteller, Journalist und Auslandskorrespondent in London und Paris. In seinen Erzählungen und Romanen dominieren die Analyse psych. Vorgänge und eine moralisierende Betrachtung der zeitgenöss. Sitten. Hauptthemen sind das Scheitern von Ehen und Freundschaften, seel. Motive und Triebregungen von Mördern und die Unerlöstheit des modernen Menschen, z. B. in *Mörder vor dem Anruf* (1943, dt. 1953), *Mitleid unerwünscht* (1946, dt. 1949), *Die kalten Sterne* (1969, dt. 1973). 1968 erschien in Neubearbeitung der vorzügliche Italienführer *Achtzehnmal Italien*, der zahlreiche Auflagen erlebte.

Pirandello, Luigi (* 28. 6. 1867 Agrigent, † 10. 12. 1936 Rom). – Ital. Dichter, einer der bedeutendsten Erzähler und Dramatiker der Moderne und Nobelpreisträger von 1934. P. schloß sein Studium der Sprach- und Literaturwissenschaft in Bonn mit der Promotion ab. Nach Rom zurückgekehrt, war er journalist. tätig und 1897–1921 Dozent für ital. Literatur an einem Lehrerseminar. 1925 gründete P. das »Teatro d'Arte«, mit dem er auf Tourneen durch Europa und Amerika zog. Als grundlegende Problematik zieht sich durch P.s. stark psycholog. gestaltetes Werk die Spaltung des Menschen in ein inneres wahres Sein und eine äußere schützende Maske, die es unmögl. macht, eine absolute Wahrheit zu finden. P. gestaltete diese Thematik meisterhaft in den international erfolgreichen Dramen *Sechs Personen suchen einen Autor* (1921, dt. 1925) und *Heinrich IV.* (1922, dt. 1925), in den 246 *Novellen für ein Jahr* (1922–1937, dt. 1964/65), die realist. Schicksale einfacher Menschen Siziliens erzählen, und den Romanen *Die Wandlungen des Mattia Pascal* (1904, dt. 1925) und *Einer, keiner, hunderttausend* (dt. 1927). Durch sein äußerst fruchtbares dramat. Schaffen wurde P. zum Wegbereiter des modernen Theaters (z. B. Absurdes Theater, Demonstrationstheater, Psychodrama). Sein Gesamtwerk, dessen Wirkung auf das moderne Theater nicht hoch genug eingeschätzt werden kann, liegt dt. in zahlreichen Ausgaben vor. Auch die Romane, Novellen und Essays haben große lit. Wirkung gehabt.

Pirckheimer (Pirkheimer), Willibald (* 5. 12. 1470 Eichstätt, † 22. 12. 1530 Nürnberg). – Dt. Gelehrter. Nach dem Jurastudium in Padua und Pavia ging P., einer der bedeutendsten Humanisten Dtlds., nach Nürnberg, wo er 1496–1523 als Ratsherr wirkte, von dort aus zahlreiche diplomat. Reisen unternahm und später kaiserl. Rat wurde. P. hatte Verbindung zu Reuchlin, Erasmus, Hutten und besonders Dürer. Er gehörte zu den frühen Anhängern Luthers, distanzierte sich aber später von der Reformation. Seine Bedeutung liegt darin, daß er Werke des Aristoteles, Platons und der Stoa vom Griech. ins Lat. übersetzte und damit weiten Kreisen Zugang zur humanist. Bildung ermöglichte. Taktkräftig setzte er sich für die Renaissancekunst in Süddeutschland ein und gab vielerlei geistige Anstöße. P. schrieb auch selbst geschichtl., naturwissenschaftl. und satir. Werke, denen aber weniger Gewicht zukommt, z. B.: *Bellum Helveticum* (1499, dt. *Schweizerkrieg und Ehrenhandel mit seinen Feinden zu Nürnberg*, hg. 1826).

Pires, José Cardoso (* 2. 10. 1925 Peso). – Portugies. Schriftsteller, übte zahlreiche Berufe aus, bis er sich endgültig der Literatur zuwandte. Während seine frühen Werke *Os caminheiros e outros contos* (1946), *Histórias de amor* (1952) noch stark unter dem Einfluß der amerikan. Kurzgeschichte und dem modernen Realismus stehen, löst er sich weitgehend aus der engen Bindung an die Vorbilder mit dem weltberühmten Roman *Der Dauphin* (1968, dt. 1973), in dem er in einer erfundenen Dorfgeschichte die Problematik der gegenwärtigen portugies. Gesellschaft darstellt. Gegen den Diktator Salazar wandte er sich mit den Satiren *Seine Exzellenz der Dinosaurus* (1972, dt. 1978).

Pissemski, Alexei Feofilaktowitsch (* 22. 3. 1820 Ramenje, † 2. 2. 1881 Moskau). – Russ. Schriftsteller, P.s Erfahrungen als Beamter in der Provinz fanden in seiner satir. Prosa ihren Niederschlag. Gogol und George Sand mit ihrer Idee der Freiheit der Gefühle waren ihm vor allem anfangs Leitbilder. Sein erfolgreichster Roman *Tausend Seelen* (1858, dt. 1870) schildert die rücksichtslose Karriere eines kleinen Beamten. P. schrieb auch Theaterstücke, von denen die gegen die Leibeigenschaft gerichtete Tragödie *Das bittere Los* (1858, dt. 1922) zu den besten russ. Dramen zählt. Das Gesamtwerk liegt in 9 Bdn. (1959) vor.

Pitaval, Bezeichnung für eine Sammlung von Beschreibungen bemerkenswerter Kriminal- und Strafrechtsfälle, angelegt nach dem Muster der 1734–43 in 20 Bdn. herausgegebenen *Causes célèbres et intéressantes* von *François Gayot Pitaval* (1673–1743). Nach der ersten Sammlung dieser Art, zu deren dritter dt. Übersetzung F. Schiller das Vorwort geschrieben hat, wurden mehrfach derartige Zusammenstellungen veröffentlicht, zuletzt von G. H. Mostar und R. Stemmle, *Der neue Pitaval* (8 Bde., 1963–65).

Piwitt, Hermann Peter (* 28. 1. 1935 Hamburg). – Dt. Schriftsteller, studierte Soziologie, Philosophie (bei Adorno) und Literaturwissenschaft; ging 1971 als Stipendiat der Villa Massimo nach Rom und wurde dann freier Schriftsteller. Er schrieb Lyrik, Essays, Kritiken und teils possenhaft wirkende Prosa, die Erzn. *Herdenreiche Landschaften* (1965), *Gärten im März* (1979) und *Deutschland. Versuch einer Heimkehr* (1981) und die Romane *Die Rothschilds* (1972), *Der Granatapfel* (1986). P. trat auch als Herausgeber hervor. Seine Essays und Miszellen erschienen 1985 unter dem Titel *Die Umsegelung von Kap Hoorn durch das Vollschiff Susanne 1909 in 52 Tagen*.

Planchon, Roger (* 12. 9. 1931 Saint-Chamond/Loire). – Franz. Regisseur, leitet seit 1957 ein Theater in der Lyoner Vorstadt Villeurbanne. In seinen eigenen Stücken, die dem modernen Volkstheater zuzurechnen sind, verwendet er Psychoanalyse und Marxismus, um gegenwärtige gesellschaftl. Strukturen zu untersuchen, so in *La remise* (1964), *L'infâme* (1969), *Le cochon noir* (1973).

Planitz, Ernst Edler von der (* 3. 3. 1857 Norwich/Connecticut, † 24. 1. 1935 Berlin). – Amerikan. Autor, studierte nach dem Tod seines Vaters in Europa und ließ sich als Journalist, später als freier Schriftsteller in Berlin nieder. Den Naturalismus lehnte er ab und verfaßte idealist.-realist. Epen und Romane wie *Die Weiber von Weinsberg* (Epos 1898) und *Das Geheimnis der Frauenkirche* (Roman 1925).

Platen, August Graf von, eigtl. *v. Platen-Hallermünde* (*24.10. 1796 Ansbach, †5.12. 1835 Syrakus). – Dt. Dichter aus alter, verarmter Adelsfamilie, brach 1818 die Offizierslaufbahn ab und studierte Sprachen, Philosophie und Naturwissenschaft, u.a. bei Schelling. P. kannte Grimm, Goethe und Jean Paul. Kurze Zeit Bibliothekar in Erlangen, lebte er seit 1826 in Italien, das er bereits 1824 auf einer Reise kennengelernt hatte. P. war homoerot. und schwermütig veranlagt und suchte, innerl. zerrissen, Halt an der Schönheit klass. dichter. Form, deren Auflösung in der Romantik er ablehnte. Kennzeichnend ist sein Rückgriff auf antike, roman. und oriental. Formen wie Ode, Sonett und Ghasel: *Ghaselen* (1821), *Sonette aus Venedig* (1825). Bekannt wurden seine polit. satir. Zeitlieder *Polenlieder* und histor. Balladen, v.a. *Das Grab am Busento*, und Romanzen. P. schrieb auch Epen und nach dem Vorbild des Aristophanes satir. Literaturkomödien, z.B. *Die verhängnisvolle Gabel* (1826, gegen die beliebte Schicksalstragödie) und *Der romantische Ödipus* (1829), denen aber weniger Bedeutung zukommt. Das Gesamtwerk erschien in einigen Ausgaben und wirkte stark auf R. Wagner und Th. Mann. Heute wird P. nur noch von Literaturkennern geschätzt.

Platon (Plato) (5./4.Jh. v.Chr. aus Athen). – Dem griech. Komödiendichter wurden in der Suda, einem byzantinischen Lexikon des 10.Jh.s, 30 Stücke zugeschrieben, in denen er Personen des öffentl. Lebens kritisierte. Es ist ledigl. die Mythentravestie *Phaon* (391 aufgeführt) erhalten.

Platon (Plato) (*427 v.Chr. Athen, †347 v.Chr. ebd.). – Griech. Philosoph aus vornehmer Athener Familie, war 407 bis 399 Schüler des Sokrates, wandte sich unter dessen Einfluß von der Dichtung und von der angestrebten polit. Laufbahn ab und wurde Philosoph. Nach dem Tod seines Lehrers unternahm er Reisen, u.a. nach Megara und Unteritalien/Sizilien zu Dionysios I., 387 gründete er mit seinen Schülern in Athen die Akademie als wissenschaftl. Forschungs-, Lebens- und Kultgemeinschaft. Er reiste noch zweimal als Ratgeber nach Syrakus zu Dionysios II., scheiterte aber mit seinem Ziel, dort seinen Idealstaat zu verwirklichen. – Seine Philosophie legte P. in zahlreichen Schriften nieder, für die er meist die fragende Gesprächsform mit Sokrates als Hauptgesprächspartner wählte. Ihre Echtheit ist z.T. umstritten. Im Mittelpunkt steht die Lehre von den Ideen, die – ewig, unveränderl. und den Sinnen nicht zugängl. – Urformen der sinnl. erfahrbaren Dinge der Welt darstellen. Der Mensch kann das wahrhaft Gute und Gültige nur erkennen, wenn er sich von den diesseitigen Wünschen und Erscheinungen löst und die »Denkkraft« der Seele siegen läßt. In seinem Hauptwerk *Politeia* entwickelte P. die Vorstellung von einem hierarch. aufgebauten, durch Philoso-

phen regierten Idealstaat, der Spiegelbild des Aufstiegs der Seele zum Guten ist. Der Dialog *Phaidros* zeigt den Weg der Seele zur Ideenschau über die Liebe. Als letztes Werk gelten die *Nomoi* (= Gesetze), in denen P. eine realistische, zweitbeste Staatsform darstellte. Weitere bedeutende Schriften sind *Gorgias, Symposion, Phaidon, Timaios* und *Apologie*. P. wirkte entscheidend auf Aristoteles; seine Akademie bestand bis 529 n.Chr. und entwickelte seine Philosophie zum ethischen Idealismus weiter, der schließl. in den Neuplatonismus einmündete. Gesamtausgaben sind heute in allen Kultursprachen vorhanden.

Platonow, Andrei Platonowitsch (*1.9. 1899 Woronesch, †5.1. 1951 Moskau). – Russ. Autor, anfangs Handwerker, dann Elektroingenieur, kämpfte im Bürgerkrieg für die Rote Armee. In Erzählungen wie *Die Kutschervorstadt* (dt. 1968), Romanen, z.B. *Unterwegs nach Tschevengur* (dt. 1972), *Dshan* (dt. 1980), und Gedichten beschrieb er die Schicksale von Handwerkern und Bauern vor der Revolution, im Bürgerkrieg und danach. Seine Werke stießen auf parteioffizielle Kritik; posth. erschienen 1988 dt. *Frühe Novellen: Die Epiphaner Schleusen* und *Erzählungen in zwei Bänden*.

Plautus, Titus Maccius (*um 250 v.Chr. Sarsina/Umbrien, †184 v.Chr. Rom). – Röm. Komödiendichter, über sein Leben sind wenige Nachrichten erhalten. Er kam jung und arm nach Rom und arbeitete als Theaterdiener, Kaufmann und Müllersknecht, bis ihn die Komödien *Saturio* und *Addictus* bekannt machten und zum Schreiben weiterer Stücke veranlaßten. P. griff auf griech. Vorlagen zurück, und zwar hauptsächl. auf Dichter der hellenist. »Neuen Komödie« wie Menander, Philemon und Diphilos. Er behielt die Handlung bei, arbeitete sie jedoch auf röm. Verhältnisse um und verkürzte oder erweiterte sie nach Bedarf. Auf diese Weise wurden Gehalt, Charakterzeichnung und sprachl. Stil (häufig Umgangssprache) zwar vergröbert, zugleich gewannen die Komödien aber an dramat. Spannung, Lebendigkeit und Komik. P. schrieb Possenspiele, Charakter- und Familienstücke und myth. Travestien. In der Antike sehr beliebt, erlebte er eine Wiederentdeckung im späten Mittelalter und beeinflußte stark die Entwicklung der europ. Komödie. Von 130 überlieferten Werken sind nur 21 echt. Sein *Amphitryo* regte Molière, Kleist und Giraudoux an; *Aulularia* (Goldtopfkomödie) bearbeitete Molière in *Der Geizige*. Auch Shakespeare (*Falstaff*), Lessing, Goldoni und Calderon wurden von Plautus beeinflußt. Die erste Gesamtausgabe erschien 1871 bis 1890 in 4 Bdn. Außer den genannten Theaterstücken sind folgende zu erwähnen: *Asinaria, Bacchides, Captivi, Casina, Cistellaria, Curculio, Epidicus, Menaechmi, Mercator, Miles Gloriosus, Mostellaria, Persa, Poenulus, Pseudalus, Rudens, Trinummus, Stichus, Truculentus, Vidularia*. Die Datierung der einzelnen Stücke ist bis heute umstritten.

Pleier, Der (13. Jh., Grafschaft Pleien bei Salzburg). – Der mhd. Dichter und Fahrende, vermutl. aus ritterl. Geschlecht, schrieb nach dem Vorbild der höf. Epen Hartmanns, Gottfrieds, Wolframs und des Strickers zwischen 1260 und 1280 drei Reimerzählungen in schlichter Sprache, deren Stoffe er der Artussage entnahm: *Tandareis und Flordibel, Meleranz, Garel vom blühenden Tal.*

Plenzdorf, Ulrich (* 26. 10. 1934 Berlin). – Dt. Schriftsteller, arbeitete lange Zeit bei der DEFA und hatte erst 1973 lit. Erfolg, als er unter Anknüpfung an Goethes Briefroman das Schauspiel *Die neuen Leiden des jungen W.* veröffentlichte, wobei er das Wertherthema unter sehr exakter und amüsanter Verwendung des Jargons der »Jeansgeneration« in die industrielle Gegenwart der DDR setzte und gesellschaftskrit. deutete. Das Werk erschien wenige Monate später als Erzählung. Während Goethes Werther sich seiner Personalität in der Liebe zu Charlotte bewußt wird, erfährt Plenzdorfs Hauptfigur die Unmöglichkeit, sich aus den Zwängen einer normierten, ausschließlich an staatl. verwertbarer Leistung orientierten Gesellschaft zu befreien, und stirbt am Ende. P. hatte auch Erfolg mit seinem Drehbuch *Die Legende von Paul und Paula* (1974), den Erzn. *Legende vom Glück ohne Ende* (1979) und *Gutenachtgeschichten* (1983) und seinem Schauspiel *Buridans Esel.* In jüngster Zeit schrieb er vornehmlich Drehbücher.

Plessen, Elisabeth, eigtl. *Elisabeth Gräfin Plessen* (* 15. 3. 1944 Neustadt/Holstein). – Dt. Autorin aus altem Adelsgeschlecht, studierte Philosophie, Literaturwissenschaft und Geschichte und gab 1974 mit Michael Mann Katja Manns *Meine ungeschriebenen Memoiren* heraus. Großen Erfolg hatte sie mit *Mitteilung an den Adel* (1976) und *Kohlhaas* (1979); in beiden Werken war sie bemüht, sich von der Wirkung des übermächtigen Vaters zu befreien, wobei sie mit *Kohlhaas* nicht nur den Vergleich mit Kleist suchte, sondern auch die Quellen neu interpretierte. Die jüngsten Arbeiten *Zu machen, daß ein gebraten Huhn aus der Schüssel laufe* (1981) und *Stella Polare* (1984) können lit. nicht überzeugen.

Plievier, Theodor, Ps. *Plivier* (* 12. 2. 1892 Berlin, † 12. 3. 1955 Avegno/Schweiz). – Dt. Schriftsteller, zog als 17jähriger durch Europa, gehörte im Ersten Weltkrieg der Kriegsmarine an, beteiligte sich an der Rätebewegung und lebte dann in Südamerika und Deutschland. Sozialist. eingestellt, emigrierte er 1933, hielt sich lange in Moskau auf und kehrte erst 1945 zurück. Seine Tatsachenromane und Erzählungen nähern sich der Reportage und weisen ihn als Erzähler der neuen Sachlichkeit aus. Als Hauptwerk gilt die Romantrilogie *Stalingrad–Moskau–Berlin* (1945; 1952; 1954), in der er aus Augenzeugenberichten und Dokumenten ein Bild des Hitler-Feldzuges in den Osten zeichnete. Daneben stehen Dramen wie *Des Kaisers Kulis* (1930) und *Die Seeschlacht am Skagerrak*

(1935) und Erzählungen *Im Wald von Compiègne* (1939), *Der Igel* (1942), *Das gefrorene Herz* (1947).

Plinius Caecilius Secundus, Gaius (der Jüngere) (* 61/62 n. Chr. Novum Comum, † 113/14 n. Chr.). – Röm. Rhetor, Neffe und Adoptivsohn des P. d. Ä., hatte verschiedene höhere Staatsämter inne, u. a. war er Konsul (100) und Statthalter von Bithynien (um 112). Von seinen berühmten Reden besitzen wir nur mehr den *Panegyricus,* eine Lob- und Dankesrede an Kaiser Trajan, der ihm das Konsulat verlieh. Als Hauptwerk gelten die zur Veröffentlichung gedachten 9 Bücher Briefe an seine Freunde, die über den Lebensstil des Adels und das gesellschaftl. und kulturelle Leben seiner Zeit Aufschluß geben. Ein 10. Buch enthält persönliche Briefe an Kaiser Trajan. Bekannt wurden der Bericht über den Vesuvausbruch im 6. Buch und die Briefe über die Behandlung der Christen.

Plinius Secundus, Gaius (der Ältere) (* 23/24 n. Chr. Novum Comum, † 24. 8. 79 n. Chr. Pompeji). – Röm. Schriftsteller, war unter Vespasian Statthalter in Gallien, Afrika, Spanien und zuletzt in Belgien. Er kam ums Leben, als er nach dem Vesuvausbruch mit der von ihm kommandierten Flotte zu Hilfe kommen wollte. Von seinem umfangreichen Werk ist uns allein die *Naturalis Historia,* eine naturwissenschaftl. Enzyklopädie in 37 Büchern, erhalten, die noch im Mittelalter unumschränkte Geltung besaß. Er trug darin aus zahlreichen Quellen (z. B. Varro) das Wissen seiner Zeit über Kosmos, Geographie, Zoologie, Botanik u. a. zusammen und fügte moral. Betrachtungen ein.

Plisnier, Charles (* 13. 12. 1896 Ghling-les-Mons, † 17. 7. 1952 Brüssel). – Belg. Schriftsteller, Rechtsanwalt und Kommunist, nahm nach 1919 an kommunistischen revolutionären Aktionen in osteurop. Ländern und Deutschland teil und reiste 1927 nach Moskau, kehrte aber enttäuscht zurück. Später wurde er überzeugter Katholik. P.s. frühe Gedichte entstanden aus der Enttäuschung über das Versagen überkommener Gesellschaftsstrukturen und Werte. Als Verfasser sozialkrit. Romane kam er von der Psychoanalyse her und kritisierte die Unaufrichtigkeit der bürgerl. Gesellschaft, z. B. in den Romanzyklen *Menschen* (1936, dt. 1941) und *Meurtres* (1939 bis 1941, dt. 1942–44). Christlich geprägt ist der Zyklus über die Mutterschaft *Du sollst nicht begehren* (1946 bis 1949, dt. 1954) in 3 Bänden.

Plomer, William Charles Franklyn (* 10. 12. 1903 Pietersburg/Transvaal, † 21. 9. 1973 Hassocks b. Brighton). – Anglosüdafrikan. Schriftsteller, besuchte in England die Schule, arbeitete als Kaufmann und Farmer in Südafrika und kehrte 1929 nach England zurück. Die Helden seiner Erzählungen und Romane – Außenseitertypen und Entwurzelte – dienen ihm als Sprachrohr seiner Kritik an der Gesellschaft, die er in iron., von Maupassant beeinflußter Erzählweise vorbringt, so auch in seinem ersten Roman *Turbott Wolfe* (1925, dt. 1963).

Weiter schrieb P. Gedichte in bildhafter Sprache, z. B. *The Family Tree* (1929), Biographien und Libretti für Opern Benjamin Brittens, z. B. *Gloriana* (1953). Berühmt wurden die Kurzgeschichten *Paper Houses* (1929) und *Four Countries* (1949). Deutsch erschien 1949 seine Autobiographie.

Plotinos (Plotin) (* 205 n. Chr. Lykopolis/Oberägypten, † 270 n. Chr. Minturnae/Kampanien). – Griech. Philosoph, wurde mit 28 Jahren Schüler des Philosophen Ammonios Sakkas, des Begründers des Neuplatonismus in Alexandria. Nach dessen Tod begann er 244, in Rom zu lehren. Seine philosoph.-religiösen Vorlesungen wurden von seinem Schüler Porphyrios um 305 n. Chr. in 6 *Enneaden* (= 6 Bücher mit je 9 Vorträgen) zusammen mit einer Biographie herausgegeben. P. entwickelte die platonische Philosophie zu einem geschlossenen System weiter, in das er Ideen des Aristoteles, der Stoa und Gnostik aufnahm, und wurde so zum Hauptvertreter des Neuplatonismus. Nach P. besteht die Welt aus 5 Sphären, die eine Einheit darstellen. Aus dem nicht begreifbaren Einen (Gott) sind die anderen Seinsformen durch Emanation entstanden: Ideenwelt, Weltseele und, als Spiegelung Gottes im Seienden, Körperwelt und Materie. Der Einzelne kann sich für das Schlechte entscheiden oder durch Zurückwendung zum Höchsten Erlösung finden.

Plutarchos (Plutarch) (* um 46 n. Chr. Chaironeia/Böotien, † nach 120 n. Chr. ebd.). – Griech. Geschichtsschreiber, Schüler an der Akademie, reiste als Bauaufseher von Chaironeia zweimal nach Rom und unterhielt dabei auch mit Kaiser Trajan Kontakt. 95 wurde er Priester des Apolloheiligtums in Delphi und evtl. unter Hadrian eine Zeitlang Statthalter von Achaia. Die erste Gruppe seiner Schriften, die *Bioi paralleloi*, enthalten ca. 50 vergleichende Lebensbeschreibungen großer Griechen und Römer (z. B. Alexander und Cäsar) in lebendigem, anekdotenhaftem Stil. In den *Moralia*, der zweiten Gruppe, die aus einer Vielzahl eth.-philosoph., religiöser, pädagog., polit., naturwissenschaftl. und lit. Abhandlungen besteht, entwarf P. seine Ethik. Sie entstand zwar in Abhängigkeit bereits bestehender philosoph. Lehren, zeigt P. aber als Moralisten mit eigenen religiös.-philosoph. Standpunkten. Als erstrebenswert sah er die rechte Beziehung des Menschen zu Gott und den Mitmenschen an. P.s. Schriften hatten in der Antike weite Verbreitung. In der Neuzeit beeinflußten sie u. a. Shakespeare, Goethe, Schiller und Nietzsche. Heute liegen sie in zahlreichen Ausgaben in allen Kultursprachen vor.

Po-Chü-i (* 1. 3. 772 Hsin-cheng/Honan, † Sept. 846 Loyang/Honan). – Chines. Dichter, bekleidete die Ämter des Gouverneurs und Justizministers, stand dem Zen-Buddhismus nahe und war eng mit Yüan Chen befreundet. Wie bei Li Po und Tu Fu fand in seinen Gedichten die T'ang-Lyrik ihre Vollendung. Er schrieb in einfacher Sprache teils autobiograph. Gedichte und balladenartige Erzählungen, in denen er aktuelle und soziale Themen aufgriff. Sein Werk ist ins Englische, nicht ins Deutsche übersetzt.

Pocci, Franz Graf von (* 7. 3. 1807 München, † 7. 5. 1876 ebd.). – Bayer. Dichter, Zeremonienmeister und Musikintendant am Hof Ludwigs I. v. Bayern, gehört als Schriftsteller, Musiker und Zeichner der Spätromantik an. Er schrieb Märchen, Lieder, Volksschauspiele, Kasperkomödien für das Marionettentheater, z. B. *Lustiges Komödienbüchlein* (6 Bde. 1859–77), und Kindergeschichten für den »Münchener Bilderbogen«, die er selbst illustrierte. Bekannt sind auch seine humorvollen Illustrationen fremder Dichtungen und seine satirischen Skizzen für die »Fliegenden Blätter«, v. a. *Der Staatshämorrhoidarius* (1857).

Poche, Klaus, auch *Nikolaus Lennert, Georg Nikolaus* (* 18. 11. 1927 Halle). – Dt. Schriftsteller, arbeitete nach der amerikan. Kriegsgefangenschaft in Berlin (Ost) als Journalist, geriet mit dem SED-Staat in Konflikt, wurde 1981 exiliert. Seine Drehbücher *Geschlossene Gesellschaft* (1978), *Rottenknechte* (1978) und Romane wie *Der Zug hält nicht im Wartesaal* (1965), *Atemnot* (1978) zeigen Züge des Sozialistischen Realismus verbunden mit einer erst zurückhaltenden, dann immer stärkeren Systemkritik.

Poe, Edgar Allan (* 19. 1. 1809 Boston, † 7. 10. 1849 Baltimore). – Amerikan. Dichter, verlor als Einjähriger seine Eltern und wurde in das Haus des Kaufmanns John Allan aufgenommen, der ihm eine Universitätsausbildung ermöglichte; schließl. kam es aber wegen seiner exzentr. Lebensführung zum Bruch mit Allan. Nach wenigen Jahren bei der Armee wurde P. Journalist, Kritiker und Hg. verschiedener Zeitschriften, lebte jedoch meist in wirtschaftl. Not. Von der Romantik und besonders von Coleridge beeinflußt, schrieb P. schon in der Jugend Gedichte voll sprachl. Musikalität, die im Alter höchste Meisterschaft erreichten, wie *Der Rabe* (1845, dt. 1947) und *Die Glocken* (1846, dt. 1922), dann aus finanziellen Gründen Prosa. Er wurde Meister der phantast. Schauergeschichte, so mit *Grube und Pendel* (1967; 1. dt. Ausgabe), *Das Pendel über dem Abgrunde* (1843, dt. 1921), und begründete mit seinen Detektivgeschichten die moderne Abenteuererzählung, z. B. mit *Die seltsame Geschichte des Arthur Gordon Pym aus Nantucket* (1838, dt. 1908), *Der Untergang des Hauses Usher* (1839, dt. 1883), *Der Doppelmord in der Rue Morgue* (1841, dt. 1853; neu dt. 1962), *Der Goldkäfer* (1843, dt. 1853). Eine Besprechung der Erzählungen Hawthornes 1842 wurde für P. zum Anlaß, eine Theorie der Kurzgeschichte zu entwerfen. P.s. Theorie und Dichtung – er interpretierte sein Gedicht *Der Rabe* selbst in *The Philosophy of Composition* – wurden begeistert von Baudelaire und den französischen Symbolisten aufgenommen. Eine dt. Ausgabe seiner Werke erschien 1966–73 in 4 Bdn.

Pörtner, Paul (* 25. 1. 1925 Wuppertal-Elberfeld, † 16. 11. 1984

München). – Dt. Schriftsteller, ließ sich 1958 in der Schweiz nieder. Als Autor von Bühnenstücken und Hörspielen experimentierte er mit neuen Stilmitteln: dazu sein Essay *Spontanes Theater* (1972). So schrieb er variable »Mitspiele«, deren Handlung von der Improvisation der Schauspieler und der spontanen Mitwirkung des Publikums mitgestaltet wird, z. B. *Scherenschnitt* (1964). In seiner Prosa überwiegt der experimentelle, spieler. Umgang mit der Sprache. Seine Dramen fanden allgemein interessierte Aufnahme, z. B. *Variationen für zwei Schauspieler* (1960), *Mensch Meier* (1961), *Entscheiden Sie sich* (1965), *Der Spielautomat* (1967), *Test, Test, Test* (1972), *Polizeistunde* (1974). Die Romane *Tobias Immergrün* (1962) und *Gestern* erreichten nicht die Wirkung des dramat. Werkes.

Poethen, Johannes (* 13. 9. 1928 Wickrath/Niederrhein). – Dt. Schriftsteller und Mitarbeiter beim Rundfunk. Die Motive seiner formal abwechslungsreichen Gedichte stammen bevorzugt aus dem Bereich des Mythos und Traumes; gelegentl. wird die Neigung zum Abstrakten von einem spieler. Umgang mit dem Wort abgelöst. Zur neueren Lyrik zählen *Im Namen der Trauer* (1969) und *Aus der unendlichen Kälte* (1970). 1973 erschien eine Sammlung seiner Gedichte aus den Jahren 1946 bis 1971, 1981 die Auswahl aus den Jahren 1976 bis 1980 *ach erde du alte.* Sein Reisebuch *Urland Hellas* (1987) fordert eine grundsätzliche Auseinandersetzung mit der Antike.

Poggio Bracciolini, Gian Francesco (* 11. 2. 1380 Terranuova b. Arezzo, † 30. 10. 1459 Florenz). – Ital. Humanist, stand in päpstl. Dienst und war Kanzler von Florenz. Er fand in Klosterbibliotheken Deutschlands, Frankreichs und der Schweiz (St. Gallen) wertvolle alte Handschriften mit Werken von Plautus, Quintilian, Cicero u. a. Bedeutendes Zeugnis des ital. Humanismus sind seine kunstvollen Briefe, moral.-philosoph. Dialoge, z. B. *De avaritia,* seine Übersetzungen aus dem Griechischen und seine Geschichte von Florenz. Die *Fazetien* (1471, letztmals dt. 1967), eine Sammlung derber Schwänke und Anekdoten, werden heute noch gelesen. Die *Geschichte von Florenz* (1453 ff.) ist eine wichtige Quelle.

Pogodin, Nikolai Fjodorowitsch, eigtl. *N. F. Stukalow* (* 16. 11. 1900 Gundorowskaja/Donezk, † 19. 9. 1962 Moskau). – Russ. Theaterdichter, 1921–29 Sonderberichterstatter der »Prawda«. P. schrieb ca. 40 Dramen, die sich durch psycholog. Charakterzeichnung, Humor und pointierte Satire auszeichnen. Thema seiner ersten dokumentar. Stücke, z. B. *Aristokraten* (1934, dt. 1946), ist der industrielle Aufbau in der Sowjetunion. Große Beachtung fanden seine 3 Stücke um Lenin *Der Mann mit der Flinte* (1937, dt. 1939), *Das Glockenspiel des Kreml* (1941, dt. 1947) und *Schlußakkord* (1958, dt. 1961). 1960 erschien eine Ausgabe sämtl. Dramen in Rußland. Dt. liegt auch die Erzählung *Latte aus Nummer vier* (1960) vor.

Pohl, Gerhart (* 9. 7. 1902 Trachenberg/Schlesien, † 15. 8. 1966 Berlin). – Dt. Autor, wirkte als Verlagslektor, Hg. einer kulturpolitischen Zeitschrift und freier Schriftsteller. Seine teils autobiographischen Romane, wie *Die Blockflöte* (1948), und Erzählungen spielen meist in seiner schles. Heimat. Ferner verfaßte er Essays, Dramen und als Freund G. Hauptmanns dessen Biographie *Bin ich noch in meinem Haus?* (1953).

Poláček, Karel (* 22. 3. 1892 Rychnov nad Kněžnou, † 19. 10. 1944 KZ Auschwitz). – Tschech. Schriftsteller, arbeitete als Gerichtsberichterstatter für eine Zeitschrift. P. trat mit Erzählungen, Romanen, wie *Abseits* (1931, dt. 1971) und *Die Bezirksstadt* (1936, dt. 1956), und Feuilletons hervor, in denen er humorvoll, dann mehr und mehr satir. Spießertum und Falschheit anprangerte.

Poleschajew, Alexander Iwanowitsch (* 30. 8. 1805 Ruzajewka/ehem. Gouv. Penza, † 16. 1. 1838 Moskau). – Russ. Schriftsteller, wurde wegen seiner religiös und polit. anstößigen satir. Gedichte *Saska* (1825), die er während des Studiums veröffentlichte, zum Militärdienst verurteilt und nahm an den Feldzügen im Kaukasus (1828–33) teil. In dieser Zeit entstanden seine volkstüml. Kriegslieder. Die Lyrik der letzten Jahre ist von Verzweiflung geprägt. Leider ist das lyrische Werk noch nicht übersetzt.

Polgar, Alfred (* 17. 10. 1873 Wien, † 24. 4. 1955 Zürich). – Österr. Schriftsteller, wandte sich nach Klavierbauerlehre dem Journalismus zu. Nach längerer Tätigkeit in Wien war er 1925 bis 1933 Theaterkritiker für die »Weltbühne« und das »Tagebuch« in Berlin; 1938 emigrierte er für mehrere Jahre in die USA. P. beherrschte meisterhaft Kleinformen der satir. und feuilletonist. Prosa, z. B. in *Ja und Nein* (4 Bde. 1926/27), *Geschichten ohne Moral* (1943), *Begegnungen im Zwielicht* (1951) und *Standpunkte* (1953). Sein erfolgreichstes Lustspiel wurde *Goethe im Examen* (1908, mit E. Friedell), seine beliebtesten Novellen *Hiob* (1912) und *Gestern und Heute* (1922). Aus seinen Werken sprechen nüchterne Lebenseinstellung, Humor, Einfühlungsvermögen und eine krit. Haltung gegenüber Gesellschaft und Zeitgenossen.

Politis, Kosmas, eigtl. *Paris Tavelludis* (* 1888 Athen, † 23. 2. 1974 ebd.). – Griech. Schriftsteller, seit 1924 als Bankbeamter in Athen tätig; daneben schrieb er für Zeitungen und übersetzte lit. Werke. In seinen Romanen dominieren psycholog. Darstellung und ein impressionist.-lyr. Stil. Als bestes Werk gilt *Eroica* (1938), in dem P. Probleme der Pubertät aufgriff. Auch *Drei Frauen* (1943), *Der Pflaumenbaum* (1959), *Stu Chatzēphrángu* (1963) und das Drama *Konstantin der Große* (1957) fanden Beachtung.

Poliziano, Angelo, eigtl. *Angiolo Ambrogini* (* 14. 7. 1454 Montepulciano, * 29. 9. 1494 Florenz). – Ital. Humanist und Poet, Kanzler bei Lorenzo de Medici und Erzieher von dessen Söhnen sowie Professor für röm. und griech. Literatur an der

Universität von Florenz. P. verfaßte das erste weltl. Drama der ital. Literatur *La Fabula d'Orfeo* (1494, dt. 1956 u.d.T. *Die Tragödie des Orpheus)* sowie die Stanze *Per la giostra* (1476 bis 1478), eine mit mythol. und allegor. Elementen versehene Hymne auf einen Turniersieg Guilianos de Medici und dessen Liebe zu Simonetta Vespucci. P.s. lit. Bedeutung liegt vornehml. in seiner Tätigkeit als Philologe und Kritiker. Er führte die Textkritik ein *(Miscellanea,* 1489) und übersetzte einen Teil der *Ilias* ins Lat., wobei sich der Humanist erfolgreich darum bemühte, ein lebendiges Lat. anzuwenden bzw. zu gestalten. Der Verbreitung der klass. Lit. dienten die *Silvae* (1485/86), vier Lehrgedichte mit einer Hilfe zum Verständnis klass. Autoren. Das Gesamtwerk P.s ist formvollendet geschrieben, seine Darstellung der Verschwörung der Pazzi gegen die Medici *(De coniuratione pactiana commentarii,* 1478) ist ein Meisterwerk humanist. Geschichtsschreibung.

Polybios (* um 203 v.Chr. Megalopolis, † um 120 v.Chr.). – Griech. Geschichtsschreiber, bekleidete ein angesehenes Amt im Achäischen Bund. 166 kam er mit anderen Achäern als Geisel nach Rom, wurde 150 begnadigt und nahm als Freund und Berater des jüngeren Scipio an der Einnahme Karthagos und Korinths teil. Von seiner vierzigbändigen pragmat. Weltgeschichte *(Historiai)* sind 5 Bücher ganz, die restl. in Exzerpten erhalten. P. stellte darin die Entstehung des Röm. Weltreichs von 264–144/3 v.Chr. dar. Er vertrat die Vorstellung von einem Kreislauf der Verfassungen und betrachtete die röm. Mischverfassung (aus monarch., aristokrat. und demokrat. Elementen) als die beste. P. beeinflußte Poseidonios und Strabon, Livius und Machiavelli und im 20.Jh. die Geschichtsphilosophie Oswald Spenglers.

Ponge, Francis (*27.3. 1899 Montpellier, †6.8. 1988 Bar-sur-Loup/Südfrankreich). – Franz. Schriftsteller, schrieb seit 1923 für die »Nouvelle Revue Française«. Seine Prosaskizzen *Die Seife* (dt. 1969) und *Im Namen der Dinge* (dt. 1973) sind präzise Beschreibungen einfacher Gegenstände, bemüht, die Sprache allein vom Gegenstand und nicht von eigenen Gefühlen und Gedanken bestimmen zu lassen. P. hoffte, daß sich auf diese Weise dem Menschen die Ruhe der realen Welt der Dinge mitteile und erschließe. 1964 erschien eine zweisprachige Auswahl, 1967 erschienen die *Texte zur Kunst,* 1983 *Gespräch mit André Breton und Pierre Reverdy,* 1986 die Textauswahl *Einführung in den Kieselstein . . .,* 1988 *Schreibpraktiken oder die stetige Unfertigkeit* und in der Übersetzung von Peter Handke *Kleine Suite des Vivarais* sowie *Die Wiesenfabrik.*

Ponsard, François (*1.6. 1814 Vienne/Isère, †7.7. 1867 Paris). – Franz. Dramatiker, arbeitete als Rechtsanwalt in Vienne. Berühmt wurde er mit seinem ersten Drama *Lucrèce* (1843, dt. 1873), das mit seinem klaren Aufbau und der ausgeglichenen Gefühlslage der antiromant. Strömung der Zeit entgegenkam. Die folgenden Werke zeigen P. nicht als überragenden Drama-

tiker; an ihnen läßt sich jedoch der Übergang vom romant. zum sozialen Gesellschaftsdrama verfolgen, etwa bei *Geld und Ehre* (franz. u. dt. 1853) und *Der verliebte Löwe* (1866, dt. 1874).

Pontano, Giovanni (*7.5. 1426 Cerreto/Umbrien, †Sept. 1503 Neapel). – Ital. Dichter, bekleidete im Dienst des Königs von Neapel verschiedene hohe Ämter und leitete die nach ihm benannte »Accademia Pontaniana«. Neben humanist. und naturwissenschaftl. Werken verfaßte er auch Dichtungen in lat. Sprache, von denen vor allem seine lebensfrohen Hirtenlieder, Wiegenlieder und Elegien über die eheliche Liebe zu nennen sind: *De amore coniugali.*

Pontanus, Jacobus, eigtl. *Jakob Spanmüller* (*1542 Brüx/Böhmen, †25.11. 1626 Augsburg). – Dt. Gelehrter und Schriftsteller, Jesuit und Humanist, lehrte seit 1581 an einem Augsburger Gymnasium. Neben lat. und griech. Gedichten, an Vergil und Cicero geschult, verfaßte er Schuldramen (vor allem Tragödien) und legte in einer Poetik die Grundsätze des Jesuitendramas nieder. Europ. Geltung und Verbreitung fanden seine Schulbücher, die z.T. bis ins 18.Jh. verwendet wurden: *Progymnasmata latinitatis sive dialogi* (1588–94).

Ponte, Lorenzo da → Da Ponte, Lorenzo

Ponten, Josef (*3.6. 1883 Raeren b. Eupen, †3.4. 1940 München). – Dt. Autor, bereiste europ. Länder, Afrika und Amerika und wirkte journalist. und seit 1920 als freier Schriftsteller in München. Er griff in seinen Romanen, z.B. *Der Babylonische Turm* (1918), und Erzählungen, z.B. *Die Insel* (1918) und *Die Bockreiter* (1919), kulturgeschichtl. Themen und Probleme der Auslandsdeutschen auf. Interessant sind seine Reisebeschreibungen, in denen er wissenschaftl. Kenntnis und dichter. Formvermögen vereinigte: *Griechische Landschaften* (1914). Eine große Leserschar gewann er mit den Serienromanen *Volk auf dem Wege* (1934–1942).

Pontoppidan, Henrik (*24.7. 1857 Fredericia/Jütland, †21.8. 1943 Kopenhagen). – Dän. Erzähler des Realismus, Nobelpreisträger von 1917. P. verwies in frühen naturalist. Erzählungen anklagend auf das Elend der bäuerl. Bevölkerung und in seinen realist. Romanen wie *Das gelobte Land* (1891 bis 1895, dt. 1908) und *Hans im Glück* (1898 bis 1904, dt. 1906; dt. neu 1981) auf die geistige, polit. und moral. Leere der dän. Kultur zu Beginn des 20.Jh.s Mit dem Roman *Totenreich* (1920) hatte er den letzten großen Erfolg; die späteren Werke wurden kaum beachtet. Das umfangreiche Erzählwerk wurde fast vollständig ins Dt. übersetzt und hatte um die Jahrhundertwende großen Erfolg.

Pontus de Tyard (Thiard) (* 1521 Bissy-sur-Fley, †23.9. 1605 Bragny-sur-Saône.). – Franz. Poet, widmete sich viele Jahre der Kunst und Wissenschaft; 1578 wurde er Bischof von Châlons-sur-Saône. Er war mit Scève befreundet, dessen Neuplatonismus und Neopetrarkismus seine Gedichte *Les erreurs amou-*

reuses (1549–1553) beeinflußten. Zeitweise gehörte er dem Kreis um Ronsard an. Als Hauptwerk gelten seine von platon. Ideen ausgehenden *Discours philosophiques*.

Popa, Vasko (*29.6. 1922 Grebenac/Banat, †5.1. 1991). – Serb. Schriftsteller, neben Pavlović bedeutendster Nachkriegsdichter seiner Heimat, studierte roman. Sprachen und arbeitete als Verlagslektor. In seine Lyrik nahm er folklorist. und moderne Stilelemente auf, wie Assoziationen, Wortspiele, Metaphern, Groteske, z. B. in *Gedichte* (dt. 1962). *Nebenhimmel* (dt. 1969), *Das Haus inmitten der Straße* (1975), *Wolfserde* (Auswahl 1979).

Pope, Alexander (*21.5. 1688 London, †30.5. 1744 Twickenham). – Engl. Dichter, wichtigster Vertreter des engl. Klassizismus, stammte aus kath. Kaufmannsfamilie und war kränkl., mißgebildet und äußerst sensibel, was ihn zu einem schwierigen Mitmenschen machte. 1709 trat er mit den klassizist. Hirtengedichten *Pastorals* erstmals als Dichter an die Öffentlichkeit. Große Beachtung fand sein komisches Heldenepos *Der Lockenraub* (1714, dt. 1744), in dem er die Rokokogesellschaft mit distanzierter Ironie verspottete. Es folgten die Paraphrasen der *Ilias* und *Odyssee* des Homer sowie der Briefe der *Héloise an Abälard* im Stil der Rokokozeit und eine Shakespeare-Ausgabe, von der hauptsächl. das Vorwort Bedeutung hat. In der mit Swift herausgegebenen Zeitschrift »Miscellanies« (1727/28) und der Satire *Dunciad* (1728, dt. 1747 v. J.J. Bodmer) wandte er sich in gehässigem Spott gegen andere Schriftsteller, was ihm bittere Feindschaften einbrachte. Wertvoll sind seine von aufklär. Ideen getragenen Essays über dichter. und menschl. Probleme, z. B. *Versuch über die Kritik* (1711, dt. 1807) und *Versuch vom Menschen* (1733/34, dt. 1756), und seine eleganten Epigramme. P.s. Wirkung auf die Dichtung seines Jh.s ist bedeutend. Sein Gesamtwerk erschien dt. 1778 bis 1785 in 13 Bdn.

Popor, Roland (*7.1. 1938 Paris). – Franz. Künstler, stammt aus einer jüd. Familie und überlebte bis 1945 im Untergrund. Trat mit Zeichnungen und Karikaturen an die Öffentlichkeit und veröffentlichte auch Nonsens-Texte, deren abgründiger Witz auf viele provokativ wirkt. Bekannt in Dtld. wurden die Parodien *Memoiren eines alten Arschlochs* (1975, dt. 1977).

Popovici, Titus (*16.5. 1930 Großwardein). – Rumän. Publizist und Drehbuchautor, machte sich mit dem Roman *Der Fremdling* (dt. 1957) aus der Zeit des Zweiten Weltkriegs einen Namen. In dem Roman *Der große Durst* (dt. 1960) stellte er die Reform der Grundbesitzverhältnisse im Nachkriegsrumänien dar und griff auch in Reportagen und Reiseberichten soziale Fragen auf.

Popper, Sir Karl Raimund (*28.7. 1902 Wien). – Engl. Philosoph österr. Abstammung, lehrte 1947–69 in London. In seinen Werken *Logik der Forschung* (1935), *Die offene Gesellschaft und ihre Feinde* (1945, dt. 1958), *Das Elend des*

Historizismus (1957), *Objektive Erkenntnis* (1972) und *Die beiden Grundprobleme der Erkenntnistheorie* (1977) entwikkelte er als Vertreter des »kritischen Rationalismus« eine wissenschaftstheor. Methodenlehre der ständigen Fehlerkorrektur und die Vorstellung von einer »offenen«, planbaren und durch Reformen wandelbaren Gesellschaft. 1979 erschien die Autobiographie *Ausgangspunkte. Meine intellektuelle Entwicklung*, 1984 *Auf der Suche nach einer besseren Welt. Vorträge und Aufsätze nach 30 Jahren*.

Porter, Katherine Anne (*15.5. 1894 Indian Creek/Texas, †18.9. 1980 Silver Spring/USA). – Amerikan. Schriftstellerin, bereiste als Journalistin die USA und Europa und lehrte bis Anfang der sechziger Jahre an amerikan. Universitäten Literatur. An Mansfield orientiert, schrieb sie äußerst dichte, psycholog. gestaltete Kurzgeschichten wie *Blühender Judasbaum* (1930, dt. 1964), *Fahles Pferd, Fahler Reiter* (dt. 1986). In ihrem Roman *Das Narrenschiff* (1962, dt. 1963), nach dem Vorbild S. Brants, steht die Gesellschaft eines dt. Passagierdampfers allegor. für das Dtld. von 1931. Der Roman wurde erfolgreich verfilmt. Ihre Essays wurden engl. 1970 gesammelt herausgegeben. 1966 erhielt sie den Pulitzer-Preis für *Collected Stories*.

Poseidonios (*um 135 Apameia/Syrien, †51 v. Chr.). – Griech. Geschichtsschreiber, lehrte in Rhodos, bekleidete hohe Staatsämter und war mit bedeutenden Römern wie Cicero und Pompeius in Verbindung. Als letzter großer hellenist. Gelehrter vermittelte er die hellenist. Philosophie an das kaiserl. Rom. Er nahm in die stoische Lehre platon., pythagor. und myst. Gedankengut auf und entwickelte die Sympathielehre, die Vorstellung einer kosm. Harmonie. Mit seinen *Historien* erweiterte er Polybios' Geschichtswerk um die Jahre 144–86 v. Chr. Interessant sind seine kultur- und sittengeschichtl. Beschreibungen der Germanen und Kelten.

Post, Laurens van der (*13.12. 1906 Philippolis/Südafrika). – Südafrikan. Schriftsteller, verfaßte exot.-abenteuerl. Erzählungen, Romane und Reiseberichte über Afrika, die eine konservativ-kolonialist. Haltung erkennen lassen, so z. B. *Der Jäger und der Wal* (Roman, dt. 1968), *Die Nacht des neuen Mondes* (1970), *Rußland, Antlitz aus vielen Gesichtern* (1972), *Trennender Schatten* (1974), *Tanz des großen Hungers* (1976), *Flamingofeder* (1976), *Aufbruch und Wiederkehr* (1985) u. v. a. m.

Potgieter, Everardus Johannes (*27.6. 1808 Zwolle, †3.2. 1875 Amsterdam). – Niederl. Dichter und Kaufmann, gab 1837 bis 1865 die Zeitschrift »De Gids« heraus. Beeindruckt von der lit. Blütezeit des 17. Jh.s, galt sein Bemühen als Kritiker der Erneuerung der niederländ. Literatur. Sein Hauptwerk ist das Versepos *Florence* (1864) über das Leben Dantes, zu dem er durch eine Florenzreise angeregt wurde. Sein umfangreiches Werk wird heute kaum mehr beachtet.

Potok, Chaim (*1929 Brooklyn). – Amerikan. Autor, ursprüngl. jüdischer Rabbi, dessen Vorfahren aus Osteuropa in die USA einwanderten, studierte Philosophie und ist heute Verlagsleiter der Jewish Publications Society. Der Konflikt zwischen dem strengen Glauben der Familie und der weltl. Karriere spiegelt sich in seinen Romanen *Mein Name ist Ascher Lev* (dt. 1976), *Am Anfang* (dt. 1977).

Potocki, Waclaw (*um 1625 Wola Lużańska, †9.7. 1696 Lużna). – Poln. Dichter aus arian. Adelsfamilie, lebte meist auf seinem Landsitz und trat 1661 zum kath. Glauben über. Er schrieb religiöse Bußlieder und Dramen, von Tasso und Twardowski beeinflußt, geschichtl. Werke und Heldenepen sowie eine Heraldik des poln. Adels. 1924 und 1953 erschienen Auswahlausgaben aus seinen Werken.

Pound, Ezra Loomis (*30.10. 1885 Hailey/Idaho, †1.11. 1972 Venedig). – Amerikan. Schriftsteller und Kulturkritiker, lebte seit 1908 als Redakteur, Publizist und Haupt einer Dichtergruppe in London. 1920 ließ er sich in Italien nieder. Wegen seiner antiamerikan., profaschist. Sendungen im ital. Rundfunk kam er 1945 in ein amerikan. Straflager und entging dem Hochverratsprozeß nur durch Einweisung in eine amerikan. Heilanstalt. Nach seiner Entlassung 1958 lebte er wieder in Italien. P. vermittelte der anglo-amerikan. Literatur entscheidende Impulse, erhielt Anregungen von der altprovenzal. ital. und fernöstl. Dichtung und den franz. Symbolisten. 1914 gab er die Anthologie *Les Imagistes* heraus, mit der er einer ganzen lit. Richtung den Namen und die geistige Grundlage gab, wobei er seine eigenen Gedichte in der Sammlung *Personae* (1926) zusammenstellte. Eine bildhafte, an der Erfahrung orientierte Lyrik fordernd, begründete er den Imagismus und beeinflußte bes. T.S. Eliot. 1915 begann er den gewaltigen geschichts- und kulturphilosoph. Zyklus der *Cantos,* der Dantes »Göttl. Komödie« vergleichbar ist, in freien Versen und Umgangssprache. In den 117 Gedichten (erschienen 1925–1968, dt. 1964 ff.) setzt er sich krit. mit der modernen kapitalist. Zivilisation auseinander, indem er sie mit den kulturellen Werten u. a. der klass. Antike, der europ. Geistestradition und Chinas vergleicht. P. verfaßte daneben eine große Zahl kulturkrit. Essays, z. B. *The Spirit of Romance* (1910). Seine *Literary Essays* wurden 1954 von T.S. Eliot herausgegeben. Durch seine Montagen und »Ideogramme« hat er auf die moderne Lyrik starken Einfluß gewonnen. Sein Gesamtwerk liegt heute in zahlreichen Kultursprachen in Auswahlausgaben vor.

Pourtalès, Guy de (*4.8. 1881 Genf, †12.6. 1941 Lausanne). – Franz.-Schweiz. Autor, wurde durch seine feinsinnigen, psycholog. gestalteten Musikerbiographien bekannt, u.a. über Chopin, *Der blaue Klang* (1927, dt. 1928), *Wagner* (1932, dt. 1933) und *Fantastische Sinfonie* über Berlioz (dt. 1941). Er schrieb auch Essays über literarhistor. Persönlichkeiten, daneben Märchen, Legenden und Romane über das Genfer Patri-

ziertum anfangs des 20. Jh.s, z. B. *Der wunderbare Fischzug* (dt. 1938).

Powers, James Farl (*18.7. 1917 Jacksonville/Illinois). – Amerikan. kath. Schriftsteller, kritisierte in seinen Romanen und Erzählungen, für die eine verdichtete, aussparende Erzählweise charakterist. ist, ein an die amerikan. Zivilisation angepaßtes Christentum und griff Rassenprobleme auf. Deutsch erschienen *Fürst der Finsternis* (1947, dt. 1957), *Ol' Man River* (engl. u. dt. 1958), *Die Streitaxt* (engl. u. dt. 1958), *Gottes Schrift ist schwer zu lesen* (1965) und *Gesammelte Erzählungen* (1968).

Powys, John Cowper (*8.10. 1872 Shirley/Derbyshire, †17.6. 1963 Blaenau Ffestiniog/Wales). – Engl. Autor, Sohn eines Priesters und Bruder des Schriftstellers Theodore Francis P., lehrte 1928–34 in den USA, dann in Wales. Keiner lit. Strömung sind seine grotesk-phantast. Romane, z. B. *Wolf Solent* (3 Bde., 1929, dt. 1930), zuzuordnen, die eine visionär-pantheist. Weltsicht mit philosoph. Pessimismus vereinen. Er schrieb auch philosoph. Essays und Biographien, v. a. *Dostojewski* (1947).

Powys, Theodore Francis (*20.12. 1875 Shirley/Derbyshire, †27.11. 1953 Sturminster Newton). – Engl. Schriftsteller, Bruder von John Cowper P., führte eine Landwirtschaft und zog sich dann als Schriftsteller in ein Dorf in Dorsetshire zurück. An der Bibel, Bunyan, Austen und Hardy orientiert und überzeugter Puritaner, beschrieb er humorvoll, doch teils ablehnend das von Trieben bestimmte ländl. Leben in Romanen wie *Mister Westons guter Wein* (1927, dt. 1969) und Kurzgeschichten, z. B. *Bottle's Path* (1946), darin *The Only Penitent.* Die späteren Werke wurden nicht übersetzt.

Prado Calvo, Pedro (*8.10. 1886 Santiago, †1.3. 1952 Viña del Mar). – Chilen. Dichter, Architekt und 1927/28 Botschafter in Kolumbien, rief 1915 die an Tolstoi orientierte Dichtergruppe »Los Diez« ins Leben. Er schrieb traditionelle, häufig gedankl. unklare Lyrik, Romane und Erzählungen über das ländl. Leben oder phantast. Inhalts. 1949 erhielt er den Staatspreis für Literatur für seinen Roman *Al sino* (1920).

Prados, Emilio (*März 1899 Málaga, †24.4. 1962 Mexico City). – Span. Lyriker, studierte Philosophie und Literatur und hielt sich seit dem Spanischen Bürgerkrieg in Mexiko auf, wo er eine literarische Zeitschrift gründete und leitete. Seine formstarken, äußerst musikal. Gedichte und Balladen entstanden unter dem Einfluß von Garcia Lorca und Alberti, etwa *Tiempo* (1925), *Vuelta* (1927) und *Rio natúral* (1957), *Transparencia* (1962).

Praga, Marco (*6.11. 1862 Mailand, †31.1. 1929 Como). – Ital. Bühnenautor, übernahm 1913 die Leitung einer Mailänder Schauspieltruppe. Als Materialist und Dramatiker des Realismus schrieb er Stücke über die Mailänder Gesellschaft, in denen er anhand der Themen Ehebruch, Scheidung und unehel. Kind die brüchige Moral des Bürgertums aufzeigte, so in *Il divorzio* (1915). Zum Erfolg seiner Schauspiele trug wesentl. die große Schauspielerin E. Duse bei. Sein bedeutendstes Drama *La crisi* entstand bereits 1904. Seine Essays sind für die Theaterwissenschaft von großer Bedeutung. Sie erschienen 1920 bis 1929 in 10 Bdn.

Prassinos, Gisèle (* 16. 2. 1920 Konstantinopel). – Franz. Autorin griech. Herkunft, wuchs in Paris auf und war u. a. als Stenotypistin und Übersetzerin tätig. 1935 veröffentlichte sie erstmals Lyrik in einer surrealist. Zeitschrift und wurde als Wunderkind berühmt. Nach fast 20jähriger Pause erschienen ab 1958 Romane und Erzählungen wie *Die Abreise* (1959, dt. 1961), *Der Mann mit den Fragen* (1961, dt. 1963).

Prati, Giovanni (* 27. 1. 1814 Campomaggiore/Trento, † 9. 5. 1884 Rom). – Ital. Schriftsteller, 1848–65 Hofgeschichtsschreiber des Hauses Savoyen in Turin, später Senator und Leiter der Lehrerbildungsanstalt in Rom, verfaßte von Goethe und Byron beeinflußte romant. Epen, denen heute kaum mehr Bedeutung zukommt, z. B. *Edmenegarda* (1841). Von seiner an Manzoni und V. Hugo orientierten Lyrik sind besonders die *Canti politici* (1852) zu nennen.

Pratolini, Vasco (* 19. 10. 1913 Florenz, † 12. 1. 1991 Rom). – Ital. Erzähler, dessen Werke in alle Weltsprachen übersetzt wurden; wuchs im Florentiner Arbeiterviertel auf und arbeitete u. a. als Kellner, Drucker und Filmregisseur. Schauplatz seiner marxist.-sozialkrit. Romane, deren Gestalten eine ganze Klasse von Menschen verkörpern, ist häufig sein Florentiner Jugendviertel. Seit 1945 schrieb P. in realist. Stil, der besonders starke Ausprägung in dem als Chronik angelegten Roman *Geheimes Tagebuch* (1947, dt. 1967) fand. Als weitere Romane sind zu nennen *Chronik armer Liebesleute* (1947, dt. 1949), *Metello, der Maurer* (1947, dt. 1957), *Le visage effleuré de peine* (1965), *Chronik einer Familie* (dt. 1988), *Das Quartier* (dt. 1988), *Das Mädchen von Sanfrediano* (dt. 1990), *Der grüne Teppich* (Erzn. dt. 1991).

Pratt, Edwin John (* 4. 2. 1883 Western Bay/Neufundland, † 26. 4. 1964 Toronto). – Kanad. Dichter, 1933–53 Professor in Toronto, gab mehrere Jahre die lit. Zeitschrift »Canadian Poetry Magazine« heraus. Er schrieb vor allem Gedichte, z. B. *Collected Poems* (1944) und *Towards the Last Spike* (1952), daneben Erzählungen. P. zählt zu den fruchtbarsten modernen Lyrikern seines Landes.

Premānand (vermutl. 1636–1734 n. Chr. aus Baroda). – Ind. Dichter. Über den Brahmanen, der u. a. in Nandarbār und Surāt lebte, ist ab 1700 nichts mehr bekannt. Er gilt als Verfasser halbdramat. Erzählungen über das Leben der Gujarātí Bhākta Narasimha Mehetā und über Themen des *Mahābhārata, Rāmāyana, Bhāgavata-Purāna* und *Mārkandeya-Purāna*. Vielfach übernahm er ganze Passagen von seinen Vorbildern.

Preradović, Paula von (* 12. 10. 1887 Wien, † 25. 5. 1951 ebd.). – Österr. Schriftstellerin, Enkelin Petar P.s; lebte nach weiten Reisen als Frau des Redakteurs und Gesandtschaftsattachés Dr. Ernst Molden in Wien. Sie beteiligte sich mit ihrem Mann am Widerstand gegen das Dritte Reich. Ihre Erzählungen und musikal. Gedichte *Dalmatinische Sonette* (1933) und *Lob Gottes im Gebirge* (1936) sind Ausdruck ihrer Naturliebe und Gläubigkeit. Von ihr stammt der Text der neuen österr. Bundeshymne. Nach ihrem Tod erschien eine letzte Sammlung ihrer Gedichte *Schicksalsland* (1952).

Preradović, Petar (* 19. 3. 1818 Grabovnica, † 18. 8. 1872 Fahrafeld/Österreich). – Kroat. Schriftsteller, 1866 General. In dt. und kroat. Sprache schrieb er zunächst Liebeslieder, von Lenau, Herder und Mickiewicz angeregt; dann feierte er in patriot. Gedichten Landschaft und Geschichte seiner kroat. Heimat. In seiner späten Lyrik reflektierte er u. a. über die Mission des Slawentums. 1966 erschien eine Auswahl in Kroatisch.

Prešeren, France (* 3. 12. 1800 Vrbas, † 8. 2. 1849 Kranj). – Slowen. Schriftsteller, wirkte als Präfekt des adeligen Erziehungsinstituts Klinkowström in Wien und ab 1847 als Rechtsanwalt in Kranj. Er wandte sich, an der Romantik und dem befreundeten M. Čop orientiert, von der traditionellen religiös-moral. Dichtung ab und verherrlichte in seinen Gedichten Natur, Liebe, Gemüt und patriot. Gefühle, so in *Der Wassermann* (dt. 1866). P. begründete die moderne slowen. Literatursprache und vermittelte der slow. Dichtung Anschluß an die europ. Literatur.

Preußler, Otfried (* 20. 10. 1923 Reichenberg/Böhmen). – Dt. Kinderbuchautor, der mit seinen Büchern Welterfolge erzielte. Sie verbinden Spannung und pädagogische Momente in einer kindgemäßen Weise, wobei er die aus der Sage stammenden Motive ihres mytholog. Beiwerks entkleidet und so bei den Kindern eine freie, ihrem Auffassungsvermögen entsprechende Wirklichkeit gestaltet. Daneben hat er tschechische und amerikanische Kinderbücher übersetzt und für dt. Leser eingerichtet. Bes. bekannt wurden drei Werke, die in mehreren Fortsetzungen vorliegen: *Der kleine Wassermann* (1956), *Die kleine Hexe* (1957) und *Der Räuber Hotzenplotz* (1963). Auch die Gestalt des *Thomas Vogelschreck* (1974) erwarb sich unzählige Freunde. Mit Herbert Lentz veröffentlichte er *Der dumme Augustin* (1974) und das *Märchen vom Einhorn* (1975). Die jüngsten Werke, z. B. *Der Engel mit der Pudelmütze* (1985), *Herr Klingsor konnte ein bißchen zaubern* (1987), konnten die großen Erfolge nicht wiederholen, obwohl sie zu den besten Texten des Genres gehören. Fast alle Romane wurden verfilmt, erfuhren Fortsetzungen und wurden für das Fernsehen eingerichtet.

Prévert, Jacques (* 4. 2. 1900 Neuilly-sur-Seine, † 11. 4. 1977 Ommonville-le-Petite). – Franz. Dichter, mußte sich bereits als 15jähriger den Lebensunterhalt selbst verdienen. Zunächst berühmt als Drehbuchautor von *Die Kinder des Olymp* (1943), machten ihn seine Gedichte (ab 1946) zum beliebtesten franz. Lyriker der Gegenwart, der einen eigenen, an Villon gemahnenden Stil gefunden hatte. In kunstloser, meist der Umgangssprache angenäherter Lyrik reihte er impressionist. Szenen des Alltags aneinander, aus denen Lebensfreude, aber auch Auflehnung gegen Autorität, Zwang und soziales Unrecht sprechen, z. B. in *Gedichte und Chansons* (dt. 1962). 1971 erschienen sie in einer Nachdichtung Kusenbergs. Der Unterhaltungsroman *Befehlsverweigerung* erschien dt. 1981.

Prévost, Marcel, eigtl. *Eugène Marcel* (* 1.5. 1862 Paris, † 8.4. 1941 Vianne/Lot-et-Garonne). – Franz. Romancier, zunächst Ingenieur, dann freier Schriftsteller, Journalist und Hg. der »Revue de France«, analysierte in zahlreichen moralist. Romanen nach dem Vorbild von G. Sand und A. Dumas vorwiegend die weibl. Psyche und Erotik und griff Fragen der Erziehung und Emanzipation auf, so in *Pariserinnen* (1892, dt. 1895), *Starke Frauen* (franz. u. dt. 1900), *Die moderne Frau* (dt. in Auswahl 1902–13), *Vampir Weib* (1922, dt. 1926). Sein erfolgreichster Roman *Les demi-vierges* (dt. *Halbjungfern*, 1895) schildert die Sittenlosigkeit jugendlicher Mädchen in Paris. Die meisten Romane liegen als Übersetzungen vor und werden heute noch als Sittenbilder geschätzt.

Prévost-d'Exiles, Antoine-François, gen. *Abbé Prévost* (* 1.4. 1697 Hesdin/Artois, † 23.11. 1763 Courteuil b. Chantilly). – Franz. Benediktinerpater, verließ 1728 nach Veröffentlichung der ersten Bände seiner *Mémoires et aventures d'un homme de qualité* den Orden und lebte sieben Jahre in England und Holland im Exil, wo er seine Memoiren zu Ende schrieb. 1735 söhnte er sich mit seinem Orden wieder aus. Als sein bedeutendstes Werk gilt der empfindsame Roman *L'histoire de chevalier des Grieux et de Manon Lescaut* im 7. Band seiner Memoiren, der die ausweglose und in Schuld endende Liebe zwischen einem Adligen und einem leichten Mädchen zeigt. Berühmt wurde er auch durch die Übersetzungen der empfindsamen Romane Richardsons, *Manon Lescaut* wurde Vorlage zahlreicher Bearbeitungen, so auch für die Oper.

Prežihov, Voranc, eigtl. *Lovro Kuhar* (* 10.8. 1893 Kotle, † 18.2. 1950 Maribor). – Slowen. Schriftsteller, arbeitete in verschiedenen europäischen Städten und engagierte sich früh in der Arbeiterbewegung. Als Widerstandskämpfer verbrachte er die Jahre 1942–45 im KZ. Thema seiner realist.-psycholog. Novellen und Romane ist meist das mühsame Leben der Kärntner Bauern in der Zwischenkriegszeit. In seinen Erinnerungen an Krieg und KZ zeigt er eine überraschende Objektivität und sprachl. Gewandtheit. Seine Werke liegen dt. nicht vor.

Priestley, John Boynton (* 13.9. 1894 Bradford/Yorkshire, † 14.8. 1984 Stratford-on-Avon). – Engl. Dichter, begann nach dem Studium 1922 in London seine Tätigkeit als Literaturkritiker und Essayist. Nach 1945 wurde er Präsident des PEN-

Clubs und arbeitete für die UNESCO. Er war Sozialist, lehnte aber den Kommunismus ab. Mit seinen realist. Romanen über die Welt der einfachen, kleinbürgerl. Leute und Arbeiter knüpfte er an die Erzähler Fielding und Dickens, an deren Gesellschaftskritik, humorvolle Gestaltung und ausgezeichnete Charakterzeichnung an: *Die guten Gefährten* (1929, dt. 1931), *Engelgasse* (1930, dt. 1931), *Das große Fest* (1951, dt. 1952). Als Dramatiker schuf P. wirkungsvolle aktuelle Problemstücke und Tragikomödien wie *Schafft den Narren fort* (1956, dt. 1960) sowie experimentelle Dramen, in denen der normale Zeitablauf aufgehoben wird, z. B. *Die Zeit und die Conways* (1937, dt. 1941), *Ein Inspektor kommt* (1946, dt. 1947). Als letzte Werke erschienen *Snoggle von der Milchstraße* (dt. 1973), *Eine sehr englische Liebesgeschichte* (dt. 1979) und *Das Jahr, als Mr. Galspie kam* (dt. 1981). P. gehört zu den produktivsten Autoren des 20. Jh.s, der durch Spannung, Rückgriff auf traditionelle Inhalte und meisterhafte Charakterisierung ein breites Publikum ansprach. Seine Werke sind in viele Sprachen übersetzt; Theater und Fernsehen haben zahlreiche Stücke immer wieder im Programm.

Prischwin, Michail Michajlowitsch (* 4.2. 1873 Gut Chruschtschowo, † 16.1. 1954 Moskau). – Russ. Autor, war auf landwirtschaftl. Versuchsstationen tätig. Später wanderte er als Jäger im unwegsamen Norden der Sowjetunion und gab seine Naturbeobachtungen in Gedichten, Skizzen, Erzählungen und Romanen wie *Die Kette des Kastschej* (1930, dt. 1963) wieder, in die er Motive der Volksdichtung und Stilelemente Turgenjews aufnahm, z. B. *Der Sonnenspeicher* (1945, dt. 1949), *Der versunkene Weg* (1957, dt. 1960), *Shen-Shen – Die Wurzel des Lebens* (dt. 1981).

Prisco, Michele (* 18.1. 1920 Torre Annunziata/Neapel). – Ital. Schriftsteller, gestaltet in seinen manchmal langatmig ausladenden Romanen das Leben des Bürgertums in Süditalien, wobei er nicht politisch-gesellschaftliche, sondern vornehmlich psychologische und sozialhistorische Gedanken in den Vordergrund stellt. Bekannt wurden u.a. *Gefährliche Liebe* (1954, dt. 1956), *Eine Dame der Gesellschaft* (1961, dt. 1963), *Nebelspirale* (1966, dt. 1968); in den letzten Jahren erschienen kaum dt. Ausgaben.

Pritchett, Sir Victor Sawdon (* 16.12. 1900 Ipswich). – Engl. Schriftsteller, erhielt eine hervorragende Schulausbildung, arbeitete als Journalist in Spanien, Marokko und den Vereinigten Staaten, lehrte als Prof. an verschiedenen Hochschulen und war 1974–76 Präsident des internationalen PEN-Clubs. Sein erzähler. Werk ist geprägt durch den Puritanismus und religiöses Schuldbewußtsein; in späteren Werken tritt eine freundlich-humorvolle Gelöstheit ein. Weniger die etwas schwierigen und langen Romane wie *Nothing Like Leather* (1935), *Dead Man Leading* (1937), *Mr. Beluncle* (1951), als vielmehr die zahlreichen und ansprechenden Kurzgeschichten

Komme, was kommen mag (1945, dt. 1947), *Wenn mein Mädchen heimkommt* (1961, dt. 1965), *Tee bei Mrs. Bittell* (1980, dt. 1982), *Die Launen der Natur* (1982, dt. 1987) haben P. breite Anerkennung gebracht. Sein Spätwerk ist durch autobiograph. und biographische Arbeiten sowie durch die Sammlung seiner wissensch. Abhandlungen gekennzeichnet.

Procházka, Jan (*4.2. 1929 Ivancice/Südböhmen, †20.2. 1971 Prag). – Tschech. Schriftsteller, Parteifunktionär, arbeitete als Drehbuchautor für den tschech. Staatsfilm. 1969 wurde er wegen seiner reformer. Einstellung aus der KPC und dem Schriftstellerverband ausgeschlossen. In Erzählungen und Romanen wie *Es lebe die Republik* (dt. 1968) und *Lenka* (dt. 1969) schilderte er Probleme und Alltag der Tschechen in der sozialist. Gesellschaft.

Prokopios (Prokop) (*um 500 n.Chr. Caesarea/Palästina, †nach 562 n.Chr.). – Byzantin. Gelehrter, Rechtsberater und Sekretär des byzantin. Feldherrn Belisar unter Kaiser Justinian, war als Geschichtsschreiber Herodot und Thukydides verpflichtet und vereinte heidn. und christl. Vorstellungen. Wir besitzen von ihm drei Geschichtswerke, die über die Zeit Justinians wertvollen Aufschluß geben. In dem achtbändigen *Historikon* berichtete er über die byzantin. Kriege gegen die Perser, Vandalen und Goten (553 vollendet). Während die Schrift *Peri ktismaton* (um 554) den Kaiser als regen Bauherrn preist, enthalten die *Anekdota,* auch *Historia arcana* genannt, die erst nach dem Tod Justinians veröffentlicht wurden, scharfe Angriffe gegen ihn und seine Gemahlin Theodora.

Prokosch, Frederic (*17.5. 1908 Madison/Wisconsin, †2.6. 1989 Grasse). – Amerikan. Autor österr. Abstammung, wirkte als Professor für engl. Sprache in Yale, New York und Rom und stand während des Zweiten Weltkriegs im diplomat. Dienst. Reisen in Europa, Asien und Afrika gingen in seine Abenteuer- und Reiseromane ein, die jedoch vorwiegend um Probleme westl. Zivilisation, wie Zerfall der Werte und Gesellschaft, kreisen. Beispiele: *Die Asiaten* (1935, dt. 1936), *Und kalt glänzte der Marmor* (dt. 1966), *Amerika, meine Wildnis* (dt. 1973). Als Übersetzer Hölderlins wurde er für die amerikanische Literatur zum Anreger.

Propertius, Sextus (*um 50 v.Chr. Assisi/Umbrien, †um 15. v.Chr.). – Röm. Dichter, seine Familie verlor bei der Äckerverteilung 41/40 v.Chr. einen Teil des Landes. P. zog es nach Rom, wo er nach Erscheinen seines ersten Buches Aufnahme in den Maecenas-Kreis fand, der Kaiser Augustus unterstützte. Er war mit Ovid und Vergil befreundet. Zwischen 28 und 16 v.Chr. schrieb er vier Bücher Elegien, deren erste drei seiner Liebe zu Cynthia (eigtl. Hostia), der Enttäuschung über ihre Untreue und der schließl. Entfremdung gewidmet sind. Im letzten Buch, von Kallimachos angeregt, griff er die Entstehungssage Roms auf und besang die Größe des Augustus und die Tugend der Cornelia. Seine bildhafte, mytholog. angerei-

cherte Sprache ist teilweise schwer verständl. Lange Zeit hochgeschätzt und von Petrarca neu entdeckt, beeinflußte P. Goethes *Römische Elegien.*

Protagoras (*um 485 v.Chr. Abdera, †um 415 v.Chr.). – Griech. Sophist, der vor allem in Griechenland und Unteritalien wirkte. Seine Lehre mit dem Kernsatz »Der Mensch ist das Maß aller Dinge« hatte großen Einfluß auf die Sophistik und auf das Geistesleben seiner Zeit. Er galt als Atheist, wurde angeklagt und ertrank auf der Flucht nach Sizilien.

Proust, Marcel (*10.7. 1871 Auteuil, †18.11. 1922 Paris). – Franz. Dichter aus wohlhabender Arztfamilie, wuchs in glückl. Atmosphäre in Paris und den Ferienorten Illiers b. Chartres und Cabourg auf. P. studierte Jura, begann dann mit ersten lit. Versuchen wie *Tage der Freuden* (1896, dt. 1926) und führte ein mondänes Leben in bürgerlichen und aristokratischen Salons. Eine Wende brachten der Tod der Eltern (1903/05) und die Verschlimmerung seines Asthmaleidens, das ihn seit dem 9. Lebensjahr quälte. P. zog sich zurück und schrieb 1913–22 sein Hauptwerk, den siebenbändigen Roman *Auf der Suche nach der verlorenen Zeit* (dt. 1967) über den Verfall des französ. Adels und Großbürgertums, der ihm weltweite Anerkennung brachte. Er wandte sich darin exakter Analyse den Tiefenschichten der Seele zu und benutzte die Technik der Assoziation und Erinnerung des Ich-Erzählers, um dessen Lebensgeschichte darzustellen. Durch diese neue Erzähltechnik schuf er ein Werk, dessen Handlung stets in mehreren Ebenen gleichzeitig abläuft. P., von Ruskin, dessen Werke er übersetzte, Balzac, Flaubert u.a. beeinflußt, wurde neben Joyce und Musil zum bedeutendsten Begründer des modernen Romans.

Prudentius Clemens, Aurelius (*348 n.Chr. Tarraco [?]/Spanien, †um 405 n.Chr. Rom). – Röm. Schriftsteller, war Rechtsanwalt und Statthalter, später wirkte er am Hof Kaiser Theodosius' in Rom. Erst spät bekehrte er sich zum christl. Glauben und schrieb ab 392 in stark rhetor. Stil eine Reihe christl. Werke, u.a. eine Liedersammlung, Epigramme zu biblischen Szenen und die Schriften *Apotheosis* (Verteidigung der göttlichen Natur Christi) und *Contra Symmachum* (Verteidigung des Christentums). Bedeutung kommt besonders seiner epischen Dichtung *Psychomachia* (Kampf um die Seele) zu, die als erste Allegorie auf das Mittelalter starken Einfluß ausübte. P.C. gilt als letzter namhafter Lyriker und Epiker des Altertums.

Prus, Boleslaw, eigtl. *Aleksander Glowacki* (*20.8. 1847 Hrubieszów, †19.5. 1912 Warschau). – Poln. Autor, neben Sienkiewicz bedeutendster Romanschriftsteller des poln. Realismus, beteiligte sich am Januaraufstand 1863 und wirkte als Feuilletonist, Essayist und Schriftsteller. In seinem Humor Dickens vergleichbar, begann er mit Humoresken und Novellen. Dann folgten sozialkrit. Romane, so *Die Puppe* (dt. 1954),

Die Emanzipierten (dt. 1957) und *Der Pharao* (dt. 1954), die soziale Probleme Polens in der 2. Hälfte des 19. Jh. aufzeigen.

Przybós, Julian (*5. 3. 1901 Gwoźnica, †6. 10. 1970 Warschau). – Poln. Lyriker, mehrere Jahre Gymnasiallehrer, dann Botschafter in der Schweiz und Leiter der Universitätsbibliothek Krakau. P. schrieb teils schwer verständl., avantgardist. Lyrik *Gedichte* (zweisprachig 1963), die er als Mittel zur Gesellschaftsänderung verstand. 1977 legte er experimentelle polit. Prosa vor *Werkzeug aus Licht – Poesie und Poetik*.

Przybyszewski, Stanislaw (*7. 5. 1868 Lojewo b. Kruszwica, †23. 11. 1927 Jaronty). – Poln. Schriftsteller, Journalist und Redakteur, der sich im Ersten Weltkrieg für die dt.-poln. Verständigung engagierte, wurde mit seinen Prosawerken und Dramen zum wichtigsten Vertreter der naturalist.-symbolist. Bewegung des »Jungen Polen«. Seine deutschsprachigen Romane aus der »Satanischen Epoche« (1895–1900) haben den Kampf der Geschlechter zum Thema: *Satans Kinder* (1897) und *Homo sapiens* (1898). Heute noch bedeutend sind seine *Erinnerungen an das literarische Berlin* (dt. 1965).

Pschawela, Wascha, eigtl. *Luka Razikašvili* (* 26. 7. 1861 Tschargali, † 10. 7. 1915 Tiflis). – Der Georgier P. war Lehrer, studierte 1883 in Petersburg Jura und beteiligte sich an einer revolutionären Verschwörung. 1884 zog er sich als Bauer in seine Heimat zurück, die er zum Gegenstand seiner Dichtung machte. Teilweise von Rusthaveli beeinflußt, gehört er mit seinen Versen und Prosadichtungen zu den bedeutendsten Dichtern seines Landes. Er verfaßte auch Dramen und daneben histor. und literaturkrit. Schriften. Genannt seien *Gedanken eines Hirtenknaben* (1886), *Hohe Berge* (1895) und *Der Schlangenfresser* (1901).

Pucci, Antonio (* um 1309 Florenz, † 1388 ebd.). – Ital. Dichter, Glöckner, dann viele Jahre Ausrufer und teils auch Botschafter von Florenz, trat öffentl. als Erzähler von Rittergeschichten auf und verfaßte realist. Verse, die über eigene Erlebnisse und das zeitgenöss. Florenz berichten. Seine Liebeslyrik ist im Gegensatz zum Stil der Zeit stark erot. geprägt.

Pückler-Muskau, Hermann Fürst von (*30. 10. 1785 Schloß Muskau/Oberlausitz, †4. 2. 1871 Schloß Branitz b. Cottbus). – Dt. Schriftsteller, in jungen Jahren Offizier, Adjutant des Herzogs von Sachsen-Weimar und Gouverneur von Brügge, unternahm zahlreiche Reisen innerhalb Europas, nach Algerien, Ägypten und Kleinasien. Seine gewandten, leicht iron. geschriebenen Reiseberichte fanden einen breiten Leserkreis. Heute noch wertvoll sind die *Briefe eines Verstorbenen* (1830–32) über die Reisen nach England, Frankreich und Holland. Seine Gartenbeschreibung *Andeutungen über Landschaftsgärtnerei* (1834) haben stilbildend gewirkt.

Pujmanová, Marie, geb. Hennerová (*8. 6. 1893 Prag, † 19. 5. 1958 ebd.). – Tschech. Schriftstellerin, Frau des Regisseurs F. Pujman des Prager Nationaltheaters, Theater- und Literatur-

kritikerin. Sie wandte sich früh dem Marxismus zu und schrieb aus dieser Sicht die Romantrilogie *Menschen am Kreuzweg, Das Spiel mit dem Feuer* und *Das Leben wider den Tod* (dt. 1949, 1953, 1954), in der sie die polit. Entwicklung in der Tschechoslowakei seit dem Ersten Weltkrieg schilderte.

Pump, Hans W. (*9. 3. 1915 Tantow/Stettin, †7. 7. 1957 Esmarkholm/Schleswig). – Dt. Schriftsteller, wirkte als Fürsorger in Hamburg und beschrieb in seinen sozialkrit. Prosawerken *Vor dem großen Schnee* (Roman 1956) und *Gesicht in dieser Zeit* (Erzählungen 1958) das Schicksal einfacher Menschen in der Kriegs- und Nachkriegszeit. Stilist. steht er W. Faulkner nahe.

Purdy, James (*17. 7. 1923 Ohio). – Amerikan. Schriftsteller, verdiente sich mit Gelegenheitsarbeiten in Kuba, Mexiko und den USA den Lebensunterhalt. In seiner Prosa deckt er innere Probleme der Menschen auf oder übt Kritik an der amerikan. Lebensweise, so in den kom.-satir. Romanen *Malcolm* (1959, dt. 1963) und *Cabot Wright legt los* (1964, dt. 1967). Homosexualität ist das Thema des Romans *Die Preisgabe* (1967, dt. 1970), soziale Probleme gestaltet er in *Enge Räume* (dt. 1982) und *Die Millionärin auf der Wendeltreppe kannibalischer Beziehungen* (dt. 1984).

Puschkin, Alexander Sergejewitsch (*26. 5. 1799 Moskau, †29. 1. 1837 Petersburg). – P., einer der größten russischen Dichter, stammte aus altem Adelsgeschlecht. Als Anhänger der Dekabristen und wegen politisch-satirischer Gedichte wurde er 1820 nach Südrußland und 1824 auf das Gut Michaijlovskoe verbannt. In dieser Zeit befaßte er sich mit Byron und der russischen Volksdichtung, die seinem Werk starke Impulse gaben. Nach der Niederschlagung des Dekabristenaufstandes 1825 konnte P. zurückkehren und wirkte in Moskau und Petersburg als freier Schriftsteller; er starb bei einem Duell. P.s lyrisches Werk umfaßt politische Gedichte, in denen er für Freiheit und Fortschritt kämpfte, Naturgedichte, romantische Verse über die Sendung des Dichters und die von Byron angeregten *Südlichen Poeme*, zu denen das populäre Gedicht *Der Gefangene im Kaukasus* (1822, dt. 1824) und die Verserzählung *Die Zigeuner* (1824, dt. 1840) zählen. In dem Versroman *Eugen Onegin* (1825–32, dt. 1840), seinem Hauptwerk, und der Tragödie *Boris Godunow* (1830, dt. 1840) setzte er dem Volk als sittlicher und geschichtstragender Macht ein Zeichen. Als bedeutendste Prosawerke P.s gelten die Novelle *Pique Dame* (1833, dt. 1840) und der historische Roman *Die Hauptmannstochter* (1833–36, dt. 1848), der in der Zeit des Pugačov-Aufstands spielt. P.s Riesenwerk, das alle literarischen Gattungen umfaßt, liegt heute in allen Kultursprachen vor. Für die russische Literatur erschloß der Dichter durch seine artifizielle Sprache neue Möglichkeiten, seelische Erlebnisse überhaupt auszudrücken.

Putinas, eigtl. *Vincas Mykolailis* (*5. 1. 1893 Pilotischkiai,

†7.6. 1967 Katscherginè). – Litauischer Dichter und Priester, studierte Literatur und Kunstgeschichte in Freiburg und München und lehrte an den Universitäten Kaunas und Vilnius. Er schrieb anfangs nationalromant., dann symbolist. und schließlich realist. Lyrik. Autobiographische Züge trägt sein Roman *Im Schatten der Altäre* (1933). 1957 entstand der Roman *Die Aufständischen.*

Putrament, Jerzy (*14.11. 1910 Minsk, †23.6. 1986 Warschau). – Polnischer Schriftsteller, studierte Literatur und war als Journalist, Publizist und Diplomat tätig. Er war einige Zeit Generalsekretär des Polnischen Schriftstellerverbandes. Zunächst Lyriker, verfaßte er nach 1945 Prosa, in der er die jüngste polit. und gesellschaftl. Entwicklung Polens behandelte, z. B. in *Wirklichkeit* (1947, dt. 1953), *Die Stiefkinder* (1963, dt. 1970), *Der Keiler* (1964, dt. 1971), *Der Hochverräter* (dt. 1976).

Puzo, Mario (*15.10. 1920 New York). – Amerikan. Schriftsteller ital. Abstammung, schrieb fesselnde Unterhaltungsromane über die Welt ital. Einwanderer und Mafiafamilien, z. B. *Mamma Lucia* (1963, dt. 1970), *Der Pate* (engl. u. dt. 1969).

Letzterer wurde Vorlage für den gleichnamigen Film. 1978 erschien dt. der vielbeachtete Roman *Narren sterben,* 1986 *Der Sizilianer.*

Pynchon, Thomas (*8.5. 1937 Glen Cove/New York). – Amerikan. Schriftsteller, ließ sich nach Studium und Reisen in Kalifornien nieder; P. ist Autor des stilist. meisterhaften Bestsellerromans *V.* (1963, dt. 1968), der die absurde, vergebliche Suche eines Menschen nach der Erkenntnis von Sinnzusammenhängen darstellt. 1966 (dt. 1973) erschien der Roman *Die Versteigerung von No. 49,* 1973 *Die Enden der Parabel* (dt. 1978), ein typ. Text der Postmoderne.

Pyrker von Oberwart, Johann Ladislaus (*2.11. 1772 Lángh b. Stuhlweißenburg/Ungarn, †2.12. 1847 Wien). – Österr. Dichter, Zisterzienserabt, Bischof von Zips, Patriarch von Venedig und Erzbischof von Erlau. P. verfaßte patriot.-histor. Schauspiele, von Klopstock beeinflußte Gedichte und Legenden und nach dem Vorbild Vergils Versepen, beispielsweise *Rudolf von Habsburg* (1825); bekannt wurden die Gedichtsammlungen *Bilder aus dem Leben Jesu und der Apostel* (1842/43) und *Lieder der Sehnsucht nach den Alpen* (1845).

Q

Qualtinger, Helmut (*10.8. 1928 Wien, †29.9. 1986 ebd.). – Österr. Kabarettist, brach ein Medizinstudium ab, wurde Schauspieler und gründete 1946 eine Studentenbühne. Zusammen mit Carl Merz wurde er durch langjährige Auftritte im Kabarett »Das Wiener Brettl« berühmt, dann übernahm er Gastrollen und ging auf Tourneen. Die meisten seiner kabarett. Einakter und abendfüllenden Possen und Parabeln entstanden in Gemeinschaft mit Carl Merz, so *Der Herr Karl* (1962), in dem er als Wiener Spießer über die Zeitgeschichte räsoniert. *Alles gerettet* (1963), *An der lauen Donau* (1965), *Die rotweiß-rote Rasse* (1979), *Kommen Sie nach Wien. Sie werden schon sehen* (1980), *Halbwelttheater* (1981) u.a. Arbeitete auch mit G. Kreisler und G. Bronner zusammen und trat mit aufsehenerregenden Lesungen von Texten von K. Kraus, A. Hitler, J. Nestroy u.a. hervor. Die sozialkrit. Satiren sind im Wiener Dialekt verfaßt. 1973 erschien der Auswahlband *Qualtingers beste Satiren*. Als Filmschauspieler, u.a. *Das Schloß* (1971), *Der Richter und sein Henker* (1975), *Alpensaga* (1976/7), *Geschichten aus dem Wienerwald* (1979), *Der Name der Rose* (1986), wurde er international bekannt.

Quarles, Francis (*8.5. 1592 Romford/Essex, †8.9. 1644 London). – Engl. Schriftsteller, verlor aufgrund einer von ihm verfaßten Streitschrift zugunsten Charles' I. seinen Besitz, ging ins Ausland, fand aber 1640 als Chronist Londons Rehabilitation. Als gläubiger Anglikaner versuchte er, in Verserzählungen die Bibel dem einfachen Volk verständl. zu machen, etwa mit *Job Militant* (1624). Seine Andachtslyrik fand begeisterte Aufnahme und wirkte auf die Dichtung seiner Zeit, z.B. *Hieroglyphics of the Life of Man* (1638). Ferner schrieb er Emblembände, in denen er Bilder mit religiöser Lyrik verband.

Quasimodo, Salvatore (*20.8. 1901 Modica/Ragusa, †14.6. 1968 Neapel). – Ital. Dichter, Nobelpreisträger von 1959, studierte Ingenieurwissenschaften und promovierte in Literaturgeschichte. Er lehrte seit 1940 ital. Literatur an der Mailänder Musikhochschule und schrieb daneben Theaterkritiken, Zeitschriftenbeiträge und fertigte hervorragende Übersetzungen lat. und griech. Autoren sowie Shakespeares, Molières und Nerudas an. Seine frühe, wortmag. Lyrik *Aque e terre* (1930) steht formal unter dem Einfluß antiker Dichtung und erschließt sich nur schwer. Symbolischen Charakter haben auch die Gedichte über seine sizilian. Heimat; nach 1945 fand er zu einer realitätsnahen, sozial engagierten Lyrik, wovon die Gedichtbände *Tag um Tag* (1947, dt. 1950), *Das Leben ist kein Traum* (1949, dt. 1960), *Ein offener Bogen* (dt. 1964) und *Insel des Odysseus* (dt. 1967) zeugen.

Queirós, José Maria Eça de → Eça de Queirós

Queneau, Raymond (*21.2. 1903 Le Havre, †25.10. 1976 Paris). – Franz. Schriftsteller, übte verschiedene Berufe aus, bevor er 1936 Generalsekretär des Verlages »Gallimard« wurde. Er gehörte 1924–29 dem Kreis der Surrealisten an und wurde von ihm bes. in seinem anfängl. lit. Schaffen bestimmt. Sein Hauptinteresse galt dem sprachl. Experiment, etwa in den R.n *Mein Freund Pierrot* (1942, dt. 1950), dessen Held eine Welt der Beziehungs- und Sinnlosigkeit verkörpert, oder in *Zazie in der Metro* (1959, dt. 1960). Für den »Neuen Roman« und das »Neue Theater« anregend wurden seine *Stilübungen Autobus S* (1947, dt. 1961), in denen ein einfaches Geschehnis in 99 Variationen berichtet wird. Weitere beachtenswerte Bsp. aus dem lit. Schaffen des Qu. sind der R. *Les œuvres complètes de Sally Mara* (1962, dt. *Intimes Tagebuch der S.M.*, 1963) und *Man ist immer gut zu den Frauen* (1964), die Essays *Bords* (1963, dt. *Mathematik von morgen*, 1967), *Une histoire modèle* (1966, dt. 1970) und *Le voyage en Grèce* (1973).

Quental, Antero Tarquinio de (*18.4. 1842 Ponte Delgada/Azoren, †11.9. 1893 ebd.). – Portugies. Dichter, Mitbegründer der »Revista ocidental« und führender Erneuerer der portugies. Literatur. Qu. wirkte meist als Schriftsteller und Kritiker in Lissabon und ist in seinem Werk von Proudhon, Hegel, Heine, Schopenhauer u.a. beeinflußt. Als Meisterwerke der portugies. Lyrik des 19.Jh.s gelten seine polit.-philosoph. Oden und Sonette, z.B. *Sonetos Completos* (1886), die inhaltl. von seiner sozialist. Überzeugung geprägt sind. Seine Werke erschienen 1943 u.d.T. *Obras*.

Queri, Georg (*30.4. 1879 Frieding b. Kloster Andechs, †21.11. 1919 Starnberg). – Bayer. Schriftsteller, wandte sich als Zeitungsreporter und Publizist der bayer. Volkskunde zu und sammelte Erzählungen, Lieder und Ausdrücke des Volksmundes, wie *Kraftbayerisch* (1912) und *Die weltlichen Gesänge des Egidius Pfanzelter* (neu 1968). Seine Werke stoßen heute auf neues Interesse.

Querido, Israël (*1.10. 1872 Amsterdam, †5.8. 1932 ebd.). – Niederl. Schriftsteller, wuchs im Ghetto auf und war Geigenvirtuose und Diamantschleifer, ehe er sich dem Journalismus zuwandte. Obwohl selbst nicht mehr Naturalist, wirkte der Naturalismus Zolas auf seine Romane und Essays (z.B. *De Jordaan*, 1912–25), in denen er ein optimist. Bild der Zukunft entwarf. Er schilderte in ihnen die Bevölkerung Amsterdams und behandelte Themen aus dem A. T. und dem alten Persien. Sein Werk ist nicht ins Dt. übersetzt.

Quevedo y Villegas, Francisco Gómez de (*27.9. 1580 Madrid, †8.9. 1645 Villanueva de los Infantes). – Bedeutender span. Dichter und Gelehrter aus adeliger Familie. Qu. war 1613–20 Ratgeber des span. Vizekönigs in Neapel. Nach dessen Sturz zeitweise in Ungnade, wurde er 1632 Sekretär König Philipps IV., verscherzte sich aber dessen Gunst durch ein Pamphlet gegen den König und verbrachte die Jahre 1639–43 im Gefängnis. Er war mit J. Lipsius, Cervantes und Lope de Vega befreundet, stand jedoch der Person und Dichtung Gongoras ablehnend gegenüber. Durch sein Werk – Lyrik und Prosa im barocken Stil – zieht sich die pessimist. Kritik am Verfall der span. Kultur und Gesellschaft und am Niedergang des span. Humanismus. Bedeutend sind vor allem sein *Träume* (1627, dt. 1966), satir.-moral. Phantasien auf die Sitten seiner Zeit, und der satir.-groteske Schelmenroman *Leben des Buscón* (1626, dt. 1965; 1980 u. d. T. *Der abenteuerliche Buscón*, übersetzt v. H. C. Artmann).

Quiller-Couch, Sir Arthur Thomas (*21.11. 1863 Bodmin/Cornwall, †12.5. 1944 Fowey). – Qu.-C. war lange Jahre Mitarbeiter des »Speaker« in London und lehrte ab 1912 engl. Literatur in Cambridge. Er ist Autor fesselnder histor. Abenteuerromane und Erzählungen, z.B. von *Troy Town* (1888) und *The Mayor of Troy* (1906). Später veröffentlichte er vor allem literaturtheoret. und literaturgeschichtl. Studien.

Quinault, Philippe (*3.6. 1635 Paris, †26.11. 1688 ebd.). – Franz. Dramatiker, stieg durch sein Werk aus einfachem Milieu zum Günstling der höheren Gesellschaft auf; 1670 wurde er in die Académie Française aufgenommen. Qu. begann mit Komödien, Tragödien und Tragikomödien und wandte sich dann ausschließl. der Oper zu, für die er gefühlvolle, sprachl. elegante Libretti verfaßte, z.B. *Alceste* (1674, dt. 1680), *Proserpine* (1680), *Persée et Andromède* (1682). Racine übernahm seine maßvolle Darstellung menschl. Leidenschaft.

Quinet, Edgar (*17.2. 1803 Bourg, †27.3. 1875 Versailles). – Franz. Historiker, Philosoph und Schriftsteller, lehrte seit 1842 am Collège de France, wurde wegen seiner republikan. Gesinnung entlassen, 1848 aber wieder eingesetzt. Unter Napoleon III. emigrierte er nach Belgien; nach dessen Sturz wurde er Abgeordneter der Nationalversammlung. Herder und der befreundete Michelet wirkten auf ihn. In histor. und geschichtsphilosoph. Werken brachte er seine republikan. Überzeugung zum Ausdruck. Von seinen romant. Gedichten sind vor allem *Ahasvérus* (dt. 1834) und *Prométhée* (1838), Zeugnis seines Fortschrittsglaubens, zu nennen.

Quintana, Manuel José (*11.4. 1772 Madrid, †11.3. 1857 ebd.). – Span. Schriftsteller, Schüler des M. Valdés und von diesem beeinflußt. Qu. schrieb während der franz. Invasion in Spanien 1808 patriot. Manifeste, verbrachte als revolutionärer Liberaler die Jahre 1814–20 und 1823–28 in Festungshaft, wurde rehabilitiert und war nach dem Tod König Ferdinands VII. angesehener hoher Beamter. Unabhängig von lit. Zeitströmungen schrieb er klassizist. Lyrik, bes. Oden, in denen er Vaterland, Freiheit und Fortschritt besang, und verfaßte stilist. meisterhafte Biographien fortschrittl. Spanier, *Lebensbeschreibungen berühmter Spanier* (1807–1833, dt. 1857), Literaturkritiken und klassizist. Tragödien.

Quintilianus, Marcus Fabius (*um 35 n. Chr. Calagurris/Spanien, †um 96 Rom). – Röm. Schriftsteller, wurde 68/69 von Kaiser Galba als staatl. Rhetoriklehrer nach Rom gerufen. Um 88 legte er sein Lehramt nieder und wirkte anschließend als Schriftsteller und Erzieher des Großneffen Kaiser Domitians. In dieser Zeit entstand sein Hauptwerk, die *Institutio oratoria*, ein 12bändiges Lehrbuch der Rhetorik. Von Bedeutung ist v.a. das 10. Buch, in dem Qu. für den Rhetorikschüler griech. und röm. Lit. zur Lektüre zusammenstellte und kurz besprach. Qu. wandte sich gegen den gekünstelten Stil seiner Zeit und empfahl Ciceros klare Sprache zur Nachahmung. Nicht von ihm, sondern einem seiner Zuhörer stammen vermutlich die *Declamationes*, zwei Sammlungen rhetor. Schulbeispiele, die unter seinem Namen erschienen. Zu seiner Zeit weniger geschätzt, wurde Qu. im Humanismus stark beachtet (Petrarca).

Quintus Smyrnaeus (*vermutlich 4.Jh. n. Chr. Smyrna). – Griech. Epiker, über dessen Leben nichts bekannt ist. Qu. schrieb in 14 Büchern eine *Fortsetzung Homers*, in der er den der *Ilias* folgenden, fast vergessenen Sagenstoff behandelte, so in den Büchern 11–14 Trojas Fall, die Missetaten der Achaier, ihre Heimkehr und ihre Bestrafung. Das Epos ist vielfach nur eine Nachahmung Homers, des Apollonios Rhodios u. a. und besitzt keine innere Dynamik.

Quiroga, Horacio (*31.12. 1878 Salto/Uruguay, †19.2. 1937 Buenos Aires). – Uruguay. Schriftsteller, wirkte als Konsul und Prof. in Buenos Aires. In seiner Familie gab es einige Selbstmordfälle, – er selbst tötete einen Freund. Dieses trag. Schicksal bestimmte die Thematik seiner hervorragend gestalteten Erzn. und R., in denen er sich, von E.A. Poe beeinflußt, zunehmend mit psych. Abartigkeit und Krankheit befaßte. Sinnbild des Unbewußten ist der Urwald, über den der Mensch keine Kontrolle hat. In deutscher Sprache liegen die R.e *Auswanderer* (1920, dt. 1931) und *Anakonda* (1921, dt. 1971) vor.

Quita, Domingos dos Reis (*6.1. 1728 Lissabon, †13.6. 1770 ebd.). – Portugies. Schriftsteller aus kinderreicher Kaufmannsfamilie, Autodidakt, Bibliothekar bei seinem Gönner, dem Grafen von S. Lourenco. Mit seinen Elegien, Idyllen, Sonetten, die von Camões beeinflußt sind, und dramat.-bukol. Szenen wie *Licore* und Tragödien wie *Hermióne* zählt er zu den bedeutendsten Vertretern der portugies. Schäferdichtung. Er war Mitglied der Arcádia Lusitana. Bedeutend ist seine Bearbeitung des »Inês de Castro«-Themas.

R

Raabe, Wilhelm, Ps. *Jakob Corvinus* (* 8. 9. 1831 Eschershausen, † 15. 11. 1910 Braunschweig). – Dt. Dichter, verbrachte im Weserland glückliche Kinderjahre, es bildet in vielen seiner Werke den örtlichen Hintergrund. R. begann in Magdeburg eine Lehre als Buchhändler, während der er Jean Paul, Sterne und Dickens für sich entdeckte. Von 1854 bis 1856 hörte er an der Universität Berlin philosoph. und histor. Vorlesungen. Er wohnte in der Spreegasse, deren Atmosphäre in seinem ersten Roman eingefangen ist. Dieser, *Die Chronik der Sperlingsgasse,* erschien 1857 unter dem Pseudonym *Jakob Corvinus.* Mehrere Romane, z. B. *Nach dem großen Krieg* (1861), sowie historische Novellen, z. B. *Die schwarze Galeere* (1865), folgten. Die Romane *Der Hungerpastor* (1864), *Abu Telfan* (1867), *Der Schüdderump* (1870) und historische Novellen wie *Else von der Tanne* (1865) entstanden in Stuttgart, wo R. von 1862 bis 1870 wohnte. Danach lebte er bis zu seinem Tode in Braunschweig. Zunehmend äußerte sich im Werk eine pessimistische Lebenseinstellung, die jedoch verdeckt wird von versöhnlichem Humor, wie in *Horacker* (1876), *Das Odfeld* (1889) oder *Stopfkuchen* (1891). Mit Gelassenheit schildert er Philister und sonderbare Kauze in ländl.-kleinstädt. Milieu. R. knüpfte nicht am zeitgenöss. Roman an, der eine möglichst objektive Wirklichkeit darstellen wollte, sondern griff zurück auf die Erzählweise, die im engl. humorist. Roman des 18. Jh.s vorgebildet war. Seine ironische Erzählhaltung weist voraus auf den Roman des 20. Jh.s.

Rabanus Maurus → Hrabanus Maurus

Rabelais, François (* 1494? La Devinière b. Chinon, † 9. 4. 1553 Paris). – Franz. Dichter, Sohn eines Advokaten, gehörte nacheinander zwei Mönchsorden an und wurde schließlich Weltgeistlicher; seit 1530 studierte er Medizin, 1532 bis 1535 leitete er das Hospital in Lyon. Der Kardinal Jean du Bellay, dessen Leibarzt er war, verlieh ihm 1551 eine Pfarrstelle in Meudon bei Paris. Lebenslust der Renaissance, Abneigung gegen Askese und der Glaube an die ursprüngliche Güte des Menschen sprechen aus seinem Abenteuerroman *Gargantua und Pantagruel* (1532). In Lyon war 1532 ein Volksbuch erschienen, das die Geschichte vom Riesen Gargantua neu erzählte. Im gleichen Jahr schrieb R. eine Fortsetzung dazu, nämlich die Geschichte von Pantagruel, dem Sohn Gargantuas. 1534 gab R. die Vorgeschichte seines Pantagruel heraus, die Geschichte des *Gargantua.* Ein neues Motiv bildet darin die Darstellung einer idealen Erziehung, deren Grundlage die Betrachtung der Natur ist. Den letzten Teil dieses Buchs füllt die Beschreibung der Abtei Thélème, in der sich eine ideale Menschengemeinschaft vereinigt, welche nach der Regel »Tu, was dir gefällt« lebt. Die satir. Spitzen gegen die röm. Kirche, das Mönchstum, den Kalvinismus, gegen zeitgenöss. Ereignisse und Großsprecherei trugen R. heftige Angriffe sowie das Verbot seiner Bücher ein. Dagegen verteidigte er sich in einem vierten Fortsetzungsband (eine fünfte Fortsetzung erschien nach seinem Tod). Stil und Sprache sind ausschweifend und grotesk; man bezeichnet diese Form der geistreich übertreibenden Darstellung »esprit goulois«. Gerade durch diese individualisierende und auf sinnl. Wirkung abzielende Kraft der Sprache ist R. eine einzigartige Erscheinung in seiner Zeit. (Erst Victor Hugo in der Romantik ist eine vergleichbare sprachschöpfer. Gestaltung gelungen). 1575 übersetzte Joh. Fischart den *Gargantua* ins Deutsche.

Rabener, Gottlieb Wilhelm (* 17. 9. 1714 Wachau b. Leipzig, † 22. 3. 1771 Dresden). – Dt. Schriftsteller, studierte in Leipzig Jura, dazu Philosophie und Literatur. Neben seinem bürgerl. Beruf als Steuerrat in Dresden wurde er Mitarbeiter der Zeitschriften »Belustigungen des Verstandes und Witzes« und der »Bremer Beiträge«. Angeregt von den moralischen Wochenschriften der Aufklärungszeit, schrieb er vielgelesene Satiren, deren Spott sich allerdings recht mild gegen kleine Adelige, Dorfjunker, Dorfpfarrer, Schullehrer, heiratslustige Witwen und alte Jungfern richtet. 1751 bis 1755 erschien seine *Sammlung satyrischer Schriften* in 4 Bdn.

Rabenschlacht. Mhd. Heldenepos um die Schlacht von Ravenna (= Raben). Dem Sagenkreis um Dietrich von Bern zugehörig, etwa 1280 nach älteren Vorlagen entstanden und von Heinrich dem Vogler bearbeitet, behandelt es weitschweifig den Sieg Dietrichs über seinen Oheim Ermenrich und den Tod der beiden Söhne von König Etzel.

Rabindranâth Tagore → Tagore

Rabinowitsch → Scholem-Aleichem

Rachel, eigtl. *Rachel Bluwstein* (* 20. 9. 1890 Poltawa, † 16. 4. 1931 Tel Aviv). – Hebr. Dichterin, ging bereits 1909 nach Palästina. Sie absolvierte ihr Studium in Frankreich, hielt sich während des Ersten Weltkriegs in Rußland auf und kehrte danach nach Palästina zurück. In russ. und in hebr. Sprache schilderte sie diese Rückwanderung. Ihre Gedichte wurden bald Gemeingut der jungen israelischen Nation, so z. B. *Safiach* (1927), *Shirat Rachel* (1935).

Rachel, Joachim (* 28. 2. 1618 Lunden/Dithmarschen, † 3. 5.

1669 Schleswig). – Dt. Schriftsteller, Sohn eines Pastors, der selber Dichterehren erlangt hatte. Erfüllt von klassischer Gelehrsamkeit, schrieb er im Geist der Opitzschule Satiren, die sich stark an die Antike anlehnen und ihm die Bezeichnung »der deutsche Juvenal« eintrugen. Mit bitteren Worten brandmarkte er Mißachtung der Poesie und Mißstände der zeitgenöss. Gesellschaft, z. B. in *Teutsche Satyrische Gedichte* (1664).

Rachilde, eigtl. *Marguerite Vallette,* geb. *Eymery;* Ps. *Jean de Childra* (* 11. 2. 1860 Le Cros/Périgueux, †4. 4. 1953 Paris). – Franz. Schriftstellerin, befaßte sich in erfolgreichen Sensationsromanen wie *Die Gespensterfalle* (1894, dt. 1922) oder *Der Liebesturm* (1904, dt. 1913) bes. mit Personen von anormaler erotischer Veranlagung. Zwar verursachte ihr zweiter Roman *Monsieur Vénus* von 1884 einen Skandal, dennoch erschienen bis 1948 in ungebrochener Folge neue Werke. Daneben war R. Kritikerin bei der Zeitschrift »Mercure de France«, die ihr Mann herausgab. 1948 publizierte sie ihre Autobiographie *Quand j'étais jeune.*

Racine, Jean Baptiste (* 21. 12. 1639 La Ferté-Milon/Champagne, †21. 4. oder 26. 4. 1699 Paris). – Franz. Dramatiker, verwaist, wurde von seinen Großeltern im Sinn des Jansenismus erzogen. 1655 bis 1658 erhielt er in der Schule des Klosters Port-Royal, dem Zentrum der franz. Jansenisten, eine Ausbildung in den klassischen Sprachen. Als er in Paris seine Studien fortsetzte, entfremdete er sich den strengen Auffassungen von Port-Royal. Seine beiden ersten Dramen von 1664 und 1665, *La Thébaïde* und *Alexandre,* noch ganz in Anlehnung an den 33 Jahre älteren Corneille geschrieben, dienen der Verherrlichung des franz. Königs. Molière, der längere Zeit mit R. befreundet war, ermöglichte deren Aufführung. Freundschaft verband R. auch mit La Fontaine, vor allem aber mit Boileau, der entscheidenden Einfluß auf sein Schaffen nahm. Zwischen 1667 und 1677 entstanden die großen dramat. Werke *Andromache, Berenike, Bajazet, Britannicus, Mithridate, Iphigenie* und *Phädra,* in denen R. seine eigene Form gefunden hat. Nach dem Mißerfolg der *Phädra,* vielleicht auch infolge einer religiösen Erschütterung, zog sich R. vom Theater zurück und söhnte sich mit Port-Royal aus. 1673 hatte man ihn zum Mitglied der Académie Française gewählt, 1677 ernannte ihn Ludwig XIV., zusammen mit Boileau, zum Hofgeschichtsschreiber. Seine Dramen hat R. vorbildlich nach dem Formideal der franz. Hochklassik gestaltet: Einheit von Raum, Zeit und Handlung sowie die Einteilung in fünf Akte. Das Versmaß ist der Alexandriner. Seine Tragödien, konzipiert im Blick auf den Absolutismus unter Ludwig XIV. und die staatstragenden Ideale der Epoche, liefern Beispiele für das tragische Verhältnis von Leidenschaft und Macht. In einer letzten kurzen Hinwendung zum Theater schrieb R. für das von Mme. de Maintenon geleitete Mädchenpensionat Saint-Cyr die beiden biblischen Tragödien *Esther* (1689) und *Athalie* (1690/91); das letztere gilt als eines seiner Meisterwerke. Ausgaben des Gesamtwerks erschienen in allen Kultursprachen, da die Dramen R. s lange als Muster der Dramatik galten. Die letzte dt. Ausgabe stammt aus dem Jahr 1957.

Rada, Girolamo de (* 29. 11. 1814 Macchia/Kalabrien, †28. 2. 1903 S. Demetrio Corone). – Alban. Dichter, begann 1833, Volkslieder seiner Heimat zu sammeln. Ab 1834 studierte er in Neapel Rechtswissenschaften, schloß sich 1837 einer revolutionären Gruppe gegen die Bourbonenherrschaft an und geriet deswegen 1839 für einen Monat in Haft. 1883 bis 1887 gab er die Zeitschrift »Fiamuri Arbërit« heraus. Ebenso wie er für die alban. Unabhängigkeit kämpfte, setzte er sich auch für eine eigenständige alban. Literatur ein. Dabei glaubte er irrtümlich, es hätte ein großes alban. Epos gegeben, von dem nur noch einzelne Volkslieder erhalten seien. Unter diesem Aspekt ordnete, änderte und interpretierte er die Lieder seiner Sammlung *Rapsodie d'un poema albanese racolta nelle colonie dell Napoletano* (1866; neu 1964).

Radcliffe, Anne, geb. Ward (* 9. 7. 1764 London, †7. 2. 1823 ebd.). – Engl. Schriftstellerin, heiratete 1787 den Hg. der Zeitschrift »English Chronicle«, William Radcliffe. Als Hauptvertreterin des engl. Schauerromans (neben Walpole) reizt sie die Phantasie des Lesers durch Gruselszenen und erzeugt Spannung durch eine raffinierte Steigerung der Schrecken. Im letzten Augenblick der Erzählung werden die Opfer gerettet und die scheinbar mysteriösen Ereignisse auf natürl. Weise erklärt. Ihre Hauptwerke sind *The Mysteries of Udolpho* (1794) und *Die Italienerin* (1797, dt. 1834). Der Einfluß R. s erstreckt sich auf Poe, Byron und Shelley (*Frankenstein,* 1818) und reicht über Stoker (*Dracula,* 1897) bis hin zur gegenwärtigen Horrorliteratur.

Raddatz, Fritz Joachim (* 3. 9. 1931 Berlin). – Dt. Schriftsteller, Kritiker und Dozent für Lit.wiss., studierte in Ost-Berlin, war dann in leitender Stellung bei verschiedenen westdt. Verlagen tätig. 1977–85 Chefredakteur des Feuilletons der Zt. »Die Zeit«. R. trat vornehmlich als Kritiker und Herausgeber (z. B. Tucholsky, Mehring), als Biograph (Marx, z. B. *Mohr an General. Marx an Engels in ihren Briefen* (1986), Heine) und Essayist hervor, wobei seine dezidierte Meinung auch heftigen Widerspruch hervorrief. Als Erzähler steht er in der Nachfolge Tucholskys mit *Kuhauge* (1984) und *Pyrenäenreise im Herbst* (1985). Mit William Faulkners Leben und Werk setzt er sich in *Lügner von Beruf* (1987) auseinander. 1987 erschien der Roman *Wolkentrinker,* 1991 *Die Abtreibung.*

Radecki, Sigismund von (* 19. 11. 1891 Riga, †13. 3. 1970 Gladbeck/Westf.). – Baltendt. Schriftsteller, arbeitete 1914 in Turkestan, nach dem Ersten Weltkrieg in Berlin, danach mehrere Jahre als Schauspieler und Zeichner. R. schrieb geschliffene Feuilletons und satirische Essays, die von K. Kraus, dem er freundschaftl. verbunden war, beeinflußt sind, wobei er sich seine heitere Weltsicht bewahrte. Essaybände, z. B. *Nebenbei bemerkt* (1936), *Die Welt in der Tasche* (1939) u. v. a. lassen Erinnerungen an seine baltische Heimat anklingen. In den letzten Lebensjahren erschienen die Essays *Gesichtspunkte* (1964), *Rückblick auf meine Zukunft* (1965) und *Das müssen Sie lesen* (1970). Als Übersetzer Gogols und engl. Lit. wird er allgemein geschätzt.

Radičević, Branko, (* 15. 3. 1824 Slavonski Brod, † 18. 6. 1853 Wien). – Serb. Philologe, sammelte unter der Nachwirkung der Ideen Herders für Vuk Karadžić Sprach- und Liedgut der Serben. Erfüllt von den Auffassungen der Romantik, beeinflußt von Heine und Byron, dichtete er selbst die schönsten serb. Liebeslieder, die sich in Sprache und Stil an die Volksdichtung anlehnen. 1924 erschienen als Gesamtausgabe *Pesme.*

Radiguet, Raymond (* 18. 6. 1903 Saint-Maur/Seine, † 12. 12. 1923 Paris). – Franz. Romancier, wurde als literar. Begabung von Cocteau entdeckt. In seinem kurzen Leben verfaßte er in der Zeit nach dem Ersten Weltkrieg zwei bedeutende psycholog. Romane mit autobiograph. Zügen. In *Den Teufel im Leib* (1925, dt. 1932) erzählt er von der Liebe eines Sechzehnjährigen zu einer verheirateten Frau, in *Der Ball des Comte d'Orgel* (1924, dt. 1953 auch u. d. T. *Das Fest*), analysiert er feinste Gefühlsregungen im Verhältnis zwischen François de Sergeux und der Frau des Comte d'Orgel. R. verbindet eine klass. Erzählform mit eigener Inspiration.

Radischtschew, Alexandr Nikolajewitsch (* 31. 8. 1749 Moskau, † 24. 9. 1802 Petersburg). – Russ. Schriftsteller, nach Studium in Leipzig Beamter. Angeregt durch die dt. und franz. Aufklärer, galt seine Anteilnahme vor allem der unterdrückten russ. Bauernschaft. Bekannt wurde er durch seinen zeitkritischen Reiseroman *Reise von Petersburg nach Moskau* (1790, dt. 1922), in dem er sich gegen die Leibeigenschaft aussprach und mit dem er die literar. Gattung des Reisebriefs in Rußland begründete. Daraufhin zum Tode verurteilt, dann zu zehnjähriger Verbannung begnadigt, kehrte R. 1796 aus Sibirien zurück. Er beging Selbstmord, als er mit seinen Reformplänen zu einer neuen Gesetzgebung scheiterte.

Radnóti, Miklós (* 5. 5. 1909 Budapest, † zwischen 6. und 10. 11. 1944 ebd.). – Ungar. Lyriker, beschäftigte sich als Lehrer mit der Siedlungsgeschichte seiner Heimat. Von den Nationalsozialisten wurde er verhaftet und erschossen. Aus der Zeit seiner Gefangenschaft stammen die besten seiner lyrischen Arbeiten. Sie sind unter dem Titel *Ansichtskarten* 1968 in einer deutschen Auswahl erschienen.

Rådström, Pär Kristian (* 29. 8. 1925 Stockholm, † 29. 8. 1963 ebd.). – Schwed. Schriftsteller, warnte leidenschaftlich, doch mit rationalen Argumenten vor der Atomgefahr. Sein Stil enthüllt die Sprache der Werbung und den banalen Jargon des Alltags; mit seinen Romanen, die im Deutschen wenig bekannt wurden, wirkt er auf die gegenwärtige schwedische Dichtung: *Tiden väntar inte* (1952), *Ärans portar* (1954), *Sommargästerna* (1960) und *Mordet* (1963).

Raeber, Kuno (* 20. 5. 1922 Klingnau/Schweiz, † 28. 1. 1992 Basel). – Schweizer Schriftsteller, studierte Philosophie, Geschichte und Literatur, wirkte am Leibniz-Kolleg in Tübingen und am Europa-Kolleg in Hamburg und lebte seit 1959 als freier Schriftsteller. Er schrieb experimentelle Erzählprosa, z. B. *Alexius unter der Treppe* (1973), *Das Ei* (1981), Reiseskizzen, Romane *Die Lügner sind ehrlich* (1960), *Sacco di Roma* (1989) und v. a. Gedichte, z. B. *Gesicht am Mittag* (1950), *Flußufer* (1963), *Abgewandt Zugewandt* (1985).

Raffalt, Reinhart (* 15. 5. 1923 Passau, † 6. 6. 1976 München). Dt. Kulturhistoriker und Schriftsteller, lebte 21 Jahre lang in Rom, wo er die Biblioteca Germanica leitete. Äußerst vielseitig in seinen Themen wie auch im Gebrauch lit. Formen, schrieb er zahlreiche Hör- und Fernsehspiele, Reisebeschreibungen, drei Bände Kulturessays über Rom, *Concerto Romano* (1950), *Fantasia Romana* (1959) und *Sinfonia Vaticana* (1966), das Schauspiel *Der Nachfolger* (1962), das die Problematik der Papstwahl aufgreift, und die Komödie *Das Gold von Bayern* (1966). R. s zentrales Problem war die Frage nach der Entwicklung in der kath. Kirche von heute, so in *Wohin steuert der Vatikan?* (1973).

Rághuvaṃśa →Kālidāsa

Rahbeck, Knud Lyhne (* 18. 12. 1760 Kopenhagen, † 22. 4. 1830 Frederiksberg). – Dän. Schriftsteller, gab seit 1791 eine moralische Wochenschrift heraus, leitete von 1809 bis 1830 als Mitdirektor das kgl. Theater und war Kritiker und Ästhetiker im Geist der Spätaufklärung. Den Durchbruch zur Romantik hat er nicht mitvollzogen, obwohl sein Haus der jungen Dichtergeneration offenstand. Die Schriften *Prosaische Versuche* und *Moralische Erzählungen* wurden 1800 ins Dt. übersetzt.

ar-Raihānī, Amin (* 1876 bei Beirut, † 13. 9. 1940 ebd.). – Syr.-arab. Schriftsteller, erhielt eine christl. Erziehung, lebte seit 1888 in Nordamerika, reiste 1906 nach Syrien zurück und bekehrte sich 1923 zum Islam. In seinen Essays, Erzählungen und Romanen verfocht er die Annäherung des Orients an den Westen und die Frauenemanzipation in der Türkei. Seine bekanntesten Werke sind *Maker of Modern Arabia* (1928) und *Ibn Sa'oud of Arabia* (1928). Bekannt wurde auch seine Lyrik, die er arabisch und englisch schrieb.

Raimbaut d'Orange (* um 1150, † um 1173). – Altprovenzal. Dichter, einer der bedeutendsten provenzalischen Troubadours. In den 40 erhaltenen Liedern suchte er alle Formen der Liebessehnsucht zu erfassen, wobei auch formale Elemente, wie der Wechsel verschiedener Reimtypen, den Ausdruck der Gefühle unterstreichen. Liebesklage und freudige Minnelyrik stehen oft unvermittelt nebeneinander.

Raimbaut de Vaqueiras (* um 1155 Vaqueiras/Vaucluse, † um 1205). – Franz. Dichter, stammte aus einem verarmten Ministerialengeschlecht und begleitete seinen Lehensherren nach Sizilien und Byzanz. Seine Lieder, etwa 40 Gedichte, zeigen den Einfluß der Chanson de geste und eine formale Artistik, die für die Troubadourlyrik kennzeichnend ist.

Raimund, Ferdinand Jakob, eigtl. *Raimann* (* 1. 6. 1790 Wien, † 5. 9. 1836 Pottenstein/Niederösterr.). – Österr. Dichter, seine Vorfahren waren aus Böhmen nach Wien gekommen und hatten sich als Handwerker niedergelassen. 1808 verdingte sich R. bei Wandertruppen, spielte ab 1814 am Josefstädter und ab 1817 am Leopoldstädter Theater in Wien. 1828–1830 leitete er diese Bühne als Direktor. Als Bühnenschriftsteller verband er seit 1823 die Tradition des spätbarocken Dramas mit der Vorstadtkomödie. So wurde er zum Schöpfer der Zauberstücke, die mit den Kunstmitteln des Märchens die Bühne zu einer Institution mit ethischen und moralischen Ansprüchen erhoben, ohne daß ihnen dabei die Leichtigkeit und Allgemeinverständlichkeit verlorenging. Als Kunstmittel bediente R. sich der Allegorie, des Couplets und der Tradition des Stegreifspiels, das stets stärker aus der Gebärde als aus dem gesprochenen Wort wirkt. Seine Wirkung auf Nestroy, Schikaneder, Grillparzer und Hofmannsthal kann nicht überschätzt werden. Von seinen zahlreichen Bühnenwerken werden die besten heute noch regelmäßig gespielt, etwa *Der Barometermacher auf der Zauberinsel* (1823), *Das Mädchen aus der Feenwelt oder Der Bauer als Millionär* (1826), *Die gefesselte Phantasie* (1828), *Der Alpenkönig und der Menschenfeind* (1828), *Der Verschwender* (1834). R.s Werke liegen in mehreren Gesamtausgaben vor.

Rainis, Jānis, eigtl. *J. Pliekšāns* (* 11. 9. 1865 Tadenava/Lettland, † 12. 9. 1929 Majori b. Riga). – Lett. Dichter, wegen seiner polit. Einstellung 1897 verhaftet und nach Rußland verbannt, wich 1905 ins Exil in die Schweiz aus. 1920 kehrte er nach Riga zurück, 1928/29 war er Unterrichtsminister. Zu seinen lit. Vorbildern gehören die griech. Tragödie, das lett. Märchen und Goethe, dessen »Faust« er übersetzte. Für seine Gedichte und symbol. Dramen griff er zurück auf Stoffe aus der lett. Geschichte, so z. B. in *Indulis un Ārija* (1911), sowie aus der Bibel, z. B. in *Joseph und seine Brüder* (1919, dt. 1921). R. gilt als einer der bedeutendsten lett. Dichter.

Rājaśekhara (* Ende 9. Jh., † Anfang 10. Jh.). – Ind. Dramatiker und Lyriker, lebte am Hof der Könige von Kanauj. Von seinen vier Dramen, deren eines den Stoff der *Rāmāyana*-Sage aufgreift, zählt *Karpūramañjari* zu den gelungensten ind. Lustspielen. In Prākrit geschrieben, handelt es von der Liebe zwischen König Candrapālas und der Prinzessin Karpūramañjari (engl. 1901, neu 1963). Wegen seiner detaillierten Mitteilungen über Dichter und Könige kommt dem *Kāvyamīmāmsā*, R.s Lehrbuch von der Dichtkunst, besondere Bedeutung zu.

Rajčev, Georgi (* 19. 12. 1882 Zemlen b. Stara Zagora, † 18. 2. 1947 Sofia). – Bulgar. Schriftsteller, erste Arbeiten erschienen ab 1900 als Zeitschriftenbeiträge. R.s Erzählungen und Romane wie *Gospodinŭts momičeto* (1937) zeigen seine psycholog. Begabung, mit der es ihm gelingt, Fragwürdigkeiten der städt. Lebensform bloßzulegen. Einfühlungsvermögen erweist auch die meisterhafte Übertragung der Fabeln von Krylow aus dem Russischen (1945). Eine Gesamtausgabe erschien 1945.

Rajnov, Nikolaj (* 13. 1. 1889 Kesarevo b. Tŭrnovo, † 2. 5. 1954 Sofia). – Bulgar. Schriftsteller, als Maler, Graphiker und Professor der Kunstgeschichte durch Neuromantik und Symbolismus inspiriert; besonderen Einfluß gewann auf ihn auch das Werk Nietzsches, dessen *Zarathustra* er übersetzte. In dem für ihn bezeichnenden bildstarken und gedrängten Stil behandelt er hist. und exot. Stoffe. Seine gesammelten Werke, *Pŭlno sŭbranie na sočinenijata*, erschienen ab 1938, eine Auswahl 1957.

Rakić, Milan (* 18. 9. 1876 Belgrad, † 30. 6. 1938 Zagreb). – Bekannter serb. Lyriker, ab 1904 in zahlreichen europ. Städten als Diplomat tätig. In seinen Gedichten wendet sich R. vom herrschenden Realismus ab und übernimmt Anregungen des franz. Symbolismus. Seine Gedichte *Pesme* (1903) und *Nove pesme* (1912) wurden in mehrere Sprachen übersetzt und fanden in Frankreich lit. Anerkennung.

Rakovski, Georgi S. (* 23. 2. 1821 Kotel, † 8. 10. 1867 Bukarest). – Bulgar. Schriftsteller, führte im Interesse der Befreiung Bulgariens ein abenteuerliches Reiseleben. Sein revolutionärer Eifer führte zur politischen Verfolgung, so daß er emigrieren mußte. Wirkungslos blieb er als Historiker, Volkskundler, Philologe und Philosoph. Seine Gedichte, Novellen und Theaterstücke indessen, wenn auch nicht von gleichmäßiger Qualität, erfuhren Neuauflagen, zuletzt 1953 *Pisma ot i do R.* (1841–1860).

Raleigh, Sir Walter (* 1552 [?] Hayes Barton/Devonshire, † 29. 10. 1618 London). – Engl. Dichter und Höfling der Königin Elisabeth I., organisierte bedeutende Entdeckungsfahrten zum amerikan. Kontinent, die schließlich zur Gründung der Kolonie Virginia führten. Um El Dorado zu finden, segelte er nach Südamerika und beschrieb diese Reise in *The Discovery of the Empyre of Guiana* (1596). Verwickelt in die Verschwörungen gegen Jakob I., wurde R. verurteilt und 1603–16 im Tower festgehalten. Hier schrieb er u. a. *The History of the World* (1614). Seine letzte Abenteuerreise von 1616 nach Orinoko schlug fehl, R. wurde hingerichtet. Von seinen Gedichten schätzt man v. a. das Einführungssonett zu *Faerie Queen* von Spenser; *Cynthia, the Lady of the Sea* ist ein Lobpreis auf Elisabeth I.

Ramalho Ortigão, José Duarte (* 24. 11. 1836 Porto, † 27. 9. 1915 Lissabon). – Der bedeutende portugies. Journalist und Kritiker, beeindruckt von den franz. Romantikern Chateaubriand und Lamartine, den progressiven Gedanken eines Comte und Proudhon aufgeschlossen, neigte schließl. zu einer nationalist.-traditionellen Haltung. Seine Reisebeschreibungen wie *A Holanda* (1885) erlangten größere Beachtung. Sein Gesamtwerk erschien seit 1943 in 15 Bdn.

Rāmāyana = *Lebenslauf des Rāma*. Das R. ist neben dem *Mahabharata* eines der beiden großen ind. Epen. Die 24 000 Doppelverse in Sanskrit erzählen von Kampf und Not des Helden Rāma, des Mensch gewordenen Gottes Wischnu, insbesondere von der Entführung seiner Gattin Sītā und deren Wiedergewinnung mit Hilfe des weisen Hanumat, dem Ratgeber des Affenkönigs. Den Dichter des R. sieht man in Vālmīki, der im 2. Jh. n. Chr. altes Sagengut zu dem Gesamtwerk vereint und in sieben Bücher eingeteilt hat. Im ersten und siebten Buch sind vielerlei Mythen und Legenden eingeschoben, die mit dem Fortgang der Handlung entweder gar nicht oder nur lose verknüpft sind. Im ersten wie im letzten Buch wird Rāma so betont als Inkarnation Wischnus vorgestellt, daß das Heldenepos religiösen Charakter gewinnt. Nach ind. Überlieferung gilt das R. als das erste ind. Kunstgedicht und Vālmīki als erster ind. Dichter. Obwohl Versschmuck, Natur- und Stimmungslyrik auf die nachfolgende Kunstpoesie hindeuten, hat das R. seinen Charakter als Volksepos bewahrt und ist heute noch im Hinduismus lebendige Sage; Rāma, Sītā und Hanumat sind vertraute Figuren. Es gibt Übersetzungen in mehrere europ. Sprachen. Im Dt. erschien 1841 eine Nacherzählung (neu 1921) und 1897 die Übersetzung des 1. Buches; von den übrigen Büchern liegen Teilübersetzungen vor.

Ramler, Karl Wilhelm (* 25. 2. 1725 Kolberg, † 11. 4. 1798 Berlin). – Dt. Dichter, im Waisenhaus zu Halle erzogen, besuchte dort auch die Universität und erhielt mit Hilfe von Gleim, dem er sich in Berlin anschloß, eine Hauslehrerstelle. 1748–1790 war er Professor beim Kadettenkorps, dann Leiter des Nationaltheaters in Berlin. Mehr als seine vom Erziehungsidealismus der Aufklärung erfüllten Fabeln oder seine preuß. patriot. *Kriegslieder* (1778) wurden seine an der Antike geschulten *Oden* (1767) geschätzt, an deren Form er hohe Ansprüche stellte und die seinen Dichterfreunden, sogar Lessing, als Muster galten. Gebeten oder ungebeten änderte er deren Werke ab und verwandte sie so in seinen Anthologien. Nicht bei seinen *Poetischen Werken* (1800), sondern in seinem krit. Scharfblick liegt R. s Verdienst.

Ramos, Graciliano (* 27. 10. 1892 Quebrângulo/Alagoas, † 20. 3. 1953 Rio de Janeiro). – Brasilian. Schriftsteller, überzeugter Kommunist, gilt als wichtigster Romancier der modernen brasilian. Literatur. Die Figuren seiner Romane bewegten sich in der landschaftl., gesellschaftl. und wirtschaftl. Umwelt des brasilian. Nordostens, die R. präzis veranschaulicht. Ins Dt. übersetzt sind *São Bernardo* (1934, dt. 1960) und *Nach Eden ist es weit* (1938, dt. 1967). Beachtung erfordern die

Memórias do Cárcere (1953). Dt. erschien 1977 der Roman *Angst*.

Ramos, João de Deus → Deus Ramos, João de

Ramsay, Allan (* 15. 10. 1685[?] Leadhills, † 7. 1. 1758 Edinburgh). – Schott. Dichter, ihm verdankt Schottland seine erste Leihbücherei, die er in seiner Edinburgher Buchhandlung einrichtete. Neben alten schott. Volksliedern und Balladen gab R. seine eigenen volksnahen Gedichte heraus in *The Tea Table Miscellany* (1724–37) und ebnete so den Weg für R. Burns und die schott. Dialektdichtung. Sein Schäferspiel *The Gentle Shepherd* (1725) übertrifft durch Unbefangenheit und Lebendigkeit seine im übrigen lit. bedeutungslosen Werke.

Ramuz, Charles Ferdinand (* 24. 9. 1878 Cully b. Lausanne, † 23. 5. 1947 Lausanne). – Französischsprachiger schweiz. Romanschriftsteller, Abkömmling einer alteingesessenen bäuerl. Familie, zog sich ab 1930 ganz in seinen Heimatort zurück. Sein Erzählwerk ist Heimatdichtung, die auf idyll. Schönfärberei verzichtet, dagegen Land, Sprache und Sitte v. a. der Waadtländer Kleinbauern scharf umreißt und Gewalt der Natur gegen Not und Einsamkeit des Menschen setzt. Viele der mehr als 40 Romane wurden ins Dt. übersetzt, wobei der Kriegsroman *La Guerre dans le Haut-Pays* (1915, dt. 1938) ihm große Anerkennung brachte. Weiter sind zu erwähnen *Das große Grauen in den Bergen* (1926, dt. 1927) oder *Der Bergsturz* (1934, dt. 1935). Strawinski vertonte den Text *Die Geschichte vom Soldaten* (1920, dt. 1924). 1972 erschienen eine Auswahl aus seinen Werken in 4 Bdn., 1987 dt.

Rank, Joseph (* 10. 6. 1816 Friedrichsthal/Böhmerwald, † 27. 3. 1896 Wien). – Böhm. Erzähler und Volkskundler, u. a. 1848 Mitglied des Frankfurter Parlaments, wohnte ab 1861 in Wien, war Sekretär der Hofoper und des Stadttheaters, dann gemeinsam mit Anzengruber Schriftleiter der »Heimat«. Schon 1842 gab er seine Erzählungen *Aus dem Böhmerwalde* heraus. Auch Erzählungen und Romane wie *Florian* (1853) oder *Im Klosterhof* (1875) vermitteln ein wahrheitsgetreues Bild des Böhmerlandes.

Ranke, Leopold, seit 1865 von Ranke (* 21. 12. 1795 Wiehe an der Unstrut, † 23. 5. 1886 Berlin). – Dt. Historiker, lehrte ab 1825 zunächst als außerordentl., ab 1835 als ordentl. Professor Geschichte in Berlin, war Mitglied der Preußischen und Bayerischen Akademie der Wissenschaften, offizieller Geschichtsschreiber Preußens, preuß. Staatsrat, Abgeordneter und Kanzler der Friedensklasse des Ordens Pour le mérite. Mit der sog. histor. krit. Methode, die eine exakte Analyse der histor. Quellen fordert, begründete er die Geschichte als objektive Wissenschaft, da es ihm nicht darum ging, die Quellen spekulativ zu deuten, sondern nur darum zu zeigen, »wie es eigentlich gewesen ist«. Im Gegensatz zu Hegel, der gleichzeitig in Berlin lehrte, lehnte er jede Geschichtsphilosophie aus wissenschaftlicher Redlichkeit ab und suchte die leitenden Ideen der Epochen aus den Quellen empirisch zu erfassen. Nachdrückl. wandte er sich gegen das fortschrittsgläubige Geschichtsbild der Aufklärung, in dem er zeigte, daß jede histor. Epoche nur aus sich verstanden und bewertet werden kann. Seine Hauptwerke wurden beispielgebend für die Geschichtsschreibung bis in unsere Zeit, etwa *Die römischen Päpste, ihre Kirche und ihr Staat im 16. und 17. Jahrhundert* (3 Bde. 1834–1836), *Deutsche Geschichte im Zeitalter der Reformation* (6 Bde. 1839–1847), *Neun Bücher preußische Geschichte* (3 Bde. 1847/48), *Geschichte Wallensteins* (1869), *Hardenberg und die Geschichte des preußischen Staates* 1793–1813 (3 Bde. 1879–81). Die 1875 begonnene Weltgeschichte wurde von ihm nicht mehr vollendet. Mit dem *Politischen Gespräch* (1833) und seiner Berliner Antrittsvorlesung *Über die Verwandtschaft und den Unterschied der Historie und der Politik* (1835), beide veröffentlicht in der von ihm herausgegebenen »Historisch-Politischen Zeitschrift«, zeigt er sich als liberaler und konservativer Denker, der tief in der protestant. Tradition und im christl. Glauben verwurzelt ist.

Ranke-Graves, Robert → Graves, Robert

Ransmayr, Christoph (* 20. 3. 1954 Wels). – Österr. Schriftsteller, studierte Philosophie und Ethnologie und arbeitete bei verschiedenen deutschsprachigen Zeitungen, bis er sich als freier Schriftsteller niederließ. Mit seinen Romanen *Die Schrecken des Eises und der Finsternis* (1984), *Die letzte Welt* (1988) und Übersetzungen des röm. Dichters Ovid zeigte er sich als sprachgewandter Autor, der bes. die Fähigkeit besitzt, Details und landschaftl. Strukturen in seinen Texten darzustellen.

Ransom, John Crowe (* 30. 4. 1888 Pulaski/Tennessee, † 3. 7. 1974 Gambier/Ohio). – Amerikan. Lyriker und Essayist, ist als Literaturkritiker Hauptvertreter des New Criticism. R. lehrte 1914–1937 engl. Literatur an der Vanderbilt-University in Nashville und war ab 1937 20 Jahre Professor am Kenyon College/Ohio, wo er die Literaturzeitschrift »Kenyon Review« herausgab. Der Großteil seiner *Selected Poems* (1945, 1963, 1969), einer Lyrik, die herkömml. Ausdrucksmittel in ironisierender Weise verwendet, erschien in der Zeitschrift »The Fugitive« (1922–1925), die R. mitbegründet hatte. Zu seinen wichtigen Essaybänden gehört *New Criticism* (1941).

Ransome, Arthur (Michel) (* 18. 1. 1884 Leeds, † 3. 6. 1967 Manchester). – Engl. Schriftsteller, Angestellter bei einem Londoner Verlag, unternahm bereits vor dem Ersten Weltkrieg eine Reise nach Rußland, um dort Sprache und Volkstum kennenzulernen. Zu Beginn der 20er Jahre siedelte er sich in Suffolk an, unternahm aber weiterhin ausgedehnte Reisen. Neben literaturkrit. Schriften und Büchern über Begegnungen und Erkenntnisse seiner Rußlandreisen verfaßte R. packende Abenteuerbücher für Kinder u. a. *Der Kampf um die Insel* (1930, dt. 1933), *Peter Duck* (1933), *Die unfreiwillige See-*

fahrt (1938, dt. 1948). Spätere Werke wurden nicht ins Dt. übertragen.

Raoul de Cambrai, Chanson de. Altfranz. Heldenepos (12. Jh.) aus zwei Teilen: der erste in Reimen, der zweite in Assonanzen niedergeschrieben. Mit diesem Text, der zu zahlreichen Dichtungen Bezüge aufweist, ist der Typus der sog. »Vasallengesten« begründet, da er nicht den Kampf des Königs oder einer märchenhaften Artusrunde beschreibt, sondern die Kämpfe des Adels – der Vasallen – darstellt. Der Konflikt ist dabei stets auf die Frage zugespitzt, ob der Vasall seinem Herrn auch gegen eigene Verwandte die Treue halten muß. Im Chanson de Raoul tötet der Vasall den Lehensherrn. Es behandelt die Fehde der feudalen Barone untereinander. Gemeinsam kämpfen Raoul und sein Gefolgsmann Bernier um Raouls väterl. Lehen, bis Bernier, schwankend zwischen Gefolgschaftstreue und Blutsverwandtschaft, Raoul im Zweikampf tötet.

Raoul de Houdence, oder *Houdan* (* zw. 1170 u. 1180, † um 1230). – Die Autorenschaft des altfranz. Artusdichters ist für den zweiten Teil des Romans *La Vengeance Raguidel* nicht gesichert; sein Roman *Méraugis de Portlesquez* benützt zur Vorlage *Erec* von Chrestien de Troyes, als dessen erster lit. Erbe R. auftritt. Die Einführung eines Ortes »Begierde« oder »Treubruch« auf dem Weg zur Hölle in der Traumreise des Gedichtes *Songe d'Enfer* weist R. zudem als frühen Autor allegor. Dichtung aus, die dem Rosenroman vorangeht.

Rapin, Nicolas (* 1539 Fontenay-le-Comte, † 13. 12. 1608 Poitiers). – Franz. Schriftsteller, wurde Bürgermeister von Fontenay, 1573 Vize-Seneschall des Bas-Poitou, 1584 Vorsteher der Connétablie von Frankreich; im Heer Heinrichs IV. war er Hauptmann. Er gehört zu den Verfassern der *Satire Ménippée* (1594), dem gemeinsamen Werk verschiedener bürgerl. Autoren, die der gemäßigten Partei der »Politiques« zuneigten und sich gegen die »Ligue« wandten.

Rapin, René (* 1621 Tours, † 27. 10. 1687 Paris). – Franz. Dichter und Theologe. R. gehörte seit 1639 der »Gesellschaft Jesu« an, war Professor für Literatur und Rhetorik und bezeugte seine Verehrung für die antike Dichtkunst nicht nur in gelehrten Abhandlungen, sondern erwarb selbst Anerkennung als Autor geschliffener lat. Gedichte wie *Elegiae sacrae* (1659) und *Hortorum libri IV* (1665, neu 1932 mit engl. Übs.). Eine *Geschichte des Jansenismus* (1681), dessen Bewegung er bekämpfte, beendete seine lit. Tätigkeit.

Rapisardi, Mario (* 25. 2. 1844 Catania, † 4. 1. 1912 ebd.). – Ital. Schriftsteller, Professor für Literatur in seiner Heimatstadt. Sein Hang zum Pessimismus und das Gefühl der Verlassenheit, aber auch Angriffslust und prunkvoller Stil durchziehen seine lyr. Gedichte, etwa *Giustizia* (1883) und *Poemetti* (1885–87), *Poesie religiose* (1887), wie seine ep. Gedichte *La Palingenesi* (1868), *Lucifero* (1877) und *Giobbe* (1884). Wegen einer bissigen Anzüglichkeit in *Lucifero* geriet er in leidenschaftl. Streit mit Carducci.

Raschi, eigtl. *Rabbi Salomo ben Isaak* (* 1040 Troyes, †30. 7. 1105 ebd.). – Jüd. Gelehrter, wurde zum hervorragenden Bibel- und Talmudkommentator und bedeutenden Lehrer für das Judentum des Mittelalters. Der älteste hebräische Wiegendruck ist sein *Kommentar zu den Fünf Büchern Mose.* Seine Exegesen sind aufschlußreich für die sprachgeschichtl. Forschung.

Raschke, Martin (*4.11. 1905 Dresden, †24.11. 1943 Rußland). – Dt. Schriftsteller, gab 1929–32 gemeinsam mit A. A. Kuhnert die lit. Zeitschrift »Die Kolonne« heraus. R. schrieb Hörspiele, essayist. Dialoge und Romane. Seine Heimatstadt Dresden ist Schauplatz im Roman *Die ungleichen Schwestern* (1939). Eine Auswahl seiner Werke erschien 1963.

Rasmussen, Knud (*7.7. 1879 Jakobshavn/Grönland, †21.12. 1933 Kopenhagen). – Dän. Arktis- und Eskimoforscher und Schriftsteller, verbrachte seine Kindheit in Grönland und nahm an der »lit. Grönlandexpedition« um 1900 teil. Er leitete die sieben »Thuleexpeditionen« ab 1912; diese gaben ihm die Grundlagen für seine dichter. gestalteten Reisebeschreibungen, von denen viele ins Dt. übertragen sind, wie *Ultima Thule* (dt. 1920), *Rasmussens Thulefahrt* (dt. 1934), *Die große Schlittenreise* (dt. 1958) u. a. Seine besondere Leistung liegt in den künstler. wie psych. einfühlsamen Nacherzn. und Nachdichtungen von Eskimosagen und -mythen und Eskimoliedern, wobei deutl. Einflüsse J. V. Jensens zu bemerken sind. Im Dt. erschienen *Grönlandsagen* (dt. 1922).

Rasp, Renate, eigtl. *R. Rasp-Budzinski* (*3.1. 1935 Berlin). – R. studierte in München Malerei und war Graphikerin. Bekannt wurde sie mit den Romanen *Ein ungeratener Sohn* (1967), einer Satire auf Erziehungsmethoden, und *Zickzack* (1979). Distanzierte, unbarmherzige Exaktheit kennzeichnen ihre Sprache auch in den Lyrikbänden *Eine Rennstrecke* (1969) und *Junges Deutschland* (1978) sowie in der Satire *Chinchilla* (1973).

Raspe, Rudolf Erich (*1737 Hannover, †1794 Muckross/Irland). – R., Professor der Altertumskunde und Aufseher der Antiquitätensammlung in Kassel, vielseitig begabt, aber von labilem Charakter, floh nach einer von ihm verübten Unterschlagung nach England. Um seinen Lebensunterhalt zu verdienen, übersetzte er dort die im *Vademecum für lustige Leute* 8. und 9. Teil (1781–83) in Berlin erschienenen Münchhausengeschichten ins Engl., fügte 17 Anekdoten zu einer einheitl. Erzählung zusammen und gab *Baron Munchhausen's Narrative* 1785 in London heraus. 1786 übersetzte G. A. Bürger das Büchlein zurück ins Dt., das danach zum Volksbuch wurde.

Rasputin, Valentin Grigorjewitsch (*17.3. 1937 Ust'Uda/Irkutsk). – Russ. Schriftsteller, arbeitete mehrere Jahre als Journalist und heute als freier Schriftsteller, wobei er sich bes. für die Erhaltung dörfl. Traditionen und den Umweltschutz einsetzt. In seiner Erz. *Geld für Maria* (1967, dt. 1978) und den R. *Die letzte Frist* (1970, dt. 1976), *Leb' und vergiß nicht* (1974, dt. 1976), *Abschied von Matjora* (1976, dt. 1977) und *Der Brand* (1985, dt. 1987) schildert er spannend das Leben in den russ. Dörfern, wobei er durchaus auch Kritik an den Verhältnissen übt, ohne dabei das System in Frage zu stellen.

Rathenow, Lutz (*22.9. 1952 Jena). – Dt. Schriftsteller, studierte Deutsche Philologie und Geschichte in Jena und geriet rasch in Widerspruch zur SED-Doktrin, die ihm eine »objektivistische« Haltung vorwarf. Bis auf kleinere Arbeiten erschien sein Werk erst, nachdem er auf Auslandsproteste hin aus dem Gefängnis entlassen worden war. Hervorzuheben sind die Prosa *Mit dem Schlimmsten wurde schon gerechnet* (1980), *Im Lande des Kohls* (1982), *Jeder verschwindet so gut er kann* (1984) und *Was sonst noch passierte* (1984), die Gedichte *Zangengeburt* (1982), *Zärtlich kreist die Faust* (1989) und Hörspiele wie *Boden 411* (1980) und *Das Verständnis* (1981).

Ratpert (*Zürich, †um 890 St. Gallen). – Alemann. Dichter und Gelehrter, Vorsteher der St.-Gallener Klosterschule. In lat. Sprache verfaßte er den 1. Teil der *Casus Sancti Galli,* einer Klosterchronik, die Ekkehart IV. fortsetzte. In dt. Sprache entstand der *Lobgesang auf den heiligen Gallus,* der jedoch nur in der lat. Übertragung Ekkeharts IV. überliefert ist.

Rattigan, Terence Mervyn (*10.6. 1911 London, †30.11. 1978 Bermuda). – Engl. Dramatiker, wurde für den Diplomatenberuf erzogen. Nach dem Erfolg seiner ersten Komödie *First Episode* (1933) wandte sich R. dem Theater zu und schrieb geistvolle, bühnenwirksame Gesellschaftskomödien, aber auch Problemstücke wie *Der Fall Winslow* (1946, dt. 1949) oder *Tiefe blaue See,* auch u. d. T. *Lockende Tiefe* (1952, dt. 1953). Auch die Dramen *In Praise of Love* und *Before Dawn* (beide 1973) sind Zeugnisse des »wellmade play«.

Rauch, Men (*29.1. 1888, †4.10. 1958 Scuol/Graubünden). – Vielseitig begabter rätoroman. Dichter, gründete und leitete seit 1922 verschiedene ladin. Zeitschriften, sammelte altroman. Literatur, war Mitbegründer des »Museum d'Engiadina bassa« und brachte zwei Bände *Homens prominents* (1935 u. 1951) heraus über bedeutende Männer seiner ladin. Heimat. Populär sind seine vielen Gedichte, die er vertonte; die frühesten, *Chanzuns umoristicas rumantschas,* erschienen 1925.

Raupach, Ernst, Ps. *Em. Leutner* (*21.5. 1784 Straupitz b. Liegnitz, †18.3. 1852 Berlin). – Dt. Schriftsteller, gelangte auf dem Umweg über Rußland, wo er einige Jahre Professor für Geschichte und dt. Literatur gewesen war, schließl. nach Berlin und ließ sich als Bühnenschriftsteller nieder. Seine 117 geschwätzigen, aber zugkräftigen, meist histor. Dramen sind vergessen, nur das Rührstück *Der Müller und sein Kind* (1835) spielte man bis ins 20. Jh.

Raus, Albert Heinrich → Benrath, Henry

Rawlings, Marjorie, geb. Kinnan (*8.8. 1896 Washington, †14.12. 1953 Saint Augustine/Florida). – Amerikan. Romanautorin, Anwaltstochter und Journalistin, ging 1928 nach Florida, wo sie sich eine Orangenplantage kaufte. Auf dem Hintergrund ihrer eigenen Erlebnisse in der neuen Heimat entstanden ihre erfolgreichen Romane, die auch in Dtld. viel gelesen werden, etwa *Neue Heimat – Florida* (1935, dt. 1940; 1954 als *Die goldenen Äpfel*) oder das Kinderbuch *Calpurnia läßt sie Sonne wieder scheinen* (1955, dt. 1956 und 1965); *Frühling des Lebens* (1938, dt. 1939) erhielt den Pulitzer-Preis 1939.

Rãy, Dvijendralãl (*16.7. 1863 Krsnagarh/Bengalen, †19.5. 1913 Kalkutta). – Ind. Dramatiker und Lyriker, studierte zeitweise in England und wurde Beamter der engl. Verwaltung in Bengalen. Seine frühen heiteren Lieder und Versschauspiele wie *Kalki Avatãr* (1895, neu 1925) wichen bald den histor. und sozialen Dramen, von denen *Sãjãhãn* (1909) besonders geschätzt wird. Seine in die Bühnenstücke eingefügten Lieder und die patriot. Gedichte brachen ihm hohes Ansehen.

Raynal, Paul (*25.7. 1885 Narbonne, †20.8. 1971 Paris). – Franz. Dramatiker, der Erste Weltkrieg wurde zum Thema seiner bedeutendsten Bühnenwerke. Dem erfolgreichsten europ. Antikriegsdrama *Das Grabmal des Unbekannten Soldaten* (1924, dt. 1926) folgten andere wie *Die Marne* (1933) und *Das Menschenmaterial* (1935, dt. 1946). Formal stützt sich R. dabei auf die klass. franz. Tragödie von Corneille und Racine.

Razcvetnikov, Asen (*14.11. 1897 Draganowo, †30.7. 1951 Moskau). – Bulgar. Lyriker, dessen sozialromant. Geisteshaltung sich in einer glänzend formulierten Lyrik mit depressivem Unterton und Zeitbildern voll pessimist. Vorausschau niederschlug. U.a. liegen vor *Stichotvorenija* (1941), zuletzt das Drama *Podvigŭt* (1946). Da er nach 1945 ablehnte, im parteipolit. Sinne zu schreiben, deportierte man ihn nach Moskau. Fabeln, Kinderbücher und Übersetzungen runden sein Werk ab.

Read, Sir Herbert Edward (*4.12. 1893 Kirkbymooreside, †12.6. 1968 Stonegrave). – Engl. Essayist, Kritiker und Lyriker, 1922–1933 Professor für Kunstgeschichte, später auch für Dichtkunst. Bedeutender als seine Lyrik sind seine zahlr. Essays und wissenschaftl. Publikationen wie etwa *Erziehung zur Kunst* (1943, dt. 1962) oder *Bild und Vorstellung* (1955, dt. 1961), in denen er sich mit Problemen der Literatur, Philosophie, Kunst, Politik und Erziehung auseinandersetzte. Bereits seit *Reason and Romanticism* (1926), einer Arbeit zur engl. Romantik, war sein Ruf als Literaturkritiker gesichert. Leider fehlt eine dt. Gesamtausgabe seiner bedeutenden Essays.

Reade, Charles (*8.6. 1814 Ipsden/Oxford, †11.4. 1884 London). – Engl. Autor, akadem. Lehrer in Oxford. Durch Detail-

treue und Urkundenstudien erzielte er in seinen Werken große Wirklichkeitsnähe, u.a. in den Romanen *Kloster und Herd* (1861, dt. 1901, 1966 als *Die weltl. u. geistl. Abenteuer des jungen Herrn Gerard*), ein Abbild des kulturellen Lebens im 15.Jh. Andere Romane greifen soziale Mißstände auf, so z.B. *Hard Cash* (1863, dt. 1864). Das wenig erfolgreiche Drama *Peg Woffington* (1853) hatte erst in der Umarbeitung als Roman großen Erfolg.

Rebell, Hugues, eigtl. *Georges Joseph Grassal* (*27.10. 1867 Nantes, †6.3. 1905 Paris). – Franz. Dichter, schrieb symbolist. Lyrik, etwa in *Les méprisants* (1886), angelehnt an P. Louys, und v.a. histor. Romane und Novellen, in denen er mit klaren Begriffen und strenger Form die spätromant. Tradition wahrte. Größeren Erfolg errang indessen nur *Die heißen Nächte vom Kap* (1901, dt. 1969).

Rebhun (Rebhuhn), Paul (*um 1505 Waidhofen a. d. Ybbs/Niederösterr., †1546 Ölsnitz oder Voigtsberg/Sachsen). – Österr. Schriftsteller und Gelehrter, studierte in Wittenberg, pflegte Freundschaft mit Luther und Melanchthon. Nach der Tätigkeit als Lehrer und Pfarrer in Zwickau und Plauen übernahm er 1543 das Amt eines Superintendenten in Ölsnitz und Voigtsberg. Exponent des protestant. Schuldramas, verarbeitete er in *Ein Geystlich spiel von der Gottfürchtigen und keuschen Frawen Susannen* (1536) einen bibl. Stoff in antiken Versmaßen mit eingeschobenen Chorliedern. Im Vordergrund der Handlung stehen hier wie auch in *Ein Hochzeitspiel auff die Hochzeit zu Cana Galileae* (1538) die christl. Sittenlehren. Hinsichtl. seiner kunstvollen Strophen und seines Rückgriffes auf klass. Formen gehört R. zu den Vorläufern von Opitz.

Rebora, Clemente (*6.1. 1885 Mailand, †1.11. 1957 Stresa). Ital. Lyriker, u.a. Mitarbeiter der Zeitschrift »La Voce«, wurde 1931 Mönch. Seine Gedichte, oft voll schwärmer. religiöser Sensibilität und Verlassenheitsempfinden, liegen vor in *Le poesie 1913–57* (hg. 1961). Als Experte für russ. Literatur übersetzte er u.a. Tolstoi.

Reboux, Paul, eigtl. *P.-Henri Amillet* (*21.5. 1877 Paris, †14.2. 1963 Nizza). – Franz. Journalist, gab mehrere Pariser Zeitungen heraus, z.B. »Le Journal« und »Paris Soir«. Außer histor. Sittenromanen und galanten biograph. Liebesromanen wie u.a. *Madame du Barry* (1932) oder *Liszt ou les amours romantiques* (1940) verfaßte er launige, populärwissenschaftl. Schriften, etwa über die Kochkunst oder gutes Benehmen, und veröffentlichte *A la manière de . . .* (1908 ff. und 1951), eine Sammlung literar. Parodien. Sein bekanntester Roman ist *Lady Hamilton* (1948), der in vielen Ländern zu einem Bestseller wurde. Die späteren Werke und Memoiren wurden weniger beachtet.

Rebreanu, Liviu (*27.11. 1885 Târlişina/Siebenbürgen, †1.9. 1944 Bukarest oder Piteşti). – Rumän. Schriftsteller, hatte

Literatur studiert und in Bukarest das Nationaltheater geleitet, verübte Ende des Zweiten Weltkrieges Selbstmord. Als bedeutender Romancier, der den psycholog.-realist. Roman in Rumänien einführte, entfaltete er seine Thematik an der dörfl. Welt Siebenbürgens, so in *Die Erde, die trunken macht* (1920, dt. 1941; 1969 als *Mitgift*) oder *Adam und Eva* (1925, dt. 1952). 1960 erschienen in Dt. *Alltägliche Geschichten* und 1963 *Die Waage der Gerechtigkeit.*

Rechte, Vom. In dieser Reimpredigt, um 1140 in Kärnten entstanden und in der Millstätter Handschrift erhalten, zeigt der Verfasser, ein Geistlicher, vor bäuerlicher Hörerschaft Gott als höchstes Recht, verweist auf die mittelalterl. Standesehre und auf die Ebenbürtigkeit von Herr und Knecht im Gehorsam gegen Gott.

Recke, Elisabeth (Elisa) von der, geb. Reichsgräfin von Medem (* 1.6. 1756 Schloß Schönburg/Kurland, † 13.4. 1833 Dresden). – Dt. Schriftstellerin, versammelte auf ihrem Wohnsitz Schloß Löbichau b. Altenburg einen »Musenhof« und schrieb selbst Gedichte und Reisetagebücher. Ins damalige Tagesgespräch geriet sie mit der brisanten Schrift *Nachricht von des berüchtigten Cagliostro Aufenthalt am Hof von Mitau* (1787).

Reck-Malleczewen, Friedrich Percyval (* 11.8. 1884 Malleczewen/Ostpreußen, † 17.2. 1945 KZ Dachau). – Dt. Schriftsteller, lebte nach zahlreichen Reisen in Europa und nach Amerika als Mediziner und freier Schriftsteller, zuletzt bis zu seiner Verhaftung 1944 auf seinem Gut Poing/Obb. Seine Kritik an der nationalsozialist. Ideologie tarnte er in der histor. Studie *Bockelson* (1937). Neben Essays und Jugendbüchern schrieb er Romane, 1921 *Die Dame aus New York;* 1948 *Diana Pontecorvo.* Als scharfer Analytiker des NS-Regimes zeigt ihn sein *Tagebuch eines Verzweifelten* (1947).

Redentiner Osterspiel (15. Jh.). Bezeichnung für eine Ausgestaltung der kirchl. Ostertexte, dessen Autor P. Kalff sein könnte, Mönch des Zisterzienserklosters Doberan/Mecklenburg und Verwalter des Gutes Redentin. Der mittelniederdt. Text, 1465 zum erstenmal aufgeführt, von den süddt. Oster- und Passionsspielen beeinflußt, hebt sich von seinen Vorläufern ab durch exakte Zweiteilung in Haupthandlung mit triumphaler Höllenfahrt und Auferstehung Christi und Gegenhandlung, in welcher Luzifer die Hölle wieder mit Seelen füllt. (Neu hg. und übersetzt 1975).

Redi, Francesco (* 18.2. 1626 Arezzo, † 1.3. 1698 Pisa). – Ital. Dichter, Leibarzt des Großherzogs von Toskana und glänzender Philologe, der mit anderen für die Accademia della Crusca deren Wörterbuch abfaßte. Mit Arbeiten zum toskan. Dialekt wurde er ein Vorläufer der Dialektforschung. Am bekanntesten von seinen poet. Werken ist der Lobgesang auf den Wein *Bacco in Toscana* (1685). Sein Gesamtwerk erschien mehrfach; 1925 wurde eine Auswahl seiner Schriften veröffentlicht.

Reding, Josef (* 20.3. 1929 Castrop-Rauxel). – Dt. Schriftsteller, lebte nach dem Philologiestudium längere Zeit in den USA und übernahm in seinen Kurzgeschichten und Erzählungen, etwa *Nennt mich nicht Nigger* (1957). *Wer betet für Judas* (1958), *Papierschiff gegen den Strom* (1963 – auch als Hörspiel), *Ein Scharfmacher kommt* (1967), *Zwischen den Schranken* (1967), *Die Anstandsprobe* (1973), *Schonzeit für Pappkameraden* (1977), *Sprengt den Eisberg* (1981), *Friedenstage sind gezählt* (1983) Elemente der amerikan. Erzählkunst. Sein Bericht *Friedland – Chronik einer Heimkehr* (1956) ist ein zeithistorisches Dokument. Auch als Hörspielautor und Übersetzer wird R. allgemein geschätzt.

Redwitz, Oskar Freiherr von (* 28.6. 1823 Lichtenau b. Ansbach, † 6.7. 1891 Heilanstalt St. Gilgenberg b. Bayreuth). – Dt. Schriftsteller, war 1844–46 Rechtspraktikant in der Pfalz, studierte 1850 Philologie und zog 1861 nach München. Zu den am meisten gelesenen Büchern des dt. Bürgertums nach 1848 gehörte seine romantisierende Versnovelle *Amaranth* (1849, neu 1923). Später erzielte er mit histor. Dramen wie *Philippine Welser* u. a. oder dem Sittenroman *Hermann Stark* (1869) Erfolge, schied aber vergessen und verbittert als Morphinist aus dem Leben.

Regenbogen, Barthel. – R. war fahrender bürgerl. Spruchdichter und Minnesänger um 1300 in Mainz. Im Gegensatz zu den höf. Minnesängern war er Handwerker, nämlich Schmied in Mainz, und gehört zu den Vorläufern der Meistersinger. Im Dichterwettstreit mit Heinrich von Meißen um die rechte Kunst der Frauenverehrung errang Heinrich den Sieg.

Reger, Erik, eigtl. *Hermann Dannenberger* (* 8.9. 1893 Bendorf a. Rh., † 10.5. 1954 Wien). – Dt. Schriftsteller, war 1919 bis 1927 Angestellter, u. a. Pressereferent bei Krupp in Essen, danach Journalist und Lektor, 1945–54 Hg. des Berliner »Tagesspiegel«. Von den zeitkrit., polit. Reportageromanen aus dem Milieu der Großindustrie an Rhein und Ruhr erhielt *Union der festen Hand* (1931) den Kleist-Preis; 1932 folgte *Das wachsame Hähnchen.* Spätere Romane schildern Land und Leute am Rhein, z. B. *Schiffer im Strom* (1933) u.a. Nach 1945 waren seine Essays *Vom künftigen Deutschland* (1947) und *Zwei Jahre nach Hitler* (1947) von Bedeutung.

Régio, José, eigtl. *J. Maria dos Reis Pereira* (* 17.9. 1901 Villa do Conde, † 22.12. 1969 ebd.). – Portug. Schriftsteller, Mitherausgeber der modernist. Zeitschrift »Presença«, schrieb satir. Dramen (*A salvaçào do mundo*, 1954), psycholog. Gesellschaftsromane (*A velha casa*, 5 Bd., 1945–66), religiöse Lyrik (*Poemas de Deus e do diabo*, 1929; *Mas deus é grande*, 1945) und zeitkrit. Essays. R. s lit. Schaffen ist gekennzeichnet durch eine antikonventionelle Ästhetik und eine mit dem Werk Pessoas vergleichbare Formstrenge. Die Satire in seinen Dramen und auch Romanen zeigt Einflüsse von Wilde und Proust.

Regler, Gustav (* 25.5. 1898 Merzig, † 14.1. 1963 Neu-Delhi).

Dt. Autor, seit 1928 Kommunist, Reporter für »Berliner Tageblatt« und »Fürther Morgenpresse«, emigrierte 1933 nach Frankreich. In Spanien kämpfte er gegen Franco. Er publizierte Romane, u. a. *Zug der Hirten* (1929), *Der verlorene Sohn* (1933), *Die Saat* (1936), *Aretino* (1955). Posth. erschienen 1978 *Das große Beispiel*, der Saarroman *Im Kreuzfeuer* (1979), *Wasser, Brot und blaue Bohnen* (1932, neu 1981), *Juanita-Roman aus dem Spanischen Bürgerkrieg* (1986).

Régnard, Jean-François (*7. 2. 1655 Paris, †4. 9. 1710 Schloß Grillon/Normandie). – Franz. Dramatiker, schrieb nach abenteuerlichen Reisen als wohlhabender Dilettant Komödien und derbe Lokalpossen, ab 1697 für die Comédie Française. Zu den Hauptwerken gehört *Der Erbschleicher* (1708, dt. 1904) und *Le joueur* (1696, dt. 1790) mit dem neuen Typus des Spielers, dessen Spielleidenschaft und deren Wirkung auf Leben und Charakter R. ohne zu moralisieren schildert. Der Nachfolger Molières weist mit der Mischung von derber Komik und bürgerl. Sentimentalität schon ins 18. Jh.

Régnier, Henri François Joseph de, Ps. *Hugues Vignix* (*28. 12. 1864 Honfleur/Calvados, †23. 5. 1936 Paris). – Franz. Dichter, öffnete sich sämtl. lit. Zeitströmungen. Gedichte wie *Les lendemains* (1885) stehen unter dem Einfluß des Parnaß. Ab *Episodes* (1888) hielt er sich an den Symbolismus und den »Vers libre«, kehrte aber v. a. in Sonetten zur formstrengen Tradition der Plejade zurück. Von Freud beeinflußt sind seelenanalyt. Versuche wie *In doppelten Banden* (1900, dt. 1904, 1913 als *Die zwiefache Liebe des Herrn von Galandot*). Seine Romane spielen oft im Venedig des 17. und 18. Jh.s, wie *L'Altana ou la vie vénétienne* (1928). Das Gesamtwerk erschien seit 1930 in 7 Bdn.

Régnier, Paule (*19. 6. 1890 Fontainebleau, †6. 12. 1950 Paris). – Franz. Schriftstellerin, deren Leben durch die Liebe zu dem 1915 gefallenen Dichter Paul Drouet bestimmt wurde. Eigene Erfahrung an Schmerz, Verzweiflung und Einsamkeit sowie Glaubensnot ist in ihre Gedichte und Dramen ebenso wie in ihre Romane, z. B. *Die Netze im Meer* (1948, dt. 1952), eingeflossen. Bedeutsam ist das Tagebuch *Am Schmerz gescheitert* (1947, dt. 1953).

Rehberg, Hans (*25. 12. 1901 Posen, †20. 6. 1963 Duisburg). Dt. Schriftsteller, produktiver Dramatiker von starker Begabung, wenn auch umstritten. Neben Bühnenwerken über histor. Gestalten bearbeitete er in *Der Gattenmord* und *Der Muttermord* (beide 1953) die Atridentragödie unter psycholog. Aspekt. Seine fünf Dramen aus der Preußengeschichte, ein Zyklus über die Hohenzollern in der Zeit zwischen dem Großen Kurfürsten und Friedrich d. Gr., brachten R. im N.S.-Staat großen Erfolg, dem allerdings das Mißverständnis zugrunde lag, *Die Preußen-Dramen* (Gesamtausg. 1942) seien eine Verherrlichung des Friedericusgeistes.

Rehfisch, Hans José, Ps. *Georg Turner, René Kestner* (*10. 4.

1891 Berlin, †9. 6. 1960 Schuls/Unterengadin). – Dt. Schriftsteller, verließ die jurist. Laufbahn zugunsten der Position als Theaterdirektor und Syndikus einer Filmgesellschaft in Berlin. 1936–1950 lebte R. in der Emigration. Anfangs Vertreter des Expressionismus, schrieb er später mit Talent in realist. Manier Romane, Drehbücher, v. a. aber so erfolgreiche Bühnenstücke wie *Wer weint um Juckenack?* (1924), *Die Affäre Dreyfus* (1929) oder *Wasser für Canitoga* (1932), Stücke, die Zeitprobleme aufgriffen, wirksame Rollen enthalten, aber auch Antworten schuldig bleiben. Seine Romane *Die Hexen von Paris* (1951) und *Lysistrats Hochzeit* (1959) wurden viel beachtet. Eine Auswahl seiner Werke erschien 1967.

Rehfues, Philipp Joseph von (*2. 10. 1779 Tübingen, †21. 10. 1843 Gut Römlingshofen b. Bonn). – Dt. Autor, von 1818 bis 1842 Kurator der Bonner Universität. R. erwies sich als hervorragender Kenner der in seinem fesselnden histor.-realist. Roman *Scipio Cicala* (1832). Hier wie in anderen Romanen ein Nachfahre Scotts, gab er zudem lebendige Reisebeschreibungen, z. B. *Spanien nach eigener Ansicht* (1813).

Rehn, Jens, eigtl. *Otto J. Luther* (*18. 9. 1918 Flensburg, †3. 1. 1983 Berlin). – Dt. Schriftsteller, seit 1950 Komponist und Redakteur beim Berliner Rundfunk. Seine existentialist. Romane und Erzn. sind Parabeln über die ausweglose menschl. Not angesichts des Untergangs, so in *Nichts in Sicht* (1954), *Feuer im Schnee* (1956) oder *Die Kinder des Saturn* (1959); zuletzt schrieb er *Morgen Rot* (1976), *Die weiße Sphinx* (1978) und *Nach Jan Mayen und andere Geschichten* (1981).

Reich-Ranicki, Marcel (*2. 6. 1920 Wloclawek/Polen). – Dt. Kritiker, wuchs in Berlin auf, wurde 1938 von den Nationalsozialisten deportiert und war 1940–43 im Warschauer Ghetto. Nach dem Krieg zunächst in Polen, seit 1958 in der Bundesrepublik bedeutender Kritiker, der häufig Widerspruch hervorrief, dessen Verdienst es jedoch ist, die Literaturkritik als demokratische Form verdeutlicht zu haben. R. ist Gastprof. internationaler Hochschulen und Herausgeber zahlreicher Autoren und Zeitschriften. Seine Essays haben nachhaltig auf die Gegenwartsliteratur gewirkt, z. B. *Deutsche Literatur in West und Ost* (1963), *Literarisches Leben in Deutschland* (1965), *Wer schreibt, provoziert* (1966), *Entgegnung. Zur deutschen Literatur der siebziger Jahre* (1979), *Meine Schulzeit im Dritten Reich* (1982), *Ohne Rabatt. Über Literatur aus der DDR* (1991); zahlreiche Autorenvorstellungen, z. B. *Ein Gespräch mit Wolfgang Koeppen* (1986), *Thomas Mann und die Seinen* (1987). Das literarische Quartett wurde zu einer beliebten TV-Sendung, in der R. unterhaltsam kritisch über neue Bücher diskutierte.

Reimann, Brigitte (*21. 7. 1933 Burg b. Magdeburg, †20. 2. 1973 Ost-Berlin). – Dt. Hörspielautorin und Erzählerin, behandelte in ihrem Werk Anpassungsschwierigkeiten des einzelnen in der sozialist. Arbeitswelt der DDR, z. B. in *Ankunft* *im Alltag* (1961), sowie Gegensätze des zweigeteilten Dtld., z. B. in *Die Geschwister* (1963). Sie plädierte, wie in *Franziska Linkerhand* (1974), für ein Sichabfinden mit den polit. Gegebenheiten.

Reimann, Hans, Ps. *Hans Heinrich, Hanns Heinz Vampir* etc. (* 18. 11. 1889 Leipzig, † 13. 6. 1969 Schmalenbeck/Hamburg). – Dt. Schriftsteller, nahm nach dem Studium am Ersten Weltkrieg teil und lebte danach in zahlreichen Orten Dtlds. 1924–1929 als Hg. der Zeitschrift »Das Stachelschwein« und 1952–1969 der »Literazzia«. Seine parodist.-kabarettist. Texte *Die Dame mit den schönen Beinen* (1916) und *Sächsische Miniaturen* (1921 bis 1931 in 5 Bdn.) fanden ebenso Anerkennung wie seine Romane *Komponist wider Willen* (1928), *Quartett zu dritt* (1932) und der *Mogelvogel* (1957). Mit T. Impekoven schrieb er 1924 die Komödie *Der Ekel* und mit H. Spoerl *Die Feuerzangenbowle* (1936). Als Sprachvirtuose zeigte er sich mit *Vergnügliches Handbuch der deutschen Sprache* (1931, neu 1969) und den autobiograph. Aufzeichnungen *Reimann reist nach Babylon, Aufzeichnungen eines Spießers* (1956) und *Mein blaues Wunder. Lebensmosaik eines Humoristen* (1959).

Reimmichl, eigtl. *Sebastian Rieger* (* 28. 5. 1867 St. Veit/Defereggental, † 2. 12. 1953 Heiligkreuz b. Hall/Tirol). – Österr. Volksschriftsteller und kath. Priester, leitete ab 1898 den »Tiroler Volksboten« und gab seit 1925 *Reimmichls Volkskalender* heraus. Kurzgeschichten über Tiroler Käuze und Tiroler Brauchtum wie in *Aus den Tiroler Bergen* (1898) gehören zu seinen besten schriftsteller. Leistungen. 1973 erschien eine gute Auswahl aus seinem Werk u. d. T. *Der Pfarrer von Tirol.*

Reinacher, Eduard (* 5. 4. 1892 Straßburg, † 16. 12. 1968 Stuttgart-Bad Cannstatt). – Dt. Schriftsteller, 1917–18 in Straßburg Redakteur, dann freier Schriftsteller und Dramaturg beim Kölner Rundfunk. Aus dem reichen Werk von Hörspielen, Dramen, Balladen, Romanen und Erzählungen, oft um Landschaft, Geschichte und Sage seiner Heimat, seien genannt die *Elsässer Idyllen und Elegien* (1925), *Der Taschenspiegel* (Erz. 1943), *Agnes Bernauer* (Drama 1962) und *Aschermittwochsparade* (R. 1973).

Reinbot von Durne (Dürne, Turn) (1. Hälfte des 13. Jh.s, aus Bayern, vielleicht Oberpfalz). – Der Wittelsbacher Herzog Otto II. beauftragte seinen Hofdichter R. mit dem Legendenroman vom *Heiligen Georg* (zwischen 1231 und 1236), den dieser, am Vorbild Wolframs orientiert, vermutl. nach lat. oder franz. Vorlage in höf. Stil abfaßte und damit zu einer neuen Pflege der geistl. Epik beitrug.

Reinecker, Herbert (* 24. 12. 1914 Hagen). – Dt. Schriftsteller, begann mit hervorragenden Filmdrehbüchern (z. B. *Canaris,* 1954 und *Der Stern von Afrika,* 1957), für die er mehrfach ausgezeichnet wurde. H. wandte sich dann dem Kriminalspiel zu und schuf mit *Der Kommissar* (1969–76) und *Derrick*

(1974 ff.) beispielhafte Fernsehserien, die ihm internationale Beachtung einbrachten. Daneben zeigte er sich auch als ansprechender Erzähler, z. B. *Neunundneunzig Glückseligkeiten. Geschichten für Sie und Ihn* (1986).

Reineke Fuchs. Das mittelniederdt. Tierepos *Reynke de Vos,* 1949 in Lübeck gedruckt, wohl von einem Lübecker Geistlichen zusammengefaßt, der seinerseits auf eine niederl. Bearbeitung zurückgegriffen hatte, beruht letztl. auf Äsops Tierfabeln. Die Prosafassung von Gottsched (1752) war Grundlage für Goethes Epos *Reineke Fuchs* (1793).

Reinfrank, Arno (* 9. 7. 1934 Mannheim). – Dt. Schriftsteller, als Kind litt er unter den Verfolgungen der Nationalsozialisten und begann schon als Jugendlicher zu schreiben. Nach Jahren unterschiedlicher Berufsausübungen (Texter, Student, Hausmeister) studierte er Anglistik und Geschichte und bereiste zahlreiche Länder Süd-, Nord- und Osteuropas. Er ist Mitglied des PEN-Zentrums; aus dem VS trat er 1974 aus. R. ist bisher vornehmlich als Lyriker an die Öffentlichkeit getreten, wobei seine Gedichte auf politische Anlässe reagieren. Die Formen sind traditionell; inhaltlich sucht er immer wieder zu zeigen, daß das tägliche Leben heute ohne Wissenschaftskenntnisse nicht zu bestehen ist, z. B. *Kernanalyse. Poesie der Fakten* (1985). Bekannt wurden seine Gedichte *Von der Universität* (1959) und *Auf unserem Stern* (1964), die Romane und Erzählungen *Die Pulverfabrik und andere Geschichten aus Ithopien* (1960), *Der goldene Helm* (1976), *Zwei Pfälzer in Paris* (1980) und *Mach de Babbe net struwwlich* (1981), das Drama *Plutonium hat keinen Geruch* (1978), Übersetzungen und Schallplatten mit politischen Texten.

Reinhart, Josef (* 1. 9. 1875 Rüttenen, † 14. 4. 1957 Solothurn). – Der Schweiz. Mittelschullehrer trat hervor mit humorvollen, meist mundartl. Erzählungen, z. B. *Gschichtli ab em Land* (1901), und Theaterstücken, z. B. *D'Erbschaft us Amerika* (1910). R. traf auch in seinen *Liedli ab em Land* (1897), Liedern von Heimweh und Liebe, den Volkston so, daß manche zum Allgemeingut wurden.

Reinig, Christa (* 6. 8. 1926 Berlin). – Dt. Schriftstellerin, war Assistentin am Märkischen Museum in Ost-Berlin. Ab 1951 in der DDR nicht mehr gedruckt, veröffentlichte sie Lyrik in der Nachfolge Brechts, z. B. *Die Steine von Finisterre* (1960), und kleine Prosa wie *Orion trat aus dem Haus* (1968) in westdt. Verlagen. Ihre Stilmittel, Metaphern wie »Ausweg« oder Begriffsfelder wie »Angst, Marter, Vereinsamung«, verstehen sich auf dem Hintergrund ihrer eigenen Erlebniswelt. Später veröffentlichte sie die Ged. *Müßiggang ist aller Liebe Anfang* (1979) und *Prüfung des Lächelns* (1980), das Kinderbuch *Hantipanti* (1972); daneben stehen bemerkenswerte Romane wie *Die himmlische und die irdische Geometrie* (1978), *Drei Schritte* (neu 1978) und *Entmannung* (1978), sowie Prosa *Der Wolf und die Witwen* (1980), *Die ewige Schule* (1982),

Nobody und andere Geschichten (1989). Viel Beachtung fanden auch ihre Hörspiele, z. B. *Tenakeh* (1965), *Das Aquarium* (1967), *Wisper* (1968).

Reinmar von Brennenberg (†vor 1276). – Der bayer. Liederdichter R. war Ministeriale des Bischofs von Regensburg. Seine Minnelieder knüpften an die des Walther v. d. Vogelweide an. In der Minnesängernovelle *Herzemaere* lebte seine Gestalt fort als Liebhaber, der das Herz der Liebsten essen muß.

Reinmar von Hagenau, (Reinmar v. H.), auch R. *der Alte* (*zwischen 1160 und 1170, †vor 1210). – Der Elsässer, vielleicht auch Österreicher, brachte die westl. Kunst des hohen Minnesangs an den Babenberger Herzogshof nach Wien, wo er seit etwa 1190 schon unter Leopold V. als Hofdichter lebte. Seine Zeitgenossen haben ihn als Klassiker und Lehrmeister des idealen, maßvoll stilisierten, klagenden Minneliedes gefeiert. Walther v. d. Vogelweide, sein Schüler, wurde sein Rivale, konnte ihn aber nicht vom Hof verdrängen.

Reinmar von Zweter (*um 1200, †um 1260). – Mhd. Dichter, stammte vermutl. aus Zeutern b. Heidelberg, kam um 1227 an den Wiener Hof, um 1235 nach Prag an den Hof Wenzels I. und um 1241 an die Höfe von Köln und Mainz. Im Sinn Walthers v. d. Vogelweide pflegte er die lehrhafte wie polit. Spruchdichtung, war Anhänger des Kaisertums, dann Gegner Friedrichs II. Die Meistersinger ehrten ihn als Vorbild.

Reinshagen, Gerlind (*4.5. 1926 Königsberg). – Die dt. Hörspielautorin und Dramatikerin ist von Beruf Apothekerin. In realist. Weise schildert sie die Arbeitswelt der Gegenwart in *Nachtgespräch* (Hörsp. 1964) und *Doppelkopf. Leben und Tod der Marilyn Monroe* (Drama 1971). Später schrieb sie mehr ironische Bühnenstücke, *Sonntagskinder* (1976), *Eisenherz* (1982), Hörspiele, Romane, wie *Rovinato oder Die Seele des Geschäfts* (1981), *Zwölf Nächte* (1989) und Kinderbücher ergänzen ihr Œuvre.

Reis, Ricardo → Pessoa, Fernando

Reisen, Abraham (*1875 Kojdanow/Gouv. Minsk, †30.3. 1953 New York). – Volkstüml. jidd. Lyriker und Erzähler, lebte ab 1914 in den USA. R. mühte sich sehr um die Anerkennung des Jidd. als Literatursprache. Er gab mehrere literar. Zeitschriften heraus, darunter »Di Europeische literatur« (1909). 1924 erschienen die gesammelten Werke (*Ale Werk*). 1929–35 die Memoiren *(Episoden fun majn Lebn)*. Daneben übersetzte R. u. a. die Werke von Heine und Lenau.

Reisiger, Hans (*22. 10. 1884 Breslau, †29. 4. 1968 Garmisch-Partenkirchen). – Dt. Schriftsteller, stand in hohem Ansehen als Übersetzer engl., amerikan. und franz. Literatur. Seine histor.-biograph. Romane *Unruhiges Gestirn, R. Wagner-Roman* (1930), *Ein Kind befreit die Königin, Maria-Stuart-Roman* (1939), die Erzählung *Aeschylos bei Salamis* (1952) – um nur einige zu nennen – hatten viel Erfolg. Posth. erschien 1969 eine Sammlung *Literarische Porträts*.

Reiss-Andersen, Gunnar (*21.8. 1896 Larvik, †29.7. 1964 Arendal). – Norweg. Lyriker, floh 1940 vor der dt. Besatzung nach Schweden. Sein lit. Werk vereinigt Liebes- und Naturgedichte, z. B. *Solregn* (1924), Kampflyrik des Zweiten Weltkrieges, z. B. *Kampdikt fra Norge* (1943), und lyr. Prosaromane. *Dikt i utvalg 1921–62*, eine Sammelausgabe seiner Gedichte, erschien 1964.

Rej z Naglowic, Mikolaj (*4. 2. 1505 Zórawno b. Halicz, †4. 10 [?] 1569 Rejowiec/Lublin). – Poln. Dichter, Sohn einer Landadelsfamilie, entwickelte seine Wort- und Schriftgewandtheit auf der Krakauer Akademie und als Sekretär des Wojwoden von Sandomir. 1546 wurde er Kalvinist. Sigismund II. August bestellte ihn zum kgl. Sekretär. Seine moral.-didakt. Lieder, Epigramme, Satiren und Spiele, wie etwa *Zywot Józefa* (1545), in poln. statt lat. Sprache, machten ihn zum »Vater der polnischen Nationalliteratur«.

Rellstab, Ludwig, Ps. *Freimund Zuschauer* (*13. 4. 1799 Berlin, †28. 11. 1860 ebd.). – Dt. Poet, Musikkritiker der »Vossischen Zeitung« in Berlin. 1830–1840 gab er die eigene Musikzeitschrift »Iris« heraus. Neben histor. Unterhaltungsromanen wie dem Napoleon-Roman *1812* (1834, neu 1932) schrieb er Opernlibretti und Gedichte, von denen Schubert u. a. *Leise flehen meine Lieder* vertont hat. Bekannt wurde der Roman *Der Wildschütz* (1835).

Remarque, Erich Maria, eigtl. *E. Paul Remark* (*22.6. 1898 Osnabrück, †25.9. 1970 Locarno). – Dt. Schriftsteller, ließ sich nach dem weltweiten Erfolg von *Im Westen nichts Neues* (1929) als freier Autor nieder. Die Darbietung der Kriegsereignisse in nüchternem, reportageartigem Stil aus der Sicht des Soldaten Paul Bäumer geriet zum Inbegriff für den desillusionist. Kriegsroman. 1933 wurden seine Bücher verbrannt, R. selbst, der schon seit 1929 im Ausland lebte, wurde 1938 ausgebürgert; seit 1947 war R. amerikan. Staatsbürger. Themen späterer Bestseller sind in *Arc de Triomphe* (1946) das Emigrantenschicksal und in *Zeit zu leben und Zeit zu sterben* (1954) der Zweite Weltkrieg. Seine letzten Romane *Die Nacht von Lissabon* (1963) und *Schatten im Paradies* (1971) waren nicht mehr so erfolgreich wie die früheren.

Remisow, Alexei Michailowitsch (*7.7. 1877 Moskau, †28. 11. 1957 Paris). – Ungewöhnl. produktiver russ. Erzähler, emigrierte 1921 nach Berlin und lebte ab 1923 in Paris. Einflüsse des Symbolismus sind faßbar in *Die Uhr* (1904, engl. 1942). Im Gefolge der Surrealisten verwendet R. gern das Traummotiv, so in *Die fünfte Plage* (1912, engl. 1927). In der Tradition von Gogol und Leskow pflegte die russ. Stilkunst des Skaz, etwa in *Die Schwestern im Kreuz* (1910, dt. 1913), die ihm erlaubt, mundartl. und kirchensprachl. Elemente in die Kunstprosa einzuflechten, eine Bereicherung, die sowjetruss. Autoren aufgegriffen haben, v. a. die »Serapionsbrüder«. Von Bedeutung sind seine Erzählungen *In blauem Felde*

(1922, dt. 1924), *Stella Maria Maris* (1928, dt. 1929) und *Das knöcherne Schloß* (dt. 1965). Eine erste Werkausgabe erschien 1910 bis 1912 in 8 Bdn.; eine Auswahl 1981 u. d. T. *Der goldene Kaftan.*

Renan, Joseph Ernest (* 27. 2. 1823 Tréguier/Bretagne, † 2. 10. 1892 Paris). – Franz. Schriftsteller, Orientalist, Religionshistoriker und Literat, nahm 1860 an einer Forschungsreise nach Phönizien teil, wo er *Das Leben Jesu* (1863, dt. 1864) zu schreiben begann, den ersten von sieben Bänden seiner *Histoires des origines du christianisme* (1863–83). Das Buch, eine romanhafte Lebensbeschreibung des edlen revolutionären Schwarmgeistes Jesus, der scheitert, entsprach einer Tendenz der Zeit und hatte in ganz Europa eine starke Resonanz. R. wurde deswegen vorübergehend seiner Professur enthoben. 1878 nahm ihn die Académie Française als Mitglied auf. Ein glänzender Stilist, versuchte R. in seinen großen Werken, im Sinn des Positivismus den Beweis zu erbringen, daß die Wissenschaft an die Stelle des Christentums treten würde, neigte im Alter aber mehr und mehr zur Skepsis. Auf der Höhe seiner Volkstümlichkeit ist er gestorben. Sein umfangreiches Gesamtwerk, das immer wieder um religionsgeschichtl. Fragen konzentriert bleibt, erschien 1947 bis 1961 in 10 Bdn.

Renard, Jules, Ps. *Drauer* (* 22. 2. 1864 Châlons-sur-Mayenne, † 22. 5. 1910 Paris). – Franz. Schriftsteller und Journalist, Mitbegründer des »Mercure de France«. Unter der Ausstrahlung von Maupassant schrieb er kühl analysierende, naturalist. Erzählungen, wie *Crime de village* (1888), oft vom bäuerl. Leben der Normandie, später v. a. psycholog. fundierte Dramen und Romane, von denen *Rotfuchs* (1894, dt. 1946; als Drama 1900, bearbeitet von Hugo von Hofmannsthal, dt. 1901), die Geschichte eines ungeliebten Knaben, wohl das weiteste Echo fand. 1925 bis 1927 erschien sein Gesamtwerk in 17 Bdn., 1986 *Ideen, in Tinte getaucht,* 1987 *Muttersohn, Poil de Carotte* und *Der Schmarotzer,* deutliche Anzeichen für eine neue Rezeption des Autors in der Bundesrepublik.

Renart, Jean (Jehan) (frühes 13. Jh., wahrscheinl. Ile-de-France). – In seinem Jh. gehört der Franzose R. zu den produktivsten Autoren von Abenteuerromanen. Die Tugendwette, Spekulation um die Standhaftigkeit einer Frau, ist Thema für das Hauptwerk *Le roman de la rose ou de Guillaume de Dôle* (zw. 1200 und 1226).

Renaut de Beaujeu. Unter der Einwirkung kelt. Sagen und bes. der zeitgenöss. Artusromane *Erec* und *Perceval* des Chrestien de Troyes verband R. in dem altfranz. Versroman *Guinglain ou le Bel Inconnu* (um 1185 bis 1190) verschiedene für die höf. Epik charakterist. Themen oder Motive wie z. B. das Motiv des Zauberspuks, der eine Jungfrau in ein Tier verwandelt. Wirnt von Grafenberg nahm u. a. von hier Anregung und Stoff für den *Wigalois.*

Rendl, Georg (* 1. 2. 1903 Zell a. See, † 10. 1. 1972 Salzburg).

Österr. Schriftsteller, war Arbeiter im Bergwerk, am Ziegelofen, bei der Bahn und in einer Glasbläserei. Er erhielt später den Titel Professor und lebte als freier Schriftsteller und passionierter Bienenzüchter. Heimatl. Landschaft, Brauchtum und Glauben sowie eigene Erfahrungen sind Inhalt seiner religiösen Dramen, Jugendbücher und Romane, so u. a. *Der Bienenroman* (1931) oder *Die Glasbläser* (1935–37). Nach dem Krieg erschienen die vielgelesenen Romane *Die Reise zur Mutter* (erstmals 1940), *Ich suche die Freude* (1948) und *Ein Mädchen* (1954).

Renker, Gustav (* 12. 10. 1889 Zürich, † 23. 7. 1967 Langnau/Emmental). – Schweizer Schriftsteller, verbrachte seine Jugend und frühen Berufsjahre zuerst als Musiker, dann als Redakteur, in Österreich. Ab 1947 war er Herausgeber der Berner Zeitschrift »Der Bund«. In seinem Werk finden sich bes. Bergromane wie das frühe Buch *Einsame vom Berge* (1918), aber auch histor., biograph. und Abenteuerromane, so der Wagner-Roman *Finale in Venedig* (1933) oder *Der Teufel von Saletto* (1956) und Tiergeschichten wie *Acht Hunde und mehr* (1965).

Renn, Ludwig, eigtl. *Arnold Friedrich Vieth von Golßenau* (* 22. 4. 1889 Dresden, † 21. 7. 1979 Ost-Berlin). – Dt. Schriftsteller, studierte nach dem Ersten Weltkrieg Jura und Volkswirtschaft. 1928 trat er der KPD bei und war Mitherausgeber der »Linkskurve«. Im Dritten Reich verfolgt, emigrierte er 1936, kämpfte im Span. Bürgerkrieg mit und lebte später in Mexiko. 1947 ging er in die DDR, leitete in Dresden das kulturwissenschaftl. Institut der TH und lebte ab 1952 als freier Schriftsteller in Ost-Berlin. Sein autobiograph., nüchtern realist. Roman *Krieg* (1928) traf mitten in eine Zeitströmung und erlangte Weltruhm. Der Fortsetzung *Nachkrieg* (1930) folgten weitere autobiograph., zeitgeschichtl. Romane und Reportagen, auch Jugendbücher, die sich am Sozialist. Realismus ausrichten, z. B. *Trini* (1954), *Der Neger Nobi* (1955), *Inflation* (1963). Sein Gesamtwerk erschien 1964–1970 in 10 Bdn.

Renoir, Jean (* 15. 9. 1894 Paris, † 12. 2. 1979 Beverly Hills). – Franz. Künstler, Sohn des Malers Auguste R., seit 1924 Regisseur zahlreicher großer Filme. R. hat den Film vom Theater abgegrenzt und ihn den bildenden Künsten zugeordnet. Den modernen franz. Regisseuren wie Truffaut gilt er als Vorbild. Zwei seiner berühmtesten Filme sind *La grande illusion* (1937) und *La règle du jeu* (1939). R. schrieb außer zwei Dramen und einem Roman die Biographie seines Vaters, *Renoir* (1962), sowie die eigene, *Mein Leben und meine Filme* (1976).

Reschetnikow, Fjodor Michailowitsch (* 17. 9. 1841 Jekaterinenburg (heute Swerdlowsk), † 21. 3. 1871 Petersburg). – Russ. Schriftsteller, im Staatsdienst tätig. Bekannt machte ihn seine »ethnograph. Skizze« *Die Leute von Podlipnaja* (1864, dt. 1907), in der er, ohne dichter. Wertmaßstäbe anzulegen, das Milieu eines unkultivierten finn. Volksstammes in der Gegend von Perm protokollierte. In weiteren realist. Romanen wie *Glumovy* (1866 f.) ist R. der erste Beschreiber des russ. Proletariats. Sein Gesamtwerk erschien 1936–48 in 6 Bdn.

Reschke, Karin (* 17. 9. 1940 Krakau). – Dt. Autorin, studierte vorübergehend deutsche Literatur, arbeitete beim Sender Freies Berlin, veröffentlichte Reportagen und Hörbilder und schrieb für zahlreiche Zeitschriften *(Konkret, Leviathan)*, denen sie auch als Redakteurin zugehörte. Für ihre emanzipatorischen Romane und Erzählungen, deren gesellschaftskritische Tendenz stärker als die literarische Begabung ist, wurde sie mit Preisen des Berliner Senats (1979; 1985) und der Frankfurter Allgemeinen Zeitung (1982) ausgezeichnet. Neben kürzeren Arbeiten, die besonders im *Kursbuch* erschienen, sind zu erwähnen: *Texte zum Anfassen. Frauenlesebuch* (1978), *Memoiren eines Kindes* (1980), *Verfolgte des Glücks* (1982), *Dieser Tage über Nacht* (1984), *Margarete* (1987).

Restif de la Bretonne (Rétif de la B.), Nicolas Edme (* 23. 11. 1734 Sacy/Auxerre, †3. 2. 1806 Paris). – Franz. Autor, dessen Werk 250 Bde. umfaßt, stammte aus ärml. bäuerl. Verhältnissen und kam in seinen Büchern dem Sensations- und Sentimentalitätshunger der Leser entgegen. In erot. pointierten Sittenromanen machte er sozialreformer. Forderungen Rousseaus publik, so in *Der verführte Bauer* (1776, dt. 1800). Realist. Darstellung des Landlebens, wie im autobiograph. *Monsieur Nicolas ou le cœur humain dévoilé* (1794–97, dt. 1927 *Abenteuer im Land der Liebe*), und genaue Beobachtung der Pariser Atmosphäre wie in *Nuits de Paris* (dt. 1920) weisen voraus auf die Realisten. Eine Auswahl in 9 Bdn. erschien 1930–32 in Paris.

Retté, Adolphe (* 25. 7. 1863 Paris, †8. 12. 1930 Beaune). – Franz. Poet, Theoretiker und Lyriker des Symbolismus und des Vers libre. R. schrieb Gedichte wie *Cloches en la nuit* (1889) oder *Une belle dame passa* (1893). Später wandte er sich jedoch dem Naturalismus zu. Nach zunächst anarchist. Einstellung beschreibt er in *Vom Teufel zu Gott* (1907, dt. 1909) seinen Weg zum Katholizismus.

Rettenbacher (Rettenpacher), Simon (* 19. 10. 1634 Aigen b. Salzburg, † 10. 5. 1706 Kremsmünster). – Österr. Dichter, gehörte dem Benediktinerkonvent von Kremsmünster an und lehrte an der Ordensuniversität Salzburg. Dort leitete er das Theater der Universität, für das er, Hauptvertreter des hochbarocken Benediktinertheaters, lat. Heldendramen, z. B. *Demetrius* (1672) und *Perseus* (1674), schrieb. Daneben entstanden zahlreiche lat., auch dt. Gedichte, die 1930 in einer Gesamtausgabe erschienen.

Retz, Jean François Paul de Gondi, Baron de (* 20. 9. 1613 Montmirail, †24. 8. 1679 Paris). – Franz. Schriftsteller, Koadjutor, dann Nachfolger des Erzbischofs von Paris, seit 1652 Kardinal. Retz war polit. Führer der Fronde gegen Mazarin und deswegen verhaftet worden, dann entflohen. Später von Ludwig XIV. begnadigt, erhielt er die Abtei St-Denis. In seinen *Mémoires* (1717, dt. 1913 *Des Kardinals von R. Denkwürdigkeiten)* erweist er sich sowohl als Menschenkenner wie als Stilkünstler und vorzügl. Chronist.

Reuchlin, Johannes, gräzisiert *Kapnion, Capnio* (* 29. 1. 1455 Pforzheim, † 30. 6. 1522 Stuttgart). – Dt. Humanist, wirkte als Kanzlist am württemberg. Hof und als Prof. für hebräische und griech. Literatur an süddt. Universitäten. Mit seinen hebräischen Lehrbüchern wurde er Begründer der christl. hebräischen Wissenschaft. Sein Ziel war es, mit Hilfe der humanist. Wissenschaften das Mittelalter zu überwinden. Von den entscheidenden religiösen Auseinandersetzungen der Reformation hielt er sich zurück. Als der getaufte Jude Pfefferkorn in seinem *Handspiegel* R. wegen dessen humanen und im Sinn der Einigung aller Religionen verfaßten Gutachten über die Juden angriff, antwortete R. mit dem *Augenspiegel* (1511). Die Fehde, ausgewachsen zum Kampf zwischen Scholastik und Humanismus, fand ihren Höhepunkt 1515 und 1517 mit den *Dunkelmännerbriefen (= Epistolae obscurorum virorum)* des Crotus Rubeanus, die die Gegner von R. verhöhnen. Mit der Satire *Sergius* (1504) und dem Bauernschwank *Henno* (1497, dt. 1531 von Hans Sachs) führte R. das neulat. Schuldrama ein.

Reuter, Christian (* getauft 9. 10. 1665 Kütten b. Halle, †um 1712 vermutl. Berlin). – Mit derbem Spott schilderte R. sein Leben als Leipziger Studiosus in den Komödien *L'honnête femme oder Die ehrliche Frau zu Pliszine* (1695) und *Der ehrlichen Frau Schlampampe Krankheit und Tod* (1696) sowie dem Lügenroman *Schelmuffskys wahrhaftige kuriose und sehr gefährliche Reisebeschreibung zu Wasser und Land* (1696). Der Bloßstellung seiner Wirtin als Schlampampe und deren Sohn als Schelmuffsky folgte die Verweisung von der Universität. R. gelangte schließl. 1703 nach Berlin, wo er sich mit Gelegenheitsdichtung durchschlug. *Schelmuffsky* steht zwischen Barock und Aufklärung in der Tradition der Schelmen- und Abenteuerromane und hat eine breite Nachwirkung bis auf *Die Blechtrommel* (1959) von G. Grass.

Reuter, Fritz (* 7. 11. 1810 Stavenhagen/Mecklenburg, †12. 7. 1874 Eisenach). – Dt. Dichter, wurde 1833 als Jenaer Burschenschafter nach dem Wartburgfest verhaftet, zum Tode verurteilt, zu 30 Jahren Festungshaft begnadigt, nach sieben Jahren, gesundheitl. erschüttert und ohne berufl. Zukunft, amnestiert. Seine plattdt. geschriebenen Werke verschafften ihm Geltung und Vermögen. Aus humorvollen, realist. Zeitbildern mit treffend charakterisierten niederdt. Menschentypen spricht versöhnl. Zuversicht, selbst in *Kein Hüsung* (1858), wo R. soziale Not und Ungerechtigkeit anklagt. Größten Erfolg erzielte die autobiograph. Trilogie *Ut de Franzosentid; Ut mine Festungstid; Ut mine Stromtid* (1859–1864). R. hat neben K. Groth das Plattdt. literaturfähig gemacht und folgte hierin J. H. Voß und J. P. Hebel, die bereits die Mundart als künstler. Ausdrucksmittel anwendeten.

Reve, Gerard, eigtl. *G. Kornelis van het Reve* (* 14. 12. 1923 Amsterdam). – Niederl. Schriftsteller, wollte Graphiker werden, fand dann jedoch über den Journalismus zur Literatur. In seinen ersten Schriften gestaltete er novellistisch Probleme der Heranwachsenden in den modernen Städten *Werther Nieland* (1949), *Die Abende* (1947, dt. 1986); bekannt wurde er jedoch durch seine provozierenden Romane, in denen er sich zur Homosexualität bekannte, *Op weg naar het einde* (1963), und sein erotisches Verhältnis zu Gott gestaltete *Näher zu dir* (1966, dt. 1970). Obwohl gegen R. ein Gerichtsverfahren wegen Gotteslästerung angestrengt wurde, darf nicht geleugnet werden, daß der Autor aus tief religiösem Bewußtsein schreibt.

Reventlow, Franziska Gräfin zu, eigtl. *Fanny* Gräfin zu (* 18. 5. 1871 Husum, † 25. 7. 1918 Muralto). – Dt. Schriftstellerin, bildete um 1892 in München den Kern der Schwabinger Bohème. Ihre Erzählkunst entfaltete sie in heiter-iron. Romanen wie *Der Geldkomplex* (1916). In *Herrn Dames Aufzeichnungen* (1913) parodiert sie witzig Milieu und Gestalten des Schwabinger Künstler- und Gelehrtenkreises.

Reverdy, Pierre (* 13. 9. 1889 Narbonne, † 21. 6. 1960 Solesmes). – Franz. Schriftsteller, kam 1910 nach Paris, schloß sich dem Kreis um Apollinaire an und wurde avantgardist. Lyriker und Theoretiker des Surrealismus. 1916 gründete er die literar. Zeitschrift »Nord-Sud«. Im Essay *Le gant de crin* (1927) umreißt R. seine Poetik. Die Werke, von starker Ausstrahlungskraft, liegen in Auswahl im Dt. vor als *Die unbekannten Augen* (1969) und *Quellen des Windes* (1970).

Reymont, Wladyslaw Stanislaw, eigtl. *Rejment* (* 7. 5. 1867 Wielkie b. Lodz, † 5. 12. 1925 Warschau). – Poln. Erzähler, abwechselnd Land- und Eisenbahnarbeiter, Klosternovize, Wanderschauspieler, bis er sich 1893 in Warschau niederließ. Die frühen Romane *Die Komödiantin* (1896, dt. 1963). *Die Herrin* (1897, dt. 1969) sowie *Lodz* (1899, dt. 1916) richten sich gegen städt. Zivilisation. Für das Hauptwerk *Die Bauern* (1904–09, dt. 1912), eine mit Blick auf Homer und Mickiewicz breitangelegte Chronik eines poln. Dorfes, erhielt er 1924 den Nobelpreis. Sein Gesamtwerk erschien 1930–1932 in 36 Bänden.

Rezzori (d'Arezzo), Gregor von (* 13. 5. 1914 Czernowitz/Bukowina). – Dt. iron.-krit. Erzähler, der in Rumänien und Österreich seine Jugend verbrachte, lebt seit 1938 als freier Schriftsteller v.a. in Berlin und München. In glänzendem Stil schildert er z. B. in *Maghrebinische Geschichten* (1953) balkan. Verhältnisse, wobei Maghrebinien ebenso erfunden ist wie Tschernopol, die osteurop. Stadt mit österr. Flair in *Ein Hermelin in Tschernopol* (1958). Den Gipfel seiner Gesellschaftskritik erreicht *Idiotenführer durch die deutsche Ge-*

sellschaft (1962–1965). Seine letzten Romane *Der Tod meines Bruders Abel* (1976), *Greif zur Geige Frau Vergangenheit* (1978) und *Memoiren eines Antisemiten* (1979), *Blumen im Schnee* (1989), die Erzn. *Der arbeitslose König* (1980), *Über dem Kliff* (1991) und die Farce *Kurze Reise übern langen Weg* (1986) fanden weniger Beachtung. 1978 erschienen verstreute Erzählungen unterschiedl. Qualität u. d. T. *In gehobenen Kreisen.*

Rheinisches Osterspiel. O. aus der Mainzer Gegend, in rheinfränk.-hess. Mundart mit lat. Szenenanweisungen, um 1460 aufgeschrieben. Gesangspartien wechseln mit Sprechpartien. Die 2285 Reimpaarverse beginnen mit dem Vorspruch der Engel und dem »Resurrexi« des Erlösers und schließen mit der Bekehrung des Thomas. Zum erstenmal ist hier ein mittelalterl. Spiel wirklich dramat. aufgebaut.

Rhys, Ernest Percival (* 17. 7. 1859 London, † 25. 5. 1946 ebd.). – Der engl. Dichter von walis. Abkunft lebte ab 1886 in London. Er schrieb empfindsame Ged. wie *A London Rose* (1894) neben bemerkenswerten autobiogr. Werken, z. B. *Black Horse Pit* (1925), war Mitbegründer von »Everyman's Library« (1906) und Hg. von Anthologien, so »Welsh Ballads« (1898). 1940 erschien die Autobiographie *Wales England Wed.*

Riba Bracons, Charles (* 23. 9. 1893 Barcelona, † 12. 7. 1959 ebd.). – Katalan. Lyriker und Kritiker, Prof. für klass. Philologie und meisterhafter Übersetzer griech. Dichter. Nicht nur als Präsident des Instituts für katalan. Studien und als Verfasser des katalan. Wörterbuchs, sondern auch mit glänzend formulierten Gedichten, von *Estances* (1919–30) bis hin zu *Esbós de tres oratoris* (1957), wirkte er fördernd auf die neue katalan. Dichtung ein.

Ribeiro, Aquilino (* 13. 9. 1885 Carregal da Tabosa b. Sernancelho, † 27. 5. 1963 Lissabon). – Portugies. Schriftsteller, Gegner der Monarchie und später auch Salazars, zeitweise im Exil, bevor er Prof. und Konservator an der Nationalbibliothek in Lissabon wurde. Mit R. und pikaresken Erzn. wie *Estrada de Santiago* (1922) aus der bäuerl. Beira begründete er die Heimatdichtung in der portugies. Literatur; er pflegte aber auch den Gesellschaftsroman mit großstädt. Milieu wie in *O homen que matou o diabo* (1930). Seine späten Werke *Quando os Lobos uivam* (R. 1954) und der Bericht *Abóboras no Telhado* (1955) wurden im Ausland wenig bekannt.

Ribeiro, Bernardim (* um 1482 Vila do Torrão/Alentejo, † 1552 Lissabon). – Portugies. Dichter, war Sekretär am Hof Johanns III. R. fiel aus unglückl. Liebe in Wahnsinn. Seine Hirtengedichte und der feinfühlige psycholog. Hirten- und Liebesroman *História de Menina e Moça* (1554) führen die bukol. Dichtung in die portug. Literatur ein. Auch zum *Cancioneiro Geral* trug R. bei. Seine Werke erschienen 1958 ff. in einer Gesamtausgabe.

Ribeiro, Darcy (* 26. 10. 1922 Montes Claros/Minas Gerais).

Brasilian. Schriftsteller und Politiker, studierte Ethnologie und Anthropologie, trat wiederholt polit. hervor, gründete das Indianermuseum in Rio de Janeiro und war Gründungsrektor der Universität Brasilia. Während der Diktatur lebte er längere Zeit in Uruguay. Seine wiss. Essayistik *Der zivilisatorische Prozeß* (1968, dt. 1971) und seine Romane *Maíra* (1976, dt. 1980), *Wildes Utopia* (1982, dt. 1986), bes. aber seine Abhandlung *Die Brasilianer* (1981) haben über ihren lit. Wert hinaus Bedeutung, da sie die Probleme der Identität im Riesenstaat Südamerikas eindringlich verdeutlichen und auch Entwürfe einer kulturellen Zukunft zeigen.

Ribeiro, João Ubaldo (* 23. 1. 1941 Itaparica/Bahia). – Brasilian. Schriftsteller, studierte Jura und Politologie in den USA und setzt sich in seinem lit. Werk wie Ramos und Guimarães Rosa mit den sozialen Problemen der verelendeten Landarbeiter im Nordosten auseinander. Die Mythen und Sagen dieser Bevölkerung werden in seinen Erzählungen und Romanen zu den zentralen geistigen Anregungen. Bekannt wurden bes. *Sargento Getulio* (1971, dt. 1983), *Brasilien, Brasilien* (1983, dt. 1988), die nicht nur der realist. Tradition verbunden sind, sondern R. auch als wortmächtigen Erzähler zeigen.

Ribeyro, Julio Ramòn (* 31. 8. 1929 Lima). – Peruan. Schriftsteller, studierte Literatur und Rechtswissenschaften, trat dann in den diplomatischen Dienst, lebte mehrere Jahre in der Bundesrepublik und schreibt heute in allen lit. Gattungen, bes. Erzählungen, in denen die Armen und Emporkömmlinge der Mittelschicht als Hauptfiguren erscheinen, z. B. *Heimatlose Geschichten* (dt. 1991). Neben den sozialen Außenseitern wendet er sich auch den zerfallenden Strukturen in der ländlichen Ordnung zu. Der R. *Im Tal von San Gabriel* (1960, dt. 1964) gestaltet diesen Umbruch in eindringlicher Weise.

Rice, Elmer L., eigtl. *E. Reizenstein* (* 28. 9. 1892 New York, †8. 5. 1967 Southampton). – Amerikan. Schriftsteller, schrieb mit sicherem dramaturg. Gespür bühnenwirksame Dramen, z. B. *Neapel sehen und sterben* (1929, dt. 1952), und war bes. erfolgreich mit der Verbindung von naturalist., expressionist., film. und psycholog. Stilmitteln in sozialkrit. Stücken wie *Die Rechenmaschine* (1923, dt. 1946) oder *Straßenszene* (1929, dt. 1930), für das er den Pulitzer-Preis erhielt. In den letzten Lebensjahren erschienen die Dramen *Cue for Passion* (1958) und *Love among the Ruins* (1963).

Rich, Adrienne (* 16. 5. 1929 Baltimore/Maryland). – Amerikan. Dichterin, überzeugte Feministin, die ihre provozierenden Ansätze in der Lyrik zu gestalten sucht. Ausgehend von klassizist. Vorbildern wandte sie sich zunehmend modernen Inhalten und experimentellen Formen zu. Bekannt wurden *A Change of the World* (1951), *The Diamond Cutters* (1955), *Snapshots of a Daughter-in-Law* (1963), *The Necessities of Life* (1966), in denen sie das Besondere der weiblichen Weltsicht zu erfassen und zu gestalten sucht. Ins Dt. wurden über-

tragen die Gedichte *Der Traum einer gemeinsamen Sprache* (1978, dt. 1982) und der Essay *Von Frauen geboren* (1976, dt. 1979).

Richard von Saint-Victor († 11. 3. 1173 Paris). – Der gebürtige Schotte war Augustinerchorherr, Schüler des Hugo von Saint-Victor und Prior des Klosters Saint-Victor in Paris. Als bedeutender Theoretiker verband er die Scholastik mit der Mystik und wurde als »magnus contemplator« gefeiert. Sein Hauptwerk *De trinitate* und seine theoret. Schriften, in denen er die myst. Lehre systemat. darlegt, wirkten nachhaltig weiter.

Richardson, Dorothy Miller (* 17. 5. 1873 Abingdon/Berkshire, †17. 6. 1957 Beckenham/Cornwall). – Engl. Autorin, schrieb 1915 bis 1938 neben ihrer Tätigkeit als Lehrerin 12 Romane, die sie unter dem Titel *Pilgrimage* zu einem Romanzyklus vereinte, dessen Mittelpunkt die Lehrerin Miriam Henderson ist. Indem R. statt äußeren Handlungsablaufs inneren Monolog und Impression beschreibt, nimmt sie die Romantechnik von Joyce und V. Woolf vorweg.

Richardson, Henry Handel, eigtl. *Henrietta Ethel Florence Lindesay* (* 3. 1. 1870 Melbourne, †20. 3. 1946 Hastings). – Bedeutende austral. Erzählerin, war mit dem Germanistikprofessor und Hg. der »Modern Language Review« J. G. Robertson verheiratet und lebte seit 1902 in England. Ihr Hauptwerk, die Romantrilogie *The Fortunes of Richard Mahony* (1917 bis 1929), gibt, verbunden mit der Geschichte eines irischen Einwanderers, ein Zeitbild Australiens von 1854–70. Mit ihren späteren Werken erreichte sie vorausgegangene Erfolge nicht mehr, etwa mit *Two Studies* (R. 1931) und *The Young Cosima* (R. 1939).

Richardson, Samuel (*Sept. 1689 Derbyshire, †4. 7. 1761 London). – Engl. Schriftsteller und angesehener Buchdrucker, verfertigte als Seelenhirte seiner platon. Freundinnen für diese häufig Liebesbriefe, bis der Fünfzigjährige daranging, moral. Themen in Briefform abzuhandeln. Daraus sind drei ungemein erfolgreiche Briefromane hervorgegangen: *Pamela* (1740, dt. 1772), *Clarissa Harlowe* (1747 f., dt. 1748 f.) und *Sir Charles Grandison* (1753 f., dt. 1754–59). R. entwickelte damit die Romanform des sentimental psychologisierenden Briefromans, der die bürgerl.-puritan. Moral verherrlicht und viel kopiert wurde; auch Einflüsse auf Gellert, Lessing und Goethe werden erkennbar. Die Briefromane R. s wurden auch häufig parodiert, so z. B. von Fielding.

Richartz, Walter E. (* 14. 5. 1927 Hamburg, †1. 3. 1980 Klingenberg/Main), eigtl. *Walter Erich von Bebenburg*. – Dt. Schriftsteller, studierte nach Kriegsteilnahme und Gefangenschaft, arbeitete bis 1979 als Chemiker an der Universität, als post-graduate fellow in den USA und in der Industrie. Trat mit Hörspielen und Erzn. hervor, z. B. *Meine vielversprechenden Aussichten* (1966), *Prüfungen eines braven Sohnes* (1966), und gab verschiedene Zeitschriften heraus wie *Patio-Fußball-*

magazin (mit Roland Kunkel und Karl Riha, 1968), *Patio-Fernsehmagazin* (mit Karl Riha und G. Scherer, 1970). Seine Romane stellen häufig die Welt der Angestellten in der Industriegesellschaft dar, etwa *Tod den Ärzten* (1969), *Noface – Nimm, was du brauchst* (1973), *Büroroman* (1976), *Reiters westliche Wissenschaft* (1980). Auch seine Prosa und seine Essays wie *Der Aussteiger und andere Angestelltenprosa* (1979) oder *Vorwärts ins Paradies* (1979) setzen sich mit der Welt der Konzerne auseinander. Mit Urs Widmer veranstaltete er eine Nacherzählung von Shakespeares Dramen *Shakespeares Geschichten in zwei Bänden* (1978), die weite Verbreitung fanden. Nach einer kurzen Zeit als freier Schriftsteller nahm er sich das Leben.

Richepin, Jean (* 4.2. 1849 Médéa/Algerien, † 12.12. 1926 Paris). – Franz. Schriftsteller, im Dt.-Franz. Krieg 1870 Freischärler, danach zog er als Bohémien durch Europa. 1908 wurde er Mitglied der Académie Française. Seine ersten Gedichtsammlungen *La Chanson des Gueux* (1876) erinnern in der Mischung von Lyrismus und krassem Naturalismus an Villon. Als Romanschriftsteller E. A. Poe verpflichtet, zeigt er wie dieser das Unheimliche und seel. Krankhafte, z. B. in *Miarka das Bärenmädchen* (1883, dt. 1887) oder *Der ewige Jude* (1884, dt. 1904). Wie Rostand pflegte er das romant. Versdrama, das er 1919–1924 u. d. T. *Théâtre en vers* vorlegte.

Richter, Conrad (* 13.10. 1890 Pan Grove/Pennsylvania, † 30.10. 1964 Pottsville/Pennsylvania). – Amerikan. Schriftsteller, arbeitete u. a. als Reporter und schrieb histor. Romane und Kurzgeschichten über die Ära der Besiedlung des amerikan. Südwestens, die ein lebendiges Bild von Zeit und Land vermitteln. Mehrere Werke erschienen auch im Dt., so die Romane *Das Mädchen Sayward* (1946, dt. 1948), *Die Stadt* (1950, dt. 1952) – für diesen Roman erhielt er 1951 den Pulitzer-Preis – und *Donna Ellen* (1957, dt. 1959). Zuletzt veröffentlichte R. die Romane *The Grandfathers* (1964) und *The Aristocrat* (1968).

Richter, Hans Werner (* 12.11. 1908 Bansin/Usedom). – Dt. Schriftsteller und Kulturorganisator, gab nach der Rückkehr aus amerikan. Gefangenschaft 1946/47 mit Andersch die sozialist. Zeitschrift »Der Ruf« heraus. Ebenfalls 1947 gründete er mit anderen die »Gruppe 47«. R. ist vielfacher Preisträger, Mitglied des PEN-Zentrums und der Bayer. Akademie d. Schönen Künste, Prof. h. c. und Mitarbeiter der Anti-Atom-Bewegung. In seinen Romanen setzt er sich als Pazifist mit der Kriegszeit (*Die Geschlagenen*, 1949, *Sie fielen aus Gottes Hand*, 1951) und iron.-spöttisch mit der Nachkriegsgesellschaft auseinander: *Spuren im Sand* (1953), *Linus Fleck oder Der Verlust der Würde* (1959), *Rose weiß, Rose rot* (1971), *Die Flucht nach Abanon* (Erz. 1980), *Die Stunde der falschen Triumphe* (R. 1981), *Ein Julitag* (R. 1982) u. a., Erinnerungen sind in *Reisen durch meine Zeit* (1989) festgehalten.

Richter, Johann Paul Friedrich → Jean Paul

Riehl, Wilhelm Heinrich von (* 6.5. 1823 Biebrich a. Rhein, † 16.11. 1897 München). – Dt. Schriftsteller und Volkskundler, Professor für Staatswissenschaften und seit 1859 Ordinarius für Kulturgeschichte in München, leitete zugleich seit 1885 das Bayerische Nationalmuseum. Von E. M. Arndt, Ch. Dahlmann und den philolog.-histor. Forschungen der Romantik ausgehend, schuf er eine selbständige Gesellschaftslehre und wiss. Volkskunde, die das Volk als soziales Gebilde erforschen sollte. Zu seinen Hauptwerken zählt *Die Naturgeschichte des Volkes als Grundlage einer dt. Social-Politik* (1853 bis 1869). Dichter. schlug sich seine Arbeit in zahlreichen Novellen über mehrere Jahrhunderte dt. Kulturgeschichte nieder, z. B. in *Culturgeschichtl. Novellen* (1856), *Geschichten aus alter Zeit* (1863/64). Sie erschienen 1898–1900 als *Geschichten und Novellen* in 7 Bdn.

Riemerschmid, Werner (* 16.11. 1895 Maria Enzersdorf/Niederösterr., † 16.4. 1967 Wien). – Österr. Jurist, war viele Jahre Dramaturg am Rundfunk in Wien. Skepsis und Sarkasmus bestimmen den Ton seiner Gedichte und Prosa, für die stellvertretend der Roman *Das Buch vom lieben Augustin* (1930) genannt sei. Auch als Autor von Dramen und Hörspielen hat er einen Namen. 1962 erschien sein letzter und beachtlicher Roman *Euer Ruhm ist nicht fein*.

Rietenburg, Burggraf von († nach 1185). – R., wohl der Sohn des Burggrafen Heinrichs III. von Regensburg und jüngerer Bruder des Burggrafen von Regensburg, war wie der letztere Minnesänger. Seine Verse, in denen er Minne und Treueversprechen rühmt, sind zwar in Form und Inhalt einfach, stehen aber bereits unter dem Eindruck der neuen provenzal. Minneethik.

Rifbjerg, Klaus (* 15.12. 1931 Kopenhagen). – Äußerst vielseitiger dän. Schriftsteller, Kritiker und Filmregisseur, zeitweise Redakteur der lit. Zeitschrift »Vindrosen«. Als Lyriker bemüht er sich um neue lyr. Gestaltungsmöglichkeiten, als Erzähler um ein realist. Bild seiner Zeit. Bekannt wurde sein Roman *Der Opernliebhaber* (1966, dt. 1968), die Geschichte einer selbstzerstörer. Liebe, aber auch *Unschuld* (1958, dt. 1962), *Adresse: Lena Jörgensen, Kopenhagen* (1971, dt. 1974), *Dilettanten* (1973, dt. 1976), *Ein abgewandtes Gesicht* (1977, dt. 1981), *Falscher Frühling* (1984, dt. 1985), *Engel* (1987).

Rigas, Velestinlis oder *R. Pheräos* (* 1757 Velestino/Thessalien, † 17.6. 1798 Belgrad). – Neugriech. Dichter, war seit 1786 für den Fürsten der Walachei tätig. Angespornt durch die Franz. Revolution, gründete er einen Geheimbund mit dem Ziel der Befreiung Griechenlands von türk. Herrschaft. Er wurde von den Türken hingerichtet. Der als Märtyrer Gefeierte war Verfasser patriot. Freiheitslieder und polit. Flugschriften.

Rigaut de Barbezieux, auch *de Berbezill* (* um 1150 Schloß Barbezieux/Charente, † um 1215 Haro/Biscaya [?]). – Der provenzal. Troubadour hielt sich längere Zeit an nordfranz. Höfen, später am Hof des Don Lopez von Haro in Nordspanien auf. Seine erot. Beziehung zur Tochter des Jaufre Rudel ist im *Novellino* dargestellt. Wir besitzen von seiner vielbeachteten Dichtung neun höf. Liebeslieder, die als klass. Werke der Troubadourlyrik gelten.

Rilke, Rainer Maria, eigtl. *René M. R.* (*4.12. 1875 Prag, †29.12. 1926 Valmont b. Montreux). – Dt. Dichter, einziger Sohn aus der nicht sehr glücklichen Ehe eines nordböhm. Eisenbahnbeamten und einer Prager Bürgerstochter. Eine militär. Ausbildung brach er mangels erforderl. Eignung ab. 1895 bestand er in Prag die Reifeprüfung. Nach einem Studienjahr auf der Prager Universität zog er nach München und entschied sich, freier Schriftsteller zu werden. Er befand sich danach fast stets auf Reisen, von denen bes. seine Aufenthalte in Rußland (1899 und 1900), Paris (wo er 1905/06 Privatsekretär Rodins war) und Schloß Duino b. Triest nachwirkten. 1901 heiratete er in Worpswede die Bildhauerin Clara Westhoff; die Ehe wurde aber bereits 1902 geschieden. Die letzten Jahre vor dem Tod verbrachte R. im Schlößchen Muzot b. Sierre in der Schweiz; in Raron/Wallis liegt er begraben. Der Schwerpunkt der dichter. Produktion R. s lag von Anfang an auf lyr. Gebiet, wobei er mit der lit. nicht sonderlich wertvollen lyr. Prosa *Die Weise von Liebe und Tod des Cornets Christoph Rilke* (1906) großen Ruhm erwarb. Seine frühen Gedichte, formvollendet und melanchol., sind noch der Dekadenz verhaftet. Der Übergang zur Neuromantik findet sich im *Stunden-Buch* (1905), das aus dem Erlebnis der Rußlandreisen und des Pariser Aufenthalts entstand. In diesem ersten zykl. Hauptwerk gibt R. wie in den späteren eine poet. Lebenslehre, hier noch vom Glauben geprägt. Unter dem Eindruck von Rodins Schaffen gelangen die *Neuen Gedichte* (1907/08), mit denen R. auf das Dichter-Ich verzichtend und um objektive Gestaltung bemüht, zum Typus des »Ding-Gedichtes« in der dt. Poesie beitrug *(Der Panther)*. Der Roman *Die Aufzeichnungen des Malte Laurids Brigge* (1910) spiegelt R. s schwere innere Krise, die, ausgelöst durch Kierkegaards Existenzphilosophie, zum Verlust seines religiösen Weltbildes führte. In der Folgezeit entstand nur ein einziges Buch, der Gedichtband *Das Marien-Leben* (1913), eine sublime Parodie auf Figuren der christl. Heilsgeschichte. Die späten Werke *Duineser Elegien* (1923) und *Sonette an Orpheus* (1923) lassen ein neues konstruktives Weltbild R. s erkennen. In freien Rhythmen und metaphernreicher Sprache abgefaßt, sind sie im einzelnen schwer verständl. und stehen als Chiffren für das Unsagbare. R. s lyr. Gesamtwerk zählt zu den bedeutendsten Dichtungen des beginnenden 20. Jh.s, obwohl seine Qualität unmittelbar nach dem Zweiten Weltkrieg überschätzt wurde. Außerdem war er ein vorzügl. Übersetzer ital., engl., portugies., v.a. franz. Lit. (Mallarmé, Verlaine, Valéry).

Rimbaud, (Jean Nicolas) Arthur (*20.10. 1854 Charleville a. d. Maas, †10.11. 1891 Marseille). – Franz. Dichter, stammte aus einer gescheiterten Ehe und wurde von der Mutter, einer Frau bäuerl. Herkunft und strenger Religiosität, erzogen. In der Schule sehr erfolgreich, entzog er sich früh der Strenge der Mutter und führte ein Vagabundenleben. 1871 schrieb er das berühmte Ged. *Das trunkene Schiff*, eine Ekstase des Freiheitsdranges, das er mit anderen Gedichten nach Paris an Verlaine sandte. Dieser erkannte das Genie und lud R. sofort nach Paris ein. Ihre intime Freundschaft zerbrach 1873 in Brüssel, als der betrunkene Verlain im Zorn auf ihn schoß. In diesem Jahr vollendete R. *Une saison en enfer*, eine kleine Sammlung von Vers- und Prosagedichten; danach verstummte er. Er verließ 1875 Europa und bereiste als Abenteurer, Waffenhändler und Handelsagent Indien, Arabien, Ägypten und Abessinien. 1891 kehrte er schwerkrank nach Frankreich zurück. R. rebellierte in seiner Dichtung gegen Gesellschaft, Religion und tradierte Kunstformen. Mit seinen Hauptwerken *Une saison en enfer* und *Les illuminations* (1887) verwirklichte er neue lyr. Möglichkeiten: Hatte Baudelaire noch an Logik, Grammatik und Syntax festgehalten, so erreichte R. eine Schärfung der Sinne durch bewußte Regellosigkeit. An die Stelle konventioneller Formen setzte er den »Vers libre« und die rhythm. Prosa und steigerte die Suggestionskraft, indem er Wörter nicht mehr in herkömmlicher Bedeutung verwandte; unabhängig vom Wortsinn sollten sie einen Geistes- oder Seelenzustand hervorrufen. Wie Baudelaire suchte er eine Verschmelzung der verschiedenartigen Empfindungen; »Synästhesien« wie »Farbenhören« sollten die poet. Ausdrucksmöglichkeiten erweitern. Sein Einfluß auf Expressionisten, Symbolisten und Surrealisten war außerordentlich. Sein Werk liegt heute in allen Kultursprachen vor. In Dtld. erschien die letzte Ausgabe mit Übersetzungen von P. Celan 1965.

Rinckart (Rinckhart, Rinkart), Martin (*23.4. 1586 Eilenburg/Mulde, †8.12. 1649 ebd.). – Dt. Schriftsteller, wirkte als Kantor und Diakon in Eisleben und seit 1617 als Archidiakon in seiner Vaterstadt. Wie sein Zeitgenosse P. Gerhardt Kirchenlieddichter, schuf er zur Hundertjahrfeier des Augsburger Bekenntnisses 1630 den Choral *Nun danket alle Gott.* Ferner gestaltete er in 7 Dramen (3 überliefert) Themen der Reformationsgeschichte, so in dem Lutherdrama *Der Eislebische Christliche Ritter* (1613).

Ringelnatz, Joachim, eigtl. *Hans Bötticher* (*7.8. 1883 Wurzen, †17.11. 1934 Berlin). – Dt. Poet, Kabarettist und Humorist, verließ vorzeitig das Gymnasium, fuhr 4 Jahre zur See, 1914–18 war er Soldat der Marine, zuletzt Leutnant und Kommandant. Schon 1909 beim Kabarett des Münchener »Simplizissimus«, kehrte er 1920 dorthin zurück und wurde 1921 von H. v. Wolzogen an die Berliner Kleinkunstbühne »Schall und Rauch« geholt. Nach dem Erfolg mit den *Turngedichten*

(1920) und den Gesängen vom Seemann *Kuttel Daddeldu* (1920) trug R. als reisender Artist auf Kleinkunstbühnen seine eigenen Gedichte vor. Seine Prosastücke und die Kabarettlyrik verbinden Nonsens, Groteske, Satire und Heiter-Frivoles in spieler. Weise mit Ernst und Melancholie. 1950 erschienen die gesammelten Gedichte *...und auf einmal steht es neben dir.* Eine Auswahl u. d. T. *...War einmal ein Bumerang* folgte 1965. Heute liegen zahlreiche Textausgaben vor.

Ringseis, Franz, eigtl. *Anton Neuhäusler* (* 20. 2. 1919 München). – Bayer. Poet, Professor für Philosophie an der Universität München, gestaltet in seiner bayr. Mundartdichtung Nachdenkliches und den bayer. Alltag, so in den Gedichtbänden *A Wassafoi mechat i sei* (1968) oder *Vom Leam, Sterm und danooch* (1973) bis hin zu *Wos Grüabigs, wos Grimmigs* (1976), *Augenstern, i hab di gern* (1980) und *Oamoi Mississippi und zruck* (1984). 1985 veröffentlichte R. ein *Neues Bayerisches Wörterbuch.*

Ringwaldt, Bartholomäus (* 28. 11. 1532 Frankfurt/Oder, † 9. 5. 1599 Langenfeld b. Zielenzig/Neumark). – Dt. Reformationsdichter, seit 1566 evang. Pfarrer in Langfeld, führte nach Luthers Vorbild die Tradtition des evangel. Kirchenliedes fort (*Herr Jesu Christ, du höchstes Gut*). In den weitverbreiteten Lehrgedichten *Christliche Warnung des trewen Eckarts* (1588) und *Die lauter Warheit* (1585) wie auch in dem Drama *Speculum mundi* (1590) kritisierte er zeitgenöss. Rauf- und Sauflust und Kleiderpracht.

Rinser, Luise (* 30. 4. 1911 Pitzling/Oberbay.). – Dt. Erzählerin, wirkte 1934–39 als Lehrerin, dann als Schriftstellerin, erhielt aber wegen ihrer regimekrit. Einstellung Berufsverbot. 1944/45 befand sie sich wegen »Hochverrats« in Haft (*Gefängnis-Tagebuch*, 1946). Danach arbeitete sie bis 1953 als Journalistin der Münchener »Neuen Zeitung« und war 1953 bis 1959 in 2. Ehe mit Carl Orff verheiratet. In ihren Romanen und Erzählungen schreibt sie, die sich als »progressive Katholikin« bezeichnet, aus christl.-moral. Sicht über Themen wie Ehe, Liebe, Schuld und Sühne: *Die gläsernen Ringe* (Erz. 1941), *Mitte des Lebens* (1950), *Der Sündenbock* (R. 1955), *Nina* (R. 1961), *Wenn die Wale kämpfen* (R. 1977), *Geschichten aus der Löwengrube* (Erzn. 1986), *Silberschuld* (1987), *Abaelards Liebe* (1991). Das Gesamtwerk umfaßt zahlreiche Titel, wobei bes. die Essays herausgehoben werden müssen, da sie die Stellung und Verantwortung des Schriftstellers in unserer Zeit stets neu reflektieren, z. B. *Der Schwerpunkt* (1960), *Gespräche über Lebensfragen* (1966), *Wie, wenn wir ärmer würden* (1974), *Wachsender Mond. 1985–1988* (1988), *An den Frieden glauben* (1990). 1985 ergagierte R. sich für Minderheiten mit *Wer wirft den Stein.* Ihr Werk liegt in zahlreichen Auswahlausgaben vor; zuletzt erschienen eine Kassettenausgabe in 4 Bdn. (1986) und die Tagebuchaufzeichnungen *Im Dunkeln singen* (1985).

Rintala, Paavo (* 20. 9. 1930 Viipuri). – Finn. Erzähler, aus pietistischem Elternhaus, studierte Theologie und ist seit 1955 freier Schriftsteller. In seinen Dramen und Romanen, z. B. *Leningrads Schicksalssymphonie* (1968, dt. 1970), schrieb er als Moralist und religiös orientierter Mensch. Er bezieht Position für eine emotionale, naturnahe Entfaltung des Menschen und nähert sich in manchen Werken der Naturmystik Sillanpääs.

Rist, Johann (* 8. 3. 1607 Ottensen/Holstein, † 31. 8. 1667 Wedel b. Hamburg). – Dt. Dichter, evang. Pfarrer in Wedel. R. war ein Schüler von Opitz und selbst wichtigster Dichter des Frühbarock in Norddeutschland. Er schuf tiefempfundene weltl. und geistl. Lyrik (*O Ewigkeit, du Donnerwort*). Seine allegor. Dramen und Festspiele, wie *Das Friede wünschende Teutschland* (1647), beziehen sich auf die Zeitgeschichte, den Dreißigjährigen Krieg. R. war Mitglied des »Pegnitzordens«, der »Fruchtbringenden Gesellschaft« und stiftete 1660 den »Elbschwanenorden«.

Ritsos, Jannis (* 1. 5. 1909 Monemvassia, † 11. 11. 1990 Athen). – Griech. Schriftsteller, stammte aus einer verarmten Familie und mußte früh eigenständig seinen Unterhalt verdienen; bei einem Aufenthalt in einem Sanatorium begann er lit. zu arbeiten. Seine frühen Gedichte, die formal in der Tradition stehen, wenden sich sozialen Problemen zu. *Trakter* (1934), *Pyramides* (1935), *Epitaphios* (1936), *To tragudi tēs adelphēs mu* (1937) wurden z. T. von Mikis Theodorakis vertont. Während er immer wieder polit. engagiert auftrat, etwa mit den Gedichten *Die Nachbarschaften der Welt* (1957, dt. 1984) oder dem *Tagebuch des Exils* (1975, dt. 1979), gestaltete er in monolog. Gedichten das langweilige Leben in den kleinen Städten *Graganda* (1973, dt. 1980). In kurzen Gedichten *Zeugenaussagen* (1963–1966, dt. 1968), *Steine, Wiederholungen, Gitter* (1972, dt. 1980) zeigt er charakteristische Lebensformen Griechenlands; auch in Romanen *Ariost der Vorsichtige* (1982, dt. 1984), *Was für seltsame Dinge* (griech. u. dt. 1983), *Mit einem Stoß des Ellenbogens* (griech. u. dt. 1984) gestaltete er unterschiedl. Seiten des Lebens in der griech. Provinz. Als Übersetzer vermittelte R. vor allem slaw. Literatur nach Griechenland.

Rittner, Tadeusz (* 31. 5. 1873 Lemberg, † 20. 6. 1921 Bad Gastein). – Poln. Schriftsteller. Sohn des österreichischen Ministers Eduard R., war Ministerialrat im österr. Unterrichtsministerium. Er verfaßte polnische und deutsche, vom Symbolismus beeinflußte Dramen, Novellen und Romane. Seine pessimistischen, erotischen Gesellschaftsstücke, angesiedelt in Traum und Phantasie, brachten ihm zeitgenössische Anerkennung, so z. B. *Kinder der Erde* (poln. u. dt. 1915). Von seinen autobiographischen Romanen sind die Kindheitserinnerungen *Das Zimmer des Wartens* (1922, dt. 1969) von besonderem Wert.

Rivarol, Antoine de, eigtl. *A. Rivaroli* (*26.6. 1753 Bagnols/Gard, †13.4. 1801 Berlin). – Ital. Schriftsteller, aus verarmtem lombard. Adelsgeschlecht, lebte seit 1777 in Paris, wo er der Gruppe der Aufklärer um Voltaire nahestand. Dem monarchist. Frankreich treu, ohne dessen Mißstände zu übersehen, emigrierte er 1792. Aus einem seiner Hauptwerke, dem *Journal politique*, entnahm Burke Details für seine Kritik an der Franz. Revolution. R. zählt mit seinen geistvollen Essays, Polemiken und Aphorismen zu den franz.»Moralisten«. Als Hauptwerk plante er ein enzyklopäd. Lexikon, doch ist nur die Einleitung vollendet. Als Übersetzer Dantes hat er sich ein hohes Ansehen geschaffen. Dt. liegt als Auswahl vor *Maximen und Gedanken* (1938).

Rivas, Herzog von, Angel de Saavedray Ramírez de Baquedano (*10.5. 1791 Córdoba, †22.6. 1865 Madrid). – Span. Schriftsteller, wurde wegen seiner liberalen Gesinnung verfolgt und ging 1823 nach England, Frankreich und Italien ins Exil, wo er die lit. Vorbilder der Zeit kennenlernte, die nachhaltig auf sein Schaffen wirkten. Nach seiner Rückkehr 1834 wurde er rehabilitiert und mit verschiedenen polit. Ämtern betraut. Mit seinen Romanen und Dramen verhalf er der Romantik in Spanien zum Durchbruch. Das Drama *Don Álvaro o la fuerza del sino* (1835) wurde von Verdi in der Oper *Die Macht des Schicksals* nachgestaltet. Sein Gesamtwerk erschien 1894–1904 in sieben Bänden.

Rivera, José Eustasio (*19.2. 1889 Neiva/Kolumbien, †30.11. 1928 New York). – Kolumbian. Lyriker und Erzähler, war in öffentl. Ämtern und als Abgeordneter tätig. Er hielt sich lange im Urwald auf und gab in seinem berühmten Roman *Der Strudel* (1924, dt. 1934) ein realist. Bild des Amazonasgebietes. Unter dem Einfluß der franz. Parnassiens gestaltete er formstarke *Sonette* (*Tierra de promisión*, 1921).

Rivière, Jacques (*15.7. 1886 Bordeaux, †14.12. 1925 Paris). Franz. Schriftsteller, war Journalist und 1919–25 Direktor der »Nouvelle Revue Française«, die er mitbegründet hatte. Angeregt von seinen Freunden Gide, Claudel und Alain-Fourniers, schrieb er zwei Romane, *Aimée* (1922) und *Florence* (1935), und Tagebücher. In *A la trace de Dieu* (1925) stellte er seine religiöse Entwicklung zum kath. Glauben dar. Beachtung verdient v. a. seine literaturkrit. Tätigkeit (*Freud et Proust*, 1927); als einer der ersten sah er die Bedeutung von Proust und Claudel.

Roa Bastos, Augusto (*1917 Asunción). – Paraguayan. Schriftsteller, seit 1947 als Emigrant in Argentinien lebend, behandelt in seinen realist. Erzählungen und Romanen soziale und polit. Fragen seiner Heimat. Mit Hilfe volkstüml. Stil- und Gestaltungsweisen, z.B. der Indiosprache, erreicht er bes. Eindringlichkeit der Darstellung. Bekannt wurden u. a. die Romane *Der Menschensohn* (1959, dt. 1962; Neufassung dt. 1991) und *Ich der Allmächtige* (dt. 1977) und die Erzählung *Die Nacht der treibenden Feuer* (1953, dt. 1964). R. schrieb auch Lyrik u. Dramen, die jedoch wie alle späteren Werke noch nicht übersetzt sind.

Robakidse, Grigol (*1.11. 1884 Svitsi, †21.11. 1962 Genf). – Georg. Schriftsteller, lebte ab 1931 in Deutschland, nach 1945 in Genf. In Drama, Roman und Lyrik griff er auf die Mythen Georgiens und des Orients zurück. Er kritisierte Atheismus und gefühlsmäßige Verarmung unserer Zivilisation und wandte sich sowohl gegen Kapitalismus, wie im Drama *Malström* (1923), als auch gegen Atheismus und Kommunismus, wie im Roman *Die gemordete Seele* (1932). Der Roman *Der Hüter des Grals* (1937, dt. 1937) und die Erzählung *Kaukasische Silhouetten* (1941) wurden in Dtld. viel gelesen.

Robbe-Grillet, Alain (*18.8. 1922 Brest). – Franz. Schriftsteller, wirkte nach einer naturwissenschaftl. Berufslaufbahn seit 1955 als lit. Direktor eines Verlags. R. gehört zu den bedeutenden Dichtern und Theoretikern des »Nouveau roman« und erhielt von Joyce, Faulkner und Kafka Anregungen. Merkmale seiner Romane sind der Verzicht auf einen chronolog. Handlungsablauf und die Wiederholung und Variation derselben Situation. In parodist. Manier verwendet er Klischees von Kriminal-, Sex- und Agentenromanen, so in *Der Augenzeuge* (1955, dt. 1957) und *Die blaue Villa in Hongkong* (1965, dt. 1966). Auch als Drehbuchautor ist er bekannt: *Letztes Jahr in Marienbad* (franz. u. dt. 1961). Seine letzten bedeutenden Werke sind *Projekt für eine Revolution in New York* (1970, dt. 1971), *Revolutionen und Revolutionäre heute* (1975), *Ansichten einer Geisterstadt* (1977), *Instantanés/Momentaufnahmen* (1978), *Djinn* (1981, dt. 1983) und *Der wiederkehrende Spiegel* (1986). Autobiographisches bietet *Angélique oder Die Verzauberung* (1989).

Robbins, Harold, eigtl. *H. Rubin*, vorher *Francis Kane* (*21.5. 1912 Manhattan/New York). – Amerikan. Autor, eignete sich als Waise autodidakt. seine Kenntnisse an. Die frühen Romane *Die Wilden* (1948, dt. 1968) und *Einen Stein für Danny Fisher* (1952, dt. 1959) gehen auf seine bitteren Jugenderfahrungen zurück. Spätere Themen sind der Filmbetrieb in Hollywood (*Die Traumfabrik*, 1949, dt. 1966) und die amerikan. Finanzwelt, so in *Die Manager* (1953, dt. 1965), *Die Bosse* (dt. 1970), *Der Clan* (1971, dt. 1972), *Die Profis* (dt. 1973), *Der Pirat* (1974, dt. 1975), *Sehnsucht* (dt. 1977), *Die Aufsteiger* (dt. 1980), *Der Seelenfänger* (dt. 1983) und *Die Unsterblichen* (dt. 1984). Weltweite Beachtung fand der Roman *Die Playboys* (1966, dt. 1967), der in zahlreichen Sprachen hohe Auflagen erreichte.

Robert de Boron (Ende des 12.Jh.s Montbéliard oder Boron b. Belfort). – R., Ritter anglonormann. Abstammung, diente dem Grafen von Montbéliard. Er verfaßte um 1180 einen dreiteiligen Gralsroman in Versen *Die Geschichte des Hl. Gral* (dt. 1958). In ihm erscheint erstmals die Gleichsetzung des Grals mit dem Abendmahlskelch, den Jesus dem Joseph v. Arimathia überreicht haben soll.

Robert of Gloucester (um 1260 bis 1300). – Engl. Chronist, lebte vermutl. als Mönch in der Abtei von Gloucester. Ihm ist die einzige Verschronik des 13. Jh.s in engl. Sprache über die Geschichte Britanniens von der sagenhaften Frühzeit bis zum Ende der Regierung Heinrichs III. (1272) zu verdanken. Besonderes Gewicht kommt dem Schlußteil zu, den er als Zeitgenosse verfaßte.

Roberts, Cecil (*18.5. 1892 Nottingham, †24.12. 1976). – Engl. Dichter, verbrachte seine Jugendjahre in Armut. R. war bis 1922 Journalist, 1940–1946 bei der brit. Gesandtschaft in den USA und lebte seit 1950 als freier Schriftsteller. Neben mehreren Gedichtbänden hatten seine zahlreichen Romane und Dramen viel Erfolg, z. B. *Victoria Four-Thirty* (1937, dt. 1957).

Roberts, Sir Charles George Douglas (*10.1. 1860 Douglas/New Brunswick, †26.11. 1943 Toronto). – Kanad. Dichter, 1885–1895 Professor für engl. Literatur, dann freier Journalist in New York. Seine Romane und Gedichte wie *Orion* (1892) wurden zum Sprachrohr des entstehenden kanad. Nationalbewußtseins. Ins Dt. wurden die Werke nicht übertragen. Engl. liegen einige Auswahlausgaben vor, z. B. *Selected Poems* (1956).

Roberts, Kenneth Lewis (*8.12. 1885 Kennebunk/Maine, †21.7. 1957 Kennebunkport/Maine). – Amerikan. Schriftsteller, nach Studium der Geschichte als Redakteur und Reporter tätig, seit 1928 als freier Schriftsteller. Seine abenteuerl., aber histor. fundierten Romane über die amerikan. Geschichte hatten Welterfolg, so *Kapitän Marvin* (1934, dt. 1950) und *Nordwestpassage* (1937, dt. 1938) aus der Zeit des Unabhängigkeitskrieges. Seine späteren Werke wie *Boon Island* (1956, dt. 1960) und *Water Unlimited* (1957) erreichten den Erfolg nicht mehr.

Roberts, Michael (*1902 Southampton, †13.12. 1948 London). – Engl. Schriftsteller, Physiklehrer und Leiter einer Lehrerbildungsanstalt, machte als Hg. sozialist. Anthologien (Auden, Spender, Day Lewis) die polit.-soziale Dichtung der dreißiger Jahre bekannt. Die Ästhetik *A Critique of Poetry* (1934) sollte die neue Dichtung theoret. fundieren. Ferner schrieb er philosoph. Gedichte und krit. Essays. 1958 erschien eine Sammelausgabe seiner Gedichte.

Robinson, Edwin Arlington (*22.12. 1869 Head Tide/Maine, †6.4. 1935 New York). – Amerikan. Dichter, führte anfangs ein armseliges Bohèmeleben in New York, gehörte aber mit 40 Jahren, gefördert von Th. Roosevelt, zu den bedeutendsten Dichtern Amerikas. Er gestaltete in einem dreiteiligen Versepos (*Merlin*, 1917; *Lancelot*, 1920, *Tristram*, 1927) Motive der Artuslegende und entwarf in Gedichten psycholog. Porträts von Menschen seiner Heimat, *The Children of the Night*

(1897). Seine stoisch.-pessimist. Haltung tritt besonders in der philosoph. Lyrik, so in *The Town Down the River* (1910) und *The Man Against the Sky* (1916) zutage. Die Gedichte sind heute in zahlreichen Sammelausgaben verbreitet. Für *Collected Poems* erhielt er 1922, für *The Man Who Died Twice* 1925 und für *Tristram* 1928 den Pulitzer-Preis.

Rochefort, Christiane (*17.7. 1917 Paris). – Franz. Erzählerin, war u. a. Filmschauspielerin und Journalistin, ehe sie zu schreiben begann. Die umstrittenen Bestseller *Das Ruhekissen* (1958, dt. 1959) und *Mein Mann hat immer recht* (1963, dt. 1965) handeln von sexueller Hörigkeit eines Mädchens und einer gescheiterten Ehe. In *Eine Rose für Morrison* (1966, dt. 1967) setzten sich Elemente des »Nouveau roman« durch, die auch in dem Roman *Archaos ou le jardin étincelant* (1972) verwendet werden. Zuletzt erschien dt. *Zum Glück geht's dem Sommer entgegen* (1978), *Frühling für Anfänger* (1979), *Die Tür dahinten* (1990).

Rochefoucauld → La Rochefoucauld, François

Roda-Roda, Alexander, eigtl. *Sándor Friedrich Rosenfeld* (*13.4. 1872 Puszta Zdenci/Slawonien, †20.8. 1945 New York). – Österr. Schriftsteller, nahm 1902 als Offizier den Abschied und war danach journalist. tätig. In München arbeitete er für den »Simplicissimus«. 1933 verließ er Deutschland. Als Erzähler, Feuilletonist und Bühnenautor prangerte er mit Witz und Satire die Mängel der Donaumonarchie und des Offiziersstandes an. Sehr erfolgreich waren die Komödie *Der Feldherrnhügel* (1910, mit C. Rößler) und der Roman *Die Panduren* (1935). Sein umfangreiches Werk fand viele begeisterte Leser und hat bis heute nichts von seinem Reiz verloren. Die besten Werke sind in der Auswahl *Das große Roda-Roda-Buch* (1963) enthalten.

Rode, Helge (*16.10. 1870 Kopenhagen, †23.3. 1937 Frederiksborg). – Dän. Autor, war in Kopenhagen journalist. tätig. Durch ein myst. Erlebnis (1891) gelangte er zum Glauben, der das Schaffen des dän. Neuromantikers prägte. Seine frühen ekstat. Gedichte kreisen um das Ich, spätere um Tod, Freude, Trauer u. a. menschl. Grundäußerungen. Myst. Züge bestimmen auch seine lyr. Stücke, denen später realistischere, von Ibsen beeinflußte Schriften folgten, wie *Morbus Tellermann* (1907). Eine Auswahl seiner Gedichte erschien 1945.

Rodenbach, Georges (*16.7. 1855 Tournai, †25.12. 1898 Paris). – Belg. Dichter, führte bis 1887 ein Anwaltsbüro und ging dann als freier Schriftsteller nach Paris. Inspiriert von Symbolismus und Parnasse entstanden sowohl seine schwermütigen Gedichte wie auch sein Hauptwerk, der einzige gewichtige symbolist. Roman *Das tote Brügge* (1892, dt. 1903), 1920 von Korngold in der Oper *Die tote Stadt* nachgestaltet.

Rodenberg, Julius, eigtl. *J. Levy* (*26.6. 1831 Rodenberg/Hessen, †11.7. 1914 Berlin). – Dt. Jurist und Journalist, wohnte ab 1862 in Berlin und begründete 1874 die »Dt. Rundschau«, für die auch Keller, Storm und C. F. Meyer Beiträge schrieben und die noch heute eines der bedeutendsten Literaturperiodika ist. In seiner Lyrik noch der Romantik verhaftet, stehen die Erzählungen, Feuilletons und vielgelesenen Wander- und Skizzenbücher dem Realismus nahe, so *In deutschen Landen* (1873). Von kulturhistor. Wert sind seine *Erinnerungen* (1885–1907), die unter verschiedenen Titeln erschienen.

Rodó, José Enrique (* 15.7. 1872 Montevideo, † 1.5. 1917 Palermo). – Uruguayan. Literaturprofessor, hatte 1895 die »Revista Nacional de Literatura y Ciencias Sociales« mitbegründet; seit 1901 engagierte er sich auch in der Politik. Er gilt neben Rubén Darío als Hauptvertreter der modernist. Bewegung der lateinamerikan. Länder und wirkte bes. auf Ernest Renan. Im Essay *Ariel* (1900) stellte er sich gegen das nordamerikan. Nützlichkeitsdenken und trat als südamerikan. Patriot für die »hispano-amerikanische« Idee ein. Sein Gesamtwerk erschien 1957.

Rodríguez de la Cámara, Juan, auch *R. del Padrón* (* um 1405 Padrón, † um 1440 Hebron/Galizien?). – Span. Dichter, über sein Leben gibt es keine genauen Nachrichten. Vermutl. war er Page Juans II. von Kastilien. Eine unglückl. Liebe gestaltete er in seiner Lyrik, z.B. *Cancionero de Baerna*, und in dem Ritterroman *El siervo libre de amor*. Dabei hält er sich im Stil noch an die provenzal. Tradition, weist aber schon voraus auf den Typ des Schäferromans.

Rodziewiczówna, Marja, Ps. *Zmogas* (* 2.2. 1863 Pieniucha b. Grodno, † 16.[?] 11. 1944 Zelażna). – Poln. Schriftstellerin, veröffentlichte seit 1887 fast jährl. einen ihrer sentimentalen Familienromane, in denen sie Tugend und Vaterlandsliebe verherrlichte. Ihr Hauptwerk ist der Roman *Dewajtis* (1889), dessen Held abgewandelt in vielen anderen ihrer Bücher erscheint. Eine poln. Gesamtausgabe erschien 1926–1939 in 34 Bdn.

Rølvaag, Ole Edvart, Ps. *Paal Mørck* (* 22.4. 1876 Insel Dønna/Norwegen, † 5.11. 1931 Northfield/Minnesota). – Norweg.-amerikan. Erzähler und Professor für Norweg., war in seiner Jugend Lofotenfischer, dann in den USA Arbeiter auf einer Farm. 1908 wurde er amerikan. Staatsbürger. Seine Romane berichten spannend und in einem pessimist. Realismus über das schwere Leben norweg. Siedler in der Prärie, z.B. *Das Schweigen der Prärie* (1925, dt. 1928).

Rørdam, Valdemar (* 23.9. 1872 Dalby/Seeland, † 14.7. 1946 Kopenhagen). – Dän. Lyriker, stammte aus alter Gelehrtenfamilie und wurde von Drachmann beeinflußt. Er war während der dt. Besatzung Dänemarks Anhänger des Nationalsozialismus. Ausgeprägtes Nationalgefühl, rhetor. Überschwang und metr. Können kennzeichnen seine kunstvollen Gedichte und Versepen. Eine Auswahl seiner Gedichte erschien 1966 u. d. T. *Udvalgte digte.*

Roethke, Theodore (* 25.5. 1908 Saginaw/Michigan, † 1.8.

1963 Bainbridge Island/Washington). – Amerikan. Lyriker und Universitätslehrer, gab in z. T. experimentellen, u. a. auch von Whitman beeinflußten Gedichten der Angst, Einsamkeit und dem Lebensüberdruß Ausdruck und versuchte, Kindheits- und Wahnsinnserlebnisse zu bewältigen, z. B. in *The Waking* (1953). Für dieses erhielt er 1954 den Pulitzer-Preis. 1966 und 1968 erschienen Sammelausgaben seiner Gedichte.

Röttger, Karl (* 23.12. 1877 Lübbecke/Westf., † 1.9. 1942 Düsseldorf). – Dt. Schriftsteller, stand seit 1906 in Verbindung mit Otto zur Linde, wurde Mitherausgeber der Zeitschrift »Charon« und gründete 1911 die Zeitschrift »Die Brücke«. Charakterist. für sein Werk – bes. Legenden, legendenhafte Romane und Spiele – sind der myst. Grundton und die visionäre Sprache, z. B. *Der treue Johannes* (Drama 1922), *Das Herz in der Kelter* (R. 1927), *Der Heilige und sein Jünger* (R. 1934).

Rojas, Fernando (* um 1465 Puebla de Montalván/Toledo, † 8.4. 1541 Talavera). – Span. Dichter, verfaßte höchstwahrscheinl. die Akte II-XXI der *Celestina* (1499, dt. 1520), einer Folge von 21 dramat. Szenen über die Liebe Calistos zu Melibea. Das Stück stellt die erste Tragödie des span. Theaters dar und steht stilmäßig zwischen Mittelalter und Renaissance.

Rojas Zorrilla, Francisco de (* 4.10. 1607 Toledo, † 23.1. 1648 Madrid). – Span. Bühnenautor, schrieb unter dem Einfluß seines Freundes Calderón Dramen und Komödien voller Situationskomik um das zentrale Thema der beleidigten Ehre, so das Hauptwerk *Vom König abwärts – keiner* (1650, dt. 1896). Dem strengen Ehrbegriff legte er seel. Regungen zugrunde, wobei die Frauengestalten erstmals lebensnah gestaltet werden. Seine Konfliktlösungen sind menschl. und weniger grausam als im traditionellen Drama. Er wirkte v. a. auf das franz. Drama (Corneille).

Rolandslied. Der Originaltext des altfranz. *Chanson de Roland*, von einem unbekannten Dichter um 1100 abgefaßt, ist nicht erhalten, wohl aber mehrere Handschriften, unter denen die von Oxford in anglo-normann. Mundart am bekanntesten ist. Das Epos verherrlicht Roland, den Markgrafen der Bretagne, der 778 beim Rückzug Karls d. Gr. aus Spanien als Führer der Nachhut in Ronceval gefallen ist. Das Rolandslied wurde vorbildl. für das gesamte ep. Schaffen des 12. Jh. s. Um 1170 diente es dem Pfaffen Konrad als Quelle für sein mhd. *Rolandslied.*

Rolfe, Frederick William, Ps. *Baron Corvo* (* 22.7. 1860 London, † 26.10. 1913 Venedig). – Engl. Erzähler, wurde aus dem Priesterseminar 1890 entlassen, verbrachte sein Leben in äußerster Armut. Als er einen Mäzen fand, war er bereits geisteskrank. Die eigenen Wunschträume gestaltete er in der Titelfigur des Romans *Hadrian VII.* (1904). Bekannt wurde er auch mit seinen Kurzgeschichten, z. B. *In his own image* (1901).

Rolland, Romain (* 29.1. 1866 Clamecy/Burgund,

†30. 12. 1944 Vézelay). – Franz. Schriftsteller, aus begüterter Juristenfamilie, verzichtete nach dem Willen der Eltern auf die Ausbildung zum Musiker und studierte Geschichte in Paris und 1889–1891 in Rom. Sein lit. Wirken eröffneten histor. Dramen, z. T. inspiriert von der Franz. Revolution; mit diesen Werken wollte er sich an das einfache Volk wenden, das jedoch für seine Kunst kein Verständnis hatte. Die Dramen blieben weitgehend erfolglos. Begeisterte Aufnahme fanden dagegen die Biographien großer Künstler, bes. *Beethoven* (1903, dt. 1918), *Das Leben Michelangelos* (1905, dt. 1919), und *Tolstoi* (1911, dt. 1922). Für die romanhafte Künstlerbiographie *Jean-Christophe* (1904–1912) erhielt R. 1915 den Nobelpreis. Während des Ersten Weltkriegs kämpfte er aus der Schweiz mit Pamphleten, Briefen und dem Roman *Clérambault* (1920, dt. 1922) für Völkerverständigung und Pazifismus. Fortan galt er als geistiger Rebell, der in der ind. Mystik (Biographie *Gandhis*, 1924, dt. 1924; Biographie *Ramakrishnas*, 1929, dt. 1929) und russ. Revolution Anregungen suchte. Der Idealismus, mit dem R. eine übervölk. Gemeinschaft erstrebte, war nicht immer frei von pathet. Rhetorik. Als Schriftsteller gehört er zu den großen Initiatoren und gewann nahezu auf alle Dichter unseres Jh. s Einfluß.

Rolle, Richard, *Rolle of Hampole*, Richard (* um 1300 Thornton Dale/Yorkshire, †29. 9. 1349 Hampole/Yorkshire). – Engl. Mystiker, Eremit beim Kloster Hampole. Seine myst. Lehre stellte er in zwei lat. Hauptschriften dar, sowie in *The Form of Perfect Living*. Lit. Interesse finden v. a. seine Erbauungsschriften, vorwiegend an weibl. Leser gerichtet, so *Commandment of Love to God*.

Rollenhagen, Georg (*22. 4. 1542 Bernau b. Berlin, †20. 5. 1609 Magdeburg). – Dt. Dichter, Schüler Melanchthons in Wittenberg, wirkte als Prorektor der Magdeburger Domschule und evangel. Prediger. In seinen an der Antike orientierten Schuldramen verarbeitete er bibl. Stoffe, so im Spiel *Vom reichen Manne und armen Lazaro* (1590). Wie andere Dichter des Späthumanismus näherte er das Tierepos der Allegorie an. In *Froschmeuseler* (1595) stellt der Krieg zwischen Mäusen und Fröschen eine Satire auf Ereignisse der Reformationszeit aus luther. Sicht dar.

Romains, Jules, eigtl. *Louis Farigoule* (*26. 8. 1885 St-Julien-Chapteuil/Haute-Loire, †14. 8. 1972 Paris). – Franz. Philosoph, wandte sich aber 1919 ganz der Literatur zu; er war Mitglied der Schriftstellergruppe »L'Abbaye« und 1936 bis 1941 Präsident des intern. und franz. PEN-Clubs. Während des Zweiten Weltkriegs lebte er in den USA. Nach seinem Gedichtband *La vie unanime* (1908) benennt sich die Doktrin des sog. Unanimismus. Nach dieser stellt jede menschl. Gruppe, sei es Paar, Gemeinde, Volk, eine Einheit mit gemeinsamer Seele dar. R. suchte daher nicht mehr das Schicksal des Einzelnen, sondern das einer vielfältigen Gruppe zu zeichnen, das durch die konzentrierte Kraft, aber auch durch die Verführbarkeit der »Gruppenseele« bestimmt wird. Das Bühnenstück erschien ihm zunächst besonders geeignet zur Darstellung dieser Anschauung. Mit der Arztkomödie *Dr. Knock* (1923, dt. 1947) und dem Lustspiel *Donogoo-Tonka* (Roman 1920, später dramatisiert) gab er Beispiele für die Verführbarkeit dieser »Gruppenseele«. Größere Bedeutung kommt R. s ep. Schaffen zu. Für sein Hauptwerk, den 27bändigen Romanzyklus *Les hommes de bonne volonté* (1932–1947), das wegen seines Umfangs einer 10jährigen Vorbereitung bedurfte, entwickelte er eine neue Kompositionsmethode, mit der er das Leben des franz. Volkes während der Jahre 1908–1933 in seiner Gesamtheit zu schildern unternahm. Nicht einzelne Typen wie in der *Comédie humaine* von Balzac oder eine Familie wie in der *Chronique des Pasquier* von Duhamel stehen im Mittelpunkt, sondern eine große Anzahl von nach Alter, Charakter, sozialer Stellung usw. verschiedenen, aber doch zu einer »Gruppe« gehörenden Einzelpersonen erscheinen und verschwinden wieder. Er entwirft so ein, im übrigen zunehmend pessimist., Gesamtbild der Epoche und ihres Fühlens. Die Idee des Unanimismus bestimmte auch R. s polit.-philosph. Schriften, in denen er für die Einigung Europas eintrat. In den sechziger Jahren wandte er sich in Kommentaren, meist für »L'aurore«, mehr aktuell-polit. Fragen zu.

Roman de Renart. Der R. oder *Fuchsroman*, im Norden und Osten Frankreichs 1165–1205 entstanden, ist die Zusammenfassung von 27 Einzelerzählungen, den sog. »branches«, die Renart, den Fuchs, zum Helden haben. Grundthema bildet der Streit zwischen Fuchs und Wolf. Nur drei der Verfasser sind namentl. bekannt. Der Stoff findet sich bereits in den Fabeln des Äsop. Der heiter-iron. Ton der frühen »branches«, welche als Parodie auf die höf. Gesellschaft gelten, wird später verdrängt durch das Lehrhafte, Satir. und Allegor.; der Fuchs ist nicht mehr der schlau Überlegene, sondern der Ausbund des Lasters, worin sich Kritik an der Gesellschaft allgemein äußert.

Roman de la Rose. Der R. oder *Rosenroman*, ein altfranz. Versroman, ist eine moralisierende Abwandlung der *Ars amatoria* des Ovid. Den ersten, kürzeren Teil hat Guillaume de Lorris 1230–1240 im höf.-idealist. Geist verfaßt. Im Traum führen allegor. Gestalten den Erzähler zu einer Rose, dem Symbol der Liebe, die er jedoch nicht zu brechen vermag. Die Allegorie, zum erstenmal Grundlage einer Romanhandlung, beherrschte fortan das franz. Schrifttum bis zur Aufklärungszeit. Um 1280 schrieb Jean Clopinel (auch Chopinel de Meung) die viel umfangreichere Fortsetzung: Idealismus weicht hier bürgerl. Realismus, der Roman wird zur Satire, die Beziehung zur Frau wird durch Erotik bestimmt.

Romanos Melodos (Ende 5. Jh.–Mitte 6. Jh.). Byzantin. Dichter, über den die Legende berichtet, daß er als Diakon aus Syrien nach Konstantinopel kam und dort im Traum die Gabe der Hymnendichtung empfing. Von seinen 1000 »Kontakia« sind 85 überliefert. Sie besitzen z. T. lehrhaften Charakter. Durch ihre Ursprünglichkeit, bildhafte und lyr. Sprache gehören sie zu den großen Werken der Weltliteratur.

Romanow, Pantelejmon Sergejewitsch (*1884 Petrowskoe b. Tula, †8. 4. 1938 Moskau). – Russ. Schriftsteller, Jurist, wurde mit seinen realist. Romanen und Erzählungen innerhalb und außerhalb der Sowjetunion bekannt. Sie stießen teilweise auf Kritik des Regimes. Er bevorzugte Themen aus der Zeit nach der Oktoberrevolution und beschrieb die illusionslose Auffassung der Jugend über Liebe und Ehe, z. B. in *Drei Paar Seidenstrümpfe* (1930, dt. 1932). Der Roman *Rus* (1926–36) gibt eine anschauliche Darstellung Rußlands im frühen 20. Jh. Eine Gesamtausgabe erschien 1929 f. in 12 Bdn. Dt. Übersetzungen sind nur von wenigen Texten vorhanden.

Rombach, Otto (*22. 7. 1904 Heilbronn, †19. 5. 1984 Bietigheim). – Schwäb. Romancier, einige Zeit Mitarbeiter und Redakteur bei der »Frankfurter Zeitung«. R. verfaßte zunächst Gedichte, Novellen und Dramen, wurde aber v. a. bekannt durch seine kulturhistor. Reisebücher und Essays (*Deutschfranzösische Vignetten,* 1969) und Romane, wie z. B. *Adrian der Tulpendieb* (1936), *Der junge Herr Alexius* (1940), *Vittorino oder die Schleier der Welt* (1947), *Anna v. Oranien* (1960) und *Peter der Taxasgraf* (1972). 1974 erschienen die Lebenserinnerungen *Vorwärts, rückwärts, meine Spur.*

Rompler von Löwenhalt, Jesaias, Ps. *Wahrmund von der Tannen* (*1628 Dinkelsbühl, †1658). – Dt. Barockdichter, Magister in Straßburg. Dort gründete er mit J. M. Schneuber 1633 »Die Aufrichtige Tannengesellschaft«, eine Sprachgesellschaft, in der sich süddt. protestant. Dichter vereinigten, die sich gegen Opitz stellten. Er selbst schrieb fast nur Gelegenheitsgedichte: *Erstes gebüsch Reim – getichte* (1647).

Ronsard, Pierre de (*11. 9. 1524 [1525?] Schloß Possonnière/Vendômois, †27. 12. 1585 Saint-Cosme/Tourraine). – Franz. Dichter, Page eines Hofbeamten. Durch Krankheit fast taub, verließ er 1543 den Hof und studierte in Paris alte Sprachen. Unter seiner Führung bildete sich die siebenköpfige Freundesschar (Baïf, Du Belay, Belleau, Jodelle, Pontus de Tyard, Daurat), die man in Anspielung auf das Siebengestirn und in Anlehnung an die Siebenzahl des alexandr. Dichterkreises die »Pléiade« nannte. Ihr Reformprogramm legten die sieben dar in der *Défence et illustration de la langue françoyse* (1549): Anstelle des Lat. sollten Gebrauch und Pflege des Franz. im Geist der Antike treten. R. schrieb Oden, Elegien, Hymnen und Eklogen nach dem Vorbild des Pindar, Anakreon und Horaz. Beeindruckend sind seine Sonette *Les amours* (1552) im Stil des Petrarca für Cassandra Salviati, eine ital. Bankierstochter, sowie die *Continuations des amours* (1555, 1556) für das Bauernmädchen Marie. Trotz der Fülle von antik-mytholog. Beiwerk tritt in diesen Liebesgedichten das eigene Empfinden zutage. Nachdem R. 1560 an den Hof Karls IX. berufen worden war, entstanden die drei *Discours* von 1562 in Form einer Staatssatire. Mit *Sonnets pour Hélène* (1578) schuf der alternde R. Verse der resignierenden Leidenschaft zu einer Hofdame. Von großer Wirkung auf die Dichter seiner Zeit, in ganz Europa berühmt, vergaß ihn das 17. Jh. In der Romantik wurde er neu gefeiert. Eine Gesamtausgabe erschien 1914 bis 1968 in 8 Bdn. Dt. liegen die *Sonette der Liebe* (1948) u. a. Texte vor.

Roquette, Otto (*19. 4. 1824 Krotoschin, †18. 3. 1896 Darmstadt). – Dt. Schriftsteller, 1862 Professor für Literaturgeschichte in Berlin, 1869 am Polytechnikum in Darmstadt. Sein erfolgreiches Märchenepos *Waldmeisters Brautfahrt* (1851) gehört in den Umkreis der süßl. Idyllenpoesie, die später vom Naturalismus angegriffen wurde. Beliebt war auch sein *Liederbuch* (1852).

Rosanow, Wasili Wasilijewitsch, Ps. *V. Varvarin* (*20. 4. 1856 Vetluga, †5. 2. 1919 Sergiev Posad). – Russ. Religionsphilosoph und Publizist, zog 1883 nach Petersburg und wurde dort Mitarbeiter verschiedener Zeitungen. Unter dem Einfluß Hegels, der sein ganzes Leben geistig bestimmte, entstand der Essay *Über das Verstehen* (1886). Bekannt wurde er durch die Analyse *Dostojewski und seine Legende vom Großinquisitor* (1894, dt. 1924). Er verfaßte weiter Essays über die Probleme des Familienlebens, mit denen er nachhaltigen Einfluß auf die Liberalisierung des Eherechts gewann. Als Verfechter einer naturhaften, individuellen Religionsphilosophie kritisierte er das Christentum als eine auf den Tod hin orientierte Religion. R. s lit. Begabung äußerte sich u. a. in der Unnachahmlichkeit seines Stils, z. B. in seiner Sammlung paradoxer Aphorismen *Abgefallene Blätter* (1913).

Roschdestwenski, Robert Iwanowitsch (*20. 6. 1932 Kosicha/Altaigebiet). – Russ. Lyriker, besuchte das Moskauer Gorki-Literaturinstitut. In seinen Gedichten knüpft er an die Versform von Majakowski an und bemüht sich um Weiterentwicklung nationaler Traditionen in der Volksdichtung. Bemerkenswert ist sein *Requiem* (1962), ein Gedicht für die Gefallenen des Zweiten Weltkrieges. Lyrische Werke erscheinen bis in die Gegenwart.

Rosegger, Peter, Ps. *P. K. = Petri Kettenfeier* (*31. 7. 1843 Alpl b. Krieglach/Obersteiermark, †26. 6. 1918 Krieglach). – Österr. Heimatdichter, Sohn eines Waldbauern. Zum Bauern zu schwach, zum Studieren zu arm, kam er zu einem Störschneider in die Lehre. 1864 wurde dem Autodidakten der Besuch der Grazer Handelsakademie ermöglicht. Einer 1870 veröffentlichten Sammlung steir. Dialektgedichte *Zither und Hackbrett* folgte rasch eine Fülle von Erzn. und R., wie *Heidepeter's Gabriel* (1882), *Der Gottsucher* (1883) und *Jakob der Letzte* (1888), und autobiogr. Schriften, z. B. *Die Schriften des Waldschulmeisters* (1875), *Waldheimat* (1877), *Als ich* *noch der Waldbauernbub war* (1902). Themat. sind sie begrenzt von der heimatl. Idylle und der Sorge um die Zerstörung ihrer Ordnung durch städt. Lebensformen. Auch in der 1876 von ihm begründeten Monatsschrift *Heimgarten* wandte er sich in volkserzieher. Absicht mit Geschichten, Betrachtungen, Sagen und Gedichten an die einfachen Leute. R. ist einer der beliebtesten Volkserzähler im deutschsprachigem Raum.

Rosei, Peter (* 17. 6. 1946 Wien). – Österr. Schriftsteller, studierte Rechtswissenschaften und arbeitete bei dem Maler Ernst Fuchs. Ganz in der österr. Sprachtradition stehend, schreibt er vornehmlich Prosatexte, die zwar eine musikalische Stilistik zeigen, stets aber auch von der Problematik durchzogen sind, wie Realität in Sprache umgesetzt werden kann. Der Sprachzerfall führt notwendig in die Darstellung gefährdeter und gefährdender Existenzen. Bes. bekannt wurden die Romane und Erzählungen *Bei schwebendem Verfahren* (1973), *Der Fluß der Gedanken durch den Kopf* (1976), *Wer war Edgar Allen?* (1977), *Das schnelle Glück* (1980), *Die Milchstraße* (1981), *15000 Seelen* (1985), *Landschaft ohne Menschen* (1989), *Der Mann, der sterben wollte, samt einer Geschichte von früher* (1991), die Prosa *Rebus* (1990), die theoretischen Schriften *Versuch, die Natur zu kritisieren* (1982), *Der Aufstand* (1987) und *Gedichte* (1979).

Rosendorfer, Herbert, Ps, *Vibber Togesen* (* 19. 2. 1934 Bozen). – Dt. Schriftsteller, in München aufgewachsen. Autor von skurril-grotesken Geschichten. In *Skaumo* (1976) z. B. dringt ein Fremder nicht hinter das Geheimnis einer gespenstischen Stadt. Auch in den Romanen *Der Ruinenbaumeister* (1969), *Großes Solo für Anton* (1976), *Stephanie und das vorige Leben* (1977), *Das Messingherz* (1979), *Briefe in die chinesische Vergangenheit* (1983), *Die Nacht der Amazonen* (1989) u. a. tritt hinter Witz und Sprachspielereien Unheimliches hervor. Aufsehen erregten seine Schauspiele *Münchner Miniaturen* (1976), und *Vorstadtminiaturen* (1982), das Drehbuch *Steinbichler Geschichten* (1983) und die jüngsten Erzn. *Herkulesbad* (1985), *Das Gespenst der Krokodile und über das Küssen der Erde* (1987), *Unser Landschaftsbericht* (1988), *Skaumo. Schelmenlied. Zwei Erzählungen* (1989), *Mitteilungen aus dem poetischen Chaos – Römische Geschichten* (1991), *Die goldenen Heiligen oder Columbus entdeckt Europa* (1992).

Rosenfeld, Morris, eigtl. *Moshe Jakob Alter* (* 28. 12. 1862 Boksza/Polen, † 22. 6. 1923 New York). – Jidd. Dichter, seit 1886 in New York, schlug sich in verschiedenen Handwerksberufen aufs notdürftigste durch. Seine Werke, wie *Songs from the Getto* (1898), schildern mit sozialkrit. Tendenz das jüd. Proletariat in New York. Spätere Arbeiten, alle künstler. bedeutsam, berücksichtigen mehr Fragen des Lebens im allgemeinen, z. B. *Dos buch fun libe* (1914). 1912 erschien eine Auswahl aus dem Gesamtwerk.

Rosengarten, Der *(Der große R., Der R. von Worms).* Das um 1250 entstandene Heldenepos, in drei Fassungen überliefert, gehört in den Sagenkreis um Dietrich v. Bern. Es berichtet derbkomisch vom Zwölfkampf zwischen Dietrich und Siegfried, dem Wächter von Kriemhilds Rosengarten. Dietrich siegt und verschafft sich den Eintritt. Der Rittermönch Ilsan, ein Gefolgsmann Dietrichs, steht als Beispiel für den Verfall des Ritterideals.

Rosengarten, Der Kleine. Bezeichnung für das um 1250 entstandene Heldenepos vom »König Laurin«; es gehört mit zu einer Reihe dt. Epen, in denen die Jugendtaten Dietrichs v. Bern dargestellt sind, und schildert Dietrichs Kampf mit Laurin, dem Tiroler Zwergenkönig und Herrn eines paradies. Rosengartens, dessen Verlust er furchtbar rächt. Im *Kleinen Rosengarten* haben zahlreiche Elemente des Volksmärchens Eingang gefunden.

Rosenow, Emil (* 9. 3. 1871 Köln, † 7. 2. 1904 Berlin). – Dt. Schriftsteller, Redakteur führender Arbeiterzeitungen, auch Reichstagsabgeordneter, schrieb unter dem Einfluß des Naturalismus sozialist. Bühnenstücke und Romane, unter denen die Bergmannstragödie *Die im Schatten leben* (1912, entstanden 1899) und bes. die sächs. Dialektkomödie *Kater Lampe* (1903) allgemeinen Zuspruch fanden. 1912 erschien eine Gesamtausgabe der Dramen.

Rosenplüt (Rosenblüth, Rosenblut), Hans, genannt *der Schnepperer* (* um 1400 Nürnberg, † um 1470 ebd.). – Dt. Dichter, nahm als städt. Büchsengießer an den Hussitenkriegen und an der Verteidigung Nürnbergs gegen Markgraf Albrecht Achilles v. Brandenburg teil. Da er sich Wappendichter nennt, hat er vielleicht aufgrund seiner dichter. Erfolge sein Handwerk aufgegeben. Seine Kneiplieder und derben Schwänke geben sich betont unhöfisch; daneben stehen polit. Spruchgedichte, Lobsprüche (*Lobspruch auf Nürnberg*, 1447) und geistl. Gedichte, häufig in der Form des Priamel abgefaßt, das er zur Kunstform entwickelte. Mit ihm schließen die meisten seiner etwa 30 Fastnachtsspiele. R. war unmittelbarer Vorläufer der Meistersinger.

Rossetti, Christina Georgina, Ps. *Ellen Allayne* (* 5. 12. 1830 London, † 29. 12. 1894 ebd.). – Engl. Lyrikerin, Schwester von Dante Gabriel R., lebte im Kreis der Exilitaliener in London und dichtete unter dem Einfluß der Präraffaeliten. Bekannt wurde sie durch ihre schwermütige religiöse Lyrik. Der kunstvolle Sonettzyklus *Monna Innominata* spiegelt in mittelalterl. Milieu eigene durch Verzicht bestimmte Liebeserfahrungen. Dt. erschien eine Auswahl aus ihren zahlreichen Gedichten erstmals 1960.

Rossetti, Dante Gabriel, eigtl. *Gabriel Charles Dante R.* (* 12. 5. 1828 London, † 9. 4. 1882 Birching-on-Sea/Kent). – Engl. Dichter und Maler, begründete 1848 mit einigen engl. Künstlern (H. Hunt, Millais u. a.) die Bruderschaft der Präraffaeliten, die sich die naive Malerei vor Raffael zum Vorbild nahmen. Später distanzierte er sich von dieser Richtung und lehnte sich enger an die Kunst der Renaissance an. Er malte vorwiegend Bilder mit bibl., mytholog. und lit. Themen, wie auch sein poet. Schaffen durch Einflüsse von Bibel, antiker Mythologie und Dante bestimmt ist. Der Sonettzyklus *Das Haus des Lebens* (1862, dt. 1900), entstanden als Klage über den Tod seiner Frau, gilt als sein Hauptwerk. Neben bestechenden Übersetzungen ital. Dichtung verfaßte R. die Erzählungen *Hand and Soul* (1890). Im Engl. gibt es mehrere Gesamtausgaben; dt. erschien 1960 eine Auswahl aus den Werken.

Rosso di San Secondo, Pier Luigi Maria, eigtl. *Pietro Maria Rosso* (*30.11. 1887 Caltanissetta, †22.11. 1956 Lido di Camaiore/Lucca). – Ital. Bühnenautor, stark unter dem Einfluß Pirandellos stehend, arbeitet wie dieser gern mit Groteske und Ironie. In seinen Stücken protestiert er gegen bürgerl. Konventionen. Bekannt wurden bes. das Drama *Canicola* (1927) und die beiden Komödien *Marionetten, welche Leidenschaft* (1918, dt. 1925) und *Die Dorfhure* (1919, dt. 1919). Auch als Erzähler ist R. hervorgetreten, z. B. mit *Luce del nostro cuore* (R. 1932) oder *Banda municipale* (Erz. 1954).

Rost, Johann Christoph (*7.4. 1717 Leipzig, †19.7. 1765 Dresden). – Dt. Dichter, war als Redakteur, Bibliothekar und zuletzt Obersteuersekretär in Dresden tätig. Seine frivolen Schäfererzählungen und Gedichte waren als gehobene Unterhaltungslit. beliebt. Die Satiren *Das Vorspiel* (1743) und *Der Teufel* (1755) enthalten scharfe Kritik an Gottsched, den er zuvor verehrt und nachgeahmt hatte.

Rostand, Edmond (*1.4. 1868 Marseille, †2.12. 1918 Paris). – Franz. Dramatiker, stammte aus begüterter Familie, studierte Philosophie und Geschichte. 1890 erschien eine erste, wenig beachtete Gedichtsammlung *Musardises*. Anerkennung verschaffte er sich damit, daß er in der Ära des Naturalismus das romant. Versdrama wiederbelebte und Elemente der Klassik (Corneille, Molière) einbezog. Dem Geschmack des breiteren Publikums entsprach das Motiv der ritterl. und durch Verzicht bestimmten Liebe, wie in den Dramen *Die Prinzessin im Morgenland* (1895, dt. 1905) und *Cyrano von Bergerac* (1897, dt. 1898) dargestellt. Die spannende Dialog- und Handlungsführung verleiht seinen Stücken noch heute Bühnenwirksamkeit. Mit dem Drama *L'Aiglon* (1900, dt. 1925 u. d. T. *Der junge Aar*) griff er auf einen histor. Stoff zurück und gestaltete das Schicksal des Herzogs von Reichstadt. Dieses Stück entsprach dem imperialen Nationalismus der Jahrhundertwende und wurde begeistert aufgenommen, aber auch überschätzt. Sein Gesamtwerk erschien 1926.

Roth, Eugen (*24.1. 1895 München, †28.4. 1976 ebd.). – Dt. Poet, studierte Germanistik, Geschichte und Kunstgeschichte, war 1927–33 Redakteur bei den »Münchener Neuesten Nach-

richten«. Im Dritten Reich schied R. aus der Redaktionsarbeit und lebte nur noch als freier Schriftsteller in seiner Heimatstadt. Mit den Gedichten *Ein Mensch* (1935), *Der Wunderdoktor* (1939) und *Mensch und Unmensch* (1948) wurde er populär. In diesen und zahlreichen anderen Versen und Erzählungen, z. B. *Unter Brüdern* (1958), schrieb er mit Sinn für Wort- und Situationswitz und treffend formuliert, heiter, iron.-satir. oder nachdenkl. über alltägl. Begebenheiten. Zuletzt erschienen die autobiograph. Werke *Erinnerungen eines Vergeßlichen* (1972) und *Alltag und Abenteuer* (1975).

Roth, Friederike (*6.4. 1948 Sindelfingen). – Dt. Schriftstellerin, studierte Philosophie und Sprachwissenschaft, Dozentin und Dramaturgin beim Rundfunk, erhielt für ihre Arbeiten mehrere Auszeichnungen, z. B. 1981 das Stipendium der Villa Massimo, 1985 den Hörspielpreis der Kriegsblinden für *Nachtschatten* (1984). Besondere Aufmerksamkeit erwarb sie mit der Prosa *Das Buch des Lebens. Ein Plagiat* (1983) sowie mit dem Hörspiel *Ritt auf die Wartburg* (1981). Ihre distanzierte und reflexive Darstellungsweise übt auf den Leser eine stilistische Faszination aus. Bekannt wurden auch die Erzn. *Ordnungsträume* (1979), die Hörspiele *Klavierspiele* (1980) und *Der Kopf, das Seil, die Wirklichkeit* (1981), die Gedichte *Tollkirschenhochzeit* (1978), *Schieres Glück* (1981), *Schattige Gärten* (1987) und die Theaterstücke *Die einzige Geschichte* (1985), *Das Ganze ein Stück* (1986).

Roth, Gerhard (*24.6. 1942 Graz). – Österr. Schriftsteller, studierte Medizin, arbeitete im EDV-Bereich und ließ sich dann als freier Autor nieder. Sein Werk, das ursprünglich stark experimentelle Züge zeigte, etwa die Prosa *die autobiographie des albert einstein* (1972), nahm zunehmend herkömmliche Formen der Darstellung auf und konzentrierte sich auf die Problematik des Individuums in einer organisierten Welt. Für sein Werk erhielt er zahlreiche Stipendien und Preise; besondere Beachtung fanden u. a. die Erzählprosa *Der große Horizont* (1974), *Winterreise* (1978) und *Das Töten des Bussards* (1982), sowie der Romanzyklus *Die Archive des Schweigens* (*Im tiefen Österreich*, 1990; *Der Stille Ozean*, 1980; *Landläufiger Tod*, 1984; *Am Abgrund*, 1986, *Der Untersuchungsrichter*, 1988; *Die Geschichte der Dunkelheit*, 1991; *Eine Reise in das Innere von Wien*, 1991), und dramatische Werke wie *Sehnsucht* (1981) oder das Hörspiel *In Grönland* (1977).

Roth, Joseph (*2.9. 1894 Schwabendorf b. Brody/Ostgalizien, †27.5. 1939 Paris). – Poln.-österr. Dichter, studierte Germanistik, war österr. Offizier im Ersten Weltkrieg und arbeitete ab 1918 als Journalist in Wien und Deutschland. 1933 emigrierte er. Während der letzten Jahre in Paris trieb ihn die polit. Situation Europas in die Verzweiflung. Der franz. und russ. Realismus und später der Impressionismus prägten sein lit. Schaffen. Die sozialist. Haltung in Romanen wie *Hotel Savoy* (1924) wich allmähl. der Resignation und dem Pessimismus, die im Roman *Der stumme Prophet* (1929) zum Ausdruck kommen. Ironie, Skepsis und Zeitkritik verbinden sich mit Trauer über den Zerfall der Donaumonarchie in Romanen wie *Radetzkymarsch* (1932) und *Die Kapuzinergruft* (1938). Die *Legende vom heiligen Trinker* (1939) zeigt seine Annäherung an den Katholizismus. In den letzten Jahren wurde seine überragende Bedeutung erkannt; mittlerweile liegt eine Reihe von Auswahlausgaben vor.

Roth, Philip (* 19. 3. 1933 Newark/New Jersey). – Amerikan. Schriftsteller und Hochschullehrer, Inhaber zahlreicher Auszeichnungen, gestaltet mit Genauigkeit und treffender Charakterisierung in seinen Romanen das Milieu jüd. Minderheiten in den USA, wobei er heiter-iron. die Vorurteile parodiert, z. B. in *Portnoys Beschwerden* (1969, dt. 1970), *Lucy Nelson oder die Moral* (1967, dt. 1973), *My life as a Man* (1974), *Professor der Begierde* (dt. 1978), *Die Brust* (1972, dt. 1979), *Der Ghost Writer* (1979, dt. 1980) und in der Trilogie *Zuckermans Befreiung* (1982), *Die Anatomiestunde* (1986) und *Die Prager Orgie* (1986). 1991 erschien die Autobiographie *Tatsachen*, dt. 1990 *Mein Leben als Mann*.

Rothe, Hans (* 14. 8. 1894 Meißen, † 31. 12. 1977 Florenz). – Dt. Schriftsteller, seit 1920 Dramaturg. Das Verbot seiner Shakespeare-Inszenierungen veranlaßte 1934 seine Emigration in die USA, von wo er 1954 zurückkehrte. Berühmt, auch umstritten, wurde er durch seine sprachl. modernen Shakespeare-Übersetzungen. Von den eigenen Werken sind die Hörspiele *Verwehte Spuren* (1935), die Romane *Beweise das Gegenteil* (1949) und *Ankunft bei Nacht* (1949) und die Dramen *Wen die Götter verderben wollen* (1939), *Die eigene Meinung* (1944) und *Ankunft bei Nacht* (1941) zu nennen. Aufsehen erregte seine Arbeit *Shakespeare als Provokation* (1961).

Rothe, Johannes (* um 1360 Kreuzberg a. d. Werra, † 5. 5. 1434 Eisenach). – Dt. Dichter, Stadtschreiber und Kanonikus in Eisenach, verfaßte um 1420 einen *Ritterspiegel*, ein Lehrgedicht der ritterl. Moral, maß jedoch mit bürgerl. Maßstäben, indem er nicht Ehre und Minne, sondern das Militärische betonte.

Rother → König Rother

Rotrou, Jean de (* 21. 8. 1609 Dreux/Eure-et-Loire, † 28. 6. 1650 ebd.). – Franz. Schriftsteller, zählt zu den 5 Autoren, die im Auftrag Richelieus arbeiteten, um ein Gegengewicht gegen das span. Theater zu bilden. Mit seinen Tragikomödien, Tragödien, z. B. *Venceslas* (1647), und Komödien, in denen er auf antike, span. und ital. Motive zurückgriff, stand er mit Corneille im Wettbewerb und trug wie dieser zur Entwicklung des klass. Dramas bei. Corneille huldigte er in der Tragödie *Le véritable Saint-Genest* (1646).

Rougemont, Denis de (* 8. 9. 1906 Neuenburg, † 8. 12. 1985 Genf). – Schweizer Autor, der durch scharfe Kulturanalysen bekannt wurde und 1951–66 Präsident des Europ. Kulturzentrums in Genf war. In zahlreichen Schriften hat er gegen Rassismus und soziale Unterdrückung Stellung bezogen. In Deutschland wurden bes. bekannt: *Tagebuch eines arbeitslosen Intellektuellen* (1937, dt. 1939), *Der Anteil des Teufels* (1942, dt. 1948), *Über die Atombombe* (1946, dt. 1948) und die Aufsätze über Luther, Goethe etc.

Roumanille, Joseph (* 8. 8. 1818 Saint-Rémy-de-Provence, † 24. 5. 1891 Avignon). – Neuprovenzalischer Schriftsteller, Mitbegründer der provenzal.-regionalist. Bewegung des Félibrige. Als einer der ersten erhob er das Provenzal. nach dessen Niedergang im Spätmittelalter wieder zur Literatursprache und bemühte sich um Wiederbelebung provenzal. lit. Tradition, so mit den *Contes provenceaux* (1884, franz. 1911).

Rousseau, Jean-Jacques (* 28. 6. 1712 Genf, † 2. 7. 1778 Ermenonville b. Paris). – Franz. Philosoph, hatte eine schwere Kindheit. 1728 nahm Mme. de Warens aus Annecy, seine langjährige Gönnerin, sich seiner an; sie bewirkte seinen Übertritt zum Katholizismus. 1754 kehrte er aber zum Calvinismus zurück. R. versuchte sich in vielen Berufen, u. a. als Notenschreiber, Operettenkomponist, Botschaftssekretär. Er führte ein Vagantenleben, das er mit vielgerühmter Offenheit in den *Bekenntnissen* (1782–89, dt. 1786–90) beschrieben hat. 1746, wieder einmal in Paris, schloß er sich als Mitarbeiter der Enzyklopädisten an Diderot an, mit dem er sich später aber, wie mit fast allen Freunden, entzweite. In den folgenden Jahren entstanden seine bedeutendsten Werke: Sein *Discours sur les sciences et les arts* (1750, dt. 1752), mit dem er den Preis der Akademie zu Lyon und zugl. erste Berühmtheit gewann, stellte Wissen und Künste als Ergebnis einer verderbl. Entwicklung hin, nachdem die Menschheit ursprüngl. in natürl. Unschuld und Armut ein glückl. Leben geführt hätte. In einem zweiten Diskurs führt er als Grund für polit. Ungleichheit die Entstehung des Eigentums an. Im *Contrat social* (1762, dt. 1763) entwickelte er eine Lehre der Volkssouveränität und wurde damit zu einem der Haupttheoretiker der Franz. Revolution. Seine freie Auffassung von der Erziehung legte er in *Emile oder über die Erziehung* (1792, dt. 1762) dar. Der Briefroman *Julie oder die neue Heloise* (1761, dt. 1761–66) mit seinem Kult des Gefühls wirkte in der Folgezeit auf das Schrifttum der Romantik. Aufgrund seiner freien religiösen Ansichten zu Gefängnis verurteilt, flüchtete R. 1762 in die Schweiz, folgte dann einem Ruf Humes nach England und kehrte nach neuen Zerwürfnissen 1770 nach Paris zurück. Nach 23jährigem Zusammenleben heiratete er die Magd Thérèse Levasseur, mit der er 5 Kinder hatte, die er ins Findelhaus gab. Obwohl von schwierigem Charakter und motiviert von dem Zwang, Aufsehen zu erregen, ging von R. eine ungeheure Wirkung aus. Sie beruhte v. a. auf der Neuentdeckung der »Natur« und des »Herzens« im Zeitalter des Rationalismus. R. überwand den Vernunft- und

Fortschrittsglauben der Aufklärung; seine Ausstrahlung reicht bis in die Gegenwart. Sein umfangreiches Werk liegt heute in allen Kultursprachen in Gesamtausgaben vor und wird in vielen Ländern als Grundbestand allgemeiner Bildung noch heute in den Schulen gelesen.

Roussin, André (*22. 1. 1911 Marseille, †3. 11. 1987 Paris). – Franz. Schriftsteller, Schauspieler und Theaterregisseur, wurde berühmt mit der Dreieckskomödie *Die kleine Hütte* (1947, dt. 1949) und mit der Komödie *Les œufs de l'autruche* (1948). Er gehört zu den erfolgreichsten Vertretern des zeitgenöss. Boulevardstücks, (z. B. *Komödianten kommen*, 1944, dt. 1953). Pointenreiche Dialoge, Bühnenwirksamkeit und ungenierte Eheauffassung kennzeichnen seine amüsanten Liebeskomödien *Eine ungewöhnliche Frau* (1949, dt. 1953) und *Die Lokomotive* (1967). 1973 wurde er in die Académie Française berufen. 1959 bis 1964 erschienen die Komödien in sechs Bänden.

Rovetta, Gerolamo (*30. 9. 1851 Brescia, †8. 5. 1910 Mailand). – Ital. Schriftsteller, verfaßte verist. Unterhaltungsromane und Novellen, die breites Publikum fanden und als Zeitdokumente ihren Wert besitzen. Von seinen Dramen, meist in der lombard. Gesellschaft angesiedelt, gelangt das histor.-patriot. Stück *Romanticismo* (1901) noch immer zur Aufführung. Auch die Dramen *Il re burlone* (1905) und *Papà Escelenza* (1908) sind heute in seiner Heimat noch beliebt.

Różewicz, Tadeusz (*9. 10. 1921 Radomsko). – Poln. Dichter, gilt wegen seiner avantgardist. Lyrik, die Themen aus der Vergangenheit und Gegenwart Polens behandelt, aber auch aufgrund seines durch Beckett und Ionesco beeinflußten dramat. Werkes als einer der bedeutendsten Dichter Nachkriegspolens. Der frühere Arbeiter und im Krieg als Partisan kämpfende Pole lebt heute in Gleiwitz. Zu seinen Hauptwerken gehören u. a. die grotesk-surrealen Dramen *Die Kartothek* (dt. 1961), *Auseinanderstrebendes* (dt. 1975), *Der Doppelgänger* (1975) und *Weiße Ehe* (dt. 1979), die Gedichte *Niepokój* (1947, dt. Auszüge u. d. T. *Formen der Unruhe* und 1969 u. d. T. *Offene Gedichte*), die Romane *In der schönsten Stadt der Welt* (dt. 1962), *Überblendungen* (dt. 1987) sowie die Erzählungen *Der Tod in der alten Dekoration* (1970, dt. 1973). 1979 erschienen dt. eine Auswahl *Schattenspiele* und das Lesebuch *Vorbereitung zur Dichterlesung*, 1980 die Prosa *Der Abgang des Hungerkünstlers*.

Ru'ba ibn al-'Adjdjādj (*um 685, †762). – Arab. Dichter, lebte längere Zeit in der Wüste, hielt sich auch mit muslim. Herren in Ostpersien auf. Wie schon sein Vater benutzte er das Radjaz-Metrum, ein einfaches arab. Versmaß, das, aus der Reimprosa entwickelt, zuvor der volkstüml. Improvisation diente. Für die arab. Sprachgelehrten ist R. von Bedeutung wegen der Verwendung von Etymologien als melodische Stilmittel und ausgefallener Wörter.

Rubatscher, Maria Veronika (*23. 1. 1900 Hall/Tirol). – Die Österreicherin war Lehrerin in Südtirol; als dieses an Italien fiel, wurde sie aus dem Schuldienst entlassen. Ihr Werk, geprägt von kath. Gläubigkeit und der Verbundenheit mit dem Tiroler Volkstum, umfaßt Biographien, z. B. *Maria Ward* (1927) und *Genie der Liebe* (1958, über Bodelschwingh), Romane, z. B. *Die Thurnwalder Mutter* (1950), sowie Legenden, Erzählungen wie *Es war einmal ein Schützenfest* (1958) und Gedichte.

Rubiner, Ludwig, Ps. *Ludwig Grombeck* (*12. 7. 1881 Berlin, †26. 2. 1920 ebd.). – Dt. Autor, R. wirkte als Schriftsteller in Berlin, während des Ersten Weltkriegs in der Schweiz. Er gehörte zu den revolutionär gesinnten, aktivist. Expressionisten und war einer der wichtigsten Mitarb. an Pfemferts expressionist. Zeitschrift »Aktion« und Schickeles »Weißen Blättern« und übersetzte Voltaire. Bekannt wurde v. a. sein polit. Ideendr. *Die Gewaltlosen* (1919). Weiter schrieb er expressionist. Lyrik wie *Das himmlische Licht* (1916) und Essays.

Rūdakī, Abū Abdellha Dschafar (*um 858 Rūdak b. Samarkand, †941 ebd.). – Pers. Gelehrter, Dichter u. Musiker, wurde als Hofpoet der Samaniden berühmt und reich, bis er 938 verbannt wurde. Mit seinen Kassiden und Ghaselen ist R. der bedeutendste Dichter der neupers. Literatur. Von seinem umfangreichen *Diwan* sind nur wenige Reste, diese von großer sprachl. Musikalität, überliefert.

Rudnicki, Adolf (*19. 2. 1912 Warschau, †15. 11. 1990). – Poln. Autor aus jüd. Familie, arbeitete als Angestellter und wurde im Dritten Reich verfolgt. In dieser Zeit kämpfte er im Widerstand und publizierte in Untergrundorganen. Sein lit. Werk ist geprägt durch die Erlebnisse dieser Jahre, wobei er immer wieder zeigt, daß das Grauen als eine Möglichkeit und Vorstufe zu einer besseren Ordnung erscheint. Bekannt wurden v. a. die Romane *Die Ungeliebte* (1937, dt. 1964), *Das lebende und das tote Meer* (1952, dt. 1960).

Rudolf von Ems (*um 1200 Hohenems/Vorarlberg, †zwischen 1250 und 1254). – R. war Ministeriale der Herren von Montfort. In Form und gelehrtem Stil seiner großen Epen *Alexander* und *Willehalm von Orlens* ein Nachfolger Gottfrieds und Wolframs, hatte er mit seinen kleineren Novellen und Legenden etwas Neues in die mhd. Literatur eingeführt. *Barlaam und Josaphat* ist die christl. Umgestaltung einer Buddhalegende; *Der guote Gêrhart* stellt zum erstenmal einen Bürger als Helden eines Epos dar. Auf Wunsch Konrads IV. begann R. eine *Weltchronik*, die zwar unvollendet blieb, aber als Muster vieler späterer Chroniken diente.

Rudolf von Fenis, wahrscheinl. *Graf Rudolf II. von Neuenburg* (†vor 1196). – Erster Schweiz. Minnesänger, wirkte in der doppelsprachigen Westschweiz und stand unter dem Einfluß der süd- und nordfranz. Troubadourdichtung. In der Form seiner Lieder knüpfte er v. a. an Folquet von Marseille und

Peire Vidal an. Inhaltl. geht es um unerfüllte Minne und ihre sittl. Bedeutung. Stimmungsvolle neue Bilder und Naturempfinden erweitern Form und Thematik.

Rückert, Friedrich, Ps. *Freimund Raimar* (* 16. 5. 1788 Schweinfurt, † 31. 1. 1866 Neuses b. Coburg). – Dt. Dichter, wurde während eines Wienaufenthalts 1818 bei Josef v. Hammer-Purgstall mit arab., pers. und ind. Sprache und Literatur bekannt. 1826 erhielt er eine Professur für oriental. Sprachen in Erlangen, 1841 in Berlin. 1848 zog er sich auf das Gut seiner Frau, Neuses b. Coburg, zurück. Sein Sprachtalent und seine Reimbegabung verführten R. zu einer Fülle von biedermeierl. gestimmten Gedichten, bei denen die große Formkunst häufig über die lit. Qualität hinwegtäuscht. Populär wurden die von den Freiheitskriegen inspirierten *Geharnischten Sonette* (1814), die seiner Frau gewidmeten Gedichte *Liebesfrühling* (1834), seine Kinderreime und *Kindertotenlieder* (1872). Wichtiger sind die Übersetzungen und Nachdichtungen arab., pers., ind. und chines. Werke, mit denen er fremde Strophenformen wie Ghasel, Makame usw. in die dt. Lyrik einführte. Geibel, Schack, Platen u. a. sind ihm hierin gefolgt. Eigenschöpfung ist die Spruchsammlung *Die Weisheit des Brahmanen* (1836–39) mit eingeschobenen Erzählungen und Fabeln, in der er östl. und westl. Weisheit vereinte.

Rueda, Lope de (* um 1510 Sevilla, † 1565 Córdoba). – Span. Dramatiker, Schauspieler und seit 1512 Direktor einer Wanderbühne. R. begründete seinen Ruhm mit 10 *pasos*, den Vorläufern der späteren *entremeses*. Dabei handelt es sich um Prosazwischenspiele, derb-kom. Szenen aus dem Alltag des einfachen Volkes in der Volkssprache für 2 bis 3 Personen. Mit dem »bobo« führte er eine Figur ein, die die Zwischenpausen mit unflätigen Witzen überspielte. In Dtld. übernahm bald der Hanswurst diese Aufgabe. Seine Werke liegen gesammelt vor in *Pasos completos* (1964) und *Teatro completo* (1967).

Rueda, Salvador (* 3. 12. 1857 Benaque/Málaga, † 1. 4. 1933 Málaga). – Span. Dichter, aus Bauernfamilie stammend, stieg zwischen 1885 und 1900 zum anerkannten Dichter auf. Seine vielfältige Lyrik voller Musikalität und Rhythmus ist am besten ausgebildet in den andalus. Gedichten. Obwohl R. metr. Neuerungen anwandte, hatte er mangels intellektueller Tiefe geringe Nachwirkung. 1945 erschien eine umfassende *Anthologie* seiner Gedichte.

Ruederer, Josef (* 15. 10. 1861 München, † 20. 10. 1915 ebd.). Dt. Schriftsteller, lebte in München und war an der Gründung des »Intimen Theaters« beteiligt. 1894 erschien sein antiklerikal-oppositioneller Roman *Ein Verrückter, Kampf und Ende eines Lehrers*. Seine Begabung lag bes. in der Komödiendichtung, mit der er sich gegen den bayer. Spießer richtete, z. B. *Die Fahnenweihe* (1895). Zur Heimat- und Volksdichtung gehören auch seine bekannten Schauspiele *Wolkenkuckucksheim* (1909) und *Der Schmied von Kochel* (1911).

Rühm, Gerhard (* 12. 2. 1930 Wien). – Österr. Autor, als Musiker ausgebildet, widmete er sich seit 1954 fast nur der Literatur. Er war Mitglied der Wiener Gruppe um H. C. Artmann, mit dem er viele Texte in Gemeinschaftsarbeit erstellte, so die Dialektgedichte *hosn rosn baa* (1959). R. beschäftigt sich mit vielfältigen experimentellen Formen wie visuellen Texten, Lautgedichten, konkretem Theater, z. B. bei *Ophelia und die Wörter* (Szenen 1972). Einblick in einen längeren Schaffensabschnitt bietet *fenster. Texte 1955–66* (1968). Zuletzt erschienen *Wahnsinn Litaneien* (1973), *Schriftzeichnungen 75/76* (1977), *Comic* (1977), *botschaft an die zukunft. gesammelte sprechtexte* (1988), *reisefieber. theatralische ereignisse in fünf teilen* (1989), *Albertus Magnus Angelus* (1989), *Geschlechterdings. Chansons. Romanzen. Gedichte* (1990), *Die Winterreise dahinterweise* (1991).

Rühmkorf, Peter, Ps. *Leslie Meier* (* 25. 10. 1929 Dortmund). Dt. Schriftsteller, schrieb während des Studiums der Germanistik und Psychologie für den »Studentenkurier« (später »konkret«), war bis 1963 Verlagslektor in Hamburg und lebt heute als freier Schriftsteller. Iron.-parodist., frivol und aggressiv, aber auch hymn. im Ton, beruft er sich als Lyriker auf die Tradition von Walther v. d. Vogelweide bis Christian Morgenstern (*Irdisches Vergnügen in g.*, 1959, *Gesammelte Gedichte*, 1976, *Phönix voran*, 1977). Seine Stücke stoßen auf unterschiedl. Kritik, z. B. *Was heißt hier Volsinii?* (1969), *Die Handwerker kommen* (1974). Daneben trat er auch mit Schriften hervor, z. B. *Das Volksvermögen* (1967). Eine seiner besten Arbeiten, *Walther von der Vogelweide, Klopstock und ich* (1975), reflektiert in sehr geschickter Weise das Verhältnis von Kunst und gesellschaftl. Rezeption. Auch *Dreizehn deutsche Dichter* (1989) setzt sich mit Problemen lit. Wertung und Rezeption auseinander. Als kenntnisreicher Poet erwies er sich 1981 in den Frankfurter Vorlesungen *agar agar zaurzaurim – Zur Naturgeschichte des Reims und der menschlichen Anklangsnerven* und als Herausgeber. 1988 veröffentlichte R. Texte seines Jugendfreundes, der 1956 mit 31 Jahren gestorben ist: *Werner Riegel . . . beladen mit Sendung/Dichter und armes Schwein*. Neue Gedichte enthalten *Einmalig wie wir alle* (1989).

Ruf (Ruof, Rueef) Jakob (* um 1500 Zürich, † 1558 ebd.). – Schweizer Dramatiker, Stadtwundarzt und Steinschneider, erlebte, wie sich in der Schweiz reformat. Gesinnung im Geiste Zwinglis mit nationalen Gedanken verband. R. schrieb moral. antipäpstl. Stücke über Themen aus der Bibel und der patriot. Geschichte, z. B. *Vom wol- und übelstand einer loblichen Eidgenossenschaft* (1538), *Etter Heini us dem Schwyzerland* (1942), *Ein hüpsch und lustig spyl von dem frommen und ersten Eydgnossen Wilhelm Tellen* (1545).

Ruiz de Alarcón y Mendoza, Juan (* 1581 [?] Tasco/Mexiko, † 4. 8. 1639 Madrid). – Span. Dichter, seit 1614 in Madrid, seit

1626 Referent bei der Verwaltung für Westindien. Befreundet mit Tirso de Molina, konnte er sich gegen diesen und Lope de Vega als Dramatiker nicht behaupten. Die Verbitterung darüber sowie über das Gespött wegen einer körperl. Mißbildung reagierte er in seinem Werk ab. Mit seinen 20 Stücken, die sich durch feine psycholog. Beobachtung und moralisierende Tendenz auszeichnen, wurde R. zum Schöpfer der span. Charakterkomödie und fand Anerkennung im Ausland, so bei Corneille und Goldoni mit *Examen für Ehemänner* (1634, dt. 1967) und *Verdächtige Wahrheit* (1634, dt. 1967). Das Gesamtwerk erschien 1957 bis 1968 in 3 Bdn. In Dtld. haben sich einige Werke bis heute auf der Bühne gehalten.

Rumi (= Der Anatolier) (Mohammad ben Mohammad), *Djalālo'd-Dīn*, *Maulānā* (»Meister«), in Iran *Maulawī* genannt (* 30. 9. 1207 Balch/Afghanistan, † 17. 12. 1273 Konya/Anatolien). – Pers. myst. Dichter, folgte 1231 seinem Vater im Amt des Predigers nach. Er begründete den Orden der türk. Mewlewī, der sog. »tanzenden Derwische«. 1244 traf er in Konya auf den 60jähr. Wanderderwisch Shamso'd-Dīn aus Täbris, zu dem R. in erot.-myst. Beziehung trat. Nachdem dieser wieder aus Konya verschwunden war, verfaßte R. aus Sehnsucht nach ihm 3200 Ghaselen unter dessen Namen Shams-e Tabrīz. Die Dichtungen des größten pers. Mystikers sind seinem Streben nach myst. Ekstase entsprungen. Sein Hauptwerk, das *Mesnewi* oder *Geistige Lehrgedicht*, ist philosph. und eth. grundlegendes Werk des Sufismus, der pers. Mystik.

Rumohr, Carl Friedrich von, Ps. *Joseph König* (* 6. 1. 1785 Reinhardtsgrimma b. Dresden, † 25. 7. 1843 Dresden). – Dt. Kunst- und Kulturkritiker, wurde mit seinen histor.-philolog. Quellenstudien Mitbegründer der wiss. Kunstgeschichte. Ein Teil der Ausbeute seiner Italienfahrten sind die *Italienischen Forschungen* (1826 bis 1831). Mit den von Tieck beeinflußten histor. *Novellen* (1833–35) trat R. als Erzähler hervor.

Runeberg, Johan Ludvig (* 5. 2. 1804 Jakobstad, † 6. 5. 1877 Borgå). – Schwed.-sprachiger finn. Dichter, Redakteur, dann altsprachl. Lektor in Borgå. Einflüsse der Antike, Romantik und dt. Klassik gingen in sein Werk ein. Seine großen Versepen, orientiert an der Antike, schildern bei idealist. Grundhaltung doch realist. genau Menschen und Milieu, z. B. *König Fjalar* (1844, dt. 1877). Der Balladenzyklus *Fähnrich Stahls Erzählungen* (1848–60, dt. 1852), dessen einleitendes Lied *Vårt land* finn. Nationalhymne wurde, feiert den Freiheitskampf gegen Rußland von 1808/09. Angeregt durch finn. Volkslieder, schrieb R. volkstüml. Lyrik. R. begründete sowohl die spätere patriot. Dichtung als auch eine realistischere Zeichnung des Volkes in der schwed. Literatur.

Rung, Otto Christian Henrik (* 16. 6. 1874 Kopenhagen, † 19. 10. 1945 ebd.). – Dän. Jurist, gestaltete in seinen Novellen und Romanen mit Vorliebe kriminalist. Stoffe. Seine Parteinahme für den »kleinen Mann« führte zur sozialkrit. Thematik seiner späteren Bücher, z. B. *Sünder und Schelme* (1918, dt. 1919). Als sein Hauptwerk gilt der Erinnerungsband *Fra min Klunketid* (1942).

Runge, Erika (* 22. 1. 1939 Halle/Saale). – Dt. Schriftstellerin und Regisseurin, erwarb sich nach dem Studium in München lit. große Beachtung mit ihren »lit. Protokollen«, in denen sie Aussagen von Zeitgenossen zur Erklärung der gesellschaftl. Verhältnisse im Sinne einer marxist. Weltsicht deutet, z. B. *Bottroper Protokolle* (1968). R. ist Mitglied des PEN-Zentrums und des VS. Mit Problemen des Frauenrechts setzte sie sich in *Frauen. Versuche zur Emanzipation* (1969) und *Die merkwürdigen Abenteuer einer pünktlichen, zuverlässigen und keineswegs aufsässigen Chef-Sekretärin* (1979), mit Rassenfragen in *Südafrika, Rassendiktatur zwischen Elend und Widerstand* (1974) auseinander. Für engagierte Filme schrieb sie Drehbücher, z. B. *Frauen an der Spitze* (1970) und *Lisa und Tshepo* (1981). In den letzten Jahren fanden die engagiert ideolog. Arbeiten weniger Beachtung, z. B. *Berliner Liebesgeschichten* (1986).

Ruodlieb. Der älteste lat. Roman des dt. Mittelalters, benannt nach dem ritterl. Helden R., wurde um 1050 von einem unbekannten Mönch des Klosters Tegernsee in Hexametern abgefaßt. Etwa zwei Drittel des Werkes sind erhalten. Lebendig und anschaul. gibt der Dichter ein umfassendes Zeitbild, das höf. und bäuerl. Leben spiegelt, aber zugleich mit spätgriech. Erzählstoffen und Motiven aus Märchen und Heldensage vermischt ist. Das in seiner Zeit einzigartige Werk gilt als bedeutendster Vorläufer des hochmittelalterl. Versromans.

Rushdie, Salman (* 19. 6. 1947 Bombay). – Brit.-ind. Erzähler, stammt aus einer wohlhabenden muslim. Familie, studierte in England Geschichte und Theaterkunst, arbeitete in London, bereiste mehrfach Indien und Pakistan. Seine frühen erzählerischen Werke wie die Romane *Mitternachtskinder* (1981, dt. 1983), *Scham und Schande* (1983, dt. 1985) oder der Reisebericht durch Nicaragua *Das Lächeln des Jaguars* (1987, dt. 1987) zeichnen sich durch eleganten Stil, Witz und Humor sowie durch glänzende Analysen der histor. und polit. Situationen aus, wobei sich der Autor zur Gestaltung gerne alter Mythen und Märchenelemente bedient. 1988 (dt. 1989) erschien der R. *Die Satanischen Verse*, in dem er an einer Stelle über die Rolle des Erzengels Gabriel bei der Verkündigung an Mohammed reflektiert und die Verkündigung ironisch kommentiert, indem er dem Engel teuflische Verse in den Mund legt. Dieser Text wurde zum öffentl. Ereignis, als der iranische Revolutionsführer Khomeini die Gläubigen aufrief, an R. das Todesurteil zu vollziehen. Die westl. Welt reagierte empört und betroffen; R. ging ins Exil in den Untergrund, und das Buch wurde zu einem Bestseller, an dem sich zeigen ließ, welche Rolle die Literatur in einer demokrat. Gesellschaft spielt. 1991 erschien ein neuer Roman *Harun und das Meer der Geschichten*, in dem mit leichter und geistreicher Sprache die Geschichte eines Umweltkrieges erzählt wird; stilistisch vereint R. hier Märchen, Science-fiction, fernöstliche und orientalische Legenden und romantische Motive zu einer politischen Parabel.

Russell, Bertrand Arthur William (* 18. 5. 1872 Trellek/Wales, †2. 2. 1970 Penhydendreath/Wales). – Engl. Philosoph und Schriftsteller, im Ersten Weltkrieg wegen Kriegsdienstverweigerung inhaftiert, lebte dann als freier Schriftsteller, wobei er in engagierter Weise zu sozialen und polit. Fragen Stellung nahm. Der weltbekannte Philosoph war Gastprofessor in Harvard, Oxford, London, Peking, Chicago und Los Angeles und erhielt für sein lit. Werk 1950 den Nobelpreis. Als überzeugter Pazifist wandte er sich gegen Atomkrieg und das amerikan. Engagement in Vietnam, gegen den Einmarsch der Sowjets in die Tschechoslowakei und gegen das Wettrüsten. Als Philosoph versuchte er, eine mathematische Logik zu begründen, wobei er jedoch in seiner Typenlehre unlogisch das Unendlichkeitsaxiom außer acht ließ. In zahlreichen Schriften suchte er Empirismus und Theorienbildung zu vereinen, wobei er die Wirklichkeit nur als logisches Konstrukt anerkannte. Konsequent deduzierte er metaphysisch einen »Urstoff«, der weder materiell noch spirituell sein darf. In seinen sozialkrit. Arbeiten trat er gegen tradierte Ordnungsformen im Sinne eines positivist. Optimismus auf. Aus seinen zahlreichen Schriften haben für die Literatur bes. Bedeutung *Unser Wissen von der Außenwelt* (1914, dt. 1926), *Grundlagen für eine soziale Umgestaltung* (1916, dt. 1921), *Mystik und Logik* (1918, dt. 1952), *Einführung in die mathematische Philosophie* (1919, dt. 1923), *Die Analyse des Geistes* (1921, dt. 1927), *Die Kultur des Industrialismus und ihre Zukunft* (1923, dt. 1928), *Ikarus oder die Zukunft der Wissenschaft* (1924, dt. 1926), *Philosophie der Materie* (1927, dt. 1929), *Mensch und Welt* (1927, dt. 1930), *Skepsis* (1928, dt. 1930), *Das naturwissenschaftliche Zeitalter* (1931, dt. 1953), *Freiheit und Organisation* (1934, dt. 1948), *Lob des Müßiggangs* (1935, dt. 1957), *Macht* (1938, dt. 1947), *Philosophie des Abendlandes* (1946, dt. 1952), *Das menschliche Wissen* (1948, dt. 1952), *Macht und Persönlichkeit* (1949, dt. 1950), *Denker des Abendlandes* (1959, dt. 1962), *Mein Leben* (1967–1969, dt. 1967–1971).

Russell, George William, Ps. *AE.* (* 10. 4. 1867 Lurgan/Armagh, †17. 7. 1935 Bournemouth). – Ir. Schriftsteller, zählte zu den maßgebenden Vertretern der national-irischen »Home-Rule-Bewegung« und der »Irischen Renaissance«, die irische Eigenart in Literatur und Kunst betonte. So war R. auch an der Gründung des »Abbey Theatre« in Dublin beteiligt. Außerdem Drama *Deirdre* (1902) schrieb er myst.-ekstat. Lyrik, z. B. *Gods of War* (1915) und *The Candle of Vision* (1918), und krit. Prosa.

Rusthaveli, Šotha, auch Sotha aus Rusthavi (2. Hälfte 12. Jh.). – Georg. Dichter, verfaßte nach dem Vorbild zeitgenöss. pers. Ritterepen das abenteuerl.-phantast. georg. Nationalepos *Der Mann im Tigerfelle* (dt. 1890), das Minne und Vasallentreue rühmt.

Rutebeuf (Rustebeuf, Rustebuef) (*vor 1250, †um 1285). – Franz. Dichter, genoß als fahrender Sänger niedriger Herkunft den Schutz der Brüder Ludwigs IX. Entgegen der Troubadourdichtung schrieb er – hierin bedeutendster Vorläufer Villons – wirklichkeitsnah, persönl. und für das breite Volk. Er richtete sich in satir. Gedichten gegen Mißstände der Zeit, schrieb Legenden, Mariengedichte und Kreuzzugslieder und eine der ersten dramat. Fassungen des Fauststoffes *Das Mirakelspiel von Theophilus* (um 1261, dt. 1955).

Ruusbroec, Jan (Johannes) van, auch *Rusbroec, Ruisbroe(c)k, Ruysbroe(c)k* (* 1293 Ruusbroec/Brüssel, †2. 12. 1381 Groenendal/Brüssel). – Fläm. Mystiker, gründete, beeindruckt von der Not der Zeit, in Groenendal ein Augustinerstift und war seit 1354 sein erster Prior. Aus der Kritik an Eckhart entstand seine Lehre über den myst. Weg vom wirkenden zum gottanschauenden Leben, die er in 12 kunstvoll aufgebauten Traktaten in fläm. Prosa niederschrieb; am bedeutendsten ist der 1. Traktat *Zierde der geistl. Hochzeit*. Seine Sprache ist bildhaft und der Alltagssprache angenähert. Unter seinem weitreichenden Einfluß (Devotio Moderna) standen u. a. G. Grooete und Thomas v. Kempen.

Rychner, Max (* 8. 4. 1897 Lichtensteig/Schweiz, †10. 6. 1965 Zürich). – Schweizer Literaturhistoriker und -kritiker, arbeitete bei mehreren Zeitungen, u. a. seit 1939 beim Feuilleton der Züricher Tageszeitung »Die Tat«. Außer Lyrik und Novellen veröffentlichte er Essaybände, etwa *Zeitgenössische Literatur* (1947) oder *Aufsätze zur Literatur* (1966) mit Charakteristiken, Kritiken und Analysen und Übersetzungen Valerys. Sie zeigen ihn in der Tradition der europ. Literatur, die er an die Gegenwart weiterzuvermitteln suchte.

Rydberg, Abraham Viktor (* 18. 12. 1828 Jönköping, †21. 9. 1895 Djursholm). – Schwed. Dichter, Kulturredakteur, dann Kulturhistoriker in Stockholm. R. begann mit trivialen Schauerromanen, wandte sich dann dem Platonismus zu und suchte die antike humanist. Tradition mit dem Christentum zu verbinden, z. B. in *Der letzte Athener* (1857, dt. 1859), das er krit. interpretierte und die göttl. Substanz Christi der Zeitmode entsprechend leugnete (z. B. *Bibelns lära om Kristus*, 1862). Seine folgenden lit. bedeutsamen Werke stehen im Zeichen der Auseinandersetzung mit dem christl. Glauben, mit religiöser Intoleranz, polit. und sozialen Problemen und moderner Naturwissenschaft, so z. B. *Der Waffenschmied* (1891, dt. 1908). Sein gesamtes Schaffen, von anhaltender Wirkung, steht vermittelnd zwischen Romantik und Neuromantik. Zahlr. Werke wurden ins Dt. übersetzt und hatten weniger lit. als kulturkrit.

starken Einfluß, z. B. *Vorlesungen über Leibniz und Schopen-*
hauer (1903), *Die Venus von Milo, Antinous* (1911).

Rylski, Maksim Fadejewitsch (* 19. 3. 1895 Kiew, † 24. 7. 1964
ebd.). – Ukrain. Autor, gehörte der ukrain. sowie der sowjetruss. Akademie der Wissenschaften an und seit 1946 dem
Obersten Sowjet. Bis 1929 veröffentlichte er unpolit., subjektive Lyrik, die ihn als bedeutenden ukrain. Neoklassiker ausweist. Später beugte er sich parteioffizieller Kritik u. wandte
sich der sowjet.-patriot. Tendenzdichtung zu. Hervorragendes
schuf er als Übersetzer (u. a. Puschkins *Eugen Onegin*, Shakespeare, Goethe, Corneille, Racine, Mieckewicz und das Igorlied). Die Werkausgabe 1960 bis 1962 umfaßt 10 Bde.

S

Saalfeld, Martha, eigtl. *Martha vom Scheidt* (*15.1. 1898 Landau/Pfalz, †14.3. 1976 Bergzabern/Pfalz). – S., Frau des Graphikers und Malers Werner vom Scheidt, studierte u.a. Botanik und arbeitete als Apothekerassistentin. 1933–45 mit Veröffentlichungsverbot belegt, trat sie nach 1945 erneut mit Lyrik, besonders Naturgedichten, phantast. Erzählungen wie *Gedichte und Erzählungen* (1973) und Romanen wie *Judengasse* (1965) und *Isi* (1970) hervor. 1973 erschien eine Auswahlausgabe *Gedichte und Erzählungen*.

Saar, Ferdinand von (*30.9. 1833 Wien, †24.7. 1906 Döbling/Wien). – Österr. Schriftsteller, nahm 1859 als Offizier Abschied von der Armee und widmete sich von da an der Literatur, meist in Wien lebend. Seine schwermütigen, realist.-psycholog. Erzählungen und Novellen über das Österreich des späten 19. Jh.s, wie *Novellen aus Österreich* (2 Bde. 1897), *Schicksale* (1889) und *Herbstreigen* (1897), stellen ihn in die Nähe Storms. Lenau und Grillparzer wirkten auf seine eleg. Gedichte. Die *Gesammelten Werke* des heute zu Unrecht fast vergessenen Dichters erschienen 1909 in 12 Bdn.

Saavedra Fajardo, Diego de (*6.5. 1584 Algezares/Murcia, †24.8. 1648 Madrid). – Span. Jurist, der als Diplomat in Italien und Deutschland wirkte, u.a. bei den Verhandlungen um den Westfälischen Frieden in Münster. S. schrieb vor allem polit. Schriften, etwa *Empresas politicas*, unter Bezug auf Machiavellis *Il Principe*. In *República literaria* bot er einen krit. Überblick über span. Kunst, Wissenschaft und Literatur des 17. Jh.s.

Saba, Umberto (*9.3. 1883 Triest, †25.8. 1957 Görz). – Ital. Dichter aus jüd. Familie, leitete ein Antiquariat in Triest, in dem zahlreiche Künstler zusammenkamen. Die meisten seiner schwermütigen, tief pessimist. Gedichte, im Inhalt modern, formal aber der Tradition verhaftet, sind im *Il Canzoniere* zusammengefaßt (1945). Als deutsche Auswahl liegt der Gedichtband *Triest und eine Frau* (1962) vor.

Sábato, Ernesto (*23.6. 1911 Rojas/Buenos Aires). – Argentin. Schriftsteller, bis 1945 Prof. der Physik und Atomforscher in La Plata; danach wandte er sich der Literatur zu. Neben sozial- und literaturkrit. Essays schrieb er experimentelle Romane wie *Der Maler und das Fenster* (1948, dt. 1958) und den phantast.-unheiml. Roman *Über Helden und Gräber* (1961, dt. 1967), der Elemente der Psychoanalyse, des Surrealismus und modernen Films sowie Kafkascher Erzähltechnik aufweist. Wichtig für das Verständnis der Rolle der Lit. in der südamerikan. Gesellschaft und sein lit. Selbstverständnis sind die 1974 erschienenen *Drei Essays über die Literatur unserer Zeit*. In den letzten Jahren wurden auch seine Romane in Dtld. interessiert aufgenommen, z.B. *Maria oder die Geschichte eines Verbrechens* (1976), *Abaddon* (1980), *Die unbesiegten Furien* (dt. 1991).

Sabbe, Maurits (*9.2. 1873 Brügge, †12.2. 1938 Antwerpen). Fläm. Schriftsteller, war nach dem Germanistikstudium zunächst Lehrer, 1919 wurde er Museumskonservator in Antwerpen, 1923–37 lehrte er niederl. Literatur in Brüssel. Seine humorist. Romane und Erzählungen *Omnibus* (dt. Auswahl 1971), die meist in Brügge spielen, sind der Spätromantik zuzurechnen.

Sabina, Karel (*29.12. 1813 Prag, †9.11. 1877 ebd.). – Tschech. Kritiker und Dichter, wurde 1849 als Haupt der radikal-demokrat. Bewegung zum Tode verurteilt, 1857 aber begnadigt. 1859–72 war er als Wiener Geheimagent tätig. Byron inspirierte seine Lyrik, romant.-histor. Novellen und Romane, die in einer tschech. Gesamtausgabe 1910–11 in 3. Bdn. vorliegen. Bis in unsere Zeit bekannt sind seine Libretti, u.a. für Smetanas Oper *Die verkaufte Braut* (1863). Von zeitgeschichtl. Interesse sind seine autobiograph. Aufzeichnungen *Oživene hroby* (1870), die seine seinerzeit beachteten Arbeiten zur Literaturgeschichte weit übertreffen.

Sabino, Fernando (*12.10. 1923 Belo Horizonte). – Brasilian. Prosaschriftsteller, ging nach dem Jurastudium in die USA und war journalist. tätig. Aus seinen Erzählungen und Romanen ragt der teils autobiograph. Roman *Schwarzer Mittag* (dt. 1962) hervor, der die Verunsicherung der intellektuellen Jugend beschreibt.

Sá-Carneiro, Mário de (*19.5. 1890 Lissabon, †26.4. 1916 Paris). – Portugies. Autor, lebte als freier Schriftsteller in Paris und Lissabon, nahm sich wegen Depressionen und Geldsorgen das Leben. Gemeinsam mit Pessoa, seinem Freund, gilt er als Begründer der modernen portugies. Literatur, indem er, von Futurismus und Kubismus beeinflußt, Dichtung als persönl. Aussage verstand. In seiner frühen Lyrik entwarf er eine geheimnisvolle Traumwelt, während die späten Gedichte Enttäuschung zum Ausdruck bringen. Sein Gesamtwerk *Poesias Completas* erschien posth. 1946.

Sacchetti, Franco (*um 1330 Florenz oder Ragusa, †1.9. 1400 Florenz). – Ital. Poet, Kaufmann und Bankier, hatte verschiedene öffentl. Ämter inne und reiste viel durch Europa. Seine *Trecento novelle* (300 Novellen), von denen noch 223 erhalten sind, entstanden 1388–95 nach dem Vorbild Boccaccios. Moralisierend, aber lebendig, erzählte S. komische Begebenheiten, die er mündl. Berichten oder eigener Beobachtung entnahm, und bot so ein buntes Bild seiner Zeit. Neben Gedichten versch. Gattungen schrieb er vier Lieder auf seine Frau, *La battaglia delle giovani belle con le vecchie* (hg. 1938).

Sacher, Friedrich, Ps. *Fritz Silvanus* (* 10. 9. 1899 Wieselburg/Niederösterreich, † 22. 11. 1982 Wien). – Österr. Schriftsteller, als Hauptschullehrer in Klosterneuburg tätig, widmete er sich seit 1934 ganz der Literatur. In Gedichten und Erzählungen wandte er sich den unscheinbaren, schlichten Dingen und Begebenheiten in Natur und Leben zu: *Das Buch der Mitte* (Ges. Gedichte 1939), *Spätlese* (Ged. 1961), *Unterm Regenbogen* (Erzn. 1962). Als konservativer Literaturessayist erwies er sich mit *Die neue Lyrik in Österreich* (1932) und *Der Lyriker Joseph Weinheber* (1934). Zum 80. Geburtstag S.s erschien die Sammlung *Leben, das dank ich dir* (1979), 1981 veröffentlichte er den Heimkehrerroman *1946 oder das Pumpenhaus*.

Sacher-Masoch, Leopold Ritter von, Ps. *Charlotte Arand* und *Zoe von Rodenbach* (* 27. 1. 1836 Lemberg, † 9. 3. 1895 Lindheim/Hessen). – Dt. Schriftsteller, lehrte an der Universität Lemberg, wurde dann freier Schriftsteller und später Zeitungs- und Zeitschriftenredakteur. Während er mit realist. und unterhaltsamen Werken – häufig aus der Welt der galizischen Juden – sein Erzählwerk begann, z. B. *Der letzte König der Magyaren* (1867), wandte er sich später einer masochist. Erotik zu – der sog. Masochismus wurde nach ihm benannt –, etwa mit *Grausame Frauen* (4 Bde. 1907). Zu seiner besten Prosa zählen die realist., farbenprächtigen *Galizischen Geschichten* (2 Bde., 1877–81) und *Judengeschichten* (1878); als Hauptwerk gilt der Roman *Venus im Pelz* (1870, neu 1968).

Sachs, Hans (* 5. 11. 1494 Nürnberg, † 19. 1. 1576 ebd.). – Nürnberger Schuhmachermeister und Meistersinger. Der Sohn eines Schneiders hatte die Lateinschule besucht und wanderte 1511–16 durch Deutschland, bevor er sich in seiner Heimatstadt niederließ. Mit seiner volkstüml. Dichtung, meist in einfachen Knittelversen, brachte er humanist. Bildungsgut unter das Volk. Er entnahm seine Stoffe der Antike, Bibel, Ritterepik, Chroniken, Schwänken, Volksbüchern und dem alltägl. Leben. Sein Werk umfaßt ca. 200 Dramen, 4000 Meisterlieder und 1800 moral.-lehrhafte Spruchgedichte. Mit dem Gedicht *Die Wittembergisch Nachtigall* (1523) und mit seinen Prosadialogen setzte er sich früh für die Reformation ein. Derb-humorvoll und voll ausgezeichneter Charakteristik sind seine Schwänke und Fastnachtspiele, von denen u. a. *Der fahrende Schüler im Paradeis* (1550) und *Das Kälberbrüten* (1551) heute noch aufgeführt werden. Lange Zeit verachtet, wurde S. in der Sturm-und-Drang-Zeit von den Romantikern und bes. von R. Wagner in der Oper *Die Meistersinger von*

Nürnberg gefeiert. Eine Werkausgabe in 26 Bdn. erschien 1870 bis 1908. In den letzten Jahren ist in der Literaturwissenschaft eine neue Rezeption zu beobachten, die auch zu einer Neubewertung seines Werkes führen dürfte.

Sachs, Maurice, eigtl. *M. Ettinghausen* (* 16. 9. 1906 Paris, † 14. 4. 1945 Hamburg). – Franz. Schriftsteller, fand bereits als 14jähriger Zugang zu Pariser Künstlerkreisen, wo er u. a. Cocteau und Gide begegnete, die er vorzügl. charakterisierte. Er betätigte sich als Kunsthändler, Lektor, schließlich als Gestapospitzel, war 1943–45 im KZ und wurde vermutlich erschossen. Seine Prosa *Der Sabbat* (1946, dt. 1967) gibt Aufschluß über das Pariser Künstlerleben und andere persönl. Erfahrungen. Von großem Interesse sind seine Biographien, z. B. *A. Gide* (1936). Essays über Künstler und Erzählungen über gesellschaftl. Sonderlinge, z. B. *La chasse à courre* (1949).

Sachs, Nelly (* 10. 12 1891 Berlin, † 12. 5. 1970 Stockholm). – Dt.-jüd. Dichterin, Nobelpreisträgerin von 1966. N. S. wollte eigtl. Tänzerin werden. Sie veröffentlichte 1921 als erstes Werk *Legenden und Erzählungen*, der schwed. Dichterin S. Lagerlöf gewidmet, mit der sie ein Briefwechsel verband. Mit ihrer Hilfe floh sie 1940 nach Schweden und schuf in Stockholm ihr berühmtes lyr. Werk. AT, Psalmen, Chassidismus und J. Böhme formten ihre reimlose, stark rhythm. und bilderreiche Lyrik, die unter dem Erlebnis des leidvollen jüd. Schicksals entstand, so z. B. *In den Wohnungen des Todes* (1947), *Eli* (1950), *Fahrt ins Staublose* (1961), *Suche nach Lebenden* (1971) und *Teile dich, Nacht* (1971). Diese Thematik bestimmt auch ihre szen. Dichtungen, zusammengefaßt in dem Band *Zeichen im Sand* (1962). Als Übersetzerin schwed. Lyrik machte sie die dt. Leser mit einem wichtigen Kulturbereich bekannt. 1965 erhielt sie den Friedenspreis des Dt. Buchhandels.

Sack, Gustav (* 28. 10. 1885 Schermbeck b. Wesel, † 5. 12. 1916 Finta Mare b. Bukarest). – Dt. Schriftsteller, fand im Ersten Weltkrieg als Leutnant in Rumänien den Tod. Seine autobiograph. frühexpressionist. Romane *Ein verbummelter Student* (1917) und *Ein Namenloser* (1919) und Gedichte (Sämtliche Gedichte 1913/14 u. d. T. *Die drei Reiter*), von Nietzsche geprägt, zeigen ihn als individualist. Menschen auf der Suche nach neuen Werten.

Sackville-West, Victoria Mary (* 9. 3. 1892 Knole Castle/Kent, † 2. 6. 1962 Sissinghurst Castle). – Engl. Dichterin, aus altem Adelsgeschlecht und Enkelin einer span. Zigeunertänzerin, lebte mit ihrem Mann, dem Schriftsteller und Diplomaten Sir H. Nicolson, lange Zeit in Persien. Sie war mit V. Woolf befreundet. Neben konventioneller Naturlyrik, Reiseberichten und Essays schrieb sie vor allem psycholog. Gesellschaftsromane über die engl. Aristokratie und die eigene Familiengeschichte, so *Schloß Chevron* (1930, dt. 1931) und *Weg ohne Weiser* (1960, dt. 1963). Ihre zahlreichen Werke erfuhren hohe

Auflagen und wurden in viele Sprachen übersetzt. Dt. fanden bes. Zustimmung u. a. *Erloschenes Feuer* (1931, dt. 1948), *Eine Frau von vierzig Jahren* (1932, dt. 1950), *Die Tänzerin und die Lady* (1937, dt. 1938).

Sade, Donatien-Alphonse-François, Marquis de (*2. 6. 1740 Paris, †2. 12. 1814 Charenton). – Franz. Schriftsteller, Kavallerieoffizier im Siebenjährigen Krieg, verbrachte wegen sexueller und polit. Vergehen 27 Jahre im Gefängnis und starb in der Heilanstalt in Charenton. Die meisten seiner Romane, in denen er jegl. Moral ablehnte und übersteigerte sexuelle Leidenschaft mit krankhafter Grausamkeit verband, schrieb er im Gefängnis, z. B. *Justine* (1791, dt. 1904) und *Die 120 Tage von Sodom* (1785, dt. 1908). Nach ihm prägte sich der psychopathologische Begriff des Sadismus. Seine Werke hatten skandalösen Erfolg und beeinflußten maßgebend die moderne franz. Literatur. In neuerer Zeit setzten sich auch in Dtld. zahlreiche Schriftsteller, z. B. P. Weiß, mit S. auseinander.

Sá de Miranda, Francisco (*27. 10. 1485, Coimbra, †15. 3. 1558 Tapada/Minho). – Portugies. Dichter und Humanist, widmete sich nach dem Jurastudium ganz der Literatur. Durch eine Italienreise angeregt, führte er ital. Versformen, wie Sonett, Oktave und Kanzone, in die portugies. Dichtung ein und gab dieser entscheidende neue Impulse. Auf seine Komödien wirkten Plautus und Terenz.

Sa'dī, Abu Abdellah (*um 1215 Schiras/Südiran, †9. 12. 1292 ebd.). – Pers. Dichter, sehr geschätzt wegen seiner kunstvollen Ghaselen. S. wurde berühmt durch den *Būstān* (= Nutzgarten, 1257, dt. 1850), eine didakt. Versdichtung, und den *Golestān* (Rosenhag, 1258, dt. 1654 v. A. Olearius), eine Sammlung von Anekdoten mit eingestreuten Gedichten, deren Lebensweisheit sie heute noch zu einem beliebten Zitatenschatz macht.

Sadoveanu, Ion Marin (*15. 6. 1893 Bukarest, †2. 2. 1964 ebd.). – Rumän. Schriftsteller. S. begann seine schriftsteller. Laufbahn mit Lyrik und Dramen und wurde 1944 mit seinem hervorragenden Roman *Sfîrşit de veac in Bucuresti* bekannt, in dem er den Aufstieg eines Emporkömmlings in die Bukarester Gesellschaft des 18. Jh.s beschrieb. Seine Werke wurden nicht ins Dt. übertragen.

Sadoveanu, Mihail (*5. 11. 1880 Pascani, †19. 10. 1961 Bukarest). – Rumän. Dichter, leitete 1900–12 das Nationaltheater in Jassy, wurde 1926 Abgeordneter und war 1948–60 stellvertretender Staatspräsident. In Erzählungen und Romanen im Stil des Sozialist. Realismus wandte er sich der Schilderung der Natur und des einfachen Volkes zu. Zu seinen Hauptwerken zählen die Romane *Ankutzas Herberge* (1928, dt. 1954), *Nechifor Lipans Weib* (1930, dt. 1936), *Die Heimkehr Mitrea Cocors* (1951, dt. 1952) und *Im Zeichen des Krebses* (dt. 1969). Neben seinen zahlreichen Romanen, die fast alle ins Dt. übertragen wurden, liegen im Dt. sehr gute Auswahlausgaben vor (z. B. *Kriegserzählungen*, 1953; *Bojarensünde*, 1958; *Novel-*

len *und Erzählungen*, 1958; *Geschichten am Lagerfeuer*, 1964) vor, die zum Besten der rumän. Lit. gehören.

Sagan, Françoise, eigtl. *F. Quoirez* (*21. 6. 1935, Cajarc/Lot). – Franz. Schriftstellerin, Tochter eines Industriellen, wuchs in Paris auf und studierte an der Sorbonne. 1953 wurde sie mit ihrem Roman *Bonjour Tristesse* schlagartig berühmt. Sie heiratete zweimal; beide Ehen wurden geschieden. Durch ihren ersten wie alle weiteren Romane, etwa *Ein gewisses Lächeln* (franz. und dt. 1956), *Lieben Sie Brahms?* (franz. und dt. 1959), *Ein Schloß in Schweden* (dt. 1961), *Ein bißchen Sonne im kalten Wasser* (1969, dt. 1970), *Willkommen, Zärtlichkeit* (1983), *Brennender Sommer* (1987) ziehen sich die Themen der Langeweile, Einsamkeit und Sinnlosigkeit des Lebens, die einer existentialist. Grundhaltung entsprechen, die jedoch, wie gerade spätere Werke zeigen, sehr banal verstanden werden, z. B. *Blaue Flecken auf der Seele* (1972, dt. 1973), *Ein verlorenes Profil* (1974, dt. 1975), *Die Lust zu leben* (dt. 1988). S. schrieb auch Ballette und Dramen wie *Das ohnmächtige Pferd* (dt. 1969), die durch ihre Dialoge bestechen. Viel gelesen wurde die Erz. *Augen wie Seide* (1977). 1985 erschienen die Erinnerungen *Das Lächeln der Vergangenheit*.

Sagarra i Castellarnau, Josep Maria de (*5. 3. 1894 Barcelona, †27. 9. 1961 ebd.). – Katalan. Dichter, Diplomat und zeitweilig Korrespondent in Berlin. S. verfaßte vielseitige Lyrik, Erzählungen über katalan. Traditionen und, anfangs von D'Annunzio und Ibsen angeregt, Dramen in leicht iron. Stil, die zu den besten katalan. Stücken der Gegenwart zählen. Seine Hauptwerke sind das Epos *El mal caçador* (1916) und seine zahlreichen späteren Gedichte, z. B. *El poema de Montserrat* (1956). Sein Gesamtwerk erschien 1948 bis 1964 in 4 Bdn. Es enthält die vorzügl. Übersetzungen von Dante und Shakespeare sowie die Balladen, die unter dem Einfluß der dt. Klassik und Romantik (Goethe, Uhland) entstanden sind.

Saiko, George Emmanuel (*5. 2. 1892 Seestadt/Erzgebirge, †23. 12. 1962 Rehawinkel b. Wien). – Österr. Autor, studierte Kunstgeschichte, Archäologie, Psychologie und Philosophie in Wien, wo er einige Jahre als Leiter der Graphiksammlung »Albertina«, dann als Privatgelehrter lebte. Er verfaßte sozialkrit., psycholog. Erzählungen und Romane über das Österreich von 1919–38 wie *Auf dem Floß* (1948) und *Der Mann im Schilf* (1955). 1972 erschienen seine *Erzählungen*, 1986 *Drama und Essays*.

Saint-Amant, Marc-Antoine Girard, Sieur de, eigtl. *Antoine Girard* (*30. 9. 1594 Quevilly b. Rouen, †29. 12. 1661 Paris). Franz. Lyriker, Reisebegleiter des Herzogs von Retz. S. vertritt, im Gegensatz zu Malherbe sowie zur Hof- und Salondichtung, die sog. burleske Dichtung und gilt als Vorläufer der Romantik. Neben realist. Genrebildern stehen groteske und phantast. Gedichte wie *Les visions* (1628) und *La solitude* (1654).

Sainte-Beuve, Charles Augustin (*23. 12. 1804 Boulogne-sur-

Mer, †13.10. 1869 Paris). – Franz. Schriftsteller, Bibliothekar und Professor an verschiedenen Universitäten, widmete sich der Literaturkritik und Interpretation romantischer und klassischer Werke. In seine lit. Analysen bezog er Dichterpersönlichkeit, Entstehungsgeschichte und -bedingungen ein und schrieb *Literarische Porträts* (1844, dt. 1923). Aus Vorlesungen entstanden seine Hauptwerke *Histoire de Port-Royal* (1840–59) und *Chateaubriand et son groupe littéraire* (1860).

Saint-Évremond, Charles de Marguetel de Saint-Denis, Seigneur de (*1.4. 1610 Saint-Denis-le-Guast Cotentin, †29.9. 1703 London). – Französ. Essayist und Kritiker, angesehener Gast der Pariser Salons. Wegen einer Parodie auf Mazarin mußte er 1661 Frankreich verlassen und lebte am Hof des engl. Königs Karl II. Er bezog als erster soziolog. Gesichtspunkte in die Literaturkritik ein und nahm mit seiner unabhängigen Geschichtsbetrachtung Montesquieu und Voltaire vorweg. Seine Komödie *Die Gelehrtenrepublik* (1650, dt. 1870) machte ihn auch in Dtld. bekannt. Dt. liegt eine Auswahl in 2 Bdn. von 1912 vor.

Saint-Exupéry, Antoine-Marie-Roger de (*29.6. 1900 Lyon, †31.7. 1944 bei Korsika). – Franz. Dichter, wurde nach anfänglichem Architekturstudium Pilot einer Luftfahrtgesellschaft für die Linie Toulouse–Casablanca–Dakar, 1929 Direktor der Aeroposta Argentina in Buenos Aires und seit 1934 Mitarbeiter der Air France. Bei einem freiwilligen Fliegereinsatz im Zweiten Weltkrieg über Korsika verlor er das Leben. Das Erlebnis des Fliegens prägte sein Weltbild, veranlaßte ihn zur Kritik an der modernen mechanisierten Zivilisation und gewann ihn für eine Ethik der Liebe, Brüderlichkeit und Pflichterfüllung. Für *Terre des hommes* (1939, dt. u. d. T. *Wind, Sand und Sterne*), das zu den bedeutendsten Dichtungen unseres Jh.s zählt, erhielt er den Grand Prix. Sowohl seine autobiograph. Romane *Südkurier* (1929, dt. 1949), *Nachtflug* (1931, dt. 1932) und *Der Flug nach Arras* (franz. und dt. 1942) als auch seine tagebuchartigen oder meditativen Werke *Die Stadt in der Wüste* (Originaltitel *Citadelle*, posth. 1948, dt. 1951) und das Märchen *Der kleine Prinz* (1943, dt. 1950) bringen diese Vorstellungen zum Ausdruck. Seine zwiespältige Haltung zwischen Resistance und Faschismus zeigen die Aufzeichnungen *Die innere Schwerkraft; Gents de guerre / Schriften aus dem Krieg 1939–1944,* die dt. 1990 als Auswahl erschienen. S. E. gehört zu den überragenden Humanisten und zeitlosen Dichtern unseres Jh.s, dem es gelang, Grundfragen menschl. Existenz lit. zu gestalten.

Saint-Gelais, Mellin de (*1491 Angoulême, †Okt. 1558 Paris). – Franz. Autor, Priester, dann Bibliothekar am Hof, unter Franz I. und Heinrich II. vielbeachteter Hofdichter. S. ahmte in seinen Werken (Epigramme, Lieder, Sonette und Gelegenheitsdichtungen) antike und zeitgenössische ital. Dichtung nach. Als einer der ersten schrieb er franz. Sonette. 1574

erschien eine Gesamtausgabe der *Œuvres poétiques* (neu hg. 1873). Als Übersetzer Vergils und Ovids machte er die franz. Hofgesellschaft mit antiker Lit. bekannt, die bald in Frankreich zum gültigen Maßstab allen lit. Schaffens werden sollte.

Saint-Hélier, Monique, eigtl. *Betty Borid,* geb. Eymann (*2.9. 1895 La Chaux-de-Fonds, †9.3. 1955 Chambines Pacy-sur-Eure). – Französisch-sprachige Schweizer Schriftstellerin, schrieb ihre Romane im Krankenbett, in dem sie 28 Jahre mit schwerem Leiden lag. Rilke und Proust beeinflußten ihre gleichwohl lebensfrohen Werke, die in zwei Zyklen (*La cage aux rêves,* 1934 bis 1936, und *La chronique du martin-pêcheur,* 1953 bis 1954) die Geschichte zweier Schweizer Familien behandeln. Dt. Übersetzungen liegen z.T. vor, etwa *Der Eisvogel* (1953, dt. 1954) oder *Die rote Gießkanne* (1955, dt. 1956).

Saint-John Perse, eigtl. *Marie-René-Alexis Saint-Léger* (*31.5. 1887 Saint-Léger-les-Feuilles bei Guadeloupe, †20.9. 1975 Giens). – Franz. Dichter, Nobelpreisträger von 1960. S.-J. P. studierte Politik und Jura in Frankreich, stand seit 1914 im franz. diplomat. Dienst, verbrachte einige Jahre in Peking, war 1925–31 Mitarbeiter A. Briands, wurde Botschafter und schließlich Generalsekretär des Außenministeriums. 1940 abberufen, lebte er bis 1959 in London und den USA, danach in Frankreich. In gehoben-feierlichen, bilderreichen Prosagedichten, die auf den Einfluß Claudels, Chateaubriands und des Surrealismus weisen und Elemente verschiedener Kulturen in sich vereinen, besang er die Schönheit der Welt, so in *Anabase* (1924, dt. 1950), *Chronik* (franz. und dt. 1960) und *Vögel – Oiseaux* (zweisprachig 1964). Bewußt sah er sich als Dichter, der wie der späte Rilke die Aufgabe der Dichtung im Rühmen des Seienden sah. Seine Distanz von allen Zeitproblemen gibt den Gedichten eine affektive Wirksamkeit, der sich der Leser nicht entziehen kann. Das *dichterische Werk* wurde 1978 von Friedhelm Kemp in zwei Bdn. herausgegeben.

Saint-Pierre, Jacques Henri Bernardin de →Bernardin de Saint-Pierre, Jacques Henri.

Saint-Pol-Roux, eigtl. *Paul Roux* (*15.1. 1861 Saint-Henry b. Marseille, †18.10. 1940 Brest). – Franz. Schriftsteller, schrieb für die Zeitschrift »Pléiade« und war an der Gründung der Académie Mallarmé beteiligt. In seinen symbolist. Gedichten und Dramen versuchte er, eine ideale Wirklichkeit darzustellen; er prägte den Begriff des »Idorealismus«. Seine metaphernreiche Sprache verweist auf den Surrealismus. Ein großer Teil der Werke erschien posthum und liegt in Auswahlbänden vor. 1986f. erschien eine dt. Werkausgabe in 16 Bdn.

Saint-Simon, Louis de Rouvroy, Duc de (*16.1. 1675 Versailles, †2.3. 1755 Paris). – Franz. Schriftsteller, Höfling unter Ludwig XIV., nach dessen Tod Mitglied des Regentschaftsrates und Botschafter, zog sich 1723 enttäuscht vom Hofleben zurück. In seinen Memoiren, *Mémoires sur le siècle de Louis*

XIV. et la Régence, entstanden 1694–1752, hg. 1829/30, schilderte er in modern anmutender Sprache und mit psychologischem Scharfblick das Hofleben unter dem späten Ludwig XIV. und während der Regentschaft. Eine dt. Übersetzung der *Erinnerungen* erschien 1969.

Saizew, Boris Konstantinowitsch (*10.2. 1881 Orel, †28.1. 1972 Paris). – Russ. Dichter, studierte klass. Sprachen, wandte sich dann aber der Lit. zu. Seit 1924 lebte er in Paris. Ein melanchol., impressionist. Charakter kennzeichnet seine Erzählungen, Novellen und Romane, die vielfach von Turgenjew und Tschechow inspiriert wurden. Mit Ausnahme von *Natascha Nikolajewna* (1926, dt. 1959) und *Novellen* (1923) liegen seine Werke nicht in Übersetzungen vor.

Salacrou, Armand (*9.8. 1899 Rouen, †23.11. 1989 Le Havre). – Französ. Dramatiker, studierte Medizin, Philosophie und Jura, arbeitete als sozialist. Journalist sowie beim Film und beim Theater und leitete ein Reklamebüro. Sein bekanntestes 1935 veröffentlichtes Stück *L'Inconnue d'Arras* erschien unter dem deutschen Titel »*Die unerbittliche Sekunde*« (1946). 1949 wurde er in die Académie Goncourt berufen. Sein Werk vereinigt Einflüsse des Surrealismus, des Films (Technik der Rückblende) und des Boulevardtheaters. Eines der zentralen Themen seiner naturalist. Komödien und bürgerl. Milieudramen, die existenzialist. Elemente aufweisen, ist die Liebe, so in *Tugend um jeden Preis* (1955, dt. 1957). Engagement verraten das Widerstandsdrama *Die Nächte des Zorns* (1946, dt. 1948) und das Drama über den Kampf eines Gewerkschaftlers, *Boulevard Durant* (dt. 1961). Seine Figuren sind Wahrheitssucher in einer Welt, in der es keine religiösen Bindungen mehr gibt. Seine oft sehr leicht und spritzig geschriebenen Stücke sind im Kern anspruchsvoll und werden von Boulevardbühnen selten richtig aufgeführt.

Salama, Hannu (*6.10. 1936 Kuovola/Südfinnland). – Finn. Schriftsteller, brach seine Ausbildung ab und arbeitete in verschiedenen Berufen, bis er sich als freier Autor erhalten konnte. In seinen Romanen *Johannistanz* (1964, dt. 1966), *Wo ein Täter ist, ist auch ein Zeuge* (1972, dt. 1976) und dem *Finnlandia-Zyklus* (1976 bis 1984) übt er Kritik an der oberen Gesellschaft. Gegen diese Oberflächlichkeit stellt er sozialist. Grundsätze und autobiograph. Erfahrungen.

Salinas, Pedro (*27.11. 1891 Madrid, †4.12. 1951 Boston/USA). – Span. Dichter und Kritiker, Lektor und Professor für span. Literatur, arbeitete über Manrique und Dario und übersetzte Proust und Montherlant. S. emigrierte 1936 in die USA. Nach früher Bekenntnislyrik, den *Presagios* (1923), schrieb er distanziertere Gedichte über die Liebe sowie über die Technik, so in *Razón de amor* (1936), und den utopischen Roman *Die Rätselbombe* (1950, dt. 1959).

Salinger, Jerome David (*1.1. 1919 New York). – Amerikan. Schriftsteller aus jüd.-ir. Familie, aktiver Offizier im 2. Welt-

krieg, arbeitete seit 1949 für den »New Yorker«, schrieb zahlreiche Kurzgeschichten und traf mit Hemingway, der ihn beeinflußte, zusammen. 1953 zog er sich völlig zurück. Der sechzehnjährige Held seines berühmten Romans *Der Fänger im Roggen* (1951, dt. 1954) repräsentiert mit seinen Konflikten und Erlebnissen in New York die junge Generation der 40er Jahre. Im Mittelpunkt seiner späteren Novellen steht die begabte »Glass-Familie«, ein Bild der abgeschlossenen Lebensform gewisser gesellschaftl. Gruppen. Aufsehen erregten auch der Roman *Franny und Zooey* (1961, dt. 1963) und *Neun Erzählungen* (1953, dt. 1966).

Salis-Seewis, Johann Gaudenz Freiherr von (*26.12. 1762 Schloß Bothmar b. Malans/Schweiz, †29.1. 1834 ebd.). – Schweizer Dichter, war ein Zögling des Dichters Pfeffel in Kolmar, wurde 1785 Hauptmann der Schweizergarde in Versailles und kehrte nach der Französ. Revolution in die Schweiz zurück. In Dtld. traf er mit Goethe, Schiller und Herder zusammen, die jedoch auf sein sehr begrenztes Werk keinen Einfluß gewannen. Mit seinen formal gebundenen, melancholischen Natur- und Heimatgedichten zählt er zu den Vertretern des Schweizer Klassizismus. Seine *Sämtlichen Gedichte* erschienen 1843.

Sallustius Crispus, Gaius (*86 v. Chr. Amiternum in den Sabiner Bergen, †35 v. Chr.). – Röm. Historiker, bekleidete die Ämter des Quaestors, Volkstribuns, Senators und Prokonsuls in der Provinz Afrika. In seinen Werken über die Verschwörung des Catilina, *De coniuratione Catilinae*, und den Krieg gegen Jugurtha, *Bellum Jugurthinum*, bemühte er sich weniger um wissenschaftl. Genauigkeit als um Kritik an dem sittlichen Niedergang in Adel und Volk von Rom. Sein klarer Stil, durchsetzt von altertümlichen Wendungen und Wortneubildungen, diente besonders Tacitus als Vorbild.

Salman und Morolf. Mhd. schwankhaftes Spielmannsepos, das um 1180/90 von einem unbekannten rheinfränk. Dichter verfaßt wurde. Anknüpfend an einen im Talmud und in byzantin. Texten überlieferten Stoff, erzählt es die Entführung Salmes, der Frau Salomons, und ihre Rückführung durch Salomons schlauen Diener Morolf. Salme ist die erste lebensnahe Frauengestalt in der dt. Literatur.

Salminen, Sally Alina Ingeborg (*25.4. 1906 Vårdö/Ålandinseln, †18.7. 1976 Kopenhagen). – Finn.-schwed. Romanautorin, war als kaufmännische Angestellte und 1930–36 als Hausangestellte in den USA tätig. Seit 1940 lebte sie in Dänemark. Bekannt wurde sie mit *Katrina* (1936, dt. 1937), einem Roman über die entbehrungsreiche Ehe einer Bauerntochter mit einem angeber. åländ. Seemann. Die anderen Romane der Autorin sind formal und inhaltl. schwach, autobiograph. überladen und fanden, obwohl sie in mehrere Sprachen übersetzt wurden, wenig Beachtung.

Salmon, André (*4.10. 1881 Paris, †12.3. 1969 Sanary-sur-

Mer). – Franz. Schriftsteller, wuchs in Rußland auf und kam 1903 nach Paris zurück, wo er Kontakt mit Malern und Schriftstellern des Surrealismus hatte. Diese Begegnungen beeinflußten seine Lyrik, Erzählungen, Romane und Essays über die Pariser Künstler- und Unterwelt, z. B. *Montmartre-Montparnasse* (1957, dt. 1958). Leider liegen die aufschlußreichen Essays über Künstler aus seinem Kreis (Cézanne, Rousseau) nicht in Dt. vor.

Salomon, Ernst von (*25. 9. 1902 Kiel, †9. 8. 1972 Stöckte b. Winsen/Luhe). – Dt. Schriftsteller, wurde 1922 wegen Beihilfe an der Ermordung Rathenaus zu Zuchthaus verurteilt, nahm am Kapp-Putsch und an schleswig-holstein. Bauernaufständen teil, enthielt sich aber während der NS-Zeit als Drehbuchautor jegl. politischen Engagements. Der aufsehenerregendste seiner sarkast. autobiograph. und zeitgeschichtl. Romane, zu denen *Die Geächteten* (1930) oder *Das Schicksal des A. D.* (1960) gehören, wurde *Der Fragebogen* (1951), in dem er, einen Entnazifizierungs-Fragebogen beantwortend, seine Lebensgeschichte berichtet.

Salomon, Horst (*6. 5. 1929 Pillkallen/Ostpreußen, †20. 6. 1972 Gera). – Dt. Schriftsteller der DDR, arbeitete als Bergmann in Thüringen und studierte dazwischen drei Jahre Literatur in Leipzig. Er schrieb, z. T. in Gemeinschaftsarbeit, sozialist. Agitationslyrik, wie *Getrommelt, geträumt und gepfiffen* (1960), und humorvolle, milieuechte Lehrstücke, wie *Katzengold* (1964), und das Drama *Genosse Vater* (1969).

Salten, Felix, eigtl. *Siegmund Salzmann* (*6. 9. 1869 Budapest, †8. 10. 1945 Zürich). – Österr. Autor, Burgtheaterkritiker der »Wiener Allgemeinen Zeitung« und Redakteur der Berliner »Morgenpost«; 1938 emigrierte er nach Hollywood und lebte später in Zürich. Er ist der Autor des populären Tierbuches *Bambi* (1923) und zahlreicher anderer Tiergeschichten; daneben verfaßte er Gesellschafts- und Geschichtsromane, vielleicht die *anonymen Memoiren* der Wiener Dirne Josefine Mutzenbacher, die im Zuge der Pornowelle sogar verfilmt wurden, Dramen u. a. Sein Feuilleton *Wurstelprater* (1911) wurde 1973 neu aufgelegt. Die übrigen Novellen und Dramen sind heute vergessen.

Saltykow, Michail Jewgrafowitsch, Ps. *Schtschedrin* (*27. 1. 1826 Spas-Ugol/Twer, †12. 5. 1889 Petersburg). – Bedeutender russischer Dichter, quittierte als erfolgreicher Beamter den Dienst und lebte von da an nur noch für die Literatur. Seine Schriften, von denen er einen großen Teil als Mitarbeiter bekannter Zeitschriften veröffentlichte, zeigen Einflüsse Nekrassows, der utopischen Sozialisten, Dostojewskis und Gogols sowie eine durchgehend christliche Weltsicht. Da er von der Zensur wegen seiner treffenden satirischen Schriften häufig verfolgt wurde, entwickelte er einen eigenwilligen Stil, der ihm auch als Tarnung diente. Mit *Die Geschichte einer Stadt* (1869f., deutsch 1946) und dem Roman *Die Herren Go-*

lowliow (1880, deutsch 1914) erwarb er internationale Anerkennung.

Salustri, Carlo Alberto, Ps.*Trilussa* (*26. 10. 1871 Rom, †21. 12. 1950 ebd.). – Ital. Schriftsteller, Vertreter der neueren röm. Dialektdichtung, war journalist. tätig und führte anschließend ein Bohèmienleben. Moralisierend stellte er in Fabeln wie *Der erste Haifisch* (1962) sowie in Satiren und Epigrammen das Leben in Rom dar.

Salygin, Sergei Pawlowitsch (*6. 12. 1913 Durassowka/Sibirien). – Russ. Schriftsteller, arbeitete lange als Wissenschaftler in der Hydrologie und trat zunehmend mit kritischen Romanen an die Öffentlichkeit. In seinen Werken stellte er niemals das kommunist. System in Frage und galt deshalb als anerkannter Autor und wurde im Westen auch als Beispiel der lit. Freiheit im Ostblock von einzelnen polit. Gruppen propagiert. Im Mittelpunkt seiner Erzählungen und Romane steht das russ. Dorf, der Bürgerkrieg und die Hoffnung auf eine sozialist. Zukunft *Am Irtysch* (1964, dt. 1965), *Republik Salzschlucht* (1967, dt. 1970) und *Liebe ein Traum* (1973, dt. 1977).

Samarakis, Antonis (*16. 8. 1919 Athen). – Griech. Schriftsteller, arbeitete als Verwaltungsjurist in einem Ministerium, schildert in seinen Büchern Menschen, die unter den Zwängen der Gesellschaft leiden und nur dadurch Eigenständigkeit gewinnen können, daß sie aus ihrer geordneten Welt ausbrechen. Zahlreiche Werke wurden Filmerfolge. Als Romane wurden auch einige Werke in Dtld. beachtet, z. B. *Hoffnung gesucht* (1954, dt. 1962), *Der Fehler* (1965, dt. 1969), *Der Reisepaß* (1972, dt. 1980).

Samjatin, Jewgeni Iwanowitsch (*1. 2. 1884 Lebedjan [ehem. Gouv. Tambow], †10. 3. 1937 Paris). – Russ. Marineingenieur, kam mit seinen Erzählungen und dem Roman *Wir* (1924, dt. 1958) in Konflikt mit dem Sowjetstaat und emigrierte 1932 nach Paris. S.' Stil steht dem Symbolismus nahe und zeigt deutl. Einflüsse der Surrealisten. Diese Stilrichtung, die sowohl die Beschreibung der Revolution *Rasskaz o samom glavnom* (neu 1970) als auch Lustspiele wie *Der Floh* (1925, dt. 1961) bestimmen, widersprechen formal der humorlosen Kunstdoktrin des Sozialist. Realismus. In ornamentalem, realist.-phantast. Stil schrieb er Satiren auf die russ. Kleinbürger, auf England, wo er zwei Jahre weilte, und auf die Sowjetunion. Der Roman *Wir*, utop. Bild des totalitären Staates im 26. Jh., beeinflußte Huxley und Orwell.

Sánchez Ferlosio, Rafael (*4. 12. 1927 Rom). – Span.-ital. Schriftsteller, lebte in Madrid. Mit dem märchenhaften Roman *Abenteuer und Wanderungen des Alfanhui* (1951, dt. 1959), der an den span. Schelmenroman anknüpft, und dem realist. Roman *Am Jarama* (1956, dt. 1960) über den Alltag Jugendlicher in Madrid, zählt er zu den Erneuerern des span. Romans.

Sand, George, eigtl. *Amandine-Lucie-Aurore Dupin* (*1. 7. 1804 Paris, †7. 6. 1876 Nohant/Indre). – Franz. Romanautorin, trennte sich nach neunjähriger Ehe von ihrem Mann, lebte danach als Schriftstellerin und Journalistin überwiegend in Paris und unterhielt Beziehungen u. a. zu J. Sandeau, Musset und Chopin. Aus ihrem Einsatz für die Gleichberechtigung der Frau und die freie Liebe entstanden ihre frühen Liebesromane *Indiana* (1832), *Lélia* (1833) u. a. Dann folgten Jahre des polit.-sozialen Engagements, angeregt von dem christl. Sozialismus P. Leroux'. Es entstanden u. a. *Consuelo* (1842/43) und *Der Müller von Angibault* (franz. und dt. 1845). Enttäuscht von den Ergebnissen der Revolution von 1848 zog sie sich auf Schloß Nohant zurück und schrieb ihre besten Werke, warmherzig-idealisierende Dorf- und Heimatromane, wie *La mare au diable* (1846) und *Die kleine Fadette* (franz. und dt. 1849). Heute ist das seinerzeit berühmte Werk fast nur noch von histor. Wert.

Sandburg, Carl (* 6. 1. 1878 Galesburg/Illinois, † 22. 7. 1967 Flat Rock/North Carolina). – Amerikan. Schriftsteller schwed. Abstammung, zog als Gelegenheitsarbeiter durch den amerikan. Mittelwesten und wurde später Schriftsteller und Farmer. Mit seiner stark rhythmischen, der Umgangssprache angepaßten Lyrik auf die amerikan. Demokratie, das Leben in der Großstadt, so in *Chicago-Gedichte* (1916), die Prärie und die einfachen Menschen, so in *The People, Yes* (1936), trat er in die Nachfolge Whitmans und wurde zu einem der populärsten Volksdichter. Berühmt wurde er auch durch eine Folkloresammlung und seine sechsbändige Lincoln-Biographie (1926 bis 1935, dt. 1958), die auf das Geschichtsverständnis weiter Kreise in den USA großen Einfluß hatte. 1919 erhielt er den Pulitzer-Preis für *Cornhuskers* (1918) und 1951 für *Complete Poems.*

Sandeau, (Léonard Sylvain) Julien, Ps. *Jules Sand* (* 19. 2. 1811 Aubusson/Creuse, † 24. 4. 1883 Paris). – Franz. Schriftsteller. Seine Erstlingswerke entstanden während seiner Freundschaft mit G. Sand, in Gemeinschaftsarbeit mit ihr. Danach wirkte er als Bibliothekar und freier Schriftsteller. Er stellte in seinen Romanen, Novellen und Dramen geistvoll und krit. die zeitgenöss. Gesellschaft dar, so in *Jean de Thommeraye* (1873, dramatisiert 1874).

Sandel, Cora, eigtl. *Sara Fabricius* (* 20. 12. 1880 Oslo, † 9. 4. 1974 Uppsala). – Norweg. Schriftstellerin, studierte Malerei in Oslo und Paris und lebte seit 1922 in Schweden. S. trat mit milieuechten realist.-psycholog. Frauenromanen (»Alberte-Zyklus«) hervor, in denen sie emanzipator. Ansichten vertrat, z. B. in *Kein Wort zu Dondi* (1958, dt. 1964). Das Gesamtwerk, das auch beliebte Tiergeschichten enthält, erschien 1950 in 6 Bdn.

Sandemose, Aksel (* 19. 3. 1899 Nykøbing/Jütland, † 6. 8. 1965 Kopenhagen). – Dän. Schriftsteller, Lehrer, Seemann und Journalist, schrieb in dän. und norweg. Sprache realist.-psycholog. Romane, in denen er die Ursache verbrecher. Han-

delns aus dem Leben des einzelnen und der Gesellschaft zu erklären suchte, z. B. in *Ein Flüchtling kreuzt seine Spur* (1933, dt. 1973). In Dtld. wurde sein Werk, das für die skandinav. Literatur etwas atyp. ist, nicht sehr beachtet. Nur der frühe Roman *Der Klabautermann* (1927, dt. 1928) fand wegen des skurrilen Humors auch im Ausland viele Leser.

Sanguineti, Edoardo (* 9. 12. 1930 Genua). – Ital. Schriftsteller, lehrte Literatur in Turin und ist heute Professor an der Universität Salerno. Neben wissenschaftl. Arbeiten über Dante, moderne Kunst und Literatur schrieb er avantgardist., anspruchsvolle Lyrik wie *Wirrwarr* (1972), Prosa wie *Capriccio italiano* (1963, dt. 1964) und Dramen, in denen sich marxist., psychoanalyt. und strukturalist. Einflüsse finden. S. gehört zu den ital. Autoren (Gruppe 63), die eine realist. Literatur mit gesellschaftl. Wirkung fordern.

Sannazaro, Jacopo (* 28. 7. 1456 Neapel, † 24. 4. 1530 ebd.). – Ital. Renaissancedichter, Mitglied der Akademie Pontanos, stand im Dienst des Königs von Neapel, mit dem er 1501–1504 im Exil in Frankreich weilte. Sein Hauptwerk, der ital. Schäferroman *Arcadia*, eine Schäferidylle nach dem Vorbild von Boccaccios »Ameto« und antiker Hirtendichtung, begründete die neuzeitl. Hirtendichtung.

San Secondo, Rosso di, Piermaria, eigtl. *Pietro Maria Rosso* (* 30. 11. 1887 Caltanissetta, † 22. 11. 1956 Lido di Camaiore/Lucca). – Ital. Autor, schrieb Erzählungen, Romane und Bühnenstücke gegen bürgerliche Konventionen. Er suchte, nach dem Vorbild Pirandellos, das wahre Gesicht der Menschen zu zeigen, so in *Marionetten, welche Leidenschaft* (dt. 1925). Spätere Werke wurden im Ausland nicht beachtet.

Santayana, George, eigtl. *Jorge Ruiz de Santayana* (* 16. 12. 1863 Madrid, † 26. 9. 1952 Rom). – Amerikan. Philosoph und Dichter, lehrte 1889 bis 1912 in Harvard und lebte dann als Schriftsteller in Oxford, Paris und Rom. Materialismus und ein an der Antike orientierter Idealismus sind die gegensätzl. Pole seines Denkens, die er in seinen philosoph. Werken *The Life of Reason* (1905/06) und *Scepticism and Animal Faith* (1923) zu vereinigen suchte. Seine Kritik am dt. Idealismus und amerikan. Puritanismus *Der letzte Puritaner* (1935, dt. 1936) und seine Ästhetik waren von großer Wirkung. Zum Verständnis einer ganzen Epoche ist seine Autobiographie *My Host the World* (1953) von großer Bedeutung. Eine erste Gesamtausgabe, die die späten Schriften enthält, erschien 1936 bis 1940.

Šantić, Aleksa (* 27. 5. 1868 Mostar, † 2. 2. 1924 ebd.). – Serb. Dichter, arbeitete nach kaufmännischer Ausbildung im Geschäft des Vaters, dann in kulturellen Bereichen. Nach anfängl. Mißerfolg gelangen ihm, anknüpfend an das serb. Volkslied und patriot. Dichtung, gefühlsechte Liebesgedichte und melanchol. Gedankenlyrik. Seine *Pjesme* erschien 1911.

Santillana, Íñigo Lopez de Mendoza, Marqués de (* 19. 8. 1398 Carrión de los Condes/Prov. Palencia, † 25. 3. 1458 Guadalajara). – Span. Dichter, der am Hof Juans II. erzogen worden war, wirkte bei den Ränken am kastil. Hof mit und beteiligte sich am Kampf gegen die Mauren. Seine lit. Bedeutung liegt in der von ihm veranlaßten Übersetzung klass. Autoren (*Aeneis, Ilias*) und in seinem eigenen, von Dante und Petrarca beeinflußten dichter. Werk. Seine in Form und Sprache eleganten Gedichte behandeln teils lyr. Themen, teils sind sie in der didakt. Absicht geschrieben, die span. Sprache und Poesie zu bereichern. Von S. stammen die erste Poetik in span. Sprache *Carta proemio al Condestable de Portugal* (1445–49, hg. 1779) sowie u. a. die Allegorie *Comedieta de Ponza* (1444, hg. 1852) und die didakt. Gedichte *Diálogo de Bías contra Fortuna* (1446, hg. 1802).

Santô Kyôden, eigtl. *Iwase Denzô* (*15. 8. 1761 Edo, †7. 9. 1816 ebd.). – Japan. Schriftsteller, wandte sich früh der Literatur zu. S. K. wurde mit einer Erzählung über die japan. Freudenhäuser bekannt. Nach dem Verbot erotischer Literatur durch die japan. Regierung schrieb er seit 1791 moralisierend-belehrende Erzählungen mit histor. Hintergrund, wie *Das Weib des Yoshiharu* (1806, dt. 1957). Das übertreibende Demonstrieren seiner umfassenden Bildung wirkt oft peinl. und störend.

Santucci, Luigi (*11. 11. 1918 Mailand). – Ital. Schriftsteller, studierte Literatur und Geschichte und ist Professor für Sprachwissenschaft in Mailand. Gestalten seiner humorvollen, teils leicht ironischen Erzählungen, wie *Das Lob der Freude* (1955, dt. 1960) und *Roter Wein und sanfte Hügel* (1980), und Romane, wie *Die seltsamen Heiligen von Nr. 5* (1963, dt. 1967), sind meist Geistliche und Mönche.

Saphir, Moritz Gottlieb, eigtl. *Moses S.* (*8. 2. 1795 Lovas-Berény b. Pest, †5. 9. 1858 Baden b. Wien). – Österr.-ungar. Schriftsteller, wirkte als Feuilletonist und Literatur- und Theaterkritiker in Wien und Berlin. 1837 gründete er in Wien die satirische Zeitschrift *Der Humorist* und war bis 1858 ihr Herausgeber. Sein teils boshafter Humor, der ihn zu seiner Zeit unbeliebt machte, hat heute seine Wirkung verloren.

Sappho (um 600 v. Chr. in Mytilene auf Lesbos). – Bedeutendste griech. Dichterin, stammte aus adeliger Familie und lebte verheiratet in Mytilene. Während polit. Wirren floh sie 604/603 nach Sizilien. Um 590 zurückgekehrt, sammelte sie einen Kreis junger Mädchen um sich, die sie bis zur Verheiratung unterrichtete. Mit dieser Tätigkeit verbinden sich ihre Gedichte, die sie in äolischem Dialekt, in einfacher, ausdrucksvoller Sprache verfaßte: Hochzeitsgedichte für die Scheidenden, Lieder über ihr Leben und die Liebe zu einzelnen Schülerinnen und Hymnen auf Göttinnen. S. genoß schon zu ihren Lebzeiten Ruhm und wurde bald zur legendären Gestalt; sie beeinflußte vor allem Catull und Horaz. Nach ihr ist die von ihr und ihrem Zeitgenossen Alkaios erstmals verwendete sapphische Strophe benannt.

Saramago, José (*16. 11. 1922 Azinhaga/Ribatejo). – Portugies. Schriftsteller, arbeitete in verschiedenen Berufen und trat 1966 mit Gedichten *Os poemas possíveis* an die Öffentlichkeit. Seine lit. Wirkung entfaltete er jedoch erst in der Zeit nach der Diktatur Salazars mit zahlreichen Romanen, in denen er soziale Fragen, aber auch geschichtliche Ereignisse darstellt und so zu einer Selbstbesinnung auf die eigene Tradition beiträgt. Die Romane wie *Hoffnung im Alentejo* (1980, dt. 1987), *Das Memorial* (1982, dt. 1986), *Das Todesjahr des Ricardo Reis* (1984, dt. 1988), *Das steinerne Floß* (dt. 1990), zeichnen sich durch moderne Erzähltechniken aus und schufen den Anschluß der portugies. Literatur an die zeitgenöss. Strömungen.

Sarbiewski, Maciej Kazimierz (*24. 2. 1595 Gut Sarbiewo/Masowien, †2. 4. 1640 Warschau). – Poln. Jesuit, erhielt 1623 von Papst Urban VIII. den Auftrag, Hymnen für das Brevier zu schreiben. Später war er Hofprediger des poln. Königs und Professor am Jesuitenkolleg. Seine Gedichte, veröffentlicht in den *Lyricorum libri* (1629), zählen zur besten Lyrik des 17. Jh.s Ferner verfaßte er Predigten und literaturtheoretische Werke, z. B. *De acuto et arguto* (neu 1958).

Sarment, Jean (*13. 1. 1897 Nantes, †29. 3. 1976 Boulogne-Billancourt). – Franz. Schriftsteller, zunächst Schauspieler in Paris, wandte sich nach dem Erfolg seiner ersten Komödie, *La couronne de carton* (1920), auch der Literatur zu. Shakespeare und Musset beeinflußten seine Stücke, die durch ironische Unbekümmertheit, innere Spannung und nuancierte Sprache bühnenwirksam sind und um das zentrale Thema der Liebe kreisen, z. B. *Nous étions trois* (1951).

Saroyan, William (*31. 8. 1908 Fresno/Kalifornien, †18. 5. 1981 ebd.). – Amerikan. Schriftsteller, Vater aus Armenien eingewandert. S. verdiente sich anfangs mit Gelegenheitsarbeiten und journalist. Tätigkeit den Lebensunterhalt. Nach dem Erfolg seiner ersten Kurzgeschichtensammlung von 1934, *Der waghalsige junge Mann auf dem fliegenden Trapez* (1934, dt. 1948), reiste er nach Armenien. Optimistisch, aber z. T. unkritisch, zeigt er sich in seinen impressionist. Kurzgeschichten, wie *Ich heiße Aram* (1940, dt. 1948) und *Die ganze Welt und der Himmel selbst* (1957, dt. 1959), und Romanen, wie *Menschliche Komödie* (engl. und dt. 1943), das amerikan. Alltagsleben und seine Konflikte. Von seinen vielgespielten Dramen wurde *Vierundzwanzig Stunden* (1939, dt. 1948) 1940 mit dem Pulitzer-Preis ausgezeichnet, den S. aber ablehnte; 1949 u. d. T. *Einmal im Leben* verfilmt. Sein Roman *Tracys Tiger* wurde 1953 ins Dt. übersetzt. Das vielfältige Werk fand auch in Dtld. Anhänger; bes. beliebt sind die Kurzgeschichten, Theaterstücke und Romane, wie z. B. *Unkalifornische Geschichten* (1950, dt. 1965), *Wir Lügner* (1951, dt. 1952), *Es endet in Gelächter* (1953, dt. 1957) und *. . . sagte mein Vater* (1957, dt. 1959), während die Autobiographien *The Bicycle*

Rider in Beverly Hills (1952) oder *Places Where I've Done Time* (1973) nicht die gleiche Beachtung fanden.

Sarraute, Nathalie (*18.7. 1902 Ivanovo-Vosnesenks). – Franz. Schriftstellerin russ. Herkunft, lebt seit 1904 in Frankreich, wirkte bis 1937 als Rechtsanwältin, widmete sich danach ganz ihrer Familie, floh vor den Nationalsozialisten und wurde dann freie Schriftstellerin in Paris. Mit Sartre und Simone de Beauvoir verband sie eine tiefe Freundschaft; nach 1955 unternahm sie zahlreiche große Reisen. Seit dem Roman *Das Planetarium* (1959, dt. 1960) gilt sie als bedeutende Vertreterin des »Nouveau roman«, zu dem sie sich auch theoret. äußerte. In ihren Werken, die den Einfluß von Proust, Joyce und V. Woolf erkennen lassen, z. B. *Porträt eines Unbekannten* (1948, dt. 1962), *Zwischen Leben und Tod* (dt. 1969), *Hören Sie das?* (dt. 1973), *Sagen die Dummköpfe* (dt. 1978), *Tropismen* (dt. 1989), fehlt meist die zusammenhängende Geschichte, und die Personen bleiben anonym. Hinter deren äußerem Verhalten sucht S. die wahren Regungen des Unbewußten aufzudecken. Mit einigen bedeutenden Hörspielen hat sie in Frankreich Aufsehen erregt.

Sartre, Jean Paul (*21.6. 1905 Paris, †15.4. 1980). – Franz. Philosoph, Schriftsteller und Filmregisseur, stammte aus bürgerl. Familie. Nach dem Studium 1924 bis 1928 wurde er Gymnasiallehrer und kam 1933 als Forschungsstipendiat nach Berlin, wo er sich vor allem mit der Philosophie Heideggers und Husserls auseinandersetzte. 1941 aus dt. Kriegsgefangenschaft befreit, schloß er sich der Widerstandsbewegung an. Zusammen mit Simone de Beauvoir, seiner Lebensgefährtin, gründete er 1945 die Zeitschrift »Les Temps modernes«, das wichtigste Sprachrohr des franz. Existentialismus. 1952 wurde er KP-Mitglied, trat aber 1956 nach dem Eingreifen der Sowjetunion in Ungarn aus der Partei aus. Er reiste u. a. in die UdSSR, die ČSSR, nach Kuba und Jugoslawien und engagierte sich seit 1968 zunehmend bei linksradikalen Aktionen. Den Nobelpreis für Literatur lehnte er 1964 ab. – Ausgehend von Hegel, Kierkegaard, Husserl, Heidegger und Jaspers, begründete S. den franz. Existentialismus, dessen Grundzüge er in seinem Hauptwerk *Das Sein und das Nichts* (1943, dt. 1962) darlegte. Gott und eine sinnvolle Weltordnung leugnend, ist der Mensch »zur Freiheit verurteilt« und aus der Erfahrung der Sinnlosigkeit heraus aufgerufen, in dieser Freiheit selbstverantwortl. sein Leben zu »entwerfen«. S. faßte seine Lehre als neuen realistischen Humanismus auf, *L'existentialisme est un humanisme* (1946, dt. 1947), und versuchte, sie in *Marxismus und Existentialismus* (1960, dt. 1966) mit der marxist. Philosophie zu vereinbaren. S.s literar. Werke dienten der Darstellung und Klärung seiner Philosophie, so der Roman *Der Ekel* (dt. 1949; neu 1981) und der Zyklus *Die Wege der Freiheit* (1945–1949, dt. 1949–51) mit dem berühmten Roman *Der Pfahl im Fleische* (1949, dt. 1951). Bekannt wurden vor allem

seine Dramen, von denen *Die Fliegen* (1947, dt. 1949), *Die ehrbare Dirne, Der Teufel und der liebe Gott* (1947, dt. 1951), *Die schmutzigen Hände* (franz. und dt. 1948) und *Die Eingeschlossenen* (franz. und dt. 1960) genannt seien. Große Wirkung hatten auch die philosoph. Schrift *Die Wörter* (1964, dt. 1965) und die verfilmte Erzählung *Das Spiel ist aus* (1947, dt. 1952). Psychoanalyse und Marxismus wirkten auf sein letztes großes Werk, seine Flaubert-Biographie (1971ff., dt. 1977). Die philosoph. und lit. Schriften wurden zykl. zusammengefaßt und in alle Weltsprachen übertragen.

Sarvig, Ole (*27.1. 1921 Kopenhagen). – Dän. Schriftsteller, wirkte als Verlagslektor und Kunstkritiker. 1954 bis 1962 hielt er sich in Spanien auf. Er begann mit abstrakter, stark symbolhafter Lyrik und schrieb später Romane, die der Prosa Kafkas nahestehen und Techniken des Kriminalromans aufweisen, so *Die Schlafenden* (1958, dt. 1960) und *Das Meer unter meinem Fenster* (1960, dt. 1961). 1974 veröffentlichte er die Ged. *Forstadsdigte,* 1981 *Salmer og begyndelser til 1980'erne.*

Sassoon, Siegfried Lorraine, Ps. *Sherston* (*9.8. 1886 Brenchley/Kent, †1.9. 1967 Heytesbury/Wiltshire). – Engl. Redakteur und Schriftsteller; für ihn wurde der freiwillige Einsatz als Infanterieoffizier im Ersten Weltkrieg zum entscheidenden Erlebnis, aus dem heraus er seine satir. Gedichte und autobiograph. Romane, z. B. *Glück im Sattel* (1928, dt. 1949), gestaltete. Sie sind Ausdruck seiner Enttäuschung an Kriegsromantik und Heldenidealen. 1973 erschien als Sammlung seiner Werke *A Poet's Pilgrimage.*

Sastre, Alfonso (*20.2. 1926 Madrid). – Span. Dramatiker, der nach dem Erfolg der frühen Stücke, z. B. *Warum sie schweigen* (1954), wegen seiner sozialist. Haltung in Konflikt mit der Regierung geriet. Er wurde 1956 erstmals verhaftet, und seine Dramen wurden z. T. verboten, so daß sie nur mehr im Ausland gespielt werden konnten, wie *Der Tod des Toreros* (1959, dt. 1968). 1970 erschien sein kulturkritischer Essay *Revolución y crítica de la cultura.* In den 60er Jahren entwickelte er eine Theorie des epischen Theaters, die erst später – nach Francos Tod – publiziert werden konnte.

Satyros (3./2. Jh. v. Chr. aus Kallatis). – Der griech. Dichter lebte meist in Alexandria. Seine in Dialogen abgefaßten anekdot. Biographien großer griech. Philosophen, Schriftsteller und Politiker (Pythagoras; Sophokles; Alkibiades) sind der aristotelischen Schule zuzurechnen. Nach dem Vorbild Theophrasts entstanden die *Charaktere.*

Saunders, James (*8.1. 1925 Islington/London). – Engl. Dramatiker, anfangs Chemielehrer, dann Bühnenschriftsteller, ist in seinem Schaffen z. T. Pirandello verpflichtet. Er griff Probleme der zwischenmenschl. Verständigung, Vereinsamung und Selbstfindung auf, so in dem zart-romant. Stück *Ein Duft von Blumen* (1965, dt. 1967) und den Dramen *Ein Eremit wird entdeckt* (engl. und dt. 1963), *Nachbarn* (engl. und dt. 1967),

Hans Kohlhaas (dt. 1972), *Bye Bye Blues* (1974), *Leib und Seele* (1978).

Savage, Richard (*um 1697 London, †1.8. 1743 Bristol). – Engl. Dichter, nach eigenen Angaben unehelicher Sohn eines Grafen und einer Adligen, die er durch das Gedicht *The Bastard* (1728) bloßstellte und zu Geldzuweisungen zwang. Er wurde wegen eines Mordes zum Tode verurteilt, aber begnadigt. Bedeutung kommt seiner Skandalchronik *The Author to be Let* zu.

Savinio, Alberto, eigtl. *Andrea de Chirico* (*25.8. 1891 Athen, †6.5. 1952 Rom). – Ital. Autor, der Bruder des ital. Malers Giorgio de Chirico, war selbst Maler, Musiker und Schriftsteller. Er weilte 1910–14 in Paris, wo er mit Apollinaire, M. Jacob und Marinetti befreundet war, und war in Italien journalist. tätig. Futurismus und Surrealismus bestimmten seine magischgrotesken Erzählungen, Romane und Dramen. Genannt seien seine Prosa *Ermaphrodito* von 1918 und die Romane *La casa ispirata* (1925), *Infanzia di Nivasio Dolcemare* (1941), *Casa > La Vita <* (1943), *L'angolino* (1950) und *Scatola sonora* (1955). Eine neue Rezeption setzte in Dtld. 1988 mit der Ausgabe *Maupassant und der »andere«* ein. 1991 folgten die Erzn. *Tutta la vita – Das ganze Leben.*

Savonarola, Girolamo (*21.9. 1452 Ferrara, †23.5. 1498 Florenz). – Ital. Mönch und Schriftsteller, trat 1474 dem Dominikanerorden bei, kam 1484 nach Florenz und wurde 1491 Prior von S. Marco. Tief gläubig und streng asketisch, wandte er sich in Predigten gegen den sittl. und religiösen Niedergang in Florenz, errichtete nach dem Sturz der Medici eine theokratische Demokratie und versuchte, seine strengen Grundsätze durchzusetzen. Wegen seines Fanatismus und seiner Kritik an kirchl. Mißständen wurde er als Ketzer und Schismatiker hingerichtet. S. schrieb apologetische Schriften und Lauden, denen er weltl. Melodien unterlegte. Eine Auswahl seiner zahlreichen Werke erschien dt. zuletzt 1961.

Sawinkow, Boris Wiktorowitsch, Ps. *W. Ropschin* (*1879 Wilna, †Sept. 1924 [?] Moskau). – Russ. Schriftsteller, nahm 1903–05 als Mitglied der sozialrevolutionären Partei an polit. Anschlägen teil, stand 1918 aber auf der Seite der Gegenrevolutionäre, emigrierte, kehrte zurück und nahm sich im Gefängnis das Leben. Seine Lebenserfahrungen schlugen sich in den Romanen *Das fahle Pferd* (russ. und dt. 1909) und *Als wär's nie gewesen* (1911, dt. 1913) nieder.

Saxo Grammatikus (*um 1140, †um 1220). – Der dän. Geschichtsschreiber aus adeliger Familie verfaßte vermutlich im Auftrag des Erzbischofs Absalon die sechzehnbändigen *Gesta Danorum*, eine dän. Geschichte in latein. Sprache. Er stützte sich bei der Darstellung der frühen Geschichte auf mündl. überlieferte altnord. und isländ. Sagen und Gesänge, so daß sein Werk mehr lit. als histor. Bedeutung hat. Es wurde Fundgrube für Shakespeare (Hamlet) und die dän. Romantiker.

Sayers, Dorothy Leigh (*13.6. 1893 Oxford, †17.12. 1957 Witham/Essex). – Engl. Schriftstellerin, Tochter eines Schulleiters und Pfarrers, beendete als eine der ersten Frauen das Studium in Oxford. In ihren Kriminalgeschichten und -romanen gestaltete sie psycholog. und religiöse Aspekte von Verbrechen, Schuld und Sühne. Held ist meist der Amateurdetektiv Lord Peter Wimsey, so auch in den Romanen *Geheimnisvolles Gift* (1930, dt. 1968), *Mord braucht Reklame* (1933, dt. 1950) und *Die neun Schneider* (1934, dt. 1958). Für ihre Leistungen auf dem Gebiet des Kriminalromans wurde ihr die Ehrendoktorwürde zuerkannt. In späteren Jahren schrieb S., von T. S. Eliot angeregt, religiöse Versdramen, wie *Zum König geboren* (1943, dt. 1949). Das umfangreiche Werk ist in alle Weltsprachen übersetzt.

Scaliger, Julius Caesar (*23.4. 1484 Riva, †21.10. 1558 Agen/Frankreich). – Ital. Humanist, ursprüngl. Franziskanermönch, dann Soldat und Arzt, wirkte als bedeutender ital. Dichter. Neben eigenen lat. Gedichten verfaßte er die *Poetices libri septem* (hg. 1561), die, sich auf die entsprechenden Lehren von u. a. Aristoteles, Horaz, Seneca stützend, Regeln und Richtlinien für die Dichtkunst festlegten und mit diesen auf die Dichtungen des 17. und 18. Jh.s stark einwirkten.

Scarron, Paul (*4.7. 1610 Paris, †7.10.1660 ebd.). – Franz. Dichter, 1640 durch eine rheumatische Krankheit gelähmt. Possenhaft-komisch sind seine Komödien, seine Parodien auf die *Aeneis* und vor allem seine Prosa, als deren bestes Werk der *Roman comique* (1651–57, dt. 1964) mit seiner milieuechten und lebendigen Darstellung der kleinen Provinzbürger und des Provinztheaters gilt. Das Gesamtwerk erschien 1737 in 10 Bdn.

Scève, Maurice (*um 1503 Lyon, †um 1560 ebd.). – Lyoner Maler, Architekt, Astronom, Musikexperte und Dichter, studierte in Avignon und führte durch Nachdichtungen und Übersetzungen die ital. Lit. des 14. und 15. Jh.s in Frankreich ein. In seinem Hauptwerk *Délie* (1544, dt. 1962), das von der Lyoner Dichterin Pernette du Guillet inspiriert ist, folgte er Petrarcas Liebeslyrik. Er wurde erst im 20. Jh. wiederentdeckt.

Schack, Adolf Friedrich Graf von (*2.8. 1815 Brüsewitz b. Schwerin, †14.4. 1894 Rom). – Dt. Schriftsteller, studierte Jura, oriental. Sprachen und Literatur und stand seit 1838 im preuß. Staatsdienst. 1855 folgte er dem Ruf König Max' II. nach München, hatte dort Kontakt mit Künstlern und gründete die Schack-Galerie. Durch zwei Orientreisen und Spanienaufenthalte Kenner arab. und span. Dichtung, schuf er Übersetzungen und schrieb Abhandlungen, wie *Poesie und Kunst der Araber in Spanien und Sizilien* (1865). 1894 veröffentlichte er seine *Episteln und Elegien.*

Schack, Hans Egede (*2.2. 1820 Sengeløse, †20.7. 1859 Schlangenbad b. Wiesbaden). – Dän. Erzähler und Politiker, schuf mit dem satir. Roman *Phantasterne* (1857), der sich gegen romantische Tagträumereien wendet, ein epochemachendes Werk, das von der Spätromantik zum Naturalismus überleitete.

Schade, Jens August (* 10. 1. 1903 Skive/Jütland, † 20. 11. 1978 Kopenhagen). – Dän. Dichter, belächelte als Bohemien in Kopenhagen die kleinbürgerl. Welt Dänemarks und schrieb schockierend-erotische Lyrik und Prosa, wie *Sie treffen sich, sie lieben sich, und ihr Herz ist voll süßer Musik* (1944, dt. 1968), die in einer panerotischen Gläubigkeit wurzeln. Er benutzte surrealist. Stilelemente. Seine Werke sind nur vereinzelt ins Dt. übertragen.

Schadewaldt, Wolfgang (* 15. 3. 1900 Berlin, † 10. 11. 1974 Tübingen). – S. lehrte klass. Philologie. Seine Forschungsergebnisse über die griech. Tragödie, Lyrik, in *Sappho* (1950), Philosophie u. a. legte er in Essays nieder. Unübersehbaren Wert haben seine Homer-Forschungen *Von Homers Welt und Werk* (1945), seine *Odyssee*-Übertragung in Prosa (1958) und Übersetzungen griech. Dramen (Sophokles, Aischylos).

Schädlich, Hans-Joachim (* 8. 10. 1935 Reichenbach/Vogtland) – Dt. Schriftsteller, studierte Germanistik in Berlin und Leipzig. Bis 1976 war er als wiss. Mitarbeiter an der Akademie der Wissenschaften in Berlin tätig, auch Übersetzer. Mitunterzeichner der Biermann-Petition 1976; Ausreise in die Bundesrepublik; hier Mitglied des PEN-Zentrums. Mit seiner Prosa *Versuchte Nähe* (1977), die nur in der Bundesrepublik erscheinen durfte, charakterisiert er das Leben in der DDR mit hohem Anspruch und sicherem formalen Können aus unterschiedlichen Perspektiven. Das Kinderbuch *Der Sprachabschneider* (1980) macht die Sprache zum Thema der Handlung. Als engagierter polit. Bürger zeigte er sich, als er sich Modetrends entzog, z. B. Nichtteilnahme an der Begegnung von sozialist. Schriftstellern aus Ost und West für den Frieden 1983, Ablehnung des Exilstatus (1984), in *Deutschland ist eine Erinnerung* (1985) und *Ostwestberlin* (1987). Mit Fragen der Wirklichkeitsgestaltung setzt sich S. in *Tallhover* (1986) auseinander. *Schott* (1992) erzählt das Abenteuerleben des Helden und zeigt, daß intellektueller Anspruch und methodische Strenge einen ansprechenden R. begründen können.

Schaefer, Oda, eigtl. *O. Lange,* geb. Kraus (* 21. 12. 1900 Berlin, † 4. 9. 1988 München). – Dt. Graphikerin und Dichterin, in erster Ehe mit dem Maler Schaefer-Ast, seit 1932 mit dem Schriftsteller H. Lange verheiratet. 1950 ließ sie sich in München nieder. Sie schrieb formstarke, empfindungsvolle Naturlyrik und Gedichte über ihr Leben, ferner Erzählungen. z. B. *Die Haut der Welt. Erzählungen und Ausblicke* (1976), und Hörspiele. Von ihren Gedichtbänden seien genannt *Die Windharfe* (1939), *Grasmelodie* (1959) und *Der Grüne Ton* (1973). 1970 publizierte sie ihre Lebenserinnerungen *Auch wenn du träumst, gehen die Uhren* und 1977 *Die leuchtenden Feste über der Trauer. Erinnerungen aus der Nachkriegszeit.*

Schäfer, Walter Erich (* 16. 3. 1901 Hemmingen b. Leonberg/Württ., † 28. 12. 1981 Stuttgart). – Dt. Schriftsteller, lehrte Literatur und Theatergeschichte an der Musikhochschule Stuttgart, war Dramaturg und 1949–72 Generalintendant des Staatstheaters Stuttgart. Er verfaßte in sachl. Stil bühnenwirksame Volksstücke, wie *Theres und die Hoheit* (1940), und Geschichtsdramen. Das Drama *Die Verschwörung* (1949) bezieht sich auf den 20. Juli 1944. Seine *Schauspiele* erschienen wie seine *Hörspiele* 1967 in Werkausgaben. In den vergangenen Jahren veröffentlichte er seine für die Theatergeschichte interessanten Erinnerungen *Bühne meines Lebens* (1975) und *Kleine Wellen auf dem Fluß des Lebens* (1976), den Theaterroman in 20 Szenen *Die Mutter des Schauspielers* (1981) sowie die lit.-wiss. Studie *Anekdote – Antianekdote. Zum Wandel einer literarischen Form in der Gegenwart* (1977).

Schäfer, Wilhelm (* 20. 1. 1868 Ottrau/Hessen, † 19. 1. 1952 Überlingen/Bodensee). – Dt. Schriftsteller und Hg. der Zeitschrift »Die Rheinlande«. Als volkstüml., bildkräftiger Erzähler beherrschte er besonders ep. Kurzformen wie in *Die Anekdoten* (1950), schrieb aber auch biograph. Romane *Lebenstag eines Menschenfreundes* (1915) über Pestalozzi und *Der Hauptmann von Köpenick* (1930) und Novellen. Deutsches Sendungsbewußtsein spricht aus seiner geschichtl. Darstellung *Die dreizehn Bücher der deutschen Seele* (1922).

Schaeffer, Albrecht (* 6. 12. 1885 Elbing, † 5. 12. 1950 München). – S. studierte klass. und deutsche Philologie. Hölderlin und die Antike bestimmten Inhalt und Form seiner frühen schönheitsbewußten Lyrik; dann wandte sich S. der Thematik mystischer Gottessuche und Läuterung zu, etwa in dem Epos *Parzival* (1922), und dem an den deutsch. Bildungsroman anknüpfenden Roman *Helianth* (1920).

Schaffner, Jakob (* 14. 11. 1875 Basel, † 25. 9. 1944 Straßburg). Schweizer. Dichter, durchwanderte als Schustergeselle einige europ. Länder, arbeitete in der Fabrik und wurde dann freier Schriftsteller. Seit 1911 lebte er in Deutschland. Seine realist., häufig mit autobiograph. Elementen versehenen Romane und Erzählungen spielen im Handwerker- und Kleinbürgermilieu und zeigen das Ringen um religiöse Lebensbewältigung, z. B. in *Johannes* (1922) und *Kampf und Reife* (1939).

Schallück, Paul (* 17. 6. 1922 Warendorf/Westf., † 20. 2. 1976 Köln). – Dt. Schriftsteller, Theaterkritiker und Journalist, leitete seit 1971 als Chefredakteur die Zeitschrift »Dokumente«. In seinen Erzählungen und Romanen *Engelbert Reineke* (1959) und *Don Quichotte in Köln* (1967) steht die Auseinandersetzung mit der jüngeren unbewältigten Vergangenheit im Vordergrund. Er schrieb auch Essays, Fernseh- und Hörspiele, u. a. die Essays *Hierzulande und anderswo* (1974).

Schaper, Edzard (* 30. 9. 1908 Ostrowo/Provinz Posen, † 29. 1. 1984 Bern). – Dt. Schriftsteller, führte ein bewegtes Leben als Schauspieler, Gärtner und Matrose, lebte längere

Zeit als Schriftsteller und Journalist in Estland, floh 1940 nach Finnland, dann nach Schweden und lebte seit 1947 in der Schweiz. Er trat 1951 zum kath. Glauben über. Viele seiner Romane und Erzählungen, die bald ein großes Publikum ansprachen, führen nach Nordeuropa und ins Baltikum. Sie beleuchten von einem überkonfessionellen Standpunkt aus die in Geschichte und Gegenwart stattfindende Auseinandersetzung zwischen Glauben, Gewissen und Freiheit einerseits und Macht und Atheismus andererseits. Beachtenswerte Romane sind u.a. *Die sterbende Kirche* (1936), *Der Henker* (1940), *Der letzte Advent* (1948), *Macht und Freiheit* (1961), *Der vierte König* (1961), *Am Abend der Zeit* (1970), *Degenhall* (1975). S. übersetzte auch skandinav. Werke. Das Werk, das weit über 50 Titel zählt, ist bisher in keiner Gesamtausgabe zugänglich.

Scharang, Michael (*3.2. 1941 Kapfenberg/Steiermark). – Österr. Schriftsteller. Die Wiener Gruppe und P. Handke regten seine linksengagierten und sprachexperimentellen Prosawerke und Hörspiele an, so die Romane *Charly Traktor* (1973), *Ein Verantwortlicher entläßt einen Unverantwortlichen* (1974), *Der Sohn eines Landarbeiters* (1976), *Der Lebemann* (1979) und *Harry. Eine Abrechnung* (1984). S. schrieb auch Fernsehfilme, z.B. *Das doppelte Leben* (1981), trat als Herausgeber hervor und veröffentlichte die Erzählung *Bericht an das Stadtkomitee* (1974). Mit ästhetischen Fragen setzte er sich in dem Essay *Die List der Kunst* (1986) auseinander.

Scharpenberg, Margot, eigtl. *M. Wellmann* (*18.12. 1924 Köln). – Dt. Bibliothekarin, seit 1962 in New York. Ihren Gedichten ist eine herbe, meditative Sprache eigen, so z.B. bei *Mit Sprach- und Fingerspitzen* (1970), *Veränderungen eines Auftrags. 70 Gedichte* (1976), *Bildgespräche in Aachen* (1978) und *Domgespräche* (1980). Seelische Konflikte stehen im Mittelpunkt ihrer Erzählungen *Ein Todeskandidat* (1970) und *Fröhliche Weihnachten und andere Lebensläufe* (1974).

Scharrelmann, Wilhelm (*3.9. 1875 Bremen, †18.4. 1950 Worpswede). – Dt. Schriftsteller, wirkte lange Jahre als Volksschullehrer, seit 1920 widmete er sich ausschließl. der Literatur. In feinsinnigen religiösen Erzählungen und Romanen wie *Das Fährhaus* (1928) und *Die Hütte unter den Sternen* (1947) schildert er seine Heimat und norddeutsche Menschen einfacher Herkunft. Ferner schrieb er Märchen, Kinder- und Tierbücher.

Scharrer, Adam (*13.7. 1889 Kleinschwarzenlohe/Bayern, †2.3. 1948 Schwerin). – Dt. Schriftsteller, Sohn eines Hirten, arbeitete in der Metallindustrie. Seit 1929 wirkte er als Schriftsteller und Redakteur der »Kommunistischen Arbeiterzeitung« in Berlin. 1933 emigrierte er über die ČSSR in die Sowjetunion, wo er bis 1945 lebte. Seine Romane spielen im bäuerl. und Arbeitermilieu, so z.B. *Maulwürfe* (1933). Sein Hauptwerk *Vaterlandslose Gesellen* erschien 1929.

Scharten, Carel (*14.3. 1878 Middelburg, †31.10. 1950 Florenz). – Niederl. Dichter, veröffentlichte Abhandlungen über Literatur in der Zeitschrift »De Gids«, neben eigenen Werken in Zusammenarbeit mit seiner Frau Marga Scharten-Antink Romane über Menschen, die außerhalb des christl. Glaubens leben, so z.B. *Das Glück des Hauses Sassetti* (1927ff., dt. 1935). Das Hauptwerk ist die mit seiner Frau gemeinsam geschriebene heitere Trilogie mit romant. Pointierung *Het leven van Francesco Campana* (1924ff.).

Schaukal, Richard von (*27.5. 1874 Brünn, †10.10. 1942 Wien). – Österr. Dichter, trat nach Jurastudium in den Staatsdienst ein. Die franz. Symbolisten, die er durch Übersetzungen kennenlernte, beeinflußten seine frühe form- und schönheitsbewußte Lyrik, wie z.B. *Tage und Träume* (1900), die später von schlichteren Gedichten abgelöst wurde, wie *Herbsthöhe* (1933). Aus seinen Erzählungen, Essays und Erinnerungen, wie *Frühling eines Lebens* (1949), sprechen Traditionsgebundenheit und nationales Bewußtsein. S. übersetzte u.a. Flaubert, Mérimée und Gautier.

Schaumann, Ruth (*24.8. 1899 Hamburg, †13.3. 1975 München). – Dt. Autorin, besuchte die Kunstgewerbeschule in München und war danach als Schriftstellerin, Graphikerin und Bildhauerin tätig. Sie trat 1924 zum Katholizismus über. Ihr lit. Werk verrät tiefe Religiosität und Empfindungsreichtum. Es umfaßt Lyrik, die anfangs vom Expressionismus geprägt wurde, z.B. bei *Die Kathedrale* (1920), und *Klage und Trost* (1947), Erzählungen, wie *Akazienblüte* (1959), und Romane, meist mit Frauen und Müttern als Zentralfiguren. z.B. *Amei* (1932), *Die Silberdistel* (1941), *Die Haarsträhne* (1959). S. illustrierte zahlreiche Werke selbst. Ihr Hauptwerk *Das Arsenal* erschien 1968.

Schede Melissus, Paulus, eigtl. *Paul Schede* (*20.12. 1539 Mellrichstadt/Franken, †3.2. 1602 Heidelberg). – Bekannter Humanist, wurde von Kaiser Ferdinand I. zum Dichter gekrönt und leistete für Maximilian II. und Rudolf II. Botschafterdienste in Frankreich, Italien und England. Neben seinen lat. Liebesgedichten wurde besonders seine Übersetzung der Psalmen Davids in deutsche Reime (1572) berühmt.

Scheerbart, Paul, Ps. *Bruno Küfer* (*8.1. 1863 Danzig, †15.10. 1915 Berlin). – Dt. Schriftsteller, studierte Philosophie und Kunstgeschichte und lebte seit 1887 als Schriftsteller und alkoholsüchtiger Bohemien in Berlin. Seine Prosa, in der sich Freude am Erzählen, grotesker Humor und oriental.-philosoph. Phantasien verbinden, bereitete den Dadaismus und Surrealismus vor, so z.B. *Na prost!* (Roman 1898), *Rakkóx, der Billionär* (Roman 1901), *Die Entwicklung des Luftmilitarismus:...* (1909) und *Glasarchitektur* (1914). In jüngster Zeit erfolgt eine neue Rezeption seines Werkes (Auswahlausgaben 1986, 1990).

Scheffel, Joseph Viktor von (*16.2. 1826 Karlsruhe, †9.4.

1886 ebd.). – Dt. Dichter, studierte Jura und schied nach dem Rechtspraktikum aus dem Staatsdienst aus. 1857–59 war er Fürstenberg. Bibliothekar in Donaueschingen, 1865 wurde er sächs. Hofrat. Seine romant.-nationalen Gedichte, Versepen und Prosawerke waren äußerst beliebter Lesestoff der gebildeten Bürger Ende des 19. Jh.s Bestseller wurden besonders sein Roman *Ekkehard* (1855), der ein süßl. Bild mittelalterl. Lebens auf dem Hohentwiel und in St. Gallen zeichnet, und das Versepos *Der Trompeter von Säckingen* (1854). Zum Sänger Frankens wurde er mit dem Lied *Wohlauf, die Luft geht frisch und rein . . .* Von seinen Kneip- und Kommersliedern werden manche heute noch gesungen, z. B. *Alt-Heidelberg, du feine* und *Als die Römer frech geworden*. Die Gesammelten Werke erschienen 1907 in 6 Bdn.

Scheffer, Thassilo von (* 1. 7. 1873 Preuß. Stargard, † 27. 11. 1951 Berlin). – Dt. Schriftsteller, beherrschte als Lyriker meisterhaft traditionelle Formen. Bekannt wurde er aber vor allem durch seine Übersetzungen und Interpretationen antiker epischer Dichtungen, so der *Ilias* (1913) und *Odyssee* (1918) von Homer, der *Aeneis* Vergils und antiker Sagen.

Scheffler, Johannes → Angelus Silesius

Scheibelreiter, Ernst (* 13. 11. 1897 Wien, † 3. 3. 1973 ebd.). – Österr. Schriftsteller, nach Dramen und Gedichten wandte er sich fast ausschließl. der Prosa zu und wurde erfolgreicher Romanautor mit z. B. *Der Weg durch die bittere Lust* (1946), *Das fremde Nest* (1954) und *Das Nessosgewand* (1949). Daneben verfaßte er Kinderbücher und Hörspiele.

Scheidt (Scheid, Scheit, Scheyt), Kaspar (* um 1520, † 1565 Worms). – Dt. Dichter, Onkel und Lehrer Fischarts, unterrichtete in Worms. Er übertrug Dedekinds lat. Jugendgedicht *Grobianus* ins Dt. und erweiterte es mit volkstüml.-belehrenden Einschüben, die es zu einem weitverbreiteten Werk machten.

Schelling, Karoline von → Schlegel, Karoline von

Schendel, Arthur van (* 5. 3. 1874 Batavia, † 11. 9. 1946 Amsterdam). – Niederl. Schriftsteller, Lehrer in Holland und England, dann freier Schriftsteller, lebte 1921–45 in Italien. Seine Entwicklung führte von der Neuromantik, deren bedeutendster holländ. Vertreter er ist, über einen skept. Realismus zurück zur Romantik. In seiner frühen romant. Prosa bevorzugte er Stoffe aus dem ital. Mittelalter, z. B. bei *Ein Wanderer* (1907, dt. 1924), während er sich in der sachl. Phase dem calvinist. Holland des 19. Jh.s zuwandte, z. B. in *Das Vollschiff ›Johanna Maria‹* (1930, dt. 1933) oder *Het oude huis* (1946). Nur seine frühen Arbeiten wurden ins Dt. übersetzt. Eine Gesamtausgabe fehlt.

Schenk, Johannes (* 2. 6. 1941 Berlin). – Dt. Schriftsteller, fuhr lange zur See, arbeitete dann als Gelegenheitsarbeiter, später bei der Schaubühne am Halleschen Ufer; begründete das Kreuzberger Straßentheater. Seine engagierten Texte setzen sich mit der gesellschaftlichen und wirtschaftlichen Bedro-

hung des Menschen auseinander, wobei autobiograph. Züge immer wieder zu erkennen sind. Seine Gedichte, u. a. *Die Genossin Utopie* (1973), *Zittern* (1977), *Für die Freunde an den Wasserstellen* (1980), *Bis zur Abfahrt des Postdampfers* (1988), *Spektakelgucker* (1990), hatten nicht den gleichen Erfolg wie die Erzählungen *Der Schiffskopf* (1978) und v. a. die Dramen (Hörspiele) *Sardinendose* (1973), *Das Schiff* (1975) sowie die Gesänge *Jona* (1976).

Schenkendorf, Max von (* 11. 12. 1783 Tilsit, † 11. 12. 1817 Koblenz).- Dt. Jurist, gehörte im Befreiungskrieg gegen Napoleon dem preuß.-russ. Generalstab an und war zuletzt preuß. Regierungsrat in Koblenz. Er setzte sich für ein erneuertes dt. Kaisertum ein. In der Zeit der Freiheitskriege entstanden seine patriotisch-romantischen Gedichte und Lieder, wie *Freiheit, die ich meine*. Sie erschienen 1837 gesammelt als *Sämtliche Gedichte*.

Schewtschenko, Taras (* 9. 3. 1814 Morinzy/Gouv. Kiew, † 10. 3. 1861 Petersburg). – Ukrain. Dichter, Sohn eines Leibeigenen, wurde 1838 von Freunden losgekauft und studierte an der Kunstakademie Petersburg Malerei. Wegen seiner revolutionären Haltung wurde er für 11 Jahre in den Ural verbannt und lebte danach in Petersburg. Seine Lyrik umfaßt neben zartesten Liebesgedichten polit.-histor. Balladen und Verserzählungen, in denen er gegen die nationale und soziale Unterdrückung des ukrain. Volkes kämpfte, z. B. *Der Kobsar* (1840, dt. 1951). Mit ihr erhob er die verachtete ukrain. Sprache zur Literatursprache und beeinflußte erhebl. die spätere ukrain. Dichtung.

Schickele, René, Ps. *Sascha* (* 4. 8. 1883 Oberehnheim/Elsaß, † 31. 1. 1940 Vence b. Nizza). – Dt. Dichter, gab während seines Studiums in Straßburg mit Flake und Stadler die Zeitschrift »Der Stürmer« heraus. Ab 1909 war er journalist. tätig und edierte 1915–19 in Zürich die pazifist.-expressionist. »Weißen Blätter«, lebte dann in Badenweiler und emigrierte 1932 nach Frankreich. Seine dt.-franz. Herkunft und die elsäss. Grenzlage wurden für sein Schaffen als Lyriker, Dramatiker (*Hans im Schnakenloch*, 1916) und v. a. Erzähler (*Der Fremde*, 1907; *Das Erbe am Rhein*, Romantrilogie, 1925–27–31) ausschlaggebend. Leidenschaftl., tiefsinnig und elegant zugleich, zeigt es eine Entwicklung vom Expressionismus zum realist. Stil. Seine späten Werke, z. B. *Die Flaschenpost* (1937), sind weniger bekannt.

Schieber, Anna (* 12. 12. 1867 Eßlingen, † 7. 8. 1945 Tübingen). – Dt. Schriftstellerin, arbeitete in einer Kunsthandlung und war in der Jugend- und Volksbildungsarbeit tätig. Sie lebte lange Zeit in Stuttgart. Wärme, Heimatliebe, Humor und tiefe Religiosität verbinden sich in ihren Erzählungen, *Der Weinberg* (1937), Romanen, z. B. *Das große Ich* (1930), und Kindergeschichten wie *Bille Hasenfuß* (1926).

Schikaneder, Johann Emanuel (* 1. 9. 1751 Straubing, † 21. 9.

1812 Wien). – Zuerst Schauspieler in Wandertruppen, übernahm S. 1778 die Leitung einer eigenen Truppe in Augsburg, Stuttgart und Nürnberg, wurde 1785 Schauspieler und Sänger am Nationaltheater Wien und gründete 1801 das »Theater an der Wien«, das er bis 1807 leitete. Er starb verarmt und in geistiger Umnachtung. S. verfaßte eine Reihe derb-romant. Lust- und Singspiele, Zauberopern und Ritterstücke. Heute ist jedoch nur mehr sein Libretto für die *Zauberflöte* Mozarts, mit dem er befreundet war, bekannt (1791).

Schildbürger, Die. Das anonyme Volksbuch erschien 1598 als erweiterte und überarbeitete Fassung des *Lalebuchs* (1597), einer Sammlung von Schwänken, mit denen sich Städte gegenseitig hänselten. Es erzählt die Narrenstreiche der Bürger von Schilda (vermutl. Schildau im Kreis Torgau) in grotesker Übersteigerung und richtet sich damit insbesondere gegen das Spießbürgertum.

Schiller, Johann Christoph Friedrich (* 10. 11. 1759 Marbach/Württ., † 9. 5. 1805 Weimar). – S.s Vater war Wundarzt, Werbeoffizier und später Verwalter herzöglicher Hofgärten. Auf Befehl Herzog Karl Eugens mußte S. ab 1773 die Militärpflanzschule und die Militärakademie in Stuttgart absolvieren. Er studierte dort Jura und Medizin und wurde 1780 Regimentsarzt in Stuttgart. Drill und äußere Einengung führten ihn zur Auflehnung gegen obrigkeitl. Macht und zur Idee der absoluten Freiheit, die sich in seinen frühen Gedichten und Sturm-und-Drang-Dramen (1781 bis 1787) niederschlugen. Als er zwei unerlaubte Reisen nach Mannheim unternahm – die erste zur Uraufführung seiner *Räuber* (1781) – und dafür Arrest und Schreibverbot erhielt, floh er 1782 in die benachbarte Kurpfalz. Die Tragödie *Die Verschwörung des Fiesko zu Genua* (1783) wurde dort von dem Mannheimer Theaterintendanten abgelehnt; auf dem Wolzogenschen Gut Bauerbach in Thüringen schrieb er daraufhin eine Neufassung und *Kabale und Liebe* (1784), beide gegen Unterdrückung und soziale Schranken gerichtet. Nach seiner kurzen Anstellung als Theaterdichter in Mannheim folgte er dem Ruf Christian Körners nach Leipzig, dann nach Dresden. Inmitten eines wohlgesonnenen Freundeskreises (Hymne: *Lied an die Freude*) entstand das Drama *Don Carlos, Infant von Spanien* (1787), das, inhaltl. tiefer und sprachl. strenger (5füßige Jamben), von seinen idealist. Jugenddramen zu den klass. Jambendramen überführt. Zum Zwecke des Gelderwerbs verfaßte S. die Prosawerke *Verbrecher aus Infamie* (1786, später u. d. T. *Verbrecher aus verlorener Ehre*) und *Der Geisterseher* (1788), in denen er aus psycholog. Sicht kriminalist. Stoffe gestaltet. Seit 1787 lebte S. zunächst in Weimar, ab 1789 als Professor für Geschichte und Philosophie in Jena, wo er bald in engem Kontakt mit W. v. Humboldt stand. Seinen geschichtl. Studien entsprangen Arbeiten und Stoffe seiner späteren Dramen (*Geschichte des Abfalls der vereinigten Niederlande von der spanischen Regierung,*

1788; *Was heißt und zu welchem Ende studiert man Universalgeschichte,* 1789; *Geschichte des dreyßigjährigen Krieges,* 1791 bis 1793). 1790 heiratete S. Charlotte von Lengenfeld, lebte aber wieder finanziell beschränkt. Nach einem gesundheitl. Zusammenbruch 1791 sicherte ihm ein dän. Stipendium für längere Zeit den Unterhalt. Er widmete sich nun dem Studium der Philosophie, vor allem Kants, entwickelte die Idee der sittl. Freiheit und Selbstbestimmung des Menschen und seine philosoph.-ästhet. Kunstauffassung und schrieb u. a. *Über Anmut und Würde* (1793), *Über die ästhetische Erziehung des Menschen* (1795), *Über naive und sentimentalische Dichtung* (1795f.). Die Freundschaft mit Goethe seit 1794 führte ihn zur Dichtung zurück: 1795–97 gab er die »Horen« heraus, verfaßte 1796 mit Goethe die *Xenien,* dann seine großen Balladen *Der Taucher, Die Kraniche des Ibykus, Die Bürgschaft* und *Das Lied von der Glocke,* in denen er eine sittl. Idee in spannendes Geschehen umgestaltete. 1799 ging S. nach Weimar und schuf unter Anspannung seiner letzten Kräfte die klass. Ideendramen *Wallenstein* (1799), *Maria Stuart* (1800), *Die Jungfrau von Orleans* (1801), *Die Braut von Messina* (1803) und *Wilhelm Tell* (1804). Ihre Helden sind, im trag. Konflikt zwischen Schicksal und Selbstbestimmung, der sittl. Freiheit, sei es auch um den Preis des phys. Untergangs, verpflichtet. 1805, während seiner Arbeit an *Demetrius,* starb S. S.s gesamtes Werk wird stark von der Reflexion und seiner antithet. Weltsicht bestimmt. Während im 19. Jh. hauptsächl. sein Idealismus und Pathos außerordentl. gefeiert wurden, wird man heute mehr und mehr der künstlerischen Komplexität seines Werkes gewahr. Seine Schriften liegen in zahlreichen Gesamt- und Auswahlausgaben vor.

Schimmang, Jochen (* 14. 3. 1948 Northeim/Niedersachsen). Dt. Schriftsteller, studierte Politikwissenschaften und arbeitete als Lehrer für Deutsch als Fremdsprache und als Dozent an der Bergischen Universität in Wuppertal. Als Autor trat er mit kritischen Texten *Text Nr. 1 – auf die Frauenbewegung schielend* (1979), mit Erzn. *Das Ende der Berührbarkeit* (1981), *Der Norden leuchtet* (1984), *Das Vergnügen der Könige* (1989), mit Gedichten *Das verschämte Lächeln der Vernunft* (1986) und mit Romanen *Die Geistesgegenwart* (1990) hervor. 1983 erhielt er den Förderpreis für Junge Autoren des Landes Nordrhein-Westfalen.

Schirmbeck, Heinrich (* 23. 2. 1915 Recklinghausen). – Dt. Autor, Buchhändler, dann Journalist der »Frankfurter Zeitung« und Werbeleiter, schrieb seit 1952 Essays für den Rundfunk. Nach ersten romant.-phantast. Erzählungen verfaßte er zwei zeitkrit. Romane, in denen die problemat. Stellung des modernen Naturwissenschaftlers aufzeigte: *Ärgert dich dein rechtes Auge* (1957) und *Der junge Leutnant Nikolai* (1958). Seine Erzählung *Träume und Kristalle* (1968) fand wenig Zuspruch; interessant ist die Sammlung der Erzn. *Die Pirou-*

ette des Elektrons (1980). In letzter Zeit trat er vorwiegend mit lit.-wiss. Arbeiten an die Öffentlichkeit, z. B. *Schönheit und Schrecken, Zum Humanismusproblem in der modernen Literatur* (1977).

Schischkow, Wjatscheslaw Jakowlewitsch (*3. 10. 1873 Beschezk b. Tver', †6. 3. 1945 Moskau). – Sowjetruss. Schriftsteller, lebte mehr als 20 Jahre als Ingenieur in Sibirien und schilderte in seinen Werken realist. den sibir. Alltag vor und nach der Revolution, etwa in *Der dunkle Strom* (1933, dt. 1955). Der histor. Roman *Emel'jan Pugačëv* (1945) handelt von der Bauernbewegung im 17. Jh. Dt. erschien 1964 *Vagabunden* (1931).

Schisgal, Murray (*25. 11. 1926 New York). – Amerikan. Dramatiker, zunächst Jazzmusiker, studierte dann Jura und arbeitete bis 1959 als Rechtsanwalt. In seinen Boulevardkomödien benutzte er in parodist. Absicht Stilmittel des Absurden Theaters, z. B. in *Der Tiger* (engl. und dt. 1963). Erfolg hatte bes. *Liiiebe* (1965), in dem er Psychoanalyse, Selbstmord und Mord ins Komische zog. In den letzten Jahren erschienen u. a. *The Chinese* (1970), *Dr. Fish* (1970), *An American Millionaire* (1974), *Closet, Madness and Other Plays* (1984), *Pokins* (1984).

Schklowski, Wiktor Borissowitsch (*6. 2. [oder 25. 1.] 1893 Petersburg, †5. 12. 1984 Leningrad). – Russ. Literaturtheoretiker, galt lange als die führende Gestalt des Formalismus. Wegen dieser ästhet. Konzeption wurde er, obwohl er Professor am Gorki-Literaturinstitut war, 1929 verurteilt und wandte sich nunmehr der Literaturgeschichte und Filmkritik zu: *Von der Ungleichheit des Ähnlichen in der Kunst* (dt. 1973). Als Erzähler knüpfte er an Sterne an, so in den Romanen *Sentimentale Reise* (1923, dt. 1964) über die Zeit 1917–23 und *Zoo oder Briefe nicht über die Liebe* (1923, dt. 1965). Seine Autobiographie erschien dt. 1968. Seine wichtigsten literaturtheoret. und filmkrit. Arbeiten sind bisher noch kaum übersetzt. Eine russ. Gesamtausgabe von 1962 enthält viele grundlegende, sonst schwer zugängliche Arbeiten (19 Bde.).

Schlaf, Johannes (*21. 6. 1862 Querfurt, †2. 2. 1941 ebd.). – Dt. Dichter, studierte Theologie, Philosophie und Philologie, zuletzt in Berlin. Dort hatte er Kontakt mit naturalist. Künstlern und arbeitete mit A. Holz 1887–92 zusammen; aus der gemeinsamen Tätigkeit erschienen *Papa Hamlet* (Prosa 1889) und *Die Familie Selicke* (Drama 1890). Sein Drama *Meister Oelze* (1892) gilt als sein Hauptwerk und weist noch konsequent naturalist. Züge auf. Danach wandte er sich der lyr. Novellen *In Dingsda* (1892) und *Frühling* (1896) dem Impressionismus und schwärmer. Naturverehrung zu. In seinen folgenden Romanen, z. B. *Die Wandlung* (1922), Erzählungen und Schriften befaßte er sich mit Zeitproblemen, naturphilosoph. und religiösen Fragen. 1941 erschien seine Autobiographie *Aus meinem Leben*.

Schleef, Einar (*1. 9. 1944 Sangerhausen/Thüringen). – Dt. Schriftsteller, wuchs in kleinbürgerlichem DDR-Milieu auf und gewann Anerkennung mit seinem zweiteiligen Roman *Gertrud* (1980; 1984), in dem der Sohn der Mutter einen Erinnerungsstrom vorgibt, der sich in einem Monolog verdichtet, der Tatsächliches und Erfundenes zu einer Einheit verbindet. Die DDR stellt S. auch in dem Fotobuch *Zuhause* (1981) und in den Miniaturen gesellschaftlicher Vertreter des Systems *Die Bande* (1982) dar. Bereits 1976 hatte S. die DDR verlassen müssen, da seine Arbeiten, vor allem seine Tätigkeit als Regisseur das Mißfallen der SED hervorgerufen hatte.

Schlegel, August Wilhelm von (*5. 9. 1767 Hannover, †12. 5. 1845 Bonn). – Dt. Dichter und Gelehrter, der Bruder Friedrich S.s. Er studierte Theologie und Philologie, arbeitete 1795–97 an Schillers »Horen« mit und wurde 1798 außerordentl. Professor in Jena. Mit seinem Bruder veröffentlichte er 1798 bis 1800 in der Zeitschrift »Athenaeum« die Theorie der Romantik, die er durch Vorlesungen in Berlin (1801) und Wien (1808) erweiterte. 1804–17 war er häufiger Reisebegleiter Madame de Staëls in Italien, Frankreich, Skandinavien und England. Nach dem Sanskritstudium in Paris begründete er, seit 1818 Professor in Bonn für Kunst- und Literaturgeschichte, das Studium in alt-ind. Sprache. Seine wichtigsten theoret. Werke handeln *Über dramatische Kunst und Literatur* (1809–1811) und über die *Geschichte der deutschen Sprache und Poesie* (hg. 1913). Als Dichter (z. B. *Gedichte*, 1800, *Ion*, Drama 1803) erreichte S. kaum Bedeutung, dagegen um so mehr als Literaturhistoriker und Kritiker der Romantik sowie meisterhafter Übersetzer von Werken Dantes, Calderons u. a. und bes. von 17 Shakespeare-Dramen.

Schlegel, Dorothea von (*24. 10. 1763 Berlin, †3. 8. 1839 Frankfurt/M.). – Dt. Schriftstellerin, Tochter Moses Mendelsohns. Sie wurde 1798 von ihrem ersten Mann geschieden und heiratete Friedrich S. Sie konvertierte 1804 zum protestant., 1808 zum kath. Glauben. In Nachfolge von Goethes *Wilhelm Meister* entstand ihr fragmentarischer Roman *Florentin* (1801), der wiederum Eichendorffs *Ahnung und Gegenwart* entscheidend beeinflußte. Neben ihrer Übersetzung von Madame de Staëls *Corinne* (1807ff.) sind ihre Briefe an die Söhne und Friedrich S. von Interesse.

Schlegel, Friedrich von (*10. 3. 1772 Hannover, †12. 1. 1829 Dresden). – Dt. Gelehrter und Dichter, studierte Philosophie, klass. Sprachen und Kunstgeschichte in Leipzig. Zwischen 1798–1800 gab er mit seinem Bruder August W. S. die Zeitschrift »Athenaeum«, das Sprachrohr der romant. Dichtung, heraus und wurde mit seinen gelstreichen Fragmenten der eigtl. Schöpfer der frühromant. Kunsttheorie. 1802–04 hielt er Vorlesungen über Ästhetik und Kulturgeschichte in Paris und studierte Sanskrit und oriental. Sprachen, woraus sich die Studie *Über die Sprache und Weisheit der Inder* (1808) entwickelte, die als Ursprung der Indologie und vergleichenden Sprachwissenschaft bezeichnet werden kann. 1804 heiratete S. Dorothea Veit, 1808 wurde er kath. Seit 1809 im österr. Staatsdienst, las er 1810–12 über Literaturgeschichte in Wien, 1815–18 gehörte er als Legationsrat dem Bundestag in Frankfurt an. Neben S.s Leistungen als Theoretiker der Romantik verblaßt sein dichter. Schaffen. Genannt sei sein skandalöserot. Roman *Lucinde* (1799). Von höchster Bedeutung sind seine Werke *Geschichte der alten und neuen Literatur* (Vorlesungen 1815) und *Philosophie der Geschichte* (1829). Die Schriften liegen in mehreren Werkausgaben vor.

Schlegel, Johann Elias (*17.1. 1719 Meißen, †13.8. 1749 Sorø/Dänemark). – Dt. Dichter, der Onkel von August W. und Friedrich S., stand während seines Jurastudiums in Leipzig u. a. mit Gottsched in Verbindung. 1743 ging er als Privatsekretär des sächs. Gesandten nach Kopenhagen, 1748 wurde er Professor der Ritterakademie Sorø. Er gehörte zum Mitarbeiterkreis der »Bremer Beiträge«. Die Regeln des klass. franz. Dramas, durch Gottsched vermittelt, bestimmten S.s frühe Tragödien *Orest und Pylades* (1737–42), während seine Lustspiele, z. B. *Die stumme Schönheit* (1747), von Shakespeare beeinflußt wurden. S.s *Vergleichung Shakespeares und Andreas Gryphs* (sic!) (1741) trug zur Anerkennung Shakespeares in Dtld. bei, und seine Schrift *Gedanken zur Aufnahme des dänischen Theaters* (1747) nahm Lessings Literaturtheorie vorweg.

Schlegel, Karoline von, geb. Michaelis (*2.9. 1763 Göttingen, †7.9. 1809 Maulbronn). – Dt. Schriftstellerin, bedeutendste Frau der dt. Romantik. K. S. ging nach dem Tod ihres ersten Mannes, des Bergarztes Böhmer, 1790 nach Mainz und stand dort G. Forster und einer mit der franz. Besatzung sympathisierenden Gruppe nahe, weshalb sie 1793 in Königstein im Taunus ins Gefängnis kam. Während ihrer zweiten Ehe mit August Wilhelm S. 1796 bis 1803 war ihr Haus gesellschaftl. Mittelpunkt der Frühromantik in Jena. Sie unterstützte die Arbeiten ihres Gatten und trug zur Goethe-Begeisterung der Frühromantiker bei. 1803 heiratete sie F. W. J. Schelling. Bedeutend sind ihre Briefe.

Schleich, Carl Ludwig (*19.7. 1859 Stettin, †7.3. 1922 Saarow b. Berlin). – Der Arzt und Schriftsteller S. erfand 1892 die Lokalanästhesie. Er verfaßte problembeladene Novellen, Gedichte und Essays, z. B. *Von der Seele* (1910), *Das Problem des Todes* (1921). Bekannt wurden besonders seine Erinnerungen *Besonnte Vergangenheit* (1921).

Schleiermacher, Friedrich Ernst Daniel (*21.11. 1768 Breslau, †12.2. 1834 Berlin). – Dt. Philosoph und Theologe, steht in der Nachfolge des dt. Idealismus und der Philosophie der Romantik und fordert als erkenntnisleitende Methode eine histor. Hermeneutik, die das Subjekt aus der Gesamtheit des Seins und dieses aus dem Subjekt wechselseitig erklärt. Reli-

gion ist die emotionale Identität mit dieser Totalität des Seins, in der alle Widersprüche aufgehoben sind. Alles Sein ist abhängig von Gott (Pantheïsmus), der nicht in die Natur eingreifen kann, da diese ein Teil seines Seins ist. Das menschl. Individuum erhält sein principium individuationis aus dem Bezug zu dem absoluten Sein Gottes. Als Übersetzer der Werke Platons (1804 bis 1828 in 6 Bdn.) ist S. heute noch weiten Leserkreisen bekannt. Sein eigenes Gesamtwerk erschien bisher nur in histor.-krit. Einzelausgaben; als Erstausgaben liegen u. a. vor *Reden über die Religion an die Gebildeten unter ihren Verächtern* (1799), *Monologe* (1810), *Grundlinien einer Kritik der bisherigen Sittenlehre* (1803), *Der christliche Glaube nach den Grundsätzen der evangelischen Kirche* (2 Bde. 1821), *Entwurf eines Systems der Sittenlehre* (posthum 1835), *Grundriß einer philosophischen Ethik* (posthum 1841).

Schlesinger, Klaus (*9.1. 1937 Berlin). – Dt. Schriftsteller, arbeitete zunächst in der Industrie, dann als Journalist und mußte die DDR verlassen, da seine Schriften nicht der offiziellen Parteidoktrin entsprachen. Sein Realismus, der an zahlreichen Details und sprachlichen Sonderheiten kenntlich ist, zeigt keinen angeordneten Optimismus, sondern verdeutlicht, daß die Realität stets Gefährdungen ausgesetzt ist. Rückerinnerungen in seinen Werken verdeutlichen immer wieder die Bedrohung der individuellen Existenz, so etwa *Michael* (1965), *Alte Filme* (1975), *Berliner Traum* (1977), *Matula und Busch* (1984), *Fliegender Wechsel* (1990).

Schmeljow, Iwan Sergejewitsch (*21.9. 1875 Moskau, †24.6. 1950 Paris). – Russ. Dichter, war Lehrer und emigrierte 1922 nach Paris. Ersten Ruhm brachte ihm 1910 der von Dostojewski beeinflußte Roman *Der Kellner* (1910, dt. 1927) mit seinen meisterhaften Milieuschilderungen. Die Romane und Erzählungen aus der Emigration beschreiben die Leiden der Menschen während des Bürgerkriegs, so *Die Sonne der Toten* (1925, dt. 1927), und das alte traditionsverhaftete Rußland: *Wanja im heiligen Moskau* (1933, dt. 1958). Populär wurde sein letztes Werk *Dunkel ist unser Glück* (1937 bis 1938, dt. 1965).

Schmid, Christoph von (*15.8. 1768 Dinkelsbühl, †3.9. 1854 Augsburg). – Dt. Schriftsteller, 1795 Schulbenefiziat und -inspektor in Thannhausen, später Pfarrer und schließl. Domherr in Augsburg. Die Stoffe seiner schlichten, gemüthaften und moralisierenden Erzählungen für Kinder und Jugendliche nahm er aus Legenden und ritterl. Leben. Sie wurden viel gelesen, so z. B. *Genovefa* (1810), *Die Ostereyer* (1816), *Rosa von Tannenburg* (1825), *Neue Erzählungen für Kinder und Kinderfreunde* (4 Bde. 1832 bis 1838), *Erinnerungen aus meinem Leben* (1853 bis 1857 in 4 Bdn.)

Schmidt, Arno (*18.1. 1914 Hamburg, †3.6. 1979 Celle). – Dt. Dichter, gab 1933 sein Studium der Mathematik auf und wurde kaufmännischer Angestellter. Seit 1947 war er ausschließlich literarisch tätig. In seinen phantastisch-bizarren Erzählungen und Romanen experimentierte er mit der Sprache und neuen Erzählformen. Die Handlung tritt hinter der Zustandsbeschreibung zurück und wird z. T. in fotoartige Kleinstszenen (*Das steinerne Herz*, 1956, *Die Gelehrtenrepublik*, 1957) oder in nebeneinandergestellte Erzählebenen aufgelöst: *Kaff auch Mare Crisium* (1960), *Zettels Traum* (1970). *Zettels Traum*, sein umfangreichster Roman, wurde von Poe, Freud und Joyce beeinflußt. S.s literaturhist. Essays *Nachrichten von Büchern und Menschen* (1971, Auswahl) und Übersetzungen galten auch »vergessenen« Autoren, wie Brockes, Schnabel und Cooper. Ferner schrieb er eine »Fouqué-Biographie« (1958). 1972 schuf er mit der Novellenkomödie *Die Schule der Atheisten* eine neue lit. Form. 1977 erschien als Nachlese *Vorläufiges zu Zettels Traum*. Die Sprachvirtuosität und Genialität der Einfälle sowie das pointierte Erzählgeschick können nur mit Jean Paul verglichen werden. In der sog. *Bergfelder Ausgabe* sind seine Hauptwerke heute zusammengefaßt. Posthum erschien u. a. der biograph. aufschlußreiche *Briefwechsel mit Wilhelm Michels* (1987).

Schmidtbonn, Wilhelm, eigtl. *W. Schmidt* (*6.2. 1876 Bonn, †3.7. 1952 Bad Godesberg). – Dt. Schriftsteller, Dramaturg und Zeitschriftenherausgeber in Düsseldorf. Sein Drama *Mutter Landstraße* (1901) steht an der Wende vom Naturalismus zur Neuromantik; später wandte er sich dem Expressionismus zu. Fabulierfreude, Religiosität und Humor verweben sich in seinen Heimaterzählungen *Raben* (1904) und *An einem Strom geboren* (1935), Legenden und Sagen. Die Romane *Mein Freund Dei* (1928), *Der dreieckige Marktplatz* (1935) oder *Anna Brand* (1939) hatten wie die Autobiographie nur begrenzten Erfolg.

Schmitz, Hermann Harry (*12.7. 1880 Düsseldorf, †8.3. 1913 Münster am Stein). – S., Sohn eines Industriellen, litt seit dem 17. Lebensjahr an Lungenschwindsucht und nahm sich aus Angst vor geistiger Umnachtung das Leben. Er veröffentlichte zwei Bände grotesk-komischer Erzählungen. *Der Säugling und andere Tragikomödien* (1911) und *Buch der Katastrophen* (1914, neu 1966).

Schnabel, Ernst (*26.9. 1913 Zittau, †25.1. 1986 Berlin). – Dt. Schriftsteller, lange Jahre Seemann. Nach dem Krieg war er u. a. als Intendant des Nordwestdt. Rundfunks Hamburg tätig; prägte Hörspiel und Wortsendungen des Rundfunks über Jahrzehnte. In seinen frühen Romanen *Die Reise nach Savannah* (1939) verarbeitete er seine Erfahrungen als Matrose. Später versuchte er, antike Mythen auf unsere Zeit zu übertragen, so in *Der sechste Gesang* (1956) den Odyssee-Stoff auf Kriegsgefangenschaft und Flüchtlingsschicksal. Neben Erzählungen wie *Auf der Höhe der Messingstadt* (1973) und Essays schrieb er das Libretto zu H. W. Henzes Oratorium *Das Floß der*

Medusa (1969) und trug mit seinen Reportagen und Features zur Weiterentwicklung des Rundfunk- und Fernsehstils bei, z. B. mit *Hurricane* (1972). S. wurde mit zahlreichen Preisen (z. B. Fontane-Preis 1957, Menschenrechtspreis der UNESCO 1958) geehrt.

Schnabel, Johann Gottfried (*7.11. 1692 Sandersdorf b. Bitterfeld, †1752 Stolberg). – Dt. Dichter, war 1708 im Span. Erbfolgekrieg Feldarzt unter Prinz Eugen, später Reisebegleiter des Grafen zu Stolberg und 1724–42 Chirurg und Beamter an dessen Hof. Er gab 1731–41 die Zeitung »Stolbergische Sammlung neuer und merkwürdiger Weltgeschichte« heraus. Als Erzähler stand er der Aufklärung bereits näher als dem Barock. Berühmt wurde insbesondere sein Roman *Die Insel Felsenburg* (1731 bis 1743), der die Abenteuerlust von Robinson- und Ritterromanen, Zeitkritik und den Entwurf einer utopischen Gesellschaft verband. Er gilt als bestes Werk der dt. Robinsonaden-Literatur. Neben galanten Romanen, z. B. *Der im Irr-Garten der Liebe herum taumelnde Cavalier* (1738), schrieb S. auch eine Biographie des Prinzen Eugen.

Schnack, Friedrich (*5.3. 1888 Rieneck/Unterfranken, †10.3. 1977 München). – Dt. Dichter, Bankbeamter, Angestellter und einige Jahre Journalist. Seit 1926 lebte er als freier Schriftsteller. Seine liedhaft-zarte Lyrik und seine sehr lyr. Romane und Erzählungen kreisen um ferne Länder, die Welt der Träume und Märchen, vor allem aber um die Natur, die mehr und mehr in den Vordergrund rückt, so in *Sebastian im Wald* (1926) und in *Die wundersame Straße* (1936). Schließlich schrieb er reine Naturdichtung wie *Das Leben der Schmetterlinge* (1928) und *Meine Lieblingsvögel* (1961), daneben Reise- und Jugendbücher, z. B. *Die schönen Tage des Lebens* (1971) und *Der Mann aus Alaska* (1974).

Schneider, Michael (*4.4. 1934 Königsberg/Ostpreußen). – Dt. Autor, studierte Naturwissenschaften, Philosophie, Soziologie und Theologie und arbeitete als Redakteur verschiedener Zeitschriften (z. B. »Kursbuch«, »konkret«), dann Dramaturg. S. gehört der kritischen Generation der 60er Jahre an, der sich in seinen Schriften wiederholt mit der Frage der Freiheit des Individuums in der modernen Gesellschaft auseinandersetzte. Beachtung fanden die Novellen *Das Spiegelkabinett* (1980), *Die Traumfalle* (1987), die kulturkritische Arbeit *Den Kopf verkehrt aufgesetzt oder die melancholische Linke, Aspekte des Kulturzerfalls in den siebziger Jahren* (1981) und die dramatischen Texte (Hörspiel und v. a. Theater) *Die Wiedergutmachung oder Wie man einen verlorenen Krieg gewinnt* (1977), *Luftschloß unter Tage* (1982).

Schneider, Peter (*21.4. 1940 Lübeck). – Dt. Schriftsteller, studierte dt. Literatur und Sprache und setzte sich in seinen lit. Arbeiten mit den Gründen der Studentenunruhen der 60er Jahre auseinander. Gegen den bürgerl. Wissenschaftsbegriff stellt er ein dialekt. Weltverständnis. Bes. Beachtung fand

Lenz, eine Erzählung von 1968 und danach (1973), in der er Probleme der Gegenwart an der Novellenfigur Büchners mit autobiograph. Zügen demonstriert, und *Vati* (1987), in der er sich – orientiert an einer Reportage – mit der Gestalt des KZ-Arztes Mengele auseinandersetzt. Auch *Der Mauerspringer* (1982), die Essays wie *Atempause* (1977), *Unrecht für Ruhe und Ordnung* (1982), *Extreme Mittellage* (1990) sind Zeugnisse einer soz. Weltsicht.

Schneider, Reinhold (*13. 5. 1903 Baden-Baden, †6. 4. 1958 Freiburg/Br.). – Dt. Dichter, absolvierte nach dem Abitur eine kaufmänn. Ausbildung in Dresden. Nach Reisen ins europ. Ausland 1928/29 lebte er als Schriftsteller in Potsdam, Berlin und seit 1938 in Freiburg/Br. 1938 wurde er katholisch. Er wandte sich offen gegen den Nationalsozialismus und wurde vor Kriegsende wegen Hochverrats angeklagt. Sein umfangreiches, christl. bestimmtes Werk ist der Auseinandersetzung zwischen weltl. Macht und göttl. Gnade in der Geschichte und den geistig-sittl., kulturellen und polit. Problemen seiner Zeit gewidmet. Aus seinem großen und umfangreichen Werk seien als Beispiele genannt: Essays: *Herrscher und Heilige* (1953), *Erbe und Freiheit* (1955); Erzählungen: *Las Casas vor Karl V.* (1938), *Winter in Wien* (1958); Dramen: *Der große Verzicht* (1950), *Innozenz und Franziskus* (1953); Lyrik: *Sonette* (1939); Roman: *Die Hohenzollern* (1933); Autobiographie: *Verhüllter Tag* (1954). Mit einer Gesamtausgabe wurde 1977 begonnen.

Schneider, Rolf (*17. 4. 1932 Chemnitz. – DDR-Autor, war nach dem Germanistikstudium Redakteur der kulturpolit. Zeitschrift »Aufbau«. Seit 1958 widmete er sich in Schöneiche b. Berlin ausschließlich dem Schreiben. In Romanen wie *Die Tage in W.* (1965) und *Der Tod des Nibelungen* (1970) – eine Parodie auf die Autobiographien – und Dramen wie *Prozeß in Nürnberg* (1968) gestaltete er moralisch-polit. Konflikte der Kriegs- und Nachkriegszeit. Ferner schrieb er Erzählungen, Hörspiele und Nachdichtungen, z.B. *Unerwartete Veränderung* (1980). Sein Essay *Pfützen voll schwarzer Unvernunft* (1979) erläutert, daß er zum Fall Biermann in *November* nur privat Aussagen gemacht habe. Die Satire *Jede Seele auf Erden* (1988) zeigt Karriere und Sturz eines DDR-Autors im Westen. 1989 setzte er sich mit der bürgerlichen Tradition in *Die Reise zu Richard Wagner* (1989) auseinander. Zuletzt erschien der Roman *Frühling im Herbst. Notizen zum Untergang der DDR* (1991).

Schneider-Schelde, Rudolf, eigtl. *R. Schneider* (*8. 3. 1890 Antwerpen, †18. 5. 1956 München). – Dt. Schriftsteller, lebte in Berlin und München. Seine Werke wurden während der Diktatur des Nationalsozialismus verboten. Er schrieb Novellen, Romane wie *Zweierlei Liebe* (1936), *Die Reise nach Jaroslaw* (1955) und *Ein Mann im schönsten Alter* (1955) und Komödien wie *O diese Kinder* (1941).

Schnell, Robert Wolfgang (*8. 3. 1916 Barmen, †1. 8. 1986 Berlin). – Dt. Schriftsteller, Maler, Schauspieler in West-Berlin, schrieb phantasievolle, gesellschaftskrit. Erzählungen, wie *Junggesellenweihnacht* (1970), *Die heitere Freiheit und Gleichheit* (1978), *Triangel des Fleisches* (1981), *Der Weg einer Pastorin ins Bordell* (1984), Romane über Außenseiter und kleine Leute, z.B. *Erziehung durch Dienstmädchen* (1968), Hör- und Fernsehspiele sowie Kinderbücher, z.B. *Das verwandelte Testament* (1973) und *Des Försters tolle Uhr* (1974). 1983 erschien die Autobiogr. *Sind die Bären glücklicher geworden*.

Schnitzler, Arthur (*15. 5. 1862 Wien, †21. 10. 1931 ebd.). – Österr. Dichter, prakt. Arzt in Wien, gab später seinen Beruf auf, um zu schreiben. S. war mit H. von Hofmannsthal befreundet und mit S. Freud bekannt. Als impressionist. Erzähler und Dramatiker zeichnete er skept. und scharf analysierend, aber ohne moral. Wertung das Wiener Großbürgertum am Ende des 19. Jh.s. Die Psychoanalyse Freuds diente ihm dazu, Gefühle, Handlungen und besonders erot. Beziehungen unvoreingenommen zu durchleuchten. S.s Stärke lag in den kleineren Formen, wie Einakter, z.B. *Anatol* (1893) und *Der grüne Kakadu* (1899) und Novellen, z.B. *Lieutenant Gustl* (1901) und *Fräulein Else* (1924), worin er bereits den ›inneren Monolog‹ konsequent verwendet. Hervorzuheben sind noch die Stücke *Liebelei* (1895), *Professor Bernhardi* (1912) und *Reigen* (1900), der Roman *Der Weg ins Freie* (1908), die Novellen *Traumnovelle* (1926), *Spiel im Morgengrauen* (1927) und *Therese* (1928). Seine Werke, die stark auf die Lit. des 20. Jh.s gewirkt haben, liegen in mehreren Ausgaben vor.

Schnurre, Wolfdietrich (*22. 8. 1920 Frankfurt/M., †9. 6. 1989 Kiel). – Dt. Schriftsteller, wuchs in Berlin auf, war 1939 bis 1945 Soldat, danach Film- und Theaterkritiker der »Deutschen Rundschau« und wurde Mitglied der »Gruppe 47«. Seit 1950 war er freier Schriftsteller; zahlreiche Auszeichnungen (u.a. Georg-Büchner-Preis 1983). Aus den Erfahrungen der Kriegs- und Nachkriegszeit entwickelte sich sein eigenwilliger Stil, für den Zeitkritik, scharfe Satire und grotesk-schwarzer Humor typisch sind. Sie kennzeichnen seine Lyrik, z.B. *Kassiber* (1956) und *Abendländler* (1957), gleichermaßen wie seine Romane, z.B. *Das Los unserer Stadt* (1959) und *Richard kehrt zurück* (1970), und Erzählungen, z.B. *Man sollte dagegen sein* (1960), *Die Aufzeichnungen des Pudels Ali* (1962), *Eine schöne Bescherung* (1967) und *Ein Unglücksfall* (1981). Zu seinem vielseitigen Werk zählen weiter Fabeln, Essays, Hör- und Fernsehspiele und Kinderbücher, z.B. *Schnurren und Murren* (1947), *Erzählungen 1945–1965* (1977) und *Klopfzeichen* (1978) sowie die Aufzeichnungen *Der Schattenphotograph* (1978). Eine Werkausgabe erscheint seit 1980 in 10 Bdn.

Schönaich-Carolath, Emil Prinz von (*8. 4. 1852 Breslau,

†30.4. 1908 Schloß Haseldorf/Holstein). – Dt. Schriftsteller, studierte Literatur und Kunstgeschichte in Zürich. Er verfaßte neuromant. Gedichte und Erzählungen, die in späteren Jahren religiös gefärbt waren, z. B. *Die Kiesgrube* (1903).

Schönherr, Karl (*24.2. 1867 Axams/Tirol, †15.3. 1943 Wien). – Österr. Schriftsteller. Sohn eines Dorfschullehrers, ließ sich 1896 als prakt. Arzt in Wien nieder. Seit 1905 widmete er sich ausschließl. lit. Tätigkeit. Er schuf naturalist. kraftvolle Heimat- und Bauerndramen aus der Tiroler Bergwelt, die im Volksstück, im kath. Glauben und deutschnationaler Haltung wurzeln, wie *Der Judas von Tirol* (1897), *Erde* (1908), *Glaube und Heimat* (1910), *Der Weibsteufel* (1915) und *Die Fahne weht* (1937). Seine heimatverbundenen Gedichte wie *Innthaler Schnalzer* (1895) und Erzählungen schrieb er z. T. in Mundart.

Schönthan, Franz Edler von Pernwald (*20.6. 1849 Wien, †2.12. 1913 ebd.). – Österr. Autor, Schauspieler, Theaterdichter am Residenztheater Berlin und 1883/84 Oberregisseur in Wien, danach in Blasewitz b. Dresden und wiederum Wien. Seine um 1900 erfolgreichen Lustspiele und Schwänke entstanden z. T. in Zusammenarbeit mit seinem Bruder Paul v. S. Am bekanntesten wurde *Der Raub der Sabinerinnen* (1885).

Schönwiese, Ernst (*6.1. 1905 Wien, †4.4. 1991 ebd.). – Österr. Schriftsteller, Redakteur, Volkshochschuldozent und Programmdirektor des Österreich. Rundfunks. Er gründete die Literaturzeitschrift »das silberboot«. Als Lyriker traditionellen Formen und west-östl. Mystik verpflichtet. Hauptthema ist die Liebe zu Gott und den Mitmenschen, z. B. in *Geheimnisvolles Ballspiel* (1965), *Odysseus und der Alchimist* (1968). *Versunken in den Traum. Gedichte aus fünfzig Jahren* (1984). 1975 fand sein Essay *Der Schriftsteller und die Probleme seiner Zeit* interessierte Aufnahme.

Scholem-Aleichem (= Friede mit euch), eigtl. *Schalom Rabinowitsch* (*2.3. 1859 Perejaslaw/Ukraine, †13.5. 1916 New York). – Der Rabbiner und jidd. Schriftsteller gab 1888/89 in Kiew das Jahrbuch *Di jiddische folksbibliotek* heraus. Nach dem finanziellen Scheitern emigrierte er 1905 nach Amerika. Er gilt als der bedeutendste jiddisch schreibende Humorist, der in seinen Romanen, Erzählungen und Schauspielen die einfachen ostjüd. Menschen mit ihren Vorzügen und Fehlern schilderte. Sein Roman *Tewje, der Milchmann* (1894, dt. 1962) errang als Musical Welterfolg (dt. *Anatevka*). In Amerika beschrieb er krit. die soziale Lage jidd. Einwanderer, so in *Mottl, der Kantorssohn* (1920, dt. 1965). Dt. erschienen u. a. *Aus dem nahen Osten* (1914), *Die erste jüdische Republik* (1919), *Verstreut und versprengt* sowie *Schwer zu sein a Jud* (1923) und *Eine Hochzeit ohne Musikanten* (1961).

Scholl, Inge, verh. *Aicher* (*1917). – Dt. Autorin, Schwester von Hans und Sophie S., gründete die Ulmer Volkshochschule und eine Geschwister-Scholl-Stiftung als Trägerin einer Hoch-schule für Gestaltung. In dem Buch *Die weiße Rose* (1953) setzte sie dem aktiven Widerstand ihrer Geschwister gegen den Nationalsozialismus im gleichnamigen Kreis um Prof. K. Huber ein Denkmal.

Scholochow, Michael Alexandrowitsch (*24.5. 1905 Kruschilin/Dongebiet, †21.2. 1984 Wjoschenskaja). – Russ. Dichter. Nobelpreisträger von 1965, kämpfte als Halbwüchsiger in der Roten Armee im Dongebiet, wurde Mitglied der KPdSU und ging 1922 nach Moskau, wo er zu schreiben begann. 1924 kehrte er für immer in das Dongebiet zurück. Seine *Erzählungen vom Don* (1925, dt. 1965) berichten vom Leben der Kosaken, deren Schicksal auch den Inhalt der späteren Werke bildet. Sein populärster Roman *Der stille Don* (4 Bde.; 1928 bis 1940, dt. 1929ff.) knüpft an Tolstoi an und erzählt in epischer Breite das Schicksal einiger Kosakenfamilien in Verbindung mit den geschichtl. Ereignissen vom Beginn des Ersten Weltkriegs bis in die Bürgerkriegszeit. Die Hauptgestalt muß zwar erkennen, daß der Untergang der alten Lebensformen notwendig ist, findet aber keinen Zugang zum Kommunismus. Wegen offizieller Kritik überarbeitete S. den Roman 1953. In seinem zweiten bedeutenden Roman *Neuland unterm Pflug* (1932 bis 1960, dt. 1960; 1966 u. d. T. *Ernte am Don*) über die Kollektivierung im Dongebiet charakterisierte er den »positiven« Helden des Sozialismus.

Scholtis, August (*7.8. 1901 Bolatitz/Oberschlesien, †26.4. 1969 Berlin). – Dt. Dichter, aus ärml. Verhältnissen, arbeitete als Kanzleischreiber des Fürsten Lichnowsky und in anderen Berufen. 1928 ging er als Schriftsteller und Journalist nach Berlin. In Novellen und Romanen, wie *Ostwind* (1932) und *Baba und ihre Kinder* (1934), wandte er sich dem Schicksal einfacher Menschen, vor allem im oberschles. Grenzgebiet, zu und kämpfte gelegentl. auch sarkast. gegen den dt. und poln. Chauvinismus. 1959 erschien seine Autobiographie *Ein Herr aus Bolatitz* und 1962 der Bericht *Reise nach Polen*.

Scholz, Hans (*20.2. 1911 Berlin, †29.11. 1988 ebd.). – Dt. Schriftsteller, war in Berlin als Maler, Dichter und Lehrer an Kunstschulen tätig. 1963 Feuilletonchef des »Tagesspiegels«, wurde er mit seinem Novellenzyklus *Am grünen Strand der Spree* (1955), Geschichten aus der Berliner Kriegs- und Nachkriegszeit, bekannt. Die tagebuchartigen Skizzen *Berlin, jetzt freue Dich* (1960) spiegeln weltpolit. Ereignisse. Ferner verfaßte er Hörspiele, Reisebücher, z. B. *Wanderungen und Fahrten in der Mark Brandenburg* (1974), und Biographien, z. B. *Theodor Fontane* (1978).

Scholz, Wilhelm von (*15.7. 1874 Berlin, †29.5. 1969 Konstanz). – Dt. Schriftsteller, sein Vater war letzter Finanzminister Bismarcks. S. studierte Philosophie und Literaturwissenschaft, war 1916–22 Dramaturg und Spielleiter in Stuttgart und 1926–28 Präsident der Preuß. Dichterakademie. Durch das Studium der dt. Mystik fand er zur Neuromantik mit ihrer

Vorliebe für das Übersinnliche. Sie bestimmt seine spätere Lyrik und streng klassizist. Dramen *Der Jude von Konstanz* (1905) und *Der Wettlauf mit dem Schatten* (1921). Für seine Romane wählte er häufig mittelalterl. Stoffe, so für *Perpetua* (1926). Nach 1945 wurden sein Drama *Das Säckinger Trompeterspiel* (1955) und der Roman *Theodor Dorn* (1967) weiteren Kreisen bekannt.

Schopenhauer, Arthur (*22.2. 1788 Danzig, †21.9. 1860 Frankfurt/Main). – Dt. Philosoph, stammte aus wohlhabendem Elternhaus, seine Mutter stand in enger Beziehung zum Weimarer Hof. S. lebte nach seinem Studium zunächst in Berlin, dann seit 1832 in Frankfurt als Privatgelehrter. Seine Philosophie steht in der Nachfolge Kants und des dt. Idealismus mit der zentralen Frage nach der Erkennbarkeit der objektiven Realität. Sowohl in seiner Dissertation *Über die vierfache Wurzel des Satzes vom Grunde* (1813) als auch in seinem Hauptwerk *Die Welt als Wille und Vorstellung* (1819; erweiterte Fassung 1859) geht er von den Grundsätzen aus, daß die Realität nur Vorstellung des Subjekts sei und diese durch den Willen hervorgebracht wurde. Daraus folgt log., daß alle Objekte dem Subjekt essentiell identisch gegeben sind und erst das Subjekt konstituieren, wie sie selbst durch dieses hervorgebracht werden. An die Stelle von Kants »Ding an sich« tritt bei S. der Wille, der weder an Raum und Zeit noch an die Kategorien wie Kausalität oder Finalität gebunden ist. Er ist ohne Grund und wirkt im Bereich der erkennbaren Objekte als Wille zum Leben. Da die Objekte durch die Vorstellung hervorgebracht werden, ist das Leben notwendig Leiden an der selbstentworfenen Objektivität. Der Wille strebt immer zur Vollendung, kann diese jedoch nicht verwirklichen, so daß das Leben niemals Glück und Befriedigung bringen kann außer durch die absolute Negation des Lebens (= Willens). Nur in der Betrachtung der Kunst, in der alle Begierden verlöschen, wird das Leiden überwunden. Besondere Stellung kommt hierbei der Musik zu, da sie den Weltwillen objektiviert. Diese Auffassung von der Kunst hat im 19. und 20. Jh. stark auf die Philosophie und Literatur gewirkt (Nietzsche, Hebbel, Wagner, Th. Mann). Da alle Erscheinungen identisch sind, ist die moral. log. Konsequenz das Mitleid an allem Sein. Allgemein bekannt und auch häufig mißverstanden wurde S. durch seine kleineren Schriften, etwa *Parerga und Paralipomena* mit den vielgelesenen *Aphorismen zur Lebensweisheit* (1851). In den letzten Jahren wurde das Werk S.s wieder in seiner umfassenden Bedeutung neu erkannt. Eine erste Gesamtausgabe erschien 1873/74 in 6 Bdn. Heute liegen mehrere Werkausgaben vor.

Schopenhauer, Johanna, geb. Trosiener (*9. [3.?]7. 1766 Danzig, †17.4. 1838 Weimar). – Dt. Schriftstellerin, Mutter des Philosophen Arthur S., lebte nach dem Tod ihres Mannes 1806 lange Zeit in Weimar. Zu den Besuchern ihres liter. Salons gehörte auch Goethe. Sie verfaßte Reiseberichte, Novellen und Romane, z.B. *Gabriele* (3 Bde. 1819/20).

Schottel(ius), Justus Georg (*23.6. 1612 Einbeck, †25.10. 1676 Wolfenbüttel). – Bedeutendster dt. Sprachgelehrter des 17. Jh.s, nach Jurastudium Hofmeister und Erzieher bei Herzog August von Braunschweig, 1653 zum Hofkonsistorialrat befördert. Er setzte sich für die Reinhaltung und Befreiung der deutschen Sprache von modischen Fremdwörtern mit der normativen Grammatik in *Ausführliche Arbeit von der Teutschen Hauptsprache* (1663) und für die Poetik von Opitz mit dem Aufsatz *Teutsche Sprachkunst* (1641) ein. Seine eigenen Gedichte und Dramen sind unbedeutend.

Schreiber, Georg (*12.6. 1922 Wiener Neustadt). – Österr. Gymnasiallehrer in Wien. Seine bisher 30 lit. Werke sind weitgehend histor. Themen gewidmet, wobei bes. die Romane *Schwert ohne Krone* (1962) und *Wokkio – König der Noriker* (1982), die Jugendbücher *Die Zehnte Legion* (1957) und *Lösegeld für Löwenherz* (1973), die Sachbücher *Des Kaisers Reiterei* (1967), *Römer in Österreich* (1974), *Von Gottes Gnaden* (1978), *Auf den Spuren der Türken* (1980) und *Deutsche Weingeschichte* (1980) sowie zahlreiche Reisebeschreibungen und Übersetzungen Beachtung fanden.

Schreiber, Hermann (*4.5. 1920 Wiener Neustadt). – Österr. Schriftsteller, promovierte 1944 mit einer Arbeit über Gerhart Hauptmann, arbeitete bis 1951 als Redakteur, seither als freier Schriftsteller und lebt seit 1960 in der Bundesrepublik. Nach frühen Romanen verfaßte er Sachbücher. *Sinfonie der Straße* (1959), *Land im Osten* (1961) und *Die Zehn Gebote* (1962) prägten den Begriff des Sachbuchs mit. Bes. Erfolge hatte S. mit *Die Hunnen* (1976), *Auf den Spuren der Goten* (1977), *Die Chinesen* (1978), *Auf Römerstraßen durch Europa* (1985) *Die Deutschen und der Osten* (1985). Daneben schrieb er weiterhin Romane, wie etwa *Auf den Flügeln des Windes* (1958) und *Der verkommene Regent* (1977). Von S.s Reise- und Landschaftsbüchern errangen v. a. jene über Frankreich Erfolge, z.B. *Normandie* (1978), *Bretagne, Keltenland am Atlantik* (1978) und *Die Côte d'Azur und ihr Hinterland* (1986).

Schreyer, Lothar, Ps. *Angelus Pauper* (*19.8. 1886 Blasewitz b. Dresden, †18.6. 1966 Hamburg). – Dt. Schriftsteller, Sohn eines Kunstmalers, war nach dem Jurastudium 1911–18 Dramaturg in Hamburg und seit 1916 Mitarbeiter der expressionist. Zeitschrift »Der Sturm«. S. gründete mit H. Walden die Sturm-Bühne in Berlin, wirkte 1921–23 als Professor am Bauhaus in Weimar, später als Redakteur. 1933 wurde er kath. Seinen frühen expressionist. Dramen, z.B. *Nacht* (1919), folgten von christlicher Mystik geprägte Stücke, Essays, Erzählungen und Romane. Genannt seinen *Der Untergang von Byzanz* (1940) und *Siegesfest in Karthago* (1961).

Schreyvogel, Joseph, Ps. *Thomas West* und *Karl August W.*

(*27.3. 1768 Wien, †28.7. 1832 ebd.). – Österr. Schriftsteller, nach einem polit. begründeten Aufenthalt in Jena, wo er mit Schiller verkehrte, 1802–04 Hoftheatersekretär und 1914–32 Dramaturg des Burgtheaters in Wien. Seine klassizist. Dramen und Bühnenbearbeitungen Calderons (*Das Leben ein Traum*, 1816) wirkten vor allem auf Grillparzer. S. führte den ideal.-realist. Bühnenstil des Burgtheaters ein.

Schreyvogl, Friedrich (*17.7. 1899 Mauer b. Wien, †11.1. 1976 Wien). – Österr. Schriftsteller, Urgroßneffe Joseph S.s, studierte Politik, wurde 1932 aber Professor für Dramaturgie und Literatur an der Wiener Akademie für Musik und darstellende Kunst, 1954–59 war er zweiter Direktor, 1959–61 Chefdramaturg am Burgtheater. Sein vielseitiges Werk enthält neben Lyrik, Bühnenbearbeitungen, Operntexten und Kritiken geschichtl. und religiös bestimmte Dramen und Romane, so die Komödie *Die kluge Wienerin* (1941) und die Romane *Grillparzer* (1935), *Venus im Skorpion* (1961) und *Ein Jahrhundert zu früh. Das Schicksal Josephs II.* (1964).

Schriber, Margit (*4.6. 1939 Luzern). – Schweiz. Autorin, zunächst Bankangestellte, dann freie Schriftstellerin, deren Werk durch zahlreiche Stipendien gefördert wurde. In ihren Romanen *Aussicht gerahmt* (1976), *Kartenhaus* (1978), *Vogel flieg* (1983), *Muschelgarten* (1984) und *AugenWeiden* (1990), Erzählungen *Außer Saison* (1977) und *Luftwurzeln* (1981) und Hörspielen, z.B. *Ein Platz am Seitenpodest* (1978), erzählt sie präzise und syntaktisch durchsichtig das Leben von gesellschaftlich Gezeichneten, von Kranken und Fremden.

Schröder, Friedrich Ludwig (*3.11. 1744 Schwerin, †3.9. 1816 Rellingen/Holst.). – Dt. Schriftsteller, begann als Schauspieler in der Truppe seines Stiefvaters K. E. Ackermann. 1771 bis 1780, 1785 bis 1798 und 1811/12 war er Mitdirektor der Hamburger Bühne. Seine natürl. Sprache und Gestik als Schauspieler und Shakespeare-Darsteller wurden bahnbrechend. Er schrieb Shakespeare-Bearbeitungen, bürgerl. Tragödien und Lustspiele.

Schröder, Rudolf Alexander (*26.1. 1878 Bremen, †22.8. 1962 Bad Wiessee). – Dt. Dichter, gründete in München die Zeitschrift »Die Insel« (1902) und den Inselverlag. 1908–35 lebte er als Innenarchitekt, Maler und Graphiker in Bremen. 1946 wurde er Mitglied der bayer. evangel. Landessynode. Antike, europäische Klassik und christl. Glauben prägten sein dichter. Werk. Seine Lyrik ist plastisch, prägnant und vor allem später an strengen klass. Formen wie Elegie, Ode und Sonett orientiert, z.B. *Mitte des Lebens* (1930), *Weltliche Gedichte* (1940). Zuletzt schuf er religiöse Lyrik und trug wesentl. zur Erneuerung des protestant. Kirchenliedes bei, z.B. in *Geistliche Gedichte* (1949). Schöpferische Sprachkraft bezeugen seine zahlreichen Übersetzungen und Nachdichtungen. 1977 erschien eine Auswahl *Aphorismen und Reflexionen*. Eine

Gesamtausgabe seines umfangreichen Werkes erschien 1952 bis 1965 in 8 Bdn.

Schroers, Rolf (*10.10. 1919 Neuss/Rh., †8.5. 1981 Altenberg/Münster). – Dt. Schriftsteller, zeitweilig Mitarbeiter der »Frankfurter Allgemeinen«, Lektor, Schriftsteller und Mitglied der »Gruppe 47«. Als Existentialist und polit. engagierter Dichter schildert er den Kampf des einzelnen gegen Anpassung und Anonymität, so in der Schrift *Der Partisan* (1961) und der Erzählung *In fremder Sache* (1957). In letzter Zeit verfaßte er vor allem Hörspiele, z.B. *Köder für eine Dame* (1968), die z.T. in der Reihe »Hörwerke der Zeit« erschienen sind.

Schubart, Christian Friedrich Daniel (*24.3. 1739 Obersontheim/Württ., †10.10. 1791 Stuttgart). – Dt. Dichter, verlor 1773 wegen seines ungezügelten Lebens und freimütiger Satiren auf den württemberg. Herzog seine Stelle als Organist und Kapellmeister am Hof und wurde des Landes verwiesen. Da er seine Polemik fortsetzte, wurde er 1777–87 in der württ. Festung Hohenasperg gefangengehalten, dann begnadigt und rehabilitiert. In seinen Gedichten finden sich empfindsame Töne und das leidenschaftl. Pathos des Sturm und Drang. Berühmt wurden neben den engagierten Zeitschriften *Deutsche Chronik* (1774–1778) und *Vaterländische Chronik* (1787–1791) seine anklagenden politischen Gedichte *Die Fürstengruft, Kaplied* und *Der Gefangene*, die den jungen Schiller stark beeindruckten. Die *Geschichte des menschlichen Herzens* (1775) regte Schiller zu seinem Drama *Die Räuber* an.

Schubert, Helga (*7.1. 1940 Berlin). – Dt. Autorin, arbeitete nach dem Abitur in einer Fabrik in der DDR und studierte dann Psychologie; als freie Schriftstellerin seit 1977 veröffentlichte sie Gedichte und kurze Prosatexte, zu denen auch andere Genres traten. Sie beschreibt den Alltag in der DDR und geht auch auf die Erfahrungen mit Ost und West ein, ohne jedoch zu bewerten oder bestimmte Aspekte zu betonen. Bekannt wurden v.a. die Erzn. *Lauter Leben* (1975) und *Das verbotene Zimmer* (1982), die Kinderbücher *Die russische Seele* (1977), *Bimmi und das Hausgespenst* (1980) und *Bimmi und die Victoria* (1981) sowie Hör- und Fernsehspiele. Auch Filmarbeit, z.B. für *Die Beunruhigung* (1982). Nach der Wende veröffentlichte sie die Parabeln *Judasfrauen* (1990), in denen sie die Auswirkungen eines totalitären Systems am Beispiel von Denunziantinnen im Nazi-Staat zeigte.

Schübel, Theodor (*18.6. 1925, Schwarzenbach/Saale). – Dt. Autor, arbeitete 1960–63 als Fernsehdramaturg in München, verfaßte Dramen, Fernsehstücke und Hörspiele, die anfangs an Brecht geschult waren (*Der Kürassier Sebastian und sein Sohn*, 1957). Ihre zeitkrit. Tendenz trägt gelegentl. klischeehafte Züge. Sein Drama *Wo liegt Jena?* erschien 1964, das Fernsehspiel *Fusion* 1974. S. schrieb auch histor. Romane wie *Kellerjahre* (1982) und *Damals im August* (1983).

Schücking, Levin (*6.9. 1814 Schloß Clemenswerth b. Meppen, †31. 8. 1883 Bad Pyrmont). – Dt. Schriftsteller, in jungen Jahren mit A. v. Droste-Hülshoff befreundet, dank ihrer Vermittlung kurz Bibliothekar auf der Meersburg. 1843 trennte er sich von ihr und heiratete. 1843–45 wirkte er als Redakteur der »Augsburger Allgemeinen«, 1845–52 als Redakteur der »Kölner Zeitung«. Seine spannenden kulturgeschichtl. Romane und Novellen berichten über Adel und Bauerntum Westfalens um 1800 und aus seiner eigenen Zeit, z. B. *Die Ritterbürtigen* (3 Bde. 1846) und *Herrn Didier's Landhaus* (3 Bde. 1872). Heute noch wertvoll ist seine Biographie *Annette von Droste-Hülshoff* (1862).

Schütz, Helga (*2. 10. 1937 Falkenhain/Polen). – Dt. Autorin, besuchte die DDR-Filmhochschule in Potsdam und begann mit dramaturgischen Arbeiten für die DEFA. Ihre Erzn. *Das Erdbeben bei Sangerhausen und andere Geschichten* (1972), *Festbeleuchtung* (1974) und *Jette in Dresden* (1977) sowie die Romane *Julia oder Erziehung zum Chorgesang* (1981), *In Annas Namen* (1987) hängen inhaltlich zusammen und gestalten aus der Tradition Bobrowskis das Leben in Polen und der DDR nach 1945. S. erhielt zahlreiche Auszeichnungen und war zuletzt mit Filmen und dem Roman *Martin Luther* (1983) erfolgreich.

Schütz, Stefan (*19. 4. 1944 Memel). – Dt. Dramatiker, stammt aus Schauspielerfamilie; nach Besuch der Schauspielschule in der DDR Mitarbeit beim Berliner Ensemble, beim Deutschen Theater und am Theater in Wuppertal. Ausgezeichnet wurde sein Werk für die bedingungslose Moralität seiner Stücke, deren Helden sich expressiv gegen die Zwänge der Gesellschaft stellen und entweder integriert oder zerstört werden. Als Sujets liebt S. histor. Stoffe. Bekannt wurden vornehmlich Theaterarbeiten, z. B. *Die Amazonen* (1977), *Heloise und Abaelard* (1978), *Kohlhaas* (1978), *Gloster* (1981), *Stasch* (1982), u. a. Beachtung finden seine Gedichte und Prosaarbeiten, z. B. *Katt. Volksbuch* (1988) und der Roman *Der vierte Dienst* (1990). Für den Roman *Medusa* (1985) erhielt S. 1986 den Alfred-Döblin-Preis.

Schulenburg, Werner von der (*9. 12. 1881 Pinneberg/Holstein, †29. 3. 1958 Neggio b. Lugano). – Dt. Schriftsteller, studierte Jura, Philosophie und Kulturgeschichte und war im diplomat. Dienst tätig. Während des Dritten Reiches lebte er in Italien und beteiligte sich am Widerstand. Neben Komödien schrieb er vor allem histor. und zeitgeschichtl. Romane, Übersetzungen und Erzählungen, die teils in Italien spielen, z. B. *Der Genius und die Pompadour* (1954).

Schulz, Bruno (*12. 7. 1892 Drohobycz/Galizien, †19. 11. 1942 ebd.). – Poln. Dichter, kam 1939 ins Ghetto und wurde 1942 von einem Gestapomitglied erschossen. Kafka mit seinem Vaterkonflikt wurde Vorbild seiner autobiograph. phantast.-absurden Erzählungen wie *Vater geht unter die Feuer-*

wehrmänner (dt. 1964), *Die Zimtläden und alle anderen Erzählungen* (1934, dt. 1966), *Die Mannequins und andere Erzählungen* (dt. 1987). 1967 erschien *Die Republik der Träume, Fragmente, Aufsätze, Briefe, Graphiken.*

Schulz, Max Walter (*31. 10. 1921 Scheibenberg/Erzgebirge, †15. 11. 1991 Berlin). – Dt. Schriftsteller, wurde nach dem Krieg Lehrer und nach dem Literaturstudium Direktor des Literaturinstituts in Leipzig. In seinem vielseitigen, stilsicheren Erzählwerk, bes. bekannt wurden die Romane *Wir sind nicht Staub im Wind. Roman einer unverlorenen Generation* (1962) und *Triptychon mit sieben Brücken* (1974), und den lit.-krit. Arbeiten, z. B. *Stegreif und Sattel, Anmerkungen zur Literatur und zum Tage* (1967), setzt er sich mit gesellschaftl. Problemen, aber auch mit Fragen des persönl. Erlebens im Widerstand auseinander.

Schutting, Jutta, seit 1989 Julian (*25. 10. 1937 Amstetten/Österr.). – Österr. Autor, ausgebildeter Photograph, studierte Geschichte und Deutsche Philologie; für seine Werke mit zahlreichen nationalen Preisen geehrt. Neben Gesellschaftskritik steht in seinem Werk der stete Ansatz zur Poetisierung der Realität, wobei immer auch persönliche Erfahrungen einbezogen werden. S. schreibt Gedichte, z. B. *Lichtungen* (1976), *Liebesgedichte* (1982), *Traumreden* (1987), *Flugblätter* (1990), Erzählungen, wie *Parkmord* (1975), *Sistiana* (1977), *Der Vater* (1980), *Reisefieber* (1988), und essayistische Prosa, etwa die Betrachtungen *Das Herz eines Löwen* (1985). Bekannt wurde die sehnsüchtig idyllische Ode auf das Salzkammergut *Wasserfarben* (1991), die Dialoge *Aufhellungen* (1990) und die Vorlesungen zur Poetik *Zuhörerbehelligungen* (1990).

Schwab, Gustav (*19. 6. 1792 Stuttgart, †4. 11. 1850 ebd.). – Dt. Schriftsteller und Gelehrter, arbeitete 1833 bis 1838 mit Chamisso am »Deutschen Musenalmanach«, wurde 1840 Pfarrer in Stuttgart und 1845 Oberkonsistorialrat und Oberstudienrat. Während seines Studiums in Tübingen hatte er Uhland kennengelernt. Von seinen Volks- und Studentenliedern, Romanzen und Balladen wurden *Der Reiter und der Bodensee* und *Das Gewitter* am populärsten. Heute noch viel gelesen werden seine Nacherzählungen der *Schönsten Sagen des klassischen Alternums* (3 Bde., 1838–40) und der *Deutschen Volksbücher* (3 Bde., 1836f.). Den Zeitgenossen war er als Übersetzer Lamartines ein Begriff: seine lit. Bedeutung zeigt sich darin, daß er als erster die Qualität der Dichtungen Hölderlins erkannte und eine Ausgabe zusammenstellte.

Schwaiger, Brigitte (*6. 4. 1949 Freistadt/Oberösterr.). – Österr. Schriftstellerin, studierte Philologie in Wien, Malerei in Spanien und ab 1972 Pädagogik und Schauspielkunst. Großen lit. Erfolg hatte sie – ihre kurzen Theaterstücke wie *Büroklammern* (1977), *Kleines Kammerspiel* (1977), *Steirer Kostüm* (1977), *Liebesversuche* (1989) und Hörspiele wurden nicht so stark beachtet – mit dem Roman *Wie kommt das Salz ins Meer* (1977). Darin schildert S. die Problematik der Ehe in einer Gesellschaft, die Bindungen nur als Unterwerfung deuten und erleben kann und Befreiung als polit. Ziel bis zur personalen Zerstörung aus kommerziellen Gründen fördert. 1978 erschienen die Erzählungen aus ihrer Schüler- und Studienzeit *Mein spanisches Dorf*. Der Roman *Lange Abwesenheit* (1980) schildert die Problematik einer Vaterbeziehung, der Roman *Schönes Licht* (1990) reflektiert die Erfahrungen, die die Autorin nach ihrem ersten lit. Erfolg machte.

Schwartz, Delmore (*8.12. 1913 New York, †11.7. 1966 ebd.). – Amerikan. Schriftsteller, nach Philosophiestudium Professor an verschiedenen Universitäten (1940–47) und lange Jahre Publizist. Seine Gedichte, in denen er Verse und Prosa nebeneinanderstellt, zeigen den einzelnen auf der Suche nach Selbstbewahrung in der modernen Gesellschaft, z. B. in der Dichtung *Genesis* (1943). 1961 veröffentlichte er die Kurzgeschichten *Successful Love*.

Schwarz, Jewgeni (*2.11. 1896 Rostow, †15.1. 1958 Leningrad). – Russ. Dichter, u. a. als Schauspieler und Journalist tätig, gab Jugendzeitschriften heraus. Für die Jugendbühne verfaßte er auch seine Märchenstücke, die den Konflikt zwischen Gut und Böse aus optimist. Sicht behandeln. Humor, leichte Ironie und polit. Zeitbezüge geben ihnen Bühnenwirksamkeit. Als die bedeutendsten gelten *Der Schatten* (1940, dt. 1961) und das gegen die Diktatur gerichtete Stück *Der Drache* (1943, dt. 1962). Er schrieb ferner eine Kindernovelle. *Das erste Schuljahr* (1949, dt. 1956), Zeitstücke und Drehbücher.

Schwarz-Bart, André (*1928 Metz). – Franz. Schriftsteller, poln.-jüd. Herkunft, Sohn eines Straßenhändlers. Nach dem Krieg konnte er mit Hilfe eines Stipendiums studieren. Sein in zahlreiche Sprachen übersetzter erster Roman *Der Letzte der Gerechten* (1959, dt. 1960) trägt autobiograph. Züge und schildert die leidvolle Geschichte der Juden durch 8 Jahrhunderte. Dem Schicksal der Neger in Afrika, Europa und Amerika ist der auf 7 Teile angelegte Romanzyklus *Die Mulattin Solitude* (1. Band dt. 1976) gewidmet.

Schwitters, Kurt (*20.6. 1887 Hannover, †8.1. 1948 Ambleside/Westmorland). – Dt. Maler, Bildhauer, Graphiker und Schriftsteller, stand den Dadaisten nahe, lehnte aber ihre Verbindung von Kunst und Politik ab und gründete in Hannover eine Sonderbewegung, die er wie die von ihm gegründete und publizierte Zeitschrift »Merz« nannte. Er emigrierte 1937 nach Norwegen, 1940 nach England, wo er lit. verstummte. Wie in seinen Collagen nahm er auch in seine humorvoll-phantast. Nonsensedichtung (Gedichte und Prosa) banale Dinge des Alltags auf und experimentierte spieler. mit dem Material Sprache, so in *Anna Blume* (Gedichte 1919) und *Die Lautsonate, Die Ursonate* (1932).

Sciascia, Leonardo (*8.1. 1921 Recalmuto/Agrigent, †20.11. 1989 Palermo). – Ital. Schriftsteller, bis 1957 Volksschullehrer in Recalmuto, lebte als Schriftsteller in Palermo. In seinen sozialkrit. Erzählungen und Romanen versuchte er, die Ursachen der sozialen, wirtschaftl. und moral. Mißstände Siziliens zu analysieren. Im Zentrum der bekannten, als Kriminalromane gestalteten Werke *Der Tag der Eule* (1961, dt. 1964), *Tote auf Bestellung* (1966, dt. 1968), *Tote Richter reden nicht* (1971, dt. 1974) und *Candido oder ein Traum von Sizilien* (1979) steht die Mafia, wie auch in der Studie *Die Affäre Moro* (1979); 1984 veröffentlichte er die Memoiren *Aufzug der Erinnerung*.

Scott, Gabriel, eigtl. *Holst Jensen* (*8.3. 1874 Leith/Schottland, †9.7. 1958 Stockholm). – Norweg. Schriftsteller, kam 1881 nach Norwegen und besuchte eine Mechanikerfachschule. Nach ersten Gedichten, Komödien und Jugendbüchern, z. B. *Kari* (1913, dt. 1933), verfaßte er fast ausschließl. Romane, die nach dem Ersten Weltkrieg stark religiös, moral. und myst. geprägt waren und das Leben der kleinen Bauern und Arbeiter darstellten, so *Und Gott?* (1926, dt. 1927) und *Er kam vom Meer* (1936, dt. 1940).

Scott, Sir Walter Baronet (*15.8. 1771 Edinburgh, †21.9. 1832 Schloß Abbotsford/Schottland). – Schott. Dichter, Rechtsanwalt, seit 1799 Sheriff der Grafschaft Selkirk. Später lebte er als Schriftsteller auf Schloß Abbotsford. Der Bankrott des Verlages »Ballantyne«, dessen Partner er war, führte zu seinem gesundheitl. Zusammenbruch. Aus frühem Interesse für schott. Volksdichtung gab er 1802/03 die Volksballadensammlung *Schottische Bardengesänge* heraus. Einen Übergang zu den großen Romanen bildeten die sog. Versromanzen, in denen er auf mittelalterl. Stoffe zurückgriff, etwa *The Lay of the Last Minstrel* (1805, dt. 1820), *Marmion* (1808) und *The Lady of the Lake* (1810, dt. 1818). Seit 1814 veröffentlichte er zunächst anonym 27 Romane (nach dem ersten »Waverley«-Romane genannt), in denen er die Geschichte Schottlands (*Waverley*, dt. 1822, *Die Braut von Lammermoor*, 1819, dt. 1928), Englands (*Ivanhoe*, 1819, dt. 1820, *Kenilworth*, engl. und dt. 1821) und anderer Länder, z. B. in *Quentin Durward* (1823, dt. 1826) gestaltete. Den Werken lagen histor. Studien zugrunde, so daß S. anschaul. und echt wirkende Zeitbilder gelangen. Die großen histor. Persönlichkeiten stellten den Hintergrund für die von ihm erfundenen Handlungsabläufe und Gestalten dar. S. ist der Schöpfer des europ. Geschichtsromans des 19. Jhs; er wirkte auf V. Hugo, Balzac, Manzoni, Stendhal, A. Dumas und W. Hauff und edierte die Schriften Drydens und Swifts. Die erste dt. Gesamtausgabe erschien 1826 bis 1833.

Scribe, (Augustin-) Eugène (*24.12. 1791 Paris, †20.2. 1861 ebd.). – Franz. Bühnenautor, studierte Rechtswissenschaft und veröffentlichte bereits 1810 sein erstes Theaterstück *Le prétendu sans le savoir*. Sein Anfangserfolg veranlaßte ihn, sich fortan ganz der Bühnenschriftstellerei zu widmen. Zusammen mit zahlreichen, zum Teil bekannten Mitarbeitern fertigte er – in einer Art Werkstattproduktion – im Laufe der Zeit insgesamt mehr als 400 bühnenwirksame, größtenteils erfolgreiche, z. T. berühmte Theaterstücke und Opernlibretti, z. B. *Fra Diavolo* (1830) für Auber, nach 1830 hauptsächl. polit.-satir. Komödien und Dramen. Seine Theaterstücke, auch seine Romane und Novellen, bieten eine spannende, aber problemlose, eine witzige, aber nur bedingt originelle Handlung. Bis heute einem breiteren Publikum bekannt geblieben ist nur die Komödie *Das Glas Wasser* (1841).

Scudéry, Georges de (*22. 8. 1601 getauft le Havre, †14. 5. 1667 Paris). – Franz. Schriftsteller, Bruder der Romanschriftstellerin Madeleine de S., war Offizier und lebte meist mit seiner Schwester in Paris. In Gemeinschaftsarbeit entstanden anspruchsvolle Bestsellerromane. Als erfolgreicher Dramatiker rivalisierte er mit Corneille; seine Abhandlung *Observations sur le Cid* (1637) wurde Anlaß lit. Diskussionen. Heute kommt seinen Stücken keine Bedeutung mehr zu.

Scudéry, Madeleine de (*15. 10. 1607 Le Havre, †2. 6. 1701 Paris). – Franz. Schriftstellerin, lebte als Haushälterin ihres Bruders Georges de S. in Paris. In ihren pseudohistor. Romanen schilderte sie mit psycholog. Geschick Menschen und Sitten ihrer Zeit, so in *Artamène ou le Grand Cyrus* (10 Bde., 1649–53) und *Clélie, histoire romaine* (10 Bde., 1654–60). Seit 1650 wurde ihr Salon Mittelpunkt der Preziosen, die aus ihren Werken verbindl. Regeln für den gepflegten gesellschaftl. Umgang übernahmen.

Sealsfield, Charles, eigtl. *Karl Anton Postl* (*3. 3. 1793 Poppitz b. Znaim/Mähren, †26. 5. 1864 Solothurn/ Schweiz). – Mährischer Dichter aus konservativ-kath. Bauernfamilie, trat in den Kreuzherrenorden ein und wurde 1814 Priester. Früh liberal gesinnt und durch private Motive bewegt, floh er 1823 in die USA, deren demokrat. Verfassung er bewunderte. Er lebte dort unter dem Ps. *Ch. S.* bis 1832, dann meist in der Schweiz. S. ist der erste große Erzähler, der die junge amerikan. Republik, ihre Landschaft, Gesellschaft, Wirtschaft und Staatsform aus konservativ-liberaler Sicht darstellte, anfangs in Reisebüchern und journalist. Formen, dann – von Cooper, Chateaubriand und Scott beeinflußt – in frührealist. Romanen wie *Der Legitime und die Republikaner* (3 Bde., 1829, dt. 1833), *Das Kajütenbuch* (1841) und *Lebensbilder aus beiden Hemisphären* (6 Bde., 1835 bis 1837).

Sebestyén, György (*30. 10. 1930 Budapest, †6. 6. 1990 Wien). – Ungar. Schriftsteller, Dramaturg und Redakteur in Budapest. 1956 emigrierte er nach Österreich. Hg. der Kulturzeitschriften *Pannonia* und *Morgen*. Seine deutschsprachige Prosa zeigt mit surrealist. Stilmitteln das Einbrechen der Zeitgeschichte in das Schicksal des einzelnen, so in *Thennberg oder Versuch einer Heimkehr* (Roman 1969), *Agnes und Johanna* (Drama 1972), *Albino* (R. 1984), *Die Werke der Einsamkeit* (1986 Roman). Erfolg hatte er 1978 mit *Das große österreichische Wein-Lexikon*.

Sedaine, Michel Jean (*4. 7. 1719 Paris, †17. 5. 1797 ebd.). – Franz. Schriftsteller, durch den frühen Tod des Vaters verarmt, ermöglichte ihm ein Gönner, sich ganz der Literatur zu widmen. Er fand Zugang zum Kreis der Aufklärer. Diderot, mit dem er befreundet war, wirkte auf seine effektvollen, sentimentalen Dramen, Komödien und Opernlibretti, wie z. B. *Der Dorfbalbier* (1759). S. schrieb Libretti für die ersten kom. Opern von Monsigny und Grétry und begründete mit dem Drama *Der Weise in der That* (1765, dt. 1786) den Typus des ernsten bürgerl. Dramas.

Sedulius Scotus (*Mitte 9.Jh. n. Chr.). – Irischer Gelehrter, lebte einige Zeit in Lüttich und Köln, gründete um 848 die ir. Kolonie in Lüttich und war unter Lothar II. und Karl dem Kahlen Hofdichter. Er verfaßte grammat. Schriften des Griech. und lat. Sprache theolog. Kommentare, Gedichte und den Fürstenspiegel *Liber de rectoribus Christianis* für Lothar II. (um 855).

Seferis, Giorgos, eigtl. *J. Seferiades* (*19.2. 1900 Smyrna, †20.9. 1971 Athen). – Griech. Lyriker und Nobelpreisträger von 1963, war u.a. Gesandter in England und Albanien, 1945/46 polit. Berater des Regenten Erzbischof Damaskinos und 1957 bis 1962 Botschafter in London. S. entfernte sich rasch vom reinen Symbolismus und fand unter dem Einfluß T. S. Eliots, dessen Lyrik er übersetzte, einen für die griech. Lyrik wegweisenden, formal freien Stil. Durch die geschichtl. Brüche Griechenlands tief pessimist., suchte er im Symbolgehalt der einfachen Gegenstände neuen Sinn, so in *Sechzehn Haikus* (dt. 1968). Beachtung in Dt. fand der Essay *Delphi* (1962).

Segal, Erich Wolf (*16. 6. 1937 Brooklyn). – Amerikan. Autor, Professor für klass. Sprachen und vergleichende Literaturgeschichte in Yale. S. trat mit Arbeiten über Euripides und Plautus, Übersetzungen von Plautus-Komödien, aber auch mit Libretti und Liedern für moderne Theaterstücke und mit Drehbüchern für Beatles-Filme *(Yellow Submarine)* hervor. *Love Story* (1969, dt. 1971) ist sein erster erfolgreicher Roman (auch verfilmt) über eine romant., soziale Schranken überwindende Liebe. *Mann, Frau und Kind* (dt. 1980), . . . *und sie wollten die Welt verändern* (dt. 1986) erreichten den Erfolg nicht mehr.

Ségalen, Victor-Ambroise-Désiré (*14.1. 1878 Brest, †21.5. 1919 Huelgoat/Bretagne). – Franz. Schriftsteller, Schiffsarzt, kam auf seinen Reisen in den Fernen Osten und auf die austral. Inseln. Die Begegnung mit der chines. Kultur und der Symbolismus inspirierten seine exot. Romane, *Les immémoriaux* (1907), und Gedichte wie *Stèles* (1912), in denen er, ähnl. Claudel und Saint-John Perse, um ein neues Daseinsgefühl rang.

Seghers, Anna, eigtl. *Netty Radvanyi,* geb. *Reiling* (* 19. 11. 1900 Mainz, †1. 6. 1983 Ost-Berlin). – Dt. Schriftstellerin, Tochter eines Mainzer Antiquitätenhändlers, studierte Geschichte, Kunstgeschichte und Sinologie in Heidelberg. Sie heiratete 1925 den ungar. Schriftsteller und Soziologen L. Radvanyi, wurde 1928 Kommunistin, erhielt den Kleist-Preis und emigrierte 1933 nach Frankreich. Seit 1941 im Exil in Mexiko, kehrte sie 1947 nach Ost-Berlin zurück. Sie war Präsidentin des Dt. Schriftstellerverbandes, wurde zweimal mit dem Nationalpreis der DDR und 1951 mit dem Stalin-Friedenspreis ausgezeichnet. Ihre Erzn. *Aufstand der Fischer von St. Barbara* (1928), *Brot und Salz* (1958) und *Drei Frauen aus Haiti* (1980) und Romane *Die Rettung* (1937), *Das siebte Kreuz* (1942) und *Transit* (1948), in sachl.-herbem, z. T. dokumentar. Stil verfaßt, sind Ausdruck sozialer Anklage, Zeitkritik und ihres Glaubens an die Sache des Kommunismus. Ihre späten Werke, wie der Roman *Die Überfahrt* (1971), verlieren durch die Verklärung des Kommunismus an Realitätsnähe.

Seidel, Heinrich (* 25. 6. 1842 Perlin/Meckl., †7. 11. 1906 Berlin). – Dt. Schriftsteller, Vater von H. W. Seidel, in Berlin Ingenieur einer Maschinenfabrik, dann einer Eisenbahngesellschaft, ab 1880 freier Schriftsteller. Seine humorvoll-idyll. Erzählungen aus dem kleinbürgerl. Provinzstadt- und Vorstadtmilieu um »Leberecht Hühnchen« vereinigte er 1899 zum gleichnamigen Roman. Daneben schrieb er Gedichte, Kinderlieder und -geschichten.

Seidel, Heinrich Wolfgang (* 28. 8. 1876 Berlin, †22. 9. 1945 Starnberg). – Der Sohn Heinrich S.s und Ehemann Ina S.s wirkte 1907–34 als Pfarrer in und bei Berlin. Danach lebte er als freier Schriftsteller in Starnberg. In seinen teils besinnl. teils humorvollen Novellen und Romanen, z. B. in *George Palmerstone* (1922) und *Krüsemann* (1935), wandte er sich besonders dem Dämon.-Übersinnl. zu.

Seidel, Ina (* 15. 9. 1885 Halle/Saale, †3. 10. 1974 Ebenhausen b. München). – Dt. Schriftstellerin, Tochter eines Arztes und Schwester von Willy S., verbrachte Kindheit und Jugend in Braunschweig, Marburg und München. 1907 heiratete sie Heinrich Wolfgang S. und lebte mit diesem in Berlin, Eberswalde und zuletzt in Starnberg. Naturverbundenheit, Nähe zur Romantik und protestant. Gläubigkeit gaben ihrer Lyrik und Prosa den Stempel. In Erzählungen und teils geschichtl. Romanen, wie *Das Wunschkind* (1930), *Lennacker* (1938), *Das unverwesliche Erbe* (1954) und *Michaela* (1959) gestaltete sie mit Vorliebe jugendl. und fraul.-mütterl. Erleben und verband psycholog. Einfühlung mit der Erkenntnis geschichtl. Probleme. Aufschlußreich ist ihre Autobiographie *Lebensbericht 1888 bis 1923* (1970).

Seidel, Willy (* 15. 1. 1887 Braunschweig, †29. 12. 1934 München). – Dt. Schriftsteller, Bruder von Ina S., studierte Germanistik und Naturwissenschaft und lebte nach mehreren Über-

seereisen in München. Seine Erfahrungen im exot. Ausland boten ihm Stoff für phantast.-humorvolle, z. T. auch groteske Novellen und Romane: *Der Sang der Sakîje* (1914), *Die magische Laterne des Herrn Zinkeisen* (1929).

Seidl, Johann Gabriel (* 21. 6. 1804 Wien, †18. 7. 1875 ebd.). Österr. Schriftsteller, Gymnasialprofessor in Cilli und Wien, 1856 Kaiserl. Hofschatzmeister und 1874 Hofrat. Er verfaßte Mundartgedichte, volkstüml. Szenen und Erzählungen. Populär wurde er als Autor der alten österr. Kaiserhymne *Gott erhalte . . . .*

Seifert, Jaroslav (* 23. 9. 1901 Prag, †10. 1. 1986 ebd.). – Tschech. Lyriker und Redakteur, feierte in seinen Gedichten den Sozialismus, die Weltrevolution und den technischen Fortschritt, wandte sich später aber melanchol. Stimmungslyrik zu, z. B. *Herausgerissene Seiten* (1956) und *Glockengießen* (1967). S. schrieb auch Kindergedichte, Reportagen und Essays. 1968 gehörte er zu den Unterzeichnern des »Manifest der 2000 Worte« und erhielt Veröffentlichungsverbot. 1984 erhielt er den Nobelpreis für seine Lyrik, »die mit Frische, Sinnlichkeit und reicher Erfindungsgabe eine befreiende Vorstellung vom unbeugsamen Geist und der Vielseitigkeit des Menschen gibt.« Posth. erschienen dt. die Gedichte *Auf den Wellen von TSF* (1990).

Seifullina, Lidija Nikolajewna (* 3. 4. 1889 Varlamova, †25. 4. 1954 Moskau). – Russ. Dichterin und Lehrerin, wirkte 1917–23 im Ural und in Sibirien auf dem Gebiet der Erwachsenenbildung. Ab 1922 entstanden ihre realist. Erzählungen über das Leben der Bauern nach der Revolution, *Peregnoj* (1922) und *Vrineja* (russ. und dt. 1925). Dt. liegt der Erzählband *Das Herz auf der Zunge* (1959) vor.

Sekine, Hiroshi (* 31. 1. 1920 Tokio). – Japan. Lyriker, lebte zunächst in einfachsten Verhältnissen und mußte bereits als Kind für seinen Unterhalt sorgen; besuchte Fortbildungsveranstaltungen und wurde Journalist. Über seine schwere Jugend berichtet seine Autobiographie von 1978, die gleichzeitig ein Zeitbild Japans im Zweiten Weltkrieg zeichnet. Seine Gedichte, die an surrealist. Traditionen anknüpfen und einer eigenständigen Poetik verhaftet sind, wenden sich gegen die modische Verbindung von Lyrik und Politik. Von seinen zahlreichen Texten sind nur wenige dt. erschienen, z. B. *Zehn Gedichte von Sekine Hiroshi* (1983).

Selander, N. Sten E. (* 1. 7. 1891 Stockholm, †8. 4. 1957 ebd.). Schwed. Botaniker und Geisteswissenschaftler, lehrte seit 1951 in Uppsala und war lit. Mitarbeiter und Kritiker verschiedener Zeitungen. Seine Naturliebe brachte er in musikal., fast mystischen Gedichten zum Ausdruck, schrieb aber auch Lyrik über das städtische Leben. In ihnen und seinen Essays verband er Kritik an der Technik, Glauben an humane Werte und Kenntnis der Natur. Ins Dt. sind die Gedichte nicht übertragen.

Selby, Hubert jr. (* 23. 7. 1928 Brooklyn). – Amerikan. Schriftsteller, wuchs in Brooklyn auf, ging zur Handelsmarine und wurde nach dreijährigem Krankenhausaufenthalt schließl. freier Schriftsteller. Seine Romane erregten Aufsehen wegen der rücksichtslosen Offenheit, mit der er Brutalität und sexuelle Perversion im Brooklyner Alltag, in *Letzte Ausfahrt Brooklyn* (1957, dt. 1968), sowie in den Wachträumen eines Verhafteten in *Mauern* (1971, 1972), schilderte; dennoch gilt er als Moralist, vgl. *Der Dämon* (dt. 1980), *Requiem für einen Traum* (1978, dt. 1981).

Selwinski, Ilja Lwowitsch (*24. 10. 1899 Simferopol, †22. 3. 1968 Moskau). – Russ. Schriftsteller, arbeitete in verschiedenen Berufen. 1926–30 führte er die russ. Dichtergruppe der Konstruktivisten. Majakowski diente ihm als Vorbild für seine experimentierfreudige Suche nach neuen Formen. Sein besonderes Interesse galt der Erneuerung von Verserzählung und Versroman, z. B. in *Arktika* (1960). Weiter verfaßte er patriot.-histor. Versdramen wie *Der Bauernarzt* (1937, dt. 1946). In dt. Übersetzung liegen keine weiteren Werke vor.

Semadeni, Jon (*30. 5. 1910 Vnà/Graubünden, †24. 2. 1981 Samedan). – Rätoroman. Schriftsteller und Lehrer, gründete 1941 eine Theatergruppe, mit der er eigene und fremde Dramen in den Dörfern des Engadins darbot, 1953 eine satirische Kabarettgruppe. Mit seinen frühen realistischen Stücken, wie *La famiglia Rubar* (1941), historischen Dramen wie *La schürdüm dal sulai* (1953) und *Pontius Pilatus* (1961), und Komödien wurde er zum Erneuerer des rätoroman. Dramas. In dt. Übersetzung liegen die Stücke nur vereinzelt vor.

Sembène, Ousmane (*8. 1. 1923 Ziguinchor). – Senegales. Schriftsteller, schreibt franz. und gilt heute als einer der bedeutendsten Autoren Senegals. S. stammt aus einfachen Verhältnissen, arbeitete als Fischer und Maurer, kämpfte im Zweiten Weltkrieg und wurde Kommunist. Nach dem Krieg entstanden seine ersten Romane, die stark von sozialist. Gedankengut durchdrungen sind, etwa *Strom – auf nach Santhiaba* (1957, dt. 1958). Später entemotionalisierte er die Darstellung und begann mit Romanen, die im Sinne der Gewerkschaften den Sozialismus propagierten *Weiße Genesis* (1965, dt. 1983), *Chala* (1973, dt. 1979). Die Romane hat S. z. T. selbst verfilmt, wobei auch diese Gestaltungsweisen lehrhaften Charakter haben.

Semenko, Michail (*21. 12. 1892 Kibinci/Poltawa, †24. 10. 1937). – Ukrain. Schriftsteller, wurde durch seine experimentelle Lyrik mit Themen aus dem modernen Stadtleben zum führenden Vertreter des ukrain. Futurismus. Er gründete mehrere futurist. Gruppen. 1935 wurde er wegen seiner »nationalist.« Gesinnung verbannt, nach 1956 aber rehabilitiert.

Semprun, Jorge, Ps. *F. Sánchez* (* 10. 12. 1923 Madrid). – Franz. Autor span. Herkunft, fand während des Span. Bürgerkrieges in Frankreich eine neue Heimat. Als Widerstandskämpfer kam er 1943 nach Buchenwald. 1946 bis 1950 arbei-

tete er in der UNESCO. In seinen französischsprachigen, teils autobiograph. Romanen setzte er sich mit der polit. Geschichte des 20. Jh.s, vor allem mit dem Faschismus und revolutionären Bewegungen, auseinander, so in *Die große Reise* (1963, dt. 1966), *Der zweite Tod des Ramon Mercader* (1969, dt. 1974), *Federico Sánchez* (Autobiogr. 1978) *Yves Montand: Das Leben geht weiter* (dt. 1984), *Algarabia oder Die neuen Geheimnisse von Paris* (1985), *Der weiße Berg* (1987), *Netschajew kehrt zurück* (dt. 1991). S. schrieb auch Filmdrehbücher, so *Z* für Costa Gavras.

Senancour, Étienne-Pivert de (* 5. oder 6. Nov. 1770 Paris, †10. 1. 1846 Saint-Cloud). – Franz. Schriftsteller, 1789–94 als Emigrant in der Schweiz, dann, durch die Revolution verarmt, als Publizist und Hauslehrer in Frankreich. Neben Chateaubriand unbeachtet, fand er erst spät Anerkennung. Sein autobiograph. Briefroman *Oberman* (1804, dt. 1844) gilt mit seiner Weltschmerzstimmung und Selbstbespiegelung als großes Werk der Frühromantik. Unter Rousseaus Einfluß schrieb er *Rêveries sur la nature primitive de l'homme* (1799).

Sender, Ramon José (*3. 2. 1902 Alcolea de Cinca/Aragón, †16. 1. 1982 San Diego/Kalifornien). – Span. Romanschriftsteller, emigrierte während des Bürgerkriegs als überzeugter Republikaner nach Mexiko, dann in die USA und lehrte seit 1947 span. Literatur in Albuquerque. Kindheitserinnerungen, seine Erlebnisse während des Marokkofeldzugs 1922/23, während des Span. Bürgerkriegs und im mexikan. Exil sind die Themen seiner nüchternen, gelegentl. aber auch phantasievollen Romane, z. B. *Der Verschollene* (1939, dt. 1961), *Die Brautnacht des schwarzen Trinidad* (1942, dt. 1964), *Die fünf Bücher der Ariadne* (1957, dt. 1966), *Sieben rote Sonntage* (posth. dt. 1991), und Erzählungen, *Requiem für einen spanischen Landmann* (1961, dt. 1964).

Seneca, Lucius Annaeus (der Ältere) (*um 55 v. Chr. Corduba/Spanien, †um 40 n. Chr.). – Röm. Rhetoriker, Vater des Philosophen S. Er verfaßte ca. 37 n. Chr. auf Anregung seiner Söhne eine zehnbändige rhetorische Anthologie, die *Controversiae*, in denen er 74 Rechtsfälle abhandelte. In dem Buch *Suasoriae* erwog er das Für und Wider bestimmter Handlungsweisen. Auf seine Bücher gehen Novellen und Anekdoten der mittelalterlichen Sammlung *Gesta Romanorum* zurück.

Seneca, Lucius Annaeus (*um 4 v. Chr. Corduba/Spanien, †65 n. Chr. Rom). – Röm. Dichter, genoß wie sein Vater rhetor. Unterricht in Rom und wandte sich dann der Philosophie und Politik zu. 49 wurde er zum Erzieher Neros berufen und erlangte unter ihm Konsulwürde und größten Einfluß am Hof. Wegen angebl. Beteiligung an der Pisonischen Verschwörung wurde er 65 zum Selbstmord gezwungen. In prägnanter, antithet. Sprache verkündete er in zahlreichen philosoph. Schriften, den zwölf Büchern *Dialogi*, sowie Einzelschriften und Briefen, den *Epistulae morales*, die ethischen Grundsätze der stoischen Lehre. Dazu kommen sieben naturwissenschaftl. Bücher, *Naturales quaestiones*, mit moralischen Betrachtungen, die noch im Mittelalter als Lehrbuch dienten. In neun Tragödien über griech. und röm. Stoffe, eigentlich zur Rezitation bestimmt, gestaltete S. das Grauen maßloser Leidenschaften, so in *Medea, Phaedra, Oedipus*. Sie beeinflußten entscheidend das Drama der französ. Klassik und des Barock. Mit der Schrift *Apocolocyntosis* (= Verkürbissung) schuf er eine Satire auf die Vergöttlichung des Kaisers Claudius.

Senghor, Léopold Sédar (* 9. 10. 1906 Joal-la-Portugaise/Senegal). – Senegales. Dichter und Staatsmann, promovierte als erster Afrikaner in Paris und wurde 1944 Professor an der École Nationale de la France d'Outre-Mer. Seit 1960 Staatspräsident der Republik Senegal und einer der führenden Dichter der Negritude-Bewegung, fühlte sich S. als Sprachrohr der unterdrückten schwarzen Rasse. Seine rhythmischen Gedichte sind Protest gegen die Weißen und Verherrlichung des Afrikanischen. Ihre Ursprünge liegen in der senegal. Volksdichtung und in afrikan. Mythen; andererseits ist die Nähe zu Claudel, Saint-John Perse und den Troubadours zu erkennen. Mit *Botschaft und Anruf* erschienen sämtl. Gedichte zweispr. 1963 (neu 1988); 1985 erschien eine Gesamtausgabe der Ged. *Bis an die Tore der Nacht*. Durch die Herausgabe von Anthologien, durch ästhet. Schriften und die Unterstützung junger schwarzer Dichter versuchte S., die afrikan. Literatur zu fördern. 1964 schrieb er *Négritude et humanisme*, und 1968 erhielt er den Friedenspreis des Dt. Buchhandels. 1988 gab Janheinz Jahn die Gedichte *Botschaft und Anruf* heraus.

Seppänen, Unto Kalervo (* 15. 5. 1904 Helsinki, †22. 5. 1955 ebd.). – Finn. Journalist, Literaturkritiker und Dichter, fing in phantasie- und humorvollen Erzählungen und Romanen das kleinbürgerl. Leben seiner karelischen Heimat ein. Im Ausland begründeten die autobiograph. Romantrilogie *Markku und sein Geschlecht* (1931 bis 1934, dt. 1938) und der historische Roman *Brände im Schnee* (1941, dt. 1950) seinen Ruf.

Serafimowitsch, Alexandr, eigtl. *A. S. Popow* (* 19. 1. 1863 Nischnekurmojarskaja, †19. 1. 1949 Moskau). – Russ. Schriftsteller, während des Studiums als »Revolutionär« nach Mesen/Archangelsk verbannt. Später gehörte er in Moskau einer lit. Gruppe um Gorki an. Schon in frühen Erzählungen sprach er für die Unterdrückten, seit 1905 für die Sache der revolutionären Arbeiterbewegung, so in dem Roman *Stadt in der Steppe* (1910, dt. 1953), und wurde zum vielgelesenen sozialist. Schriftsteller. Der Bürgerkriegsroman *Der eiserne Strom* (1924, dt. 1930) verherrlicht das Heldentum der Masse. Sein Gesamtwerk erschien russ. 1940–48 in 10 Bdn., eine dt. Auswahl in 2 Bdn. 1956. Später wurde die Erzählung *Auf den Flößen* (1963) gesondert aufgelegt.

Serao, Matilde (* 7. 3. 1856 Patras/Griechenland, †25. 7. 1927 Neapel). – Ital. Erzählerin, wuchs in Neapel auf und war mit ihrem Mann E. Scarfoglio in Rom und Neapel journalist. tätig. Nach der Trennung von ihm (1904) leitete sie eine eigene Zeitung. Von Zola und Flaubert angeregt, schrieb sie zahlreiche idealist. Novellen und Romane, z. B. *Schlaraffenland* (1890, dt. 1904), in denen sie einfühlsam das neapolitan. Volksleben schilderte. 1910 hatte sie mit dem Roman *Es lebe das Leben* Erfolg.

Sergejew-Zenski, Sergej Nikolajewitsch, eigtl. *S. N. Sergejew* (* 30. 9. 1875 Preobraschenskoje, †4. 12. 1958 Aluschta/Krim). – Russ. Schriftsteller, begann mit expressionist. Novellen, deren Pessimismus auch noch seinen ersten Roman *Babaev* (1907, dt. 1908) bestimmte. Nach einer unvollendeten Romanserie über die russ. Geschichte Anfang des 20. Jh.s gelang ihm in dem histor. Roman *Die heißen Tage von Sewastopol* (2 Bde., 1930, dt. 1953), nach dem Vorbild von Tolstois *Krieg und Frieden*, eine Darstellung des Krimkriegs von 1854/55.

Seton, Ernest Thompson (* 14. 8. 1860 South Shields/England, †23. 10. 1946 Santa Fé). – Kanad. Schriftsteller, organisierte die Pfadfinderbewegung in Amerika und wirkte als Naturschutzbeauftragter in Manitoba. Als Kenner der einheim. Tierwelt und des Indianerlebens schrieb er Romane, *Jochen Bär* (1902, dt. 1909), die Erzn. *Die schönsten Tiergeschichten* (dt. 1960) und Sachbücher wie *Tiere der Wildnis* (1916, dt. 1921). Posth. erschien 1972 *King of the Grizzlies*.

Seume, Johann Gottfried (* 29. 1. 1763 Poserna b. Weißenfels, †13. 6. 1810 Teplitz). – Dt. Schriftsteller, geriet nach abgebrochenem Theologiestudium mit hess. Truppen in die USA und nach Kanada, war nach der Rückkehr 1783 Sprachlehrer in Leipzig und erlebte die poln. Revolution als russ. Leutnant in Warschau. 1801/02 unternahm er seine berühmte Fußreise nach Sizilien (*Spaziergang nach Syrakus*, 3 Bde., 1803), 1805 bereiste er Rußland, Finnland und Schweden (*Mein Sommer 1805*, 1806). Der kulturhistor. Wert seiner Reiseberichte beruht besonders auf der Schilderung wirtschaftl. und sozialer Verhältnisse. Daneben schrieb er Lieder, die sich bis heute als Gemeingut erhalten haben, z. B. *Wo man singet, laß dich ruhig nieder. . .*

Seuren, Günter (* 18. 6. 1932 Wickrath). – Dt. Schriftsteller, Journalist und Filmkritiker. In seinen realist.-zeitkrit. Romanen behandelte er in ironisch-distanzierter Sprache Schwierigkeiten des Erwachsenwerdens und Alterns, so in *Das Gatter* (1964), *Das Kannibalenfest* (1968), *Der Abdecker* (1970), *Die fünfte Jahreszeit* (1980), *Der Angriff* (1982), *Die Asche der Dawidoff* (1985). Er schrieb des weiteren surrealist. Erzählungen, wie *Abschied von einem Mörder* (1980), Hör- und Fernsehspiele. 1974 fanden die Gedichte *Der Jagdherr liegt im Sterben* Beachtung.

Seuse, (latinisiert Suso), Heinrich (* 21. 3. 1295 [?] Konstanz oder Überlingen, †25. 1. 1366 Ulm). – Dt. Dominikanermönch und Mystiker, war um 1324 Schüler Meister Eckarts in Köln, dann Lektor der Theologie im Konstanzer Kloster und Seelsorger in Schweizer und oberrhein. Frauenklöstern. Später wirkte er in Dießenhofen und seit 1348 in Ulm. S. steht als Mystiker in der Nachfolge Meister Eckarts. Zu seinen Schriften, in lyrisch-zarter, bildhafter Sprache verfaßt, zählen *Das Büchlein der Wahrheit* über die Lehre der Gelassenheit und das weitverbreitete *Büchlein der ewigen Weisheit* (entstanden um 1328). Als erster schrieb er eine Autobiographie in deutscher Sprache.

Sévigné, Marie de Rabutin-Chantal, Marquise de (* 5. 2. 1626 Paris, † 18. 4. 1696 Schloß Grignan/Drôme). – Franz. Schriftstellerin, verlor 1651 ihren Mann bei einem Duell und lebte seit 1654 ständig in Paris. Ihre ca. 1500 *Briefe*, meist an ihre Tochter, Mme. de Grignan, gerichtet, zeichnen spontan, herzlich und geistvoll ein Bild des zeitgenöss. polit., gesellschaftl. und kulturellen Lebens. Sie zählen zu den klassischen lit. Werken des 17. Jh.s.

Sewerjanin, Igor, eigtl. *Igor Wassiljewitsch Lotarjow* (* 16. 5. 1887 Petersburg, † 20. 12. 1941 Reval). – Russ. Dichter, nach der russ. Revolution 1917 im Exil in Estland. 1913 trat er mit einer Gedichtsammlung *Gromokipjašžij kubok* (1913), die durch gewagte Wortschöpfungen und Reime Aufsehen erregte, an die Öffentlichkeit. Trotz seiner modernistischen, fortschrittsbejahenden Einstellung distanzierte sich S. von den Futuristen; er verstand sich als »Ego-Futurist«.

Shaffer, Peter Levin (* 15. 5. 1926 Liverpool). – Engl. Bibliothekar, Kritiker und seit 1958 Bühnenautor. S. griff in dem Drama *Die königliche Jagd auf die Sonne* (1965, dt. 1966) Brechtsche Stilmittel auf. Sein Ziel ist darüber hinaus, auch Ritus, Pantomime, Magie und Maske einzubeziehen. In der *Komödie im Dunkeln* (1965, dt. 1967) experimentierte er mit einem alten chines. Bühnentrick: Die Figuren spielen in fiktiver Dunkelheit und werden dadurch lächerlich. 1958 griff er mit *Five Finger Exercise* die Vereinsamung in der engl. Gesellschaft auf. Er gilt als brillanter Experimentator in der Literatur. Welterfolg hatte er 1973 mit *Equus*, und dem Mozart-Drama *Amadeus* (1979; verfilmt); *Yonadab* (1986) fand weniger Beachtung.

Shaftesbury, Anthony Ashley Cooper, 3rd Earl of (* 26. 2. 1671 London, † 4. 2. 1713 Neapel). – Engl. Dichter, Adelssohn, lernte in seiner Jugend auf ausgedehnten Reisen Europa kennen, war von 1695 bis 1708 Mitglied des Parlaments und lebte ab 1711 in Italien. Er arbeitete seit 1708 als Schriftsteller und tat sich dabei als beachtenswerter Moralist und Essayist hervor. Seine Werke, u. a. *An Inquiry concerning Virtue* (1699, dt. 1905), *The Sociable Enthusiast* (1705, 1709 neu u. d. T. *The Moralist*, dt. 1909), *Characteristics of Men, Manners, Opinions, Times* (3 Bde., 1711, hg. 1900), hatten großen Einfluß auf die engl. Vorromantik, die franz. Rationalisten, z. B. Dide-

rot und Voltaire, die dt. Aufklärung, auf Wieland und den Sturm und Drang, z. B. bei Herder und Schiller.

Shakespeare, William (getauft 26. 4. 1564 Stratford-upon-Avon, † 23. 4. 1616 ebd.). – Der Vater S.s war ein wohlhabender Handschuhmacher und Bürgermeister in Stratford. S. besuchte die Lateinschule und heiratete 1582 die Gutsbesitzerstochter Anne Hatheway. Um 1587 kam er nach London und erlangte dort als erfolgreichster Schauspieler, Dramatiker und Regisseur seiner Zeit sowie als Mitbesitzer des Globe-Theaters Ansehen und Wohlstand. 1610 kehrte er begütert in seine Heimatstadt zurück. Es wurde oft bezweifelt, ob der Schauspieler S. tatsächlich Verfasser der ihm zugeschriebenen Dramen sei. Doch ist es nicht gelungen, Bacon, Marlowe oder andere als Autoren nachzuweisen. – S. trat zuerst mit den Verserzählungen *Venus und Adonis* (1593) und *Die Schändung der Lukrezia* (1594) hervor, die ganz dem Stil der Renaissancedichtung entsprachen. Zeitgenöss. Geschmack prägte auch seine tiefsinnigen, schwer deutbaren 154 *Sonette* aus den neunziger Jahren, die zu den schönsten Liebesgedichten der Welt zählen. Die Chronologie der Dramen ist nicht sicher festzulegen. S.s Interesse für geschichtliche Fragen und sein Bekenntnis zu den Tudors schlugen sich in zwei Historienzyklen über die engl. Geschichte der Jahre 1395–1485 nieder, in die der Krieg mit Frankreich, die Rosenkriege und der Aufstieg der Tudors fallen. Zwischen 1590 und 1599 entstanden *Heinrich VI., Richard III., Richard II., König Johann, Heinrich IV. und Heinrich V.* Diese Königsdramen stellen eine kunstvolle Fortentwicklung der grob angelegten zeitgenöss. Chronikdramen dar. In seinen frühen Komödien knüpfte S. gleichfalls an Vorbilder an (J. Lyly); sie zeichnen sich durch Verwechslungs- und Situationskomik, rhetor. Wortspiele und farcenhafte Züge aus, so die *Komödie der Irrungen* (1591?), *Der Widerspenstigen Zähmung* (1593?) und *Verlorene Liebesmüh* (1595?). Unbeschwertheit und Humor finden sich in den Lustspielen *Ein Sommernachtstraum* (1595?), *Die lustigen Weiber von Windsor* (1597), *Wie es euch gefällt* (1600) und *Was ihr wollt* (1600), während in die letzten Komödien, *Viel Lärm um nichts* (1598/99), *Troilus und Cressida* (1598?), *Ende gut, alles gut* (1603), *Maß für Maß* (1604), Ernst, ja Bitterkeit eingingen. Die Verbindung von Komik und Tragik ist auch S.s Tragödien eigen, in die er entgegen den strengen klassischen Regeln komisch-burleske Szenen einfügte. Während in der griech. Tragödie der Mensch am Schicksal zerbricht, liegt bei S. der tragische Konflikt im Menschen selbst, im Gegensatz von Affekt und Verstand. Pathos und Leidenschaften halten sich bei S. jedoch in einer natürlichen Grenze. Um 1595 entstand mit *Romeo und Julia* eine der bedeutendsten Liebestragödien der Weltliteratur. Ab 1600 schuf S. seine großen Tragödien *Julius Cäsar, Hamlet, Othello, Macbeth, König Lear* und *Coriolan,* in denen seine dramat.

Kunst höchste Reife erlangte. S.s Schaffen klingt aus mit den Tragik und Komik versöhnenden Märchenspielen *Ein Wintermärchen* (1610) und *Der Sturm* (1611). S.s kühne Neuerung gegenüber dem klassischen Drama war die realist., individualisierende Darstellung des Menschen. Seine Wirklichkeitsnähe, dramatische Gestaltung, Charakterzeichnung, symbolkräftige Sprache und Gedankentiefe bezeugen ihn als einen der großen Dramatiker der Weltliteratur. Die wichtigsten dt. Übersetzungen stammen von A. W. Schlegel, D. Tieck und W. Baudissin (1825 bis 1833), L. L. Schücking (1912 bis 1935), H. Rothe (1927 bis 1934), R. A. Schröder (1945ff.) und E. Fried (1968).

Shapiro, Karl (Jay) (*10.11. 1913 Baltimore). – Amerikan. Schriftsteller, schrieb während seines Kriegsdienstes im Pazifik die ersten Gedichte, gab 1950–55 die Zeitschrift »Poetry« in Chicago heraus und unterrichtete an verschiedenen Universitäten. S. war Anhänger Freuds und W. Reichs. Seine Lyrik (*Selected Poems*, 1968) kreist um Themen des modernen Massenlebens, z. B. *Person, Place and Thing* (1942). In Essays wandte er sich gegen eine esoterische Dichtung und den Symbolismus und forderte eine Dichtung der Erfahrung, z. B. in *Essay on Rime* (1945). 1945 erhielt er für *V-Letters and Other Poems* den Pulitzer-Preis. 1968 erschienen ausgewählte Gedichte.

Sharp, Margery (* 1905 London). – Engl. Schriftstellerin, wurde bekannt durch zahlreiche humorvolle Unterhaltungsromane, meist über Frauenschicksale, wie *Witwe bis auf Widerruf* (1968, dt. 1970), *Frühling im Herbst* (1971, dt. 1973) und *Der Stein der Keuschheit* (1939, dt. 1975), und die beliebten Kinderbücher über die Maus *Miß Bianca* (1972). Mit ihren zahlreichen Werken, die in viele Sprachen übersetzt wurden, fand sie viele Leser.

Shaw, George Bernard (*26.7. 1856 Dublin, †2.11. 1950 Ayot St. Lawrence/Herfordshire). – Irischer Dichter, arbeitete einige Jahre bei einem Dubliner Grundstücksmakler und folgte 1876 seiner Mutter nach London, die sich 1872 von seinem Vater, einem Alkoholiker, getrennt hatte. S. lebte zunächst als Angestellter, Journalist und unbeachteter Romanautor in großer Armut, setzte sich mit Darwin, Wagner, Nietzsche und Marx auseinander und erwarb sich im Selbststudium Literatur- und Musikkenntnisse. 1884 wurde er Mitglied der neu gegründeten sozialistischen »Fabian Society«. Ab 1892 verfaßte er sein dramat. Werk, das bis ins hohe Alter auf 70 Stücke anwuchs und ihm 1925 den Nobelpreis brachte. S. betrachtete die Bühne als »moralische Anstalt« und seine Dramen als »Lehrstücke«. Er ging von Ibsens demaskierenden Gesellschaftsstücken aus, gestaltete sie aber in seinem geistvoll-witzigen Stil mit der Freude an Ironie, Paradoxie und Satire häufig als Gesellschaftskomödien. Seine Angriffspunkte waren u. a. unmoral. Geschäftspraktiken wie in *Die Häuser des Herrn*

Sartorius (1892, dt. 1907) und *Frau Warrens Gewerbe* (1893, dt. 1904), Heldenkult wie in *Der Mann des Schicksals* (1898, dt. 1903), *Helden* (1894, dt. 1903) und *Cäsar und Cleopatra* (1898, dt. 1904), Heuchelei wie in *Der Teufelsschüler* (1898, dt. 1903) und die Arroganz der oberen Gesellschaftsschicht wie in *Arzt am Scheideweg* (1906, dt. 1909) und *Pygmalion* (1912, dt. 1913). Letzteres wurde von F. Loewe u. d. T. *My Fair Lady* vertont. In seinen tiefsten Stücken, *Mensch und Übermensch* (1903, dt. 1907) und *Zurück zu Methusalem* (1918 bis 1920, dt. 1925), verkündete er seine von Nietzsche beeinflußte Philosophie der Lebenskraft. Als künstler. reifstes Werk gilt *Die heilige Johanna* (1923, dt. 1924). In seinen späten Stücken wandte sich S. vor allem der politischen Satire zu, so in *Der Kaiser von Amerika* (1930, dt. 1930) und *Genf* (1938, dt. 1946). Neben dem dramatischen Werk wurden auch seine Romane bekannt, z. B. *Die törichte Heirat* (1905, dt. 1908) und *Künstlerliebe* (1900, dt. 1908), sowie seine geistvollen Essays, unter denen *Ein Ibsenbrevier* (1891, dt. 1908) hervorragt. Sein Werk ist seit 1948 in einer dt. Gesamtausgabe erschienen. Die Vorreden zu seinen Stücken sind als meisterhafte Essays von ebenso großer lit. wie dramentheoret. Bedeutung. Eine engl. Gesamtausgabe der Theaterstücke erschien 1931 bis 1949 in 37 Bdn.

Shaw, Irwin (*27.2. 1913 Brooklyn, †16.5. 1984 Davos). – Amerikan. Schriftsteller, Funk- und Drehbuchautor, im Zweiten Weltkrieg Offizier in Europa. Sein Werk umfaßt sozialkrit. Dramen wie *Aus dem Nebel heraus* (engl. und dt. 1949), spannende Kurzgeschichten und realist.-psycholog. Romane, so den erfolgreichen antimilitarist. Kriegsroman *Die jungen Löwen* (engl. und dt. 1948). *Aller Reichtum dieser Welt* (1970, dt. 1973) zeichnet das Leben einer dt. Einwandererfamilie in Amerika, 1977 erschien dt. *Den Seinen gibt's der Herr im Schlaf*, 1979 *Ende in Antibes*, 1980 *Griff nach den Sternen*, *Gott war hier, aber er ist schon wieder fort* (Erzn.) und 1981 *Im Rückblick und 26 andere gesammelte Erzählungen*.

Sheldon, Charles-Monroe (*26.2. 1857 Wellsville/New York, †24.2. 1946 Topeka/Kansas). – Amerikan. Pfarrer, wurde bekannt durch den äußerst erfolgreichen Roman *In his Steps* (1896, dt. 1899), der das Wagnis christl. Lebens in der Moderne beschreibt; dieses Thema auch in *He is Here* (1931).

Shelley, Mary Wollstonecraft (*30.8. 1797 Somers Town, †21.2. 1851 London). – Engl. Schriftstellerin, Tochter W. Godwins und der Frauenrechtlerin M. Wollstonecraft, war die zweite Frau Percy Bysshe S.s. Neue Aktualität gewann in den letzten Jahren ihr Schauerroman, der Einflüsse Byrons zeigt, *Frankenstein oder der neue Prometheus* (1818, dt. 1912) über das häßl. überdimensionale Geschöpf eines Naturwissenschaftlers, das schließlich seinen Schöpfer tötet.

Shelley, Percy Bysshe (*4.8. 1792 Field Place b. Horsham/Sussex, †8.7. 1822 Golf von La Spezia). – Romant.

Dichter, einer der größten engl. Lyriker, erhielt als Sohn vornehmer Eltern eine strenge Erziehung in Eton. Wegen einer Flugschrift über die Notwendigkeit des Atheismus wurde er von der Universität Oxford verwiesen. Nach dreijähriger unglückl. Ehe mit der entführten Tochter einer Kaffeehauswirtin trennte er sich und floh mit Mary Godwin in die Schweiz. 1816 heiratete er sie nach dem Selbstmord seiner ersten Frau und blieb in der Schweiz und in Italien. Er verunglückte tödlich mit seiner Segeljacht. S.s Werk steht unter den Leitgedanken einer revolutionären Freiheit und Selbstbestimmung, z. B. in den philosoph. Gedichten *Die Feenkönigin* (1813, dt. 1878) und *Alastor oder Der Geist der Einsamkeit* (1815, dt. 1909) und dem Versdrama *Der entfesselte Prometheus* (1820, dt. 1876), und der Sehnsucht nach Harmonie und Einswerden mit der Natur. In Auseinandersetzung mit der antiken Philosophie, besonders Plato, und der Vernunftreligion der Aufklärung entwickelte er ein idealist.-pantheist. Weltbild, z. B. in dem Versdrama *Hellas* (1821). Seine myst. Naturverehrung ließ die großen Oden der Spätzeit mit ihren symboltiefen Bildern, *To the Westwind* (1820), *To a Skylark* (1820) und *To a Cloud* (1820), entstehen. Die erste dt. Gesamtausgabe der *Poetischen Werke* erschien 1840 bis 1844.

Shepard, Sam (* 5. 11. 1943 Fort Sheridan/Illinois). – Amerikan. Dramatiker, trat auch als Schauspieler und Musiker hervor, schrieb über 40 Theaterstücke, die ihn als experimentellen und sehr phantasievollen Autor zeigen. Immer wieder zeigt er, daß die amerikan. Realität, wie sie durch Medien und Traditionen geprägt ist, bewußt zur Entmündigung der Bürger kommerziell produziert wird. S. agiert mit den Versatzstücken der amerikan. Geschichte (Gangster, Indianer, Science-fiction), verwendet diese aber in einem komplexen Erkenntnisprozeß, der zur Einsicht in die Verlogenheit der erzeugten Wirklichkeit führen soll. In Deutschland fanden einige Stücke besondere Beachtung, etwa *Vergrabenes Kind* (1979, dt. 1980), *Fluch der verhungernden Klasse* (1976, dt. 1980), *Goldener Westen* (1981, dt. 1983), *Lügengespinst* (engl. und dt. 1987). 1979 erhielt S. den Pulitzer-Preis und fand damit trotz seiner aktiven Kritik die Anerkennung der lit. Welt.

Sheridan, Richard Brinsley (* 30. 10. 1751 Dublin, †7.7. 1816 London). – Engl. Dramatiker ir. Abstammung, 1776–1809 Direktor des Drury Lane Theatre in London, einer der hervorragendsten Redner im Parlament. In geistreichen Komödien zeigte er Lüge und Heuchelei in der Gesellschaft und das Komische im menschlichen Verhalten auf. Die Stücke *Die Nebenbuhler* (1775, dt. 1874) und *Die Lästerschule* (1777, dt. 1864) werden heute noch aufgeführt.

Sherriff, Robert Cedric (* 6. 6. 1896 Kingston-upon-Thames, †13. 11. 1975 London). – Engl. Schriftsteller, lange Jahre Versicherungsangestellter, studierte nach dem Erfolg seines realist.-erschütternden Kriegsstückes *Die andere Seite* (1929, dt.

1930) zwei Jahre in Oxford und ging dann als Drehbuchautor nach Hollywood. Neben weiteren weniger bedeutenden Schauspielen schrieb er auch Unterhaltungsromane, z. B. *Septemberglück* (1931, dt. 1959).

Sherwood, Robert Emmet (* 4. 4. 1896 New Rochelle/New York, †14. 11. 1955 New York). – Amerikan. Bühnenautor, arbeitete nach dem Ersten Weltkrieg als Journalist, Filmkritiker und 1924–28 als Redakteur der Zeitschrift »Lifes«. Nach ersten histor. Komödien wandte er sich ernsteren Themen zu, die er problembewußt behandelte. Er wurde viermal mit dem Pulitzer-Preis ausgezeichnet, und zwar für die Dramen *Idiot's Delight* (1936), *Abe Lincoln in Illinois* (1939) und *There Shall Be No Night* (1940) und die Biographie *Roosevelt und Hopkins* (1948, dt. 1950).

Shirley, James (* 18. 9. 1596 London, †29. 10. 1666 ebd.). – Engl. Renaissancedichter, gehörte dem literarischen Kreis um Beaumont und Fletcher an. Ursprünglich anglikanischer Geistlicher, wurde er nach seinem Übertritt zur kath. Kirche Lehrer. In seinen Tragödien, z. B. *The Cardinal* (1652), und Tragikomödien stellte er wirkungsvoll Schauergeschichten dar; seine Sittenkomödien, meist über die Themen Ehe und Verführung, geben über das zeitgenöss. Leben Aufschluß. S.s Stücke wurden von der Shakespeare-Truppe »The King's Men« aufgeführt.

Sibyllinisches Orakel. – Das S. O. ist eine vierzehnbändige Sammlung griech. Weissagungen in Hexametern. Als Sibyllen wurden im Altertum Frauen bezeichnet, die im Zustand religiöser Ekstase weissagten. Die Sammlung stammt aus den ersten Jh.en n. Chr. und enthält christl. überarbeitete heidn. und jüd. Weissagungen über Weltuntergang, Weltbrand und Weltgericht (1.–10. Buch) sowie über politische Ereignisse (11.–14. Buch).

Sidney, Sir Philip (* 30. 11. 1554 Penshurst/Kent, †17. 10. 1586 Arnhem/Holland). – Engl. Renaissancedichter, erwarb sich durch Studien und Reisen auf dem Kontinent umfassende Bildung. Seit 1577 stand er im Dienst Königin Elisabeths I. Er verfaßte nach dem Vorbild Petrarcas, jedoch in individuellem Stil, den Sonettenzyklus *Astrophel and Stella* (1591) und unter dem Einfluß span. und antiker Dichtung den moralist. Schäferroman *Arcadia* (1590), den M. Opitz 1642 deutsch bearbeitete. Sein Essay *The Defence of Poesie* (1595) stellt die erste engl. Poetik dar.

Sidnius Apollinaris, Gaius Sollius Modestus (* um 430 Lyon, †479 Clermont-Ferrand). – Lat. Dichter, wurde 468 Stadtpräfekt von Rom und etwa 470 Bischof von Clermont-Ferrand. S. schrieb drei Panegyrici und zwei Epitaphe, ab 470 entstanden seine kunstvollen Briefe an Freunde (erhalten sind 147 Briefe in 9 Büchern), die zur Veröffentlichung gedacht waren. Sie entwerfen ein anschaul. Bild der zeitgenöss. Gesellschaft, Politik, Kultur und Gläubigkeit.

Sieburg, Friedrich (*18.5. 1893, Altena/Westf., †19.7. 1964 Gärtringen/Württ.). – Dt. Schriftsteller und Kulturkritiker, 1923–29 Korrespondent der »Frankfurter Zeitung« in Kopenhagen, Paris, London, Afrika und im Fernen Osten, 1948–55 Mithg. der Zeitschrift »Gegenwart«, leitete seit 1956 das Literaturblatt der »Frankfurter Allgemeinen«. Ein Teil seiner geistreichen, stilist. gewandten Essays, Biographien und Studien ist Frankreich und seiner Geschichte gewidmet, so *Gott in Frankreich?* (1929), *Robespierre* (1935), *Kleine Geschichte Frankreichs* (1953) und *Napoleon* (1956). Weiter verfaßte er Reisebücher und kultur- und literaturkrit. Studien wie *Die Lust am Untergang* (1954). Sein letztes Werk: *Das Geld des Königs* (posth. 1974).

Sienkiewicz, Henryk, Ps. *Litwos* (*5.5. 1846 Wola Okrzejska, †15.11. 1916 Vevey/Schweiz). – Poln. Erzähler und Journalist. 1914 emigrierte er in die Schweiz und setzte sich dort für poln. Kriegsopfer ein. S. beschrieb in seinen frühen Novellen leidenschaftlich das Elend des einfachen Volkes. Der Einfluß der Romantik machte sich erstmals in der Erzählung *Der Leuchtturmwärter* (1882, dt. 1949) und in einer zunehmend patriotisch-konservativen Haltung bemerkbar. Über die poln. Kriege des 17. Jh.s berichtete die Romantrilogie *Mit Feuer und Schwert* (1884, dt. 1888), *Sintflut* (1886, dt. 1929) und *Pan Wolodyjowski* (1887, dt. 1902), über den poln. Krieg gegen den Dt. Orden der Roman *Die Kreuzritter* (1897 bis 1900, dt. 1902). Für *Quo vadis?* (dt. 1898) über die Zeit der Christenverfolgung in Rom erhielt er 1905 den Nobelpreis. Eine Ausgabe aller Romane in dt. Sprache erschien 1907 bis 1927 in 12 Bdn.

Sieroszewski, Waclaw (*21.8. 1858 Wolka Kozlowska/Masowien, †20.4. 1945 Piaseczno). – Poln. Erzähler, wegen revolutionärer Tätigkeit nach Sibirien verbannt, wo er 12 Jahre bei den Jakuten lebte. 1902/03 führte ihn eine Forschungsreise nach Korea, Sachalin und Japan. Er war Propagandaminister und später Kulturpolitiker und Präsident des poln. PEN-Clubs. S. verfaßte meisterhafte realist. Reiseberichte, Geschichtsromane und Märchen, so z. B. *Chinesische Erzählungen* (1903) und *Dalai-Lama* (1927, dt. 1928).

Sigebert von Gembloux (*um 1030 Brabant, †5.10. 1112 Kloster Gembloux/Belgien). – Lat. Autor, Mönch in Gembloux und Lehrer an der Klosterschule in Metz. Zu seinen lat. geschriebenen Werken zählen eine Weltchronik von 381 bis 1111, eine kirchl. Literaturgeschichte, die Geschichte von Gembloux und, an Hieronymus anknüpfend, die Biographiensammlung *De viris illustribus.*

Sigel, Kurt (*3.8. 1931 Frankfurt/M.). – Dt. Schriftsteller, arbeitet in zahlreichen graph. Berufen und verbindet in seinen vielfältigen Gedichten (z. B. *Traum und Speise,* 1958; *Flammen und Gelächter,* 1965; *Feuer, de Maa brennt,* 1968; *Lieder und Anschläge,* 1970; *Uff Deiwel komm raus,* 1975;

Gegenreden-Quergebabbel, 1978; *Verse gegen taube Ohren,* 1983), Erzn. (z. B. *Kurswechsel,* 1968; *Kannibalisches, Einschlafgeschichten für sensible Leser,* 1972; *Zuständ in F. un annerswo,* 1974) u. Romanen(*Kostilow oder Salto mortale nach innen,* 1977 u. a.) Elemente des grotesken Surrealismus und Dialekts und der Sprache der Moritat.

Sigurjónsson, Jóhann (*19.6. 1880 Laxamýri/Nordisland, †31.8. 1919 Kopenhagen). – Isländ. Dichter, widmete sich nach Studium der Tiermedizin bald ganz der Lit. Der von Nietzsche und Brandes beeinflußte talentierte Dramatiker bearbeitete in seinen leidenschaftl. und zugleich lyr. Stücken Stoffe der isländ. Folklore und Sagenwelt. Sein bestes Drama *Berg-Eyvind und sein Weib* (1911, dt. 1913) fand im Ausland große Beachtung. Die altisländ. *Njals Saga* griff er in dem Stück *Lügner* (isländ. und dt. 1917) auf. Das Gesamtwerk erschien 1940 bis 1942 in 2 Bdn.

Sik, Sándor (*20.1. 1889 Budapest, †28.9. 1963 ebd.). – Ungar. Schriftsteller, war Geistlicher, seit 1930 Professor für moderne ungar. Literatur in Szeged; zählte zu den führenden Köpfen der Pfadfinderbewegung. Er trat mit volkstümlich-religiöser Lyrik, Geschichtsdramen, *Öszi fecske* (1958), Mysterienspielen und einer Psalmenübersetzung (1961) an die Öffentlichkeit.

Sikelianos, Angelos (*28.3. 1884 Leukas, †19.6. 1951 Athen). Griech. Schriftsteller; durch Heirat finanziell unabhängig, widmete er sich ausschließl. der Literatur. Das lyr. und dramat. Werk des bedeutenden Dichters steht unter dem Ideal, die antike Lebensauffassung mit christl. Tradition und modernen philosoph. Bewegungen (Existenzphilosophie, Bergson) zu verbinden. Mit dem Ziel, die Antike wiederzubeleben, gründete er die »Delphischen Festspiele« (1926–32). Sein letztes Werk *Thyméle«* erschien in drei Bänden bis 1971.

Silferstolpe, Oscar Gunnar Mascoll (*21.1. 1893 Rytterne/Västmanland, †26.6. 1942 Stockholm). – Schwed. Lyriker und Kritiker, Direktor der königl. Kunstsammlung, schrieb formstarke musikal. Gedichte, in denen sich seine Kindheit, das Elend der Weltkriege, Verunsicherung und die Sehnsucht nach einem humanen Leben spiegeln, z. B. in *Hemland* (1940).

Silius Italicus, Tiberius Catius Asconius (*um 25 n. Chr., †101). – Röm. Konsul, um 77 Prokonsul von Asien, schuf mit seinen 17 Büchern *Punica* über den 2. Pun. Krieg das längste röm. Epos (12 000 Verse). Es leidet unter einem Übermaß an Rhetorik und Pathos.

Silko, Leslie Marmon (*5.3. 1948 Albuquerque/New Mexico). Amerkan. Schriftstellerin, stammt aus einer Indianerfamilie, studierte Jura und Literatur und lehrt an verschiedenen Hochschulen. Unter dem Einfluß von Borges schrieb sie Gedichte, in denen sie moderne Stilelemente und indian. Traditionen zu verbinden sucht. In den epischen Werken, z. B. in dem Roman

Gestohlenes Land wird ihre Herzen fressen (1979, dt. 1981) verbindet sie Elemente mündlicher Erzähltraditionen mit amerikan. Regionalliteratur.

Sillanpää, Frans Eemil (* 16. 9. 1888 Hämeenkyrö, †3. 6. 1964 Helsinki). – Finn. Dichter, nach Studium der Naturwissenschaften Kritiker, Journalist, dann freier Schriftsteller. 1939 erhielt er den Nobelpreis. Seine Herkunft aus kleinbäuerl. Milieu leitete die Wahl seiner Stoffe – Gestalten seiner nüchternen Romane sind meist Bauern, Knechte und Mägde, deren Schicksale er aus einer biolog. Weltsicht als ein naturbedingtes Wachsen und Vergehen zeigt, so in *Silja, die Magd* (1931, dt. 1932) und *Sterben und Auferstehen* (1919, dt. 1956).

Sillitoe, Alan (*4. 3. 1928 Nottingham). – Engl. Schriftsteller, 1946–48 Flieger bei der Royal Air Force in Malaya. Durch Erkrankung an Tbc Frühinvalide, begann er schließl. zu schreiben. In seinen Romanen und Erzählungen schilderte er den eintönigen Alltag engl. Arbeiter und den Versuch der Auflehnung gegen die Herrschenden, z. B. in *Samstagnacht und Sonntagmorgen* (Roman 1958, dt. 1961), *Die Einsamkeit des Langstreckenläufers* (Erzählungen 1959, dt. 1967), *Der brennende Baum* (Roman 1967), *Die Lumpensammlertochter* (1963, dt. 1973), *Nihilon* (1971, dt. 1973), *Ein Start ins Leben* (1970, dt. 1978 neu), *Der Sohn des Witwers* (R. 1979), *Die Flamme des Lebens* (dt. 1982), *Verschollen* (R. dt. 1987), *Pamela. Herr Victory* (dt. 1989) u. a.

Silone, Ignazio, eigtl. *Secondino Tranquilli* (* 1. 5. 1900 Pescina dei Marsi/Abruzzen, † 22. 8. 1978 Genf). – Ital. Autor, 1921 an der Gründung der KPI beteiligt und anschließend Redakteur kommunist. Zeitungen, brach aber 1930 mit der Partei. Als leidenschaftl. Antifaschist verfolgt, floh er 1930 in die Schweiz. Nach der Rückkehr 1945 wurde er Direktor der sozialist. Zeitung »Avanti!« und Präsident des ital. PEN-Clubs. S.s Romane sind Ausdruck seines Kampfes gegen soziale Ungerechtigkeit und Diktatur. *Fontamara* (1930, dt. 1931, neu 1962) beschreibt das Elend der abruzz. Landbevölkerung und ihre vergeblichen Versuche der Auflehnung gegen die faschist. Unterdrückung. In *Brot und Wein* (engl. und dt. 1936) erfolgte S.s Auseinandersetzung mit Marxismus und Christentum, in *Der Samen unter dem Schnee* (erstm. dt. 1941, dann ital. 1945; neu 1990) gestaltet er in einer Familiengeschichte die zeitgenöss. Problematik einer Literatur im Widerstand. Die späteren Werke schrieb S. als Antikommunist und Humanist, so *Das Abenteuer eines armen Christen* (1969). Von seinen theoret. Schriften wurde bes. bekannt *Der Faschismus. Seine Entstehung und seine Entwicklung* (1934, dt. 1978). Posth. erschien dt. die Autobiographie *Notausgang* (dt. 1991).

Silva, António José da (*8. 5. 1705 Rio de Janeiro, †19. 10. 1739 Lissabon). – Portugies. Komödienautor brasilian. Abstammung, Rechtsanwalt in Lissabon. S. war Jude, wurde fanat. verfolgt und starb schließl. auf dem Scheiterhaufen der Inquisition. Er ist der Autor effektvoller satir. Marionetten-Singspiele, etwa *As Variedades de Proteu* (1737).

Simáček, Matěj Anastasius (*5. 2. 1860 Prag, †12. 2. 1913 ebd.). – Tschech. Schriftsteller, Angestellter einer Zuckerfabrik, später Zeitschriftenredakteur und Theaterreferent. Realistischen Prosawerken und Dramen über das Fabrikmilieu und Prager Bürgertum folgten psycholog. Romane, in denen er Gesellschaftsstrukturen zu durchleuchten suchte, etwa *Chci žit* (1908). Eine Gesamtausgabe erschien 1908–1924.

Simenon, Georges, Ps. *G. Sim* (*13. 2. 1903 Liège/Belgien, †4. 9. 1989 Lausanne). – Belg. Roman- und Kriminalschriftsteller, schlug die journalist. Laufbahn ein und ging 1923 nach Paris, wo er 1930 mit den ersten Kriminalromanen der »Maigret«-Serie berühmt wurde. Er lebte 1945–55 in Kanada und den USA, seit 1957 in der Schweiz. S.s Werk umfaßt mehr als 200 Kriminalromane und psycholog. Romane, die um die Themen Verbrechen, Sexualität, Alkoholsucht und Einsamkeit kreisen und durch Milieubeschreibungen und psycholog. Betrachtung Nähe zu Balzac zeigen. »Kommissar Maigret« deckt die Verbrechen auf, indem er sich in die Affekte des Täters hineinversetzt, ohne moral. zu werten. S.s jüngste Werke sind psycholog., z. T. »harte« Zeitromane, so *Die Glocken von Bicêtre* (1963), *Der Kater* (1967), *Der Glaskäfig, Keine Spur von Odile, Der reiche Mann* (alle 1973), *Bellas Tod* (dt. 1977), *Der kleine Mann von Archangelsk* (dt. 1978), *Der Mörder* (dt. 1980), *Schlußlichter* (dt. 1982).

Simeon Polozki, eigtl. *Samuil Jemeljanowitsch Petrowski-Sitnianowitsch* (*1629 Polozk, †1680 Moskau). – Russ. Mönch, Lehrer und Erzieher am Zarenhof, verfaßte als erster russ. Dichter eine größere Anzahl von Gedichten in der Tradition der ukrain. Barockdichtung und führte mit zwei Schuldramen die dramat. Dichtung in Rußland ein. Eine russische Ausgabe seiner Werke erschien neu 1953.

Simmel, Johannes Mario (*7. 4. 1924 Wien). – Dt. Schriftsteller, studierte Chemie und war zunächst als Journalist und Drehbuchautor tätig, bis er sich als freier Schriftsteller niederließ. Seine erfolgreichen Unterhaltungsromane spielen in der Gegenwart und jüngsten Vergangenheit und wollen aufgrund umfangreicher Material- und Dokumentenstudien das komplexe moderne Leben mit seinen polit. und persönl. Verflechtungen zeigen. S. hat seinen weltweiten Erfolg vor allem seinen Romanen zu verdanken, z. B. *Mich wundert, daß ich so fröhlich bin* (1948), *Das geheime Brot* (1951), *Ich gestehe alles* (1952), *Gott schützt die Liebenden* (1956), *Affäre Nina B.* (1958), *Es muß nicht immer Kaviar sein* (1960), *Bis zur bitteren Neige* (1962), *Liebe ist nur ein Wort* (1963), *Lieb Vaterland, magst ruhig sein* (1965), *Alle Menschen werden Brüder* (1967), *Und Jimmy ging zum Regenbogen* (1970), *Der Stoff, aus dem die Träume sind* (1971), *Die Antwort kennt nur der Wind* (1973), *Niemand ist eine Insel* (1975), *Hurra,* *wir leben noch* (1978), *Bitte, laßt die Blumen leben* (1983), *Die im Dunkeln sieht man nicht* (1985), *Doch mit den Clowns kamen die Tränen* (1987), *Im Frühling singt zum letztenmal die Lerche* (1990). Sehr positive Resonanz hatte Simmel auch mit seinem Schauspiel *Der Schulfreund* (1960) und seinen Erzn. *Begegnung im Nebel* (1947), *Zweiundzwanzig Zentimeter Zärtlichkeit* (1979) und *Die Erde bleibt noch lange jung. Geschichten aus 35 Jahren* (1981).

Simms, William Gilmore (* 17.4. 1806 Charleston/South Carolina, †11.6. 1870 ebd.). – Amerikan. Schriftsteller und Kritiker, stand im Mittelpunkt des lit. Lebens in Charleston. Er verfaßte histor. Romane über die span. Invasion in Amerika, die Kolonialzeit und Revolutionsgeschichte, realist. Grenzromane und Schauerromane. Vielfach vermischten sich in seinen Werken Geschichte, Realität und Abenteuer, so in der Gesellschaftssatire *Woodcraft* (1853), *Der Jemasse-Indianer* (1835, dt. 1847) und *Grenzjagd* (1840, dt. 1858).

Simon, Claude (* 10.10. 1913 Tananarive/Madagaskar). – Franz. Autor aus Madagaskar, wuchs in Frankreich auf, studierte, nahm am Spanischen Bürgerkrieg teil und war im Zweiten Weltkrieg dt. Kriegsgefangener; Flucht, versteckte sich bis 1945 in Perpignan. Ähnl. wie bei Proust spiegeln sich Vergangenheit und Gegenwart seiner Romangestalten in Erinnerungen und Assoziationen. Die Menschen erleben sich als ohnmächtig gegenüber der Macht der Zeit, so in *Die Straße in Flandern* (1960, dt. 1961), *Das Seil* (1945, dt. 1964), *Die Schlacht bei Pharsalos* (1969, dt. 1972), *Die Leitkörper* (1971, dt. 1974), *Triptychon* (1973, dt. 1986), und genießen die Welt der Strukturen, Zeichen und Bilder *Anschauungsunterricht* (1974, dt. 1986), *Album d'un amateur* (dt. 1988), *Die Einladung* (dt. 1988), *Die Akazie* (1991). S. wurde für sein lit. Werk mehrfach ausgezeichnet, 1985 erhielt er den Nobelpreis für *Georgien* (1981, dt. 1987) als ein Hauptvertreter des »Nouveau roman«.

Simon, Neil (* 4.7. 1927 New York). – Amerikan. Dramatiker, arbeitete früh als Autor von Sketchen; 1961 gelang ihm am Broadway der Durchbruch. Seine Komödien wurden zu Kassenschlagern und auch als Verfilmungen bekannt. Besonders *Das Appartement* (1968, dt. 1977), *Ein seltsames Paar* (1965, dt. 1967), *Das zweite Kapitel* (1977, dt. 1980), *Pfefferkuchen und Gin* (1970, dt. 1977) fanden internationale Anerkennung. Sein bedeutendstes Theaterstück ist *Sonny Boys* (1972, dt. 1977), das auf allen internationalen Bühnen gespielt und verfilmt wurde.

Simonides (* um 556 v. Chr. Julis/Insel Keos, †468 Akragas auf Sizilien). – Griech. Dichter, neben Pindar bedeutendster Lyriker seiner Zeit, kam auf seinem Wanderleben nach Athen, Thessalien und Sizilien. Er dichtete im Auftrag von Fürsten und Adeligen Siegeslieder für sportl. Wettkämpfe (Epinikien), Elegien, Trauergesänge und Epigramme. Berühmt wurde sein Klage- und Preislied auf die Thermopylenkämpfer. S. unterscheidet sich von Pindar durch sein zentrales Interesse am Menschen.

Simonow, Konstantin Michailowitsch (* 28.11. 1915 Petrograd, †28.8. 1979 Moskau). – Russ. Schriftsteller, im Zweiten Weltkrieg Frontberichterstatter, anschließend journalist. tätig. Bekannt wurde er mit patriot. gefärbten Kriegsgedichten und dem Roman *Tage und Nächte* (1944, dt. 1947) über die Kämpfe um Stalingrad. Auch die Abhandlung *Die Russische Frage* (1946, dt. 1947) und seine folgenden Romane behandeln Stoffe aus dem Zweiten Weltkrieg, z. T. mit Kritik am »Personenkult« um Stalin, so *Soldaten werden nicht geboren* (1964, dt. 1965).

Simpson, Norman Frederick (* 29.1. 1919 London). – Engl. Schriftsteller, war bis 1962 Lehrer, dann freier Bühnenautor. Er schrieb absurde Stücke, die den Stempel des skurrilen, engl. Humors tragen und sich der Nonsensdichtung L. Carolls und E. Lears nähern. Zugleich sind sie Satire auf Intoleranz, Engstirnigkeit und Phantasielosigkeit, z. B. *Die Welt der Grommkirbys* (engl. u. dt. 1960) und *Was He Anyone* (1973).

Simpson, William von (* 19.4. 1881 Georgenburg in Nettienen/Ostpreußen, †11.5. 1945 Scharbeutz/Holstein). – S., Husarenoffizier in Deutsch-Südwestafrika und Gutsbesitzer in Ostpreußen, vermittelte in seinen Familienromanen ein anschaul. Bild ostpreuß. Großgrundbesitzer zur Zeit Wilhelms II., *Die Barrings* (1937) und *Der Enkel* (1939).

Simrock, Karl (* 28.8. 1802 Bonn, †18.7. 1876 ebd.). – Dt. Dichter und Gelehrter, der Jura und Germanistik (u. a. bei A.W. Schlegel und E.M. Arndt) studierte; schied 1830 wegen eines Gedichtes auf die Julirevolution aus dem preuß. Staatsdienst aus. 1850 wurde er Professor für die dt. Sprache und Literatur in Bonn. In Übersetzungen und Nachdichtungen machte er altgerman.-nord. und mittelalterl. Werke bekannt: *Das Nibelungenlied* (1827), *Gedichte Walthers von der Vogelweide* (1833), *Wolfram von Eschenbach: Parzival und Titurel* (1842), *Deutsche Volksbücher* (1845–67), *Die Edda* (1851) und *Gottfried von Straßburg: Tristan und Isolde* (1855). Er sammelte Sagen und Lieder und dichtete selbst Balladen, Lieder und Schwänke.

Šimunović, Dinko (* 1.9. 1873 Knin, †3.8. 1833 Zagreb). – Kroat. Dichter, unterrichtete in Dalmatien und ab 1909 an der Kunstgewerbeschule in Split. Sein Erzähltalent erweist sich in Novellen und Romanen, in denen er die Rückständigkeit und Not der dalmatin. Bauern darstellte und zugleich ihre patriarchal. Lebensform pries. Ein Beispiel: *An den Tränken der Cetina* (1930, dt. 1944). Eine Auswahl seiner Werke erschien 1930 in 2 Bdn.

Sinclair, May (* 17.8. 1870 Rock Ferry/Cheshire, †14.11. 1946 b. Aylesbury). – Engl. Schriftstellerin, verfaßte Essays, Erzählungen und Romane, in denen sich ihre philosoph. und psycholog. Studien niederschlugen. Nach dem Vorbild D.

Richardsons benutzte sie in ihren Romanen z.T. die Erzähltechnik des Bewußtseinsstromes. Der romantische Liebesroman *The Divine Fire* (1904) fand in Amerika großen Anklang. **Sinclair,** Upton Beall (*20.9. 1878 Baltimore, †25.11. 1968 Bound Brook/New Jersey). – Amerikan. Schriftsteller, stammt aus einer verarmten Familie des Südens, finanzierte sein Studium durch das Schreiben von Trivialromanen. Seit 1900 war er aktiver Sozialist. Nach 1949 entfernte er sich vom Sozialismus. In teils tendenziösen Romanen, die großen Einfluß auf den jungen Brecht hatten, wandte er sich scharf gegen soziale Mißstände und deren Ursache, die kapitalist. Gesellschaftsordnung Amerikas. Der Erfolgsroman *Der Sumpf* (engl. u. dt. 1906) über das Elend der Arbeiter in den Chicagoer Schlachthöfen führte zu einer teilweisen Beseitigung der Mißstände. Kritik am Kapitalismus kennzeichnet auch die Romane *König Kohle* (1917, dt. 1918), *Petroleum* (engl. u. dt. 1927) und *Boston* (1928, dt. 1929). Für *Drachenzähne* (1942, dt. 1946), den 3. Band einer 11bändigen zeitgeschichtl. Romanserie aus marxist. Sicht, der über den Terror des Naziregimes berichtet, erh. er den Pulitzer-Preis. Posth. erschien dt. 1981 der späte R. *Becher des Zorns.*

Singer, Isaac Bashevis (*14.7. 1904 Radzymin/Polen, †24.7. 1991 Miami). – Poln. jidd. Autor, aus einer alten Rabbinerfamilie, löste sich wie sein Bruder Israel Joshua S. aus der Familientradition und wurde Lektor und Publizist. 1935 emigrierte er nach New York; 1978 erhielt S. den Nobelpreis. Seine jidd. verfaßten Erzählungen und Romane spielen ausschließl. im poln. Judentum und sind der bitteren, von Verfolgung und Flucht gezeichneten Geschichte seines Volkes gewidmet: *Satan in Goray* (1955, dt. 1969), *Jakob der Knecht* (1962, dt. 1965), *Mein Vater, der Rabbi* (1966, dt. 1971), *Feinde* (1972, dt. 1974), *Der Kabbalist vom East Broadway* (1975, dt. 1976), *Leidenschaften* (1977), *Wahnsinns Geschichten* (dt. 1986), *Der Büßer* (dt. 1987), *Ein Tag des Glücks und andere Geschichten von der Liebe* (dt. 1990), *Von einer Welt, die nicht mehr ist* (dt. 1991). S. schrieb zahlreiche Kinderbücher, z.B. *Der Geschichtenerzähler* (dt. 1983), *Massel & Schlamassel und andere Kindergeschichten* (1988), *Die Narren von Chelm* (dt. 1990), *Ein Notgroschen für das Paradies* (dt. 1990).

Singer, Israel Joshua (*30.2. 1893 Bilgorai/Lublin, †10.2. 1944 Los Angeles). – Poln.-jidd. Schriftsteller, Bruder Isaac B.S.s, war Maler und Journalist. 1934 ging er in die USA. Dort wurde er mit den humorvollen Romanen *Josche* (1932, dt. 1967) und *Di brider Aschkenasi* (1936; dt. neu *Die Brüder Aschkenasi* 1986), populär. Der letztere über das Leben jüd. Arbeiter in den Textilfabriken von Lodz trägt sozialkrit. Züge. Erinnerungen erschienen 1991 u.d.T. *Von einer Welt, die nicht mehr ist.*

Sinjawski, Andrei Donatowitsch, Ps. *Abram Terz* (*8.10.

1925 Moskau). – Russ. Autor, lehrte an der Universität Moskau russ. Literatur. Wegen der im Ausland erschienenen Bücher *Der Prozeß beginnt* (dt. 1966) und *Phantastische Geschichten* (dt. 1967) über die sowjet. Realität wurde er 1966 zu sieben Jahren Arbeitslager verurteilt. 1971 vorzeitig entlassen, durfte er 1973 aus der Sowjetunion ausreisen und ist heute Gastdozent in Paris. Er publizierte mit anderen russ. Emigranten in der Sammlung *Kontinent II.* (1974); 1979 erschien dt. *Im Schatten Gogols,* 1984 (dt. 1985) der Roman *Gute Nacht,* 1990 *Iwan der Dumme. Über den russischen Volksglauben.*

Sinowjew, Alexander Alexandrowitsch (*29.10. 1922 Pachtino). – Sowjet. Schriftsteller, nahm am II. Weltkrieg teil, wurde hoch ausgezeichnet und schrieb Satiren auf den sowjet. Personenkult, konnte jedoch bis zu seiner ersten großen Veröffentlichung am philosoph. Institut arbeiten. 1976 veröffentlichte er im Westen Satiren, die zu seiner Ächtung in der UdSSR führten; 1978 wurde er ausgewiesen. In seinen Texten kritisiert er das gesamte öffentliche Leben in der UdSSR, zeigt, daß auch die Intelligenz und die Dissidenten Trunkenbolde und Kampfhähne sind und macht in derber, häufig obszöner Sprache die Politiker, Gelehrten und Militärs lächerlich *Gähnende Höhen* (1976, dt. 1981), *Lichte Zukunft* (1978, dt. 1979), *Homo sovieticus* (1982, dt. 1984), *Der Staatsfreier* (1986, dt. 1988).

Sitwell, Dame Edith (*7.9. 1887 Scarborough, †9.12. 1964 London). – Engl. Schriftstellerin, Schwester Osbert und Sacheverell S.s, sie ist eine der begabtesten engl. Lyrikerinnen der Moderne. In ihren frühen Gedichten experimentierte sie mit Tanzrhythmen, Klangmustern und gewagten Wortschöpfungen. Später bestimmten ein ernster Realismus und christl. Werte ihre Lyrik, z.B. in *Gedichte* (zweisprachig 1964). Sie schrieb ferner Romane wie *Fanfare für Elisabeth* (1946, dt. 1947) und biograph. *Mein exzentrisches Leben* (dt. 1990) und krit. Essays, z.B. *Englische Exzentriker* (dt. posth. 1987).

Sitwell, Sir Osbert (*6.12. 1892 London, †4.5. 1969 Florenz). Engl. Schriftsteller, Bruder von Edith und Sacheverell S., besuchte Eton und die Universität Oxford, war 1912–19 Offizier und stand E. Pound und T.S. Eliot nahe. In sozialkrit. satir. Gedichten und Romanen, z.B. *Before the Bombardment* (1926), griff er Kriegsromantik und das oberfläch. Leben der Wohlhabenden an. Beachtung, auch aus kultur- und zeitgeschichtl. Gründen, verdient seine fünfbändige Autobiographie *Linke Hand, rechte Hand* (1944–1950, 1. Band dt. 1948), die ein anschaul. Zeitbild vermittelt. 1974 erschienen *Collected Stories* und *Mary and Others* (Essay).

Siwertz, Sigfried (*24.1. 1882 Stockholm, †26.11. 1970 ebd.). Schwed. Dichter, studierte Philosophie und wurde 1932 Mitglied der Schwed. Akademie. Der franz. Symbolismus, Schopenhauer und Bergson wirkten auf sein Denken und seine lit. Gestaltungen. In zahlreichen Erzählungen und Romanen beschrieb er das Leben in der Stockholmer Geschäfts- und

Künstlerwelt, so in *Das große Warenhaus* (1926, dt. 1928), später das Mißverhältnis zwischen Illusion und Wirklichkeit in *Der Rokokospiegel* (1947, dt. 1948). Er schrieb ferner Theaterstücke, Memoiren und Reiseberichte. 1968 erschien sein letzter Roman *Episoderna hus*, in dem seine Grundmotive alle noch einmal aufgenommen werden.

Sjöberg, Birger (* 6. 12. 1885 Vänersborg, † 30. 4. 1929 Växjö). Schwed. Dichter, war journalist. tätig, er erkrankte an Schizophrenie. S. gehört zu den bedeutendsten Dichtern Europas an der Jahrhundertwende, der die in Schweden stets vorhandene Bellmann-Tradition in sehr persönl. Weise in die Gedichte *Fridas bok* (1922) zusammenfaßte. Er trug die selbst gedichteten Lieder und Balladen nach eigenen Melodien vor und verspottete das Kleinbürgertum. Auf seinen zahlreichen Tourneen durch ganz Europa gewann er nachhaltigen Einfluß auf Morgenstern und Ringelnatz und auf das lit. Kabarett. Seine spött.-iron. Kleinstadtdramen, z. B. *Kvartetten som sprängdes* (1924), nehmen ebenfalls die heiter-iron. Tradition der Milieuschilderung auf. In den Gedichten *Kriser och kransar* (1926) und *Fridas andra bok* (1929) tritt die Idylle zurück und gibt, auch unter der Einwirkung der Krankheit des Autors, dem Gefühl der Verlorenheit Raum. Die gesammelten Schriften erschienen schwed. 1929 in 5 Bdn. Leider liegen keine dt. Übersetzungen vor.

Skácel, Jan (* 7. 2. 1922 Vnorovy b. Strážnice, † 7. 11. 1989 Brünn). – Tschech. Lyriker, wirkte durch einfache, persönl. Lyrik, die seiner mähr. Heimat und dem modernen Menschen gilt, den er in seinem Lebenskampf ermutigen will, z. B. in *Fahrgeld für Charon* (Auswahl dt. 1967; übersetzt v. R. Kunze), *Ein Wind mit Namen Jaromir* (dt. posth. 1991).

Skalbe, Kārlis (* 7. 11. 1879 Vecpiebalgas Inceñi, † 14. 4. 1945 Stockholm). – Lett. Dichter, floh nach der Revolution 1905 über Finnland nach Norwegen und emigrierte 1944 nach Schweden. Er schrieb gemütvolle Lyrik und poet.-romant. Kunstmärchen, in denen er Motive lett. und anderer Volksmärchen verarbeitete, z. B. in *Wintermärchen* (1913, dt. 1921).

Skármeta, Antonio (* 7. 11. 1940 Antofagasta/Chile). – Chilen. Schriftsteller, lehrte an der Universität Santiago, emigrierte bis 1989 nach Deutschland. Seine Romane und Erzählungen *Nix passiert* (1978, dt. 1980), *Mit brennender Geduld* (1986, dt. 1984 – erst dt. erschienen), *Der Aufstand* (1979, dt. 1981), *Der Radfahrer von San Cristóbal* (1986) handeln z. T. in Berlin, setzen sich jedoch immer mit der politischen Situation in seiner Heimat auseinander.

Skelton, John (* um 1460 Norfolk, † 21. 6. 1529 Westminster). Engl. Geistlicher und Erzieher Heinrichs VIII., stand in höf. Gunst und wurde in Oxford, Löwen und Cambridge zum »Poeta laureatus« gekrönt. S. gehörte zu den in jeder Gattung sicheren Dichtern des ausgehenden Mittelalters. Chaucer und Vagantenlyrik, Knittelvers und Allegoriendichtung finden in seinem uneinheitl. Werk, das nicht ganz erhalten ist, ihren Niederschlag. Satiren wie *The Bowge of Court* (1499–1503) stehen neben geistl. Ständekritik an *Colyn Clout* (1519), die sogar zum Angriff auf einzelne Personen werden kann, wie in *Speke Parrot* (1519–1523) oder *Why come ye nat to Courte* (1522–1523). Daneben stehen traditionelle Verserzn. wie *Phyllys Sparrowe* (1503–1507) und Moralitäten wie *Magnyfycence* (1516). Auffallend ist in allen Texten das zunehmend individuelle Persönlichkeitsbild des neuzeitl. Menschen.

Skjoldborg, Johan Martinus (* 27. 4. 1861 Øsløs/Nordjütland, † 22. 2. 1936 Aalborg). – Dän. Erzähler, wirkte als Lehrer und seit 1902 als freier Schriftsteller. Seine sozialkrit. und zugleich realist.-optimist. Heimat- und Bauernromane, in denen Gutsbesitzertum, später Materialismus und Industrialisierung angriff, beeinflußten die dän. Kleinbauernbewegung; hierfür sind Beispiele *Gyldholm* (dt. 1913) und *Min Mindebog* (2 Bde. 1934).

Skram, (Bertha) Amalie, geb. *Alver* (* 22. 8. 1846 Bergen, † 15. 3. 1905 Kopenhagen). – Norweg. naturalist. Erzählerin, war in zweiter Ehe mit dem dän. Dichter Erik Skram verheiratet. Sie berichtete in ihren psycholog. Gesellschafts- und Familienromanen über trag. Schicksale und die Mißstände in dän. Irrenanstalten, u. a. *Konstanze Ring* (1885, dt. 1897), *Die Leute vom Felsenmoor* (1889, dt. 1898) und *Ein Liebling der Götter* (1900, dt. 1902).

Škvorecky, Josef (* 27. 9. 1924 Náchod/Böhmen). – Tschech. Schriftsteller, studierte Anglistik und arbeitete als Redakteur und Herausgeber der *Světová literatura*. Als es bei der Publikation seines Romans *Feiglinge* (1958, dt.1969) zu Auseinandersetzungen kam, emigrierte er nach Kanada, wo er eine Dozentur für Amerikanische Literatur erhielt und den Verlag *68 Publishers* leitet. In dem Roman *Feiglinge* zeigt er unter dem Einfluß Hemingways, wie ein passiver Widerstand alle Formen der Diktatur zu brechen in der Lage ist. Bekannt wurde er auch mit *Legende Emöke* (1963, dt. 1966), *Die Moldau* (1969, dt. 1971) und *Nachrichten aus der ČSSR* (1968, dt. 1983). Š., der die menschlichen Fehler und Gemeinheiten schonungslos darstellt,wird in Amerika als einer der bedeutendsten Autoren der Gegenwart gelesen.

Sládek, Josef Václav (* 25. 10. 1845 Zbiroh, † 28. 6. 1912 ebd.). Tschech. Lyriker, studierte Philosophie und Naturwissenschaften, 1868–70 floh er aus polit. Gründen in die USA und wurde nach seiner Rückkehr als Journalist, Englischlehrer und Redakteur tätig. Seine Liebesgedichte, Kinderzyklen und Idyllen sind schlicht und voller Stimmung. Daneben stehen patriot. und polit. Gedichte und volksliedhafte Lyrik. Das Gesamtwerk erschien 1945. Dt. Übersetzungen liegen nicht vor.

Sládkovič, Andrej, eigtl. *Ondrej Braxatoris* (* 30. 3. 1820 Krupina, † 20. 4. 1872 Radvan). – Tschech. Dichter, Pfarrer in Radvan, wandte sich aus nationalen Gründen vom Tschech.

ab und dichtete slowak. Das symbolhafte lyr.-epische Gedicht *Marina* (1846) über seine unglückl. Liebe und das Epos *Detvan* (1853) um die Liebe zweier einfacher Menschen zählen zu den besten Werken der slowak. Romantik und fanden lange Zeit Nachahmung. Erst mit der gewaltsamen Integration der Slowakei in den tschechischen Staat riß diese sehr volkstüml. lit. Tradition ab.

Slavejkov, Penčo (*27.4. 1866 Trjavna, †28.5. 1912 Brunate/Comer See). – Bulgar. Autor, studierte Lit. und Philosophie in Leipzig und wurde später Direktor des Nationaltheaters und der Nationalbibliothek in Sofia. Er war ein bedeutender Vertreter des bulgar. Symbolismus, Mitarbeiter zahlreicher Zeitschriften und durch sein Studium stark von der Lyrik Heines beeinflußt. In seiner Dichtung fanden auch Erlebnisse und Erfahrungen seiner zahlreichen Reisen ihren Ausdruck. Zentrale Themen seiner Lyrik sind Motive der Volksdichtung und die Befreiung Bulgariens aus der türk. Unterdrückung, so in *Blutiger Gesang* (1911). Die Gedanken Nietzsches und die dt. Volksdichtung fanden durch seine Übersetzungen in Bulgarien Eingang. Dabei ging er über reine Übertragungen hinaus und schrieb zahlreiche Essays über dt. Dichter. Die bulgar. Gesamtausgabe erschien 1921 bis 1925 in 7 Bdn. Dt. liegen seine *Bulgarischen Volkslieder* (1919) vor.

Slavici, Ioan (*18.1. 1848 Siria/Siebenbürgen, †10.8. 1925 Panciu). – Rumän. Dichter, studierte Jura in Budapest, dann in Wien, wo er sich mit Eminescu befreundete. Dieser wirkte entscheidend auf sein frühes Schaffen. In den meisten seiner Novellen, wie *Die Glücksmühle* (1881, dt. 1886), und Romane, z.B. *Mara* (1906, dt. 1960), schilderte er in derber Sprache und moralisierend die sozialen Veränderungen in den siebenbürg. Dörfern und deren psycholog. Auswirkungen. In den letzten Jahren erschienen einige Auswahlübersetzungen und eine rumän. Ausgabe der wichtigsten Schriften.

Slonimski, Antoni (*15.10. 1895 Warschau, †4.7. 1976 ebd.). Jüd.-poln. Dichter, studierte Malerei in Warschau und München und schrieb nach 1919 für Zeitungen und satir. Wochenchroniken. 1939–45 lebte er in der Emigration in England. Kritik an der bürgerl. Gesellschaft bestimmte bereits seine frühen Sonette. Es folgten weitere Lyrikbände, Komödien, Satiren und utop. Romane. Seine Werke erschienen 1970 unter dem Titel *Poezje zebrane.*

Slowacki, Juliusz (*4.9. 1809 Krzemieniec, †3.4. 1840 Paris). – Poln. Schriftsteller, neben Mickiewicz und Krasiński der dritte große Dichter der poln. Romantik. S. emigrierte nach dem Mißlingen der Revolution von 1830 ins Ausland und lebte in der Schweiz und Paris. Seine Dramen in der Tradition Shakespeares und Calderóns und seine klangvolle, formvollendete Lyrik wurden von einer patriot.-revolutionären Gesinnung geprägt. Der Kampf um die Befreiung Polens lieferte den Stoff für das Drama *Kordian* (1834, dt. 1887) und das allegor.

Versepos *Der Engel* (1839, dt. 1880). In den letzten Jahren nahm sein Werk zunehmend myst. Züge an. S.s lit. Schaffen wurde von der steten Auseinandersetzung mit Mickiewicz begleitet. Er übers. nicht nur Calderón, sondern eröffnete sein Schaffen, das ganz im Geiste der Romantik jeden Bezug zur Wirklichkeit zu zerstören suchte, geist. Einflüsse aus ganz Europa. Seine Ged. erschienen zuletzt 1959 in einer dt. Ausgabe.

Smith, Alexander (*31.12. 1830 Kilmarnock, †5.1. 1867 Wardie/Midlothian). – Schott. Dichter, wurde aufgrund seiner Gedichte und Essays zum Sekretär der Universität Edinburgh berufen. Seine bedeutendsten Prosawerke sind der Essayband *Dreamthorp* (1863) und die Skizze *A Summer in Skye* (1865) mit Landschaftsbeschreibungen und Charakterisierungen seiner Landsleute. Seine Werke erschienen als Gesamtausgabe 1909.

Smith, Horace (Horatio) (*31.12. 1779 London, †12.7. 1849 Tunbridge/Wells). – Engl. Dichter, stand Shelley, Keats und L. Hunt nahe. Er schrieb mehrere Romane, z.T. in der Nachfolge Scotts, z.B. *Brambletye House* (1826), und bemerkenswerte ernst-komische Gedichte. Großen Erfolg hatte das Buch *Rejected Addresses* (1812), in dem er und sein Bruder James S. Dichter ihrer Zeit parodierten, u.a. Scott, Th. Moore und Wordsworth.

Smith, Sydney (*3.6. 1771 Woodford Essex, †22.2. 1845 London). – Engl. Schriftsteller, Geistlicher, Erzieher und später Dozent für Moralphilosophie in London. Seine Schriften erfreuten sich wegen ihres Witzes und Esprits großer Beliebtheit und spielten im polit. Leben eine einflußreiche Rolle. Das gilt besonders für seine polit. Streitschr. *Letters of Peter Plymley* (1870f.), in der er die Gleichberechtigung der Katholiken forderte. 1956 erschien in England eine Auswahl der Briefe.

Smolenskin, Perez (*25.2. 1842 Monastyrschtchina/Rußland, †1.2. 1885 Meran). – Hebr.-russ. Schriftsteller, wanderte 1868 nach Österreich aus, gab in Wien die für den jüd. Nationalismus richtunggebende Zeitschrift »Die Morgenröte« heraus, kämpfte 1874 für bessere Lebensbedingungen der rumän. Juden und beteiligte sich 1880 an einem Siedlungsunternehmen in Palästina. Aus seiner Studienzeit stammen scharfe Satiren gegen jüd. Orthodoxie einerseits und Opportunismus andererseits. Seine Romane geben Aufschluß über jüd. Denken und Leben seiner Zeit, z.B. *Die Erbschaft* (1874–84).

Smollett, Tobias George (getauft 19.3. 1721 Dalquhurn/Dumbartonshire, †17.9. 1771 Monte Negro b. Livorno). – Schott. Romancier, Schiffsarzt, dann Arzt in London, arbeitete zuletzt nur noch als freier Schriftsteller. Er übersetzte Voltaires Werke, Lesages *Gil Blas* und Cervantes *Don Quichotte*. An die letzteren knüpfte er mit seinen grotesk-witzigen Abenteuerromanen an, in denen er ein realist. und krit. Bild der engl. Gesellschaft zeichnete und die durch virtuose Beherrschung der Stilmittel noch heute begeistern, z.B. in *The Adventures of Roderick Random* (1748, dt. 1790), *Peregrine Pickle* (1751, dt. 1785) und *The Expedition of Humphrey Clinker*, dt. *Humphry Clinkers Reisen* (1771, dt. 1848). Sie wurden für die engl. Realisten des 19.Jh.s (Dickens) anregend.

Smuul, (bis 1954 Schmuul), Juhan (*18.2. 1922 Koguva auf Moon/Muhu, †13.4. 1971 Reval). – Estn. Dichter, Journalist und freier Schriftsteller, stellte in Erzählungen, Theaterstücken und Essays optimist. den sozialen Wandel in Estland und seine Auswirkungen auf die Menschen dar. Von seinen Reiseberichten liegt deutsch *Das Eisbuch* (1962) vor.

Snorri Sturluson (*um 1178 Hof Hvamm/Westisland, †22.9. 1241 Gut Reykjaholt). – Isländ. Dichter, zählte als polit. Führer und Gesetzessprecher zu den einflußreichsten Männern Islands seiner Zeit. Seine *Snorra Edda* (auch jüngere Edda), entstanden zwischen 1222–30, ist ein Lehrbuch der Skaldendichtung, in dem er die kunstvollen Strophenformen und poet. Ausdrücke der altnord. Skaldendichtung und ihre mytholog. Ursprünge beschrieb. Die *Heimskringla* stellt in dichter. Form die Geschichte der norweg. Könige dar. S. gilt unbestritten als einer der bedeutendsten Geschichtsschreiber der Weltliteratur.

Snow, Sir Charles Percy (*15.10. 1905 Leicester, †1.7. 1980 London). – Engl. Schriftsteller, lehrte 1930–50 Physik in Cambridge und bekleidete hohe Verwaltungsämter. Hauptwerk ist sein elfbändiger Romanzyklus *Fremde und Brüder* (1940, dt. 1964), der die engl. Gesellschaft in den Jahren 1914–68 krit. schildert, speziell Gruppen, in denen S. lebte (Akademiker-, Finanz-, Regierungskreise). In kulturkrit. Schriften vertrat S. die These von einer Trennung tradierter humanist. Kultur und moderner Naturwissenschaft, so in *The Two Cultures and the Scientific Revolution* (1959, dt. 1967). 1974 erschien sein Roman *In Their Wisdom.*

Snyder, Gary (*8.5. 1930 San Francisco). – Amerikan. Schriftsteller, studierte Anthropologie und Orientalistik und arbeitete in verschiedenen Berufen; wichtiger Vertreter der sog. Beat-Generation, wobei sich S. im Gegensatz zu anderen intensiv mit den fernöstl. Kulturen auseinandersetzte und deren lit. Gestaltungsweisen in der amerikan. Literatur nachzugestalten suchte. S. ist auch mit Geschichte und Kultur der Indianer vertraut und verbindet in *Schildkröteninsel* (1974, dt. 1980), *Landschaften des Bewußtseins* (1977, dt. 1984) westliche und östliche Kulturen. In seiner Lyrik setzt er sich mit der ökolog. Bedrohung der Menschheit auseinander.

Sobol, Joschua (*24.8. 1939 Tel Mond/Israel). – Israel. Dramatiker, schreibt hebräisch und setzt sich in seinen Dramen mit der Geschichte der Juden und Israels auseinander. Bereits in seinem ersten Drama *Weiningers letzte Nacht* (1982, dt. 1985), in dem er den Selbstmord des Philosophen Weininger zum Anlaß nimmt, über die Frage der Identität aus jüdischer Sicht zu reflektieren, führte in Israel zu heftigen Diskussionen. Allgemeine Anerkennung fanden *Ghetto* (1984) und *Die Palästinenserin* (1986); in diesen Theaterstücken gestaltet S. die Vernichtung der Juden durch die Nationalsozialisten aus jüdischer Perspektive.

Söderberg, Hjalmar Emil Fredrik (*2.7. 1869 Stockholm, †14.10. 1941 Kopenhagen). – Schwed. Dichter, seit 1897 Journalist und Kritiker beim »Svenska Dagbladet«. Nach der Übersiedlung nach Kopenhagen 1917 widmete er sich Übersetzungsarbeiten und bibelkrit. Studien. Aus seinen von Expressionismus und Décadence geprägten Theaterstücken, z.B. *Gertrud* (1906) und *Das ernste Spiel* (1912, dt. 1927), Novellen, *Erzählungen* (dt. 1976), und autobiogr. Romanen *Martin Bircks Jugend* (1901, dt. 1904, neu 1987) und *Doktor Glas* (1905, dt. 1966), sprechen tiefe Resignation und Pessimismus, aber auch Liebe zur Detailschilderung des Stockholmer Altstadtlebens. Vor allem in der Prosa kam sein präziser, rationaler und zugleich stimmungsvoller Stil voll zur Entfaltung und zeigt ihn als einen der bedeutendsten skandinav. Dichter der ersten Hälfte unseres Jh.s, der während des Dritten Reichs in zahlreichen Schriften zum Widerstand aufrief.

Södergran, Edith Irene (*4.2. 1892 St. Petersburg, †24.6. 1923 Raivola/Karelien). – Schwed.-finn. Autorin, war seit dem 16. Lebensjahr krank und lebte nach der russ. Revolution 1917 verarmt in Karelien. Mit ihren rhythm. freien, bilderreichen Gedichten wie *Septemberlyran* (1918) führte sie den Expressionismus in die finn. Literatur ein und wirkte nachhaltig auf die finn. und schwed. Lyrik der Moderne. Durch die Auseinandersetzung mit dem Werk Nietzsches gewann ihre Lyrik expressive Züge, die ihr halfen, das persönl. Schicksal im Glauben an die Auserwähltheit des »übermenschlichen« Individuums zu bewältigen. 1977 erschienen dt. ihre Gedichte *Feindliche Sterne.*

Söhle, Karl (*1.3. 1861 Uelzen/Niedersachsen, †13.12. 1947 Dresden). – Dt. Schriftsteller, unterrichtete am Dresdener Konservatorium und schrieb musikkrit. Abhandlungen. Die Musik, ihr Einfluß auf den Menschen und große Komponisten stehen im Mittelpunkt seiner Romane und Erzählungen *Sebastian Bach in Arnstadt* (1902) und *Der verdorbene Musikant* (1918).

Søiberg, Harry (*13.6. 1880 Ringkøbing/Westjütland, †2.1. 1954 Kopenhagen). – Dän. Erzähler, wanderte nach seiner Lehrzeit durch Jütland. 1906 begründete der Novellenband *øde egne* seinen lit. Erfolg. Als beste Leistungen gelten die dunkel-visionären Romantrilogien *Das Land der Lebenden* (1920, dt. 1929) und *Der Seekönig* (1926, dt. 1929–30-31). Sie erzählen von den Bauern und Fischern Südjütlands und erhalten durch ihre tiefe Symbolik allgemeine Bedeutung und lit. Qualität. Sein letzter Roman *På vej mod tiden* (1952) blieb ohne große Wirkung.

Sørensen, Villy (*13.1. 1929 Kopenhagen). – Dän. Kulturkritiker und Schriftsteller, stark beeinflußt durch den Existentialismus, die Psychoanalyse und den Marxismus, sucht in seinem philosophischen Werk die Ganzheit des modernen Menschen zu begründen und gestaltet in seinen lit. Werken den Versuch, diese Einheit künstlerisch zu konstituieren. Auswahlausgaben seiner Erzn. liegen dt. vor *Tiger in der Küche* (1959), *Vormunderzählungen* (1964, dt. 1968).

Sohnrey, Heinrich (*19.6. 1859 Jühnde b. Göttingen, †26.1. 1948 Neuhaus b. Holzminden). – Dt. Schriftsteller, war Lehrer, später leitender Redakteur der »Freiburger Zeitung« und Hg. der »Dt. Dorfzeitung«. Seine Volksstücke, Dorfgeschichten und Bauernromane *Die Lebendigen und Toten* (1913) und *Wulf Alke* (1933) wurzeln im Milieu seiner Kindheit.

Sokolow, Sascha (Alexander Wsewolodowitsch); (*6.11. 1943 Ottawa/Kanada). – Russ. Schriftsteller, Sohn eines Diplomaten, wuchs in Rußland auf und mußte 1975 emigrieren, da seine Romane, die stark surrealistische Elemente zeigen, dem Sozialistischen Realismus entgegenstanden. Seine Romane *Die Schule der Dummen* (1976, dt. 1977), *Palisandrien* (russ. u. dt. 1985) u. a. zeichnen sich nicht durch inhaltliche Kritik an der UdSSR aus; sie zeigen durch ihre stilistische Besonderheit, welche Möglichkeiten der Freiheit in einer doktrinierten Kunst versagt bleiben.

Soldati, Mario (*17.11. 1906 Turin). – Ital. Schriftsteller, studierte Philosophie und Kunstgeschichte, u. a. in New York. Er wandte sich dann dem Journalismus und seit 1939 auch dem Film zu, der sein lit. Schaffen beeinflußte. In seinen Romanen und kriminalist. gefärbten Ich-Erzählungen galt sein Hauptinteresse psycholog. und moral. Problemen. *Briefe aus Capri* (1954, dt. 1955) beleuchtet mit psychoanalyt. Mitteln die Ehekonflikte eines amerikan. Paares während einer Italienreise; 1977 (dt. 1979) nahm er das Thema wieder auf *Die amerikanische Braut*. Zu den neueren Veröffentlichungen zählen *Die Geschichten des Kriminalkommissars* (1967, dt. 1970), *Der Schauspieler* (1970, dt. 1972), *Die grüne Jacke* (dt. 1986), *Der Architekt und die Liebe* (dt. 1988), *Am Tage des Gerichts* (dt. 1988). 1974 veröffentlichte er sein Tagebuch *Un prato di papaveri*.

Solis y Rivadeneyra, Antonio de (*18.7. 1610 Alcalá de Henares, †19.4. 1686 Madrid). – Span. Dichter und Historiker, Sekretär des Vizekönigs von Valencia, verfaßte mit seiner *Historia de la conquista de México* (1685) eine weitverbreitete und histor. zuverlässige Geschichte der Eroberung Mexikos und schrieb Gedichte, die unter der Wirkung der Lektüre Góngoras entstanden. Als Dramenautor war er Calderón verpflichtet, z. B. mit *Amor y obligación* (1929).

Soljan, Antun (*1.12. 1932 Belgrad). – Kroat. Schriftsteller, studierte Philosophie und ist heute freier Autor. Er verfaßte Lyrik, Erzählungen (*Der kurze Ausflug*, dt. 1966), Schauspiele, Essays und Übersetzungen. Seine Werke kreisen inhaltl. um Schwierigkeiten des modernen Lebens. 1970 erschienen das Drama *Devet drama* und *Gedichte*.

Sollers, Philippe, eigtl. *Philippe Joyaux* (*28.11. 1936 Talence). – Franz. Schriftsteller, trat mit unterschiedlichen Literaturformen an die Öffentlichkeit und fand rasch allgemeine Beachtung aus sehr unterschiedlichen Richtungen. Seine Erzn. *Die Herausforderung* (1957), *Bildnis des Spielers* (1984, dt. 1985) und die vom Nouveaux Roman beeinflußten Romane *Seltsame Einsamkeit* (1958, dt. 1964), *Der Park* (1961, dt. 1963), *Drama* (1965, dt. 1968) münden in epische Formen, die im Versmaß an klass. Vorbilder anknüpfen, z. B. *Paradies* (1974, dt. 1977). In zahlreichen Essays hat sich S. mit literaturtheoret. Problemen, die seinen Werken vorausgehen, auseinandergesetzt *Logiques* (1968), *L'expérience des limites* (1968), *Théorie de l'exception* (1986).

Sollogub, Vladimir Alexandrowitsch (*8.8. 1813 Petersburg, †5.7. 1882 Hamburg). – Russ. Dichter, Beamter im Außen- und Innenministerium. S. zeichnete in spött.-iron. Erzählungen und Romanen das Leben der russ. Oberschicht und die Gedankenwelt der Slawophilen, z. B. in dem Roman *Tarantas* (1845).

Sologub, Fjodor (*17.2. 1863 Petersburg, †5.12. 1927 ebd.). Russ. Dichter, wirkte als Lehrer und Volksschulinspektor. Das lit. Werk des Dichters ist geprägt durch Symbolismus (Verlaine, Baudelaire) und Dekadenz. In ihm entwickelt er eine eigenwillige Sprache, die stark melodisch Bilder der Mystik und Ekstase verbindet. In seinem bekanntesten Roman *Der kleine Dämon* (1907, dt. 1909) zeichnete er eine beklemmende Kleinstadtatmosphäre; der Held der Erzählung ist der Typ des pedant. und sadist. Lehrers. Ähnlich düster und pervers erscheint die Welt in der Romantrilogie *Totenzauber* (1907 bis 1913, dt. 1913). Der Gedanke der Todessehnsucht durchzieht S.s Lyrik und den Novellenband *Žalo smerti* (1904). Seine Werke erschienen russ. 1913 bis 1914 in 20 Bdn. Dt. Übersetzungen liegen vor.

Solomòs, Dionysios (*zwischen 15.3. und 15.4. 1798 Zante, †9.2. 1857 Korfu). – Neugriech. Nationaldichter, verbrachte Jugend und Studienzeit in Italien und kehrte 1818 in seine Heimat zurück. Der dt. Idealismus (Hegel, Schelling) und die ital. Literatur waren seine wichtigsten Anreger. 1818 begann er mit schlichter, tiefsinniger und formvollendeter Lyrik. Indem er sich erstmals der Volkssprache bediente, schuf er eine gültige Grundlage für die neugriech. Lit. Unter dem Eindruck des griech. Befreiungskampfes entstanden seine großen patriot.-hymn. Gesänge. Die *Hymne an die Freiheit* (1823) wurde 1864 zur griech. Nationalhymne. Ins Dt. wurde sein Werk noch nicht übersetzt.

Solon (*um 640 v. Chr. Athen, †um 560 Athen). – Griech. Staatsmann und Lyriker, während der innenpolit. Konflikte

Athens 594/93 Schiedsmann zwischen Adel und Volk, erstrebte einen Ausgleich durch Reformen (Schuldenerlaß, Milderung des Schuldenrechts). Die nur in wenigen Fragmenten überlieferten Verse spiegeln vor allem seine polit. Aktivität; seltener stehen Erotik und Reiseeindrücke im Mittelpunkt. S. ist der erste att. Dichter.

Solouchin, Wladimir Alexejewitsch (* 14. 6. 1924 Alepino). – Russ. Schriftsteller, Soldat im Zweiten Weltkrieg, publizierte Gedichte und Romane, die der russ. Dorfliteratur nahestehen und auch autobiograph. Elemente aufweisen. Besondere Anerkennung auch als hervorragender Stilist erwarb er sich durch *Ein Tropfen Tau* (1960, dt. 1961), *Briefe aus einem Russischen Museum* (1966, dt. 1972), *Schwarze Ikonen* (russ. und dt. 1969), *Gott* (1983, dt. 1984). In diesen Werken stellt S. als überzeugter Kommunist die Welt als einzig reale Erfahrung dar und belegt dies immer wieder durch Dokumente und Sachdarstellungen.

Solschenizyn, Alexandr (* 11. 12. 1918 Kislowodsk). – Russ. Dichter und Romancier, wirkte nach dem Studium der Mathematik, Physik und Lit. als Physiklehrer. 1947 wurde er wegen Kritik an Stalin zu acht Jahren Zwangsarbeit verurteilt, die er anfangs in einem Forschungsinstitut für inhaftierte Gelehrte und Techniker bei Moskau, dann in einem Lager in Kasachstan verbrachte. In der anschließenden Zeit der Verbannung überwand er eine Krebserkrankung. Nach der Rehabilitierung 1956 wurde S. Lehrer, dann freier Schriftsteller. 1962 erschien mit der Erlaubnis Chruschtschows die Erzählung *Ein Tag im Leben des Iwan Denisovič* (1960, dt. 1963) über den Alltag in einem Straflager der Stalin-Ära. Der ihm anfängl. in der Nach-Stalin-Zeit entgegengebrachten Duldung folgten jedoch bald Kritik und ein Veröffentlichungsverbot der Partei. Im Westen wurden seine Werke z. T. gegen seinen Willen gedruckt; 1970 wurde ihm der Nobelpreis verliehen. Als S. 1974 die Veröffentlichung des ersten Bandes von *Der Archipel GULag* zuließ, wurde er aus der Sowjetunion zwangsausgesiedelt. S.s Erzählungen und Romane in der Tradition des russ. Realismus (Tolstoi, Dostojewski) stellen mit unbedingter Offenheit und aus unmittelbarem Erleben überwiegend Gesellschaft und polit. Zwangssystem der Stalin-Diktatur dar, so die Romane *Der erste Kreis der Hölle* (1968, dt. 1968; 1982 u. d. T. *Im ersten Kreis*), *Krebsstation* (1963 bis 1967, dt. 1968) und das Dokumentarwerk *Der Archipel GULag* (1973f., dt. 1974–76). *August vierzehn* (dt. 1972) ist der 1. Band eines geplanten Romanzyklus über den Ersten Weltkrieg. (1975 *Lenin in Zürich*); 1986 folgte *November sechzehn*. – *Das Rote Rad. Zweiter Knoten*, 1990 *März siebzehn*. Sein umfassendes Erzählwerk, von dem nur die wichtigsten Titel genannt sind, liegt dt. in zahlreichen Ausgaben vor. S. schrieb auch Dramen. Sein Gesamtwerk erschien 1978 in Paris.

Solstadt, Dag (* 16. 8. 1941 Sandelfjord). – Norweg. Kritiker und Schriftsteller, war Mittelpunkt der jungen Autoren um die Zeitschrift *Profil*; suchte Modernismus zu popularisieren und wandte sich zunehmend dem Kommunismus zu. S. wurde zu einem Hauptvertreter des Sozialistischen Realismus in den Romanen *Arlid Asnes* (1971), *25. Septemberplassen* (1974), *Roman 1987* (1987), u. a.

Sonnenfels, Josef Reichsfreiherr von (* 1733 Nikolsburg/Mähren, † 25. 4. 1817 Wien). – Österr. Schriftsteller, lehrte polit. Wissenschaft in Wien und wurde 1811 Präsident der Wiener Akademie der bildenden Künste. Als Publizist zahlreicher Zeitschriften und Kritiker trat er für die Verwirklichung aufklärerischer Ideen in Politik, Wirtschaft und Kultur ein. In den *Briefen über die Wienerische Schaubühne* (1768) forderte er die Verbannung der Possen und Hanswurstiaden von der Bühne. Als überzeugter Aufklärer erweist er sich auch mit seiner Schrift *Über die Abschaffung der Tortur* (1772).

Sonnleitner, A. Th., eigtl. *Alois Tlučhoř* (* 25. 4. 1869 Daschitz b. Pardubitz/Böhmen, † 2. 6. 1939 Perchtoldsdorf b. Wien). – Böhm. Erzähler, Lehrer und später Direktor einer Schule in Wien, verfaßte vielgelesene Jugendbücher, Märchen und Gedichte. Sein dreiteiliger Romanzyklus *Die Höhlenkinder* (1918–1920) stellt kindgemäß die Entwicklung der Menschheit dar.

Sontag, Susan (* 16. 1. 1933 New York). – Amerikan. Schriftstellerin, kurzfristig Mitarbeiterin bei Zeitschriften, lehrte Philosophie und Englische Literatur an verschiedenen Colleges und Hochschulen. S. bereiste mehrfach Europa und wurde für ihre Romane (z. B. *Der Wohltäter*, 1963, dt. 1966; *Im Zeichen des Saturn*, 1980, dt. 1981) und Essays (z. B. *Krankheit als Metapher*, engl. u. dt. 1978; *Aids und seine Metaphern*, dt. 1989) mehrfach ausgezeichnet. Für bekannte Filme (z. B. *Gelobtes Land*, 1973) schrieb sie die Drehbücher.

Sophokles (* um 497 v. Chr. Kolonos b. Athen, † um 406 ebd.). – Griech. Tragödiendichter, erhielt als Sohn eines wohlhabenden Atheners eine gründl. Ausbildung in musischen und gymnast. Fächern und lebte ständig in Athen. Er wurde mehrmals in hohe Staatsämter berufen; 443 als Schatzmeister des Att. Seebundes, 441–39 als Stratege und ab 411 als Mitglied der Oligarchenregierung. Als Dramatiker steht er zwischen Aischylos, der ihn beeinflußte, und Euripides. Gegenüber Aischylos führte er einen dritten Schauspieler ein, wodurch die Handlung vielfältiger wurde und sich vom Mythos zu lösen begann. Er stellte die Einzelpersönlichkeit in den Mittelpunkt des Dramas. Während Aischylos das Leid als Sühne verständlich machte, erwächst es bei S. aus der Willkür der Götter. Der Mensch bleibt im trag. und unabwendbaren Schicksal seinem inneren Wesen treu und findet im Untergang letzte Vollendung. S. verwandte das Stilmittel der trag. Ironie. Das Schicksal vollzieht sich ohne Zutun des Helden und verwirklicht seine ahnungslosen Aussagen, indem es den Menschen immer wieder als scheiterndes Wesen zeigt. Neben Versen sind von den 123 bekannten Stücken S.' nur 7 erhalten, näml. *Aias, Trachinierinnen, Antigone, König Ödipus, Elektra, Philoktet* und *Ödipus auf Kolonos*. S. hat eine bis heute anhaltende Wirkung auf das europ. Theater.

Sophron (5. Jh. v. Chr. aus Syrakus). – Griech. Dichter, schuf Darstellungen dialog. Charakterszenen aus dem Alltagsleben in rhythm. Prosa und dor. Mundart und führte mit diesen die Gattung des Mimus ein, z. B. mit *Die Schwiegermutter* und *Der Fischer*. Sie waren beliebte Lektüre bis im 6. Jh. n. Chr. Platon, der die Dichtkunst ablehnte, schätzte seine Werke sehr hoch und empfahl sie der Jugend zur Lektüre.

Sordello di Goito (*um 1200 Goito b. Mantua, †um 1270 Provence [?]). – Bedeutendster ital. Troubadour, wirkte nach einem abenteuerl. Wanderleben seit etwa 1229 am provenzal. Hof. Seine rund 40 Lieder in provenzal. Sprache führten in Form und Inhalt den in der Provence aussterbenden Minnesang fort. Berühmt wurde sein *Compianto* (Totenklage) als Satire auf die Fürsten seiner Zeit.

Sorel, Charles Sieur de Souvigny (*um 1602 Paris, †7. 3. 1674 ebd.). – Franz. Schriftsteller, stand als Sekretär in gräfl. Dienst und erhielt später das Amt des ersten Geschichtsschreibers Frankreichs. Als Romancier setzte er sich mit der mod. Schäferdichtung auseinander, so in dem Schelmenroman *La vraie histoire comique de Francion* (1623), der ein Sittenbild der Zeit Ludwigs XIII. malt, und dem parodist. Roman *Le berger extravagant* (1627 f.).

Sorescu, Martin (*18. 2. 1936 Bulzeşti/Dolj). – Rumän. Schriftsteller, studierte rumänische Kulturwissenschaften, später Redakteur. Seine parodist. Gedichte wenden sich gegen die überlieferte Kulturtradition, gegen lit. – besonders antike Vorbilder und zeigen den Menschen als unfreies Wesen in einer übergreifenden Kultur; dt. erschienen z. B. in Auswahl *Aberglaube* (1974), *Noah, ich will dir was sagen* (1975), *Trojanische Pferde* (1975), *Abendrot Nr. 15* (1985). S. trat auch als Dramatiker an die Öffentlichkeit.

Sorge, Reinhard Johannes (*29. 1. 1892 Rixdorf b. Berlin, †20. 7. 1916 b. Ablaincourt/Somme). – S., Sohn eines Stadtbauinspektors, wurde nach dem Jurastudium freier Schriftsteller und trat 1913 zum kath. Glauben über. Sein visionäres Stück *Der Bettler* (1912) gilt als erstes expressionist. Drama, das in Gegenbewegung zu Naturalismus und Materialismus als Weltanschauungsdrama konzipiert ist. In ihm kündet sich bereits seine Hinwendung zur Mystik an, die sich unter dem Einfluß Nietzsches, Wedekinds, Strindbergs und des Katholizismus vollzog. Seine folgenden Werke sind religiöse Weihedramen, so *König David* (1916), Mysterienspiele und hymn.-religiöse Kurzepen.

Soschtschenko, Michail Michailowitsch (*10. 8. 1895 Poltawa/Ukraine, †22. 7. 1958 Leningrad). – Sowjet. Schriftsteller, studierte Jura, kämpfte 1918/19 in der Roten Armee und wurde 1921 als Schriftsteller Mitglied der lit. Gruppe der »Serapionsbrüder«. In humorvoll-satir., feuilletonartigen Kurzgeschichten, die gelegentl. auch groteske Züge annehmen und von Ironie und Pessimismus durchsetzt sind, belächelte er den sowjet. Alltag und Durchschnittsmenschen. Er wurde als Satiriker im In- und Ausland äußerst populär. 1946 wurde S. aus dem Schriftstellerverband ausgeschlossen, 1957 jedoch wieder teilweise rehabilitiert. Dt. erschienen u. a. *Die Stiefel des Zaren* (1930), *Schlaf schneller, Genosse* (1953), *Wovon die Nachtigall sang* (1964), *Das Himmelblaubuch* (1966) und *Bleib Mensch, Genosse* (1970). 1977 erschien dt. die Autobiographie *Schlüssel des Glücks*.

Soumagne, Ludwig (*11. 6. 1927 Neuß). – Dt. Schriftsteller, wurde nach amerikan. Kriegsgefangenschaft Bäcker und veröffentlichte zahlreiche Dialekttexte, die sich durch sprachliche Genauigkeit auszeichnen. S. verwendet den Dialekt seiner Heimat nicht nur als Stilmittel, sondern in erster Linie als vielseitiges Instrument einer Kunstsprache. Seine Schriften erfuhren zahlreiche Auszeichnungen und Anerkennungen; S. ist Mitglied des PEN-Zentrums und der Rheinischen Autorenvereinigung »Kogge«. Bes. bekannt wurden die Gedichte *Ech an mech* (1966), *Det kalde Büffee* (1972), *Usjesproche nävebee bemerkt* (1979) und *Sargnääl möt Köpp* (1981), die Geschichten *Brut vom Bäcker* (1984), Theaterstücke und Hörspiele, z. B. *Et roch schon no Äppel un Nöss* (1979) und *Net jrade e Kengerspell* (1984).

Soupault, Philippe (*2. 8. 1897 Chaville/Seine-et-Oise, †12. 3. 1990 Paris). – Franz. Schriftsteller, gehörte bis 1929 dem Pariser Kreis der Surrealisten an, ging dann als Journalist nach Nordafrika, emigrierte im Zweiten Weltkrieg in die USA und arbeitete seit 1945 für den franz. Rundfunk und die UNESCO. S.s frühe Lyrik entstand unter dem Einfluß des Dadaismus und Surrealismus mit Breton, z. B. *Les Champs magnétiques* (1920), ebenso seine späten Gedichte; gesammelt in *Gedichte 1917 bis 1930* (dt. 1983). In den Romanen gestaltete er eine traumhafte Welt mit suchenden und gejagten Menschen, so *Der Neger* (1927, dt. 1928 und 1967) und *Die letzten Nächte von Paris* (1928, dt. 1982). Er schrieb ferner zahlreiche literaturkrit. Essays und Märchen.

Sousa, Frei Luís de, eigtl. *Manuel de Sousa Coutinho* (*um 1555 Santerém, †5. 5. 1632 Benfica b. Lissabon). – Portugies. Historiker, kam auf seinen Reisen nach Asien und geriet in Nordafrika in maurische Gefangenschaft. Später trat er in den Dominikanerorden ein. In klass., lebendiger Prosa verfaßte er geschichtl. Arbeiten über den Orden (*Anais de D. João III.*, hg. 1844) und religiöse Lebensbeschreibungen, auf deren Stoffe eine Reihe späterer Dichter zurückgriffen.

Southey, Robert (*12. 8. 1774 Bristol, †21. 3. 1843 Keswick). Engl. Autor, dichtete in enger Verbindung mit S. T. Coleridge und Lovell. Nachdem die drei ihr gemeinsames Vorhaben, eine »pansokrat. Republik« zu gründen, aufgeben mußten, zogen sie ins Cumberlander Seengebiet (Lake School). Sie gelten als Wegbereiter der engl. Romantik. Im Erstlingswerk S.s, dem Epos *Joan of Arc* (1793), ist seine Begeisterung für die Franz. Revolution spürbar, in dem Drama *The Fall of Robespierre* (1795) auch das Entsetzen über die unmenschl. Ausschreitungen. In der Folgezeit wandte er sich einer realitätsfernen Romantik und religiösen Mystik zu, so in *The Curse of Kehama* (1810). Zu den besten Werken zählen seine volkstüml., z.T. grotesken Balladen wie *The Devil's Walk* (1799), histor. Schriften und Biographien.

Southwell, Robert (* um 1561 Horsham St. Faith's b. Norwich, † 21. 2. 1595 Tyburn). – Engl. Schriftsteller, trat in den Jesuitenorden ein und war seit 1589 Hauskaplan der Gräfin Arundel. Er wurde 1592 als Verräter eingekerkert und 1595 hingerichtet. Während der Haft schrieb er tiefreligiöse, entsagende Dichtungen wie *St. Peter's Complaint* (1595) und *Maeoniae* (1595) in metaphernreichem, gekünsteltem Stil.

Souvestre, Emil (* 15. 4. 1806 Morlaix/Finistère, † 5. 7. 1854 Paris). – Franz. Schriftsteller, war als Lehrer und Journalist tätig. Die Themen seiner Romane sind in seiner Heimat, der Bretagne, angesiedelt und geben einen farbigen Eindruck ihrer Bewohner und Natur. Später wandte er sich sozialen Fragen zu. Für *Der Philosoph in der Dachstube* (1851, dt. 1854) erhielt er den Preis der Académie Française. Dt. erschienen 1857 *Ausgewählte Schriften* in 2 Bdn.

Sova, Antonín (* 26. 2. 1864 Pacov, † 16. 8. 1928 ebd.). – Tschech. Schriftsteller, studierte Jura und arbeitete als Bibliothekar in Prag. Nach meditativer und gefühlsbetonter realist. Lyrik, von Naturliebe und Gesellschaftskritik geprägt, schrieb er ab 1896 symboltiefe, prophet. Gedichte. Um soziale Probleme kreisen auch seine Romane und Erzählungen, z.B. *Ivuv roman* (1902), und die Gedichte *Soucit vcdor* (1894). Seine Werke erschienen tschech. in 22 Bdn. 1922 bis 1930; eine dt. Auswahl der Gedichte 1922.

Sowiński, Leonard (* 7. 11. 1831 Berezówka/Podolien, † 23. 12. 1887 Stepkowce/Wolhynien). – Poln. Dichter, für seine Mitwirkung am ukrain. Januaraufstand bis 1868 nach Sibirien verbannt; dann lebte er in Warschau. Seine Werke entstanden unter dem Eindruck des Aufstands und zeigen Nähe zu Byron. Er verfaßte auch eine poln. Literaturgeschichte und lit. Schriften. Das Drama *In der Ukraine* (1873) und der Roman *Auf Scheidewegen* (1886) fanden Beachtung.

Soyfer, Jura (* 8. 12. 1912 Charkow, † 16. 2. 1939 KZ Buchenwald). – Russ. Autor, kam mit seiner Familie nach der Revolution 1917 nach Wien und studierte dort Germanistik und Geschichte. Als Mitglied der KPÖ wurde er 1938 nach Dachau, dann nach Buchenwald deportiert. In seinen satir., sketchähnl. Kurzdramen, die Stilelemente des Volkstheaters, Brechts

und Nestroys aufweisen, nahm er Engstirnigkeit und unkrit. polit. Denken aufs Korn, so in *Von Paradies und Weltuntergang* (posth. 1962).

Soyinka, Wole (* 13. 7. 1934 Abeokuta/Nigeria). – Afrikan. Dichter, wirkte als Englischdozent in Nigeria und den USA und arbeitete am Aufbau des nigerian. Theaters mit. 1967–69 befand er sich in polit. Haft; 1986 Nobelpreis. Seine Dramen wurden durch Aufführungen und Verfilmungen z. T. weltbekannt, z. B. *The Lion and the Jewel* (1963) und *A Dance of the Forests* (1963); daneben schrieb er Lyrik und Romane. Auf satir.-humorvolle Weise setzt er sich in seinen Werken mit dem nigerian. Alltag auseinander. Dt. erschien 1979 der Roman *Die Plage der tollwütigen Hunde* und die Ged. *Der Mann ist tot*; 1984 *Ake. Eine afrikanische Kindheit*.

Soyka, Otto (* 9. 5. 1882 Wien, † 12. 12. 1955 ebd.). – Der Wiener Schriftsteller verband in seinen Erzählungen und Romanen die Spannungen der Kriminalgeschichten mit psycholog. Analyse, so in den Romanen *Fünf Gramm Liebeszauber* (1931) und *Das Geheimnis der Akte K.* (1934).

Späth, Gerold (* 16. 10. 1939 Rapperswil). – Schweizer Autor, Exportkaufmann, wurde für seine Romane und Erzn. mehrfach mit nationalen Preisen geehrt, arbeitete auch an Hör- und Fernsehspielen sowie der Übertragung von dialekt- und hochsprachlichen Texten (z. B. Hauptmann, Sperr, Ibsen) in die Schweizer Mundart. Seine Romane zeigen den Zerfall der Gesellschaft im Spiegel provinzieller Verhaltensmuster und häufig unter Verwendung von Elementen des Schelmenromans. Bes. beachtet wurden *Unschlecht* (1970), *Stimmgänge* (1972), *Balzapf* (1977), *Commedia* (1980) und die Erzn. *Von Rom bis Kotzebue* (1982), *Sacramento* (1983), *Verschwinden in Venedig* (1985), *Barbarswilla* (1988), *Stilles Gelände am See* (1991).

Spagnoli, Giovan Battista (* 17. 4. 1448 Mantua, † 1516 ebd.). – Ital. Humanist, nach dem Studium Karmelitermönch und 1531 General des Ordens. Er verfaßte seine zahlreichen religiösen Schriften in einem von Vergil beeinflußten Latein, so z. B. *Egloghe* (1498).

Spark, Muriel Sarah, geb. Camberg (* 1. 2. 1918 Edinburgh). – Engl. Schriftstellerin, lebte einige Jahre in Zentralafrika und arbeitete dann im engl. Außenministerium. 1947–49 war sie Mithg. der lit. Zeitschrift »Poetry Review«. Sie wurde 1954 kath. Ihre grotesk-satir. Romane stellen in hervorragender Sprache menschl. Schwächen und Schrullen, psych. Krankheit, Probleme der Selbstfindung und moderne kommunikationsarme Scheinwelten dar. Beispiele ihres lit. Schaffens sind *Memento mori* (1959, dt. 1960), *Die Lehrerin* (1960, engl. u. dt. 1961), *Die Tröster* (1957, dt. 1963), *Das Mandelbaumtor* (1965, dt. 1967), *Die Äbtissin von Crewe* (1974, dt. 1978), *Die Übernahme* (dt. 1978), *Zu gleichen Teilen* (1980), *Mädchen mit begrenzten Möglichkeiten* (1986), *Das einzige Problem* (dt. 1988), *Ich bin Mrs. Hawkings* (1989), *Das Treibhaus am East River* (dt. 1991). Bedeutendstes Werk ist die *Ballade von Peckham Rye* (1960, dt. 1961).

Spee von Langenfeld, Friedrich (*25. 2. 1591 Kaiserswerth b. Düsseldorf, †7. 8. 1635 Trier). – Dt. Barockdichter, trat 1610 in den Jesuitenorden ein. Zuerst Lehrer und Dozent, wirkte er nach 1629 als Seelsorger im fränk. Raum. Er war Beichtvater zahlreicher Frauen, die als »Hexen« den Tod auf dem Scheiterhaufen fanden. Aus dieser Erfahrung schrieb er 1631 die anonyme Schrift *Cautio Criminalis* gegen die Hexenprozesse; sie führte in Braunschweig und Würzburg zur Beseitigung der grausamen Verfolgungen. Zuletzt lehrte er in Trier und starb dort an der Pest. Mit seinen myst., von inniger Frömmigkeit erfüllten Liedern in der *Trutznachtigall* (1649) wurde er zum bedeutendsten kath. Dichter religiöser Barocklyrik. Sie hatten Einfluß auf die Romantik, v. a. Brentano.

Spender, Stephen (*28. 2. 1909 London). – Engl. Schriftsteller, gründete mit Auden u. a. in Oxford eine marxist. Dichtergruppe, wurde KP-Mitglied, wandte sich aber unter dem Eindruck des Span. Bürgerkriegs vom Kommunismus wieder ab. Er arbeitete für die UNESCO und war Universitätsdozent in den USA und England. Nach radikalsozialist. Gedichten bekannte er sich in seiner späteren Lyrik zum Individualismus und zu sozialen und humanen Werten in *Ruins and Visions* (1942), *The Generous Days* (1971) sowie in den Romanen *The Backward Son* (1940), *Der Tempel* (dt. 1991). Seine Gedichte zeigen Einflüsse Yeats', Eliots und Rilkes. S. schrieb ferner Prosa, kulturkrit. Essays und übersetzte Schiller, Goethe, Toller, Rilke u. a.

Spener, Philipp Jakob (*13. 1. 1635 Rappoltsweiler/Elsaß, †5. 2. 1705 Berlin). – Dt. prot. Geistlicher, war seit 1666 Pfarrer in Frankfurt/M., wurde 1686 Oberhofprediger in Dresden und 1691 Propst in Berlin. In seiner Schrift *Pia Desideria* (1675) legte er die wichtigsten Gedanken des dt. Pietismus nieder: Er forderte ein tätiges christl. Leben nach der Bibel, ein vom Glauben erfülltes Priestertum und setzte sich mit der Religionskritik der Aufklärung auseinander.

Spengler, Oswald (*29. 5. 1880 Blankenburg am Harz, †8. 5. 1936 München). – Dt. Kulturphilosoph, studierte Mathematik und Naturwissenschaften und arbeitete als Lehrer in Hamburg und München. Seine von Herder und Nietzsche inspirierte Kultur- und Geschichtsphilosophie *Der Untergang des Abendlandes, Umriß einer Morphologie der Weltgeschichte* (2 Bde. 1918–22) mit der pessimist. Deutung der Gegenwart als einer Phase des Verfalls wirkte nach der Katastrophe des Ersten Weltkriegs stark beunruhigend auf die dt. Intellektuellen.

Spenser, Edmund (*um 1552 London, †16. 1. 1599 ebd.). – Engl. Poet, steht neben Shakespeare als bedeutender Dichter der engl. Renaissance. Er studierte in Cambridge und ging 1580 als Sekretär des irischen Statthalters nach Irland. Beim Aufstand von 1598 floh er nach England und starb dort in Armut. Sein Hauptwerk ist das unvollendete allegor. Epos *The Faerie Queene* (6 Bücher, 1590–96), das er zur Verherrlichung Königin Elisabeths schrieb. Auf die Artussage zurückgreifend, veranschaulichte er an den Abenteuern der Artusritter die Kardinaltugenden in der »Spenser«-Strophe, bestehend aus 8 jamb. Fünfhebern und einem Alexandriner. Daneben verfaßte S. kleinere Werke, etwa die Schäferdichtung *The Shepheard's Calendar* (1579) und Liebessonette, z. B. *Amoretti* (1595).

Sperber, Manès (*12. 12. 1905 Zablotow/Polen, †5. 2. 1984 Paris). – Dt. franz. Schriftsteller poln.-jüd. Abstammung, studierte in Wien Psychologie (Schüler Adlers) und emigrierte 1933 nach Frankreich. Seine ausgezeichneten Essays beziehen sich auf polit. und psycholog. Fragen, so z. B. *Leben in dieser Zeit* (1972). In der Romantrilogie *Wie eine Träne im Ozean* (1950, dt. 1961) stellte S. an der Geschichte einiger Revolutionäre seine eigenen Erfahrungen mit dem Kommunismus dar. 1974 hatte er mit *Die Wasserträger Gottes* Erfolg. 1977 erschien die Autobiographie *Bis man mir Scherben auf die Augen legt*. Die Essays *Churban oder die unfaßbare Gewißheit* (1980) fordern vom Leser philosoph. Grundkenntnisse; sie fassen S.s Weltsicht sehr konzise zusammen; im Nachlaß fand sich der Roman *Der schwarze Zaun* (1986).

Sperr, Martin (*14. 9. 1944 Steinberg/Niederbayern). – Bayer. Bühnenautor, nahm nach einer kaufmänn. Lehre 1962/63 Schauspielunterricht in Wien und wirkte als Schauspieler zuletzt an den Münchener Kammerspielen. Heute ist er freier Schriftsteller. In seinen atmosphär. Dialektstücken gestaltete er prekäre aktuelle Themen, wie Homosexualität, Studentenunruhen u. a., so in den *Jagdszenen aus Niederbayern* (1966) und *Landshuter Erzählungen* (1967). Er trat auch als Fernseh- und Hörspielautor hervor mit *Der Räuber Mathias Kneissl* (1971). Nach längerer Krankheit schrieb er 1977 das Schauspiel *Die Spitzeder* und wurde 1978 mit dem »Mühlheimer Dramatikerpreis« für neue Theatertexte ausgezeichnet. 1980 erschien das »Sperrbuch« *Willst Du Giraffen ohrfeigen, mußt Du ihr Niveau haben.*

Spervogel (= Sperling) (2. Hälfte 12. Jh./Anfang 13. Jh. [?]). – Unter dem Namen des fahrenden Dichters ist die früheste mittelhochdt. Spruchdichtung erhalten, in der Lebensweisheiten, Satire und persönl. Erfahrungen gestaltet sind. Ein Teil der Sprüche stammt von einem unbekannten älteren Spervogel, auch »Herger« oder »Anonymus Spervogel« genannt; die künstler. reiferen Sprüche werden dem jüngeren »Spervogel« zugeschrieben, der sich in höheren gesellschaftl. Kreisen bewegte.

Spewack, Samuel (*16. 9. 1899 New York). – Amerikan. Dramatiker, arbeitete nach dem Studium als Reporter und Korrespondent für die New Yorker Zeitung »World«, u. a. in Berlin und Moskau. Zusammen mit seiner Frau Bella S. schrieb er spritzige Unterhaltungsstücke, *Glück in Windeln* (1935, dt. 1947), und Musicals, *Kiss me, Kate* (1956).

Speyer, Wilhelm (*21.2. 1887 Berlin, †1.12. 1952 Riehen b. Basel). – Dt. Schriftsteller, nahm am Ersten Weltkrieg teil und lebte 1933–49 in Emigration, zuletzt in den USA. Er ist Autor erfolgreicher Jugendbücher, *Der Kampf der Tertia* (1927) und *Die goldene Horde* (1930), und Romane. *Das Glück der Andernachs* (Roman 1947) schildert das Schicksal einer jüd. Familie zur Zeit Bismarcks. 1951 erschien sein letzter Roman *Andrai und der Fisch.*

Spiegel, *(Spieghel),* Hendrik Laurenszoon (*11.3. 1549 Amsterdam, †4.1. 1612 Alkmaar). – Niederl. Renaissancedichter, blieb 1578 kath. und verließ Holland, als der Magistrat zum Calvinismus übertrat. Als Lyriker und Dramatiker sprach er sich für ein bescheidenes Leben und die Suche nach Selbsterkenntnis aus, z. B. in dem Lehrgedicht *Hart-Spieghel* (1614). In seinen Essays forderte er eine Dichtung in niederländ. Sprache und eine einheitl. Rechtschreibung: *Tweespraack van de Nederduytsche Letterkunst* (1584).

Spiel, Hilde Maria Eva (*19.10. 1911 Wien, †30.11. 1989 ebd.). – Dt. Schriftstellerin, ging 1936 als Frau des Schriftstellers Peter de Mendelsohn nach England und wirkte dort als Journalistin und Redakteurin; 1966 Generalsekretärin des österr. PEN-Zentrums u. Mitglied der Deutschen Akademie für Sprache und Dichtung. Sie trat mit Novellen und Romanen wie *Fanny von Arnstein oder die Emanzipation* (1962) und *Lisas Zimmer* (1965), Essays und Feuilletons wie *Städte und Menschen* (1971) an die Öffentlichkeit. Ihre Dokumentationen *Der Wiener Kongreß in Augenzeugenberichten* und *Englische Ansichten. Berichte aus Kultur, Geschichte und Politik* (1984) zeigen sie als sachkundige Historikerin. Mit *Glanz und Untergang. Wien 1866–1938* (1987) schrieb sie eine Geschichte Wiens um die Jahrhundertwende mit vielen neuen Dokumenten. 1987 wandte sie sich gegen den Präsidenten Waldheim und trug so zur Diskussion der NS-Vergangenheit Österreichs bei. Vielfältige Aspekte der österr. Kultur vermitteln die Erinnerungen von 1911–46 *Die hellen und die finsteren Zeiten* (1989) und von 1946–89 *Welche Welt ist meine Welt?* (1991).

Spielhagen, Friedrich (*24.2. 1829 Magdeburg, †25.2. 1911 Berlin). – Dt. Schriftsteller, Sohn eines Regierungsbeamten, wirkte seit 1854 als Gymnasiallehrer und wurde dann Redakteur in Leipzig und Berlin. 1878–84 gab er die »Westermanns Monatshefte« heraus. Mit dem Roman *Problematische Naturen* (4 Bde. 1861) profilierte er sich zum führenden Erzähler des dt. Liberalismus, der an die jungdt. Bewegung anknüpfte. Seine umfangreichen liberal-fortschrittl. Zeit- und Gesellschaftsromane spiegeln die soziale und industrielle Entwicklung Deutschlands in den Gründerjahren wider, dies z. B. in

Hammer und Amboß (5 Bde. 1869) und *Sturmflut* (3 Bde. 1877). Er schrieb ferner theoret. Abhandlungen über den Roman und das Drama (1898). Das Gesamtwerk erschien in 21 Bdn. 1866ff. Es ist zum Verständnis der polit. Situation in Dtld. nach 1848 eine vorzügl. Quelle.

Spindler, Karl, Ps. *Max Hufnagl* (*16.10. 1796 Breslau, †12.7. 1855 Bad Freiersbach/Baden). – Dt. Autor, Sohn umherziehender Schauspieler, wurde selbst wandernder Komödiant. Ab 1824 lebte er als Schriftsteller in der Schweiz, in Tirol und Süddeutschland. Er zählt neben Alexis u. a. zu den Begründern des dt. Geschichtsromans im Stile Scotts, z. B. durch *Der Jude* (4 Bde. 1827). Der Almanach *Vergißmeinnicht,* den er betreute, war eine beliebte Lektüre des einfachen Bürgertums und wird heute als typ. Zeitdokument gewertet.

Spinoza, Benedictus de, portugies. *Bento Despiñoza,* geistl. Vorname *Baruch* (*24.11. 1632 Amsterdam, †21.2. 1677 im Haag). – Niederländ. Philosoph, dessen Vorfahren aus Portugal stammten. Da er sich in seinem Leben gegen die tradierten Religionsvorstellungen stellte, wurde er aus der jüd. Gemeinde verbannt und lebte zurückgezogen nur seinen philosoph. Arbeiten, die er in erster Linie in der *Ethik auf geometrische Weise darlegt* (1677), vortrug. Unter starkem Einfluß des zeitgenöss. Rationalismus leugnet er außerhalb der mathemat. Methodologie jegl. Erkenntnismöglichkeit. Auch die Natur folgt ausschließl. ihren Gesetzen, so daß die Naturerkenntnis notwendig ein Teil dieser Gesetzmäßigkeit ist, d. h. die Seele als Substanz ist Teil der ewigen Natursubstanz. S. bringt diesen Grundsatz auf die Formel Deus sive natura (= Gott ist gleich der Natur) und begründet damit den neuzeitlichen Pantheismus, der in jeder Naturerkenntnis Gotteserkenntnis postuliert. Deshalb gibt es für S. auch das eth. Böse nicht, da das Böse nur als Intentionsverschiebung der Relationen zur ewigen Substanz besteht. Auf die dt. Aufklärungsphilosophie und die Dichtung Lessings, Herders und Goethes hat seine Lehre großen Einfluß gehabt. Eine dt. Gesamtausgabe erschien 1887 in 5 Bdn.

Spitta, Karl Johann Philipp (*1.8. 1801 Hannover, †28.9. 1859 Burgdorf). – Dt. Dichter, seit 1830 evangel. Geistlicher an verschiedenen Orten (Lüne, Hameln) und seit 1847 Superintendent, veröffentlichte in dem Lyrikband *Psalter und Harfe* (1833–43) gefühlstiefe und geistliche Lieder, die in das protestant. Kirchenliedgut eingingen *(Bei dir, Jesu, will ich bleiben).*

Spitteler, Carl, Ps. *Carl Felix Tandem* (*24.4. 1845 Liestal b. Basel, †29.12. 1924 Luzern). – Schweizer Schriftsteller, studierte Jura und evangel. Theologie, unterrichtete acht Jahre in Rußland und Finnland, dann in seiner Heimat, war 1890–92 Feuilletonredakteur der »Neuen Zürcher Zeitung«, freier Schriftsteller, der 1914 für die Neutralität der Schweiz eintrat. 1919 erhielt er den Nobelpreis. Größte künstler. Reife erlangte er in seinen Epen, in denen er ein atheist., tief pessimist., von Schopenhauer beeinflußtes Weltbild entwarf und antiken Mythen eine moderne Deutung gab, z. B. *Prometheus und Epimetheus* (1881/82), Neufassung *Prometheus der Dulder* (1924) und *Olympischer Frühling* (1900–05, 2. Fassung 1910). Neben naturalist. Erzählungen schrieb er den psychoanalyt. Roman *Imago* (1906), Gedichte und Essays. Das Gesamtwerk erschien 1945 bis 1958 in 11 Bdn.

Spoerl, Alexander (*3. 1. 1917 Düsseldorf, †6. 10. 1978 Rottach-Egern). – Dt. Schriftsteller, bis 1945 Ingenieur und lange Jahre Dramaturg. In seinen humorvollen Romanen *Memoiren eines mittelmäßigen Schülers* (1950) und *Ein unbegabter Ehemann* (1972), Erzählungen, Essays und Sachbüchern, z. B. *Das große Auto-ABC* (1970), lebte die Erzählbegabung seines Vaters Heinrich S. fort. Zu den zahlreichen Werken, die ein breites Publikum fanden, gehören *Der alphabetische Herr* (1973) und *Motor im Sattel* (1974).

Spoerl, Heinrich (*8. 2. 1887 Düsseldorf, †25. 8. 1955 Rottach-Egern). – Dt. Schriftsteller, führte 1919–37 eine Anwaltspraxis in Düsseldorf, dann ließ er sich als Schriftsteller in Berlin und 1941 in Rottach-Egern nieder. Seine heiteren Romane und Erzählungen, vielfach verfilmt, erfreuen sich großer Beliebtheit, so z. B. *Die Feuerzangenbowle* (1933), *Wenn wir alle Engel wären* (1936), *Der Maulkorb* (1936), *Der Gasmann* (1940), *Die weiße Weste* (1946), *Der eiserne Besen* (1949). Berühmt wurden die Erzn. *Man kann ruhig darüber sprechen* (1937).

Spring, Howard (*10. 2. 1889 Cardiff, †3. 5. 1965 Falmouth/Cornwall). – Engl. Schriftsteller, arbeitete mit 11 Jahren als Laufbursche und Zeitungsverkäufer und wirkte später als Journalist und Schriftsteller. Seine zahlreichen psycholog.-realist. Gesellschafts- und Zeitromane spiegeln die sozialen und polit. Umwälzungen im England der letzten 100 Jahre, besonders das harte Leben der Arbeiter in Wales und Nordengland. Beispiele aus seinem umfangreichen Schaffen sind *Geliebte Söhne* (engl. u. dt. 1938), *Liebe und Ehre* (1940, dt. 1941), *Gezeiten des Lebens* (1959, dt. 1960), *Ein Lied wird leis* (dt. 1963) und *Es fing damit an* (1964, dt. 1966).

Spunda, Franz (*1. 1. 1890 Olmütz/Mähren, †1. 7. 1963 Wien). – Österr. Schriftsteller, bis 1945 Gymnasialprofessor in Wien, dann freier Schriftsteller. Er beschäftigte sich mit Mystik, Alchemie, Gnostik und antiken Mysterien und reiste mehrmals in den Orient, mit Th. Däubler nach Griechenland. Diese Interessen schlugen sich in seinen Gedichten, Romanen, z. B. in *Das ägyptische Totenbuch* (1924), *Minos oder die Geburt Europas* (1931) und *Herakleitos* (1957), Reiseberichten und Essays nieder.

Spyri, Johanna, geb. Heußer (*12. 6. 1827 Hirzel/Kanton Zürich, †7. 7. 1901 Zürich). – Schweizer Jugendschriftstellerin, lebte in Zürich, aus ihren Erzählungen sprechen Einfachheit, Humor und evangel. Gläubigkeit, so in den *Geschichten für Kinder und auch für solche, die Kinder liebhaben* (16 Bde. 1879–95). Weltbekannt wurden die darin enthaltenen Erzählungen *Heidis Lehr- und Wanderjahre* (1881), *Heidi kann brauchen, was es gelernt hat* (1881) und *Gritli* (1887) u. a. m.

Squire, Sir John Collings, Ps. *Solomon Eagle* (*2. 4. 1884 Plymouth, †20. 12. 1958 London). – Engl. Literat, studierte Geschichte und war dann Journalist und Redakteur. 1919–34 gab er den »London Mercury« heraus. Er unterstützte junge Autoren, lehnte aber modernist. Richtungen in der Literatur ab und verfaßte in Form und Inhalt traditionelle, teils satir. und parodist. Gedichte, Essays und Kurzgeschichten. Ins Dt. nicht übersetzt, erschienen seine *Collected Poems* 1959.

Šrámek, Fráňa (*19. 1. 1877 Sobotka, †1. 7. 1952 Prag). – Tschech. Schriftsteller, bedeutender Vertreter des tschech. Impressionismus, verneinte als Sozialrevolutionär und Anarchist bürgerl. Konventionen und stellte in seinem Werk ein triebhaft-abenteuerl. Leben dar. Seine Gedichte, Romane, Erzählungen und Dramen, z. B. *Der Mond über dem Fluß* (1922, dt. 1971), bringen aber auch Liebe zum Unscheinbaren und tiefes Mitgefühl zum Ausdruck. Das Gesamtwerk erschien 1926 bis 1949 in 13 Bdn. Eine dt. Auswahl liegt u. d. T. *Wanderer in den Frühling* (1927) vor.

Sremac, Stevan (*11. 11. 1855 Senta/Bačka, †12. 8. 1906 Skobanja). – Serb. Schriftsteller, nahm freiwillig am Türkenkrieg 1876–78 teil und unterrichtete danach Geschichte an den Gymnasien Niš und Belgrad. In histor. Erzählungen und Romanen in der Tradition der Romantik feierte er die serb. Vergangenheit. Realist. sind seine heiteren Erzählungen, Romane und Komödien über die kleinbürgerl. Welt von Niš und Belgrad, z. B. *Popen sind auch nur Menschen* (dt. 1955).

Stade, Martin (*1. 9. 1931 Haarhausen/Thüringen). – Dt. Autor, der am Leipziger Literaturinstitut der DDR ausgebildet, dann aber 1979 aus dem Schriftstellerverband ausgeschlossen wurde, da er eigenständige Gedanken vertrat. Die humorvollen Darstellungen zeigen, was die Opfer der Sozialisierung (Landwirte, alte Leute) in der DDR ertragen mußten, wobei S. sich nicht auf emotionale Darstellung einläßt, sondern durch Ironie die Spannung zur Realität verdeutlicht. Bekannt wurden die Erzn. *Der himmelblaue Zeppelin* (1970) und *Exmatrikulation 68* (1979) und die Romane, z. B. *Der Meister von Sanssouci* (1971) und *Der närrische Krieg* (1981). S. schrieb auch Fernsehspiele.

Stadler, Ernst Maria Richard (*11. 8. 1883 Colmar/Elsaß, †30. 10. 1914 b. Zandvoorde b. Ypern). – Dt. Dichter, studierte Germanistik, Romanistik und vergleichende Sprachwissenschaft und lehrte seit 1910 an der Universität Brüssel. S.s frühe Gedichte, die er in der mit Schickele und Flake gegründeten Zeitschrift »Der Stürmer« (1902) veröffentlichte, stehen noch ganz unter dem Einfluß des Symbolismus und George-Kreises, so *Präludien* (1905). Seit etwa 1912 entstand seine frühexpressionist. von Claudel und Whitman inspirierte Lyrik in rhythm. Langversen, die von neuer Vitalität und Lebensbejahung erfüllt war, so *Der Aufbruch* (1914), und den Expressionismus entscheidend prägte. Eine Auswahl bietet das Bändchen *Der Aufbruch und ausgewählte Gedichte*, das in zahlreichen Neuauflagen vorliegt. Eine Gesamtausgabe des für den lit. Expressionismus wichtigen Werkes fehlt.

Staël, Anne Louise Germaine, Baronne de S.-Holstein (* 22. 4. 1766 Paris, † 14. 7. 1817 ebd.). – Franz. Schriftstellerin, war die Tochter des Finanzministers Ludwigs XVI., Jacques Necker, und heiratete 1789 den schwed. Gesandten Baron de Staël, von dem sie sich nach 3 Jahren trennte. Sie lebte abwechselnd auf Gut Coppet am Genfer See und in Paris, bis sie 1803 von Napoleon wegen ihrer liberalen Gesinnung verbannt wurde. Sie hielt sich dann zeitweise in Dtld. auf; hier wurde sie mit Goethe, Schiller, Wieland und den Brüdern Schlegel bekannt. Seit 1804 war A.W. Schlegel ihr Begleiter und lit. Berater auf ihren Reisen und in Coppet, das ein Anziehungspunkt des geistigen Europa wurde. In einer frühen Abhandlung über die Literatur erkannte sie deren Abhängigkeit von Gesellschaft und Zeitgeist und forderte für Frankreich eine neue, der Zeit angemessene Dichtung. Es folgten die Romane *Delphine* (1802) und *Corinna oder Italien* (1807), in denen sie den Anspruch der Frau auf außereheliche Liebe und geistige Aktivität forderte. Hauptwerk wurde ihre Abhandlung *Über Deutschland* (1810). Indem sie den Franzosen dt. Romantik und den dt. Idealismus vorstellte, legte sie in diesem Werk auch insgesamt den Grund für die franz. Romantik. Sie prägte entscheidend das Deutschlandbild der Franzosen bis heute.

Staff, Leopold (* 14. 11. 1878 Lemberg, † 31. 5. 1957 Skarzysko-Kamienna). – Poln. Lyriker und Dramatiker, studierte Romanistik in Lemberg, geriet im Ersten Weltkrieg in russ. Gefangenschaft und war später Vizepräsident der Poln. Literaturakademie. Seine Lyrik in der Nachfolge Przybyszewskis und Mickiewicz' wurde nacheinander von Nietzsche, der franz. Moderne und christl. Mystik beeinflußt, nahm dann realistischere Züge an und galt nach 1945 dem Neuaufbau Polens. Sie ist stark intellektuell und zeigt vollendete Formbeherrschung. Als sein Hauptwerk gilt *Skarb* (1904). Eine Werksausgabe erschien 1955 in 5 Bdn.

Stafford, Jean, Ps. *Oliver Jensen* (* 1. 7. 1915 Covina/Kalif., † 26. 5. 1979 White Planes/New York). – Amerikan. Erzählerin, studierte Kunstgeschichte und Philologie, u.a. in Heidelberg. Ihre Romane und Kurzgeschichten behandeln mit psycholog. Einfühlung Schwierigkeiten und Einsamkeit junger Menschen in der Pubertät, so *Die Geschwister* (1947, dt. 1958). 1966 erschien dt. *Klapperschlangenzeit.* 1970 erhielt sie den Pulitzer-Preis für *Collected Stories.*

Stagnelius, Erik Johan (* 14. 10. 1793 Gärdslösa/Öland, † 3. 4. 1823 Stockholm). – Schwed. Schriftsteller, studierte Theologie und Jura und ging in seinem lit. Schaffen von der Klassik aus. Er wandte sich unter dem Einfluß Mme. de Staëls, A.W. Schlegels und des Idealismus der Romantik zu und schrieb Gedichte, Epen und Dramen, die von Begeisterung für die nord. Vorzeit und von religiöser Ekstase erfüllt sind, z.B. *Wladimir der Große* (1817, dt. 1828) und *Die Märtyrer* (1821, dt. 1853).

Stalski, Suleiman, eigtl. *Suleiman werh Gasanbekov* (* 18. 5. 1869 Aschaga Stal, † 23. 11. 1937). – Russ. Dichter, Sohn eines kaukas. Bergbauern, war Analphabet. Seine Lieder wurden anfangs mündl. verbreitet. Durch ihre Thematik – Protest gegen soziale Ungerechtigkeit und Verherrlichung der Revolution – wie auch durch die leicht einprägsame Form (häufig mit Refrain) wurden sie teilweise zum Volksgut.

Stamm, Karl (* 29. 3. 1890 Wädenswil/Zürichsee, † 21. 3. 1919 Zürich). – Schweizer Dichter und Lehrer, zählt mit seiner Lyrik *Der Aufbruch des Herzens* (1919) zu den Schweizer Expressionisten. Sie läßt Liebe zur Natur und Humanität erkennen.

Stampa, Gaspara (* 1523 Padua, † 23. 4. 1554 Venedig). – Ital. Renaissancelyrikerin, stammte aus vornehmer Familie und erhielt Unterricht in Sprachen und Musik. In den leidenschaftl. Sonetten ihres *Canzoniere* bekennt sie die Geschichte ihrer unglückl. Liebe zum Grafen Collaltino di Collalto. Gelegentl. ist der Einfluß Petrarcas spürbar.

Stancu, Zaharia (* 7. 10. 1902 Salcia/Teleorman, † 5. 12. 1974 Bukarest). – Rumän. Schriftsteller, war zuerst Arbeiter, studierte später Literatur und war Journalist und Redakteur. In seinen Romanen im Stil des Sozialist. Realismus wandte er sich der rumän. Geschichte, bes. der Not der Bauern zu, so in *Barfuß* (1948, dt. 1951; Neubearbeitung 1961, dt. 1969), *Rumänische Ballade* (1952, dt. 1957), Frühlingsgewitter (1958 in 5 Bdn., dt. Auszug 1962), *Wie sehr hab' ich dich geliebt* (1968, dt. 1970).

Stanew, Emilijan (* 14. 2. 1907 Tarnowo, † 15. 3. 1979 Sofia). Bulgar. Schriftsteller, sein Hauptwerk, der Roman *Heißer Sommer* (1958f., dt. 1963), gestaltet die Geschichte Bulgariens in den ersten Jahrzehnten des 20. Jh.s In seinen Erzählungen nehmen Tiergeschichten und Naturbetrachtungen einen breiten Raum ein, z.B. in *Wolfsnächte* (1943, dt. 1968). 1969 erschien dt. die Erzählung *Nächtliche Lichter,* 1977 d. Roman *Der Tod des Vogels.*

Stanjukowitsch, Konstantin Michailowitsch (* 25. 3. 1843 Sewastopol, † 20. 5. 1903 Neapel). – Russ. Dichter, segelte 1860 bis 1863 als Seeoffizier um die Welt, nahm dann den Abschied und wurde später Mitarbeiter einer radikalen Zeitschrift. Seine Erzählungen über das Leben zur See werden heute noch gern gelesen. Das Gesamtwerk erschien russ. in sechs Bänden 1958 u. d. T. *Sobranie sočinenij.*

Stanković, Borislav (* 22. 3. 1874 Vranje, † 22. 10. 1927 Belgrad). – Serb. Dichter, wurde nach dem Jurastudium in Belgrad und Paris höherer Beamter. Er stellte in psycholog.-realist. Romanen und Novellen mit leichter Wehmut den Verfall der alten feudalen Ordnung und das allmähl. Vordringen neuer Prinzipien dar. Als typ. Beispiel seines Schaffens gilt der Roman *Unreines Blut* (1911, dt. 1922).

Stašek, Antal, eigtl. *Antonïn Zeman* (*22.7. 1843 Stanové, †9.10. 1931 Krč b. Prag). – Tschech. Autor, Vater des Schriftstellers I. Olbracht und Freund Masaryks, wirkte als Rechtsanwalt in Semily. Er verfaßte realist.-psycholog. Romane und Novellen über den national, sozial und religiös motivierten **Kampf** der Bauern im Riesengebirge, z. B. *Schuster M. und seine Freunde* (1932, dt. 1952).

Statius, Publius Papinius (*um 40 n. Chr. Neapel, †um 96 n. Chr. ebd.). – Röm. Dichter, mehrmals Sieger in Dichterwettkämpfen, stand in der Gunst Kaiser Domitians. Ihm widmete er das Epos *Thebais* (12 Bücher, 80 bis 92), das nach dem Vorbild Vergils den Kampf der sieben Söhne des Ödipus um Theben darstellt. Sein zweites Epos *Achilleis* (2 Bücher) über die Jugend Achills blieb unvollendet. Die *Silvae* (5 Bücher Gedichte) zeigen ihn als Meister lyr. Formen und Metren. Sie werden heute am meisten geschätzt.

Stavenhagen, Fritz (*18.9. 1876 Hamburg, †9.5. 1906 ebd.). Dt. Schriftsteller, begann als Drogist, wandte sich dann dem Journalismus zu und wurde kurz vor seinem Tod Dramaturg in Hamburg. Er schuf in der Tradition des Naturalismus (Anzengruber, Hauptmann) die ernsten niederdt. Dramen, z. B. *Jürgen Piepers* (1901) und *Mudder Mews* (1904), und nach dem Vorbild des Wiener Volksstückes Märchen- und Volkskomödien wie *De dütsche Michel* (1905).

Steele, Sir Richard (*12.3. 1673 Dublin, †1.9. 1729 Llangunnor/Wales). – Irischer Autor, gab nach abgebrochenem Studium und Militärdienst mit dem befreundeten Addison die moral. Wochenschriften »The Tatler« (1709), »The Spectator« (1711/12) und »The Guardian« (1714) heraus. Er veröffentlichte darin kunst- und humorvolle Essays über das engl. Alltagsleben, die als Vorläufer des realist. Romans gelten. Mit seinen Komödien *The Tender Husband* (1705) und *The Conscious Lovers* (1723) schuf er die ersten empfindsamen Lustspiele. Er bekleidete später verschiedene angesehene Ämter.

Stefánsson, Davíd (*21.1. 1895 Fagriskógur/Island, †1.3. 1964 Akureyri). – Isländ. Schriftsteller, wurde mit seiner frühen Lyrik zum führenden Vertreter der isländ. Neuromantik. Sprache und Motive des Volksliedes, nicht skald. Tradition, bestimmten seine schlichten, rhythm. Gedichte, die zu einer Wende in der isländ. Lyrik führten. Als Dramatiker wandte er sich der isländ. Geschichte zu, z. B. *Gullna hliðið* (1941). Der Held seines realist. Romans *Solon Islandus* (1940), ein größenwahnsinniger Landstreicher, steht symbol. für Island.

Steffen, Albert (*10.12. 1884 Murgenthal/Schweiz, †13.7. 1963 Dornach). – Schweizer Schriftsteller, 1925 Vorsitzender der Anthroposoph. Gesellschaft am Goetheanum in Dornach b. Basel. Nach frühen Romanen im Stil Dostojewskis machte sich in seinen Gedichten *Weg-Zehrung* (1921), Romanen *Sucher nach sich selbst* (1931) und *Oase der Menschlichkeit* (1954), Dramen und Essays zunehmend der Einfluß anthroposoph. Ideen und westöstl. Mystik bemerkbar. 1974 erschienen die gesammelten Essays *Geistesschulung und Gemeinschaftsbildung*. Sein umfassendes Erzählwerk wirkt heute noch in anthroposoph. Kreisen.

Steffen, Ernst S(iegfried) (*15.6. 1936 Heilbronn, †10.12. 1970 Karlsruhe). – Dt. Schriftsteller, konnte sich, nachdem er bereits als Kind in ein Heim abgeschoben worden war, nicht in die Gesellschaft eingliedern, wurde straffällig und verbrachte 16 Jahre seines Lebens in Gefängnissen. Neben zahlreichen Hörspielen haben auch seine Gedichte *Lebenslänglich auf Raten* (1969) und die Aufzeichnungen aus dem Zuchthaus *Rattenjagd* (1971) das Leben der Inhaftierten zum Inhalt. In den 70er Jahren wurden seine Texte von politischen Gruppen, die eine Änderung des Strafvollzuges erreichen wollten, sehr geschätzt.

Steffens, Günter (*10.8. 1922 Köln). – Dt. Schriftsteller, war nach dem Studium der Kunst Soldat und geriet in amerikanische Kriegsgefangenschaft. Nach der Entlassung verdiente er sich seinen Unterhalt als Maler und Werbegraphiker; seit 1974 arbeitet S. als freier Schriftsteller, verfaßte Hörspiele und Romane, in denen er sich mit Fragen der Kunst und Ästhetik beschäftigt *Der Platz* (1965), *Die Annäherung an das Glück* (1976), *Der Rest* (1981).

Steguweit, Heinz, Ps. *Lambert Wendland* (*19.3. 1897 Köln, †25.5. 1964 Halver). – Dt. Autor, im Ersten Weltkrieg schwer verwundet, war Bankbeamter und freier Schriftsteller; während der NS-Zeit Landesleiter der Reichsschrifttumskammer. Er schrieb volkstüml.-humorvolle Stücke wie *Der Freßkorb* (1966), Gedichte, Entwicklungsromane über die Kriegsgeneration und humorvolle Liebesnovellen, so *Liane und der Kavalier* (1958).

Stehr, Hermann (*16.2. 1864 Habelschwerdt/Schlesien, †11.9. 1940 Oberschreiberhau/Schlesien). – Völk. dt. Schriftsteller, wirkte als Volksschullehrer in schles. Dörfern und ließ sich 1915 als Autor im Riesengebirge nieder. Während der NS-Zeit war er ein anerkannter Dichter. Seine Novellen, Erzählungen und Romane aus dem Milieu seiner Heimat wurden anfangs vom Naturalismus, dann von schles. Mystik geprägt. Mit Vorliebe zeichnete er Menschen im Ringen um Gott und bei der Bewältigung schwerer Krisen mit Hilfe des Glaubens. Beispiele aus seinem lit. Schaffen sind neben seinem Hauptwerk *Der Heiligenhof* (1918) *Der begrabene Gott* (1905), *Drei Nächte* (1909) und *Peter Brindeisener* (1924).

Steigentesch, August Ernst Freiherr von (*12.1. 1774 Hildesheim, †30. 12. 1826 Wien). – Dt. Schriftsteller, stand im österr. diplomat. Dienst und war 1813 Obrist und Adjutant des Fürsten Schwarzenberg. Mit seinen frivolen Lustspielen, z. B. *Das Landleben* (1803), ist er Kotzebue und Bauernfeld ebenbürtig. Er schrieb ferner Erzählungen und Gedichte. Seine Gesammelten Werke erschienen 1819 in fünf Bänden.

Stein, Charlotte von, geb. von Schardt (*25. 12. 1742 Weimar, †6. 1. 1827 ebd.). – Dt. Autorin, Hofdame der Herzogin Amalie in Weimar. 1775 begann ihre Beziehung zu dem 7 Jahre jüngeren Goethe, die diesen sehr stark beeinflußte. Die Zuneigung wurde durch G.s Italienreise beendet, im Alter jedoch als Freundschaft erneuert. In der Tragödie *Dido* (1794) brachte S. ihre Enttäuschung über Goethe zum Ausdruck.

Stein, Gertrude (*3. 2. 1874 Allegheny/Pennsylvania, †27. 7. 1946 Paris). – Amerikan. Schriftstellerin aus dt.-jüd. Familie, studierte Psychologie und Anatomie. Seit 1902 lebte sie in Paris, wo ihr Salon bedeutende moderne Maler (Picasso, Matisse) und amerikan. Schriftsteller (S. Anderson, Dos Passos, Hemingway) anzog. Unter dem Einfluß W. James', Bergsons und des Films schuf sie in ihren Werken einen neuen Prosastil, der auf Assoziationen und Wortklang, Wiederholung und Variation bei Verzicht auf die konventionelle Zeichensetzung beruht. Beispiele hierfür sind *Drei Leben* (Erzählungen 1909, dt. 1960), *The Making of Americans* (Roman 1925) und *Autobiographie von Alice B. Toklas* (Autobiographie 1933, dt. 1956). Sie begründete diesen Stil auch theoret. in *Was ist englische Literatur?* (1931, dt. 1965) und wirkte damit auf den modernen amerikan. Roman. Posthum erschien mit einer Einführung von Thornton Wilder dt. *Die geographische Geschichte...*

Steinbeck, John Ernest (*27. 2. 1902 Salinas/Kalifornien, †20. 12. 1968 New York). – Amerikan. Schriftsteller, stammte aus dt.-ir. Ehe und studierte an der Stanford-Universität Naturwissenschaften. In seinen ersten erfolgreichen Romanen *Eine Handvoll Gold* (1929, dt. 1953; neu 1987), *Die wunderlichen Schelme von Tortilla Flat* (1935, dt. 1943) und den folgenden Romanen *Stürmische Ernte* (1936, dt. 1955), *Von Mäusen und Menschen* (1937, dt. 1940), *Früchte des Zorns* (1939, dt. 1940) und *Die Straße der Ölsardinen* (1945, dt. 1946), alle in der Tradition des Naturalismus, schilderte er anfangs heiter, dann zunehmend anklagend und kritisch tragische Schicksale kaliforn. Wanderarbeiter. Für den letztgenannten Roman erhielt er 1940 den Pulitzer-Preis. Das Werk S.s ist qualitativ und stilist. uneinheitlich. Die frühen Romane zeigen romant.-myst. Züge; die späteren Werke, aus denen *Jenseits von Eden* (1952, dt. 1953) herausragt, sind patriot. gefärbt und weniger tief. In seinem letzten Roman, *Geld bringt Geld* (engl. u. dt. 1961), kehrte er zur Sozialkritik zurück. S. erhielt 1962 den Nobelpreis für Literatur. 1966 erschien als letztes Werk *Amerika und die Amerikaner*.

Steinbuch, Karl (*15. 6. 1917 Stuttgart-Bad Cannstatt). – Dt. Wissenschaftler, seit 1958 Professor und Direktor des Instituts für Nachrichtenverarbeitung Karlsruhe. Seine Werke vermitteln Denkanstöße bei der Bewältigung aktueller gesellschaftlicher und politischer Probleme, formulieren die Suche nach neuen Lebensformen und ethischen Richtlinien, so in *Falsch programmiert* (1968), *Die informierte Gesellschaft* (1969), *Kurskorrektur* (1973), *Ja zur Wirklichkeit* (1975), *Maßlos informiert* (1978) und *Unsere manipulierte Demokratie* (1984).

Steiner, Jörg (*26. 10. 1930 Biel/Schweiz). – Schweiz. Dichter, wirkte als Lehrer für Schwererziehbare, war Mitglied der »Gruppe 47« und bereiste Europa, Amerika und Ostafrika, erhielt zahlreiche internat. Anerkennungen. Seinem berufl. Erfahrungsfeld entstammen die Romane *Strafarbeit* (1962) über einen entsprungenen Häftling, *Der schwarze Kasten* (1972), *Das Netz zerreißen* (1982), *Der Eisblumenwald* (1983), *Fremdes Land* (1989). Gelungener sind die Geschichten des Erzählbandes *Auf dem Berge Sinai sitzt der Schneider Kikriki* (1969), deren Schauplatz eine Schweizer Kleinstadt ist; für das Modell einer Schweizer Stadt als Spiegel der großen Ereignisse hat G. Keller das Vorbild geschaffen. Mit W. Maurer veröffentlichte er 1972 *Pele, sein Bruder;* weitere Kinderbücher wie *Die Kanincheninsel* (1977) folgten. S. schrieb auch für Theater, Film, Fernsehen und Hörspiel. 1976 erschien sein erster Gedichtband *Als es noch Grenzen gab – Mit einer Rede des Autors;* 1985 folgten die Gedichte *Olduvei*.

Steiner, Rudolf (*27. 2. 1861 Kraljevica/Kroatien, †30. 3. 1925 Dornach b. Basel). – Schweizer Anthroposoph, arbeitete 1883–97 an der Weimarer Goethe-Ausgabe mit und wurde 1902 Leiter der dt. Sektion der Theosophischen Gesellschaft. 1913 gründete er die Anthroposophische Gesellschaft und 1919 die Waldorfschulen. Seine Lehre, die Elemente des Buddhismus, griech. und ägypt. Mysterien (Gnosis, Manichäismus) vereint, legte er in zahlreichen Aufsätzen und Schriften, wie *Philosophie und Anthroposophie* (1904–18, 1965), sowie in vier Mysteriendramen nieder.

Steinhöwel, Heinrich (*1412 Weil der Stadt/Württ., †1482 oder 1483 Ulm). – Dt. Schriftsteller, war Stadtarzt in Esslingen und Ulm, dann Leibarzt des Grafen Eberhard von Württemberg. Er übertrug frühhumanist. Werke aus dem Lat. in eine freie dt. Fassung, so Petrarca, Boccaccio und Apollonius von Tyros. Am bekanntesten wurden seine Fabelsammlung *Esopus* nach Petrus Alfonsi und die Nacherzählung der letzten Novelle des Decameron u. d. T. *Von großer Stätikait einer Frouwen Grisel gehaißen* (1471).

Steinmar von Sießen-Strahlegg, fälschl. meist *Steinmar v. Klingenau* (2. Hälfte 13. Jh.). – Schwäb. Minnesänger und Lyriker, war Ministeriale und ist 1276 im Gefolge Rudolfs von Habsburg nachgewiesen. Früher häufig mit dem Schweizer

Berthold Steinmar von Klingenau verwechselt. Seine realist. Verse spiegeln den Übergang von höf. Minnesang zur naturalist.-dörperl. Dichtung. Neben Liedern der hohen Minne stehen solche der niederen Minne, Parodien, Trink- und Schlemmerlieder.

Stelzhamer, Franz (*29.11. 1802 Großpiesenham/Oberösterr., †14.7. 1874 Henndorf/Salzburg). – Bedeutendster österr. Dialektdichter des 19. Jh.s, studierte Jura und Theologie und erhielt eine Ausbildung an der Akademie der bildenden Künste in Wien. S. führte ein Wanderleben in Bayern und Österreich, wo er als »Piesamer Franz« Mundarttexte vortrug. 1862 gab ihm der österr. Kaiserstaat einen Ehrensold als Anerkennung für seine Leistungen im Rahmen der Volksdichtung. Obwohl S. auch hochdeutsche Texte verfaßte, ist sein Erfolg vornehmlich auf die *Lieder in obderennsischer Volksmundart* (1837) und *Neue Gesänge in obderennsischer Volksmundart* (1837) und *Neue Gesänge in obderennsicher Volksmundart* (1841) zurückzuführen. Eine Auswahl der Gedichte gab P. Rosegger 1884 in 4 Bdn. heraus; zahlreiche Sammlungen folgten bis in die Gegenwart.

Stendhal, eigtl. *Marie-Henri Beyle* (*23.1. 1783 Grenoble, †23.3. 1842 Paris). – Franz. Romancier, Pseudonym nach der Geburtsstadt Winckelmanns. S. erlebte eine unglückliche Kindheit und Jugend, die er in seiner unvollendeten Autobiographie *Das Leben des Henri Brulard* (1890) darstellte. Er war von 1800 bis zum Sturz Napoleons 1814 im Kriegsministerium angestellt und kam mit der Armee nach Italien, Deutschland, Österreich und Rußland. Dann lebte er in Mailand und Paris, u. a. als Kunst- und Theaterkritiker, bis er nach der Julirevolution 1830 franz. Konsul in Civita Vecchia/Italien wurde. S. ist neben Balzac der Gründer des realist.-psycholog. und zeitkrit. Romans in Frankreich. Die Schilderung seel. Vorgänge und unbewußter Motive steht im Vordergrund. Als Gegner der Restauration und bürgerl. Enge zeichnete er in seinen Werken individuelle, leidenschaftl. Menschen, die in ihrem Streben nach Unabhängigkeit an der Umwelt zugrunde gehen, so in *Rot und Schwarz* (1830, dt. 1901), *Die Kartause von Parma* (1839, dt. 1906), *Lucien Leuwen* (1894, dt. 1904). Als Kenner menschl. Psyche erweist er sich auch durch die Studie *Über die Liebe* (1822, dt. 1903). Sein Interesse für Italien ließ die Werke *Geschichte der Malerei in Italien* (1817) und *Römische Spaziergänge* (1829) entstehen. Auch die Novelle *Die Äbtissin von Castro* (1832) und seine *Erinnerungen aus dem Leben eines Egoisten* (entstanden 1832, erschienen 1892) fanden begeisterte Leser. Darüber hinaus hat sich St. mit zahlreichen biogr. Skizzen, wie *Racine und Shakespeare* (1823), *Das Leben Rossinis* (1823) oder mit seiner frühen Biographie *Mozart* (1814), als überragender Kulturkritiker und Essayist erwiesen. Er gehört zu den interessantesten lit. Gestalten des 19. Jh.s, seine Werke erschienen in allen Kultur-

sprachen. Dt. wurde das Gesamtwerk 1921 bis 1923 in 15 Bdn. veröffentlicht.

Stenius, Göran Erik (*9.7. 1909 Viborg). – Finn.-schwed. Dichter, 1942–51 Attaché der finn. Botschaft beim Vatikan, konvertierte dort zum kath. Glauben. 1951 wurde er Referent im finn. Außenministerium. S.' Werk – Lyrik, Prosa und ein Drama – wird von tiefer Religiösität bestimmt. Sein persönl. Schlüsselerlebnis, das er in Rom erfuhr, gestaltete er in dem Roman *Die Glocken von Rom* (1955, dt. 1957). In der Romantrilogie *Brot und Steine* (1959, dt. 1960) griff er Stoffe der finn. Geschichte auf. Die meisten seiner übrigen Werke kreisen um die Erlebnisse in Rom, etwa die Abhandlungen *Fran Rom till Rom* (1963) oder die Biographie Bellis m. d. T. *Den romerska komedin: En bok om G. G. Bell och hans verk* (1967).

Stephansson, Stephan Guðmundsson, eigtl. *Stefán Guðmundur Guðmundarson* (*3.10. 1853 Kirkjuhóll/Island, †10.8. 1927 Markerville/Kanada). – Isländ. Dichter, wanderte 1873 nach Kanada aus und ließ sich nach Jahren der Pioniertätigkeit als Farmer nieder. Seine Lyrik, ganz unter dem Einfluß der isländ. Sagas und der Edda, beschreibt die kanad. Landschaft und feiert die isländ. Heimat; später wandte er sich in seinen Gedichten gegen Kapitalismus, Kirche und Krieg. *Uti a viðavangi* (1894) oder *Bréf or ridgerðir* (4 Bde. 1938–48). Ins Dt. wurde sein Werk nicht übertragen.

Stephens, James (*18.2. 1882 Dublin, †26.12. 1950 London). Ir. Schriftsteller, entstammte den Dubliner Slums. Er wurde von G. W. Russell entdeckt, war 1911 Mitbegründer des »Irish Review« und lebte dann als Schriftsteller in London und Paris. In seinen Gedichten, Erzählungen und Romanen, wie *Götter, Menschen, Kobolde* (1912, dt. 1947), verweben sich Realität, Märchenmotive, groteskes und geheimnisvolles Geschehen. Berühmt wurden seine Romane durch ihre pointierte Beziehung zu Realität und Phantastik; leider verhinderte gerade dieser eigenwillige Stil, daß die Gedichte und das erzähler. Werk bisher übertragen wurden.

Stepun, Fedor (*19.2. 1884 Moskau, †23.2. 1965 München). Russ.-dt. Gelehrter und Dichter, studierte in Heidelberg und arbeitete in der russ. Erwachsenenbildung. 1922 wurde er ausgebürgert, lehrte zunächst in Dresden und seit 1947 russ. Geistesgeschichte in München. Er wurde mit dem Roman *Die Liebe des Nikolci Pereslegin* (1928) bekannt. Seine Erinnerungen *Vergangenes und Unvergängliches* (1947–50) sind kulturgeschichtl. interessant. 1961 publizierte er seine Essays *Dostojewski und Tolstoi*. Seine zahlreichen kulturphilosophischen Arbeiten sind heute sehr schwer greifbar.

Stere, Constantin (*15.11. 1865 Cerepcau/Bessarabien, †26.6. 1936 Bucov/Prahova). – Rumän. Schriftsteller, wurde 1886 wegen seiner Zugehörigkeit zu revolutionären Gruppen 5 Jahre nach Sibirien verbannt, floh 1892 nach Rumänien, studierte Jura und wurde Professor in Jassy. Seit 1932 entstand sein achtbändiger Romanzyklus *Im Angesicht der Revolution*, der ein krit. Bild der sozialen und politischen Verhältnisse Bessarabiens vermittelt.

Stern, Horst (*24.10.1922 Stettin). – Dt. Schriftsteller, trat als engagierter Natur- und Tierschützer an die Öffentlichkeit und gestaltete im Fernsehen zahlreiche Sendungen, z.B. *Sterns Stunde*, über Tierversuche, Massentierhaltungen, aber auch über sinnvolle Tierhaltung und Tierbeobachtung. Sein Film *Die Stellvertreter – Tiere in der Pharmaforschung* (1979) führte zu heftigen Diskussionen; 1981–84 gab S. die Zeitschrift *Natur* heraus. Mit dem Roman *Mann aus Apulien* (1986) schrieb S. einen Bestseller über den Kaiser Friedrich II., wobei er vornehmlich fiktive Dokumente und Aufzeichnungen als Erzählelemente einsetzte. 1990 veröffentlichte er die Erzählung *Jagdnovelle*, in der er Zeitkritik und Fragen des Umweltschutzes spannend und anregend verband.

Stern, Maurice Reinhold von (*15.4. 1860 Reval, †28.10. 1938 Ottensheim b. Linz/Donau). – Dt. Dichter, Bahnbeamter und Journalist in Reval, studierte Philosophie in Zürich, wurde Redakteur und lebte nach einem Amerikaaufenthalt seit 1903 in Oberösterreich. Seine ersten Gedichte schrieb er als Sozialist, etwa *Proletarierlieder* (1885, u.d.T. *Stimmen im Sturm* 1888), dann verfaßte er natur- und heimatbezogene Lyrik und Prosa, z.B. *Lieder aus dem Zaubertal* (1905) und *Auf Goldgrund* (1931). Seine Erzählungen und Romane, z.B. *Walter Wendrich* (1895), wurden weniger bekannt.

Sternberger, Dolf (*28.7. 1907 Wiesbaden, †27.7. 1989 Frankfurt/M.). – Universitätsprof. für polit. Wissenschaften und bedeutender Journalist und Schriftsteller. Bis 1943 war er Redakteur der »Frankfurter Zeitung«, nach dem Krieg Hg. der »Wandlung« und der »Gegenwart«. Als Autor trat er mit zahlreichen kulturkrit. Essays und lit. Abhandlungen an die Öffentlichkeit. Von 1964 bis 1969 war S. Präsident des dt. PEN-Clubs. Zu seinen wichtigsten Publikationen zählen *Der verstandene Tod, Über Heideggers Existentialontologie* (1934), *Panorama oder Ansichten vom 19. Jahrhundert* (1938, neu 1955), *Über den Jugendstil und andere Essays* (1956), *Aus dem Wörterbuch des Unmenschen* (1957 mit Storz und Süßkind), *Gefühl der Fremde* (1958), *Grund und Abgrund der Macht* (1962), *Kriterien – ein Lesebuch* (1965), *Ich wünsche ein Bürger zu sein* (1967), *Nicht alle Staatsgewalt geht vom Volke aus* (1971), *Heinrich Heine und die Abschaffung der Sünde* (1975), *Über die verschiedenen Begriffe des Friedens* (1984), *Herrschaft und Vereinbarung* (1986).

Sterne, Laurence (*24.11. 1713 Clonmel/Irland, †18.3. 1768 London). – Engl. Dichter, Sohn eines Offiziers, führte als Pfarrer in Sutton/Yorkshire ein ruhiges Leben, das ihm die Beschäftigung mit Literatur, bes. mit Rabelais und Cervantes, erlaubte. 1760 wurde er mit den ersten zwei Bänden des Romans *Tristram Shandy* schlagartig populär. Insgesamt umfaßt der Roman, dessen Originaltitel *The Life and Opinions of Tristram Shandy* lautet, 9 Bde., die 1760–1767 (dt. 1774 bis 1776) erschienen. Er lebte von da an vor allem als angesehener Salonbesucher in London und unternahm mehrere Reisen nach Frankreich und Italien, deren tatsächliche Erlebnisse vermischt mit erfundenen Abenteuern in den romanhaften, empfindsamen Reisebericht *Empfindsame Reise durch Frankreich und Italien* (engl. u. dt. 1768) eingingen. S. steht am Übergang von der Aufklärung zur Empfindsamkeit. In seinen derbkomischen, gefühlvollen Ich-Romanen schilderte er mit Vorliebe Sonderlinge und Originale. Mit dem Ineinander von Handlung und innerem Erleben, das die Chronologie ständig durchbricht, und mit der Betrachtung des Geschehens aus verschiedenen Perspektiven nahm er Stilmittel des modernen Romans vorweg (J. Joyce, V. Woolf), z.B. *History of a Watch-Coat* (1769). Seine psychologische Charakterdarstellung, Selbstironie und sein Humor wirkten anregend auf den späteren engl. Roman; in Deutschland v.a. auf Jean Paul. Heute liegt das Gesamtwerk in allen Kultursprachen vor, dt. seit 1768.

Sternheim, Carl (*1.4. 1878 Leipzig, †3.11. 1942 Brüssel). – Dt. Dramatiker und Romancier, studierte Philosophie, Psychologie, Geschichte und Literatur. 1908 gründete er mit F. Blei in München die Zeitschrift »Hyperion«, lebte dann ständig wechselnd in Belgien, der Schweiz und Deutschland, bis er sich 1930 nach schwerem Nervenleiden endgültig in Brüssel niederließ. Er war in zweiter Ehe mit Thea Bauer (1907–27), ab 1930 mit Pamela Wedekind verheiratet. Der bedeutende Dramatiker und Erzähler des Expressionismus wandte sich mit scharfem Spott gegen die bürgerliche Gesellschaft, ihre Spielregeln und Werte, die er allein von Macht- und Besitzstreben bestimmt sah. Um ihre Sprache als ein Instrument der Verfälschung zu demaskieren, benutzte er einen nackten, telegrammartigen Stil. Sein Ideal war die individualist. Selbstverwirklichung ohne Rücksicht auf bürgerl. Moral, wie es etwa den Helden in dem bürgerl. Heldenleben *Die Hose* (1911), *Bürger Schippel* (1913) und *Der Snob* (1914) sowie in dem Schauspiel *Tabula rasa* (1916) gelingt. In der Tragödie *Don Juan* (1909), in Erzählungen, etwa *Schuhlin* (1916), *Meta* (1916) und *Ulrike* (1918), und dem Roman *Europa* (1920) wandte er sich bes. dem Problem der Liebe in der bürgerl. Gesellschaft zu. Die späteren Werke sind bis auf seine Autobiographie *Vorkriegseuropa im Gleichnis meines Lebens* (1926) nur für den Fachmann von Bedeutung. Seine Essays verhalfen zu einem besseren Verständnis des expressionist. Gedankengutes.

Stesichoros (um 640–555? v.Chr. aus Matauros/Bruttien). – Griech. Lyriker in Himera/Sizilien. Seine Chorlieder mit Stoffen aus alten Heldenmythen (Orestie, Herakles) und der sizil. Volkssage (Daphnis) vereinen Elemente des altgriech. Epos und der Tragödie. Mit *Daphnis* leitete er die bukolische Dichtung ein.

Stevens, Wallace (*2.10. 1879 Reading(Pennsylvania, †2.7. 1955 Hartford/Connecticut). – Amerikan. Dichter, Rechtsanwalt in New York, dann Rechtsberater und Vizepräsident einer Versicherungsfirma in Hartford. Er steht als modernist. Lyriker neben T.S. Eliot, W.C. Williams und Cummings. In impressionist. Gedichten ließ er Klang-, Wort- und Farbeindrücke wirken. Später bemühte er sich in exakter Sprache um die Entsprechung von Realität und Wort und zeigte die ordnende Rolle der Kunst in einer chaotischen Welt. Genannt seien *The Man with the Blue Guitar* (1937), *Notes Toward a Supreme Fiction* (1942), *Collected Poems* (1954), für die er 1955 den Pulitzer-Preis erhielt, und *Der Planet auf dem Tisch*, eine engl. und dt. Auswahl seiner Gedichte von 1961.

Stevenson, Robert Louis (*13.11. 1850 Edinburgh, †3.12. 1894 Vailima/Samoa). – Schott. Dichter, studierte Jura und arbeitete für Zeitschriften und als freier Schriftsteller. Er war lungenleidend und reiste auf der Suche nach einem heilenden Klima nach Frankreich, Amerika und schließlich in die Südsee, wo er sich 1890 niederließ. Seiner reichen Phantasie entsprangen die romant. Abenteuergeschichten und -romane wie *Die Schatzinsel* (1883, dt. 1897) und *David Balfour* (1886, dt. 1889), mit denen er, jedoch mit größerem künstlerischen Können, die Nachfolge Smoletts antrat. Die psycholog. Erzählung *Der seltsame Fall von Dr. Jekyll und Mr. Hyde* (1886, dt. 1887) behandelt den Fall einer Persönlichkeitsspaltung. Von Bedeutung sind auch die Erzählungen *Der Selbstmörderclub* (1893, dt. neu 1974), *Das Flaschenteufelchen* (1893, dt. 1894/95) und *Der schwarze Pfeil* (1888, dt. 1922). Die meisten seiner Werke erschienen zunächst in Zeitschriften, dann als Bücher. Sie sind in alle Kultursprachen übersetzt und werden heute noch viel gelesen. Eine dt. Gesamtausgabe erschien 1924 bis 1927 in 12 Bdn.

Stewart, Mary (*17.9. 1916 Sunderland/Durham). – Engl. Romanautorin, die lange Zeit auch als Dozentin an der Universität Durham tätig war. In ihren Romanen schildert sie spannend die Ferienerlebnisse engl. Mädchen und wendet sich auch gerne alten Sagenstoffen, etwa den Sagen aus dem Kreis um König Artus, zu. Ihre Romane erlangten in vielen Ländern wegen der spannenden Darstellung und gekonnten psych. Detailzeichnung großes Ansehen. Sie verhalf dem sog. Unterhaltungsroman zu allgemeiner Geltung. Aus der Fülle ihrer Werke seien nur einige Beispiele genannt, etwa *Reise in die Gefahr* (1954, dt. 1969), *Das Jahr auf Valmy* (1958, dt. 1964), *Die Höhle Apolls* (1959, dt. 1970), *Der Efeubaum* (1961, dt. 1962), *Nacht ohne Mond* (1962, dt. 1966, u. d. T. *Die Bucht der Delphine*, 1968), *Delphin über schwarzem Grund* (1964, dt. 1968), *Lauter Kapriolen* (1965, dt. 1967), *Die Geisterhunde* (1967, dt. 1967), *Wind von den kleinen Inseln* (1968, dt.

1970), *Flammender Kristall* (1970, dt. 1971), *Der Erbe* (1973, dt. 1974), *Tag des Unheils* (dt. 1986) u. a. m.

Stieler, Caspar von, Ps. *Filidor der Dorfferer* (*25.3. 1632 Erfurt, †24.6. 1707 ebd.). – Dt. Dichter und Sprachforscher der Barockzeit, studierte Medizin, Theologie und Jura und war ab 1662 Sekretär und Amtmann thüring. Fürsten. Zu seinem lit. Werk zählen der Gedichtband *Die Geharnischte Venus* (1660) mit Kriegs-, Liebes- und Studentengedichten und mehrere Schauspiele, wie *Bellemperie* (1680) und *Willmut* (1680). Aus seiner berufl. Tätigkeit entstanden mehrere Handbücher, wie *Teutsche Sekretariats-Kunst* (1673/74), und das lexikalische Werk *Der Teutschen Sprache Stammbaum und Fortwachs, oder teutscher Sprachschatz* (1691). Das Gesamtwerk erschien neu 1968ff. in 4 Bdn.

Stieler, Karl (*15.12. 1842 München, †12.4. 1885 ebd.). – Bayer. Dichter, Sohn des bekannten bayer. Hofmalers Joesph S.; studierte Jura, schrieb in München für die »Fliegenden Blätter« und wurde ebd. 1882 Archivassessor. Er verfaßte seine heiter-originellen Gedichte in oberbayer. Mundart, z.B. *Habt's a Schneid?* (1877), daneben schrieb er Reiseberichte, z. B. *Elsaß-Lothringen* (1877) und *Natur- und Lebensbilder aus den Alpen* (1886). Das Gesamtwerk erschien 1908 in 3 Bdn.

Stiernhielm, Georg, eigtl. *Jöran Olofsson* (*7.8. 1598 Vika/Dalarna, †22.4. 1672 Stockholm). – Schwed. Dichter, bedeutendster Vertreter des schwed. Barock; nahm am Hof Königin Christinas eine einflußreiche Stellung ein. Als Lyriker wurde er von Opitz beeinflußt und führte die Silbenbetonung ein. Hauptwerk sind *Cupido* (1649) und das moral. Lehrgedicht *Herkules* (1658), das Einblick in die Sitten der Zeit gibt und mit seiner Verstechnik (Hexameter) vorbildhaft wurde. Die Gesamtausgabe erschien 1924 bis 1951 in 8 Bdn.

Stiernstedt, Marika (*12.1. 1875 Stockholm, †25.10. 1954 Tyringe). – Schwed. Erzählerin, in zweiter Ehe mit dem Schriftsteller L. Nordström verheiratet. In ihren psych. Romanen um Frauengestalten aus vornehmen Kreisen zeichnen sich ihre kath. Religiosiät und ihre polit. Nähe zum Kommunismus ab, so in *Attentat in Paris* (1942, dt. 1944) und zahlreichen anderen Romanen, die in der Gesamtausgabe von 1934f. in 12 Bdn. am leichtesten greifbar sind. Ins Dt. wurden übersetzt *Ullabella* (1922, dt. 1930), *Von Schneckenström* (1924, dt. 1926) und *Fräulein Liwin* (schwed. u. dt. 1926). 1953 legte sie ihre Erinnerungen vor.

Stifter, Adalbert (*23.10. 1805 Oberplan/Böhmerwald, †28.1. 1868 Linz/Donau). – Größter Erzähler Österreichs, studierte Jura und Naturwissenschaften und wirkte dann als Privatlehrer in Wiener Adelsfamilien. 1850–65 war er in Linz Schulrat und Inspektor der oberösterr. Volksschulen. Er litt seit 1863 an einer unheilbaren Krankheit, die ihn zum Selbstmord trieb. Zuerst begann er zu malen, dann auch zu schreiben. Von der Romantik und Jean Paul ausgehend, näherte er sich immer mehr den klass. Idealen Humanität, Maß, Ordnung und Goethes kosmischer Naturauffassung und verband sie mit christlicher Frömmigkeit. In der Natur erkannte er das »sanfte Gesetz« der Gerechtigkeit und Liebe, das dem modernen gehetzten und zerrissenen Menschen abhanden gekommen ist. S.s Prosa enthält meisterhafte Naturschilderungen, zeigt seine Liebe zum Kleinen und Stillen, ist aber nicht ohne tragische Züge. Seit 1840 veröffentlichte er in Zeitschriften Erzählungen, die er später in Sammelbänden *(Studien* 1844–1850; *Bunte Steine* 1853) geordnet herausgab und die die wichtigsten Erzählungen enthalten: *Der Hochwald* (1842), *Die Mappe meines Urgroßvaters* (vier Fassungen von 1841–1870), *Abdias* (1842), *Brigitta* (1843), *Bergkristall* (1845), *Granit* (1853), *Der Hagestolz* (1844) und *Der Waldsteig* (1845). Einen Höhepunkt seines Schaffens erreichte er mit dem Bildungs- und Erziehungsroman *Der Nachsommer* (1857) und dem böhm. Geschichtsroman *Witiko* (1865 bis 1867). Das Gesamtwerk erschien 1901 bis 1972 in 25 Bdn., wobei von bes. Interesse ist, daß die meisten Erzählungen in mehreren Fassungen vorliegen, deren Vergleich einen Einblick in die Schaffensweise des Dichters gibt.

Stiller, Klaus (* 15. 4. 1941 Augsburg). – Dt. Schriftsteller, studierte Philologie, u. a. bei Walter Höllerer, arbeitete im Verlagslektorat sowie bei Rundfunk und Zeitschriften und wurde auch als Übersetzer aus dem Ital. bekannt. Vorstandsmitglied des PEN-Zentrums; wurde mehrfach ausgezeichnet. Seine Texte zeichnen sich durch eine intensive Ideologiekritik aus, wobei er die authentischen Sprachmuster durch Montagen verfremdet und so Einsichten in die Scheinhaftigkeit der Realität ermöglicht. Bekannt wurden neben zahlreichen Hörspielen bes. die Romane *Tagebuch eines Weihbischofs* (1972), *Traumberufe* (1977), *Weihnachten. Als wir Kinder den Krieg verloren* (1980), *Das heilige Jahr* (1986).

Stinde, Julius (* 28. 8. 1841 Kirch-Nüchel. b. Eutin, † 5. 8. 1905 Olsberg/Ruhr). – Dt. Schriftsteller, studierte Chemie, arbeitete 3 Jahre als Werkführer chem. Fabriken und 1864–75 als Redakteur in Hamburg. Neben niederdt. Volksstücken und Erzählungen schrieb er heiter-iron. Romane, die das Berliner Kleinbürgermilieu schildern, z. B. *Die Familie Buchholz* (3 Bde. 1884 bis 1886) und *Hotel Buchholz* (1897). Das umfassende Werk hat nur zeitbezogene Bedeutung. Lediglich der Roman *Emma, das geheimnisvolle Hausmädchen* (1904) wird heute noch gelesen.

Stobaios, Johannes (* 5. Jh. n. Chr. aus Stoboi/Makedonien). Griech. Schriftsteller, trug in seiner Anthologie Auszüge aus den Werken von ca. 500 griech. Dichtern zusammen. Als letzte »heidnische« Anthologie gibt sie einen interessanten Einblick in die nur mehr z. T. erhaltene Literatur der antiken Griechen.

Stoessl, Otto (* 2. 5. 1875 Wien, † 15. 9. 1936 ebd.). – Österr.

Schriftsteller, studierte Jura und Philosophie und war 1906–23 Beamter der österr. Eisenbahn. Er schrieb vor allem stimmungsvolle, teils von Pessimismus, teils von Humor erfüllte Erzählungen, z. B. *Nachtgeschichten* (1926), Romane, z. B. *Das Haus Erath* (1920), sowie Essays über bedeutende Schweizer und österr. Dichter.

Stolberg-Stolberg, Christian Graf zu (* 15. 10. 1748 Hamburg, † 18. 1. 1821 Schloß Windebye b. Eckernförde). – Dt. Dichter, studierte mit seinem Bruder Friedrich Leopold in Halle und Göttingen Jura und Literatur, gehörte wie dieser dem »Göttinger Hain« an und reiste mit ihm und Goethe 1775 in die Schweiz zu Lavater. Danach war er 1777–1800 als Amtmann in Tremsbüttel/Holst. tätig. Er verfaßte patriot. Lyrik, Liebesgedichte, Singspiele und Dramen, die an Klopstock und den »Göttinger Hain« anknüpften. Als Dichter erlangte er nicht die Bedeutung seines Bruders, erwies sich aber als meisterhafter Übersetzer griech. Werke, z. B. *Sophokles* (2 Bde. 1787).

Stolberg-Stolberg, Friedrich Leopold Graf zu (* 7. 11. 1750 Schloß Bramstedt/Holst., † 5. 12. 1819 Schloß Sondermühlen b. Osnabrück). – Dt. Dichter wie sein Bruder Christian, mit dem er in Göttingen studierte und mit dem er eine Schweizreise unternahm, gehörte er dem »Göttinger Hain« an. Er war einige Jahre fürstlich lübeck., dann dän. Gesandter. 1793–1800 wirkte er als Kammerpräsident in Eutin. Er wurde 1800 kath. Klopstock und der Sturm und Drang beeinflußten seine frühen pathet.-patriot. Hymnen und Oden; später ist die Nähe zu J. H. Voß und zur Romantik erkennbar. Neben Dramen und Reiseberichten ist vor allem noch seine Übersetzung der *Ilias* von Homer zu nennen. Als Dichter überragte S. seinen Bruder. Zu seinen Hauptwerken gehören *Reise in Deutschland, der Schweiz, Italien und Sizilien . . .* (1794) und der Roman *Die Insel* (1788). Das Gesamtwerk erschien 1820 bis 1825 in 20 Bdn.

Stone, Irving, eigtl. *I. Tennenbaum* (* 14. 7. 1903 San Francisco, † 27. 8. 1989 Los Angeles). – Amerikan. Schriftsteller, lehrte 1925/26 an der California-Universität Volkswirtschaft und lebte dann in New York und Europa. Er schrieb zahlreiche biograph. Romane, die in der Charakterzeichnung histor. treu, in der Handlung aber frei erfunden sind, so *Vincent van Gogh* (1934, dt. 1936), *Zur See und im Sattel* über Jack London (1938, dt. 1948), *Michelangelo* (engl. u. dt. 1961), *Der Seele dunkle Pfade* über S. Freud (engl. u. dt. 1971), *Der griechische Schatz* über S. und H. Schliemann (1975, dt. 1976). Beachtung fanden auch seine Romane *Das Leben gehört den Liebenden* (1965, dt. 1967), *Ewig ist die Liebe* (dt. 1977), *Über den Tod hinaus* (1951, dt. 1979), *Der Schöpfung wunderbare Wege* (1981) über Charles Darwin u. a.

Stoppard, Tom, ursprüngl. *Thomas Straussler* (* 3. 7. 1937 Zlín). – Engl. Bühnenautor, Sohn eines jüd. Arztes, der 1939 ins Exil nach Singapur ging. S. wurde in Indien von dem brit.

Major S. adoptiert und lebte in Indien und England. Weltbekannt wurde er mit dem von Beckett beeinflußten absurd-komischen Stück *Rosenkranz und Güldenstern sind tot* (1966, dt. 1967) über Randfiguren aus Shakespeares *Hamlet*. Neben weiteren Dramen, z. B. *Travesties* (1974), *Night and day* (1978, dt. 1979), *Das einzig Wahre* (1982, dt. 1983), schrieb er Hör- und Fernsehspiele.

Storey, David Malcolm (* 13. 7. 1933 Wakefield/Yorkshire). – Engl. Dichter, verdiente sich den Lebensunterhalt während des Kunststudiums als Berufssportler. Er wirkte danach als Kunsterzieher, Regiseur und Kritiker. In seinen Romanen, wie *Leonard Radcliffe* (1963, dt. 1965), *A Prodigal Child* (1982), *Present Times* (1984), und Dramen wie *Das Festzelt* (1969, dt. 1970) prangert er die Ausbeutung der Berufssportler und Arbeiter in der Industriegesellschaft an.

Storm, Theodor (* 14. 9. 1817 Husum/Schleswig, † 4. 7. 1888 Hademarschen/Holst.). – Dt. Dichter, 1843 Advokat in Husum, mußte aber 1852 als Gegner der dän. Herrschaft über Schleswig-Holstein auswandern. Er arbeitete im preuß. Staatsdienst und konnte schließlich 1864 als Landvogt in das nun dt. Husum zurückkehren, wurde 1867 Amtsrichter und 1879 Amtsgerichtsrat. S. zählt zu den großen Dichtern des poet. Realismus. Charakterist. für seine gesamte Dichtung sind ihre zart wehmütige Stimmung, Schwermut und verhaltene Sprache. An die Spätromantik anknüpfend, schuf er bekenntnishafte, sprachl. schlichte Verse über die heimatl. Landschaft *(Über die Heide, Abseits)*, die Liebe *(Trost, Schließe mir die Augen beide)*, über Ehe und Leidenschaft. Auf diese Themen konzentrierte sich auch seine umfangreiche Novellendichtung. Die anfangs stark lyrischen Stimmungs- und Erinnerungsnovellen, wie *Immensee* (1851), wurden später von realistischeren Schicksalsnovellen, wie *Viola tricolor* (1874) und *Pole Poppenspäler* (1875), und tragisch-herben histor. Chroniknovellen, z. B. *Aquis submersus* (1877), *Zur Chronik von Grieshuus* (1884), abgelöst. *Der Schimmelreiter* (1888), sein letztes Werk über das tragische Scheitern des Deichgrafen Hauke Haien an der Gewalt der Nordsee, führt in die Bereiche der Psychologie und des Mythos. Sein Gesamtwerk liegt in zahlreichen Auswahl- und Einzelausgaben vor, die erkennen lassen, daß seine Beliebtheit bei den Lesern bis heute erhalten ist. Zahlreiche Novellen wurden verfilmt.

Storni, Alfonsina (* 29. 5. 1892 Lugagnia/Tessin, † 11. 5. 1938 Mar del Plata). – Argentin. Lyrikerin, Lehrerin und Büroangestellte. Unheilbar krank, nahm sie sich das Leben. In ihren Gedichten rebellierte sie gegen die Gesellschaft mit ihren engen moral. Werten. Nach einem Europaaufenthalt wurde ihr Stil intellektuell und manieriert, z. B. in *Verwandle die Füße* (1934, dt. 1959).

Storz, Gerhard (* 19. 8. 1898 Rottenacker/Oberschwaben, † 30. 8. 1983 Stuttgart). – Dt. Schriftsteller, nach Studium der klass. Philologie und Germanistik Regisseur am Nationaltheater Weimar; 1958–1964 Kultusminister von Baden-Württemberg, 1964 Prof. für dt. Philologie in Tübingen. Das umfangreiche lit. Werk umfaßt neben vorzüglichen Essays zur Literatur, wie *Goethe-Vigilien* (1953) und *Figuren und Prospekte* (1963), zahlreiche Untersuchungen zur dt. Literatur wie Sprache und Dichtung, eine *Poetik* (1957), *Der Dichter Friedrich Schiller* (1959), *Eduard Mörike* (1967), *Heinrich Heines lyrische Dichtung* (1971) und literaturwissenschaftl. Arbeiten, etwa *Klassik und Romantik* (1972), *Sprachanalyse ohne Sprache. Bemerkungen zur modernen Linguistik* (1975), und aufschlußreiche Autobiographien, *Im Laufe der Jahre* (1973), *Zwischen Amt und Neigung, Lebensbericht aus der Zeit nach 1945* (1976). Als jüngste Veröffentlichung liegt vor *Capriccios* (1978). Gemeinsam mit Dolf Sternberger und W.E. Süßkind schrieb er das meisterhafte *Wörterbuch des Unmenschen* (1957).

Storz, Oliver (* 30. 4. 1929 Mannheim). – Dt. Schriftsteller, Studium der Germanistik, Anglistik und Romanistik, ab 1957 Feuilletonredakteur der »Stuttgarter Zeitung«, kenntnisreicher Film-, Fernseh- und Theaterkritiker. 1960 arbeitete er als Dramaturg und wurde 1974 Dozent für Dramaturgie an der Staatl. Hochschule für Musik und Darstellende Kunst in Stuttgart. 1976 ließ er sich als freier Schriftsteller nieder. Neben Fernsehspielen und dramatischen Bearbeitungen sowie zahlreichen Essays, z. B. *Der Tod des Camilo Torres oder: die Wirklichkeit hält viel aus* (1977), schrieb er Erzählungen wie *Lokaltermin* (1962) und *Ritas Sommer* (1984) und Romane, *Nachbeben* (1977). Zu seinen jüngsten Arbeiten zählt der Fernsehfilm *Das tausendste Jahr – Szenen aus mythischer Zeit* (1978).

Stout, Rex Todhunter (* 1. 12. 1886 Noblesville/Indiana, † 27. 10. 1975 Danbury/USA). – Amerik. Schriftsteller, arbeitete in verschiedenen Berufen. S. begann 1927 Romane zu schreiben, die rasch ein breites Publikum gewannen und in viele Sprachen übersetzt wurden. Nach psycholog. Romanen begründete er 1934 seine berühmte Kriminalserie um den Detektiv Nero Wolfe. Bisher sind über 30 seiner Kriminalromane dt. erschienen. Genannt seien *Die Lanzenschlange* (1934, dt. 1956), *Die Champagnerparty* (1958, dt. 1960) u. v. a.

Stow, Randolph (* 28. 11. 1935 Geraldton). – Austral. Schriftsteller, studierte Linguistik und Anthropologie, arbeitete mit Eingeborenen auf einer Missionsstation in Neuguinea und lehrte dann Anglistik in Australien und England. S. schrieb Werke in unterschiedl. Gattungen (Opernlibretti, Gedichte, Dramatisierungen), wurde jedoch durch Kinderbücher *Käpt'n Mitternacht* (1967, dt. 1972) und Romane *Zu jenen Inseln* (1958, dt. 1959), *Besucher* (engl. u. dt. 1979), *The Girl Green as Elderflower* (1980), *The Suburbs of Hell* (1984) bekannt. Die Romane zeigen eine genaue Kenntnis der Kultur der

Eingeborenen in Neuguinea und verbinden surreale und reale Stilelemente zu einer spannenden Darstellung, die in populärer Weise auch philosoph. Fragen anspricht.

Stowe, Harriet Beecher (* 14. 6. 1811 Litchfield/Connecticut, †1. 7. 1896 Hartford/Connecticut). – Amerikan. Dichterin, Tochter eines presbyterian. Geistlichen; unterrichtete seit 1832 in Cincinnati, wo sie mit dem Problem der Sklaverei konfrontiert wurde. Ihr weltberühmter Roman *Onkel Toms Hütte* (engl. u. dt. 1852) spielte im Kampf gegen die Sklaverei in den Südstaaten der USA eine entscheidende Rolle. In späteren religiös-belehrenden Romanen, z. B. *Oldtown Folks* (1869), entstand ein Bild des Lebens in Neuengland, wohin sie 1850 mit ihrem Mann gezogen war. Ihr Gesamtwerk erschien 1896 in 16 Bdn.

Strabon *(Strabo)* (* um 63 v. Chr. Amaseia/Pontos, †um 19 n. Chr.). – Griech. Schriftsteller, lebte längere Zeit in Rom und kam auf Reisen bis nach Armenien und Äthiopien. Sein umfangreiches Geschichtswerk, das von Polybios ausgeht, ist nur in wenigen Fragmenten erhalten. Nahezu vollständig besitzen wir dagegen seine siebzehnbändige *Geographika*, die Einblick in die antike Kenntnis der Erde gibt und auf namhaften Quellen fußt. Sie ist ein unersetzl. Werk, da eine Fülle kulturhistor. Erkenntnisse und Beobachtungen in ihr enthalten sind.

Strachey, Giles Lytton (* 1. 3. 1880 London, †21. 1. 1932 Inkpen/Berkshire). – Engl. Autor, nach dem Studium freier Schriftsteller in London und Mitarbeiter des »Spectator«. Seine biograph. Essays, wie z. B. *Geist und Abenteuer* (dt. Auswahl 1932), und Romane bedeuten eine Wende, da sie die Menschen nicht mehr heroisierend, sondern iron. und desillusionierend mit ihren Licht- und Schattenseiten darstellen, so *Königin Victoria* (1921, dt. 1925) und *Elisabeth und Essex* (1928, dt. 1929).

Strachwitz, Moritz Graf von (* 13. 3. 1822 Peterwitz b. Frankenstein/Schles., †11. 12. 1847 Wien). – Dt. Dichter, studierte Jura und lebte auf seinen Besitztümern. Seine heroisch-ritterl. und patriot. Balladen aus der nord. Sagen- und Geschichtswelt, z. B. *Das Herz von Douglas*, übten auf die heldische Ballade des 19. Jh.s (Fontane) großen Einfluß aus.

Stramm, August (* 29. 7. 1874 Münster, †1. 9. 1915 b. Horodec/Rußland). – Dt. Dichter, promovierte 1909 zum Dr. phil. und war zuletzt Postdirektor in Berlin. Seit 1913 arbeitete er für die Zeitschrift »Der Sturm«, deren Hg. H. Walden ihn entdeckte. Seine Gedichte und Dramen, die anfangs noch dem Naturalismus nahestanden, weisen bald die Elemente des frühen Expressionismus auf: Dem Streben nach absoluter Aussage müssen konkrete Handlungsabläufe und individuelle Charaktere weichen; die Sprache ist äußerst verdichtet, z. T. reduziert auf ekstatische Schreie und Einzelwörter. Von seinen Dramen seien genannt *Erwachen* (1915) und *Geschehen* (1916), von seiner Lyrik *Du* (1915) und *Tropfblut* (1919). 1963

erschien eine Gesamtausgabe, die wissenschaftl. Ansprüchen genügt, 1988 die *Briefe an Nell und Herwarth Walden*.

Strandberg, Carl Vilhelm August (* 16. 1. 1818 Stigtomta/Södermanland, †5. 2. 1877 Stockholm). – Schwed. Schriftsteller, wandte sich nach dem Studium journalist. und literar. Schaffen zu. Seinen frühen revolutionären und patriot. Gedichten auf Freiheit und die Einheit Skandinaviens, *Sånger i Pansar* (1845), folgten realistischere patriot. Historienbilder und Idyllen. Dichterische Gestaltungskraft bewies er mit der Übersetzung von Byrons Epen.

Stranitzky, Joseph Anton (* 10. 9. 1676? Steiermark?, †19. 5. 1726 Wien). – Österr. Volksschauspieler und Dichter, führte zuerst ein Marionettentheater in Süddeutschland und trat seit 1706 mit einer eigenen Schauspieltruppe in Wien auf, mit der er 1711 ins neue Kärntnertortheater einzog. In Anlehnung an ital. Opernlibretti verfaßte er Haupt- und Staatsaktionen, in die er die Gestalt des Hanswursts einführte. Er wurde damit der Schöpfer des Wiener Volkstheaters. 14 Haupt- und Staatsaktionen erschienen 1908–1910.

Straparola, Gianfrancesco (* um 1480 Caravaggio b. Cremona, †um 1557 ebd.?). – Ital. Erzähler, über sein Leben gibt es keine verläßl. Nachrichten. 1550–54 erschien in Venedig seine zweiteilige Sammlung von Novellen, Anekdoten, Schwänken und Volksmärchen unter dem Titel *Le piacevoli notti*, mit welchen er sein Vorbild Boccaccio in keiner Weise erreicht. Die 21 Märchen dieser ersten Märchensammlung Europas wurden z. T. von Perrault und Basile nachgedichtet.

Strašimirov, Anton (* 15. 6. 1872 Warna, †7. 12. 1937 Wien). – Bulgar. Schriftsteller, wirkte nach unruhigen Jugendjahren als Lehrer, war später Abgeordneter und engagierte sich in der makedon. Freiheitsbewegung. S. schilderte in seinen realist. Romanen, Erzählungen und Dramen die Armut und Unwissenheit der Bauern, ihre ersten Massenbewegungen und die allmähliche geistige Öffnung auf dem Lande und in den Kleinstädten. Seine Werke erschienen in 7 Bdn. 1962f.

Strauß, Botho (* 2. 12. 1944 Naumburg/Saale). – Dt. Schriftsteller, studierte Germanistik und Soziologie und trat mit eigenen lit. Arbeiten 1967 bis 1970 in der Zeitschrift »Theater heute« hervor. 1970–75 war er dramaturg. Mitarbeiter an der Berliner Schaubühne am Halleschen Ufer; er ist Mitglied des PEN-Zentrums und erhielt zahlreiche Stipendien (z. B. Villa Massimo in Rom 1976) und Preise (Bayer. Akademie der Schönen Künste 1981). Während er zunächst nur Theaterstücke veröffentlichte, z. B. *Die Hypochonder* (1971), *Bekannte Gesichter, gemischte Gefühle* (1974) und *Trilogie des Wiedersehens* (1976), errang er später auch Anerkennung mit seiner Übersetzung und Bearbeitung von Labiches *Das Sparschwein* (1973) und dem Drehbuch zu Peter Steins Film *Sommergäste*. Mit der Erzählung *Die Widmung* (1977) gelang ihm der Durchbruch zur allgemeinen lit. Beachtung. 1978 erschienen die Szenen *Groß und Klein*, die ihn international bekannt machten. Es folgten die Prosa *Rumor* (1980), *Paare, Passanten* (1981) und *Der junge Mann* (1984), die Theaterwerke *Kalldewey Farce* (1981), die artifizielle und zeitkritische Shakespeare-Anlehnung *Der Park* (1983) und *Die Fremdenführerin* (1986), *Besucher* (1988), *Zeit und Zimmer* (1989), *Angelas Kleider* (1991) sowie das Gedicht *Diese Erinnerung an einen, der nur einen Tag zu Gast war* (1985). S. gilt heute als einer der bedeutendsten deutschsprachigen Autoren; 1987 fand *Niemand anderes* große Beachtung. Mit zahlreichen Essays und Kritiken wirkte er nachhaltig auf das literarische Leben, z. B. *Versuch, ästhetische und politische Ereignisse zusammenzudenken* (1987), *Beginnlosigkeit. Reflexionen über Fleck und Linie* (1992). Mit der Medienwelt setzt er sich in zwei schwerverständlichen Texten, die unter dem Titel *Fragmente der Undeutlichkeit* (1989) erschienen, auseinander. *Kongreß. Die Kette der Demütigungen* (1989) ist ein Roman, Essay und psychologisches Vierpersonenstück, das bei der Kritik nur geteilte Zustimmung fand.

Strauß, Emil (*31.1. 1866 Pforzheim, †10.8. 1960 Freiburg/Br.). – Dt. Schriftsteller, studierte Philosophie, Literaturwissenschaft und Volkswirtschaft und führte dann mit dem befreundeten Dichter E. Gött eine Landwirtschaft. 1892–94 wirkte er als Landwirt und Schulleiter in Brasilien, dann lebte er überwiegend in Süddeutschland, wobei er in seiner Jugend starke Einflüsse durch die befreundeten Dichter Halbe, Dehmel und Hauptmann erfuhr. Seine in traditioneller Form abgefaßten Novellen, z. B. *Der Schleier* (1920), und Romane, z. B. *Freund Hein* (1902), *Das Riesenspielzeug* (1935) u. *Dreiklang* (1949), stehen teils dem Realismus, teils der Neuromantik nahe. Ihre psycholog. feinfühlige Gestaltung und hohe Sittlichkeit zeigen ihn neben Wiechert, Stehr u. a. auf der Suche nach neuer Innerlichkeit. 1955 erschien die Autobiographie *Ludens*.

Strauß, Ludwig (*28.10. 1892 Aachen, †11.8. 1953 Jerusalem). – Dt. Schriftsteller, war nach dem Germanistikstudium Dramaturg und Dozent für Literaturgeschichte in Aachen. Seit 1935 lebte er als Landarbeiter, Lehrer und zuletzt Universitätsdozent in Israel. In enger Verbindung zur jüd. Dichtung schrieb er in dt. und hebräischer Sprache die Gedichte *Heimliche Gegenwart* (1952), die Erzählungen *Fahrt und Erfahrung* (1959) sowie literaturhist. Arbeiten. Daneben übersetzte er hebr. und jidd. Werke.

Strauß und Torney, Lulu von (*20.9. 1873 Bückeburg, †19.6. 1956 Jena). – Niedersächs. Dichterin, bereiste Europa und lebte seit ihrer Heirat 1916 in Jena. Sie steht mit ihren formstarken Balladen *Hinter den Dünen* und *Reif steht die Saat* neben A. Miegel als traditionalist. Balladendichterin des 20. Jhs; daneben schrieb sie stimmungsvolle und naturverbundene Lyrik. Ihre Romane und Erzählungen spiegeln die Geschichte und Mentalität ihrer Heimat, z. B. *Judas* (1911) und *Der Jüngste Tag* (1922), 1965 erschien ihr Briefwechsel mit Theodor Heuss.

Streuvels, Stijn, eigtl. *Frank Lateur* (*3.10. 1871 Heule b. Kortrijk, †15.8. 1969 Ingooigem). – Fläm. Dichter, arbeitete bis 1905 als Bäcker in Avelgem, dann als Schriftsteller in Ingooigem. Mit seinen auch in Dtld. weitverbreiteten Erzählungen und Romanen gilt er als einer der bedeutendsten fläm. Regionaldichter. Er gestaltete plastisch und stimmungsvoll die Auseinandersetzung der Bauern mit der Natur und innerdörfl. Konflikte, z. B. in *Sonnenzeit* (1900, dt. 1903), *Liebesspiel in Flandern* (1904, dt. 1936) und *Der Flachsacker* (1907, dt. 1937). 1946 und 1951 veröffentlichte er Autobiographien. Seine Romane liegen in zahlreichen Übersetzungen (häufig mit unterschiedl. Titeln) vor; eine Auswahl erschien 1951.

Stribling, Thomas Sigismund (*4.3. 1881 Clifton/Tennessee, †8.7. 1965 Florence/Alabama). – Amerikan. Schriftsteller, begann mit Kurzgeschichten für Magazine; seit 1922 schrieb er anspruchsvollere Romane, z. B. *Colonel Vaiden* (1932, dt. 1937). In viele Sprachen übersetzt und sehr beachtet wurde die Trilogie *The Forge* (1931), *The Store* (1932; 1933 Pulitzer-Preis) und *The Unfinished Cathedral* (1934).

Stricker, Der (1. Hälfte 13. Jh. aus Franken). – Der mhd. Dichter bürgerl. Herkunft lebte als Fahrender meist in Österreich. Neben dem phantast. Artusroman *Daniel vom blühenden Tal* und dem Epos *Karl der Große* verfaßte er als Hauptwerk die Schwanksammlung *Pfaffe Amîs*, in der er menschliche Schwächen und Mißstände geißelte. Zahlreiche Motive finden sich in späteren Schwanksammlungen, etwa um den Pfaffen von Kalenberg und Till Eulenspiegel, wieder. Mit seinen Verserzählungen wurde er zum Begründer einer eigenen Gattung. Bes. bekannt sind seine »bispel«.

Strindberg, August (*22.1. 1849 Stockholm, †14.5. 1912 ebd.). – Schwed. Dichter, verbrachte als Sohn eines verarmten Kaufmanns harte Kinderjahre. Nach zwei Jahren Philosophiestudium arbeitete er in Stockholm als Schriftsteller, Kunstkritiker und Übersetzer, 1874 bis 1882 an der Königl. Bibliothek. Sein erstes bedeutendes Drama *Meister Olof* (1872–78) fand erst Beachtung, nachdem S. durch den satir. Gegenwartsroman *Das rote Zimmer* (1879), der die Stockholmer Oberschicht kritisierte, bekannt geworden war. Seine Hinwendung zu sozialist. Ideen trieb ihn 1883–89 ins erste freiwillige Exil (Frankreich, Schweiz, Deutschland, Dänemark). In dieser Zeit entstanden u. a. die Novellen *Heiraten* (1884f.) und die naturalist. Trauerspiele *Der Vater* (1887) und *Fräulein Julie* (1888), in denen sich die Zerrüttung seiner ersten Ehe und sein patholog. Frauenhaß abzeichnen, weiter die ersten Teile seiner Selbstbiographie *Der Sohn der Magd* (1886–1909). Unter dem Einfluß Nietzsches wandte sich S. vorübergehend einer aristokrat.-individualist. Haltung zu, so in dem Roman *An offener*

See (1890). Während des zweiten freiwilligen Exils 1892–96 (Deutschland, Paris) durchstand er äußere Not und eine tiefe seel. Krise, verarbeitet in dem Roman *Inferno* (1897), und fand Halt in einem von Katholizismus, Buddhismus und Okkultismus getragenen Glauben. Seine folgenden Werke sind stark symbolisch, so *Nach Damaskus* (1898–1904), *Advent* (1899) und *Ein Traumspiel* (1902). Die Stücke *Ostern* und *Totentanz* (1901) spiegeln die Problematik seiner dritten Ehe, die Romane *Die gotischen Zimmer* (1904) und *Schwarze Fahnen* (1907) Verzweiflung und Haß nach der Trennung. Daneben schrieb er wie bereits früher histor. Dramen und als späte Werke Kammerspiele, von denen *Gespenstersonate* (1907) und *Der Scheiterhaufen* (1907) vorbildhaft für die expressionist. Symboldramen wurden. S. war nicht nur Hauptvertreter des schwed. Naturalismus, sondern auch Wegbereiter des Expressionismus und Surrealismus. Durch die aufkommenden Kleinbühnen konnte S. sein Ideal vom Kammerspiel, das nur wenige Schauspieler benötigt, verwirklichen. So geht die Tradition des europ. Kammerspiels auf S. zurück. Sein umfangreiches Werk erschien in allen Kultursprachen und wirkte nicht nur auf die Literatur, sondern auch auf das Theater und das gesellschaftl. Selbstverständnis des modernen Menschen. Dt. erschien eine Gesamtausgabe 1902 bis 1930 in 46 Bdn.

Strittmatter, Erwin (* 14. 8. 1912 Spremberg/Niederlausitz). – Dt. Schriftsteller, Arbeiter in verschiedenen Berufen, nach 1945 Dorfbürgermeister, Zeitungsredakteur und später Mitglied einer LPG. Seine teils autobiograph. Entwicklungsromane beschreiben die Situation des Landproletariats und Kleinbürgertums vor 1945 und in der Zeit des Umbruchs, so *Ochsenkutscher* (1951) und *Der Wundertäter* (1957). In der DDR war der Roman *Tinko* (1954; verfilmt 1957) als Jugendbuch verbreitet, da er die Sozialisierung der Landwirtschaft aus kindlicher Sicht als beste Lebensform zeigt. In *Ole Bienkopp* (1963) zeigt St., wie die eigenwilligen Sozialisierungsbemühungen eines Bauern zum Konflikt mit der Partei führen. Seine späteren Erzählungen sind privater, poetischer, innerlicher, z. B. *Ein Dienstag im September* (1969), *Die blaue Nachtigall* (1972), *Meine Freundin Tina Babe* (1977). Der Roman *Der Laden* (1989) verbindet traditionelle Erzählformen mit autobiographischen Elementen, der Roman *Büdner und der Meisterfaun* (1990) erschien bereits erstmals 1980 als Abschluß der Trilogie »*Der Wundertäter*« und gestaltet Fragen der Zeitgeschichte. Vorzügl. Erzähler; B. Brecht bearbeitete und inszenierte sein Schauspiel *Katzgraben* (1954).

Strittmatter, Eva (* 8. 2. 1930 Neuruppin). – Dt. Kinderbuchautorin und Lyrikerin, verheiratet mit Erwin St., studierte Germanistik und Romanistik und war Mitarbeiterin beim Deutschen Schriftstellerverband der DDR und bei der »Neuen Deutschen Literatur«. Als Lyrikerin steht St. in der Tradition der Volksdichtung, der Romantik und der Jahrhundertwende,

wobei sie in einer bewußt bejahten sozialistischen Welt durchaus private Töne anzuschlagen weiß. Die bekanntesten Sammlungen sind *Mondschein liegt auf den Wiesen* (1975), *Die eine Rose überwältigt alles* (1977), *Beweis des Glücks* (1983), *Die heimliche Freiheit der Einsamkeit* (1989). In der Prosa *Briefe aus Schulzenhof* (1977) zeigt sie Aspekte der DDR-Literatur auf und integriert das lit. Werk Erwin St.s in den ästhetischen Anspruch des Sozialismus.

Strub, Urs Martin (* 20. 4. 1910 Olten/Schweiz). – Schweizer Dichter, Psychiater und Chefarzt des Sanatoriums in Kilchberg. In aussagestarker, tiefsinniger Lyrik wandte er sich Natur und Kosmos, menschlichen Problemen und Daseinsfragen zu, z. B. in *Die Wandelsterne* (1955) und *Signaturen, Klangfiguren* (1964).

Struck, Karin (* 14. 5. 1947 Schlagtow/Mecklenburg). – Dt. Autorin, studierte nach einigen Jahren als Fabrikarbeiterin und lebt heute als freie Schriftstellerin. In ihren Romanen *Klassenliebe* (1973), *Die Mutter* (1975), *Lieben* (1977) und der Erzählung *Trennung* (1978) zeigt sie die Probleme der Menschen, die durch persönl. Engagement den sozialen Aufstieg schaffen, und gestaltet in sprachl. intensiver Weise die personale Bindung des Menschen an seine Mutter. In *Zwei Frauen* (1982) und *Glut und Asche. Eine Liebesgeschichte* (1985) zeigt sie, daß Liebesverlust nur durch Schreiben kompensiert werden kann. 1988 erschien *Bitteres Wasser*.

Strug, Andrezej, eigtl. *Tadeusz Galecki* (* 28. 11. 1871 Lublin, † 9. 12. 1937 Warschau). – Poln. Erzähler, Landadeliger, schloß sich in jungen Jahren dem Sozialismus an und wurde 1894 nach Archangelsk verbannt. Als Teilnehmer der Revolution von 1905/06 emigrierte er nach Frankreich, kämpfte im Ersten Weltkrieg für Pilsudski, trat später aber zur Opposition über. Seine frühen Romane über die sozial-revolutionäre Bewegung Polens, wie *Die Geschichte einer Bombe* (1910, dt. 1912), stellen ein Novum in der poln. Literatur dar, da erstmals die revolutionären Ereignisse lit. gestaltet wurden. Später wandte er sich gegen Krieg und Kapitalismus, schrieb Spionage- und Kriminalromane.

Strugatzki, Arkadi (* 28. 8. 1925 Batumi; † 14. 10. 1991) und Boris (* 15. 4. 1933 Leningrad). – Sowjet. Schriftsteller, bevor sie beide freie Schriftsteller wurden, arbeitete Arkadi als Linguist, Orientalist und Übersetzer, Boris war als Astronom tätig. Neben Stanislaw Lem dürften die Strugatzkis die bekanntesten nicht-angloamerikanischen Science-fiction-Autoren sein. Mit ihren Romanen *Es ist nicht leicht, ein Gott zu sein* (1964; verfilmt durch Peter Fleischmann), *Die bewohnte Insel* (1971), *Die dritte Zivilisation* (1975), *Ein Käfer im Ameisenhaufen* (1979, dt. 1983) hatten sie weltweite Erfolge. Ihr wohl bestes Werk, *Picknick am Wegesrand* (1972), wurde von Andrej Tarkowski unter dem Titel *Stalker* verfilmt; bekannt wurden auch *Die zweite Invasion der Marsmenschen* (1967),

Milliarden Jahre vor dem Weltuntergang (1976/77) und *Das lahme Schicksal* (1992).

Stucken, Eduard (* 18. 3. 1865 Moskau, †9. 3. 1936 Berlin). – Dt. Schriftsteller, studierte Naturwissenschaft, Assyriologie und Ägyptologie in Dresden. 1898 reiste er als Teilnehmer einer Expedition nach Syrien. Sein Interesse an Mythen und Sagen bestimmte seine neuromant. Gralsdramen und die Sammlung *Astralmythen* mit hebr., babylon. und ägypt. Mythen (1896 bis 1907). Berühmt wurde seine Romantrilogie *Die weißen Götter* (1918) über den Untergang der Azteken unter Cortez.

Sturm, Julius, Ps. *Julius Stern* (* 21. 7. 1816 Köstritz/Thüringen, †2. 5. 1896 Leipzig). – Dt. Dichter, war Hauslehrer in Heilbronn, wo er J. Kerner und N. Lenau kennenlernte, dann Erzieher des Erbprinzen Heinrich XIV. Reuß-Schleiz in Meiningen und 1850 bis 1855 Pfarrer. Als Dichter trat er mit Gedichten (*Fromme Lieder*, 3 Bde. 1852 bis 1892) hervor, die typ. spätromant. Züge tragen und den preuß. Patriotismus der Bismarckzeit widerspiegeln. Daneben schrieb er Fabeln und Märchen, die charakterist. für das biedermeierl. Bürgertum sind, z. B. *Das Buch für meine Kinder* (1877).

Sturz, Helferich Peter (* 16. 2. 1736 Darmstadt, †12. 11. 1779 Bremen). – Dt. Autor, kam 1762 als Sekretär des Grafen v. Bernstorff nach Kopenhagen und gehörte dort zum Freundeskreis Klopstocks. 1768 besuchte er Hamburg, London und Paris, wo er die bedeutenden Dichter und Literaten der Zeit kennenlernte. Seine Memoiren sind daher eine wichtige Quelle; *Erinnerungen aus dem Leben des Grafen J.H.E. v. Bernstorff* (1777).

Styron, William (* 11. 6. 1925 Newport News/Virginia). – Amerikan. Autor, arbeitete nach dem Studium bei New Yorker Zeitungen. Seine an Faulkner orientierten Romane weisen als wiederkehrendes Stilmittel die film. Rückblende auf. Neben dem Roman *Die Bekenntnisse des Nat Turner* (1967, dt. 1968) über den ersten amerikan. Negeraufstand 1831 – er wurde dafür mit dem Pulitzer-Preis ausgezeichnet – sind auch sein Erstlingsroman *Geborgen im Schoße der Nacht* (1951, dt. 1957) und die Romane *Und legte Feuer an dies Haus* (1960, dt. 1961), *Sturz in die Nacht* (dt. 1991) beachtenswert. S. gilt als ein vortrefflicher Unterhaltungsautor, dessen Romane wie *Sophies Entscheidung* (1979, dt. 1990) weite Verbreitung auch durch Filmfassungen erhielten.

Suarès, André, eigtl. *Félix André Yves Scantrel* (* 12. 6. 1868 Val d'Oriol(Marseille, †7. 9. 1948 Saint-Maur des Fossés). – Franz. Autor aus portugies.-jüd. Familie, war Lehrer und Mitarbeiter der »Nouvelle Revue Française«. In der Lit. machte er sich rasch als Essayist einen Namen, wobei er von Nietzsches später Philosophie und dem Glauben an den Übermenschen stark beeindruckt wurde. Dies zeigt sich auch in den Schriften *Trois hommes: Pascal, Ibsen, Dostojewski* (1913, dt. 1922),

Debussy (1922), *Goethe, le grand Européen* (1932), *Trois grands vivants* (1938). Er schrieb auch Gedichte, die jedoch wenig Beachtung fanden.

Suassuna, Ariano Vilar (* 16. 6. 1927 Pessoa). – Brasilian. Schriftsteller, gilt als einer der besten Kenner der Kultur des Nordostens, einer Region, die stets durch Trockenheit und Katastrophen gefährdet ist. Während seines Studiums gründete S. in Recife ein Studententheater, wurde dann Prof. an der Universität Recife und arbeitete auch in der Kulturverwaltung. In dem Theaterstück *Das Testament des Hundes oder Das Spiel von Unserer Lieben Frau der Mitleidvollen* (1957, dt. 1962) verbindet europ. und brasilian. Spieltraditionen und übt so auf den Zuschauer einen großen ästhetischen Reiz aus. Der Roman *Der Stein des Reiches oder Die Geschichte des Fürsten vom Blut des Geh-und-kehr-zurück* (1971, dt. 1979) greift wiederum auf die brasilian. Volkstradition zurück, verbindet diese mit europ. Stoffen und religiösen und polit. Aspekten.

Suchenwirt, Peter (= Such den Wirt) (* um 1320, †nach 1395). – Österr. Fahrender, hielt sich am Hof Ludwigs von Ungarn, Albrechts von Nürnberg und seit 1372 in Wien auf. In 16 Ehrenreden über Adlige und Ritter seiner Zeit gab er eine allegor. Erklärung ihrer Wappen. Ferner verfaßte er allegor. Reimreden, polit. und didakt. Gedichte.

Suchtelen, Nicolaas Johannes van (* 25. 10. 1878 Amsterdam, †27. 8. 1949 Ermelo). – Niederl. Schriftsteller, nach dem Studium Leiter der »Wereldbibliotheek«. Seine Dramen, Romane, wie *De stille loch* (1916), und Essays zeigen Einflüsse des Pantheismus, die auf seine Auseinandersetzung mit der Philosophie Spinozas zurückgehen, so z.B. das Drama *Kroisos* (1897). Der Roman *Quia absurdum* (1906) berichtet iron. über seine Erfahrungen in einer sozialist. Versuchssiedlung. Er übersetzte Goethe, Hebbel, Dante, Spinoza und verfaßte geistvolle Essays wie *Oorlog* (1936).

Suckling, Sir John (* getauft 10. 2. 1609 Whitton/Middlesex, †1642 Paris). – Engl. Dichter, genoß Ansehen am Hof, mußte aber aus polit. Gründen 1641 auf den Kontinent fliehen. Er verfaßte schwungvoll-heitere Lieder, Theaterstücke, wie *The Goblins* (1646), und Balladen. *A Ballad upon a Wedding* vermittelt in Stil und Versmaß einen Eindruck von der zeitgenöss. Straßenballade. 1969 erschien eine Ausgabe seiner Werke.

Sudermann, Hermann (* 30. 9. 1857 Matzicken/Ostpr., †21. 11. 1928 Berlin). – Dt. Dichter, Redakteur am »Deutschen Reichsblatt« (1881/82), Hauslehrer und freier Schriftsteller. Mit dem Erfolg seiner sozialkrit. naturalist. Dramen stand er anfangs neben G. Hauptmann, erreichte aber nicht dessen Tiefe und Problemschärfe. Bühnenwirksam aufgebaut und mit sentimentalen Effekten arbeitend, sind sie dem franz. Konversationsdrama (Sardou) verwandt. Er versuchte in ihnen die

Aushöhlung bürgerl. Werte , etwa des Ehrenbegriffs in *Die Ehre* (1890) und *Heimat* (1893), aufzuzeigen. Lebensnäher sind seine der ostpreuß. Heimat verbundenen Romane und Erzählungen, so *Frau Sorge* (1887), *Der Katzensteg* (1890) und *Es war* (1894). Weltruhm erlangte er mit der Tragödie *Johannes* (1898) und den Dramen *Johannisfeuer* (1900), *Es lebe das Leben* (1902). Seine späteren Werke *Das hohe Lied* (1908) und seine *Litauischen Geschichten* (1917) erreichten den Rang der Frühwerke nicht mehr. 1930 erschien eine Gesamtausgabe in 10 Bdn.

Sue, Eugéne, eigtl. *Marie-Joseph S.* (* 10. 12. 1804 Paris, † 3. 8. 1857 Annecy). – Franz. Schriftsteller, konnte sich aufgrund seiner finanziellen Unabhängigkeit ab 1829 ganz auf eine lit. Tätigkeit beschränken. Er schrieb anfängl. volkstüml. Abenteuerromane, dann von Byron beeinflußte Gesellschaftsromane und schließl. sozialist. gefärbte Sittenromane, u. a. *Les mystères de Paris* (1842). Mit diesem phantasievollen, geschickt komponierten Roman, reich an sozialem Mitgefühl, aber unklar bezüglich seiner psych. Darstellung, schaffte S. seinen Durchbruch. Außerdem war es der erste franz. Roman, der in Fortsetzungen in einer Zeitung erschien. Weitere Romane aus seinem umfangreichen Schaffen sind u. a. *Les sept péchés capitaux* (1847–49) und *Les mystères du peuple* (1849 bis 1857). Eine dt. Gesamtausgabe wurde 1847f. in 114 Bdn. veröffentlicht.

Süskind, Patrick (* 26. 3. 1949 Ambach/Starnberger See). – Dt. Schriftsteller, arbeitet als Journalist und Redakteur, schreibt für Rundfunk und Fernsehen. Literarischen Erfolg hatte er mit dem Ein-Mann-Stück *Der Kontrabaß* (1983), einem »Monodram aus dem Leben eines Hinterbänklers im städtischen Orchester«. Die geistreiche Gestaltung des Monologs wurde mit den lit. Arbeiten von Thomas Bernhard, Karl Valentin und Franz Xaver Kroetz verglichen, wobei die virtuose Beherrschung der Stilmittel des Absurden und des Realismus wie die Kenntnis der Musiktheorie und Psychologie Bewunderung beim Publikum fanden. Sein histor. Kriminalroman *Das Parfum. Die Geschichte eines Mörders* (1985) zeigt S. als brillanten Erzähler, der geschickt die Darstellungsperspektiven zu wechseln versteht. Das Buch wurde rasch zu einem Bestseller. Auch die Novelle *Die Taube* (1987) fand Beachtung, konnte den Erfolg des vorausgegangenen Buches jedoch nicht wiederholen, obwohl die Gattung vorbildlich gestaltet ist. Poetisch entsprechend wirkt *Die Geschichte von Herrn Sommer* (1991).

Süskind, Wilhelm Emanuel (* 10. 6. 1901 Weilheim/Oberbay,, † 17. 4. 1970 Tutzing). – Dt. Schriftsteller und Journalist, gab 1933–42 die Zeitschrift »Die Literatur« heraus, war bis 1949 Mitarbeiter der »Frankfurter Zeitung«, dann Redakteur der »Süddeutschen Zeitung«. Seine Erzählungen und Romane zeigen Probleme der heranwachsenden Generation, so *Jugend*

(Roman 1930); später wandte er sich dem Essay, der Reportage und Kritik zu, z. B. in *Vom ABC zum Sprachkunstwerk* (1940) und *Abziehbilder* (1963). Neben seinen Übersetzungen wurde er bes. bekannt durch das *Wörterbuch des Unmenschen* (ab 1945), das er mit Sternberger und Storz schrieb.

Suetonius Tranquillus, Gaius (* um 70 n. Chr. Rom, † 140 n. Chr.). – Röm. Geschichtsschreiber, gehörte dem Ritterstand an, war Sachverwalter in Rom und 119–121 Privatsekretär Kaiser Hadrians, danach Privatgelehrter. Sein bedeutendstes Werk sind 12 vollständig erhaltene Biographien der Kaiser Cäsar bis Domitian u. d. T. *De vita Caesarum* sowie fragmentar. überlieferte Biographien großer röm. Dichter wie Terenz, Horaz, Plinius d. Ä. u. a. u. d. T. *De viris illustribus*. Ihr einheitl. Aufbau wurde vorbildhaft für die Biographien der nächsten Jahrhunderte und beeinflußte auch die Geschichtsschreibung. *De viris illustribus* benutzte Hieronymus als Quelle.

Suits, Gustav (* 30. 11. 1883 Wendau/Kr. Dorpat, † 23. 5. 1956 Stockholm). – Estn. Dichter, Professor für estn. und allgemeine Literaturgeschichte in Dorpat. Er zählt zu den bedeutendsten Köpfen der lit. Gruppe »Jung-Estland«, die sich für den Anschluß der estn. Lit. an die europ. einsetzte. Seine anfangs pathet., später intellektuell geprägte Lyrik wirkte stark auf die estn. Literatursprache. Seine Schriften sind nur estn. erschienen.

Sully, Prudhomme, eigtl. *René François Armand Prudhomme* (* 16. 3. 1839 Paris, † 17. 9. 1907 Schloß Châtenay b. Paris). Franz. Dichter, (erster) Nobelpreisträger von 1901, studierte Jura und Philosophie und stand mit abstrakt-wissenschaftl. Gedankenlyrik den Parnassiens nahe, schrieb jedoch auch zart-melanchol. Bekenntnisgedichte, die bis heute nichts von ihrem Reiz verloren haben, z. B. *Les destins* (1872), *La justice* (1878), *Le bonheur* (1888) und *Réflexions sur l'art des vers* (1892). 1903 erschien die erste dt. Übersetzung.

Sulpicius, Severus (* um 360 Aquitanien, † um 420 Südfrankreich). – Südfranz. Schriftsteller, wurde Christ und schrieb aus dieser Sicht in stilist. elegantem Latein seine zweibändige Weltgeschichte *Chronica* (403 vollendet), die die Geschichte von Adam bis in seine Zeit erzählt. Sie fand im Mittelalter als Lehrbuch Verwendung.

Sumarokow, Alexander Petrowitsch (* 23. 11. 1718 b. Wilmanstrand/Finnland, † 12. 10. 1777 Moskau). – Russ. Schriftsteller aus altem Adel, war einige Zeit Offizier, leitete das erste öffentl. Theater und gründete die erste russ. lit. Zeitschrift. Bei der russ. Intelligenz, aber auch in Europa fand er große Anerkennung. Seine 9 Tragödien und 12 Komödien sind nach franz. Vorbild klassizist. gestaltet, zeigen aber auch lyr. Elemente. Er beherrschte fast alle lit. Formen. 1865 erschien eine dt. Auswahl aus seinem Werk.

Sumbatow, Alexander Iwanowitsch, Fürst (* 16. 9. 1857 Murawljowka/ehem. Gouv. Tula, † 17. 9. 1927 Juan-les-Pins). –

Russ. Schauspieler und Bühnenautor, seit 1909 Direktor am Moskauer »Kleinen Theater«. S. schrieb selbst Gegenwartsstücke, in denen er nach dem Vorbild Ostrowskis das Hauptgewicht auf die Charakterisierung und Dialoge legte, z. B. bei *Im Dienst* (1895, dt. 1898) und *Die Macht der Frau* (1899, dt. 1911).

Sundman, Per Olof (* 4. 9. 1922 Vaxholm/Schweden). – Schwed. Autor, Hotelier und Reichstagsabgeordneter, ist heute freier Schriftsteller. Kennzeichnend für seine Romane ist eine äußerst sachl., objektivierende Darstellung, z. T. auf dokumentar. Berichte gestützt. Er schildert in ihnen meist geniale Einzelgänger, so in *Die Expedition* (1962, dt. 1965), *Ingenieur Andrées Luftfahrt* (1967, dt. 1971), *Lofoten sommar* (1973), *Bericht über Samur* (1977), ein Roman, der zu den bedeutendsten Werken der gegenwärtigen skandinav. Lit. zählt, und *Eismeer* (1982). S. ist Träger zahlreicher Auszeichnungen und Mitglied der Schwedischen Akademie.

Supervielle, Jules (* 16. 1. 1884 Montevideo, † 17. 5. 1960 Paris). – Franz. Dichter aus franz.-bask. Familie, die nach Uruguay ausgewandert war, verbrachte Jugend und Studienzeit (Jura, Politik) in Paris und lebte dann in Frankreich und Südamerika. Seine vom Surrealismus und von Bergson inspirierten Gedichte über Landschaft und Menschen Uruguays und eine beseelt erlebte Natur (Pantheismus) überraschen durch unvergl. Phantasiereichtum. 1955 erhielt er den Literaturpreis der Académie Française. Voller Stimmung sind auch seine Romane und Märchenspiele: *Les poémes de l'humour triste* (1919), *Der Kinderdieb* (Roman 1926, dt. 1949) und *Ritter Blaubarts letzte Liebe* (Komödie 1932, dt. 1951). Seine Gedichte liegen in zahlreichen dt. Übersetzungen vor, während die übrigen Werke nur z. T. in Deutschland bekannt wurden.

Surkow, Aleksej Aleksandrowitsch (* 13. 10. 1899 Serednewo, † 14. 6. 1983 Moskau). – Russ. Poet, kämpfte im Bürgerkrieg in der Roten Armee, war Redakteur, Journalist und 1954–59 1. Sekretär des Sowjet. Schriftstellerverbandes. In seiner Lyrik nehmen Stoffe aus dem Bürgerkrieg und antifaschist., patriot. Kriegslieder einen breiten Raum ein. Viele Gedichte wurden vertont und dadurch populär, so *Der Welt den Frieden* (1950, dt. 1951).

Surrey, Henry Howard, Earl of (* 1517 [?] Kenninghall/Norfolk, † 19. 1. 1547 London). – Engl. Schriftsteller, nahm am Hof Heinrichs VIII. eine einflußreiche Stellung ein. Er wurde des Hochverrats verdächtigt und enthauptet. Der von Wyatt beeinflußte Renaissancedichter glich in seiner Lyrik das Petrarca-Sonett der reimärmeren engl. Sprache an und bereitete so das Shakespeare-Sonett vor. In seiner *Aeneis*-Übersetzung verwandte er erstmals den Blankvers.

Suttner, Bertha Freifrau von, geb. Gräfin Kinsky (* 9. 6. 1843 Prag, † 21. 6. 1914 Wien). – Österr. Schriftstellerin, überzeugte Pazifistin, Frau des Schriftstellers Baron Arthur Gundaccar v. S.; lebte mit ihrem Mann 10 Jahre in Tiflis, dann in Niederösterreich. Sie rief 1891 die Österr. Gesellschaft der Friedensfreunde ins Leben und war Vizepräsidentin des Internationalen Friedensbüros in Bern. Auch ihr schriftsteller. Werk stellte sie in den Dienst der Friedensbewegung, so den berühmten Roman *Die Waffen nieder* (1889), eine gleichnamige Monatsschrift (1892–99), Gesellschaftsromane und Schriften. 1905 erhielt sie den Friedensnobelpreis.

Svensson, Jón, eigtl. *Jón Stefán Sveinsson* (* 16. 11. 1857 Möđruvellir/Island, † 16. 9. 1944 Köln). – Isländ. Autor und Jesuit, wirkte als Lehrer und Priester in Dänemark und Frankreich. Seit 1938 lebte er in Köln und schrieb hauptsächl. in dt. Sprache. Seine »Nonni«-Jugendbücher, *Nonni* (1913), *Nonni und Manni* (1914) und *Wie Nonni das Glück fand* (1934), und andere Erzählungen vermitteln einen farbigen Eindruck des Lebens in Island und Dänemark.

Světlá, Karolina, eigtl. *Johanka Mužáková* (* 24. 2. 1830 Prag, † 7. 9. 1899 ebd.). – Tschech. Dichterin, lebte lange im Jeschkengebirge, in dem ihre Dorfgeschichten spielen. Sie zeigen neben realist. Zügen stets moralisierende Aspekte. Daneben verfaßte sie, bes. anfangs vom Jungen Deutschland beeinflußt, Gesellschaftsnovellen und histor.-patriot. Romane, z. B. *Sylva* (1867, dt. 1900). Unvergessen bleibt sie durch ihre Erzählung *Kresky z Ještědi* (1880), deren Inhalt Smetana in seiner Oper *Hubička* (dt. Der Kuß) verwendete. Das Gesamtwerk erschien 1899 bis 1904 in 30 Bdn.

Svevo, Italo, eigtl. *Ettore Schmitz* (* 19. 12. 1861 Triest, † 13. 9. 1928 Motta di Livenza). – Ital. Dichter dt.-jüd. Abstammung, wurde erst kurz vor seinem Tod von J. Joyce und V. Larbaud entdeckt. S. führte in Italien den psychoanalyt. Roman ein. Mit Ironie und teils autobiograph. Bezügen stellte er das Seelenleben des Durchschnittsbürgers dar, so in *Una vita* (1892, dt. 1962), *Zeno Cosini* (1923, dt. 1928; neu 1987) und *Ein gelungener Scherz* (1928, dt. 1932). Die ital. Gesamtausgabe erschien 1966 bis 1969.

Sviták, Ivan (* 10. 10. 1925 Hranice/Tschechoslowakei). – S. lehrte an der Prager Universität Philosophiegeschichte, mußte nach dem Prager Frühling 1968 emigrieren und ist heute als Universitätsdozent in den USA tätig. Neben rein philosoph. Schriften (über Atheismus, Voltaire, Montaigne) verfaßte er literar.-philosoph. Essays, Parabeln und Traktate. Hauptwerk ist seine *Unwissenschaftliche Anthropologie* (dt. 1972).

Svobodová, Růžena, geb. Čápová (* 10. 7. 1868 Nikolsdorf b. Znaim, † 1. 1. 1920 Prag). – Tschech. Schriftstellerin, in Prag mit dem Schriftsteller František Xaver S. verheiratet. Indem sie in ihren Romanen und Novellen – vorwiegend die Emanzipation der Frau behandelnd – gesellschaftl. Mißstände nicht nur aufzeigte, sondern auch kritisierte und psycholog. Aspekte einbezog, steht sie am Übergang vom Naturalismus zum Impressionismus; im Dt. wurde die Novelle *Die schwarzen Jäger* (1944) bekannt.

Swaanswijk, Lubertus Jacobus, Ps. *Lucebert* (*15.9. 1924 Amsterdam). – Niederl. Künstler, besuchte kurze Zeit die Kunstgewerbeschule, lebte dann von Gelegenheitsarbeiten und ist heute Lyriker, Maler und Graphiker. In den 50er Jahren war er Hauptvertreter der »Experimentellen Gruppe«, die, vom Expressionismus, Dadaismus und Surrealismus ausgehend, nach neuen Formen suchte. Ein Beispiel seines lit. Schaffens ist *Wir sind Gesichter*, das 1972 erschien.

Swedenborg, Emanuel, eigtl. *Swedberg* (*29.1. 1688 Stockholm, †29.3. 1772 London). – Schwed. Philosoph und Naturgelehrter, fand rasch Anerkennung und wurde Mitglied der Akademie. In seinen myst.-lat. Schriften deutet er den Menschen als Mitte der organ. Schöpfung und tritt mit pantheist. Grundsätzen in Widerspruch zur Aufklärung. Anknüpfend an die myst. Tradition lehrte er die Möglichkeit der Unio (Vereinigung) des Menschen mit Gott, die Unsterblichkeit der Seele und die Erlösung durch stetes Streben. Auf Goethe hat sein Werk großen Einfluß ausgeübt.

Swietochowski, Aleksander (*18.1. 1849 Stoczek, †25.4. 1938 Gototczyznia b. Warschau). – Poln. Schriftsteller, war nach dem Philosophiestudium Journalist und zeigte sich hierbei als Vorkämpfer der Demokratie und des Fortschritts. Mit seinen Dramen, Novellen und Romanen wurde er zum Hauptvertreter des poln. Positivismus. Sein symbolist. Dramenzyklus *Duchy* (1895–1909) will einen Überblick über die Menschheitsgeschichte geben. 1884 erschienen dt. *Erzählungen aus dem Volksleben* und 1912 das Drama *Aspasia*.

Swift, Jonathan (*30.11. 1667 Dublin, †19.10. 1745 ebd.). – Ir. Dichter, 1689–94 Sekretär des Schriftstellers Sir William Temple in England, dann anglikan. Geistlicher und seit 1713 Dekan in Irland. Seine letzten Lebensjahre verbrachte er in geistiger Umnachtung. S. nahm in zahlreichen Flugschriften zu tagespolit. engl. und ir. Fragen Stellung, anfangs als Anhänger der Whigs, seit 1710 zugunsten der Tories. Sein Mittel im Kampf gegen kirchl. und gesellschaftl. Mißstände wurde die beißende allegor. Satire. So wandte er sich im *Märchen von der Tonne* (1704, dt. 1729) gegen die Korruption in Kirche und Wissenschaft. Mit zunehmender Bitterkeit setzte er sich vor allem für seine von England unterdrückte irische Heimat ein, so in *Ein bescheidener Vorschlag* (1729, dt. 1966). Sein bekanntestes Werk, der satir. Roman *Gullivers Reisen* (Originaltitel: *Travels into Several Remote Nations of the World by Lemuel Gulliver*, 1726, dt. erstmals 1727/28; zahlreiche Ausgaben, auch gekürzt als Jugendbuch, bis in die Gegenwart), zeichnet aus phantast. Perspektiven (Riese, Zwerg) eine Karikatur der Menschheit, in den letzten beiden Teilen von Haß und Verachtung geprägt. In gekürzter und gemäßigter Form wurden die ersten zwei Bände zu äußerst beliebten, weltbe-

kannten Kinderbüchern. Als Satiriker steht S. unvergleichl. in der engl. Literaturgeschichte. Das Gesamtwerk erschien in zahlreichen Ausgaben in vielen Ländern.

Swinarski, Artur Marya (*28.7. 1900 Brodnica, †4.10. 1965 Wien). – Poln. Dichter, war vor dem Zweiten Weltkrieg Graphiker und Publizist in Posen und rief Kleinkunstbühnen ins Leben; später zog er sich aus dem kulturellen Leben zurück. Seine Komödien zu antiken Sagen- und Mythenstoffen richten sich gegen moderne Gefühlsklischees und Schematismen, so *Achill und die Mädchen* (poln. u. dt. 1956). Bedeutend sind seine Parodien und Kurzsatiren.

Swinburne, Algernon Charles (*5.4. 1837 London, †10.4. 1909 Putney/London). – Engl. Dichter, besuchte die Schulen in Eton und Oxford und konnte sich dann, finanziell unabhängig, ganz der Lit. widmen. In dem lyr. Drama *Atlanta in Calydon* (1865, dt. 1878) kamen die Musikalität seiner Sprache und Vollendung seiner Verse erstmals zur Entfaltung. Die öffentl. Anerkennung schlug in Entrüstung um, als er in *Gedichte und Balladen* (1866 bis 1889 in 3 Bdn., dt. 1912) Lyrik voll erot. Sinnlichkeit veröffentlichte. In ihr ist der Einfluß Gautiers und Baudelaires deutl. Mazzini regte seine polit. Gedichte an, in denen er Demokratie und Freiheit verherrlichte, so in *Lieder vor Sonnenaufgang* (1871, dt. 1911). In späten Jahren schrieb S. epische Dichtungen, so *Tristram of Lyonesse* (1882), eine von Wagner inspirierte Nachgestaltung der Sage um Tristan und Isolde. Das Gesamtwerk erschien 1925–1927 in 20 Bdn.

Syberberg, Rüdiger (*6.2. 1900 Köln, †29.4. 1978 Garmisch-Partenkirchen). – Dt. Schriftsteller, studierte Philosophie, war Dramaturg in Düsseldorf, danach Kaufmann und Journalist. Seine Dramen *Lilith* (1946) und *Die Gefangenen* (1964), die Romane *Peter Anemont* (1939) und *Daß diese Steine Brot werden* (1955) und Erzählungen behandeln vorwiegend religiöses Erleben.

Sylvanus, Erwin (*3.10. 1917 Soest/Westf., †27.11. 1985 ebd.). – Dt. Schriftsteller, fand nach Prosa- und Lyrikversuchen im Drama die ihm gemäße Form. Auf seiner Suche nach neuen Darstellungsmöglichkeiten wurden Pirandello und der Spontanismus richtungweisend. Themat. behandeln seine Theaterstücke Zeitfragen wie Rassismus, polit. Macht und soziale Ungerechtigkeit, z.B. *Korczak und die Kinder* (1959), *Unterm Sternbild der Waage* (1960), *Jan Palach* (1972) und *Sanssouci* (1974).

Symmachus, Quintus Aurelius (*um 340, †nach 400 n. Chr.). – Röm. Redner, war Prokonsul in Afrika, 384/85 Stadtpräfekt und 391 Konsul in Rom. Wir besitzen von ihm fragmentar. erhaltene Reden und 10 Bücher Briefe, darunter die *Relationes* aus seiner Tätigkeit als Stadtpräfekt. Sie beeindrucken weniger inhaltl. als durch ihre meisterhafte Rhetorik und gehen auf das Vorbild Plinius' d. Jüngeren zurück.

Symons, Arthur (*28.2. 1865 Wales, †22.1. 1945 Wittersham/Kent). – Engl. Dichter und Kritiker, arbeitete in den neunziger Jahren u. a. für das »Athenäum« und war publizist. tätig. Ausgehend von W. Pater und den franz. Symbolisten, wurde er zum Vorkämpfer des engl. Symbolismus. Seine impressionist. und sehr persönl. Gedichte der frühen Jahre *Silhouettes* (1892) sind wertvoller als die spätere Lyrik. Hervorragend sind seine lit. Studien (Baudelaire, Wilde u. a.). 1973 und 1974 erschienen engl. Auswahlausgaben.

Synesios (*370 n. Chr. Kyrene, †412). – Der griech. Schriftsteller war 399–402 Gesandter Kyrenes in Konstantinopel und wurde 411 zum Bischof von Ptolemais berufen. Sein Werk, das neuplaton. Philosophie, Christentum und rhetor. Kunst vereint, zählt zum Besten seiner Zeit. Genannt seien seine Briefe, die Einblick in die Zeitverhältnisse geben, seine Schrift *Über die Träume,* die literaturhistor. Schrift *Dion* und seine Hymnen.

Synge, John Millington (*16.4. 1871 Rathfarnham b. Dublin, †24.3. 1909 Dublin). – Ir. Schriftsteller, studierte 1893–98 in Paris franz. Literatur und gelangte über Yeats zum irischen Nationaldrama. Durch ihn wurde er auch auf die bildkräftige, gäl. und engl.-irische Elemente verbindende Sprache der Fischer der Aran-Inseln aufmerksam, die er in seine Stücke aufnahm. Seit 1904 war er Direktor des Abbey-Theatre in Dublin. In seinen wenigen, Realismus und Romantik verbindenden Stücken aus irischem Leben und Sagenkreis erreichte die kelt. Renaissance ihren Gipfel, so in den Komödien *Die Quelle der Heiligen* (1905, dt. 1906) und *Der Held der westlichen Welt* (1907, dt. 1912). 1967 erfolgte eine dt. Neuausgabe der Stücke.

Szabó, Dezsö ((*6.7. 1879 Klausenburg, †5.1. 1945 Budapest). – Ungar. Dichter, studierte Philosophie und Philologie in Budapest und Paris und unterrichtete bis 1919 an Gymnasien. Lit. Bedeutung kommt vor allem seiner frühen expressionist. Prosa zu, während später der polit. Aspekt dominiert. In Essays und Pamphleten kämpfte er für den Gedanken der Eigenständigkeit der Ungarn als Rasse, ganz im Geiste des Sozialdarwinismus und der Rassenideologie der Nationalsozialisten des 20. Jh.s, und für soziale Gerechtigkeit. Sein umfangreiches Gesamtwerk, das 1926 bereits in 16 Bdn. erschien, wurde im Ausland kaum beachtet.

Szabó, Lörinc (*31.3. 1900 Miskolc, †3.10. 1957 Budapest). Ungar. Lyriker, Redakteur in Budapest, veröffentlichte anfangs expressionist. Gedichte voll kühner Erotik. Die Begegnung mit dem Leben und der Vereinzelung in der Großstadt ließ seine spätere Lyrik eher pessimist. und stark selbstanalyt. werden, wobei Einflüsse Prousts deutl. werden. Ausgezeichnet sind seine Übersetzungen engl. und dt. Dichter (Coleridge, Shakespeare, Goethe, Kleist). 1960 erschien in Ungarn eine Gesamtausgabe seiner Gedichte.

Szabó, Magda (*5.10. 1917 Debrecen). – Ungar. Dichterin, war bis 1959 Gymnasiallehrerin, dann widmete sie sich nur noch der lit. Arbeit. In ihren Romanen gestaltet sie Familien- und Generationskonflikte, wobei die Spannung zwischen alten bürgerl. Werten und sozialist. Gesellschaft eine bedeutende Rolle spielt, z. B. in *Die andere Esther* (1959, dt. 1961), *1. Moses 22* (ungar. u. dt. 1967), *Inselbau* (1970, dt. 1976), *Altmodische Geschichte* (1978). Sie schrieb auch Jugendbücher und Hörspiele, *Lauf der Schlafenden* (1967, dt. 1969) und *Katharinenstraße* (1969, dt. 1971).

Szabó, Pál (*20.3. 1894 Biharugra, †1.2. 1970 Budapest). – Ungar. Erzähler, arbeitete zunächst als Bauer und Maurer und wurde als erfolgreicher systemkonformer Autor Präsident des ungar. Schriftstellerverbandes. Seine realist. autobiograph. Romane zeigen die Errungenschaften des Sozialismus recht unproblematisch optimistisch, etwa die Auswirkung der Kollektivierung auf die Bauern seiner Heimat, z. B. in *Neues Land* (1953, dt. 1956). 1966 erschienen die Gedichte *Landmacht.*

Szaniawski, Jerzy (*10.2. 1886 Zegrzynek, †16.3. 1970 Warschau). – Poln. Dramatiker, studierte Kunstgeschichte und Landwirtschaft, wurde dann aber Bühnenschriftsteller. Eigentl. Realist, nahm er in seine spannungsreich aufgebauten Komödien um den Konflikt zwischen Alltag und Idealvorstellungen auch die Darstellung seel. Vorgänge und symbolist. Elemente auf, so in *Adwokat i róze* (1929). Dt. liegt eine Auswahl seiner beliebten satir. Erzählungen um Professor Tutka vor, z. B. *Professor Tutkas Geschichten* (1954, dt. 1969).

Szczesny, Gerhard (*31.7. 1918 Sallewen/Ostpreußen). – Dt. Schriftsteller, leitete 1947–62 das Nachtstudio, dann das Sonderprogramm des Bayer. Rundfunks und gründete 1961 die sozialist. »Humanistische Union«. In eigenen Werken, *Die Zukunft des Unglaubens* (1957), *Das sogenannte Gute* (1971) und *Ein Buddha für das Abendland* (1976), und als Herausgeber von *Marxismus – ernstgenommen* (1975) setzte er sich dem Zeitgeist entsprechend mit Liberalismus und Leistungsgesellschaft unkritisch mit dem Marxismus auseinander und entwarf die Vorstellung einer neuen demokratisierten Gesellschaft: *Die Disziplinierung der Demokratie* (1974), *Mögen alle Sorben glücklich sein* (1980), *Vom Unheil der totalen Demokratie* (1983).

Szelburg-Zarembina, Ewa, auch *Szelburg-Ostrowska* (*10.4. 1899 Bronowice b. Pulawy). – Poln. Erzählerin, schrieb zunächst Kinderbücher, in denen sie Gestalten und Geschehnisse der Volksmärchen in die kindl. Erlebniswelt umsetzte. Dieser Stil wirkte auf ansprechende Weise auch in ihren symbolist. und psycholog.-realist. Romanen fort, so bei *Johannas Wanderung* (1935, dt. 1937). Leider liegen von der überaus reizvollen Stilistin, die die Gattungen des Romans und des Kinderbuchs brillant vereinigte, kaum Übersetzungen vor.

Szenessy, Mario (* 14.9. 1930 Zrenjamin/Jugoslawien, †11.10. 1976 Pinneberg). – Ungar. Autor, schrieb fast nur dt. S. studierte in Ungarn Slawistik und Germanistik und unterrichtete dort Russisch. 1963 ging er nach Deutschland. Seine Erzählungen und Romane, meist über gesellschaftl. Verhältnisse in Ungarn und der Bundesrepublik Deutschland, sind von großer stilist. Vielfalt und gehen teils ins Bizarre, Parodistische, z. B. in *Verwandlungskünste* (1967), *Der Hut im Gras* (1973), *Der Hellseher* (1974) und *In Paris mit Jim* (1977).

Szyborska, Wisława (* 2.7. 1923 Kórnik). – Poln. Lyrikerin, arbeitet nach ihrem Philologiestudium für zahlreiche Zeitschriften und publizierte Gedichte, die in der poln. Gegenwartsliteratur eine Sonderstellung einnehmen, da sie weder durch historisierende Traditionen noch durch Sozialistischen Realismus geprägt werden, sondern das Individuum mit seinen Nöten und Gebrechen in den Mittelpunkt stellen. Durch Übersetzungen des Friedenspreisträgers K. Dedecius wurden die Gedichte auch in Dtld. bekannt *Salz* (1973), *Deshalb leben wir* (1980), *Hundert Freuden* (1986).

Szymański, Adam (* 16.7. 1852 Hruszniewo, †6.4. 1916 Moskau). – Poln. Erzähler, verbrachte 17 Jahre in der Verbannung in Sibirien und schilderte aus dieser Erfahrung in den sehr wirklichkeitsnahen Novellen *Skizzen aus Sibirien* (1887 bis 1890 in 2 Bdn., dt. 1894) die Schicksale verbannter Polen. Seine weiteren Romane und Erzählungen bringen menschl. Mitgefühl und Patriotismus zum Ausdruck, etwa *Szrul z Lubartowa* (1885). Als Essayist, *L. Tolstoi* (1911), und engagierter Pädagoge, *Reforma szkolna* (1904 bis 1913), fand er Beachtung und Anerkennung.

Szymonowic, Szymon, latinisiert *Simon Simonides* (* 24.10. 1558 Lemberg, †5.5. 1629 Czernięcin). – Poln. Dichter, Sekretär des Kanzlers Johann Zamoyski, wurde 1593 von Papst Clemens VIII. zum Dichter gekrönt. S. verfaßte in lat. Sprache Dramen und Gedichte, wobei er es geschickt verstand, antike Stoffe in christl. Deutung auf die Bühne zu bringen, z. B. *Penthesilea* (1818). Seine J. Kochanowski verpflichteten Schäferidyllen *Sielanki* (1614) übten auf die poln. Lit. großen Einfluß aus.

Tabori, George (*24.5. 1914 Budapest). – Brit. Dramatiker, Regisseur, Schriftsteller und Theaterleiter, ursprüngl. arbeitete T. als Journalist und Übersetzer in Budapest, emigrierte 1936 nach London, dann in die USA, kehrte 1970 nach Dtld. zurück, begründete das *Bremer Theaterlabor*, inszenierte an den Münchener Kammerspielen und gründete das Theaterensemble *Der Kreis* in Wien. 1987 Leiter des Wiener Schauspielhauses, 1992 Büchner-Preis. Bes. bekannt wurden die Stücke *Kannibalen* (1968), *Clowns* (1972), *My Mother's Courage* (1979), *Mein Kampf* (1988), *Weismann und Rotgesicht* (1990) sowie die Prosa *Meine Kämpfe* (1986) und *Betrachtungen über das Feigenblatt. Ein Handbuch für Verliebte und Verrückte* (1990).

Tabucchi, Antonio (*23.9. 1943 Pisa). – Ital. Schriftsteller, schreibt unter dem Einfluß von Borges und Pessoa und trat mit Übersetzungen aus dem Portugies. hervor. In seinen Kurzromanen konzentriert er die Handlung auf wenige Höhepunkte, die er differenziert gestaltet, ohne den Zusammenhang dieser Ereignisse vorzustellen. Der Leser muß daher die Handlung selbst konstituieren und erfährt dabei, daß Realität nur eine Fiktion des Individuums ist. Bekannt wurden *Donne di Porto Pim* (1983), *Kleine Mißverständnisse ohne Bedeutung* (1985, dt. 1986), *Der Rand des Horizonts* (1986, dt. 1988), *Indisches Nachtstück und Ein Briefwechsel* (dt. 1990).

Tacitus, Cornelius (*um 55, †nach 115). – Röm. Historiker, nach seinem Rhetorikstudium, das er bei großen Rednern absolvierte, als Redner und Anwalt tätig. Nach seiner Heirat schlug der Sohn eines hohen Beamten die öffentl. Laufbahn ein. Unter der Gewaltherrschaft des Domitian veröffentlichte er zum ersten Mal einige seiner Schriften, so *De vita et moribus Julii Agricolae* (98). Neben geograph. Studien verfaßte er histor. Werke, die an Sallust erinnern. Mit seiner Schrift *Dialogus de oratoribus* sagte er sich von der Kunst der Redner los. Weltruhm erlangte er mit seinen *Historien (Historiae;* behandeln die Jahre 69–96 n. Chr.) und der *Germania (De origine et situ Germaniae)*, die wie seine *Annalen* (eigtl. ab *excessu divi Augusti libri;* behandeln die Jahre 14–66 n. Chr.) zu den bedeutendsten Geschichtsquellen und Geschichtsdarstellungen zählen. Mit diesen Werken begründete er neue Gattungen und – bis heute gültige – Methoden der Historiographie. Seiner *Germania* verdankt die german. Altertumskunde die wichtigsten Informationen. Es ist ein unersetzliches, exaktes und weitgehend verläßl. Buch.

Tagore, Rabindranath, eigtl. *R. Thakur* (*6.5. 1861 Kalkutta, †7.8. 1941 Santiniketan/Westbengalen). – Ind. Schriftsteller, unternahm seit frühester Kindheit Reisen durch Europa und Amerika. Als Gründer einer berühmten Privathochschule stellte sich der Dichter und Philosoph gegen den brit. Imperialismus. Seine Grundideen waren die Auflösung des Kastensystems und die Errichtung eines neuen sozialen Gefüges. In seiner Lyrik weist er Merkmale der europ. Neuromantik auf, wogegen sein Spätwerk dem Expressionismus, v. a. Dramen, verpflichtet ist. Sein umfangreiches Werk, das qualitativ keineswegs einheitl. ist, hat der ind. Lit. europ. Formen geöffnet und die Kenntnis der ind. Lit. in Europa gefördert. In genialer Weise gelang es ihm, eigene Musik mit dramat. Texten zu choreograph. Studien zu verbinden. 1913 erhielt er den Nobelpreis. Die wichtigsten Titel seines Werkes sind in alle Weltsprachen übersetzt. Dt. liegen u. a. vor die Gedichte *Der Gärtner* (1914), *Fruchtlese* (1918), *Gabe der Liebenden* (1920) und *Flüstern der Seele* (1951), Erzählungen *Die Nacht der Erfüllung* (1921) und *Hungrige Steine* (1923), Aphorismen *Verirrte Vögel* und Essays wie *Einheit der Menschheit* (1961).

Tajama, Katai, eigtl. *T. Rokuja* (*22.1. 1871 Tatebajaschi/Gumma, †13.5. 1930 Tokio). – Jap. Schriftsteller, wurde als Verfasser von Essays, krit. Schriften und Gedichten nach mehreren Veröffentlichungen durch die Novelle *Das Bettzeug* (1907, dt. 1948) bekannt. Von der Romantik ausgehend, fand er über den Naturalismus und schwere Lebensphasen zu einer vom buddhist. Glauben geprägten Lebensauffassung, die seine Werke kennzeichnet.

Talev, Dimitŭr (*14.9. 1898 Prilep/Makedonien, †20.10. 1966 Sofia). – Bulg. Schriftsteller, unterbrach sein Medizinstudium, um sich der Philosophie und der Slawistik zu widmen. Neben seiner Tätigkeit als Redakteur verfaßte er Romane und Erzählungen, in denen er die makedon. Freiheitskämpfe histor. deutete. Außer seinen Werken *Der Eliastag* (1953, dt. 1960), *Die Glocken von Prespa* (1954, dt. 1960), und *Der Mönch von Chilendar* (1962, dt. 1968) wurde auch der Romanzyklus *Der eiserne Leuchter* (1952, dt. 1957) ins Dt. übersetzt.

Talhoff, Albert (*31.7. 1890 Solothurn, †10.5. 1956 Luzern). Schweiz. Schriftsteller, machte das Leid der Menschen zum Hauptgegenstand seiner expressionist. Werke. Aus seinen Dramen, lyr. Erzählungen und hymn. Gedichten sind besonders *Nicht weiter – o Herr* (Dr. 1919), *Messe am Meer* (Gedichte 1940) und *Es geschehen Zeichen* (R. 1953) hervorzuheben.

Tallemant de Réaux, Gédéon (*2.10. 1619 La Rochelle, †10.11.1690 [92?] Paris). – Franz. Schriftsteller, unternahm mit seinem Freund, dem Kardinal von Retz, eine Reise nach Italien. Als Bankier und Künstler stand er in engem Kontakt mit der zeitgenöss. Gesellschaft der Pariser Salons. Die Erfahrungen in den Kreisen verarbeitet der Literat in seinen *Geschichten* (hg. 1843 in 4 Bdn., dt. 1913) zu zyn., scharf kritisierenden Karikaturen. Heute jedoch stellen sie eine wichtige histor. Quelle zur Charakterisierung seiner Zeitgenossen dar.

Talmud. T. ist die im 6. Jh. v. Chr. begonnene und im 6. Jh. n. Chr. vollendete Sammlung kodifizierter, rabbin. Thoraauslegungen, aufgrund der darin enthaltenen Gesetzesüberlieferungen und ihrer Kasuistik ein Grundstein der jüd. Religion. In ihr sind Lehren, Gesetze, erbaul. Verse und Dichtungen ebenso wie Sittennormen enthalten, deren Ursprung ca. 536 v. Chr. zur Zeit der Rückkehr der Juden aus der babylon. Gefangenschaft datiert wird. Das teils in hebräischer, teils in chaldäischer Sprache geschriebene Werk in 63 Büchern gibt Aufschluß über die geograph., histor., biolog.-medizin. und astronom. Kenntnisse der Zeit. Das im 16. Jh. erstmals gedruckte Buch ist gegliedert in »Mischna«, das die mündl. Überlieferungen religiöser Kulthandlungen enthält, und in die »Gemara«, welche Gespräche aus Palästina und Babylon wiedergibt. Aus dieser Zweiteilung ist auch die Existenz des »palästinensischen Talmuds« *(Jeruschalmi)* und des »babylonischen Talmuds« *(Babli)* erklärbar. 1520 bis 1523 wurde der T. erstmals auf Textsäulen gedruckt.

Talvio, Maila, eigtl. *Maria Mikkola,* geb. Winter (*17.10.1871 Hartola, †6.1. 1952 Helsinki). – Finn. Schriftstellerin, machte histor., gesellschaftl. und soziale Probleme zum Hauptgegenstand ihrer Werke. Neben den Dramen sind vor allem ihre Romane *Die Kraniche* (1919, dt. 1925), die Trilogie *Tochter der Ostsee* (1929 bis 1936, dt. 1939) und *Die fröhlichen Frauen der Festung* (1941, dt. 1948) zu erwähnen. Die finn. Gesamtausgabe von 1951 umfaßt 13 Bde.

Tamási, Áron (*20.9. 1897 Farkaslaka, †26.5. 1966 Budapest). – Ungar. Schriftsteller, hielt sich nach dem Besuch der Handelsakademie in den USA auf. Nach seiner Rückkehr in die Heimat widmete sich der Bauernsohn dem Schreiben von Erzählungen und Dramen. Seine Werke gebrauchen oft die Mundart und behandeln Themen aus seiner Heimat. Neben balladenhaften, stilist. eigenwilligen Büchern ist sein Hauptwerk, die Abel-Trilogie von 1932 bis 1934 *Abel in der Wildnis* (dt. 1957), zu erwähnen.

Tamayo y Baus, Manuel (*15.9. 1829 Madrid, †20.6. 1898 ebd.). – Span. Theaterdichter, stand im Staatsdienst, wurde 1884 Direktor der Staatsbibliothek. Bereits früh zeigte sich seine hohe dramat. Begabung, bald wurde er zum führenden Bühnenautor. Seine Werke sind zwischen Klassik und Romantik einzuordnen und brachten aufgrund ihrer exakten Charakterisierungen und ihres klaren Handlungsaufbaus auf der Bühne großen Erfolg. Zusammen mit López de Ayala gehört der Verfasser der Stücke *Das neue Drama* (1867, dt. 1887), *Virginia* (1853) und *Les hombres de bien* (1870) zu den Gründern der »alta comedia«. Sein Gesamtwerk erschien 1898 bis 1900 in 4 Bdn.

Tammsaare, Anton Hansen, eigtl. *A. Hansen* (*30.1. 1878 Alp, †1.3. 1940 Reval). – Estn. Schriftsteller, Sohn eines Landwirtes, gehört seit 1918 als freier Schriftsteller der Gruppe »Jung Estland« an. Seine Romane, Dramen und Novellen weisen teils neuromant., teils realist. Züge auf und befassen sich mit großem Einfühlungsvermögen mit dem Schicksal der estländ. Bauern. Weit über seine Heimat hinaus wurde er mit dem fünfbändigen Roman *Tõde ja õigus* (1926 bis 1933, dt. 1938 bis 1941 *Wahrheit und Recht* 1. Wargamäe, 2. *Indrek,* 3. *Karins Liebe,* 4. u. 5. *Rückkehr nach Wargamäe*) bekannt. Zu seinen Hauptwerken gehören außerdem *Der Bauer von K.* (1922, dt. 1958), *Der Däumling* (1932, dt. 1936) und *Satan mit gefälschtem Paß* (1936, dt. 1959).

Tangopulos, Dimitrios (*25.12. 1867 auf Idra, †21.3. 1926 Athen). – Griech. Schriftsteller, wählte soziale Probleme zum Hauptgegenstand seiner Dramen, Novellen und Gedichte. Mit seiner Zeitschrift »Numas« führt er die neugriech. Sprache in Presse und Literatur ein.

Tanizaki, Jun'ichirô (*24.7. 1886 Tokio, †30.7. 1965 ebd.). – Japan. Schriftsteller, studierte japan. Literatur und war später als Mithg. einer Zeitschrift, als Berater und Mitglied der Akademie der Künste tätig. Sowohl seine Reisen nach China als auch der Umgang m. westl. Literatur (Wilde, Baudelaire, Poe) prägten seine Werke. Den ersten Erfolg erzielte der Literat mit dem Werk *Irezumi* (1909), dem Erzählungen und bühnenwirksame Theaterstücke folgten. Als er aus polit. Gründen Veröffentlichungsverbot erhielt, übertrug er in den 30er Jahren das mittelalterl. *Genji-monogalari* in modernes Japanisch, wobei seine Liebe zu den Traditionen des histor. Staates deutl. wird. Später folgten die erzählenden Hauptwerke, etwa *Sasame yuki* (1946–1948), *Shôshô Shigemoto no haha* (1949f.) oder *Yume no ukihashi* (1959), in denen er, von der klass. japan. Lit. ausgehend, tiefenpsycholog. Kenntnisse mit Empfindsamkeit und Brutalität verknüpft. Dt. erschien 1987 die japan. Ästhetik von 1933 *Lob des Schattens,* 1991 das *Tagebuch eines alten Narren,* das zu den bedeutendsten Altersdichtungen der Literatur gehört.

Tannhäuser (*um 1205 bei Neumarkt i.d.Opf., †nach 1266). Dt. Ritter, nahm als mhd. Dichter und Sänger am 5. Kreuzzug von 1228/29 sowie an anderen Kriegszügen teil. Als weitgereister Minnesänger schrieb er höfische Tanzlieder im Gegensatz zu den groben, niederen Gesängen, wobei er seiner Welterfahrung durch den häufigen Gebrauch von Fremdwörtern und gelehrten Anspielungen Ausdruck verlieh. Dem Verfasser von

Spruchdichtungen wurden mehrere Werke fälschlicherweise zugeschrieben. Berühmt sind seine artifiziellen Leiche und das *Bußlied*. Wegen seiner frohen Sinnlichkeit knüpfte sich bald an seine Gestalt die Sage vom Besuch des Venusberges, die im sogenannten *Tannhäuserlied* volksliedhafte Verbreitung erfuhr. R. Wagner wählte die Sage zum Thema der Oper *Tannhäuser*.

Tansillo, Luigi (* 1510 Venosa Potenza, †1.12. 1568 Teano). Ital.Dichter, kämpfte im Türkenfeldzug seines Herrn, des Vizekönigs von Spanien. Mit seinen lyr. Werken, die er im Stil des ital. Klassizismus des 16. Jh.s verfaßte, steht er am Anfang einer neuen Epoche, des »Secentismo«. Seine Lehrgedichte, das erste ital., religiöse Epos *Le lagrime di San Pietro* (1585) und das Gedicht *Il vendemmiatore* (1532), hatten nachdrückl. Wirkung auf die span. Literatur.

Tao, Chien, auch *Tao Yüanming* (* 365 [?] Tschaisang [Kiangsi], †427 [?] ebd.). – Chines. Dichter, war zunächst Beamter (Mandarin), zog sich jedoch auf seinen Landsitz zurück, um sich ganz dem Schreiben zu widmen. Seinen hervorragenden Landschaftsbeschreibungen stehen seine Prosa und Lyrik nicht nach, obwohl sie in absolut einfacher Sprache geschrieben sind. Auf Grund seiner unpol. Grundhaltung hatte der Literat nachdrücklichen Einfluß auf die folgende Dichtergeneration. Bes. bekannt wurden auch in Dtld. die autobiograph. Erzählung *Pfirsichblütenquellen* und seine Selbstbeschreibung *Meister der fünf Weidenbäume*, die in der dt. Übersetzung von 1912–1915 enthalten sind.

Tardieu, Jean, Ps. *Daniel Trevoux* (* 1.11. 1903 Saint-Germain-de-Joux/Ain). – Franz. Dichter, war nach seinem Philologiestudium zunächst als Verlagsangestellter, später als Rundfunkdirektor tätig. Von klassizist. Lyrik ausgehend, wandte er sich, nachdem er Goethe und Hölderlin übersetzt hatte, der surrealist.-absurden Stilrichtung zu. Neben Formen des absurden Theaters sind v. a. seine Sammlungen *Monsieur, Monsieur* (1951) und *Kammertheater* (dt. 1960) und die Gedichte und Prosa *Mein imaginäres Museum* (1965) zu nennen.

Tarkington, Booth (*29.7. 1869 Indianapolis, †19.5. 1946 ebd.). – Amerikan. Schriftsteller, unternahm zeitweilig polit. aktiv, mehrere Reisen, auch nach Europa. Seine Werke, die sich v. a. mit den Problemen der Gesellschaft des Mittelwestens auseinandersetzen, sind dem franz. Realismus verpflichtet. Den Pulitzer-Preis erhielt er für die beiden Werke *Die stolzen Ambersons* (1918, dt. 1945) u. *Alice Adams* (1921). Auch mit Jugendbüchern, z. B. *Penrod*, Dramen und krit. Abhandlungen trat er an die Öffentlichkeit. Seine Werke erschienen 1922 bis 1932 in 27 Bdn.

Tarsis, Valeri Jakovlevitsch (* 1906 Kiew, †3.3. 1983 Bern). – Russ. Schriftsteller, war nach seinem Studium der Geschichte und der Philologie als Redakteur und Übersetzer tätig. 1960 trat er aus dem sowjet. Schriftstellerverband und der kommu-

nist. Partei aus. Von seinen lit. Werken, die sich eindeutig gegen jegl. Art von Totalitarismus wenden, erschienen 1968 Texte zu einem Bildband in dt. Sprache. Außerdem liegen dt. vor *Die blaue Fliege*. *Rot und Schwarz* (1963, dt. 1965) und *Botschaft aus dem Irrenhaus* (russ. u. dt. 1965).

Taschau, Hannelies (*26.4. 1937 Hamburg). – Dt. Autorin, erzielte ihre ersten Erfolge mit den Prosawerken *Die Kinderei* (1960) und *Die Taube auf dem Dach* (1967). In Ihren Gedichten *Verworrene Route* (1959), *Gedichte* (1969), *Luft zum Atmen* (1978) und *Doppelleben* (1979), *Weg mit dem Meer* (1990) setzte sich die Schriftstellerin mit Alltagsproblemen und seel. Grenzsituationen auseinander. 1974 erschien die Sammelausgabe *Strip und andere Erzählungen*, 1985 die Erzn. *Nahe Ziele*, 1978 der Roman *Landfriede* und 1981 *Erfinder des Glücks*. T. schrieb sehr erfolgreiche Hörspiele, z. B. *Fortsetzung einer Biographie* (1978) und *Verlust des Landesinneren* (1983).

Tasso, Bernardo (*11.11. 1493 Venedig, †5.9. 1569 Ostiglia/Mantua). – Ital. Dichter, Vater des Dichters Torquato. T., diente verschiedenen Fürsten und war als Statthalter tätig. Neben seinen Oden, Sonetten und Elegien, die an Petrarca erinnern, verfaßte er Briefe, *Lettere* (1733–51), die ein wichtiges lit. und biograph.-histor. Dokument darstellen. Sein Hauptwerk ist die Bearbeitung des span. Amadisromans von 1560 u. d. T. *Amadigi de Gaula* (1560), den er in *Floridante* (hg. v. T. Tasso 1587) fortsetzt.

Tasso, Torquato (*11.3. 1544 Sorrent, †25.4. 1595 Rom). – Ital. Dichter, widmete sich schon während seines Jurastudiums der Lit. Als vornehm erzogener Hofdichter und Geschichtswissenschaftler hatte er gesellschaftl. Erfolge, doch mußte er sich auf Grund psych. Schwierigkeiten in einer Irrenanstalt aufhalten. Nie mehr ganz gesund geworden, starb er nach einem unruhigen Vagabundenleben kurz vor seiner Krönung zum Dichter. Als sein wichtigstes Werk ist die Kreuzzugdichtung *Das befreite Jerusalem* (1581, dt. 1781–83) zu nennen, die er jedoch aus religiösen Gründen später neu überarbeitete. Dieses Epos, das sich genau an geschichtl. Vorlagen orientiert und in jeder Weise den klass. poetolog. Forderungen genügt, wurde Vorbild für eine breite lit. Tradition, die bis zum Symbolismus und Expressionismus führt. Das Werk gehört zu den großen Texten der Weltliteratur, weniger wegen seiner Qualität als vielmehr wegen seiner ungebrochenen Wirkung. Besonders hervorzuheben ist die lit. Vielseitigkeit des Dichters, die nicht nur in seinem Schäferspiel *Aminta* (1580, dt. 1742), sondern auch in seinen Abhandlungen über Poetik und Philosophie und in über 1700 erhaltenen Briefen zu erkennen ist. Die Romane verfaßte er nach den Vorbildern antiker und ritterl. Werke, die er phantasievoll mit spannenden Handlungen versah. Besonders hervorzuheben sind auch seine beiden Epen *Rinaldo* (1562) und *Le sette giornate del mondo creato*

(1607). An Sophokles orientiert sich seine Dramatik, an Petrarca seine Lyrik. Eine dt. Gesamtausgabe erschien 1978.

Tatian (* 2 Jh. n. Chr. Syrien). – Frühchristl. Kirchenschriftsteller aus Syrien, hatte sich zwar zum Christentum bekehren lassen, löste sich aber 172 nach seiner Lehrtätigkeit wieder von der röm. Gemeinde und kehrte nach Syrien zurück. Das Hauptwerk des Apologeten und Kirchenschriftstellers ist das 172 entstandene *Diatessaron*. Diese Evangelienharmonie wurde im 6. Jh. ins Lat., 830 ins Althochdeutsche übertragen. Sie gilt deshalb als eines der großen Frühwerke der dt. Lit., das dazu beitrug, daß die mündl. Sprache der Franken schriftfähig wurde.

Tau, Max (* 19. 1. 1897 Beuthen, † 13. 3. 1976 Oslo). – Dt. Schriftsteller, setzte sich als Cheflektor für dt. und skandinav. Literaten (H. Stehr, K. Hamsun, S. Undset) ein. Nach seiner Emigration aus dem nationalsozialist. Dtld. ließ er sich in Norwegen nieder, wo er seitdem tätig war. Nicht nur als Hg. der internationalen »Friedensbibliothek«, sondern auch in seinen eigenen Werken beschäftigte er sich immer wieder mit dem Problem der Völkerversöhnung. Zu den Hauptwerken des 1950 mit dem Friedenspreis des Dt. Buchhandels ausgezeichneten Literaten zählen u. a. die Romane *Glaube an den Menschen* (1948), *Denn über uns ist der Himmel* (1955), *Ein Flüchtling findet sein Land* (1964), die Memoiren *Auf dem Weg zur Versöhnung* (1968) und *Trotz allem! Lebenserinnerungen aus siebzig Jahren* (1974).

Taube, Otto Freiherr von (* 21. 6. 1879 Reval, † 30. 6. 1973 Gauting). – Dt. Schriftsteller, studierte Rechtswissenschaften und Philologie und ließ sich 1910 als freier Schriftsteller nieder. Von den Werken R. A. Schröders geprägt, wandte er sich von der ästhetizist. Dichtung St. Georges und D'Annunzios ab. Neben Übersetzungen von Blake und Leskov verfaßte er vor allem Prosawerke, in denen er sich mit der Geschichte seiner Heimat beschäftigte. Zu ihnen gehören *Der verborgene Herbst* (1913), *Die Metzgerpost* (1936), *Geschichte meines Volkes* (1938–1942 in 2 Bdn.) und *Stationen auf dem Wege* (1969). Daneben stehen skurrile Erzählungen, die an E. T. A. Hoffmann erinnern, und zahlreiche Essays, wie *Wirkungen Luthers* (1939) etc. Bereits 1959 erschien eine Auswahl aus seinen Werken.

Tauler, Johannes (* um 1300 Straßburg, † 16.6.1361 ebd.). – Dt. Mystiker, trat 1315 dem Dominikanerorden bei, studierte in Köln und Straßburg und war anschließend als Anwalt des Meister Eckhart tätig. Aus seiner Prediger- und Seelsorgerzeit in Straßburg und Basel sind uns ungefähr achtzig myst.. Predigten erhalten. Sie hatten zu dieser Zeit nachdrückl. Wirkung auf die Erbauungsliteratur. Als ein aus der Bürgerschaft stammender Literat lagen ihm die prakt. Seiten der Seelsorge bes. am Herzen; dabei wandte er sich von der spekulativen Mystik Eckharts und Seuses ab.

Tausendundeine Nacht. Die T. genannte, wahrscheinl. im 9. Jh. ins Arabische übersetzte Erzählsammlung ist mit verschiedenen lit. Gattungen ausgestattet. Den Hauptteil stellen pers. Märchen dar, die nach ind. Vorbild geschaffen wurden. Diese wurden mit ursprüngl. selbstständigen Märchen ergänzt, die arab. und ägypt. Herkunft sind. Die Rahmenerzählung und scherzhafte Episoden haben ind., die Zaubermärchen dagegen pers. Tradition. Das oriental. Volksepos hat vor allem für die Untersuchung vorlit. Erzählweisen große Bedeutung. Die heute übl. Fassung entstand vermutl. im 16./17. Jh. in Ägypten, jedoch sind schon frühere Einflüsse auf die europ. Lit. zu verzeichnen. Nach einer franz. Übersetzung erfolgte von 1921 bis 1929 die erste dt. Übersetzung nach der Kalkutter Ausgabe.

Tausendundein Tag. T. genannt wird eine Sammlung oriental. Märchen in pers. Sprache, die Pétis de la Croix 1675 aus Isfahan mitbrachte. Seine Übersetzung *Les Mille et un Jour* heute die einzig vorhandene Fassung, da das Original verlorenging. 1712 wurde das Werk, in dem das Märchen von der Prinzessin Turandot enthalten ist, zum ersten Mal ins Dt. übersetzt.

Tavaststjerna, Karl August (* 13. 5. 1860 Annila b. Mikkeli, † 20. 3. 1898 Pori). – Finn.-schwed. Dichter, war zunächst als Architekt tätig, wandte sich jedoch bald der Literatur zu. Der Realist unter dem Einfluß Runebergs gehört zu den bedeutendsten Literaten des angehenden 19. Jh.s seines Landes. Als Lyriker trat er mit iron. Liedern im Stile Heines gesellschaftskrit. auf, etwa *För morgenbris* (1883), *Dikter i väntan* (1890) u. a. Zu seinen geistreichen, stilist. gewandten Romanen gehören u. a. *Ein Sonderling* (1887, dt. 1897), *Harte Zeiten* (1891, dt. 1948) und *Der kleine Karl* (1897, dt. 1898). Eine Sammelausgabe seiner Schriften erschien in 10 Bänden 1924; die Gedichte erschienen 1905 in dt. Übersetzung.

Tavčar, Ivan (* 28. 8. 1851 Poljana, † 19. 2. 1923 Laibach). – Slowen. Schriftsteller, Rechtsanwalt, später Bürgermeister von Laibach. Der Verfasser von Novellen, Erzählungen und Romanen gilt als Vertreter der jungslowen. Literaten. Von seinen das bäuerl. Leben seiner Heimat, die Aristokratie und die Glaubenskämpfe behandelnden Werken wurde der Roman *Herbstblüte* 1947 ins Dt. übertragen. Slowen. erschien das Gesamtwerk 1952 bis 1959 in 8 Bdn.

Taylor, Edward (* um 1645 Grafschaft Leicestershire, † 24. 6. 1729 Westfield / Mass.). – Amerikan. Autor, studierte nach der Auswanderung Theologie in Harvard und war seit 1717 als puritan. Geistlicher und Arzt in der Grenzsiedlung Westfield tätig. Seine Werke, die er aus theolog. Gründen nicht veröffentlichen wollte, stehen in der Tradition des engl. Barock und gehören als solche zur bedeutendsten religiösen Dichtung Neuenglands vor der Unabhängigkeit. Unter dem Einfluß von J. Donne und Traherne griff er typ. barocke Themen, Sündenangst, Jenseitshoffnung und Vanitasgedanken, auf, die er jedoch mit großer Dichte und dem Kolorit der Neuen Welt gestaltete. Erst 1937 erschienen seine Gedichte im Druck.

Taylor, John (*24.8. 1578 Gloucester, †Dez. 1653 London). Engl. Autor, arbeitete vor seiner Tätigkeit als Gastwirt bei der Marine und als Bootsführer auf der Themse. Die abenteuerl. Erlebnisse seiner zahlreichen Reisen, z. B. der Besuch der böhm. Königin, verarbeitete der »water poet« zu witzigen, aber derben Erzählungen und Gedichten. 1630 erschienen seine Werke zum ersten Mal; die späteren Werke liegen in einer Ausgabe von 1870 vor. Bes. bekannt wurden *The Pennyless Pilgrimage of J. T.* (1618) oder *A very Merry Wherry-Ferry Voyage* (1622).

Tecchi, Bonaventura (*11.2. 1896 Bagnoregio/Viterbo, †30.3. 1968 Rom). – Ital. Autor, arbeitete nach seinem Studium als Lektor in der ČSSR und in Deutschland. Als Professor für Germanistik in Rom verfaßte er psycholog. Romane, Erzählungen und liter.-histor. Schriften. Außerdem machte er sich um zahlreiche Übersetzungen (Wackenroder, Alverdes, Carossa) verdient. Neben seinem Hauptwerk *Die Egoisten* (1959, dt. 1960), das die Welt intellektualisierter Männlichkeit gegen die mitmenschl. Gemeinsamkeit abgrenzt, sind seine Novellen *Donna nervosa* (dt. 1962) und *Insel der Leidenschaft* (dt. 1965) hervorzuheben. Posthum erschienen seine Romane *La terra abbandonata* (1970) u. dt. *Später Sommer* (1981).

Téffi, Nadežda Aleksandrowna, eigtl. *N. A. Butschinskaja* (*9.5. 1876 Leningrad, †6.10. 1952 Paris). – Russ. Schriftstellerin, verarbeitete die Erlebnisse der Emigration nach 1918 in ihren Werken und zeigt die Probleme der exilierten Landsleute in der franz. Hauptstadt. Neben humorvollen Romanen gehören Schauer- und Kindergeschichten sowie Gedichte zum lit. Repertoire der von Tschechow geprägten Dichterin. Leider liegen von den Werken keine dt. Übersetzungen vor.

Tegnér, Esaias (*13.11. 1782 Kyrkerud/Värmland, †2.11. 1846 Växjö/Kronoberg). – Schwed. Poet, wurde nach seinem Studium Dozent für Ästhetik und Professor für Gräzistik. Melanchol. Neigungen und private Krisen führten zur Geisteskrankheit des Dichters. Die beiden Hauptwerke des um die Erneuerung der nord. Mythologie bemühten Literaten sind das Gedicht *Svea* (1811), in dem er einerseits die Faszination des nord. Helden zeigt, andererseits zu iron. Brechungen neigt und damit romant. Züge intellektuell überwindet, und die *Frithiofs-Saga* (1825, dt. 1826), in der er zwar einen norweg. Sagastoff des Sognefjords aufgreift, dennoch rasch zum Dichter der schwed. nationalen Erneuerung wird. In ihnen versuchte er, antike Vorbilder mit klass. Klarheit und den Formen des Idealismus zu verbinden. Im Alter übersetzte er Lessing. Seine Briefe sind wichtige Quellen zum Verständnis der schwed. Geistigkeit und der nord. Romantik.

Teirlinck, Hermann (*24.2. 1879 Molenbeek-Saint-Jean b. Brüssel, †4.2. 1967 Beersel b. Brüssel). – Fläm. Schriftsteller, hatte als Leiter des Instituts für angewandte Kunst in Brüssel beratende Funktion am belg. Hof. Nach naturalist. Milieuschilderung aus ländl. Gegenden wandte er sich später dem Stadtleben zu, so in *Das Elfenbeinäffchen* (1909, dt. 1927). In seinen vom Expressionismus geprägten Dramen verwendet er Stilmittel des mittelalterl. Mysterienspiels. 1956–1971 erschien eine achtbändige Gesamtausgabe *Verzameld werk*.

Teixeira de Pascoaes, eigtl. *Joaquim Pereira Teixeira de Vasconcelos* (*2.11. 1877 Gatão Amarante, †4.12. 1952 ebd.). – Portugies. Dichter, hatte durch seine Zugehörigkeit zur »Renascença portuguesa«, einer Literatengruppe, Verbindung zu zeitgenöss. Schriftstellern. Seine Werke, die Gedichte, Romane, Dramen und Biographien (*Paulus, der Dichter Gottes* 1934, dt. 1938) umfassen, sind von einer typ. portugies., myst. Sehnsucht (saudosismo) gekennzeichnet und ermöglichen somit, das portugies. Selbstverständnis zu analysieren, das seine Wurzeln in der pantheist. Tradition, zum anderen in einer engen Landschaftsverbundenheit hat. Von dem umfangreichen Werk – die Gesamtausgabe umfaßt 8 Bde. – sind nur wenige Titel übersetzt.

Telesilla von Argos (6./5. Jh. v. Chr.). – Griech. Dichterin, soll zusammen mit anderen Frauen ihre Vaterstadt vor den Spartanern gerettet haben. Von den Werken der stark kult. orientierten Dichterin sind 9 Fragmente erhalten, von denen sie 6 dem Apollo und der Artemis geweiht hatte.

Telles, Lygia Fagundes (*9.4. 1923 Sao Paulo). – Brasilian. Autorin, studierte Jura, war im Staatsdienst und wurde 1985 in die Academia Brasileira de Letras berufen. Ihre Erzählungen (u. a.) *Vor dem grünen Ball* (1970, dt. 1984), *Seminário dos ratos* (1977) und Romane *Mädchen am blauen Fenster* (1973, dt. 1984) gestalten alltägliche Begebenheiten, wobei die Grenze von Traum und Erfahrung bewußt aufgelöst wird.

Tencin, Claudine Alexandrine Guérin de (*24.4. 1682 Grenoble, †4.12. 1749 Paris). – Franz. Schriftstellerin, mußte das Kloster, in das sie gegen ihren Willen eingetreten war, auf Grund ihres nicht angemessenen Verhaltens wieder verlassen. Die Verfasserin zahlreicher anonym erschienener Romane stand als Mitglied eines lit. Zirkels in Paris in engem Kontakt mit zeitgenöss. Literaten, wie z. B. Montesquieu, Fontanelle, Martonel, Abbé Prévost und Marivaux. Aus ihrer Verbindung mit Destouches stammt D'Alembert, den sie nach der Geburt aussetzte. Ihre wichtigsten Werke sind *Mémoires du comte de Comminges* (1735) *und Les malheurs de l'amour* (1747) sowie zahlreiche Briefe, die ein lebendiges Zeitbild geben, z. B. *Correspondence de cardinal de Tencin et de Mme de T.* (2 Bde. 1790).

Tendrjakow, Wladimir Fjodorowitsch (*5.12. 1923 Makarowskaja, †August 1984). – Russ. Erzähler, war Soldat im Zweiten Weltkrieg und nach seinem Studium am Gorki-Literaturinstitut als Journalist tätig. In seinen Erzählungen, zu denen u. a. *Der Morast* (1954, dt. 1957) und *Fjodor sucht die Wahrheit* (dt. 1966) gehören, behandelt er die soziale und eth. Situation der Bauern, wobei er deren Forderungen nach Humanität und Religion Ausdruck verleiht. Zuletzt erschienen dt. *Die Nacht nach der Entlassung* (o. J.), 1963 die Auswahl *Der Fremde*, 1978 der Roman *Mondfinsternis* und 1980 *Die Abrechnung*, 1980 (dt. 1982) *Sechzig Kerzen*.

Tennyson, Alfred Lord (*6. 8. 1809 Somersby/Lincoln, †6. 10. 1892 Aldworth bei Reading). – Engl. Schriftsteller, studierte als Sohn eines Geistlichen in Cambridge. Mit seinen wortgewandten und rhythm. virtuosen Werken wurde er rasch bekannt und ein allgemein beliebter Autor; bald wurde der offiziell geschätzte Dichter des Victorianismus geadelt und zum »poet laureate« erhoben. Seine Hauptwerke der Gedichtzyklus *Freundes-Klage* (1850, dt. 1871) und die Versepen *Königsidyllen* (1859 bis 1885, dt. 1867) sind der Spätromantik zuzuordnen. Als Meister des dramat. Monologes zeigen ihn *Ulysses* (1842) und *The Death of Oenone* (1892). 1907 f. erschien eine Gesamtausgabe seiner Werke in 9 Bdn.

Teodoreanu, Ionel (*6. 1. 1897 Jassy, †3. 2. 1954 Bukarest). – Rumän. Schriftsteller, neben der Tätigkeit als hervorragender Strafverteidiger Leiter des Nationaltheaters seiner Heimatstadt. In seinen Werken behandelt er Kinder- und Jugendprobleme und versucht, für Außenseiter der Gesellschaft eine psycholog. Erklärung zu finden. Die Novelle *Die Kindheitsgasse* (1923; dt. 1938) und der Roman *La Medeleni* (1925 f.) waren bes. erfolgreich. Sein Gesamtwerk erschien 1970 in 1 Bd.

Terentius, (Terenz) Afer, Publius (*um 195) [?] Karthago, †159 v. Chr.). – Röm. Komödienschreiber, ehemaliger Sklave, dessen eigentlicher Name nicht bekannt ist, erhielt nach seiner Freilassung den Namen T. von seinem Herrn. Nach einer umfassenden Ausbildung unternahm der Freund des jüngeren Scipio und des Laelius eine Griechenlandreise, von der er nicht mehr zurückkehrte. Mit seinen Komödien *Andria* (166), *Hecyra* (165), *Heautontmorumenos* (163), *Eunuchus* (161), *Phormio* (161) und *Adelphoe* (160) orientierte er sich stark am griech. Vorbild und wirkte über das Mittelalter bis in die Renaissance.

Terpandros (Terpander) (7. Jh. v. Chr. Antissa/Lesbos). Griech. Dichter, war nicht nur Lyriker, sondern auch Musiker und erfand die siebensaitige Leier. In Sparta gründete er eine Musikschule und gewann dort 676 in den ersten Karneischen Spielen. T. soll v. a. homer. Texte vertont haben, doch ist nicht von allen erhaltenen Fragmenten mit Sicherheit zu sagen, ob sie von ihm stammen.

Terramare, Georg, eigtl. *G. Eisler von T.* (*2. 12. 1889 Wien, †4. 4. 1948 La Paz). – Österr. Autor, unternahm nach dem Germanistik- und Jurastudium zahlreiche Reisen, arbeitete dann als Regisseur an verschiedenen Bühnen Europas. Er

mußte 1938 über Italien nach Bolivien emigrieren, wo er in La Paz eine »Österreichische Bühne« gründete. Neben seinen Dramen, z. B. *Therese Krones* (1959), und Romanen, wie *Das Mädchen von Domremy* (1921; 1925 u. d. T. *Die Magd von Domremy*), sind v. a. die Legendenspiele, z. B. *Ein Spiel vom Tode* (1923), zu erwähnen.

Tersakis, Angelos (*16. 2. 1907 Nauplion, †3. 8. 1979 Athen). Griech. Schriftsteller, war nach dem Studium Chefdramaturg am Nationaltheater in Athen. Zwischenmenschl. Konflikte, ausdrucksstarke Charaktere und verschiedene Stimmungen stehen im Mittelpunkt seiner psycholog. fundierten, anschaul. Dramen und Erzählungen, *Hoi Desmôtes* (1932) und *Ho Xechasménos* (1925). Bes. die späteren Romane – häufig mit Themen aus der byzantin. Geschichte – sind für sein Schaffen typ., z. B. *Díchôs Theo* (1951) und *Mystikê zôê* (1957). Der klare und konsequente Aufbau seiner Werke ist kennzeichnend. Dies gilt bes. für seine Geschichtschronik *Hellênikê epopoiía* (1964).

Terson, Peter (*24. 2. 1932 Newcastle-upon-Tyne). – Engl. Dramatiker, behandelt in seinen Werken vornehml. das Problem der Schulabsolventen, die ratlos in den Arbeitsprozeß entlassen werden. Neben Theaterstücken, die der ehemalige Sportlehrer für das »National Youth Theater« schrieb, wurde v. a. *Zigger, Zagger and Money and His Caravans* (Dramen 1970 als Sammelausgabe) ein Erfolg. Heute liegen bereits über 50 Stücke vor; die letzten bedeutenden sind *But Fred, Freud Is Dead* (1972) und *The Adventures of Gervase Beckett* (1973).

Tersteegen, Gerhard, eigtl. *Gerrit ter Steegen* (*25. 11. 1697 Moers, †3. 4. 1769 Mülheim a. d. Ruhr). – Dt. Dichter, konnte seinem Wunsch, Theologie zu studieren, aus finanziellen Gründen nicht folgen. Nach einer Kaufmannslehre wanderte er als Prediger und Seelsorger umher und vertrat die evangel. Mystik. In seinen Werken *Geistliches Blumengärtlein inniger Seelen* (1729) sind neben Elementen der Erbauungs- und Gemeindelieder vor allem Züge seiner asket., quietist. Lebensführung zu finden. Erbauungslit. schuf er auch mit *Auserlesene Lebensbeschreibungen heiliger Seelen* (3 Bde. 1733–1753) und den Predigten *Geistliche Brosamen* (2 Bde. 1769 bis 1773).

Tertullianus, Quintus Septimius Florens (*um 160 n. Chr. Karthago, †nach 220 n. Chr. ebd.). – Röm. Rechtsgelehrter, übte in Rom den Beruf des Rhetors und vermutl. den des Juristen aus und schloß sich 195 den Christen, 205 den Montanisten an. Bald löste er sich wieder von diesen, um eine eigene Sekte zu gründen. Als Urheber der lat. Kirchensprache setzte er sich in seinen dogmat. Werken *Ad nationes* und *De baptismo* für die Reinerhaltung des christl. Glaubens ein, wobei er als erster das Trinitätsdogma definierte und somit starke Wirkung auf Lactantius, Hieronymus u. a. ausübte. Bes.

Erwähnung verdienen die vielbeachteten Arbeiten *Apologeticum* (198 ?), *De spectaculis*, *De praescriptione haereticum*, *De oratione*, *De poenitentia*, *De carne Christi*, *De corona*, *De monogamia*, *Adversus Judaeos* u. a. m.

Tetmajer (Przerwa-Tetmajer), Kazimierz (* 12. 2. 1865 Ludźmierz, † 18. 1. 1940 Warschau). – Poln. freier Schriftsteller, ab 1920 fast erblindet, wurde von Deutschen aus einer Hotelunterkunft vertrieben und erfror im Freien. Seine Werke *Poesie* (1903 bis 1912, dt. 1931), *Aus der Tatra* (1891 bis 1924 in 8 Bdn., dt. 1903) und *König Andreas* (1908, dt. 1914) vertreten die Ziele des »Jungen Polens«. Das umfangreiche Gesamtwerk enthält impressionist. Gedichte und läßt oft eine Neigung zur Dekadenz und zum Pessimismus erkennen. 1958 und 1968 erschienen poln. Auswahlausgaben der Schriften, die in seiner Heimat heute noch sehr geschätzt werden.

Thackeray, William Makepeace (* 18. 7. 1811 Kalkutta, † 24. 12. 1863 London). – Engl. Schriftsteller, als Sohn eines engl. Beamten in Indien erzogen. Während seines Studiums in Cambridge knüpfte er Freundschaften, u. a. mit Tennyson. Nach einer Kontinentreise begann er mit einem Jurastudium, war jedoch später weder als Anwalt noch als Journalist erfolgreich. Als Freund Dickens', zu dem er eine gewisse Rivalitätsstellung einnahm, verfaßte er in zahlreichen Büchern ein polem., sarkast. Bild der zeitgenöss. Gesellschaft seines Landes. Bes. in dem Roman *Der Markt des Lebens* (1847, dt. 1849), später u. d. T. *Jahrmarkt der Eitelkeit*, kommt seine Stärke, nämlich das Beschreiben typ. Charaktere, gut zum Ausdruck. Dieser Roman kennt nach seiner eigenen Aussage keinen Helden mehr und zeichnet ein Bild der eitlen, aber rücksichtslosen Welt; zuletzt weitet sich die Geschichtssatire zu einer Darstellung der ird. Gebrechlichkeit. An Jean Paul erinnert das Verhalten des Autors, in seinen Werken selbst aufzutreten und mit dem Leser und den Protagonisten zu agieren. Neben den Büchern, in denen T. den Snobismus bloßstellt, darunter die Skizzen und Essays *Die Snobs* (1849, dt. 1851), sind v. a. das histor. Werk *Henry Esmond* (1852, dt. 1983) und seine philologisch-histor. Abhandlungen hervorzuheben. Seine Schriften wurden in zahlreichen Übersetzungen in alle Weltsprachen übertragen.

Tharaud, Jean, eigtl. *Charles Th.* (* 9. 5. 1877 Saint-Junien, † 9. 4. 1952 Paris). – Franz. Romancier, Teilnehmer am Ersten Weltkrieg. Später war er als Korrespondent in Nordafrika, Ungarn, Spanien und Deutschland tätig und gehörte seit 1946 der Académie Française an. Zusammen mit seinem Bruder Jérôme verfaßte er Romane und Reportagen, die sich mit der psycholog. Analyse von Alltagsproblemen und Konflikten beschäftigen. Seine Sprache ist einfach und klar, jedoch nicht ohne Phantasie und Abwechslung.

Tharaud, Jérôme, eigtl. *Ernest Th.* (* 18. 3. 1874 Saint-Junien, † 28. 1. 1953 Varengeville-sur-Mer). – Franz. Romancier, Bruder des Jean T., war nach seiner Ausbildung auf der Ecole normale supérieure als Lehrer in Budapest tätig. Nach zahlreichen Reisen arbeitet er als Reporter in mehreren Ländern. Für ihre gemeinsamen Werke erhielten die beiden Brüder T. 1906 den Prix Goncourt. Ihre Stücke *Der Schatten des Kreuzes* (1917, dt. 1922) und *Die Herrschaft Israels* (dt. 1929) brachten ihnen großen Erfolg. Ihr lit. Gesamtwerk erschien in vier Bdn. 1929.

Thelen, Albert Vigoleis (* 28. 9. 1903 Süchteln bei Mönchengladbach, † 9. 4. 1989 Dülken/Niederrhein). – Dt. Schriftsteller, unternahm zahlreiche Wanderungen durch ganz Europa und verdiente sein Geld mit verschiedenen Tätigkeiten. Als NS-Gegner emigrierte er in die Schweiz, wo er ab 1953 als freier Schriftsteller arbeitete und Landgüter verwaltete. 1985 Prof. ehrenhalber. Neben sprachwiss. Abhandlungen, krit. Schriften und Übersetzungen aus dem Portugiesischen verfaßte er mit den Gedichten *Schloß Pascoaes* (1942) und dem Roman *Der schwarze Herr Bahßetup* (1956) auch sehr humorvolle Werke. 1963 war er mit den Gedichten *Runenmund*, 1979 mit den Gedichten *Im Gläs der Worte* und 1953 mit seinen Memoiren *Die Insel des zweiten Gesichts* erfolgreich.

Theobaldy, Jürgen (* 7. 3. 1944 Straßburg). – Dt. Schriftsteller, studierte nach einer kaufmännischen Ausbildung Pädagogik und Philologie und schrieb zunächst sehr verknappte, polit. Lyrik, die zunehmend allgemeine Fragen der Gestaltung aufgriff und so von der polit. Linken nicht mehr anerkannt wurde. Diese Entwicklung läßt sich verfolgen in den Lyrikbänden *Sperrsitz* (1973), *Zweiter Klasse* (1976), *Drinks* (1979), *Schwere Erde. Rauch* (1980), *Die Sommertour* (1983) und *Midland, Drinks* (1984), *In den Aufwind* (1990). Daneben stehen engagierte Erzn. wie *Das Festival im Hof* (1985), Romane, wie z. B. *Sonntags Kino* (1978) und *Spanische Wände* (1981), und Übersetzungen aus dem Engl. und Chines.

Theodulf von Orléans (* um 760 Spanien, † um 821 Angers oder Le Mans). – Franz. Dichter und Gelehrter, von den Westgoten abstammender karoling. Theologe. Als Bischof von Orléans (781) hatte er großen Einfluß am Hof Karls des Großen. Neben seinen theolog. Abhandlungen, wie *De spiritu sancto* und *De ordine baptismi*, wurde er vor allem auf Grund seiner Hymnen *Gloria, laus et honor* bekannt. Möglicherweise stammen auch die *Libri Carolini* von ihm.

Theognis, (6. Jh. v. Chr. Megara). – Griech. Dichter, Anhänger der Adelspartei, wurde bei Herrschaftsübernahme der Volkspartei aus seiner Heimatstadt verbannt. Sein Spruchgedicht an den Jüngling Kyrnos enthält Verhaltensregeln, Weisheiten und aristokrat. Anschauungen, die nicht nur an den einen, sondern auch an andere Freunde gerichtet waren. Zwei seiner erhaltenen Bücher beinhalten polit. Sprüche und Liebeslieder, die z. T. von anderen Autoren stammen, jedoch schwer zu unterscheiden sind.

Theokritos (*um 310 v. Chr. Syrakus, †um 250 v. Chr.). – Griech. Dichter, stammte aus einfachen Verhältnissen. Während er am Hofe Hierons von Syrakus und bei Ptolemaios II. Philadelphos von Alexandria tätig war, schuf er sich eine große Zahl von Freunden, zu denen auch der Dichter Kallimachos gehörte. Die Milieuschilderungen des griech. Dichters, die sich vor allem mit den Hirten seiner Heimat beschäftigen, stehen aufgrund ihrer psycholog. exakten Beobachtungsgabe und ihrer realist. Darstellung im Gegensatz zu den Idealvorstellungen Vergils. Von seinen sprachl. einfachen, oft in Dialekten geschriebenen Werken sind nur 30 sog. Eidyllia und 22 Epigramme erhalten, außerdem Teile der Dichtung *Berenike* und die *Syrinx*. Auf T. geht die Schäferdichtung aller folgenden Jahrhunderte zurück.

Theophrastos (Theophrast) (*um 372 v. Chr. Eresos auf Lesbos, †um 287 v. Chr. Athen). – Griech. Denker, übernahm als Schüler des Aristoteles die Leitung der peripatet. Schule. Als Schöpfer der Philosophiegeschichte verfaßte er das verlorengegangene *Physikon doxai*, die »Lehrmeinungen der Naturphilosophen«, die Hauptquelle für die späteren antiken Darstellungen der vorsokrat. Philosophie. Neben seinen zahlreichen anderen histor., naturwissenschaftl. und religiöseth. Abhandlungen sind v. a. seine *Charaktere* zu erwähnen, die 30 verschiedene Charaktertypen mit ihren verschiedenen Schwächen und Stärken darstellen. Daneben sind Arbeiten zur Botanik, *Historia Plantarum* und *Causae Plantarum*, und Fragmente zur Logik, Metaphysik und Naturwissenschaft erhalten.

Theotokas, Jorgos (*27. 8. 1906 Konstantinopel, †30. 10. 1966 Athen). – Griech. Bühnendichter, ursprüngl. Rechtsanwalt, später längere Zeit Direktor des Nationaltheaters. Als einer jungen Dichtergeneration zugehörig, versuchte er v. a. durch Essays, z. B. *To Eleútero Pnevma* (1929), die griech.. Literatur an die europ. anzuschließen und ihr somit einen höheren Wert beizumessen. In den Romanen *Argo* (1933), *To Dämonio* (1938) und *Leonis* (1940) deutet er die Probleme psycholog. Sein dramat. Werk, das z. T. sehr erfolgreich war, erschien 1944 bis 1947 in einer ersten Auswahlausgabe. Dt. liegt nur der Roman *Und ewig lebt Antigone* (1964, dt. 1970) vor.

Theresia von Avila, eigtl *Teresa de Cepeda y Ahumada,* genannt *Th. die Große* (*28. 3. 1515 Avila, †4. 10. 1582 Alba de Tormes). – Span. Mystikerin, gilt neben Juan de la Cruz als bedeutendste span. Mystikerin. Sie gründete viele Klöster und setzte sich für eine Ordensreform ein. Neben myst. Lehrschriften und über 400 erhaltenen Briefen sind ihre in einfacher Sprache verfaßten Gedichte hervorzuheben. Zu den übrigen Werken gehören u. a. *Die innere Burg* (1588, dt. 1966), *Weg der Vollkommenheit* (1588, dt. 1649) und *Das Leben der hl. Th. von Jesu . . .* (1612, dt. 1933), eine Autobiographie.

Thibaudeau, Jean (*7. 3. 1935 La Rocher-sur-Yon). – Franz.

Schriftsteller, studierte in Paris, arbeitete als Lehrer und Hochschuldozent und redigierte zahlreiche Zeitschriften. Hauptvertreter der sog. Gruppe *Tel Quel*, die nach einer Zeitschrift benannt wurde. T. vermittelt in seinen Texten den Eindruck eines steten Wechsels von Realität und Phantasie, wobei ursprüngliche Einflüsse des Nouveau Roman später zurücktraten und einem modisch psychologischen Marxismus, wie er in den 70er Jahren trivialisiert wurde, Raum geben. Bes. bekannt wurden die Romane *Königsparade* (1960, dt. 1962) und die Trilogie *Ouverture* (1966), *Imaginez la nuit* (1968), *Roman noir ou voilà les morts à notre tour d'en sortir* (1974), sowie *L'Amérique* (1979). T. trat auch mit Essays an die Öffentlichkeit.

Thidrekssaga (Mitte d. 13. Jh.s) T. ist ein Prosaroman, der in Bergen (Norwegen) verfaßt wurde und manchmal auch, wie einer seiner Abschnitte, »Vilkinasaga« genannt wird. Das Werk beinhaltet die Lebensgeschichte des Dietrich von Bern und gilt als wesentl. Quelle für die Erforschung der Vorgeschichte des Nibelungenliedes. In ihm sind außerdem eine Reihe dt. Heldensagen zu finden.

Thieß, Frank (*13. 3. 1890 Eluisenstein Ogre/Livland, †22. 12. 1977 Darmstadt). – Dt. Schriftsteller, nach Studium der Germanistik, Geschichte und Philosophie als Redakteur, Regisseur und Theaterkritiker tätig. Seit 1923 verfaßte er Romane und Novellen, die sich mit histor. Persönlichkeiten, menschl. Problemen und manchmal mit erot. Motiven beschäftigen. Jedoch auch seine Dramen und Essays zeugen von Phantasie und äußerster Gedankenlogik des Autors. Zu den Hauptwerken sind die Romane *Die Verdammten* (1923), *Die Straßen des Labyrinths* (1951) und *Der Zauberlehrling* (1975), die Autobiographie *Verbrannte Erde* (1963) und die Novelle *Der schwarze Engel* (1966) zu zählen. Leider liegt noch keine Gesamtausgabe des umfangreichen und vielfältigen Werkes vor.

Thietmar (Dietmar) v. Merseburg (*25. 7. 975, †1. 12. 1018). Dt. Geschichtsschreiber, der 1009 Bischof von Merseburg wurde, stammte aus dem Geschlecht von Walbeck. In seiner Chronik der sächs. Kaiser verband er die Geschichte seines Bistums mit der des Reiches. Diese Handschrift ist wegen ihrer einfachen und unparteil. Darstellung für die Geschichte Ottos III. und Heinrichs II. von großer histor. Wichtigkeit. Außerdem erweist sich Th. als vorzügl. Stilist in der Epoche der sog. Ottonischen Renaissance.

Thoma, Ludwig, Ps. *Peter Schlemihl* (*21. 1. 1867 Oberammergau, †26. 8. 1921 Rottach-Egern). – Bayer. Dichter, studierte als Sohn eines Forstbeamten zunächst Forstwirtschaft und später Jura. 1899 gab er seinen Beruf als Anwalt auf, um als Redakteur beim »Simplicissimus« mitzuarbeiten. Als er später freier Schriftsteller wurde, widmete er sich v. a. dem Denken und Leben der bayer. Menschen. Seine berühmtesten Werke, wie *Jozef Filsers Briefwexel* (1912), *Lausbubengeschichten* (1905) und die Komödien *Die Lokalbahn* (1902), *Moral* (1909) und *Erster Klasse* (1910), zeugen von echtem bayr. Humor. Mit teilweise scharfer Ironie wendet er sich gegen jegl. Scheinmoral, Auswüchse der Bürokratie und gegen doppelbödigen Klerikalismus. Wegen Beleidigung der Obrigkeit wurde er sogar zu einer Gefängnisstrafe verurteilt (*Stadelheimer Tagebuch*, 1923); dennoch behielt er in seinen Gedichten und Aufsätzen den beißenden Spott und die demaskierende Ironie bei. Die Romane, z. B. *Andreas Vöst* (1906), *Der Wittiber* (1911), *Altaich* (1918) und *Der Ruepp* (1922), und die Tragödie *Magdalena* (1912) zeichnen ein exaktes Bild des bäuerl. Lebens. Mit seiner Weihnachtsgeschichte *Heilige Nacht* (1916) wurde er als sensibler Autor weltberühmt. Von seinen gesellschaftskrit. Theaterstücken hat die Tragödie *Magdalena* (1912) bis heute ihre große Wirkung erhalten. Anonym veröffentlichte er antisemitistische Pamphlete. Das Gesamtwerk liegt in mehreren Ausgaben vor.

Thomas, Dylan (*27. 10. 1914 Swansea/Wales, †9. 11. 1953 New York). – Engl. Schriftsteller, wurde als Reporter, Verfasser und Rezitator eigener Werke bekannt. Während seiner Aufenthalte in Wales, England und den USA schrieb er Gedichte und Bühnenwerke, die v. a. eindrucksvolle Naturschilderungen und eine Spur barocker Metaphorik aufweisen. Zu den von Surrealismus und Neuromantik geprägten Werken gehört u. a. das Hauptwerk des Schriftstellers, das Hörspiel *Unter dem Milchwald* (engl. u. dt. 1954). 1967 erschienen ausgewählte Gedichte in Dt. und Engl. Dt. liegen außerdem vor u. a. *Eines Kindes Weihnacht in Wales* (1964), *Porträt des Künstlers als junger Dachs* (1978). Eine Gesamtausgabe fehlt noch.

Thomas a Kempis (Th. v. Kempen), eigtl. *Th. Hemerken* (*1379 oder 1380 Kempen/Niederrhein, †25. 7. 1471 Kloster Agnetenberg b. Zwolle). – Niederdt. (?), niederl. (?) Mystiker, seit 1399 als Regularkanoniker im Kloster Agnetenberg. Der Handwerkersohn ist einer der wichtigsten Vertreter der religiösen Erneuerungsbewegung »Devotio moderna«. Er verfaßte als solcher ein umfangreiches, in lat. Sprache geschriebenes Werk. Hymnen und religiöse Erbauungslyrik gehören ebenso wie seine asket. Abhandlungen, Biographien und histor. Schriften zu seinem Gesamtwerk. Von dem erfolgreichen Erbauungsbuch *De imitatione Christi (die Nachfolge Christi*, 1470) gilt sicher, daß es in der heute bekannten Fassung von dem dt. Mystiker stammt, der vermutl. eine lat. Vorlage v. G. Groote bearbeitete. Neben der Bibel war es über Jahrhunderte das meistgedruckte Buch.

Thomas d'Angleterre, auch *Th. v. Britanje* (*2. Hälfte d. 12. Jh.s). – Franz. Dichter, lebte vermutl. als Kleriker am engl. Hof. Das Hauptwerk des Dichters ist der Tristan-Roman in anglonormann. Mundart, dessen Vorlage eine kelt. Sage war. Es sind 9 Bruchstücke dieser ältesten, im höf. Stil geschriebe-

nen Tristan-Dichtung erhalten, die Grundlage für die Dichtung Gottfrieds von Straßburg wurde.

Thomasin von Circlaere (Zerklaere) (*um 1186 Friaul, †um 1235 Aquileja). – Ital. Kleriker, nach theolog. Schulung Domherr in Aquileja. Sein Jugendwerk ist eine höf. Sittenlehre, die vermutl. in provenzal. Sprache geschrieben wurde, jedoch leider nicht erhalten ist. Dagegen ist sein moralphilosph. Lehrgedicht *Der welsche Gast* (1215/16), eine umfangreiche Abhandlung über mittelalterl. höf. Tugenden, ein wichtiges Zeitdokument.

Thomas von Aquin, hl., genannt *Doctor communis, Doctor angelicus* (*1225 oder 1226 Schloß Roccasecca b. Aquino, †7. 3. 1274 Kloster Fossanuova b. Terracina). – Ital. Kirchenlehrer, Dichter und Philosoph, genoß in Montecassino und an der Universität Neapel eine gründl. Ausbildung. Nachdem der scholast. Philosoph und Theologe dem Dominikanerorden beigetreten war, nahm er sich Albertus Magnus zum Lehrmeister. Er selbst erhielt Lehraufträge in Rom, Neapel und Paris. Auf dem Weg zum Konzil von Lyon starb der Philosoph. Er wurde 1323 heiliggesprochen. Neben Kommentaren, die er zu den wichtigsten Schriften des Aristoteles verfaßte, trat er für eine Verknüpfung dieser Lehre mit der überkommenen Augustin. Lehre ein. Nicht nur in seinem Hauptwerk, der *Summa theologiae*, das zugleich grundlegend für die Scholastik ist, sondern auch in seinen Hymnen und Schriften erkannte er die Eigengesetzlichkeiten der Philosophie, die sich der Theologie unterordnen muß.

Thompson, Francis (*18. 12. 1859 Preston/Lancashire, †13 11. 1907 London). – Engl. Dichter, fühlte sich zum Priester berufen, wurde jedoch auf Grund seiner neurot. Verhaltensweisen nicht angenommen. Der Verleger W. Meynell subventionierte die lit. Arbeit des Dichters, der mit seinen myst. Werken stark an Blake erinnert. *Der Jagdhund des Himmels* (1893, dt. 1925), ein »barockes« Werk der metaphys. Schule, ist ein wesentl. Bestandteil der engl., kath. Literatur der Moderne. In weiteren Schriften schrieb er über *Shelley* (1909, dt. 1925) und *Ignatius von Loyala* (1909). Sein oft schwülstiger Stil fand nicht bei allen Zeitgenossen Zustimmung. 1948 wurde posth. in Dtld. sein Essay *Kultur und Christentum* stark beachtet.

Thomson, James (*11. 9. 1700 Ednam/Roxburgh, †27. 8. 1748 London-Richmond upon Thames). – Schott. Dichter, stand nach seinem Theologiestudium in engem Kontakt mit der vornehmen Gesellschaft Londons und dem engl. Hof. Neben einer Reihe beschreibender Dichtungen, z. B. die Allegorie *The Castle of Indolence* (1748), verfaßte er die Blankversdichtung *Die Jahreszeiten* (1726, dt. 1745), die von B. H. Brockes übertragen und von Joseph Haydn 1801 musikal. gestaltet wurde. Gerade dieses Werk hatte wegen seiner ausdrucksstarken Naturschilderungen großen Einfluß (z. B. Geßner, Haller) auf die Literatur des Kontinents. Weniger erfolgreich war seine dramat. Dichtung. Durch seine Kritik am Hof in *Agamemnon* (1738) machte er sich zahlreiche Feinde und wurde unter Zensur gestellt, so daß die weiteren Dramen von polit. Vorsicht geprägt sind. Als Autor der schott. Hymne ist er heute noch bekannt.

Thomson, James (*23.11. 1834 Port Glasgow, †3.6. 1882 London). – Schott. Autor, hatte eine schwere Jugend, lebte danach längere Zeit als Journalist in Amerika. Seine Veranlagung zur Depression und enttäuschende Liebesverhältnisse führten ihn schließl. zum Alkoholismus. Unter dem Pseudonym *B. V.* (= Bysshe/Shelley und Vanolis/Novalis) verfaßte er das Gedicht *The city of dreadful night* (1874), das seinem verzweifelten Pessimismus, aber auch seiner hektischen Heiterkeit Ausdruck verleiht.

Thoreau, Henry David (*12.7.1817 Concord/Mass., †6.5. 1862 ebd.). – Amerikan. Essayist, gehörte zum Freundeskreis Emersons und somit zu den Verfechtern der orientalist. Philosophie und Religion im 19. Jh. Als Transzendentalist und Orientalist bevorzugte er eine stark individualist. Lebensweise. In dem Essay *Über die Pflicht zum Ungehorsam gegen den Staat* (1848, dt. 1967) legt er seine unkonventionellen Auffassungen vom polit. Bewußtsein eines Staatsbürgers dar. Seine Erfahrungen aus der Zeit, in der er sich vereinsamt aus der Alltagswelt in eine primitive Umgebung zurückzog, schildert er in *Walden* (1854, dt. 1897), einem Roman, an dem er acht Jahre arbeitete und der in sieben Fassungen vorliegt. Stilist. mischt er meisterhaft die verschiedenen Gattungen vom Essay bis zur Lyrik, von der Confession zur Didaxe. Seine Dramen *Slavery in Massachusetts* (1854) und *A Plea for Captain John Brown* (1859) wenden sich gegen den Krieg. Nach langer Vergessenheit sieht man heute in ihm einen ebenbürtigen Dichter mit Emerson und Whitman. Sein Gesamtwerk erscheint seit 1971 und ist auf 25 Bde. angelegt.

Thorén, Fritz, Ps. *Frederik Thomas* (*13.3. 1899 Stockholm, †14.2. 1950 ebd.). – Schwedischer Romancier, war nach seinem Chemiestudium als Lehrer tätig. Im Mittelpunkt seiner 1944 begonnenen schriftsteller. Arbeit steht das bürgerl. Milieu, das er mit scharfer Beobachtungsgabe und einer gewissen Neigung zum Mystizismus beschreibt. Zu den wichtigsten Romanen gehören *Süße Schwere des Lebens* (1937, dt. 1948), *Sprung im Glas* (1948, dt. 1952) und *Svart madonna* (1950).

Thorwald, Jürgen, eigtl. *Heinz Bongartz* (*28.10. 1916 Solingen). – Dt. Autor, studierte zunächst Medizin, Philosophie und Geschichte, arbeitete 1948–51 als Redakteur bei der Zeitschrift »Christ und Welt« und danach als freier Schriftsteller. Mit der Geschichte des Zweiten Weltkrieges befaßte sich der erfolgreiche Sachbuchautor in *Es begann an der Weichsel* (1949), *Das Ende an der Elbe* (1950) und *Wen sie verderben wollen* (1952; 1974 u. d. T. *Die Illusion*.). Neben den medizin. Werken, wie

Das Jahrhundert der Chirurgen (1956), *Das Weltreich der Chirurgen* (1957), *Macht und Geheimnis der frühen Ärzte* (1962) und *Die Patienten* (1971), und seinen kriminalist. Büchern, wie *Das Jahrhundert der Detektive* (1964) und *Die Stunde der Detektive* (1966), befaßte er sich mit historischen und zeitgeschichtl. Themen: *Blut der Könige* (1975), *Das Gewürz. Die Saga der Juden in Amerika* (1978). 1980 erschienen der Roman *Der Mann auf dem Kliff*, 1982 *Die Monteverdi-Mission*, 1986 *Im zerbrechlichen Haus der Seele*, *Macht und Ohnmacht der Chirurgen*.

Thümmel, Moritz August von (*27.5. 1738 Leipzig-Schönefeld, †26.10. 1817 Coburg). – Dt. Schriftsteller, unternahm als Jurist und hoher Beamter zahlreiche Reisen. Außer mit Verserzählungen im Stil Wielands befaßte er sich mit der Kavalierdichtung des Rokoko. Mit dem Kleinepos *Wilhelmine oder Der vermählte Pedant* (1764) stellt er sich gegen die herkömml. Versepik; nach dem Vorbild Sternes verfaßte er seine *Reise in die mittäglichen Provinzen von Frankreich im Jahre 1785 bis 1876* (1791–1805) in 10 Bänden.

Thukydides (* zwischen 460 und 455 v. Chr. Athen, † um 400 v. Chr. ebd.). – Griech. Historiker, stammte aus att. Adel und war als Verwandter des Miltiades ein Nachkomme des thrak. Königsgeschlechts. Nach einigen polit. Niederlagen wurde er verbannt und lebte seitdem in Südthrakien bei König Archelaos v. Makedonien. T. gilt mit seinem Werk *Geschichte des Peloponnesischen Krieges*, das unvollendet erhalten ist, als Gründer der wissenschaftl. Geschichtsschreibung. Indem er sich um Objektivität und Parteilosigkeit bemühte, unternahm er den Versuch, Gesetzmäßigkeiten, die den Verlauf der Geschichte beeinflussen, zu erkennen. In einem oft bis zur Dunkelheit gedrängten Stil gibt er exakte Charakterbeschreibungen und deckt die eigentlichen Motive der handelnden Personen auf. Sein Werk wurde von Xenophon und Theopomp weitergeführt. Auf die röm. Geschichtsschreibung hatte er großen Einfluß (Sallust, Tacitus).

Thurber, James (*8.12. 1894 Columbus/Ohio, †2.11. 1961 New York). – Amerikan. Schriftsteller, untersuchte amerikan. Sitten und Gebräuche. In den satir. Werken *Warum denn Liebe?* (1929, dt. 1953) und *75 Fabeln für Zeitgenossen* (1956, dt. 1967) zeigt sich seine Neigung zur Karikatur. In Dtld. wurden seine satir. Schriften sehr beliebt, als Übersetzungen liegen u. a. vor *Das Gästebuch* (1956), *Das kleine Fabelbuch* (1959), *Gesammelte Erzählungen* (1971), *Der Hund, der die Leute biß* (1971).

Tibullus, Albius (* um 50 v. Chr., † 19. v. Chr.). – Röm. Dichter, nahm als Freund von Horaz und Ovid am Aquitanerfeldzug teil, gehörte zum Dichterkreis des Messalla und starb kurze Zeit vor Vergil. Von den drei ihm früher zugeschriebenen Elegienbüchern stammen nur zwei von ihm selbst. In diesen kommt seine Sehnsucht nach einem friedl., bescheidenen Leben und einer verehrenswerten Frau deutl. zum Ausdruck. Das 3.Buch enthält verschiedene Elegien, die sprachl. gewandt und stilist. hervorragend sind.

Tichonow, Nikolai Semjonowitsch (*3.12. 1896 Petersburg, †8.2. 1979 Moskau). – Russ. Schriftsteller, als Abgeordneter des Obersten Sowjet Mitglied der »Serapionsbrüder«. Krieg und Revolution stehen im Mittelpunkt seiner anfangs von den Akmeisten geprägten Werke, in denen er die Heldentaten der Revolutionäre preist. Seine Lyrik ist klar und exakt und weist einen häufigen Gebrauch von Symbolen auf. Als Übersetzer georg. Lyrik zeigt er feinsinniges Sprachgefühl. Die Sammlung *Erzählungen aus Pakistan* wurde 1952, seine *Gedichte* 1950 ins Dt. übertragen.

Tieck, Ludwig, Ps. *Peter Lebrecht, Gottlieb Färber* (*31.5. 1773 Berlin, †28.4. 1853 ebd.).- Dt. Dichter, absolvierte als Sohn eines Handwerkers ein Theologie-, Geschichts- und Philologiestudium. Besonders widmete er sich der engl. Literatur, deren Kenntnis er später in seinen Shakespeare- und Cervantes-Übersetzungen zu verwerten wußte. Daneben übertrug er Cervantes' *Don Quixote* (1799–1800) und *Minnelieder aus dem schwäbischen Zeitalter* (hg. 1803). Die *Geschichte des Herrn William Lovell* (1795/96) brachte ihm Ansehen bei seinen Freunden, den Jenaer Frühromantikern. Zusammen mit Wackenroder schrieb er nach einer gemeinsamen Wanderung durch Norddtld. bis Nürnberg (1793ff.) die *Herzensergießungen eines kunstliebenden Klosterbruders* (1797), das Werk, das die Romantik eigtl. begründete. Von Tieck allein zu Ende geführt wurde der Roman *Franz Sternbalds Wanderungen* (1798). Nach dieser Zeit tritt ein Übergang zur Märchendichtung ein. Es erscheinen die *Volksmärchen* (1797, darin *Der blonde Eckbert*) und das Märchenspiel *Der gestiefelte Kater* (1797), das von einer neuen Form des Märchendramas zeugt. Seine eigenen Dramen, wie *Kaiser Octavianus* (1804), sind so stark lyr., daß sie sich auf der Bühne nicht durchsetzen konnten. Der dt. Dichter war gegen Ende seiner lit. Schaffensperiode dann eher der realist. Form des Biedermeier verpflichtet, was u.a. in seinen Altersnovellen zum Ausdruck kommt: *Des Lebens Überfluß* (1839). T. ist weniger großer Dichter als grundlegender Anreger der Romantik, der alle Gattungen beherrschte und dem lit. Leben entscheidende Impulse gab. Sein Gesamtwerk erschien erstmals 1828 bis 1854 in 28 Bdn.

Tikkanen, Märta Eleonora (*3.4. 1935 Helsinki). – Finn. Schriftstellerin, arbeitete als Redakteurin und bei verschiedenen Bildungseinrichtungen und trat seit 1970 zunehmend mit eigenständigen lit. Werken an die Öffentlichkeit. T. setzt sich in ihren Schriften, die schwedisch geschrieben sind, mit Fragen der Frau in der Gesellschaft auseinander. Bereits mit *Wie vergewaltige ich einen Mann* (1975, dt. 1980), einem Roman, in dem sie die Gefühle vergewaltigter Frauen darstellte, gewann sie Anerkennung. Auch mit folgenden Romanen, die

sich mit Problemen von Minderheiten, von Alkoholikern und vereinsamten Kindern auseinandersetzen *Die Liebesgeschichte des Jahrhunderts* (1978, dt. 1981), *Aifos heißt Sophia* (1982, dt. 1983), *Ein Traum von Männern, nein, von Wölfen* (1986, dt. 1987), fand sie bes. bei feminist. Leserinnen Zustimmung.

Till Eulenspiegel (* um 1300 Kneitlingen b. Braunschweig [?], †1350 Mölln). – T. ist die Hauptfigur einer Schwanksammlung, deren erste niederdt. Fassung verlorenging und von der nur die erste hochdt. von 1515 erhalten ist. Es handelt sich um eine Rahmenerzählung um den Schalk T., dem es gelingt, das städt. Bürgertum durch äußerste Schläue, Schlagfertigkeit und Witz zu überlisten. Der Stoff veranlaßte zahlreiche Übersetzungen und Neubearbeitungen. Im Kern ist das Werk eine Satire auf den Nominalismus, der mit seiner Wortgläubigkeit Philosophie und Theologie nachhaltig bestimmte.

Tillier, Claude (*10.4. 1801 Clamecy/Nièvre, †18.10 1844 Nevers). – Franz. Schriftsteller, wurde von seiner Tätigkeit als Volksschullehrer wegen einer oppositionellen Schrift entbunden und arbeitete seitdem als Journalist und Redakteur. Das Hauptwerk *Mein Onkel Benjamin* (1843, dt. 1866) zeichnet sich durch sozialkrit. Betrachtungsweise und Verspottung der polit. und moral. Sitten aus. Neben diesem wurde auch eine Reihe seiner humorist. und polem. Werke ins Dt. und Engl. übersetzt. Das Gesamtwerk erschien 1846 in 4 Bdn.

Timm, Uwe (*30.3. 1940 Hamburg). – Dt. Schriftsteller, gab vorübergehend mit anderen die Bertelsmann-Autoren-Edition heraus, ediert die Zeitschrift »Literarische Hefte« und profilierte sich als marxist. Autor, dessen polit. Realismus sich gegen Naturalismus und unhistor. absurde Literaturfomen wendet. T. zeigt die Gesellschaft als veränderbar. Die Studentenunruhen der 60er Jahre fanden in dem Roman *Heißer Sommer* (1974), seine Erfahrungen in Namibia in *Morenga* ihren Niederschlag. Für diesen R. erhielt er 1979 den Förderpreis für Literatur der Stadt Bremen. 1980 fand der Roman *Kerbels Flucht* wenig Beachtung, da sich das polit. Klima zu ändern begann; 1986 erschien der Roman *Der Schlangenbaum*, in dem er Korruption, Aberglaube und Gewalt in Südamerika darstellt, 1989 die Römischen Aufzeichnungen *Vogel, friß die Feige nicht*, 1991 der Roman *Kopfjäger*.

Timmermans, Felix (*5.7. 1886 Lier b. Antwerpen, †24.1. 1947 ebd.). – Fläm. Erzähler, besuchte die Malerakademie. Sehr früh zeigte sich sein Interesse für Lit., das von R.A. Schröder und Anton Kippenberg gefördert wurde. Die Werke, die der fläm. Heimatdichtung zuzurechnen sind, wurden vom Autor selbst illustriert und zeichnen sich durch geistreichen Witz, Lebensfreude und Frömmigkeit aus. Neben Dramen, Gedichten und Biographien sind v.a. die teils realist., jedoch auch idealist. Romane und Erzählungen hervorzuheben. Zu ihnen zählen u.a. *Der Pfarrer vom blühenden Weinberg*

(1923, dt. 1927), *Franziskus* (fläm. u. dt. 1932) und *Bauernpsalm* (1935, dt. 1936). Weltberühmt wurde er mit *St. Nikolaus in Not* (dt. Auswahl 1926), *Das Jesuskind in Flandern* (1917, dt. 1919) und *Das Triptychon von den Heiligen Drei Königen* (1923, dt. 1924) sowie den Erzählungen *Schweinchen und andere Tiergeschichten* (1927), *Die bunte Schüssel* (1933), *Kleine Leute in Flandern* (1935) etc. 1974 erschien eine Auswahl u. d. T. *Der Heilige der kleinen Dinge*. T. ist der bekannteste fläm. Erzähler, dessen Werk nahezu vollständig übersetzt wurde. Eine Gesamtausgabe fehlt bis heute.

Timotheos von Milet (um 450 v. Chr., †um 360 v. Chr.). – Griech. Dichter, war angebl. als Schüler des Phrynis mit Euripides befreundet. Neben seinen Dithyramben, die er selbst vertonte und wirkungsvoll vortrug, ist v. a. sein Fragment *Die Perser* hervorzuheben. Dieses 1902 entdeckte Werk handelt von der Seeschlacht bei Salamis und ist durch einen konzentrierten dramat. Stil gekennzeichnet.

Tirso de Molina, eigtl. *Gabriel Téllez* (*9. 3. [?] 1584 [1571?] Madrid, †2. 3. 1648 Soria). – Span. Dichter, verfaßte Erzählungen und bedeutende Dramen, die in der Tradition des Lope de Vega stehen. Von 300 namentl. bekannten Stücken sind nur 50, z. T. bruchstückhaft, erhalten. Mehr als seine histor.-religiösen Werke *La prudencia en la mujer* (1634) und *Der Kleinmütige* (1635, dt. 1953) wurden seine Komödien, die durch Einfallsreichtum, Improvisation und sprachl. Brillanz bestechen, bekannt, z. B. *Don Gil von den grünen Hosen* (1635, dt. 1918). Auch verarbeitete er zum ersten Mal den Don-Juan-Stoff zu einem Drama, *El Burlador de Sevilla* (1630, dt. 1896). Sein umfangreiches Werk wird noch heute gespielt. Da er alle Gattungen des zeitgenöss. Theaters meisterhaft beherrschte, beeinflußte er das europ. Theater über Jahrhunderte. Bes. seine Frauengestalten zeigen erstmals in der neuzeitl. Komödie wirkl. Lebensnähe. Als vorzügl. Prosaist erwies er sich mit Novellen und der *Historia de la Orden de le Merced* (1639).

Titinius (*1. Hälfte d. 2. Jh.s v. Chr.).- Röm. Komödienschreiber, von seinem Leben ist nichts überliefert, er wurde in seinen Werken entscheidend von Plautus geprägt. Der röm. Dichter ist einer der bedeutendsten Vertreter einer röm. Komödienart, der Fabula togata.

Tjuttschew, Fjodor Iwanowitsch (*5. 12. 1803 Gut Owstjug b. Brjansk, †27. 7. 1873 Zarskoje Selo). – Russ. Dichter, war von adeliger Abstammung und nach dem Studium als Diplomat in München und Turin tätig. Neben seinem Beamtendienst widmete er sich der Lit. Die Verbindung zu dt. Dichtern (u. a. zu Heine) und seine Kenntnis der Schellingschen Philosophie hatten entscheidenden Einfluß auf seine Dichtung. Die Liebes-, Gedanken- und Naturgedichte sind in melod.-rhythm. Stil geschrieben und stellen zusammen mit seinen zahlreichen

Übersetzungen (Goethe, Schiller, Heine) das Gesamtwerk des Dichters dar. Seine Gedichte sind durch hohe Musikalität gekennzeichnet, wobei sich in typ. romant. Weise Philosophie und Dichtung als Einheit zeigen. Da ein vernunftmäßiges Erfassen des Seins nicht möglich ist (hier wirkt der Idealismus Kants nach), setzt er sein Vertrauen in ein objektives Gefühl, das ihm Natur- und Menschenkenntnis vermitteln soll, z. B. *Ach, wie so tödlich wir doch lieben* (dt. 1991).

Tobino, Mario (*16. 1. 1910 Viareggio). – Ital. Schriftsteller, studierte Medizin und Psychologie und trat mit neorealistischen Gedichten und Prosaarbeiten an die Öffentlichkeit. Erst mit dem autobiograph. Roman *Der Sohn des Apothekers* (1963) gewann er allgemeine Anerkennung. Seine Erzählungen *Die Eifersucht des Seemanns* (1942), *Verlorene Liebe* (1979, dt. 1982), die Satiren *Doppeltes Spiel* (1962, dt. 1981) und Romane *Die Frauen von Magliano oder Die Freiheit im Irrenhaus* (1953, dt. 1955), *Signor Maria* (1956, dt. 1957) fanden wegen der autobiographischen und psycholog. Elemente ein vielfältiges Publikum.

Todorov, Petko Jurdanov (*26. 9. 1879 Elena, †14. 2. 1916 b. Lausanne). – Bulgar. Lyriker, studierte u. a. in Leipzig, wo ihn eine enge Freundschaft mit seinem späteren Vorbild P. Slavejkov verband. Seine frühen Werke sind in volkstüml., gesellschaftskrit. und realist. Stil geschrieben, wogegen er sich später eher der Idylle zuwendet, z. B. in *Skizzen und Idyllen* (1908, dt. 1919). Dt. erschienen nur wenige Texte. Die bulgar. Gesamtausgabe erschien 1957f. in 3 Bdn.

Toepffer, Rodolphe (*31. 1. 1799 Genf, †8. 6. 1846 ebd.). – Schweizer Schriftsteller und Maler, war ab 1832 Lehrer an der Genfer Kunstakademie. Neben der Herausgabe des »Courrier de Genève« ist ihm v. a. eine Reihe humorvoller Romane und Erzählungen, wie *Herr Crispin und sein Familienglück* (dt. 1845), *Das Pfarrhaus* (1839, dt. 1847), *Die Bibliothek meines Oheims* (1832, dt. 1847) und die heiteren *Nouvelles genevoises* (1841, dt neu 1973) und *Voyages en zigzag* (2 Bde. 1843 bis 1853, dt. 1912) zu verdanken. Sein Gesamtwerk erschien in dt. Übersetzung 1847.

Törne, Volker von (*14. 3. 1934 Quedlinburg, †30. 12. 1980), Pseud. *Waldemar Graf Windei*. – Dt. Schriftsteller, studierte in Braunschweig 1954–1956 Pädagogik, redigierte die Studentenzeitschrift *zoon politikon* und die Zeitschrift *alternative*. T. engagierte sich aktiv in der Friedensbewegung und trat nachdrücklich für eine Versöhnung mit Israel ein. Als Lyriker gestaltete er ganz empfindsam private Erfahrungen, aber auch politische Fragen, z. B. *Fersengeld* (1962), *Die Dummheit liefert uns ans Messer* (1967), *Wolfspelz* (1968), *Phallobst* (1968, *Thalatta* (1971), *Poesiealbum* (1972), *Brandenburger Tor. Vom Krieg zum Frieden* (1972), *Rezepte für Friedenszeiten* (mit N. Born und F. C. Delius; 1973), *Lagebericht* (1976), *Flieg nicht fort, mein weißer Rabe* (1981). Auch als Essayist

Zwischen Geschichte und Zukunft (1981) und bes. als Kinderbuchautor *Der Drache fliegt zum Mi-Ma-Mond* (1964) wurde er sehr bekannt. Nach seinem Tod, er starb bei einer Vortragsreise, erschien die Sammlung seiner Gedichte u. d. T. *Im Lande Vogelfrei* (1981).

Törring, Josef August, Graf von (* 1. 12. 1753 München, † 9. 4. 1826 ebd.).- Dt. Schriftsteller, stand im bayer. Staatsdienst. Als wichtiger Vertreter des Ritterdramas verarbeitete er den überlieferten Stoff des *Kaspar der Thorringer* (1785). Das Sturm- und-Drang-Werk *Agnes Bernauerin* (1780) fand seinerzeit seinen Platz neben Goethes *Götz* und veranlaßte Hebbel zu einer Neubearbeitung.

Tolkien, John Ronald Reuel (* 3. 1. 1892 Bloemfontein/Südafrika, † 2. 9. 1973 Bournemouth). – Engl. Schriftsteller, spezialisierte sich als Philologieprofessor und Mythenforscher auf die altnord. Kultur. Der Gegensatz zwischen Gut und Böse ist Hauptthema seiner Suche nach einer neuen Mythologie, die er nach ersten Ansätzen in dem Kinderbuch *Die Hobbits* (1937, dt. 1957) in der Trilogie – in Form einer rückwärtsgewandten Fantasy – *Der Herr der Ringe* (1954f., dt. 1969ff.) zum Ausdruck bringt. Daneben entstanden Erzählungen wie *Smith of Wooton Manor* (1967) und Gedichte wie *The Road Goes Ever On* (1967). 1978 erschienen posth. *Das Silmarillion*, 1986 die Erzn. *Das Buch der Verschollenen*, 1991 *Briefe*.

Toller, Ernst (* 1. 12. 1893 Samotschin in Polen, † 22. 5. 1939 New York). – Dt. Schriftsteller, studierte Jura in Grenoble, München und Heidelberg. Als USPD-Mitglied wurde er Nachfolger seines Freundes K. Eisner und 1918 Rätevorstand in München. Nach fünfjähriger Haft und anschließender Emigration durchlebte der dt. Dramatiker eine schwere Zeit, die mit Selbstmord endete. Neben zahlreichen Gedichten, Reden und polit. Abhandlungen, die alle aus einer pazifist. Haltung heraus entstanden, sind seine expressionist. Dramen zu erwähnen. Zu ihnen zählen *Masse Mensch* (1921), in dem er den Expressionismus mit sozialist. Tendenzen verband und so zum Vertreter des frühen polit. Dramas im 20. Jh. wurde, z. B. *Die Wandlung* (1919), *Die Maschinenstürmer* (1922), *Hinkemann* (1924), *Hoppla, wir leben!* (1927) und *Pastor Hall* (1939). Seine Autobiographie *Eine Jugend in Deutschland* (1933) gehört zu den aufschlußreichsten histor. und lit. Quellen des Expressionismus. 1959 erschien eine Auswahl aus seinen Schriften. *Die Gesammelten Werke* wurden 1978 in 5 Bdn. aufgelegt.

Tolstoi, Alexei Konstantinowitsch, Graf (* 5. 9. 1817 Petersburg, † 10. 10. 1875 Krasny Rog/Brjansk). – Russ. Poet, Vetter von Lew Nikolajewitsch T.; bedeutender Lyriker, der sich besonders der Balladendichtung widmete. Dt. Auswahlausgaben seiner Gedichte, von denen viele vertont wurden, erschienen 1881 und 1895. Als Dramatiker wurde T. bekannt mit *Don Juan* (1862, dt. 1863), vor allem aber durch die Triologie *Der Tod Iwans des Furchtbaren* (1866, dt. 1903), *Zar Fjodor*

(1868, dt. 1908) und *Zar Boris* (1870, dt. 1909). Aus dem epischen Werk T.s ist hervorzuheben der histor. Roman *Fürst Serebrjany* (1862, dt. 1882, 1941 u. d. T. *Der silberne Fürst*). Eine russ. Gesamtausgabe erschien 1963. in 4 Bdn.

Tolstoi, Alexei Nikolajewitsch, Graf (* 10. 1. 1883 Pugatschow, † 23. 2. 1945 Moskau). – Russ. Schriftsteller, brach das Studium der Naturwissenschaften ab und widmete sich ganz der Schriftstellerei. Aus seinem lit. Werk sind neben Gedichten, Dramen wie *Iwan der Vierte* (1943, dt. 1946) und Novellen wie *Nikitas Kindheit* (1921, dt. 1949), v. a. die 3teilige Biographie *Peter der Erste* (1921–1945, dt. 1949) und die Trilogie *Der Leidensweg* (1921–1941, dt. 1947) zu erwähnen. T., ausgehend von der Faszination der modernen techn. Welt und dem Einfluß von H. G. Wells, schilderte zunächst die revolutionären Ereignisse, wandte sich aber später histor. Stoffen zu. Da er über genaue histor. Kenntnisse verfügte, sind seine Bücher über Peter d. Großen und Iwan den Schrecklichen nicht simple sozialist. Geschichtsschreibung, sondern lebensstarke, bunte und mustergültige histor. Romane. Das Gesamtwerk erschien 1963f. in einer vierbändigen russischen krit. Ausgabe. Die Romantrilogie *Der Leidensweg* wurde von T. 1941 im Sinne der kommunist. Doktrin, der er sich 1923 zugewandt hatte, teilweise umgeschrieben.

Tolstoi, Lew Nikolajewitsch, Graf (* 9. 9. 1828 Jasnaja Poljana b. Tula, † 20. 11. 1910 Astapowo/Gouv. Tambow). – Russ. Dichter, aus einer Gutsbesitzerfamilie stammend, studierte Jura und oriental. Sprachen. Nach Abschluß seiner Offizierszeit unternahm er Europareisen. Später verfaßte er krit. Schriften gegen die östl. Kirche und das institutionalisierte Christentum und wurde deshalb 1901 aus der Kirche ausgeschlossen. Er starb unterwegs auf der Flucht vor seiner Familie. Der Dichter fand den Zugang zur Literatur über seine selbstkrit. Tagebuchaufzeichnungen. Die Autobiographie *Aus meinem Leben* (1857, dt. 1891) hatte großen Erfolg, ebenso seine beiden folgenden Werke *Sewastopol* (1854, dt. 1887) und *Zwei Husaren* (1856, dt. 1888), in denen er die Erlebnisse aus dem Krimkrieg schildert. T. war an im Prinzip eindeutige hochmoral. Maßstäbe gebunden, wurde jedoch von der Frage, welcher prakt. Lebensweg der richtige sei, hin- und hergerissen. Er war ein ausgeprägter Individualist und Nonkonformist und ständig auf der Suche nach dem Sinn des Lebens, nach der Erklärung für alle Dinge. T. stand allen Autoritäten und der neuen Zivilisationsgesellschaft krit. gegenüber. Er predigte Gewaltlosigkeit und Nächstenliebe als oberste Gebote eines Urchristentums. Häufig beschäftigte er sich auch mit der Problematik der menschl. Psyche und ihrer Vielschichtigkeit. Besonders hervorzuheben ist das geschichtsphilosoph. Monumentalwerk des Dichters *Krieg und Frieden* (1864–69, dt. 1885), das die Kriege zur Zeit Napoleons unter dem Aspekt der die Geschichte prägenden Persönlichkeiten betrachtet.

Nicht nur mit seinem Roman *Anna Karenina* (1873–1876, dt. 1885) und dem Drama *Die Macht der Finsternis* (1886, dt. 1890), sondern auch mit seinen Epen und Erzählungen wie *Die Kreutzersonate* (1889, dt. 1890) hatte der russ. Dichter nachdrückl. und entscheidenden Einfluß auf den folgenden Realismus und Naturalismus. Große internationale Wirkung erreichte er auch durch die Romane *Kosaken* (1863, dt. 1885) und *Die Auferstehung* (1899, dt. 1901). In dt. Sprache erscheint das erzähler. Gesamtwerk seit 1967 in 12 Bdn. Zahlreiche Werke wurden verfilmt, verloren dabei aber den ästhet. Reiz der ep. Breite.

Tomasi di Lampedusa, Giuseppe, auch *G. Tomasi, Fürst von Lampedusa* (*23.12. 1896 Palermo, †23.7. 1957 Rom). – Ital. Dichter, kämpfte als adliger Offizier gegen den Faschismus. Sein Hauptwerk, das sich in autobiograph. und histor. Elemente vereinigt und in genialer Weise den landschaftl. Reiz seiner Heimat gestaltet, ist der Roman *Der Leopard* (1958, dt. 1959). In ihm schildert er den Ruin einer sizilian. Adelsfamilie zur Zeit Garibaldis. Auch die Erzählung *Die Sirene* (ital. u. dt. 1961) brachte ihm großen Erfolg.

Tomeo, Javier (*9.9. 1932 Quicena). – Span. Schriftsteller, studierte Rechtswissenschaften und trat mit dem Roman *Der Jäger. Der Marquis schreibt einen unerhörten Brief* (1979, dt. 1984) an die Öffentlichkeit; er gestaltet in diesem Werk die Probleme Spaniens in der Zeit nach Franco, ohne dabei konkret auf histor. Vorgänge einzugehen. Surreale Stilelemente verbinden sich mit spannender Handlung in den Romanen *Mütter und Söhne – Roman über Monster* (1985, dt. 1986), *Der Löwenjäger* (1987, dt. 1988), *Die Taubenstadt* (dt. 1991); T. gilt heute als einer der bedeutendsten anspruchsvollen Unterhaltungsautoren Spaniens.

Tomlinson, Charles (*8.1. 1927 Stoke-on-Trent). – Engl. Lyriker, trat auch als Maler hervor und arbeitete lange als Lehrer, bis er eine Professur für Anglistik erhielt. T. steht mit seinen Gedichten *Seeing is Believing* (1958), *American Scenes* (1966) in der Tradition amerikan. Autoren, verwendet jedoch sehr bewußt romantische und symbolist. Stilelemente. T. ist auch mit autobiograph. Schriften an die Öffentlichkeit getreten.

Tomlinson, Henry (*21.6. 1873 London, †5.2. 1958 ebd.). Engl. Autor, bildete sich autodidakt. und unternahm als Journalist und Schriftsteller ausgedehnte Reisen. Die Erfahrungen aus dieser Zeit und seine Neigung zur einfachen, exot. Lebensweise kommen in den Reiseberichten *The Sea and the Jungle* (1912) zum Ausdruck. Auch sein Kriegsroman *All our Yesterdays* (1930) brachte Erfolg, wobei er im Krieg, vergleichbar mit Ernst Jünger, einen Weg sittl. Selbsterfahrung sieht. Zuletzt veröffentlichte er Reisebeschreibungen *The Face of the Earth* (1950) und Kurzgeschichten, *The Trumpet Shall Sound* (1957).

Tommaseo, Niccolò (*9.10. 1802 Sibenik/Dalmatien, †1.5. 1874 Florenz). – Ital. Autor, arbeitete an verschiedenen Zeitschriften mit und stellte sich gegen die österr. Herrschaft in Italien. Nach schweren Zeiten setzte er sich als Unterrichtsminister anhand vieler polit. Schriften für seine Heimat ein. Neben den Gedichten, Novellen und Romanen wie *Confessioni* (1836) und *Treue und Schönheit* (1840, dt. 1845) betätigte er sich als Sammler slowak., griech. und ital. Volkslieder. Seit 1943 erscheint eine krit. Gesamtausgabe seiner Werke.

Tommaso da Celano (*zwischen 1190 und 1200 Celano b. l'Aquila, †um 1260 Tagliacozzo). – Ital. Dichter, gilt als Verfasser der ersten und zweiten Vita des heiligen Franziskus und des *Tractatus de miraculis S. Francisci*. Der Franziskaner und mittellat. Lyriker schrieb neben vielen Sequenzen wahrscheinl. auch das bekannte *Dies irae*.

Topol, Josef (*1.4. 1935 Poříčí/Sázava). – Tschech. Schriftsteller, studierte in Prag Theaterwissenschaft und Dramaturgie und fand Beachtung mit der Tragödie *Půlnoční vítr* (1955). Bald wandte er sich sozialen Problemen zu und fiel durch seine Ablehnung des Sozialismus auf. In den Dramen *Fastnachtsende* (1963, dt. 1965) und *Die Katze auf dem Gleis* (1966) sucht er nach einer harmonisierenden Lösung der gesellschaftlichen Spannungen.

Topsøe, Vilhelm (*5.10. 1840 Skaelskør/Seeland, †11.7. 1881 Skodsborg). – Dän. Schriftsteller, schrieb als Redakteur und Journalist Berichte aus dem Ausland. Ohne sich philosoph. und polit. deren Meinung anzuschließen, pflegte er Verbindungen mit Brandes, H. Bang und O. Hansson. Zu den in gewandtem Stil geschriebenen Werken zählen *Fra Amerika* (1872) und *Fra Studiebogen* (1879). Als realist. Erzähler erwies er sich mit *Jason med det gyldne skind* (1874); der Erziehungsroman wendet sich gegen romant. Stilelemente und knüpft an die europ. Erzähltradition an, indem er psycholog. motiviert den Lebensweg seines Helden als verantwortungsbewußten Bürger darstellt.

Torberg, Friedrich, eigtl. *F. Kantor-Berg* (*16.9. 1908 Wien, †10.11. 1979 ebd.). – Österr. Dichter, emigrierte 1938 nach seinem Philosophiestudium nach Prag, in die Schweiz und die USA. Nach seiner Rückkehr nach Wien gab er die kulturpolit. Zeitschrift »Forum« heraus. Neben Gedichten und Drehbüchern schrieb er v.a. Romane, Parodien, Erzählungen und Feuilletons, in denen er humorvoll das Leben seiner jüd. Landsleute schildert, z.B. *Der Schüler Gerber hat absolviert* (1930), *Die Mannschaft* (1935), *Golems Wiederkehr* (1968) und *Die Tante Jolesch* (1975). Großen Erfolg hatte er mit dem biogr. Roman über den einzigen jüd. Minnesänger *Süßkind von Trimberg* (1972). Seine Sprache zeigt Parallelen zu K. Kraus, wobei die Lyrik deutl. unter dem Einfluß Rilkes steht. Als Übersetzer Kishons wurde er weiten Kreisen bekannt. Aus den letzten Jahren sind bes. zu erwähnen die Theaterkritiken und Glossen *Mensch, Maier, sagte der Lord* (1974) und die Romane *Hier bin ich, mein Vater* (1978), *Die zweite Begegnung* (neu 1977) und *Und glauben, es wäre die Liebe* (1978).

Torga, Miguel, eigtl. *Adolfo Correia da Rocha* (* 12. 8. 1907 Sao Martinho de Anta/Portugal). – Portugies. Schriftsteller, wuchs in Brasilien auf und studierte Medizin in Coimbra. Seine Gedichte *Ansiedade* (1928), Erzählungen *Tiere* (1940, dt. 1989), *Contos da montanha* (1941), Romane *Weinlese* (1945, dt. 1965), *Die Erschaffung der Welt* (1991), Tagebücher und biographische Schriften werden in seiner Heimat sehr hoch geschätzt, da er das alltägliche Leben mit psycholog. Verständnis und Realismus zu gestalten versteht. T. gilt als einer der wichtigsten gegenwärtigen Schriftsteller Portugals.

Tormay, Cécile (* 8. 10. 1875 Budapest, †2. 4. 1937 Mátraháza). – Ungar. Schriftstellerin, gründete die Vereinigung ungar. Frauen und die Zeitschrift »Napkelet«. Als Verfasserin von ausgezeichneten Geschichtsromanen wie *Menschen unter Steinen* (1911, dt. 1912) und *Das alte Haus* (1914, dt. 1917) arbeitete sie in der Völkerbundskommission mit. 1938 erschienen ihre Werke in12 Bdn.

Torre, Guillermo de (* 27. 8. 1900 Madrid, † 14. 1. 1971 Buenos Aires). – Span. Schriftsteller, unternahm als Gründer und Mitarbeiter zahlreicher Zeitschriften ausgedehnte Reisen und erhielt v. a. als Literaturkritiker und Lyriker große Anerkennung. Mit dem *Manifesto vertical ultraísta* (1920) und *Hélices* (1923) schlug er eine neue Richtung ein. Außerdem sind seine Essays *Vida y arte de Picasso* (1936) und *La aventura estetica de nuestro tiempo* (1961) besonders hervorzuheben. In den letzten Lebensjahren schrieb er zahlreiche lit.-histor. Essays.

Torres Bodet, Jaime (* 17. 4. 1902 Mexiko, †13. 5. 1974 ebd.). Mexikan. Schriftsteller, hielt sich als Diplomat lange in Frankreich und Spanien auf, war Professor für Romanistik und Kunstgeschichte, zeitweise Präsident der UNESCO und Erziehungsminister. Mit seinen von Modernismo und Surrealismus geprägten Gedichten und Essays *Fronteras* (1954) und *Trébol de cuatro hojas* (1958) gehört er zu den bedeutendsten Lyrikern Mexikos. 1970 veröffentlichte er seine Memoiren *La victoria sin alas.*

Torres Naharro, Bartolomé de (* 2. Hälfte des 15. Jh.s Torre de Miguel Sesmero, †nach 1530 [?]). – Span. Dramatiker, wurde nach seiner Entführung durch alger. Seeräuber zurückgekauft und entschloß sich anschließend Geistlicher in Italien zu werden. Dort wurde Papst Leo X. zu seinem Gönner. T. gehörte mit der *Comedia a fantasia* zu den Meistern des frühen romanesken Dramas. Außerdem ist er mit seinen Satiren, Episteln und Romanzen, die in 8 Bdn. u.d.T. *La Propaladia* (1517) erschienen, Vorläufer des Dramas im 16. und 17. Jh. (Lope de Vega, Gil Vicente).

Toulet, Paul-Jean (* 5. 6. 1867 Pau, †6. 9. 1920 Guéthary/Bas-

ses-Pyrénées). – Franz. Schriftsteller, stand als Mitarbeiter verschiedener Zeitschriften in engem Kontakt mit Toulouse-Lautrec und verfaßte meist liedhafte, metr. und stilist. hervorragende Vierzeiler, die sich auf humorvolle Weise mit Alltagsproblemen befassen. Als typ. Gedicht der »Poetes fantaisistes« gilt *Les contrerimes* (1921).

Tour du Pin, Patrice de La → La Tour du Pin, Patrice de

Tourneur, Cyril, auch *C. Turner* (*1575 [?], †28. 2. 1626 Irland). – Ir. Schriftsteller, über sein Leben wissen wir wenig. Er veröffentlichte 1600 seine satir. Allegorie *The Transformed Metamorphosis*. In diesem Werk stellt sich der engl. Dichter gegen Schwächen des herrschenden polit. und kirchl. Systems. Neben Tragödien, wie *The Revenger's Tragedy or The Loyal Brother* (1607) und *The Atheist's Tragedy or the Honest Man's Revenge* (1611), die das Böse und Schlechte in der Welt darstellen, verfaßte er Dramen in der Art Marstons. 1878 erschien eine erste Gesamtausgabe seiner Werke in 2 Bdn.

Tournier, Michel (* 19. 12. 1924 Paris). – Franz. Schriftsteller, studierte Jura, Philosophie und Literaturwissenschaft. In *Freĩtag oder im Schoß des Pazifik* (1967, dt. 1968) bearbeitete er den Robinson-Stoff neu und versah ihn mit erot. und gesellschaftskrit. Elementen. In seiner Dokumentation *Der Erlkönig* (1970, dt. 1972) schildert er die Problematik des Naziregimes. Mit *Freitag und Robinson im Bann der wilden Insel* (1971, dt. 1973) griff er das Robinson-Thema wieder auf. 1977 erschien der Roman *Zwillingssterne*, 1987 *Der Goldtropfen*, 1985 die Erz. *Gilles & Jeanne* und 1990 die Novellen *Das Liebesmahl.*

Toussaint von Boelaere, Fernand Victor (* 19. 2. 1875 Anderlecht, † 30. 4. 1947 Brüssel). – Fläm. Autor, war ursprüngl. Justizbeamter, widmete sich jedoch bald dem Schreiben von Reiseberichten, Gedichten und Essays. Seine Erzählungen *De Peruviaansche reis* (1925) und *Het Barceloneesche avontuur* (1944) zeugen von geistreicher Phantasie, psycholog. Kenntnissen und strengem Stil.

Tousseul, Jean, eigtl. *Olivier Dégée* (*7. 12. 1890 Landennesur-Meuse, †9. 2. 1944 Seilles/Lüttich). – Belg. Romancier, eignete sich, da er aus einfachen Verhältnissen stammte, seine lit. Kenntnisse autodidakt. an. Wie auch die übrigen Dichtungen, ist sein Hauptwerk *Jean Clarambeaux* (1927–36) von R. Rolland geprägt. Im Mittelpunkt seiner lit. Arbeiten stehen histor. und gesellschaftskrit. Romane, z. B. *L'épine blanche* (1936).

Toynbee, Arnold Joseph (*14. 4. 1889 London, †22. 10. 1975 York). – Engl. Geschichtsphilosoph, war nach seinem Studium in Oxford im Auswärtigen Amt und später als Professor tätig. Er bemühte sich, wie das Hauptwerk *Der Gang der Weltgeschichte* (1934–61) beweist, um die Erforschung einer Morphologie der Geschichte. Diese zu ergründen ist sein Ziel, das er durch eine gründl. Analyse der bestehenden Gesellschaften zu erreichen hofft. Bei der Untersuchung spielen Religiosität und Katholizismus eine wesentliche Rolle. Posth. erschien *Menschheit und Mutter Erde* (1976, dt. 1979), eine Geschichte der großen Zivilisationen.

Traherne, Thomas (*1.3. 1637 [?] Hereford, †27.[?] 9. 1674 b. London). – Engl. Dichter, studierte Theologie und wurde Kaplan. Seinen Werken liegt eine optimist., myst. und vom neuplaton. Idealismus beeinflußte Einstellung zugrunde. Von den Versepen und seiner rhythm. Prosa ist *Centuries of meditations* (hg. 1908) das erfolgreichste Werk. Seine zum Großteil der barocken »metaphysical poetry« angehörenden *Poems* wurden 1903 herausgegeben.

Trajanov, Teodor (*30.1. 1882 Pazardžik, †15.1. 1945 Sofia). Bulgar. Lyriker, studierte in Sofia und Wien und gilt als Hauptvertreter des bulgar. Symbolismus und Expressionismus. Beeinflußt von Hofmannsthal und George, nahm er eine vermittelnde Stellung zwischen slaw. und westeurop. Kultur ein. Er verfaßte meist schwermütige, sprachl. pathet. Werke. 1958 erschien eine dt. Auswahlausgabe *Bulgarische Gesänge*.

Trakl, Georg (*3.2. 1887 Salzburg, †4.11. 1914 Krakau). Österr. Dichter, stammte aus einer gutsituierten Familie und wurde Apotheker. T. lernte K. Kraus, A. Loos und den Kreis um die lit. philosoph. Zeitschrift »Der Brenner« kennen, in der er seine frühen Dichtungen veröffentlichte. Noch bevor T. als Sanitätsleutnant nach Galizien eingezogen wurde, machte er die Bekanntschaft von Else Lasker-Schüler. Nach einem gescheiterten ersten Selbstmordversuch starb er an einer Drogenüberdosis. Der Rauschgiftgenuß, dem sowohl T. selbst als auch seine Schwester schon früh verfallen waren, prägte auch die Werke des Dichters. Nach zahlreichen Gedichten und dem Drama *Totentag* (1906) wurde seit 1910 sein sehr persönl. frühexpressionist. Stil erkennbar, der durch meditative Assoziationen und eine allmähliche Entpersönlichung gekennzeichnet ist, z. B. in *Sebastians Traum* (1915) und *Der Herbst des Einsamen* (1920). Die Dichtung wird Ausdruck seiner Depressionen, Bilderreichtum zu wesentl. Elementen seiner Gedichte, die im übrigen v. a. von Tolstoi, Dostojewski und Hölderlin lit. beeinflußt sind. Seine formal expressionist. Dichtungen *Offenbarung und Untergang* (1947), *Helian* (1963) u. a. hatten nachhaltigen Einfluß auf die dt. Dichtung im 20. Jh. bes. nach 1945.

Tralow, Johannes, Ps. *Hanns Low* (*2.8. 1882 Lübeck, †27.2. 1968 Ost-Berlin). – Dt. Schriftsteller, wurde nach einer kaufmänn. Lehre Journalist, Verlagsdirektor und Regisseur. Als Schriftsteller ging er von klass. Versdramen über zu histor. gründl. belegten Romanen. Neben *Mohammed* (1967) gilt die *Osmanische Romantetralogie* (1942–56) als sein lit. Hauptwerk.

Tramin, Peter von, eigtl. *P. Tschugguel* (*9.5. 1932 Wien, †15.7. 1981 ebd.). – Österr. Dichter, ursprüngl. Bankangestell-

ter. 1963 veröffentlichte er seinen ersten Entwicklungsroman *Die Herren Söhne* (1963), dessen Handlungsort Wien ist und der durch autobiograph. Elemente gekennzeichnet ist. Dieses Werk und auch die Erzählung *Taschen voller Geld* (1970) enthalten hervorragende Dialoge, zeigen skurrilen Witz und lassen, was die korrekte Handlungsführung betrifft, Parallelen zu H. v. Doderer erkennen.

Traun, Julius von der, eigtl. *Alexander Julius Schindler* (*26.9. 1818 Wien, †16.3. 1885 ebd.). – Österr. Dichter, war bis 1854 Staatsanwalt, Advokat und Abgeordneter. Neben Gedichten wie *Die Rosenegger Romanzen* (1852), Romanen wie *Oberst Lumpus* (1888) und Erzählungen, sind seine Dramen und Reisebeschreibungen zu erwähnen, die im Alter zur Polemik neigen.

Trausti, Jon, eigtl. *G. Magnusson* (*12.2. 1873 Rif/Melrakaslétta, †18.11. 1918 Reykjavik). – Isländ. Schriftsteller, wurde mit seinen Werken, die sich zunächst mit aktuellen, später mit histor. Themen befassen, zum Vorläufer des modernen isländ. Romans. Die Werke *Heima og erlendis* (1899) und *Halla* (1906) zeichnen sich durch treffende Charakterisierungen aus. Seine Werke erschienen 1942 bis 1946 in 8 Bdn.

Traven, Bruno, eigtl. *T. Torsvan* (*3.5. 1890 Chicago [?, vielleicht Rumänien], †26.3 .1969 Mexiko). – Schriftsteller, von dessen Person und Nationalität wenig bekannt ist, soll mit Richard Maurhut (Ret Marut) ident. sein, dem Schauspieler und Hg. der Zeitschrift »Der Ziegelbrenner«. M. wurde wegen seiner Beteiligung an der Münchner Räterepublik verhaftet und floh 1919 nach Mexiko. Von T. stammen u. a. die Romane *Das Totenschiff* (1926), *Der Schatz der Sierra Madre* (1927) und *Aslan Norval* (1960) und die Erzählung *Der dritte Gast* (1958), die sich gegen Inhumanität und Gewalt wenden. Seine spannend geschriebenen sozialkritischen Werke zeigen neben exotischen Elementen oftmals eine pessimist. Grundhaltung, die sich in der Resignation seiner Helden äußert.

Traz, Robert de (*14.5. 1884 Paris, †9.1. 1951 Nizza). – Franz. Romancier, verbrachte die Zeit nach dem Jurastudium in England, Italien und der Schweiz, wo er seßhaft wurde. Die Eindrücke dieser Reisen verarbeitete der Leiter der »Revue de Genève« in seinen Berichten. Außer literaturkrit. Abhandlungen verfaßte er Romane, z. B. *Au temps de la jeunesse* (1908), *Vivre* (1910), *Brautzeit* (1922, dt. 1925) und *L'écorché* (1927), die mit psycholog. Spürsinn sozialkrit. Probleme behandeln.

Trebitsch, Siegfried (*21.12. 1869 Wien, †3.6. 1956 Zürich). Österr. Schriftsteller, entstammte einer reichen Familie und war nach seinem Studium Offizier im Ersten Weltkrieg. Als Freund G. B. Shaws übersetzte er dessen Dramen 1946–1948 in 12 Bdn. und arbeitete bei verschiedenen Zeitschriften. Selbst schrieb er Romane, Erzählungen, Gedichte und Komödien. Bes. Erfolg hatte er mit den Romanen *Das Haus am Abhang* (1906) und *Die Heimkehr des Diomedes* (1949).

Trediakowski, Wassili Kirillowitsch (*5.3. 1703 Astrachan, †17.8. 1769 Petersburg). – Russ. Schriftsteller, hielt sich während seiner ausgedehnten Studien im In- und Ausland auf und wurde anschließend Professor für Rhetorik. Als Experte für franz. Literatur übertrug er *Télémaque* (1766) und *L'art poétique* ins. Russ. Von Opitz und der russ. Volksdichtung geprägt, setzte er sich für die Einführung der klassizist. Dichtung in seinem Land ein und gilt als erster bedeutender Poetologe Rußlands.

Treece, Henry (*1912 Wednesbury/Stafford, †10.6. 1966 Barton-on-Humber/Lincolnshire). – Walis. Dichter, übte nach seinem Studium verschiedene Berufe (Dozent, Pianist, Boxer, Trainer) aus. Als Schriftsteller und Mitbegründer des »New Apocalyptic Movement« setzte er sich für eine Erneuerung der Lit. ein. Den Marxismus befürwortend, wandte er sich gegen die Dichtung der dreißiger Jahre und unternahm in seinen Werken eine Neugestaltung antiker Sagenstoffe. Beispiele aus dem umfangreichen lit. Schaffen T.s sind *The Exiles* (1952), *Red Queen. White Queen* (1958), *Die letzten Wikinger* (1964, dt. 1969) und *The Green Man* (1966). Bes. bekannt und beliebt wurde er als Autor zahlreicher Jugendbücher.

Tremblay, Michel (*25.6. 1942 Montréal). – Kanad. Schriftsteller, schreibt seine Theaterstücke in dem franz. Jargon der Proletarier aus Quebec und erzielt damit Effekte realistischen Theaters, das nahe beim gesellschaftskritischen Volkstheater Europas der Nachkriegszeit steht. In seinen Stücken *Le train* (1964), *Schwesterherzchen* (1968, dt. 1987), *A toi, pour toujours, ta Marie-Lou* (1971), *Le vrai Monde?* (1987) enthüllt er die Hoffnungsträume der Unterschichten und stellt bes. Frauen als die Repräsentanten einer konsumanfälligen Subkultur dar. T. trat auch mit Romanen an die Öffentlichkeit.

Trenker, Luis (*4.10. 1892 St. Ulrich b. Gröden/Südtirol, †13.4. 1990 Bozen). – Südtiroler Schriftsteller, Regisseur, Schauspieler und Bergsteiger, wuchs als Sohn eines Schafhirten und Bildschnitzers auf. Nach einem Architekturstudium in Graz und Wien nahm er als Reserveoffizier am Ersten Weltkrieg teil. Die folgende Zeit arbeitete er als Architekt, Regisseur und Schauspieler bis zum Ende des Zweiten Weltkrieges in Berlin, Rom und Venedig. Zu seinen bekanntesten Werken gehören *Berge in Flammen* (1931), *Kameraden der Berge* (1932), *Berge im Schnee* (1932), *Der Rebell* (1933), *Sterne über den Gipfeln* (1942), *Duell in den Bergen* (1951), *Glocken über den Bergen* (1952), *Schicksal am Matterhorn* (1957), *Der Kaiser von Kalifornien* (1961) und die Autobiographie *Vom Glück eines langen Lebens* (1973). Zahlreiche seiner Romane wurden von ihm selbst verfilmt; er veröffentlichte zahlreiche Bildbände, z.B. *Goldene Bergwelt* (1981).

Trentini, Albert von (*10.10. 1878 Bozen, †18.10. 1933 Wien). – Österr. Schriftsteller, im Verwaltungsdienst tätig. T. stellte das heimatl. Grenzland in den Mittelpunkt seiner neu-

romant. Erzählungen. In seinen Romanen, die z.T. expressionist. Elemente aufweisen, behandelt er neben religiösen Fragen auch Ehe- und Liebesprobleme, so in *Ehetag* (1920), *Der Webstuhl* (1927).

Tresić-Pavičić, Ante (*10.7. 1867 Vrabnj/Hvar, †2.10. 1949 Split). – Kroat. Schriftsteller, unternahm nach seinem Studium zahlreiche Reisen durch Europa und Amerika. Als Diplomat in Madrid und Washington schrieb er Gedichte, Novellen, histor. Dramen und Romane. Seine Werke, die zunächst eher der Romantik verpflichtet waren, wandten sich später v.a. in Sprache und Form dem Klassizismus zu. Beispiele aus dem lit. Schaffen sind *Katarina Zrinjska* (1899) und *Sutonski sonetti* (1904). Leider gibt es von den Werken keine Übersetzungen.

Tretjakow, Sergei Michailowitsch (*21.6. 1892 Riga, †9.8. 1939). – Russ. Dichter, arbeitete nach seinem Jurastudium an verschiedenen Zeitschriften mit. Seine Werke, v.a. das Theaterstück *Brülle, China* (1924, dt. 1929), sind der sowjet. Agitationsliteratur zuzurechnen. Der Schriftsteller vertrat den Egofuturismus und gehörte der Gruppe »Lef« an. Hervorzuheben sind auch seine Tatsachenberichte, wie z.B. *Tausendundein Arbeitstag* (1934, dt. 1935).

Trifonow, Juri W. (*28.8. 1925 Moskau, †28.3. 1981 ebd.). – Russ. Autor, stammte aus sozialist. Familie, wobei sich das persönl. Schicksal (Ermordung seines Vaters, Verbannung der Mutter) durch sein gesamtes Werk, das durch sog. Kurzromane (russ. Povesti) gekennzeichnet ist, zieht. 1950 wurde er in der UdSSR mit dem Roman *Studenten* (dt. 1952) bekannt. Es folgten zahlreiche Erzählungen und Romane, wobei *Durst* (1963, dt. 1965), *Das Haus an der Moskwa* (1976, dt. 1977), *Starik* (1979, dt. 1982) und *Zeit und Ort* (posth. 1981, dt. 1982) bes. hervorzuheben sind. 1989 erschien dt. *Das umgestürzte Haus. Sieben Reisen.*

Trilussa, Salustri, Carlo Alberto (*26.10. 1871 Rom, †21.12. 1950 ebd.). – Ital. Schriftsteller, Journalist und Mitarbeiter einer Zeitung, gehörte zu den bedeutendsten modernen Mundartdichtern seines Landes. Ausgehend von der alten röm. Fabeldichtung verfaßte er Epigramme und Fabeln wie *Der erste Haifisch u. a. Fabeln* (dt. 1962), die das röm. Gesellschaftsleben um die Jahrhundertwende behandeln.

Trindade Coelho, José Francisco de (*18.6. 1861 Mogadouro, †9.6. 1908 Lissabon). – Portugies. Schriftsteller, Rechtsanwalt und Redakteur bei verschiedenen Zeitungen und ein hervorragender Heimaterzähler. Sozialpolit. Lehrschriften und Erzählungen wie *Os meus amores* (1891) gehören zu seinem lit. Werk.

Triolet, Elsa, eigtl. *Elsa Blick* (*25.9. 1896 Moskau, †16.6. 1970 Saint-Armoul-les-Yvelines b. Paris). – Franz. Schriftstellerin, Schülerin Gorkis, verfaßte ihre ersten Werke in russ. Sprache. Nach zahlreichen Reisen mit ihrem Mann L. Aragon ließ sie sich in Paris nieder. Die engagierte Kommunistin gehörte im Zweiten Weltkrieg der Résistance an. 1944 erhielt sie den Prix Goncourt für *Le premier accroc coûte deux cent francs*. Ihre Romane, Novellen und Essays setzten sich mit den sozialpolit. Fragen der Kriegs- und Nachkriegszeit auseinander und wurden im Stil des Sozialist. Realismus geschrieben, z. B. *Das rote Pferd* (1953, dt. 1957) und die Romantrilogie *L'âge de nylon* (1959; Bd. 1 dt. *Rosen auf Kredit*, 1962). Ihr Gesamtwerk erschien franz. 1964 bis 1971 in 18 Bdn.

Tripitaka ist das in der Pali-Sprache geschriebene Textbuch, daß die Lehre Buddhas beinhaltet und angebl. gleich nach dessen Tod verfaßt wurde. Die überlieferte Version stammt vermutl. aus dem 2./1. Jh.v.Chr. und ist in drei Gruppen gegliedert. Das *Suttapitaka* ist wohl der bedeutendste Abschnitt, da in ihm persönliche Daten über Buddha und dessen Lehre enthalten sind. *Abidhammapitaka* und *Winaiapitaka* beinhalten Regeln für die Mönche und metaphys. Schriften.

Trissino, Giangiorgio (* 8. 7. 1478 Vicenza, † 8. 12. 1550 Rom). Ital. Gelehrter, lange als Diplomat des Vatikans tätig, setzte sich für die Erneuerung der Literatur im Sinne des Humanismus ein. Neben zahlreichen Abhandlungen schrieb er die erste moderne Tragödie nach antikem Muster, *Sofonisba* (1636). Das Epos *L'Italia liberata dai Goti* sollte die Krönung seines Schaffens sein, wurde jedoch nicht beachtet.

Tristan L'Hermite, eigtl. *François L'Hermite* (* 1601 Schloß Soliers/Calvados, † 7.9. 1655 Paris). – Franz. Schriftsteller, war Diener bei Heinrich von Bourbon und unternahm zahlreiche Reisen durch Europa. Seit 1649 war er Mitglied der Académie Française. Die Erlebnisse seiner aufregenden Jugend verarbeitete er in dem Roman *Le page disgracié* (1642), der über die Verhältnisse dieser Epoche realist. Aufschluß gibt. Seine Gedichte sind von tiefem Naturgefühl erfüllt, z. B. *Les amours de Tristan* (1638), und hatten so wie seine Dramen, z. B. *Penthée* (1637ff.), nachhaltige Wirkung. Sein Drama *La Mariane* (1637) war ein zeitgenöss. Erfolg und nimmt Elemente der klass. franz. Dramatik vorweg (z. B. Racine).

Troll, Thaddäus, eigtl. *Hans Bayer* (* 18.3. 1914 Stuttgart, † 5.7. 1980 ebd.). – Schwäb. Schriftsteller, begann nach dem Krieg, Erzählungen, Essays und Theaterstücke zu schreiben. Zu den wichtigsten Werken des Literatur- und Kunsthistorikers gehören *Trostbüchlein für Männer* (1956), *Deutschland, deine Schwaben* (1967), *Der jüngste Streich* (1969), *Kapuzinerpredigten* (1973), *Wo komm' ich eigentlich her?* (1974), *Stuttgarter Zeiten* (1977) und *Herrliche Aussichten* (1979).

Trollope, Anthony (* 24.4. 1815 London, † 6.12. 1882 Hartin/Sussex). – Engl. Schriftsteller, Zeitgenosse von Dickens und Thackeray, übte den Beruf eines Postbeamten in Irland und England aus. Größte Berühmtheit erlangte er als Autor zahlreicher Gesellschaftsromane, die alle zu den vielgelesenen Büchern seiner Zeit gehörten, z. B. *The Warden* (1855), *Doctor Thorne* (1858), *The Prime Minister* (1876, dt. 1991) oder

The Duke's Children (1880). 1977 hat Carl Brinitzer die Familienromane bearbeitet und übersetzt, wobei es ihm hervorragend gelungen ist, den trocken-humorvollen Stil des englischen Originals im Deutschen nachzuvollziehen: *Die Pallisers* (1977).

Trollope, Frances (* 10. 3. 1780 Stapleton/Bristol, † 6. 10. 1863 Florenz). – Engl. Schriftstellerin, Mutter von Anthony T. Sie wanderte mit ihrem Mann in die USA aus. Nach dessen Tod kehrte sie in ihr Heimatland zurück, war aus finanziellen Gründen zum Schreiben gezwungen und verfaßte Romane, z. B. *Der Vikar von Wrexhill* (engl. u. dt. 1837), und Reiseberichte, z. B. *Briefe aus der Kaiserstadt* (engl. u. dt. 1966).

Troyat, Henri, eigtl. *Lew Tarassow* (* 1.11. 1911 Moskau). – Russ. Schriftsteller, emigrierte mit seinen Eltern 1920 nach Paris. Als Mitglied der Académie Française und freier Schriftsteller orientierte er sich an den Werken Dostojewskis, Tolstois, Zolas und J. Romains. Neben Dramen und Biographien über russ. Dichter verfaßte er v. a. autobiograph. Romane, die psycholog. fundiert sind. Sein Hauptwerk ist die Romantrilogie *Tant que la terre durera* (1947, dt. 1952 u. d. T. *Fremde auf Erden*), die die gesellschaftl. Verhältnisse in Rußland vor der Revolution analysiert. *Die Giftspinne* (1938. dt. 1950), *Der Ruhm des Besiegten* (1961, dt. 1962), und *Wie Spreu im Wind* (1967, dt. 1968) gehören zu seinen erfolgreichsten Werken. 1971 schrieb er eine Biographie *Gogols*. In den letzten Jahren folgten *Die Brüder vom roten Mohn* (dt. 1975), *Die Damen von Sibirien* (dt. 1976) und *Der Architekt des Zaren* (dt. 1977).

Trubar, Primož, Ps. *Philopatridus Illyricus* (* 8.6. 1508 Rašcica, † 28.6. 1586 Tübingen). – Slowen. Schriftsteller, setzte sich als Prediger für Einführung der Reformation in Slowenien ein. Er gilt wegen seines slowen. Katechismus und der Übersetzungen des N.T. ins Slowenische als Begründer der slowen. Schriftsprache.

Tsao Chan, auch *Tsao Hsüehchin* (* 1719 [?] Nanking, † 12.2. 1763 od. 1.2. 1764 Peking). – Chines. Dichter, stammte aus einer wohlhabenden Beamtenfamilie, verarmte jedoch mehr und mehr. Sein Hauptwerk *Der Traum der roten Kammer* (begonnen um 1744, dt. 1932) ist wohl das umfangreichste und wichtigste chines. Romanwerk. Es wurde 1792 neu bearbeitet und erweitert. Das in 120 Kapitel gegliederte Buch ist von Pessimismus durchzogen und schildert das Leben in einem reichen Bürgerhaus.

Tschechow, Anton Pawlowitsch (* 29.1. 1860 Taganrog, † 15.7. 1904 Badenweiler). – Russ. Dichter, studierte Medizin, war jedoch nur kurze Zeit als Arzt tätig. Durch zahlreiche Reisen lernte er Europa kennen. Seine Heirat mit der Schauspielerin Olga Knipper brachte ihn in Verbindung zum Moskauer Künstlertheater; er starb während einer Kur an Lungentuberkulose. Sein Frühwerk ist von Humor und Lebensfreude gekennzeichnet, wogegen es später ernste, leidvolle, trag. Themen behandelte. Die Stärke T.s lag bei der Kurzgeschichte. Nur in *Die Steppe* (1888) versuchte er sich in der längeren romanhaften Erzählung. Sowohl seine Kurzgeschichten als auch seine impressionist. Dramen weisen wenig Handlung auf; sie sind durch die häufige Verwendung zahlreicher Symbole und Stimmungsbilder gekennzeichnet. Zu seinen Hauptwerken gehören u. a. *Der Tod des Beamten* (1883, dt. 1924), *Der Bär* (1888, dt. 1903), *Onkel Wanja* (1897, dt. 1902) und *Der Kirschgarten* (1904, dt. 1912). Seine Werke, die großen Einfluß auf V. Woolf, Hemingway und Gorki ausübten, liegen heute in zahlreichen Übersetzungen vor.

Tschernyschewski, Nikolai Gawrilowitsch (*24. 7. 1828 Saratow, †29. 10. 1889 ebd.). – Russ. Journalist, studierte Geschichte und Philologie und wurde zum Anhänger des utop. Sozialismus. Er wurde 1862 wegen seiner polit. Gesinnung verhaftet und 1864 nach Sibirien verbannt. T., Vertreter des vulgär-naturwissenschaftl. Materialismus, lehnt eine Kunst um ihrer selbst willen ab und fixiert seinen Standpunkt in seiner Dissertation über *Die ästhet. Beziehung der Kunst zur Wirklichkeit* (1855, dt. 1954). Seine Theorie übte starken Einfluß aus auf die revolutionäre Intelligenz seiner Zeit. Ohne großen lit. Wert, aber bezeichnend für die Position T.s ist sein sozial-utop. Roman *Was tun?* (dt. 1947).

Tschikamatsu Monsaemon, eigtl. *Sugimori Nobumori* (*1653 Prov. Echizen, †22. 11. 1724 Osaka). – Japan. Dramatiker, führte ein aufregendes Leben und galt als bedeutender Puppenspielkünstler. Die Sprachgewandtheit wird in seinen Schauspielen deutlich, die sich mit bürgerl.-histor. Themen befassen. Von den Dramen wurde *Der Tod als Herzenskünder zu Sonezaki* 1926 ins Dt. übertragen.

Tschukowski, Kornei Iwanowitsch, eigtl. *N. I. Korneitschukow* (*31. 3. 1882 Petersburg, †29. 10 1969 b. Moskau). Der russ. Autor war autodidakt. Sprach – und Lit.-Student. Er arbeitete als Zeitungskorrespondent in London, als Herausgeber der Zeitschrift »Signal« und war Kinderbuchverleger. Er schrieb anerkannte Abhandlungen über Kinderliteratur und literarhist. Arbeiten im allgemeinen. Selbst verfaßte er zahlreiche Kindergeschichten in Prosa und Vers, z. B. *Wasch dich rein* (dt. 1934) und *Die Fliege Siesesum* (dt. 1936). T. wirkte auch als Übersetzer engl. und amerikan. Lit.

Tucholsky, Kurt, Ps.e *Kaspar Hauser, Peter Panter, Theobald Tiger, Ignaz Wrobel* (*9. 1. 1890 Berlin, †21. 12. 1935 Hindås b. Göteborg). – Dt. Schriftsteller, war nach seinem Jurastudium Soldat im Ersten Weltkrieg. Seine Aufgabe als Mitarbeiter und späterer Hg. der »Schaubühne« bzw. »Weltbühne« wurde nach seiner Emigration nach Schweden von Ossietzky übernommen. T. verfaßte zahlreiche satir. Schriften über die Verhältnisse in der Weimarer Republik. Aus Verzweiflung über die polit. Entwicklung, zusätzl. deprimiert durch eine schwere

Krankheit, beging T. Selbstmord (?). In seiner Prosa und Lyrik finden sich kabarettist. Elemente, die der Journalist und Pazifist dazu benützte, seine aufklärerische Grundhaltung kundzutun, z. B. in *Deutschland, Deutschland über alles* (1929). Neben dem Einfluß Lichtenbergs sind einzelne Züge Heines in den oft sarkast., bitteren Werken zu finden. Zu seinen lit. Erfolgsstücken gehören *Fromme Gesänge* (1919), der Reisebericht *Ein Pyrenäenbuch* (1927) und *Lerne lachen ohne zu weinen* (1931). Mit dem iron.-humorvollen Roman *Schloß Gripsholm* (1931) erwies er sich als zeitüberragender Dichter, der Geselligkeit und Kulturgeschichte in brillanter Weise zu gestalten weiß. Die Liebesgeschichte ist in ihrer offenen Heiterkeit eine Gegenstimme zu dem befohlenen Frohsinn des Dritten Reichs. Mit dieser Erzählung knüpfte er an frühere Arbeiten an, *Rheinsberg. Ein Bilderbuch für Verliebte* (1912) und *Träumereien an preußischen Kaminen* (1920). Sein Gesamtwerk liegt in einer Werkausgabe vor.

Tügel, Ludwig (*16. 9. 1889 Hamburg, †25. 1. 1972 Ludwigsburg). – T. ließ sich, nachdem er sich in verschiedenen Berufen versucht hatte, als freier Schriftsteller in Ludwigsburg nieder. Ausgehend von expressionist. Werken, verfaßte der durch die Weltkriege und weite Reisen geprägte Literat Prosawerke mit tiefgründigem Inhalt. Die Erzählung *Die Treue* (1932) und der Roman *Ein ewiges Feuer* (1973) enthalten Parallelen zur Dichtung W. Raabes.

Tu Fu (*712 Tuling/Schensi, †770 Leiyang?). – Chines. Dichter, war in öffentl. Ämtern tätig und verbrachte ein durch Kriegselend geprägtes unruhiges Wanderleben. Zusammen mit Li Po gehört er zu den erfolgreichsten chines. Lyrikern. Soziales und polit. Interesse stehen im Mittelpunkt seiner Gedichte. In ihnen verkündet er sein Mitgefühl mit den geplagten Landsleuten.

Tuglas, Friedebert, eigtl. *F. Mihkelson* (*2. 3. 1886 Aya/Kreis Dorpat, †15. 4. 1971 Reval). – Estn. Autor, nahm als führendes Mitglied der Jung-Estland-Gruppe an der Russ. Revolution teil und lebte bis 1917 im Exil. Der anerkannte Literaturkritiker und Professor begann sein lit. Schaffen mit realist. Erzählungen wie *Seelenland* (1906, dt. 1961). Später verfaßte er stilist. gewandte Novellen und Romane, z. B. *Illimar* (1937, dt. 1959), die impressionist. und neuromant. Züge enthalten. Seit 1935 erschienen Gesamt- und Auswahlausgaben, so in dt. Sprache *Des Menschen Schatten* (1939).

Tulsīdās, eigtl. *Rāmbolā* (*1532 Radschapur/Banda, †24. 7. 1623 Benares). – Ind. Dichter, angeblich als Säugling ausgesetzt und von einem Sadhu aufgezogen. Das Hauptwerk des größten Hindi-Dichters ist die Neubearbeitung des *Ramajana-Epos,* das er, durch andere Rama-Dichtungen angeregt, seinem *Ramtscharitmanas* zugrunde legte.

Tumler, Franz (*16. 1. 1912 Gris b. Bozen). – Südtiroler Schriftsteller, ursprünglich Volksschullehrer, ließ sich jedoch später als Schriftsteller in Linz und Berlin nieder. Er befaßte sich in seinen von A. Stifter beeinflußten Werken mit menschl. Problemen. Zu den in prägnanter Sprache geschriebenen Hauptwerken gehören die Erzählung *Der Mantel* (1959), der Roman *Der Schritt hinüber* (1956) und die Gedichte *Anruf* (1941). In letzter Zeit wandte er sich histor. Themen zu, z. B. *Aufschreibung aus Trient* (1965) und *Das Land Südtirol* (1971). Eine Auswahl seines Werkes erschien 1974.

Turgenjew, Iwan Sergejewitsch (* 9. 11. 1818 Orel, † 3. 9. 1883 Bougival b. Paris). – Russ. Dichter, studierte Philosophie und Literatur, u. a. in Berlin, wo er die Hegelsche Philosophie kennenlernte. Als freier Schriftsteller lebte er meist in Deutschland und Frankreich. Zu seinem Freundeskreis gehörten u. a. Flaubert, Storm und Heyse. Die ersten Gedichte und Dramen des Literaten waren relativ erfolglos, woraufhin er sich der lyr. Prosa zuwandte. Im Mittelpunkt seiner Romane stehen sozialpolit. Probleme und das Leben der Bauern, z. B. in *Aufzeichnungen eines Jägers* (1852, dt. 1854). Als Erzähler des Realismus stellt er vorwiegend Charaktere dar, die, Nihilisten oder Taugenichtse, im gesellschaftl. Zusammenleben versagen. Landschafts- und Naturschilderungen sind wesentl. Elemente der im Alter zum Pessimismus Schopenhauers neigenden Werke. Zu den bedeutendsten Dichtungen gehören *Geldmangel* (1846, dt. 1947), *Dunst* (1867, dt. 1868) und *Das adlige Nest* (1859, dt. 1862). Weltruhm bis heute hat sein Roman *Väter und Söhne* (1862, dt.1869), in dem ein treffendes Bild der morbiden russ. Gesellschaft gezeichnet wird. Eine dt. Gesamtausgabe erschien 1968f. in 10 Bdn.

Turner, Walter James (* 13. 10. 1889 Melbourne, † 18. 11. 1946 London). – Austral. Schriftsteller, studierte zunächst Bergbauwesen, wurde später ein bedeutender Musik- und Theaterkritiker. Neben Biographien großer Musiker verfaßte er meist exotische Gedichte, z. B. *The Dark Fire* (1918), und Romane, die sich durch Sarkasmus und scharfe Kritik auszeichnen, z. B. *The Duchesse of Popocatepetl* (1939).

Turrini, Peter (* 26. 9. 1944 Maria Saal/Kärnten). – Österr. Schriftsteller, arbeitete als Holzfäller, Stahlarbeiter, Werbetexter und Hotelsekretär. T. versucht, in seinen Werken die Wörter auf ihre eigentliche Bedeutung zurückzuführen und spachl. Klischees zu vermeiden. Seine Hauptwerke sind *Rozznjagd* (1971), *Sauschlachten* (1973), *Der tollste Tag. Frei nach Beaumarchais* (1972), *Erlebnisse in der Mundhöhle* (1972), *Der Dorfschullehrer* (1975), *Die Minderleiter* (1989). Ein Skandalerfolg wurde *Tod und Teufel* (1990) in dem T. unterschiedliche Traditionen und Klischees verbindet. Seine Texte wurden 1978 und 1983 in einem Lesebuch zusammengefaßt. Bekannt wurden die Filme *Die Alpensaga* (1976–79) und das Hörspiel *Josef und Maria* (1981).

Tutilo (Tuotilo) (* um 850, † 24. 4. 913 [?] St. Gallen). – Alemann. Dichter, Mönch, Baumeister, Goldschmied, Kompo-

nist, Literat und ein Freund von Notker Balbuus. Er gilt als erster Schriftsteller, der in der Zeit von 895 bis 912 deutsche und lateinische Tropen (liturg. Liedtexte) in Prosa verfaßte.

Tutuola, Amos (* 5. 5. 1920 Abeokuta). – Nigerian. Schriftsteller, arbeitete in zahlreichen Berufen und war lange Zeit beim Rundfunk tätig. Die Wirkung seiner Erzählungen *Der Palmweintrinker* (1952, dt. 1955), *Feather Woman of the Jungle* (1962), *The Witch-Herbalist of the Remote Town* (1981) beruht darauf, daß er in sehr gebrochenem Englisch Geschichten erzählt, die ihm aus der mündlichen Tradition bekannt sind. Nach anfänglich großer Beachtung auch in Europa ist es später stiller um sein Werk geworden.

Tuuri, Antti Elias (* 1. 10. 1944 Kauhava/Österbotten). – Finn. Schriftsteller, studierte Ingenieurwissenschaften und machte diese häufig zum Hintergrund seiner Romane, Hörspiele und Dramatisierungen. Daneben wandte er sich in seinen realistischen und humorvollen Darstellungen auch histor. Ereignissen zu. Bekannt wurden in seiner Heimat besonders die Romane *Asioiden suhteet* (1971), *Marraskuun loppu* (1973), *Pohjanmaa* (1982), *Talvisota* (1984), *Ameriikan raitti* (1986). Eine Auswahl liegt in dt. u. d. T. *Der steinigste Ort* (1984) vor. T. erhielt zahlreiche Auszeichnungen und gilt heute als bedeutendster Erzähler Finnlands.

Tuwim, Julian (* 13. 9. 1894 Lodz, † 27. 12. 1953 Zakopane). – Poln.. Schriftsteller, Sohn eines jüdischen Beamten, studierte Jura. Als leitendes Mitglied der futurist. Gruppe um die Zeitschrift »Skamander« wurde er nach seiner Rückkehr aus der Emigration Direktor des Theaters in Warschau. Seine Versdichtungen sind durch sprachl. und stilist. Experimente, Ironie und Feingefühl gekennzeichnet. Seine Gedichte *Wirsze wybrané* (1964) erschienen in zahlreichen Neuauflagen.

Twain, Mark → Mark Twain

Twardowski, Alexandr Trifonowitsch (* 21. 6. 1910 Sagorje b. Smolensk, † 18. 12. 1971 Moskau). – Russ. Schriftsteller, im Zweiten Weltkrieg Kriegsberichterstatter. Später verfaßte er als Chefredakteur der Zeitschrift »Novyj mir« Gedichte und Erzählungen, die eine undogmat. Literatur befürworten. Von T.s Versdichtungen, die von den Tschastuschka-Gedichten (Volksdichtung) beeinflußt sind, gelten *Das Wunderland Murawia* (1936, dt. 1954) und *Wassili Tjorkin* (1941–45, dt. 1966) als seine Hauptwerke.

Tyl, Josef Kajetán (* 4. 2. 1808 Kuttenberg, † 11. 7. 1856 Pilsen). – Tschech. Theaterdichter, nach seinem Studium in Prag Wanderschauspieler. Als späterer Leiter einer Wanderbühne schrieb er romant. Ritterspiele, Märchen, Erzählungen und Possen. Das Lied *Kde domov muj* (= Wo ist meine Heimat?) wurde später zur tschechischen Nationalhymne. Seine Erzählung *Rosina Ruthard* wurde 1957 ins Dt. übersetzt.

Tynan, Katherine (* 23. 1. 1861 Clondalkin/Dublin, † 2. 4. 1931 London-Merton). – Irische Autorin, wurde im Kloster erzogen und war eine der bedeutendsten Verfechterinnen der kelt. Renaissance. Ihre Memoiren *The middle Years* (1917) und *Memoires* (1924) und ihre religiöse Lyrik fanden großen Anklang. Ihr umfangreiches Romanwerk umfaßt über 100 Titel, wurde vielfach übersetzt und erfreut sich großer Beliebtheit.

Tyndale (Tindale), William (*um 1492 [1484?] Gloucester, †6.10. 1536 b. Brüssel). – Engl. Dichter und Gelehrter, nach dem Studium in Oxford und Cambridge 1521 (?) zum Priester geweiht. Er übersetzte die Bibel, wurde jedoch des Ketzertums verdächtigt und durfte deshalb diese Arbeit nicht veröffentlichen. 1535 wurde er verhaftet, gefoltert und verbrannt. Sein Werk hatte auch auf Grund seiner sprachl. Qualität große Bedeutung.

Tynjanow, Juri Nikolajewitsch (*18.10. 1894 Reschiza, †20.12. 1943 Moskau). – Russ. Schriftsteller, lehrte Literaturgeschichte in Leningrad und gehörte als Vertreter des russ. Formalismus der Gruppe »Opojaz« an. Neben theoret. Abhandlungen gehören *Wilhelm Küchelbecker* (1925, dt. 1929), *Puschkin* (1936, dt. 1963) und *Secondeleutnant Saber* (1929, dt. 1948) zu seinen erfolgreichsten Werken.

Tyrmand, Leopold (*16.5. 1920 Warschau, †18.3. 1985 Florida). – Poln. Schriftsteller, war nach seinem Architekturstudium in Paris vielseitig tätig; lebte zuletzt als freier Schriftsteller und Journalist in der Emigration. Seine Romane weisen polit. Fragestellungen auf und stehen z. T. unter amerikanischem Einfluß. Zu ihnen gehören *Der Böse* (1956, dt. 1958), *Filip* (1961) und *Ein Hotel in Darlowo* (dt. 1962).

Tyrtaios (*7. Jh. v. Chr.). – Griech. Dichter, von seinem Leben ist nicht viel bekannt, er soll spartan. Abstammung gewesen sein. Seine Elegien begleiteten seine begeisterten Landsleute im 2. Messenischen Krieg zum Sieg. Ionische Dichtungen und die homerische Sprache haben die vier erhaltenen Elegien geprägt.

Tzara, Tristan (*4.4. 1896 Moinesti, †25.12. 1963 Paris). – Rumän. Schriftsteller, 1916 Mitbegründer des Dadaismus in Zürich. Wie auch andere Dichtungen dieser Kunstrichtung, so besteht auch T.s erster Gedichtband aus chaotischen Dialogen, in denen die radikale Ablehnung gesellschaftl., moral. und sprachl. Normen zum Ausdruck kommt. Später schloß er sich dem Surrealismus an; dies dokumentiert sich z. B. in der Gedichtsammlung *L'homme approximatif* (1930). 1978 wurden *Sieben dadaistische Manifeste* neu aufgelegt, 1984 *Die frühen Gedichte.*

U

Udall, Nicholas, auch *Woodall* od. *Uvedale* (* um 1505 Grafsch. Hampshire, †23.1. 1556 London). – Engl. Dichter, verfaßte schon während seines Studiums lat. Verse. Von 1534 bis 1541 war er Schulleiter in Eton, veröffentlichte Teile aus Terenz, *Flower for Latin speaking . . .* (1533), eine engl. Auswahlübersetzung von Werken des Terenz, und gewann als Protestant die Anerkennung Marias I. Mit dem Schulstück *Ralph Roister Doister* (1566) schuf er die erste engl. Komödie, die sich stoffl. und formal an die röm. Komödie von Plautus und Terenz anlehnt, jedoch derben Humor aufweist.

Ude, Karl (* 14. 1. 1906 Düsseldorf). – Dt. Schriftsteller, studierte Literatur, Musik und bildende Kunst und gehörte zum Münchner Kreis Arthur Kutschers. In *Das Ringen um die Franziskus-Legende* (1932) widmete er sich musikalischer und architektonischer Kunst. *Die Pferde auf Elsenhöhe* (1942) und *Die Rettung* (1943) gehören zu seinen zeitgeschichtl. Novellen. Als letzte wichtige Publikationen erschienen der Essay *Otto von Taube* (1964), die Biographien *Besondere Kennzeichen* (1964) und die Erinnerungen *Denk' ich an München* (1967).

Überzwerch, Wendelin, eigtl. *Karl Fuß* (* 25. 11. 1893 Memmingen, †5. 3. 1962 Wilhelmsdorf/Ravensburg). – Dt. Schriftsteller, war nach Studium der Theologie, Germanistik, Philosophie und Geschichte als Bibliothekar tätig. Er schuf humorvolle Kurzgeschichten, Erzählungen und Gedichte, wie *Aus dem Ärmel geschüttelt* (1935) und *Einsteigen . . . Türen schließen* (1955). Er schrieb auch häufig in schwäb. Dialekt, z. B. *Uff guat schwäbisch* (1951).

Ueda Akinari, (* 1734 Naniwa/Osaka, †27. 6. 1809 Kioto). – Japan. Schriftsteller und Gelehrter, Sohn eines Freudenmädchens, wurde in einer Kaufmannsfamilie erzogen. Seine Herkunft und eine langanhaltende Krankheit prägten seinen schwierigen Charakter. Er arbeitete viel über die jap. Sprache und Literatur. Neben wissenschaftl. Werken gab er die Erzählungssammlungen *Ugetsumonogatari* (1776) und *Harusamemonogatari* (um 1800) heraus. Seine Stoffe stammen meist aus dem chines. Kulturkreis und spielen häufig in einer Traum-

und Geisterwelt. 1990 erschienen Erzn. dt. *Erzählungen beim Frühlingsregen.*

Uhland, Ludwig (* 26. 4. 1787 Tübingen, †13. 11. 1862 ebd.). – Dt. Dichter und Gelehrter, studierte Jura und Philosophie, doch galt sein eigtl. Interesse der mittelalterl. dt. und franz. Literatur. 1819 wurde er liberaler Abgeordneter im württemb. Landtag. 1822 veröffentlichte er seine Monographie über Walther von der Vogelweide und schrieb damit die erste ausführl. wissenschaftl. Abhandlung über einen mhd. Dichter. 1829 erhielt er eine Professur für Germanistik in Tübingen, die er jedoch aus polit. Gründen bald wieder niederlegte. Dennoch publizierte er seit 1844 die Sammlung *Alte hoch- und niederdeutsche Volkslieder* weiter. Als Dramatiker erfolglos (*Ernst, Herzog von Schwaben,* 1817), wurde er als Lyriker der bedeutendste Vertreter der schwäb. Romantik. In seinen Gedichten drückte er allgemeingültige Empfindungen und Gefühle aus. Seine Sprache ist klar und schlicht, dabei plastisch und ausdrucksvoll. Am bedeutendsten sind seine Balladen und Romanzen, denen die mittelalterl. Sagen zugrunde liegen, wie *Die Rache, Des Sängers Fluch* etc. Schumann, Schubert, Liszt und Brahms vertonten zahlreiche Gedichte, wie z. B. *Die Kapelle, Der gute Kamerad* und *Der Wirtin Töchterlein,* Darüber hinaus wurde Uhland durch seine wiss. Arbeiten Mitbegründer der dt. Philologie, v. a. mit *Sagenforschungen* (1836) und *Studien zur nordischen Mythologie,* von denen nur Bd. I 1836 erschienen ist. U. knüpft damit an die junge Tradition der germanist. Sprach- und Sagenforschung an, die sich im Umkreis der Brüder Grimm zur »nationalen Wissenschaft« ausweitete. Aus dem Nachlaß wurden die *Schriften zur Geschichte der deutschen Dichtung und Sage* (1865 bis 1873) herausgegeben. Das Gesamtwerk erschien 1892 in 6 Bdn. und 1981f. in 4 Bdn.

Uhlmann S.T. (Stuhlmann), Adolf (* 3. 8. 1838 Hamburg, †19. 11. 1924 Schwarzenbek b. Hamburg). – Dt. Autor, begann, nachdem er mehrere Jahre als Mechaniker gearbeitet hatte, ein Studium der Mathematik und der Philosophie. Der spätere Lehrer wurde als plattdt. Dialektdichter bekannt und beschäftigte sich v. a. mit der Rechtschreibung der plattdt. Mundart. Zu seinen wichtigsten Werken zählen *Rymels* (1898), *Leederbook* (1903) und *Ultimo* (1917).

Uhse, Bodo (* 12. 3. 1904 Rastatt, †2. 7. 1963 Berlin). – Dt. Schriftsteller, hatte seit 1928 der NSDAP angehört, trat 1930 in die KPD ein. 1933 emigrierte er nach Frankreich, nahm am Span. Bürgerkrieg teil, lebte anschließend in Mexiko und zuletzt in Ost-Berlin. Dort wurde er Chefredakteur der Zeitschrift »Der Aufbau« und Mitglied der Volkskammer. Lit. betätigte er sich hauptsächl. als Verfasser von Drehbüchern, Fernsehspielen und Reportagen. Er wurde als sozialist. Autor antifaschist. Romane bekannt, z. B. *Leutnant Bertram* (1943) und *Tagebuch aus China* (1956). 1960 erschien die Erzählung

Das Wandbild, 1978 *Bamberg.* Eine Gesamtausgabe wird seit 1974 ediert.

Ujejski, Kornel (*12.9. 1823 Beremiany/Podolien, †19.9. 1897 Pawlów). – Poln. Dichter, studierte in Paris und unterstützte als poln. Gutsbesitzer den Polenaufstand in Galizien von 1846. 1877/78 wurde er Abgeordneter im österr. Reichsrat. Der Lyriker stand unter dem Einfluß der Romantik und verband nationale und religiöse Themen in seinem Schaffen. Sein wichtigstes Werk, *Skargi Jeremiego* (= *Jeremias' Klagen* [1847ff.]), gehört zwar zu den Schätzen der poln. Literatur, wird jedoch von seiner Lyrik übertroffen, die 1888 erstmals in dt. Übersetzung erschien.

Ujević, Tin (*5.7. 1891 Vrogorac, †12.1. 1955 Zagreb). – Kroat. Schriftsteller, schloß sein Philosophiestudium nicht ab, sondern reiste als Schriftsteller nach Belgrad, Sarajevo, Split und Zagreb, wo er sich 1940 niederließ. Die Werke sind durch starke subjektive Ausdruckskraft gekennzeichnet; polit. oder soz. Gedanken stand er fern. Der sensible Dichter, der Symbolismus, Surrealismus und andere lit. Formen seiner Zeit mit einbezog, schrieb zunächst metaphys. Lyrik, später Verse, die seine Resignation ausdrücken. Die Gedichte sind nur in der Originalsprache aufgelegt; 1964 erschien eine Auswahl, 1963 bis 1967 das Gesamtwerk in 17 Bdn.

Ukrainka, Lessja, eigtl. *Larissa Petrowna Kossatsch* (*25.2. 1871 Nowograd-Wolynski, †1.8. 1913 Suram/Georgien). – Ukrain. Dichterin, stammte aus einem Fürstengeschlecht. Auf ihren zahlreichen Auslandsreisen, die sie zur Heilung einer schweren Krankheit unternehmen mußte, erwarb sie eine umfangreiche Bildung. Die »Dichterin des ukrainischen Risorgimento« stand in Kontakt mit den wichtigsten Dichtern ihrer Zeit. Sie schrieb zunächst lyr., epische und dramat. Dichtungen, gab später milieugebundene Themen auf und wandte sich allgemeinmenschl. und histor. Problemen zu. Neben ihrem Hauptwerk *Das Waldlied* (dt. 1947) schrieb sie Liebes- und Naturgedichte, die dem eleg. Impressionismus zuzuordnen sind. Auch als Übersetzerin der Werke Heines, Marx' und Engels' trat sie hervor. Ihre Werke erschienen 1927ff. in 12 Bdn.

Ulfilas (Wulfila, Glfilas) (*um 311 an der unteren Donau, †383 Konstantinopel). – Der got. Bischof U. wurde nach seiner Tätigkeit als arian. Theologe kappadok. Herkunft und Missionsbischof der oström. Kirche Richter und kirchl. Oberhaupt des Balkans. Durch die Bekehrung vieler Westgoten zum Christentum und deren Rettung vor den Christenverfolgern wurde er für die Gründung des german. Christentums von größter Bedeutung. 369 begann er mit der Bibelübersetzung ins Gotische, für die er zunächst eine got. Schrift und Schriftsprache schaffen mußte. Dieses frühe german. Sprachdenkmal ist teilweise im *Codex argenteus* in der Universitätsbibliothek in Uppsala erhalten.

Ulitz, Arnold (*11.4. 1888 Breslau, †12.1. 1971 Tettnang/Württ.). – Dt. Schriftsteller, Aufenthalt in Rußland hinterließ bei ihm einen starken Eindruck. Nach der Vertreibung aus Schlesien wurde er 1945 freier Schriftsteller. Zu Beginn seines Schaffens wandte er sich mit seinen expressionist. Romanen, *Ararat* (1920), gegen den kulturellen Verfall. In *Aufruhr der Kinder* (1929) wird sein Verständnis für die Kinderpsyche deutl. Neben Lyrik und Hörspielen beschränkt sich das Spätwerk auf Erzählungen über seine Heimat, z. B. *Bittersüße Bagatellen* (1948) und *Das Teufelsrad* (1949). Nachher verstummte sein lit. Schaffen.

Ullman, Gustav Daniel (*12.6. 1881 Göteborg, †20.1. 1945 Stockholm). – Schwed. Dichter und Literaturkritiker. Neben Liebesgedichten und Gedankenlyrik konzentrierte er sich in seinen eigenen lit. Werken auf die Schilderung der schwed. Westküste, z. B. in *Västkust* (1903). Außerdem beschreibt er in seinen Novellen und Romanen *Präster* (1907) und *Kerstin Thotts ring* (1941) nüchtern und objektiv das Alltagsmilieu und befaßt sich mit den sozialen Forderungen der Jugend.

Ullmann, Regina (*14.12. 1884 St. Gallen, †6.1. 1961 München). – Schweiz.-dt. Schriftstellerin, seit 1908 verband sie enge Freundschaft mit R.M. Rilke und Bekanntschaft mit I. Seidel, H. Carossa, Th. Mann und anderen. Die Erzählerin und Lyrikerin schrieb einfach und anschaulich von der Stille, der Bescheidenheit und ihrem kleinen Lebenskreis. Stifter, Keller und Carossa übten Einfluß auf die Form ihrer Werke aus. Zu ihnen gehören das Drama *Feldpredigt* (1907), die Versdichtung *Von der Erde des Lebens* (1910) und die Erzählungen *Die Landstraße* (1921), *Der Apfel in der Kirche* (1934), *Der Engelskranz* (1942), *Der ehrliche Dieb* (1946) und *Schwarze Kerze* (1954). Interessant sind ihre *Erinnerungen an Rilke* (1945). Das Gesamtwerk erschien 1960 in 2 Bdn.

Ulrich von Lichtenstein (*um 1200 Lichtenstein/Steiermark, †um 1276). – Mhd. Minnesänger, entstammte einem vornehmen Ministerialengeschlecht und unternahm 1227 als Ritter eine Romreise, danach seine große Turnierfahrt, »Venusfahrt«, und 1240 die Artusfahrt durch Böhmen, Österreich und die Steiermark. Er war in den höchsten Kreisen angesehen. U., der Truchseß, Landrichter und Landeshauptmann war, war ein polit. Anhänger Friedrichs des Streitbaren und Rudolfs von Habsburg. Sein 1255 vollendeter höf. Roman *Frauendienst* bietet Einblick in die Realität des Minnedienstes. Die darin enthaltenen ca. 57 Minnelieder sind einerseits im Stil der hohen Minne geschrieben, zeigen jedoch andererseits die neue Sinnenfreudigkeit. Sein *Büchlein* der Minnelehre zeigt den Verfall der höf. Sitten.

Ulrich von Singenberg (*12./13. Jh., urkundl. 1209–1228). – Der Minnesänger und Spruchdichter stammte aus einem Thurgauer Ministerialengeschlecht und wurde Truchseß von St. Gallen. Er verstand sich als Schüler und Anhänger Walthers von der Vogelweide. Der Verfasser von ca. 35 Minne- und Tageliedern nimmt in seinen Sprüchen zu sozialen, moral. und polit. Problemen seiner Zeit Stellung.

Ulrich von Winterstetten (* vor 1241, †nach 1280). – Dt. Minnesänger, wurde als Enkel des Reichsverwesers Konrad von Winterstetten 1258 Kanonikus und 1280 Domherr in Augsburg. Seine 40 Minne-, Wächter-, Tanz- und Spottlieder stammen aus der Spätphase des Minnesangs und sind in Rhythmus und Reim sehr kunstvoll. Die mhd. Leichdichtung erfuhr durch ihn einen Höhepunkt. Leider sind die Melodien nur fragmentar. erhalten. Ihr Stil zeigt wie bei Neidhart und Tannhäuser eine Nähe zum Volkslied.

Ulrich von Zatzikhofen (* 12./13. Jh.). – Mhd. Dichter, wird urkundl. 1214 als Leutpriester im Thurgau erwähnt. Um 1194 verfaßte er einen *Lanzelet*-Roman nach franz. Muster. Dieser weist zwar Parallelen zu Eilharts *Tristan* und Heinrich von Veldekes *Eneit* auf, ist jedoch noch vollkommen im unterhaltsamen, vorhöf. Stil geschrieben. Es ist ein phantast. Abenteuerroman, dessen Stoff aus der Artussage stammt, der jedoch ohne die innere Wandlung des Helden übernommen wurde.

Umru Al Kais (* um 530–540 Ankara). – Pers. Dichter, versuchte vergebl., das verlorene Fürstentum in Nadschd in den Familienbesitz zurückzuerwerben. Die Werke des altarab. Dichters gehören zu den bedeutendsten der vorislam. Zeit. Seine Gedichte sind zwar sehr unvollständig überliefert, die erhaltenen Teile zeichnen sich jedoch durch große Offenheit, besonders auf erot. Gebiet, aus. Neben seinem *Diwan,* der 1843 dt. übersetzt und 1924 erweitert wurde, ist uns in der Sammlung *Muallakat* eines seiner Gedichte erhalten.

Unamuno y Jugo, Miguel de (* 29. 9. 1864 Bilbao, †31. 12. 1936 Salamanca). – Span. Schriftsteller, Professor an der Universität in Salamanca, infolge seiner Auflehnung gegen die Diktatur Primo de Riveras ins Exil verbannt. Als Dramatiker, Romancier, Lyriker und Essayist gehört er zu den Verfechtern der Hispanisierung Europas. Als Mitglied der »Generation von 98« war er einer der bedeutendsten modernen span. Literaten. Unter dem Einfluß Kierkegaards, Nietzsches und Pascals stehend, wurden die Fragen des Menschen an sich, des Weiterlebens nach dem Tod und der Gegensatz von Glauben und Ratio zu seinen Hauptthemen, so in *Das tragische Lebensgefühl* (1913, dt. 1925) und *Die Agonie des Christentums* (1925, dt. 1928). Der Wert seiner Lyrik wurde erst spät erkannt, doch gilt sie heute als Vorbild und wirkt stilbildend auf zahlreiche Autoren. 1950 bis 1963 erschienen seine gesammelten Werke in 15 Bdn.; eine Auswahlübersetzung erschien in 7 Bdn. 1925 bis 1928.

Under, Marie (* 27. 3. 1883 Reval, †25. 9. 1980 Stockholm). – Estn. Schriftstellerin, wurde durch die Dichtergruppe »Siuri« bekannt, schrieb leicht expressionist. Natur- und Liebeslyrik, die auf Grund ihrer Individualität erfolgreich war. Später präg-

ten die Flucht nach Schweden und die Kriegserlebnisse ihre Werke, so daß sie sich der Erneuerung der Ballade und der Gedankenlyrik zuwandte. Ihre Gedichte wurden in zahlreiche Sprachen übersetzt, so auch die Sammlung *Stimme aus dem Schatten* 1949 ins Dt.

Undset, Sigrid (* 20. 5. 1882 Kalundborg/Dänemark, †10. 6. 1949 Lillehammer). – Norweg. Dichterin, konnte ihrem Wunsch, Malerin zu werden, aus finanziellen Gründen nicht nachgehen. 1909 unternahm sie mit Hilfe eines Stipendiums eine Italienreise und konnte sich dann dem Schreiben widmen. Das Hauptthema ihrer lit. Werke sind das Schicksal und die Aufgabe der Frau im täglichen Leben. Aus kath. Sicht verarbeitete sie ihre Erfahrungen aus dem Berufsleben und gab Milieuschilderungen einer Kleinstadt, in der Mädchen und Frauen an ihren Idealen zugrunde gehen. Den Abschluß dieser Schaffensperiode bildet der Künstlerroman *Jenny* (1911, dt. 1921). Das Hauptwerk der Dichterin *Kristin Lavranstochter* (1920–22, dt. 1926) und die Novelle *Viga Ljot og Vigdis* (1909) sind histor. bedeutende Schilderungen des norweg. Mittelalters. Außerdem wurden viele ihrer Werke ins Dt. übertragen, so *Frühling* (1914, dt. 1926), *Das getreue Eheweib* (1936, dt. 1938) und *Glückliche Zeiten* (1943, dt. 1957). Zuletzt entstanden die beiden Romane *Gymnadenia* (1929, dt. 1930) und *Der brennende Busch* (1930, dt. 1931). Ihr umfangreiches und lit. bedeutendes Gesamtwerk wurde in alle Kultursprachen übersetzt. 1928 erhielt sie den Nobelpreis.

Ungaretti, Giuseppe (* 10. 2. 1888 Alexandrien, †1. 6. 1970 Mailand). – Ital. Lyriker, gehörte während seines Studiums in Paris einem Kreise namhafter Künstler an. Als Reporter großer Zeitschriften unternahm er zahlreiche Reisen, bis er sich 1942 in Rom niederließ. Sein Freundeskreis, zu dem u. a. auch Mallarmé und Apollinaire gehörten, übte starken Einfluß auf den Lyriker aus. Sein erstes Werk *Il porto sepolto* (1916) stand unter den Eindrücken des Krieges und hat den Widerspruch zwischen der gewaltvollen Wirklichkeit und der unerfüllbaren Hoffnung des Menschen, sich in ein illusionäres Leben flüchten zu können, zum Thema. Sein Hauptwerk *Il dolore* (1947) folgte auf den Tod seines Sohnes und beschäftigt sich mit der Einsamkeit und Hoffnungslosigkeit des Lebens. Sein Stil ist konzentriert, teilweise fragmentar. und vielfach symbol. Ausgehend vom ital. Futurismus, wurde er der Begründer des Hermetismus in der modernen ital. Lit. In dt. Übersetzung liegen vor *Träume und Akkorde* (1960), *Gedichte* (1961), *Reisebilder* (1963), *Die späten Gedichte* (1974), *Ich suche ein unschuldiges Land* (1988), *L'Allegria – Die Heiterkeit* (1990).

Unger, Hellmuth (* 10. 2. 1891 Nordhausen, †13. 7. 1953 Freiburg i. Breisgau). – Dt. Schriftsteller, studierte Medizin und war zunächst als Augenarzt tätig. Unter dem Einfluß des Expressionismus schrieb er einige Dramen und wurde als Verfasser biograph. Werke bekannt, z.B. mit *Helfer der Menschheit* (1929) und *Germanin* (1938); sie wurden in zahlreiche Sprachen übersetzt.

Ungerer, Tomi (*28.11. 1931 Straßburg). – Dt.-franz. Poet, lebt seit 1957 als Zeichner und Karikaturist in Nordamerika. Mit seinen oft sarkast. Zeichnungen, die von schwarzem Humor zeugen, steht er in der Tradition von Goya und G. Grosz. In letzter Zeit machte er sich v.a. um Kinderbücher und deren Illustration verdient. Zu seinen Hauptwerken gehören *Der schönste Tag* (1960), *Fornicon* (1970), *Der erfolgreiche Geschäftsmann* (1976) *Abracadabra* (1980), *Fundsachen* (1987).

Ungern-Sternberg, Alexander Freiherr von (*22.4. 1806 Schloß Noistfer bei Reval, †24.8. 1868 Dannewalde b. Stargard). – Dt. Schriftsteller, unternahm nach dem Studium als Dichter unter dem Ps. *Alexander von Sternberg* zahlreiche Reisen. Dabei lernte er in Dresden Tieck kennen, lebte länger in dieser Stadt, bis er sich nach Granzow/Uckermark zurückzog. Außer vielen spannenden, jedoch auch oberflächl. Unterhaltungsromanen schrieb er Novellen, gesellschaftskrit. und histor. Romane. Zu seinen wichtigsten Werken zählen *Die Zerrissenen* (1832), *Lessing* (1834), *Galathee* (1836) und *Diane* (1842). 1862 erschienen die *kleinen Romane und Erzählungen* in drei Bdn.

Unruh, Friedrich Franz von (*16.4. 1893 Berlin, †16.5. 1986 Merzhausen/Freiburg). – Dt. Schriftsteller, arbeitete in der Industrie und als Journalist, bis er sich ganz dem Schreiben zuwandte. Er schloß sich der pazifist. Gesinnung seines Bruders Fritz von Unruh an und warnte in der 1931 herausgegebenen Zeitschrift »Nationalsozialismus« vor der polit. Entwicklung. Geprägt durch die Erlebnisse des Krieges, verfaßte er *Der Tod und Erika Ziska* (1937), *Die Heimkehr* (1938) und *Ehe die Stunde schlug. Eine Jugend im Kaiserreich* (1967). In den letzten Jahren erschienen sehr gelungene Erzählungen wie *Die Nacht von Mantua* (1968), *Der Besuch* (1971) und *T. Riemenschneider* (1973) und der Essay *Schlußbericht* (1974).

Unruh, Fritz von (*10.5. 1885 Koblenz, †28.11. 1970 Diez/Lahn). – Dt. Schriftsteller, wurde durch seine Erlebnisse als Offizier zum Pazifisten. Nach mehreren Emigrationen und Heimkehrversuchen und nachdem er alles in den USA verloren hatte, ließ er sich in Diez nieder. U. behandelt in seinen ersten Dramen, in denen er sich an den Stil Kleists anlehnt, die Problematik des militär. Gehorsams und der Verantwortung. Sein expressionist. Drama *Ein Geschlecht* (1917) ist ein Aufruf gegen die Gewalt und den Krieg und für Menschlichkeit und Verbrüderung. Sein Werk erhebt die Forderung nach Humanität in individueller und polit. Hinsicht mit großem rhetor. Geschick. Zu seinem umfangreichen Werk gehören die Dramen *Offiziere* (1911), *Stürme* (1923) und *Bonaparte* (1927)

und die Romane *Opfergang* (1919) und *Der Sohn des Generals* (1957). 1960 erschien eine Auswahl seiner Dramen, 1967 *Friede in USA?* und 1969 *Kaserne und Sphinx*, die beiden letzten Romane.

Upaniṣad. Die U. (Mehrzahl dt. *Upanischaden*; Sanskrit: Sitzung, vertrauliche Belehrung) ist eine Gattung altind. theolog.-philosoph. Texte in Prosa und Vers und im 7.Jh. v.Chr. (ältere U.) zum ersten Mal zu datieren. Sie sind Teile der Brahmanas und deshalb besonders wertvoll. Aus ihnen lassen sich die frühesten philosoph. Auffassungen der Inder ableiten. Die jüngeren Teile entstanden um 1500 und sind grundlegend für die Sekten- und Systembildung (Sankhja, Joga, Hindusekten). Sie enthalten die All-Einheits-Mystik des Wedanta. 1656 wurden 50 »Upanischaden« ins Pers. und Lat. übersetzt und übten großen Einfluß auf die Philosophie Schopenhauers aus.

Updike, John Hoyer (*18.3. 1932 Shillington). – Amerikan. Schriftsteller, arbeitete für die Zeitschrift »The New Yorker«. Sein erster Roman *Das Fest am Abend* (1959, dt. 1961) ist wie seine späteren Werke, z.B. *Glücklicher war ich nie* (dt. 1966) und *Auf der Farm* (1965, dt. 1969), gekennzeichnet durch gesellschaftskrit. Beobachtungen des Alltagslebens. Seine Sprache ist äußerst präzise und korrekt, so auch in *Heirate mich* (dt. 1978), *Bessere Verhältnisse* (dt. 1983), *Die Hexen von Eastwick* (dt. 1985), *Der verwaiste Swimmingpool* (dt. 1987), *Das Gottesprogramm* (dt. 1988), *S.* (dt. 1989), *Spring doch* (dt. 1990). Seine Essays wurden 1987 dt. u.d.T. *Amerikaner und andere Menschen* veröffentlicht. Ein Szenario amerikanischer »Swimmingpool-Intelligenzen« gestaltet U. in den Erinnerungen *Selbstbewußtsein* (dt. 1990).

Uppdal, Kristofer Oliver (*19.2. 1878 Beitstad/Nord-Trøndelag, †26.12. 1961 Oppdal). – Norweg. Schriftsteller, Sohn eines Kleinbauern, arbeitete in Gruben und Fabriken, bis er sich als Journalist betätigen konnte. Seine Werke stehen unter dem Zeichen der Arbeiterbewegung, der er sich anschloß und verbunden blieb. Von der Naturlyrik ausgehend, wandte er sich bald der Gedankenlyrik und dem sozialen Roman zu. In dem Zyklus *Dansen gjenom skuggeheimen* (1911 bis 1924) behandelte er das Problem der Eingliederung ländl. Bevölkerung in den industriellen Arbeitsprozeß. Daneben schrieb er zahlreiche Gedichte und Essays, die heute in einer Auswahl von 1968 vorliegen.

Uranis, Kostas, eigtl. *Konstantinos Nearchos* (*1890 Konstantinopel, †13.7. 1953 Athen). – Griech. Schriftsteller, lebte als Generalkonsul und Diplomat viel im Ausland. Die Sehnsucht nach anderen Kulturen, schönen Reisen und fremden Welten erfüllte seine Lyrik, die großen Anklang bei Gleichgesinnten fand. Der Stil seiner Werke, z.B. *Sol et Sombra* (1934) u. *Poiēsē* (1953), ist reich an Phantasie.

Urfé, Honoré d' (*11.2. 1567 Marseille, †1.6. 1625 Villefranche). – Franz. Schriftsteller, kämpfte während der Religionskriege auf kath. Seite. Nachdem die königl. Partei gesiegt hatte, wurde er als adliger Schriftsteller am Hof des Herzogs von Savoyen angestellt. Seine großen Vorbilder waren span. und ital. Literaten, dies wird bes. deutl. in dem Schäferroman *L'Astrée* (1607–27). Er ist stark an Montemayors *Diana* angelehnt, spielt jedoch im Unterschied zu diesem nicht an einem imaginären Platz, sondern in Lignon im Forez. Der Ritter-, Hirten- und Liebesroman in 5 Teilen ist außerdem in die gallische Frühzeit versetzt. Dieses Werk hatte nachhaltigen Einfluß auf Racine, Corneille und Mme. de Sévigné.

Urfey, Thomas d' (*1653 [?] Exeter/Devon, †23. 2. 1723 London). – Engl. Dichter. U. verfaßte neben 32 Schauspielen und Komödien *Madame Fickle* (1677) und *The virtuos wife* (1680), zahlreiche Lieder und Bänkelgesänge in rauhem Stil, *Pills to purge melancholy* (1719/20). Außerdem schrieb er Oden und bombastische Dramen.

Uris, Leon Marcus (*3. 8. 1924 Baltimore). – Amerikan. Schriftsteller, während des Zweiten Weltkrieges im Marinekorps. Als Journalist und Schriftsteller brachte ihm v. a. sein Hauptwerk *Exodus* (1958, dt. 1959) weltweiten Erfolg. In diesem Werk schildert er die Leidensgeschichte des jüd. Volkes und den Aufbau des neuen israel. Staates. Außerdem schrieb er die Romane *Schlachtruf oder Urlaub bis zum Wecken* (1953, dt. 1955), *Armageddon* (1964, dt. 1965), *Topas* (1967, dt. 1967), *QB Seven* (dt. 1971), *Mila 18* (dt. 1979), *Mitla Pass* (dt. 1989).

Urzidil, Johannes (*3. 2. 1896 Prag, †2. 11. 1970 Rom). – Dt.-österr. Schriftsteller, war nach seinem Studium der Germanistik, Slawistik und der Kunstgeschichte im Pressebeirat der dt. Botschaft und als Redakteur tätig. Später emigrierte er zunächst nach England, dann nach Amerika, wo er sich zu einem von Stifter geprägten Erzähler entwickelte. *Der Trauermantel* (1945), *Die verlorene Geliebte* (1956) und *Das große Halleluja* (1959) sind teilweise autobiograph. Werke. *Das Prager Triptychon* (1960) und die darauffolgenden Erzählbände zeigen seinen Sinn für skurrile und eigenartige Menschen, z. B. *Da geht Kafka* (1965), *Die erbeuteten Frauen* (1966) und *Bist du es, Ronald?* (1968). Die zunächst expressionist. Lyrik steht später eher unter dem Einfluß Kafkas und Kierkegaards. Sein größtes essayist. Werk ist die Studie *Goethe in Böhmen* (1932 und 1965).

Usinger, Fritz (*5. 3. 1895 Friedberg/Hessen, †9. 12. 1982 ebd.). – Dt. Schriftsteller, studierte dt. und franz. Philologie und Philosophie. Seine empfindungsreiche Lyrik, *Der ewige Kampf* (1918), *Große Elegie* (1920) und *Die Stimme* (1934), stand unter dem Einfluß der Dichtung Georges, Rilkes, Hölderlins und Goethes. Besondere Bedeutung haben die Essays *Zur Metaphysik des Clowns* (1952), *Friedrich Schiller und die Idee des Schönen* (1955), *Tellurium* (1967) und *Rose und Lotos* (1978) und seine franz. Übersetzungen. Zu den bedeu-

tenden letzten Werken zählen die Essays *Benn und die Medizin* (1967), *Dichtung als Information* (1970) und die Gedichte *Der Planet* (1972).

Uskoković, Milutin (*4. 6. 1884 od. 12. 3. 1884 Uzice, †14. 10. 1915 Kursumlija oder Belgrad). – Serb. Erzähler, studierte Jura, widmete sich jedoch bald nur noch der Literatur. In seinen Novellen *Pod zivotom* (1905) und *Vitae fragmenta* (1908) und seinen Romanen *Dosljaci* (1910) und *Cedomie Ilić* (1911) stellt er v. a. die Intellektuellenschicht des serb. Bürgertums dar. Der Schriftsteller nahm sich das Leben.

Uspenski, Gleb Iwanowitsch (*25. 10. 1840 [43] Tula, †6. 4. 1902 bei Petersburg). – Russ. Schriftsteller, mußte sein Jurastudium aus finanziellen Gründen aufgeben. Im Jahre 1889 traten die ersten Anzeichen einer schweren geistigen Krankheit auf, die ihn zu nahezu ununterbrochenem Aufenthalt in Heilanstalten zwang und schließlich zum Tod führte. Sein lit. Schaffen ist nicht von großem Umfang. Er beschäftigte sich hauptsächlich mit den »Volksfreunden« und den Problemen des Arbeiter- und Bauerntums, die er nach ethnograph., ökonom. und sozialen Gesichtspunkten untersuchte. Die Skizzen *Der Ruin* (1869, dt. 1953) und *Neue Zeiten, neue Sorgen* (1873–78, dt. 1952) sind kennzeichnend für seine Arbeit. Das Gesamtwerk erschien 1940–54 in 14 Bdn.

Usteri, Johann Martin (*12. 4. 1763 Zürich, †29. 7. 1827 Rapperswil). – Schweizer Schriftsteller, unternahm, bevor er das väterl. Kaufmannsgeschäft übernahm, eine Reise durch Dtld., die Niederlande und Frankreich, auf der er Goethe, Klopstock und Claudius kennenlernte. Nach dem Tode seines Vaters wirkte er als Schriftsteller und Politiker. Hölty und Claudius übten Einfluß auf seine humorvollen Mundartidyllen aus. Durch sein Lied *Freut euch des Lebens* (1793) und die Erzählungen *De Vikari* und *De Herr Heiri* wurde er bekannt.

Ustinov, Peter Alexander (*16. 4. 1921 London). – Engl. Autor; der Sohn eines russ. Emigranten und einer franz. Bühnenbildnerin wurde zunächst Schauspieler und nach dem Krieg Dramatiker und Regisseur. Als Leiter des Northampton Civic Playhouse hatte er v. a. mit seinen Komödien großen Erfolg. Ihr zeitgeschichtl. Hintergrund und ihre fast märchenhaften Züge sind hervorzuheben. Von seinen ins Dt. übersetzten Werken sind zu erwähnen *Die Liebe der vier Obersten* (1951, dt. 1968), *Endspurt* (1961, dt. 1963) und *Gott und die Staatlichen Eisenbahnen* (1966, dt. 1969), *Beethovens Zehnte* (1985), *Der alte Mann und Mr. Smith* (1991). Doch nicht nur als Schriftsteller, sondern auch als Schauspieler, Bühnen- und Filmautor und Produzent zeigte er große Meisterschaft. 1971 trat er mit dem Roman *Krumnagel* und 1974 mit der Komödie *Who's Who in Hell* hervor. 1978 erschienen seine Memoiren *Ach du meine Güte* und die Komödie *Halb auf dem Baum.*

Uz, Johann Peter (*3. 10. 1720 Ansbach, †12. 5. 1796 ebd.). – Dt. Dichter, studierte als Sohn eines Goldschmieds Jura und

Philosophie in Halle, wo er die Anakreontiker Gleim und Götz kennenlernte. 1790 wurde er Landesgerichtsdirektor und 1796 geheimer Justizrat. Er gehörte zu den bedeutendsten Anakreontikern, die sich durch ihre Vorliebe für Freundschaft und Geselligkeit in ihrer heiteren Lyrik auszeichnen. Bekannt wurde der Dichter durch sein von Popes »Lockenraub« beeinflußtes komisches Epos *Der Sieg des Liebesgottes* (1753) und durch seine Gedichte. Später ging er zu einem ernsten Odenstil und zu moral.-religiösen Lehrgedichten über, z. B. in *Theodicee* über den Theodizee-Gedanken Leibniz'.

Vaculik, Ludvik (*23.7. 1926 Brumov/Mähren). – Tschech. Schriftsteller, war ursprüngl. Schuhmacher und studierte nach dem Krieg Politologie und Journalismus. Anschließend arbeitete er als Erzieher, Verlagsredakteur und beim Rundfunk. Er gilt als anonymer Verfasser des bedeutenden Manifests *2000 slov* (1968 [= 2000 Worte]), das Grundlage einer Kampagne für Demokratie wurde. Außer seinen krit. Beiträgen zum aktuellen polit. Geschehen veröffentlichte V. die Romane *Das Beil* (1966, dt. 1971), *Die Meerschweinchen* (1970, dt. 1971) u. *Tagträume* (dt. 1981) Mit Peter Becher schrieb V. zweisprachig den Brief *Ach Stifter* (1992).

Värnlund, Rudolf (*6.1. 1900 Stockholm, †16.2. 1945 Österskär). – Schwed. Schriftsteller, wurde nach schwerer Jugend Seemann und lebte mehrere Jahre in Spanien. Sein Interesse und die Erfahrungen auf dem Gebiet der Psychoanalyse vermittelten Motive für seine lit. Werke. In ihnen bearbeitete er das Problem der Arbeiter(jugend) in ihrer Konfrontation mit dem städt. Milieu. Neben *Vandrare till intet* (1926) und *Ledaren* (1935) sind v.a. die Novellen zu erwähnen. Da seine Romane und Dramen sowohl inhaltl. als auch strukturell recht schematisch sind, fanden sie keine große Breitenwirkung. Sehr erfolgreich war V. hingegen mit seinen zahlreichen Hörspielen, die er als eigene Gattung auszugestalten wußte.

Vailland, Roger (*16.10. 1907 Acy-en-Multien, †12.5. 1965 Meillonnas/Ain). – Franz. Schriftsteller, schrieb anfangs surrealist., dann sachl.-realist., wie in seinem Widerstandsroman *Drôle de jeu* (1945, dt. 1964) und in den Proletarierromanen der Jahre 1950–55. Außerdem gehören die Romane *Hart auf hart* (1957, dt. 1959), *Die junge Frau Amable* (1954, dt. 1958) und *Das Liebesfest* (1960, dt. 1961) zu seinem lit. Gesamtwerk, das 1957 mit dem Prix Goncourt ausgezeichnet wurde. Seit 1967 erscheint das Werk in franz. Sprache in einer krit. Gesamtausgabe.

Vala, Katri Alice, eigtl. *Wadenström* (*11.9. 1901 Muonio, †28.5. 1944 Eksjö/Schweden). – Finn. Dichterin, verwandte freie Rhythmen, sinnl. Bilder und exot. Motive als Stilmittel ihrer bahnbrechenden Dichtung. Tragik und Ekstase stehen im Mittelpunkt der Auseinandersetzungen in ihren Werken, aus denen sich am Anfang der dreißiger Jahre ein sozialpolit. Engagement entwickelt. Eine dt. Auswahl ihrer zuletzt bitteren, resignierten Werke ist in den Anthologien *Der Ruf des Menschen* und *Junge Lyrik Finnlands* zu finden.

Valdés, Alfonso de (*um 1490 Cuenca, †3. [?]10. 1532 Wien). – Span. Humanist, Bruder von Juan de V., begleitete seinen Herrn Karl V. auf dessen Reisen nach Augsburg und Bologna. Er war ein Freund Erasmus' von Rotterdam und geriet, bevor er an der Pest starb, in Zwiespalt mit der Inquisition. Seine beiden Schriften *Diálogo de Lactanio y un arcediano* (1528) und *Diálogo de Mercurio y Carón* (1528) verteidigen die Politik seines Herrn.

Valdés, Armando Palacio → Palacio Valdés, Armando.

Valdés, Juan de (*um 1500 Cuenca, †Juli 1541 [1545?] Neapel). – Span. Schriftsteller, Bruder von Alfonso de V., stand als einer der ersten span. Anhänger der Reformation in Verbindung mit Erasmus von Rotterdam. In seinen Schriften beschäftigte er sich mit der Entwicklung der span. Sprache. Zu ihnen gehören *Diálogo de la lengua* (1535), *Diálogo de doctrina cristiana* (1529) und *110 göttliche Betrachtungen* (1550, dt. 1870).

Valencia, Guillermo (*20.10. 1873 Popayán, †8.7.[?] 1943 ebd.). – Kolumbian. Dichter, war während seines Aufenthalts in Paris mit O. Wilde, in Deutschland mit Fr. Nietzsche bekannt geworden. Er wirkte als Übersetzer St. Georges und als Verfasser von Gedichten; z.B. in *Ritos* (1899) und *Poemas* (1917) verbindet er europ. und heimatl. Elemente. Das Gesamtwerk erschien 1948.

Valentin, Karl, eigtl. *V. Ludwig Fey* (*4.6. 1882 München, †9.2. 1948 ebd.). – Bayer. Volksschauspieler, hatte nach einer Schreinerlehre als Kabarettist in München große Erfolge, die ihn auch nach Wien, Zürich und Berlin führten. Seine Stücke, die er zusammen mit Liesl Karlstadt meist selbst aufführte, sind von scharfer Ironie und log. Trugschlüssen geprägt und hatten großen Einfluß auf den jungen Bert Brecht. Zu den erfolgreichsten seiner Szenen, gehören *Tingeltangel, Der Firmling, Im Photoatelier* und *Die Raubritter von Grünwald*. Das Gesamtwerk erschien 1961–69.

Valentin, Thomas (*13.1. 1922 Weilburg, †23.12. 1980 Lippstadt). – Dt. Schriftsteller, nach dem Studium der Literaturwissenschaft, Geschichte und Philosophie war er als Lehrer tätig. Seine Romane behandeln aktuelle Probleme, so z.B. *Die Unberatenen* (1963), in dem er das Lehrer-Schüler-Verhältnis zu analysieren sucht. Seine Erzn. erschienen 1980 in 2 Bdn. Werke wie *Hölle für Kinder* (1961) und *Nachtzüge* (1964) brachten V. als Bühnenautor Erfolg ebenso wie *Der Hausfreund* (1969), *Familienbande* (1974), *Tod eines Mannequins* (1974), *Filmriß* (1975) und *Schulzeit* (1977). In Prosatexten übte V. poetische Gesellschaftskritik.

Valera y Alcalá Galiano, Juan (* 18. 10. 1824 Cabra/Córdoba, † 18. 4. 1905 Madrid). – Span. Schriftsteller, aus vornehmer Familie stammend, trat in den diplomat. Dienst. Nach mehreren Auslandsaufenthalten übernahm er hohe polit. Ämter. Bekannt wurde er durch die stilist. hervorragende *Faust*-Übersetzung. Nicht weniger bedeutend sind seine ausgezeichneten Kritiken, wie *Estudios críticos sobre literatura . . .* (1864). Als Gründer des modernen span. Romans, z. B. mit *Die Illusionen des Doktor Faustino* (1875, dt. 1885) und *Dona Luz* (1879), verfaßte er auch viele an Perrault und die Gebr. Grimm erinnernde Märchen wie *Der grüne Vogel* (dt. 1895). Der bedeutendste und erfolgreichste Roman *Pepita Jiménez* (1874, dt. 1882) brachte ihm den Ruf eines hervorragenden Stilisten ein. Das Gesamtwerk erschien 1900 bis 1925 in 49 Bdn.

Valeri, Diego (* 25. 1. 1887 Piave di Sacco/Padua, † Nov. 1976 Rom). – Ital. Autor, gilt als Verfasser musikal. Verse, die die Schönheit Venedigs beschreiben. Unter dem Einfluß Verlaines entstanden die Werke *Umana* (1915), *Scherzo e finale* (1937) und *Il flauto a due canne* (1958). Aber auch seine Prosa, Essays und Übersetzungen von Flaubert und Mistral verdienen größte Anerkennung. 1971 erschien der letzte Gedichtband *Verita di uno.* Bekannt sind auch seine Kindergedichte.

Valerius Cato, Publius (* 1. Jh. v. Chr.). – Röm. Schriftsteller, hatte seine Erbschaft durch die Proskriptionen Sullas verloren und mußte den Lebensunterhalt als Grammatiklehrer verdienen. Da er die alexandrin. Dichtkunst nachahmte und besonders die Lyrik schätzte, nannte man ihn das Oberhaupt der Neoteriker. Zu seinen Werken zählen ein mytholog. Gedicht, ein Epyllion und eine *Indignatio.*

Valerius Maximus (* 1. Hälfte des 1. Jh.s n. Chr.). – Röm. Historiker, begleitete seinen Freund Sextus Pompeius auf dessen Reise in die Provinz Asia. Sein Hauptwerk ist die um 31 veröffentlichte Analyse der röm. und außerröm. Geschichte *Facta et dicta memorabilia.* Dieses dem Kaiser Tiberius gewidmete Werk ist weder wahrheitsgetreu noch systemat. aufgebaut, ledigl. durch engagierten Stil gekennzeichnet. Es ist eine zu rhetor. Zwecken dienende Stoffsammlung, die dem Kaiser schmeicheln sollte.

Valéry, Paul Ambroise (* 30. 10. 1871 Sète/Hérault, † 20. 7. 1945 Paris). – Franz. Dichter, traf nach seinem Studium mit Gide und Mallarmé zusammen, die ihn später entscheidend prägten. Er veröffentlichte zunächst Essays und Erzählungen, verstummte lit. von 1897 bis 1917, studierte in diesen Jahren neben seiner bürgerl. Beamtenlaufbahn Mathematik und Logik und veröffentlichte dann das Gedicht *La jeune Parque* (1917), das ihn sofort berühmt machte. Er wurde 1925 Mitglied der Académie Française und 1937 Professor für Poetik. In rascher Folge entstand V.s wichtigste Lyrik, wie *Palme* (1919), *Charmes* (1922) und *Poésies* (1929), Aphorismen, wie *Rhumbs* (1926), *Choses tues* (1930) und *Moralités* (1932),

Prosa, wie *Eupalinos ou l'architecte* (1923), *Die Krise des Geistes* (1924 bis 1944, dt. Auswahl 1956) und *Pièces sur l'art* (1934), Essays, wie *Essays sur Stendhal* (1927) und *Essays et témoignages* (1946), Vorträge, wie *Discours en l'honneur de Goethe* (1932), *La politique de l'esprit* (1932) und *Introduction à la poétique* (1938), und sein Drama *Mon Faust* (1946). Im Mittelpunkt der gesamten lit. Arbeit steht V.s Grundsatz, daß Dichtung nichts mit Emotionen zu schaffen habe, sondern der künstler. Prozeß artifiziell das Wortgebilde ins »Nichts« stelle und so eine weltimmanente Sinnlichkeit und Lebensbejahung gewinne. Für V. ist nicht das Kunstwerk, sondern nur die Kunstproduktion von Bedeutung. Als Formen wählt er klass. Vorbilder (Sonett, Ode etc.), da nur diese die von der Person gelöste Sprachkunst aufnehmen können. Im *Faust* leugnet er jegliche Möglichkeit einer Erlösung und sucht die geistige Eigenständigkeit als Lebensform zu entwerfen. Zahlreiche bedeutende Dichter (Rilke, Celan) haben sein Werk, das sehr schwer zugänglich ist, übertragen. Es ist nur nach einer intensiven Beschäftigung mit V. mögl., sich seine Welt zu erschließen. Heute liegen zahlreiche Texte vor. Das riesige Werk erscheint seit 1957 in einer Gesamtausgabe. In Dtld. wirkten bes. die von Rilke übersetzten Gedichte und die *Schriften zur Theorie der Dichtkunst* (hg. 1962).

Valla (della Valle), Lorenzo (* um 1407 Rom, † 1. 8. 1457 ebd.). – Ital. Humanist, war nach seiner Lehrtätigkeit in Pavia am königl. Hof in Neapel beschäftigt und später als apostol. Sekretär in Rom. Er machte sich insbesondere um die Übersetzungen der *Ilias* und der Schriften des Herodot und des Thukydides verdient und schrieb sein Hauptwerk über die lat. Sprache: *Elegantiarum latinae linguae libri.* Im Unterschied zur Scholastik vertrat er eine epikur. Lebensweise, die in seinen Werken *De voluptate* (1431) und *De libero arbitrio* (um 1433) vertreten und begründet wird. In der polem. Abhandlung *De falso credita et ementita Constantini donatione declamatio* (1440) weist er die Ungültigkeit der Konstantin. Schenkung nach. Damit wurde er zum Begründer der philolog.-histor. Quellenkritik. Die letzte Gesamtausgabe stammt aus dem Jahr 1962 in 2 Bdn.

Valle-Inclán, Ramón Maria del (* 29. 10. 1866 Villanueva de Arosa/Pontevedra, † 5. 1. 1936 Santiago de Compostela). – Span. Schriftsteller, unternahm als Direktor der Kunstakademie in Rom Reisen nach Mexiko und Südamerika. Im Mittelpunkt seines lit. Schaffens, das stark von Daríos und D'Annunzio beeinflußt ist und alle lit. Gattungen umfaßt, stehen seine Heimat und deren Bewohner, die er eigenwillig im Stil des Modernismo gestaltet. Mit *Comedias bárbaras* (1923) und *La pipa de Kif* (Gedichte 1919) führte er zu einer neuen, mehr realist. Stilistik, die auch Elemente der Alltags-, Umgangs- und Mundartsprache artifiziell verwendete. Seine Werke, zu denen u. a. *Aromas de leyenda* (1907), *Viva mi dueno* (1928) und

Martes de carnaval (1930) gehören, sind durch eine ausdrucksstarke Sprache gekennzeichnet.

Vallejo, César (*16.3. 1892 Santiago de Cuzco, †15.4. 1938 Paris). – Peruan. Dichter, wendet sich in seinen Werken gegen die Grausamkeit des Lebens und des Existenzkampfes. In seinen Gedichten und Romanen sind sowohl moderne, surrealist. als auch realist. Elemente zu finden, z. B. in *Trilce* (1922) und *Poemas humanos* (hg. 1939). Während einer 15jährigen Unterbrechung seines lit. Schaffens unternahm er Reisen, arbeitete als Journalist und begeisterte sich für den Kommunismus. 1962 übersetzte H. M. Enzensberger seine Gedichte.

Vančura, Vladislav (*23.6. 1891 Freiheitsau b. Troppau, †1.6. 1942 Prag). – Tschech. Schriftsteller, schrieb während der beiden Weltkriege bedeutende Prosawerke. Während der dt. Besetzung wurde der Arzt und Schriftsteller hingerichtet. Im Anschluß an die Veröffentlichung unbedeutender Erzählungen brachte ihm der Roman *Der Bäcker Jan Marhoul* (1924, dt. 1936) den ersten großen Erfolg. Immer stellte er sich in seiner vom Expressionismus beeinflußten Literatur auf die Seite der Randgruppen, proklamierte seine Antikriegshaltung und nahm zu aktuellen und histor. Themen Stellung. Bes. bekannt wurden die Romane *Poslední soud* (1929), *Hrdelní pře* (1930), *Die Räuberbraut L. M.* (1930, dt. 1931) und *Das Ende der alten Zeiten* (1934, dt. 1935). Das Gesamtwerk erschien 1951–61.

Van der Meersch, Maxence, eigtl. *Josef Cardijn* (*4.5. 1907 Roubaix, †14.1. 1951 Le Touquet-Paris-Plage). – Franz. Schriftsteller, erhielt 1936 für seine aufsehenerregenden Werke den Prix Goncourt. Der Handlungsort seiner vom Naturalismus ausgehenden Romane *Sein Vermächtnis* (1935, dt. 1946), *Leib und Seele* (1943, dt. 1949) und *Die kleine Heilige* (1947, dt. 1954) ist meist das nordfranz. Industriegebiet. Die marxist. Grundhaltung des Literaten wandelte sich allmählich zum christl. Sozialverständnis.

Varè, Daniele (*12.1. 1880 Rom, †27.2. 1956 ebd.). – Ital. Schriftsteller, Diplomat, nahm seine Erlebnisse und Erfahrungen zum Anlaß, amüsante Anekdoten und unterhaltsame Berichte zu verfassen. Neben den vielgelesenen Chinabüchern *Der Schneider himmlischer Hosen* (engl. und dt. 1936), *Das Tor der glücklichen Sperlinge* (engl. und dt. 1938) und *Der Tempel der kostbaren Weisheit* (engl. und dt. 1940) schrieb er Werke in ital. Sprache. Seine letzten Romane wurden viel gelesen, so z. B. *Freund der Tiere* (1951, dt. 1953) und *Palma* (ital. und dt. 1956).

Vargas Llosa, Mario (*28.3. 1936 Arequipa). – Peruan. Schriftsteller, arbeitete nach dem Studium bei »La Radio Panamericana« und als Journalist bei der »Agence France Presse«, 1976 Präsident des nationalen PEN-Clubs. In seinen Romanen *Die Stadt und die Hunde* (1962, dt. 1966) und *Das grüne Haus* (1966, dt. 1968), für die er mehrere Preise erhielt, zeich-

net er ein krit. Bild der Gesellschaft von Lima. Seine letzten Romane *Der Hauptmann und sein Frauenbataillon* (1973, dt. 1974), *Die andere Seite des Lebens* (dt. 1976), *Tante Julie und der Kunstschreiber* (dt. 1978), *Maytas Geschichte* (1985, dt. 1986), *Der Krieg am Ende der Welt* (1982), *Lob der Stiefmutter* (dt. 1989), *La Chunga* (1990) wurden viel beachtet. 1975 erschien dt. die Erzählung *Die kleinen Hunde*, 1989 das Stück *Der Geschichtenerzähler*.

Varius Rufus, Lucius (*2. Hälfte d. 1. Jh.s v. Chr.). – Röm. Dichter, Freund des Maecenas, des Horaz und des Vergil, gab Vergils *Aeneis* heraus. Zur Siegesfeier der Schlacht bei Actium 29 v. Chr. schrieb er die Tragödie *Thyestes*, für die er von Quintilian und Tacitus hohes Lob erhielt. Von den Elegien und Epen sind nur Fragmente erhalten, doch ist uns sein Lehrgedicht *Über den Tod* überliefert.

Varnhagen von Ense, Karl August (*21.2. 1785 Düsseldorf, †10.10. 1858 Berlin). – Dt. Schriftsteller, gab gemeinsam mit seinem Freund Chamisso 1804–1806 den »Musenalmanach« heraus. Längere Zeit stand er im Dienst des Staates, sowohl als Diplomat als auch als Begleiter Hardenbergs und als Ministerpräsident in Karlsruhe. In Berlin führte er zusammen mit seiner Frau Rahel einen Literatursalon. Von Erzählungen, z. B. *Erzählungen und Spiele* (1807) und *Deutsche Erzählungen* (1815) und Gedichten, wie *Vermischte Gedichte* (1816), ausgehend, widmete er sich später dem Schreiben von Kritiken und histor. Abhandlungen. Das bedeutendste Werk ist die 5bändige Biographie einzelner histor. Persönlichkeiten *Biographische Denkmale* (1824–30), wobei die Arbeit *Goethe in den Zeugnissen der Mitlebenden* (1823) eine Sonderstellung einnimmt. In seinen krit. Schriften stand er auf der Seite des Jungen Deutschland, z. B. in *Denkwürdigkeiten und vermischte Schriften* (1837–1846), und hinterließ mit seinen *Tagebüchern* (1861–70 in 14 Bdn.) und seinem Briefwechsel mit bedeutenden Zeitgenossen wichtige Dokumente.

Varnhagen von Ense, Rahel, geb. Levin (*26.5. 1771 Berlin, †7.3. 1833 ebd.). – Dt. Schriftstellerin, schrieb die Werke *Rahel. Ein Buch des Andenkens für ihre Freunde* (1833) und *Galerie von Bildnissen aus Rahels Umgang und Briefwechsel* (1836), die von ihrem Mann herausgegeben wurden. In diesen kulturgeschichtl. bedeutenden Schriften verteidigt sie die Stellung der Frau und gilt deshalb als Wegbereiterin der weibl. Emanzipation. Außerdem wurde sie durch ihren lit. Salon bekannt.

Varro, Marcus Terentius, gen. *Reatinus* (*116 Reate, †27 v. Chr.). – Röm. Autor, bekleidete als Schüler Stilos und Antiochus' polit. Ämter und wurde wegen der Freundschaft zu Pompeius von Caesar gefangengenommen. Die Griechen als Vorbild, zeichnete er sich als Redner und Philosoph, Religions-, Literatur- und Sprachwissenschaftler aus. Seine über 600 Bücher gaben den Römern Aufschluß über den damaligen

Stand der Wissenschaft. Besonders ist hier die fragmentar. erhaltene, 41 Bücher umfassende Enzyklopädie *Antiquitates rerum humanarum et divinarum* zu erwähnen.

Varro, Publius Terentius, gen. *Atacinus* (* 82 v. Chr. am Fluß Atax/Gallia Narbonensis, †37[?] v. Chr.). – Röm. Dichter, behandelt in seinem Werk *Bellum Sequanicum* den Krieg Caesars gegen die Sequaner. Der Einfluß der Alexandriner Aratos und Apollonios ist deutl. in seinem diese nachahmenden Werk *Argonautica* zu erkennen, welches das Urwerk, wie sich aus den Fragmenten feststellen läßt, zuweilen übertrifft. In seiner Erdbeschreibung schildert er drei Erdteile und wirkte mit seiner gattungsmäßig vielfältigen Dichtung auf Ovid und Plinius.

Vassilikos, Vassilis (* 18. 11. 1933 Kavalla). – Griech. Schriftsteller, wurde auf Grund eigener Jugenderfahrungen zum Anführer einer Jugend, die sich von materialist. Werten loslöste und unabhängig leben wollte. Er nimmt die Selbstfindung von Außenseitern zum Hauptgegenstand seiner Dichtung. Der 1966 erschienene, vielfach übersetzte Roman *Z* ist, wie auch die übrigen Werke *Thýmata eirēnēs* (1956) und *Griechische Trilogie* (1961, dt. 1966), von Sarkasmus und Ironie gekennzeichnet. Seine späteren Werke, z. B. der Roman *Ho monarchēs* (1974), sind noch nicht ins Dt. übersetzt.

Vaszary, Gabor von (* 7. 6. 1905 Budapest, †22. 5. 1985 Lugano). – Ungar. Schriftsteller, zunächst Illustrator, Plakatdesigner und Journalist, später Dramatiker, Drehbuchautor und Regisseur. Seinen lit. Ruhm begründete er mit *Monpti* (1934, dt. 1936). Die Werke *Wenn man Freunde hat* (1942) und *Mit 17 beginnt das Leben* (1955) strahlen Lebensmut, melanchol. Romantik und Unbeschwertheit aus. Auch die Romane *Heirate mich, Cherie* (1956), *Adieu, mon amour* (1957), *Die Sterne erbleichen* (1957) und *Kuki* (1963) wurden sehr beliebt.

Vauthier, Jean (* 20. 9. 1910 Bordeaux). – Franz. Autor, gehört mit seinem Drama *Kapitän Bada* (1952, dt. 1961) zu den Urhebern des absurden Theaters und zur modernen franz. Theateravantgarde. Er behandelt das Problem des dichter. Schaffensprozesses, den er durch das »Antidrama« darzustellen versucht. In Dtld. hat v. a. die Machiavelli-Imitation *Die neue Mandragora* (1953, dt. 1963) Aufsehen erregt. In zahlreichen Arbeiten hat er den Konsumwert der Kunst satir. dargestellt. 1961 erschien eine dt. Übersetzung seiner Theaterstücke.

Vazov, Ivan (* 9. 7. 1850 Vazovgrad, †22. 9. 1921 Sofia). – Bulgar. Schriftsteller, hatte schon früh Kontakt zu führenden Literaten. Wegen polit. Betätigung an der Befreiung Bulgariens emigriert, schlug er nach seiner Rückkehr ab 1878 eine erfolgreiche polit. Laufbahn ein; 1897 wurde er Unterrichtsminister. Der Freiheitskampf und das bulgar. Volksleben stehen im Mittelpunkt seiner Werke. Neben Erzählungen und Novellen

ist besonders *Unter dem Joch* (1894, dt. 1918) zu erwähnen, in dem Einflüsse V. Hugos und Tolstois zu erkennen sind. Die Verarbeitung westeurop. Gedankenguts bildete eine neue Grundlage für die bulgar. Literatur. Sein Gesamtwerk erschien 1921 f. in 28 Bdn.

Vega, Ventura de la (* 14. 7. 1807 Buenos Aires, †29. 11. 1865 Madrid). – Span. Autor, kam nach dem Tod seines Vaters nach Madrid, wo er der Sekretär und Erzieher Isabellas II. wurde. Den größten lit. Erfolg hatte er mit der Komödie *El hombre de mundo* (1845), die, wie auch seine weiteren Stücke, harmon. Metrik und exakte Charakterisierungen aufweist. In seinen Singspielen und den Werken *Don Fernando de Antequera* (1867) und *La muérte de César* (1865) sind meist moralisierende Elemente enthalten. Auch seine Gedichte fanden interessierte Aufnahme, da sie durch sprachl. Brillanz und formale Sicherheit auffallen. 1866 erschienen sie in der Ausgabe *Obras poéticas*.

Vega Carpio, Lope Félix de, gen. *Monstruo de la Naturaleza, Fenix de los Ingenios* (* 25. 11. 1562 Madrid, †27. 8. 1635 ebd.). – Span. Dichter, stammte aus einfacher Familie und fiel schon mit 12 Jahren wegen seiner Begabung auf. Nach seinem Studium stand er zunächst im Dienst des Herzogs von Alba, wurde jedoch auf Grund einer Liebesaffäre verbannt. Nach seiner ersten Heirat 1588 kämpfte er auf der Armada gegen England, kehrte danach nach Spanien zurück und verdiente seinen Lebensunterhalt als Reisebegleiter. 1614 wurde er trotz vorausgegangener zahlreicher Liebesverhältnisse und nach zwei Ehen zum Priester geweiht. Von dem umfangreichen Dramenwerk des Dichters (1500 Dr.), zu dem noch zahlreiche Romane, Erzählungen und Gedichte kommen, ist nur ein Drittel erhalten. V. gilt als Begründer des nationalen span. Theaters und hatte auf Grund seiner volkstüml. Art viel Erfolg. Im Mittelpunkt seiner Werke stehen der kath. Glaube und die leidenschaftl. Liebe, die der Dichter in spannende, von übernatürl. Kräften gelenkte Handlungen verarbeitete. Zu den Werken, die histor., religiöse und mytholog. Elemente enthalten, gehören der Roman *Dorothea* (1632, dt. 1828) und die Bühnenwerke, deren Entstehungszeit nicht genau datiert werden kann, z. B. *Der Richter von Zalamea* (dt. 1887), *Die Jüdin von Toledo* (dt. 1920) und *Der Ritter vom Mirakel* (dt. 1961). Das Gesamtwerk erschien in allen Weltsprachen in zahlreichen Gesamtausgaben. Die erste span. Gesamtausgabe der Komödien erschien 1604–1647 in 25 Bdn.

Vegesack, Siegfried von (* 20. 3. 1888 Gut Blumbershof b. Wolmar/Livland, †26. 1. 1974 Weißenstein/Bayr. Wald). – Dt. Dichter, stammt aus balt. Adel und lebte zuletzt im Bayerischen Wald. Neben den Dramen, Hörspielen und Übersetzungen machten ihn v. a. Kinderbücher, Gedichtbände und balt. Erzählungen berühmt. Zu ihnen zählen u. a. die Trilogie *Die Baltische Tragödie* (1933–35), *Das Weltgericht von Pisa*

(1947), *Tanja* (1959), *Südamerikanisches Mosaik* (1962), *Die Überfahrt* (1967), *Die Welt war voller Tanten* (1970) und *Die roten Atlasschuhe* (1973).

Venantius Fortunatus, V. Honorius Clementianus F. (*nach 530 Treviso/Venetien, †um 600 Poitiers). – Lat. Dichter und hervorragender Lyriker seiner Epoche, unternahm als Grammatiker, Rhetoriker und lat.-christl. Dichter Reisen nach Gallien und Germanien. Seine Lyrik, die auf Grund ihrer ereignisgebundenen Themen Aufschluß über diese Zeit gibt, ist besonders von Ovid, Horaz und Vergil geprägt. Nachdem der Dichter in ein Kloster eingetreten war, verfaßte er religiöse Hymnen wie *Vexilla regis prodeunt*, die z. T. heute noch ihren Platz in der kath. Liturgie haben. Aber auch lehrreiche Prosastücke und das Epos über den hl. Martin gehören zu seinem lit. Gesamtwerk. Die beste dt. Übersetzung schuf Wolters 1914 u. d. T. *Hymnen und Sequenzen*.

Venesis, Elias, eigtl. *I. Mellos* (*4. 3. 1904 Aivali/Kleinasien, †3. 8. 1973 Athen). – Griech. Schriftsteller, Bankbeamter, dann Leiter des Nationaltheaters in Athen und Mitglied der Akademie der Wissenschaften. In seinen Werken *To Numero 31.328* (1931, dt. 1969), *Äolische Erde* (1943, dt. 1949) und *Friede in attischer Bucht* (1939, dt. 1963) schildert er seine Jugendeindrücke und vermittelt auf Grund des persönl. Engagements Mitgefühl. Das Werk schließt mit den Erzählungen *Argonautēs* (1962) und *Ephtalu* (1972). 1958 erschien dt. die Erzählung *Die Boten der Versöhnung*.

Vercors, eigtl. *Jean Bruller* (*26. 2. 1902 Paris, †12. 6. 1991 Paris). – Franz. Autor, fand erst als Gründer des Résistance-Verlages »Editions de Minuit« zur Literatur. In der Zeit vor dem Krieg arbeitete er als Elektroingenieur, Buchillustrator und Zeichner. Die berühmteste Erzählung *Das Schweigen des Meeres* (1942, dt. 1945) setzt sich mit der dt.-franz. Beziehung auseinander. Seine Schriften behandeln alle das Problem, wie der Mensch in der gegenwärtigen Gesellschaft seine Personalität und Würde wahren kann. Aus seinem Gesamtwerk seien erwähnt die Novellen *La marche à l'étoile* (1943), *Waffen der Nacht* (1946, dt. 1949) und *Zoo oder der menschenfreundliche Mörder* (1964, dt. 1966), seine beste Komödie. 1973 veröffentlichte er die philosoph. *Questions sur la vie*.

Verga, Giovanni (*31. 8. 1840 Aci b. Catania, †27. 1. 1922 Catania). – Ital. Schriftsteller, hatte sich schon während seines Jurastudiums für Lit. interessiert. Als Mitbegründer der Heimatzeitschrift »Roma degli Italiani« gehörte er von 1865–1871 zu den lit. Kreisen in Florenz. Seine Romane, z. B. *Die Geschichte eines schwarzen Blättchens* (1866, dt. 1900), *Eva* (1873, dt. 1897), *Eros* (1873, dt. 1897) und *Ihr Gatte* (1882, dt. 1885), die sich meist mit der Geschichte des Landes befassen, sind die ital. Variante des europ. Naturalismus, dem Verismus, zuzuordnen. Neben diesen teils autobiograph., realist. Werken schrieb V. Novellen wie *Sicilianische Dorfge-*

schichten (1880, dt. 1897) und *Sicilianische Novellen* (1883, dt. 1955) sowie das berühmte Drama *Cavalleria rusticana*, das von Mascagni vertont wurde.

Vergilius Maro, Publius (*15. 10. 70 v. Chr. Pietole b. Mantua, †21. 9. 19 v. Chr. Brindisi). – Röm. Dichter, studierte als Sohn eines Bauern Rhetorik, Philosophie, Medizin und Mathematik. Durch die Aufteilung der Ländereien an die Veteranen verlor er den väterl. Besitz, konnte ihn jedoch durch Beziehungen wieder zurückbekommen. Der Dichter lebte in verschiedenen Städten Italiens und führte ein bescheidenes Leben. Dem Kreis um Maecenas zugehörig, starb er auf der Heimreise aus Griechenland an einem Fieber. Die *Bucolica* (42–39), auch *Eclogae* genannt, geben, in ihrem Stil stark von Theokrit geprägt, eine Reihe krit. Kommentare zum aktuellen Zeitgeschehen, die für die Forschung von Bedeutung sind. Das agronom. Lehrgedicht *Georgica* (37–30) entstand unter dem Einfluß von Hesiod und Lukrez. Es rühmt die schwere und harte Arbeit der Bauern. Die *Aeneis*, das 12 Bücher umfassende Hauptwerk des Schriftstellers, gilt als röm. Nationalepos. Sein Kern ist die Darstellung der weltgeschichtl. Bedeutung Roms, die als Ergebnis der Machtentfaltung des Caesar Augustus verstanden werden muß. In geschickter Art und Weise verarbeitete der Dichter hier geschichtl. und myth. Material. Die röm. Haupttugend der Stoa, »Pietas«, und der Glaube an die zeitlose Bedeutung Roms haben in V.s Aeneis die adäquate Gestaltung gefunden. Das ganze Mittelalter wird von der Dichtung Vergils entscheidend beeinflußt. Die Aeneis ist wiederholt in die Volkssprachen übertragen worden.

Verhaeren, Emile (*21. 5. 1855 Saint-Amand/Antwerpen, †27. 11. 1916 Rouen). – Belg. Autor, widmete sich schon früh der Lit. und der Abfassung von Kritiken. Selbst ein bedeutender, von Whitman beeinflußter belg. Lyriker, der seine Gedichte in franz. Sprache verfaßte, verarbeitete er hauptsächl. Themen aus seiner fläm. Heimat, die er oft hymn. gestaltete und mit typ. Charakterbeschreibungen ausstattete. Dabei kontrastierte er gerne die hektische Welt der Städte mit dem ländl. Leben, forderte mitmenschl. Verantwortung und Erfüllung menschl. Lebensformen wie der Ehe. Von seinen erfolgreichsten Werken sind zu nennen *Die geträumten Dörfer* (1895, dt. 1911), *Die Großstadt lauert* (1895, dt. 1921) und *Toute la Flandre* (1904–11). In Dtld. erschienen mehrere Auswahlausgaben, die interessanteste 1904 von Stefan Zweig.

Verissimo, Erico Lopes (*17. 12. 1905 Cruz Alta/Rio Grande do Sul, †28. 11. 1975 Porto Alegre). – Der brasilian. Autor V. ist auf Grund seiner Beeinflussung durch angloamerikan. Literatur nicht mit seinen einheim. brasilian. Kollegen zu vergleichen. Im Mittelpunkt seiner Romane *Die Zeit und der Wind* (1949–1951, dt. 1953), *Das Bildnis des Rodrigo Cambará* (1951, dt. 1955) und *Nacht* (brasilian. und dt. 1956), Biographien, Essays und Reiseberichte stehen die Heimat des Literaten und deren Entwicklung, so auch in seinen späteren Werken *Seine Exzellenz der Botschafter* (1965, dt. 1967) und *O Prisoneiro* (1967). V. gehört zu den ersten südamerikan. Dichtern, die sich mit ihren Texten auch an die Jugend wandten.

Verlaine, Paul (* 30. 3. 1844 Metz, † 8. 1. 1896 Paris). – Franz. Lyriker, war schon in seiner Jugend nach Paris gezogen, wo er 1870 heiratete. Doch scheiterte seine Ehe wegen der engen Beziehung des Schriftstellers zu Rimbaud. Mit diesem reiste er, dem Alkohol verfallen, losgelöst von allen anerkannten Wertvorstellungen, umher. Nachdem er seinen Freund bei einer Auseinandersetzung angeschossen hatte, verbrachte er zwei Jahre im Gefängnis. Der Versuch, später als Lehrer in England wieder ins bürgerl. Leben zurückzukehren, scheiterte; er starb einsam und verarmt. Der bedeutende franz. Lyriker war zunächst ganz vom Symbolismus und Parnasse geprägt und schrieb die *Saturnischen Gedichte* (1866, dt. 1912) und die *Galanten Feste* (1869, dt. 1912). Von Rimbaud beeinflußt, wagte er sich an eine neue stilist. Variante, die ihrerseits nachhaltige Wirkung auf die moderne Lit. hatte: Das völlige Loslösen von Reimen, Versmaßen und die Betonung der musikal. Sprache, die für sich selbst spricht, treten in den Vordergrund. Dabei erweist sich V. als Meister der Sprache, der jede Nuance seel. Regung in Sprachmelodie umzusetzen versteht. In dem Gedicht *Art poétique* (1884), enthalten in *Jadis et naguère* (1884, dt. 1922), definiert er sein lit. Programm, das alle menschl. Erlebensweisen in den unterschiedl. Gestaltungen zu erfassen sucht, wobei er sprachl. sogar unter dem Einfluß Watteaus mit lit. Formen des 18. Jh.s spielt (*La bonne chanson*, 1870). Mit *Romances sans paroles* (1874) wurde er zum Begründer des Symbolismus. Bald erfolgte in seinem Leben jedoch unter äußerem Druck und der Erfahrung der persönl. Verlorenheit eine religiöse Wendung, etwa mit *Sagesse* (1881). Seit 1885 begann dann sein Persönlichkeitsverfall infolge Trunksucht. Aus dieser Zeit stammen die Werke *Frauen* (1890, dt. 1919), *Bonheur* (1891), die Autobiographie *Meine Gefängnisse* (1891, dt. 1914) und *Beichte* (1895, dt. 1921). Sein Werk liegt in allen Weltsprachen vor. St. Zweig besorgte 1922 die erste dt. zweibändige Ausgabe.

Vermeylen, August (* 12. 5. 1872 Brüssel, † 10. 12. 1945 Uccle b. B.). – V. gehörte als Literatur- und Kunstkritiker zu den führenden fläm. Literaten am Anfang des 20. Jh.s Als Leiter der Zeitschrift »Van Nu en Straks« setzte er sich für die Ausweitung der fläm. Literatur ein. Zu seinen Hauptwerken gehören eine fläm. Literaturgeschichte und zahlreiche Essays, wie z. B. *Beschouwingen* (1942) und *Der ewige Jude* (1906, dt. 1917).

Verne, Jules (* 8. 2. 1828 Nantes, † 24. 3. 1905 Amiens). – Franz. Schriftsteller, studierte Rechtswissenschaften in Paris. Seine Liebe galt dem Theater, doch hatten seine Bühnenstücke wenig Erfolg. Um sich den nötigen Lebensunterhalt zu verdienen, arbeitete er zeitweise als Börsenmakler. 1863 begann er

mit seinen utop., pseudowissenschaftl. Science-fiction- und Abenteuerromanen, die ihm enormen Erfolg brachten und eine neue Literaturform begründeten. Besonders erfolgreich waren die Werke *Fünf Wochen im Ballon* (1863, dt. 1875), *Reise zum Mittelpunkt der Erde* (1864, dt. 1875), *Von der Erde zum Mond* (1865, dt. 1875), *20000 Meilen unter dem Meer* (1869, dt. 1875) und *Reise um die Erde in 80 Tagen* (1873, dt. 1875). Das Gesamtwerk in 82 Bdn. erschien 1878 bis 1910.

Verneuil, Louis, eigtl. *L. Colin du Bocage* (* 14. 5. 1893 Paris, † 3. 11. 1952 ebd.). – Franz. Autor, behandelte in seinen Komödien oft polit. oder erot. Themen. Sein lustiger, manchmal sentimentaler Stil kommt in den Werken *Fräulein Mama* (1920, dt. 1928), *Meine Schwester und ich* (1930, dt. 1931) und *Staatsaffairen* (1952, dt. 1954) bes. gut zum Ausdruck. Außerdem verfaßte er zahlr. Drehbücher. Seine Theaterstücke erschienen 1941 bis 1944 in 2 Bdn.

Verschaeve, Cyriel (* 30. 4. 1874 Ardooie/Westflandern, † 8. 11. 1949 Solbad Hall/Tirol). – Fläm. Dichter, seine Lyrik und krit. Abhandlungen übten entscheidenden Einfluß auf die junge fläm. Dichtergeneration aus. Mit äußerster Sprachgewandtheit steht er in der Tradition von Gezelle und Verriest und wirkte als Verfasser zahlreicher Essays und Biographien. Im Mittelpunkt seiner Dichtung gestaltet er religiöse oder histor. Themen. Neben den Dramen *Judas* (1917) und *Maria Magdalena* (1928) sind v. a. seine Biographien *Rubens* (niederländ. u. dt. 1938) und *Jesus* (1940, dt. 1957) zu erwähnen. In dt. Übersetzung liegen auch die Essays *Schönheit und Christentum* (1929) und *Die altflämischen Meister* (1942) vor. Eine Gesamtausgabe erschien 1934 bis 1940 in 10 Bdn.

Vershofen, Wilhelm (* 25. 12. 1878 Bonn, † 30. 4. 1960 Tiefenbach/Oberstdorf). – Dt. Schriftsteller, studierte Philosophie, Germanistik, Kunstwissenschaften und Volkswirtschaft. Als Professor war er zusammen mit J. Kneip und J. Winckler an der Gründung des »Bundes der Werkleute auf Haus Nyland« beteiligt. Neben zahlreichen Abhandlungen und philosoph. Büchern sind v. a. seine berufsbezogenen Romane wie *Der Fenriswolf* (1914) und *Der große Webstuhl* (1954) bekannt. Unter den Erzählungen sind *Rhein und Hudson* (1929), *Seltsame Geschichten* (1938) und *Das silberne Nixchen* (1951) zu erwähnen. Seine Essays wurden 1967 in den *Philosophischen Schriften* herausgegeben.

Verwey, Albert (* 15. 5. 1865 Amsterdam, † 8. 3. 1937 Noordwijk aan Zee). – Niederl. Autor, stand in der Tradition der Klassik und der Romantik und hatte als Schriftsteller erneuernde Wirkung auf die Lit. seines Landes. Als Freund St. Georges und geistiger Anreger des »Tachtigers« vertrat er die Ansicht, daß der Dichter zu seinem Schaffen berufen sei. In seiner Gedichtsammlung *Aarde* (1896) verarbeitete er pantheist., von Spinoza geprägte Ideen. Neben Dante- und Shakespeare-Übersetzungen verfaßte er meist wissenschaftl. und krit. Abhandlungen, z.B. *Mein Verhältnis zu Stefan George* (1934, dt. 1936), und stellte sich mit der Zeitschrift »De Beweging« gegen ästhet.-subjektivist. Auffassungen. Seine zahlreichen Gedichte erschienen 1911 ff. in 3 Bdn. Dt. Übersetzungen seiner Aufsätze erschienen 1930, der Gedichte 1954.

Vesaas, Tarjei (* 20. 8. 1897 Vinje/Telemark, † 15. 3. 1970 ebd.). – Norweg. Schriftsteller, erhielt nach vielen Reisen ein Staatsstipendium. V. wählte die Themen für seine Romane und Hörspiele meist aus der bäuerl. Umgebung. Sein Stil, der zunächst von Hamsun und Lagerlöf geprägt war, ist in der späteren Phase Kafka verpflichtet. In den Werken, z. B. *Nachtwache* (1940, dt. 1964), *Das Eis-Schloß* (1963, dt. 1966) und *Drei Menschen* (1966, dt. 1968), versucht er, die Hintergründe der weltl. Ereignisse aufzuzeigen. V. schrieb in Landsmål und verfaßte auch Lyrik und Dramen. In dt. Übersetzung liegen zahlreiche Werke des beliebten Autors vor, z. B. die Romane *Grindegard* (1925, dt. 1938), *Die schwarzen Pferde* (1928, dt. 1936), *Wächter seines Lebens* (1938, dt. 1939), *Eine Frau ruft heim* (1935, dt. 1938), *Der Wind weht, wie er will* (1952, dt. 1953), *Frühlingsnacht* (1954, dt. 1962) u. a. m.

Vesper, Bernward (* 1.8. 1938 Frankfurt/Oder, † 15. 5. 1971 Hamburg). – Dt. Schriftsteller, Sohn des nationalsozialistischen Dichters Will Vesper, studierte Germanistik und kam früh mit Gudrun Ensslin, der revolutionären Bewegung und dem Terrorismus in Berührung, trat öffentlich für die SPD ein und schrieb theoretische Texte, in denen er das demokratische System zu vernichten suchte: *Voltaire-Flugschriften* (ab 1966), *Handbücher* (ab 1968); V. war ein Hauptvertreter der Studentenbewegung von 1968. Wegen seiner Verhaltensauffälligkeiten mehrfach psychiatriert; posth. erschien 1974 *Die Reise*, ein Buch, das den Drogenkonsum verherrlichte und die Droge als Möglichkeit einer Reise in die Vergangenheit anpries.

Vesper, Guntram (* 28.5. 1941 Frohburg/Sachsen). – Dt. Schriftsteller, kam 1957 über Westberlin aus der DDR, arbeitete als Hilfsarbeiter, 1963 Abitur; anschließend Studium der Medizin und Germanistik. Das lyr. Werk zeigt den Autor zwischen beiden dt. Wirklichkeiten, wobei er die bundesrepublikanische Gesellschaft distanziert und sprachlich exakt analysiert, z.B. in *Je elementarer der Tod desto höher die Geschwindigkeit* (1964 mit W. P. Schnetz), *Nordwestpassage. Ein Poem* (1981), *Die Insel im Landmeer* (1982), *Frohburg* (1985), *Leuchtfeuer auf dem Festland* (1989), *Ich hörte den Namen Jessenin* (1990). Er schrieb zahlreiche Hör- und Fernsehspiele und trat auch mit erzählender Prosa an die Öffentlichkeit, z.B. *Nördlich der Liebe und südlich des Hasses* (1979) und *Laterna magica* (1985). V. ist Mitglied des PEN-Zentrums der Bundesrepublik, war aktiv im Verband deutscher Schriftsteller tätig, den er jedoch 1986 verließ.

Vesper, Will (* 11. 10. 1882 Wuppertal-Barmen, † 14. 3. 1962 Gut Triangel b. Gifhorn). – Dt. Autor, gab nach seiner Tätigkeit als Feuilletonchef der »Deutschen Allgemeinen Zeitung" selbst die Zeitschrift »Die schöne Literatur« heraus und war als Expressionist allgemein bekannt. Die von ihm herausgegebene Anthologie *Die Ernte* (1906) hat literarhistorische Bedeutung. Als führender NS-Schriftsteller wurde er 1933 an die Dichterakademie berufen. In seinen Erzählungen vertritt er meist nationale, oft nationalsozialist. Anschauungen. Unberührt von den vielfältigen lit. Einflüssen der Zeit, verfaßte er Jugend- und Reisebücher, Gedichte und Dramen und gab mittelalterl. Texte heraus. Zu seinen erzähler. Hauptwerken zählen *Martin Luthers Jugendjahre* (1918), *Die Wanderung des Herrn Ulrich von Hutten* (1922), *Der Pfeifer von Niclashausen* (1924), *Der arme Konrad* (1924), *Der Heilige und der Papst* (1928), *Kämpfer Gottes* (1938), *Seltsame Flöte* (1958) und *Späte Ernte* (1962).

Vestdijk, Simon (* 17.10. 1898 Harlingen b. Leeuwarden, † 23.3. 1971 Utrecht). – Niederl. Autor, arbeitete nach seinem Studium zunächst als Schiffsarzt. Der Kritiker, Essayist und Übersetzer wirkte an der Zeitschrift »Forum« mit und verarbeitete Eindrücke aus den Werken Dostojewskis, Prousts und Faulkners. Neben geistig und formal hochstehender Lyrik wie *Vrouwendienst* (1934) bilden v.a. Gesellschafts- und Geschichtsromane sowie psycholog. Novellen sein lit. Hauptwerk. Dabei steht idyll. Schilderung oft neben aggressivem Zynismus. Besonders sind die Romane *Irische Nächte* (niederl. und dt. 1944), *Der Arzt und das leichte Mädchen* (1951, dt. 1953) und *Betrügst du mich . . .* (1952, dt. 1954) zu erwähnen. Seine Werke, in zahlreichen Übersetzungen sehr erfolgreich, zeichnen sich durch exakte Darstellung der Gesellschaft aus.

Vian, Boris (* 10.3. 1920 Ville-d'Avray, † 23.6. 1959 Paris). – Franz. Autor, arbeitete ursprüngl. als Ingenieur, verdiente aber seinen Lebensunterhalt auch als Schauspieler, Sänger und Jazzmusiker. Drei stark amerikanisierte Kriminalromane veröffentlichte er unter dem Ps. *Vernon Sullivan*. Nach seinen lyr. Romanen *Herbst in Peking* (1947, dt. 1965) und *Der Herzausreißer* (1953, dt. 1966) konzentrierte er sich auf Beckett-ähnliche Theaterstücke wie z. B. *Les bâtisseurs d'empire ou le Schmürz* (1960).

Vicente, Gil (* um 1470 Lissabon [?], † 1536). – Portugies. Dichter, über seine Person ist uns wenig bekannt; es wird angenommen, daß er Goldschmied war und als Schauspieler, Musikant und Dichter am Hofe diente. Zusammen mit Cames gilt er als Urheber des port. Dramas und wurde oft mit Plautus verglichen. Nachdem sein erstes Schäferspiel 1502 zur Geburt des Königs Johann III. uraufgeführt worden war und viel Erfolg gebracht hatte, machte es sich V. zur Regel, zu jedem feierl. Anlaß ein Drama zu schreiben, das er mit Gesängen und

Tänzen ausschmückte. Sicher ist V. der bedeutendste portugies. Dramatiker, wobei er geschickt alle Traditionen von der Liturgie bis zum Volkstheater zu aktivieren und zu verbinden versteht. Streng unterscheidet er – auch bezogen auf das jeweilige Publikum – zwischen Komödien, Farcen und Moralitäten. Damit gelingt es ihm, die zeitgenöss. Gesellschaft anzusprechen und gleichzeitig in seinem Werk abzubilden. Unter dem Einfluß des Nominalismus und Humanismus wendet er sich gegen religiöse Vorurteile, Antisemitismus, etc. Seine Theaterstücke liegen heute in allen Weltsprachen vor.

Vida, Marco Girolamo (*1485 Cremona, †27.9. 1566 Alba). – Neulat. Dichter, Prior und 1532 Bischof von Alba im Herzogtum Montferrat. Sein Hauptwerk ist das Versepos *Jesus Christus* (dt. 1811), das sich in seinem Aufbau an Vergil orientiert und eine Biographie Christi darstellt. Bedeutender als die Lyrik und Hymnen sind seine lehrreichen Abhandlungen, wie z. B. *Die Seidenraupe* (dt. 1865) und *Der im Schachspiel von Merkur überwundene Apoll* (dt. 1754).

Vidal, Gore (*3.10. 1925 West Point/USA). – Amerikan. Schriftsteller, veröffentlichte seine Werke häufig unter dem Ps. *Edgar Box.* In dem Roman *Williwaw* (1946), dem zahlreiche Werke folgten, verarbeitete er seine Kriegseindrücke. Neben der Lyrik sind die zeitkrit. Dramen *Der beste Mann* (1960, dt. 1962) und *Visit to a Small Planet* (1957) zu erwähnen. Mit der Homosexualität setzte er sich in *The City and the Pillar* (1948) auseinander. In den letzten Jahren erschienen das Drama *An Evening with Richard Nixon* (1972), die Romane *Burr* (1973, dt. 1975), *Myron* (1974), *Die Sirene von Babylon* (dt. 1976), *Achtzehnhundertsechsundsiebzig* (1978), *Kalki* (1980), *Duluth wie Dallas* (1984), *Lincoln* (1985), *Julian* (dt. 1988), *Empire* (dt. 1989) sowie *Collected Essays* (1974). –

Viebahn, Fred (*16.4. 1947 Gummersbach/Rheinl.). – Dt. Schriftsteller, studierte Psychologie, Philosophie, Germanistik und Theaterwissenschaft und arbeitete seit 1967 bei zahlreichen Zeitschriften und beim Rundfunk. Als politisch engagiertes Gewerkschaftsmitglied war er 1974/76 im Bundesvorstand des Verbandes deutscher Schriftsteller; Lehraufträge in Amerika und Mitglied des PEN-Zentrums. Zahlreiche Stipendien machten es ihm möglich, sich einer vielfältigen Literaturtätigkeit zu widmen. Beachtenswert sind die politisch-satirischen Gedichte *Knopflochgesinnung* (1968), die Erzählungen *Erfahrungen* (1968) und *Die Jahrtausendfeier* (1977), die Romane *Das Haus Che oder die Jahre des Aufruhrs* (1973), *Larissa oder die Liebe zum Sozialismus* (1972) und *Die Fesseln der Freiheit* (1979) sowie einige Theaterstücke. V. ist ein typischer Vertreter der sog. 68er Generation.

Viebig, Clara (*17.7. 1860 Trier, †31.7. 1952 Berlin). – Dt. Schriftstellerin, heiratete nach einem Gesangsstudium Fritz Cohn, einen Verlagsbuchhändler. Bald widmete sie sich dem Schreiben von meist naturalist. Werken, wie z. B. den Novellen

Kinder der Eifel (1897) und dem Roman *Das Weiberdorf* (1900; neu 1982). Ihre späteren realist. Romane zeugen von genauer Beobachtungskraft und präziser Charakterisierungsfähigkeit. Sie verarbeitete auch sozialkrit. Themen, wobei ihre Dramen gegenüber dem Werk abfallen, von dem noch *Die Wacht am Rhein* (1902), *Insel der Hoffnung* (1933) und *Berliner Novellen* (1952) erwähnt seien. 1981 erschien eine Auswahl u. d. T. *Das Miseräbelchen.*

Vienuolis, Antanas, eigtl. *A. Zukauskas* (*7.4. 1882 Užubžeriai b. Anykščiai, †17.8. 1957 Anykščiai). – Litauischer Autor, war zunächst Apotheker in Moskau und im Kaukasus. Nach seiner Teilnahme an der Russ. Revolution von 1905 wurde er verbannt, konnte aber später nach Litauen zurückkehren. Sein lit. Werk, das stark realist. Züge trägt, zeigt häufig dämonisierende Naturbeschreibungen; es umfaßt Erzählungen, Romane, Dramen und Reisebeschreibungen, die das Leben im Kaukasus schildern und den Einfluß Tschechows erkennen lassen. Besonders hervorzuheben ist sein histor. Roman *Ausgespielt* (1952, dt. 1955). Eine erste Gesamtausgabe erschien 1920 bis 1937 in 11 Bdn.

Viera, José Luandino, eigtl. *Jos' Luandino Vieira Mateus da Graça* (*4.5. 1935 Vila Nova de Ourém/Portugal). – Angolan. Schriftsteller, wanderte mit seinen Eltern aus, engagierte sich früh im Unabhängigkeitskampf, wurde mehrfach inhaftiert und verfolgt und in Portugal bis 1974 unter Hausarrest gestellt. Nach der Unabhängigkeit Angolas leitete er dort Film, Fernsehen und den Schriftstellerverband. In seinen Erzn. *A cidade e a infância* (1957 verboten; 1960), *Lunanda* (1964) und dem Roman *Das wahre Leben des Domingos Xavier* (portugies. und dt. 1974) schildert er das brutale Vorgehen der Diktatur und Kolonialmächte gegen schwächere und andersdenkende Menschen. V. erhielt zahlreiche Literaturpreise für seine Beiträge, die Wesentliches zur Beseitigung der Rasseschranken leisteten.

Viereck, Peter Robert Edwin (*5.8. 1916 New York). – Amerikan. Schriftsteller, 1948 Professor für moderne europ. und sowjet. Geschichte. Seine krit. Stellung gegenüber dem modernen Massenstaat brachte der Vertreter des »New conservatism« in den Schriften zum Ausdruck, die den Radikalismus verurteilen. In seiner Lyrik versuchte er sich experimentell, ging aber später zu einem formgetreuen Neoklassizismus über. Zu seinen Hauptwerken sind *Terror and Decorum* (G. 1948), für das er 1949 den Pulitzer-Preis erhielt, *Conservatism Revisited and the New Conservatism* (1949) und *The Persimmon Tree* (1956) zu zählen. 1967 erschien eine Auswahl seiner Gedichte.

Viertel, Bertold (*28.6. 1885 Wien, †24.9. 1953 ebd.). – Österr. Schriftsteller, als Dramaturg und Regisseur in Dtld., England und Amerika. 1947 kehrte er nach Österreich zurück und arbeitete an zahlreichen Literaturzeitschriften. Neben

Übersetzungen schrieb er v. a. Gedichte wie *Die Spur* (1913), Essays, z. B. *Karl Kraus* (1921), Romane wie *Das Gnadenbrot* (1927) und Dramen. Eine Gesamtausgabe fehlt, doch ist der 1970 erschienene Sammelband *Schriften zum Theater* eine wichtige Quelle zum Verständnis der zeitgenöss. Dramaturgie. Die gesammelten Gedichte erschienen 1981 u. d. T. *Daß ich in dieser Sprache schreibe.*

Vigny, Alfred Comte de (*27. 3. 1797 Schloß Loches/Indre-et-Loire, †17. 9. 1863 Paris). – Franz. Dichter, stammte aus adliger Familie und diente nach dem Sturz Napoleons vorübergehend im königl. Heer. So wie seine Kindheit ständig von Krankheit beherrscht worden war, war auch sein übriges Leben vom Unglück gekennzeichnet, so daß er sich gegen Ende des Lebens auf seinen Landsitz zurückzog. Seine Werke, die der franz. Romantik zuzuordnen sind, sind von Pessimismus durchdrungen. Das Drama *Chatterton* (1835, dt. 1850), das ihm Erfolg brachte, bildet zusammen mit zahlreichen Gedichten, wie *Poèmes antiques et modernes* (1826), und seinen Novellen, z. B. *Des Soldatenstandes Knechtschaft und Größe* (1835, dt. 1852), sein lit. Gesamtwerk.

Vilde, Eduard (*5. 3. 1865 Puvidere/Kreis Wierland, †26. 12. 1933 Reval). – Estn. Schriftsteller, verbrachte längere Zeit als Gesandter in Berlin. Vom deutschen Naturalismus geprägt, brachten dem Unterhaltungsliteraten v. a. seine Geschichtsromane viel Erfolg. In ihnen untersuchte er sozialpolit. Probleme, deren Realität er aus seiner Heimat bezog. Von den vielen Abhandlungen, Reiseschilderungen und Dramen liegt die Romantrilogie *Aufruhr in Machtra* (1902, dt. 1952) als einziges Werk in dt. Sprache vor. Das Gesamtwerk erschien in 33 Bdn. 1923–35.

Vildrac, Charles, eigtl. *Ch. Messager* (*22. 11. 1882 Paris, †25. 6. 1971 Saint-Tropez). – Französischer Schriftsteller, gehörte als Widerstandskämpfer der Unanimistengruppe in der »Abbaye« von Crétail an. Im Mittelpunkt seines lit. Schaffens steht die Suche nach dem wahren Menschen, den er v. a. im Arbeiter- und Kleinbürgermilieu zu finden glaubt. Seine Gedichte *Images et mirages* (1908) und *Le livre d'amour* (1910) werden an Berühmtheit von seinem Drama *Le paquebot Tenacity* (1920) übertroffen. Die Dramen sind in mehreren Gesamtausgaben veröffentlicht. Von Interesse sind auch die autobiographischen Schriften *Enfance* (1945) und *Pages de journal* (1968).

Villaespesa, Francisco (*14. 10. 1877 Laujar de Almería, †9. 4. 1936 Madrid). – Span. Schriftsteller, gehörte seit 1897 zur Madrider Literaturbohème. Die Werke weisen Gemeinsamkeiten mit der südamerikan. Lit. auf, die er auf seinen Reisen als Leiter einer Schauspielgruppe kennengelernt hatte. Dem span. Modernismo zugehörig, sind die Gedichte und Dramen von D'Annunzio geprägt, erinnern aber auch an den romantischen Zorilla. Als das bekannteste Werk ist die oriental. Verstragödie *El alcázar de las perlas* (1911) zu nennen. Seine Gedichte sind in zahlreichen Ausgaben erschienen. Eine Gesamtausgabe erschien 1927 bis 1954 in 12 Bdn.

Villehardouin, Geoffroy de (*um 1150 Villehardouin/Aube, †nach 1212 Thrakien). – Franz. Dichter, nahm als Marschall des Grafen Tibaut de Champagne 1199 am Kreuzzug teil und wurde 1201 Gesandter in Venedig. Auf Grund seiner Erlebnisse während der Teilnahme an der Eroberung Konstantinopels konnte er sein berühmtes mittelalterl. Geschichtswerk *Die Eroberung von Konstantinopel durch die Kreuzfahrer im Jahre 1204* (dt. 1915) verfassen. Er ist nicht nur lit., sondern auch histor. von hohem Wert.

Villiers de l'Isle-Adam, Philippe Auguste, Graf von (*7. 11. 1838 Saint-Brieuc, †18. 8. 1889 Paris). – Franz. Schriftsteller, stammte aus verarmtem Adel und gehörte zu den Freunden Mallarmés und Baudelaires. Seine Werke stehen unter dem Einfluß E. T. A. Hoffmanns und Poes, lehnen sich in ihrer Philosophie jedoch auch an Hegel an. Von ihm übernimmt er den Glauben an einen Weltgeist, der das Sein vernünftig regelt. V. ist eine in sich gespaltene Natur und versucht, Katholizität und Freigeisterei, Okkultismus und Hegelsche Dialektik zu vereinen. Dies wird deutl. in dem Theaterstück *Axel* (1890), dessen Held an diesen Widersprüchen zerbricht. Die übrigen Werke sind durch Ironie, Satire und durch die Neigung zum Transzendentalen gekennzeichnet und machen den stilist. hervorragenden Autor zum Meister der franz. Novellistik. Besonders hervorzuheben sind seine Einakter *La révolte* (1870) und *L'évasion* (1887) und die Erzählungen *Grausame Geschichten* (1883 u. 1888, dt. 1909) und *Die Eva der Zukunft* (1886, dt. 1909 u. 1972). Polit. war der Literat antidemokrat. eingestellt.

Villon, François, eigtl. *F. de Montcorbier* oder *des Loges* (*um 1431 Paris, †nach dem 5. 1. 1463). – Franz. Vagant, erster großer franz. Lyriker im modernen Sinn; hatte Kaplan Guilleaume de V. zum Gönner, der ihm nicht nur seinen Namen verlieh, sondern auch sein Studium an der Sorbonne ermöglichte. Er geriet auf die schiefe Bahn, verübte zahlreiche Delikte, beging einen Mord, wurde zum Tode verurteilt, jedoch begnadigt und floh aus Paris. Das lit. Werk V.s gehört durch seinen volkstüml. Ausdruck und seine tiefe Aufrichtigkeit zur besten franz. Vagantendichtung, die sich durch Witz und Schlagfertigkeit auszeichnet. Große Anerkennung verdienen die Gaunerballaden des Schriftstellers, von denen v. a. *Das kleine Testament* (1456, dt. 1907) und *Das große Testament* (1461) zu erwähnen sind. 1929 übernahm B. Brecht fünf seiner Balladen in der Übersetzung von Axmann, ohne die Quelle zu nennen; er wurde daraufhin von dem Kritiker Kerr öffentl. des Plagiats beschuldigt.

Vilmorin, Louise Levêque de (*4. 4. 1902 bei Paris, †26. 12. 1969 ebd.). – Franz. Schriftstellerin, war mit Saint-Exupéry befreundet und ließ sich nach mehreren Auslandsaufenthalten in Verrières-le-Buisson, ihrem Geburtsort nieder. Sie verfaßte Gedichte, Romane und Erzählungen, in denen sie sich oft mit psycholog. Problemen beschäftigte. Zu den Hauptwerken zählen *La fin des Villavide* (1937), *Weh dem, der liebt* (1955, dt. 1956) und *Le violon* (1960). Ein Teil ihrer Gedichte erschien posthum.

Viñas, David (*28.7. 1929 Buenos Aires). – Argent. Schriftsteller, Sozialist und Mitglied der Erzählergeneration »55«, die vor und nach der Regierung Peróns sich gegen die Herrschaft der Reichen wandte und zum Engagement in der Politik aufforderte, um die Korruption zu bekämpfen. Seine Romane setzen sich autobiographisch mit der argentin. Geschichte auseinander und gestalten in einzelnen kurzen Passagen Eindrücke des täglichen Lebens. Bekannt wurden die Romane *Los dueños de la tierra* (1959), *Los hombres de a caballo* (1968), *Cuerpo a cuerpo* (1979).

Vinje, Åsmund Olafsson (*6.4. 1818 Vinje/Telemark, †30.7. 1870 Gran/Hadeland). – Norweg. Autor, war berufl. sehr vielseitig, gab eine Lehrtätigkeit auf, studierte Jura und war anschließend Beamter, Journalist und Redakteur. Neben Artikeln, die er für seine Zeitschrift »Dølen« verfaßte, schrieb er romant. Gedichte und an Heine erinnernde Reisebeschreibungen. Neben nationalen Texten aus der polit. Romantik stehen zarte Naturschilderungen wie die Gedichte *Ferdaminni fraa Sumaren* (1860) und *Diktsamling* (1864). 1881 und 1908 erschienen Übersetzungen seiner Lyrik ins Dt.

Vintler, Hans von (*2. Hälfte des. 14. Jh.s, †1419). – Österr. Dichter, entstammte einer adligen Familie und war als Gesandter Herzog Friedrichs von Tirol in Venedig tätig. In seinem Hauptwerk, dem Reimpaargedicht *Die pluemen der tugent* nach dem Vorbild von Gozzadinis »Fiore de virtu«, schrieb er auf Schloß Runkelstein eine Sittenlehre, die Tugenden und Laster an Beispielen aus der Sage vorführt. Bereits 1486 wurde das Werk u. d. T. *Flores virtutum* als Inkunabel gedruckt. Aus dieser frühen Vervielfältigung läßt sich auf die Beliebtheit des Textes schließen.

Virginal. V. ist ein Heldenepos aus der Mitte des 13. Jh.s, in dem die Erlösung der Zwergenkönigin V. geschildert wird. Diese wird von Dietrich von Bern und dessen Waffenmeister Hildebrand vollzogen. Die Fassungen *Dietrich und seine Gesellen,* *Dietrichs erste Ausfahrt* und *Dietrichs Drachenkämpfe* behandeln dieselbe mit Zwergen-, Riesen- und Drachenabenteuergeschichten ausgeschmückte Thematik.

Virza, Edvarts, eigtl. *E. Lieknis* (*27. 12. 1883 Emburga, †1.4. 1940 Riga). – Lett. Dichter, begann seine lit. Laufbahn mit Übersetzungen Verhaerens. Neben polit., histor. und erot. Gedichten ist sein erfolgreichster Roman *Die Himmelsleiter* (1933, dt. 1935) zu erwähnen. In der Beschreibung des ländl. Lebens werden allegorische Motive aus dem altlett. Heiden-

tum mit dem christl. Gedankengut verbunden. Sein Gesamtwerk erschien 1958 in 4 Bdn.

Vischer, Friedrich Theodor (*30. 6. 1807 Ludwigsburg, †14. 9. 1887 Gmunden/Oberösterreich). – Dt. Schriftsteller, nach kurzer Tätigkeit als Vikar, während der er mit E. Mörike und D. F. Strauß befreundet war, wurde er Privatdozent und später Professor in Tübingen. V. hatte bald als demokrat. Dichter starke Wirkung auf die polit. Lit. Bes. Bedeutung haben jedoch seine ästhet. Arbeiten, die deutl. den Einfluß Hegels zeigen. Seine satir. Dichtung steht in der Tradition Jean Pauls, doch fehlt ihm die künstler. Gestaltungskraft. Damit wird er, bei allem Humor und artifizieller Literaturbeherrschung, zum Epigonen, dessen Werke von den Zeitgenossen überbewertet wurden. Unter dem Ps. *Deutobald Symbolizetti Allegoriowitsch Mystifizinsky* verfaßte er die Parodie *Faust. Der Tragödie dritter Teil* und schrieb anonym die *Epigramme aus Baden-Baden* (1868). Außerdem ragen der Roman *Auch Einer* (1879) und die Gedichte *Lyrische Gänge* (1882) aus seinem Gesamtwerk hervor. Als sein Hauptwerk gilt *Ästhetik oder Wissenschaft des Schönen* (1846 bis 1857).

Vitrac, Roger (*17. 11. 1899 Pinsac/Lot, †22. 1. 1952 Paris). – Franz. Bühnendichter, Freund von Breton und Anouilh. V. war ein bedeutender Vertreter des surrealist. Theaters, das von A. Jarry geprägt wurde. Neben satir. Farcen gehören die Dramen *Le coup de Trafalgar* (1934), *Le camelot* (1938) und *Le loup-garou* (1946) zu seinen Hauptwerken. Dt. Übersetzungen liegen kaum vor; eine franz. Auswahl erschien 1946 bis 1964 in 4 Bdn.

Vitruvius Pollio, Marcus (*1. Jh. v. Chr.). – Röm. Schriftsteller, eigtl. Baumeister, von dessen Leben wir nur wissen, daß er während der Herrschaft Caesars Militäringenieur und Konstrukteur war. Nach griech. Vorbildern verfaßte er um 25 v. Chr. für Augustus die 10 Bücher *De architectura.* Diese gelten nicht nur als wichtige histor. Quelle für die röm. Baukunst, sondern haben auch auf die folgenden Epochen nachdrückl. Wirkung gehabt.

Vittorini, Elio (*23. 7. 1908 Syrakus, †13. 2. 1966 Mailand). – Ital. Schriftsteller, bildete sich als Autodidakt und arbeitete bei verschiedenen Zeitschriften. Wegen der Beteiligung am Widerstandskampf saß er 1943 in Haft. In seinen Werken, die stark von amerikan. Schriftstellern wie Hemingway, Faulkner und Saroyan geprägt wurden, schlägt sich die Richtung des ital. Neorealismus ein. Mit seinen Übersetzungen aus dem Amerikan. und der Aufnahme amerikan. Texte in Sammelausgaben wirkte er auf die Rezeption in seiner Heimat. In seinen realist. Werken stehen menschl., nicht soziale Probleme im Mittelpunkt. Dies wird bes. deutl. in den heiteren und doch tief humanen Romanen *Tränen im Wein* (1941, dt. 1943), *Der Mensch No. 2* (1945, dt. 1946) *Dennoch Menschen* (1945, dt. 1963). Mit lyr. und symbolhaften Partien versucht er in den

Romanen *Die Frauen von Messina* (1949, dt. 1965) und *Offenes Tagebuch* (1957, dt. 1959) soziale Probleme krit. zu beurteilen.

Vivanti, Annie (* 2. 2. 1868 London, † 20. 2. 1942 Turin). – Ital. Autorin, verbrachte ihre Jugend in England, der Schweiz und den USA. Während ihres Musikstudiums zeigte sich ihre Vorliebe für die Lit. V., Freundin Carduccis, trat als Kabarettistin auf und gab 1890 ihr bedeutendstes lit. Werk, die Gedichtsammlung *Lirica*, heraus. Nach der Veröffentlichung des Romans *Marion, artista da caffè concerto* (1890) erschienen erst wieder nach 20 Jahren die phantasievollen und leidenschaftl. Romane, z. B. *Mea culpa* (1927), und Erzählungen, z. B. *Zingaresca* (1918), deren Qualität darunter leidet, daß zahlreiche Aussagen stark privaten Charakter zeigen.

Vogl, Johann Nepomuk (* 7. 2. 1802 Wien, † 16. 11. 1866 ebd.). – Österr. Schriftsteller der Spätromantik, war Beamter der Landstände. Bekannt wurde er durch seine Erzn. und Dramen ebenso wie durch die Herausgabe zahlr. Almanache. Zu den lyr. Hauptwerken zählen u. a. *Balladen und Romanzen* (1835–41), *Domsagen* (1845), *Schenken- und Kellersagen* (1858), zahlr. Gedichte und die ep. Dichtung *Aus dem alten Wien* (1865). 1911 erschien eine Auswahl aus seinem Werk.

Vogt, Walter (* 31. 7. 1927 Zürich, † 21. 9. 1988 Muri/Bern). – Schweizer Autor, Röntgenarzt in einem Berner Krankenhaus, begann 1961 seine schriftsteller. Tätigkeit. Das Krankenhausmilieu, Patienten und medizin. Personal stehen im Mittelpunkt seiner oft iron. Dichtungen, wobei die Welt des Krankenhauses zum Zerrspiegel und Modell der Gesellschaft wird. Mit Ironie und beißendem Spott sucht er den moral. Schein des Bürgertums zu entlarven. Zu seinen Hauptwerken gehören *Husten* (1965), *Wüthrich* (1966), *alle irrenhäuser sind gelb* (Ged. 1967) und *Der Vogel auf dem Tisch* (1968). Als letzte Werke erschienen 1974 *Briefe aus Marokko* und *Der Irre und sein Arzt, Schizogorsk* (1977), *Vergessen und Erinnern* (1980) und *Altern* (1981). V. hatte auch mit Hörspielen und Drehbüchern Erfolg.

Voiculescu, Vasile (* 9. 12. 1884 Pîrscov b. Buzau, † 27. 4. 1963 Bukarest). – Rumän. Schriftsteller, nach Medizin- und Literaturstudium als Arzt und Professor und künstler. Leiter des rumän. Rundfunks tätig. Er erhielt den Nobelpreis und gehört zu den bedeutendsten rumän. Dichtern seiner Zeit. Wegen seiner polit. Einstellung wurde er nach 1945 mehrmals verhaftet und zu Zwangsarbeit verurteilt. In den Versdichtungen befaßte er sich mit dem Verhältnis zwischen Mensch und Gott. Sprachlich sehr einfach und derb formuliert, durchsetzte er seine Werke mit mundartl. Wendungen. Dt. erschienen 1970 in Übersetzung die Novellen *Magische Liebe*.

Vollmoeller, Karl Gustav (* 7. 5. 1878 Stuttgart, † 18. 10. 1948 Los Angeles). – Dt. Schriftsteller, wurde in seiner neuromant. Dramendichtung entscheidend von Hofmannsthal, D'Annun-

zio und dem George-Kreis geprägt. Von seinen lit. Arbeiten wurde das Drama *Das Mirakel* (1912) weltberühmt. Aber auch das Drehbuch zum Film *Der blaue Engel* (nach H. Manns *Professor Unrat*) brachte ihm viel Erfolg. Seine übrigen zahlreichen Komödien sind heute vergessen.

Volponi, Paolo (* 6. 2. 1924 Urbino/Italien). – Ital. Schriftsteller, eigtl. Rechtsanwalt. Als Schriftsteller wurde er mit seinen Romanen *Die Weltmaschine* (1965, dt. 1966), *Ich, der Unterzeichnete* (1962, dt. 1964), *Corporale* (1974), *Der Speerwerfer* (dt. 1988) erfolgreich. Neben vielen anderen Literaturpreisen erhielt er den »Premio Strega«.

Voltaire, eigtl. *François-Marie Arouet* (* 21. 11. 1694 Paris, † 30. 5. 1778 ebd.). – Franz. Dichter, Sohn eines Notars, begann ein Jurastudium, beendete es jedoch nicht, sondern widmete sich bald ganz seinem Hauptinteresse, der Lit. 1718, nach seiner Entlassung aus einer Haft, die er wegen einer Satire auf Ludwig XIV. zu verbüßen hatte, veröffentlichte er seine erste Erfolgstragödie *Œdipe*, die ihm den Zugang zum Hof öffnete. Nach dem Ende einer weiteren Haft lebte er von 1726 bis 1729 im Exil in England und wurde dort von den Philosophen und Literaten dieses Landes entscheidend geprägt. Wieder in Frankreich, wurde er nach unsicheren und bewegten Jahren 1745 königl. Hofgeschichtsschreiber und ein Jahr später Mitglied der Académie Française. Sowohl am franz. als auch danach am Hof Friedrichs des Großen fiel er als Freigeist in Ungnade. 1755 erwarb er einen Besitz bei Genf, wo er sich in Wohlstand niederließ und als Anwalt und Fabrikant tätig war. Sein Drama *Irène* (1778) machte ihn zum franz. Nationaldichter. Wie kein weiterer franz. Dichter nahm V., hervorragender Vertreter der Aufklärung (z. B. durch Mitarbeit an Diderots *Encyclopédie* und mit rund 18 000 Briefen), durch seine zahlreichen Veröffentlichungen über Toleranz und Menschenwürde Einfluß auf die geistige Entwicklung seines Landes und ganz Europas. Sein gewaltiges lit. Werk, in dem seine umfassende Bildung und seine krit. Vernunft zum Ausdruck kommen, ist von Rationalismus, Sensualismus und Deismus geprägt. Mit seinem *Essai sur l'histoire générale et sur les mœurs et l'esprit des Nations* (1756–1769) entwickelte er als erster eine systemat. rationale Geschichtsphilosophie. Von den zahllosen lyr., epischen und dramat. Werken sollen als Beispiel angeführt werden die Dramen *Zaire* (1733, dt. 1749) und *Mahomet der Lügenprophet* (1742, dt. 1749), die Erzählungen *Zadig* (1747, dt. 1749) und *Candide* (1759, dt. 1776) und seine histor. Untersuchungen *Das Jahrhundert Ludwigs XIV.* (1751, dt. 1752). Das Gesamtwerk umfaßt 70 Bde. und ist in allen Weltsprachen erschienen. Wie kaum ein zweiter franz. Dichter hat er zur neuzeitl. Veränderung der Welt beigetragen.

Vondel, Joost van den (* 17. 11. 1587 Köln, † 5. 2. 1679 Amsterdam). – Niederl. Dichter, übernahm das väterl. Geschäft, zeigte aber auch schon früh seinen Sinn für die Lit. Nach seiner Konvertierung zum Katholizismus mußte er aus wirtschaftl. Gründen eine unselbständige Buchhalterstelle antreten. Als bedeutender Dichter des Barock hatte er mit den Dramen, Satiren und Gedichten entscheidenden Einfluß auf die klass. Epoche in der niederländ. Lit. Besonders seine Lyrik, die stilist. vollendet und in der Verstechnik unerreicht ist, hatte nachhaltige Wirkung. Die Themen wählte er aus seiner Heimat und aus dem Leben verstorbener Freunde. Außer mit zahlreichen Gelegenheitsgedichten richtete er sich in seinen polit. Satiren gegen den Fanatismus der Kalvinisten. Auch die Dramen *Gijsbrecht van Aemstel* (1637, dt. 1867), *Maria Stuart* (1646, dt. 1673) und *Lucifer* (1654, dt. 1868) verdienen höchste Anerkennung. 1888 bis 1893 erschien sein Gesamtwerk in 30 Bdn.

Vonnegut jr., Kurt (* 11. 11. 1922 Indianapolis/USA). – Amerikan. Autor, arbeitete seit 1949 als Werbefachmann und Journalist und veröffentlichte zahlreiche Erzählungen und Romane, die ihm Anerkennung einbrachten, z. B. 1967 Guggenheim Fellowship. Im Mittelpunkt seiner Werke stehen Krieg, Gewalt, Rassenkonflikte und Sozialkritik. Neben dem bedeutendsten Werk *Schlachthof 5 oder Der Kinderkreuzzug* (1969, dt. 1970) sind v. a. seine Romane *Das höllische System* (1952, dt. 1964), *Geh zurück zu deiner lieben Frau und deinem Sohn* (1968, dt. 1971), *Frühstück für starke Männer* (1973, dt. 1974), *Gott segne Sie, Mister Rosewater* (1968), *Slapstick oder nie wieder einsam* (1977), *Galgenvogel* (1979, dt. 1980), *Galápagos* (dt. 1987), *Blaubart* (dt. 1989) u. a. auch in Dtld. bekannt. 1974 erschien eine Sammlung seiner Essays.

Voß, Johann Heinrich (* 20. 2. 1751 Sommersdorf b. Waren, † 29. 3. 1826 Heidelberg). – Dt. Dichter und Übersetzer, verdiente seinen Lebensunterhalt zunächst als Hauslehrer. Durch das Studium der Theologie, alter Sprachen und der Philosophie verschaffte er sich eine umfassende Bildung. Als Freund Boies, Höltys und Claudius' gab er 1775 den »Göttinger Musenalmanach« heraus und gründete den »Göttinger Hain«. Bis zuletzt war er Privatgelehrter in Jena und Heidelberg und beschäftigte sich vornehml. mit Imitationen antiker Vorbilder. Durch die Neuentdeckung röm. und griech. Autoren entwickelte er zu diesen ein neues Verhältnis. Die in Hexametern geschriebenen Natur- und Landschaftsbeschreibungen sind von aufgeklärtem Protestantismus und gefühlvoller Lebensauffassung gekennzeichnet. Berühmt wurden seine Übersetzungen der Werke Homers (1793), der Märchen aus Tausendundeiner Nacht (1781–85) und der Schauspiele Shakespeares (1818–1829) sowie das Idyll *Luise* (1795), das Goethe zu *Hermann und Dorothea* anregte.

Voß, Julius von (* 24. 8. 1768 Brandenburg, † 1. 11. 1832 Berlin). – Dt. Dichter, diente 1782–1798 in der preuß. Armee, nahm an den poln. Kriegen teil. Nach mehreren Reisen durch Italien, Frankreich und Schweden ließ er sich in Berlin nieder. Die Zeit- und Sittenromane *Die Schildbürger* (1823) und *Das Mädchenduell* (1826) sind v. a. kulturhistor. wertvoll, das gilt ebenso für seine Lustspiele aus dem Kleinbürgermilieu, *Lustspiele* (1807–18) und *Neuere Lustspiele* (1821).

Voßler, Karl (* 6. 9. 1872 Hohenheim, † 18. 5. 1949 München). – Dt. Romanist, bemühte sich in seinen Studien *Positivismus und Idealismus in der Sprachwissenschaft* (1904) und *Sprache als Schöpfung und Entwicklung* (1905) um eine neue Konzeption der Sprachwissenschaft und ihrer Nachbarwissenschaften. Neben seinem sprachgeschichtl. Werk *Frankreichs Kultur im Spiegel seiner Sprachentwicklung* (1913) machte er sich v. a. um die span. Lit. und um die Übersetzung der *Göttlichen Komödie* verdient. Als Hochschullehrer in München hat er das europ. Geistesleben seiner Zeit nachhaltig beeinflußt und der Romanistik nicht nur wissenschaftl. Impulse gegeben.

Vraz, Stanko, eigtl. *Jakob Fras* (* 30. 6. 1810 Cerovec, † 24. 5. 1851 Agram). – Kroat. Schriftsteller, begann sowohl in slowen. als auch in kroat. Sprache zu schreiben. Als Mithg. der Literaturzeitschrift »Kolo« war er wegen seiner scharfen Kritiken gefürchtet. Die Kenntnis der westeuropäischen Literatur veranlaßte seine Bemühungen, die kroatische Dichtung neu zu bewerten und somit auf europäisches Niveau zu bringen. Neben einer berühmten Volksliedersammlung verfaßte er äußerst sensible Gedichte.

Vrchlický, Jaroslav, eigtl. *Emil Frida* (* 17. 2. 1853 Laun, † 9. 9. 1912 Taus). – Tschech. Schriftsteller, Professor für Literatur in Prag. Auf Grund seines enormen Wissens und des feinen Formgeschicks gehört er zu den bedeutendsten Literaten seines Landes. Neben zahlreichen Übersetzungen (Dante, Petrarca, Molière, Schiller, Goethe) ist die eigene Lyrik zu erwähnen, mit der er der tschech. Lit. ein höheres Niveau verlieh. Die Themen seiner Werke bezog er aus anderen Kulturkreisen und -epochen. Seine Lyrik zielt auf ein hohes Maß von Objektivität und öffnet sich gesellschaftl. und naturwissenschaftl. Bereichen, wobei er stets an den geistigen Fortschritt des Menschen im Sinne einer humanen Aufklärung glaubt. Sprachl. zeigte er sich als Meister exakter Formulierungen. Zu den Hauptwerken gehören *Geist und Welt* (1878, dt. 1927), *Hippodamia* (1891, dt. 1892) und *Bar Kochba* (1897, dt. 1899). Das umfangreiche Gesamtwerk erschien 1895–1912 in 65 Bdn. Seine Gedichte liegen in zahlreichen dt. Ausgaben vor.

Vries, Theun de, eigtl. *Theunis Uilke* (* 26. 4. 1907 Veenwouden/Friesland). – Niederl. Schriftsteller, unternahm nach seiner Befreiung aus dem KZ zahlreiche Reisen und gehörte der »vitalist.« Gruppe an. In den späteren Romanen stellt er die Geschichte seiner Heimat in objektiver, sozialkrit. Weise dar. Neben vielen anderen Werken wurden v. a. *Rembrandt* (1931, dt. 1934), *Stiefmutter Erde* (1936, dt. 1938) und *Die*

Feuertaufe (1948ff., dt. 1953) bekannt. 1970 erschienen dt. *Die friesische Postkutsche* und der Essay *Baruch de Spinoza.*

Vriesland, Victor Emanuel van (*27.10. 1892 Haarlem, †29.10. 1974 Amsterdam). – Niederl. Autor, war nach dem Zweiten Weltkrieg Vorsitzender des niederl. PEN-Zentrums. Als Mitglied der Gruppe »De Beweging« gehört der Dichter zu den bedeutendsten Literaten seines Landes. Von den vielen geistreichen, zunächst religiös-philosoph. Werken sind das Drama *De verloren zoon* (1925) und die Gedichte *Drievoudig verweer* (1949) hervorzuheben. 1969 erschienen seine *Erinnerungen.*

Vring, Georg von der (*30.12. 1889 Brake/Unterweser, †28.2. 1968 München). – Dt. Dichter, nahm als Offizier am Ersten Weltkrieg teil. Das Kriegstagebuch *Soldat Suhren* (1927) brachte dem Zeichenlehrer und Schriftsteller den ersten großen Erfolg. Mit seinen Erzählungen steht er in der Tradition des Realismus. Auch der Hauptgegenstand der übrigen Werke sind der Krieg, das Elend, die Gefangenschaft und die Heimkehr, so bei *Camp Lafayette* (1929) und *Der ferne Sohn* (1942). Neben zahlreichen Übersetzungen (Verlaine, Maupassant) gehören v. a. spannende Kriminalromane, wie z. B. *Die Spur im Hafen* (1936), sowie reimgewandte Natur- und Liebeslyrik zu seinem lit. Gesamtwerk.

Vulpius, Christian August (*23.1. 1762 Weimar, †26.6. 1827 ebd.). – Dt. Schriftsteller, Bruder von Christiane V. und späterer Schwager Goethes. V. war nach seinem Philosophie- und Literaturstudium als Privatgelehrter tätig. Neben Bühnenstücken und Volksliedern verfaßte der spätere Theater- und Bibliothekssekretär lit. wenig wertvolle, jedoch zu dieser Zeit vielgelesene Schauerromane. Mit seinem *Rinaldo Rinaldini, der Räuberhauptmann* (1797–1800) schuf er ein allgemein anerkanntes Räuberbild von edlem Charakter. Auch sein Roman *Orlando Orlandini* (1802) wurde von den Zeitgenossen sehr hoch geschätzt. Beide Werke wurden verfilmt.

Vydunas, eigtl. *Vilius Storasta* (*22.3. 1868 Jonaiciai/Landkreis Heydekrug, †20.2. 1953 Detmold). – Litau. Schriftsteller, trat nach Philosophie-, Philologie- und Theologiestudium eine Dozentenstelle in Berlin an. Als Hg. einer ostpreuß. Zeitschrift setzte sich der Dramatiker für die Kultur seines Landes ein und wurde deshalb von den Nationalsozialisten verfolgt. In den stark mystifizierten Dramen sind sowohl christl. als auch buddhist. Elemente zu finden. Die beiden Abhandlungen *Litauen in Vergangenheit und Gegenwart* (1916) und *700 Jahre deutsch-litauische Beziehungen* (1932) liegen in deutscher Sprache vor. Die interessanten Dramen wurden noch nicht übersetzt.

Wace, Robert (*um 1100 Jersey, †um 1174 Caen [?]). – Alt-franz. Dichter, erster namentl. bekannter Dichter der franz. Literatur. In seinen Reimchroniken – zurückgehend auf die *Historia regum Britanniae* des Geoffrey von Monmouth – wie z.B. *Le roman de Brut*, der 15000 Verse umfaßt, schildert er die Geschichte Großbritanniens und nennt erstmals König Artus mit seiner Tafelrunde. Neben diesem bedeutendsten Werk der frühen franz. Literatur stehen Heiligenlegenden und *Le roman de Rou* (1161–1174), der über die Geschichte der vornormann. Herzöge bis 1106 Aufschluß gibt.

Wackenroder, Wilhelm Heinrich (*13.7. 1773 Berlin, †13.2. 1798 ebd.). – Dt. Romantiker, unternahm mit seinem Freund L. Tieck nach dem gemeinsamen Jurastudium in Erlangen eine Reise durch Franken, dessen Kunstschätze und Bauwerke (in Bamberg und Nürnberg) tiefen Eindruck auf ihn machten. W.s Begegnung mit der altdt. und ital. Kunst wurde für ihn zum religiösen Erlebnis. In den *Herzensergießungen eines kunst-liebenden Klosterbruders* (1797, gemeinsam mit Tieck) be-schreibt er diese Erfahrungen mit großer Hingabe und tiefem Einfühlungsvermögen und schuf mit diesem Buch eine pro-grammat. Schrift der Romantik, in der der Gedanke der Syn-ästhesie erstmals formuliert wird. Zu seinem Gesamtwerk ge-hören außerdem die Romane *Die Unsichtbaren* (1794), *Das Schloß Montford* (1796) und *Phantasien über die Kunst, für Freunde der Kunst* (1799), eine Schrift, die er mit L. Tieck herausgab.

Wägner, Elin Matilda Elisabeth (*16.5. 1882 Lund, †7.1. 1949 Lilla Björka). – Schwed. Schriftstellerin, wurde als Mitarbeite-rin verschiedener Zeitschriften 1944 Mitglied der schwed. Akademie. Neben lustigen Bauernromanen gehören v. a. Dich-tungen, die sich mit der Stellung der Frau beschäftigen, zu ihrem Gesamtwerk. Das Hauptwerk dieser polit. engagierten Richtung, der Roman *Asa-Hanna* (1918), ist nicht ins Dt. übersetzt, obwohl gerade er die stilist. Merkmale am deutlich-sten zeigt. Die Romane *Kämpfende Frauen* (1915, dt. 1918) und *Die Liga der Kontorfräulein* (1910, dt. 1910) sind ebenso wie die Biographie über *S. Lagerlöf* (1942ff.) und ihre ausführ-lichen Familienchroniken hervorzuheben. Daneben schrieb sie eine Reihe von Reiseberichten.

Wagenfeld, Karl (*5.4. 1869 Lüdinghausen, †19.12. 1939 Münster/Westf.). – Dt. Schriftsteller, hatte sich neben seinem Lehrerberuf die Untersuchung des westfäl. Volkstums und dessen Entwicklung zur Aufgabe gemacht. Zu seinem Schaffen gehören sowohl Volksstücke, wie *Schützenfest* (1922), Bau-erntragödien, wie *Luzifer* (1920), und Versdichtungen in nie-derdt. Sprache, wie *Daud un Düwel* (1912). Das Gesamtwerk erschien 1954 bis 1956 in 2 Bdn.

Waggerl, Karl Heinrich (*10.12. 1897 Badgastein, †4.11. 1973 Wagrain/Salzburg). – Bayer.-österr. Dichter, Lehrer, Zeichner, Kunsthandwerker, hatte eine schwere Jugend. Ver-bundenheit zu seiner Heimat kennzeichnet seine Werke, die sich mit dem Gegensatz zwischen Land- und Stadtleben befas-sen. Sowohl in dem Erstlingswerk *Brot* (1930) als auch in *Das Jahr des Herrn* (1933) und seinen anderen Romanen und Erzählungen schildert er immer wieder den Reichtum und die Freiheit der ländl. Bevölkerung, z.B. *Wagrainer Tagebuch* (1936), *Kalendergeschichten* (1937), *Und es begab sich* (1953), *Der Leibsorger* (1958), *Wagrainer Bilderbuch* (1973). W. gehört zu den bekanntesten Volksdichtern unseres Jh.s, wobei gewisse Traditionen J.P. Hebels, etwa die Kalenderge-schichte und die meisterhafte Beherrschung der kleinen Er-zählung, von ihm fortgeführt werden, sein Stil aber mehr an die Gestaltungsweise Hamsuns erinnert. Das Gesamtwerk er-schien erstmals 1948 bis 1952 in 5 Bdn.

Wagner, Heinrich Leopold (*19.2. 1747 Straßburg, †14.3. 1779 Frankfurt/Main). – Dt. Dichter, Freund Goethes in Straß-burg, wurde Hofmeister in Saarbrücken und später Advokat in Frankfurt. Mit Klinger und Lenz gehörte er zu den bedeu-tendsten Dramatikern des Sturm und Drang. In *Die Kinds-mörderin* (1776), seinem Hauptwerk, wird das Motiv des Gretchenschicksals breit ausgestaltet. Die übrigen Werke, *Der wohltätige Unbekannte* (1775), und *Die Reue nach der That* (1775) zeichnen sich durch bes. typische Charakterbeschrei-bungen aus. Sie sind zwar oft mit naturalist. Elementen über-laden, doch wirken sie immer noch auf der Bühne. Eine Gesamtausgabe erschien 1923.

Wagner, Richard (*22.5. 1813 Leipzig, †13.2. 1883 Venedig). – Dt. Musiker, war nicht nur Musiktheoretiker und Kompo-nist, sondern auch sein eigener Librettist. Nach mehreren Anstellungen als Kapellmeister in in- und ausländ. Städten mußte er, nachdem er sich an der Revolution 1848/49 beteiligt hatte, ins Ausland fliehen. Ludwig II. rief ihn 1864 nach München, doch ging er bereits nach einem Jahr nach Luzern, lernte Franz Liszt kennen und heiratete dessen Tochter Cosi-ma. Anschließend ließ er sich in Bayreuth nieder. Von den Romantikern beeinflußt, wollte der Dichterkomponist Sage, Mythos und Religion sowie Schauspiel, Bühnenbild und Musik zum »Gesamtkunstwerk« vereinen, vor allem mittelalterl. und germ. Stoffe, und bevorzugte bei der Textgestaltung Alliterationen und in der Musik die zu höchster Meisterschaft entwickelte Leitmotivtechnik. Seine Musikdramen, zu denen u.a. folgende Werke gehören: *Der Fliegende Holländer* (1841), *Lohengrin* (1850), *Tristan und Isolde* (1859), *Die Meistersinger von Nürnberg* (1862), *Der Ring des Nibelungen (Rheingold, Walküre, Siegfried, Götterdämmerung –* vollständig 1854 bis 1874) und *Parsifal* (1877–1882), haben Begeisterung, aber auch Ablehnung beim zeitgenössischen und heutigen Publikum erweckt. Seine musiktheoret. Abhandlungen, die unter Einfluß Schopenhauers und Gobineaus stehen und starke antisemit. Züge aufweisen, gehören zu den interessantesten kulturhistor. Dokumenten. In den letzten Jahren ist ihre Bedeutung wieder neu erkannt worden. Seine Briefe und die Tagebücher seiner Frau sind unersetzl. Dokumente. 1871f. erschienen erstmals *Gesammelte Schriften und Dichtungen* in 16 Bdn. Seine Erinnerungen *Mein Leben* wurden 1911 posthum ediert, ebenso die *Tagebücher Cosima Wagners* (1977 f.).

Waiblinger, Wilhelm Friedrich (*21.11. 1804 Heilbronn, †17.1. 1830 Rom). – Dt. Dichter, starb einen frühen, elenden Tod in tiefer Armut. Der hochbegabte Lyriker bevorzugte antike klass. Formen und war ein Freund Hölderlins, Mörikes und G. Schwabs. Diese hatte er während seines Theologiestudiums am Tübinger Stift kennengelernt. Zu seinen Hauptwerken zählen der Roman *Phaeton* (1823), die Tragödie *Anna Bullen, Königin von England* (1829), die Gedichte *Lieder der Griechen* (1823) und die Biographie *Friedrich Hölderlins Leben . . .* (1831). Das Gesamtwerk erschien 1842f. in 2 Bdn.

Wain, John Barrington (*14.3. 1925 Stoke-on-Trent). – Engl. Schriftsteller, zog bereits mit seinem ersten Roman *Hurry on Down* (1953) die Aufmerksamkeit auf sich. Als Sozialkritiker den »zornigen jungen Männern« zugehörig, wurde er mit dem Gedichtband *Mixed Feelings* (1951) bestimmend für die engl. Nachkriegsliteratur. Bedeutender als seine etwas konventionellen Romane *Liebhaber und Machthaber* (1958, dt. 1965), *The Pardoner's Tale* (1978), *Young Shoulders* (1982) und Gedichte sind die Essays des auch als Hg. tätigen Literaturkritikers, z.B. *Über Literatur* (1963) und *A House of the Truth* (1972). In Dtld. wurde sein Roman *Roter Mond über Soho* (1965, dt. 1967) viel gelesen.

Walahfrid Strabo, auch *Strabus* = der Schielende (*um 808 Schwaben, †18.8. 849 in der Loire). – Dt. Dichter und Gelehrter, erzog als Benediktiner und Schüler des Hrabanus Maurus Karl den Kahlen und wurde 838 Abt des Klosters Reichenau. Er verfaßte exeget. und liturg. Schriften und legte in *Hortulus* seine umfassende Pflanzenkenntnis nieder. Weiter verfaßte er stilist. hervorragende Briefgedichte, Versbiographien und hagiographische Schriften, z.B. *Vita S. Galli, Vita S. Othmari,*

Visio Vettini und *De imagine Tetrici.* W. gehört zu den großen Anregern althochdt. Lit.; durch ihn wurde die Reichenau im Bodensee zu einem kulturellen Zentrum der Epoche.

Waldeck Heinrich Suso, eigtl. *Augustin Popp* (*3.10. 1873 Wscherau/Böhmen, †14.9. 1943 St. Veit/Mühlviertel). – Österr. Schriftsteller, Priester und Lehrer, bevor er sich ins Privatleben zurückzog. Dämonisches Naturgefühl steht im Mittelpunkt seiner das Negative des Kosmos mit einbeziehenden Dichtung. Neben religiösen Liedern – etwa die Sammlung *Die Antlitzgedichte* (1929) – wurden der in knapper Sprache gehaltene Roman *Lumpen und Liebende* (1930) und die Gedichte *Die milde Stunde* (1933) bekannt. Seine Balladensammlung von 1948 (posth.) fand weite Verbreitung.

Walden, Herwarth, eigtl. *Georg Levin* (*16.9. 1878 Berlin, †30.10. 1941 Saratov). – Dt. Musikwissenschaftler und Kunsthistoriker, heiratete 1901 die Schriftstellerin Else Lasker-Schüler. In seiner Zeitschrift »Der Sturm«, der wichtigsten Zeitschrift des Expressionismus, und in seiner Galerie gab er jungen, unbekannten Künstlern Gelegenheit, sich in der Öffentlichkeit vorzustellen. In Moskau, wo er nach seiner Hinwendung zum Bolschewismus als Sprachlehrer wirkte, wurde er 1941 verhaftet und starb im Gefängnis. Die Dramen *Sünde* (1918) und *Letzte Liebe* (1918) und seine Romane *Das Buch der Menschenliebe* (1916) und *Die Härte der Weltenliebe* (1918) sind ebenso wie die theoret. Abhandlungen Dokumente des Expressionismus.

Waldis, Burkard (*um 1490 Allendorf, †1556 Abterode). – Dt. Franziskanerpater, ließ sich auf einer Romreise von der Lehre Luthers überzeugen, heiratete und lebte als Zinngießer in Riga. Nachdem er aus der Gefangenschaft des Dt. Ordens befreit worden war, wurde er Pfarrer in Abterode. Sein humanist. gefärbtes, in niederdt. Sprache geschriebenes Fastnachtspiel *De Parabell vam Verlorn Szohn* (1527) ist eine Rechtfertigung der Lehre Luthers. Neben diesem Werk und anderen polem. Schriften und Streitgedichten ist die Fabelsammlung *Esopus* (1548) zu erwähnen, die sich durch ihren extrem moralisierenden Charakter auszeichnet, zusätzl. aber auch Schwänke aufnimmt, die recht derben Charakter haben und durchaus dem Geschmack des zeitgenöss. Publikums entsprechen. Sie hatte nachhaltige Wirkung auf die Dichtung Hagedorns, Gellerts, Rollenhagens und Zachariaes. Außerdem bearbeitete W. den *Theuerdank* (1553) und die *Psalmen* (1553).

Waldmann, Dieter (*20.5. 1926 Greifswald, †5.12. 1971 Bühlertal). – Dt. Autor, Dramaturg und Sendeleiter, versucht in seiner Komödie *Von Bergamo bis morgen früh* (1960), den Stil der Commedia dell'arte zu erneuern. Er verbindet in den Theaterstücken immer wieder Traumwelt und Realität mit Hilfe von sprachl. und szenischen Mitteln, so in *Der blaue Elefant* (1959) und *Atlantis* (1963). Daneben hat W. Hör- und Fernsehspiele verfaßt, z.B. *Der Unfall* (1968), *Eine große*

Familie (1970) und *Dreht euch nicht um, der Golem geht rum* (1971).

Wallace, Edgar Richard Horatio (*1.4. 1875 Greenwich, †10.2. 1932 Hollywood). – Engl. Autor, wurde nach der Teilnahme am Burenkrieg Journalist bei der »Daily Mail« und schließl. als freier Schriftsteller tätig. Sein umfassendes Werk, zu dem Afrikaromane ebenso wie Kriminalerzählungen gehören, zeugt von ungeheurer Phantasie und verbindet die Wirklichkeit mit Elementen des Schaurigen und Traumhaften. Mit seinen über 100 Kriminalromanen wurde er zum Begründer dieser Gattung in unserem Jh., die von zahlreichen Schriftstellern nachgeahmt wurde, ohne seine Qualität zu erreichen. Sie gehören zur Erfolgsliteratur in nahezu allen Ländern. Obwohl er mit den Büchern enorm verdiente, hinterließ er riesige Schulden. Nicht alle seine Werke sind gleich berühmt geworden, doch gibt es darunter Texte, wie z. B. *Der grüne Bogenschütze* (1923, dt. 1927), *Der Hexer* (1925, dt. 1927), *Der Zinker* (1926, dt. 1928) und *Die toten Augen von London* (1926, dt. 1928), die zur klass. Kriminalliteratur zählen. Zahlreiche Romane wurden verfilmt und in Bühnenfassungen auf dem Theater gespielt.

Wallace, Lew(is) (*10.4. 1827 Brookville, †15.2. 1905 Crawfordsville). – Amerikan. Autor, wuchs als Sohn eines Gouverneurs in Indiana auf und schlug zunächst die militär. Laufbahn ein. Der spätere Diplomat und amerikan. Romancier wurde durch seinen Roman *Ben Hur* (1880, dt. 1887) bekannt, der sich mit der frühchristl. Geschichte beschäftigt. Der Roman erregte internationales Aufsehen und wurde in zahlreiche Sprachen übersetzt und mehrfach verfilmt. Mit dem Roman *Der indische Prinz* (1893, dt. 1894) konnte er diesen Erfolg nicht wiederholen.

Wallisch, Friedrich (*31.5. 1890 Mährisch-Weißkirchen, †7.2. 1969 Wien). – Österr. Autor, ursprünglich Arzt, später jedoch Generalkonsul und Journalist. Neben Erzählungen (*Narrenspiegel der Liebe*, 1918), Lyrik, Dramen und Reiseberichten sind v. a. W.s realist. Romane *Die Gewalt* (1925), *Das Prantnerhaus* (1953) und *Dschungel* (1962) hervorzuheben.

Wallraff, Hans Günter (*1.10. 1942 Burscheid/Köln). – Dt. Schriftsteller, arbeitete als Buchhändler und Industriearbeiter und ist Mitglied der Gruppe 61. Er gehört zu den engagierten Arbeiterschriftstellern, die aus eigener Erfahrung die Welt des Industriearbeiters darzustellen versuchen. Sein starkes gesellschaftskrit. Engagement, das keine Objektivität anstrebt, obwohl er die Fakten sehr genau recherchiert, fand seinen Niederschlag auch in zahlreichen Fernseh- und Hörspielen. Bes. Beachtung verdienen die Reportagen *Wir brauchen dich. Als Arbeiter in deutschen Industriebetrieben* (1966), *13 Unerwünschte Reportagen* (1970), *Von einem, der auszog und das Fürchten lernte* (1970; szenische Aufführung 1974), *Neue Reportagen* (1972), *Ihr da oben – wir da unten* (1973, gemeinsam mit B. Engelmann). *Der Aufmacher* (1977), *Akteneinsicht* (1987) und die »Chronik« *Was wollt Ihr denn, Ihr lebt ja noch* (1973). Mit *Ganz unten* (1985) weckte er heftigen Widerspruch und fand viel Zustimmung, da er das Leben eines türk. Hilfsarbeiters aus eigenem Erleben beschrieb. 1974 veröffentl. er mit B. Engelmann das Fernsehspiel *Ermittlung gegen Unbekannt*, 1979 *Mein Lesebuch* und *Zeugen der Anklage*. Mit zahlreichen Texten wandte sich W. gegen die Regierung, gegen die NATO und gegen die Bundeswehr. Seine Theaterstücke, Hörspiele und Filme hatten nur bei einem begrenzten Publikum Achtungserfolge. Inhaber des Gerrit-Engelke-Literaturpreises.

Walpole, Horace, Earl of Orford, eigtl. *Horatio W.* (*24.9. 1717 London, †2.3. 1797 ebd.). – Engl. Schriftsteller, nach Studienreise auf den Kontinent mehrmals Parlamentsmitglied, führte ein weltmännisches Leben. Im Alter war er vereinsamt und neigte zu Schwermut. Sein Roman *Schloß Otranto* (1764, dt. 1768) wurde zum Vorbild für die Schauerromane und wirkte stark auf die Dichtung der Romantik. Dramatisiert erschien der Roman u. d. T. *The Mysterious Mother* (1768). Seine Briefe geben in flüssigem Stil Zeugnis vom zeitgenöss. Leben, wobei zahlreiche Details von hohem kulturhistor. Interesse sind. Eine Übersetzung seiner Schriften veröffentlichte 1800 A. W. Schlegel; 1988 erschien dt. erstmals *Hieroglyphische Geschichten*.

Walpole, Sir Hugh Seymour (*13.3. 1884 Auckland/Neuseeland, †1.6. 1941 London). – Engl. Autor, wählte das Generationsproblem zum Hauptgegenstand seines umfangreichen Romanwerks. Realist. und romant. Merkmale verknüpfend, beschreibt er in der *Herries-Saga* (4 Bde. 1930–1933, dt. 1937 bis 1939) den Gesellschaftskonflikt in England in der Übergangsphase vom bäuerl. Feudalstaat zum Industriestaat, wobei er einen vorzügl. Überblick über die engl. Geschichte der letzten Jahrhunderte entwirft. Zu seinem Werk gehört ferner die autobiograph. Trilogie *Jeremy* (engl. u. dt. 1919), *Jeremy und sein Hund* (1923, dt. 1930) und *Jeremy auf der Schule* (1927, dt. 1931). Berühmt wurde er durch die Romane, die er während des Ersten Weltkrieges in Rußland schrieb: *Und der Wald stand still* (1916, dt. 1953) und *The Secret City* (1919). Seine Werke wurden in zahlreiche Sprachen übersetzt. In Dtld. fanden bes. Beachtung etwa *Isabell und die Lehrerin* (1911, dt. 1954), *Trollope* (1928), *Das Lustgärtlein Gottes* (1940, dt. 1942) und *Ein Leben ohne Licht* (1941, dt. 1944).

Walser, Martin (*24.3. 1927 Wasserburg/Bodensee). – Dt. Schriftsteller, studierte Literatur, Geschichte und Philosophie in Tübingen und ist seit 1957 als freier Autor tätig. Seine Werke sind von Zeit- und Gesellschaftskritik bestimmt, die oft in iron. Weise vorgetragen werden. Unter dem Einfluß Brechts und Kafkas zeigt er immer wieder, wie schwierig für den Menschen der Gegenwart eine Identitätsfindung ist. Bes. hervorzuheben sind die Romane *Ehen in Philippsburg* (1957), *Halbzeit* (1960), *Das Einhorn* (1966), *Der Sturz* (1973), *Jenseits der Liebe* (1976), *Seelenarbeit* (1979) und *Die Brandung* (1985) und die Dramen *Der Abstecher* (1961), *Eiche und Angora* (1962), *Überlebensgroß, Herr Krott* (1964), *Der schwarze Schwan* (1964) und *Die Zimmerschlacht* (1967). 1972 hatte er mit dem Kurzroman *Die Gallistl'sche Krankheit* einen großen Erfolg, den er 1978 mit der Novelle *Ein fliehendes Pferd*, 1987 mit *Dorle und Wolf* wiederholte.Der Roman *Jagd* (1988) leidet etwas an der seriellen Eintönigkeit, gestaltet jedoch zahlreiche Details in sprachlicher Brillanz. Mit der Teilung Deutschlands setzt er sich in dem Roman *Die Verteidigung der Kindheit* (1991) auseinander. W. schreibt auch stark reflektierend aphoristische Prosa wie *Meßmers Gedanken* (1985), die verdeutlicht, wie der Bewußtseinsstrom jegliche Selbsterfahrung zu verhindern droht. W. gehört zu den bedeutendsten deutschsprachigen Dichtern der Gegenwart, dessen Texte in origineller Gestaltung Probleme der Zeit aufgreifen. Seine Dramen haben nicht den Erfolg wie die ep. Werke, da das erzählerische Talent Walsers stets den Handlungsverlauf zu hemmen droht. Seine lit. Essays sind Meisterwerke der Gattung, z.B. *Erfahrungen und Leserfahrungen* (1965), *Heimatkunde* (1968), *Wie und wovon handelt Literatur?* (1973) und *In Goethes Hand* (1982). Aufsätze, Prosa und Gedichte erschienen 1986 u.d.T. *Heilige Brocken*. W. erhielt zahlreiche Preise, z.B. 1981 den Büchner-Preis, ist Mitglied bedeutender Akademien und Dozent an in- und ausländischen Universitäten. Autobiographisches enthalten 23 Gespräche aus 26 Jahren u.d.T. *Auskunft* (1991) und das Monodram *Nero läßt grüßen oder Selbstporträt des Künstlers als Kaiser* (1989).

Walser, Robert (* 15.4. 1878 Biel/Bern, †25.12. 1956 Herisau). – Schweizer. Dichter, war nie sehr von dem lit. Wert seiner Kunst überzeugt. Er lebte, nachdem sich der Kontakt zur Außenwelt immer mehr verschlechtert hatte, seit 1933 als Schizophrener in einer Nervenklinik und starb auf einem Spaziergang in Herisau. Seine verspielten, lieblich verträumten Werke fanden v.a. bei Morgenstern, Kafka, W. Benjamin und M. Walser große Anerkennung. Hinter dieser kindlichen Welt, die auch in seiner impressionistischen Lyrik zutage tritt, verbergen sich jedoch genaue Kenntnis der Schattenseiten des Lebens und tiefer Pessimismus. Die Erzählungen *Fritz Kochers Aufsätze* (1904), die Romane *Der Gehülfe* (1908) und *Jakob von Gunten* (1908), *Gedichte* (1909), die Novelle *Der Spaziergang* (1917) und die Essays *Die Rose* (1925) sind durch einen exakt zutreffenden Sprachstil gekennzeichnet. Das Gesamtwerk erschien bis 1975; 1986 wurde der Roman *Die Räuber* als Faksimileausgabe aufgelegt.

Waltari, Mika Toimi (* 19.9. 1908 Helsinki, †26.8. 1979 ebd.). – Finn. Schriftsteller, war nach seinem Studium als Journalist und Übersetzer tätig. Im Mittelpunkt seiner ausführl. und erfolgreichen Werke stehen Milieuschilderungen aus dem finn. Land- und Stadtleben. Von den histor. Dichtungen, Kriminalromanen und Dramen ist bes. der Welterfolg *Sinuhe, der Ägypter* (1945, dt. 1948) hervorzuheben. Daneben sind die Romane *Ein Fremdling kam auf den Hof* (1937, dt. 1938), *Karin Magnustochter* (1942, dt. 1943) und *Minutus der Römer* (1964, dt. 1965) zu erwähnen.

Walter, Otto F. (* 5.6. 1928 Rickenbach b. Olten). – Schweizer. Autor, Verlagsleiter, der wichtige Schweizer Autoren fördert, Mitglied des PEN-Zentrums; seine beiden Romane *Der Stumme* (1959) und *Herr Tourel* (1962) spielen in der Schweiz und behandeln die Problematik innerlich unfreier Menschen. Sein Drama *Elio oder eine fröhliche Gesellschaft* (1965) war weniger erfolgreich, desgleichen seine letzten Romane *Die ersten Unruhen* (1972), *Die Verwilderung* (1977), *Wie wird Beton zu Gras?* (1979), *Zeit des Fasans* (1988), obwohl sie von der Literaturkritik gelobt wurden.

Waltharius manu fortis (= Walter mit der starken Hand) oder das *Waltharilied* ist ein latein. Hexameterepos. Während man das Lied früher der Zeit Ekkeharts I. oder Ekkeharts IV. zuordnete, neigt man heute dazu, es eher in die Epoche der Karolinger einzuordnen. Die berühmte Walthersage bildet den Kern der Dichtung. Dabei handelt es sich um die Flucht des Helden und seiner Verlobten Hiltgunt von Burgund vor den Hunnen und um seine Kämpfe gegen Gunther und Hagen in der Nähe von Worms. Das Gedicht ist ein wichtiges Zeugnis für einen verlorengegangenen Sagenkreis.

Walther von Châtillon (* um 1135 Lille, †1201 Amiens). – Franz. Dichter, war zunächst Lehrer in Paris und Laon und stand später im Dienst Heinrichs II. von England. Durch die Verbindung zu den engl. Humanisten und ein Jurastudium in Bologna erwarb der Dichter eine umfassende Bildung. Er lehrte in Châtillon und war zuletzt Domherr in Amiens. Neben kleinen satir., z.T. erot. Dichtungen verfaßte er sein berühmtes Epos *Alexandreis*, das 10 Bücher umfaßt. Es gehört zu den bedeutendsten weltl. Dichtungen des Mittelalters.

Walther von der Vogelweide (* um 1170 vermutl. Niederösterreich, †um 1230 bei Würzburg). – Südd.-österr. Dichter, vermutl. ritterl. Abstammung, fand in Wien am Hof Herzog Leopolds V. 1190 seine erste Anerkennung als Hofdichter. 1198 starb sein Gönner Friedrich I., und es begann ein unruhiges Wanderleben für den Minnesänger. Während der polit. unruhigen Zeit, in der mehrere Kreuzzüge stattfanden, lernte Walther das ganze Reich auf seinen Reisen kennen. Im Dienst Ottos IV. und Friedrichs II. stehend, wurde er von letzterem mit einem Lehen beschenkt. Das Werk Walthers bedeutete für die zeitgenöss. Dichtung inhaltl. und stilist. eine Wende. Die vergeistigte Minnelyrik, die stets an Adelige gerichtet ist, wird nicht nur durch persönl. Einfühlungskraft, sondern auch durch die Durchbrechung der Standesschranken verändert. Das einfache Mädchen wird nun gleichfalls Objekt ursprüngl., tiefer Verehrung (*Under der linden*). Neben Minneliedern schuf Walther auch polit. und didakt. Spruchdichtung. Der höf. Sittenverfall und der polit. Niedergang des Reiches bestimmen das durch Resignation gekennzeichnete Alterswerk, in dem überwiegend religiöse Gedichte zu finden sind. W. ist der bedeutendste Lyriker und Spruchdichter des dt. Mittelalters und hat über Jahrhunderte als Vorbild weitergewirkt. Obwohl wir über sein Leben wenig wissen, ist sein Werk breit überliefert.

Walther von Klingen (* um 1215, †1.3. 1286 Basel). – Minnesänger, stammte aus einem Thurgauer Ministerialengeschlecht und hatte ein freundschaftl. Verhältnis zu Rudolf von Habsburg. Von seinem Gesamtwerk sind uns acht formal vollendete Lieder überliefert.

Walton, Izaak (* 9.8. 1593 Stafford, †15.12. 1683 Winchester). – Engl. Autor, stand in enger Beziehung zu bedeutenden anglikan. Geistlichen, v. a. zu J. Donne. Trotz seines verhältnismäßig begrenzten lit. Schaffens wurde er durch sein Dialogwerk *Der vollkommene Angler* (1653, dt. 1958) bekannt, eine freundl. Darstellung des Lebens im Elisabethan. Zeitalter. Neben diesem Hauptwerk stehen stilist. eigenwillige Biographien, z. B. *The Life and Death of Dr. Donne* (1640) und *The Life of G. Herbert* (1670). 1929 erschien eine engl. Gesamtausgabe.

Wang Meng (* 15.10. 1934 Shatan/Peking). – Chines. Schriftsteller, wurde zunächst vom kommunist. System verfolgt, dann anerkannt und zu hohen Ehren gebracht; 1986 Kulturminister von China. Knüpft in seiner Prosa an westliche Vorbilder an und überträgt den europ. Sprachskeptizismus auf China; steht bewußt in der Tradition der humanistischen Parteilichkeit. Seine Erzählungen *Der Neuling in der Organisationsabteilung* (1956, dt. 1980), *Das Auge der Nacht* (1979, dt. 1987), *Der Schmetterling* (1980, dt. 1985) üben Kritik an Erscheinungsformen des kommunist. Systems, ohne dieses grundsätzlich in Frage zu stellen.

Wang Wei, auch *Wang Mo-chieh* und *Wang Yu-cheng* (* 699 Taiyüan/Schansi, †759 b. Changan/Schensi). – W., der im buddhist. Glauben tiefverwurzelte chines. Dichter und Maler, hatte nach polit. Unruhen hohe Staatsämter inne. Nicht nur seine lit. Werke, sondern auch seine Bilder, mit denen er als Begründer der ostasiat. Landschaftsmalerei gilt, sind von tiefer Religiosität bestimmt.

Ward, Mary Augusta (* 11.6. 1851 Hobart/Tasmanien, †24.3. 1920 London). – Engl. Schriftstellerin, war trotz ihrer ablehnenden Haltung der Frauenemanzipation gegenüber als eine der ersten Frauen Magistratsmitglied. *Robert Elsmere* (1888, dt. 1889), *Marcella* (1894, dt. 1896) und *Georg Tressady* (1896, dt. 1899) gehören zu ihren kulturgeschichtl. aufschluß-

reichen, jedoch teilweise einseitig subjektiven Romanen. Später hatte sie mit *Eleanor* (1900), *Diana Mallory* (1908) und *The case of Richard Meynell* (1911) nur in ihrer Heimat Erfolg. Eine Ausgabe ihrer konservativ zeitgebundenen Schriften erschien 1911 f. in 16. Bdn.

Warren, Robert Penn (* 24.4. 1905 Guthrie/Kentucky, †15.9. 1989 Stratton/Vermont). – Amerikan. Schriftsteller, arbeitete als Hg. und Mitarbeiter mehrerer Zeitschriften und als Berater der Kongreßbibliothek in Washington. Ethische und metaphys. Fragen stehen im Mittelpunkt seines Schaffens. Der äußere Schauplatz ist seine Heimat, die er in den Werken in Geschichte und Gegenwart darstellt. Er schrieb die Romane *Pondy woods* (1930), *Night Rider* (1938) und *Der Gouverneur* (1946, dt. 1952). Probleme der Südstaaten greift er auch in *World Enough and Time* (1950) und *Who Speaks for the Negro* (1965) auf. 1947 erhielt er den Pulitzer-Preis für *All the Kings Men*, 1958 den ersten Lyrik-Pulitzer-Preis für *Promises*. Als Literaturkritiker ist er dem »New Criticism« zuzuordnen. 1986 wurde er der erste *poeta laureatus* der USA.

Wartburgkrieg (Mitte des 13. Jh.s). Der *Wartburgkrieg* ist eine Strophendichtung über den sagenhaften Sängerwettbewerb auf der Wartburg. Zu den Teilnehmern gehörten angebl. die Minnesänger Wolfram von Eschenbach, Walther von der Vogelweide, Reinmar von Zweter und der histor. nicht belegte Heinrich von Ofterdingen. Der erste Teil des Gedichtes ist ein Lob auf den edlen Fürsten Hermann (von Thüringen), der zweite Teil stellt, in einem anderen Metrum, den Rätselwettstreit zwischen Wolfram und Klingsor, einem Zauberer, dar. Am Ende siegt Wolfram durch seinen Glauben. R. Wagner griff die Sage vom Wartburgkrieg im *Tannhäuser* auf.

Wasilewska, Wanda (* 21.1 1905 Krakau, †29.7. 1964 Kiew). – Poln. Schriftstellerin, setzte sich für die Verwirklichung der Menschenrechte ein. Sie wurde Mitglied der Widerstandsbewegung gegen Pilsudski; im Zweiten Weltkrieg organisierte sie in Moskau die poln. Legion gegen die Deutschen. In ihren Werken stellt sie die Not ihres Landes und des poln. Stadtproletariats dar. Auf dt. erschienen die Romane *Magda* (1935, dt. 1957), *Boden im Joch* (1938, dt. 1951) und die Trilogie *Lied über den Wassern* (1952, dt. 1956), die einen Einblick in die Geschichte ihrer Heimat gibt. 1965 erschien eine poln. Gesamtausgabe in 4 Bdn.

Wasilewski, Edmund (* 16.11. 1814 Rogoźno, †14.11. 1864 Krakau). – Poln. Schriftsteller, Privatlehrer und anschließend Lotterieagent. Die Stadt Krakau und die Tatra sind Gegenstand seiner berühmten romant. Lieder, die unter dem Einfluß Goethes und Byrons stehen. In der religiösen Dichtung *Die Kathedrale auf dem Wawel* (1846) wird schweres persönliches Leiden dargestellt.

Wassermann, Jakob (* 10.3. 1873 Fürth, †1.1. 1934 Alt-Aussee). – Dt. Schriftsteller, versuchte nach schwerer Jugend, in mehreren Berufen zu arbeiten, bis er durch die Mitarbeit am »Simplicissimus« zur Literatur fand und freier Schriftsteller wurde. Er war befreundet mit Hugo von Hofmannsthal, Schnitzler und Th. Mann. W. suchte in seinen spannend erzählten Zeitromanen, die breite internationale Beachtung fanden, mit Hilfe der Psychoanalyse, nach einem neuen Menschenbild. Dabei gestaltete er als jüd. Bürger das Leben seiner Glaubensbrüder und suchte dieses zeitgemäß zu deuten, z. B. *Mein Weg als Deutscher und Jude* (1921). Seine Romane, in einer Zeit polit. und gesellschaftl. Unsicherheit entstanden, fanden beim zeitgenöss. Publikum große Anerkennung, z. B. *Juden von Zirndorf* (1897), *Der Moloch* (1903), *Caspar Hauser oder Die Trägheit des Herzens* (1908), *Das Gänsemännchen* (1915), *Der Fall Maurizius* (1928), der Doppelroman *Etzel Andergast* (1931) und *Engelhart oder Die zwei Welten* (posthum. 1973). Daneben schrieb er zahlreiche Essays, z. B. *Hofmannsthal der Freund* (1930).

Watkins, Vernon Phillips (* 27. 6. 1906 Maesteg/Glamorgan, † 8. 10. 1967 Seattle). – Engl.-walis. Dichter, hatte moderne Sprachen studiert, arbeitete als Bankkaufmann und wurde als Lyriker Mitglied der »Royal Society of Literature«. Das Leben des walisischen Volkes ist Hauptgegenstand seiner von Yeats beeinflußten Gedichte. Neben den von ihm herausgegebenen Briefen seines Freundes D. Thomas sind v. a. die Werke *The Death Bell* (1954) und *Cypress and Acacia* (1959) hervorzuheben.

Watson, John, Ps. *Jan Maclaren* (* 3. 11. 1850 Manningtree/Essex, † 6. 5. 1907 Mount Pleasant/Iowa). – Schott. Theologe und Romancier, hatte es sich zur Aufgabe gemacht, das schott. Volkstum und das ländl. Leben in empfindungsreicher Sprache zu beschreiben. Mit seinen Skizzen *Beim wilden Rosenbusch* (1894, dt. 1901) und *The days of Auld Lang Syne* (1895) gehörte er der »Kailyard School« an. Neben theolog. Abhandlungen schrieb er vorzügl. Essays, etwa *Books and Bookmen* (1871).

Watzlik, Hans (* 16. 12. 1879 Unterhaid/Südböhmen, † 24. 11. 1948 Gut Tremmelhausen bei Regensburg). – Sudetendt. Dichter, 1945 aus Böhmen vertrieben, verfaßte phantasievolle Erzählungen. Den Stoff für seine Werke, z. B. *O Böhmen* (1917) und *Böhmerwaldsagen* (1921), verdankt er meist seiner Heimat. Zahlreiche Erzählungen und Romane fanden ein breites Publikum, z. B. *Stilzel, der Kobold des Böhmerwaldes* (1926), *Der Pfarrer von Dornloh* (1930), *Die Krönungsoper* (1937), *Ein Stegreifsommer* (1944) und *Der Verwunschene* (1957). Daneben schrieb er Volksballaden, Sagen und Märchen.

Waugh, Alec, eigtl. *Alexander Raban W.* (* 8. 7. 1898 London, † 3. 9. 1981 Tampa/USA). – Engl. Autor, weniger bekannter Bruder Evelyn W.s. Alec leitete den väterlichen Verlag, bis er sich 1926 zum Beruf des freien Schriftstellers entschloß. Sein lit. Werk umfaßt zeitkrit. Romane wie *The Loom of Youth*

(1917) und *Wheels Within Wheels* (1933), Reportagen und Reisebücher, z. B. *Insel in der Sonne* (engl. u. dt. 1956). 1970 erschien der Roman *Ein Spion in der Familie* (dt. 1972).

Waugh, Evelyn Arthur St. John (* 28. 10. 1903 London, † 10. 4. 1966 Combe Florey/Somerset). – Engl. Schriftsteller, nach Geschichts- und Kunststudium Lehrer, konvertierte 1930 zum kath. Glauben. Als Kriegskorrespondent in Abessinien, im Mittleren Osten und auf Kreta unternahm er weite Reisen. Er war mit seiner biograph. Studie über D. G. Rossetti erfolgreich, viel mehr jedoch noch mit dem ersten Roman *Auf der schiefen Ebene* (1928, dt. 1953), der ebenso wie *Aber das Fleisch ist schwach* (1930, dt. 1933) witzige, jedoch auch skeptische Momente aufweist. Zynismus und Sarkasmus sind auch in den anderen Werken immer wieder verwendete Stilmittel. Dies gilt ebenso für seinen makabren Roman *Tod in Hollywood* (1948, dt. 1950). Seit seinem Roman *Wiedersehen mit Brideshead* (1945, dt. 1947) treten neben die humorvollen Passagen auch ernste religiöse Reflexionen und geben seinem Erzählwerk einen vertieften Sinn. Neben G. Green gehört V. zu den bedeutendsten neukath. Schriftstellern Englands. Nach dem Zweiten Weltkrieg wurde der Roman *Und neues Leben blüht aus den Ruinen* (1953, dt. 1955) ein Welterfolg, während *Sword of Honor* (1965) erst 1979 dt. erschien u. d. T. *Ohne Furcht und Tadel*.

Ważyk, Adam, eigtl. *A. Wagmann* (* 17. 11. 1905 Warschau, † 19. 8. 1982). – Poln. Maler und Schriftsteller, gehörte nach dem Zweiten Weltkrieg, den er in der UdSSR verbrachte, der Krakauer Gruppe »Avantgarde« an. Er versuchte, neue Stil- und Reimformen zu entwickeln. Seine Romane sind dem Surrealismus, seine Gedichte dem Realismus zuzuordnen. Im Mittelpunkt der Werke, wie *Semafory* (1924), *Episode* (poln. u. dt. 1961), *Ein Gedicht für Erwachsene* (1956, dt. 1957), steht seine poln. Heimat. 1975 erschien dt. die Gedichtauswahl *Farbe der Zeit*.

Webb, Mary Gladys (* 25. 3. 1881 Leighton/Shropshire, † 8. 10. 1927 Leonards-on-Sea/Sussex). – Engl. Schriftstellerin, kämpfte ständig gegen Krankheit und wirtschaftl. Not. Sie schrieb stilistisch gewandte Romane, die allerdings psycholog. wenig fundiert sind. Resignation, Pessimismus sowie Sehnsucht nach Erlösung sind Elemente ihrer Lyrik und ihrer Essays. Aus ihrem lit. Gesamtwerk ist v. a. der Roman *Die Geschichte von der Liebe der Prudence Sarn* (1924, dt. 1930) hervorzuheben.

Weber, Friedrich, Wilhelm (* 25. 12. 1813 Alhausen, † 5. 4. 1894 Nieheim). – Dt. Schriftsteller, Arzt und Zentrumsabgeordneter im preuß. Abgeordnetenhaus. In seinem Hauptwerk, dem Versepos *Dreizehnlinden* (1878), schildert er die Bekehrung der Sachsen zum Christentum. Seine christl. patriot. Dichtung wurde zum Hausbuch im 19. Jh. und prägte jahrzehntelang die Vorstellung vom Leben der Germanen, da das

Werk in allen Schulen bis in die Mitte dieses Jh.s gelesen wurde. Er übersetzte Tennyson, Moore, Tegnér u. a.

Weber, Karl Julius (*16. 4. 1767 Langenburg b. Crailsheim, †20. 7. 1832 Kupferzell b. Öhringen). – Dt. Schriftsteller, Hofrat und Privatgelehrter. Als Abgeordneter in der württemberg. Ständekammer vertrat er aufklärer., antiromant. Gedanken. Als Feuilletonist hatte er Gelegenheit, sich gesellschaftskrit. und polemisierend über die Verhältnisse in Dtld. zu äußeren. Seine Hauptwerke sind *Deutschland oder Briefe eines in Deutschland reisenden Deutschen* (1826–28) und *Demokritos oder Hinterlassene Briefe eines lachenden Philosophen* (1832–36).

Webster, John (*um 1580 wahrscheinl. London, †um 1625). – Engl. Dramatiker, bedeutend in der Nachfolge Shakespeares, ist in seinem Lebenslauf nicht zu fassen, da urkundl. Nachrichten fehlen. Er schrieb Schauerstücke mit realist. Darstellung von Grauensszenen, teilweise in Zusammenarbeit mit Dekker und Rowley (z. B. *Westward Ho!, Christmas Comes But Once a Year*). Werke wie *Der weiße Teufel* (1612, dt. 1941), *Die Herzogin von Amalfi* (1623, dt. 1858) und *Appius and Virginia* (1654) dokumentieren seine nihilist. Grundeinstellung, aber auch die Genialität seiner Darstellungsweise. Da er mit anderen Autoren zusammenarbeitete, ist auch seine lit. Würdigung umstritten. Eine Ausgabe seiner Werke erschien 1966 ff. in 4 Bdn.

Weckerlin, Georg Rudolf (*15. 9. 1584 Stuttgart, †13. 2. 1653 London). – Dt. Späthumanist und frühbarocker Dichter, unternahm zahlreiche Reisen durch Deutschland, Frankreich und England. Von seiner Sekretärsstelle in Stuttgart trat er in die Kanzlei Friedrichs V. von der Pfalz in London, wo er zuletzt Parlamentssekretär für auswärtige Angelegenheiten war. Im Werk des frühbarocken Lyrikers, in *Oden und Gesänge* (1618/19) und *Gaistliche und weltliche Gedichte* (1641), ist der Einfluß der franz. Renaissancedichtung erkennbar. Gleichwohl zeichnet es sich durch stoffliche Originalität und stilist. Eigenwilligkeit aus.

Weda ist eine umfangreiche Sammlung sakraler Texte in Sanskrit. Sie wurde aus der wedischen Religion, aus dem Brahmanismus und dem Hinduismus zusammengestellt, wobei die früheste Datierung wohl bis um 1500 v. Chr. zurückreicht. Das um die Zeitwende abgeschlossene Werk wurde bis 1500 n. Chr. immer wieder ergänzt und überarbeitet. Die *Mantras* (= hl. Worte), die *Brahmanas* (= Erklärungstext des Opferrituals) und die *Sutras* (= Leitfäden des Rituals und Rechts) sind die drei Gebiete, in die das Werk gegliedert ist. Dabei besteht der *Mantra*-Teil (auch *Weda* genannt) wiederum aus vier *Samhitas* (= Lied- und Spruchsammlungen). Jedem dieser vier Teile werden dann *Brahamas* zugeordnet, an die sich *Upanischaden* und *Sutras* anschließen. Die Offenbarungen, die die ältesten Teile des Werks darstellen, wurden von heiligen Sehern

(Rischis) übernommen. Die Auseinandersetzung mit der W. begründete in der Romantik die wissenschaftl. Indogermanistik.

Wedekind, Frank (*24. 7. 1864 Hannover, †9. 3. 1918 München). – Dt. Dichter, wuchs in einem liberalen Elternhaus in der Schweiz auf. Sein Vater war Arzt und hatte sich im Frankfurter Paulskirchen-Parlament engagiert. Nach abgebrochenem Jurastudium versuchte sich W. schließlich als Dramaturg, Regisseur und Schauspieler. Als Mitarbeiter beim »Simplicissimus« veröffentlichte er kabarettist. Texte, und beim Münchner Kabarett »Die 11 Scharfrichter« trug er eigene Balladen und Lieder vor. Max Reinhardt inszenierte 1904 die Uraufführung von *Frühlings Erwachen* und engagierte W. ein Jahr später als Schauspieler am Deutschen Theater in Berlin. Im Mittelpunkt von W.s umfassendem Werk steht die Schein- und Doppelmoral der bürgerl. Welt. Diese Welt wird mit einer freien Entfaltung des Sexus und mit einer geistigen Befreiung des Menschen überhaupt konfrontiert. Aus seinen zahlreichen Werken sind die Lulu-Tragödien *Der Erdgeist* (1895, 1903 u. d. T. *Lulu*, vertont von Alban Berg) und *Die Büchse der Pandora* (1904) sowie die Dramen *Der Marquis von Keith* (1901), *König Nicolo oder So ist das Leben* (1902), *Feuerwerk* (1906), *Totentanz* (1906), *Schloß Wetterstein* (1910) und *Herakles* (1917), ferner die Gedichte *Die vier Jahreszeiten* (1905) und *Lautenlieder* (1920) hervorzuheben. Auf die Zeitgenossen, etwa auf den jungen Brecht, hatte W. starken Einfluß. Seine Theaterstücke führten wegen der Angriffe auf die Lebensweise des Bürgertums zu zahlreichen Theaterskandalen. Das Gesamtwerk erschien 1912–1921 in 9 Bdn.

Weerth, Georg (*17. 2. 1822 Detmold, †30. 7. 1856 Havanna). – Dt. Schriftsteller, wurde 1848 Feuilletonredakteur in Köln, nachdem er als Freund von Marx und Engels in einem Textilunternehmen gearbeitet hatte. Seine satir. Publikationen *Leben und Taten des berühmten Ritters Schnapphahnski* (1849) brachte dem Literaten eine Gefängnishaft von 3 Monaten. Außerdem verfaßte er die *Humoristischen Skizzen aus dem deutschen Handelsleben* (1845–48), die wie seine Gedichte gesellschaftskrit. Charakter haben.

Weigel, Hans (*29. 5. 1908 Wien, †13. 8. 1991 Mariaenzersdorf/Wien). – Österr. Schriftsteller, war, bevor er von 1938 bis 1945 in die Schweiz ging, Kabarettist und Volontär bei der Zeitschrift »Die literarische Welt«. Der bedeutende Theaterkritiker und Übersetzer von Molière machte sich auch als Förderer junger Autoren verdient. Zu den wichtigsten Werken zählen das Lustspiel *Axel an der Himmelstür* (1926) und der Roman *Der grüne Stern* (1946). Bekannt wurden seine Biographien *Nestroy* (1967) und *K. Kraus* (1968). Mit R. Stolz schrieb er das Musical *Wohl dem, der lügt* (1968). Als geistreicher Essayist zeigte er sich in *Flucht vor der Größe* (1960), *Götterfunken mit Fehlzündungen* (1971), *Die Leiden der* *jungen Wörter* (1974), *Apropos Musik* (1982), *Nach wie vor Wörter* (1985), *Die tausend Todsünden* (1988). Eine Sammlung seiner Satiren erschien u. d. T. *ad absurdum* (1981).

Weigel, Valentin (* 1533 Naundorf/Sachsen, †10. 6. 1588 Zschopau). – Dt. Schriftsteller, wandte sich – erst privat, dann öffentlich – theosoph. Gedanken zu und bekannte sich 1578 zum Spiritualismus. Er vertrat diesen anhand einer subjektivist. Erkennntislehre. Selbst unter dem Einfluß Sebastian Francks stehend, hinterließen seine Schriften bei Arndt, Böhme und Leibniz bleibenden Eindruck. *Nosce te ipsum* (1615), *Dialogus de Christianismo* (1616) und *Der güldene Griff* (1616) gehören zu seinen Hauptwerken.

Weil, Jiří (* 6. 8. 1900 Praskolesy/Hořovic, † 13. 12. 1959 Prag). – Tschech. Schriftsteller, lebte 1933–35 als Journalist und Übersetzer in der Sowjetunion. Seine positive Einstellung gegenüber der UdSSR änderte sich jedoch mit den stalinist. Säuberungsaktionen, erkennbar in *Moskava-hranice* (1937). In seinen übrigen Werken, *Markanna, otec divu* (1945) und *Barvy* (1946), hat er sich für den Kampf gegen den Faschismus und Antisemitismus eingesetzt. 1973 erschien dt. sein letzter Roman von 1949, *Leben mit dem Stern.*

Weiner, Richard (* 6. 11. 1884 Pisek/Böhmen, † 3. 1. 1937 Prag). – Tschech. Autor, kehrte von seiner Einberufung an der serb. Grenze mit einem Nervenzusammenbruch nach Prag zurück. Der vereinsamte Mensch und seine Existenz zwischen Traum und Wirklichkeit stehen im Mittelpunkt seiner Prosa. Seine Gedichtbände *Pták* (1913), *Rozcestí* (1918) und *Mnoho nocí* (1928) dokumentieren eine Wendung vom Impressionismus zum Expressionismus. Die Erzählungen *Spiel mit der Wirklichkeit* (1933) wurden 1969 ins Dt. übersetzt, 1990 folgte *Der leere Stuhl. Analyse einer nicht geschriebenen Erzählung,* 1991 *Der Bader. Eine Poetik.*

Weinheber, Josef (* 9. 3. 1892 Wien, † 8. 4. 1945 Kirchstetten). – Dt.-österr. Lyriker, in einer Waisenanstalt aufgewachsen, wurde Postbeamter, unternahm viele Reisen und entschloß sich schließl., freier Schriftsteller zu werden. Seit 1920 schildert er in Prosawerken eigene Erfahrungen und deutet sie psycholog. So beschreibt er in seinem ersten Roman *Das Waisenhaus* (1924) seine Jugend und analysiert spätere Verhaltensweisen. In den Gedichten finden sich zahlreiche traditionelle Formen, die von antiken Strophen über Anlehnungen an die dt. Klassik oder Hölderlin bis hin zu oriental. Reimen und Versen reichen. Die unübertreffliche Formkunst, die keinerlei sprachl. Schwierigkeiten kennt, täuscht oft über den gehaltl. Leerlauf seiner Lyrik hinweg. Aus seinem umfangreichen lyr. Werk seien *Adel und Untergang* (1934), *Wien wörtlich* (1935), *Späte Krone* (1936) und *Hier ist das Wort* (1947 posth.) genannt. Im Dritten Reich galt er als vorbildl. Lyriker und ließ sich hofieren. Depressionen und Verzweiflung trieben den Dichter nach Kriegsende zum Selbstmord.

Weinrich, Franz Johannes, Ps. *Heinrich Lerse* (* 7. 8. 1897 Hannover, † 24. 12. 1978 Ettenheim). – Dt. Schriftsteller, gehörte als kath. Expressionist zur Gruppe um die Zeitschrift »Der weiße Reiter«. Neben Lyrik, Biographien und Hörspielen verfaßte er hauptsächl. Mysterien- und Legendenspiele und religiöse Erzählungen. Zu seinen Hauptwerken zählen *Spiel vor Gott* (1921), *Elisabeth von Thüringen* (1930), *Der Kinderkreuzug* (1931), *Der hl. Bonifatius* (1935), *Das Gastmahl des Job* (1948) und die Gedichte *Die wunderbare Herberge* (1950).

Weise, Christian (* 29. od. 30. 4. 1642 Zittau, † 21. 10. 1708 ebd.). – Dt. Dichter, war nach umfangreichen Studien Gymnasiallehrer, seit 1678 Rektor des Gymnasiums Zittau. Zu den Werken des berühmten Schuldramatikers und Komödienschreibers gehören neben den Gedichten *Der grünenden Jugend überflüssige Gedanken* (1668–74) und dem Roman *Die drey Hauptverderber in Deutschland* (1671) v. a. die Dramen *Bäurischer Machiavellus* (1681) und *Trauer-Spiel von dem Neapolitanischen Haupt-Rebellen Masaniello* (1683). Seine Dichtungen, die v. a. auf der Bühne Erfolg brachten, stehen zwischen dem Barock und der bürgerl. didakt. Literatur der Aufklärung.

Weisenborn, Günther, Ps. *Eberhard Foerster, Christian Munk* (* 10. 7. 1902 bei Wuppertal, † 26. 3. 1969 Berlin). – Dt. Schriftsteller, wanderte nach seinem Studium nach Argentinien aus, wo er als Farmer lebte. Aufgrund seiner Zugehörigkeit zu einer Widerstandsgruppe mußte er nach seiner Rückkehr nach Berlin unter anderem Namen schreiben. Der von 1942–45 zu Zuchthaus verurteilte Schriftsteller gründete nach dem Krieg zusammen mit K. H. Martin das Hebbel-Theater und wurde später Dramaturg in Hamburg. Histor. Themen wie im Drama *Die Neuberin* (1935), gesellschaftskrit. Stücke wie *Die Illegalen* (1945), aber auch die berühmte Liebesgeschichte *Das Mädchen von Fanö* (1935) bilden den Kern seiner literar. Arbeiten. Nach dem Zweiten Weltkrieg hatte er Erfolg mit den Komödien *Drei ehrenwerte Herren* (1953) und *Zwei Engel steigen aus* (1954), dem Roman *Der dritte Blick* (1956) und dem Reisebericht *Der gespaltene Horizont* (1964).

Weismantel, Leo (* 10. 6. 1888 Obersinn am Main, † 16. 9. 1964 Rodalben/Pirmasens). – Dt. Schriftsteller, Lehrer, Journalist und bayer. Landtagsabgeordneter. 1928 gründete er eine pädagog. Forschungs- und Lehranstalt. 1939 und 1944 wurde er von den Nationalsozialisten in Haft genommen. Seine kath. Gesinnung kennzeichnet das sprachlich expressionist. Werk. Im Mittelpunkt stehen Romane wie *Mari Madlen* (1918), *Das unheilige Haus* (1922), *Der Kurfürst* (1925) und *Jahre des Werdens* (1940), eine Autobiographie, sowie Mysterienspiele und kulturpolitische und folkloristische Biographien, *Dill Riemenschneider* (1936), *Lionardo da Vinci* (1938) und *Albrecht Dürer* (1950).

Weiß, Ernst (*28.8. 1884 Brünn, †14.6. 1940 Paris). – Dt. Schriftsteller, Arzt, wanderte nach Paris aus und nahm sich dort beim Einmarsch der dt. Truppen das Leben. Seine zunächst impressionist., später expressionist. Romane sind von tiefem Pessimismus gekennzeichnet, der nur wenig frohe Momente kennt. Die Hauptwerke des mit Kafka befreundeten Literaten sind *Die Galeere* (1913), *Mensch gegen Mensch* (1919), *Tanja* (1920) und *Der arme Verschwender* (1936). Posthum erschienen 1963 der Roman *Ich – der Augenzeuge,* 1978 *Der zweite Augenzeuge und andere Erzählungen* und 1980 *Georg Letham – Arzt und Mörder.*

Weiss, Jan (*10.5. 1892 Starkenbach/Ostböhmen, †März 1972). – Tschech. Schriftsteller, schrieb als erster in der tschech. Literatur einen modernen psycholog.-phantast. Roman. In seinem Hauptwerk *Das Haus der tausend Stockwerke* (1929) gehen, wie in seinen übrigen Erzählungen und Romanen, Traum und Wirklichkeit in phantast. Weise ineinander über. Weitere Übersetzungen liegen nicht vor. 1958 ff. erschienen seine Werke im Original als Gesamtausgabe.

Weiß, Konrad (*1.5. 1880 Rauhenbretzingen, †4.1. 1940 München). – Dt. Schriftsteller, gehörte zum Kreis um H. v. Hofmannsthal und war als Redakteur und Kunstkritiker bei verschiedenen Zeitungen beschäftigt. Seine von der individuellen, tiefgläubigen Gesinnung geprägten Werke sind aufgrund ihrer symbolhaften, expressionist. Art schwer verständlich. Neben Gedichten wie *Die cumäische Sibylle* (1921) und *Das Herz des Wortes* (1929) gehören auch Essays und Reisebeschreibungen wie *Deutschlands Morgenspiegel* (1950) und *Wanderer in den Zeiten* (1958) zu seinem Gesamtwerk.

Weiss, Peter (*8.11. 1916 Nowawes/Berlin, †10.5. 1982 Stockholm). – Dt. Autor, Sohn eines Textilfabrikanten, mußte 1934 mit seinen Eltern nach Prag emigrieren. Nach dem Besuch der dortigen Kunstakademie ging er 1939 nach Schweden. Als Graphiker und Maler veranstaltete er 1940 seine erste Ausstellung in Stockholm. Nach den Erfolgen als Autor von Experimental- und Dokumentarfilmen gab er seine literar. Arbeiten in schwed. Sprache heraus. Seine anfangs stark autobiograph. Prosa, die Ichfindung und -verwirklichung zum Thema hat, zeugt, ebenso wie das Motiv der Verlassenheit in seinem Werk, von surrealist. Einfluß sowie von der Wirkung Kafkas und Strindbergs. Erzählungen wie *Der Schatten des Körpers des Kutschers* (1960), *Abschied von den Eltern* (1961) u. a. gehören hierher. Mit seinen polit. Dokumentarstücken erregte er in den 60er Jahren großes Aufsehen, da er zeitgeschichtl. Problematik mit neuen dramaturg. Mitteln zu gestalten wußte. Nach seinem polit. Lehrstück *Die Verfolgung und Ermordung des Jean Paul Marat* ... (erste Fassung 1964) gelang ihm ein Erfolg mit der szenischen Darstellung des Auschwitz-Prozesses in *Die Ermittlung* (1965). Dieses Werk hat das polit. Theater stark beeinflußt und einen wichtigen

Beitrag zur Auseinandersetzung mit der dt. Vergangenheit geleistet. Es folgten *Der Gesang vom Lusitanischen Popanz* (1967) und *Viet Nam Diskurs* (1968), die wiederum aktuelle polit. Probleme aufgriffen. Zeit- und Gesellschaftskritik herrschen auch in den letzten Dramen *Trotzki im Exil* (1970) und *Hölderlin* (1971) und in der Erzählung *Das Buch* (1972) vor. 1975 erschien der erste, 1978 der zweite, 1981 der dritte Band des Romans *Die Ästhetik des Widerstands,* der von der Kritik gefeiert wurde. 1981/82 veröffentlichte W. seine *Notizbücher 1960–80,* die wichtige Einsichten in seine Arbeitsweise ermöglichen. Posth. erschienen die Aufzeichnungen *Rekonvaleszenz* (1991).

Weiße, Christian Felix (*28.1. 1726 Annaberg-Buchholz, †16.12. 1804 Leipzig-Stötteritz). – Dt. Dichter, hatte während seines Studiums in Leipzig Lessing, Gellert, die Neuberin und Rabener kennengelernt. Als er das Rittergut Stötteritz geerbt hatte, widmete er sich dort seinem lyr. Schaffen. Neben sehr erfolgreichen Rokokospielen und Tragödien gab er die lehrreiche Zeitschrift »Der Kinderfreund« und Bücher für die Jugend heraus. *Scherzhafte Lieder* (1758), *Amazonenlieder* (1760), *Armut und Tugend* (1772) und *Trauerspiele* (1776–80) sind seine Hauptwerke.

Weißenborn, Theodor (*22.7. 1933 Düsseldorf). – Dt. Schriftsteller, seine Erzählprosa ist äußerst flexibel und weist sowohl groteske als auch betont realist. Züge auf. Neben dem Roman *Außer Rufweite* (1964) und zahlreichen Hörspielen und Parodien sind seine Erzählungen *Beinahe das Himmelreich* (1963), *Eine unbefleckte Empfängnis* (1969) und *Die Stimme des Herrn Gasenzer* (1970) hervorzuheben. 1971 schrieb er das satir. *Handbuch für deutsche Redner,* und 1973 erschienen die Kurzgeschichten *Das Liebe-Haß-Spiel.* In den letzten Jahren erschienen *Blaue Bohnen – Scharfe Messer. Sechs ungewöhnliche Kriminalgeschichten* (1976), die Gedichte *Geistlicher Nachlaß* (1977) und *Gesang zu zweien in der Nacht. Texte gegen die Gewalt* (1977), der satirische Roman *Die Killer* (1978), *Das Haus der Hänflinge* (1980), *Gespenster im Abraum* (1983) und die Satiren *Kopf ab zum Gebet* (1984).

Weitbrecht, Karl, Ps. *Gerhard Sigfrid* (*8.12. 1847 Neuhengstett bei Calw, †10.6. 1904 Stuttgart). – Dt. Schriftsteller, war zunächst Vikar, später Professor für Literatur, Rhetorik und Ästhetik in Stuttgart. Neben literaturhistor. Schriften schrieb er Erzählungen in schwäb. Mundart. Die Gedichte *Was der Mond bescheint* (1873) und die Erzählungen *Gschichta-n aus-m Schwôba'land* (1877) sind noch heute lesenswert.

Welhaven, Johan Sebastian (*22.12. 1807 Bergen, †21.10. 1873 Oslo). – Der Norweger W. wurde nach einem Theologiestudium freier Schriftsteller, 1846–68 war er Professor für Philosophie in Oslo. Der romant. Lyriker schuf Naturgedichte über die Landschaft Westnorwegens, Liebesgedichte sowie an

Schiller orientierte nationale Balladen. 1884 wurde eine Auswahl seiner Gedichte ins Dt. übersetzt.

Welk, Ehm, eigtl. *Thomas Trimm* (*29.8. 1884 Biesenbrow b. Angermünde, †19.12. 1966 Bad Doberan). – Dt. Schriftsteller, im Dritten Reich zeitweise inhaftiert, ließ sich nach dem Krieg in Mecklenburg nieder. Seine sozialist. Gesinnung wird in seinen volkstüml. Erzählungen deutlich. Zu dem Gesamtwerk gehören Tiergeschichten, Theaterstücke und Drehbücher. Von herausragender Bedeutung sind die Romane *Die Heiden von Kummerow* (1937), *Der Nachtmann* (1950), *Mein Land, das ferne leuchtet* (1952) und *Im Morgennebel* (1953). Posthum erschienen die Erzählungen *Grand oder das Große Spiel* (1971) und *Der Pudel Simson* (1973).

Wellershoff, Dieter (*3.11. 1925 Neuss). – Dt. Schriftsteller, arbeitete nach seinem Studium als Redakteur und Verlagslektor. Sein Ziel war es, eine neue krit. und konkrete Literatur zu fördern. Zusammen mit R.-D. Brinkmann, G. Herburger, R. Rasp u. a. gilt er als Initiator der »Kölner Schule«. W. erhielt zahlreiche Preise. Im Mittelpunkt des eigenen lit. Schaffens stehen Hörspiele, die sich durch äußerst klare Sprache und subjektbezogene Thematik auszeichnen. Zu ihnen zählen *Die Sekretärin* (1965), *Die Bittgänger* (1959), *Der Minotaurus* (1960), *Flüchtige Bekanntschaften* (1982) u. a. Seine bedeutendsten Romane sind *Ein schöner Tag* (1966), *Die Schattengrenze* (1969), *Einladung an alle* (1972), *Die Schönheit des Schimpansen* (1977) und *Der Sieger nimmt alles* (1983). Biogr. Erinnerungen an den Bruder W.s enthält *Blick auf einen fernen Berg* (1991). Als scharfsinniger Essayist erwies er sich mit *Literatur und Lustprinzip* (1973), *Die Auflösung des Kunstbegriffs* (1976), *Das Verschwinden im Bild* (1980), *Von der Moral erwischt* (1983) und *Wahrnehmung und Phantasie* (1987). W. machte sich auch als Herausgeber und Interpret der Werke Benns einen Namen: *Gottfried Benn. Phänotyp dieser Stunde* (1958; neu 1986), *Der Roman und die Erfahrbarkeit der Welt* (1988) und *Double, Alter ego und Schatten-Ich* (1991). Mit Ernst Benda veröffentlichte er die Umfrage *Freiheit, was ist das?* (1984); 1985 erschien die autobiogr. Prosa *Die Arbeit des Lebens*, 1986 die Erzählungen *Der Körper und die Träume.* Ein sehr persönliches Bild von Köln referieren die 12 Aufsätze *Pan und die Engel* (1990).

Wells, Herbert George (*21.9. 1866 London, †13.8. 1946 ebd.). – Engl. Schriftsteller, war ärml. aufgewachsen, bildete sich autodidakt. und studierte Naturwissenschaften u. a. bei Th. Huxley. Er wurde Journalist und schließl. freier Schriftsteller. Als Mitglied der »Fabian Society« war er mit G. B. Shaw befreundet. Seine idealist. polit. Ideen suchte er als Präsident des PEN-Clubs und durch persönl. Beziehungen zu Lenin, Roosevelt und Stalin zu verwirklichen. Von den Lehren des K. Marx ausgehend, schloß er sich später dem Sozialismus an und vertrat pazifist. Gedanken, die er in einem Weltstaat realisiert

sah. Diese Vorstellung beschrieb er in dem erfolgreichen utop. Roman *Die Zeitmaschine* (1895, dt. 1904), der neben *Die ersten Menschen im Mond* (1901, dt. 1905), *Kipps* (1905) und vielen anderen, z. B. *Befreite Welt* (1914, dt. 1986), zu seinen vielfältigen Werken gehört. Die späteren Arbeiten *Der Diktator* (1930, dt. 1931) oder die Kurzgeschichten *The Valley of Spiders* (1964) waren weniger erfolgreich. W. gehört zu den produktivsten Schriftstellern unseres Jh.s, der immer wieder vor Technokratie und Ideologie warnte. Die Werke wurden in zahlreiche Sprachen übersetzt. Eine dt. Gesamtausgabe erschien 1926 bis 1933 in 9 Bdn.

Welti, Albert Jakob (*11.10. 1894 Zürich-Höngg, †5.12. 1965 Amriswil). – Schweizer. Autor, wirkte nach seinem Kunststudium in mehreren Städten Dtlds. als Maler und Schriftsteller. Als Erzähler, Dramatiker und Hörspielautor schrieb er u. a. *Der Vertrag mit dem Teufel* (1937) und *Der Dolch der Lukretia* (1958).

Welty, Eudora (*13.4. 1909 Jackson/Miss.). – Amerikan. Schriftstellerin, in der Werbebranche tätig. Ihre Kurzgeschichten und Romane wie *A Curtain of Green* (1941), *Die Hochzeit* (1946, dt. 1962) und *Mein Onkel Daniel* (1954, dt. 1958) schildern typ. Charaktere aus ihrer Heimat. In den letzten Jahren publizierte sie die Kurzgeschichten *Losing Battles* (1970), *One Time, One Place* (1971), *Die Tochter des Optimisten* (1972, dt. 1973), für die sie auch den Pulitzer-Preis erhielt, *Ein Wohltätigkeitsbesuch* (dt. 1983), *Der purpurrote Hut und andere Erzählungen* (dt. 1986), *Eine Stimme finden* (dt. 1990).

Wendler, Otto Bernhard (*10.12. 1895 Frankenberg, †7.1. 1958 Burg bei Magdeburg). – Dt. Schriftsteller, war von Beruf Lehrer und Schulrat. Seine z. T. soziale Themen behandelnden Werke umfassen Novellen, Dramen, Romane, Drehbücher und Jugenddichtungen. Zu ihnen gehören die Dramen *Liebe, Mord und Alkohol* (1931), *Ein Schauspieler geht durch die Politik* (1932) und *Die Glut in der Asche* (1950) und der Roman *Als die Gewitter standen* (1954).

Wendt, Herbert (*16.5. 1914 Düsseldorf, †28.6. 1979 Baden-Baden). – Dt. Schriftsteller, arbeitete nach seinem Studium der Germanistik und der Naturwissenschaften als freier Schriftsteller. Zu den Werken des Erzählers gehören die Romane *Trennende Gitter* (1939), *Das Schiff der Verdammten* (1952) und *Ich suchte Adam* (1953), die Erzählung *Entdeckungsfahrt durchs Robbenmeer* (1952) und die Novelle *Reifeprüfung* (1940). In den letzten Jahren veröffentlichte er zahlreiche Tierbücher, u. a. *Schatten über dem Amazonas* (1970), *Forscher entdecken die Urwelt* (1972) und *Abenteuerliches Dschungelleben* (1974).

Wenewitinow, Dmitri Wladimirowitsch (*26.9. 1805 Moskau, †27.3. 1827 Petersburg). – Russ. Dichter aus altem Adel, wurde mit 20 Jahren Staatsbeamter. In der modernen russ. Lit. wird er als erster philosoph. orientierter Dichter anerkannt. Auf Grund seiner Zugehörigkeit zum Moskauer Kreis der »Ljubomudry« beschäftigte er sich eingehend mit der romant. Philosophie und Literatur und gilt deshalb als theoret. Begründer der russ. philosoph. Romantik, wobei er die Rezeption Schellings vorbereitete.

Wenter, Josef (* 11. 8. 1880 Meran, † 5. 7. 1947 Rattenberg/Tirol). – Südtiroler Schriftsteller, schloß an sein Germanistikstudium eine Musikausbildung in Leipzig an, wo er Schüler M. Regers war. Außer mit der Gestaltung von *Tiergeschichten* (1935) befaßte er sich in seinen Dramen unter der Wirkung Grillparzers und Hebbels mit histor. Themen, so in *Der sechste Heinrich* (1920), und wandte sich später zeitgenöss. Problemen zu, z. B. in *Der Kanzler von Tirol* (1925) und *Im heiligen Land Tirol* (1937).

Weöres, Sándor (* 22. 6. 1913 Szombathely/Ungarn, † 22. 1. 1989 Budapest). – Ungar. Schriftsteller, setzte sich, inspiriert von einer Ostasienreise, eingehend mit fernöstl. Kulturen auseinander und schrieb ausschließl. Gedichte, wie z. B. *Hideg van* (1943), *Medúza* (1943) und *Elysium* (1946). Sprachl. außerordentl. phantasievoll und gewandt, verfaßte er märchenhafte Werke, z. B. *Psyché* (1972). 1970 erschien die dt. Übersetzung einiger Gedichte, 1990 die Gedichte *Der von Ungarn.*

Weressajew, Wikenti Wikentjewitsch (* 16. 1. 1867 Tula, † 3. 6. 1945 Moskau). – Sowjet. Schriftsteller, lebte nach einem Geschichts- und Medizinstudium auf der Krim und in Moskau. Die Verbindung zu marxist. Schriftstellern wirkte auf seine lit. Werke ein. In ihnen beschäftigt er sich oft mit der Einstellung der russ. Intellektuellen zum Kommunismus, so in *In der Sackgasse* (1924). Neben Übersetzungen aus der dt. und der antiken Lit. (*Ilias*, 1949) verfaßte er die *Bekenntnisse eines Arztes* (1903) und *Das Leben Puschkins* (1945); die exakten Darstellungen sind für den Schriftsteller bezeichnend.

Werfel, Franz (* 10. 9. 1890 Prag, † 26. 8. 1945 Beverly Hills/Kalif.). – Dt. Dichter, stammte aus einer jüd. Kaufmannsfamilie und genoß eine gründl. humanist. Bildung. Nachdem seine ersten Gedichte erschienen waren, wurde er Verlagslektor und zusammen mit K. Pinthus und W. Hasenclever Gründer der Sammlung »Der jüngste Tag« in Leipzig. 1929 heiratete er Alma Mahler, die Witwe des Komponisten Gustav Mahler. Vor der Emigration nach Frankreich 1938 wandte er sich dem Sozialismus zu, danach propagierte er zunehmend eine sozial engagierte christl. Lebenshaltung. Beim Einmarsch der dt. Truppen nach Frankreich floh der Dichter zunächst nach Spanien und später nach Amerika. Sein lit. Werk begann er mit expressionist. Lyrik wie *Der Weltfreund* (1912), *Wir sind* (1913) und *Der Gerichtstag* (1919), die von Hofmannsthal und Whitman beeinflußt wurde. Nächstenliebe und Freundschaft waren die Themen seiner symbolhaften Dramen, z. B.

Spiegelmensch (1921). Sich vom Expressionismus abwendend, bevorzugte er später, auch in den Erzählungen, einen histor.-polit. Realismus, der jedoch immer in Zusammenhang mit religiöser Metaphysik und teilweise utop. Allegorie steht. Temperament, Phantasie und Effekt kennzeichnen die Romane, zu denen neben vielen anderen *Barbara oder die Frömmigkeit* (1929), *Der Abituriententag* (1928), *Die vierzig Tage des Musa Dagh* (1933) und *Der veruntreute Himmel* (1939) gehören. Als Dank für die gelungene Flucht vor den Faschisten schrieb er 1941 den Roman *Das Lied von Bernadette*, in dem er das Wunder von Lourdes eindringl. gestaltete und jüdischen mit christlichem Geist zu versöhnen suchte. Dem Pazifismus bleiben auch der Roman *Stern der Ungeborenen* und die Komödie *Jakobowski und der Oberst* (1944) verbunden. In diesem Theaterstück zeigt er, wie Menschenliebe und Gewaltlosigkeit über Brutalität und Dummheit des NS-Regimes und des Militarismus siegen. Sein Gesamtwerk erschien 1948 bis 1967 in 14 Bdn.

Wergeland, Henrik Arnold, Ps. *Siful Sifadda* (* 17. 6. 1808 Kristiansand, † 12. 7. 1845 Oslo). – Norweg. Schriftsteller, engagierte sich als Sohn eines Pfarrers und Politikers für die Trennung Norwegens von Schweden. Trotz dieser polit. Einstellung erhielt der Journalist vom schwed. König eine Anstellung als königl. Reichsarchivar und ein Stipendium. Mit seinen bilderreichen epischen Werken, z. B. *Skabelsen, Mennesket og Messias* (1830) und *Jøden* (1842), verstand er sich als Kritiker und polit. Volkspädagoge, der der norweg. Lit. neue Anregungen übermittelte. In exaltierter Sprache vertrat er radikale Ideen und postulierte die polit. und geistige Freiheit.

Werner, Zacharias (* 18. 11. 1768 Königsberg, † 17. 1. 1823 Wien). – Dt. Dramatiker, hatte während seines Studiums in Königsberg Gelegenheit, Kant zu hören. Nach ruhiger Beamtenzeit in Warschau begann für den dt. Dramatiker ein Wanderleben, das ihn durch mehrere europ. Länder führte. Erst als er zum Katholizismus übertrat, Theologie studierte und als Priester ein berühmter Redner wurde, fand er zu seinem individuellen Stil. Von Schiller ausgehend, wandte er sich später dem Realismus zu und ist mit seinem Spätwerk Goethe verpflichtet. Sein Werk *Der vierundzwanzigste Februar*, das 1810 in Weimar uraufgeführt wurde, realisiert zum ersten Mal die Gattung der Schicksalstragödie, die rasch beliebt wurde, in ihrem Bestreben, den religiösen Schauder der griech. Tragödie zu erneuern, aber an der Oberfläche blieb. Zahlreiche Autoren haben sie später parodiert. Weitere Werke, wie z. B. *Vermischte Gedichte* (1789), *Die Söhne des Tals* (1803), *Das Kreuz an der Ostsee* (1806) und *Die Mutter der Makkabäer* (1820), hatten auf Grund ihrer rhetor. Schärfe und ihres pathet. Charakters auf der Bühne großen Erfolg.

Wernher, Priester, auch *Pfaffe Wern(i)her* (* 12. Jh.). – W., der mhd. Dichter, war für die religiöse Literatur seiner Zeit sehr bedeutend. Mit der gereimten bayr. Mundartdichtung *Driu liet von der maget* steht er am Anfang der Marienverehrung in der mhd. Dichtung.

Wernher der Gartenaere (* 13. Jh.). – Dt. Erzähler, verfaßte das berühmte Versepos *Meier Helmbrecht*. In dieser realist. Satire beschreibt er das Bestreben eines Bauernsohnes, in den Ritterstand aufzusteigen. Dieser gerät jedoch unter die Raubritter und wird schließl. von den geschundenen Bauern gehängt. Stilist. und sprachl. ist dieses Werk von Wolfram von Eschenbach beeinflußt. Indem der mhd. Dichter den Untergang des Rittertums verdeutlicht, jedoch auch die Grobheit der Bauern verurteilt, setzte er sich von Neidhart von Reuenthal deutl. ab, obwohl er von diesem stoffl. Anregungen übernahm.

Wernicke, Christian (* Jan. 1661 Elbing, † 5. 9. 1725 Kopenhagen). – Dt. Dichter, unternahm nach seinem Philosophiestudium Reisen nach Frankreich und England. Als Privatlehrer und dän. Gesandter in Paris verfaßte er zahlreiche Epigramme, wie z. B. *Überschriffte oder Epigrammata* (1697) und *Ein Heldengedicht, Hans Sachs genannt* (1702). Begeistert vom frühen franz. Klassizismus, wandte er sich auf satir. Weise gegen die Auswüchse des Spätbarocks.

Werthes, Friedrich August Clemens (* 12. 10. 1748 Buttenhausen, † 5. 12. 1817 Stuttgart). – Dt. Schriftsteller, verfaßte als Professor in Karlsruhe und Hofrat in Stuttgart meist Werke mit philosoph. oder histor. Inhalt. Er gehörte zu den Mitarbeitern der Zeitschrift »Der teutsche Merkur«, die von Wieland herausgegeben wurde. *Hirtenlieder* (1772) sowie die Tragödien *Niclas Zriny* (1790) und *Conradin von Schwaben* (1800) sind zusammen mit zahlreichen Übersetzungen die bedeutendsten lit. Werke.

Werumeus Buning, Johan Willem Frederik (* 4. 5. 1891 Velp b. Arnheim, † 16. 11. 1958 Amsterdam). – Niederl. Dichter, Journalist und Kritiker, steht stark unter franz.-span. Einfluß und gilt als bedeutender Verfasser volkstüml. Balladen. Zu ihnen gehören u. a. *In memoriam* (1921), *Maria Lécina* (1932) und *Rozen, distels en anjelieren* (1953). Als Meister kleiner Formen erwies er sich mit Abhandlungen über verschiedene Lebensbereiche. Eine dt. Ausgabe liegt nicht vor; 1970 erschien als Werkausgabe *Verzamelde gedichten*.

Wesker, Arnold (* 24. 5. 1932 London). – Engl. Bühnenautor, übte zunächst verschiedene Handwerksberufe aus und begann anschließend mit Hilfe eines Stipendiums ein Studium an der Filmhochschule. Seine Theaterstücke, die häufig autobiograph. Elemente zeigen, wenden sich gegen die sinnentleerte Lebensweise der Menschen in den Großstädten und zeigen den Zwang zur Anpassung an die Massengesellschaft, wobei der einzelne seine persönl. Freiheit verliert. Als Direktor des Arbeiter-Kulturforums »Centre 42« befaßte er sich v. a. mit seiner Trilogie *Hühnersuppe mit Graupen* (1959, dt. 1963), *Tag für Tag* (1959, dt. 1962) und *Nächstes Jahr in Jerusalem*

(1960, dt. 1962) mit einer krit.-pessimist. Betrachtung sozialpolit. Probleme. Außerdem gehören die Dramen *Die Küche* (1960, dt. 1964), *Goldene Städte* (1966, dt. 1967), *Die Freunde* (1970), *Die Hochzeit* (1974), *Der Kaufmann* (1976) und *Fremde Flügel* (1980) und die Kurzgeschichten *Love Letters on Blue papers* (1974) zu seinem erfolgreichen Gesamtwerk. Eine dt. Übersetzung erschien erstmals 1969 u. d. T. *Gesammelte Stücke*.

Wesley, John (* 17. 6. 1703 Epworth/Lincolnshire, † 2. 3. 1791 London). – Engl. Schriftsteller und anglikan. Geistlicher, Leiter des »Holy Club« in Oxford, stand in enger Verbindung mit dem Pietismus und den Herrnhutern und begründete aus deren Gedankengut die Methodisten, deren Ziel eine methodische Bibelauslegung und ein method. Lebensstil ist. Auf vielen Reisen schrieb er dokumentar. wertvolle Tagebücher, ist jedoch auch als Verfasser von 40 000 Predigten und Sammler zahlreicher Kirchenlieder bekannt geworden. Seine Werke erschienen 1771 bis 1774 in 32 Bdn. Dt. erschien eine Auswahl aus den Predigten 1950.

Wessel, Johan Herman (* 6. 10. 1742 Vestby b. Oslo, † 29. 12. 1785 Kopenhagen). – Norweg. Schriftsteller, bemühte sich als Initiator des Studenten- und Schriftstellerverbandes »Norske Selskap« um die Förderung des norweg. Nationalgefühls und um die Rezeption franz. lit. Vorbilder, wobei er sich gegen den primitiven Germanenstolz mancher Zeitgenossen wandte. Neben sehr originellen Satiren wurde seine Parodie auf das klass. Alexandrinerdrama *Der Bräutigam ohne Strümpfe* (1772, dt. 1827), die 1844 unter dem Titel *Lieb' ohne Strümpfe* erschienen ist, sehr berühmt. Er begründete die moderne norweg.-dän. Komödie.

Wessobrunner Gebet (Ende 8. Jh./Anfang 9. Jh.). – Das W. ist ein althochdt. Schöpfungsgedicht und wurde in einer lat. Sammelhandschrift des Klosters Wessobrunn entdeckt. Wegen des kurzen Prosagebets, das auf die 9 erhaltenen Stabreimverse folgt, hat man den Hymnus irreführenderweise Gebet genannt. Das W. ist eines der ältesten christl. Dokumente dt. Literatur, zeigt jedoch formal und inhaltl. starke germ. Elemente.

West, Morris L(anglo) (* 26. 4. 1916 St. Kilda/Melbourne). – Austral. Schriftsteller, dessen sozialkrit. Romane stets von einem kath. Ethos getragen sind. Meist in Italien lebend, versteht er es vortrefflich, Probleme der modernen Gesellschaft unterhaltsam und eindringlich mit psycholog. Geschick dem Leser zu vermitteln. Sein umfangreiches Werk wurde in zahlreiche Sprachen übersetzt. Dt. liegen u. a. vor *Die Stunde des Fremden* (1957, dt. 1960), *Kinder des Schattens* (1957, dt. 1964), *Des Teufels Advokat* (1959, dt. 1960), *Tochter des Schweigens* (engl. u. dt. 1962), *In den Schuhen des Fischers* (1963, dt. 1964), *Der Botschafter* (engl. u. dt. 1965), *Der Turm von Babel* (engl. u. dt. 1968), *Der rote Wolf* (engl. u. dt. 1971), *Der Salamander* (1973, dt. 1974), *Harlekin* (1974, dt. 1975),

Insel der Seefahrer (dt. 1977), *Das nackte Land* (dt. 1978), *Proteus* (1978, dt. 1978), *Der Gaukler Gottes* (1981), *In einer Welt von Glas* (1983), *Cassidy* (1987) u.a.m.

West, Nathanael, eigtl. *Nathan Wallenstein Weinstein* (*17.10. 1902 New York, †21.12. 1940 El Centro/Kalif.). – Amerikan. Schriftsteller, arbeitete zunächst als Redakteur für die Zeitschrift »Contact«, in der er Leserbriefe beantwortete. Auf diese Erfahrungen greift er in seinem Roman *Schreiben Sie Miß Lonelyhearts* (1933, dt. 1962) zurück, in dem er vielfältige Schicksale von Großstadtmenschen beschreibt. Allgemein bekannt wurde er als Drehbuchautor für Hollywood, doch blieben seine Romane mit satir. Elementen und surrealist. Stilmitteln von starker Wirkung auf die amerikan. Erzählkunst. Zu seinen weithin anerkannten Romanen gehören *The Dream Life of Balso Snell* (1931) und *Tag der Heuschrecke* (1939, dt. 1964).

West, Rebecca, eigtl. *Dame Cecily Isabel Andrews,* geb. Fairfield (*25.12. 1892 Kerry/Irland, †15.3. 1983 London). – Die anglo-ir. Schriftstellerin war, bevor sie sich in ihren Publikationen für einen gemäßigten Sozialismus und die Rechte der Frauen engagierte, für kurze Zeit Schauspielerin. Ihr Pseudonym entnahm sie dem Ibsen-Drama »Rosmersholm«. Die Romane *The Return of the Soldier* (1918), *Der Brunnen fließt über* (1957, dt. 1958) und *Die Zwielichtigen* (1966, dt. 1967) brachten ihr internationalen Erfolg.

Wetering, Jan Willem van de (*12.2. 1931 Rotterdam). – Niederl. Schriftsteller, wurde früh mit der Judenvernichtung der Nazis konfrontiert, lebte vorübergehend in Südafrika, wandte sich Zen-Studien zu und war dann bei der niederl. Polizei. Seine Kriminalromane, die sich in vielen Ländern großer Beliebtheit erfreuen, verbinden die Erfahrungen und Einsichten seiner Jugendjahre mit den Insiderkenntnissen des Polizisten, z.B. *Der leere Spiegel* (1972, dt. 1977), *Ein Blick ins Nichts* (1974, dt. 1985), *Outsider in Amsterdam* (1975, dt. 1977), *Eine Tote gibt Auskunft* (1975, dt. 1978), *Tod eines Straßenhändlers* (1977, dt. 1978).

Wetzel, Friedrich Gottlob (*14.9. 1779 Bautzen, †29.7. 1819 Bamberg). – Dt. Dichter, nach Medizin- und Philosophiestudium als Redakteur tätig. Die Dramen *Jeanne d'Arc* (1817) und *Hermannfried* (1818) und seine Gedichte *Strophen* (1803) und *Aus dem Kriegs- und Siegesjahre 1813* (1815) setzen sich mit patriot.-histor. Themen aus dem Zeitalter des Kampfes gegen Napoleon auseinander. Man nimmt an, daß auch der pessimist. Roman *Die Nachtwachen des Bonaventura* (1804) von ihm verfaßt wurde.

Weyrauch, Wolfgang, Ps. *Joseph Scherer* (*15.10. 1907 Königsberg, †7.11. 1980 Darmstadt). – Dt. Schriftsteller, ursprüngl. Schauspieler, war nach seinem Germanistik- und Romanistikstudium als Lektor in Berlin und Hamburg tätig. An Kafka, Joyce und Brecht orientiert, gehörte er der »Gruppe

47«, dem PEN-Zentrum und der Deutschen Akademie für Sprache und Dichtung an und ist einer der Autoren, die die dt. Lit. nach 1945 prägten, da er zahlreiche lit. Einflüsse aufnahm und in seinem Werk verarbeitete, z.B. Innerer Monolog, Handlung in mehrfachen Ebenen nach dem Vorbild von J. Joyce, Experimente mit Sprache und Bühnentechnik etc. Das Elend in der Welt steht im Mittelpunkt seiner zeitkrit., oft aggressiven Lit. Er hatte nicht nur mit seiner Lyrik, *Lerche und Sperber* (1948) und *Gesang, um nicht zu sterben* (1956), sondern auch mit seinen Erzählungen *Der Main* (1934), *Die Liebenden* (1947), *Mein Schiff, das heißt Taifun* (1959), *Etwas geschieht* (1966), *Geschichten zum Weiterschreiben* (1969), *Mit dem Kopf durch die Wand* (1971) und *Das Ende von Frankfurt am Main* (1973) großen Erfolg. Auch die Hörspiele *Ich bin einer, ich bin keiner* (1967) und *Das Signal* (1974) wurden allgemein sehr beachtet. Das Jugendbuch *Ein Clown sagt* (1971) wurde mehr zu einem Buch für Erwachsene. 1977 veröffentlichte er das *Kalenderbuch – 365 Tage Lesen,* 1978 *Hans Dumm – 111 Geschichten* und die Anthologie *Liebesgeschichten.* W. wurde durch zahlreiche Preise geehrt (z.B. 1973 Andreas-Gryphius-Preis). Posth. veröffentlichte H. Bend 1987 die gesammelten Gedichte *Atom und Aloe.*

Weysenhoff, Józef Baron (*8.4. 1860 Kolano, †6.7. 1932 Warschau). – Poln. Autor, unternahm als Jurist und Redakteur zahlreiche Auslandsreisen. Seine Abstammung von einem alten livländ. Adelsgeschlecht prägte seine Werke ebenso wie die geistige Auseinandersetzung mit dem Positivismus. Das Leben des poln. Adels in einer vom Bürgertum geprägten Welt gestaltet er iron., ohne den Bezug auf Realität zu verlieren, z.B. *Ein Übermensch* (1898, dt. 1902) oder *Die Affaire Dolega* (1902, dt. 1904). Bes. geschätzt werden seine Naturschilderungen, die ihn in die Tradition der Realisten des 19. Jh.s stellen, z.B. *Ulica* (1930).

Wharton, Edith (*24.1. 1862 New York, †11.8. 1937 b. Saint-Brice-sous-Forêt). – Amerikan. Schriftstellerin, bedeutendste Schülerin Henry James', lebte seit 1906 in Frankreich und befaßte sich in ihren Werken mit den Gegensätzen der Alten und Neuen Welt. Gegenstand ihrer Betrachtungen ist die aristokrat. Oberschicht, deren Untergang sie mit Resignation und feinsinniger Sprache beschreibt. Ihrem ersten Erfolg *The House of Mirth* (1905) folgten die vielgelesenen Werke *Amerikanische Romanze* (1920, dt. 1939; neu 1951 u.d.T. *Im Himmel weint man nicht;* Pulitzer-Preis 1921) sowie *Die oberen Zehntausend* (1927, dt. 1931) und die Dreiecksgeschichte *Ethan Frome* (1911). Die *Collected Short Stories* wurden 1968 in 2 Bdn. herausgegeben.

Whetstone, George (*um 1544 London, †Sept. 1587 Bergen-op-Zoom). – Engl. Autor, war als Soldat in den Niederlanden und nahm an einer Neufundlandexpedition teil. Neben Vers-

und Prosadichtungen verfaßte er für seine Zeit ungewöhnl. Dramen, wie z.B. *Promos and Cassandra* (1578). Die als Experiment gedachte Komödie hatte Einfluß auf Shakespeares *Maß für Maß*. Als erster entwickelte W. in England eine »Theorie des Dramas«.

White, Patrick Victor Martindale (*28.5.1912 London, †30.9.1990 Sydney). – Austral. Schriftsteller, vorzügl. Romancier, war im Zweiten Weltkrieg im Nahen Osten stationiert. Mit seinen Werken *Zur Ruhe kam der Baum des Menschen nie* (1955, dt. 1957, übersetzt von Annemarie und Heinrich Böll) und *Voss* (1957, dt. 1958) gehört er zu den bedeutendsten zeitgenöss. Literaten seines Landes. Im Mittelpunkt der Romane stehen psychoanalyt. Lösungsversuche menschl. Existenzprobleme, wobei zahlreiche Einflüsse, bes. von J. Joyce, zu beobachten sind. Als wichtigste und bedeutendste Werke werden außerdem angesehen *Die im feurigen Wagen* (1961, dt. 1969), *Der Maler* (1970, dt. 1972) und *Im Auge des Sturms* (1973, dt. 1974), *Die ungleichen Brüder* (1978), *Der Lendenschurz* (dt. 1982), *Geschenke aus meiner Küche* (dt. 1984) und *Die Twyborn-Affäre* (dt. 1986). 1973 erhielt W. den Nobelpreis.

Whiting, John Robert (*15.11. 1917 Salisbury, †16.6. 1963 London). – Engl. Dramatiker, versuchte, in seinen Werken *Wo wir fröhlich gewesen sind* (1951, dt. 1960), *Die Tore des Sommers* (1956, dt. 1958) und *Die Teufel* (1961, dt. 1962) – unter dem Einfluß Huxleys – Züge des absurden Theaters mit der Gattung der geistreichen Komödie zu kombinieren. Außerdem verfaßte er symbolhafte, zeitkrit. Stücke, die nicht immer sofort Anklang fanden. 1969 erschienen die *Collected Plays* in 2 Bdn.

Whitman, Walt (*31.5.1819 West Hills b. Huntington, †26.3.1892 Camden). – Amerikan. Dichter, verbrachte seine Jugend als Sohn eines Zimmermanns in Brooklyn und auf Long Island. Seine Mutter begeisterte ihn schon sehr früh für die Ziele und Ideen der Quäker. Der Drucker, Lehrer und Journalist setzte sich in seinen Publikationen für die Verwirklichung konservativer, demokrat. Werte ein. Sein Engagement wurde durch Erlebnisse im Bürgerkrieg verstärkt. Durch seine Gedichtsammlung *Grashalme* (1855, dt. 1868) wurde er zu einem bedeutenden amerikan. Lyriker, der in seinen Gedichten die Demokratie als menschlichste Staatsform pries. Auf die dt. Lit. nach 1945 hat er formal und inhaltl. sehr stark gewirkt (vgl. etwa die Gedichte von G. Grass, der W. z.T. übersetzte, u.a.m.). – Einerseits von Shakespeare, Ossian, Homer, der Bibel und der oriental. Philosophie beeinflußt, zeigte er sich andererseits sehr volksverbunden. Die prophet. Auffassung vom Dichter, seine Gedanken über den Wert des Individuums und der Glaube an eine übermenschl. Allseele sind Hauptthemen seines Schaffens. Die myst. Übersteigerung findet v.a. in seinem Spätwerk Ausdruck, das sowohl die amerikan. Dich-

tung als auch den europ. Naturalismus und Expressionismus wesentl. beeinflußte. Der Essay *Demokratische Ausblicke* (1871, dt. 1922 und 1948) sowie die Gedichte *Gesang von mir selbst* und *Drum taps* (1865) gehören zu den wichtigsten Werken. *Complete Poems and Prose* erschien 1888 ff. 1966 gab H. Böll eine dt. Auswahl der Gedichte heraus.

Whittier, John Greenleaf (*17.12. 1807 Haverhill, †7.9. 1892 Hampton Falls). – Amerikan. Schriftsteller, stammte aus einer bäuerl. Quäkerfamilie und eignete sich als Autodidakt eine umfassende Bildung an, die ihm seine Betätigung als Journalist und Dichter ermöglichte. Neben polit. Engagement für die Befreiung der Negersklaven mit *Voices of Freedom* (Gedichte 1846) stehen Natur- und Heimatdichtungen im Mittelpunkt seiner Lit., die viele romant. Züge aufweist. Das Hauptwerk des amerikan. Volksdichters ist das Gedicht *Snow-Bound* (1866), das faszinierend die winterl. Natur beschreibt. Daneben verfaßte er zahlreiche Balladen und Gedichte, z.B. *Ballads and Other Poems* (1844), und Erzählungen, *Old Portraits and Modern Sketches* (1850). Das Gesamtwerk erschien engl. 1913 in 7 Bdn.

Wibbelt, Augustin, Ps. *Ivo* (*19.9. 1862 Vorhelm b. Münster, †14.9. 1947 ebd.). – Dt. Autor, war nach seinem Theologiestudium als kath. Priester tätig. Das Gesamtwerk besteht aus Mundarterzählungen, so z.B. *Wildrups Hoff* (1900), *De Strunz* (1902) und *Schulte Witte* (1906), und ernst-heiteren Gedichten. 1953 bis 1960 erschien die Gesamtausgabe seiner Werke.

Wibmer-Pedit, Fanny (*19.2. 1890 Innsbruck, †27.10. 1967 Lienz). – Österr. Schriftstellerin, behandelte in ihren Werken hauptsächlich Themen, die sich sowohl mit den Sitten und Gebräuchen als auch mit der Geschichte Tirols auseinandersetzen. Längere Zeit in Wien lebend, verfaßte sie Dramen, Erzählungen und Romane, wie z.B. *Medardus Siegenwart* (R. 1931), *Eine Frau trägt die Krone* (R. 1937), *Die Welserin* (R. 1940) und *Margarete Maultasch* (R. 1967).

Wichert, Ernst (*11.3. 1831 Insterburg, †21.1. 1902 Berlin). – Dt. Dichter, Oberlandesgerichtsrat, später Geheimer Justizrat. Von den Zeitgenossen sehr geschätzt und viel gelesen, ist sein Werk heute nahezu vergessen. Dennoch gibt es einen Einblick in den Zeitgeschmack und das geschichtl. Selbstverständnis der Generation der Bismarckzeit. Histor. Dramen, Romane und Novellen, die sich u.a. mit der Geschichte Preußens befassen, wie z.B. *Litauische Geschichten* (1881–90) und *Heinrich von Plauen* (1881), gehören ebenso wie seine erfolgreichen Lustspiele, z.B. *Ihr Taufschein* (1865), zu dem lit. Gesamtwerk, das 1896 bis 1902 in einer 18bändigen Ausgabe erschien.

Wickram, Jörg (*um 1505 Colmar, †vor 1562 Burgheim/Rhein). – W., von dessen Leben uns wenig bekannt ist, war vermutl. als Geschichtsschreiber und Handwerker in Colmar tätig. Dort gründete er 1549 eine Meistersingerschule. Nachdem der Protestant 1555 seine kath. Heimatstadt verlassen hatte, wurde er Stadtschreiber in Burgheim und begann zu dichten. Mit *Das Rollwagenbüchlin* (1555) führte er die oberrhein. Schwankliteratur zu ihrem Höhepunkt. Daneben verarbeitete er alte Schweizer Fastnachtspiele, z. B. *Die Zehen alter* (1531) und *Der trew Eckart* (1538), und gab ihnen durch die geschickte Verbindung ritterl. und bürgerl. Elemente eine neue Bedeutung. Seine Romane *Der Goldfaden* (1557) und *Der jungen Knaben Spiegel* (1554) waren die ersten Prosaromane, in welchen Elemente des Entwicklungsromans neben belehrenden Passagen stehen. W. wirkte mit dem neuen Prosastil auf die Lit. des Bürgertums im 17. Jh.

Widmann, Joseph Viktor (*20. 2. 1842 Nennowitz, †6. 11. 1911 Bern). – Österr. Schriftsteller, übersiedelte sehr früh in die Schweiz und studierte Theologie, Philosophie und Philologie. Als Freund Spittelers unternahm er eine Reise nach Italien und wurde, nach pädagog. Tätigkeit, Feuilletonredakteur beim Berner »Bund«. Neben Reiseberichten, so *Spaziergänge in den Alpen* (1885), ist er Verfasser stilist. hervorragender Lyrik und pessimist. Epen und Dramen, z. B. *Iphigenie in Delphi* (1865), *Buddha* (1869) und *Die Muse des Aretin* (1902). Auch seine Erzählungen zeigen geistreichen Humor, z. B. *Die Weltverbesserer* (1896).

Widmer, Urs (*21. 5. 1938 Basel). – Schweizer Schriftsteller, Literaturkritiker, Übersetzer und Essayist, Gründungsmitglied des Verlags der Autoren. Mit phantast. makabren Bildern und Szenen entwirft er in seinen Texten Gegenwelten zur bürgerl. Idylle, wobei sein krit. Denken, vergleichbar etwa dem Österreicher Wiener, an der konservat. Funktion der Sprache in der Nachfolge Wittgensteins ansetzt. Gegen die perfekte Gesellschaft fordert er das Recht auf das »Gefühl« des einzelnen Menschen, das er in lit. Montagen mit trivial- und weltlit. Texten deutl. machen will. Bereits die erste Erzählung *Alois* (1968) zeigt diese Elemente, die er mit der Erzählung *Die Amsel im Regen im Garten* (1971) fortführt und vertieft. In dem sog. Forschungsroman *Die Forschungsreise* (1974) wird die Parodie so weit getrieben, daß der in die Welt der modernen Städte ausziehende Forscher hinter den leeren Häuserfassaden nichts mehr zu erkennen findet. Der Roman *Die gelben Männer* (1976) ist ein zwiespältiges Dokument, da der Leser nicht erfährt, ob sich der Autor mit der Realität abfindet oder sich anschickt, diese zu verändern. Typisch für die vielseitige Erzählkunst W.s sind die *Schweizer Geschichten* (1975), deren zykl. Bau an G. Keller erinnert. *Vom Fenster meines Hauses aus* (1977), die von Ironie gekennzeichneten Nacherzählungen *Shakespeare's Geschichten* (1978) und die romanhaften Erzn. *Das enge Land* (1981), *Liebesnacht* (1982), *Die gestohlene Schöpfung* (1985) und *Das Paradies des Vergessens* (1990). Großen Erfolg als Hörspielautor hatte W. mit *Wer*

nichts sehen kann, muß hören (1969), *Die schreckliche Verwirrung des Giuseppe Verdi* (1974) und den Theaterwerken *Die lange Nacht der Detektive* (1973), *Nepal* (1977) und *Züst oder die Aufschneider* (1980); die Prosa *Indianersommer* (1985), *Der Kongreß der Paläolepidopterologen* (1989) fand Beachtung. W. übersetzte u.a. Labiche, Chandler, O'Casey und erhielt für *Fernsehabend* den Preis der Kriegsblinden. Zuletzt erschien *Der blaue Siphon* (1992). Die gesammelten Kolumnen erschienen u. d. T. *Auf auf ihr Hirten! Die Kuh haut ab!* (1988). Die Grazer Poetikvorlesung erschien 1991 u. d. T. *Die sechste Puppe im Bauch der fünften Puppe im Bauch der vierten und andere Überlegungen zur Literatur.*

Widukind von Corvey (*um 925, †nach 973 Corvey). – Dt. Geschichtsschreiber, stammte aus vornehmem sächs. Geschlecht und lebte seit ca. 940 als Benediktinermönch und Geschichtsschreiber in Corvey. Seine Heiligenviten und die *Sachsengeschichte,* ursprüngl. bis 958, später bis 973 gehend, stellen wichtige histor. Quellen und Dokumente der sog. Ottonischen Renaissance dar.

Wiebe, Rudy Henry (*4. 10. 1934 Speedwell/Saskatchewan). – Kanad. Schriftsteller, wuchs in einer Mennonitengemeinde auf und studierte Theologie; in seinen Werken, die über den engl. Kulturraum hinaus wenig bekannt sind, wendet er sich dem einfachen Leben zu und gestaltet Probleme religiöser Minderheiten. Die Romane *Peace Shall Destroy Many* (1962), *The Blue Mountains of China* (1970), *The Temptations of Big Bear* (1973), *The Scorched-Wood People* (1977), *My Lovely Enemy* (1983) erweitern zunehmend die Minderheitenproblematik von religiösen Randgruppen auf Fragen der Integration von Farbigen; niemals wendet sich W. gegen die Gesellschaft oder schlägt revolutionäre Töne an. Seine Schriften sind durch Nächstenliebe und Innerlichkeit gekennzeichnet.

Wiechert, Ernst. Ps. *Barany Bjell* (*18. 5. 1887 Kleinort/Ostpreußen, †24. 8. 1950 Uerikon/Schweiz). – Dt. Dichter, in Königsberg als Studienrat tätig. 1933 entschloß er sich zum Beruf des freien Schriftstellers und kam wegen seiner antinationalsozialist. Gesinnung zwei Monate ins KZ; *Der Totenwald* (1946) berichtet erschütternd über diese Zeit. In seinen Werken kommt die Sehnsucht nach einem unkomplizierten Leben zum Ausdruck, das er religiös mystifiziert. W. ist ein Dichter, der sich bewußt aus dem hektischen Leben zurückzog, um in Naturverbundenheit sein Bildungsideal zu verwirklichen. In seinen Romanen und Erzählungen ist der Ort der Handlungen die Landschaft Ostpreußens. Die Personen seiner Romane *Die Magd des Jürgen Doskocil* (1931/32), *Die Majorin* (1934), *Das einfache Leben* (1939) und *Missa sine nomine* (1950) sowie der *Hirtennovelle* (1935) sind einfach schlichte Naturmenschen, die sich, in idealisierter Weise dargestellt, ihren eigenen Lebensweg gegen ihre Zeit suchen.

Auch seine Resignation wird deutl., wenn er sich mit dem Naziregime beschäftigt, z.B. in *Häftling 7188* (1966). Die gesammelten Werke erschienen 1957 in 10 Bdn.

Wied, Gustav (*6.3. 1858 Holmegård b. Nakskov, †24.10. 1914 Roskilde). – Dän. Schriftsteller, fand, nachdem er in seinem Leben in verschiedenen Berufen gearbeitet hatte, durch Selbstmord den Tod. Das bäuerl. Leben seiner Heimat steht im Mittelpunkt seines lit. Schaffens, das sowohl Romane und Dramen als auch Erzählungen umfaßt. Zu den meist humorvollen epischen Hauptwerken gehören *Aus jungen Tagen* (1895, dt. 1907), *Die von Leunbach* (1898, dt. 1900), *Die leibhaftige Bosheit* (1899, dt. 1901) und *Die Väter haben Herlinge gegessen* (1908, dt. 1909). Eine dän. Gesamtausgabe erschien 1915 f. in 8 Bdn.

Wied, Martina, eigtl. *Alexandrine M. Weisl,* geb. Schnabl (*10.12. 1882 Wien, †25.1. 1957 ebd.). – Österr. Schriftstellerin, emigrierte nach ihrem Studium der Kunstgeschichte und der Philosophie nach Großbritannien. 1948 kehrte sie nach Österreich zurück, um sich in ihrer Lit. mit dem menschl. Elend und den Mißständen der Zeit auseinanderzusetzen. Ihre Romane, wie *Rauch über Sankt Florian* (1937), Erzählungen, z.B. *Das Einhorn* (1948), Dramen und Gedichte, wie *Brücken ins Sichtbare* (1952), beweisen ein großes Problembewußtsein.

Wieland, Christoph Martin (*5.9. 1733 Oberholzheim/Biberach, †20.1. 1813 Weimar). – Dt. Dichter, genoß als Sohn eines evangel. Pfarrers eine pietist. Erziehung. Nach dem Philosophie- und Jurastudium interessierte ihn immer mehr die Lit. Er trat eine Hauslehrerstelle in Zürich an, heiratete 1765 Dorothea von Hillenbrand und wurde 1769 Professor für Philosophie in Erfurt und 1775 freier Schriftsteller in Weimar. Als Hg. der ersten bedeutenden Literaturzeitschrift, »Der teutsche Merkur«, hatte er Verbindung zu Herder und Goethe. Er begann mit pietist. Gedichten, die im Stil an Hagedorn erinnern, z.B. *Die Natur der Dinge* (1751), und schrieb später den vorklass. Entwicklungsroman *Geschichte des Agathon* (1766/67). – Deutl. ist bei W. die Abkehr von der religiösen Dichtung zu spüren, die durch eine Hinwendung zur aufklärer., weltl. Lit. abgelöst wird und mit der franz. Kunst des ausgehenden Rokoko verwandt ist. Die Werke des Dichters, die stilist. und sprachl. äußerst gewandt und geistreich sind, plädieren für ein Menschenideal, das sich bereits dem klass. nähert und eine Vereinigung von Vernunft und Gefühl befürwortet. Zu ihnen gehören *Der geprüfte Abraham* (1758), *Musarion* (1768), *Die Abderiten* (1774) und *Oberon* (1780). Besonders hervorzuheben sind auch seine Übersetzungen. Auf Herder und Jean Paul wirkte er nachhaltig, während seine Beziehungen zu Goethe nie ungetrübt waren. Am Weimarer Hof, bes. bei der Herzogin Amalie, war er beliebt; hier war seine Dichtung Maßstab und Vorbild. Bis in die Gegenwart hat W. begeisterte Leser und deshalb zahlreiche hervorragende Ausgaben erfahren.

Wieland, Ludwig (*28.10. 1777 Weimar, †12.12. 1819 ebd.). – Dt. Schriftsteller, Sohn Christoph Martin Wielands, studierte wie sein Vater Rechtswissenschaften, konnte jedoch an dessen lit. Erfolge nicht anknüpfen. Von der Schweiz zog er nach Wien und lebte zuletzt in Weimar und Jena, wo er mit H. v. Kleist und H. D. Zschokke befreundet war. Als seine Hauptwerke sind *Erzählungen und Dialoge* (1803) und *Lustspiele* (1805) zu nennen.

Wiemer, Rudolf Otto (*24.3. 1905 Friedrichsroda). – Dt. Schriftsteller, war nachhaltig von der Jugendbewegung geprägt und arbeitete – unterbrochen durch Kriegsdienst und Gefangenschaft – von 1925 bis 1967 als Lehrer. W. schrieb Laienspiele, Erzählungen, Hörspiele, Lyrik und Romane, die sich alle durch eine christliche Gesinnung auszeichnen und die Frage gestalten, wie der einzelne in der Gesellschaft schuld- und sühnefähig ist. Sein Werk, das weit über 100 Titel umfaßt, enthält vortreffliche Kinder- und Jugendbücher, für die er auch ausgezeichnet wurde, z.B. *Warum der Bär sich wecken ließ* (1985). Als charakteristische Werke können genannt werden der Roman *Mahnke. Die Geschichte eine Lückenbüßers* (1979) und die Laienspiele *Hundert Schritte bis Bethlehem* (1959) und *Das Spiel vom Wächter* (1980).

Wienbarg, Ludolf, Ps. *L. Vineta, Freimund* (*25.12. 1802 Hamburg, †2.1. 1872 Schleswig). – Dt. Autor und Literaturhistoriker, Hauslehrer und Privatgelehrter. Der Name der Dichtergruppe »Junges Deutschland« stammt aus seiner Schrift *Ästhetische Feldzüge* (1834). Über diese Dichtergruppe hinaus gründete er zusammen mit K. Gutzkow die »Deutsche Revue«, eine radikaldemokrat. Zeitschrift in Frankfurt am Main. Daraufhin wurde er des Landes verwiesen und erhielt Schreibverbot. Seit 1868 geisteskrank, lebte er zuletzt in Hamburg. Zu seinen Hauptwerken gehören *Die Dramatiker der Jetztzeit* (1835), *Zur neuesten Literatur* (1839) und die *Geschichte Schleswigs* (1861/62).

Wiener, Oswald (*5.10. 1935 Wien). – Österr. Schriftsteller, gehörte zusammen mit Achleitner, Bayer, Rühm u.a. zur »Wiener Gruppe«. Den Lebensunterhalt verdiente er sich als Jazztrompeter, Datenverarbeiter und Gastwirt. Bis 1959 verfaßte er Gedichte, Prosa, Sketche und Montagen, ließ sich jedoch von den Schriften Mauthners und Wittgensteins *Philosophischen Untersuchungen* so beeinflussen, daß er sein gesamtes lit. Werk vernichtete. 1962 begann er seinen Antiroman *die verbesserung von mitteleuropa*, der die »diskrepanz zwischen gewachsener sprache und der ihr entronnenen welt« gestaltet und mit Stilmitteln der Montage und lit. Collage die erfahrbare Wirklichkeit als Folge der sprachl. Tradition deutet. Jede Weltveränderung kann daher nur nach einer Zerstörung der Sprache erfolgen. 1965 begann das Werk in einer Zeitschrift zu erscheinen. Seit 1969 liegt die Buchausgabe vor. In den 70er Jahren setzte er sich intensiv mit dem Werk Arno Schmidts auseinander.

Wierzyński, Kazimierz (*27.8. 1894 Drohobycz, †13.2. 1969 London). – Poln. Dichter, gehörte als Mitglied der Gruppe um die Zeitschrift »Skamander« der poln. Literaturakademie an. Seine zunächst ungetrübte Lebensfreude, die v.a. in dem Gedichtband *Olympischer Lorbeer* (1927, dt. 1928) erkennbar ist, verwandelte sich später, wie die Novellen und Essays zeigen, in eine schwermütige Grundeinstellung. Diese späteren Werke sind z.T. ins Engl., nicht ins Dt. übersetzt.

Wiesel, Elie (*30.9. 1928 Sighet/Siebenbürgen). – Amerikan. Schriftsteller aus jüd. Familie in Siebenbürgen, war im Konzentrationslager und studierte nach dem Krieg an der Sorbonne; lehrte an verschiedenen Hochschulen in Amerika und erhielt für sein lit. Werk und sein persönl. Wirken 1986 den Friedensnobelpreis. W. schrieb Theaterstücke, Romane *Morgendämmerung* (1960), *Gezeiten des Schweigens* (1962, dt. 1963), *Die Pforten des Waldes* (1964, dt. 1966), *Der Bettler von Jerusalem* (1968, dt. 1970), *Der Schwur von Kolvillàg* (1973, dt. 1976), *Der Vergessene* (dt. 1991) und Erzählungen, in denen er autobiograph. Elemente, Erfahrungen des Holocaust und Gestaltungsweisen der Bibel miteinander verbindet. Seine Dichtung, die bewußte Sprachreflexion mit eindringlicher Bildlichkeit verbindet, sucht immer Versöhnung zwischen den Kulturen zu schaffen und auf der Grundlage der Vergangenheit eine bessere Zukunft zu entwerfen.

Wiktor, Jan (*1.11. 1890 Radomyśl, †17.2. 1967 Krakau). – Poln. Schriftsteller, behandelte in seinen Werken das Leben der kleinen Leute und erweckte Mitleid und Schuldgefühle. Sein zunächst eher humorvoller Stil ist im Spätwerk von Pessimismus gekennzeichnet und macht seine Resignation deutl. Seine Hauptwerke sind *Durch Tränen* (1923), *Morgenröte über der Stadt* (1928, dt. 1930) und *Weiden an der Seine* (1933); die späteren Werke wurden nicht übersetzt, doch sind die Memoiren *Rozmowy pod kolorowyn parasolem* aus dem Jahr 1965 ein interessantes zeitgeschichtl. Dokument.

Wilbrandt, Adolf von (*24.8. 1837 Rostock, †10.6. 1911 ebd.). – Dt. Schriftsteller, unternahm nach seinem Jura-, Philosophie- und Geschichtsstudium zahlreiche Reisen und wurde 1881 Direktor des Wiener Burgtheaters. Neben histor. Jambentragödien, Gedichten und Biographien sind v.a. seine zeitkrit. Schlüsselromane aus dem Münchner Künstlerkreis hervorzuheben. Zu den wichtigsten Werken gehören der Essay *Heinrich von Kleist* (1863), die Romane *Der Lizentiat* (1868), *Villa Maria* (1902), *Hiddensee* (1910) und *Die Tochter* (1911) sowie das Drama *Nero* (1876).

Wilde, Oscar Fingal O'Flahertie Wills (*16.10. 1854 Dublin, †30.11. 1900 Paris). – Ir. Dichter, Sohn eines Arztes und einer Dichterin, hatte in Oxford und Dublin studiert und anschlie-

ßend in London ein exzentr. Leben geführt. Seine lit. Erfolge führten den Dichter durch Amerika und England und hatten bereits ihren Höhepunkt erreicht, als er zu zwei Jahren Zuchthaus verurteilt wurde. Nach der Entlassung ließ er sich in Paris nieder und verfiel, von schlechten Freunden beeinflußt, dem Alkohol. Nach wenigen Jahren starb er, zum Katholizismus konvertiert, in einfachen Verhältnissen. Als Verfechter des L'art-pour-l'art-Prinzips vertrat er den lit. Ästhetizismus und wurde als solcher zu dessen bedeutendstem Vertreter in England. Aus seiner von Baudelaire geprägten Lyrik ist besonders die *Ballade vom Zuchthause zu Reading* (1898, dt. 1906) zu erwähnen. In seinen großen dramat. Werken nehmen die geistvoll witzigen, gelegentl. frivolen Gesellschaftskomödien einen hervorragenden Platz ein. Zu ihnen gehören *Lady Windermeres Fächer* (1893, dt. 1902), *Eine Frau ohne Bedeutung* (engl. u. dt. 1894) und *Ein idealer Gatte* (1895, dt. 1903). Die Tragödie *Salome* (1894, dt. 1903) wurde von R. Strauss vertont. Weltruhm erlangte der Dichter mit seinen Märchen, etwa *Der glückliche Prinz* (1888, dt. 1903) und *Das Granatapfelhaus* (1891, dt. 1902), der skurril-heiter-gelösten Erzählung *Das Gespenst von Canterville* (1887, dt. 1910) sowie dem psycholog. faszinierenden Roman *Das Bildnis des Dorian Gray* (1891, dt. 1901). Posthum wurde das autobiograph. Fragment *De Profundis* (engl. u. dt. 1905) veröffentlicht, das ein bewegendes Zeugnis seines Lebens ist. Eine dt. Gesamtausgabe erschien 1906 bis 1908 in 10 Bdn.

Wildenbruch, Ernst von (*3.2. 1845 Beirut, †15.1. 1909 Berlin). – Dt. Schriftsteller, studierte Jura, wurde Richter und trat später in die höhere preuß. Beamtenlaufbahn ein. Neben den Erzählungen *Das edle Blut* (1893) und seiner Lyrik, die sich hauptsächl. mit patriot. und sozialkrit. Themen befassen, sind besonders seine Dramen zu erwähnen. In *Spartakus* (1873), *Die Karolinger* (1882), *Die Haubenlerche* (1891) und *Die Rabensteinerin* (1907) verarbeitete er meist histor. Stoffe in theatral. und effektreicher Weise. W. wurde zum Hofdichter Preußens in der Gründerzeit und ist heute zur Beurteilung des Zeitgeschmacks ein unersetzl. Zeuge.

Wilder, Thornton Niven (*17.4. 1897 Madison, †7.12. 1975 New Haven). – Amerikan. Dichter, verlebte mehrere Jahre seiner Kindheit in China, blieb jedoch in der europ.-abendländ. Tradition verwurzelt. Er war Lehrer und Professor in den USA und unternahm Studienreisen nach Europa. Die lit. Tätigkeit begann er mit novellist. Erzählwerken, die im christl. Glauben wurzeln. *Die Brücke von San Luis Rey* (1927, dt. 1929) ist aus dieser Schaffensperiode seine berühmteste Erzählung; sie wurde 1928 mit dem Pulitzer-Preis ausgezeichnet. Seine religiöse Überzeugung, die auch in dem Roman *Dem Himmel bin ich auserkoren* (1934, dt. 1935) und dem Spiel *Ein langes Weihnachtsmahl* (engl. u. dt. 1931) zum Ausdruck kommt, wird später durch weltanschaul., geistesgeschichtl.

Untersuchungen abgelöst, z. B. in *Die Iden des März* (engl. u. dt. 1948). Einem großen Publikum wurde W. durch seine Dramen bekannt, so z. B. *Unsere kleine Stadt* (1939, dt. 1959) und *Wir sind noch einmal davongekommen* (1942, dt. 1944), in denen die Inspiration durch das oriental. Theater deutl. wird. Als letztes erschienen seine von Altersweisheit geprägten Romane *Der achte Schöpfungstag* (1967, dt. 1968) und *Theophilus North* (engl. u. dt. 1974). Für beide Dramen erhielt er den Pulitzer-Preis. Außerdem wurde er 1957 mit dem Friedenspreis des Dt. Buchhandels ausgezeichnet.

Wilder Mann (* 12. Jh. Köln). – Mittelhochdt. Dichter, vielleicht Fahrender, wurde durch seine Veronika-Vespasian-Legende bekannt, die er um 1170 verfaßte und deren Inhalt heilsgeschichtl. Art ist. Außerdem ist uns sein Lehrgedicht über die Habsucht bekannt.

Wildermuth, Ottilie, geb. Rooschütz (*22.2. 1817 Rottenburg/Neckar, †12.7. 1877 Tübingen). – Schwäb. Dichterin, machte ihre Heimat zum Hauptgegenstand ihrer religiösen, gemütvollen Erzählungen. Die zu ihrer Zeit sehr viel gelesenen Werke *Bilder und Geschichten aus dem schwäbischen Leben* (1852), *Aus der Kinderwelt* (1853) und *Aus Schloß und Hütte* (1862) bilden zusammen mit anderen Dichtungen, z. B. *Mein Liederbuch* (1877), das Gesamtwerk der Dichterin.

Wildgans, Anton (*17.4. 1881 Wien, †3.5. 1932 Mödling b. Wien). – Österr. Schriftsteller, war nach seinem Jurastudium kurze Zeit beim Gericht tätig, arbeitete jedoch bald als freier Schriftsteller. Er leitete mehrere Jahre das Wiener Burgtheater. Mit den von Baudelaire, Rilke und Hofmannsthal beeinflußten Gedichten erzielte er die ersten Erfolge, z. B. *Herbstfrühling* (1909) und *Und hättet der Liebe nicht . . .* (1911). Die Themen für seine Lyrik und seine Dramen wählte der Schriftsteller aus dem sozialen und erot. Bereich, etwa bei dem Epos *Kirbisch oder Der Gendarm, die Schande und das Glück* (1927). Die Dramen *In Ewigkeit, amen* (1913), *Armut* (1914) und *Liebe* (1916) stehen zwischen Naturalismus und Expressionismus. 1930 trat er polit. mit einer aufsehenerregenden *Rede über Österreich* an die Öffentlichkeit. 1948 bis 1958 erschienen die *Gesammelten Werke* in 7 Bdn.; 1971 sein *Briefwechsel mit Hofmannsthal*.

Wilhelm IX. (*22.10. 1071 Poitiers, †10.2. 1127 ebd.). – Franz. Dichter, Herzog von Aquitanien und Graf von Poitiers, war Vasall der franz. Krone und brachte die Grafschaft Toulouse zweimal in seine Gewalt, kämpfte gegen Sarazenen und unternahm einen Kreuzzug nach Kleinasien. Erster provenzal. Troubadourdichter, zeigt sensualist. Verständnis von der Liebe in seinen 11 erhaltenen Liedern.

Wille, Bruno (*6.2. 1860 Magdeburg, †31.8. 1928 Schloß Senftenau/Bodensee). – Dt. Schriftsteller, schrieb romant. Gedichte, wie *Einsiedlerkunst aus der Kiefernhaide* (1897), und naturalist. Romane, wie z. B. *Die Maid von Senftenau* (1922)

und *Der Maschinenmensch und seine Erlösung* (1930). Außerdem wurde der sozialist. Theoretiker als Hg. der Zeitschrift »Die freie Volksbühne«, als Gründer des »Giordano-Bruno-Bundes« und Mitarbeiter der »Freien Hochschule« bekannt.

Williams, Charles Walter Stansby (*20.9. 1886 London, †15.5. 1945 Oxford). – Engl. Schriftsteller, war nach abgebrochenem Studium als Verlagslektor tätig. Im Mittelpunkt seines lit. Schaffens steht das Bekenntnis zum Anglikanismus. Die Symbolsprache seiner religiösen Dramen wurde von den »metaphysical poets«, von Donne und Blake, beeinflußt, z. B. bei *Thomas Cranmer of Canterbury* (1936) und *Judgement at Chelmsford* (1939). Seine Romane verarbeiten oft alte Mythen und Legenden, z. B. *War in Heaven* (1930) oder *All Hallow's Eve* (1945). Weiter schrieb er Biographien, wie *Queen Elizabeth* (1936), und Abhandlungen, z. B. *The Figure of Beatrice* (1943). Die Ausgabe seiner *Collected Plays* erschien 1963.

Williams, Emlyn (*26.11. 1905 Penyford, †1987 London). – Anglo-walis. Dramatiker, nach Studium in Genf und Oxford Schauspieler und Rezitator. 1941 ging er in die USA, wo er Dramen verfaßte, die sich zunächst ausschließl. um Effekt bemühten, später jedoch ernste Themen behandelten. Zu ihnen zählen *. . . denn es will Abend werden* (1935, dt. 1948), *Die leichten Herzens sind* (1940, dt. 1946), *Stein durchs Fenster* (1951, dt. 1955) und *Ein Mann wartet* (1956, dt. 1957). 1967 erregte er großes Aufsehen mit der Studie *Verdammt. Die Chronik eines Verbrechens und seine Aufdeckung* (dt. 1968). 1973 erschien seine Autobiographie *Emlyn*.

Williams, Tennessee, eigtl. *Thomas Lanier W.* (*26.3. 1911 Columbus/Miss., †25.2. 1983 New York). – Amerikan. Bühnendichter, wuchs als Sohn eines Handlungsreisenden im Großstadtmilieu auf. Die einfache und ärmlich-puritanische Lebensweise in seiner Heimatstadt spiegelt sich oft in seinen Werken wider. Um Geld zu verdienen, war er gezwungen, sein Studium zu unterbrechen. Während er als Angestellter, Portier, Kellner und Platzanweiser arbeitete, konnte er nur zeitweise seiner lit. Neigung nachgehen. Lange schrieb er als unbekannter Autor Drehbücher, bis das Drama *Die Glasmenagerie* (1945, dt. 1946) den durchschlagenden Erfolg brachte. Schon in diesem Werk wurde klar, daß es W. darum geht, Illusionen neben die grausame Realität zu stellen. Neben sexuellen Problemen, die er offen behandelte, zeigte er eine pessimist. Grundhaltung in seiner Dichtung, die er mit Hilfe krankhafter Personen darzustellen versuchte. Diese verlorenen, vereinsamten Menschen stehen im Mittelpunkt der krit. Gesellschaft und Individuum durchleuchtenden Werke. In *Endstation Sehnsucht* (1947, dt. 1949; Pulitzer-Preis), *Die Katze auf dem heißen Blechdach* (engl. u. dt. 1955; Pulitzer-Preis), *Der Milchzug hält hier nicht* (1962, dt. 1965) und *Königreich auf Erden* (1968, dt. 1969) verwandte er häufig Stilmittel des modernen Theaters, wobei er die Gebrechlichkeit und Morbidität seiner Stücke mit stark pointierten symbolist.-realist. Sexualszenen anreichert. In den letzten Jahren hatte er großen Erfolg mit *Small Craft Warring* (1973) und *The Red Devil Battery Sign* (1974). 1977 erschienen die *Memoiren*. In den Jahren nach 1960 wandte sich W. mehr oberflächl. Unterhaltungsstücken für den Film zu. Seine *Meisterdramen* erschienen dt. 1978.

Williams, William Carlos (* 17. 9. 1883 Rutherford, †4. 3. 1963 ebd.). – Amerikan. Autor, war ursprüngl. Arzt gewesen, wurde als Dichter einer der bedeutendsten Vertreter der modernen Lyrik seines Landes. In seinen Gedichten ging er von phantast. Themen aus, wobei er sich die künstler. Gestaltung des amerikan. Wesens zur Aufgabe gemacht hatte. W. ist ein Gegner jegl. symbolist. Gestaltung und sucht realist. das Leben zu fassen. Seine sog. objektive Lyrik bereitet den konkreten Stil vor. Neben vielen krit. Essays, wie *Die Neuentdeckung Amerikas* (1925, dt. 1969), und Gedichten, z. B. *The Tempers* (1913) und *Kora in Hell* (1920), stehen das Drama *Ein Traum der Liebe* (dt. 1951), der Roman *White Mule* (1937; 1987 als Bd. 1 der ausgewählten Werke neu erschienen) und die *Autobiography* (1951). Die Prosa orientiert sich stets an den histor. Gegebenheiten. Typ. hierfür sind die Romane *A Voyage to Pagany* (1928), der das Leben und die Probleme eines Dorfarztes gestaltet, und *White Mule*, der die Verlassenheit der Einwanderer sozialkrit. schildert. 1962 hat H. M. Enzensberger eine dt. Gedichtauswahl veröffentlicht, 1988 erschienen die frühen Schriften *Kore in der Hölle* (dt. 1988). 1989 wurden Erzn. in dt. publiziert: *Die Messer der Zeit*, 1991 die Gedichte *Der harte Kern der Schönheit*.

Williram von Ebersberg (* um 1010, †5. 1. 1085 Ebersberg). – W. stammte aus vornehmer fränk. Adelsfamilie und war Benediktinermönch in Fulda und Bamberg. Von seinen Werken, die sich von der antiken Philosophie abwandten, ist v. a. die Paraphrase des Hohen Liedes bekannt, die den Vulgatatext, eine lat. Paraphrase in leonin. Hexametern und den dt.-lat. Kommentar nebeneinander stellt. Dieses Lied wurde um 1150 im Kloster St. Trudpert umgearbeitet. Außerdem schrieb der Mönch lat. Gedichte.

Willis, Nathaniel Parker, Ps. *Philipp Slingsby* (* 20. 1. 1806 Portland/Maine, †20. 1. 1867 New York). – Amerikan. Schriftsteller, gilt zusammen mit Cooper und Irving als einer der besten Literaten seines Landes; daneben war er ein hervorragender Journalist bei mehreren Zeitschriften und in seiner Jugend mit den Gedichten *Sketches* (1827) und *Melanie* (hg. 1835) ein bekannter Lyriker. Im Mittelpunkt seiner Werke stehen Reisebeschreibungen, die sich durch äußerst gewandten Stil auszeichnen. Als Wegbereiter O. Henrys schrieb er auch Kurzgeschichten, wie *Dashes at Life with a Free Pencil* (1845). Außerdem wurden das Drama *Bianca Visconti* (1937) und der Roman *Paul Fane* (1857) berühmt.

Willkomm, Ernst Adolf (* 10. 2. 1810 Herwigsdorf, †24. 5. 1886 Zittau). – Dt. Schriftsteller, absolvierte sein Jura- und Philosophiestudium in Leipzig, unternahm zahlreiche Reisen und war im Krieg als Berichterstatter tätig. Die Bekanntschaft mit mehreren Vertretern des Jungen Deutschland schlug sich in seinem Roman *Die Europamüden* (1838) in tiefem Pessimismus nieder. Gleichzeitig schuf er mit dem Roman den Begriff für die Amerikasehnsucht der Zeit, die sich bei zahlreichen Zeitgenossen findet. Seine weiteren Romane setzen sich mit sozial- und zeitkrit. Problemen auseinander, z. B. *Männer der Tat* (1861) und *Wunde Herzen* (3 Bde. 1874).

Wilson, Angus (* 11. 8. 1913 Bexhill/Sussex, †31. 5. 1991 London). – Engl. Schriftsteller, verbrachte seine Kindheit in Südafrika. In Oxford studierte er Geschichte und war dann Bibliothekar am Brit. Museum. Seit 1955 lebte er als freier Schriftsteller in London. Sein Hauptwerk ist der satirische Roman *Späte Entdeckungen* (1956, dt. 1957). In Dtld. wurde W. vor allem durch seinen Roman *Später Ruf* (1964, dt. 1966), die Erzählungssammlung *Was für reizende Vögel* (dt. 1958) und durch den Roman *Kein Grund zum Lachen* (1967, dt. 1968) bekannt. Seine letzten Werke *Wie durch Magie* (dt. 1975) und *Brüchiges Eis* (1980, dt. 1982) wurden viel beachtet. W. gehört zu den bedeutendsten englischen Nachkriegsromanciers.

Wilson, Edmund (* 8. 5. 1895 Red Bank/New Jersey, †12. 6. 1972 Talcottville). – Amerikan. Schriftsteller und soziolog.-psycholog. Kulturkritiker, entwickelte sich in den zwanziger Jahren zum Sozialisten. Außer durch seine stilist. einwandfreien, oft parodist. Studien wurde er v. a. durch seine Analysen als Zeitkritiker bekannt. Zu den Hauptwerken gehören *Erinnerungen an Hekates Land* (1946, dt. 1965) und *O Canada* (1965). Seine Werke, die nur z. T. übersetzt wurden, gehören zu den interessantesten Quellen über das Leben in den USA.

Wilson, Sloan (* 8. 5. 1920 Norwalk). – Amerikan. Schriftsteller, schrieb Romane, die großen Erfolg hatten und häufig verfilmt wurden. In *Der Mann im grauen Anzug* (1955, dt. 1956) schildert er das Alltagsleben eines Durchschnittsamerikaners, der Schwierigkeiten hat, sich dem allgemeinen Bild von dem »Amerikaner« anzupassen. Auch seine Stücke *Die Sommer-Insel* (1958, dt. 1959), *Am Tisch des Lebens* (1960, dt. 1962) und *Georgie Winthrop* (1963, dt. 1964) erfreuten sich großer Beliebtheit. 1970 hatte er internationalen Erfolg mit dem Roman *Wie ein wilder Traum*.

Wimpheling, Jakob (* 27. 7. 1450 Schlettstadt/Elsaß, †17. 11. 1528 ebd.). – Dt. Humanist, war nach seinem Jura- und Theologiestudium als Professor in Heidelberg und als Domprediger in Speyer tätig und setzte sich für den Anschluß des elsäss. Gebietes an das Dt. Reich ein. Außerdem versuchte er, Mißstände in der Kirche aufzudecken und abzuschaffen. Dazu dienten die zahlreichen theolog. Lehrschriften, wie *Gravami-*

na (1520). Mit dem Werk *Epitome rerum Germanicarum usque ad nostra tempora* (1505) wagte er sich zum ersten Mal an die Bearbeitung der dt. Geschichte. Von seinen Komödien wurde v. a. *Stylpho* (1494) bekannt.

Winckelmann, Johann Joachim (*9.12. 1717 Stendal, †8.6. 1768 Triest). – Dt. Schriftsteller und Gelehrter, stammte aus einfachen Verhältnissen und hatte eine schwere Jugend. Das theolog., naturwissenschaftl. und philosoph. Studium verhalf ihm zu einer umfassenden Bildung. Während seiner Tätigkeit als Bibliothekar verband ihn Freundschaft mit dem Altphilologen Heyne. In dieser Zeit stieg sein Interesse am klass. Altertum. 1755, ein Jahr nach seinem Übertritt zum kath. Glauben, unternahm er eine Romreise und wurde daraufhin Bibliothekar und Verwalter einer großen Antikensammlung. Das Hauptwerk des Kunstgelehrten ist die stilist. hervorragende, sachl. genaue *Geschichte der Kunst des Alterthums* (1764), mit der er der Archäologie den Weg bereitete. Auf Grund seines ästhet. Kunstverständnisses wandte er sich von der röm. Antike ab, um sich ganz der griech. zu widmen, die er als »edle Einfalt und stille Größe« bezeichnete. Er schuf so die Grundlage für das Schönheitsideal der Klassik. Aus diesen Überlegungen entstanden auch seine weiteren Werke *Gedancken über die Nachahmung der griechischen Wercke in der Mahlerey und Bildhauer-Kunst* (1755) und *Anmerkungen über die Baukunst der Alten* (1762). Die Werke erschienen erstmals 1808 bis 1824 in 12 Bdn.

Winckler, Josef (*6.7. 1881 Hopsten, †29.1. 1966 Neu-Frankenhorst bei Bensberg). – Dt. Schriftsteller, begann als Mitbegründer der lit. Gruppe »Bund der Werkleute auf Haus Nyland« sein lit. Schaffen mit Lyrik, die teilweise von Walt Whitman beeinflußt wurde, so *Eiserne Sonette* (1914) und *Irrgarten Gottes* (1922). Hauptsächl. konzentrierte er sich aber auf Erzählungen, von denen er v. a. mit dem Schelmenroman *Der tolle Bomberg* (1924; auch verfilmt) und der Sammlung westfälischer Witze *Pumpernickel* (1926) großen Erfolg erzielte. Seine späteren Werke und die Balladendichtung fanden wenig Zuspruch. 1975 erschien posthum der Roman *Die Operation*.

Windthorst, Margarete (*3.11. 1884 Gut Haus Hesseln bei Halle, †9.12. 1958 Bad Rothenfelde). – Dt. Dichterin, Tochter eines Gutsbesitzers, absolvierte ihr Studium in Münster. Ihre *Gedichte* (1911), Märchen, Naturschilderungen und Romane aus ihrer Heimat bezeugen ihre kath. Grundeinstellung. Als Beispiele aus ihren ep. Arbeiten sind die Romane *Die Tau-Streicherin* (1922), *Die Sieben am Sandbach* (1937), *Zu Erb und Eigen* (1950), *Das lebendige Herz* (1951) und *Erde, die uns trägt* (1964) erwähnenswert.

Winkler, Eugen Gottlob (*1.5. 1912 Zürich, †28.10. 1936 München). – Dt.-schweizer. Schriftsteller, gab sich nicht seiner Neigung, der Malerei hin, sondern begann 1930 mit dem Studium der Romanistik, der Germanistik und der Kunstgeschichte. Im Mittelpunkt seines lit. Werkes steht die Suche nach der Rettung vor Entfremdung und der existenzbedrohenden Leere des Lebens. Seine essayist. Begabung wurde von ihm selbst nicht erkannt, und es ist anzunehmen, daß ihn die Erfahrung, auch durch das Schreiben dem Nichts nicht entkommen zu können, zum Selbstmord trieb. Besonders bekannt wurden die Arbeiten *Die Freundin des Prinzen Eugen* (1937) und *Der späte Hölderlin* (1943). 1985 erschien die Auswahl *Die Dauer der Dinge*.

Winnig, August (*31.3. 1878 Blankenburg/Harz, †3.11. 1956 Bad Nauheim). – Dt. Schriftsteller, Maurer, aktiv in der SPD tätig. Auf Grund seiner Beteiligung am Kapp-Putsch 1920 mußte er die Partei verlassen und wirkte anschließend als freier Schriftsteller, der sich zunehmend christl. Gedanken zuwandte. Sein lit. Werk enthält Novellen wie *Die ewig grünende Tanne* (1927) und die autobiograph., polit. Schriften *Frührot* (1919), *Heimkehr* (1935), *Die Hand Gottes* (1938) und *Aus zwanzig Jahren* (1948). 1958 erschien *Morgenstunde*, eine Sammlung seiner Erzählungen.

Winnitschenko, Wladimir (*2.7. 1880 Jelisawetgrad, †6.3. 1951 Mougins/Südfrankreich). – Ukrain. Schriftsteller, trat als Politiker für einen humanitären, liberalen Marxismus ein. Nachdem er für die Unabhängigkeit der Ukraine gekämpft hatte, befand er sich seit Ende der Revolution im franz. Exil. Seine realist. Erzählungen aus den sozialen und polit. Verhältnissen des ukrain. Volkslebens bestimmen, zusammen mit den utop. Romanen und Dramen, sein lit. Gesamtwerk, das leider nicht in dt. Übersetzung vorliegt.

Winsbeke (*um 1210/1220). – Mhd. Lehrgedicht aus dem 12. Jh., stammt vermutl. von einem ritterl. Verfasser aus dem fränk. Ort Windsbach. Es stellt eine Lebenslehre dar, die ein Vater seinem Sohn weitergibt. Die spätere *Winsbekin* ist eine Nachahmung, in der die beiden Handlungspersonen Mutter und Tochter sind.

Winsor, Kathleen (*16.10. 1919 Olivia/Minn.). – Die Amerikanerin W. widmete sich nach ihrem Studium in Kalifornien dem Verfassen von Romanen. Ihr Welterfolg *Amber* (1944, dt. 1946) behandelt die Zeit der engl. Restauration; es folgten *Cassy* (dt. 1958), *Rauher Osten, wilder Westen* (1965, dt. 1968), *Jacintha* (dt. 1985) u. a.

Winter, Zikmund (*27.12. 1846 Prag, †12.6. 1912 Bad Reichenhall). – Tschech. Gymnasiallehrer, machte sich als Historiker besonders um die Geschichte und Kultur Böhmens verdient. Sein Hauptwerk ist der histor. Roman *Magister Kampanus* (1909, dt. 1957); daneben beschrieb er in zahlreichen Skizzen, Erzählungen und Romanen die Zeit des 16. und 17. Jh.s mit viel Vorstellungskraft und Einfühlungsvermögen, die leider nicht in dt. Übersetzung vorliegen.

Winther, Christian (*29.7. 1796 Fensmark bei Naestved,

†30.12. 1876 Paris). – Dän. Autor, hatte als Theologe und Hauslehrer ein Verhältnis mit der Pfarrersfrau Julie Werliin, was zu einem öffentl. Skandal führte, jedoch auf seine Dichtung, die stets bürgerl. Moralbegriffen verbunden blieb, keinen Einfluß hatte. Seine berühmteste Verserzählung *Die Flucht des Hirsches* (1855, dt. 1883) ist charakterist. auch für seine lebensbejahende Lyrik. Heimatl. Erzählwerke, z. B. *Et vendepunkt* (1876), und Liebeslieder stehen im Mittelpunkt des melod. und idyll. Gesamtwerks des dän. Dichters, dessen gesammelte Dichtungen in der Originalsprache 1860 bis 1872 in 9 Bdn. erschienen.

Wipo, (* um 990, †nach 1046). – Lat. Schriftsteller, Hofkaplan Konrads II., Geschichtsschreiber und Dichter, verfaßte die bedeutende Biographie *Gesta Chuonradi imperatoris.* Für seinen Schüler Heinrich III., den Sohn Konrads, schrieb er Denksprüche, *Proverbia,* in gereimtem Versmaß und eine Art Fürstenspiegel, *Tetralogus.* Wipo ist der mittelalterl. Historiker, der in seiner Darstellung den Staatsgedanken am meisten betont. Seine Ostersequenz *Victimae paschali laudes* ist das berühmteste seiner in lat. Sprache verfaßten Werke.

Wirnt von Grafenberg (* 13. Jh.). – Mhd. Dichter, stammte aus einem ritterl. Geschlecht in Oberfranken und war als Epiker stark von Hartmann von Aue und Wolfram von Eschenbach beeinflußt. Um 1200 verfaßte er den Artusroman *Wigalois,* in dem sowohl höf. Elemente als auch Märchen- und Sagenmotive aus irisch-kelt. Zeit verarbeitet sind. Sein Einfluß auf das späte Mittelalter ist unbestritten, da er nicht mehr das höf. Bildungsideal erstrebt, sondern eine vielfältige, oft etwas krause Handlung ausbreitet und damit dem Zeitgeschmack entgegenkommt.

Wirpsza, Witold (* 4.12. 1918 Odessa, †16.9. 1985 Berlin). – Poln. Schriftsteller, wurde nach seinem Studium Journalist und unternahm zahlreiche Reisen. Der Aufenthalt in Dtld. motivierte ihn zu vielen Übersetzungen aus den Werken Goethes, Rilkes, Th. Manns, Brechts und anderer. Seine lit. Tätigkeit konzentrierte sich jedoch auf eigene Gedichte, Erzählungen, Romane und Essays, von denen *Die alte Straßenbahn* (1955, dt. 1965), *Orangen im Stacheldraht* (1964, dt. 1967) und *Der Mörder* (1966, dt. 1971) ins Dt. übersetzt wurden. 1967 erschien eine dt. Übersetzung seiner Gedichte, 1985 die Gedichte *Liturgia,* 1971 eine dt. Sammlung seiner Schriften, 1983 *Pele wer bist du?*

Wirta, Nikolai, Jewgenjewitsch, eigtl. *N. J. Sewerzew* (* 19.12. 1906 Bolschaja Lasowka, †3.1. 1976 Moskau). – Russ. Autor, war als Journalist und überzeugter Kommunist im Zweiten Weltkrieg als Frontberichterstatter eingesetzt. Die antikommunist. Bauernbefreiung im Gouvernement Tambow 1920 ist das Thema sowohl seines ersten Romans *Allein geblieben* (1947, dt. 1954) als auch seines Dramas *Zemlja* (1937). Von dem geplanten sechsbändigen Roman über die Jahre 1905 bis 1917

sind bis heute erst Teile veröffentlicht. Auch das Drama *Unabsehbare Weiten* (dt. 1958) zeigt seine Zugehörigkeit zur lit. Richtung des Sozialist. Realismus. Die meisten seiner Schriften wurden ins Dt. übersetzt und galten im Ostblock als beispielhaft für die parteioffizielle Literaturauffassung.

Wirz, Otto (* 3.11. 1877 Olten, †5.9. 1946 Gunten/Bern). – Schweizer Schriftsteller, Ingenieur, entschloß sich jedoch bald zum Beruf des freien Schriftstellers. Als solcher betont er die metaphys. Kräfte im Leben des modernen Menschen. Zu seinen Hauptwerken zählen die Erzählungen *Gewalten eines Toren* (1923), *Prophet Müller-zwo* (1933), *Rebellion der Liebe* (1937) und *Rebellen und Geister* (1965).

Wischnewski, Wsewolod Witalewitsch (* 21.12. 1900 Petersburg, †28.2. 1951 Moskau). – Russ. Bühnendichter, war nach seiner Teilnahme am Bürgerkrieg als stellvertretender Generalsekretär des sowjet. Schriftstellerverbandes tätig. Seine lit. Themen, die er als Anhänger des Sozialist. Realismus behandelte, stammen meist aus dem militär. Milieu. Die Dramen *Die erste Reiterarmee* (1929, dt. 1956) und *Optimistische Tragödie* (1932, dt. 1948) verfolgten aktuelle propagandist. Zwecke. Dt. liegen nur die genannten Texte vor. Eine russ. Gesamtausgabe erschien 1954–61.

Wister, Owen (* 14.7. 1860 Philadelphia, †21.7. 1938 Haus Crowfield bei Kingston). – Amerikan. Erzähler, hatte an der Harvard University auch Jura studiert. Sein lit. Hauptwerk *Der Virginier* (1902, dt. 1955) behandelt wie die übrigen Romane und Erzählungen die Lebensweise der Cowboys, wobei er geschickt die falsche Wildwestromantik mit der Realität konfrontiert. Die Werke waren in den USA sehr beliebt und erschienen 1928 in 11 Bdn.

Witkiewicz, Stanislaw Ignacy (* 24.2. 1885 Krakau, †18.9. 1939 Jeziory bei Dabrowica). – Poln. Schriftsteller, studierte zunächst Malerei und später Philosophie in Rußland. Nach zahlreichen Reisen durch Italien, Dtld. und Frankreich kehrte er 1918 nach Polen zurück. Dort galt er 1925 als Haupttheoretiker der »Formisten«, einer progressiven Maler- und Dichtergruppe, und gründete eine Theatergesellschaft in Zakopane. Beim Einmarsch der dt. Truppen nahm er sich das Leben. Mit seinen Dramen, z. B. *Die Pragmatiker* (1920, dt. 1968), *Der Narr und die Nonne* (1925, dt. 1965) und *Die Mutter* (1924, dt. 1924), und theoret. Schriften gilt er als Wegbereiter der modernen poln. Lit. Als solcher übte er nachhaltigen Einfluß auf Schulz, Gombrowicz und Mrożek aus, wobei seine überragende Bedeutung erst spät erkannt wurde. Heute liegen neben Einzelausgaben auch Sammlungen vor, z. B. *Wybór Pism. Filozoficznych* (1974), *Abschied vom Herbst* (dt. 1987).

Wittenweiler, Heinrich (* um 1400). – Spätmittelalterl. Dichter, stammte aus einem Thurgauer Geschlecht und war als Magister und Advokat des erzbischöfl. Hofgerichts in Konstanz tätig. Seine lit. Begabung kommt in dem kom. Epos *Der Ring* zum Ausdruck, das das erste dieser Art in dt. Sprache ist. Er verbindet die Schwänke *Meier Betz* und *Metzen hochzît* und schuf in der Parodie auf die Derbheit und den mehrdeutigen Humor der Landbevölkerung ein Werk, das die Nichtigkeit der Welt im Krieg zweier Bauerndörfer sichtbar macht. Dieses Werk ist in seiner Art ohne Vorbild und deshalb die bedeutendste realist. Dichtung des späten Mittelalters.

Wittgenstein, Ludwig Josef Johann (* 26. 4. 1889 Wien, † 29. 4. 1951 Cambridge). – Österr. Philosoph, wollte ursprüngl. Dirigent werden, verwarf jedoch diesen Gedanken und studierte das Ingenieurwesen. Über zahlreiche Erfindungen, die er auf dem Gebiet der Luftfahrt machte, fand er Zugang zur Mathematik, zur Logik und zur Philosophie. Die Erbschaft, die er von seinem Vater erhielt, war eher eine Belastung als eine Freude für ihn. Deshalb ließ er seinen Freunden Trakl und Rilke anonym eine Summe zukommen. Während des Krieges diente er in der österr. Armee und lernte das Spätwerk Tolstojs kennen. Dieses übte ebenso wie die Werke Dostojewskis, Augustinus'und Schopenhauers nachdrücklichen Einfluß auf seine philosoph. Schriften aus. Von diesen sind v. a. *Tractatus Logico-Philosophicus* (1922) und die *Philosophischen Untersuchungen* (1953) hervorzuheben. Seine entscheidende, bes. für die Literaturästhetik grundlegende Erkenntnis liegt darin, daß Erkenntnisse Abbilder von Tatsachen sind und die Wahrheit immer nur über die Abbilder von Tatsachen, nicht über diese selbst ausgesagt werden kann. Denken und Realität sind getrennte Welten. Die Kunsttheorie Ingardens ist W., der auf das moderne Denken nachhaltig wirkte, eng verbunden. 1926 gab W. ein *Wörterbuch für Volks- und Bürgerschulen* heraus.

Wittig, Josef (* 22. 1. 1879 Neusorge bei Neurode, † 22. 8. 1949 bei Lüneburg). – Dt. Schriftsteller, wurde nach seinem Studium Kaplan, dann Professor für Kirchengeschichte in Breslau. Die religiösen Schriften, in denen er sich an die luther. Rechtfertigungslehre anlehnt, haben volkserzieher. Charakter und sind dichter. wertvoll. Dennoch wurde er zunächst indiziert, suspendiert und schließl. exkommuniziert. Zu seinen Werken gehören v. a. *Herrgottswissen von Wegrain und Straße* (1921), *Die Kirche im Waldwinkel* (1924), *Leben Jesu in Palästina, Schlesien und anderswo* (1925) und *Osterbrunnen* (1926) sowie die Autobiographie *Roman mit Gott* (1950). Die sehr volkstüml. Romane fanden weite Verbreitung.

Wittlin, Józef (* 17. 8. 1896 Dmytrow, † 29. 2. 1976 New York). – Poln. Schriftsteller aus jüd. Familie, emigrierte nach seinem Philosophiestudium in die USA. Im Mittelpunkt seiner expressionist. Lyrik stehen pazifist. Ideen, die er auf Grund seiner beeindruckenden Erlebnisse im Ersten Weltkrieg hatte. In dt. Sprache liegt der Roman *Das Salz der Erde* (1935, dt. 1937) vor. Außerdem wirkte er als Übersetzer antiker und dt. Texte.

Wittlinger, Karl (* 17. 5. 1922 Karlsruhe). – Dt. Schriftsteller, studierte Anglistik und Literaturwissenschaften und war zunächst als Regisseur und Schauspieler tätig. Seine erfolgreichen Komödien behandeln meist sozialkrit. Themen. Neben Hör- und Fernsehspielen sind seine erfolgreichsten Stücke *Kennen Sie die Milchstraße* (1955) und *Seelenwanderung* (1963) zu erwähnen. Die Dialogführung und die Verwandtschaft zum Kabarett sind auffallende Merkmale seiner Dramen, z. B. bei *Tante mit Schuß* (1968), *Warum ist es am Rhein so schön* (1970), *Frohe Ostern* (1972) und *Evarella* (1973). In den letzten Jahren bearbeitete er Romane der Gartenlaube, Falladas und Solschenizyns für das Fernsehen. 1978 schrieb er mit H. Haber *Geschichten aus der Zukunft,* 1987 mit *Wunschpartner* das Buch zur gleichnamigen TV-Serie.

Wittmaack, Adolph (* 30. 6. 1878 Itzehoe, † 4. 11. 1957 Hamburg). – Dt. Autor und Kulturhistoriker, Begründer des »Schutzverbandes dt. Schriftsteller«; schrieb realist. Romane. Die hanseat. Gesellschaft und das Seefahrermilieu stehen im Mittelpunkt seiner Betrachtungen. In *Hans Hinz Butenbrink* (1909), *Die kleine Lüge* (1911) und *Nackte Götter* (1920) beschreibt er sehr wahrheitsgetreu das Leben der Matrosen. 1937 erschien sein letzter Roman *Ozean*.

Wittstock, Erwin (* 25. 2. 1899 Hermannstadt, † 27. 11. 1962 Kronstadt). – Dt. Schriftsteller, studierte Jura und diente im Ersten Weltkrieg als Freiwilliger in der ungar. Armee. Der Beamte und Rechtsanwalt beschreibt in seinen Erzählungen die Lebensweise der Siebenbürger. Neben dem Roman *Bruder, nimm die Brüder mit* (1934) sind v. a. die Erzählwerke *Zineborn* (1927) und *Der verlorene Freund* (1958) und die Novellen *Einkehr* (1958) zu erwähnen.

Witwicki, Stefan (* 13. 9. 1802 Janów, † 19. 4. 1847 Rom). – W. verließ Polen 1832 und lernte in Paris Mickiewicz kennen, unter dessen lit. Einfluß er rasch kam. Viele seiner romant. Balladen und realist. Lieder wurden vertont, z. B. *Ballady i romanse* (1824) und *Piosnki sielskie* (1830). Aus seinen volkstüml. Erzählungen ist v. a. *Wieczore pielgrzyma* (1837/42) hervorzuheben.

Wivel, Ole (* 29. 9. 1921 Kopenhagen). – Dän. Schriftsteller, studierte Literatur und arbeitete als Verlagsdirektor, Herausgeber und Volkshochschuldozent. Seine strengen und traditionsbewußten Gedichte (1943), *I feskens tegn* (1948), *Danmark ligger her endnu* (1979) und Prosa *Poesi og eksistens* (1953), *Gravskrifter* (1970), *Tranedans* (1975) setzen sich mit der Kriegssituation, mit Fragen der Erneuerung und der Kulturkrise, mit Aspekten der Erwachsenenbildung auseinander. Poetisch sucht er eine sprachliche Vermittlung von Literatur und Realität.

Wladimow, Georgi Nikolajewitsch, eigtl. *G. N. Wolossewitsch* (* 19. 2. 1931 Charkow). – Russ. Schriftsteller, stammt aus einer Lehrerfamilie, studierte Jura und arbeitete in verschiedenen Berufen. Seine realistischen Darstellungen des russ. Lebens stehen in der Tradition der großen Erzähler und orientieren sich moralisch an individuellen und christlichen Werten. So trat er mit einer Erzählung *Das große Erz* (1961, dt. 1963) für die Freiheit der Literatur ein, stellte sich öffentlich auf die Seite Solschenizyns und kritisierte in der Zeitschrift *Nowy mir* das Zensursystem in Rußland. Bald wurde er von den Kommunisten verfolgt und nach Deutschland exiliert. Hier veröffentlichte er seine späteren Werke – z. B. *Die Geschichte vom treuen Hund Ruslan* (1975), die bereits vor seiner Emigration 1983 im Westen erschien.

Wodehouse, Pelham Grenville (* 15. 10. 1881 Guildford/Surrey, † 15. 2. 1975 New York). – Engl. Schriftsteller, war zunächst als Bankbeamter, später als Journalist tätig. Er wurde v. a. als Roman- und Komödienautor bekannt, der seine Werke humorvoll mit dem Stilmittel der Situationskomik gestaltete. Zu seinen effektreichen Dichtungen gehören die Romane *Ein Glücklicher* (1924, dt. 1927), *Abenteuer eines Pumpgenies* (engl. u. dt. 1927), *Besten Dank, Jeeves* (engl. u. dt. 1934), *Immer zu Diensten* (1962, dt. 1972) und *Aunts aren't Gentlemen* (1974). Einzelne seiner Romanfiguren gingen in Sprichwörter ein und sind allgemein bekannte Figuren geworden, etwa der Schüler Psmith oder der Trottel Bertie Wooster. Seine über 70 ep. Werke sind in zahlreiche Sprachen übersetzt.

Woestijne, Karel van de (* 10. 3. 1878 Gent, † 24. 8. 1929 bei Gent). – Fläm. Schriftsteller, Lehrer, Journalist und Beamter, erhielt später eine Professur für niederl. Geschichte. Seine stark autobiograph. Lyrik und Prosa stehen unter dem Einfluß des franz. Symbolismus. Aus dem Gesamtwerk wurden zahlreiche Texte ins Dt. übertragen, so z. B. die Gedichtauswahl *Tödlicher Herbst* (dt. 1941) sowie die Prosabände *Die Geburt des Kindes* (1918, dt. 1946) und *Janus mit dem Zwiegesicht* (1908, dt. 1948). Im Alter wandte sich der Literat antiken Stoffen zu, behielt aber seine Grundangst ebenso bei wie seine Hoffnung auf Erlösung. Das Gesamtwerk erschien fläm. 1948 bis 1950 in 8 Bdn.

Wohmann, Gabriele, geb. *Guyot* (* 21. 5. 1932 Darmstadt). – Dt. Autorin, arbeitete nach dem Studium im Lehrberuf, hatte dann lit. Erfolg, erhielt Stipendien (Villa Massimo in Rom 1967) und Preise; Mitglied der Akademie der Künste in Berlin. Die Kommunikationsunfähigkeit des Menschen steht im Mittelpunkt ihrer in unkonventioneller, knapper, realist. Sprache verfaßten Alltagsschilderungen. Als Mitglied der »Gruppe 47« stand sie unter dem Einfluß von Joyce, Proust und N. Sarraute. Neben Hör- und Fernsehspielen, etwa *Ein gehorsamer Diener* (1990), gehören die Romane *Jetzt und nie* (1958) und *Abschied für länger* (1965) ebenso wie die Erzn. *Mit einem Messer* (1958) und *Ländliches Fest* (1968) zu ihren Hauptwerken. In jüngerer Zeit veröffentlichte sie Erzn., wie *Übersinnlich* (1972), *Habgier* (1973), *Knoblauch am Kamin* (1979),

Einsamkeit (1982) und *Verliebt oder?* (1983), *Ein russischer Sommer* (1988), *Kassensturz* (1989), die Romane *Paulinchen war allein zu Haus* (1974), *Frühherbst in Badenweiler* (1978) und *Das Glücksspiel* (1981), die Fernsehspiele *Heiratskandidaten* (1975), *Nachkommenschaften* (1981) und *Der Flötenton* (1987) und Gedichte, *Grund zur Aufregung* (1978), *Komm lieber Mai* (1981), *Das könnte ich sein* (1989). W. gehört zu den produktivsten Autoren der Gegenwart.

Woinowitsch, Wladimir Nikolajewitsch (* 26. 9. 1932 Duschanbe). – Russ. Schriftsteller, wuchs in einer Kolchose auf und erhielt eine Ausbildung, die von der Partei geplant war. Als er sich in ersten Erzählungen für die Freiheit des Wortes einsetzte, reagierte die Partei mit Untersuchungen und Ausschluß aus dem Schriftstellerverband. 1980 wurde W. in die Bundesrepublik exiliert. Seine Lieder und Erzählungen *Auf gut russisch oder Der ich hätte werden können* (1962, dt. 1982), *Zwei Freunde* (1967, dt. 1969), der Roman *Die denkwürdigen Abenteuer des Soldaten Iwan Tschonkin* (1975, dt. 1975/79) und Satiren *Iwankiade* (1976, dt. 1979), *Ein Vorfall im Hotel Metropol* (1979), *Moskau 2042* (1986) zeigen am Beispiel von alltäglichen Unzulänglichkeiten und deren sozialistischer Begründung die Ineffizienz und Unsinnigkeit des kommunistischen Plansystems. W. gilt heute als bedeutendster russ. satir. Zeitkritiker.

Wolf, Christa (* 18. 3. 1929 Landsberg/Warthe). – Dt. Dichterin, lebte in der DDR, war nach ihrem Germanistikstudium Verlagslektorin, erhielt 1984 den »Österreichischen Staatspreis für Literatur«. Die *Moskauer Novelle* (1961), eine Liebesgeschichte aus der Kriegszeit, brachte der Literatin ebenso wie *Der geteilte Himmel* (1963) großen Erfolg. Das Problem des geteilten Deutschland wurde von ihr immer wieder bearbeitet. Neben der Prosa *Nachdenken über Christa T.* (1969) sind ihre Romane *Unter den Linden* (1974) und *Kindheitsmuster* (1977) hervorzuheben, die alle auch in Westeuropa Anerkennung fanden. Internationales Ansehen gewann ihr Roman *Kein Ort – nirgends* (1979), in dem sie eine fiktive Begegnung Kleists mit der Günderode gestaltet. Die Erz. *Kassandra* (1983) verweist auf Probleme der Gegenwart und der Bedrohung der Menschheit; so auch *Störfall* (1987), eine Auseinandersetzung mit der Informationspolitik bei der Katastrophe von Tschernobyl. Die Erz. *Sommerstück* (1989) gestaltet das Verhalten einer dörflichen Gemeinschaft nach dem Tode einer alten Mitbürgerin und macht deutlich, wie stark der zwischenmenschliche Bezug in der modernen Welt gestört ist. Mit *Was bleibt* (1990) greift sie als Erzählerin in die Diskussion um die Tradition einer DDR-Kultur nach der Vereinigung Deutschlands ein; das Buch war sehr umstritten. W. trat als Herausgeberin (Seghers, Günderode) hervor und schrieb Drehbücher und vielbeachtete lit. Essays, z. B. *Die Dimension des Autors* (1987), eine Auswahl aus Essays, Reden und Gesprächen aus den Jahren 1959–1985, *Ansprachen* (1988), eine Auswahl von Reden zu gesellschaftspolitischen Anlässen.

Wolf, Friedrich (*23.12. 1888 Neuwied, †5.10. 1953 Lehnitz b. Berlin). – Dt. Schriftsteller, war Schiffsarzt und trat 1928 in die KPD ein. 1933 mußte er in die Schweiz emigrieren. Nach der Teilnahme am Span. Bürgerkrieg ging er 1941 in die UdSSR, um als Propagandist beim Rundfunk zu arbeiten. 1945 nach Dtld. zurückgekehrt, war er als Botschafter der DDR in Warschau tätig. Als Literat ging er vom Expressionismus aus, wandte sich später sozialkrit. Themen zu, an denen er seine z.T. radikale Meinung deutl. machte. Sein erfolgreichstes Werk ist das realist. Stück *Professor Mamlock* (1935), das sich mit der Judenverfolgung während des Naziregimes beschäftigt. Das Drama *Cyankali. § 218* (1929), die Erzählung *Menetekel* (1952) und das Oratorium *Mohammed* (1924) gehören zu den weiteren bedeutenden Werken, die heute jedoch mehr als Zeitdokumente von Interesse sind. 1960 bis 1968 erschien eine Gesamtausgabe in 16 Bdn.

Wolf, Ror (*29.6. 1932 Saalfeld/Saale). – Dt. Schriftsteller, bes. bekannt als DDR-Autor, arbeitete nach dem Abitur zunächst zwei Jahre als Bauarbeiter und begann anschließend mit dem Literatur- und Soziologiestudium. Zeitweise war er als Rundfunkredakteur tätig, widmete sich aber bald ganz dem Schreiben. Die beiden Hauptwerke, der Prosatext *Fortsetzung des Berichts* (1964) und die Collage *Punkt für Punkt. Fußballspiele* (1970), zeigen seinen von P. Weiss und dem Surrealismus geprägten Stil. Auch *Die heiße Luft der Spiele* (1980) und *Das nächste Spiel ist immer das schwerste* (1982) gestalten die Fußballwelt. Er schreibt auch Hörspiele, wobei er z.T. auf seine Prosa zurückgreift, z.B. *Die überzeugenden Vorteile des Abends* (1973), *Die Stunde der Wahrheit* (1974), *Auf der Suche nach Dr. Q.* (1976), *Die Gefährlichkeit der großen Ebene* (1976), *Bananen-Heinz* (1984) u.a. Als Erzähler trat W. mit *Mehrere Männer. Zweiundachtzig ziemlich kurze Geschichten* (1987), *Raoul Tranchirers Welt- und Wirklichkeitslehre aus dem Reich des Fleisches, der Erde, der Luft, des Wassers und der Gefühle* (1990) und *Nachrichten aus der bewohnten Welt* (1991) hervor.

Wolfdietrich. In dem mhd. Volksepos W., dessen Inhalt aus den Sagen der Merowingerzeit stammt, wird das schicksalhafte Leben Wolfdietrichs, des Sohnes Chlodwigs, dargestellt. Es sind vier Bearbeitungen der Urfassung bekannt: Die erste stammt aus der Zeit um 1230, die zweite aus der Zeit um 1250, die dritte aus der 2. Hälfte des 13. Jh.s und die letzte, die alle übrigen mit dem Ortnit-Stoff zusammenfaßt, aus der Zeit um 1300. Sie wird *Großer Wolfdietrich* genannt.

Wolfe, Tom (*2.3. 1931 Richmond). – Amerikan. Schriftsteller, arbeitete für zahlreiche amerikan. Zeitschriften und begründete in den 60er Jahren eine neue Form des Journalismus, die sich durch genaue Recherche, aber auch durch persönliche Stellungnahme auszeichnet. W. schreibt seine Reportagen und Artikel immer aus mehreren Perspektiven, führt in Gesprächen und Reflexionen unterschiedl. Beurteilungsebenen ein und fordert so den Leser zu eigenständigem Urteil auf. Besonders bekannt wurden seine kritischen Arbeiten über das amerikan. Leben und Lebensgefühl: *Das bonbonfarbene tangerinrotgespritzte Stromlinienbaby* (1965, dt. 1968), *Die Helden der Nation* (1979, dt. 1983), *Unter Strom* (1968, dt. 1987). 1987 (dt. 1988) trat W. mit einem ersten Roman an die Öffentlichkeit, in dem er die Stilmittel seines Journalismus konsequent einsetzt: *Fegefeuer der Eitelkeiten.*

Wolfe, Thomas Clayton (*3.10. 1900 Asheville, †15.9. 1938 Baltimore). – Amerikan. Erzähler, hatte als Sohn eines Alkoholikers eine schwere Jugend erlebt. Nach seinem Studium an der Harvard University wurde er 1924 Dozent für engl. Literatur in New York und besuchte bis 1936 mehrmals Europa. Das lit. Werk war anfangs umstritten und erfolglos. Die Dramen fanden keinen Anklang, und so wandte er sich dem Roman zu. Er wollte eine Autobiographie schreiben, in der Distanz und Objektivität die größte Rolle spielen sollten. Doch dieses Werk, *Schau heimwärts, Engel* (1929, dt. 1932), blieb fragmentar. In diesem wie auch in den anderen Werken Wolfes, z.B. den Romanen *Von Zeit und Strom* (1935, dt. 1936), *Es führt kein Weg zurück* (1940, dt. 1942) und dem Drama *Herrenhaus* (engl. u. dt. 1953), sind zahlreiche Impressionen und Assoziationen krit., aber doch sehr optimist. verarbeitet. 1971 erschienen dt. sämtliche Erzählungen und ausgewählte Briefe.

Wolfenstein, Alfred (*28.12. 1888 Halle, †22.1. 1945 Paris). – Dt. Schriftsteller, war ursprüngl. Jurist und mußte 1933 nach Prag emigrieren. Die Besetzung der Tschechoslowakei zwang ihn 1938 von Prag nach Paris zu fliehen. Außer mit den Werken *Die gottlosen Jahre* (G. 1914), *Die Freundschaft* (G. 1917), *Celestina* (Drama 1919) und *Die Nacht vor dem Beil* (Drama 1929) machte er sich v.a. mit seinen theoret. Abhandlungen über den Expressionismus und Übersetzungen Shelleys, Verlaines und Nervals einen Namen. Nervenkrank nahm er sich das Leben.

Wolff-Bekker, Elizabeth Betje (*24.7. 1738 Vlissingen, †5.11. 1804 Den Haag). – Niederländ. Autorin, bestritt nach dem Tod ihres Mannes mit der schriftsteller. Arbeit ihren Lebensunterhalt. Aktuelle Zeitgeschehnisse bilden die Themen ihrer von Rousseau und Richardson beeinflußten, von A. Deken mitbearbeiteten Briefromane, z.B. *Die Geschichte von Fräulein Sara Burgerhart* (1782, dt. 1788) und *Klärchen Wildschütt* (1793–96, dt. 1800ff.).

Wolfgruber, Gernot (*20.12. 1944 Gmünd/Niederösterr.). – Österr. Schriftsteller, arbeitete nach der Schule als Hilfsarbeiter, holte das Abitur nach und studierte Politologie und Zeitungswissenschaft. W. schreibt ohne polit. Anspruch Prosa, in der er das trostlose Leben in der Provinz gestaltet, z. B. *Herrenjahre* (1976), *Verlauf eines Sommers* (1981), *Die Nähe der Sonne* (1985). W. ist auch mit Hör- und Fernsehspielen hervorgetreten.

Wolfram von Eschenbach (* um 1170 Eschenbach bei Ansbach/Mittelfranken, † nach 1220 ebd.). – W., der mhd. Dichter, gibt uns in seinem Werk aufschlußreiche Anhaltspunkte über sein Leben. Aus einem Ministerialengeschlecht stammend, hatte er wie Hartmann von Aue, Gottfried von Straßburg und Heinrich von Veldeke eine geistl. Schulbildung erhalten. Er war besitzlos und somit auf ein unstetes Wanderleben angewiesen. Seine Reisen führten ihn vom Grafen von Wertheim zum Grafen von Dürne und weiter an den Hof des Landgrafen Hermann von Thüringen und wahrscheinl. in die Steiermark. Im Mittelpunkt seines Werkes, das von umfassender Bildung zeugt, steht das mittelalterl. Ritter- und Menschenbild, das sinnbildlich zur Allgemeingültigkeit übersteigert wird. In individuellem, mystifizierendem Sprachstil werden eth. und religiöse Probleme behandelt und durch ihre wahrheitsgetreuen Charakterisierungen mit hohem histor. Wert versehen. Das Hauptwerk des Dichters ist der um 1210 beendete höf. Roman *Parzival*, der die Versöhnung zwischen Gott und den Menschen als Thema hat und somit eine Leitfrage des gesamten Mittelalters zur Lösung bringt. Das Rittertum findet weder in sich Genüge, wie in der Artusdichtung, noch gibt es eine kirchl. Vermittlung zwischen Mensch und Gott. In der Gralsgemeinschaft wird die Überhöhung mittelalterl. Lebens zu einem myst. Individualismus erstmals deutl. Die beiden weiteren Werke *Willehalm*, nach einer Chanson de geste, und das Fragment *Titurel*, das das Leben des schon im *Parzival* auftretenden Liebespaares Sigune und Schionatulander beschreibt, werden weniger gelesen. Außerdem sind uns eine Reihe von Tageliedern des Dichters bekannt. W. gehört zu den bedeutendsten dt. Dichtern überhaupt. Seine Wirkung reicht durch alle Jahrhunderte bis in unsere Gegenwart.

Wolfskehl, Karl (* 17. 9. 1869 Darmstadt, † 30. 6. 1948 Bayswater/Neuseeland). – Dt. Dichter, entstammte einer reichen jüd. Familie und studierte Germanistik. 1893 begegnete er zum ersten Mal dem Schriftsteller Stefan George, in dessen Freundeskreis er bald eine entscheidende Rolle spielte. Vor seiner Emigration 1933 nach Italien war W. wesentl. an der Herausgabe der »Blätter für die Kunst« beteiligt. Seit 1938 lebte er, im Alter fast blind, in Neuseeland. Die Gedichte, Prosa und Mysterienspiele, die das Gesamtwerk bilden, sind durch sprachl. Gewandtheit gekennzeichnet, die bis zur Exklusivität übersteigert wurde. Nach einem Sinneswandel beschäftigte er sich mit religiösen Themen und verstand sich als »Mithüter des deutschen Geistes«. Sich selbst sah er als Märtyrer und Hiob. So versuchte er im Exil sein »Judenschicksal« zu bewältigen. Die wichtigsten Werke sind die Gedichte *Ulais* (1897), *Saul*

(Versdrama, 1905), *Thors Hammer* (Dr. 1908), *Die Stimme spricht* (Ged. 1934), *An die Deutschen* (1947) und der Essay *Bild und Gesetz* (1930). 1959 erschien die erste Gesamtausgabe.

Wolken, Karl Alfred (* 26. 8. 1929 Wangeroog). – Dt. Schriftsteller, gab nach zehnjähriger Tischlertätigkeit seinen ersten Gedichtband *Halblaute Einfahrt* (1960) heraus. Sein lit. Ziel ist es, in der Umgangssprache das Alltags- und Berufsleben zu beschreiben. So befassen sich die beiden Romane *Schnapsinsel* (1961) und *Zahltag* (1964) mit Problemen, die jeder Mensch im Leben zu bewältigen hat. Auch die Erzählungen (1967) und Gedichte *Klare Verhältnisse* (1968), *Außer Landes* (1979), *Die richtige Zeit zum Gehen* (1982), *Eigenleben. Gedichte aus der Villa Massimo* (1987) sind stilist. diesem Bestreben verpflichtet.

Wolker, Jiří (* 29. 3. 1900 Proßnitz bei Olmütz, † 3. 1. 1924 ebd.). – Tschech. Dichter aus einer kleinbürgerl. Familie, starb noch bevor er sein Jurastudium beenden konnte. Von Neruda und der modernen franz. Dichtung inspiriert, kämpfte er anfangs gegen die Dekadenz. Neben den erfolgreichen Balladen stehen Werke, die sich an Volksdichtung anlehnen. Im ganzen ist eine Wandlung festzustellen, die sich von gefühlsbetonter Lebensfreude in *Die schwere Stunde* (Ged. 1922, dt. 1924) zu einer »proletar. Dichtung« vollzog. Seine Werke erschienen 1953 in 4 Bdn.

Wolkers, Jan (* 26. 10. 1925 Oegstgeest). – Niederl. Schriftsteller, studierte bildende Kunst und setzte sich von seiner frühen Kindheit an mit Fragen der reformierten Religionsgemeinschaften auseinander. In seinen Romanen und Erzählungen, die sich mit der Bewältigung des Krieges, mit dem niederl. Alltag, aber auch mit Problemen der Ideologie und des Individualismus in der Massengesellschaft auseinandersetzen, sucht er immer calvinistische Grundprinzipien zu verdeutlichen: *Eine Rose von Fleisch* (1963, dt. 1969), *Türkische Früchte* (1969, dt. 1986), *Der Pfirsich der Unsterblichkeit* (1980, dt. 1985). Wegen seiner stilist. Brillanz, aber auch wegen der allgemeinen Bedeutung seiner Themen gehört er heute zu den vielgelesenen Autoren in Westeuropa.

Wollschläger, Hans (* 17. 3. 1935 Minden). – Dt. Schriftsteller, besuchte zunächst die Musikakademie in Detmold. Später war er als Lektor, Redakteur, Journalist und bei Funk und Fernsehen tätig. Besondere Verdienste erwarb sich der Autor des Buches *Die bewaffneten Wallfahrten gen Jerusalem* (1973) als Übersetzer von Werken E. A. Poes, Joyces und William Faulkners. Seine Rede anläßl. der Preisverleihung der Bayer. Akademie, *In diesen geistfernen Zeiten* (1976), setzt sich mit der geistigen und materiellen Lage der Schriftsteller auseinander und wurde 1986 in erweiterter Form neu aufgelegt. Stilist. eigenwillig sind die biogr. Skizzen *Herzgewächse oder der Fall Adams* (1982) u. die lit. Essays *Von Sternen und Schuppen*

(1984). *Tiere sehen dich an* (1989) zeigt Polemik und essayistisches Engagement für Tierschutz und gegen Tierversuche.

Wolters, Friedrich (*2.9. 1876 Krefeld, †14.4. 1930 München). – Dt. Autor, studierte in mehreren Städten Deutschlands und in Paris, wurde später Professor für mittelalterl. und neuere Geschichte in Marburg und Kiel. Das lit. Werk orientiert sich an seinem Freund Stefan George. Neben bedeutenden Übersetzungen sind seine eigenen Gedichte *Wandel und Glaube* (1911) und *Der Wanderer* (1924) und die Biographie *Stefan George und die Blätter für die Kunst* (1930) hervorzuheben.

Wolzogen, Ernst Freiherr von (*23.4. 1855 Breslau, †30.8. 1934 München). – Dt. Schriftsteller, war nach dem Studium der Germanistik, Philosophie und Biologie als Verlagsredakteur in Berlin tätig. Anschließend gründete er in München die »Freie literarische Gesellschaft« und 1901 das Kabarett »Überbrettl« in Berlin. In seinen lit. Werken behandelte er zeitkrit. Themen und fertigte ausgezeichnete Milieuschilderungen an, u.a. in den Romanen *Die tolle Komteß* (1889), *Der Thronfolger* (1892), *Der Erzketzer* (1911), *Das Schlachtfeld der Heilande* (1926) und in der Autobiographie *Wie ich mich ums Leben brachte* (1923). Später wandte er sich religiösen und myth.-germ. Themen zu.

Wolzogen, Karoline Freifrau von, geb. von Lengefeld (*3.2. 1763 Rudolstadt, †11.1. 1847 Jena). – Dt. Schriftstellerin, Schwägerin Schillers, verfaßte über ihn eine hervorragende Biographie, *Schillers Leben* (1830). Neben dieser und der Autobiographie *Agnes von Lilieu* (1798) schrieb sie v.a. idealist. und zu ihrer Zeit erfolgreiche Werke wie *Erzählungen* (1826/27) und den Roman *Cordelia* (1840).

Wondratschek, Wolf (*14.8. 1943 Rudolstadt/Thüringen). – Dt. Dichter, erhielt für seinen Gedichtband *Als Alfred Jarry merkte, daß seine Mutter eine Jungfrau war, bestieg er sein Fahrrad* (1968) den Leonce-und-Lena-Preis. Seine Prosa ist sowohl durch die Absicht zu polit. Aufklärung als auch durch übersteigerte surrealist. Elemente und die Aneinanderreihung prägnanter, ausdrucksstarker Sätze geprägt. Besonders großen Erfolg hatten auch die Hörspiele, wie z.B. *Paul oder die Zerstörung eines Hör-Beispiels* (1971), *Akustische Beschreibungen* (1971) und *Maschine Nr. 9* (1973). 1974 veröffentlichte er mit *Chuck's Zimmer* und *Das leise Lachen im Ohr eines anderen* (1976) erste Gedichtsammlungen. 1986 erschien *Carmen oder bin ich das Arschloch der achtziger Jahre?* und 1987 die Reportagen und Stories *Menschen, Orte, Fäuste*. Der Roman *Einer von der Straße* (1992) schildert authentisch das Leben eines Unterweltbosses, der nach dem Krieg reich wurde und von der Schickeria bewundert wird.

Woolf, Virginia (*25.1. 1882 London, †28.3. 1941 Lewes/Sussex). – Engl. Schriftstellerin, fand durch ihr Elternhaus Zugang zur Lit. und nahm bald eine bedeutende Stellung in Dichterkreisen ein. Als Mitbegründerin des »Hogarth Press« Verlages gehörte sie, zusammen mit L. Strachey, E. M. Forster u.a. der »Bloomsbury group« an. Ihre verzweifelte Angst, geisteskrank zu werden, trieb sie zum Selbstmord. Bekannt wurde die Schriftstellerin nicht nur auf Grund ihrer Mitarbeit bei »The Times Literary Supplement«, sondern v.a. durch ihr Hauptwerk *Die Fahrt zum Leuchtturm* (1927, dt. 1931). Von Proust und Joyce geprägt, versuchte sie durch die Technik des inneren Monologes, Traum, Gedanken und Erinnerungen parallel zum zeitl Geschehen darzustellen. Damit löste sie sich von der Tradition des realist. Romans und dessen Techniken. Als Themen behandelte sie meist existentielle und künstler. Probleme. Zu den bedeutendsten Werken zählen die Romane *Orlando* (1928, dt. 1929), *Eine Frau von fünfzig Jahren* (1925, dt. 1928) und die Essays und Erzählungen *Granit und Regenbogen* (1958, dt. 1960) und *Die Frau im Spiegel* (1958, dt. 1960). Eine dt. Gesamtausgabe ihres Werkes erschien 1954 ff.

Wordsworth, Dorothy (*25.12. 1771 Cockermouth/Cumberland, †25.1. 1855 Rydal Mount bei Grasmere). – Engl. Schriftstellerin und Schwester William W.s, machte sich v.a. um eine ausführl. Biographie ihres Bruders verdient. Sie ist in den stilist. ausgezeichneten Tagebüchern der Literatin enthalten.

Wordsworth, William (*7.4. 1770 Cockermouth/Cumberland, †23.4. 1850 Rydal Mount bei Grasmere). – Engl. Dichter, verlor früh seine Eltern, kam jedoch mit Hilfe seiner Verwandtschaft zu umfangreicher Bildung. In Frankreich nahm er auf republikan. Seite an der Revolution teil. Die unglückl. Verbindung mit Annette Vallon wurde aufgelöst; W. kehrte nach England zurück. Nach Überwindung schwerer seel. Krisen lebte er ab 1795 mit seiner Schwester und zeitweise mit seinem Freund Coleridge ohne finanzielle Sorgen in Somerset. Der Beginn der lit. Romantik in England ist zeitl. mit den *Lyrical Ballads* (1798) gleichzusetzen. Auf einer Reise nach Dtld. lernte er Klopstock kennen. Im Werk W.s ist eine deutl. Wandlung zu erkennen, die sich von revolutionären Ideen abwandte und zu konservativem, teils nationalem, teils christl. Gedankengut führte. In seinen Gedichten, z.B. *An Evening Walk* (1793), *The Prelude* (1798–1805), *Intimations of Immortality* (1807) und *The Waggoner* (1819), ist ebenso wie in seinen Oden und Sonetten die klare Sprache auffallend. Eine Gesamtausgabe erschien 1940 bis 1949 in 5 Bdn. Ins Dt. wurden zahlreiche Gedichte übertragen (1893, 1897, 1959).

Woronicz, Jan Pawel (*3.7. 1757 Brodów, †7.12. 1829 Wien). – Poln. Dichter, Jesuit, nach Auflösung seines Ordens Bischof von Krakau, Erzbischof von Warschau und zuletzt Primas von Polen. Zwischen Klassizismus und Romantik stehend, wurde er als Wegbereiter des poln. Messianismus bezeichnet. Der Prediger beschäftigte sich in seinen Liedern und Idyllen mit der Entwicklung der poln. Historie. Eine dt. Übersetzung seiner Werke liegt nicht vor.

Wosnessenski, Andrej Andrejewitsch (* 12. 5. 1933 Moskau). – Russ. Schriftsteller, trat früh mit Gedichten, die sich an die Parteidoktrin hielten, hervor und erhielt 1978 den sowjet. Staatspreis. W. nützte geschickt die Möglichkeiten, die die Tauwetterperiode den russ. Autoren bot, und verwendete in seinen Texten auch Formen der westeurop. Jugendkultur der 60er Jahre. Er fand bei den Massen großen Anhang. Dt. liegen einzelne Auswahlausgaben vor, etwa *Bahn der Parabel* (1960, dt. 1963), *Dreieckige Birne* (1962, dt. 1963), *Antiwelten* (1964, dt. 1967), *Schatten eines Lauts* (1970, dt. 1976). Die *Begegnung mit Pasternak* (1984) erinnert an die Förderung des jungen Autors durch den russ. Nobelpreisträger. Während die frühe Lyrik sich an der westlichen Beatkultur orientierte und für russ. Verhältnisse als äußerst revolutionär galt, zeigen die neueren autobiograph. getönten Werke eine Rückwendung in traditionellere Formen und Gestaltungen. Eine russ. Auswahl erschien 1984.

Wouk, Herman (* 27. 5. 1915 New York). – Amerikan. Schriftsteller, arbeitete bei Film und Rundfunk und diente im Zweiten Weltkrieg als Marineoffizier. In seinen Werken betont er im Gegensatz zu den Antikriegsromanen den Sinn und Zweck militärischer Ordnung. Neben dem Roman *Die »Caine« war ihr Schicksal* (1951, dt. 1952), der ihn berühmt machte und für den er den Pulitzer-Preis erhielt, gehören zeitkrit. Gesellschaftsromane, wie z. B. *Marjorie Morningstar* (1955, dt. 1956), zu seinen Hauptwerken. In Dtld. fand er in den letzten Jahren zahlreiche Leser mit den Romanen *Ein Mann kam nach New York* (1962, dt. 1967), *Der Feuersturm* (1971, dt. 1972), *Großstadtjunge* (neu 1975), *Seifenblase* (dt. 1976) und *Sturmflug* (dt. 1977). 1979/80 erschien der zweibändige Roman *Der Krieg; Weltsturm*, 1985 (dt. 1986) *Der Enkel des Rabbi.*

Wright, Richard Nathaniel (* 4. 9. 1908 bei Natchez/Miss., † 28. 11. 1960 Paris). – Amerikan. Schriftsteller, erster anerkannter afro-amerikan. Dichter, machte die Rassenprobleme zum Hauptgegenstand seines lit. Schaffens. Seine Autobiographie *Black Boy* (1945) gibt Aufschluß über die Lebensbedingungen der Schwarzen in den USA zur Zeit des Ersten Weltkrieges. Seine Gesinnung veranlaßte ihn, sich zeitweilig der kommunist. Partei anzuschließen. Auch in den weiteren Werken, wie *Onkel Toms Kinder* (1938, dt. 1949), *Native Son* (1940) und *Black Power* (1954, dt. 1956), das einer ganzen Bewegung den Namen gab, versucht er, das Selbstbewußtsein seiner Rasse zu stärken.

Wu Cheng-en (* um 1510, † um 1580). – Chines. Erzähler, ist der Verfasser des Romans *Hsiyuchi*, was soviel bedeutet wie »Reise nach Indien«. Der kulturhistor. Wert des in verschiedenen Fassungen überlieferten Werks ist unbestritten. Er beschreibt darin die Reise eines buddhist. Mönches, der heilige Schriften von Indien nach China zu bringen hat. Dieser wird begleitet von einem Affen, der mit außergewöhnl. Fähigkeiten ausgestattet ist und so im Mittelpunkt dieser Handlung steht.

Wühr, Paul (* 10. 7. 1927 München). – Dt. Schriftsteller, war bis 1983 als Lehrer tätig und ist Mitglied des PEN-Zentrums. Nach Kinderbüchern wie *Der kleine Peregrino* (1960) wandte er sich dem Hörspiel zu, dem er neue Aussageformen erschloß, indem der den O(riginal)-Ton von Gesprächen, Unterhaltungen etc. aufnahm und so eine neue Unmittelbarkeit erreichte. Bekannt wurden *So spricht unsereiner* (1973), *Viel Glück* (1976). Die Collage mit 60 000 Wörtern aus unterschiedlichen Sprachebenen *Gegenmünchen* (1970) war heftig umstritten, wirkte jedoch auf die Hörspieldichtung und auf Wünsches Lyrik *Grüßgott ihr Mütter ihr Väter ihr Töchter ihr Söhne* (1976), die Elemente der konkreten Poesie aufgreift. In letzter Zeit erschienen *Das falsche Buch* (1983), die *Dankrede* (1984) für den Bremer Literaturpreis, das erfundene Tagebuch *Der faule Strick* (1987) in einer limitierten Auflage und der Gedichtband »*Sage*« (1988), *Grüß Gott/Rede Gedichte* (1990), *Ob Gedichte* (1991).

Wünsche, Konrad (* 25. 2. 1928 Zwickau). – Dt. Schriftsteller, Studium der Ägyptologie, Archäologie und Philosophie, im Lehrberuf tätig. In den Dramen *Der Unbelehrbare* (1964), *Les Adieux oder die Schlacht bei Stötteritz* (1964), *Ein blühender Garten* (1974) verzichtet er auf jegl. konkrete Handlung. Seine szen. Stilmittel sind Gestik und Sprache, die während des Handlungsverlaufes einem Bedeutungswandel unterzogen werden. Sein Gedicht *Schemen entsprechend* (1963) und seine Hörspiele *Gegendemonstration* (1967) und *Von mir zu dir* (1971) wie auch die übrigen Werke können als lit. Experimente bezeichnet werden. In letzter Zeit wandte er sich auch sozialpolit. Fragen zu mit *Die Wirklichkeit des Hauptschülers* (1972, erweiterte Neuauflage 1977) und *Schulregeln. Lehrerstudenten erkunden Studium und Unterricht* (1980).

Wuolijoki, Hella, Ps. *Juhani Tervapää* (* 22. 7. 1886 Helme/Estland, † 2. 2. 1954 Helsinki). – Finn. Dramatikerin, war im Zweiten Weltkrieg als Kommunistin inhaftiert und wurde nach Kriegsende Intendantin des finn. Rundfunks. Ihre Antihaltung dem Modernismus gegenüber wird in den Werken deutl., die sich häufig mit den sozialen Problemen der finn. Landbevölkerung beschäftigen und zeigen, wie die geschichtl. Welt durch die Technik zerstört wird. Die Stücke *Die Frauen auf Niskavuori* (1936, dt. 1937), *Gegengift* (1939, dt. 1942), *Das Brot von Niskavuori* (finn. u. dt. 1939) und *Herr Puntila und sein Knecht* (1946, dt. 1948 v. B. Brecht) sind die wichtigsten des lit. Gesamtwerks.

Wyatt, Sir Thomas (* um 1503 Allington Castle/Kent, † 11. 10. 1542 Sherborne/Dorset). – Engl. Autor, stand als Diplomat zunächst in der Gunst Heinrichs VIII., wurde jedoch aus polit. und persönl. Gründen zu Kerker verurteilt. An Petrarca und Dante geschult, lehnte er sich in Stil, Metrum und Form stark an die roman. Dichtung an und bereicherte die engl. Dichtung durch zahlreiche formale Neuerungen. Seine Lieder wurden häufig vertont. Seine satir. Gedichte wurden 1557 zusammen mit anderen in der Anthologie *Tottel's Miscellany* veröffentlicht.

Wycherley, William (*um 1640 Clive bei Shrewsbury, †1.1. 1716 London). – Engl. Bühnenautor, hatte als Sohn eines Großgrundbesitzers die Möglichkeit, nach seinem Studium Reisen zu unternehmen, von denen er erst nach der Restauration zurückkehrte. In seine lit. Werken äußerte sich W. satir. über die Schwächen der höf. Gesellschaft. Als Mitbegründer der »Comedy of manners« beschäftigte er sich mit einer neuen Form bühnenwirksamer, derber Komik, z. B. *The Gentleman Dancing Master* (1673), *The country Wife* (1675). Das Hauptwerk *The Plain-Dealer* (1677) verfaßte er unter dem Eindruck von Molières *Le misanthrope*. Das Gesamtwerk erschien 1888.

Wyclif(fe), John (*um 1320 Richmond, †31.12. 1384 Lutterworth). – Engl. Reformator, war als Philosoph und Theologe ein berühmter Lehrer in Oxford. Der Schutz mächtiger Mäzene erlaubte ihm, sich gegen die Kirche zu stellen. Er bekämpfte bestimmte Dogmen und die große weltl. Macht der Kirche. Damit zog er viele Feinde auf sich. Er veranlaßte eine Übersetzung der Bibel in die Volkssprache, nachdem er selbst erstmals das N.T. vollständig, das A.T. teilweise ins Engl. übertragen hatte. Diese Werk stellte die Grundlage für alle weiteren Übersetzungen dar. So wurde W., der Lehrer von J. Hus war, zu einem Vorläufer der Reformation. Seine eigenen Werke schrieb er in lat. Sprache, etwa *De Domino Divino* (1376).

Wylie, Elionor Hoyt (*7.9. 1885 Somerville, †16.12. 1928 New York). – Amerikan. Schriftstellerin, mußte nach zwei Scheidungen gesellschaftl. Verachtung in Kauf nehmen. Längere Zeit in England lebend, gestaltete sie formal strenge, gedankl. geordnete, aber gefühlsbetonte Lyrik. Ihre lyr. Prosa, die stark von den »metaphysical poets« beeinflußt wurde, grenzt häufig an das Irreal-Phantastische. Zu den Hauptwerken zählen die Gedichte *Incidental Numbers* (1912) und *Nets to Catch the Wind* (1921) und die Romane *Jennifer Lorne* (1923) und *The Venetian Glass Nephew* (1925). Die Sonette *Angels and Earthly Creatures* (1928) fanden allgemeine Bewunderung. Das Gesamtwerk liegt in einzelnen Sammlungen vor.

Wyschenski, Iwan (*um 1550 Sudowa Wyschnia, †um 1620 Berg Athos). – Russ. Theologe, lebte als Mönch auf dem Berg Athos und wandte sich in seinen ausdrucksstarken Schriften gegen den Katholizismus. In polemischen Dialogen stellte er diesen dem ursprüngl. altchristl. Glauben gegenüber. Rhetorisch gewandt, setzte er sich für die Restauration der Urkirche ein.

Wyspiański, Stanislaw (*15.1. 1869 Krakau, †28.11. 1907 ebd.). – Poln. Schriftsteller, lernte während seines Kunst- und Philosophiestudiums, das er mit zahlreichen Auslandsaufenthalten verband, R. Wagner und F. Nietzsche kennen. Sein Interesse galt ausschließl. der polit. Entwicklung, wobei er stets den engen Zusammenhang von Gesellschaft und Kunst aufgriff. Inspiriert von der Neuromantik, zählt er mit den Dramen *Die Warschauerin* (1898, dt. 1918), *Protesilas und Laodamia* (1899, dt. 1933) und *Der Fluch* (1899, dt. 1909) zu den bedeutendsten poln. Dramatikern. Neben aktuellen Themen bearbeitete er v.a. antike Mythen und Sagen und schuf Übersetzungen aus dem Franz., z.B. Corneilles »Cid«. Zahlreiche Werke erschienen erst posthum: *Novembernacht* (1904, dt. 1918), *Die Richter* (1907, dt. 1933). Die poln. Gesamtausgabe erschien 1958 bis 1969 in 16 Bdn., eine dt. Ausgabe *Dramatische Werke* 1918.

Wyß, Johann David (*um 28.5. 1743 Bern, †11.1. 1818 ebd.). – Schweizer Autor, studierte Theologie und übte anschließend das Priesteramt am Berner Münster aus. In seinem Jugendbuch *Der Schweizer Robinson, oder . . .* (1812–27) verband er abenteuerl. Robinsongeschichten und allgemeine Belehrungen im Stil der Aufklärung.

Wyß, Johann Rudolf (*4.3. 1782 Bern, †21.3. 1830 ebd.). – Schweizer Schriftsteller, verband seine Tätigkeit als Professor und später als Bibliothekar mit dem Verfassen von Erzählungen aus dem Schweizer Volksleben: *Idyllen, Volkssagen, Legenden und Erzählungen aus der Schweiz* (2 Bde. 1815 bis 1822). Daneben schrieb er über seine *Reise in das Berner Oberland* (1816/17) und verfaßte 1811 die Schweizer Hymne *Rufst du, mein Vaterland*. Als Mitherausgeber des Almanachs »Die Alpenrosen« wurde er weit bekannt.

Xanthopulos, Nikephoros Kallistos (*um 1256, †um 1335). – Byzantin. Kirchendichter, war v. a. als Geschichtsschreiber tätig. Er verfaßte eine Kirchengeschichte bis 610 und ein Verzeichnis aller Patriarchen von Konstantinopel. Neben diesen beiden Hauptwerken schrieb er eine Reihe liturg. und hagiograph. Bücher.

Xenokrates (*um 400 v. Chr. Kalchedon, †314 v. Chr. Athen). Griech. Philosoph, Schüler Platons. Fünfundzwanzig Jahre lang hatte er als Nachfolger des Speusippos die Leitung der Akademie inne, an der er und seine Freunde den Platonismus studiert hatten. Die Seele verstand er als eine sich selbst bewegende Zahl.

Xenophanes, (*um 565 v. Chr. Kolophon, †um 470 v. Chr. Elea). – Griech. Dichter und Philosoph, wurde aus seiner Heimat vertrieben und reiste durch verschiedene Länder. Schließl. ließ er sich in Unteritalien nieder. Von der Poesie kam er zur Philosophie, mit deren Hilfe er den herkömmlichen Glauben an die Menschenähnlichkeit der Götter widerlegte. Er stellte diesen Göttern einen höchsten Gott gegenüber, womit er die gesamte Tradition der griech. Mythologie zu zerstören drohte. Er warf v. a. Homer und Hesiod Irrglauben vor und drückte seine Meinung in den Spottgedichten *Silloi* aus. Außerdem gehören seine geschichtl. Werke über die Gründung von Kolophon und die Kolonisation von Elea zu den frühesten epischen Darstellungen. Sein Lehrgedicht *Über die Natur* gehört zu den bedeutenden Zeugnissen der frühen Naturphilosophen.

Xenophon (*um 430 v. Chr. Athen, †um 354 v. Chr. Korinth?). – Griech. Historiker aus reicher Familie, war Sokrates, seinem Lehrer, eng verbunden. Sein Leben galt der Politik und der Kriegführung. Obwohl er militärische Erfolge verzeichnen konnte, wurde er wegen seiner Ablehnung der Demokratie aus Athen verbannt, er ließ sich zunächst in Sparta, später in Korinth nieder. In der Antike wurden seine Schriften ihrer klaren Gedanken und einfachen Sprache wegen sehr geschätzt. Zwar hatte er sich Thukydides als Vorbild genommen, doch unterschieden sich seine Schriften von jenen durch seine subjektive Auffassung der Geschehnisse und durch ihren episodenhaften, moralisierenden Charakter. Das Gesamtwerk X.s ist in vier Gruppen aufzuteilen: erstens die sog. sokratischen Schriften *Apologie, Apomnemoneumata* und *Symposion*, zweitens die sog. polit. Schriften, *Hieron, Agesilaos, Der Staat der Spartaner* und *Kyrupaideia*, drittens die sog. historischen Schriften, *Anabasis* und *Hellenika*, und viertens die kleinen Lehrschriften, *Oikonomikos, Poroi, Über die Reitkunst, Pferdehaltung* und *Über die Jagd*. X. wirkte mit seinen Schriften auf Geschichtsschreibung und Dichtung (z. B. Wieland) der Neuzeit und ist heute noch ein vielgelesener (Schul-) Autor.

Xenophon von Ephesos (*2./3. Jh.). – Griech. Dichter; verfaßte den Roman *Ephesiaka*, von dem nur noch fünf Bücher erhalten sind. Diese ephesischen Geschichten beschreiben das Liebesverhältnis zwischen Antheia und Habrokomes. Von ihm ist nur ein Fragment überliefert, das wohl auf das 2. Jh. zu datieren ist.

Xenopulos, Gregorios (*9. 12. 1867 Istanbul, †14. 1. 1951 Athen). – Griech. Autor, wurde nach Mathematik- und Physikstudium freier Schriftsteller. In seinen Erzählungen, Romanen und psycholog. Dramen beschäftigten ihn v. a. das gesellschaftl. Leben und soziale Konflikte. Außerdem war er wesentlich an der Gründung des neu-griech. Theaters beteiligt. Seine Schriften wurden nicht ins Dt. übersetzt, liegen jedoch in einer elfbändigen Gesamtausgabe 1958 bis 1971 vor.

Yacine, Kateb (*6.8. 1929 Constantinois, †28.10. 1989 Grenoble). – Alger. Schriftsteller, machte Probleme seiner Heimat zum Hauptgegenstand seiner Dichtung und schildert realist. die Unterdrückung und Selbstentfremdung der Algerier in der Zeit vor der Befreiung. Neben den Dramen *La femme sauvage* (1954) und *Le cercle de représailles* (1959) sind das Gedicht *Soliloques* (1946), der Roman *Nedjma* (1956, dt. 1958) und das Drama *L'homme aux sandales de caoutchouc* (1970) zu erwähnen.

Yasar, Kemal (*1922 Gökçeli/Adana). – Türk. Autor, war als Angestellter, Hilfslehrer und Landarbeiter tätig und wurde schließl. Journalist und Schriftsteller. Zunächst Lyriker, behandelt er in seinen Erzählungen und Romanen in realist. Weise das anatol. Landleben. Die Erzählung *Anatolischer Reis* (1955, dt. 1962) und die Romane *Memed, mein Falke* (1955, dt. 1960), *Der Wind aus der Ebene* (1960, dt. 1985), *Eisenerde, Kupferhimmel* (1963, dt. 1986), *Das Unsterblichkeitskraut* (1968, dt. 1986) wurden ins Deutsche übersetzt.

Yeats, William Butler (*13.6. 1865 Dublin-Sandymount, †28.1. 1939 Roquebrune Cap Martin bei Nizza). – Ir. Dichter, stand seit 1890 in Verbindung mit verschiedenen Londoner Schriftstellern und fand bald Zugang zum franz. Symbolismus. Sein ganzes Streben diente der Förderung der irischen Literatur. Es gelang ihm, mit der Hilfe von Lady Gregory das irische Nationaltheater, das Abbey Theatre, zu gründen, dessen Leitung er übernahm und für dessen Repertoire er sorgte. Für seine lit. Arbeiten erhielt er 1923 den Nobelpreis. Sein Interesse galt nicht nur der Literatur, sondern der Philosophie und der Theosophie ebenso wie dem Spiritismus und der Politik. Stark geprägt von der altirischen Tradition, fand er unter dem Einfluß von Baudelaire und Verlaine zu einer eigenständigen Lyrik. Auch die Eindrücke aus der japan. Dichtung wirkten auf sein mystisch und national gefärbtes Werk. Zu ihm gehören die irischen Versdramen *Gräfin Cathleen* (1892, dt. 1925), *Das Stundenglas* (1903, dt. 1933) und *The Wind Among the Reeds* (Ged. 1899) und die Dichtung *Der Turm* (1928, dt. 1958). Seine schönsten Gedichte sind in der Ausgabe *Last Poems and Two Plays* (1939) enthalten. 1926 erschien seine Autobiographie und bereits 1908 die erste Gesamtausgabe. Heute sind seine Schriften in alle Weltsprachen übersetzt. Die jüngste dt. Werkausgabe erschien 1970 bis 1973 in 4 Bdn.

Yorke, Henry Vincent, eigtl. *Green H.* (*29.10. 1905 Forthampton Court, †14.12. 1973 London). – Engl. Autor, studierte nach der Schulausbildung in Eton an der Universität Oxford, wurde Direktor in der väterl. Fabrik und betätigte sich gleichzeitig als Schriftsteller. Seine symbolhaltigen Romane, zu denen *Dämmerung* (1948, dt. 1953) und *Schwärmerei* (1952, dt. 1954) gehören, sind meist in Dialogform geschrieben, stellen aber die Person in den Hintergrund.

Yoshiyuki, Junnosuke (*13.4. 1924 Okayama). – Japan. Schriftsteller, wurde aus Krankheitsgründen nicht eingezogen, trat nach seinem Studium der englischen Literatur als Journalist hervor. Die Erfahrungen und Erlebnisse der Prostituiertenwelt wurden auch zum Inhalt seiner Erzn. *Regenschauer* (1954, dt. 1982) und Romane wie *Anshitsu* (1969), in denen sehr persönliche Probleme dargestellt werden, die aber wegen' des Milieus der Handlung große Verbreitung fanden.

Young, Edward (*3.7. 1683 Upham/Hampshire, †5.4. 1765 Welwyn/Hertfordshire). – Engl. Dichter, war nach seinem Studium Hofkaplan, erwarb ersten lit. Ruhm mit dem Gedicht *A Poem on the last Day* (1713, dt. 1745), erhielt jedoch später nur eine kleine Pfarrei. Seine *Klagen oder Nachtgedanken über Leben, Tod und Unsterblichkeit...* (1742–44, dt. 1760 ff.), niedergeschrieben nach dem Tod seiner Frau, seiner Stieftochter und von deren Gatten, sind eine klagend-meditative und rhetor. Dichtung in 10 000 Blankversen, deren elegischer, gefühlvoller Ton in der Zeit der Aufklärung ungewöhnlich war. Das Werk wurde weltberühmt. In Dtld. hatte es großen Einfluß auf Klopstock, auf den Sturm und Drang sowie auf die Romantik (bes. auf Jean Paul). Theoret. begründete er die Empfindsamkeit als eigene Kunstform in der Schrift *Conjectures on Original Composition* (1759, dt. 1760). Eine krit. Gesamtausgabe der Werke Y.s. liegt aus den Jahren 1854 und 1969 vor; eine vierbändige dt. Ausgabe erschien bereits 1780–84.

Young, Francis Brett (*13.7. 1884 Halesowen, †28.3. 1954 Kapstadt). – Engl. Erzähler, studierte als Sohn eines Arztes ebenfalls Medizin. Durch zahlreiche Reisen nach Afrika, USA und den Fernen Osten inspiriert, verfaßte er v.a. spannende Abenteuer- und Heimatromane. Werke wie *Der junge Arzt* (1919, dt. 1953), *Der schwarze Diamant* (1921, dt. 1930), *Des Lebens Bogen* (1938, dt. 1951), *Die goldene Stadt* (1939, dt. 1943) und *In South Africa* (1952) geben über die pessimist. und deprimierte Grundhaltung des Autors Aufschluß.

Yourcenar, Marguerite, eigtl. *M. de Creyencour* (*7.6. 1903 Brüssel, †18.12. 1987 Maine/USA). – Franz. Dichterin, lehrte an einem New Yorker College franz. Literatur, nachdem sie zahlreiche Reisen durch Europa, Amerika und den Vorderen

Orient unternommen hatte. 1980 als erste Frau Mitglied der Académie Française. Stoffl. von der Antike beeinflußt, erneuerte sie mit ihrem lit. Werk den franz. histor. Roman. *Ich zähmte die Wölfin* (1951, dt. 1953), ihr bedeutendstes Werk, gibt die imaginäre Lebensgeschichte des Kaisers Hadrian wieder, wie er sie selbst kurz vor dem Tode interpretiert. Die weiteren Werke, wie z. B. *Alexis oder Der vergebliche Kampf* (dt. 1956), *Der Fangschuß* (1939, dt. 1968), *Die schwarze Flamme* (1968, dt. 1969), *Gedenkbilder* (dt. 1984), *Lebensquellen. Eine Familiengeschichte* (dt. 1985), *Mishima oder die Vision der Leere* (dt. 1985), *Die schwarze Flamme* (posth. dt. 1991), zeugen von fundiertem psychologischem Wissen und gestalten zum Teil Probleme der Zeitgeschichte: 1971 erschienen ihre Theaterarbeiten in zwei Bdn., 1989 die Memoiren *Liebesläufe.*

Yüan Mei (*25.3. 1716 Chien-tang, †3.1. 1798 Nanking). – Chines. Schriftsteller, zog sich, nachdem er kurze Zeit im Staatsdienst gestanden hatte, auf sein Gut zurück. Dort versammelte er eine beachtliche Menge von Schülern, unter ihnen mehrere begabte Frauen, um sich. Er lehrte, daß ein Dichter frei von jeglichem Zwang sein müsse, um sich seinen Gefühlen hingeben zu können. Von seinen Werken wurde v.a. die Novellensammlung *Tzupuyü* (= *Wovon Konfuzius nicht sprach)* bekannt.

Yü Ta Fu (*7.12. 1896 Fu-yang/Chêkiang, †17.9. 1945 Sumatra). – Chinesischer Schriftsteller, gab nach seinem Literaturstudium Zeitschriften heraus, zog sich aber bald ins Privatleben zurück. Unter falschem Namen führte er eine Weinhandlung. Die Novelle *Ch'ên-lun* (1921) gehört zu den wichtigsten Werken der modernen chines. Literatur. In *Ch'un-feng ch'ên-tsui yeh* (1923) kommt sein soziales Engagement zum Ausdruck.

Yusuf Sinan Seyhi (*2. Hälfte d. 14. Jh.s Kütahya, †um 1427 ebd.). – Türk. Dichter, ursprüngl. Arzt, hatte eine umfassende Bildung erworben. Sein Meisterwerk ist die Satire *Kharname (Eselsbuch,* dt. 1952). Seine Lyrik ist stark von Nezami und Ahmedi beeinflußt und läßt in ihrer Formvollkommenheit Verbindungen zu Hafes erkennen.

Z

Zablocki, Franciscek Mikolaj (* 2. 1. 1752 Wolhynien, † 10. 9. 1821 Końskowola). – Poln. Dichter aus adeliger Familie, wuchs bei den Jesuiten auf. Später war er als Schreiber und Privatlehrer tätig und vertrat demokrat. Gedankengut und wurde daher als Radikaler verdächtigt. Nach seiner Teilnahme am Kościuszko-Aufstand wurde er Priester und starb in Schwermut. Neben polit. Satiren schrieb er Dramen, deren Stoff er anderen, meist erzählenden Werken entnahm. Ins Dt. nicht übertragen, darf sein Werk jedoch für die poln. National-literatur nicht unterschätzt werden.

Zachariae, Justus Friedrich Wilhelm (* 1. 5. 1726 Frankenhausen/Thüringen, † 30. 1. 1777 Braunschweig). – Dt. Schriftsteller, Schüler Gottscheds, war ein Epiker der Aufklärung und arbeitete seine Versepen nach dem Vorbild A. Popes aus. Sein Erstlingswerk, ein komisches Heldengedicht im parodist. Rokokostil, *Der Renommiste* (1744), machte ihn berühmt, doch auch die Epen *Der Tempel des Friedens* (1756) und *Die Schöpfung der Hölle* (1760) fanden wie seine Fabeln begeisterte Leser.

Zahl, Peter Paul (* 14. 3. 1944 Freiburg/Br.). – Dt. Schriftsteller, gelernter Offsetdrucker, Mitglied der Gruppe 61, war aktiv in der Außerparlamentarischen Opposition tätig und wurde wegen krimineller Tätigkeiten mehrfach verurteilt. Er hatte Verbindung zur politischen Radikalenszene, wurde 1982 aus dem Gefängnis entlassen, vorübergehend in Berlin und Heidenheim am Theater, verließ dann Dtld. Z. trat mit allen lit. Gattungen an die Öffentlichkeit, wobei seinen Texten immer gemein ist, daß er sich für eine sozialistische Utopie einsetzt. Bekannt wurden die Gedichte *Schutzimpfung* (1975), *Die Barbaren kommen* (1976), *Alle Türen offen* (1977), *Aber nein, sagte Bakunin und lachte laut* (1983), die Romane *Von einem, der auszog, GELD zu verdienen* (1970), *Die Glücklichen* (1979), die Erzählungen *Elf Schritte zu einer Tat* (1968), *Wie im Frieden* (1976) und das Drama *Johann Georg Elser* (1982). Auch als Essayist und Literaturkritiker trat Z. hervor: *Eingreifende und ergriffene Literatur. Zur Rezeption »moderner Klassik«* (1975), *Waffe der Kritik* (1976), *Freiheits-*

triebtäter. *Lyrik, Prosa, Verfügungen, Gesetze, Maßnahmen und 1 Valentiniade* (1979).

Zahn, Ernst (* 24. 1. 1867 Zürich, † 12. 2. 1952 ebd.). – Schweizer Schriftsteller, übernahm als Sohn eines Gastwirts das väterliche Geschäft. Zu seinen realistischen Erzählungen aus der Schweizer Bauern- und Bergwelt gehören z. B. *Herrgottsfäden* (1901), *Die Clari-Marie* (1905), *Frau Sixta* (1926), *Gewalt über ihnen* (1929), *Die große Lehre* (1943), *Mütter* (1946) und *Mann des Friedens* (1946). Trotz gelegentlicher Sentimentalität zählen die Werke zur spannungsreichen Unterhaltungsliteratur. Auch als Lyriker und Dramatiker hatte er lokale Erfolge. Seine Jugendbücher fanden jedoch nur zeitbedingte Anerkennung.

Zamfirescu, Duiliu (* 30. 10. 1858 Dumbraveni, 3. 6. 1922 Agapia). – Rumän. Schriftsteller, übte nach seinem Jurastudium verschiedene Berufe aus und war vorübergehend Minister. Zunächst noch in seiner Lyrik von der franz. Romantik beeinflußt, schloß er sich später dem Kreis »Junimea« an und arbeitete lange für die Zeitschrift »Convorbiri literare«. Neben Sonetten über die Schönheit der Landschaften schrieb er Dramen, Romane und Novellen, wie *Furfanto* (1911) und *Nuvele* (1888). Sein Hauptwerk ist der Zyklus *Comanestenilor* (1894 bis 1916), das stark von Tolstoi beeinflußt ist und dt. u. d. T. *Das Leben auf dem Lande* und *Im Krieg* in den Jahren 1935 bis 1967 erschien.

Zand, Herbert (* 14. 11. 1923 bei Bad Aussee, † 14. 7. 1970 Wien). – Österr. Autor, wurde nach seiner Tätigkeit als Verlagslektor und Filmproduzent freier Schriftsteller. Als Lyriker und Erzähler schrieb er hauptsächlich über gesellschaftskrit. Themen und Kriegserlebnisse. Zu seinen wichtigsten Werken gehören die Romane *Die Sonnenstadt* (1949), *Letzte Ausfahrt* (1953), *Die Erben des Feuers* (1961) und die Gedichte *Die Glaskugel* (1953).

Zangwill, Israel (* 14. 2. 1864 London, † 1. 8. 1926 Midhurst/Sussex). – Engl. Schriftsteller, beschäftigte sich aufgrund seiner russ.-jüd. Abstammung mit der Geschichte und dem Leben der Juden. Der Erzähler und Dramatiker war Lehrer und Begründer der »International Jewish Territorial Organisation«. Den Stoff für seine Skizzen *Kinder des Getto* (1892, dt. 1897), den Roman *Der König der Schnorrer* (1894, dt. 1897) und die Kurzgeschichten *Komödien des Getto* (1907, dt. 1910) entnahm er dem Leben im Getto. 1925 erschien sein vielfältiges Gesamtwerk in 14 Bdn.

Zapolska, Gabryela, eigtl. *Korwin-Piotrowska*, Ps. *Józef Maskoff* (* 30. 3. 1857 Podhajce, † 21. 12. 1921 Lemberg). – Poln. Schriftstellerin, stellte sich nach zwei unglückl. Ehen gegen die Konventionen der Gesellschaft, die sie als Scheinmoral empfand. Für ihre lit. Arbeiten wählte sich die ehemalige Schauspielerin Themen aus dem gesellschaftl. und polit. Bereich, wie z. B. die Problematik der Gettos. Ihre Novellen, Romane, wie

z. B. *Käthe* (1888, dt. 1902) und *Sommerliebe* (1905, dt. 1915), und ihre Dramen, z. B. *Die Warschauer Zitadelle* (1898, dt. 1916) und *Der Polterabend* (1900, dt. 1912), vertreten den poln. Naturalismus und sind von Zola geprägt. Ihre erfolgreichen Werke wurden in viele Sprachen übersetzt. So erschienen die Romane dt. 1924 in 9 Bdn.

Zarathustra (Zoroaster), eigtl. *Spitama* (* um 630 v. Chr. Baktra/Afghanistan, † um 533 v. Chr. Keshmar [?] Nordiran). – Ostiran. Dichter und Religionsgründer, gehörte zu den bedeutendsten Prophetengestalten der Alten Welt. Er verstand sich als Reformator der altiran. Volksreligion und als Wegbereiter des Monotheismus. Der Gott »Ahura Mazdá«, der Vater des heiligen Geistes, der gegen seinen Bruder, den bösen Geist kämpft, ist der allwissende Herr, der eine rechte Ordnung zu schaffen vermag. Der »Zarathustra-Glauben« möchte den Menschen für das Gute und gegen das Böse gewinnen, denn nur dann ist ihm ein seliger Platz im Jenseits gewiß. Diese Offenbarung schrieb der Prophet in den 16 Gatha (= Gesängen) nieder, die ihrerseits im *Awesta* überliefert sind. Die vollendete, jedoch in schwer verständl. Sprache geschriebene Religionsdichtung bildet die Grundlage unserer Kenntnis über diese Glaubenslehre. Anfangs hatte Z. wenig Erfolg, doch änderte sich dies mit dem Amtsantritt des Fürsten Vishtaspa, der die Lehre verbreitete.

Zavattini, Cesare (* 20. 9. 1902 Luzzara, † 13. 10. 1989 Rom). – Ital. Lehrer und Journalist, arbeitete bei mehreren Zeitschriften und wurde als Drehbuchautor mit *Sciuscia* bekannt. Der surrealist. und satir. Stil seiner Werke *Liebenswerte Geister, Kleine Reise ins Jenseits* (1931, dt. 1958) und *Wie ein Drehbuch entsteht* (1959, dt. 1961) zeigt oft die Kontraste des modernen Lebens auf. Weltruhm errang er mit dem Drehbuch zu dem neorealist. Film *Fahrraddiebe.*

Zech, Paul, Ps. *Paul Robert, Timm Borah*, (* 19. 2. 1881 Briesen, † 7. 9. 1946 Buenos Aires). – Dt. Schriftsteller, studierte in verschiedenen Städten Dtld.s und lebte als Dramaturg und Bibliothekar mehrere Jahre in Berlin; hier wurde er von den Nazis inhaftiert und mußte später emigrieren. Seine Lyrik, Erzählungen und Dramen stehen unter dem Einfluß des Expressionismus, obwohl Formstrenge und Gestaltung seine eigentl. Bindung an den Impressionismus zeigen. Die Themen setzen sich mit der zermürbenden Arbeit in der Welt und mit dem Leben in den Fabriken auseinander. Außer den zahlreichen Übersetzungen franz. Lyrik und Prosa gehören die Gedichte *Das schwarze Revier* (1909) und *Waldpastelle* (1910), die Novellen *Der schwarze Baal* (1917) und der Roman *Kinder von Paraná* (1952) zu seinen wichtigsten Werken. 1983 erschienen seine gesammelten Gedichte *Vom schwarzen Revier zur Neuen Welt*. Sein Werk ist heute wie das vieler Emigranten in seiner Heimat zu wenig bekannt.

Zedlitz, Joseph Christian Freiherr von (* 28. 2. 1790 Schloß

Johannisberg bei Jauernig, † 16. 3. 1862 Wien). – Österr. Schriftsteller, Mitschüler Eichendorffs, wurde von Metternich als publizist. Mitarbeiter in die Staatskanzlei berufen. Als spätromant. Dramatiker und Epiker verfaßte er volkstümliche Gedichte und das Versepos *Waldfräulein* (1843). Seine Dramen, die er nach dem span. Vorbild verfaßte, fanden wenig Anklang. Sie erschienen 1830–1836 in 4 Bdn.

Zegadlowicz, Emil (* 20. 7. 1888 Bielitz, † 24. 2. 1941 Sosnowitz). – Poln. Schriftsteller, hatte Philosophie studiert und war als Dramaturg und Programmdirektor in Posen/Polen tätig. Nachdem er sich später aufs Land zurückgezogen hatte, besang er die Beskiden und dichtete Volksballaden im Stil der ländl. Idylle. Anfangs von Wyspianski abhängig, bekamen seine Werke später naturalist. und gesellschaftskrit. Inhalt. Die Erotik in seinen Stücken rief einen Literaturskandal hervor. Leider gibt es von den interessanten Werken noch keine Übersetzungen.

Zeleński, Tadeuz, Ps. *Boy* (* 21. 12. 1874 Warschau, † 3. 7. 1941 Lemberg). – Poln. Schriftsteller, Übersetzer und Kulturkritiker, war an der Gründung des »Grünen Ballons«, dem ersten lit. Kabarett in Polen, beteiligt. Nach seiner Emigration ins russ. Lemberg 1939 hielt er Vorlesungen über franz. Literatur und wurde schließl. von seinen polit. Feinden ermordet. Die größte Leistung des Literaten ist seine 100 Bände umfassende *Bibliotheka Boya*, die die Übersetzungen franz. Dichter enthält. Soziales Empfinden und der Wunsch, das Kulturleben seiner Heimat zu aktivieren, sind typ. in den Essays *Flirt z Melpomena* (1920 bis 1930) und den Lebenserinnerungen *Znaszli ten kraj?* (1931).

Zenker, Helmut (* 11. 1. 1949 St. Valentin/Niederösterr.). – Österr. Autor, stammt aus polit. engagierter kommunist. Familie, studierte Pädagogik in Wien und gab 1969–76 die Zs. »Wespennest« heraus. Seit 1973 ist er Mitglied der Grazer Autorenversammlung; für seine Arbeiten erhielt er zahlreiche Preise. Neben Mundarttexten, die in der österr. sprachphilos. Literaturtradition stehen, schrieb er Romane wie *Das Froschfest* (1977), *Hinterland* (1988), Theaterstücke wie *Wahnsinnig glücklich* (1976) und Hörspiele. Einem großen Publikum wurde Z. durch die Fernsehserie *Kottan ermittelt* (1976–83) bekannt, die in seiner Heimat z. T. auf heftige Kritik stieß, da sich konservative Kreise durch das satirische Österreichbild beleidigt fühlten. Die Kriminalromane *Minni Mann* (1989), *Ihr Mann ist tot und läßt sie grüßen* (1990) setzen diese Gestaltung fort.

Zenon von Elea (* 490 v. Chr., † um 430 v. Chr.). – Griech. Philosoph und Schüler des Parmenides, übernahm dessen Lehre von der Unteilbarkeit des Seins. In geschickter Dialektik, aufgrund der er später von Aristoteles als deren Gründer bezeichnet wurde, versuchte er, diese Lehre zu beweisen. Dabei kam es jedoch zu falschen Schlüssen, wie das berühmte

Beispiel »Wettlauf des Achilles mit der Schildkröte« zeigt. Seine Schriften sind nur fragment. erhalten.

Zenon von Kition (* um 336 v. Chr. Kition/Zypern, † um 264 v. Chr.). – Griech. Philosoph, gründete als Schüler des Krates und Stilpon, von Xenokrates und Polemon beeinflußt, eine eigene philosoph. Schule, die »Stoa«. Diese befand sich in den Bunten Hallen (= Stoa poikile) und erfreute sich großer Beliebtheit. Der Philosoph ging von einem geschlossenen Weltbild aus, das aus drei Teilen Physik, Logik und Ethik bestand und als höchste Tugend die Selbstbeherrschung und Unerschütterlichkeit in allen Lebenslagen lehrte. Er verfaßte eine *Politeia* und fünf Bücher *Homer. Probleme*, die jedoch nur bruchstückhaft überliefert sind.

Zernatto, Guido (* 21.7. 1903 Treffen/Kärnten, † 8.2. 1943 New York). – Österr. Schriftsteller, gab die »Kärtner Monatshefte« heraus, wurde 1934 Staatssekretär im Bundeskanzleramt der Regierung Schuschnigg und emigrierte nach dem Einmarsch Hitlers nach New York. Neben seinen derben Gedichten *Gelobt sei alle Kreatur* (1930), *Die Sonnenuhr* (1933) und seinen Erzählungen, die sich mit dem Gegensatz der bäuerl. Welt und der Großstadt beschäftigen, sind die polit. Schriften *Die Wahrheit über Österreich* (1938) hervorzuheben.

Zeromski, Stefan, Ps. *Maurycy Zych, Jozef Katerla* (* 1.11. 1864 bei Kielce, † 20.11. 1925 Warschau). – Poln. Erzähler, stammte aus verarmtem Adel, mußte sein Studium abbrechen und arbeitete seit 1904 als freier Schriftsteller. Die Zugehörigkeit zur radikalen Intelligenz prägte sein Frühwerk. In *Die Heimatlosen* (1900, dt. 1954) behandelt er die sozialen und histor. Probleme seines Landes, z.B. die Napoleon. Zeit in seinem von Tolstoi geprägten Werk *In Schutt und Asche* (poln. u. dt. 1904). Ebenso wie diese Romane enthalten auch seine späteren Dichtungen *Die Geschichte einer Sünde* (1908, dt. 1910) und *Der Rächer* (1912, dt. 1915) realist. und naturalist. Züge, wobei er sich mit impressionist. Stilmitteln dem Kommunismus zuwandte, da er sich von diesem eine nationale Befreiung seiner Heimat erhoffte.

Zesen, Philipp von, Ps. *Ritterhold der Blaue* (* 8.10. 1619 Priorau, † 13.11. 1689 Hamburg). – Dt. Barockdichter, Gründer der »Teutschgesinnten Genossenschaft«, verbrachte seinen Lebensabend in Armut. Neben theoret. Schriften über die Dichtkunst wie *Hochdeutscher Helikon* (1640), in denen er radikal puritanist. Forderungen aufstellte, gehören die Romane *Die Adriatische Rosemund* (1645) und *Simson* (1679) zu den bedeutendsten Werken des Barockdichters, der virtuos alle Formen beherrschte und meisterhaft die Stilmittel variierte. Die Werke enthalten viele autobiograph. Merkmale, waren bei den Zeitgenossen geschätzt, sind aber für den heutigen Leser nur schwer verständl. Eine Werkausgabe erschien 1970 ff. in 18 Bdn.

Zetterström, Hans Harald, Ps. *Hasse Z.* (* 23.5. 1877 Stockholm, † 1.6. 1946 ebd.). – Schwed. Schriftsteller, zeichnet in seinen Skizzen mit vollendetem und treffsicherem Stil ·menschl. Schwächen auf humorist. Weise. Zu seinen phantasievollen Werken, die fast alle ins Dt. übersetzt wurden, gehören *Der Dynamithund und andere Unmöglichkeiten* (dt. 1918), *Kapriolen* (dt. 1923) und *Die Schwedenplatte* (dt. 1938).

Zeyer, Julius (* 26.4. 1841 Prag, † 29.1. 1901 ebd.). – Tschech. Dichter, übernahm das Geschäft seines Vaters. Durch autodidakt. Bildung wurde er zu einem der führenden neuromant. Dichter. In seinen Dramen und Versepen *Griseldis* (1883, dt. 1900), *Sternenschimmer* (1884, dt. 1925) und *Heimat* (1886, dt. 1907) behandelt er meist histor. Stoffe. Als Lyriker neigt er zu pessimist. religiösen Themen.

Zhang Jie († 27.4. 1937 Peking). – Chines. Schriftstellerin, studierte Volkswirtschaft und arbeitete als Parteimitglied in einem Ministerium. Ihre Erzn. und Romane *Schwere Flügel* (1981, dt. 1985), *Die Arche* (1982, dt. 1985) u.a. behandeln das Leben im heutigen China und üben an Erscheinungsformen des Systems Kritik, ohne jedoch grundsätzlich den Sozialismus in Frage zu stellen. Im Westen gilt Z. als eine bedeutende chines. Autorin, in China wird ihr Werk diskutiert, wobei die Partei gegen die differenzierte Darstellung Einwände erhebt.

Zhang Xinxin († 4.10. 1953 Nanking). – Chines. Schriftstellerin, war aktiv an der Kulturrevolution beteiligt und studierte Dramaturgie; leitet das Pekinger Volkstheater. Ausgehend von der Doktrin des Sozialistischen Realismus schrieb sie frühe Texte, wandte sich dann aber in Erzählungen immer stärker individuellen Schicksalen und mehrschichtigen Erzählperspektiven zu: *Am gleichen Horizont* (1981, dt. 1987), *Traum unserer Generation* (1982, dt. 1986), *Pekingmenschen* (1985, dt. 1986) und übernahm Stilformen wie Innerer Monolog und Reportage in ihre Texte. Im Westen wurden ihre Werke rasch rezipiert und viel gelesen.

Ziem, Jochen (* 5.4. 1932 Magdeburg). – Dt. Schriftsteller, kam nach einem Studium der Germanistik und mehrjähriger Tätigkeit als Reporter nach Westdeutschland. In seiner Erzählung *Zahltage* (1968) gibt er eine Alltagsbeschreibung und schildert provozierend die Klischees, Vorurteile und Konventionen, denen sowohl die östl. als auch die westl. Gesellschaft unterliegen. *Der Junge* (1980) erzählt in sieben Bildern die Entwicklung eines Knaben im 3. Reich. In dem Drama *Nachrichten aus der Provinz* (1967), gemeint sind die seel. und geistigen Provinzen, skizziert er Verhaltensweisen in der Bundesrepublik Deutschland. In den letzten Jahren schrieb er Fernsehspiele wie *Unternehmer* (1970) und *Federlesen* (1972) und Hörspiele wie *Okke Dillens letzter Bericht* (1972), *Die Klassefrau* (1974), *Die Belehrung* (1978) und *Frau Deutsch-*

land (1981). 1977 veröffentlichte er die Studie *Menschen und Bilder des 19. Jahrhunderts.*

Ziesel, Kurt (*25.2. 1911 Innsbruck). – Dt. Schriftsteller, sympathisierte mit dem Nationalsozialismus, trat in der Nachkriegszeit als Hg. des »Deutschland-Magazins« an die Öffentlichkeit. Sein lit. Werk ist von der Kriegs- und Nachkriegsstimmung bestimmt, was in den polit. Schriften stark zum Ausdruck kommt. Neben Gedichten und Essays sind die Romane *Verwandlungen der Herzen* (1938), *Und was bleibt, ist der Mensch* (1951), *Der endlose Tag* (1963) und *Daniel in der Löwengrube* (1983) besonders bekannt geworden.

Zigler und Kliphausen, Heinrich Anselm von (*6.1. 1663 Radmeritz, †8.9. 1696 bei Leipzig). – Dt. Dichter, bewirtschaftete nach dem Studium die väterl. Güter. Von Hofmannswaldau geprägt, ist er ein bedeutender Lyriker und ein Vertreter des polit.-hero. Barockromans. *Die Asiatische Banise* (1689), die auf Hamann, Lessing und Goethe wirkte, und die Dichtung *Heldenliebe der Schrifft Alten Testaments* (1691) gehören zu seinen wichtigsten Werken.

Zilahy, Lajos (*27.3. 1891 bei Großwardein, †3.12. 1974 Novi Sad). – Ungar. Schriftsteller, schrieb nach dem Ersten Weltkrieg pazifist. Gedichte und war später Mitglied einer Widerstandsbewegung. 1947 emigrierte er nach Amerika. Moral. und gesellschaftl. Fragen stehen im Mittelpunkt seiner psycholog. Romane, wie *Tödlicher Frühling* (1922, dt. 1926), *Die Liebe meines Urahnen* (1923, dt. 1938), *Die Seele erlischt* (1932, dt. 1938), *Die goldene Brücke* (1936, dt. 1940) und *Im Herzen des Waldes* (engl. u. dt. 1959).

Zimmer Bradley, Marion (*3.6. 1930 Albany/New York). – Amerikan. Schriftstellerin, begann mit Science-fiction-Romanen über den Planeten Darkover, z.B. *Die Jäger des roten Mondes* (dt. 1981), *Die Zeit der hundert Königreiche* (dt. 1982) und *Sharas Exil* (dt. 1983). Weltruhm erlangte sie mit dem R. *Die Nebel von Avalon* (1982, dt. 1983), in dem sie auf Anregung ihres Mannes eine moderne Fassung der Artusmythe aus der Sicht einer Frau erzählt. Das Werk steht in der Tradition Tolkiens und erzählt ausladend von der geheimnisvollen keltischen Sagenwelt. Mit den Romanen *Herrin der Falken* (dt. 1984), *Tochter der Nacht* (dt. 1985), *Trapez* (dt. 1986), *Die Feuer von Troja* (1988) und den Erzn. *Luchsmond* (dt. 1987) konnte sie den Welterfolg nicht wiederholen. Der Darkover-Zyklus *Die Erben von Hammerfell* (dt. 1991) ist spannend erzählt, gestaltet ansprechende Frauenschicksale.

Zinzendorf, Nikolaus Ludwig Graf von Z. und Pottendorf (*26.5. 1700 Dresden, †9.5. 1760 Herrnhut). – Dt. Dichter, genoß eine pietist. Erziehung und studierte Jura und Theologie und wurde 1737 zum Bischof geweiht. Zahlreiche Reisen und die Tätigkeit im Staatsdienst verhalfen ihm zu großem Einfluß; er schuf 1722 die »Herrnhuter Brüdergemeine«, die auf den empfindsamen Protestantismus und die dt. Literatur großen

Einfluß gewann (z.B. K. Ph. Moritz). Z. verfaßte viele pietist. Lieder, religiöse Schriften und Reden, wie z.B. *Die Sammlung Geist- und Lieblicher Lieder* (1725) und *Teutsche Gedichte* (1735).

Zoderer, Joseph (*15.11. 1935 Meran/Südtirol). – Österr. Autor, nach wechselhafter Schulzeit arbeitete er in einer Fleischerei und als Ofenbauer, dann Tellerwäscher und Hilfskoch in Amerika; studierte in Wien Jura, Philosophie, Psychologie und Theaterwissenschaft ohne Abschluß. Als Journalist u.a. bei der Kronenzeitung tätig. Schrieb Romane, z.B. *Das Glück beim Händewaschen* (1976), *Die Walsche* (1984), *Lontano* (1984), *Dauerhaftes Morgenrot* (1987), Dialekttexte und Erzählungen, in denen er sich immer für eine humane Veränderung der Welt einsetzte. Sein Engagement, aber auch seine stilist. Exaktheit wurden durch zahlreiche Preise anerkannt.

Zoff, Otto (*9.4. 1890 Prag, †14.12. 1963 München). – Dt. Kunsthistoriker, war Lektor, Dramaturg, Regisseur und Schriftsteller. Neben seinen Romanen, *Das Haus am Weg* (1913), und den expressionist. Dramen, wie z.B. *Der Schneesturm* (1919), sind die erfolgreichen Bühnenbearbeitungen (Eichendorff, Dickens, Goldoni etc.) zu erwähnen. Von großem Interesse sind seine *Tagebücher aus der Emigration 1933–1944* (1968).

Zola, Emile Edouard Charles Antoine (*2.4. 1840 Paris, †29.9. 1902 ebd.). – Franz. Dichter, fand durch seine Tätigkeit als Verlagsangestellter bald Zugang zu den zeitgenöss. Literaten. Am Ende der siebziger Jahre schloß er sich dem »Kreis von Médan« an, in dem viele naturalist. Dichter vereint waren. Z.s. Werke waren zunächst der Romantik verpflichtet, doch wurde er später zu einem der bedeutendsten europ. Autoren des Naturalismus, den er auch theoret. begründete, z.B. *Le roman expérimental* (1880) und *Les romanciers naturalistes* (1881). Sein Romanzyklus *Die Rougon-Macquart. Geschichte einer Familie unter dem 2. Kaiserreich* (1871–1893) und *Nana* (1880) sind seine Hauptwerke. Sie zeigen entsprechend den positivist. Ideen seiner Zeit den Menschen als Produkt von Milieu (Taine) und Vererbung und leugnen jegliche menschl. Freiheit. Aus dem großen Gesamtwerk sind weiter *Thérèse Raquin* (1867, dt. 1884), *Germinal* (franz. u. dt. 1885), *Die drei Städte* (1894–1898, dt. 1895–1898) und *Der Zusammenbruch* (dt. 1893) bes. hervorzuheben. Als polit. Autor trat er bes. in der sog. »Dreyfus-Affaire« 1887 engagiert hervor mit der Schrift *L'affaire Dreyfus: Lettre à la jeunesse* und wurde zum Sprecher einer freiheitl. Demokratie auf der Grundlage des Rechts. Z. gehört zu den ersten Autoren, die den Zusammenhang von Politik und Kunst erkannt und in einem umfangreichen Werk, das in alle Kultursprachen übersetzt wurde, gestaltet haben. Als Begründer des Naturalismus ist er für die europ. Kunst- und Kulturgeschichte von großer Bedeutung. Die franz. Gesamtausgabe von 1927 bis 1929 umfaßt 50 Bde.

Dt. erschienen seine Schriften einzeln und in mehreren Werkausgaben.

Zonaras, Johannes (*Ende des 11.Jh.s, †Mitte d. 12.Jh.s). – Griech. Schriftsteller, war zunächst am kaiserl. Hof beschäftigt. Als Mönch zog er sich später auf die Prinzeninsel zurück, wo er seine Weltchronik schrieb, die die Geschehnisse bis 1118 zurückverfolgt. Als Geschichtsschreiber kommentierte und verfaßte er auch theolog. und hagiograph. Schriften.

Zopfi, Emil (*4.1. 1943 Wald/Schweiz). – Schweizer Autor, studierte Elektrotechnik, seit 1981 freier Schriftsteller. Seine Auseinandersetzung mit der sozialen Wirklichkeit in der Schweiz und mit persönlichem Erleben spiegeln die Prosatexte und Romane wider, z.B. *Jede Minute kostet 33 Franken* (1977), *Computer für tausendundeine Nacht* (1980), *Suche nach dem anderen* (1982), *Lebensgefährlich verletzt. Eine Nachforschung* (1984), *Der Computerdieb* (1986) und *Die Wand der Sila* (1986). Daneben machte er sich als Autor von Kinderbüchern und Hörspielen einen Namen.

Zorilla de San Martín, Juan (*28.12. 1855 Montevideo, †4.11.1931 ebd.). – Uruguay. Dichter, war zunächst Professor, später Diplomat und verfaßte hero. Dichtungen, Essays und Reiseberichte. Zu ihnen gehören die Gedichte *Tabaré* (1888), die Epik *La leyenda patria* (1879) und *La epopeya de Artigas* (1907). Das Gesamtwerk erschien 1930 in 16 Bdn.

Zorilla y Moral, José (*21.2. 1817 Valladolid, †23.1. 1893 Madrid). – Span. Schriftsteller, verfaßte mit 20 Jahren eine Elegie auf den Tod des Dichters Larra, die ihn schon früh berühmt machte. Ausgehend von der franz. Romantik wurde er zum bedeutendsten Vertreter der span. Romantik. Seine Verslegenden *Cantos del rovador* (1840/41) und seine Dramen *Don Juan Tenorio* (1844, dt. 1850) und *Traidor inconfeso y mártir* (1849) sind religiöser Tradition verpflichtet. Sein Gesamtwerk erschien 1905 in 4 Bdn.

Zrinyi, Miklós Graf (*1.5. 1620 Burg Ozalj, †18.11. 1664 Csakathurn). – Ungar. Schriftsteller, verwaltete nach dem Studium die Güter seines Vaters. Sein Leben galt dem Kampf gegen die Türken und die Habsburger. Neben polit. Prosa und Liebesidyllen, die dem Stil des Barock verpflichtet sind, ist das Heldenepos *Obsidio Szigetiana* (1651) als sein Hauptwerk hervorzuheben.

Zschokke, Heinrich (*22.3. 1771 Magdeburg, †27.6. 1848 Aarau). – Dt. Schriftsteller, wanderte nach dem Studium der Theologie, Philosophie und Geschichte 1796 in die Schweiz aus, wo er zahlr. Staatsämter verwaltete. In seinen lit. Werken, der Tragödie *Julius von Sassen* (1796), dem R. *Aböllino der große Bandit* und der Erz. *Das Goldmacher-Dorf* (1817) griff er auf Stil- und Handlungselemente des Schauerromans zurück. Die meisten Schriften zeigen moralisierende Züge; bes. deutl. in *Die Branntweinpest* (1837). Das heute weitgehend vergessene Gesamtwerk erschien 1856 bis 1859 in 36 Bdn.

Zschorsch, Gerald K. (*25.12. 1951 Elsterberg/Vogtland). – Dt. Schriftsteller, stammt aus einer aktiven und erfolgreichen sozialist. Familie in der DDR, trat wiederholt gegen diesen Staat auf, wurde mehrfach verurteilt und inhaftiert; 1974 Abschiebung in den Westen. Z. schrieb vornehmlich engagierte Gedichte, in denen er sich zur Tradition eines krit. Sozialismus bekennt; bekannt wurden u.a. *Glaubt bloß nicht, daß ich traurig bin* (1977), *Der Duft der anderen Haut* (1982), *Klappmesser* (1983), *Stadtkunde* (1986), *Sturmtruppen* (1987), *Gambit* (1988). Die Gedichte *Spitznasen* (1990) zeigen eine starke Wendung zu expressionist. Gestaltungsweisen und eine gewisse Distanz zum einst modischen Sozialismus. Mit 7 Bdn. Lyrik in 10 Jahren gehört Z. zu den produktivsten Autoren. Als Autor wurden ihm im Westen durch Stipendien die Arbeitsbedingungen wesentlich verbessert (z.B. Villa Massimo 1979; Worpswede 1983).

Zuckmayer, Carl (*27.12. 1896 Nackenheim, †18.1. 1977 Visp/Schweiz). – Dt. Dichter, war nach seinem Studium als Dramaturg tätig. Als Dramatiker, dessen vielfältige Werke sich nicht in eine bestimmte Stilrichtung einordnen lassen, verlieh er seinen Schriften große Natürlichkeit und lebendigen Humor. Ursprüngl. einer volksnahen Romantik nahestehend, wurde er vorübergehend zum Hauptvertreter der Neuen Sachlichkeit. Stets zeigen seine Werke einen zeitgeschichtl. Problemhorizont. Bereits vor der Emigration 1938 war Z. einer der beliebtesten Bühnendichter und Drehbuchautoren, etwa mit dem Lustspiel *Der fröhliche Weinberg* (1925) und den Dramen *Pankraz erwacht* (1925), *Schinderhannes* (1927) und *Katharina Knie* (1930). Mit der Komödie über den preuß. Untertanengeist *Der Hauptmann von Köpenick* (1930) gab er Bürokratie und Militarismus dem allg. Gelächter preis. Ab 1933 wurde er von den Nationalsozialisten so stark in seiner Arbeit behindert, daß die meisterhaften Erzählungen *Ein Sommer in Österreich* (1937) und *Der Seelenbräu* (1945) erst späte Beachtung fanden. Nach dem 2. Weltkrieg griff er als erster zeitgeschichtl. Probleme auf, etwa mit *Des Teufels General* (1946), *Der Gesang im Feuerofen* (1950) und *Das kalte Licht* (1955). Daneben wandte er sich der schwed. Lit. zu, schrieb das Schauspiel *Ulla Winblad* (1953) und übersetzte Gedichte und Episteln Bellmans. 1975 erschien sein letztes Drama *Der Rattenfänger*. Die späten Erzählungen, *Die Fastnachtsbeichte* (1959) und *Auf einem Weg im Frühling* (1970), und Dramen, *Die Uhr schlägt eins* (1961) und *Das Leben des Horace A.W. Tabor* (1964), wurden nicht so beachtet wie seine meisterhafte Autobiographie *Als wär's ein Stück von mir* (1960), die ein vielfaches Zeugnis für die Kultur- und Geistesgeschichte unseres Jh.s ist. Seine zahlr. Gedichte, die in allen Perioden seines Schaffens entstanden, zeugen von vielfältigem Gestaltungssinn und sind eine sehr persönl. Aussage. Zahlreiche Werke wurden verfilmt. Eine Gesamtausgabe erschien 1978.

Zupančič, Oton (* 23. 1. 1878 Vinica, † 11. 6. 1949 Laibach). – Slowen. Dichter, stand nach seinem Studium in engem Kontakt mit der slowen. Moderne. Als Dramaturg, Redakteur und Archivar lernte er auf Reisen die verschiedenen geistig-lit. Strömungen kennen. In seiner Jugend stark impressionist. beeinflußt, fand er allmähl. zu einem individuellen Stil. Persönl. Eindrücke, soziale und nationale Probleme dominieren in seinem Werk, das bis heute noch nicht übersetzt wurde.

Zusanek, Harald (* 14. 1. 1922 Wien). – Österr. Schriftsteller, absolvierte sein Studium am Reinhardtseminar in Wien; Träger des Österr. Staatspreises. Neben seiner Tätigkeit als Regisseur verfaßte er zahlreiche Dramen, wie z. B. *Bettlerin Europa* (1953). *Die Schauspielerin* (1953) war sein erstes Hörspiel, dem 1964 das erfolgreiche Drama *Die dritte Front* folgte. Als Fernsehspiele fanden viel Beachtung *Pontius Pilatus* (1966) und *Ich log die Wahrheit* (1972).

Zweig, Arnold (* 10. 11. 1887 Glogau, † 26. 11. 1968 Berlin). – Dt. Dichter, wurde nach seiner Rückkehr aus der Emigration 1950 Präsident der Dt. Akademie der Künste in Ost-Berlin und des deutschen PEN-Zentrums. Das Werk *Die Novellen um Claudia* (1912) gibt Aufschluß über Zweigs Interesse an der Psychoanalyse, das auch seine frühen impressionist. Dichtungen beeinflußte. Nach dem Ersten Weltkrieg begann Z., soziale und gesellschaftl. Gegebenheiten und Mißstände darzustellen. So wird der Konflikt zwischen Staat und Individuum in dem berühmten Roman *Der Streit um den Sergeanten Grischa* (1927) gezeigt. Dieser gehört zu dem Zyklus *Der große Krieg der weißen Männer*. Sein Spätwerk ist kommunist. beeinflußt, z. B. die Romane *Erziehung vor Verdun* (1935), *Das Beil von Wandsbek* (1947), *Die Zeit ist reif* (1957) und *Traum ist teuer* (1962). 1959 bis 1967 erschien eine umfassende Auswahl seiner Werke.

Zweig, Stefan (* 28. 11. 1881 Wien, † 23. 2. 1942 Petrópolis bei Rio de Janeiro). – Österr. Dichter, stammte aus großbürgerl. Familie, studierte Philosophie, Germanistik und Romanistik und mußte 1938 emigrieren. 1941 konnte er sich endlich in Brasilien niederlassen. Zusammen mit seiner Frau nahm er sich aus Verzweiflung über die polit. Entwicklung das Leben. Der Dichter war vom Wiener Impressionismus ebenso wie von der Neuromantik und dem franz. Symbolismus beeinflußt. So sind seine Werke durch vollendeten Stil und treffsichere Analyse gekennzeichnet. In den Novellen *Brennendes Geheimnis* (1911), *Amok* (1922), *Verwirrung der Gefühle* (1927) und *Schachnovelle* (1941) behandelt er psychische Probleme und Entwicklungen. 1935 schrieb er für Richard Strauss das Libretto *Die schweigsame Frau*, 1938 seinen einzigen R., *Ungeduld des Herzens*. In *Sternstunden der Menschheit* (1927) und *Baumeister der Welt* (1936) erweist er sich als Meister der histor. Miniatur. Neben zahlreichen Essays, Bio- und Monographien berühmter Personen, z. B. *Maria Stuart* (1935), *Magellan* (1938) und *Balzac* (1946), stellt er in *Die Welt von gestern* (1943) den alten Glanz der untergegangenen Donaumonarchie dar. Das Gesamtwerk erschien 1946 bis 1967.

Zwerenz, Gerhard (* 3. 6. 1925 Chemnitz). – Dt. Schriftsteller, gelernter Kupferschmied, begann 1952, bei Ernst Bloch Philosophie zu studieren. Aufgrund seiner Zugehörigkeit zur antistalinist. Gruppe um Wolfgang Harich mußte er 1957 nach West-Berlin fliehen. Seine realist. Schilderungen aus dem DDR-Leben und seine zeitkrit. Schriften über die Verhältnisse in der Bundesrepublik sind vor allem in den Tagebuchaufzeichnungen *Ärgernisse* (1957/60) enthalten. Darüber hinaus gehört der Erzählungsband *Heldengedenktag* (1964) zu seinen besten Werken. 1966 huldigte er mit einer Biographie *Walter Ulbricht*, doch gelang im gleichen Jahr auch der lit. Durchbruch mit *Casanova*, in dem er satir. die bundesrepublikan. Lebensweise beschrieb. Neben pornograph. Literatur verfaßte er auch polem. Essays, wie *Der plebejische Intellektuelle* (1972), *Bericht aus dem Landesinneren* (1972), *Die Westdeutschen* (1977), *Terrorismus und Demokratie* (1978) und *Wir haben jetzt Ruhe in Deutschland* (1982), die Autobiogr. *Der Widerspruch* (1974), Gedichte und die Erz. *Vorbereitung zur Hochzeit* (1975). Seine jüngsten Werke haben sowohl auf die Literatur als auch auf gesellschaftskrit. Diskussionen Einfluß gewonnen, z. B. die Romane *Die Quadriga des Mischa Wolf* über den Fall Guillaume, *Die Erde ist unbewohnbar wie der Mond* (1976), *Das Großelternkind* (1978), der autobiogr. Züge trägt, *Der Mann und das Mädchen* (1980), *Der Mann und die Wilde* (1982), *Vergiß die Träume deiner Jugend nicht. Eine autobiographische Deutschlandsaga* (1989) und das Kinderbuch *Laßt Kinder ran* (1976). In letzter Zeit veröffentlichte Z. nur Unterhaltungsliteratur. 1991 erhielt er den Alternativen Büchner-Preis.

Lexikon der Sachbegriffe

A

Abbreviatur Abkürzung eines Wortes oder einer Silbe in der Schrift. A.en, die auf röm. Vorbilder zurückgehen (z. B. »an« für »ante« = vor, »dno« für »domino« = dem Herrn), finden sich besonders häufig in mittelalterl. Hss. und dienen der Raumersparnis. In den letzten Jh. sind die A.en allmählich verschwunden, da sie durch die Erfindung der raum- und zeitsparenden Stenographie überflüssig geworden sind. – Abbreviatursprache: verkürzte Redeweise (z. B. »Gute Reise!«).

Abdruck Gedruckte Wiedergabe einer hand- oder maschinenschriftlichen Vorlage. Der A. urheberrechtl. geschützter Werke oder Werkteile bedarf der Genehmigung des Autors oder Verlages. – Der Begriff A. wird für verschiedene Verfahren der Druckwiedergabe verwendet: anastatischer A.: angefeuchtete alte Drucke werden auf Stein oder Metall aufgequetscht und durch Papier hindurchgeätzt (veraltet); diplomatischer A.: originalgetreue Wiedergabe eines handschriftl. Manuskripts; photomechanischer A.: unveränderte Reproduktion eines älteren Drucks, z. B. Reprint, Faksimiledruck.

Abenteuerroman Sammelbegriff für eine Romangattung, bei der abenteuerl. Unternehmungen oder Begebenheiten in meist realist. Form dargestellt werden. Der A., bei dem spätantike Einflüsse nachweisbar sind, geht auf den um 1050 verfaßten *Ruodlieb* zurück und erreicht in Europa im → Schelmenroman des 16./17. Jh.s seinen Höhepunkt: *Don Quijote* (Cervantes, 1605); *Simplicissimus* (Grimmelshausen, 1669); *Gil Blas* (Lesage, 1715–35). Im Barock tritt der A. gleichzeitig mit der galanten und höf. Epik auf. Die auf Defoes *Robinson Crusoe* (1719) zurückgehenden Robinsonaden zählen ebenso zu den A.en wie Eichendorffs Reiseroman *Aus dem Leben eines Taugenichts* (1826). Eine moderne Verbindung gehen A. und Schelmenroman in Thomas Manns *Bekenntnisse des Hochstaplers Felix Krull* (1954) ein.

Abgesang Schlußteil der aus drei Teilen bestehenden → Kanzone, der → Minnegesang- und → Meistersangstrophe. Die beiden ersten Teile (auch Stollen) bilden den → Aufgesang und werden nach derselben Melodie gesungen, während der oft kürzere A. eine eigene Melodie hat. Die Einteilung der → Strophe in Aufgesang und A. geht auf das provenzal. und altfranz. Minnelied zurück und findet sich noch in der Neuzeit, besonders in Kirchenliedern (Luther).

Absurdes Theater Form des Gegenwartsdramas, bei der ein logisch gegliederter und psycholog. motivierter Handlungsablauf zugunsten einer willkürlich und sinnlos anmutenden Aneinanderreihung von Szenen und Dialogen zurücktritt. Die dargestellte Welt erscheint absurd, die Handlungen der Menschen sind nicht von der Vernunft her begründet. Die Repräsentanten des a. T.s verstehen ihr Schaffen als »Anti-Theater« (Ionesco). Als erstes absurdes Theaterstück gilt *Ubu Roi (König Ubu)* von Alfred Jarry (1896). Das vorwiegend in Frankreich gepflegte a. T. wird dort repräsentiert von Arthur Adamov, Fernando Arrabal, Samuel Beckett (*Warten auf Godot*, 1952), Eugène Ionesco und Jean Tardieu. In Dtld. sind Günter Eich, Günter Grass und Wolfgang Hildesheimer mit absurden Dr. hervorgetreten.

Ad spectatores Improvisierte, an die Zuschauer gerichtete Bemerkungen von Darstellern auf der Bühne.

Ad usum delphini (oft »in usum delphini«) Unter diesem Motto erschienen zwischen 1674 und 1730 in Paris 64 Bde. griech. und röm. Klassiker, die Bossuet und Huet auf Veranlassung Ludwigs XIV. von anstößigen Stellen gereinigt und »zum Gebrauch des Dauphin«, d. h. für den Unterricht des franz. Thronfolgers, bearbeitet hatten. Daher die heutige Bedeutung: auf die Person des Lesers zugeschnittenes Werk.

Ästhetik Ursprüngl. die Lehre von der Sinneswahrnehmung. Später als Wissenschaft des Schönen in Natur und Kunst eine philosoph. Fundamentaldisziplin. Nachdem bereits antike Autoren wie Heraklit, Polyklet, Sokrates, Platon, Aristoteles u. a. sich mit dem Problem der Schönheit auseinandergesetzt und Denker des Mittelalters wie die Renaissance deren Gedankengut fortgeführt hatten, kam es erst mit Baumgartens *Aesthetica* (1750–58) zu einer Theorie der Ä., die damit einen eigenen Rang neben Logik und Ethik erhielt. Auf philosoph. Gebiet wurde die Ä. weiterentwickelt durch Kant, Hegel und die Romantiker, bes. Schelling. Bei Schopenhauer erhält die Betrachtung des Schönen gleichsam eine Erlösungsfunktion. In der Dichtung, die sich im Zeitalter der Klassik und Romantik mit philosoph. Bemühen verbindet, sind es vor allem Goethe, Schiller und Jean Paul, die ästhet. Grundfragen durchdenken. Im 20. Jh. verdienen die ästhet. Fragestellungen Nicolai Hartmanns, Heideggers, Adornos und Lukács' bes. Würdigung.

Agon Bei den Griechen ursprüngl. auf Leibesübungen, aber auch auf Musik, Dichtkunst und Tanz bezogener Wettkampf (Isthmische, Nemeische, Olympische und Pythische Spiele). Auch in der Philosophie (Sokrates) wurde der A. ausgetragen. Desgleichen ist der A. in den meisten Stücken von Aristophanes belegt.

Akademie Ursprüngl. Bezeichnung der von Platon in Athen gegründeten Philosophenschule (385 v. Chr. bis 529 n. Chr.), seit der → Renaissance dann allgemein für gelehrte Gesellschaften, z. B. Accademia Platonica, 1470–1521; Accademia della Crusca, 1582 gegründet, beide in Florenz. Letztere widmet sich, wie die 1635 nach ihrem Vorbild gegründete Académie Française, der Reinerhaltung und Pflege der Sprache. Die heute im deutschsprachigen Raum bestehenden A.n (Berlin, Göttingen, Halle/Saale, Heidelberg, Leipzig, Mainz, München, Wien) verfolgen verschiedene wiss. Zielsetzungen im philosoph.-histor. oder mathemat.-naturwiss. Bereich (z. B. Ausgabe von Standardwerken, langfristige Untersuchungen). Seit 1949 existiert in Darmstadt eine Dt. A. für Sprache und Dichtung. – Auch Bezeichnung für Fachhochschulen (z. B. Bergakademie) und wiss. Festakte.

Akkumulation Bezeichnung für eine Form der Worthäufung, bei der ein Oberbegriff durch mehrere Unterbegriffe oder ein Gesamteindruck durch mehrere Einzelempfindungen wiedergegeben wird (z. B. »Und es wallet und siedet und brauset und zischt«, Schiller).

Akristichon Die Anfangsbuchstaben der Verse, Zeilen oder Strophen eines Gedichtes bilden, zusammen gelesen, ein Wort oder einen Satz. Bei weltl. Dichtung ist damit oft eine Huldigung an diejenige Person verbunden, für die das Gedicht bestimmt ist. Das

A. kommt bes. in der mittelalterl. Dichtung vor, aber auch noch im Barock. In der Gegenwart bedient sich oft die Werbung des A.s. Ergeben die Endbuchstaben ein Wort oder einen Satz, spricht man von einem Telestichon.

Akt Aufzug im → Drama. Oft entsprechen die A.e dem inneren Aufbau des Stückes. Von Seneca bis hin zur franz. Klassik kennt das Dr. fünf Akte. In der dt. Literatur findet sich dieser Aufbau zuerst 1527 im *Verlorenen Sohn* des B. Waldis, er setzt sich im Barock fort – die als Abhandlungen bezeichneten A.e werden durch Reyhen (Chöre) getrennt – und wird in der klass. Epoche zur Norm. Daneben gibt es jedoch schon bedeutende Ausnahmen wie z.B. Goethes *Faust I.* und Dr. von Kleist. Ende des 19.Jh.s beginnt man generell von der Norm abzuweichen. Ibsen und Hauptmann schaffen Drei- und Vierakter. Seit dem → Expressionismus haben die A.e die Funktion übernommen, Szenenfolgen oder Bilder lediglich zu gruppieren, sie entsprechen aber nicht mehr einer streng gegliederten inneren Abfolge der Handlung. Der Strukturwandel zeigt sich bes. deutlich in den Dichtungen von Brecht und seinen Nachfolgern.

Akzent Die Betonung einer bestimmten Silbe, eines Wortes oder eines Satzes. Der A. ist neben Pause, Tempo und Klangfarbe ein rhythm. Mittel zur Gliederung eines gesprochenen Textes, bes. eines Verses innerhalb des jeweiligen metr. Schemas. Man unterscheidet den melod. A. (systemat. Folge kurzer und langer Silben), den dynam. A. (Wechsel von betonten und unbetonten Silben) und den temporalen A. (Sprechtondauer). Für die Sinngebung beim Sprechen eines Verses ist der dynam. A. am wichtigsten.

Alamode-Literatur Als A. bezeichnet man die höf. Unterhaltungsliteratur des 17.Jh.s in Dtld. Sie ist charakterisiert durch die übertriebene Verwendung von Fremdwörtern, die in erster Linie aus dem Französischen und Italienischen entlehnt werden. Auch die von → Sprachgesellschaften ausgehende Gegenbewegung wird A. genannt. Neben Olearius, Ellinger und anderen stellten sich auch Dichter wie Grimmelshausen, Gryphius und Logau gegen die A. Der Streit um die A. endete erst um die Mitte des 18.Jh.s mit der zunehmenden Profilierung des dt. Schrifttums.

Alexandriner Sechshebiger Vers von 12 Silben mit stehender → Zäsur nach der 6. Silbe (sechshebige Jambenzeile). Die Bezeichnung A. geht auf die altfranz. Epik um Alexander den Großen (12.Jh.) zurück. Im 16. und 17.Jh. wird der A. zum klass. Vers der franz. Tragödie. Im 17. und 18.Jh. ist er der bevorzugte Vers auch der dt. Dichtung (z.B. bei Silesius, Gryphius, Hofmannswaldau). Später findet sich der A. nur noch vereinzelt (so z.B. bei Rückerts Lehrgedicht *Die Weisheit des Brahmanen*). Die Romantiker behandelten den A. freier und setzten Zäsuren nach der 4. und 8. Silbe. In den nachfolgenden Epochen verschwindet der A.

Allegorie Figürl. Darstellung von abstrakten Begriffen. Allgemeines und Abstraktes wird personifiziert dargestellt (z.B. Amor, Psyche, der Reigen der Künste). In der griech. Kunst des 3./2.Jh.s tritt die A. an die Stelle der alten Mythologie. In der lat. Literatur ist es bes. die *Psychomachia* des Prudentius (um 400), die in die mittelalterl. Dichtung hineinwirkt. Ein Höhepunkt wird mit Dantes *Commedia* (1321 vollendet) erreicht. In den folgenden Jh.n, besonders in Renaissance und Barock, finden A.n. immer wieder Eingang in die Dichtung (*Teuerdank*, zuerst 1517). In der Romantik, beim späten Goethe, in den Werken Richard Wagners, in

Naturalismus und Expressionismus lebt die A. immer wieder auf. In der modernen Dichtung kehrt die A. als Chiffre, symbolartiges Zeichen, wieder; so verkörpert z.B. bei Rilke der Panther das Los des Menschen.

Alliteration Stabreim. In Versen oder – seltener – in Prosatexten die Wiederholung des gleichen Anlauts oder gleicher Vokale in betonten Stammsilben zur Steigerung der Ausdruckskraft künstler. Sprache (»mit Roß und Reiter«). A. findet sich bereits häufig in den antiken Literaturen und ist charakterist. Stilmittel des german. Verses (Edda). Obwohl seit dem 9.Jh. immer mehr durch den Endreim verdrängt, bleibt auch in der Dichtung des 19. und 20.Jh.s, so bes. bei Richard Wagner und Rilke, die A. noch eine bevorzugte Klangfigur.

Almanach Im 14./15.Jh. kalenderähnliches Sammelwerk mit astronom. Angaben, ab dem 16.Jh. auch mit unterhaltenden Beifügungen, kleinen Erz.n usw. Heute Bezeichnung für Jahrbücher mit lit. oder wiss. Beiträgen. In Dtld. sehr bekannt wurde der 1474 von Johann Regiomontanus herausgegebene A. Mehrere bedeutende Dichtungen von Goethe und Schiller erschienen erstmals in → Musenalmanachen. Heute dienen A.e oft auch der Werbung von Verlagen.

Althochdeutsch In der Entwicklung der dt. Sprache der Zeitraum von 750 bis 1050. Im Zuge der Christianisierung entstand seit dem Ende des 8.Jh.s v.a. in Benediktinerklöstern neben dem wesentl. umfangreicheren lat. Schrifttum gleichzeitig eine a. Literatur, zunächst in Form von → Übersetzungen und → Glossen (Monseer Matthäusübersetzung, 9.Jh.). Die meisten Dichtungen in dt. Sprache entstanden nach der Mitte des 9.Jh.s (Otfried von Weißenburg). Gleichzeitig wird der Stabreim (→ Alliteration) mehr und mehr durch den Endreim ersetzt. Die a. Literatur erreicht in den Werken Notkers des Deutschen (gest. 1022) ihren Höhepunkt.

Amadis (Amadis de Gaula) Titelheld von Ritterromanen, die sich im 16.Jh. von Spanien her in ganz Europa verbreitet hatten. Ihre port. Urform von Vasco de Lobeira (1385) ist nicht erhalten. A. steht für Amadeus, Gaula (auch Gaules) ist die Bezeichnung für Gallien bzw. Wales. Die Amadisromane enthalten eine Mischung von ritterl. Ethos und phantast. Realismus frühbarocker Prägung.

Ambiguität Doppel- oder Mehrdeutigkeit eines Wortes. Die A. dient seit der Antike oft als Stilmittel zur Steigerung der dichter. Aussage. Sie ist zu unterscheiden von der Amphibolie, bei der unterschiedliche Bedeutungsgehalt nicht wie bei der A. im Wort selbst (z.B. Quelle), sondern in dessen Betonung liegt (z.B. übersetzen). A. gilt als Wesensmerkmal der dichter. Sprache.

Amphitheater Form des' röm. Theaters mit ellipt. Arena und ringsum aufsteigenden Sitzreihen. Das dachlose A. diente zu Gladiatoren- und Tierkämpfen. Um 70 v.Chr. entstand das älteste erhaltene A. in Pompeji; bekanntestes A. ist das unter den Kaisern Vespasian und Titus 72–80 errichtete, rund 50 000 Zuschauer fassende Kolosseum in Rom. Weitere A. sind in Italien, Südfrankreich, Spanien, Nordafrika und Kleinasien erhalten geblieben. Auf dt. Boden entstand ein A. in Trier.

Anachronismus Zuordnung von Personen, Geschehnissen und Handlungen zu Zeitepochen, denen sie nicht angehören. Der A. kann beabsichtigt oder unbeabsichtigt sein und findet sich in beiden Formen bei den bedeutendsten Dichtern und Schriftstellern, so bei Shakespeare, Goethe, Schiller und anderen.

Anagnorisis Wiedererkennungsmotiv, nach Aristoteles' *Poetik* neben → Peripetie und → Katastrophe eines der entscheidenden Momente in einer dramat. Dichtung. In einer schicksalhaften Verstrickung kann durch das Wiedererkennen von Verwandten oder Freunden ein Konflikt gelöst oder aber seine Wirkung tragisch gesteigert werden. Die A. findet sich in Werken von Sophokles, Euripides, Schiller und anderen Dramatikern.

Anagramm Die Umbildung eines Wortes oder Namens durch neue Zusammenstellung der Buchstaben (z. B. Nebel – Leben). A.e finden sich oft in religiösen Geheimschriften, aber auch in weltl. Dichtung. Viele Autoren verbargen ihre Namen hinter Pseudonymen, die A.e darstellen, so ist z. B. das A. »Voltaire« aus dem wirklichen Familiennamen »Arouet l(e) j(eune) gebildet. Auch im 20. Jh. gibt es noch A.e (z. B. Ceram aus Marek).

Anakoluth Satzkonstruktion, bei der das Ende grammatikal. und log. nicht mit dem Anfang übereinstimmt. Das A. kann als Zeichen für mangelnde Beherrschung der Sprache ausgelegt werden, dient aber oft auch als ein mit Vorbedacht eingesetztes Stilmittel. A.en begegnet man seit der Antike (so z. B. bei Homer und Platon) bis herauf zur neuesten Literatur.

Anakreontik Der Name geht auf den griech. Lyriker Anakreon (geb. um 580 v. Chr.) zurück und bezeichnet einen Typ der lyr. Poesie, der sich den charakterist. Motiven Liebe, Wein und heitere Geselligkeit zuwendet. In Dtld. findet die A. in Dichtungen von Gleim, Uz, Götz, Wieland und des jungen Goethe zwischen 1740 und 1780 eine überfeinerte, der Stilepoche des → Rokoko angehörige Ausprägung. Sie lebt noch bis Anfang des 20. Jh.s in Schöpfungen Platens, Rückerts, Geibels, Liliencrons und anderer Lyriker.

Analytisches Drama Besonders während der Zeit des Naturalismus bevorzugte Form des Dr.s, bei der das behandelte Ereignis als schon geschehen vorausgesetzt und nur noch analysiert wird. Die Form des a. Dr.s erlaubt im Vergleich zum normalen Handlungsdrama eine bessere Verdeutlichung der handelnden Charaktere und des Milieus. Beispiele für das a. Dr. sind *König Ödipus* von Sophokles und *Der zerbrochene Krug* (1808) von Kleist.

Anapäst In der griech. → Metrik Versfuß, der aus zwei kurzen Silben und einer langen oder zwei unbetonten Silben und einer betonten besteht. Im Griechischen wird der A. oft in Schlachtliedern oder im letzten Chor eines Dr.s angewendet, dagegen ist er in der röm. Literatur selten. In der Romantik findet der A. Eingang in die dt. Dichtung. Das Gegenstück zum A. ist der → Daktylus.

Anapher Die Wiederholung eines Wortes oder einer Wortgruppe am Anfang von Sätzen oder Versen. Im weiteren Sinne auch die Wiederkehr gleichbleibender Sätze als Zeichen gehobenen, pathetischen Ausdrucks, besonders in religiösen Texten oriental. Kulturen, auch der Bibel. In der dt. Dichtung bedienten sich Goethe (»Das Wasser rauscht, das Wasser schwoll«, *Der Fischer*, 1779), Schiller, Kleist, Grillparzer u. a. gern der A.

Anekdote Ursprüngl. etwas Nichtherausgegebenes, nur mündl. Überliefertes, heute Bezeichnung für eine kurze, pointierte und einprägsame Erzählung zur Charakterisierung von Persönlichkeiten, Begebenheiten, geistigen Strömungen usw. Der Name geht auf die *Anekdota* des byzant. Historikers Prokopios (6. Jh.) zurück, in denen er über skandalöse Hofgeschichten aus der Regierungszeit Justinians berichtete. Später dienten A.n oft rhetor. Absichten bei Predigten, Chroniken u. a. Die künstler. Gestaltung der A. setzt mit der ital. Renaissance ein und lebt danach in den dt. Schwankbüchern des 16. Jh.s wie auch bei Grimmelshausen und anderen fort. Später findet die A. dann Eingang in Sammlungen und → Almanachen und wird von Kleist, Hebel, Gotthelf und in jüngster Zeit von W. Schäfer, Weiskopf und anderen gepflegt. → Kurzgeschichte.

Annalen Jahrbücher (lat. = annales libri). Auf Jahre bezogene histor. Aufzeichnungen, heute auch Bezeichnung von Zeitschriften nicht nur histor. Inhalts. Die A. sind die älteste Form der Geschichtsschreibung. Als Meister unter den röm. Annalisten gilt Livius (59 v. Chr. – 17 n. Chr.) Auch im Mittelalter entstanden viele Annalen, meist unter dem Namen Chroniken. Bei den Römern gibt es neben den Annalen die »historiae«, in denen zunächst der histor. Stoff als solcher und danach vom Historiker selbst erlebte Zeiten geschildert werden (so bei Tacitus, um 55 – um 120).

Anonym Als a. werden Schriftwerke bezeichnet, die ohne Angabe des → Autors erscheinen. Im Mittelalter war das a.e Erscheinen von Werken sehr häufig, später war es mehr auf Schriften polit. oder erot. Inhalts beschränkt. Doch wurden auch bedeutende Dichtungen wie Goethes *Leiden des jungen Werthers* und *Götz von Berlichingen* zunächst a. veröffentlicht. → Pseudonym.

Anstandsliteratur Zur Anstandsliteratur zählen die didakt. *Tischzuchten* des 12.–16. Jh.s, in denen Regeln für gutes Benehmen bei Tisch und Anstand im allgemeinen in lat. oder dt. Sprache erteilt wurden. Im 15./16. Jh. erfolgte dann eine Wendung zum → Grobianismus: die Vergröberung der Sitten wurde iron. angeprangert. Bedeutende Beispiele sind F. Dedekinds *Grobianus* (zuerst 1549), der als Hauptwerk gilt, und Sebastian Brants *Narrenschiff* (1495). Fischart und andere folgten mit weiteren Werken dieser Richtung.

Antagonist Bezeichnung für den in einem Dr. auftretenden Gegenspieler, Widersacher bzw. Gegner des Hauptdarstellers (→ Protagonist). Die beiden Kontrahenten personifizieren einen gegebenen Konflikt und haben die Auseinandersetzung gegensätzl. moral. Prinzipien auszutragen.

Anthologie Bezeichnung für einen Sammelband, der dichter. Werke verschiedener Autoren enthält. Die griech. A. des Meleagros von Gadara m. d. T. *Stephanos* (= Kranz, um 60 v. Chr.) gilt als erste ihrer Art. Die bekannteste unter den alten A.n ist die *Anthologia Palatina* (entstanden um 980 n. Chr., seit 1600 in Heidelberg, z. T. in Paris); sie umfaßt Liebesgedichte, Weihinschriften, Grabinschriften und anderes. Zu erwähnen ist ferner die *Anthologia Latina*, eine 534 n. Chr. in Nordafrika zusammengestellte Sammlung lat. Gedichte des 1.-6. Jh.s (Paris). Seitdem erschienen bis in die Gegenwart immer wieder A.n, die für die Beurteilung des Schrifttums einer Epoche (z. B. des Expressionismus) von großem Wert sind.

Antike Das griech.-röm. Altertum, dessen Beginn auf lit. Gebiet meist mit dem Homerischen Epos (8. Jh. v. Chr.) angesetzt wird. Die A. endet im Weströmischen Reich mit der Absetzung des letzten Kaisers 476 n. Chr., im Oströmischen Reich mit der Schließung der Platonischen Akademie in Athen 529 n. Chr. Innerhalb der A. unterscheidet man die Epochen des klass. Griechentums, nämlich des 5. Jh.s v. Chr., mit schöpfer. Höhepunkten in Kunst, Geschichtsschreibung und Philosophie, des Hellenismus vom 4. Jh. bis um Christi Geburt mit seinen bedeutenden Leistungen auf wiss. Gebiet bei gleichzeitiger Ausbreitung des Griechischen als Weltsprache und schließlich die Zeit der Römer, in der die griech.

Kultur einschließlich der Literatur assimiliert und um originäre Eigenleistungen, bes. in der Geschichtsschreibung, der zeitkrit. Satire, der → Enzyklopädie und der Rechtswissenschaft, bereichert wurde. Die A. wurde zur Grundlage der europ. Kulturentwicklung. Die → Rezeption der A. ist bes. wirksam im christl. Mittelalter und in der humanist. Renaissance des 14. bis 16. Jh.s. Seit J.J. Winckelmanns (1717–1768) kunsthistor. Arbeiten und dem Aufstieg der dt. Literatur zu europ. Geltung verbindet sich mit der A. der Begriff des Klassischen im Sinne des Vorbildlichen und Besten (→ Klassik).

Antiqua Die lat. Druckschrift, zuerst in florentin. Hss. des 5. Jh.s. Die in Dtld. außerdem existierende → Fraktur wird seit 1800 mehr und mehr zurückgedrängt. Die überwiegende Mehrzahl aller Druckerzeugnisse in europäischen Sprachen ist heute in A. gedruckt.

Antiquar Händler, der mit gebrauchten Büchern, Noten, Hss., Graphiken und anderem handelt. Der Antiquariatsbuchhandel entstand in den Niederlanden (Auktionen) und geht auf das 16. Jh. zurück. Er ist oft mit einem Sortimentsbuchhandel verbunden. Die dt. A.e sind in eigenen Verbänden zusammengefaßt, deren Dachverband (»Arbeitsgemeinschaft deutscher A.e«) seinerseits der »International League of Antiquarian Booksellers« angehört.

Antithese Stilfigur, die eine Zusammenstellung gegensätzl. Begriffe oder Urteile beinhaltet wie z.B. »Licht und Finsternis«. In der dt. Dichtung ist die A. schon bei Gottfried von Straßburg (11./12. Jh.) nachweisbar. Die A. kann auch die Form des → Parallelismus annehmen (z.B. bei Goethe »Armut ist die größte Plage, Reichtum ist das höchste Gut«). – In der Philosophie Hegels steht innerhalb des dialekt. Dreischritts die A. der These gegenüber, bevor beide in der Synthese aufgehoben werden.

Antizipation In der Stilistik Vorwegnahme eines Ereignisses oder Zustands durch ein darauf hinweisendes Adjektiv oder Partizip. Bereits in der Antike gebräuchl. (z.B. bei Vergil), kommt die A. auch in der dt. Dichtung vor (»Blindwütend schleudert selbst der Gott der Freude/Den Pechkranz in das brennende Gebäude«, Schiller).

Aphorismus Gedanke oder Gedankensplitter, der in geistreich-pointierter thesenartiger, oft lakon. zugespitzter Form dargeboten wird. Der A., der an den Leser appelliert, weiterzudenken, kann u.a. als Sprichwort, Verszeile, Lied, philosoph. Formulierung und literaturkrit. Anmerkung auftreten und ist eine seit der Antike gepflegte Ausdrucksform. In der dt. Literatur ragen v.a. die Aphorismen Lichtenbergs, Goethes, Novalis', Schopenhauers und Nietzsches durch geistvollen Gehalt und meisterl. Sprachkraft hervor.

Apokalypse In der Literatur eine oft in der Form einer Abschiedsrede bzw. eines Testaments offenbarte Enthüllung, Weissagung oder Vision. Die Literaturgattung der Apokalyptik ist aus einer etwa um 200 v. Chr. im nachexil. Judentum aufgekommenen religiösen Geistesströmung entstanden. Neben der jüd. verzeichnet man eine christl. Apokalyptik (z.B. die *Offenbarung des Johannes*).

Apokoinu Stilfigur zur Einsparung von Wörtern: Ein Satzteil bezieht sich gleicherweise auf einen vorausgehenden wie einen nachfolgenden Satz. Das A. findet sich bereits in der griech. und lat. Literatur, ist bes. beliebt im mhd. Schrifttum und auch in der

Literatur der Gegenwart belegbar. »Die Tücher knattern im heißen Wind treibst du.« (Enzensberger).

Apokope Das Weglassen eines auslautenden Vokals, z.B. »Ich hatt' einen Kameraden« → Synkope.

Apokryphen Ursprüngl. in der Antike geheimgehaltene Schriften der Mysterienreligionen. In der jüd. und christl. Religion die Schriften, die nicht als zum Kanon der Bibel gehörig anerkannt werden, nach Form und Gehalt aber den bibl. Schriftwerken nahestehen. Die A. des AT (u.a. Judith, Tobias) wurden in ihrer Mehrzahl von der kath. Kirche anerkannt, während die reformierte und anglikan. Kirche sie als nicht von göttlicher Offenbarung inspiriert betrachten. Die A. des NT (u.a. Evangelien, Apokalypsen) orientieren sich an den übrigen darin aufgenommenen Schriften und sind für die Erforschung der christl. Theologie von Wert.

Apollinische das → Dionysische

Apologetik Bereich der christl. Theologie und Literatur. Die A. dient der Rechtfertigung der Offenbarung gegenüber Heidentum, Judentum und Islam. Als Apologeten bezeichnete Schriftsteller des 2. Jh.s sind u.a. Justin, Athenagoras, Theophilus. Im Mittelalter ragen Augustinus (*De civitate Dei*) und Thomas von Aquin (*Summa contra gentiles*) mit apologet. Schriften hervor. Der Protestantismus steht der A. zurückhaltend gegenüber.

Apostrophe Stilfigur, bei der innerhalb einer Dichtung eine Anrede an lebende oder tote Wesen, eine Göttergestalt, an eine Muse oder auch an eine unpersönl. Erscheinung erfolgt. A.n finden sich bereits im Werk Homers und sind seit dem Mittelalter in der dt. Dichtung üblich, z.B. bei Schiller (»Freude, schöner Götterfunken, Tochter aus Elysium . . .«).

Apotheose Erhöhung eines verherrlichten Menschen zur Helden- oder Göttergestalt. Die A. geht auf die klass. Antike zurück, wo sie ihren bes. Ausdruck vor allem in Kunstwerken findet (A. des Antoninus Pius und der Faustina, Vatikan), und lebt in der Barockzeit wieder auf. In dramat. Werken dient die A. oft als Schlußbild bei der Erhebung des Helden in eine entrückte Sphäre.

Apparat Bei der wiss. →Edition enthält der A. die Nachweise vorhandener Textgrundlagen (Hrs. oder frühere Drucklegungen), der → Lesarten, Textvarianten sowie die Begründung für mögliche Veränderungen, die der Hg. am Text vornimmt. Der A. kann in Form von Fußnoten, Anhängen oder – bei größeren Reihen – auch in einem separaten Band dargeboten werden. Mit besonderer Sorgfalt werden seit dem 19. Jh. → krit. Ausgaben der ges. dt. Schrifttums herausgebracht, wobei über den wiss. Wert des jeweils dargebotenen A.s erhebliche Auffassungsunterschiede zwischen den Hg.n ein und desselben Werkes auftreten können.

Appendix Anhang oder Zusatz zu einem Buch. Im A. sind gewöhnl. Übersichtstabellen, Karten, unechte, einem Autor nur zugeschriebene Texte enthalten oder aber in sich geschlossene Abhandlungen, die zwar zum weiteren Themenkreis des Buches gehören, zu dessen Verständnis jedoch nicht unbedingt notwendig sind. Auch der → Apparat erscheint oft als A.

Arbeiterdichtung In der A. kann unterschieden werden zwischen Werken, deren Thema die techn. und soziale Welt des Arbeiters ist und die von Autoren unterschiedl. sozialer Herkunft stammen können, sowie Werken, die von Arbeitern selbst verfaßt sind. Ältester Vertreter der ersten Gruppe ist der Engländer Thomas Hood mit seinem *Lied vom Hemd* (1843). Seinem Beispiel folgten in Dtld. z. B. Herwegh und Freiligrath mit lyr. Werken und Hauptmann mit entsprechenden Dramen (*Die Weber*, 1892), wobei genannte Dichter sich nicht ausschließl. der A. verschrieben. A. in der Form des Rs. schrieben zunächst hauptsächl. außerdeutsche Autoren wie z. B. Zola und Dickens. In der neueren Zeit befaßte sich die A. weniger mit der sozialkrit. Anklage als mit der Analyse der Probleme und der Erarbeitung gesellschaftspolit. Alternativen. Von Arbeitern selbst geschaffen wurde A. seit dem Aufkommen sozialist. Ideen um die Mitte des 19. Jh.s. Ihr Ziel ist die Bewußtmachung der konkreten Probleme und der gesellschaftl. Lage der Arbeiter sowie z. T. die dichter. Darstellung eines antikapitalist. und antibürgerl. gesellschaftspolit. Programms. Lit. bedeutende und bekanntere Vertreter dieser A. sind z. B. die Lyriker G. Engelke und H. Lersch, die zur sog. Nylandgruppe gehörenden J. Winckler, J. Kneip und andere sowie A. Petzold. R.e und Dr.n entstanden erst nach dem 2. Weltkrieg häufiger. Beispiel: *Irrlichter und Feuer* (1963) von Max Grün, einem Mitbegründer der »Gruppe 61« (lit. Bewegung zur Förderung der A.).

Arbeitslied Gesang oder Spruch, der bei der Arbeit gesungen wird. A.er sind oft aus dem Rhythmus hervorgegangen, der für einen Arbeitsvorgang charakterist. ist, oder aus Volksliedern, die diesem nachträgl. angepaßt wurden. Auch bei anbefohlenen Leistungen müssen oft A.er gesungen werden (u. a. Märsche).

Archaismus Altertüml. Wendung oder Sprachgestaltung. Archaismen werden meist bewußt vom Autor verwendet, um vergangene Epochen und Zustände in der Sprache zu verlebendigen und anschaul. nachzugestalten. Im dt. Schrifttum finden sich Archaismen zuerst in der Romantik (C. Brentano), dann in der Folgezeit häufig, so bei Storm, Raabe, Freytag und – mit einer Wendung zum Ironischen – bei Thomas Mann.

Archetypus Älteste Fassung einer Hs. oder eines Drucks. Der A. kann komplett überliefert oder aus mehreren Vorlagen textkrit. erschlossen sein und dient dann als Grundlage aller weiteren Druckwiedergaben. → Textkritik.

Archiv Einrichtung zur Aufbewahrung solcher Dokumente, die für den tägl. Geschäftsgang nicht benötigt werden, aber aus jurist., wiss., polit. und sonstigen Gründen erhalten bleiben müssen (z. B. Staatsarchive). In Dichterarchiven befinden sich oft vollständige Nachlässe, persönl., für die Forschung wichtige Schriftstücke und Dokumente aus dem Besitz des Dichters. Über bedeutende Bestände verfügt u. a. das Goethe- und Schiller-A. in Weimar (vereinigt mit dem ehemaligen Nietzsche-A.), das Schopenhauer-A. in Frankfurt a. M. und das Schiller-Nationalmuseum, Dt. Literaturarchiv in Marbach. – Neuerdings werden auch manche wiss. Zeitschriften als A. bezeichnet.

Argument Ursprüngl. Beweisgrund zur Stützung einer Behauptung oder Hypothese (Cicero), dann in der Literatur Angabe des Hauptgegenstands eines Werkes, so bereits in der Antike (Plautus), aber auch im Renaissancedrama und im R. des 17. und 18. Jh.s; im 20. Jh. wurde das A. erneuert von Döblin in *Berlin Alexanderplatz* (1929) und im → ep. Theater Brechts.

Arkadisch Abgeleitet von Arkadien, einer von Hirten bewohnten griech. Berglandschaft. Bereits in der Antike wurde Arkadien, die Heimat des Gottes Pan, nach dem Vorbild Theokrits (Sizilien) zu einem paradies. Idyll verklärt, so z. B. in Vergils (70–19 v. Chr.) *Bucolica*, in der Folgezeit von Petrarca über die → Bukolik der

Renaissance, des Barock, der Anakreontik bis hin zu Arno Holz. In neuester Zeit wird die Schäferdichtung als a. bezeichnet. Im zweiten Teil von Goethes *Faust* (3. Akt) spielt die Euphorionszene in Arkadien.

Artesliteratur Schrifttum, das der Darstellung der sieben »freien Künste« (lat. »artes liberales«) des Mittelalters diente: einerseits der Grammatik, Rhetorik und Dialektik (später auch Trivium genannt), andererseits der Arithmetik, Geometrie, Musik und Astronomie (Quadrivium). Als bedeutende Vertreter der A. gelten Boëthius, Hrabanus Maurus, Hugo von St. Viktor u. a.

Artusroman Dichtungen, die sich um die Gestalt des sagenhaften britann. Königs Arthur (franz. Form: Artus) und seiner getreuen Paladine ranken. Arthur wird erstmals von dem altkymr. Dichter Aneirin im 6. Jh. n. Chr. erwähnt. Geoffrey of Monmouth verfaßt 1136 eine *Historia regum Britanniae*, in der Arthur als weltgeschichtl. Persönlichkeit erscheint. Der anglonormann. Dichter Richard Wace überträgt 1154 das Werk romanhaft in franz. Verse *(Roman de Brut)*, und bei ihm erscheint Arthur bereits umgeben von der später so berühmten Tafelrunde. Eigentlicher Begründer des A.s wird Chrestien de Troyes (vor 1150 bis vor 1190). In Dtld. schaffen Hartmann von Aue, Wolfram von Eschenbach und andere A.e, in denen v. a. die Arthur umgebenden Ritter die Helden sind (Iwein, Erec, Gawein, Lanzelot, Parzival) und ep. verklärt werden.

Assonanz Gleichklang von Vokalen – bei Verschiedenheit der Konsonanten – am Versende (z. B. Raben/schlafen). Die A. findet sich häufig in der alten provenzal., franz., portug. und span. Literatur, aber auch in der mhd. Lyrik. In der neueren dt. Dichtung, bes. der Romantik, bedienen sich Clemens Brentano, Heine, Eichendorff und andere, im 20. Jh. Stefan George der A., um spezifische Klangwirkungen zu erzielen.

Assoziation In der Literatur Verbindung von räuml. und zeitl. zunächst noch voneinander getrennten Gedankenbildern. Die A. wird geknüpft durch die Übernahme von Wortklängen, ähnl. Wörtern und Wortgruppen sowie Bildteilen und Strukturen von einem Vorstellungsbereich in den anderen, wodurch das Vorhandensein von inhaltl. Gemeinsamkeit suggeriert wird.

Atlas Sammlung von Himmels-, Land- oder Seekarten, Städtegrundrissen, Stichen und sonstigen Abbildungen. Die Bezeichnung A. wurde zuerst von Mercator im 16. Jh. gebraucht; auf dem Titel seiner Landkartensammlung war die mytholog. Figur des Atlas als Träger der Himmelskugel abgebildet. – In einem Literaturatlas sind literaturgeschichtl. Zusammenhänge durch Abbildungen zur Biographie und zu den Werken von Dichtern dokumentar. dargestellt und mit einem erklärenden Begleittext versehen.

Aufbau Bezeichnung für die Struktur eines Sprachkunstwerks. Zu unterscheiden sind der äußere A. in → Strophen, → Akte, → Kapitel usw. und der innere A., auch innere Form genannt, der sich bei einer Dichtung aus der Darstellung des Themas oder Ideengehalts ergibt und durch Analyse erschlossen werden kann. Bestimmt der A. die Zuordnung der einzelnen Teile zum Ganzen, so ist es der → Stil, der einem Sprachkunstwerk seine unverwechselbare Prägung verleiht. In der modernen Dichtung ist oft eine Vernachlässigung des äußeren A.s festzustellen, was auf eine neue Gewichtung der für die Struktur eines Wortkunstwerks konstitutiven Elemente hindeutet.

Aufgesang In der dreiteiligen Strophenform der → Kanzone des

→ Minnesangs und → Meistersangs bilden die zwei ersten, gleichgebauten Versgruppen (Stollen) den A. Der dritte Teil, der meist größeren Umfang als der A. hat, heißt → Abgesang. Der dreiteilige Strophenaufbau ist auch für viele Kirchenlieder charakterist. (*Ein feste Burg ist unser Gott*, Luther).

Aufklärung Auf den Barock folgende geistesgeschichtl. Epoche zwischen 1720 und 1785, die charakterisiert ist durch das philosoph. Bemühen, sich von überkommenen und unkrit. hingenommenen geist. Autoritäten zu lösen, insbes. der kirchl. Überlieferung. Statt dessen werden Vernunft, Sinne und Erfahrung als Erkenntnisquellen akzeptiert. In Dtld. knüpft die A. an engl. und franz. Ideen und Richtungen an. Als ihre ersten dt. Vertreter gelten Leibniz und Wolff; zu ihrem Höhepunkt führte sie Kant (*Kritik der reinen Vernunft*, 1781). Die A. beeinflußte auch Dichtung, Poetik und Literaturkritik. Nach dem Vorbild Boileaus schuf Gottsched 1730 seinen *Versuch einer Critischen Dichtkunst vor die Deutschen* und wurde damit zum einflußreichen Vertreter einer an die emanzipierte adelig-bürgerl. Gesellschaft gerichteten, zunehmend sozialkrit. und sich häufig in Form von Satiren, Aphorismen, Epigrammen, Briefen, R.n sowie Lehrdichtungen äußernden »aufklärenden« Literatur. Aufgrund ihres großen formalen und inhaltl. Ranges heben sich die Werke Klopstocks und Lessings (klassisches Beispiel für das Dr. der A. ist *Nathan der Weise*, 1779) von der allg. Richtung ab und weisen über die Epoche der A. hinaus.

Auflage Anzahl der Exemplare eines gedruckten Werkes, das von einem Verlag herausgebracht wird. Die A. beruht auf einem Verlagsvertrag, den Verleger und Autoren miteinander abschließen. Bei wiss. Werken ist die A. meist wesentl. geringer als bei schöner Literatur. Wird ein Werk neu aufgelegt, werden oft Berichtigungen, Ergänzungen usw. in den ursprüngl. Text aufgenommen.

Auftakt Der unbetonte Anfangsteil eines Verses vor der ersten Hebung. In der antiken → Metrik auch Anakrusis genannt. Im mittelalterl. dt. Vers kann die Eingangssenkung ein- oder mehrsilbig sein oder auch fehlen.

Auftritt Im Theater das Erscheinen eines Darstellers auf der Bühne. Im Bühnenstück selbst bildet der A. einen Teil des Aufzugs oder → Akts und ist charakterisiert durch das Auf- oder Abtreten handelnder Personen. Der A. bildet einen Ausschnitt innerhalb des größeren Handlungsablaufs im Akt. – Der Begriff A. wird heute meist gleichbedeutend mit → Szene gebraucht.

Authentisch Zuverlässig, echt. Ein Text gilt als a., wenn er zweifelsfrei einem bestimmten Autor zugeschrieben und in der von ihm gewollten Gestaltung wiedergegeben wird. Im Gegensatz dazu stehen Texte, die einem Autor unterschoben werden (z. B. ist die Authentizität mehrerer Briefe Platons in der Fachwissenschaft umstritten).

Autobiographie Lebensdarstellung durch die betroffene Person selbst. Form und Gehalt einer A. können sehr unterschiedl. sein und von einer einfachen Aneinanderreihung bestimmter Lebensdaten bis hin zum anspruchsvollen lit. Kunstwerk reichen. Ein grundsätzl. Unterschied liegt oft auch darin, ob das Hauptgewicht mehr auf die Vergegenwärtigung äußerer Abläufe oder aber der seel. Entwicklung gelegt wird. Als bedeutendstes Beispiel einer A. können die *Confessiones* von Augustinus (um 400) angesehen werden. Haben diese den Charakter einer Lebensbeichte, so dient z. B. Dantes *La vita nuova* (1292) der Darstellung einer Jugendliebe. Einen gänzl. anderen Charakter tragen die *Confessions* von Rousseau (posthum 1782–1788 erschienen), in denen ein Hang zu psycholog. Selbstzergliederung sichtbar wird. Eine wiederum andere Form findet Goethe in *Dichtung und Wahrheit* (1808–1831), indem er reale Ereignisse seines äußeren Erlebens in einen dichter. gestalteten Bezug zur geistig-seelischen Entwicklung bringt. Bedeutende A.n des 20. Jh.s stammen von Gorki, Andersen-Nexö, Stefan Zweig, Gerhart Hauptmann u. v. a.

Autograph In der Literaturwissenschaft ein vom Verfasser (Autor) eigenhändig (in neuerer Zeit auch mit einer Schreibmaschine) niedergeschriebener Text. Ferner werden vom Verfasser redigierte Drucke als A.en bezeichnet. Die Bedeutung der A.en liegt darin, daß sie die Authentizität überlieferter Texte beweisen und ein Bild von der Persönlichkeit und Arbeitsweise der betreffenden Autoren vermitteln können. Eines der seltenen mittelalterl. A.en ist die offenbar vom Verfasser redigierte *Wiener Otfridhandschrift* aus dem 9. Jh. Gesammelt werden A.en etwa seit dem 17. Jh., wobei Goethe einer der ersten und bedeutendsten Sammler war. Da A.en nicht nur von öffentl. Einrichtungen, sondern von Privatleuten gesammelt werden, erzielen sie oft hohe Liebhaberpreise.

Autor → Schriftsteller. Im Bereich der Literatur Verfasser, Schöpfer, Urheber eines lit. Werkes. Nach dt. (§11 UrhRG und §§1,3 KUG) und internat. Recht besitzt der A. ein befristetes ausschließl. Verwertungsrecht an seinem Werk.

Avantgarde Aus dem militärischen Bereich (»Vorhut«) übernommener franz. Begriff zur Bezeichnung neuer künstler. oder lit. Strömungen, die sich bewußt von Überkommenem absetzen und nach neuen Ausdrucksformen suchen. Beispiel für avantgardist. Richtungen im 20. Jh. sind Expressionismus, Surrealismus, absurdes Theater und der »nouveau roman« in Frankreich (s. d.).

Aventiure Aus dem Franz. übernommener mhd. Begriff, der ein Abenteuer, eine Ritterfahrt oder ähnliches bezeichnet. Seit dem *Nibelungenlied* (um 1200) auch Abschnitt einer Dichtung. Personifiziert auch als Muse der höfischen Dichter, »Frau A.«, so z. B. im 9. Buch des *Parzival* von Wolfram von Eschenbach (um 1200 bis 1210).

B

Bänkelsang Anspruchslose, oft in die Form von Moritaten gekleidete Jahrmarktslieder, von Sängern vorgetragen, die auf einer Bank (daher der Name) oder einem Podium stehen. Der B. geht auf das Spätmittelalter zurück. Der Begriff B. findet sich in Gottscheds *Versuch einer Critischen Dichtkunst vor die Deutschen* (1730). Eine Art polit. B. schufen Heine und Hoffmann von Fallersleben. Im 20. Jh. traten Wedekind, Brecht, Ringelnatz u. v. a. mit parodist. Formen des B.s hervor.

Ballade Stimmungsvolles Erzählgedicht mit einer Vorliebe für außergewöhnl., unheiml. Umstände und Begebenheiten. Die B. stammt aus der roman. Lit. und war ursprünglich ein Tanzlied. Im 14./15. Jh. erhält sie in Frankreich eine charakteristische lyr. Form. Den Höhepunkt bilden die B.n Villons (um 1431–1470). Eine volkstüml.-ep. Weiterentwicklung erfährt die B. in England (B.-Sammlung von Percy, 1765), von wo dann schließl. die dt. B. ihre Anregungen erfährt. Hervorzuheben sind im Bereich der → Volks-B. Herders *Volkslieder* (zuerst 1778/79), *Des Knaben Wunderhorn* von Achim von Arnim und Brentano (1806 und 1808) und Bürgers *Lenore* (1773); auf dem Gebiet der Kunst.-B. ragen die Schöpfungen Goethes, Schillers und der Romantiker heraus. Auch im 20. Jh. traten zahlreiche Dichter mit B.n hervor (Brecht).

Barde »Keltischer Sänger«, im Mittelalter der kelt. Hofdichter. Vor der Romanisierung Galliens trat dort der B. als lyr. Künder von Ruhmestaten der Großen auf oder schmähte in seinen Gesängen deren Feinde. In hohem Ansehen stand der B. auch in Wales, Schottland und Irland. Bei den Germanen gab es keine B. Im 17. Jh. wurde dann der Begriff auch in Dtld. eingeführt und von Klopstock und einigen Zeitgenossen auch zur Bezeichnung von → Skalden und altgerman. Sängern aufgenommen.

Bardendichtung Mit der im 17. Jh. beginnenden und in der Folgezeit vertieften Würdigung des german. Altertums und seiner Dichter (→ Barde) entsteht in Dtld. eine B., die mit Gerstenbergs *Gedicht eines Skalden* (1766) einsetzt. Kretschmann, Klopstock u. v. a. folgen, ohne daß sich die B. durchsetzen kann. Goethe schließt sich der Richtung nicht an. Charakterist. sind der Ausdruck starken Nationalempfindens und eine gefühlsmäßige Wiederanknüpfung an die ganze altgerman. Vergangenheit.

Barockliteratur Aus der Kunstgeschichte entlehnter Begriff zur Bezeichnung der Literatur des 17. Jh.s. Charakterist. für die B., die ein europ. Phänomen darstellt, ist eine starke Empfänglichkeit für die spannungsvolle Polarität, in die sich der Mensch gestellt sieht: Endlichkeit und Unendlichkeit, Erdenleben und Jenseits, Eros und Tod. So entstehen gleichzeitig Werke von überströmender Diesseitigkeit wie Grimmelshausens *Der Abenteuerliche Simplicissimus* (1669) und die myst. Lyrik eines Angelus Silesius. Typisch für die B. ist ihre Vorliebe für die große, oft übersteigerte Form. Einen Markstein der Barockpoetik bildet Opitz' *Buch von der deutschen Poeterei* (1624). Als die bedeutendsten Schöpfer der B. in Dtld. gelten Gryphius, Hofmannswaldau und Lohenstein. Die Gattungsformen der B. reichen vom R. über das Dr. und die Lyrik bis hin zum protestant. Kirchenlied. Eine vertiefte Würdigung wurde der B. erst im 20. Jh. zuteil.

Bauerndichtung Lit. Werke, vor allem R.e, die das Bauerntum als Gegenstand der Dichtung behandeln. Ansätze einer B. sind bereits in der mittelalterl. Literatur und in der Barockdichtung festzustellen. Die B., wie sie heute verstanden wird, beginnt im 19. Jh. mit Immermanns *Der Oberhof* (Einlage in seinem Roman *Münchhausen*, 1838/39) und erreicht ihren Höhepunkt im Schaffen von Gotthelf. Diesen Vorbildern folgen Reuter, Anzengruber, Rosegger u. v. a.

Beichtformel Schriftl. festgelegtes Sündenregister, das der Priester bei der Entgegennahme der Beichte zugrunde legt. Die B. wurde durch die karoling. Missionsarbeit veranlaßt. Aus dem 9./10. Jh. sind mehrere ahd. B.n erhalten.

Beispiel Veranschaulichendes Gleichnis oder auch Vorbild. In der antiken → Rhetorik dient das B. – »exemplum« – der Beweisführung in Gerichtsreden und findet auch Eingang in die Dichtung. Vom 13. bis 15. Jh. ist eine ganze Exempla-Literatur nachweisbar. Alle Typen von »exempla« finden sich im meistgelesenen Buch des Mittelalters, den *Gesta Romanorum*, einer in der ersten Hälfte des 14. Jh.s in England entstandenen → Kompilation.

Bekenntnisdichtung Spezielle Form der autobiograph. Literatur, bei der der innere Entwicklungsgang einer Persönlichkeit dargestellt wird. Klass. Beispiele sind die *Confessiones* des Augustinus (um 400) und die *Confessions* von J.J. Rousseau (1782–1788 posth.). Goethe, in dessen Erlebnislyrik die B. einen Höhepunkt erreichte, äußerte: »Wenn man der Nachwelt etwas Brauchbares hinterlassen will, so müssen es Konfessionen sein, man muß sich als Individuum hinstellen, wie mans denkt, wie man meint, und die Folgenden mögen sich heraussuchen, was ihnen gemäß ist und was im allgemeinen gültig sein mag.« (An Zelter, 1.11.1829).

Belletristik Schöngeistige Literatur im Sinne von dichter. und unterhaltendem Schrifttum. Der B. steht die speziellen Zwecken dienende Literatur gegenüber, z. B. die wiss., die religiöse usw. Die Bezeichnung B. hat gelegentl. einen abwertenden Beigeschmack.

Bericht Sachliche Darstellung eines Handlungsablaufs oder einer Situation. In der Literatur, bes. in der Novelle, dient der B. auch als Kunstmittel. In der Dr. wird der → Boten-B. verwendet. Beispiele für den B. im 20. Jh. sind *Das letzte Jahr* von Erika Mann (1956) und *Unschuldig verurteilt* von C.H. Mostar (1956).

Berner Konvention Auch »Berner Übereinkunft«. Völkerrechtl. Vertrag, der 1886 von ursprüngl. zehn Staaten zum Schutze von Werken der Literatur und Kunst abgeschlossen wurde. Durch die B. K. wurde erstmals Urheberrecht festgelegt. In den Folgejahren sind zahlreiche weitere Staaten der B. K. beigetreten. Unter Berücksichtigung der Interessen der Entwicklungsländer kam es 1971 zu einer »Revidierten Berner Übereinkunft«. Gleichzeitig erfolgte eine Neufassung des Welturheberrechtsabkommens. Beide Abkommen wurden 1973 von der Bundesrepublik Deutschland ratifiziert. → Urheberrecht und → Copyright.

Beschreibung Sprachl. Darstellung von Personen, Zuständen, Geschehnissen. In der Dichtung findet sich die B. bereits bei Homer. Eine grundsätzl. Definition und Würdigung erfährt die B. in Lessings *Laokoon* (1766). In der neueren Literatur, besonders in Roman und Novelle, seltener in der Lyrik, erhält die B. die Funktion, dem Leser ein klar konturiertes Bild von Personen oder Gegenständen zu vermitteln.

Beschwörungsformel Zauberspruch zur Anrufung eines Gottes oder höheren Wesens, das um seinen Beistand angefleht wird; B.n aus der mittelalterl. dt. und angelsächs. Literatur sind erhalten (→ Zauberliteratur).

Bestseller Der aus dem Amerikanischen übernommene Begriff besagt, daß ein Buch bei seinem Erscheinen sofort Anklang und einen bes. großen Absatz findet. Maßgebl. für die Verkaufszahlen können die für ein bestimmtes Werk betriebene Werbung und die herrschende Geschmacksrichtung sein. Über die lit. Qualität eines Buches sagt sein B.-rang prinzipiell nichts aus. Zahlreiche B. des 20.Jh.s gerieten trotz hohen Absatzes rasch in Vergessenheit. Daneben stehen jedoch Werke der Weltliteratur, die aufgrund ihres hohen lit. Niveaus immer wieder Neuauflagen erleben, so z.B. Thomas Manns *Buddenbrooks* (zuerst 1901).

Bibelübersetzung Übertragung des AT aus der hebrä., des NT aus der griech. Originalsprache in die modernen Kultursprachen (über 1100). Die wichtigsten B.en sind für das AT die *Septuaginta* (griech., entstanden in den letzten drei vorchristl. Jh.en) und für die gesamte Bibel die *Vulgata*, die vom Tridentinum für authent. erklärte lat. Version des hl. Hieronymus (4.Jh.). Zahlreiche weitere Übersetzungen gingen der für Dtld. und die Entwicklung der dt. Literatursprache bedeutendsten B., derjenigen Martin Luthers, voraus (erste Gesamtausgabe 1534). Luther stützte sich auf das »gemeine Deutsch« der sächs. → Kanzleisprache und schuf einen neuen Prosastil von höchster Qualität.

Bibliographie »Bücherbeschreibung«. Ursprüngl. die Lehre vom Buch, heute Bezeichnung für die Lehre von Bücher- oder Literaturverzeichnissen und diese selbst. Bei wiss. Arbeiten wird die angefügte Zusammenstellung der konsultierten, auf das behandelte Thema bezügl. Werke als B. bezeichnet. Im weiteren Sinne bedeutet B. den wichtigsten Teil der → Dokumentation des Schrifttums, an der Wissenschaft, Buchhandel und Bibliotheken beteiligt sind. Wichtige allgemeine B.n in Dtld. sind die *Deutsche B.* der → Deutschen Bibliothek in Frankfurt (seit 1953 unter diesem Namen) und die von der → Deutschen Bücherei in Leipzig bearbeitete *Deutsche Nationalb.* (seit 1931).

Bibliophilie Bücherliebhaberei. Bibliophile Bücher sind solche, die in der Regel in geringer → Auflage und bes. ästhet. oder luxuriöser Aufmachung erscheinen. Auch Erstausgaben von bedeutenden lit. oder wiss. Werken zählen hierzu. Die B. wird heute auch von großen Bibliotheken, so den zentralen Büchereien in Leipzig und Frankfurt, in eigenen Abteilungen gepflegt.

Bibliothek Sammlung von Büchern, Handschriften, Zeitschriften, oft auch Bild- und Tonaufzeichnungen. Öffentl. B.n wie Universitäts- und Stadtbüchereien stellen ihre Bestände für wiss. Arbeiten oder zur Unterhaltung im Ausleihverfahren zur Verfügung; bestimmte Werke können nur an Ort und Stelle eingesehen, nicht vorhandene durch Fernleihe von anderen B.n besorgt werden. B.n gibt es seit der Antike (erste Großb. in Alexandria, 3.Jh. v.Chr.). Dtld. verfügt heute über zwei zentrale B.n in Leipzig (Deutsche Bücherei, gegründet 1912) und Frankfurt (Deutsche Bibliothek, gegründet 1946), die sich um größtmögl. Vollständigkeit ihrer Sammlungen bemühen. Weitere B.n von überregionaler Bedeu-

tung für den deutschsprachigen Raum bestehen in Berlin, Marburg, München und Wien.

Biblisches Drama Form jenes zur Zeit des Humanismus und der Reformation entstandenen modernen Kunstdramas, das seine Stoffe aus der Bibel bezieht. Beispiele für b. Dr. in hoher künstler. Vollendung sind in Frankreich Racines *Esther* (1689) und *Athalie* (1691). In Dtld. treten im 18.Jh. Klopstock, Bodmer und Lavater mit b. Dr. hervor. Im 19.Jh. greifen wiederum bedeutende Dramatiker wie Gutzkow, Hebbel und Grillparzer auf bibl. Stoffe zurück. Anfang dieses Jh.s unternimmt der Expressionismus (Brod, Werfel) Versuche zur Erneuerung des b. Dr.s.

Biedermeier Ursprüngl. Pseudonym, unter dem Kußmaul und Eichrodt 1855–1857 in den »Fliegenden Blättern« Gedichte veröffentlichten, später allgemein Bezeichnung für Zeitstil und Lebenshaltung der Epoche zwischen 1815 und 1848 (»Vormärz«). Das B. gilt als eigenständige Richtung neben dem → Jungen Deutschland und vor der Epoche des → Realismus. Es ist charakterisiert durch eine konservative Grundhaltung, einen Hang zum Idealismus bei gleichzeitiger Weltfrömmigkeit und eine gewisse Neigung zur gelegentl. philiströs anmutenden Idylle. Als bedeutendste Repräsentanten des Biedermeiers, in deren Schaffen es über latente spießbürgerl. Anschauungen weit hinauswächst, gelten Stifter, Droste-Hülshoff, Grillparzer und Mörike.

Bild Ausdrucksform, die der Veranschaulichung von Sprache dient. Das B. ist in dieser Hinsicht ein bewußt eingesetztes Kunstmittel; → Symbol, → Allegorie, → Gleichnis und → Metapher gehören in diesen Bezugszusammenhang. Die Wahl der B.er kann charakterist. für den Stil von Epochen oder Persönlichkeiten sein. Hohe Aussagekraft gewinnt das B. besonders in der Lyrik, wo es geeignet ist, den Gefühlsgehalt in gesteigerter Eindringlichkeit zu vermitteln; zugleich kommt ihm eine bedeutende Rolle auch in erzähler. Werken zu.

Bilderbibel Künstlerische Darstellung von Stoffen der Bibel, die höchstens durch kurze, oft freie Verse erklärt werden. Bereits in der altchristlichen Kunst gab es Buchrollen mit Bilderfolgen. Im Mittelalter und in der Folgezeit (*Biblia pauperum, Armenbibel*, 15.Jh.), besonders nach Erfindung des Holzschnitts, des Buchdrucks und des Kupferstichs (Dürers »Apokalypse«) entstehen zahlreiche B.n. Von hohem künstlerischem Wert sind die Holzschnitte der Kölner und der Lübecker Bibel (1479 und 1494). Im 19.Jh. schufen Schnorr von Carolsfeld, Führich und Doré Darstellungen für B.n. Auch die Kunst des Expressionismus bietet dafür Beispiele.

Bilderbogen Blätter mit Bilderfolgen und kurzen Texten – im 13./14.Jh. in Form von Hss., seit dem 15.Jh. gedruckt –, die bei Jahrmärkten und Kirchweihfesten vertrieben wurden. Sie dienten der Belustigung, der Belehrung, der Erbauung oder auch der Verbreitung von Mitteilungen und waren in Westeuropa, aber auch in Dänemark und Rußland gebräuchl. Mit dem Aufkommen illustrierter Zeitschriften verloren sie ihre Bedeutung. Als moderne Variante der B. können die → Comics gelten.

Bilderschrift Schriftform, bei der ganze Wörter oder Begriffe durch Bildzeichen wiedergegeben werden. Bedeutendste Beispiele sind die ältesten chines. Schriftzeichen und die ägypt. Hieroglyphen. Bildsymbole, auch als Piktogramme bezeichnet, spielen in der Gegenwart eine bedeutende Rolle z.B. auf Verkehrszeichen, in

Kaufhäusern usw. Sie eignen sich auch zur Überwindung von Sprachunterschieden.

Bildungsdichtung Form des lit. Schaffens, bei der Bildungsgüter aus verschiedenen Gebieten (Mythologie, Religion, Philosophie usw.) assimiliert werden und vom Leser ein adäquates Bildungsniveau erwartet wird. In der B. kann gelegentl. die eigentl. dichter. Aussage gegen die Überbetonung von Wissensinhalten und Bildungselementen zurücktreten, bes. dann, wenn auf die Antike Bezug genommen wird. Ein Beispiel hierfür ist Hamerlings R. *Aspasia* (1876).

Bildungsroman Bezeichnung für einen während der Zeit der dt. Klassik aufgekommenen spezif. Romantypus, in dem die geist.-seel. Entwicklung eines Menschen aus sich heraus, sowie das Erfahren seiner Umwelt und deren Einwirkung auf ihn dargestellt werden. Der B. läßt sich zum verwandten Erziehungsroman hin nur ungenügend abgrenzen, so daß beide Bezeichnungen oft synonym gebraucht werden. Ein Unterschied kann vielleicht darin gesehen werden, daß der B. mehr die innere Gesetzmäßigkeit des Bildungsprozesses beschreibt, der Erziehungsroman den Akzent mehr auf eine gewollte Einwirkung von außen legt. Als B. wird z. B. angesehen *Wilhelm Meister* (1795 und 1821) von Goethe; dagegen versteht man Kellers *Grünen Heinrich* (1854) als Erziehungsroman (umstritten!). Einige Autoren bedienen sich der Form des Erziehungsromans, um ihre pädagog. Grundsätze darzulegen (z. B. Pestalozzi mit *Lienhard und Gertrud*, 1779 ff.) Der Begriff Entwicklungsroman wird teilweise als Oberbegriff für die Formen des B.s und des Erziehungsromans verwendet; oft gebraucht man ihn auch als Synonym für jede der beiden speziellen Typenbezeichnungen.

Binnenreim Reim zweier Wörter innerhalb derselben Verszeile im engeren Sinn. Je nachdem, an welcher Stelle die sich reimenden Wörter stehen, unterscheidet man im umfassenderen Sinn verschiedene Formen des B.s. Zwei aufeinanderfolgende Reimwörter oder nur Hebungen sind ein Schlagreim, im Inneren verschiedener Zeilen stehende Wörter ein Mittelreim; steht ein Reimwort im Inneren, ein anderes am Ende der Verszeile, spricht man von Inreim. Entsprechen einander die Anfangswörter zweier aufeinanderfolgender Zeilen, liegt ein Anfangsreim vor.

Biographie Darstellung eines Lebenslaufs sowohl nach seinem äußeren als auch nach seinem geistig-seel. Entwicklungsgang. Als lit. Gattung entstand die B. in der Antike (Plutarch, Tacitus, Sueton). Im Mittelalter herrscht die → Hagiographie vor, in der legendenhaft das Leben von Heiligen dargestellt wird. Als erste weltl. B. im modernen Sinne gilt Boccaccios *Vita di Dante* (Dantes Leben, 1360). In den folgenden Jahrhunderten erhält die B. im Zuge der steigenden Würdigung des Individuell-Einmaligen einer Persönlichkeit eine immer weiter verfeinerte Ausprägung. In Dtld. entstehen seit dem 19. Jh. zahlreiche B.n hervorragender Menschen aus allen Schichten. Für den dt. Sprachraum existieren große biograph. Sammelwerke, wie die *Allgemeine Deutsche B.*, die *Deutsche B.*, die *Großen Deutschen* usw.

Blankvers Ungereimter, fünfhebiger → Jambus, franz. Ursprungs, später für die engl. Dichtung (Shakespeare, Milton, Young) charakterist. Im 18. Jh. wurde der B. durch Übersetzung auch in die dt. Dichtung übernommen, so von Wieland, Cronegk und Lessing; seitdem ist der B. im dt. Drama von der Klassik bis vereinzelt in die Gegenwart der allgemein gebräuchl. Vers.

Blaue Blume Das Symbol der romant. Dichtung in ihrem Streben nach Unendlichkeit und harmon. Vereinigung mit der Natur. In Novalis' poet.-phantast. Entwicklungsroman *Heinrich von Ofterdingen*, der Geschichte eines Minnesängers (1802), träumt Heinrich von der b. B., deren Bild ihn fortan nicht losläßt. Sie ist ursprüngl. die blaue Wunderblume des Märchens, die dem Hirten die Augen öffnet und ihm den bisher verborgenen Zugang zum Schatz offenbart. Das romant. Sinnbild der b. B. wurde später von der Jugendbewegung wieder aufgegriffen.

Blues Liedgattung. Profane, ursprüngl. improvisierte Lieder für Sologesang der amerikan. Negersklaven. Der Inhalt ist erzählend und oft melanchol. gestimmt. Die Form jeder Strophe ist zweiteilig mit meist wiederholter Anrufung und Antwort. Der B. entstand in der 2. Hälfte des 19. Jh.s und bildete ein wesentl. Element bei der Entwicklung des Jazz. → Spiritual.

Blut-und-Boden-Dichtung Eine während des Nationalsozialismus geförderte tendenziöse Literaturrichtung, die rassist. Prinzipien und eine besonders starke emotionale Beziehung zum Boden in der Form von meist histor. Bauern- und Siedlerromanen darstellen und propagieren wollte. Zur B.-u.-B.-D. muß neben der entsprechenden nach 1933 entstandenen Literatur die von den Nationalsozialisten akzeptierte ältere völk. Heimatdichtung gezählt werden. Herausragende Vertreter dieser Literaturrichtung waren z. B. H. Burte, H. F. Blunck, F. Griese, H. Grimm, B. von Münchhausen, G. Schumann.

Bogen Begriff aus dem Buchdruck. Der B. ist ein rechteckig geschnittenes Papier, das beidseitig bedruckt (Druckbogen) und dann geschnitten und gefalzt wird (in der Regel zu 16 Buchseiten, wenn es sich um ein Oktavformat handelt). → Format.

Boheme Von franz. »bohémien« (Böhme, Zigeuner) abgeleiteter Begriff zur Bezeichnung der Welt, in der Künstler, Literaten und Studenten ohne große Rücksicht auf die bürgerl. Gepflogenheiten und Vorschriften in einer gewissen Protesthaltung leben. Die B. kam zuerst um 1830 in Paris auf (Quartier Latin) und wurde von vielen Schriftstellern beschrieben. 1851 erschienen Murgers *Scènes de la vie de bohème (Szenen aus dem Leben der B.)*. Später bürgerte sich der Begriff auch für die Künstlerwelt in Berlin und München ein.

Botenbericht In einem Bühnenstück hat der B. die Funktion, Ereignisse in den Handlungsablauf einzubringen, die auf der Bühne selbst nicht dargestellt werden können oder sollen, zum Verständnis des weiteren Geschehens jedoch bekannt sein müssen. Von außen kommend, erscheint ein Bote und erstattet seinen Bericht. Als ep.-dramaturg. Hilfsmittel findet sich der B. im griech. (Aischylos, *Die Perser*) wie auch im klass. franz. Dr. (Racine, *Phèdre*). Auch in der dt. dramat. Dichtung kommt der B. vor, so bes. eindrucksvoll bei Schiller (*Wallensteins Tod*, IV, 10). → Teichoskopie.

Brautwerbungssage Die B. rankt sich um das werbende Bemühen eines hochgestellten Herrn, der eine Fürstentochter zur Gemahlin nehmen will, die ihm von deren Vater versagt wird (z. B. *Gudrun* und *König Rother* in der altgerm. Sage).

Brechung In der → Metrik liegt eine B. vor, wenn eine syntakt. Einheit sich nicht mit einer Verszeile deckt, sondern in der folgenden Zeile weitergeführt wird (Hakenstil oder → Enjambement genannt). Erfolgt die B. zwischen der letzten Verszeile einer Strophe und dem ersten Vers der nachfolgenden, spricht man von einem Strophensprung. In der mhd. Dichtung gibt es ferner die Reimbrechung, bei der zwei durch Reim gebundene Verse jeweils zu verschiedenen Satzeinheiten gehören. Alle Formen der B. dienen als bewußt eingesetzte Stilmittel.

Bremer Beiträger Bezeichnung für die Mitarbeiter an der Zeitschrift »Neue Beiträge zum Vergnügen des Verstandes und Witzes«, die 1744–1748 in Bremen erschien und die sich im Poetik-Streit zwischen Gottsched und seinen Schweizer Gegnern um eine eigenständige, von Gottscheds streng rationalist. Anschauungen wegstrebende Position bemühte. An dieser Zeitschrift wirkten Gärtner, Cramer, Rabener, J.E. und J.A. Schlegel, Ebert, Zachariä, Gellert und Giseke mit. Sie veröffentlichten in ihrer Zeitschrift Werke von Haller, Ewald von Kleist wie Klopstock (die drei ersten Gesänge des *Messias*, 1748) und leiteten insofern eine literaturhistor. bedeutsame Wende ein.

Brevier Andachtsbuch der kath. Kirche, das neben Gebeten Gesänge, Psalmen, Andachtsübungen u.a.m. enthält. Unter Papst Pius V. (1568) erhielt das B. im Prinzip seine heutige, seitdem jedoch noch mehrfach veränderte Form. Es erschien in zahlreichen dt. Übersetzungen und hat auf die Entwicklung des → Kirchenliedes in Dtld. eingewirkt.

Brief Das Versenden schriftl. Mitteilungen in Gestalt von B.en kommt bei den Kulturvölkern zugleich mit der Schrift auf und hat eine uralte Tradition im Alten Orient, in der Antike, bei den islam. Völkern, in China und in Europa, wo der B. im Mittelalter im Sinne des von Cicero gegebenen Vorbilds vornehml. dem lat. abgefaßten geistlichen Austausch zwischen Persönlichkeiten der Kirche dient. Erst mit der Neuzeit erfolgte eine Hinentwicklung zu Korrespondenzen, die sich mit wiss. Problemen und dann auch mit privaten – und im Nationalsprachen dargestellten – Verhältnissen und Ereignissen befassen. Im 17.Jh. und im beginnenden 18. erfährt die Kunst des Briefschreibens eine bes. Pflege in Frankreich (Madame de Sévigné), und der B. wird zur lit. Form in Werken von Pascal und Montesquieu. In Dtld. sind es Klassik und Romantik, die den B. zu bes. künstl. Vollendung führen (Goethe, Schiller, die Brüder Schlegel). Namentl. für das gründl. Verständnis der Autoren des 19.Jh.s geben deren B.e, die in der Regel mit der gleichen Sorgfalt wie die Werke selbst ediert werden, wertvolle Aufschlüsse. Noch im 20.Jh. schreiben Rilke, Hofmannsthal, Thomas Mann, Kafka u.v.a. bedeutende B.e.

Briefroman Form des Romans, die auf fingierten Briefen basiert. Der B. wird im 18.Jh. zunächst in England und Frankreich gepflegt (Richardson, Rousseau, Choderlos de Laclos), bevor er Eingang auch in die dt. Literatur findet. Hölderlin in seinem *Hyperion* (1797–1799) und Goethe in *Die Leiden des jungen Werthers* (1774) führen den B. in dt. Sprache zu höchster Vollendung. Im 20.Jh. schaffen Ricarda Huch und Jens B.e.

Briefsteller Sammlung von Musterbriefen für verschiedene Anlässe des persönl. Lebens, für Korrespondenzen auf dem Gebiet des Handels, der Wirtschaft usw. Ursprüngl. gab es das Gewerbe des B.s, das sich bis um 1900 noch in Südeuropa hielt. Mit der Ausbreitung allg. Bildung verlor der Beruf seine Bedeutung. Der Begriff B. wurde dann auf ein Buch übertragen, das als Nachschlagewerk dient. In dieser Form kam der B. vom 11.Jh. an in Italien auf. Im priv. Bereich sind die B. heute kaum noch von Bedeutung.

Buch Der Name B. leitet sich von dem ahd. »buoh« für Buche her, da bei den Germanen ursprüngl. Buchenbretter beschriftet wurden. Ältester, von Babyloniern und Assyrern her bekannter Vorläufer des B.s ist die Tontafel. Bei Griechen und Römern herrscht zunächst der → Papyrus vor, ein in Ägypten aus dem Stengelmark der Papyrusstaude in Blatt- und Rollenform hergestelltes Schreibmaterial. Seit dem 3.Jh. v.Chr. geht man dazu über, auch Blätter aus → Pergament zu benutzen, die zu einem flachen viereckigen → Codex zusammengelegt werden. Das Papier ist im Abendland erst seit dem 14.Jh. allgemein gebräuchlich. Im Mittelalter werden Bücher handschriftl. von Mönchen angefertigt. Mit der Erfindung der Kunst des → Buchdrucks im 15.Jh. erhält das B. im wesentl. seine heutige Gestalt, bei der mehrere Druckbogen (→ Bogen) in gebundener oder broschierter Form zusammengefaßt sind.

Buchdrama Dramat. Dichtung, die sich für eine Aufführung auf der Bühne nicht eignet. Die Gründe können darin liegen, daß ein B. ausschließl. auf mehr zur Rezitation geeigneten Dialogen aufgebaut ist oder daß eine Aufführung zu große Anforderungen an die bühnentechn. Realisierung stellen würde. Beispiele für ein B. sind Dramen Senecas, der Hrotsvitha von Gandersheim, einiger Humanisten, romant. Stücke oder auch einige bibl. Dramen. Goethes *Faust II*, der lange als B. betrachtet wurde, erlebt heute durchaus Bühnenaufführungen.

Buchdruck Verfahren zur mechan. Vervielfältigung von Schriftwerken (Holztafeldruck) waren schon vor Johannes Gutenberg (gest. 1468) bekannt. Die entscheidende Leistung Gutenbergs, die den B. revolutionierte, war die Einführung bewegl. Metalltypen (gegossener Einzelbuchstaben). Sein berühmtester Druck ist die 42zeilige Bibel, die zwischen 1452 und 1455 in Mainz in einer Auflage zwischen 150 und 200 Stück entstand. Das 19.Jh. brachte für den B. bedeutende techn. Neuerungen, so die Erfindung der Zylinder-Schnelldruckpresse durch F. Koenig 1812 und der Setzmaschinen für ganze Zeilen (Linotype) durch O. Mergenthaler 1884 und für Einzelbuchstaben (Monotype) durch T. Lanston 1897. Neueste Formen des B. sind der Rotationsdruck und der Licht-(Film-)Satz, mit deren Hilfe Großauflagen in kurzer Zeit rationell hergestellt werden können.

Buchhandel Dem B. obliegen Herstellung und Vertrieb lit. Erzeugnisse, zu denen Photographie, Tonträger, Globen, Lehrmittel und Musikalien hinzukommen. Von sonstigen Nebenformen abgesehen, gliedert er sich in Verlags-, Sortiments- und Antiquariat. Auch die Buchgemeinschaften zählen zum B. Das Gewerbe mit vervielfältigtem Schrifttum ist schon aus dem alten Ägypten bekannt (um 1800 v.Chr.). Danach blühte der Handschriftenhandel in der Antike; im Mittelalter beschränkte er sich auf einen bestimmten Abnehmerkreis (Klöster, Universitäten, Gelehrte). Erst die Einführung des → Buchdrucks ermöglichte einen B. mit vergleichsweise großem Absatz. Seit den techn. Neuerungen des 19.Jh.s im Buchdruck nimmt der B. einen enormen Aufschwung. Bedeutenden Anteil am Umsatz im B. haben nach dem 2. Weltkrieg die preisgünstigen und in Millionenauflagen erscheinenden → Taschenbücher.

Buchstabe Schriftzeichen, im Deutschen nicht immer identisch mit einem Laut. Stab hieß der senkrechte Hauptstrich in den altgerm. Runen. Ob das Wort B. mit Stäbchen, die aus Buchenholz geschnitten worden sein müßten, in Verbindung zu bringen ist, bleibt umstritten.

Bühne Im Theater die Fläche, auf der ein Werk aufgeführt wird. In der Antike und noch im Mittelalter war die – heute gelegentl. erneuerte (Salzburg, Bad Hersfeld) – Freilichtbühne die gängige Form der B. Erst das 15. Jh. bringt die erste Saalb. Am bekanntesten sind die Shakespearebühne und die seit dem Barock weiter ausgestaltete, heute noch allgemein übliche Guckkastenb. Dank zahlreicher neuer Techniken können moderne B.n entsprechend den Absichten der → Regie vielfältig verändert werden. So gibt es z. B. Doppelstockb., Versenk- und Verschiebeb., → Drehb. usw. – Je nach den vorhandenen techn. Möglichkeiten kann ein Bühnenbild aufgebaut und der jeweiligen Inszenierung angepaßt werden.

Bühnenanweisung In Stücken, die für eine Bühnenaufführung bestimmt sind, gibt in der Regel der Autor – zwischen → Szenen oder → Akten eingeschaltete – Hinweise darauf, wie er sich die bühnentechn. Realisierung vorstellt. Diese B.en erstrecken sich sowohl auf den Ort der Handlung als auch auf das Verhalten der Schauspieler, ihre Kostümierung, auf musikal. Einlagen usw. Sehr kurzgefaßte B.en sind aus der Antike bekannt. In Bühnenstücken der Folgezeit sind die B.en unterschiedl. lang, bis die dt. Klassik ihrerseits zu äußerst knappen Formulierungen hinfindet. In der nachklass. Zeit, bes. im Realismus, Naturalismus und Expressionismus, werden die B.en z. T. wieder sehr detailliert.

Bühnenbearbeitung Eine B. liegt vor, wenn ein zur Aufführung bestimmtes Werk gemäß den Absichten der → Regie gewisse Veränderungen in Aufbau und Textgestaltung erfährt. Die Eingriffe können durch Probleme der techn. Realisierung oder auch durch konzeptionelle Abweichungen motiviert sein. Manche Autoren nehmen auch selbst B.en an eigenen Werken vor. Die unterschiedl. weit gehenden B.en gereichen einem Werk nicht immer zum Vorteil. Bekannt ist, daß die Goethesche B. von Kleists *Zerbrochenem Krug*, 1808 in Weimar aufgeführt, ein Mißerfolg wurde. Erst 1820 wurde das Dr. in Hamburg ein Bühnenerfolg.

Bürgerliches Trauerspiel Mit dem Aufstieg eines selbstbewußten Bürgertums entsteht im 18. Jh. eine Form des Dr.s, die nicht mehr in einer ausschließl. vom Adel beherrschten Welt spielt, sondern auch bürgerl. Situationen und Konflikte behandelt. Zugleich tritt die → Prosa an die Stelle gebundener Sprache. Nach engl. und franz. Vorbildern erscheint Lessing 1775 mit *Miß Sara Sampson*

auf dem Plan und wird damit zum Schöpfer des dt. b. T.s, wenngleich die Bürgerwelt noch mehr als Kulisse dient und umgangssprachl. Elemente nicht einfließen. Nach dem b.T. des Sturm und Drang (Lenz, Klinger) markiert Schillers *Kabale und Liebe* (1784 aufgeführt) einen Höhepunkt. Erst mit Hebbels *Maria Magdalena* (1844), vom Autor als bewußte Erneuerung des b. T.s gerechtfertigt, lebt die Gattung wieder auf. Generationen später wendet sich der Naturalismus (Ibsen, G. Hauptmann) aus einer gesellschaftskrit. Haltung heraus nochmals dem b. T. zu.

Bukolik Eine zunächst in der griech. Antike gepflegte Form der Dichtung, in der das Leben von Schäfern und Hirten idealisiert wird. Bedeutendster Vertreter ist Theokrit (um 310–250 v. Chr.), den sich Vergil in seinen lat. *Bucolica* (42–39 v. Chr.) zum Vorbild nimmt. Seit dem 16. Jh. lebt in Italien, Spanien, Frankreich und England die B. wieder auf und verbindet sich mit dem höf. Gesellschaftsideal des Barock. Die Themen sind zumeist Liebesverhältnisse. Sehr bekannt werden die Romane *Arcadia* (1502) von Sannazaro in Italien und *L'Astrée* von Honoré d'Urfé in Frankreich (1607–1627). In Dtld. erreicht die B. im 18. Jh. in Gestalt von Schäferspielen und → Idyllen (Gellert, Geßner u. v. a.) einen Höhepunkt. → Arkadisch.

Burleske Posse oder Schwank (s. d.) mit meist alltägl. Stoffen, in denen Fehler und Schwächen von Menschen oder auch bestimmte Geistesrichtungen verspottet werden. Beispiele aus der dt. Literatur sind Goethes *Götter, Helden und Wieland* (1774) und Vischers *Einfacherer Schluß der Tragödie Faust* (1862).

Butzenscheibenlyrik Abschätzige Bezeichnung für eine bestimmte Art von sentimentaler und erlebnisarmer Lyrik epigonalen (→ Epigonen) Charakters, die sich in der zweiten Hälfte des 19. Jh.s deutschümelnd mittelalterl. und pseudoromant. Motiven zuwandte. Der von Paul Heyse 1884 geprägte Begriff wird auf einige Werke von Redwitz, Roquette, Baumbach, Wolff u. a. m. bezogen.

Byline Seit dem 19. Jh. gebräuchl. Bezeichnung für altrussische Heldenlieder, die seit dem 10. Jh. vor allem im Gebiet von Kiew und von Nowgorod entstanden und mündlich überliefert wurden. Nachdem sich im Laufe des 18. Jh.s die B.n über ganz Rußland verbreitet hatten, gab Danilow 1818 die erste Sammlung von B.n heraus, denen andere folgten. Im Mittelpunkt der B.n stehen episch erzählte, oft legendenhaft ausgeschmückte Begebenheiten der Geschichte.

C

Cancionero Nach dem Vorbild der → Troubadour-Dichtung entstanden in Spanien und Portugal Sammlungen (Liederbücher) jener Lyrik, wie sie von höf. Sängergesellschaften gepflegt wurde. Die ältesten C.s umfassen Dichtungen des 12. bis 14. Jh.s in verschiedenen Sprachen und Mundarten der Pyrenäenhalbinsel, während das älteste Liederbuch Kastiliens, der *C. de Baena* (um 1445), bereits überwiegend Dichtungen in kastil. (span.) Sprache enthält.

Cantica (Einzahl: Canticum) Bezeichnung für diejenigen Teile

der altröm. Komödie, die mit Flötenbegleitung vorgetragen wurden (»Lieder«). Dazu gehörten sowohl Rezitative als auch gesungene Stücke. Die gesprochenen Partien heißen dagegen Diverbia. – In der Bibel werden die Lieder ebenfalls als C. bezeichnet, nicht jedoch die Psalmen.

Chanson Der Begriff bedeutet im Französischen allgemein »Lied«, wird jedoch im dt. Sprachgebrauch nur auf bestimmte satir., kabarettist., gesellschaftskrit. Lieder eigener Prägung angewandt, wie sie seit dem Ende des 19. Jh.s zuerst in Frankreich aufkamen und dann auch in anderen Ländern nachgeahmt wurden. – In der altfranz. und provenzal. Literatur bezeichnet C. vor allem das höf. Minnelied. Auch das Heldenlied, so z. B. das *Rolandslied*, fällt unter diesen Begriff *(Chanson de Roland)*. – In der Musikgeschichte werden die mehrstimmigen franz. Lieder des 15. bis 17. Jh.s ebenfalls als C.s bezeichnet. → Chansons de geste.

Chansons de geste Französische Epen, die zwischen dem 11. und 13. Jh. entstanden und vor einem mehr oder weniger gesicherten histor. Hintergrund die legendären Taten der Heldengestalten aus der Zeit Karls des Großen erzählen (→ Epos). Ein C. d. g. umfaßt in der Regel 8 000–10 000 Verse. Über die Entstehung gibt es keine einheitl. Theorie. Die C. d. g. wurden bei ihrer Rezitation von einer einfachen, den Rhythmus unterstreichenden Musik begleitet. Erstes gedrucktes C. d. g. war *Fierabras* (1478), bekannter sind jedoch das *Chanson de Roland* (entstanden zwischen 1060 und 1100) und Chansons über die Kreuzzüge. Das *Rolandslied* wurde um 1170 durch den Pfaffen Konrad in dt. Reimpaare übertragen. Seit der Mitte des 19. Jh.s bemüht man sich in Frankreich um zuverlässige Textausgaben der C. d. g.

Charakterdrama Im C. wird die Handlung wesentl. aus den Charakteren handelnder Personen heraus begründet, während das eigtl. Handlungsdrama sich auf die Aktionen als solche konzentriert. Eine klare Abgrenzung beider Begriffe ist jedoch nicht möglich. Früher wurde das griech. Handlungsdrama oft den Charakterdramen Shakespeares (z. B. *Hamlet, Othello*) gegenübergestellt. Beim C. wird außerdem in → Charaktertragödie und → Charakterkomödie unterschieden. In der dt. Literatur suchten die Vertreter des Sturm und Drang in ihren Dramen an die Shakespeareschen Tragödien anzuknüpfen, im Bereich der Charakterkomödie wird Molière als der wesentlichste Autor angesehen. Die Festlegung auf einen bestimmten Typus ist für das moderne Drama kaum möglich. Brechts *Herr Puntila und sein Knecht Matti* (1948), eine sozialkrit. Charakterstudie, kann in gewissem Sinne dem C. zugerechnet werden.

Charakterfach In der Schauspielkunst jener Darstellerpart, der eine bestimmte, wesentl. von ihrem Charakter her gezeichnete Rolle verkörpert, als C. bezeichnet.

Charakterkomödie Auf komische Wirkung hin angelegtes Bühnenstück, in dessen Mittelpunkt ein mit karikierten, Heiterkeit auslösenden Eigenschaften gezeichneter Charakter steht. Als Meister der C. gilt Molière, von dem einige Stücke seit Jahrhunderten auf der Bühne dargestellt werden, z. B. *Der Menschenfeind* (1666), *Der Geizige* (1668), *Der eingebildete Kranke* (1673) u. v. a. Als erste C. der dt. Literatur gilt *Vincentius Ladislaus* von Heinrich Julius von Braunschweig (1594). Im 18. Jh. tritt der junge Lessing mit C.n hervor: u. a. *Der Misogyn* (1748), *Die alte Jungfer* (1749). Auch einige Stücke von Weisse, Kleist *(Der zerbrochene Krug,* 1806) und G. Hauptmann stehen in der Tradition der C. → Charakterdrama.

Charakterrolle In der Schauspielkunst jede Rolle, bei der ein scharf profilierter Charakter darzustellen ist. Der Schauspieler kann sich dabei nicht auf die Reproduktion des vom Autor vorgesehenen Textes beschränken, sondern muß versuchen, durch die ihm zu Gebote stehenden Mittel (Mimik, Gestik, Stimmführung usw.) der Rolle eine individuelle, »charakteristische« Prägung zu

verleihen. Ein Schauspieler genießt in der Regel höchstes Ansehen und Anerkennung, wenn ihm die Darstellung von C.n in einer das Publikum überzeugenden Weise gelingt. Die Dramen der Klassik und der folgenden Epoche bis hin zur Moderne fordern den Darstellern von C.n ein entsprechendes Können ab.

Charaktertragödie Bei der Definition des → Charakterdramas wird meist zwischen → Charakterkomödie und C. unterschieden. Letztere stellt die Charaktere der ein Stück tragenden Persönlichkeiten in den Vordergrund und entwickelt die Handlung vielfach aus dem Widerstreit zwischen einem scharf geprägten Individualcharakter und von außen kommenden Einflüssen. Dieser Konflikt weckt und steigert die Leidenschaft des Protagonisten und führt zur tragischen Verstrickung. Als Meister der C. gilt Shakespeare. Bedeutende Beispiele aus der dt. Literatur sind Goethes *Götz von Berlichingen mit der eisernen Hand* (1773) und *Egmont* (1788), Schillers *Wallenstein*-Trilogie (1798–99) und Kleists *Prinz Friedrich von Homburg* (1821).

Charge Neben- oder Episodenrolle in einem Theaterstück, die oft nur knapp vom Autor charakterisiert ist und deshalb vom Schauspieler in etwas übersteigerter, »chargierter« Weise verkörpert werden muß. Solche Nebenrollen können ein Hanswurst, ein Diener usw. sein, die allerdings auch die Bedeutung kleiner Charakterrollen gewinnen können (so z. B. die Stubenmädchen in Stücken von Molière). Die Einführung von Nebenrollen kann vom Autor auch als bewußtes Mittel der Kontrastierung gedacht sein, so z. B. der Auftritt des Kapuziners in *Wallensteins Lager* von Schiller.

Charon In der griech. Mythologie der greise Fährmann, der die Schatten der beerdigten Toten über die Flüsse der Unterwelt setzt. O. zur Linde und Pannwitz wählten C. 1904 zum Titel der von ihnen gegründeten Literaturzeitschrift des »C.-Kreises«, einer antiexpressionist. Richtung, die sich vor allem gegen den George-Kreis wandte und in Anlehnung an die Ästhetik von A. Holz nach einer Synthese der Philosophie Nietzsches, der Werte des Christentums und des Germanentums strebte. Ständige Mitarbeiter der Zeitschrift, die von 1904–14 und von 1920–22 erschien, waren Röttger, Paulsen u. v. a.

Chevy-Chase-Strophe Vierzeilige → Volksliederstrophe, die ihren Namen von einer engl. Ballade des 15. Jh.s *(Die Jagd in den Cheviotbergen)* herleitet. Die erste und dritte Zeile haben jeweils vier, die zweite und vierte Zeile drei Hebungen; am Ende der zweiten und vierten Verszeile stehen merkbare Pausen für eine vierte Hebung. Der Versausgang ist stets stumpf. Durch Gleims *Preußische Kriegslieder* (1758) wurde die Strophenform in Dtld. heimisch. Auch Klopstock u. v. a. bedienten sich der C.-C.-S. Ende des 19. Jh.s griff sie Fontane nochmals in Balladen auf *(Archibald Douglas)*.

Chiasmus Kreuzweise oder spiegelbildartige Anordnung syntakt. Konstruktionen, z. B. »Sein Wuchs ist schlank, blond ist sein Haar« (Fontane). Der C. ist eine bereits aus der antiken Dichtung bekannte Stilfigur und findet sich später in der Dichtung des Mittelalters und bes. der Barockzeit (Angelus Silesius). Auch Goethe, Schiller, Fontane u. v. a. gebrauchen ihn.

Chor Seit Homer bezeichnete der C. eine Tanzgruppe und den von ihr aufgeführten kult. Tanz. Eine andere Funktion erhält der C. in der griech. Tragödie des 5. Jh.s, wo er neben Einzelrede und Zwiegespräch zu einem tragenden Element wird. Die C.-Gesänge wurden musikal. von Kithara und Flöte begleitet. Bei Aischylos, dem eigtl. Schöpfer der Tragödie, ist der C. noch fest in die Handlung integriert, während er bei Sophokles, Euripides und Agathon allmähl. aus dieser heraustritt und schließl. zur bloßen lyr. Einlage wird. A.W. Schlegels Interpretation des C.s als eines »idealisierten Zuschauers« trifft nicht zu; vielmehr kommt dem C. die Rolle zu, die polit. Gemeinschaft, innerhalb deren die Tragödie spielt, oder aber Gefolgsleute einer Person darzustellen. Im geistl. Dr. des Mittelalters, im Barock und im klass. franz. Dr. lebt der Chor, wenn auch unter vielfachen Wandlungen, weiter. Für die dt. Literatur wird er wieder bedeutsam im dramat. Schaffen Schillers *(Die Braut von Messina*, 1803), in Goethes *Faust* und seit dem Symbolismus (Hofmannsthal, Brecht, Dürrenmatt u. v. a.).

Chorlied Lied für einen mehrstimmigen → Chor. Die altgriech. C.er waren nach Strophen oder astrophisch gegliedert und gelangten, unter musikal. Begleitung bei kult. Festen zu Ehren der Götter zur Aufführung. Das C. in den Dramen bestand zumeist aus einem oder mehreren Strophenpaaren, wobei es zu einem Wechselgesang zwischen halben Chören oder zwischen Chor und Solist kam. – Im heutigen Sinne können kirchl. Lieder, Tanzlieder, Soldatenlieder usw. als C.er bezeichnet werden.

Chronik Geschichtliches Werk, das über die Ereignisse in ihrer zeitl. Abfolge berichtet. Vor allem gebräuchl. für mittelalterl. Aufzeichnungen, die je nach Inhalt als Weltchroniken, Papst-, Kaiser- oder Städtechroniken usw. bezeichnet werden. Seit dem 12. Jh. werden geschichtl. Begebenheiten auch in Versform festgehalten (→ Reimchroniken). Sie erhalten sich bis ins 16. Jh. Bekannt ist die *Deutschordenschronik* von Nikolaus von Jeroschin, die Versübertragung einer lat. geschriebenen Vorlage (1331–35). Auch das im 3. vorchristl. Jh. entstandene Geschichtswerk der Bibel wird als C. bezeichnet. – Chronikalische Erzählungen sind solche, die von Schriftstellern einem fiktiven alten Chronisten unterschoben werden. Beispiele aus der dt. Literatur sind Stifters *Die Mappe meines Urgroßvaters* (1841–42) und Storms *Aquis submersus* (1875–76) u. a. m.

Claque Personenkreis, (»Claqueure«), der im Theater gegen Bezahlung Beifall bezeigt. Dadurch soll der Erfolg einer Darbietung gesichert werden. Die C. wird bereits von antiken Autoren erwähnt und kommt seitdem bis in die heutige Zeit vor. Sie blühte im vorigen Jh. bes. in Paris, fand jedoch auch in vielen anderen europ. Theaterstädten Nachahmung.

Coda In der ital. → Metrik bildet die C., das »Geleit«, einen Zusatz, der an das regelmäßig gebaute → Sonett (bes. scherzhaften Inhalts) angehängt wird; meist ein Vers oder Verspaar mit eigenem Reim. Die C. kommt auch in altprovenzal. → Kanzonen (Sirventes) vor. – In der Musik bildet die C. den Schlußteil eines Stückes, bes. beim Sonatensatz.

Codex (Pl. Codices) Bei den Römern wurden zunächst beschriftete, wachsüberzogene Holztafeln, später Blätter aus → Pergament zu Codices zusammengefügt und mit hölzernen Deckeln versehen. Damit entstand eine Vorform des → Buches, die sich bis ins 15. Jh. hinein erhielt. Im Unterschied zur Rolle bot die Form des C. den Vorzug, daß die Pergamentblätter auf beiden Seiten beschriftet werden konnten. Die aus dem Mittelalter überlieferten, in Klöstern entstandenen Codices zeichnen sich durch erlesene künstler. Ausstattung mit → Initialen, → Miniaturen und reicher Ornamentik

aus. Sehr bekannt sind der C. *argenteus*, eine im 6. Jh. entstandene Hs. mit Teilen der got. Evangelien-Übersetzung des Wulfila (heute in Uppsala); der C. *aureus von Echternach*, ein → Evangeliar des 11. Jh.s (Nürnberg); der C. *aureus aus St. Emmeram* in Regensburg, der aus dem 9. Jh. stammt. – Auch Gesetzessammlungen des röm. und des Kirchenrechts werden C. genannt.

Comédie larmoyante Rührstück. Lessing übersetzte den von Chassiron geprägten Begriff mit »weinerliches Lustspiel«. Die C. l. ist eine der → Tragikomödie und dem → bürgerl. Trauerspiel verwandte Form des Dr., die bes. im 18. Jh. in Frankreich blühte und dort ihre Hauptvertreter in Marivaux, Destouches und Nivelle de la Chaussée fand. Das Geschehen in der C. l., bei dem Elemente des Tragischen und Heiteren eine eigentüml. Verbindung eingehen, hat einen leicht moralisierenden Anstrich. Tugenden erweisen sich letztl. als stärker denn böse Neigungen, wodurch im Zuschauer Erschütterung und Rührung wachgerufen werden sollen. Krönender Schluß ist oft eine Hochzeit. Die C. l. stellt auf dramat. Gebiet ein Gegenstück zu den R.en dar, die ebenfalls dem Zeitgeschmack entsprachen (Marivaux, Prévost, Richardson). In Dtld. schufen Gellert, Weisse, Th. Körner und noch Sudermann Theaterstücke, die der C. l. zugerechnet werden können.

Comics Urbild der C. (Kurzform für »comic strips«) sind die → Bilderbogen. Die in Amerika aufgekommenen, dann auch in Europa nachgeahmten C. sind Bildreihen mit meist abenteuerl. Inhalten (Detektivgeschichten, Kriegsbegebenheiten usw.), bei denen die handelnden Personen Äußerungen von sich geben, die nicht als Untertexte zum Bild, sondern als Sprechblasen (»balloons«) erscheinen. Die C. gab es ursprüngl. nur in Zeitungen, später in Heftform. Sie waren anfangs nur für Kinder gedacht. Heute gibt es auch C. für Erwachsene (z. B. *Asterix*), in denen Themen der Weltgeschichte oder -literatur aufgegriffen werden. In den letzten Jahren haben die C. eine ungeahnte Verbreitung erfahren und sogar Eingang in einige Schulbücher gefunden.

Commedia dell'arte Die um 1550 in Oberitalien aufgekommene Stegreifkomödie (→ Stegreif), bei der komische Charaktere in stets gleicher Aufmachung auftraten: der Arlecchino aus Bergamo, der Dottore aus Bologna, der Pulcinella aus Neapel u. v. a. Der Text wurde innerhalb eines die Handlung festlegenden Szenarios nach bestimmten Regeln improvisiert, wobei jeder Mitwirkende (Berufskünstler) über einen Fundus aus gleichbleibenden Wendungen, Späßen usw. verfügte. Die Vorbilder der C. d. a. sind in früheren ital. → Komödien und → Farcen, in den Werken antiker Autoren (Plautus, Terenz) und in der Renaissancekomödie (Machiavelli, Ariost u. v. a.) zu suchen. Ältestes erhaltenes Szenario ist das bei der berühmten »Landshuter Fürstenhochzeit« 1568 aufgeführten C. d. a. Ein starker Einfluß der C. d. a. ist in den Stücken von Gozzi spürbar. Sie strahlte auch auf Spanien (Lope de Vega), Frankreich (Molière) und England (Shakespeare) aus. Trotz der aufklärerischen Gegenwehr Gottscheds und der Neuberin kam auch in Dtld. die C. d. a. zunächst auf Jahrmärkten zur Geltung und fand dann einen deutl. Niederschlag im Schaffen Raimunds, Nestroys, Grillparzers, Hofmannsthals und anderer Dramatiker.

Concetto (auch Konzetto). Bezeichnung für besonders in der Literatur des Barock angewendete geistreiche Redewendungen, witzige und raffinierte → Wortspiele sowie doppelsinnige und hintergründige Andeutungen. Das oft gekünstelt wirkende C. wurde u.a. auch von einigen Troubadouren und von dem ital. Dichter Petrarca gepflegt.

Contradictio in adjecto Widerspruch im beigefügten Eigenschaftswort, z.B. »hölzernes Eisen«. Die C. beruht auf einer log. unzulässigen Zusammenfügung eines Begriffs und einer auf ihn nicht anwendbaren Modifikation und stellt eine Form des → Oxymorons dar.

Copyright In den angelsächs. Ländern Bezeichnungen für das → Urheberrecht. In den USA, wo früher das einmal erteilte C. 28 Jahre gültig war und unter gewissen Voraussetzungen für weitere 28 Jahre verlängert werden konnte, erstreckt sich seit dem 1.1.1978 das C. für neu geschaffene literarische und künstlerische Werke auf die Lebensdauer des Autors und auf zusätzliche 50 Jahre (ohne Verlängerungsmöglichkeit). Bei Werken, für die das C. vor dem 1.1.1978 erteilt wurde, wird die Schutzfrist der Verlängerungsperiode von 28 auf 46 Jahre ausgedehnt. Diese neuen amerikan. Bestimmungen decken sich jetzt weitgehend mit denen der anderen Länder und bedeuten einen Abbau der Hindernisse hinsichtl. eines Beitritts der USA zur → Berner Konvention.

Couplet Ursprüngl. die Verbindung von zwei parallelen rhythm. Sätzen zu einer → Strophe; für diese steht der Begriff C. auch in der altprovenzal. und altfranz. Literatur und im → Chanson. Nach heutigem Sprachgebrauch bezeichnet C. ein kurzes witziges, iron. oft auch zweideutig-schlüpfriges Lied, gelegentl. mit aktuellen Bezügen, und kommt in der komischen Oper, in der Operette, der Posse usw. vor. – In der Musik nennt man beim Rondo die freien Teile zwischen den Reprisen ebenfalls C. – Der Ausdruck → Song wird neuerdings häufig synonym mit C. gebraucht.

Cursus Begriff der → Rhetorik zur Bezeichnung eines rhythm. Satzschlusses in der Kunstprosa. Am Ende der Sätze müssen zwei mindestens dreisilbige Wörter stehen. Die antike Rhetorik kannte quantitierende Klauseln (Regelung der Längen und Kürzen am Satzschluß), doch setzt sich seit dem Spätlat. des 4. Jh.s der akzentuierende C. durch, der auch im mittelalterl. Latein beibehalten wird. Man unterscheidet je nach Silbenzahl und Akzentuierung (Regelung der Hebungen und Senkungen) verschiedene Formen des C. In der dt. Prosadichtung ist die → Metrik des Satzausgangs noch nicht ausreichend untersucht.

D

Da capo In der Musik bedeutet der ital. Ausdruck »d.c. al fine« die Aufforderung zur Wiederholung eines Stückes. Im Theater werden die Darsteller oder Interpreten durch beifällige D.-c.-Rufe ermuntert, gelungene Darbietungen zu wiederholen.

Dadaismus Revolutionäre künstl.-lit. Richtung aus der Zeit des 1. Weltkriegs, die sich extrem schroff gegen die »bürgerliche Kultur« und ihre vermeintl. Scheinwerte wandte. Der Ausdruck D., als Suggestivbegriff zur Lächerlichmachung phrasenhafter, hohler Worte bewußt gewählt, ist von »dada«, einem Wort der franz. Kindersprache für Holzpferdchen, abgeleitet und stammt von Hugo Ball, der 1916 in Zürich das »Cabaret Voltaire« eröffnete, das spätere Sammelbecken der Dadaisten. Zu den ersten Dadaisten zählten R. Huelsenbeck, H. Arp und die Rumänen Tristan Tzara und Marcel Janco. Nahezu alle, die sich zum D. bekannten oder mit ihm sympathisierten, waren Maler und Dichter zugleich. Nach 1916 bildeten sich auch in Berlin, Köln, Hannover, New York und anderen Städten dadaist. Gruppen. Einen eigenen Stil zu verwirklichen gelang dem D. wegen seiner anarchist. Grundhaltung nicht. In Frankreich fand der D. seine Fortsetzer in den Surrealisten (Breton, Aragon u.v.a.). Vom → absurden Theater bis hin zu neuesten Modeerscheinungen wie Pop-art sind dadaist. Einflüsse erkennbar.

Daktylus Dreisilbiger Versfuß in der antiken → Metrik mit langer erster und zwei folgenden kurzen Silben, die aber auch durch eine lange Silbe ersetzt werden können. Im Dt. besteht der D. entsprechend aus einer betonten und zwei unbetonten Silben. Er kommt bereits in der mhd. Dichtung vor, wird dann aber erst wieder von Dichtern des 17. Jh.s aufgegriffen, bevor er im Sturm und Drang und der Klassik (Goethe, *Hermann und Dorothea*, 1797) wieder

verwendet wird. Am häufigsten taucht der D. sechshebig im → Hexameter und → Pentameter auf.

Datierung Möglichst genaue zeitl. Einordnung eines Werkes. Kann eine solche nicht aufgrund eigener Angaben des Autors (z.B. in Tagebüchern oder Briefen) sicher vorgenommen werden, bedarf es der genauen inhaltl. und formalen Analyse, bei der dann in vielen Fällen durch Vergleiche eine annähernde oder genaue D. möglich ist. Solche Nachforschungen gelten meistens der Zeit der Entstehung eines Werkes, die nicht mit dem Zeitpunkt der Veröffentlichung übereinstimmen muß. Probleme eigener Art bietet die D. von Werken, die vor der Einführung des Buchdrucks entstanden sind. Auch die aus der Antike überlieferte Literatur kann nicht in allen Fällen exakt datiert werden.

Debüt Tritt ein Schauspieler zum erstenmal vor das Publikum, so »gibt er sein D.«, d.h., er beginnt seine Karriere. Auch ein neues Engagement beginnt mit einem D. In der Literatur spricht man von D., wenn ein Autor eine erste Arbeit veröffentlicht.

Dedikation Ursprüngl. Einweihung einer Kultstätte für eine röm. Gottheit in Anwesenheit des Pontifex maximus. Heute Zueignung eines lit. oder wiss. Werkes an eine vom Autor geschätzte Persönlichkeit. Die D. kann auf einem bes., in das Werk eingebundenen Blatt stehen oder vom Autor handschriftl. vergeben werden. Zu Zeiten monarchistischer Staatsverfassung mußte, falls ein Werk einer fürstl. Person zugeeignet werden sollte, vorher deren Genehmigung eingeholt werden. Auch Widmungsinschriften an Gebäuden können D.en sein.

Dekadenzdichtung Lit. Richtung, die nach der Mitte des 19. Jh.s aufkam und ins 20. Jh. hineinragt. Dekadenz, »Niedergang«, ein von Nietzsche in Dtld. eingebürgerter franz. Begriff, bedeutet hier spätzeitl., ihrer Auflösung entgegengehende Kultur. Die D. zeichnet sich durch eine pessimist.-weltschmerzl. Grundstimmung und die Kultivierung einer ästh. überfeinerten Kunstwelt aus. Sie wurde zum Ausdruck eines Gefühls des Niedergangs und des Endes, das viele Lebensbereiche erfaßt hatte. Dennoch war sie zu ihrer Zeit keine allein herrschende lit. Richtung: 1857, als Baudelaire, ein Hauptvertreter der D., mit seinen *Fleurs du mal (Die Blumen des Bösen)* eine neue Ära der modernen Lyrik eröffnete, tritt auch Stifter mit seinem der Geisteswelt Goethes verwandten und von Nietzsche aufs höchste geschätzten R. *Der Nachsommer* hervor. Neben Baudelaire sind es in Frankreich Gautier, Verlaine und Huysmans, deren Schaffen der D. zugerechnet wird. In der dt. Literatur werden Schnitzler, Hofmannsthal, P. Altenberg und Thomas Mann mit der D. in Verbindung gebracht.

Denkschrift Auch Memorandum, bes. im diplomat. Verkehr. Bericht meist offizieller Natur über einen bestimmten Gegenstand, in der Regel eine öffentl. Angelegenheit. Auch Abhandlungen gelehrter Einrichtungen wie → Akademien usw. werden oft als D. bezeichnet.

Detektivroman → Kriminalgeschichten

Deus ex machina Lat. »Gott aus der Maschine«. In bestimmten antiken Tragödien, z.B. bei Euripides, wurde an Stellen, an denen eine ausweglose dramat. Verwicklung vorlag, mit Hilfe einer bestimmten dramaturgischen Technik ein Gott in das Geschehen einbezogen, der eine unerwartet günstige Wendung herbeiführte. Im heutigen Sprachgebrauch bezeichnet der Ausdruck das plötzl. Dazwischentreten einer Person oder eines äußeren Umstands, durch den im Drama oder auch im Roman ein tragisch geschürzter Knoten von Geschehnissen gelöst wird.

Deutsche Bibliothek 1946 in Frankfurt am Main gegründete Zentralbücherei, Stiftung des öffentl. Rechts. Die D.B. archiviert und bibliographiert die gesamte seit 1945 erscheinende deutschsprachige Literatur sowie das im Inland erscheinende fremdsprachl. Schrifttum, im Ausland erscheinende Literatur über Dtld., Übersetzungen aus dem Deutschen, Exilliteratur aus der Zeit des Dritten Reiches, ungedruckte wiss. Arbeiten. Der D.B. ist eine »Sammlung Buchkunst« angeschlossen. Die *Deutsche Bibliographie* wird von der D.B. herausgegeben. Für die Bundesrepublik Dtld. und das deutschsprachige Ausland hat die D.B. die Nachfolge der → Deutschen Bücherei in Leipzig angetreten. Nach der Vereinigung Deutschlands Kooperation mit der → Deutschen Bücherei.

Deutsche Bücherei 1912 gegründete, in Leipzig ansässige dt. Nationalbibliothek. Die D.B., deren Zielsetzung und Organisation in der Bundesrepublik Dtld. 1946 von der → Deutschen Bibliothek übernommen wurden, archiviert und bibliographiert seit 1913 die deutschsprachige Literatur des In- und Auslandes, fremdsprachige Inlandsschriften, Übersetzungen dt. Literatur und im Ausland erscheinende Sammlungen von Zeitschriften, Dissertationen, Landkarten, Musikalien usw. Sie wirkt an zahlreichen Bibliographien mit. Das »Deutsche Buch- und Schriftmuseum« ist der D.B. angegliedert. Nach der Vereinigung Deutschlands Kooperation mit der → Deutschen Bibliothek.

Deutsche Gesellschaften Zusammenschlüsse, die seit der ersten Hälfte des 17.Jh.s entstanden und der Erforschung, Normierung und Pflege der dt. Sprache und Dichtung dienen sollten. Am bekanntesten wurde die eine Zeitlang von Gottsched in reformeri-

scher Absicht nach dem Muster der Académie Française geleitete »Deutschübende poetische Gesellschaft« in Leipzig, die bis zum 2. Weltkrieg bestand und nach deren Vorbild ähnliche D.G. in anderen Städten entstanden (u. a. Göttingen, Halle, Jena, Königsberg, Mannheim). – D.G. war auch der Name von patriot. Vereinen im Rheinland, die sich 1814 auf Anregung von E.M. Arndt bildeten, im Zuge der Demagogenverfolgungen aber rasch wieder unterdrückt wurden.

Deutschkunde Fächergruppe aus Deutsch, Geschichte, Musik und Kunsterziehung, die durch die Richtersche Schulreform von 1925 zum Kern bes. der dt. Oberschule erhoben wurde. Dahinter stand die Absicht, den jungen Menschen ein Gesamtbild dt. Kulturleistungen zu vermitteln. Aus der Retrospektive kommt dieser Konzeption eine verhängnisvolle Rolle im Zusammenhang mit dem in der 2. Hälfte des 19.Jh.s in Dtld. entstandenen einseitigen Nationalismus zu, weswegen nach dem Zusammenbruch des Jahres 1945 eine Betonung nationaler dt. Eigenart abgelehnt wurde.

Deutschordensdichtung Die vor allem im 14.Jh. in ostmitteldt. und lat. Sprache entstandene Literatur im Umkreis des Dt. Ritterordens in Preußen. Im Vordergrund standen Geschichtsschreibung (→ Chroniken) und geistl. Dichtung, die ihre Motive aus wesentl. dem AT entnahm. Bedeutende Chronisten waren Nikolaus von Jeroschin, Wiegand von Marburg und Johann von Posilge. Nachdem das poln.-litau. Heer 1410 dem Dt.Orden bei Tannenberg eine vernichtende Niederlage beigebracht hatte, kam auch die D. zum Erliegen.

Dialekt Mundart, die innerhalb einer bestehenden Nationalsprache (z.B. Deutsch) in regionalen Teilgebieten gesprochen wird (z.B. Bairisch, Fränkisch, Sächsisch). Der D. kann sowohl im Wortschatz als auch in der Grammatik z.T. erheblich von der Hochsprache (→ Schriftsprache) abweichen. In der Landschaft der dt. D.e sind durch die Umsiedlungen nach 1945 erhebl. Veränderungen eingetreten. Einige D.e sind im Aussterben begriffen. Insgesamt gesehen, spielen jedoch die D.e, bes. die des südl. Sprachgebiets, auch im tägl. Leben nach wie vor eine bedeutende Rolle, die durch die nivellierende Beeinflussung seitens der Medien kaum zurückgedrängt wird.

Dialektdichtung → Mundartdichtung

Dialektik Bezeichnung einer seit Sokrates und Platon existierenden philosoph. Methode, die auf dem Prinzip gegensätzl. Behauptung (Thesis und Antithesis) basiert, aus deren Zusammenführung (Synthesis) eine höhere Erkenntnis gewonnen werden soll. Ursprüngl. war D. die Kunst der Gesprächsführung (auch Eristik genannt). Im Mittelalter gehörte die D. zu den sieben »freien Künsten« (artes liberales). In der neueren Philosophie seit Kant spielt die D. in der philosoph. Literatur, so bei Fichte, Hegel, Schleiermacher, Marx, N. Hartmann und Adorno, eine bedeutende Rolle.

Dialog Zwiegespräch oder auch Wechselgespräch zwischen mehreren Personen. Auch literar. Kunstform. Im Dr. hat der D. eine wesentliche Funktion für die Profilierung handelnder Personen und damit auch für den Ablauf des Geschehens. In der philosoph. Literatur findet sich nach dem Vorbild Platons bis in die neueste Zeit immer wieder der D., in dem um Erkenntnisse gerungen wird.

Dichter Verfasser eines Sprachkunstwerkes, der zur Zeit der Antike und der Germanen seher., übersinnl., zum Teil gottähnl.

Fähigkeiten zugeschrieben wurden, der später als Berichterstatter und »Sänger« auftrat und der erst im Laufe der Zeit im Sinne seiner ihm heute zugeschriebenen Funktion verstanden wurde. Die Bezeichnung D. wurde erstmals im 12. Jh. angewandt, im Verlaufe der nachfolgenden Zeit weitgehend durch Meister, Schöpfer oder Poet u. a. m. verdrängt und erst im 18. Jh. von Gottsched fest eingeführt. Heute tritt die Bezeichnung D. wieder zurück zugunsten von Verfasser, Schriftsteller und Autor. Die D. stammten im Prinzip immer aus allen mögl. sozialen Schichten und Berufsgruppen, wenn auch früher die meisten Geistliche und Hof- bzw. Staatsbedienstete waren. Mitte des 19. Jh.s kam der Berufsdichter auf, der vom Ertrag seiner Dichtkunst leben konnte. Bezügl. der Fähigkeiten, die ein D. besitzen müsse, meinte man noch bis ins 18. Jh., daß diese erlernbar seien; Goethe dagegen hielt den D. für einen Freund der Götter, der über antizipator. (d. h. seher.) Qualitäten verfüge. Als unumstritten gilt jedenfalls, daß ein D. eine schöpf. Persönlichkeit ist, die Beobachtungen, Erfahrungen und Vorstellungen über die Welt bzw. Teile von ihr vermittels eines künstler. sprachl. Ausdrucksvermögens darzustellen vermag.

Dichterische Freiheit Das bewußte Abweichen des Dichters vom Realen und Faktischen bzw. von Normen und Formen der Sprache mit dem Ziel, einem Sprachkunstwerk die von ihm intendierte Zielrichtung und Eigenprägung zu verleihen. So weicht z. B. Schiller in seinen histor. Dramen vielfach vom tatsächl. Ablauf geschichtl. Geschehnisse, die den Hintergrund oder das Thema bilden, ab. Im 20. Jh. nahm sich Stefan George weitreichende Freiheiten in Wortgebrauch oder Satzbau, fand damit jedoch nur in einem begrenzten Kreis Anerkennung. Viele ursprüngl. »Verstöße« gegen Sprachnormen werden später Allgemeingut.

Dichterkreis Meist lose Vereinigung von Autoren, die sich aufgrund gemeinsamer Wertvorstellungen oder Überzeugungen zum geistigen Austausch oder auch zu wechselseitiger Kritik zusammenfinden. In den letzten drei Jahrhunderten gab es in Dtld. zahlreiche D.e, die die Aufmerksamkeit eines kundigen oder interessierten Publikums auf sich zogen, so z. B. zu Beginn des 18. Jh.s die →»Bremer Beiträger« und der →»Göttinger Hain« am Ende dieses Jh.s, sowie der Berliner Kreis »Tunnel über der Spree« im 19. Jh. und der »George-Kreis«, die »Gruppe 47« und andere im 20. Jh.

Dichterkrönung Aus der Antike auch auf die neueren Zeiten überkommener, bis ins 17. Jh. gepflegter Brauch, einen Dichter mit Lorbeer zu bekränzen (»poeta laureatus«) und ihn auf diese Weise als herausragend unter seinen Standesgenossen anzuerkennen. 1341 wurde Petrarca diese Ehrung zuteil. Nach ihm wurden – neben vielen anderen, bald in völlige Vergessenheit Geratenen – u. a. Celtis, Hutten, Opitz durch eine D. ausgezeichnet. Am engl. Hof gab es noch bis ins 20. Jh. die mit einem kleinen Gehalt dotierte Stellung des »Poet Laureate«.

Dichterschule Im Unterschied zum → Dichterkreis bezeichnet D. einen Zusammenschluß von → Dichtern, von denen gewisse stilist. Tendenzen ausgehen, die dann für eine Zeitlang mehr oder weniger starken Einfluß ausüben. Der Ausdruck ist bezügl. seines Inhalts ungenau, da der Begriff »Schule« an einen Lehrbetrieb denken läßt, den es seit dem Mittelalter (Hrabanus Maurus, Notker der Deutsche) in dieser Form nicht mehr gegeben hat. Die von Opitz (»Schlesische D.«) und Gottsched geführten »Schulen« machten

gewisse poetolog. Auflagen, deren Befolgung einen Dichter als Anhänger der Richtung auswies. In neuerer Zeit ist der Begriff D. nicht mehr gebräuchl. Die heute an einigen Universitäten bestehenden Lektorate (→ Lektor 1.) für Poetik können nur bedingt mit D.n verglichen werden.

Dichtersprache Die gehobene Redeweise, deren sich der Dichter in seinem Werk bedient und durch die sich eine lit. Schöpfung z. B. von einer journalist. Produktion abhebt. Malherbe, der Reformator der franz. Sprache, hat auf die Verwandtschaft der D. mit dem Tanz hingewiesen, der eine geregelte Abweichung von der gewöhnlichen Gangart darstellt, so wie die D. jenseits der Sprache als eines bloßen Kommunikationsmittels angesiedelt ist. Seit der Antike ist der Gebrauch einer D. nachweisbar. In der dt. Literatur ist während ihrer ersten Blütezeit im 13. Jh. das Bemühen um eine über den Mundarten und ihren landschaftl. Regionalismen stehende geschriebene D. vorhanden. Einen nachhaltigen Aufschwung erlebt die dt. D. in der Barockzeit und den folgenden Epochen, bes. in Sturm und Drang, Klassik und Romantik, während Realismus und Naturalismus aufgrund ihrer Weltsicht die Rückkehr zur Alltagssprache auch in der Dichtung fordern. Dennoch gibt es auch noch im 20. Jh. bedeutende Dichterpersönlichkeiten (Hofmannsthal, George), die der D. Berechtigung und Raum verschaffen.

Dichtung Bezeichnung für ein einzelnes Sprachkunstwerk sowie die Dichtkunst im allgemeinen, zum erstenmal mit diesem Wortinhalt verwendet im 15. Jh. neben Poeterei, Poema und Poesie. Inhaltl. ist D. die schöpfer. Darstellung von Tatsächlichem und Fiktivem (Goethe, *Aus meinem Leben – Dichtung und Wahrheit*, 1811–1822), von Gedanken und Gefühlen; formal ist sie künstler. Ausdrucksmittel unter kunstvoller Verwendung der Sprache. Die D. bedient sich – heute allgem. so verstanden – sowohl der Versals auch der Prosaform; die Unterscheidung zwischen diesen Formen galt jedoch bis zum 18. Jh. als Merkmal für eine Abgrenzung zwischen der D. und der allg. Literatur. Unter anderen Gesichtspunkten wird die D. seit Gottsched in → Lyrik, → Epik und → Drama aufgeteilt, wobei bestimmte Unterarten Mischformen sind. Im Bereich der Literatur steht die D. heute neben der → Rhetorik, der → Kritik und der → Didaktik, deren Abgrenzung zur Dichtkunst ebenfalls problemat. ist.

Didaktik Didakt. Dichtung, → Lehrdichtung. Form der Dichtung, die auf die Vermittlung von Einsichten und objektiven Erkenntnissen hin angelegt ist. Bekannt ist die D. bereits aus der Antike, in der sie Ausprägungen von höchster lit. und kulturhistor. Bedeutung findet, so z. B. *De rerum natura (Über das Wesen der Dinge)* von Lukrez (1. Jh. v. Chr.) und Vergils *Georgica* (39–29 v. Chr.). Beliebt ist die Lehrdichtung dann im Mittelalter und zur Zeit des Humanismus. Auch in der franz. Klassik und in der engl. Aufklärung entsteht D. Durch hohe Qualität zeichnen sich Goethes Gedicht *Über die Metamorphose der Pflanzen* und Schillers *Spaziergang* aus. Zur D. zählen Epigramm, Fabel, Legende (s. d.).

Dilettant Interessierter Laie, der sich ohne spezielle Vorbildung mit einer Kunst, einer Wissenschaft oder auch einem Handwerk befaßt. Der aus dem Ital. stammende Begriff ist in Dtld. seit dem Ende des 18. Jh.s gebräuchl. und hatte ursprüngl. nicht den abwertenden Beigeschmack, der ihm heute anhaftet.

Diminutiv Verkleinerungsform eines Wortes (z. B. Häuschen, Röslein, tänzeln usw.).

Dinggedicht Form der → Lyrik, bei der nicht subjektive Stimmungsgehalte in das Wortkunstwerk einfließen, die sich vielmehr sinnl. faßbare Gegenstände, vorzugsweise auch Werke der bildenden Kunst, zu Themen erwählt. Berühmte Beispiele aus der dt. Literatur sind Mörikes Ged. *Auf eine Lampe,* C.F. Meyers *Der römische Brunnen* sowie Rilkes *Das Karussell, Der Panther* u. a. m.

Dingsymbol Gegenständliches, äußeres Zeichen für ein wiederkehrendes Motiv in der Dichtung, besonders in der Novelle und im Ged., so z. B. die Buche in Droste-Hülshoffs Novelle *Die Judenbuche* oder der Ring in Schillers Ged. *Der Ring des Polykrates.* Das D. wird auch »Falke« genannt nach einer von Heyse vertretenen Novellen-Theorie, in der er einen in einer Erz. aus Boccaccios *Decamerone* vorkommenden Falken als typ. Beispiel heranzieht.

Dionysien Kultische, orgiastische Feste zu Ehren von Dionysos, des griech. Gottes der Fruchtbarkeit und der Ekstase, der erst in nachhomerischer Zeit unter die olymp. Götter aufgenommen wurde. Für die Literaturgeschichte sind die D. bedeutsam, weil sich aus ihnen Vorformen der → Tragödie und → Komödie im antiken Athen entwickelten.

Dionysische, das. Auch in der Literatur dargestellte emotionale, sinnl.-rauschhafte bis ekstat. Wesensart, die als gegensätzl. betrachtet wird zum apollinischen Element des Rationalen, Erhabenen, der Form und der Ordnung (Nietzsche). Die Spannung zwischen dem D.n und dem Apollinischen ist Motiv zahlreicher Werke der Dichtkunst. Das D. kommt vor allem zum Ausdruck in der Dichtung der Romantik und des Expressionismus.

Dirigierrolle In geistl. Spielen des Mittelalters eine Form des Regiebuchs zum Gebrauch durch den Spielleiter einer Aufführung. Die D. enthielt eine Skizze der Bühne, aus ihr gingen die Aufstellung der Schauspieler und mitunter auch einzelne Textstellen hervor.

Dissertation Wiss. Abhandlung, die eine selbständige Forschungsleistung beinhalten soll und die für den Erwerb des Doktorgrades an einer wiss. Hochschule notwendig ist. Im allgemeinen müssen D.en gedruckt eingereicht werden, damit sie besser in Bibliotheken aufgenommen werden können. Die D.en werden in den deutschsprachigen Ländern in bestimmten Verzeichnissen geführt. Der größte Anteil an D.en in Dtld. kommt von seiten der Humanmedizin.

Distanz Der Abstand, um den sich der Dichter oder Autor gegenüber seinem eigenen Werk bemüht, wenn er es in seiner Aussage oder in seinem Gefühlsgehalt auf eine hohe Stufe der Objektivität erheben will. Dies setzt z. B. die Fähigkeit voraus, in einem R. Gestalten als Träger von Anschauungen oder Handlungen zu schaffen, die ein von der Subjektivität ihres Autors möglichst unabhängiges Leben führen. Die Wahrung der D. ist jedoch eine Forderung, die eine entsprechende Grundüberzeugung voraussetzt. Epochen, die auch irrationalen Gehalten Einlaß gewähren wie z. B. der Sturm und Drang, erheben sie naturgemäß nicht.

Distichon Zweizeiliger Vers, insbes. die Verbindung von → Hexameter und → Pentameter. Das D. wurde in der antiken Dichtung vorzugsweise in → Epigrammen und → Elegien verwendet. In der dt. Dichtung tritt es zuerst reimgebunden im Barock auf (Fischart, Klaj) und wird dann, reimlos, von Klopstock, Goethe, Schiller, Hölderlin u. v. a. gepflegt. »Im Hexameter steigt des Springquells

flüssige Säule,/Im Pentameter drauf fällt sie melodisch herab« (Schiller, *Das Distichon*).

Dithyrambus Auch (der) Dithyrambos oder (die) Dithyrambe. Altgriech., anfangs stroph. gegliederter, dann freirhythm. Lobgesang auf Dionysos, später auch auf andere Gottheiten und Helden. Die Form des D. wird, obwohl vielfach abgewandelt, auch in der dt. Dichtung aufgegriffen. Ein bekanntes Beispiel ist *Wanderers Sturmlied* von Goethe. Auch Schiller, Hölderlin, Weinheber und Goll verwendeten den D. Von hoher Sprachgewalt sind insbes. Nietzsches *Dionysos-Dithyramben,* die zum Eindrucksvollsten seiner Dichtung zählen.

Diwan Zunächst nur in Persien die Gedichtsammlung eines meist einzigen Dichters. Die bekannteste entsprechende Sammlung ist der D. des pers. Dichters Hafis (um 1325–1390), auf den Goethe in seinem *West-östl. Divan* (1819) Bezug nimmt, womit er den Begriff in die deutsche Sprache einführt.

Dolce stil nuovo »Süßer neuer Stil«. Der ital. Begriff bezeichnet seit dem Ende des 13. Jh.s eine neue Richtung in der Lyrik, die die Liebe myst. und allegor. als Ausfluß göttl. Wirkens deutet und die bisherige Minnedichtung ablöst. Die bedeutendsten Vertreter des D.s.n. sind Guido Guinizelli, Guido Cavalcanti und vor allem Dante Alighieri, auf den auch die Bezeichnung zurückgeht *(Göttliche Komödie).*

Doppelte Ebene Kunstmittel zur Aufhebung der Einschichtigkeit lyr. oder dramat. Dichtung. Durch die in der Sprache liegenden Möglichkeiten (Wechsel des Versmaßes, Zuordnung widersprüchlicher Beiwörter, Nebeneinanderstellung von ep. Rede und Straßenjargon usw.) wird neben der vordergründigen Aussage eine zweite Ebene sichtbar gemacht, die die Mehrdimensionalität eines Sprachkunstwerks begründen kann. Als Kunstmittel erscheint die d.E. erstmals im Barock, wird dann im Sturm und Drang ausgestaltet und später bes. von C.F. Meyer und Droste-Hülshoff gepflegt. Gedichte, in denen eine d.E. erscheint, sind z. B. *Willkomm und Abschied* von Goethe, *Zwei Segel* von Meyer und *Der Knabe im Moor* von Droste-Hülshoff. Im Dr. gestaltet z. B. Grillparzer die d.E. in *Der Traum ein Leben.*

Dorfgeschichte Zur → Bauerndichtung gehörige Erz., in der das Milieu des Dorfes als Folie dient. Die D., wie man den Begriff heute versteht, ist im 19. Jh. entstanden; Vorbilder reichen allerdings bis ins Mittelalter zurück. Eine bes. Pflege wird der D. von Schweizer Schriftstellern zuteil. Von herausragendem Niveau sind Kellers D.n. In der Literatur treten ferner Immermann, *Der Oberhof* (1838/39), Anzengruber, *Der Schandfleck* (1877) u. v. a. mit D.n hervor. Sehr viel gelesen wurden zu ihrer Zeit die *Schwarzwälder Dorfgeschichten* von Auerbach (1843 ff.). Die D. kann auch in Romangestalt auftreten. Bedeutender Vertreter ist hier Rosegger. – Sie kann als Vorläuferin der → Heimatkunst angesehen werden.

Drama Hauptgattung der Dichtung neben → Epik und → Lyrik. Das D. ist gekennzeichnet durch Wort und → Mimik, in denen sich Spannung und Kampf entfalten, und – im Gegensatz zum → Lesedrama – darauf angelegt, auf der → Bühne dargestellt zu werden. Konstitutiv für das D. (abgesehen vom Monodrama) ist der → Dialog zwischen den handelnden Figuren. Er ist typisch für alle Ausprägungen der dramat. Gattung (→ Tragödie, → Komödie, usw.). Das D. hat sich aus dem antiken Dionysos-Kult (→ Dionysien) entwickelt, in der Tragödiendichtung der Griechen (im 5. Jh.

v. Chr.) einen ersten literaturhistor. Höhepunkt erreicht und in der Poetik des Aristoteles auch eine für die Folgezeit maßgebl. erste geistige Analyse und theoret. Grundlegung erfahren. Weitere Höhepunkte der Dramenliteratur sind die christl. geprägten Dramen im Mittelalter und im Barock (Calderón de la Barca), das D. Shakespeares, das klass. franz. D. und schließlich das dt. Dramenschaffen, das in den Werken Lessings, Goethes und Schillers kulminiert und von Kleist, Büchner, Grillparzer und Hebbel originär weiterentwickelt wird. Neue Wertmaßstäbe führten die Dramatiker des → Naturalismus mit ihrer Milieuschilderung ein. Die Spannweite des Gegenwartsd.s reicht vom → ep. Theater Brechts über das D. des → Existentialismus bis hin zum → absurden Theater.

Dramatisch Eine Dichtung, nicht nur das Dr. selbst, ist als dramat. zu bezeichnen, sobald sie zum Rahmen spannungsgeladener Handlungsvorgänge wird, so z. B. die → Ballade oder die → Novelle. Das D. erweist sich damit als eine originäre Stilkategorie (Emil Staiger). Die d.e Dichtung bedarf – so interpretiert – auch keiner Bühnenwirksamkeit und kann selbst auf den für die Gattung → Drama charakerist. → Dialog verzichten. Das Dr. selbst ist indessen diejenige Form der Dichtung, in der das D.e seinen sinnfälligen Ausdruck findet.

Dramaturg Im Theater hat der D. die Aufgabe, die Theaterleitung bei der Auswahl der Stücke zu beraten, die aufgeführt werden sollen; er übt eine wichtige Tätigkeit für die Spielplangestaltung aus, steht aber auch dem Regisseur bei der Erarbeitung von → Bühnenbearbeitungen aufzuführender Werke zur Seite. Ursprünglich war der D. selbst Verfasser von Stücken. – An den meisten großen Theatern des deutschsprachigen Gebietes gibt es einen »Chefd.en« mit erweitertem Verantwortungsbereich.

Dramaturgie Als Lehre vom → Drama und seinen Wesensmerkmalen ein Teil der → Poesie. Die moderne D. basiert auf zwei grundlegenden antiken Werken, der *Poetik* von Aristoteles und der *Ars poetica* (Poetische Kunst) von Horaz. Die darin enthaltenen Lehren blieben für das Drama bis in die Barockzeit maßgebl. In Frankreich waren es dann v. a. Hédelin d'Aubignac und Boileau-Despréaux, die im 17. Jh. die D. weiterentwickelten und die Forderung nach den »drei → Einheiten« (Einheit der Handlung, des Ortes und der Zeit) erhoben. Unter franz. Einfluß entwickelte sich die dt. D. im 18. Jh. (Lessing), bis die Klassik, insbes. Schiller, eine eigene normative D. schuf. Auch in der Folgezeit setzten sich Dichter und Schriftsteller mit Problemen der D. auseinander (Grillparzer, Hebbel, Freytag u. v. a.). Im 20. Jh. traten Brecht und Dürrenmatt mit neuen Auffassungen zur D. hervor. – In einem engeren Sinne bezeichnet D. die Arbeit des → Dramaturgen am Theater.

Dramolett Kurzes → Drama oder Bühnenspiel. Beispiel für ein

D. sind Schillers *Huldigung der Künste* (1805) oder Benns *Ithaka* (1914). Die Bezeichnung findet nur noch selten Verwendung.

Drehbuch Der schriftl. Text eines Films einschl. aller für die Filmherstellung notwendigen Anweisungen. Das D. ist die wichtigste Arbeitsgrundlage für die → Regie. Dem endgültigen D. geht eine Rohfassung voraus, in der die Handlung, die Personen, ihre Charaktere usw. bereits festgehalten sind. Die Schlußfassung schreibt dann alle Einzelheiten der Dreharbeit vor. D.er zu verschiedenen neueren Filmen sind auch in Buchform erschienen.

Drehbühne → Bühne, die als kreisrunde Fläche angelegt ist, in einzelne Segmente abgeteilt und so gedreht werden kann, daß den Zuschauern jeweils nur ein bestimmter Ausschnitt sichtbar wird. Während vor diesem ein Teil der Handlung abläuft, können in den übrigen, den Zuschauern abgewandten Bühnensegmenten Umbauten vorgenommen werden. Das Prinzip der D. wurde bereits von Leonardo da Vinci verwendet. Ende des 19. Jh.s wurde die D. in Dtld. neu erfunden und in der Folgezeit bes. eindrucksvoll von Max Reinhardt in seinen Inszenierungen genutzt.

Druckersprache Fachsprache (Soziolekt) des Druckergewerbes, wie sie seit dem 17. Jh. gedruckt überliefert ist. Viele ihrer Ausdrücke entstammen dem Lateinischen (Fraktur, Imprimatur usw.) oder Französischen (Broschüre, Vignette usw.). – Als D. werden aber auch die für einige Druckwerkstätten besonders im 16. Jh. charakterist. Veränderungen an Textvorlagen bezeichnet (Dialekteinflüsse usw.); grundlegend für die Ausbildung der neuhochdeutschen Sprache.

Druckerzeichen Auch Verlegerzeichen oder Signet genannt. Gewerbezeichen in Form einer figürl. Darstellung, eines Wappens, Ornaments, das von einem Drucker oder Verleger in einem Buch – heute in der Regel auf der Titelseite – angebracht wird. Die ältesten bekannten D. datieren aus dem 15. Jh. Der Brauch, ein D. anzubringen, wird bis heute von zahlreichen Verlagen beibehalten. Einige der alten D. stammen von bedeutenden Künstlern.

Druckfehler Versehen, das beim Setzen eines Textes unterlaufen ist. D. werden durch die → Korrektur ausgebessert. Werden sie erst nach erfolgtem Druck (z. B. eines Buches) festgestellt, wird – oft auf einem zusätzl. eingebundenen Blatt – eine »Errata«- (Irrtümer) oder »Corrigenda«(Auszubesserndes)-Liste mit den berichtigten Textstellen angefügt.

Druckschrift Im Unterschied zur Schreibschrift diejenige Schriftart, bei der die einzelnen Buchstaben unverbunden nebeneinander stehen. Sie entstand nach der Erfindung der Buchdruckerkunst. – Der rechtl. Begriff D. bezeichnet alle in dem Reichsgesetz über die Presse von 1874 genannten vervielfältigten Schriftwerke (auch Musikalien). Die Pressegesetze der Länder der Bundesrepublik Dtld. verwenden für D.en den Begriff »Druckwerke«.

E

Edition Die Herausgabe eines Buches, einer Zeitschrift, einer Partitur oder anderer Druckwerke. Die E. erfordert eine bestimmte Editionstechnik; so müssen insbes. bei einer Herausgabe mit wiss. Anspruch Kriterien der → Textkritik berücksichtigt werden. Bei → krit. Ausgaben ist die Beifügung des → Apparats notwendig. Eine Erstausgabe wird auch als »editio princeps«, eine endgültige krit. Ausgabe als »editio definitiva« bezeichnet. Die heutige Editionstechnik baut im wesentl. auf den bahnbrechenden Leistungen des 19. Jh.s auf.

Einakter Seit der Mitte des 18. Jh.s gebräuchl. Form des Dr.s, die nur aus einem einzigen → Akt besteht. Ein frühes Beispiel aus der dt. Literatur ist Lessings *Philotas* (1759). Auch von Kleist, Hofmannsthal, Sudermann u. v. a. gibt es E. Heute ist der E. eine bevorzugte Form des nicht mehr nach den überkommenen strengen Gesetzen aufgebauten Gegenwartsdramas (so bei Beckett, Ionesco, Grass und anderen).

Einfache Formen Von A. Jolles geprägter Begriff zur Kennzeichnung von Grund- oder Urformen volkstüml. Dichtung, die aller Kunstdichtung vorausgehen und von der → Poetik nicht erfaßt werden. Zu ihnen zählen Legende, Sage, Mythos, Rätsel, Spruch, Memorabile, Märchen, Witz, Schwank (s. d.).

Einheiten Seit der Renaissance und der franz. Klassik werden von der → Poetik für das Drama die »drei Einheiten«, die der Handlung, des Ortes und der Zeit, gefordert: die Handlung muß sich kontinuierlich und von Nebenhandlungen unbeeinflußt fortentwickeln, der Schauplatz darf nicht gewechselt werden, das dramat. Geschehen muß innerhalb von 24 Stunden vor sich gehen. Im klass. franz. Drama des 17. Jh.s sind die drei dramaturgischen Grundforderungen am strengsten verwirklicht. In Dtld. vertritt Gottsched die franz. Theorie, während seit Lessing das Problem neu durchdacht und neu angegangen wird. Im Sturm und Drang wird von den E. abgewichen, während die dt. Klassik sich uneinheitlich verhält (Beibehaltung der E. z. B. in Goethes *Torquato Tasso*, Vernachlässigung der E. z. B. in Schillers *Don Carlos*). Im nachklassischen Dramenschaffen bis herauf zur Gegenwart sind sowohl die Beibehaltung der E. als auch ihre Hintansetzung festzustellen.

Elaborat Schriftliche Ausarbeitung. Der Ausdruck wird meistens abwertend im Sinne eines flüchtig zusammengestellten Machwerks verwendet.

Elegie Aus der altgriech. Literatur seit dem 7. Jh. v. Chr. überkommene Form der Dichtung, mit der ursprüngl. jedes über ein → Epigramm hinausreichende, in Distichen (→ Distichon) abgefaßte Gedicht bezeichnet wurde. Die E. hatte moral. Inhalte oder war auch Kriegslied. Bei den röm. Dichtern Tibull, Catull, Properz und Ovid erhält die E. ihren sehnsüchtig-melanchol. Grundton und wird von ihnen zu hoher Vollendung geführt. Die E. wurde später auch von den Humanisten und in Frankreich (Villon, Ronsard) und in England (Goldsmith, Gray) gepflegt. In Dtld. erhielt sie seit der Vorklassik (Klopstock, Hölty, Matthisson) und dann bei Goethe, Schiller und Hölderlin ihre typische Prägung als Ausdruck der Spannung zwischen Ideal und Wirklichkeit. Auch die folgenden Epochen (Platen, Rückert, Mörike bis hin zu Rilke, Trakl und Weinheber) leisteten auf dem Gebiet der E. Bedeutendes.

Ellipse In der Stilkunde die Weglassung eines unschwer zu ergänzenden Wortes in einem Satzgefüge. Signalisiert häufig eine bewegte, emotional geprägte Rede und ist daher bevorzugtes Stilmittel des → Sturm und Drang.

Emblem Ursprüngl. ein Zierat (Teil eines antiken Mosaiks, eines Reliefs usw.). Seit Andreas Alciatus, der 1531 die Mustersammlung *Emblemata* herausgab (hier sind die E.e von → Epigrammen begleitet), ist E. auch Bezeichnung der entsprechenden Literaturgattung. In diesem Sinne ist das E. mit der → Allegorie verwandt. In der Dichtung der Barockzeit erhält das E. durch die Verbindung zwischen Rätselbild und seiner Deutung neues Gewicht. – Im heutigen Sprachgebrauch bezeichnet E. ein Abzeichen. – Emblematik ist die Lehre von den Emblemen.

Emendation Verbesserung einer als fehlerhaft erkannten Stelle in einer Hs. oder einem gedruckten Text. E.en können aufgrund sprachl., grammatikal., paläographischer (→ Paläographie), inhaltl. oder sonstiger Kriterien vorgenommen werden. Textberichtigungen werden auch als → Konjekturen bezeichnet. E.en, deren Ergebnis textl. Veränderungen sind, werden im allgemeinen von »Corrigenda« unterschieden, bei denen zu → Druckfehler zu berichtigen sind.

Emigrantenliteratur Auch Exilliteratur. Schrifttum, das von Autoren herrührt, die ihre Heimat aus polit., rass. oder religiösen Gründen verlassen haben. Wenn auch E. nach den gleichen Gesichtspunkten wie jede andere Literatur beurteilt werden kann, ist dennoch zu berücksichtigen, daß E. zu einem großen Teil Themen von polit. Aktualität aufgreift, um auf diese Weise auf die Ursachen für die Emigration Einfluß zu nehmen. Die E. entstand in großem Stil zuerst nach der Französischen Revolution (Mme. de Staël; Constant). In der Ära Metternich verließen so bedeutende Dichter wie Heine, Börne und Herwegh Dtld. Nach der Oktoberrevolution gingen auch hervorragende russ. Autoren ins Ausland (Berdjaev, Merežkovskij u. v. a.). Nach der Machtergreifung der Nationalsozialisten entstand, getragen von einigen der bedeutendsten zeitgenöss. Dichter und Schriftsteller, eine sehr umfangreiche E. in dt. Sprache. Zu den Emigranten zählten Heinrich Mann und Thomas Mann, dessen Sohn Klaus Mann in seinem Roman *Der Wendepunkt* (1952) die Lage der Exilierten eindrucksvoll schildert, ferner Brecht, Anna Seghers, Feuchtwanger, Zuckmayer, Werfel, Stefan Zweig, Hasenclever und viele andere.

Empfindsamkeit Bezeichnung für die in der 2. Hälfte des 18. Jh.s in der dt. Literatur herrschende Strömung. Der Begriff »empfindsam« ist eine Übersetzung des engl. »sentimental« (Lawrence Sterne, *Sentimental Journey through France and Italy*, 1768). Charakterist. für die E. ist ein Kult des Gefühls und der seel. Regungen. In Dtld. sind Klopstock, Gellert, Hölty, Gessner, Gleim, aber auch Lessing die wichtigsten Repräsentanten der E. Einen Höhepunkt erreicht sie in Goethes *Die Leiden des jungen Werthers* (1774); doch wendet sich Goethe bald von dieser Richtung gänzl. ab. In den R.en Jean Pauls kommt dann die E. nochmals zur Geltung.

Darüber hinaus ist die E. ein europ. Phänomen. Sowohl der engl. → Familienroman der Richardson, Goldsmith und Sterne als auch Werke Rousseaus sind der E. zuzurechnen.

Engagierte Literatur Übersetzung des franz. Ausdrucks »littérature engagée«, der nach dem 2. Weltkrieg von Sartre und Benda geprägt wurde. E.L. ist jedwedes Schrifttum, das sich nicht ausschließl. ästhet. Kategorien und einer Haltung der »Kunst um ihrer selbst willen« (→ l'art pour l'art) verpflichtet weiß, sondern sich statt dessen in seiner Thematik gesellschafts- und sozialkrit. Bereichen zuwendet. Die e.L. ist demnach mit Absicht und zweckbezogen tendenziös. In dieser Gestalt gab es zu allen Zeiten Typen von e.L. (z. B. Satire). Hauptbeispiel aus der Gegenwart ist der → sozialistische Realismus. → Tendenzliteratur.

Englische Komödianten Truppen von Berufsschauspielern, die Ende des 16. Jh.s aus England kamen, durch Dtld. wanderten, auf Märkten und Messen auftraten und allmählich die dt. Sprache annahmen. Sie wurden vielfach von dt. Höfen gefördert, so z. B. in Kassel, Wolfenbüttel, Dresden und Wien. Sie führten anfangs engl. Stücke (Shakespeare, Marlowe), dann auch dt. auf (Ayrer, H.J. v. Braunschweig). Ihre Absicht richtete sich weniger auf hohe künstler. Vollendung der Darstellung als vielmehr auf den theatral. Effekt, indem sie geschickt mimische, tänzer. und musikal. Elemente miteinander verbanden. Auf die Entwicklung des dt. Dramas blieb die Wirksamkeit der e.K. nicht ohne Einfluß.

Enjambement (franz. »Überschreitung«.) Greift ein Satz von einer Verszeile oder Strophe auf die folgende über, liegt ein E. vor, das damit zugleich auch einen Sinnzusammenhang herstellt. Das E. ist bereits aus der mhd. Dichtung bekannt (→ Hakenstil). Die klass. franz. → Poetik (Malherbe, Boileau) verbietet das E. Dagegen kommt es in der neueren dt. Dichtung häufig vor. Mit großer Virtuosität handhabt im 20. Jh. Rilke das E.: »Nur wer die Leier schon hob/auch unter Schatten, darf das unendliche Lob/ahnend erstatten« (*Sonette an Orpheus*). → Brechung.

Ensemble Die Gesamtheit der an einem Theater fest engagierten Schauspieler und Sänger. Auch das Zusammenspiel der Darsteller bei der Aufführung wird E. genannt. In der Musik kann E. die Sänger in einer Oper, eine Musiknummer unter Beteiligung von mehreren Solisten, Instrumentalmusik für kleinere Besetzung oder auch Unterhaltungsmusik für kleinere Instrumentalbesetzung bezeichnen. Der Ausdruck E. im Sinne eines »Ganzen« ist seit dem 18. Jh. gebräuchlich.

Entwicklungsroman → Bildungsroman.

Enzyklopädie Der um 1500 geprägte Begriff bezeichnet im weiteren Sinne den Zusammenhang sämtl. Lehrfächer und Wissensgebiete, so z. B. im Mittelalter die sieben freien Künste (»artes liberales«); in einem durch die franz. Enzyklopädisten im 17./18. Jh. eingeführten enger umgrenzten Sinn bezeichnet. E. die umfassende Bildung und zugleich ein → Kompendium, das alle Wissen einer Zeit zusammengetragen ist. Das älteste, z. T. überlieferte Werk dieser Art ist die E. *De significatu verborum*, um die Zeitenwende verfaßt von Verrius Flaccus. Bekannt und berühmt sind weiter die von der Gruppe franz. Wissenschaftler und Denker um Diderot und d'Alembert zwischen 1751 und 1780 geschaffene *Encyclopédie ou dictionnaire raisonné des sciences, des arts et des métiers*, die *Encyclopaedia Britannica*, die *Bol'šaja Sovetskaja Ėnciklopedija* sowie die entsprechenden deutschsprachigen Werke.

Epigonen In der griech. Mythologie waren die E. die Söhne der Sieben gegen Theben. Seit Immermanns berühmtem R. *Die Epigonen* 1836 hat sich der Ausdruck auch als Bezeichnung für »Nachgeborene« eingebürgert, mit denen Dichter gemeint sind, die nach dem Ablauf einer großen schöpfer. Epoche auftreten und sich geistig wie formal an dieser orientieren. Die E.-Dichtung der nachklass. und nachromant. Zeit in Dtld. ist geprägt durch ästhetizist. Streben nach Formvollendung und Darstellung des Ideals der Schönheit in der Form der Dichtung. Als epigonal gilt die Dichtung Platens und der Repräsentanten des Münchner Dichterkreises (u. a. Geibel, Heyse, Schack). Wenn auch der Bezeichnung E. ein abwertender Beigeschmack anhaftet, erfahren deren dichter. Schöpfungen im Zuge der Wiederentdeckung des 19. Jh.s eine neue, vertiefte Würdigung.

Epigramm Meist im → Distichon-Versmaß gestaltete poet. Form, in der kurze, aber inhaltl. prägnante Erklärungen zu Gegenständen oder Sachverhalten gegeben werden, oft als Inschriften auf Gebäuden oder Kunstwerken. Im weiteren Wortsinn ist E. die Bezeichnung für eine selbständige literar. Gattung (auch Sinngedicht oder Sinnspruch genannt), in der geistreiche, pointierte und überraschende Sinndeutungen, meist satir. Charakters, formuliert werden. Sowohl in der Antike als im Barock bis hin zur dt. Klassik ist das E. eine immer wieder aufgegriffene poet. Form (z. B. die von Goethe und Schiller gemeinsam verfaßten *Xenien*).

Epik Literaturgattung, Sammelbegriff für die erzählende Dichtung, die neben → Lyrik und → Drama steht. Ep. Dichtung kann in Versform oder Prosa gehalten sein. Zur E. gehören das → Epos, der → Roman, die → Novelle, die → Erzählung, die → Kurzgeschichte, die → Fabel wie auch die → Einfachen Formen wie Sage, Märchen, Legende usw. Die Grundposition der E. ist »die distanzhaltende Betrachtung von Verlaufendem« (H. Seidler). Die Person des → Erzählers kann völlig hinter die Schilderung der Welt und ihrer Zustände zurücktreten oder aber ein mehr oder weniger starkes Eigengewicht in der E. erhalten. Die theoret. Reflexion über die E. erstreckte sich bis ins 18. Jh. vorwiegend auf die aus der Antike überkommenen Formen des Epos. Goethe und Schiller widmen 1797 der Frage nach dem Verhältnis zwischen Epik und Dramatik in ihrem Briefwechsel bedeutenden Raum. Der R. und die übrigen Teilbereiche der E. werden erst seit dem vorigen Jh. Gegenstand eigenständiger Betrachtung, vor allem durch Autoren selbst, so z. B. Spielhagen und Heyse.

Epilog Nach- oder Schlußrede, insbes. beim Dr., die sich an die Zuschauer richtet, ihnen eine Belehrung erteilt, um Beifall oder Nachsicht bittet usw. E.e sind seit der Antike üblich und kommen auch in den folgenden Epochen, so im Mittelalter, bei Hans Sachs, im Barock und bei Shakespeare vor. Noch bis ins 19. Jh. (Goethe, Tieck) finden sich in der dt. Dichtung E.e. – In der modernen Dramatik hat der E., sofern er vorkommt, nur noch eine satir. oder parodist. Funktion. In der Musik gilt die → Coda als E.

Episch Nach Emil Staigers Definition (*Grundbegriffe der Poetik*) ist das E.e ebenso wie das Lyrische und das → Dramatische eines der Grundelemente der Poesie und reicht über die Gattung → Epik hinaus. Es bezeichnet das erzähler. Element schlechthin, das auch außerhalb der Epik, z. B. im Drama, vorkommt. Von epischer Breite spricht man, wenn eine Erzählung durch das Heranziehen einer Fülle von Einzelzügen, Episoden und Wiederholungen gekennzeichnet ist. Typisch für den Stil der e.en Breite sind die Epen Homers, aus der neueren Literatur können die R.e Stifters als Beispiel herangezogen werden.

Episches Theater Eine von Brecht geprägte Bezeichnung für eine Form des (von ihm bevorzugten) Dr.s, bei der der Akzent weniger auf dem Ausgang als auf dem Ablauf der Handlung selbst liegt. Letztere ist darauf angelegt, den Zuschauer stärker in das Geschehen auf der Bühne und seine Reflexion einzubeziehen, als dies beim illusionist. Drama der Fall sein kann. Die Darsteller verzichten im e.T. auf eine vollständige Identifikation mit ihrer Rolle und verharren in einer Haltung des »Demonstrierens« mit der Absicht, den Zuschauer ständig daran zu erinnern, daß er nur einem Spiel beiwohnt, das ihn zur Auseinandersetzung anregen soll. Brecht selbst bevorzugte später, um Mißverständnissen auszuweichen, den Ausdruck »dialektisches Theater«. Starke Anregungen erfuhr er von Karl Kraus.

Episode In der → Poetik des Aristoteles sind E.n in der → Tragödie die Dialogteile zwischen den Chorgesängen. Im heutigen Sprachgebrauch ist die E. eine Nebenhandlung, die ein in sich geschlossenes Ganzes bildet, aber doch in einem direkten Bezug zur Haupthandlung eines Werkes steht. Sie kann als eine selbständige Literaturform angesehen werden, so z. B. bei Schnitzler. Als Episodenstück bezeichnet man bei Hörfunk, Film und Fernsehen eine Produktion, die sich aus selbständigen, oft von verschiedenen Autoren herrührenden Einzelstücken (E.n) zusammensetzt und durch ein gemeinsames Thema zusammengehalten wird, so z. B. der Film *In jenen Tagen* von Käutner (1947).

Epitaph Grabschrift oder auch aufgestellte Grabplatte mit Inschrift, in der griech. Antike (Epitaphios) ursprüngl. eine Grabrede, bes. Trauerrede für Gefallene, so z. B. der E. des Perikles von 431 v. Chr. im 2. Buch des *Peloponn. Krieges* von Thukydides.

Epitheton Ein bestimmten Begriffen zugeordnetes Beiwort zur Charakteristik oder Veranschaulichung. Epitheta sind bereits bekannt seit der reichlichen Verwendung in den Epen Homers. Die Poetik des Barock (Opitz) forderte das E. Seit Goethe und der Klassik wird die Verwendung von Epitheta in der deutschen Literatur mit hoher Virtuosität gehandhabt, so z. B. bei Jean Paul, Heine u. v. a.

Epoche Größerer Zeitraum. In der Literaturgeschichte bilden das Erkennen und die Abgrenzung einer E. ein schwieriges Problem. Einen Katalog verbindl. Kriterien gibt es nicht; das Prinzip, sich ausschließl. an äußere geschieht. Daten zu halten und von ihnen aus eine Periodisierung zu versuchen, ist im geistes- und kulturschichtl. Bereich unzulängl. Es kommt darauf an, für die Konstituierung einer E. jenseits dessen, was für die Individualität lit. Schöpfungen charakterist. ist, ein Gemeinsames zu erkennen, das sie als epochal ausweist: Dazu gehören die Bevorzugung bestimmter Themenkreise, lit. Gattungen, gewisse sprachl. und stilist. Eigenheiten usw. Die Komponenten, die für die Struktur einer E. maßgebl. sind, fügen sich erst aus einer gewissen zeitl. Distanz heraus zu einem einheitl. Bild. Dennoch bleibt die Gefahr der Vergröberung und unzulässiger Zuordnung latent; so ist z. B. der Begriff »Mittelalter« in dieser Undifferenziertheit nicht geeignet, die Vielschichtigkeit der ineinandergreifenden, für den damit bezeichneten Zeitraum entscheidenden Phänomene der Geistesgeschichte angemessen zu reflektieren. Die E.-Bildung hängt nicht zuletzt von Wertvorstel-

lungen ab, an denen Literatur gemessen wird, wie das Beispiel der → Klassik zeigt.

Epos (auch Epopöe.) Frühe Hauptausprägung der → Epik, Großform erzählender Dichtung in gehobener, meist rhythm. oder metr. gebundener Sprache mit mytholog. oder hero. Inhalten. Im E. stellen sich Welt und Handelnde in einer »naiven«, ungebrochenen, unproblematisierten Weise dar, während die – nach Schillers Ausdruck – »sentimentalische« Dichtung zur Ausdrucksform subjektiven, psych. motivierten künstler. Gestaltungswillens wird. Frühe, auf die Nachwelt überkommene Epen sind das babylon. *Gilgamesch-E.* (2. Jahrtsd. v. Chr.), das altind. E. *Mahabharata* (im 4. Jh. v. Chr. zuerst erwähnt) und aus der europ. Antike die homer. Epen *Ilias* und *Odyssee* (Ende 8. Jh. v. Chr.) sowie Vergils *Aeneis* (begonnen 29 v. Chr.), die für das Mittelalter vorbildl. wurde. Im german. Bereich ist das *Nibelungenlied* (um 1200) Hauptbeispiel für ein Helden-E. Für die mittelalterl. Epik sind ferner die → Artusromane und Gralsdichtungen zu erwähnen. Hervorragendstes Beispiel für ein religiöses E. ist Dantes *Göttliche Komödie* (1307–21). In neuerer Zeit spielt das E. als lit. Form nur noch eine Nebenrolle und weicht immer mehr der »bürgerlichen Epopöe« (Hegel) des R.s. Zu erwähnen sind als letzte bedeutende Beispiele Miltons *Verlorenes Paradies* (1667) und Klopstocks *Der Messias* (1748 bis 1773). Eine Form des »bürgerlichen E.« bildet Goethes Dichtung *Hermann und Dorothea* (1797).

Erato → Musen.

Erbauungsliteratur Schrifttum religiösen Inhalts, das dazu bestimmt ist, den Leser zur Besinnung zu mahnen und ihm geistl. Beistand zu leisten. E. gibt es bereits seit dem christl. Altertum. Von bes. Wert sind die Schriften der Mystiker (Meister Eckhart, Tauler, Böhme, Thomas a Kempis u. v. a.), die seit Jahrhunderten immer wieder neben der Heiligen Schrift gelesen werden.

Erlebte Rede Ep. Stilmittel, bei dem die Gedanken oder außerhalb des explizit dargestellten Geschehens gesprochene Worte beteiligter Personen nicht in direkter oder indirekter Rede, sondern in der vom Erzähler gebrauchten Wirklichkeitsform oder in der Form einer Zitierung durch eine andere Person ausgedrückt werden. Die e.R. ist in den Literaturen der Antike, des Mittelalters und der Neuzeit zu finden.

Erotische Literatur Literatur, die durch eine aus dem Liebesleben und auch dem Bereich des Geschlechtlichen entnommene Thematik gekennzeichnet ist. Sofern e.L. emotionale Beziehungen zwischen Liebenden als wesentliches Thema behandelt, hebt sie sich von der → pornograph. Literatur ab. Klass. e.L. ist im allgemeinen in der Antike und in den roman. Ländern entstanden. Durch bes. künstler. Qualität zeichnen sich Ovids *Ars amatoria* und Boccaccios *Decamerone* aus; letzteres wird immer wieder neu aufgelegt und ist in alle Kultursprachen übersetzt worden.

Erstaufführung Erste Aufführung eines dramat. oder musikal. Werkes oder Films an einem bestimmten Theater. Oft ist der Ausdruck Premiere gebräuchl.

Erzähler Als Verfasser erzählender Werke der Vermittler von Geschehnissen bzw. vorgebl. Geschehnissen an Leser bzw. Hörer. Oft löst sich der Verfasser vom Gegenstand seiner Erz., indem er einen fiktiven Erzähler einsetzt, um diesen aus einer vermeintl. verfasserunabhängigen Erzählhaltung und Erzählperspektive heraus berichten, urteilen oder gar mithandeln zu lassen und ihn so tatsächl. mehr oder weniger als Figur in die Erz. einzubeziehen. Auch wenn sich der Verfasser nicht eines fiktiven Erzählers bedient, ist in einem erzählenden Werk die subjektive Einstellung des Verfassers, seine spezifische Erzählhaltung und Erzählperspektive prinzipiell feststellbar. → Perspektive.

Erzählung Form der ep. Dichtung, bei der wirkliche oder vom Autor erfundene Begebenheiten, Handlungen und Situationen in der Sprache der → Prosa von einem Erzähler dargeboten werden. Verserzählungen (z. B. in Ballade oder Idylle) sind seltener. Vom → Roman unterscheidet sich die E. im wesentl. durch kürzere Ausführung und eine knappere Handlung, von der → Novelle durch einen geringeren Anspruch an Aufbau und pointierte Zuspitzung. Gegen → Sage und → Märchen grenzt sich die E. durch ihre Inhalte ab, die (dichter. geprägt) Wirklichkeit wiedergeben. Varianten der E. sind die → Rahmenerzählung und die → Chronik. – Als Literaturform ist die E. seit dem 19. Jh. bes. verbreitet und wird auch in der Gegenwartsliteratur gepflegt.

Erziehungsroman → Bildungsroman

Essay Kürzere Abhandlung über einen wiss. oder lit. Gegenstand in künstler. anspruchsvoller Sprache. Der Begriff geht auf Montaigne zurück, der 1580 seine berühmten *Essais* veröffentlichte. Nach ihm wurde der E. zu einer bevorzugten Literaturform, der sich vor allem Philosophen bedienten, so z. B. Descartes, Pascal, Bacon, Hume u. v. a. In Dtld. bürgert sich der Begriff E. anstelle des älteren »Versuchs« (z. B. Schopenhauers *Versuch über das Geistersehn und was damit zusammenhängt*) erst im 19. Jh. ein und bezeichnet in der Folgezeit bedeutende Arbeiten von Nietzsche, Stefan Zweig, Thomas Mann, Spengler und vielen anderen. In der Gegenwartsliteratur ist der E. selten geworden.

Etymologie Die Lehre von der ursprüngl. Bedeutung und Herkunft eines Wortes. Ursprünglich ein Bereich der griech. Philosophie, bes. bei Platon und der Stoa, in dem nach dem Etymon als dem Wesen der Sache selbst, für die ein Wort steht, gesucht wurde. Im Mittelalter bediente sich auch die Theologie der E., um den Wahrheitsgehalt von Begriffen und Dingen herauszufinden. Später wird die E. zu einem Zweig der Sprachwissenschaft als Lehre vom histor. Ursprung der sprachl. Zeichen. Durch die Feststellung der Herkunft eines Wortes und der Grundbedeutung kann die formale und inhaltliche Sprachentwicklung erforscht werden. Die E. leistet auch wichtige Dienste bei der Auffindung von Sprachfamilien und -verwandtschaften.

Euphemismus Prinzip, unangenehme oder tabuierte Sachverhalte bzw. Wortinhalte durch Benennung mit Begriffen, die angenehmere Assoziationen wecken, zu verhüllen, zu verharmlosen, zu beschönigen. Beispiel: »Konzentrationslager«. Oft schlägt der negative Wortinhalt von Euphemismen nach einiger Zeit wieder durch, so daß das beschönigende Wort dann abgelehnt und ein neuer E. verwandt wird.

Euterpe → Musen.

Evangeliar Buch, das den vollständigen Text oder ausgewählte Abschnitte der vier Evangelien enthält. Es diente in der christl. Spätantike und dem Mittelalter dem liturg. Gebrauch. Reich mit → Miniaturen, bes. aus dem Leben Jesu, ausgestattete E.e sind aus der Zeit vom 6. bis zum 11. Jh. erhalten. – Ein Evangelistar, auch Perikopenbuch genannt, enthält die ausgewählten Evangelienabschnitte für den sonn- und festtäglichen Gottesdienst.

Evangelienharmonie Die E. ist eine aus den vier Evangelien zusammengefaßte, fortlaufende Darstellung des Lebens Jesu, zu unterscheiden von der Synopsis, bei der vergleichbare Textstellen nebeneinandergesetzt werden. Älteste E. ist das *Diatessaron* von Tatian (um 170 n. Chr.), das stark bis ins Mittelalter hinein gewirkt hat. In späterer Zeit entstanden die E. von Otfried von Weißenburg (9. Jh.) und – in dichter. Gestalt – Klopstocks *Der Messias* (1748 bis 1773) sowie ihm nachgebild. Messiaden. Zuletzt hat J. Maiworm 1946 eine E. versucht.

Exempel Beispiel. Als lit. Begriff bezeichnet E. eine kurzgefaßte → Erzählung, mit deren Hilfe im positiven oder negativen Sinne ein bestimmtes Verhalten charakterisiert werden soll, bes. in einer Rede, einer Predigt o. ä.

Existentialismus Der E. ist zunächst Sammelbegriff für philosoph. Richtungen, die unter Existenz die Vollzugsweise menschl. Daseins verstehen. Es gibt christl. und atheist. Varianten des E., die an Kierkegaard bzw. Nietzsche anknüpfen und in der ersten Hälfte dieses Jh.s bedeutende Ausprägungen in Dtld. (Heidegger, Jaspers), Frankreich (Sartre, Marcel), Italien (Grassi) und Spanien (Unamuno) erfuhren. Auf dem Gebiet der Literatur können einige Werke von Büchner, Dostojewski und Rilke ihrem Ideengut nach als Vorläufer des E. oder als von seiner Gedankenwelt beeinflußt gelten. Die wichtigste existentialist. Literatur im eigentl. Wortsinn entstand nach dem 2. Weltkrieg in Frankreich. An erster Stelle steht das Werk Sartres, des Begründers des franz. Existentialismus, gefolgt von den Schriften seiner Lebensgefährtin Simone de Beauvoir und einigen Werken von Anouilh und Camus, der jedoch 1952 mit Sartre brach. Marcel ist das Haupt des franz. christl. E.

Exkurs Im Rahmen einer größeren Darstellung v. a. wiss. Fragen ist der E. eine Abschweifung vom Hauptthema; er behandelt einen Aspekt, der nicht unmittelbar in den Kontext gehört, aber doch in einem gedankl. Bezug zu ihm steht. Er wird entweder in den Anmerkungsteil verwiesen oder tritt als Anhang auf. E.e sind bereits aus der antiken Literatur bekannt.

Exlibris Kleines, oft künstler. gestaltetes Druckblatt, das den Eigentümer eines Buches ausweist und in dieses eingeklebt wird. Meist enthält das E. eine bildl. Darstellung (Wappen, Allegorie, Beruf), ein Motto und den Namen des Bucheigentümers . E. wurden auf Bestellung oft von bedeutenden Künstlern geschaffen, so z. B. von Dürer für Pirkheimer. Sie werden seit dem 15. Jh. in Dtld. verwendet. In unserem Jh. schufen Vogeler, Lechter, Slevogt u. v. a. erlesene E., die heute zu einem bibliophilen Sammelgegenstand geworden sind.

Exotische Dichtung Literatur, deren Schauplätze in entlegene Gegenden, besonders in den Orient, verlegt wurden, um die Phantasie des Lesers zu beflügeln und den Reiz der Darstellung zu steigern. E.D. entstand bereits im Mittelalter, insbes. nach den Kreuzzügen, dann auch im Barock. Bedeutende dt. Dichter des 19. Jh.s siedelten Werke in exotischen Gegenden an, so z. B. Goethe (*West-östlicher Divan*), Platen, Rückert, Stifter, Raabe u. v. a. Auch die Robinsonaden des 17./18. Jh.s und die Schriften Gerstäckers und Karl Mays können mit Einschränkungen der e.D. zugerechnet werden.

Exposé Denkschrift oder kurze Darstellung eines Sachverhalts. Beim Film hat die Rohfassung des → Drehbuchs den Charakter eines E.s.

Exposition Die vor der eigtl. Handlung im Dr. liegende kunstvolle Einführung in die Situation, die die Funktion hat, auf das Folgende einzustimmen. In dieser Form hat Freytag in seiner Dramentheorie die E. definiert. So findet sie sich z. B. bei Goethe *(Egmont, Faust)*. Die E. muß sich aber nicht unbedingt auf den 1. → Akt beschränken (Lessings *Minna von Barnhelm*). Sie leitet zur Steigerung im »erregenden Moment« über. Formen der E. können Handlungen oder auch Dialoge sein. Im analyt. Dr. sind die Elemente der E. bis zum Schluß hin verteilt und dienen aus der Retrospektive der Aufhellung von Zusammenhängen, die bis dahin nicht durchschaubar waren.

Expressionismus Stilrichtung, die von der Malerei ihren Ausgang nimmt und sich im ersten Drittel dieses Jh.s auch in der Literatur und Musik verbreitet. In der Literatur erweist sich die E. um 1910 als eine Reaktion auf den → Naturalismus. Der E. strebt nach einem oft pathetisch gesteigerten Ausdruck des Ich. Inneres Erleben ist höherwertig als äußeres. Das Gefühl drängt nach ekstatischer Entäußerung, was zur Sprengung von Sprachnormen führt und gelegentlich – wie z. B. im → Dadaismus – zu einer teilweisen Aufhebung der Sinnfunktion von Sprache. Lit. Hauptform des E. ist das Dr. mit typisierten Figuren, die Ideen verkörpern, und bei dem Musik und Geräuschkulisse mit zu tragenden Elementen werden. Beispiele des dt. E., der im ital. → Futurismus und im franz. → Surrealismus gewisse Entsprechungen findet, sind Dr.n von Brecht, Kaiser, Unruh; R.e von Edschmid, Döblin, Brod, Werfel u. v. a.

F

Fabel Im weiteren Sinne die Begebenheit oder der → Stoff, der in einer ep. oder dramat. Dichtung behandelt wird. Im engeren Sinne Form der → Lehrdichtung, in der Tiere sprechend auftreten und die eine Lebensweisheit, eine Einsicht oder einen moral. Satz vermitteln will. Eine erste Aufzeichnung ind. und griech. F.n stammt von Äsop (um 550 v. Chr.). Die F. wurde in den folgenden Epochen bis in die Zeit der Aufklärung gepflegt. Von herausragender Bedeutung sind nach Gehalt und Form die franz. F. von La Fontaine, die in Versform gehalten sind, und in der dt. Literatur die Prosa-F.n Lessings.

Fälschungen Als lit. F. werden Werke bezeichnet, die von einem → Autor unter falscher Herkunftsbezeichnung veröffentl. werden. Eine Fälschung liegt vor, wenn behauptet wird, daß eine alte Originalquelle wiedergegeben werde, nicht aber dann, → wenn es sich ledigl. um einen Kunstgriff des Dichters handelt. Die berühmtesten lit. F. sind die *Lieder Ossians*, die von dem schott. Dichter Macpherson 1760ff. als angebl. Übersetzungen altgäl. Poesie herausgegeben wurden und eine umfangreiche wiss.-ästhet. Diskussion über den Ursprung alter → Volksdichtung hervorriefen; in Wirklichkeit handelte es sich aber um eigene, an alte Vorbilder angelehnte Schöpfungen.

Fahne In der → Druckersprache wird mit F. der erste Korrekturabzug (→ Korrektur) eines längeren Textes vor dem → Umbruch in Seiten bezeichnet. In der Regel wird die F. dem Autor vorgelegt, der nochmals Gelegenheit erhält, kleinere Veränderungen oder auch Berichtigungen vorzunehmen.

Faksimile Drucktechn. Nachbildung einer Originalvorlage, so z. B. eines Schriftstücks, einer Zeichnung o. ä. F.-Ausgaben werden im allgemeinen für seltene → Inkunabeln, ältere vergriffene, aber noch benötigte Werke usw. hergestellt. Die heute gebräuchlichste Form ist der fotomechan. Nachdruck. F.s sind in zahlreichen wiss. Ausgaben enthalten, vorzugsweise in histor.-krit. Briefeditionen; auf diese Art und Weise kann dem Leser – durch F.-Wiedergabe beispielsweise eines Handschreibens von Goethe – ein persönl. Eindruck von den Schriftzügen des Dichters vermittelt werden.

Familienblätter Zeitschriften, auch Illustrierte, die für die Lektüre im Familienkreis bestimmt sind, kontroverse und problematische Themen wie polit. Tagesereignisse meiden und statt dessen unterhaltende, mitunter moralisierende, religiöse, patriot. Stoffe aufgreifen. F. kommen im 19. Jh. auf und orientieren sich anfangs am Vorbild des *Wandsbeker Boten* von Claudius. Sehr bekannt waren zu ihrer Zeit die *Unterhaltungen am häuslichen Herd* von Gutzkow, *Gartenlaube, Über Land und Meer, Velhagen und Klasings Monatshefte* usw. Mit dem Aufkommen der → Magazine und der modernen Illustrierten verschwanden die F., wenngleich einzelne Elemente auch in letzteren weiterleben. F. sind im Zuge der Nostalgiewelle der siebziger Jahre zu einem begehrten Sammelobjekt geworden.

Familienroman Spezielle Untergattung des → Romans, in der das bürgerliche Familienleben in verklärender, oft aber auch kritisierender Form dargestellt wird. Gegenstand des F.s können auch Generationen- oder Ehekonflikte, Erziehungsprobleme usw. sein. Insofern F.e nur unterhaltenden Charakter haben, den Leser rühren oder ihn belustigen wollen, können die F.e nicht der Dichtung zugerechnet werden. Erste Ansätze des F.s finden sich schon im 16. Jh. Zu besonderer Blüte kommt der vorzugsweise von Frauen verfaßte im 19. Jh. (Marlitt, Eschstruth, Courths-Mahler). In dieser Gestalt lebt er heute noch in Illustrierten- oder Groschenromanen fort. Von literarisch hohem Rang sind dagegen F.e u. a. von Stifter, Fontane und Thomas Mann, wobei allerdings zu beachten ist, daß der Begriff F. auf deren durch vielfältige soziale Bezüge charakterisierte Romanschöpfungen nur bedingt anwendbar ist.

Farce Aus dem franz. Mittelalter stammender Begriff zur Bezeichnung eines kurzen, possenhaften Bühnenstücks, in dem vor allem menschl. Schwächen verspottet werden. Ursprüngl. wurden komische Einlagen in einem Mirakelspiel als F. bezeichnet. Später verselbständigte sie sich und wurde nicht nur in Frankreich, sondern vorzugsweise in Spanien und England gepflegt. Ihre Hochblüte fiel in das 14. bis 16. Jh. Noch Goethe, Lenz u. v. a. bedienen sich gelegentl. der Farce, die von der Romantik zur lit. Satire weiterentwickelt wird.

Fastnachtsspiel Aus kult. Gebräuchen entstandene Form der Schwankdichtung (→ Schwank). Gegen Ausgang des Mittelalters im 14. Jh. wurden F.e von kostümierten Umzügen als kurze derbe Szenen aus dem tägl. Leben, oft in Form von Rüge-, Gerichts- und Arztspielen, aufgeführt. Die Meistersinger greifen das F. wieder auf. Größter Meister des F.s ist Hans Sachs, von dem 85 F.e erhalten sind. In witziger, meist zugleich moralisierender Form werden verschiedene Volks- und Standestypen in ihren Schwächen charakterisiert. Nach 1600 entstehen keine F.e mehr, bis der Sturm und Drank und die Romantik sie noch einmal vorübergehend beleben, vor allem in Form der lit. → Satire.

Fazetie Witzig pointierte kurze Geschichte, die auf Francesco Poggio und seinen *Liber facetiarum* (15. Jh.) zurückgeht. In Dtld. wird sie durch Steinhöwel um 1475 (Übertragung im *Esop*) eingeführt, geht aber im 16. Jh. in die Schwankdichtung über (→Schwank).

Feature Die aus der engl.-amerik. Publizistik übernommene Bezeichnung für ein Dokumentarspiel in Hörfunk, Fernsehen oder Film. In dieser Bedeutung ist der Begriff seit 1945 auch in Dtld. eingebürgert.

Fernsehspiel Seit der Einführung des Fernsehens neue Form des Dr.s, in der Elemente von Film und Theaterstück eine neuartige Verbindung eingehen. Die dramat. Grundregeln werden nicht so streng gehandhabt wie im eigtl. Dr. F.e, die mit der Filmkamera unter Beiziehung von Außenaufnahmen produziert werden, stehen dem Spielfilm nahe. Seitdem die elektromagnet. Bildaufzeichnung möglich ist, können F.e auf Band aufgenommen und wiederholt werden. Was im Theaterstück → Szenen sind, wird im F. »take« genannt. Die Themen, die in F.en gestaltet werden, sind meist aus dem Bereich der Milieuschilderung genommen, da diese sich im Gegensatz zu streng poet. Sujets für Kameraufnahmen besser eignen. Versuche, F.e zu produzieren, gab es in Dtld. bereits in den dreißiger Jahren. Erste F.e entstanden noch vor dem 2. Weltkrieg. Seit den sechziger Jahren nahm die Produktion von F.en einen großen Aufschwung (das 1. Deutsche Fernsehen sendete rund hundert neue Stücke im Jahr), und auch renommierte Autoren wie Dürrenmatt und Hildesheimer haben das F. für sich entdeckt.

Festgedicht Form der → Gelegenheitsdichtung oder → Tendenzliteratur. F.e entstehen meist auf Bestellung und aus Anlaß von Festlichkeiten wie Geburt, Hochzeit, Jubiläum usw. Sie waren seit dem Humanismus bis in die Barockzeit sehr beliebt, wenn auch häufig von geringem oder gar keinem lit. Wert. Auch Goethe trat mit F.en hervor, die allerdings dichterisch gehaltvoll sind.

Festschrift Sammelwerk von Beiträgen, das aus Anlaß eines Geburtstags oder Jubiläums herausragender Gelehrter von Schülern oder Kollegen zu Ehren des Jubilars herausgebracht wird. Eine F. enthält meistens eine Tabula gratulatoria (Verzeichnis der Gratulanten), eine Würdigung der wiss. Leistungen des Jubilars und Abhandlungen verschiedener Autoren zu Aspekten des vom Jubilar vertretenen Fachgebietes.

Festspiel Aus Anlaß einer Festlichkeit verfaßtes Theaterstück. F.e waren seit der Renaissance sehr beliebt. In Dtld. trat zuerst Celtis 1501 mit einem F., *Ludus Dianae*, hervor; nach ihm verfaßten Rist, Gryphius u. v. a. F.e. Auch einige Stücke von Shakespeare (*Ein* *Sommernachtstraum*), Molière (*Der Bürger als Edelmann*) und Goethe (*Des Epimenides Erwachen*) sind F.e. – Darüber hinaus werden regelmäßig wiederkehrende Theater- oder Musikveranstaltungen, die immer am selben Ort veranstaltet werden, F. genannt. Die bekanntesten F.e im deutschsprachigen Raum sind die Salzburger und die Bayreuther F.e sowie die Oberammergauer → Passionsspiele.

Feuilleton Teil oder Beilage einer Zeitung, der Aufsätze zu Fragen des kulturellen und geistigen Lebens, Kunstkritiken, → Rezensionen, →Glossen u. dgl. enthält. Der Begriff kam um 1800 in Frankreich auf, als erstmals im *Journal des débats* ein F.-Teil erschien. In Dtld. ist der Begriff etwa seit 1835 gebräuchl., als in die Nürnberger und Kölner Zeitungen, durch einen Strich von den Tagesnachrichten abgetrennt, F.s aufgenommen wurden. Seit dieser Zeit ist das F. zum festen Bestandteil jeder anspruchsvolleren Zeitung geworden. – Auch Abhandlungen, die sich mit kulturellen oder kulturgeschichtl. Problemen beschäftigen und sich durch einen pointierten, geistreichen Stil auszeichnen, werden F. genannt. Diese Literaturform blühte zuerst in Frankreich, vor allem im 19. Jh. (Sainte-Beuve, Gautier, Janin u. v. a.). Bekannte dt. Autoren, die mit Vorliebe auch F.s verfaßten, waren u. a. Heine, Börne, Fontane, Altenberg, Bahr, Polgar, Tucholsky. – Die für F.s charakteristische subjektiv gefärbte Gedankenführung und Ausdrucksweise wird Feuilletonismus genannt. Diesem Begriff haftet seit der Kritik von Karl Kraus (*Die Fackel*) und Hesse (*Das Glasperlenspiel*) etwas Abwertendes an. Hesse bezeichnete das 20. Jh. als das »feuilletonistische Zeitalter«.

Fibel Ursprüngl. Schulbuch. Das Wort ist durch Austausch des Anfangsbuchstabens aus »Bibel« entstanden, da ursprüngl. das erste Lesebuch für die Kinder biblische Geschichten enthielt. Als Kinderbuch ist F. seit dem 15. Jh. belegt. In der Folgezeit wuchs die Zahl der F.n stark an. Im heutigen Schulunterricht dienen F.n dem Anfangsunterricht und beziehen ihre Stoffe vor allem aus dem Erfahrungs- und Erlebnisbereich des Kindes.

Fiction In der engl. →Poetik Bezeichnung der dichterischen Phantasie sowie erzählender Literatur. Der dt. Begriff Fiktion bedeutet, auf die Literatur angewandt, die Unterstellung eines nicht wirklichen Sachverhalts, den der Autor mittels eines Kunstgriffs einführt und als wahr suggeriert. – Auch als philosoph. Begriff ist F. seit Vaihinger eingeführt; er beinhaltet, daß die meisten Erkenntnisse und religiösen Überzeugungen des Menschen nur dem Zweck der biolog. Selbsterhaltung dienten und daher »fiktiv« seien.

Figur In der → Rhetorik gilt eine Abweichung vom alltägl. Sprachgebrauch mit der Absicht, die Sprache stilist. zu erhöhen, als F. Solche Abweichungen können eine Betonung der Sinnträger, eine Satzverknappung, die Einführung eines Bildes o. ä. sein. Man unterscheidet Wort- und Gedankenfiguren. – Auch die Personen, die in einer dramat. oder ep. Dichtung vorkommen, werden als F.en bezeichnet.

Flugschrift Druckschrift mit geringer Seitenzahl, die meist → anonym oder unter einem → Pseudonym herausgegeben wurde und in der Regel in polem. Form polit., wirtschaftl., soziale, kulturelle und religiöse Fragen behandelte. Ins 16. und 17. Jh. fällt die Hochblüte der F.en, von denen sich die meisten an Anhänger oder Gegner der Reformation wandten und sie zu beeinflussen suchten (Luther, *An den christlichen Adel deutscher Nation*, 1520). Seit dem 18. Jh., mit dem Aufkommen der → Zeitungen, verschwanden die F.en allmählich, obwohl es auch noch aus dem 19. Jh. wichtige Beispiele für diese Gattung der Publikation gibt, so u. a. *Der Hessische Landbote* von Büchner (1834) oder das *Kommunistische Manifest* von Marx und Engels (1848).

Folio Buchformat, bei dem der → Bogen in 2 Blätter bzw. 4 Seiten à 33 x 42 cm gefalzt ist (Kanzleiformat). F. war in den ersten Jahrzehnten nach der Erfindung des → Buchdrucks das gebräuchlichste Buchformat, das heute nur noch für bestimmte Werke (z. B. Atlanten) gebraucht wird. Die Bezeichnung F. kam allmählich außer Gebrauch und findet sich meist nur noch in Antiquariatskatalogen bei der Beschreibung von Büchern in dem entsprechenden → Format (Folianten).

Folklore Bezeichnung für die Überlieferung der Lieder, Sagen, Märchen, Sprichwörter (s. d.) eines Volkes. Der Ausdruck wurde 1846 von W. J. Thomas geprägt. Insofern Musik und Dichtung Elemente dieser Überlieferung aufgreifen, werden auch sie der F. zugerechnet. Der Begriff F. ist im Deutschen vielleicht weniger gebräuchl. als die Bezeichnung Volkskunst.

Form Die Gestalt des literarischen Kunstwerks, das sich aus → Gehalt und F. konstituiert. Beide Grundelemente durchdringen einander wechselseitig. Man unterscheidet die äußere F., wie sie sich in Gattung, → Metrik und → Stil kundgibt, und die innere F., wie sie sich in der Entwicklung der Idee des Kunstwerks manifestiert. Das Wesen der F. wird von der → Ästhetik untersucht. Der aus dem Lat. entlehnte Begriff F. trat im frühen Mittelalter an die Stelle von Gestalt. Seitdem spielt bis hin zu Lessings *Hamburgischer Dramaturgie* (1767–69) das Problem der F. eine Hauptrolle in allen Kunsttheorien, wobei der aus der Antike überkommene Kanon verbindl. blieb. Erst das 18. Jh. führt, beginnend mit Shaftesbury, an den später Herder, Goethe und der dt. Idealismus anknüpfen, auch für das lit. Kunstwerk die Idee des Organismus, der quasi leibl.-seel. Durchdringung von Inhalt und Form ein. Im 19. Jh. kommt durch den → Positivismus eine naturwiss. orientierte Deutung des F.-Begriffs auf; im 20. Jh. wird die lebhafte Diskussion fortgesetzt, wobei die Gattung, die Beziehung der Künste untereinander und sprachphilosoph. Betrachtungen im Vordergrund stehen (O. Walzel, E. Staiger, W. Kayser u. v. a.).

Formalismus Die Überbetonung formaler Kriterien. – In der offiziellen Ideologie der ehemaligen Sowjetunion wurde der F. abgelehnt, weil er Kunstwerke vorwiegend an ästhet. Maßstäben mißt und somit dem → sozialist. Realismus widerspricht. – Auch wird in der russ. Literatur mit F. eine um 1915 entstandene literaturkrit. Schule bezeichnet, die bis etwa 1930 bestand und dann vom Regime unterdrückt wurde. Sie forderte die Analyse der Literatur unter strukturellen und kompositor. Aspekten und die Erforschung der Voraussetzungen für die → Rezeption eines Kunstwerks. Hauptvertreter waren u. a. Schklowski, Eichenbaum und Tynjanow, deren Lehren stark den modernen → Strukturalismus und den → New Criticism beeinflußten und heute im Westen weiterwirken.

Format Größenverhältnisse eines Körpers oder einer Fläche, z. B. Papierf., Buchf. Letzteres wird heute allgemein nach der Größe des Einbandes bemessen. Man unterscheidet Kleinoktav (Buchhöhe bis 18,5 cm), Oktav (bis 22,5 cm), Großoktav (bis 25 cm), Quart (bis 35 cm) und → Folio (bis 45 cm).

Formel Aus der Rechtssprache übernommener Begriff zur Bezeichnung feststehender Redewendungen, die zum allgemeinen Sprachschatz gehören, oft aber bereits abgegriffen wirken, so z. B. »mit Sack und Pack«, »über alle Berge« usw. Stehende F.n gibt es auch im Briefstil und in der Amtssprache. In der Dichtung finden sich F.n vor allem in der Volksepik von Antike und Mittelalter, aber auch in der Lyrik, im Volkslied, Märchen usw. (»Es war einmal . . .«)

Fragment Bruchstückhaft überliefertes oder vom Autor nicht vollendetes lit. Werk. Die fragmentar. Form kann auch beabsichtigt sein, und entsprechende Absichten wurden z. B. in der Romantik, einer diesbezügl. Kunsttheorie folgend, auch praktiziert. Bedeutende F.e aus der dt. Literatur sind z. B. Goethes *Prometheus* (1773ff.), Hölderlins *Der Tod des Empedokles* (1797 ff.), Kleists *Robert Guiskard* (1802f.), Musils *Der Mann ohne Eigenschaften* (1930ff.).

Fraktur Die aus der Urkundenschrift der kaiserl. Kanzlei nach 1500 entstandene »deutsche Schrift«, die im 16. und 17. Jh. im → Buchdruck Dtld.s und einiger nord- und osteurop. Länder die herrschende wurde. Dagegen setzte sich in den roman. Ländern die → Antiqua durch, die heute auch in Dtld. vorherrschend ist. Das nationalsoz. Regime versuchte eine Zeitlang, die F. gegen die Antiqua auszuspielen, verzichtete jedoch seit 1941 darauf.

Frauenliteratur Schrifttum, das von Frauen geschaffen ist und die Welt ihrer Gefühle und Interessen widerspiegelt. Die bedeutendsten Leistungen der F. liegen auf dem Gebiet der Lyrik und der Epik, während der Bereich des Dr.s Domäne des Mannes blieb. Die bekannteste Dichterin der Antike ist Sappho. Als erste Dichterin des Mittelalters tritt Hrotsvitha von Gandersheim hervor. Eine Hochblüte erlebte die F. im 19. Jh. und der ersten Hälfte des 20. Jh.s (Droste-Hülshoff, Ebner-Eschenbach, Handel-Mazzetti, Lasker-Schüler, Ina Seidel, Bachmann u. v. a.).

Frauenzeitschriften Meist illustrierte Zeitschriften, die speziell auf die Interessen und den Erlebnisbereich der Frauen zugeschnitten sind. Eine erste Vorläuferin der heute weit verbreiteten und in hoher Auflage gedruckten F. war das von Gottsched und seiner Frau hg.e Journal *Die vernünftigen Tadlerinnen* (Leipzig 1725ff.) F. gaben auch Wieland, Fouqué, Klara Zetkin, Helene Lange u. v. a. heraus. Die F. der 60er Jahre zeichneten sich zu einem Teil durch einen weniger anspruchsvollen Inhalt aus (Klatschgeschichten aus der Welt der Aristokratie, Modefragen usw.) und suggerierten ein Bild der Frau, das ihrer Rolle in der modernen Gesellschaft nicht gerecht wird.

Freie Bühne Theaterverein, der 1889 in Berlin von Th. Wolff, Harden, den Brüdern Hart und anderen gegründet und bis 1893 von Otto Brahm geleitet wurde. Der Verein veranstaltete private und daher unzensurierte Aufführungen der natural. Stücke von G. Hauptmann, A. Holz, M. Halbe u. v. a. und gab auch eine Zeitschrift gleichen Namens heraus, die später in der *Neuen Rundschau* fortgesetzt wurde. Die F. B. verhalf den natural. Dichtern zum Durchbruch. Als erstes Stück wurden 1889 Ibsens *Gespenster* aufgeführt. Die F. B. wurde von der von B. Wille gegründeten *Freien Volksbühne* abgelöst. Ähnl. Vereinigungen wie die F. B. entstanden in München, Wien, Kopenhagen sowie London und förderten den → Naturalismus.

Freie Rhythmen Metrisch ungebundene, reimlose Verse ohne feste Strophengliederung, jedoch mit rhythmischer Bewegung, Die f.R. wurden von Klopstock, der seinerseits durch reimlose Dichtungen der Antike und die Psalmen angeregt worden war, in die dt. Dichtung eingeführt. Dichtungen in f.R. schufen nach ihm Goethe *(Wandrers Sturmlied)*, Hölderlin *(Hyperions Schicksalslied)*, Nietzsche *(Dionysos-Dithyramben)* u.v.a. Im 20.Jh. bedienten sich Rilke, Trakl, Benn, Whitman, Majakowski f.R. – Als rhythmische Prosa bezeichnet man eine Form der Kunstprosa, bei der sich eine gesteigerte rhythm. Gliederung zeigt.

Freie Verse Übersetzung des franz. Begriffs »Vers libre«, der wiederum vom ital. »versi liberi« (→ Blankvers) stammt. Ursprüngl. wurden Verse von unterschiedl. Länge, aber regelmäßigem Bau als f.V. bezeichnet (La Fontaine, Molière). Seit den franz. Symbolisten, Ende des 19.Jh.s, wird die Bezeichnung allgemein auf metrisch freie und reimlose Verse angewandt. Apollinaire, Claudel, Péguy u.v.a. bürgerten ihn endgültig ein.

Freilichttheater Bühnenareal unter freiem Himmel, auf dem in einer von der Landschaft und Umgebung geprägten Atmosphäre Theater- oder Musikstücke aufgeführt werden. Das F. knüpft an das antike Theater und das höf. Naturtheater des 17. und 18.Jh.s an. Bekannte F. in Deutschland sind die Hersfelder Stiftsruine, die Luisenburg, der Heidelberger Schloßhof und in Österreich der Salzburger Domplatz. – Eine Art F. sind auch die Freilichtkinos mit nach Rängen gegliederten Autoparkplätzen, in denen man vom Auto aus den Film verfolgen kann.

Freimaurerdichtung Werke, in denen sich Grundwerte des Freimaurertums wie Toleranz, Nächstenliebe usw. widerspiegeln. Freimaurerisches Gedankengut zeigen in der dt. Dichtung Werke von Herder, Lessing, Goethe und Schiller. Ein Beispiel ist auch Mozarts Oper *Die Zauberflöte*, zu der Schikaneder den Text schrieb.

Fremdwort Wort, das aus einer fremden Sprache in die eigene übernommen wurde, für das dieser aber auch einen eigenen Ausdruck besitzt und das daher als »fremd« empfunden wird. Insofern setzt sich das F. gegen das Lehnwort ab (z.B. Philosophie), das als dem eigenen Sprachschatz organisch einverleibt gilt. Fremdwörter bürgern sich meistens zugleich mit der Übernahme von Einrichtungen und Gegenständen aus fremden Sprachbereichen ein (z.B. Entertainer). Die modernen Wissenschaften und die Technik prägen laufend neue Fremdwörter, deren Wortbestandteile meist aus dem griech.-lat. Fundus entnommen sind.

Frühmittelhochdeutsch Die Epoche der f.en Literatur reicht von 1060 bis 1170. Die Dichtung stammt von Geistlichen, und geistl. sind ihre Inhalte. Erst um die Mitte des 12.Jh.s kommt auch eine weltl. Dichtung auf. Der Begriff F. ist sprachgeschichtl. zu verstehen und bezeichnet den Sprachzustand zwischen den ahd. → Dialekten und der mhd. → Literatursprache. Obwohl die meisten Texte

aus der f.en Zeit nur → anonym überliefert sind, können doch bei einigen die Verfasser ermittelt werden. Die Hauptüberlieferung ist in drei Sammelhss. des 12.Jh.s enthalten: *Wiener Handschrift*, *Millstätter Handschrift* und *Vorauer Codex*. Die Stoffe sind bibl. Herkunft. Um 1170 setzt dann eine zweite Welle franz. Rezeption ein, mit der sich die → höfische Dichtung ankündigt.

Frühneuhochdeutsch Die Epoche des F.en umfaßt den Zeitraum von 1350 bis 1600 und ist dadurch gekennzeichnet, daß sich gegenüber der für die mhd. Dichtung kennzeichnenden → Literatursprache wieder mundartl. Besonderheiten bemerkbar machen. Die überlieferten Sprachdenkmäler des 14./15.Jh.s werden als f.e Literatur bezeichnet. Diese ist sehr vielfältig und reicht vom Ritterr. über Heldendichtung, Abenteuerr., Meistersang, didaktische Literatur, Narrenliteratur bis hin zum religiösen Dr. (s.d.). Waren in der mhd. Epoche die Autoren überwiegend noch Kleriker und gebildete Ritter, so treten jetzt auch Bürger und Handwerker als Verfasser auf. Durch die in das 15.Jh. fallende Erfindung des → Buchdrucks werden überdies die Verbreitung der Literatur erleichtert und neue Leserschichten erschlossen, zu denen vor allem auch alte Menschen zählen (im 13.Jh. wurde die Brille für Altersweitsichtigkeit, im 15.Jh. die für Kurzsichtige erfunden).

Füllung Als F. wird in der → Metrik die → Senkung zwischen zwei Hebungen bezeichnet. Ist die Anzahl der Senkungen streng festgelegt, spricht man von fester, sonst von freier F. Letztere ist charakteristisch für den Stabreimvers (→ Alliteration).

Fürstenspiegel Seit dem Mittelalter verbreitete Form von Schrifttum mit didakt. Zielsetzung (Staatsr. oder -dr.), die sich an Fürsten und Adel wandte und Regeln für deren Verhalten geben wollte, wobei ethische Normen und herrscherl. Idealbilder im Vordergrund standen. Von starker Wirkung waren die Schriften des Thomas von Aquin *De regimine principum* und seiner Schüler. Aus dieser Zeit stammt der bis ins 20.Jh. immer wieder zitierte Satz »Iustitia fundamentum regnorum« (Gerechtigkeit ist die Grundlage der Reiche). Bedeutende F. aus dem 16.Jh. stammen von Erasmus von Rotterdam, Machiavelli *(Il Principe/Der Fürst)* und dem Spanier Mariana. Sehr bekannt wurden auch Fénelons *Télémaque* und Friedrichs des Großen *Antimachiavell*, die beide in der ersten Hälfte des 18.Jh.s erschienen sind.

Futurismus Eine 1909 durch Marinettis *Manifesto futurista* eingeleitete Richtung, die in gewissem Sinne als primitivist. ital. Variante des europ. →Expressionismus angesehen werden kann; aufgrund ihrer oberflächlichen Ideologie und ihrer inhumanen Forderungen (Zerstörung überkommener Kunstwerke, Verherrlichung des Krieges usw.) konnte sie sich nicht lange halten. Unter anderem sollte die Grammatik über Bord geworfen werden, damit die Sprache von allen Rationalismen »befreit« werde.

G

Galante Dichtung Modedichtung um 1700 zur Zeit des späten → Barock und des beginnenden → Rokoko, die sich vor allem an franz. Vorbildern (Preziösen) orientierte und durch die witzig-frivole Behandlung erot. Motive gekennzeichnet ist. Die g. D. in Dtld. bevorzugte Lyrik und R. Sie ist in mehreren Anthologien überliefert; sehr bekannt war zu ihrer Zeit Neukirchs siebenbändige Sammlung *Des Herrn von Hofmannswaldau und anderer Deutschen auserlesene und bisher ungedruckte Gedichte* (1695 bis 1727).

Galimathias Verworrenes Geschwätz, Gerede. Seit Montaigne wird der Begriff, dessen Herkunft nicht einwandfrei geklärt ist, abwertend für lit. unbefriedigende, sinnlose Texte gebraucht.

Gassenhauer Ursprüngl. ein Nachtschwärmer, der sich in den Gassen herumtreibt, später Bezeichnung für Lieder und Tänze aus diesem Milieu. Heute ist ein Gassenhauer ein kurzlebiges, schlagerartiges Modelied mit eingängiger Melodie, aber ohne Kunstwert.

Gastspiel Das Auftreten von Schauspielern oder ganzen Ensembles auf fremden Bühnen. G.e. sind bereits seit dem 18. Jh. üblich und ermöglichen auch Aufführungen in Orten, die selbst über kein ständiges Theater verfügen.

Gattung Dichtung wird heute allgemein nach Hauptuntergliederungen, G.en, eingeteilt, nämlich in → Epik, → Lyrik und → Drama. Diese Einteilung ist seit dem 18. Jh. gebräuchl. und wurde von Goethe nachhaltig vertreten. Dennoch gibt es in den einzelnen → Poetiken keine Übereinstimmung über die genaue Begriffsbestimmung der einzelnen Gattungen. Insbesondere die moderne → Ästhetik (Croce, Staiger) hat die Problematik dieser Gattungsbegriffe sichtbar gemacht, wonach zahlreiche bedeutende Werke der Weltliteratur nicht eindeutig einer bestimmten G. zugeordnet werden können. Staiger schlägt anstatt der herkömml. Begriffe die Bezeichnungen das Epische, das Lyrische und das Dramatische vor. Deren Verwendung soll zum Ausdruck bringen, daß das Dramatische nicht nur Wesensmerkmal des Dr.s im engeren Sinne ist, sondern auch z. B. die → Ballade charakterisieren kann.

Gebärde Die ausdrucksvolle Bewegung als Äußerung geistig-seelischer Regungen, die für die Schauspielkunst von besonderer Bedeutung ist. Waren die Regeln für Schauspieler früher streng normiert (Gottsched), so ist heute ein natürlicher G.n-Stil im Theater üblich. Die G., als Ausdruck geistiger Regung verstanden, spielt auch in der lyr. Dichtung eine Rolle.

Geblümter Stil Blumenreiche, mit → Metaphern und → Figuren überladene Ausdrucksweise, wie sie für Werke aus dem 13. Jh. (Konrad von Würzburg) und deren Nachahmer charakterist. ist.

Gebrauchslyrik Gedichte, die für einen Zweck verfaßt werden (z. B. Kirchenlieder, Nationalhymnen usw.). Auch Gedichte, die für einen praktischen Anlaß (Familienereignisse o. ä.) bestimmt sind, können der G. zugerechnet werden.

Gedankenlyrik Form der → Lyrik, bei der philosoph. oder religiöse Gedanken in einem Gedicht Eingang finden. Sie ist zwischen Erlebnisdichtung und → Lehrdichtung angesiedelt und besonders in der dt. Literatur zu höchster Vollendung geführt worden. Als herausragender Schöpfer von G. gilt Schiller, in dessen Werk

höchstes dichter. Vermögen und philosoph. Geisteskraft eine Verbindung eingehen. Auch Goethe, Hölderlin, Novalis, Rückert u. v. a. schufen G. Eine weitere bedeutende Ausprägung erfährt die dt. G. in der zweiten Hälfte des 19. Jh.s in der G. Nietzsches (*Dionysos-Dithyramben*). In der engl. Dichtung sind vor allem Byron, Keats und Shelley mit G. hervorgetreten, in Frankreich Lamartine und Vigny, in Italien Leopardi. Vorläufer der G., wie sie seit Schiller verstanden wird, finden sich bereits in → Spruch-Dichtungen des Mittelalters sowie in → Sonetten und → Epigrammen der Barockzeit.

Gedicht In einem weiter gefaßten Sinne und gemäß älterem Sprachgebrauch kann jedes in gebundener Sprache gefaßte Werk der Literatur als G. bezeichnet werden. Im engeren Sinne bedeutet es die Hauptform der lyr. Gattung → Lyrik.

Geflügelte Worte Übersetzung des homerischen Ausdrucks »epea pteroenta«, Aussprüche, Redensarten, Zitate, die, einmal geprägt, in den allgemeinen Sprachschatz übergegangen sind und zur Pointierung, Veranschaulichung oder Verzierung der Rede herangezogen werden. Während das Sprichwort nicht einem bestimmten Urheber zugeordnet werden kann, können g. W. in der Regel immer auf eine Persönlichkeit zurückgeführt werden. Der Begriff g. W. hat sich in Dtld. bes. als Folge der Veröffentlichung der gleichnamigen Sammlung von Büchmann (erstmals 1864), die immer wieder überarbeitet und neu aufgelegt wird, eingebürgert.

Gegenreformation Bezeichnung für das Zeitalter der Glaubenskämpfe (→ Reformationsliteratur) von der Mitte des 16. bis zur Mitte des 17. Jh.s. Der Begriff wurde durch die protestant. Geschichtsschreibung des 19. Jh.s eingeführt. Das Schrifttum der G. stellt sich in den Dienst der kath. Idee, die sich gegen den Protestantismus zur Wehr setzt. Es handelt sich um Erbauungsliteratur, geistl. Lieder, Jesuitendramen u. a. m. Zu ihren Hauptrepräsentanten zählen Fischart, Nas und Albertinus.

Gehalt Die geistige Substanz eines lit. Werkes, die sich mit der Gestalt, der äußeren → Form, verbindet und die Dichtung konstituiert. Seit Anfang dieses Jh.s ist G. einer der Grundbegriffe der lit. → Ästhetik. Die Gegenüberstellung von innerer und äußerer Form, Gehalt und Gestalt, geht auf Oskar Walzel zurück (1923).

Geißlerlieder Lieder, die seit der Mitte des 13. Jh.s von den Geißlern (Flagellanten) gesungen wurden. Zu den Bußübungen der Geißler gehörten auch Gebete und ekstatische Tänze. Abgesehen von den ital. G.n, waren sie vom Inhalt her meist ohne poet. Wert; sie können jedoch als eine frühe Form des geistl. → Volkslieds betrachtet werden.

Geistesgeschichte Die G. behandelt die Entfaltung des menschl. Geistes und seine Leistungen in allen Bereichen der Kultur, insbes. denen der Philosophie, Wissenschaft und Gesellschaft. G. ist keine eigenständige Disziplin, sondern eine Betrachtungsweise. Ihre Wurzeln liegen im dt. → Idealismus, bes. in Hegels Lehre von der Selbstentfaltung des Geistes in der Geschichte. Theoret. umfassend gerechtfertigt und gegen den empir.-positivist. Ansatz der Naturwissenschaften im 19. Jh. abgehoben wurde die G. durch Diltheys *Einleitung in die Geisteswissenschaften* (1883) und in seiner

Nachfolge von Rothacker, Strich u. v. a. Auch die Geschichte der Literatur und die Literaturwissenschaft werden als Teile der G. verstanden. Literaturgeschichtschreibung zeigt die Entfaltung des Geistes in der Literatur auf.

Geistliche Dichtung Dichtung mit religiösen Inhalten, häufig für die gottesdienstl. Liturgie bestimmt. Aus der Blütezeit der g. D., der Spätantike und dem Mittelalter, sind mittellat. und auch volkssprachl. Dichtungen überliefert, insbesondere Hymnen, Evangelienharmonien, Apostelgeschichten, Marienleben, Kreuzzugslyrik usw. (s. d.). Seit dem Hochmittelalter kam das geistl. → Dr. hinzu. Im protestant. Bereich können die → Kirchenlieder als g. D. bezeichnet werden. G. D. blühte auch noch im Barock und im Pietismus. Seit der Aufklärung tritt sie in den Hintergrund.

Gelegenheitsdichtung Gebrauchsdichtung, die eigens aus bestimmten Anlässen und für bestimmte Zwecke verfaßt wird. G. gab es in großem Umfang schon seit der Zeit des Humanismus; in Renaissance und Barock spielte sie eine wichtige Rolle. Noch für Opitz galt die → Gebrauchslyrik als gleichwertig neben Tragödie und Epos. Seitdem Günther das persönl. Erlebnis im Gedicht gestaltete und Goethe die Erlebnisdichtung auf eine klass. Höhe hob, ist das Ansehen der G. in Verfall geraten.

Gelehrtendichtung Form der Dichtung, in der mit schöpfer. Phantasie gelehrte Inhalte dargeboten werden. Sie spielte bereits in der Antike eine bedeutende Rolle (z. B. *De rerum natura* von Lukrez), wurde in der karoling. Renaissance (Alkuin, Hrabanus Maurus u. v. a.) weiter gepflegt und auch in den folgenden Jh.n immer wieder fortentwickelt. In der Gegenwartsliteratur können in diesem Zusammenhang Aspekte im Schaffen Thomas Manns und Musils genannt werden.

Genre Gattung, Wesen. Begriff der Kunstgeschichte für den Darstellungsbereich von Motiven lebensnaher Alltäglichkeit vor allem in der Malerei. Das seit dem Hellenismus auftretende Genrebild erreicht einen Höhepunkt künstler. Gestaltung in der niederl. Malerei. Auch in der Literaturwissenschaft wird gelegentl. der Begriff G. benützt, wenn es sich um entsprechende Motive in einer Dichtung handelt.

Germanistik Bezeichnung für die Wissenschaft von der dt. Sprache und der deutschsprachigen Literatur, aufgeteilt in die Alt-G. (Frühzeit und Mittelalter) und in die Neu-G. (Neuzeit). Der Begriff G. ist sinngleich mit dem der dt. → Philologie und schließt die german. Philologie wie die nord. Philologie (Nordistik) ein. Die moderne G. ist eine Leistung der Romantik, in der die deutsche Vergangenheit und ihre Überlieferung neu entdeckt wurden. Bahnbrechend wirkten die wiss. Arbeiten der Brüder Grimm, vor allem Jacob Grimms, der die Methoden der durch F. Schlegel, Bopp und Rask begründeten vergleichenden Sprachwissenschaft auch auf die dt. Sprache anwandte und dabei die german. Rechtsaltertümer, die Mythologie, den Sagen- und Märchenschatz wieder ans Licht hob. Hauptleistung der Brüder Grimm war ihr gewaltiges *Deutsches Wörterbuch* (16 Bände, 1852–1961). Auf ihrer Leistung baute die G. im 19. und 20. Jh. weiter auf und etablierte sich schließl. als wiss. Disziplin. Der literaturwiss. Zweig der G. hat sein Fundament in der grundlegenden → Textkritik von Karl Lachmann. Im Gegensatz zur Anglistik und Romanistik wurde die G. im Verlaufe ihrer Geschichte öfter und stark von polit. Strömungen beeinflußt und in Anspruch genommen, so daß sie sich um Erhalt bzw. Neube-

gründung der Definition ihres Selbstverständnisses bemühen mußte. Auch in der Zeit seit 1945 streiten unterschiedl. Richtungen über zeitgemäße Bezüge und Ziele der G., wobei eine Politisierung nicht ausbleibt.

Gesamtausgabe Vollständige Ausgabe aller Teile eines Werkes (z. B. von Goethes *Urfaust* und der beiden Teile des *Faust*) oder aller Werke eines bestimmten Autors (sämtliche Werke). Nach geltendem Recht können Einzelausgaben, die vor mehr als zwanzig Jahren in einem Verlag erschienen sind, im Rahmen einer neuen G. ohne Genehmigung des Erstverlags übernommen werden.

Gesamtkunstwerk Schöpfung, die Elemente der Dichtung, der bildenden Kunst, Musik, Architektur und des Tanzes in sich vereinigt. Der bedeutendste Künstler der neueren Zeit, der den Begriff des G.s zu realisieren suchte, war Richard Wagner. Dichter und Komponist in einer Person, kam er dem Ziel mit seinen gewaltigen Musikdramen nah. Auch mit der theoret. Grundlegung des G.s hat sich Wagner in seinen Schriften beschäftigt. Als Vorläufer dieser modernen Auffassung des G.s kann das (→ histor. Literatur) Festspiel der Barockzeit angesehen werden.

Geschichtsdichtung Die G. bezieht ihre Stoffe aus geschichtl. Ereignissen und vorzugsweise aus den → Biographien histor. Persönlichkeiten. Ihre wichtigsten Formen sind das histor. Drama und der histor. Roman. → Bedeutende neuzeitl. Repräsentanten der G. sind Shakespeare, Kleist, Scott und Grillparzer.

Geschmack Aus biolog. Sicht ist der G. eine Sinnesfunktion, auf den ästhet. Bereich angewandt, der Sinn für Schönheit in allen ihren Erscheinungsformen sowie das Vermögen, in der Beurteilung das Wertlose und Modisch-Flüchtige vom Überdauernden zu trennen. Die Geschichte des Begriffs, der als solcher in der Antike und im Mittelalter nicht existierte, geht auf das 16. Jh. zurück (Gracians *Handorakel*, 1562, von Schopenhauer ins Dt. übertragen). Danach haben sich Generationen von Ästhetikern mit dem Problem auseinandergesetzt; von herausragender Bedeutung sind die Erörterungen, die Lessing, Herder, Kant und Schiller dem Begriff G. widmeten. In der heutigen → Ästhetik geben eine mehr psycholog. und eine mehr soziolog. bestimmte Richtung dem G. eigene Ausdeutungen.

Gesellschaftsdichtung Dichtung, die sich nach den Wertvorstellungen einer bestimmten Gesellschaftsschicht ausrichtet und zugleich für diese bestimmt ist. G. steht im Gegensatz zur Individualdichtung, die ausschließl. von der Persönlichkeit ihres Autors geprägt ist. Ihren Höhepunkt erreichte die G. im 16./17. Jh. mit der → galanten Dichtung und der → Schäferpoesie, dem → Singspiel und dem → Gesellschaftslied. In der franz. Literatur können die Werke aus dem Kreis der → Pléiade (Mitte 16.Jh.) ebenfalls der G. zugerechnet werden.

Gesellschaftslied Mit dem auf Hoffmann von Fallersleben zurückgehenden Begriff wird ein Lied bezeichnet, das in einer bestimmten Gesellschaft entstanden und gesungen wird. Das G. kommt im 16.Jh. auf und hat meistens die Form der → Kanzone oder des → Madrigals. Die Motive sind ebenfalls aus dem Bereich des geselligen Lebens entlehnt: Wein, Liebe und Geselligkeit stehen im Vordergrund. Das G. beeinflußte die Entstehung des → Singspiels. Seit der Romantik weicht das G. endgültig dem → Volkslied.

Gesellschaftsroman Form des R.s, bei der die Gesellschaft einer

Zeit als Folie dient. Nach Vorformen im Mittelalter, im Barock und in der Klassik findet der G. im 19. Jh. mit der Übernahme der gesellschaftl. Führung durch das Bürgertum seine endgültige Gestalt. In Deutschland schaffen Gutzkow, Freytag, Spielhagen und Fontane G.e, die – abgesehen von ihrem unterschiedl. künstler. Wert – wichtige kulturhistor. Dokumente darstellen. Im 20. Jh. führen u. a. besonders Musil und Thomas Mann die Tradition des G.s fort. Auch in England, Frankreich und Rußland, in Ländern, in denen sich das gesellschaftl. Leben vor allem in den Hauptstädten nationale Mittelpunkte schuf, sind bedeutende Gesellschaftsromane entstanden (Dickens, Balzac, Flaubert, Zola, Tolstoj, Dostojewski u. v. a.).

Gespenstergeschichte → Erzählung, in der ein auf Geister oder Gespenster bezügl. Stoff im Mittelpunkt steht. Motive des Gespenstischen, Übersinnlichen oder Okkulten gehen aber auch des öfteren in das dramat. und ep. Schaffen ein, insbes. im Barock und, nach einem Aussetzen während der Aufklärung, wieder seit der Romantik. Auch bedeutende Dichter haben sich solcher Motive bedient, so z. B. Gryphius, Grillparzer, E.T.A. Hoffmannn, Storm, Kafka u. v. a.

Gespräch Im Unterschied zum → Dialog ist das G. eine lit. Form, durch die wirkliche, auch mehrseitige Unterhaltungen wiedergegeben werden. Hervorragende Beispiele aus der dt. Literatur sind Luthers Tischgespräche und Schillers G.e. Einen Maßstab setzte Eckermann mit seinen *Gespräche mit Goethe in den letzten Jahren seines Lebens.*

Ghasel Zuerst von den Arabern entwickelte, dann von Türken, Persern und Indern übernommene und schließl. von Schlegel als erstem Deutschen angewandte Gedichtform, die aus 3–15 Verspaaren aus meist vierhebigen Langzeilen besteht und bei der der Reim des ersten Paares den Reim aller geraden Zeilen festlegt, während die ungeraden Zeilen reimlos sind.

Gleichnis Stilform, bei der zur Veranschaulichung eines Sachverhalts ein → Vergleich, ein → Bild, herangezogen wird. Eine außerordentliche Fülle von G.sen enthält die Bibel. G.se können auch in nichtpoet. Werken eine bedeutende stilist. Wirkung erzeugen, wie das Beispiel der an treffenden G.sen überreichen philosoph. Werke Schopenhauers zeigt.

Glosse In der antiken → Philologie seit dem 5. Jh. v. Chr. waren G.n erläuterungsbedürftige Wörter; auch die Erklärungen selbst wurden als G.n bezeichnet. Sammlungen von G.n, Glossare, wurden zuerst für die Dichtungen Homers, im großen Umfang dann im Mittelalter für Unterrichtszwecke, bes. zum Verständnis der Bibel und überlieferter Kirchenschriften, angefertigt. Sie sind in großer Zahl erhalten geblieben und stellen wichtige kulturhistor. Dokumente dar. – Die Bezeichnung G. steht ferner für eine aus Spanien stammende, in Deutschland von den Romantikern gebrauchte Gedichtform. – Auch für ein polem. kurzes → Feuilleton über ein aktuelles Ereignis hat sich der Begriff G. eingebürgert.

Gnome Sinnspruche, die in gebundener oder ungebundener Sprache gewisse Regeln, Grundsätze, Lebensweisheiten usw. wiedergeben und besonders in oriental. Literaturen, aber auch im skandinav. Schrifttum vorkommen. In Griechenland entwickelte sich mit Theognis von Megara um 500 v. Chr. eine regelrechte G.n-Dichtung. Bis ins Mittelalter wurden später G.n.-Sammlungen aus antiken Schriftstellern zusammengestellt.

Göttinger Hain Gemeinschaft von Dichtern, die in Göttingen lebten und sich 1772 wegen gleicher Überzeugungen – Abkehr vom Rationalismus, Hinwendung zur schöpfer. Phantasie – zu einem lit. Bund zusammenschlossen. Zu ihm gehörten u. a. Boie, Voß, Hölty, Miller, später auch die Brüder Stolberg und Leisewitz. Bürger, Schubart und Claudius standen dem G. H. nahe. Gemeinsam verehrtes Vorbild war Klopstock, der den G.H. 1774 durch seinen Besuch auszeichnete. Kurz danach löste sich der G.H. infolge des Ausscheidens von Mitgliedern auf. Mit der schlichten, volksliednahen Lyrik, die die Freunde pflegten, kam ein neuer Ton in die dt. Dichtung.

Gongorismus Die Bezeichnung ist von dem Namen des span. Dichters Luis de Góngora y Argote abgeleitet und bezieht sich auf den überladenen Stil der span. Literatur des 17. Jh.s. Typisch für den G. sind überreicher Gebrauch von → Fremdwörtern, lat. Satzmuster, weit hergeholte → Bilder und → Gleichnisse sowie die Ausbreitung einer klass. Gelehrsamkeit. Im dichter. Schaffen Góngoras kann der Ausdruck G. nur auf die letzte Phase bezogen werden; mit seiner für die erste Phase charakterist. feinen und natürlichen Lyrik zählt er zu den bedeutendsten span. Dichtern.

Gotische Schrift Bezeichnung für die im 4. Jh. entstandene Schriftart, für die das wichtigste überlieferte Beispiel der *Codex argenteus* von Wulfila ist (daher auch Ulfilasschrift genannt). Ferner wird die vom 9. bis zum 11. Jh. auf der Iberischen Halbinsel angewandte, durch enge Buchstabenformen gekennzeichnete Schrift g.S. genannt. Darüber hinaus ist g.S. die Bezeichnung für alle Schriftarten des 13.–15. Jh.s, die aus Umbildungen der → karoling. Minuskel entstanden sind und sich durch Streckung des Schriftkörpers, Brechung der Schäfte und engen Zusammenschluß der Buchstaben kennzeichnen.

Grammatik In der Sprachwissenschaft jener Teil, der sich mit der wiss. Beschreibung von Aufbau und Funktion einer Sprache beschäftigt. Die G. wird im allgemeinen in Laut-, Formen- und Satzlehre eingeteilt. Nach Ferdinand de Saussure (1857–1913) unterscheidet man eine synchronische (deskriptive) G., die sich auf eine Beschreibung des vorliegenden Sprachzustands erstreckt, und eine diachronische (histor.) G., die die Entwicklung des Aufbaus der Sprachen untersucht. In der Antike war G. die Lehre von Sprache und Literatur, und sie gehörte als solche noch zu den »artes liberales« (→ Artesliteratur) des Mittelalters.

Grobianismus Von der humanist. Wortbildung »grobianus« für grob, unflätig abgeleiteter Begriff für eine Strömung in der Literatur, die sich an die mittelalterl. → Tischzuchten anschließt. Hauptwerk dieser Richtung ist Dedekinds *Grobianus – De morum simplicitate libri duo* (1549), das 1551 in der dt. Übertragung von Scheidt erschien. Wichtigstes Anliegen des G. war es, durch die iron. Aufforderung zu unflätigem und unwürdigem Benehmen die Vergröberung der Sitten zu bekämpfen.

Groteske Erzählung oder Gedicht als Rahmen für das Zusammenspiel von Paradoxem, Heiterem und Phantastischem, Tragischem und Komischem, Banalem und Ungeheuerlichem. Der Begriff ist von den eigenartig ausgemalten »Grotten« unter antiken Gebäuden hergeleitet. Die G. blüht besonders in der Romantik (Jean Paul, Arnim, E.T.A. Hoffmann), ist aber auch im 20. Jh. (Wedekind, Schnitzler, Kafka u. v. a.) nicht selten und kommt auch in den meisten übrigen europ. Literaturen vor.

Gruppe 47 Kreis deutscher Schriftsteller und Kritiker, der 1947 von H.W. Richter gegründet wurde und bis etwa 1968 aktiv war. Er besaß kein gemeinsames ästhet. Programm, seine Mitglieder verband im wesentl. eine verwandte polit. Grundeinstellung, weshalb sie des öfteren zu gesellschaftl. Vorgängen krit. Stellung bezogen. Mitglieder der G. trafen sich zu Lesungen und Diskussionen. Außerdem verlieh die G. einen Literaturpreis, der von Verlegern und Rundfunkanstalten finanziert wurde. Zu den bekanntesten Mitgliedern der G. zählten Ingeborg Bachmann, Böll, Enzensberger, Grass, Hildesheimer, Jens, Lenz, Weiss u. v. a. → Dichterkreis.

Guckkastenbühne Die für die überwiegende Zahl der heutigen Theater typische Form der → Bühne, die sich an einer Seite des Zuschauerraums befindet und von diesem durch einen Vorhang getrennt ist. Die G. ist seit der ital. Renaissance eingeführt und wurde im Barock und während des 18. Jh.s mit Perspektive und vortäuschenden Kulissen weiterentwickelt.

H

Hagiographie Lebensbeschreibung der Heiligen. Die H. ist aus altchristl. Berichten über Märtyrer entstanden. Zunächst wurde das Leben der Heiligen in stilisierter, legendenhafter Form zum Zwecke der Erbauung beschrieben; als Vorbild für diese Form gilt die *Vita-Antonii* von Athanasius. Mit dieser Tendenz erhält sich die H. bis weit ins Mittelalter hinein. Eine um histor. Wahrheitsfindung bemühte, krit. H. gibt es erst seit dem Humanismus. Heute ist die H. in zahlreichen Sammlungen, Heiligenlexika und sonstigen Hilfsmitteln zugänglich.

Hakenstil Stil der altgerm. und ahd. Dichtung. Im Unterschied zum Zeilenstil, bei dem sich Sinneinheit und Verszeile decken, liegt beim H. ein Sinneinschnitt in der Mitte der Verszeile vor, und die syntakt. Einheit setzt sich im folgenden Vers fort. Der Übergang vom Zeilenstil zum H. hängt vermutlich mit dem Übergang vom gesungenen zum gesprochenen Vers zusammen. H. wird auch synonym mit Bogenstil gebraucht. In der neueren → Poetik wurde der Begriff H. durch Enjambement ersetzt. → Brechung

Hallescher Dichterkreis Der ältere H.D. wurde 1733 unter dem Namen »Gesellschaft zur Beförderung der deutschen Sprache« von S.G. Lange und J.I. Pyra gegründet, die dem → Pietismus und der → Empfindsamkeit zuneigten und Front gegen Gottsched machten. Ihre Pflege der reimlosen Odenform (→ Ode) mit feierlichen Inhalten bereitete Klopstocks religiöser Dichtung *(Der Messias)* den Weg. – Der jüngere H.D. war eine Vereinigung von Dichtern der → Anakreontik (Gleim, Götz, Uz).

Handbuch Umfassende Darstellung aller Gegenstände eines Spezialgebiets. In der Regel sind Handbücher durch ausführl. → Register erschlossen, so daß sie zugleich als Nachschlagewerke dienen können.

Handlung Der Gesamtzusammenhang von Geschehnissen als Ergebnis von Willensentscheidungen in einer ep. oder dramat. Dichtung. Von Aristoteles wurde die Forderung nach der Einheit der H. (→ Einheiten) aufgestellt, die seitdem für die → Poetik des Dr. eine wichtige Rolle spielte. Sie kann aber auch auf Novelle und R. bezogen werden. In letzterem können mehrere H.en miteinander verknüpft sein, Haupth. und Nebenh. parallel laufen usw. Darüber hinaus ist eine Unterscheidung in eine äußere, den Ablauf der Geschehnisse wiedergebende, und in eine innere H. möglich; letztere läßt die geistig-seel. oder sittl. Entwicklung der handelnden Person(en) erkennen.

Handschrift (Abkürzung Hs., Pl. Hss.) Unter Hss. versteht man die mit der Hand geschriebenen lit. Werke bis zur Erfindung des → Buchdrucks, wie sie in Gestalt von Codices (→ Codex) überliefert sind. Die Literatur der Antike und des Mittelalters ist in Hss. überkommen. Die mittelalterl. Hss. sind in Klöstern entstanden. Cassiodorus führte um 540 das Schreiben und Sammeln von Hss. ein, unter Karl dem Großen (768–814) wurde ihre Herstellung stark gefördert. Erst im 14. Jh. treten auch weltl. Hss.-Schreiber auf. Im folgenden Jh. verliert die Hs. angesichts des Buchdrucks sehr an Bedeutung. Die überlieferten Hss. befinden sich heute meistens im Besitz großer öffentl. oder klösterl. → Bibliotheken. Über die reichste Sammlung lat. Hss. verfügt die Bayerische Staatsbibliothek in München. Die Hss. sind seit dem 17. Jh. Gegenstand wiss. Erforschung durch die von Mabillon und Montfaucon begründete Handschriftenkunde. → Paläographie.

Hanswurst Ein »Hans Worst« erscheint als komische Person zuerst in der niederdt. Übersetzung von Brants *Narrenschiff* (1519). Das Wort. H. wird danach von Luther gebraucht. Im 17. und 18. Jh. erscheint der H. als Harlekin (der Arlecchino der → Commedia dell'arte) auf den dt. Bühnen, bis ihn die Neuberin 1737 von dort vertreibt. Im Wiener Theater hat sich der H. jedoch bis ins 19. Jh. erhalten, nachdem ihm J.A. Stranitzky um 1710 als ständig wiederkehrender Charakterfigur die Gestalt des einfältigen Salzburger Bauern gegeben hatte. Auch die Figuren des »Kasperl« und »Wurstl« gehen auf den H. zurück.

Haupt- und Staatsaktion Bezeichnung für die Stücke der dt. → Wanderbühnen um 1700. Der Begriff stammt von Gottsched und soll zum Ausdruck bringen, daß es sich nicht um ein Nachspiel, sondern um ein Dr. mit histor. oder polit. Inhalt handelt. Die ersten Partien waren schriftl. festgelegt, während die übrigen improvisiert wurden. Die für ein kleinbürgerl. Publikum bestimmten H.- u. S.en waren vom künstler. Standpunkt größtenteils unbedeutend, Intrigen und der letztliche Sieg des Guten typisch für fast alle. Textsammlungen wurden erst gegen Ende des 19./Anfang des 20. Jh.s hg.

Heimatkunst Im weiteren Sinne Schrifttum, das aus der heimischen Landschaft und den Schicksalen ihrer Menschen seine Stoffe und Motive bezieht. Im engeren Sinne wird mit H. eine Richtung in der dt. Literaturgeschichte bezeichnet, die gegen 1900 bes. im Gefolge der vielbeachteten *Deutschen Schriften* von Lagarde und des Bestsellers *Rembrandt als Erzieher* von Langbehn sowie als Widerpart der naturalist. Richtung blühte. Auch Gedankengut des frühvollendeten Nietzsche-Freundes und Erziehers der Kinder Richard Wagners, Heinrich von Stein, floß in die von Lienhard und Bartels programmat. vertretene H. ein (Zeitschrift *Heimat*). Die H. hat – neben unleugbar Wertlosem, in dem sich bereits die → Blut-und-Boden-Dichtung des Nationalsozialismus ankündigt – Bedeutendes hervorgebracht. Wichtige Repräsentanten im weiteren Sinn des Begriffs sind Anzengruber, Gotthelf, Reuter, Rosegger u.v.a. Mit einigen ihrer Werke können auch Stifter, Keller und Raabe zu den Verfassern von H. gerechnet werden.

Held Der um 1000 aus Nordgermanien übernommene Begriff bezeichnet einen außergewöhnlichen, insbes. durch krieger. Leistungen hervorstechenden Menschen. Als solcher steht er bereits im Mittelpunkt vieler → Sagen der Antike, aber auch der Germanen. Die held. Lebens- und Geisteshaltung hat zu vielen Zeiten in der dt. Philosophie (von Schiller über Burckhardt bis Nietzsche und Spengler) wie auch in der Literatur des »heroischen Realismus« (Walter Hof) im 19./20.Jh. eine bedeutende Rolle gespielt. – Im engeren Sinne ist der H. oder auch Protagonist die Hauptgestalt in einer Dichtung.

Heldenbuch Handschriftlich oder gedruckt überlieferte Sammlung von → Heldendichtungen. Die bekanntesten Heldenbücher sind das *Gedruckte Heldenbuch* nach einer Straßburger Hs. (erstmals 1477), das *Dresdner H.* von 1472 und das *Ambraser H.* von 1512. Als neuere Sammlung gaben v. d. Hagen und Primisser 1820–1825 ein zweibändiges H. heraus.

Heldendichtung Die erste Form der H. ist das Heldenlied, wie es zwischen dem 5. und 8.Jh. unter den german. Völkern verbreitet war *(Edda)*. Die Stoffe dieser Lieder sind der → Sage entnommen; im Mittelpunkt steht ein held. Menschenschicksal. Die Heldenlieder sind zumeist in Langzeilen mit Stabreim (→ Alliteration) auf den Sinnträgern abgefaßt. Aus der Verknüpfung mehrerer Heldenlieder entstand dann später das Heldenepos in einer durchgeformten, buchmäßigen Großform. Ältestes aus dem german. Bereich erhaltenes Heldenepos ist das *Beowulf-Epos*. Auch die skandinav. Skaldendichtung (→ Skalden) die *Liederedda*, die franz. → *Chansons de geste*, die russ. → *Byline* usw. gehören zur H. Die bekannteste dt. H. ist das *Nibelungenlied*, dessen Motive insbes. durch die Musikdramen Richard Wagners wieder ins Bewußtsein gehoben wurden. – H.en entstanden auch früh im Orient (*Gilgamesch-Epos, Mahabharata, Ramajana* usw.) Aus der griech. Antike sind die Schöpfungen Homers zu nennen.

Heldensage Zunächst mündl. überlieferte, erzählende Dichtung aus den Frühzeiten eines Volkes, in deren Mittelpunkt eine heroische, mythisierte Gestalt steht. Solche H.n gehen dann in die späteren Heldenlieder und Heldenepen ein (→ Heldendichtung). Aus der Verknüpfung mehrerer H.n entstehen Sagenkreise, von denen der ostgot. um Dietrich von Bern, der westgot. um Walther von Aquitanien, der burgund. um Siegfried und Attila u.a.m. für die abendländ. Heldendichtung von besonderer Wichtigkeit sind. Einige H.n sind nur in engl. und isländ. Fassungen überliefert.

Hermeneutik Die Kunst der Deutung und Interpretation eines lit. Werkes nach → Gehalt und → Form. Der Begriff wurde von Schleiermacher als »Kunstlehre des Verstehens« definiert. Auf dieser Grundlage hat dann Dilthey den grundlegenden Unterschied zwischen »Verstehen« in den Geistes- und »Erklären« in den Naturwissenschaften herausgearbeitet. Die hermeneut. Methode wird darüber hinaus in Theologie und Rechtswissenschaften angewandt. Nach Heidegger, der sich hier mit Gedanken Goethes berührt, gibt es einen »hermeneut. Zirkel«, insofern der Deutende und um Verstehen Bemühte bereits einen inneren Erfahrungsschatz in bezug auf das mitbringen muß, was er verstehen will.

Hermetische Literatur Offenbarungsschriften mit religiösen und philosoph. Inhalten, die um das 3. Jh. n. Chr. im hellenist. Ägypten entstanden und Hermes Trismegistos, dem Gott der Weisheit, zugesprochen wurden. Sie sind in dem 1471 von Ficino ins Lateinische übertragenen *Corpus Hermeticum* zusammengefaßt und haben in der Folgezeit das okkultist., astrolog. und alchimist. Schrifttum in Europa stark beeinflußt, bes. Paracelsus. – Im 20.Jh. bezeichnet man mit h.L. bzw. Hermetismus eine bes. zwischen 1920 und 1950 geschaffene, vornehml. ital. Lyrik, die an die Lyrik des franz. → Symbolismus (Rimbaud, Mallarmé) anknüpft und die gekennzeichnet ist durch eine vieldeutige, mag.-rätselhafte, geheimnisvolle Ausdrucksweise. Die bekanntesten Vertreter der h.L. sind die Italiener Montale, Ungaretti und Quasimodo, aber auch die Deutschen Benn und George.

Heroiden Ein zur galanten Lyrik (→ galante Dichtung) gehöriger Teilbereich, fingierte Heldenbriefe, in denen die Liebeswerbung und Liebesklage Göttern oder Helden in den Mund gelegt werden. Der Ausdruck geht auf Ovid zurück *(Heroides)*. H. waren in der Renaissance und bes. im Barock sehr populär.

Heroische Dichtung → Heldendichtung.

Heroisch-galanter Roman Meist schwülstige R.e des Spätbarock mit histor. und amourösen Themen, oft sehr umfangreich. Vorbereitung der → galanten Dichtung.

Heroldsdichtung Auch heraldische oder Wappendichtung genannt. Von Konrad von Würzburg eingeführte Dichtungsart, bei der Rüstungen, Wappen usw. allegor. ausgedeutet und in einen Bezug zu ihren Trägern gesetzt wurden (→ Allegorie und → Emblem). Die bekanntesten Repräsentanten der H. sind der Österreicher Peter Suchenwirt mit seinen Reimreden (um 1390) und Wigand von Marburg, in der seiner H. die ritterl. Formen des Deutschen Ordens als Motive nahm.

Herrnhuter Bezeichnung für die 1722 von Graf Zinzendorf auf seinem Besitz Herrnhut im Lausitzer Bergland gegründete Brüdergemeine, die dem → Pietismus anhing und aus der zahlreiche protestant. → Kirchenlieder hervorgingen.

Hexameter Antiker Vers, der aus sechs → Daktylen gebildet ist. Dabei besteht die Freiheit, die zwei kurzen Silben in den ersten vier Versfüßen durch eine lange Silbe zu ersetzen, ausgenommen hiervon ist der fünfte Takt. Der letzte Daktylus ist unvollständig. Der H. ist die Versform des antiken → Epos (Homer, Vergil) und hat auch in die dt. Dichtung Eingang gefunden (Klopstock, Goethe, Hebbel, Hauptmann u.v.a.). – Beim gereimten H. reimen in der Verszeile die Mitte und der Schluß. → Pentameter.

Hiatus Das Aufeinandertreffen zweier Vokale am Ende des einen und am Anfang des folgenden Wortes (z.B. »so aber«). In früheren Epochen der Stilkunst oft verpönt.

Hieroglyphen Bezeichnung für Bildzeichen in der Schrift, insbes. für die altägypt. Bilderschrift, wie sie um 3000 v.Chr. entstanden ist. Außer in Ägypten gab es auch in Indien, China, auf der Osterinsel und in Mittelamerika H.-Schriften. Typisch für die ägypt. H. ist, daß am Zeilenanfang meist eine Menschen- oder Tierfigur dem Betrachter oder »Leser« den Kopf zuwendet. Die Bildzeichen stehen zum Teil für Worte, zum Teil für Konsonanten; Vokale werden nicht berücksichtigt. – Die ägypt. H. wurden 1822 von Champollion entziffert.

Historische Literatur Auch → Geschichtsdichtung. Zu ihr zählen lit. Werke der ep. und dramat. Gattung, soweit sie histor. Persönlichkeiten, Ereignisse oder Epochen zum Gegenstand haben. Man unterscheidet insbes. das histor. Dr., den histor. R., wie ihn nach dem Vorbild von Scott vor allem die Romantik eingebürgert hat, und die histor. Novelle. Auf dramat. Gebiet ragen Schiller und Hebbel hervor, im histor. R. Freytag, Stifter u. v. a. Keller hat bedeutende histor. Novellen geschaffen. Das histor. Lied, meist in Gestalt eines balladenhaften → Volkslieds, war bereits bei den Germanen bekannt.

Historisch-kritische Ausgabe → Kritische Ausgabe.

Höfische Dichtung Bezeichnung für die im 12. und 13. Jh. v. a. in Frankreich, England und Dtld. blühenden Dichtungsarten → höf. Epos und → Minnesang, in denen sich die Ideale des Rittertums und seine Wertvorstellungen widerspiegeln. Auch die → Kreuzzugs- und Spruchdichtung (→ Spruch) gehören zur h. D. Seit Anfang des 13. Jh.s geriet die h. D. in Verfall.

Höfisches Epos Das h. E. ist neben dem → Minnesang die zweite Hauptausprägung der höf. Dichtung des Mittelalters in Frankreich, England und Dtld. Die Welt des h. E. ist das Rittertum, dessen Ideale dargestellt werden. Die Motive sind kelt., antiken und oriental. Sagenkreisen entnommen. Der Meister des → Artusromans in Frankreich ist Chrétien de Troyes, der zum Vorbild der höf. Dichter Dtld.s wurde. Am Beginn steht Heinrich von Veldeke, seinen Höhepunkt erreicht das dt. h. E. mit den Werken Hartmanns von Aue, Wolframs von Eschenbach und Gottfrieds von Straßburg, die später von vielen anderen nachgeahmt werden. Typ. Vers für das h. E. in Frankreich ist der paarweise gereimte Achtsilber, in Deutschland vor allem das vierhebige → Reimpaar, daneben auch die Langzeilenstrophe (→ Langvers). Im 15. Jh. setzt sich in Dtld. der Prosaroman durch. Das h. E. wirkt nach in den Volksbüchern und den Ritter- und Abenteuerromanen (s. d.).

Hörspiel Rundfunkspezifische neue Form des Dr.s, nach S. von Heisters Definition »das arteigene Spiel des Rundfunks . . ., das in uns die Illusion einer unmittelbar – vor unserem Ohr – sich abwickelnden lebendigen Handlung zu erwecken vermag«. Charakterist. für das H. ist seine Beschränkung auf den Bereich des Akustischen – das gesprochene Wort, (begleitende) Musik und Geräusche – und der Appell an die Phantasie des Zuhörers. Als erstes H. gilt *Danger* (Gefahr) von Richard Hughes, das 1924 vom engl. Rundfunk gesendet wurde. In Dtld. entstanden danach bis zum Beginn der nationalsozialist. Zeit anspruchsvolle H.e, dann v. a. wieder nach dem 2. Weltkrieg bis in die Gegenwart.

Hofdichter Ein von fürstl. Höfen besoldeter Berufsdichter, der v. a. als Zeremonienmeister für die Organisation von Festen bei Hof und für das Verfassen von Theatertexten zuständig war. Die H. schufen im allgemeinen nur künstler. unbedeutende → Gelegenheitsdichtung. H. gab es bes. in Dtld. um die Wende des 17./18. Jh.s, wobei man an die Tradition der Pritschmeister des 15./16. Jh.s anknüpfte. Am Berliner Hof war z. B. 1654–99 Canitz H., in Wien

Heräus (1671–1730) angestellt. Die Idee des H.s lebt noch in der Institution des engl. »poet laureate« fort.

Hoftheater Theater, die im 18. Jh. an dt. Höfen entstanden (z. B. Wien 1741) und die ersten ortsfesten Bühnen waren (→ Wanderbühne). Aus ihnen entwickelten sich später die staatl. Theater. Die H. hatten v. a. die Aufgabe, den → Geschmack zu bilden und qualitativ anspruchsvolle Aufführungen zu bieten. Das Wiener Burgtheater galt lange Zeit als die erste deutschsprachige Bühne.

Homilie Spezielle Form der kirchl. → Predigt, bei der ein Bibeltext gedeutet wird, während die übl. Predigt ein bestimmtes Thema zum Gegenstand hat.

Homonyme Gleichklingende Wörter ganz unterschiedl. → Etymologie und Bedeutung; oft in → Wortspielen gebraucht (Fischart). H. sind in der franz. Sprache häufig, z. B. vers (Vers), vers (gegen), verre (Glas), vert (grün), ver (Wurm). Ein Meister des Wortspiels mit H.n war Rabelais.

Honorar Schon im alten Rom war H. ein Entgelt für Leistungen, die nicht im Zusammenhang mit der Herstellung von Gütern standen und nicht zu den niedrigen Diensten gehörten, z. B. Leistungen eines Arztes, Juristen usw. Das Schriftsteller-H. ist erst seit dem 18. Jh. in Dtld. übl. Bei dem H., das ein Autor bezieht, unterscheidet man zwischen dem Pauschal-H., das eine einmalige Abgeltung für eine oder alle → Auflagen beinhaltet, und dem Absatz-H., bei dem die zu zahlende Summe sich aus der Zahl der verkauften Bücher ergibt. Die Höhe des vereinbarten H.s hängt auch von dem zu erwartenden Absatz eines Werkes und vom Ansehen des Autors ab.

Hosenrolle Verkörperung einer männl. Bühnenrolle durch eine Schauspielerin oder auch die Rolle einer in Männerkleidern auftretenden Schauspielerin. H.n kommen in Dtld. erst seit dem Beginn des 18. Jh.s vor, zunächst nur in Lustspielen, später auch in ernsten Stücken. Bekanntes Beispiel für eine H. ist die Titelgestalt des *Rosenkavaliers* von Hugo von Hofmannsthal.

Humanismus Epoche der europ. Geistesgeschichte (15./16. Jh., in Italien bereits seit dem 13. Jh.), die durch das Streben nach neuer Erschließung und Aneignung antiker Kulturwerte und deren Fruchtbarmachung für die allseitige Bildung der souveränen Persönlichkeit gekennzeichnet ist. Einen ersten Höhepunkt des H. bildet die ital. → Renaissance, die Cicero als ihren geistigen Vater sieht und sich gegen die kirchl. Autorität wendet. In Dtld. treten Erasmus, Reuchlin und Hutten mit ihren vom Geist des H. geprägten Anschauungen hervor. Auf dem Gebiet der Literatur bringt die Epoche des H. zahlreiche Übersetzungen antiker Autoren und eine antikisierende lat. Dichtung in Schuldrama, Lyrik, Gelegenheitsdichtung, Brief usw. (s. d.). Bedeutende ital. Humanisten waren Enea Silvio Piccolomini, Pietro Bembo u. v. a. Der erste dt. Humanisten-Kreis bildet sich am Prager Kaiserhof Karls IV., wo Johannes von Tepls bedeutender *Ackermann aus Böhmen* 1400 entsteht. Nach der Reformation und mit dem Rückgang des Lat. als gemeineurop. Kultursprache verfällt der H. Eine Wiederaufnahme seiner Ideale bringt die Zeit der dt. → Klassik.

Humor Ursprüngl. nur allgemeine Bezeichnung für Gemütsstimmung, seit der Renaissance dann speziell die heitere Gemütslage und die Fähigkeit, ihr Ausdruck zu verleihen. In der Literatur aller europ. Kultursprachen spielt der H. nach Vorbildern aus der Antike eine bedeutende Rolle, so im Werk Shakespeares, Cervantes',

Rabelais' u. v. a. Auch die dt. Literatur (insbes. die Romantik und der Realismus) ist reich an Beispielen. Eine theoret. Erörterung widmet Jean Paul dem H. in seiner *Vorschule der Ästhetik* (1804), auch Schopenhauer hat auf den H. tiefgründige Reflexionen verwandt. Noch in die Literatur des 20. Jh.s findet der H. vielfach Eingang, wenngleich das Tragsiche, Absurde, Sinnlose als Grundstimmung meist vorherrscht.

Humoreske Erz. von heiter-versöhnl. Stimmung. In der dt. Literatur gibt es die H. als Dichtungsart seit dem 18. Jh. Bedeutende Dichter wie Lessing, Jean Paul, Keller, C.F. Meyer, Schnitzler u. v. a. haben sie gepflegt.

Hybris In der antiken → Tragödie die frevelhafte Überheblichkeit des Menschen gegenüber den Göttern, von denen sie verfolgt und bestraft wird. Die H. spielt auch in der Geschichtsschreibung eine Rolle.

Hymne Feierlicher Gesang bei religiösen Anlässen im alten Griechenland, später auch im christl. Kult. In der neueren Literatur bezeichnet H. ein Gedicht mit erhebenden Gedanken, die oft in pathet. Form oder auch mit lehrhafter Tendenz vorgetragen werden. Die Grenze zur → Ode ist nicht klar zu ziehen. H.n schufen neben vielen anderen Klopstock, Schiller, Hölderlin, Platen, Nietzsche, George und Weinheber, ohne immer ihre entsprechenden Gedichte als H. zu bezeichnen.

Hyperbel Als Stilfigur Übertreibung im vergrößernden oder auch verkleinernden Sinn. H.n sind in der volkstüml. Sprache weit verbreitet, spielen aber auch in der pathet. oder der kom. Dichtung eine wichtige Rolle. Im allgemeinen dient die H. der Ausdruckssteigerung und der Veranschaulichung (zum Beispiel »Er ißt wie ein Scheunendrescher«); wird sie als bloßer Schmuck und rein äußerlich verwendet, kann sie sehr leicht in → Schwulst übergehen.

Hypotaxe In der → Syntax ein unterordnendes Gefüge von Satzgliedern oder Sätzen; die Gliedsätze hängen vom Haupt- oder nächsthöheren Gliedsatz ab. »Er vertrat die Meinung, zuerst müßten alle Meinungsverschiedenheiten ausgeräumt werden, bevor man daran denken könne, den Vertrag abzuschließen.« Gegenteil → Parataxe.

I

Ich-Form Jene erzählende Darstellungsform in ep. Dichtungen, bes. in R., Novelle und Erz., bei der die Ereignisse vom Autor als selbsterlebt dargeboten werden. Die Wahl der I. hängt mit dem Bekenntnis zur subjektiven → Perspektive zusammen: eine gleichsam objektive Warte, von der aus Handlung und Geschehen dargestellt werden könnten, wird als nicht möglich erkannt. Die I. ist von der Darstellungsweise in der → Autobiographie zu unterscheiden; letztere berichtet von tatsächl. Lebensfakten. Beispiele aus der dt. Literatur sind Stifters *Der Nachsommer* (1857), Th. Manns *Bekenntnisse des Hochstaplers Felix Krull* (1954), Bölls *Ansichten eines Clowns* (1963).

Idealismus In der Philosophie bezeichnet I. jede Richtung, die den Materialismus ablehnt und die Welt von geistigen Kräften bestimmt sieht. Der Begründer des abendländ. I. ist Platon. Für die Geschichte der dt. Lit. ist jener I. bedeutend, der sich bereits im Werk von Leibniz ankündigt und dann in den Ideenwelten von Kant, Fichte, Schelling und Hegel seine Höhepunkte erreicht. Der I. beschränkt sich keineswegs auf die philosoph. Fachwelt. Dichter wie Schiller und Goethe haben ihn durch bedeutende originäre Reflexionen bereichert und ihn in ihren Werken ausgeformt. Typ. für die als »Goethezeit« (H.A. Korff) bezeichnete Epoche ist gerade die wechselseitige Durchdringung von Philosophie und Dichtung. Kennzeichnend für den I. sind die Interpretation der Welt als eines harmon. Organismus, der Glaube an die Humanität als höchste Form der Menschlichkeit und die Proklamation der Kunst als würdigster schöpfer. Entäußerung des Menschen; die Welt entzieht sich rein rationaler Erklärung und muß vor allem aus Gefühl und Phantasie heraus begriffen und bewältigt werden. Die dt. → Klassik und → Romantik haben den I. zu höchster Geltung gebracht.

Ideendrama Form des Dramas, bei der die handelnde Personen zu Trägern bestimmter Ideen werden oder die Handlung selbst der Darstellung von Ideen dient. Werden die künstler. Gesetze dadurch zurückgedrängt, kann es auf diese Weise zur → Tendenzliteratur kommen. Beispiele für Ideendramen aus der dt. Literatur sind Lessings *Nathan der Weise* (1779), in dem die Idee der Toleranz dargestellt wird, oder Goethes *Iphigenie auf Tauris* (1787), ein Dr., in dem die Hauptfigur die Idee der Humanität verkörpert.

Identifikation Für den Schauspieler der optimale intellektuelle und psych. Einstieg in eine Rolle, für den Zuschauer oder Leser das Eingehen auf die Figur eines Dr.s oder eines R.s bis zur völligen Gleichstellung, was ein starkes Mitempfinden oder Nacherleben zur Folge hat. Insbes. der Film fördert – durch das Auftreten eines bewegten, visuell und akust. detailliert wahrnehmbaren Gegenübers – die I.

Idylle Der → Bukolik zugehöriges ep., zuweilen auch dramat. Genrebild (→ Genre), in dem die Einfachheit ländl. Lebens und die Harmlosigkeit ursprüngl.-freundl. Menschen gepriesen werden. Die I. geht auf Theokrit und v. a. Vergil zurück, dessen *Bucolica* bis ins 18. Jh. als Vorbild für alle idyll. Dichtungen dienten. Besonders die Renaissance nahm die I. in ihrer Schäferdichtung (→ arkadisch) wieder auf. Bekannt wurden später Geßners I.n (1756). Ins Epische erweiterte Goethe, nach Vossens Vorbild, die I. in *Hermann und Dorothea* (1797). In der Folgezeit schufen Tieck, Mörike, Hauptmann, Th. Mann u. v. a. noch I.n.

Illusionsbühne Form der Bühnengestaltung, bei der die Illusion einer möglichst lebensnahen Wirklichkeit erzeugt werden soll, so z. B. dadurch, daß lebende Tiere oder Pflanzen auf die Bühne gebracht werden. Insbes. die Inszenierung naturalist. Stücke brachte in dieser Hinsicht Überspitzungen. Danach setzte sich die → Stilbühne durch.

Illustration Bebilderung eines Buches. I.en können eine ästhet. Funktion haben, insofern sie der Verschönerung dienen, oder aber eine didakt., insofern sie einen Text veranschaulichen. In bestimmten wiss. Werken sind I.en unentbehrlich (z. B. in der Kunst), aber auch in Kinderbüchern, in denen dem Text nur eine untergeordnete Bedeutung zukommt. Frühe Formen der Buch-I. waren Holzschnitt, Kupferstich, Vignetten usw. Mit den heutigen drucktechnischen Möglichkeiten sind die Formen der I. besonders vielfältig geworden.

Imagismus Von Ezra Pound um 1912–20 gegründeter Kreis von engl. und amerikan. Lyrikern, die eine antiromant. Haltung einnahmen und nach prägnanter Form, Vermeidung alles Überflüssigen im Ausdruck strebten sowie die Anwendung → freier Rhythmen anstelle bindender → Metrik forderten. Zum I. gehörten Doolittle, Amy Lowell, Aldington u.v.a. T.S. Eliot wurde vom I. beeinflußt.

Imitation Begriff der Poetik, der meist mit → Mimesis (Nachahmung der Natur) gleichgesetzt wird, aber tatsächl. einen weiter gefaßten Sinn hat. I. kann insbes. die Nachahmung hervorragender Musterbeispiele bedeuten, so seit Horaz bis hin zu Opitz und Gottsched, oder aber ein Prinzip des Kunstschaffens schlechthin sein, insofern der Dichter Welt und Menschen in seinen Werken nachgestaltet. Diese Auffassung herrschte besonders im Humanismus und im Barock, noch bis hin zu Lessing, verschwand dann aber völlig. In beiden Bedeutungen ist der Begriff I. für die moderne Poetik nicht mehr relevant.

Impressionismus Aus der Kunstwissenschaft – als Bezeichnung für die franz. Freilichtmalerei Ende des 19.Jh.s – auf die Literatur der Zeit zwischen 1890 und 1910 übertragener Begriff, »Eindruckskunst«. Im Gegensatz zum → Naturalismus, der am möglichst objektiver Wiedergabe der Wirklichkeit strebt, überlassen sich die Impressionisten bewußt der Subjektivität ihrer Eindrücke, die in höchst differenzierter Sprache wiedergegeben werden. Bevorzugte Stilmittel sind dabei Lautmalerei, → Synästhesien, sorgsam gewählte Beiwörter usw. Die lit. Hauptformen des I. sind die Lyrik und skizzenhafte Prosa, später auch der R. Bedeutende franz. Vertreter des I. sind France, Gide und Claudel, in Dtld. auf dem Gebiet der Lyrik besonders Liliencron, Dehmel, Rilke und Hofmannsthal, im Dr. Schnitzler, im R. Th. Mann, doch gilt dies meist nur für die erste Phase ihres Schaffens.

Impressum Druckvermerk in Büchern, in dem der Verfasser oder Herausgeber, der Verlag, oft auch die Höhe der → Auflage, der Urheber der künstler. Gestaltung, das → Copyright u. a. m. angegeben werden. Bei Zeitungen ist das I. obligator.; in ihm werden die Herausgeberschaft, die Mitglieder der Redaktion, die Zuständigkeitsbereiche, die Insertionsbedingungen usw. mitgeteilt.

Imprimatur (Lat. »Es möge gedruckt werden«) Formel für die Druckfreigabe durch staatl. oder kirchl. Autoritäten, auch die vom Autor selbst nach erfolgter letzter Korrektur gegebene Druckerlaubnis. Nach kath. Kirchenrecht (CIC can 1385/86) ist das kirchl. I. für den Druck der Heiligen Schrift, religiöser Schriftwerke und Bilder und für Schriften von Geistlichen notwendig. Es ist beim zuständigen Bischof einzuholen. Mit der Erteilung des I. wird anerkannt, daß das Werk nichts beinhaltet, was gegen die kirchl. Lehre verstößt.

Improvisation Schauspielerrede oder Dichtung aus dem → Steg-reif; auch auf den Musikvortrag angewandt. Die Stegreifdichtung wurde bes. in der Renaissance und im Barock gepflegt (→ Commedia dell'arte), blühte noch bis ins 18.Jh. und sank dann im 19. auf ein niederes Niveau herab oder verschwand völlig. Im musikal. Bereich spielt die Kunst der I., insbes. bei der Vokal- und Instrumentalmusik vom späten 16. bis zum 18.Jh., eine wichtige Rolle.

Index (Pl. Indices) Inhaltsverzeichnis oder alphabet. → Register in Büchern. – In der kath. Kirche bezeichnet der *I. librorum prohibitorum* die Liste der vom Päpstlichen Stuhl verbotenen Bücher, die seit 1559 existiert. Auf der Liste stehen Werke von Häretikern, Ausgaben der Heiligen Schrift, die von Nichtkatholiken verfaßt wurden, atheist. oder obszöne Schriften usw. In Ausnahmefällen kann dem Gläubigen die Leseerlaubnis erteilt werden. – Seit 1966 hat der I. keine kirchl. Gesetzeskraft mehr und wird auch nicht fortgeschrieben.

Inhalt Der Gegenstand oder die Handlung, die in eine künstler. Form eingehen muß, um zur Dichtung zu werden. Im Bereich der lit. → Ästhetik wird meistens von der Verbindung aus → Form und → Gehalt als den konstituierenden Elementen des Sprachwerkes gesprochen.

Initiale In Hss. und alten Druckschriften der verzierte erste Buchstabe des Textes, der durch Größe, farbl. oder bebilderte Gestaltung hervorgehoben wurde. Als solche sind I.n ein Element der Buchmalerei. Einfachere I.n kommen bereits in spätantiken Hss. vor. Seit dem 7.Jh. werden die I.n immer prächtiger gestaltet und nehmen manchmal eine ganze Seite ein. Durch das ganze Mittelalter hindurch wird die dekorative I. gepflegt; seit dem 16.Jh. wird sie auch gedruckt.

Inkunabeln Wiegendrucke. Bezeichnung für Bücher und Blätter, die bis einschließl. 1500 gedruckt wurden. In der Gestaltung lehnen sich die I. vielfach noch stark an ihre handschriftl. Vorlagen an, und auch der Buchschmuck ist oft noch mit der Hand vervollständigt. In fast allen I. ist eine Druckermarke enthalten, in der die Werkstatt angegeben ist (meistens aus Mainz, Köln, Straßburg, Augsburg oder Nürnberg).

Innerer Monolog Bevorzugtes ep. Gestaltungsmittel, bes. im modernen R. In direkter Rede, jedoch ohne Anführungszeichen, wird ein »Bewußtseinsstrom« (stream of consciousness, W. James) monolog. artikuliert. In der Wiedergabe von Vorstellungen, Assoziationen, Ängsten usw. werden seel. Tiefenbereiche zugängl. gemacht. Der i. M. ist in größerem Stil seit dem Naturalismus verbreitet (Dujardin, Schnitzler, Conradi u.v.a., bes. aber bei Joyce).

Inschriften Frühe Literaturdenkmäler, wenngleich meist nicht von künstler. Wert, sondern v.a. von sprach- und kulturhistor. Interesse. I. waren im Alten Orient und in der Antike weit verbreitet. Mit ihrer Sammlung, Entzifferung, krit. Erklärung und Veröffentlichung beschäftigt sich die histor. Hilfswissenschaft der Epigraphik als Teil der Altertumswissenschaft.

Inspizient Beim Theater die v.a. für die organisator. und techn. Durchführung einer → Inszenierung verantwortl. Aufsichtsperson; auch beim Film gebräuchl. Der I. überwacht den programmgemäßen Ablauf der Aufführung, z.B. das rechtzeitige Auftreten von Schauspielern, den Bühnenaufbau usw.

Inszenierung Die Aufbereitung eines Stückes und seine szenische Vorbereitung für die Bühnenaufführung. Verantwortlich ist der

Regisseur (→ Regie). Zur I. gehören die Bühnenbearbeitung, Interpretation bzw. Ausdeutung eines Textes, der Entwurf der entsprechenden Dekoration, die Auswahl der Kostüme, der Einsatz erforderl. Hilfsmittel, die Einstudierung und die Proben.

Intendant Der Direktor eines staatl. oder städt. Theaters. Er ist sowohl für die künstler. als auch die geschäftl. Leitung des Hauses zuständig. Auch die Leiter von Rundfunk- und Fernsehanstalten werden als I. en bezeichnet.

Interlinearversion Wort-für-Wort-Übersetzung, die zwischen den Zeilen des fremdsprachlichen Textes steht und auch dessen Wortstellung beibehält. In dieser Form sind einige dt. Literaturdenkmäler des 9. und 10. Jh.s als → Übersetzungen aus dem Lat. abgefaßt (z. B. Benediktinerregeln, Psalmenhss. usw.).

Intermezzo Zwischenspiel. Ende des 16. Jh.s kam das I. in Italien als musikal., tänzer. oder szen. Einlage in Aufführungen von Tragödien und Opern vor. Aus ihm entwickelte sich später eine eigenständige Form des → Singspiels.

Interpolation Einfügung von Worten, Sätzen oder ganzen Abschnitten in einen Urtext. I. en, um deren Nachweis sich die → Textkritik bemüht, sind z. B. aus der *Bibel* und aus dem *Corpus iuris civilis* bekannt. I. en können die Funktion haben, das Verständnis des Textes zu erleichtern oder überhaupt erst zu ermöglichen; in diesem Fall sind sie notwendig. Viele I. en, die nicht als solche kenntlich gemacht wurden, sind jedoch beabsichtigte Fälschungen.

Interpretation Die Deutung eines lit. Werkes nach inhaltl. und formalen Kriterien mit der Absicht, es zu erschließen. Als solche ist die I. ein Teilbereich der → Literaturwissenschaft. Die I. dient zunächst dem Verständnis des Sprachkunstwerkes aus sich selbst heraus, indem sie den formalen Aufbau, die Stilelemente, die Motive sowie den geistigen Gehalt analysiert und zueinander in Bezug setzt. Oft ist dabei ein Vergleich mit anderen Werken desselben Autors notwendig, um sprachl. Eigentümlichkeiten richtig deuten zu können und die Grundlage für eine lit. Wertung zu schaffen. Bei der theoret. Fundierung der I. sind mehrere Richtungen zu unterscheiden. Mit der Entstehung einer histor.-krit. → Philologie im 19. Jh. entwickelte sich in der Schule um W. Scherer die positivist. Variante der I. Diese stützt sich vor allem auf Quellen, Einflüsse und biograph. Daten. Um die Jahrhundertwende bahnten sich dann Gegenbewegungen an, von denen die geistesgeschichtl. orientierte und die werkimmanente Methode der I. die wichtigsten sind. Letztere bemüht sich um das Verständnis des Sprachkunstwerkes ohne Zuhilfenahme »außerdichter. Phänomene«. Die marxist I. verlangt, daß literar. Werke v. a. als Spiegelbilder wirtschaftl. und sozialer Vorgänge zu sehen sind.

Interpunktion Die Zeichensetzung. Sie dient der grammatikal.-log. Gliederung eines Satzes sowie der Bezeichnung von Sinneinheiten und erleichtert dadurch dessen Verständnis. Eine I. gab es

bereits um 100 v. Chr. bei den griech. Grammatikern. Im Mittelalter wurde sie unsystemat. gebraucht; feste Regeln erhielt die I. erst im 15. Jh. Die I. kann in Sprachkunstwerken nicht in allen Fällen gleichermaßen wie in der Gebrauchssprache angewandt werden, weshalb viele Dichter sich oft souverän über sie hinwegsetzen, zuletzt unter den Großen des 20. Jh. George.

Intrigenstück Form des Dr. s, dessen Hauptmotiv eine Intrige ist. Aus dieser ergibt sich die Handlung. I. e kommen bes. in den roman. Literaturen, aber auch bei Shakespeare und in Dtld. vor, z. B. Schillers *Kabale und Liebe*. – Ein Intrigant ist in der Sprache des Theaters ein Charakter, der durch das Spinnen von Intrigen Einfluß auf das Geschehen nimmt.

Invektive Eine Schmährede oder -schrift, die als eigene Literaturform v. a. in der Antike sehr verbreitet war. Beispiele gibt es bei vielen Autoren, so bei Sallust, Juvenal u. v. a.

Inversion Die Veränderung der regelmäßigen Wortstellung zum Zweck der Hervorhebung oder auch als Folge einer Sprachverhunzung, wie sie besonders in der Geschäftssprache zu beobachten ist. Die I. kann als bewußtes Stilmittel eingesetzt werden, wie dies insbesondere die Dichtersprache des 18. Jh.s zeigt. Die dt. Sprache bietet zahlreiche Möglichkeiten der I., da die Wortfolge nicht starr festgelegt ist und entsprechend der jeweils beabsichtigten Gewichtung einzelner Wörter oder Satzteile vielfach verschoben werden kann.

Ironie Das spöttisch-distanzierte Lächerlichmachen, das sich den Anschein gibt, eine ernst gemeinte Aussage zu sein. Sie bewegt sich in einem Schwebezustand zwischen Zustimmung und Ablehnung und geht auf die Vernichtung ihres Gegenstandes aus, wodurch sie sich vom → Humor abhebt. Man unterscheidet die sokrat. I., die eine pädagog. Absicht hat und gut ins Konzept der Aufklärung paßt, und die romant. I., die insbes. von F. Schlegel unter dem Einfluß Fichtes entwickelt wurde und sich nachgerade als ein Wesenszug des romant. Zeitalters erweist. Sie basiert auf dem Bewußtsein von der Unzulänglichkeit der eigenen Schöpfung und ermöglicht dadurch eine lächelnde Distanzierung. Darüber hinaus ist die Ironie ein wichtiges Kunstmittel nicht nur in der romant. Literatur, sondern auch den folgenden Epochen bis hin zur souveränen Meisterung durch Th. Mann, für den die I. ein Mittel zur Selbstbewahrung wurde.

Irrationalismus In der Geistesgeschichte die Gegenbewegung zu jeder Form von Rationalismus und → Aufklärung. Im Gegensatz zu diesen stellt der I. die Kräfte der Seele und des Gefühls in den Mittelpunkt. In der neueren Literaturgeschichte kam der I. bes. im → Sturm und Drang und in der → Romantik zur Geltung. Er bezieht Anregungen v. a. aus → Mystik und → Pietismus. Der große Repräsentant und Anreger der irrationalist. Strömungen in den letzten Jahrhunderten war Rousseau.

Jagddichtung Jagdmotive finden sich zuerst in der mittelalterl. →Heldendichtung und in den →höf. Epen, wo die Jagd als edle Unterhaltung des Rittertums oder Allegorie für die Minne erscheint. Jägerlieder gehören mit den Bergmannsliedern zu den ältesten Ständeliedern. Seit dem 19. Jh. gehen dann die Jagdmotive in größerem Umfang in die Literatur, insbes. in das →Heimatschrifttum ein. Dies gilt für Dtld., wo die Jagd seit dem 18. Jh. auch in der wiss. Literatur hervorragende Darstellungen fand. Seitdem die Jagd als eine Art Modesport betrieben wird, ist das durchschnittl. Niveau der J. gesunken. Die zahlreichen Wilderergeschichten und Produkte des Jägerlateins können nicht zur J. gezählt werden. Letztere fand noch in diesem Jh. in Skowronnek, Gagern, E. v. Dombrowski u. v. a. ausgezeichnete Vertreter.

Jahrbuch Bezeichnung für eine jährlich erscheinende wiss. Veröffentlichung. In Deutschland werden J.er u. a. von den großen literar. und philosoph. Gesellschaften wie der Goethe-, Schiller-, Hölderlin- oder Schopenhauer-Gesellschaft herausgegeben. Sie enthalten meistens Forschungsbeiträge zur Biographie oder zum Werk, wiss. Abhandlungen über Einzelaspekte, bibliograph. Angaben u. a. m.

Jambus Versfuß, der in der antiken →Metrik aus einer kurzen und einer langen, in den germ. Sprachen aus einer unbetonten und einer betonten Silbe besteht. Der J. wurde von Archilochos von Paros in die Lyrik eingeführt. In der neueren, insbes. der dt. Dichtung ist der J. in den fünfhebigen Blankvers eingegangen.

Jargon Die Sondersprache bestimmter Gesellschaftsklassen oder Stände. Als soziale oder berufl. Gruppensprache verfügt der J. über einen besonderen Wortschatzanteil, bedient sich aber im übrigen des Normalwortschatzes und behält die grammat. Regeln der Nationalsprache bei. Ein Beispiel ist das Rotwelsch oder die Gaunersprache.

Jesuitendichtung →Gelegenheitsdichtung und →Tendenzliteratur in lat. Sprache, wie sie vom 16. bis 18. Jh. vor allem in den Ländern der →Gegenreformation und in der roman. Welt entstand. Ihr Zweck war die Verbreitung des kath. Glaubens. Die Hauptausprägungen der J. sind das geistl. Lied und das Jesuitendrama der Barockzeit. Letzteres bezog seine Stoffe aus der Kirchen- und Heilsgeschichte. Zweck war es, den Triumph der Kirche zu zeigen. Wichtige Vertreter des Jesuitendramas, das als Hauptform des Barockdramas in Deutschland angesehen werden kann, waren u. a. Pontanus, Gretser, Bidermann, Avancinus und Masen. Einflüsse der J. finden sich bei Gryphius.

Journal Ursprüngl. nur Tagebuch, seit dem 18. Jh. in Dtld. auch für regelmäßig erscheinende Zeitungen gebräuchl. Nach heutigem Sprachgebrauch bezeichnet J. mehr eine wiss. Zeitschrift, deren großes Vorbild das 1665 in Paris gegründete, heute noch existierende *Journal des Savants* mit universalwiss. Inhalt ist. Bekannt waren ferner das in Paris erscheinende polit. Blatt *Journal des Débats politiques el littéraires* (1789–1944) und das Weimarer *Journal des Luxus und der Moden*, das sich bes. an die gebildete Dame wandte und von 1786 bis 1827 erschien. Das *Journal von Tiefurt* war eine handschriftl. verbreitete Zeitschrift des Kreises um Goethe und die Herzogin Anna Amalia (Weimar 1781–84). Die Amtsblätter der frankophonen Staaten werden als »Journal officiel« bezeichnet.

Journalismus Die »Tagesschriftstellerei«. In der Publizistik die Arbeit bei Presse, Hörfunk und Fernsehen, die von Journalisten versehen wird.

Jugendliteratur Bücher und Zeitschriften, die sich von ihrer Themenstellung her dem Erlebnis- und Problembereich von Kindern und Jugendlichen annehmen und sich an diese wenden. J. kann aus Bearbeitungen von Erwachsenenliteratur (*Robinson Crusoe*) hervorgehen, volkstüml. Dichtung allgemein (Märchen) oder aber speziell für Jugendliche geschrieben sein, wie es seit dem 19. Jh. in großem Umfang der Fall ist. J. umfaßt sowohl →Sachbücher als auch →Dichtung. Sobald große Dichtungen der Weltliteratur für das Verständnis des Jugendlichen bearbeitet werden, besteht die Gefahr einer Verfälschung des sprachl. Kunstwerkes. Die Hinführung der Jugend zu echter Dichtung bleibt eine permanente, stets neu anzugehende Aufgabe.

Jugendstil Der Begriff ist von der Zeitschrift *Jugend*, die seit 1896 in München erschien, abgeleitet. Er bezeichnet eine europ. Stilrichtung, die sich von etwa 1890 bis 1914 in den angewandten Künsten und in der Architektur zeigte und auch die Dichtung beeinflußte. Charakterist. Elemente des J.s sind ein Hang zum Dekorativen, Kostbaren und Ausgewählten, pflanzliche Motive, die Verherrlichung der »Lebensschönheit« sowie eine Tendenz zum Pathos. Wird der Begriff auf die Literatur angewandt, bezeichnet er eine Abwendung vom Naturalismus. Hofmannsthal, Rilke, George, Spitteler u. v. a. können mit einigen ihrer dichter. Schöpfungen, in denen sich eine Sehnsucht nach einem durch Schönheit verklärten, der Kunst geweihten Leben ausdrückt, der J.-Bewegung zugerechnet werden.

Junges Deutschland Lit. Strömung zwischen etwa 1830 und 1848, die sich als Widerpart zur geistigen Haltung des →Idealismus verstand und die Abkehr der Literatur von einer angebl. Zweckfreiheit verlangte. Die Bezeichnung geht auf Wienbarg (1834) zurück. Das J. D. forderte eine engagierte Literatur von ausgeprägtem Charakter, die sich für die Freiheit des Individuums, den Verfassungsstaat und für eine Nähe zur polit.-sozialen Realität einsetzt. Dementsprechend waren die wichtigsten lit. Formen Essay, Feuilleton, Reisebild, Gesellschaftsroman usw. (s. d.), während die traditionellen Dichtungsarten zurücktraten. Zu den wichtigsten Repräsentanten des J. D. zählen Heine, Börne und Gutzkow, dessen Dramenschaffen eine bedeutende Höhe erreichte.

Jung-Wien Name eines Wiener Dichterkreises um Bahr (1891 bis 1897), der den →Naturalismus ablehnte und statt dessen für Symbolismus, Impressionismus und Neuromantik (s. d.) eintrat. Zu dem Kreis zählten die bedeutendsten österr. Dichter ihrer Zeit, unter ihnen Schnitzler und Hofmannsthal.

K

Kabarett Kleinkunstbühne, auf der in der Regel zeit- und gesellschaftskrit. Chansons, Sketche, Satiren usw. (s.d.) – oft auch mit artist. Einlagen – dargeboten werden. Als Vorbild der heutigen K.s gilt das 1881 in Paris von Rodolphe Salis gegründete K. »Chat noir« (»Schwarzer Kater«). In Deutschland gibt es K.s seit der Jahrhundertwende (Wolzogens »Überbrettl«). Nach einer Unterbrechung durch die nationalsozialist. Zeit entstanden neue K.s, so z. B. »Kom(m)ödchen« in Düsseldorf, »Die Insulaner« und »Die Stachelschweine« in Berlin und die »Münchner Lach- und Schießgesellschaft«.

Kabbala Seit dem 13. Jh. gebräuchliche Bezeichnung für die jüd. Mystik und ihre Literatur. Ihr Leitmotiv ist die Idee von einem lebendigen Gott und einer göttlichen Sphäre, die das Wesen der Welt ausmacht und nur myst. erfaßbar ist. Hauptwerk der K. ist das Buch *Sohar*. Berühmt sind ferner die Bücher *Sefer Jezira* und das Buch *Bahir* aus dem 12. Jh. Die K. blühte zunächst bei den span. Juden und – nach deren Landesverweisung – in Palästina, bes. im 16. Jh.

Kadenz In der antiken Kunstprosa setzen sich die rhythm. Satzschlüsse aus Basis und K. zusammen, ebenso die Versschlüsse, wobei die K. zumeist aus mehreren → Trochäen gebildet ist. Aus der antiken Rhetorik wurde der Begriff auch auf die dt. Dichtung übertragen. insbes. auf den ep. Vers in der mhd. Literatur. Andreas Heusler unterscheidet hier neun verschiedene Kadenztypen und setzt den viertaktigen Vers als Normalvers voraus. Nach seiner Auffassung setzt sich der Vers aus → Auftakt, Versinnerem und K. zusammen.

Kalender Ein Verzeichnis der Tage, Wochen und Monate eines Jahres. Neben den rein prakt. Bedürfnissen haben bei der Gestaltung von K.n überall religiöse Absichten eine Rolle gespielt, wie die Angabe der kirchl. Festtage im K. deutl. zeigt. Daneben enthält ein k. oftmals auch astronom. und meteorolog. Angaben. Er diente nach der Erfindung des Buchdrucks über lange Zeit auch der Belehrung und Unterhaltung breitester Volkskreise, so daß erzähler. Beigaben den eigentl. Kalenderteil oft in den Hintergrund drängten.

Kalliope → Musen.

Kammerspiele Kleinerer Theaterbau für maximal 500 Zuschauer ohne Orchester und Galerie. Mit dem Bau solcher Schauspielhäuser wurde in der Zeit des → Symbolismus und der → Neuromantik begonnen, um in ihnen intimer wirkende, verinnerlichte Bühnenstücke z. B. von Strindberg, Wedekind, Schnitzler und Hofmannsthal aufzuführen. K. wurden 1906 von M. Reinhardt in Berlin eröffnet, 1911 die Münchener K., die ab 1918 von O. Falckenberg geleitet wurden.

Kanon Zusammenstellung der als glaubenswahr anerkannten heiligen (im Gegensatz zu → Apokryphen) Schriften einer Religion. – K. nennt man auch den Mittelteil der kath. Messe. – In der Musik ist der K. ein Tonstück, in dem verschiedene Stimmen mit der gleichen Melodie nacheinander einsetzen. – Schließlich bezeichnet K. als literaturwiss. Terminus eine für die Zukunft als mustergültig und verbindlich erachtete Auswahl lit. Texte von maßgeblichen Autoren, wie sie schon in der Spätantike und auch noch im Mittelalter für alle Literaturgattungen zusammengestellt wurde.

Kantate Ein mehrteiliges Gesangswerk mit Instrumentalbegleitung vorwiegend lyr. Art für Solostimmen oder Chor. Um 1600 entstanden, wurde sie vornehml. im 17. und 18. Jh. gepflegt, wobei in Dtld. die weltl. K. von der kirchl. K. weit überragt wird, die ihre höchste Vollendung durch J. S. Bach erfährt.

Kanzleisprache Die im Schriftverkehr der geistl., fürstl. und kaiserl. Kanzleien in Dtld. seit dem 13. Jh. verwendete Sprachform, die in ihrem Bemühen um Allgemeinverständlichkeit zur Grundlage der neuhochdt. → Schriftsprache wird.

Kanzleistil Formelhaft-umständliches Amtsdeutsch.

Kanzone Lyr. Gedichtform, bestehend aus 5–10 gleichgebauten → Strophen von beliebiger Zeilenzahl, die in → Auf- und → Abgesang gegliedert sind, und einer ungleich kürzeren Endstrophe. Ausgehend von der provenzal. Troubadourdichtung und der mhd. Lyrik ist sie ein vielgewandelter Formtyp, der, in Italien von Petrarca und Dante in feste Regeln gebracht, in Dtld. später von A. W. Schlegel, Rückert, Platen u. v. a. nachgebildet wurde.

Kapitel Ursprüngl. bezeichnet K. die stichwortartige Inhaltsangabe als Überschrift eines Schriftabschnitts, heute wird dieser Abschnitt selbst als K. bezeichnet. Die Kapiteleinteilung und -reihenfolge kann zur dichter. Gestaltung eines Werkes eingesetzt werden, wie dies z. B. Sterne, Jean Paul, Immermann in ihren humorist. R.en zur Erzielung kom. Effekte getan haben.

Karikatur Mit der K. werden menschl. Charaktermerkmale oder Handlungen verzerrt dargestellt, um in der Übertreibung Fehler, Mißstände und Schwächen auf sittl., sozialem oder polit. Gebiet deutl. zu machen. Der hiermit erzielte kom. bzw. satir.-krit. Effekt wird in der Literatur als künstler. Mittel vor allem im → Schwank und in der → Charakterkomödie Molières, Shakespeares u. v. a. eingesetzt.

Karolingische Minuskel Die im 9.–13. Jh. ausgebildete, ursprüngl. aus der röm. Großbuchstabenschrift entwickelte Kleinbuchstabenschrift in den Gebieten des Frankenreichs.

Karolingische Renaissance Mit k. R. ist die bewußte Wiederaufnahme und -belebung antiker Kultur zur Zeit der Karolinger und Ottonen gemeint. Angeregt wurden diese Bestrebungen durch ir. Mönche des Gelehrtenkreises um Karl den Großen (Alkuin). Sie führten zu einer regen lit. Tätigkeit in den Klosterschulen (Fulda) und Stiften, in denen die Sammlung, Abschrift und Kommentierung lat. Texte christl. (Bibel, Liturgie und Kirchenväter) und in geringerem Umfang auch weltl. Inhalts betrieben wurde. Diesem Bemühen ist die Erhaltung eines Großteils der christl. und klass. lat. Literatur zu verdanken.

Kasperltheater Ein nach der Hauptfigur des Kasperls benanntes Handpuppentheater. Im Puppenspiel ist der Kasperl – von J. Laroche um 1800 in Wien als Nachfolger des → Hanswurst geschaffen – Vertreter des Mutterwitzes und des Volkshumors.

Katachrese Bezeichnung für den von seinem eigentl. Sinn unabhängigen Gebrauch eines Wortes, das als Aushilfsbezeichnung aus einem anderen Bedeutungsfeld übernommen wird (»Bart« des

Schlüssels). Daneben die unbeabsichtigte unrichtige Vermengung von Worten und Bildern, die nicht Zusammengehörendes verbinden wollen. (Häufige Form der Stilblüte: z. B. »Die Blutspur wurde ihm zum Rettungsanker«.)

Katalog Verzeichnis von Büchern, Bildern o.ä. aus dem wiss., kulturellen oder auch industriellen Bereich, das nach bestimmten Gesichtspunkten geordnet ist. Im Bibliothekswesen gibt es den alphabet. K. und den Sach- oder Schlagwort-K., mit denen der Buch- und Zeitschriftenbestand einer → Bibliothek erfaßt wird.

Katastrophe Das den Konflikt entscheidende Geschehen. In der → Tragödie meint K. den Wendepunkt, der die Handlung zum lösenden Schluß öffnet, in der → Komödie die humorvolle Entwirrung der Verwicklung. Die K. kann in den Schlußakt verlegt sein, doch ist auch eine Ausdehnung der K. über das ganze Drama möglich (so im → analyt. Dr., den Dramen Ibsens u.v.a.).

Katechismus Im christl. Altertum der Glaubensunterricht der Taufkandidaten, im Mittelalter die religiöse Unterweisung allgemein. Seit der Reformation religiöse Unterweisungsschrift, meist in Dialogform (Luthers *Großer K.* und *Kleiner K.*, *Catechismus Romanus* u.v.a.).

Katharsis Begriff der antiken → Poetik, von Aristoteles dahingehend definiert, daß die → Tragödie Mitleid und Furcht erregt und dadurch Reinigung (K.) von diesen Leidenschaften bzw. ihre Läuterung bewirkt. Die Interpretation der Definition von Aristoteles »Reinigung der Leidenschaften« oder »Reinigung von den Leidenschaften« ist umstritten.

Kehrreim Als unveränderten oder variierenden K. bezeichnet man die regelmäßige Wiederholung von Lauten, Worten, Wortgruppen oder Sätzen an einer gleichbleibenden Stelle einer → Strophe, zumeist am Strophenschluß. Der K. erscheint v.a. im Tanz- und Volkslied, aber auch im Kunstlied (Goethe, Brentano) und hier vor allem in den festen Gedichtformen wie → Rondeau und → Ballade.

Keilschrift Schriftart im antiken Vorderasien, besonders in Babylonien und Assyrien. Älteste Schrift der Menschheit, in Stein oder Metall gemeißelt, wesentl. häufiger aber in weiche Tontafeln eingeritzt. Sie entwickelte sich von einer Bilder- zu einer Silben- und dann Lautschrift und war als solche bis in hellenist. Zeit im Gebrauch.

Kenning Ist eine für die altnord. Skaldendichtung (→ Skalden) typ. Stilfigur und bezeichnet die mehrgliedrige, bildl. Umschreibung von alltägl. Hauptwörtern (Burghirte = König), die im → Preislied bis zur Manier übersteigert wurde und für einen aristokrat. Zuhörerkreis bestimmt war.

Kinderlied Von Kindern oder für sie gesungenes Lied von formaler Einfachheit, das meist aus mündl. Überlieferung stammt und der Vorstellungswelt des Kindes entspricht: Wiegen- und Koselied, Spiel- und Tanzlied. Daneben gibt es auch Kunstschöpfungen v.a. aus der Romantik und dem Biedermeier (Arnim, Brentano, Rückert, H. v. Fallersleben), die gelegentl. Volksliedcharakter erhalten haben.

Kindertheater Für Kinder und Jugendliche veranstaltete Theateraufführungen, die von Schulen, Jugendverbänden, Laienspielbühnen o.ä. getragen werden. Das K. reicht mit seinen Anfängen bis zum → Schuldrama des 16./17. Jh.s zurück, verflachte teilweise zu Kinderspielen im Familienkreis, um sich vor allem im 19. Jh. zu

einem berufsmäßigen K. (Puppenspiele des Grafen Pocci) zu entwickeln. Eine Sonderform stellen das Märchendrama und die Märchenoper dar (Humperdinck).

Kirchenlied Ein für den Gottesdienst bestimmtes geistl. Lied, das bis zur Reformationszeit ohne liturg. Funktion blieb. Die Tradition des dt. Gemeindegesangs umfaßt das lat.-dt. Mischlied, das rein dt. Weisen und einen reichhaltigen Volksliedschatz zum Kirchenjahr. Erst die Reformation führt das K. als Gemeindegesang in die Liturgie ein und sammelt das Liedgut in Gesangbüchern. Der größte Schöpfer des K.s war M. Luther, eine weitere Blütezeit erlebte es im 17. Jh. (Paul Gerhardt) und im → Pietismus, wie sich auch die Gegenwart um eine Neubelebung des K.s bemüht.

Kirchenvater Kirchl. Schriftsteller aus der frühchristl. Zeit (bis ca. 600 n. Chr.), der sich durch die Rechtgläubigkeit der Lehre und ein heiligengemäßes Leben ausgezeichnet hat und entsprechend von den Kirchen anerkannt worden ist. Bedeutendste lat. Vertreter: Ambrosius, Hieronymus, Augustinus und Gregor der Große.

Kitsch Seit dem Ende des 19. Jh.s aufgekommene Bezeichnung für dem breiten Publikumsgeschmack angepaßte scheinkünstler. Erzeugnisse aller Kunstbereiche, die, obwohl mehr oder weniger fabrikmäßig hergestellt und innerlich unwahr, in einer Zeit der Massen- und Konsumgesellschaft große, wenn auch fragwürdige Bedeutung erlangt haben. Das Urteil über diese als hohl, leer, geschmacklos, trivial oder auch sentimental bezeichnete Pseudokunst ist jedoch immer subjektiv und im Laufe der Zeit Veränderungen unterworfen. → Geschmack.

Klagelied Lied von schwermütiger Grundhaltung, in dem die Thematik des Abschiednehmens, des Sichlösens und Trennens angesprochen ist wie in den Trauerliedern und Totenklagen, den Abschieds- und Reiseliedern u.a.m.

Klang Zusammenklingen mehrerer, aus derselben Schallquelle stammender einfacher Töne. Das gesprochene dichter. Wort besitzt neben Rhythmus und Melodie einen Klangkörper mit spezif. Stimmungs- und Ausdruckswerten, die, freil. erst in Verbindung mit der Wortbedeutung wirksam werden. Eine absolute, vom Bedeutungsgehalt losgelöste Aussagekraft der Klänge und Laute gibt es nicht, im Sinnzusammenhang können sie jedoch z. B. der → K.-malerei und K.-symbolik dienen.

Klangmalerei Die Nachbildung und Wiedergabe von akustischen Wahrnehmungen durch sprachl. Mittel (Silbe, Wort, Satz), die im Leser oder Hörer die entsprechenden Sinneseindrücke hervorrufen sollen, ohne eine genaue Nachahmung des Schalls erreicht oder überhaupt angestrebt zu haben. Angewandt wurde die K. vor allem in der Barockliteratur, ferner bei Droste-Hülshoff, Richard Wagner, den Impressionisten und häufig in der Mundart und Kindersprache.

Klassik Seit der Anerkennung des antiken Vorbildes in der europ. Renaissance wurde mit K. zunächst die Kultur, Kunst und Literatur des griech.-röm. Altertums benannt. Später wurde der Begriff zu einem Ausdruck des Mustergültigen, Vorbildlichen, Normativen schlechthin erweitert. In diesem Sinne werden die überdauernden Leistungen der Literatur und Kunst eines Volkes unabhängig von ihrer Stilrichtung in den Rang des Klassischen erhoben, sobald sie als geistige Repräsentanz ihrer Nation allgemein anerkannt sind. – Daneben wird K. als literaturgeschichtl. Epochenbezeichnung verwendet, die in Deutschland die Goethezeit (Goethe, Schiller) und als »mhd. K.« die Stauferzeit umfaßt. Gemeinsame Merkmale des Kunstschaffens der dt. K. sind das Streben nach Gestaltung von Typischem, von sittl. Ordnung, Größe und Klarheit, von Harmonie zwischen dem Leiblichen und Geistig-Seelischen, von Natur und Kunst, des Einklangs des Welt- und Menschenbildes u. a. m. unter Beachtung von Geschlossenheit und strengem Maß der Kunstformen.

Klassizismus Bezeichnung für eine Stilrichtung in Architektur, Malerei und Literatur, welche die antiken Formen, Stoffe und Motive erneuernd nachahmt und sich stark an deren Mustern und Normen orientiert. Im Unterschied zur → Klassik herrscht im K. eine rezeptive und primär verstandesmäßige Kunstauffassung vor. Seine höchste Blüte erreicht der K. im Italien und Frankreich des 18. Jh. s und gewinnt von dort aus Einfluß auf ganz Europa. Der dt. K. umfaßt die gesamte Aufklärungsliteratur, wobei Einfachheit und formstrenge Klarheit seine hervorstechendsten Stilmerkmale sind, bis sich in der Rokokodichtung (Wieland) auch Schönheit und Grazie damit verbinden. Unter Lessing gewann der dt. K. höchste Formbewußtheit, bis schließlich Winckelmann mit seinem neuen Verständnis griech. Kunst- und Menschenauffassung die dt. Klassik einleitete, deren Wegbereiter der K. war.

Klimax Steigernde Reihung von Wörtern oder Sätzen, um eine Aussage zu intensivieren, eine Steigerung vom weniger Bedeutenden zum Wichtigen zu erreichen (z. B. veni, vidi, vici = Ich kam, sah, siegte) oder den Erzählvorgang zu verstärken.

Klio → Musen.

Knittelvers Paarweise reimender vierhebiger Vers, bei dem die Senkungen entweder unregelmäßig gefüllt sind (freier K. bei Rosenplüt) oder jeder Senkung eine Hebung entspricht, so daß die Zeile acht oder neun Silben umfaßt (bei Hans Sachs). Er geht zurück auf das altdt. Reimpaar seit Otfrid und wird im 18. Jh. an vor allem dann verwendet, wenn mit ihm volkstüml.-naive, parodist. oder satir. Wirkungen erzielt werden sollen (Goethe: *Urfaust*, Schiller: *Wallensteins Lager*).

Königsberger Dichterkreis Zwanglose Vereinigung von Lyrikern und Komponisten in Königsberg in der ersten Hälfte des 17. Jh. s ohne Satzungen und feste Mitgliederzahl. Das geistige Haupt des K. D. es war R. Roberthin, der hervorragendste Dichter Simon Dach, der musikal. Mittelpunkt H. Alvert, der die liedartige Vertonung der religiös-volkstüml. → Gelegenheitsdichtung vornahm.

Koine Griech. Umgangssprache im Zeitalter des Hellenismus.

Kollation In der → Textkritik das Vergleichen einer Abschrift mit der Vorlage bzw. verschiedener Hss., um die Varianten (Lesarten) v. a. bei der Herausgabe von → krit. Ausgaben feststellen zu können.

Kolon Eine durch Pausen oder Einschnitte beim Sprechen als Einheit hörbare Gruppierung, die ein oder mehrere Worte umfassen kann und die kleinste Einheit des Satzrhythmus darstellt. Der Sprechtakt, wie K. auch bezeichnet werden kann, dient der Satzgliederung in Prosa und Vers.

Kolportage Lit. wertloses, nur auf stoffl. Spannung und Sensation berechnetes Massenerzeugnis, das früher von Hausierern einem anspruchslosen Publikum angeboten und deshalb auch »Hintertreppenroman« genannt wurde. Heute gehört ein Großteil der sog. Groschenromane zu dieser Gattung, die ihrerseits zur Unterhaltungs-, → Trivial- oder Schundliteratur zu rechnen ist.

Kolumne Untereinandergeschriebene Buchstaben- oder Zahlenreihe. Im → Buchdruck nennt man eine Seite oder Spalte K. K.n-Titel heißt das am Kopf einer Druckseite stehende Stichwort. Auch antike Inschriften und Papyrustexte erscheinen in K.n.

Komik Die der → Tragik entgegengesetzte Weltsicht, welche die Fragwürdigkeit und Unzulänglichkeit der menschl. Existenz zwar erkennt, sich aber im Lachen daraus befreit und sich über die Ereignisse stellt. Sie tritt in Erscheinung als Widersinn und Ungereimtheit der Welt, Mißverhältnis zwischen Schein und Sein, Aufwand und Leistung, Erwartung und Erscheinung. Die K. begegnet in verschiedenen lit. Gattungen, so z. B. im komischen Epos, im Fastnachtspiel, in der Parodie (s. d.) und vor allem in der sich seit der Aufklärung vielgestaltig ausprägenden kom. dramat. Dichtung. → Komödie.

Komische Person Theaterfigur, die das Publikum mit derben Späßen belustigt und durch indirekte Anrede in das Bühnengeschehen mit einbezieht. Erstmals tritt die k. P. im geistl. Drama des Mittelalters auf. In den Fastnachtspielen des 15./16. Jh. s setzt sich diese Tradition fort und behauptet sich in verschiedenen Erscheinungsformen bis heute auf der Bühne. Einen weiteren Wirkungsbereich hat die k. P. im Zirkus gefunden.

Komisches Epos Ein relativ geringfügiger Gegenstand oder eine unbedeutende Persönlichkeit wird in der Kunstform des großen → Epos dargestellt, wodurch kom. und parodist. Kontrasteffekte erzielt werden. Das k. E. geht bis auf zeitgenöss. Parodien der *Ilias* zurück, entwickelt eine ausgeprägte Tradition aber erst seit der Renaissance. Auf die Blütezeit des k. E. in Europa um die Mitte des 18. Jh. s folgt ein rascher Ausklang und Übergang zur → Parodie, → Travestie oder komischen Erzählung.

Kommentar Allgemein eine Erläuterungsschrift, in der Literaturwissenschaft die fortlaufende Erklärung eines Textes nach sprachl. oder inhaltl. Aspekten. – Im Pressewesen bedeutet K. die Stellungnahme zu Tagesereignissen.

Kommersbuch Sammlung der bei Kommersen o. ä. Geselligkeiten gesungenen → Studentenlieder. Ende des 18. Jh. s erfolgte die erste Sichtung des alten Liedbestandes (ältestes K. von Kindleben 1781), Anfang des 19. Jh. s dann die Umprägung und Neugestaltung des K. s durch Aufnahme neuer Lieder, in denen die Freiheitskriege und die Burschenschaftsbewegung als Folge des Verbots jeglicher polit. Betätigung themat. starken Niederschlag fanden. Weiteste Verbreitung des K. s in der Zeit des Biedermeier. Eines der erfolgreichsten Werke der Gattung war das Lahrer K. von 1858.

Kommos Totenklage in der griech. Tragödie, die im Wechselgesang zwischen einem Schauspieler und dem → Chor bzw. Chorteilen vorgetragen wurde. Ursprüngl. von heftigen Gebärden begleitete rituelle Totenklage der alten Griechen.

Komödie Sie ist das Gegenstück zur → Tragödie und zum ernsten Schauspiel, reicht aber in ihrer Variationsbreite über beide hinaus. Sie erregt Heiterkeit entweder durch den Spott über menschl. Schwächen und Torheiten, über die Mißstände der Zeit und die Fragwürdigkeit ihrer Ideale und setzt für ihre Wirkung eine einheitl. Kultur mit verbindlichen eth. und ästhet. Normen und eine in Wertung, Denken und Empfinden gleichorientierte Gesellschaft voraus. Man unterscheidet je nach den der Wirkung zugrunde liegenden Elementen zwischen → Charakter-K., Intrigen-K., Situations-K. und – als Sonderform – dramat. → Satire. Eine dramat.

Mischform ist die → Tragikomödie, in der ein trag. Stoff kom. behandelt wird. In neuerer Zeit wird der in Antike, Renaissance und Klassizismus verwendete Begriff K. zunehmend durch den des Lustspiels ersetzt, das allerdings aus der Haltung des → Humors und nicht der → Komik entstanden ist und seine derbere Ausformung in Farce, Posse und Schwank (s. d.) erlebt. Im Unterschied zu Italien, Frankreich und England kommt die dt. K. bis ins 19. Jh. nicht zu voller Entfaltung (Ausnahme: Lessings *Minna von Barnhelm*). Die wichtigsten deutschsprachigen K.n- bzw. Lustspieldichter des 19. und 20. Jh.s sind u. a. Kleist, Büchner, Hauptmann, Raimund, Nestroy, Hofmannsthal, Sternheim, Zuckmayer, Dürrenmatt und Frisch.

Komparse → Statist.

Kompendium Leitfaden, Abriß, Handbuch, kurzgefaßtes Lehrbuch einer Wissenschaft, in dem die Tatsachen, Daten u. a. m. nicht detailliert, sondern nur allgemein abgehandelt werden. Das K. eignet sich deshalb bes. zu Wiederholungszwecken, zur Prüfungsvorbereitung und zum ersten Einstieg in das vorgesehene Wissensgebiet.

Kompilation Lit. Produkt, das sich aus unverarbeiteten Materialien, Auszügen und Abschnitten aus anderen Schriften zusammensetzt. Solche Exzerptensammlungen weisen oftmals keinen geistigen Eigenwert auf, so daß der Begriff meist im abwertenden Sinn gebraucht wird.

Komposition Man unterscheidet »äußere K.« und »innere K.«. »Äußere K.« meint den architekton., d.h. formalen und szen. Aufbau eines Sprachkunstwerks zum einheitl. Ganzen, dessen Einzelteile (Akte, Kapitel, Strophen, Gesänge) nach bestimmten Prinzipien wie Reihung, Steigerung, Symmetrie, Kontrast einander zugeordnet sein können. Diese »äußere K.« steht in ständiger Wechselbeziehung zur »inneren K.«, die meist unbewußt in die Konzeption des Kunstwerks mit einfließt und weniger durch den Dichter selbst als durch die interpretierende wiss. Methode erschlossen werden kann.

Konflikt Man unterscheidet den »äußeren K.« als Auseinandersetzung, Streit, Kampf zwischen Personen oder Parteien und den sog. »inneren K.« als Widerstreit von Motiven und gegensätzl. Werthaltungen (z. B. Pflicht und Neigung, Liebe und Ehre, Freiheit und Gehorsam), der konstitutiv für jedes Dr. ist. Der K. zeugt von einer dualist. Weltauffassung und endet als »tragischer« K. mit dem Scheitern oder Tod des Helden, während in der Komödie ein Ausgleich dieses Wertekonflikts stattfindet.

Konjektur Hauptsächl. als Bezeichnung der mutmaßl. richtigen Lesarten verwendet, die die → Textkritik bei verderbt, lückenhaft oder falsch überlieferten Texten durch Ergänzungen und Berichtigungen herzustellen sucht. Das Kriterium für diese im Gegensatz zur Überlieferung vorgeschlagene Lesart ist die bessere Sinnentsprechung. → Emendation.

Konkordanz Alphabetische Zusammenstellung und Stellenangabe aller Wörter oder Begriffe, die im Werk eines Schriftstellers oder in einem einzelnen Schriftwerk vorkommen. Die K. dient dem Überblick über Wortgebrauch, Ideen- und Begriffsinhalte des Werkes, der Auffindung von Zitaten und stellt ein interpretatorisches Hilfsmittel dar.

Konkrete Dichtung In Analogie gebildet zum Begriff der »konkreten Kunst« in der Malerei (Piet Mondrian und die holländ.

Stijl-Gruppe), die Konzentration und Reduktion auf die darsteller. Mittel (Bildfläche, Farbverhältnisse, Funktion von Linie und Punkt) fordert. Die k. D., deren Organ »konkrete poesie/poesia concreta« 1960 bis 1965 in Frauenfeld erschien, sieht das Ziel in der Reduktion der Dichtung auf das sprachl. Material, bes. das Einzelwort. Die Sprache selbst wird Thema der Dichtung, der Gehalt weitgehend reduziert. Damit kommt es zu gleitenden Übergängen zwischen den Darstellungsweisen (Prosa und Vers) wie zwischen den Literaturformen, ja selbst zwischen den Künsten (zur Musik hin wie zur Graphik). Aus der sozialen Funktion der Lyrik, die sich einer »universellen« Gesellschaft anpassen müsse, erwächst die Forderung nach struktureller Einfachheit, um universell verständlich zu sein, und nach Überwindung der → Nationalsprachen. Hauptvertreter: E. Gomringer, H. Heißenbüttel, E. Jandl, F. Mon. Krit. Einwände: 1. Gefahr der Mechanisierung des dichter. Schaffensvorgangs, 2. trotz Reduktionen aller Art bleibt der Mitteilungscharakter von Sprache erhalten, womit die Hauptthese der Bewegung in Frage gestellt ist.

Konstruktivisten Vom → Futurismus beeinflußte sowjet. Literaturgruppe um 1920–1930, die eine zielbewußt »motivierte Kunst« der Arbeiterklasse forderte und als Thema die Verherrlichung der Technik und der bolschewist. Revolution bevorzugte, der sich alles Formale unterzuordnen hatte.

Kontamination In der Sprachwiss. versteht man unter K. die Erzeugung eines neuen Wortes oder einer neuen Wortkombination, indem zwei formal und inhaltl. verwandte Wörter, Wortformen oder Redewendungen, die gleichzeitig ins Bewußtsein treten, zu einer Mischform verschmolzen werden (gehört mir + ist mein = gehört mein). Die K. ist einer der Wege zur Sprachveränderung, auf ihr beruhen auch die Analogiebildungen. In der → Textkritik bedeutet K. die gleichzeitige Benutzung verschiedener Hss. zur Erstellung einer neuen Abschrift, während in der Literaturwiss. allgemein mit K. die Verarbeitung mehrerer als Vorlage dienender Quellen zu einem neuen Werk gemeint ist.

Kontrafaktur Die Umdichtung eines weltl. Liedes in ein geistl. (seltener umgekehrt) unter Beibehaltung der Melodie, also die Schaffung eines neuen Textes auf eine vorhandene volksbekannte Melodie. Die ältesten K.n stammen aus dem 13. Jh. In späterer Zeit werden vor allem → Volkslieder geändert. Ihre höchste Blüte erreicht die K. in der Mystik (H. v. Laufenberg). Auch von Luther sind K.n bekannt; sie werden bis ins 17. Jh. angewandt.

Kontrast Auffallender Unterschied oder Gegensatz, der in der Literatur bes. im Dr. als ausdruckssteigerndes Mittel eingesetzt wird. So verkörpern die K.-Figuren im Dr. häufig extrem gegensätzl. Ideen, die den → Konflikt herbeiführen oder die Hauptfigur profilieren.

Konversationslexikon Eine im 19. Jh. verwendete Bezeichnung für eine alphabet. geordnete → Enzyklopädie, in der für einen weiten Benutzerkreis das Wissen der Zeit in allgemeinverständl. Form dargeboten wird und die mit entsprechenden Literaturhinweisen ausgestattet ist. Die bekanntesten deutschsprachigen Lexika sind die unter der Bezeichnung K. geschaffenen Werke von K. G. Löbel (1796), die weitergeführt wurden von F. A. Brockhaus, von J. Meyer (1840) und von Herder (1853). Diese Lexika wurden seit ihrem ersten Erscheinen neben weiteren lexikalischen Werken unter wechselnden Titeln bis in die Gegenwart weiterentwickelt.

Konversationsstück Schauspiel, meist →Lustspiel im Milieu der gehobenen Gesellschaft, das durch den geistvollen, witzig-unterhaltenden, pointenreichen Dialog der Theaterfiguren bestimmt ist und seit der zweiten Hälfte des 19. Jh.s die europ. Bühnen beherrscht. Ein herausragendes Werk dieser Gattung ist Hofmannsthals *Der Schwierige* (1921).

Konvolut Mehrere in einem Sammelbd. zusammengebundene oder zum Verkauf zusammengestellte Bücher, Einzelwerke u. dgl.

Konzeption Im lit. Bereich Grundvorstellung, -idee, schöpferischer Einfall. Entwurf eines Werkes.

Konzetto →Concetto.

Korrektur Im →Buchdruck die Berichtigung der bei der Herstellung eines Schriftsatzes, Stiches, einer Lithographie u. dgl. gemachten Fehler, die von einem Korrektor oder vom Verfasser auf sog. K.-Fahnen und schließl. auf umbrochenen Bogen (→Umbruch) mit Hilfe feststehender K.-Zeichen angezeigt werden. Nach der letzten K. erteilt der Verfasser für den fehlerfreien Satz das →Imprimatur.

Kostüm Als Bühnenkleidung der Darsteller schon im antiken Dr. und im geistl. Dr. des Mittelalters bekannt. Ausbildung fester K.e in der ital. →Commedia dell'arte, die sich teilweise bis in die Gegenwart erhalten haben (Harlekin). Seit Ende des 18. Jh.s Neigung zum histor. echten K., während in der Gegenwart vorwiegend K.e, die der Regie-Idee entsprechen, angestrebt werden.

Kothurn Ein für die Schauspieler der griech. Tragödie eingeführter Halbstiefel mit stark erhöhter Sohle, der in der röm. Kaiserzeit beinahe eine Stelze geworden war, um den Schauspielern eine ihrer pathetischen Rolle gemäße Erscheinung zu verleihen.

Kreuzlied Gattung der mittelalterl. höf. Lyrik, in der für die Teilnahme an einem Kreuzzug geworben wird. Meist behandelt das K. den Konflikt des Ritters zwischen Minnedienst und Kreuzzugspflicht, während direkte Pilgerlieder seltener erhalten sind. Verfasser von K.ern waren Friedrich v. Hausen, Hartmann v. Aue, Walther v. d. Vogelweide u. v. a.

Kreuzreim Reimstellung nach dem gekreuzten Schema ababcdcd, die sich besonders häufig in volkstümlicher Lyrik und Volksliedern findet.

Kreuzzugsdichtung Sammelbegriff für die im Mittelalter entstandene Dichtung über die Stimmung und Erlebnisse der Kreuzzugszeit und der Kämpfe gegen die Heiden in Verbindung mit dem christl. Ritterideal. In der Lyrik begegnet die K. als →Kreuzlied, während die ep. Form Spielmannsepen und Romane, Fragmente und Episoden in anderen Romanen umfaßt, die die Kreuzzugsidee zum Thema haben. Die K. gründet entweder auf histor. Tatsachen, oder aber es handelt sich um die phantasievolle Ausschmückung von Abenteuern im Orient.

Kriegsdichtung Ihr Anlaß und Thema sind der Krieg und seine Folgen, wobei sie mit ihren Darstellungsmitteln alle Bereiche der vom Kampf hervorgerufenen Empfindungen von Mut und Haß bis Friedenssehnsucht und Abscheu umfaßt. Entsprechend sind in ihr in ep., lyr. oder dramat. Ausgestaltung alle Gattungen vertreten, von der Heldendichtung bis zum histor. R. und Dr., vom Siegeslied bis zur Klage um die Toten. Sie ist bei allen Völkern verbreitet und erreicht ihre Höhepunkte in der Antike, der Zeit der Völkerwanderung (Heldenlied), des Dreißigjährigen Krieges (Grimmelshausen), des Siebenjährigen Krieges und der Freiheitskriege (Schiller,

Kleist) sowie der beiden Weltkriege (Carossa, E. Jünger, Remarque u. v. a.).

Kriminalgeschichten Kriminalromane und -novellen, die die Planung eines Verbrechens, seine Ausführung und Aufklärung zum Thema haben, faßt man als K. zusammen. Der Akzent liegt auf der durch die Handlungsführung hervorgerufenen Spannung. Vorstufen der K. sind der →Schelmenroman des 17. Jh.s und die Räuberromane. Bedeutsame Gestaltungen erfuhr dieses Genre bei Schiller, Kleist, E. T. A. Hoffmann, Fontane, Raabe, Hauptmann, Döblin, R. Huch u. v. a. Ein Großteil der K. ist jedoch der →Trivialliteratur zuzurechnen. Von den K. unterschieden werden mitunter Detektivgeschichten, die sich mehr auf die Aufdeckung der Tat konzentrieren und somit den Detektiv in den Mittelpunkt des Interesses stellen. Berühmte Autoren sind Poe, Doyle, Wallace, Christie, Chesterton, Simenon.

Kritik Die lit. K. die Wert, Schwäche und Wirkungsursache eines Werkes analysiert, nimmt eine vermittelnde Rolle zwischen Dichtung und Publikum ein. Sie fördert die Verbreitung und Wirksamkeit eines Werkes, dient aber auch dem Leser, indem sie ihm die künstler. Leistung durch ein besseres Werkverständnis zu erschließen versucht und ihm den Sinn für Qualität finden und wahren hilft. Die Darstellungsarten der lit. K. sehen im Laufe ihrer Geschichte, die bis in die Anfänge des Schrifttums zurückreicht, höchst unterschiedlich aus und reichen vom kritischen Gedicht bis zur →Rezension oder gar wissenschaftlichen Abhandlung. Zu größtem Einfluß im lit. Leben bringt sie es in der Aufklärungszeit, in der sich vor allem die literaturkrit. Zeitschriften zu Anwälten der Geschmacksbildung entwickelten, wie ja auch in der Gegenwart die steigende Bedeutung der Presse den Erfolg eines Buches nicht zuletzt von der K. abhängig macht. Der krit. Betrachtung der Neuerscheinungen dienen u. a. die Literaturzeitschriften, in denen die verschiedenen lit. Richtungen vertreten sind.

Kritische Ausgabe Die mit Hilfe der →Textkritik und auf der Grundlage der modernen Editionstechnik zustande gekommene Ausgabe eines lit. Gesamt- oder Einzelwerkes, wobei sich der Wortlaut auf die kritisch geprüften Texte einer editio princeps (→Edition) oder einer Ausgabe letzter Hand bezieht. Bei mittelalterl. und antiken Texten bietet die k. A. die wahrscheinlichste →Lesart aufgrund der Überlieferungssituation und des Inhalts. Abweichungen vorausgegangener Editionen oder anderer Hss. muß der kritische →Apparat aufzeigen.

Künstlerdrama Bühnendichtung mit einem Maler, Musiker, Dichter etc. als Helden, die auf dem Niveau anspruchsloser Unterhaltungsstücke eine eher anekdotenhafte Folge bekannter Ereignisse bietet. Dagegen zeigt das dichter. K. den spannungsreichen Konflikt zwischen dem Künstler und seiner Umwelt, seine Schaffenskrisen und Lebensnöte (Goethe: *Torquato Tasso*, Grillparzer: *Sappho*, Hauptmann: *Michael Kramer*).

Künstlerroman Neben dem →Künstlerdr. entwickelte sich auch die ep. Ausformung der Künstlerproblematik, wobei die künstler. Entwicklung und der Lebenslauf des Helden im Vordergrund stehen. – In der Künstlernovelle kristallisiert sich die Problematik in nur wenigen prägnanten Szenen oder Ereignissen aus. Berühmte dt. K.e sind Schlegels *Lucinde*, Mörikes *Maler Nolten* u. v. a.

Kurzgeschichte Das Wort ist eine Lehnübersetzung der angloamerikan. »short story«. Es bezeichnet eine kurze Prosaerz., die ihrer Form nach zwischen → Novelle und → Anekdote anzusiedeln ist und durch folgende Merkmale charakterisiert wird: bes. Kürze, linearer, einschichtiger Erzählstil, Konzentration auf einen kleinen, äußerlich oft unscheinbaren, jedoch symbol. bedeutsamen Lebensausschnitt, Verzicht auf Einleitung und Motivierung, straffe Komposition auf einen pointierten Schluß hin, der als unerwarte-

tes, oft erschütterndes Ereignis bis zum Ende offen bleibt. Von ihren Vorformen → Schwank, → Fazetie und Kalendergeschichte abgesehen, entstand sie in Dtld. erst um 1920, und zwar im Zusammenhang mit den Erfordernissen der Zeitschriften- und Magazinform, die dem Unterhaltungsbedürfnis des eiligen Lesers entgegenkommt.

L

Laienspiel Bühnenspiele verschiedenster Formen, die von Mitgliedern meist weltanschaul. Gruppen ohne Mitwirkung von Theaterexperten eingeübt und aufgeführt werden. L. will in erster Linie dem Gemeinschaftssinn und der Weckung musischer oder sozialer Kräfte dienen. Zwar gibt es Vorläufer in den geistl. Spielen des Mittelalters, doch stammt der jetzige Begriff mit seiner ethisch-sozialen Zielsetzung aus der dt. Jugendbewegung (Wandervogel) um die Jh.wende.

Langvers Zwei durch → Stabreim verbundene Kurzzeilen bilden den L., in der altgerm. Dichtung gereiht *(Hildebrandslied)* oder zu → Strophen komponiert *(Edda*-Strophen). Aus L.en bestehen auch die durch Endreim gebundenen Strophen der mhd. Heldenepen *(Nibelungenlied)*. Eine freie Form des L.es, meist in → Reimpaaren und von ungleicher Zeilenlänge, findet sich in der Lyrik des Frühexpressionismus (E. Stadler).

L'art pour l'art Lösung der Kunst aus allen direkten inhaltl. Zwecken und Beschränkung auf ihr ästhet. Selbstverständnis. Die von V. Cousin 1836 formulierte These ist, von Frankreich ausgehend, als reine Poesie (poésie pure) v.a. in der Lyrik fruchtbar geworden (Gautier, Baudelaire).

Lautsymbolik Jeder Laut ruft mit bestimmten Klangvorstellungen auch gewisse emotionale Begleitempfindungen hervor. Während → Klangmalerei auf Schallnachahmung beruht, besteht L. in der Verknüpfung eines Lautes und seines Ausdruckswerts mit einem Begriff, einem Gegenstand oder einem Vorgang, auf den er verweist. Doch ist nur vom jeweiligen Kontext her oder bei deutl. Häufung und immer im Hinblick auf die Wortbedeutung lautsymbol. Wirkung nachzuweisen.

Legende Vers- oder Prosaerzählung aus dem Leben christl. Heiliger oder Märtyrer, die aufzeigt, wie die Kraft des Göttlichen über alle Fährnisse siegt und dem Gläubigen durch Wunder zum ewigen Leben verhilft. Nach den lat. L.n-Sammlungen im Frühmittelalter entstehen schon bald nationalsprachliche L.n (altfranz. *Eulalialied* um 880, ahd. *Georgslied* um 900). Sie werden im Hochmittelalter oft zum L.n-Epos erweitert (*Gregorius* bei Hartmann von Aue); im Spätmittelalter Entfaltung der Marien-L.n. Wiederaufnahme besonders im Barock und in der Romantik, in moderner Zeit nur noch gelegentlich (u.a. Selma Lagerlöf).

Lehrdichtung Didaktische Züge (→ Didaktik), Belehrung, Weitergabe von Erfahrung finden sich in vielen lit. Werken: → Sprichwörter, → Sentenzen oder Maximen gehören ebenso dazu wie die Tugendkataloge in mittelalterl. Epen oder philosoph.-wiss. Ab-

handlungen im Rahmen von R.en. L. will Erkenntnisse, Erfahrungen und Wissen unterhaltsam weitergeben. Bes. Pflege fand sie auf zivilisator. Frühstufen: ind., arab., griech. und röm. L. gibt es für alle Wissensgebiete; Moraltheologie und -philosophie des Christentums bringen eine bes. festgefügte L. zur Entfaltung. Vieles davon findet sich auch in der neuzeitl. Literatur, besonders in Humanismus, Aufklärung und Klassik (s. d.). Mit stärkerer Differenzierung der menschl. Daseinsverhältnisse tritt die L. immer mehr zurück, obwohl auch in moderner Zeit manche ihrer Formen weiterleben (→ Fabel, → Parabel, → Lehrstück).

Lehrstück L.e zielen v.a. auf Veränderung, Beeinflussung im polit. oder sozialen Sektor. Sie stehen damit nur in mittelbarem Bezug zur → Lehrdichtung. Begriff von B. Brecht, der bei seiner Neigung zum Lehrhaften schon vor der Wendung zum Marxismus das Stück *Der Flug der Lindberghs* (1928/29) als »Radiolehrstück« bezeichnet hatte. Seine folgenden L.e sind dabei nicht in erster Linie auf Beeinflussung des Zuschauers gerichtet, sondern auf die Erziehung der Spielenden selbst, stehen daher dem → Laienspiel näher als der professionellen Bühnendramatik.

Leich Neben → Lied und → Spruch die wichtigste Form mhd. Lyrik, ein Ged. größeren Umfangs in wechselnden Rhythmen und mit durchkomponierter Begleitung. Der L. (ursprüngl. »Spiel« oder »Melodie«) ist aus dem alten lat. Kirchengesang (→ Sequenz) hervorgegangen.

Leitartikel Längerer kommentierender Aufsatz in einer bestimmten Spalte einer Zeitung, der, von einem Kolumnisten oder vom Chefredakteur verfaßt, aktuelle Fragen aus dem Tagesgeschehen zum Thema hat. Der L. drückt meist die polit. oder ideolog. Position des Blattes aus; Ziel ist die Einflußnahme auf die Meinungsbildung des Lesers.

Leitmotiv Musikwiss. Begriff für die Hauptthemen in R. Wagners Musikdramen. In der ep. Literatur meint L. wörtl. wiederholte Situationen, charakterist. Wiederholung gleicher Wortfolgen, auch formelhafte Redewendungen der Personen zum Zweck des Schmucks oder der Charakterisierung, der Steigerung oder der Ironisierung, vor allem aber der Verknüpfung gegensätzl. Augenblicke der Erz. Bes. Ausbildung des L.s im Werk Th. Manns (z.B. das blaßblaue Äderchen auf der Stirn von Frau Gabriele in der Novelle *Tristan*).

Lektion Der Begriff (lat. »Lesung«) bezeichnet in der kath. Liturgie die in der Messe gehaltenen Lesungen, danach auch den gelesenen Abschnitt selbst. Von dieser Erweiterung ausgehend bezeichnet er den Abschnitt eines Lehrbuchs und die Unterrichtsstunde als zeitl. Einheit.

Lektor 1. Kursleiter an dt. Universitäten für prakt. Übungen, bes. in den Sprachen und im techn. Bereich, meist ohne akadem. Grad. 2. Haupt- oder nebenberufl. Verlagsmitarbeiter, lit. oder wiss. geschult, der die vorgelegten Manuskripte der Autoren auf ihre Brauchbarkeit für den Verlag prüft. 3. Gemeindemitglied als Stellvertreter des Pfarrers in der evang. Kirche.

Lemma 1. Veraltete Bezeichnung für Überschrift, Stoff und Gehalt eines Werkes. 2. Stichwort zur Verbindung von Anmerkungen und Text einer kommentierten Ausgabe. 3. Stichwort in einem Wörterbuch.

Leoninische Verse Durch Zäsurreim (→ Zäsur) verbundene → Hexameter, deren erster Versabschnitt mit dem Versschluß reimt. Der im Inneren des Hexameters entstehende syntakt. Einschnitt verändert den ursprüngl. Charakter des Verses. Im leoninischen → Distichon wird an den reimenden Hexameter ein ebenso reimender → Pentameter angeschlossen. Obwohl schon in der lat., dann in der mittelalterl. Dichtung und bis ins 16. Jh. verwandt, sind l. V. eigtl. ein Auflösungsprodukt. Eine gewisse komische Wirkung ist ihnen eigen, doch hat der Reimklang offenbar zur Vertonung angeregt (*Zecherlied* von Orlando di Lasso).

Lesart 1. In der Literatur bezeichnet L. eine abweichende Textfassung, gleich ob vom Verfasser gestaltet oder durch Fehler bei Abschrift oder Druck entstanden. Mit Hilfe der → krit. Ausgaben, deren → Apparat die L. en enthält, versucht die Forschung das vermutl. Original (→ Archetypus) zu erschließen. 2. In der → Linguistik sind L. en die Fälle unterschiedl. Verwendung eines Zeichens aufgrund seiner inhaltl. Mehrdeutigkeit (Polysemie oder Ambiguität).

Lesebuch Umfangreichere Zusammenstellung von Originaltexten und Übersetzungen für den Unterricht in der Mutter- oder Fremdsprache an Schulen. Die Entwicklung des L. s verlief vom Realien-L. mit meist eigens dafür angefertigten Texten über das lit.-ästhet. zum nationalen, nationalistischen und polit.-tendenziösen L. Zur Vermeidung des Vorwurfs ideolog. Manipulation erfolgt die Anordnung in neuerer Zeit meist alphabet. oder chronolog. nach Textkriterien: fiktionale, nichtfiktionale, analytische, expositorische Texte und Versliteratur erscheinen getrennt nach Kapiteln oder Bänden eines L. werks.

Lesedrama → Buchdrama.

Libretto Textbuch, das eigens für → Oper, → Operette oder → Singspiel hergestellt oder vom Librettisten nach lit. Vorlage für Zwecke der Komposition verfaßt wird. Auch Handlungsabläufe beim Ballett müssen für die Choreographie (Tanzschrift) librettiert werden. Lit. Wertung des L. s und sein Beitrag zu Erfolg oder Mißerfolg musikal. oder tänzer. Werke bleiben umstritten, weil außerlit. Kriterien entscheidend mitwirken.

Lied Ein kurzes, in einfachen reimenden → Strophen gebautes Gedicht, das in naiver Diktion subjektive Gefühls- und Stimmungsgehalte wiedergibt. Durch das Wiederholungsprinzip des stroph. Aufbaus drängt es zur musikal. Wiedergabe. Sangbarkeit und leichte Einprägsamkeit haben zu großem Reichtum an Formen und Inhalten beigetragen, wobei sich lyr. mit ep. Elementen mischen: Liebes-, Helden-, Tanz-, Stände-, Arbeits-, Kinder-, Kirchen-, Toten-L. Die heute übl. Unterscheidung zwischen Kunst- und → Volksl. gilt nicht für alle Epochen; wie weltl. und geistl. L. haben sich auch Kunst- und Volksl. wechselseitig beeinflußt. Die Entwicklung des Kunstl. es setzt mit Frühformen im 11. Jh. ein und führt über geistl. L. er, Minnel. er (→ Minnesang) und → Vagantendichtung im Mittelalter, den → Meistersang und das → Kirchenl. in der Reformation zur Entfaltung des von romanischen Formen bestimmten L. es in Barock und Rokoko. Mit pietist. L. formen (→ Pietismus) im 18. Jh. ist der Anfang einer Gefühlslyrik gegeben, die in Goethe und der Romantik gipfelt, wobei hier bewußte Rückbesinnung auf das Volksl. einsetzt (*Des Knaben Wunderhorn*). Auch wenn das L. als lit. Form dann etwas zurücktritt, ist es dennoch nie ganz verschwunden. Die Jugendbewegung um 1900 bemühte sich um Erneuerung des Volksliedes (*Der Zupfgeigenhansl* von H. Breuer). Als Ausdrucksform der Gesellschaftskritik hat seit B. Brecht das L. in der engagierten Lyrik der »Liedermacher« (W. Biermann) neue Aktualität erlangt.

Liederhandschriften Im Mittelalter stellten nicht die Dichter selbst, sondern spätere Herausgeber Sammel-Hss. zu »Liederbüchern« zusammen, die sog. L. Am bedeutendsten die vier großen Pergament-Hss.: *Kleine Heidelberger L.* (Straßburg 13. Jh.), *Weingartner L.* (Konstanz Anf. 14. Jh.), *Große Heidelberger L.* (von Bodmer »Manessische Hs.« genannt, Zürich Anf. 14. Jh.), *Jenaer L.* (Ende 14. Jh.) – In der *Cambridger L.* (10./11. Jh.) ist mlat. Lyrik, in der L. der *Carmina Burana* (Benediktbeuern Ende 13. Jh.) Vagantenlyrik gesammelt.

Ligatur In antiken und mittelalterl. → Hss. wurden oft mehrere Buchstaben aus Raumgründen oder wohl auch bedingt durch den Schriftduktus miteinander verbunden (ß, æ, œ, fl, ff); im → Buchdruck wurden solche Buchstabenverbindungen auf eine Type gesetzt.

Limerick Unsinns- oder Neckvers aus dem engl. Sprachgebiet, sein Name nach dem häufig als → Refrain gesungenen »Will you come up to L.?« der ir. Stadt L. zugeschrieben. Er besteht aus fünf Zeilen, Reim a a b b a, dritte und vierte Zeile um eine Hebung kürzer. In ursprüngl. Form schließt die Anfangszeile mit dem Ortsnamen, auf den eine inhaltl. Füllung mit einer Person als Repräsentantin der Stadt konstruiert wird (stereotyper Anfang »there was«), daran knüpft sich die Darstellung eines absurden Vorfalls mit einem Überraschungseffekt in der Pointe der Schlußzeile. – Seit einigen Jahren im dt. Sprachgebiet regelmäßige Publikation der L. s von Lesern in Massenblättern.

Linguistik 1. Lehre von der Sprache, allg. Sprachwissenschaft. 2. Moderne Sprachwissenschaft des 20. Jh. s, die auf Ferdinand de Saussure (*Cours de linguistique générale*, 1916) zurückgeht, auf Theorien der Sprachstruktur basiert (→ Strukturalismus) und empir. nachweisbare Untersuchungsergebnisse anstrebt, im Gegensatz zur traditionellen histor. und vergleichenden Sprachwissenschaft primär die gesprochene Sprache und diese vor allem synchronisch untersucht und diese vor allem synchronisch untersucht. Hauptvertreter: Genfer Kreis de Saussures; Prager Kreis: u. a. Trubetzkoy; Kopenhagener Kreis: Hjelmslev; USA: Sapir, Bloomfield, Harris, Chomsky.

Litanei In der kath. Liturgie das Wechselgebet zwischen dem Vorbeter und der Gemeinde, die bei der Anrufung der Heiligen die gleiche Bittformel wiederholt. Außer der *Allerheiligen-L.* sind vor allem im Gebrauch: die *Lauretanische L.*, die *Namen-Jesu-L.*, die *Herz-Jesu-L.*, die *L. für die Sterbenden*. Schon aus dem 9. Jh.

datieren poet. Formen der L., die als monotones Klagelied auch in weltl. Dichtung anzutreffen ist.

Literarische Gesellschaften Vereinigungen, die Dichtung im allgemeinen oder das Werk eines bestimmten (noch lebenden oder schon verstorbenen) Autors pflegen, fördern, dafür eintreten und werben. Sie veranstalten Dichterabende, Diskussionen, verleihen Literaturpreise, sorgen für die Publikation einzelner Werke oder des Gesamtwerks. Im dt.sprachigen Raum z.B. Literarischer Verein in Stuttgart (gegr. 1839, seit 1849 in Tübingen), publizierte schon über 300 Bände wertvoller älterer Werke der dt. und roman. Literatur in seiner »Bibliothek des Lit. Vereins«; Goethe-Gesellschaft (Weimar), Schiller-Gesellschaft (Marbach a. N.), Stifter-Gesellschaften (Wien, München), Shakespeare-Gesellschaften (Bochum, Weimar), Dante-Gesellschaft (München); in Frankreich z.B. die Académie des Goncourt. → Akademie.

Literat Während der Begriff zunächst allg. den Gelehrten bezeichnete, dann speziell den Schriftsteller (18. und 19.Jh.), wird er heute meist abschätzig gebraucht als Bezeichnung für den gedankenarmen Vielschreiber oder für den ohne Beziehung zur Umwelt schreibenden Ästheten.

Literatur Dem Wortsinn nach umfaßt L. alles Sprachliche, das durch Schrift fixiert ist, auch juristische und religiöse Texte, Handelsbriefe, Wörterbücher etc. Im übl. Sprachgebrauch versteht man darunter jedoch die schöngeistige L. (→ Belletristik), der fiktionale, nichtfiktionale und auch analytische (poetologische) Texte und mündliches Tradtionsgut (Mythen, Märchen, Volkslieder, Sprüche) angehören und die als Gegenstand der L.wissenschaft von fach- und zweckgebundener Sachl. getrennt ist. – L. als Hilfsbegriff wiss. Forschung meint alle sachl. stellungnehmenden Arbeiten zu bestimmten Themen (→ Sekundärl.) im Gegensatz zu → Quellen.

Literaturgeschichte Als Teil der → Literaturwissenschaft registriert sie den chronologischen Ablauf der lit. Entwicklung eines Volkes, einer Nation oder, als → vergleichende L., der einer Epoche, eines Kulturkreises oder der Menschheit (→ Weltliteratur). Indem sie sich neben der Betrachtung der wichtigsten Vertreter und ihrer Werke um Erkenntnis allgemeiner Entwicklungstendenzen bemüht, liefert sie wie die Kunst- und Musikgeschichte grundlegendes Material für die Kultur- und → Geistesgeschichte. Seit dem 19.Jh. arbeitet die L. mit Methoden empir. Wissenschaft, doch entwickelten sich seither verschiedene Gruppen je nach dem ideolog. oder wiss. Ausgangspunkt ihrer Repräsentanten.

Literaturpreise Auszeichnungen von öffentl. oder privater Seite für ein lit. Einzel- oder Gesamtwerk, mit einem Geldbetrag verbunden. Neben staatl. und kommunalen Verleihungen sind es vor allem → Lit. Gesellschaften, die durch L. meist jüngere Autoren fördern. Neben dem schwed. Nobelpreis (für Literatur) zählen zu den bekanntesten der amerikan. Pulitzerpreis, der französ. Prix Goncourt und Prix Fémina, der Georg-Büchner-Preis, der Goethe-Preis der Stadt Frankfurt, der Friedenspreis des dt. Buchhandels u.v.a.

Literatursatire Wie die → Satire gegen Mißstände im allg.-menschlichen Bereich, so kämpft die L. gegen Auswüchse auf lit. Gebiet, gegen Schwächen also oder was sie dafür hält, unter Verwendung auch von Mitteln der → Parodie und der → Travestie, aber meist direkter und polemischer als jene. Als bewußte L. findet sie sich in der dt. Literatur seit dem Humanismus, war bes. bedeut-

sam in der Goethezeit und lebt fort bis zur Gegenwart. Da sie jedoch breite Anteilnahme der Leserschaft voraussetzt, hat sie in der wenig überschaubaren Situation der Massengesellschaft des 20.Jh. s an Wirksamkeit eingebüßt.

Literatursoziologie Teilgebiet der Soziologie, die selbst noch um Definition ihrer Disziplin ringt. Entscheidende Anstöße zur L. kamen von marxist. Autoren, für die lit. Werke bloße und notwendige Spiegelung gesellschaftl. Verhältnisse sind. L. als Reduktion der → Literaturgeschichte auf gesellschaftl. Bedingungen kann je nach Ausgangsposition sehr verschiedene Fragestellungen und Methoden bedeuten, die von der marxist. über sozialpsycholog. bis zu ethnolog. und rassentheoret. reichen.

Literatursprache Der Anspruch des sprachkünstler. Schaffenden sowie die bes. Gesetze des Dichterischen – gehaltl. (Pathos, Überhöhung, Idealisierung, Stilisierung) wie formale (Versmaß, Reim, Stilmittel) – haben trotz aller Bemühungen der Autoren um Gemeinverständlichkeit bei allen Völkern schon früh zur Ausbildung einer L. geführt, die von der Alltagssprache, aber auch von der → Schriftsprache abgehoben blieb; das altind. Sanskrit, die ahd. Literaturmundarten, das Provenzalische der Troubadours, die aus der französischen Mundart entstandene altfranzös. Dichtersprache, die mhd. Kunstsprache der Epiker und Minnesänger, die Sprache der Mystiker, der klassischen Epoche, des Parnassiens, der Symbolisten. Im → Naturalismus gibt der Dichter zwar teilweise den Anspruch auf, sein Sprachschaffen sei verpflichtendes Vorbild, doch ist auch in moderner Zeit L. als besondere Form nachzuweisen.

Literaturwissenschaft Die Gesamtheit aller Prinzipien und Methoden, die eine wiss. Betrachtung von → Literatur ermöglichen, daher den Begriffen → Literaturgeschichte und Dichtungswissenschaft übergeordnet, neben der → Linguistik Teil der → Philologie. L. beschäftigt sich mit dem dichter. Werk, den Umständen seiner Entstehung, den → Quellen, dem Schaffensvorgang, der Wirkung, den Einflüssen, die er ausübte, mit seiner Bedeutung für Strömungen und Epochen; dazu mit allen Fragen, die zum Schöpfer eines Werkes hinführen und mit seiner Persönlichkeit. Während im 17. und 18.Jh. L. in kunstrichterl. Betrachtungen bestand, die Dichtung Regeln setzte (→ Poetik), begann in der Romantik die Arbeit mit philolog. und histor. Methoden, wobei sich im 19.Jh. im Sinne des → Positivismus die Arbeit auf → Textkritik, Quellenforschung und Entstehung der Werke sowie die Biographien der Verfasser beschränkte. Im Verlauf des 20.Jh. s bildeten sich die verschiedensten Richtungen der L. heraus, je nach dem wiss. oder weltanschaul. Standpunkt ihrer Vertreter; die wichtigsten Gruppen sind die psycholog.-biograph., die soziolog., die ideengeschichtl., die stilgeschichtl. und die linguist.

Liturgie 1. Im alten Athen die öffentl. Dienstleistung der Bürger. 2. In der griech.-orthodoxen Kirche Bezeichnung für den öffentl. Kultus, später wie in der röm.-kath. Kirche eingeschränkt auf die Ordnung des Gottesdienstes in der Messe, auch in den evangel. Kirchen trotz des Gottesdienstes der Gemeinde noch erhalten. Seit dem Beginn des 20.Jh. s in der kath. wie der evangel. Kirche Reformen des Gottesdienstes angeregt von der »Liturgischen Bewegung«.

Lügendichtung Im europ. Kulturkreis seit der Antike bekannt, will durch Übertreibung oder Darstellung von Dingen und Ereignissen, die der Realität widersprechen, verblüffen, erheitern, zum Nachdenken anregen oder sogar didakt. wirken, wobei der Begriff der Lüge einen außermoral. Sinn erhält, nur noch Verstellung ist. L. taucht in vielen lit. Formen auf, vor allem in → Märchen *(Schlaraffenland)*, → Schwänken *(Die sieben Schwaben)*, → Anekdoten, → Witzen, → Abenteuerromanen (Bürgers *Münchhausen*, Reuters *Schelmuffsky*) und Lügenliedern *(Eine Kuh, die saß im Schwalbennest)*. In der Form der gesellschaftskrit. → Utopie kann L. auch der → Satire dienen.

Lustspiel Eine der Hauptformen des Dr., deren Gehalt aus der Haltung des Humors erwächst, oft als Sonderform der → Komödie angesehen. Während diese jedoch auf Lächerlichkeit zielt, erstrebt das L. in Handlung und Personen versöhnliche Heiterkeit. Verschiedene Arten des L.s bezeichnen zugleich seine Entwicklung seit dem 18. Jh. Neben dem eigtl. L. *(Die stumme Schönheit* von J. E. Schlegel und Lessings *Minna von Barnhelm*) findet sich das Rührstück (→ Comédie larmoyante), das Unterhaltungs-L. der Goethezeit, das Romantische L. und das z. T. aus seinem Einfluß hervorgegangene Wiener Volksstück (Nestroy, Raimund), das Konversations-L. der Biedermeierzeit und der österr. Neuromantik (Hofmannsthals *Rosenkavalier* und *Der Schwierige*), der Dramatische Schwank mit vordergründiger Komik und seine derbkomische Abart, die → Posse.

Lyrik Mit → Epik und → Drama eine der Hauptgattungen der Dichtkunst. In der griech. Dichtung bezeichnete der Begriff Texte, die von einzelnen oder einem Chor gesungen und von der Lyra (Leier) begleitet wurden. Als subjektivste Äußerung unmittelbaren Erlebens oder direkter Anschauung ist die L. jedoch mehr als reine Gefühlsäußerung: Sie ist Grunderfahrung im Medium der Sprache, charakterisiert durch ihre enge Bindung an Klang und Rhythmus wie durch die Beschwörungskraft des dichter. Bildes. Neben der »Welt« als dem objektiven bildet das vom privaten Ich des Dichters losgelöste »lyrische Ich« den subjektiven Bestandteil eines Gedichts. Großer Formenreichtum herrscht in der dt. Lyrik: von dem einheimischen Lied (→ Volks-, Kunstlied, Gesang) über antike Formen (→ Ode, → Hymne, → Elegie) bis zu ausländ. Vorbildern (→ Sonett, → Madrigal, → Romanze). Als gehaltl. bestimmte Grundformen lassen sich folgende Gruppen unterscheiden: 1. unmittelbare Erlebnisl. 2. Das → Dinggedicht, 3. Das Motivgedicht (Formlyrik in Barock und → Anakreontik). 4. → Gedankenl. 5. Zweckgebundene L. (Gelegenheits-, Kriegs-, Kampf- und soziale Gedichte). – Das Lyrische ist zugleich eine der dichter. Grundmöglichkeiten, die auch in Epik und Drama auftreten kann.

Lyrisches Drama 1. Auch → Melodrama, eine im späten 18. Jh. beliebte Bühnengattung, die gefühlvolle Sprechrollen mit Musikbegleitung verbindet (Rousseau: *Pygmalion* mit eigener Begleitmusik; J. C. Brandes: *Ariadne*, mit der Musik von Georg Benda, der auch *Pygmalion* nochmals vertonte; Goethe: *Proserpina* mit der Musik von Eberwein). 2. Kurzes Bühnenstück (→ Dramolett), das dann um 1900 im Gegensatz zum naturalist. Milieudrama (→ Milieutheorie) in Versen gestaltet ist (Hofmannsthal: *Der Kaiser und die Hexe*; Robert Walser: *Aschenbrödel* u. v. a.).

M

Madrigal Form des lyr. Ged., die im 14. Jh. in Italien aufkam, ursprüngl. aus zwei oder drei → Terzinen und ein oder zwei darauffolgenden → Reimpaaren bestand und zuerst von Petrarca als höf. Liebesged. gepflegt wurde. In die dt. Literatur findet das M. in abgewandelter, aus 6 bis 13 Versen bestehender Form erst im 16. Jh. Eingang. In größerem Umfang schufen danach M. e die Anakreontiker und Romantiker (Hagedorn, Gellert, Gotter u. v. a.). – In der Musik versteht man unter M. ein mehrstimmiges, weltl. Kunstlied, das im 14. Jh. seine Hochblüte erlebte.

Märchen Ep. Dichtungsgattung; Bezeichnung für eine Form der Erz., in der die Gesetze von Raum und Zeit nicht gelten, die Welt der Realität und des Wunderbaren ineinander übergehen und in der übermenschl. Kräfte und Mächte, sprechende und handelnde Tiere usw. auf das Leben der Menschen einwirken und ihr Tun beeinflussen. Zu unterscheiden sind die Volks-M., die auf unbekannte Autoren zurückgehen und zunächst mündl. überliefert wurden *(Tausendundeine Nacht)*, und die Kunst-M., deren Gestaltung sich immer wieder bedeutende Autoren zuwenden. In Dtld. wurden die *Kinder- und Hausmärchen* der Brüder Grimm sehr bekannt. Hervorragende Kunst-M. schufen Goethe und nach ihm besonders die Romantiker (z. B. Tieck, Brentano, E. T. A. Hoffmann, Hauff u. v. a.). Unter den ausländ. M.-Dichtern ragen der Däne Andersen, der Ire Wilde und der Franzose Saint-Exupéry hervor. Tiefe theoret. Reflexionen hat Herder dem M. gewidmet. In neuester Zeit erfuhr die M.-Forschung v. a. durch die Psychologie wieder bedeutenden Auftrieb.

Märe Ursprüngl. »Nachricht« oder »Mitteilung«; später in der mhd. Dichtung die mündl., versifizierte Erz. ganz allgemein. Im Sinne von Stoff für eine Dichtung ist M. seit dem 13. Jh. belegt. Der Begriff → Märchen ist eine Verkleinerungsform zu M.

Magazin Aus dem Franz. durch Vermittlung des Engl. in den dt. Sprachgebrauch übernommene Bezeichnung für eine → Zeitschrift vermischten Inhalts. M. e kamen im 18. Jh. zuerst in England auf und verbreiteten sich später auch auf dem Kontinent. Bekannte zeitgenöss. M. e mit polit. und kulturellen Inhalten sind »Time« (USA), »Le Point« (Frankreich), »Der Spiegel« (Deutschland). Für letzteres hat sich die Bezeichnung Nachrichten-M. eingebürgert.

Manierismus Moderner kunstgeschichtl. Begriff zur Bezeichnung der Epoche zwischen Renaissance und Barock (ca. 1520 bis 1580), die zuvor als Spätrenaissance bezeichnet worden war. Als Hauptmerkmal des M. gilt die Abkehr von strengen klass. Formen. Eine direkte Übertragung auf das Gebiet der Literatur ist nicht möglich. Dort wird ein gekünstelter, oft schwülstiger Stil, der zu Lasten des Gehalts einer Dichtung überbewertet wird, manierist. genannt.

Insbes. gilt die Bezeichnung für den Stil der »Zweiten Schlesischen Dichterschule«. Dennoch ist eine abwertende Betrachtungsweise ihrer Dichtungen insges. unzulässig. Als Meister manierist. Sprachkunst gelten v. a. Gryphius, Hofmannswaldau und Lohenstein.

Manifest Eine öffentl., programmat. Darstellung bestimmter geistiger, künstler. oder polit. Richtungen, für die eine Art Grundsatzerklärung abgegeben wird. Bekanntes Beispiel ist das von Marx und Engels verfaßte *Kommunistische M.* (1848). Auf dem Gebiet der Literatur, insbes. des beginnenden 20. Jh. s, kündigten sich z. B. der → Dadaismus und der → Futurismus durch M. e an, aus denen ihre Geisteshaltung klar erkennbar war.

Manuskript Handgeschriebener Text. Ursprüngl. wurden auch handgeschriebene Bücher als M. e bezeichnet, später wurde der Begriff auf mit der Hand oder Schreibmaschine geschriebene Texte ausgedehnt, die als Druckvorlage dienen. Für maschinengeschriebene Vorlagen beginnt sich neuerdings auch der Ausdruck Typoskript einzubürgern. Im → Urheberrecht bezeichnet M. die erste schriftl. Festlegung eines Sprachwerks, gleichgültig, ob sie hand- oder maschinengeschrieben ist.

Mariendichtung Dichtungsart (vorwiegend Lieder, Gebete, Traktate), die im Mittelalter aus dem Kult um Maria als der Gottesmutter entstanden ist. Die M. beginnt im 6. Jh. mit den Marienhymnen des Romanos, erreicht aber erst im 11. Jh. mit der allgemeinen Verbreitung des Marienkults ihre Hochblüte. Unter den Schöpfern lyr. M. ragen Reinmar von Zweter, Konrad von Würzburg und Frauenlob hervor. Daneben entstand auch in Gestalt der Marienleben eine epische M. (Hrotsvitha von Gandersheim). Im Barock und später nochmals im Zuge der Wiederentdeckung des christl. Mittelalters in der Romantik lebt die M. erneut auf.

Martinsdichtung Auch Martinslied. Mittelalterl. Liedgattung, die aus der Verehrung des hl. Martin von Tours (um 316 bis 397) entstanden ist. Die M. wurde an seinem Geburtsfest gesungen und hat sich in verschiedenen Varianten in Norddeutschland noch erhalten. Ihrer Form nach erinnern sie an die → Vagantendichtung.

Maske Bereits aus der frühen Antike bekanntes, ältestes Requisit der Theaterdarstellung, bei der das Gesicht mit einer Larve oder künstl. Hohlgesichtsform verhüllt und dem Darsteller eine andere Persönlichkeit aufgeprägt wird. Das Tragen von M. n, insbes. von Tier-M. n bei kult. Darstellungen ist bereits aus der altsteinzeitl. Kultur bekannt. Aus späteren Epochen, v. a. aus ägypt., sind Toten-M. aus Gold und Bronze überliefert. Aus Funden kennt man prähistor. Gefäße mit M. n auf der Oberfläche. Seit dem Mittelalter bis ins 20. Jh. kommen dann in der bildenden Kunst immer wieder M. n-Darstellungen vor, so in der Malerei und in der Bildhauerei. – Auch eine komplette Kostümierung wird oft als Maske bezeichnet.

Maskenspiele M., die als Vorläufer der → Oper angesehen werden können, waren ursprüngl. reich ausgestattete Kostümfeste, die mit Umzügen, Aufführungen von Gesängen usw. verbunden waren und auf denen allegor. oder mytholog. Szenen dargeboten wurden. M. erfuhren besonders am engl. Hof in der ersten Hälfte des 17. Jh. s besondere Pflege.

Meistersang In der frühen nhd. Literatur, die von ca. 1350 bis 1600 reicht, bezeichnet M. eine Form des bürgerl. Liederschaffens, durch das die höf. Poesie abgelöst wurde. Die fahrenden Meistersinger bedienten sich der Form des Minnesangs und erfüllen sie oft mit gelehrten Inhalten. Sie besingen meist religiöse Themen. Ältester Meistersinger ist Frauenlob (gest. 1317). Daneben unterscheidet man eine Epoche des vorreformator. und des nachreformator. M. s. Zu ersterer zählen Folz, Beckmesser, z. T. wohl auch Hans Sachs u. v. a., letztere wird vor allem durch Watt, Metzger und Hager repräsentiert. Der M. reicht von didakt. religiöser → Gelegenheitsdichtung bis hin zur → Allegorie und zu Zechgesängen. Seine musikal. Form geht auf den Gregorian. Gesang zurück. – Lebendig geblieben ist die Erinnerung an den M. vor allem durch Wagners Musikdr. *Die Meistersinger von Nürnberg* (1868).

Melodrama Form des lyr. Dr., bei der die Deklamation von Musik untermalt wird. Sie entstand im 18. Jh. und wurde im Gefolge von Rousseaus *Pygmalion* (1774/75) auch in Dtld. populär. Hier schufen v. a. J. C. Brandes und Gotter M. en. Auch Goethes *Proserpina* (4. Akt von *Triumph der Empfindsamkeit*, 1776 f.) ist ein M.; die Musik stammt von Seckendorff.

Melpomene → Musen.

Memoiren Lit. Form, die zwischen → Autobiographie und Geschichtsschreibung angesiedelt ist. M. schildern Begebenheiten und Begegnungen in z. T. bewußt subjektiver Form. M. sind oft von bedeutendem kulturhistor. Wert, wenn sich in ihnen das Leben der betreffenden Epoche widerspiegelt. Aus der Antike sind keine M. im heutigen Sinne überliefert; erst etwa um die Reformationszeit setzt das Schreiben von M. in ganz Europa ein. Von bedeutendem lit. Wert sind aus neuerer Zeit die Lebenserinnerungen Bismarcks, *Gedanken und Erinnerungen*, und de Gaulles *Mémoires de guerre (Kriegserinnerungen)*.

Metapher Bildl. Ausdruck. Als poet. Stilmittel und rhetor. Figur ist die M. seit der Antike gebräuchl. Funktion der M. ist die Veranschaulichung und Verbildlichung, so z. B. in Nietzsches Satz »Der Mensch ist ein Seil, geknüpft zwischen Tier und Übermensch, ein Seil über einem Abgrunde« *(Also sprach Zarathustra)*. Nicht nur die lit. Kunst-, sondern auch die Alltagssprache ist reich an M. n. Bei allzu häufigem Gebrauch verblaßt ihre Wirkung (»das Rad der Geschichte«).

Methodenlehre (auch Methodologie) Die Lehre von den Methoden, die in den Wissenschaften angewandt werden, um zu gesicherten Erkenntnissen zu gelangen. In der M. der modernen Literaturwissenschaft unterscheidet man eine phänomenologische, eine typologische und eine literaturgeschichtl. Ebene. Im Rahmen der Phänomenologie werden Textüberlieferung, Sprache und Bezüge des Autors zum Werk untersucht. Die Typologie befaßt sich mit der Analyse von Stoff, Form und Aussage eines lit. Werkes. Die Literaturgeschichte weist einem Werk Ort, Rolle und Qualität in der Sprach- und Kultursituation seiner Zeit zu (Hugo Kuhn). Die heutigen M. n sind nicht einheitl.; sie bauen im wesentl. auf gleichzeitigen Erkenntnissen der Sozialwiss. und der philosoph. Richtungen auf. Mit der Wahl der Methode ist oft zugleich bereits eine Wertung verbunden, ihre Wirkung und ihre Gültigkeit sind daher zweifelhaft. Dies gilt insbes. für eine M., die aus sozio-ökonom. Bedingtheiten heraus Literatur in ihrer geschichtl. determinierten Erscheinungsweise zu erklären sucht.

Metonymie Umbenennung. Rhetor. Figur, bei der ein verwandter Begriff, der Assoziationen an den »eigentlichen« Gegenstand oder Inhalt hervorruft, gebraucht wird, z. B. »Trinken wir ein Glas zusammen!« Gemeint ist aber das Getränk selbst.

Metrik Die Verslehre. Sie untersucht die Ordnung und den Aufbau von Versen und Versgefügen und ist aus der Antike übernommen. In der Regel unterscheidet man drei metrische Prinzipien: das akzentuierende (betonte Silben als Hebungen, unbetonte als Senkungen), welches für den dt. Vers charakterist. ist; das alternierende, für den roman. Vers typische, bei dem die Hebungen und Senkungen regelmäßig wechseln; schließl. das quantitierende, bei dem die Längen von Silben maßgebl. sind. Letzteres Prinzip kennzeichnet den antiken Vers. Metrische Grundeinheit ist der Versfuß. Ältester dt. Versfuß ist der → Stabreim, bei dem meist drei Haupthebungen durch den gleichen Anlaut verbunden sind. – Die dt. Verswiss. (Heusler, Sievers, Saran) hat sich erst im 20. Jh. von der schematischen Übertragung antiker Prinzipien auf dt. Dichtung freigemacht und das akzentuierende Prinzip als das charakterist. erkannt, nachdem der Schritt von der Untersuchung des bloßen Druckbildes zur Analyse des Klanges vollzogen war.

Milieutheorie Der Begriff Milieu wurde von H. Taine in die Sozialwiss. eingeführt. Milieu gilt neben Vererbung und histor. Auslöser als Hauptfaktor für die Begründung und Erklärung menschl. Handlungsweisen. Die darauf aufbauende M. meint, daß nicht naturgegebene Anlagen, sondern Umweltfaktoren menschl. Verhalten maßgebl. bestimmen. Ihre Blüte erlebte die M. im 19. Jh., bes. in Frankreich (Comte). Auf dem Gebiet der Literatur wirkte sich die M. entscheidend auf die Ästhetik des Naturalismus aus. Ihre Hauptvertreter (Zola, G. Hauptmann u. v. a.) bemühten sich um wirklichkeitsgetreue Milieuschilderung. Auch eine Richtung der Literaturwiss. – in Dtld. durch Scherer und seine Schule repräsentiert – zielte darauf ab, Dichtungen auf den Erlebensbereich und die Erfahrungswelt eines Autors zurückzuführen.

Mimesis Auf die → Poetik des Aristoteles zurückgehender Begriff zur Bezeichnung des Wesens der Dichtung als Nachahmung der Natur. In dieser Bedeutung hat er sich bis in die Romantik hinein erhalten und in allen vorausgegangenen Epochen einen literaturästh. Hauptgrundsatz gebildet. Der Begriff entstand im 5. Jh. v. Chr. (Pythagoreer). Philostrat stellt die Phantasie des bildenden Künstlers gegen und über die M.; bei Plotin haftet die M. nicht an den sinnlich wahrnehmbaren Naturdingen, sondern steigt zum Intelligiblen auf. Nach Erich Auerbach (*M., Dargestellte Wirklichkeit in der abendländischen Literatur*, 2. Aufl. 1959) ist der Begriff M. auf die »Interpretation des Wirklichen durch die lit. Darstellung« einzuschränken.

Mimik Das Mienenspiel und die Ausdrucksformen des menschl. Gesichts. Die M. ist für das Theaterschauspiel neben der stimmlichen Deklamation und der Gestik Hauptausdrucks- und Darstellungsform. Dabei kann der M. eine dienende Rolle zukommen, insofern sie die gesprochene Rede oder das Gebärdenspiel begleitet, oder aber sie verselbständigt sich und entwickelt sich, wie in der → Commedia dell'arte, zu einer eigenen Körpersprache. Auch in modernsten Formen des Theaters wie z. B. dem Living theatre kommt der M. eine derartige Funktion zu.

Mimus Antike Theaterszene, bei der in derber und realist. Form typische Alltagssituationen dargestellt wurden. Der M. ist im dor. Sizilien und in Unteritalien entstanden, wurde von Griechen und Römern gepflegt und erhielt sich bis ins Mittelalter. Elemente des M. sind in das geistl. Drama, → die Fastnachtsspiele und in die → Commedia dell'arte eingegangen.

Miniatur Der Begriff ist von dem lat. Wort für »Mennige« abgeleitet und bezeichnet eine kleine Malerei oder Zeichnung in mittelalterl. Büchern und Hss. M. en kommen in Überschriften, bei Randleisten und als → Initialen vor. Zu hoher Vollendung wurden M. en auch in oriental. Kulturen (Indien, Persien) gebracht. Auf die Literatur angewandt, bedeutet M. eine gewisse Form darstellerischer Kleinkunst, bei der Situationen oder Begebenheiten charakterisierend ausgemalt werden; z. B. Stefan Zweigs *Sternstunden der Menschheit. Historische Miniaturen.*

Minneallegorie Rede, in der die mittelalterl. Liebe, die Minne, in didakt. oder allegor. Form abgehandelt wurde. M. n waren meist in → Reimpaaren abgefaßt und enthielten Regeln für minnegemäßes Verhalten. Sie entstanden im 13., blühten v. a. im 14. und lebten fort bis ins 15. Jh. Wichtige Vertreter waren u. a. Hartmann von Aue, Gottfried von Straßburg, Eberhard von Cersne.

Minnesang Liebeslyrik im Umkreis der höf.-ritterl. Kultur, die um 1160 zuerst faßbar wird und etwa bis zum Ende des 13. Jh. s blüht. Als ritterl. Standesdichtung hat der M. seinen Ursprung in der Provence und verbreitet sich von dort über das ganze Abendland. Der Begriff »Minne« bedeutet zunächst »liebendes Gedenken«, entwickelt sich dann weiter zu »Freundschaft, Zuneigung, Liebe« und nimmt erst in mhd. Zeit endgültig die Bedeutung von »Liebe zum anderen Geschlecht« an. Inhalt der M. ist die verehrende Huldigung der Dame und die Entbehrungsklage (Friederike Weber). Die verehrte »frouwe« ist eine unerreichbare, vergebl. umworbene Idealgestalt, in deren Dienst der Sänger sich seel. läutert. Der M. hat meist die Form der → Kanzone und eine musikal. Begleitung. Der Minnesänger war Dichter, Komponist und Sänger zugleich. Mit Heinrich von Morungen, Reinmar von Hagenau und Walther von der Vogelweide erreicht der M. um 1200 seinen künstler. Höhepunkt.

Mittelalter Als histor. Begriff bezeichnet M. die Epoche zwischen dem Ende des Weström. Reiches um 400 und 1500. Der Begriff medium aevum als einer »Zwischenzeit« zwischen der Antike und einer Epoche neuer klass. Bildung geht auf die Humanisten des 15. Jh. s zurück. Innerhalb des M. s pflegt man zusätzlich zwischen dem Früh-M. (bis um 1000), dem Hoch-M. (bis 1250) und dem Spät-M. (bis 1500) zu unterscheiden. Wichtigstes Phänomen des M. s ist die Heraufkunft einer neuen abendländ. Kultur, aufbauend auf antikem Erbe, Christentum und Germanentum. Die dt. Literatur des M. s läßt sich grob in eine ahd., das 8. und 9. Jh. umfassende, und in eine mhd., bis 1500 reichende Epoche gliedern. Daneben gibt es gleichzeitig ein umfangreiches mittellat. Schrifttum.

Mittelhochdeutsch Die Epoche der mhd. Dichtung reicht von ca. 1050 bis 1500. Innerhalb dieses Zeitraums unterscheidet man eine frühmhd. Literatur (um 1060 bis 1170) mit weltl. und geistl. Dichtung; eine mhd. Blütezeit (um 1170 bis 1300) mit höchsten Leistungen in Lyrik, → höfischer Epik, Heldenepen (→ Heldendichtung) und Prosa, schließl. einen spätmhd. Abschnitt, der durch das Entstehen einer bedeutenden myst. Literatur (Meister Eckhart, Seuse, Tauler), → Mysterien- und → Fastnachtsspiele sowie → Meistersang charakterisiert ist. Die bedeutendsten mhd. Dichter sind Walther von der Vogelweide auf dem Gebiet der Lyrik, Hartmann von Aue, Wolfram von Eschenbach und Gottfried von Straßburg in der höf. Epik. Bekanntestes Heldenepos der Epoche ist das *Nibelungenlied* (um 1200).

Mittellatein Die mlat. Epoche der europ. Literatur umfaßt den Zeitraum von etwa 500 bis 1500 und damit das gesamte → Mittelalter. Nach 1500 entstehen europ. → Nationalliteraturen im heutigen Sinne. Die Träger der mlat. Literatur waren Geistliche, welche die aus der Antike übernommenen Formen fortführten. Höhepunkte erreicht die mlat. Literatur in karoling. Zeit (Einhard), unter den Ottonen (Hrothsvitha von Gandersheim) und auch unter den Dynastien der Salier und Hohenstaufen (Archipoeta, Ruodlieb). Neben der didakt. Dichtung (→ Didaktik), der → Epik, der → Legende und der weltl. Unterhaltungsprosa entsteht in der letzten Periode der mlat. Literatur ein bedeutendes philosoph. Schrifttum im Rahmen der Hochscholastik und der → Mystik.

Moderne Durch Vermittlung des Französischen seit dem 17. Jh. in den dt. Sprachgebrauch eingegangener spätlat. Begriffe zur Bezeichnung der Zeiten, die auf die Antike folgten. Diese Bedeutung erhielt M. durch die Ästhetik des 17./18. Jh. s (Charles Perrault, Fontenelle, Dennis, Lessing u. v. a.), wobei von der Ebenbürtigkeit des nachantiken Schrifttums mit der griech.-röm. Literatur ausgegangen wurde. Durch Hölderlin erhält die M. eine weitere, weit vorausweisende Dimension, insofern er M. als »Götterferne« in schroffem Gegensatz zu einer idealisch verklärten Antike sieht. Aus der Perspektive des 20. Jh. s erfolgt eine weitere begriffsgeschichtl. Wendung, da nunmehr die Literatur des 19. Jh. s als radikal Neues, in einer polit., religiösen, experimentellen und sprachskeptischen »Frontstellung« (Ulrich Klein) situiertes Phänomen interpretiert wird. Insgesamt ist zu beachten, daß der Begriff M. im Sinne des jeweils Neuen durch den Prozeß der geschichtl. Fortentwicklung relativiert wird.

Modus (Pl. Modi) In der Grammatik diejenigen Formen des Verbums, aus denen sich die Stellungnahme des Sprechers zum Vorgang erkennen läßt. In den indogerman. Sprachen unterscheidet man heute in der Regel eine Grund- und Normalform der Aussageweise (Indikativ), eine Möglichkeitsform (Konjunktiv) und eine Befehlsform (Imperativ). Weitere Modi werden durch syntakt. Konstruktionen unter Einschluß von Modalverben (wollen, müssen usw.) ausgedrückt.

Monographie Die sich erschöpfend nur einem Gegenstand, einer Person oder einem Problem widmende meist wiss. Darstellung.

Monolog Im Gegensatz zum → Dialog, dem Zwiegespräch, das Selbstgespräch einer Person. Auf die Dichtung angewandt, ist zumeist Lyrik monolog., in der Epik der Ich- und Tagebuchr. Von bes. Gewicht ist der M. im Dr., wo ihm verschiedene Funktionen zukommen können: Im ep. M. werden Ereignisse und Handlungen wiedergegeben, die nicht dargestellt werden können; der Gedankenm. (auch reflektierender oder betrachtender M.) kommentiert Situationen; der Konfliktm. schließl. ist der im Wort sich äußernde Kampf, den der Held mit sich selbst führt. Diese Form des M. s ist von besonderer Bedeutung im Dr. des → Expressionismus.

Montage Darstellungsweise in der Literatur (Lyrik, Roman, Drama), aber auch im Film, bei der Ausschnitte aus verschiedenen Bezugsebenen in künstler. Absicht aneinandergefügt, »montiert« werden. Die M. kann dazu dienen, durch verfremdende oder schockierende Effekte Dimensionen einer Wirklichkeit sichtbar werden zu lassen, die ohne sie nicht bemerkt würden. Die Möglichkeiten filmischer M., bei der Kamera-, Kopier-, Misch- und Schnitttechniken genutzt werden können, beginnen auf die neueste

Literatur zurückzuwirken. Mit bes. Meisterschaft bedient sich Dos Passos der M.

Moralische Wochenschriften In England Anfang des 18. Jh. s entstandener Zeitschriftentypus (»The Tatler«, »The Spectator«, »The Guardian«) mit lehrhaften, moralischen Inhalten. Nach ihrem Vorbild wurden auch in Dtld. zahlreiche, wenngleich oft kurzlebige m. W. gegründet; zwischen 1720 und 1770 gab es etwa 110 Titel. Sehr bekannt waren Bodmers und Breitingers »Discourse der Mahlern« (1721–1723), Gottscheds »Die vernünftigen Tadlerinnen« (1725–1727) u. v. a. Die m. W. können als Vorläuferinnen der Familienzeitschriften angesehen werden, wie sie bes. im 19. Jh. aufkamen.

Motiv Der Beweggrund. Der Begriff wurde aus der bildenden Kunst und aus der Musik auch auf die Literatur übertragen und bedeutet dort die Grundsituation, aus der eine Dichtung heraus entwickelt und sprachl. gestaltet wird und die durch die Dichtung interpretiert werden kann. Auch mehrere M. e können miteinander verflochten werden und ineinanderwirken, insbes. dann, wenn Menschen handeln. In der europ. Literatur finden sich bestimmte typische Grund-M. e häufig wieder, so z. B. das Liebesverhältnis zwischen Kindern feindl. Familien (Shakespeare: *Romeo und Julia* – Keller: *Romeo und Julia auf dem Dorfe*, feindl. Brüder (Klinger: *Die Zwillinge* – Schiller: *Die Räuber*).

Motto In der Literatur Bezeichnung für ein Sprichwort oder ein Zitat, das, an den Anfang eines lit. Werkes gestellt, auf dessen Inhalt, Absicht, Tendenz hindeuten bzw. als Parole gelten soll, der zu folgen der Verfasser seinen Leser auffordern will.

Mundartdichtung Im Unterschied zur hochsprachl. Dichtung bedient sich die M. landschaftsgebundener Mundarten, die Varianten innerhalb der Nationalsprache darstellen. In Dtld. gibt es M. seit der Barockzeit. Bekannt ist *Die geliebte Dornrose* mit einer Bauernrolle in schles. Mundart von Gryphius (1660). Bedeutendes leistete später Hebel mit seinen *Alemannischen Gedichten* (1803). Eine reiche M. entstand im 19. Jh. in Österreich und in der Schweiz, ferner in Norddtld. (Groth, Reuter), in Hessen (Stoltze) und in Bayern (Kobell, Stieler). Zu unterscheiden von der M. sind mundartl. Elemente, die als bewußtes Stilmittel eingesetzt werden, so z. B. in natural. Dramen (G. Hauptmann). Auch in England, Frankreich und Italien gibt es M.

Musen In der griech. Mythologie die neun Töchter des Zeus und der Mnemosyne, zugleich die Göttinnen der Künste und Wissenschaften. Seit hellenist. Zeit wurden sie mit bestimmten Einflußbereichen und Attributen identifiziert: Klio (Geschichtsschreibung), Kalliope (Epos), Melpomene (Tragödie), Thalia (Komödie), Urania (Astronomie), Erato (Liebeslied), Euterpe (Flötenmusik), Terpsichore (Tanz und chorische Lyrik), Polyhymnia (Kultgesang und Tanz). In der antiken bildenden Kunst finden sich seit 320 v. Chr. zahlreiche M.-Darstellungen; in der Kunst des Mittelalters traten Darstellungen der sieben freien Künste an ihre Stelle. → Artesliteratur.

Musenalmanach In der zweiten Hälfte des 18. Jh. s aufgekommene und bis Ende des 19. Jh. s lebendig gebliebene Form der → Anthologie, die zugleich einen Kalender enthielt. Die M. e enthielten Erstdrucke von Gedichten, Erzählungen usw. und erfreuten sich außerordentl. Beliebtheit in der gebildeten Welt. Sehr bekannt und von bedeutendem Niveau waren z. B. Schillers M. (1796–1800),

Schlegel/Tiecks *M.* (1802 f.), Chamissos und Schwabs *Deutscher M.* (1832–1839). Alle diese M. e gingen auf das Vorbild des 1765 in Paris gegründeten *Almanac des Muses* zurück.

Mysterienspiele In Frankreich seit dem 14. Jh. aufgekommener Begriff für die geistl. Spiele des Mittelalters, die in ihrer Thematik das österl. Geschehen um die Person Jesu Christi umkreisten und durch Zufügung neuer Szenen dramat. belebt wurden. Später kamen auch andere christl. Elemente hinzu. Im hohen und späten Mittelalter wurden M., bei denen oft derbe und kom. Elemente die Oberhand gewannen, in der Volkssprache aufgeführt. Durch die Reformation zurückgedrängt, erhielten sich die M. aber noch Jahrhunderte hindurch in katholischen Gebieten. Wiederbelebungen des M. s versuchten im 20. Jh. neben anderen Hofmannsthal, Mell, Claudel.

Mystik Charakterist. für die M. ist das Bestreben des Menschen, durch Versenkung und Hingabe eine persönl. Vereinigung, eine Einswerdung mit der Gottheit zu erwirken. Jede M. ist mit einem ekstat. Erlebnis verbunden. Myst. Geisteshaltungen finden sich im Judentum, Christentum und im Islam. Die abendländ. M., der das Element der Askese beigemischt ist, geht auf Augustinus zurück, mit dem Bernhard von Clairvaux, Hildegard von Bingen und Mechthild von Magdeburg sich in ihren Gedankenwelten stark berühren. Lit. hochstehende Leistungen im 13. bzw. 14. Jh. stellen die Werke der Mystiker Meister Eckhart, Heinrich Seuse und Johannes Tauler dar. Das Bestreben Eckharts richtete sich auf eine Vereinigung von theolog. Wissenschaft und M. *(Opus tripartitum)*. Gert Groote rief in einem berühmten, lange Thomas Kempis zugeschriebenen und in 95 Sprachen übersetzten Werk zur *Nachfolge Christi* auf. Eine Hochblüte erreichte die M. nochmals während der → Gegenreformation, bes. in Spanien (Theresia von Avila). Auch in Dichtungen des dt. Barock (Böhme, Czepko) ist myst. Geistesgut eingegangen.

Mythologie Die Götterlehre eines Volkes, soweit sie in Mythen (→ Mythos) überliefert ist. Auch deren wiss. Erforschung und Darstellung wird als M. bezeichnet. In dieser Bezeichnung berührt sich M. mit Ethnologie, Kulturwissenschaften und Religionswissenschaft. Soweit M. schriftl. überliefert ist, spricht man von Mythographie; diese gab es bereits bei Griechen und Römern. Das wiss. Interesse an der Mythologie erwachte in Dtld. in starkem Maße im 19. Jh. (Görres, Brüder Grimm u. v. a.).

Mythos (auch Mythus, Pl. Mythen) Ursprüngl. eine altüberlieferte Erz., Sage oder Dichtung aus dem Themenkreis der Weltschöpfung und des Götter- und Heldenlebens eines Volkes. In frühesten Zeiten fand die M. eine Widerspiegelung in Kultus und Magie, wodurch sein religiöser Grundcharakter sichtbar wurde. Der geistige Gehalt des M. liegt darin, daß er die Natur- und Lebensvorgänge deutet und ihnen einen sinnfällig-bildhaften Rahmen gibt. Mythen sind zuerst bei Naturvölkern entstanden, aber auch noch in alten Hochkulturen. Die Darstellung und wiss. Erforschung der Mythen ist Aufgabe der → Mythologie. In einem engeren Sinne kommen Mythenbildungen noch im 19. und 20. Jh. vor, wenn versucht wird, dem aufgeklärten, rationalist. Denken eine symbol. Weltdeutung entgegenzusetzen (Nietzsche). Auch im polit. Bereich sind Ideologien auf Mythen angewiesen.

N

Narrenliteratur Literatur, bei der Narren im Mittelpunkt stehen und zu Trägern didakt. Absichten des Autors werden. Entweder werden Welt und Leben als ein Narrenhaus dargestellt, oder aber Narren äußern Ansichten, die ansonsten aufgrund herrschender Zeitströmungen nicht ausgesprochen werden können. Der Beginn der N. wird durch Brants berühmtes *Narrenschiff* markiert, das am meisten verbreitete, vom jungen Dürer mit Holzschnitten versehene moral.-satir. Lehrged. seiner Zeit. Anknüpfend an dieses Vorbild, entstand noch bis in 17. Jh. weitere Literatur. N. Auch in der neuesten Literatur, so bei Brechts *Schweyk im zweiten Weltkrieg* (1944), finden sich Ansätze zur N.

Nationalliteratur Der Begriff wird in Dtld. erstmals von dem Literarhistoriker J.F.L. Wachler (1767–1838) in seinen 1818 f. erschienenen *Vorlesungen über die Geschichte der deutschen Nationalliteratur* verwendet und betont eine nationale Sichtweise für die dt. Literatur. Seitdem hat sich im Gefolge der Diskreditierung des Begriffs N. durch die nationalist. Geisteshaltung eine gewisse Bedeutungsverschiebung ergeben, die es nahelegt, den Begriff N. nur noch ideologiekrit. zu verwenden. N. erscheint dann »als ästhetisches Medium ideolog. Selbstverständigung der bürgerl. Gesellschaft« (Hartmut Böhme). In der Literaturgeschichtsschreibung bes. des 19. Jh.s ist der Begriff immer wieder aufzufinden, während er aus der heutigen Germanistik verschwunden ist. Als tragfähig und frei von ideolog. Verengungen hat sich dagegen der Begriff → Weltliteratur erwiesen.

Naturalismus Bezeichnung für eine lit. Richtung, die zwischen 1880 und 1900 die europ. Literaturen beherrschte. Ausgehend von einem positivist. Welt- und Menschenbild, strebt der N. nach »naturgetreuer«, objektiver Wiedergabe der Wirklichkeit des Menschen und seiner sozialen Umwelt in der Literatur. In diesem Sinne stellt der N. eine letzte Überhöhung des → Realismus dar. Ein weiteres Hauptcharakteristikum ist das starke sozialkrit. Engagement des N., der den Menschen als ein Produkt aus Veranlagung und Umwelt sieht. Demzufolge spielt die natural. Literatur vorwiegend in der Großstadt und in den untersten sozialen Schichten. Bedeutendster Theoretiker und Repräsentant des N. war Emile Zola, der den dt. und russ. Naturalismus (Dostojewski, Tolstoi) nachhaltig beeinflußte. In Dtld. wird der N. von Holz, den Brüdern Hart, Halbe, Schlaf, Sudermann u. v. a. repräsentiert. Seine bedeutendsten Leistungen schuf der N. im Dr.; hier ragt G. Hauptmann hervor. Charakteristisch für die Lyrik des N. ist der Übergang zu einer rhythm. Prosa.

Natursage Bes. Typus der Volkssagen (→ Sage), bei der merkwürdige Naturereignisse, Landschafts- oder Felsformen, Witterungsverhältnisse usw. Gegenstand der Sagenbildung werden. Die Volksphantasie entäußert sich in der N., indem sie eine außerwiss., von Gemüt und Empfindung her geprägte »Erklärung« des sagenhaften Phänomens liefert. Die N. ist – bes. wenn sie sich um landschaftl. Besonderheiten rankt – oft zugleich Lokalsage.

Nekrolog Nachruf auf einen Verstorbenen, dessen Leben und Wirken gewürdigt wird. Im kirchl. Bereich werden die Toten- oder Seelbücher, in denen die Erinnerung an Mitglieder, Stifter, Freunde u. v. a. aufbewahrt wird, ebenfalls N.e oder Nekrologien genannt. Seit dem 9. Jh. gibt es entsprechende Verzeichnisse, seit 1836 erscheinen *Necrologia Germaniae.*

Nemesis Griech. Göttin der ausgleichenden Gerechtigkeit, die ein Übermaß menschl. Glücks mit Unmut sieht und von Rachegeist gegenüber Frevel erfüllt ist. Im Sprachgebrauch Homers steht N. als Gattungsbezeichnung des Unwillens gegenüber etwas Unziemlichem oder Unrechtem. In der abendländ. Dichtung hat die N.-Vorstellung bereits früh eine Rolle gespielt, so z. B. bei dem röm. Elegiker Tibull, der ihr allerdings noch die Rolle einer putzsüchtigen und geldgierigen Person zuweist, während N. in einigen Dramen Schillers als die das Geschehen schicksalhaft bestimmende Macht spürbar wird.

Neue Sachlichkeit 1925 von Hartlaub formulierte Bezeichnung für eine etwa seit dieser Zeit wirkende allg. künstler., aber auch speziell lit. Bewegung, die auf utop.-idealisierende, stark vom Gefühl beeinflußte Geisteshaltung und auf das Pathos des → Expressionismus mit der Darstellung einer »objektiven« Wirklichkeit und der realen sozialen und ökonom. Umwelt reagiert. Als lit. Ausdrucksform bedient sich die N.S. besonders des Tatsachenrs., des Dokumentarstücks, der → Reportage sowie des → Lehrstücks. Ausländ. Vorbild der N.S. ist der amerikanische Schriftsteller Upton Sinclair, zu den bedeutenden dt. Vertretern zählen u. a. (im Bereich der Epik) A. Döblin, H. Fallada, A. Seghers, (im Drama) B. Brecht, Ö. von Horwarth, C. Zuckmayer, (in der Lyrik) E. Kästner, J. Ringelnatz.

Neuhochdeutsch Innerhalb der dt. Literatur wird im allgemeinen eine Periodisierung in → Althochdeutsch, → Mittelhochdeutsch und N. vorgenommen, wobei zu berücksichtigen ist, daß diese Einteilung auf die innersprachl. Entwicklung des Deutschen nicht unmittelbar übertragbar ist. Der Beginn des N.en wird gewöhnl. in der Mitte des 14. Jh.s angesetzt; ein erster Abschnitt, auch als Früh-N. bezeichnet, reicht bis um 1500. Danach setzt, begriffl. unzureichend differenziert, der bis zur Gegenwart reichende Epochenbegriff N. an. Zwei wesentliche Kriterien, die den Beginn des N.en markieren, sind die Abschwächung der reichen ahd. Endungen und die Diphthongierung. Auf der Grundlage der obersächs. → Kanzleisprache wirkte dann Luther durch seine → Bibelübersetzung und seine übrigen Schriften auf die nhd. Schriftsprache.

Neuklassik Richtung in der dt. Literatur um 1905, die als Reaktion auf die zeitgenöss. Strömungen, insbes. den → Naturalismus, eine Rückkehr zu klass. Wertverständnis (Darstellung des Wahren, Schönen, Guten in der Dichtung) und zu einer eigengesetzl. Form forderte. Nicht Wirklichkeitsabbildung, sondern Idealität sollte das Wesen dichter. Schaffens ausmachen. Eine theoret. Grundlegung der N. versuchten W. v. Scholz (*Gedanken zum Drama*, 1905), P.

Ernst (*Der Weg zur Form*, 1906) und S. Lublinski (*Ausgang der Moderne*, 1909). Dichterische Leistungen, die ihren theoret. Forderungen adäquat entsprochen hätten, hat die N. nicht hervorgebracht.

Neulatein Die lat. Sprache seit Ausgang des →Mittelalters wird als N. bezeichnet. Bis zur Heraufkunft der Nationalsprachen im 17. Jh. hatte sie europ. Geltung. Ein umfangreiches, von der Lyrik über Epik und Drama bis hin zur Sachliteratur (Übersetzungen, polit. und staatstheoret. R.e usw.) reichendes Schrifttum entstand im N. Die neulat. Literatur hat insbes. das Erbe der Antike und des Christentums auf gemeineurop. Ebene für die Neuzeit bewahrt und damit eine außerordentl. Bedeutung für das abendländ. Kulturerbe schlechthin erlangt. Hauptsitz der neulat. Literatur war Italien (Petrarca, Sannazaro, Bembo, Ariost u. v. a.). In Deutschland ragten Erasmus von Rotterdam und Hutten, der auch dt. schrieb, hervor. Das neulat. Dr. wird v. a. von Wimpfeling und Reuchlin repräsentiert.

Neumen Mittelalterl. Notenschrift, die um die Mitte des 8. Jh.s in Mittelitalien entstanden ist und zunächst auf die Kirchenmusik beschränkt blieb. Die N.-Zeichen geben nicht die Tonhöhe und den Rhythmus an, sondern beschreiben eine musikal. Geste. Die beiden Hauptvarianten der N. waren, entsprechend dem Zeichenduktus, die Punkt- und die Haken-N. Sie waren bis ins 13. Jh. gebräuchl., bis sich aus ihnen modernere Formen der Notenschrift entwickelten. In den kath. Choralbüchern haben sich die N. bis heute erhalten.

Neuromantik Nicht klar präzisierbarer Oberbegriff für lit. Strömungen zu Beginn des 20. Jh.s, die sich insbes. gegen den → Naturalismus abgrenzten. Was die verschiedenen Untergruppierungen der N. verband, war der Versuch einer Rehabilitierung romant. Gefühlswerte und eine Öffnung zum Irrational-Gemüthaften. Da sich die neuromant. Geisteshaltungen mit wesentl. Anschauungen des → Symbolismus, insbes. des franz., berühren, wird neuerdings auch allgemein auf die dt. Literatur der entsprechenden Zeit der Begriff Symbolismus anstatt N. angewandt. In einer mehr oder minder engen Beziehung zur N. ist das dichter. Schaffen von Agnes Miegel, Ricarda Huch, Münchhausen, Stucken, Hesse, Hofmannsthal und Hardt zu sehen. Die Hauptleistungen der N. liegen auf dem Gebiet des R.s.

New Criticism Literaturkrit. Schule, die sich auf Croce beruft und seit den dreißiger Jahren im angelsächs. Raum eine Form der Literaturkritik postuliert und praktiziert, bei der die Würdigung formaler Kriterien eines Werkes (Form, Stil, Rhythmus) im Mittelpunkt steht. Abgelehnt werden alle Wertmaßstäbe philosoph. oder psycholog. Art. Den Begriff hat Ransom in seinem grundlegenden Buch *The N.C.* in der heutigen Bedeutung eingeführt. Der N.C. wird in England vor allem durch J. A. Richards, Empson, Leavis und in den USA durch R. P. Warren, Cleanth Brooks u. v. a. repräsentiert.

Nibelungenstrophe Nach dem Nibelungenlied benannte Hauptstrophenform des dt. Heldenepos (→ Heldendichtung.) Die N. besteht aus vier Langzeilen, von denen sich jeweils zwei reimen (→ Langvers). Jede Langzeile weist eine → Zäsur auf; der erste Teil der Verszeile (Anvers) weist jeweils vier, der zweite Teil (Abvers) drei Hebungen auf. Eine Ausnahme bildet die vierte Zeile, in der auch der Abvers vier Hebungen besitzt. Im allgemeinen sind die

→Kadenzen der Anverse klingend, diejenigen der Abverse stumpf, wobei jedoch die vierte Langzeile voll schließt. Die N. geht auf die frühere Langzeilenstrophe und die »Kürenbergweise« zurück. Sie weist zugleich auf den mhd. Reimpaarvers hin (→ Reimpaar). Unterarten der N. sind u.a. der Hildebrandston *(Jüngeres Hildebrandslied, Hürnen Seyfried)* und die Kudrunstrophe *(Kudrunlied)*. Tieck und Uhland versuchten eine Erneuerung der N., insbes. des Hildebrandstons.

Nihilismus Philosoph. Grundrichtung, die wahre Erkenntnis für unmögl. erklärt und das Vorhandensein von Wertmaßstäben bestreitet. Der Begriff kommt bereits, wenn auch noch nicht im modernsten Sinne, bei F.H. Jacobi in dessen Charakterisierung der Fichteschen Philosophie vor, später auch bei Jean Paul. Von Bedeutung wird er dann insbes. in einer bestimmten Richtung der russ. Literatur des 19.Jh.s, nachdem Turgenjew in seinem Roman *Väter und Söhne* (1862) die Anarchisten als Nihilisten bezeichnet hatte. In der dt. Literatur und Philosophie ist v.a. Nietzsche zu nennen, dessen Geisteshaltung aufgrund seiner Verneinung aller überkommenen Werte, ihrer Zerstörung und Umwertung als nihilist. angesehen werden kann. In gewissem Sinne baut Nietzsche auf Schopenhauer auf, dessen Hauptwerk *Die Welt als Wille und Vorstellung* (1819) charakteristischerweise mit einem Ausblick auf das Nichts (lat.nihil) endet.

Nobelpreis Preis, der seit 1901 aus Mitteln der auf Alfred Nobel zurückgehenden Nobelstiftung für hervorragende Leistungen auf dem Gebiet der Physik, Chemie, Medizin, Literatur und für Taten, die dem Frieden dienen, verliehen wird. Außer dem Friedensnobelpreis, der vom Nobel-Komitee des norweg. Parlaments zuerkannt wird, werden alle N.e vom schwed. König verliehen.

Nomos In der altgriech. Musik zunächst Vorschrift (nomos = urspr. Sitte und Brauch, später Gesetz) für kunstgerechtes Gestalten von Musik. Wie das menschl. Handeln durch ein Gesetz geregelt wird, so das Musikschaffen nach griech. Auffassung durch die Nomoi. Später wurde die Bezeichnung auf die Lieder selbst, meist Kultlieder, übertragen.

Nonsens-Verse (auch Unsinnspoesie) Mischung teilweise absurder Klang- und Wortspiele mit paradoxen Gedanken zu witzigkom. wirkenden Versen. Herausragende Verfasser von N.-V.n waren Morgenstern, Ringelnatz und die Dadaisten (→ Dadaismus).

No-Spiele Typische Form des bes. im 15.Jh. blühenden japan. Theaters buddhist. Provenienz, bei dem männl. Schauspieler in reicher Kostümierung, meist mit Masken, Stoffe aus Geschichte und Sage ernst und feierl. aufführen. Eine dramat. Handlung im eigentl. Sinne kennen die N. nicht, das Geschehen ist auf die Darstellung psych. Vorgänge und Stimmungen reduziert. Die N. stehen bis heute in höchstem Ansehen und werden sehr oft aufgeführt. Einige westl. Dramatiker sind von den N.n beeinflußt, so z.B. Pound, Brecht, Wilder u.v.a.

Novelle Im Vergleich zur →Erz. meist kürzere, straffer strukturierte, oft eine fast dramat. Zuspitzung auf das Wesentl. aufweisende Form der Prosa-Literatur, deren Thema (lt. Goethe eine »unerhörte Begebenheit«) Symbolcharakter haben kann. Unter zahlreichen bekannten N.n-Dichtern sind beispielsweise zu erwähnen A.v. Droste-Hülshoff, Goethe, Keller, C.F. Meyer und E. Mörike.

Nouveau roman Nach 1945 in Frankreich aufgekommene Form des R.s, die sich von Bedingungen und Strukturen des herkömml. R.s, d.h. von dessen Realitäts- und Personenbezogenheit und seinem zusammenhängenden Handlungsablauf löst. Der n.r. verläßt Raum, Zeit und die Bindung der Kausalität und versucht, der Kunst eine bis dahin als undurchdringl. empfundene andere Wirklichkeit zu eröffnen. Bevorzugte Motive dieser Romanform sind die Suche nach einer neuen Identität und das z.B. von N. Sarraute in *Die goldenen Früchte* (1963, dt. 1964) angewandte »Buch im Buch«. Das Prinzip des n.r. geht zurück auf *Die Schule der Empfindsamkeit* von G. Flaubert (1869, dt. 1904) und knüpft an M. Proust und J. Joyce an. Bekannteste Vertreter des n.r. nach 1945 sind u.a. neben der erwähnten N. Sarraute A. Robbe-Grillet, M. Butor, F. Ponge, C. Simon und M. Duras. Vom n.r.z. T. beeinflußt sind die Werke der dt. Autoren U. Johnson, M. Walser, Th. Bernhard.

O

Ode (griech. Lied, Gesang) Feierl. Ged., das in → Strophen gegliedert ist, meist reimlos und metrisch genau strukturiert. Die O. ist eine kunstvolle Strophenform, die im Gegensatz zum → Lied oder zur Volksdichtung (→ Volkslied) einmal eine sehr strenge Form aufweist, zum anderen anspruchsvolle Themen wie Natur, Freundschaft, Welt oder Gott zum Inhalt hat. Gegenüber der → Hymne ist sie eindeutig dadurch abgegrenzt, daß sie ganz bestimmten Gesetzmäßigkeiten des Baus genügen muß, während die Hymne in dieser Hinsicht frei ist. Der Name O. wurde von Horaz in die rom. Dichtung übernommen und tauchte im Dt. erstmals im Humanismus (Celtis) auf. Aus der Antike stammen drei Odenmaße: a) alkäisch; um 600 v.Chr. von Alkäus geschaffen und im Dt. bes. von Hölty, Hölderlin, R.A. Schröder und Weinheber nachgebildet.

Diese vierzeilige Strophe beginnt mit zwei Zeilen zu je elf Silben, es folgen eine Zeile mit neun und eine mit zehn Silben. Die ersten drei Zeilen sind jambisch (→ Jambus), im vierten Fuß a →Anapäst und in der dritten Zeile mit überzähliger Silbe im letzten Versfuß. Der Schlußvers weist zwei →Daktylen und zwei →Trochäen auf. b) asklepiadeisch; um 270 v.Chr. von Asklepiades von Samos geschaffen und im Dt. bes. von Hölderlin und Klopstock verwendet. Die vierzeilige Strophe ist in den ersten beiden Zeilen in Trochäen und Daktylen mit →Zäsur gegliedert; ledigl. die dritte Zeile hat weibl. → Kadenz, wobei sie den Bau der ersten beiden bis zur Zäsur wiederholt. Die letzte Zeile ist wie die dritte gebaut, weist jedoch männl. Kadenz auf. c) sapphisch; um 600 v.Chr. von der Dichterin Sappho in Lesbos geschaffen und im Dt. bes. von Klopstock, Hölderlin, Platen, Weinheber und Britting verwendet. Vierzeilige auftaktlose Strophe; die ersten drei Zeilen sind trochäische Elfsilber mit Daktylus nach den ersten zwei Längen, die letzte Zeile besteht aus einem Daktylus und einem Trochäus. Jede Zeile hat weibl. Kadenz. Im Dt. ist die Ode sehr schwer nachzubilden, da die ursprüngl. Längen und Kürzen nicht in die Hebungen und Senkungen des akzentuierenden metrischen Prinzips (→ Metrik) übertragen werden können.

Oktav → Format

Onomatopoesie → Klangmalerei

Oper (lat. Werk) Die O. entstand in der mod. Form im 17. Jh. als Bühnenwerk, das an die Stelle gesprochener Texte den Gesang (ursprüngl. als Rezitativ und Arie, dann durchkomponiert) setzt. Sie entwickelte sich aus → Festspielen, z. T. auch aus Fastnachtszügen. Im 18. Jh. entstanden als beliebteste Formen die sog. opera seria (tragisch) und die opera buffa (komisch). Strauss/Hofmannsthal haben in *Ariadne auf Naxos* beide Formen ineinander verwoben und für das 20. Jh. neu belebt. Als erste O. wird im allgemeinen *Orfeo* (1607) von Monteverdi bezeichnet. Die weitere Entwicklung ist sehr kompliziert, da sich ital., franz., engl. und dt. Traditionen in vielfältiger Weise überschneiden. Bes. wichtige Werke und Komponisten sind im 17. Jh. die Italiener Monteverdi und Gagliano, die einerseits noch die Generalbaßbegleitung des Rezitativs pflegen, zum anderen bereits die erweiterte Orchesterbesetzung wählen und einzelne Soloarien durchkomponieren. Gleichzeitig entwickelt Lully in Frankreich die selbständige Ouvertüre und Rameau die sog. Da-capo-Arie. Während der Puritanismus in England jeglichem Theaterspiel ablehnend gegenüberstand, gelangten mit Händel zu Beginn des 18. Jh.s Elemente der ital. O. an den brit. Hof. Er brachte bereits durchkomponierte Duette und einzelne Ensembleszenen. Wohl zwang ihn John Gay mit seiner *Beggars-opera* (1728), die Opernkomposition einzustellen, doch kam mit diesem Werk ein volkstüml. Element in den sehr gehobenen Opernstil. Die dt. O. stand zunächst stark unter ausländ. Einfluß (neapolitan. Stil Scarlattis), begann sich dann kurzzeitig unter Telemann zu verselbständigen und erreichte erst ihren entscheidenden Höhepunkt in den Kompositionen Glucks und in den → Singspielen Mozarts. Dieser schuf auch die charakterist. Gattung, die bis heute mustergültig ist, wobei er alle Traditionen zu verbinden wußte. Auf ihn griff auch die romant. Oper (Weber, Lortzing) zurück. Dennoch setzte mit L. Spohr eine neue Entwicklung (1823) ein, da er erstmals O.n. durchkomponierte. Die vorübergehende Vorherrschaft der franz. O. wird in den Werken von Bizet, Offenbach, Meyerbeer, Gounod, Massenet sichtbar, doch reicht auch die ital. O. unter dem Einfluß Rossinis zu neuer Anerkennung (Bellini, Donizetti), Den größten Umbruch in der Operngeschichte löste R. Wagner aus, der die Musik der Handlung unterordnete, einen völlig neuen Musikstil in der Form der → Leitmotiv-Technik schuf und alle am Theater beteiligten Künste zu einem → Gesamtkunstwerk zu vereinen strebte. Dazu löste er Rezitativ und Arie in eine »unendliche Melodie« auf, vergrößerte das Orchester und schuf eine neue Ton- und Ausdruckssprache. Auf die Zeitgenossen (Verdi) und Nachfolger (Pfitzner, Strauss, Hindemith u. v. a.) hat er entscheidend gewirkt. Erst in unserem Jh. haben Berg bzw. Orff auf sehr unterschiedl. Weise die O. neu gestaltet.

Operette (kleine Oper) Moderne, großstädt. → Singspiel-Form, die sich im 19. Jh. als Unterhaltungsstück entwickelte und zeitgenöss. Tanzmusik (Walzer, Marsch, Galopp, Cancan) ebenso aufnahm wie Schlager und kurzfristige Modeerscheinungen. Gesellschaftl. setzt sie die oberflächl. lebensfrohe Welt des Bürgertums und Militärs der Zeit vor dem 1. Weltkrieg voraus. Sie erhält ihren strukturellen Halt durch die stets verharmlosende Wiedergabe einer glückl. Gegenwart. J. Offenbach und J. Strauß schufen Werke von künstler. hohem Anspruch, da sie nicht nur dem Publikumsgeschmack entgegenkamen, sondern auch eigenständige Kunstformen produzierten (*Hoffmanns Erzählungen, Die Fledermaus*), die ein Spiegel der Gesellschaft und künstler. von hoher Artistik sind. Die übrigen Werke der Gattung (Millöcker, Zeller, Heuberger, Lehár, Lincke, Künnecke usw.) erfreuten sich zwar über Jahrzehnte ungebrochener Beliebtheit, sind jedoch künstler. wenig wertvoll. Von ihnen führt die Entwicklung direkt zur → Revue und zum → Schlager. In der Gegenwart hat das Musical (Gershwin), entstanden als Mischung aus anspruchsvollerem Text, folklorist. Elementen und meist heiterer Handlung, eine künstler. wertvollere Nachfolge der O. angetreten. Die Grenze zwischen O. und Singspiel ist nicht klar zu definieren.

Opferlied Germ. Lied, das bei Opfern (wahrscheinl. auch Menschenopfern) im Chor gesungen wurde. O.er sind nicht erhalten, doch durch Tacitus und Adam von Bremen bezeugt.

Oratorium Ursprüngl. eine Andacht in der Kirche, die musikal. gestaltet wurde und bei der sich Vorsänger und Chor respondierend Gebete vorsangen. War das O. zunächst rein geistl. Gesängen, die sich streng an die Bibel anlehnten (Bach), vorbehalten, so traten seit dem 18. Jh. auch mytholog. und allegor. Gestalten auf. Dabei ist im Unterschied zur → Oper wichtig, daß Oratorien niemals szen. gestaltet wurden, sondern der Zusammenhang meist durch einen Erzähler gewahrt wird. Große Bedeutung erhielt schon früh der → Chor, der neben erzähler. Elementen bes. meditative Texte vortrug. Außerdem war er im kirchl. Raum dazu geeignet, den Zuhörer aktiv am O. teilnehmen zu lassen. Das ep. O. enthält in den → Kantaten und → Liedern auch lyr., z. T. auch dramat. Elemente. Neben den berühmten Oratorien J. S. Bachs haben sich bis heute die Werke Händels (*Der Messias*), Haydns (*Die Jahreszeiten, Die Schöpfung*), aber auch Mendelssohn Bartholdys, Schumanns, Strawinskis, Honeggers usw. im Repertoire der Konzertsäle erhalten.

Orchestra Im griech. Theater der Raum zwischen Bühne und Publikum, in dem der → Chor seine Lieder vortrug und Tänze veranstaltete. Die Renaissancebühne übernahm Elemente des antiken Theaters und behielt die O. zunächst der Hofgesellschaft vor. Im 18. Jh. nahmen in der O. die Musiker Platz. Auf sie (Orchester) wurde nun der Name übertragen.

Ordensdichtung → Deutschordensdichtung, → Freimaurerdichtung, → Jesuitendichtung.

Orphische Dichtung → Hymnen und → Sagen, die dem myth. Sänger Orpheus zugeschrieben werden, jedoch meist erst in der Spätantike und im Mittelalter entstanden.

Ossianische Dichtung Die O.D. geht auf die Fälschung des Macpherson zurück, der unter dem Namen Ossian Übersetzungen gäl. Ged. publizierte, die er angebl. gefunden hatte und die eine große kelt. Dichtung, die stark naturbestimmt und volkstüml. gewesen sein soll, vorspiegelte. Er wandte sich damit gegen die heitere, kunstvolle Literatur des → Rokoko und der → Anakreontik. Bei den Zeitgenossen, bes. bei Herder und Goethe, fand er begeisterte Zustimmung, und er löste entscheidend die Hinwendung zur Natur aus, die für die → Romantik bestimmend sein sollte. Bald erwiesen sich die Texte jedoch als Fälschung. Dennoch ist ihre Wirkung für das ausgehende 18. und frühe 19. Jh. nicht zu unterschätzen. Die → Bardendichtung des 19. Jh.s knüpft unmittelbar an O.D. an.

Osterlied Ursprüngl. liturg. Lied, an dem bald das Volk beteiligt wurde. Es ist die älteste Form des → Kirchenliedes im Mittelalter und wurde während der Osterfeier als → Sequenz oder Antiphon gesungen. Heute noch bekannt ist *Christ ist erstanden*, das im 12. Jh. enstanden sein dürfte und enge Beziehung zum → Osterspiel aufweist. Goethe hat das Lied im Faust verwendet. In späteren Zeiten drangen zahlreiche Elemente des Brauchtums in das O. ein.

Osterspiel Seit dem 10. Jh. wird aus der Missionskirche eine Lehrkirche. Dabei macht die Bindung zum christianisierten Volk, das die lat. Kirchensprache nicht verstand, es notwendig, das liturg. Geschehen in Spielformen umzusetzen. Ostern und Weihnachten waren die Feste, deren Liturgie leicht veranschaulicht werden konnte; aus der Osterliturgie entstand das geistl. Spiel. Bereits im 10. Jh. gab es in Dtld. auch das Hl. Grab, dessen Verehrung sich bald mit der Kreuzesverehrung der Karwoche verband, ohne Teil der Meßliturgie zu sein. Gleichzeitig drang aus dem byzantin. Brauchtum die *Visitatio crucis* (Gang der Marien zum Grabe) nach Dtld. Zur Keimzelle des Spiels wurde ein → Tropus im Introitus: Zwei Priester, Engel symbolisierend, in Chorhemden und mit Palmzweigen setzten sich neben das Hl. Grab; drei andere gingen mit Weihrauchfässern und übergezogener Cappa (als Frauen) durch das Längsschiff der Kirche zum Grab, an dem sie im Wechselgesang die Osterbotschaft verkündeten. An den nichtliturg. Stellen drangen bald neue Spielformen ein: Wettlauf der Apostel zum Grab, Marienvisitatio, Einkauf der Spezereien durch die beiden Marien und Emmausszene. Im 11. Jh. tritt Christus als Gärtner in der Magdalenen-Szene erstmals auf. Aus den Feiern, die ursprüngl. der Andacht dienten, wurden häufig burlesk ausgestaltete belehrende und gesellschaftl. Ereignisse. Die O.e vollziehen sich auf einer Simultanbühne. Das bedeutendste dt. O. ist das *O. von Muri*, das ganz aus dem Geist der ritterl.-höf. Welt gestaltet ist.

Oxymoron Stilfigur, die in der → Rhetorik häufig verwendet wird und zwei widersprüchl. Begriffe bzw. unvereinbare Gegenstände sprachl. verbindet: z. B. »bittere Süße«. Häufig wird das O. addierend verwendet, um einen bes. Eindruck zu erwecken, z. B. »traurigfroh« (Hölderlin). Auch die → Contradictio in adjecto (»beredtes Schweigen«) und die → Katachrese (»ein totgeborenes Kind, das sich im Sande verläuft«), gehören zum O.

P

Paläographie Handschriftenkunde, wurde als Hilfswissenschaft der Geschichte und Philologie im 17. Jh. von Mabillon (*De re diplomatica*, 1681–1704) und Montfaucon (*Palaeographia graeca*, 1708) begründet und dient der Erforschung alter Schriftformen und der Erhaltung, Entzifferung und Datierung überlieferter Dokumente, deren Schriftzeichen nicht mehr gebräuchl. sind. Die P. muß sich daher auch mit den Schreibmaterialien früherer Epochen, dem Duktus der Schriften und den jeweiligen Kürzeln sowie auch mit der Buchherstellung vergangener Zeiten eingehend auseinandersetzen. Ziel aller paläograph. Forschung ist es, möglichst genaue Erschließungen der ursprüngl. Texte vorzulegen. Bes. Bedeutung haben dabei sog. Bilinguen (Singular Bilinguis), zweisprachige Texte in Hss. oder auf Steinen.

Palimpsest (griech. abgeschabt, abgekratzt) Eine Hs., auf der frühere Eintragungen getilgt wurden und die dann wiederum Verwendung fand. Bei → Papyrus.-Hss. gelang es meist durch Waschen, frühere Schriftzeichen zu entfernen, während bei → Pergament mit Bimsstein oder dem Messer Rasuren vorgenommen wurden. Die so präparierten Hss. wurden, da das Schreibmaterial sehr teuer war, sowohl in der Antike als auch im Mittelalter immer wieder neu verwendet. Für die gegenwärtige Forschung ist es von großer Bedeutung, die frühen, gelöschten Texte zu entziffern. Man bedient sich dabei chem. und röntgentechn. Verfahren.

Palindrom Stilfigur, die bereits in der Antike weite Verbreitung fand, ihren Höhepunkt jedoch im späten Mittelalter und in der Barockdichtung sowie im Meistersang erlebte. Dabei wurde die Wort- und Satzstellung so gewählt, daß der Text von vorne und rückwärts gelesen denselben Sinn ergab, so z. B. »Regen/Neger«, »Ein Neger mit Gazelle zagt im Regen nie« usw. Während die Stilfigur in der heutigen Literatur, die wenig Wert auf innere Strukturierung eines Textes legt, nur noch als Schmuckform und Spielerei verwendet wird, hatte sie in der Antike und bes. im Mittelalter nahezu religiöse, immer jedoch allegorisch bedeutungstragende Funktion. Ohne genaue Kenntnis der Verwendung des P.s sind mittelalterl. Texte häufig unverständl.

Palinodie Widerruf eines vorangegangenen tadelnden Gedichts in engster formaler Anlehnung (Wortwahl, Reimschema, Reime usw.) an dasselbe; beliebt in der Barockdichtung.

Pamphlet Kampf- oder Schmähschrift. Der Begriff entstand wahrscheinl. bereits in der Antike, fand jedoch im Spätmittelalter in England weite Verbreitung und gelangte über Frankreich im 18. Jh. nach Dtld. In einem P. wird eine polit. oder lit. Persönlichkeit oder ihr Werk polem. angegriffen, wobei beabsichtigt ist, den Adressaten vor der Öffentlichkeit bloßzustellen und einer Auseinandersetzung zu zwingen. Bes. verbreitet waren P.e z. Zt. der Reformation, der bürgerl. Freiheitsbewegung im 19. Jh. und bei polit. Auseinandersetzungen ideolog. Gruppen in unserem Jh.

Panegyrikus Lobrede. Der P. geht bereits auf die griech. Antike zurück, wo bei öffentl. Versammlungen die Taten bedeutender Persönlichkeiten gepriesen wurden. Bei den Römern erfuhr der P.

eine Wandlung, indem nicht mehr die Taten, sondern die Personen selbst im Mittelpunkt der Lobrede standen. Der P. ist dem germ. → Preislied verwandt, das uns nur im skandinav. Raum bruchstückhaft überliefert ist.

Pantomime Form der Schauspielkunst, die auf jedes gesprochene oder gesungene Wort verzichtet und alle Handlungen und Vorgänge nur durch Körpersprache und -bewegungen (Gestik und → Mimik) vorstellt. Die P. reicht bei allen Völkern in frühe kult. Traditionen zurück, wurde bei den Griechen nachweisl. erstmals mit Musik verbunden und zu Tänzen ausgestaltet. Aus dieser neuen Gestaltungsweise entwickelte sich das Spiel an den → Dionysien und damit die griech. Tragödie. In Rom wurde die P. in der klass. Zeit sehr gepflegt, fand jedoch größte künstler. Vollendung erst im Barock, als die Spielformen der → Commedia dell'arte die P. als Grundlage verwendeten. Ballett, Ausdruckstanz (Wiesenthal), Stummfilm (Chaplin) und modernes Theater (Brecht, Ionesco) entwickelten bes. Formen der P. Als eigenständige Kunstform wird die P. heute von zahlreichen Künstlern gepflegt, so z. B. von Marcel Marceau, Samy Molcho usw. Auch die Volksbräuche, etwa Fastnachtsumzüge, bedienen sich der P., die heute in Theater und Laienspiel eine große Entfaltung erfahren hat.

Papyrus (ägypt. Wort, das ins Griech. übernommen wurde: »das des Pharao«, Pl. Papyri) P. wird aus dem Mark der Papyrusstaude gewonnen; die Herstellung erfolgte bereits bei den Ägyptern, die das Mark in Streifen schnitten und kunstvoll bearbeiteten, wobei durchaus verschiedene Qualitäten unterschieden wurden. Meist wurde nur eine Seite beschrieben. Während neuer P. weißgelbl. ist, dunkelt er mit der Zeit sehr stark nach. Geschrieben wurde mit einer schräg geschnittenen Binsenfeder, der Vorläuferin unserer Schreibfeder. P. ist bereits bei den Griechen und später bei den Römern der beliebteste Schriftträger, wobei den Welthandel der damaligen Zeit die ägypt. Manufaktur beherrschte. Seit dem 2. Jh. n. Chr. setzte sich allgemein das preiswertere und einfacher zu erstellende → Pergament durch; ledigl. bes. wertvolle Urkunden und die Hss. der päpstl. Kanzlei wurden noch im ganzen Mittelalter auf P. geschrieben. Bedeutung haben die zahlreichen Papyrusfunde Ägyptens, die erst eine genaue Kenntnis der ägypt. Kultur ermöglichten. Diese Hss. wurde meist als Rollen, später auch als einzelne Blätter oder in Bücher gebunden aufbewahrt. Die Papyrologie, eine relativ junge Wissenschaft, will die auf P. überlieferten Dokumente entziffern, erhalten und systematisieren.

Parabel Ein zu einer eigenständigen Erz. erweitertes Gleichnis, das für den Hörer oder Leser eine sittl., religiöse oder philosoph. Wahrheit veranschaulicht. Wichtig ist dabei, daß jeder Handlungsteil der Erz. eine Analogie zur Realität bilden kann, jedoch erst aus dem Gesamten der P. erfaßt wird. Bes. berühmt sind die P. vom »Verlorenen Sohn« im NT, »Die Ringparabel« in Lessings *Nathan der Weise* und »Vor dem Gesetz« von Kafka. Die P. war in der antiken und mittelalterl. Dichtung eine Grundlage jegl. Textverständnisses, ja es ist bis heute nicht mögl., Texte dieser Epochen adäquat zu deuten ohne genaue Kenntnis der üblichen P.n, die häufig in Sammlungen zusammengestellt wurden. In der heutezeitl. Literatur spielt die P., oft in dialekt. Beziehungen zur → Fabel, eine große Rolle bei Lessing, Herder und Goethe, aber auch in der Gegenwartsdichtung.

Paradoxon Das P. ist eine widersinnige Aussage, da sie alle allgemein als richtig anerkannten Grundsätze aufhebt. In der Logik wird der Begriff enger gefaßt und meint alle Aussagen, die nur scheinbar widersprüchl. sind, da echte Widersprüche als Antinomien bezeichnet werden. In der Literatur hat das P. die stilist. und erkenntnisleitende Aufgabe, in einem dialekt. Prozeß umfassendere Einsichten zu ermöglichen. Das P. wurde bei allen Völkern verwendet und ist bes. beliebt in den → Aphorismen. Das P. tritt gern in religiös ausgerichteter Dichtung auf, z. B. »Das Leben ist der Tod, und der Tod ist das Leben«.

Paralipomena (griech. Nichtverwendetes, Übriggebliebenes) Meist kurze oder längere Texte, die während der Herstellung eines lit. Werkes entstanden und nicht in den Haupttext aufgenommen wurden. Sie werden nachträgl. veröffentlicht und geben einen wichtigen Einblick in den Schaffensprozeß und die geistig. Auseinandersetzungen des Autors während der Textherstellung. Berühmt sind die Paralipomena zu Goethes *Faust* und Schopenhauers Paralipomena zu *Die Welt als Wille und Vorstellung*, die z. T. unter dem Titel *Aphorismen zur Lebensweisheit* veröffentlicht wurden.

Parallelismus Stilfigur, die im Gegensatz zum → Chiasmus Wörter bzw. Sätze in derselben Reihenfolge wiederholt, um dadurch eine intensivere Wirkung zu erreichen. Der P. ist in allen Literaturen gebräuchlich, stammt wahrscheinlich aus der kult. Dichtung und diente später ausschließl. der rhetor. Ausschmückung. Bekannt ist der P. bereits aus den Psalmen und aus antiken Texten, doch hatte er in der germ. Dichtung eine bes. starke Verbreitung, so z. B. »ben zi bena, bluot zi bluoda« (2. *Merseburger Zauberspruch*).

Parataxe Nebeneinanderordnung von Sätzen, die syntakt. gleiche Wertigkeit haben. Die P. ist bes. in der alltägl. Rede, in der anspruchsloseren Presse, aber auch in volkstüml. Literaturformen wie Märchen usw. gebräuchl. Zahlreiche Künstler der Romantik und der Moderne (Expressionismus, Symbolismus, absurdes Theater) verwenden die P. als bewußte Stilfigur. Gegensatz → Hypotaxe.

Parenthese Stilfigur, die in fortlaufende Texte einzelne Gedanken bzw. Wörter, Sätze usw. einschiebt und dadurch den Gedankenfluß bewußt unterbricht. Die P. wird im allgemeinen zwischen Bindestriche gestellt. Zahlreiche Künstler verwenden die P. als Stilmittel, etwa Jean Paul und Arno Schmidt oder Joyce und Broch beim inneren Monolog.

Parodie (griech. Gegengedicht) Die P. wendet die Form eines Textes auf einen anderen an und erreicht durch die widersprüchl. Gestaltung je nach Absicht kom. oder verspottende Wirkungen. Die P. wird häufig dazu verwendet, dem Leser zu demonstrieren, daß der parodierte Text wertlos ist. Berühmt sind in diesem Zusammenhang die P.n Nestroys auf die Opern Wagners und die Dramen Hebbels. Die P. ist keineswegs gattungsgebunden und wurde in der Literatur zu allen Zeiten gepflegt. E. Rotermund (*Gegengesänge*, 1964) definiert die P. als »ein lit. Werk, das aus einem anderen Werk beliebiger Gattung formalstilist. Elemente, vielfach auch den Gegenstand übernimmt, das Entlehnte aber so verändert, daß eine deutl., oft komisch wirkende Diskrepanz zwischen den einzelnen Strukturschichten entsteht«.

Paronomasie Stilfigur der Rhetorik, die Wörter, die ähnlich klingen, aber entgegengesetzte Bedeutung haben, einander zuordnet (z. B. »einmal ist keinmal«). Auch → Homonyme werden oft als P.

verwendet, so z. B. »Heide« (Natur) versus »Heide« (ungetaufter Mensch).

Pars pro toto (lat. Teil fürs Ganze) Stilfigur, die in der Rhetorik gerne verwendet wird und bei der das Ganze durch einen Teil des Ganzen benannt wird, so z. B. »Haupt« für Mensch, »Schlacht« für Krieg usw. Stilist. kann mit der Figur eine Steigerung der Unmittelbarkeit erreicht werden; totalitäre Systeme bedienen sich dieser Figur oft, um Verbrechen zu verharmlosen.

Pasquill 1501 wurde in Rom eine antike Figur aufgestellt, an der ein Schneider namens Pasquino Schmähschriften befestigte. Bald folgten ihm dabei auch Studenten und Professoren, wobei es zum Typus des P. gehört, anonym zu sein. Die Texte wurden bald in verschiedenen lit. Formen geschrieben und erreichten stilist. eine große Vielfalt.

Passionsspiele Geistl. Spiele des späten Mittelalters, die sich aus den Liturgiefeiern der Kirche entwickelt haben und von Bürgern erst vor der Kirche, dann auf dem Marktplatz dargestellt wurden. Die → Osterspiele stammen aus dem byzantin. Brauch des Ganges der Marien zum Grabe und der dort verkündeten Osterbotschaft durch einen als Engel verkleideten Priester. Die Osterspiele wurden um immer neue Szenen bereichert. Seit dem 14. Jh. bringen die Clerici vagantes ganze P. zur Aufführung; die wichtigste Passion, die aus dem Rheinland stammen dürfte, ist in den Carmina Burana ohne Noten überliefert. Daneben: *Alsfelder Passion* (drei Tage Spieldauer) und *St. Galler Passionsspiel*. In der Mitte des 14. Jh.s übernimmt das Bürgertum die P., die jetzt volkssprachig auf den Märkten und in Zunftsälen aufgeführt werden. Die Aufführungen, denen sehr lange Texte zugrunde lagen, verlangten eine realist. Darstellung; die Musik diente zur Untermalung. An die Stelle der frühen → Simultanbühne trat die dreidimensionale Raumbühne mit der Prozession als entsprechender Spielform. Dabei machen stilisierte Kostüme und typ. Farben (z. B blauer Mantel der Maria) die handelnden Personen auch über große Entfernungen am Marktplatz erkennbar. Die P. blieben bis ins 18. Jh. lebendig, wobei im kathol. volkstüml. Bereich das Spiel (Oberammergau, Erl), im protestant. kirchl. Raum die Musik (Joh. Seb. Bach) die Vorherrschaft behielt.

Pastorale Hirtenmusik und Schäferspiel. Die P. fand ihre größte Verbreitung z. Zeit des → Rokoko, als zahlreiche Hirten- und Schäferspiele, häufig mit musikal. Untermalung aufgeführt wurden. Sie steht der Idyllendichtung (→ Idylle) nahe und verherrlicht das einfache ländl. Leben. Goethes frühes Schauspiel *Die Laune des Verliebten* steht der P. nahe. → Arkadisch → Bukolik.

Pastorelle Liedform, die erstmals in der franz. und provenzal. Dichtung des 13. Jh.s volkssprachig erscheint und offensichtl. aus lat. Vorbildern entnommen wurde. Sie stellt das Gespräch zwischen einem Ritter und einem Mädchen vom Lande, zwischen Mönch und Schäferin oder Schäfer und Schäferin dar und zeigt die Werbung eines standesmäßig höher gestellten Mannes um ein einfaches Mädchen. Die P. hat auf die gesamte abendländ. Dichtung nachhaltigen Einfluß ausgeübt und wurde bes. von Walther von der Vogelweide zu einer hohen Kunst vollendet (z. B. *Unter der linden, Nemt frouwe disen kranz*) Auch im späten → Minnesang wird die P. häufig verwendet, so bei Neidhart, Steinmar, Tannhäuser und Oswald v. Wolkenstein, doch beherrschen hier, wie in der gleichzeitigen Vagantenpastorelle (→ Vagantendich-

tung), erot. Motive die Liedform. In der neueren Dichtung haben die Anakreontiker (→ Anakreontik) und bes. Goethe wieder auf die P. zurückgegriffen.

Pathos (griech. Leiden) Der Begriff wird im Dr., aber auch in der Epik (→ Ballade) verwendet, um eine leidenschaftl. Erregung zu bezeichnen, die sich meist in einer bes. gehobenen und expressiven Sprache äußert. In letzter Zeit wird unter dem Einfluß rationaler Lebensbewältigung der pathet. Ausdruck oft als unwahr und schwülstig abgetan, ohne daß bedacht wird, daß der Mensch neben verstandesmäßigen Äußerungen auch gefühlsmäßige Ausdrucksformen benötigt. Aristoteles zeigt in seiner *Poetik*, daß das P. ein notwendiger Bestandteil der → Tragödie ist. Schiller hat in seiner Schrift *Über das Pathetische* (1793) diesen Gedanken vertieft und gezeigt, daß das Pathetische notwendig aus dem Gegensatz von Vernunft und Sinnlichkeit dann entsteht, wenn der Mensch erhaben, d. h. moral. handelt. Die Stilmittel des Pathetischen haben bes. Klopstock, Hölderlin, Schiller, aber auch zahlreiche moderne Literaturströmungen verwendet. Der Begriff »hohles P.« für übertriebene Sprache bei zu geringem Inhalt wird häufig fälschlicherweise auf Texte angewendet, die dem modernen Menschen schwer zugängl. sind. Andererseits haben bes. polit. Ideologien einen Hang zum P., um den Menschen rein emotional anzusprechen.

Pegasos Das Pferd, das aus dem Körper der Medusa entsprang und von Bellerophon gezähmt wurde. Nach der Sage hat P. auf dem Gipfel des Helikon durch seinen Hufschlag die Quelle der → Musen (Hippokrene) entspringen lassen, die Dichter und Künstler inspiriert. Die Sage vom Flügelroß ist jedoch älter als die griech. Mythe; sie reicht bis in frühe altoriental. Kulturen zurück, während die Verbindung mit den Musen erst in hellenist. Zeit allgemein nachweisbar ist.

PEN-Club (Abkürzung für poets, essayists, novelists) Der P.-C. wurde 1921 von der Autorin Dawson-Scott gegründet und ist heute in ca. 85 Ländern vertreten. In ihm sind Schriftsteller, Übersetzer und Hg. zusammengeschlossen; der Beitritt erfolgt auf Vorschlag von Mitgliedern, die sich zu der Charta der Vereinigung bekennen und sich damit verpflichten, »Rassen-, Klassen- und Völkerhaß zu bekämpfen, jeglicher Unterdrückung der Äußerungsfreiheit entgegenzutreten und für die Freiheit der Presse einzustehen« (H.M. Braem, 1973). Jährl. findet ein internationaler PEN-Kongreß statt, während die nationalen Vereinigungen selbständige Veranstaltungen durchführen. Der P.-C. der Bundesrepublik wurde 1951 in Darmstadt, der DDR 1967 begründet. Nach der Vereinigung Deutschlands bemühen sich die beiden Vereinigungen um Kooperation und Zusammenschluß.

Pentameter Fünffüßiger Vers, dessen dritter und sechster Versfuß verkürzt erscheint, der aber dennoch sechs Hebungen enthält. Die sechs Hebungen (→ Daktylen) sind durch eine → Zäsur in zwei Hälften gegliedert, so z. B. »Áber der große Momént/fíndet ein kléines Geschlécht«. Die Verbindung von → Hexameter und P. ergibt das → Distichon.

Pergament Das P. wurde im 2. Jh. v. Chr. in Pergamon als Material entwickelt, auf dem geschrieben werden kann. Es besteht aus enthaarten, gegerbten Häuten und kann im geglätteten, bearbeiteten Zustand leicht beschrieben werden. Seit dem frühen Mittelalter wird das P. allgemein verwendet, da es im Gegensatz zum teureren → Papyrus auf beiden Seiten beschrieben werden kann und leicht zu Büchern gebunden wird. Die Prachthss. der mittelalterl. Klöster, aber auch des späteren Bürgertums verwenden durchgehend P., das erst im 15. Jh. von dem noch billigeren Papier abgelöst wird. Heute wird P. nur noch für bes. kostbare Drucke und Bucheinbände verwendet. – Vielfach wurde P. im Mittelalter auch als Ersatz für Fensterscheiben verwendet, da es lichtdurchlässig ist.

Perikope (griech. Ausschnitt) Der Begriff entstammt der Liturgie der christl. Kirchen, die Abschnitte des NT und AT für die einzelnen Tage des Kirchenjahres als Lesungen bestimmten. Bereits im Mittelalter entstanden zahlreiche sog. Perikopenbücher, in denen diese Lesungen, die häufig auch den → Predigten als Grundlage dienten, zusammengestellt wurden. Im Barock wurden zahlreiche P.n von berühmten Dichtern umgestaltet.

Periode Allgemein die regelmäßige Wiederholung bestimmter Erscheinungen; im Gegensatz zu → Episode, die keine regelmäßige Struktur erkennen läßt. Die P. hat in der Literatur als Stilmittel eine große Bedeutung, da sie die Reihenfolge der einzelnen Sätze, Haupt- und Nebensätze, →Parataxe und → Hypotaxe regelt. Jede lit. Epoche hat ihre typ. syntakt. P.n und kann an ihnen erkannt werden. Bes. stark wurde dieses Stilmittel z. Zeit des Barock gepflegt.

Periodika In regelmäßigen Abständen erscheinende →Jahrbücher, → Zeitschriften usw.

Peripetie Begriff aus der *Poetik* des Aristoteles; er bezeichnet im Dr. die entscheidende Wendung (in der Tragödie zur Katastrophe, in der Komödie zum heiteren Schluß). Für die Struktur des Dr.s, aber auch aller ep. und lyr. Formen, die auf Inhalt und Spannung angelegt sind, ist die P. ein konstitutives Element, da alle Handlungsteile und Erzählelemente sich auf die P. hinordnen müssen.

Persiflage P. ist eine versteckte, meist mit sehr anspruchsvollen Stilmitteln durchgeführte Verspottung und steht der → Parodie nahe.

Perspektive P. bedeutet in der Literatur den Standpunkt, von dem aus eine Handlung, meist in der ep. Dichtung, erzählt wird. Dabei unterscheidet man einmal hinsichtl. des Standortes des Erzählers drei typ. Erzählsituationen (Stanzel): a) Auktoriale Erzählsituation, in der ein allwissender Erzähler die Handlung berichtet und sich immer wieder in das Geschehen einblendet (z. B. Serenus Zeitblom in Th. Manns *Doktor Faustus*); b) In der Ich-Erzählsituation ist der Erzähler ein Teil der Handlung selbst (z. B. Eichendorff, *Aus dem Leben eines Taugenichts);* c) Die personale Erzählsituation zeigt die Handlung aus der Sicht des Lesers selbst (z. B. Henry James, *The Ambassadors*). Als eigenständige Erzählp. wurde im 20. Jh. der →innere Monolog (z. B. Broch, *Tod des Vergil*) entwickelt, der sich dadurch auszeichnet, daß der Leser nahezu ausgeblendet wird und nur die inneren seel. Vorgänge der Hauptfigur von dieser selbst reflektiert werden. Die P. in der Literatur wird dadurch kompliziert, daß sich die genannten Erzählsituationen auch mit unterschiedl. Erzählformen verbinden können: a) Erzählzeit; b) Erzählte Zeit; c) Vorausdeutung; d) Rückwendungen; e) Direkte Rede; f) Indirekte Rede; g) Gespräch. Da sich die Erzählsituationen und Erzählformen niemals in reiner Form vorfinden, ist die Analyse von Texten eines der schwierigsten philolog. Unternehmen. Oft wird der Wechsel der verschiedenen Ebenen selbst als Kunstmittel verwendet.

Petrarkismus Der P. schließt an die Liebesdichtung Petrarcas an,

verwendet aber im Laufe der Zeit dessen Stilmittel sehr regelhaft und wird zuletzt ein lernbares System. Der P. steht an der Wende vom Mittelalter zur Neuzeit; dem → Minnesang ist der Preis der unerreichbaren Geliebten verpflichtet, während die sinnlichen Sprachformen bereits in die Neuzeit weisen. Im Barock, speziell im → Manierismus erlebte der P. seine Hochblüte.

Phantasie Heute modisch »Kreativität«, nach alter Auffassung die bes. Begabung des Künstlers, aus Erfahrungen und allgemeinen Lebenserkenntnissen neue Möglichkeiten der Wirklichkeit zu entwerfen. Die moderne Auffassung wendet sich insofern gegen die überlieferte Vielfalt, als nicht entscheidend ist, ob der Künstler eine eigenständige Vielfalt neu entwirft, sondern ob in dem Entwurf eine neue Möglichkeit von Sein (→ Utopie) sichtbar wird. Die häufig noch gebräuchl. Unterscheidung von aktiver und passiver Phantasie (Künstler versus Natur) ist heute nach den vorliegenden Erkenntnissen der Psychologie und Philosophie nicht mehr haltbar. In der Literatur wird im Hinblick auf Phantasie zwischen sog. fiktionalen (= erfundenen) und nichtfiktionalen (= die Realität wiedergebenden) Texten unterschieden, wobei jedoch oft nicht beachtet wird, daß auch nichtfiktionale Texte ohne P. nicht gebildet werden können. → Fiction

Phantasmagorie In der Dramatik Bezeichnung für die Darstellung von Traumhaft-Surrealem, von Gespenstern und Zauberei. Vermittels akust. und opt. Hilfsmittel wird auf der Bühne versucht, eine entsprechende Sinnestäuschung beim Publikum zu bewirken. Goethe hielt den Helena-Akt in seinem *Faust II* für eine »klass.-romant. P«.

Philhellenismus Geistige Strömung in Westeuropa während des Befreiungskrieges der Griechen gegen die Türken (1821–29). Der P. war eine eigentüml. Mischung aus Sympathien für die polit. Befreiungsbewegung des griech. Volkes und der für die Epoche charakterist. Begeisterung für altgriech. Wesen. Dementsprechend gehörten der Bewegung des P. aktive Kämpfer an (ein eigens aufgestelltes Expeditionskorps wurde 1826 von den Türken geschlagen) und daneben zahlreiche Dichter und Künstler; bekanntester Philhellene war Byron, der 1824 in Griechenland starb. Auch Bayerns kunstsinniger König Ludwig I. stand dem P. nahe. Mit der Wiedergewinnung der Freiheit durch die Griechen verschwand der P. wieder.

Philologie Die Wissenschaft von der Sprache und der ihr zugehörigen Literatur. Insofern sich P. ausschließl. mit der Erforschung einer Sprache beschäftigt, wird sie meist als Sprachwissenschaft oder → Linguistik bezeichnet. Im ursprüngl. Sinne war P. lediglich die Wissenschaft der Textdeutung. In einer umfassenden Bedeutung kann P. heute zugleich die Wissenschaft der Kultur eines Volkes sein, wie sie aus Sprache und Literatur erkennbar wird. Die P. ist in der Zeit des Hellenismus entstanden. Als ihre wichtigsten Aufgaben gelten seitdem die vollständige, auf grammatikal. und stilist. Analyse basierende Auslegung des Textes und seine lit.-ästhet. Deutung. Die moderne, insbes. die dt. P. erfährt ihre Grundlegung in der Endphase der → Klassik im ersten Drittel des 19 Jh.s. Damals und in der Folgezeit wird sie durch bedeutende wiss. Anstöße von W. v. Humboldt, Bopp, Boeckh, K.O. Müller, den Brüdern Grimm und Lachmann etabliert. Neben die ausschließl. Beschäftigung mit der griech. und lat. Sprache (»klassische P.«) tritt die Erforschung der modernen Sprachen (»Neuphilologie«).

Die P. besitzt heute im geisteswiss. Bereich und im Universitätsleben zentrale Bedeutung. → Germanistik, → Literaturwissenschaft.

Philosophie Die Wissenschaft, die nach wahrer Erkenntnis des Wesens der Welt und der Stellung des Menschen in ihr strebt. Die abendländ. Philosophie als Wissenschaft ist eine Schöpfung der Griechen; die ältesten philosoph. Werke, die überliefert sind, stammen von Platon und Xenophon, die ihrerseits auf dem Denken der Philosophen Thales und Pythagoras aufbauen. Die lange maßgebl. Einteilung der P. in Naturphilosophie, Ethik und Logik geht auf Aristoteles zurück. Die Scholastik gliedert die P. in Metaphysik, Physik und Ethik. Im Denken der Neuzeit etablieren sich Erkenntnistheorie und Ästhetik als weitere Disziplinen der P.; gegenwärtig bestimmt die Analytische Philosophie (= Sprachphilosophie oder wiss. P.) die Forschung und Fachdiskussion. Auf dem Gebiet der Ästhetik berühren sich P. und Dichtung unmittelbar; darüber hinaus kann alles philosoph. Schrifttum, soweit es in künstler. Sprache abgefaßt ist und über streng wiss. Absichten des Autors hinausweist, zur Dichtung gerechnet werden. In diesem Sinne reicht eine Brücke von Platon bis Schopenhauer und Nietzsche, deren Werke nicht nur philosoph. Gedankengut ausbreiten, sondern in einer dichter. Sprache höchsten Ranges abgefaßt sind. Soweit für philosoph. Schrifttum dieses Kriterium nicht zutrifft, ist es der Fachliteratur zuzurechnen.

Phonetik Innerhalb der Sprachwissenschaft die Lehre von der Bildung der Laute und ihrer Analyse mit Hilfe exakter Messungen und Beschreibungen. Die P. gliedert sich in drei Hauptbereiche: die artikulatorische P., die sich unter physiologischen Gesichtspunkten mit der Hervorbringung der Laute durch einen Sprecher befaßt; die akust. P., die die Laute auf ihre physikal. Meßbarkeit (Dauer, Frequenz, Intensität usw.) erforscht; und die auditive P., welche die Wirkung aufgenommener Laute bei einem Hörer untersucht. Die beiden erstgenannten Bereiche stehen heute im Vordergrund der seit Ende des 18. Jh.s sich entwickelnden phonet. Forschung.

Phonologie Von dem russ. Slawisten N.S. Trubetzkoj 1938 begründete Lehre von der Gliederung des Sprachschalls und der Schallwahrnehmung in Grundeinheiten, die als Phoneme bezeichnet werden; die Lautschrift, d.h. die zeichenmäßige Wiedergabe der Lautartikulationen, basiert auf phonolog. Erkenntnissen.

Phrase Nach heutigem Sprachgebrauch Bezeichnung für eine aufgeblasene, inhaltslose Sprachwendung. Im Französischen und Englischen Bezeichnung für »Satz«. Aus dem Englischen wurde P. in dieser Bedeutung wieder übernommen durch denjenigen Teil der Sprachwissenschaft, der sich mit der Struktur von Sätzen und Satzteilen beschäftigt (»Phrasenstrukturgrammatik«).

Picaro Spanisches Wort für »Schelm« als Helden des → Schelmenromans, der deswegen auch picar. oder pikaresker Roman genannt wird. Urbild der in Spanien entstandenen Romangattung ist der anonyme *Lazarillo de Tormes* (1554).

Pickelhering Bei den → Engl. Komödianten des 17. Jh.s war der P. (»Pöckelhering«) die komische Figur. Sie geht auf den Schauspieler R. Reynold zurück und ist sowohl mit der Teufelsgestalt in den mittelalterl. Moralitäten als auch mit den engl. Hofnarren und Shakespeares Narrengestalten verwandt.

Pietismus Bezeichnung für eine protestant. Erneuerungsbewegung des 17./18. Jh.s, die sich gegen die Orthodoxie und die eta-

blierte Kirche wandte und die Rückkehr zum gefühlsbetonten, unmittelbaren Glaubenserlebnis forderte (Priestertum der Gläubigen). Der P., der auf Ph. J. Spener zurückging, fand seine Anhänger bes. beim Adel und in Kreisen des gebildeten Bürgertums. Bedeutende Vertreter waren Francke, Tersteegen, Zinzendorf. Für die Literatur bedeutsam wurden insbes. die Kirchenlieder, die aus dem P. hervorgingen und bis heute in der evangel. Kirche einen hervorragenden Rang behaupten, obwohl sie gelegentl. von Gefühlsüberschwang und Süßlichkeit nicht frei sind. Auch die weltl. Dichtung der Zeit (Gellert, Jung-Stilling u. a.) wurden durch den P. beeinflußt.

Plagiat Der Diebstahl geistigen Eigentums. In der Literatur kann sich das P. auf den Diebstahl eines Stoffs, → Motivs oder auch stilist. Spracheigentümlichkeiten erstrecken. Das P. verstößt gegen das → Urheberrecht und ist strafbar. Auch in der Musik spricht man von P.

Pléiade Gruppe franz. Dichter des 16. Jh.s (Renaissance), die sich um Ronsard und Du Bellay scharten und danach strebten, die franz. Sprache und Dichtung an den Vorbildern der antiken Literaturen zu erziehen und auf ein diesen ebenbürtiges Niveau zu heben. Dementsprechend wurde auch den antiken Gattungen wie → Epos, → Tragödie usw. der Vorzug vor später entstandenen gegeben. Eine Art Programm der P. verkündete Du Bellay in seinem 1549 erschienenen Werk *La Défense et Illustration de la Langue Françoyse (Verteidigung und Rühmung der französischen Sprache)*, das auch auf die Dichtungstheorie der Folgezeit erhebl. Einfluß ausübte. Zu den Mitgliedern der P. zählten ferner Baïf, Jodelle, Daurat, Belleau, Pontus de Tyard und Peletier.

Pleonasmus Anhäufung sinngleicher oder -verwandter Wörter, oder auch Beifügung (Adjektiv), die überflüssig ist, weil sie im Hauptbegriff bereits mit enthalten ist (z. B. »heiße Glut«). Der P. kann stilist. Funktionen übernehmen, wenn z. B. eine gewisse Eindringlichkeit erstrebt wird.

Poesie Als Oberbegriff bezeichnet P. → Dichtung ganz allgemein. In einem engeren Sinne ist P. das Ergebnis einer metrisch und rhythmisch geformten dichter. Sprachgestaltung im Gegensatz zur → Prosa, die ebenfalls Dichtung sein kann, jedoch in ungebundener Rede auftritt.

Poetik Die Lehre von der Kunst des Dichtens. Als Teilgebiet der → Ästhetik (→ Philosophie) befaßt sich die P. mit Fragen der → Gattung, der Sprachgestalt, dem Gehalt und der Wirkung eines dichter. Kunstwerks. Die ältesten europ. P.en, die bis in die Zeit der → Aufklärung bedeutenden Einfluß hatten, sind Aristoteles' fragmentarisch erhaltene Schrift *Über die Dichtkunst* und Horazens *Dichtkunst (Ars poetica)*. Steht in diesen beiden Werken noch die Technik des Dichtens im Vordergrund des Interesses, so tritt für die dt. P. seit der Epoche der Aufklärung über den → Sturm und Drang und die → Klassik bis hin zur → Romantik ein grundsätzl. Umschwung ein, insofern das Handwerkliche zurücktritt und das Problem der Deutung einer Dichtung einen zentralen Platz erhält. Bahnbrechende Schriften widmeten Lessing (*Laokoon oder über die Grenzen der Malerei und Poesie*, 1766), die Brüder Schlegel, Novalis Fragen der P. Von höchstem Interesse für die klass. Auffassung der P. ist der Briefwechsel zwischen Goethe und Schiller. Im 19. und 20. Jh. wurde die Diskussion fortgeführt. In der modernen Literatur und deren → Rezeption spielen jedoch norma-

tive P.en keine Rolle mehr, insofern der Gehalt eines Sprachkunstwerks vor allem aus diesem selbst und seiner inneren → Struktur
erschlossen wird.

Pointe Zunächst versteckter, dann überraschend hervortretender
geistreicher Schlußeffekt und Höhepunkt eines → Witzes, aber
auch einer ernsthaften Begebenheit. »Sie wird kaum an ihre Adresse gelangen«, prophezeite Voltaire der von Rousseau verfaßten
Ode an die Nachwelt.

Politische Literatur Schrifttum, das polit. Inhalte behandelt und
auf polit. Wirkung abzielt. P. L., in gebundener Sprache ebenso wie
in → Prosa, ist in Europa seit der → Antike bekannt und erlebt
immer dann Hochblüten, wenn große gesellschaftl. und geistige
Umwälzungen sich ankündigen oder stattfinden. Von lit. Wert ist
sie nicht in allen Fällen. Unter den dt. Dichtern und Schriftstellern,
die p. L. schufen, ragen im → Mittelalter Walther von der Vogelweide, in der Reformationszeit Hutten (→ Reformationsliteratur)
hervor. Eine umfangreiche p. L. entstand vor und während der
Französischen Revolution. Anfang des 19. Jh.s erwuchsen der p. L.
in Persönlichkeiten wie Kleist, Körner, Arndt u. a. nochmals hervorragende Repräsentanten, deren Schriften und Dichtungen ausschlaggebend zur polit. Meinungsbildung beitrugen und die Befreiung von der napoleon. Herrschaft geistig vorbereiteten. Auch das
20. Jh. kennt aufgrund der großen militär. Katastrophen und sozialen Umwälzungen eine umfangreiche p. L.

Polyhymnia → Muse.n

Pornographische Literatur Bezeichnung für eine umstrittene,
nicht klar abzugrenzende spezif. Form der → erot. Literatur, deren
themat. und gestalter. Qualität zwischen der eines anspruchsvollen
Kunstwerkes und der eines unästhet. Machwerkes liegt und für die
ein einheitl. Werturteil auch wegen unterschiedl. Grundeinstellun-
gen der Rezensenten nur schwer zu gewinnen ist. Von der erot.
Literatur unterscheidet sich die p. L. dadurch, daß erstere sowohl
die körperl. als auch die emotionalen Beziehungen zwischen Liebenden darzustellen sucht, während letztere sich im allgemeinen
darauf beschränkt, ausschließl. geschlechtl. Aktivitäten zu beschreiben. Bekannte Titel aus dem Bereich der p. L. sind *Die
Memoiren der Fanny Hill* (1749) von John Cleland, das Werk des
Marquis de Sade (1740–1814) und die unter einem Pseudonym
erschienene *Geschichte der O.*

Positivismus Philosoph. Richtung des 19. Jh.s, die sich in ihrer
Erkenntnistheorie auf Hume berief und von Comte ausgestaltet
wurde. Der P. geht vom sinnl. Faßbaren als dem einzig Gegebenen
und empir. Erfahrbaren aus und lehnt metaphys. Spekulation ab.
Mit der Entfaltung der Naturwissenschaften gewinnt der P. an
Boden. In Dtld. findet er auch Eingang in → Literaturwissenschaft
und Literaturgeschichtsschreibung (→ Literaturgeschichte). Naturwissenschaftliche Methoden und Kategorien, insbes. diejenigen
strenger Kausalität, werden vom P. auch für die Erforschung der
Literatur und ihrer Zusammenhänge postuliert. Bedeutendster
Vertreter dieser literarhistor. Richtung ist Wilhelm Scherer (1841
bis 1886), der 1883 mit seiner *Geschichte der deutschen Literatur*
hervortrat und damit die philolog.-histor. Methode begründete.
Nach ihm bekannten sich Germanisten wie Erich Schmidt, R. M.
Werner, Jacob Minor u. a. zu dieser Methode, der hervorragende
Forschungsergebnisse zu verdanken sind, wenngleich in der Fol-
gezeit wieder klar erkannt wurde, daß der dichter. Schaffensprozeß

keineswegs, wie der P. unterstellt hatte, im streng naturwiss. Sinne
»nachvollziehbar« und meßbar ist.

Posse Anspruchslose Art des Lustspiels, bei der eine komische
Person im Mittelpunkt steht und allerlei aus dem Leben gegriffene
Begebenheiten überzeichnet dargestellt werden, um Lachen zu
erregen. Die P. ist aus → Mimus, → Fastnachtsspiel und → Commedia dell'arte hervorgegangen, war seit Gottsched verpönt und
hat erst im 19. Jh. neuen Aufschwung erhalten, insbes. in Gestalt
der Wiener Lokalpossen (Raimund, Nestroy u. a.), die z. T. heute
noch aufgeführt werden. Die P. ist mit dem Bauerntheater (→ Bauerndichtung) und dem → Schwank verwandt.

Postille Zunächst Bezeichnung für auslegende Kommentare zu
Bibeltexten und Abschnitten von Bibeltexten (→ Perikopen). Im
weiter gefaßten Wortsinn versteht man unter P. eine Predigt, die
einen Bibeltext zum Thema hat, sowie niedergeschriebene und
verbreitete, der häusl. Erbauung dienende Bibelauslegungen. Bedeutende frühere P.n waren Luthers *Kirchen- und Haus-P.* (1527)
und die *Haus-P.* von Goffiné (1690). Die P. als christl. Erbauungs-
lektüre wurde später durch Einbeziehung profaner Themen mehr
und mehr ihrem ursprüngl. Zweck entfremdet (Brechts *Haus-P.*,
1927).

Predigt Die öffentl. Verkündigung der christl. Heilsbotschaft, der
in beiden christl. Kirchen eine bedeutende, in der evangel. sogar
eine zentrale Funktion zukommt. Die Entstehung der P. reicht in
die neutestamentl. Zeit zurück. Unter den Predigern des Mittelalters ragt Berthold von Regensburg (gest. 1272) hervor, dessen
Prosastil Einfluß auf das Schrifttum der → Mystik gewann. Neben
ihm ist Geiler von Kaysersberg (gest. 1510) zu nennen. Ein weithin
bekannter Prediger war auch Abraham a Sancta Clara (gest. 1709);
auf protestant. Seite gewinnt die P. mit Melanchthon in der Reformationszeit ihre spätere Bedeutung, erfährt neue Akzentsetzungen
im → Pietismus und findet Ende des 18./Anfang des 19. Jh.s in
Schleiermacher noch einmal einen hervorragenden Vertreter.

Preislied Neben dem → Heldenlied die zweite Großform altgerman. Dichtung seit der Völkerwanderung. Im Mittelpunkt des
epischen P.s steht ein zeitgenöss. Held oder eine Begebenheit aus
unmittelbarem Erlebnisbereich. Ein P. wurde von zwei Sängern im
Wechselgesang vorgetragen. Texte altgerman. P.er sind nicht überliefert, doch finden sich in zeitgenöss. Berichten Hinweise auf sie.
Das ahd. *Ludwigslied* von 881 wird als in der Tradition des P.es
stehend empfunden.

Presse Ursprüngl. nur Bezeichnung für eine Druckmaschine,
dann auch auf das mit ihrer Hilfe hergestellte, period. erscheinende
Druckerzeugnis selbst übertragen. Die heutige Hauptbedeutung
von P. ist die Gesamtheit aller Zeitungen und Zeitschriften. Die P.
ist eines der einflußreichsten Massenmedien und hat auch durch
das Aufkommen von Rundfunk und Fernsehen an Wirkung nichts
eingebüßt, zumal die lokale Ebene mit all ihren Besonderheiten
von den übrigen Massenmedien nur teilweise oder gar nicht erfaßt
werden kann. Innerhalb der P.-Erzeugnisse gibt es Organe, die sich
nur an bestimmte Gruppen wenden, so z. B. die Boulevard-P., die
vorwiegend für die weniger anspruchsvollen Schichten bestimmt
ist und dort ihre Abnehmer findet, die inhaltl. und formal anspruchsvolleren Wochenzeitschriften, durch die die Intellektuellen
angesprochen werden, usw.

Priamel Gattung der mittelalterl. Spruchdichtung (→ Spruch), die aus der Stegreifdichtung (→ Stegreif) entstanden ist und im 12. Jh. erstmals bei Spervogel nachweisbar ist. Zur eigenständigen Form wurde sie dann im 15. Jh. durch Hans Rosenplüt ausgebildet. Ihr Wesen besteht darin, daß mehrere Gedanken, die durch einfachen Reim zusammengebunden sind, in eine Schlußpointe einmünden. In Hausinschriften hat sich das Prinzip der P. noch erhalten.

Primärliteratur Der Begriff erfährt seinen Sinn aus seinem Gegenstück der → Sekundärliteratur, die lit. Texte der P. erläutert und kommentiert.

Prodesse et delectare Lat. = »nützen und erfreuen«. Wendung aus der → Poetik des Horaz, mit der zum Ausdruck gebracht werden soll, daß die Dichtung im moral. Bereich zu wirken und gleichzeitig eine ästh. Leistung zu erbringen habe. Diese Horazische Auffassung wurde besonders in den Poetiken des Barock (→ Barockliteratur) und der Zeit der → Aufklärung wieder aufgegriffen.

Prolog Kurze Einleitung in ein → Drama oder eine → Oper, durch welche die Personen der Handlung bzw. die Handlung vorgestellt werden. Das Gegenstück zum P. ist der → Epilog. Der P. geht auf die griech. → Tragödie des 5. vorchristl. Jh.s zurück. Aischylos, Sophokles und Euripides setzen ihn unter verschiedenen ästh. Absichten ein. Im modernen Theater lebt der P. wieder bei Shakespeare auf. Mitunter erweitern sich die P.e zu kleinen → Vorspielen. In der dt. Literatur sind der *Prolog im Himmel* aus Goethes *Faust* und Schillers P. zu *Wallensteins Lager* berühmt.

Prosa Im Gegensatz zur → Poesie die ungebundene Sprache, die allerdings rhythm. gegliedert sein kann, so v. a. in gehobener Rede, wie z. B. in Nietzsches *Also sprach Zarathustra*. Die P. ist charakterist. für → Roman, → Novelle, neueres → Drama usw. und erfährt seit der → Antike eine Pflege u. a. durch die größten Autoren, so z. B. durch Thukydides, Platon, Cicero u. v. a. Seit die Bedeutung des → Romans immer stärker gewachsen ist, hat auch die geschliffene, kunstvolle P.-Sprache immer mehr Beachtung erfahren und immer größere Wirkung erzielt.

Prosodie In der griech. → Metrik war P. ursprüngl. die Lehre von der Länge und Kürze der Silben, aber auch der entsprechenden Tonhöhe, später wurde der Begriff auf die Wort- und Versrhythmen und die Behandlung der Sprache im Vers übertragen. Als prosod. bezeichnet man jene Merkmale, durch die Dauer, Tonhöhe und Tonstärke bei Lauten bestimmt sind. Bei Lautfolgen sind → Akzent und → Rhythmus zu untersuchen.

Proszenium Im Theater der vordere Teil der Bühne, der zwischen dem Vorhang und dem Orchester (der Rampe) liegt. P.s-Logen befinden sich seitlich. Im antiken Theater verstand man unter P. die Fläche, auf der – vor dem Szenengebäude – die Aufführung eines Stückes stattfand.

Protagonist In der Literatur Bezeichnung für den ersten Kämpfer, den Helden eines Stückes; darüber hinaus der Hauptdarsteller im allgemeinen. Der P. hebt sich ab von seinem Gegenspieler, dem → Antagonisten.

Protokoll Schriftl. Aufzeichnung über den sachl. Verlauf oder die Ergebnisse (Ergebnis.-P.) einer Veranstaltung z. B. einer Sitzung, einer Tagung o. ä. Das P. wird in der Regel ihren Teilnehmern unterbreitet; sobald sie ihre Zustimmung erteilt haben, gilt es als verbindlich.

Psalmendichtung Dichtungen, die sich an den bibl. Psalmen orientieren und ihre Stoffe aus ihnen beziehen. P. kam auf, seit die Psalmen – lange bevor es eine vollständige Bibelübersetzung gab – in die Volkssprachen übertragen wurden. Eine Hochblüte erlebte sie in der Reformationszeit; sie hielt sich bis ins 19. Jh. Fleming, Opitz, Dedekind u. a. schufen P.en.

Pseudonym Deckname, dessen sich Künstler und Literaten bedienen, sei es, um unter einem besonders zugkräftigen, einprägsamen P. rasch bekannt zu werden, oder aber – besonders im Bereich der Literatur –, um die eigtl. Identität und ihre Verfasserschaft geheimzuhalten. P.e waren bereits im Altertum gebräuchl. und sind auch heute stark verbreitet. Sie genießen urheberrechtl. Schutz. Bekannte P.e aus der dt. Literatur sind z. B. Novalis (= Friedrich von Hardenberg), Jeremias Gotthelf (= Albert Bitzius). Sie haben vielfach die eigentl. Familiennamen aus dem allgemeinen Bewußtsein verdrängt.

Psychologischer Roman Form der Romanliteratur, die das Seelenleben von Menschen beobachtet, analysiert, deutet und beschreibt, also weniger äußere Ereignisse als »inneres« Geschehen behandelt. Die Entwicklung des p. R.s beginnt mit Rousseaus *Nouvelle Héloise* (1761) und verzeichnet Höhepunkte im → Realismus bei G. Keller und C. F. Meyer, im → Naturalismus z. B. bei G. Hauptmann und im → Impressionismus bei A. Schnitzler.

Publikum Im Theater die Zuschauerschaft. Im lit. Betrieb die Gesamtheit der Leser, an die sich Literatur wendet. Im Zeitalter lit. und halblit. Massenproduktion und außerordentl. preisgünstiger Druck- und Vervielfältigungsmöglichkeiten orientieren sich die meisten Verlage, was den Unterhaltungssektor betrifft, an den wahren oder vermeintl., oft auch suggerierten Bedürfnissen des P.s, insbesondere desjenigen Teils, der aufgrund seines Bildungsniveaus zu lit. Werturteilen und zu differenzierter Artikulation seiner Wünsche nicht befähigt ist. Literatur wie Sachbücher, Nachschlagewerke usw. wenden sich an ein P., das sich informieren möchte. Sobald Literatur fachspezif. Gegenstände behandelt, wendet sie sich nicht mehr an das P. schlechthin, sondern an die einschlägigen Fachkreise.

Publizistik Die Stellungnahme zu aktuellen Themen durch Wort, Schrift und Bild in den Medien Presse, Rundfunk, Fernsehen und Film. → Zeitung.

Puppentheater Theater, bei dem anstelle von Schauspielern Puppen agieren; diese werden von Schauspielern, die auch den Text sprechen, bewegt. Bekannteste Form des P. ist das Marionettentheater. Das P. ist bereits aus der Antike bekannt, wurde in allen Folgezeiten, besonders im 16. und 17. Jh. gepflegt und erlebte insbesondere in der → Romantik einen bedeutenden Neuaufschwung. Besonders verbreitet waren im 19. Jh. Texte für das P. vom Grafen Pocci. Außer ihm arbeiteten Eichendorff, Arnim, Trakl u. a. für das P. Dichter wie Goethe *(Wilhelm Meisters Lehrjahre)* und Kleist widmeten dem P. tiefsinnige Betrachtungen.

Q

Quart → Format

Quelle Die Vorlage, aus der ein Dichter einen Stoff für ein Werk geschöpft hat. Die Qu.n können sehr verschiedenartig sein; ihre Palette reicht von der histor. →Chronik bis hin zum Zeitungsartikel, in dem von Begebenheiten berichtet wird, die dann ein Autor als Stoff aufgreift. Das Forschen nach Qu.n wird wiss. betrieben, seit die positivist. orientierte Literaturwissenschaft die Qu.n-Forschung als eigenständigen Teilbereich etabliert hat.

Quodlibet Seit dem 16. Jh. gebräuchl. Bezeichnung für ein Sammelsurium von Gedichten, die äußerl. nicht zusammengehören. Auch für ein einzelnes Gedicht, das aus heterogenen Teilen montiert ist, wird der Begriff Qu. gebraucht. In der mittelalterl. Theologie bedeutete Qu. eine kürzere Disputation über einen bestimmten Gegenstand. Auch in der Musik wird der Begriff gebraucht im Sinne eines Potpourris oder musikal. Scherzes durch Montage verschiedener Melodien.

R

Rätsel Eine in Frageform gekleidete, oft versifizierte Be- oder Umschreibung einer zu erratenden Person oder Sache. Als Dichtungsgattung sind R. bereits aus ältesten Zeiten (Orient, Antike) bekannt, ebenso aus der germ. Kultur. Sie sind zugleich aus allen nachfolgenden Epochen bezeugt und werden schließlich als Kunstform von Schiller ausgeprägt (Bearbeitung von Gozzis *Turandot*), dem Brentano, Hebel u. v. a. folgen. Eine erste Sammlung von R.n erschien gedruckt um 1505.

Rahmenerzählung Darstellungsweise, bei der eine Erzählung den Rahmen für andere, in ihr enthaltene und in sich abgeschlossene Erzählungen abgibt. Der Bezug der eingeschlossenen Erzählungen zur R. wird oft durch ein verbindendes Leitmotiv hergestellt, doch können sie auch mit der Absicht der Kontrastierung, des Nebeneinanderstellens von Vergangenheit und Gegenwart oder der psych. Differenzierung in die Komposition einer R. eingehen. Bedeutende R.en der Weltliteratur sind die *Märchen aus Tausendundeiner Nacht* (1. Fassung 9. Jahrhundert), Boccaccios *Decamerone* (1348ff.) und aus der dt. Literatur bes. Goethes *Unterhaltungen deutscher Ausgewanderter* (1795) und G. Kellers *Das Sinngedicht* (1881).

Raubdruck Unrechtmäßiger Nachdruck eines Werkes, weder vom Verfasser noch vom Verleger genehmigt.

Realismus Als stiltypolog. Begriff bezeichnet R. in der Literatur diejenige Darstellungsweise, die auf anschaul. Wiedergabe der Wirklichkeit in gegensätzl. Sprache abzielt und sich dadurch gegen jede Form von lit. →Idealismus abgrenzt. Seit der dt. Klassik, bes. Schillers Abhandlung *Über naive und sentimentalische Dichtung* (1795/96), in der sein Begriff von »naiv« auf das spätere R.-Verständnis vorausweist, hat die Diskussion des Begriffs nicht aufgehört. Im 20. Jh. hat Brecht als typ. für den R. gefordert, daß die Wahrheit herauszufinden, das Einzelne mit dem Allgemeinen zu verbinden und im großen Prozeß das Besondere festzuhalten sei. Zu starrer Dogmatik sind diese Forderungen im →sozialist. R. geronnen. – Mit R. werden zugleich einzelne Epochen der europ. Literaturen des 19. Jh.s bezeichnet, in denen die realist. →Roman, in Dtld. auch die →Novelle als Hauptformen im Vordergrund

stehen. Bedeutende franz. Realisten waren Stendhal, Balzac, Flaubert, in Rußland können L. Tolstoi, Dostojewski, Gontscharow, Turgenjew dem R. zugerechnet werden, während in Dtld. zwischen dem Ende der →Romantik und der Heraufkunft des →Naturalismus Storm, G. Keller, Fontane, Raabe, im Drama auch Hebbel, zu den Hauptrepräsentanten des R. gezählt werden.

Rechtschreibung Orthographie. Die offizielle Regelung für die Schriftsprache im Hinblick auf Buchstaben und Satzzeichen. Die deutsche R. nahm seit den Arbeiten der Grammatiker Freyer und Adelung im 18. Jh. Gestalt an. Eine verbindl. R. gibt es jedoch erst seit den R.s-Konferenzen von 1876 und 1901. Die heutige dt. R. ist in dem von Konrad Duden begründeten Wörterbuch, das in Mannheim und Leipzig getrennt erscheint, festgehalten. Die Schwierigkeiten, die die dt. R. bietet, lassen die Diskussionen über eine Orthographiereform nicht verstummen. Zwischen der Bundesrepublik Deutschland, Österreich, der Schweiz und Südtirol bestehen Informationskontakte, die bei einer möglichen, allerdings noch nicht sichtbaren Reform einheitliches Vorgehen gewährleisten sollen.

Redakteur Verlagsangestellter oder Journalist, der Berichte für Zeitschriften, →Journale usw. redigiert, d. h. ein Manuskript so bearbeitet, daß es gedruckt oder gesendet werden kann. Die Gemeinschaft der Redakteure ist die Redaktion, der ein sog. Chefdakteur vorsteht. In der Schweiz ist für R. der Ausdruck Redaktor gebräuchl., in Deutschland wird der Begriff Schriftleiter synonym gebraucht.

Rede In der Sprachwissenschaft unterscheidet man drei Formen der Mitteilung, die direkte R., bei der ein Sprecher selbst auftritt, die indirekte R., welche eine mittelbare, berichtartige Wiedergabe ist, und die erlebte R. (innerer →Monolog), bei der ein Selbstgespräch oder nicht geäußerte Gedankengänge wiedergegeben werden, z. B. »Sollte er etwa der Mörder sein?«. Die Kunst der Rede ist die →Rhetorik.

Referat Ein Bericht oder Vortrag über ein sachl. klar umgrenztes Thema aus Wissenschaft, Politik usw. Von einer →Rezension unterscheidet sich das R. dadurch, daß es auf Wertungen in strengem Wortsinn verzichtet; allerdings kann durch die Art, wie ein Thema behandelt wird, sehr wohl eine innere Gewichtung erkennbar werden.

Reformationsliteratur Sammelbegriff für das – meist polemische – Schrifttum, das im Gefolge der Reformation, bes. seit Luthers Thesenanschlag von 1517, entstanden ist und bis zum Abschluß des Augsburger Religionsfriedens von 1555 herrschend blieb. Dabei handelte es sich zumeist um → Flug- oder → Streitschriften, → Satiren, Streitgedichte usw., in denen die Ziele der Reformation vorgetragen oder auch bekämpft wurden. Die R. hat das Entstehen des Kirchenliedes wesentl. gefördert und auch das Humanistendr. beeinflußt. Hauptvertreter der R. waren, neben Luther selbst, Eck, Hutten, Eberlin von Günzburg, Murner, Melanchthon. →Gegenreformation.

Refrain Auch → Kehrreim. Die Wiederholung von Silben, Worten oder Wortgruppen am Versende, innerhalb einer Strophe oder am Ende von Strophen, insbesondere beim Volkslied, →Volksliedstrophe. Je nachdem, an welcher Stelle der R. steht, unterscheidet man den Anfangs-, Binnen- oder Endkehrreim. Werden ganze Strophen wiederholt, spricht man von period. Kehrreim. → Reim.

Regesten Kurze, zusammenfassende Inhaltsangaben von Urkunden, bei denen Datum, Ort, Namen, Überlieferung usw. genau verzeichnet, dagegen alle übrigen, nicht zum wesentl. Inhalt gehörenden Einzelheiten weggelassen werden. R. umfassen manchmal nur einen einzigen Satz. Wichtige Sammlungen von R. sind die *Regesta Imperii* (begonnen 1831), die *Regesta pontificum Romanorum* (begonnen vor 1198) und für die dt. Geschichtsforschung die *Quellenkunde der deutschen Geschichte* von Dahlmann und Waitz (10. Auflage 1969/71) sowie die *Jahresberichte für Deutsche Geschichte* (seit 1925).

Regie Im Theater und beim Film Bezeichnung aller Aufgaben, die in den Zuständigkeitsbereich des Regisseurs fallen, wobei eine innere R. (die Herausarbeitung eines Ideengehaltes) von einer äußeren R. zu unterscheiden ist; letztere umfaßt Bühnendekoration, Kostümierung, Beleuchtung usw. Eine R. im heutigen Sinne gibt es seit dem Beginn des 19. Jh.s nach dem bahnbrechenden Vorbild, das Goethe als Leiter des Weimarer Theaters gab. Hervorragende Bühnenregisseure des 20. Jh.s waren Max Reinhardt, Gründgens, Fehling u. a. → Inszenierung.

Register Alphabetisches Verzeichnis aller Namen und Sachbegriffe in einem Buch.

Reim Gleichklang von Silben oder Lauten, durch den Verse miteinander verbunden werden. Der R. ist der wichtigste Versschmuck und steigert die Wirkung einer dichter. Aussage. Der heute vorherrschende Endreim ist aus den roman. Literaturen vornehmlich aus der spätantiken Hymnik übernommen worden. Die germ. Dichtung kannte dagegen nur den → Stabreim. Wird die letzte Silbe eines reimenden Wortes betont, spricht man von männl. R. (z. B. Gewalt – Gestalt), liegt dagegen die Betonung auf der ersten von zwei Silben (z. B. klingen – singen), handelt es sich um einen weibl. R. Je nach Abfolge unterscheidet man verschiedene R.-Typen, von denen der Paarreim (aa), der Kreuzreim (abab), der umarmende R. (abba), der Schweifreim (aab, ccb), der Drei-R. (aaa), der verschränkte R. (abc, abc) und der Ketten-R. (aba, bcb, cdc, usw.) die wichtigsten sind. Solange das Dichten noch als eine erlernbare handwerkliche Kunst galt, gab es R.-Lexika, in denen

reimende Wörter verzeichnet waren. Das erste Lexikon dieser Art in dt. Sprache erschien 1540. – Seit dem 18. Jh. und verstärkt seit dem 20. gibt es auch in wachsendem Umfang reimlose Dichtungen.

Reimchronik Vom 12. bis zum 16. Jh. vorkommende geschichtl. Darstellung (→ Chronik) in Versform, meist in vierhebigen Reimpaaren oder Alexandrinern. Gegenstand dieser R. waren die Weltgeschichte, Kaisergeschichten oder auch die Historie eines Landes, wobei die Tatsachen oft durch sagenhafte oder phantast. Einschübe angereichert wurden. Bekannte R.en sind die Kaiserchronik aus dem 12. Jh., die Weltchronik von Rudolf von Ems, die Deutschordenschronik von Nikolaus von Jeroschin.

Reimpaar Zwei Verse, die durch einen Paarreim miteinander verbunden sind. Das R. ist charakterist. für das dt. Gedicht von Otfrid bis zu Opitz und kommt in Dichtungen vor, die nicht für den Gesang bestimmt sind. → Reim.

Reiseliteratur Sammelbegriff für Schrifttum, das vom Reiseführer über wiss. Reisebeschreibungen bis hin zu fiktiven Reiseerzählungen reicht. R. ist seit der → Antike bekannt – Ansätze finden sich schon bei Herodot – und erlebt ihre erste Hochblüte im Zeitalter der Entdeckungen (15./16. Jh.). Von bedeutendem wiss. Wert sind die Reiseberichte Alexander von Humboldts, Forsters und Chamissos und von hervorragendem kulturgeschichtl. Interesse die R. der Russen Radischtschew und Karamsin im 19. Jh. Unter der R. von dichter. Anspruch ragt Goethes *Italienische Reise* (1816/17) hervor, an dessen Vorbild sich von Gregorovius bis Carossa viele Kulturhistoriker und Dichter orientierten.

Remittende Druckerzeugnis (Buch), das sich im Sortimentsbuchhandel oder beim Grossisten als unverkäufl. erwiesen hat und deshalb an den Verleger zurückgesandt wird, wenn eine entsprechende vertragl. Abmachung besteht.

Renaissance Kulturgeschichtl., im 19. Jh. von Chasles, Michelet und Burckhardt eingeführter Begriff zur Bezeichnung der Epoche von ca. 1350 bis Anfang des 16. Jh.s. Er beinhaltet das Wiederanknüpfen an antike Kulturleistungen und Vorbilder und eine neue Hochblüte (»Wiedergeburt«) der Künste. Das Heimatland der R. ist Italien, wo sie in genialen Schöpfungen auf allen Gebieten der bildenden Künste ihren sinnfälligsten Ausdruck fand und von wo sie auch auf Dtld., Frankreich und die Niederlande übergriff. Auf das Gebiet der Literatur ist der Begriff R. nur bedingt übertragbar; hier bezeichnet er vor allem die Literatur des ital. → Humanismus (Ariost, Bembo u. a.) und gleichzeitige Richtungen in den Nachbarländern. Zur Entwicklung einer eigenständigen R.-Literatur in Deutschland kommt es nach ersten Ansätzen nicht mehr, da die Reformation (1517) einsetzt (→ Reformationsliteratur) und auch die lit. Szene von Grund auf verändert.

Reportage Bericht für Zeitung, Rundfunk oder Fernsehen, der in erster Linie sachl. informieren soll und eine gewisse Unmittelbarkeit besitzt, die auf persönl. Eindruck, Aussagen von Augenzeugen usw. beruht. Heutige R.n erheben vielfach den Anspruch, Dokumentation zu sein. Das Niveau der R. und ihre Wirkung hängen maßgebl. vom journalist. Können und vom Willen des Autors zu sachl., objektiver Tatsachendarstellung ab.

Restauration Bezeichnung für Aktivitäten zum Zwecke der Wiederherstellung ursprüngl. polit. und sozialer Verhältnisse, soweit sie durch revolutionäre Entwicklungen überwunden waren. In der Literatur gilt als Epoche der R. die lit. Strömung des → Biedermeier, die der freiheitl. und realitätsbezogenen Literatur des → Jungen Deutschland eine idealist. und konservative Grundeinstellung entgegenzusetzen suchte.

Revue Moderne Form der Bühnendarstellung, bei der gesprochene Texte sowie tänzer. und musikal. Darbietungen von unterhaltendem Charakter zusammenwirken. Sie geht auf franz. und engl. Vorbilder des 19. Jh.s zurück. Seit einigen Jahren tritt die R. immer stärker zugunsten der vom Fernsehen geförderten »Show« zurück, in der ein oder mehrere Unterhaltungssänger, Tanzgruppen, Orchester usw. im Mittelpunkt stehen. – R. ist auch die Bezeichnung für eine Zeitschrift kulturellen oder polit., wirtschaftl. Inhalts, wie sie v. a. in Frankreich im 19. J.h. blühte. Von großer literarhist. Bedeutung war die 1829 gegründete *Revue des deux mondes*, in der viele romant. Dichter veröffentlichten; sie bestand bis 1944.

Rezension In der → Textkritik bezeichnet R. das Bemühen, aus mehreren überlieferten → Handschriften die zuverlässigste Version durch Vergleich herauszufinden. In der Literaturkritik dagegen ist die R. eine sachverständige Besprechung eines Werkes, in der nach seinem Wert gefragt wird. R.en finden sich in Literaturzeitschriften, aber auch im → Feuilleton von Tageszeitungen oder Wochenschriften. Der Wert einer R. ist problemat., da sich der Autor notwendigerweise von einem eigenen Standpunkt ausgehend mit einem zu rezensierenden Werk befaßt. Das Rezensieren ist daher vor dem Problemfeld der lit. Wertung schlechthin zu sehen.

Rezeption Begriff aus der vergleichenden Literaturwiss., der die Wirkungsgeschichte eines Werkes oder einer lit. Strömung bezeichnet. Die R. kann sowohl im eigenen Kulturbereich – dann mehr unter chronolog. Gesichtspunkten – untersucht werden (z. B. die R. Goethes in den nachfolgenden Epochen) oder aber mehr unter geistesgeschichtl. Aspekten, insofern die Übernahme ausländ. Strömungen betrachtet wird (z. B. die R. humanist., aus Italien stammenden Gedankengutes in Deutschland). In einem weiteren kulturgeschichtl. Sinne erstreckt sich R. insbesondere auf die Übernahme von Rechtsordnungen, so z. B. des mittelalterl. dt. Stadtrechts durch die Slawen oder des napoleon. Code civil in Deutschland

Rezitation Das sprachl. angemessene Vortragen einer Dichtung mit der Absicht, diese voll auf die Zuhörer wirken zu lassen. R.en durch einen Autor selbst sind bereits aus der Antike bekannt; gleichwohl ist es eine ebenfalls bekannte Tatsache, daß Autoren nicht immer die besten Rezitatoren ihrer Werke sind.

Rhapsodie In der altgriech. Dichtung bezeichnet R. eine von einem fahrenden Sänger (Rhapsoden) vorgetragene, oft fragmentar. Dichtung. – → Sturm und Drang und → Romantik erinnerten sich der R. und prägten einen »rhapsodischen Stil« aus, der sich nicht durch strengen gedankl. Aufbau, sondern durch phantasievolles Assoziieren von Vorstellungen, Gedanken, Eindrücken auszeichnet. Einzelne Werke von Hamann, Herder, Wackenroder und auch Nietzsches *Also sprach Zarathustra* können mit einer gewissen Berechtigung als rhapsodisch bezeichnet werden.

Rhetorik Die Lehre von der Kunst der Rede. Die R. lehrt, wie eine Rede, soll sie die beabsichtigte Wirkung ausüben, gedankl. aufzubauen und formal im Vortrag zu gestalten ist. Hinsichtl. des Stils stellt die R. eine Fülle sogenannter → »rhetorischer Figuren« bereit, deren sich der Redner bedienen kann. Als äußere Ergänzung müssen die angemessene Gebärde, Stimmlage, Rhythmik hinzu-

kommen. Die R., an deren Stelle heute weitgehend die Sprecherziehung getreten ist, geht auf die → Antike zurück. Ohne fundiertes rhetor. Können war dem Griechen oder Römer eine Funktion im öffentl. Leben verschlossen. Noch im Mittelalter gehörte die R. zu den »Sieben freien Künsten« (→ Artes liberales) und galt als Lehre auch für die Dichtkunst. Von großem Einfluß war die R. insbes. auf die höf. Dichtung, und auch noch in der Dichtung des → Humanismus und Barock (→ Barocklit.) spielt sie eine wichtige Rolle.

Rhetorische Figuren Stilist. Kunstmittel zur wirksamsten Darbietung von Gedanken. Dabei sind Wortfiguren (Tropen, → Tropus), wie z. B. → Anapher, → Anakoluth, → Hyperbel, die sich auf die äußere Sprachgestaltung erstrecken, zu unterscheiden von Gedankenfiguren; letztere betreffen die Anordnung, Entfaltung und den Ausdruck eines Gedankens, z. B. → Antithese, rhetorische Frage usw. Auch Topoi (→ Topos) können in gewissem Sinne den r. F. zugerechnet werden. Ihre Ausarbeitung ist eine Leistung der → Antike, wobei insbesondere Gorgias, Isokrates und Cicero hervorzuheben sind. R. F. haben bis ins → Mittelalter und in die → Renaissance eine hervorragende Bedeutung behalten. → Rhetorik.

Rhythmus In einem allgemeinen Sinne eine gleichmäßig gegliederte Bewegung und regelmäßige Wiederkehr von Hebung und Senkung, Betonung und Abschwächung usw. In der → Metrik ist der Wechsel von betonten und unbetonten, von langen und kurzen Silben die Basis des R., bei dem sich verschiedene Typen unterscheiden lassen, so z. B. ein fallender oder steigender, schreitender oder hüpfender R. usw. Der Erforschung des Wesens des R. widmeten sich bereits so bedeutende antike Autoren wie Platon und Aristoteles. Seitdem hält die Diskussion an. Im 20. Jh. wurde die Erforschung des Sprachrhythmus in Vers (→ Lyrik) und → Prosa als eine noch unbewältigte Aufgabe erkannt (A. Kelletat), mehrere Schulen stehen einander gegenüber.

Rokoko Aus der bildenden Kunst auf die Literatur übertragener Begriff zur Bezeichnung des etwa zwischen 1730 und 1750 herrschenden spätbarocken Stils. Der in den neunziger Jahren des 18. Jh.s in Frankreich aufgekommene Begriff wurde im Anschluß an H. A. Korffs Konstituierung eines »deutschen Rokoko« als Stilbezeichnung erst 1922 durch J. Wiegand in die Literaturgeschichtsschreibung (→ Literaturgeschichte) eingeführt. Als typ. für die Literatur des Rokoko, die entscheidend durch die → Aufklärung geprägt wird, gilt die Vorliebe für das Dekorative und Zierliche, mit der ein gewisser Verzicht auf tiefe Gefühlsentäußerung einhergeht. Zu einer besonderen Hochblüte gelangte das lit. R. in Frankreich, wo Lesage, Voltaire, Marivaux u. a. seine Hauptvertreter sind und es in → Lustspiel, → Roman, → Lyrik zur Geltung kommt. In Dtld., wo das R. sich namentl. in der → Anakreontik ausströmt, gilt Wieland als dessen Hauptvertreter. Neben ihm ist bes. Gessner zu nennen. Mit wesentl. Werken in bestimmten Phasen ihres Schaffens gehören auch Lessing und Goethe (*Die Laune des Verliebten*, 1767) zum R.

Rolle Die vorgezeichnete Funktion des Darstellers in einem Bühnenstück oder Film. Je nach dem Gewicht des zu spielenden Parts unterscheidet man Haupt- und Nebenrollen, wobei es geschehen kann, daß eine durch einen hervorragenden Künstler verkörperte Nebenrolle entscheidend aufgewertet wird. Von den noch bis ins 19. Jh. übl. Rollenfächern (z. B. der R. des Liebhabers, Intriganten usw.) ist man abgekommen. Welche R. ein Schauspieler übertragen erhält, hängt von der Einschätzung ab, die man ihm hinsichtl. seiner mimischen Wandlungsfähigkeit entgegenbringt.

Rollengedicht Lyr. Form, bei der ein Dichter seine Gedanken und Gefühle von einer (lyr. Monolog) oder von zwei (lyr. Dialog) Figuren seiner Dichtung in der Ichform ausdrücken, gewissermaßen zitieren läßt. Das R. findet man besonders in der Hirten- und Schäferdichtung der → Renaissance und des → Barock.

Roman Bedeutet heute erzähler. Großform in Prosa. Ursprüngl. war es nur in Frankreich die Bezeichnung für alles, was in der allgemeinverständl. Volkssprache, dem altfranz. »romanz«, geschrieben war. Mit dem Ausgang des Mittelalters erhielt der Begriff seinen heutigen Inhalt und fand in dieser Bedeutung im 17. Jh. auch Eingang in den dt. Sprachgebrauch. Das Wesen des R.s hat seitdem verschiedenartige Ausdeutungen erfahren; heute besteht eine Übereinstimmung insoweit, als eine breitangelegte, umfassende Darstellung von Lebens- und Zeitumständen als R. aufgefaßt wird. Je nach formalem Aufbau und Inhalten unterscheidet man in Ich-R., chronikalischen R., → Briefroman bzw. → Abenteuer-, Entwicklungs-, → Bildungsr., → psychologischen R. usw. Darüber hinaus kann eine Rangordnung nach der künstler. Qualität aufgestellt werden. Vom verwandten → Epos unterscheidet sich der R. im wesentl. dadurch, daß er eine persönlichkeitsbezogene Darstellungsweise voraussetzt, während das Epos darauf abzielt, den Weltlauf, wie er – scheinbar unabhängig von Menschen und Akteuren – »an sich« sei, einzufangen und in der Dichtung wiederzugeben. R.e, die heute der → Weltliteratur zugerechnet werden, sind in allen großen europ. Literaturen entstanden. Unter den dt. Dichtern schufen beispielsweise Goethe, Jean Paul, G. Keller, Th. Mann, Kafka R.e von Weltgeltung.

Romantik Der Begriff R., der erstmals bei Novalis auftaucht, bezeichnet die Lit.epoche zwischen 1790 und 1830. Die Epoche der R. wird aus heutiger Sicht als letzte Überhöhung des dt. → Idealismus betrachtet, wie er sich in Philosophie, Wissenschaft, Kunst und Lit. gleicherweise neben und im Gefolge der → Klassik darstellte. Obwohl die R. ein europ. Phänomen war – die dt. R. wurde v. a. durch England beeinflußt –, formierte sie sich nur in Dtld. zu einer regelrechten Schule, zu der im wesentl. die Brüder Schlegel

in der Zeitschrift *Athenäum* 1798–1800 die Theorie lieferten. Hauptcharakteristikum der R. ist die Erfahrung des Unendlichen, in dem die Magie des Irrationalen (→ Irrationalismus), der Mächte des Gefühls und der Seele wirksam ist und das den Menschen allseits umgibt. Aus dieser Gemütslage heraus ergibt sich zugl. der Hang der R. zum Fragmentarischen, nicht Abgeschlossenen, zum → Symbol und zur → Ironie, in der sich dichter. Ingenium sich schöpfer. ergeht. In der → Philosophie gilt Schelling als der Hauptvertreter der R. In der Dichtung gelten an erster Stelle Novalis und nach ihm Wackenroder, Tieck, Brentano, Eichendorff und E. T. A. Hoffmann als die größten Repräsentanten. Viele zählen auch den zweiten Teil von Goethes *Faust* zur romant. Dichtung.

Romanze Bezeichnung für eine span. Art der → Volksballade, die in der roman. Sprache (daher der Name) gesungen wurde. Durch Gleim (*Marianne*) wurde der Begriff 1756 auch in Dtld. eingeführt. 1805 veröffentlichte dann Herder seinen im Stil der span. R. gedichteten *Cid*, gefolgt von Brentano, Tieck, den Brüdern Schlegel, Heine u. a. Die Grenze der R. zur → Ballade ist fließend, was daran erkennbar wird, daß noch Schiller beide Begriffe synonym gebraucht. Eine dauernde Einbürgerung der R. in der dt. Dichtung ist trotz der Anstrengungen während der Zeit der Romantik nicht gelungen.

Rondeau Aus einem in Frankreich zum Rundtanz gesungenen Lied Ende des 15. Jh.s entstandene Gedichtform. Das R. besteht meist aus acht bis dreizehn Zeilen zu acht bis zehn Silben und hat nur zwei Reime. Wiederholt wird eine ungereimte Refrainzeile (→ Refrain), die aus dem Anfang der ersten Zeile gewonnen wird, in der Mitte und am Ende des Gedichts. In Dtld. schufen Fischart, Weckherlin, Zesen u. a. R.s.

Runen Im 17. Jh. aus dem Dänischen übernommene gelehrte Bezeichnung für die ältesten Schriftzeichen der Germanen, wie sie vor Einführung der lat. Schrift und teilweise noch neben ihr gebraucht wurden. Die R. sind wahrscheinl. zwischen 100 v. Chr. und 100 n. Chr. entstanden. Das älteste Runenalphabet bestand aus 24 Zeichen. Von den ca. 5000 überlieferten R.-Inschriften befinden sich allein rd. 3000 in Schweden. Die wiss. Erforschung der R. begann im 16. Jh.

S

Sachbuch Bezeichnung für ein schriftsteller. Werk, das Themen aus den Bereichen Wissenschaft, Kultur oder Politik zwar fachkundig, aber nicht fachl. eng und wiss. streng, sondern allgemeinverständl. und unterhaltend, also für den Laien lesbar aufbereitet und darstellt. Der Tradition des populärwissenschaftl. Buches des 19. Jh.s folgend, aber auch schon auf Beispiele im Altertum und im Mittelalter zurückgehend, findet das S. nach dem Zweiten Weltkrieg sprunghaft außergewöhnl. große Verbreitung. Exemplar. Beispiele für das S. sind u. v. a. Cerams *Götter, Gräber und Gelehrte* (1949), *Die Zukunft hat schon begonnen* (1954) von Jungk und *Ein Planet wird geplündert* (1975) von Gruhl.

Saga (Pl. Sögur, aber auch Sagas) Altisländ. Prosagattung. S. bedeutet im Altnord. Bericht, Erzählung. Man unterscheidet Isländersagas (z. B. *Die Geschichte von dem starken Grettir, dem Geächteten*), Königssagas (z. B. das erste historische Werk über die norwegischen Könige von Snorri Sturluson, 1220–1230), Vorzeitsagas (z. B. *die Völsungssaga*, eine Prosaparaphrase der Lieder des Nibelungenzyklus der *Edda*) und die Rittersagas (z. B. *Thidrekssaga*, mit Erzählungen aus dem Sagenkreis um Dietrich von Bern, um 1250). Von hohem literarischem Wert sind die Isländersagas, die in der Landnahmezeit Islands 872 bis 930 spielen und nach 1200 aufgezeichnet wurden. Die wiss. Erforschung der Sagaliteratur ist Aufgabe der Skandinavistik und der vergleichenden Mediävistik.

Sage Seit der → Romantik gebräuchl. Sammelbegriff für mündl. überlieferte Volkserzählungen über Waldgeister, Drachen, Zwerge, dann auch über Heldengestalten aus der Vorzeit mit einem steten Interesse an außerordentl. Begebenheiten, die aber an real nachweisbaren Orten stattfinden. Man unterscheidet Volkssagen – und innerhalb dieser wiederum Natur-, Ereignis- und Erlebnissagen –, → Heldensagen und Göttersagen. Die in Dtld. sehr bekannte Kyffhäusersage zählt zu den Ereignissagen; die Heldensage hat ihre charakterist. Ausformung in den ahd. Heldenliedern gefunden (z. B. *Hildebrandslied*). Göttersagen finden sich fast nur im Altnord. In dt. Sprache liegen wenige Zeugnisse vor; so z. B. die vor 750 entstandene *Merseburger Zaubersprüche*. → Saga.

Satire An keine bestimmte lit. Form gebundene Gattung, die in geistreicher Sprache Torheiten und Laster verhöhnt, mißbilligende Kritik übt und oft in Gestalt von R., Ged. oder auch Dr. auftritt. Nach Ansätzen in der griech. Literatur (Aristophanes) entwickelt sich die S. bei den Römern zu einer eigenständigen lit. Gattung (Ennius, Lucilius, Horaz u. a.). Die für das Mittelalter charakterist. Tiergeschichten (Reineke Fuchs) gehören ebenfalls zu den S.n. Eine Hochblüte erreicht die S. im 16. Jh. (Brants *Narrenschiff*). Seit Goethe und der Romantik erfährt die lit. S. neuen Auftrieb. Im 19. und 20. Jh. erhält sie durch zeitkrit. und soziale Dimensionen neue Bezüge (Heine, H. Mann, Böll u. v. a.) – Auch in Frankreich (Voltaire) und England (Defoe, Swift) wurde die S. zu hoher Vollendung geführt.

Satyrspiel Dramat. Gattung der altgriech. Literatur. Etwa um 650 v. Chr. war das S. eine zunächst rein tänzer. vorgeführte, ab 600 zur Chordichtung und reicherem Bühnenspiel umgestaltete Darstellung des Treibens von Satyrn, lüsternen und derben Naturdämonen mit Pferdeohren, -schwänzen und -hufen. Später entwickelte sich das S. durch das Hinzukommen weiterer Themenbereiche zu einem gewissen iron.-kontrastierenden Gegenstück zur ernsten → Tragödie. S.e sind von den größten griech. Dichtern, Aischylos und Sophokles, überliefert. Als einziges S. ist der *Kyklops* des Euripides ganz erhalten.

Schäferpoesie → Arkadisch, Bukolik.

Schallanalyse Ein von dem Germanisten E. Sievers entwickeltes Verfahren, durch das Sprachklänge untersucht werden können. Ziel ist dabei festzustellen, unter welchen psych.-physiolog. Bedingungen geformte menschl. Rede zustande kommt und welche spezif. Eigenschaften sie besitzt. Die S. ist auch als Mittel der → Textkritik verwendbar. Seit neuestem versucht man, durch apparative und statist. Methoden die Elemente der Schallform innerhalb des Kommunikationsprozesses zu analysieren.

Scharade Form des Silbenrätsels, die in der Provence entstanden ist und bei der einzelne Silben oder ganze Wörter durch Umschreibung angedeutet werden, z. B. Hans = Vorname, Wurst = Fleischspeise, daraus »zusammengesetzt« die Theaterfigur des Hanswurst. Bei gespielten (lebenden) S.n ist der Sinn des Dargestellten aus der → Pantomime zu erraten.

Schattenspiel Spiel, bei dem sich hinter einer beleuchteten durchsichtigen Fläche Schatten bewegen. Diese können durch tatsächl. Figuren verursacht worden sein oder auch durch Handbewegungen erzeugt werden. S.e sind wahrscheinl. in China entstanden,

verbreiteten sich dann über Asien, den Orient und Nordafrika und kamen über Italien im 17. Jh. auch nach Dtld., wo sie später bes. von den Romantikern gepflegt wurden (Arnim, Brentano). In diesem Jh. hat Alexander von Bernus eine Wiederbelebung der S.e versucht. In gewissem Sinn können die S.e als Vorläufer des Films angesehen werden.

Schauspiel Der Begriff ist mehrdeutig. Im allgemeinen wird er synonym mit → Drama gebraucht, insofern das S. eine Zwischenstellung zwischen → Tragödie und → Komödie einnimmt. In einem eingeschränkteren Sinn bezeichnet S. ein Theaterstück, das – ähnl. der Tragödie – auf einer ernsten Grundsituation aufbaut, dann jedoch im Gegensatz zur Tragödie mit einer positiven Konfliktlösung endet. Darüber hinaus dient der Begriff S. innerhalb des Theaterbetriebs als Bezeichnung für das Sprechtheater im allgemeinen im Unterschied zu → Oper und Ballett. Bedeutende Beispiele für S. im dramat. Verständnis sind Goethes *Iphigenie auf Tauris* (1787), Lessings *Nathan der Weise* (1779), Kleists *Prinz von Homburg* (1821).

Schelmenroman Auch »pikaresker« oder »pikarischer Roman« (→ Picaro). In Spanien im 16. Jh. entstandene Form des → Abenteuerromans mit gesellschaftskrit. Ansatz (Alemán, *Guzmán de Alfarache*), in den zugleich Elemente des Schäfer- und des Ritterromans eingehen (→ Schäferpoesie). Von Spanien aus verbreitete sich der S. auch über Frankreich, England und Deutschland. Hier wurde er durch eine erweiterte Übersetzung des *Guzmán* und des *Lazarillo*-R.s Anfang des 17. Jh.s eingeführt. Seinen Höhepunkt erreicht der dt. S. in Grimmelshausens *Der abenteuerliche Simplicissimus Teutsch* (1669), der Lebensgeschichte eines tumben Bauernjungen, der die krieger. Wirrnisse seiner Zeit durchlebt und sein Leben demütig als Einsiedler beschließt. Als moderne Variante des S.s kann in gewissem Sinne Thomas Manns Buch *Bekenntnisse des Hochstaplers Felix Krull* (1954) gelten.

Schicksalstragödie Von dem Literarhistoriker Gervinus 1835 geprägtes gelehrtes Fachwort für eine Form der → Tragödie, in der ein unabwendbares Schicksal verhängnisvoll in das Leben des Menschen eingreift. Die in der ersten Hälfte des 19. Jh.s sehr populären S.n waren in der Regel darauf angelegt, möglichst bühnenwirksam Schauer hervorzurufen. Hauptvertreter der S. waren Zacharias Werner (*Der 24. Februar*, 1810), Müllner (*Die Schuld*, 1813). Auch Grillparzers *Die Ahnfrau* (1817) kann der S. zugerechnet werden, erhebt sich jedoch in ihrem lit. Rang weit über die stereotype und pedant. Anlage der zeitgenöss. S.n.

Schlager Der Begriff taucht erstmals 1881 in der *Wiener National-Zeitung* auf und bezeichnet ein sehr populäres, inhaltl. meist anspruchsloses Lied mit eingängiger Melodie. Die »Gassenhauer« können in diesem Sinn als Vorläufer der S. angesehen werden. Durch die Möglichkeiten von Schallplatte, Kompaktkassette, Rundfunk und Fernsehen hat die Schlagerbranche in den letzten Jahren einen ungeahnten Aufschwung genommen. In den öffentl. Rundfunk- und Fernsehanstalten gibt es nach amerikan. Vorbild »Hitparaden«, in denen gemäß dem Votum der Zuhörer die S. qualifiziert werden. Bes. seichte und gefühlsselige S. werden seit den fünfziger Jahren auch Schnulzen genannt; S., die sich über Jahrzehnte hinweg behaupten konnten, nennt man Evergreens.

Schlagwort Im Bibliothekswesen gleichbedeutend mit Stichwort. Neuerworbene Schriften werden bei der Katalogerstellung unter bestimmte inhaltl. möglichst klar umgrenzte Begriffe, S.e eingeordnet, so daß bei Benutzung des Katalogs eine rasche Übersicht über alle zu einem bestimmten Gebiet (S.) vorhandenen Bücher, Zeitschriften, Zeitschriftenartikel usw. möglich ist. S.e aus dem Bereich der Literaturwiss. können z..B. sein: »Metrik, antike«; »Wertung, literarische« usw.

Schlüsselroman R., in dem Personen, Orte und Begebenheiten in der Weise verschlüsselt sind, daß bestimmte Anspielungen auf tatsächl. Verhältnisse erkennbar sind und eine Entschlüsselung möglich ist. Der Kunstgriff der Verschlüsselung wird angewendet, wenn sich aus Rücksicht auf die persönl. Sphäre eine direkte Erwähnung verbietet, ein Autor andererseits aber auf die indirekte Offenlegung bestimmter Sachverhalte und Konstellationen nicht verzichten will. Erste Beispiele für S. sind in der dt. Literatur der *Wilhelm von Werder* des Ulrich von Etzenbach und der *Theuerdank* des Kaisers Maximilian (1517), ein allegorisierendes, autobiograph. → Epos in → Reimpaaren. Zu einer regelrechten Mode wurden S.e im Barock, bes. in Italien, England und Frankreich. In Dtld. traten Lohenstein und A. U. v. Braunschweig mit S.en hervor. Auch im Schrifttum der Gegenwart, bisweilen in Form von Theaterstücken, gibt es Beispiele für S. (R. Peyrefitte, Beauvoir, K. Mann u.a.).

Schrift Die Gesamtheit graph. Zeichen, mit denen ein Text schriftl. festgehalten und überliefert wird. Die Entwicklung der Schrift, deren älteste Systeme aus China und dem alten Orient stammen, führte von der Wortschrift über die Silbenschrift schließl. zum Alphabet, in dem die Zeichen nicht mehr für Worte oder Silben, sondern für einzelne Phoneme (Laute) stehen. Im 9. Jh. v. Chr. entwickelten die Phönizier ein Alphabet, das die Griechen übernahmen. Aus dem entwickelten griech. Alphabet sind dann alle S.en West- und Osteuropas hervorgegangen. In Europa besteht heute – neben der vereinheitlichten griech. Schrift – als wichtigste Schrift die lat., während Russen, Bulgaren und Serben das kyrillische Alphabet benutzen.

Schriftsprache Die geschriebene Hochsprache. Gegenüber dieser unterscheidet sich die S. noch insofern, als sie von höherem lit. Anspruch ist und z. B. auch Konstruktionen und Wendungen aufweist, die in der gesprochenen Hochsprache selten oder nie vorkommen. Für die geschriebene Hochsprache und damit auch die S. wird heute des öfteren der Ausdruck Standardsprache gebraucht. Über der S. steht die Literatursprache, an der Spitze die dichter. Sprache. → Dialekt.

Schriftsteller Der Verfasser (Autor) eines lit. Werkes. Auch die Autoren von Essays, Drehbüchern für Rundfunk und Fernsehen, Fachbüchern werden S. genannt, nicht dagegen die Journalisten, deren Arbeit mehr auf Tagesaktualitäten ausgerichtet ist, was jedoch nicht ausschließt, daß viele von ihnen auch schriftstellerisch tätig sind. S. wird heute im allgemeinen gleichbedeutend mit Dichter gebraucht, wobei letzterer speziell schöngeistige Literatur (→ Belletristik) produziert. Die meisten S. Deutschlands, Österreichs und der Schweiz gehören (privaten) Interessenvereinigungen, S.-Verbänden, an. Eine bekannte internationale S.-Vereinigung ist der PEN-Club mit nationalen Sektionen.

Schuldrama Im Humanismus entstandene und bis ins 17. Jh. verbreitete Form des lat. Dr.s, das von Schülern der Lateinschulen aufgeführt wurde und v. a. deren Sprachfertigkeit fördern sollte. Die S.en knüpften an die röm. Autoren Terenz und Plautus an und behandelten vorwiegend christl. Themen. Neben dem lat. S. entstand im 16. Jh. auch ein dt. Bekannte Autoren von S.en waren Macropedius, Gnapheus, Naogeorgus u. a. Im 17. Jh. knüpfte Ch. Weise nochmals an die Tradition der S.en an.

Schwank Realist. Kurzgeschichte oder auch Theaterstück mit lustigem und derbem Inhalt, ursprüngl. eine Form der → Volksdichtung. In Dtld. gab es den S., zunächst in lat. Sprache, schon seit dem 10. Jh. Nach dem Vorbild der franz. Fabliaux erfolgte dann im 13. Jh. die Ausbildung der Schwankform entsprechend dem heutigen Verständnis. Die Blütezeit des S.s fällt ins 16./17. Jh. (Hans Sachs). Die älteste dt. Sammlung von Schwänken geht auf »den Stricker«, einen bürgerl. Fahrenden des 13. Jh.s zurück. – Im Theater ist S. oft gleichbedeutend mit → Posse.

Schwulst Heute nicht mehr ganz aufrechtzuerhaltende Bezeichnung für überladenen Stil, bes. im späten → Barock.

Science fiction Bereich der Unterhaltungs- und → Trivialliteratur (Romane und Erzählungen), in dem fingierte wiss. Leistungen und Erkenntnisse als Realität eingeführt und schriftsteller. genutzt werden. S. f. ist daher mit der → Utopie verwandt. Literarhist. gesehen, steht der S. f.-R. in der Tradition des → Abenteuerromans und steht auch in der Nähe des phantast. Rs. Als seine Väter können Jules Verne und H. G. Wells angesehen werden. In Dtld. schufen u. a. Lasswitz, Dominik, Gernsbach S. f.-Literatur.

Sekundärliteratur Schrifttum, das lit. Werke (Primärliteratur) kommentiert, erklärt, interpretiert. Ende des 19./Anfang des 20. Jh.s entstand z. B. eine umfangreiche S. über die Werke der dt. Klassiker. Literaturwiss. Arbeiten müssen Bibliographien enthalten, die sich in → Primärliteratur und S. gliedern.

Semantik Die Lehre von der Bedeutung sprachl. Zeichen und Zeichenfolgen, wobei Einzelinhalte abzugrenzen, ihre Stellung im Sprachsystem zu untersuchen, ihre Komponenten zu analysieren sind und ihre Anordnung erforscht werden muß. Von der linguistischen S. (→ Linguistik) ist eine philosoph. zu unterscheiden; letztere untersucht die Beziehungen zwischen sprachl. Zeichen und der außersprachl. Wirklichkeit, dem Gemeinten. Die allgemeine S. (General Semantics) schließlich ist die Lehre von den Beziehungen zwischen den sprachl. Zeichen und dem Denken und Verhalten derjenigen, die sich eines Zeichensystems bedienen.

Senkung Unbetonte Silben zwischen zwei Hebungen im Vers werden in der → Metrik S. genannt. Waren in der antiken Dichtung die Silbenlänge, in der roman. die Silbenzahl maßgebl., so ist es im dt. Vers vor allem die Silbenbetonung. Hier ist nicht der Umfang der Silbe ausschlaggebend, sondern deren Gewicht. Die schwachbetonte Silbe ist die S. → Füllung.

Sentenz Dem → Sprichwort nahestehender und mit dem → Aphorismus verwandter prägnanter, dichter. geprägter Ausspruch. Aufgrund bes. rhythm.-klangl. Merkmale ist die S. einprägsam. Die S. wurde von der → Renaissance bis zur Klassik besonders gepflegt. Schiller ist Meister der S.en, die sich in vielen seiner Dramen und Gedichte finden, z. B. »Ernst ist das Leben, heiter ist die Kunst« (Prolog zu *Wallensteins Lager*). Die → Romantik, die gegenüber rational geschliffenen S.en mehr die Gefühlswelt betont, steht der S. skeptisch gegenüber, während sich seit der → Neuromantik (Rilke) die Dichter wieder stärker der Pflege der S. zuwenden.

Sequenz Aus bestimmten Formen des → Tropus entstandene und neben dem → Hymnus wichtigste lat. Dichtungsform des Mittelalters. Mit der S., einem Festlied, wurde in der Meßliturgie das Graduale beschlossen. Die S. war ursprüngl. ein textloser Jubelgesang, dem erst später freirhythm. Texte unterlegt wurden. Größter Meister der S. war Notker der Stammler in St. Gallen, der auch in seinem Buch *Liber hymnorum* (884) über die Entstehungsgeschichte der S. berichtet. Im Verlaufe ihrer weiteren Entwicklung kamen Hebung → Senkung und Endreim in die bald voll rhythmisierten Zeilen (→ Rhythmus) der S., die im Schaffen von Adam von St. Viktor im 12. Jh. nochmals einen Höhepunkt erreicht. Rund 4000 S.en sind überliefert. In der kath. Kirche sind gemäß dem Missale von 1970 nur noch eine Oster- und eine Pfingst-S. vorgeschrieben.

Shakespearebühne Eine in England seit dem 16./17. Jh. eingeführte Form der dreiteiligen Bühne, bei der ein rechteckiges und von drei Seiten einsehbares Podium in den Zuschauerraum hineinragt und es außerdem eine schmale Hinter- sowie eine Ober- bzw. Balkonbühne gibt. Die Hinterbühne war durch einen Vorhang abgetrennt, die Oberbühne ebenfalls mit einem Vorhang und zusätzl. einem Geländer versehen. Die Loge für das Orchester befand sich über der Oberbühne. Während die Hinterbühne überdacht war, traf dies für den Zuschauerraum nicht zu. Nach Deutschland kam die S. durch die → Englischen Komödianten. Seit 1953 gibt es in der kanad. Stadt Stratford eine von Tyrone Guthrie eingerichtete moderne S. – Die S. wurde im Zuge der weiteren Entwicklung der Bühne durch die modernere Guckkastenbühne und ihre Ausformungen abgelöst.

Short Story Die engl.-amerikan. Bezeichnung für → Kurzgeschichte, wobei Kurzgeschichte die Übersetzung des älteren Begriffs Sh.S. ist. Die amerikan. Sh.S., die in der ersten Hälfte des 19. Jh.s entstand (Irving, Poe), hat eine dt. → Novelle ähnl. Entwicklung genommen. Nach Poe, dem auch eine Theorie der Sh.S. zu verdanken ist, gibt es in ihr keine überraschende Lösung, sondern nur eine von Anbeginn »unausweichliche«. Nicht nur die besten amerikan. Schriftsteller haben Sh.S.s geschrieben (Sherwood, Anderson, Hemingway, Steinbeck u. v. a.), sondern auch Europäer wie Maupassant und Tschechow. Auf die dt. Literatur hat das Vorbild der Sh.S. nach dem Ersten Weltkrieg und erneut nach 1945 stark eingewirkt (Borchert, Kaschnitz, Böll u. v. a.).

Simultanbühne Für die mittelalterl. → Mysterienspiele typ. Bühnenform, bei der mehrere Schauplätze, die rund um einen Markt herum in sog. Häusern aufgestellt wurden, gleichzeitig eingesehen werden konnten. Zeitgenöss. Regisseure (z. B. Ariane, Mnouchkine) versuchen, die S. wiederaufleben zu lassen.

Singspiel Unterhaltendes Bühnenstück mit → Dialogen und Gesangseinlagen. Seine Blütezeit, besonders in Deutschland und England, fällt ins 18. Jh. Der Beginn des S.s in Deutschland wird durch Weißes *Die verwandelten Weiber* (1752) markiert, der sich seinerseits durch franz. → Vaudevilles und die Opéra comique inspirieren ließ. Auf musikal. Gebiet schufen Ditters von Dittersdorf (*Doktor und Apotheker*) und – mit höchster Meisterschaft – Mozart S.e (*Bastien und Bastienne*). Auch Mozarts große Opern, wie z. B. *Die Entführung aus dem Serail* oder *Die Zauberflöte*, können dem S. zugeordnet werden. Aus diesem entwickelte sich später die → Operette, die wiederum vom Musical abgelöst wurde.

Sinngedicht → Epigramm.

Sittenstück Moralisierendes, gesellschaftskrit. orientiertes Drama, mit dem herrschende Zustände getroffen werden sollten. Als Teilgebiet der sozialkrit. Tendenzdichtung (→ Tendenzliteratur) kam das S. bes. im → Naturalismus und hier wiederum vor allem bei G. Hauptmann zur Geltung.

Skalden Altnord., zunächst norweg., später v. a. isländ. Dichter, über deren Leben und Dichten einige → Sagas berichten. S. sind seit dem 9. Jh. bekannt. Ihre Dichtungen, oft Spott- und → Preislieder, die sog. Skaldendichtung, deren Erforschung bereits im 13. Jh. einsetzte (Snorri Sturluson), sind zahlreich überliefert und in der 1. Hälfte des 20. Jh.s in Skandinavien in mehreren Sammlungen wiss. ediert worden.

Sketch Kurzes, pointiertes Bühnenstück in → Kabarett und Varieté mit witzigem Inhalt, meist von großer Bühnenwirksamkeit und oft auf Aktualitäten bezogen.

Skizze In der Literatur Bezeichnung für eine kurze, nur andeutende, im allgemeinen nicht auf Details des Themas eingehende und dieses auch nicht abschließend behandelnde, fragmentar. wirkende Form der → Erzählung. Von der → Kurzgeschichte unterscheidet sich die S. durch ihre beabsichtigte Oberflächlichkeit. S.n stammen z. B. von Rilke (*Am Leben hin*, 1898) und Th. Mann (*Über Heine*, 1908).

Skolion (Pl. Skolien) Lied, das bei altgriech. Symposien vorgetragen wurde. Nach hergebrachter Sitte hatte jeder der Teilnehmer ein S. vorzutragen oder fortzusetzen, während ein Myrtenzweig herumgereicht wurde. Hauptinhalte der Skolien sind polit. Ereignisse und allgemeine Lebensweisheiten. Die bekannteste überlieferte Sammlung von Skolien geht auf Athenaios zurück (*Attische Skolia*).

Sonett Im Italien des 14. Jh.s entstandene und zu erster Hochblüte gebrachte Gedichtform. Ein S. besteht aus zwei vierzeiligen Strophen (Quartetten) und zwei dreizeiligen (Terzetten). Der strenge Aufbau zwingt zu klarer Gedankenführung. Die ersten ital. Meister des Sonetts waren Dante und Petrarca. Im 16. Jh. fand das S. auch in die übrigen europ. Literaturen. Besonders gepflegt wurde es in Frankreich (Du Bellay, Ronsard u. a.) und in England (Shakespeare, Milton u. a.). In der dt. Dichtung nimmt das S. im 17. Jh. einen bedeutenden Rang ein (Fleming, Gryphius). Es wird erneuert durch die → Romantiker um 1800. Auch hervorragende neuere Dichter wie George, Rilke, Weinheber u. v. a. schufen oder übersetzten S.e. Hochgeschätzt und in mehreren Übersetzungen verbreitet sind bes. die S.e Michelangelos und Shakespeares.

Song Engl.-amerikan. Begriff für parodist., balladenhaftes Lied. Seit Brechts und Weils *Dreigroschenoper* (1928) ist der Begriff auch, obschon gegenüber amerikan. Vorbildern modifiziert, in die dt. Sprache eingegangen. Auch für Lieder im → Kabarett hat sich der Begriff S. eingebürgert. → Couplet.

Soziale Dichtung Literatur, die Mißstände in der Gesellschaft anprangert und auf ihre Abstellung hinwirken will. S. D. engagiert sich bes. für benachteiligte Unterschichten. In Deutschland erhielt die S.D. – nach zahlreichen Vorläufern im 19. Jh. von Heine über Freiligrath bis Spielhagen – bes. Gewicht während der Epoche des → Naturalismus und des → Expressionismus. In Ged.en, Dr.en und R.en fand soziales Elend Eingang, so bei G. Hauptmann, H. Mann, Sternheim u. v. a.

Sozialistischer Realismus Bezeichnung für eine 1932 von der KPdSU festgelegte richtungweisende Kunstdoktrin, die danach zumindest offiziell von den meisten sozialist. Parteien und Staaten übernommen wurde. Im Unterschied zum bürgerl. bzw. krit. →Realismus des 19. und 20. Jh.s, der die bürgerl. Gesellschaft seiner Zeit kritisiert, definiert der S. R. die Aufgabe der Kunst dahingehend, daß sie die Wirklichkeit im Rahmen ihrer revolutionären Entwicklung zum Sozialismus darzustellen und die Menschen zum Kampf für diesen Sozialismus zu motivieren habe. Der zweite Teil dieser Aufgabenstellung bedingt unvermeidbar, daß der S.R. die Wirklichkeit tatsächlich nicht realist., sondern tendenziös, die Welt nicht, wie sie ist, sondern wie sie sein soll, beschreiben muß. Aus der Definition resultiert weiter die ideolog. Konsequenz, daß der S.R. als Doktrin ein Ausschließlichkeitsrecht für sich in Anspruch nehmen zu dürfen glaubt und demzufolge andere Kunstrichtungen bekämpft, eine Freiheit der Kunst nicht zuläßt. Zwar sind also Zweck und Anspruch der im Geiste des s.r. zu gestaltenden Kunst formuliert und postuliert, eine exakte Beschreibung von Inhalt und Form liegt jedoch nicht vor; zumindest wird sie im Bereich der offiziellen Gültigkeit der Doktrin regional und im Laufe der Zeit sehr unterschiedl. und z. T. pragmat. befolgt bzw. interpretiert.

Spielmannsdichtung Sammelbegriff für mittelalterl. Unterhaltungsdichtung, die im 12. Jh. eine Sonderstellung zwischen höf. →Epik und geistl. Dichtung einnimmt. S. kennt kein höfisches Menschenbild und bleibt stilistisch formelhaft. Ihre Träger waren Berufsdichter, die nicht nur die für ein ritterl., bürgerl. und bäuerl. Publikum bestimmte S. vortrugen, sondern zugl. soziale Funktionen wie die der Nachrichtenübermittlung wahrnahmen. Als typ. für die S. kann das Ep. *König Rother* (12. Jh.) angesehen werden. Der (umstrittene) Begriff Spielmann wurde von Friedrich Vogt 1876 erstmals gebraucht.

Spiritual (auch Negro-S.) Geistl. Gesang der Neger in Nordamerika, in dem traditionelle Elemente der Negermusik sich mit europ. Einflüssen mischen. Die S.s greifen in der Regel alltägl. Themen auf und behandeln sie im Geiste der christl. Lehre. Ihr Grundton ist schmerzl. und klagend. In Europa wurden die S.s nach dem Zweiten Weltkrieg bekannt und sind dort auf großes Interesse gestoßen. →Blues.

Sprachgesellschaften Nach dem Vorbild der 1582 in Florenz gegründeten Accademia della Crusca entstanden im 17. und 18. Jh. auch in Dtld. gelehrte Vereinigungen, die sich die Reinerhaltung der dt. Sprache von fremden Einflüssen, die Erforschung ihrer inneren Gesetzlichkeit und ihre Pflege zum Ziel setzen. Ihre Träger waren Mitglieder des Adels, Gelehrte und auch zahlreiche Dichter. Die Hauptwirksamkeit der S. fällt ins 17. Jh. Die wichtigste unter ihnen war die »Fruchtbringende Gesellschaft«, die 1617 in Weimar gegründet wurde. Weitere Vereinigungen mit ähnlichen Zielsetzungen waren die Straßburger »Aufrichtige Tannengesellschaft« (1633), die Hamburger »Deutschgesinnte Genossenschaft« (1642), der Nürnberger »Pegnitzorden« (1644) u. a.

Sprichwort Eine im Volksmund überlieferte Redensart oder →Sentenz, die in einprägsamer, oft durch →Rhythmus, →Reim, →Alliteration hervorgehobener Form eine Lebensweisheit oder allgemeingültige Einsicht aufbewahrt. Ihre Entstehung ist meist nicht mehr nachweisbar. Sprichwörter sind bereits aus der Antike her bekannt, Sammlungen von Sprichwörtern wurden schon bei den Griechen zusammengestellt. Im Mittelalter verselbständigten sich zahlreiche Sätze aus der Bibel und wurden zu volkstüml. Sprichwörtern. Diese sind innerhalb einer Sprachgemeinschaft oft nur regional verbreitet. Seit dem 19. Jh. sind Sprichwörter zum Gegenstand wiss. Erforschung geworden. Aus nahezu allen europ. Kultursprachen liegen inzwischen wiss. S.-Sammlungen vor.

Spruch Zwei Formen mittelalterl. Dichtung. 1. Seit der Übersetzung der Werke Walthers von der Vogelweide durch Simrock (1833) ist damit eine lyr. Gattung gemeint, die in der Bauweise dem Minnelied ähnelt und für den Gesang bestimmt war (→Minnesang). Ihre Inhalte sind teils religiös oder moral. bestimmt, oft jedoch auch von sozialkrit. oder kunsttheoret. Akzent. Der Form nach waren sie oft dreiteilig. Meisterhaft ist die S.-Dichtung Walthers, in der »die Diskrepanz zwischen sakraler Reichsidee und Wirklichkeit« (F. Weber) in hohem Maße sichtbar wird. Neben Walther ragen Reinmar von Zweter und Frauenlob hervor. 2. Zum anderen werden oft Sprechverse didakt. Inhalts, meist vierhebige Reimpaarverse ohne Stropheneinteilung, als S. bezeichnet. Sie kamen im 12. Jh. auf (Freidanks *Bescheidenheit*, um 1230).

Stabreim Reim der altgerm. Dichtung; in einer Langzeile werden jeweils in der ersten Halbzeile zwei, in der zweiten ein gleicher Konsonant oder Vokal verwendet, die im Anlaut miteinander verbunden sind (Stäbe). Die Füllungen (= Senkungen) und der Auftakt sind frei. Der. S. unterscheidet sich von →Alliteration, →Reim, Senkung.

Stanze Aus Italien stammende, zuerst von Boccaccio gepflegte achtzeilige Strophenform (it. »Ottaverime«) mit einem festen Reimschema. Jede Zeile besteht aus elf Silben. Die dt. S. besteht seit Heinse, Goethe, Platen u. a. meist aus fünf Jamben (→Jambus) und hat abwechselnd männl. oder weibl. Versschluß. Durch den markanten Einschnitt nach den ersten sechs Zeilen sind die beiden letzten Verse besonders hervorgehoben und eignen sich vorzügl. zur Aufstellung eines Gegensatzes zu den vorangegangenen Versen oder auch zu ihrer prägnanten Zusammenfassung.

Stationenstück (auch Stationendrama) Ein aus »Stationen«, relativ lose aneinandergefügten, oft monolog. Szenen bestehendes Dr., das von Strindberg begründet wurde und dann bes. im →Expressionismus zur Geltung kam (Hasenclever, Toller). Für das S. gibt es Vorbilder im geistl. Dr. des →Mittelalters.

Statist Im Theater und Film oft stummer Darsteller, dessen Name nicht genannt wird und der keine eigene Rolle zu verkörpern hat. S.en werden meist bei der Darstellung von Massenszenen (Volksaufläufe, Versammlungen usw.) benötigt.

Stegreif »Aus dem Stegreif« bedeutet »ohne vom Pferd zu steigen«, dann übertragen: »improvisiert«, »ohne Vorbereitungszeit«. S.-Dichtung ist aus dem Augenblick inspirierte und geformte Dichtung. Wesentl. Anteil hat S.-Dichtung in der Commedia dell'arte. In Dtld. spielte sie im dt. mittelalterl. bis in barocken Dr.en eine Rolle. Heute extemporieren in der Regel nur noch große Komiker aus dem S. →Improvisation.

Stemma Ursprüngl. »Verwandtenreihe« oder »Stammbaum«. Später im übertragenen Sinne Zusammenstellung aller vorhandenen oder rekonstruierbaren Fassungen eines Textes zur Feststellung seiner Entstehungsgeschichte, Entwicklung und Authentizität, bes. für ältere, nur in Hss. überlieferte lit. Werke.

Stichomythie Bezeichnung für eine Dialogform im Dr., bei der im Verlaufe eines Wortwechsels, einer Auseinandersetzung Rede und Gegenrede jeweils aus nur einer Zeile bestehen. Der → Dialog erhält durch die S. Spannung und Ausdruck von Erregtheit, die noch dadurch gesteigert werden können, daß in den Dialog einzelne Halbverse oder Doppelverse eingestreut werden. Bereits in der Antike und später in Barock und Klassik angewandt, wurde die S. später oft als gekünstelt abgelehnt.

Stil Die Ausdrucksform und Gestalt eines Sprachkunstwerks, wie sie in Wortwahl und Behandlung der Sprache sichtbar werden. Der Begriff S. ist jedoch nicht auf die Literatur beschränkt, sondern wird (seit Winckelmann) auch in der bildenden Kunst angewandt. Er ist sowohl Ausdruck individueller Eigenarten eines sprachl. Gebildes als auch der typ. Eigentümlichkeiten von Epochen. In diesem modernen Sprachgebrauch ist der Begriff erst in der nachklass. Zeit eingeführt worden. Frühere Auffassungen gingen von einer Objektivität des Stils aus, so z. B. während der Antike und im Mittelalter. Goethe empfand Stil, im Gegensatz zur Manier (→ Manierismus), als das »Resultat einer echten Methode« (»Diderots Versuch über die Malerei«). Die Erforschung des S.-Phänomens in der Literatur ist die Aufgabe der wissenschaftlichen S.-Analyse. Dagegen ist die Stilistik eine prakt. Stilkunde, die guten Schreibstil lehren will.

Stilarten Grundformen des Stils. Dabei ist zwischen den Grundformen des Sprachstil und denen, die das einheitl. und charakterist. Gepräge des Gesamtwerks ausmachen, zu unterscheiden. Im Bereich des letzteren hat die moderne Literaturästhetik verschiedene Ansätze hervorgebracht, nachdem Wölfflin im Bereich der Kunstgeschichte eine entsprechende Vorarbeit geleistet hatte (Walzel, Spoerri). Von neueren Ästhetikern sind F. Strich mit seiner grundsätzl. Unterscheidung des Klass. und Romant. und E. Staiger, der von den Grundhaltungen des Lyr., Ep. und Dramat. ausgeht, hervorzuheben. Die bisherigen Versuche, Stiltypologien aufzustellen, haben zu keinen allgemein akzeptierten Ergebnissen geführt.

Stilbühne Im Gegensatz zur Bühne, auf der bei der Inszenierung die Illusion der Wirklichkeit erzeugt werden soll (→ Illusionsbühne), will die S. nur einen dekorativen Rahmen abgeben.

Stoff Ein Zusammenhang von Elementen der Wirklichkeit, der vom Dichter zum Zweck der dichter. Verarbeitung aufgegriffen und zum Motiv eines Werkes erhoben wird. Das → Motiv ist insofern gegen den mehr äußerl. Begriff des S.s abzugrenzen. Stoffe können der Religion, der Geschichte, dem sozialen Leben usw. oder auch einer anderen Dichtung entnommen sein. Wird ein bestimmter S. immer wieder von Dichtern bearbeitet, wie z. B. der Antigone-Stoff, so untersucht die → S.-Geschichte dessen individuelle Behandlung.

Stoffgeschichte Innerhalb der vergleichenden → Literaturwissenschaft untersucht die S., sofern sie nicht bloße S.-Sammlung bleibt, das Auftreten, die Quellen und die Behandlung bestimmter → Stoffe und → Motive durch verschiedene Dichterpersönlichkeiten und im Verlaufe der verschiedenen Epochen. In diesem Sinne gibt es eine S. seit dem → Positivismus des 19. Jh.s. So wurde z. B. das Undine-Motiv von Paracelsus, Fouqué, Ingeborg Bachmann, Krolow u. a. in verschiedenen Dichtungsarten aufgegriffen, der Iphigenie-Stoff durch Euripides, Racine, Goethe, u. a. Verwandt mit der Stoff- und Motivforschung ist die Symbolforschung. Die S. kann

wertvolle Aufschlüsse über literaturgeschichtl. und ästhet. Zusammenhänge liefern. → Symbol.

Straßentheater Eine der neuesten und zugleich ältesten Formen der Darbietung von → Theater auf Straßen und öffentl. Plätzen. Bereits aus dem 6. Jh. v. Chr. ist öffentl. Theater aus Athen bekannt. Die neuesten, oft revueartigen Varianten des S.s werden meist von Studenten getragen, die die überkommene Form des »bürgerlichen Theaters« überwinden und durch das Aufgreifen sozialkrit. und polit. Themen die Gesellschaft auf Mißstände aufmerksam machen wollen. Daneben gibt es aber auch rein unterhaltendes S.

Streitschrift Bezeichnung für ein lit. Ausdrucksmittel, mit dem eine geistige Auseinandersetzung über wiss., kulturelle oder polit. Fragen geführt werden soll. Die S. kann in Prosa und als Ged. verfaßt sein, den Streitgegenstand entweder im → Monolog oder im → Dialog (in der Form eines scheinbar geführten Streitgespräches) behandeln. Streitgedichte sind schon in der → Antike nachweisbar, in der dt. Literatur seit dem 13. Jh. zu verzeichnen (z. B. Erasmus von Rotterdam). Bes. beachtete S.en wurden u. a. im Zuge der Auseinandersetzung um die Reformation verfaßt. Vom → Pamphlet unterscheidet sich die S. durch ihre Sachbezogenheit und die Vermeidung persönl. Angriffe.

Strophe In → Lyrik und → Epos das metrische Gefüge mehrerer Verszeilen zu einem Ganzen, das einmal oder mehrmals wiederholt wird. Je nach der Anzahl der Verszeilen spricht man von → Distichon, Tristichon usw. Eine andere Art der Unterscheidung orientiert sich an den Schöpfern bestimmter S.n-Formen: alkä., sapph. S. usw. In der dt. Dichtung wird eine S. seit dem Mittelalter im allgemeinen durch den Reim zusammengehalten.

Struktur In der → Literaturwissenschaft der Zusammenhang von Aufbau, → Stil und Inhalt eines lit. Werkes, dessen Untersuchung und Definition Aufgabe einer Strukturanalyse ist. Die Strukturanalyse vermittelt nicht nur Kenntnisse über die formalen Bedingungen einer einzelnen lit. Arbeit, sondern dient dem alle seine Elemente umfassenden Verständnis des betreffenden Werkes bzw. der gesamten lit. Produktion eines Verfassers oder der in Frage kommenden Epoche.

Strukturalismus Untersuchung der Sprache auf ihre strukturellen Gesetzmäßigkeiten hin. → Struktur.

Studentenlieder Trink-, Liebes-, Wanderlieder oder auch solche vaterländ. Inhalts, die v. a. von Studenten gesungen werden. Die älteste schriftl. Überlieferung von S.n (*Carmina Burana*) geht auf das 13. Jh. zurück. Bis ins 20. Jh. werden nicht nur dt., sondern auch vulgärlat. und dt.-lat. S. gesungen. Waren frühere volkssprachige S. oft von geringem lit. Niveau, so kam mit Schöpfungen Goethes, Eichendorffs und anderer bedeutender Dichter ein neuer, anspruchsvoller Zug in S. → Kommersbuch.

Sturm und Drang Die von ca. 1760–1785 reichende, auch »Geniezeit« genannte Epoche der dt. Literatur. Der Name geht auf ein Dr. → Klingers von 1776 zurück. Charakterist. für den S. u. D. war eine Auflehnung der jungen Dichtergeneration gegen die Geisteshaltung der → Aufklärung, der sie einen Geniekult und die Forderung nach dem Primat des Gefühls entgegensetzte. Anknüpfend an Homer, Macpherson *(Ossian)*, aber auch an Shakespeare und Rousseau, betont der S. u. D. das Ursprüngliche, Natürliche, Kraftgenialische; nach einem Wort Goethes die »charakteristische« Kunst, d. h. die vom genialen Dichterindividuum geprägte. Der

S.u.D. nimmt eine eigentüml. Zwischenstellung zwischen → Barock und → Aufklärung einerseits, → Klassik und Romantik andererseits ein. Die theoretische Grundlegung des S.u.D. lieferte Herder (*Fragmente über die neuere deutsche Literatur*, 1767f., *Kritische Wälder*, 1769). Seine lit. Hauptleistungen lagen auf dramat. Gebiet. Zu den führenden Dichtern des S.u.D. zählten Klinger, Lenz, Leisewitz. Auch der junge Goethe gehört mit wesentl. Schöpfungen (u.a. *Götz von Berlichingen*, 1773) dem S.u.D. an.

Subskription Die Vorbestellung eines Buches, das erst zu einem späteren Zeitpunkt erscheint; der Preis ist in diesem Fall meistens reduziert. Besteht das bestellte Werk aus mehreren, nacheinander erscheinenden Teilen, muß sich der Subskribent meist zur Gesamtabnahme verpflichten. Die S. ist seit dem 18. Jh. gebräuchlich.

Summa Seit dem ausgehenden 12. Jh. gebräuchl. Bezeichnung für eine Gesamtdarstellung theolog. oder wiss. Art. Die bekannteste und in ihrer Art klass. S. ist die *Summa theologiae* von Thomas von Aquin. Außerdem gab es im Mittelalter Summen aus den Gebieten der Logik, der Philosophie, des kanon. Rechts, der Medizin usw.

Surrealismus Nach dem Ersten Weltkrieg entstandene lit. Bewegung, die aus den Kräften des Traumes und des Unterbewußten eine künstler. Überrealität gewinnen wollte. Der Begriff »surréel« (überwirklich) wurde zuerst von Apollinaire gebraucht. In zwei »Manifesten« (1924 und 1930) leiteten die Zürcher Dadaisten unter Breton die Bewegung ein. Tiefenschichten der Seele sollten für die Dichtung durch Überbordwerfen überkommener sprachl. und gedankl. Regeln erschlossen werden. Der Dichter sollte vielmehr einer ihm aus dem Unterbewußtsein zufließenden Inspiration folgen. Hauptvertreter der bis 1940 aktiv gebliebenen, in Frankreich bes. starken Richtung waren Breton, Aragon, Eluard, Lautréamont u.v. In Dtld. waren Döblin, Kafka, Hesse u.a. vom S. beeinflußt. Der S. hat auch in die Malerei (Chirico) und in den Film hineingewirkt (Buñuel, Dalí, Cocteau u.a.).

Symbol Ursprüngl. Erkennungszeichen, dann Sinnbild für einen geistigen Gehalt, z.B. das Kreuz als S. für das Christentum. Die Symbolforschung widmet sich ihrem Gegenstand in Religion, Philosophie, Psychologie, Sprachwissenschaft und Ästhetik, was die reichen Bezüge des Symbolbegriffs erkennen läßt. Nach Goethe verwandelt die Symbolik »die Erscheinung in Idee, die Idee in ein Bild, und so, daß die Idee im Bild immer unendlich wirksam und unerreichbar bleibt und selbst in allen Sprachen ausgesprochen, doch unaussprechlich bliebe« (*Maximen und Reflexionen*). Außer ihm hat bes. Hegel dem S.-Begriff auf ästhet. Gebiet tiefe Betrachtungen gewidmet. Die einzelnen Epochen der dt. Literatur haben das S. unterschiedl. verwendet. In → Sturm und Drang, → Klassik und → Romantik erlebte das S. – unter verschiedenartigen Akzentsetzungen – eine bes. dichter. Aufwertung. Der heutige Begriffsinhalt von S. kann nach Seidler als Mittel der »Gehaltsverdichtung, Gemütsvertiefung und architektonischen Gliederung« verstanden werden.

Symbolismus Lit. Bewegung, die in Frankreich um 1886 als eine Reaktion gegen die Parnassiens und den → Naturalismus entstand. Ihre Ideen fanden ein Forum in den Zeitschriften »Le Symboliste«, »Le Mercure de France« und »La Vogue«. Das Wesen des S. besteht darin, die vielfältigen und geheimnisvollen Bezüge zwischen Ideen, Welt und Seele aufzuspüren und sie in dichter. Worten darzustellen, wobei → Reim, → Klang und → Synästhesien als poet. Mittel eingesetzt werden. Dem Zusammenhang aller Dinge (*Correspondances*, Baudelaire) wird ein mag.-myst. Sinn unterlegt. Seine Hauptvertreter fand der sich vorwiegend in der → Lyrik äußernde S. in Baudelaire, Verlaine, Rimbaud und Mallarmé. Seine Wurzeln reichen in die dt. → Romantik (Novalis) zurück, auch von Poe ist er beeinflußt. In Dtld., wo Schopenhauer, Wagner und Nietzsche ebenfalls gegen Naturalismus und naturwiss. Denken agierten, ist ein starker symbolist. Einfluß in den Dichtungen Georges, Rilkes und Hofmannsthals spürbar.

Synästhesie Die Verbindung von Eindrücken aus verschiedenen Sinnesgebieten, z.B. Farbeindrücke beim Hören von Tönen oder Geruchsempfindungen beim Tasten usw. In → Romantik und → Symbolismus galt die S. als Ausdruck der geheimnisvollen Bezüge, die zwischen den Dingen bestehen. Sie wurde als poet. Mittel eingesetzt, so z.B. bei Baudelaires *Les Fleurs du mal* (1859).

Synkope Das Ausstoßen von unbetonten Vokalen oder Silben im Wortinnern. – In der → Metrik das Übergehen einer Senkung.

Synonyme Sprachl. Zeichen (Wörter), die bei unterschiedl. etymolog. Abstammung inhaltl. übereinstimmen, z.B. »Pferde und Roß«. Dabei ist allerdings zu beachten, daß es selten eine totale, sondern im Regelfall nur eine teilweise Übereinstimmung gibt, wobei auch die Sprachebene zur Differenzierung beiträgt; das »Wasser« und das »Naß« sind zwar inhaltl. kongruent, doch kommt das »Naß« ausschließl. in gehobener oder poet. Sprache vor.

Synopse Zusammenschau. Im Neuen Testament gelten Matthäus, Markus und Lukas, die unabhängig voneinander vom Leben Jesu Christi berichten, als Synoptiker; ihre Evangelientexte werden oft nebeneinandergestellt. Außerdem kann S. den Paralleldruck verschiedener Fassungen eines lit. Werkes bedeuten.

Syntax Lehre vom Satzbau.

Szene In der Dramaturgie als Unterabteilung des Aktes die kleinste Einheit eines Theaterstücks, auch Auftritt genannt. Eine S. wird in der Regel durch das Auf- und Abtreten einer Person begrenzt, ansonsten ist sie ein geschlossener Ausschnitt innerhalb der Handlung. Im altgriech. Theater war Szene gleichbedeutend mit → Bühne. Auch heute wird der Begriff oft in diesem Sinne verwendet.

T

Tagebuch Chronolog. Sammlung der Aufzeichnungen persönl. Erlebnisse bzw. Gedanken, erstellt einerseits zu dem Zweck, sich diese bewußtzumachen, sich und seine Lage zu erkennen und entsprechende Reflexionen hervorzubringen, zum zweiten, um Erlebnisse und Gedanken festzuhalten. In der Form eines T.s geschrieben, ist der sog. T.-Roman eine Variante des Ich-Romans (→ Ich-Form), wobei es sich um ein biographisches Werk oder – bei Darstellung eines fingierten T.s – um eine lit. Fiktion handeln kann.

Tagelied Gattung des → Minnesangs, auch Wächterlied genannt. Meist in Wechselrede wird der Abschied der Liebenden im Morgengrauen beim Ruf des Wächters gestaltet. In dieser Form geht das T. auf die provenzal. → Troubadours zurück. Hauptgestalter des dt. T. ist Wolfram von Eschenbach. Im späten Mittelalter nimmt das T. eine parodist. Form an.

Takt In der → Lyrik die kleinste formale Einheit; ein Vers setzt sich aus mehreren T.en zusammen, die ihrerseits aus Hebung und → Senkung(en) bestehen. Je nach Position der Hebung und Zahl der Senkungen unterscheidet man Taktarten.

Taschenbuch Ursprüngl. im 18. und 19. Jh. ein → Almanach, der außer Ged.en auch Prosatexte enthielt, z. B. »Viewegs T.«, in dem Goethes *Hermann und Dorothea* 1798 erstmals im Druck erschien. Nach heutigem Verständnis sind Taschenbücher preiswerte, meist im Rotationsdruckverfahren hergestellte, gelumbeckte Bücher, wie sie nach amerikan. Vorbild nach 1945 auch in Dtld. auf den Markt kamen. Das heutige Angebot an dt. Taschenbüchern ist enorm und zu einem bedeutenden wirtschaftl. Faktor geworden. Veröffentlicht werden in dieser Form → Belletristik, → Sachbücher und Lexika, auch als Originalausgaben.

Tautologie Die Wiedergabe ein und desselben Sachverhalts durch zwei gleichbedeutende Wörter, z. B. »einzig und allein«, »klammheimlich« (»clam.« lat. = heimlich).

Teichoskopie »Schau von der Mauer.« Im Theater eine bestimmte dramat. Technik, bei der nicht darstellbare Ereignisse durch einen auf erhöhter Warte stehenden Beobachter betrachtet werden. → Botenbericht.

Tendenzliteratur Jede Form von Literatur, die nicht nur um der Kunst willen (→ L'art pour l'art), sondern mit einer bestimmten, über die Kunst hinausweisenden Absicht produziert wird, z. B. → Satire, → Lehrdichtung, → Zeitroman usw. Der Zweck kann polit., weltanschaul. oder religiöser Art sein. Insofern kann auch eine gesamte Literatur, beispielsweise soweit sie sich zum → sozialistischen Realismus bekennt, als T. bezeichnet werden. In Dtld. hat sich erstmals das → Junge Deutschland offen zu seinen politischen Tendenzen bekannt. → Engagierte Literatur.

Terpsichore → Musen.

Terzine Aus Italien stammende Strophenform mit ursprüngl. drei elfsilbigen Versen. Dante bediente sich in der *Commedia* der T. Auch dt. Dichter haben die T., meist mit jamb. Fünfhebern, gepflegt, z. B. Rückert, Chamisso, Platen bis hin zu Hofmannsthal. Auch Goethe hat den Anfang von *Faust II* in T.n gestaltet.

Tetralogie Lit. Werk (Dr., R., aber auch lyr. Werk), das aus vier Einzelteilen besteht, die ihrerseits über eine sie verbindende Gemeinsamkeit verfügen. → Trilogie.

Teufelsliteratur Literaturform, die im 16. Jh. v. a. in protestantischen Kreisen verbreitet war und in der alles Böse dieser Welt auf die Einwirkung des Teufels zurückgeführt wurde. Bekannt war zu ihrer Zeit Feyerabends Sammlung *Theatrum Diabolorum* (1569). Auch in den Agitationen während der Reformationszeit spielte die T. eine Rolle. Ein weiterer bekannter Autor war Musculus (*Hosenteufel*).

Textkritik Die wiss. Untersuchung der Vorgeschichte einer schriftl. Textüberlieferung mit der Absicht, eine Textfassung zu erarbeiten, die den Absichten des Autors entspricht. Aufgaben der T. sind die → Rezension, das heißt die Feststellung der Überlieferung, und die → Emendation, das heißt die Berichtigung eines falsch oder unvollständig überlieferten Textes. Liegen noch die Original-Hss. vor, müssen diese herangezogen, entziffert und mit eventuell vorliegenden gedruckten Fassungen verglichen werden. Gibt es keine Originalvorlagen mehr, müssen vorliegende Drucke miteinander verglichen, eventuelle Druckfehler und offensichtl. Mißverständnisse oder Nachlässigkeiten ausgemerzt werden. Die Methoden heutiger Textkritik wurden v. a. an den Texten antiker Autoren und der Bibel entwickelt. Ziel textkritischer Arbeit ist die → kritische Ausgabe.

Thalia → Musen.

Theater Die künstler. Darstellung äußerer und innerer Geschehnisse auf einer → Bühne oder → Szene; sie reicht vom → Schauspiel über die → Oper, die → Operette bis hin zum Ballett. Auch die Gesamtheit aller dazu notwendigen Einrichtungen und das Aufführungsgebäude werden als T. bezeichnet. Das T. geht in seinen Ursprüngen auf kult. Handlungen zurück, bei denen eine oder mehrere Personen beteiligt waren. Das europ. T. hat seine Wurzeln in der griech. → Antike (um 550 v. Chr.). Dort bestand es ursprünglich aus einem → Chor und einem Gegensprecher, bis Aischylos und Sophokles einen zweiten und dritten Schauspieler einführten. Aus diesen Anfängen hat sich das moderne Theater über Jahrtausende hinweg zu seiner heutigen Gestalt entwickelt. In der Gegenwart ist das Bemühen zu beobachten, neue Formen einzuführen (z. B. das Living Theatre) oder aber uralte wieder zu beleben. (z. B.→ Straßentheater).

Theatersprache Zu unterscheiden von der Bühnensprache. Mit T. ist der bes., am Theater und in der Welt der Schauspieler übliche Jargon gemeint. Soll z. B. eine → Bühne oder ein → Theater abwertend qualifiziert werden, spricht man in der T. von einer »Schmiere« usw.

Theaterwissenschaft Wissenschaft, die alle Erscheinungsformen des → Theaters und des Theatralischen histor. erforscht, systemat. beschreibt und darüber hinaus nach Wesen und Wirkung des Theaters fragt. Als Hilfswissenschaften gelten Psychologie, → Publizistik, Soziologie, Musik- und Kunstgeschichte und → Philologie. In ihrer heutigen Gestalt geht die T. im wesentl. auf den Anfang dieses Jh.s zurück (Max Herrmann, Arthur Kutscher). An den theaterwiss. Instituten (Berlin, Köln, München, Erlangen-Nürnberg, Bochum, Wien, Bern) erhalten künftige → Dramaturgen, → Intendanten, Regisseure (→ Regie) ihre Ausbildung.

Thema In der Literatur: behandelter Gegenstand, Sachverhalt bzw. Grundgedanke (Prinzip). Z. B. behandelt Goethes *Die Leiden des jungen Werthers* (1774) die Situation des empfindsamen jungen Menschen.

Thesaurus Umfangreiches Sammelwerk, in dem der Gesamtbestand einer Sprache lexikal. bearbeitet wird. Für die altgriech. Sprache wird von B. Snell seit 1955 ein *T. linguae Graecae* herausgegeben, in dem die einzelnen Literaturgattungen separat behandelt werden. Für die lat. Sprache wird seit 1894 ein von dt. und ausländ. Akademien und Gesellschaften bearbeitetes umfassendes Wörterbuch (*T. linguae Latinae*) herausgegeben. Über den Fortgang der Arbeiten erscheinen jährl. Kommissionsberichte im Jahrbuch der Bayer. Akademie der Wissenschaften.

Thespiskarren Thespis gilt als ältester griech. Tragiker, der 536 v. Chr. erstmals in Athen bei den großen → Dionysien aufgetreten sein soll. Die in der *Ars poetica* von Horaz (276) überlieferte Nachricht, derzufolge Thespis mit einem Karren herumgezogen sein soll, wird neuerdings angezweifelt und auf eine mögl. Fehldeutung des alten Brauches der »Spöttereien vom Wagen herab« zurückgeführt. – Heute scherzhafte Bezeichnung für Wanderbühnen.

Tierdichtung Jede Art von Dichtung, in der Tiere die Hauptrolle spielen. In den → Märchen der Naturvölker ist noch der → Mythos vom Tier als »alter ego« des Menschen erkennbar. In histor. Zeit entsteht dann Tierdichtung v. a. aus didakt. oder auch satir. Absichten heraus, meist in Gestalt der Tierfabel und des Tierepos. Aus der → Antike (Äsop, Phädrus) ist bereits hohe T. überliefert. Weit verbreitet waren im → Mittelalter die Tierepen (z. B. *Reineke Fuchs*, ein Thema, das Goethe neu gestaltete). Seit dem 19. Jh. und im 20. Jh. erhält die T. einen neuen Akzent, insofern das Eigenleben der Tiere und ihre Beziehungen zum Menschen als dichter. Gegenstände entdeckt werden (Ebner-Eschenbach, Fleuron, Th. Mann, Löns u. a.).

Tischzucht Bezeichnung für mittelalterl. Werke (12. bis 16. Jh.), in denen Anweisungen für rechtes Benehmen bei Tisch und gute Manieren gegeben wurden; Gattung der didakt. Literatur (→ Didaktik, → Lehrdichtung). Im 15. Jh. erfolgt dann eine Wendung zur Parodierung der T. (→ Grobianismus). Doch ist T. auch noch im 16. Jh. Bestandteil von humanist. Erziehungslehren, so z. B. bei Heyden oder Erasmus.

Titel Die Überschrift eines geschriebenen Werkes, bes. eines Buches. Oft geht aus dem T. auch das Thema hervor, das im Buch behandelt wird. Der T. steht auf dem T.-Blatt, der im Unterschied zum Schmutztitel auch Haupttitel genannt wird. Das T.-Blatt hat sich seit dem 16. Jh. eingebürgert. – Stellt der T. eine eigentüml. geistige Schöpfung dar, genießt er nach dem Urheberrecht T.-Schutz. – Auch bei Filmen ist die Bezeichnung T. gebräuchlich.

Topos (Pl. Topoi) Griech. »Ort«, »Gemeinplatz«; Begriff der antiken → Rhetorik. In der Literatur immer wieder auftauchende → Motive sowie feststehende Denk- und Ausdrucksschemata. Der Schatz der überlieferten antiken Topoi hat bis ins 18. Jh. auf die europ. Nationalliteraturen eingewirkt. Die Stilgeschichte weist bei der T.-Verwendung Kontinuitäten von der Antike bis in die Barockzeit nach. E.R. Curtius hat mit seinem Werk *Europäische Literatur und lat. Mittelalter* (2. Aufl. 1954) aufgrund von ihm nachgewiesener, immer wieder auftretender Topoi die Grundlagen für eine neue literaturbezogene T.-Forschung (Topik) gelegt.

Totentanz Ursprüngl. bildl. Darstellungen allegor. Gruppen, mit denen die Allmacht des Todes über den Menschen sichtbar gemacht werden sollte. Große dt. Künstler wie Holbein d. J., Böcklin und andere und auch die Dichter (Goethe, *Der Totentanz*) haben das Thema immer wieder aufgegriffen.

Tragik Die Definition und Bestimmung des Trag. ist ein philosoph. und ästhet. Grundproblem seit Aristoteles. Dieser erkennt die T. an ihrer Wirkung (Katharsis). Nach E. Staiger ereignet sich das Trag., »wenn das, worum es in einem letzten umfassenden Sinne geht, worauf es in einem menschl. Dasein ankommt, zerbricht«. Dagegen stellt Hegel T. entidealisiert als erfolglosen Kampf in einem Wertkonflikt dar. Die heute z. T. gängige Auffassung von T., die oft nur einer pessimist.-nihilist. Interpretation der Welt als Schablone dient, kann mit dem Begriff T. nicht in Verbindung gebracht werden. → Tragödie, → Tragikomödie, → Komik.

Tragikomödie Drama, in dem Elemente der → Tragödie und der → Komödie sich mischen und die Doppelgesichtigkeit der Welt und des Lebens sichtbar machen. Die Gattung wurde bes. in der nachklass. Zeit gepflegt. Ihre Wurzeln reichen zurück bis zur antiken T. (Plautus). Große europ. Dichter wie Lope de Vega, Shakespeare, Molière haben die T. aus dieser Tradition heraus fortgeführt. Beispiele für T. im heutigen Verständnis sind G. Hauptmanns *Die Ratten* (1911), Schnitzlers *Der grüne Kakadu* (1899) oder Dürrenmatts *Besuch der alten Dame* (1956). → Comédie larmoyante.

Tragödie Auch Trauerspiel. Die älteste und höchste Form des Dr.s, in dem Tragik dichter. gestaltet wird. Die antike T., die sich aus dem Dionysoskult (→ Dionysien) entwickelte, war geprägt durch den unausgleichbaren Gegensatz zwischen dem einzelnen und einem übermächtigen Schicksal. Der Held, oft in einer Grenzsituation zwischen Freiheit und Notwendigkeit handelnd, stürzt unausweichl. in sein Verderben. Seinen künstler. Höhepunkt erreicht die T. im Schaffen von Aischylos, Sophokles und Euripides (5. Jh. v. Chr.). Durch das Wiederanknüpfen an antike Formen im → Humanismus erlebte auch die T. eine Renaissance in den europ. Literaturen, wenngleich sich die Auffassung des Trag. in der Folgezeit verschiedentl. wandelte (Calderon, Shakespeare, Corneille, Racine). In der dt. Dichtung bezeichnen Schiller, Kleist, Grillparzer, Büchner, Grabbe, Hebbel Gipfelpunkte des Tragödien-Schaffens. Nach ihnen wurde die T. nicht mehr gepflegt.

Traktat Ursprüngl. eine religiöse Flugschrift, später allgemein – oft auch abschätzig im Diminutiv »Traktätchen« genannt – Abhandlung oder Schrift über einen bestimmten Gegenstand.

Travestie Im 17. Jh. in Frankreich aufgekommene satir. Dichtungsart, bei der der Inhalt eines anderen Werkes übernommen, jedoch in eine ihm nicht gemäße Form gegossen wird, wodurch letzteres verspottet werden soll. In Frankreich traten Scarron und Marivaux mit meisterhaften Travestien hervor. In Dtld. schuf Blumauer 1783 eine T. von Vergils *Äneis*. Bekannt waren im 19. Jh. Nestroys T. n. von Hebbel, Wagner und Meyerbeer.

Trilogie Lit. Werk (dramat., ep., oder lyr.), das aus drei Einzelteilen besteht, die ihrerseits über eine sie verbindende Gemeinsamkeit verfügen. → Tetralogie.

Trinklied Eine bereits aus der Antike bekannte Form des Liedes, in der das Trinken und der Gesang gepriesen werden. So traten bei Symposien gelegentlich auch Sänger von T.ern auf. Auch im Mittelalter entstanden im Umkreis der → Vagantendichtung zahlreiche T.er. Im 15. und 16. Jh. nimmt das T. sehr derbe Formen an. Die → Anakreontik greift es noch einmal auf und gibt ihm wieder ein dichter. Gepräge. In den → Studentenliedern lebt das Trinklied fort.

Trivialliteratur (vgl. Trivium →Artes). Form des lit. meist wertlosen Unterhaltungsschrifttums, wie es in Form von Romanserien (Groschenheften) angeboten wird. In dieser Gestalt ist die T. als Abenteuer-, Heimat-, Liebesroman usw. weit verbreitet. Ihre Themen und Problemstellungen sind unecht und meist von einer kitschigen Banalität. Von der literaturwiss. Forschung wurde die T. im Zuge der Annäherung an soziol. Fragestellungen erst in diesem Jahrhundert entdeckt und stößt seitdem auf wachsendes Interesse. Die heutigen Formen des R.s in der T. gehen auf den Ritter- und Räuber-R. des 18. Jh.s zurück, auf den im 19. Jh. der franz. Feuilleton-R. folgte.

Trochäus Griech. Versfuß, der aus einer langen (betonten) und einer kurzen (unbetonten) Silbe besteht. Die dt. Dichtung bildete den T. seit der Anakreontik nach (»anakreontischer Vers«). In Dr.en haben neben anderen Grillparzer, Houwald und Heine den T. als Vorbild gewählt.

Tropus (Pl. Tropen) In der → Rhetorik bedeutet T. den Ersatz eines Wortes durch ein anderes bildl., z. B. »fliegen« statt »eilen«. Darüber hinaus bezeichnet man mit T. jede bildl. Ausdrucksweise. In der Literaturgeschichte bedeutet T. eine musikal. oder musikal.-textl. Erweiterung von im Gottesdienst verwendeten Evangelienworten oder sonstigen Texten; sie war seit dem 9. Jh. in der Meßliturgie übl. Darüber hinaus bedeutet T. eine Kirchentonart.

Troubadour Bezeichnung für den provenzal. Dichter des 12. und 13. Jh.s, der seine Dichtungen selbst mit einer Melodie versah und vortrug. Dichter. Hauptform war die → Kanzone, das Minnelied, das sich an die vornehme Dame wandte und sie der Ergebenheit des Kavaliers versicherte. In Nordfrankreich wurden die T.s, deren Hauptvertreter dort Chrestien de Troyes war, Trouvères genannt. Sie behandelten auch didakt. und ep. Stoffe. Die T.-Dichtung, eine aristokrat. Gesellschaftskunst, stellt einen Höhepunkt roman. und darüber hinaus europ. weltl. Lyrik dar. Sie hat den dt. → Minnesang erheblich beeinflußt. Hauptvertreter der provenzal. T.s waren Wilhelm von Poitou, Bernart de Ventadour, Bertrand de Born u. a.

U

Übersetzung Die Übertragung eines geschriebenen oder gesprochenen Textes in eine andere Sprache. Der Ü. kommt im Bereich der Literaturen größte Bedeutung zu, insofern sie die Verwirklichung einer → Weltliteratur im Goetheschen Sinne »beschleunigt«. Durch Ü.en ist nicht nur ein wechselseitiges Kennenlernen der Nationalliteraturen untereinander möglich, sondern lit. Werke kleiner Sprachnationen, die oft von bedeutendem künstler. Niveau sind, gelangen erst durch die Übersetzung in eine große Kultursprache zu berechtigter Wirkung. Für die Geschichte der Ü. im Abendland waren die Übertragungen griech. Literatur ins Lat. sowie aus dem Lat. in Nationalsprachen (→ Glossen, → Interlinearversionen) und der Bibel aus dem hebräischen/griech. Urtext bzw. der lat. Mittlersprache von größter Bedeutung. Durch seine Bibel-Ü. hat Luther die moderne dt. Schriftsprache begründet. Für Dtld. waren ferner das 18. Jh. und die → Romantik Epochen großer Ü.s-Leistungen. Im 20. Jh. ist der Literaturaustausch durch Vermittlung von Ü.en zu einer Selbstverständlichkeit geworden. Die wiss. Würdigung der Ü. obliegt der vergleichenden → Literaturwissenschaft.

Urania → Musen.

Urheberrecht Das U. beinhaltet die ausschließl. Verfügungsgewalt eines Urhebers über seine geistige Schöpfung, die ein lit. Werk, ein Tonwerk oder ein Werk der bildenden Kunst sein kann (geistiges Eigentum). Voraussetzung ist, daß es sich um ein persönliches Werk handelt, in dem Inhalt oder Form bzw. die Verbindung beider etwas Individuelles und Neues darstellen. In Dtld., Österreich und der Schweiz bestehen ähnliche gesetzl. Regelungen des U.s und verwandter Schutzrechte. Das U. der DDR wich ab. Darüber hinaus gibt es übernationale Regelungen (→ Berner Konvention und Welturheberrechtsabkommen), denen die meisten Staaten der Welt beigetreten sind. → Copyright.

Urlied Im Zusammenhang mit der → Heldendichtung (Heldenlied) bezeichnet »Neulied« die überlieferte, fest geprägte Fassung eines Heldenliedes, während mit U. die erste Gestaltung des Stoffes überhaupt gemeint ist. Durch den Vergleich mehrerer mögl. Neulieder kann unter Umständen ein U. nachträgl. rekonstruiert werden.

Utopie Die lit., meist romanhafte Gestaltung idealer Staats- und Lebensverhältnisse. Die U. hat in der europ. Literatur seit Platons *Staat* eine Rolle gespielt. Dieses Werk wurde das Vorbild für spätere, eigene U.-Schöpfungen (Thomas Morus, Campanella, F. Bacon, Schnabel u. a.). Beschwören deren U.n mehr oder weniger idealtyp. Zustände, so gibt es seit dem 20. Jh. auch die negative U., bei der aus einer fingierten Retrospektive Entwicklungen aufgezeigt werden, die den Menschen als ein machtloses Opfer in den Händen totalitärer Systeme erscheinen lassen (berühmtestes Beispiel ist Orwells *1984*). Wenden sich U.n dem techn. Bereich zu, spricht man von → Science-fFiction.

V

Vagantendichtung Die Dichtung der fahrenden Scholaren und Kleriker des → Mittelalters. Charakterist. für die V. ist, daß die Strophe aus vier endgereimten Zeilen besteht und verschiedene Inhalte aufnimmt: → Trinklieder, → Parodien, moral.-satir. Ged. und Liebeslieder. Die Gattung reicht von der Gelehrtenpoesie (→ Gelehrtendichtung) bis zu → Bänkelsang und → Gassenhauern. Ältestes und wichtigstes Zeugnis für V. ist die Sammlung *Carmina Burana* vom Beginn des 13. Jh.s. In dieser Sammlung sind die lat. Verse des »Archipoeta« genannten Deutschen von Bedeutung. Bekannt sind ferner der Primas (Hugo v. Orléans) und Walther von Châtillon. Gelehrte Vaganten kannten die Werke von Ovid, Vergil und Horaz und benutzten sie als Vorbilder.

Variation Begriff aus der → Rhetorik, mit dem die Wiederholung eines Wortes oder auch eines Gedankens zum Zweck der Hervorhebung und größeren Eindringlichkeit bezeichnet wird. Das Stilmittel der V. ist bereits aus der → Antike bekannt und wird dann in der altgerm. Dichtung bedeutsam, bes. im angelsächs. und altsächs. Bereich. (Heliand:». . .im Schlaf ihm erschien des Erschaffers Engel,/des Himmelskönigs Bote«.) Die V. in der mittelalterl. dt. Dichtung geht möglicherweise auf mittellat. Einflüsse zurück.

Vaudeville Kleines burleskes Theaterstück mit heiteren Spottliedern und Gassenhauern als Musikeinlagen. → Singspiel.

Verfremdungseffekt Im Gegensatz zur wirklichkeitsgetreuen Darstellung, die der → Realismus forderte, zielt die Verfremdung im Theater darauf ab, die Realität in ungewöhnlicher, »verfremdeter« Perspektive zu zeigen. Sie ist charakterist. für stilisierende Kunst und wurde in der Literatur seit dem → Symbolismus und dem → Expressionismus als wichtiges theatral. Mittel genutzt. Eine erste theoret. Fundierung lieferte der russ. → Formalismus (Šloskij). Auf dieser Basis und angeregt vom chines. Theater entwickelte dann Brecht für sein ep. Theater die Theorie, daß der Schauspieler sich nicht, wie von Stanislavskij gefordert, in seine Rolle einzufühlen, sondern sich von ihr zu distanzieren habe (→ Episch). Der V. sollte durch Einführung weiterer Mittel, z. B. → Songs, gesteigert werden, der Zuschauer dadurch auf eine sozialkrit. durchleuchtete Realität aufmerksam gemacht werden.

Vergleich In der Literatur Bezeichnung für ein Stilmittel, dessen sich ein Dichter zwecks Steigerung der Ausdruckskraft einer Sprache bedient. Durch die auch verbal (»wie«, »als ob«) ausgedrückte Verbindung von zwei oder mehreren Begriffen oder Bildern versucht er, typ. Attribute des einen Begriffs auf den oder die anderen zu übertragen. Beispiel: Er sah aus wie ein lebender Leichnam.

Vergleichende Literaturwissenschaft Dt. Übersetzung des franz. Begriffs »littérature comparée«; auch Komparatistik genannt. Die v. L. geht von der Einheit und Unteilbarkeit der Literatur jenseits aller Nationalsprachen aus, womit sie sich dem Begriff der Weltliteratur nähert, sowie von der Grundvoraussetzung, daß es kaum ein völlig autochthones, von Wechselbeziehungen unabhängiges lit. Werk geben könne. Der Erforschung solcher Beziehungen widmet die v. L. daher ihr bes. Augenmerk. Darüber hinaus beschäftigt sie sich mit den Fragen der Vermittlung, die zwischen den Literaturen stattfindet, vorzugsweise durch → Übersetzung. Sie studiert daher bes. die literaturhistor., sprachphilosoph. und -theoret., ästhet. und soziolog. Aspekte des Übersetzens. Insoweit die modernen Möglichkeiten mechan. Übersetzung einbezogen sind, berührt sich die v. L. in Randzonen auch mit → Linguistik und Datenverarbeitung. – Der erste Lehrstuhl für Komparatistik wurde 1865 in Genf errichtet, bald aber wieder aufgehoben. Als wiss. Disziplin wird die v. L. heute bes. in Frankreich und Nordamerika gepflegt. Auf übernationaler Ebene gibt es seit 1954 in Paris eine Gelehrtenvereinigung (Association Internationale de Littérature Comparée).

Verserzählung Bezeichnung für in freiem Versmaß und ungebundener Reimstellung gestaltete heitere Erzählung mit meist jamb. oder trochä. Zeilen. V.en stammen z. B. von Wieland, Schiller, Lenau, Mörike und Heyse (*Novellen in Versen*, 1864).

Verslehre → Metrik.

Volksballade Anonyme mittelalterl. Erzähllieder in stroph. Form. Sie stammen von Spielleuten und Fahrenden, wurden mündl. überliefert und hatten vom 13. bis zum 15. Jh. ihre Blütezeit. Die Themen der V. sind der → Heldendichtung, dem späten → Minnesang und dem allgemeinen Volksgut entnommen. Zu unterscheiden von der V. ist die Kunstballade, die einen persönl. bekannten Verfasser zum Urheber hat. Das Interesse an der Sammlung und Erforschung der V.en wurde durch Herder geweckt. In seiner Sammlung *Volkslieder* (1778 f., später *Stimmen der Völker in Liedern*) und in Arnim/Brentanos *Des Knaben Wunderhorn* (1806) sind zahlreiche V. überliefert. → Ballade.

Volksbuch Durch Görres' *Die teutschen Volksbücher* (1807) eingeführte Bezeichnung für die unterhaltende Romanprosa des 15. und 16. Jh.s, die z. T. bis ins 19. Jh. nachwirkte. Das V. wurde durch die Möglichkeit des Buchdrucks allen Volksklassen zugänglich. Die in meist anonymen Volksbüchern verarbeiteten Stoffe sind in der Regel nicht originell, sondern den großen mittelalterl. Themenkreisen in → Heldensage und -epos, höf. → Epos, Prosaroman und → Novelle entlehnt. Die wiss. Erforschung setzte mit Görres ein. Gustav Schwab hat die Erinnerung an das V. durch sein *Buch der schönsten Geschichten und Sagen* (1836 f.) nachhaltig wiederbelebt. Im 20. Jh. hat bes. Richard Benz die Erforschung der Volksbücher fortgeführt.

Volksbücherei Form der öffentl. Bibliothek, die sich im Zusammenhang mit der in den siebziger Jahren des vorigen Jh.s aufkommenden Volksbildungsbewegung entwickelte. Aufgabe der heutigen in allen größeren Kommunen bestehenden und von ihnen getragenen V.en (Stadtbüchereien) ist es vor allem, einen Beitrag zur Erwachsenenbildung zu leisten, die Kenntnis guter Bücher zu verbreiten und neue Leserschichten zu erschließen. Der Entleih ist meist kostenlos.

Volksbühne Vereinigung, die ihren Mitgliedern verbilligte Theaterbesuche ermöglicht; urspr. um öffentl. verbotene Stücke inszenieren zu können. Eine erste »Freie V.« entstand auf Initiative der Arbeiterbewegung 1890 in Berlin. Zwei Jahre später kam eine »Neue Freie V.« auf. Beide schlossen sich 1919 zur V. mit über 100 000 Mitgliedern zusammen. Auch an anderen Orten entstanden V. n. Nach ihrer Gleichschaltung während der NS-Zeit lebten die V. n nach 1945 wieder auf. 1967 hatten die V. n-Vereine in der Bundesrepublik Deutschland rund 600 000 Mitglieder.

Volksdichtung Sammelbegriff für → Volksballade, → Volkslied, → Volksbuch, -märchen, -epos, seit der → Romantik, die unterstellte, daß Dichtungen aus dem »Volksgeist« selbst hervorgehen könnten. Diese Auffassung ist nicht haltbar, da jede ursprüngl. Dichtung von einem persönl. Autor herrührt, dessen Verfasserschaft aber durch oft jahrhundertelange Überlieferung und Umgestaltung eines Werkes in Vergessenheit gerät. Die gleichbleibenden Themen der V. sind allgemeinmenschl. Natur und wurden daher zu keiner Zeit als veraltet empfunden. Der Begriff V. wird erstmals von Herder gebraucht. Auf die Brüder Grimm geht die Unterscheidung von Kunst- und Naturpoesie zurück, die von der morpholog. arbeitenden → Literaturwissenschaft des 20. Jh. s weiter diskutiert wird.

Volkskunde Geisteswiss. Disziplin, die von den Brüdern Grimm und von Riehl im 19. Jh. begründet wurde. Gegenstand der V. ist die Erforschung der geist. Grundhaltung eines Volkes, wie sie sich in allen seinen Lebensäußerungen, bes. auch in seinem kulturellen Habitus, ausprägt. Die → Lit.wissenschaft berührt die V. in den Bereichen der → Volksdichtung. An der Erforschung von → Volkslied, → Märchen und → Volkskunst entzündete sich Ende des 19. Jh. s im Zuge der Anwendung histor.-philolog. → Textkritik und der Formvergleiche eine Theoriediskussion, die im wesentl. von Germanisten ausgetragen wurde. Nach heutigem Verständnis ist die V. eine Kulturwissenschaft mit histor. und empir. Schwerpunkt.

Volkskunst → Folklore.

Volkslied Der Begriff ist ein seit rund 200 Jahren existierender, neuerdings heftig umstrittener Gelehrtenausdruck (Herder), aber geeignet als »Arbeitstitel für einen Forschungsgegenstand, den es nach . . . literaturwissenschaftlichen, musikethnologischen, historischen, soziologischen und psychologischen Gesichtspunkten näher zu differenzieren und vielseitig zu beleuchten gilt« (Lutz Röhrich). Nach gängigem Verständnis gestaltet das V. elementare Daseinserfahrungen wie Liebe und Tod, ist schlicht im Ausdruck und von eingängiger Form und Melodie. Innerhalb des V. es sind zahlreiche Sonderausprägungen wie z. B. das erzählende, das Heimat-, das Wanderlied usw. zu unterscheiden. Die Geschichte des V. es in dt. Sprache ist rund ein halbes Jahrtausend alt. Die wiss. Beschäftigung mit dem V. setzte mit Herder ein, unter dessen Einfluß Sammlungen entstanden, die unmittelbar aus der → Volksdichtung schöpften.

Volksliedstrophe Wegen ihres häufigen Vorkommens im → Volkslied eine Strophenform, die sich aus vier Volksliedzeilen im Reimschema abab zusammensetzt (→ Reim). Die Volksliedzeile besteht aus drei oder vier Hebungen und ist wegen ihrer Einfachheit reich an Ausdrucks- und Variationsmöglichkeiten.

Vormärz Die Jahre vor der Märzrevolution des Jahres 1848 in Deutschland und in der Lit. Strömung dieser Zeit. Vergleiche die Artikel → Junges Deutschland, → Biedermeier.

Vorspiel Im Vergleich zum → Prolog, der mehr eine Vorrede ist, versteht man unter V. ein in sich weitgehend abgeschlossenes kürzeres Schauspiel (→ Einakter, → Szene, Szenenfolge), das einem umfangreichen, bedeutenden Bühnenstück oft vorangestellt wird, um in dessen Thema oder Atmosphäre einzuführen und das Publikum entsprechend einzustimmen. Brecht beispielsweise schickt seiner *Dreigroschenoper* die *Moritat von Mackie Messer* (1928) voraus.

W

Wanderbühne Wandernde Schauspielensembles, die über kein eigenes Haus, aber über ein festes Repertoire verfügen. Die W. war im 17. und 18. Jh. die vorherrschende Theaterform und hat sich in Dtld. noch bis ins 19. Jh. erhalten. Durch die Einrichtung von Hof-, später Staats- und Stadttheatern wurde die W. dann verdrängt. Die erste W. wurde – inspiriert durch die → Englischen Komödianten – vom Magister Velten (1640–92) gegründet. Sein Erbe übernahm später die Truppe der berühmten Caroline → Neuber (1697–1760). Im heutigen Tourneewesen, bei dem einzelne Künstler und Gruppen Gastspielreisen unternehmen, sowie bei öffentl. subventionierten → Bühnen, die ein eigenes Haus besitzen, haben sich wesentl. Elemente der W. erhalten.

Weltliteratur Der 1802 von A. W. Schlegel in seinen Berliner Vorlesungen gebrauchte Ausdruck W. wurde von Goethe als Begriff mit seinem heutigen (mehrschichtigen) Inhalt eingeführt. 1827 äußerte er gegenüber Eckermann: »Nationalliteratur will jetzt nicht viel sagen, die Epoche der Weltliteratur ist an der Zeit, und jeder muß jetzt dazu wirken, diese Epoche zu beschleunigen.« Nach heutigem Verständnis kann W. die Gesamtheit der Lit. aller Zeiten und Völker bedeuten oder aber den Inbegriff der mustergültigen Werke, die über einen nationalsprachl. Rahmen hinaus universale lit. Geltung beanspruchen können. Soweit W. als wechselseitige Beeinflussung von → Nationallit. verstanden wird, ist sie Forschungsgegenstand der vergleichenden → Literaturwissenschaft.

Western → Abenteuerromane und Filme, die ihre Stoffe aus der Zeit der Kolonisation Nordamerikas mit ihren Kämpfen zwischen Indianern und Weißen, den Auseinandersetzungen zwischen den Viehzüchtern, dem Sezessionskrieg usw. beziehen. Wildwestliteratur unterschiedlichen Niveaus gibt es in Amerika seit Anfang dieses Jh. s (Hart, Wister, Twain). Der erste Western-Film stammt aus dem Jahre 1903 (*The Great Train Robbery*, dt. *Der große Eisenbahnüberfall*, von E. S. Porter). Seitdem hat das Genre einen ungeheuren Aufschwung genommen; in den USA produzierte Westernfilm-Serien erfreuen sich größter Beliebtheit und werden von vielen europ. Fernsehanstalten gekauft und synchronisiert.

Wiegendrucke → Inkunabeln.

Witz Nach ält. Sprachgebrauch bedeutete W. »kluger Verstand« oder »Geist«. In der Verbindung »Mutterwitz« lebt das Wort noch in seiner ursprüngl. Bedeutung weiter. Auch Lessing gebrauchte es noch in diesem Sinne. Seit dem 19. Jh. wird W. heute als sprachl., auf kom. Wirkung angelegter Scherz oder pointierte anekdot. Erz. verstanden. Jolles zählt den W. zu den einfachen Formen. Seiner Struktur nach ist der W. dem → Epigramm verwandt.

Wörterbuch Der gesammelte (möglichst vollständige oder ausgewählte) Bestand an Wörtern und Ausdrücken, den eine Sprache besitzt, in Buchform. Unterarten des W.s sind z. B. das Aussprache-, Abkürzungs-, Rechtschreibungs-, Synonym-W. usw. Von bes. Bedeutung für die linguist. Forschung sind etymolog., die Herkunft der einzelnen Wörter angebende Wörterbücher. Daneben gibt es zwei- und mehrsprachige Wörterbücher, bei denen → Übersetzungen zu den Wörtern und Ausdrücken der Ausgangssprache angegeben sind.

Wort Selbständiger Bedeutungsträger in der Sprache. Von großer Bedeutung ist das W. in → Philosophie und Religionsgeschichte, wo ihm eine metaphys. Dimension zuwächst; so steht bei Heraklit das Wort, der Logos, für die Weltvernunft selbst. Das »W. Gottes« gilt als unmittelbare Offenbarung, so z. B. im Christentum. – In der Literatur ist die Stilebene durch eine bestimmte W.-Wahl bestimmt. In dem Ausdruck »Geflügelte Worte« wird mit W. ein ganzer Gedanke, nicht aber ein Einzelw. gemeint; der Unterschied wird auch an der Mehrzahlbildung auf -e erkennbar, während das W. im linguist. Verständnis die Mehrzahl »Wörter« bildet.

Wortspiel Ein Spiel mit ähnlich klingenden oder doppeldeutigen Wörtern mit der Absicht, einen Überraschungseffekt zu erzielen und Assoziationen hervorzurufen. Dabei können auch Wortneuschöpfungen einfließen, wie z. B. bei Nietzsche »Nächstenliebe – Fernstenliebe«. W.e sind seit der → Antike bekannt und haben vielfach in der Literatur Eingang gefunden.

X

Xenien (Sg. das Xenion oder auch die Xenie) Ursprünglich in der → Antike Begleitverse zu Geschenken. Bei Martial der Titel des 13. Buches seiner → Epigramme. Bei ihm sind X. Gast- oder Küchengeschenke, die solche Gäste erhielten, welche nicht an die häusliche Tafel geladen wurden. In Anlehnung daran übertrugen Schiller und Goethe den Ausdruck auf die von ihnen gemeinsam verfaßten epigrammatischen → Distichen, die in Schillers *Musenalmanach für das Jahr 1797* im Druck erschienen und sich gegen literarische Widersacher richteten. Goethe veröffentlichte später noch eine weitere, *Zahme Xenien* betitelte Sammlung. Auch Immermann und Heine griffen die Bezeichnung X. für einzelne ihrer Dichtungen auf.

Z

Zäsur In der → Metrik bezeichnet Z. einen Einschnitt innerhalb der Verszeile. Innerhalb des Verses können zwei oder mehrere Z.en vorkommen. In der antiken Verslehre bedeutet Z. diejenige Stelle im Vers oder in einer Periode, an der regelmäßig ein Wort schließt. Fallen Wort- und Versfußende zusammen, spricht man von Diärese.

Zauberliteratur Schrifttum mit mag. Anweisungen zur Beeinflussung natürl. Vorgänge durch übernatürl. Mächte. Z. ist aus babylon.-assyr. Zeit, aus Ägypten und aus der Epoche des Hellenismus bekannt. Umfangr. war auch die Z. des → Mittelalt. und der → Renaissance, in der auch mag. Traditionen der → Antike wiederbelebt wurden. Hervorzuheben ist die *Occulta Philosophia* des Agrippa von Nettesheim (1533), das *Heptameron* des Petrus d'Abano und die *Steganographie* des Trithemius (um 1500). Bis ins 19. Jh. wurden Bücher der älteren Z. vielfach nachgedruckt. In der Gegenwart kursieren ebenfalls zahlr. Schriften, die den Anspruch erheben, Z. zu sein, z. B. das sog. *Sechste* und *Siebente Buch Mosis*, doch handelt es sich dabei um Fälschungen, die aus reinem Geschäftsinteresse obskurer Verleger auf den Markt gebracht werden.

Zauberstück Eine Variante des Volksstücks, in dem zauber. Mächte in die Handlung eingreifen und ihr bestimmte, sonst nicht erklärbare Wendungen geben. Das Z. gelangte Anfang des vorigen Jahrhunderts auf Wiener Vorstadtbühnen zu Ehren. Meisterhafte Z.e schufen Raimund und Nestroy, die heute als hervorragende Dichter voll anerkannt sind und deren Stücke immer wieder Neuinszenierungen (besonders auf österr. Bühnen) erleben. Die Wurzeln des Z.s reichen zurück bis zur → Commedia dell'arte und zum Barockdrama.

Zeitroman Romanform, die durch Darstellungen der Menschen einer Zeit und ihrer Gesellschaft die betreffende Zeit selbst und die Epoche darzustellen sucht. Der Z. bemüht sich dabei meistens, wirklichkeitsgetreue Nachzeichnungen und geistige Analysen zu einem objektiven Zeitbild zu verbinden. Die Form des Z.s entstand im 19. Jh. Ein bekanntes Beispiel ist neben vielen anderen G. Freytags *Soll und Haben* (1855).

Zeitschrift Period. erscheinendes Druckerzeugnis, das meist auf ein bestimmtes Fachgebiet (z. B. Politik, Kultur, Literatur, Technik usw.) abgestimmt ist. Der Begriff taucht erstmals 1751 auf. Die ersten Z. en waren wiss. Publikationen wie »Journal des Savants« (Paris, 1665), »Philosophical Transactions« (London, 1665). Auch in Dtld. entstanden bald danach Z. en sowohl wiss. (zuerst medizin.) als auch unterhaltenden Charakters. Später kamen die sog. »Moral. Wochenzeitschriften« und polit. Z. en hinzu. In der Gegenwart gibt es eine Vielzahl von Fach-Z. en jeden Typus, die z. T. international verbreitet sind. Erste dt. Literatur-Z. war Gottscheds »Beiträge zur kritischen Historie der deutschen Sprache, Poesie und Beredsamkeit« (1732–44). Gegenwärtige Literatur-Z. en sind z. B. »Kursbuch« und »Merkur«.

Zeitung im Sprachgebrauch bis zum 17. Jh. bedeutete Z. »Nachricht«. Erst danach bürgerte sich die Bezeichnung für regelmäßig erscheinende Presseerzeugnisse aktuellen Inhalts ein. Die beiden ältesten Wochenz. en erschienen Anfang des 17. Jh. s in Straßburg und Wolfenbüttel, die erste bekannte Tageszeitung wurde 1650 in Leipzig verlegt: »Einkommende Z. en«, die bis 1918, zuletzt unter dem Namen »Leipziger Zeitung« erschien. In der Gegenwart erscheinen in den deutschsprachigen Ländern regelmäßig rund 500 Zeitungen.

Zeitungswissenschaft Ältere Bezeichnung für → Publizistik.

Zensur Die von staatl. oder kirchl. Behörden vorgenommene Überprüfung von Druckerzeugnissen oder Filmen unter Zugrundelegung ästhet. oder eth. Normen. Im publizist. Bereich war die Z. bes. drückend während des Absolutismus; sie erhielt sich in abgeschwächter Form bis ins 19. Jh. Gemäß ihrem Grundgesetz gibt es in der Bundesrepublik Deutschland grundsätzlich keine Zensur, ebensowenig in Österreich und der Schweiz, von geringfügigen Ausnahmen (vorwiegend Jugendschutz) abgesehen. In der ehem. DDR existierte offiziell keine Z., doch steuerte der Staat durch eine entsprechende Lizenzierungspolitik und eine parteil. Personalpolitik alle Veröffentlichungen in seinem Sinne.

Zweckdichtung → Gelegenheitsdichtung.

Zyklus Eine Folge von Ged. en, Erz. en, Dr. en, R. en, die für sich allein stehen können, aber aus inhaltl. oder formalen Gründen von einem Autor zu einem Ganzen zusammengestellt und so veröffentlicht werden. Bekannte Beispiele für Gedichtzyklen sind Goethes *West-östlicher Divan*, Baudelaires *Fleurs du mal* oder Rilkes *Duineser Elegien*.

Bibliographischer Anhang

Die nachstehend aufgeführte Literatur soll keineswegs einen Anspruch auf Vollständigkeit erheben. Gegenwärtig ist das gesamte Feld der literaturwissenschaftlichen Veröffentlichungen so groß, daß selbst der Fachmann nur noch über Teilgebiete einen einigermaßen zuverlässigen Überblick besitzen kann. Die nachstehend aufgeführten Werke sollen jedoch dem interessierten Benutzer des vorliegenden Lexikons eine erste Orientierung ermöglichen. Jeder genannte Titel enthält wiederum so viele weiterführende und anregende Literaturhinweise, daß für den Interessierten sich hier ein bequemer Weg in das weite Feld der Literaturforschung eröffnet. Sicher trägt die Beschränkung auf die ausgewählten Werke sehr persönliche Züge, doch glaubt der Verfasser, daß gerade die Auseinandersetzung mit einzelnen dieser Schriften zu einem vertieften Verständnis beitragen kann. Dabei wurde besonderer Wert darauf gelegt, daß nicht nur teure Handbücher angegeben wurden, sondern auch zahlreiche Texte, die leicht als Taschenbuchausgabe greifbar sind.

Literaturgeschichten

Bertau, Karl: Deutsche Literatur im europäischen Mittelalter. 2 Bde. München 1972.

Boesch, Bruno (Hg.): Deutsche Literaturgeschichte in Grundzügen. Bern-München 1967 in 3. Aufl.

de Boor/Newald (Hg.): Geschichte der deutschen Literatur. München seit 1957 in mehrfachen Auflagen. Bisher erschienen 11 Bde.

Borries, Ernst und Erika von: Deutsche Literaturgeschichte. Bisher 3 Bde. Vom Mittelalter bis zu Goethes Spätwerk. München 1991.

Bräuer, Rolf (Hg.): Dichtung des europäischen Mittelalters – Ein Führer durch die erzählende Literatur. München 1990.

Bräuer, Rolf (Hg.): Geschichte der deutschen Literatur – Mitte des 12. bis Mitte des 13. Jahrhunderts. Berlin 1990.

Bumke, Joachim/Kartschoke, Dieter/Cramer, Thomas: Geschichte der deutschen Literatur im Mittelalter. 3 Bde., München 1990.

Burger, Heinz-Otto (Hg.): Annalen der deutschen Literatur. Stuttgart 1962 in 2. Aufl.

Erb, Ewald: Geschichte der deutschen Literatur von den Anfängen bis 1160. Berlin 1976 in 2 Bdn.

Fechter, Paul: Geschichte der deutschen Literatur. 2 Bde. Gütersloh 1960.

Fiedler/Krell: Deutsche Literaturgeschichte. Bamberg 1970 ff.

Frenzel, H. A. und E.: Daten deutscher Dichtung. 2 Bde. Köln 1952 (zahlreiche Neuauflagen).

Fricke/Schreiber: Geschichte der deutschen Literatur. Paderborn 1974 in 16. Aufl.

Graber/Mulot: Geschichte der deutschen Literatur. München 1958 in 12. Aufl.

Heinzle, Joachim (Hg.): Geschichte der deutschen Literatur von den Anfängen bis zum Beginn der Neuzeit. 3 Bde. Königstein/Ts. 1985 f.

Just, Klaus Günther: Von der Gründerzeit bis zur Gegenwart – Geschichte der deutschen Literatur seit 1871. Bern und München 1973.

Kohlschmidt/Wehrli: Geschichte der deutschen Literatur von den Anfängen bis zur Gegenwart. 5 Bde. Stuttgart 1980 f.

Laaths, Erwin: Geschichte der Weltliteratur. München 1953.

Martini, Fritz: Deutsche Literaturgeschichte. Stuttgart 1958 ff.

Muschg, Walter: Tragische Literaturgeschichte. Bern 1970.

Neumann, Friedrich: Geschichte der Altdeutschen Literatur. Bern 1966.

Rötzer, Hans Gerd: Geschichte der deutschen Literatur. Bamberg 1992.

Saalfeld, Lerke von/Kreidt, Dietrich/Rothe, Friedrich: Geschichte der deutschen Literatur – Von den Anfängen bis zur Gegenwart. München 1989.

Scheuer/Naumann/Janota/Riha: Deutsche Literaturgeschichte. 5 Bde. Düsseldorf 1980/81.

Walz, Herbert: Die deutsche Literatur im Mittelalter. München 1976.

Wapnewski, Peter: Deutsche Literatur des Mittelalters. Göttingen 1960.

Weber, Albrecht: Deutsche Literatur in ihrer Zeit. 2 Bde. Freiburg/Br. 1978.

Žmegač, Viktor (Hg.): Geschichte der deutschen Literatur vom 18. Jahrhundert bis zur Gegenwart. 3 Bde. Königstein/Ts. 1979/84.

Allgemeine Nachschlagewerke

Braak, Ivo: Poetik in Stichworten. Kiel 1966 ff.

Frenzel, Elisabeth: Stoffe der Weltliteratur. Stuttgart 1962.

Friedrich/Killy: Literatur, in: Das Fischer Lexikon. 3 Bde.

Frankfurt a. M. 1965.

Kindlers Literaturlexikon. München 1974 (Taschenbuch-ausgabe in 25 Bdn.).

Kohlschmidt/Mohr (Hg.): Reallexikon der deutschen Literaturgeschichte. Berlin 1958 ff. 4 Bde.

Krywalski, Diether (Hg.): Handlexikon zur Literaturwissenschaft. München 1976 in 2. Aufl.

Lexikon des Mittelalters. München seit 1980.

Stammler, Wolfgang (Hg.): Deutsche Philologie im Aufriß. 3 Bde. Berlin 1962 in 2. Aufl.

Walzel, Oskar: Handbuch zur Literaturwissenschaft. Potsdam o. J.

Allgemeine Literaturlexika

Arnold, Heinz Ludwig: Kritisches Lexikon zur deutschsprachigen Gegenwartsliteratur. 6 Bde. München 1978 ff.

Arnold, Heinz Ludwig: Kritisches Lexikon zur fremdsprachigen Gegenwartsliteratur. München 1980 ff.

Best, F. Otto: Handbuch literarischer Fachbegriffe. Frankfurt 1978 in 6. Aufl.

Brauneck, Manfred (Hg.): Autorenlexikon deutschsprachiger Literatur des 20. Jahrhunderts. Reinbek 1984.

Corino, Karl: Genie und Geld – Vom Auskommen deutscher Schriftsteller. Nördlingen 1987.

Endres, Elisabeth: Autorenlexikon der deutschen Gegenwartsliteratur 1945–1975. Frankfurt a. M. 1975.

Harenbergs Lexikon der Weltliteratur. Autoren – Werke – Begriffe. Kuratorium F. Bondy, I. Frenzel, L. Kopelew, H. Spiel. 5 Bde. Dortmund 1989.

Hirschberg, Leopold: Der Taschengoedeke – Bibliographie deutscher Erstausgaben. München 1961.

Kayser, Wolfgang: Kleines literarisches Lexikon. Neuauflage 1975 in 4 Bdn.

Killy, Walther (Hg.): Literaturlexikon – Autoren und Werke deutscher Sprache. 15 Bde. Gütersloh 1988 ff.

Kindlers Neues Literaturlexikon in 20 Bänden. Chefredakteur Rudolf Radler. München 1988 ff.

Kürschners Deutscher Literatur-Kalender. Berlin jährl. seit 1897.

Meyers Handbuch über die Literatur. Mannheim 1970.

Meyers kleines Lexikon »Literatur«, hg. vom Bibliographischen Institut Mannheim 1986.

Metzler Autoren Lexikon – Deutschsprachige Dichter und Schriftsteller vom Mittelalter bis zur Gegenwart. Hg. v. Bernd Lutz. Stuttgart 1986.

Olles, H. (Hg.): Literaturlexikon 20. Jahrhundert. Hamburg 1971.

Reclams Literaturkalender – Stuttgart erscheint jährlich.

Reclams Deutsche Literatur – Jahresüberblick. Hg. v. Volker Hage. Stuttgart – erscheint jährlich.

Schweikle, Günther u. Irmgard: Metzlers Literaturlexikon. Stuttgart 1984.

Serke, Jürgen: Das neue Exil – Die verbannten Dichter. Frankfurt 1987.

Tusculum Lexikon griechischer und lateinischer Autoren des Altertums und des Mittelalters. Hamburg 1974.

Wilpert, Gero von: Sachwörterbuch der Literatur, Stuttgart 1959 in 2. Aufl.

Wilpert, Gero von: Deutsches Dichterlexikon. Stuttgart 1963.

Wilpert, Gero von: Lexikon der Weltliteratur. 2 Bde. Stuttgart 1988 in 3. Aufl.

Einführungen in die Literaturwissenschaft

Arnold/Sinemus: Grundzüge der Literatur- und Sprachwissenschaft. 2 Bde. München 1973 f.

Auerbach, Erich: Mimesis. Bern 1972.

Brackert/Lämmert (Hg.): Funk-Kolleg Literatur. 2 Bde. Frankfurt a. M. 1977.

Brackert/Lämmert (Hg.): Reader zum Funk-Kolleg. 2 Bde. Frankfurt a. M. 1977.

Brackert, Helmut/Stückrath, Jörn (Hg.): Literaturwissenschaft – Grundkurs. 2 Bde. Reinbek 1981.

Bredella, Lothar: Das Verstehen literarischer Texte. Stuttgart 1980.

Breuer, Hocks u. a. (Hg.): Literaturwissenschaft. Eine Einführung für Germanisten. Frankfurt a. M. 1972.

Curtius, Ernst Robert: Europäische Literatur und lateinisches Mittelalter. Bern 1954.

Daemmrich, Horst S.: Literaturkritik in Theorie und Praxis. München 1974.

Gadamer, Hans-Georg: Wahrheit und Methode. Tübingen 1975 in 4. Aufl.

Gutzen/Oellers/Petersen (Hg.): Einführung in die neuere deutsche Literaturwissenschaft. Berlin 1976.

Ingarden, Roman: Vom Erkennen des literarischen Kunstwerks. Tübingen 1968.

Ingarden, Roman: Das literarische Kunstwerk. Tübingen 1972.

Jaeggi, Urs: Literatur und Politik. Frankfurt a. M. 1972.

Jauß, Hans Robert: Literaturgeschichte als Provokation. Frankfurt a. M. 1974 in 5. Aufl.

Jurgensen, Manfred: Deutsche Literaturtheorie der Gegenwart. München 1973.

Kayser, Wolfgang: Das sprachliche Kunstwerk. Bern 1956 in 4. Aufl.

Kuhn, Hugo: Dichtung und Welt im Mittelalter. Stuttgart 1969 in 2. Aufl.

Kuhn, Hugo: Text und Theorie. Stuttgart 1969.

Lukács, Georg: Die Grablegung des alten Deutschland. Reinbek 1967.

Maren-Grisebach: Theorie und Praxis literarischer Wertung. München 1974.

Maren-Grisebach: Methoden der Literaturwissenschaft. Bern 1976 in 4. Aufl.

Mukařovský, Jan: Kapitel aus der Poetik. Frankfurt a. M. 1967.

Mukařovský, Jan: Kunst, Poetik, Semiotik. Frankfurt 1989.

Porzig, Walter: Das Wunder der Sprache. Bern 1971 in 5. Aufl.

Schmitt, Hans-Jürgen (Hg.): Der Streit mit Georg Lukács. Frankfurt a. M. 1978.

Staiger, Emil: Die Kunst der Interpretation. Zürich 1957 in 2. Aufl.

Staiger, Emil: Grundbegriffe der Poetik. Zürich 1959 in 4. Aufl.

Storz, Gerhard: Figuren und Prospekte. Stuttgart 1963.

Strelka, Joseph: Methodenfragen der Literaturwissenschaft. Tübingen 1978.

Strich, Fritz: Deutsche Klassik und Romantik oder Vollendung und Unendlichkeit. Bern 1975 in 5. Aufl.

Warning, Rainer: Rezeptionsästhetik. München 1975.

Wellek/Warren: Theorie der Literatur. Zuletzt Frankfurt a. M. 1972.

Wissen im Überblick: DIE LITERATUR. Freiburg 1973.

Žmegač, Viktor (Hg.): Methoden der deutschen Literaturwissenschaft. Frankfurt a. M. 1974.

Fachzeitschriften

Zeitschrift für deutsches Altertum; hg. v. Franz Josef Worstbrock.

Beiträge zur Geschichte der deutschen Sprache und Literatur; hg. v. I. Schröbler.

Zeitschrift für deutsche Philologie; hg. v. Werner Besch und Hartmut Steinecke.

Euphorion. Zeitschrift für Literaturgeschichte; hg. v. R. Gruenter und A. Henkel.

Germanisch-Romanische Monatsschrift; hg. v. R. F. Schröder.

Deutsche Vierteljahresschrift für Literaturwissenschaft und Geistesgeschichte; hg. v. Walter Haug, Richard Brinkmann und Gerhart v. Graeveritz.

Trivium. Schweizerische Vierteljahresschrift für Literaturwissenschaft und Stilkritik; hg. v. Th. Spoerri und Emil Staiger (†). [Erscheinen eingestellt]

Wirkendes Wort. Deutsches Sprachschaffen in Lehre und Leben; hg. v. F. Arends, K. Derleth, A. J. Gail, H. Moser, W. Rasch, L. Weisgerber.

Abkürzungsverzeichnis

Die Adjektive mit der Endung -lich werden in der Regel auf -l. gekürzt (z. B. geistl. = geistlich); bei Adjektiven auf -isch entfällt die Schlußsilbe (z. B. polit. = politisch). Diese Regelung wird in allen Flexionsformen einheitlich durchgeführt.

ahd.	althochdeutsch		lat.	lateinisch
Anf.	Anfang		lit.	literarisch
AT	Altes Testament			
autobiogr.	autobiographisch(e, -en)		m. d. T.	mit dem Titel
			Mittelalt.	Mittelalter
Bd.	Band		mhd.	mittelhochdeutsch
Bde.	Bände		mlat.	mittellateinisch
bes.	besonders, besondere(r, -s)			
bzw.	beziehungsweise		nhd.	neuhochdeutsch
			niederl.	niederländisch
d. h.	das heißt		NT	Neues Testament
Dr.	Drama			
dt.	deutsch		o. ä.	oder ähnliches
Dtld.	Deutschland		o. J.	ohne Jahr
			österr.	österreichisch
ebd.	ebenda			
eigtl.	eigentlich		Pl.	Plural
ehem.	ehemalig		posth.	posthum
Ep.	Epos		Prof.	Professor
Erz.	Erzählung		Ps.	Pseudonym
Erzn.	Erzählungen			
Ess.	Essay		R.	Roman
europ.	europäisch			
			s. d.	siehe dort
franz.	französisch		Sg.	Singular
			sog.	sogenannt
geb.	geboren			
Ged.	Gedicht		UA	Uraufführung
gen.	genannt		u. a.	unter anderem
ges.	gesamt		u. a. m.	und anderes mehr
			u. dgl.	und dergleichen
Hs.	Handschrift		u. d. T.	unter dem Titel
Hss.	Handschriften		usw.	und so weiter
Hg.	Herausgeber		u. v. a.	und vieles andere
hg.	herausgegeben			
			v. a.	vor allem
ital.	italienisch			
			wiss.	wissenschaftlich
Jh.	Jahrhundert			
Jh.s	Jahrhunderts		zahlr.	zahlreich, zahlreiche(n, -r)
			z. B.	zum Beispiel
kath.	katholisch		z. T.	zum Teil